Frank-Altmann, Kurzgefaßtes Tonkünstler-Lexikon
15. Auflage

Kurzgefaßtes Tonkünstler-Lexikon

Für Musiker und Freunde der Musik

begründet von

Paul Frank

neu bearbeitet und ergänzt von

Wilhelm Altmann

mit einem Vorwort von

Helmut Roesner

Erster Teil: Neudruck der Ausgabe von 1936

15. Auflage

Heinrichshofen's Verlag · Wilhelmshaven

© Copyright 1971 by Heinrichshofen's Verlag Wilhelmshaven, Locarno. Amsterdam
Alle Rechte, auch das der photomechanischen Wiedergabe, vorbehalten.
Bestellnummer 12/083
Library of Congress Catalog Card Number 78-151796
ISBN 3 7959 0083 2
Printed in Germany
Herstellung: Hans Kock, Buch- und Offsetdruck, Bielefeld

Vorwort zur 15. Auflage

Als Carl Wilhelm Merseburger im Jahr 1860 unter dem Pseudonym Paul Frank sein „Kurzgefaßtes Tonkünstler-Lexikon" erstmals veröffentlichte, hatte er sich zum Ziel gesetzt, wie er in seinem Vorwort mitteilte, „wenigstens alle hervorragenden Persönlichkeiten aus dem Reiche der Tonkünstler namhaft zu machen und in gedrängter Kürze das Nötigste von ihnen zu sagen". Mit Absicht schränkte er den Anspruch auf Vollständigkeit ein auf die Nennung solcher Musiker, die bereits als „hervorragend", als berühmt anerkannt waren, die also schon historisch geworden waren — ein Museum bekannter Namen. Nicht der Wissenschaftler, sondern der „Musikfreund", der interessierte Laie mit weniger speziellen Interessen sollte angesprochen werden. Paul Frank ließ sich leiten von einer pädagogischen Absicht, die sein Lebenswerk durchaus bestimmte.

Carl Wilhelm Merseburger lebte von 1816 bis 1885. Indem er 1849 den Weißenfelser Verlag Carl Friedrich Meusel übernahm, gründete er seinen eigenen Musikverlag, der sich in Leipzig rasch entwickelte und vor allem auf dem Gebiet der Schulmusik eine führende Rolle einnahm. Von 1851 bis 1894 ließ der Verlag die von Hentschel und Erk redigierte musikpädagogische Zeitschrift „Euterpe" herausgeben, daneben erschienen gleichzeitig von 1856 bis 1861 die „Anregungen für Kunst, Leben und Wissenschaft", die Brendel und Pohl bearbeiteten. Unter dem Pseudonym Paul Frank veröffentlichte Merseburger 1858 sein „Taschenbüchlein des Musikers", dem er als zweiten — biographischen — Band zwei Jahre später das „Kurzgefaßte Tonkünstler-Lexikon für Musiker und Freunde der Musik" folgen ließ. Nicht zuletzt in der engen Verbindung dieser beiden Werke, die Merseburger als Einheit verstanden wissen wollte, zeigt sich die allgemein bildungsfördernde Absicht ihres Verfassers.

Im Verlauf des vergangenen Jahrhunderts haben sich Sinn und Ziel eines solchen Werkes grundlegend gewandelt und den Anforderungen der neuen Zeit angepaßt. Wilhelm Altmann, der das Werk von der 12. Auflage 1926 an betreute und weiterführte, hatte diese Entwicklung längst erkannt. War die 13. Auflage noch eine genaue Wiederholung der vorangegangenen, so ging es ihm in der 14. nicht mehr darum, den Parnaß der als bedeutend anzuerkennenden Musiker und Musikwissenschaftler bloß zu erweitern, sondern eine möglichst umfangreiche Sammlung von Namen und Fakten, die das Musikleben und die Musikgeschichte dokumentieren, zu vermitteln. Über Altmanns Arbeit schwebte nicht mehr das Ideal eines souverän gefällten Werturteils, sondern das der lexigraphischen Vollständigkeit. So konnte er in seinem Vorwort zu der 14. und zugleich letzten Auflage 1936 mit berechtigtem Stolz vermerken, daß das von ihm ergänzte „Tonkünstler-Lexikon" trotz vieler Lücken das „vollständigste aller derartigen Werke in Bezug auf die deutschen Tonkünstler" sei.

Die volkserzieherischen Intentionen Paul Franks waren dem vielseitig gebildeten Gelehrten Wilhelm Altmann fremd, wenn er ihnen auch keineswegs ablehnend gegenüberstand. Altmanns Wirken ist von einer geradezu enzyklopädisch zu nennenden Vorstellung geprägt, die ihn in die große Tradition der deutschen Musikwissenschaft nach Riemann einreiht; sein Ziel war es nicht, eine wie auch immer akzentuierte Auswahl aus dem möglichen Wissensstoff zu treffen und sie einem bestimmten Leserkreis verträglich aufzubereiten, er beabsichtigte vielmehr den zusammenfassenden Überblick über das Gesamtgebiet. Als Darstellungsmethode bediente er sich dabei der Musikbibliographie.

Wilhelm Altmann wurde am 4. April 1862 geboren — zwei Jahre übrigens nach der Erstausgabe des „Tonkünstler-Lexikons". Er studierte zunächst in Breslau, wo ihm der Sondershausener Konzertmeister Otto Lüstner Violinunterricht erteilte, dann in Marburg und Berlin. Sein Studium hatte mit Musik nichts zu tun: er studierte Geschichte und klassische Philologie. Als Assistent Leopold von Rankes promovierte er 1885. Im folgenden Jahr wurde er Bibliothekar an der Universitätsbibliothek Breslau, später in Greifswald. Hier habilitierte er sich 1893 als Privatdozent für Geschichte des Mittelalters. 1900 wechselte er an die Königliche Bibliothek Berlin über, wo er — mittlerweile Professor geworden — die „Deutsche Musiksammlung" aufbaute, deren Bestand er größtenteils aus Schenkungen deutscher Musikverlage zusammenstellte. Von 1914 bis 1927 leitete er die dortige Musikabteilung. In den folgenden Jahren veröffentlichte er in dichter Folge eine Anzahl von Handbüchern, die nach wie vor zu den Grundlagenwerken der Musikbibliographie zählen und von ihm selbst bis in die letzten Lebensjahre laufend ergänzt wurden: Verzeichnisse von Kammermusikliteratur, von Werken für Streichquartett, Klaviertrio, Klavierquartett, Klavierquintett, Orchesterliteratur, Bratschenliteratur, von theatralischer Musik und anderes.

In solche Nachbarschaft fügt sich die kontinuierliche Überarbeitung des „Tonkünstler-Lexikons" nahtlos ein. Alle diese Unternehmungen sind Lebensaufgaben. Die Tatsache, daß ein Werk wie das „Tonkünstler-Lexikon" niemals vollständig sein kann und vor allem, daß es niemals abgeschlossen werden kann, wußte niemand so gut wie Wilhelm Altmann. Aber er wußte auch, daß eine Arbeit wie diese, auch wenn sie notgedrungen ein Torso bleiben muß, nie ihren Sinn und Wert verlieren wird.

Heute steht mehr noch als vor dreieinhalb Jahrzehnten das Gebot sachlicher Information an oberster Stelle, das Gebot einer so objektiven Tatsachendarstellung, wie Altmann sie strikte verfolgt hat. Insofern kann dieses Werk auch niemals veralten. Über die hier verzeichneten Namen wird auch in der Zukunft Auskunft verlangt werden. Zeitbedingte und subjektive Werturteile, ob sie nun verbal oder schon durch die Auswahl zum Ausdruck gebracht werden, interessieren die Nachwelt nicht mehr, sie fordert nur noch die pure Aufzählung von Daten. Selbstverständlich aber bedürfen diese Daten fortwährender Ergänzung und Aktualisierung. Wilhelm Altmann bereitete daher nach drei Neuauflagen selbst eine 15., wesentlich erweiterte Ausgabe vor, die für 1948/49 angekündigt war, jedoch nicht mehr erscheinen konnte.

Seit seinem Tod am 25. März 1951 liegt das unter schwierigsten Umständen aus dem zerbombten Breslau gerettete Material für diese 15. Auflage ungenutzt im Nachlaß. Es wäre ein schweres Versäumnis, wenn dieses Zeugnis unendlich fleißiger Arbeit, in schwer lesbarer Handschrift in einem immensen Zettelkatalog gespeichert, für immer brachliegen sollte. Erst jetzt ist es gelungen, diese Ergänzungen und Erweiterungen wieder verfügbar zu machen. Der unveränderte Nachdruck der längst vergriffenen 14. Auflage bildet somit den Grundstock für ein umfassendes und zeitgemäßes biographisches Lexikon in zwei Bänden, das in wenigen Jahren vorliegen soll. Ein Nachtragsband wird dann das Material des Reprints zu einer aktuellen Einheit abrunden.

In diesem zweiten Band wird auch mit wesentlich stärkerer Betonung der Bereich der ausländischen Musiker nachgewiesen werden. Denn in einer Zeit, da Grenzen vielfach nur noch als kartographische Markierungen aufgefaßt werden können, ist Internationalität mindestens ein anzustrebendes Ziel.

Erst dann, wenn der Nachtragsband die aktualisierte Ergänzung bietet, erhält der Reprint des „Tonkünstler-Lexikons" seinen größten Wert für die Gegenwart und die nähere Zukunft. Aus solcher Wechselwirkung, nach der ein Nachtragsband allein ungenügend und ein Reprint allein nur von historischem Interesse wäre, erwächst die Berechtigung, mehr noch: die Notwendigkeit für einen unveränderten Nachdruck der letzten Auflage. Die Zeit vor dem 2. Weltkrieg gilt heute in jedem Sinn und in jedem Bereich schon als Geschichte; das Bild des Musiklebens von 1936 könnte nach jener gewaltsamen Zäsur kaum mehr zutreffend rekonstruiert werden. In diesem Sinn kann das Lexikon als musikhistorisches Quellenwerk gelten, zumal sein Inhalt glücklicherweise von keinerlei politisch oder weltanschaulich bedingten Einflüssen verfälscht wurde. Obwohl es immerhin schon im Zenith des nationalsozialistischen Regimes erschienen ist, benötigt das „Tonkünstler-Lexikon" keinerlei nachträgliche Retuschen. Von arischer Säuberung oder Vergewaltigung ist nicht die geringste Spur zu finden; „Entartete" oder Musiker jüdischer Abstammung sind ebenso gewissenhaft und sachlich genannt wie damals politisch „tragbare". Was heute als eine unabdingbare Selbstverständlichkeit erscheint, stellt sich rückblickend als ein Verdienst des Verfassers und ein Gütezeichen seines Werkes dar, die nicht hoch genug eingeschätzt werden können.

Die Akzentverschiebungen, die sich heute als nötig erweisen, greifen also keineswegs in die Substanz ein, sondern besitzen im Ganzen gesehen nur periphere Bedeutung. Der Zwang leitet sich aus der veränderten Zeit her, die eine neue Musik und neue Musiker hervorgebracht hat und in der die Länder der Erde näher aneinandergerückt sind.

Wie sich der lexikalische Anspruch gewandelt hat, so hat auch der Benutzerkreis eines solchen Werkes Änderungen erfahren. Die „Musiker und Musikfreunde, Seminaristen und Studienbeflissenen überhaupt", denen noch Wilhelm Altmann sein Werk anbot — über die „Musiker und Freunde der Musik" hinaus, die Paul Frank ansprechen wollte — haben ohne Zweifel eine andere soziologische Konsistenz erhalten. Natürlich werden weiterhin in erster Linie professionelle Musiker, Musikwissenschaftler und Studenten das Werk benutzen; aber Wissen, Information ist heute Allgemeingut und Recht für alle geworden.

Im Zeitalter der vielfältigen Tonträger ist der Musikfreund und Laie längst nicht mehr ausschließlich der Konzertbesucher als Stütze einer bürgerlichen Musikkultur. Auch der anonyme Rundfunkhörer, der Schallplattensammler und Tonbandamateur will sich über theoretische und aufführungspraktische Grundlagen der Musik unterrichten, und er, der auf dem Umweg über die Freizeitbeschäftigung zur Musik gelangt, sogar in besonderem Maße. Mehr und mehr ist bei dieser Entwicklung für ihn die Person des Interpreten in den Mittelpunkt des Interesses gerückt.

Interpreten aber sind vergänglich, während die von ihnen nachgeschaffenen Werke und deren Komponisten in der Regel überdauern. Namen von Interpreten gelten oft als „Schall und Rauch" — sie waren es in der Tat zu Zeiten, als keine technischen Möglichkeiten der Klangkonservierung bestanden, obwohl sie das Musikleben, sogar das Musikverständnis der einzelnen Epochen entscheidend mitbestimmten.

Ein weiterer Aspekt tritt aus der Entwicklung der Musik selbst neu hinzu. Paul Frank dachte vor mehr als einem Jahrhundert an die hohe, ernste Musik allein. Zunehmend aber spielten sich seitdem leichtere und populärere Arten von Musik fast gleichwertig in den Vordergrund: die Unterhaltungsmusik in ihren verschiedenen Schattierungen — als Operette, Chanson, Jazz, Musical, Schlager, Song oder Tanzmusik, im letzten Drittel unseres Jahrhunderts als pop music. Vor solchen Arten von Musik eine Barriere zu setzen, widerspräche den Ambitionen eines Lexikons, das umfassende Information über möglichst alle „Musikproduzierenden" bieten will. Wilhelm Altmann hat den richtigen Weg vorgezeichnet, indem er in der letzten Auflage seines „Tonkünstler-Lexikons" auch zahlreiche Namen aus dem Bereich der sogenannten U-Musik nachweist. Eine Musik, die mit welchem Anspruch auch immer zwar kaum die Wissenschaft, wohl aber Millionen von Hörern beschäftigt und die ohne Zweifel einen wichtigen, nicht wegzuleugnenden Bestandteil im Gesamtbild des Musiklebens darstellt, muß in einem biographischen Lexikon solcher Zielsetzung auf jeden Fall und heute mehr denn je in vollem Umfang berücksichtigt werden.

Das „Tonkünstler-Lexikon", das von vornherein kein bloßes Komponistenlexikon sein wollte, liefert gerade für den Bereich der nachschaffenden Musiker aus dem gesamten Umkreis der Musik eine Fülle von Informationen, wie sie etwa Riemanns Musiklexikon auch nach der Trennung von Personen- und Sachteil naturgemäß nicht erreichen kann. Der Preis für einen solchen quantitativen Reichtum ist natürlich mit der Reduktion der einzelnen Artikel auf die Mitteilung der dürrsten Daten zu bezahlen.

Dies braucht nicht entfernt ein Nachteil, gar eine Schmälerung der Leistung zu sein, da grundsätzlich ein Lexikon, wenn es zudem spezialisiert ist auf einen bestimmten Ausschnitt aus dem kaum überschaubaren Sachgebiet, für sich allein nicht bestehen kann und soll, sondern in fortwährender wechselseitiger Ergänzung neben den anderen Werken benutzt werden will. In solcher Verbindung hat das „Tonkünstler-Lexikon" seinen Platz unter den musikalischen Nachschlagewerken seit mehr als einem Jahrhundert behauptet, und es kann künftig vielleicht noch bessere Dienste leisten, als sein Begründer es sich erhofft hatte.

HELMUT RÖSNER

Abkürzungsverzeichnis

B = Bearbeitungen
Br. = Bratsche
ChorDir. = Chordirektor, Chordirigent
Conserv. = Conservatoire
Dir. = Direktor, Dirigent
Fag. = Fagott
Fl. = Flöte
FrChöre = Frauenchöre
GemChöre = gemischte Chöre
GMD = Generalmusikdirektor
Git. = Gitarre
Gsg, Gsge = Gesang, Gesänge
GsgB. = Gesangbuch
H. = Herausgeber
Hochschule = Hochschule für Musik
Instr. = Instrument bzw. instrumental
KaM. = Kammermusik
KB. = Kontrabaß
KirchM. = Kirchenmusik
Klar. = Klarinette
Klav. = Klavier, also KlavStücke = Klavierstücke; KlavVirt. = Klaviervirtuose
KM = Kapellmeister
Konserv. = Konservatorium
Konz. = Konzert
KonzM. = Konzertmeister

L. = Lehrer, auch in Verbindung wie GsgL.
M. = Musik
MChöre = Männerchöre
MilKM = Militärkapellmeister
MSchulDir. = Musikschuldirektor
NA = Neue Ausgabe
Ob. = Oboe
Op. = Oper, Optte = Operette
Orch. = Orchester
Org. = Orgel
Organ. = Organist
Pos. = Posaune
R. acad. = Royal academy of music
RMK = Reichsmusikkammer
SemML. = Seminarmusiklehrer
Sgr, Sgrin = Sänger, Sängerin
Son. = Sonate
Str. = Streich, also z. B. StrQuart. = Streichquartett
T. = Text
V. = Violine, also VVirt. = Violinvirtuose
Vc. = Violoncello
Vcellist = Violoncellist
Ver. = Verein, also VerDir. = Vereinsdirigent
Virt. = Virtuose
W = Werke

A

AACHEN, Hans v., ps. = Franz BEHR

AARON, Pietro — s. ARON

AARSBO, Jens Jacob * 1878, seit 1914 Stadtbibl. in Kopenhagen. W: Dansk folkesang fra d. 19. aarh.'; ‚Fra den danske musiks historie'.

AAVIK, Juan * 1884 Livland, Schüler des Petersburg. Konserv., 1911 Dirig. in Dorpat, seit 1925 in Reval. W: Kantate, Chöre, KlavSon.

ABACO, Evaristo Felice dall' * 12/7 1675 Verona, † 12/7 1742 München, hier seit 1704 Hofmusik. (KonzM, Vcellist). W: Konz., treffl. Kirch- u. KammerSon usw. Vgl. Denkmäler der Tonkunst in Bayern, Jahrg. 1 u. 9. — Sein Sohn J o s e p h * 1709 Brüssel, † 1805 Verona, da seit 1765 gleichf. Vcellist, 1729 in kurköln. Kapelle in Bonn, 1738 da Dir. d. KammerM. W: VcSonat.

ABBA-CORNAGLIA, Pietro * 20/3 1854 Alessandria (Piemont), da † 2/5 1894. W: Opern, KlavStücke, OrgStücke, Lieder, ‚L'introduzione del canto popolare in tutte le masse di comunità' u. a.

ABBATE, Gennaro * 1/4 1874 Bitonto (Bari), TheaKM. an vielen Orten. W: Opern, Sinf., KammerM.

ABBATI, Achille * 23/9 1857 Savignano (Romagna), † 11/1 1914 Rimini, da seit 1898 StadtKM u. Organ. W: Messen, KlavStücke, Lieder u. a.

ABBATINI, Antonio Maria * um 1605, † 1677 Tiferno, KirchKM in Rom (1626 am Lateran). W: Messen (eine 16st.), Motetten, Psalmen, Antiphonen, auch Opern.

ABBÉ l'ainé u. fils — s. SAINT-SÉVIN

ABBETMEYER, Theo * 21/9 1869, MSchr (Schulrektor) in Hannover.

ABBEY, John * 22/12 1785 Whilton, † 19/2 1859 Versailles, OrgBauer (pneumat. Mechanik), seit 1830 selbständ. in Paris.

ABBIATE, Luigi * 1866 Monaco, da † 1933 als MSchulDir., urspr. VcVirt., ausgebildet in Torino u. Paris, 1911/20 KonservL. in Petersburg. W: OrchStücke, KaM, VcStücke u. Schule.

ABEILLE, J. Ch. Ludw. * 20/2 1761 Bayreuth, † 2/3 1838, Hoforgan. in Stuttgart. W: Singspiele, Lieder, KlavStücke.

ABEL, Clamor, 1665 herzogl. Kammermusikus in Hannover. W: Sonaten 1674/7.

ABEL, Karl Friedrich * 1725 Köthen, † 20/6 1787 London, der letzte Gambenvirtuose, Schüler Bachs auf der Thomasschule in Lpz, 1748/58 Mitglied der Hofkap. Dresden, seit 1759 in London. W im Stile der Mannheimer: zahlreiche Sinf., StrQuart, KlavKonz usw.

ABEL, Ludw. * 14/1 1835 Eckartsberga (Thür.), † 13/8 1895 München; da seit 1867 kgl. KonzM (Schüler Davids) u. Prof. a. d. MSchule. W: VKonz, Schule, Etüden, Duos.

ABELA, Karl Gottlob * 29/4 1803 Borna/Sa., † 22/4 1841 Halle, Kantor. B: ‚Sammlg 2-, 3- u. 4-stger Lieder', Schulchoralbuch u. a.

ABELL, John * um 1660 London, † 1724 Cambridge, berühmter Altist u. Theorbist, 1693/1701 auf Reisen außerhalb Englands. W: Lieder.

ABENDROTH, Hermann * 19/1 1883 Frankf. a. M., 1905 KM in Lübeck, 1911 in Essen, 1915 (1918 GMD) in Köln, hier auch Dir. der Hochschule f. M., seit Nov. 1933 Leiter der Fachschaft ‚Musikerzieher' in d. RMK, seit Herbst 1934 Dirig. d. GewandhausOrch. u. KonservL. (DirigKl.) in Leipzig, hervorr. Dirig., Schüler Thuilles.

ABENDROTH, Hermann * 9/10 1882 Berlin, Kabaretsger in Hamburg, urspr. Elektrotechniker. W Kuplets (Schlager) nach eigen. Texten, Tänze, Märsche.

ABENDROTH, Irene * 14/7 1872 Lemberg, † 1/9 1932 Weidling/Wien, OpKolorSgerin u. a. in Wien u. Dresden.

ABENDROTH, Walter * 29/5 1896 Hannover, ausgeb. in München, 1925—29 MRef. in Altona u. Hamburg, 1929 in Köln, 1930/33 Red. d. ‚Allg. MZtg.', seit 1933 I. MRef. des Berliner Lokalanzeigers'. W: Opern, Sinf., KaM., Lieder auch m. Orch. Offiz. Biogr. Pfitzners 1934

ABENHEIM, Jos. * 1804 Worms, † 18/1 1891 Stuttgart, Schüler Reichas, seit 1825 Geiger der Hofkap. Stuttgart, 1854/88 MDir. W: Lieder, Pfte Stücke, GelegenheitsM u. a.

ABER, Adolf, Dr. phil. * 28/1 1893 in Apolda, lebt in Leipzig, MSchr., seit 1932 auch MVerleger, 1913/33 MRef. der Leipziger Neuest. Nachrichten. W: ‚Die Pflege d. M. unter d. Wettinern', Handbuch d. MLiteratur', ‚Die M im Schauspiel' u. a.

I

ABERT, Hermann (Sohn Joh. Jos.), Dr. phil. * 25/3 1871 Stuttgart, da † 13/8 1927, urspr. klass. Philol., 1902 PrivDoz. f. MWissensch. in Halle, da 1909 Prof. u. 1918 o. Prof., 1920 Nachf. Riemanns in Lpz, 1923 Nachf. Kretzschmars a. d. Univers. Berlin. W: ‚Die Lehre v. Ethos in der griech. M', ‚Rob. Schumann', ‚Die MAnschauung d. Mittelalters', ‚J. J. Abert', ‚W. A. Mozart'. H: Gluck-Jahrbuch, Mozart-Jahrbuch; Pergolese ‚La serva padrona', Glucks ‚Orfeo', ‚Illustr. MLexikon' usw.

ABERT, Joh. Jos. * 21/9 1832 Kochowitz (Böhm.), † 1/4 1915 Stuttgart, da 1853 Kontrabassist, 1867/88 HofKM. W: Opern, 3 Sinf., ‚Kolumbus' u. a., Ouvert., Quart., Lieder usw.

ABESSER, Edm. * 13/1 1837 Marktgölitz, † 15/7 1889 Wien, Schüler des Leipzig. Konserv., lebte in Meiningen u. Lpz. W: Oper, KlavStücke usw.

ABLESIMOW, Alexand. Onisimowitsch * 1742 im Gouv. Kostroma, † 1783 Moskau in großer Armut, Offizier, Satiriker. W: ‚Melnik' (‚Der Müller'), das erste russ. Singspiel 1779.

ABONDANTO, Giulio, veröffentlichte 1536 u. 1546 in Venezia Lautenkompos.

ABOS — s. AVOSSA

ABRAHAM, John — s. BRAHAM

ABRAHAM, Max, Dr. jur. * 3/6 1831 Danzig, † 8/12 1900 Leipzig, seit 1863 Mit-, seit 1880 Alleinbesitzer d. MVerlages C. F. Peters, begründ. 1867 die Edition Peters u. 1893 die MBibliothek Peters.

ABRAHAM, Otto, Dr. med. * 31/5 1872 Berlin, da † 24/1 1926, verdient um d. vergleich. MWiss.

ABRAHAM, Paul * 2/11 1892 Apatin (Ung.) lebt in Wien, 1931/33 in Berlin, vorher OpttenKM in Budapest, auch Prof. f. Liturg., Theor. MGesch., da Studium 1910/16. W: BühnenM., Optten ‚Viktoria u. ihr Husar' (1930), u. a., Tonfilme, Sinf., OrchSerenade, VcKonz., StrQuart.

ABRAHAMSEN, Erik * 9/4 1893, Organ. in Kopenhagen, da 1918/21 Leiter der MAbteil. der Kgl. Bibliothek, 1924 Doz., 1926 Prof. an d. Univ. W: ‚Liturgisk M. i den danske kirche'.

ABRAHAMSON, Friedr. * 10/4 1744 Schleswig, † 22/9 1812 Kopenhagen, Artilleriehauptm. MitH: ‚Danske Viser fra Middelalderen'.

ABRÁNYI, Cornel * 15/10 1822 Szent Györy, † 20/12 1903 Budapest, Pianist (Schüler Liszts), Schr., Theoret., seit 1875 L. a. d. LandesMAkad. W: KlavStücke, Chöre, Lieder usw. Sein Enkel Emil (Sohn des als OpLibr. bekannten ungar. Dichters Emil A. 1851—1920) * 22/9 1882 Budapest, Organ., Pianist, Schüler H. Kößlers u. St. Thomans, 1904 OpKM in Köln, 1910 in Hannover, 1911 Kgl. OpKM in Budapest, da seit 1921 Leiter d. Volksoper u. seit 1922 Dir. d. SinfOrch. W: Opern, 2 Sinf., KaM, Chöre, Lieder.

ABSENGER, Anton * 8/6 1820 Zerlach/Feldbach (Steierm.), † 16/12 1899 Graz. W: Viele volkstüml. Lieder.

ABT, Frz. * 22/12 1819 Eilenburg/Sa., † 31/3 1885 Wiesbaden; 1841 Dirig. in Zürich, 1852/82 HofKM. in Braunschweig. W: Viele M-, Fr- u. gem. Chöre, beliebte Lieder usw. — Sein Sohn Alfred * 25/5 1855 Braunschweig, † 29/4 1888 Genf, TheaKM. an versch. Orten.

ACHRON, Joseph * 1/5 1886 Losdese, Gouv. Suwalki, vielgereister VVirt., Schüler Auers, seit 1925 in Newyork; sucht eine jüd.-nation. KunstM zu schaffen. W: Orch.- u. KaM, VVirtStücke, KlavStücke, Chöre, Lieder.

ACHTELIK, Jos. * 7/4 1881 Bauerwitz (OS.), Schüler des Kölner Konserv.; MProf., Chordir. u. MSchr. in Leipzig seit 1919, Kriegsteilnehmer, vorher KM u. a. in Köln. W: Weihnachtsmärchen; ‚Der Naturklang als Wurzel aller Harmonien'.

ACKENS, Felix * 24/1 1816 Aachen, da † 18/3 1886, VerDirig., Präsid. des Rhein. Sängerbundes. W: MChöre.

ACKERMANN, Alex. — s. AGRICOLA

ACKERMANN, Ant. Jac. * 2/4 1836 Rotterdam, † 22/4 1914 's Gravenhage, da 1865/1905 KonservL. W: KlavStücke, Lieder.

ACKTÉ, Aino * 23/4 1876 Helsingfors, vielgereiste, in Paris ausgebildete (da 1897—1904 an der Großen Op.) OpernSopran; lebt in Paris bzw Turholm/Helsingfors.

ACQUA, Eva dall' * 1860 Brüssel, lebt da. W: Optten, Märsche, Tänze, Lieder, u. a. ‚La Vilanelle'.

ADAIR, Charles, ps. = RAIDA, C. A.

ADAJEWSKI, Ella v. — s. SCHULTZ-ADAJEWSKI

ADALID Y GURREA, Marcel del * 26/8 1826 Coruna, † 16/10 1881 Gongora, span. Pianist. W: Oper, KlavStücke, Volkslieder.

ADAM, Adolphe * 24/6 1803 Paris, da † 3/5 1856; Schüler Reichas u. Boieldieus, 1848 KonservProf. W: ca. 50 Opern ‚Le Postillon de Lonjumeau' (1836), ‚Le roi d'Yvetot', ‚Le brasseur de Preston', ‚Si j'étais roi' (neu bearb. von Paul Wolff), ‚La poupée de Nurenberg', ‚Le toréador' usw., Ballette ‚Giselle' u. a.; ‚Souvenirs d'un musicien'. — Sein Vater Louis (Joh. Ludw.) * 3/12 1758 Miettersholz/Els., † 8/4 1848 Paris; 1797/1842 KlavProf. am Konserv. W: ‚Méthode de Pianof.' (dtsch. von Czerny), Sonat. u. a. f. Klav.

ADAM, Alex., begabter, fortschrittl. Komp. * 24/11 1853 Bruchsal, † 10/6 1917 Freiburg i. B., stud. erst Ingenieur-Wiss., dann M in Stuttgart u. Berlin bei Kiel (2mal Mozartstipend.), zuerst Thea-KM in Würzburg, 1883/86 VerDir. in Karlsruhe, 1886/91 desgl. in Konstanz, 1891/1914 desgl. in Freiburg i. B., seitdem krank. W: Orat. ‚Jos Fritz' (wertvoll), Te Deum, Sinf. u. a. f. Orch., MChöre.

ADAM, Franz * 28/12 1885 München, da seit 1932 Dirig. des auch im Ausland bekannt geword. NSReichsSinfOrch., Schüler A. Beer-Walbrunns u. Mottls, urspr. Klarinettist, 1911 Solorepet. in Altenburg, 1913/23 BadeKM in Ragatz, 1924/28 KM am Rundfunk in München, 1929/31 in Berlin, dann in München. W: BühnenM., Singspiel, 2 Sinf., KaM.

ADAM, Joh. * 14/9 1704 Dresden, da 1756/72 Hof-Ballettkomp. W: Ballette, Sinf., KlavKonz., ObKonz., StrQuart.

ADAM, Karl Ferd. * 22/12 1806 Constappel-Meißen, † 23/12 1867 Leisnig; Kantor u. MDir. W: Oratorien, Psalm., MChöre, Lieder usw.

ADAM, Léon, ps. = Frederick MULLEN

ADAM, Louis — s. bei Adolphe ADAM

ADAM VON FULDA, wahrscheinlich Benediktinermönch, um 1490 am Hofe des Bischofs von Würzburg, † 1506 Wittenberg. W (bemerkenswert): Hymnen, theor. Traktat.

ADAM DE LA HALLE (Hale), gen. le Bossu d'Arras (der Bucklige v. A.) * um 1240 Arras, † 1287 Napoli, Troubadour, erst Geistlicher, folgte 1282 d. Grafen v. Artois nach Napoli. W: Chansons, kleine Jeux (Singspiele), z. B. ‚Robin et Marion'.

ADAMBERGER (ital. Adamonti), Valentin * 6/7 1743 München, † 24/8 1804 Wien, da seit 1780 a. d. Hofoper, gefeierter Tenorist.

ADAMI, Kurt * 11/8 1886 Odengowen, Kr. Johannesburg, OPr., lebt in Zoppot. W: Oper, 2 Sinf., KaM.

ADAMIC, Emil * 1879, lebt in Triest. W: OrchSuite, Chöre, Lieder.

ADAMONTI — s. ADAMBERGER.

ADAMS, Charles * 1834, † 3/7 1900 Charlestown, Mass., berühmter Heldentenor, wirkte 1865 in England, 1867/76 in Wien, auch in Amerika, seiner Heimat

ADAMS, H., ps. = Hans EISLER

ADAMS, Mac, ps. = Hans MAY

ADAMS, Thomas * 5/9 1785 London, da † 15/9 1858; Organist. W: OrgStücke, KlavStücke.

ADAMS, Thomas Julian * 28/1 1824 London, † 7/5 1887 Eastbourne, KlavVirt., Schüler v. Moscheles u. des Paris. Konserv., seit 1855 OrchDir. in England. W: OrchStücke, KlavStücke

ADAMS, Wilh. * 17/1 1896 Hamborn (Rhein); Schr. u. KM., Gymn.-Abit., Kriegsteilnehmer, Schüler Volbachs u. der Berl. Hochschule u. Univers., seit 1923 Dirig. des städt. MVer. in Osterfeld (Westf.). W: OrchSuite, Kantate ‚Von Tod und Auferstehen', Lieder.

ADAMUS, Henryk * 19/2 1880, urspr. Vcellist, jetzt OpChordir. in Warschau. W: Opern, sinf. Dichtungen.

ADDISON, Arthur, ps. = Martin RICHTER

ADDISON, John * um 1750, † 30/1 1844 London. W: Seinerzeit beliebte Singspiele, Gesangsschule, Trio-Sonat.

ADDISON, Rob. Brydges * 1854 Dorchester, Schüler Macfarrens, seit 1882 TheorL. an d. kgl. MAkad., 1892 GsgL. am Trinity Coll. London. W: OrchStücke, KirchM., treffl. Lieder.

ADE, Friedr. * 18/9 1872 Altensteig (Württ.), ausgebildet auf d. Konserv. in Stuttgart, da seit 1909 Chordir. und seit 1924 Organ. W: Chöre; ‚Method. Lehrgang f. d. Gesangunterricht'.

ADELBERG, Simon van * 14/8 1853 Utrecht, lebt in Amsterdam, da seit 1891 verdient. VVirt. und L.

ADELBURG, Aug., Ritter v. * 1/11 1833 Konstantinopel, † geisteskrank 20/10 1873 Wien, V-Virt., Schüler Mayseders. W: Opern, VKonz., StrQuartette.

ADELUNG (Adlung), Jak. * 14/1 1699 Bindersleben/Erfurt, † 5/7 1762 Erfurt, da 1721 Organ., 1741 Gymnas.-Prof., auch Instrumentenbauer. W: ‚Anleitg. z. mus. Gelahrtheit', ‚Musica Mechanica', ‚Musikal. Siebengestirn'.

ADEMOLLO, Aless. * 22/11 1826 Firenze, † 22/6 1891 Rom; verdienter Operngesch.-Forscher.

ADERE, Frz., ps. = Frz. DASERDA.

ADHÉMAR, Abel Comte de, * 1812 Paris, da † 1851. W: Einst auch in Deutschland sehr beliebte Romanzen ‚Le bravo', ‚Le Forban' usw.

ADIMARI, Luigi * 3/9 1644 Napoli, † 22/6 1708 Firenze. W: Opern, u. a. ‚Roberto'

ADLER, Emanuel * 3/12 1845 Beckern (Schles.), † 3/2 1926 Breslau, da erst 2 Jahre L., dann (1868) DomSger, 1876 zweiter, 1884 alleiniger DomOrgan. W: Kl. Harmonielehre f. Präparanden, OrgStücke, Messen, Lieder u. Chöre.

ADLER, Georg * 22/11 1863 Paris, KlavVirt., Schüler seines Vaters V i n c e n t A., Raffs u. Bülows, L. am Raff-Konserv. in Frankfurt a. M.

3

ADLER, Guido, Dr. iur. u. phil. * 1/11 1855 Eibenschütz (Mähr.), Schüler d. Konserv. in Wien, da 1882 PrivDoz. a. d. Univers., 1885 Prof. in Prag, 1898/1927 Prof. der MWiss. u. Dir. d. M-hist. Instit. in Wien. 1884 Mitbegr. der ‚Vierteljahrsschr. f. MWiss.'; H: ‚Denkmäler d. Tonkunst in Österreich'; ‚Handbuch der MGesch.'. W: ‚Rich. Wagner', ‚Der Stil in der M.', ‚G. Mahler', ‚Methode der MGesch.'.

ADLER, Ignaz * 23/11 1877 Schönhagen, Kr. Heiligenstadt (Eichsfeld), seit 1879 in Bielefeld, Organ. u. KirchChordirig. seit 1910, urspr. OrchMusiker. W: OrchStücke, MChöre, Lieder.

ADLER, Max * 29/9 1863 Gairing (Ung.), VPädag. u. Dir. einer eig. MSchule in Wien, Schüler Donts u. Bruckners. W: Skalen- u. Akkordstudien.

ADLER, Thomas * 1858 Herzogenaurach, † 24/2 1927 Bamberg als Domkapitular, 1887—1911 da DomKM; seit 1881 Priester. W: KirchM.

ADLER, Vincenz * 3/4 1826 Raab (Ung.), † 4/1 1871 Genf, KlavVirt, lebte in Budapest, Paris u. Genf. W: wertvolle Etuden, KlavStücke.

ADLGASSER, Anton Cajetan * 3/4 1728 Inzell/Traunstein, † 21/12 1777 Salzburg, da seit 1751 Domorgan. W: geschätzte KirchKompos.

ADLUNG — s. ADELUNG.

ADOLFATI, Andrea * 1711 Venedig, † 1760, Schüler Galuppis, KirchKM in Venedig u. Genua. W: Opern, KirchM.

ADOLFI, ps. = Adolf HIRSCH

ADOLFI, Frz, eigentl. Spreitzer, Karl Franz * 15/7 1876 Chemnitz, OpKM. in Zwickau, † 18/9 1934. W: Opern, Optten

ADRIANO, Messer — s. WILLAERT

AERDE, R. J. J. van * 6/6 1876 Mecheln, da KonservBibl. W: ‚Cyprian de Rore'; Les ancêtres Flamands de Beethoven' u. a.

AERTS, Egide * 1/3 1822 Boom/Antwerpen, † 9/6 1853 Brüssel als L. a. Konserv., ausgez. Flötist. W: Sinf., FlötKonzerte usw.

AERTS, Felix * 4/5 1827 St. Trond, † Dz. 1888 Nivelles, da seit 1862 ML, Violinist, Schüler d. Brüsseler Konserv. W: Orch- u. KaM, Elementarmusiklehre, Abhandlgen über Plaint-chant usw.

AESCHBACHER, Karl * 31/3 1886 Eggiwil (Kant. Bern), seit 1913 MDir. in Trogen (Appenzell), ML an der Kantonschule in Appenzell, Schüler des Kölner Konserv. W: Fr-, gem.- u. MChöre, Lieder, KlavStücke, KlavTrios.

AESCHBACHER, Walter * 1901 Zürich, MKrit. u. ChorDir. in Bern. W: Chöre, Gsge.

AFANASSIEW, Nicolai Jakowlewitsch * 1821 Tobolsk, † 3/6 1898 Petersburg, Geiger. W: Opern Orator., Kantaten, KaM (u. a. Quartett ‚Die Wolga') usw.

AFFERNI, Ugo * 1/1 1871 Florenz, lebt da, studierte da, am Raff-Konserv. Frankf. a. M., u. in Lpz, 1893 Dir. in Annaberg (Sachs.), 1897 Dir. in Lübeck, 1907/12 Dirig. d. Kurorch. in Wiesbaden, seit 1914 wieder in Italien. Seit 1895 verh. m. d. VVirt. Mary Bramner [* 2/5 1872 in Great Grimsby (England), Schülerin d. Lpz. Konserv.]. W: Oper, Sinf., KlavStücke, Chöre, Lieder usw.

AFROMJEJEW, Alexei M. * 8/2 1868 Tjumenj, Gouvern. Tobolsk, da † 1920, Gitarrist. W: Fantasien, Etüden u. a. f. Git.

AFZELIUS, Arvid Aug. * 6/5 1785 Hornborga, † 25/9 1871, Pfarrer zu Enköping (Schweden). H: mit E. G. Geijer schwed. Volkslieder m. Melod.

AGATH, Hein, ps. = Heinr. GUT

AGAZZARI, Agostino * 2/12 1578 Siena, da † 10/4 1640, 1606/08 in Rom KM. W: Oper ‚Eumelio' (eine der ältesten), Cantiones sacrae, Litaniae, Madrigale usw.; Anweisg. z. Ausführg. des bez. Basses; ‚La m. ecclesiastica'.

AGGHAZY, Carolus * 30/10 1855 Budapest, Schüler Volkmanns, Bruckners u. Liszts, KlavVirt, KonservL in Budapest. W: Oper, KaM, KlavStücke usw.

AGINCOURT, Franç d' * ?, 1714 Organ. in Paris, da † 18/6 1758. W: Pièces de Clavecin.

AGNELLI, Salvat. * 1817 Palermo, † 1874, ausgeb. in Neapel, seit 1846 in Marseille. W: Opern, Kantat., KirchM.

AGNESI, Luigi, eigentl. Agniez, Louis * 17/7 1833 Ergent/Namur, † 2/2 1875 London, urspr. treffl. OpBassist, dann OpKM in Brüssel. W: Oper, Lieder

AGNESI-PINOTTINI, Maria Teresa d' * 17/10 1720 Milano, da † 19/1 1795. W: Opern, KlavSon. u. -Stücke, HarfStücke.

AGNEW, Roy * 1894 Sydney, da KlavVirt. W: 7 KlavSon. u. a.

AGNIEZ, L. — s. AGNESI

AGOSTINI, Lodovico * 1534 Ferrara, da † 20/9 1590, KM der Kathedrale. W: Madrig., Motett., Messen.

AGOSTINI, Mezio * 12/8 1875 Fano, Schüler u. 1900 KonservL. in Pesaro, seit 1909 KonservDir. in Venedig, Pianist. W (beachtensw.): Op., KaM, KlavKonz. u. -Stücke.

AGOSTINI, Paolo * 1593 Vallerano, † 1629, Dir. der vatikan. Kap. in Rom, Schüler Naninis; liebte vielstimm. Satz (bis zu 48 St.). W: Messen, Psalmen, Magnificats usw.

AGRELL, Joh. * 1/2 1701 Löth (Ostgotland), † 19/1 1765 Nürnberg, da seit 1746 KM, vorher seit 1723 Geiger (Hofmusik.) und KlavVirt. in Cassel. W: KlavKonz. u. Sonaten.

AGRENEFF, gen. Slavianski, Demetrius * 1838, † 1908 Rustschuk, Gründer eines vortreffl. nation.-russ. Chors und Balalaika-Orch., mit dem er viel reiste u. die Bekanntschaft russ. (von ihm freilich stark bearbeitet.) Volksmusik weiteren Kreisen vermittelte.

AGRICOLA (Ackermann), Alexander, auch nur Alexander genannt, Deutscher, geb. 1446 (?), † 1506 Valladolid, bis 1474 KM in Mailand, seit 1491 Kapellsänger des Herz. Philipp I. v. Burgund. W (sehr geschätzt): Messen, Motetten, Lieder.

AGRICOLA, Geo. Ludw. * 25/10 1643 Großfurra/Sondershausen, † 22/2 1676 Gotha, da seit 1670 KM. W: ‚Musikal. Nebenstunden' f. 5 Str.-Instrum., Bußlieder, Madrigale.

AGRICOLA, Joh. * um 1570 Nürnberg, † um 1605 als Gymn.-Prof. in Erfurt. W: Motetten, Cantiones.

AGRICOLA, Joh. Frdr. * 4/1 1720 Dobitschen (Altenbg.), † 1/12 1774 Berlin, Schüler von Bach u. Quantz, 1750 Hofkomp., 1759 Dir. der Hofkapelle; auch MSchr. W: Opern, Psalme, Sonaten usw.

AGRICOLA (eigentl. Sore), Martin * 6/1 1486 Schwiebus, † 10/6 1556 Magdeburg, da seit 1527 Kantor, Luthers Freund, verdient um d. deutsch. Choral. W: ‚Musica instrumentalis' deutsch, Hymnen usw.

AGRICOLA, Wolfg. Christoph, Magister in Neustadt a. S., gab 1647 Messen u. Motetten heraus.

AGTHE, Albrecht * 14/4 1790 Ballenstedt, † 8/10 1873 Berlin, da seit 1832, ML. W: treffl. KlavStücke. Sein Vater Karl Christian * 16/6 1762 Hettstädt, † 27/11 1797 als Hoforgan. zu Ballenstedt. W: 6 Singspiele, Ballett, KlavSon, Lieder.

AGTHE, Rosa — s. v. MILDE.

AGTHE, Wilh. Joh. Albr. = AGTHE, Albrecht

AGUADO Y GARCIA, Dionisio * 8/4 1784 Madrid, da † 29/12 1849, berühmt. Gitarrist. W: GitStücke u. Schule.

AGUJARI, Lukrezia gen. La Bastardella, * 1743 Ferrara, † 18/5 1783 Parma, durch ihre fabelhafte Höhe u. Virtuosit. sehr geschätzte Sängerin.

AGUILAR, Emanuel * 23/8 1824 Chlapham/London, † 13/2 1904 London, span. Abkunft, Klavierist. W: Opern, Kantaten. Sinf., KaM.

AGUIRRE, Julian * 1859 Buenos Aires, da † 1924, Pianist. W: OrchSuite, KaM, reizvolle Klav-Stücke.

AHL, Georg (Sohn Karls) * 7/7 1878 Fallersleben, ML in Berlin, Schüler Juons u. Bruchs, zeitw. in Amerika OrchDirig., Klav- u. VVirt., 1908/16 ML in Haubinda (Landerziehgsheim), Kriegsteilnehmer, 1922/24 in Amerika als Dirig., sehr verdient um die Unterstützg dtscher Musiker in der Heimat. W: Orch- u. KaM, KlavSonate, Lieder.

AHL, Karl * 3/2 1845 Dohnsen/Braunschweig, † 13/10 1921 Berlin, da seit 1908 GsgL, urspr. KonzSger (Tenor), auch Dirig. in Amerika, da Pionier für dtsche M.

AHLBORN, Alfred * 12/12 1851 Weenda/Göttingen, † 1934, seit 1873 ML. u. seit 1892 Organ. in Göttingen. W: KlavStücke

AHLE, Joh. Georg * 1651 Mühlhausen i. Th., † da 2/12 1706, Organ., tüchtiger KirchKomp., auch InstrumentalM u. theoret. Werke. — Sein Vater u. L J o h. R u d o l p h * 24/12 1625 Mühlhausen in Th., da † 9/7 1673, Kantor und Organ., 1673 Bürgermeister. W: ‚Geistl. Dialoge', Tanzsuiten, OrgStücke, theor. Schriften usw.

AHLE, Joh. Nepomuk * 16/5 1845 Langenmosen, † 20/11 1924 Augsburg, da Domkapitular. W: KirchM., Festspiele

AHLSTRÖM, Jakob Niklas * 5/6 1805 Wisby (Schweden), † 14/5 1857 in Stockholm. PfteVirt. W: Opern, SchauspielM, Chöre, Lieder, Klav-Werke usw.

AHLSTRÖM, Joh. Alfr. * 1/1 1833 Stockholm, da † 26/3 1910. W: MChöre.

AHLSTRÖM Olof * 14/8 1756, † 11/8 1835 Stockholm, Organ. W: KlavSon, VSon, Lieder.

AHN-CARSE, Adam — s. CARSE, Adam

AHNA, Heinr. de * 22/6 1832 Wien, † 1/11 1892 Berlin, VVirt., Schüler Mayseders u. Mildners. 1862 kgl. KaM. in Berlin, 1868 KonzM., 1869 auch Prof. a. d. Hochschule, Mitgl. d. Joachim-Quartetts.

AHNA, Pauline de, Gattin von Rich. Strauß (s. d.).

AHNER, Bruno * 7/8 1866 Dresden, VVirt., 1902/28 KonzM der Oper in München.

AIBL, Joseph, Musikverl., gegründet 1824 in München, 1836—84 durch Eduard S p i t z w e g zu Ansehen gebracht, 1904 von der Univers.-Edition in Wien angekauft.

AIBLINGER, Joh. Kaspar * 23/2 1779 Wasserburg (Bay.), † 6/5 1867 München, viel in Italien. Op- u. KirchKM. W: Opern, Messen, Requiems, Offertorien usw.

AICH, Arnt v. † 1530 Köln, da Notendrucker (4st. Liederbuch, NA 1930).

AICHINGER, Gregor A. * 1564 Regensburg, † 21/1 1628 Augsburg, Kanonikus, stud. in Rom, fruchtbarer KirchKomp.

AIGNER, Engelbert * 23/2 1798 Wien, da † 1851, da 1837—42 Ballettdirig. der Oper. W: Opern, Ballette, KirchM.

AILBOUT, Hans, ps. Becker, E.; Bell; Born, E.; Boutail, Jean; Brandt, E.; Eilenburg, F.; Ernesti, Hans; Faneau, H.; Ferrin, José; Huber, F. K.; Kösen, Konr.; Lange, H.; Torelli * 2/7 1879 Krefeld, Dir. eines Konserv. in Berlin-Wilmersdorf. W: Film-Optten, KlavStücke, Schlager.

AIM, V. B. * 13/4 1886 Raudnitz (Rovne), staatl. MInspektor in Prag seit 1920, Chordir. W: MChöre, KlavStücke

AIMO, N. F. — s. HAYN

AIMON, Pamphile Léop. Franç. * 4/10 1779 L'Isle/Avignon, † 2/2 1866 Paris, bereits 1796 TheaKM in Marseille, seit 1817 in Paris, erst TheaKM, dann ML. W: Oper ‚La fée Urgèle‘, KaM, theoret. Schriften.

AIRD, James, MVerleger † 1795 Glasgow. H: Selection of scotch, english, irish and foreign airs 1778.

AITKEN, Geo. * um 1882 London, da Organ. 1895, KlavVirt., L. an der Guildhall School. W: KirchM., Stücke f. Klav., Org., Vc, Lieder

AKAR, Charles * 19/1 1860, † 20/3 1928 Paris, Librettist.

AKERBERG, Erik * 19/1 1860 Stockholm, da Kant., Organ. u. Chordir. W: Oper, gr. Chorwerke, Orch.- u. KaM, KlavStücke, Lieder.

AKIMENKO, Theodor * 8/2 1876 Charkow, Schüler Balakirevs u. Rimsky-Korssakows, in Petersburg KonservL. W: Oper, Orch.- und KaM., Chöre, Lieder, KlavStücke.

AKSENOW, Simon N. * 1773, † 1853, russ. Gitarrist. W: f. Git.

ALABIEFF, Alex. * 15/8 1787 Moskau, da † 6/3 1851. W: Opern, viele Lieder u. a. ‚Die Nachtigall‘.

ALALEONA, Domenico, Dr. phil. * 16/11 1881 Montegiorgio, da † 28/12 1928, Schüler d. Cäcilien-Akad. in Rom, da L., auch Dirig., treffl. MSchr. W: Oper, Sinfonia italica, gr. Chorwerk ‚Attolite portas‘, Requiem pro defuncto rege, Gsg. m Orch., Lieder; Studi su la storia dell' oratorio music. in Italia‘.

ALARD, Delphin * 8/3 1815 Bayonne, † 22/2 1888 Paris, VVirt., Schüler u. Nachf. Baillots bis 1875 am Paris. Konserv. W: Viele VKomp., treffl. Schule. H: Les maitres class. du violon.

ALARY, Georges * 28/11 1850 Aurillac (Cuntec), lebt in Paris, Schüler der Konserv., insbes. v. Saint-Saëns. W: Sinf., KaM, Chöre, Lieder.

ALARY, Jules * 16/3 1814 Mantua, † 17/4 1891 Paris, da seit 1835 ML., Schüler des Mailander Konserv., urspr. Flötist. W: 9 Opern, Orator., viele Gsge, u. a. die Barkarole ‚Il lago di Como‘.

ALASSIO, Nino * 13/4 1872 Genova, da Theor.-L., am Paganini-Konserv. W: Oper, KlavStücke.

ALAYRAC, Nicolas d' — s. DALAYRAC

ALBA — ALBA, ps., = Alfr. BARESEL

ALBAN, Matthias * 1621 Kaltern (Tirol), † 7/2 1712 Bozen, ausgez. Geigenbauer.

ALBANESI, Carlo * 22/10 1856 Neapel, Pianist, † 21/9 1926 London, da seit 1882 u. seit 1893 L. an der Royal acad.. W: KaM, KlavSonat. u. a.

ALBANESI, Luigi * 3/3 1821 Rom, † 4/12 1897 Neapel. W: Orator., Messen, beliebte KlavStücke.

ALBANI (pseud. für Lajeunesse), Emma * 1/11 1852 Chambly bei Montreal, berühmte Bühn.- u. OratorSopranistin, seit 1878 mit TheaPächter Ernest Gye in London vermählt, da † 3/4 1930. W: ‚40 Years of song‘ (1911).

ALBANI, Matth. — s. ALBAN

ALBANIZ, S. M., ps. = Martin SCHMELING

ALBARELLO, Riccardo * 1869, † 1896 Napoli. W: Viele Romanz. u. Kanzonen.

ALBENIZ, Isaac * 29/5 1860 Comprodon (Spanien), † 16/6 1909 Cambo, pianist. Wunderkind, später Schüler Liszts u. Gevaerts; seit 1890 von V. d'Indy beeinflußt. W: Opern spezif. span. Kolorits, Zarzuelas (Optten), OrchStück Cataleña; Iberia, 12 Impressionen u. vieles and. f. Klav.

ALBENIZ, Pedro * 14/4 1759 Logroño, † 12/4 1855 Madrid, da seit 1830 hochverd. KlavL. am Konserv. W: KlavSchule u. Stücke.

ALBERGATI, Pirro, Graf * 20/9 1663 Bologna, da † 22/6 1735. W: Viele Op., Messen, KaM.

ALBERS, Henri * 1/2 1866 Amsterdam, † Sept. 1926 Paris, treffl. auch in England und Amerika bekannter OpBassbar.

ALBERT, Prinz v. Sachsen-Koburg-Gotha * 26/8 1819, † 14/12 1861 London, seit 1840 Gemahl der Königin Victoria v. England, sehr musikal. W: Oper, Messen, Lieder.

ALBERT, Eugen d' * 10/4 1864 Glasgow, † 3/3 1932 Riga, Schüler Liszts, genialer KlavVirt. u. Komp., 1892/95 mit der Pianistin Teresa Carreño (s. d.), 1895/1910 mit der Sängerin Hermine Finck († 31/10 1932 Berlin) vermählt; kurze Zeit (1895) HofKM in Weimar, lebte zuletzt in Lugano. W: Sinf., 2 KlavKonz., Ouvert., StrQuartette, Klav-Stücke (Suite usw.), VcKonz., Opern ‚Der Rubin', ‚Ghismonda', ‚Gernot', ‚Die Abreise' (1898), ‚Kain', ‚Der Improvisator', ‚Flauto solo', ‚Tiefland' (1903), ‚Tragaldabas', ‚Izeil', ‚Die verschenkte Frau', ‚Liebesketten' (1912), ‚Die toten Augen' (1916), ‚Der Stier v. Oliveira', ‚Revolutionshochzeit', ‚Scirocco', ‚Mareike von Nymwegen', ‚Der Golem', ‚Die schwarze Orchidee', ‚Mister Wu' (1932), Chorwerke, Lieder.

ALBERT, Heinr. * 8/7 1604 Lobenstein, † 6/10 1651 Königsberg/Pr., da seit 1630 Domorgan. W: Arien, d. h. ein- u. mehrst. Lieder u. Choräle (Schöpfer des durchkomp. Lieds), ‚Die Kürbshütte', Terzett-Kant. usw.

ALBERT, Heinr. * 16/7 1870 Würzburg, da Schüler d. MSchule, Geiger in verschied. Orch., seit 1895 in München, da seit 1900 GitVirt. W: Schulen f. Git., Mandol., KaM f. Git., Lieder mit Git.

ALBERT, Max * 7/1 1833 München, † 4/9 1882 Berlin, da seit 1853; treffl. Zithervirt. u. Förderer seines Instrum. W: für Zither.

ALBERTI, Domenico * um 1710 Venedig, † um 1740 Formio. W: Opern, KlavSonaten usw. Nach ihm die Albertischen Bässe (begl. Akkordbrechgen der linken Hand zu einer Melodie der rechten) benannt.

ALBERTI, Franc. * Faenza, Gitarrist in Paris, gab da 1786 ‚Nouvelle méthode de g.' heraus.

ALBERTI, Gius. Matteo * 1685 Bologna, da † 1751, da 1721 Präsid. der philharm. Akad. W: VKonz. u. Sonat.

ALBERTI, Henri (ps.) — s. POPP, Wilh.

ALBERTI, Joh. Friedr. * 11/1 1642 Tönnig (Schlesw.), † 14/6 1710 Merseburg, da bis 1698 (Schlaganfall) Domorgan. W: KirchM.

ALBERTI, Karl Edm. Rob. * 12/7 1801 Danzig, † 1874 Berlin, 1854 Schulrat in Stettin. W: ‚R. Wagner', ‚Raphael u. Mozart', ‚Beethoven als dramat. Tondichter' usw.

ALBERTI, Lodov. * 1857, lebte in Mailand, da ausgeb., MSchr. W: Opern; ‚L'organo nelle sue attinenze colla m. sacra'.

ALBERTI, Nino * 1873 Cagliari, lebt da, MKrit. W: Opern.

ALBERTI, Piero, Geiger um 1700, im Dienste des Prinzen Carignan (Paris). W: Trio-Son.

ALBERTI, Victor, ein Ungar, Begründer des Alberti-Verl. (s. d.).

ALBERTI, Werner * 21/1 1863, treffl. vielgereister OpTenorist, lebt in Berlin als GsgL.

ALBERTI-VERLAG, gegr. Nov. 1919 in Berlin, verlegt bes. amerikan. Schlager, aber auch ernste ungar. M. 1934 aufgegangen in den Dreiklang-Verlag

ALBERTINI, Gioacchino † 1811 Warschau, da seit 1748 HofKM. W: Opern.

ALBERTO, ps. = Otto BAAR

ALBICASTRO (d. i. Weißenburg), Heinr., wahrscheinlich Schweizer ca. 1680/1730 [?]. W: KaM.

ALBINATI, Gius. * 2/2 1856 Milano, da † 19/9 1930, bis 1928 mit Verfertg. von MKatalogen für Lucca bzw. Ricordi beschäftigt. W: ‚Dizionario di opere teatrale, oratori, cantate'.

ALBINI, Eugenio * 26/4 1881 Saludecio/Rimini, treffl. Vcellist u. Gambist in Rom, Schüler u. a. Hugo Beckers. W: VcStücke, Transskript. ‚Beethoven e le sue cinque Sonate p. Vc. (1923).

ALBINI, Felix * 10/12 1869 Zupanje (Slavonien), ausgebild. in Graz, Dir. des Landesthea. in Zagrb (Agram) seit 1909. W: Optten, Ballette, Chöre, Lieder.

ALBINONI, Tommaso * 1674 Venedig, † da 1745. Dillettant. W: Sinf., 55 Opern, wertvolle KaM (bes. op. 8 Trio-Son.) usw.

ALBONI, Marietta * 10/3 1823 Cesena, † 22/6 1894 Ville d'Avray/Paris, gefeierte Altistin, Schülerin der Bertolotti u. Rossinis, 1863 von d. Bühne zurückgetreten.

ALBRECHT, Alex. * 12/8 1885 Arad (Ung.), seit 1907 DomOrgan. u. Dirig. in Preßburg, Schüler Kößlers. W: Messe, sinf. Dichtg., KaM., OrgStücke.

ALBRECHT, Eugen Maria s. bei Karl A.

ALBRECHT, Georg v. * 1891 Moskau, seit 1925 KonservL (Tonsatz, Klav.) in Stuttgart u. Dirig. der mus. ethnograph. Vereinigg, Schüler Tanejews, Wihtols, Straessers u. M. v. Pauers, war KonservL in Jalta (Krim) u. Moskau. W: KaM, KlavSon u. Stücke, Chöre, Duette, Lieder.

ALBRECHT, Hans * 1/12 1875 Batzenstein (OFrank.), seit 1923 SemML in Bayreuth. W: MChöre, KlavStücke, OrgStücke u. a.

ALBRECHT, Joh. Lorenz * 8/1 1732 Görmar i. Th., † 1773 Mühlhausen i. Th., da seit 1758 GymnL. u. Organ. W: theoret. Schriften.

ALBRECHT, Karl * 27/8 1807 Posen, † 24/2 1863 Gatschina, da seit 1850 GsgL, Schüler J. J. Schnabels, 1825 Geiger im Breslauer Thea., 1838

OpKM in Petersburg. W: Ballett, StrQuart., Messe. Sein Sohn Konstantin Karl * 4/10 1836 Elberfeld, † 26/6 1893 Moskau, da 1854 Vcellist im Kais. Thea., 1860 Mitbegr. d. Konserv. W: KlavStücke, Lieder, Chöre; Lehrbücher. Dessen Bruder Eugen Maria * 16/7 1842 Petersburg, da † 9/2 1894, Schüler d. Lpzger Konserv., 1860 Geiger in Petersburg, berühmt durch seine KaM-Abende, 1872 Inspektor d. kaiserl. Orch. W: pädag. Schriften usw. H: Sammlg. russ. Soldaten-, Kosaken- u. Matrosenlieder.

ALBRECHT, Max Rich. * 14/3 1890 Chemnitz, Schüler des Lpzg. Konserv., seit 1916 in Dresden (Chordir.), vorher TheaKM. W (sehr modern): MDramen, M zu Goethes ‚Faust', Lieder m. Orch., KlavStücke usw.

ALBRECHT, Maximilian * 16/2 1887 Dachwig, Kr. Erfurt, lebt in Hinterzarten (Schwarzwald), war zuletzt (bis 1931) Chordir. des Berliner Rundfunks, vorher TheaKM. u. KonzDirig. u. a. in Dortmund, Kassel, Freiburg i. B., ausgeb. in Berlin (Hochschule) u. Lpz. (Konserv). W: Sinf. Dichtg., KaM., Chöre, Lieder.

ALBRECHTSBERGER, Joh. Georg * 3/2 1736 Kloster-Neuburg b/Wien, † 7/3 1809 Wien, da 1772 Organ., 1792 KM a. d. Stephanskirche, L Beethovens u. Freund Mozarts. W: 6 Oratorien, 26 Messen, Sinf., KaM, klein. KirchM, OrgStücke, KlavSchule ‚Gründl. Anweisg. z. Komposition' usw.

ALBRICI, Vincenzo * 26/6 1631 Rom, † 8/8 1696 Prag, da KirchKM seit 1682, 1654 in der kurfürstl. Kap. in Dresden, 1663/66 in London, 1666/72 u. 1676/80 HofKM in Dresden, 1681/2 Thomas-Kantor in Lpzg. W: KaSon., kirchl. Gesge.

ALBUZZI-TODESCHINI, Teresa * 26/12 1723 Milano, † 30/6 1760 Prag, sehr berühmte ital. OpSgrn, auch in Dresden, Warschau usw. sehr geschätzt

ALCANTARA, Miguel d', ps. = Felice DYK

ALCAROTTI, Giov. Franc. W: Madrigale (1567/8), Lamentationen (1570).

ALCOCK, James * 29/7 1778 Eton, † 30/4 1860 Cambridge, Kantor u. Chordir. W: Glees, GsgSchule.

ALCOCK, John * 11/4 1715 London, † 23/2 1806 Lichfield, Organ. W: KirchM, 7st. InstrKonz., KlavStücke, Lieder.

ALCOCK, Walter Galpin * 29/12 1861 Edenbridge (Kent), berühmt. Organ. in London. W: KirchM, OrgSchule u. Stücke.

ALCUINUS, Flaccus * 753 York, † 19/5 804 als Abt zu Tours, Verf. d. ältesten Schrift über die Kirchentöne.

ALDAY, 2 Brüder, l'aîné * 1763 Paris, Musikalienhändler in Lyon, Geiger u. MandolinenVirt. W: Méthode de V.; le jeune * 1764 Paris, Schüler Viottis, seit 1791 in England, seit 1806 in Edinburg. Da † 1835. W: VKonz. u. auch heute noch benutzte Etüden, StrTrios

ALDERIGHI, Dante * 7/7 1898 Taranto, ausgez. Pianist in Rom. W: KaM, KlavSuiten usw.

ALDEN, James, ps. = WYSOCKI, Georg v.

ALDER, Rich. Ernst * 8/6 1853 Herisau, † 1904 bei Argenteuil, seit 1880 OrchDirig., seit 1896 in Marseille. W: Sonat. f. Klav., Chöre u. a.

ALDOVRANDINI, Gius. Ant. Vinc. * 1665 Bologna, da † 6/2 1707. W: Opern, Orat., KaM.

ALDRICH, Henry * 1647 Westminster, † 14/12 1710 Oxford, Theologe, sammelte eine wertvolle MBibl. (vermacht der Christ-Kirche). W: Catches.

ALDRICH, Percy Dunn * 1863 Blackstone, Mass., † 21/11 1933 Newyork, Sger, OpDirektor u. GsgL. W: Kantate, Liederbücher u. a.; ‚Vocal economy'.

ALDRICH, Rich. * 31/7 1863 Providence, angesehener MSchr. in New York.

ALEFF, Georg * 15/7 1871, Kantor in Hamburg. W: Chöre, Lieder.

ALEMBERT, Jean de Rond d' * 16/11 1717 Paris, † da 29/10 1783, gesch. Akustiker. W: ‚Eléments de m. théor. et prat., suivant les principes de M. Rameau' u. a.

ALENEW, Eugen * 17/11 1864 Wyborg, lebt da, Pianist. W: Lieder, Klav.-, V.- u. Vc.-Stücke.

ALESSANDRESCU, Alfred * 14/8 1893 Bukarest, Schüler Castaldis, d'Indys u. Vidals, Klavierist, seit 1921 KM. d. Oper u. seit 1926 d. Philh. Orch. in Bukarest. W: Sinf. Dicht. u. a. f. Orch., KaM, Lieder.

ALESSANDRI, Felice * 24/11 1747 Rom, † 15/8 1798 Cesinalbo, viel gereister (Paris, London, Petersburg) TheaKM, 1789/92 an der Berlin. Oper. W: Opern, Orat., Sinf., KaM, KlavKonz.

ALETTER, Wilhelm, ps.: BARRIS-MELITON, Fred COLLINS; Leo NORDEN; G. NOVARRA; A. TELLIER; Sam WELLER * 27/1 1867 Bad Nauheim, † 30/6 1934 Wiesbaden, volkstüml. Komp. in Berlin-Steglitz, 1883/94 Musikal.-Händler, 1894/96 Schüler Rehbaums u. Humperdincks. W (sehr zahlreich): OrchStücke, KlavStücke (u. a. ‚Rokoko-Gavotte'), Lieder (u. a. ‚Ach könnt' ich noch einmal so lieben')

ALEXANDER — s. Agricola.

ALEXANDER FRIEDRICH, Landgraf v. — s. HESSEN

ALEXANDER, P. L., ps. = VITZTHUM, Graf P. L. Alexander

ALEXANDRE, André * 7/9 1860 Mummenheim, † Jan. 1928 Paris, OpLibrettist.

ALEXANDRE, Jaques * 1804, † 11/6 1876 Paris, da seit 1829 erfolgr. Harmoniumbauer, doch fallierte 1868 seine Fabrik (in Ivry). Sein Sohn E d o u a r d (* 1824, † 9/3 1888) brachte einen neuen Typ, die Alexandre-Orgel, in den Handel

ALEXANDROW, Anatol * 25/5 1888 Moskau, da seit 1923 Prof. am Konserv. W (bemerkensw.): Suite, Ouv. f. Orch., KaM, KlavSonat. u. Stücke, Lieder.

ALEXIAN, Diran * 1881 Konstantinopel, Vcellist, seit 1900 in Paris. W: Armen. Suite, Vc-Schule.

ALFANO, Franco * 8/3 1876 Napoli, Schüler d. dort. u. d. Lpzger Konserv., TheorL. u. Dir. des Konserv. in Bologna; seit 1923 KonservDir. in Torino. W: Opern u. a. ‚Risurrezione' (‚Auferstehung' nach Tols·oi), ‚La leggenda di Sacuntala', ‚Madonna Imperia' u. a., Sinf., StrQuart., Klav.- u. VSonate; vollendete Puccinis ‚Turandot'.

ALFERAKI, Achill * 3/7 1846 Charkow. W: Chöre, Lieder, KlavStücke.

ALFIERI, Pietro (Abbate) * 29/6 1801 Rom, da † 12/6 1863, hervorrag. MSchr. W: über den Gregor. Gsg usw. H: ‚Raccolta di motetti', ‚Raccolta di m. sacra'.

ALFONSO DELLA VIOLA, 1539—67 am Hofe zu Ferrara. W: Madrigale, Operneinlagen.

ALFONSO, O., ps. = Otto LORENZ

ALFREDO, Waldemar (ps.) = LINDEMANN, Wilhelm.

ALFVEN, Hugo * 1/5 1872 Stockholm, Schüler d. dort. Konserv., Geiger d. Hoforch., seit 1910 Univers.-MDir. in Upsala, geschätzter neuroman. Komp. W: 5 Sinf., sinf. Dichtg., OrchFant. ‚Midsommersvaka', KaM., KlavStücke, Kantat., Chöre, Lieder usw.

ALGAROTTI, Francesco, Conte * 11/12 1712 Venedig, † 3/5 1764 Pisa, 1740/49 bei Friedrich d. Gr. in Berlin. W: Opernlibr., ‚Saggio sopra l'opera in m.' (auch ins Dtsche übers.).

ALINOVI, Gius. * 27/9 1790 Parma, da † 18/3 1869, ML. W: Instr. u. GsgKompos.

ALIPRANDI, Bernardo * um 1710 Toscana, seit 1732 Vcellist, 1750 KonzM. der Hofkap. in München, pens. 1780. W: Opern, Stabat mater. — Sein gleichnam. Sohn, 1762 Vcellist an ders. Stelle. W: f. Vc.

ALITISZ, Alex. v. * 20/3 1811, † 29/5 1830 Pressburg. W: BühnenM., Orator. u. a.

ALKAN (eigentl. Morhange), Charl. Henry Valentin * 30/11 1813 Paris, † da 29/3 1888 KlavVirt. (Wunderkind). W (wertvoll): KlavKonz., KaM, Transkriptionen, Etüden f. Klav. usw.

ALKAN, Napoléon (Bruder des vor.) * 2/2 1826 Paris, da † März 1888, KlavVirt. W: KlavStücke.

ALLACTI, Leone * 1586 Chios, † 19/1 1669 Rom, da seit 1661 Bibliothekar des Vatikans. W: Drammaturgia (wichtig f. d. Operngesch.).

ALLAN, Edgar, ps. — s. KOLLO, Willi.

ALLAN, Mozart * 1857, † 9/8 1929 Glasgow, Begründer des gleichnamigen Verlags.

ALLEGRI, Gregorio * 1582 Rom, da † 17/2 1652, seit 1629 päpstl. Kapellsänger u. Schüler Naninis. Sein ‚Miserere' (9st.) in Rom jährlich am Aschermittwoch gesungen.

ALLEN, Edward Heron * 17/12 1861 St. John's Wood, lebt in London. W: De fidiculis bibliographia; ‚Violin making'.

ALLEN, Hugh Percy * 23/12 1869 Reading, Organ. u. ChorDirig., seit 1909 UniversMDir. in Oxford. Seit 1918 Dir. d. R. College in London, sehr verdient um das MLeben in England.

ALLEN, Paul * 1883 Boston, ausgeb. in Firenze, lebt da. W: Opern, 2 Sinf., KaM.

ALLENDE, Humberto * 1885 Chile, lebt ?. W: Sinf. Dichtg, VcKonz.

ALLIHN, Heinr. Max * 31/8 1841 Halle a/S., † da 15/11 1910 als Pfarrer. B: Töpfers ‚Lehrbuch d. OrgBaukunst'. W: ‚Die Hausinstrum. Klav. u. Harmon.', ‚Wegweiser durch d. HarmonM.' usw.

ALLIN, Arthur Ivan * 3/12 1847 Kopenhagen, 1889—1915 Domorgan. in Aarhus. W: Sinf., Ouv., KlavStücke, Lieder.

ALLIN, Norman * 19/11 1885 Ashton under Lyne, ausgez. Bassist, Direktor der British nat. op. Comp. in London.

ALLISON, Horton Claridge * 25/7 1846 London, lebt in Manchester, Organ. u. Pianist. W: KirchM, Klav.- u. OrgStücke.

ALLITSEN, Frances * 1849, † 2/10 1912 London ‚seit 1872 Sgr. W: volkstümlich gewordene Lieder (‚There's a land').

ALMASSY, Rob. v. * 6/4 1904 Wien, da OpSgr (Baß). W: Opern, KaM, KlavSon., Gsge., auch mit Orch.

ALMEIDA, Franc. Ant. d' † nach 1752, Begründer der portug. Oper.

ALMENRÄDER, Karl * 13/10 1786 Ronsdorf im Bergischen, † 14/9 1843 Biebrich; seit 1822 da Fagottist der Kap. W: Das Fagott (System A.); Konz., Schule f. Fag., Lieder.

ALMQUIST, Ludwig * 18/11 1793 Stockholm, † 26/9 1866 Bremen, KlavImprovisator. W: Klav-Fantas., Lieder.

ALNAES, Eyvind * 29/4 1872 Frederiksstad, † 25/12 1932 Oslo, Schüler d. Lpzger Konserv., Organ. u. ChorDirig. in Oslo. W: Sinf., sinf. Variat. f. Orch., VSuite, KlavKonz., KlavStücke, Chöre, Lieder. H: Norges Melodier (4 Bde).

ALOIS, Ladisl. * 1860 Prag, † 1917 in Rußland, seit 1898 Solovcellist u. L. am Konserv. in Petersburg. W: VcKonz. u. Stücke, Trio, KlavStücke, Lieder.

ALOUETTE, Jean François * 1651, † 1/9 1728 Versailles als KirchKM., vorher Geiger der Oper in Paris, Schüler Lullys. W: Ballette, Intermedien.

ALPAERTS, Flor * 12/9 1876 Antwerpen, da Schüler des Konserv. u. seit 1902 da L., seit 1919 auch OrchDirig. W: Oper, BühnenM, Sinf. u. sinf. Dichtgen, Kantaten, KlavStücke, Kinderlieder.

ALQUEN, Friedr. de, Dr. iur. * 1810, † 18/6 1887 London, wo er seit 1830 als Violinist lebte. W: V.-, KlavStücke.

ALQUEN, Joh. d' * 1795 Arnsberg, Arzt in Mülheim a. Rh., da † 27/11 1863, Schüler Zelters. W: Volkstümliche Lieder.

ALROBI-VERLAG, gegr. in Berlin 13/3 1928 durch Victor Alberti u. Arnim Robinson; verlegt bes. Schlager. 1934 aufgegangen in dem Dreiklang-Verlag

ALSBACH, Georg * 20/1 1830 Koblenz, † 1906 Rotterdam, gründete hier, nach Tätigkeit im Verl. B. Schott's Söhne einen MVerl., den er bzw. sein Sohn nach Amsterdam 1898 verlegte. Angekauft wurden noch die Verl. Brix van Waldberg (Amsterdam), Algemeene MHandel (Stumpff & Konig), 1920 Wilh. Schmid, Leipzig; A. A. Noske, Haag; W. ten Have, Amsterdam.

ALSCHAUSKY, Jos. Frz. Serafim * 12/3 1879 Fouquemont-Lorraine, PosVirt., jetzt in Cincinnati. W: Soli f. einz. Instr., bes. Pos. m. Orch., Pos-Schule, Lieder.

ALSLEBEN, Jul. * 24/3 1832 Berlin, da † 8/12 1894; KlavL. von Ruf. W: Klav. u. GsgKomp.; ‚Abriß d. Gesch. d. M.' ‚Über die Entwicklung des KlavSpiels' usw.

ALT, Bernhard * 7/4 1903 Münsterberg (Schles.), I. Geiger im Berliner Philharm. Orch., ausgeb. auf d. Sternschen Konserv. u. d. staatl. Hochschule in Berlin, Privatschüler Juons u. A. Wittenbergs. W: Messe, Konz. f. V., Horn, KB, KaM., Suite f. 4 KB, dsgl. f. 4 Pos., dsgl. f. 3 Fl., VStücke, KlavStücke.

ALT, Emil Otto * 21/11 1861 Guben, Schüler des Konserv. in Lpz, VVirt., KonzM. an verschied. Orten, Dir. d. Stadtorch. in Beuthen (OS.). W: MChöre.

ALT, Geo. Mart. * 28/4 1870 Rexingen, württ. OA. Horb, seit 1898 SchulL., Organ. u. Chordir. in Bouren, württ. OA. Wangen. W: 2st. Lieder mit Org., OrgStücke, gem. u. MChöre.

ALTAVILLA, Onofrio * 1887 bei Palermo, ursprüngl. Flötist, zeitw. OrchDir. in Mailand, seit 1919 ChorgsgL in Treviso. W: Opern, Orator., Ges. m. Orch., Chöre; ‚Il canto corale nella scuola normale'.

ALTENBURG, Joh. Ernst * 1736 Weißenfels, † 14/5 1801 Bitterfeld; da seit 1769 Organ. W: ‚Versuch einer Anleitg z. heroisch-musikal. Trompeter- u. Paukerkunst'.

ALTENBURG, Michael * 27/5 1584 Alach/Erfurt, † als Diakonus 12/2 1640 Erfurt. W: Gedieg. geistl. Chöre.

ALTENDORF, Alwin, ps. Fred ALWYN (auch für Altendorf u. Alfred Franke), K. RUPRECHT * 22/7 1894 Hecklingen (Anh.), lebt in Berlin. W: UnterhaltgsM.

ALTÉS, Ernest Eug. * 28/3 1830 Paris, da † 24/7 1895, VVirt. W: VStücke.

ALTÈS, Joseph Henri * 18/1 1826 Rouen, † 8/7 1895 St. Dié bei Blois, I. Flötist der Groß. Oper in Paris u. seit 1868 L. am Konserv. W: Flötkomp.

ALTMANN, Artur * 7/2 1875 Gumbinnen, ausgebild. als GsgL. auf d. Konserv. in Köln, seit 1901 GsgL., Organ., MSchr. in Königsberg i. Pr. W: BühnenM., Chöre auch m. Orch., Lieder (u. a. ‚Vater unser').

ALTMANN, Gustav, Dr. med. * 28/10 1865 Posen, † 2/11 1924 Frankf. a. M., 1900/19 MRef. in Straßburg i. Els. (von den Franzosen ausgewiesen). Verheiratet mit der namhaften Altistin Margarete Kuntz. W: KaM, Lieder.

ALTMANN, Hans * 27/11 1904 Straßburg i. E., OpKM in Wien (Staatsop.) seit Herbst 1932, vorher in Frankfurt a. M. seit 1923. Ausgebild. in Straßburg (Konserv.; Pfitzner) u. Frankfurt a. M. (v. Baußnern) u. v. Dr. Karl Böhm. W: KaM., KlavStücke, Lieder.

ALTMANN, Karl J. * 15/10 1883 Flörsheim/Mainz, seit 1911 SchulGsgL. u. Chordir. in Frankfurt a. M., ausgeb. auf den Seminaren in Fritzlar u. Montabaur, 1904/11 L. in Erbenheim/Wiesbaden, Musikstud. in Wiesbaden u. nach dem Kriege in Frankfurt a. M., gründete 1931 den Altmannschen Frauenchor, auch KirchChordir. W: Chöre

ALTMANN, Richard * 18/6 1888 Dramburg, Organ. in Berlin, seit 1903 erblindet. W: Org-Stücke, Lieder.

ALTMANN, Werner, ps. = KROME, Herm.

ALTMANN, Wilhelm, Dr. phil. * 4/4 1852 Adelnau, Prov. Posen, Gymnas. in Breslau, VSchüler Otto Lüstners, stud. Geschichte; im preuß. Bibliotheksdienst 1886/89 in Breslau, 1889/1900 in Greifswald (wo er den OrchVer. gründete u. dirigierte), seitdem in Berlin, Ende 1927 pensioniert, gab d. Anlaß zur Gründg d. Deutschen MSammlg, seit 1914 vereinigt mit der MAbt. der Preuß. Staatsbibliothek, deren Direktor seit 1/1 1915; daneben MRef. W: ‚Heinr. v. Herzogenberg', ‚Öffl. MBibliotheken, ein frommer Wunsch' (1903), ‚Rich. Wagners Briefe nach Zeitfolge u. Inhalt', KaM-Katalog, 4. Aufl. 1931, OrchLitKatalog, 2. Aufl. 1926, ‚Max-Reger-Katalog', 2. Aufl. 1926, ‚Wilhelm-Berger-Katalog', ‚Rich. Wagner u. Alb. Niemann', ‚Handbuch f. StrQuartettspieler' 4 Bde. 1928/31; ‚Führer durch d. VLit.' 1934; ‚Handbuch f. Klaviertriospieler. Wegweiser durch die Trios f. Klav., V. u. Vc.' 1934 usw. H: Brahms' Briefwechsel III & XIV; R. Wagners ‚Mein Leben' mit Anmerk.; Otto Nicolais Briefe an seinen Vater; Wagners Briefe in Auswahl; Mich. Haydns Sonaten f. V. u. Br.; Beethovens F-dur-Quart. nach op. 14 Nr. 1 u. viele andere Ausgaben älterer Werke, bes. in Eulenburgs Part.-Ausgabe; ‚Ältere deutsche Hausmusik'; ‚Deutsche HausM. der Gegenwart'; Bratsch.-Arrang. usw. Ztschr. ‚Die Bratsche', ‚Der Kontrabaß'. B: Frank: ‚Taschenbüchlein des Musikers' 28/30 A. u. ‚Tonkünstler-Lexikon' 12/14 A.

ALTMEIER, Frz * 27/6 1884 Seeßbach/Martinstein a. Nahe, Chordir. u. Organ. in Trier. W: KlavStücke, Messe, Chöre, Lieder.

ALTNIKOL, Joh. Christoph, 1748 Organ. in Naumburg a. S., da † 1759; 1748 mit einer Tochter seines Lehrers J. S. Bach vermählt. W: Kantate, KlavSonate.

ALVAREZ, Fermin Maria † 1898 Barcelona. W: volkstüml. Lieder.

ALVARY (eigentl. Achenbach), Max * 3/5 1858 Düsseldorf, † 7/11 1898 Großtabarz, gefeierter Heldentenorist.

ALVIMARE, Mart. P. d' — s. DALVIMARE.

ALWIN, Karl (urspr. Pinkus, Alwin Oskar) * 15/4 1891 Königsberg, Schüler Kauns, seit 1920 KM. an der Wiener Staatsoper. W: Sinf., Lieder.

ALWYN, Fred, ps. = A. ALTENDORF

AMADÉ, Aug. (eigentl. Augusto Amadeo Pereira) * 17/12 1867 Stedteldorf, Nieder-Österr., † 27/7 1930 Enns. W: Oper, KaM., KlavKonz., KlavStücke, Chöre, Lieder

AMADEI, Amadeo * 9/12 1866 Loreto, Pianist in Bologna, zeitweilig Organ. u. MilitärKM. W: Opern, viele KlavStücke, GitKompos., Lieder.

AMADEI, Rob. * 29/11 1840 Loreto, da † 13/12 1913, Organ. u. KirchKM. W: Opern, KirchM.

AMADEO, Gaetano * 1824 Porto Maurizio, † 8/4 1893 Nizza, 1852/75 KirchKM. in Marseille. W: viel KirchM., Sinf., Konz. f. versch. Instr. u. a.

AMADIO, Luigi * 30/8 1881 Chiarano (Treviso), OrgProf. am Konserv. in Palermo. W: Org.- u. KlavStücke.

AMADIS, P., ps. = ZADORA, Mich v.

AMALIA, Anna Amalia, Prinzessin v. Preußen, Schwester Friedrichs d. Gr. * 3/11 1723, † 30/3 1787. Ihre sehr stattl. musikal. Bibliothek vermachte sie dem Joachimsthalschen Gymnas. (seit 1914 als Leihgabe in der Berliner Staatsbibl.). W: Kantate ‚Der Tod Jesu' (vor Graun komp..), Choräle.

AMALIA, Anna Amalia, Herzogin v. Sachsen-Weimar * 24/10 1739 Braunschweig, † 10/4 1807 Weimar. W: Op. ‚Erwin u. Elmire', KlavQuartett.

AMALIA, Maria Amalia Friederike, Prinzessin v. Sachsen, Schwester König Johanns * 10/8 1794 Dresden, † 18/9 1870 Pallnitz a/E.; dramat. Dichterin(ps. Amalie Heiter) u. Komp. von Opern u. Optten.

AMANI, Nicolai * 1872 St. Petersburg, † Okt. 1904 Jalta, Schüler Rimski-Korssakows. W: Str-Trio, KlavStücke, Chöre usw.

AMAR, Licco * 4/12 1891 Budapest, Schüler Marteaus, ausgez. Geiger, seit Herbst 1933 in Paris, 1923/29 Führer eines für modernste M. bes. eintretenden StrQuartetts (Paul Hindemith als Bratscher) in Frankfurt a. M.

AMAT, Leop. Paul * 1814 Tolosa, † 31/10 1872 Nizza, TheaKM. in Paris. W: Optten, viele einst beliebte Lieder.

AMATI, Cremoneser Geigenmacherfamilie, 16. u. 17. Jahrh., fertigte ausgezeichnete, noch jetzt hochbezahlte Instrum. Hervorragend: A n d r e a (1535/1611), einer d. ersten, die (aus d. Viole eben erst entwickelte) Geigen bauten; N i c o l a, jüngerer Bruder (1568/86); A n t o n i o (1555/1638), Sohn d. Andrea A., zeitw. mit sein. Bruder Hieronymus (1556/1630) assoziiert; d. letzteren Sohn N i c o l a (* 3/12 1596, † 12/4 1684) d. größte Künstler d. Familie, Lehrer A. Guarneris

11

u. Ant. Stradivaris. Sein Sohn G i r o l a m o (1649/1740) d. letzte d. Stammes; seine Arbeiten stehen zurück.

AMATO, Pasquale * 21/3 1878 Neapel, berühmter, seit Jahren meist in Amerika auftretender Opern-Baritonist, lebt in Newyork.

AMATUCCI, Paolo * 1868 Loreto, seit 1901 KirchKM. in Pisa. W: Messen u. a. kirchl. Komp., KlavStücke, Lieder.

AMBERG, Hermann * 22/12 1834 Kopenhagen, † 1902 Viborg, da seit 1868 Domorgan. W: OrgStücke, Lieder.

AMBERG, Johan * 20/10 1846 Kopenhagen, da † 1914?, da 1877 Geiger der Hofkap. W: KaM.

AMBERG, Karl, gen. Charles * 8/12 1894 Kessenich/Bonn, lebt in Berlin, auch Librettist. W: Optten, UnterhaltgsM.

AMBRA, Frz. bzw. Lucio d', ps. = BECCE, Giuseppe.

AMBROISE, Victor, ps. = H. NICHOLLS

AMBROS, Aug. Wilh. * 17/11 1816 Mauth/Prag, † 28/6 1876 Wien; 1850 Staatsanwalt b. Prager Landgericht; 1869 Prof. d. M. an d. Univers., 1872 im Justizmin. u. KonservL. in Wien. W: ‚Zur Lehre vom Quintenverbote', ‚Kulturhist. Bilder a. d. MLeben der Gegenwart', ‚Die Grenzen der M. u. Poesie', ‚Geschichte der M.' (1862 flg., fortges. von W. Langhans, Beispielband von O. Kade), ‚Skizzen u. Studien', Oper, Ouvert., Sonat., Trios, Messe, ‚Stabat mater' usw. — Auch ps. FLAMIN

AMBROSCH, Jos. Karl * 6/5 1759 Krummau (Böhm.), † 8/9 1822 Berlin, da 1791/1811 Tenorist an NatThea., dann KonzSänger. W: Lieder, u. a. f. Freimaurer.

AMBROSE, Paul * 11/10 1868 Hamilton (Ont.), seit 1891 Inspektor f. d. MUnterr. in New Jersey. W: kirchl. u. weltl. Gesänge u. Chöre, KlavStücke.

AMBROSIO, Alfredo d' * 13/6 1871 Napoli, † 31/12 1914 Paris, VVirt. W: OrchStücke, KaM., VKonz. u. Stücke.

AMBROSIO, Luigi d' * Nov. 1885 Napoli, da seit 1916 KonservatProf., VVirt., Schüler d. dort. Kons. u. Aug. Wilhelmjs in London. W: VStücke.

AMBROSIUS, DER HEILIGE, Bischof v. Mailand, * 333 Trier, † 4/4 397 Mailand, führte den Wechselgsg in der abendländ. Kirche ein; angeblich mit dem hl. Augustin Urheber d. Ambrosian. Lobgesangs (Te Deum laudamus).

AMBROSIUS, Herm. * 25/7 1897 Hamburg, lebt in Lpz (da seit 1925 am Rundfunk, seit 1926 TheorL. am Konserv.), sehr beachteter, fruchtbarer Komp., 1921/24 Schüler Pfitzners. W: 4 Sinf., viel KaM, Konz. f. Klav., desgl. f. V., 90. Psalm, Goethes Faust als Chorwerk, Lieder.

AMBÜHL, Jos., Dirig. des MChors Wattwill 1856—59. W: Chöre.

AMELN, Konrad, Dr. phil. * 6/7 1899 Neuß, seit 1926 in Kassel, MSchr. H: ‚Die Singgemeinde' (Ztschr. d. Finkensteiner Bundes); ‚Lochheimer Liederbuch' (Faksimile) u. a.

AMERBACH — s. AMMERBACH

AMERSFOORDT-DYK, Hermina Maria * 26/6 1821 Amsterdam, da † 26/7 1892 Pianistin. W: Quart., KlavSon. u. Stücke, Kantaten, Lieder.

AMES, John Carlowitz * 8/1 1860 bei Bristol, † 1924 Torquay, treffl. Pianist. W: Opern, KaM, KlavKonz. u. Stücke, Lieder.

AMESEDER, Rudolf, Dr. phil. * 1877 Zombor, ausgebild. in Graz, lebt in Wien. W: Chöre, bes. FrChöre, Lieder.

AMFT, Georg * 25/1 1873 Oberhannsdorf, Kr. Glatz, MDir., SemL. in Habelschwerdt. H: ‚Dtscher MChor' (7 Bde.), ‚Kahnts OrgAlbum', ‚Berühmte Werke alter Meister' f. Org., ‚Volkslieder der Grafsch. Glatz', ‚Liederbuch f. kath. Schulen' usw. W: Messen, Chorlieder.

AMICIS, Anna Lucia de, 1763—89 sehr geschätzte, meist in Neapel und London singende OpSopran. * 1740? Napoli, da † 1789.

AMMERBACH, Elias * ca. 1530 Naumburg, † 29/1 1597 Lpz, da seit 1560 Organ. d. Thomaskirche. W: OrgTabulaturen.

AMMERMANN, Willy * 19/3 1869 Hamburg, da geschätzter Pianist. W: Lieder.

AMMON, Blasius * um 1560 Tirol, † 1590 Wien, in Venedig ausgebild. Franziskaner-Mönch. W: Messen, Motetten.

AMODEI, Roberto * 1/10 1880 Chiviano (Napoli), Prof am Lic. in Napoli. W: KlavStücke, V-Stücke; ‚Sulla scuola moderna di Pfte' u. a.

AMON, Joh. Andreas * 1763 Bamberg, † 29/3 1825 Wallerstein; stud. Gsg, Waldhorn bei Punto u. Komposition bei Sacchini, 1789 städt. MDir. u. MVerl. in Heilbronn, 1817 KM. des Fürsten von Öttingen. W: Singspiele, Messen, KlavKonz., KaM, Lieder usw.

AMON-FUHRMANN, Richard * 5/2 1889 Zistersdorf, KM. u. MSchuldir. in Patras. H: Liedersamml. m. Git.

AMORY, Ant. Herm. * 18/11 1862 Gorinchem, † 14/10 1930 Arnhem, da Dirig u. MSchr. W: 3 OrchSuiten, KaM., Kantaten, Lieder.

AMPLEFORD, Lawrence, ps. = R. R. TERRY

AMY, Pierre, ps. = YVAIN, Maurice.

ANACKER, Aug. Frdr. * 17/10 1790 Freiberg ⁴/S., † da 21/8 1851; da 1822 Kantor, gründete die Singakad. u. das BergMkorps. W: Gsgwerke u. a. ‚Bergmannsgruß'.

ANCOT, Jean * 6/7 1799 Brügge, † 5/6 1829 Boulogne; Schüler des Pariser Konserv., 1823/25 .n London, bereiste Belgien u. lebte dann in Boulogne. W (über 225): Ouvert., V- u. KlavKonz., Klav-Sonaten, Variat., Etüden.

ANDAY, Rosette * 22/12 1902 Budapest, vielgereiste Altistin, seit 1921 an der Wiener Staatsop.

ANDER, Aloys * 13/16 1817 Liebititz (Böhm.), † 11/12 1864 Bad Wartenbeg; berühmter Tenor, seit 1845 a. d. Wiener Hofoper, 1864 nach Stimmverlust geisteskrank.

AN DER LAN-HOCHBRUNN — s. HARTMANN, Pater von A.

ANDERLICK, Oskar Adalbert * 30/12 1870 Brünn, KonservDir. in Hohensalza-Inowrazlaw (Pos.), da seit 1894. W: Sinf., Ouvert. KlavStücke, Chöre.

ANDERLUH, Anton * 11/3 1896 Klagenfurt, da ML. W: BühnenM, Lieder. H: Kärntn. Volksweisen.

ANDERS, Erich (Freih. Wolff v. Gudenberg) * 29/8 1883 Teutschenthal/Halle, seit 1922 in Berlin, Schüler d. Lpzger Konserv., zeitweil. Intendant der reisenden Kammerop., 1933/34 Intendant des Altmärkischen Thea. in Stendal. W: Op., KaM., Chöre, Lieder. B: ältere Opern.

ANDERS, Gottfried Engelbert * 1795 Bonn, † 22/9 1866 Paris, da seit ca. 1831 MSchr. u. Angestellter der NatBibl., Freund R. Wagners.

ANDERS, K., ps. = KAUDERS

ANDERSCH, Hans Günther * 3/12 1906 Breslau, Pianist u. ML. in Berlin, Schüler u. a. von L. Kreutzer u. Schrattenholz. W: KlavStücke, Chöre, Lieder.

ANDERSEN, Anton Jörgen * 10/10 1845 Christiansand (Norw.), ausgez. Vcellist, seit 1871 in Stockholm, 1876/1911 L. am Konserv., da † 9/9 1926, W: 4 Sinf., Sinf. f. 14 Vcelli u. 3 Kbässe, VcellKlavSonate, MChöre, Lieder usw.

ANDERSEN, Hedwig * 1866 Memel, Stimmbildnerin, Schülerin H. Barths, gründ. mit Clara Schlaffhorst 1916 die Rotenburger Atemschule, seit 1926 in Hustedt/Celle

ANDERSEN, Joachim * 29/4 1847 Kopenhagen, † da 6/5 1909, FlötVirt. (auch im Berliner Philharm. Orch.), 1893 Dirig. in Kopenhagen. W: FlötKonzStücke, Etüden usw. — Sein Bruder Vigo * 21/4 Kopenhagen, † 29/1 1895 Chikago, gleichfalls hervorrag. Flötist.

ANDERSEN, Joh. Frits Em. * 14/2 1829 Kopenhagen, da † 1910, gesuchter ML. W: KlavStücke (Transskript.), Lieder.

ANDERSEN, Ludwig, ps. = Ludwig STRECKER, Dr. jur.

ANDERSEN, Sophus, Sohn von Joh. Frits E. A. * 8/12 1859 Kopenhagen, da † 19/9 1923, MKrit. W: ‚Historien om en moder' (Melodr.)

ANDERSEN-WINGAR, Alfred * 15/10 1869 Christiania, da seit 1890 Geiger bzw. Bratschist; auch Dirig. W: kom. Opern, Sinf. u. Orch.-Suiten, 2 Konz. f. V., Lieder usw.

ANDERSSON, Ellen * 17/10 1884 Kopenhagen, KlavVirt. u. L. in Berlin. W: KlavStücke.

ANDERSSON, Otto * 27/4 1879 Wardö, Schüler d. Konserv. in Helsingfors, lebt da, seit 1925 PrivDoz. an d. Univers. f. MWiss. W: Lieder.

ANDERSSON, Richard * 22/9 1851 Stockholm, da † 25/5 1918, Schüler Klara Schumanns u. Kiels, Leiter e. MSchule. W: KlavSonaten usw., Lieder.

ANDERTON, Howard Orsmond * 20/4 1861 Clapton, lebt in London, auch MSchr. W: Bühn.-M., Sinfonietta, Chorwerke m. Orch., KaM, Lieder.

ANDING, Joh. Mich. * 25/8 1810 Dorf Queienfeld (Grabfeldgau), † 9/8 1879 Hildburghausen; seit 1843 da SemML. W: OrgStücke, Chöre, Schulliederbücher.

ANDOLFI, Otello * 20/2 1887 Tivoli, Vc, MSchr. u. KirchKM in Rom. W: VcStücke, KlavStücke, Lieder.

ANDRADE, Francesco d' * 11/1 1859 Lissabon, † 8/2 1921 Berlin (seiner zweiten Heimat) als Don Juan besonders gefeierter Bariton, sang zuerst 1882 in San Remo in ‚Aida', fast stets auf Gastspielreisen.

ANDRÉ, Joh. * 28/3 1741 Offenbach, da † 18/6 1799; urspr. Kaufmann, 1777 MDir. am dtsch. Thea. in Berlin, errichtete 1784 in Offenbach die noch besteh. MHandl., erwarb Mozarts nachgelass. Manuskripte, verwendete die Lithographie beim Notendruck. W: an 30 Op., Balladen, Lieder u. a. d. Rheinweinlied ‚Bekränzt mit Laub'. — Sein Sohn Joh. Anton * 6/10 1775 Offenbach, da † 6/4 1842. W: Opern, Sinf., Messen, Lieder, ‚Lehrbuch d. Tonsetzkunst' (unvoll., 2 Bde.). — Dess. Sohn Joh. Aug. * 2/3 1817, † 29/10 1887, übernahm 1839 den väterl. Verlag.

ANDRÉ, Johanna * 30/6 1861 Doberan, † 23/6 1926 Braunschweig, da 1879—1909 gefeierte Bühnensängerin.

ANDRÉ, José * 17/1 1881 Buenos Aires, da KomposProf. am NatKonserv, ausgebildet auch in der Pariser Schola cantorum, MKrit. W: Klav-Quint., KlavStücke, Lieder.

ANDRÉ, Julius * 4/6 1808 Offenbach, † 17/4 1880 Frankfurt a. M., Pianist u. Organ. W: Org-Stücke.

ANDRÉ, Karl Aug. * 15/6 1806 Offenbach, † 15/2 1887 Frankfurt a. M., da Inhaber der Andréschen Filiale u. KlavFabrik. W: ‚Der Klavbau u. s. Gesch.' (1855).

ANDRÉ, Ludw. * 1/2 1858 auf Gut Hattenhausen/Minden (Westf.), † 8/6 1924 Offenbach, ein Verwandter d. Vorigen u. seit 1881 im Andréschen Geschäft tätig. W: Optten, M- u. gemCh., Lieder, Tänze, KlavStücke. — ps. Frz EWALD; Fr. HORN

ANDREAE, Volkmar * 5/7 1879 Bern (Schüler d. Kölner Konserv.), 1902 Dirig. d. gemCh., 1904/21 d. MCh., 1906 der Tonhallen-Konz. in Zürich, 1914 Dir. d. Konserv., 1920 Präsident d. Schweiz. Tonkünstler-Ver. W: Opern, Chorwerke, Sinf., KaM, KlavStücke, Lieder usw.

ANDREAS, Emil * 2/2 1880 Eßlingen a. N., ausgeb. in Stuttgart, seit 1911 OberL., Organ. u. Chordir., auch Konzertsger (Tenor) in Kirchheim-Teck. W: MChöre.

ANDRÉE, Elfrida * 19/2 1841 Wisby, Schülerin Gades, 1861 Domorgan. in Gotenburg. W: Sinf., KaM, OrgSinf., Klav.- u. VStücke, Chorwerke, Lieder.

ANDREJEW, Wassili * 1862, † 1919 (?) in Rußland, Balalaika-Virt., Begründer d. vielgereist. Großruss. Balal.-Orch.

ANDREOLI, Carlo * 8/1 1840 Mirandola, † 22/1 1908 Reggio Emilia, KlavVirt., seit 1871 KonservProf. in Milano. W: KaM, KlavStücke, Lieder.

ANDREOLI, Guglielmo * 22/4 1835 Modena, † 13/3 1860 Nizza, vielger. KlavVirt. W: ‚Manuale d'armonia'; KlavStücke.

ANDREOLI, Guglielmo * 9/1 1862 Mirandola (Modena), Schüler des Konserv. in Mailand, bes. Bazzinis, da 1878/86 Bratschist, 1891 HarmonieL. am Konserv. u. seit 1900 auch KlavL. Lebt im Ruhestand in Modena. W: Ouvert., KaM, Requiem, Stücke f. Klav. 4- u. 2hd. H: klass. Klav-Kompos.

ANDREOZZI, Gaetano * 1763 Napoli, † 21/12 1826 verarmt Paris, Schüler Jomellis. W: gegen 40 Opern, 3 Oratorien, StrQuart. usw.

ANDREOZZI, Marianna — s. BOTTINI

ANDRES, Hans, ps. = Arnold MENDELSSOHN

ANDREVI, Francesco * 16/11 1786 Lerida, † 23/11 1853 Barcelona, Dirig. W: KirchM, theor. Lehrbuch.

ANDREWS, Richard Hoffmann * 22/5 1803 Manchester, † 3/6 1891, MSchr. u. KlavKomp. — Sein gleichnamiger Sohn * 24/5 1831 Manchester, † 17/8 1909 New York, da seit 1847 KlavVirt. W: KlavStücke, Lieder.

ANDRIESSEN, Cornelis * 28/1 1865 Hilversum, da KlavVirt. W: Optte, OrchSuite, Chöre, auch mit Orch., Lieder usw.

ANDRIESSEN, Hendrik * 17/9 1892 Haarlem, seit 1928 KonservL. in Amsterdam, vorher Organ. in Haarlem. W: KaM., OrgStücke, geistl. u. weltl. Chöre, Lieder.

ANDRIESSEN, Nic. Hendrik * 9/5 1845 Hilversum, † 16/5 1913 Haarlem, da seit 1871 Organ. W: MChöre.

ANDRIESSEN, Willem * 25/10 1887 Haarlem, Pianist, Schüler d. Amsterdam. Konserv., 1910/18 KlavL. am Konserv. im Haag, seitdem in Rotterdam. W: KlavKonz., KlavStücke, Messe, Lieder.

ANDRIEU, Jean Franç d' * 1684 Paris, da † 16/1 1740, Organist. W: TrioSon., Suiten u. Stücke f. Klav., Org.

ANELLI, Gius. Diego * 1876 Trigolo/Cremona, ausgeb. in Mailand u. Bologna, seit 1907 Orch-Dirig. u. KonservDir. in Carmagnola. W: Opern, Messen, Sinf., Hymnen, Tänze.

ANERIO, Felice * um 1560 Rom, da † 26/9 1614, 1594 Palestrinas Nachf. als päpstl. Komp. W: Kanzonetten, Madrig., Psalmen, Motett. im Palestrinastile. — Sein Bruder G i o v. F r a n c e s c o * um 1567 Rom, † um 1622; erst KM. beim König v. Polen, dann in Verona, seit 1613 in Rom. W: Messen, Madrig., geistl. Dialoge, Litaneien.

ANET, Baptiste (auch nur Baptiste gen.) * um 1675, † 1755 Luneville, Schül. Corellis, 1699 Mitgl. der Grande bande in Paris, dann im Dienste des ehemal. Polenkönigs Stanislaus Leszczynski, der in Nancy bzw. Luneville lebte. W: treffl. VSon.

ANFOSSI, Giovanni * 6/1 1864 Ancona, ausgebildet in Napoli u. a. bei Martucci, seit 1896 Dir. eines MInstit. in Milano. W: Ouvert., Chöre m. Orch., Lieder, KlavStücke.

ANFOSSI, Pasquale * 25/4 1727 Taggia/Napoli † Febr. 1797 Rom, KM. am Lateran, Schüler Piccinis. W: 76 Op., 12 Orat., Messen, Psalmen usw.

ANGELELLI, Carlo * 5/9 1872 Firenze, ausgez. Pianist in Rom. W: OrgVariat., KlavStücke u. Transskript. — ps. Diego MIRASOL

ANGELERI, Antonio * 25/12 1801 Pieve del Cairo, † 8/2 1880 Milano, treffl. KlavL. W: Il Pianoforte (1873).

ANGELET, Charl. Franç. * 18/11 1797 Gent, † 20/12 1832 Brüssel, KlavVirt. W: Sinf., KlavTrio u. Stücke.

ANGELI, Andrea d', Dr. phil. * 9/11 1868 Padua, GymnasProf. in Cagliari; Librettist, MSchr. W: Opern, Messen, KaM; ‚La m. nel drama greco', ‚Verdi' usw.

ANGELIS, Alberto de * 4/9 1885 Rom, da MSchr. W: ‚L'Italia musicale d'oggi', 3. ed. 1928.

ANGELIS, Girolamo de * 1/1 1858 Rom, berühmt. Geiger, Schül. Bazzinis. W: Oper, VStücke.

ANGELIS, Ruggero de * 1896 Rom, da Komp. u. MSchr. W: Opern, Gsge, auch m. Orch., KlavStücke usw.

ANGELIS, Teofilo de * 27/12 1866 Artena/Rom, OrchDir. u. TheaKM. in Rom. W: Opern, Messa da requiem.

ANGELY, Louis * 3/4 1788 (1/2 1787?) Lpz., † 16/11 1835 Berlin. W: Vaudevilles ‚Das Fest der Handwerker', ‚Sieben Mädchen in Uniform'.

ANGENOT, Laurent * 31/7 1873 Verviers, seit 1898 in 's Gravenhage, VVirt., Schüler Ysayes. W: VSon., VStücke, VcStücke.

ANGER, Louis * 5/9 1813 Andreasberg, † 18/2 1870 Lüneburg; seit 1842 da Organ. u. MDir. W: ‚Christnacht' f. Chor, Soli u. Orch., Konz-Ouvert., Stücke f. Klav. u. Org., MChöre, Choralmelodienbuch usw.

ANGERER, Gottfried * 3/2 1851 Waldsee (Wttbg), † 19/8 1909 Zürich, da seit 1887 VerDirig. W: Chorballaden, MChöre, Lieder.

ANGERMEYER, Walter * 14/3 1877 Lpz., lebt in Belgershain/Lpz. W: MärchenM, Lieder.

ANGLEBERT, Jean Henri d' * 1635, † 23/4 1691 Paris, Kammermusikus Ludwigs XIV. W: KlavStücke (1689) mit genauen Erläutergen der Manieren (Verzierungen).

ANGLÈS, Higini * 1/1 1888 Maspujols (Katalon.), seit 1918 Leiter d. MAbt. der Bibl. der Catalunya in Barcelona, auch in Deutschland gebildeter ausgez. span. MForscher.

ANHEISSER, Siegfr., Dr. phil. * 9/2 1881 Düsseldorf, lebt in Berlin, studierte MWiss. in Bonn, 1926/33 musik. ObSpielleiter d. Op. am Westdeutschen Rundfunk, Übersetzer frz. u. it. OpTexte, u. a. v. Mozarts ‚Il re pastore', ‚Le nozze di Figaro', ‚La finta giardiniera'

ANIMUCCIA, Giov. * um 1500, † März 1571 Rom; Amtsvorgänger Palestrinas, Mitbegr. d. Orator. W: Laudi spirituali, Messen, Motetten, Psalmen, Madrigale usw.

ANNA AMALIA, Prinzessin — s. AMALIA.

ANNER, Emil * 23/2 1870 Baden (Aargau), † 6/2 1925 Aarau, Radierer. W: Orator., Sinf., Lieder.

ANNIBALE * 1527 Padua, daher der Beiname Padovano, † 1575 Graz, da seit 1566 Organ., 1552 Amtsvorgänger A. Gabrielis am Markusdom in Venedig. W: Messen, Motetten, Madrigale, OrgStücke.

ANROOIJ, Peter van * 13/10 1879 Zalt-Bommel (Holl.), urspr. Geiger, 1905 Dir. in Groningen, seit 1917 Dir. d. Residenz-Orch. im Haag. W: OrchRhapsod. ‚Piet Hein'.

ANSCHÜTZ, Geo., Dr. phil. * 15/11 1886 Braunschweig, seit 1919 ao. Prof. in Hamburg (Leiter der Farbe-Tonkongresse). W: MÄsthetik

ANSCHÜTZ, Joh. Andr. * 19/3 1772 Koblenz, da † 26/12 1856 als Staatsprokurator, errichtete 1808 mit staatl. Subvention das MInstitut, d. i. eine Chorvereinigg, die mit dem Philharm. Orch. noch jetzt Oratorien aufführt, treffl. Pianist. W: KlavStücke, Lieder. — Sein Sohn Karl * 1815 Koblenz, † 30/12 1870 Newyork, Schüler F. Schneiders, übernahm 1844 die MSchule in Koblenz, ging 1848 nach England, 1857 nach Amerika, wo er OpKM war. W: KlavStücke

ANSELL, John * 26/3 1874, TheaKM. in London. W: Opern, Bühnen- u. BallettM, Ouvert., Lieder.

ANSERMET, Ernest * 11/11 1883 Vevey, lebt in Genf; ausgezeich. Dirig., reiste mit Diaghilews russ. Ballett, gründete 1918 das Orchestre de la Suisse romande. W: Sinf. Dichtg, KlavStücke, Lieder.

ANSORGE, Joachim (Sohn Konrads) * 24/7 1893 Weimar, Pianist, L am Inst. f. Schul- u. KirchM in Königsberg.

ANSORGE, Konrad * 15/10 1862 Buchwald (Schles), † 13/2 1930 Berlin, da seit 1895, KlavVirt., Schüler d. Lpzger Konserv. u. Liszts. W: Orch.- u. KaM, KlavStücke, Requiem, Lieder. H: KlavW. Schuberts — s. Frau Margarete, KlavVirt. in Berlin

ANSORGE, Max * 1/10 1862 Striegau, Schüler seines Vaters (Kantor) u. 1884/87 der kgl. Hochschule in Berlin, 1887 Organ. u. Dir. eines GsgVer. in Stralsund, 1891/1921 Organ. in Breslau, lebt in Ohlau, RB. Breslau. W: Geistl. u. weltl. Chöre, FrChöre, Lieder usw.

ANTALFFY-ZSIROSS, Desider v. * 24/7 1885 Nagy-Becskerek, Schüler H. Koeßlers, Regers u. Straubes, auch Bossis, zuerst OrgProf. an der Landesakad. in Budapest, seit 1921 in Amerika, seit 1923 OrgProf. an d. Univ. in Rochester, OrgVirt., auch Dirig. W: Oper, ung. Suite f. Orch., Klav.- u. OrgStücke, Chöre, Lieder.

ANTCLIFFE, Herbert * 30/7 1875 Sheffield, MSchr. in 's Gravenhage. W: ‚Schubert', ‚Brahms', ‚Short studies on nature of m.' u. a.

ANTELÈS, ps. = WIDOR, Ch. M.

ANTHEIL, George * 8/7 1900 Trenton (New Jersey) Pianist, KomposSchüler E. Blochs, lebt in Newyork. W (sehr futur.): Oper, Sinf., Ballet mechanique f. 16 Flügel u. viel Schlagzeug, OrchSuite, Konz., Sonaten u. Stücke f. Klav.

ANTHES, Geo. * 12/3 1863 Homburg, bekannt. OpTenor, lange Jahre (seit 1889) in Dresden, dann in Budapest.

ANTHIOME, Eugène Jean Batiste * 19/8 1836 Lorient, Schüler d. Pariser Konserv., an diesem seit 1863 KlavL., † ?. W: Optten, KlavStücke.

ANTHONY, D., ps. = TADCA, Pier Ant.

ANTIPOW, Konstantin * 1859, russ. Komp. W: KlavStücke, Lieder.

ANTIQUIS, Andreas, Musikdrucker (Konkurrent f. Petrucci) u. Komp. in Rom, von 1504 bis 1517 nachweisbar.

ANTIQUIS, Giovanni de, KirchKM. in Bari. H: Villanelle alla Napoletana (1574), Canzonette (1584). W: Madrigale (1584).

ANTOINE, Franz * 27/1 1864 Wien, da akad. Maler, autodidakt. Komponist. W: viele Lieder, auch sog. MQuartette u. a.

ANTOINE, Georges * 28/4 1892 Lüttich, † 15/11 1918 Brügge. W: Sinf. Dichtg, KaM., Klav-Konz., Lieder.

ANTOLISEI, Raffaele * 21/8 1872 Anagni, seit 1911 L. f. KirchM u. Choralgsg, Organ. (berühmt. Improvisator) usw. in Rom. W: Optten f. d. Jugend, KirchM.

ANTON, F. Max * 2/8 1877 Bornstädt/Eisleben; Herbst 1923/31 städt. GenMDir. in Bonn, vorher in M.-Gladbach, Detmold u. Osnabrück, Dirig., auch Dir. des Konserv., lebt im Ruhestand in Bonn. W: Orator., OrchStücke, KlavKonz., Klav-Stücke, VKonz., Lieder

ANTON, Karl, Dr. phil. * 2/6 1887 Worms, um die ev. Liturgik verdienter Pfarrer in Wallstadt-Mannheim, seit 1919 Dozent (Prof.) der Hochschule f. M. in Mannheim. W: Beitr. zur Biogr. K. Loewes, Luther u. d. M. u. a.

ANTONII, Pietro degli * um 1645, da † um 1720, KirchKM. W: Messen, Kant., Mot., VSon.

ANTONIOTTO, Giorgio, lebte um 1740 in Milano. W: GambenSon.; ‚L'arte armonica'.

ANTONY, Frz. Jos. * 1/2 1790 Münster (Westf.), da † 7/1 1837, da seit 1819 Chordir. u. seit 1832 Organ. am Dom. W: KirchenM, ‚Lehrbuch d. Gregorian. KirchGsgs' usw.

ANZER, Hans, ps. = Peter ARENZ

ANZOLETTI, Marco, * 4/6 1866 Trento, vielgereister VVirt., † 23/1 1929 Mesiano (Trento), 1890/1926 L. am Konserv. Verdi in Milano, auch MSchr.. W: Opern, KaM, VStücke, Bücher über Mozart, Tartini u. a.

APEL, Geo. Christian * 12/11 1775 Tröchtelborn/Erfurt, † 31/8 1841 Kiel, da seit 1818 UnivMDir. u. Organ., 1804/18 Organ. in Erfurt. W: Choralmelodienbuch, Gsge.

APEL, Joh. Aug., Dr. jur., * 17/9 1771 Lpz, da † 9/8 1816 (Ratsmitglied). W: ‚Metrik'.

APELDOORN, Jan, ps. = Eberh. v. WALTERSHAUSEN

APELL, Dav. Aug. (so nach Kirchenbuch) * 23/2 1745 Cassel, da † 30/1 1832, TheaIntend. W: Opern, Messen, Instrumentales usw.

APOSTEL, H. E. * 22/1 1901 Karlsruhe, ML. in Wien, ausgeb. u. a. von A. Lorentz, A. Schönberg u. A. Berg, erweitert die Harmonik bis zur Zwölfstimmigkeit, behält aber das klass. Formideal bei. W: Sinf., Requiem, Gsge m. Orch., Klav-Variat u. Sonate u. a.

APPEL, Karl * 14/3 1812 Dessau, da † 9/12 1895 als pens. HofKonzM. W: MChöre, Lieder, VStücke.

APPEL, Karl Fr. * 12/1 1868 Hanau, Kantor in Schmalkalden u. seit 1891 in Hanau. W: MChöre.

APPELDOORN, Dina van, Frau Kondys * 26/2 1884 Rotterdam, KlavL. in 's Gravenhage. W: Sinf., sinf. Dichtgen, KlavStücke, Lieder.

APPIANI, Vinc. * 1859 Monza, † 26/12 1932 Milano, berühmt. KlavVirt. u. L.

APPIGNANI, Adelaide — s. Aspri, Orsola

APPOLONI, G. 1822—89. W: Opern.

APPUNN, Georg * 1/9 1816 Hanau, da † 14/1 1885, Verbesserer d. Harmoniums; in seine Fußstapfen trat sein Sohn Anton * 20/6 1839 Hanau, da † 13/1 1900, Schüler des Lpzger Konserv. W: ‚Ein natürliches Harmoniesystem' usw.

APPUNN, Heinr. * 20/1 1870 Hanau, da † 6/9 1932, KonservDir., VcVirt. W: VcRomanze, Kant., MChöre.

APRIA, Paolo, ps. = Paul PARAY

APRILE, Giuseppe * 29/10 1738 Bisceglia/Bari, † 1814 Martina; berühmter Altist u. GsgL., OpSger in Stuttgart, Milano, Firenze usw. W: GsgSchule u. Solfeggien.

APTHORP, William Forster * 24/10 1848 (49?) Boston, † 19/2 1913 Vevey, 1872—1902 einflußreicher MKrit. in Boston, W: ‚Musicians and Music-lovers'; ‚The opera' usw. H: Cyclopedia of m. and musicians.

APTOMMAS (THOMAS), Thomas * 1829 Bridopend, † 1913, HarfenVirt.

AQUIN, Louis Claude d' — s. DAQUIN

ARAJA, Francesco * 1700 Napoli, † um 1770 Bologna, führte 1751 mit ital. Truppe in St. Petersburg die erste auf russ. Text kompon. Oper ‚Titus' auf. W: 22 Opern, Weihnachtsorat.

ARANAZ Y VIDES, Pedro † 1821 Cuenca (Span.), da seit 1780 DomKM. W: 8st. Messen.

ARANDA, del Sessa d', veröffentlichte 1571 Madrigale, die sehr beliebt u. wiederholt nachgedruckt wurden.

ARANYI, Adila — s. FACHIRI

ARANYI, Francis E. * 21/3 1893 Köln, VVirt. in Berlin.

ARAUJO, Francisco Correa d' † 13/1 1663 als Bischof v. Segovia, vorher Organ. in Sevilla, bedeut. Komp. W: OrgSchule u. a.

ARBAN, Jean Bapt. * 28/2 1825 Lyon, † 9/4 1889 Paris, gefeiert. Cornet-à-PistonVirt. u. Komp. f. sein Instr.

ARBEAU, Toinot (eigentl. Jean Tabourot, Official zu Langres), Verf. der 1588 zuerst erschienenen ‚Orchésographie', der wichtigsten Quelle f. d. Geschichte des alten Tanzes.

ARBOS, E. Fernandez * 25/12 1863 Madrid, lebt in Lissabon, VVirt., Schüler v. Vieuxtemps u. Joachim, 1891 L. am R. College in London, 1908/30 OrchDir. in Madrid. W: Oper, KaM, VStücke.

ARBTER, Alfred, Dr. 6/11 1877 Wien, Pianist in Hadersdorf/Weidlingen/Wien, Schüler W. Dörrs. W: MDrama, 4 Sinf., KlavKonz., VKonz., KaM, KlavStücke, Chöre, Lieder.

ARBUTHNOT, John * 27/2 1735 London, Leibarzt der Königin Anna, Freund Händels. W: Anthems.

ARCADELT (Archadet, Harcadelt), Jak. * um 1514 in den Niederlanden, † um 1558 Paris; 1539 GsgL. u. 1540 Sänger a. d. päpstl. Kap. in Rom, 1555 in Paris, dort Regius musicus. W: Messen, Motetten, Madrigale, Canzonen.

ARCHANGELSKI, Alexand. * 23/10 1846 im russ. Gouvern. Pensa, † 1925 Prag, seit 1862 Dirig. v. russ. KirchChören, begründ. 1880 zu Konzertreisen einen eignen Chor, führte statt der Knaben die Frauenstimmen in der russ. Kirche ein. W: Messen, Requiem.

ARCHER, Frederick * 16/6 1838 Oxford, † 22/10 1901 Pittsburg, Pa., da seit 1895 Organ., vorher seit 1871 in Brooklyn. W: Org-Komposit., Schriften über Org. usw.

ARCYBUSEW — s. ARTZIBUSCHEFF

ARDEN, Eugen, ps. = Emil KRONKE

ARDITI, Luigi * 22/7 1822 Crescentino (Piemont), † 1/5 1903 Hove b. Brighton; Geiger, 1852/56 MDir. d. ital. Oper in Newyork; seit 1858 in London. W: Opern, VStücke, Tanzgse, u. a. d. Walz. ‚Il bacio'; ‚Reminiscences'.

ARDITI, Michele, Marchese * 29/9 1745 Presicca (Napoli), † 23/4 1838 Napoli, da seit 1807 Dir. d. Museums. W: Oper, Kantaten, Arien usw.

ARDY — s. SOMIS

AREND, Max, Dr. iur. * 2/7 1873 Deutz, Rechtsanwalt in Köln, verdient um die Wiederbelebg Glucks. W: Biographie Glucks; ‚Zur Kunst Glucks' u. a.

ARENDT, Erich * 16/10 1885 Zerbst, Komp. u. KlavL. in Hamburg, Schüler M. Regers. W: Ouvert., Var. f. Klav. u. Orch., StrQuart.

ARENS, Frz. Xav. * 28/10 1856 Neef i. Preuß., seit 1896 GsgL. in Newyork. W: OrchM, StrQuart., OrgStücke, Chöre, Lieder.

ARENS, Paul, ps. = Rich. EICHEL

ARENSEN, Adolf * 1855 Altona. W: Opern.

ARENSKY, Anton Stepanowitsch * 30/7 1861 Nowgorod, † 25/2 1906 Terioki (Finnl.), Schüler d. Petersb. Konserv., 1883 KompL. am Konserv. zu Moskau. W: Opern, Sinf., Suit., Klav.-, VKonz., KaM, KlavStücke usw., Harmonielehre, Formenlehre.

ARENZ, Peter, ps. Hans ANZER * 8/2 1888 Godesberg a. Rh., da ML. W: UnterhaltgsM.

ARETINUS — s. GUIDO von Arezzo

ARGAUER, Wilhelm † 28/2 1904 Wien, da Schüler d. Konserv., 1880/84 Dir. der Kapelle d. Baron Nath. Rotschild, 1894 TheaKM. in Wien. W: Possen, Ouvertüren usw.

ARGER, Fred, ps. = DELMAS, Marc.

ARGINE, Constantino dall' * 12/5 1842 Parma, † 1/3 1877 Milano. W: Opern, Ballette.

ARIA, Cesare * 21/9 1820 Bologna, da † 30/1 1894, Gsg- u. KlavL. W: Sinf., GsgKompos.

ARIANI, Adriano * 25/11 1879 Rom, Dirig. u. Pianist, seit 1916 Dir. einer MSchule in Newyork. W: Sinf., OrchSuite, KlavStücke, Orator.

ARIBO, Scholastiker in Freising 1078, Verf. eines wertvollen Kommentars zu d. Schriften Guidos v. Arezzo.

ARIENZO, Nicola d' * 24/12 1842 Napoli, da † 25/4 1915, Schüler Fioravantis u. Mercadantes, seit 1877 L. f. Kontrap. u. Kompos. am Konserv. (Dir. 1879) zu Napoli. W: Opern, KaM, Chöre, KlavStücke, theor. Schriften.

ARION, der um 600 v. Chr. lebende sagenberühmte griechische Sänger aus Methymna (Insel Lesbos).

ARIOSTI, Attilio * 5/11 1666 Bologna, † um 1740 in Spanien; gefeiert. OpKomp., erst Lully, später Al. Scarlatti folgend, 1697/1703 Hofkomp. in Berlin, 1716 in London. W: 25 Op., Orator., Kantaten, Sonaten f. Viola d'amour usw.

ARISTIDES QUINTILIANUS, lebte um 100 n. Chr. W: (wichtig): De musica (griech.).

ARISTOTELES, der große griech. Philosoph 384—322 v. Chr., bringt in seinen Schriften Wichtiges über d. Musik; die unter seinem Namen gehenden ‚Problemata', alexandrinischen Urprungs, aus d. Anf. d. 2. Jahrh. n. Chr.

ARISTOXENOS * 354 v. Chr. Tarent, † um 300 v. Chr., Schüler d. Aristoteles, der bedeutendste altgriech. MSchr.

ARK, Karl van * 1842, † 1902 Petersburg, treffl. KlavPädagoge, Schüler Leschetitzkys. W: Schule der KlavTechnik.

ARKWRIGHT, Godfrey * 10/4 1864, lebt in Newbury. H: The old english Edition (of manuscripts); The musical antiquary. — Seine Schwester Marian Ursula * 25/1 1863 Norwich, † 23/3 1922 London. W: Kinderoptten, Requiem, Orch. u. KaM.

ARLANDE, Guy d', ps. = REUCHSEL, A.

ARLBERG, Frits * 21/3 1830 Leksand (Schweden), † 21/2 1896 Christiania, gesuchter Bühnenbarit. seit 1858, seit 1884 GsgL. in Kopenhagen. W: ‚Tonbildungslehre', Lieder. — Sein Sohn ist Hjalmar * 30/10 1869 Stockholm, seit 1914 GsgL. am Leipziger Konserv.

ARLT-KRUSE, Lotte * 1900 Berlin-Lichterfelde, † 13/4 1930 Züllichau, da KonservDir., Pianistin u. Komp. W: Singspiele, Lieder.

ARMAND, J. O. — s. KNORR, Iwan

ARMANDOLA, José, ps. = LAUTENSCHLÄGER, Willi

ARMANDOZ, Norberto * 1893 Astizagarra, Organ. in Sevilla. H: Baskische Volks-M.

ARMBRUST, Karl F. * 30/3 1849 Hamburg, † 7/7 1869 Hannover, vortreffl. Organ. (Schüler Faißts), Dirig. (‚Bach-Ver.'), L. am Konserv. u. MKrit. in Hamburg. — Sein Sohn Walter * 17/10 1882, Og.- u. KlavVirt., bis 1920 Dir. der Brahms-Konserv. in Hamburg, 1920 KM. d. Dresd. Philharmon. Orch., seit 1922 städt. MDir. (KM.) in Eisenach. W: sinf. Dichtgen.

ARMBRUSTER, Karl * 13/7 1846 Andernach a. Rh., † 10/6 1917 London, da seit 1863 als Pianist u. Dirig.; eifriger Wagnerianer (Vorträge).

ARMES, Philip * 1836 Norwich, † 10/2 1908 Durham, Organ. an versch. Orten. W: Oratorien, kleinere KirchM.

ARMHOLD, Adelheid * 1902 Hamburg, lebt in Berlin, ausgez. auch im Ausland sehr geschätzte KonzSopr., ausgeb. in Hamburg (Klav.) u. Berlin bei L. der ital. Methode.

ARMIN, Georg — s. HERRMANN

ARMIN, Gust., ps. = LANGE, Hermann

ARMINGAUD, Jules * 3/5 1820 Bayonne, † 27/2 1900 Paris, treffl. Geiger, seit 1839 im Orch. d. Grand Opéra, gründete m. Jacquard, Lalo u. Mas ein Quartett, später die ‚Société classique'. W: VKomp.

ARMSHEIMER, Iwan * 19/3 1860 Petersburg, Schüler d. dort. Konserv. W: Opern, Kantaten, Ballette, OrchStücke, KaM, Lieder.

ARMSTER, Karl * 4/12 1882 Krefeld, ausgez. Heldenbaritonist, u. a. in Berlin u. Hamburg, lebt teils in Berlin, teils in Hebern-Damnitz (Pomm.).

ARMSTRONG, Helen P. — s. MELBA

ARMSTRONG, Thomas Henry Wait * 15/6 1898, Organ. in Exeter seit 1928, MSchr. W: Chöre m. Orch., KaM., KirchM.

ARMSTRONG, William Dawson * 11/2 1868 Alton (Ill.), da seit 1908 Dir. e. eigenen MSchule. W: Opern, Optten, Ballett-Suiten, Org., VStücke, Lieder; ‚The romantic world of m.'.

ARNAUD, Franç., abbé * 27/7 1721 Aubignan/ Carpentras, † 2/12 1784 Paris, MSchr., trat für Gluck ein.

ARNAUD, Jean E. G. * 1807, † 1863 Paris. W: einst beliebte Romanzen.

ARNDT, Frz. * 2/10 1875 Hornhausen, RB. Magdeburg, Schüler d. Instit. f. KirchM. in Berlin, seit 1901 GsgL., Chordir. u. Organ. in Hameln. W: Chöre, OrgStücke.

ARNDT, Willy * 18/2 1888 Frankfurt a. M. SchulL. in Eitelborn/Neuhäusel (Westerwald). H: Altdeutsche Lieder zur Laute.

ARNDTS, Maria — s. VESPERMANN

ARNE, Michael (Sohn von Thomas) * 1741 London, da † 14/1 1786, Bühnenkomp.

ARNE, Thomas Augustine * 28/5 1710 London, † da 5/3 1778, hervorr. Komp. W: 30 Opern, M. z. Shakespeareschen Stücken, 2 Orator., Lieder (u. a. ‚Rule Britannia'), Glees, KaM., KlavSon., OrgKonz. usw.

ARNEIRO, José Augusto Ferreira Veiga, Vicomte d' * 22/5 1838 Macao (China), † 1903 San Remo, bedeut. portugies. Komp. W: Opern, Ballett, ‚Te deum'.

ARNHEIM, Amalie * 29/12 1863 Berlin, da † 26/5 1917. W: mwissensch. Aufsätze.

ARNHEIM, Richard, Dr. med. * 18/2 1869 Seesen a. H., lebt in Berlin, Schüler Klattes. W: OrchBallade, Kantaten, KaM., Gesänge.

ARNOLD VON BRUCK (Brouck), 1534 oberster KM. des Kaisers Ferdinand I. in Wien, † 1554, wohl aus Bruck a. d. Leitha od. Murr. W: weltl. u. geistl. Chöre, Lieder.

ARNOLD, Adolf * 28/2 1874 Gießen, Git. u. Zither-Komp. u. L. in Dresden. W: ZithKomp., ‚Die Grundlage des KlavSpiels'.

ARNOLD, Ernst * 12/2 1892 Wien, lebt da, urspr. Geiger, dann Opttensänger. W: volkstümliche Lieder, meist zu eigen. Texten.

ARNOLD, Frank Thomas * 6/9 1861 Rugby, ausgeb. in Cambridge, MForscher.

ARNOLD, Frz * 28/4 1878 Znin (Preuß.), Librettist in Berlin

ARNOLD, Friedr. Wilh. * 10/3 1810 Sontheim/Heilbronn, † 13/2 1864, MHändler in Elberfeld. W: KlavStücke, Volkslieder. H: Lochheimer Liederbuch; Paumanns ars organisandi.

ARNOLD, Geo. * Feldsberg (NÖsterr.), Org. in Innsbruck bzw. Bamberg. W: (1651—72): Messen, Psalmen, Arien m. Instrum.

ARNOLD, George Benj., Dr. mus. * 22/12 1832 Petworth (Sussex), † 31/1 1902 Winchester, da seit 1865 Organ. W: Orator., Kantat., Anthems, 2 KlavSon.

ARNOLD, Gustav * 1/9 1831 Altdorf, † 28/9 1900 Luzern, da 1865/83 städt. MDir. W: geistl. u. weltl. Chöre, KlavStücke.

ARNOLD, Hanns, ps. John RAY-ATKINSON * 7/5 1886 Magdeburg, SchulL. i. R. in Berlin-Charlottenburg. W: UnterhaltgsM. (Optten, Tonfilm)

ARNOLD, Jack, ps. = Eric COATES

ARNOLD, Ign. Ernst Ferd. * 4/4 1774 Erfurt, da † 13/10 1812, Advokat u. MSchr. W: ‚Galerie der berühmt. Tonkünstler d. 18. u. 19. Jh.', ‚Der angehende MDirektor' usw.

ARNOLD, Joh. Gottfr. * 15/2 1773 Niedernhall/Öhringen, † 26/7 1806 Frankf. a. M., da seit 1797 Solo-Vcellist. W: VcKonz.

ARNOLD, Karl * 6/5 1794 Neukirchen/Mergentheim, † 11/11 1873 Christiania, da seit 1849 Dir. d. Philharm. Gesellsch., Pianist. W: Oper, KaM., KlavSonaten u. a.

ARNOLD, Rich. * 16/9 1875 Walheim a. Neckar, urspr. SchulL., ausgeb. auf d. Stuttgarter Konserv., seit 1921 VerDir. in Ludwigsburg. W: MChöre.

ARNOLD, Samuel * 10/8 1740 London, da † 22/10 1802, 1789 Dir. der Acad. of anc. m., 1793 Organ. a. Westminster. W: 44 Opern, 5 Orator., FlötSchule usw. H: ‚Cathedral music', KirchM., Werke Händels.

ARNOLD, Stanley, ps. = Alec ROWLEY

ARNOLD, Youry v. * 1/11 1811 St. Petersburg, † 19/7 1898 Karakaslik/Sinferopol (Krim); 1863/68 in Lpz (Verfechter neudeutsch. Richtg.), 1870/94 Leiter eigner MSchule in Moskau, seit 1894 GsgL. in Petersburg. W: Opern, Ouvert., Lieder; ‚Die alten Kirchenmodi', ‚Grammat. der M.', v. a. Schriften.

ARNOLDS, Mich. * 7/3 1890 Sindorf, GesgL. u. Bariton. in Köln-Deutz, 1925/32 am Konserv. in Krefeld. W: KlavStücke, Lieder.

ARNOLDSON, Sigrid * 20/3 1861 (1864?) Stockholm, vortreffl. Koloratursäng., Schülerin v. Mad. Artôt, vermählt mit Alfred Fischhof, betrat 1885 in Prag die Bühne, seitdem fast stets auf Gastspielreisen, seit 1910 GsgL., jetzt wieder in Stockholm, zeitweise in Wien.

ARNOTT, A. Davidson * 1870 Glasgow, † 1910. W: Chöre, auch m. Orch.

ARNOULD, Madeleine Sophie * 14/2 1744 Paris, da † 18/10 1802, ausgez. Sopranistin (1757 bis 1778), Glucks erste Iphigenie.

ARNT V. AICH — s. AICH

ARO, ps. = Herm. SCHULENBURG

AROCA Y ORTEGA, Jesus * 1877 Algete/Madrid, verdient um die Erforschg der span. MGesch. W: Optten, BühnenM., OrchSuite.

ARON, Paul * 9/1 1886 Dresden, da Pianist.

ARON (AARON), Pietro * um 1490 Firenze, † 1545 Venedig, Mönch, bedeut. Theoretiker.

ARONA, Columbino * 1888 Torino, lebt da. W: M. zu vielen piemontes. TheaStücken.

ARPI, Oskar * 8/2 1824 Börstil (Roslagen), † 25/9 1890 Upsala, berühmt durch seine Reisen mit dem Allg. schwed. Studentengsgv., den er 1852/71 leitete.

ARRAU, Claudio * 6/2 1903 Chillan (Chile), lebt in Berlin, KlavVirt. (Wunderkind). W: Film-M., KlavStücke.

ARREGUI GARAY, Vicente * 3/7 1871 Madrid, da † 2/2 1925, Komp. u. MKrit. W: Opern, Orat., Sinf. KaM usw.

ARRESTI, Giulio Cesare * ca. 1630, † ca. 1695; 1685 KirchKM. (früher Organ.) in Bologna. W: Messen, Psalmen, TrioSon. H: Sonate da organo di varii autori.

ARRIAGA Y BALZOLA, Juan C. J. A. * 27/1 1806 Bilbao, † 1826, Schüler des Pariser Konserv. W: Sinf., 3 StrQuart. u. a.

ARRICHODEL, ps. = Victor HOLLAENDER

ARRIETA, Pascuel Juan * 21/10 1823 Puente la Reine (Navarra), † 11/2 1894 Madrid, da seit 1848, 1857 KompositionsL., 1868 Dir. d. Konserv. ausgeb. in Mailand. W: Opern, über 50 Zarzuelas.

ARRIGONI, Carlo * ca. 1743 Firenze. W: Opern, Orator., Cantate da camera.

ARRIGONI, Giov. Giac., 1637 Organist der Hofkapelle in Wien, da noch 1657 nachweisbar. W: Concerti di camera.

ARRIOLA, Pepito * 14/12 1896 El Ferrol (La Coruña), lebt in Berlin, KlavVirt. (Wunderkind).

ARRO, Elmar, Dr. phil. * 2/7 1899 Riga, seit 1933 PrivDoz. an der dtsch. Lutherakad. in Dorpat, lebt in Elva, Estland, studierte MusWiss., Komp. u. Dirig. in Berlin u. Wien, widmet sich d. Erforschg der balt. MGesch. W: viele Aufs.; ‚Gesch. der estn. M.' I 1933

ARRONGE — s. L'ARRONGE

ARROYO, João * 1861 Oporto, 1885 Prof. d. Rechtswiss in Coimbra, 1890 Minister in Lissabon. W: Opern (Amor de Perdiçao 1907 bedeutend), OrchSuiten, KlavStücke, Lieder.

ARTARIA & CO., 1765 in Mainz u. 1770 in Wien gegründete MHandlg, zu Mozarts u. Beethovens Zeit von Bedeutg.

ARTEAGA, Stefano (Jesuit) * 1747 Madrid, † 30/10 1799 Paris, lebte in Bologna u. Rom. W: ‚Le rivoluzioni del teatro music. italiano' (dtsch v. Forkel).

ARTL, Christian * 25/11 1875 Neumarkt (Tir.), seit 1905 StadtKM. in St. Pölten, Schüler d. OrgSchule in Prag. W: Sinf., Messe usw.

ARTNER, Josefine v. * 10/11 1869, † 7/9 1932 Wien, geschätzte OpSopr., 1888/1908 in Leipzig, Wien u. Hamburg, oft in Bayreuth.

ARTOK, Hugo, ps. = Lothar WINDSPERGER

ARTOT, Alex. Jos. Montagney * 25/1 1815 Brüssel, † 20/7 1845 Ville d Avrey b. Paris, vielgereist. VVirt. W: brill. VStücke, unveröff. KaM.

ARTOT, Desiré Montagney * 23/9 1803 Paris, † 25/3 1887 St. Josse ten Norde, HornVirt., 1843/73 Prof. am Konserv. in Brüssel. W: Fantasien, Etüden usw. f. Horn.

ARTOT-PADILLA, Désirée * 21/7 1835 Paris, † 3/4 1907 Wien, berühmte vielgereiste Bühnensgerin u. GsgL. (Schülerin der Viardot-Garcia), seit 1869 mit dem span. Baritonisten Marziano Padilla y Ramos (* 1842 Murcia, † 21/11 1906 Heilanstalt Auteuil/Paris) verheiratet. — Ihre Tochter Lola A. de P. * 5/5 1886 Sèvres (Paris), † 12/4 1933 Berlin, da 1906/09 an der Kom., 1909/27 an der Hofoper; dann GsgL.

ARTOY, Jacques de, ps. = Lucien NIVERD

ARTSYBUSCHEW — s. ARTZIBUSCHEFF

ARTUSI, Giov. Maria † 18/8 1613 als Kanonikus zu Bologna. W: ‚Arte del contrapunto' usw., Kanzonetten.

ARTZ, Karl Maria * 10/6 1887 Düsseldorf, lebt in Düsseldorf, Schüler Draesekes u. Jos. Pembaurs d. J., seit 1913 als Dirig. tätig, 1919/21 in Stavanger, 1924 KM. in Bad Homburg, 1925/27 in Valetta (Malta). W: Oper, sinf. Dichtg, KlavStücke, Lieder.

ARTZIBUSCHEF, Nikolaus, ps. Ennart * 7/3 1858 Zarskoje-Selo, seit 1920 in Paris, Schüler Rimsky-Korssakows. W: KlavStücke, Lieder.

ASANTSCHEWSKY, Mich. v. * 1838 Moskau, † da 24/1 1881, Schüler Hauptmanns u. E. F. Richters, 1866/70 in Paris, 1870/76 Dir. d. Konserv. zu St. Petersburg. W (bemerkenswert): Ouvert., KaM, KlavStücke.

ASCHER, Jos. * 4/6 1829 Groningen (dtsche Eltern), † 26/6 1869 London; Schüler v. Moscheles, lebte abwechselnd in Paris u. London. W: KlavSalonkompos.

ASCHER, Leo, Dr. iur. * 17/8 1880 Wien, da OpttenKomp., u. a. ‚Der Soldat der Marie' (1918) u. ‚Hoheit tanzt Walzer' (1912), auch Tonfilme.

ASENJO, Francisco — s. BARBIERI

ASHAUER, Heinr. * 25/6 1889 Brake (Oldb.), VVirt. u. Führer e. StrQuart., Schüler Corbachs, seit 1920 KonzM. in Rostock.

ASHDOWN, Edwin, MVerlag in London, hervorgegangen aus dem 1825 von dem Bremer Christ. Rud. Wessel (* 1797) gegründeten Geschäft.

ASHLEY, John * ca. 1740, † 2/3 1805 London; verdient um die Auff. v. Oratorien.

ASHTON, Algernon * 9/12 1859 Durham (England), seit 1885 KlavProf. in London, Schüler d. Lpzger Konserv. u. dann Raffs. W (über 170): Sinf., VKonz., KaM, KlavStücke, Chöre, Lieder usw.

ASHTON, Eileen, ps. = Frederic MULLEN

ASHTON, John, ps. = Frederic MULLEN

ASHWORTH, John, ps. = Ernest AUSTIN

ASIOLI, Bonifazio * 30/4 1769 Correggio, † da 18/5 1832; schrieb schon im 9. Jahre Messen usw., 1787/96 in Torino, 1801 KM., 1808 KonservDir. zu Milano, seit 1813 in Correggio. W: Opern, Orat., Mess., Duette, Konz., theor. Lehrbücher.

ASKENASE, Stefan * 10/7 1896 Lemberg, KlavVirt. (Schüler Emil Sauers), KonservL. in Kairo.

ASMUSSEN, Eduard, Dr. jur. * 26/11 1882 Flensburg, lebt in Kopenhagen seit 1919 als Kaufmann. W: Lieder.

ASOLA, Giovanni Matteo * um 1560 Verona, † 1/10 1609 Venedig. W: Messen, Palmodien, Madrigale.

ASPA, Mario * 1806 (1799?) Messina, † da 1861. W: 42 Opern, u. a. ‚Il muratore di Napoli‘.

ASPESTRAND, Sigwart * 13/11 1856 bei Frederickshald (Norw.), erst Kaufmann, Schüler d. Konserv. zu Lpz. u. d. Kgl. Hochschule zu Berlin, dann jahrelang in Dresden, neuerdings in Oslo. W: Opern.

ASPLMAYR, Franz * ca. 1721, † 29/5 1786 Wien, da Ballettkomp. d. ital. Oper. W: Singspiele, Ballette, KaM.

ASPRI, Orsola (eigentl. Adelhaide Appignani) * um 1807 Rom, da † 30/9 1884. W: Opern, Kantaten, OrchStücke.

ASSMANN, Alfred * 31/10 1891, Kantor u. Organ. in Chemnitz. W: ungedr. KaM, OrgStücke.

ASSMAYER, Ignaz * 11/2 1790 Salzburg, † 31/8 1862 Wien; Schüler v. M. Haydn u. Eybler, Organ., KirchKM. (als Weigls Nachfolger 1846 zweiter HofKM.) in Wien. W: Mess., 2 Orator., Offertorien, Sinf. usw.

AST, Max * 17/3 1874 Windischleuba, um den SchulGsg. sehr verdient, in Berlin, da seit 1904 Organ. u. Chordirig. W: Chöre, Lieder. H: ‚Der Schulgesg‘; ‚Schulliederbuch‘

AST, Max W. * 3/9 1875 Wien, da seit 1924 musik. Leiter der Radio-Verkehrs A.-G. (Ravag), Schüler von Rob. Fuchs, 1920/24 KM. u. Chordir. in Amerika. W: 2 Opern, sinf. Dichtg, KaM, KlavStücke, Lieder, auch m. Orch.

ASTARITTA, Gennaro, aus Napoli, schrieb 1765—93 36 Opern, u. a. ‚L'orfana insidiata‘, ‚Circe e Ulisse‘.

ASTON, A. William, ps. = A. W. KETELBEY

ASTORGA, Emanuele d' * 11/12 1681 Palermo, † 21/8 1736 Prag (?), Baron, Offizier, kam an die Höfe von Parma u. Wien, führte ein abenteuerliches Leben. W: Oper ‚Dafne‘, ‚Stabat mater‘, Kantat., Sologsge.

ASTORGA, Jean Oliver, bekannt durch 6 Trio-Sonaten sowie Lieder u. Duette, London ca. 1769.

ATANASSOFF, Georgi * 1872 Philippopel, Op-KM. in Sofia, ausgeb. in Bukarest u. bei Mascagni. W: Opern, Optten.

ATHERTON, Percy Lee * 25/9 1871 Roxbury (Mass.), lebt in Boston, Schüler Rheinbergers u. Sgambatis. W: Opern, KaM., Chöre, Lieder.

ATKINS, Ivor Algernon, Sir * 29/11 1869 Cardiff, Organ. u. KirchKM. in Worcester seit 1897. W: KirchM.

ATRI, Raffaele d', ps. Helgar, William * 3/10 1853 Caserta, ML. in Napoli. W: Sinf. Dichtg, viele KlavStücke, Gsge.

ATTAIGNANT, Pierre, d, erste Pariser, der 1527/49 MensuralM. mit beweg1. Typen druckte.

ATTAL, Dario * 11/10 1881 Marsa (Tunis), ausgeb. in Firenze u. bei Leschetizki, vielgereister KlavVirt. W: Opern, V- u. KlavSon., KlavKonz. u. Stücke, Hymnen, Lieder.

ATTENHOFER, Karl, Dr. phil. h. c. * 5/5 1837 Wettingen (Schweiz), † 22/5 1914 Zürich, da 1867 als VerDirig., 1879 Organ., 1897 MitDir. d. M.-Schule, seit 1904 im Ruhestand. W: zahlreiche M-, Fr- u. gem. Chöre, Lieder, auch Stücke f. Pfte., V. usw.

ATTERBERG, Kurt * 12/12 1887 Göteborg, lebt da, Ingenieur, zeitweise Dirig. in Stockholm. W (bemerkensw.): Opern, BühnenM., 5 Sinf., Konzerte f. V. u. Vcell, KaM.

ATTERN, Wilh. † 1843, MDir. des Fürsten Bentheim. W: Sinf., Ouvert. u. a.

ATTRUPP, Karl * 4/3 1848 Kopenhagen, da † 5/10 1892, Organ. u. L. am Konserv. W: Org-Schule, OrgStücke, Lieder.

ATTWOOD, Thomas * 23/11 1765 London, † 24/3 1823 auf sein. Landsitz bei Chelsea, ausgeb. in Neapel u. von Mozart, Organ. in London seit 1795. W: 19 Opern, viel KirchM.

AUBER, Daniel François Esprit * 29/1 1782 Caen (Normandie), † 12(13)/5 1871 Paris; Schüler Cherubinis, seit 1842 Dir. d. Konserv.; unter Louis Philipp. sowie Napoleon III. HofKM. W: über

40 Opern: ‚La neige' (1823), ‚Maurer u. Schlosser' (1825), ‚Die Stumme von Portici' (1828), ‚Fra Diavolo' (1830), ‚Der Gott u. die Bajadere' (1830), ‚Gustav oder der Maskenball' (1833), ‚Lestocq' (1834), ‚Das eherne Pferd' (1835), ‚Der schwarze Domino' (1837), ‚Der Feensee' (1839), ‚Des Teufels Anteil' (1843), ‚Manon Lescaut' (1851), ‚Der erste Glückstag' (1868), ‚Der Liebestraum' (1869); in der Jugend Messe, Lieder, VcKonz. usw.

AUBERLEN, Sam. Gottlob * 23/11 1758 Fallbach/Stuttgart, † 6/6 1828 (nicht 1817) Ulm als MDir., urspr. VVirt., 1791 MDir. in Zofingen, dann in Winterthur u. Schaffhausen, auch Organ. W: Selbstbiogr., Schulchorgsschule, Choräle, Lieder.

AUBERT, Jacques * 1678, † 19/5 1753 Belleville/Paris, Geiger (1748 KonzM.) in der Gr. Op. W: Ballette, BühnenM., VSonat. u. a. KaM. — Sein Sohn Louis * 15/5 1720 Paris, da † nach 1779, 1755/71 KonzM. d. Gr. Oper. W: Sinf., VSonaten.

AUBERT, Louis * 19/2 1877 Paramé (Ille-et-Vilaine), schon 1889 Schüler L. Diemers u. Faurés, 1909 angeseh. Paris. Komp., TheorL. u. MSchr. W: Oper, Suite brève, Nuit mauresque, Habanera u. a. sinf. Dichtgen, Caprice f. V. u. Orch., Klav-Quint., Fantasie f. Klav. u. Orch., Suite f. 2 Klav., KlavStücke, Chöre, Duette, ‚Traite d'harmonie' usw.

AUBERT, Pierre Franç. Olivier * 1763 Amiens, † ca. 1830 Paris, da SoloVcellist der Kom. Oper. W: Schulen u. Stücke f. Vc.; dsgl. f. Git.

AUBERY DU BOULLEY, Prudent Louis * 9/12 1796 Verneuil (Eure), da † 1870. W: f. Git. (auch mit anderen Instrum.).

AUBRY, G. Jean — s. JEAN-AUBRY

AUBRY, Josephe * 1873 Domjulien, Dep. Vosges, ausgez. Geigenbauer in Mirecourt, ein moderner Stradivari, zuerst Tischler, dann in der Instrumentenfabrik Thibouville in Mirecourt, wo er bes. Kontrabässe baute, später selbständig bes. Geigen nach eigenen Experimenten. Sein Ruf seit d. Geigenwettspiel am 4/11 1921 feststehend, seine Geigen klingen auch ohne Lack ausgez.

AUBRY, Paul, ps. = G. H. CLUTSAM

AUBRY, Pierre * 14/2 1874 Paris, † 31/8 1910 Dieppe, verdienter Erforscher d. M. des MA., bes. Paläograph.

AUDRAN, Edm. * 12/4 1840 (nicht 1842) Lyon, † 17/8 1901 Tierceville; Schüler Niedermeyers, 1861 KirchKM. in Marseille, seit 1877 Opttenkomp. in Paris. W: 38 Optten, ‚Le petit Poucet', ‚Mascotte', ‚Miss Helyet', ‚Le Grand Mogol', ‚l'Oncle Célestin', ‚la Poupée' u. a., Messe usw.

AUDRAN, Marius Pierre * 26/9 1816 Aix en Provence, † 9/1 1887 Marseille, da seit 1863 Dir. des Konserv., vorher berühmt Tenor. W: Lieder.

AUER, Leopold * 7/6 1845 Vesprém (Ung.), † 16/7 1930 Loschwitz/Dresden, vorzügl. VVirt. (Schüler der Konserv. in Budapest u. Wien u. Joachims), 1868 Sologeiger des Kaisers u. Prof. am Konserv. in Petersburg, 1887/92 auch Dirig. der Konz. d. kais. russ. MGesellsch. Einer der erfolgr. VL., seit 1918 in Newyork. W: Transskriptionen; ‚V. playing us I teach it', Selbstbiographie u. a.

AUER, Max * 6/5 1880 Vöcklabruck, da Schul-L. u. Chordir., Schüler des Mozarteums in Salzburg; 1. Präsident der internat. Bruckner-Ges. W: ‚Ant. Bruckner' u. Forts. der großen Brucknerbiogr. Göllerichs; ‚A. Bruckner als Kirchenmusiker'. H: Bruckners Briefe

AUERBACH, Eugen * 5/8 1898 Elberfeld, seit 1927 in München, jetzt ?. W: Psalm 130 8st., Lieder, KlavStücke.

AUERBACH, Max * 23/1 1872 Breslau, da seit 1898 KonzBegl. u. ML., vorher TheaKM. W: KaM., Lieder.

AUFSCHNAITER, Benedikt Anton † 1742 Passau, da seit 1704 DomKM. W: KirchM. (auch instrum.).

AUGARDE, Haydn, ps. = Ch. A. RAWLINGS; auch zus. mit H. NICHOLLS

AUGENER & Co., 1853 von Geo. A. († Dez. 1915) gegründeter, bedeutender MVerlag (billige Edition seit 1867) in London mit eigener Stecherei seit 1878; kaufte 1898 R. Cocks & Co. an.

AUGUEZ, Numa * 1847 Saleux (Somme), † 27/1 1903 Paris; berühmter Baßbaritonist, 1871/81 an der Gr. Oper.

AUGUSTA (deutsche Kaiserin) * 30/9 1811 Weimar, † 7/1 1890 Berlin, geb. Prinz. v. Sachsen-Weimar, Schülerin J. N. Hummels. W: Ballett, Ouvert., Armeemärsche usw.

AUGUSTIN, G. B., ps. = Gust. BLASSER

AUGUSTIN, Marx * 1643 Wien, da † 10/10 1705, der sagenberühmte Volkssänger u. Sackpfeifer

AUGUSTINUS, Aurelius, der Heilige * 13/11 354 Tagaste (Numidien), † 28/8 430 als Bischof von Hippo (im jetz. Algier). Seine Schriften enthalten Wichtiges über d. M in der ältesten christl. Kirche.

AULAS, Franç. * 1884 Lyon, † 30/6 1915. W (ungedr.): Sinf. Dichtg, KlavVSonaten, Lieder.

AULIN, Tor * 10/9 1866 Stockholm, da † 1/3 1914 tücht. Geiger, Schüler Saurets, 1889/19₀2 KonzM. der Hofoper, Leiter e. StrQuart. seit 1887, Dir. d. KonzVer. seit 1903. W: OrchSuite, 3 V-Konz. u. kleinere Stücke.

AULIN, Walborg (Schwester Tors) * 9/1 1860 Gäfle, † Apr. 1928 Örebro. W: OrchSuite, 2 StrQuart., KlavStücke, Chöre, Lieder.

AUMANN, Alfr. * 26/5 1879 Oels i. Schles., GymnGsgL. u. MKrit. in Breslau, Schüler Riemenschneiders, † 9/1 1933. W: MChöre.

AURACH, Th., ps. = Gust. PICK

AURIAC, Lionel d' * 19/11 1847 Brest, † 21/1 1923 Paris, da 1895/1903 Prof. d. Ästhetik und Tonpsychologie an der Sorbonne. W: ‚Rossini', Wagner', Fachschr.

AURIC, George * 15/2 1899 Lodève, impressionist. Komp. in Paris, zur Gruppe der Sechs gehörend, Schüler d'Indys; MKrit. W: Oper, Ballette, sinf. Dichtg, OktettSuite, Lieder usw.

AURIOL, Tony, ps. = VIDAL, Paul

AUSPITZ-KOLAR, Augusta * 1843 Prag, da † 23/8 1878; vortreffl. Pianistin. W: KlavStücke, GsgM.

AUSSEILL, François * ? Perpignan, Schüler des Konserv. in Paris bis 1900, da urspr. Geiger, 1911/20 II. Dirig. des Lamoureux-Orch. W: Op., Ballettpantomime, Suiten u. a. f. Orch., KaM., Chöre, Lieder.

AUSSEM, Jean * 16/12 1901 Hürth/Köln, VerDirig. u. GsgL. in Küdinghoven/Bonn, ausgebildet auf dem Kölner Konserv. W: Messe, MChöre, Lieder.

AUSTIN, Ernest, ps. John A s h w o r t h, Barry N e a l e, John W e l b e c k * 31/12 1874 London, da sehr fortschrittl. Tonsetzer. W: OrchStücke, KaM., KlavStücke, Chorwerke, Lieder; Buch ‚The fairyland of m.'

AUSTIN, Frederick, ps. Martin Barclay * 30/3 1872 London, sehr geschätzter Baritonist, erfolgr. Komp., seit 1924 künstl. Leiter der British nat. Opera Co., wohnt in Kensington. W: Op., Bühn.M., sinf. Dichtg. B: Pepusch's Beggar's Opera.

AUSTRAL, Florence * 26/4 1894 Richmond bei Melbourne, lebt in London, berühmte dramat. Sgerin.

AUTENRIETH, Helma, geb. Schleußner * 6/12 1896 Frankfurt a. M., KlavL. in Heidelberg. W: KlavStücke (auch f. 2 Klav.). H: Neues KlavBuch.

AUTERI-MANZOCCHI, Salvatore * 25/12 1845 Palermo 1889/1910 GsgL. am Konserv. in Parma, da † 22/2 1924. W: Opern.

AUVERGNE, Antoine d' * 3/10 1713 Moulins, † 11/2 1797 Lyon, 1739 Geiger, zuletzt ObIntend. d. Gr. Oper in Paris, 1776 Compositeur de l'academie r. de mus. W: Opern, KaM.

AVÉ-LALLEMANT, Theodor * 2/2 1805 Magdeburg, † 9/11 1890 Hamburg, da seit 1838 im Vorstand der Philharm. Gesellsch., befreundet mit Brahms usw., Schriftst.

AVELING, Claude * 1869, Registrator des Roy. Coll. in London, Übersetzer v. OpLibrettos.

AVENA, Renato * 19/10 1870 Ancona, † 6/3 1927 Milano, treffl. Dirig. u. a. in San Remo, auch GsgL. W: Viele Tänze, KlavCharakterstücke.

AVENEL, Paul * 1823, † Mai 1902 Paris. W: heitere, satyr. u. patriot. Chansons.

AVERKAMP, Anton * 18/2 1861 Willige Langerak, † 1/6 1934 Bussum (Holland), Schüler von D. de Lange, Kiel, Rheinberger, Messchaert, Leiter einer Gsgschule in Amsterdam u. 1890/1914 eines berühmten a cappellaChors f. alte KirchM. W: Oper, Sinf., OrchBalladen, VSonaten, Chöre m. Orch, Lieder usw.

AVISON, Charles * 1710 Newcastle on Tyne, da † 9/5 1770, 1736 Organ. W: Concerti à 7, KlavKonz., KlavQuart.; ‚An essay on musical expression'.

AVOSSA (Abos), Girolamo * 1719 Malta, † 1760 Napoli, da seit 1742 KonservL. W: Opern.

AVOSSA, Giuseppe * 1716 Paolo (Calabria) † 1794? Napoli, GsgL.. W: Opern, Messen.

AVRIL, Hanns * 1/9 1880 Frankfurt a. M., seit 1926 in Köln TheaKM.

AWRAAMOW, Arsseni Mich., Schüler Tanejews, lebt in Moskau, kämpft seit 1912 f. d. 48stufige temperierte Universaltonsystem.

AXMAN, Emil, Dr. phil. * 3/6 1887 Rataje (Mähren), MWissenschaftler, Schüler V. Novaks, lebt in Prag. W: Sinf., Suite, sinf. Dichtgen, KaM., KlavSon., Kantate ‚Die Mutter', gem. u. MChöre, Lieder usw.

AYBLINGER — s. AIBLNGER

AYN, Mac, ps. = Hans MAY u. Rich. ELLINGER zus.

AYRTON, William * 24/2 1777 London, da † 8/3 1858 OpKM. H: Ztschr. ‚Harmonicon', ‚Knight's music. library', ‚Sacred minstrelsy'.

AYSSLINGER, Ruland * 13/3 1850 Aalen (Württ.), lebt da im Ruhestand, war ML u. Chordir. in Offenbach, Frankfurt a. M. u. Hanau. W: viele Chöre, auch f. Schüler.

AZAIS, Pierre Hyazinthe * 1743 Ladern (Languedoc), † 1796 Toulouse, da seit 1783 ML., vorher in Paris und Sorèze. W: Sonaten u. a. f. Vcoll.

AZEVEDO, Alexis Jacques * 18/3 1813 Bordeaux, † 21/12 1875 Paris, angesehener MKrit. W: ‚Rossini', ‚Fél. David'.

AZKUE, Resurreccion Maria de * ?, Direktor der Akad. f. bask. Sprache in Bilbao. W: Opern u. Zarzuelas, KirchM. H: Cancionero popular vasco (1920) u. a.

AZZAJOLO, Filippo, Bologneser, veröffentl. 1567—69 Villoten, Madrigale u. a.

B

BAADER, Wilhelm G. † 1866 Zürich, Organ. u. VerDirig. W: Chöre.

BAAKE, Ferd. * 15/4 1800 Heudeber/Halberstadt, † 10/11 1881 Halberstadt als Domorgan., Schüler J. N. Hummels u. Fr. Schneiders. W: KlavSon. u. Stücke, MChöre, Lieder.

BAAR, Otto, ps. Alberto * 31/12 1880, lebt in Berlin-Spandau. W: UnterhaltgsM.

BABBI, Christof. * 1748 Cesena, † 1814 Dresden, da kurf. KonzM. seit 1780. W: Sinf., V-Konz., Quartette.

BABBINI, Matteo * 19/2 1754 Bologna, da † 22/9 1816, berühmter Tenor, auch in Berlin, Petersburg, Wien, London gefeiert

BABELL, William * um 1690, † 23/9 1723 London, Organ. u. Cembalist, auch Geiger. W: Conc. grossi, KaM.

BABIN, Victor * 13/12 1908, lebt in London. W: OrchSuite, KlavKonz., KlavStücke

BACARISSE, Chinoria * 12/9 1898 Madrid, lebt da. W: Sinf. Dichtg, Lieder m. Orch. u. a.

BACCHINI, Cesare * 2/4 1844 Firenze, † ? W: Opern, Sinf., KaM., KlavStücke.

BACCUSI, Ippolito * um 1545 Mantua, da 1587 DomKM., 1594 in Verona, † 1609. W: Messen, Motetten, Madrigale.

BACH, weitverzweigte thüring. Musikerfamilie, die im 17. u. 18. Jahrh. der Welt eine ganze Reihe vortreffl. Künstler schenkte und in dem Großmeister Joh. Seb. Bach den Höhepunkt ihrer Entwicklg. erreichte. Hier können nur die wichtigsten Glieder der Familie im Zusammenhang kurz namhaft gemacht werden: Der Stammvater scheint der Bäcker Veit Bach (* 1550 Wechmar bei Gotha, da † 8/3 1619) zu sein, dessen Sohn H a n s (* 1580 Wechmar, † 26/12 1627) als erster Bach die M. zum Lebensberuf erwählte. — C h r i s t o p h B. (1613/61), der Urgroßv. Joh. Seb. Bs., Organ. u. Stadtmusikus zu Weimar. Sein Sohn Ambrosius B. (1645/95), der Vater Joh. Seb. Bs, zog von Erfurt nach Eisenach u. rückte in die Stelle eines anderen B. ein. — 1. J o h. C h r i s t o p h, ein Sohn Heinrich Bs., (1615/92), des Stammvaters der Erfurter Bache u. Oheim Joh. Seb. Bs. * 6/12 1642 Arnstadt, † 31/3 1703 Eisenach, da seit 1665 Organ. W: Kantate ‚Es erhob sich ein Streit', Motett., Choralvorspiele usw. — 2. J o h. M i c h a e l, Bruder des vorigen, * 9/8 1649 Arnstadt, † 1694 Gehren b. Arnstadt, da seit 1673 Organ. Seine jüngste Tochter Maria Barbara J. Seb. Bs. erste Frau u. die Mutter von W. Friedemann B. u. K. Phil. Em. B. W: Motett., treffl. Choralvorspiele. — 3. J o h. C h r i s t o p h * 16/6 1671, † 22/2 1721, Schüler Pachelbels, Bruder u. eine Zeitlang L. Joh. Seb. Bs., Organ. in Ohrdruf. — 4. J o h. S e b a s t i a n * 21/3 1685 Eisenach, † 28/7 1750 Lpz, einer der größten Meister aller Zeiten, in dem ein fast unbegrenztes Können mit schier unerschöpflichem Reichtum der Erfind und Tiefe der Empfindg sich die Hand reichen. In einer Zeit des Überganges lebend und schaffend, in der sich der Wandel der polyponen, kontrapunkt. M. zur harmon. M. mit scharf ausgepräg. Tonalität vollzog, gewann er seine einzigartige Größe, indem er die Eigentümlichkeiten beider Stilgattungen in einer Weise beherrschte u. vereinigte, die seine Schöpfungen zu von den Zeitgenossen nicht völlig erkannten Meisterwerken erst. Ranges im Sinne der vorausgegangenen Kunstperiode stempelt u. zugleich die weitesten Perspektiven für die spätere Kunstentwicklg eröffnet. Den Grund seiner Ausbildg im KlavSpiel legte er bei seinem älteren Bruder Joh. Christoph. Seit 1700 besuchte er das Gymnasium in Lüneburg, wo Georg Böhm ihn stark beeinflußte. Bei Ausflügen nach Hamburg hörte er die berühmten Organ. Reinkens u. Buxtehude-Lübeck. 1703 wurde er Hofmusikus (Geiger) in Weimar, dann Organ. in Arnstadt, von wo er zu Fuß nach Lübeck zu Buxtehude ging, seinen Urlaub überschreitend. 1707 wurde er Organ. in Mühlhausen, wo er seine Base Maria Barbara heiratete, 1708 Hoforgan., 1714 KonzM. in Weimar, 1717 KM. des Fürsten von Cöthen u. 1723 UnivMDir. u. Kantor an der Thomasschule zu Lpz. In dieser Stellung wirkte er bis an sein Ende. In seinen letzten drei Lebensjahren litt er viel an den

Augen, die zuletzt erblindeten. Nach dem Tode seiner ersten Frau (1720), heiratete er 1721 Anna Magdalena, eine Tochter des Kammermusikers Wülken in Weißenfels. Ihn überlebten 6 Söhne u. 4 Töchter; 5 Söhne u. 5 Töchter hatte er begraben müssen. Die Zahl seiner teilweise in vielen Ausgaben verbreiteten, bei Lebzeiten nur zu sehr geringem Teile gedruckten Werke ist enorm, trotzdem manche verloren sind; große Ausgabe der Bach-Gesellschaft (57 Bde. 1851/1900). Der prakt. Verbreitung seiner Werke dient die 1907 gegründete Neue Bach-Gesellschaft. Hervorgehoben seien: Passionsmusiken nach Matthäus (erst seit 1830 wieder bekannt geworden) u. Johannes, die nach Lukas (kaum echt), die große h-moll-Messe, 4 kurze Messen, Weihnachtsorator. (eigentlich 6 Kantaten), an 200 Kirchenkantaten, weltl. Kantaten, Motetten u. andere Gsgwerke, ‚Das wohltemperierte Klavier' (48 Präludien u. Fugen für Klav.), ‚Die Kunst der Fuge' (15 Fugen u. Kanons), Fugen, Sonaten, Tokkaten, Choralvorspiele usw. f. Org., 4 Suiten u. die 6 sog. Brandenburg. Konz. f. Orch., Konz. f. 1, 2, 3 u. 4 Klav., f. 1 u. 2 V., Sonaten f. 2 V. (Fl. u. V.) u. bez. Baß, Sonaten f. V. u. Klav., desgl. für Gambe (Vc.) u. Klav., KlavStücke, Sonaten u. Partiten f. V. allein, auch f. Vc. allein. Das beste Werk über ihn ist noch immer das 2bd. Ph. Spittas (1873, 80), für das sich bisher kein Neubearbeiter gefunden hat. Daneben zu benutzen Albert Schweitzer (1905 bzw. 1908), auch Ph. Wolfrum (1906/10), A. Pirro (deutsch 1910) u. Ch. S. Terry (1929, auch dtsch). Empfehlenswert auch H. Reimann u. Bruno Schrader (1912), sowie Karl Hasse (1925). — 5. Wilhelm Friedemann (gen. ‚der Hallesche Bach'), der älteste u. begabt. Sohn des vorigen * 22/10 1710 Weimar, † 1/7 1784 Berlin, kam infolge ordnungslosen Lebens nicht zu rechter Entwicklung; 1733/47 Organ. in Dresden, dann bis 1764 in Halle, führte dann ein ruheloses Wanderleben, bei dem manches auf ihn gekommene Werk seines Vaters verloren ging, starb verarmt und verkommen. W: Sinf., Konzerte, Sonaten, Phantasien, Suite f. Klav. usw. — Sein Bruder 6. Carl Philipp Emanuel (gen. ‚der Berliner oder Hamburger Bach'), * 8/3 1714 Weimar, † 14/12 1788 Hamburg, stud. zuerst Jura, ging 1738 nach Berlin, wurde dort 1740 Kammercembalist Friedrichs II., 1767 nach Telemann KirchMDir. in Hamburg. Er wandte sich mehr dem ‚galanten' Stil zu u. wurde dadurch einer der Mitbegründer der modern. InstrumentalM., zumal der Sonate. W: Sinf., 52 Konz., Sonaten u. über 200 Solostücke f. Pfte, 2 Orator., 22 Passionen, Kantaten, viele Lieder usw. u. das noch heute wichtige Lehrbuch ‚Versuch üb. die wahre Art, das Klavier zu spielen'. Vgl. O. Vrieslander (1923). — 7. Joh. Christoph Friedr. (gen. ‚der Bückeburger Bach'), der dritte der musikalisch belangreicheren Söhne Seb. Bs. * 21/6 1732 Lpz., † 26/1 1795 Bückeburg, stud. zuerst Jura, seit 1750 Kammermusiker u. seit 1756 gräfl. lippescher KM. in Bückeburg. W: Oratorien, Kantate, ‚Die Amerikanerin', KirchM., Quart. f. Fl. u. StrInstrum., andere KaM., KlavSonaten. — 8. Joh. Christian (gen. ‚der Mailänder oder englische Bach'), der jüngste Sohn Sebastian Bs., getauft 7/9 1735 Lpz., † 1/1 1782 London; Schüler seines Bruders Karl Phil. Em. 1754 Organ. u. bald sehr beliebter OpKomp., 1762 OpKM. in London, wo er viel Erfolg auch mit den von ihm u. Karl Fr. Abel eingerichteten Subskriptionskonz. hatte. S. Z. berühmter als sein Vater, wandte sich dem freieren, leichteren Stil zu u. hat als Förderer des kantablen Instrumentalsatzes u. der Sonatenform eine neuerdings mehr u. mehr gewürdigte Bedeutg. W: Opern, Sinf., KaM., KlavKonzerte usw. — 9. Wilhelm Friedrich Ernst, Sohn des ‚Bückeburger Bach', letzter männlicher Nachkomme Seb. Bs. * 27/5 1759 Bückeburg, † 25/12 1845 Berlin; Schüler seines Vaters und des ‚engl. Bach', vortreffl. Klav.- u. OrgSpieler, gesuchter L. in London, später in Paris, Minden u. seit 1789 Hofcembalist in Berlin. W: Gsg- u. KlavStücke.

BACH, Albert Bernhard * 24/3 1844 Gyula, † 19/11 1912 Edinburgh, Opernsgr., später GsgL. W: ‚Musical education and vocal culture', ‚The principles of singing' u. a.

BACH, Aug. Wilh. * 4/10 1796 Berlin, da † 15/4 1869, Schüler Zelters, 1814 Organ., 1822 L. an dem auf seine Anregg errichteten Kgl. Inst. f. KirchM., seit 1832 (nach Zelter) Dir. desselben, später L. an d. Akad. d. Künste. W: Oratorium ‚Bonifacius', Choralbuch, ‚Der prakt. Organist', KlavStücke, Lieder.

BACH, Ernst, Opttenlibrettist * 10/5 1876 Eger, † 1/11 1929 München.

BACH, Erwin Joh. * 13/10 1897 Hildesheim, KlavL. in Berlin-Wilmersdorf. W: Sinf., KaM.

BACH, Friedemann — s. BACH 5.

BACH, Friedrich — s. BACH 7.

BACH, Fritz * 3/6 1881 Paris, Schüler d'Indys u. Guilmants, seit 1927 Organ. u. ML. in Lausanne u. Montreux, 1913/27 in Lyon. W: Sinf., KaM., Chöre m. Orch., Lieder.

BACH, Hans Joachim, ps. = Ernst NEUBACH

BACH, Heinr. Freih. v. (ps. H. Molbe) * 11/5 1835 Loosdorf, NÖsterr., † 17/10 1915 Unterwaltersdorf, NÖsterr., bis 1900 Advokat in Wien. W: viel KaM., Dezette, Oktette usw., Stücke f. versch. Instr. m. Klav., über 200 Lieder

BACH, Joh. Bernh. * 23/11 1676 Erfurt, † 11/6 1749 Eisenach, da seit 1703 Organ. W: OrchSuiten, KlavStücke, Kantaten.

BACH, Joh. Christian — s. BACH 8

BACH, Joh. Christoph — s. BACH 1 u. 3

BACH, Joh. Christoph Friedr. — s. BACH 7

BACH, Joh. Mich. — s. BACH 2

BACH, Joh. Seb. — s. BACH 4

BACH, Josef * 18/10 1880 München, seit 1931 Dir. d. städt. Konserv. in Augsburg, da 1919/31 städt. KM., auch OpKM., ausgebild. in München (Akad.).

BACH, Karl Phil. Em. — s. BACH 6

BACH, Leonhard Emil * 11/3 1849 Posen, † 16/2 1902 London; KlavVirt., Schüler v. Kullak, Wüerst u. Kiel, L. an der Kullakschen Akad., seit 1882 in London. W: Opern, KlavStücke.

BACH, Maria (Freiin v.) * 7/3 1896 Wien, lebt da, KomposSchülerin v. Jos. Marx, KlavVirt. W: KaM., KlavStücke, viele Lieder, auch m. Orch.

BACH, Nikolaus (Sohn v. Joh. Christoph) * 10/10 1669, † 4/11 1753 Jena, da seit 1719 Organ. W: Singspiel ‚Der Jenaische Wein- u. Bier-Rufer', Messe.

BACH, Otto * 9/2 1833 Wien, da † 3/7 1893, Schüler Sechters, OpKM. an verschied. Orten, 1868 Dir. d. Mozarteums u. DomKM. in Salzburg, seit 1880 KirchKM. in Wien. W: Opern, M. zu Hebbels ‚Nibelungen', 4 Sinf., Ouvert., KaM, Messen, geistl. Chöre, MChöre usw.

BACH, Peter, Dr. phil. * 15/5 1896 Berlin, da KonzSgr. W: Lieder.

BACH, Phil. Em. — s. BACH 6

BACH, Wilh. Friedemann — s. BACH 5

BACH, Wilh. Friedr. Ernst — s. BACH 9

BACHE, Constance * 11/3 1846 Edgbaston, † 28/6 1903 Montreux. W: ‚Brother musicians, Reminiscences of Edw. and Walter B.'.

BACHE, Francis Edward * 14/9 1833 Birmingham, da † 24/8 1858, Schüler d. Lpzger Konserv., talentvoll, brustkrank. W: Opern, Ouvert., Klav Konz., KlavTrio, V.- u. GsgKompos. — Sein Bruder Walter * 19/6 1842 Birmingham, † 26/3 1888 London, Schüler d. Lpzger Konserv. (1851/61) u. Liszts (1862/65), Dirig. u. ML. in London. W: KlavStücke.

BACHELET, Alfred * 26/2 1864 Paris, seit 1919 Dir. d. Konserv. in Nancy. W: Opern, OrchGesge. u. a.

BACHER, Josef, Dr. phil. * 18/3 1900 Krems, NÖsterr., GymnasProf. in Linz, Gründer des ObÖsterr. Collegium musicum, Gitarrist (Schüler u. a. H. Alberts) u. Gambist. W: ‚Die Viola da gamba'; ‚Das Schrifttum f. Viola da gamba'.

BACHERL, Rudolf, ps. = HEROLD, Rud.

BACHMANN, Alberto (eigentl. Abraham), ps. TOBACH * 20/3 1875 Genf, vielgereister VVirt., VL. in Paris, Schüler u. a. Thomsons, Hubays u. Petris. W: VKonz., Suiten, Stücke; ‚Les grands violinistes du passé', ‚Le violon' usw.

BACHMANN, Franz, Dr. phil. * 1/2 1865 Thurland (Anhalt), ev. Pfarrer in Berlin-Karow. W: Messen, Requiem, Chöre; ‚Grundlagen und Grundfragen zur ev. KirchM.'. H: ‚Die KirchM.', Organ des Landesverb. ev. Kirchenmusiker in Preußen.

BACHMANN, G., ps. = BEHR, Franz

BACHMANN, Geo. Christian * 7/1 1804 Paderborn, † 18/8 1842 Brüssel, berühmter Klarinettist (Prof. am Konserv.) u. KlarinBauer.

BACHMANN, Georges † Ende Nov. 1894 Paris, 46jähr. W: zahllose SalonKlavStücke.

BACHMANN, Gottlob * 28/3 1763 Bornitz/ Zeitz, † 10/4 1840 Zeitz, da seit 1791 Organ. W: Singspiele, KaM, KlavSonaten, OrgStücke, Balladen, Lieder.

BACHMANN, Herm. * 7/10 1864 Kottbus, berühmter Heldenbar., 1890/4 in Halle, dann in Nürnberg, 1896 ‚Wotan' in Bayreuth, 1897/1917 Berlin (Hofop.), dann da Regisseur bis 1929.

BACHMANN, Pater Sixtus * 18/7 1754 Kettershausen, † 1818 als Prämonstratensermönch im Marchtal; bestand als 9jähr. Knabe mit Ehren einen musikal. Wettkampf m. Mozart. W: Gsg- u. Instrumentalw.

BACHMANN, Walter * 1/6 1874 Dresden, lebt da als Pianist, Schüler d. dort. Konserv.

BACHMETJEW, Nikolai * 1807, † 1891 Petersburg, da Hofchordir. W: KirchM., Sinf., StrQuart., KlavSt. u. a.

BACHNER, Louis * 17/4 1882 Newyork, Sänger, dann GsgL., seit 1910 in Berlin, da 1921/26 Prof. an der staatl. Hochschule f. M.

BACHOFEN, Joh. Caspar * 26/12 1695 Zürich, † da 24/6 1755; da seit 1718 SchulGsgL. u. Organ., später Dir. d. Chorherren-Gesellsch. W: Passion, kirchl. Gsge.

BACHRICH, Ernst * 30/5 1892 Wien, da Dir. des internat. Pianisten-Sem., vielgereister, für die moderne M. sehr eintretender Pianist, Schüler K.

Prohaskas u. A. Schönbergs, 1920/25 an der Wiener Volksoper, auch KonzDirig. W: KaM., KlavStücke, Lieder, auch m. Orch.

BACHRICH, Sigism. * 23/1 1841 Nytra-Zsambokreth (Ungarn), † 16/7 1913 Wien, Schüler Böhms, 1866 in Paris, seit 1869 in Wien, Solobratschist d. Hofoper, im Hellmesberger- u. Rosé-Quartett, auch Prof. am Konserv. W: Opern, Optte, Ballett u. a.

BACHSTEFEL, Clemens * 22/11 1850 Neuötting (OBay.), 1875 Priester, 1886 Domorgan., seit 1891 DomKM. in Passau (bisch. geistl. Rat), Dirig. des von ihm gegründ. Orator.-Ver. Concordia. Da † 22/3 1929.

BACI, Adolfo * 23/11 1854 Firenze, † 21/4 1918 Tiflis. W: Opern.

BACKER-GRÖNDAHL, Agathe Ursula * 1/12 1847 Holmestrand (Norw.), † 6/6 1907 Christiania, Schülerin v. Kjerulf, Kullak u. H. v. Bülow; seit 1875 verh. mit dem GsgL. Olaf Andr. Gröndahl (* 6/11 1847; † 1923). W: Chorwerk, KlavStücke, Lieder usw. — Ihr Sohn Frithjof * 5/10 1885 Christiania, Klavierist in London, Schüler der Berliner Hochschule. W: KlavStücke.

BACKER-LUNDE, Joh. — s. LUNDE

BACKES, Lotte * 2/5 1901 Köln, ausgebildet in Straßburg u. Düsseldorf, in Berlin Pianistin u. Komp. W: Oper, sinf. Dichtg, Konzertstück f. 2 Klav., KlavStücke, VcStück, Orator., Lieder

BACKHAUS, Wilhelm * 26/3 1884 Lpz, namhafter Pianist; Schüler des Lpzger Konserv. u. E. d'Alberts, 1905 Prof. am R. College of M. in Manchester, seitdem konzertierend; lebt in Bioggio/Lugano.

BACKOFEN, Joh. G. Heinr. * 1768 Durlach, † 1839 Darmstadt, Virt. auf der Harfe, Fl., Klar. u. dem Bassethorn, 1802 KaMusiker in Gotha, 1811 in Darmstadt. W: Konz. usw. u. Schulen f. seine Instrum.

BACON, Roger, der berühmte Franziskaner * 1214 Ilchester, † 11/6 1294 Oxford. W: ‚De valore musices'.

BADARCZEWSKA, Thekla * 1838 u. † 1862 Warschau, allbekannt durch ihr KlavSalonstück ‚La prière d'une vierge'.

BADEFF, Atanas, * 1863 Prilep (Mazedon.), † Aug. 1908 Sofia, Schüler Rimsky-Korssakows. W (wertvoll): Messen, Hymnen.

BADER, Georg * 24/7 1882 Putlitz, GsgL. u. Chordirig. in Berlin seit 1914.

BADER, Karl Adam * 10/1 1789 Bamberg, † 14/ 1870 Berlin, da gefeierter Heldentenorist d. Hofoper 1820/40, dann Regiss. u. später MDir. der Hedwigskirche.

BADIA, Carlo Agostino * 1672 Venedig, † 23/9 1738 Wien, da seit 1696 kais. Hofkomp. W: 27 Opern u. dramat. Serenad., 21 Oratorien, viele Kantaten.

BADIA, Luigi * 1822 Tirano (Napoli), † 30/10 1899 Milano. W: Opern, einst beliebte Lieder, KlavStücke, Tänze.

BADINGS, Henk * 17/1 1907 Bandoeng (Java), lebt in Delft, Schüler Willem Pijpers. W: 2 Sinf., VKonz., VcKonz., viel KaM., OrgToccata, größ. Chöre m. Orch.

BÄCK, Knut * 22/4 1868 Stockholm, Klavierist in Gothenburg. W: KlavStücke, Lieder.

BAEKER, Ernst * 15/12 1866 Berlin, Schüler Kullaks u. H. Urbans, 1916 in Posen, seit 1923 in Stolp. W: KlavVSonate, KlavStücke, Lieder.

BAENSCH, Otto, Dr. phil. * 25/7 1878 Berlin, seir 1919 PrivGelehrter in München, 1906/18 Priv-Doz. bzw. Prof. an der Univ. Straßburg f. Philos., Schüler u. a. Emil Breslaurs, M. J. Erbs u. Rud. Siegels. W: Aufsätze über Bach, Wagner usw.; ‚Aufbau und Sinn des Chorfinales in Beethovens 9. Sinf.'; Lieder ‚Erinnerungen an Straßburg'

BAER, Ernst * 16/6 1866 Burgk/Dresden, GsgL. in Chemnitz.

BAER, Ernst * 15/7 1870 Leutershausen (Bay.), FlVirt., seit 1892 in Graz, auch KonservL. W: FlSchule u. Etüden.

BÄR, Lothar * 6/8 1901 Bodenbach, ML. in Kötschenbroda, ausgeb. in Dresden. W: Märchenoptte, Sinf., KaM., Sonaten u. a. f. Klav., Lieder.

BÄRENREITER-VERLAG 1923 gegr., seit 1927 in Kassel-Wilhelmshöhe, fördert die sogen. Jugendbewegg (Finkensteiner Bund).

BÄRWALD, Hellmut * 19/8 1902 Berlin, da KlavVirt. W: Oper, Ouvert., KlavStücke, Lieder, auch m. Orch.

BAERMANN, Heinrich Josef * 14/2 1784 Potsdam, † 11/6 1847 München, berühmter vielgereister Klarinettist, befreundet mit Weber, der den 13. 4. als Geburtstag Bs. angibt, Meyerbeer, Mendelssohn. W: f. Klarin. — Sein Sohn Karl * 24/10 1811 München, da † 23/5 1885, ebenfalls bedeut. Klarin. W: f. Klarin., auch Schule. — Dessen Sohn Karl * 9/7 1839 München, † 17/1 1913 Newton, Pianist, Schüler Liszts u. Frz. Lachners, seit 1881 gesch. ML. in Boston.

BÄRTICH, Richard † 24/6 1907 Mannheim, da TheaChordir. W: Oper.

BÄRTICH, Rudolf * 24/6 1876 Mannheim, erster KonzM. der Staatskap. in Dresden, da seit 1900. W: Ouvert., Capriccio u. a. f. HarmonieM., Lieder.

BÄSSLER, Joh. Geo. * 28/5 1753 Junkersdorf/Schweinfurt, † 21/9 1807 Elberfeld, Organist. W: geistl. Lieder

BÄTZ, Karl * 17/3 1851 Sömmerda, † 1902 Berlin, wo er 1890 die ,MInstrumentenztg.' gründete; 1871—86 in Amerika. W: ,MInstrum. d. Indianer'.

BÄUCHLEN, Hermann * 6/12 1857 Obereisesheim/Heilbronn, SemML. bzw. Realschu'L. in Eßlingen (1924 pension.), da VerDir. W: MChöre.

BÄUERLE — s. PEUERL

BÄUERLE Herm., Dr. phil. * 24/10 1869 Ebersberg (Württ.), 1895 Priester; Schüler E. Kauffmanns u. d. KirchMSchule zu Regensburg; da 1000 L f. Harmonie u. Kontrap., 1906 päpstl. Geh. Kammerherr, 1908 Pfarrer in Reutlingendorf (Württ.), 1917 MDir. u. Organ. in Schwäbisch-Gmünd, 1921 KonservDir. in Ulm. W: Messen, Hymnen, Litaneien, Vespern usw., ,Repetitorium der Harmonielehre', ,Gsglehre f. Oberstimmen', ,Musik. Grammatik', ,Musikseminar. Grundlinien der MLehre in Einzelheften'; ,Liturg. Repertoir f. d. KirchChor' (op. 65) u. a. H: altklass. KirchM. von Palestrina, Lassus usw. in moderner Notierg; Einzelausg. des Vatikan. Chorals.

BÄUMKER, Wilh. * 25/10 1842 Elberfeld, † 3/3 1905, Pfarrer in Rurich/Aachen. W: ,Palestrina', ,Lassus', ,Zur Geschichte d. Tonkunst in Deutschland', ,Das kathol. dtsche Kirchen'ied' (4 Bände).

BÄWERL — s. PEUERL

BAGADUROW, Wassili * 1878 Nishnij-Nowgorod, GseProf. am Konserv. in Moskau, da u. in Mailand ausgebildet. W: Opern, Romanzen, Lehrbuch d. vokal. Methodologie usw.

BAGATELLA, Ant., Geigenbauer in Padua, bek. durch die auch ins Dtsche übers. Schrift ,Regole per la costruzione de Violini...' 1786.

BAGGE, Selmar * 30/6 1823 Coburg, † 17/7 Basel, Schüler d. Prager Kons. u. Sechters. 1843/42 Vcellist am Stadtthea. zu Lemberg, 1851/55 Kons.-L. in Wien, 1863/68 Red. der „Allgem. Musikal. Zeitg"; 1868 Dir. des MInst. in Basel, 1893 Red. der „Schweiz. Sängerztg.". Gegner des musikal. Fortschritts. W: Sinf., KlavEtüden u. Stücke, Lieder; ,Lehrbuch der Tonkunst', ,Die geschichtl. Entwicklg der Sonate', ,Die Sinf. in ihrer histor. Entwicklg' usw.

BAGIER, Guido, Dr. phil. * 20/6 1888 in Berlin, lebt da seit Herbst 1922 (Film), ausgeb. in Lpz, Schüler Regers, 1916 Leiter der Gesellsch. d. MFreunde am Rhein in Düsseldorf, 1920 in Wiesbaden. W: BühnenM, KaM, Gsge auch mit Orch.; ,Max Reger', ,Der kommende Film'.

BAGLIONI, Silvestro * 30/12 1876 Belmonte Piceno, Prof. d. Physiol. an d. Univers. Rom, Erfinder eines Harmon. mit Vierteltönen. W: Gesammelte Aufsätze; ,Udito e voce'.

BAGNATI, Cajetano * 1840 Tropeo (Ital.), † 1904 Buenos Aires, Klavierist, begründ. 1890 ein Konserv. in Almagro (Argent.). W: OrchStücke, KaM m. Klav., KlavStücke.

BAGNOLI, Francesco * 19/7 1876 Marcialla (Certado), ausgeb. u. a. bei Scontrino in Firenze, da KM. an der Hauptkirche, Dir. des R. istituto mus. W: viel KirchM., Orator.; Oper.

BAGODUROV, Wassili — s. BAGADUROW

BAHLMANN, Otto * 22/11 1878 Braunschweig, MVerleger in Leipzig, Bes. d. Verl. J. Schuberth & Co. W: Stücke f. Orch., Mandol. u. Git. B: f. MilitM.

BAHN, Martin † 21/5 1902 Berlin, übernahm da 1858 den ansehnlichen MVerl. T. Trautwein, der von ihm seit 1872 unter seinem Namen fortgeführt u. nach seinem Tode an Heinrichshofen-Magdeburg verkauft wurde.

BAHR-MILDENBURG, Anna — s. MILDENBURG

BAI (BAJ), Tommaso * um 1650 bei Bologna, † 22/12 1714, päpstl. Kapellsänger, 1713 KM. in Rom. W: Kirchl. Gsgwerke, berühmt ein 5st. ,Miserere'.

BAJARDI, Francesco * 23/4 1867 Isnello (Palermo), † 17/9 1934 Rom, ausgez. Pianist, L. am Liceo di S. Cecilia in Rom. W: Sinf., Suite, Ouvert. f. Orch.; Konz. u. viele Stücke f. Klav.

BAIER, Alfred * 8/6 1876 Waschbach/Mergentheim (Württ.), seit 1918 OberL, KirchChor- u. VerDirig. in Oehringen.

BAIER, Klemens * 22/5 1855 Bobernig, Kr. Grünberg, KirchChorDir. in Liebau. W: KirchM., MChöre.

BAJETTI, Giov. * um 1815 Brescia, † 28/4 1876 Milano. W: Opern u. Ballette.

BAIF, Jean Antoine de * Febr. 1532 Venedig, † 19/9 1589 Paris, Dichter u. Vokalkomp.

BAILEY-APFELBECK, Marie Louise * 24/10 1876 Nashville, Tennessee; Wunderkind, geschätzte Pianistin, Schülerin Leschetizkys, seit ihrer Verheir. (1900) in St. Pölten bei Wien.

BAILLOT, Pierre Marie François de Sales * 1/10 1771 Passy/Paris, † 15/9 1842 Paris, VVirt., Schüler Viottis, seit 1795 KonservL., treffl. Quartettist. W: 9 VKonz., Etüden usw.; ,L'art du v.' (beste franz. Schule), mit Rode u. Kreutzer ,Méthode du v.'.

BAINES, William * 26/3 1899 Horbury/Wakefield, † 6/11 1922. W: Sinf., KaM, KlavStücke.

BAINI, Gius. * 21/10 1775 Rom, da † 21/5 1844, Dir. der päpstl. Kap., Theoret. W: KirchM. im Palestrinastil, hervorragend 10st. ‚Miserere'; Biogr. Palestrinas (dtsch v. Kandler) usw.

BAINTON, Edgar Leslie * 14/2 1880 London, Leiter d. Philharm. Orch. in Newcastle on Tine. W: Sinf., KaM, Chöre, Oper.

BAIRSTOW, Edward Cuthbert * 22/8 1874 Huddersfield, hervorrag. Organ. u. KirchChorDir., seit 1916 in York. W: Anthems, Chöre, Lieder, OrgStücke.

BAKE, Otto * 13/1 1862 Berlin, da † 28/3 1921, sehr geschätzter Begleiter von Sängern usw.

BAKER, George * 1773 Exeter, † 19/2 1847; geschätzter Komp., Pianist u. Organ., Schüler Cramers u. Dusseks. W: Anthems, Glees, Klav.- u. OrgStücke.

BAKER, George * 10/2 1885, berühmter Barit., lebt in London, tücht. Organ. W: Lieder.

BAKER, Jos. Percy * 4/3 1859 Islington, † 12/12 1930 London, Organ., MSchr. W: Choir Boy's handybook; Guide f. Pfte students u. a.

BAKER, Theodore, Dr. phil (Lpz) * 3/6 1851 New York, lebt da, Übersetzer vieler dtsch. musikal. Schriften. W: Dictionary of musicians usw.

BAKFARK — s. GREFF, Valentin

BALAKIREW, Mily Alexejewitsch * 2/1 1837 Nishnij-Nowgorod, † 28/5 1910 St. Petersburg, da Pianist, 1867/70 Dirig. d. Konz. der kais. russ. MGesellsch., Autodidakt in der Kompos., Haupt der jungruss. Schule. W: Musik zu ‚König Lear', 2 sinf. Dichtgen, Ouvert., Konz.- u. KlavStücke, z. B. ‚Islamey', Lieder usw. B: Samml. russ Volkslieder.

BALAN, Benno * 20/12 1896 gründete in Berlin, wo er gründlich M. studiert und bei Bote & Bock gelernt, 1923 einen Verlag f. zeitgen. M.

BALAN, Joan * 14/11 1892 Bratovocoti (Rum.), lebt in Berlin, ausgeb. in Bukarest u. Wien. W: Jubel-Sinf., Cantarea Romanici (sinf. Etüde), Tripel-Konz.

BALATKA, Hans * 5/3 1827 Hoffnungsthal/Olmütz † 17/4 1899 Chicago, Schüler Sechters, begründ. 1849 in Milwaukee einen MVer., 1869 Dirig. d. Philharm. Gesellsch. in Chicago, sehr verdient um den MGsg u. die MPflege in Amerika.

BALAY, Joe * 15/3 1893 Passau, OrchDir. in Berlin seit 1928, vorher TheaKM. an versch. Orten, ausgeb. in München; Kriegsteilnehmer. W: Chopin-OrchSuite (richt. Name: Jos. BEHR).

BALBASTRE, Claude * 8/12 1729 Dijon, † 9/4 1799 Paris, da seit 1756 Organ., hervorrag. OrgVirt. W: Noëls, Variat. f. Org., KlavStücke.

BALBI, Lodovico, um 1570 Kapellsänger in Venedig, 1581/91 KM. in Padua, dann Venedig, † 1606. W: Messen, Motetten, Madrigale usw.

BALBI, Melchiore * 4/6 1796 Venedig, † 21/6 1879 Padua, da KirchKM. W: Opern, theoret. Schriften.

BALBO, Giuseppe Cesare * 15/1 1884 Floridia (Siracusa), seit 1917 TheorL. in Lucca. W: Oper, sinf. Dichtgen, Lieder; theoret. Schriften.

BALCKE Frida Dorothea * 1/7 1886 Warschau, seit 1918 ChorDir. u. GsgL. in Berlin. W: Kantaten, Chöre, Lieder.

BALDAMUS, Gustav, ps. W. CARLOS * 15/11 1862 Braunschweig, † 13/6 1933 St. Gallen, da an der Kantonsschule seit 1889 ML. (bis 1926) u. Dirig. W: viele M.-, auch Fr.- u. gem. Chöre.

BALDAMUS, Willy, ps. Carlos W. BALDAMUS, William KING, Harry WINTER * 4/10 1890 Berlin, da KM., da ausgeb., u. a. auf der Hochschule. W: Optte, Märsche, Tänze, Lieder, Schlager u. a.

BALDAS, Louis * 22/10 1889 New York, seit 1908 Sgr u. Chordir. in Karlsruhe. W: Chöre, Lieder, KlavStücke.

BALDENECKER, Aloys * 1833 Frankf. a. M., † 28/11 1859 Hamburg, tüchtiger Geiger, 1852 KonzM. zu Wiesbaden. W: Klav.-, V.- u. Gsg-Stücke.

BALDERS, Rich., ps. = Rich. BARS

BALDWIN, Ralph Lyman * 27/3 1872 Easthampton (Mass.), seit 1904 Dir. d. Public School Music, Organ. u. Chordir. in Hartford. W: KirchM., MChöre, OrgSon.

BALDWIN, Samuel A * 22/1 1862 Lake City, Minn., Organ. u. Prof. der M. in Newyork seit 1907. W: Sinf. u. OrchSuite, KirchM., Lieder.

BALFE, Michael William * 15/5 1808 Dublin, † 20/10 1870 Rowney-Abbey (Hertfordshire), 1825/35 in Italien, auch OpSger u. GsgL. W: 21 Opern im ital. Stil, u. a. ‚Die Zigeunerin' (1843), ‚Die vier Haimonskinder', Kantaten, Balladen, ‚Method of singing'.

BALFOORT, Dirk Jacobus * 19/7 1886 Utrecht, seit 1926 VL in 's Gravenhage, 1920 KonM. der niederl. Oper, 1924 KonservL. in Rotterdam. W: VSchule, Etüden.

BALILLA-PRATELLA, Franc. — s. PRATELLA

BALLADORI, Angelo * 13/1 1865 Scaldasole (Lomellina), † 25/9 1919 Lodi, da seit 1895 Dir. der MSchule u. Stadtkap. W: KirchM., Opern, Gsge, KlavSonate.

BALLARD, bedeut. Pariser MVerlag (Druckerei) 1551—1776.

BALLET, Henri, ps. = Stephan ELMAS

BALLING, Michael * 28/8 1866 Heidingsfeld a. M., † 1/9 1925 Darmstadt, urspr. Bratschist, seit 1896 KM. in Hamburg, Lübeck, Breslau, Karlsruhe; 1906/14 Parsifal-Dirig. in Bayreuth; 1911 Nachfolger Hans Richters in Manchester; 1919 GeneralMDir. in Darmstadt. H: Wagners Werke.

BALLINI, ps. = Ad. BECKER

BALLUFF, Frz * 15/9 1873 Ratzenried/Wangen (Württ.), Organ. u. KonviktsML. in Rottweil a. N. W: KaM., Kla-, V-, OrgStücke, geistl. u. weltl. Chöre, Duette, Lieder usw.

BALMER, Luc. * 13/7 1898 München, Schüler d. Basel. Konserv. u. Busonis, seit 1923 TheorieL. am Konserv. in Bern, seit 1928 KurKM. in Luzern. W: Märchenoper, BühnenM., Serenade, Sinfonietta f. Orch., VKonz., KlavKonz., KaM.

BALTHASAR, Joh. Paul, Dr. med. * 12/6 1880 Zeitz, seit 1920 Chordir. in Bitterfeld. W: KlavTrio, MChöre, Lieder.

BALTHASAR, Karl * 9/9 1868 Zaschwitz, Pfarrer in Ammendorf/Halle, seit 1919 Leiter des kirchenmusik. Instit. d. Univers. Halle, MSchr. W: OrgStücke, kirchl. Gsge, Lieder

BALTHASAR-FLORENCE, Henri Matth., * 21/10 1844 Arlon (Belgien), lebte in Namur, begabter Komp., Schüler von Fétis (heiratete 1863 eine Tochter des Instrumentenbauers Florence). W: Opern, Messe, Kantat., Symph.

BALTZAR (Baltzer), Thomas * ca. 1630 Lübeck, † 1663 London, VVirt. 1663 KammerVirt. der Königin Christine v. Schweden. W: VStücke.

BALZER, Hugo * 17/4 1894 Duisburg, seit 1933 GenMDir. in Düsseldorf, seit 1924 OpKM., 1929/33 in Freiburg i. Br. W: sinf. Dichtg., Lieder.

BAMBINI, Arnaldo * 16/9 1880 Correggio, seit 1907 KirchKM u. Organ. in Verolanova (Brescia). W: Org-, Klav- u. VStücke, Chöre, Lieder.

BAMMER, Joh., Dr. iur. * 31/5 1888 Nikolsburg, Syndikus in Rumburg. W: KlavStücke, Lieder, bes. Kinderlieder

BANCHIERI, Adriano * um 1565 Bologna, † 1634, Organ. in Imola, später in Bosco/Bologna. W: Dramat. Stücke im Madrigalstil, KirchKonz., Motett., Canzoni alla francese a 4 voci, theoret. Schriften üb. Org. u. figur. Gsg.

BANCK, Karl * 27/5 1809 Magdeburg, † 28/12 1889 Dresden, da seit 1840, Kritiker, Gegner Wagners, Schüler von Klein, Zelter u. Fr. Schneider. W: KlavStücke, Lieder. H: Sonaten von Scarlatti, Arien von Gluck usw.

BAND, Erich * 10/5 1876 Berlin, lebt in Klagenfurt, 1924/32 GMD in Halle a. S., 1905/24 KM am Stuttgarter Thea., auch Schr. B: Aubers ‚Le domino noir', Webers ‚Euryanthe'. W: StrQuart., KlavSon. u. Stücke, Lieder.

BAND, Lothar * 30/3 1886 Berlin, da MSchr. u Chordir., ausgeb. bei O. Fleischer u. auf der Hochschule. W: OrchSuite, KaM., Chöre, Lieder.

BANDARA, Linda * 15/5 1881 Kendal (Java), lebt teils in Wien, teils in Djocjakarta (Java). W: Ballette, Sinf., sinf. Dichtgen.

BANDINI, Primo * 29/11 1857 Parma, † 3/5 1928 als KonservDir. (seit 1886) in Piacenza, Pianist. W: Opern.

BANDLER, Heinr. * 19/11 1870 Rumburg (Böhm.), † 8/6 1931, treffl. Geiger, Schüler v. A. Bennewitz u. Joachim, seit 1896 KonzM. in Hamburg.

BANDMANN, Toni * 17/5 1848 Hamburg, da † 3/10 1907, KlavPädagogin. W: ‚Gewichtstechnik des KlavSpiels'.

BANDROWSKI, Alex. * 22/4 1860 Lubaczow, † 28/5 1913 Krakau, seit 1887 berühmt. WagnerSäng. (Tenor), auch Librettist und Übersetzer der Wagnerschen MDramen ins Polnische.

BANÈS, Antoine: † vor 1925 Paris. W: Optten.

BANG, Maja * 24/4 1877 Tromsö, Geigerin, seit 1919 L. an Auers Akad. in Newyork. W: VMethod.

BANGERT, Emilius * 19/8 1883 Kopenhagen, 1919 Domkantor in Roskilde, 1925 TheorL. am Konserv. in Kopenhagen. W: BühnM., Sinf., KaM., Lieder.

BANISTER, Henry Charles * 13/6 1831 London, † 20/11 1897 Streatham, seit 1853 HarmonieL. an der K. MAkad., seit 1880 auch an d. Guildhall-MSchule in London. W: Symphon., Ouvert., Kammersuiten, KlavStücke, Biogr. Macfarrens, Vorträge über MAnalyse usw.

BANISTER, John * 1630 bei London, da † 3/10 1679, ausgez. Geiger, veranstaltete von 1672 ab die ersten öffentl. bezahlten Konzerte in London. W: BühnM., VStücke.

BANNISTER, Henry Mariott * 1855, † 1918 Rom, Erforscher d. Gregor. Chorals. H: ‚Monumenti vaticani di paleografia music. Latina'.

BANTI, Brigitta Giorgi * 1759 Crema, † 18½ 1806 Bologna, sehr berühmte OpSgerin, Debut 1776 Paris, lange Zeit in London

BANTOCK, Granville * 7/8 1868 London, Schüler der R. Acad., 1879 MDir in New Brighton, 1900 Dir. der MSchule zu Birmingham, da 1908 Prof. d. M. an der Univ. W (bemerkenswert): Opern, Oratorien, Kantaten, Symphonie m. Gsg. in 24 Abteil. ‚Kehama', sinf. Dichtgen, Ouvert., Suiten, KaM., Chöre, Gsge usw.

BAPTIE, David * 30/11 1822 Edinburgh, † 26/3 1906 Glasgow. W: ‚Handbook of m. biography'; Glees.

BAPTISTE, der Geiger † 1755 — s. ANET.

BAPTISTE, Ludwig Albert Friedr. * 8/8 1700 Ottingen, † ca 1770 Kassel, da seit 1726 Geiger der Hofkap., auch Tänzer. W: Son. f. Fl. (V.); Menuette f. kl. Orch.

BAPTISTIN — s. STUCK

BARALLI, Raffaelo (Priester) * 25/6 1862 Camigliano/Lucca, 1903 L. des Gregor. Chorals in Lucca, seit 1910 Prof. d. Gregor. Paleographie an d. KirchMSchule in Rom, † 1922. W: Fachschriften.

BARAN, Bertek, ps. = Jos. SNAGA

BARAVALLE, Vittorio, * 1855 Fossano (Cuneo), lebte in Torino. W: Opern, Messe, Romanz.

BARBATI, Aniello * 4/9 1824 Napoli, da † 5/1 1895. W: Opern, KirchM., Sinf.

BARBEDETTE, Hippolyte La Rochelle * 1827 Poitiers, † 1/2 1901 Paris, förderte deutsche M. in Frankreich. W: KaM., KlavStücke, biogr. Arbeiten üb. Beethoven, Weber, Chopin, Schubert, St. Heller usw.

BARBELLA, Emanuele * 1704 Napoli, da † 1/1 1773. W: KaM., bes. Sonaten.

BARBEREAU, Maturin Auguste Balthasar * 14/11 1799 Paris, da † 18/7 1879, Schüler d. Konserv., da Prof. der Theor. u. MGesch. W: BühnenM., Ouvert., Kantate, theoret. Schriften.

BARBEY, Rudolf * 12/12 1890 Dierbach/Bergzabern, seit 1911 SemML. (StudR.) in Kaiserslautern. W: MChöre, Lieder.

BARBI, Alice * 1862 Bologna, hochberühmte Sängerin zwischen 1882 u. 1905, als Kind VVirt., 1897 verheiratet mit Baron Wolff-Stomersee (Petersburg).

BARBIER, Frédérik Etienne * 15/11 1829 Metz, † 12/2 1889 Paris, talentvoller Komp. von Buffoopttten.

BARBIER, Jules * 8/3 1825 Paris, da † 16/1 1901, fruchtbarer TheaDichter, schrieb (teilweise m. M. Carré) viele Operntexte f. Meyerbeer, Gounod, Thomas, Massé u. a.

BARBIER, René Auguste Ernest * 17/7 1860 Namur, lebt da. W: Oper, Messe, Kantate, KaM., KlavKonz., Lieder usw.

BARBIERI, Carlo Emanuele di * 22/10 1822 Genua, † 28/9 1867 Budapest, Schüler Mercadantes, OpernKM. in Wien, Berlin u. Budapest. W: Opern, Ballette usw.

BARBIERI, Corrado * 30/10 1883 Colle Val d'Elsa (Siena), VizeKirchKM. in Loreto. W: Sinf. u. a. f. Orch.; ‚Cantata a Rossini', KirchM.

BARBIERI (eigentl. Asenjo), Francisco * 3/8 1823 Madrid, da † 17/2 1894, Klarinettist, Sänger, ausgezeich. Dirig. u. MGelehrter, 1868 Prof. am Konserv. W: 77 Zarzuelas (Optten), ‚La m. religiosa'. H: Cancionero musical de los siglos XV y XVI.

BARBIERI, Giov. * 1863 Napoli, da KlavVirt. u. L. W: Opern, Konz. u. Stücke f. Klav., VSon.

BARBIERI, Girolamo * 2/10 1808 Piacenza, da † 4/6 1871, da seit 1847 Organ. W: KirchM., weltl. Gsge, KlavSonaten u. Stücke, OrgStücke.

BARBIERI, Mario * 1/1 1888 Napoli, OrchDirig. in Genua. W: Opern, Messen, Kantaten, Sinf., OrchSuite, KlavStücke.

BARBILLION, Jeanne * 1895 Paris, da VVirt., Pianistin u. Kompon., bereits 1903 auf der Schola Cantorum, sehr gefördert von d'Indy. W: Kantaten, sinf. Dichtgen, KaM., KlavStücke.

BARBIREAU, Jacques † 8/8 1491 Antwerpen, da seit 1448 KirchKM. W: (bedeut.): Messen, Motetten, Chansons.

BARBIROLLI, John * 1899 London, lebt da, ursprüngl. VcVirt. (schon 1911), seit 1925 Dirig. (OpKM.).

BARBLAN, Lydia * 12/4 1890 Morges, berühmte Sängerin u. Pädagogin, seit 1926 in Lausanne, seit 1924 verheiratet mit H. Opienski. W: Kantate, Lieder, KlavVariat.

BARBLAN, Otto * 22/3 1860 Scanfs (Engadin), Schüler des Konserv. zu Stuttgart, 1887 Organ., VerDirig., KonservOrgL. in Genf. W: f. Org. u. Klav., StrQuart., Kantaten, MChöre; ‚Erinnergen' 1929.

BARBOT, Jos. Théod. Désiré * 12/4 1824 Toulouse, † 1/1 1897 Paris, da Schüler des Konserv., seit 1875 GsgProf., berühmter Tenorist, 1848 an der Großen Oper (der erste Faust in Gounods Oper), oft in Italien Gast.

BARCEWICZ, Stanislaus * 16/4 1858 Warschau, da † 2/9 1929, da seit 1885 Prof. am Konserv. (Dir. 1911/18), ausgez. vielgereister Geiger.

BARCLAY, Martin, ps. = Fred AUSTIN

BARCZYK, Edmund * 27/10 1894 Königshütte OS., seit 1919 (Kriegsteiln.) Lautensger und ML. in Jena. W: viele Lieder u. Balladen m. Laute

BARD, ps. = MICHIELS, Gust.

BARDAS, Willy * 17/2 1887 Wien, † 29/9 1924 Neapel, KlavVirt. W: ‚Zur Psychologie d. KlavTechnik'. — Seine Frau Therese * 1/6 1884 Berlin, da tüchtige Altistin.

BARDI (eigentl. Poswiansky), Benno, Dr. phil. * 16/4 1890 Königsberg i. Pr., seit 1919 in Berlin, auch Dirig., Schüler des Sternschen Konserv., auch Humperdincks, Solokorrepet. u. KM. an verschied. Thea., Kriegsteilnehmer. W: Op., OrchSuiten, Lieder, auch m. Orch. B: Flotows ‚Zilda' u. d. T. ‚Fatme', Webers ‚Euryanthe', ‚Bimala' nach Halevy u. a.

BARDI, Giov. dei Conti Vernio * um 1534, † 1612 Firenze, ein Mäcen. Gab den Anstoß zu den ersten OpVersuchen (als Neubelebg d. griech. Tragödie). W: ‚Discorso sopra la m. antica etc.', Madrigale.

BARESEL, Alfred * 10/1 1893 Lpz., da seit 1920 KlavL. am Konserv., seit 1922 MRef. der Neuen Lpz.Ztg. W: ‚Die Schule Rob. Teichmüllers', ‚Glossen z. MKultur'; ‚Jazzbuch, ‚MGesch. in Witzen', ‚Romant. KlavTechnik', Banjoschule u. a. — ps. ALBA-ALBA

BARFOD — s. BIRKEDAL-BARFOD

BARGE, Wilh. * 23/11 1836 zu Wulfsahl/Dannenberg, † 16/7 1925 Hannover, FlötVirt., Autodidakt, 1867/95 im Gewandhausorch. u. 1881/1908 L. am Konserv. zu Lpz. W: FlSchule, OrchStudien, klass. Lieder f. 2 Fl. u. andere Bearb. klass. u. neuerer Kompos. für 1 u. 2 Fl. u. Klav.

BARGHEER, Karl Louis * 31/12 1831 Bückeburg, † 19/5 1902 Hamburg, treffl. Violinist, Schüler Spohrs, Davids u. Joachims; 1863/76 HofKM. in Detmold, 1876/89 KonzM. d. Philharm. Gesellsch., L. am Konserv. zu Hamburg. W: Lieder m. oblig. V., KlavBegl. zu Kreutzers Etüden usw.

BARGIEL, Woldemar * 3/10 1828 Berlin, da † 23/2 1897, mütterlicherseits Stiefbruder Clara Schumanns; Soloaltist im Domchor, 1846 Schüler d. Konserv. zu Lpz., 1859 L. am Konserv. zu Köln; 1865 Dir. der ‚Maatschappij'-Konz. u. d. MSchule zu Rotterdam; seit 1874 Prof. a. d. Hochschule in Berlin. W: Sinf., 3 Ouvert., KaM. (beaw.), Klav-M., FrChöre, Psalm f. Chor u. Orch.

BARJANSKY, Adolf † 1/11 1900 Moskau. W: KaM., KlavSonat.

BARIE, Augustin * 15/11 1883 Paris, da † 22/4 1915, Organist. W: OrgStücke

BARILLI, Bruno * 14/12 1880 Fano, Schüler Thuilles u. Mottls, MKrit. des Corriere Italiano in Rom. W: Opern.

BARING-GOULD, Sabine * 28/1 1834 Exeter, † Jan. 1924 Lew-Trenchard, verdiente Volksliedforsch. H: ‚Songs and ballads of the West' u. a.

BARISON, Cesare * 1/1 1887 Venezia, vielgereister VVirt, lebt in Trieste, auch Dirig. H: Sonaten alter Meister, u. a. Tartinis.

BARKER, Charles Spackman * 10/10 1806 Bath, † 26/11 1879 Maidstone (Engl.), 1837—1870 in Paris, Erfinder des pneumat. Hebels u. d. elektr. Mechanik der Orgel.

BARKWORTH, John Edmond * 20/5 1858 Beverley, † 18/11 1929 Genf, Kompon. W: Opern, Lieder, KlavTrio

BARMAS, Issay * 2/5 1872 Odessa, VPädag. in Berlin, auch Führer eines StrQuart. W: ‚Die Lösg des geigentechn. Problems'; VStudien, viele Bearb. u. Neuausgaben älterer Werke.

BARMOTIN, Semen * 1877 Petersburg, Schüler Balakirews u. Rimsky-Korssakows, PrivatML. in Petersburg. W: KaM., KlavKompos.

BARNARD, Charlotte Alington, ps. CLARIBEL * 23/12 1830, † 30/1 1869 Dower. W: viele Balladen; ‚Thoughts, Verses and Songs'

BARNARD, D. H., ps. = EDWARDS, Julian

BARNARD, John. H: Selected Church M. 1641

BARNBY, Josef * 12/8 1838 York, † 28/1 1896 London, da Schüler der Kgl. MSchule, Begr. (1867) der Oratorienkonz. u. des Albert-Hall-Chorver.; 1892 Dir. d. Guildhall-MSchule. W: Orator., viele Anthems, Hymnen, OrgStücke usw.

BARNEKOW, Christian * 28/7 1837 St. Sauveur (Pyrenäen) von dänischen Eltern, † 20/3 1913 Kopenhagen, da seit 1839 Pianist u. Organ. W: KaM., Klav- u. OrgStücke, Choralbuch, Chöre, Lieder.

BARNETT (eigentlich Beer), John * 15/7 1802 Bredford (von dtsch. Eltern), † 17/4 1890 Cheltenham, da seit 1841 GsgL., Schüler Schnyders von Wartensee. W: Opern, viele Optten, gegen 4000 Lieder, ‚Systems and singing masters'; ‚School for the voice'. — Sein Neffe John Francis * 16/10 1837 London, da † 24/11 1916, Sohn von Jos. Alfred B. † 29/4 1898, Schüler des Lpzg. Konserv. (1857/60), tücht. Pianist W: 2 Sinf., (die in E nach einer Skizze F. Schuberts), Ouvert., KlavKonz., FlKonz., KaM., Orator., Kantaten, KlavStücke, ‚Musical reminiscences and impressions' usw.

BARNETT, Neville George * 3/3 1854 London, † 26/9 1895 Picton (Neu-Südwales), Organ. u. MKrit. in Sydney. W: Oper, Messe, Chöre, OrgStücke.

BARNI, Camillo * 18/1 1762 Como, † um 1840 Paris, da seit 1802 VcVirt. W: KaM., Romanzen.

BARNS, Ethel * 1880 London, lebt da, verheir. seit 1899 mit Charles Phillips, VVirt., Schülerin Saurets. W: KaM., KonzStücke f. V. usw.

BARON — s. BARONIUS

BARONI-CAVALCABO, Giulia * 16/10 1813 Lemberg, † 3/7 1887 Graz (als Frau v. Britto) Schülerin W. A. Mozarts des Sohnes. W: KlavSon. u. Stücke, Lieder.

BARON(IUS) Ernst Gottlieb * 17/2 1696 Breslau, † 12/4 1760 Berlin, Lautenist, seit 1734 Theorbist des späteren Königs Friedrich II. W: ‚Untersuchg. des Instrum. der Lauten', Lautenkomp. usw.

BARRATT, Edgar * 1877 Lincoln, Schüler des Lpz. Konserv., Klavierist (KonzBegl.). W: KlavStücke, u. a. ‚Coronach', Lieder.

BARRÉ, Antonio, 1552 Sänger in Rom, begründete da 1555 einen MVerlag, den er 1564 nach Mailand verlegte. W: Madrigale, Motetten.

BARRÈRE, Geo. * 31/10 1876 Bordeaux, Flötist, Schüler des Konserv. in Paris, da Begründer (1895) der Société moderne d'instr. à vent, seit 1896 in Amerika, lebt in Newyork.

BARRET, Apollon * 1808 (1804?) Paris, † 8/3 1879 London, ObVirt. W: ‚Complete method f. the Oboe', ObStücke.

BARRET, William Alexander * 15/10 1836 London, † da 17/10 1891, Organ. W: Orat.; Schriften üb. Glees, engl. KirchKompon. Balfe usw.

BARRETT, John * um 1674, † um 1735 London, Org. W: BühnenM., u. a. auch Lieder f. ‚The Beggar's Opera'

BARRETT, Thomas A. — s. STUART, Leslie.

BARRETT, William Alex. * 15/10 1834 Hackney, † 17/10 1891 Oxford, zeitw. KirchChorDir., MSchr. W: ‚English glee and madrigal writers'; ‚Balfe' u. a. H: ‚English Folksongs'

BARRIÈRE, Etienne Bern. Jos. * 1749 Valenciennes, † ?, Geiger in Paris. W: StrQuart., V-Variat.

BARRIÈRE, Jean, Violoncellist, gab 1739 Sonaten f. ein Instr. heraus, † um 1753 Paris

BARRIOS, Angel * 1862 Granada, ausgez. Gitarrist in Madrid. W: Opern, Zarzuelas, sinf. Dichtgen.

BARRIS-MELITON, ps. = W. ALETTER

BARRY, Charles Ainslie * 10/6 1830 London, da † 21/3 1915 MSchr., Verf. der ausgez. Analysen in den Programmbüchern der Hans Richter-Konz. W: KlavStücke, Lieder

BARRY, Harry u. Henry, ps. = PICKERT, Alfred

BARS, Rich., ps. Rich. BALDERS * 15/8 1890 Spandau, Opttenlibrettist in Berlin

BARSANTI, Francesco * c. 1690 Lucca, kam 1714 mit Geminiani nach England, Flötist, Oboist u. Bratschist, 1750 noch lebend. W: Sinf., VKonzerte, FlSonat. u. a.

BARTA, Josef * um 1744 Böhmen, † 1803 Wien, vorher Organ. in Prag. W: Opern, StrQuart., KlavKonz., GsgDuette.

BARTAY, Andreas * 1798 Széplak (Ungarn), † 4/10 1856 Mainz, 1838 Dir. d. ungar. Nationalthea. in Budapest, lebte später in Paris (1848) u. Hamburg. W: ungar. Opern, Ballette, Orator., Messen. — Sein Sohn E d e * 6/10 1825 Budapest, da † 31/8 1901, Dir. d. Nationalkonserv. W: Ouvert., KlavStücke.

BARTEL, Günther * 20/11 1833 Sondershausen, † 1/3 1911 Düsseldorf, da seit 1866, vorh. in Rußl., Schottland, Pianist u. Vcellist. W: Stücke f. Klav., Vc., Lieder usw.

BARTELET, Jean, ps. = Ch. A. RAWLINGS

BARTELS, Bernh. * 21/5 1888 Blumenthal/Unterweser, seit 1924 MSchr. u. Chordir. in Delmenhorst/Bremen. W: ‚Beethoven', ‚Schubert'.

BARTELS, Joh. Nicolaus, Dr. phil. (ps. N i c. H a m m e r) * 18/10 1829 Hamburg, da 1855/76 Bürgerschuldir., dann GsgL. W: ‚Lied von der Glocke', Chöre, Balladen, Lieder usw.

BARTELS, Wolfgang v. * 21/7 1883 Hamburg, Schüler Beer-Walbrunns u. Gédalges, MKrit. in München. W: Opern, Melodram., VKonz., BratschKonz., Suite f. Fl. u. StrOrch., Gsge.

BARTH, Arthur * 1/10 1877 Werro/Livland, GsgL. u. Chordirig., Leiter der Berliner MadrigalVereinig. in Berlin, da (Zehlendorf) † 22/10 1925.

BARTH, Christian Friedr. * 1787 Kassel, † 17/2 1861 Middelfart, 1802—41 Oboist der Hofkap. in Kopenhagen, vortreffl. L. W: Konz., Quart., Duette, Schule u. a. f. Ob.

BARTH, Christian Sam. * 1735 Glauchau, † 8/7 1809 Kopenhagen, ObVirt. W: ObKonz., KaM. mit Ob., KlavStücke.

BARTH, Gust. * 1818 Wien, † 12/5 1897 Frankf. a. M., Pianist, Dirig., MKrit., 1843/49 Dirig. des Wiener MGsgVer.

BARTH, Hans * 1896, lebt in Newyork. W: Oper, OrchSuite in Vierteltönen, KlavKonz., KaM.

BARTH, Heinr. * 12/7 1847 Pillau, † 23/12 1922 Berlin, PfteVirt., Schüler von v. Bülow, Tausig, v. Bronsart, Marx, Weitzmann u. Kiel, 1874/1921 Prof. d. Pftespiels a. d. Hochschule zu Berlin.

BARTH, Hermann * 30/4 1866 Luxemburg, Pfarrer in Marienwerder. W: J. S. Bach (1902), ‚Gesch. d. geistl. M.' u. a.

BARTH, Karl, ps. C. BARTHOLDY; Rafael del MAYO * 4/1 1889 Swinemünde, lebt in Berlin. W: Film- u. UnterhaltgsM., Romant. OrchSuite, Lieder

BARTH, Kurt * 4/5 1888 Breslau, zum KM. ausgebildet durch Riemenschneider, 1907/12 Korrepetitor an d. Oper, 1912/14 KM. in Reichenberg/Böhmen, 1914 an der Oper in Kiel, 1915/18 im Heeresdienst, 1919 Chordir. u. OpKM. in Kiel, 1921 städt. MDir. in Zeitz, da Begründer d. Singakad., 1924/1933 städt. MDir. in Flensburg, auch Dir. des Storm-GsgVer. in Husum, Sommer 1934 Leiter der Dresdener Philharmoniker in Bad Pyrmont. W: Mysterium, Weihnachtskantate, Psalm 103 mit Orch., Motetten usw.

BARTH, Paul * 6/11 1889 Weimar, VcVirt. in Hamburg seit 1922 (Kriegsteilnehmer), verheiratet seit 1921 mit der Pianistin Elly Baum.

BARTH, Paul * 1893 Herold (Erzgeb.), SchulML. in Chemnitz, ausgeb. in Lpzg (Konserv.). W: Singspiel, MChöre, Lieder, KlavStücke.

BARTH, Paul * 16/5 1897 Planitz, Sächs. Erzgeb., da SchulL. W: KaM., KlavSonaten, Chöre, Liederzyklen.

BARTH, Rich. * 5/6 1850 Großwanzleben, † 25/12 1923 Hamburg, Schüler Joachims, führte wegen eines Fehlers der linken Hand den Bogen mit dieser; KonzertM. in Münster i/W., Krefeld, UniversMDir. in Marburg, 1895/1904 Dir. d. philharm. Konz. in Hamburg, dann da Dir. der ‚Singakademie' u. (seit 1908) KonservDir. W: KaM., VStücke.

BARTHE, Engelbert * 29/9 1906 Hamburg, da Organ. u. Leiter der VolksMSchule, ausgeb. in München (Akad.).

BARTHEL, Joh. Christ. * 19/4 1776 Plauen i. V., † 10/6 1831 Altenburg, da Hoforgan. seit 1804, Schüler J. A. Hillers, pianistisch. Wunderkind. W: KirchM., OrgStücke.

BARTHÉLÉMON, Hippolyte * 27/7 1741 Bordeaux, † 27/7 1808 Dublin, da seit 1784, treffl. Geiger. W: Opern, VSon., Org. u. KlavStücke.

BARTHOLDY, C., ps. = Karl BARTH

BARTHOLDY, Johann * 12/3 1853, † 6/12 1904 Kopenhagen, Organ. u. GsgVerDirig. W: Opern, Optte, Lieder usw.

BARTHOLOMEW, William * 1793 London, da † 18/8 1867, übersetzte viele Texte v. Op. u. Orator. ins Englische

BARTHOLONI, Jean * 1880 Genf, dort zeitweise KonservDir., seit 1928 MKrit. in Paris, da ausgeb. W: Sinf. Dichtgen, KaM., Klav. u. OrgStücke, ‚Wagner et le recul du temps'.

BARTLETT, Homer Newton * 28/12 1845 Oliva (Neuyork), † 3/4 1920 Hoboken, Organ. in New York. W: Oper, Orator., beliebte Lieder u. KlavStücke.

BARTLETT, John, veröffentl. 1606 Lieder m. Laute, Gamben usw.

BARTMUSS, Max * 21/9 1871 Bitterfeld, seit 1910 Organ. in Dessau. W: KirchM.

BARTMUSS, Rich. * 23/12 1859 Bitterfeld. Sohn des tücht. Organ. Woldemar B. (1834/89), † 25/12 1910 Dessau, Schüler d. Sem. zu Delitzsch, d. Hochschule u. d. Inst. f. KirchM. in Berlin, 1885 Organ., 1890 auch OrgRevisor zu Dessau. W: Oratorium Kantaten, Motetten, OrgKonz. u. Sonaten usw.

BARTOCCI, Costanzo † 14/5 1931 Rom, MandolVirt. u. MSchr. W: MandolSchule

BARTOK, Bela * 25/3 1881 Nagy Szent Miklos, Schüler d. Landesakad. (Koeßlers) in Budapest, da seit 1907 Prof. des KlavSpiels, eigenart. Komp., hervorrag. Kenner d. ungar. Volkslieds. W: Oper ‚Herzog Blaubarts Burg', Tanzpant. ‚Der holzgeschnitzte Prinz' u. ‚Der wunderbare Mandarin', Suiten u. andere OrchKompos., Rhapsodie f. Klav. u. Orch., 4 StrQuart., 2 KlavVSonat., KlavStücke, Volkstänze, Lieder; ‚Die M. der Rumänen von Maramaros' usw.

BARTOŠ, František * 1838 u. † 1906 Mlatcov, verdienter Erforscher des mähr. Volkslieds.

BARTOŠ, Josef * 1887 Vysoke Myto, UnivProf. in Prag. W (böhm.): ‚Dvořak', ‚Zd. Fibich'; ‚J. B. Foerster'

BARTOŠ, Josef * 10/2 1902 Neu-Paka (Böhm.), seit 1926 MschulDir. in Česky Tesin, ausgeb. in Prag (Univ., Konservat.) u. Paris (Schola cantorum), OpchorDir. in Olmütz 1925/26. W: OrchSuite, KaM., VDuette, KlavStücke. Hdschr. Katalog der alten böhm. Meister in der Bibl. der Gr Op. in Paris

BARTOSCH, Josef * 22/11 1879 Tepl, Schüler d. Wiener Konserv., seit 1903 ML. am Blindeninstitut in Wien, da auch KirchChordir.

BARTOSCH, Karl * 1/12 1877 Brünn, Schüler Kitzlers, TheaKM. an verschied. Orten, seit 1908 Organ. u. Chordir. in Mannheim. W: MChöre, Lieder usw.

BARTSCH, Josef * 14/12 1863 Tuntschendorf, RB. Breslau, † 18/2 1900 Rorschach, da seit 1885 Organ. u. ML. W: Messen, MChöre, Tänze.

BARTZ, Johannes * 6/1 1848 Stargard (Pom.), † 1/7 1933 Berlin, da seit 1915, Schüler d. Konserv. zu Lpzg, 1872/1914 Organ. u. VerDirig. in Moskau. W: Oper, ‚ev. Requiem', Orator., VSon., 3 KlavSon., Chöre, Motetten usw.

BARUZZI, Turibio * 29/11 1893 Fontamlica (Bologna), seit 1924 Dir. d. Chorschule S. Cecilia in Bologna. W: Orator., Oper, Messen, sinf. Dichtung, Gesge.

BARWINSKY, Wassili * 20/2 1888 Tarnopol, seit 1915 Dir. des LyssenkoMInst. in Lemberg. W: Rhapsod. f. Orch., KaM., KlavStücke, Lieder.

BARY, Alfred von, Dr. med. * 18/1 1873 La Valetta, † 13/9 1926 München, Heldentenorist, 1902/12 in Dresden, 1912/18 in München, auch in Bayreuth; dann Nervenarzt.

BARYPHONUS — s. PIPEGROB

BARZ, Karl * 20/10 1894 Berlin, da akad. ML. W: Chöre Lieder.

BAS, Giulio * 21/4 1874 Venezia, † 27/7 1929 Crocefieschi/Genova, wirkte seit 1915 am Konserv. in Milano, hervorrag. KirchKomp., Theoret. u. MSchr. W: ‚Manuale di canto Gregoriano'; Trattato d'armonia'.

BASELT, Fritz * 26/5 1863 Oels, † 12/11 1931, Schüler Bußlers, VerDir., seit 1894 MVerl. in Frankf. a. M. W: Optten, Ballette, Chöre, humor. Szenen, Lieder usw.

BASER, Friedr. * 24/2 1893 Metz, lebt in Heidelberg, ML., Kriegsteilnehmer, stud. auf d. Konserv. u. Univers. München, Erfinder eines Kieferhalters f. V.; pflegt Heidelberger MGesch.

BASEVI, Abramo * 29/12 1818 Livorno, † Nov. 1885 Firenze, da seit c. 1840, sehr verdient um d. MLeben, gründete d. Istituto m., MSchr. W: ‚Studio sulle opere di G. Verdi' (1859); ‚Introduzione ad un nuovo sistema d'armonia', Opern u. a.

BASILI, Andrea * um 1703, † 29/8 1777 Loreto, da KirchKM. seit 1740. W: KirchM; ‚Musica universale' 1776.

BASILI, Francesco * 3/2 1767 Loreto, † 25/3 1850 Rom, Schüler Jannaconis, 1827 Studiendir. am Konserv. zu Mailand, 1837 KM. d. Peterskirche zu Rom. W: 14 Opern, Orator., Requiem, Messen, Motetten usw.

BASQUE, André, ps. = A. W. KETELBEY

BASSANI, Giovanni 1585 Sänger, 1595 GsgL. u. 1615 KonzM. an S. Marco in Venedig. W: Concerti ecclesiastici, Canzon., OrgStücke.

BASSANI, Giov. Batt. * um 1657 Padova, † 1/10 1716 Bergamo, 1677 Organ., 1683 KM. in Ferrara, gilt als L. Corellis. W: Opern. Orator., Messen, Kantat., KirchSon. f. 2 V u. B. Cont. usw.

BASSERMANN, Fritz * 13/6 1850 Mannheim, † 3/10 1926 Frankfurt a. M., verdienter Geiger u. Pädagog.

BASSERMANN, Hans * 29/9 1888 Frankfurt a. M., lebt da, VVirt. u. VL. (Prof.), 1924/27 L. an der Akad. f. Schul- u. KirchM. in Berlin, dann am Konserv. in Lpzg, bis Herbst 1933 an der M-Schule in Weimar, Schüler u. a. H. Marteaus

BASSI, Luigi * 1753 Pesaro, † 13/9 1925 Dresden, berühmt. OpSger, der erste ‚Don Giovanni'.

BASTARD, Wilhelm * 1880 Genf, OrgVirt, 1910/26 in Genf, seit 1926 in Paris. W: KaM., Lieder.

BASTARDELLA, La — s. AGUJARI

BASTIAANS, J. G. * 1812 Wilp (Geldern), † 16/2 1875 Haarlem, berühmt. Organ. in Amsterdam und seit 1868 in Haarlem. W: Choralbuch, Lieder.

BASTIANELLI, Gianotto * 20/7 1883 S. Domenico di Fiesole, † (Selbstmord) 23/9 1927 Tunis, lebte als ML. u. ausgez. Kritiker in Firenze. W: Oper, Ballett, KlavKonz., KlavQuart., 4 KlavSonat. usw.; ‚P. Mascagni', ‚Musicisti d'oggi e d'ieri' (1914) u. a. H: Dissonanza.

BASTIDE, Paul, ps. Kerbaul, seit Jan. 1932 Opdir. in Paris, 1919/32 OpKM in Straßburg W: Opern, Ballett.

BASTON, Josquin, ein Niederländer, veröffentl. 1552—59 Motetten

BASTYR, Hans, ps. Clermont HALE; Joh. THYLLMANN; J. WÄHRINGER * 1873 Wien, † 25/4 1928 Dresden, da VerDirig. W: viele M-Chöre, Lieder

BASZ, Roderich * 10/11 1873 Parduwitz, † Juni 1933 Wien, da KlavL. W: KaM., KlavStücke.

BATAILLE, Gabriel, Lautenist des Königs Louis XIII. W: Ballette, Lautenstücke (1608/23)

BATAILLE, Henry * 1872, † 2/3 1922 Paris, OpLibrettist.

BATES, William, schrieb in London 1760/75 Opern, Glees u. a.

BATESON, Thomas 1599 Organ. zu Chester, 1609 KirchChordir. in Dublin, † 1630. W: Madrigale.

BATH, Hubert * 6/11 1883 Barnstable (Devonshire), OpDirig. u. Leiter der OpSchule der Guildhall-School in London. W: Opern, BühnenM., OrchSuiten u. Variat., KaM., Lieder.

BATHIOLI, Francesco † 1830 Venezia, Git-Virt. u. Komp., um 1825 in Wien.

BATISTE, Antoine Edouard * 28/3 1820 Paris, da † 9/11 1876, treffl. Organ., Chorgsg- u. HarmonieL. am Konserv. W: wertvolle OrgStücke, Solfèges du conservatoire.

BATISTIN, Jean — s. Joh. Bapt. STUCK

BATKA, Rich., Dr. phil. * 14/12 1868 Prag, † 24/4 1922 Wien, verdienstvoller Kunst- u. MSchr., bis 1908 in Prag, seitdem in Wien. W: Biogr. v. S. Bach, R. Schumann, Wagner, Gesch. d. M. in Böhmen, üb. Martin Plüddemann, Allg. Gesch. d. usw. Operntextbücher ‚Der polnische Jude' (K. Weis), ‚Der Alpenkönig und der Menschenfeind', ‚Das war ich', ‚Versiegelt' (L. Blech), ‚Zierpuppen' (Götzl), Textbuchübersetz. aus dem Tschechischen, Französischen usw. H: ‚Bunte Bühne', ‚HausM. des Kunstwart'.

BATON, Charles † 1758 Paris, VielleVirt. W: Schr. über u. Kompos. f. d. Vielle.

BATON, Henri * 1710 Paris, Virt. auf d. Musette. W: Kompos. f. d. Musette.

BATON, René — s. RHENÉ-BATON

BATTA, Alexandre * 9/7 1816 Maastricht, † 8/10 1902 Versailles, VcVirt in Paris. W: Vc-Kompos.

BATTAILLE, Charles Amable * 30/9 1822, † 2/5 1872 Paris, treffl. Bassist (urspr. Arzt), seit 1851 GsgL. am Konserv. W: ‚De l'enseignement du chant'.

BATTANCHON, Felix * 9/4 1814 Paris, da † 1893, VcVirt. W: VcKompos.

BATTEN, Adrian † 1637 London, Organ. und KirchChordir. W: KirchM.

BATTISHILL, Jonathan * 1738 London, † 10/12 1801 Islington. W: viel KirchM., Opern, volkstüml. Lieder

BATTISTA, Vincenzo * 5/10 1823 Napoli, da † 14/11 1873. W: Opern.

BATTISTINI, Mattia * 27/2 1857 Rom, † 7/11 1928 Rieti, hervorrag. vielgereist. Bühnenbaritonist, der erst 1924 der Bühne entsagte, bis 1927 noch in Konzerten sang.

BATTKE, Max * 15/9 1863 Schiffuß (Ostpr.), † 4/10 1916 Berlin, Schüler Max Oestens u. der Hochschule zu Berlin; da 1894 Dirig., SchulGsgL. u. L. am Sternschen Konserv., gründ. 1900 eine ‚Hochschule f. angewandte MWissenschaft', aus d. 1910 ein Sem. f. SchulGsg wurde. W: Oper, Klav-Stücke, Lieder, ‚Elementarlehre d. M.', ‚Erziehg d. Tonsinns', ‚Primavista, eine Methode vom Blatt zu singen', ‚Musikal. Grammatik', ‚Neue Formen des MDiktats'. H: JugendGsg; Jugend-Liederbuch ‚Stimmt an' usw.

BATTMANN, Jacques Louis * 25/8 1818 Maasmünster (Els.), † 7/7 1886 Dijon, treffl. Organ. W: KirchM., Klav-, Org-, u. HarmonStücke, Etüden usw.

BATTON, Désiré Alex. * 2/1 1797 Paris, da † 16/10 1855, Schüler Cherubinis. W: Opern.

BATTU, Pantaleon * 1799 u. † 17/1 1870 Paris, Geiger, seit 1842 II. KM. der Oper. W: VKonz., Duos, Solos.

BATZEM, Aug. * 26/8 1889 Köln, da Volkssänger, Schüler Jos. Beckers. W: Rhein- u. Karnevalslieder. — ps. Jean ROSEN

BAUCK, Matth. Andr. * 25/5 1765 Hamburg, † 6/4 1835 Lübeck, da Organ. seit 1803. W: KirchM., Choralbuch (1821).

BAUCK, Wilh. * 13/12 1808 Göteborg, † 8/10 1877 Stockholm, da KlavL. u. MKrit., seit 1858 L. f. MGesch. am Konserv. W: ‚Handbok i musikens historia', ‚Musik och theater', StrQuart., Klav-Salonstücke.

BAUCKNER, Arthur, Dr. phil., iur., rer. pol. * 2/10 1887 München, da ausgeb., da Dir. der Kunstverwaltg u. Justitiar der Staatsthea. bis Sommer 1934, auch Dirig. W: Optte, Lieder u. a. B: Zellers ‚Vogelhändler'; Millöckers ‚Verwünschtes Schloß'

BAUDIOT, Charles Nicolas * 29/3 1773 Nancy, † 26/9 1849 Paris, da s. 1802 Prof. am Konserv., VcellVirt. W: ‚Méthode compl. de vcelle', Kompos. f. Vcell, StrQuart.

BAUER, Adolf * 13/8 1877 Mudersbach, Kr. Altenkirchen, studierte in Bonn u. auf dem Kölner Konserv., seit 1922 Lektor f. MWiss. an d. Univ. Bonn. W: KirchM., KaM., Chöre, auch m. Orch., Lieder.

BAUER, Anton * 23/1 1893 Mallersdorf (Nied.-Bayern), in München ausgeb., SchulML. in Freising. W: ‚Atonale Satztechnik'; Messen, Chöre, Lieder, KlavStücke. H: Altbayer. Tänze.

BAUER (BAVERI), Eduard * 1814 (Deutschl.), † 1878 Milano, lebte 1830 in Turin, dann jahrelang in Rußland. W: Opern, Tänze, Lieder.

BAUER, Emil * 4/3 1874 Wien, da tätig am Radio, Schüler v. Rob. Fuchs. W: Chöre, Lieder, KlavStücke.

BAUER, Ernst * 1/7 1900 Blankenburg (Harz), seit 1933 musik. ObLeiter d. StadtThea in Eisenach, auch Konz- u. OpTenor, MSchr., ausgeb. in Braunschweig (u. a. durch K. Pohlig), seit 1925 TheaKM., W: BühnenM., Chöre, Lieder.

BAUER, Erwin Dr., München, MSchr.

BAUER, Friedrich * 7/5 1876 Barmen, da seit 1906 L. am Konserv., Schüler d. Kölner Konserv. W: Vorspiel zur ‚Hermannsschlacht', KaM., Klav-Stücke, Chöre, Lieder.

BAUER, Hannes * 20/3 1890 Jonsdorf/Zittau, seit 1911 städt. MSchulL. u. Chordir., Schüler von Alb. Fuchs u. Karg-Elert. W: KaM., KlavStücke, HarmonStücke, Chöre, auch m. Orch., Lieder

BAUER, Harold * 28/4 1873 London (deutscher Abkunft), 1892 Schüler von Paderewski; treffl. Pianist, urspr. Geiger (Wunderkind), lebte meist in Paris, seit 1919 in Newyork, wo er die Beethoven Association gründete.

BAUER, Joh. Bapt. * 6/5 1865 Hofkirchen, Zitherkomp. in München.

BAUER, Leopold, Wien (Schulrektor), Schüler Labors, † 1925. W: MChöre.

BAUER, Marion Eugenie * 1887 Walla Walla, Washington, lebt in Newyork. W: M. z. gefess. Prometheus, KaM., Chöre.

BAUER, Moritz, Dr. phil. * 8/4 1875 Hamburg, † 31/12 1932 Frankf. a. M., urspr. Mediziner, Schüler Ruthards, Göhlers, Knorrs u. Hauseggers, seit 1914 Vertreter d. MWissensch. an d. Univers. in Frankf. a. M. W: ‚Die Lieder Schuberts', ‚J. Knorr'; FrChöre, Lieder.

BAUER, Theo * 30/10 1872 Augsburg, besuchte da die MSchule, dann Schüler Lauterbachs u. Rappoldis, seit Okt. 1898 erster Geiger in der Staatskapelle u. seit 1914 Vorsitzender des Tonkünstler-Ver. in Dresden.

BAUES, Ludw. * 20/10 1877 Düsseldorf, seit 1920 Chordir. in Insterburg. W: MChöre.

BAUM, Hermann * 2/12 1899 Dresden, lebt da, Schüler Mraczeks. W: Sinf., sinf. Dichtgen.

BAUM, Wilhelm, ps. = ROSEN, Willy

BAUMANN, Alex. * 7/2 1814 Wien, † 26/12 1857 Graz, Librettist von Singspielen, u. a. ‚Versprechen hinter'm Herd'.

BAUMANN, Joh. * 1809, † 1871 Herisau, Chordir. W: volkstüml. Lieder (‚Rufe, mein Vaterland')

BAUMANN, Karl Friedr. * 29/5 1809 Hottingen, da † 3/8 1873, GsgL. u. Organ. (seit 1839) in Zürich. W: Chöre, Schullieder.

BAUMANN, Ludwig * 26/6 1866 Eggenstein, Schüler des Konserv. in Karlsruhe u. Wolfrums, seit 1902 SemML., Chordir. u. Organ. in Karlsruhe, auch MSchr. W: OrgStücke, viele MChöre, Lieder.

BAUMANN, Otto A., Dr. phil. * 20/3 1906 Würzburg, MWissenschaftl., TheorL. (Methode Klatte) u. MSchr. in Berlin, ausgeb. in Würzburg, Berlin u. Prag. W: Tanzpantomime, KlavStücke, Messe, Lieder; ‚Das dtsche Lied u. seine Bearbeitgen in den frühen OrgTabulaturen'.

BAUMBACH, Friedr. Aug. * 1753, † 30/11 1813 Lpz, wo er seit 1789 lebte; 1778/89 Opern-KM. in Hamburg. W: Gesänge, Stücke f. Klav., V., Git.

BAUMERT, Leberecht * 23/7 1833 Rabishau (NSchles.), † 5/3 1904 Liegnitz, da seit 1883 SemML. W: OrgKomp., Chöre, Liedersamml. usw.

BAUMFELDER, Friedr. * 28/5 1836 Dresden da † 8/8 1916, Schüler Jul. Ottos u. Joh. Schneiders u. d. Lpzger Konserv., Dir. d. Schumannschen Singakad. in Dresden. W: Sinf., viele KlavStücke u. ‚Etüden', Chorwerk ‚Der Geiger v. Gmünd' usw.

BAUMGART, Expedit Felix, Dr. phil. * 13/1 1817 Glogau, † 15/9 1871 Bad Warmbrunn, Theor. u. OrgL. am Instit. f. KirchM. in Breslau. H: K. Ph. E. Bachs Sonat. f. Klav.

BAUMGART, Hans Joachim, ps. = Karl ZANDER

BAUMGARTEN, Erwin * 21/11 1890 Krautheim a. d. Jagst, Organ. in Briedel a. M., urspr. SchulL (bis 1928), Kriegsteiln. W: Orat., größere Chorw. m. Orch. u. a. ‚Deutschland Morgenlied', Requiem u. a. KirchM., Chöre, Lieder, KlavStücke.

BAUMGARTEN, Gotthilf v. * 12/1 1741 Berlin, † 1/10 1813 als Landrat in Groß-Strehlitz, urspr. Offiz. W: Opern.

BAUMGARTEN, Karl Friedr. * um 1740 Lübeck, † 1824 London, da seit 1759, Organ. und OpKM., auch guter Geiger, treffl. L. W: Fugen, Lieder

BAUMGARTNER, Aug. * 9/11 1814 u. † 29/9 1862 München, KirchChordir. W: Messen, Psalmen.

BAUMGARTNER, Joh. Bapt., aus Augsburg, † 18/5 1782 Eichstätt, Vcellist. W: VcSchule (1774).

BAUMGARTNER, Wilhelm * 15/5 1820 Rorschach (Schweiz), † 17/3 1867 Zürich, Schüler W. Tauberts, 1842/44 ML. in St. Gallen, seit 1845 in Zürich, da 1859 UniversMDir., Freund R. Wagners. W: MChöre, Lieder (‚An mein Vaterland', ‚Noch sind die Tage der Rosen'), KlavStücke usw.

BAUR, Antonio * 15/10 1830 Parma, † 10/10 1874 Milano. W: Opern, Tänze.

BAUR, Jakob * 4/10 1829 Hirslanden (Zürich), † 12/1 1900 Zürich, treffl. SchulgsgL. W: Chöre.

BAUSCH, Ludw. Christian Aug. * 15/1 1805 Naumburg a. S., † 26/5 1871 Lpz, treffl. Geigen- u. Bogenbauer; seine Söhne L u d w i g * 10/11 1829, † 7/4 1871 Lpz, u. O t t o * 6/8 1841 u. † 30/12 1875 Lpz., gleichfalls Geigenbauer.

BAUSEWEIN, Carl * 15/11 1839 Aub b. Ochsenfurt, † 18/11 1903 München, treffl. Opernbassist, fast ausschließl. (1858/1900) an d. Münchner Hofoper tätig, war d. 1. Pogner („Meistersinger', 1868), der 1. Fafner („Rheingold', 1869) u. der 1. Hunding (1870) bei den Münchner Uraufführ.

BAUSTIAN, Otto * 25/2 1873 Lübz (Meckl.), urspr. Geiger, seit 1906 KonservDir. in Hamburg. W: 4 Opern, 3 Sinf., KaM., VKonz., OrgStücke, Chöre, Lieder.

BAUSZNERN, Waldemar v. * 29/11 1866 Berlin, † 20/8 1931 Potsdam; 1882/88 Schüler d. Berliner Hochschule (Kiel, Bargiel), 1891 VerDirig. in Mannheim u. 1895/1902 in Dresden, 1903 L. am Konserv. zu Köln, 1908 Dir. d. großherz. MSchule zu Weimar, 1916 Dir. d. Hochschen Konserv. in Frankf. a. M., seit 1923 Sekret. d. Akad. d. Künste in Berlin u. L. a. d. Akad. f. Schul- u. KirchM. W: Opern, 8 Sinf., Ouvert., KaM., „Das hohe Lied vom Leben u. Sterben' (wertvoll. Orator.), Balladenzyklus, M- u. gem. Chöre, Lieder usw., vollendete P. Cornelius' „Gunlöd'.

BAUTISTA, Julian * 21/4 1901 Madrid, lebt da. W: Oper, Ballett, sinf. Dichtgen, KlavStücke, Gesänge.

BAVERI, Edoardo— s. BAUER, Ed.

BAX, Arnold * 8/11 1883 London, da eigenart. expression. Komp. W: BühnenM., Ballett, Sinf., sinf. Dichtgen, KaM., KlavStücke, Lieder (Celtic song-cycle).

BAX, Julien, ps. = A. T. H. PARKER

BAY, Rudolf * 9/7 1791 Kopenhagen, da † 25/5 1856, Kantor u. Kgl. KammerM. W: Romanzen u. Lieder.

BAYER, Aloys * 3/7 1802 Sulzbach (Oberpfalz), † 7/7 1883 Grabenstädt am Chiemsee, gefeierter Tenorist, auch guter GsgL., 1823—43 am Hofthea. in München.

BAYER, Anton * 2/5 1896 Wien, da KM. W: BühnenM., KaM., KlavStücke, Lieder, auch m. Orch.

BAYER, Eduard (ps. A. CAROLI u. Paul GERHARD) * 20/3 1822 Augsburg, † 23/3 1908 Hamburg, Git. u. ZithVirt. W: Unterrichtswerke.

BAYER, Friedr., Dr. phil. * 22/3 1902 Wien, da TheorL. W: Oper, Sinf., KaM., Lieder.

BAYER, Hanns * 25/5 1890 Dietfurt/Altmühl, GymnML (StudRat) in Eichstätt. W: Kantaten, Chöre, Lieder, KlavStücke.

BAYER, Jos. * 6/3 1852 Wien, da † 12/3 1913 als Hofballettdir. W: Ballette „Wiener Walzer', „Die Puppenfee' u. a., Optten, Tänze u. dgl.

BAYER, Karl Th., Dr. phil. * 2/8 1896 Berlin, da seit 1926 Biblioth., 1929 Leiter der MAbt. d. Stadtbibl., auch KonzSger (Bariton), ausgeb. auf dem Klindworth-Scharwenka-Konserv. u. bei Max Dawison. W: „MLiteratur. Ein krit. Führer f. Bibliothekare'; „WeihnachtsM.', „Musiker u. M. in der Dichtg' u. a.

BAYER, Zdenko * 12/5 1901 St. Anton (Tirol), lebt in Prag, Schüler V. Novaks. W: Optte, Unterhaltgsm., viele Lieder.

BAZELAIRE, Paul * 4/3 1886 Sedan, ausgezeichneter Vcellist, seit 1919 L. am Konserv. in Paris. W: sinf. Dichtgen, KaM., VcStücke, KlavStücke, Chöre; Schriften über VcTechnik.

BAZIN, François * 4/9 1816 Marseille, † 2/7 1878 Paris, da seit 1844 Prof. am Konserv. W: 9 kom. Opern, u. a. „Le voyage en Chine'; „Cours d'harmonie'.

BAZZINI, Antonio * 11/3 1818 Brescia, † 10/2 1897 Milano, da 1873 KomposProf., 1882 Dir. d. Konserv. W: Oper, sinf. Dichtg „Francesca da Rimini', Ouvert., 6 StrQuart., VStücke.

BEACH, Frau H. H. A. (Mädchenname: A m y M a r c y C h e n e y) * 5/9 1867 Henniker, NH. (NAm.), Schülerin E. Perabos, KlavVirt. in Boston. W: Sinf., 2 KlavKonz., KaM., Messe, Balladen, Chöre, Lieder, KlavStücke usw.

BEACH, John * 1877 Newyork, lebt da. W: Ballett, sinf. Dichtgen, KaM., Gsge m. Orch.

BEALE, William * 1/1 1784 Landrake, † 3/5 1854 London. W: Glees, Madrigale

BEATO, Giov., ps. = HARTMANN, Georges

BEAU — s. LE BEAU

BEAULIEU, Maria Dasidère, eigentl. Martin * 11/4 1791 Paris, † Dzbr. 1863 Niort, wo er einen MVer. (später Association music. de l'Ouest) gründete; Schüler Méhuls. W: Opern, Orator., Schriften über kirchenmusik. Fragen.

BEAUMARCHAIS, Pierre Augustin Caron de * 24/1 1732, † 18/5 1799 Paris, berühmt durch die für Op. verwendeten Lustspiele „Der Barbier von Sevilla' u. „Die Hochzeit des Figaro'.

BEAUPRÉ, Paul, ps. = Frederic MULLEN

BEAUPUIS, Gius. * 5/3 1820 Napoli, da † 1878, VVirt. u. Dirig. W: Opern, KirchM., MilitM.

BECCE, Giuseppe, Dr. phil., ps. A m b r a , Franc. bezw. Lucio d'; Dr. B e c h s t e i n; C o n - s a l v o * 3/12 1881 Padua, seit 1906 in Berlin,

FilmKM. W: Optten, FilmM., UnterhaltgsM., OrchSuiten nach Liedern usw. von Rich. Strauß, Hugo Wolf u. a.; ‚Handb. d. FilmM.'.

BECHER, Alfred * 27/3 1803 Manchester, † 23/11 1848 Wien (als Revolutionär standrechtlich erschossen); da seit 1841 MKrit. W: StrQuart., Lieder, KlavStücke; ‚Jenny Lind' usw.

BECHER, Jos. * 1/8 1821 Neukirchen (Bayern), † 23/9 1888, seit 1878 Pfarrer in Mintraching/Regensburg. W: ca 60 Messen.

BECHER, Max * 5/8 1897 Leipzig, da ML. W: Singspiel, KaM., Tänze, Lieder.

BECHERT, Paul * 3/3 1886 Plauen, da ML. u. Chordir. W: Sinf., sinfon. Dichtg, KaM. H: Juchhei Blümelein, Liederschatz.

BECHGAARD, Jul. * 19/12 1843 Kopenhagen, da † 4/3 1917. W: Oper, viele Chöre u. Lieder nationaler Färbg.

BECHLER, Leo * 13/6 1882 Weimar, da Oboist der Oper. W: ‚Die Oboe'; OrchStudien f. Ob.

BECHSTEIN, Dr., ps. = Giuseppe BECCE

BECHSTEIN, Karl * 1/6 1826 Gotha, † 6/3 1900 Berlin, gebildet bei Rosenkranz, G. Prerau, sowie in Paris u. London, gründete 1853 in Berlin die bald zu Weltruf gelangende und diesen behauptende Pftefabrik.

BECHSTEIN, Otto, ps. = A. T. H. PARKER

BECK, Frz * 15/2 1723 Mannheim, † 31/12 1809 Bordeaux, da KonzDirig. W: Op., Melodramen, 25 Sinf. (bemerkenswert), KaM., Stabat mater.

BECK, Gottfr. Jos. * 15/11 1723 Podiebrad, † 8/4 1787 Prag als Provinzial des Dominikanerord., urspr. Organist. W: KirchM.

BECK, Heinr. Val. * 4/4 1698 Maar (OHessen), † 15/4 1758 Frankf. a. M., da seit 1738 VizeKap Dir., beliebter ML. W: Kantaten.

BECK, Joh. Bapt. * 14/8 1881 Gebweiler, M-Forscher in Paris. W: ‚Die Melodien der Troubadours', ‚La m. des troubadours' (1910).

BECK, Joh. Nep. * 5/5 1827 Budapest, † 9/4 1904 Preßburg; berühmt. OpBariton, 1853/85 an der Wiener Hofoper. — Sein Sohn J o s e f, ebenfalls tücht. Baritonist * 11/6 1850 Mainz, † 15/2 1903 Preßburg, zuletzt (1878/85) in Frankf. a. M. engagiert.

BECK, Konrad * 16/6 1901 Lohn/Schaffhausen, lebt meist in Paris, Schüler d. Konserv. in Zürich. W (sehr modern): Sinf., VcKonz., 3 StrQuart., Chöre.

BECK, Matthias * 20/12 1887 Temmels/Mosel, GymnML. in Homburg/Saar. W: M- u. FrChöre, Lieder.

BECK, Reinhold J. * 10/1 1881 Hannover, Schüler d. dortigen Konserv., TheaKM. u. Chordirig. an verschied. Orten, 1919/27 ML in Berlin, seit 1927 in Thale (Harz). W: Optt., BühnenM., ‚Am Rhein', romant. Fantasie u. a. f. Orch.; KaKonz. f. V u. Klarin., viel KaM., Chöre, Duette, Lieder usw.

BECK, Walter * 10/6 1890 Magdeburg, seit Herbst 1934 musik. ObLeiter des Staatsthea. in Bremen, ausgeb. in Halle, Danzig (Techn. Hochschule) u. München (Univ.); 1913 Korrepet. in München, Kriegsteiln., 1918/20 OpKM. in Regensburg, Sommer 1920 Gastdir. in Bozen mit Kräften der Münchner Op., 1920/21 OpKM. in Würzburg, 1922/23 dsgl. in Darmstadt, 1924/33 GenMDir. (Op. u. Konz.) in Magdeburg.

BECKÉ, Ignace de — s. BEECKE

BECKER, Adolf, ps. BALLINI * 16/12 1870, ObMMeister (MilKM.) a. D. u. Dirig. einer eigen. Kap in Berlin. W: Märsche, UnterhaltgsM.

BECKER, Albert * 13/6 1834 Quedlinburg, † 10/1 1899 Berlin, seit 1891 Dir. d. Domchors, Schüler Dehns. W: Oper, große Messe, Luther-Kantate, Oratorium ‚Selig aus Gnade', Motetten, Psalmen, MChöre m. Orch., Sinf., KaM., OrgStücke, KlavSonate, VStücke, Lieder usw.

BECKER, Diedrich † 12/5 1679 Hamburg, Ratsmusikus, vorh. Organ. in Ahrensburg (Holst.), 1661 in der Celler Hofkap., treffl. Geiger. W (bemerkensw.): KaSon.; ‚Musik. Frühlingsfrüchte' (4- u. 5st.)

BECKER, E., ps. = AILBOUT, Hans

BECKER, Georg * 24/6 1834 Frankenthal, † 18/7 1928 Genf, MSchr. W: ‚La m. en Suisse', KlavStücke, Lieder u. a.

BECKER, Georg * 14/3 1888 Riesa, MSchr. in Dresden. W: Lieder.

BECKER, Hans — s. BECKER, Jean

BECKER, Hugo — s. BECKER, Jean

BECKER, Jean * 11/5 1833 Mannheim, da † 10/10 1884, da bis 1858 KonzM., dann auf Reisen, 1866 in Firenze, gründ. da mit Masi, Chiostri u. Hilpert das bis 1880 bestehende berühmt gewordene StrQuart. Mit seinen Kindern J o h a n n a, verehel. Grohé, Pianistin * 9/6 1859, † 6/4 1893, H a n s * 12/5 1860, † 1/5 1917, VProf. am Konserv. zu Lpzg u. H u g o * 13/2 1864, lebt in Ob.-Bozen, VcL. am Hochschen Konserv. zu Frankf. a. M., 1909/29 a. d. Hochschule in Berlin. W: Konz. u. a. f. Vc.

BECKER, John J. * 1886 Henderson, Kentucky, lebt in St. Paul, MSchr. W: Sinf., KlavKonz.

39

BECKER, Julius * 3/2 1811 Freiberg i. S., † 26/2 1859 Oberlößnitz, Schüler K. F. Beckers, 1843/56 ML. in Dresden. W: Opern, InstrumM., Chöre, 2 Harmonielehr., MGsgSchule, musikal. Tendenzromane usw.

BECKER, Karl * 5/6 1853 Kirrweiler (Bez. Trier), 1881 SemML. in Ottweiler, 1885 in Neuwied, seit 1896 in Berlin/Köpenick; † 31/8 1928; verdient. Volksliedsamml. u. -bearbeiter. H: Chor- u. Schulliederbücher, OrgAlbums.

BECKER, Karl * 23/7 1877 Frankenthal (Pfalz), seit 1919 GsgL. in Dresden. W: Oper, Duette, Lieder; ‚Der Idealton'.

BECKER, Karl Ferd. * 17/7 1804 Lpz., da † 26/10 1877; da 1825 Organ., 1843 L. d. OrgSpiels am Konserv., privatisierte seit 1856, trat seine wertvolle Samml. musikal. Werke der Ratsbibliothek ab. W: Choralbuch, ‚HausM. der Deutschen im 16., 17. u. 18. Jahrh.', ‚Die Tonwerke des 16. u. 17. Jahrh. oder system.-chronol. Zusammstellg der in diesen 2 Jahrh. gedruckten Musikalien' usw.

BECKER, Konstantin Julius — s. BECKER, Jul.

BECKER, Oskar, Dr. phil. * 6/10 1876 Anröchte/Lippstadt, studierte in Köln u. Lpz., TheaKM. an versch. Orten, seit 1919 städt. MDir. in Gumbinnen, wohnt jedoch in Tilsit. W: Orch-, KlavStücke, Lieder.

BECKER, Otto * 24/2 1870 Breslau, Organ. (OrgVirt.) in Potsdam seit 1910, vorher seit 1894 in Berlin, ausgeb. in Breslau u. Berlin (Hochsch.). W: OrgStücke, Chöre, Lieder,

BECKER, Paul * 23/5 1881 Worms, seit 1911 Marine-Gerichtsrat u. seit 1920 MRef. in Kiel. W: VcSonate, KlavStücke, Lieder.

BECKER, Reinhold * 11/8 1842 Adorf (Sachs.), † 4/12 1924 Dresden, urspr. Geiger, Schüler und Quartettgenosse L. Ellers, 1862 dessen Nachfolger in Bad Pau; lebte seit 1870 in Dresden, 1884/94 Dir. d. ‚Liedertafel', seit 1914 ganz erblindet. W: Opern ‚Frauenlob', ‚Ratbold', OrchM, 2 VKonz., KaM., MChöre ‚Gebet vor der Schlacht', ‚Choral v. Leuthen', ‚Waldmorgen', ‚Abendglocken' u. a. üb. 200 Lieder ‚Frühlingszeit' usw.

BECKER, Val. Eduard * 20/11 1814 u. † 25/1 1890 Würzburg; da seit 1833 städt. Beamter u. MChordirig. W: Opern, KaM., Messen, MChöre ‚Das Kirchlein' usw.

BECKERATH, Alfr. Wilh. v. * 4/10 1901 Hagenau, lebt in München, war Korrepet. an der Oper in Wiesbaden, Schüler u. a. v. Jos. Haas. W: Opern, Tanzpantomimen, SchauspielM., OrchSuite, KaM., KlavStücke, Chöre, Lieder.

BECKING, Gustav, Dr. phil. * 4/3 1894 Bremen, Schüler Riemanns, 1922 PrivDoz., 1928 ord. Prof. in Erlangen, seit 1930 o. Prof. an der Dtsch. Univers. Prag. W: Fachschriften. H: E. T. A. Hoffmanns musikal. Werke.

BECKMAN, Bror * 10/2 1866 Kristineham (Schwed.), 1904 Dir. d. Konserv. in Stockholm. W: Sinf., KaM., KlavStücke, Lieder, auch m. Orch.

BECKMANN, Gustav * 16/1 1865 Bochum, Studienrat (GsgL.) i. R., Dir. d. BachVer., seit 1894 Vorsitz. d. Ver. ev. KirchMusiker f. Rheinl. u. Westf. in Essen. W: f. Org. u. Chor.

BECKMANN, Gustav, Dr. phil. * 28/2 1883 Berlin da MSchr. u. Dirigent; BiblRat. W: ‚Das VSpiel in Deutschland vor 1700'. H: alte VMusik. Lieder u. Trio-Son. von Gluck

BECQUIE, A. * c. 1800 Toulouse, † 10/11 1825 Paris, treffl. Flötist. W: FlKompos.

BECUCCI, Ernesto * 29/4 1845 Radicondoli (Tosc.), † Okt. 1905 Firenze. W: einst sehr beliebte Tänze u. Salonstücke.

BECZWARZOWSKY, Anton Felix * 9/4 1754 Jungbunzlau, † 15/5 1823 Berlin, da seit 1800, urspr. (1777) Organ. in Prag. W: KlavKonz. u. Sonat., Lieder.

BÉDARD, Jean Bapt. * um 1765 Rennes, † um 1815 Paris, Geiger, auch OpKM. in Rennes. W: Sinf., VStücke u. Sonat. (auch m. Harfe)

BEDFORD, Herbert * 23/1 1867 London, lebt da, auch Maler. W: Oper, Suite u. a. f. Orch., Gsge. — Seine Frau L i z a — s. LEHMANN.

BEDINGER, Hugo * 30/3 1876 Stockholm, † 9/11 1914. W: Oratorium, KaM.

BEDNARZ, Wilh. * 26/5 1856 Wien, da † 1934, langj. Dirig. e. UnthaltOrch. W: Tänze u. Märsche

BEDOS DA CELLES, Dom François * 24/1 1709 Caux/Beziers, † 25/11 1779 Toulouse, da seit 1726 Benediktinermönch. W (wichtig): L'art du facteur d'orgues'.

BEECHAM, Thomas * 29/4 1879 Liverpool, geadelt 1914, treffl. Dirig. (seit 1905) in London, begründ. da ein Op.- u. Konzunternehmen, auch Komp. — Sein Sohn A d r i a n * 4/9 1904 London, begabt. Komp. W: ‚The merchant of Venice'.

BEECKE, Ignaz v. * 28/10 1733 Wimpfen im Tal, † 3/1 1803 Wallerstein, 1792 als Major pens., KlavVirt. W: Singspiele, Sinf., KaM., KlavSonat., Kantaten, Lieder.

BEEK, Paul von der * 1/5 1873, Chordir. in Duisburg. W: MChöre.

BEENEKEN, Adolf, ps. = Marc ROLAND

BEER, Anton — s. BEER-WALBRUNN
BEER, Jakob Meyer — s. MEYERBEER
BEER, Joh. * 28/2 1655 St. Georgen, ObÖsterr., † 6/8 1700 Weißenfels, da KonzM. W: Gsge, Streitschriften, Musikantenroman ‚Jan Rebhu' 1678.
BEER, Jos. * 18/5 1744 Grünwald (Böhm.), † 1811 Potsdam, urspr. österr. MilKM., vielgereist. KlarinVirt., 1771/82 in Paris, 1784/92 in d. Fürstl. Otting. Kapelle in Wallerstein, 1793/1808 in der Hofkap. in Potsdam, verbesserte sein Instrum. W: KlarinKonz. usw.
BEER, Kurt * 24/6 1902 Mülheim/Ruhr, Organ. u. Chordir., Doz. am PredigerSem. in Düsseldorf, ausgeb. in Köln (Hochschule), 1925/30 urspr. Theologe. W: kirchl. Chöre, Lieder, OrgStücke.
BEER, Leop. J. * 1/9 1865 Klement (NÖsterr.), seit 1904 in Wien, da 1905/16 Organ. u. seit 1912 Leiter einer MSchule. W: Stücke f. Klav. u. V. (auch pädagog.), Chöre, Lieder.
BEER, Max Josef * 25/8 1851 Wien, † da 25/11 1908 Oberrechnungsrat. W: Opern, Liederspiele, MChöre, Lieder, KlavStücke.
BEER, Otto Fritz, Dr. phil. * 8/10 1910 Wien, da MWissenschaftler. W (vom dtschen Volkslied ausgehend): OrchStücke, Chöre m. Orch., Lieder. ‚Mozart u. das Wiener Singspiel' (Diss.)
BEER-WALBRUNN, Anton * 29/6 1864 Kohlberg/Weiden (OPfalz), † 22/3 1929 München, da Schüler Rheinbergers u. Bußmeyers, da seit 1901 TheorProf. an der Akad. der Tonkunst, einst gefördert vom Grafen Schack. W (beachtenswert): Opern, Sinf., ‚Deutsche Suite', OrchBurleske ‚Wolkenkuckucksheim', KaM., Klav- u. OrgStücke, Chorwerke, Lieder.
BEETH, Lola * 1864 Krakau, OpSopran. (Debut 1882) in Berlin u. Wien, auch in Paris, London, Newyork, jetzt GsgL. in Berlin
BEETHOVEN, Ludwig van * 16/12 (getauft 17/12) 1770 Bonn, † 26/3 1827 Wien. Seine ersten Lehrer waren sein Vater (Johann B., Tenorist der fürstl. Kapelle in Bonn seit 1733, * 5/1 1712 Mecheln, † 1792), Oboist Pfeiffer, der Hoforgan. van der Eeden († 1782) u. Chr. G. Neefe (s. d.); entwickelte sich sehr frühzeitig, spielte im 11. Jahre Bachs ‚Wohltemp. Klav.', gab bereits Sonaten, Variation. usw. heraus, wurde im 13. Jahre Cembalist der kurfürstl. Hofkapelle, erregte als Improvisator Aufsehen; wurde 1792 vom Kurfürsten nach Wien zu Jos. Haydn geschickt, vertauschte dessen Unterricht aber bald mit dem J. Schenks u. später J. G. Albrechtsbergers; auch bei Salieri nahm er einigen Unterricht. Er fand bald Aufnahme u. Würdigung in den vornehmsten und kunstsinnigst. Familien Wiens, blieb hier u. lebte ziemlich unabhängig nur der Kompos. (seine Gönner, die Fürsten Lichnowsky, Lobkowitz und Kinsky u. Erzherzog Rudolf setzten ihm 1808 eine ansehnliche Jahrespension aus); ein hartnäckiges, schon 1808 beginnendes, seit 1808 verschlimmertes Ohrenleiden B.s ging schließlich in völlige Taubheit über, so daß er seit 1819 nur noch schriftlich mit seiner Umgebung verkehren konnte. Die aus jener Zeit erhaltenen Konversationsbücher sind wichtige biographische Quellen. Seine erste Sinf., erschien 1801, die zweite 1806. Seine einzige Oper ‚Fidelio', die er zweimal veränderte (vier verschied. Ouvert.), wurde zuerst 20/11 1805, die Missa solemnis (nur 3 Sätze) u. die neunte Sinf. mit Schillers ‚Lied an die Freude' 7/5 1824 in Wien aufgeführt. — B., der größte Meister der modernen InstrumentalM., bemächtigte sich zuerst der verschied. Formen der KaM., von der K l a v i e r s o n a t e an, welche er zu ihrer kunsthistorischen Bdeutg ausbildete, bis zum S t r e i c h q u a r t e t t e, um das auf diesem Gebiete Gewonnene auf die O r c h e s t e r M. zu übertragen. So hat er der gesamten OrchM. eine erhöhte Bedeutg, einen erweiterten Gesichtskreis gewonnen. Mit sicherer Hand ergriff er alle Mittel des musikal. Ausdrucks, welche ihm die Mannheimer Schule, dann Haydn u. Mozart überliefert hatten, u. erweiterte u. bereicherte die von ihnen ausgebild. Formen. Er faßte die InstrumM. als Ausdruck des innerlich Erlebten auf, u. indem der Energie seiner männlichen Natur ebenso die Kraft der Leidenschaft wie das leichte Spiel des Humors zu Gebote stand, wußte er durch seine Meisterwerke in dem Zuhörer alle Saiten des menschlichen Herzens zu erregen u. zu erschüttern, wie neben ihm kein anderer in gleichem Maße. Seine Persönlichkeit wird v. Fr. R o c h l i t z geschildert: ‚Sein Anblick würde mich, wäre ich nicht vorbereitet gewesen, gestört haben: nicht das vernachlässigte, fast verwilderte Äußere, nicht das dicke schwarze Haar, sondern das Ganze seiner Erscheinung. Man denke sich einen Mann von etwa fünfzig Jahren, mehr noch kleiner als mittlerer, aber sehr kräftiger, stämmiger Statur, gedrängt, besond. von starkem Knochenbau, fleischig u. mit vollem, rundem Gesicht, rote, gesunde Farbe, unruhige, leuchtende, ja bei fixiertem Blick fast stechende Augen; keine oder hastige Bewegungen; im Ausdruck d. Antlitzes, besond. des geist- u. liebevollen Auges, eine Mischg von herzlicher Gutmütigkeit u. von Scheu; in der ganzen Haltung jene Spannung, jenes unruhige, besorgte Lauschen d. Tauben, der sehr lebhaft empfindet; jetzt ein froh und frei hingeworfenes Wort, sogleich wieder ein Versinken in düsteres Schweigen; u. zu alledem, was der Betrachtende hinzubringt und was immerwährend mit

hineinklingt: Das ist der Mann, der Millionen nur Freude bringt — reine, geistige Freude!' Die kritische Gesamtausgabe von B.s Werken (Lpz, Breitkopf & Härtel) enthält: Oper ‚Fidelio', 2 Messen in C u. D (solemnis), Oratorium ‚Christus am Ölberg', Ballett ‚Die Geschöpfe d. Prometheus', BühnenM. zu ‚Egmont' u. zu den Festspielen ‚Die Ruinen von Athen' u. ‚König Stephan', 9 Sinf. (Nr. 9 mit Chor), die sinf. Dichtg ‚Die Schlacht bei Vittoria', 11 Ouvert., eine Anzahl kleinere OrchStücke (Tänze usw.), 5 KlavKonz., 1 VKonz., 1 TripelKonz. (V., Vc., Klav.), 2 Oktette f. Blasinstr., 1 Septett, 2 Sextette, 4 Quintette, 4 KlavQuartette, 17 StrQuartette, 5 StrTrios, Serenade f. Fl., V., Br., Trio f. 2 Ob. u. Engl. Horn, 8 KlavTrios, 10 KlavViolSonaten, 5 VcSonat., 38 KlavSonaten, zahlr. Variationen u. andere kleinere KlavStücke, Kantat., mehrere kleinere Chorstücke, 66 Lieder usw. — Biograph. Werke über Beethoven schrieben u. a. Wegeler u. Ries, Schindler, Thayer (5 von Hermann Deiters u. Hugo Riemann bearb. Bände), A. B. Marx, Wasielewski, Paul Bekker, Gustav Ernest (recht empfehlenswert), Aug. Halm; vgl. auch L. Schiedermair, Der junge B. (1925). Wichtig Nottebohm, Beethoveniana; Th. Frimmel, B.-Handbuch (2 Bde.); Arnold Schmitz, B.s zwei Prinzipe u. das romant. B.-Bild. — Beethovens Briefe gaben heraus: Kalischer, Prelinger u. Emm. Kastner. Max Unger bereitet eine krit. Ausgabe vor. Eine Ausgabe seiner Konversationshefte begann W. Nohl.

BEFFARA, Louis Franç. * 23/8 1751 Nonancourt, † 2/2 1838 Paris, da 1792—1816 Polizeikommissar. W: ‚Dictionnaire de l'académie royale de m.' (7 Bde.) u. a.

BEFFROY DE REIGNY, Louis Abel (ps. COUSIN JACQUES) * 6/11 1757 Laon, † 18/12 1811 Paris. W: Opern; ‚Les soirées chantantes ou le chansonnier bourgeois'.

BEHLE, Hans * 28/9 1870 Bielefeld-Schildesche, lebt in Remscheid, da 1905/32 Organ. u. KirchMDir. W: Märchenspiel, KirchKantaten, Lieder im Volkston.

BEHM, Eduard, ps. M. B. D r a u d e; Rolf E d w a r d s * 8/4 1862 Stettin, stud. in Lpz u. Berlin, 1890 in Wien von Brahms gefördert, seit 1896 in Berlin, vortreffl. KonzBegl. u. GsgsKorrepetitor. W: Sinf., KlavKompos., KlavTrio, VSon., StrSextett, Opern, Lieder usw.

BEHN, Hermann, Dr. jur. * 11/11 1859 Hamburg, da † 27/11 1927, studierte nach dem Assessorexamen bei Bruckner, Rheinberger u. Zumpe. Lebte in Hamburg seit 1887, wo er Vorträge über MGesch. hielt. W: KlavSonaten, Gsge u. Lieder, zahlreiche Arrang. f. 2 Klav.

BEHR, Frz, ps. Hans v. A a c h e n, G. B a c h m a n n, W. C o o p e r, Charles G o d a r d, Charl. M o r l e y, Francesco d' O r s o, Edwin S m i t h * 22/7 1837 Lübtheen (Mecklenbg), † 15/2 1898 Dresden, lebte abwechselnd in Wien, Budapest, in der Schweiz, Lpz, Paris. Äußerst fruchtbarer u. beliebt. KlavModekomp., schrieb auch Lieder.

BEHR, Hermann (Bruder Theresens) * 7/4 1875 Stuttgart, urspr. Geiger, seit 1901 KM. des Orch.-Ver. in Breslau. W: Sinf., KaM., Lieder

BEHR, Josef = Joe BALAY

BEHR, Otto, ließ sich Dez. 1912 eine Tonlehre auf arithmetischer Grundlage (24 natürlich fortschreitende Intervalle innerhalb einer Oktave) patentieren. Lebt in Berlin?

BEHR, Therese — s. SCHNABEL, Arthur

BEHREND, Fritz * 3/3 1889 Berlin, lebt in Berlin, Schüler Ph. Rüfers u. Humperdincks. W: Opern, 4 StrQuart. u. sonst. KaM., ‚Jung Arf' Ballade f. Bar. u. Orch., Lieder usw.

BEHREND, William, Dr. jur. * 16/5 1861 Kopenhagen, da MSchr. u. seit 1917 Biblioth. am Konserv. W: ‚J. P. E. Hartmann', ‚N. W. Gade' ‚Beethovens KlavSonaten'; ‚Illustr. MGesch.', ‚M-Lexikon' (mit H. Panum).

BEHRENDS, Leop. * 15/11 1879 Kleinmutz, GsgL. u. Organ. in Hattingen/Ruhr, urspr. Theol., Schüler der Berliner Hochschule. W: KirchM., OrgStücke.

BEHRENS, Heinr. Christ. Theodor * 27/3 1808 Erckerode/Braunschwg., † 23/10 1873 Braunschweig, da Dir. der Liedertafel u. ML. W: BühnenM., Sinf., Ouvert., KaM., Kantaten, Chöre, Lieder.

BEHRENS, Johan Didrik * 26/2 1820 Bergen (Norw.), † 28/1 1890 Christiania, der Schöpfer d. MChorGsgs in Norwegen u. Gründer des ersten norw. MGsgVer. in Christiania 1842. H: Sammlgen v. MChören, Volks- u. Schulliedern.

BEHRENS, Oswald * 15/11 1901 Hamburg, da KonservL., Schüler v. Jos. Haas. W: KaM., OrgStücke, Lieder.

BEIER, Franz, Dr. phil. * 18/4 1857 Berlin, † 25/6 1914; Chordir. an den Thea. zu Aachen 1884 u. Kassel 1885, seit 1899 hier erster KM. W: Optte, Parodie. B: ‚Die Kreuzfahrer', Oper v. Spohr.

BEIJERLE, Geo. Joh. Herm. * 19/6 1856 London (holländ. Eltern), GsgSchulL. in Amsterdam. W: Oper, Kantaten, Chöre, bes. Kinderchöre, Lieder, KlavStücke.

BEILSCHMIDT, Kurt * 20/3 1886 Magdeburg, Theor.- u. KlavL. in Lpz seit 1909. Da seit 1923 Dirig. d. OrchVer. der MFreunde u. des gemChors Orpheus. W: Opern, OrchM., KaM., gem. u. M-Chöre, Lieder.

BEIN, Wilh. * 22/6 1883 Sarstedt (Hannover), urspr. SchulL., seit 1919 in Hannover, Leiter d. Silcherbundes, GymnML. W: MChöre u. a.

BEINES, Karl * 15/12 1869 Rheydt, urspr. Geiger, Schüler d. Köln. Konserv., dann im Gürzenich-Orch., 1894 Chordir. in Baden-Baden, 1906/15 Dir. des ChorVer. u. Stimmbildner in Freiburg i. Br., dann 1915/6 Stimmbildner in Berlin, 1916/22 in München; seit 1922 Vortragsmeister d. Hess. Landes-Thea. u. seit Okt. 1926 I. GsgL. der Hochschule in Darmstadt. W: Optte, Lieder, Tänze; ‚Der richtige u. der falsche GsgsTon‘ (1925).

BEKKER, Paul * 11/9 1882 Berlin, seit 1934 MKrit. in New York, urspr. Geiger, seit 1906 MSchr., 1911¹/23 in Frankf. a. M., 1925/27 Intend. d. Staatsthea. in Cassel, 1927/32 desgl. in Wiesbaden. W: ‚Beethoven‘ 1911, ‚Das dtsche MLeben‘ 1916, ‚Die Sinfonien G. Mahlers‘ 1921, ‚R. Wagner‘ 1925, ‚Ges. Schriften‘ (3 Bde), ‚MGeschichte als Gesch. d. musik. Formwandlgen‘, ‚Die Oper‘ usw.

BELAIEV, Mitrofan P. * 10/2 1836 Petersburg, da † 10/1 1904, begründ. 1885 in Lpz den nur f. russ. Komp. bestimmten, bedeutend gewordenen, noch bestehenden MVerlag, den Frz Schäffer ausgezeichnet verwaltet.

BELAIEV, Victor Michailowitsch * 5/2 1888 Uralsk, bedeut. MSchriftl. in Moskau.

BELCKE, Frdr. Aug. * 28/5 1795 u. † 10/12 1874 Lucka, ausgezeich., vielgereist. Baßposaunist, 1815/54 Kammermusikus in Berlin. W: PosKomp., Lieder usw. — Sein Bruder Christ. Gottlieb * 17/7 1796 u. † 8/7 1875 Lucka, treffl. Flötist, 1819/32 OrchMitgl. in Lpz. W: FlKompos., Lieder, Tänze usw.

BELICZAY, Julius v. * 10/8 1835 Komorn, † 1/5 1893 Budapest, KlavVirt., L. d. Kompos., 1850/71 in Wien, seit 1871 in Budapest. W: 2 Sinf., KlavKonz., 3 StrQuart., KlavStücke, Messe, Chöre, Lieder usw.

BELIME, Jean — s. COEUROY, André

BELL, ps. = AILBOUT, Hans

BELL, George † 1923 Glasgow. H: Scottish Mission Hymn-Book.

BELL, William Henry * 20/8 1873 St. Albans (London), Schüler der R. Acad., da 1903 HarmonieL., 1913 Dir. d. Konserv. in Kapstadt. W: Sinf., sinfon. Dichtgen, Arkad. OrchSuite, KaM., Gsge mit Orch. usw.

BELLA, Domenico della, KirchKM. u. VcVirt. in Treviso um Ende des 16. u. Anfang des 17. Jhdts. W: KirchM., InstrSon., bes. f. Vc.

BELLA, Joh. Leop., Dr. h. c. * 4/9 1843 Liptó-Szent Miklos, lebt noch in Wien, 1881/1921 Stadtkantor u. Dirigent in Hermannstadt (Siebenbürg.). W: Oper, sinf. Dichtg, KaM., KlavStücke. — Sein Sohn Rudolf (dtsche Mutter, kein Tschechoslovake) * 7/9 1890 Hermannstadt, Schüler Mandyczewskys, lebte in Wien als Hrsg. d. ‚Mpädagog. Ztschr.‘, seit 1925 VerDir. in Ravensburg u. seit 1926 auch in Romanshorn. W: Sinf., Ouvert., KaM., Chöre, auch m. Orch., Lieder u. a.

BELLAIGUE, Camille * 24/5 1858 Paris, da † 4/10 1930, seit 1885 MKrit. der Revue de deux mondes. W: ‚L'année music.‘, ‚Mozart‘, ‚Mendelssohn‘, ‚Propos de m. et de guerre‘ (1917) u. a.

BELLANDA, Lodovico, gab zwisch. 1593—1610 Canzonetten, Madrig., Sacrae cantiones u. a. heraus.

BELLANDO, Domenico * 6/9 1868 Genua, da seit 1883 Organ., auch HarmonieL. am Konserv. Zanella. W: Messen u. a. KirchM.

BELLARDI, Rudolf, Dr. phil. * 31/5 1890 Hamburg, seit 1924 KlavL. am Konserv. in Mannheim. H: ältere KlavM.

BELLASIO, Paolo 1590 in Verona, bekannt durch Madrigale u. Villanellen.

BELLENGHI, Gius. * 12/2 1844 Faenza, † 17/9 1902 Firenze. MandolVirt., gründete 1882 den Verlag Forlivesi in Firenze. W: Mandol., GitKompos. u. Schulen

BELLENOT, Philippe * 24/1 1860 u. † 8/1 1928 Paris, seit 1884 KirchChordir. W: Opern, Messen, Motetten

BELLERMANN, Frdr. * 8/3 1795 Erfurt, † 4/2 1874 Berlin, da seit 1819 L., 1847/68 Dir d. grauen Kloster-Gymn. W: Die Tonleiter u. MNoten der Griechen‘ usw. — Sein Sohn Heinr. * 10/3 1832 Berlin, † 10/4 1903 Potsdam, seit 1866 Prof. d. M. a. d. Univers. Berlin. W: ‚Der Kontrapunkt, ‚Die Mensuralnoten u. Taktzeichen im 15. u. 16. Jhrh.‘, Motetten, Psalmen, M. zu Dramen des Sophokles usw.

BELLERMANN, Konstantin * 1696 Erfurt, † 1/4 1758 Münden, da seit 1719 Kantor, seit 1742 auch Schulrektor. W: Gsg- u. InstrKomp.

BELLEVILLE, Anna Caroline de * 24/6 1808 Landshut, † 22/7 1880 München, treffl. KlavVirt., vermählt mit d. Geiger Ant. James Oury. W: KlavStücke.

BELLEZZA, Vincenzo * 17/2 1868 Bitonto (Bari) ausgeb. in Neapel, seit 1908 OpDirig., in Amerika tätig. W (ungedr.): Sinf., Ouvert.

BELL' HAVER, Vincenzo * um 1530 u. † 1588 Venedig, Schüler u. Nachfolg. A. Gabrielis als Organ. (seit 1556). W: 5st. Madrigale, geistl. Gsge usw.

43

BELLI, Domenico, Florentiner, durch Opern, Intermedien u. Arien 1616/18 bekannt.

BELLI, Girolamo * 1552 Argenta, im Dienste des Herzogs von Mantua. W (1583—1617): Madrigale, Kanzonetten, Sacrae cantiones.

BELLI, Giulio * um 1560 Longiano, KirchKM. in Imola, Ferrara, Venedig, Padua u. zuletzt (1611) wieder in Imola. W: 4—8st. Mess., Psalm., 4—12st. Sacrae cantiones, Motetten, Concerti ecclesiastici, Madrig. usw.

BELLINCIONI, Gemma * 17/8 1864 Monza, berühmte OpSopran., trat 1881 zuerst in Napoli auf, fast stets auf Reisen; mit dem Tenor Roberto Stagno (1836/97) vermählt, 1911/15 GesgL. in Berlin, seitdem in Rom. W: ‚GsgSchule', ‚Io e il palcoscenico' (1920)

BELLINI, Edoardo * 1873 Lugano. W: Opern

BELLINI, Ettore * 29/2 1886 Napoli, lebt da. W: Optten, Canzonetten.

BELLINI, Mario (Bruder von Vincenzo) * ? Catania, da † 5/2 1885, DomKM. W: KirchM.

BELLINI, Vincenzo * 1/11 1801 Catania (Sizil.), † 24/9 1835 Puteaux/Paris, Schüler d. Konserv. zu Neapel, machte sich zuerst durch die 1827 für Mailand geschrieb. Oper ‚Il Pirata' bekannt; großen Erfolg hatten noch ‚La Straniera' (1828), ‚Montecchi e Capuleti' (1829), ‚La sonnambula', ‚Norma' (1831) u. ‚I Puritani' (1835). Schrieb anfangs KirchM. u. InstrumStücke. Sein frühzeit. Tod vernichtete die großen auf ihn gesetzt. Hoffnungen.

BELLINZANI, Paolo Benedetto * um 1690 Ferrara, † 25/2 1757 Recanati, KirchKM. an versch. Orten. W: Orator., Messen, Psalmen, Madrigale, Flötensonat.

BELLIO, Gino * 1863 Vicenza, bedeut. Theoretiker, Pianist u. MSchr. in Firenze. W: Messe, KaM., KlavStücke, Melologe, Gesänge

BELLMAN, Carl Michael * 4/2 1740 u. † 11/2 1795 Stockholm, Improvisator, Dichter u. Kompon. v. humor. Liedern

BELLMANN, Karl Gottlieb * 6/9 1772 Muskau (NLaus.), † 10/1 1862 Schleswig, Komp. d. Liedes ‚Schleswig-Holstein, meerumschlungen', war MDir. des Fürsten Pückler, seit 1813 Organ. in Schleswig.

BELLOLI, Luigi * 2/2 1770 Castelfranco, † 17/11 1817 Milano, da seit 1812 KonservProf., HornVirt. W: Ballette, Schule u. a. f. Horn

BELLONI, Ant. * 12/5 1833 Cavarzera (Venetia), † 23/9 1904 Adria, VVirt u. Dirig. W: KlavVSonate ‚Solferino', VStücke.

BELLONI, Pietro * um 1755 Milano, † nach 1822 Paris, da GsgL. seit 1800, vorher in Napoli. W: Méthode de chant.

BELLVILLE, Anna Karoline von * 24/1 1808 Landshut (Bay.), † 22/7 1880 München, Pianistin, Schülerin Czernys. W: viele Salonstücke

BELOGRADSKY, Timotei, berühmter russ. Lautenspieler u. Bauernliederkomp., 1733 Schüler von S. L. Weis in Dresden, meist am kaiserl. Hofe in Petersburg

BELOW-BUTTLAR, Gerda v. * 9/11 1894 Saleske, lebt in Berlin, Schülerin Klattes. W: FrChöre, Lautenlieder

BELTJENS, Matth. Jos. Hub. * 14/11 1820 Roermond, da † 16/11 1909 ML. u. MChordir. W: Messen u. a. KirchM., Lieder, KlavStücke.

BELTZ, Hans * 23/1 1897 Bützow, Meckl., auch im Ausland geschätzter KlavVirt. u. seit 1929 L (seit 1934 Prof.) an der Akad. f. Schul- u. KirchM. in Berlin, ausgeb. in Leipzig (Konserv., von Teichmüller u. Krehl), ab 1916 Frontsoldat, 1919/29 KlavL. am Konserv. in Lpz.

BEMBERG, Herm. * 29/3 1861 Buenos Aires, Schüler des Konserv. in Paris, lebt da. W: Opern, Kantaten

BEMETZRIEDER, Anton * 1743 im Elsaß, † um 1816 London, wo er seit 1780 lebte, Verf. heute wertloser theoret. Schriften

BENATZKY, Ralph, Dr. phil. * 5/6 1884 Mähr.-Budwitz, studierte in Prag u. München, lebt in Paris seit 1933, vorher jahrel. in Berlin. W: Optten, Ballett, Kabarettlieder. — Seine Gattin J o s m a   S e l i m, treffl. Kabarettsgerin, † 25/8 1929 Berlin.

BENDA, eine Künstlerfamilie; am bekanntesten· G e o r g * 30/6 1722 Altbenatky (Böhm.), † 6/11 1795 Köstritz, 1742/48 Kammermusikus in Berlin, dann in Gotha; da 1750/78 HofKM., lebte dann in Hamburg, Wien usw. W: Singspiele, KirchKant., Messen, Sinf., KaM., KlavSonat., Melodramen ‚Ariadne auf Naxos', ‚Pygmalion', ‚Medea' usw. — Sein Bruder F r a n z * 25/11 1709 Altbenatky, † 7/3 1786 Potsdam, 1733 in der Kap. des Kronpr. in Berlin, Begr. einer eig. VSchule. W: Konz., Sonaten f. 1 u. 2 V. mit bez. Baß. — Sein Sohn F r i e d r i c h   L u d w i g * um 1750 Gotha, † 27/3 1792 Königsberg, Geiger der Seilerschen Truppe, 1799 MDir. in Königsberg. W: Opern, geistl. u. weltl. Kantaten. — Nicht zu verwechseln mit ihm F r i e d r i c h, der Sohn von Franz * 15/7 1745 Potsdam, da † 19/7 1814 seit 1782 Geiger der Preuß. Hofkap. W: Opern, Orat., Kantat., Sinf., StrQuart., 3 BrKonz. u. a.

BENDA, Hans v. (Nachkomme v. Franz B.) * 22/11 1888 Straßburg i. Els., 1926/34 musik. Leiter d. Funkstunde in Berlin, seit 1932 auch

Dirig. des KaOrch. des Reichssenders Berlin, stud. auf d. Stern'schen Kons., Univers. Berlin (Kretzschmar) u. München (Sandberger), war aktiver Garde-Offizier

BENDA, Jean (Nachkomme der alten MFamilie) * 25/1 1874 Vevey, seit 1933 VPädagoge u. Führer eines StrQuart. in Lausanne, Schüler Hugo Heermanns, befreundet m. Marteau, auf dessen Veranlassg VL. in Berlin, 1928/33 in Frankfurt a. M. W: VKonz., Studien, Stücke, BrSolo-Son. H: ältere VEtüden u. Konzerte (mit Kadenz)

BENDA, Willy * 5/10 1870 Vevey, † 18/8 1929 Bielefeld, da seit 1907 KonservDir., VcVirt. W: 2 Sinf., KaM., VcKonz., Lieder

BENDEL, Frz * 23/3 1833 Schönlinde (Böhm.), † 3/7 1874 Berlin, Pianist, Schüler von Proksch u. Liszt, L. an Kullaks Akad. in Berlin. W: Sinf., 4 Messen, KaM., KlavSalonstücke, Lieder usw.

BENDER, Herm. * 18/6 1844 Düsseldorf, † 26/5 1897 Deventer (Holland), SemML. W: Lehrgang des Klarinettspieles, Klarinettduette, ‚Das Tonleiterstudium f. Pfte', MChöre, Kinderlieder usw.

BENDER, Paul * 28/7 1875 Driedorf (Westerwald), urspr. Mediziner, hervorrag. Op. u. Konz-Bassist, seit 1903 an d. Münchner Oper, daneben seit 1922 auch an der Wiener

BENDER, Valentin * 19/9 1801 Bechtheim/Worms, † 14/4 1873 Brüssel, belg. MilKM., Klarinettist. W: f. MilM., Klarin.

BENDIX, Bruno * 7/5 1883 Celle, Architekt u. Lautensänger in Berlin. W: Lieder z. Laute, u. a. ‚Von Spielleuten u. der Liebe'

BENDIX Hermann * 22/4 1859 Damgarten, RB. Stralsund, da seit 1887 L. u. Organ., wo er wie in Ribnitz sehr viel zur Hebg der Volks- u. KirchM. tat. W: Ouvert., ‚Slav. Skizzen', Tänze u. Märsche, Stücke f. Klav. 2- u. 4hdg, Harmon., größ. Chorwerk, gem. u. MChöre, Lieder, u. a. Heimat- u. Rügen-Lieder

BENDIX, Paul * 30/12 1870 (Sohn des berühmten ‚urkom. B.') Berlin, da Schauspieler, volkstüml. Schlagerkomp. (auch Optte). — ps. Paul WAGENER

BENDIX, Victor E. * 17/5 1851 Kopenhagen da † 5/1 1926, Schüler Gades u. Windings, ber. KlavVirt. u. Dirig. W: 4 Sinf., Ouvert., KlavKonz. u. Stücke, Chorwerke, Lieder usw.

BENDL, Karl * 16/3 1838 u. † 16/9 1897 Prag, 1864 OpDirig. in Brüssel, dann Chordir. a. d. dtsch. Oper in Amsterdam, seit 1865 GsgVerDir. in Prag. W (beachtenswert): tschech. Opern, Ballett, Südslav. Rhapsodie f. Orch., StrQuart., MChöre, Lieder

BENECKEN, F. B. — s. BENEKEN

BENEDICT, Julius * 27/11 1804 Stuttgart, † 5/6 1885 London, Schüler Hummels u. Webers. Pianist, lebte in Wien, Neapel, London, begleit. Jenny Lind 1850/51 nach Amerika, dann Dirig. in London, 1871 geadelt, 1876/80 in Liverpool. W: Opern, Kantate ‚Die Legende d. heil. Cäcilia', Oratorium, 2 Sinf., 2 KlavKonz usw., Rezitative zu Webers ‚Oberon'

BENEDITO Y VIVES, Rafael * 3/9 1885 Valencia, seit 1916 Orch.- u. seit 1918 Chordirig. (Masa coral) in Madrid; fördert die lebenden span. Tonsetzer sehr u. sucht sie auch in Deutschl. bekannt zu machen. W: Lieder. H: Span. Volksl.

BENEKEN, Friedr. Burchhard * 13/8 1760 Kloster Wennigsen (Hannover), † 22/9 1818 als Pastor (seit 1802) zu Wülfinghausen. W: Lieder, u. a. ‚Wie sie so sanft ruh'n' (früher Neefe zugeschrieben); kl. KlavStücke

BENELLI, Alemanno — s. BOTTRIGARI

BENELLI, Ant. Peregrino * 5/9 1771 Forli (Romagna), † 16/8 1830 Börnichen (sächs. Erzgeb.); erst ital. OpTenor, 1801 GsgL. in Dresden, 1823 in Berlin. W: Gsglehre, Solfeggien, Messen, Motetten, Arien usw.

BENEŠ, Jara * 5/6 1897 Prag, lebt da (Vorstadt Dejoice), Schüler des dortigen Konserv. u. Jos. B. Försters, Jaromir Weinbergers, Nedbals, zeitw. TheaKM. W: Optten, Revuen, Ballettpantomimen, Tonfilme, Schlager

BENEVOLI, Orazio * 19/4 1605 Rom, † da 17/6 1672 als KirchKM., seit 1646 am Vatikan. W: Messen (12, 16, 24, 48st.), Motetten, Psalmen usw.

BENFELD, A. ps = KOPFF

BENGSON, Erik, ps. = Hans BULLERIAN

BENGTSSON, Gust. Ad. * 29/3 1885 Vadstena, lebt in Karlstad (Schwed.), vorher in Norrköping, Schüler des Stockholmer Konserv., Juons u. Riemanns. W: 3 Sinf., KaM., Lieder.

BENJAMIN, Anton J., MVerlag in Hamburg, gegründet 1818 in Altona als Buchhandlung, besitzt auch seit 1907 das 1794 gegründ. MGeschäft Joh. Aug. Böhme, seit 1918 auch den MVerlag. D. Rahter, seit 1918 den MVerl. A. E. Fischer (Bremen), seit 1929 den MVerl. N. Simrock, Hauptsitz Leipzig

BENJAMIN, Arthur L. * 18/9 1893 Sidney, da seit 1920 KlavL. a. staatl. Konserv. W: Rhapsodie u. a. f. Orch., KaM., Gsge

BENINCORI, Angelo Maria * 28/3 1779 Brescia, † 30/12 1821 Paris, da seit 1803. W: Opern, StrQuart., KlavTrios

BENIZZO, Franc., ps. = POENITZ, Frz

BENNAT, Franz * 17/8 1844 Bregenz, † 27/8 1917 München, da seit 1864 Vcellist der Oper. W: Lieder, VcStücke

BENNDORF, Kurt, Dr. phil. * 27/5 1871 Chemnitz, MSchr. (auch Dichter) u. ML. in Dresden seit 1895. W: Chöre, Lieder

BENNEDIK, Frank, Dr. phil. * 23/5 1890 Hamburg, seit 1/4 1929 Prof. an der pädagog. Akad. in Hannover, vorher seit 1926 dgl. in Kiel, urspr. StudRat in Halberstadt, Vorkämpfer f. d. Tonwortlehre von Eitz, stud. in Bonn u. Jena Philol. u. MWissensch. W: ‚Fe-Pa-To-Singefibel‘ u. ‚Tonwort-Liederbuch‘ = Handbuch f. d. Tonwortunterricht (5. A. 1932) (zus. mit Ad. Strube); ‚Untersuchgen üb. d. Tonwort‘. H: Eitz: Bausteine.

BENNER, Paul * 7/11 1877 Neuenburg (Schweiz), da seit 1901 Organ., Chordir. u. KomposL. am Konserv. W: Oratorien, Requiem, gem. Chöre, Lieder, KaM.

BENNETT, Emma Marie — s. MACFARREN, Mistress John

BENNETT, George John * 5/5 1863 Andover (Engl.), seit 1895 in Lincoln Organ., Dirig., da † 20/8 1930. W: OrchSeren. u. Suite, Messe, Chöre.

BENNETT, John * um 1570, † um 1614 London. W: treffl. Madrigale

BENNETT, Joseph * 29/11 1831 Berkeley, † 12/6 1911 Purton/Berkeley, treffl. Textdichter u. MSchr. in London. W: ‚Letters from Bayreuth‘, ‚Forty years of m.‘ (1908)

BENNETT, Theodor — s. RITTER, Théodore

BENNETT, William Sterndale * 13/4 1816 Sheffield, † 1/2 1875 London; Pianist, Schüler Mendelssohns u. Schumanns; gründ. 1849 die Bach-Gesellsch. in London, da 1856 KM. d. Philharm. Gesellsch., 1866 Dir. d. MAkad., 1871 geadelt. W: Orator., Sinf., 4 Ouvert. u. a. ‚Najaden‘ (sehr bekannt), 4 KlavKonz., KaM., KlavStücke

BENNEWITZ, Anton * 26/3 1833 Přivrat (Böhmen), † 30/5 1926 Hirschberg/Leipzig, da seit 1901; tüchtig. Geiger, Schüler Mildners, KonzM. in Salzburg u. Stuttgart, 1866 L., 1882/1901 Dir. d. Prager Konserv. (L. u. a. Sevciks).

BENNEWITZ, Fritz * 29/7 1874 Lpz., da Chordir. W: Volksoper, Sinf., viele Instrum.- u. GsgKompos.

BENNEWITZ, Kurt, Dr. phil. * 2/1 1886 Magdeburg, lebt in Berlin. W: KlavTrio, KlavSonaten, Lieder

BENNEWITZ, Wilh. * 19/4 1832 Berlin, † da 21/2 1871 Vcellist d. Hoforch. W: Oper, Stücke f. Klav., Vc. usw.

BENOIST, François * 10/9 1794 Nantes, † April 1878, Schüler d. Konserv. in Paris, da Hoforgan. u. L. des OrgSpiels seit 1819, 1840/72 Gsgchef der Gr. Oper. W: Opern, Ballette, Messe, Bibliothèque de l'organiste usw.

BENOIT, Camille * 7/11 1851 Roanne, † 1/7 1923 Paris, Schüler Cés. Francks, MSchr. W: Oper, sinf. Dichtg u. a.

BENOIT, Maurice, ps. = E. HANSCHMANN

BENOIT, Peter * 17/8 1834 Harlebeke (Fland.), † 8/3 1901 Antwerpen, 1851/55 Schüler des Konserv. zu Brüssel, 1856 da KM. d. Parkthea., stud. dann in Deutschland, 1861 in Paris Dirig. d. Bouffes Parisiennes, seit 1867 Dir. d. Vläm. MSchule (1897 Konserv.) in Antwerpen; hervorrag. bewußt vlämischer Komp., auch MSchr. W: Opern, Orator. ‚Lucifer‘, ‚Die Schelde‘, ‚De Rhijn‘, ‚Drama Christi‘ usw., Kantaten, Tedeum, Requiem, ChorSinf., Motetten, Chöre, Lieder usw., ‚L'école de m. flamande et son avenir‘, ‚Verhandeling over de nationale Toonkunde‘, ‚Onze Nederlandsche musikale eenheid‘ usw.

BENOIT-BERBIGUIER — s. BERBIGUIER

BENTIVOGLIO, Giulio * 1864 Milano, da Organ. u. Dir. der Schola cantorum. W: KirchM., Org.- Klav.- u. VStücke

BENTZ, Beatrice * 11/2 1895 Chateau d'Oex (Waadtland), Schülerin Karl Klinglers, seit 1923 Führerin eines Damenstreichquart. in Berlin

BENTZON, Jörgen * 14/2 1897 Kopenhagen, lebt da, Schüler Nielsens u. des Lpzger Konserv. W (fortschrittl.): KaM., Lieder.

BENVENUTI, Giacomo * 16/3 1885 Toscolano (Brescia), lebt da, KlavVirt. W: Lieder. H: alte KlavM. (Galuppi u. a.).

BENVENUTI, Nicola * 10/5 1783 (?) Pisa, da † nach 1812, DomKM. W: Opern, Messen, Sinf.

BENVENUTI, Tomaso * 4/2 1838 Cavarzese (Venet.), † 26/2 1906 Rom. W: Opern

BENZ, Joh. Bapt. * 17/6 1807 Lauchheim (Württ.), † 22/7 1890, Domorgan. in Speyer. W: KirchM.

BENZ, Richard, Dr. phil. * 12/6 1884 Reichenbach i. V., MSchr. in Heidelberg. W: ‚Die Stunde der dtschen M.‘ (2 Bde), ‚Beethovens Denkmal im Wort‘; ‚Das Ethos der M.‘; Frz Schubert, der Vollender d. dtschen M.‘; Märchenspiele u. a.

BERAN-STARK, Lola * 13/12 1879 Prag, da Pianistin. W: KlavVSonate, KlavSuite u. a., Lieder

BERARDI, Angelo, KirchKM., 1681 in Spoleto, 1693 in Trastevere, bedeut. Theoretiker. W: Messen, Psalmen, Motetten usw.

BERBER, Felix * 11/3 1871 Jena, † 2/11 1930, treffl. Geiger, Schüler d. Konserv. zu Dresden u. Lpz (Brodsky), KonzM in Magdeburg 1891/96, Chemnitz, Lpz 1898/1902, L. der Akad. d. Tonk. in München 1904, am Hochschen Konserv. in Frankf. a. M. 1907, am Genfer 1908/12, seit 1920 wieder a. d. Akad. d. Tonk. in München, auch Führer eines StrQuartetts

BERBERICH, Ludwig * 23/2 1882 Biburg, 1907 Priester, seit 1919 Münchener Domchordir., seit 1921 L. an der Univers. u. Akad. d. Tonkunst, verdienter KirchMSchr. W: Messen, Requiem, Motetten

BERBIGUIER, Benoit Tranquil'e * 21/12 1782 Caderousse (Vaucluse), † 20/1 1838 Pontlevois/Blois, treffl. Flötist, Schüler Wunderlichs. W: 10 Konz., Sonaten usw. f. Fl.

BERCHEM — s. BERGHEM

BERCKENHOFF, Theod. Alb. * 31/7 1825 Elburg, † 1887 Ameide, Organ. in beiden Städten. W: OrgStücke.

BERCKMAN, Evelyn * 1900 Philadelphia, lebt in Newyork. W: Sinf. Dichtgen, KaM., OrchGsge.

BEREL, Paul, ps. = CHOUDENS, Paul de

BEREND, Fritz, Dr. phil. * 10/3 1889 Hannover, seit 1933 I. OpKM. in Münster i. W., stud. in München, TheaKM. in Freiburg i. Br., Kaiserslautern, Hagen i. W., 1926/33 in Osnabrück. W: Lieder.

BERENS, Herm. * 7/4 1826 Hamburg, † 9/5 1880 Stockholm, Schüler seines Vaters (MilitärM-Dir. * 1801, † 1857 Hamburg) u. Reißigers (Dresden), seit 1847 in Stockholm; da zuletzt OrchDir. d. Kgl. Thea. u. KomposL a. d. Kgl. Akad. W: Opern, Sinf., KaM., KlavEtüden (op. 61) usw.

BERENT, Günter * 23/9 1902 Danzig, TheaKM in Stettin. W: BühnenM., KlavStücke

BERENYI, Henri * 1871 (Ungar), † 23/3 1932 Budapest, lebte seit 1901 meist in Paris. W: Optten, Mimodrama ‚Die Hand', Lieder

BERESOWSKY = s. BEREZOWSKY

BERETTA, Giov. Batt. * 24/2 1819 Verona, † 28/4 1876 Milano, zeitweilig Dir. des Liceo m. in Bologna, Mithrsg. v. ‚Dizionario artistico music.' 1869/72

BEREZOWSKY, Maxim * 1745 Gluchow (Rußland), † 1777 Petersburg, 1765/74 in Italien, Schüler des Padre Martini. W: viel KirchM. (‚Credo' noch heute üblich)

BEREZOWSKY, Nikolai * 1900 Rußand, lebt in Newyork. W: 2 Sinf., Hebr. Suite, VKonz., KaM., KlavSonate, Kantate

BERG, Adam, Drucker des ‚Patrocinium musices' u. a. zw. 1540 u. 1599 in München

BERG, Alban * 7/2 1885 Wien, lebt da als TheorL., Schüler A. Schönbergs, Vorkämpfer f. d. Atonalität. W: Op. ‚Wozzek', ‚Lulu', OrchStücke, KaKonz. f. Klav. u. V. mit Bläsern, StrQuart., Stücke f. Klar. u. Klav., KlavSonate u. Suite, Lieder (auch mit Orch.)

BERG (Montanus), Johann van * ? Gent, † 1563 Nürnberg, berühmt. MDrucker u. Verleger, seit 1550 zusammen mit Ulrich Neuber.

BERG, Konr. Matth. * 27/4 1785 Kolmar, † 13/12 1852 Straßburg i. E., da seit 1808 KlavL., Schüler d. Paris. Konserv. W: 3 KlavKonz., StrQuart., 10 KlavTrios, KlavSonaten u. Stücke; ‚Aperçu histor. sur l'état de la m. à Strasbourg', ‚Ideen zu e. ration. Lehrmethode f. ML.'

BERG, Natanael * 9/2 1879 Stockholm, lebt da. W: Op., Sinf. u. sinf. Dicht., VKonz., Chorwerke m. Orch., MChöre, Balladen (auch m. Orch.), Lieder usw.

BERGENSON, Aron Victor * 2/10 1848 Varnhem, † 18/5 1914 Stockholm, da seit 1885 TheorL. am Konserv. W: ‚Harmonilara' u. a., Lieder, KlavStücke.

BERGER, Francesco * 10/6 1834 London, da † 25/4 1933, langjähr. KlavL. an der R. acad. u. d. Guildhall-School. W: Opern, BühnenM., Messen, viele KlavStücke, Chöre, Lieder; ‚Reminiscences' (1913) usw.

BERGER, Hans, ps. = KROME, Herm.

BERGER, Hugo * 31/12 1901 Wiesbaden, Organ. in Berlin, wohnt in Biesenthal. W: Messen, KaM., OrgStücke

BERGER, Ludw. * 18/4 1777 Berlin, † da 16/2 1839, L. Mendelssohns u. W. Tauberts, glänzte mit Clementi in Petersburg u. Stockholm als Virtuos, in London als L., seit 1815 wieder in Berlin. W: Sinf., Kantaten, KlavSonat. u. Etüden (op. 12 u. 22, wertvoll), MChöre, Lieder

BERGER, Ludwig * 1782 Basel/Wadersloh, Westfalen, treffl. OpTenorist u. Gitarrist, 1809/10 in Mannheim, 1823 in Karlsruhe. W: viele ‚Deutsche Lieder'

BERGER, Rodolphe * 1864, † 18/7 1916 Barcelona. W: Optten, Ballette, Tänze, bes. langsame Walzer, KlavStücke, Chansons

BERGER, Rudolf * 14/6 1883 Kolbnitz (Kärnthen), Chordir. in Wolfsberg (Kärnth.). W: Optten, KaM., Chöre, Lieder

BERGER, Wilh. * 9/8 1861 Boston (von dtschen Eltern, seit 1862 in Bremen), † 15/1 1911 Jena (Klinik), Schüler d. Hochschule in Berlin, ausgez.

Pianist, seit 1903 HofKM. in Meiningen. W (viel zu wenig beachtet): 2 Sinf., OrchVariat., Chöre mit Orch. ‚Meine Göttin', ‚Euphorion', ‚Die Tauben', ‚An die großen Toten', ‚Totentanz', Sonnenhymnus', KaM. (u. a. KlavQuint., StrTrio und StrQuint.), KlavStücke, FrChöre, Duette, viele Lieder usw.

BERGGREEN, Andr. Peter * 2/3 1801 Kopenhagen, † da 9/11 1880 Gsgsinspekt. d. öffentl. Lehranstalt. H: Bedeut. Sammlg v. Volksliedern (11 Bde) versch. Nationen. W: Oper, SchauspielM., KlavStücke, Lieder usw.

BERGH, Rud., Dr. phil. * 22/9 1859 Kopenhagen, † 7/12 1924 Davos, urspr. Zoologe (PrivDoz. an der Univers.), später Schüler Herzogenbergs u. van Eykens, lebte in Kopenhagen nach längerem Aufenthalt in Berlin u. Godesberg. W: ‚Requiem f. Werther', ‚Geister der Windstille' f. Chor, Soli u. Orch.; Sinf., KaM., KlavStücke, kleinere Chöre, viele Lieder

BERGHEM (Berchem), Jachet de, wahrscheinl. aus Berchem b. Antwerpen, um 1555 Organ. des Herz. v. Ferrara. W: Messen, 4- u. 5st. Madrigale, Stanzen

BERGHOUT, Joh. Cornelis * 2/9 1869 Rotterdam, VL. in Arnhem, Schüler v. Gernsheim u. W. Heß. W: Ouvert., KaM., KlavStücke, Chöre, Lieder.

BERGMANN, Gustav, * 1837 Pfarrkirchen (Bay.), † 22/6 1892 Thun, da MDir. u. SchulGsgL. seit 1889, vorher u. a. in Solothurn, Würzburg, Freiburg i. B. W: Messen, Chöre, KlavStücke

BERGMANN, Herbert, ps. = Mich. BUKOWIECKI

BERGMANN, Karl * 1821 Ebersbach (Sachs.), † 10/8 1876 Newyork, da seit 1855 Vcellist u. Dirig., sehr verdient um d. MLeben in NAmerika

BERGMANN, Karl * 27/7 1902 Dresden, da seit 1926 Theor- u. KlavL. am Konserv., Pianist des Dresdener Trios, KonzBegl., Schüler Frz Wagners u. Paul Büttners. W: KlavSon. u. Stücke

BERGMANS, Paul, Dr. phil. * 23/2 1868 Genf, lebt da, verdient. MForscher u. Schriftsteller

BERGMÜLLER, Karl * 9/12 1878 Untersteinbach, OA. Oehringen, s. 1905 in Adolzfurt/Oehringen OberL., KirchChor- u. VerDirig. W: MChöre

BERGNER, Wilh. * 4/11 1837 Riga, da † 9/6 1907, da seit 1861 hochverd. Organ. (BachVer., Domchor)

BERGONZI, berühmte Cremoneser Geigenbauerfamilie; der bedeut. ist Stradivaris Schüler C a r l o * 1686, † 1747; sein Sohn M i c h e l A n g e l o (1715/65), dessen Söhne Nicola (1740/82) u. Zosimo (1750/77); der letzte Sprößling der Familie, Benedetto, † 1840

BERGQUIST, J. Victor * 18/5 1877 St. Peter (Minn.), in Berlin u. Paris ausgebild., seit 1912 Organ. in Rode Island (Ill.). W: Oratorium, OrgSonaten

BERGSON, Michael * 20/5 1820 Warschau, † 9/3 1898 London, Pianist, Schüler F. SchneidersDessau, lebte in Italien, Berlin, Leipzig, Genf (1863 L., dann KonservDir.) u. London. W: Opern, Optte, KlavKonz., Etüden usw.

BERGT, Adolf * 1822 Altenburg, † 29/8 1862 Chemnitz. W (bemerkensw.): KlavSonaten und Charakterstücke

BERGT, Christian Gottl. Aug. * 17/6 1772 Öderan/Freiberg i. Sa., † 10/2 1837 Bautzen, da seit 1802 Organ. u. SemL. W: Passionsorat., Kantaten, Optten, Balladen, MChöre usw.

BERINGER, Karl * 29/11 1866 Lauffen a. N., hervorrag. Organ. in Ulm.

BERINGER, Ludwig, Dr. jur. * 14/1 1868 Mainz, da Richter, 1904/24 auch Organ. u. Chordir. W: Optte, KirchM., Chöre, Tänze u. Märsche

BERINGER, Oskar * 14/7 1844 Furtwangen/ Baden, † 26/2 1922 London, KlavVirt., seit 1871 in London, seit 1885 L. a. d. Kgl. Akad. W: instrukt. KlavKompos., Gsge

BÉRIOT, Charles Aug. de * 20/2 1802 Löwen (Belgien), † 8/4 1870 Brüssel, VVirt., Begr. d. belgischen VSchule; stud. (kurze Zeit) bei Baillot. Trat 1822 in Paris mit Erfolg auf, reiste viel (später mit der Sgerin Marie Malibran, seiner späteren Frau), 1843/52 Prof. am Konserv. zu Brüssel; erblindet 1858; zuletzt auch gelähmt. Zu seinen Schülern gehören u. a. Prume u. Vieuxtemps. W: 10 VKonz., VSchule, KlavTrios, Duos concertants (mit Osborne, Thalberg), Variat. u. Etüden. — Sein Sohn C h a r l e s W i l f r e d, ps. W i l f r e d * 12/2 1833 Paris, † 22/10 1914 Sceaux du Gatinais, KlavVirt. in Paris. W: Ouvert., 3 KlavKonz., KaM.

BERISSO, Alfredo * 23/7 1876 Buenos-Aires, † Juli 1931 Genova, wo er lebte. W: Sinf. Dichtgen, KlavStücke, Lieder

BERKÉ, Emil * 23/4 1879 Ludwigshafen a. Rh., Vcellist u. TheorL. in Berlin-Steglitz, Schüler des Sternschen Konserv., der Berlin. Hochschule u. H. van Eykens. W: KaM., Chöre, Duette, Lieder

BERLA, Alois * 7/3 1826, † 17/2 1896 Wien, Optttenlibrettist

BERLANDA, Emil * 6/12 1905 Kufstein, seit 1925 Organ. (bis 1929), KirchChordir. (1929/30) u. Dirig. der Liedertafel in Innsbruck, da ausgeb.

u. in Wien (Hochschule). W: Oper, Christusmesse, Kantate, OrgToccata, MChöre, Präl. u. Fuge, KlavSonate, Lieder

BERLENDIS, Edoardo * 30/1 1877 Bergamo, da † 5/6 1925, KirchChordir. W: Opern, Melologhi m. Orch., Kantaten, Lieder

BERLEPSCH, Erich v., Organ. in Lpzg, † 14/7 1926, 61 J. alt

BERLIJN, Ant. * 2/5 1817 Amsterdam, da † 16/1 1870. W: 9 Opern, 7 Ballette, Orator. ,Moses', Sinf. usw.

BERLIN, Irving * in Rußland, seit 1903 in Newyork. W: volkstüml. Kompos., bes. Lieder

BERLINER, Emil * 20/5 1851 Hannover, † 3/8 1929 Washington. Erfinder d. Grammophon.

BERLINER, Selma * 6/10 1860 Danzig, Pianistin u. ML. in Berlin. W: KlavStücke, Lieder

BERLIOZ, Hector * 11/12 1803 Côte St. André (Isère), † 8/3 1869 Paris, sollte urspr. Medizin. werden, stud. nach Überwindg vielfacher Widerwärtigkeiten am Pariser Konserv. .(Harmonie u. Kontrap. bei Lesueur u. Reicha; in der Instrumentation sein eigener L.). Nach mehreren vergeblichen Anläufen gewann er 1830 mit der Kantate ,Sardanapal' den großen Rompreis, nachdem er bereits eine Messe mit Orch., zwei Ouvert. ,Wawerley' u. ,Die Fehmrichter' u. die ,Symphonie fantastique' aufgeführt. Während seines Aufenthalts in Italien entstanden u. a. die ,König Lear'-Ouvert. u. als Epilog zur fantast. Sinf. ,Lelio ou le retour à la vie'. Dazwischen schrieb er geistreiche Feuilletons. 1839 wurde er als Konservator, 1852 als Bibliothekar am Konserv, nicht aber als L. angestellt. 1843, 45 u. 47 unternahm er Kunstreisen nach Deutschland, Österreich u. Rußland zur Einführg seiner Kompos., für die es in Paris an Verständnis fehlte; in Liszt fand er einen hilfsbereiten Gesinnungsgenossen. Er komp. nach Maßgabe eines vorher genau, bis ins einzelnste ausgearbeiteten Programms, wobei er zum Teil Anlässe aus eignen Erlebnissen verwertete u. vor gewagten u. phantastischen Ausschreitgen nicht zurückschreckte. Er ist nicht der Erfinder der ProgrammM., die eigentlich so alt ist wie die selbständige InstrumentalM. überhaupt, aber er ist ihr erster unentwegter Vertreter; er hat auch das sog. Erinnerungsmotiv ausgebaut. Bes. durch seine phänomenale Beherrschung der Instrumentation hat er das Ausdrucksvermögen d. M. sehr erweitert. Seine Bedeutg beruht vornehmlich in seinen Instrumentalwerken, von denen noch hervorgehoben seien: die Sinf. ,Harold in Italien' (mit obligat. Bratsche), ,Romeo u. Julie' (mit Chören), die ,Symphonie funèbre et triomphale' u. die Ouvert. ,Römischer Karneval'

(2. Ouv. z. Op. ,Cellini'). Von großen Chorwerken zu erwähnen: ein doppelchör. ,Tedeum', das große ,Requiem', die dramat. (neuerdings auch der Bühne gewonnene) Legende ,Fausts Verdammnis" u. die kleine biblische Trilogie ,Die Kindheit Cristi'. Opern: ,Benvenuto Cellini', ,Die Trojaner' (zwei Abende) u. ,Beatrice u. Benedict'. Beachtung verdienen auch einige seiner kleinen Sologsge m. Orch. (u. a. die ,Sommernächte'). Seine ,Instrumentationslehre' (in mehreren dtschen Übersetzgen u. Bearbeitgen, u. a. von R. Strauß, zugänglich) ein Meisterwerk. Die bisher nicht beendigte Gesamtausgabe seiner Werke gaben Malherbe u. Weingartner bei Breitkopf & Härtel, Lpz, heraus. In demselben Verlag erschien auch eine dtsche Ausgabe seiner Schriften u. der meisten seiner Aufsätze. Sehr lesenswert seine ,Memoiren'. Biogr. v. A. Boschot (3 Bde.), Prodhomme, Jul. Kapp

BERLYN — s. BERLIJN

BERMANN, Friedr. * 6/10 1880 Hannover, † 8/10 1919 Berlin, KM. am LessingThea. W: Oper, viele BühnenM.

BERMUDO, Juan, Minorit in Ecija (Andalus.), veröffentl. 1549/55 ,Declaracion de instrumentos'

BERN-BERND, ps. = B. NITZSCHE

BERNABEI, Ercole * um 1620 Caprarola, † 1687 München, 1653 Organ. in Rom, zuletzt an d. Peterskirche, seit 1674 HofKM. in München. W: Opern, Messen, Psalmen, KammerKantat. — Sein Sohn Giuseppe Antonio * 1649 Rom, † 9/3 1732 München, da als Nachfolger seines Vaters HofKM. W: Opern, Messen, usw.

BERNACCHI, Antonio * 23/6 1688 Bologna, da † März 1756, da seit 1736 GsgL., vielgereist. berühmter Kastrat.

BERNARD, Anatole, ps. = GOLDMANN, Kurt

BERNARD, Emile * 28/11 1843 Marseille, † 11/9 1902 Paris. W: OrchSuiten, VlKonz., KaM. usw.

BERNARD, Moritz * 1794 Kurland, † 9/5 1871 Petersburg, da seit 1822, gründete 1829 einen M-Verlag, der 1885 an Jurgenson überging, treffl. Pianist, Schüler Fields u. Haeßlers in Moskau, da auch KM. W: Oper, KlavStücke usw. H: russ. Volkslieder

BERNARD, Paul * 4/10 1827, Poitiers, † 24/2 1879 Paris, Schüler Thalbergs u. Halévys, sehr geschätzter L. W: KlavStücke, Lieder

BERNARD, Roy, ps. = A. T. H. PARKER

BERNARD, Rudi, ps. = B. NITZSCHE

BERNARDI, Bartol. * ? Bologna, † 1732 als KM. in Kopenhagen, da seit 1701; Geiger. W: Opern, Trio- u. SoloSon. f. V.

BERNARDI, Enrico * 11/3 1838 Milano, da † 17/2 1900; fruchtbarer Ballettkomp. u. OpKM.

BERNARDI, Francesco, gen. Senesino * 1680 Siena, berühmter Kastrat, 1720—39 in London, dann in Siena

BERNARDI, Gian Gius. * 15/9 1865 Venedig, da L. f. Kontrap., MGesch. u. Ästhetik am Konserv., Begr. der Società di m. e strumenti antichi. W: Lehrbücher, Kinderoper, Kantate, Stücke f. Klav., desgl. f. V., Lieder

BERNARDI, Steffano * ? Verona, da 1615—27 DomKM., 1628 ff. DomKM. in Salzburg, da † 1638 (?). W: Messen, Motetten, Psalmen, Madrigale

BERNARDINI, Andrea * 1824 Buti (Toscana), da † 29/10 1900, zeitweil. KirchKM. in Lucca. W: treffl. KirchM.

BERNARDO, Fritz, ps. = HEMMANN

BERNARDS, B., ps. = KUTSCH, Bernhard

BERNARDS, Jos. * 16/10 1844 Dernau/Koblenz, SemML. in Kempen (Rhein) 1882/1909, lebt in Wiesbaden. W: OrgKomp., geistl. Chöre u Lieder

BERNASCONI, Andrea * 1706 Marseille, † 29/1 1784 München, da 1753 Vize-, 1755 HofKM. W: Opern, Orat., Messen usw.

BERNAU, Wilh. * 29/3 1898 Barmen, Theor-, Klav- u. LautenL. in Wuppertal. W: KlavStücke, Lieder, auch m. Laute

BERNAUER, Jos. * 13/2 1861 Kager/Reutern (Bay.), Schulrat in Linz. W: Chöre, Lieder u. a.

BERNAUER, Rud. * 20/1 1880, Opttenlibrettist in Berlin

BERNDT, Billy, ps. = Karl ZANDER

BERNDT, Martin, Dr. phil. * 3/6 1887 Dresden, lebt in Berlin. H: Lieder mit Git.

BERNDT, Rich., ps. = TOURBIÉ, Rich.

BERNEKER, Konstanz * 31/10 1844 Königsberg i. Pr., † da 9/7 1906, Schüler d. KirchMInst. u. der Akad. d. Künste zu Berlin; 1872 Dir. der Singakad. in Königsberg, dann Domorgan., UniversLektor, MKrit. u. KomposL. am Konserv. W: Orat. ‚Christi Himmelfahrt', Chorwerke m. Orch., Chöre, Lieder usw.

BERNER, Friedr. Wilh. * 16/5 1780 u. † 9/5 1827 Breslau, Organ., SemL. u. später Dir. d. Inst. f. KirchM. W: KirchM., MChöre, u. a. ‚Studentenmorgengruß', ‚Grundregeln des Gsges', Theorie d. Choralzwischenspiele usw.

BERNER, Konr. * 16/5 1880 Jerichow a. E., besuchte die Hochschule in Berlin (Joachim), lebt als Logierhausbes. (Lobeag) teils in Berlin, teils in Palermo, konzertiert seit 1925 nicht mehr als Geiger u. Viola d'amourSpieler. H: GitM. — Seine Frau Liselott * 2/8 1884, Lautensängerin.

BERNERS, Lord (Gerald Tyrwhitt) * 18/9 1883 Apley Park, Bridgnarth, lebt in London, Schüler Casellas, urspr. Diplomat., eigenart. musikal. Humorist u. Satyriker. W: 3 little funeral marches f. Orch., KlavStücke, u. a. ‚Fragments psychologiques', ‚The goldfish', kom. Op., Ballett.

BERNET KEMPERS, Karel Ph., Dr. phil. * 20/9 1897 Nijkerk, seit 1929 MGeschL. am Konserv. in 's Gravenhage, ausgeb. in München (Sandberger). W: Fachschr.

BERNHARD, Herzog von Sachsen-Meiningen 1914—18 * 1. 4. 1851 Meiningen, da † 16. 1. 1928. W: M. zu altgriech. Tragödien u. a.

BERNHARD, Aug. * 15/1 1852 Petersburg, † 1908 Dresden, da 1878 Prof., 1898—1905 Dir. des Konserv. in Petersburg, Übersetzer russ. Opern- u. Liedertexte ins Deutsche.

BERNHARD, Christoph * 1627 Danzig, † 14/11 1692 Dresden, Schüler von H. Schütz, 1649 KapSgr., 1655 kurfürstl. VizeKM. in Dresden, stud. dann in Rom bei Carissimi, 1664/74 Kantor in Hamburg, 1681/88 KM. in Dresden. W: Kantaten, Hymnen; theoret. Schriften

BERNHARD, Rudi, ps. = B. NITZSCHE

BERNHARDT, Hans, ps. = STRASSMANN, Frz

BERNIER, Nicolas * 28/6 1664 Nantes, † 5/9 1734 Paris, da KirchChordir. 1704/26, ausgeb. in Rom. W: Kantaten, Motetten

BERNINGER, Hans * 11/3 1895 Leipzig, da Klarinettist, Erfinder der Berninger Ob. (KlarinMundstück), eines Blätterwerkzeugkastens, einer automat. Stimmungsschraube f. Klarin. usw., ausgeb. in Leipzig (Konserv.), Kriegsteiln. W: Saxophon-Schule; Hofmeisters Bläserübungen für sämtl. Blasinstr.

BERNINZONE, Giorgio * 17/4 1894 Genova, lebt da. W: sinf. Dichtgen, StrQuart., KlavStücke, Chöre, Gsge

BERNOULLI, Eduard, Dr. phil. * 6/11 1867 Basel, † 18/4 1927 Zürich, stud. in Lpz, verdienter MSchr. u. Hrsg., seit 1910 PrivDoz., seit 1921 Prof. in Zürich. W: ‚Die Choralnotenschrift bei Hymnen u. Sequenzen im späteren MA'. H: Heinr. Alberts Arien, ‚Jenaer Liederhandschrift' in mod. Notation

BERNSDORF, Eduard * 25/3 1825 Dessau, † 27/6 1901 Lpz, Schüler v. Frdr. Schneider u. Marx, langjähr. Krit. der ‚Signale'. W: KlavWerke, MChöre, Lieder. H: ‚Universallexikon der Tonkunst' (1856/65).

BERNSTEIN, Nikolai D. * 7/8 1876 Mitau, Begründer d. Instituts f. musik. Volksaufklärg (1921; jetzt staatl. MTechnikum) u. MSchr. in Petersburg.

BERNUTH, Jul. v. * 8/8 1830 Rees (Rheinprov.), † 24/12 1902 Hamburg, erst Jurist, 1854/55 Schüler d. Konserv. zu Lpz, da VerDirig., 1867/94 Dir. der Philharmon. Konz. u. der ‚Singakademie' in Hamburg; gründete da 1873 ein Konserv., das 1922 einging. W: f. Orch. u. Gsg

BEROU, Adrien * 1824 Bordeaux, † 1907 Paris, VVirt. (lange in Rußland). W: VStücke.

BERR, Friedrich * 17/4 1794 Mannheim, † 24/9 1838 Paris, KlarinVirt., seit 1836 Dir. d. MilMSchule. W: KlarinKompos. u. Schule.

BERR, José, * 29/12 1874 Regensburg, Schüler Rheinbergers, seit 1901 in Zürich. W: Oper, Ballette, MChöre, Lieder, KlavStücke

BERRY, Adolf, ps. = SCHINDLER, Fritz

BERRSCHE, Alex. * 3/4 1883 Kaiserslautern, Schüler Regers, seit 1907 sehr angesehener MKrit. in München, auch Pianist, daneben Rechtsanwalt

BERSANI, Carlo * 28/4 1882 Cesana, ausgeb. in Bologna, Pianist, seit 1913 Leiter einer MSchule in Cesana. W: Messe, KlavSonaten, Fantasien usw., Lieder

BERSEZIO, Carlo * 26/3 1871 Torino, lebt da, auch MSchr. W: Opern, Kantate, Ouvert., Chöre.

BERTALI, Antonio * 1605 Verona, † 1/4 1669 Wien, da 1637 Hofmusikus, seit 1649 HofKM. W: Opern, Kantaten, Orat., Messen.

BERTALOTTI, Angelo * 1665 Bologna, 1687/89 in Rom, berühmter GsgL. in Bologna. W: über u. für Gsg

BERTATI, Giov. * 10/7 1735 Martellago, † 1815 Venedig, Operntextdichter

BERTÉ, Heinr. (Harry) * 8/5 1858 Galzocz (Ungarn), † 25/8 1924 Wien, wo er lange (auch als MVerl.) gelebt. W: Optten, Ball.; versünd. sich an Schubert durch das aus dess. Melodien zusammengestellte Singspiel ‚Das Dreimäderlhaus' 1916.

BERTEAU, Martin, † 1756 Paris, der erste namhafte französ. Vcellist. W: VcSonaten

BERTEK, Baran, ps. = Jos. SNAGA

BERTELIN, Albert * 26/7 1872 Paris, Schüler d. dort. Konserv., lebt da W: Opern, Orat., OrchStücke u. a.

BERTELMANN, Jan Georg * 21/1 1782 u. † 25/1 1854 Amsterdam; tücht. Organ., L. Hols. W: Messe, Requiem, Kantaten, Konz. f. Klarin., Baß usw., StrQuart., Klav.- u. VStücke, Harmonielehre

BERTELSMANN, Karl August * 1811 Gütersloh, † 20/11 1861 Amsterdam, Schüler v. Rinck, SemL. in Soest, seit 1839 VerDirig. in Amsterdam. W: MChöre, KlavStücke.

BERTEN, Walter * 23/8 1902 Dülken, seit Herbst 1931 in Berlin, vorher in Essen, Schüler Herm. Ungers u. E. Bückens, MSchr. u. seit Herbst 1933 musik. Leiter einer Schallplattenfabrik. W: KaM., Lieder usw.; ‚M. u. MLeben der Dtschen' 1934.

BERTHEAUME, Isidore * 1752 Paris, † 20/3 1802 Petersburg, VVirt., bis zur Revolution in Paris, dann 8 Jahre Oldenburg. KonzM. in Eutin, darauf Sologeiger in der kaiserl. Privatkap. zu Petersburg. W: VKonz. u. Son.

BERTHOLD, Frz * 6/12 1884 Bamberg, da MStudRat an der LBildgsAnstalt, ausgeb. in München, bes. bei Friedr. Klose, MSchr. W: Messen, MChöre, Sinf., LustspielOuvert., KaM. usw.

BERTHOLD, Hermann * 14/4 1819 Dresden, † 20/3 1879 Breslau, da seit 1854 Organ. u. 1867 Kantor. W: Hymnen, Chöre, Klav- u. OrgStücke

BERTHOLD, Karl Frdr. Theod., Bruder Hermanns * 18/12 1815 u. † 28/4 1882 Dresden, Schüler J. Ottos u. Joh. Schneiders; seit 1864 Hoforgan. u. Hofchordir. in Dresden. W: Orator., Messe, KlavKonz. u. Stücke, Chöre, Lieder usw.

BERTHOLD, Klaus, ps. = EISBRENNER

BERTHOUD, Eugène * 1877 Lausanne, VVirt., seit 1912 KonservL. in Genf. W: VStücke

BERTIN, Louise * 15/2 1805 Roche/Bièvre, † 26/4 1877 Paris, auch Dichterin u. Ma¹erin. W: Opern u. a. Esmeralda, KaM., Chöre, Lieder

BERTIN DE LA DOUÉ, T. * um 1680 Paris, da † um 1745, Organ. u. Geiger. W: Opern, Ballett, Trios, KirchM.

BERTINI, Benoite Aug. * 5/6 1780 Lyon, † nach 1830 London, KlavL., auch in Paris u. Neapel W: ‚Stigmatographie' u. a.

BERTINI, Domenico * 26/6 1829 Lucca, † 7/9 1890 Florenz, da seit 1862 Dirig. u. MKrit. W: Opern, Lieder, ‚Compendio de principii di m.'

BERTINI, Enrico * 31/1 1862 Milano, lebt da. W: Opern, Kantaten, KlavStücke u. Etüden

BERTINI, Giuseppe, Abbate * 1756 Palermo, da † 1848 (?), KM. W: ‚Dizionario storico critico degli scrittori di m.' (1814)

BERTINI, Henri (le jeune) * 28/10 1798 London, † 1/10 1876 Meylon/Grenoble, seit 1824 in Paris. W: KaM. m. Klav., geschätzte KlavEtüden (op. 29, 32, 100)

BERTINOTTI, Teresa * 1776 Savigliano (Piemont), † 12/2 1854 Bologna, ber. OpSgerin, verheir. mit dem VVirt. Felice R a d i c a t i

BERTLING, Karl * 15/3 1893 Dresden, da Pianist u. TheorL. W: KaM., KlavStücke, Lieder

BERTOCCHI, Annibale * 13/7 1855 Bologna, da † 13/7 1922, auch MSchr. W: KlavSonaten, Fantasien usw.

BERTOLOTTI, Gasparo di — s. GASPARO DA SALO

BERTON, Henri Montan * 17/9 1767 u. † 22/4 1844 Paris, 1795 Harmonie-, 1816 KomposProf. am Konserv., 1807 KM. der Ital. Oper. W: 48 Opern u. a. ‚Montano et Stéphanie', ‚Aline', 5 Orator., Kantaten usw., Harmonielehre. — Sein Sohn Henri * 3/5 1784 Paris, da † 19/7 1832. W: Opern.

BERTON, Pierre Montan * 7/1 1727 Maubert-Fontaines, † 14/5 1780 Paris, zuerst Baßsänger, 1748 Dirig. in Bordeaux, seit 1759 Dir. d. Großen Oper in Paris, sehr verdient um Gluck. W: Opern. B: Opern Lullys

BERTONI, Ferd. Gius. * 15/8 1725 Salô, † 1/12 1813 Desenzano (Gardasee); 1752 Organ. u. 1785/97 KM. a. d. Markuskirche, 1757 auch KonservDir. in Venedig. W: 44 Opern, 12 Orator., Kantaten, StrQuart., KlavSon. usw.

BERTRAM, Georg * 27/4 1882 Berlin, lebt da, treffl. Pianist, Schüler Jedliczkas, 1903/31 L. am Sternschen Konserv.

BERTRAM, Madge * 8/11 1879 Edinburgh, lebt da. W: KlavStücke, Lieder

BERTRAM, Theodor * 12/2 1869 Stuttgart, † (Selbstmord) 24/11 1907 Bayreuth; berühmt. Heldenbar., u. a. in Hamburg, Berlin, München; 1807 mit Fanny Moran-Olden (s. d.) verheiratet

BERTRAM, Wilh. Oswald * 28/9 1898 Neustadt/Prime (Posen), Pianist in Görlitz seit 1920. W: KlavStücke

BERTRAND, Antoine de * 1545 Fontanges (Cantal), † ?. W: 4st. Chansons 1576—87.

BERTRAND, Jean Gustave * 24/12 1834 Vaugirard/Paris, † 1880 Paris, da MSchr. (Kritiker)

BERTRAND, Marcel * 1883 Paris, lebt da. W: Opern

BERTUCCIO, Giovanni * 9/4 1883 Catania. W: sinf. Dichtgen, KaM., Lieder

BERTUCH, Max * 28/6 1890, lebt in Bled (Jugoslav.), ausgeb. in Frankfurt a. M. (Hochsches Konserv.), dann OpttenKM., lebte lange in Berlin. W: Optten, Gsge, Lieder; auch Libretti f. andere Kompon.

BERUTTI, Arturo * 27/3 1862 San Juan, lebt in Buenos Aires, ausgeb. in München, Lpz., Paris u. Milano. W: Opern, Sinf., Ouvert., KlavStücke u. a.

BERWALD, Frz * 23/7 1796 Stockholm, da † 30/4 1868 Dir. des Konserv. W: Op., treffl. Sinf., VKonz., treffl. KaM. usw.

BERWALD, Joh. Friedr. * 4/12 1787 Stockholm, da † 28/6 1861, HofKM. seit 1823. W: Sinf., KaM., Lieder

BERWALD, William Henry * 26/12 1864 Schwerin, Schüler Rheinbergers u. Faißts, seit 1892 ML. an der Univ. Syrakus (Amerika). W: KaM., KlavStücke, Kantat., viele Anthems, Lieder

BERWIN, Adolf * 30/3 1847 Schwersenz/Posen, † 29/8 1900, Dir. der verein. Kgl. Bibliotheken in Rom. W: ‚Gesch. der dramat. M. in Italien im 18. Jhrh.' usw.

BESANA, Karl Ludw. * 31/10 1869 Dortmund, seit 1910 in Königsberg i. Pr., da bis 1922 KonservDir., GsgL., VL., ausgeb. in Sondershausen u. Firenze, dann KM. an versch. Orten. W: OrchSerenaden, Ouvert. u. a.

BESARD, Jean Bapt. * c. 1567 Besançon, Lautenspieler. W: f. Laute, u. a. ‚Isagoge in artem testudinariam' 1617

BESCH, Otto * 4/2 1885 Neuhausen/Ostpr., Schüler Humperdincks, MSchr. u. Komp. in Königsberg i. Pr. W: Oper, Advents-Kant., ‚E. T. A. Hoffmann', fant. Ouvert., KaM., KlavSonate, ‚E. Humperdinck', Biographie 1914.

BESCHNITT, Johs * 30/4 1825 Bockau (Schles.) † 24/7 1880 Stettin, SchulL. seit 1848. W: beliebte MChöre (‚Ossian', ‚Mein Schifflein treibt inmitten') u. Lieder

BESEKIRSKY, Wassil Wassiljewitsch * 26/1 1835 Moskau, † nach 1910 Petersburg, wo er seit 1902 lebte, treffl. vielgereist. Geiger, Schüler v. Léonard-Brüssel, 1860/1902 i. Moskau. W: VKomp. — Sein gleichnam. Sohn * 1879 Moskau, VVirt., konzertierte zuletzt in Amerika

BESLER, Samuel * 15/12 1574 Brieg, † 19/7 1625 Breslau, da Organist. W: KirchM. — Sein Bruder Simon * 27/8 1583 Brieg, † 12/7 1633 Breslau, da 1610/20 Organ., dann Kantor u. Hofmusikus in Liegnitz. W: Chöre

BESLY, Maurice * 21/8 1888 Normanby (Yorks.), Schüler des Lpzger Konserv., 1919 Organ., 1920 Dir. des Orch. in Oxford. W: Suite u. a. f. Orch., Anthems, Gsge, auch mit Orch. usw.

BESOZZI, Aless. * um 1700 Parma, † 1775 Torino, da seit 1731 in der Hofkap., berühmter Oboevirt. W: Triosonaten, Oboe- u. FlSoli usw. — Sein Neffe Carlo, 1755/92 Oboist der Dresdener Hofkap. W: 24 Sonat. f. 2 Ob., 2 Hörner u. Fag., ObKonz.

BESOZZI, Luigi Desid. * 3/4 1814 Versailles, † 11/11 1871 Paris, da gesucht. KlavL. W: KlavStücke

BESSEL, Kurt, ps. = Karl ZANDER

BESSEL, Wassili * 25/4 1843 Petersburg, † 25/4 1907 Zürich (auf der Reise), Schüler d. Konserv. in Petersburg, begründ. da 1869 den bekannten 1919 nach Lpzg verlegten MVerlag, MSchr.

BESSELER, Heinrich, Dr. phil. * 2/4 1900 Hörde/Dortmund, seit 1928 Prof. in Heidelberg, 1925 PrivDoz. f. MWiss. in Freiburg. W: Forschungen z. MGesch. d. MA. H: Dufay, Werke u. a.

BESSEMS, Antoine * 6/4 1809 Anvers, da † 19/10 1868, VVirt. (Paris. Konserv.) W: KirchM., VStücke u. a.

BESSERER, Erika * 31/7 1887 Dorpat, VVirtuosin in Hamburg, Schülerin Rappoldis u. Joachims

BESSON, Gustave † 1874 Paris, begründete da 1834 eine zu großem Ansehen gelangte, noch bestehende BlasinstrumFabrik

BEST, William Thomas * 13/8 1826 Carlisle, † 10/5 1897 Liverpool, OrgVirt., 1840 Organ. in Liverpool, 1853/85 in London. W: Anthems, Org- u. KlavStücke, OrgSchule. H: klass. u. mod. OrgM., die Sammlg ‚Caecilia‘ u. a.

BESTÄNDIG, Otto * 21/2 1835 Striegau (Schles.), † Febr. 1917 Wandsbeck, Organ. u. Dirig., seit 1855 in Hamburg, leitete 1862/95 die Beständigsche Singakad. W: Oratorien, Sinf., KlavStücke, Chöre, Lieder, ‚Handb. d. unentbehrl. Hilfswissensch. beim KlavUnterricht‘.

BETHGE, Ernstheinrich * 12/10 1878 Magdeburg, OpLibrettist in Berlin

BETHGE, Rob., Dr. theol. * 3/5 1841, † 26/6 1922 Halle, Pastor (Superint.) in Schlekau, Dehlitz u. Ziebenschein, begründ. 1882 den KirchChorVerband d. Prov. Sachsen, den er bis 1906 leitete, hielt 1896/1914 in Halle Kurse f. Organ. ab, sehr verdient um die KirchM., Schwiegersohn von Rob. Franz. W: ‚Choralbuch‘ (1897), ‚Der dtsche ev. Choral‘, ‚Rob. Franz‘ u. a.

BETTI, Adolfo * 21/3 1875 Lucca, ausgez. Geig., Schüler C. Thomsons, Führer des 1903/29 bestehenden Flonzaley [bei Genf]-Quart.; lebt in Newyork

BETTINELLI, Angelo * 24/8 1878 Treviglio, KM. in Milano. W: Opern, viele Lieder u. a.

BETTINGEN, Balthasar * 7/6 1889 Köln, lebt da. W: Sinf., OrchSilhouetten, VKonz., VcKonz., DoppKonz. f. V. u. Vc., KaM., Lieder

BETZ, Frz * 19/3 1835 Mainz, † 11/8 1900 Berlin; 1859/97 da HofopSger (1. Hans Sachs 1868 in München, 1. Bayreuther Wotan), auch beliebter KonzSger

BETZAK, Anni — s. STEIGER-BETZAK

BEURLIN — s. PEUERL

BEUTLER, Franz * 1787 München, da KlavVirt. 1829/45 Kammermusiker, 1830/50 GsgL. der Hofoper in Berlin, da † 21/3 1852. W: KlavSalonstücke, Lieder

BEVIGNANI, Enrico * 29/9 1841 Napoli, † da 29/8 1903, berühmt. vielgereist. OpDirig., 25 Jahre an der Covent Garden-Oper in London. W: Oper, beliebte Lieder

BEVILAQUA, Paul * 1772, † 22/1 1849 Wien, Fl. u. GitVirt. W: Kompos. f. Git. mit and. Instr.

BEWERUNGE, Heinr. * 7/12 1862 Letmathe (Westf.), † 2/12 1923 Maynooth (Irl.), 1885 Priester, stud. in Würzburg u. Regensburg M., 1888 KirchMProf. in Maynooth, 1914 in Dublin, 1916 abgesetzt nach Deutschland zurückgekehrt, seit 1919 wieder in Irland, verdienter Forscher

BEXFIELD, Will. Rich. * 27/4 1824 Norwich, † 28/10 1853 London, da seit 1849 Organ.. W: Orator., Anthems, OrgStücke.

BEY, Hussan, ps. = Karl ZIMMER

BEYER, Arno * 6/1 1873 Großobringen/Weimar, seit 1913 MChordir. u. ML. in Erfurt. W: MChöre, Lieder; StrQuart., Märsche, Gavotten.

BEYER, Ernst Aug. * 22/10 1868 Rastenburg, seit 1897 Kantor u. Organ. in Königsberg i. Pr. W: Kantaten, Psalme m. Orch, Chöre, Lieder, OrgStücke

BEYER, Ferd. * 25/7 1803 Querfurt, † 14/5 1863 Mainz. W: viele Potpourris, Salonstücke f. Klav.

BEYER, Georg 7/5 1897 Hamburg, KM. in Köln/Rath. W: Optte, KaM., Lieder

BEYER, Gust. * 19/3 1843 Thalelbra/Sondershausen, Organ. in Aken a. d. Elbe, † ?. W: Tromp-, Horn- u. FagKonz., Kantaten, Hymnen, Org- u. KlavStücke, Lieder usw.

BEYER, Joh. Samuel * 1669 Gotha, † 9/5 1744 Karlsbad, 1697 Kantor in Freiberg i. S., 1722 in Weißenfels, seit 1728 wieder in Freiberg. W KirchM.

BEYER, Louis * 13/9 1868 Giebichenstein, M.- u. GsgL. in Halle. W: Singspiele, MChöre, Lieder

BEYER, Rudolf * 14/2 1828 Wilthen/Bautzen, † 22/1 1853 Dresden als ML. W: M. zu O. Ludwigs ‚Die Makkabäer‘, KaM., Lieder

BEYER, Victor * 21/3 1888 Ujest, oberschles. Kr. Groß-Strehlitz, SchulL. u. VerDirigent in Kuhnau/Kreuzburg, OS. W: MChöre, Lieder

BEYERLE, G. H. H. — s. BEIJERLE

BEYERSDORF, Hilmar * 23/1 1877 Schwarzburg, ObL. in Rudolstadt. W: Ouvert., Chöre, Lieder u. a.

BEYLE, Marie Henri — s. STENDHAL

BEYSCHLAG, Adolf * 22/3 1845 Frankf. a. M., † 22/3 1914 Mainz, Schüler V. Lachners, 1868/80 TheaKM. in Trier u. Köln, dann KonzDirig. in Mainz, Frankfurt, Belfast, Leeds, lebte 1902/13 in Berlin. W: Lieder, KlavStücke, ‚Die Ornamentik in der M.' (1908).

BEYTHIEN, Kurt, Dr. phil. * 12/9 1897 Dresden, lebt da. W: KaM., KlavSonate, Chorwerk m. Orch., Lieder

BEZECNY, Anton, Dr. jur. * 25/5 1837 Prag, lebte seit 1886 in Wien (noch 1907). W: Salonstücke f. Klav.

BEZECNY, Emil * 16/2 1868 Prag, da † 4/1 1930; da seit 1896 KonservL. W: Requiem, Klav.-, VSonaten, KlavStücke

BEZLER, Ernst * 11/2 1877 Ludwigsburg, lebt in Stuttgart, VerDir. u. Schriftleiter d. ‚Schwäb. Sängerztg.'. W: Singspiel, Weihnachtskantate u. a. Chorwerke m. Orch., Chöre, Balladen, Lieder

BEZOLD, Gust. v. * 14/8 1880 München, † 2/3 1933 Nürnberg, da höh. Eisenbahnbeamter, durch Verkehr mit bedeut. Tonkünstlern angeregt, Autodidakt. W: Weihnachtsspiel, Chöre, auch m. Orch., Duette, Lieder, auch m. StrQuart. u. Sept.; V-Sonate, KlavVariat., OrchVorspiele u. a.

BEZZI, D. Ernesto * 10/3 1881 Rimini, ausgeb. am Liceo Rossini in Pesaro, da auch L., seit 1914 KirchKM u. Organ. in Orvieto, ausgezeichn. Virt. † Okt. 1925. W: KirchM.

BEZZI, Gius. * 7/9 1874 Tolentino, da † Okt. 1925; da 1904/20 KirchKM, darauf in Rom KirchKM. u. GsgProf. W: Opern, KirchM., Lieder

BIAGGI, Girolamo Aless. * 2/2 1819 Calcio (Milano), † 21/3 1897 Firenze, urspr. Geiger; M-Schr. u. KM. W: Oper, KirchM.; ‚Della m. religiosa' u. a.

BIAGI, Alamano * 20/12 1806 Firenze, da † 26/6 1861, VVirt. u. Dirig. W: InstrM., u. a. StrQuart.

BIAGI, Aless. * 20/1 1819 Firenze, da † 28/2 1884, Pianist. W: Opern, Chorwerke m. Orch., KlavStücke

BIAL (eigentl. Laib), Rudolf * 26/8 1834 Habelschwert (Schles.), † 13/11 1881 Newyork, TheaKM. in Berlin, seit 1879 in Newyork. W: Optten, Possen (‚Aurora in Öl', ‚Die Mottenburger' u. a.), Lieder usw.

BIANCHI, Antonio * 1758 Milano. OpernSger, auch in Deutschland, † nach 1800. W: Opern, Chansons

BIANCHI, Bianca (eigentl. Bertha Schwarz) * 27/6 1858 Heidelberg, OpSgerin (Sopran), Schülerin von Frau Viardot-Garcia, debutierte 1873 in Karlsruhe, war in Mannheim, Karlsruhe, Wien u. Budapest engagiert, 1902/25 L. a. d. Akad. zu München, dann am Mozarteum in Salzburg; jetzt privat.

BIANCHI, Francesco * 1752 Cremona, † (durch Selbstmord) 27/11 1810 Hammersmith/London, 1775 Cembalist am Théât. ital. zu Paris, 1783 KM am Dom zu Milano, 1785 Organ. d. Markuskirche zu Venedig, 1792 TheaKM in London. W: 56 ital. u. 14 franz. Opern.

BIANCHI, Renzo * 29/7 1887 Maggianico (Lombardei), OpKM. an versch. Orten. W. Opern

BIANCHINI, Emma * 1891 Venezia, † 14/5 1929, Pianistin. W: Oper, sinfon. Dichtgen, Klav-Konz., KinderKlavStücke.

BIANCHINI, Guido * 27/4 1888 Venezia, ausgebildet in Paris. W: Opern, sinf. Dichtgen, KaM., KlavStücke, Lieder. H: ‚Di gondole e chitarre' (Venez. Kanzonen mit Klav.).

BIANCHINI, Pietro * 18/10 1828 Venezia, † 29/1 1905 Cuneo, Geiger u. Dirig. an versch. Ort. W: Messen, Sinf., KaM.; ‚Trattato d'armonia' H: Les chants liturg. de l'église arménienne trad. en notes music. européennes 1877

BIARENT, Adolphe * 11/10 1871 Frasnes-les-Gosselins, † 4/2 1916 Mont-sur-Marchiennes, Theor-L. am Konserv in Charleroi. W: sinfon. Dichtgen, KaM., KlavStücke, Lieder

BIBER, Heinr. Ign. Frz v. * 12/8 1644 Wartenberg (Böhm.), † 3/5 1704 Salzburg als gesch. V-Virt. W: 2 Opern, KirchM., mehrst. Partit., VSonate mit Bevorzugg der Skordatur u. der Doppelgriffe.

BIBL, Rudolf * 6/1 1832 u. † 2/8 1902 Wien, das. Hoforgan. u. HofKM., OrgVirt. W: KirchM., OrgSchule, OrgKonz., V.- u. KlavKomp., Schule u. viele Arang. f. Harmon.

BIBO, Günther, Dr. jur. * 28/3 1892 Glogau, OpttenLibrettist in Berlin

BICCHIERAI, Luigi * 6/1 1846 Firenze, † 26/1 1923 Bucine (Arezzo), Geiger, L. am Istit. mus. in Firenze. W: Ballette, KaM., KirchM.

BIDERI, Ferdinando † 14/7 1930 Portico (Napoli), verdient. Sammler u. Hrsg. neapolitan. Kanzonen zw. 1885 u. 1915.

BIE, Oskar, Dr. phil., Prof. * 9/2 1864 Breslau, Redakt. u. MSchr. in Berlin seit 1887. W: u. a. ‚Das Klavier u. seine Meister', ‚Der Tanz', ‚Die moderne M. u. R. Strauß', ‚Die Oper', ‚Schubert', ‚Das Dtsche Lied'; Kompos. u. Bearb. f. Harm.

BIEBER, Egon, Dr. phil. * 19/3 1887 Köln, lebt in Berlin, MSchr., Dichter. W: Oper, Singspiel, Sinf., Ouvertüren, Tänze, Lieder, insbes. Kriegslieder usw. — ps. Geno v. CÖLN

BIEBER, Karl * 15/1 1839 Seiffen, sächs. Erzgeb., † 10/3 1911 Pirna, da VerDirig., 1878/1905 auch Kantor, vorher L. u. Dirig. des Julius Otto-Bundes in Dresden. W: MChöre

BIEDER, Egon, Dr. phil. * 23/1 1897 Berlin, da seit Juli 1934 Dir. der Akad. f. Schul- u. KirchM., seit 1933 Berater des Kultusmin. f. MErziehg, Prof. an d. Hochschule, Kriegsteiln., stud. in Berlin (Univ., Hochsch., Akad. f. Schul- u. KirchM.), 1931/33 MStudRat (sehr tätig). W: zahlr. Aufsätze üb. MErziehg; ‚Deutsche JugendM.', ‚Feierl. M. f. StrQuart.

BIEDERMANN, Alfred * 24/3 1867 Thalwil (Zür.), seit 1891 Organ. u. VerDir. in Horgen (Zür.). W: Chöre. — Sein Sohn H a n s * 20/11 1898 Horgen, seit 1921 Organ. u. OrgExperte in Amriswil, Kant. Thurgau. W: Kantaten, OrgStücke, Suite f. Fl. solo, ‚Orgelbaufragen'

BIEDERMANN, Felix — s. DÖRMANN

BIEDERMANN, H. ps. = GOLDMANN, Kurt

BIEFELD, Alfred * 24/9 1886 Flöha (Sachs.), lebt in Glauchau, ausgeb. auf d. Konserv. in Dresden, seit 1909 Organ., 1911 Kantor u. KirchChordirig., (1917 Gründg einer Kurrende), auch VerDir., seit 1924 Bundeschormeister des westsächs. Sängerbundes. W: OrchSuite, sinf. Dichtg. f. MChor u. gr. Orch., Chöre, Lieder u. a.

BIEHL, Albert * 16/8 1835 Schwarzburg-Rudolstadt, † Anf. 1899, Schüler d. Lpzger Konserv., lebte in Hamburg. W: instrukt. u. Salonkomp. f. Pfte

BIEHLE, Herbert (Sohn Johanns), Dr. phil. * 16/2 1901 Dresden, lebt in Berlin, MWissenschaftler, Sger, KomposSchüler von Georg Schumann. W: ‚MGesch. v. Bautzen', ‚Geo. Schumann', ‚Die Stimmkunst'; Lieder

BIEHLE, Joh. * 18/6 1870 Bautzen, Schüler d. Dresd. Konserv., KirchMDir., Prof. in Bautzen (hier Kantor 1888), Autorität auf dem Gebiete d. KirchBaus vom musikal. Standpunkt aus u. der Glockenkunde. W: ‚Beiträge z. musikal. Liturgik' u. a.

BIEHR, Oskar * 9/3 1851 Dresden, † 7/3 1922 München, da 1877/1902 Geiger in der Hofkap., Schüler Davids, tücht. QuartSpieler. H: u. a. Bachs Sonat., Paganinis Etüden

BIELEFELD, Ljuba (Frau) * 24/6 1884 Kowno, lebt in Aachen, Schülerin Jedliczkas, Bußlers u. Frz Mannstädts (Wiesbaden). W: OrchSuite, StrQuint., Suite, Burleske u. sonst. f. Klav., Romanze f. Vc. usw.

BIELFELD, Aug. * 20/5 1847 Hamburg, da † 14/2 1924, Pianist, ML. (seit 1880 InstitDir.) u. MKrit. W: KlavStücke, Schulen f. Harm., V., Blasinstrum., MChöre, Lieder, viele Arrang., Zith.-Kompos. u. Schule

BIELING, ps. = Walter PÄRSCHMANN

BJELOSCHEIN, Paul † 1869 Moskau, namhaft. Gitarrist. W: f. Git.

BIENERT, Karl * 1/9 1884 Baden-Baden, Schüler Thuilles, Kellermanns u. a. in München, zuerst TheaKM. an verschied. Orten, dann KonzDir., jetzt Leiter einer MSchule in Konstanz. W: Oper, Märchenspiele, Liebeslieder, MChöre. — Seine Frau A n n e t t e , geb. Boserup * 16/2 1884 in Kopenhagen, erst Op.-, dann KonzSängerin (Sopran)

BIENSTOCK, Heinr. * 13/7 1894 Mülhausen i. Els., † im Kriegslaz. 17/12 1918 Tübingen, Schüler Hans Hubers. W: Opern, Ballettpantomime, Sinf., Lieder (Ungedrucktes in der MAbteil. der Preuß. Staatsbibl. zu Berlin)

BIEREY, Gottlob Benedikt * 25/7 1772 Dresden, † 5/5 1840 Breslau, Schüler Weinligs, TheaKM. in Breslau (1808), da 1824/28 TheaPächter, lebte dann in Weimar, seit 1834 wieder in Breslau. W: Singspiele, Messe, Kantaten, KlavStücke, Harmonielehre usw.

BIERNACKI, Mich. Marian * 9/9 1855 Lublin, Schüler d. Konserv. in Warschau, da Chordirig. u. TheorProf. W: Messen, OrchProlog, V- u. KlavStücke, Chöre, Lieder, ‚Allg. MTheorie' (poln.)

BIERNATH, Ernst * 28/11 1867 Wormditt (Ostpr.), † 24/4 1927 Berlin, Gitarrist. W: ‚Die Git. seit dem 3. Jahrtaus. v. Chr.'

BIESE, Wilh. * 20/4 1822 Rathenow, † 14/11 1902 Berlin, begründete da 1851 die noch besteh. KlavFabrik

BIESTER, Theodor * 21/6 1865 Kleve, da ML. u. VerDir., ausgeb. in Sondershausen, war OpKM. in Aachen, Lpzg u. Metz; in Metz auch Dir. d. städt. MSchule. W: MChöre, u. a. ‚Deutscher Sang'

BIGAGLIA, Dionigio, ein Benediktiner-Mönch * Venetia; nachweisbar von ihm zw. 1715 u. 1744 Oper, Orat., Concerti grossi, KlavKonz., VSonat., Canzonetten

BIGOT DE MOROGUES, Marie, geb. Kiené * 3/3 1786 Kolmar, † 16/9 1820 Paris, ausgez. Pianistin, 1804/09 in Wien; unterrichtete 1816 Fel. Mendelssohn. W: KlavSonate u. a.

BIHARI, Joh. * 21/10 1764 Nagyabony, † 26/4 1827 Pest, VVirt. u. Dirig. einer Zigeunerkap. W: V- u. OrchStücke im Zigeunerstil

BIJL, Theo van der * 18/7 1886 Amsterdam, da Dir. d. OratorVer. u. MKrit. W: Oratorien, KirchM., Chöre, Lieder, VKonz.

BIJSTER, Jacob * 7/11 1902 Haarlem, seit 1927 KonservOrgL. in Amsterdam, da ausgeb., OrgVirt. W: Singspiel, Sinf., KaM., OrgStücke, KlavStücke, Lieder.

BILD, Willy, ps. Will SARTORY, Jack WILSAR * 21/6 1896 Berlin/Rixdorf, lebt in B.-Charlottenburg. W: UnterhaltsM.

BILEK, Ferd. * 9/10 1868 Jarmeritz (Mähr.), seit 1908 StadtKM. in Hermannstadt (Sibiu, Rumänien), 1894/1908 in Bielitz. W: Ouv., Tänze, Märsche

BILETTA, Emanuele * 20/12 1825 Casale Monferrato, † Nov. 1890 Pallanza, lebte zuletzt in Torino, vorher in London, Paris, Firenze u. wieder London als Ballettkomp. u. GsgL. W: Ballette, Opern, KirchM., Lieder; ‚Metodo di canto'

BILKE, Rud. * 30/8 1877 Breslau, da ObML. (StudRat) u. Kantor. W: Psalme m. Orch., KlavTrio, OrgStücke u. a.

BILL-BILL, ps. = Kurt GOLDMANN

BILLÈ, Isaia * 22/12 1874 Fermo, vielgereister KontrabVirt., L. an der Cäcilien-Akad. in Rom. W: KBSchule u. Etüden

BILLEMA, Raffaele * 1820 Napoli, † 25/12 1874 Saintes, da KlavL. seit 1855. W: Viele KlavStücke, OpFantas., auch 4hdg.

BILLER, Waldemar (Waldi) * 17/10 1900 Schulitz, Kr. Bromberg, MHändler in Cottbus. W: UnterhaltsM.

BILLERT, Karl Friedr. Aug. * 14/9 1821 Altstettin, Schüler K. Löwes, † 22/12 1875 Berlin, wo er 1847 einen Gsgver. gründete. W: Opern, Orator., Psalmen, Kantaten usw.

BILLETER, Agathon * 21/11 1834 Männedorf (Schweiz), † 8/2 1881, MDir. in Burgdorf (Schweiz). W: M- u. gem. Chöre, Lieder usw.

BILLI, Vincenzo * 4/4 1869 Brisighella (Romagna), urspr. Flötist, dann Dirig., viel im Ausl. W: Optten, zahlreiche KlavStücke (‚Campane a sera'), Romanzen

BILLING, Arno, ps. = SPOLIANSKY, Mischa

BILLINGS, William * 7/10 1746 u. † 29/9 1800 Boston, einer der ersten kompon. (Lieder) Amerikaner, urspr. Lohgerber

BILLROTH, Theodor, * 26/4 1829 Bergen (Rügen), † 6/2 1894 Abazzia, berühmt. Chirurg in Wien, musikal. gebildet, befreundet mit Brahms. W: ‚Wer ist musikalisch?'

BILSE, Benj. * 17/8 1816 u. † 13/7 1902 Liegnitz, tücht. OrchDir., kgl. prß. MDir., 1842/67 Stadtmusikus in Liegnitz, 1868/84 in Berlin; sein Orch. (mit dem er viel reiste) war sehr geschätzt. Aus den 1882 ausgetretenen Mitgliedern entstand das Berliner Philharm. Orch. Seit 1884 privat. er in Liegnitz. W: OrchTänze u. Märsche

BIMBONI, Giovacchino * 19/8 1810 Firenze, da † 11/1 1895, da L. f. Tromp. u. Pos. am Kgl. Instit. W: PosEtüden u. Kompos. u. a.

BIMBONI, Giov. * 1813 Firenze, da † 28/3 1892, KlarinL am Kgl. Instit. W: KlarinSchule

BIMBONI, Oreste * 1846 Firenze, da † Aug 1905, ausgez. vielgereister OpKM., L. der Opernschule am Kgl. Institut seit 1903. W: Opern

BINCHOIS, Gilles (Aegidius) * um 1400 Mons (Hennegau), † 20/9 1460 Lille, bemerkensw. Vertreter des begleit. Kunstliedes (Ballade, Rondeau) seiner Zeit. W: Geistl. u. weltl. Lieder, Messensätze usw.

BINDE, Paul * 23/5 1877 Schwarz (Meckl.), seit 1902 Organ. u. Chordir. in Schaffhausen. W: Oper, Chöre, OrgStücke

BINDER, Christlieb Siegmund * 1724, † 1/1 1789 Dresden, 1753 da Organ. a. d. kath. Hofkirche; fruchtb. Komp. W: KaM., KlavSonaten, OrgStücke usw.

BINDER, Fritz * 31/5 1873 Baltimore, Schüler Reinthalers, Leschetitzkys, Rubinsteins u. Wüllners, KlavVirt. u. VerDir., seit 1925 in Nürnberg, Dirig. des LGVer. u. des Fränk. Sängerbundes, 1896/1900 in Solingen, 1901/25 in Danzig. W: StrTrio, MChöre

BINDER, Karl * 29/11 1816 u. † 5/11 1860 Wien, TheaKM. in Wien, Hamburg, Preßburg u. wieder Wien. W: Optten (‚Tannhäuser'-Parodie), Possen

BINENBAUM, Janko * 28/12 1880 Adrianopel, Schüler d. Münchener Akad. W: Ballett, 3 Sinf., KaM., Chöre, Lieder

BINICKI, Stascha, serbischer MilKM., lebte in Belgrad; sein dort 1904 aufgef. Einakter ‚Na uranku' (Seitenstück zu ‚Cavalleria rusticana') die erste serbische Oper

BJÖRKANDER, Frank Niels Fredrik * 28/6 1893, Stockholm, da seit 1917 KlavInstDir. W: KlavKonz., Suiten u. a.

BIONDI, Giov. Batt., Minorit, aus Cesena, gab zw. 1606—30 Messen, Psalmen u a. heraus

BIRCHALL, Robert † 1819 London, da seit 1784 bedeut. MVerleger

BIRCKENSTOCK, Joh. Adam * 19/2 1687 Alsfeld (Hessen), † 26/2 1733 Eisenach als KM., 1725/30 KonzM. in Kassel. W: Sinf., Konz. f. 4 Viol., VSonaten usw.

BIRD, Arthur * 23/7 1856 Cambridge (Amer.), † 22/12 1923 Berlin, stud. da (Löschhorn, Urban) u. 1885/86 bei Fr. Liszt, lebte in Berlin; Organ., MSchr. W: Oper, Optten, Ballett, OrchWerke, Klav- u. HarmonStücke usw.

BIRD, Richard, ps. = MORENA, Camillo

BIRD, William — s. BYRD

BIRKEDALE-BARFORD, Ludwig Harbo Gote * 27/5 1850 Kopenhagen, da † ?, Organ. u. Dir. d. Organ.-Schule. W: Klav.-, Org.- u. VStücke

BIRKENSTOCK — s. BIRCKENSTOCK

BIRKIGT, Hugo * 17/7 1885 Niederbronn, Els., (Sohn des Straßburger FlVirt.), seit 1/11 1920 I. KonzM. des NatThea. in München, vielgereister VVirt. u. Führer e. StrQuart., ausgeb. am Straßbg. Konserv. u. auf d. Berlin. Hochschule (Joachim, Halir), 1908/10 Bratsch. im Marteau-Hugo Becker-Quart., 1911/12 I. KonzM. d. Berliner Kurfürsten-Op., 1912/20 dgl. am NatThea. in Mannheim, da auch L. der VMeisterkl. an der Hochsch., Führer e. StrQuart. u. Mitgl. d. Mannh. Trios

BIRKLE, Ignaz * 16/10 1896 Unterdettingen, württ. OA. Biberach, seit 1925 Stiftschordir., Org. u. VerDirig. in Ellwangen a. Jagst, ausgeb. in Stuttgart (Hochschule), da bis 1925 Organ. u. VerDir.; Kriegsteiln. W: StrQuart., OrgStücke, FrChöre m. StrQuart., MChöre, Lied. m. Org. usw.

BIRKLE, Suitbert, Dr. theol., Benediktiner, * 1886, † 27/2 1926 Knittelberg, ausgeb. in Seckau, treffl. KirchMusiker, 1908/15 Prof. am St. Anselm-Stift in Rom, 1915/21 KirchChordir. in Graz, 1921/25 Prof. d. Theol. in Tijuca bei Rio de Janeiro, dann Abt des Klosters in Seckau. W: ‚Katechismus des Choralgesangs' (1903), ‚Der Choral, das Ideal d. kathol. KirchM.' (1906); geistl. Chöre

BIRKLER, Geo. Wilh. * 23/5 1820 Buchau (Württ.), † 10/6 1877 Ebingen (GymnProf.). W: KirchM.

BIRNBACH, Heinr. * 8/1 1793 Breslau, † 24/8 1879 Berlin, da ML. W: KlavStücke; ‚Der vollkommene Kapellmeister' (1845). — Sein Vater Karl Joseph * 1751 Köpernick/Neiße, † 29/5 1805 Warschau, TheaKM. W: KlavKonz., VSon.

BIRNBACH, Rich. * 4/1 1883 Berlin, gründete da 1912 einen MVerl., dem er u. a. den Verl. seines Lehrmeisters Challier (1919) u. den Verl. Ed. Klöckner, Budapest, 1934 den Drei-Lilien-V. angliederte. Er firmiert auch Boccaccio-V.; Terpsichore-V., verlegt OrchM., KaM., Optten, KonzLieder, UnterrM., UnterhaltgsM.

BIRNSTIEL, Friedr. Wilh. 1753—82 MVerleger in Berlin

BIRON, Alf. Josef * 10/6 1893 Wien, lebt da. W: Optten, Tanzlieder, Tänze

BISCARDI, Luigi, † 1876. W: Neapolitan. Kanzonen

BISCHOF, Ferd. * 5/8 1872 Frankf. a. M., da Orch.- u. Chordirig. W: MChöre, Balladen, Lieder

BISCHOFF, Bernhard * 10/4 1881 Osterholz-Scharmbeck, OrchDir in Nürnberg seit 1922, ausgeb. in München (Akad. der Tonk. u. bei Reger), 1902/05 im HofOrch. München, 1905/20 im OpOrch Nürnberg, 1920/21 Dirig. d. SinfOrch. in Bergen (Norw.). W: Sinf. Dichtgen, BühnenM., OrchMarsch, KaM., Lieder.

BISCHOFF, Elisabeth * 23/10 1900 München, da VVirt., Solistin in großen Konzerten, KaMSpielerin, Schülerin v. Carl Flesch

BISCHOFF, Geo. Friedr. * 21/9 1780 Ellrich (Harz), † 7/9 1841 Hildesheim als MDir. (seit 1816), brachte als L. in Frankenhausen 1810 das erste dtsche (resp. Thüringer) MFest unter Spohrs Leitg zustande

BISCHOFF, Hans, Dr. phil. * 17/2 1852 u. † 12/6 1889 Berlin, Schüler Th. Kullaks, dann L. an dess. Akad. d. Tonkunst. H: Kullaks ‚Ästhetik d. KlavSpiels', KlavWerke Bachs, Händels, Schumanns

BISCHOFF, Heinz, Dr. med. vet. * 10/1 1898 Kempten (Allg.), LautVirt. in Leutstetten (OBay.). W: Kompos. u. Arrang. f. Laute.

BISCHOFF, Herm. * 7/1 1868 Duisburg, seit Herbst 1929 in Berlin, lebte lange in St Georgen/ Diessen am Ammersee, Schüler des Lpzger Kons. u. von R. Strauß. W: 2 Sinf., sinf. Dichtg, Orch-Rondo, Lieder

BISCHOFF, Justin (auch B.-Ghilionna) * 1845 Lausanne, da † 16/4 1927, da seit 1879 L. am Konserv. W: Messe, Kantaten, Chöre, Ouvert. u. a.

BISCHOFF, Karl Bernh. * 24/12 1807 Nieder-Röblingen (Weimar), † 1884 Stargard, da seit 1843 Dirig., Schüler von A. W. Bach, Grell u. Rungenhagen. W: Oratorien, Psalm., Chöre, Lieder

BISCHOFF, Kasp. Jak. * 7/4 1823 Ansbach, † 26/10 1893 München, stud. da (Ett, F. Lachner) u. in Lpzg, seit 1850 Chordir. u. GsgL. in Frankf. a. M. W: Oper, Sinf., Ouvert., KaM., Lieder; ‚Harmonielehre'

BISCHOFF, Ludw. Friedr. Christian, * 27/11 1794 Dessau, † 24/2 1867 Köln. H: Rheinische MZtg (1850), Niederrhein. MZtg 1853 ff.

BISCHOFF-GHILIONNA — s. BISCHOFF, Justin

BISHOP, Ann, geb. Rivière * 9/1 1810 London, † 18/3 1884 Newyork, berühmte Sopranistin

BISHOP, Henry Rowley * 18/11 1786 London, † da 30/4 1855, Prof. am kgl. MInstit., Dirig. W: zahlr. Op., Ballette, Melodramen, Oratorium, volkstüml. Lieder, Sammlg nationaler Lieder usw.

BISKUPSKA, M. * 28/11 1878, seit 1903 KlavL. in Berlin. W: KlavStücke u. a.

BISPHAM, David Scull * 5/1 1857 Philadelphia, † 2/10 1921 Newyork, berühmter OpBariton, Schüler Lampertis. W: ‚A quaker singer's recollections'

BISPING, Ernst * 3/2 1851 Lippstadt, † 29/12 1927 Münster i. W., gründete da 1879 eine M-Handl. mit bald sehr beachtetem Verlag; trat 1922 das Geschäft seinem Sohn W a l t e r ab

BISPING, Max * 25/7 1817 Frödenberg (Westf.), † 19/3 1880 Münster i. W. als Dir. einer MSchule. W: KlavSchule u. Stücke

BISSON, Alex * 9/8 1848 Briouze, † 28/1 1912 Paris, Schwankdichter

BITTER, Karl Herm. * 27/2 1813 Schwedt a. O., † 12/9 1885 Berlin, Jurist, seit 1833 im preuß. Staatsdienst, 1879/82 Finanzminister. W: ‚J. S. Bach' (1865), ‚Mozarts Don Juan u. Glucks Iphigenia' (1866), ‚C. Ph. E. u. W. Fr. Bach u. deren Brüder' (1868), ‚Beiträge z. Gesch. des Orator.' (1872) u. a.

BITTER, Werner, Dr. phil. * 8/10 1899 Bielefeld, mus. ObLeiter der Op. in Gladbach-Rheydt, ausgeb. in Berlin (Stern'sches Kons. u. Univ.) u. Lpzg, da 1924/28 Solorepet. d. Op., KM. 1928 in Sondershausen, 1929/32 Greifswald, 1932/33 in Hagen. W: Sinf. Dichtgen, Lieder; ‚D. dtsche kom. Op. d. Gegenwart'.

BITTNER, Julius, Dr. jur., Prof. * 9/4 1874 Wien, da zuerst Richter, 1920/23 im Justizminist. W: Opern ‚Die rote Gred' 1907, ‚Der Musikant' 1910, ‚Der Bergsee' 1911, umgearb. 1923, ‚Der Abenteurer' 1913, ‚Das höllisch Gold' 1916, ‚Die Kohlhaimerin' 1921, ‚Das Rosengärtlein' 1923, ‚Mondnacht' 1928 u. a., StrQuart. Nr 2 bemerkenswert, Sinf. Tonsetzer von ausgesprochen dtsch., volkstüml. Richtg. Auch prächt. Lieder u. Gsge. z. T. m. Orch., große Messe mit Te deum 1925 u. a.

BITTNER-WALDMÜLLER, Maximilian * 22/1 1894 Wien, da MRef., Schüler Leschetitzkys, stud. urspr. Jura u. Philos., Redakteur. W: Tänze, Schlager, Lieder bes. f. Cabaret

BIX, Eduard * 27/12 1846 Kaschau, † 29/1 1883 Triest, da seit 1866 sehr geschätzter KlavL. W: KlavStücke. H: Bach-Auswahl.

BIZET, Georges * 25/10 1838 Paris, † 3/6 1875 Bougival/Paris; 1847/57 (vielfach preisgekrönter) Schüler des Pariser Konserv., Schwiegersohn Halévys; gewann mit seinen ersten Werken ‚Le docteur Miracle' (1856), ‚Don Procopio' (1860), ‚La guzla de l'émir', ‚Les pecheurs de perles' (1863), ‚La jolie fille de Perth' (1867), ja sogar mit dem reizenden Einakt. ‚Djamileh' (1872) nur wenig Boden; erst die Musik zu Daudets Drama ‚L'Arlésienne' u. bes. die zuerst sehr kühl aufgenommene ‚Carmen' (1875) begründ. seinen Ruhm fest. B. schrieb auch Sinf., OrchSuiten (‚Roma' u. ‚Jeux d'enfants'), Ouvert., BallettM., Lieder

BLAAUW, Siegfried * 5/9 1889 Rotterdam, seit 1923 KonservDir. in 's Gravenhage, vielgereister KlavVirt., war auch in Danzig u. Rotterdam KlavL.

BLACHER, Boris * 3/1 1903, lebt in Berlin. W: Sinf., OrchSuiten, KaM., Arien

BLAESING, Felix * 8/5 1858 Filehne, GsgL. u. Chordirig. in Frankfurt a. O., seit 1923, vorher seit 1897 in Berlin-Lichterfelde. W: MChöre, Lieder, KlavStücke

BLÄTTERMANN, Alwin * 1849, † 15/6 1915 Chemnitz, da Dir. einer MSchule, VerDir. W: MChöre, Lieder

BLAGROVE, Henry Gamble * 1811 Nottingham, † 1872 London, VVirt., Wunderkind, dann Schüler Spohrs 1833, auch OrchDirig.

BLAHA-MIKEŠ, Zaboj * 22/11 1887 Prag, da Pianist. W: OrchSuiten, zahlr. Lieder

BLAHAG (Blahak), Jos. * 1779 Raggendorf (Ungarn), † 15/12 1846 Wien, KM. der Petrikirche seit 1824; vorher Tenorist. W: Messen, Offertorien usw.

BLAHETKA, Marie Leopoldine * 15/11 1811 Guntramsdorf/Wien, † 12/1 1887 Boulogne sur Mer, (da seit 1840) Schülerin v. Jos. Czerny, Kalkbrenner, Moscheles u. Sechter, Pianistin u. Physharmonikavirt. W: Oper, KlavStücke

BLAHOSLAV, Jan * 1528 Přerov, † 1571 Krumlov, Mähr. W: theor. Schriften, kirchl. Gsge

BLAINVILLE, Charles Henri * 1711 bei Tours, † ca 1771 Paris, Vcellist. W: Sinf., VcSonaten, Kantaten; theoret. Schriften u. a. ‚Essai sur un troisième mode'.

BLAISE, Benoit † 1772 Paris, da seit 1737 Fagottist der Comédie italienne. W: Kom. Opern

BLAMONT, Colin de * 22/11 1690 Versailles, da † 14/2 1760, Kgl. ObMIntend. W: Opern, Kantaten usw.

BLANC, Adolphe * 24/6 1828 Manosque, † Mai 1885 Paris, da Schüler des Konserv. (Halévy), zeitweilig TheaKM. W: Oper, Optten, Sinf., viel KaM., Lieder

BLANC, Gius. * 1880 Bardonecchia. W: Opern, Optten, Ballette, auch Walzer; Faschisten-Hymne.

BLANC DE FONTBELLE, Cécile, ps. Hugues Waldin * 21/12 1905 Arles, in Paris Dirig. (Gründerin) der Chorale mixte ‚La Provence', ausgeb. in Genf (Stavenhagen) u. Paris (Gédalge, Vidal). W: Sinf. Dichtg, KaM., KlavStücke, HarfStücke, Chöre, viele Lieder

BLANCHARD, Henri Louis * 7/2 1778 Bordeaux, † 18/12 1858 Paris, da Schüler d. Konserv. u. 1818/30 TheaKM., MSchr. W: KaM., Vaudevilles

BLANCHET, Charles * 1833, † 10/2 1900 Lausanne, da 1872/97 Organ. W: OrgStücke

BLANCHET, Emile R. * 17/7 1877 Lausanne, da 1904/17 KlavL. am Konserv., Schüler des Köln. Konserv. u. Busonis, lebt teils in Lausanne, teils in Paris. W: KlavKonzStück, Sonate f. Klav. u. V., KlavStücke

BLANCK, Theodor, Dr. phil, ps. Th. HELLMUTH * 26/10 1883 Berlin, lebt in Dresden, ausgeb. v. Rud. Louis u. Jul. Hey. W: Oper, Optte, Lieder, Schlager.

BLANCO RECIO, José Ramon * 13/9 1886 Burgos. W: sinf. Dichtgen, KlavStücke, Lieder, bes. Kinderlieder

BLAND, John 1779/94 einflußreicher MVerleger in London, der Haydn dorthin geholt hat

BLANGINI, Gius. * 18/11 1781 Turin, † 18/11 1841 Paris, urspr. Vcellist, dann KM. in Paris, Kassel, seit 1814 GsgProf. am Pariser Konserv. W: 30 Opern, Messen, 174 Romanz., 170 Notturnos f. 2 Singst. usw.; ‚Souvenirs'.

BLANK, R., ps. = Rud. THIELE

BLANKENBURG, Herm. Ludw. * 14/11 1876 Thamsbrück, Kr. Langensalza, lebt in Wesel. W: zahllose Märsche u. a.

BLARAMBERG, Paul Iwanowitsch * 26/9 1841 Orenburg (Rußl.), † 28/2 1907 Nizza, lebte in Moskau als Redakteur u. TheorL. a. d. ‚Philharm. Schule'. W: Opern, Sinf., sinf. Dichtgen, Chöre, Lieder usw.

BLASCHKE, Alois * 13/4 1873 Freiwaldau, Chordir. u. GymnasGsgL. in Wien. W: Sinf., Ouvert., KlavKonz., KirchM., Lieder

BLASCHKE, Julius * 21/3 1866 Kostenblut (RBez. Breslau), † 23/1 1922 Glogau, da seit 1890 Organ., auch MKrit. W: Messen, u. a. KirchM., MChöre, Lieder, KlavSalonstücke

BLASERNA, Pietro * 29/2 1836 Fiumicello/Aquileja, † 1917 Rom, Prof. d. Physik, Vorkämpf. der reinen Stimmung. W: ‚La teoria del suono nei suoi rapporti colla musica' (1875, dtsch 1876)

BLASIS, Carlo de * 1800 Napoli, † 15/1 1878 Cernobbio (Lago di Como), berühmter Choreogr. W: ‚Manuale della danza' u. a.

BLASIS, Franc. Ant. de * 1765 Napoli, † 22/8 1851 Firenze. W: Opern, Orat., StrQuart., versch. Schulen; ‚Trattato d'armonia', ‚Trattato di contrapunto'

BLASIUS, Mathieu Frédérik * 23/4 1758 Lauterburg (Elsaß), † 1829 Versailles, treffl. Klarinett. u. Fagottist, 1795 L. am Konserv. u. 1802/16 OpKM. in Paris. W: Konz. f. Klarin., Fag., V., KaM. f. Str.- oder Blasinstr.

BLASS, Arthur * 9/5 1857 Elberfeld, † 1928 Mannheim, da seit 1901 L. der Hochschule u. Chordirig., erst Jurist, Schüler von Kwast, 1887/96 TheaKM. an verschied. Orten, 1897/1900 Dirig. d. ‚Liederkranz' in Mainz. W: ‚Musikal. Streifzüge', ‚Theorie d. M. in geschichtl. Entwicklung', ‚Wegweiser zu Bach', KlavStücke. H: Ernst Pauers alte KlavM.

BLASSER, Gust. * 12/4 1857 Wien, da KM., Chordirig. u. Anfertiger von OpttenKlavAuszügen; auch Komp. — ps. G. B. AUGUSTIN

BLASSMANN, Ad. * 27/10 1823 Dresden, † 30/6 1891 Blasewitz, Pianist, Schüler v. Ch. Mayer u. Liszt, bis 1861 KonservL. in Dresden, 1862/64 Dir. der ‚Euterpe' in Lpz., 1866/67 HofKM. in Sondershausen; dann Dirig der Dreyßigschen Singakad. in Dresden. W: KaM., KlavStücke.

BLATT, Frz Thaddäus, * 1793 Prag, da † ?, KlarinVirt., 1818—43 L. am Konserv. W: Komp., auch Schule f. Klarin., GsgSchule

BLAU, Bernhard, Dr. iur. * 14/12 1881 Stolp, Rechtsanwalt in Berlin, Schüler K. Berneckers. W: von ersten Künstlern vielgesungene Lieder

BLAUWAERT, Emil * 3/6 1845 St. Nikolaas (Belg.), † 2/2 1891 Brüssel, seit 1865 berühmter Baßbaritonist

BLAVET, Michel * 13/3 1700 Besançon, † 28/10 1768 Paris, Flötist, zeitweilig in Rheinsberg bei dem späteren König Friedrich d. Gr. W: Kom. Oper, FlötSonaten

BLAZE, François — s. CASTIL-BLAZE

BLAZE DE BURY, Henry * 17/5 1813 Avignon, † 15/3 1888 Paris, MSchr. W: ‚La vie de Rossini' (1854), ‚Meyerbeer et son temps' (1865) u. a.

BLAZEK, Frz * 21/12 1815 Vebzic, † 23/1 1900 Prag, da 1838—91 L. an d. Organistenschule. W: ‚Harmonielehre' (tschech.), Gesänge.

BLAZER, Anton * 11/2 1887 Rotterdam, da KlavVirt. seit 1921. W: BühnenM., KlavKonz. u. Stücke, MChöre, Tänze.

BLECH, Leo * 21/4 1871 Aachen, urspr. Kaufmann, Schüler Bargiels, Rudorffs u. Humperdincks, 1893/99 TheaKM. in Aachen, 1899/1906 am Dtsch. Thea. in Prag, 1906/23 an d. Hofoper zu Berlin, Sept. 1923 / März 1924 OpDir. am Dtschen Opernhause in B.-Charlottenburg, Okt./Dez. 1924 desgl. an d. Großen Volksoper in Berlin, Herbst 1925 desgl. an der bald darauf verkrachten Volksoper in Wien, dann Gastdir. der Oper in Stockholm, seit 1/3 1926 wieder I. KM. an der Staatsoper in Berlin. W: Opern u. a. ‚Alpenkönig u. Menschenfeind' 1903, später als ‚Rappelkopf' umgearbeitet, ‚Versiegelt' 1908, Operette ‚Die Strohwitwe' 1920, sinf. Dichtgen, Chöre, Lieder

BLEICHMANN, Jul. * 5/12 1868 Petersburg, da † 10/1 1910, da u. auf d. Lpzger Konserv. ausgebildet. W: Opern, sinf. Dichtgen, KaM., KlavStücke, Lieder

BLEIER, Paul * 1898 München, da seit 1926 KonzOrganist, KirchChordir. u. städt. SchulML., da ausgeb. (Akad.). W: KirchKant., leichte Messen u. andere KirchM., Frauenchöre, Schulchöre, Lieder. B: f. Schulorch. H: Bayr. Liederbuch f. Knabenschulen

BLEIER, Sigmund * 17/6 1909 Augsburg, seit 1932 erfolgreicher (In- u. Ausland) VVirt., wohnt in Engelberg/Schorndorf (Württ.), ausgeb. in Augsburg (Konserv.) u. München (F. Berber)

BLENSDORF, C. W. Otto * 14/11 1871 Linnich, seit 1928 Leiter eines Jacques-Dalcroze-Instit. in Bad Godesberg, urspr. SchulL. W: ‚Singen u. Springen' u. a.

BLESSINGER, Karl, Dr. phil. * 21/9 1888 Ulm, seit 1920 Prof. a. d. Akad. d. Tonk. in München, hervorrag. MSchr. Kompositionen (Sinf., KaM., Org.- u. KlavStücke u. a.) noch ungedr. W: ‚Die musikal. Probleme der Gegenwart', ‚Grundzüge d. musikal. Formenlehre' (1926), ‚Melodielehre' (1930) usw.

BLEWITT, Jonas † 1805 London, Organ. W: ‚Treatise on the organ', OrgStücke. — Sein Sohn Jonathan * 1782 London, da † 4/9 1853, Organ. 1813—24 in Dublin, da auch OpKM. u. OrchDir.; seit 1825 in London. W: Opern, BühnenM., viele Balladen u. Gsge

BLEYER, Geo. 1660 Hofmusiker in Rudolstadt. W: LustM. (4/5st.).

BLEYER, Nik. * 1590, † 11/5 1658 Lübeck, da seit 1624 Stadtmusikus, vorher in Bückeburg. W: 5st. Tänze mit B. c.

BLEYLE, Karl * 7/5 1880 Feldkirch (Vorarlbg), Schüler des Stuttgarter Konserv. u. Thuilles in München, lebt in Stuttgart. W: Opern, Chorwerke, Sinf., VKonz., StrQuart. usw.

BLIED, Jakob * 16/3 1844 Brühl/Köln, † da 14/1 1884 als SemMDir. (seit 1874). W: OrgKomp., ElementarVSchule (op. 13), KlavStücke, Messen, Motetten, MChöre usw.

BLIEMCHEN, Emil — s. NEUMANN, Emil

BLIN, René * 13/11 1884 Somsois, Schüler der Schola cantorum in Paris, da seit 1911 Organ. W: Oper, Sinf., Org.- u. KlavStücke, Chöre, Lieder

BLISS, Arthur * 2/8 1891 London, da zeitweilig L. am Royal College, dessen Schüler er gewesen, Hauptvertreter der engl. Moderne, lebt seit 1924 in Santa Barbara (Kalif.). W: Sinf., Mèlée fantasque f. Orch., KlavKonz., ObConcertino, Conversations f. 7 Soloinstr., KaM., Gsge m. KaOrch., Lieder usw.

BLITZSTEIN, Marc. * 1905 Philadelphia, lebt da. W: Opern, Ballett, sinf. Dichtg, KaM., Kantate, Gsge.

BLOBEL, Walter * 16/1 1890 Thalheim (Sachs.), seit 1920 im städt. Orch. in Bonn (Bratschist), V-Pädag. W: ‚Das Geigen- u. Bratschenspiel' 1928. H: ‚Der fortschrittl. Geigenlehrer'. — Konstruierte eine etwas größere, auch auf der C-Saite gut klingende Bratsche.

BLOBNER, Gust. Ant. * 30/6 1878 Wien, da MSchulDir., 1901/22 auch Organ. W: KirchM., KlavStücke, VStücke, Chöre, Lieder u. a.

BLOCH, Ernest * 24/7 1880 Genf, seit Herbst 1925 KonservDir. in San Francisco, Schüler des Genfer, Brüsseler, Hochschen Konserv. u. Thuilles, 1911/15 KomposL. in Genf, 1916 in Newyork, 1920 Dir. d. Konserv. in Cleveland (Ohio), nationaljüdischer Komp. (Neutöner). W: Opern, Sinf. b-Moll u. Israel, Trois poèmes juifs u. a. sinfon. Dichtgen, ‚Schelomo'-Rhapsodie f. Vc. u. Orch., Suite f. Bratsche u. Orch., KaM., Psalmen, Gsge m. Orch. usw.

BLOCH, Georg * 2/11 1847 Breslau, † 11/2 1910 Berlin, gründete hier 1879 den ‚Opernverein' (‚Blochscher GsgVer.'), L. an Breslaurs Konserv., seit 1894 MDir d. alten Synagoge. W: Chorwerke m. Orch. usw.

BLOCH, Josef * 5/1 1862 Budapest, da † 6/5 1922, Schüler Al. Gobbys, K. Hubers, R. Volkmanns u. Danclas, seit 1890 VL. an der Landesakad. W: Ouvert., OrchSuiten, StrOrchSuiten, V-Konz., StrQuart., VStücke, VSchule, Etüden, ‚Methodik des VSpiels'

BLOCKX, Jan * 25/1 1851 Antwerpen, da † 26/5 1912; stud. bei Benoit u. Callaerts, L. Brassin u. am Lpzg Konserv.; 1886 L., 1901 Dir. d. vlämischen Konserv. u. Dirig. d. Cercle artistique zu Antwerpen. W: Opern ‚Herbergsprinzessin' usw., große Chorwerke ‚Rolandsglocke', ‚Schelde' usw., Ball. ‚Milanka', OrchStücke usw.

BLODEK, Wilhelm * 3/10 1834 Prag, † da 1/5 1874 (geistig umnachtet), KonservL., 1860/70 Flötist u. Pianist. W: Op. ‚Im Brunnen', Messe, Ouvert., KlavStücke, MChöre, Lieder

BLOM, Christian * 1787 Christiania, da † 1861, Versicherungsdir., Komp. d. Volkshymne (1820) ‚Sömer af Norges det aeldgamle Rige'.

BLON, Franz v. * 16/7 1861 Berlin, Schüler Jul. Sterns u. d. Kgl. Hochsch., KonzM. u. später KM. in Hamburg; seit 1890 in Berlin. W: Optten, Weihnachtsmärchen, Ballett u. beliebte leichtere Orch-Kompos., KlavStücke, Lieder usw.

BLONDEAU, Pierre Auguste Louis * 15/8 1784 Paris, da † 1865. W: Oper, Ballett, KirchM., KaM., KlavStücke, Lieder, theoret. Bücher, ‚Histoire de la musique moderne' (1847)

BLOOMFIELD-ZEISLER, Fanny * 16/7 1866 Bielitz (Österr.-Schles.), Schülerin v. Leschetizky, tücht. Pianistin, † 21/8 1927 Chicago, wo sie seit 1885 lebte, bereiste wiederholt mit Erfolg Europa

BLOOMSTROEM, Erik, ps. = RATHKE, Otto

BLOW, John * 23/2 1649 North Collingham, † 1/10 1708 London, da seit 1669 Organ., zeitweise auch Kantor. W: wertvolle KirchM.

BLUDAU, Ewald * 9/8 1885 Neidenburg, OPr., KM. in Berlin. W: UnterhaltgsM.

BLÜMEL, Alfons * 13/9 1884 Wien, Schüler H. Grädeners, lebt in Wien. W: Opern, Lieder, u. a. die bekannten Dafnis-Lieder. — ps. A. FLOWER; RIGOLOTTO

BLÜMEL, Franz * 16/4 1839 St. Peter a. Ottersbach (Steierm.), † 1916 Graz, da OberL. u. ChorM. W: Messen, Offertorien, Lieder, MChöre (‚Gebet der Deutschen Österreichs', ‚Deutscher Wehrspruch' u. v. a.)

BLÜMML, Emil Karl, Dr. phil. * 15/10 1881 Währing (NÖsterr.), † 26/4 1925 Wien, verdienter Volksliedforscher. W: ‚Älperische Schnaderhüpfl', ‚Die Volksliedbewegg in Österreich', ‚Aus Mozarts Freundes- u. Familienkreis'

BLÜTHNER, Jul. Ferd. * 11/3 1824 Falkenhain/Mersebg., † 13/4 1910 Lpz, errichtete da 1853 seine schnell emporblühende, zu Weltruf gelangte KlavFabrik (Spezial. ‚Aliquotflügel'). W: mit Dr. H. Gretschel ‚Lehrbuch d. Pftebaues' (1872, 3. A. 1909)

BLUM, Geo. * 26/2 1855, Pianist u. ML. in Nürnberg, da (L. Ramann) u. in München (Kgl. MSchule) ausgeb. W: Rhapsod. Skizzen f. Orch., Tänze, Märsche, KaM. (u. a. 24 Fugetten f. 3 StrInstr.), KlavStücke, Lieder, u. a. ‚Lieder im Volkston aus Nürnbergs alter Zeit'.

BLUM, Heinr. gen. Harry, ps. H. BLOOM; Enrico RAVELLO * 22/5 1902, Schlagerkomp. in Köln-Nippes

BLUM, Karl Ludw. * 1786 Berlin, † da 2/7 1844, Regisseur d. Hofoper; Vaudevilledichter, Sger. W: Opern, Vaudevilles, Ballette, Lieder, GitSchule u. Stücke usw.

BLUM, Karl Rob. * 7/3 1889 Kassel, Schüler d. Konserv. Klindworth-Scharwenka in Berlin, da seit 1919 Leiter d. 1870 gegründ. Mohrschen Konserv. W: Dramat. Ouvert., KaM., KlavSonaten, Chöre, Lieder; ‚Das moderne Tonsystem in s. erweitert. u. vervollkommn. Gestalt'. Auch Erfinder eines elektr. MChronometers zur Herstellung von M.- u. Radiofilmen.

BLUM, Martin * 25/9 1863 Alken a. d. M., Organ. u. Chordir. in Frankf. a. M. W: OrgStücke, Messe u. a. kirchl. Komp., gem. u. MChöre, Lieder

BLUM, Rob. * 27/11 1900 Zürich, Schüler des dort. Konserv. u. Busonis, seit 1923 Chordirig. in Richterswil, seit 1926 auch Dir. d. OrchVer. in Zürich, lebt in Baden (Aarg.) W: Op., Sinf., KaM.

BLUME Alfred * 16/4 1837 Brandenburg a. H., † 30/12 1903 Berlin, da seit 1897, 1874/97 in London, GsgL. W: GsgKompos.

BLUME, Friedr., Dr. phil. * 5/1 1893 Schlüchtern, PrivDoz. f. MWiss. an der Univers. Berlin seit 1926; 1933 ao. Prof. W: ‚Die ev. KirchM.'; Fachschr. H: u. a. Mich. Prätorius, Werke.

BLUME, Herm. * 4/6 1891 Biegen, Kr. Lebus, lebt in Berlin, urspr. VVirt., zuletzt KonzM. in Boston, schwer kriegsverletzt, stud. dann Komp. an der Berliner Hochschule, BundesMRef. d. Stahlhelm, 1934 VerwBeirat der ReichsMKammer. W: Märchenspiel, OrchStücke, WaldhornKonz, KaM., Chöre.

BLUME, Karl * 13/10 1883 Osnabrück, Lautensger in Berlin, vorher in Düsseldorf. W: Lieder u. Bearb. m. Laute

BLUME, Klemens, Dr. phil. * 29/1 1862 Billerbach, Westf., Jesuit, TheolProf. in Frankfurt a. M., Hymnenforscher.

BLUME, Walter * 8/1 1883 Philippsburg (Bad.), † 24/6 1933 Köln (auf der Durchreise), Schüler Mottls u. Thuilles, zuerst TheaKM, 3 Jahre städt. KM. in Koblenz, während des Kriegs Dir. des KonzVerOrch. in München, 1931/33 Dir. des Württemb. TonkünstlerOrch. in Stuttgart, auch Pianist, Vcellist u. MSchr. W: ‚Brahms in der Meininger Tradition. Seine Sinfonien u. Haydn-Variationen in der Bezeichnung v. Fritz Steinbach' (1933)

BLUMENBERG, Franz * 28/2 1869 Remagen, OrganistSohn, lebt in Köln. W: KlavStücke, MChöre, Lieder

BLUMENBERG, Marc A. * 21/5 1851 Baltimore, † 27/3 1913 Paris, gründete den Newyorker ‚Musical courier'.

BLUMENFELD, Felix Michailowitsch * 19/4 1863 im Gouvern. Cherson, † 23/1 1931 Moskau, Schüler u. seit 1885 KonservL. zu Petersburg, 1898/1912 da auch Dirig. a. d. kais. Op. W: Sinf., StrQuart., KlavStücke, Lieder. — Sein Bruder S i g i s m u n d * 27/12 1852 Odessa, † 1920 Petersburg. W: KlavKompos., Lieder

BLUMENREICH, Erwin, ps. Enrico PAOLO; Erwin REICH * 12/5 1899 Köln, lebt in Berlin. W. UnterhaltgsM.

BLUMENREICH, Heinr., ps. = H. REICHERT

BLUMENSTEIN, Geo. * 1/4 1866 Stolzenbach/Kassel, Organ., GsgL. u. Dir. einer MSchule in Magdeburg

BLUMENSTENGEL, Albrecht * 7/1 1835 Helmstedt, † 6/6 1895 Hamburg (auf e. Vergnügungsreise), Schüler Davids, 1858 Kammermusiker, 1867 SinfDir. u. 1871/85 KonzM. am Hofthea in Braunschweig. W: Konz. u. a. f. V.

BLUMENTHAL, Jakob * 4/10 1829 Hamburg, † 17/5 1908 Chelsea (London), Pianist, in Paris (H. Herz) u. Wien gebildet, seit 1848 in London. W: KlavSalonst., Lieder

BLUMENTHAL, Jos. v. * 1/11 1782 Brüssel, † 9/5 1856 Wien, da seit 1803 Geiger u. später KirchChordir. W: Messen, Opern, KaM., treffl. VEtüden u. a.

BLUMENTHAL, Kasimir v. * 1787 Brüssel, † 22/6 1849 Lausanne, VVirt., 1821/46 OrchDir. in Zürich, dann in Lausanne. W: Ouvert., Kantaten, Chöre

BLUMENTHAL, Konr. * 14/2 1895 Bresch, Flötist der Staatskap. in Schwerin. W: KaM. m. Blasinstr., FlStücke, Lieder

BLUMENTHAL, Paul * 13/8 1843 Steinau a. O., † 9/5 1930 Frankf. a. O., Schüler d. Kgl. Akad. d. K. u. d. Kgl. Inst. f. KirchM. in Berlin, 1870/99 Organ. in Frankf. a. O., dann Kantor u. Gymn.-GsgL. W: Sinf., Ouvert., M. zu Wildenbruchs ‚Die Karolinger', Klav.- u. OrgStücke, Missa solemnis, Motetten, MChöre, Lieder

BLUMENTHAL, Sandro * 30/6 1874 Venedig, † 1/8 1919 Berlin, Schüler Rheinbergers. W: Oper, Sinf., KaM., GitSchule, viele Chöre, Lieder, auch m. Git.

BLUMER, Fritz * 31/8 1860 Glarus, stud. in Genf, Lpz. u. 1878 bei Liszt, KlavVirt., seit 1886 L. am Konserv. zu Straßburg i. Els.

BLUMER, jr., Theodor * 24/3 1883 Dresden (Sohn des aus Prag stammenden sächs. Kammermusikers Th. B. * 1854, † 25/7 1932), Schüler Draesekes, 1906/11 Korrepet. bzw. KM. in Altenburg, lebte in Dresden, da seit 1925 musik. Leiter des Rundfunks, seit 1931 in Lpzg in gleich. Stellg. W: Oper, sinf. Dichtgen, treffl. KaM., KlavStücke, Lieder. — ps. Antoni REMO

BLUMNER, Martin * 21/11 1827 Fürstenberg (Mecklbg.), † 16/11 1901 Berlin, Schüler S. Dehns, 1853 II., 1876/1900 I. Dirig. d. Singakad., 1875 Mitgl. d. Kgl. Akad. d. Künste. W: Oratorien, Kantaten, Motetten, ‚Te Deum', Lieder u. a., ‚Gesch. der Singakad. zu Berlin', 1891. — Sein Bruder S i g i s m u n d, tücht. Pianist, lebte in Berlin, später in Italien.

BLUNCK, Adolf * 16/8 1898 Rendsburg, ML. in Flensburg, Schüler u. a. Krehls. W: BühnenM., KaM., KlavStücke, Lieder

BLUNCK, Erich * 29/7 1894 Eberswalde, da ML. W: KlavSon., Chöre, Lieder

BOBILLIER, Marie — s. BRENET

BOBINSKI, Heinr. Antonow. * 1/2 1861, Pianist, stud. in Warschau u. Moskau, da 1887 L. an d. Philh. Schule, 1893 an d. MSchule r. russ. MGesellsch, zu Kiew. W: Ouvert., KlavKonz., KlavStücke usw.

BOBROWITZ, Joh. Nepom. v. * 12/5 1805 Krakau, † 1857 (?) Wien, lebte zeitweilig in Lpz, GitVirt. W: f. Git.

BOCCHERINI Luigi * 19/2 1743 Lucca, † 28/5 1805 Madrid, tücht. Vcellist, auch Gitarrist, seit 1769 in Madrid, da 1785 HofKM., 1787 Hofkompositeur Frdr. Wilhelms II. v. Preußen. W: Sinf., 16 Sextette, 125 StrQuintette, 91 StrQuart., 54 StrTrios, 12 KlavQuint., V- u. VcSonaten u. Konz. usw.

BOCHSA, Charles † 1821 Paris, da seit 1806 Musikalienhändler, vorher Oboist in Lyon u. Bordeaux. W: KaM., Schulen f. Fl., Klav,. Duette f. Ob. u. a.

BOCHSA, Nicolas * 9/8 1789 Montmédy, † 6/1 1856 Sidney, viegereist. HarfVirt., 1822/27 L. a. d. R. Academy u. 1826/32 OpDirig. in London. W: Opern, Ballette, Orator., HarfKompos. u. Schule

BOCK, Anton — s. BOTE, Ed.

BOCK, Berta * 15/3 1857 Hermannstadt (Siebenb.), lebt da. W: Ballette, Chöre, Duette, Lieder

BOCK, Ernst * 9/3 1889, akad. ML. in Stettin, MKrit. W: Chöre, Lieder

BOCK, Gustav — s. BOTE, Ed.

BOCK, Kurt * 8/8 1873 Chemnitz, da SchulL., Kantor u. VerDirig. W: Chöre, Lieder

BOCKELMANN, Rud. * 2/4 1892 Bodenteich, treffl. Heldenbariton, seit 1926 in Hamburg, seit 1931 auch in Berlin (Staatsoper), in Bayreuth 1933 u. 1934

BOCKELMANN, Wilh. * 25/10 1884 Bremen, da SchulL., GsgL. u. VerDirig., Schüler u. a. Karl Seifferts. W: ‚Faust'-M., Fr.- u. MChöre, Lieder

BOCKLET, Heinr. v. * 17/11 1850 Wien, da ML. W: KlavSchule f. Kinder. B: OrchSinf. usw. von Bruckner, Mahler, R. Strauß f. 2 Klav. 8hdg.

BOCKLET, Karl Maria v. * 1801 Prag, † 15/7 1881 Wien, lebte da seit 1820, zuerst Geiger, dann Pianist, spielte zuerst öffentlich KlavWerke seines Freundes Frz Schubert

BOCKMÜHL, Rob. Emil * 1820 (1822?) Frankfurt a. M., da † 3/11 1891, VcVirt. W: VcKomp.

BOCKSHORN (Capricornus), Samuel * c. 1629, † 12/11 1665 Stuttgart, da seit 1657 HofKM., vorher Kantor in Reutlingen, Preßburg u. Nürnberg. W (bemerkenswert): f. Gsg. m. Instr.

BOCQUET, Roland * 3/6 1878 Saharanpur (Indien), lebt in Dresden. W: KlavStücke, Lieder

BOCQUILLON, Guill. Louis — s. WILHEM

BODANZKY, Artur * 16/12 1877 Wien, 1903 Korrepet. d. Wiener Hofop. unter Mahler, 1909 I. KM. in Mannheim, seit 1915 an der Metropolit.-Op. in Newyork. B: Purcells ‚Dido u. Aeneas' u. a.

BODANZKY, Robert, Opttenlibrettist, lebt in Wien (keine Auskunft)

BODART, Eugen * 1905 Kassel, seit 1933 Op-KM. in Weimar, ausgeb. in Lpz. W: Opern

BODE, Herm. * 20/2 1859 Langenweddingen, MInstrBauer in Magdeburg. W: f. Xylophon mit Orch.

BODE, Joh. Joach. Christoph * 16/1 1730 Barum (Braunschweig), † 13/12 1793 Weimar, da seit 1778, Oboist, MSchr., Verleger. W: Sinf., Konz. f. versch. Instr., Lieder

BODE, Max * 22/12 1869 Hamburg, da † 1928; ML. u. Chordir. W: Ouvert., OrgStücke, KlavStücke, Lieder

BODE, Rudolf, Dr. phil. * 3/2 1881 Kiel, Pianist, lebt in Berlin, vorher in München, Dir. einer Schule für Ausdrucksgymnastik, urspr. Anhänger v. Jaques-Dalcroze. W: ‚Ausdrucksgymnastik', 4. A. 1926 u. a.; OrchScherzo, Lieder. H: Zeitschr. ‚Rhythmus'.

BODE, Wilhelm (Willy Bode-Zuschlag) * 14/12 1895, lebt in Waltershausen, Thür. W: Sinf., OrchStücke, VKonz., KaM., UnterhaltgsM.

BODENSCHATZ, Erhard * 1576 Lichtenberg (Vogtl.), † 1636, Pastor in Gr.-Osterhausen/Querfurt seit 1608, 1600/03 Kantor in Schulpforta. W: viele Motetten. H: Florilegium Portense.

BODENSTEIN, Hermann * 27/3 1823 Gandersheim, † 12/4 1902 Braunschweig, Organ. u. SemML. B: Strubesche OrgSchule

BODIN, Joseph — s. BOISMORTIER

BODINUS, Samuel, 1756 KM. in Durlach. W: VSonat., Trios u. Quart. (1725—50)

BODKY, Erwin * 7/3 1896 Ragnit, seit Herbst 1933 in Amsterdam, vorher KlavL., Prof. an der Akad. f. Schul- u. KirchM. in Berlin 1926/33, Dr. phil.; Kriegsteiln. W: KaM., KlavSon.; ‚Der Vortrag alter KlavM.'

BODO, Alois * 27/10 1869 Budapest, da seit 1899 Prof. an der Akad., Pianist. W: KlavStücke

BOECK, Auguste de — s. DE BOECK

BÖCKMANN, Alfred * 10/1 1905 Essen, da KlavL., ausgeb. a. d. Kölner Hochsch. W: Chöre, Lieder

BÖCKMANN, Ferd. * 28/1 1843 Hamburg, VcVirt., † 25/8 1913 Dresden, KonservL. W: VcKompos. u. Bearbeit.

BOEDDECKER, Phil. Friedr., Organ. 1643 in Straßburg, 1652 in Stuttgart, da † 1683. W: Geistl. Konz.

BÖDECKER, Louis * 1845 u. † 5/6 1899 Hamburg, Schüler Marxsens, ML. u. -Refer. W: Orch.- u. KaM., KlavStücke, Lieder usw.

BOEHE, Ernst * 27/12 1880 München, da Schüler von R. Louis, L. Thuille u. H. Schwartz, seit 1920 I. Dirig. d. pfälz. Landesorch. in Ludwigshafen, 1913/20 GenMDir. in Oldenburg. W: ‚Odysseus' Fahrten', sinf. Zyklus; ‚Taormina'; Ouvert., Lieder m. Orch. usw.

BÖHLKE, Erich * 9/9 1895 Pölitz, Schüler d. Berliner Hochschule, Pianist, 1926 TheaKM in Koblenz, 1929/31 in Wiesbaden, dann in Berlin Dirig. d. SchupoOrch., seit 1933 GMD in Magdeburg. W: OrchStücke

BÖHM, Adolf Paul * 4/11 1878, † (Selbstmord) 19/11 1911 Berlin. W: Oper, sinf. Dicht., Lieder

BÖHM, Anton u. Sohn, MVerlag in Augsburg, seit 1815, bes. f. kath. KirchM. Übernahm 1933 große Teile des eingegangenen Verl. B. F i l s e r, Augsburg u. damit auch d. Volksverl. in München-Gladbach

BÖHM, Franz * 1847, † 1905 Wien, da sehr bekannter Volkssgr. W: Wiener Lieder u. Kuplets

BÖHM, Georg * 1/9 1661 Hohenkirchen (Thür.), † 18/5 1733 Lüneburg, da Organ. seit 1688, namhafter v o r bachscher KlavKomp. W: Suiten, Prä- u. Postludien, Kantaten usw.

BÖHM, Jos. * 4/3 1795 Pest, † 28/3 1876 Wien, ausgezeich. Geiger, Schüler Rodes, Lehrer Joachims, Hellmesbergers u. a., 1819/48 Prof. am Konserv. zu Wien

BÖHM, Jos. * 9/2 1841 Kühnitz (Mähr.), † 6/11 1893 Wien, da Organ. u. KirchKM., auch Direktor d. KirchMSchule des Ambros.-Ver. W: ‚Der Zustand der kath. KirchM. in Wien' u. a.

BÖHM, Karl * 23/4 1877 Altdorf/Nürnberg, † 15/4 1928 Nürnberg, da seit 1908 SchulL. (u. a. Schüler Karl Wolfrums), da 1913 Organ., seit 1919 Glockensachverständ., begründ. die Büch rei f. ev. KirchM., 1925 HauptVerDir. des bayr. KirchGsg- Ver., seit 1922 musikal. Doz. am Prediger-Sem., sehr verdient um die ev. KirchM. H: Kirchenmusikal. Blätter (1920/22); Ztschr. f. ev. KirchM seit 1923

BÖHM, Karl, Dr. jur. * 28/8 1894 Graz, seit 1933 GenMD. der Op. in Dresden (bis 1/1 1934 auch noch in Hamburg), 1921/27 StaatsopKM. in München, 1927/31 GenMDir. d. Op. in Darmstadt, 1931/33 in Hamburg. W: KaM., Lieder.

BÖHM, Max * 3/5 1889 Oberwaiz/Bayreuth, urspr. VolksschulL,- Schüler d. Münch. Akad., 1914 Organ., 1921 Studienrat f. Gsg. usw. in Nürnberg. W: Op., Sinf., Chöre, Klav.- u. OrgStücke, Lieder — ps. Maria MARX; Maria MAX

BÖHM, Theobald * 9/4 1794 München, da † 25/11 1881, Mitglied der Hofkapelle, FlVirt., verbess. die Mechanik d. Fl. (Böhmfl.). W: FlKompos.

BÖHME, Arthur, Dr. phil. * 9/6 1881 Berlin, da Chordir. u. GsgL. W: Weihnachts-Orat., Chöre, Lieder

BÖHME, Aug. Jul. Ferd. * 4/2 1815 Gandersheim (Braunschw.), da † 30/5 1883, Schüler Hauptmanns, 1846/76 MDir. in Dordrecht, dann in Lpz ansässig. W: Orch.- u. KaM., Kompos. f. Klav., Gesang usw.

BÖHME, Frz Magnus * 11/3 1827 Willerstedt/ Weimar, † 18/10 1898 Dresden, Schüler v. Töpfer, Hauptmann u. Rietz, erst SchulL in Dresden, 1878/85 Prof. am Hochschen Kons. in Frankf. a. M. W: ‚Altdtsch. Liederbuch', ‚Kursus d. Harmonie', ‚Gesch. des Tanzes in Deutschland', ‚Gesch d. Oratoriums', ‚Volkstüml. Lieder der Deutschen', ‚Dtsch. Kinderlied u. Kinderspiel'. B: Erks ‚Liederhort' (3 Bde.).

BÖHME, Fritz * 18/6 1890 Staßfurt, MZugführer a. D. in Dessau. W: Märsche u. Tänze

BÖHME, Fritz * 24/4 1897 Weimar, da L. f. Klav. u. MGesch. an der staatl. Hochsch., da u. in Jena (Univ.) ausgeb. bes. v. Bruno Hinze- Reinhold u. R. Wetz, auch Pianist d. Thüringer Trios. W: MDrama (eig. Dichtg), Chöre, Lieder, Sinf., KaM., OrgStücke, KlavSon. und Stücke (Schöpfer der Entwicklgsson. u. d. Doppelvariat.)

BÖHME, Joh. Aug. * 5/11 1766 Eisleben, gründete 1794 einen MVerl. in Hamburg, 1885 übergegangen an Aug. C r a n z, Leipzig, das Sortimentsgeschäft 1907 an B e n j a m i n, Ant. J.

BÖHME, Oskar * 24/2 1870 Potschappel/Dresden, seit 1897 in Petersburg, da I. Trompeter am Akad. Thea 1901/22, 1885 ff. als TrompVirt. vielgereist, KompSchüler u. a. von Gurlitt, V. v. Herzfeld u. Jadassohn. W: TrompKonz., Solostücke u. Unterrichtsv., TrompSext., Chöre, geistl. u. weltl. Lieder u. a.

BÖHME, Otto * 20/5 1874 Falkenstein (Vgtl.), seit 1901 ML. in Chemnitz, auch MKrit. W: Op., Sinf., KaM. u. a.

BÖHME, Theo., ps. = C Th. ZIMMERMANN

BÖHME, Walther * 6/9 1884 Lpz, seit 1910 Kantor u. GsgL. in Reichenbach i. Vogtl., zuerst SchulL., 1908/10 Schüler des Lpzger Konserv. W (meist noch ungedr.): Orator., Requiem, KirchM., sinf. Suite, TanzSuite, KaM., KlavKonz. u. -Stücke, OrgStücke usw.

BÖHME, Willy * 16/11 1861 Dessau, Schüler der Hochschule in Berlin, da KonservDir. W: Op., Sinf., Kant., Nation.- u. Marinelieder f. MCh. usw.

BÖHMELT, Harald * 23/10 1900 Halle a. S., lebt in Berlin, KM. W: Optte, 2 OrchSuiten.

BÖHMER, Karl * 6/11 1799, † 20/7 1884 Berlin, da seit 1835 Geiger d. Kgl. Kap. W: Sinf., KaM., KirchM., VStücke. H: Mozart, StrQuart.

BÖHMER, Kurt * 22/10 1880 Leipzig, lebt in Dresden, Schüler Uso Seiferts u. K. Scheidemantels. W: Op., Pantomimen

BÖHNER, Joh. Ludw. * 8/1 1787 zu Töttelstädt (Gotha), † 28/3 1860 Gotha; Org.- u. KlavVirt., lebte zu Gotha, Jena, Nürnberg, später unstät auf Reisen. W: Oper, Ouvert., KlavKonz., Sonaten, Lieder usw.

BOIE, Heinr. * 16/9 1825 Altona, da † 18/6 1879, Geiger. W: Opern

BOIE, John * 8/3 1822 Altona, da † 19/3 1900, tücht. Geiger, bes. QuartSpieler, Freund v. Brahms, Mitbegr. u. Dirig. der Singakad.

BOEKELMANN, Bernardus * 9/6 1838 Utrecht, † 1930, Pianist u. ML. seit 1866 in Newyork. H: Bachs Wohltemp. Klav. u. Invent. in Farbendruck

BOELL, Heinr. * 13/9 1890 Weißenburg (Els.), OrgVirt., seit 1920 KonservProf. in Köln

BOËLLMANN, Léon * 25/9 1862 Ensisheim (Els.) † 11/10 1897 Paris, da seit 1881 treffl. Organ., Schüler der Niedermeyerschen KirchMSchule. W: Sinf., Fantasie f. Org. u. Orch., Variat. f. Vc. u. Orch., Ka- u. KlavM., 100 kl. OrgStücke.

BÖLSCHE, Frz * 20/8 1869 Wegenstedt/Magdeburg, Schüler der Berliner Hochschule, 1896/1931 TheorL. am Kölner Konserv. W: Sinf., Ouvertur., KaM., KlavStücke, Lieder; ‚Übgen u. Aufgaben z. Studium d. Harmonielehre', 8. Aufl. 1928

BOELY, Alex. Pierre Franç. * 19/4 1785 Versailles, † 27/12 1858 Paris, Geiger u. Pianist. W: KaM., Klav- u. OrgStücke.

BÖNICKE, Herm. * 26/11 1821 Endorf, † 12/12 1879 Hermannstadt (Siebenbg.), 1843/56 MDir. in Quedlinburg, 1856/61 in Aschersleben, seit 1861 in Hermannstadt. W: ‚Chorgsgschule', ‚Kunst des freien OrgSpiels', ‚Vorschule f. d. KlavSpiel zu 4 H.', MChöre, OrgStücke usw.

BOENIG, Gustav * 21/9 1859 Kamionken, Kr. Goldapp, Kantor, GymnasGsgL. u. Dir. d. Orator.-Ver. in Stolp, ausgebild. in Königsberg u. Berlin. W: Orator., Kantaten u. Balladen f. Chor u. Orch., MChöre; ‚GsgLehre f. höhere Schulen'.

BOEPPLE, Paul * 5/7 1867 Basel, da † 14/4 1917 verdient um den Schulgsg, Vorkämpfer f. die Methode Jaques-Dalcroze.

BOER, Willem de * 7/5 1885 Amsterdam, V-Virt., Schüler v. Flesch, seit 1908 KonzM. u. Führer eines StrQuart. in Zürich. H: ältere VStücke

BOERNER, Charlotte * 22/6 1906 Leipzig, seit Herbst 1934 jugendl. dramat. OpSgrin in Magdeburg, ausgeb. von ihrer Mutter Frau Prof. Hildegard B. in Leipzig u. Berlin, da 1921/23 OpttenSgrin, 1923/28 lyr. Sopran. der Berliner StaatsOp., dann auf Gastspielen in Amerika, 1931/33 in Philadelphia, auch treffl. KonzSgrin

BÖRNER, Kurt * 27/11 1877 Sulza (Thür.), Schüler der Berliner Hochschule, da KlavL. seit 1902. W: OrchSuite, KlavQuint., Balladen, Variat. usw. f. Klav.; Italien. Liederspiel f. Chor, Soli u. Klav. 4hdg, Toskan. Lieder f. desgl., Fr.-, gem. u. MChöre, Duette, Lieder. B: Bachs Konz. f. 2 Klav. (c) f. 2 V.

BÖRNER, Paul * 12/9 1873 Calbe a. S., Stadtkantor u. Organ. in Altenburg, auch MSchr., † (nach Operation) 1926 Leipzig. W: Lieder u. Motetten.

BÖRNER, Rudolf * 1/9 1866 Lpz., KM. u. ML. in Zürich. W: Tänze, Märsche, Kuplets

BOERRESEN, Hakon * 2/6 1876 Kopenhagen, lebt dort, seit 1924 Vorsitz. des dän. Tonkünstler-Ver. W: Opern, OrchM., u. a. 3 Sinf., VKonz., KaM., KlavStücke, Lieder.

BOERS, Jan Conradus * 4/8 1812 Nymwegen, † 1/11 1896 Delft, da seit 1853 MDir., urspr. Geiger, KM. auch in Metz u. Nymwegen. W: Sinf., Ouvert., Psalmen u. a.

BÖSE, Julius * 9/8 1859 Braunschweig, da seit 1880 Chordir., da u. in Lpz (Konserv.) ausgeb., war TheaKM. in Coburg, Straßburg, Krefeld u. Meiningen. W: Optten, große Chorw. m. Orch., Chöre u. a.

BÖSENDORFER, Ignaz * 28/7 1796 Wien, da † 14/4 1859, gründete da 1828 die berühmt gewordene Pfte-Fabrik.

BOETIUS, Anicius Manlius Torquatus Severinus * um 475 Rom, 524 (526) hingerichtet, hervorrag. Philosoph u. Mathemat. W: ‚De musica', dtsch übersetzt v. O. Paul (1872)

BÖTTCHER, Georg * 30/4 1889 Frankfurt a. M., seit 1927 Dir. d. Liedertafel in Jena, ausgeb. in Straßburg i. E. u. Leipzig (Reger), dann Chor-u. OrchDir. in Rußland, nach dem Kriege ML. in Braunschweig. W: OrchStücke, KaM., Chöre, ‚Die Aufgaben d. MChordirig.', ‚Der Chorleiter als OrchDirig.', ‚Der Weg z. Chorgsg' u. a.

BOETTCHER, Hans, Dr. phil. * 26/3 1903 Stuttgart, MSchr. in Berlin. W: ‚Beethoven als Liederkomp.'

BOETTCHER, Louis — s. BOETTICHER

BÖTTCHER, Lukas * 13/2 1878 Frankf. a. M., Schüler Humperdincks, seit 1918 ML. in Bamberg. W: Opern, Chorwerke, geistl. Gsge, Lieder, Balladen.

BÖTTCHER, Walter, ps. Hans KLEIN, Ralph ROLAFF * 24/9 1896 Stettin, Musiker in Rahlstedt/Hamburg, viel in Ensembles u. Jazzkap. gereist. W: Film- u. UnterhaltgsM.,zahlr. Bearbtg. f. Salonorch. usw.

BOETTGE, Adolf * 23/8 1848 Wittenberg, † Jan. 1913 Karlsruhe i. B., Schüler der Kullakschen Akad. in Berlin u. Wieprechts, seit 1871 Dir. der Kap. des 1. Bad. Leib-Grenadier-Reg. in Karlsruhe, mit der er histor. Konz. veranstaltete u. viel reiste

BÖTTGER, Max * 30/3 1869 Neumarkt, Schles., Apotheker in Görlitz, ausgeb. in Breslau (Schles. Konserv., Akad. Inst. f. KirchM.). W: Opern, Singspiel, Lieder

BOETTICHER (Boettcher), Louis * 1813 Berlin, da † 9/6 1867, da 1836/59 treffl. Bassist d. Hofop.

65

BOEZI, Ernesto * 11/2 1856 Rom, da seit 1880 Organ. u. 1905/18 Dir. der Pontificia scuola superiore di musica sacra. W: KirchM.

BOGHEN, Felice * 23/1 1869 Venezia, Pianist, seit 1910 L. am Istit. mus. in Firenze. W: Oper, KlavStücke. H: ältere KlavM.

BOGLER, Bernhard * 1821, † 30/12 1902 St. Gallen, da seit 1849 Chordir. W: Chöre, Lieder, KlavStücke

BOGOTA, Ary de, ps. — s. DOMBROWSKI, Henry

BOHEMAN, Torsten A., * 19/2 1888 Stockholm, Schüler Karl Nielsens, lebt in Kopenhagen, MSchr. W: OrchFant., KlavKonz. KlavS-ücke u. a.

BOHLMANN, Georg Karl * 8/4 1838 Kopenhagen, da † 15/2 1920, Organ. W: OrchStücke, Chöre

BOHM, Karl, ps. Henry Cooper * 11/9 1844 Berlin, da † 4/4 1920, Schüler Reißmanns u. Fl. Geyers, volkstüml. Salonkomp. W: Optten, Trio, Chorwerk, Sonaten, viele V. u. KlavStücke, viele Lieder usw.

BOHN, Emil, Dr. phil. h. c. * 14/1 1839 Bielau/Neisse, † 5/7 1909 Breslau, da 1868 Organ. a. d. Kreuzkirche, gründ. 1882 den ‚Bohnschen GsgVer.‘, (histor. Konz.), 1887 L. am akad. Inst. f. KirchM., 1908 HonProf. an der Univers., MRef. der Breslauer Ztg. W: Chöre, Lieder u. bibliograph. Arbeiten üb. die musikal. Druckwerke u. Handschriften Breslauer Bibliotheken. Eine von ihm angelegte PartSammlung dtscher weltl. mehrst. Lieder des 16. u. 17. Jh., über 10 000 Nummern in der Breslauer Stadtbibl.

BOHN, Peter * 22/11 1833 Bausendorf, Kr. Wittlich, † 11/6 1925 Trier, urspr. SchulL., seit 1850 in Trier, auch Organ., 1866/1905 da OberL. am Gymnas., auch ML. am bischöfl. Konvikt, sehr verdienter Erforscher d. KirchM. des MA. H: Glareani Dodecachordon (mit Übersetz.)

BOHNE, H. Werner, ps. F. W. BOHNE * 31/10 1904 Dresden, da Pianist. W: UnterhaltgsM.

BOHNEN, Michael * 23/1 1888 Keulen, ausgez. OpBaßBarit., wirkt teils in Berlin, teils in Newyork, viel auf Gastspielen.

BOHNENBLUST, Gottfried, Dr. phil. * 14/9 1883 Bern, seit 1919 Prof. der dtsch. LitGesch. in Genf (Univers.). W: Chöre, Lieder, OrgStücke

BOHNES, Heinr. Wilh. * 19/2 1873 Speldorf, Chordirig. u. MVerleger in Mühlheim a. R. W: MChöre, Lieder

BOHNKE, Emil * 11/10 1888 Zdunska Wola, Schüler Hans Sitts, Krehls u. Gernsheims, Bratscher in verschied. Quart., später Dirig. (auch in Lpz.); in Berlin seit Herbst 1926 Dirig. des Sinf.-Orch., † 11/5 1928 auf einer Autofahrt bei Pasewalk. W: OrchStücke, VKonz., KlavKonz., KaM. Sonate u. a. f. Klav.

BOHR, Heinr. * 5/3 1884 Wien, da Gitarrist u. Geiger, Pädagoge. W: f. Git.

BOHRER, Anton * 1783 München, † 1852 Hannover, da seit 1834 KonzM., VVirt. W: VKonz. u. Stücke, KaM. — Sein Bruder M a x * 1785 Mannheim, † 28/2 1867 Stuttgart, VcVirt., in der kgl. Kapelle seit 1832. W: VcKonzerte usw.

BOHRMANN-RIEGEN, Heinr. * 28/5 1838 Saarbrücken, † 5/10 1908 Wien, Librettist

BOIELDIEU, Adrien (Sohn v. Franç. Adr.) * 3/11 1815 Paris, † 9/7 1883 Quincy/Paris. W: Kom. Opern, Messe

BOIELDIEU, Franç. Adrien * 15/12 1775 Rouen, † 8/10 1834 auf seinem Landgute Jarcy b. Paris. Zunächst Chorknabe u. Schüler des Organ. Broche, schrieb bereits mit 18 resp. 20 Jahren zwei kleine Opern, erwarb sich dann in Paris durch Klav-Unterricht u. Kompos. kleiner Lieder den Unterhalt. Durchgreifenden Erfolg hatte er dann mit ‚Zoraëme et Zulnare‘ (1798) u. ‚Le calif de Bagdad‘ (1800); gleichzeitig machte er sich noch durch InstrumKompos. einen Namen, was ihm zu einer LStelle am neuerricht. Konserv. (1799) verhalf; 1803/10 lebte er in Petersburg als kaiserl. Hofkompositeur. Nach seiner Rückkehr nach Paris hatte er Erfolg mit ‚Johann von Paris‘ (1812); 1817 wurde er als Nachf. Méhuls KomposProf. am Konserv. (bis 1829). Besonderen Erfolg erzielte er mit ‚Le chaperon rouge‘ (1817) u. ‚La dame blanche‘ (1825). Erwähnenswert noch ‚Beniowsky‘ (1800), ‚Le nouveau seigneur de village‘ (1813), ‚Les voitures versées‘ (1820). Auch schrieb er mehrere Opern gemeinsam mit Auber, Berton, Cherubini, Hérold, Isouard, Kreutzer usw.

BOISDEFFRE, René de * 3/4 1838 Vesoul, † Dez. 1906 zu Vézelise, lebte in Paris. W: Sinf., KlavKaM., KlavSonaten u. kl. Stücke, Messe, ‚Cantique des Cantiques‘ f. Soli Chor u. Orch. usw.

BOISE, Otis Bardwell * 13/8 1845 Ohio, † 16/12 1912 Baltimore, Schüler d. Lpzger Konserv., 1864/1870 Organ. in Cleveland, dann bis 1876 in Newyork, zuletzt in Baltimore. W: Sinf., Ouverturen, KlavM., Lieder

BOISMORTIER, Joseph Bodin Sieur de * um 1691 Perpignan, † um 1765 Paris. W: Opern, Kantat., viel KaM.,

BOISSELOT, Xavier * 3/12 1811 Montpellier, † 28/3 1893 Marseille. W: Opern

BOITO, Arrigo * 24/2 1842 Padua, † 10/6 1918 Milano. W: Opern ‚Mefistofele', ‚Nero' (erst 1924 aufgef.) u. a., ‚Ode an die Kunst', Textbücher zu ‚Otello' u. ‚Falstaff' von Verdi, ‚Gioconda' von Ponchielli usw. Übersetzte Wagners ‚Rienzi' und ‚Tristan' in Ital., Texte auch ps. Tobia Gorrio.

BOKELMANN, Reinhard Frederik * 15/11 1851, zuletzt in Zwolle, VVirt., MSchr. W: KaM., Chöre, Lieder.

BOKOR, Judith * 10/4 1899 Budapest, da Vc-Virt. (viel gereist).

BOKORNI, Rolf, ps. = KÖHLER, Kurt

BOLCK, Oskar * 4/3 1839 Hohenstein (Ostpr.), † 2/5 1888 Bremen, Schüler des Lpzger Konserv., ML. in Wiborg (Finnland), London, Würzburg, Riga, Lpz. W: Opern, Ouvert., KlavStücke, Lieder usw.

BOLDI, Giuseppe, ps. = Jos. PREISSLER

BOLLENBACH, Bernh., Dr. phil. * 1/3 1890 Nußbach (Pfalz), seit 1919 KlavL. in Mannheim. W: KlavStücke, Lieder

BOLLMANN, Fritz * 29/6 1895 Köthen, seit 1923 akad. ML. u. Chordir. in Bernburg. W: KaM., OrgSonate, Chöre, Lieder u. a.

BOLLMANN, Fritze, ps. = W. LINDEMANN

BOLLON, Frz * 14/1 1897 Breslau, da seit 1921 Pianist, seit 1932 KlavL. am Inst. f. Schul- und KirchM. der Univ., Schüler Br. v. Pozniaks u. der KirchMSchule in Regensburg

BOLT, Erwin, ps. Billy JAMES * 19/8 1905 Hamburg, lebt da, da ausgeb. W: UnterhaltsgsM.

BOLT, Karl Fritz * 17/8 1895 Berlin, da akad. ML. und OrgVirt. W: Chöre, auch m. Orch., Lieder, KaM.

BOLTEN-BAECKERS, Heinrich * 10/4 1871 Chemnitz, Optten- u. Possen-Librettist in Berlin

BOLZONI, Giovanni * 14/5 1841 Parma, † 21/2 1919 Torino, urspr. Geiger, seit 1884 städt. KM. u. seit 1889 KonservDir. in Torino. W: Opern, Suiten, Ouvert., KaM., bes. StrQuart.

BOMAN, Per Konrad * 1804, † 1861 Stockholm, MSchr. u. Komp. W: BühnenM., MChöre

BOMMER, E. * 1801 Dresden, † 29/12 1843 Petersburg, Pianist. W: KlavSonaten u. a.

BOMTEMPO, Joao Domingos * 28/12 1775 Lissabon, da † 18/8 1842, da seit 1833 Dir. des Konserv., Pianist u. Dirig. W: Sinf., KlavKonz., KaM., KlavStücke u. -Schule, KirchM.

BONA, Pasquale * 3/11 1816 Cerignola, † 2/12 1878 Milano, da seit 1851 GsgL. am Konserv. W: Opern, Solfeggien, GsgSchulen u. a.

BONA, Valerio * um 1560 Brescia, Franziskanermönch, 1596 KM. zu Milano. W: Kanzonen, Madrigale, Werke über Kontrapunkt usw.

BONAMICI (vgl. Buonamici), Ferd. * 1827 Napoli, da † Sept. 1905. W: Viel instrukt. KlavM., 2 Opern

BONAVENTURA, Arnaldo, Dr. jur. * 28/7 1862 Livorno, L. d. MGesch. am Konserv. in Firenze. W: geschichtl. u. ästhet. Schriften. H: ältere Chöre.

BONAVIA, Ferruccio * 20/2 1877 Triest, Geiger u. MSchr. in Manchester. W: Oper, KaM., VKonz., Gsge

BONAWITZ (Bonewitz), Joh. Heinrich * 12/4 1839 Dürkheim a. Rh., † 15/8 1817 London, Pianist, Schüler d. Konserv. zu Lüttich, lebte in Wiesbaden, Paris, Newyork (KonzDir.), Philadelphia, London. W: Opern, Requiem, KlavKonz., KaM.

BONCI, Alessandro * 10/2 1870 Cesena, ausgezeichn., vielgereister ital. Tenorist (Debut 1893), seit 1924 GsgL. in Newyork

BONDESEN, Jörgen Ditlef * 7/4 1855 Kopenhagen, 1901/26 Dir. einer MSchule in Aarhus. W: theoret. Schriften, Kant., KaM. u. a.

BONDI, Samuel * 17/9 1873 Budapest, VVirt., seit 1899 in Wien. W: VStücke u. Studien, Lieder

BONEWITZ — s. BONAWITZ

BONGARTZ, Heinz * 31/7 1894 Krefeld, seit Herbst 1933 OpKM. in Kassel, 1931 OpDir. in Gotha, 1926/31 GenMDir. in Meiningen u. (Sommer) I. Dirig. in Bad Nauheim. W: OrchSuite, Konz. f. StrQuart. u. Orch., OrgStücke, Chöre usw.

BONHEUR, Isidore, ps. = Ch. A. RAWLINGS

BONHEUR, Théo, ps. = Ch. A. RAWLINGS

BONHOMME, Marie Thèrese, seit 1930 Dirigentin in Paris. W: Opern.

BONI, Giambatt. * 18/12 1875 Potenza Picena, KirchKM. u. Leiter e. Schola cantorum in Ferma, MSchr. W: Oper, KirchM., OrgStücke; ‚Scuola pratica d'armonia senza maestro' u. a.

BONICIOLI (Muttername, eigentl. Frühmann), Riccardo * 19/5 1853 Zara, † 17/3 1933 Como, lange TheaKM. in Buenos Aires. W: Opern, sinf. Dichtgen usw.

BONIFORTI, Carlo * 25/9 1818 Arona (Novara), † 10/10 1879 Trezzo d'Adda, seit 1841 DomOrgan. in Milano, seit 1852 auch KonservProf. W: Opern, viel KirchM. u. a.

BONIS, Mel, ps. — s. DOMAGNE

BONNET Joseph * 17/3 1884 Bordeaux, vielgereister OrgVirt., seit 1902 Organ. in Paris. W: OrgStücke. H: ‚Historical organ recitals'

BONNIE, Wilh. * 6/4 1898 Harburg a. E., da ML., seit 1930 auch MKrit., Geiger, auch Dirig., ausgeb. in Hamburg u. v. S. Ochs. W: Chöre, auch mit Instr., niedersächs. Heimat- u. Haidelieder

BONNO (Bono), Gius. * 1710 Wien, da † 15/4 1788, 1739 Hofkomp., 1774 HofKM. W: Opern, Orator., KirchM.

BONONCINI (Buononcini), Giov. Battista * 1672 (?) Modena, † nach 1748; 1688 KirchKM. in Bologna, 1691 Vcellist der Hofkap. in Wien, dann Hofkompon. in Berlin, 1716 in London Rivale Händels, später in Paris, Wien. W: Zahlr. Opern ‚Polifemo', ‚Muzio Scevola', ‚Ciro', ‚Griselda' usw. Oratorien, Sinf., Divertimenti, Kammersonaten usw. — Sein Bruder M a r c' A n t o n i o * um 1675 Modena, † da 8/7 1726 als HofKM. (seit 1721). W: Opern, Oratorien, Kantaten usw. — Sein Vater G i o v a n n i M a r i a * um 1640 Modena, da † 1678 als KM. a. d. Kathedrale. W: Sonate da camera e da ballo etc., ‚Il pratico musico'.

BONPORTI (Buonporti), Franc. Ant., aus Trient † um 1740 Wien, Geiger. W: Konz., KaM., Motetten (op. 1 veröff. 1696)

BONSET, Jac. * 1/8 1880 Amsterdam, da Pianist u. Chordir. W: Kinderoptten, Chöre, Lieder, viele KlavStücke.

BONTEMPI, Giov. Andrea (eigentl. Angelini) * 1624 Perugia, da † 1/6 1705, 1647/94 KaM. bzw. KM. in Dresden. W: Opern, theor. Schriften.

BONVIN, Ludwig * 17/2 1850 Siders (Schweiz), stud. Medizin in Wien, wurde in Italien Jesuit, lebte in Holland u. Feldkirch (Tirol), seit 1887 Priester u. Chordirig. am Canisius-Colleg in Buffalo. W: Sinf., Messen, weltl. Chorwerke, geistl. Chöre, Lieder usw.

BOOM, Jan van * 17/4 1783 Rotterdam, vielgereister FlVirt. W: f. Fl. u. Git.

BOOM, Jan * 15/10 1807 Utrecht, † 19/3 1879 Stockholm, da seit 1825 u. seit 1849 L. des Klav. an d. Akad., KlavVirt. W: Sinf., KaM., KlavKonz., -Stücke u. -Schule.

BOORN-COCLET, Henriette van den * 15/1 1866 Luik, lebt in Paris, da ausgeb. W: Sinf. Dichtg, KlavVSon., KlavStücke, Lieder.

BOOSEY & Co., MVerl. u. InstrumFabrik in London seit 1816.

BOOTT, Francis * 24/6 1813 Boston, † 2/3 1904 Cambridge (Mass.), stiftete d. Harward-Univers. in C. 10 000 Dollar zu einem Kompositionspreis. W: Messen, Lieder

BOPP, August * 17/7 1873 Nürtingen a. N., Schüler d. Stuttg. Konserv. u. Heinr. Reimanns, seit 1900 ML. am evtheol. Sem. in Urach, OrgVirt., da † 1927 (?). W: ‚F. Silcher', ‚J. G. Knecht', ‚Ein Liederbuch aus Schwaben'

BOPP, Wilh. * 4/11 1863 Mannheim, † 11/6 1931 Bühler Höhe, hervorragender MPädag., stud. in Mannheim (Jean Becker, F. Langer) u. am Konserv. zu Lpz, 1884 Dirig. in Freiburg i. B., 1886 in Frankf. a. M. tätig, 1889 KonservL. zu Mannheim, gründete da 1900 eine MHochschule, 1907/19 Dir. des (1909 verstaatl. u. seitdem Akad. d. Tonkunst gen.) Wiener Konserv.; seit 1920 wieder in Mannheim als GsgL., auch MRef., begeistert für Wagner, Brahms u. R. Strauß

BORCH, Gaston * 8/3 1871 Guines (Pas de Calais), Vcellist u. OrchDir., seit 1899 in Amerika, † 1926 als OpKM. in Boston. W: Opern, Sinf. u. sinf. Dichtgen

BORCHERS, Gust. * 18/8 1865 Woltwiesche (Braunschw.), † 19/1 1913 Lpz, stud. auf d. Sem. zu Wolfenbüttel u. am Konserv. zu Lpz, seit 1896 da GymnasGsgL., leitete auch seit 1908 Ferienkurse für SchulgsgL. (Methoden Eitz u. Dalcroze). W: Chöre, Lieder

BORCHERS, Karl Friedr. Jul. Ludw. * 31/5 1840 Kiel, da † 16/6 1922, da seit 1867 ML., 1868/83 Dir. des von ihm gegründ. Nikolaichors, auch Organ., 1870/82 GsgL. am Gymnas. W: Sinf., Festkantate, FrChöre, Lieder

BORCHERT, Walter, ps. Santjago LOPEZ * 21/9 1891 Nikolaiken, Ostpr., lebt in Berlin. W: UnterhaltgsM.

BORCHMAN, Alex. * 9/4 1872, Dr. med. in Moskau. W: Sinf. Dichtg, OrchVar., KaM., Lieder

BORCK, Edmund v. * 22/2 1906 Breslau, seit 1931 in Berlin Dirig., ausgeb. in Breslau (Klav. bei B. v. Pozniak) u. in Berlin (KMKlasse der Hochschule), 1930 Korrepet. an der Op. in Frankf. a. M. W: Oper, ländl. Kantate, OrchStücke, AltSaxophonkonz., KlavSonate.

BORDE — s. LA BORDE

BORDES, Charles * 12/5 1863 Vouvray-sur-Loire, † 8/11 1909 Paris, da Begründer d. Associat. des chanteurs de St. Gervais u. (1894) der Schola cantorum

BORDES-PÈNE, Léontine Marie * 25/11 1858 Lorient, Finistère, † 24/1 1924 Rouen, hervorrag. KlavVirt. (bis 1890)

BORDESE, Luigi * 1815 Napoli, † 17/3 1886 Paris, da seit 1831. W: Opern, Messen, viele Lieder, Solfeggien, GsgSchule

BORDIER, Jules * 23/8 1846 Angers, † 29/1 1896 Paris, da seit 1894, zeitweilig Dirig. in Angers. W: Opern, Chöre, Lieder u. a.

BORDOGNI, Marco * 1788 Gazzaniga/Bergamo, † 31/7 1856 Paris, berühmter GsgL., seit 1820 am Konserv., 1813/15 Milano, 1819/33 Paris, OpTenor. W: treffl. Solfeggien.

BORDONI, Faustina — s. HASSE, J. A.

BORG, Walter * 11/9 1865 Alexandria (Ägypt.), Schüler d. Konserv. in Milano u. Scontrinos, KomposL. in Napoli. W: Opern, Requiem, sinf. Dichtgen, Gsge

BORGHI, Edoardo, ps. Oddo BROGHIERA * 1851 Trieste, da † 22/9 1934, MandolVirt. W: sehr beliebte Canzonetten, MandolOrchStücke

BORGHI, Giov. Batt. * um 1713 Camerino, † 26/2 1796 Loreto, da seit 1777 KirchKM. W: Opern, Orator., KirchM.

BORGHI, Luigi, VVirt., 1774 in London, 1788 auf Konzertreise in Berlin. W: Sinf., VKonz., KaM.

BORGMANN, Hans Otto * 20/11 1901 Linden-Hannover, lebt in Berlin-Siemensstadt, ausgeb. auf der Berl. Akad. f. Schul- u. KirchM. u. v. R. Krasselt, 1921/25 TheaKM. in der Prov., seit 1930 Leiter der Tonfilmprod. der Ufa. W: BühnenM., Tonfilme.

BORGSTRÖM, Hjalmar * 23/3 1864 Christiania, da † 11/7 1925, seit 1901 angesehener MKrit., ausgeb. in Lpzg. W: Opern, Sinf., sinfon. Dichtgen, KaM. usw.

BORIEVSKY, Mich., ps. = A. T. H. PARKER

BORISSOWSKY, Wadim * 20/1 1900 Moskau, da Br- u. Vla d'amore-Virt. (viel auf Reisen), nach Univ.-Stud. 1922 da auf dem Konserv., Schüler W. Bakaleinikoffs, seit 1925 dessen Nachf. (Prof.). B: über 60 Werke f. Br. bzw. Vla d'am. W: Bratschen- u. Vla d'am.-Lit.-Katalog zus. mit W. Altmann (erscheint 1935)

BORK, Hans * 6/8 1903 Neusalz a/O, KlavVirt., Leiter einer Ausbildsklasse am Sternschen Konserv. in Berlin, Schüler v. James Kwast u. Edwin Fischer, auch der Univ. u. Hochsch. f. M. in Berlin

BORLENGHI, Angelo * 1878 Gussola (Cremona), † 28/8 1931 Pistoja, Dirig. W. u. B. f. Blasorch.

BORN, E., ps. = Hans AILBOUT

BORNEMANN, Georg, Dr. * 9/11 1850 Lpz, † 25/12 1924 Eisenach, da seit 1877 sehr verdient um das MLeben, besond. das Bachmuseum

BORNGÄSSER, Wilh. * 14/8 1879 Schwabsburg (Rheinhess.), seit 1905 Organ., seit 1905 MStudRat in Darmstadt, Chordir. W: Kantaten.

BORNHARDT, Joh. Heinr. Karl * 19/3 1774 Braunschweig, da † 19/4 1844, GitVirt. u. ML. W: Opern, Klav.- u. GitStücke u. -Schule, Lieder

BORNSCHEIN, Edua. * 22/9 1883 Braunschw., seit 1931 in Saarbrücken, da schon 1901/08 KonservDir., vorher TheaKM. an versch. Orten. W: BühnenM., Ouvert., KaM., Gsge m. Orch., Lieder u. a.

BORODIN, Alex Porphyrjewitsch * 12/11 1834 Petersburg, da † 29/2 1887; Prof an der medchir. Akad., einer der Hauptvertreter d. jungruss. M. W: Oper ‚Fürst Igor', 3 Sinf., ‚Steppenskizze aus Mittelasien' f. Orch., 2 StrQuart., KlavStücke

BORONI (Buroni), Antonio * 1738, † Dez. 1792 Rom als KM. der Peterskirche u. des Collegium Germanicum, Schüler des Padre Martini, 1766 Hofkomp. in Dresden, 1770/77 HofKM. in Stuttgart. W: viele Opern

BOROWSKI, Felix * 10/3 1872 Burton (Engl.), Schüler d. Kölner Konserv., bis 1897 in London, seitdem in Chicago, da 1897 L., 1916/25 Präsid. des College of m., auch MKrit. W: sinf. Dichtgen, OrchSuiten, Klav- u. OrgStücke, Gsge usw.

BOROWSKY, Alex. * 6(19)/3 1889 Libau, urspr. Jurist, hervorrag. russ. KlavVirt., seit 1920 im Auslande, seit 1922 in Berlin.

BORREGARD, Eduard * 17/6 1868 Kopenhagen, lebt da, Pianist (KonzBegl.)

BORREN, Charles van den * 17/11 1874 Ixelles (Brüssel), urspr. Jurist, seit 1919 Bibliothekar des Konserv. in Brüssel, hervorrag. MSchr. W: ‚Scarlatti', ‚Les musiciens Belges en Angleterre' u. a.

BORRIS, Siegfried * 4/11 1906 Berlin, da L. f. Gehörbildg u. MErziehg am Sem. der staatl. Hochschule bis 1933, Schüler Hindemiths, Anhänger v. Jaques-Dalcroze, Pianist. W: KaM., Lieder

BORRONI, Aless. * 22/12 1820 Mondolfo (Senigallia), † 5/3 1896 Assisi, da KlosterKM. W: KirchM.

BORSDORF, Friedr. Adolf * 23/12 1854 Dittmannsdorf, Sachs. † 15/4 1923 London, ausgez. HornVirt.

BORT, Heinr., ps. = STEINER, Heinr.

BORTKIEWICZ, Sergei * 28/2 1877 Charkow, seit 1934 in Wien, urspr. Jurist, Schüler des Petersburger u. Lpzger Konserv., 1904/14 in Berlin, dann in Rußland, 1920 in Konstantinopel, 1922/1929 in Wien, 1929/34 in Berlin, KlavVirt. W: Op., Konz. f. Klav. 2hdg u. f. d. linke Hand, V. u. Vc., sinf. Dichtg., KlavStücke, Lieder

BORTNIANSKY, Dimitri * 1751 Goluchow, † 9/10 1825 Petersburg, geschätzter KirchKomp., Schüler Galuppis, nach längerem Aufenthalt in Italien 1779 in Petersburg, da 1796 Dir. der kais. Sängerkap. W: Opern, Psalmen, dreist. Messe, geistl. (u. a. ‚Ich bete an die Macht der Liebe') u. weltl. Chöre

BORTOLAZZI, Bartolomeo * 1773 Venezia, Mandolin- u. GitVirt., zeitweilig in Wien. W: Unterricht die Git. spielen zu lernen' (1809), Stücke. — Sein gleichnamiger Sohn * 1795 (Wunderkind) gleichfalls GitVirt.

BORTOLINI, G. * 1875 Venezia. W: volkstüml. Lieder

BORTZ, Alfred, ps. FASOLA, Pietro, REMI, Werner * 12/9 1882 Berlin, Schüler Fr. E. Kochs, da ML. W: Oper, OrchStücke, u. a. Sinfonietta pastorale, VStücke, KlavStücke, Lieder

BORUTTAU, Alfred * 1/7 1877 Königsberg i. Pr., seit 1912 KonzSgr u. GsgProf. in Wien, Schüler Heys u. Lampertis, auch Bruckners und Bargiels, 1901/06 jugendl. Heldenten. der Wiener Hofoper, 1906/09 in Prag, 1909/12 in NAmerika. W: Lieder

BORWICK, W. Leonard * 26/2 1868 Walthamstow (Engl.), Schüler von Clara Schumann u. B. Scholz, namhafter Pianist, † 17/9 1925 Le Mans (Frankr.), lebte in London

BORZI, Carmelo * 14/7 1860 Catania, Geiger u. Dirig., seit 1920 Dir. der Tartini-MSchule in Pola. W: Sinf., Messe u. and. KirchM., Lieder, KlavStücke

BOS, Coenraad V. * 7/12 1875 Leyden, Schüler d. Konserv. zu Amsterdam, hervorrag. Pianist (KaMSpieler u. Liederbegleiter), lebt seit 1893 in Berlin, neuerdings viel in Amerika

BOSCH, Katharina van — s. Otto MÖCKEL

BOSCH, Pieter Jos. * 1736 Hoboken, † 19/2 1803 Antwerpen, da seit 1764 Organ. W: KlavTrios

BOSCHETTI, Victor * 23/8 1871 Frankf. a. M., † 12/4 1933, stud in Prag u. am Wiener Konserv., seit 1886 in Wien Organ., 1896/1921 am Stefansdom, auch KirchKM. W: Opern, Singspiele, Messen, Orator., auch Offertorien usw. KaM., Lieder usw.

BOSCHOT, Adolphe * 4/5 1871 Fontenay-sous-Bois, MSchr. in Paris. W: u. a. ,Histoire d'un romantique' (Berlioz), ,La musique et la vie'

BOSE, Fritz v. * 16/10 1865 Königstein a. Elbe, seit 1898 in Lpz., hervorrag. Klavierist, 1893 L. am Konserv. in Karlsruhe. W: KlavStücke, Lieder, auch KaM.

BOSERUP, Annette — s. BIENERT

BOSETTI, Hermine * 28/9 1875 Wien, gefeierte Koloratursgerin der Münchener Oper 1901/24, seit Herbst 1925 L. am Hochschen Konserv. in Frankf. a. M., trotzdem sie in München weiterlebt.

BOSIO, Angiolina * 22/8 1830 Torino, † 12/4 1859 St. Petersburg, internat. berühmte OpSopran.

BOSIS, Aldo de, ps. = Cost. Ad. BOSSI

BOSLET, Ludw. * 12/12 1860 Biedershausen/Rheinpfalz, seit 1910 Domorgan. in Trier, vorher seit 1899 in Saarbrücken. W: Messen u. a. KirchM., OrgSonaten usw.

BOSMANS, Henriette Hilda * 5/12 1895, lebt in Amsterdam, Schülerin W. Pijpers. W: VcKonz., VcSonate u. a.

BOSSE, Gustav * 6/2 1884 Vienenburg a. Harz, stud. i. Leipzig MWissensch. bei Hugo Riemann, Arthur Seidl, Carl Eitz u. a., gründete 1912 in Regensburg einen Verlag, bes. f. MBücher. Seine ,Deutsche MBücherei' und die Sammlung ,Von deutscher Musik' sehr geschätzt. 1914/18 Kriegsteiln., seit Juli 1929 Herausgeber der ,Zeitschrift f. Musik' (gegr. 1834 v Rob. Schumann)

BOSSERT, Gust., Dr. phil. † 29/11 1925 Stuttgart, verd. Theologe, Geschichtsforscher u. MSchr.

BOSSHARD, Heinr. * 8/4 1811 Seen (Zür), † 3/4 1877 Highland (Illinois). H: Synodalliederbücher

BOSSHARD, Heinr. * 3/10 1813 Pfäffikon, † 12/1 1861 Préfargier (Neuchâtel). W: Chöre. H: Synodalchorliederbücher

BOSSHART, Rob. * 1/2 1899 Zürich, lebt in Ruvigliano/Lugano, ausgeb. in Zürich (Univ.) u. von Kurt Striegler, Dichter, MSchr. u. Komp., war zeitweilig Hilfsregisseur der Dresdener Oper. W: MDramen, Lieder, Gsge

BOSSI, Costante Adolfo * 25/12 1876 Morbegno (Sondrio), seit 1914 KontrapL. am Konserv. in Milano, auch tücht. OrgSpieler, seit 1907 Organ. am Dom. W: Opern, Kirch-, Org- u. KlavM. — ps. Aldo de BOSIS

BOSSI, Enrico Marco * 25/4 1861 Salo, † 21/2 1925 auf der Rückfahrt von Amerika, Schüler des Konserv. zu Milano, hervorrag. Organ. u. Komp. 1895/1902 Dir. d. Marcello-Konserv. in Venezia, bis 1912 Dir. des Liceo m. in Bologna, 1916 Dir. der Cäcilienakad. in Rom. W: Opern, Requiem, orat. Werke (,Canticum Canticorum', ,Das verlorene Paradies'), Intermezzi, OrgWerke auch mit Orch., KaM., OrchSuite usw. — Sein Sohn Renzo * 9/4 1883 Como, Schüler seines Vaters u. d. Lpzger Konserv., 1905/06 TheaKM. in Altenburg, dann in Lübeck, 1913 L. am Konserv. in Parma, das er 1916 mit Milano vertauschte. W: VKonz., VSuite, KlavStücke usw.

BOSSI, Francis, ps. = SOBOTKA, Frz

BOSSLER, Heinr. Phil. † 9/12 1812 Leipzig/Golis, seit 1782 MVerleger (,Blumenlese', ,Bibliothek der Grazien' u. a.) in Speier

BOSWORTH & Co., engl. Verlag, 1889 in Lpz. gegründet u. durch Ankäufe älterer Verlagsfirmen (u. a. Ebner-Stuttgart, 1902 V. Kratochwill, Wien) sehr erweitert

BOTE, Ed. & G. BOCK, bedeutender 1838 gegr. MVerlag (bes. Opern) in Berlin, durch Hugo Bock (1848—1932) bes. gefördert. Jetzige Inhaber, dess. Söhne Dr. Gustav Bock * 17/7 1882 u. Anton Bock * 7/11 1884.

BOTHE, Franz * 17/1 1867 Berlin, da † 7/6 1923, Schüler Hugo Kauns, Chordirig. u. KlavL. in Berlin. W: Orch- u. KaM. — ps. B. TROFÉ

BOTREL, Théodore, † (57jähr.) 1925 Quimper, ‚Le barde breton'

BOTSTIBER, Hugo, Dr. jur. et phil. * 21/4 1875 Wien, Schüler des dort. Konserv., Generalsekretär der Konzerthausgesellschaft, MSchr. W: ‚Gesch. der Ouvert.' (1913); ‚Jos. Haydn' Bd 3 (1927) u. a.

BOTT, Jean Jos. * 9/3 1826 Kassel, † 30/4 1895 Newyork, treffl. Geiger, Schüler Spohrs, 1849 HofKonzM. in Kassel, da später 2. KM., 1857 HofKM. in Meiningen, 1865 in Hannover. 1877 pension., seit 1884 in Hamburg; besuchte wiederholt Amerika. W: Opern, Sinf., V- u. KlavStücke, Lieder

BOTTACCHIARI, Ugo * 10/3 1879 Castelraimondo (Macereta), Schüler Mascaganis, Dir. einer MSchule in Sestri Levante. W: Opern, Sinf.

BOTTAZZO, Luigi * 9/7 1845 Presina (Padova), † 29/12 1924, Organ. in Padova. W (über 300): KirchM., Org- u. KlavStücke, Schulen f. Gsg, Harmonium usw.

BOTTALI, Instrumentenfabrik, bes. von Blechblasinstrum. in Milano, gegr. v. Ferd. Roth 1838, so firmiert bis 1893

BOTTERMUND, Hans * 24/1 1892 Leipzig, VcVirt. in Berlin seit 1926. W: VcSuite u. Variat., Japan. Gsge

BOTTESINI, Giov. * 24/12 1822 (?) Crema, † 7/7 1889 Parma, hervorrag. KBaßvirt., OpKM., 1847/48 in Havana, dann auf Konzertreisen u. a. in Amerika, 1856/57 OpKM in Paris, 1863/70 in Baden-Baden, 1871/77 in Kairo, 1888 in Parma KonservDir. W: Opern, Orator., Fantas., Etüden usw. f. KBaß

BOTTIGLIERO, Edoardo * 1864 Portici, seit 1902 in Napoli Leiter der von ihm gegr. Schola Gregoriana, MSchr. W: KirchM., OrgStücke, KlavStücke, Lieder

BOTTINI, Marianna Andreozzi, Marchesa * 7/11 1802, † 24/1 1858 Lucca. W: KirchM.

BOTTRIGARI, Ercole * 24/8 1531 Bologna, da † 30/9 1612, Prof. ad lecturam musicae. Hauptwerk: ‚Il desiderio ovvero de' concerti di varii stromenti musicali dialogo', 1524 unter dem Namen Alemanno Benelli, 1601 u. d. N. Melone hrsg.

BOUCHER, Alexandre Jean * 11/4 1778 Paris, da † 29/12 1861, namhafter VVirt. W: 2 VKonz.

BOUCHERIT, Jules * 29/3 1878 Morlaix, hervorrag. Geiger, seit 1919 KonservL. in Paris

BOUCHERON, Maxime † 8/11 1896 Paris, OpLibrettist

BOUCHERON, Raimondo * 15/3 1800 Torino, † 28/2 1876 Milano, da seit 1846 DomKM. W: KirchM., theoret. Schr.

BOUCHOR, Maurice * 10/12 1885 Tours, MKrit. in Paris, da † 17/1 1929. W: StrQuart., KlavStücke, Lieder; ‚Alb. Magnard' usw.

BOUDA, Bohumil * 27/4 1896 Selau, seit 1924 Dir. der städt. MSchule in Iglau, da seit 1928 Dir. des SinfOrch., KlavVirt.

BOUGHTON, Rutland * 23/1 1878 Ailesbury, Schüler d. R. College of M. in London, 1904/10 ML. in Birmingham, 1913/21 Leiter der Glastonbury Festivals of M. Drama, 1921 Gründer der Folk Festival School in Bristol. W: Opern, Orator., Chöre, Sinf., sinfon. Dichtgen, KaM.

BOULANGER, Ernest Henri Aless. * 16/9 1815 Paris, da † 1900, seit 1870 GsgL. am Konserv. W: Opern, Chöre, Lieder, brill. KlavStücke

BOULANGER, Lili * 21/8 1893 Paris, da † 15/3 1918, Schülerin Vidals, begabte Komp. W: größere Chorwerke mit Orch., unvoll. Oper, Lieder. — Ihre Schwester Nadia * 16/9 1887, Organistin, OrgL. am amerik. Konserv. in Fontainebleau. W: Opern, Lieder, KlavStücke, OrgStücke usw.

BOULNOIS, Jos. * 28/1 1884 Verneuil (Oise), † (gefallen als Soldat) 1918 Chalaines (Maas). W: Opern, sinf. W., KaM. u. a.

BOULT, Adrian Cedric * 8/4 1889 Chester, Schüler d. Lpzger Konserv., bedeut. OrchDir. 1918 (1912 Schüler von Nikisch) in London, 1924/30 in Birmingham. Seit 1930 musik. Leiter des Rundfunks (The British Broadcasting Corporation) in London. W: ‚Handbook on the technic of conducting' (1922).

BOUMAN, Carolus Leonardus * 5/7 1834 's Hertogenbosch, † 5/1 1905 Dordrecht. W: Oper, Messen, Kantaten, MilMStücke.

BOUMAN, Franc. Willem * 7/6 1866 Utrecht, † 10/12 1896 's Hertogenbosch, Organ. u. Chordir. W: Oper, KirchM., KaM., KlavStücke.

71

BOUMAN, Leon. Carolus * 2/12 1852 's Hertogenbosch, † 24/4 1919 Nijmegen. W: KaM., KlavStücke, Chöre, Lieder.

BOUMAN, Martin J. * 29/10 1858 Herzogenbosch, MDir. in Gouda, da † 11/5 1901. W: Opern, Messen, Chöre, Dramat. Ouvert., KlavStücke u. a.

BOURGAULT-DUCOUDRAY, Louis Alb. * 2/2 1840 Nantes, † 4/7 1910 Paris, erst Jurist, Schüler des Pariser Konserv., da seit 1878 Prof. d. MGesch. W: Opern, OrchStücke, Kantat., patriot. Chöre, Sammlgen griech. u. breton. Volkslieder, Schriften über griech. KirchM., Schubert-Biogr. usw.

BOURGEOIS, Emile † 18/9 1922 Paris, KM. der Kom. Oper. W: Lieder, u. a. ‚La veritable Manola'

BOURGEOIS, Louis * um 1510 Paris, 1545/57 in Genf, dann in Paris. W: Psalmen; ‚Le droit chemin de musique' (1550)

BOURGEOIS, Louis Thomas * 24/10 1676 Fontaine L'evêque, † Jan. 1750 Paris, da MIntendant des Prinzen von Bourbon. W: Ballettopern, Kantaten

BOURGES, Jean Maurice * 2/12 1812 Bordeaux, † 1881 Paris, MKrit. W: Oper, Stabat mater, Romanzen

BOURIELLO, Franç. * 1866 Algier (blind), † Sept. 1929. W: Opern, Kantaten, KlavStücke, H: span. u. alger. Volkslieder.

BOURNONVILLE, Auguste de * 21/8 1805 Kopenhagen, da † 30/11 1879. W: Ballette

BOUSQUET, Georges * 12/3 1818 Perpignan, Schüler d. Pariser Konserv., † 15/6 1854 St. Cloud, TheaKM. in Paris. W: Oper, Messen

BOUTAIL, Jean, ps. = AILBOUT, Hans

BOUVET, Charles * 3/1 1858 Paris, treffl. M-Forscher u. Krit., 1903/14 Dir. der von ihm gegr. ‚Fondation J. S. Bach', 1923/30 Archivar der Großen Oper. H: ältere M. W: ‚Les Couperin' usw.

BOVERY, Jules * 21/10 1808 Lièges, † 17/7 1868 Paris, da OpttenKM. W: Opern, Optten, Ouvert.

BOVET, Hermine * 3/4 1842 Höxter (Westfal.), lebt in Honnef a. Rh., langjähr. ML. in Schwelm. W: KlavSchule, Unterrichtswerke

BOVET, Joseph Abbé * 7/10 1879 Sâles (Fribourg), seit 1908 ML. am LSem. in Hautevive (Fribourg), u. seit 1928 DomKM. in Fribourg. W: Orator., Kantat., Optten, Chöre

BOVIO, Angelo * 18/4 1824, † Dez. 1909 Varema (Como), HarfVirt., 1850/78 KonservL. in Milano. W: HarfKompos., bes. Etüden

BOVY-LYSBERG, Charles * 1821 Genf, da † 15/2 1873, Pianist. W: KlavStücke, Chöre

BOWEN, York * 22/2 1884 Crouch Hill, Schüler der R. acad. of m. in London, da seit 1906 L., KlavVirt. (Wunderkind). W: f. Orch., 3 KlavKonz., VcKonz., KaM. usw.

BOXBERG, Christian Ludw. * 24/4 1670 Sondershausen, † 1729, Organ. 1692 in Großenhain, 1702 in Görlitz. W: Opern, KirchKant.

BOYCE, William * 1710 London, da † 7/2 1779, Organ. W: Opern, Schauspielmusiken, Sinf., OrgStücke, Anthems, kirchmusik. Sammelwerke usw.

BOYDE, Gunther * 26/1 1890 Dresden, da KonzBegl. W: Märchenspiele, Optten, sinf. Dichtg., KaM., Lieder, UnterhaltgsM.

BOYLE, Geo. Frederick * 29/6 1886 Sidney, seit 1910 in Baltimore, hervorrag. Klavierist, Schül. Busonis. W: Sinf., KlavKonz., VcKonz., KaM., KlavStücke, Kantaten

BOYVIN, Jacques † um 1706 Rouen, da Organ. seit 1674. W: OrgStücke; ‚Traite abrégé de l'accompagn. p. l' orgue et le clavecin'.

BOZZANO, Emilio * 14/1 1845 Genova, da † 2/5 1918, TheaKM. W: Opern, sinf. Dichtgen, KlavStücke u. OpFantas., Lieder

BRACHE, Kurt * 8/6 1886 Kottbus, KonzSger (Baß) u. GsgL. in Berlin-Marienfelde. W: OrchStücke, Chöre, Lieder.

BRACONY, Alberto * 1885 Rom, L. f. Mandol. u. Git. in Kopenhagen. W: Schule; Volkslieder m. Git.

BRADE, William * 1560 England, † 26/2 1630 Hamburg, Geiger, KM. an versch. Orten, Tanzkompon.

BRADFORD, Jacob * 3/6 1842 London, da † 19/4 1897, Organ. u. Chordir. W Orat., geistl. u. weltl. Chöre, Ouvert., KlavTrios, OrgSon.

BRADSKY, Theodor * 17/1 1833 Rakonitz (Böhmen), da † 10/8 1881, Sger im Kgl. Domchor zu Berlin. W: Opern, ‚Rattenfänger von Hameln' usw., beliebte Lieder.

BRÄHMER, Peter * 14/12 1885 Neuß, da ML. u. 1912/22 Organ., ausgeb. u. a. v. Mathieu Neumann. W: Chöre, Lieder, Tänze, KlavStücke

BRÄHMIG, Bernh. * 10/11 1822 Hirschfeld b. Liebenwerda, † 23/10 1872 Detmold, SemML., Schüler E. Hentschels, J. Ottos u. J. Schneiders, 1855 ML. d. kgl. Lehranstalten zu Droyssig/Zeitz. W: Motett., KlavStücke, OrgStücke, sehr verbreit. Org-, Klav-, V- u. BrSchule, Schulliedersammlg f. Töchterschulen (Liederstrauß), Lieder usw.

BRÄUTIGAM, Helmut * 16/2 1914 Crimmitschau, da OrgVirt., Schüler Gerhardts-Zwickau. W: ‚Gsge vom Sterben' f. Chor, Soli u. Orch., Chöre, Lieder, OrgStücke u. a.

BRAGA, Gaetano * 9/6 1829 Giulianova, † 21/11 1907 Milano, VcVirt. W: Opern, beliebte Lieder, VcSchule

BRAH-MÜLLER, Karl Friedr. Gust. * 7/10 1839 Kritschen (Schles.), † 1/11 1878 Berlin, Schüler von Fl. Geyer u. Wüerst, seit 1867 ML. in Berlin. W: Optten, StrQuart., KlavStücke, Lieder

BRAHAM, John * 20/3 1774 (1777), London, da † 17/2 1856, OpTenorist (bis 1852) u. zeitweilig TheaDir. W: BühnenM., Lieder, hebr. Melodien

BRAHMS, Johs, ps. G. W. MARKS * 7/5 1833 Hamburg, † 3/4 1897 Wien, Schüler Ed. Marxsens, trat bereits in sehr jugendl. Alter als Pianist auf, lernte 1853 in Düsseldorf Rob. Schumann kennen, der warm für ihn eintrat, lebte dann in Hamburg, bis er 1862/64 Dir. der Singakad. in Wien wurde, lebte dann in Hamburg, Zürich, Baden-Baden, seit 1869 wieder in Wien, wo er 1871/74 Dirig. der Konz. d. Gesellsch. d. Mfreunde war u. mit kleinen Unterbrechungen bis an sein Ende blieb. Die Universität zu Cambridge ernannte ihn 1877, die zu Breslau 1878 zum Doktor; 1886 erhielt er den preuß. Orden Pour le mérite, 1889 das Ehrenbürgerrecht in Hamburg. Er wurzelt als Instrumentalkomp. in Beethoven, von dem er die festgefügte Form u. die unerbittliche Logik der Gedankenentwicklung (themat. Arbeit) sich aneignete; daneben haben Bach u. die älteren Meister der VokalM. auf ihn eingewirkt; Harmonik u. Modulationskunst, nicht zuletzt auch die Rhythmik, danken ihm bedeutsame Bereicherigen. Der bleibende Wert seiner M. wird wesentlich mit durch die Tiefe u. Echtheit ihres Empfindsgehalts bedingt. W: 4 Sinf., 2 Serenaden. 2 Ouvert. ('Akademische', 'Tragische'), OrchVariat., 2 KlavKonz., VKonz., Doppelkonz. f. V. u. Vc., je 2 StrSextette u. Quint., je 1 Quint. m. Klav. bzw. Klarin., 3 StrQuart., 3 KlavQuart., 5 KlavTrios, Sonat. f. Klav. u. V. (3), Vc. (2), Klarin. (2), Sonaten (3), Variationen, Balladen, Rhapsodien usw. f. Klav., OrgStücke, deutsches Requiem, Chorwerke mit Orch. ('Rinaldo'-Kantate, 'Triumphlied', 'Schicksalslied', 'Rhapsodie', 'Gesang der Parzen', 'Nänie'), Motett., weltl. gem. u. M.-Chöre, FrChöre, 'Liebeslieder' u. 'Zigeunerlieder' f. 4 Singst. m. Klav. (zu 2 resp. 4 H.), Duette, zahlr. Lieder u. Romanzen usw. Sein Briefwechsel, bisher 16 Bände. Biographien: Max Kalbeck (4 Bde), Florence May, W. Niemann, Gust. Ernest, A. v. Ehrmann

BRAHMÜLLER — s. BRAH-MÜLLER

BRAILLE, Louis * 4/1 1806 Coupvray (Seine et Marne), † 6/1 1852 Paris, erfand 1825 (1839) die Notenschrift für Blinde

BRAILY, Mac, ps. = M. BUKOWIECKI

BRAITHWAITE, Sam Hartley * 20/7 1883 Egremont (Cumberland), Schüler der R. Academy in London, lebt seit 1917 in Bournemouth. W: sinfon. Dicht., bemerkensw. KlavStücke

BRAMBACH, Kaspar Jos. * 14/7 1833 Bonn, da † 19/6 1902, Schüler F. Hillers, 1861/69 städt. MDir. in Bonn. W: Op., MChorwerke mit Orch., KaM., Chöre, Lieder usw.

BRAMBACH, Wilh. * 17/12 1841 Bonn, † 26/2 1932 Karlsruhe, da 1872/1904 OBibliothekar. W: Forschgen z. M. des MA.

BRAMBILLA, Paolo * 1786 Milano, da † 1838. W: Oper, Ballette, KirchM., Lieder

BRANBERGER, Joh., Dr. phil. * 18/11 1877 Prag, da seit 1906 DirektSekr. u. Prof. am Konserv., MSchr. Seit 1924 Dir. d. tschech. Konserv.

BRANCA, Guglielmo * 13/4 1849 Bologna, seit 1890 GsgL. am R. istituto in Firenze, vorher TheaKM. an verschied. Orten Italiens, in Caracas, Athen usw. W: Opern

BRANCACCIO, Ant. * 1813 Napoli, da † 12/2 1846. W: Opern

BRANCHE, Charles Antoine * 1722 Vernon-sur-Seine, hervorrag. VVirt. in Paris. W: VSon. (bemerkensw.)

BRANCO, Luis de Freitas — s. FREITAS BRANCO

BRANCOUR, René * 17/5 1862 Paris, MSchr., 1904/25 Konservat. d. Instrumenten-Mus. d. Konserv. W: Biogr. üb. Fél. David, Méhul, Bizet, Massenet, 'Histoire des instruments du musique, VSon., Gsge u. a.

BRAND, Friedrich * 1806 Regensburg, † 1874 Würzburg als DomChorDir., GitVirt. W: GitSchule u. -Stücke, Lieder

BRAND, Gust. Edua., ps. Walther STOLTZING * 13/10 1877 Lohr a. M., lebt s' Gravenhage (Fabrikdir.). W: Kriegs- u. Heimatlieder; Märsche

BRAND, Max * 26/4 1896 bei Wien, lebt da, aufgewachsen in der Schweiz, akt. Offiz. im Weltkrieg, Schüler Schrekers, Al. Habas u. Erwin Steins. W: Oper 'Maschinist Hopkins', sinf. Dichtg, KaM., Balladen

BRAND, Michael — s. MOSONYI

BRANDEIS, Friedr. * 5/7 1835 Wien, † 14/5 1889 Newyork, wo er seit 1851 als Klavierist, L. u. Organ. wirkte. W: OrchStücke, KaM., KlavStücke, Lieder

BRANDENBURG, Hans * 18/10 1885 Barmen, Textdichter in München

73

BRANDES, Friedr., Dr. phil., Prof * 18/11 1864 Aschersleben, stud. in Lpz., 1895/98 mus. Redakt. d. ‚Dresd. Nachr.', 1898/1922 Dir. d. LehrGsgV., 1909 UniversMDir. in Lpzg, 1911/19 Schriftl. d. ‚Neuen Zeitschr. f. M.', lebt seit 1933 in Dresden. W: KlavStücke, MChöre, Lieder

BRANDL, Joh. * 14/11 1760 Kloster Rohr/Regensburg, † 25/5 1837, HofMDir. in Karlsruhe. W: Oper, Oratorien, Messen, Sinf., viel KaM.

BRANDL, Joh. * 30/10 1835 Kirchenbirk (Böhmen), † 10/6 1913 Wien, da Schüler des Konserv., Optten- u. sehr fruchtbarer Possenkomp. (über 100 Stücke)

BRANDMANN, Israel * 1/12 1901 Kamenetz-Podolsk, seit 1926 Geiger u. Chordir. in Wien. W: KaM., VStücke, KlavStücke

BRANDON, Faultner, ps. = RAWLINGS, Ch. A.

BRANDSTÄTER, Geo. * 1864 Danzig, da RealgymnGsgL., KonservL., MKrit., seit 1900 Organ., VerDirig., 1912 GsgsInspektor. W: MChöre, Choralbuch (5. Aufl.).

BRANDSTETTER, Oskar * 1845, † 15/7 1915 Leipzig, übernahm 1880 die Notenstich- u. Druckanstalt Garbrecht u. baute sie aus.

BRANDT, Aug. * 3/6 1825 Eisleben, † 1877, Kantor in Merseburg, später GymnGsgL. in Bremen. W: KinderKlavSchule (‚Jugendfreuden am Klav'), ‚Erster Lehrmeister im KlavSpiel', ‚Goldenes Melodienbuch', ‚ElemOrgSchule', OrgStücke, Chorgsgschule, MChöre

BRANDT, E., ps. = AILBOUT, Hans

BRANDT, Ernst * 19/11 1894 Oldenburg, seit 1920 KonservDir. in Braunschweig, ausgeb. in Lpz. W: Sinf., Suite, KlavStücke (auch für das Vierteltonklav.) u. Übgen

BRANDT, Fritz, Dr. iur. * 24/1 1880 Magdeburg, lebt in Düsseldorf. W: BühnenM., Orch.- u. KaM., Gsge

BRANDT, Hermann * 16/1 1840, † 26/11 1893 Berlin, ML. W: Lieder, u. a. ‚Vom Rhein beim Wein'

BRANDT, Karoline — s. WEBER, K. M. v.

BRANDT, Marianne (eigentl. Marie Bischof) * 12/6 1842 Wien, da † 9/7 1921, berühmte Altistin (Wagnersgrin), 1868/86 an der Hofop. in Berlin, seit 1906 GsgL. in Wien

BRANDT-CASPARI, Alfred * 1864, † 24/5 1929 Sao Paolo (Bras.), langjähr. verdienter MDir. in Kreuznach

BRANDTS-BUYS, holländ. MFamilie: Cornelius Abijander * 3/4 1812 Zalt-Bommel, † 18/11 1890 Dordrecht, Organ. u. Dirig. seit 1840. — Sein Sohn Marius Adrianus * 31/10 1840 Deventer, seit 1864 Organ. in Zutphen. — Dessen Bruder Ludwig Felix * 20/11 1847 Deventer, Organ. u. Chor-Dirig. in Rotterdam, † 29/6 1917 Velp. W: f. Gsg. — Dessen Bruder Henry * 20/4 1851 Deventer, † 15/10 1905 Amsterdam, VerDirig. seit 1878. W: Oper, MChöre usw. — Jan, Sohn von Marius Adrianus * 12/9 1868 Zutphen, † 9/12 1933 Salzburg, Schüler des Raffschen Konservat. (Urspruch) in Frankf. a. M., seit 1929 in Salzburg, jahrelang in Wien, 1910/20 bei Bozen, 1920/29 bei Ragusa. W: Opern, u. a. ‚Die Schneider von Schönau' 1916 (erfolgreich); ‚Der Mann im Mond' 1922; KaM., KlavStücke, Lieder.

BRANDUKOW, Anatol * 6/1 1859 Moskau, da † Okt. 1930, seit 1890 L., seit 1903 Dir der mdramat. Schule, VcVirt., zeitweilig in Paris, W: VcKompos.

BRANDUS, Dufour & Cie, 1846 gegr. Pariser MVerlag, der das 1834 gegr. Geschäft von Moritz Schlesinger übernahm. Louis Brandus † 20/9 1887. Der Verlag ging dann bes. an Joubert über, teilweise auch an Ph. Maquet (jetzt Hamelle).

BRANSCOMBE, Gena * 4/11 1887 Picton, Ontario, (Mrs. John F. Tenney) in Newyork, Schülerin u. a. A. Borowskis u. Humperdincks. W: OrchStücke, KlavStücke, Chöre, auch m. Orch., Lieder.

BRANSEN, Walther * 6/5 1886 Braunschweig, lebt in Berlin, urspr. Mediziner, Schüler Juons. W Oper, Optten, BühnenM., KaM., Lieder, auch mit Orch., Schlager. — ps. Sam FOX; Karl WETTER

BRANSKY, Otto * 13/5 1889 Weißenfels a. S. (Sohn eines MDir.), lebt in Ravensburg, ausgeb. auf der MSchule in Weimar, nach MilZeit Leiter einer kl. Kapelle, ebenso nach der Kriegsteilnahme, reiste viel mit dieser Kap. W: Tänze, Märsche, Schlager

BRANZELL, Karin * 24/9 1891 Stockholm, ausgez. vielreisende Altistin, 1919/34 an der Berl. Staatsop., daneben seit 1924 auch an der Metropolitan Op. in Newyork

BRANZOLI, Giuseppe * 1845 Lenola, † 21/1 1909 Rom als Prof. an der Akad. S. Cecilia, Lautenforscher. W: Kompos. u. Schulen f. Mandol. u. Git.

BRASE, Fritz, ps. R. CASTRO * 4/5 1884 Egestorf (Deister), Schüler d. Konserv. in Lpz, u. Bruchs, Dir. der MilMSchule u. Inspiz. der irländ. MilM. in Dublin, vorher preuß. MilKM. W: kom. Oper, sinf. Suite, KaM., Lieder, UnterhaltsgsM.

BRASLAU, Sophie * 16/8 1892 Newyork, da Sängerin (auch in Europa bekannt) an der Metropolitan-Oper

BRASLAVSKY, Salomon * 24/4 1885 Kaligorka (Rußl.), seit 1908 in Wien, da Dir. eines jüd. Orch. u. Chors. W: Sinf., Ouvert., Psalmen

BRASSIN, Gerhard * 10/6 1844 Aachen, VVirt., † ? Konstantinopel. W: VStücke

BRASSIN, Leopold * 28/5 1842 Straßburg, † 1890 Konstantinopel, KlavVirt. W: KlavStücke

BRASSIN, Louis * 24/6 1840 Aachen, † 17/5 1884 Petersburg, KlavVirt., L. an den Konserv. zu Brüssel (1869/79) u. Petersburg (seit 1879). W: 2 Optten, KlavKonz., KlavEtüd., Salonkomp. usw.

BRATFISCH, Karl * 18/12 1829 Berlin, † 1/1 1901 Glogau, da MilKM., später Kantor, Org. u. ML. W: KirchM., Märsche, VStücke

BRATSCH, Joh. Geo. * 18/2 1817 Zell, † 30/9 1887 Aschaffenburg, Dir. der MSchule. W: KirchM., MChöre, Lieder

BRAUDO, Eugen * 20/2 1882 Riga, seit 1924 Prof. am Instit. f. Drama u. Oper in Moskau, vorher seit 1914 Prof. der MGesch. an der Univ. Petersburg. W: Schriften üb. Borodin, Beethoven u. v. a.

BRAUER, Elisabeth * 27/4 1861 Lahr (Bad.), lebt da, vielgereiste Pianistin. W: Suite f. V. u. Klav., Chorballade, Lieder

BRAUER, Frdr. * 25/9 1806 Stößen/Naumburg, † Sept. 1898 Naumburg a. S., da seit 1846 Organ. W: ‚Prakt. Elementar-Pftschule', ‚Der Pftschüler', ‚Musikal. Jugendfreund', ‚30 melod. Klav.-Etüden', ‚Vorspiele zu Hentschels Choralbuch', ‚Erster Kursus im OrgSpiel' usw.

BRAUER, Max * 9/5 1855 Mannheim, † 2/1 1918 Karlsruhe, da seit 1888 KirchMDir. W: Opern, KaM., Klav.- u. OrgStücke

BRAULT, Jules, ps. = LAJARTE

BRAUN, Albert * 14/1 1808 Mülhausen i. Els., da † 23/6 1883, Pfarrer seit 1838. W: MChöre (‚Mutterseelen allein'), Lieder

BRAUN, Anton * 6/2 1729 Kassel, da † 1785, da seit 1764 Geiger d. Hofkap. W: Konz. u. Son. f. Flöte, Trio-Sonaten.

BRAUN, Clemens * 1862 Dresden, † 25/2 1933 Klotzsche, treffl. Pianist u. Organist, Gründer des BachV. in Dresden. W (ungedr.): Oper, KaM., feinsinn. KlavStücke, Lieder

BRAUN, Herm. * 4/11 1889 Soest, da Gymn-ML., ausgeb. in Berlin (Akad. f. Schul- u. Kirch-M.). W: Chöre u. Instrumentales f. Schulfeiern

BRAUN, Joh. * 28/8 1753 Kassel, † 1795 Berlin, da seit 1785 KonzM. der Königin, 1770—85 Hofmusiker in Kassel. W: Konz. f. V., Vc., Horn, Trio-Sonaten

BRAUN, Josef † 26/9 1902 Wien, 62jähr., Opttenlibrettist

BRAUN, Karl * 1/9 1864 Dresden, da † 5/3 1934, Schüler Rappoldis, da 1884/1925 Geiger i. d. Oper. W: OrchStücke, Solostücke f. versch. Instr. (Viola d'amore), Lieder u. a.

BRAUN, Karl * 2/6 1888 Meisenheim (Rheinl.), hervorrag., durch zahlr. Gastspiele an größt. Bühnen auch im Auslande, sowie durch Bayreuth berühmter Bassist; wirkt in Berlin (Dtsch. OpHaus)

BRAUN, Karl Ant. Phil. * 1788 Ludwigslust, † 11/6 1835 Stockholm, da seit 1815 Oboist der Hofkap. W: BühnenM., ObKaprizen, Gsge. — Sein Bruder u. Nachfolger in Stockholm Wilhelm * 1791 Ludwigslust, † ?. W: OKompos u. a.

BRAUN, Rud. * 21/10 1869 Wien (blind), da † 30/12 1925, Schüler Labors. W: Opern, KaM., KlavStücke, Lieder

BRAUN, Wilh. —s. bei BRAUN, K. A. Ph.

BRAUNE, Paul * 29/11 1873 Berlin, da Chordir. W: Oper, Chöre, Lieder

BRAUNEIS, Josef * 15/1 1873 Ried, NÖsterr., lebt in Wien, Schüler Aug. Göllerichs u. W. Floderers. W: über 600 Lieder

BRAUNFELS, Walter * 19/12 1882 Frankfurt a. M., lebt in Godesberg a. Rh., Schüler v. J. Kwast, Leschetitzky u. Thuille, ausgezeichnet. KlavSpieler, 1903/25 in Holzen bei München, 1925/33 Mitdirektor der Hochschule für Musik in Köln. W: Opern, u. a. ‚Die Vögel' 1920, ‚Don Gil' 1925, ‚Galatea' 1930, Chorwerke ‚Offenbarung Joh. Kap. 6', ‚Te deum', ‚Große Messe', OrchVariat. op. 15 u. 25, KlavKonz., KlavStücke, Lieder

BRAUNOFF, Platon — s. BRUNOW

BRAUNROTH, Ferd. * 1854, † 25/8 1913 Dresden, da seit 1876 TheorL. am Konserv. W: ‚Ursache u. Wirkg in der Tonfolge', OrchStücke

BRAUNSTEIN, Jos. * 28/10 1883 Bukarest, Schüler u. Vorbereiter Sevčiks, treffl. VL. am Konserv. in Basel (vorher in Saarbrücken). W: ‚Zur Reform des VUnterrichts'

BRAV, Ludwig, Dr. phil. * 2/2 1896 Berlin, lebt da, studierte MWiss. B: f. kl. Orch. W: ‚Handbuch der FilmM.' (mit Hans Erdmann)

BRAZYS, Theodor * 20/11 1870 Pabirze (Litt.), Geistl., ausgebild. in Regensburg (KirchMSchule), 1907/17 Domchordir. in Wilna. W: Messen u. a. KirchM., GsgLehre, Harmonielehre (litt.). H: litt. Gsge

BREBECK, Ingrid, geb. Krigar-Menzel * 30/7 1901 Berlin, da seit 1928 Konz- u. OpSgrin, vom 6./18. Jahre Geigerin, nach Studium b. Lula Mysz-Gmeiner OpKoloratSgrin

BRECHER, Gustav * 5/2 1879 Eichwald/Teplitz, lebt in Berlin-Dahlem, OpKM. in Olmütz 1901/03, 1903/11 Hamburg, 1911/16 Köln, 1916/21 Frankf. a. M., 1921 in Berlin ohne feste Stellung, viel auf Reisen, 1923/33 OpDir. in Lpz. W: sinf. Dichtgen, Schriften üb. R. Strauß, Berlioz, Opern-Übersetz. usw.

BRECHER, Heinz * 3/6 1889, Schüler der Gregorius-Akad. in Beuron, KonservDir. u. VerDirig. in Saarbrücken, vorher St. Wendel. W: MChöre

BRECHT, Rob., ps. = ROBRECHT, Karl

BREDACK, Wilh. * 25/1 1875 Köln, da ObML. (StudRat) u. seit 1906 Organ. W: Chöre

BREDAL, Ivar Frederik * 17/6 1800 Kopenhagen, da † 25/3 1864. W: Singspiele, Kantaten

BREDAL, Niels Krog * 1733 Drontheim, † 26/1 1778 Kopenhagen. W: Opern, Kantaten

BREDE, Albrecht * 19/12 1834 Besse (Hessen), † 15/1 1920 Kassel, da seit 1869 SemL. u. Dir. d. OratVer. W: Orat., Org.-, KlavStücke, Gsge. — Sein Sohn R u d o l f B., Dr. phil. * 3/1 1858 Sontra, † 1/12 1924 als GymnProf. (auch GsgL.) in Kassel, treffl. Geiger. W: KaM., VStücke, Chöre

BREDICEANU, Tiberius * 2/4 1887 Lugos (Rum.), lebt in Brasov. W: Opern. H: ‚Rumän. Volkslieder

BREDSCHNEIDER, Willy * 31/1 1889 Arnsdorf, Dtsch-Böhmen, seit 1909 KM. in Berlin bzw. Wien, ausgeb. in Basel (Konserv.) u. v. Friedr. Klose. W: Optten, Possen

BREE, Herman J. van * 1836 Amsterdam, † 29/8 1885 Vught. W: MChor, Messe, 4h. Klav-Sonate u. a.

BREE, Jean Bernard van * 29/1 1801 Amsterdam, da † 14/2 1857, Dir. der MSchule, gründete 1840 den Cäcilienver. W: Opern, Messen, Kantaten, Lieder, KaM.

BRÉE, Malvine * um 1860 Jablunkau (Öst.-Schles.), verdiente KlavPädagogin in Wien seit 1893, Vorbereiterin Leschetizkys. W: ‚Die Grundlage der Methode L.' (4. Aufl. 1910).

BREFIN, Max * 31/12 1892 Basel, da KlavL. W: KlavStücke, Duette, Lieder

BREHM, Dorothea * 25/5 1892 Dresden, Lautensgerin in Berlin. W: ‚Meine liebe Laute' (3 Bde).

BREHME, Hans * 10/3 1904 Potsdam, seit 1928 KonservKlavL. in Stuttgart, Schüler Rob. Kahns, Kurt Börners u. W. Kempffs. W: Oper, Sinf., KlarinKonz., Conc. sinf., KaM., OrgSon., Chöre, Lieder m. Orch.

BREHMER, Friedr., Dr. phil. * 7/5 1876 Hamburg, da StudRat. W: ‚Melodie-Auffassg u. melod. Begabg des Kindes' 1925

BREIDENSTEIN, Heinr. Karl * 28/2 1796 Steinau (Kurhess.), † 13/7 1876 Bonn, UniversM-Dir. seit 1823 u. Prof. d. M. seit 1825. W: M-Chöre, Romanzen, Motetten; prakt. Singschule usw.; dichtete den Text zu ‚Die Kapelle' von Konr. Kreutzer (‚Was schimmert dort')

BREIT, Christoph, ps. = Hans LANG

BREITENBACH, Basilius (Karl Jos. Heinr.) * 1/4 1855 Muri (Aarg.) † 23/7 1920 Einsiedeln, da seit 1882 StiftsKM. W: Oper, Kantat., Chöre

BREITENBACH, Franz Jos. * 27/4 1853 Muri (Aarg.), seit 1889 StiftsOrg. u. Chordir. in Luzern. W: Messen u. a. KirchM., Chöre, Org- u. Klav-Stücke

BREITENBACH, Jos. Heinr. * 17/5 1809 Offenau (Württ.), † 4/4 1866 Wettingen (Aarg.), da seit 1858 ML. am LSemin., vorher u. a. Organ. in Muri 1847—58. W: Ouvert., Messen, Chöre

BREITENBACH, Klemens * 19/3 1864 Hochheim (Thür.), seit 1889 in Osnabrück. W: KaM., OrgStücke, geistl. Chöre u. Gsge

BREITER-SZELESSY, Hans * 31/12 1878 Preßburg, da KirchChordir. W: Messen, KaM., Klav-Stücke, Tänze usw.

BREITHAUPT, Rudolf Maria * 11/8 1873 Braunschweig, studierte Jura u. Philos., 1897 auf d. Lpz. Konserv. (Jadassohn, Paul), seit 1901 KlavL. u. MSchr. in Berlin, seit 1918 am Sternschen Konserv. W: ‚Die natürl. KlavTechnik', ‚Grundlagen der KlavTechnik' usw.; Lieder.

BREITKOPF, Bernh. Christoph * 2/3 1665 Klausthal, † 26/3 1777 Lpz, Begr. der Druckerei, aus der sich der berühmt gewordene Musikalien-Verl. B r e i t k o p f & H ä r t e l entwickelt hat. — Sein Sohn I m m a n u e l (* 23/11 1719 Lpz, da † 28/1 1794), brachte den Notentypendruck durch Zerlegg d. Typen in kleinste Teile bes. zum Druck von KlavM. zu Bedeutg. — Sehr große Verdienste um die Firma erwarb sich Dr. Oskar v. H a s e (s. d.).

BREMA (eigentl. B r æ m e r), Maria * 28/2 1856 London, da † 22/3 1925, berühmte Sgerin (Mezzosopr., Schülerin G. Henschels); sang in Bayreuth die Ortrud, Fricka u. Kundry

BREMER, Friedr. Karl * 9/9 1882 Halberstadt, Studiendirektor in Rathenow. W: Chöre, Lieder m. Git.

BREMER, Heinrich * 1884, † 1/8 1927 Dresden, da seit 1917 FilmKM. W: FilmM., Tänze, Lieder

BREMNER, Ernst James * 6/11 1868 Bristol, Organ. in Bremen seit 1898, ausgeb. in Köln. W: Motetten, Lieder, KlavStücke

BREMNER, Rob. * 1720, † 12/5 1789 London, da bedeut. MVerleger, vorher Geiger u. ML. in Edinburg. W: GitSchule, Lieder

BRENDEL, Frz * 26/11 1811 Stolberg (Harz), † 25/11 1868 Lpz, stud. Philos., 1844/68 Redakt. d. ‚Neuen Zeitschr. f. M.' u. KonservL. in Lpz; begeisterter Vorkämpfer der neudtschen Schule u. Mitbegründer d. ‚Allgem. Deutsch. MVer.'. W: ‚Gesch. der M.', ‚F. Liszt als Sinfoniker', ‚Gesamm. Aufsätze'

BRENDLER, Frz Friedr. Ed. * 4/11 1800 Dresden, † 16/8 1831 Stockholm. W: Opern

BRENET, Michel (d. i. Marie Bobillier) * 11/4 1858 Luneville, † 4/11 1918 Paris, da seit 1871; ausgezeichn. Forscherin. W: Schriften ‚Gesch. der KirchM. in Frankreich', ‚Hist. de la symphon. jusqu'à Beethoven', ‚Grétry', ‚Palestrina', ‚Haendel', ‚La m. militaire' usw.

BRENKER, Christian * 1823, † 1914, SchulL., langjähr. Leiter der Liedertafel in Bad Salzuflen, treffl. Improvisator. W: KlavVSonat., OrgStücke, MChöre, Lieder

BRENNECKE, Eduard * 1842 Lindau (Eichsfeld), † 29/10 1905 Osnabrück, 1869 Domorgan. in Frankf. a. M., seit 1884 desgl. Osnabrück. W: geistl. Chöre

BRENNEKE, Gust. * 26/8 1874 Bindfelde, Kr. Stendal, SchulL., Organ. u. VerDir., seit 1918 in Stendal. W: MChöre

BRENNER, Bruno * 25/9 1872 M-Trübau, KM. in Dresden, da 27 Jahre am Residenz-Thea., ausgeb. in Wien, Dresden u. Braunschweig. W: Optten, Märchenspiele.

BRENNER, Friedrich * 1815 Eisleben, † 1898 München, 1839/93 UnivMDir. u. Organ. in Dorpat, da sehr verdient um das MLeben. W: Kantat., Motetten, Lieder. H: Choralbuch f. Kirche, Schule u. Haus

BRENNER, Ludw. v. * 19/9 1833 Wien, † 9/2 1902 Berlin, Zögling des Priestersem. in Prag u. d. Konserv. in Lpz, 1850/72 Geiger in Petersburg, da auch Dirig., 1873 Dirig. der SinfKap. in Berlin, da 1876 Dirig. des Reichshallen-Orch., 1877 in Stockholm, auch sonst vielfach Gastdirig., 1882/83 Leiter des Berliner Philh. Orch., dann wieder Gastdirig., zuletzt Kompos.- u. InstrumL in Berlin. W: KirchM., Tänze, Märsche

BRENNER, Rudolf * 12/8 1854 Stuttgart, da † 18/3 1927, Chordirig. W: Opern, Singsp., Chöre, Lieder

BRENNER, Walter * 21/1 1906 Wynberg, Süd-Afrika, lebt in Berlin-Charlottenburg, Autodidakt. W: UnterhaltgsM.

BRENNERBERG, Irene v. † 1/10 1922 Brasov/ Kronstadt, VVirt.

BRESCIANELLO, Gius. Aed., 1717—57 MDir. in Stuttgart. W: VKonz., Sinf., TrioSon. u. a.

BRESGEN, Cesar * 16/10 1913 Firenze (Deutscher), Organ. in München, Schüler u. a. v. Jos. Haas. W: KaM., KlavSuiten, Lieder

BRESLAUR, Emil * 25/5 1836 Kottbus, † 26/7 1899 Berlin, Schüler des Sternschen Konserv. in Berlin, 1868/79 L. bei Kullak, gründ. 1879 das ‚Berliner Konserv. u. KlavLSem.' u. den ‚Ver. der ML. u. Lehrerinnen', 1878 die Ztschr. ‚Der Klav.-Lehrer'. W: KlavStücke, Chöre, Lieder, ‚Notenschreibschule', ‚Techn. Grundlagen des KlavSpiels', ‚KlavSchule', ‚Führer durch die KlavUnterrLit.', ‚SynagogenM.' (1898) usw.

BRESLES (eigentl. Bachimont), Henri * 7/10 1864 Paris, da † 1925, Schüler v. Mathys Lussy u. Scola. W: kom. Opern, zahlr. Lieder, Klav.-Stücke

BRESSER, Jan * 7/10 1899 Arnheim, VVirt., seit 1925 KonzM. in Düsseldorf. W: StrQuart., KlavSonaten, VKonzert, Lieder.

BRET, Gustave * 30/8 1875 Brignoles, Schüler der Schola cantorum in Paris, da Organ. u. M.-Krit., gründete 1904 die Société J. S. Bach. W: Chöre, Lieder

BRETAGNE, Pierre * 6/10 1881 Epinal, lebt in Nancy, Schüler von Ropartz. W: Oper, Ballett, sinfon. Dichtgen, KaM. usw.

BRETEUIL, François de * 21/2 1892 Paris, lebt da. W: Opern, sinfon. Stücke, VSon., Klav.-Stücke, Gesänge

BRETON Y HERNANDEZ, Tomas * 23/12 1850 Salamanca, † 10/12 1923 Madrid. W (beachtenswert): Opern ‚Die Liebenden von Teruel' usw., Optten (‚La verbena de la paloma'), Oratorium, OrchStücke usw.

BRETSCHNEIDER, Karl * 26/9 1871 Breslau, Optten- u. Possenlibrettist in Berlin-Charlottenburg

BRETTHAUER, Albert * 14/1 1869 Mainzholzen, Kr. Holzminden, GymnChordir. in Holzminden seit 1906. W: KaM., Chöre, Lieder, Märsche, Tänze.

BRETZNER, Christoph * 10/9 1748 Lpz.; da † 31/8 1807, Kaufmann, Librettist von Singspielen

BREU, Simon * 15/1 1858 Simbach a. Inn, † 9/8 1933 Würzburg, da seit 1885 Dir. des akad. Gsgver. bis 1908 u. 1894/1924 L. a. d. staatl. MSchule. W: beliebte MChöre, Lieder, ‚Das elementare Notensingen'

BREUER, Bernh. * 1808 Köln, Schüler B. Kleins u. M. Ganzs, auch Cherubinis, VcVirt, L. an der Rhein. MSchule, seit 1845 MHändler in Köln, † ?. W: Opern, Orator., Messen, Ouvert., VcStücke

BREUER, Hans * 27/4 1870 Köln, † 11/10 1929 Wien, ausgez. Buffotenor bes. Mime, viel in Bayreuth, seit 1900 in Wien, zuletzt Spielleiter

BREUER, Hans, Dr. med. * 30/4 1883 Grobers/Halle, † (gefallen) 20/4 1918 Merles/Verdun, Führer der Wandervogelbewegg. H: ‚Der Zupfgeigenhansl' (in über 1 Million Exemplaren verbreitet)

BREUNING, Gerh. v. * 1813, † 1892, Arzt in Wien. W: ‚Aus d. Schwarzspanierhause' (üb. Beethoven) 1874

BREVAL, Jean Baptiste * 1756, † 1825 Chamouille/Laon, VcL. am Konserv. zu Paris bis 1802. W: konzert. Sinf., viel KaM., VcSchule

BRÉVILLE, Pierre de * 21/2 1861 Bar le duc, Schüler d. Pariser Kons. u. César Francks, lebt in Paris, zeitweilig L. an der Schola cantorum. W: Oper, BühnenM., Ouvert., Messen, Chöre usw.

BREWER, Alfred Herbert * 21/6 1865 Gloucester, da † 1/3 1928, Organ. u. Dirig. W: Kirch.-M., Schulgsge, OrgStücke

BREWER, John Hyatt * 18/1 1865 Brooklyn, da Organ. u seit 1903 Dirig. des Apollo-Clubs f. MChor. W: viele Anthems, Kantaten, Lieder

BRIAN, Will. Havergal * 29/1 1877 Dresden, Staffs., lebt in London, MKrit. W (fortschrittl.): Suiten, Quart., KlavStücke, Chöre, Lieder

BRIARD, Etienne, Schriftgießer in Avignon, führte um 1530 statt der bis dahin üblichen eckigen Notenformen runde ein

BRICCIALDI, Giulio * 2/3 1818 Terni (Ital.), † 17/12 1881 Rom, namhafter Flötist. W: viele FlKompos.

BRICHT, Walter * 21/9 1904 Wien, da KlavVirt. (KonzBegl.), Schüler Frz Schmidts u. der Akad. d. Tonkunst. W: Sinf., kleine OrchStücke, KaM., 2 KlavKonz., 6 KlavSon., OrgStücke, Chöre, Lieder

BRIDGE, Frank * 26/2 1879 Brighton, Schüler Stanfords, Dirig. in London. W: OrchSuite, sinf. Dichtgen, viel KaM. (sehr bemerkenswert), Lieder, Chorwerke

BRIDGE, John Frederick * 5/12 1844 Oldbury (Worcester), † 16/3 1924 London, Organ. in Windsor, Manchester, London, da 1890 TheorL. am R. College u. Chordirig., 1902 UniversProf., 1897 geadelt. W: Orator., Kantat., Hymnen, Anthems, OrchStücke, theoret. Unterrichtsw. — Sein Bruder (u. Schüler) J o s e f C o x * 16/8 1853 Rochester, † 29/3 1929 St. Albans, 1877/1925 Organ. in Chester, rief da 1879 MFeste wieder ins Leben, seit 1908 auch Prof. of music in Durham. W: Orator., Requiem, Kantaten, Lieder, Sinf., Bücher usw.

BRIDGE, Jos. Cox * 16/8 1853 Rochester, † 29/3 1929 St. Albans, Organist 1871/77 in Oxford, 1877/1925 in Chester, da Dirig. der MFeste, lebte pens. in London. W: Orat., KirchM., Kantat., Sinfon.

BRIDGEMAN, Will, ps. = BRÜGGEMANN, Willi

BRIDGETOWER, George Polgreen * um 1779 Biala, Galiz., † 29/2 1860 Peckham/London, VVirt. (Mulatte), konzertierte schon 1789 in Paris u. London; Beethoven schrieb für ihn d. später Rodolphe Kreutzer gewidmete Sonate op. 47 u. spielte sie mit ihm öffentlich am 24/5 1803

BRIEGEL, Wolfgang Karl * 21/5 1626 Nürnberg, † 19/11 1712 Darmstadt als HofKM. seit 1670, 1650 Hofkantor in Gotha. W: viele geistl. Chöre, Singspiel, InstrumSuiten

BRIEGER, Otto * 10/10 1835 Hermsdorf/Kynast, † 7/10 1904 Schwiebus, da 1865/97 Organ. W· OrgKompos.

BRIESEMEISTER, Otto, Dr. med. * 18/5 1866 Arnswalde, † 16/6 1910 Berlin, OpTenor., berühmt durch seinen Bayreuther Loge (1899 ff.).

BRIGHT, Dora Estella * 16/8 1863 Sheffield, Klavieristin in London. W: OrgVar., KlavKonz., KaM.

BRILL, Otto * 11/2 1885 Barmen, KonzSgr u. seit 1919 KonservDir. in Elberfeld-Vohwinkel. W: Singsp., Chöre, Lieder; ‚Die Entfesslg. d. Stimme'.

BRINK, Jul. ten — s. TEN BRINK

BRINSMEAD, Edgar † 28/11 1907 London. W. ‚History of Pfte'.

BRINSMEAD, John * 13/10 1814 Wear Gifford, Devon, † 17/2 1908 London, gründete da 1836 die berühmt gewordene KlavFabrik

BRISCHKE, Julius * 18/7 1876 Köln, seit 1922 GsgL. in Danzig, ausgeb. als Geiger, Klav. u. Sgr in Köln (Konserv.), lyr. Tenor u. a. in Düsseldorf, Lübeck, dann OpReg., zuletzt i. Danzig. W: Lieder

BRISSAC, Jules, ps. = MACFARREN, Mistress John

BRISSLER, Friedr. Ferdin. * 13/6 1818 Insterburg, † 30/7 1893 Berlin, Schüler v. Rungenhagen, A. W. Bach, Jul. Schneider u. R. Schumann; 1838/1845 KonzPianist, dann L. am Sternschen Konserv. in Berlin. Geschickter Arrangeur (KlavAuszüge von Op.; Sinf. usw.

BRISSON, Fréder. * 25/12 1821 Angoulême, † 1900 Orléans, KlavVirt. u. gesucht. L. in Paris. W: üb. 150 KlavStücke, OrgSchule. B: f. Harmon.

BRISTOW, George F. * 19/12 1825 Newyork, da † 13/12 1898, Pianist, Geiger, Dirig., GsgL. W: Oper, Orator., 2 Sinf., KlavStücke, Lieder

BRJUSSOWA, Nadessha * 19/11 1881 Moskau, da Dozentin am Konserv. W: ,Die Musik der Revolution' (1925) u. a.

BRIX, Willy * 20/7 1887 Osnabrück, seit 1908 in Berlin, KlavL. u. seit 1910 KonservDir. W: KaM., KlavStücke, Lieder

BRIXEL, Franz * 15/4 1862 Wien, da † 21/4 1914, KlavPädag. (Werke), Dirig. des Orchester-Klubs Haydn

BRIXI, Frz Xav. * 1732 Prag, da † 14/10 1771, seit 1756 DomKM. W: Orator., 76 Messen usw.

BROADWOOD, berühmte KlavFabrik in London, gegr 1732 von dem Schweizer Burkhard Tschudi, dessen Schwiegersohn John B. (1732 bis 1812) war

BROADWOOD, Lucy Ethelred * 1858, † 22/8 1929 Dropmore Canterbury, verdiente Volksliedsammlerin

BROCA, José * 21/9 1805 Reus, † 3/2 1882 Barcelona, GitVirt. W: f. Gitar.

BROCKHAUS, Max, Lpz, gründete 1893 einen Musikverlag (Humperdinck, Pfitzner, S. Wagner, Sekles) bes. f. Opern, übernahm den Verlag Ed. W e d l (Wiener-Neustadt).

BROCKPÄHLER, Hermann * 20/12 1897 Dortmund-Hörde, staatl. gepr. ML. u. Chordir. in Schwerte (Ruhr). W: f. Orch u. Chor.

BROCKT, Joh., Dr. phil. * 15/1 1901 Brieg, MWissensch. u. Kompon. in Berlin, vorher Korrepet. in Stettin, Breslau, Bayreuth, Schüler L. Reichweins, Camillo Horns u. Karg-Elerts u. a.; auch MSchr. W: Opern, Singspiel, Sinf., OrchSuite, FlKonz., KaM., Chöre m. Orch., Lieder

BROCKWAY, Howard A. * 22/11 1870 Brooklyn, seit 1911 in Newyork als L. W: Sinf., Suite, KaM., Ballad. f. Chor u. Orch., Lieder. H: Volkslieder aus Kentucky

BROD, Henri * 4/8 1801 (13/6 1799), Paris, da † 6/4 1838, KonservL., ObVirt. W: ObSchule u. -Kompos.

BROD, Max * 27/5 1884 Prag, da Schr. u. Redakteur. W: BühnenM., KaM., Lieder; ,Adolf Schreiber, ein Musikerschicksal'.

BRODE, Max * 25/2 1850 Berlin, † 30/12 1917 Königsberg, dort seit 1877 Geiger, Dirig., seit 1894 sehr verdienter akad. MDir.

BRODERSEN, Friedr. * 1/12 1873 Bad Boll (Württ.), † 19/3 1926 Krefeld (auf Gastspiel), urspr. Architekt, seit 1903 Barit. der Münchener Op., auch als Liedersger sehr geschätzt. — Seine Tochter L i n d e * 22/6 1903 München, Pianistin, sehr oft seine Begleiterin, seit 1928 verheiratet mit Walter v. Sauer, Berlin

BRODERSEN, Viggo * 26/3 1879 Kongens Lyngby, lebt in Kopenhagen. W: Sinfon. Suite, KaM., KlavSonaten u. -Stücke, Lieder

BRODSKY, Adolf * 21/3 1851 Taganrog (Rußland), † 22/1 1929 Manchester, VVirt., Schül. Hellmesbergers sen. u. Laubs, VL. 1875/79 am Kons. in Moskau, 1882/92 am Konserv zu Lpz, dann in Newyork, seit 1895 Dir. des Coll. of m. in Manchester, Führer eines StrQuart.

BRODT, Jean * 9/3 1862 Hanau, da GsgL. u. Chordirig. W: MChöre

BROECHIN, Ernst * 22/1 1894 Rheinfelden, seit 1917 ML. u. Chordir. in Brugg (Aarg.). W: Reigenspiele, Chöre, Kinderlieder. H: Liederbücher f. Kindergsg

BRODERER, Otto * 30/3 1900 Hirtenberg, Österr., lebt in Graz, Autodidakt. W: Ouvert., sinf. Tongemälde, VStücke, Tänze u. Märsche

BRÜLL, Heinr. * 28/7 1877 Frömern (Westf.), Chordir. u. Organ. in Gelsenkirchen seit 1906. da † 11/5 1934. W: MChöre, Lieder. — ps. Harry RELTAS

BRÖMME, Adolf * 22/2 1826 Petersburg, † 8/9 1905 Wiesbaden, GsgL. in Petersburg, 1870/78 Dresden, seitdem in Wiesbaden. W: GsgSchule, Solfeggien usw. — Sein Sohn O t t o * 14/6 1883 Wiesbaden, Stimmbildner in Hamburg. W: ,Vollendete Atmg', ,Vollendete Stimmbildg', ,Aphorismen' usw.

BRÖNNER, Hans * 8/9 1892 Meiningen, lebt in Weimar, da ausgeb. W: OrgKompos.

BRÖNNLE, Karno Friedr. Otto * 14/6 1909 Stuttgart, da Musiker, Schüler Ew. Straessers. W: BrKonz., KaM., Chöre, Lieder

BRÖSEKE, Berthold * 5/10 1884 Berlin, da im Hauptberuf Werkmeister. W: Chöre, Tänze und Märsche

BRÖSICKE, Franz * 31/12 1900 Vienenburg, lebt in Quedlinburg seit 1918, KM. an versch. Thea. W: Suiten, VStücke, Lieder; Märsche

BROESIKE-SCHÖN, Max * 13/7 1892 Eisenach, ausgebildet in Leipzig, München, Halle Pianist u. MSchr., seit 1924 in Hamburg. W: VSonate, KlavStücke, Lieder

BROGHIERA, Oddo, ps. = Edoardo BORGHI

BROGI, Renato * 25/2 1873 Sesto Fiorentino, † 24/8 1924 Fiesole, KonservDir., ausgeb. in Milano. W: Opern, VKonz., KaM., KlavStücke

BROMAN, K. Natanael * 11/12 1887 Kolsva, Pianist in Stockholm. W: Sinf. Dichtg, KaM., KlavStücke, Lieder

BROMME, Walter (verweigert Angaben über sich) * 2/4 1885 Berlin, lebt da, Opttenkomp. seit 1915

BRONDI, Maria Rita * 5/7 1889 Rimini, GitVirt. in Venezia. W: ‚Il liuto e la chitara' (1926); GitStücke, Gsge mit Git.

BRONNER, Geo. * 1666, † 1724 Hamburg, Organ. W: Opern; Choralbuch

BRONSART, Hans v. * 11/2 1830 Berlin, † 3/11 1913 München, Pian., Schüler Dehns u. Liszts, 1860/62 Dir der EuterpeKonz. in Lpz, 1865/66 MVerDirig. in Berlin, 1866 Intend. d. Hannov. Hofthea. u. 1887/95 GenIntend. in Weimar, lebte seit 1895 nur der Kompos. in Pertisau am Achensee. W: Op. ‚Manfred' (1901), 2 Sinf., ‚Frühlingsphantasie' f. Orch., KlavKonz., hervorrag. KlavTrio, Kantate, KlavStücke usw., ‚Musikal. Pflichten'. — Seine Gattin I n g e b o r g v., geb. Starck * 24/8 1840 Petersburg von schwed. Eltern, † 17/6 1913 München, KlavVirt., Schülerin Ad. Henselts u. Liszts. W: Opern, Orch.-, Klav.- u. VStücke, Chöre u. Lieder

BRONSCH, Elisabeth * 23/2 1897 Berlin, da Organistin u. GitVirt. W: Lieder m. Git.

BRONSGEEST, Cornelis * 24/7 1880 OpSger (Bariton) in Magdeburg, Hamburg u. Berlin, 1924 bis 1933 Leiter d. OpSendebühne (Funkstunde) in Berlin, lebt da.

BRONTÉ, Emile, ps. = Ch. A. RAWLINGS

BROSCHI, Carlo — s. FARINELLI

BROSIG, Moritz * 15/10 1815 Fuchswinkel/ Neiße, † 24/1 1887 Breslau, da 1853/84 DomKM., auch L. am Instit. f. KirchM. u. an d. Univers. W: 9 Messen, zahlreiche OrgKompos., (kathol.) Choralbuch, Harmonielehre usw.

BROSSARD, Sébastien de * 1654 Caen, † 10/8 1730 Meaux, da seit 1700 Großkaplan u. KirchKM., vorher seit 1689 KM. am Münster in Straßburg. W: Motetten, Lamentationen; das wertvolle Dictionnaire de mus. (1703) usw.

BROTZEN, Siegfried (Fried) * 20/1 1892 Schwerin M., lebt dort. W: Tänze u. Märsche

BROUCH, Arnold v. — s. ARNOLD

BROUNOFF — s. BRUNOW

BROUSTET, Edoa. * 29/4 1836 Tolosa, † Dez. 1901 Louchon, KlavVirt., ausgebild. in Paris. W: KlavKonz. u. Stücke, KaM.

BROWN, James Duff * 6/11 1862 Edinburgh, seit 1888 Bibliothekar in London, MSchr. W: ‚Biographical dictionary of musicians' (1886), ‚British musical biography' (1887) u. a.

BROWNE, Joh. Ludw. * 18/5 1866 London, † 23/10 1933 Chicago, Organ., OrchDir. u. KonservDir. an versch. Orten Amerikas. W: Opern, OrchStücke, viel KaM., KlavStücke, Lieder

BRUANT, Aristide * 6/6 1851 Courtenay, † 11/2 1925 Paris, berühmt. Chansonsänger. W: viele volkstüml. Lieder.

BRUCEL, ps. = BRUSSELMANS, Michel

BRUCH, Hans (Sohn Wilhelms) * 15/9 1891 Straßburg i. Els., seit 1916 KlavL. an der Hochsch. in Mannheim, KlavVirt., konzertiert viel auf 2 Klav. mit seiner Frau Lene Weiller, ausgeb. bes. in Köln (bei Carl Friedberg), 1914/16 Kriegsteiln.

BRUCH, Max * 6/1 1838 (arisch) Köln, † 2/10 1920 Berlin, Schüler F. Hillers u. Reineckes, Stipendiat der Mozartstiftg in Frankf., lebte dann in Lpzg, Köln, Paris, 1865/67 MDir. in Koblenz, dann HofKM. in Sondershausen bis 1870, dann in Berlin, Bonn, Liverpool, 1883/90 Dir d. OrchVer. in Breslau, 1891/1910 Leiter einer akad. Meisterschule für Kompos. der kgl. Akad. zu Berlin, mehrfacher Ehrendoktor, Ritter des Ordens Pour le mérite, ein Meister vornehmster Melodik u. d. architektonischen Aufbaus. W: Op. ‚Lorelei' u. ‚Hermione', Singspiele, MChorwerke (‚Szenen a. d. Frithjofsage', ‚Salamis', ‚Schön Ellen', ‚Flucht nach Ägypten'), Orator. ‚Odysseus', ‚Arminius', Schillers ‚Lied v. d. Glocke', ‚Achilleus', ‚Moses', ‚Gustav Adolf', 3 Sinf., 2 OrchSuiten, 3 Konz., Schott. Fantasie, Serenade, Konzertstück f. V. u. Orch., ‚Kol nidrei' f. Vc., Oktett f. StrInstr., 2 StrQuint., 2 StrQuart., KlavTrio, Fantasie f. 2 Klav., Lieder usw. — Sein Sohn M a x F e l i x * 31/5 1884 Breslau, Chordir., TheorL. u. KlarinVirt. in Hamburg. W: Weihnachtskant., sinfon. Dichtg, KaM., Lieder

BRUCH, Wilhelm * 14/6 1854 Mainz, † 5/11 1927 Nürnberg, da Dirig. d. Philh. Orch., zuerst TheaKM. in Straßburg, 1898/1900 OrchDir. in Edinburgh. W: Opern

BRUCK, Arnold v. — s. ARNOLD

BRUCKEN-FOCK, Gerad E. van * 28/12 1859 Kondekerke, Schüler Hols, Kiels u. Bargiels, vielgereister Pianist, lebt in Laren. W: Sinf., KaM., KlavStücke, Oratorien, Kantaten, Chöre, Lieder

BRUCKMÜLLER, Hans * 30/10 1862 Iglau, VersichObDir. (Jurist) in Brünn. W: Ballette, Singspiele, MChöre, Lieder, ZithStücke

BRUCKNER, Anton * 4/9 1824 Ansfelden (ObÖsterr.), † 11/10 1896 Wien, Schüler Sechters u. O. Kitzlers, 1856 Domorgan. in Linz, 1867 Hoforgan. u. L. f. Org., Kontrap. u. Kompos. am Konserv. in Wien, 1875 UniversLektor, 1891 Dr. phil. hon. c., hervorr. Kompon., begeist. Verehrer Wagners, dessen Kunst er für die sinf. Kompos. zu verwerten trachtete. W: 9 (11) Sinf., Nr 1, 2 u. 8 in (c), 3 u. 9 (d), 4 (Es, romant.), 5 (B), 6 (A), 7 (E), 3 Messen in d, e (m. Blasinstr.), f, ‚Te deum', 150. Psalm, kl. KirchM., MChöre mit u. ohne Begleit., herrliches StrQuint. usw. Üb. ihn vgl. E. Decsey (1920), A. Göllerich (1924 ff.), Max Auer (1924), Ernst Kurth (1925), Fr. Klose (1927)

BRUCKS, Otto * 28/11 1858 Brandenburg, † 15/1 1914 Metz, treffl. Tubabläs. (Bayreuth 1876, Hofop. Wien u. Berlin), seit 1883 Baritonist (Schüler v. F. Betz), 1890/98 an der Münchener Hofop., seit 1906 TheaDir. zu Metz. W: Oper, Ouvert., Lieder

BRUCKSHAW, Kathleen * 5/1 1877 Islington, † 10/10 1921 London, KlavVirt. seit ihrem 12. Jahre. W: KlavKonz., KaM., KlavStücke.

BRUDIEU, Joan * um 1515 bei Limoges, † 1591 Urgell, Katalon., da fast 40 J. Chordir., urspr. Sgr. W: Madrigale.

BRÜCK, Julius * 20/8 1859 Nagykörös, † 9/9 1918 Debrecin, da L. am Konserv. W: StrQuart., hauptsächl. KlavStücke (ungar. Tänze, Etüden).

BRÜCKNER Hans * 6/10 1897 Nördlingen, lebt in München. W: Lieder, auch patriot.

BRÜCKLER, Hugo * 18/2 1845 Dresden, da † 4/10 1871, Schüler d. dort. Konserv. W: Lieder a. d. ‚Trompeter von Säkkingen', ‚Der Vogt von Tenneberg' usw., MChöre ‚Nordmännerlied' u. a.

BRÜCKNER, Karl, Dr. phil. * 5/5 1893 Göteborg, Violinist (Wunderkind), in Lpz bei Sitt ausgebild., wirkt in Altona, 1921 L. am Konserv. (Hochschule) in Karlsruhe, auch MSchr.

BRÜCKNER, Oskar * 2/1 1857 Erfurt, sehr geschätzter VcVirt. (Schüler von Grützmacher sen.), 1889/1919 Solist im OpOrch. u. zeitweilig Konserv-L. in Wiesbaden. † 8/6 1930. W: VcKonz. und Solostücke, Lieder usw.

BRÜCKNER-RÜGGEBERG, Wilh. * 15/4 1906 Stuttgart, seit Herbst 1934 OpKM in Ulm, Schüler Otto Lohses u. d. Akad. in München, treffl. KonzBegl., seit 1929 bei Opern. W: Lieder

BRÜGGEMANN, Alfred * 26/7 1873 Aachen, lebt in Koblenz, Schüler u. a. Humperdincks, Übersetzer italien. OpTexte. W: Opern, Sinf., VKonz., KlavKonz., KaM., Lieder

BRÜGGEMANN, Wilhelm, ps. Will BRIDGEMAN * 1/3 1882 Polchow/Stettin, ML. in Züllchow/Stettin, ausgeb. auf dem Riemann-Konserv. in Stettin. W: UnterhaltgsM. (Schlager)

BRÜLL, Ignaz * 7/11 1847 Proßnitz (Mähren), † 17/9 1907 Wien, Schüler von Epstein (Pfte) u. Dessoff (Kompos.), machte erfolgr. Konzertreisen, lebte bes. der Kompos. in Wien. W: Opern u. a. ‚Das goldene Kreuz' (bes. erfolgreich), ‚Gringoire', ‚Schach dem König', Ballett, Sinf., 3 OrchSerenad., Ouvert., 2 Konz. f. Klav. u. 1 f. V., KaM., KlavStücke, Chöre u. Lieder

BRÜLL, Karl, ps. Charles CALSON; Georges MARTINE; Jonny THOMAS * 23/1 1896, lebt in Wien. W: UnterhaltgsM.

BRÜNING, Ernst * 31/12 1872 Berlin, da seit 1892 Dir einer eigenen MSchule. W: Singspiele, Chöre, Lieder, KlavStücke

BRÜSCHWEILER, Friedr. S. * 9/7 1864 Schiers (Graubünd.), MDir. in S. Franzisko. W: Chöre, auch m. Orch., Lieder, StrQuart., KlavStücke

BRUGER, Hans Dagobert, Dr. phil. * 16/11 1894 Frankf. a. M., † 16/7 1932 Berlin, da MSchr., verdient um die Wiederbelebg der alten LautenM. W: Schule des Lautenspiels

BRUGNOLI, Attilio * 7/9 1880 Rom, KlavPädag. in Firenze. Vorher in Parma, Napoli u. Rom. W: KonzStück u. anderes f. Klav., KlavVSonate, Gsge.

BRUHNS, Nikolaus * 1665 Schwabstedt (Schleswig), † 29/3 1697 Husum, da Organ. seit 1689, auch Gamben- u. VSpieler, Schüler Buxtehudes. W (wertvoll): Kantaten, Motetten, OrgStücke

BRUINIER, Aug. H. * 7/5 1897 Zweibrücken, VVirt., Führer e. StrQuart. in Berlin, Schüler von Gülzow, W. Heß u. Klingler. W: Lieder

BRUINIER, Franz * 13/5 1905 Biebrich a. Rh., † 31/7 1928 Berlin, OpttenKM., ausgeb. auf d. Berliner Hochschule, KlavVirt. W: Film- u. RundfunkM., Lieder

BRUMEL, Anton, Schüler Okeghems, 1483 in Chartres, 1505 in Lyon, dann in Ferrara. W: Messen, Motetten

BRUN, Alphonse * 1858, † 1909 Zürich, da VL. am Konserv. H: VDuette. — Sein Sohn Alphonse * 25/10 1888 Frankf. a. M., KonzM. in Bern, Schüler K. Klinglers, seit 1925 Dir. der MSchule

BRUN, Friedrich * 25/9 1906 Bad Harzburg, seit 1927 KM. in Brandenburg. W: Sinf., Lieder

BRUN, Fritz * 18/8 1878 Luzern, seit 1903 L. u. seit 1902 Orch.- u. Chordir. in Bern. W: Sinf., KaM., Chöre, Lieder

BRUNCK, Konstantin * 30/5 1884 Nürnberg, Schüler des Sternschen Konserv. u. Humperdincks, 1909/11 Dirig. des dtsch. Chorver. in Milano, seit 1911 wieder in Nürnberg, VerDirig., seit 1921 Doz. an der städt. Volkshochsch. u. Dirig. deren Chor- u. OrchGemeinsch. W: Ouvert., KlavStücke, Chöre, Lieder

BRUNE, Adolf Gerhard * 21/6 1870 Bakkum (Hannover), seit 1894 ML. in Chicago. W: Sinf. u. sinf. Dichtgen, KaM., gr. Chorwerke, Org.-Stücke u. a.

BRUNEAU, Alfred * 3/3 1857 Paris, da † 15/6 1934, Schüler des Konserv. (Massenet), Komp. fortschrittl. Richtung, bemerkensw. MSchr. W: Op. ‚Le rêve', ,L'attaque au moulin', ,La faute de l'abbé Mouret', ,Le roi Candaule' usw., Ballette, Requiem, Ouvert. u. sinfon. Dichtgen, KlarinQuint., Lieder usw.; ,M. de Russie', ,La m. française', ,Le drame lyr. franç.' usw.

BRUNETTI, Gaetano * um 1740 Pisa, † 1808 Madrid, da seit 1766 VVirt. W: Sinf., Trios, Sextette

BRUNETTI, Osvaldo * 8/8 1863 Sissa (Parma), seit 1912 TheaKM. in Torino, 1886/1912 Organ. u. StadtKM. in Barge (Cuneo). W: Tänze, volkstüml. Canzonen

BRUNETTI-PISANO, Aug. * 24/10 1870 St. Gilgen am Wolfgangsee, lebt in Salzburg. W: Opern, Sinf. u. sinfon. Dichtgen, VKonz., Klav.-Konz., KaM., Chöre, Lieder

BRUNETTO, Filippo * 17/2 1869 Naro (Sicilia), ausgebild. in Palermo, 1891 Nachfolger Mascagnis als Dirig. in Cerignola, seit 1914 Leiter der Gsgabt. der städt. MSchule in Milano, auch MSchr. W: Opern, Lieder

BRUNI, Antonio Bartolomeo * 2/2 1759 Coni (Piemont), da † 1823, VVirt., Schüler Pugnanis, 1781/1816 in Paris, da auch OpKM. W: 22 Opern, StrQuartette u. -Trios, VSonat., -Etüden u. Duette, Schulen f. V. u. Br.

BRUNNER, Christ. Traug. * 12/12 1792 Brünlos (Erzgeb.), † 14/4 1874 Chemnitz, Organ. u. ML. W: zahlr. instrukt. KlavKompos. u. -Arrang.

BRUNNER, Heinr. * 10/11 1809 Bassersdorf (Zürich), † 8/6 1856 Basel, GsgL. (blind). W: Chorlieder

BRUNNER, Marx * 1824 Glarus, da † 1856, Sänger. W: Chorlieder

BRUNNER, Viktor * 25/8 1877 Bruck/Mur, da MSchulDir. u. Chordir. W: KirchM., SchulM.

BRUNO, Leonard, ps. = Karol RATHAUS

BRUNOW, Julius † 11/4 1918 Dresden, Kammermusiker. H: Alte Singweisen m. Git.

BRUNOW (Brounoff), Platon * 1869 Elisabethgrad (Rußl.), † 11/7 1924 Newyork, Schüler A. Rubinsteins u. Rimsky-Korssakows, Pianist u. trefflicher Chordirig. W: Opern, Suiten u. a. f. Klav.; ,The Dew of Morn', ,Songs of Freedom' u. a. Gesänge

BRUNS (-Molar), Paul, Dr. jur. * 13/6 1867 Werden (Rheinpr.), † 3/2 1934 Berlin, da GsgL. (Schüler v. Müller-Brunow, Carelli u. Vivarelli) u. MSchr., seit 1900 in Berlin, da seit 1906 L. am Sternschen Kons. H: ,D. Kunstgsg', ,Dtsche Gsgskunst'. W: ,Neue Gsgmethode', ,Das Kontraaltproblem', ,Bariton oder Tenor' u. a.

BRUNSWICK, Therese Gräfin v. * 27/7 1775, † 23/9 1861 Wien. Mit Beethoven befreundet, der ihr die KlavSonate op. 78 (Fis) widmete, doch nicht seine ,unsterbliche Geliebte'

BRUSSELMANS, Michel, ps. BRUCEL * 12/2 1886 Paris, TheorL. am Konserv. in Brüssel. W: Sinfon. Dichtgen (u. a. ,Kermesse Flamande'), KaM., OrgStücke, Lieder

BRUST, Herbert * 17/4 1900 Königsberg i. Pr., lebt in Neukuhren/Samland, Schüler F. E. Kochs. W: KirchM., KaM., KlavStücke, Lieder

BRUYCK, Karl Debrois van * 14/3 1828 Brünn, † 5/8 1902 Waidhofen a. d. Ybbs, MSchr. W: u. a. ,Techn. u. ästhet. Analyse des Wohltemp. Klav.'; ,Entwicklg der KlavM.'

BRYANT, Ed. E., ps. = Hubert W. DAVID

BRYK, Hugo * 4/2 1874 Wien, da VSchüler s. Veters, als Knabe viel gereist, Schüler Bruckners, später TheaKM., u. a. in London u. Newyork, 1911/27 in Berlin Dir. der Gesellsch. d. Autoren, Komp. u. MVerleger in Wien u. 1916/27 GenDir. d. Verbandes zum Schutze musikal. Aufführgen, vertritt diese Gesellschaften jetzt in Paris. W: Opern, 5 Sinf., viele Lieder. — Sein Vater Philipp * 1842 Kolin (Böhm.), † 5/10 1903 Wien, VPädag., Inhaber der ersten in Wien (1870) konzession. MSchule

BRYNICKI, Erwin * 10/3 1899 Stanislawow, Polen, vielgereister KlavVirt. u. Pädag., Schüler v. Blanche Selva, Wilh. Klatte u. Chybinski (Univ. Lwow). W: KlavStücke, Transskript., Lieder

BRYSON, Ernest * 30/3 1867 Glasgow, lebt da. W (bemerkenswert): Opern, Sinf., StrQuart.

BRZEZINSKA, Philippina, geb. Szymanowska * 1/1 1800 Warschau, da † 1886. W: KlavStücke, seinerzeit beliebte Gsge, u. a. Marienlied

BRZEZINSKI, Franciszek * 6/11 1867 Warschau, poln. Konsul in Lpz, früher in Breslau, Schüler Krehls u. Regers. W: KlavKonz., VKonz., KaM., KlavStücke

BUCALOSSI, Ernesto † 15/4 1933 Ottershaw, Surrey, beliebter Tanzkompon.

BUCCERI, Gianni * 16/2 1873 Trecastagni (Catania), ausgebild. in Napoli, Thea- u. KonzDir. an verschied. Orten. W: Opern, Suiten, Ouvert., sinfon. Dichtgen, Gsge u. Lieder

BUCH, Ernst * 18/6 1876 Lpz, da seit 1902 Chordirig., seit 1920 Organist, Kriegsteiln., vorher TheaKM. an verschied. Orten, Schüler d. Lpzger Konserv. W: BühnenM., sinfon. Dichtgen, Chöre, Lieder

BUCHAL, Hermann * 17/1 1884 Portschkau, Schüler Gernsheims, Klavierist in Breslau, da seit 1924 Dir. des Schles. Konserv. (1910 ff. in Beuthen). W: Orat., Sinf., KaM., KlavSonate, Chöre, Lieder

BUCHAROFF, Simon * 1881 Rußland, Pianist, ausgebildet in Amerika u. Wien, lebt in Newyork. W: Opern, Orat., sinf. Dichtg, KlavStücke, Lieder

BUCHBINDER, Bernhard † 30/6 1922 Wien, Opttenlibr.

BUCHECKER, Heinr. * 14/3 1829 Bayreuth, † 5/2 1894 Straßburg i. E., Altmeister des kunstgemäßen Zitherspiels. W: treffl. Zitherschule

BUCHHEIM, Ernst Karl, Dr. med. * 10/4 1884 Leipzig, Arzt in Dresden. W: Lieder z. Laute

BUCHHOLZ & DIEBEL, MVerlag in Troppau, seit 1883 im Besitz v. Ad. Robitschek in Wien.

BUCHHOLZ, Karl, ps. Charly FREDY * 14/7 1901 Gustorf/Düsseldorf, KM. in Berlin, ausgeb. in Düsseldorf u. Köln. W: Optte, Tonfilme, OrchStücke, KaM., Tänze, viele Lieder

BUCHMAYER, Richard * 19/4 1856 Zittau, † Mai 1934 Mauterndorf (Salzburg), Schüler des Konservat. zu Dresden, KlavVirt., 1885/90 da L., seit 1892 an der ‚Dresden. MSchule', neuerdings nur PrivL. Lebte seit 1922 in Schloß Finstergrün b. Ramingstein (Salzburg). Machte sich durch hist. KlavKonz. verdient, auch MSchr. H: KlavM. des 17. Jahrh.

BUCHNER, Hans * 26/6 1483 Ravensburg, † 1538 Konstanz, da seit c. 1510 Organ., Schüler Hofhaimers. W: OrgStücke

BUCHNER, Ph. Friedr. * 10/9 1614 Wertheim (Frank.), † 23/3 1669 Würzburg, seit 1662 KM. des Kurfürsten v. Mainz. W: KirchKonz., Sonat. f. versch. Instr.

BUCHWALD, Paul * 1876 Berlin, seit 1920 in Gießen, Pianist, auch bes. OrchBearbeiter, Schüler Wilh. Bergers, Bußlers u. M. Graberts. W: Optten, Märsche, Lieder

BUCK, Adolf * 30/11 1868 Großengstingen, württ. OA. Reutlingen, † 30/1 1925 Reutlingen, Kaufm., verdienter VerDirig. W: Fr- u. MChöre

BUCK, Dudley * 10/3 1839 Hartford, Conn. (NAm.), † 6/10 1909 Orange NJ., Schüler des Lpzger Konserv. u. Schneiders-Dresden; OrgVirt. u. Dir.; 1875 Organ. in Brooklyn. W: Opern, Sinf., Ouvert., Konz. f. 4 Hörner, 2 StrQuart., Kantaten, OrgM., OrgSchule usw.

BUCK, Percy Carter * 25/3 1871 West Ham (Essex), seit 1927 Prof. of mus. an der Univers. Sheffield, vorher Organist. W: theoret. Schriften; KaM., OrgSonaten, Anthems, Terzette u. a.

BUCK, Rudolf * 18/5 1866 Burgsteinfurt, stud. in Sondershausen, Köln u. Berlin, 1896/1906 MRef. in Berlin, 1906/19 KM. in Shanghai, seit 1921 in Tübingen. W: MChöre, Lieder; ‚Wegweiser durch die MChorLiteratur' 1928

BUDDE, Kurt * 5/12 1894 Barmen, KM. in Berlin-Friedenau, ausgeb. v. Rob. Heger u. auf d. Berliner Hochsch. W: OrchTanzsuite, LustspielOuvert., KaM., Lieder

BUDER, Ernst Erich * 2/9 1896 Kottbus, KM. in Berlin, da ausgeb. auf der Hochschule, dann OpKM. in Wien (Volksop.), Bukarest u. Reichenberg. W: Oper, Tonfilme, sinfon. Dichtg, Orch.-Serenade, KaM., KlavStücke, Chöre, Lieder. — ps. Ernst BARTO

BÜCHEL, Hermann * 7/10 1880 Groß-Breitenbach, Thür., lebt in Berlin, Schüler H. Pfitzners, langjähr. OpKM., geschätzter Bearb. u. TheorL. W: Optte, Lieder

BÜCHER, Karl * 16/2 1847 Kirberg/Wiesbad., † 12/11 1930 Lpzg, da 1892/1916 Prof. d. Nationalökon. W: ‚Arbeit u. Rhythmus' (1896; 6. A. 1924)

BÜCHNER, Emil * 7/12 1826 Osterfeld/Naumburg a. S., † 11/6 1908 Erfurt, 1865 HofKM. in Meiningen, dann MVerDir. in Erfurt, seit 1898 privatisierend. W: Opern, Sinf., Ouvert., KaM., Chorwerk, Chöre, Lieder

BÜCHNER, Ferd. * 1825 Pyrmont, 1856 Soloflötist u. L. am Konserv. in Petersburg. W: Konz. u. a. f. Fl.

BÜCHSENSCHÜTZ, Gustav * 7/4 1902 Berlin-Zehlendorf, städt. Beamter in Berlin. W: Lieder im Volkston, u. a. das allbekannte ‚Märkische Heide'

BÜCHTGER, Fritz * 14/2 1903 München, da Dir. eines Madrigalchors, Gründer d. Vereinigg f. zeitgenöss. M. W: Concerto grosso, Kantaten, Lieder, KlavSonatinen

BÜCKEN, Ernst, Dr. phil. * 2/5 1884 Aachen, Schüler Sandbergers, seit 1925 Prof. d. MWiss. an der Univers. Köln. W: ‚Der heroische Stil in der Oper', ‚Führer u. Probleme der neuen M.', ‚Die M. des Rokoko' u. a. H: 'Handbuch d. MWissenschaft', ‚Die großen Meister'

BÜCKMANN, Rob. * 24/9 1891 M.-Gladbach, da seit 1919 KonservL u. seit 1923 Dir. des gem. Chors in Odenkirchen. W: Sinf., Suiten u. a. f. Orch., KaM., Lieder, auch mit Orch.

BÜHLER, Frz (als Benediktiner: Pater Gregorius) * 12/4 1760 Schneidheim/Nördlingen, † 4/4 1824 als DomKM in Augsburg (seit 1821). W: Oratorium; ‚Etwas üb. M.'

BÜHLER, Joh. Ant. * 10/10 1825 Ems (Graubünden), † 24/12 1897 Chur, verdient um d. dort. MLeben. W: Messen, Liederbücher, bes. f. Schulen

BÜHLMANN, Friedr. * 5/11 1870 Eschenbach, Kant. Luzern, seit 1906 SchulGsgL. in Luzern. W: Kantate, Lieder, bes. Kinderlieder

BUEK, Fritz * 18/11 1864 Petersburg, als Gitarrist da, in München u. Bologna ausgebildet, seit 1907 Vorsitz. der GitarristVereinigg in München, 1911 Gründer des GitQuartetts. H: ‚Der Gitarrefreund'. W: ‚Die Gitarre u. ihre Meister'

BÜLOW, Hans von, ps. PELTAST, W. SOLINGER (nur op. 1) * 8/1 1830 Dresden, † 12/2 1894 Kairo, Schüler Fr. Wiecks (Pfte) u. Eberweins (Theor.), stud. dann in Lpzg Jura, daneben bei M. Hauptmann Kontrap., wandte sich 1850 ganz der M. zu, studierte 1850/51 bei R. Wagner-Zürich Dirigieren u. legte dann bei Liszt-Weimar noch die letzte Feile an sein KlavSpiel, nachdem er zuvor bereits in Zürich u. St. Gallen TheaKM. gewesen, unternahm 1853/55 größere KonzReisen, wurde KlavL. am Marxschen (Sternschen) Konserv. u. 1858 Hofpian. in Berlin, verheiratete sich 1857 mit Cosima Liszt (der spät. zweiten Gattin Rich. Wagners); wurde auf Veranlassg Wagners 1867/69 HofKM., Hofpian. u. Dir. der reorg. kgl. MSchule in München, lebte dann zeitweil. in Firenze, unternahm 1875/76 wieder große Konz.-Reisen (auch nach Amerika), wurde 1877 Thea.-KM. in Hannover, 1880/85 Intend. d. Meininger Hofkapelle, die er rasch auf außerordentl. Höhe hob u. auf KonzReisen durch Deutschland führte, verheirat. sich 1882 mit der Schauspielerin Marie Schanzer, siedelte 1887 nach Hamburg über, wo er als Dirig. der AbonnKonz. u. gelegentlich auch in der Oper Hervorragendes leistete. Außerdem leitete er die großen Philharm. Konzerte in Berlin. Sein phänomenales Gedächtnis u. sein scharfer Kunstverstand allgemein anerkannt. Auch als geistvoller Schriftsteller war er hervorragend. Seit seiner Meininger Zeit trat er mit Vorliebe für Brahms ein. W: M. zu ‚Julius Cäsar', sinf. Dichtgen, KlavStücke, Lieder. H: Beethovens KlavWerke von op. 53 ab, Chopins u. Cramers Etüden. B.s Briefe u. Schriften von seiner zweiten Gattin bzw. v. Graf R. Du Moulin-Eckart hrsg.

BÜLOW, Paul, Dr. phil. * 21/10 1894 Lübeck, da seit 1923 StudRat, MSchr., bes. üb. Wagner. W: ‚Die Jugendschriften R. Wagners'; ‚Ad. Hitler u. der Bayreuther Kulturkreis'

BÜNING, Frz * 8/1 1868 Neuenhausen/Rh., Organ. u. Chordir. in Berlin. W: KirchM., Lieder, Ouvert., KlavStücke

BÜNTE, Aug. * 1/5 1836 Balze/Nienburg a. W., † 6/5 1920 Hannover, da seit 1887 Domchordir., auch Dir. der Singakad. u. von MChören u. GsgL. W: Kantate, geistl. u. weltl. Chöre u. Lieder. H: ‚Kirchl. Gsge aus d. Repertoir d. kgl. Schloßkirch.-Chors in Hannover'. — Sein Bruder Wilhelm * 14/11 1828 Brake, Kr. Sulingen, † 25/9 1923 Hannover, da urspr. SchulL., gründ. 1852 den MGsgver., den er 43 Jahre leitete u. auch außerhalb der Stadt zu großem Ansehen brachte; auch sehr verdient um den Schulgsg, Veranstalter von Schulkonz. W: MChöre, gem. Chöre, 2 u. 3st. Lieder, Einzelgse, VStücke usw. H: Liedersammlungen f. d. Schule

BÜRDE-NEY, Jennie — s. NEY

BÜRGEL, Konstantin * 24/6 1837 Liebau (Schles.), † 1/6 1909 Breslau, Schüler Brosigs u. Kiels, ML. in Berlin. W (beachtensw.): Ouvert., KaM., KlavStücke usw.

BÜRGER, Julius * 11/3 1897 Wien, lebt da, Schüler Schrekers, treffl. KonzBegl., OpKorrepet. 1922/23 Karlsruhe, 1924/27 Newyork, 1927/30 Berlin (staatl. Krollop.), 1929/33 bei der Funkstunde Berlin. W: OrchSuite, Ouvert., VcKonz., KaM., Lieder, Chöre m. Orch.

BÜRKE, Frz * 24/11 1839 Beckern, schles. Kr. Striegau, † 11/2 1913 Breslau, da ausgeb., da lange SchulGsgL. u. Organ., auch VerDirig. W: gem. u. MChöre, auch mit Klav.

BÜRKE, Gust. * 6/2 1885 Berlin, da seit 1925 KlavL. (1934 Prof.) an d. Hochsch., vorher Thea-KM. W: Oper, Chöre, Lieder, KlavStücke

BUERS, Wilhelm * 1/5 1878 Krefeld, † (Autounfall) 20/4 1926 Hamburg, ausgez. Heldenbaritonist, ausgeb. auf d. Kölner Konserv., engagiert in Frankfurt a. M., Leipzig, Berlin (Kom. Oper), Hamburg, München, Wien u. wieder Hamburg, auch im Ausland sehr geschätzt

BÜSSER, Henri * 16/1 1872 Toulouse, seit 1902 Dir an der Opéra com. in Paris, vorher Organ. W: Opern, Ballett, Suiten u. a. f. Orch.

BÜTOW, Leo * 11/3 1896 Berlin, da ML., Pianist, Schüler v. Fritz Masbach u. Ernst Schauß, Erfinder e. Vierteltön- (harmonischtonalen Viertelhalbton-) Klaviatur f. Tasteninstrum. W: KaM., Psalmen, Chöre.

BÜTTNER, Gust. Ad. Rich. * 4/12 1873 Pirna, da seit 1905 Stadtkantor u. VerDirig., 1928 KirchMDir., Schüler d. Konserv. in Dresden. W: Chöre.

BÜTTNER, Heinr. * 11/9 1867 Titschendorf (an der Rodach, Reuß j. L.), seit 1903 GsgL. in Gera, auch VerDirig., gründ. 1910 einen FrChor. W: OrchStücke, Chöre

BÜTTNER Horst, Dr. phil. * 14/7 1904 Altenburg, MSchr. in Leipzig, da (Univ. u. Konserv.) ausgeb., Begründer der musikal. Volkskunde

BÜTTNER, Max, ps. Billy FLOWER * 29/1 1891 Rodach/Koburg, HarfVirt. in München seit 1916. W: Sinf. u. a. f. Orch., KaM., VKonz., PosKonz., HarfKonz. u. Stücke, UnterhaltgsM.

BÜTTNER, Paul * 10/12 1870 Dresden, da Chordirig. u. MRef., 1924/33 KonservDir. W: Opern, 4 Sinf., KaM. (wertvoll), Chöre

BÜTTNER, Rich. — s. BÜTTNER, Gust. Ad. Rich.

BÜTTNER-TARTIER, Adolf Karl * 1/11 1873 Ahlstadt/Coburg, lebt in Rodach/Coburg, 1909/16 Dir. d. Philharm. Orch. u. d. Gesellsch. der M-Freunde in Zwickau. W: Opern, OrchSuite u. sinf. Dichtgen, Chöre, Lieder

BUFFIN, Victor * 19/7 1867 Chercq/Tournai, Schüler u. a. J. Jongens, im Hauptamt zuletzt General. W: Oper, Suite u. sinf. Dichtgen, KaM., Lieder

BUGGERT, Kurt * 16/4 1899 Hamburg, da seit 1922 Bratschist im Stadtthea. W: KaM., Gsge m. Orch.

BUHL, Aug. * 29/1 1824 Neustadt a. d. H., 1868 in London als KonzPianist u. Leiter einer KlavSchule. W: viele KlavStücke, Lieder, Gsge

BUHLE, Edward, Dr. phil. * 15/8 1875 Lpzg, da Schüler d. Konserv., † 25/10 1913 in Berlin. W: Lustspiel-Ouvert., Lieder, ‚Die Blasinstrum. in den Miniaturen des frühen Mittelalters'. H: Sperontes, Singende Muse an der Pleiße.

BUHLIG, Rich. * 21/12 1880 Chicago, berühmt. KlavVirt. in Newyork, Schüler Leschetitzkys.

BUKOWIECKI, Michael, ps. Herbert BERGMANN, Mac BRAILY; PING-PONG * 29/9 1890 Berlin, lebt in Berlin-Waidmannslust. W: UnterhaltgsM.

BUKOWSKI, Otto, ps. O. BUKOWS; R. DENKERT; M. HESSLER * 10/7 1883 Berlin, da ML. W: OrchStücke, KlavStücke, auch instrukt.

BULL, John * 1563 Somersetshire, † 12/3 1628 Antwerpen, da seit 1617, berühmter Organ. W: (feine) KlavStücke

BULL, Ole * 5/2 1810 Bergen (Norweg.), da † 17/8 1880, auch als Mensch origineller VVirt. (kurze Zeit Schüler Spohrs, hauptsächl. Autodidakt), bereiste Europa u. NAmerika. W: Fantas. u. a. f. V.

BULLERIAN, Hans (Sohn des namentlich in Rußland sehr geschätzt. OrchDirig. Rob. Bullerjahn * 13/11 1856 Berlin, † 7/1 1911 Moskau), * 28/1 1885 Schwarzburg-Sondershausen, ausgeb. in Warschau, Petersbg. (Annette Essipoff, Rimsky-Korssakow), Brüssel (A. de Graf), bei Gernsheim u. 1912 noch bei Sophie Menter, lebt in Berlin. W: Oper, Sinf., KaSinf., VcKonz., KaM., KlavStücke, Chöre, Lieder. — ps. Erik BENGSON

BULLING, Burchard * 2/10 1881 Bremen, da Chordirig., Schüler Juons u. Regers. W: OrchStücke, KaM., KlavStücke, MChöre, auch mit Orch., Lieder

BULLOCK, Ernest * 15/9 1890 Wigan, seit 1919 Organ. in Exeter, ausgezeichn. OrgVirt. W: Kirch- u. OrgM., Chöre, Lieder

BULMANNS, Leonhard, ps. = BLUMENTHAL, Sandro

BULSS, Paul * 16/12 1847 Birkholz (Priegnitz), † 20/3 1902 Temesvar (auf Gastspiel), berühmt. Baritonist, 1876/89 an der Dresdener, dann an der Berliner Hofop.

BULTHAUPT, Heinr., Dr. jur. * 26/10 1849 Bremen, da † 21/8 1905 als Stadtbibl. (seit 1879), namhafter Dichter, treffl. Literarhistorik. W: Op.-Texte (‚Kain' f. d'Albert usw.), OratTexte (‚Achilleus' u. ‚Das Feuerkreuz' f. Bruch, ‚Konstantin' f. Vierling u. ‚Christus' f. Rubinstein); ‚Dramaturgie der Oper', ‚C. Löwe, Dtschlds BalladKomp.' usw.

BUMCKE, Gust. * 18/7 1876 Berlin, da Theor-L., verdient um die Hebg der BlasKaM.; eigenartiger, doch nicht erfolgreicher Komp. W: Sinf., KaM., Saxophon-Stücke u. Etüden, Lieder; ‚Harmonielehre'

BUNGARD-WASEM, Th. * 17/10 1866 Godesberg, da † 16/7 1932, ML. W: Sinf. (ungedr.), Lieder, Chöre. — ps. Camillo TELEXA

BUNGART, Heinr. * 23/2 1864 Altenrath (Rheinprov.), † 3/8 1910 Köln, da Organ. u. Chordirig. W: MChöre, Kinder-Klav.-, Harmon.-Schule

BUNGE, Rudolf * 27/3 1836 Cöthen, da † 5/5 1907; Romanschriftsteller, Textdichter von Neßlers ‚Otto der Schütz' u. ‚Trompeter von Säkkingen'

BUNGERT, Aug. * 14/3 1845 Mülheim a. d. Ruhr, † 26/10 1915 Leutesdorf a. Rh., Schüler Kufferaths, des Konserv. zu Köln u. Kiels, lebte in Kreuznach, Karlsruhe, Berlin, Italien, zuletzt abwechselnd in Berlin u. Leutesdorf a. Rh. W: Oper, mdramat. Tetralogie ‚Homerische Welt' (‚Kirke', ‚Nausikaa', ‚Odysseus' Heimkehr', Odysseus' Tod'), Mysterium ‚Warum? woher? wohin?', Sinf. ‚Zeppelins erste große Fahrt', sinf. Dichtg ‚Auf der Wartburg', Ouvert. ‚Tasso', M. zu Goethes ‚Faust', preisgekrönt. KlavQuart., Klav-Stücke, viele Lieder

BUNK, Gerard * 4/3 1888 Rotterdam, bedeut. OrgSpieler in Dortmund. W: Sinf., OrchStücke, KlavKonz., Stücke f. 2 Klav., OrgKonz. u. Stücke, Kantaten, Lieder

BUNNING, Herbert * 2/5 1863 London, lebt da, zeitweilig TheaKM. W: Opern, OrchSuiten, KaM., Chöre

BUNTING, Edward * Febr. 1773 Armagh (Irl.), † 21/12 1843 Dublin, da Organ., seit 1820, vorher in Belfast. H: Irische Volkslieder (3 Bde).

BUONAMENTE, Giov. Batt. um 1636 Kloster-KM. in Assisi, einer der früh. Komp. von VSon.

BUONAMICI, Gius. * 12/2 1846 Firenze, da † 18/3 1914, Schüler des Konserv. zu München (Bülow, Rheinberger), dann L. a. d. Instit., seit 1873 in Firenze Dir. eines Chorver. u. KlavL. am Kgl MInstit.; treffl. Pianist. W: Ouvert., Str-Quart., Lieder, KlavStücke u. a. Studienwerke. H: Beethovens KlavSonaten, Bertinis Etüden u. a.

BUONGIORNO, Crescenzo * 1864 Bonito, † 7/11 1903 Dresden, Schüler Serraos-Neapel. W: Opern, Optten

BUONOMO, Alfonso * 12/8 1829, † 28/1 1903 Neapel. W: beliebt gewesene kom. Opern

BUONONCINI — s. BONONCINI

BUONPORTI — s. BONPORTI

BURBURE DE WESEMBEEK, Léon Phil. Marie de * 16/8 1812 Dendermonde, † 8/12 1889 Antwerpen, zeitweise Benediktiner. W: KirchM., Fachschrift. H: Les oeuvres des anciens musiciens belges.

BURCHARD, Carl * 1818 Hamburg, † 12/2 1896 Dresden, Schüler Dotzauers u. J. Ottos. W: viele und geschätzte Bearbeitgen f. Pfte 2 u. 4hdg, sowie f. Pfte 4hd., V. u. Vc.

BURCK, Joachim von — s. MOLLER

BURCKHARDT, Hermann * 6/11 1876 Schwerin, ML. in Cöthen, 1906/27 in Berlin, vorher TheaKM. W: sinf. Dichtgen, Kantate, Lieder

BURDA, Karl Georg † 4/10 1926 69jähr., Bremen. W: f. Zither

BURG (Künstlername; eigentl. Bartl), Robert * 29/3 1890 Prag, KaSgr (Helden- u. Charakterbarit.) in Dresden seit 1916, urspr. Mathematiker, GsgStudium bei Hans Pokorny in Prag, da Op-Sgr 1914/15, in Regensburg 1915/16, in Bayreuth 1933 u. 34

BURGER, Max * 1/7 1856 Oberalting/München, † 1917 (?) Bamberg, da langjähr. SemML. W: Kompos. u. Arrang. f. StrOrch., VChor u. Org-, Klav- u. OrgStücke

BURGER, Werner M. * 1/3 1902 Reinach/Aargau, seit 1926 ML. der Hellerauschule Schloß Laxenburg/Wien. W: Kantate, KlavSonate.

BURGESS, Cyril, ps. = Frederic MULLEN

BURGHARDT, Hans Georg * 7/2 1909 Breslau, da KlavL., Schüler v. Pozniak; UnivStudium. W: Sinf., VKonz., KaM., Chöre m. Orch., Lieder

BURGHERR, O. E., ps. = HÖRBURGER

BURGK, Joachim v. — s. MOLLER

BURGMEIN, J., ps. = RICORDI, Giulio

BURGMÜLLER, Friedr. * 1807 Regensburg, † 13/2 1874 Beaulieu (Frankr.), lebte in Paris. W: beliebte Potpourris, leichte KlavStücke. — Sein Bruder Norbert * 8/2 1810 Düsseldorf, † 7/5 1836 Aachen, Schüler Spohrs u. Hauptmanns; begabt. Komp. W: Sinf., Ouvert., StrQuart., Klav-Stücke, Lieder usw.

BURGSTALLER, Emil * 10/5 1857 Neuburg a. Donau, Schüler Rheinbergers u. Wüllners. Nach Lehrtätigkeit a. d. Spittelschen MSchule in Gotha in Papenburg-Leer MDir., 1885 Leiter von ‚Enschedes Mannenkor en Muzikverv. in Enschede' (Niederlde); 1889 Chormeister der Dtsch. Liedertafel in Pilsen (Böhm.). Diesem gem. Chor angegliedert. 30 Jahre GsgL. am dtsch. Gymnas.; eigene MSchule. W: Chöre, Lieder u. a.

BURGSTALLER, Frz Xaver * 30/11 1814 Hördt, † 1874 Frankf. a. M., Zithervirt. W: f. Zither

BURGSTALLER, Siegfried (Sohn Emils), Dr. ing. * 24/9 1883 Papenburg, Elektrochemiker, seit 1911 in Berlin, seit 1925 auch MKrit. W: Rokoko-Suite, sinf. Dichtgen, KlavStücke, VStücke, Lieder

BURIAN, E. F. * 11/6 1904 Pilsen, lebt in Prag. W: Opern, Ballett, Suite f. Voice Band (Übertragung des Jazzes auf Kammerchor).

BURIAN, Karel — s. BURRIAN

BURKARD, Heinr. * 8/9 1888 Achern in Baden, seit 1932 MHauptRef b. Reichssender Berlin, ausgeb. in Karlsruhe, Leipzig u. Straßburg, 1909/27 fürstl. MDir. in Donaueschingen(da auch MBibl.), leitete 1921/26 die dortigen KaAufführ. z. Förderg zeitgemäßer Tonkunst, ihre Fortsetzung in Baden-Baden 1927/29 u. in Berlin 1930

BURKARD, Jak. Alex. * 15/2 1869, KlavPäd. in Frankf. a. M. W: ‚Klav-A-B-C f. unsere Kleinen'; ‚Neue Anleitg, das KlavSpiel zu erlernen'; ‚Hundert Lieder z. Stud. ihrer Formen' u. a.

BURKERT, Otto * 12/10 1880 Brieg, RB. Breslau, seit April 1912 Kantor u. ObOrgan., 1928 KirchMDir. in Breslau, wo er als erster regelmäßige OrgKonz einrichtete, auch MSchr., Schüler Hielschers u. des Lpzger Konserv., 1901/12 Konz-Organ. in Brünn, trat als einer der ersten für Regers OrgWerke ein, große KonzTätigkeit, im Kriege. W: ‚Führer durch d. OrgLiterat.' (1908)

BURKHARD, Willy * 17/4 1900 Evillard sur Bienne, seit 1924 L. f. Klav. u. Kompos. am Konserv. in Bern. W: Kantate, Chöre, VKonz., KlavStücke, OrgStücke

BURKHARDT, Christian * 21/3 1830 Nürtingen (Württ.), da † 3/8 1908, SemML., verdient um die Hebg d. KirchM. u. d. MGsgs. W: MChöre

BURKHARDT, Hans, Dr. phil. * 21/6 1880 Augsburg, seit 1907 GymnasStudRat in Frankfurt a. M. W: SchauspielM., KaM., Lieder; ‚Frau Musica', Wanderliederbuch; MUnterrichtswerk f. höhere Schulen 1928

BURKHARDT, Max, Dr. phil. * 28/9 1871 Löbau i. S., † 12/11 1934, 1899 Dirig. des Liederkranzes in Köln, seit 1906 in Berlin als Chordirig., MSchr. u. Lautensgr. W: Opern, Sinf., Lieder, auch mit Laute; ‚Führer durch d. KonzM.' u. a.

BURKHART, Frz * 19/9 1902 Wien, stud. da MWissensch. (Univ.), da seit 1925 VolkskonservL., seit 1931 Dirig. des W. Trompeterchores (z. Pflege d. InstrM. des 17. Jhd.). W: Messe, Chöre, auch m. Orch. bzw. Org., Lieder, Suite für 4 Hörner. B: Volkslieder

BURLEIGH, Cecil * 17/4 1883 Wyoming (NY.), ML. (auch Geiger) der Univers. Wisconsin seit 1921, ausgeb. in Chicago u. Berlin. W: Orch-Suiten, 3 VKonz., Sonat. u. a. f. Klav., VStücke, Lieder

BURLEIGH, Henry Thacker (Neger) * 1866 Erie, Pennsylv., Sger in Newyork, da ausgeb. (Konserv. unter Dvořak). W: Lieder. H: viele Negerlieder.

BURLEIGH, Tom, ps. = Max ROLLER

BURMANN, Gottlob Wilh. * 18/5 1737 Lauban, † 5/1 1805 Berlin, da ML. W: Lieder, Klav-Ballette

BURMEISTER, Rich. * 7/12 1860 Hamburg, lebt in Berlin, nahm erst als Student Unterricht im KlavSpiel, Schüler von Ad. Mehrkens u. Fr. Liszt. Nach verschied. KonzReisen 1884 KonservL. zu Hamburg, 1885 in Baltimore, 1898 Dir. des Scharwenka-Konserv. in Newyork, 1903/06 L. am Dresd. Konserv., 1906/25 in Berlin, 1925/33 in Meran, 1885/99 mit Dory Petersen verheirat. W: sinf. Fantas. ‚Die Jagd nach d. Glück', Klav-Konz. u. Stücke. B: Liszts Concerto pathétique, Mephistowalzer, 5. Rhapsodie f. Klav. u. Orch. usw.

BURMESTER, Willy * 16/3 1869 Hamburg, da † 16/1 1933, ausgez. VVirt. (Schüler seines Vaters u. bis 1885 Joachims), machte viele erfolgreiche Reisen. W: ‚Fünfzig Jahre Künstlerleben' (1926), H u. B: kleine VStücke.

BURNAND, Arthur B., richtiger Name statt Streletzki, Anton u. Esipoff, Stepan. — s. STRELETZKI

BURNEY, Charl. * 7/4 1726 Shrewsbury, † 12/4 1814 Chelsea (London), namhafter MHistoriker, Schüler Arnes, Organ. in London (1749), Lynn Regis (1751), seit 1760 wieder in London. W: DramenM., KaSonaten, OrgStücke, ‚General history of m.' (4 Bde), Reisetagebücher usw.

BURNS, Ted, ps. = NEUMANN, Hrmann
BURNS, Tom, ps. = WERNER-KERSTEN
BURONI, Antonio — s. BORONI

BUROW, Emil * 8/9 1855 Berlin, verdienter MilKM. 1872—1918, u. a. in Bamberg u. seit 1911 in Nürnberg. W: Poln. Lied.

BURRIAN, Karl * 12/1 1870 bei Prag, † 25/9 1924 Senowat (Böhm.), berühmt. TheaTenor (Köln, Hannover, Dresden, Prag usw.)

BURROWES, John Freckleton * 23/4 1787 London, da † 31/3 1852, Organ. W: Ouvert., Klav-Stücke, Lieder; ‚The thorough bass primer and the Pfte primer'.

BURSA, Stanislaus * 22/8 1865 Obertyn (Galiz.), seit 1902 in Krakau, verdienter MPädagoge. W: Oper, KirchM., Lieder, KlavStücke

BURTON, Fred Russell * 23/2 1861 Jonesville (Mich.), † 30/9 1909 Late Hopatkong (New Jersey), Dir. u. MKrit. in Newyork. W: Kantate ‚Hiawatha'.

BURTON, Mrs. Paul — s. CURTIS, Natalie

BURTON, Wal., ps. = Hubert W. DAVID

BURY, Henry Blaze de — s. BLAZE

BUSBY, Thomas * Dez. 1755 Westminster, † 28/5 1838 Betonville, Organ. in London; geschätzt. MSchr. W: BühnenM., 2 Orator., ‚A general history of m.', ‚A complete dictionary of m.' usw.

BUSCH, Adolf * 8/8 1891 Siegen/Westf., Schüler d. Kölner Konserv., ausgezeichn. Geiger, Führer eines Quartetts, wirkte in Wien u. Berlin, lebt in Basel seit Apr. 1926. W: Orch.- u. KaM., VKonz., OrgStücke, Lieder

BUSCH, Fritz * 13/3 1890 Siegen/Westf., Schüler d. Kölner Konserv., 1909 Chordir. am Thea. in Riga, 1910/12 Dir. d. Kurkap. in Pyrmont, 1912 städt. MDir. in Aachen, 1918 I. KM. der Stuttg. Op., 1922/33 I. KM. der Dresdener Oper. Lebt in Zürich, viel in Südamerika, Rußland. — Sein jüngster Bruder Heinrich, treffl. Pianist, † 13/2 1929 Duisburg.

BUSCH, Rich. * 12/4 1866 Ranis, StadtObSchulRat in Düsseldorf. W: KaM., Psalme, Kantat. m. Orch.

BUSCH, Richard * 30/7 1902 Priebus, Schles., Tonfilm-Textdichter in Berlin-Rudow

BUSCHENDORF, Otto * 28/3 1877 Erfurt, LyzML. in Mühlhausen (Thür.). W: Chöre, Lieder

BUSCHKÖTTER, Wilhelm, Dr. phil. * 27/9 1887 Höxter, KM. des Westdtsch. Rundfunks in Köln seit April 1926, urspr. Vcellist, stud. MWissensch. in Lpz u. Berlin, Schüler W. Klattes u. S. v. Hauseggers, war TheaKM. in Davos, Hamburg u. Altona, nach dem Kriege (Offiz.) KonzDirig in Hamburg u. 1923/24 in Abo (Finnl.), 1925/26 KM. des FunkstundeOrch. in Berlin. W (ungedr.): BühnenM., BallettSuite

BUSCHMANN, Ernst * 2/5 1889 Kraizlingen, Schweiz (Deutscher), lebt in Berlin-Steglitz, KonzM. a. D. W: VStücke, Tänze, Märsche

BUSCHMANN, Jos. * 20/2 1893 Ehrenbreitenstein, seit 1893 in Koblenz Organ. u. Chordir. W: KirchM.

BUSCHOP, Jules * 10/9 1810 Paris, † 10/2 1896 Brügge, da seit 1816. W: Op., KirchM., Kantaten, u. a. ‚Das belg. Banner', Sinf., Ouvert.

BUSI, Aless. * 28/9 1933 Bologna, da † 8/7 1895, seit 1871 KonservL., seit 1884 auch GsgL. W: KirchM., Sinf., OrchStücke, KlavStücke, Lieder

BUSNACH, Wilh. † 15/1 1907 Paris, 75jähr., Opttenlibrettist

BUSONI, Ferruccio Benvenuto * 1/4 1866 Empoli/Firenze, † 27/7 1924 Berlin, Schüler von A. Remy-Graz, wirkte in Helsingfors (1888), Moskau (1890), Boston (1891)) 1894/1907 in Berlin, 1907/8 in Wien (Konserv.), 1908/13 in Berlin, 1913 Dir. des Liceo mus. in Bologna, 1915 in Zürich, seit 1920 in Berlin als L. einer Meisterklasse der Kompos. a. d. Akad. d. Künste. Ausgezeichn. KlavVirt., Dirig., eigenart. Komp., geistvoller MSchr. W: Op. ‚Die Brautwahl', ‚Turandot', ‚Arlecchino', ‚Dr. Faust' (wichtig), OrchSuiten u. Ouvert., 2 KlavKonz., VKonz., KaM., KlavKompos., Lieder usw. B: Bachsche, Mozartsche u. a. Werke

BUSSER, Henri — s. BÜSSER

BUSSLER, Ludwig * 26/11 1838 Berlin, da † 18/1 1900, Schüler v. Dehn, Grell, Wieprecht, seit 1865 an Berliner Konserv. (seit 1879 am Sternschen), TheorL., dazwischen noch TheaKM. (1869 Memel). W: auch jetzt noch sehr verbreitete Lehrbücher: Elementarlehre, Prakt. Harmonielehre, Der strenge Satz, Kontrap. u. Fuge, Formenlehre, KomposLehre

BUSSMEYER, Hans * 29/3 1853 Braunschweig, † 21/9 1930 Pöcking am Starnberger See, stud. auf d. Münchner kgl. MSchule u. bei Liszt, bereiste als Pianist 1872/74 Südamerika, 1874 L., 1904/19 Dir. der kgl. Schule zu München, 1879/84 Dirig. des ‚Münch. Chorver.'; lebte seit 1919 in Pöcking. W: KlavKonz., ‚Germanenzug', MChor m. Orch. usw. — Sein Bruder Hugo * 26/2 1842 Braunschweig, treffl. weitgereister Pianist, ging 1860 nach Südamerika, lebte dann in Newyork u. Buenos Aires, † ?. W: KlavStücke; ‚Das Heidentum in der M.'

BUSTINI, Aless. * 24/12 1876 Rom, da L. f. Klav. u. OrchSpiel am Lic. di S. Cecilia. W: Opern, Sinf. u. sinfon. Dichtgen, KaM., Klav.-Suite, Messa funebre; ‚La sinfonia in Italia' 1904

BUTE, Cornelis Joh. * 22/10 1889 (blind) Arnhem, seit 1909 Organ. in Zutfen. W: StrOrchSuite, OrgSonaten u. Stücke, KlavSuite, Lieder.

BUTHS, Julius * 7/5 1851 Wiesbaden, † 12/3 1920 Düsseldorf, Schüler d. Kölner Konserv. (Hiller, Gernsheim), 1879 MDir. in Elberfeld, 1890/1908 MDir. in Düsseldorf, wo er 1902 ein Konserv. gründete, KlavVirt u. tücht. Dirig. W: KlavKonz., KlavQuint., KlavStücke (Suite usw.), Lied.

BUTIGNOT, Alphonse de * 15/8 1780 Lyon, † 1814 (?) Paris. W: Romanzen, GitSchule

BUTNIKOFF, Iwan G. * 13/12 1893 Charkow, seit 1922 KonservDir. u. OrchDir. in Athen. W: Sinf., Suiten, sinf. Dichtgen, KlavStücke, Lieder

BUTTERWORTH, Geo. S. Kaye * 12/7 1885 London, † in der Sommeschlacht 5/8 1916. W: sinf. Dichtgen, treffl. Lieder

BUTTI, Vittorio * 1864 Tortona, † 13/10 1930 Firenze. W: Oper

BUTTING, Max * 6/10 1888 Berlin, stud. in München bei Klose u. Courvoisier, seit 1919 in seiner Vaterstadt, bemerkensw. sehr moderner Komp. W: 3 Sinf., KaSinf., StrQuart. u. a. KaM., Chöre

BUTTLAR, Gerda, Freifrau v., geb. v. Below — s. BELOW-BUTTLAR

BUTTLER-STUBENBERG, Anna * 1821, † Jan. 1912 Graz. W: viel KirchM.

BUTTSCHARDT, Ferd. * 20/2 1865 Biberach, da † 30/12 1930, da seit 1898 Organ. u. VerDirig., ausgeb. in Stuttgart, 1891/98 ML., VerDirig. u. stellvertr. Organ. in Ulm. W: gem. u. MChöre

BUTTSTEDT, Joh. Heinr. * 25/4 1666 Bindersleben/Erfurt, † 1/12 1727 Erfurt, Organ., Schüler Pachelbels. W: KirchM., Suiten, Fugen usw. f. Org. u. Klav.; berühmte Schrift z. Verteidigg der Solmisation

BUTTYKAY, Akos von * 22/7 1871 Halmi, lebt in Budapest, da 1908/22 HochschulL. W: Op. u. Optten, Sinf., OrchSuite, KlavSonaten u. a.

BUTZ, Joseph, Dr. phil. * 22/9 1891 Langscheid, rhein. Kr. St. Goar, MWissenschaftler u. Chordir. in Godesberg. W: Messen, MChöre u. a.

BUUS, Jachet (Jaques) van (de) Paus † Juli 1565 Wien, 1541 Organ. in Venedig, 1551/64 HofkapOrgan. in Wien. W: Instr.-Kanzonen, Motetten, Madrigale usw.

BUWA, Joh. * 23/5 1828 Hochweseli (Böhm.), † 30/6 1907 Graz, da seit 1855 Leiter e. MSchule.

W: Opern, Chöre, Lieder, KlavSchule, KlavStücke, ‚Schule der Akkordverbindgen', ‚Zur Reform der Pedalschrift'

BUXBAUM, Friedr. * 23/9 1869 Wien, da VcVirt., treffl. Quartettspieler

BUXTEHUDE, Dietrich * 1637 Helsingborg, † 9/5 1707 Lübeck (da seit 1668), der größte Org.-Spieler seiner Zeit, Vorläufer J. S. Bachs. W: OrgKompos. (Gesamtausg. von Spitta), Triosonaten, KirchKantaten, Arien usw.

BUYA, Alfeo * 1874 Bassano, VVirt., Dir. der MSchule in Pordenone. W: Opern, VSchule; ‚Musicalia', ‚Amate la m.'

BUYS — s. BRANDTS-BUYS

BUZENGEIGER, Gerhard * 2/2 1901 Karlsruhe, lebt da, ausgeb. in München. W: Oper KaM., GsgsZyklus, Lieder

BUZZI, Ant. * um 1815 Roma, † 3/5 1891 Milano, GsgL. W: Opern, Ballette. — Sein Sohn A r t u r o B.-Peccia * 1856 Milano, seit 1898 in Amerika, Dir. einer GsgSchule in Newyork. W: Oper, Sinf., sinf. Dichtgen, KaM.

BUZZOLA, Antonio * 2/3 1815 Adria, † 20/5 1871 Venedig, da seit 1855 KM. d. Markuskirche. W: Opern, KirchM.

BYJACCO, ps. = Jacoby, Fritz

BYRD (Bird, Byrde, Byred), Will. * 1543 London, da † 4/7 1623, Schüler von Tallis, mit dem zus. er 1575 das Privileg erhielt, 21 Jahre lang Musikalien zu drucken u. zu verkaufen, seit 1563 Organ. in London, hervorrag. KirchKomp. (der engl. Palestrina). W: Sacrae cantiones, Psalmen, Graduale usw., OrgStücke, KlavStücke

BYSTRY, Viliam Figus — s. FIGUS BYSTRY

BYSTRÖM, Oscar * 13/10 1821 Stockholm, da † 22/7 1909, KlavVirt., Chordir. W: Sinf., KaM., Optte, liturg. Schriften

C

CABALLERO, Manuel Fernandez — s. FERNANDEZ-CABALLERO

CABALLONE, Michele — s. GABALLONE

CABANILLES, Juan José * 1644 Algemese/Valencia, † 29/4 1712 Valencia, da seit 1665 Organ. W: f. Org.

CABEL (eigentl. Cabu), Marie Josephe * 31/1 1827 Liége, † 23/5 1885 Paris (Irrenhaus), 1853/77 gefeierte KolorSubr. in Paris, London usw.

CABEZON, Don Felix Antonio de * 30/3 1510 Castrojeriz, † 26/5 1556 Madrid, blind geb. bedeut. Tonkünstler, Organ. u Cembalist Philipps II. W: Instrumentales, auch Motettenübertragungen, von seinem Sohn Hernando († 1/10 1602) in span. Tabulatur gebracht

CABISIUS, Julius * 15/10 1841 Halle a. S., † 4/4 1898 Stuttgart, treffl. Vcellist, in Löwenberg u. Meiningen angestellt, seit 1877 in Stuttgart. W: VcKompos.

89

CABO, Franc. Javier * 1768 Najera/Valencia, † 21/11 1832 Valencia, da seit 1816 Organ. u. 1830 DomKM. W: treffl. KirchM.

CABU — s. CABEL

CACCINI, Giulio (mit d. Beinamen Romano), * um 1550 Rom, † 10/12 1618 Firenze als Hofkapellsger (seit 1564); Mitbegr. des stile rappresentativo, um die Fortbildg des ariosen, monodischen u. rezitativen Stils verdient. W: Op. ‚Euridice‘, ‚Il rapimento di Cefalo‘; Nuove musiche (Arien u. 1st. Madrigale mit BC.). — Seine Tocht. F r a n c e s c a * 1581, vermählt mit Giov. Batt. Signorini, begabte Kompon. (Op., Arien, Ballette)

CADI, Bert, ps. = F. W. RUST

CADMAN, Charles Wakefield * 24/12 1881 Johnstown, Pa., Dirig., Organ. u. MSchr. in Los Angeles (Kaliforn.). W (teilw. indianisch gefärbt): Opern, Kantaten, Gsge, KlavTrio u. Sonat., OrgStücke

CADORE, Arturo * 15/9 1877 Soresina (Cremona), † 26/6 1929 Milano, Organ. in S. Vittore (Varesa), ausgeb. in Milano. W: Op., GsgKompos.

CÄCILIA, die Heilige, Schutzpatronin der M., bes. der geistl., † 230 Rom als Jungfrau den Märtyrertod. Kalendertag 22. Nov.

CAETANI, Roffredo (Fürst von Bassano) * 13/10 1871 Rom, lebt da, Schüler Sgambatis. W: Oper, Suite u. a. f. Orch., treffl. KaM.

CAFARELLI, Filippo * 5/6 1891 Rom, da Vcellist. W: OrchSuite, KaM., OrgStücke, Messe, Gsge

CAFARO, Pasquale * 8/2 1706 Galatina/Lecce (Neapel), † 25/10 1787 Neapel. W: Opern, KirchM. (‚Stabat mater‘), Solfeggien.

CAFFARELLI, Francesco * 2/2 1865 Rom, da treffl. Geiger. W: ‚Gli strumenti ad arco e la m. da camera‘ (1894)

CAFFARELLI, Gaetano Majorano * 16/4 1703 Neapel, † 30/11 1783, berühmt. Kastrat (Sopran), der noch im 65. Lebensjahre auftrat

CAFFARELLI, Lamberto * 6/8 1880 Faenza, da DomKM. W: Oper, Gsge

CAFFI, Franc. * 14/6 1778 Venezia, † 1874 Padova, lebte meist in Venedig, treffl. MHistor. W: ‚Storia della m. sacra nella già capella ducale di S. Marco in Venezia‘ u. a.

CAFFI, Rinaldo * 1841, † 1903 Soresina, DomKM. W: Messen, KlavStücke, auch Opern

CAGNONI, Ant. * 8/2 1828 Godiasco, † 30/4 1896 Bergamo, Schüler des Konserv. zu Milano, 1859 KirchKM. zu Vigevano, 1888 in Novara. W: an 20 Opern, u. a. ‚Don Bucefalo‘, KirchM.

CAHEN, Albert * 8/1 1846 Paris, † März 1903 Cap d'Ail, Schüler C. Francks. W: Opern, Ballette usw.

CAHIER, (Sara Jane), Madame Charles geb. Walker * 6/1 1875 Nashville (Tennessee), Schülerin Jean de Reßkés, in Amerika u. Europa berühmte Opern- u. Konz.-Altistin, Debut 1904, wohnt Schloß Helgerum, Skaftet (Schweden) oder Newyork od. Berlin

CAHN-SPEYER, Rud., Dr. phil. * 1/9 1881 Wien, zeitw. KM., MSchr.., Vorsitz. des Verband. der konzert. Künstler, in Berlin seit 1911. W: ‚Handbuch des Dirigierens‘ 1919, Lieder u. a.

CAHNBLEY, Ernst * 3/9 1875 Hamburg, Prof. des Vc. an der staatl. MAnstalt in Würzburg seit 1909. W: VcStücke, Lieder. H: ältere VcM.

CAHNBLEY, Max * 1/10 1878 Hamburg, 1907/ 1933 städt. KM., 1919/33 TheaDir. (Intend.) u. OpKM. in Bielefeld

CAILLAVET, G. A. de † 1915, OpTextdichter.

CAIN, Henri * 1859 Paris, da Maler u. OpLibrettist bes. f. Massenet u. Février

CAIRATI, Alfredo * 18/8 1875 Milano, da u. in München ausgeb., urspr. KlavVirt., seit 1922 GsgL. am Konserv. in Stuttgart, lebt aber seit 1916 in Zürich, 1908/16 in Berlin. W: Opern, KlavVSon., KlavSon. u. Stücke, Gsge

CAIX D'HERVELOIS, Gambenvirt. in Paris, bekannt durch seine Pièces de viole (6 Hefte, 1725—52)

CALAMOSCA, Giov. * 1845 Imola, da † 1/1 1878, DomKM. W: KirchM.

CALAMOSCA, Gius. * 24/2 1872 Imola, da 1897 Organ. u. 1901 OrchDir., 1906 Organ. in Ravenna, 1919 L. an der Pratellaschen MSchule in Lugo, verdient um die KirchM. W: Messen, Motetten, OrgStücke; ‚Per la m. sacra‘

CALAND, Elisabeth * 13/1 1862 Rotterdam, † 26/1 1929 Berlin-Charlottenburg (auf Besuch) Schülerin L. Deppes, 1898/1915 KlavL. in Berlin; lebte zuletzt in Wernigerode; schriftstellerisch recht tätig. W: ‚Die Deppesche Lehre des KlavSpiels‘, 4. A. 1912, ‚Techn. Ratschläge f. KlavSpieler‘, ‚Die Ausnutzg der Kraftquellen‘, ‚Prakt. Lehrgang des künstl. KlavSpiels‘ usw.

CALDARA, Antonio * 1670 Venedig, † 28/12 1736 Wien, Vcellist, später KM. an verschied. Orten, seit 1716 in Wien Vize-HofKM. W: 87 Opern, 32 Oratorien, Messen, Motett., 16st. ‚Crucifixus‘, Kantat., Triosonat. usw.

CALDICOTT, Alfred James * 26/11 1842 Worcester, † 24/10 1897 Gloucester, Schüler des Lpzger Konserv., 1883 L. u. 1892 Dir. d. R. College of m. in London, dazwischen 1890/91 OpKM. in Amerika. W: Optten, Kantaten, Kinderlieder, humorist. Lieder usw.

CALEGARI, Antonio * 17/2 1757 Padua, † da 22/7 1828 als Organ., zeitweilig in Paris. W: Opern, Psalm., GsgSchule, KomposLehre f. Nichtmusiker

CALEGARI, Carlo * 1865 Paris, lebt in Torino, ML., vorher u. a. in Buenos Aires, Milano. W: viel KirchM., OrgStücke, KlavStücke, Lieder

CALETTI-BRUNI — s. CAVALLI

CALL, Leonhard von * 1779, † 19/2 1815 Wien, Gitarrevirt. u. sehr beliebt gewesener Komp. W: Kompos. u. Arrang. f. Gitarre, Fl. (auch Trios, Serenaden) usw., MChöre

CALLCOTT, John Wall * 20/11 1766 Kensington, † 15/5 1821 Bristol, Organ. in London u. seit 1806 Lektor am Royal institute of m. W: Anthems, viele Glees u. Catches; ‚A musical grammar'

CALLEJA, Gomez Rafael * 23/12 1874 Burgos, lebt in Madrid. H: Volkslieder aus d. span. Prov. Asturien, Galizien u. Santander. W: Optten, Revuen (beliebt), OrchStücke, Lieder

CALLIES, Ernst * 25/12 1864 Ferdinandstein, Kr. Greifenhagen, 1886/93 Kantor u. Organ. in Regenwalde, dazw. Schüler d. Instit. f. KirchM. in Berlin, 1893/96 Organ. in Heiligenhafen (Holstein), 1896/1903 SemML in Pölitz, 1903/11 desgl. in Ratzeburg, hier auch Dirig. des MVer., seit Herbst 1911 SemML. u. Dir. des MVer., auch Organ. in Pyritz, 1918 Kgl. MDir., seit 1/4 1932 im Ruhestand in Essen a. R. W: KlavSonaten u. -Stücke, Lieder

CALLIESS, Rolf * 21/10 1903 Berlin-Steglitz, KM., Chordir. u. ML. in Berlin, da ausgeb. auf d. Hochschule. W: Chöre, Lieder.

CALLOSSO, Eugenia * 21/4 1878 Torino, Dirigentin. W: OrchSuiten, Chöre, Duette, viele Lieder

CALMON, Theo, ps. = KOCHMANN, Spero

CALSABIGI — s. CALZABIGI

CALSON, Charles, ps. = Karl BRÜLL

CALVÉ, Emma * 1864 (?) Decazeville (Avegron), berühmte, auch in Amerika sehr geschätzte OpSopr. in Paris, sang zw. 1882 u. 1910, Selbstbiogr. 1922.

CALVIÈRE, Antoine * um 1695, † 18/4 1755 Paris, ausgez. Organist (Improvisator) W: Motett., OrgStücke

CALVISIUS, Sethus (eigentl. Kalwitz) * 21/2 1556 Gorschleben (Thüring.), † 24/11 1615 Lpzg als Kantor an der Thomasschule (seit 1594). W: Psalmen, Motetten, Hymnen usw., theoret. Schr.

CALVOCORESSI, Michel * 2/10 1877 Marseille, bedeut. MSchr. in London. W: ‚Mussorgsky' ‚Glinka', ‚Schumann' u a.

CALZABIGI, Raniero da * 23/12 1714 Livorno, † 1795 Neapel. Librettist Glucks mit einem entscheidend. Anteil an dessen Opernreform

CAMBEFORT, Jean de * um 1605, † 4/5 1661 Paris, beliebter Sänger. W: ‚Airs de cour'

CAMBERT, Rob. * um 1628 Paris, † 1677 London als KM. Karls II., MIntend. der Königin-Mutter in Paris; in gewissem Sinne Schöpfer der französ. Oper. W: lyrische Bühnenstücke ‚La Pastorale', ‚Ariane', Opern ‚Pomone', ‚Les peines et les plaisirs de l'amour', mehrst. Chansons usw.

CAMBINI, Giov. Gius. * 13/2 1746 Livorno, † (im Armenhause) 1825 Paris, Schüler des Padre Martini, seit 1770 (zeitweilig TheaKM.) in Paris. W: 19 Opern, Orat., 60 Sinf., 144 StrQuart. usw.

CAMERLOHER, Placidus v. * 9/8 1718 Murnau (OBay.), † 21/7 1782 Freising, da seit 1744 HofKM. u. geistl. Rat des Fürstbischofs. W: Orat., 4st. KaSinf., TrioSon., GitQuart. u. a.

CAMERONE, Alan R., ps. = Ernest REEVES

CAMETTI, Alberto * 5/5 1871 Rom, da Org., Mitglied der päpstl. kirchmusik. Kommission, eifriger MSchr. W: Messen, Motetten u. a.

CAMMARANO, Salvatore * 19/3 1801 Napoli, da † 17/7 1852, fruchtbarer OpLibrettist; sein letztes Buch für Verdi: ‚Der Troubadour'

CAMPAGNOLI, Bartolomeo * 10/9 1751 Cento/Bologna, † 6/11 1827 Neustrelitz als HofKM. (seit 1818), seit 1775 in Deutschland: Freising, Dresden, Lpz 1797/1818. W: Kompos. f. V., Br., Fl. usw., sehr wertvolle VSchule u. Etüden

CAMPANA, Fabio * 14/1 1819 Livorno, † 2/2 1882 London, da gesuchter GsgL. W: Opern, viele Lieder usw.

CAMPANINI, Cleofonte * 1/9 1860 Parma, † 19/12 1919 Chicago, ausgez. OpDirig. (außerh. Italiens auch in London, Nizza, Buenos Aires, zuletzt OpDir. in Chicago)

CAMPANINI, Gustavo * 13/11 1890 Parma, seit 1909 Dir. d. MSchule in Carrara. W: Oper, Suiten, Ouvert., KaM., KlavStücke, Gsge.

CAMPANINI, Italo * 29/6 1846 Parma, da † 22/11 1896, internat. berühmter Operntenor

CAMPBELL, Alex. * 22/2 1764 Tombea am Loch Lubnaig, † 15/5 1824 Edinburgh, Organ. H: schott. u. engl. Volkslieder. W: Lied. (sehr beliebt).

CAMPBELL-TIPTON, Louis — s. TIPTON

CAMPENHOUT, François van * 5/2 1779 Brüssel, da † 24/2 1848, erst Geiger, dann Tenorist. W: 17 Opern, Messen, Sinf., Gsge, u. a. die Volkshymne ‚Brabançonne' (1830)

CAMPI, Antonietta geb. Miolascewicz * 10/12 1773, † 1/10 1822 München, verh. 1792. ausgez. OpSopran, seit 1801 in Wien

CAMPIAN (CAMPION), Thomas * 12/2 1567 London, da † 1/3 1619. W: viele Lieder, theoret. Schriften

CAMPIONI, Carlo Antonio * 1720 Livorno, † 1793 Firenze, da 1764—80 HofKM. W: Kirch.-M., KaM.

CAMPO Y ZABALETA, Conrado del * 28/10 1879 Madrid, KonservL., auch Solobratsch., MSchr., der span. Rich. Strauß. W: Opern, Messe, sinfon. Dichtgen, StrQuart. usw.

CAMPORESE, Violanta * 1785 Rom, da † 1839, ausgez., auch in London u. Paris sehr geschätzte OpSopran.

CAMPRA, André * 4/12 1660 Aix, † 29/6 1744 Versailles. bedeut. franz. OpKomp., KirchKM. in Toulon, Toulouse, Paris, seit 1722 kgl. KM. u. Dir. der Musikpagen. W: Op. ‚L'Europe galante', ‚Le carneval de Venise', ‚Tancrède', ‚Iphigénie en Tauride', ‚Télémaque' usw., Kantaten, Motetten, InstrumentalM.

CAMPS Y SOLER, Oscar * 21/11 1837 Alexandria (Ägypt.), † ?, KlavVirt., Schüler Döhlers u. Mercadantes, lebte in Madrid. W: Kantate, Lieder, KlavStücke, theor. Schriften

CAMUSSI, Ezio * 16/1 1883 Firenze, ausgebild. in Rom, Bologna u. Paris (Massenet). W: Opern, u. a. ‚La Du Barry', OrchStücke u. a.

CANAL, Marguerite * 29/1 1890 Toulouse, 1903 auf dem Konserv. in Paris, da seit 1919 Prof. W: Sinfon. Dichtg ‚Don Juan', Klav-, V-, VcStücke, viele Lieder.

CANDEILLE, Amélie Julie * 31/7 1767 Paris, da † 4/2 1834, Sängerin u. Schauspielerin. W: Opern, KlavTrios, KlavSon. u. Fantasien, Romanzen

CANDELA, Miguel * 16/9 1914 Paris, da ausgezeichn. VVirt., da ausgeb. (Franzose)

CANDIA, Mario Giuseppe — s. MARIO

CANDOTTI, Giov. Batt. * 1/8 1809 Codroipo, † 11/4 1876 Cividale, Priester, KirchM. W: viel KirchM. u. Schriften über KirchM.

CANNABICH, Christian * 1731 Mannheim, † 21/1 1798 Frankf. a. M., Schüler u. Nachahmer v. Stamitz, dessen Nachf. 1757 als KonzM. in Mannheim, 1778 in München. W: Opern, Ballette, geg. 100 Sinf., VKonz., KaM. — Sein Sohn K a r l * 11/10 1771 Mannheim, † 1/5 1806 München als HofKM. (seit 1800), tücht. Geiger u. Dirig. W: Sinf., Ouvert.

CANNETTI, Franc. * 29/8 1807 Vicenza, da † 4/8 1884. W: Opern, KirchM.; ‚Trattato di contrappunto'

CANTARA, Ramon, ps. = Felix DYK

CANTELOUBE, Joseph * 21/10 1879 Annonay (Ardèche), Schüler d'Indys. H: Volkslieder aus d. Auvergne. W: Oper ‚Le Mas', Optte, sinf. Dichtg., KlavWerke, viele Lieder

CANTEROY, Pol, ps. = FRAGEROLLE, G.A.

CANTI, Giov., Musikverlag in Milano 1840/76; Bestände seit 1888 im Besitze von RICORDI.

CANTHAL, August M. * 1804 Hamburg, da † 31/12 1881 als TheaMDir., urspr. Flötist. W: Opern, Balladen, Lieder, Tänze u. Märsche

CANTONI, Fortunato * 17/9 1887 Trieste, seit 1913 ML. (1927 KonservDir.) in Kairo. W: Oper, OrchStücke, KlavStücke, Lieder

CANTOR, ps. = WALLNÖFER, Ad.

CAPELLEN, Georg * 1/4 1869 Salzuflen, † 22/1 1934 Hannover, stud. Jura, dann Beamter, seit 1901 MSchr. W: üb. mtheoret. Fragen, Umgestaltg der Notenschrift, exot. M. usw.

CAPET, Lucien * 8/1 1873 Paris, da † 18/12 1928, vielgereister VVirt. u. Führer eines Str.-Quart., das bes. Beethoven pflegte, Schüler des Pariser Konserv., 1896 KonzM. im Lamoureux-Orch., 1899/1901 L. am Konserv. in Bordeaux, 1907 L. am Paris. Konserv., 1907/13 Theor. u. KomposSchüler bei Ch. Tournemire. W: Sinf. Dichtgen, StrQuart. u. andere KaM., VKompos., ‚La technique supérieure de l'archet' usw.

CAPITÄN, Joh. Jos. * 14/7 1870 Spandau, lebt in Berlin, 1927/32 GenMDir. der Armee in Peru, vorher dtscher MilKM. W: Ouvert., Märsche, Tänze u. a.

CAPITANIO, Isidoro * 8/9 1874 Brescia, da Organ., KlavVirt. u. Chordir. W: KirchM., Kantaten, KlavTrio u. Stücke u. a.

CAPLET, André * 25/11 1878 Havre, † 23/4 1925 Paris, sehr talentvoller von Debussy beinfl. Komp., Schüler d. Konserv. in Paris (Rompreis 1900), auch Dirig. (u. a. in Boston). W: OrchSuite u. sinf. Dicht., KaM., Divertiss. f. Harfe; Orator. ‚Le mirois de Jésus' (bedeutend), KirchM., Gsge, Lieder

CAPOCCI, Filippo * 11/5 1840 Roma, da † 25/7 1911, treffl. Organ. W: KirchM., OrgSonat. u. a. — Sein Vater G a e t a n o * 16/10 1811 Roma, da † 11/1 1898, seit 1855 KirchKM. W: Orator., viele Messen u. sonst. KirchM.

CAPORALE, Andrea * 1700, † 1756 London, da seit 1740, Vcellist. W: VcSonaten

CAPPI, Pietro, gründete 1816 in Wien einen Musikverlag, 1818 Cappi & Diabelli, 1824 ausgetreten; für ihn trat C. A. Spina ein, der 1852 unter seinem Namen firmierte. Der Verlag 1876 an Aug. Cranz übergegangen

CAPRA, Marcello * 27/4 1862 Torino, da † 2/7 1932, urspr. Offizier, 1895 a. d. Regensburger KirchMSchule, 1896 Begründer eines kirchmusik. Verlags in Torino (neuerdings Società tipografica editrice nazionale), Komp. u. MSchr.

CAPRI, R., ps. = PRIGGE, Klaus

CAPRICORNUS — s. BOCKSHORN

CAPRON, Nicolas * um 1740, † 14/9 1784 Paris, VVirt., Schüler v. Gaviniès. W: VKonz., KaM.

CAPUA, Eduardo di † Okt. 1917, Napoli. W: volkstüml. Canzonen, u. a. ‚O sole mio'

CAPUA, Rinaldo da — s. RINALDO

CAPUTO, Michele Carlo * 22/7 1838 Napoli, † 15/2 1928 Roma, da seit 1912 Bibl. des Liceo di S. Cecilia, Gsgspädagoge. W: Opern, KaM., viele Schriften

CARA, Marco 1495/1525 am Hofe zu Mantua, sehr angesehener Komp. von Frottole

CARABELLA, Ezio * 3/3 1891 Rom. W: Optten, Sinf., sinf. Dichtgen, OrchVariat., KlavStücke

CARACCIO, Giovanni * um 1555 Bergamo, † 1626 Rom, da langjähr. KirchChordir. W: KirchM., Madrigale, Canzonetten

CARAFA (de Colobrano), Michele * 17/11 1787 Neapel, † 26/7 1872 Paris, urspr. Offizier, 1828 in Paris, 1840 KomposProf. am Konserv. W: über 30 Opern, u. a. ‚Le solitaire', Ballette, KirchM.

CARCASSI, Matteo * 1792 Firenze, † 16/1 1853 Paris, vielgereister GitVirt. W: 80 f. Git., u. a. große Schule

CARCASSONNE, Georges * 8/1 1864 Marseille, lebt in Paris, sehr fruchtbarer populärer Komp. W: Tänze, Märsche, Romanzen usw.

CARDON, Louis * um 1747 Paris, da bis 1793, † um 1805 in Rußland, HarfVirt. W: HarfKomp. u. Schule

CARDOSO, Frei Manuel * 1570 Fronteira, † 29/11 1650 Lissabon. W: KirchM. a capp. (wertv.)

CARELLI, Benjamino * 9/5 1833 Napoli, da † 14/2 1921, GsgL. W: Kantaten; ‚L'arte di canto'

CAREY, Clive * 30/5 1883 Sible Hedingham, ausgez. Baritonist u. Gsgmeister in London. 1924/27 KonsL. in Adelaide (Austr.). W: BühnM., Lieder.

CAREY, Henry * 1696, † 4/10 1743 London. W: Liederspiele, Balladen u. and. Gsge, u. a. angeblich die engl. Volkshymne ‚God save the king'

CARIGNANI, Carlo * 1857 Lucca, † 5/3 1919 Milano, OrchDir. u. Verf. von KlavAuszügen usw.

CARILLO, Julio * 1875 San Luis Potosi (Mex.), OrchDirig. u. zeitw. KonservDir. in Mexiko-Stadt. W: Opern, Sinf., KaM., Chöre, theoret. Schr.

CARISCH & Co., MVerlag in Milano, gegr. 1887 von Andrea C a r i s c h * 14/5 1834 Poschiavo (Tessino), † 1/5 1901 Milano u. Artur J ä n i c h e n * 1/5 1861 Leipzig, da † 21/12 1920

CARISSIMI, Giacomo * 18/4 1605 Marino (Kirchenstaat), † 12/1 1674 Rom als KirchKM. (seit 1628), um die Weiterbildg des monodischen (rezitat.) Stils, der Kammerkantate u. des Orator. verdient. W: 15 Orator., u. a. ‚Jeptha', ‚Hiob', ‚Jonas', ‚Sintflut', Messen, Sacri concerti usw.

CARL, William Crane * 2/3 1865 Bloomfield (New Jersey), Schüler Guilmants, seit 1892 Organ. in Newyork. W: ‚Te deum', OrgStücke

CARLONI, Arnaldo * 28/5 1880 Mandavio (Pesaro), lebt in Pesaro, ausgeb. u. a. in Paris u. bei Max Bruch. W: Opern, sinf. Dichtgen, Requiem, Lieder, KlavStücke

CARLOS, ps. = Walter DÄBBER

CARLOS, W., ps. = BALDAMUS, Gust.

CARLSEN, Camillo * 19/1 1876 Kopenhagen, seit 1911 Domorgan. in Roeskilde. W: KirchM., KaM., OrgStücke

CARLSON, Bengt * 26/4 1890 Ekenäs, seit 1920 Chordir. in Helsingfors. W: Chöre, KaM.

CARLTON, Rich. * um 1558, † 1638 (?) Norfolk. W: Madrigale

CARLY, Robert, ps. = KAESSER, Emil

CARNEVALI, Vito * 4/7 1888 Roma, KlavVirt in Newyork. W: Sinf. Dichtg, KlavKonz., StrQuart.

CARNICER Y BATTLE, Ramon * 24/10 1789 Tarraco, † 17/3 1855 Madrid, da 1830/54 KompL. am Konserv., vorher OpKM. W: Opern, KirchM., Sinf., Gsge, u. a. chilenische Volkshymne

CARO, Paul * 25/10 1859 Breslau, lebt da, Schüler von Jul. Schäffer u. B. Scholz. W: Opern, KirchKantaten, Sinf., sinf. Dichtgen, viele StrQuart. u. andere KaM. usw.

CAROL-BERARD * 1885, Generalsekr. der Union syndicale des compositeurs de m. in Paris, Schüler von Albeniz, verwertet das Geräusch des modernen Lebens für die M. W: BühnenM., Sinf., OrchSuiten, KlavStücke, Lieder

CAROLI, A., ps. = Ed. BAYER

CAROLSFELD — s. SCHNORR v. Carolsfeld

CARON, Rose, geb. Meunier, berühmte Op.-Sängerin, * 1857, † 9/4 1930 Paris, da seit 1902 L. am Konserv.

CAROSIO, Ermenegildo * 8/8 1866 Alessandria, † 18/5 1928 Torino, TheaKM. W: Optten, viele Lieder u. Tänze

CARPENTER, C., ps. = C. Th. ZIMMERMANN

CARPENTER, John Alden * 28/2 1876 Park Ridge (Chicago), Schüler Elgars u. B. Ziehns, fortschrittl. Tons. in Chicago. W: Ballette, OrchSuite, KlavKonz., KaM., Gsge

CARPINTERO, C., ps. = C. Th. ZIMMERMANN

CARR, Howard * 26/12 1880 Manchester, Op-KM. in London. W: Sinf., OrchSuiten, FilmM., Kinderoptten, Chöre, Lieder, KlavStücke. H: Sea Songs.

CARRAUD, Gaston * 20/7 1864 Le Mée, Dep. Seine et Marne, † 15/6 1920 Paris, Komp. u. MSchr., über 20 Jahre an ‚La Liberté'. W: dramat. Sinf., ‚Buona Pasqua', Kantate, Lieder; ‚Alb. Magnard'

CARRÉ, Michel * 1819, † 1872 Paris, fruchtbarer Oplibrettist

CARREÑO, Teresa * 22/12 1853 Caracas (Venezuela), † 13/6 1917 Newyork, eminente Klav.-Virt., Schülerin Gottschalks, konzertierte schon 1865/66 in Deutschland, erregte aber erst 1889 besonderes Aufsehen, auch Sängerin, Dirigentin u. Kompon.; zuerst mit Emile Sauret, dann mit dem Bariton Tagliapietra, 1892/95 mit d'Albert verheiratet, lebte jahrelang in Berlin. W: StrQuart., KlavStücke (Walzer ‚Mi Teresita'), Venezuelan. Volkshymne. — Ihre Tochter T e r e s i t a, bemerkenswerte Pianistin

CARRERAS I BULBENA, Jos. Rafael * 1861, † 2/2 1931 Barcelona, Kompon. u. MHistoriker

CARRI, Ferd. * 25/8 1856 Rheydt, † 22/10 1927 Mount Vernon, NY., VVirt., Inhaber einer MSchule in Newyork. W: VStudien u. -Stücke

CARRIÈRE, Paul * 26/11 1887 Straßburg i. E., † 31/12 1929 Lübeck, Schüler Humperdincks, lebte als MSchr. in Stawedder/Haffkrug. W: KaM.

CARRODUS, John Tiplady * 20/1 1836 Braithwaite, Yorkshire, † 13/7 1895 London, VVirt., Schüler Moliques, KonzM. d. Covent Garden Op. W: VStücke.

CARROL, Walter * 4/7 1869 Manchester, da L. f. Kompos. u. MPädagog. am Coll. of m. u. der Univers., seit 1918 musik. Berater des Erziehungsrats, sehr verdient. W: M. f. Kinder; ‚The training of children's voices'

CARSE, Adam (auch Ahn-Carse gen.), ps. William KENT * 19/5 1876 New Castle-on-Tyne, TheorL. in London. W: Sinf., KaM., Chöre, Lieder; Schulwerke; theoret. Schriften, u. a. ‚The history of orchestration' (1925)

CARSTE, Hans * 5/9 1909 Frankenthal (Pfalz), lebt in Berlin, da u. in Wien ausgeb. W: Optten, FilmM., UnterhaltgsM.

CARSTEN, Hinrich, ps. = Karl REINECKE

CARTE — vgl. RUDALL, Carte & Co.

CARTE, Rich. d'Oyly * 3/5 1844 London, da † 3/4 1901, sehr geschätzter TheaUnternehm., bes. f. Sullivan eingetreten. W: Oper.

CARTER, Thomas * 1734 Dublin, † 12/10 1804 London, da seit 1787 TheaDirektor. W: Opern, BühnenM., KlavKonz., Lieder (beliebt geworden)

CARTER, Thomas * 24/12 1841, † 4/1 1934 (!) Boston, da 1871 ff. Dir. e. eigen. Orch. W: Orch-Stücke.

CARTIER, Jean * 28/5 1765 Avignon, † 1841 Paris, Schüler Viottis, treffl. Geiger. W: VKonz., u. a. H: ‚L'art du V. ou Collection choisie dans les Sonates des écoles ital., franç. et allem.' (1798 bzw. 1801, wertvoll)

CARULLI, Benedetto * 3/4 1797 Olginate, † 8/4 1877 Milano, KlavVirt., 56 Jahre lang L. am Konserv. W: KlavKompos, auch KaM.

CARULLI, Ferd. * 10/2 1770 Napoli, † Febr. 1841 Paris, da seit 1801, GitVirt. W: viele Git.-Kompos., auch m. andern Instrum., GitSchule; ‚L'harmonie appliq. à la guit.'. — Sein Sohn G u s t a v o * 30/6 1801 Livorno, † 1876 Bologna, GesgL. in Paris, London u. Livorno. W: Oper, instrukt. Gsge

CARUSO, Enrico * 25/2 1873 Napoli, da † 2/8 1921, berühmt. OpTenor, Schüler Lampertis u. Vergines; erregte zuerst 1896 in Napoli Aufsehen, sang in Milano, Petersburg, Nord- u. Südamerika, London u. Deutschland

CARUSO, Luigi * 25/9 1754 Napoli, † 1822 Perugia, da DomKM. W: Opern, viel KirchM.

CARVALHO (eigentl. Carvaille), Léon * 1825, † 29/12 1897 Paris, da bis 1855 Sänger, dann Operndirekt. Seine Frau (seit 1853) C a r o l i n e, geb. F e l i x - M i o l a n * 31/12 1827 Marseille, † 10/6 1895 Paris, berühmte OpSopran.

CARYLL, Ivan (eigentl. Felix Tilkin) * 1861 Lüttich, † 28/11 1921 Newyork, Opttenkomp.

CASADESUS, Francis Louis, ps. F. C. S é - n é c h a l * 2/10 1870 Paris, da Dirig. u. Dir. des amerik. Konserv. in Fontainebleau seit 1920. W: Opern, Sinf., Lieder

CASADESUS, Henri, ps. R i q u e t, Christian * 30/9 1879 Paris, ausgezeichn. Bratschist u. Viola d'amour-Spieler (Schüler v. Lavignac u. Laforge), gründete mit seiner Frau, Renée Casadesus-Dellerba (* 30/6 1879 Paris, Schülerin d. Pariser Konserv., später Sologeigerin in den Konz. von Colonne) u. den HH. Nanny, Desmonts usw. die ‚Société nouv. des Instrum. anciens', mit der er Reisen zur Vorführg älterer EnsembleM. unternimmt. H: Händels BrKonz. u. a.

CASADESUS, Marius Rob. Max * 24/10 1892 Paris, da VVirt. u. VPädag. W: Op., Ballet, Sinf., OrchStücke, 3 StrQuart., VStücke, VcStücke, Klav-Stücke, Lieder

CASADESUS, Robert Marcel * 7/4 1899 Paris, da KlavVirt., viel auf Reisen.

CASAL, ps. = Karl SALOMON

CASALI, Giovanni Battista * um 1715 Roma, da † 6/7 1792, 1759/92 KM. am Lateran. W: 4 Opern, 5 Oratorien, viel KirchM.

CASALS, Pablo * 30/12 1876 Veudrell (Catalon.), Vcellist ersten Ranges, stud. in Barcelona u. Madrid, seit 1897 VcProf. am Konserv. zu Barcelona, wo er 1919 ein Orch. gründete, viel in Paris u. London. W: Chorwerk m. Orch., sinfon. Dichtg. Stücke f. Vc., V., Klav. usw.

CASAMORATA, Luigi Ferd., Dr. jur. * 15/5 1807 Würzburg, † 24/9 1881 Firenze, da seit 1813, MSchr. W: Messen, KlavStücke; ‚Manuale d'armonia' u. a.

CASATI, Gasparo † 1643 als DomKM. zu Novara. W: Messen, Psalmen, Motetten, Sacri concerti usw.

CASATI, Luigi * 1845, † 1900 Milano, Vcellist, KonservL. zu Moskau. W: VcStücke.

CASAVOLA, Franco * um 1900, lebt in Bari. W: Oper ‚Il gobbo del califfo' (1929 Rom; ‚Der Narr des Kalifen')

CASCIA, Giovanni da — s. GIOVANNI

CASCIOLINI, Claudio * um 1670 Rom, da KirchKM. W: treffl. KirchM a capp.

CASELLA, Alfredo * 25/7 1883 Torino (Sohn des Vcellisten C a r l o 1834/96), 1896/1916 in Paris, dann in Rom, wo er 1917 die Società nazionale di m. (Soc. ital. di m. moderna) zur Förderg der jungen Tonsetzer gründete, hervorrag. Klavierist, Dirig., Komp. (Anhäng. Debussys) u. MSchr. W: Ballette, Suiten, Konz. u. a. f. Orch., KaM., Klav.; ‚L'evoluzione della m.', ‚Stravinski'

CASELLA, Pietro * 1769 Pieve, Umbria, † 12/12 1843 Napoli, da seit 1817 KonservL. W: Opern, viel KirchM.

CASIMIRI, Raffaele Casimiro * 3/11 1880 Gualdo Tadino (Umbria), vorrag. auch als M.-Schr., ausgeb. in Padua, seit 1911 KM. am Lateran in Rom, L. an d. päpstl. Schule f.KirchM., bereist seit 1919 mit auserwählten Sängern der röm. Kirchen Amerika u. Europa. W: Messen u. a., Fachschriften, bes. üb. Palestrina. H: Kompos. Palestrinas usw.

CASINI, Giov. Maria * um 1670 Firenze, da † 1714 (?), seit 1703 Kathedralorgan. W: KirchM., OrgStücke

CASIRAGHI, Cesare * 31/12 1837 Crema, † Nov. 1886 Pavia. W: Optten, Ballette, beliebte Tänze

CASORTI, Aless. * 27/11 1830 Coburg, † 28/9 1867 Dresden, VVirt. W: 4 VKonz., StrQuart., VStudien

CASPAR, Helene * 3/9 1857 Zittau, † Juli 1918 Leipzig, hervorrag. durch klaviermethodische Schriften

CASSADO, Gaspar * 1897 Barcelona, viel reisender VcVirt., Schüler von Casals. W: KaM., VcSonate, -Stücke u. Bearb. (Schubert, Mozart).

CASSADO, Joaquin * 30/9 1867 Mataro/Barcelona, da † 25/5 1926, zuletzt auch in Paris. W: Oper, Sinf. Macarena, Hispania f. Klav. u. Orch., VcKonz. usw.

CASSANEA, J. J. — s. MONDONVILLE

CASSIMIR, Heinrich * 23/1 1873 Hassenbach/Unterfrank., seit 1917 HochschProf. in Karlsruhe, Chorleit. W: kirchl. u. weltl. GsgsM., u. a. ‚Fränkisches Liederspiel'; Melodram; KaM., KlavStücke.

CASSIMIR, Lorenz (Bruder Heinrichs) * 30/7 1878 Strüth/Würzburg, † 26/7 1926 als OberL. u. VerDirig. in Würzburg, wo er u. a. von Meyer-Olbersleben ausgeb. W: BühnenM., MChöre, Lieder; ‚Die Entwicklg. d. dtsch. volkstüml. Liedes'

CASSIRER, Fritz * 29/3 1871 Breslau, † 26/11 1926 München, lebte da seit 1917 als MSchr., vorher OpKM., u. a. in Elberfeld u. an Gregors Kom. Oper in Berlin 1905/8. W: ‚Beethoven u. die Gestalt'

CASTALDO, S., ps. = KOCHMANN, Spero

CASTEL, Louis Bertrand * 11/11 1688 Montpellier, † 11/1 1757 Paris, Jesuit, Theoretiker, Erfinder eines Farbenklaviers (1735)

CASTELBERG, Jos. * 1882 Kästris (Graub.), MDir. in Langenthal (Bern), vorher in Zürich u. Glarus. W: Chöre

CASTELLACCI, Luigi * 1797 Pisa, † 1845 Paris, vielgereist. GitVirt. W: f. Git., auch Schule

CASTELLI, Ign. Frz * 6/3 1781 Wien, da † 5/2 1862 Bühnendichter, MSchr.

CASTELNUOVO-TEDESCO, Mario * 3/4 1895 Firenze, da Klavierist, MSchr., einflußreich. W: Opern, u. a. ‚Mandragola‘, KaM., Stücke f. V., Klav., viele Lieder u. Gsge.

CASTÉRA, René de * 3/4 1873 Dax, seit 1897 in Paris (Schola cantorum). W: Ballette, KaM.

CASTIL-BLAZE, Franc. * 1/12 1784 Cavaillon, † 11/12 1857 Paris, da seit 1820 MSchr., auch verballhornisierte er klass. Opern. W: ‚Théatres lyriques de Paris‘ (3 Bde) u. a.

CASTILLON, Alexis de * 13/12 1838, † 5/3 1873 Paris, gründete mit Duparc u. St.-Saëns die Société nation. de m. W: OrchSuiten, KaM. u. a.

CASTRACANE, Antonio * 1858, † 1909, Major der ital. Kavallerie. W: Opern

CASTRIOTO-SCANDERBEG — s. KASTRIOTO

CASTRO, Juan de, 1571 in Antwerpen, 1582/84 ViceKM. in Wien, 1593/96 in Köln. W: KirchM., Madrigale, Chansons

CASTRO, R., ps. = Fritz BRASE

CASTRO, Ricardo * 1877 Mexiko, da † 1907, KonservDir. W: Oper, KlavStücke

CASTRUCCI, Pietro * 1689 (?) Rom, † 7/3 1752 Dublin, (1769 im Londoner Irrenhause?), Geiger, Schüler Corellis, seit 1715 KonzM. in Händels OpOrch. in London, seit 1750 in Dublin, Erfinder der Violetta marina, einer Art Viola d'amour. W (bemerkenswert): Concerti grossi, VSonaten. — Sein jüngerer Bruder Prospero, vielleicht 1752 in Dublin †, gleichfalls Geiger in London. W: VSonaten

CATALANI, Alfredo * 19/6 1854 Lucca, † 6/8 1893 Milano als L. am Konserv. (seit 1886). W: Opern, ‚Lorelei‘, ‚La Wally‘ (Geyer-Wally) usw., sinf. Dichtg ‚Hero u. Leander‘

CATALANI, Angelica * 10/5 1780 Sinigaglia, † 12/6 1849 Paris, eminente, vielgereiste Koloratursgin, Debüt 1795 in Venedig, sang bis 1828

CATALANOTTI, Guy * 3/7 1891 Tunis, da zuerst OpDirig., seit 1921 Dir. des MInstit. Frémond in Paris, daneben seit 1923 TheaKM. in Clamart (Seine). W: Oper, StrQuart., KlavStücke, Chöre

CATE, Andries ten — s. TEN CATE

CATEL, Charles Simon * 10/6 1773 l'Aigle, (Dep. Orne), † 29/11 1830 Paris, KonservProf. 1795/1814. W: Opern u. a. ‚Semiramis‘, ‚Les bajadères‘, Mil- u. KaM., ‚Traité d'harmonie‘.

CATELANI, Angelo * 30/3 1811 Guastalla, † 5/9 1866 Modena, da städt. u. KirchKM, verdient. MHistoriker

CATENHUSEN, Ernst * 1833, † 9/5 1918 Berlin, langjähr. TheaKM, auch Chordir. in Amerika. W: viele BühnenM., u. a. zu Görners ‚Rattenfänger v. Hameln‘

CATERALL, Arthur * 1883 Preston, VVirt., Führer eines Quart. u. Prof. am College of m. in Manchester, Schüler v. W. Heß u. Brodsky

CATHERINE, Alphonse, ps. G. ROHM * 16/11 1868 Paris, da † 21/5 1927, OpKM. W: Lieder.

CATOIR, Georg Lwowitsch * 27/4 1861 Moskau, da † 1926, Schüler Klindworths, Rüfers u. Liadows. W: Sinf., sinf. Dichtg, Kantate, Ka- u. KlavM., Lieder

CATOLLA, Roberto * 3/3 1871 Triest, Schüler d. Wiener Konserv., VVirt., dann TheaKM., 1901 KonservDir. zu Triest. W: Oper, Instrumentales

CATRUFFO, Gioseffo, * 19/4 1771 Neapel, † 19/8 1851 London. W: Bühnen- u. KirchM.

CATTANEI, Carlo (ps. K. Walewski), * Dez. 1852 Piacenza, † ?, Gsg- u. KlavL. in Genova, 1881/90 in Torino. W: viele KlavStücke, Gsge usw.

CATTELANI, Ferruccio * 1867 Parma, VVirt., seit 1887 in Buenos Aires, auch Dirig. W: Oper, Sinf., 2 VKonz, KaM.

CATTOLICA, Gilfredo * 1882 Civitanova (Marche), Dir. des Ist. Frescobaldi in Ferrara. W: Ouvert., KaM., KlavStücke, Kantaten, Chorwerke, Lieder, theoret. Lehrbücher

CATTOZZO, Nino * 22/7 1886 Adria, lebt da. W: Opern, Kantaten, Orator., OrchStücke, KlavStücke usw.

CATURLA, Alejaudo Garcia * 7/3 1906 Remedios, Cuba, lebt da, Schüler der Nadia Boulanger in Paris. W: Kuban. Tänze, KaM.

CAUCCI, Riccardo * 24/2 1880 Rom, da † 17/6 1925. W: Optten, Revuen, Dialektlieder (Kuplets)

CAUCHIE, Maurice * 8/10 1882 Paris, da MSchr. H: Janequins Werke; ‚L'opéra com.‘; Franç. Couperins Werke

CAUDELLA, Eduard * 3/6 1841 Jassy (Rumän.), da † 11/4 1923, 1894/1901 KonservDir., VVirt. W: Opern in rum. Sprache, StrQuart., V- u. KlavStücke, Lieder usw.

CAURROY, Franç. Eustache du * 1549 Gerberoy/Beauvais, † 7/8 1609 Paris. W: KirchM., 5st. Chansons

CAVAILLÉ-COLL, Aristide * 2/2 1811 Montpellier, † 12/10 1899 Paris, da seit 1833, bedeut. OrgBaum. W: Schriften üb. OrgBau

CAVALCABO, Giulia — s. BARONI-CAVALCABO

CAVALIERI, Emilio de' * um 1550 Rom, da † 11/3 1602, da Organ., 1589 Generalinsp. der Künste in Firenze; Vertreter des stile recitativo. W: ‚Rappresentazione di anima e di corpo' (‚Der Widerstreit zw. Seele u. Leib') 1600 (erstes eigentl. Orator., doch wohl nur Umarb. eines Werkes Isorellis); dramat. Szenen (Anfänge der Oper); Madrigale

CAVALIERI, Katharina * 1761 Wien, da † 30/6 1801, da ausgez. OpSgerin 1775—93

CAVALLI, Francesco, eigentl. Caletti-Bruni * 14/2 1602 Crema, † 14/1 1676 Venezia als KM. der Markuskirche (seit 1668), Schüler Monteverdis. W: 42 Opern, u. a. ‚Ercole amante', ‚Serse', ‚Giasone', Messen, Psalmen, Sonaten

CAVALLINI, Ernesto * 30/8 1807 Milano, da † 7/1 1874 KlarinVirt., L. am Konserv., 1852/67 in Petersburg. W: KlarinKonz. u. a., KaM.

CAVALLINI, Eugenio * 16/6 1806 Milano, da † 11/4 1881, VVirt., Schüler Rollas, bis 1868 L. am Konserv. W: Sinf., VFantas. usw., BrSchule u. Etüden

CAVALLO, Joh. Nep. * 5/5 1840 München, da † 3/10 1917, Schüler Frz Lachners u. Rheinbergers, ML. W: Gsgskomp., bes. MChöre u. Arrang.

CAVALLO, Léon Roger, ps. = LEONCAVALLO, R.

CAVANAGH, Kathleen, ps. = H. NICHOLLS

CAVARRA, Alberto * 13/12 1888 Trapani, lebt in Bologna. W: Optten, Lieder, KlavStücke.

CAVAZZONI, Girolamo * um 1500 Urbino, veröffentl. 1542 in Venezia wertvolle OrgStücke

CAVI, Giov. * um 1750 Rom, da † 27/8 1821, Organ., beliebter KlavL. W: Opern, KirchM., KlavStücke

CAVOS, Catterino * 1775 Venedig, † 10/5 1840 Petersburg, da seit 1797, 1799 KM. am kaiserl. Thea. W: französ., ital. u. russ. Opern, Operetten, Ballette usw.

CAZZATI, Maurizio * um 1620 Guastalla, † 1677 Mantova, KirchKM. in Bozolo, Bergamo, Bologna, 1673 HofKM. in Mantua, verbesserte die Sonatenform. W: Messen, Psalmen, Kantat., Madrigale, KaDuette, Sonat. f. StrInstr. m. Continuo

CEBOTARI, Maria * 20/2 1910 Kischineff (Bessarab.), seit 1930 gefeierte Sopr. der Staatsop. in Dresden, daneben seit Herbst 1934 an der Staatsop. in Berlin, da auf der Hochschule von Dr. Daniel ausgeb. Sächs. KaSgrin seit Jan. 1935.

CEBRIAN, Adolf * 23/1 1838 Nizza, Schüler Brosigs, Stockhausens u. des Lpzger Konserv., GymnGsgL. u. VerDir. in Berlin, da † 1922. W: patriot. Sinf., Ouvert., Sonaten, Chöre, Lieder usw.

CECCO, Arturo de * 8/3 1878 Fara San Martino (Abruzzi), † 8/9 1934 Brianza, OpttKM. W: Optten. B: f. kl. Orch.

CELANSKY, Ludvik Vitezslav * 17/7 1870 Nem Brod, † 27/10 1931 Prag, da seit 1918, vorher OpKM., an versch. Orten, auch hervorrag. KonzDir., Begr. der tschech. Philharm. W: Opern, Melodr. m. Orch., sinf. Trilogie, Lieder usw.

ČELEDA, Jaroslav * 11/6 1890 Troppau, VVirt. in Prag, da ausgeb., auch MSchr. H: altböhm. V-Komp. W: Schriften üb. böhm. Kompon. u. Geiger (in böhm. Sprache)

CELESTINO, Eligio * um 1739 Roma, † 14/1 1812 Ludwigslust, Mecklenb., KonzM., seit 1780, 1776 in Stuttgart, treffl. VVirt. W: Ouvert., KaM., VSonaten.

CELLES, Franç. Bédos de — s. BÉDOS

CELLI, Filippo * 1762 Roma, † 21/8 1856 London, treffl. GsgL. in Bologna, München u. London. W: Opern

CELLIER, Alexandre * 17/6 1883 Molières-sur-Cèze, seit 1910 Organ. in Paris u. MSchr. W: KaM., OrgSuiten; ‚L'orgue moderne', ‚Les passions et l'oratorio de noël de J. S. Bach'

CELLIER, Alfred * 1/12 1844 Hackney (London), franz. Abkunft, Organ., seit 1866 KM. in Belfast, Manchester, London, dann in Amerika u. Austral., seit 1887 wieder in London. Da † 28/12 1891. W: Oper, Optten, OrchSuite

CELLIER, Laurent * 1887 Metague, † Mai 1925 Paris, sammelte über 1200 breton. Volkslieder.

CELLINI, Emilio * 21/1 1857 Ripatransone (Marche), † 5/11 1920 Cupramarittima, MGelehrt. W: Opern, KirchM. u. a.

CENTOLA, Ernesto * 2/3 1862 Salerno, VVirt. u. Pädagog. in Napoli. W: VStücke u. treffl. Etüd.

97

CERDA, Philipp de la, Dr. jur. * 22/6 1895 Wien, da Leiter eines Tonfilms u RundfunkKM., Schüler Guido Adlers. W: Tonfilme

CERF, Pierre * 28/8 1905 Vallorbe (Waadt), da Dir. einer MSchule, KlavVirt. W: KaM., Klav-Stücke

CERIN, Nicolo, ps. = ULLRICH, Friedr.

CERONE, Domenico Pietro * 1566 Bergamo, † nach 1616 Napoli, Kapellsger der span. Könige. W: wichtige MLehre (span.).

CERRETO, Scipione * 1551 Napoli, da † nach 1631, bedeut. Theoretiker

CERRI, Luigi * 28/12 1860 Milano, da Vcellist. W: Oper, OrchStücke, Gsge

CERTON, Pierre 1532 Kleriker (Sänger) in Paris, da † 23/2 1572, Schüler von Josquin des Près. W (wertvoll): Messen, vierstimm. Chansons usw.

CERVENY, Wenzel Frz * 1819 Dubeč, † 19/1 1896 Königgrätz, da seit 1842 namhafter BlechinstrumFabrikant, auch Glockengießer

CERVETTO Giacomo * um 1682, † 14/1 1783 (!) London, da seit 1728 Vcellist, später TheaDirektor. W: Sonat. u. a. f. Vc. — Sein gleichnamiger Sohn * 1757 London, da † 5/2 1837, auch Vcellist. W: Soli u. Duos f. Vc.

CESARI, Gaetano, Dr. phil. * 24/6 1870 Cremona, urspr. Kontrabassist, namhafter MForscher in Milano, da seit 1917 Biblioth. des Konserv., † 21/10 1934 Sala Maraseno

CESEK, Hans * 6/4 1868 Hostialkow (Mähr.), lebt in Wien, da ausgeb. am Konserv., Pianist, langjähr. Begleiter der Lucca. W: Oper, Optten, Singspiele, Lieder, Stücke f. Klav, V. u. Vc.

CESENA, Giambattista da — s. BIONDI

CESI, Benjamino * 6/11 1845 Napoli, da † 19/1 1907 als Prof. am Konserv., Schüler Thalbergs, sehr verdienter L. W: Storia del Pfte, 1903, — Seine Söhne Napoleone * 6/8 1867 (Komp.) u. Sigismondo * 24/5 1869 gleichfalls bekannte Klavierpädagog.

CESTERTON, Tristan, ps. = GOLDMANN, Kurt

CESTI, Marc Antonio * 15/10 1618 Arezzo, † 14/10 1669 Venedig, hervorrag. Opernkomp., KM. in Voltera, Innsbruck, Wien (1666/69). W: Opern ,Cesare amante', ,La Dori', ,Pomo d'oro', ,Orontea', KaArien usw.

CEULEN, Willem R. * 11/5 1806 Amsterdam, † März 1868 Middelburg, da seit 1829 GsgVerDir. W: Ouvert., StrTrio, Chöre.

CHABRAN (Ciabrano), Franc. * 1723 Piemont, 1747 in der Turiner Hofkap., seit 1751 in Paris, später in London, treffl. Geiger, Neffe u. Schüler von Somis. W: VKonz. u. -Son.

CHABRIER, Emanuel * 18/1 1841 Ambert (Puy de Dôme), † 13/9 1894 Paris, jurist. Ministerialbeamter bis 1880, geistvoller Komp. W: Opern ,Gwendoline', ,Le roi malgré lui', ,Briséis' (unvoll.), Optte ,L'étoile' (= ,Lazuli'), Span. Rhapsodie f. Orch., KlavStücke

CHADWICK, George Whitfield * 13/11 1854 Lowell (Mass.), † 7/4 1931 Boston, stud. in Lpzg u. München (Rheinberger), seit 1880 in Boston (Mass.), da seit 1897 KonservDir., bedeut. Komp. W: Opern, 3 Sinf., sinf. Dicht., Ouvert., KirchM., KaM., große Chorwerke, Kompos. f. Klav., Org., Gsg usw.; ,Manual of Harmony' (1887).

CHAGES, Julius * 21/12 1910 Lemberg, seit 1920 in Wien, KlavVirt., Wunderkind, KomposSchüler H. Kauders. W: KaM., VcKonz., Klav-Fantas. m. Orch., KlavSonate u. -Stücke u. a.

CHAIX, Charles * 26/3 1885 Paris, seit 1909 TheorL. am Konserv. in Genf, seit 1924 auch in Lyon. W: Sinf. u. Scherzo f. Orch., KlavTrio, Chorwerk, Motetten

CHALIAPIN — s. SCHALIAPIN

CHALLIER, Ernst * 9/7 1843 Berlin, † 19/9 1914 als Verlagsbuchhändler in Gießen (Hessen) u. Verf. lexikalisch-katalog. Werke f. M.: ,Doppelhandbuch der Gsgs- u. KlavLit.', ,Verzeichn. sämtl. kom. Duette u. Terzette', ,Großer Lieder-Katalog', ,Kat. d. GelegenheitsM.', ,Großer Duetten-Kat.' u. ,Großer MGsgKat.'

CHALLIER, Karl Aug. † 17/7 1871 Berlin, gründete da 1835 den noch bestehenden, von seinem Sohne Willibald (* 20/7 1841, † 25/1 1926) ausgebauten, 1919 an Richard Birnbach (s. diesen) verkauften MVerl. C. A. Challier & Co

CHALOIX, Erny, ps. = Erna v. SCHORLEMMER

CHAMBERLAIN, Houston Stewart * 9/9 1855 Portsmouth, † 9/1 1927 Bayreuth, seit 1870 meist in Deutschland, Kunstschriftsteller, 1889 in Wien, seit 1908 (verheir. mit Eva Wagner) in Bayreuth. Veröffentlichte: ,Das Drama R. Wagners', ,R. Wagners echte Briefe an Ferd. Präger', R. Wagner' usw.

CHAMBONNIÈRES, Jacques Champion de * um 1602, † 1672 als erster Kammercembalist Ludwigs XIV. (seit 1640), L. des älteren Couperin. W: KlavStücke

CHAMINADE, Cécile * 8/8 1857 Paris, da als KavVirt, fruchtbare Komp., Schülerin B. Godards. W: Kom. Oper, Ballett ,Callirhoë'; ,Die

Amazonen' f. Soli, Chor u. Orch., OrchSuiten, KlavKonz., FlKonz., KaM., KlavStücke, Gsge, Lieder

CHAMPEIN, Stanislas * 19/11 1753 Marseille, † 19/9 1830 Paris, da seit 1770. W: Opern, Singspiele, KirchM.

CHAMPION, Jacques — s. CHAMBONNIÈRES

CHAMPS, Ettore de * 8/8 1835 Firenze, da † 12/4 1905, Pianist. W: Opern, Ballette, Messen

CHANBER, Theodore Ward * 1902 Newport, Rhode Island, lebt in Genesee, NY. W: KlavV-Son., gem. Chor.

CHANCY, François de * um 1600, † 1660 Paris, Lautenist. W: Ballette, Airs de cour, Chansons, Stücke f. Mandora

CHANDOSCHKIN, Iwan * 1765 (?), † 1804 Petersburg, der erste russ. VVirt. W: Son. f. V. solo, Variat.

CHANOT, F. W. † Jan. 1911 London, einer franz. Geigenmacherfamilie entstammend, VBauer u. MVerleger bes. von VLit. Der Verlag ging an L a u d y über.

CHANTAVOINE, Jean * 17/5 1877 Paris, da seit 1923 GenSekr. d. Konserv., treffl. MSchr. u. Forscher

CHAPI [Y LORENTE], Ruperto * 27/3 1851 Villena (Alicante), † 25/3 1909 Madrid, Schüler des dort. Konserv. W: 6 Opern, 155 Optten (u. a. ‚La revoltosa‘), Sinf., sinf. Dichtg, OrchSerenade, KlavTrio, kl. Gsgsachen usw

CHAPPELL & CO., bedeut. Londoner MVerl., gegr. 1812. Auch bedeut. KlavFabrik

CHAPUIS, Auguste * 20/4 1858 Dampierre-sur Saône, † Dez. 1933 Paris, Organ., seit 1894 HarmonieL. am Konserv. W: Orator., Messen, Chöre, Gsge, KaM., KlavStücke.

CHAR, Fritz * 3/5 1865 Cleve, † 21/9 1932 Velden am Wörther See, seit 1921 ObOrgan. in Breslau, urspr. TheaKM., 1898/1921 MDir. in Thorn. W: Oper, sinf. Prolog, KlavStücke, Chöre, Lieder

CHARIVARI-MVerlag, Berlin, gegr. 1930 (bes. Optten), aufgegangen 1934 im D r e i k l a n g - V e r l a g

CHARLES, Monsieur, ps. = CHOP

CHARPENTIER, Gustave * 25/7 1860 Dieuze (Lothr.), Schüler des Pariser Konserv. (Massenet), lebt in Paris, impressionist. Kompon. W: Opern ‚Louise‘ 1900, ‚Orpheus‘ 1909, ‚Julien‘, Chorsinf. ‚La vie du poète‘ 1893, OrchSuite ‚Impressions d'Italie‘ usw.

CHARPENTIER, Marc Antoine * 1634 Paris, da † 24/2 1704, KirchKM. seit 1684. W: KirchM., bes. wertvolle Orator., Opern, BühnenM.

CHARREY, René * 7/6 1875 Genf, da Flötist. W: Oper, Chöre, auch m. Orch.

CHARTOFILAX, Georgo * 16/6 1894 Athen, MandolVirt. seit 1918, seit 1923 in Dresden, da Dir. eines MandolOrch. W u. B: f. MandolOrch.

CHAUMET, William * 26/4 1842 Bordeaux, † 28/10 1903 Gasac (Gironde). W: kom. Opern, KaM.

CHAUMONT, Emile * 29/3 1878 Lièges, V-. Virt., seit 1919 Prof. am Konserv. in Bruxelles. Schüler Halirs u. M. Bruchs. W: Etüden, Schule u. a. f. V., Lieder

CHAUSSON, Ernest * 21/1 1855 Paris, † 10/8 1899 Limay/Mantes, Schüler von Massenet u. C. Franck. W: 2 Opern, M. zu Shakespeares ‚Sturm‘, Sinf. u. KaM., Konz. f. Klav. u. V. mit StrOrch. usw.

CHAUVET, Charles Alexis * 7/6 1837 Marnies, † 28/1 1871 Argenton, seit 1860 Organ. in Paris. W: treffl. OrgStücke

CHAVAGNAT, Pierre Edoua. * 17/10 1843 (blind) Paris, da † 29/12 1913, Dir. einer MSchule. W: viele KlavStücke u. Gsge

CHAVARRI, Edou. Lopez * 31/1 1875 Valencia, da KonservL., Schüler Pedrells. W: KaM., bes. StrQuart., Span. KlavKonz., KlavStücke; ‚Musica popolar española‘.

CHAVEZ, Carlos * 1899 Mexiko, da Konserv.-Dir. u. OrchDir., ausgeb. in Paris, Berlin u. Newyork. W (meist ungedr.): Ballette, Sinf., KaM., KlavStücke, Gsge m. KaOrch.

CHEDEVILLE, Esprit Philippe † 1782 Paris u. sein Bruder N i c o l a s. W: Stücke f. d. Musette

CHEIRANDER, Erich — s. HANDTMANN

CHELARD, André Hippolyte * 1/2 1789 Paris, † 12/2 1861 Weimar, Schüler von Gossec, Baini, Paisiello, 1828 KM. in München, 1836 in Augsburg, 1840/51 in Weimar. W: Op. ‚Macbeth‘, ‚Die Hermannsschlacht‘ usw., Solfeggien

CHELLERI (Keller), Fortunato * 1686 Parma, † 1757 Kassel, da 1725 HofKM., kurze Zeit in Stockholm. W: Opern, Orator., KirchM., Arien, KlavSonat., OrgFugen

CHELIUS, Oskar von * 28/7 1859 Mannheim, † 12/6 1923, Schüler v. Fritz Steinbach u. Jadassohn, im Hauptberuf Soldat, zuletzt Generalleutn. u. Generaladjut. d. Kaisers Wilhelm II. W: Opern, Chorwerke, Lieder, KlavStücke

CHEMET, René * 1896 Boulogne-sur-Seine, lebt in Paris, ausgezeichnete, auch in Amerika konzert. Geigerin

CHEMIN-PETIT, Hans * 6/7 1864 Rostock, † 11/1 1917 Potsdam, da seit 1898 ML., Schüler des Lpzger Konserv., Geiger, als Nachfolger seines Vaters TheaKM. in Ulm, später (1887/94) Hof-KM. in Altenburg. W: 3 Opern, Lieder. — Seine Frau Selma geb. Feldt KonzSängerin. — Sein Sohn:

CHEMIN-PETIT, Hans * 24/7 1902 Potsdam, TheorL. an der Akad. f. Schul- u. KirchM. seit 1931, D.rig. u. VcVirt. in Berlin, Schüler H. Beckers u. Juons. W: Opern, BühnM. zu Shakespeares ‚Komödie d. Irrungen' u. zu Wedekinds ‚König Nicolo', Sinf., OrchScherzo, VcKonz., 2 StrQuart., Motetten, Lieder (auch m. Orch.)

CHEMIN-PETIT, Maurice * 4/3 1832 Leipzig, † 3/4 1885 Ulm, TheaKM. W: Lieder

CHERBULIEZ, Antoine Elisée, Dr. ing. u. phil. * 22/8 1888, urspr. Vcellist, Schüler u. a. M. Regers, seit 1921 Chordir. in Chur u. seit 1923 (1932 Prof.) auch PrDoz. f. MWiss. an der Univers. Zürich. W: KaM., Chöre, Lieder; ‚Die Schweiz in d. dtsch. MGeschichte' (1932)

CHEREPNIN — s. TSCHEREPNIN

CHERUBINI, Luigi * 14/9 1760 Firenze, † 15/3 1842 Paris als Dir. des Konserv. (seit 1921), Schüler Sartis, schrieb anfangs nur KirchM., dann leichtere italien. Opern, siedelte 1788 dauernd nach Paris über u. begann dort, angeregt durch die Bekanntschaft mit Glucks Werken, sich der ernsteren Richtung zuzuwenden, die später seine Bedeutung als Komp. bedingte. W: 29 Opern ‚Medea', ‚Wasserträger', ‚Lodoiska', ‚Faniska' usw., Oratorium, 11 Messen, 2 Requiems (d u. c), Motetten u. viele andere KirchM., Kantaten, Sinf., StrQuint., 6 Str.-Quart., Sonaten f. Klav. u. f. Org., Sologsge usw., auch Lehrbuch d. Kontrapunkts (v. seinem Schüler Halévy ausgearb.). Vgl. R. Hohenemser (1913) u. L. Schemann (1925)

CHESTER, J. & W., seit 1915 in London als Mittelpunkt für moderne M. bestehender, 1860 in Brighton gegründeter Verlag

CHEVAILLIER, Lucien * 1883 Paris, da † 3/2 1932, seit 1926 Dir. der städt. MSchule in Belfort, 1906/16 Assistent Lavignacs am Pariser Konserv., 1919/26 KonservProf. in Straßburg. W: Opern, KaM., Lieder; ‚La m. dans l'histoire du monde'

CHEVALLEY, Heinr. * 19/5 1870 Düsseldorf, † 9/11 1933 Groß-Flottbeck/Altona, Schüler des Konserv. in Lpzg, seit 1897 MKrit. d. ‚Fremdenblatts in Hamburg, 1920/31 Hrsg. d. Ztschr. ‚Die MWelt'. W: ‚Hundert Jahre Hamburger Stadttheater'; Lieder, KlavStücke

CHEVALLIER, Ernst Aug. Heinr. * 12/5 1848 Hannover, † 18/1 1908 Hamburg, da seit 1872 ML. u. VerDirig. (u. a. LGsgVer.). W: MChöre, Lieder, KlavStücke, VStücke usw.

CHEVARDIÈRE, LA — s. LA CHEVARDIÈRE

CHEVÉ, Emile, Dr. med. * 1804 Douarnenez, † 26/8 1864 Paris, trat für Pierre Galins Methode des Elementarunterrichts ein, nahm statt Noten Ziffern

CHEVILLARD, Camille * 14/10 1859 Paris, da † 30/5 1923, auch in Deutschland als Dirig. bekannt, Schwiegersohn von Lamoureux u. seit 1897 dessen Nachfolger als Leiter des Orch., seit 1913 MChef d. Groß. Oper. W: Sinf. Dichtgen, KaM., KlaStücke

CHEVILLARD, Pierre Alex. Franç. * 15/1 1811 Antwerpen, † 18/12 1877 Paris, ausgez. Vcellist, seit 1859 Prof. am Konserv. W: VcSchule

CHIABRAN — s. CHABRAN

CHIAPUSSO, Jan, Joseph * 2/2 1890 Kendal (Java), KonservL. in Chicago, vielgereister Klav-Virt., Schüler des Pariser Konserv. u. Lamonds. H: ältere KlavM.

CHIAROMONTE, Francesco * 20/7 1809 Castrogiovanni (Sizil.), † 10/10 1886 Brüssel als KonservL. (seit 1871), vorher in Palermo, Paris, London, Schüler Donizettis. W: Opern, KirchM., ‚Méthode de chant'

CHICKERING, Jonas * 1798 New Ispwich, † 8/12 1853 Boston, gründete da 1823 die erste, noch hochangesehene KlavFabrik in Amerika.

CHILD (Chylde), William * 1606 Bristol, † 23/3 1697 Windsor, da seit 1636 Organ. W: KirchM., Catches

CHILESOTTI, Oscar, Dr. jur. * 12/7 1848 Bassano, da † 20/6 1916, bedeut. MSchr., besond. durch Neuausgaben alter Lautenmusik verdient

CHINTZER, Giov., lebte 1727 — c. 1750 in Paris. W: Optten, KaM.

CHIPP, Edmond Thomas * 25/12 1823 London, † 17/12 1886 Nizza, seit 1867 Organ. in Edinburgh. W: Orat., KirchM., OrgStücke

CHISHOLM, Erik * 1904, KlavVirt. u. Dirig. in Glasgow, u. a. Schüler Toveys. W: KlavSon.; Ceol Mor (schott. Tänze) f. Klav., KaM.

CHITZ, Arthur, Dr. phil. * 5/9 1882 Prag, MSchr., Geiger u. TheorL. in Dresden. Seit 1918 KM. am staatl. Schauspielhaus. W: BühnenM., Weihnachtsmärch., Sinfonietta, 3 StrQuart., Lieder

CHIVOT, Henry Charles * 13/11 1840 Paris, † 19/9 1897 Vesinet, bel. Opttenlibrettist.

CHLADNI, Ernst Florens Friedrich * 30/11 1756 Wittenberg, † 3/4 1827 Breslau, namhafter Akustiker, Entdecker der Chladnischen Klangfiguren u. Erfinder der Glasharmonika u. des Glasstabklaviers. W: Schriften über Akustik

CHLUBNA, Oswald * 22/7 1893 Brünn, da KonservL., Schüler Janačeks. W: Op., Chorw. m. Orch., sinf. Dichtgen, KaM., Lieder

CHMEHL, Ludw. Roman, ps. Ludwig R o m a n * 1877 Wien, lebt da. W: Optten, Pantomimen, Tänze, Lieder

CHMEL, Otto, Dr. phil. * 30/8 1885 Gröbming (Steierm.), TheaKM. u. ML., seit 1922 in Mannheim (Hochschule). W: BühnenM., Son. f. V. u. Klav., KlavStücke, Lieder

CHOINANUS, Siegfried — s. WALTER-CHOINANUS

CHOISY, Frank Louis * 29/4 1872 Gand, VVirt., seit 1907 in Genf Dir. e. Konserv. W: OrchSuite, KaM., VStücke

CHOP, Max (ps. Monsieur C h a r l e s) * 17/5 1862 Greußen/Sondershausen, † 20/12 1929 Berlin, MSchr. in Berlin 1885/88, Neu-Ruppin u. seit 1902 wieder in Berlin, seit 1920 Hrsg. der ‚Signale für d. musik. Welt'. W: Analysen der Werke v. Rich. Wagner, Liszt, A. Bungert u. a., Biogr. v. Bungert, Delius u. Verdi, ‚Zeitgenöss. Tondichter', 3 KlavKonz., Lieder, Ballad. usw. — Seine Frau C e l e s t e geb. Groenevelt, geschätzte Pianistin

CHOPIN, Frédéric * 22/2 1810 Zelazowa Wola/Warschau (der Vater französ., die Mutter poln. Abkunft), † 17/10 1849 Paris, Schüler Zywnys u. Elsners in Warschau, trat 1827 als Pianist mit Erfolg auf, seit 1830 in Paris, Begründer eines neuen, durchaus orig. KlavStils, in dem poetische Empfindg, große Freiheit der Formenhandhabg u. feinsinnige Erweiterg der harmon. u. melod. Ausdrucksmittel sich unterstützen. W: 2 KlavKonz., KlavTrio, Sonate m. Vc.; f. Klav: 3 Sonaten, 4 Balladen, 56 Mazurken, 15 Walzer, 12 Polonäsen, 4 Scherzi, 4 Impromptus, 19 Nokturnos, 25 Präludien, 27 Etüden usw., polnische Lieder. Vgl. über ihn Karasowski, Niecks, Hoesick, Huneker, auch Weißmann, Scharlitt

CHORHERR, Frz Xav. † 27/12 1929 (84jähr.) Wien, da langjähr. Dirig. eines Orch. W: Tänze, Märsche, Lieder

CHORLEY, Henry Fothergill * 15/12 1808 Blackley Hurst (Lancashire), † 16/2 1872 London, da seit 1830 MKrit. W: ‚M. and manners in France and Germany', ‚National m. of the world', Opernlibretti u. a.

CHORON, Alex. * 21/10 1772 Caen, † 29/6 1834 Paris, ausgez. Theoret., Leiter einer KirchMSchule. W: ‚Dictionn. histor. des musiciens', ‚Méthode de plainchant', ‚Manuel compl. de mus. voc. et instr.', Messe, Lieder, u. a. ‚La sent'nelle'

CHOTEK, Franz Xaver * 22/10 1800 Liebisch (Mähren), † 5/5 1852 Wien, wo er seit 1819 lebte. W: Salon- u. Tanzkompos., Arrangements, Lieder usw. H: Bornhardts GitSchule

CHOUDENS, Antoine † 16/11 1888 Paris, gründete da unter Übernahme des Verlags P a c i n i um 1850 den besonders die Oper pflegenden MVerlag. Sein Sohn P a u l, ps. B e r e l, Paul, OpLibrettist, † 6/10 1925 Paris

CHOUQUET, Gustave * 16/4 1819 Le Havre, † 30/1 1886 Paris, 1840/60 Dirig. in Amerika, seit 1871 Konserv. der InstrSammlg des Pariser Konserv., deren Katalog er herausgab. W: ‚Histoire de la m. dramat. en France' u. a.

CHOVAN, Koloman * 18/1 1852 Szarvas, 1876 in Wien, seit 1889 Leiter des KlavSem. an d. LandesMAkad. in Budapest. W: KlavStücke, Methodik des KlavSpiels

CHRISANDER, Nils * 15/10 1846 Stockholm, da † 29/9 1918, 1876—1915 sehr angesehener KlavL. in Moskau. W: Klavpädag. Schriften

CHRIST, Emil * 18/5 1872 Lichtensteig (St. Gallen), seit 1893 SchulML. in Chur, auch Chordir. u. Organ. W: Kantat., Chöre, OrgStücke u. a.

CHRIST, Jakob * 11/8 1895 Griesheim/Frankfurt a. M., Chordir. u. Inhaber des MVerl. Braun-Peretti in Bonn. W: OrchMärsche, MChöre

CHRISTENSEN, Alfr. * 6/11 1856 Randers (Dänem.), treffl. Pianist, seit 1886 KonservDir. in Leeds. W: Oper, Kantaten, KaM., Lieder.

CHRISTIANI, Ad. Friedr. * 18/2 1836 Cassel, † 10/2 1885 Elisabeth (NAmerika) als L. einer MSchule. W: ‚Das Verständnis im KlavSpiel'

CHRISTIANOWITSCH, Nikolai F. * 3/8 1828 im Gouvern. Kaluga, † 10/4 1890 Poltawa, Schüler Ad. Henselts. W: KlavStücke, Chöre m. Orch., Lieder; Briefe über Chopin, Schubert u. Schumann (russ.).

CHRISTIANSEN, Christian * 20/12 1884 Hilleröd, Organ. in Kopenhagen, auch Komp., Vorsitzender des Ver. Ny Musik

CHRISTIANSEN, F. Melius * 1/4 1871 Eidsvold, seit 1888 in Amerika, seit 1903 MDir. am St. Olaf Coll. in Northfield (Minnes.). W: Kantaten, Chöre

CHRISTOPH, Charles, ps. = PLATEN, Hartwig v.

CHRISTOPH, Dobri * 14/12 1875 Warna, ausgeb. in Prag, seit 1907 in Sofia, da seit 1918 Dir. d. Konserv., bedeut. bulgar. Nationalkompon. W: OrchSuiten, Chöre u. a.

CHRYSANDER, Friedrich, Dr. phil. * 8/7 1826 Lübtheen (Meckl.), † 3/9 1901 Bergedorf/Hamburg, wo er seit Jahren lebte; bes. durch seine (unvollend.) Biographie u. Herausgabe (eigene Notenstecherei) der Werke Händels (dessen Oratorien er z. T. neu bearbeitete) hochverdient, redigierte 1868/71 u. 1875/81 die ‚Allgem. Musikal. Ztg.' u. 1885/94 die ‚Vierteljahrsschr. f. MWissensch.', gab auch ‚Denkmäler der Tonkunst' heraus. — Sein Sohn R u d o l p h, Dr. med. * 30/3 1865 Bergedorf, setzte neben seiner ärztl. Tätigkeit (Schüler seines Vaters u. H. Kretzschmars) das Werk seines Vaters in B. fort, d. h. gab Neuausgaben Händelscher Oratorien f. d. prakt. Gebrauch heraus

CHUECA, Feder. * 5/5 1848, † 20/6 1908 Madrid, der sehr fruchtbare ‚span. Offenbach', Schüler F. Barbieris. W: Zarzuelas, u. a. ‚La gran via', Lieder

CHVÁLA, Emanuel * 1/1 1851 Prag, da † 31/10 1924, Eisenbahnbeamter, geschätzter MSchr. u Komp. (Schüler Jos. Försters u. Zd. Fibichs). W. Sinfonietta, KlavQuint., ‚Ein Vierteljahrhund. böhmischer M.'

CHWATAL, Franz Xaver * 19/6 1808 Rumburg (Böhmen), † 24/6 1879 Soolbad Elmen, 1822/35 in Merseburg, dann in Magdeburg. W: Schulen, zahlr. instrukt. Rondos, Fantasien usw. f. Klav., MChöre (‚Nacht, o Nacht')

CHYBINSKI, Adolf, Dr. phil. * 29/3 1880 Krakau, da zunächst GymnasL., dann seit 1912 (1921 o. Prof.) an der Univers. Lemberg, stud. bei Thuille u. Sandberger; fleiß. MSchr., namentl. f. Gesch d. poln. M.

CHYLDE, William — s. CHILD

CIABRANO — s. CHABRAN

CIAJA, Azzolino Bernardino della * 26/3 1671 Siena, † Jan. 1755 Pisa, mitbeteiligt am Bau der dort. ber. Org. W: Messen, Psalmen, Solo-Kant., bemerkensw. OrgSonat.

CIAMPI, Francesco * 1700 Massa di Sorento, † 1762 (?) Venezia (?), ausgeb. in Bologna. W: Opern

CIAMPI, Legrenzio Vinc. * 1719 Piacenza, † nach 1773, 1748—62 (?) in London. W: Opern, u. a. Bertoldo alla corte (Vorbild f. d. französ. kom. Oper u. d. dtsch. Singspiel), V.- u. ObKonz., KaM., KlavSon.

CIANCHI, Emilio * 21/3 1833 Firenze, da † 25/12 1890, Sekretär des Kgl. MInstit. W: Opern, Orat., Requiem f. König Alberto, BlasNonett.

CIARDI, Cesare * 29/6 1818 Firenze, † 24/6 1877 Petersburg, FlVirt„ L. am Konserv. W: Fl.-Fantasien usw.

CICHY, Siegfried * 19/2 1866 Hindenburg, OS., † 29/10 1925 Breslau, da seit 1911 DomKM. u. UniversLektor, urspr. Theol., ausgebild. in Regensburg, in Frankf. a. M. u. Berlin. W: MChöre

CICOGNANI, Antonio * 18/5 1859 Faenza, † 15/2 1934 Pesaro, da seit 1897 L. am Lic. Rossini, OrgVirt. Vorher in Faenza u. Alessandria, ausgeb. in Bologna u. Regensburg. W: Opern, Ouvert., KirchM.; ‚Il canto Gregoriano'. — Sein Vetter G i u s e p p e * 28/2 1870 Faenza, † 11/3 1921 Genova, da seit 1905 L. am Lic. Paganini u. KirchKM. W: Op., KirchM., Sinf., Ouvert., KaM.

CICONIA, Joh., aus Lüttich, um 1400 Kanonikus in Padua. W: theoret. Schrift; Chöre

CIFRA, Antonio * 1575 im Kirchenstaat, † um 1638 Loreto, Schüler Palestrinas u. Naninis, Organ. bzw. KirchKM. in Loreto u. Rom. W: Messen, 4—12st. Motetten (z. Teil m. OrgBaß), OrgStücke usw.

CILEA, Francesco * 29/7 1866 Palmi (Kalabr.), seit 1917 KonservDir. in Napoli. W: Opern, OrchSuite, KaM., KlavStücke, Gsge.

CIMADOR, Giambatt. * um 1760 Venezia, † um 1808 London, da seit 1791 GsgL., urspr. Geiger. W: Oper, KBKonz., VDuette u. a.

CIMARA, Pietro * 10/11 1887 Roma, lebt da, Dirig. u. KlavVirt. W: OrchSuiten, KaM., Gsge

CIMAROSA, Domenico * 17/12 1749 Aversa, † 11/1 1801 Venedig auf einer Reise, Schüler Sacchinis u. Piccinis, bis 1784 in Italien, 1789/92 in Petersburg, 1792 in Wien, zuletzt in Neapel. W: 54 Opern, u. a. ‚Il matrimonio segreto' (1792), ‚Astuzie feminili', 5 Orat., Kantat., KlavSon. usw.

CIPOLLA, Giov. * 18/10 1867 Brescia, Domorgan. in Torino seit 1907. W: Opern, Messen, KaM.

CIPOLLINI, Dante * 1888 Milano, da GsgL. u. KlavL., auch MSchr. W: Optten, kl. Orch. Klav- u. OrgStücke, Lieder

CIPOLLONE, Alfonso * 25/11 1843 Fara S. Martino (Chieti), † 13/1 1926 Teramo (Abruzzi). W: KirchM., zahlr. Salon-KlavStücke

CIRRI, Giov. Batt. * um 1740 Forli, † ?, lebte lange in London, zuletzt in Italien; Vcellist. W: VcKonz., KaM.

CIURLIONIS, Mikalov. * 10/9 1875 Varena/Wilna, † 28/3 1914 Warschau, Schüler Noskowskis u. Reineckes. W: Sinf. Dichtg, KlavStücke, Chöre; Aufs. über litauische M.

CLAASSEN, Arthur * 19/2 1859 Stargard (Pomm.), stud. in Weimar u. bei Liszt; 1880/84 TheaKM. u. seitdem in Brooklyn GsgVerDir. u. Leiter eines MInstit., zuletzt in San Francisco, da † 16/3 1920. W: sinf. Dichtgen u. OrchSuiten, KlavStücke, MChöre, Lieder

CLAGGET, Charles * 1740 Waterford, † um 1820 London, da seit 1776, Geiger u. KM., der allerlei Instrumente, u. a. die Aiuton-Orgel erfunden hat, ohne Erfolg. W: KaM., Lieder

CLAIRLIE, Arnolde, ps. = Ed. SCHÜTT

CLAIRON, A. ps. = Alfr. STRASSER

CLAPISSON, Ant. Louis * 15/9 1808 Neapel, † 19/3 1866 Paris, Schüler Habenecks u. Reichas. W: 21 Opern u. Optten („La Fanchonette' usw.), beliebte Romanz. usw.

CLAPP, Philip Greeley * 4/8 1888 Boston, Mass., da ML. W: Sinf., sinf. Dichtgen, dramat. Szene f. Pos. u. Orch. u. a.

CLARE, Georgina, ps. = Gust. KOENTZEL

CLARETIE, Jules * 3/12 1840 Limoges, † 23/12 1913 Paris, Librettist

CLARI, Giovanni Carlo Maria * 1669 Pisa, da † 1754, 1712 KM. zu Pistoja. W: Oper, 3 Orator., Messen, Psalmen, Requiem, KaDuette u. Terzette

CLARIBEL, ps. = Charlotte Alington BARNARD

CLARK, Frederick Horace (auch Leo St. Damian gen.) * 1860, † 27/1 1917 Zürich, Schüler u. a. Deppes, eigenart. fantastisch. KlavSpiel-Theoretiker, lebte jahrelang in Berlin. W: ‚Liszts Offenbarung', ‚Pianistenharmonie', ‚Brahms-Noblesse' usw.

CLARK, Hugh Archibald — s. CLARKE

CLARK, J. Moir * um 1863 Aberdeen, Schüler Prouts. W: Schott. OrchSuite, KaM., KlavStücke

CLARK, Rich. * 5/4 1780 Datchet (Bucks), † 5/10 1856 London. W: Anthems, Glees; ‚Reminiscences of Handel' u. a.

CLARK, Scotson * 16/11 1840 London, da † 5/7 1883, hervorrag. Organ. W: f. Org. u. Klav. (zahlr.)

CLARK(E), Hugh Archibald * 18/8 1839 Toronto, seit 1859 Organ., Dirig. u. ML. (seit 1875 an d. Univ.) in Philadelphia, † ?. W: BühnenM., Orator., theoret. Lehrbücher; ‚Highways and byways of m.' (1901).

CLARKE, James Hamilton * 25/1 1840 Birmingham, † 9/7 1912 Banstead, Organ. u. TheaKM., seit 1893 in London. W: Optten, BühnenM, Sinf., Ouvert., KaM.; ‚A study of the orchestra' (1897).

CLARKE, Jeremiah * 1659 (?), † 1/12 1707 London, da seit 1692 Organ. W: Op., BühnM., wertvolle Anthems, KavSuiten.

CLARKE, John * 13/12 1770 Gloucester, † 22/2 1836 Holmer-Hereford, Organ. u. Chordir. 1799/1820 in Cambridge, 1820/33 in Hereford. W: KirchM. H: Cathedral-M. (4 Bde)

CLARKE, Rebecca * 27/8 1886 Harrow, Schülerin der R. Acad. in London, seit 1916 Solobratschistin in Newyork. W: KaM., Lieder

CLARKE, Rob. Coningsby * 17/3 1879 Old Charlton (Kent), Organ. in Oxford. W: KlavStücke, Lieder

CLARUS, Max * 31/3 1852 Mühlberg a. Elbe, Schüler des kgl. Instit. f. KirchM. in Berlin, TheaKM. in Berlin, Braunschweig, da seit 1900 HofMDir.; da † 6/12 1916. W: Opern, MChöre

CLASEN, Heinr. * 19/5 1866 Mülheim a. Ruhr, lebt da, da u. in Duisburg VerDirig., auch MHändler, ausgeb. auf dem Kölner Konserv., VVirt. W: Ouvert. u. a. f. Orch., MChöre, Lieder

CLASING, Joh. Heinr. * ?/1 1779 Hamburg, da † 8/2 1829. W: Opern, Orator.

CLAUBERG, Claus * 12/4 1890 Schwerin i. M., lebt seit 1911 in Berlin, urspr. Geiger u. Klarin., Schüler u. a. St. Krehls u. M. Regers, auch MSchr. W: Oper, Optten, Pantomime, FilmM, viel KaM., viel KlavStücke, sehr viele Lieder, bes. f. Kabaret

CLAUDIN — s. SERMISY

CLAUDIUS, Carl † 22/2 1931 Kopenhagen, 75jähr., Mitstifter des Musikhist. Museums in Stockholm, InstrSammler großen Stils.

CLAUDIUS, Otto * 6/12 1795 Sohland a. Spree, † 3/8 1877 Naumburg a. S., Domkantor. W: Oper ‚Der Gang nach dem Eisenhammer' (von Wagner geschätzt), KirchM., Lieder

CLAUSEN, Rich. * 19/10 1873 Schneidemühl, da seit 1906 Chordir., seit 1920 städt. MDir., 1909/19 Dir des Kurorch. in Bad Kolberg. W: OrchStücke, Lieder

CLAUSEN, P., ps. = Paul PIETZNER-CLAUSEN

CLAUSIUS, Claus Eberhard * 11/2 1891 Hamburg, KM. in Altona, Schüler Humperdincks u. v. Baussnerns. W: Oper, BühnM., Hörspiele, OrchSuiten, Lieder

CLAUSS-SZARVADY, Wilhelmine * 13/12 1834 Prag, † 2/9 1907 Paris, da seit 1852 KlavVirt., trat f. dtsche M. ein, Schülerin von Proksch.

CLAUSSNITZER, Paul * 9/12 1867 Niederschöna/Freiberg, † 6/4 1924 Borna, Schüler des Dresd. Konserv. (Draeseke), SemML. 1889 in Grimma, 1894 in Nossen, 1910 in Borna. W: Org-Choralvorspiele, KlavStücke, M- u. FrChöre, Lieder usw.

CLAVÉ, José Anselmo * 21/4 1824 Barcelona, da † 25/2 1874, volkstüml. Komp. (Autodidakt), Begründ. der MGsgVer. in Spanien. W: MChöre, Lieder, auch Zarzuelas

CLAY, Frederic * 3/8 1838 Paris, † 24/11 1889 Great Marlow. W: Opern, Optten, Kantaten

CLEAVER, Percy, ps. = FRESCO, Joan

CLÉMAR, G. F., ps. = HERWEGH, Marcel

CLEMENS non Papa (eigentl. Jakob Clemens) * um 1500, † um 1558, KathedralKM. in Antwerpen. W: Messen, Motett., Psalterlieder (Souterliedekens) usw.

CLEMENS, Charles Edwin * 12/3 1858 Devonport, seit 1895 Organ. in Cleveland (Am.). W: Pedalschule; ‚Modern school for the org'.

CLEMENS, Jacob — s. CLEMENS, non Papa

CLEMENS, Joh. * 16/12 1893 Löbau. Reger-Schüler, seit 1920 TheaKM, lebt in Berlin, war u. a. in Halberstadt. W: Oper, OrchSuite, KaM., gr. Chöre, Lieder

CLÉMENT, Félix * 13/1 1822 Paris, da † 22/1 1885 Organ., Chordir. (verdient um die Wiederbelebung älterer KirchM.) u. MSchr. W: ‚Méthode de plain-Chant', ‚Dictionaire lyr. ou histoire des opéras' u. a.

CLEMENT, Franz * 17/11 1780 Wien, da † 3/11 1842, treffl. Geiger, dem Beethoven sein VKonz. gewidmet hat. W: Singspiele, Ouvert., 6 VKonz. u. 25 Concertini, KlavKonz., StrQuart., StrTrio.

CLEMENTI, Filippo † Anf. Mai 1909. W: Opern zu selbstged'cht. Texten; ‚Le langage des sons Belliniens et Wagneriennes'

CLEMENTI, Muzio * 24/1 1752 (12/4 1746?) Rom, † 10/3 1832 Evesham (Engl.); stud. in Rom bei Buroni (Klav., Kontrap.) u. Carpini (Gsg); bereits 1761 Organ., kam mit 14 Jahren nach England, entwickelte sich zum glänzenden Klav-Virt. u. gesuchten L. (Schüler J. B. Cramer, Field, L. Berger, A. Klengel, Moscheles usw.). Unternahm seit 1781 wiederholt erfolgreiche KonzReisen nach Deutschland, Schweiz, Frankreich, Rußland, später beteiligte er sich in London auch an einem MVerlag u. KlavFabriken. W: üb. 100 KlavSonaten (z. T. m. V. u. Vc.), Duos f. 2 Klav., auch Ouvert., Sinf.; die noch heute wichtige Studiensammlg ‚Gradus ad Parnassum'

CLEMUS, S. B., ps. = SCHULTZE-BIESANTZ, Clemens

CLENVER, Carl Johan * 15/11 1852 Siegburg, † 157 1921 Middelburg, da seit 1879 Chordir. W: StrOrchSuiten, KinderSingspiel, Lieder.

CLÉRAMBAULT, Louis Nicolas * 19/2 1676 Paris, da † 26/10 1749, Organ. W: Kantaten, OrgStücke, KlavStücke

CLÉRICE, Justin * 16/10 1863 Buenos Aires, † Anf. Sept. 1908 Toulouse, Schüler des Pariser Konserv. W: Opern, Optten, meist f. die Bouffes parisiens, Ballette

CLERMONT, Henri, ps. = Ch. A. RAWLINGS

CLERMONT, Aristide, ps. = Max HENNING

CLESTON, Jim, ps. = Karl Julius SOMMER

CLEVE, Halfdan * 5/10 1879 Kongsberg (Norweg.), lebt in Vinderen/Oslo, Dir. der Telefunken, Pianist, Schüler von O. Raif u. Ph. u. Xav. Scharwenka. W: 5 KlavKonz., klein. KlavStücke; Klav-VSonate

CLÈVE, Jean de * 1529 (wo?), † 14/7 1582 Augsburg, Tenorist in Wien u. Graz, seit 1576 in Augsburg. W: KirchM.

CLEVE (eigentl. Krakauer), Erich * 19/12 1887 Hindenburg, Schüler u. a. Gernsheims, lebt in Berlin, KonzBegl. W: Lieder

CLEWING, Karl * 22/4 1884 Schwerin, 1905/20 Schauspieler, dann Heldentenor bis 1930 (Autounfall); seit 1931 Leiter eines Lehr- u. Forschgsinstituts f. prakt. Phonetik in Berlin-Lichterfelde, seit 1932 Prof. f. Stimmorgan-Hyg. an der Berliner Hochschule; künstl. Leiter der Telefunken-Ges. (Plattenaufnahmen). W: Lautenlieder. H: ‚Mein Liederbuch'.

CLIFFE, Frederick * 2/5 1857 Lowmoor/Bradford, † Dez. 1931, Organ. u. Pianist, Schüler v. Sullivan, Prout, Taylor, seit 1901 L. an d. kgl. MAkad. in London. W: 2 Sinf., sinf. Dichtgen, VKonz., Gsge

CLIFFORD, James * 1622 Oxford, da † Sept. 1698. W: KirchM.

CLIFFORD, Wal, ps. = Hubert W. DAVID

CLIFTON, Chalmers * 30/4 1889 Jackson Miss., vielgereister, berühmt. Dirig. in Newyork. W: Sinf. Dichtgen, KlavSonaten, Lieder

CLIFTON, John C. * 1781 London, † 18/11 1841 Hammersmith, Erfinder des Eidomusicon. W: Glees, Gsge

CLIQUOT, Franç. Henri * 1728 Paris, da † 1790, berühmtester Sproß der franzos. OrgBauerfamilie (seit 17. Jahrh.)

CLIVE, Katharina, gen. Kitty * 1711 London, † 6/12 1785, berühmte OpSgrin

CLOS, Heinz * 26/3 1887 Bernsdorf/ Marburg a. L., Lautensänger in Kassel. W: Lieder z. Laute

CLOSSON, Ernest * 12/12 1870 St Josse ten Noode/Brüssel, fleiß. MSchr., L. u. VerDirig., seit 1913 MGeschichtsL. am Konserv. in Brüssel. W: Schriften üb. Wagner, Grieg, belg. Volksgsg usw.

CLUTSAM, George H., ps. Paul Aubry; Rob. Harrington; H. S. Isledon; Geo. Latour; Mat. Mervyn; Ch. G. Mustal * 1866 Sydney, Neu-Südwales, pianist. Wunderkind, lebt in London, da 1908/18 auch MKrit. W: Opern, Optten, u. a. ‚Lilac Time' (nach Schubertscher Musik), Orch-Suiten, Lieder

COATES, Albert * 23/4 1882 St. Petersburg, vielgereist. Dirig. in London, Schüler v. Nikisch, war OpKM. in Lpz., Elberfeld, Dresden, Mannheim usw., dirigierte viel in Rußland, Amerika, Paris. W: Opern, sinf. Dichtg, KlavStücke.

COATES, Eric * 27/8 1886 Hucknall, Notts., treffl. Bratschist, lebt in London; seit 1918 nur Komp. W: OrchSuiten, viele Lieder, auch m. Orch. — ps. Jack ARNOLD

COBBETT, Walter Wilson * 11/7 1847 Blackheath, lebt in London, Mäzen u. MLiebhaber, treffl. Geiger, MSch, hat viele Preise f. KaM-Werke ausgesetzt. H: Cyclopedia of chamber mus. (1928/30)

COCCHI, Gioachino * um 1715 Padua, † 1804 Venedig. W: 42 Opern, 2 Orator., KirchM.

COCCIA, Carlo * 14/4 1782 Venedig, † 13/4 1873 Novara als DomKM. W: 40 Opern, Messen, Kantaten, kleinere KirchM.

COCCON, Nicoló * 10/8 1826 Venedig, da † 4/8 1903, 1856 Organ., 1873 KM. an St. Markus. W: Orator., 8 Requiems u. viele andere KirchM.

COCHE, R. & CO, bedeut. Londoner MVerlag, gegr. 1823, seit 1898 = Augener

COCLICUS, Adrian Petit * um 1500 Hennegau, † um 1563 Kopenhagen, da seit 1556 Mitgl. der Hofkap., urspr. Geistl., 1545 lutherisch. W: Compendium musices, 4st. Psalmen

CODAZZI, Edgardo * 23/9 1856 Milano, da † 28/2 1921, Theoretiker. W: Manuale d'armonia 3. A. 1908; KlavStücke, Gsge

CODAZZI, Gennaro † 2/10 1927 Reggio Emilia

COELHO, Manuel Rodrigues * um 1580 Elvas, † 1623 Lissabon, da Organ., Kompon. des zuerst in Portugal (1620) veröffentlichten Notenwerkes für Klav. (Org.) oder Harfe

CÖLN, Geno v., ps. = Egon BIEBER

COEN, Felice * 7/6 1856 Livorno, † 9/2 1903 Firenze, berühmt. GsgL.

COENEN, Cornelis * 19/3 1838 's Gravenhage, † März 1913 Arnhem, Geiger 1860—92 in Utrecht, dann in Nijmegen. W: Ouvert., KaM., Chöre, Lieder

COENEN Franz, * 26/12 1826 Rotterdam, † 24/1 1904 Leyden, VVirt., bis 1895 Dir. d. Konserv. in Amsterdam. W: Orator., Sinf., Quartette, KlavStücke, Chöre u. Lieder

COENEN, Joh. Meinardus * 28/1 1824 Haag, † 9/1 1899 Amsterdam, urspr. Fagottist, 1851/96 KM. in Amsterdam. W: OrchFantas., Ouv., Konz., Kantaten u. a.

COENEN, Louis * 24/3 1856 Rotterdam, † 1905 Amsterdam, da seit 1895 L. am Konserv., KlavVirt. W: KlavSon., KlavStücke

COENEN, Paul, Dr. phil. * 8/12 1908 Saarlouis, MWissenschaftler, Vcellist u. KlavVirt. in Berlin, ausgeb. in München, Bonn u. Leipzig (Karg-Elert, J. Klengel) u. Berlin. W: Sinf., 2 VKonz., Vc-Konz., OrgKonz., KaM., KlavSon., OrgSon., Gsge; ‚Das Variationsschaffen M. Regers'

COENEN, Willem * 17/11 1837 Rotterdam, † 1907 Lugano, lebte lange als KlavVirt. in London. W: KlavStücke, Lieder

COERNE, Louis Adolphe, Dr. phil. * 27/2 1870 Newark (NAmerika), Schüler d. Münchener Konserv., 1903 ML. in Northampton (Mass.), seit 1910 UniversMDir. in Madison (Wisc.), † 11/9 1922 New London, (Conn.). W: Oper, Messe, Kantaten, sinf. Dichtgen, KaM., VStücke

COERS, F. R. * 1870 Niederl. Indien. H: Liederen van Groot-Nederland

COESTER, ps. = SERPETTE

COEUROY, André, Dr. phil. * 24/2 1891 Dijon, MSchr. in Paris. KaMKompos. unter seinem urspr. Namen Jean Belime

COFFEY, Charles, London, schuf 1733 mit seinem ‚The devil to pay' ein Vorbild für das 1743 in Berlin aufgeführte, 1752 in Leipzig heimische u. 1766 von Joh. Adam Hiller volkstümlich gemachte Singspiel ‚Der Teufel ist los'.

COHEN, Henri * 1808 Amsterdam, † 17/5 1880 Brie sur Marne, MSchr., ausgeb. in Paris, lebte dann in Napoli, später GgsL. u. zeitweil. Custos des Münzkabinets in Paris. W: Opern, OrchStücke theor. Schriften

COHEN, Hermann * 4/7 1842 Koswig, † 13/5 1918 Berlin,, 1873—1912 Prof. d. Philos. in Marburg. W: ‚Die dramatische Idee in Mozarts Operntexten (1916)

COHEN, Jules * 2/11 1830 Marseille, da † 13/1 1901, seit 1855 Prof. a. Paris. Konserv. W: Opern, M. zu Racines ‚Athalia‘ u. ‚Esther‘, KirchM., Klav-Stücke, Lieder

COHEN, Karl * 18/10 1851 Laurensberg bei Aachen, 1875 Priester, DomKM. 1879 in Bamberg u. 1887/1910 in Köln, 1909 Domkapitular. W: Messen u. andere KirchM.

COHN, Willy — s. COLLIN

COIGNET, Horace * 1736 Lyon, † 29/8 1821 Paris. W: Oper, Monodram ‚Pygmalion‘ (1775)

COLACO, Alex. Rey * 1854 Portugal, † ? Lissabon, da gesuchter KlavL (am Konserv.), treffl. KaMSpieler, ausgeb. in Madrid, Paris u. Berlin (Hochsch.). W: volkstüml. Lieder

COLASSE, Pascal * 22/1 1649 Reims, † 17/7 1709 Versailles, Schüler Lullys. W: 12 Opern, geistl. u. weltl. Gsge

COLBERG, Paul * 9/2 1863 Halle, lebt in Berlin, nachdem er lange in Kalifornien u. England gewesen. W: ‚Das große Narrenspiel‘ (Sprachtondichtg), Orch- u. KaM., KlavStücke, Lieder; ‚Als fahrender Musikante in Kalifornien‘

COLBRAN, Isabella * 2/2 1785 Madrid, † 7/10 1845 Bologna, 1806/15 sehr berühmte OpSgerin; 1822 von Rossini geheiratet

COLE, Rossetter G. * 5/2 1866 Clyde (Mich.), Schüler u. a. M. Bruchs, 1917 ML. an der Univers. Wisconsin, lebt in Chicago. W: Ouvert., Kantaten, KirchM., KlavSonaten, OrgStücke

COLEMAN, Charles † 1664 London, KaM. des Königs Karl I. W: Opern (seit 1636)

COLEMAN, Rich. Henry Pinwill * 3/4 1888, Organ. u. KirchChordir. in Peterborough seit 1922, vorher u. a. in Manchester. W: KirchM., instr. KlavStücke, Volkslieder u. a.; ‚The amateur choir trainer‘

COLEN, Erich, ps. = Erich ZIELKE

COLERIDGE-TAYLOR, Samuel * 15/8 1875 London, † 1/9 1912 Thornton Heath, Schüler des R. College in London u. Stanfords, 1898 VL. am gen. College. W (bemerkenswert): Sinf., Suite ‚Herodes‘ u. Ballade f. Orch., KaM., VStücke, Orator., Chorwerke usw.

COLLAN, Karl * 1828 Jisalmi, † 1871 Helsingfors. W: Chöre u. Lieder, in Finnland teilweise volkstümlich geworden

COLLASSE, Pascal — s. COLASSE

COLLES, Henry Cope * 20/4 1879 London, da angesehener MSchr. W: ‚The growth of mus.‘, ‚Brahms‘. H: Grove, Diction. of m. 3. ed.

COLLET, Henri * 5/11 1885 Paris, stud. auch in Madrid, MWissenschaftler u. Komp. W: ‚El Escorial‘, sinf. Dichtg, castellan. Rhapsodie, castell. OrchTänze; KaM., Gsge; ‚Albéniz et Granados‘

COLLIN, Willy * 23/6 1876 Neuenahr, seit 1915 ML. in Berlin, vorher TheaKM., u. a. 1903/14 in Bern. W: sinfon. Dichtg, Lieder (eigentl. COHN)

COLLINGWOOD, Lawrence Arthur * 14/3 1887 London, lebt da (1912—18 in Rußland). W: Oper, sinfon. Dichtg, KlavSonaten u. a.

COLLINO, Federico * 17/11 1869 Pinerolo, Ob.- u. TheorProf. in Torino, seit 1919 Dir. des Lic. mus. W: Opern, Suiten, sinf. Dichtgen usw.

COLLINS, Fred, ps. = W. ALETTER

COLLINS, Isaak * 1797, † 24/11 1871 London, berühmter engl. VVirt.

COLLISSON, Will. Alex. Houston * 20/5 1865 Dublin, † 31/1 1920 Hawarden, Organ., später Geistlicher. W: Opern, Optten, Kantaten, viele volkstüml. humorist. Lieder

COLOMBI, Giuseppe * 1635 Modena, da † 27/9 1694, zuletzt DomKM. W: KaM.

COLONNA, Giov. Paolo * 16/6 1637 Bologna, da † 28/11 1695, Schüler Abbatinis u. Benevolis, seit 1659 KirchKM., Mitbegr. der Accad. filarmonica. W: 11 Oratorien, Messen, Motetten, Psalmen mit Instr., auch Opern.

COLONNE, Edouard * 23/7 1838 Bordeaux, † 28/3 1910 Paris, da verdienter KonzDirig., der zumal eifrig f. Berlioz u. f. dtsche M. eintrat, 1892 auch KM an der Oper

COLVILLE, Val, ps. = Harry A. STEINBERG

COLYNS, Jean Bapt. * 25/11 1834 Bruxelles, da † 11/10 1902, vielgereister VVirt., 1876 KonservL. in Dresden. W: VStücke

COMBARIEU, Jules Léon * 3/2 1859 Cahors, † 7/7 1916 Paris, stud. in Paris u. Berlin (bei Spitta); Prof. der MGesch. am Collège de France. W: üb. musästh. Fragen, Stud. über Rhythm. usw.

COMBE, Edouard * 23/9 1866 Aigle, Schüler Guilmants, Gründer (1899) des Schweizer. Tonkünstlerver., seit 1896 L. am Konserv u. 1915 MKrit. in Genf. W: Serenade, Ouvert., sinfon. Dichtg, Chöre, Lieder

COMES, Juan Bautista * 1568 u. † 1643 Valencia, da DomKM, 1619/38 II. HofKM in Madrid. W: KirchM.

COMETTANT, Oscar * 18/4 1819 Bordeaux, † 24/1 1898 Montivilliers/Le Havre, 1855/85 angesehener MKrit. in Paris. W: KlavStücke, MChöre u. a.

COMMENDA, Hans, Dr. phil. * 5/2 1889 Linz, da Realschulprof. W: Oböstrr. Volkslieder m. Laute

COMMER, Frz * 23/1 1813 Köln, † 17/8 1887 Berlin, 1828 Organ. in Köln, seit 1832 in Berlin, KirchChordir. u. GsgL., 1845 Mitgl. der Akad. d. Künste. W: Messen, Kantaten, Chöre usw. H: Sammelwerke älterer Kompos., u. a. ‚Musica sacra‘

COMPÈRE, Loyset † 16/8 1518 als Kanonikus in St. Quentin, treffl. Schüler Ockeghems. W: Messen, Motetten, Chansons

COMPTER, Frz * 1/2 1871 Apolda, Fagott. d. Staatsop. in Dresden, Schüler Nicodés. W: OrchSuiten, KaM., KlavStücke

CONACHER & Co., berühmte OrgBauanstalt in Huddersfield seit 1854

CONCHAS, Manuel, ps. = GOLDMANN, Kurt

CONCONE, Giuseppe * 1810 Torino, da † 1/6 1861 als Organ., 1838/48 GsgL. in Paris. W: Opern, Arien, geschätzte Vokalisen usw.

CONEGLIANO, Eman. — s. DA PONTE

CONFALONIERI, Giulio M., Dr. phil. * 1896 Milano, lebt da. W: BühnenM., 2 KlavVSon., KlavStücke, Chorlieder

CONFREY, Zek * 3/4 1895 Chicago, KM. e. TanzOrch. in Newyork, KlavVirt. W: eigenart. Orch.- u. KlavStücke

CONINCK, Jos. Bernard * 10/3 1827 Ostende, † ? Paris, ML. u. MKrit., ausgeb. in Amsterdam u. Paris. W: Opern, KlavStücke, Lieder; ‚Essai sur l'hist. des arts et sciences en Belgique‘ 1845 (preisgekr.)

CONINCK, Jacques Félix de * 18/5 1791 Anvers, da † 25/4 1866, vielgereister KlavVirt., zuletzt Dirig. W: KlavKonz. u. a.

CONRAD, Carl Eduard * 14/10 1811 Paunsdorf/Lpz., da † 28/8 1858 als LandgerAktuar. W: Opern, u. a. ‚Rienzi‘

CONRADI, Aug. * 27/6 1821 Berlin, da † 26/5 1873, Schüler Rungenhagens, 1843 Organ. in Berlin, spät. TheaKM. in Stettin, Düsseldorf, Köln, Berlin. W: Opern, Singspiele, Melodramen, Sinf., Potpourris, Tänze usw.

CONRADI, Joh. Gottfr. * 1820 Tönsberg (Norw.), † 28/11 1896 Christiania, da Dirig u. ML. W: SchauspielM., MChöre, Lieder

CONRIED, Heinr. * 1855 Bielitz, † 27/4 1909 Meran, seit 1903 Dir. der Metropolitan Oper in Newyork, führte 25/12 1903 gegen den Willen der Erben Wagners den ‚Parsifal‘ dort auf

CONS, Auguste, ps. = Ch. A. RAWLINGS

CONSALVO, ps. = BECCE, Gius.

CONSOLI, Achille * 23/9 1886 Catania, ausgeb. in Palermo, zuerst OrchDir. in Messina, dann Chordir. an verschied. Opern Nord- u. Südamer., leitete als Kriegsgefang. in Sigmundsherberg (Wien) ein großes aus Gefangenen gebild. SinfOrch.

CONSOLINI, Angelo * 1864 Bologna, da † März 1934 vielgereister VVirt., Bratschist u. Viola d'amore-Spieler. W: VStudien. H: viele ältere V- u. BrStudien

CONSOLO, Ernesto * 15/9 1864 London, † 21/3 1931, KlavVirt., Schüler Sgambatis u. Reineckes, Prof. am Istit. mus. in Firenze. W: KlavStücke

CONSOLO, Frederigo * 8/4 1841 Ancona, † 14/12 1906 Firenze, stud. unter Vieuxtemps (V.), Fétis u. Liszt (Kompos.). W: KlavKonz., VKonz., oriental. Suite, Studie über Neumennotierg usw.

CONSTANTIN, Titus Charles * 7/1 1835 Marseille, † Okt. 1891 Pau, KM. der Kom. Op. in Paris. W: Opern, Ouvert.

CONTE, Giov. * 12/3 1830 Tolosa, † 2/4 1888 Paris, VVirt. W: Opern, VSchule u. Kompos.

CONTE, Paolo * 23/2 1890 Palermo, KlavVirt., KonservL. in Grand Forks (North Dakota). W: Oper, KlavKonz., Son. usw., KaM.

CONTESSA, Enrico * 27/11 1877 Torino, da KlavVirt. u. L., auch MSchr. W: Oper, sinfon. Dichtg, KaM., KlavSon., Gsge u. Lieder. — ps. Paul DICH

CONTI, Carlo * 9/10 1796 Arpino, † 10/7 1868 Neapel, da seit 1846 Kontrapunkt-Prof. am Konserv. W: 11 Opern, u. a. ‚Olimpia‘, Messen

CONTI, Franc. * 20/1 1682 Firenze, † 20/7 1732 Wien, da seit 1701 Hoftheorbist, 1713 Hofkompon. W: Opern, Serenaden, Orator., Kantat.

CONTI, Gioacchino, gen. Gizziello nach seinem L. Gizzi, * 28/2 1714 Arpino, † 25/10 1761 Rom, vielgereister berühmter OpSopranist

CONUS, russ. Musikerfam. 1) Georg * 1/10 1862 Moskau, da † Aug. 1933, da bis 1917 KonservTheorL. (‚Aufgabenbuch der Instrumentationslehre‘, dtsch v. O. v. Riesemann). 1917 KonservDir. in Saratow, seit 1920 wieder KonservProf. in Moskau, Vertreter der Methode der metrotektonischen Analyse. W: Sinfon. Dicht., KlavStücke, Lieder. 2) Julius, ps. Nevil * 1869 Moskau, Geiger, seit 1921 in Paris. W: VKonz. (e).

CONVERSE, Frederick Shepherd * 15/1 1871 Newton (Mass.), Schüler Rheinbergers, Theorie- u. KompostionsL. in Boston, jetzt in Westwood (Mass.). W: Sinf., sinf. Dichtgen, VKonz., KaM., Opern, Oratorien.

CONYUS, andere Schreibweise für CONUS

CONZE, Joh. * 29/5 1875 Lippstadt, Schüler Gernsheims, KirchM. in Berlin. W: Orch., KaM., OrgStücke, Messen

COOK Thomas Aynsley * 1831 (1836?) London, † 16/2 1894 Liverpool, berühmter OpBassist

COOKE, Benjamin * 1734 London, da † 14/9 1793. W: KirchM., bes. aber Glees u. Catches.

COOKE, Edith † 28/1 1927 London, Kompon.

COOLS, Eugène * 27/3 1877 Paris, Schüler Gedalges, dessen Assistent am Konserv. 1907/23, MKrit. W: Opern, BühnenM., Sinf., KaM., Klav.-Stücke, Lieder

COOMBS, Charles W. * 1859 Amerika. W: Lieder (einzelne sehr beliebt)

COOP, Ernesto * 17/6 1802 Messina, † 1/11 1879 Napoli, da seit 1866 KonservKlavL. W: viele KlavStücke. — Sein g l e i c h n a m i g e r Sohn * 1863 Napoli, lebt da. W: Opern, Optten, Klav-Konzerte

COOPER, Henry, ps. = Karl BOHM

COOPER, John, gen. Coperario oder Coprario * um 1570, † 1627. W: Opern, InstrKompos., bes. f. V.

COOPER, Johnny, ps. = Hartwig v. PLATEN

COOPER, William, ps. = Franz BEHR

COPERARIO — s. COOPER, John

COPLAND, Aaron * 1900 Brooklyn, seit 1924 in Newyork studierte bei Nadia Boulanger in Paris. W (extrem modern): Ballett, Sinf., Klav.-Konz., KaM., Gsge u. a.

COPPÉE Franç. * 1842 u. † 23/5 1908 Paris, Bühnenschriftsteller

COPPOLA, Piero * 1888 Milano, als Konz.- u. Operndirig. auch außerhalb Italiens tätig, seit 1914 viel in London. W: Opern, Sinf., sinfon. Dichtgen, KlavStücke

COPPOLA, Pier' Antonio * 11/12 1793 Castrogiovanni (Sizil.), † 13/11 1877 Catania. W: Opern, u. a. „Nina pazza per amore" (1865)

COPPOLA, Raffaele * 14/5 1841 Capua, † 12/11 1910 Torino. W: Opern, Requiem

COPRARIO — s. COOPER, John

COQUARD, Arthur * 26/5 1846 Paris, † 20/8 1910 Noirmoutier, Schüler u. Biogr. Cés. Francks, auch MSchr. W: Opern, OrchSuite, Kompos. f. V., Klav., Gsg usw., „De la m. en France depuis Rameau"

COR DE LAS, Alonso * 1856 Murcia, † 24/10 1933 Milano, Pianist, Schüler Leschetitskys u. A. Rubinsteins, lebte in London, Paris, Moskau (hier auch Dir. d. Kais. Thea.), München u. zuletzt in Milano. W: KlavStücke

CORBACH, Karl * 16/3 1867 Lütgendortmund, Geiger, 1891 HofkonzM., 1911 HofKM. u. Dir. des Konserv. in Sondershausen, vorher in Köln, Petersburg (I. Solist d. Fürstl. Kap.), 1890 in Hamburg (KonzM. der Philharm.)

CORBETT, Francisque — s. CORBETTA

CORBETT, William † 7/3 1748 (1747?) London, VVirt. u. Sammler v. StrInstr., 1705 KonzM. in London, lebte um 1711/40 in Italien, bes. in Rom. W: KaM.

CORBETTA, Franc. * um 1612 Pavia, † März 1681 Paris, GitVirt. W: GitKompos.

CORDANS, Bartolomeo * 1700 Venedig, † 14/5 1757 Udine als DomKM. seit 1735, urspr. Franziskanermönch. W: 60 Messen, über 100 Psalmen, viele Motetten usw.

CORDARA, Carlo * 14/3 1866 Torino, † 10/3 1930 Firenze, da MKrit. W: Opern, Sinf. u. sinf. Dicht., KaM., Messe, Gsge

CORDELLA, Giacomo * 25/7 1783 Napoli, da † 2/5 1847. W: 18 Opern, viel KirchM.

CORDEN, Emilio, ps. = Kurt LUBBE

CORDER, Frederick * 26/1 1852 London, † 21/9 1932, stud. in London u. Köln (F. Hiller); seit 1890 L. an der R. Acad. of m. in London. W: 2 Op., 4 Optten, BühnenM., Kantaten, OrchSuiten, Ouvert., theoret. Schriften, Übersetz. d. Meistersinger' u. „Rienzi", „History of the R. Ac. of m." (1922). — Sein Sohn P a u l * 1879 London, L. an der R. Ac. W: Opern, Ballette, KlavStücke u. a.

CORDES, Joh. * 18/5 1873 Altenhundem, † 2/3 1926 Paderborn, 1897 Priester u. seitdem DomOrg. in Paderborn, langjähr. Vorsitz. d. Verb. der Diözesan-Cäcilienver., auch Leiter der KirchMSchule, Glockensachverst.

CORDONE, Ettore * 19/2 1888 Vigevano, Organ. u. KonservGsgL. in Torino. W: KirchM., Kantat., sinf. Dichtgen, OrgStücke

CORDS, Gust. * 12/10 1870 Hamburg, Geiger, 1911/19 Präs. d. Allgem. dtschen MusikerVerb. in Berlin, da 1919/32 Kammerm. d. Staatsop., Schüler Riemanns. W: Opern, Sinf., sinfon. Dicht., KaM., instrukt. Kompos. f. V., Vc, Klav. usw.

CORDY, Harry, ps. = Rudolf NÜTZLADER

CORELLI, Arcangelo * 17/2 1653 Fusignano-Imola, † 8/1 1713 Rom; berühmt. Geiger, treffl. Komp., stud. in Rom u. Bologna, 1679/81 in Deutschland, seit 1682 in Rom. W: Concerti grossi, TrioSonaten, VSonaten, u. a. die ‚Folia' op. 5, 12.

CORIO, Pietro * 1860 Milano, † 7/10 1918 Lecco. W: KirchM,, Orator., Schulbücher.

CORMON, Eugène (Pierre) * 1811 Lyon, † 1903 Paris, fruchtbarer OpLibrettist.

CORNELIS, Evert * 5/12 1884 Amsterdam, KlavV. u. Dirig. in Haarlem, auch in Utrecht

CORNELIUS, Karl Maria, Dr. phil. * 21/7 1868 München, lebt da i. R., 1905/08 UnivProf. in Basel. W: ‚Peter Cornelius, eine intime Biogr.' (1924). H: P. Cornelius, Briefe.

CORNELIUS, Paul * 6/9 1891 Trier, seit 1932 TheaKM in Frankfurt a. M., z. Z. ohne Stellung, vorher in Schneidemühl, ausgeb. v. Jos. Haas u. Hugo Röhr, 1925/29 KM. in Trier. W: Lieder, auch m. Orch.

CORNELIUS, Peter * 24/12 1824 Mainz, da † 26/10 1874, feinsinnig. Komp., Dichter u. eifriger Vorkämpfer der neudtsch. Schule, 1845/50 Schüler Dehns, 1852 bei Liszt in Weimar, 1861 in Wien (hier mit R. Wagner befreundet), 1865 in München, L. a. d. Kgl. MSchule. W: Opern auf selbstgedicht. Texte ‚Barbier v. Bagdad' (sehr geschätzt) 1858, ‚Cid' 1865, ‚Gunlöd' (unvoll., von C. Hoffbauer u. Lassen, auch von W. von Baußnern ergänzt u. instrument.), gemChöre, MChöre, Lieder (Brautlieder, Weihnachtslieder usw.), Madrigalbearb., Textübersetz. usw. Gesamtausg. seiner musikal. u. literar. Werke hrsg. von M. Hasse bei Breitkopf & Härtel (Lpz.)

CORNELIUS, Peter C. * 4/1 1865 Labjerggaard/Fredensborg, treffl. Wagner-Sger, Tenor 1892—1924 an der Oper in Kopenhagen, auch u. a. in Bayreuth u. London

CORNER, David Gregor * 1585 Hirschberg (Schles.), † 9/1 1648 als Prior in Göttweig, bekannt durch sein sehr verbreitetes ‚Gsgbuch' (zuerst 1625)

CORNET, Julius * 1793 Santa Candida (Südtirol), † 2/10 1860 Berlin, Schüler Salieris, Heldentenor, 1841/47 Dir. des Hamburger Stadtthea., 1853/58 Dir. der Wiener Hofop. W: ‚Die Opern in Deutschland'.

CORNETTE, Victor * 27/9 1795 Amiens, † 19/2 1868 Paris, da OpChordir. usw., sehr vielseitig. W: f. alle mögl. Instr., bes. Schulen

CORNILL, Karl Heinr. * 26/4 1854 Heidelberg, † 10/6 1920 Halle, Prof. f. alttest. Theol.; blies Fagott. W: KaM., KlavStücke, viele Lieder

CORONARO, Antonio * 26/6 1851 Vicenza, da † 24/3 1933. W: Opern, Messen

CORONARO, Gaetano * 18/2 1852 Vicenza, † 5/4 1908 Milano, KompositionsL. (nach Catalani) am Konserv., Schüler Faccios. W: Opern, Sinf.

CORONARO, Gellio Benvenuto * 30/11 1863 Vicenza, † 26/7 1916 Milano, KlavVirt. W: Opern, KirchM., Gsge, OrchStücke.

CORRADI, Edmondo † 18/2 1931 Rom, OpttenLibrettist.

CORREA D'ARAUJO — s. ARAUJO

CORRENS, Maria * 31/10 1859 Daber (Pomm.), † 1913 Stargard (Pomm.), da (Schülerin d. Kullakschen Akad.) Leiterin einer MSchule seit 1896. W: Lieder.

CORRETTE, Michel, um 1738 Organ. in Paris, da † um 1784. Komp. u. Verf. vortreffl. Schulen f. Fl., Klav. V., Vc. u. Gsg. Hrsg. älterer VM. u. d. T. ‚L'art de se perfectionner sur le v.'

CORRI, Domenico * 4/10 1744 (46?) Rom, † 22/5 1825 London, da seit 1788; 1771 MHändler in Edinburgh. W: Opern, KlavSon. u. Stücke, Lieder; ‚Musical dictionary' u. a.

CORRODI, Hans, Dr. phil. * 25/8 1888 Zürich, Prof. am LSem. in Küßnacht/Zürich. W: ‚Othmar Schoeck' (1931); Aufsätze üb. M. d. dtsch. Schweiz

CORSSEN, Gust. Ad. * 14/1 1886 Bremen, da Organ. u. Chordir. W: MChöre (auch m. Orch.), Lieder u. Balladen.

CORTE, Andrea della * 5/4 1883 Napoli, KonservL. u. MKrit. in Torino. W: Dizionario di m.; ‚Paisiello' u. a.

CORTECCIA, Franc. † 7/6 1571 Firenze, HofKM. u. Kanonikus. W: Intermedien zu Schauspielen, Madrigale (1544 ff.).

CORTES, José, ps. = GOLDMANN, Kurt.

CORTESI, Franc. * 11/9 1826 Firenze, da † 3/1 1904, GsgL. W: Opern.

CORTI, Mario * 9/1 1882 Guastalla, VVirt., seit Okt. 1915 L. am Lic. di S. Cecilia in Rom. W: VSonate; H: ‚Classici violinisti italiani'.

CORTICELLI, Gaetano * 1804 Bologna, da † 1840. W: KaM., KlavStücke.

CORTINI, Santino * 28/8 1835 Vercelli, da † 19/9 1888. W: viel KirchM., Sinf., KlavStücke.

CORTOLEZIS, Fritz * 21/2 1878 Passau, † 13/3 1934 Bad Aibling (Bay.), zuletzt GsgL. in Berlin, urspr. Offizier, Schüler Thuilles, 1907 KM. an der Münch. Oper, 1913/24 OpDir. in Karlsruhe; dgl. 1925/28 in Breslau. W: Opern

CORTOPASSI, Alemanno * 1838, † April 1909 Sarzano, KirchKM. seit 1867, Organ. u. Pianist, Schüler Mich. Puccinis. W: Buffooper ‚Il Tutore burlato', geistl. M.

CORTOT, Alfred * 26/9 1877 Nyon/Genève, seit 1907 KonservProf. in Paris, ausgez. Klavierist. W: ‚Principes rationnels de la techn. pian.' u. a.

CORZILIUS, Victor, eigentl. ESPE, Walter [verweigert Angaben über sich] * 3/12 1895 Ransbach im Westerwald, lebt in Berlin, OpttenKomp. seit 1921

COSMOVICI, rumänischer Eisenbahndirektor. W: Oper ‚Mariodora', Text von Carmen Sylva, 1906.

COSSART, Leland A. * 1877 Funchal (Madeira), Schüler Draesekes, seit 1919 in Montreux, vorher TheaKM. in Magdeburg u. KomposL. in Dresden. W: Suite f. 10 Blasinstr. u. Harfe, KaM., KlavStücke, Lieder.

COSSMANN, Bernh. * 17/5 1822 Dessau, † 7/5 1910 Frankf. a. M., VcVirt., Schüler Müllers (Braunschweig) u. Kummers, 1866/70 KonservProf. in Moskau, seit 1878 am Hochschen Konserv. zu Frankf. a. M. W: VcStücke.

COSSOUL, Guilherme * 22/4 1828 Lissabon, da † 20/5 1880, seit 1863 Dir. des Konserv., VcVirt. W: Opern, Ouvert., KaM., KirchM., Lieder.

COSTA, Aless. * 19/3 1857 Rom, da Mitbegr. der Società Bach (nicht lange bestanden), TheorL. am Liceo di S. Cecilia, auch philos. Schr. W: Orat., Gsge (auch m. Orch.), KaM.; ‚Pensieri sulla storia della m.'.

COSTA, Karl * 2/2 1832 Wien, da † 11/10 1907, Librettist.

COSTA, Mario — s. COSTA, Pasquale Mario

COSTA, Michael Sir * 4/2 1807 Napoli, † 29/4 1884 London, OpKM. u. KonzDirig. seit 1830. W: Opern, Orator., Ballette, Kantat., Gsge usw.

COSTA, Pasquale Mario * 24/7 1858 Tarento, † 27/9 1933 San Remo, lebte in Rom, durch seine Canzonen (u. a. ‚Carulì') u. die Hymne ‚Fratelli d'Italia' (Verse von Goffredo Mameli) sehr bekannt. W: Optten, Marionettenspiele, Pantomimen, viele Tänze u. Märsche

COSTA NOGUERAS, Vicente * 1852 Alcoy (Alicante), † 1919 Barcelona, da L. am Konserv., Liszt-Schüler. W: Zarzuelas, Sinf. u. OrchSuite.

COSTAS Y HUGAS, José * 26/5 1881, GitVirt. in Barcelona. W: GitStücke.

COSTALLAT, Pariser MVerlag seit 1895, der die Bestände des 1805 gegr. Verlags Richault übernommen hat.

COSTANZI, Domenico, 1819—98, gründete 1880 das nach ihm benannte Thea (OpHaus) in Rom.

COSTANZI, Giov. Batt. * 3/2 1704 Roma, da † 5/3 1778, Vcellist, seit 1742 KirchKM. W: Opern, viel KirchM.

COSTE, Napoleon * 28/6 1806 in d. Franche Comté, 1824 GsgL. u. Gitarrist in Valenciennes, seit 1830 in Paris, da † 17/2 1863. W: f. Git. (wertvoll).

COSTE, Will, ps. = Willy KOESTER

COSTER, Cornelis Hendrick * 14/8 1854 Alkmaar, † 3¹/3 1902 Arnhem, da seit 1877 MSchulL., daneben auch in Zutphen. W: Balladen, Lieder u. a.

COTRUSO, Gius. * 25/1 1859 Napoli, da seit 1892 KlavL. am Kgl. Konserv., seit 1897 auch L. f. Org. u. Chorges. W: Sinf., KaM., OrgStücke u. Schule; Messen u. a. KirchM.

COTTA, Joh. * 24/5 1794 Ruhla (Thür.), † 18/3 1868 Willerstedt (Weimar) als Pastor, Kompon. der volkstüml. Mel.: ‚Was ist des Deutschen Vaterland?'

COTTRAU, Guill. Louis * 9/8 1797 Paris, † 31/10 1847 Napoli, da seit 1806. W: Kanzonetten; ‚Lettres d'un mélomane'. — Sein Sohn Teodoro * 27/11 1827 Napoli, da † 30/3 1879, falls als Kanzonettenkomp. (‚Santa Lucia', ‚Addio mia bella Napoli') sehr beliebt. — Dessen Bruder Giulio * 29/10 1831 Napoli, † 25/10 1916 Roma. W: Opern.

COUPERIN, François (le Grand), der berühmteste der vielköpfigen Organistenfamilie, * 10/11 1668 Paris, da † 12/9 1733 als Kammerclavecinist u. Hofkapellorgan. d. Königs. Seine Werke (‚Pièces de clavecin', Konzerte, Trios, Leçons usw.) in der Geschichte der KlavKomp. bedeutsam. Gesamtausg. hrsg. v. M. Cauchie 1933

COURRAS, Philipp * 1863 Montevideo, lebt in Paris, Schüler d. dort. Konserv. W: KlavSalonstücke.

COURTOIS, Jean, 1539 KM. des Erzbisch. v. Cambray. W (wertvoll): Motetten, mehrst. Chans.

COURVOISIER, Karl * 12/11 1846 Basel, † 1908, Schüler des Lpzger Konserv. (David, Röntgen) u. Joachims, seit 1885 in Liverpool, hier auch GsgL. W: Sinf., Ouver., VSchule, VStücke; ‚Die VTechnik'.

COURVOISIER, Walter, Dr. med. * 7/2 1875 Riehen/Basel, † 27/12 1931 Locarno, wandte sich 1902 ganz d. M. zu, Schüler Bagges u. Thuilles, seit 1910 Prof. d. Theorie a. d. Akad. d. Tonkunst in München. W: Opern, M- u. gemChöre (u. a. ‚Auferstehung') m. Orch., Lieder (u. a. 52 geistl., op. 27), KlavStücke, Suiten f. V. allein.

COUSIN-JACQUES — s. BEFFROY DE REIGNY

COUSSEMAKER, Charles Edm. Henri de * 19/4 1805 Bailleul, † 10/1 1876 Lille, Schüler von Payer, Reicha u. Lefebvre, im Hauptberuf Jurist, hervorrag. MGelehrter. W: Schriften über mittelalterl. M., ungedruckte Messen, Romanzen. H: ‚Scriptores de m. medii aevi'.

COUSSER — s. KUSSER

COUTOURIER, Louis * 26/2 1882 's Gravenhage, seit 1930 MRedakt. in Arnhem, urspr. vielgereister Geiger, Schüler v. Sevčik u. Flesch, eifrig. MSchr. W: ‚L. van Beethoven'

COWARD, Henry * 26/11 1849 Liverpool, seit 1904 Doz. f. M., auch Chordir. in Sheffield, 1926 geadelt. W: Kantaten; ‚Choral technique', ‚Reminiscences' (1919).

COWARD, James * 25/1 1824 London, da † 22/1 1880, Organ. u. Chordir. W: Anthems, Glees, Madrigale, KlavStücke.

COWELL, Henry * 1897 Menlo Park, Californien, lebt da. W: Callatta, Sinf., sinf. Dichtgen, auch f. KaOrch., KlavKonz., KaM. u. a.

COWEN, Frederic Hymen * 29/1 1852 Kingston (Jamaica), stud. in England unter Benedict u. Goß, in Lpzg (Hauptmann) u. Berlin, Dirig. in Melbourne, London, Manchester, Liverpool, Glasgow; 1911 geadelt. W: Opern, Optten, Kantaten, Orator., 6 Symphon., 3 Suiten, 4 Ouvert., KlavKonz., KaM usw.; ‚My art and my friends' (1913).

COWLER, Jim, ps. = Herbert NOACK

COX, Percy, ps. = F. A. SCHÜLER

CRAMER, Henry * 1818, populärer KlavKomp. zu Frankf. a. M., da † 30/5 1877. W: Potpourris usw..

CRAMER, Joh. Baptist * 24/2 1771 Mannheim, † 16/4 1858 Kensington/London, Schüler Clementis, machte erfolgreiche KonzReisen, lebte dann in London als Teilhaber einer MusikHdlg. W: 7 Konz., KaM m. Klav., 105 Sonaten, unentbehrl. KlavEtüden, KlavSchule.

CRAMER, Jos. Hubert * 29/2 1844 Wageningen, † 31/8 1899 Bad Elster, vielgereist. Geiger, Schüler H. Leonards u. Ferd. Davids, zuletzt KonservL. in Amsterdam

CRAMER, Karl Friedr. * 7/3 1752 Quedlinburg, † 8/12 1807 Paris, da seit 1794 Buchhändler, vorher Prof. in Kiel; MSchr. H: Magazin f. M. 1783—90.

CRAMER, Wilh. * 1745 Mannheim, † 5/10 1799 London, da seit 1772 Kgl. KM., VVirt., 1757/72 in d. Mannheimer Hofkapelle. W: VKonzerte, KaM.

CRANE, Helen * 5/9 1868 New York, lebt dort, seit 1920 im Sommer aber in Österreich, Schülerin der beiden Scharwenka, teils in New York, teils in Berlin, wo sie 1906/17 dauernd war; Pianistin u. Dirigentin. W: Sinfon. Suite, sinf. Dichtungen, KaM., VStücke, KlavStücke, Lieder.

CRANEY Willy * 12/8 1886 Eickel, Westf., seit 1913 in Hannover, Pianist u. ML. W: KlavStücke, Lieder.

CRANZ, August * 1789, † 1879, begründete 1863 in Hamburg den seit 1897 in Leipzig befindlichen MVerl., der 1876 durch Ankauf des wichtigen Wiener Verlags F. A. Schreiber (früher C. A. S p i n a) wesentlich vergrößert wurde. Sein Sohn A l w i n (1834—1923), der urspr. einen eigenen Verlag in Bremen gehabt, eröffnete 1883 u. 1890 Filialen in Brüssel bzw. London

CRANZ, Oskar, ps. Anton TOSKA, Sohn Alwins † 24/8 1929 Boston, seit 1896 Mitinhaber der Firma Aug. Cranz. W: VStücke u. Etüden, UnterhaltgsM.

CRANZOW, Paul * 20/3 1873 Kolberg, Schüler des Konserv. in Sondershausen, TheaKM. an verschied. Orten, 1914 in Temesvar, seit 1915 Dir. eines MInst. in Augsburg, seit 1923 VDir., Förderer d. Mandolinen-EnsembleM. W: Oper, Optten, Mandolinenstücke, u. a. Suite ‚Erinnerung an Coburg'

CRAS, Jean * 22/5 1879 Brest, † 15/9 1932 Paris(Contre-Admiral), Schüler Duparcs. W: Oper, sinfon. Dichtgen, KaM., KlavStücke, Lieder.

CRAWFORD, Ruth * 1901 East Liverpool, Ohio, lebt in Chicago. W: Suite f. KlavQuint., u. a. KaM., KlavStücke, Gsge mit Instr.

CRAYWANGER, Karl Anton * 1775 Utrecht, da † 1855, VVirt. W: StrQuart., Messen, Motetten

CRECQUILLON, Thomas, KM. Kaiser Karls V. in Brüssel um 1544, † 1557 als Domherr in Bethune. W (bedeutend): Messen, Motetten, aber auch Chansons.

CRELLE, Aug. Leop., Dr. phil. (Geh. Oberbaurat) * 11/3 1780 Eichwerder, † 6/10 1855 Berlin. W: KlavSon., Gsge; ‚Einiges üb. musik. Ausdruck u. Vortrag' (1823).

CRÉMIEUX, Hector † 30/2 1892 Paris, OpLibrettist.

CREMONT, Pierre * 1784, † 12/3 1848 Tours, Geiger u. Klarinettist, Schüler des Konserv. in Paris, lebte meist da bis 1831 als KonzM. der Oper, dann kurze Zeit in Lyon, zuletzt in Tours. W: Konz. f. V., dsgl. f. Klarin., StrTrios, Duos.

CRESCENTINI, Adolfo * 25/11 1854 Bologna, da † 8/7 1921, KlavVirt. W: KlavStücke, u. a. ‚A la promenade', KlavTrio, Gsge

CRESCENTINI, Girolamo * 2/2 1762 Urbania, † 24/4 1846 Napoli, da seit 1816 GsgL., ber. Sopran. (Kastrat). W: Vokalisen, Arietten usw.

CRESCENZO, Costantino de * 24/8 1847 Napoli, da † 29/6 1911, zeitweise in Moskau, Klav Virt. W: viele KlavStücke.

CREUTZBERG, Werner * 3/7 1903 Spandau ausgeb. in Weimar, OpKM. in Hagen. W: Ouvert., KaM., KlavStücke, MChöre, Lieder.

CREUTZBURG, Harald * 29/9 1875 Goldingen (Kurl.), seit 1897 ML. in Riga, da 1906—1933 Org. u. DomchorDirig., seit 1934 DomchorDir. in Allenstein. W: OrchSuite u. a., OrgSt., geistl. Gsge, Lieder

CREVETTI, Ralph, ps. = Rud. KREBS

CREVEVOEUR, Reinhart Gerrit * 11/8 1864 Rotterdam, seit 1890 KlavL., Organ. u. Chordir. in Enkhuizen, Schüler u. a. Gernsheims u. S. de Langes. W: VStücke, VcStücke, Chöre m. Orch., Lieder

CRICKBOOM, Mathieu, ps. Geo. DUTOCQ; E. Charles GENTY * 2/3 1871 Hodimont (Lüttich), VVirt., seit 1919 KonservL. in Brüssel. W: ‚Le violon théorique et pratique', ‚La technique du v.'; VSonate, -Stücke, Etüden, Lieder.

CRISPO, Enrico * 9/9 1879 Napoli, da ML. W: Suite u. sinfon. Dichtgen f. Orch., Stücke f. V., f. Klav., TrompSuite, Messe, Kantate, Motetten.

CRISTIANI, Giuseppe * 19/3 1865 Anagni, seit 1915 KlavL. am Lic. m. di S. Cecilia in Rom, eifriger Förderer der modernen M. † 15/12 1933. W: Sinfonie, KlavSonate

CRISTÓFORI, Bartolomeo * 4/5 1665 Padova, † 17/3 1731 Firenze, Erfinder (1711) d. Hammerklav. (Pfte).

CROCE, Giov. * um 1557 Chioggia/Venedig, † 15/5 1609 Venedig, Schüler Zarlinos, seit 1603 KM. am Markusdom. W (hervorrag.): Messen, Psalmen, Motetten, Madrigale, Kanzonetten usw.

CROES, Henry Jacques de * 18/9 1705 Antwerpen, † 16/8 1786 Bruxelles als HofKM., urspr. Geiger, 1729—49 in Regensburg. W: KirchM., Sinf. u. a.

CROFT, William * 30/12 1678 Nether Ettington, † 14/8 1727 Bath, seit 1708 Organ. u. Chordir. der Westminsterabtei in London. W: Anthemes, Totenamt, Choräle, KaM.

CROME, Fritz * 6/5 1879 Kopenhagen, in Berlin ausgebild., Klavierist, MSchr. seit 1917 in seiner Geburtsstadt; da seit 1925 KlavL. am Kgl. Konserv. W: KaM., KlavStücke, Lieder.

CRONBERGER, Wilh. * 29/I 1858 Frankfurt a. M., † 6/7 1926 Hamburg, da GsgL., treffl. OpTen. (seit 1886), 1891—1911 in Braunschweig.

CRONENTHAL — s. HÄNEL v. Cronenthal

CRONHAMN, Joh. Pet. * 7/I 1803 Ö-Karuup, † 15/6 1875 Stockholm, urspr. Glaser, 1834—70 Verwaltgsbeamter, seit 1835 GsgL. W: Schulgsg-Lehrbücher, hochverdient um d. Mgsg in Schweden

CROPP, Walter * 10/6 1890 Hamburg, Schüler H. Kauns, MDir. in Pirmasens seit 1921; 1930 Dr. phil. W: Orch., Chor, KaM. (meist ungedr.), BrKonz.

CROTCH, William * 5/7 1775 Norwich, † 29/12 1847 Taunton, (Wunderkind) 1822—32 Dir. der R. acad. of m. in London. W: Oratorien, Anthems, Glees, OrgKonz.; theor. Schriften.

CROUCH, Fred. Nichols * 31/7 1808 London, † 18/8 1896 Portland, Vcellist. W: Opern, beliebt geword. Lieder

CRÜGER, Joh. * 9/4 1598 Groß-Breesen/Guben, † 23/2 1662 Berlin als Nikolaischulkantor (seit 1622) berühmt durch seine KirchLieder. W: ‚Synopsis Musica',, ‚Praecepta Musicae figuralis' usw., Kirchliedersammlgn.

CRUSELL, Bernhard * 15/10 1775 Nystad (Finnl.), † 28/2 1838 Stockholm, berühmt. Klarinettist. W: KlarinKonz., KaM.

CRUSIUS, Otto E. * 1/4 1892 Tübingen, seit 1903 in München, da Schüler der Akad. W: Märchenoper, BühnenM., KaM., Chöre, Lieder.

CRUVELLI (eigentl. Crüwell), Sophie * 12/3 1826 Bielefeld, † 6/11 1907 Nizza, bis zu ihrer Verheiratung 1856 mit Baron Vigier in Italien, Paris u. London, sehr gefeierte OpSgerin.

CSERMAK, Anton * 1771 in Böhmen, † 22/10 1822 Veszprem, Geiger. W: Ungar. Tänze, V-Stücke

CSILLAG, Rosa (eigentl. Goldstein) * 23/10 1832 Irsa, Pesther Komitat, † 20/2 1892 Wien (im Elend) berühmte, vielgereiste dramat. Sgerin, 1850/61 an der Wiener Hofoper.

CUCCOLI, Arturo * 17/7 1869 Bologna, Vcellist, seit 1906 KonservL. in Padova. W: VcStudien u. Stücke.

CUCUEL, Georges * 14/12 1884 Dijon, † 28/10 1918 Grénoble, MSchr. W: ‚La Pouplinière et la m. de chambre au 18. siècle'; ‚Les créateurs de l'opéra com. franç.'

CUI, Cesar * 18/1 1835 Wilna, † (24) 14/3 1918 Petersburg, da Prof. der Fortifikation, leidenschaftl. Musiker. W: Opern, OrchWerke, KaM., KlavStücke, Lieder usw., Abriß der russ. MGesch., zahlr. Aufsätze u. Kritiken usw.

CULBERTSON, Sascha * 29/12 1893, VVirt., Schüler Sevčiks, lebt in Amerika.

CULP, Julia * 6/10 1881 Groningen, Mezzosopranistin (Konzert) von internation. Ruf, seit 1919 mit dem Wiener Großindustriell. Ginskey verheiratet.

CULWICK, James C. * 28/4 1845 West Bromwich, † 5/10 1907 Dublin, da seit 1881 Organ. u. sehr verdienter Dir. des Chors ‚Orpheus'. W: KirchM., OrgSonaten, KlavStücke, theor. Schriften.

CUMMINGS, Will. Hayman * 22/8 1831 Sidbury (Devon), † 6/6 1915 London, ber. Konz- u. OpTenor, 1879—96 GsgL. an der R. acad. in London, daneben Dirig., seit 1896 Dir. der Guildhall-MSchule, verd. MHistoriker. W: ‚Purcell', ‚Arne'; Anthems, Chöre, Lieder u. a.

CUNDELL, Edric * 29/1 1893 London, da seit 1914 L. im Trinity Coll., seit 1920 Dirig. der Westminster-Orch-Soc. W (bemerkensw.): Suite u. sinfon. Dichtgen, KaM., KlavStücke, Lieder.

CUNEO, Franc. Angelo * 13/12 1870 Torino, da KontrabaßVirt. W: Opern, Sinf., OrchSuite, KBStudien, Gsge.

CUNIO, Angelo * 1833 Vigevano, † Aug. 1891 London, wirkte teils da, teils in Edinburgh seit 1860. W: Sinf., KlavKonz., KaM., viele KlavSt.

CUNITA, L., ps. = Lebrecht v. GUAITA

CUNZ, Rolf * 20/6 1890 Hanau, lebt in ?, 1922/26 musik. Verlagsdir. u. Kunstschriftleiter in Essen, stud. in München u. Frankfurt a. M. H: ‚Deutsches MJahrbuch' seit 1923.

CUPIS, Franç. * 10/3 1719 Brüssel, † um 1764 Paris, da seit 1741 Geiger an der Großen Oper. W: VSon. — Sein Sohn Jean Bapt. * 1741 Paris, da (Montreuil) † 30/4 1788 hervorrag. Vcellist. W: VcSchule u. Son.

CURCI, Alberto * 5/12 1886 Napoli, lebt da; auch in Deutschland geschätzt. VVirt. W: Optten; ‚L'arco e le basi della m. tonica'.

CURCI, Gius. * 15/6 1808 Barletta, da † 5/8 1877, GsgL. 1840/48 in Wien, 1848/56 Paris. W: Opern, KirchM., viele Gsge.

CURRY, Arthur Mansfield * 27/1 1866 Chelsea (Mass.), lebt in Boston seit 1914, vorher in Newton Highlands u. Berlin, Geiger, Schüler Frz. Kneisels u. Mac Dowells. W: Ouvert., sinf. Dichtg., KlavStücke, Lieder

CURSCH-BÜHREN, Frz Theod. * 10/1 1859 Troppau, † 11/3 1908 Lpz, Schüler Succos u. O. Pauls, erst KM. an kl. Thea., seit 1898 in Lpzg, auch MSchr. W: Singspiele f. DilettBühnen, MChöre mit u. ohne Begleit., ‚Wie leite ich eine Liebhaber-TheaAufführg?'.

CURSCHMANN, Karl Frdr. * 21/6 1804 Berlin, † 24/8 1841 Langfuhr/Danzig, Schüler Spohrs u. Hauptmanns. W: Singspiel, Chöre, einst sehr beliebte Lieder usw.

CURTH, Alex. * 19/6 1875 Berlin, da urspr. OratorTenor, seit 1909 Mitgl. des Domchors, 1915/32 auch Chordir. der Staatsoper. W: kirchl. Chöre.

CURTI, Franz * 16/11 1854 Kassel, † 6/2 1898 Dresden, lebte da, urspr. Arzt, Schüler E. Kretschmers u. Schulz-Beuthens. W: Opern; Kant., MChöre ‚Die Schlacht', ‚Den Toten vom Iltis' usw., Lieder, (ungedr.) Orch- u. KaM.

CURTIS, Ernesto de * 4/10 1875 Napoli, da † 1927; Autodidakt. W: Canzonen, Romanzen.

CURTIS, Mary Louise, gründete 1924 das glänzend dotierte Curtis Institute of m. in New York

CURTIS, Natalie * ? New York, † 23/10 1921 Paris, KlavVirt. (u. a. Schülerin Busonis), 1917 verheir. mit dem Maler Paul Burlin, Erforscherin der IndianerM. seit 1907. W: ‚Songs of ancient America', ‚The Indians' book', Negro Folk-songs'; Chöre, Lieder.

CURTIUS, C. ps. = GOLDMANN, Kurt

CURTON, Philippe, ps. = Frederic MULLEN

CURWEN, John * 14/11 1816 Heckmondwik (Yorkshire), † 26/5 1880 Manchester, 1841/64 Prediger, Begr. der TonicSolfaGsgMethode. Auch Begr. (1863) des neuerdings das Schaffen der jungen engl. Komp. fördernden MVerl. J. Curwen & Sons in London, der 1923 den Londoner Verlag F. & B. Goodwin gekauft hat.

CURWEN, John Spencer * 30/9 1847 Plaistow, † 6/ 1916 London, setzte das Werk seines Vaters John fort. W: ‚Studies in worship m.' H: Musical Herald

CURZON, Henri de * 6/7 1861 Le Havre, verd. MSchr. in Paris. W: ‚Meyerbeer', ‚Mozart', ‚Rossini', ‚Reger' u. a.

CUSCINA, Alfredo * 30/11 1881 Messina, lebt in Palermo. W: Opern, Operetten, Lieder.

CUSINS, Will. Geo. * 14/10 1833 London, † 31/8 1893 Nemonchamps (Ardennen), 1852 L. an der R. Acad. in London, auch Organ. u. Dirig. W: Orat., Kantate, Sinf., Ouvert., KaM. u. a.

CUYPERS, Hubert * 26/12 1873 Baexem/Roermond, Chordirig. u. Dir. der Schola cantorum in Amsterdam. W: geistl. M., Melodramen.

CUYPERS, Joh. Franc. * 18/9 1809 's Gravenhage, da † 3/12 1881, errichtete 1835 die bes. durch seinen Sohn Joseph Marie Ignace (* 2/10 1856, † 11/ 8 1929) berühmt gewordene, 1916 eingegangene KlavFabrik

CUZZONI, Francesca * 1700 Parma, † im Elend 1770 Bologna, einst berühmte OpSgerin, 1722—1728 unter Händel in London, dann in Wien, Italien, 1748 nochmals in London

CZACH, Rudolf, Dr. phil. * 3/5 1898 Berlin, Organist seit 1924 in Essen.

CZACZKES, Ludw. * 12/9 1898 Wien, da KlavVirt. u. seit 1923 L. an der Akad. W: KaM., KlavSon. u. Stücke, Lieder.

CZAJANEK, Viktor Clarriss * 1876 Mistek (Mähr.), studierte in Prag u. Brünn, Chordir. in Bielitz (u. a. ostschles. Sängerbund). W: Messen, MChöre.

CZAPEK, Jos. * 9/3 1825 Prag, † Juli 1915 Gotenburg, da 1847/78 MilKM., daneben Organ., Operndirig. usw. W: Messen, Kantaten, Sinf.

CZARNIAWSKI, Cornelius * 30/3 1888 Czernowitz, Schüler d. Wiener Konserv. u. Leschetizkys, seit 1913 in Wiesbaden, Pianist. W: Sinf., KaM., KlavKonz.

CZARTH — s. TZARTH

CZERMAK — s. CSERMAK

CZERNI, Jos. † 12/9 1910 Eger. W: Lieder. H: Volkslieder aus der Landsch. Eger.

CZERNIK, Willy, ps. Irving CZEYK, K. WERLEY * 24/2 1901 Dresden, seit Herbst 1934 OpKM. in Frankfurt a. M., besuchte das Konserv. in Dresden, da mit 17 J. schon Organ., da 1918/20 Repetitor an der Op., (Schüler Strieglers), dann KM. an versch. Bühnen, 1926/30 an der Oper in Frankfurt a. M., 1930/34 I. OpKM. in Braunschweig. W: Optte, VKonz., Suite f. Chor u. Orch., KaM., Liederzyklen usw.

CZERNOHORSKY, Bohuslav * 15/2 1648 Nimburg (Böhm.), † 2/7 1740 Graz, Franziskaner, KirchKM. in Padua, Assisi u. Prag (1735), L. Tartinis u. Glucks. W: KirchM., OrgFugen.

CZERNUSCHKA, Fritz * 26/7 1883 Brünn, da SchulL. W: f. Git., auch m. and. Instr.

CZERNY, Jos. (kein Verwandter von Karl) * 17/6 1785 Horowitz (Böhm.), † 7/1 1842 Wien, da angesehener KlavL., 1824/32 auch MVerleger (zuerst Mitinhaber von Cappi).

CZERNY, Jos., SemML. in ?, gab 1883 eine V-Schule heraus. Identisch mit Jos. Czerni?

CZERNY, Karl * 20/2 1791 Wien, da † 15/6 1857; Schüler sein. Vaters u. 1800/03 Beethovens, gesuchter KlavL. in Wien (L. Liszts, Döhlers, Jaells usw.). W: viele noch jetzt nützl. KlavStudienwerke (Schule der Geläufigkeit, Kunst der Fingerfertigkeit, Schule des Virtuosen usw.), KlavWerke, KlavSchule, KomposLehre, viele Messen u. and. KirchM., ‚Umriß der ganzen MGesch.' usw.

CZERSKY, Alex. — s. TSCHIRCH, Wilh.

CZERWONKY, Rich. * 23/5 1886 Birnbaum, ehemal. Prov. Posen, seit 1918 VL. u. OrchDir. des Bush Konserv. in Chicago, ausgeb. von Fl. Zajic u. Jos. Joachim, VVirt. seit 1906, 1907 II KonzM. im Boston SinfOrch., 1909 I. KonzM. u. stellvertr. Dir. in Minneapolis, von da aus viel gereist. W: Sinf. Dichtgen, VKonz., KaM. u. a.

CZEYK, Irving, ps. = Willy CZERNIK

CZIAK, Benedikt — s. SCHACK

CZIBULKA, Alph. * 14/5 1842 Szepes-Várallya (Ung.), † 27/10 1894 Wien, MilKM. W: Optten, Tänze (‚Stephanie-Gavotte' u. a.) usw.

CZILLAG — s. CSILLAG

CZURDA, Paul Alois * 19/4 1850 Breslau, Geiger, 1893—1903 KM. des OrchVer. in Bern, seitdem da ML. W: VStücke, KlavStücke, MChöre.

D*)

DAASE, Rud. * 21/2 1822 Berlin, da † 1892, ML. u. OrchDir. W: OrchTänze, KlavStücke.

DACHS, Josef * 30/9 1825 Regensburg, † 5/6 1896 Wien, KlavProf. am Konserv..

DACCI, Giusto * 1/9 1840 Parma, da † 5/4 1915. W: KirchM., KlavStücke, Gsge, theor. Lehrbücher.

DADDI, Jo. Guilh. * 4/1 1814 Oporto, † 1887 Lissabon, KlavL. W: Kom. Op., KirchM., KlavSt.

DÄBBER, Walter, ps. CARLOS * 15/10 1894 Magdeb., tanzpädag. Schr. in Berlin, ausgeb. in Frankfurt a. M. W: UnterhaltgsM.

DÄDDER, Ernst, Dr. phil. * 26/4 1869 Königsberg, Pr., GymnML. in Saarlouis. W: KaM.

---

*) d', da, dell, de, dei, di vor romanischen Namen ist meist unberücksichtigt geblieben, also D'Arienzo ist unter Arienzo zu suchen.

DÄHLER, Adolf, ps. VARES * 15/9 1877 Barmen, lebt in Wuppertal-Elberfeld, Schüler Karl Navratils. W: Sinf. Dichtgen, KaM., Chöre, Balladen, Lieder

DAESCHLER, Jul. * 24/2 1874 Haardt/Solnhofen, seit 1893 L. u. VerDirig. in Erlangen. W: MChöre.

DAFFKE, Sokrates, ps. = ROSE, Hans

DAFFNER, Hugo, Dr. phil. et med. * 2/5 1882 München, da Arzt, Schüler von Thuille, Sandberger, Reger u. Stavenhagen; MKrit. u. a. in Königsberg i. Pr. u. Berlin. W: Opern, BühnenM., Sinf., KaM., KlavStücke, viele Lieder, ‚Die Entwicklg des KlavKonz. bis Mozart'. H: Friedrich Nietzsches ‚Randglossen zu Bizets Carmen'

DAGINCOURT — s. AGINCOURT, D'

DAGNINO Eduardo * 1/1 1876 Palermo, seit 1910 Prof. der MGesch. an der KirchMSchule in Rom. W: Motetten, OrgStücke, Lieder.

DAHL, Balduin * 6/10 1834 Kopenhagen, † 3/6 1891 Charlottensund, Dirig. der Tivoli-Konz. in Kopenhagen. W: Tänze.

DAHL, Viking * 8/10 1895 Osby, ausgebildet in Stockholm, London u. Paris. W (sehr modern): Tanzpantomin., Sinfonietta, KaM., KlavStücke, Lieder.

DAHLFUES, Julius * 8/2 1872 Hoboken, US., ML. in Bremen seit 1902. W: Ouvert., KlavStücke.

DAHLKE, Ernst * 19/3 1877 Grünewald (Pomm.), ML. (Studienrat) in Dortmund. H: Halbmonatsschr. f. SchulMPflege, „Das dtsche Lied', Lieder zur Laute.

DAHLKE, Julius * 28/6 1891 Berlin, da geschätzter Klavierist (KonzBegleiter), Prof. an der Hochschule f. Schul- u. KirchM seit 1924.

DAHMEN, Hubertus * 1812 Amsterdam, da † 21/12 1837, Vcellist. W: Opern, Ouvert., Soli f. Klavier, Fag., Vc. u. a.

DAHMEN, Jan * 30/6 1898 Breda, seit 1924 KonzM. der Dresdner Staatsop., vorher des Berliner Philharm. Orch.

DAHMEN, Joh. Arn. * 1760 's Gravenhage, † 1794 London, Vcellist. W: KaM.

DAHMS, Walter * 9/6 1887 Berlin, MSchr., lebt in Paris, vorher meist in Rom. W: Chöre, Lieder; ‚Schubert', ‚Schumann', ‚Mendelssohn', ‚Bach' (1924), ‚Chopin' (1925) usw.

DAJOS, Bela, eigentl. Leo GOLZMANN, ps. Eddi RUBENS; THOMMSEN * 19/12 1897 Kiew, VVirt. u. KM. in Paris, vorher in Berlin, Schüler d. Kiewer Konserv. W: VStücke, Tänze.

DALAYRAC, Nicolas * 13/6 1753 zu Muret (Languedoc), kam 1774 nach Paris, da † 27/11 1809. W: 61 Opern (Singspiele), u. a. ‚Die beiden Savoyarden'.

DALBERG, Joh. Friedr. Hugo, Reichsfreih. v. * 17/5 1752 Aschaffenburg, † 26/7 1812 Herrnsheim/Worms, Domkapitular, Pianist u. MSchr. W: Ka- u. KlavM., Kantaten, Melodramen; ‚Untersuch. über den Urspr. der Harmonie', ‚Über griech. InstrumM.' usw.

DALBERG, Nancy * 6/7 1881 Kopenhagen, lebt da, Schülerin Svendsens u. Karl Nielsens, Pianistin u. Komp. W: Sinf., StrQuart. u. a. KaM., Ballade f. Gsg u. Orch., Lieder.

D'ALBERT, Eugen — s. ALBERT, Eug. d'

DALCROZE — s. JAQUES-DALCROZE

DALE, Benjamin James * 17/7 1885 Crouchhill, L. an d. kgl. MAkad. in London, eigenart. Komp. W: Sinf., Ouvert., KaM.

DALE, Joseph, MVerlag in London, seit c. 1770

DALEN, Hugo van * 16/4 1888 Dordrecht, KlavVirt., seit 1918 KonservL. in 's Gravenhage, Schüler u. a. Stradals u. Busonis, MSchr. W: Schrift. üb. russ. Musik, Tschaikowsky u. Mussorgsky

DALGAARD, Knud * 13/3 1891 Struer (Dänemark), VVirt. u. L. in Frankfurt a. M., ausgeb. auf dem Konserv. in Kopenhagen u. von Th. Spiering, KonzM. u. Solist u. a. in New York. W: Norweg. OrchSuite, VKonz. u. KlavStücke.

DALL'ABACO — s. ABACO

DALLANOCE, Ugo * 12/12 1869 Bologna, da Klav- u. GsgL. W: Opern, Chöre, Lieder, KlavStücke.

DALLIER, Henri * 1849 Reims, Schüler C. Francks, seit 1908 KonservL. in Paris, auch Organ. † Dez. 1934. W: KirchM., KaM., OrgStücke, Chöre

DALMORÈS, Charles * 31/12 1871 Nancy, OpTenor v. internat. Berühmtheit, urspr. Waldhornist, zuletzt in Chicago engagiert

DALVIMARE, Martin Pierre * 18/9 1772 Dreux, † 13/6 1839 Paris, HarfVirt. (Wunderkind), auch Maler. W: Soli u. KaM. f. Harfe.

DAM, Georg * 5/12 1815 Berlin, da † 27/11 1858. W: Opern, Orator., Ouvert.

DAMANSKI, Jos. — s. DIAMAND

DAMBERGER, Max * 6/8 1877 St. Gallen, Steierm., österr. MilKM., seit 1918 in Linz, da seit 1922 Dir. des KonzVer. W: Tänze, Märsche.

DAMCKE, Berthold * 6/2 1812 Hannover, † 15/2 1875 Paris, Schüler v. Al. Schmitt u. F. Ries, 1837/40 Dirig. in Potsdam, 1845 in Petersburg, 1855 in Brüssel, 1859 in Paris, Freund von Berlioz. W: Oratorien, Chöre, KlavStücke.

DAMECK, Hjalmar v. * 24/3 1864 Kopenhagen, † 30/12 1927 Berlin, aufgewachsen in Dresden, Schüler des Lpzger Konserv., 1892/1902 KonzM. in Barmen, 1902/10 VL. in Newyork, seit 1910 in Berlin, Veranstalter von KaMKonz.; sehr geschätzter VL. H: ältere KaM.

DAMERINI, Adelmo * 11/12 1880 Cormagnano bei Firenze, Prof. der MGesch. u. Aesthet. am Konserv. in Firenze seit 1933, vorher in Parma. W: Messen, Motetten, Lieder, KlavStücke u. a.; viele Aufsätze, Fachschriften

DAMI, Alfonso * 1842 Empoli, † 19/6 1927 Genf, da seit 1882 GsgL. am Konserv. W: KirchM., Tänze, Lieder.

DAMIAN — s. CLARK

DAMIANO * 1851 Rocca di San Casciano (Romagna), † 18/8 1891 Kloster della Verna, da Organ. W: KirchM., OrgStücke.

DAMM, Gustav — s. STEINGRÄBER

DAMMERT, Udo * 18/5 1904 Baden-Baden, KlavVirt. in München, setzte sich seit 1924 für moderne Musik ein, gründete 1927 die Vereinigg f. zeitgen. M., hält Kurse üb. prakt. KlavPädagogik für Lehrende, ausgeb. in Salzburg u. München (Hochschule: Pembaur; Courvoisier)

DAMOREAU, Cinthie, geb. Montalant, * 6/2 1801 Paris, da † 25/2 1863, ausgezeichn., auch in Amerika bekannte OpSgerin, 1834/56 L. am Pariser Konserv. W: ‚Méthode du chant'; Lieder.

DAMP, Artur, ps. Rolf SANDNER * 27/9 1874 Berlin, da MD., Bearb. f. Orch. u. Blasm. W: Ouvert., Tänze, Märsche

DAMROSCH, Leop., Dr. med. * 22/10 1832 Posen, † 16/2 1885 Newyork, 1858 Geiger in Weimar, in Breslau seit 1862 Dirig. des OrchVer., seit 1871 KonzDirig., seit 1884 OpDirig. in Newyork. W: VKonz. u. -Stücke, Lieder usw. — Seine Söhne sind: F r a n k D. * 22/6 1859 Breslau, machte sich in den Verein. Staaten Amerikas um den Volksgsg verdient, VerDirig. in Newyork, seit 1905 auch Dir. des Institute of musical art. W: Chöre, Lieder, ‚Popul. Methode f. Gsg'. — W a l t e r D. * 30/1 1862 Breslau; begründete 1892 das SymphOrch. u. 1894 die ‚Damrosch Opera Co.' in Newyork; bedeut. Dirig. W: Opern, Optte, ‚Te Deum', Lieder usw., ‚My musical life'.

DAMSE, Jos. * 23/1 1788 Sokolow (Galiz.), † 15/12 1852 Rudno/Warschau, Klarinettist. W: Opern, Vaudevilles, einst beliebte Tänze u. Lieder.

DANBÉ, Jules * 16/11 1840 Caen, † 10/11 1905 Vichy, Geiger, dann Dir. eines eig. Orch. u. OpKM. in Paris. W: Stücke, Schule, Etüden f. V.

DANCLA, Charles * 19/12 1818 Bagnères de Bigorre, † 9/11 1907 Tunis; Violinist, Schüler Baillots, seit 1857 L. am Pariser Konserv. W: VKonz., KaM., treffl. VSchulwerke. — Sein Bruder A r n a u d * 1/1 1820 Bagnères de Bigorre, da † Febr. 1862, Vcellist. W: VcSchule, Stücke, Duette. — Sein Bruder L e o p o l d * 1/6 1823 Bagnères de Bigorre, † 29/3 1895 Paris, gleichf. treffl. Geiger u. L. am Konserv. in Paris. W: Fantas., Etüden f. V.

DANCKERT, Werner, Dr. phil. * 22/6 1900 Erfurt, lebt da, seit 1926 PrivDoz. f. MWiss. in Jena. W: ‚Geschichte der Figur' u. a.

DANDA, Erwin * 27/2 1896 Hermannstadt, VVirt., seit 1927 in Prag. W: MilMärsche, KaM., VStücke, KlavStücke, Lieder.

DANDELOT, Arthur * 27/2 1864 Paris, da MSchr. W: ‚La Societé des concerts du conservatoire', ‚Gounod'; ‚Evolution de la musique de theâtre depuis Meyerbeer' u. a.

DANDRIEU, Jean Franç. — s. ANDRIEU, J. F. d'

DANEAU, Nic. Ad. Gust., ps. N. DANI * 17/6 1866 Binche, seit 1919 Dir. des Konserv. in Mons, vorher seit 1896 in gleicher Stellung in Tournai, Schüler Sevčiks. W: Opern, sinf. Dichtgen; KaM., KlavStücke, MChöre, Lieder.

DANHAUSER, Ad. Leop. * 26/2 1835 Paris, da † 9/6 1896, verdient um den Chorgsg, L. am Konserv. W: Opern, Gsge; ‚Théorie de la m.'. H: Soirées orphéoniques.

DANI, N., ps. — s. DANEAU

DANICAN — s. PHILIDOR

DANIEL, Franç. Salvador * 1830 Paris, da † 23/5 1871, kurze Zeit KonvervDir. W: ‚La m. arabe', ‚Alphabet musical', ‚Grammaire philharmon.' H: Chansons Arabes, Mauresque et Kabyles

DANINGER, Jos., Dr. phil. * 23/3 1880 Wiener-Neustadt, seit 1921 in Wien. W: Märchenspiele, VStücke, Lieder; ‚Sage und Märchen im MDrama' 1916; ‚Bruckner' 1924.

DANJOU, Felix * 21/6 1812 Paris, † 4/3 1866 Montpellier, bis 1849 Organ. in Paris, dann in Marseille u. Montpellier, Journalist, verdient um die Erforschung d. Kirchengesgs. H: Revue de la m. religieuse populaire et class., Répertoire de la m. religieuse.

DANNEFFIL, Alfred * 9/4 1879 Rechberg (Bad.), seit 1918 HauptL. u. Organ. in Tiergarten (Bad.). W: KirchM., Chöre.

DANNEHL, Franz * 7/2 1870 Rudolstadt, ehemal. Offizier, lebt in Bozen. W: Chöre, Lieder („Eliland'-Zyklus), auch KaM.

DANNENBERG, Fr., ps. = KARK, Friedr.

DANNING, Sophus * 16/6 1867 Kopenhagen, KM. in Bergen u. Christiania, seit 1914 städt. KM. in Odense, da † 7/11 1925. W: Opern, BühnenM., VKonz.

DANNREUTHER, Edw. * 4/11 1844 Straßburg i. E., † 12/2 1905 London, L. d. Kgl. MAkad. seit 1895, stud. 1859/63 in Lpzg, lebte dann in London, wo er 1872 den WagnerVer. gründete. W: ‚Musical ornamentation', ‚R. Wagner and the Reform of the Opera', Bd. 6 der ‚Oxford history of m.' usw. — Sein Bruder G u s t a v * 21/7 1853 Cincinnati, † 19/12 1923 Newyork, da VVirt. (Quartettsp.). W: VStudien.

DANTONELLO, Jos. * 6/4 1891 Öttingen, SchulL. u. Chordir., seit 1923 in Augsburg. Da ausgebildet (Konserv. u. Singschule). W: BühnenM., Kantate, KirchM., Chöre, Lieder. B: Volkslieder, klass. Kompos. f. Chor

DANVERD, Jules, ps. = Arm. TIMMERMANS

DANZI, Franz * 15/5 1763 Mannheim, † 13/4 1826 Karlsruhe, Schüler seines Vaters (Vcell) u. Abt Voglers; 1778 bereits Mitgl. d. Hofkap. in München, 1807 HofKM. in Stuttgart, seit 1808 in Karlsruhe. W: 11 Op., Orat., Kantaten, Messen, Sinf., VcKonz. KaM., Lieder usw.

DANZI, Franziska — s. LEBRUN

DANZIGER VAN EMBDEN, Rachel * 28/11 1870, lebt in Berlin. W: Optten

DA PONTE, Lorenzo (eigentl. Emanuele Conegliano) * 10/3 1749 Ceneda (Venezien), † 17/8 1838 New York; urspr. Jude, 1773 Priester, 1774 SemL. in Triest, 1784/90 HoftheaDichter in Wien, zuletzt OpUnternehmer in New York. Dichtete OpTexte (u. a. ‚Figaro' u. ‚Don Juan' f. Mozart), schrieb ‚Memorie' (4 Bde).

DAQUIN, Louis Claude * 4/7 1694 Paris, da † 15/6 1772, Organ., bekannt durch KlavStücke.

DARCY, Gabriel, ps. = E. VUILLERMOZ

DAREWSKI, Max * 1895 Manchester (Wunderkind), † 26/9 1929 London, vielgereister Pianist u. Kompon.

DARGEL, Maud * ?, lebt in Paris, Pianistin, Schülerin Pugnos. W: Optten, OrchSuite u. Stücke.

DARGOMYSZSKI, Alex. Sergiewitsch * 14/2 1813 auf dem väterl. Gut in Gouvern. Tula, † 17/1 1869 Petersburg, da seit 1835 Pianist und geistiges Haupt der jung-russ. Schule. W: Opern ‚Esmeralda' ‚Russalka', ‚Der steinerne Gast', durchweg rezitier., von Rimsky-Korssakow instrumentiert, Ballett, Orch- u. KlavStücke, sehr beliebte Lieder usw.

DARKE, Harold * 19/10 1888 Highbury, Organ., Chordir. u. L. an der R. acad. of m. in London. W: Sinf., Suite; KaM., Klav- u. OrgStücke, Kantaten, Lieder u. a.

DARNTON, Christian * Okt. 1905 Leeds, lebt in London. W: Sinf., KaM., KlavSonate usw.

DARR, Adam * 29/9 1811 Schweinfurt, Zithervirt., † (Selbstmord) 2/10 1866 Augsburg. Schule u. viele Kompos. f. sein Instrum.

DARRAS, Eugen Herbert, ps. = SAUBER, Gerhard

DARZINS, Emil * 3/10 1875 Jaun-Piebalga, † 4/9 1910 Riga, da MRefer., ausgeb. in Petersburg. W: Oper, Chöre, Lieder

DASERDA, Frz, ps. = ADERS, Franz

DAUB-MOHR, Maria * 1/2 1900 Frankf. a. M., da ML. W: KlavStücke, Lieder.

DAUBE, Joh. Friedr. * um 1730, † 19/9 1797 Augsburg, zeitw. Hofmusiker in Stuttgart, MSchr. W: LautenSon.; ‚Anleitg. z. Erfindg. der Melodie'.

DAUBE, Otto * 12/6 1900 Halle a. S., MSchr., KlavVirt. u. RealschulL. in Leipzig bzw. Sofia; ausgeb. in Altenburg, Leipzig u. Jena. W: ‚S. Wagner u. sein Werk', ‚Musik. Werkunterricht in höheren Lehranstalten', ‚Der musik. Mensch', ‚Richard Wagner in der höheren Schule', Märchenspiele, Singspiele, KaOrchSuite, KlavVSon., Lieder. H: ‚Fröhliche Werkstatt', Liederbuch

DAUBEN, Heinr. * 30/7 1868 Huskirchen, seit 1893 Organ., KirchChordir. u. GsgL. in Bonn. W: Klav.- u. OrgStücke, Chöre, Lieder.

DAUBER, Dol. * 23/7 1894 Wiznitz (Rum.), VVirt., VariétéKM. in Hamburg. W: OpttéSchlager. B: Stücke aus Opern Smetanas f. Orch.

DAUBITZ, Paul * 8/1 1881 Rynarzewo (Pos.), Organ., Chordir. u. GymnasGsgL. in Schwedt a. O., Schüler d. Konserv. in Sondershausen u. des Instit. f. KirchM. in Berlin. W: Chöre, KlavEtüden.

DAUBRAWA, Hans * 8/3 1868 Trierch (Mähr.), seit 1901 in Wien, da seit 1906 KirchKM., seit 1912 UniversLektor. W: Opern, Messen u. a.

DAUBRÉE, ps. = Isid. Ed. LEGOUIX

DAUPRAT, Louis Franç. * 24/5 1781 Paris, da † 16/7 1868, HornVirt., 1816—42 L. am Konserv. W: HornKonz., Schule u. a.

DAUS, Adolf * 22/6 1902 Berlin, da KM. W: OrchProlog, KaM., Lieder.

DAUSSOIGNE-MÉHUL, Louis Joseph * 10/6 1790 Givet, † 10/3 1875 Lüttich, da 1827/62 KonservDir.; Vollender der nachgelass. Werke seines Oheims Méhul.

DAUVERGNE — s. AUVERGNE, Ant. d'

DAVAUX, Jean Bapt. * um 1737 La Côte-St. André, † 22/2 1822, Paris. W: Sinfon., Konz., viele StrQuart.

DAVENPORT, Francis William * 1847 Wilderslowe b. Derby, seit 1882 Prof. an der Guildhall-MSchule in London, † Nov. 1925. W: Sinf., Ouvert., KlavTrio, KlavStücke, Chöre, Lieder, Lehrbücher f. Harm. u. Kontrap. usw.

DAVEY, Henry * 29/11 1853 Brighton, da † ?, ML. W: ‚History of english m.' 2. A. 1921 u. a.

DAVICO, Vincenco * 14/1 1889 Monaco, seit 1920 in Paris, 1910 in Lpz. Schüler Regers. W: Opern, Orator., sinf. Dicht., KaM., KlavStücke, Gesänge.

DAVID, Félicien * 13/4 1810 Cadenet/Aix, † 29/8 1876 St. Germain en Laye, seit 1869 Biblioth. am Pariser Konserv., 1833/35 als Apostel der Saint-Simonisten im Orient, führte die exotische M. im Abendlande ein. W: Opern ‚La Perle du Brésil' (1857), ‚Herculanum', ‚Lalla Rookh' u. a., Symphonieode ‚Die Wüste' (1844, sein bekanntestes Werk), Symphoniekantaten ‚Columbus' und ‚Moses', StrQuintette usw.

DAVID, Ferd. * 19/6 1810 Hamburg, † 19/7 1873 Klosters (Schweiz), bedeutend. Geiger, Schüler Spohrs, seit 1836 KonzM am Gewandhaus u. seit 1843 sehr verdient. KonservL. in Lpzg. W: Oper, 2 Sinf., 5 VKonz. u. VStücke, VSchule, KaM. H: u. a. ‚Hohe Schule des VSpiels'. Sein Sohn Paul, treffl. VPädagoge u. MSchr. * 4/8 1840 Leipzig, † 21/1 1932 Oxford; da seit 1907 im Ruhestand, vorher seit 1865 an der Uppingham MSchule

DAVID, Fritz (Fred) * 3. 2. 1900, lebt in Berlin. W: UnterhaltgsM.

DAVID, Giacomo * 1750 Presezzo (Bergamo), da † 1830, berühmt. OpTenorist.

DAVID, Hanns Walter * 26/3 1893 M.-Gladbach, MSchr. in Düsseldorf, vorher TheaKM. W: BühnenM., KaM., Chöre, Lieder.

DAVID Hubert W., ps. Ed. E. Bryant, Wal. Burton, Wal. Clifford, Russel Gee, Mark Henty, A. L. Keith, Clarke Leevis, Gene Rich, Reed Stampa, Wynn Stanley, Lee Sterling, Eddy Stone, Billy Stunday, Will Talmadge, Godfrey Williams, Roy York, Milton Young Sehr fruchtbarer Salonkompon., in London seit Wende des 19. u. 20. Jahrh.

DAVID, Joh. Nepom. * 30/11 1895 Eferding (OÖsterr.), seit 1925—1934 Organ. u. Chordir. in Wels, ausgeb. in Wien, seit 1934 Lehrer a. Konserv. zu Leipzig. W: KaM., OrgStücke (Choralwerk usw.), Stabat mater, lat. Motetten, Sinf.

DAVID, Karl Heinr. * 30/12 1884 St. Gallen, Schüler Thuilles, 1910/14 L. am Konserv. in Basel, 1915/17 meist in Berlin, lebt in Zollikon/Zürich. W: Opern, römische Suite f. Orch., KaM., Chöre u. Ges. m. Orch.

DAVID, Louise (Schwester Ferdinands) — s. DULCKEN

DAVID, Paul — s. bei DAVID, Ferd.

DAVID, Samuel * 12/11 1836 Paris, da † 30/10 1895, seit 1872 SynagogenKM. W: Oper, Optten, Sinf., MChor. m. Orch. ‚Le genie de la terre' u. a.

DAVIDE, Giacomo * 1750 Presezzo/Bergamo, † 31/12 1830, berühmter OpTenor; sein Sohn u. Schüler Giovanni * 1789, † um 1851 Petersburg, gleichfalls berühmter OpTenor

DAVIDOW (vgl. DAWYDOW), Karl * 17/3 1838 Goldingen (Kurland), † 25/2 1889 Moskau, treffl. Vcellist, 1859 Solist der Gewandhauskonz. u. L. am Lpzger Konserv., später in Petersburg Solovirt. des Kaisers, seit 1876 da Dir. des Kons. W: OrchSuite, sinf. Dichtg, 4 VcKonz., andere VcM., KaM. usw. — Sein Neffe Alexei * 4/9 1867 Moskau, Schüler Rimsky-Korssakows, seit 1921 in Berlin, vorher in Petersburg. W: Opern, u. a. ‚Die versunkene Glocke', StrSextett, VcStücke, Lieder.

DAVIES, Ben * 6/1 1858 Pontardawe/Swansea, berühmter Tenor, sang noch 1926 in England, Debut 1881 in London, in Amerika zuerst 1893.

DAVIES, David Thomas Ffrangcon — siehe FFRANGCON-DAVIES

DAVIES, Fanny * 27/6 1861 Guernsey, † 1/9 1934 London, KlavVirt. von internat. Ruf, Schülerin des Lpzger Konserv. u. Clara Schumanns, befreundet mit Brahms u. Jos. Joachim

DAVIES, Henry Walford * 6/9 1869 Oswestry (Shropshire), Dr. mus., lebt in Cookham Dean, zeitw. Organ., Leiter des BachChors u. Kontrap-Prof. an der kgl. MAkad. in London, seit 1934 engl. HofKM. (geadelt). W: Sinf., KaM., Orator., kirchl. u. weltl. Gsge, bes. Kinderlieder, ‚Music and christian worship'

DAVIGNON, Fel. Alb. * 22/2 1880 Danzig, seit 1902 in Plauen i. V., KlavVirt., Chor- u. OrchDir. W: KlavStücke, Chöre, Lieder.

DAVIN, K. H. G. * 1/3 1823 Meimbressen/Cassel, SemL. in Schlüchtern (Hess.), da † 28/8 1884. W: OrgStücke, ElementarMLehre.

DAVIS, John, ps. = B. KAPER

DAVIS, John David * 22/10 1869 Edgbaston, Schüler d. RaffKonserv. in Frankf. a. M. u. des Brüsseler, seit 1889 in Birmingham. W: Suiten, sinf. Dichtgen, KaM.

DAVIS, Rolf, ps. = Gerh. SAUBER

DAVISON, James * 5/10 1813 London, † 24/3 1885 Margate (London), einflußreicher MKrit. W: ‚From Mendelssohn to Wagner'

DAVISSON, Walther * 15/12 1885 Frankfurt a. M., treffl. Geiger, seit 1918 L. am Lpzger Konserv., seit Herbst 1932 dessen Dir. W: V-Studien. H: klass. VWerke.

DAWYDOW (vgl. DAVIDOW) Stepan * 1777, † 1825 als GenMDir. in Moskau, Schüler Sartis. W: Oper ‚Russalka', geistl. Gsge.

DAX, Daniele, ps. = D. AMFITHEATROF

DAX, Pol ps. = Arthur POUGIN

DAXENBERGER, Toni, ps. = L. DENNERLEIN

DAY, Alfred * 1810 u. † 11/2 1849 London. W: ‚Treatise on harmony' (wertvoll)

DAY, Charles Russell * 1860, † (gefallen) 18/2 1900 Südafrika. W: ‚The m. and music. instruments of Southern India and the Deccan (1891)

DAY, Valentine Elizabeth, ps. = Gustav KRENKEL

DAYAS, Will. Humphrey * 12/9 1864 New York, † 13/5 1903 Manchester, Dirig., treffl. Pian., Schüler Liszts. W: KaM. KlavStücke, OrgSonaten, Lieder.

DAYLIGHT, B., ps. = RALF-KREYMANN

DAZAR, Leon, ps. = SCHULENBURG, Herm.

DEACON, Francis, ps. = A. T. H. PARKER

DE AHNA — s. AHNA

DEBAIN, Alex. Franç. * 1809, † 3/12 1877 Paris, KlavBauer, ließ sich 1840 das Harmonium patentieren

DEBEFVE, Jules * 16/1 1863 Lüttich, da Pianist, KonservL. u. Dirig. W: Oper, Wallon. Rhapsodie u. Suite f. Orch., KlavStücke, Gsge. H: Crâmignons (wallon. Vokslieder)

DEBES, Arnold * 24/3 1877 Hamburg, 1918/27 in Stuttgart, 1927/29 in München ML., seit 1929 in Ludwigsburg u. Stuttgart, OpSger. W: KlavStücke, VStücke, Chöre, Lieder, Tänze, Märsche.

DEBILLEMONT, Jean Jacques * 12/12 1824 Dijon, † 14/2 1879 Paris, da seit 1859 KM. W: Opern, Optten, Kantaten.

DE BOECK, Auguste * 9/5 1865 Merchtem, KonservDir. in Mecheln, vorher seit 1908 TheorL. in Antwerpen. W: Opern, Ballette, BühnenM., V-Konz., KaM., Org- u. KlavStücke, Lieder.

DEBOIS, Ferd. * 24/11 1834 Brünn, da † 10/5 1893 als Bankdir. u. GsgVerDirig. W: MChöre, Duette, Lieder (u. a. ‚Eliland') usw.

DEBROIS VAN BRUYCK — s. BRUYCK

DEBROUX, Joseph * 1866, † Juni 1929 Brüssel, VVirt. H: VSonat. d. 18. Jhrh.

DEBÜSER, Tiny * 4/6 1892 Köln; da sehr geschätzte KonzSopran.

DEBUSSY, Claude * 22/8 1862 St. Germain en Laye, † 26/3 1918 Paris, eigenartiger, auch Schule machender Komponist, Schüler des Pariser Konservat., gewann mit der Kantate ‚L'enfant prodigue' den Rompreis; schlug dann einen extrem moderne Wege ein (Zersetzung aller geschlossenen Formen, mehr Farbe als Kontur, Versuche mit Einbeziehung höherer Obertöne in die Harmonie usw.). W: Opern u. Dramenmusiken ‚Pelléas u. Mélisande' (Maeterlinck), ‚Chimène', ‚Was ihr wollt' (Shakespeare'), ‚Tristan u. Isolde' (G. Mourcy), ‚Dionysos' (Gasquet), ‚L'après-midi d'un Faune', 3 Nocturnes f. Orch., StrQuart.; Sonate f. V. u. Klav., f. Vc u. Klav., f. Fl., Br. u. Harfe, kl. FrChöre m. Orch., KlavStücke (Préludes u. a.), Lieder usw.

DECHANT, Aug. * 29/11 1873 Würzburg, seit 1909 StadtKM. u. VerDirig. in St. Gallen, vorher ChorDir. u. KM. an verschied. Thea. W: Festspiele, Chöre.

DECHEND, Hans * 1849, † 30/6 1932 Hirschberg i. Schles., Oberstleutn. a. D. W: KlavStudien, Lieder

DECHERT, Hugo * 16/10 1860 Potschappel/Dresd., † 28/11 1923, erster SoloVcellist d. Berliner Staatsoper. Drei seiner Söhne sind gleichfalls Vcellisten, davon K a r l (* 25/11 1906), Nachf. seines Vaters; F r i t z (* 17/11 1894) auch an der Berliner Staatsoper seit 1914.

DECHEVRENS, Antoine * 3/11 1840 Chênes/Genève, † 17/1 1912 Genève, war KirchM. (Jesuit), dann UnivProf. in Angers, zuletzt PrivGelehrter in Paris. W: Schrift. üb. den Gregor. Choral u. Neumen.

DECHTIAREV, Stepan * 1766, † 1813, Schüler Sartis. W: Oratorium (das erste russ. ‚Minin u. Poscharski' 1811), KirchM.

DECKER, Bruno * 16/4 1871 Stettin, † 1/10 1922 Berlin, da Opttenlibrettist

DECKER, Konstantin * 29/12 1810 Fürstenau (Brand.), † 28/1 1878 Stolp, da seit 1859, lebte vorher als KlavL. in Petersburg u. Königsberg. W: Oper, KaM., KlavStücke, Lieder.

DECKER, Wilh. * 7/12 1860 Sasbachwalden/ Achern (Schwarzwald), seit 1892 ML. u. Chordir. in Kreuzlingen (Thurgau). W: Viele Chöre, Org- Stücke, VDuette u. a.

DECKER-SCHENK, Johann * 1826 Wien, Gitarrevirt., Sänger, TheaDir. (St. Petersburg, Tiflis usw.), 1884 wieder in Petersburg, † 4/9 1839. W: Opern, russ. Lieder, Stücke f. Gitarre, Mandoline u. Balalaika.

DECKERT, Hermann * 16/11 1855 Gatterstedt/Querfurt, † 18/2 1927 Berlin, seit 1883 Organ., Schüler des Sternschen Konserv. u. d. Inst. f. KirchM. W: KaM., OrgStücke

DECKMEIER, Karl * 1808 Wien, da † 1876, berühmter Volkssänger, ebenso seine Frau * 1817, † 1888

DECOURCELLE, Paul, ps. Heinr. TELLAM * 3/5 1854 Paris, begründ. den MVerl. in Nizza. W: Tänze (u. a. die sehr verbreitete Polka ‚Le corso blanc'), Salonstücke, auch f. StrOrch.

DECOURCELLE, Pierre, MVerleger in Nizza, † 10/10 1926.

DECSEY, Ernst, Dr. jur. * 13/4 1870 Hamburg, lebt in Wien, Schüler v. Bruckner, R. Fuchs, J. N. Fuchs, seit 1899 MRef. der ‚Tagespost' in Graz, seit 1921 des ‚Neuen Wiener Tageblatts'. W: Biographien von Hugo Wolf, Bruckner, Joh. Strauß, Lehár, Debussy, Bizet u. a.

DEDEKIND, Arnold * 8/2 1862 Hannover, da seit 1885 Sger u. Chordirig. (Schloßkirchenchor). W: Chöre, bes. geistl.

DEDEKIND, Henning † 1628 als Pastor in Gebesee, da seit 1622, um 1590 Kantor in Langensalza. W: Theoret. Schriften, Soldaten- u. Studentenlieder.

DEDEKIND, Konstantin Christian * 2/4 1628 Reinsdorf (Anhalt), † nach 1694, Hofmusikus (1667 kurf. KonzM.) in Meissen. W: kirchl. Gsge mit InstrBegl., weltl. Lieder.

DEDLER, Rochus * 15/1 1779 Oberammergau, † 15/10 1822 Oberföhring/Wien, als L. u. Organ. W: die noch heute verwend. M. zu d. Oberammergauer Passionsspielen.

DEETJEN, Gottfr. * 16/6 1888 Hamburg, da seit 1926 Organ., da auf d. Konserv., auch Schüler Straubes, OrgVirt., 1914/20 in Verden a. A., 1920/26 in Barmen.

DE FESCH, Willem — s. FESCH

DEFFÈS, Louis Pierre * 25/7 1819 Toulouse, da † 10/6 1900. W: Kom. Opern, Optten.

DEGAYTER — s. DEGEYTER

DEGELE, Eugen * 4/7 1834 München, † 26/6 1886 Dresden, da seit 1861 HofopSgr (Bariton). W: Viele u. beliebte Lieder.

DEGEN, Helmut * 14/1 1911 Aglasterhausen/ Heidelberg, lebt in Bonn, ML., auch in Köln, da auf der Hochschule ausgeb., u. a. v. Jarnach und Ehrenberg, stud. MWiss. bei Schiedermair. W: OrchKonz., KlavConcertino, KaM., Kantate

DEGE(A)YTER, ein Schmied in Lille * 1858, † 15/2 1915, komponierte 1888 die ‚Internationale'.

DEGNER, Erich Wolf * 8/4 1858 Hohenstein-Ernstthal, † 18/11 1908 Weimar als Dir. d. Großherz. MSchule u. KirchMDir. (seit 1902), vorher in Pettau u. Graz. W: 2 Sinf., Klav.- u. OrgStücke, Chorwerk m. Orch., ‚Anleitung z. Bilden von Kadenzen'.

DEGOLA, Giocondo * um 1803 Genova, da † 5/12 1845. W: Opern, KirchM.

DEGTAREV, Stepan — s. DECHTIAREW

DEHAAN — s. HAAN, Willem de

DEHMLOW, Hertha * 26/4 1877 Königsberg, lebt in Berlin, Altistin, auch in Bayreuth aufgetreten; GsgL. (Prof.) an der Akad. f. Schul- u. KirchM.

DEHN, Siegfr. Wilh. * 25/2 1799 Altona, † 12/4 1858 Berlin, Schüler B. Kleins, seit 1842 in Berlin Kustos der Musikalien d. Kgl. Bibliothek, namhafter Theoretiker (L. v. Glinka, Cornelius, Kiel, A. Rubinstein usw.). W: Harmonielehre, Lehre v. Kontrap. usw.

DEHNERT, Max * 1893 Freiberg i. S., lebt da, Frontsoldat, dann Schüler Mraczeks. W: Op., Sinf., OrchDivert., KlavStücke, viele Lieder

DEJARDINS, Fél. — s. GIARDINI, Felice

DEITERS, Herm., Dr. phil. * 27/6 1833 Bonn, † 11/5 1907 Koblenz als Geh. RegRat, vorher GymnasDir. in Konitz, Posen u. Bonn. B: Thayers Beethovenbiograph., Jahns Mozartbiograph. (3. u. 4. Aufl.). W: ‚Brahms', viele Beiträge in Zeitschriften.

DEKE, Rudolf * 24/5 1897 Dresden, da Mandol.- u. GitL. W: Kompos. f. diese Instr.

DEKKER-SCHENK — s. DECKER-SCHENK

DE KOVEN — s. KOVEN

DELAGE, Maurice * 13/11 1879 Paris, lebt da, Schüler Ravels. W: exotisch gefärbte Tondichtgen u. Gesänge.

DELAMARTER, Eric * 18/2 1880 Lansing, Mich., Organ. u. OrchDir. in Chicago. W: Sinf., Suite, Ouvert., KaM. u. a.

DE LANGE — s. LANGE

DELANNOY, Marcel * 9/7 1898 Ferté-Alais, Isle de France, lebt in Paris, Schüler von Eugène Cools u. Honegger. W: Opern, Ballette, Sinf., StrQuart., KlavStücke, Lieder u. a.

DELASCURIE, ps. = Alph. LEDUC

DELBROUCK, E. * 30/3 1883 Köln, da MChordirig., Organ., MDir., da ausgeb. (Konserv.). W: volkstüml. MChöre

DELCASSE, Léon, ps. = Chas. A. RAWLINGS

DELCROIX, Léon * 15/9 1880 Brüssel, da OpKM. W: Oper, Ballette, sinfon. Dichtgen, KaM.

DELDEVEZ, Ed. Marie Ernest * 31/5 1817 Paris, da † 6/11 1897, Geiger, KM. an der Gr. Oper, Leiter der OrchKlasse d. Konserv., verdient. MSchr., Hrsg. älterer VWerke. W (beachtensw.): Ballette, Sinf., KaM., Kantaten; ‚L'art du chef d'orch.‘, ‚Mes mémoires‘. H: Les maîtres class. du V. 1856

DELFS, Christ. * 9/3 1870 Kiel, da seit 1913 Chordirig. u. VL. am Konserv., ausgeb. auf dem Lpzger Konserv. 1895/1913 VerDirig. in Neumünster. W: MChöre, auch größere mit Orch.

DELIBES, Léo * 21/2 1836 St. Germain du Val, † 16/1 1891 Paris, Schüler des Konserv., 1853 Organ., 1865 Chordir. d. Gr. Oper, 1881 KomposL. am Konserv. W: Opern ‚Le roi l'a dit‘, ‚Lakme‘ u. a., Optten, Ballette (‚Naila‘, ‚Coppélia‘, ‚Sylvia‘), Chöre, Romanzen usw.

DELIOUX, Charles * April 1830 Lorient, † um 1880 Paris. W: Viele KlavStücke, KlavSchule, Lieder, Gesge.

DELIUS, Frederick * 29/1 1862 (nicht 1863) Bradford (Engl.), † 10/6 1934 auf seinem Landsitz, ursprüngl. Kaufmann, bewirtschaftete 1883 in Florida eine Plantage, lebte seit 1888 in Paris u. Grez sur Loing (Dép. Seine et Marne); als Komp. zunächst Autodidakt, dann Schüler des Lpzger Konserv. (Reinecke, Jadassohn). W: MDramen, Chorwerke m. Orch. (‚Eine Messe d. Lebens‘), OrchStücke, KlavKonz., VKonz., Doppelkonz. f. V. u. Vc., KaM., Lieder usw.

DELLA CIAJA — s. CIAJA
DELLA CORTE — s. CORTE

DELLA MARIA, Doménique * 14/6 1769 Marseille, † 9/3 1800 Paris, Schüler Paisiellos, sehr beliebter OpKomp. (‚Le prisonnier‘ usw.).

DELLER, Florian * 2/6 1729 Drosendorf (NÖst.), † 19/4 1773 München, vorher Geiger in Stuttgart (Hofkap.), 1771 in Wien. W: Opern, Singspiele, Ballette, Trio-Son.

DELLINGER, Rud. * 8/7 1857 Graslitz (Böhm.), † 24/9 1910 Dresden, KM. am Residenzthea. W: Optten ‚Don Cesar‘ (sehr erfolgreich), ‚Kapitän Fracassa‘, ‚Die Chansonette‘ ‚Jadwiga‘ usw.

DELMAR, Axel, ps. = v. DEMANDOWSKI

DELMAS, Jean Franç. * 1861 Lyon, † 29/9 1933 Paris, berühmter Baß-Bariton (Wagnersger), seit 1896 auf der Bühne.

DELMAS, Marc, ps. ARGER, Fred * 28/3 1885 St Quentin, † 30/11 1931 Paris, mehrfacher Preisträger. W: Opern, sinfon. Dichtgen, KlavTrio, KlavStücke,

DELMET, Paul * 1865, † Okt. 1904 Paris, wo er seit 20 Jahren lebte; Komp. u. Sger populärer Lieder des Montmatre (‚Sois bonne, ma chère inconnue‘ u. a.).

DELPLATA, Rodriguez, ps. = Paul SCHRAMM

DELPRAT, Charles * 1803, † 1880 Pau, GsgL. in Paris. W: ‚L'art du chant‘ u. a.

DELSARTE, Franç. * 19/12 1811 Solesmes, † 19/7 1871 Paris, da Sänger, Kirchenchordir., gesuchter GsgL. H: ‚Les archives du chant‘.

DELTA, K., ps. = Kurt THIELE

DELUNE, Louis * 15/3 1876 Charleroi (Belg.), Dirig. in Brüssel, Schüler Tinels. W: Oper, Ballette, KaM., Chorwerk, Lieder usw.

DEL VALLE DE PAZ, Edgar * 18/10 1861 Alessandria (Ägypt.), † 5/4 1920 Firenze, da seit 1890 KlavL. am R. i.tit. m. W: Opern, sinf. Suiten, preisgekr. KlavSonate, Salonstücke, ‚Scuola pratica del Pfte‘. H: ‚La nuova musica‘ 1896/1914.

DELVINCOURT, Claude * 12/1 1888 Paris, lebt da, Schüler Widors. W: Klav-, VSon., Vokalquart., Lieder.

DELYONNE, ps. = A. JUNNE

DELYSSE Jean, ps. = Marguerite ROESGENCHAMPION

DEMACHI, Gius. 1740 Geiger in der Turiner Hofkap., 1771 in Genf. W: Sinf., KaM.

DEMANDOWSKI, Axel v., ps. DELMAR * 9/4 1867 Berlin, † 1/4 1929 Gröden/Brandenburg, Schauspieler, OpLibrettist.

DEMANTIUS, Christoph * 15/12 1567 Reichenberg i. B., † 20/4 1643 Freiberg i. S., Kantor. W: dtsche Passion nach Joh., Psalmen, Tedeum, ‚Neue teutsche weltl. Lieder', Tänze, theoret. Schriften.

DEMAR, Seb. Jos. * 29/6 1763 Gauaschach (Bay.), † 1832 Orleans, da seit 1807 ML. u. Dirig. W Konz., Sonat. u. Schulen f. versch. Instrum.

DEMENY, Dezsö * 29/1 1871 Budapest, da seit 1913 Chordir. des Stephansdoms, Priester. W: OrchStücke, Messen, Melodramen, Lieder.

DEMERSSEMAN, G. * 9/1 1833 Hondschoote, † 1/12 1866 Paris, FlVirt. W: FlKonzStücke usw.

DEMETS, E., Pariser MVerlag — s. ESCHIG

DEMMLER, Karl * 18/2 1872 Geyer (Erzgeb.), seit 1895 Chordir. in Dresden. W: MChöre, auch m Orch., Lieder.

DEMETRIESCU, Teophil * 12/4 1891 Bukarest, treffl. Pianist in Berlin, wirkt vor allem f. Busonis Komposit., Schüler V. da Mottas, Ansorges und d'Alberts.

DEMNITZ, Friedr. * 12/1 1845 Wünschendorf, † 2/4 1890 Dresden, da Klarinettist der Hofkap. W. f. Klarin.

DEMUNCK (de Munck), Ernest * 21/12 1840 Brüssel, † 6/2 1915 London, geschätzter vielgereister Vcellist, 1879 vermählt mit Carlotta Patti, seit 1893 L. a. d. kgl. MAkad. zu London. — Sein Vater François * 7/10 1815 Brüssel, da † 28/2 1854, VcVirt.

DEMOL, Pierre * 7/11 1825 Brüssel, † 2/7 1899 Alost, Vcellist in Besançon. W: Oper, Messen, Kantaten, StrQuart.

DEMOL, Willem * 1/3 1846 Brüssel, † 7/9 1874 Marseille, Organ. in Brüssel. W: Kantaten, Lied r.

DENÉRÉAZ, Alex. * 31/7 1875 Lausanne, da seit 1896 Organ., auch Dirig. eines MChors u. TheorL. am Konserv. W: Sinf., sinf. Dichtgen, Suite, OrchVariat., Konz. f. V., Vcell u. Orgel, KaM., OrgSon., Kantaten.

DENGREMONT, Maurice * 19/3 1866 Rio de Janeiro, † Aug. 1893 Buenos Aires, vielgereister VVirt., Wunderkind, Schüler H. Léonards

DENKERT, R., ps. = Otto BUKOWSKI

DENNER, Joh. Christoph * 13/8 1655 Lpzg, † 20/4 1707 Nürnberg, erfand 1700 die Klarinette (durch Vervollkommng der alten franz. Schalmei); brachte auch an Querflöte, Oboe u. Fag. Verbesserungen an.

DENNERLEIN, Ludwig, ps. Toni DAXENBERGER * 30/7 1892 München, da Inhaber des MVerl. Joh. Dennerlein, urspr. Musiker (schwer kriegsverletzt). W: bodenständige bayr. HeimatM.

DENNERY, Ad. Ph. * 17/6 1811 Paris, da † 26/1 1899, OpLibrettist.

DENNESSEN, Theo * 14/5 1890 Mülheim a. d. Ruhr, da ML u. VerDirig., Schüler des Kölner Konserv. W: MChöre.

DENT, Edward Jos. * 16/7 1876 Ribston, seit 1926 Prof. der MWiss. an d. Univers. Cambridge, verdient durch seine Bemühgen, nach d. Weltkriege nähere Beziehgen zw. den engl. u. dtschen Musikern wieder anzubahnen. W: Al. Scarlatti 1905, Mozart's operas 1913, dtsch 1922, Foundations of engl. opera 1928; ‚Busoni' 1933

DENT, J. M. † 9/5 1926 London. W: KlavStücke

DENTE, Jos. * 23/1 1836 Stockholm, da † 24/5 1905, VVirt, 1872—85 HofKM. W: Sinf., VKonz., Lieder u. a.

DENZA, Luigi * 24/2 1846 Castelmare di Stabia, Schüler des Konserv. in Neapel, † 13/2 1922 London, da seit 1879 u. seit 1898 GsgL. an der R. acad. W: viele Lieder, u. a. das zum Volkslied gewordene ‚Funiculi funicula'.

DENZLER, Rob. F. * 19/3 1892 Zürich, lebt da, 1915 KM., 1921 Leiter der Oper, 1927/32 KM. der städt. Oper in Berlin. Seit 1933 wieder OpKM. in seiner Vaterstadt. W: Sinf., sinf. Fantasie, Suite f. 2 V., Lieder.

DEPPE, Ludwig * 7/11 1828 Alverdissen (Lippe), † 5/9 1890 Bad Pyrmont, Schüler von Marxsen u. Lobe, 1857 ML. in Hamburg, 1874 in Berlin, da 1886/88 KM. der Kgl. Oper, deren SinfKonz. er weiter leitete, dirigierte seit 1876 die schlesischen MFeste. W: Sinf., 2 Ouvert. (Hschr. in der Berl. Staatsbibl.) usw.; ‚Die Deppesche Methode des KlavSpiels' (seinem Schüler H. Klose diktiert). B: Händelsche Orator.

DEPRÉ, Josquin — s. JOSQUIN

DEPROSSE, Ant. * 18/5 1838 München, † 23/6 1878 Berlin, Schüler d. Münchener MSchule (Stunz, Herzog), da 1861/64 KlavL., später in Gotha, 1871 wieder in München, seit 1875 in Berlin. W: Opern, Orator., Lieder, KlavStücke.

DERCKS, Emil * 17/10 1849 Donnerau/Waldenburg i. Schles., † 5/11 1911 Breslau; Schüler d. akad. Inst. f. KirchM. in Berlin; zuerst Kantor u. Organ. in Cöslin, seit 1896 in Breslau. W: KlavStücke, Motetten, M- u. FrChöre, Lieder.

DERCKS, Hans v. * 10/1 1885 Gut Niederbarten/Liebau (deutsche Eltern), lebt in Sampeter/muiza/Riga, ausgeb. u. a. in Riga v. Carl Ohnesorg u. auf dem Lpzger Konserv., Anhänger der klass. M. W: Sinf., KaM., KlavSon., FrTerzette m. versch. Instr., Lieder

DERCKUM, Franz * 1812 Köln, da † 11/5 1872, KonservL. u. VerDirig. W: Ouvert., KaM., MChöre.

DÉRÉ, Jean * 23/6 1886 Niort, lebt in Paris. W: Sinf. Dichtg, KaM., KlavStücke Gsge.

DERKSEN, Bernh., ps. Asley DOOD * 26/4 1896 Essen, seit 1910 in Berlin, KM. an versch. Thea., Schüler Reisenauers u. Busonis. W: OrchStücke, SalonKlavStücke, viele Lieder.

DERLÉ, Louis, ps. = Decsö LEDERER

DERUYTS, Jean Jacques * 1790 Lüttich, da † 11/4 1871, KirchKM., der L. César Francks. W: KirchM.

DE SABATA — s. SABATA

DESAIDES —s. DEZEDE

DESARGUS, Franç. Xav. * um 1768 Amiens, † um 1833 Paris, HarfVirt., urspr. Chorsger. W: HarfKompos.; ‚Méthode' 1809; Cours compl. de h. 1816

DESAUGIERS, Marc Ant. * 1742 Fréjus, † 10/9 1793 Paris, Freund Glucks. W: Opern, u. a. ‚Les deux Sylphides', RevolKantate, Totenmesse für Sacchini

DESCHERMEIER, Jos. * 31/1 1865 Cham (bayer. Wald), OberL. in Weiden (Oberpfalz). W: viel KirchM., weltl. gem. u. MChöre, Lieder.

DESDERI, Ettore * 10/12 1892 Asti, lebt in Torino, Schüler Perrachios u. Pizzettis, MSchr. W: Bibl. Kantate ‚Job', Sinf. Davidica f. Soli, Chor u. Orch., KaM., KlavStücke, Chöre, Lieder; ‚La m. contemporanea'.

DESKY, Jacques, ps. = Jacq. PILLOIS

DESLANDRES, Ad. Ed. Maria * 22/1 1840 Batignolles-Monceaux, † 30/7 1911 Paris. W: Op., KirchM., Kantaten, Gsge.

DESMARETS, Henri * 1662 Paris, † 7/9 1741, KammerM. Ludwigs XIV., dann KM Philipps II. von Spanien, zuletzt MIntendant des Herzogs von Lothringen in Luneville. W: Opern, Ballette, Motetten usw.

DESORMES, Louis César (eigentl. L. C. Marchionne) * 1841, † Okt 1898 Paris, OrchDir. W: Optten, Tänze, u. a. die weltbekannte Mandolinenpolka, Chansons.

DESPLANES — s. PIANI

DESPRÉS, Josquin — s. JOSQUIN

DESSAU, Bernh., ps. DESSOUX, B. * 1/3 1861 Hamburg, † 28/4 1923 Berlin, Schüler von Schradieck, Joachim u. Wieniawski, KonzM. in Görlitz, Gent, Prag, Bremen, 1898/1918 an der Hofoper in Berlin. W: ansprechende VKompos.

DESSAU, Eugen, ps. = Eug. ZWANZIGER

DESSAU, Paul * 19/12 1894 Hamburg, urspr. Geiger, lebt in Wien; seit 1912 OpKM., 1919/23 in Köln, 1923/24 in Mainz, Korrep. 1925/26 an der städt. Oper in Berlin, da 1927/33 FilmKM. W: BühnenM., Kantate, Sinf., Concertino f. V. usw. (preisgekr. 1925), Lieder m. Klav. bzw. Orch.

DESSAUER, ps. = Bernh. DESSAU

DESSAUER, Heinr. * 1863 Würzburg, † 9/4 1917 Linz, Schüler Joachims und Saurets. W: UniversalVSchule, Arrang. f. Bratsche.

DESSAUER, Jos. * 28/5 1798 Prag, † 8/7 1876 Mödling/Wien, Schüler Tomascheks u. D. Webers. W. Opern, Ouvert., Quartette, KlavStücke, beliebte Lieder.

DESSOFF, Otto * 14/1 1835 Lpzg, † 28/10 1891 Frankf. a. M., Schüler d. Lpzger Konserv., 1860 KM. a. d. Hofop. u. KonservL. in Wien, 1875 HofKM in Karlsruhe, 1881 OpKM in Frankf. a. M., Freund v. Brahms. W: KaM., KlavStücke, Lieder usw. — Seine Tochter M a r g a r e t e * 11/6 1874 Wien, Chordirig. in Frankf. a. M. (berühmt gewordener FrChor), L. f. Chorgsg am Hochschen Konserv. (1912/17), seit 1923 in New York am Inst. of mus.

DESSOIR, Max, Dr. phil. et med. * 8/2 1867 Berlin, Prof. der Aesthetik an der Univers. Berlin, Geiger. Seine Frau Susanne, geb. Triepel * 23/7 1869 Grünberg, s. Z. sehr geschätzte Sopranistin

DESSOUX, B., ps. = DESSAU, Bernhard

DESSY, Giov. Batt. * 22/11 1834 Cagliari, da † 20/9 1918 MSchulDir.. W: Opern, Sinf., Gsge.

DESTINN, Emmy (eigentl. Kittl) * 26/2 1878 Prag, † 28/1 1930 Budweis, gefeierte jugendl.-dramat. Sgerin, 1898/1908 an der Berliner Hofop., 1908/17 an der Metropolitan Op. in New York, dann in Prag privatisierend, seit dem Weltkrieg Deutschenhasserin.

DESTOUCHES, André Cardinal * 1672 Paris, da † 3/2 1749, seit 1728 ObMIntend. W: geschätzte Opern, Ballette, Kantaten usw.

DESTOUCHES, Frz Seraph * 21/1 1772 München, da † 9/12 1844, Schüler J. Haydns, 1797 MDir. in Erlangen, 1797/1808 KonzM. in Weimar, 1809 Prof. in Landshut, 1826 HofKM. in Homburg, seit 1842 privatis. in München. W: Opern, M. zu Schillerschen Dramen, KlavTrio, KlavStücke usw.

DESVIGNES, Vict. Franç. * 5/6 1805 Trier, † 30/12 1853 Metz, wo er 1835 ein Konserv. gegründet. W: Opern, Kirch- u. KaM.

DESWERT — s. SWERT, Jules de

DETT, Rob. Nathan (Farbiger) * 11/10 1882 Drummondville (Can.), seit 1913 in Hampton (Va.), InstitL., Dirig des treffl. Chorver. W: Motetten, geistl. Negerlieder, Lieder, KlavSuite; ‚The emancipation of Negro mus.'.

DETTINGER, Herm. * 15/2 1888 Eßlingen, seit 1921 TheaKM. u. VerDirig. in Dortmund, Schüler d. Stuttgarter Konserv. W: OrchStücke, KaM., KlavStücke, gem. u. MChöre, auch größere mit Orch.

DETTMANN, Fritz * 3/4 1890 Berlin, Klavierist in Berlin-Friedenau, Schüler von Ansorge, Kwast u. Leon. Kreutzer, in der Kompos. E. E. Tauberts u. Klattes. W: Psalm 93 f. Chor, SoprSolo u. Orch., Ballade u. sonst. Stücke f. Klav., Suite f. 2 Klav., Lieder. — ps. J. BARBUTO

DETTMER, Herm., Dr. phil. * 3/9 1867 Hildesheim, Organ. u. MRef. in Hannover, † 29/12 1934

DEURER, Ernst * 12/5 1846 Heidelberg, lebte in Frankfurt a. M., später in Tübingen. W: KaM., Klav- u. GsgKompos.

DEURING, Bened. * 17/9 1690 Glarus, † 3/1 1768 Engelberg (Schweiz). W: KirchM.

DEUSSEN, Willy * 9/10 1889 Viersen, Baßbarit. u. GsgL. in M.-Gladbach bzw. Krefeld. W: KlavStücke, Chöre, Lieder.

DEUTSCH, Moritz * 16/12 1818 Nikolsburg, † 27/2 1892 Breslau, da seit 1844 SynagogKantor, Tenor. W: ‚Vorbeterschule', Breslauer Synagogengsge, OrgPräludien u. a.

DEUTSCH, Otto Erich * 5/9 1883 Wien, da hauptsächlich als Schubertforscher tätig, 1928 Prof.

DEVASINI, Gius. * 20/3 1822, † 21/6 1878 Cairo, da seit 1869 OpChorDir. W: Opern, KirchM., Sinf., FagKonz.

DE VELDE, Albert A. van * 4/7 1899 Wien (engl. Staatsangehörigk.), lebt in Chicago, VVirt. u. VariétéKM., ausgeb. in Torino u. Kopenhagen, vielgereist. W: UnterhaltgsM.

DEVIENNE, Franç. * um 1760 Joinville (Haute Marne), † 5/9 1803 Charenton, F Prof. am Konserv. in Paris, auch FagVirt. W: FlKompos. u. Schule

DEVREESE, Godefroid * 22/1 1893 Courtrai, Geiger, seit 1925 in Amsterdam. W: Ballett, sinf. Dichtgen, KaM, Kantaten.

DEVRIENT, Eduard * 11/8 1801 Berlin, † 4/10 1877 Karlsruhe, da 1852/59 HoftheaDir.; Sänger (1819 Berl. Oper), Schauspieler, Dramaturg. W: Opernlibretti (u. a. ‚Hans Heiling', Marschner), ‚Gesch. der dtschen Schauspielkunst', ‚Das Passionsspiel von Oberammergau', ‚Erinnerungen an Mendelssohn' usw.

DEVRIENT, T., ps. = SARTORIO, Arnoldo

DEWALLY ps. = Frz STOLZENWALD

DEZÈDE (Desaides) * um 1740 Lyon, † 1792 Paris. W: Opern, Singspiele.

DÈZES, Karl, Dr. phil. * 11/4 1892 Bremen, lebt da, Schüler H. Riemanns, MForscher.

DIABELLI, Ant. * 6/9 1781 Mattsee (Salzburg), † 7/4 1858 Wien, Schüler M. Haydns, seit 1803 in Wien erst ML., dann seit 1818 MVerleger (namentl. Werke F. Schuberts; 1818/24 zus. mit P. Cappi; Verlag 1852 an C. A. Spina verkauft). W: Opern, Messen, Kantaten, instrukt. KlavM. (noch jetzt vielgespielte Sonatinen usw.).

DIAGHILEV, Sergei P. * 19/3 1872 im Gouv. Novgorod, † 19/8 1929 Milano, ausgeb. in Petersburg (Konserv.), der Schöpfer des weltberühmten Russischen Balletts, für das Rich. Strauß seine ‚Josefslegende' komponiert hat.

DIAMAND (eigentl. Damanski), Jos. * 22/11 1858 Lemberg, lebt in Lpzg, MilKM a. D. W: viele Tänze, Märsche, KlavStücke usw.

DIANA, Arturo * 13/5 1862 Bologna, MilKM. an versch. Orten. W: Opern, Optten, Sinf. f. MilM. usw.

DIANOW, Ant. * 19/2 1882, seit 1920 Dir. des MTechnikums in Moskau. W: KlavSon. u. Stücke, Lieder.

DIAREL, Hugo, ps. = JUEL-FREDERIKSEN

DIAZ DE LA PEÑA, Eugenio * 27/2 1837 Paris, † 12/9 1901 Coleville. W: Opern u. a. ‚La coupe du roi de Thule' (Staatspreis)

DIBBERN, Ernst * 13/2 1866 Mielkendorf, Kr. Bordesholm, Schüler des Hamburger Konserv., seit 1/12 1899 Organ. in Itzehoe, wo er den MVer. (gem. Chor) gegründet.

DIBBERN, Gerda * 10/11 1883 Leipzig, GsgL. u. MSchr. in Stettin. W: ‚Grundzüge d. GesgLehre' 1918.

DIBBERN, Karl * 17/6 1855 Altona, KM. in Lübeck, Dresden, dann OpRegiss. in Amsterdam. W: Op., Optten.

DIBDIN, Charles * 4/3 1745 Southampton, † 25/7 1814 London. W: Singspiele, Sologsgszenen

DICH, Paul, ps. = Enrico CONTESSA

DICKENS, ps. = BRANSEN Walter

DICKER, Sando * 24/1 1894 Galatz, seit 1911 in Berlin, Schüler d. Konserv. in Bukarest, 1901/11 KM. u. staatl. ML. in Galatz. W: UnterhaltgsM.

DICKINSON, Clarence * 7/5 1873 Lafayette, Ind., Organ. u. UniversDoz. f. KirchM. in Newyork. W: kom. Oper, KirchM., OrgStücke; ‚Songs of the Troubadours', ‚Technique and art of organ playing'.

DICKOW, Otto * 7/1 1877 Angermünde, Sohn eines Instrumentenbauers, lebt in Berlin

DIDAM, Otto * 25/11 1890 Münster i. W., lebt in Lpzg, da Schüler des Konserv., 1915/20 Korrepetitor am Thea., seit 1919 VerDirig. W: Oper, Miserere f. Chor, Tenorsolo u. Orch.

DIEBOLD, Bernhard, Dr. phil. * 6/1 1886 Zürich, Journalist in Berlin. W: ‚Der Fall Wagner' 1928

DIEBOLD, Franz * 22/11 1875 Freiburg i. B., da Pianist. W: Messe, Trag. Ouvert., KlavKonz.

DIEBOLD, Joh. * 26/2 1842 Schlatt/Hechingen, Schüler des Sem. in Brühl, 1869 Chordirig., Organ. u. MSchulL., erzbisch. OrgBauinsp. in Freiburg i. B., da † 8/3 1929. W: Messen, Requiem, Psalmen, Chöre, Lieder, OrgStücke. H: Mod. Meister f. Org., Der kathol. Organ. in Hochamt u. Vesper; Caecilia (Liedersammlg); Dtsche Sängerhalle.

DIEBSCHLAG, Eugen * 19/5 1900 Lüttringhausen, Rheinland, seit 1932 in Wuppertal-Barmen KirchMusiker, Chordir., L. u. MKrit., ausgeb. im LSem. in Barmen, später in Lpz. (Konserv.) u. Köln. seit 1914 Dirig. u. OrgVirt., 1928 Organ. in Altona, 1928/32 Kant. u. Organ. in Bad Oldesloe. W: Messe u. a. KirchM., Psalm 130, Choral-Suite f. Bläser, weltl. Chöre u. Lieder usw.

DIECKMANN, Ernst * 17/7 1861 Stade, † 1914 Verden a. A. als Chordir., Domorgan. (seit 1900) u. OrgRevisor (seit 1904), auch Veranstalt. großer Chorkonz., Schüler des Instit. f. KirchM. in Berlin 1886/87, dann SchulL. u. Organ. in Salzgitter (Harz) u. Dannenberg a. E., eifriger MSchr. W: Ballad. u. geistl. Lieder.

DIEDERICH, Fritz, ps. Otto BRAUN, J. A. ROULERS, Car. SANTO * 1/10 1895, MVerleger in Hamburg (vorher in Chemnitz). W: OrchSuiten, Tänze, Märsche, KlavStücke

DIEDRICH, Albert * 4/5 1863 Magdeburg/Neustadt, † 12/7 1918 Darmstadt, da seit 1/9 1887 Geiger in der Hofkap., Schüler R. Sahlas, seit 1908 1. Vorsitz. (hochverdient) des Deutschen OrchesterBundes, der nach seinem Tode sich auflöste, geschätzter Instrumentator f. kl. Orch.

DIEDRICH, Wilh. * 21/11 1891 Stralsund, SoloKBassist des StadtThea. in Bremen seit 1919. W: KaM., KBKonz. u. Stücke, KlavStücke.

DIEFFENBACHER, Eugen * 1840 Ulm, † 3/5 1892 Glarus, da seit 1874 Organ. u. Chordir. W: MChöre.

DIEHL, Heinr. * 28/10 1864 Alzey, StudRat in Worms seit 1889. W: OrchStücke, MChöre, Lieder.

DIEHN, Friedr. Ludw., Dr. jur. * 27/9 1910 Singapore, lebt in Zippendorf-Schwerin, ausgeb. v. KM. A. Meißner (Schwerin), Gottfr. Rüdinger, Arno Rentsch. W: 4 Sinf.

DIEM, Nelly, Dr. phil. * 4/1 1891 St. Gallen, MForscherin u. Geigerin in Zürich.

DIEMER, Louis * 14/2 1843 Paris, da † 21/12 1919, Schüler des dort. Konserv., trefflich. Pianist, seit 1888 KonservProf. W: KlavKonz., Klav.- u. VSonaten. H: Clavecinistes français.

DIENEL, Jos. * 22/2 1889 Sebusein, Bez. Leitmeritz, seit 1921 Prof. an der LBildungsanst. in Eger, auch MChordir. u. MSchr., ausgeb. in Prag. W. Kantaten, Chöre, Lieder, KlavStücke.

DIENEL, Otto * 11/1 1839 Tiefenfurth/Bunzlau, † 7/3 1905 Berlin, da Schüler des Kgl. Inst. f. KirchM. u. der Kgl. Akad., Organ. u. SemML. W OrgStücke, Chöre, Lieder usw.

DIENER, Ed. Valent. * 6/8 1872 Hochheim, seit 1919 ML. in Wiesbaden, vorher TheaKM. W: KlavTrio, Stücke f. Klav., V., Vc., Chöre, Lieder u. a.

DIENER, Hermann * 25/1 1897 Rostock, seit 1928 VL. u. Dirig. des Collegium music. d. Akad. f. Schul- u. KirchM. in Berlin, Schüler v. Ad. Busch, 1924/28 Dir. eines KaOrch. in Heidelberg, 1934 Prof. B: Bachs Kunst der Fuge f. StrOrch.

DIEPENBROCK, Alfons * 2/9 1862 Amsterdam, da † 5/4 1921, musik. Autodidakt (GymnasL. in Herzogenbusch). W: BühnenM., Tedeum, 2 Stabat mater, Mchormesse m. Org. usw.

DIEREN, Bernard van * 27/12 1884, seit 1909 in London. W (eigenartig, hypermodern): KaM., Lieder u. a.

DIES, Hermann * 25/1 1868 Magdeburg, VVirt., seit 1907 Dir. einer MSchule in Berlin-Steglitz. W. VStücke u. Etüden.

DIESTEL, Hans * 5/2 1872 Uttenrode, Kr. Nordhausen, lebt in Naumburg a. S., 1892/1932 I. Geiger der Staatsop. Berlin, auch Geigenbauer. W. ‚VTechnik u. Geigenbau'; ‚Wie führe ich den Bogen auf der Geige?' u. a.

DIESTERWEG, Adolf * 31/12 1869 Frankfurt a. M., Schüler R. Oppels, urspr. Jurist, seit 1912 MSchr. in Berlin. W: KlavStücke, Lieder.

DIET, Edmond * 29/9 1854 Paris, da † Okt. 1924. W: Opern, Ballette.

DIETER, Christ. Ludw. * 13/6 1757 Ludwigsburg, † 1822 Stuttgart. W: Singspiele, Konz. f. V., Horn, Fl., Ob. usw.

DIETHE, Joh. Friedr. * 15/7 1810 Ritteberg (Thür.), † 30/1 1891 Lpzg, Oboist. W: f. Ob.

DIETRICH, Alb. * 28/8 1829 Golk/Meißen, † 19/11 1908 Berlin, Schüler des Lpzger Konserv. u. R. Schumanns, 1855 Dir. in Bonn, da 1859 städt. MDir., 1861 HofKM. in Oldenburg, seit 1890 pension. in Berlin, da Mitgl. der Akad. der Künste. W: Opern, Sinf., Ouvert., V.-, Vc.- u. KlavKonz., KaM., Chorwerke, Lieder usw., ,Erinnerungen an Brahms'.

DIETRICH, Bernh. † 23/10 1902 Chemnitz, da Kaufmann u. VerDir. W: MChöre.

DIETRICH, Curt * 3/3 1895 Lpzg, da L (OpKM.) W: Sinf. Suite, M. f. StrOrch., Chöre, auch m. Instr.

DIETRICH, Hans * 1847 Kronach, † Mitte Aug. 1905 München, Schüler Rheinbergers, KM an verschied. Orten. W: popul. MilMärsche.

DIETRICH, J. B. * 1833 München, † 18/6 1905 Les Brenets (Neuchâtel), treffl. VL. W: Märsche

DIETRICH, Joh. Frdr. Karl * 4/5 1816 Stettin, seit 1875 in Bad Kösen. W: Sinf., Ouvert., Konz., Sonaten, Lieder usw. Viele Arrang.

DIETRICH, Jos. Heinr. * 26/1 1874 Vilters (St. Gallen), seit 1900 Chordir. in Kirchberg (Toggenburg). W: KirchM.

DIETRICH, Oskar, Dr. jur. * 16/2 1888 Wien, lebt da. W: KaM., KlavStücke.

DIETRICH, Paul * 17/1 1888 Wien, MVerleger (Wiener QuartVerl.) u. Bearbeiter in Berlin. W: Tänze, Harmonika-Soli u. a.

DIETRICH, Sixt (Xistus Theodoricus) * um 1490 Augsburg, † 21/10 1548 St. Gallen, Protestant, Chorpräfekt in Konstanz. W: KirchM.

DIETSCH, Pierre Louis Phil. * 17/3 1808 Dijon, † 20/2 1865 Paris, Chordir. u. 1860/63 KM. der Gr. Oper. W: Oper ,Der flieg. Holländer', Text Wagners, 25 Messen, Te Deum usw.

DIETTER, Christ. Ludw. — s. DIETER

DIETZ, Frd. Wilh. * 15/6 1833 Marburg a. L., † 16/12 1897 Soden a. T., Schüler Spohrs, VL. in Frankfurt a. M. W: KaM., VStücke.

DIETZ, Geo. * 25/3 1895 Asch (Böhmen), HarfVirt. in Böhmisch-Leipa. W: Sinf., KlavKonz., KaM.

DIETZ, Johanna * 13/9 1871 Frankfurt a. M., GsgProf. an d. Akad. in München, vorher OpSopr.

DIETZ, Karl Konr. * 17/7 1884 Augsburg, da KinoKM. W: StrQuart., Chöre m. Orch.

DIETZ, Max, Dr. phil. * 9/4 1857 Wien, da † 5/7 1928, ao. Prof. der MWiss. seit 1908 (PrivDoz. 1886), MRef. W: ,Gesch. des musik. Dramas in Frankreich währ. der Revolution bis z. Direktorium'

DIETZE, Grete, ps. = Theobald WERNER

DIETZE, Prinus * 18/8 1873 Rositz (Thüring.), VL. u. TheorL. in Magdeburg, da 1900/29 Solobratsch. im städt. Orch., ausgeb. in Leipzig u. Frankfurt a. M. W: Solo- u. instrukt. Stücke f. V. bzw. Br.; Ciaconna f. V. u. Vc. H: ältere VM.

DIETZELT, Walter * 28/7 1907 Harthau/Chemnitz, Org., zeitweilig KinoKM. ML. in Dresden. W: Altdtsche OrchTänze, KlavTrio

DIEWITZ, Alfred * 28/8 1867 Potsdam, Waldhornist d. Philharm. Orch. in Dresden. W: OrchStücke, HornQuart. u. Soli.

DIEZ, Sofie * 1/9 1820 München, da † 3/5 1887, sehr gefeierte Koloratursoubr. d. Hofoper 1836—77.

DILLIGER, Joh. * 30/11 1593 Eisfeld, † 28/8 1647 Coburg als Diakonus. W: KirchM.

DIMA, George * 10/10 1847 Kronstadt (Siebenbürgen), † 4/6 1925 Klausenburg, Schüler d. Lpzger Konserv., VerDirig., KirchMDir. u. SchulGsgL. in Hermannstadt (1881) u. Kronstadt (seit 1899). W: Messen, Chöre, Instrumentalsachen.

DIMDE, Willy, ps. W. D. CHARLES, Charles W. DIMDÉ * 19/5 1903 in Berlin, lebt in Berlin-Lichtenberg. W: Tänze

DIMLER, Ant. * 14/10 1753 Mannheim, † um 1819 München, Schüler Abt Voglers, Hornist u. KBass. in Mannheim u. seit 1778 in München. W: Optten, 185 BallettM., Sinf., Konz. usw.

DINGER, Hugo, Dr. phil. * 2/7 1865 Cölln a. E., ao. Prof. an d. Univers. Jena. W: ,R. Wagners geistige Entwicklg', ,Die Meistersinger v. Nürnberg', ,Das Recht des Künstlers' u. a.

DINKEL, Rudolf * 17/2 1895 Heidelberg, da Organ. u. Chordirig., da u. in Mannheim ausgeb., zeitw. TheaKM. W: BühnenM., KaM., OrgStücke, gem. u. MChöre, auch m. Orch.

DIPPE, Gustav * 19/9 1858 Tilsit, † 9/9 1914 Berlin, Schüler F. Kullaks u. H. Urbans. W: Opern (Hdschr. in der MAbt. d. preuß. Staatsbibl. in Berlin), KlavStücke, Lieder

DIPPEL, Andreas * 30/11 1866 Cassel, † 12/5 1932 Hollywood, gefeierter Heldentenor, 1893/98 Wien, dann an der Metropolitan Op. in New York, deren Mitdir. 1908/09, 1910/13 Dir. der Op. in Chicago, zuletzt beim Film.

DIRRIGL, Gertraud * 27/7 1908 Wilhelmshafen, KlavVirt. in Berlin-Steglitz, ausgeb. auf der Berliner Hochschule u. von Conr. Ansorge u. Geo. Bertram

DIRUTA, Girolamo * um 1560 Perugia, † ?, Schüler von Zarlino, A. Gabrieli u. Cl. Merulo, Organ. in Venedig (bis 1593), Chioggia (1597) u. Gubbio (1609). Theoretiker u. OrgKomp.

DISTLER, Hugo * 24/6 1908 Nürnberg, seit 1931 Organ., seit 1933 L. f. Theor., Kompos. u. Org. am Staatskonserv. in Lübeck, daneben an der KirchMSchule im Spandauer Johannesstift, 1927/31 auf dem Konserv. in Leipzig (Grabner, Ramin, Martienssen). W: Geistl. Chöre (Deutsche Choralmesse, Weihnachtsgeschichte), OrgChoral-Partita, Son. f. 2 Klav. u. a.

DISTLER, Joh. Geo. * um 1755 Wien, † 1798 bei Wien, Schüler Haydns, Geiger, 1780—90 in der Stuttgart. Hofkap., dann gemütsleidend bei den Eltern in Wien. W: V- u. FlKonz., StrQuart.

DITÉ, Louis * 26/3 1891 Wien, da seit 1917 Hoforgan. W: Messen u. sonst. KirchM., KaM., Chöre, Lieder

DITSON, Oliver * 30/10 1811 Boston, da † 21/12 1888, gründete 1832 den zu Bedeutg gelangten, bis 1783 zurückreichenden MVerlag. Dieser 1931 an die Theodor P r e s s e r Co. in Philadelphia übergegangen.

DITTBERNER, Joh. * 23/11 1869 Linde b. Neustettin, † 19/2 1920 Sorau, da seit 1906 Organ. u. Chordirig.; verdienstl. Hrsg. älterer Werke (‚Klassische Meister des Choralsatzes‘) usw.

DITTERS VON DITTERSDORF, Karl * 2/11 1739 Wien, † 24/10 1799 ganz verarmt zu Rothlhotta/Neuhaus (Böhm.), 1765 bischöfl. KM. in Großwardein, 1771/96 fürstbischöfl. KM. in Johannesburg (Schles.), daneben 1775 Amtshauptmann in Freiwaldau, 1773 u. 1786 beurlaubt nach Wien. W· Op. ‚Doktor u. Apotheker‘, ‚Hieron. Knicker‘, ‚Das rote Käppchen‘ usw., Orator., ‚Hiob‘, ‚Esther‘ u a., über 100 Sinf., u. a. über Ovids ‚Metamorphosen‘, viele Konz., treffl. KaM., eigene Lebensbeschreibg.

DITTMANN, Arthur * 7/6 1870 Rosendahl, Kr. Husum, Schüler H. Stanges u. der Berliner Hochschule, seit 1903 SemML. u. Chordir. in Eckernförde. W: f. Orch., Org., Klav. u. Chor.

DITTMAR, Erich † (36jähr.) 7/8 1918 Blankenburg (Harz), Organ. u. RealgymnGsgL. in Bernburg. W: MChöre, Lieder, VStücke.

DITTRICH, Curt, ps. H. JEFFERSON * 10/12 1881 Königsberg i. Pr., lebt in Berlin, Schüler Ph. Scharwenkas. W: UnterhaltgsM.

DITTRICH, Rudolf * 25/4 1861 Biala, † 16/2 1919 Wien, da seit 1901 Hoforgan. u. seit 1906 OrgProf. an d. Akad., 1888/94 Dir. der kais. japan. MAkad. in Tokio. W: Org- u. KlavStücke, Chöre.

DIZI, Franç. * 14/1 1750 Namur, † um 1840, HarfVirt. W: HarfStücke.

DLABAČ, Bogumil, Jan * 17/7 1758 Cerhenice, da † 4/1 1820, KirchChordir. in Prag. W: Allgem. hist. Künstlerlexikon u. Versuch eines Verzeichnisses der vorzüglichsten Tonkünstler‘

DLOHNIER, DLONIER, ps. = Erik REINHOLD

DLUSKI, Erasmus * 1857 Podolien, † 1922 Warschau, da seit 1920 GsgL. am Konserv., ausgebildet in Petersburg. W: Opern, StrQuart., KlavSon.

DOBICI, Cesare * 11/12 1873 Viterbo, seit 1911 KontrapL. am Liceo di S. Cecilia in Rom. W: Messen u. a. KirchM., StrQuart., OrgStücke.

DOBLER, Josef * 29/10 1875 Wäggithal (Schwyz), † 28/8 1932 Altdorf (Kant. Uri), da seit 1911 MDir., Schüler d. Züricher Konserv. u. der Choralschule in Beuron, Org- u. Glockenexperte, 1896/1911 SemML. in Zug. W: kirchl. u. weltl. Fr- u. MChöre.

DOBLHOF-DIER, Karl v. * 13/7 1762 Wien, da † 1836, Schüler Salieris. W: KirchM., weltl. Chöre u. Lieder

DOBRINDT, Otto * 24/8 1886 Henkendorf, Kr. Dtsch-Krone, lebt in Berlin (kriegsverletzt), seit 1920 KM. e. Schallplattenkonz., seit 1933 am Thea des Volks, ausgeb. in Königsberg (u. a. bei O. Fiebach) u. von Ph. Scharwenka

DOBROWEN, Issai * 27/2 1893 Nishni-Nowgorod, seit Herbst 1927 GenMDir. in Sofia, auch bis 1931 Dirig. in Oslo, dirig. 1931/32 auch die Museumskonz. in Frankf. a. M., 1919 Dirig. der Großen Oper in Moskau, 1923 Dresden (Oper), 1924/25 Berlin (Gr. Volksoper)), sehr modern empfind. Tonsetzer. W: Oper, Lieder, V-Klavu. 2 KlavSonaten, KlavKonz. u. a.

DOBRZINSKI, Karl * 3/11 1897 Narzim, OPr., KirchM. in Königsberg, da ausgeb., vorher in Markneukirchen. W: Geistl. Chöre u. Lieder.

DOBRZYNSKI, Ign. Felix * 25/2 1807 Romanow (Wolhynien), † 9/10 1867 Warschau, da Op- u. KonzDirig. W: Oper, Sinf., KaM., KlavKonz. u. Stücke, Lieder.

DOCEKAL, Lothar * 15/10 1894 Lpzg, KlavL. in Pegau i. S. W: Melodram, Chöre, Lieder, auch Kinderlieder

DOCHE Joseph Denis * 22/8 1766 Paris, † 20/7 1825 Soissons. W: Vaudevilles, Romanzen.

DOCKHORN, Lotte * 18/6 1901, ML. in Leipzig. W: Lieder zur Laute.

DOCZI, Ludw. Frhr v. * 29/11 1845 Deutsch-Kreuz (Burgenland)), † 30/8 1909 Budapest, Librettist.

DÖBBER, Joh. * 28/3 1866 Berlin, da † 26/1 1921, Schüler des Sternschen Konserv., Pianist, TheaKM. in Berlin, Koburg u. Hannover (bis 1908), seitdem in Berlin pädagog. tätig. W: Op., Ballettpantomime, Sinf., Lieder usw.

DÖBEREINER, Christian * 2/4 1874 Wunsiedel, Vcellist u. Gambenspieler in München. W: VcSchule. H: alte Vc- u. KaM.

DOEBERT, Mich. * 21/4 1869 Hausen/Offenbach a. M., MSchulDir. in Bensheim. W: KlavStücke, MChöre.

DOEBLER, Kurt * 15/1 1896 Kottbus, seit 1930 L. an der Akad. f. Schul- u. KirchM. in Berlin, da 1919/32 Organist. W: Messen, geistl. Chöre.

DÖHLER, Theod. * 20/4 1814 Napoli, † 21/2 1856 Firenze, da seit 1848, vielgereister Pianist. W: KlavPhantasien, Variat., Salonstücke usw.

DÖLL, Aug. * 2/11 1872 Kassel, Dirig. u. ML. in Halberstadt, ausgeb. in Lpzg (Konserv.), war TheaKM. W: Opern, Tanzidyll, Chöre, Lieder

DOELL, Walter * 16/1 1893 Lpz, da VVirt, KonzM. W: Lieder.

DOELLE, Frz * 9/11 1883 M.-Gladbach, lebt in Berlin, zeitw. TheaKM. W: Optten, Schlager.

DÖPLER, Karl Emil * 2/3 1824, † 22/5 1905 Berlin, geschätzter Maler, lieferte 500 Zeichnungen (Dekorat., Kostüme, Requisiten) zu den ersten Bayreuther Aufführgen des ‚Ring des Nibelungen' von Wagner (1876).

DÖRFFEL, Alfred * 24/1 1821 Waldenburg (Sachs.), † 22/1 1905 Lpzg, da KlavV., Kustos der musikal. Abteil. d. Stadtbibl., Inhaber einer wertvollen Musikal. Leihanstalt, die den Grundstock zu der 1894 von Dr. Abraham gestifteten MBibl. Peters lieferte; treffl. Korrektor, 1885 Dr. h. c. W: ‚Gesch. der Gewandhauskonzerte'. Übersetzg der InstrumentLehre von Berlioz, themat. Katalog der InstrumWerke J. S. Bachs usw.

DÖRING, Alphons * 14/12 1878 Wachstedt, Kr. Mühlhausen (Thür.), seit 1906 SchulL und Organ. in Magdeburg, auch Chordir. W: Chöre.

DÖRING, Aug. * 16/4 1837 Großenenglis (Hessen), † 11/10 1904 Lpzg, MDir. W: Märsche, Chöre, Lieder.

DÖRING, Bruno * 28/4 1895 Wilhelmshaven, lebt da, KM. u. Geiger (Kriegsteilnehmer). W: OrchStücke, bes. Tänze, VStücke u. Etüden, KlavStücke.

DÖRING, Ernst * 25/3 1868 Oldenburg, Vc-Virt., seit 1911 in Berlin-Wilmersdorf. W: Vc-Konz. u. Stücke.

DÖRING, Geo. Oswald * 3/10 1870 Bautzen, OberL., Kantor u. VerDirig. in Pirna-Copitz. W: Sing- u. Festspiele, Weihnachtsmärchen, gem. Kinder- u. MChöre, KlavStücke usw.

DÖRING, Gottfr. * 9/5 1801 Pomehrendorf/Elbing, † 20/6 1869 Elbing als Kantor (seit 1828) u. VerDirig. W: ‚Choralkunde', ‚Zur Gesch. d. M. in Preußen', ‚Anleitg zu Choralzwischenspielen', ‚Choralbuch f. die Prov. Preußen' u. a.

DÖRING, Hans, ps. James RICHMOND * 28/3 1890 Berlin, KM. in Kiel seit 1923, vorher seit 1913 in Magdeburg. W: OrchStücke, KlavStücke, Lieder

DÖRING, Karl Heinr. * 4/7 1834 Dresden, da † 26/3 1916, da seit 1858 KonservL., Schüler des Lpzger Konserv. W: Geistl. Chöre, MChöre, viel instrukt. KlavM.

DÖRING, Kurt, ps. = GOLDMANN, Kurt

DÖRING, Wilh., ps. Franz RINGLER, Dr. jur. * 14/8 1887 Karlsruhe, Syndikus in Berlin. W: Lieder zur Laute.

DOERMANN, Felix (eigentl. Biedermann) * 29/5 1870 Wien, da † 26/10 1928, Opttenlibr.

DOERR, Ernst * 24/5 1862 Breitnau, Baden, OrgVirt. in Basel. W: Messe, Motetten.

DÖRSTLING Gust. Rob. * 26/12 1821 Chemnitz, Dir. der Thüringer Bank in Sondershausen. W: Opern, Konz. f. Fl., desgl. f. Klar., desgl. f. V. (aufgef. 1882), MChöre, Lieder usw.

DOFLEIN, Erich, Dr. phil. * 7/8 1900 München, ML. u. MSchr. in Ebnet/Freiburg i. Br. W: ‚Jugend-M. u. M. der Gegenwart', ‚Jul. Weismann'; KaM.; zus. mit seiner Frau Elma (* 27/3 1907, Geigerin u. QuartBr.) Geigenschulwerk

DOHNÁNYI, Ernst von * 27/7 1877 Preßburg, Schüler H. Kößlers u. d'Alberts, hervorrag. Pianist, 1907 L. an der Kgl. Hochschule in Berlin, seit 1919 in Budapest, da Klav- u. KompL. an der Hochschule, seit 1931 GenDir. des ungar. Rundfunks; seit 1934 ObDir. der Hochschule. W (sehr bemerkenswert): 2 Sinf., OrchSuite op. 19 u. 32, Ouvert., KlavKonz., VKonz., KaM., KlavStücke, Lieder, Pantomime ‚Der Schleier der Pierrette' 1910; Opern u. a. ‚Der Tenor' 1928.

DOHRN, Ewald * 10/5 1901 Barmstedt, lebt in Hamburg, da ausgeb. W: Optten, UnterhaltgsM.

DOHRN, Georg, Dr. jur. * 23/5 1867 Bahrendorf/Magdeburg, Schüler des Kölner Konserv., TheaKM. in Flensburg, Weimar, 2. Dir. d. Kaimorch. in München, 1901/34 Dir. d. Orch.Ver. u. d. Singakad. in Breslau. Lebt da

DOISY, Charles † 1807 Paris, Gitarist. W: GSchule u. viele Stücke, auch m. and. Instr.

DOLEGA-KAMIENSKI — s. KAMIENSKI, Lucian

DOLES, Joh. Frdr. * 23/4 1715 Steinbach (Franken), † 8/2 1797 Leipzig, da 1756/89 Kantor an d. Thomasschule, Schüler u. Amtsnachfolger Seb. Bachs. W: Motetten, Kantate, KirchLieder, OrgVorspiele usw.

DOLEZAL, Rud. Eug. * 22/3 1885 Olmütz, SchulL. u. Chordirig., seit 1907 in Deutsch-Brodek. W: KirchM., OrchTänze u. Märsche, Chöre.

DOLEŽALEK, Joh. * 22/5 1780 Chotebor, † 6/7 1858 Wien, da ML., mit Beethoven bekannt. W: Lieder.

DOLF-HECKEL, J. * 28/3 1866 Wien, da MSchulDir., auch MSchr. W (üb. 200): Ouvert., OrchStücke, VKonz., VStücke, KlavStücke, MandolStücke, Chöre, Lieder; theoret. Schriften

DOLIEDSE, Victor † Sept. 1933 Tiflis, 43jähr., beachtenswerter georgischer Komp.

DOLMETSCH, Arnold * 24/2 1858 Le Mans, lebt in Haslemere, vorher in London (1902/09 in Boston), Geiger, verdient durch histor. Konz. auf alten Instr., Schüler des Brüsseler Konserv. W: ‚The interpretation of the m. of the 17. and 18. centuries' (1915). H: English Songs u. a.

DOLMETSCH, Friedr. * 1782 Birmensdorf (Zürich), † 1861 Zürich, KlavL. W: KaM., Chöre. — Sein gleichnamiger Sohn * 1813 Zürich, † 23/4 1892 Nantes, da KlavL. seit 1847. W: Romant. Sonate, KlavStücke.

DOLMETSCH, Victor * 1848 (?) Nantes, † 20/12 1904, da seit ca 1868, KlavL. W: OrchSuite, VKonz., viele KlavStücke.

DOLZYCKI, Adam * 1886 Lemberg, da u. in Berlin ausgebildet, KM. teils in Warschau, teils in Posen; seit 1922 wieder in Warschau. W: Oper.

DOMANGE, Madame Albert, geb. Melanie Bonis, ps. MEL BONIS, * 1858 Paris, lebt in Sarcelles (Dep. Seine et Oise), Schülerin Francks u. Guirauds. W: KaM., viele KlavStücke (sehr beliebt die für Kinder), OrgStücke, Lieder.

DOMANIEWSKI, Boleslaus * 1857 Gronowek, † 1926 Wasschau, da seit 1900 (1902 Dir. der MSchule, 1906 Dir. der MGes.). KlavVirt. u. Pädag. W: KlavStücke, Vademecum p. le Pianiste.

DOMANSKY, Alfred * 20/8 1897 Reichenberg (Böhm.), seit 1924 nur Komp. in Waldschnitz/Aussig, ursprüngl. Bratschist. W: Sinf. u. OrchStücke, KaM., Messen u. a.

DOMBROWSKI, Hansmaria * 20/8 1897 Reichenberg i. Böhm., Chordirig. in Stetten, Schüler Kauns u. Pfitzners. W: Oper, Bühnenstücke, OrchVariat., KaM., Chöre, Lieder.

DOMBROWSKI, Henryk, ps. Ary de Bogota GASTOLDI * 1838 Zwiniacz (Wolhyn.), † ? Paris (?), KlavVirt., Lisztschüler. W: KlavStücke.

DOMINA, Fritz, ps. Theo SCHOPPE * 14/4 1902 Grefrath/Köln, Pianist in Berlin. W: UnterhaltgsM.

DOMINICETI, Cesare * 12/7 1821 Desenzano (Gardasee), † 21/6 1888 Sesto, Mouro, seit 1881 KomposProf. in Milano, vorher in Bolivia. W: Opern

DOMKE, Franz * 28/6 1892 Jastrow, da Kantor, Chordirig. u. SchulGsgL. W: Tänze, KlavStücke, Chöre.

DOMMER, Arrey v. * 9/2 1828 Danzig,, † 18/2 1905 Treysa, in Leipzig auf dem Konserv. u. der Universität gebildet, 1863 ML. u. Krit. in Hamburg (da 1873/89 Sekretär d. Stadtbibl.), seit 1889 privatis. in Marburg a. L. W: ‚Elemente der M.', ‚Musikal. Lexikon', ‚Handbuch der MGesch.' usw., Psalmen, Chöre usw.

DOMNICH, Heinr. * 13/5 1767 Würzburg, † 19/6 1844 Paris, da seit 1795 L. am Konserv., HornVirt. W: Schule, Konzerte u. a. f. Horn.

DOMNIK, Joseph * 1821 Dresden, da † 18/4 1868. W: BrKompos.

DONATH, Adolf Eugen * 15/9 1894 Lundenburg, KM. seit 1927 in Berlin, ausgeb. in Budapest. W: Optte, OrchSuiten, KlavStücke, Lieder.

DONATH, Herbert — s. DONATH-OSWALD

DONATH, Otto * 30/10 1886 Zerbst, in Dessau seit 1920, Organ., Chordir. u. StudRat. W: StrQuartette, OrgStücke, Chöre.

DONATH, Paul * 8/2 1875 Berlin, da KM. (eigene Kap.). W: Tänze u. Märsche, StrQuart., Lieder.

DONATH-OSWALD, Herbert * 3/11 1900 Berlin, da Pianist, ausgeb. im Veit- u. Sternschen Konserv. (u. a. v. W. v. Papow). W: UnterhaltM.

DONATI, Baldassare, KapSger (1550), Hilfs-KM. (1562), Dir. des KapSem. (1580) u. 1590 1. KM. am Markusdom in Venedig, † 1603. W: Motetten, Madrig., Villanellen.

DONATI, Ignazio, KirchKM. u. a. in Urbino 1612, Mailand 1631—33. W: Geistl. Gsge, auch Madrigale.

DONATO, Baldassare — s. DONATI

DONATO, Vincenco di * 15/8 1887 Roma, da Vcellist u. Dirig. W: Sinfon. Dichtungen, KaM., VStücke, Chöre, Gsge.

DONAU, Hans, Dr. jur. * 22/11 1886 Wien, Landesgerichtsrat in Mödling/Wien, Schüler v. Heuberger u. Rob. Fuchs. W: Optte, Ballette („Der Todeswalzer'), viele Lieder.

DONAUDY, Stefano * 21/2 1879 Palermo, † 30/5 1925 Napoli. W: Opern, u. a. ‚Theodor Körner' 1902, Arie di stile antico usw.

DONDÉ, Bruno * 16/7 1883 Fürstenwalde a. Spree, lebt in Berlin. W: UnterhaltgsM.

DONI, Giov. Batt. * 1594 Firenze, da † 1/12 1647, MSchr. W: ‚Lyra Barberina'.

DONIN, Ludwig * 19/10 1882 Wien, seit 1921 in Hard am Bodensee, Vorarlberg. W: viele Lieder

DONINI, Agostino * 22/4 1874 Verolanuova (Brescia), seit 1909 KirchKM. in Bergamo. W: KirchM.

DONISCH, Max * 31/12 1879 Königsberg, seit März 1933 musik. Leiter des Deutschlandsenders Berlin, da seit 1919 Komp., TheorL., MKrit., ursprüngl. Offizier. W: Op., OrchStücke, KlavStücke, Chöre, Lieder.

DONIZETTI, Gaetano * 29/11 1797 Bergamo, da † 8/4 1848, Schüler v. S. Mayr u. Mattei, lebte u. a. in Napoli (da 1836/39 KontrapunktProf. am Konserv.), Paris, Rom, Wien; die letzten Jahre geisteskrank. W: an 70 Opern, u. a. ‚Liebestrank' (1832), ‚Lucrezia Borgia' (1833), ‚Lucia di Lammermoor' (1835), ‚Die Regimentstochter' (1840), ‚Don Pasquale' (1843), 2 Messen, Requiem, kleinere KirchM., OrchStücke, KlavStücke usw. — Sein Neffe A l f r e d o D. * 2/9 1867 Smyrna, Schüler d. Konserv. zu Milano, † 4/2 1921 Rosario di Santa Fé (Argentin.), da seit 1906 Konserv.-, auch Orch.- u. Chordir. W: Opern, Sinf., Stabat mater, Kanzonen usw.

DONNDORF, Aurel * 11/5 1867 Hamburg, da KM. W: Optten, Possen

DONOSTIA (baskisch), José Antonio de, = SAN SEBASTIAN

DONT, Jakob * 2/3 1815 Wien, da † 17/11 1888 als hochgeschätzter VProf. am Konserv. (seit 1873), Schüler Böhms u. Hellmesbergers. W: VEtüden u. andere Unterrichtsstücke.

DOOD, Asley, ps. = DERKSEN, Bernh.

DOOR, Anton * 20/6 1833 Wien, da † 7/11 1919, Schüler Sechters u. Czernys, KlavVirt., KonservL. in Wien 1869/1907 (vorher in Moskau). B: klass. MWerke u. instrukt. KlavStücke.

DOORNKAT d. jüngere, ps. = Ernst FRITZSCHE

DOPLICHER, Virgilio * 24/3 1884 Triest, Dirig. der ‚Cantori di Firenze' (Madrigalchor). W: OrchPassacaglia u. Impressionen, TrioKonz., KaM., Motetten, Madrigale.

DOPPER, Cornelis * 7/2 1870 Stadskanaal (Friesl.), seit 1908 zweiter Dirig. des Concertgebouw-Orch. in Amsterdam. W: Opern, 8 Sinf., Ouvert. u. andere OrchWerke, VcKonz., KaM., Chorwerke, Lieder.

DOPPLER, Adolf * 1/5 1850 Graz, da † 30/11 1906, Inhaber einer MSchule, Schüler Thieriots u W. Mayers. W: KlavSonate, MChöre, Lieder.

DOPPLER, Alb. Franz * 16/10 1821 Lemberg, † 27/7 1883 Baden/Wien, FlVirt., 1858 MDir. am Thea. a. d. Wien, dann Ballettdir. u. erster Fl. der Hofop. in Wien. W: Opern, Ballette, Orch- u. FlStücke usw. — Sein Bruder K a r l * 12/9 1825 Lemberg, † 10/3 1900 Stuttgart, da HofKM. 1865/98; ebenfalls FlVirt. W: ungar. Opern, FlStücke. — Dessen Sohn A r p a d * 6/6 1857 Budapest, Schüler, 1889 L. am Konserv. in Stuttgart, da langjähr. Dirig. des Opernchors, da † 13/8 1927. W: Oper, OrchSuiten, Chöre, Lieder usw.

DORÉ, Eileen, ps. = Ch. A. RAWLINGS

DORET (eigentl. MATHEY-DORET), Gustave * 20/9 1866 Aigle (franz. Schweiz), Dirig in Lausanne, 1891 ff. in Paris. W: Opern, Kantaten, Orator., viele Lieder usw.

DORN, Alex. — s. bei DORN, Heinr.

DORN, Eduard, ps. = Jos. Leop. ROECKEL

DORN, Heinr. * 14/11 1804 Königsberg i. Pr., † 10/1 1892 Berlin, Schüler von L. Berger, Zelter u. B. Klein, OpKM. in Königsberg (1828), Leipzig, Hamburg, Riga, Köln (1843/49) u. 1849/69 in Berlin, darauf GsgL. u. Krit. W: Opern, u. a. ‚Die Nibelungen' (1854), Lieder, Instrumentales, ‚Aus meinem Leben' (6 Teile). — Sein Sohn u. Schüler A l e x a n d e r * 8/6 1833 Riga, † 27/11 1901 Berlin, 1865/68 MDir. in Krefeld, seit 1869 L. an der Kgl. Hochschule in Berlin. W: Optten, Lieder, KlavStücke. — Dessen Bruder O t t o * 7/9 1848 Köln, † 8/11 1931 Wiesbaden, da seit 1884 ML. u. Krit. W: Opern, Ouvert., Sinf., KlavStücke, Lieder usw.

DORNEL, Louis Antoine * um 1680, † um 1755 Paris, Organ. W: KaM., KlavStücke, KirchM.

DORNHECKTER, Rob. * 4/11 1839 Franzburg (Pomm.), † 19/5 1890 Stralsund, MDir. u. Organ. seit 1862. W: Chöre, Lieder, Org- u. KlavStücke.

DORRHAUER, Lid — s. GÜNTHER-DORHAUER

DORSCHFELDT, Gerhard * 14/12 1890 Magdeburg, da KlavVirt. u. MKrit. W: Sinf., KlavSon., Lieder

DORUS, Vincent Jos. (eigentl. van Steenkiste; Dorus der Name seiner Frau) * 1/3 1812 Valenciennes, † Juni 1896 Etretat, ber. Flötist der Gr. Oper u. L. am Konserv. in Paris. W: FlStücke

DOSS, Adolf v. * 10/9 1825 Pfarrkirchen (NBay.), † 13/8 1886 Rom, Jesuit. W: Opern, Optten, KirchM.

DOST, G. Bruno * 9/7 1849 Werda/Falkenstein i. V., † 10/12 1916 Dresden, 1873/1904 SemML. in Schneeberg, 1904/14 desgl. in Annaberg. W: Chöre, auch m. Orch., Lieder, Klav- u. OrgStücke.

DOST, Rud. * 13/7 1877 Schneeberg (Erzgeb.), Schüler des Lpzger Konserv., Studienrat in Dresden seit 1910, vorher SemML. in Annaberg. W: Sinf., KaM., VcKonz., Chöre, Lieder.

DOST, Walter * 26/5 1874 Schneeberg (Erzgeb.), ObStudienrat in Plauen (seit 1898). W: Opern, Festspiele, Messe, Chöre, VKonz. u. a.

DOSTAL, Hermann * 1874, † 20/12 1930 Wien, zeitw. MilKM. W: Optten, Tänze, Schlager, der volkstümlich gewordene Fliegermarsch.

DOSTAL, Nico * 27/11 1895 Kornneuburg/Wien, lebt in Berlin, ausgeb. im Sem. in Klosterneuburg. W: Opern, Messen, neuerdings Schlager, Potpourris, Tonfilme, Optten

DOTZAUER, Justus Joh. Frdr. * 20/6 1783 Häselrieth/Hildburghausen, † 6/3 1860 Dresden, treffl. Vcellist, 1821/51 Mitglied der Dresdner Kapelle. W: Oper, 5 Messen, Sinf., Konz. u. viele Stücke, auch Schule f. Vc., gediegene KaM.

DOUAY, Emile * um 1802 Paris, da † ?, bis 1831 Geiger, KomposSchüler Reichas. W: Sinf., Ouvert., KaM.

DOUAY, Georges * 7/1 1840 Paris, lebte da. W: Optten.

DOUCET, Clement * 9/4 1894 Brüssel, vielgereister KlavVirt. in Paris, da u. in Brüssel ausgebildet. W: KlavStücke.

DOUE, T. Bertin de la — s. BERTIN

DOUGLAS, ps. = FERRARI-TRECATE

DOUGLAS, Bobby, ps. = Geo. GRÜBER

DOULOFF, Georg, prince — s. DULOW

DOURÉ, Rolf, ps. = Callo ECKLEBE

DOURLEN, Victor * 3/11 1780 Dünkirchen, † 8/1 1864 Batignolles/Paris, 1812/42 L. am Konserv. in Paris. W: Optten, KaM., theor. Lehrbücher.

DOUSA, Karel * 28/1 1876 Zlonice, DomKM. u. Prof. am Konserv. in Prag. W: KirchM., Chöre, Lieder, KlavStücke.

DOUSTE, Jean, ps. = Ch. A. RAWLINGS

DOVER, Jack, ps. = Emil JUEL-FREDERIKSEN

DOW, Daniel * 1732 Perthshire, † 20/1 1783 Edinburgh. H: Schottische VolksM.

DOWELL — s. MAC DOWELL

DOWLAND, John * 1562 Westminster/London, da † 1626; Lautenist. W: 4st. Gsge, 5st. Tänze. — Sein Sohn Robert * um 1585, † 1641 London, gleichfalls Lautenspieler u. Komp.

DOYAGÜE, Manuel J. * 1755 Salamanca, da † 1842. W: KirchM.

DOYEN, Albert * 1882, Chordir. in Paris. W: Oper, große Chorwerke m. Orch., Sinf., KaM., KlavStücke, Lieder.

DRABANDT, Herm. * 8/1 1864 Lippehne, seit 1902 in Kammin, da ObML., Domorgan, u. Chordir. W: OrgStücke, FrChöre, Lieder.

DRABER, Herm.* 20/9 1878 Niederleppersdorf (Schles.), Flötist, MSchr. u. Leiter v. MAusstell., lebt in Morcote/Lugano, im Winter in Berlin. H: FlSonaten.

DRÄGER, Maxim Otto (M. O. Dräger-Hekking) * 22/3 1884, lebt in Berlin. W: Tänze, Märsche

DRAEGER, Walter, Dr. phil. * 14/2 1888 Batzlow, Kr. OBarnim, lebt in Berlin, Schüler O. Taubmanns u. Schrekers. W: FlKonz., Fauns FlLieder f. Ten., Fl. u. Orch.; Lieder m. Klav., MChöre, Stücke f. 2 Klav.

DRAESEKE, Felix * 7/10 1835 Koburg, † 26/2 1913 Dresden, Schüler des Lpzger Konserv. (Rietz) u. Liszts, auch MSchr., seit 1876 in Dresden (vorher u. a. in Lausanne u. Genf), seit 1884 KompL. am Konserv. W: Opern, Orator. ‚Christus' (3 Teile), Messen, Requiem, Chöre, Lieder, Balladen, 4 Sinf., (Nr. 3 tragica, Nr. 4 comica), sinf. Vorspiele, KaM., KlavSonate u. Stücke, ‚Anweisg z. kunstgerechten Modulieren', ‚Harmonielehre in Versen', ‚Der gebundene Stil. Lehrbuch f. Kontrap. u. Fuge'. Vgl. Biogr. v. Erich Roeder

DRÄSEKE, Herm. Geo. Aug. * 1/5 1847 Havelberg, † 26/9 1925 Wandsbeck, da 1874/1903 GymnGsgL., Schüler des akad. Instit. f. KirchM. in Berlin. W: Chöre, u. a. patriot. f. Schul., Lieder, KlavStücke.

DRAGHI, Antonio * 1635 Rimini, † 16/1 1700 Wien, da kaiserl. TheaIntend. W: 67 Opern, viele Festspiele, 37 Oratorien usw.

DRAGONETTI, Domenico * 7/4 1763 Venedig, † 16/4 1846 London, berühmter KBaßVirt. W: KBKonz. u. a., Canzonetten.

DRAGONI, Giov. Andrea * 1540 Mendola, † 1598 Rom, KM. am Lateran seit 1576, Schüler Palestrinas. W: Motetten, Madrigale, Villanellen.

DRAKE, Erik * 8/1 1788 Hagelsrums Gård, † 9/6 1870 Stockholm, da 1830/59 L. an der MAkad. W: theor. Lehrbücher, Singspiel, StrQuart.

DRANGOSCH, Ernesto * 22/1 1882 Buenos Aires, da † 1925, da seit 1905 KonservDir., Schüler der Berliner Hochschule, KlavVirt. W: KlavKonz., Sonaten, Stücke u. Etüden, Lieder.

DRANISCHNIKOW, Woldemar * 29/5 1893 Petersburg, da OpKM. W: sinf. Dichtgen, KlavStücke.

DRANSMANN, Hansheinrich, ps. DROONING, Jack * 12/4 1894 Hagen, RB. Osnabrück, lebt in Berlin, Schüler Karl Thiels u. Schrekers. W: Oper, FilmM.

DRATH, Theodor * 13/6 1828 Winzig (Schles.), † 19/5 1920 Bunzlau, da bis 1/4 1895 SemL. W: Chorwerke mit verbind. Deklamat., Orator., Harmonielehre, Gsglehre, Schulchoralbuch usw.

DRAUDE, M. B., ps. = BEHM, Ed.

DRDLA, Franz * 28/11 1868 Sahr in Mähren, lebt in Wien seit 1882 (1923/25 in Amerika), VVirt., Komp. zahlreicher, teilweise sehr beliebter VStücke; auch 2 Optten.

DRECHSEL, Gust. * 1874 Issigau/Hof (Bay.), lebt in Starnberg-München, OrchDir., seit 1922 NatSoz. W: Opern, OrchSuiten, sinf. Dichtg ‚Der deutsche Morgen', Chöre u. a.

DRECHSEL, Hans * 30/5 1875 Hof (Bay.), Zithervirt. in Nürnberg.

DRECHSLER, Alex. Wilh. * 7/12 1830 Halle a. S., da † 1/10 1889, VVirt., 1864 KonzM. in Riga. W: Lieder.

DRECHSLER, Herm. * 30/11 1861 Bremen, lebt da (Tabaksfabr.). W: viele Lieder.

DRECHSLER, Jos. * 26/5 1782 Wällisch-Birken (Böhm.), † 27/2 1852 Wien, Thea- u. KirchKM., L. von Joh. Strauß jun.. W: an 60 Opern u. Singspiele, KirchM., Sonaten, Lieder (‚Brüderlein fein'), Leitfaden z. Präludieren.

DRECHSLER, Karl * 27/5 1800 Kamenz (Sachs.), † 1/12 1873 Dresden, VcVirt., KonzM. in Dessau 1837/71, L. von B. Coßmann, F. Grützmacher, A. Lindner, K. Schröder usw.

DRECHSLER, Karl Wilh. (Sohn Hermanns), * 23/9 1900 Dresden, lebt in Bremen. W: KaM., Lieder, Melodramen.

DREGERT, Alfred * 26/9 1836 Frankfurt a. O., † 14/3 1893 Elberfeld, kgl. MDir. seit 1882. W: Ouvert., M- u. gem. Chöre, Lieder usw.

DREIKLANG-VERLAG, A.-G., Berlin, gegr. 1934, übernahm u. a. den Alrobi- u. Charivari-Verl., verlegt bes. Optten u. UnterhaltgsM.

DREILILIEN-VERLAG, Berlin, gegr. 1900 von Georg Meßner u. Max Marschalk, 1934 übergegangen an Challier, Berlin

DREI MASKEN-VERLAG, gegr. in München 1910; Filialen in Berlin (1912) u. Wien (1922), bedeut. MVerl. Dieser ist seit 1/3 1931 dem Alberti- u. Alrobi-Verlag in Berlin angegliedert. Der Buchverlag, dessen Sitz von München 1931 nach Berlin verlegt worden ist, u. der Bühnenvertrieb selbständig geblieben.

DREISBACH, Phil. * 28/1 1891 Straßburg i. Elsaß, KlarinVirt., seit 1914 in Stuttgart.

DRESCHER, Karl Wilh. * 12/12 1850 Wien, da † 8/12 1925, in der Jugend Sängerknabe der Oper, VSchüler Jos. Hellmesbergers sen. u. Heislers, auch Baritonist, seit 1866 als KM. für deutsche M. sehr tätig. 1874/1920 Leiter einer eig. Konz-Kapelle. W: Tänze, Märsche, Wiener Lieder.

DRESCHER-HAUSSEN, Konr. * 17/6 1892 Nürnberg, da seit 1926 Dir. einer MSchule. W: KaM., OrgStücke, KlavStücke, Lieder.

DRESDEN, Sem * 20/4 1881 Amsterdam, dort seit 1907 TheorL., seit Herbst 1924 KonservDir., seit 1914 Leiter einer MadrigVereinig., Schüler von Zweers u. Pfitzner, hypermod. Tonsetzer. W: KaM., Chöre, Lieder; ‚Muzieklewen in Nederland sinds 1880' (1923).

DRESE, Adam * 1620, † 15/2 1701 Arnstadt, da KM. seit 1683. W: mehrst. Suiten, Choralmelodien.

DRESEL, Otto * 1826 Geisenheim a. Rh., † 26/7 1890 Beverly/Boston, Pianist, seit 1848 in Amerika. W: KaM., KlavStücke u. Arrangem., Lieder.

DRESSEL, Erwin * 11/6 1909 Dornach (Schweiz), 1927 KM. in Hannover, Schüler Klattes u. Juons, seit 1930 in Berlin. W: Opern, Bühnen-M., Sinf., VKonz., KaM., Lieder.

DRESSEL, Heinz * 26/6 1902 Mainz, seit 1933 GMD. (Op., SinfKonz.) u. seit 1934 Dir. des StaatsKonserv. in Lübeck, Schüler H. Abendroths u. Uziellis, 1930/32 OpKM. in Plauen. B: Alte Meister f. 2 Klav.

DRESSER, Anastasius (A. W.) — s. DRESZER

DRESSLER, Friedr. Aug. † 1919 Berlin. W: KaM., Lieder.

DRESSLER, Gallus * 16/10 1533 Nebra (Unstr.), 1559 L. am Gymnas. in Magdeburg, 1577 (?) Diakonus in Zerbst. W: Lehrbücher, KirchM.

DRESSLER, Max, ps. = A. W. RAWLINGS

DRESSLER, Raphael * 1784 (?) Graz, † 12/2 1835 Mainz, FlVirt. W: (ca. 100) f. Fl.

DRESZER, Anastasius W. * 28/4 1845 Kalisch (Polen), Schüler des Dresd. Konserv., seit 1868 Leiter einer MSchule in Halle a. S., da † 2/6 1907. W: Oper, Sinf., Sonaten, Lieder usw.

DREVES, Guido Maria * 27/10 1854 Hamburg, † 1/6 1909 Mitwitz bei Kronach, Jesuit bis 1905, lebte teils in Wien, teils in Exaeten (Holl.). W: ‚Ein Wort zur Gsgbuchfrage‘, ‚Archaismen im Kirchenliede‘, ‚Analecta hymnica medii aevi‘ (45 Bde), Gsgbüchlein geistl. Lieder u. v. a.

DREWES, Heinz * 24/10 1903 Gelsenkirchen, seit 1924 TheaKM., zuerst in Liegnitz, seit 1930 in Altenburg, da seit 1932 GMDir., seit Nov. 1933 auch GIntend., studierte in Berlin u. Lpzg, Schüler v. Krassel, Klatte, Tiessen, Praetorius, Brecher. W: Jugendkompos.

DREWS, Alfred * 28/1 1887 Allenstein, lebt in Hökendorf (Pomm.), Schüler Zingels u. Ed. Behms, gründ. 1923 die OpSchule in Hannover. W: Oper, Singspiel, sinf. Dichtg, Lieder

DREYER, Arnold * 6/11 1874 Berlin, da OberML., Organ. u. Chordirig., Schüler Kullaks u. d. Instit. f. KirchM. W: Motetten, MChöre, Duette, Lieder, OrgStücke.

DREYER, Heinz Theo * 1/7 1881 Freiburg i. Br., Schüler u. a. von Beines, v. Raatz-Brockmann, zuerst KonzBarit., seit 1919 GesgL. in Berlin. W: Orat., Chöre, Balladen u. Lieder, Russ. u. Tibetan. Suite, OrchTänze; ‚Stimmbildung‘.

DREYER, PAUL, ps. = RECHNITZER-MÜLLER

DREYLING, Hans * 7/1 1897 Hannover, da Chordir. W: Chöre, auch m. Orch., u. a. ‚An Deutschland‘, ‚Von dtsch. Arbeit‘; Lieder

DREYSCHOCK, Alex. * 15/10 1818 Zack (Böhmen), † 1/4 1869 Venedig, KlavVirt., seit 1862 in Petersburg Dir. des kais. Konserv. W: brill. KlavKompos. — Sein Bruder Raimund * 30/8 1824 Zack, † 6/2 1869 Lpz. als 2. GewandhausKonzM u. KonservL. seit 1850, treffl. Geiger, Schüler von Pixis. — Dess. Sohn Felix * 27/12 1860 Lpz., † 1/8 1906 Berlin, Schüler d. Berliner Hochschule u. H. Ehrlichs, in Berlin KlavVirt u. L. am Sternschen Konserv. W: KlavStücke, VSonate, Lieder.

DREYSSIG, Anton * 13/1 1774 Oberlautersdorf/Brüx (Böhm.), † 28/1 1815 Dresden, da 1786 im Kapellknabeninstit. der kath. Hofkirche, da seit 1800 Hoforgan., gründ. 1807 (zus. mit dem Vater Th. Körners) die nach ihm benannte Singakad., die ihr 100jähr. Bestehen feiern konnte.

DRIEBERG, Friedr. von * 10/12 1780 Charlottenburg, da † 21/5 1856, Offiz., kgl. Kammerherr. W: Opern, (überholte) Schriften üb. altgriech. M.

DRIESCH, Kurt * 15/5 1904 Heidelberg, seit 1933 in Fichtenau/Berlin, vorher seit 1927 in Köln/Dellbrück, Schüler St. Krehls u. Max Ludwigs. W: OrgStücke, Motette, Lieder. — ps. Bobby de MUNGO

DRIGO, Riccardo * 1846 Padua, wo er seit 1919 wieder lebte, † 1/10 1930, langjähr. HofopKM. u. KlavL. des kaiserl. Hofs in Petersburg. W: Opern, Ballette ‚Il flauto magico‘, ‚I millioni di Arlecchino‘ (sehr beliebt), KlavSalonstücke.

DRINKWELDER, Otto, Dr. phil. * 9/5 1880 Krems, 1904 GsgL. u. Organ. am bischöfl. Sem. in Trawnik (Bosnien), 1912 Organ. der Bened.-Abtei Seckau. W: Schrift. üb. Choralgsg.

DROBISCH, Mor. Wilh. * 16/8 1802 Lpzg, da † 30/9 1896, da Prof. der Mathem. u. Philos. W: wertvolle Schriften über mathem.-physikal. Fragen der M. — Sein Bruder Karl Ludwig * 24/12 1803 Lpzg, † 20/8 1854 Augsburg, KM. der ev. Kirchen seit 1837; Schüler Weinligs. W: 3 Orator., Messen, Requiems usw. — Dess. Sohn Eugen * 11/6 1839 Augsburg, † 30/1 1905 Osnabrück, Organ. u. MDir. seit 1871; Schüler des Münchn. Konserv. (Lachner), war OpChordir. in Rotterdam, Köln, dann VerDir. in Landau (RhPfalz) u. Minden (1867/71). W: Chorwerk m. Orch., Lieder, KlavStücke.

DROLL-PFAFF, Else * 13/12 1887 Jünkerrath, Eifel, seit 1921 erste dramat. Altistin der Duisburg-Bochumer Oper, sehr geschätzte Orator.- u. LiedSgrin, ausgebild. in Köln (Konserv.) u. v. Frau Orgeni, dann engag. in Frankf. a. M. u. Düsseld.

DROLL, Paul * 8/10 1891 Wurzen, da seit 1925 Organ., urspr. SchulL. W: OrgFantas., M-Chöre, Lieder.

DROMMESHAUSER, Geo. * 13/6 1885 Dorn/Dürkheim, † 14/9 1931 Worms, da SchulL., Chordir. u. MKrit. W: MChöre.

DROONING, Jack, ps. = DRANSMANN, Hansheinrich

DROSDOW, Anatol * 1889 Saratow, Pianist, seit 1920 Prof. am Konserv. in Moskau. W: KaM., KlavSon. u. Stücke.

DROSTE, Clemens Frh. v. * 1/11 1883 Koburg, TheorL. in Frankfurt a. M., Schüler Humperdincks. W: Ouvert., KirchM., Chöre m. Orch.

DROUET, Louis * 1792 Amsterdam, † 30/9 1873 Bern, Flötist, 1836/54 HofKM. in Koburg, später u. a. in Newyork. W: 10 FlKonz., Sonaten usw.

DROZ, Eugenie * 21/3 1893 La Chaux-de-Fonds (Schweiz), lebt in Paris, MHistorikerin.

DRÜGPOTT, Joh. * 25/3 1878 Düsseldorf, da u. in Geldern Chordirig. W: Chöre, auch mit Orch., Lieder.

DRUFFEL, Peter * 8/10 1848 Wiedenbrück (Westf.), † 27/7 1903 Münster, MilArzt, fleiß. Komp. W: altdtsch. geistl. Liederspiel, Lieder, Balladen. H: Dtsche Lieder a. d. 15./16. Jh., Paestrinas Madrigale.

DRWENSKI, Walter * 27/10 1892 Wartenburg (Ostpr.), Organ. in Berlin, OrgVirt., Schüler d. Sternschen Konserv., der Hochschule u. d. Instit. f. KirchM. in Berlin. W: OrgKonz., OrgStücke, KaM., Motetten, Lieder. Zeitweilig ps Paul MADSEN; wohnt Gr. Glienicke/Kladow

DRYSDALE, Learmont * 3/10 1866 Edinburgh, da † 18/6 1909. W: Ouvert., Kantaten („The Kelpie'), KlavStücke, Lieder

DSEGELENOK, Alex. * 24/8 1891 Moskau, lebt da. W: OrchSuite, KaM., KlavStücke, Lieder.

DUB, Oskar * 16/9 1879 Prag, TheaKM. in Wien, Schüler u. a. von Rob. Fuchs. W: Optten, Schlager u. a.

DUBEZ, Joh. * 1828 Wien, da † 27/10 1891, Harfenist, Zitherist u. Gitarrist. W: f. Git.

DUBITZKY, Frz * 17/8 1870 Treptow a. d. T., † 23/8 1917 Berlin-Friedenau, Schüler d. Kullakschen Instit., treffl. MSchr. W (ungedr.): sinf. Dichtgen, KlavKonz., StrQuart., KlavSt., Lieder.

DUBOIS, Léon * 9/1 1859 Brüssel, da seit 1912 KonservDir., vorher KM. der Oper. W: Opern, Mimodram, Harmonielehre.

DUBOIS, René, ps. = Ernest REEVES

DUBOIS, Théodore * 24/8 1837 Rosney (Marne), † 11/6 1924 Paris, da seit 1871 Prof. der Harmonielehre u. 1896/1905 KonservDir. W: Opern, Orator., OrchSuiten, Ouvert., Motetten, Messen, KlavStücke, Lieder usw.

DU BOULLEY, Aubery — s. AUBERY

DUBOURG, Mathıew * 1703 London, da (oder Dublin?) † 3/7 1767, VVirt., Schüler Geminianis, Wunderkind, 1728 KM. in Dublin, 1752 Dir. d. Kgl. M. in London. W: VKompos.

DUBUC, Alex. * 4/3 1812 Moskau, da † 8/1 1898 KlavVirt. u. Pädag. W: KlavStücke, Lieder.

DUCASSE, Roger * 18/4 1873 Bordeaux, anges. Tonsetzer in Paris. W: Suite française, KaM., Mimodram ‚Orphée', Chöre, Lieder.

DU CAURROY, F. E. — s. CAURROY

DUCCI, Carlo * 3/7 1837 Firenze, † 13/1 1900 London, da seit 1880, KlavL. W: KlavStücke u. Transskript.

DUCIS (HERZOG), Benedikt * um 1480, † 1544 Schalkstetten/Ulm, da seit 1534 Pfarrer, 1514/16 Organ. in Antwerpen, später in London u. Wien. W: KirchM.

DÜBÜCK — s. DUBUC

DÜLON, Flötist — s. DULON

DÜRR, Daisy * 14/9 1895 Leipzig, da KonzSgerin (Sopr.). W: Lieder.

DÜRRE, Wilh. * 5/11 1863 Rabenstein, brandenburg. Kr. Zauche-Belzig, lebt in Dresden, Kantor, Organ. u. VerDirig., Schüler des Instit. f. KirchM. in Berlin. W: OrgStücke, MChöre, geistl. u. weltl. Lieder.

DÜRRNER, Rupprecht Joh. * 15/6 1810 Ansbach, † 10/6 1859 Edinburgh, MDir. seit 1844, Schüler Hauptmanns u. Mendelssohns. W: MChöre.

DÜTSCH, Otto * um 1825 Kopenhagen, † 1863 Frankf. a. M., Schüler d. Lpzger Konserv., seit 1848 in Rußland, besond. in Petersburg L. u. Dirig. W: Opern, Optten, Lieder usw. — Sein Sohn Georg * 20/1 1857 St. Petersburg, da † 1891 als Dirig. der ‚Russ. SinfKonzerte', Schüler des Petersb. Konserv. B: Sammlg russ. Volkslieder.

DÜTSCHKE, Hans, Dr. phil. * 14/10 1848 Kempen, † 14/2 1928 Berlin, ausgeb. in Halle, wo Rob. Franz stark auf ihn wirkte, bei Frz Bendel u. Buonamici, GymnProf. in Berlin. W: Oper, M. zu ‚König Ödipus' u. ‚Antigone', Sinf., KaM., Chorwerke m. Orch. B: Händels ‚Admet', ‚Amadis', ‚Rinaldo' u. ‚Porus'.

DÜWELL, Werner * 12/8 1866 Stralsund, VcVirt., seit 1879 in Winterthur. W: VcFingerübungen, Leitfad. f. d. ersten Unterricht.

DUFAY, Guillaume * um 1400 Chimay (Hennegau), † 27/11 1474, Kanonikus in Cambray, 1428/37 Sger der päpstl. Kapelle in Rom. Führte Ändergen in der Notation ein. W: Messen, Motetten, Chansons usw.

DUFORT, Charles, ps. = KARK, Friedr.

DUGAN, Franjo * 1874 Krapinica, Dir. der MAkad. u. Domorg. in Zagreb. W: KaM., OrgStücke, Chöre.

DUGAS, Paul, ps. = STECK, Paul

DUGGAN, John Francis * 10/7 1817 Dublin, † 1900 London, OpKM., auch in Amerika, 1854 GsgL. W: Opern, Sinf., StrQuart., Gsge, Vocalisen.

DUHAN, Hans * 27/1 1890 Wien, da seit 1914 Barit. der Staatsop. W: Singspiel, Messe, Lieder, KaM.

DUIFFOPRUGCAR — s. TIEFFENBRUCKER

DUIS, Ernst * 18/3 1896 Heimfelde (Oldenburg), Lautensgr in Freiburg i. Br., vorher in Berlin. W: Lieder z. Laute

DUKAS, Paul * 1/10 1865 Paris, Schüler des dort. Konserv. (Dubois, Guiraud), da MKrit u. seit 1928 KomposL. am Konserv. W: Sinf., sinf. Dichtg ‚Der Zauberlehrling‘, Ouvert., Oper ‚Ariane et Barbe bleu‘, Ballett ‚La Péri‘, KlavSonate u. Stücke usw.

DUKELSKY, Vladimir * 27/9 1903 Parifianova/Polotzk, lebt meist auf Reisen, KlavVirt., ausgeb. in Moskau u. Kiew. W: Ballett, Ouvert., Klav-Konz., Lieder

DULCKEN, Luise geb. David * 20/3 1811 Hamburg, † 12/4 1850 London, da seit 1828, sehr gefeierte KlavVirt. u. L., Schülerin W. Grunds

DULICHIUS, Phil. * Dez. 1562 Chemnitz, † 25/3 1631 Stettin, Kantor seit 1587. W: geistl. Gsge (teilw. hrsg. v. Dr. Rud. Schwartz).

DULLO, Gustav * 13/6 1832 Labiau, † 22/12 1907 Königsberg (Pr.), Dirig. W: Opern, Ouvert., OrchSerenade, Lieder.

DU LOCLE, Camille * 1832 Orange, † 9/10 1903 Capri, OpLibrettist.

DULOFF — s. DULOW

DULON, Friedr. Ludw. * 14/8 1769 Oranienburg, † 7/7 1826 Würzburg, vielgereister FlVirt. (blind). W: FlKonz., Duos u. Solostücke.

DULOW, Georg (Fürst) * 4/6 1875 Moskau, da hervorrag. Geiger. W: VStücke, Etüden u. Schule.

DUMACK, Louis * 13/3 1838 Berlin, da MDir., † 1/4 1914. W: Oper, Kantate, Ouvert., Lieder, MChöre.

DUMANOIR, Guillaume * 16/1 1615 Paris, da † um 1690 (?), da 1657 roi des violons. W: Tänze; ‚Mariage de la m. avec la danse‘.

DUMAS, Gustave, ps. = A. W. RAWLINGS

DUMAS, Louis * 24/12 1877 Paris, seit 1919 KonservDir. in Dijon. W: Legende, Symph. romaine, KaM.

DU MERSAN, Marion * 1780, † 1849 Paris, Vaudeville-Dichter.

DUMONT, Henri * 1610 bei Lüttich, † 8/5 1684 Paris, da seit 1639 Organ., aber auch Domherr in Maastricht. W: Messen, Motetten, Chansons, OrgPräludien.

DUMOUR-ESCHMANN, Karl E., * 1835 Wädenswil/Zürich, † 28/1 1913 Lausanne, KlavPädag. W: ‚Guide du jeune pianiste‘; ‚Rhythme et agilité (= Schule der KlavTechnik).

DUN, Finlay * 24/2 1795 Aberdeen, † 28/11 1853 Edinburgh, BrVirt. u. GsgL., Schüler Baillots u. Crescentinis. W: 2 Sinf., Gsge. H: Schott. u. gaelische Volkslieder

DUNCAN, Will. Edmondstoune * 22/4 1866 Sale (Cheshire), da † 26/6 1920, Schüler Parrys und Stanfords, L. an der MSchule zu Oldham. MSchr. W: Oper, KirchM., KaM., Org- u. KlavStücke; ‚The story of english minstrelsy‘ u. a.

DUNCAN-RUBBRA, Edm. * 23/5 1901 Northampton, Pianist in London, Schüler u. a. Gust. Holsts. W: Sinf. Dichtgen u. Fugen f. Orch., KaM., KlavKonz., Chöre u. Gsge m. Orch.

DUNHILL, Thomas Frederick * 1/2 1877 London, lebt da, Dirig., MSchr. W: Sinf., KaM., Oper, Kantaten, Gsge

DUNI, Egidio Romoaldo * 9/2 1709 Matera (Ital.), † 11/6 1775 Paris; Schüler Durantes. W: ital. u. franz. Opern, franz Singspiele.

DUNKL, Joh. Nep. * 6/8 1832 Wien, † 29/1 1910 Budapest, Schüler Listzs u. A. Rubinsteins, Pianist, seit 1866 Chef des Verlages Rozsavölgyi & Co. in Budapest. W: ‚Erinnerungen eines Musikers‘, KlavStücke usw.

DUNKLER, Franç. * 24/2 1816 Namur, † 16/9 1878 Haag, da seit 1847 MilKM. W: Arrang. f. MilOrch.

DUNN, John * 10/2 1866 Hull, ausgez. Geiger in London, Schüler Schradiecks. W: ‚Handbuch des VSpiels‘, VStücke, KlavSonatine.

DUNN, John Petrie * 26/10 1878 Edinburgh, da † 4/2 1931, KlavVirt., KonservL. in Stuttgart u. Kiel bis 1914, seit 1920 Doz. an der Univers. Edinburgh. W: ‚Das Geheimnis der Handführung beim KlavSpiel‘, ‚Ornamentation in the works of F. Chopin‘.

DUNSTABLE, John * um 1370 Dunstaple (?), † 24/12 1453 London, einer der frühesten englischen Komp., Mönch; wahrscheinlich identisch mit Leonel POWER. W: Motetten, Antiphonien usw. mit Choralverarbeitgen, Chansons (u. a. ‚O rosa bella').

DUPARC, Henri * 21/1 1848 Paris, † 12/2 1933 Mont-de-Marsan, seit 1885 gelähmt und daher unproduktiv, Schüler C. Francks. W: sinf. Dichtg ‚Leonore', KaM., KlavStücke, eigenart. Lieder usw.

DUPÉRIER, Jean * 17/6 1896 Genf, da KonservL. W: OrchKonz., KaM., Gsge.

DUPIN, Paul, ps. Louis LOTHAR * 14/8 1865 Roubaix, lebt in Paris, Autodidakt. W: Oper, Orat., Sinf., KaM.

DUPONT, Auguste * 9/2 1827 Ensival/Liège, † 17/12 1890 Brüssel, da KlavL. am Konserv. W: Konz. u. a. f. Klav., Lieder.

DUPONT, Gabriel * 1/3 1878 Caen, † 3/8 1914 Vésinet, haupts. durch Opern (La cabrera, 1904 preisgekr.) bekannt, KlavStücke.

DUPONT Josef * 21/8 1821 Lièges, da † 13/2 1861, VVirt. W: VStücke.

DUPONT, Josef * 3/1 1838 Ensival, † 21/12 1899 Brüssel, 1867/71 KM. in Warschau, 1871 in Moskau, seit 1872 Harmonieprof. am Konserv. u. KonzDirig. in Brüssel. W: Sinf., Ouvert., geistl. u. weltl. Gsge.

DUPONT, Paul, gründete 1893 den später ‚La sirène musicale' genannten MVerl. in Paris

DUPORT, Jean Louis * 4/10 1749 Paris, da † 7/9 1819, Begr. des modernen VcSpiels, KonservL., vielgereister Virt. W: Sonaten, Solost., Duos, Schule f. Vc. — Sein Bruder J e a n P i e r r e * 27/11 1741 Paris, † 31/12 1818 Berlin, da 1773 bis 1811 SoloVc. der Hofkap. W: VcSonaten u. Duos.

DUPRATO, Jules * 20/8 1827 Nimes, † 20/5 1892 Paris, da Schüler u. seit 1866 L. des Konserv. W: Opern, Kantaten, Lieder usw..

DUPRÉ, Denis, ps. = Ch. A. RAWLINGS, auch Gust. KRENKEL u. Frederik MULLEN

DUPRÉ, Marcel * 3/5 1886 Rouen, Organ. in Paris, weitgereister OrgVirt. W: KlavVSon., OrgStücke, Psalmen, Motetten.

DUPREZ, Gilbert Louis * 6/12 1806 Paris, † 23/9 1896 Passy/Paris, Tenorist der Gr. Oper in Paris (bis 1855), 1842/50 GsgProf. am Konserv., seit 1881 in Brüssel. W: Opern, Oratorium, Messe, Requiem, ‚L'art du chant', ‚La melodie', ‚Souvenirs d'un chanteur', ‚Récréations de mon grand âge'.

DUPUIS, Albert * 1/3 1877 Verviers, da Dir. des Konserv., Schüler d'Indys. W: Opern, Chöre, KaM.

DUPUIS, Jacques * 21/10 1830 Lüttich, da † 20/6 1870, seit 1850 L. am Konserv., VVirt. W: VKonz.

DUPUIS, Sylvain * 9/10 1866 Lüttich, † 28/9 1931 Brügge, seit 1911 KonservDir., auch TheaKM. in Lüttich. W: Opern, Kantaten, OrchSuiten, KlavStücke, Lieder u. a.

DUPUIS, Thomas Sanders * 5/11 1730 London, da † 17/7 1796, Organ. W: KirchM., Org- u. KlavSonaten.

DU PUY, Edouard * 1775 Corcelles/Neuchâtel, † 3/4 1822 Stockholm, HofKM. seit 1812, vorher u. a. in Kopenhagen. W: Opern (‚Jugend u. Tollheit', noch jetzt in Kopenhagen beliebt), Tänze, die schwed. Nationalhymne ‚König Karl Johann' usw.

DURAND, A. & fils, großer, seit 1870 in Paris bestehender MVerlag, der auf dem 1847 gegr. MVerlag Flaxland aufgebaut wurde. Gründer: Organ. u. Kirchkomp. A u g u s t e D. * 18/7 1830, † 31/5 1909, der auch sehr beliebt geword. Walzer komponiert hat. Von 1870—1891 hieß die Firma Durand & Schoenewerk

DURAND, Emil, ps. = Frederic MULLEN

DURAND, Emile * 16/2 1830 St. Brieuc, † 6/5 1903 Neuilly, Schüler u. seit 1850 HarmonieL. des Konserv. zu Paris. W: Harmonielehre, Optten, Lieder usw.

DURAND, F., ps. = SARTORIO, Arnoldo

DURAND, Jacques, ps. J. SAMM, MVerleger in Paris * 22/2 1865 Paris, † 22/8 1928 Bel-Ebat Avon (Seine/Marne). W Souvenirs

DURANTE, Franc. * 15/3 1684 Frattamaggiore (Napoli), † 13/8 1755 Napoli, KonservDir. seit 1718, Schüler A. Scarlattis. W (oft harmonisch kühn): Messen, Motetten, Psalmen, Madrigale, KlavSonaten usw.

DUREY, Louis * 27/5 1888 Paris, lebt da; gehörte zur Gruppe der ‚Six' bis 1921. W (impress.): Oper, KaM., Chöre, OrchLieder

DURIGO, Ilona * 13/5 1881 Budapest, seit 1921 GsgL. am Konserv. in Zürich, bedeutende KonzAlt., Schülerin u. a. Stockhausens.

DURON, Sebastian * um 1650 Brihuega, NeuKastil., † 1716 Cambo, Pyrenäen, einer der ältesten span. OpKompon.

DURONCERAY, Marie Justine — s. FAVART

DURRA, Herm. * 17/6 1871 Newyork (dtsche Eltern), Theorie- u. GsgL. in Berlin seit 1912, aufgewachsen in Breslau, da Schüler Brosigs u. Bohns, zeitw. Schauspieler, darauf auf dem Lpzger Konserv. (Hans Becker, Jadassohn) u. Gsgschüler Törslevs, Kriegsteilnehmer. Zur Verbreitg seiner Kompos. besteht ein Verein in Köln. W: Opern, Chöre, treffl. Lieder, StrQuart., KlavStücke.

DURUTTE, Camille Graf v. * 15/10 1803 Ypern, † 24/8 1881 Paris, lebte in Metz, Theoretiker. W: Opern, KirchM., KaM.; ‚Esthetique musicale: technie ou lois générales du système harmonique' (1855) u. a.

DUSCH, Alex. v., Dr. jur. * 1/3 1877 Karlsruhe, höherer Verwaltungsbeamter in Berlin-Dahlem, Schüler Draesekes u. d'Indys. W: KaM., Lieder.

DUSCH, Alphons * 13/7 1895 Zütphen, Pianist, seit 1918 KonservL. in Rotterdam. W: Messe, Chorwerke, KaM., KlavStücke.

DUSCHEK — s. DUSSEK

DUSHKIN, Samuel * 13/12 1897 Suwalki, ausgezeichn. Geiger in London, Schüler u. a. Auers u. Kreislers. W: VTranskriptionen. H: ältere VWerke, bes. Konzerte

DUSKE, Friedr. Karl, Dr. rer. polit. * 11/4 1892 Berlin, lebt da, Kriegsteilnehmer, KM am Rundfunk in Leipzig 1926/31, 1932/33 kurze Zeit Intendant des Berliner Rundfunks. W: OrchStücke, Lieder

DUSSEK (DUSCHEK), Franz * 8/12 1731 Choteborek (Böhm.), † 12/2 1799 Prag, da KlavVirt. u. Pädag. W: Sinf., KlavKonz., KaM., KlavSon. u. a.

DUSSEK, Joh. Ladislaus * 9/2 1761 Czaslau (Böhm.), † 20/3 1812 St. Germain en Laye/Paris, vielgereist. treffl. Pianist. W: 12 Konz., 53 KlavSonaten, über 100 KaMWerke, kleine KlavStücke, KlavSchule.

DUSTMANN - MEYER, Luise * 22/8 1831 Aachen, † 2/3 1899 Berlin-Charlottenburg, bedeut. dramat. Sgerin, 1852/54 in Dresden, 1854/56 Prag, 1857/75 Wien, dann da GsgL. am Konserv., seit 1880 GsgL. in Berlin.

DUTOCQ, Geo., ps. = CRICKBOOM

DUVAL, Franç. * um 1673, † 27/1 1728 Versailles, Geiger. W: KaM., bes. VSonaten

DUVERNOY, Frédéric * 16/10 1765 Montbéliard, † 19/7 1838 Paris, da HornVirt. W: Konzerte u. a. f. Horn.

DUVERNOY, Henry Louis Charles * 16/11 1820 Paris, da † Ende Jan. 1906 als GsgProf. am Konserv. (seit 1848). W: instrukt. Gsgs- u. KlavStücke.

DUVERNOY, Jean Bapt. * 1800 Paris, † 1880 Passy/Paris, KlavL. W: Viele KlavEtüden, Salonstücke, Transskript.

DUVERNOY, Victor Alphonse * 31/8 1842 Paris, da † 7/3 1907, KonservProf., Schüler Bazins u. Marmontels, verdient KaMSpieler. W: Opern, Ballett, Chorwerk, KlavKonz., KaM.

DUVOSEL, Lieven * 14/12 1877 Gent, bemerkenswerter vlamischer Tonsetzer in Harlem, lebte zeitweilig in Paris, Berlin u. Haag. W: Sinf., Dichtungen, Chöre u. Gsge mit Orch.; Chöre ohne Begleitung, Lieder.

DUYSEN, Jes Lewe * 1/8 1820 Dagebüll, Kr. Tondern, † 30/8 1903 Berlin, wo er 1860 die noch bestehende KlavFabrik begründete.

DVARIONAS, Balys * 19/6 1904 Libau, lebt in Kaunas (Lit.), Schüler u. a. Teichmüllers. W: BühnenM., Ballett

DVOŘÁK (spr. Dworschak), Anton * 8/9 1841 Mühlhausen/Kralup (Böhmen), † 1/5 1904 Prag, sollte Fleischer werden, besuchte seit 1857 die OrgSchule von Pitsch in Prag, erwarb sich seinen Unterhalt spärlich als Bratschist, dabei eifrig komponierend, bis 1873 sein Hymnus ‚Die Erben des Weißen Berges' durchschlagenden Erfolg hatte und ihm ein Stipendium eintrug; Brahms interessierte sich sehr für ihn und verschaffte ihm Simrock als Verleger. 1890/92 war er KomposL. am Prager Konserv., 1892/95 Dir. des NatKonserv. in Newyork, dann wieder L. in Prag und da 1901/04 KonservDir. Seine in der tschech. VolksM. wurzelnden mehr als 120 Werke haben mit Ausnahme der Opern auch außerhalb seiner Heimat sehr große Verbreitg gefunden, vor allem seine KaM. W: Opern ‚Der König und der Köhler' 1874, ‚Wanda' 1876, ‚Der Bauer ein Schelm' 1878, ‚Der Dickschädel' 1881, Volksschausp. ‚J. K. Tyl' 1882, ‚Dimitry' 1882, ‚Jakobin' 1889, ‚Die Teufelskäte' 1899, ‚Russalka' 1901, ‚Armida' 1904, Orator. ‚Ludmilla', Te deum, Messe, Requiem, Stabat mater, ‚Die Geisterbraut', Chor- u. Sololieder, 8 Sinf. (Nr 5 ‚Aus der neuen Welt'), sinfon. Dichtgen, u. a. ‚Die Waldtaube', ‚Heldenlied', Ouvert., Variat. u. a. f Orch., KaM. f. StrInstr. (9 Quart., Sext., 2 Quint., Trio) u. m. Klav. (Quint., 2 Quart., 4 Trios, VSon. u. VSonatine), KlavKonz., KlavSuite, Humoresken, Nationaltänze, VKonz., VStücke, auch mit Orch., 2 VcKonz., VcStücke, auch m. Orch. usw.

DYBECK, Rich. * 1/9 1811 Odensai, † 28/7 1877 Södertälje (Schwed.), Bassist. H: schwedische Volksmelodien (4 Sammlungen).

DYCK, Ernst van * 2/1 1861 Antwerpen, † 1/9 1923 Paris, wo er Jura stud. u. Journalist war, berühmter Tenorist (1887 Lohengrin in Paris, 1892 Parsifal in Bayreuth), 1888/89 an d. Wiener Hofoper.

DYK, Felix * 14/1 1893 Bremen, Pianist in Paris seit Apr. 1933, vorher in Berlin, Schüler Mayer-Mahrs u. Diemers, 1925/8 Prof. an der Kais. MAkad. in Tokio-Uykno. W: KlavStücke, Lieder. — Ps. Miguel D'ALCANTARA; Ramon CANTARA

DYKE, Spencer * 22/7 1880 St. Austell, Geiger (Führer eines treffl. Quart. u. sehr geschätzter L.) in London. W: VStücke u. Etüden.

DYKES, John Bacchus * 10/3 1823 Hull, † 22/1 876 St. Laurents, Organ. in Durham, W: KirchM.

DYMMEK, Zbigniew * 29/3 1896 Warschau, da treffl. Pianist. W (bemerkenswert): sinf. Dichtgen, KlavStücke, Lieder.

DYSON, George * 28/3 1883 Halifax, Yorks., TheorProf. an d. R. acad. in London u. MDir. am Winchester-College. W: OrchSuite, StrQuart., Rhapsodie, KirchM., Lieder; ‚The new m.', ‚The progress of m.'.

DZIEWIOR, Fritz, ps. Fredy LEICHT, Ingve JERNER * 31/12 1896 Stettin, da Pianist, ausgeb. u. a. in Stettin (Konserv.) u. Reichenberg i. B., kriegsverletzt, dann MilMusiker, 15 Jahre lang auf Reisen mit erstklass. Ensemblekap. W: UnterhaltgsM., meist Lieder und Tänze

DZWORZAK, Eusebio * 1850 Braila (Rum.), † 5/7 1905 Venezia, vielgereist. VVirt. W: VStücke; ‚Il violino ossia analisi del suo meccanismo' (1884).

E

EAGLEFIELD-HULL — s. HULL

EARL, Ralph, ps. = GRÄFER, Ludw.

EBEL, Arnold * 15/8 1883 Heide (Schlesw.), Schüler Bruchs, seit 1909 in Berlin, 1920/33 I. Vorsitz. des TonkünstlerVer., Organ., Chordirig. u. MStudRat. W: Orator., Requiem, Chöre, Lieder, Sinf., Ouvert., KlavStücke. — Seine Frau Minna EBEL-WILDE * 1890 sehr geschätzte Orator.- u. LiedSopran., Schülerin v. Hugo Rasch

EBEL, Rob. * 12/10 1874 Berlin, † 3/8 1930 Krummhübel, L. am Klindworth-Scharwenka-Konserv. in Berlin. W (beachtensw.): KlavStücke, Lieder, u. a. Lorm-Zyklus.

EBEL VON SOSEN, Otto * 26/2 1899 Rendsburg, RundfunkKM. in Hannover, ausgeb. in München (Akad.). W: OrchStücke, KaM., Chöre, Lieder

EBELER, Hubert * 17/12 1866 Köln, da pens. Beamter, früher MilM. W: UnterhaltgsM.

EBELING, Karl * 19/7 1851 Hoym (Anhalt), lebt im Ruhestand in Gernrode, Schüler des Inst. f. KirchM. in Berlin, 1891 ff. Kantor, Chordirig. u. GsgL. in Dessau. W: Chöre, OrgChoralvorsp., WeihnachtsM.

EBELL, Heinr. Karl * 30/12 1775 Neuruppin, † 12/3 1824 Oppeln, Jurist. W: Opern, Singspiele, Lieder u. a.

EBENSTEIN, Victor, Dr. phil. * 20/1 1888 Wien, Schüler Leschetizkys u. Frz Schmidts, treffl. Pianist in Wien. W KlavStücke u. Etüden.

EBERHARD, Theodor, ps. = Friedr. MAHLING

EBERHARDT, Anton * 16/10 1855 Hattersheim, † 2/5 1922 in Frankfurt a. M., da ML. W: Opern, Requiem, Sinf., viele Chöre u. Lieder

EBERHARDT, Goby * 29/3 1852 Hattersheim, † 13/9 1926 Lübeck, ausgez. VL., u. a. in Berlin u. Frankf. a. M., seit 1913 in Lübeck. W: viele VKomps., Schule; ‚Mein System des Übens f. V. u. Klav.; ‚Erinnergen 1926'.

EBERHARDT, Siegfried (Sohn Gobys) * 19/3 1883 Frankf. a. M., Geiger, Schüler B. Dessaus u. Seratos, seit 1908 L., seit 1933 Dir. am Sternschen Konserv. in Berlin. W: ‚Der beseelte VTon', ‚Treffsicherheit auf der V.', ‚Virtuose VTechnik', ‚Paganinis Geigenhaltg', ‚Lehre der organ. Geigenhaltg', ‚Hemmung u. Herrschaft auf dem Griffbrett' u. a.

EBERL, Anton * 13/6 1766 Wein, da † 11/3 1807, ausgez. KlavSpieler. W (von den Zeitgen. überschätzt): Opern, Sinf., KaM., KlavSonaten.

EBERLE, Friedr. * 8/1 1853 Gauersheim (Rheinpfalz), † 3/5 1930 Hamburg, da seit 1878 ML., auch TheaKM. W: OrchOpernfantas., Tänze, Lieder (‚Ein Vöglein sang im Lindenbaum').

EBERLE, Joh. Ernst — s. EBERLIN

EBERLE, Joh. Jos. * um 1735, † 1772 Prag, bedeut. Virtuos auf der Viola d'amour, für die er auch komponierte.

EBERLER, Otto, Dr. jur. * 9/3 1891 Altusried, bayer. Algäu, Rechtsanw. in Berlin. W: Ernste Lieder u. Schlager

EBERLIN (EBERLE), Joh. Ernst * 27/3 1702 Jettingen (Schwaben), † 21/6 1762 Salzburg, bisch. KM. W: 12 Orator., viele Messen, Psalmen, Motetten, OrgStücke, Melodram (nur teilweise gedr.)

EBERS, Carl Friedr. * 25/3 1770 Cassel, † 9/9 1836 Berlin. W: Opern, Sinf., KaM., Gsge.

EBERT, Alfred, Dr. phil. * 14/9 1878 Leubnitz (Sachs.), MSchr., bes. Beethovenforscher in ?

EBERT, Hans * 15/5 1889 Berlin, lebt da, 1912/30 in Düsseldorf, da KM. am Schauspielhause. W: Oper, viele BühnenM., sinfon. Suite, KaM., FrTerzette u. Duette, Lieder, u. a. exotische.

EBERT, Ludw. * 13/4 1834 Kladrau (Böhm.), VcVirt., † 1908 Koblenz, begründ. da 1889 mit Konr. Heubner das Konserv., 1854/74 in Oldenburg, 1875/88 in Köln. W: VcKompos, KaM.

EBERWEIN, Karl * 10/11 1784 Weimar, da † 2/3 1868, KammerVirt. (V.). W: Opern, M. zu Holteis ‚Leonore', zu Goethes ‚Faust' u. a., KaM., Lieder usw. — Sein Bruder Traugott Maxim. * 27/10 1775 Weimar, † 2/12 1831 Rudolstadt, HofKM. W: an 100 Optten (‚Claudine von Villa bella' usw.).

EBHARDT, Max * 1/6 1883 Berlin, lebt da seit 1928, seit 1903 OpSgr (Ten.), seit 1919 GsgL. u. Leiter v. Gastspielopern. W: Opern, Optten, Lieder, Melodram.

EBING, Jak. * 2/6 1866 Oberbiel, Kr. Wetzlar, seit 1895 ML. (StudRat), seit 1921 KirchChordir. in Essen. W: Chöre, auch m. Orch., OrgChoralfant.

EBNER, Geo. * 5/9 1896 München, lebt da. W: Opern, Tanzspiel, sinfon. Dichtg., HarfKonz., Lieder.

EBONET, Maurice, ps. = Rud. GELLIN

ECCARD, Johs * 1553 Mühlhausen (Thür.), † Herbst 1611 Berlin, HofKM. seit 1608, Schüler Lassos, 1578 in Augsburg, 1580/1608 in Königsberg, bedeut. protest. Komp. W: Preuß. Festlieder, geistl. u. weltl. Lieder usw.

ECCARIUS-SIEBER, Artur * 23/5 1864 Gotha, † 30/6 1919 Berlin, lebte als ML in Zug, Zürich, seit 1891 in Düsseldorf, seit 1916 in Berlin. W: Schul- u. Unterrichtsw. f. Klav. u. V.

ECCLES, Henry * 1670, † 1742, seit 1689 Geiger der Kgl. Kap. in London, später in Paris; gab 1720 u. 1723 VSonaten heraus, die z. T. Plagiate sind. — Sein Bruder John * 1668 London, † 12/1 1735 Kingston (Surrey), Geiger, 1704—35 Dirig. des Kgl. Orch. in London. W: BühnenM., Gsge.

ECK, Frz * 1774 Mannheim, † 1804 Straßburg (Irrenhaus), VVirt., zeitweise L. Spohrs. — Sein Bruder Friedrich * 1766 Mannheim, † 1809 od. 1810 Bamberg, VVirt., jahrelang in München. W: VKonz., Cancertante f. 2 V.

ECK, Fritz, ps. = STEINECK, Fritz

ECK & Sohn, G. H. van, bedeut. MVerl. in 's Gravenhage, gegr. 1866, urspr. Firma Boshart & Osthoff

ECKARDT, William * 26/4 1884 Dresden, da ausgebildet auf dem Konserv. (C. H. Döring u. H. Fährmann), da seit 1910 Kantor, Organ. ChorDir. u. GsgL. höherer Lehranst. W: f. Org., geistl. u. weltl. Chöre, auch mit Orch., Lieder.

ECKART, Friedr. * 22/10 1887 Ulm, seit 1927 in Heidelberg, TheorL. an den Hochschulen in Mannheim u. Ludwigshafen, Schüler Beer-Walbrunns u. Grabners. W: MärchenOp., KaM., Lieder.

ECKARTZ, Hubert J. * 28/7 1903 Elberfeld, Chordir. in Dortmund, Schüler v. Jos. Haas. W: Kantat. f. KaChor u. Orch., zeitgeb. Chöre, bes. Arbeiterchöre, Lieder, KaM., KlavStücke, OrgStücke im Geiste der neuen OrgBewegg

ECKER, Karl * 29/3 1813 Freiburg i. B., da † 31/8 1879, Schüler Sechters. W: Chöre, Lieder.

ECKERSDORF, ps. = MLETZKO-ECKERSDORF, Georg v.

ECKERT, Emil * 13/4 1873 Leipzig, seit 1902 KlavL. in Düsseldorf. W: KlavStücke.

ECKERT, Julius, ps. = Karl ZANDER

ECKERT, Karl * 7/12 1820 Potsdam, † 14/10 1879 Berlin, HofKM seit 1869, musikal. Wunderkind, 1853/60 OpKM. in Wien, 1860/67 HofKM in Stuttgart. W: Oratorium, Opern (‚Wilhelm von Oranien'; daraus der sehr beliebte Trauungsgsg ‚Wenn ich mit Menschen- u. Engelszungen redete'), OrchStücke, VcKonz., KlavStücke, Lieder.

ECKHARDT, Friedr. * 25/1 1870 Northeim (Hann.), seit 1903 Prediger in Osnabrück, urspr. Musiker, seit 1888 Diakon. W: geistl. Lieder; HarmonSchule (21. A.). H: ‚Jauchzet dem Herrn'; ‚Friedenslieder'

ECKLEBE, Alex. * 12/1 1904 Kosel, OSchles., lebt in Berlin, 1926 Organ. in Breslau, da ausgeb. (Konserv.) u. in Berlin (Hochschule). W: Tanzspiel, OrchSuite, KaM., OrgStücke, Chöre, Lieder

ECKLEBE, Callo, ps. Rolf DOURÉ, Franc. del VAGA * 21/4 1904 Hannover, lebt da, nur Komp., Schüler Eberhards von Waltershausen, zeitweilig FilmKM. u. Ensemblepianist. W: UnterhaltgsM., u. a. ‚Wachtparade der Heinzelmännchen'

ECKSTEIN, Ernst, ps. = LINDEMANN, Wilh.

ECORCHEVILLE, Jules * 18/3 1872 Paris, † (gefallen) 9/2 1915, MSchr., Schüler C. Francks. W: ‚De Lully à Rameau' usw. B: 20 Suiten a. d. 17. Jhrh.; Catalogue du fonds de m.. ancienne de la bibliothèque nat. à Paris (8 Bde.).

EDDY, Clarence H. * 30/1 1851 Greefield, Mass. (Nordam.), Organ., Schüler Haupts u. Löschhorns, 1874 in Chicago, da 1876 Dir. der ‚Hershey School of m.' 1908/10 in Brooklyn, 1910 St. Francisco. W: Kirch- u. OrgKompos. Method f. the organ. H: ‚The church and the organ.' usw.

EDELE, Jul. * 27/9 1811 Stuttgart, † 1/1 1863 Bern, da 1835 OpKM., 1837/48 TheaDir., dann KonzDir. bis 1859. W: Opern, Kantat., Messen, Sinf. u. a.

EDELMANN, Joh. Friedr., Dr. jur. * 6/5 1749 Straßburg, hingerichtet 17/7 1794 Paris. W (einst sehr beliebt): KlavKonz. u. Son.

EDER, Arthur * 5/12 1872 Kappel/Chemnitz, seit 1903 KlavL. in Chemnitz, Schüler des Dresd. Konserv. W: KlavStücke, MChöre, Lieder.

EDER, Leopold * 18/5 1823 Salinberg, † 24/7 1902 Wien, KirchKM. W: kath. KirchM.

EDER, Victor † 24/1 1933, 70jähr. Mallersdorf (NBay.), Benediktiner, KirchKomp.

EDISON, Thomas * 10/2 1847 Milan (Ohio), † 18/10 1931 Newyork; erfand 1876 den Phonographen, vervollkommte ihn 1900 zum Grammophon.

EDLICH, Caballero, ps. = Ant. HÄUSSLER

EDLMANN, Leop. * 9/4 1858 Poysdorf, NÖst., seit 1919 (vorher Offiz.) MSchr. u. Erbauer der Sirenen-Laute in Wien.

EDWARDS, George, ps. = Louis GRUENBERG

EDWARDS, Henry Sutherland * 5/9 1829 Hendon/London, † 21/1 1906 London, MSchr. W: ‚History of the opera'; ‚The Primadonna' u. a.

EDWARDS, James, ps. = MAY, Eduard

EDWARDS, Joe * 5/9 1902 Berlin, lebt da; bes. in Amerika sehr geschätzter Schlagerkompon. Ausgebild. am Konserv. Klindworth-Scharwenka, auch MHändler; eigentl. Name Adalb. SCHALIN, vgl. auch Walter SCHMIDT

EDWARDS, Julian (eigentlicher Name: D. H. BARNARD) * 17/12 1855 London, † 5/9 1910 Yonkers (Newyork), war KM. am Covent Garden-Thea., ging spät. nach Amerika. W: Opern, Optten, Kantaten, Ouvert. usw.

EDWARDS, Rolf, ps. = Ed. BEHM

EEDEN, Gilles van den † 17/6 1782 Bonn (da 1722 Vokalist), Hoforganist, einer d. ersten Lehrer Beethovens

EEDEN, Jean Baptiste van den * 26/12 1842 Gent, Schüler des Konserv. zu Gent u. Brüssel, seit 1878 Dir. d. MSchule zu Mons; da † 4/4 1917. W: Oper, Orator., Kantaten, Suiten u. a. f. Orch. Chöre usw.

EFF, Herbert, ps. = Herbert F. HENNIG

EFFE, Henri, ps. = FÉVRIER

EFFERTZ, Heinz * 28/1 1900 Köln, da Vcellist, Chordirig. u. ML. W: KaM., Lieder.

EGEN, Austin * 28/3 1897 Milwaukee, lebt in Berlin, Vorstandsmitgl. d. MVerlags Roehr, Schüler seiner Mutter, der OpSgerin Maria Rocalle. W: über 100 Schlagerlieder.

EGENOLF, Christian * 22/7 1502 Frankfurt a. M., da † 9/2 1555, einer der ersten deutschen Notendrucker (Nachdrucker!).

EGERT, Paul, Dr. phil. * 28/2 1904 Elberfeld, Organ., KlavVirt., Chordir. u. ML. in Berlin, Schüler u. a. Aug. Schmid-Lindners, Lamonds, Sandbergers. W: ‚Die KlavSonate im Zeitalter der Romantik'

EGG, Bernhard * 11/3 1886 Dresden, KM. in Leipzig, Bearb. f. allerlei Besetzgen. W: UnterhaltgsM.

EGG, Beud, ps. = Art. VIEREGG

EGGELING, Eduard * 30/7 1813 Braunschweig, † 7/4 1885 Harzburg, Schüler Griepenkerls, KlavL. in Braunschweig. W: Techn. Studien für die höh. mechan. Ausbildg im KlavSpiel usw.

EGGELING, Friedr. * 30/1 1822 Hannover, † 22/3 1895 Lund, da viele Jahre GsgL. W: Lieder.

EGGELING, Georg * 24/12 1866 Braunschweig, seit 1888 KlavL. in Berlin W KlavStücke, „Tonkünstler-Lexikon" usw

EGGEN, Arne * 28/8 1881 Trondheim, Organ. u. OrchDir. seit 1924 in Borum, vorher in Drammen. W: Märchenspiel, Sinf., KaM., OrgStücke, Lieder

EGGER, Max * 26/11 1863 Wien, da lebend, ein Enkel S. Sechters, Schüler von A. Seydler-Graz u. R. Bibl-Wien, urspr. BürgerschulL., seit 1886 in Wien (Ottakring). W: 5 Opern, Festmesse, Chöre m. Orch., u. a. ‚Deutsche Seele — deutsches Lied ; MChöre, Lieder

EGGERT, Ernst * 18/6 1874 Genthin, lebt in Magdeburg, aufgewachsen in Braunschweig, da Schüler von Riedel u. Clarus, Thea- u. BadeKM. an verschied. Orten. W: Märsche. B: OpFantas., Kino-Bibliothek.

EGGERT, Joachim * 1780 Gingst (Rügen), † 14/4 1813 Thometorp (Ostgothl.), seit 1804 in Stockholm, da zuletzt bis 1812 ViceKM. der Hofkap. W: BühnenM., Sinf., KaM., Balladen.

EGGERT, Walther * 6/4 1893 Raguhn (Anhalt), MSchr. u. künstl. Bühnenbeirat in Bayreuth. W: BühnenM. u. a.

EGGHARD (Graf Hardegg), Jules * 24/4 1834 Wien, da † 22/3 1867, Schüler Czernys u. Preyers. W: KlavSalonStücke.

EGGS, Julius * 1876 Leuk, Kant. Wallis, † 11/1 1934 Sitten, da Domherr u. Großkantor, 1891/1901 Organ. u. Chordir. in Leuk. H: ,Lobsinget' m. Org.

EGIDI, Artur * 9/8 1859 Berlin, Schüler Kiels u. W. Tauberts, 1883/92 L. am Hochschen Konserv. in Frankfurt a. M., 1892/1921 Organ. u. 1892/1924 L. am Inst. f. KirchM. in Berlin. W: Ouvert., KaM., Chöre, Lieder usw. H: ältere M.

EGK, Werner * 17/5 1901 Auchsesheim (Bay.), seit 1929 in München, bzw. Lochham, Post Planegg, OBay., studierte Klav. bei Anna Hirzel-Langenhan, Kompos. bei Karl Orff. W: Oper, Orator. u. a. Chorwerke m. Orch., FestspielM., Sinf., BlasorchStandM., VKonz., OrchLieder

EGLAUER, Karl Siegfried * 9/9 1888 Unterbergern/Wien, lebt in M.-Gladbach, TheaKM. an versch. Orten. W: Opern, BühnenM., OrchSuite, Lieder u. a.

EGLER, Ludwig * 19/6 1894 Bad Rappenau (Bad.), KonzSänger, seit 1924 GitL. am Konserv. in Karlsruhe. W: Lieder zur Git.

EGLI, Jakob * 31/3 1876 Fischenthal/Zürich, seit 1897 Organ. u. VerDir. in Wald, Kanton Zürich, ausgeb. auf den Konserv. in Zürich und München. W: Ouvert., Märsche u. Tänze, OrgStücke, Chöre, Lieder

EGLI, Joh. Heinr. * 4/3 1742 Seegräben/Wetzikon (Zürich), † 19/12 1810 Zürich, namhafter Liederkomp. W: verschied. Sammlgen geistl. und weltl. Lieder, 6 Kantaten.

EGLI, Johanna * 25/8 1896 Frauenfeld (Schweiz), KonzSgrin u. GL. (Assistentin Georg A. Walters), seit Herbst 1934 in Berlin-Zehlendorf, ausgeb. in St. Gallen, München (Protzsch) u. Stuttgart (G. A. Walter)

EHINGER, Hans, Dr. phil. * 27/12 1902 Basel, da MSchr. W: ‚F. Rochlitz als MSchr.'

EHLERS, Alice * 16/4 1890 Wien, treffl. Cembalistin, seit 1933 in London, vorher L. an der Hochschule in Berlin

EHLERS. Heinr. * 18/8 1896 Schleswig, MilKM. in Marienburg, ausgeb. in Berlin (Hochschule). W: Märsche, Charakterstücke

EHLERS, Otto * 22/4 1865 Meldorf, in Hamburg ausgebildet. seit 1893 Organ. (hervorrag.) in Ratzeburg, auch KonservL. in Lübeck.

EHLERS, Paul * 10/5 1881 Honolulu, MSchr., seit 1916 in München, vorher in Königsberg, seit 1935 Pressechef der Staatsoper

EHLERS, Wilhelm * 1774 Hannover, † 29/11 1845 Mainz als TheaDir., urspr. Tenorist, u. a. in Wien (mit Beethoven bekannt), dann Regisseur in Mannheim, Frankfurt a. M. W: Gesänge.

EHLERT, Louis * 13/1 1825 Königsberg i. Pr., † 4/1 1884 Wiesbaden, Schüler des Lpzger Konserv. (Schumann, Mendelssohn), ML. u. MSchr. in Berlin, Florenz, wieder in Berlin, Meiningen u. Wiesbaden. W: Sinf., Ouvert., KlavStücke, Lieder, ‚Briefe über M.', ,Aus der Tonwelt' u. a.

EHLICH, Erich * 1/1 1896, lebt in Stadt Wehlen a. E. W: MChöre

EHNN, Bertha * 30/11 1847 Budapest, † 2/3 1932 Aschberg, gefeierte OpSopr.: Graz, Hannover, Nürnberg, Stuttgart, 1869—85 Wien

EHRBAR, Friedr. * 26/4 1827 Hildesheim, † 23/2 1905 Gute Hart/Gloggnitz a. d. Enns, KlavBauer, seit 1848 in Wien, wo er 1857 die Seuffertsche Fabrik übernahm u. zu der berühmten Firma seines Namens ausbaute.

EHRENBERG, Adolf * 7/12 1880 Gnadenfrei, seit 1919 Organ. in Breslau, ausgeb. in München, u. a. von Max Reger. W: Sinf., KirchM., Lieder

EHRENBERG, Karl * 6/4 1878 Dresden, 1898/1924 (zuletzt Berlin) TheaKM. (1909/14 OrchDirig. Lausanne), seit Herbst 1925 Leiter der Op.- u. OrchSchule d. Akad. der Tonkunst in Köln. W: Oper, treffl. Orch- u. KaM., Lieder.

EHRENBERG, Leonhard * 19/2 1884 Posen, da VL. W: Salonstücke, Tänze, Märsche.

EHRENHOFER (auch E.-Zirm), Walther Edmund * 15/3 1872 Hohenelbe (Böhm.), seit 1902 in Wien, im Hauptberuf Ingenieur, Ministerialrat im Minist. f. soz. Verwaltg, aber auch Chordir., bis 1914 Doz. an der Lehranst. f. kirchl. Tonkunst, OrgBauexperte, MSchr. W: KlavSon., KirchM., MChöre, Duette.

EHRHARDT, Andreas * 1823, † 29/11 1884 Hamburg, da sehr geschätzter VL. u. VVirt. W: KaM., VStücke.

EHRHARDT, Ferd. * 20/10 1873 Frankfurt a. M., Schüler Riemanns, seit 1909 KonservDir. in Bonn, vorher Dirig. in Bochum, Homburg v. d. Höhe u. Stettin, 1905/08 KonservDir. in Elberfeld. W: f. Orch., Lieder.

EHRHART, Jacques * 30/12 1857 Glarus, lebt in Lausanne, 1896/1913 OrchDir. in Mülhausen. W: OrchWerke, KlavStücke, VStücke, Chöre.

EHRICH, L. M., ps. = ELLMENREICH, A.

EHRICH, Rud., ps. = Rud. EHRLICH

EHRLICH, A. ps. = PAYNE, Albert

EHRLICH, Adolf (Ado) * 8/12 1884 Düsseldorf, da KM. W: UnterhaltgsM.

EHRLICH, Christian Frdr. * 7/5 1807 Magdeburg, da † 31/5 1887 als GymnasGsgL., Schüler Hummels, Pianist. W: Opern, Org-, Klav- u. GsgM.

EHRLICH, Heinr. * 5/10 1822 Wien, † 30/12 1899 Berlin, Schüler Thalbergs u. Henselts, tüchtiger Pianist u. MSchr., 1864/72 u. 1886/98 L. am Sternschen Konserv. in Berlin. W: KlavKompos., VSonaten, Lieder u. a., musikal. Romane, Novellen, Broschüren, ‚M.-Ästhetik‘, ‚Ornamentik‘, ‚Modernes MLeben‘.

EHRLICH, M. L., ps. = Albert ELLMENREICH

EHRLICH, Paul * um 1850 Leipzig/Reudnitz, KlavBauer in Leipzig, dann Erfinder mechan. Instrumente (Orchestrion, Polyphon u. a.).

EHRLICH, Rudolf, ps. EHRICH, auch EHRLICH-EHRICH gen. * 3/6 1872 Brünn, † 20/8 1924 Wien, ObLandesgerichtsrat. W: Optten, UnterhaltsM.

EHRLICH, Siegwart, ps. VICTORIO; Sidney WARD * 17/12 1881 Leipzig, lebt in Barcelona seit 1933, vorher in Berlin, Schüler u. a. Cursch-Bührens. W: Optten, Revuen, Schlager

EHRMANN v. FALKENAU, Alfred * 19/6 1865 Salzburg, lebt in Baden/Wien, Schüler Donts, während des Kriegs Bratsch. im Wiener SinfOrch., Schr. W: Das Streichquart. 1905, Scherzi; ‚Brahms‘ 1933; Themat. Verz. der Werke v. Brahms.

EHRMANN v. FALKENAU, Rich. Bernhard, Dr. phil. * 29/3 1894 Baden/Wien, seit 1923 in Wien, vorher Organ., auch TheaKM. W: 2 OrchKonz., Tänze, OrgMesse, KlavStücke, Lieder u. a.

EIBENSCHÜTZ, Albert * 15/4 1857 Berlin von ungar. Eltern, † 15/11 1930 Wien, Schüler des Konserv. zu Lpz., L. an den Konserv. zu Lpzg, Köln, Berlin (Stern), Wiesbaden u. Aachen. W: Operette, Sinf., KaM., KlavStücke usw.

EIBENSCHÜTZ, Ilona * 8/5 1872 Budapest, KlavVirt. bis zu ihrer Verheiratg 1902, Schülerin Hans Schmitts u. Clara Schumanns.

EIBENSCHÜTZ, José * 8/1 1872 Frankfurt a. M., da Schüler d. Hochschen Konserv., OrchDir., lange Jahre in Hamburg, 1924/27 in Oslo, seit 1926 im Sommer auch KurKM. in Bad Nauheim. Seit 1928 musik. Leiter d. nord. Rundfunks in Hamburg. W: Oper, sinfon. Dicht. u. a. f. Orch.

EIBL, Theobald * 5/12 1845 Burghausen (Bay.), † 27/11 1921 Bern, da 1899—1912 Organist und Chordir. W: Messen, Chöre.

EICHBERG, Julius * 13/6 1824 Düsseldorf, † 18/1 1893 Boston, Geiger, Schüler von Rietz u. des Brüsseler Konserv., seit 1859 KonzDirig. u. KonservDir. in Boston. W: Optten, VKompos.

EICHBERG, Oskar * 21/1 1845 Berlin, da † 13/1 1898, Schüler von Löschhorn u. Kiel, ML., MSchr. (1879/89 ‚Musikerkalender‘) u. Chordirig. W: Chöre, Lieder, Broschüren über Wagners C-dur-Sinf. u. ‚Parsifal‘ usw.

EICHBERG, Rich. J. * 13/5 1855 Berlin, da † 16/12 1919, Pianist, Schüler Löschhorns u. Kiels, ML., verd. Vorstandsmitgl. d. TonkünstlVer. W: ‚Der ML.‘, ‚Pädagogik f. ML.‘ (1914); ‚Methodik des KlavSpiels‘.

EICHBERGER, Paul * 1/4 1886 Königsberg, Pr., da seit 1908 VerDir., seit 1919 Kant. u. Organ. W: geistl. M.

EICHBORN, Herm., Dr. jur. * 30/10 1847 Breslau, † 15/4 1918 Gries/Bozen, wo er seit 1891 lebte u. sich ein kleines Orch. hielt, Schüler Brosigs u. E. Bohns. W: Opern, Werke f. Orch., Horn, Klav. u. Gsg; ‚Die Trompete in alter und neuer Zeit‘, ‚Das alte Klarinblasen‘; verbesserte auch das Waldhorn.

EICHEL, Rich., ps. Paul ARENS * 26/2 1873 Chemnitz, 1901/23 StadtKM. in Waldheim i. S., seitdem Inhaber des MVerl Bellmann & Thümer, 1895/99 auf d. Lpzger Konserv. W: UnterhaltgsM.

EICHELBERG, Oskar * 1851, † 30/8 1894 Berlin, kgl. KaMusiker u. KonservDir.

EICHHEIM, Henry * 1870 Chicago, lebt in Santa Barbara, Kaliforn. W: Balladen, Orch-Stücke, sinf. Dichtgen, Streichquart.

EICHHORN, Max * 21/6 1861 Biberschlag, Thür., MSchulDir. in Berlin, VVirt. u. GsgL. an höh. Schulen, ausgeb. in Weimar u. Berlin (Hoch.chule). W: Oper, StrQuart., VStücke, KlavStücke, Chöre, Balladen, Lieder (u. a. ‚Mein Thüringen‘)

EICHHORN, zwei Brüder, 1829/35 geigende Wunderkinder: E r n s t * 30/4 1822, † 16/6 1844, E d u a r d * 17/10 1823 Coburg, † 4/8 1896, beide Mitglieder der Coburger Hofkap.

EICHHORN, Karl * 18/12 1847 Wollbach/Kandern (Baden), † 1/5 1913 Heilbronn a. N., da seit 1889 Organ., Schüler de Stuttgarter Kons. u. der Berliner Akad., KlavL. 1875/89 in Zürich, vorher in Basel und Karlsruhe. W: Oper, Orch-, Klav- u. HarmonStücke, Motetten, FrChöre.

EICHHORN, Karl jr. * 28/6 1879 Zürich (Sohn Karls † 1913 Heilbronn), † 29/11 1929, Stuttgart, da VerDirig. u. ML., da Schüler des Konserv. W: ‚Des Sängers Fluch' f. Chor, Soli u. Orch., Chöre, Lieder u. a.

EICHHORN, Max * 21/6 1861 Biberschlag, Thür., seit 1885 VL in Berlin. W: VKonz., Stücke u. Studien, Streichquart., KlavStücke, Chöre, Lieder.

EICHLER, Friedr. Wilh. * 1809 Lpzg, † 1859 Baden-Baden, KonzM. W: VStücke, Etüden.

EICHLER, Karl * 1834, † 30/8 1926 Ulm, da ML. W: KlavSchule u. Salonstücke. B: Bachsche KlavWerke 4hd. u. erleichtert

EICHLER, Max * 6/11 1868 Berlin, lebt da, auch Inhaber des Verlages Euterpe. W: UnterhaltgsM.

EICHMANN, Rudolf * 24/4 1909 Miloslaw (Posen), Kunsthistor. in Berlin-Charlottenburg, ausgeb. in Bremen

EICHNER, Ernst * 9/2 1740 Mannheim, † 1777 Potsdam, da seit 1773, vorher in Zweibrücken, Paris, London, FagVirt. W: 31 Sinf., KaM.

EICKEMEYER, Willy * 3/6 1879 Saalsdorf (Braunschw.), Pianist, seit 1913 Dir. des Konserv. in Jena, wo er 1922 die Bachgemeinde ins Leben rief. W: KaM., KlavStücke, Lieder.

EICKEN, Joh. v. * 22/4 1893 Düsseldorf, Justizinspektor u. Chordir. in Siegen (Westf.), ausgeb. in Hamm (Konserv.). W: geistl. Chöre u. Lieder

EIDENS, Josef * 26/6 1896 Aachen, lebt da, Schüler Straessers. W: Opern, Sinf., KaM., KlavSonaten u. Stücke.

EIJ ... — s. EY ...

EILENBERG, Rich. * 13/1 1848 Merseburg, 1873 KM. in Stettin, lebte in Berlin, da † 6/12 1927. W: Optte, Ballette, Tänze u. Märsche, zahlreiche KlavSalonstücke

EILENBURG, F. ps. = AILBOUT, Hans

EILERS, Alb. * 21/12 1830 Cöthen, † 3/9 1896 Darmstadt, OpBassist, 1858/65 in Prag, 1865/82 Coburg, 1882/94 Darmstadt. W: Opern, Melodram, Ouvert., Messen, Requiem, humorist. Duette u. Lieder.

EILERS, Walter, ps. EILERS-WELTER; John WALTER * 12/1 1896 Hamburg, lebt da, da u. auf der Berliner Hochschule ausgeb., KonzBegl. W: Optten, Schlager

EIMERT, Herbert, Dr. phil. * 8/4 1897 Kreuznach, MSchr., auch InstrBauer in Köln. W: KaM.; ‚Atonale MLehre'.

EINARSSON, Sigfus * 30/1 1877 Eyrarbakki (Isl.), Domorgan. in Reykjavik. W: Kantate, Chöre, KlavStücke.

EINEGG, Erich * 5/9 1898 Münster i. W., lebt in Berlin, da Schüler der Hochschule, KabarettKM. W: Revuen, Kurzszenen, Chansons. — Eigentl. Name: Wulff WYNEKEN

EINEM, v., ps. = M. E. SACHS

EINÖDSHOFER, Julius * 10/2 1863 Wien, † 17/10 1930 Berlin, Schüler des Wiener Konserv., TheaKM. in Wien,, später in Berlin, auch Leiter eines eig. Orch., zeitweilig auch TheaAgent. W: Optten, Ballette, Burlesken, Tänze, Lieder usw.

EINSTEIN, Alfred, Dr. phil. * 30/12 1880 München, seit Herbst 1934 in Firenze, 1933/34 MKrit. in London, 1927/33 in Berlin, vorher in München, verdienter MForscher, Hrsg. des Riemannschen MLexikons seit der 9. A. u. des Neuen MLexikons (Erweiterg u. Überarbeitg des Hullschen), der Ztschr. f. MWiss. bis 1933, sowie älterer Vokal- u. Instrumental-Werke

EISBRENNER, Werner, ps. Claus BERTHOLD, Fritz WERNER * 2/12 1908 Berlin, da Pianist u. Bearbeiter, da ausgeb. (Hochschule, Akad. f. Schul- u. KirchM., Univ.). W: Lieder, Schlager

EISELT, Pepo * 3/8 1893 Hainsbach, lebt da, im Sommer Solovcellist des SinfOrch. in Karlsbad. W: VcStücke, KlavStücke, Lieder.

EISENHOFER, Frz Xaver * 29/11 1783 Ilmmünster (Bay.), † 15/8 1855 als Prof. in Würzburg. W: Kirch- u. InstrM., MChöre, Lieder usw.

EISENHUT, Georg * 25/12 1841 Agram, da † 2/4 1891, Schüler des Wiener Konserv. W: kroat. Opern, Tänze usw.

EISENMANN, Alex. * 27/3 1875 Stuttgart, da VL., MSchr. u. Krit. W: ‚Elementartechnik des musikal. Vortrags', ‚Musikal. Unterrichtsstunden', ‚Das große Opernbuch'; Ouvert., Kantate. H: ‚Unsere Altmeister' (VStücke).

EISENMANN, Rud. * 17/12 1894 Steinling, OPfalz, SchulL. in Regensburg. W: KaM., Klavier- u. OrgStücke, Chöre, Lieder

EISENSTEIN, Fugen ps. = TUNNER, Maria

EISLER, Hanns, ps. (H.) ADAMS * 6/7 1898 Lpzg, Schüler Schönbergs, lebt in Paris, 1925/33 L. am Klindworth-Scharwenka-Konserv. in Berlin. W: KaM., KlavSonat., Melodramen, Chöre

EISNER, Bruno * 6/12 1884 Wien, da Schüler des Konserv., KlavVirt. in Berlin. H: Webers KlavWerke.

EITNER, Robert * 22/10 1832 Breslau, † 2/2 1905 Templin, UM., Schüler Brosigs, treffl. MHistor., 1853 in Berlin, seit 1883 in Templin,

Gründ. 1868 die ‚Gesellsch. f. MForschg', redigierte deren ‚Publikationen älter. theoret. u. prakt. M-Werke' (1869/1904) die ‚Monatshefte f. MGesch.'. W: ‚Verzeichnis neuer Ausgaben alter MWerke', ‚Bibliographie der MSammelwerke des 16. u. 17. Jhs.', ‚Quellen-Lexikon. Biographie u. Bibliographie über die MGelehrt.' (10 Bände, unentbehrlich) u. a., Oper, Ouvertur., Kantaten, Chöre, Lieder usw.

EITZ, Karl * 25/6 1848 Wehrstedt b. Halberstadt, † 18/4 1924 Eisleben, da BürgerschulL., 1918 Kgl. Prof., 1922 Dr. phil. h. c. d. Univ. Kiel, trat mit einer deutschen Solmisation (‚Tonwortsystem') f. Schulgsgunterricht hervor, d. auch außerhalb d. Schule weite Verbreit. findet. Auch Erbauer eines Reinharmoniums. Schrieb ferner: ‚Das mathemat.-reine Tonsystem' 1891, ‚Bausteine zum Schulgsgunterr.' 1911, ‚Der Gsgunterr. als Grundlage d. musikal. Bildg', 2. Aufl. 1924.

EIZENBERGER, Jos. * 18/3 1877 Obernberg am Inn, SchulL. in Graz. W: Messen, Chöre, KlavStücke, Tänze, Märsche.

EK, Fritz Gunnar Rud. * 21/6 1900 Asarum (Schweden), seit 1927 SoloVc. in Stockholm, auch Organ. W: Sinf., Suiten, u. a. f. Orch., OrgStücke, Kantaten, Lieder.

EKMAN, Karl * 18/12 1869 Abo, hervorrag. Klavierist, 1907/11 KonservDir. in Helsingfors, 1912/20 OrchDir. in Abo, lebt in Helsingfors. W: KlavSchule.

ELBEN, Otto. Dr. jur. * 30/1 1825 Stuttgart, da † 28/4 1899, Schriftleiter des ‚Schwäb. Merkurs', Reichs- u. Landtags-Abgeordn. u. Mitglied des Liederkranz; unter seinem Vorsitz 1849 der Schwäbische, 1862 (21/9) der Deutsche Sängerbund begründet. W: ‚Gesch. des dtschen MGsgs'.

ELBON, George ps. — s. MORENA, Camillo

ELDERING, Bram * 8/7 1865 Groningen, Schüler Hubays u. Joachims, treffl. Geiger u. L., seit 1903 in Köln am Konserv. u. KonzM. des GürzenichOrch., 1934 pensioniert

ELER, Andreas * 1764 im Elsaß, † 21/4 1821 Paris, da seit 1816 KontrapunktProf. am Konserv. W: Opern, Hornkonz., KaM.

ELER, Frz * um 1500 Ülzen, † 22/2 1590 Hamburg, da Kantor, später DomKM. W: geistl. Gsge (Psalmen Luthers)

ELEWYCK, Xavier Victor van * 24/4 1825 Ixelles/Brüssel, † 26/4 1888 Tirlemont (Irrenhaus), Domorgan. in Löwen, MSchr. W: Motetten. H: Anciens clavecinistes flamands.

ELGAR, Edward * 2/6 1857 Broadheath/Worcester, † 23/2 1934 London, Königl. HofKM., 1882 KonzM. in Worcester, 1885 da Organist (nach seinem Vater), lebte seit 1889 in London u. 1891 in Malvere nur der Kompos., 1904/08 MProf. an der Univers. Birmingham, 1904 geadelt (Sir), Ehrendoktor verschied. Univers., überhaupt sehr gefeiert und geehrt. W: Oratorien ‚The light of life', ‚Der Traum des Gerontius', die Trilogie ‚Die Apostel', Oper ‚Grandsoir', Kantaten u. a. ‚Caractacus', ‚The spirit of England', Sinf., KonzOuvert. u. a. ‚Cockaigne', ‚Im Süden', OrchVariat. u. Serenaden, VKonz., VcKonz., KaM., OrgSon., Chöre, Lieder usw. Vgl. J. F. Porte, 1921.

ELIE, Justin * 1883 Port-au-Prince, Haiti, lebt in Newyork. W: Opern, Ballett, sinf. Suiten u. Dichtgen, Konz. u. a. f. Klav., Gsge.

ELIN, Hanns, ps. = JELINEK, Joh.

ELIZZA, Elisa * 1869, † 3/6 1926 Wien, ausgez. Sopran. der Hofoper

ELKUS, Albert Israel * 30/4 1884 Sacramento. W: Sinfon. Dichtgen, VcKonz. nach Ariosti, KaM., KlavStücke, Chöre, Lieder.

ELLA, John * 19/12 1802 Thirst (York), † 2/10 1888 London, da VVirt., auch MSchr., sehr verdient durch seine gedieg. KaMKonzerte (Musical Union 1845—80) mit analyt. Programmen. W: ‚Lectures on dramatical m.', ‚Musical Sketches', ‚Records of the musical Union'

ELLBERG, Ernst Henrik * 11/12 1868 Söderhamn, urspr. Geiger, lebt in Stockholm, da seit 1904 KomposL. am Konserv. W: Oper, Ballette, Sinf., Ouvert., KaM.

ELLENA, Ant. * 9/11 1868 Vercelli, lebt in Milano, vielgereist. VVirt (blind). W: Orat., Kantaten, Chöre usw.

ELLER, Heino * 8/3 1887 Dorpat, da L. an der MSchule. W: Sinf. Dichtgen, KaM., KlavSon. u. Stücke.

ELLER, Louis * 9/6 1819 Graz, † 12/7 1862 Pau (Frankr.), tüchtiger vielgereist. Geiger. W: VStücke.

ELLERTON, John Lodge * 11/1 1807 Cheshire, † 3/1 1873 London. W: ital., dtsche u. engl. Opern, Oratorium, Messen, viele Glees, Motetten, Duette, Sinf., Ouvertur., KaM. (44 StrQuart.).

ELLEVIOU, Jean * 14/6 1769 Rennes, † 5/5 1842 Paris, da berühmter OpTen.

ELLGER, Hilde * 1/9 1887 Berlin, da treffl. KonzAltistin.

ELLICOTT, Rosalinde Frances * 14/11 1857 Cambridge, gründ. 1882 die ‚Handel-Society' in London. W: Chorwerke m. Orch., Ouvert., Phantasie f. Klav. u. Orch., KaM., Chöre, Duette, Lieder usw.

ELLING, Katharinus * 13/9 1858 Christiania, lebt da, MSchr., Sammler norweg. Volkslieder. W: Oper, M. zum ‚Dreikönigsabend', Orator. ‚Der verlorene Sohn', Sinf., KaM., Chöre, Lieder, KlavStücke.

ELLINGFORD, Herbert Frederick * 8/2 1876 London, OrgVirt. in Liverpool. W: ‚The Organ'; OrgStücke u. Transskript., KlavStücke, Chöre, Lieder.

ELLIS, Alex. John * 14/6 1814 Hoxton, † 28/10 1890 Kensington, verdienter Phonetiker u. Tonpsycholog

ELLIS, Seymour ps. = Ch. A. RAWLINGS

ELLMENREICH, Albert, ps. M. L. EHRICH * 10/2 1816 Karlsruhe, † 30/5 1905 Lübeck, Schauspieler. W: 3 Opern, viele Lieder.

ELLMENREICH, Joh. Bapt. * 1770 Neu-Breisach, † 1816 Petersburg, ausgez. vielgereist. OpBassist. W: Arien, Lieder.

ELMAN, Mischa * 21/1 1892 Stalnoje (Gouvern. Kiew), hervorrag. Geiger, Schüler L. Auers, unternahm schon als 8jähr. Knabe weite Konzertreisen. Lebt in Newyork. H u. B: ältere VM.

ELMAS, Stephan, ps. Henry BALLET * 24/12 1864 Smyrna, lebt in Genf, Pianist, Schüler A. Doors u. Franz Krenns. W: KaM., 2 Konz., 15 Sonat. u. viele Stücke f. Klav.

ELMENDORFF, Karl * 25/1 1891 Düsseldorf, seit Herbst 1932 OpLeiter in Wiesbaden, 1925/32 KM der Münchner Staatsoper, vorher in Düsseldorf, Mainz, Hagen u. Aachen, auch in Bayreuth.

ELPÉE, ps. = Leonh. PRINZ

ELROH, Jean, ps. = Hanns LÖHR

ELSÄSSER, Alois Joh. * 1/11 1885 Eßlingen, seit Kriegsende OberL., Organ. u. Chordir. in Göggingen/Schwäb. Gmünd, vorher u. a. Organ. in Ulm, später noch Schüler Strässers in Stuttgart. W: gem. u. MChöre.

ELSÄSSER, Ernst G. * 11/2 1880 Würzburg, seit 1916 Klav- u. KomposL. am Konserv. in Dortmund, ausgeb. in Würzburg u. in Frankfurt a. M., 1904/06 in Magdeburg, 1906/08 in Erfurt, 1908/14 KonservL. in Graz, 1914/16 ML. in Frankfurt a. M. W: OrchM., KaM., gem. u. MChöre, auch m. Orch., Liederspiel im Volkston f. 2 Singst. mit Klav.

ELSASS, ps. = Karl SCHOEPS

ELSCHNIG, Marietta * 1/5 1860 Triest, in Graz seit 1879, ML. W: Lieder.

ELSENAAR, Evert * 27/6 1892 Wageningen, Klarinettist, seit 1918 MSchulL. in Nijmegen, MSchr. H: Ztschr. ‚Euphonia'; ‚Symphonia musica'

ELSMANN, Kurt * 18/1 1905 Hannover, KlavVirt., EnsembleKM. in Amsterdam, ausgeb. in Hannover, u. a. bei Gille, 1916/18 Frontsoldat. W: Charakterstücke u. a.

ELSNER, Herbert * 21/3 1911 Berlin, lebt da. W: Tänze, bes. Walzer

ELSNER, Jos. * 29/6 1769 Grottkau (Schles.), † 18/4 1854 Warschau; um die M. in Polen verdient, 1799/1820 TheaKM. u. 1821/30 KonservDir. in Warschau. W: Opern u. Singspiele, 105 KirchM., Sinf. usw.

ELSON, Louis Charles * 17/4 1848 Boston, Mass., da † 14/2 1920, stud. in Boston (A. Kreißmann) u. Lpzg, MSchr. W: ‚Gesch. d. dtschen Gsges', ‚Dtscher Gsg u. Gsglehrer' u. a.; ferner Optten, Gsge u. InstrWerke.

ELSTER, Daniel * 16/9 1796 Benshausen/Schleusingen, † 19/12 1857 Wettingen (Schweiz), verdient um den Schul- u. Volksgsg. W: MChöre, ‚Vollst. Volksgsgschule' u. a.

ELUKHEN, Alex. * 25/1 1876 Petersburg, lebt in Berlin, Schüler R. Gliers u. St. Krehls. W: Opern, Ballette, Sinf., sinf. Dichtgen, KaM., KlavStücke, Lieder.

ELVERNE, Friedrich d' — s. Friedr. SCHMIDT

ELVEY, Geo. * 27/3 1816 Canterbury, † 9/12 1893 Windlesham (Surrey), 1835/82 Organ. in Windsor. W: KirchM. — Sein Bruder S t e p h e n * 27/6 1805 Canterbury, † 6/10 1860 Oxford, da seit 1850 Organ., seit 1848 UniversMDir. W: KirchM., weltl. Gsge.

ELWART, Elie * 18/11 1808 Paris, da † 14/10 1877, Schüler von Fétis u. Le Sueur, 1831/71 KonservL. zu Paris, treffl. MSchr. W: Opern, Orat., Messen, Kantaten usw., ‚Théorie musicale', ‚Le chanteur accompagnateur', ‚Traité du contrepoint', ‚Histoire de la société des concerts du conservatoire'.

EMBDEN, van — s. DANZIGER VAN E., Rachel

EMBORG, Jens Laurson * 22/12 1876 Ringe, seit 1906 Organ. u. SemML. in Vordingborg/Kopenhagen. W: Oper, Sinf. u. and. OrchWerke, KaM., VKonz., KirchM., Klav- u. OrgStücke, Lieder.

EMERICH, Paul * 12/11 1895 Wien, da KlavVirt u. ML. W: fantast. Sextett, Lieder.

EMERSON, Luther Orlando * 3/8 1820 Parsonsfield (Mass.), VerDirig., Organ. u. a. in Boston, lebte noch 1916 in Hyde Park (Mass.). W: KirchM., Lieder. H: über 70 Sammlgen von KirchGsgen

EMERY, Stephan Albert * 4/10 1841 Maine/ Paris, † 15/4 1891 Boston, da KlavProf., Schüler des Lpzger Konserv. u. F. Spindlers. W: KlavSon., StrQuart., Chöre; ‚Foundation studies in Pfte playing'; ‚Elements of harmony'

EMGE, Hans * 26/6 1878 Hannover (Sohn d. HofopSgers), Stimmbildner, seit 1934 Prof. an der Berliner akad. Hochschule, 1900/04 Schüler Alb. Selvas in Milano, 1905/08 GsgL. in Santiago (Chile), 1908/14 in Hannover, dann Kriegsteiln., dann wieder in Hannover, 1928/34 Pfleger des Ka- Chors des Westdtsch. Rundfunks, 1931/34 Prof. an der Hochschule in Köln

EMILCHEN, R., ps. = Emil ROSENDORF

EMMANUEL, Maurice, Dr. phil. * 2/5 1862 Bar sur Aube, lebt in Paris, hervorrag. Forscher vor allem auf dem Gebiet der antiken MGesch., verdient um das musikal. Erziehgswesen. W: Oper, Sinf., KaM., Org- u. KlavStücke.

EMMEL, Karl * 13/9 1895 Darmstadt, Bankbeamter in Mainz, da u. in Darmstadt (Akad.) ausgeb. W: ns. Chöre u. Marschlieder

EMMERICH, Rob. * 23/7 1836 Hanau, † 11/7 1891 Baden-Baden, bis 1873 Offizier, 1873/78 in Darmstadt, 1878/79 TheaKM. in Magdeburg, seit 1889 Chordirig. in Stuttgart. W: Opern, Sinf., KaM., Chöre, Lieder, KlavStücke usw.

EMMET, Daniel * 1818 Mount Vernon, Ohio, da † 27/6 1904, sehr populär. amerikan. Volksliederkomp., kein Neger, aber Mitglied einer NegerSgrGes.

ENACOVICI, Georg * 1891 Focsani, seit 1919 VProf. am Konserv. in Bukarest. W: KaM., V-Stücke.

ENCINA, Juan del * 1469 Encina, † ?, Hofdichter u. Musiker des Herz. v. Alba. W: Orator., Chöre.

ENCKE, Heinrich — s. ENKE

ENCKHAUSEN, Heinr. Frdr. * 28/8 1799 Celle, † 15/1 1885 Hannover, Schloßorgan. seit 1829. W: Orch- u. KlavStücke, Lieder usw.

ENDE, Heinr. von * 12/8 1858 Essen a. R., † 20/1 1904 Köln, MVerleger (Verlag an F. E. C. Leuckart verkauft). W: MChöre, Lieder, KlavSchriften; ‚Dynamik des KlavSpiels' usw.

ENDERS, Georg * 26/2 1878 Görlitz, KM. in Berlin-Tempelhof. W: UnterhaltgsM.

ENDERS, Rich. * 20/7 1886 Bohrau, Kr. Oels, Schulrektor in Breslau, Schüler u. a. G. Riemenschneiders. W: Opern, Hörspiel, OrchSuite, KaM., Lieder

ENDRESS, Oskar * 11/3 1880 Frankfurt a. M., da Organ. W: geistl. Liederheft, PosChöre.

ENESCO, Georges, ps. Camille GROZZA * 7/8 1882 Cordaremi (Rumän.), seit 1900 in Paris ansässig (wohnt aber auch in Sinaia, Rum.), VVirt. u. Komp., zeitweise OrchDir. in Bukarest. W: Oper, Sinf. u. OrchSuiten, KaM., VcKonz., KlavSuiten.

ENGEL, David Herm. * 22/1 1816 Neu-Ruppin, † 3/5 1877 Merseburg, Domorgan. seit 1848. W: Oratorium ‚Winfried', Org- u. KlavStücke, Choralbuch, ‚18 Festmotetten' (op. 43), ‚Kasualmotetten' (op. 57), 2st. Singübgen (op. 47).

ENGEL, Eduard † 4/2 1926 (82 J. alt) Dresden, geschätzter GsgL.

ENGEL, Erich Wilh. * 13/1 1888 Wien, 1913/25 Solorepetitor, zuletzt Gsgsmeister am Dtsch. Opernhaus in Berlin, 1925/33 an der Staatsoper in Dresden, lebt jetzt in Wien. W: ‚Joh. Strauß u. seine Zeit', ‚R. Wagner', ‚Mozart' (Kalender)

ENGEL, Gustav * 29/10 1823 Königsberg i. Pr., † 19/7 1895, seit 1849 GsgL. u. MKrit. in Berlin. 1863/74 an der Kullakschen Akad., dann an d. Kgl. Hochschule. W: ‚Sängerbrevier', ‚Das mathemat. Harmonium', ‚Das Erhabene u. Schöne in der M.' usw.

ENGEL, Hans, Dr. phil. * 20/12 1894 Kairo, Schüler Kloses, H. Röhrs u. Sandbergers, seit 1926 Privdoz., seit Ende 1932 ao. Prof. f. MWiss. an d. Univ. Greifswald. W: ‚Die Entwicklung des dtsch. KlavKonz.', ‚Das InstrumKonz.' u. a.

ENGEL, Hermann * 23/10 1892 Ratibor, Gitarrist in Wien. W: Lieder zur Laute.

ENGEL, Joel * 16/4 1868 Berdjansk (Taurien), † 11/2 1927 Tel Aviv (Paläst.), da seit 1924, ausgebildet in Moskau, wo er bis 1922 lebte; suchte nation. jüd. M. zu schaffen, MSchr. W: KaM., VStücke, KlavStücke, Lieder. H: jüd. Volkslieder.

ENGEL, Karl * 6/7 1818 Thiedewiese/Hannover, † 17/11 1882 Kensington (Lond.), seit 1850 in London. W: üb. Gesch. d. M. u. der MInstrumente außereuropäischer Länder.

ENGEL, Karl * 21/7 1883 Paris, Schüler Thuilles, seit 1905 in Amerika, seit 1922 Leiter der MAbt. der Congress library in Washington. W: Triptych f. V. u. Klav., KlavStücke, Lieder.

ENGEL, Kurt * 6/4 1909 Berlin, da OpMusiker, da ausgeb. (Hochsch.). W: UnterhaltgsM., auch XylophonStücke

ENGEL, Rudi * 12/5 1883 Ruppersdorf/Reichenberg (Böhm.), seit 1911 KirchMDir. u. VerDir. in Brüx (im Kriege MilitKM). W: Oper Orat., Messen u. sonst. KirchM., Chöre, Lieder, OrchSuite, KlavStücke.

ENGEL, Wendelin † 28/12 1929 Wien. W: UnterhaltgsM.

ENGEL, Willem * 13/4 1871 Nymwegen, ausgebildet in Rotterdam, KomposSchüler Gernsheims, seit 1892 SoloVcellist in Hamburg, auch treffl. Quartettist. W: VcStücke, Lieder.

ENGELBRECHT, C. F. * 1/9 1817 Kyritz, † 10/12 1879 Havelberg, da Domorgan. W: OrgStücke.

ENGELBRECHT, Friedr. * 12/2 1875 Wien, da Geiger in der Staatsoper. W: OrchFantas., KaM.

ENGELHARDT, Karl 1817 MilKM. in Erfurt, 1828/57 KM. des 1. Garde-Regt. in Potsdam. W: Märsche u. a. f. MilM., treffl. Bearb. f. diese.

ENGELHART Frz Xav. * 4/3 1861 Geiselhöring (NBay.), † 14/7 1924 Regensburg, DomKM. seit 1891. W: Marien- u. Weihnachtslieder.

ENGELHART, Karl, Dr. jur. * 10/12 1882 Gloggnitz, NÖsterr., ObRegRat, Bezirkshauptmann in Wien. W: Tänze, Märsche (eigene Texte), u. a. Bundesheer-Marsch

ENGELKE, Bernh., Dr. phil. * 2/9 1884 Braunschweig, seit 1926 L. an d. pädag. Akad. in Kiel, da 1927 PrivDoz. an der Univers., vorher GsgL. u. Organ. am Klostergymn. in Magdeburg, MSchr., Hrsg. älterer MWerke.

ENGELMANN, Joh. * 5/1 1890 Altenburg, seit 1920 Chordir. in Zwickau, Schüler des Lpz. Konservat. (Reger, Krehl), dann TheaKM. W: Oper, Wolfgang-Sinf., KaM., OrgStücke, VStücke

ENGELSBERG, E. S. (ps. f. Ministerialrat Dr. E. Schön) * 23/1 1823 Engelsberg (österr. Schles.), † 27/5 1879 Deutsch-Jasnick (Mähren). W: beliebte MChöre.

ENGELSMANN, Walter, Dr. phil. * 12/12 1881 Fournies (Frankr.), Komp. in Dresden. W: Weihnachtskant., KaM., KlavStücke, Lieder; ‚Beethovens Kompositionspläne' 1931.

ENGL, Jo, Dr. phil. * 6/8 1893 München, PrivDoz. d. Physik an der techn. Hochschule Berlin, Miterfinder des Tonfilms

ENGLÄNDER Rich., Dr. phil. * 17/2 1889 Lpzg, seit 1919 MSchr., KonzBegl. u. KM. in Dresden. W: ‚J. G. Naumann als Opernkomp.', OrchVariat., Lieder. H: u. a. Werke Hasses

ENGLER, Karl * 30/6 1877 Bautzen, da seit 1902 SemML., seit 1910 Domorgan., seit 1932 Domchordir., auch StudRat, ausgeb. in Leipzig (Konserv.) u. Dresden (Draeseke). W: Singspiele, Weihnachtslieder, OrgStücke, KlavStücke, Lieder, Märsche

ENGLER, Paul * 10/5 1895 Bensen, Chordir. u. KonservTheorL. in Dresden, da ausgeb. W: Sinf. Dichtgen, Prolog

ENGLERT, Karl * 30/11 1884, lebt in München, da (Akad.), in Paris, Berlin, Newyork ausgebildet, dann TheaKM., 1915/25 Solorepet. an d. Münchener Op. W: Opern (eigene Dichtgen), 2 Sinf., KlavSon. u. Stücke, viele Tänze, über 200 Lieder

ENGLERTH, Gabriele * 23/7 1893 Würzburg, dramat. Sopran. der Wiesbadener Op., bayr. KaSgerin (München), ausgeb. in Würzburg u. Milano, im In- u. Auslande durch Gastspiele, auch als Orat.- u. Liedsgerin sehr bekannt

ENGLISH, Jack, ps. = A. T. H. PARKER

ENKE (auch Encke), Heinr. * 1811 Neustadt (Bayern), † 31/12 1859 Lpz., Schüler Hummels. W: instrukt. Stücke, zahlreiche Arrangem. f. Klav.

ENNA, Aug. * 13/5 1860 Nakskoo (Insel Laaland), Autodidakt, urspr. Schuhmacher, lebte in Kopenhagen, † 7/11 1923. W: Opern ‚Die Hexe' 1892, ‚Das Streichholzmädchen' u. a., Ballette, Chorlegende, Lieder, Sinf., VKonz., KlavStücke.

ENNART, ps. = ARTZIBUSCHEFF

ENNET, O., ps. = Otto TENNE

ENOCH & Co., MVerlag in London u. Paris, gegr. 1869

ENSCHEDÉ, Jan Willem * 17/8 1865 Haarlem, † 13/2 1926 Overveen, Bibliothekar in Haarlem, MForscher

ENTHOVEN, Emile, Dr. phil. * 18/10 1903 Amsterdam, Schüler u. a. Schrekers. W: Bühnenfestspiel ‚Ichnaton', OrchSuiten, KaM., KlavStücke, Lieder, auch m. Orch.

ENZ, Anton * 19/11 1869 Deggingen, seit 1897 KlavL. am Konserv. in Stuttgart, seit 1901 auch KirchChordir. W: Messe.

ENZIAN, Gisbert * 11/8 1847 Soest, 1873 MDir. in Kreuznach, KlavVirt. W: KlavStücke, Chöre, Lieder usw.

EPSEN, K. ps. = THIELE, Kurt

EPSTEIN, Eduard * 25/10 1827 bei Breslau, † 6/3 1889 Tiflis, Pianist, seit 1857 ML. in Tiflis. W: ‚Der MUnterricht der Jugend' (1888).

EPSTEIN, Julius * 7/8 1832 Agram, † 1/3 1926 Wien, da 1867/1901 KlavL. am Konserv., Klav-Virt. H: ältere KlavM.

EPSTEIN, Lonny * 6/3 1885 Frankfurt a. M., da Schülerin des Hochschen Konserv., bes. Kwasts, KlavVirt., seit 1912 KonservL. in Köln, seit 1927 im Winter in Newyork.

EPSTEIN, Peter, Dr. phil. * 12/11 1901 Straßburg i. E., MWissenschaftler, seit 1927 PrivDoz. an der Univers. Breslau, da † 9/6 1932.

ERANS, Rolf, ps. = Ernst STEFFAN u. Hans Jos. VIETH

ERARD, Gebrüder: Sebastian * 5/4 1752, † 5/8 1831, u. Jean Baptiste, Deutsche (Erhard) aus Straßburg, errichteten 1778 die bald sehr berühmte KlavFabrik in Paris, gründeten 1786 eine Filiale in London, konstruierten 1811 die Doppelpedalharfe, auch dadurch berühmt; sie erfanden 1823 die Repetitionsmechanik (double échappement) für das Klav. — Ihr Neffe u. Erbe P i e r r e * 1796 Paris, † 18/8 1855, erzielte weitere Fortschritte im KlavBau. W: Schriften über Klav- u. HarfBau.

ERASMO, Alberto d' * 14/4 1874 Udine, KonservDir. in Bergamo. W: Oper, Sinf., KlavSonate u. Stücke, Gsge.

ERB, Karl * 13/7 1877 Ravensburg, lebt da, ausgez. Thea- u. KonzTenorist (der erste Palestrina, hervorrag. als Evangelist), 1908/10 in Lübeck, 1910/13 in Stuttgart, 1913 bis Juli 1925 an der Münchner Oper, dann gastierend.

ERB, Maria Josef * 23/10 1860 Straßburg i. E., da Organ., Pianist u. KonservL. W: Opern, Sinf., OrchSuite, KaM., Klav- u. Gsgwerke, auch Messen.

ERBA, Dionisio, Abt in Milano 1700. W: Magnificat, von Händel in ‚Israel in Ägypten' benutzt

ERBACH, Christian * 1570 Gau-Algesheim (Hessen), † 1635 Augsburg, da Domorgan. seit 1625. W: Motetten, OrgStücke

ERBAN, Frz * 22/6 1865 Wien, da GymnasGsgL., Chordir. u. MSchr. W: Chöre, Lieder.

ERBE, Kurt * 15/12 1858 Seifersdorf (Schles.), Schüler u. a. Brosigs u. der Berliner Akad., SemML. u. Organist in Posen, lebt im Ruhestand in Eilenburg. W: Motetten u. sonst. Chöre, Lieder, OrgStücke, Bearb. f. Orch. u. StrQuart.

ERBEN, Robert * 9/3 1862 Troppau, zeitw. TheaKM., † 17/10 1925 Berlin, lebte da seit 1900 als Begleit. u. GsgL. W: Oper, Chorwerk, KaM.

ERDLEN, Hermann, ps. FRUDE, Hans; LENERD, H.; NELDRÉ, Armand * 16/7 1893 Hamburg, da KM., GsgL. u. MRef. W: Oper, Optten, Pantomime, OrchPassacaglia (preisgekr.) u. Suite, OrgStücke, Chöre, Gsge, Lieder, auch mit Laute

ERDLER, Felix * 6/11 1893 Berlin, da VcVirt. u. KonzBegl. W: Chöre, Lieder.

ERDMANN, Dorothea v. — s. ERTMANN

ERDMANN, Eduard * 5/3 1896 Wenden (Livland), seit Herbst 1925 KlavProf. an d. Akad. in Köln, 1914/24 in Berlin, ausgezeichn. KlavSpieler, sehr fortschrittl. Tonsetzer. W: 2 Sinf., OrchRondo, KlavStücke, VSonate, Lieder.

ERDMANN, Hans, Dr. phil. * 7/11 1887 Breslau, ursprl. Geiger, seit 1924 FilmKM. in Berlin, vorher TheaKM. W: Pantom., FilmM., ‚Allgem. Handbuch der FilmM.'.

ERDMANN, Willy * 7/11 1906 Berlin, Pianist in Rehbrücke/Potsdam, Schüler Bumckes. W: UnterhaltgsM., SAMärsche u. Lieder

ERDMANNSDÖRFER, Max * 14/6 1848 Nürnberg, † 14/2 1905 München, Schüler des Lpzger Konserv. u. von Rietz-Dresden, 1870/80 HofKM. in Sondershausen, KonzDirig. in Moskau 1882/89, Bremen 1889/95, 1897/98 HofKM. in München. W: Chorwerke, Ouvert. usw. — Seine Gattin P a u l i n e, geb. O p r a w i l l, gen. F i c h t n e r * 28/6 1851 Wien, † 24/9 1916 München, tüchtige Pianistin, Schülerin Liszts.

ERFURT, Karl Gottlieb * 2/5 1807 Neugersleben/Magdeburg, † 7/1 1856 Hildesheim, KirchMDir. W: KlavStücke.

ERFURT, Wilh. * 19/3 1873 Hirschberg (Schlesien), lebt da. W: OrchM., KlavStücke, VStücke, Lieder.

ERGE, Bela, ps. = ERFURT, Wilh.

ERGO, Emil * 20/8 1853 Selzaete (Ostfland.), † 11/10 1922 Berchem, bedeut. Theor. in Ixelles seit 1907, vorher Chordir. u. MSchulL. in Antwerpen, MSchr. W: u. a. ‚Über Richard Wagners Harmonik u. Melodik' 1914

ERHARD, Eduard * 9/8 1882 Wien, lebt in Seeheim/Starnberger See, Bariton. an vielen Bühn., KonzSger.

ERHARD, Hellmut * 15/7 1903 Deuben, L. an der kirchmusik. Hochschule u. am Konserv. in Dresden, Schüler u. a. Kurt Strieglers u. Joh. Reicherts. W: Sinf. Dichtg, viel KaM. (3 StrQuart. u. a.), 2 KlavSon., KlavKonz., Chöre, auch mit Orch, viele Lieder

ERHARD, Sebastian — s. ERARD

ERHARDT, Otto, Dr. phil. * 18/11 1888 Breslau, Opernspielleiter, seit 1927 in Dresden. W: ‚Die Operndichtg der dtsch. Romantik' u. a., Regiebücher.

ERICH, Georg, ps. = Georg MESSNER
ERICH, Walter * 3/4 1867 Berlin, da KlavL. W: KlavStücke.
ERIKSEN, Erich, ps. = OPITZ, Erich
ERIKSON, Erich, ps. = Joachim KÜTSCHAU
ERIKSSON, Josef * 8/12 1872 Söderfors, Organ. in Upsala, Schüler des Stockholmer Konserv. W: StrQuart., Klav- u. OrgStücke, Lieder.
ERK, Ludw. * 6/1 1807 Wetzlar, Sohn des L. u. Organ. Adam Wilh. Erk (* 10/3 1779 Herpf/Meiningen, † 31/1 1820 Wetzlar), † 25/11 1883 Berlin, 1826/35 SemL. in Moers, dann in Berlin; gründete da 1843 den ‚Erkschen MGsg-Verein‘, hochverdient um die Erforschg u. Pflege des dtsch. Volkslieds. W: weitverbreit. Liedersammlgen f. Ver. und bes. f. Schulen (‚Liederkranz‘, ‚Singvögelchen‘, ‚Dtsch. Liedergarten‘, ‚Siona‘, ‚Sängerhain‘, Choräle usw.), die er meist mit seinem Bruder F r i e d r i c h (* 8/6 1809 Wetzlar, † 7/11 1878 Düsseldorf) und seinem Schwager G r e e f gemeinsam herausgab. Sein Hauptwerk, der ‚Dtsche Liederhort‘, wurde von F. M. Böhme völlig neu bearbeitet und fortgesetzt.
ERKEL, Frz * 7/11 1810 Gyula (Ungarn), † 15/6 1893 Budapest, erster KM. des NationThea. seit 1838. W: nat. ungar. Opern ‚Hunyadi Laßlo‘, ‚Bank-Ban‘ u. a. — Sein Sohn A l e x. * 2/1 1846 Budapest, † 14/10 1900 Békés Czábra. gleichfalls KM. am NationThea. seit 1875 u. Prof. an der LandesMSchule in Pest. W: Opern, Singspiele, Ouvertur., Chöre u. Lieder. — Dessen Bruder L a d i s l a u s (* 9/4 1844, † 3/12 1896) ML. in Preßburg. — Dessen Bruder J u l i u s * 4/6 1842 Budapest, da † 22/3 1909, KM. an d. kgl. Oper u. L. an der Pester MAkad. W:˙ M. z. Drama ‚Madách‘
ERL, Anton * 12/1 1848 Wien, † 28/9 1927 Dresden, da 1875/1912 an der Oper, berühmter lyr. Tenorist.
ERLANGER, Camille * 25/5 1863 Paris, da † 24/4 1919, Schüler des Konserv. W: Opern ‚Le juif polonais‘, ‚Aphrodite‘ usw., OrchWerke, Lieder usw.
ERLANGER, Friedrich v. (Pseud. F. Regnal) * 29/5 1868 Paris, lebt in London. W: Opern, sinfon. Suite, VKonz., Requiem usw.
ERLANGER, Gustav * 19/1 1842 Halle a. S., † 23/6 1908 Franfurt a. M., Schüler Reineckes. W: Orch-, Ka- u. ChorM.
ERLANGER, Ludwig v. (ps. R. Langer) * 5/3 1862. W: Oper 1904, Ballett 1894.

ERLANGER, Viktor v. * 1867, † 25/9 1907 Wien. W: Operette.
ERLEBACH, Ph. Heinr. * 25/7 1657 Esens (Ostfriesl.), † 17/4 1714, HofKM. in Rudolstadt seit 1680. W: InstrumM., Kantaten u. Lieder (‚Harmon. Freude‘) mit Instrum.
ERLEBACH, Rupert * 16/11 1894 Islington, lebt in London, verwendet mit Vorliebe Volkslieder. W: sinf. Dichtgen, KaM., OrgStücke, Chöre, Lieder.
ERLEMANN, Gustav * 29/3 1876 Neuwied, Schüler d. Instit. f. KirchM. in Berlin u. Bruchs, 1905 Begr. d. KirchMSchule in Trier. W: Orch-Suite, sinf. Dichtg, kirchl. u. weltl. GsgM., Klav- u. OrgStücke.
ERLER, Herm., ps. Charles MORLEY, Bernh. REICHEL, Ernst SCHERZ * 3/6 1844 Radeberg/Dresden, † 13/12 1918 Berlin, da MKrit. u. seit 1873 MVerleger. W: ‚R. Schumanns Leben und Werke‘, Lieder, KlavStücke.
ERLER, Theodor * 8/4 1869 Kreina b. Oschatz, † 24/10 1925 Untergöltzsch i. V./Rodewisch, 1899 KM. am Thea. in Plauen, dessen Dir. 1910/18, seitdem in Irrenanst. Rodewisch. W: Opern.
ERMATINGER, Erhart * 16/2 1900 Winterthur, lebt in Zürich, vorher in Holland, Freiburg i. B. u. Berlin (zeitw. OpKorrep.), MSchr. W: Sinf., StrQuart., KlavKonz., 62. Psalm u. a.; ‚Bildhafte M.‘ (1928)
ERNEST, Adolphe, ps. = Ernst Hartung
ERNEST, Gustav * 5/7 1858 Marienwerder, Schüler Kullaks, X. u. Ph. Scharwenkas, lebte jahrelang als ML. in London, seit 1909 in Berlin, Doz. der MGesch. an der Humboldt-Akad. u. MSchr. W: KlavKonz., KlavStücke, VKonz., Chöre, Lieder; ‚Beethoven‘ (treffl.), ‚R. Wagner‘, ‚Brahms‘, ‚Wilhelm Berger‘
ERNESTI, Hans, ps. = AILBOUT, Hans
ERNST II., Herzog v. Sachsen-Coburg-Gotha * 21/6 1818 Coburg, † 22/8 1893 Reinhardsbrunn. W: Opern, Kantaten, MChöre, Lieder usw.
ERNST, Alfred (Sohn H. W. Ernsts) * 9/4 1860 Périgneaux, † 16/5 1898 Paris, MSchr., übersetzte R. Wagners MDramen in Französ. W: ‚L'art de R. Wagner‘, ‚L'oeuvre dramat. de Berlioz‘.
ERNST, Alfred, 1893 Dirig. der SinfKonz. in St. Louis. W: Oper ‚Der Gouverneur u. der Müller‘ (1908).
ERNST, Fritz * 28/8 1903 Berlin, da Vcellist, Besitzer einer Sammlg alter Violen, Mitgl. einer Violen-Vereinigg

ERNST, Günther, ps. = Leop. v. SCHENKENDORF

ERNST, Heinr. Wilh. * 6/5 1814 Brünn, † 8/10 1865 Nizza, berühmter Geiger, Schüler Mayseders u. Böhms, lebte zu Paris, seit 1845 bes. in England. W: VKompos., u. a. Konz., ‚Othello'-Phantasie, ‚Elegie', ‚Ungar. Weisen',

ERNST LUDWIG, Großherz. v. Hessen — s. HESSEN

EROTERS, ps. = Ernst ROTERS

ERPF, Hermann, Dr. phil. * 23/4 1891 Pforzheim, seit Okt. 1927 Dir der Abt. M. der Folkwang-Schulen in Essen, Schüler Ph. Wolfrums u. H. Riemanns, 1922 Lektor f. MTheorie an der Univers. Freiburg i. B., seit Sept. 1925 stellvertr. Dir. u. L. f. Theorie u. MGesch. an der Akad. f. Bewegg, Sprache u. M. in Münster i. W. W: KaM.; ‚Entwicklgszüge in der zeitgen. M.'.

ERTEL, Paul, Dr. jur. * 22/1 1865 Posen, † 11/2 1933 Berlin, da seit 1879 MKrit. u. ML., Schüler von Ed. Tauwitz u. L. Brassin. W: Opern, sinf. Dichtgen, Konz. f. V. solo, KlavStücke, Lieder usw.

ERTL, Dominik * 12/4 1857 Wien, da † 4/2 1911, erst da MilKM., dann OpttenKM. in Dresden, seit 1904 wieder in Wien. W: Tänze, Märsche.

ERTMANN, Dorothea v., geb. Graumann * 3/5 1781 Offenbach a. M., † 16/3 1849 Wien, verheiratet dahin 1798, ausgez. KlavVirt., Schülerin u. a. Beethovens, der ihr die Sonate op. 101 gewidmet

ESBORN, Eugen, ps. = SAUERBORN

ESCHBACH, Fritz * 16/3 1881 Köln/Kalk, da Geiger, Chordir. u. ML. W: viele MChöre.

ESCHIG, Max † 3/9 1927 Paris, MVerleger. — Der Verlag hat 1933 auch den Verlag Demets übernommen, tritt bes. für moderne Musik ein und steht in enger Verbindg mit B. Schott's Söhnen in Mainz

ESCHKE, Max * 1/11 1862 Berlin, da sehr geschätzter Chordir. u. GsgL.

ESCHMANN, Joh. Carl * 12/4 1826 Winterthur, † 27/10 1882 Zürich, da seit 1852 KlavL., vorher in Kassel. W: KlavSchule, Etüden, Salonstücke, weitverbreit. ‚KlavFührer'.

ESCHMANN, Karl E. Dumour — s. DUMOUR-E.

ESCHWEGE, Eugen * 9/9 1877 Bad Schwalbach, Pianist, ausgeb. in Sondershausen u. Dresden, L., seit 1908 Mitdir. der MAkad. in Mainz. W: Oper, OrchStücke, KlavStücke, Chöre, Lieder.

ESCOBAR, Amadeo * 14/8 1888 Pergola, ausgeb. in Rom, da Vcellist. W: Sinf., sinfon. Dichtgen, KaM., Kantaten.

ESCUDIER, Léon * 17/9 1821 Castelnaudary (Aude), † 22/6 1881 Paris, da seit 1838 MSchr. u. MVerleger. Der Verlag u. a. an Heugel verkauft. W: ‚Dictionaire de m.', ‚Mes souvenirs' u. a. H: La France musicale; L'art musical. — Sein Bruder M a r i a * 29/6 1819, † 17/4 1880 Paris, gleichfalls MSchr. u. bis 1862 auch MVerleger.

ESIPOFF, Stepan — s. STRELETZKI

ESLAVA, Don Miguel Hilarion * 21/10 1807 Burlada (Navarra), † 23/7 1878 Madrid, KirchKM, in Ossuña (1828) u. Sevilla (1832/44), dann HofKM. der Königin Isabella, TheorProf. und KonservDir. zu Madrid. W: 3 Opern, KirchM., KomposLehre usw. H: Museo organice español, Lira sacra hispaña.

ESPAGNE, Frz * 21/4 1828 Münster i. W., † 24/5 1878 Berlin, da seit 1858 Nachfolger seines Lehrers Dehn, Custos d. Musikalien der Kgl. Bibl., auch Chordir. der Hedwigkirche; beteiligt an der Ges.-Ausg. Beethovens u. Palestrinas.

ESPE, Walter, vgl. CORZILIUS, Victor

ESPEN, K., ps. = Kurt THIELE

ESPEN, Theod., ps. = GÄNSHALS

ESPLA, Oscar * 5/8 1886 Alicante, lebt in Madrid, führender span. Komp., der die Eigentümlichkeiten d. ostspan. VolksM. verwendet, auch hervorrag. MSchr. W: Oper, OrchSuite u. sinfon. Dichtgen, KaM., KlavStücke (‚Crepusculos'), Chorwerk.

ESPOSITO, Michael * 29/9 1855 Castellamare/Neapel, † 19/11 1929 Dublin, ausgebild. in Neapel, 1878 in Paris, seit 1882 KlavProf. a. d. Kgl. MAkad. u. 1899/1914 sowie 1927 ff. Dirig. eines OrchVer. in Dublin. W: Opern, Orch- u. KaM., Kantate, KlavStücke usw.

ESSEK, Paul * 26/6 1875 Göttingen, VVirt., Schüler Thomsons u. Joachims, seit 1903 in Zürich. W: VStücke u. Etüden.

ESSER, Ben 29/12 1875 Evansville, Ind. (USA), seit 1926 Doz. (Prof.) d. pädagog. Akad. in Bonn, urspr. SchulL. W: OrchM., StrQuart., KlavStücke, Chöre, Lieder.

ESSER, Heinr. * 15/7 1818 Mannheim, † 3/6 1872 Salzburg, 1847/69 KM. am Kärntnertor- bzw. HofopThea. in Wien. W: Opern, seinerzeit viel gesungene Lieder (‚Mein Engel', ‚Des Sängers Fluch' usw.), viele Arrang. f. d. Verlag Schott in Mainz.

ESSER, Karl Mich. * um 1736 Aix-la-Chapelle, † nach 1783, vielger. VVirt. u. Viola d'amore-Virt. W: Konz. u. a. f. d. Instrum., VDuette

ESSER, Peter * 10/5 1869 Hannover, pens. SemML, seit 1925 in Essen. W: Messen u. sonstige KirchM.

ESSER, Peter * 22/8 1909 Schlebusch-Rath/Köln, VVirt. in Hannover, ausgeb. in Köln (Hochsch.). W: GrMesse, Chöre, auch m. Orch., KaOrchSuite, VFantasie m. Orch., KaM., KlavStücke, Lieder, auch m. KaOrch.

ESSIPOFF, Annette v. * 1/2 1851 Petersburg, da † 18/8 1914, glänz. Pianistin, Schülerin u. 1880/92 Gattin Leschetizkys.

ESSLINGER, Ferd. Adam * 2/5 1879 Stuttgart, lebt in Dortmund, ausgeb. in Stuttg. u. München. W: Opern, Optten, viel (teilweise beliebte) UnterhaltgsM, auch viele Arrang.

ESTRELLO, Alfonso, ps. = GOLDMANN, Kurt, auch = PRETSCH Arno

ESTVILLA, Manuel, ps. = PLESSOW, Erich

ETERIO, Stinfalico, ps. = MARCELLO

ETLINGER, Rich., ps. Mac AYN, Torido HAK, John SILVER bzw. Silver JOHN * 1/12 1894, KM. in Berlin. W: UnterhaltgsM.

ETON, Bernard, ps. = NOLTE, Rudolf

ETT, Kaspar * 5/1 1788 Eresing (Bayern), † 16/5 1847 München, Hoforgan. seit 1816; verdient um die Wiederbelebg älterer KirchM. W: Messen, Requiems, Stabat mater usw., ‚Gsglehre f. Schulen'.

ETTINGER, Max * 27/12 1874 Lemberg, lebt seit 1933 in der Schweiz, vorher 1900/20 in München, 1920/29 in Leipzig, 1929/33 in Berlin. W: Opern, u. a. ‚Juana' 1923, ‚Clavigo' 1927, ‚Frühlingserwachen' 1928, OrchSuit., KaM., Lieder

ETTINGER, Oskar * 31/12 1875, Bearb. u. Inhaber des Atys-MVerl. in Bukarest seit 1933, vorher in Berlin. W: UnterhaltgsM.

ETTINGER, Rose * 10/2 1877 Oregon (Illinois), † Mai 1909, vielgereiste KolorSgerin, Schülerin der Marchesi.

ETTLER, Karl * 10/1 1880 Leipzig, da seit 1921 Verlagsredakteur, 1910/21 MSchuldir. in Pettau. Auch Dirig. Ausgeb. in Leipzig (Konserv. u. Univ.). W: sinf. Dichtgen, MChöre, Lieder

EUGEN, Herzog von Württemberg * 8/1 1788 Oels (Schles.), da † 16/9 1857. W: Opern, Lieder

EULAMBIO, Michele * 13/2 1881 Trieste, lebt seit 1921 in Gradisca d'Isonzo, ausgebildet in Trieste u. Lpzg. W: Opern, Gsge, KlavKonz. u. Stücke, VStücke.

EULENBURG, Ernst * 30/11 1847 Berlin, † 11/9 1926 Lpz., da Schüler d. Konserv., gründete dort einen MVerlag, der durch seine Kleine Partitur-Ausg. der Klassiker u. auch neuerer Tonwerke internation. Ruf erlangt hat.

EULENBURG, Philipp, Graf zu (seit 1900 Fürst) * 12/2 1847 Königsberg i. Pr., † 17/9 1921 Liebenberg. W: Lieder zu eigen. Texten (Skaldengsge, Nordlandslieder, Rosenlieder, Methgsge u. a.). — Sein Sohn — s. SIGWART, Botho.

EULENSTEIN, Karl * 1802 Heilbronn, † 1890 Steyr, OÖst., 1828/79 in England. W: GitSchule u. Stücke.

EUTING, Ernst, Dr. phil. * 7/2 1874 London, MWissenschaftler, † 21/4 1925 Berlin-Zehlendorf, Hrsg. der von ihm 1899 begründ. Dtsch. Instrumentenbau-Zeitg.

EVANGELISTA, Ferd. † März 1934 Firenze. W: Messen

EVANS, David, Dr. mus. * 6/2 1874 Resolven (Glamorganshire), L. an der Univers. Cardiff, Leiter walisischer MFeste. W: Operette, Kantate, OrchSuite, Ouvert., Anthems, Chöre.

EVANS, David Emlyn * 21/9 1843 in Wales, † 1913. W: biogr. Lexikon gälischer Musiker u. a. H: Alawon Fy Ngwlad (gäl. Volksmelodien)

EVANS, Edwin * 1844, † 21/12 1923 London, Organ., MSchr. W: ‚Beethovens 9 Symphonies', ‚Rekord of instrumentation' u. a. — Sein gleichnamiger Sohn * 1/9 1874 London, gleichf. MSchr. W: ‚Tschaikowsky' u. a.

EVANS, O. A. ps. = SCHÜTZE, Walter A.

EVANS, Rolf, ps. = VIETH, Hans Jos.

EVANS, T. Hopkin * 1879 Resolven, hervorrag. Chor- u. OrchDir. in Liverpool. W: Ouvert., 2 StrQuart, Kantat., Chöre, Lieder, KlavStücke.

EVENEPOEL, Edmond * 23/3 1846 Bruxelles, † 6/3 1931 Uccle, Belg., Ministerialbeamter in Bruxelles, MKrit. 1880—1914. W: ‚Le Wagnerisme hors d'Allemagne' 1895

EVERS, Karl * 8/4 1819 Hamburg, † 31/12 1875 Wien, KlavVirt. u. Komp. wertvoller KlavWerke.

EVERS, Wilh. * 9/1 1902 Bremen, da seit 1920 Organ. W: Choralkantaten, Chöre, Lieder, OrgStücke.

EVERT, Joh; ps. John SYKES; José VERTA * 24/6 1888 Ribnitz, Meckl., lebt in Berlin-Tempelhof. W: UnterhaltgsM.

EVSEJEW, Sergei — s. JEWSEJEW

EWALD, Frz, ps. = Ludw. ANDRÉ

EWALD, Victor * 15/11 1860 Petersburg, da Prof. an der Hochschule f. Zivil-Ingenieure. W: KaM.

EWENS, Franz Jos., Dr. jur. et phil. * 17/2 1899 Köln/Mülheim, seit 1926 Schriftleiter der Deutschen Sängerbundeszeitung in Berlin. W: ‚M. Neumann'; ‚Ant. Eberl'.

EWER, John J., gründete 1820 in London einen MVerlag (u. a. Mendelssohns Werke), der 1867 mit der Firma Novello vereinigt wurde.

EWEYK, Artur van * 27/5 1863 Milwaukee, Wisc., Schüler von Prof. F. Schmidt in Berlin, da KonzSger, seit 1923 in Villa Park, Ill., Amerika.

EWSSEJEW — s. JEWSEJEW

EXAUDET, Josef * um 1710 Rouen, † um 1763 Paris, Geiger, bekannt durch ein Menuett. W: KaM.

EXIMENO Y PUJADES, Antonio * 26/9 1729 Valencia, † 9/6 1808 Rom, war Jesuit, zeitweilig MathematikProf. in Segovia. W: Theoret. Schriften z. T. gegen Padre Martini

EXPERT, Henri * 12/5 1863 Bordeaux, seit 1881 in Paris, hervorrag. MGelehrter. H: Les maîtres musiciens de la renaissance franç. et flamande.

EYBLER, Jos. * 8/2 1765 Schwechat/Wien, † 26/8 1846 Schönbrunn, Schüler Albrechtsbergers; 1792 KirchChordir., 1804 VizeHofKM., 1824/33 HofKM. in Wien, 1843 geadelt. W: Messen, Psalmen usw.

EYBLER, Ludw., ps. = Ferd. KOLLMANECK

EYKEN, Gerrit Jan van * 5/5 1832 Amersfoort, † 1898 Utrecht, da Organ. u. Dirig., ausgeb. in Leipzig. W: Oper, Lieder, KlavSonatinen

EYKEN, Jan Albert van * 25/4 1822 Amesfoort (Holland), † 24/9 1868 Elberfeld, Schüler d. Lpzger Konserv., OrgVirt., Organ. in Amsterdam (1848), Rotterdam (1853) u. (1854) Elberfeld, gesuchter Klav- u. GsgL. W: M. z. Trauerspiel ‚Lucifer'; MChöre (u. a. ‚Türmerlied'), Lieder u. OrgStücke. — Sein Sohn Heinrich * 19/7 1861 Elberfeld, † 28/8 1908 Berlin, Schüler des Lpzger Konserv. u. Herzogenbergs, 1902/06 TheorL. an der Hochschule f. M. in Berlin. W: sinf. Dichtgen, Sologsge mit Orch., Psalm f. Chor u. Orch., Lieder, Harmonielehre, hervorrag. beteiligt an Liliencrons Chorordnung.

EYKENS, Daniel Simon * 13/10 1812, † 9/10 1891 Antwerpen. W: Opern, Messen, MChöre u. a.

EYSLER, Edmund * 12/3 1874 Wien, lebt da, durch viele Optten (‚Bruder Straubinger', ‚Schützenliesel', ‚Die goldene Meisterin') recht bekannt

F

FABER, Heinr. aus Lichtenfels, † 26/2 1552 Ölsnitz i. V., Schulrektor, MTheoretiker.

FABER, Nikol., der älteste, dem Namen nach bekannte dtsche OrgBauer, baute 1359/61 die große Orgel im Dome zu Halberstadt. Das Werk hatte für Hände und Füße 4 Tastaturen u. 20 Bälge f. 10 Bälgetreter; die beiden obersten Manuale den jetzigen ziemlich gleich, doch jede Taste ca. 3 Zoll breit u. $1/2$ Zoll voneinander entfernt; das 3. Manual dürfte mit den Knien gespielt worden sein; Pedal nur mit einer Oktave (von H zu h). Vgl. Praetorius, Syntagma II.

FABIANI, Gaetano * 20/1 1841 Empoli, † 15/10 1904, Klarin- u. KlavVirt., KM. W: Optte, Ballette, KirchM., beliebte MilMärsche, Garibaldi-Hymne.

FABOZZI, Gennaro * 1873 Napoli, lebt da, vielgereist als Geiger, später als Pianist. W: KlavVSon., Konzertstück u. a. f. Klav., Lieder.

FABRICIUS (Fabritius), Albinus † nach 1595 lebte in Görlitz. W: 6st. geistl. Gsge

FABRICIUS, Jak. Kristian * 3/9 1840 Aarhus † Juni 1919 Kopenhagen (Bankdir.), sehr verdient um die Drucklegg von Werken dän. Komp. und um das MLeben in Kopenhagen. W: Oper, Kantaten, Chöre, Lieder.

FABRICIUS, Werner * 10/4 1633 Itzehoe, † 9/1 1679 Lpz., Schüler Selles u. Scheidemanns-Hamburg, Advokat in Lpzg, daneben Organ. a. d. Thomaskirche u. MDir. a. d. Paulinerkirche. W: Tanzsuiten, 4—8st. Arien, Dialoge u. Konz., 100 geistl. Melodien m. bez. Baß.

FABRITIUS, Albinus — s. FABRICIUS

FABRIZI, Geremia * 1880 S. Donato Val di Comino (Caserta), seit 1908 in Philadelphia, Chordir. u. MSchr. W: Oper, KirchM., sinf. Dichtg u. a.

FABRIZI, Paolo * 1809 Spoleto, † 3/3 1869 Napoli, da KontrabaßVirt. W: Opern, KirchM.

FABRIZI, Vincenzo * um 1765 Napoli, † nach 1797. W: Opern.

FACCIO, Franco * 8/3 1840 Verona, † 21/7 1891 Monza (in d. Irrenanstalt); Schüler d. Konserv. zu Mailand, da 1868 KonservProf. u. sehr geschätzter OpKM. W: Opern, Sinf., Kantate, Lieder.

FACHIRI, Adila, geb. Aranyi * 26/2 1889 Budapest, ausgez. Geigerin in London, Schülerin Hubays u. Joachims.

FACILIO, Anselmo, Augustinermönch in Castro Giovanni (Sizil.), veröffentlichte 1589 u. 1601 Motetten u. Madrigale

FADER, Christian * 12/9 1868 Sulgau, OA. Oberndorf, seit 1900 OberL., Organ. u. KirchChordir. in Rottweil. W: gem. u. MChöre, Lieder.

FÄHRMANN, Hans * 17/12 1860 Beicha/Lommatzsch (Sachs.), OrgVirt.; 1890/1926 Kantor u. Organ. u. 1892 OrgL. am Konserv. in Dresden. W: sinf. Konz. f. Org u. Orch., KaM., Org- u. KlavSonaten, Motetten, Lieder usw. — Seine Frau (1889) Julie, geb. Bächi * 16/5 1854 Zürich, † 11/9 1921 Dresden, geschätzte KonzAltistin u. GsgLehrerin.

FÄRBER, Friedr. * 13/12 1855 Tönning, Organ., 1881/1917 Dir. des Krüß-Färber-Konserv. in Hamburg-Altona, † 16/2 1928 Altona, urspr. OrgBauer

FAGO, Nicola * 19/1 1676 Tarento, † um 1745 Napoli. W: KirchM.

FAGO, Paul * 29/5 1879 Berlin, da MVerleger u. Textdichter volkstümlicher Lieder u. Schlager

FAHRBACH, Jos. * 25/8 1804 Wien, da † 7/6 1883, Fl- u. GitVirt. W: FlKompos., ObSchule.

FAHRBACH, Phil. sen. * 25/10 1815 Wien, da † 31/3 1885, KM. W: Opern, über 300 Tänze u. Märsche. — Sein Sohn Phil. jun. * 1843 Wien, da † 15/2 1894, MilKM. in Pest. W: über 200 Tänze u. Märsche, auch eine Optte.

FAHRNI, Helene * 12/11 1901 Thun (Schweiz), sehr geschätzte OratorSopr. in Köln, da ausgeb. auf der Hochschule von Maria Philippi, aber auch beeinflußt v. Tona v. Hermann u. Frau Noorderwier-Reddingius

FAIKA, Paul * 27/10 1892 Klingenthal, seit 1913 KonservL. (1925 Dir.) in Herne-Recklinghausen, Schüler Dräsekes. W: KaM., KlavStücke, Lieder.

FAINI, Giov. Batt. * 28/10 1857 Prato, treffl. Geiger, seit 1892 L. am R. istituto in Firenze. W: KirchM., StrQuart., VStücke

FAIRCHILD, Blair * 23/6 1877 Belmont (Mass.), † 23/4 1933 Paris, lebte teils in Newyork, teils in Paris. W (eigenart.): Sinfon., KaM., KlavKonz., Oper, Chöre, Liederzyklen; Ballett (1921)

FAISST — s. FAISZT

FAIST, Anton E., Dr. phil. * 26/1 1864 Riegersburg (Steiermark), † 12/8 1933 Hall (Tirol), seit 1890 am bischöfl. Gymn. in Graz, auch Organ. u. Chordir. W: Messen u. a. KirchM.

FAISZT, Immanuel * 13/10 1823 Eßlingen, † 5/6 1894 Stuttgart, KonservDir. seit 1859, OrgVirt. W: Motett., Psalmen, MChöre, Lieder, OrgStücke.

FAISZT, Klara * 22/6 1872 Karlsruhe, lebt da, Schülerin Bruchs. W: KaM., KlavStücke, Chöre, Lieder.

FALCHI, Stanislao * 29/1 1851 Terni, † 13/11 1922 Rom, da Schüler des Lic. di S. Cecilia, da L. f. Chorgsg 1877 u. f. Kompos. 1890, Dir. 1902/15, ausgez. Dirig. W: Opern, Messen, KaM.

FALCK, Martin, Dr. phil. * 26/10 1888 Plauen, † (gefallen) 28/10 1914 bei Becelaere. W: ‚Friedemann Bach' (1913).

FALCKE, Henri * 1866 Paris, da † 1901, KlavVirt.

FALCON, Marie C. * 28/1 1812 Paris, da † 26/2 1897, berühmte OpSopran., Debüt 1832

FALCONE, Achille * um 1550 Cosenza, da † 9/11 1600. W: Madrigale.

FALCONER, Fred. James * 2/5 1885 Edinburgh, da VVirt u. Pädag. W: OrchSuite, VStücke, KlavStücke, Lieder.

FALCONI, Alfonso * 4/3 1859 Capracotta/ Campobasso, † 1920 Firenze, da L. am Istituto Cherubini. W: Opern, KaM., KlavStücke, Lieder; didakt.-theoret. Schriften.

FALCONI, Placido * um 1530 Asola, † nach 1600 Monte Cassino, Mönch seit 1549. W: KirchM.

FALCONIERI, Andrea * um 1600 Neapel, da † um 1650, KM (vielgereist). W: Motetten, Madrigale, Villanellen, InstrStücke.

FALENA, Ugo † 21/9 1931 Roma, OpLibrett.

FALENI, Arturo * 1877 Chieti, ausgebildet in Genua, seit 1897 Dir. eines MInstituts in Buenos Aires. W: Ouvert., sinf. Dichtgen, KlavStücke, Lieder; theor. Lehrbücher.

FALESIO — s. PHALESE

FALK, Anna — s. MEHLIG

FALK, Richard * 29/4 1879 Moringen, Kr. Northeim, seit Herbst 1933 in Rom, TheaKM. an verschied. Orten, 1908/33 KM. u. OpGastspielleiter in Berlin. W: Opern, Lieder. B. Cimarosa ‚Heimliche Ehe'; Paisiello ‚Barbier von Sevilla'

FALKENBERG, Georges * 20/9 1854 Paris, da Pianist u. ML. W: ‚Les pedales du piano', Klav-Stücke.

FALKENHAGEN, Aug. * 25/2 1869 Altona, lebt in Berlin, 1909/21 GymnasGslL. W: Ballette, KaM., KlavStücke, Lieder.

FALKENTHAL, Kurt * 2/7 1906 Stettin, Geiger u. ML. in Berlin. W: Sinfon. Suiten und Dichtgen, KaM., Psalm 150.

FALL, Fritz * 25/7 1901 Wien, seit 1925 Thea-KM in Bremen. W: KaM., KlavStücke, Lieder.

FALL, Leo * 2/2 1873 Olmütz, † 15/9 1925 Wien, Schüler des Wiener Konserv., 1895 Thea-KM. in Hamburg, dann in Berlin, lebte in Wien. W: Opern, Optten ‚Der fidele Bauer' 1907, ‚Dollarprinzessin' 1907, ‚Die Studentengräfin', ‚Der liebe Augustin' usw., ungedr. StrTrio, Lieder

FALL, Moritz * 5/8 1848, † 22/7 1922 Wien, österr. MilKM. (Vater von Leo, Richard, Siegfried). W: Optte, Tänze, Märsche.

FALL, Rich. * 3/4 1882 Sewitsch (Mähr.), lebt in Wien. W: Optten, Tanz-Chansons.

FALL, Siegfried * 30/11 1877 Olmütz, lebt in Berlin, Schüler Herzogenbergs und Bruchs. W: Opern, Sinfon., KaM., Lieder.

FALLA, Manuel de * 23/11 1876 Cadix, Schüler Debussys, seit 1914 KonservDir in Granada. W (beachtenswert): Opern, Ballette, sinf. Dichtgen, KlavStücke, Gsge.

FALLERT, Fritz * 16/8 1897, KlavVirt. in Bern. W: KlavStücke, Kinderlieder.

FALTIN, Richard * 5/1 1835 Danzig, † 1/6 1918 Helsingfors, Schüler von Markull, Fr. Schneider u. d. Lpzger Konserv., OrgVirt, 1856/69 in Wiborg, seit 1869 KM. u. UniversMDir. in Helsingfors. W: Chöre, Lieder, Choralbücher, Org-Präludien.

FALTIS, Emanuel * 28/5 1847 Lanzow (Böhm.), † 14/8 1900 Breslau, TheaKM. (14 Jahre lang in Coburg-Gotha). W: Messen, Lieder.

FALTIS, Evelyn * 20/2 1890 Trautenau, Schülerin der Wiener Akad. u. Draesekes, lebt in Berlin, Korrepetit. an der Städt. Oper. W (talentvoll): KaM., Lieder.

FAMINTZIN, Alex. Sergiewitsch * 5/11 1841 Kaluga (Rußl.), † 6/7 1896 Ligowo/ Petersburg, Schüler von M. Hauptmann, E. F. Richter, C. Riedel-Lpzg, 1865/72 Prof. d. MGesch. am Kons. zu Petersburg. W (beachtenswert): Opern, 2 Str-Quart., KlavStücke, Schriften über russ. Volkslieder u. Volksinstrumente; russ. Übersetzungen d. theoret. Werke v. E. F. Richter usw.

FANEAU, H. ps. = AILBOUT, Hans

FANELLI, Ernest * 27/6 1860 Paris, da † 1917, Pauker, bemerkensw., erst sehr spät beachteter Tonsetzer. W: ‚Tableaux symphon.', ‚Suite rabelaisienne' u. a. f. Orch., StrQuintett.

FANESCHI, Domenico * 17/9 1750 Montalcino, † 12/10 1831 Siena. W: KirchM., Org-Stücke.

FANING, Eaton * 20/5 1850 Helston (Cornwall), † 28/10 1927 Brighton, UniversML. in Cambridge u. London. W: Optten, Sinf., Ouvert., KaM., Chöre.

FANNA, Antonio * 1792 Venezia, da † 15/3 1846, KlavVirt. W: KlavStücke, Gsge.

FANO, Alberto, Dr. jur. * 18/5 1875 Padua, 1900 KlavL. am Konserv. in Bologna, jetzt am Konserv. in Mailand, vorher Dir. d. Konserv. in Parma u. Palermo. W: KaM., KlavStücke, Chöre, ‚La vita del ritmo', ‚Il tecnisismo delle scale nello studio del Pfte.' usw.

FANTA, Rob. * 26/3 1901 Wien, TheaKM., seit 1928 in Harburg, im Sommer in Wien. W: Sinf., KaM., Lieder.

FANTA, Will, ps. = KLEBBA, Werner

FARA, Giulio * 4/12 1880 Cagliari, da SchulML., MSchr. W: Opern, sardin. Gsge; ‚G. Rossini', ‚L'anima mus. d'Italia'. H: sard. Volkslieder.

FARE, Florence, ps. = A. W. RAWLINGS

FARJEON, Harry * 6/5 1878 Hohokus, New Jersey, seit 1903 TheorL. an der R. acad. in London, auch MKrit. W: Optten, sinf. Dichtgen, KlavKonz., treffl. KlavStücke, Messe, Lieder; ‚The art of pfte pedalling'.

FARINELLI, eigentl. Carlo Broschi * 24/6 1705 Neapel, † 15/7 1782 Bologna, berühmter Sänger (Kastrat).

FARINELLI, Giuseppe * 7/5 1769 Este, † 12/12 1836 Triest, Schüler d. Konserv. zu Neapel, KM. in Turin (1810/17), Venedig (1817/18) u. Triest (seit 1819). W: 20 ernste, 38 komische Opern, 5 Messen, 2 Te deum usw.

FARINELLI, Mich. * 23/5 1649 Grenoble, vielger. VVirt., 1675—79 in London, Komp. der ‚Folies d'Espagne'.

FARINO, Carlo, aus Mantua, VVirt., 1625/33 am Dresdener Hofe, 1637 in Danzig, befreundet mit H. Schütz. Wichtig seine ‚Erinnerungen', die der Geigentechnik ganz neue Wege wiesen. In seiner umfangreichen Tanzsammlung f. V. sind Naturlaute und der Klang allerei anderer Instrumente (Gitarre, Landsknechtspfeife), auch das Gackern der Henne und das Heulen eines Hundes nachgeahmt.

FARKAS, Edmund * 1851 Jasz-Monostor, † 1/9 1912 Klausenburg, da Dir. des Konserv. W: Opern, Sinf., StrQuart.

FARLANE, A. Michel, ps. = Aug. Mich. FECHNER

FARMER, Henry Geo. * 17/1 1882 Birr, Ireland; lebt in Glasgow, Erforscher der orient., bes. arab. M.

FARMER, John, Organ. in Dublin, später in London, veröftentl. 1591/1601 KirchM. u. treffl. Madrigale

FARMER, John * 16/8 1836 Nottingham, † 17/7 1901 Oxford, da seit 1885 Organ., OrgVirt. W: Oper, Orator., Chöre m. Orch. u. a.

FARNABY, Giles * um 1565 Truro (Cornwall), † 1600 (?), 1592 Bacc. mus. (Oxford), einer der ältesten engl. KlavKomp., komp. auch KirchM. u. Canzonetten

FARRANT, Rich. * um 1520, † 30/11 1580 (1581?) Windsor. W: KirchM., OrgStücke

FARRAR Ernest Bristow * 7/7 1885 Blackheath, † 18/9 1918 a. d. Somme, recht beachtensw. Komp. nation. (keltischer) Richtung. W: Orch- u. KaM.

FARRAR, Geraldine * 28/2 1882 Melrose (Mass.), bekannte amerik. Opernsängerin, 1901/07 in Berlin, seitdem bis 1927 tätig in Newyork.

FARRENC, Aristide * 9/4 1794 Marseille, † 31/1 1865 Paris, da seit 1815, urspr. Flötist, M-Historiker. H: Trésor des Pianistes, fortgeführt von seiner Frau Louise, geb. Dumont, * 3/5 1804, † 15/9 1875, vorzügl. Pianistin, Schülerin Reichas, vermählt 1821, 1842/73 KonservProf. W: Sinf., viele KaM.

FARWELL, Arthur * 23/4 1872 St. Paul, Minn., lebt in Newyork, Schüler Humperdincks u. Guilmants, Mitbegr. der nur kurz bestehenden Wa-Wan-Press z. Verbreitg der Werke junger amerik. Komp.; Erforscher der IndianerM. W: BühnenM., sinfon. Dichtgen, Lieder.

FASANOTTI, Filippo * 19/2 1821 Milano, da † 19/4 1884, KlavVirt. W: viele KlavStücke, KaM.

FASCH, Joh. Friedr. * 15/4 1688 Buttelstedt/Weimar, † 5/12 1758 Zerbst, gründ. als Student in Lpz ein beachtetes Collegium musicum, 1721 in Lucaveč (Böhm.) KM. u. Leibkomp. des Grafen Morzin, seit 1722 HofKM in Zerbst; einer der bedeut. Zeitgenossen Bachs. W: Opern, viele Kant., Messen, Ouvertur., InstrKonz., KaM. (bisher sehr wenig gedruckt).

FASCH, Karl Frdr. Christ. * 18/11 1736 Zerbst, † 3/8 1800 Berlin, 1756 zweiter Cembalist bei Friedrich d. Gr., Gründer der Berliner Singakad. (1790). W: 16st. Messe, 8st. ‚Miserere' usw.

FASOLA, Pietro, ps. = BORTZ, Alfred

FASSBAENDER, Peter * 28/1 1869 Aachen als Sohn eines Organ. u. L., † 27/2 1920 Zürich, Schüler d. Kölner Konserv.; 1890 VerDirig. in Saarbrücken, seit 1895 städt. MDir. in Luzern, seit 1911 in Zürich. W: 4 Opern, Messen, 8 Sinf., 3 Konz. f. Klav., 2 f. V., 2 f. Vc., KaM., Chöre, Lieder. — Seine Tochter Hedwig * 10/5 1897 Luzern, seit 1927 verheiratet mit Dr. Hans Rohr, vielgereiste VVirt., seit 1/12 1934 in München; 1928/34 VL. in Bremen

FASSBAENDER-DOMGRAF, Willi * 19/2 1897 Aachen, OpBariton seit 1922, seit 1930 in Berlin, 1930/32 u. wieder seit Herbst 1934 an der Staatsop. W: Lieder

FASSBENDER, Zdenka * 12/12 1879 Tetschen, dramat. Sgerin, 1906/19 in München, seit 1911 mit Felix Mottl verheiratet.

FASSUNGE Raimund * 8/1 1889 Berlin, lebt da, Kinoorgan., vorher Klarinettist, ausgeb. auf d. Sternschen Konserv., von Gernsheim u. Geo. Schumann. W: Sinf., sinf. Dichtg, FilmM., KaM., Lieder

FAST, Alfred, Dr. phil. * 20/11 1896 Halle a. S., da MWissenschaftler u. ML., besond. Klav-Pädag., ausgebild. in Halle u. Lpz. W: Chöre, viele Lieder.

FASTER, Otto —s. FETRAS, Oskar

FASTRÉ, Jos. * 22/6 1783 Vlissingen, † 13/4 1842 's Gravenhage, Klarin. seit 1830 in der Kgl. Kap., auch L. an der Kgl. MSchule. W: Stücke f. Klarin., Fl., V.; Kinderlieder

FATTORINI, Roberto * 1/11 1870 Rom, da Geiger, ausgez. L.

FAULKES, William * 1863 u. † 25/1 1933 Liverpool, da fast 50 J. Organ. W: OrgKomp. u. Bearb.

FAUN, Gerdy od. Hardy, ps. = ZIESSNITZ, Gerd

FAURE, Jean Bapt. * 15/1 1830 Moulins (Allier), † 9/11 1914 Paris, da 1852/76 hochber. OpBaritonist. W: Lieder; ‚Le voix et le chant' (1886).

FAURÉ, Gabriel * 13/5 1845 Pamiers, † 4/11 1924 Paris, Schüler von Niedermeyer u. Saint-Saëns, Organ. u. KirchKM., seit 1896 Kompos-Prof. am Konserv., Dir. dieser Anstalt 1905/20, hochbedeutend als L. W: Opern, DramenM., Requiem, Chorwerke, Sinf., KaM. usw.

FAUST, Karl * 18/2 1825 Neiße, † 12/9 1892 Cudowa, MilKM. in Frankfurt a. O. u. Breslau, 1869/80 städt. MDir. in Waldenburg (Schles.). W: Optte, viele Tänze (die berühmte Quadrille à la cour) usw.

FAUSTINI-FASINI, Eugenio * 24/11 1874 Roma, KlavL. am Konserv. in Tarento, vorher in Moskau, MSchr. W: ‚Pergolesi', ‚Rubinsteiniana'.

FAVAR, Gil, ps. = Gaston KNOSP

FAVARA-MISTRETTA, Alberto * 1/3 1863 Salemi/Trapani, † 23/9 1923 Palermo, da Kompos-L. am Konserv. Bellini. W: Opern, sinf. Dichtg, Chöre m. Orch., KlavFugen. H: Canti della terra e del mare di Sicilia.

FAVART, Charles Simon * 13/11 1710 Paris, da † 18/5 1792 als Dichter Schöpfer des franz. Singspiels zus. mit seiner Frau Marie Justine Duronceray (1727—72; Schauspielerin).

FAVERO, Gino * 1875 Conegliano (Veneto), Priester in Padova. W: Opern, bibl. Dramen, Messen, KlavStücke.

FAVILLI, Fabio * 21/1 1836 Pisa, † 25/12 1880 Livorno, Geiger. W: VStücke, Tänze, Gsge.

FAVIM, Ant. — s. FÉVIN

FAVRE, Waldo * 22/4 1895 St. Petersburg, seit 1919 in Berlin, 1927/30 KM. des Emelka-Konzerns, gründete 1931 die bald sehr geschätzt gewordene Berliner Solistenvereinigg (KaChor), ausgeb. bei Jos. Boroffka in Petersburg, dann Bratschist da, in Reval u. Berlin, 1922/26 auf der KMSchule des Sternschen Konserv.

FAYE-JOZIN, de, ps. = VIBRANT, Jean

FAYOLLE, Franç. Jos. Marie * 15/8 1774 Paris, da † 2/12 1852; 1815/29 in London, MSchr. W: Dictionaire hist. des musiciens; Notices sur Corelli, Tartini etc.; Paganini et Bériot.

FAYRFAX, Rob. * um 1455 Bayford, Hertfordshire, † 24/10 1521 St. Albans (London), der 1. Doktor der M. der Univ. Oxford (1511). W: KirchM.

FECHNER, Aug. Mich., ps. A. Mich. FARLANE * 6/9 1853 Wien, da † 1929 (?). W: Optten

FECHNER, Gust. Theod. (ps. Dr. Mises) * 19/4 1801 Groß-Särchen (NLaus), † 18/11 1887 Lpz UniversProf. seit 1834: Physiker u. Philos. W: ‚Vorschule der Ästhetik', ‚Elemente der Psycho-Physik' usw.

FEDELE — s. TREU, Gottlieb

FEDELI, Franco * 8/6 1894 Orvieto, FilmKM. in Berlin. W: OrgStücke, VStücke, Lieder.

FEDELI, Ruggiero † 1722 Kassel, da seit 1705 HofKM, vorher in Bayreuth, Dresden, Berlin. W: KirchM., auch Oper.

FEDELI, Vito * 19/6 1866 Foligno, † 23/6 1933 Novara, da seit 1904 KonservDir., eifriger MSchr. W: Opern, Messen, OrchStücke, OrgStücke.

FEDERHOF-MÜLLER, Jens * 7/10 1858 Kopenhagen, da Organ., auch Chordirig., seit 1889 in Deutschland, lebte in Berlin als Stimmbildner, † 1925. W: Opern, OrgSchule. H: 200 Volkslieder.

FEDERICI, Vincenzo * 1764 Pesaro, † 26/9 1826 Mailand, da KontrapunktProf. u. seit 1812 Zensor des Konserv. W: Opern, Kantaten

FEHR, Franz Jos. * 6/5 1746 Laufenburg (Aargau), † um 1804 Ravensburg, Organ. u. Stadtprokurator, Komp des Weihnachtsliedes „Schlaf wohl, o Himmelsknabe du".

FEHR, Max, Dr. phil. * 17/6 1887 Bülach, Kant. Zürich, seit 1918 GymnasProf. in Winterthur, MSchr. W: ‚Zürich als MStadt im 18. Jahrhundert', ‚Unter Wagners Taktstock', ‚Rich. Wagners Schweizer Zeit' u. a.

FEHRES, Wilh. * 30/6 1901 Mülheim a. d. Mosel (Kind e. armen Winzers), freischaffender Komp. in Köln, da ausgeb. bes. v. Bölsche u. Herm. Unger. W: Orat. ‚Auferstehg', OrchStücke, KaM., Chöre

FEHRMANN, Paul * 12/10 1859 Dresden, seit 1885 Organ. u. Chordir. in St. Gallen. W: Chöre, kirchl. Gsge, Lieder.

FEHRS, Elisabeth * 18/9 1875 Itzehoe, lebt da als KlavL. u. Dirig. der seit 1908 vereinigt. Fr-Chöre von Neumünster u. Itzehoe, Schülerin d. Hochschule in Berlin. W: Holstein. Lieder usw.

FEHSE, Rich. * 15/4 1905 Eisenach, VVirt. u. seit 1929 Führer des nach ihm genannten, schnell bekannt gewordenen StrQuartetts, ausgeb. auf der Hochschule (Markees, Havemann), 3 Jahre Mitgl. der StaatsOpKap.

FEIGERL, Rud. * 29/1 1878 Dresden, da ML., vorher KlavVirt. u. TheaKM., 1906/21 KonservL.; Schüler Draesekes. W: Oper, sinfon. Dichtg, Klav-Stücke, MChöre, Lieder

FEILER, Otto * 4/8 1881 Hohenbruch, (Osthavelland), seit 1906 SchulML. (Studienrat) in Berlin-Charlottenburg, 1906/25 auch Organ., ausgeb. auf dem Inst. f. Schul- u. KirchM., auch von H. van Eyken, Friedr. E. Koch. W: KantatenZyklen m. Orch., viele Chöre, Lieder

FEILITZSCH, Karl Freih. v. * 2/4 1901 München, da Komp. W: Opern, KlavVSonate.

FEILKE, Karl * 24/7 1895 Düsseldorf, KonzSgr (Barit.) u. GsgL. in Kaiserslautern (Konserv.), ausgeb. von Hans Wuzel. W: ‚Kleine Gsg- und Sprechtechnik', Chöre, Walzer

FEINBERG, Samuel * 26/5 1890 Odessa, Schüler d. Konserv. in Moskau, da ausgez. Pianist, sehr fortschrittl. Komp. W: 6 Sonaten u. a. f. Klav., Lieder.

FEINER, Herm. * 6/10 1888 Stanislau (Polen), Librettist in Berlin.

FEINHALS, Fritz * 14/12 1869 Köln, berühmt. Bariton in München, da 1898/1924 an der Oper, viel auf Gastspielen.

FEIST, Alwine (Frau Steinhausen) * 8/3 1873 Köln, † 13/10 1924 Berlin, lebte in Ilsenburg (Harz), ausgeb. in Köln u. Brüssel (Konserv.), Pianistin. W: KlavStücke, Lieder

FEIST, Kurt * 4/8 1883 Berlin, da Organ. u. ObML. W: Kantate, Chöre, OrgStücke, KlavStücke.

FEITEL, Gottfr. * 7/3 1879 Hordel, Westfal., seit 1909 ML in Zürich. W: OrchStücke, KaM., KlavStücke, Tänze.

FEIX, Otto * 14/10 1890 Friedland (CSR), seit 1920 Chordir. u. ML. in Reichenberg. W: Messen, KaM., KlavStücke, Melodr., Lieder.

FELBER, Rud., Dr. phil. * 3/5 1891 Göding, Mähr., MSchr. in Wien seit 1920. W: Slowak. Tänze u. Volkslieder.

FELD, Erich, Dr. med. * 18/7 1893 Düsseldorf, da Arzt, Schüler Schiedermairs. W: StrQuart., Chöre, Lieder

FELD, Leo, eigentl. Ludwig HIRSCHFELD, Dr. phil. * 21/3 1872 u. † 9/9 1924 Wien, Librettist

FELDHAHN, Paul * 1889 Pyritz, Studienrat in Neuruppin, Kriegsteiln., Schüler Regers. W: Ouvert., KaM., KlavStücke, Chöre, Lieder.

FELDHUSEN, Bernhard * 3/4 1860 Bremen, da Geiger, zeitw. des StadtThea.; KomposSchüler v. Ferd. Manns. W: VStücke, KlavStücke, MChöre

FELIX, Hugo, Dr. phil. * 19/11 1866 Wien. † 24/8 1934 Los Angeles. Lebte viele Jahre in Newyork. W: Optten ‚Husarenblut', ‚Madame Sherry' usw.

FELIX Oskar, (eigentl. Blumauer — Felix) * 12/8 1887 Hinterbrühl/Wien, Opttenlibrettist in Berlin

FELLERER, Gustav, Dr. phil. * 7/7 1902 Freising, seit 1932 Prof. f. MWiss. a. d. Univers. Freiburg i. d. Schweiz, vorher seit 1927 PrivDoz. an der Univ. Münster i. W. W: ‚Beiträge zur MGesch. Freisings', ‚Der Palestrinastil'

FELLOW, Frank, ps. = Walter PFEUFFER

FELLOWES, Edmund Horace * 11/11 1870 London, Organ. im Schloß Windsor. W (grundlegend): ‚The english madrigal composers', Chöre, Lieder u. a. H: ‚The english madrigal school' (36 Bde); ‚The english school of lutenist song-writers'.

FELS, Joach., ps. — s. HAGEN, Theod.

FELTKAMP, Joh. Hendrik * 28/5 1896 Leiden, vielgereist. FlVirt. in Amsterdam, auch Dirig.

FELTON, Roy, ps. = Hub. W. DAVID

FELTON, William * 1713, † 6/12 1769 Hereford, da KirchM. W: OrgKonz., Schulen i. versch. Instr., einst sehr beliebte Gavotte

FELTZER, Willem * 26/8 1874 Delft, seit Herbst 1925 Dir. der MSchule in Rotterdam, vorher da VL., Schüler von B. Dessau, Em. Wirth u. Joachim. W: ‚Neue Methode z. Einführg in das Lagenspiel', VStücke, VcStücke, Lieder.

FELUMB, Sven Christtian * 25/2 1898 Kopenhagen, da ausgezeichn. SoloOb. der Kgl. Kap. KaMSpieler, KonservL., auch KonzDirig.

FENAROLI, Fedele * 25/4 1730 Lanciano (Abruzzen), † 1/1 1818 Napoli, da KonservL., Schüler Durantes. W: KirchM.; ‚Partimenti e regole music. per i principianti di cembalo' (verbreitet).

FENGLER, Frz Adalb. * 27/10 1895 Charlottenburg, ML. in Berlin. W: Chöre, KlavVariat.

FENNEY, William J. * 21/5 1891 Handsworth/Birmingham, lebt in Birmingham, Schüler Bantocks u. Elgars. W: StrOrchSuite, KaM., Chöre, Lieder

FEO, Francesco * um 1685, † um 1750 Neapel. W: Opern, Messen, Requiem, Psalmen u. a.

FERAND, Ernst * 5/3 1887 Budapest, Dir. der Jaques-Dalcroze-Schule in Laxenburg/Wien, Schüler Kößlers. W: KaM., KlavStücke, Chöre, Lieder.

FERANDINI, Giov. * 1700 Venezia, † 1793 München, da seit 1730 Ob. der Hofkap., treffl. GsgL. W: Oper, FlSonaten u. a.

FERANO, B. de, ps. = Bernh. NITZSCHE

FERDINAND III. * 1608, 1637/57 deutscher Kaiser, eifriger Freund und Förderer der M. W: geistl. Chöre.

FERETTI, Giacomo † 8/3 1852 Roma, Opernlibrettist.

FERLING, Franz Wilh. * 20/9 1796 Halberstadt, † 18/12 1874 Braunschweig, da 1815/59 I. Oboist der Hofkap. W: ObKonz. u. Etüden. — Sein Sohn Gustav * 8/7 1835 Braunschweig, † 8/11 1914 Stuttgart, da langjähr. Oboist der Hofkap. u. KonservL.

FERNAND, Ludw. * 13/5 1848, † 29/5 1924 Berlin, Librettist.

FERNANDEZ ARBOS — s. ARBOS

FERNANDEZ CABALLERO, Manuel * 14/3 1835 Murcia, † 20/2 1906 Madrid, Schüler Eslavas am Madrider Konserv. W: über 200 Zarzuelas, auch KirchM.

FERNANDO, Gust., ps. = OESER, Aug.

FERRABOSCO, Alfonso * 18/1 1543 Bologna, † 12/8 1588 Torino, 1572/78 i. Dienste d. Königin Elisabeth in London. W: Madrigale. — Sein gleichnamiger Sohn * um 1575 Greenwich, † 9/3 1628 London, KM., führte die Viola da Gamba in England ein. W: Arien, Violenschule.

FERRABOSCO, Domenico Maria * 14/2 1513 Bologna, da † 1574, KirchKM. W: Madrigale, Motetten.

FERRARA, Bernardo * 7/4 1810 Vercelli, da † Sept. 1882, VVirt. u. ausgez. L., 1836/61 am Konserv. in Milano. W: ‚Lo studio del v.'

FERRARI, Benedetto * 1597 Reggio, † 22/10 1681 Modena, da 1653 HofKM., urspr. Theorbenvirt., auch Dichter. W: Opern (verschollen), Orat., wertvolle Kantaten.

FERRARI, Carlo * 1730 (?) Piacenza, † 1789 Parma, Vcellist, führte den Daumenaufsatz in Italien ein. W: VcSonaten.

FERRARI, Carlotta * 27/1 1837 Lodi, † 23/11 1907 Bologna, Schülerin d. Mailänder Konserv. W: Opern auf eigne Texte, Messe solennelle, Requiem, Romanzen usw.

FERRARI, Domenico * um 1722 Piacenza, † 1780 Paris, VVirt., Schüler Tartinis, soll zuerst das Flageolettspiel gepflegt haben. W: 36 VSonat., TrioSonaten usw.

FERRARI, Ermanno — s. WOLF-FERRARI, Ermanno

FERRARI, Ferruccio * 5/8 1851 Lucca, † 13/12 1930 Viraggio, Dir d. Stadtkap. zu Lucca. W: Opern, KirchM., Sinf., Ouvert.

FERRARI, Gabrielle, ps. Henri ROSENWALD * 14/3 1860, Paris, da † 4/7 1921, vielgereiste Pianistin. W: Opern, Kantat., Rapsodia spagnuola f. Orch., viele Lieder.

FERRARI, Gustave * 1872 Genf, lebt seit 1901 in London, MSchr. W: Rousseau-Kantate, Chöre, Lieder, OrgStücke. H: alte Chansons f. Yvette Guilbert

FERRARI, Jacopo Gotifredo * 1759 Roveredo, † Dez. 1842 London, da ML., vorher u. a. in Paris. W: Opern, Ballette, Stücke f. Harfe, Klav., Gsge; ‚Treatise of singing' u. a.

FERRARI, Mario * 1884 Milano, seit 1912 KlavL. am Konserv. in Bergamo, KlavVirt. W: KaM., Konz. u. viele Stücke f. Klav.

FERRARI, Romolo * 29/7 1894 Modena, Git-Virt. in Bologna. W: Sinfon., Chöre, Romanzen, GitStücke.

FERRARI, Serafino Amadeo de * 1824 Genova, da † 31/3 1885, seit 1873 Dir. d. städt. MSchule, KlavVirt. u. Organ. W: Opern, KirchM.

FERRARI-PARIS, Aless. * 1856 Bergamo, † 15/9 1928 Milano, Organ. seit 1882. W: KirchM., KlavStücke, OrgStücke, Lieder.

FERRARI-TRECATE, Luigi * 25/8 1884 Alessandria (Piemont), seit 1928 OrgL. am Konserv. in Bologna, vorher Parma. W: Opern, KirchM., KlavStücke, Lieder. — ps. DOUGLAS

FERRARIA, Luigi Ernesto * 1855 Camburzano, da † 19/7 1933, MPädag., Anhänger von Jaques-Dalcroze, wirkte lange in Torino. W: KlavStücke u. Etüden; Canti della montagna.

FERRATA, Giuseppe * 1/1 1866 Gradoli, Schüler Sgambatis u. Liszts, seit 1890 in Amerika, seit 1916 KlavL. in New Orleans. W: Messen, Chorsinfon., StrQuart., viele KlavStücke.

FERRER Y ESTEVE * 13/3 1836 Gero (Katalon.), † 1902 Barcelona, GitVirt., 1861/98 in Paris. W: an 60 f. Git.

FERRERO, Willy * 21/5 1896 Portland (USt.), dirig. schon seit seinem 6. Jahre in London, Rom, Rußland usw., lebt in Turin. — ps. William KAPS

FERRES, Henri, ps. = Heinz SCHUGT

FERRETTI, Paolo * 3/12 1866 Subiaco, Benediktiner, seit 1913 L., 1922 Dir. der päpstl. KirchMSchule in Rom. W: Schrift. über d. Gregorian. Gsg.

FERRETTO, Andrea * 31/10 1864 Barbarano (Vicenza), ausgebild. in Venedig. W: Opern, KirchM., sinf. Dichtgen, Lieder.

FERRI, Baldassare * 9/12 1610 Perugia, da † 8/9 1680, hochberühmt. Kastrat, 1625/55 in Warschau, 1655/75 in Wien.

FERRI, Nicola * 4/11 1831 Mola/Bari, † 26/3 1886 London, da seit 1880 gesucht. GsgL. W: Opern, Romanzen.

FERRIER, Paul * 1843 Montpellier, † 1920 Nouañ-Le-Fuzelier (Loir et Cleer), Librettist, urspr. Advokat

FERRIN, José, ps. = AILBOUT, Hans

FERRON, Adolf * 21/5 1855 Wien, † ? W: Optten

FERRONI, Vinc. * 17/2 1858 Tramutola (Potenza), Schüler d. Pariser Konserv., seit 1888 KomposL. am Kgl. Konserv. in Milano, da † 11/1 1934. W: Opern, Sinfon., sinfon. Dichtgen, KaM., VKonz., Orch- u. KlavStücke, Lieder

FERROUD, Pierre Octave * 6/1 1900 Chasselay/Lyon, seit 1923 in Paris, MKrit., Schüler u. a. v. Ropartz u. Florent Schmitt. W: Oper, Ballett, sinfon. Dichtgen, KaM., KlavStücke.

FERTÉ, Armand * 20/10 1881 Paris, da KlavVirt. (Schüler Diemers) u. OrchDir. des Odéon-Thea., seit 1927 KlavProf. am Konserv.

FESCA, Frdr. Ernst * 15/2 1789 Magdeburg, † 24/5 1826 Karlsruhe als KonzM. W: Opern, Sinf., 20 Quart., Lieder usw. — Sein Sohn Alexander Ernst * 22/5 1820 Karlsruhe, † 22/2 1849 Braunschweig. W: Opern, KaM., bes. KlavTrios, Lieder usw.

FESCH, Willem de, bis 1725 Organ., dann bis 1731 KirchenKM. in Antwerpen, Vcellist, seit 1732 in London, da † um 1760. W: Konz., viele KaM., Messen.

FEST, Max * 7/1 1872 Altenburg, seit 1879 Organ. u. 1909/20 RealGsgL. in Lpz-Lindenau, sehr geschätzter OrgVirt.

FESTA, Costanzo, 1517 päpstl. Kapellsger, † 10/4 1545 Rom. W (wertvoll): Motetten im durchimitierenden Stil, Madrigale, Te deum.

FESTING, Mich. Christian * um 1700 London, Sohn eines Flötisten, da 1737 KM der ital. Oper, da † 24/7 1752, auch VVirt. W: Kantaten, KaM.

FÉTIS, Ed. (Sohn v. Franç. Jos.) * 16/5 1812 Bouvignes/Dinant, † 31/1 1909 (!) Brüssel, da Bibliothekar und MSchr. W: ‚Histoire des musiciens Belges' (1849), ‚Les Artistes Belges à l'etranger'.

FÉTIS, François Jos. * 25/3 1784 Mons (Belgien), † 26/3 1871 Brüssel, KonservDir. seit 1833, verdienter MGelehrter, Schüler seines Vaters (Organ.), dann des Pariser Konserv., 1813 Organ. u. L. an der MSchule in Douai, 1818 in Paris, 1821 KonservL., 1831 Kgl. KM. in Brüssel. W: 6 Opern, Requiem, Ouvert., Messen, Lieder, KaM. usw., Schriften üb. Paganini, Stradivari, Lehrwerke über Choralgsg, Harmonie usw., ‚Biographie universelle des musiciens et bibliographie generale de la m.' usw.

FETRAS, Oskar, eigentl. Otto FASTER * 16/2 1854 Hamburg, da † 11/1 1931, langjähr. OrchDir. W: Tänze, Märsche.

FETSCH, Rud. * 28/8 1900 Ludwigshafen, da KlavVirt. u. seit 1923 Dir. einer MSchule. W: f. KaOrch.

FEUERLEIN, Ludw. * 26/4 1870 Zürich, seit 1898 GsgL. in Stuttgart. W: ‚Wie ich zu dem Arminschen Stauprinzip kam' u. a.

FEUERMANN, Emanuel * 22/11 1902 Kolomea, VcVirt., seit 1909 konzertierend, 1917/23 L. am Konserv. in Köln, dann in Wien, 1929/Frühjahr 1933 L. an der Hochschule in Berlin, seitdem in Wien

FEUERMANN, Siegmund * 1901 Kolomea, ausgez. VVirt., Schüler Sevčiks. Lebt in Paris

FEUILLET, Raoul Auger, Tanzmeister in Paris. W (wichtig): ‚Chorégraphie ou l'art de décrire la danse par caractères, figures et signes démonstratifs' (1701); ‚Recueil de contredanses mises en chorégraphie' (1706)

FEURICH, Julius * 19/3 1821 Lpz, da † 16/7 1900, gründ. 1851 die sehr geschätzt gewordene, nach ihm benannte KlavFabrik.

FEVIN (FAVIN), Ant. * um 1473 Orleans, † um 1515. W: KirchM.

FEVRIER, Henry, ps. H. EFFE * 2/10 1875 Paris, † 1932. W: Opern u. a. ‚Monna Vanna' 1909, ‚Gismonda' 1919, Optten, KaM., KlavStücke, Chöre, Lieder.

FEY, Adolf * 21/11 1866 Neumünster, Schüler der Hochschule in Berlin u. des Konserv. in Lpz, urspr. Flötist, 1894/1914 ML. in Charkow, seitdem in Neumünster. W: MChöre.

FEY, Hermann * 26/8 1886 Gnutz, Kr. Rendsburg, seit 1922 Organ. u. akad. ML. in Lübeck, Leiter der SchulMAbt. d. 1933 gegr. Staatskonserv., Dir. der staatl. Singeschule, 1934 städt. MDir. vorher seit 1915 Organ., Chordir. u. GsgL. in Mölln. W: ‚Volkslieder aus Schleswig-Holstein', ‚Moderner Schulgsg', ‚Schleswig-Holstein. M.' u. a. H: Jahrbuch z. Pflege der ChorM. in Lübeck

FEY, Joh. * 8/3 1853 Nortorf (Holstein), † 28/10 1929 Berlin, da 1882/1913 erster Geiger im Philharm. Orch. W: Kompos. u. Instrumentation. f. Orch.

FEYDEAU, Georges * 8/12 1862 u. † Anf. Juni 1921 Paris, Librettist

FEYHL, Johs * 15/1 1833 Affalterbach/Marbach (Württbg), † 22/1 1905 Göppingen als emer. L., Organ. u. GsgVerLeiter. W: Volkstüml. M- u. gem. Chöre, Lieder, KlavStücke usw.

FFRANGCON-DAVIES, David Thomas * 11/12 1856 Bethesda, Carnarvon, † 5/4 1918 Hampstead, berühmter Bariton. W: ‚Singing of the future' (1906)

FIALA, Jaromir, Dr. phil. * 30/12 1892 Postelberg/Saaz, GymnProf. in Prag, MSchr. H: Lieder m. Laute.

FIALA, Jos. * 1749 Lobkovitz, † 1816 Donaueschingen, da seit 1792 Ob. d. Hofkap. W: Sinf., ObKonz., KaM.

FIBICH, Zdenko * 21/12 1850 Wscheborschitz/Czaslau, † 15/10 1900 Prag, OpKM. u. seit 1878 Chordir. a. d. russ. Kirche. W: Opern ‚Blanik', ‚Die Braut v. Messina', ‚Der Sturm', ‚Hedy' u. a., 3 Sinfon., sinf. Dichtgen, Ouvert., KaM., Chorwerke, KlavSchule (tschech.), KlavWerke usw.

FIBY, Heinr. * 15/5 1834 Wien, † 23/10 1917 Znaim, da seit 1857 städt. MDir. W: Optten, MChöre (‚Österreich, mein Vaterland'), gem. u. FrChöre, Lieder usw.

FICHTNER, Pauline — s. ERDMANNSDÖRFER

FICKER, Albert * 26/10 1884 Schönbach, Böhm., Geiger, seit 1907 in St. Gallen. W: Tänze, Märsche.

FICKER, Rudolf von, Dr. phil. * 11/6 1886 München, o. Prof. der MWissensch. in München seit Herbst 1930, vorher seit 1927 in Wien, 1920/27 in Innsbruck. W: ‚Die M. des Mittelalters' u. a. H: Die Trienter Codices

FICKERT, Walter * 19/1 1905 Freiberg/Sa., da KlavVirt., Schüler u. a. Walt. Bachmanns, Teichmüllers, Lamonds, des Dresd. Konserv. u. d. Univ. Lpzg, auch MSchr. W: ‚Vom richt. u. erfolgreichen KlavÜben' 1932

FIEBACH, Otto * 9/2 1851 Ohlau (Schlesien), urspr. L., als Leiter einer MSchule in Königsberg i. Pr. W: Opern, Orator., Sinfon., KaM., Chöre, Lieder usw., die bedeutsame Schrift: ‚Die Physiologie der Tonkunst', ‚Künstler-Liederbuch', ‚Lehre vom strengen Kontrap.' usw.

FIEBERG, Bruno * 21/1 1906 Schöneck, WPr., lebt in Stolp, Pomm. W: Sinf. der Arbeit, UnterhaltgsM.

FIEBIG, Hugo * 19/12 1855 Kontopp am Schlawa-See, † 10/7 1917 Breslau, da zuletzt Schulrektor, seit 1890 Dirig. des Spitzerschen MChors. W: MChöre.

FIEBIG, Kurt * 28/2 1908, Organ. in Berlin, auch Leiter d. volksdtsch. Singchors, war als Kind im Domchor, Schüler Arn. Dreyers, der Hochschule in Berlin u. Schrekers. W: Chöre, auch m. Orch., Lieder, auch m. StrQuart., KlavSon., KaM., OrchStücke. H: Volksdtsche Liederblätter; Volksdtsch. Liederbuch

FIEDEMANN, Alex. * 25/10 1878 Kiew, Schüler Sevčiks u. Brodskys, 1895 ff. L. am Konserv. in Odessa, seit 1909 in Berlin, treffl. L.

FIEDLER, Franz * 1852 Michelfeld a. d. Pegnitz, † 15/9 1927 Berlin (wohin er gereist), urspr. SchulL. in Bad Tölz, lebte dann im Ruhestand in München, verdient um die Zitherliteratur (Verleger). W: Zither-Unterrichtsbriefe, Lexikon der Zitherspieler. H: Das Echo vom Gebirge (seit 1883).

FIEDLER, Hugo * 7/2 1873 Niderrabenstein (Sachsen), MVerleger in Dresden. W: BlasQuart., ZithStücke, LautLieder.

FIEDLER, Max * 31/12 1859 Zittau, Schüler des Lpzger Konserv., 1882 KlavL. u. seit 1903 KonservDir. u. OrchDirig. zu Hamburg, 1908 KonzDirig. in Boston, 1912 in Berlin, 1916/33 städt. MDir. in Essen. Seit 1934 (Gastdirig.) in Stockholm, will 1935 nach Berlin übersiedeln. W: Sinfon., Lustspiel-Ouv., KlavKonz., KaM., KlavStücke, Lieder usw.

FIELD, Harry * 14/12 1860 Aurora/Toronto (Kanada), lebt in London, vielgereist. KlavVirt. W: KlavStücke.

FIELD, John * 26/7 1782 Dublin, † 11/1 1837 Moskau, berühmt. Pianist, Schüler Clementis, lebte abwechs. in Petersburg, London u. auf Reisen. W: 7 KlavKonz., Sonaten, Variationen, Nocturnes (f. Chopin vorbildlich).

FIELITZ, Alex. v. * 28/12 1860 Lpz, † 29/7 1930 Bad Salzungen, Schüler von Jul. Schulhoff, C. Banck u. Edm. Kretschmer, war TheaKM. in Zürich, Lübeck, Lpz u. lebte zeitweilig auf Capri, 1906/08 KonzDirig. in Chicago, seitdem L. am Sternschen Konserv. in Berlin, dess. Dir. seit 1915. W: Opern, KlavStücke, VWerke, Chöre, Lieder. — Sein Sohn W i l h. E d u a r d, gen. Axel v. FIELITZ-CONIAR * 20/5 1888 Dresden, lebt in München, Schüler v. Albert Fuchs u. seines Vaters. W: 2 Sinfon., Lieder

FIERING, Rud. * 13/5 1875 Hertzberg a. E., Chordir. (‚Liederkranz', ‚Lieder-Quartett' usw.) u. SchulGsgL. in Berlin, Schüler Th. Krauses u. W. Bergers.

FIGHÈRA, Salvatore * 1771 Gravina (Puzlie), † 1836 Napoli. W: KirchM.

FIGULUS, Wolfgang aus Naumburg, Kantor 1545/46 in Lübben, 1547/51 in Leipzig, 1551/88 in Meißen (Fürstenschule), da † 1591 (?). W: ‚Elementa musices', geistl. Gsge.

FIGUS BYSTRY, Wiliam * 28/2 1875 Banska Bystrice (Slowakei), da Organ. u. SchulML. W: Oper ‚Detvan' (die erste slowak., 1928), Kantate, KaM., Chöre, Lieder. H: 1000 slow. Volkslieder.

FILIASI, Lorenzo * 25/3 1878 Neapel. W: Opern, OrchSuite, Chorwerke, viele Gsge u. Lieder, auch m. Orch.

FILIPPI, Filippo * 13/1 1830 Vicenza, † 24/6 1887 Milano, da MSchr. W: ‚M. e musicisti' u. a., Lieder.

FILIPPI, Filippo † März 1878, Geiger. W: KaM.

FILIPPONI, Dina * Febr. 1903 Roma, † 14/9 1926 Resina/Napoli, KlavVirtuosin. W: Klav-Stücke.

FILKE, Max * 5/10 1855 Steubendorf/Leobschütz (Schles.), † 8/10 1911 Breslau, Schüler der KirchMSchule zu Regensburg u. d. Konserv. zu Lpz, seit 1889 DomKM. in Breslau. W: Messen, M- u. gem. Chöre.

FILLEUL, Henry * 11/5 1877 Laval, Schüler des Pariser Konserv., seit 1900 Dir. d. staatl. MSchule in St. Omer. W: kom. Oper, bibl. Drama ‚Marie Magdalena', Sinf., OrchSuite, VcKonz., Motetten.

FILLMORE, John Comfort * 4/2 1843 New London (Connect., Ver. Staat.), da † 15/8 1898, Schüler des Lpzger Konserv., gründ. in Milwaukee eine MSchule. W: ‚History of Pfte M.', ‚Lessons on Music. History', englische Übersetzgen Riemannscher Lehrwerke.

FILLUNGER, Marie * 27/1 1850, † ?, berühmte, mit Brahms u. Clara Schumann befreundete Sgrin von internat. Ruf, 1904/12 L. am R. coll. in Manchester

FILSCH, Karl * 1830 Mühlbach (Siebenb.), † 11/5 1845 Venedig, pianist. Wunderkind, Schüler u. a. Chopins u. Liszts. W: KlavStücke

FILTZ (Filz), Anton * ca 1730 (Böhmen?), † 12/3 1760 Mannheim, da seit 1754 erster Vcellist der Hofkap., Schüler von Joh. Stamitz. W: 41 Sinf. (einst sehr beliebt),, gediegene StrTrios, Konz. f. Vc., auch f. Fl.

FINCK, Heinr. * 1445 u. † 9/6 1527 Wien, da Chorleiter des Schottenklosters seit 1524, vorher u. a. in Krakau, Stuttgart u. Salzburg. W: KirchM u. weltliche Lieder.

FINCK, Henry Theophilus * 22/9 1854 Bethel, Miss., † 29/9 1926 Rumford Falls, Minnesota; lebte in Newyork, hervorrag. MSchr.. W: ‚Wagner and his works' (auch dtsch), ‚Massenet', ‚Grieg', ‚R. Strauß' usw.

FINCK, Hermann, Großneffe Heinrichs * 21/3 1527 Pirna i. Sa., † 28/12 1558 Wittenberg, seit 1546 Organ. in Pirna. W: ‚Practica musica' (1556).

FINCK, Hermann * 4/11 1872 London, da 1900/21 Dir. d. Palace-Thea. W: kom. Opern, Ballette, Revuen.

FINCK, Hermine — s. ALBERT, Eugen d'

FINDEISEN, Albin Th. * 1/10 1881, KBaßvirt. in Lpz. W: Studien, Stücke u. Konz. f. KBaß, Suite f. V. u. KB., Suite f. 4 KB. oder Vc., Klav-Sücke, Chöre, Lieder

FINDEISEN, Kurt Arnold * 15/10 1883 Zwickau, Schr. in Dresden. W: ‚Ein Musikant ging durch die Welt'; ‚Volksliedgeschichten'; ‚Lied des Schicksals, Brahms-Roman' u. a.

FINDEISEN, Nikolai Fedorowitsch * 24/7 1868 St. Petersburg, da † 20/9 1928, Schüler des dort. Konserv. W: biograph. Schriften üb. Werstowski, Glinka, Naprawnik, Rimsky-Korssakow, üb. die ‚mittelalterl. Meistersinger' usw.

FINDEISEN, Otto * 23/12 1862 Brünn, Thea-KM. i. R. in Lpzg, ausgeb. auf d. Wiener Konserv. W: Optten, Märchenspiele, Tänze, Märsche

FINGER, Gottfr. * Olmütz, 1682 in München, 1685/1702 Kgl. KM. in London, 1702 KaMus. in Berlin, 1717/23 kurpfälz. KonzM. in Düsseldorf u. Mannheim. W: Opern, BühnenM., bemerkensw. KaM.

FINGER, Willy * 28/10 1894 Hamburg, lebt in Rahlstedt/Hamburg, früherer MilMker. W: Märsche, Tänze

FINK, Christian * 9/8 1831 Dettingen (Württ.), † 5/9 1911 Eßlingen, Schüler des Lzger Konserv. u. Joh. Schneiders-Dresden, OrgVirt., MProf. am Sem. in Eßlingen. W: Klav. u. OrgStücke, Psalm., Motetten, Lieder.

FINK Gottfr. Wilh. * 7/3 1783 Sulza a. d. Ilm, † 27/8 1846 Lpz als UniversMDir. (seit 1842) geacht. Krit. u. 1827/41 Red. d. ‚Allgem. MZtg'. W: ‚Wesen u. Gesch. der Op.', ‚Harmonielehre' usw. H: ‚Musikal. Hausschatz der Dtschen' (1000 Lieder u. Gsge) usw.

FINK, Hans † 3/11 1905 Wien. W: KaM., Vc-Stücke, KlavStücke

FINKE, Fidelio (Romeo) * 23/7 1860 Heinersdorf/Friedland, Böhm., ML. in Reichenberg. W: Opern, Singspiele, Chöre, Lieder. B: Wagners Opern, KlavA. u. a.

FINKE, Fidelio F. (Sohn d. vor.) * 22/10 1891 Josefsthal (Böhm.), Schüler V. Novaks, seit 1915 KomposL. am Konserv. in Prag, seit 1920 desgl. an der deutsch. MAkad. (deren Dir. 1927), sehr fortschrittlich. W: sinfon. Dicht., Chöre, KaM., KlavStücke, Lieder.

FINO, Giocondo * 3/5 1867 Turin, erst da Theol., dann nur Komp. W: Opern, Oratorium, Messen, OrchSuite, KaM., OrgStücke.

FINSTERBUSCH, Daniel Reinhold * 1827, † 17/9 1902 Glauchau als emer. Kantor u. MDir., Dichter. W: Orator., Motetten usw.

FINZENHAGEN, Herm. * 6/1 1825 Magdeburg, da † 14/11 1914, da GsgVerDirig. u. Organ. (50jähr. Jubil.). W: Klav- u. OrgStücke, Chöre, Lieder usw. — Sein Sohn L u d w i g H e r m. O t t o * 23/7 1860 Magdeburg, da seit 1891 Organ. (vorher seit 1886 Kantor in Marienwerder). W: Sonaten u. a. f. Org., KlavStücke, Chöre, Lieder.

FIOCCHI, Vinc. * 1767 Roma, † 1843 Paris. W: Opern, Kantaten.

FIORAVANTI, Valentino * 11/9 1764 Rom, † 16/6 1837 Capua, 1816 päpstl. KM. W: 77 Opern (u. a. ‚Die Dorfsängerinnen'), Kantaten, KirchM. — Sein Sohn V i n c e n z o * 5/4 1799 Rom, † 28/3 1877 Neapel, KirchKM. seit 1833. W: 40 Opern.

FIORE, Andrea Stef. * um 1675 Milano, † 1739 Torino. W: Opern, KaM.

FIORI, Ettore * 1825 Livorno, † 1898 London, GsgL. W: Opern, Lieder, KlavStücke.

FIORILLO, Federico * 1753 Braunschweig, † um 1824 (Amsterdam?), treffl. Geiger, 1783 KM. in Riga, konzertierte 1785 in Paris, seit 1788 in London. W: KaM., VKompos., u. a. die berühmten 36 Capricen. — Sein Vater I g n a z i o * 11/5 1715 Neapel, † Juni 1787 Fritzlar, 1754 HofKM. in Braunschweig u. 1762/80 in Cassel. W: 14 Opern, Oratorium, Requiem usw.

FIORINI, Gius. * 1861 Bazzano (Bologna), † 3/2 1934 München, berühmter Geigenbauer, wirkte in München bzw. Zürich

FIQUÉ, Karl * 1861 Bremen, † Dez. 1930 Brooklyn, seit 1892 in Amerika, bes. Newyork, Pianist (Schüler Reineckes) u. Dirig. W: Oper, KaM., Chöre.

FIRCHOW, Otto * 16/1 1861 Platkow, seit 1917 VerDirig. in Bad Buckow, Kr. Lebus, 1886/ 1914 MilitKM. W: Ouv., MilMärsche, Lieder.

FIRKET, Léon * 23/11 1839 Lüttich, † 19/5 1893 Brüssel. W: BrKonz.

FISCHER, Adolf * 23/6 1827 Uckermünde, † 7/12 1893, ObOrgan. in Breslau seit 1870; gründ. da 1880 das ‚Schles. Konserv.'. W: KlavStücke, Lieder. H: Klass. KlavStücke.

FISCHER, Adolphe * 20/11 1847 Brüssel, da † 18/3 1891, ausgez. VcVirt., lebte seit 1868 meist in Paris.

FISCHER, Albert * 26/7 1882 Aue (Erzgeb.), treffl. Baßbarit. u. GsgL. in Berlin seit 1920, zeitweise auch Bühnensgr., Professor

FISCHER, Albert * 23/2 1896 Salzburg, KM. in Neubabelsberg/Potsdam. W: Op., Optten, Sinf., OrchStücke, KlavStücke, Lieder

FISCHER, Alfred * 1876, ausgebildet in Straßburg i. Els. u. Frankf. a. M., seit 1905 Dirig. d. Bach-Ver. in Krefeld, OrgVirt. usw. W: Chöre

FISCHER, Anton * 1777 Ried, † 1/12 1808 Wien, da TheaKM. W: Singspiele, Pantomimen

FISCHER, Edwin, seit 1928 Dr. jur. h. c. * 6/10 1886 Basel, ausgez. Pianist, auch OrchDirig. (reist viel mit sein. KaOrch.), Prof. an d. Hochsch. in Berlin, Schüler H. Hubers u. M. Krauses, dirig. seit 1926 auch in Lübeck u. 1928/30 in München (Bach-Ver.). W: KlavStücke, Lieder. H: Klass. KlavStücke.

FISCHER, Emil, Dr. med. * 2/7 1872 Gibraltar, Arzt in Hermannstadt (Siebbürg.). W: Klav-Trios, Chöre, auch Lieder.

FISCHER, Erich, Dr. phil. * 8/4 1887 Kreuzlingen a. Bodensee, MGelehrt., seit 1914 durch seine ‚Kleinen Hauskomödien mit M.' sehr bekannt geworden, lebt in Berlin. W: Optte. H: Dtsche Volksliederspende; Sixt, Lieder u. KlavTrios

FISCHER, Erik * 18/3 1912 Hennef (Sieg), lebt in Honnef a. Rh. W: Märsche, Tänze

FISCHER, Ernst, ps. Ernest FISHER, John MACFARREN * 10/4 1900 Magdeburg, lebt in Berlin, ausgeb. da (Sternsches Konserv.) u. Frankf. a. M. (Hochsches Konserv.) B: Opern v. Dittersdorf, Gluck, Telemann. W: ernste u. UnterhaltgsM.

FISCHER, Frz * 29/6 1849 München, da † 6/6 1918, seit 1879 HofKM., da zuerst VcVirt., dann Gehilfe Wagners, 1877/79 KM. in Mannheim.

FISCHER, Georg, Dr. med. * 6/2 1836 Hannover, da † 2/4 1921. W: ‚Opern u. Konzerte im Hoftheater zu Hannover' u. a.

FISCHER, Gottfried Emil * 28/11 1791 Berlin, da † 14/2 1841, seit 1818 GymnGsgL. W: Motetten, Schullieder; ‚Üb. Gsg u. Gsgunterricht'

FISCHER, Hans, Dr. phil. * 17/9 1899 Berlin, da MStudRat, ausgeb. an d. Univ. u. Akad. f. Schul- u. KirchM. W: Chöre, u. a. vaterländ.

FISCHER, Jakob * 20/8 1849 Pohrlitz (Mähr.), Theor- u. KlavL. am Konserv. (Akad.) in Wien. W: KlavSon., Chöre, Lieder. H: Interpunktionsausg. klass. Meisterwerke.

FISCHER, Joh. * 25/9 1646 Augsburg, † 1721 Schwedt als markgräfl. HofKM., viel herumgewanderter (u. a. in Paris, Kopenhagen, Stockholm) Geiger. W: Suiten, TafelM. u. a.

FISCHER, Joh. Christian * 1733 Freiburg i. B., † 29/4 1800 London, vielgereister ObVirt. W: Konz. u. a. f. Ob., KaM.

FISCHER, Jos. Kasp. Ferd. * 1650, † 27/3 1746 Rastatt, KlavVirt., 1696/1716 KM. in Schlackenwerth (Böhm.), bzw. Baden-Baden. W: Ballette, treffl. Klav.- u. OrgM. (u. a. ‚Ariadne musica'), Vesperpsalmen.

FISCHER, Karl * 7/12 1849 Buttstädt (Sachs.), † 14/2 1923 Newyork, gründ. da 1870 den zu Ansehen gelangten MVerlag.

FISCHER, Karl Aug. * 25/7 1828 Ebersdorf/Chemnitz, † 25/12 1892 Dresden, treffl. OrgVirt., Schüler des Sem. in Freiberg. W: Oper, Messe, 2 OrchSuiten, 3 OrgKonz., 4 Sinf. f. Org. u. Orch., Hymnen, Lieder usw.

FISCHER, Karl Aug. * 2/6 1885 Diedersdorf, Kr. Teltow, lebt in Berlin, stud. auf d. Univ. Berlin u. Tübingen, dann u. a. bei Gust. Bumcke, Geo. Bertram u. Jaques-Dalcroze, 1913 L. f. Jaques-Dalcroze-Methode an der Hochsch. in Berlin, Kriegsteiln., nachher KonzBegl. u. Pädag. W: Oper, Lieder. H: Kantat. v. Telemann

FISCHER, Karl Friedr. * 28/11 1884 Wien, da Chordir., Schüler v. Hans Wagner-Schönkirch u. Rebay. W: Chöre jed. Art, Lieder. B: Volkslieder

FISCHER, Karl Ludw. * 9/2 1816 Kaiserslautern, † 15/8 1877 als HofKM. in Hannover (seit 1852), früher u. a. in Würzburg u. Mainz. W: MChöre, Lieder usw.

FISCHER, Ludw. * 18/8 1745 Mainz, † 10/7 1825 Berlin, berühmt. Bassist in München, Wien u. Berlin (1788/1815) engagiert; Mozart schrieb für ihn den Osmin in der ‚Entführung'. W: Lieder, u. a. ‚Im tiefen Keller'.

FISCHER, Martin, Dr. phil. * 20/3 1903 Berlin, da seit 1928 Organ. u. Chordir. (viele Konz. auch als OrgVirt.), ausgeb. auf d. Univ. Berlin u. Königsberg u. v. Walter Fischer

FISCHER, Max * 27/1 1852 Freiburg (Baden), Schüler des Konserv. zu Lpz, seit 1883 in Freiburg ML. u. VerDirig. W: M-, Fr- u. gem. Chöre, Lieder usw.

FISCHER, Michael Gotthard * 4/6 1773 Albach/Erfurt, da † 12/1 1829, Organ. u. SemML. W: Vorzügl. Choralbuch, Präludien, Motetten, Sinfon., KaM., Konz. f. Klarin. u. Fag.

FISCHER, Oskar * 23/12 1870 Großaga (Thür.), FlVirt. in Leipzig, seit 1895 im GewandhausOrch. W: FlSchule u. Studien.

FISCHER, Paul * 7/12 1834 Zwickau, † 12/8 1894 Zittau, da seit 1862 Kantor. W: Zittauer Liederbuch u. Choralbuch.

FISCHER, Rob. * 7/6 1882 Karlsruhe i. B., Begründ. d. MVerl. ‚Rund um d. Welt' in Dresden

FISCHER, Rud. * 2/1 1855 Hohenbohrau, Kr. Freystadt, Schles., seit 1881 KonservDir. in Berlin, da † 1929. W: KlavStücke, Chöre

FISCHER, Walter * 10/7 1872 Seibusch (Galizien), † 17/7 1931 Berlin, da Schüler der Hochschule u. H. Reimanns, ausgez. Organ. (am Dom) in Berlin. W: ‚J. S. Bach', ‚M. Reger'

FISCHER, Wilh., Dr. phil. * 9/4 1886 Wien, seit 1928 Prof. f. MWissensch. an d. Univers. Innsbruck, Schüler G. Adlers (dessen langjähr. Assist.) u. H. Grädeners.

FISCHER, Willi * 7/2 1895 Dresden, da OpttKM. Schüler J. G. Mraczeks. W: Optten, UnterhaltgsM.

FISCHER-SCHWANER, Ludw. * 26/5 1899 Freiburg i. B., KlavVirt. u. MSchr. in Mainz, vor 1931 in Nürnberg. W: Sinfonietta, Tanz-Sinf., Lieder, auch mit Orch.

FISCHER-WEBER, Paul * 18/12 1868 Langenbielau, seit Okt. 1905 Organ. u. Chordirig. in Duisburg, Schüler d. Berliner Hochschule, OrgVirt. u. Sachverständ. f. OrgBau. W: Klav- u. OrgStücke, Motetten, MChöre, FrChöre.

FISCHERS, Diego, ps. = OCHS, Siegfried

FISCHETTI, Matteo Luigi * 28/2 1830 Martina-Franca (Lecce), † Jan. 1888 Napoli, KlavL. W: Optten, viele KlavStücke.

FISCHHOF, Jos. * 4/4 1804 Butschowitz (Mähren), † 28/6 1857 Baden/Wien, 1833 Prof. u. 1851 Dir. am Konserv. in Wien. W: KlavStücke, StrQuart., Lieder, ‚Versuch einer Gesch. d. KlavBaues' u. a.

FISCHHOF, Rob. * 31/12 1856 Wien, da † 2/4 1918, KlavVirt., KonservProf. W: Oper, KaM., KlavStücke

FISCHIETTI, Domenico * 1729 (1725?) Napoli, † 1811 (?), 1765 HofKM. in Dresden, seit ca 1783 in Salzburg erzbisch KM. W: Oper, KirchM.

FISCHÖTTER, Helmuth (richtiger Name) — s. Gert van STETTEN

FISHER, Ernest, ps. = Ernst FISCHER

FISHER, John Abraham * 1744 Dunstable, (London?), † wahrscheinlich Mai 1806 London, seit 1765 bekannter, auch in Deutschl. u. Rußland gereister VVirt. W: Opern, V-, Ob- u. KlavKompos.

FISHER, William Arms * 27/4 1861 San Francisco, zuletzt Schüler Horatio Parkers u. Dvoraks in Newyork, seit 1897 Berater u. Hrsg. der Oliver Disron Company in Boston. W: u. a. ‚Negro Spirituals'; ‚Notes on m. in old Boston'

FISSOT, Alexis Henry * 24/10 1843 Airaines (Frankreich), † 29/1 1896 Paris, treffl. Organ. u. Pianist. W: Klav- u. OrgKompos., KirchM. usw.

FISTER, Gerhard * 14/11 1911 Neuhaldensleben, da Pianist (KM.), ausgeb. in Lpzg (Kons.). W: Optte, Märsche, Schlager

FITELBERG, Georg * 18/10 1879 Dünaburg (Livl.), Schüler d. Warschauer Konserv. (Noskowski), urspr. Geiger, 1908 KM. der Warschauer Philharm., 1909 an der Wiener Hofoper, seit 1911 wieder in seiner früheren Warschauer Stellung, 1919/21 OpKM. in Petersburg, dann in London, 1934 KM. der Oper in Swerdlowsk u. des Radio in Kiew. W: 2 Sinf., sinf. Dichtgen, Ouv., KaM., VKonz., Lieder.

FITELBERG, Jerzy * 20/5 1903 Warschau, lebt in Berlin, Schüler Schrekers. W: OrchSuite, KaM., KlavSon. u. a.

FITTIG, Karl * 1839, † 26/10 1899 Dresden, da VerDir. u. ZitherL. W: MChöre, Zitherstücke.

FITZENHAGEN, Wilh. * 15/9 1848 Seesen (Braunschweig), † 13/2 1890 Moskau, VcProf. am Konserv. u. KonzM. der kais. russ. Konzertges. seit 1870. W: VcKonz. u. Stücke, StrQuart., Orch- u. KlavWerke, Lieder usw.

FITZNER, Rudolf * 4/5 1868 Ernstbrunn (NÖsterr.), seit 1933 in d. Heilanstalt Steinhof bei Wien, treffl. Geiger, gründ. 1894 in Wien das nach ihm benannte bis 1927 bestehende StrQuart.

FITZWILLIAM, Richard Viscount * 1745, † 5/2 1816, vermachte der Univers. Cambridge die nach ihm benannte kostbare HdschrSammlg von Kompos. des 17. u. 18. Jhr.

FLACHS, Karl Rob. * 28/7 1891 Wien, seit 1908 in Klagenfurt, MagistrBeamter u. Chordir. W: KaM., KlavStücke, Chöre.

FLACHSBERT, Otto, Dr. ing. * 26/2 1898 Paderborn, urspr. KlavVirt., seit 1927 in Göttingen. W: KaM., KlavSon., Lieder.

FLADE, Ernst * 13/5 1884 Bernstadt, Sachs., seit 1910 ML. (StudRat) in Plauen, OrgVirt. W: OrchSuite, Kantate, Chöre; ‚Gottfr. Silbermann, der OrgBauer'.

FLADE, Kurt Erich * 8/2 1887 Dresden, KonservDir. in Berlin, da seit 1907, Schüler d. Hochsch. u. M. Bruchs, Pianist, Kriegsteiln. W: Sinf. Dichtg, KlavStücke, bes. instruktive

FLADT, Anton * 1775 Mannheim, † nach 1810 München, vielgereister ObVirt. W: 3 ObKonz. u. a.

FLADT, Emil * 19/6 1860 Untertürkheim/ Cannstatt, † 18/2 1930 Stuttgart, da Realgymn-Prof., verdient um den Schwäb. Sängerbund, gründ. 1912 das Silchermuseum in Schnait u. war sehr beteiligt an dem vom Dtsch. Sgerbund 1927 ins Leben gerufenen Dtsch. SgrMuseum in Nürnberg

FLAGNY, Lucien de (eigentl. Luc. GROU) † Mai 1927 Paris. H: ältere M.

FLAMENT, Edouard * 27/8 1880 Douai, urspr. Fagottist, TheaKM. in versch. Orten u. a. Monte Carlo, jetzt Dirig. eines eigenen Orch. in Paris. W: sinfon. Dichtgen, KaM., FagStudien, Lieder.

FLATAU Theod. Dr. med. * 4/6 1860 Lyck, prakt. Arzt, seit 1901 Doz. f. Stimmphysiol. in Berlin, zeitweise Hrsg. der Ztschr. ‚Die Stimme'. W: gesangshygien. Schriften.

FLATH, Walther * 26/7 1885 Annaberg, seit 1920 Studienrat in Dresden-Radebeul, Schüler M. Regers, Krehls, Karg-E.erts, auch H. Aberts, MSchr. W: Balladen, Lieder, Zitherkomp.

FLAXLAND, Gust. Alex. * 1821 Straßburg, † 11/11 1895 Paris, da ML; errichtete da 1844 einen bald angesehenen MVerl. u. nachdem er ihn 1870 an Durand verkauft, eine KlavFabrik.

FLECHSIG, Max * 28/4 1897 Treuen i. Vgtl., KBVirt., seit 1901 Solist im NatTheaOrch. und AkadL. in Mannheim, ausgeb. u. a. in Leipzig, dann u. a. im GewandhOrch. u. in Majorenhof/ Riga, MilM. W: ‚Spielkultur auf d. KB'. B: Werke von Bottesini, Boccherini, Dittersdorf, Schreck u. a.

FLECK, Fritz * 24/10 1880 Schwetz (Westpr.), † 31/5 1933, Schüler P. Geislers u. Pfitzners, lebte seit 1908 in Köln, auch MSchr. W: Märchenoper, Pantomimen, KaM., sehr feinsinnige Lieder usw.

FLÉGIER, Ange * 25/2 1846 Marseille, da † 8/10 1927. W: OrchStücke, KlavStücke, Lieder.

FLEISCH, Maximilian * 27/9 1847 München, † 13/12 1913 als Dir. des Raff-Konserv. u. Dirig. d. LGsgVer. in Frankfurt a. M.

FLEISCHER, Anton * 30/5 1891 Mako (Ung.), ausgebild. in Budapest, da seit 1915 KM. der Kgl. (Staats-)Oper. W: Sinf., OrchBallade, KaM., Lieder.

FLEISCHER, Arno * 8/10 1877 Mehlau (Reuß), L. u. Kantor in Naitschau/Greiz, verdient um d. KirchM. W: ‚Weihnachtsklänge' (Christvesper), gem. u. MChöre.

FLEISCHER, Friedr. Gottlob * 14/1 1722 Cöthen, † 4/4 1806 Braunschweig, da Organ. u. im Hoforch. W: Singspiel, Kantaten, Lieder (trocken), KlavSon. u. Stücke.

FLEISCHER, Hanns * 8/11 1890 Falkenstein/Vogtl., seit 1924 Sgr u. BuffoTen. d. Op., auch Konz- u. OratSgr u. seit 1934 GsgL. am Landeskonserv in Leipzig, urspr. Jurist (Ass.), im Kriege FliegOffiz., ausgeb. in Lpzg (Thomaner; Konserv.)

FLEISCHER, Hans * 10/11 1896 Wiesbaden, lebt da, KlavVirt. W: 4 Sinfon., Festmusiken, KlavKonz., KaM., Psalmen, Lieder, auch mit KaOrch.

FLEISCHER Oskar, Dr. phil. * 2/11 1856 Zörbig, Prov. Sachsen, † 8/2 1933 Berlin, MHistoriker, Schüler Spittas, von 1888/1921 Leiter der Kgl. Sammlg alter MInstr., seit 1892 Doz. u. 1895 MGeschProf. a. d. Univers. Berlin, gründ. 1899 die ‚Internat. MGesellsch.'. W: ‚NeumenStudien', ‚W. A. Mozart' usw.

FLEISCHER, Reinhold * 12/4 1842 Dahsau (Schles.), † 1/2 1904 Görlitz, Organ. seit 1870 u. Dirig. der Singakad. W: Sinfon., Quart., Trios, Sonaten, OrgStücke, Kantate, Chöre u. Lieder.

FLEISCHER-EDEL, Katharina * 25/9 1875 Mülheim a. R., † 18/7 1928 Dresden, trffl. OpSgrin, zuerst in Dresden (da ausgeb.), 1897 ff. in Hamburg, sang auch in Bayreuth

FLEISCHMANN, Hugo Rob., Dr. jur. et phil. * 18/2 1886 Tuln/Wien, ML. (V., Br.) u. MSchr. (Übersetzer fremdländ. OpTexte) in Wien, Schüler u. a. Guido Adlers u. Mandyczewskis, zeitweise musik. Redakteur der Universal-Edition

FLEISCHMANN, Otto * 15/12 1867, † 29/7 1924 Hamburg. W: OrchStücke, KaM., Lieder, Tänze, Märsche

FLEM, Paul le — s. LE FLEM

FLEMMING, Friedr. Ferd. * 28/2 1778 Neuhausen (Sachsen), † 27/5 1813, prakt. Arzt, Mitglied der Zelterschen Liedertafel in Berlin. W: viele MChöre (u. a. 1811 das bekannte ‚Integer vitae').

FLEMMING, Fritz * 9/3 1873 Braunschweig, ausgez. Oboist, seit Okt. 1897 in der Kgl. Kap., seit Okt. 1907 Prof. an der Hochschule in Berlin. W: ObKonzertino, Melod. Studien u. a.

FLERS, P. L. * 1865 Paris, da Librettist

FLERS, Rob. de * 25/11 1872 Pont d'Evêque (Calvados), † 30/7 1927 Vittel, Librettist

FLES, Anna † 17/11 1906 Utrecht, MSchr. W: ‚Spreken en zingen'

FLESCH, Karl * 9/10 1873 Moson (Ungarn), trffl. Geiger (Schüler von Grün-Wien u. Marsick-Paris), Herbst 1928/34 Prof. an der staatl. Hochschule in Berlin, vorher an d. Konserv. zu Bukarest (1897/1902) u. Amsterdam (1902/08), 1908/26 in Berlin, seit 1925 auch am Curtis-Instit. in Philadelphia als L. u. Führer eines StrQuart., lebt seit 1927 meist in Baden-Baden; konzertiert seit 1933 nicht mehr. B: Neuausg. von Werken Beethovens, Brahms', Mozarts, Donts, Kreutzers, Paganinis u. a. W: ‚Die Kunst des VSpiels'

FLESSNER, Fritz * 21/7 1878, lebt in Bremen. W: Oper, FilmM., KirchM., Lieder, UnterhaltgsM.

FLETCHER, Alice Cunningham * 1845 Boston, † 6/4 1923 Washington. W: Schrift. üb. IndianM.

FLETCHER, John * 1579 Rye, † Aug. 1625 London, Dramatiker, Librettist H. Purcells

FLETCHER, Percy E. * 12/12 1875 Derby, † 10/9 1932 London, da seit 1899 Dirig., Autodidakt. W: Sinfon. Dichtgen, KaM., Chöre, auch m. Orch., Optten, KlavStücke

FLEUR, Marcel, ps. = Gustav KRENKEL

FLEURON, Charles, ps. = Kurt GOLDMANN

FLEURY, Louis * 24/5 1878 Lyon, † 10/6 1926 Paris, ausgez. Flötist, verdient um die Wiederbelebung der Flötenlit. des 18. Jahrh.

FLIEGE, Herm. * 9/9 1829 Stendal, früher Dirig. in Berlin, seit 1877 in Petersburg, 1882 da Dirig. des Hoforch., da † Nov. 1907. W: Tänze f. Orch. resp. Klav., Lieder usw.

FLIERSBACH, Condi * 26/5 1871 Spich/Köln a. Rh., da † 3/12 1926, VerDirig. u. ML., Schüler von Brambach u. Heinr. Schwarz. W: MChöre, Lieder.

FLIES (FLIESZ), Bernhard * um 1770 Berlin, da Arzt, später in Zerbst. W: Lieder, darunter das Mozart zugeschriebene Wiegenlied „Schlafe, mein Prinzchen".

FLIESS, Max, ps. L. VARADI * 9/5 1893 Berlin, lebt da, Schüler H. Rüdels. W: UnterhaltgsM.

FLIESZ, Bernh. — s. FLIES

FLIPSE, Edu. * 26/2 1896 Wissekerke, KM. in Rotterdam, auch KlavL. am Konserv. W: Optten, OrchStücke, Chöre, Lieder

FLITNER, Karl * 1838 Dachwig (Sachs.), † 22/8 1906 Schaffhausen, da ML., Organ. u. Chordir. seit 1866. W: BühnenM., Chöre.

FLODERER, Wilh. * 10/5 1843 Brünn, Schüler Sechters, seit 1868 TheaKM. in Bukarest, Temesvar, Laibach, Linz, Brünn, Wien (Kom. Oper), 1877/99 OpKM. u. VerDirig. in Linz; lebt seit 1907 in Wien. W: Opern, OrchStücke, MChöre, Lieder, KlavM. usw.

FLODIN, Karl * 10/7 1858 Wasa (Finnl.), 1886/1907 in Helsingfors, seitdem in Buenos Aires. W: Studien über finnische M., M. zu Hauptmanns ‚Hannele, Chöre usw.

FLOETER, Helmut, ps. Helmut GARDENS * 15/5 1916 Berlin-Charlottenburg, da MHändler. W: UnterhaltgsM.

FLONZALEY-QUARTETT, das Nov. 1903 von dem Mäzen E. J. de Coppet († 1916) in ‚Le Flonzaley' bei Lausanne begründete StrQuart., das bes. neue M. gepflegt u. alljährlich längere Zeit in Amerika gespielt, sich freiwillig im Frühjahr 1929 aufgelöst hat.

FLOOD, Will. Henry Grattan * 1/11 1859 Lismore/Waterford (Irland), seit 1877 Organ., seit 1895 (auch Chordir.) in Enniscorthy (Irl.), da † 6/8 1928 Sammler irischer Volkslieder, hervorrag. MForscher. W: ‚History of Irish m.'; ‚Early Tudor composers' u. a.

FLOQUET, Stephan Jos. * 25/11 1750 Aix, † 10/5 1785 Paris. W: Opern.

FLORENCE, H. Balthasar — s. BALTHASAR-FLORENCE

FLORIDIA, Pietro * 4/5 1860 Modena, † 16/8 1932 Newyork, KlavVirt., seit 1902 in Amerika, seit 1908 in Newyork, da seit 1913 Dirig. des italien. SinfOrch. W: Opern, Orch- u. KlavM. H: Italian Songs and Airs.

FLORIMO, Francesco * 12/10 1800 S. Georgio Morgeto/Reggio, † 18/12 1888 Neapel, Bibliothek. des R. Coll. di M., dessen Schüler er war. W: OrchStücke, Kantaten, KirchM., Lieder, ‚Cenno storico sulla scuola di Napoli' (4 Bde), ‚Wagner ed i Wagneristi' usw.

FLOTOW, Frdr., Freih. v. * 27/4 1812 Teutendorf (Mecklbg), † 24/1 1883 Darmstadt, Schüler v. Reicha-Paris, 1855 HoftheaIntend. in Schwerin, seit 1863 in Paris, seit 1868 auf seinem Gute bei Wien, dann in Darmstadt. W: Opern ‚Stradella' (1844), ‚Martha' (1846), ‚Indra' (1853), ‚Zilda' (als ‚Fatme' 1924 bearb. von B. Bardi) u. a., M. zu Shakespeares ‚Wintermärchen' usw.

FLOWER, Billy, ps. — s. BÜTTNER, Max

FLOWER, Eliza * 19/4 1803 Harlow Essex, † 12/12 1846. W: Anthems, Hymnen (u. a. ‚Nearer, my god, to thee')

FLÜGEL, Adalb. Carl Jos. * 5/10 1870 Aachen, da 1893/99 VerDir., 1899/1919 städt. MDir., VerDirig. u. Leiter einer MSchule in Stolberg, Rheinprov., seitdem im Haag (Holl.). W: MChöre, Lieder.

FLÜGEL, Ernst (Sohn Gustavs) * 31/8 1844 Halle a. S., † 20/10 1912 Breslau, da seit 1879 Organ. u. Dir. eines gem. GsgVer., Schüler des Berliner Instit. f. KirchM. W: Chöre ‚Der 121. Psalm', ‚Mahomets Gsg u. a., Lieder, KlavStücke, Trio, OrgKompos. usw.

FLÜGEL, Gust. * 2/7 1812 Nienburg a. d. S., † 15/8 1900 Stettin, Schloßorgan. seit 1859, Schüler Frdr. Schneiders, 1850/59 SemML. in Neuwied. W: Kantaten u. Responsorien f. d. geistl. Kinderchor, Lieder, KlavStücke, OrgStücke usw., ‚Leitfaden f. d. Gsgunterr. in der Volksschule', ‚Melodienbuch z. n. Ausgabe des Bollhagenschen Gsgbuchs', ‚Gsgkursus f. höh. Töchterschulen' usw.

FLÜGGE, Heinr. * 31/7 1885 Hannover, da ML., ausgeb. v. H. Lutter, Abranyi u. am Kölner Konserv. W: OrchUnterhaltsM., KlavStücke, Lieder auch m. Orch. B: f. SalonOrch.

FLURY, Rich. * 26/3 1896 Biberist, seit 1920 SchulML. u. KM. in Solothurn. W: Opern, kirchl. Chöre, KaM., KlavSonat., Lieder.

FOBIN, Urban, ps. = JUEL-FREDERIKSEN, Emil

FOCK — s. BRUCKEN-FOCK

FOCK, Dirk * 18/6 1886 Batavia, lebt in Paris, 1924/26 I. Dirig. des KonzVerOrch. in Wien, da 1925/26 auch Prof. (KMSchule) an der Hochschule, ausgeb. in Amsterdam u. Berlin, bes. bei Dr. Muck, seit 1907 als Dirig. in Berlin hervorgetreten, da 1911 KM. an der Kurfürstenop., 1913/15 Orch- u. Chordirig. in Gotenburg (Schwed.), darauf in Stockholm, St. Louis u. vor allem in Newyork OrchDirig. W: Oper, Melodram, VKonz., Sonaten u .a. f. Klav., Lieder.

FODEN, William * 23/3 1860 St. Louis, Git-Virt. in Newyork. W: gr. Schule u. 100 Werke f. Git.

FODOR, Ant. * 1759 Venloo, † 22/2 1846 Amsterdam, da seit 1792 sehr verdient um das M-Leben. W: Op., KlavKonz., KaM.

FODOR, Joseph * 1752 Venloo, † 3/10 1828 Petersburg, da seit 1794, vorher seit 1787 in Paris, VVirt. W: 9 VKonz., KaM.

FODOR-MAINVILLE, Josephine (Tochter Josephs) * 13/10 1789 Paris, † 14/8 1870 St.-Genis/Lyon, vielgereiste OpSgerin. W: ‚Réflexions et Conseils sur l'art du chant' (1857)

FÖDERL, Karl * 13/3 1885 Wien, da Cafetier, urspr. Schauspieler, dann Pianist, Schüler Fohringers. W: Wiener Lieder

FÖLDESY, Arnold * 20/12 1882 Budapest, da ausgez. VcVirt., Schüler Poppers, lebte jahrelang in Berlin.

FOERSTER, Adolf Martin * 2/2 1854 Pittsburg (Nordam.), Schüler des Konserv. zu Lpz, Dirig. in Pittsburg. W: Orch- u. KaM., Chöre, Lieder.

FÖRSTER, Alban * 23/10 1849 Reichenbach i. V., † 18/1 1916 Neustrelitz, da 1882/1908 HofKM., Schüler d. Konserv. zu Dresden. W: Opern, Sinfon., KaM., viele KlavStücke u. Lieder.

FOERSTER, Ant. * 20/12 1837 Osojnitz (Böhm.), † 1909 Prag, zuerst Organ. in Zengg (Kroat.), 1868 Domorgan. u. MDir. in Laibach. W: Oper, Messen, Chöre, slowen. Klav- u. GsgSchule, Lieder usw.

FÖRSTER, Anton * 23/5 1867 Zengg (Kroat.), † 9/1 1915 Triest, Schüler des Lpzger Konserv., 1898 L. am Sternschen, 1904 am Scharwenka-Kons. in Berlin, 1908/13 Chicago; treffl. Pianist.

FÖRSTER, August * 1829, † 18/2 1897 Löbau i. Sachs., gründ. da 1859 die zu großem Ansehen gelangte KlavFabrik, die unter seinem Sohn und Nachfolger Cäsar († 1916, seit 1883 im Geschäft) 1900 eine Zweigfabrik in Georgenwalde (Böhm.) errichtete. 1924 erbaute sie den ersten Vierteltonflügel.

FÖRSTER, Christoph * 30/11 1693 Bibra/Laucha, † 6/12 1745 Rudolstadt als HofKM. 1717/38 KaMusiker u. Hofkomp. des 1738 aufgelösten Herzogl. Merseburger Hofs bis Juli 1745 in Merseburg. W: Sinf., OrchSuiten, ObKonz., KlavStücke, KirchKantaten

FÖRSTER, Eman. Aloys * 26/1 1748 Niedersteine/Glatz, † 12/11 1823 Wien, da lange Jahre ML.; als InstrumKomp. bedeutender Zeitgenosse Beethovens. W: KaM., KlavKonz., Sonat., Variat., Huldigungskantate; ,Anleitg z. Generalbaß'.

FÖRSTER, Hans * 27/10 1878 Neustrelitz, FilmKM. in Frankfurt a. M., ausgeb. in Dresden (Konserv.), dann 7 Jahre OpKM. W: Chöre, auch m. Orch., Lieder

FÖRSTER, Joh. Christoph Friedr. — s. FÖRSTER, Christoph

FÖRSTER, Jos. * 22/2 1833 Wosenitz (Böhm.), † 3/1 1907 Prag, da seit 1857 Organ. (auch Chordir.), zuletzt am Dom, TheorL. am Konserv., verdient um die A cappM. W: Messen, OrgStücke; Harmonielehre (böhm.)

FÖRSTER, Jos. B. * 30/9 1859 Prag, da seit 1918 Leiter einer KomposMeisterklasse, bedeut. Komp., 1891/1903 in Hamburg, dann in Wien. W: Opern, Sinfon., VKonz., KaM., Messen, Chöre, auch größere m. Orch., Lieder

FOERSTER, Kaspar * 1617 Danzig, † 1/3 1673 Oliva, zeitw. KM. in Danzig u. Kopenhagen. W: Kantaten, Dialoge.

FOERSTER, Norbert * 3/6 1886 Berlin, seit 1925 Organ., Chordir. u. ML. in Essen, Domchorknabe in Breslau, ausgeb in Berlin (Inst. f. KirchM., Humperdinck), 1912/14 in Dortmund, 1914/16 in Essen Organ., 1917/18 in Berlin (Sold.), 1918/24 wieder in Essen, 1924/25 in Porto Alegro (Bras.). W: KirchM., OrchStücke, KaM., KlavStücke, OrgStücke, Chöre, Lieder.

FÖRSTER, Rud. † 23/12 1894 Berlin, 34 J. alt. W: an 300 Lieder, u. a. beliebt gewordene Walzerlieder.

FÖRTSCH, Joh. Phil., Dr. med. * 14/5 1652 Wertheim, † 14/12 1732 Eutin, da seit 1694 Hofrat (Leibarzt des Bischofs). W: 12 Opern, KirchM.

FOGG, Eric * 21/2 1903 Manchester, da KlavVirt.; vielseitiger interessanter Tonsetzer. W: Sinf. Dichtgen, KaM., KlavStücke, Chöre, Lieder.

FOGGIA, Francesco * 1605 Rom, da † 8/1 1688, KirchKM. W: Messen, Motetten, Offertorien usw.

FOGLIANO, Giacomo * 1473 Modena, da † 4/4 1548, Organist. W: Madrigale, geistl. Gsge.

FOGLIANO (Folianus), Lodovico * um 1490 Modena, da † ca 1559. W: Musica theorica (1529; Festlegung der Unterscheidungsnotwendigkeit der Terz- u. Quintverwandtschaft der Töne).

FOHRINGER, Hermann, Dr. phil. * 9/1 1886 Wien, da Klav- u. TheorL., Schüler v. G. Adler, Camillo Horn, Jos. Marx. W: Oper, Singspiele, Optten, VKonz., viele ernste u. auch sogen. Wiener Lieder.

FOHSTROM, Alma * 2/1 1856 Helsingfors, berühmte in allen Hauptstädten Europas u. Amerikas aufgetretene KolorSgrin (Debut 1878), lebte vermählt mit Wilh. v. Rode 1889/1917 in Petersburg, dann in Helsingfors, seit 1920 in Berlin

FOHSTROM, Ossian * 21/11 1870 Helsinfors, da VcVirt. u. OrchDirig. W: VcSchule.

FOLIANUS — s. FOGLIANO

FOLKERTS, Hero, Dr. jur. * 1898 Bremen, seit Herbst 1933 städt. MDir in Gelsenkirchen, ausgeb in Bromberg u. Köln, Kriegsteiln., 1931/33 in Essen. W: KaM., Madrigale

FOLTZ, Karl * 9/6 1918 Süchteln, Rheinprov., da Mker. W: NS-Lieder

FOLVILLE, Juliette * 5/1 1870 Lüttich, V- u. KlavVirtuosin, 1898/1914 KonservL. zu Lüttich, lebt in Bournemouth (Engl.). W: Oper, Chorwerke, 3 VKonz., 3 OrchSuiten, Ka- u. KlavM., Lieder usw.

FOMIN, Evstignej, 2. Hälfte des 18. Jahrh., KM. in Moskau, Autodidakt. W: an 30 Singspiele, u. a. ‚Anjuta' (1772), ‚Der Müller'.

FONDIO, Enrico * 20/6 1881 Rocca di Pega (Roma), MSchr. in Roma. W: ‚Chopin' u. a., Optte, KlavStücke, Lieder.

FONT Y DE ANTA, Manuel * 1895 Sevilla, OrchDir. in Südamerika. W: Optten, Messe, OrchVariat., KaM., KlavStücke, beliebte Kuplets.

FONTAINE, Mortier de, Henri Louis Stanisl. * 13/5 1816 Wisniovic (Wolhyn.), † 10/5 1883 London, KlavVirt., lebte in Wien, Petersburg usw. W: KlavStücke.

FONTANA, Ferd. * 1850 Milano, † 1919 Lugano, OpLibrettist.

FONTANA, Giov. Batt. * um 1570 Brescia, da † 1630. W: KaM.

FONTANA, Julius * 1810 Warschau, † 31/12 1869 Paris (Selbstmord), da seit 1851, Freund Chopins, floh 1830 wegen Teilnahme am Aufstand, lebte als KlavL. in London, konzertierte 1840 in Paris, 1841/50 in Amerika. W: KlavStücke. H: Chopins Werke.

FONTBELLE, Cecil Blanc de — s. BLANC DE F.

FONTEGO, del — s. GANASSI

FONTOVA, Conrado * 1865 Barcelona, † 1923 Buenos Aires, wo er 1905 zusammen mit seinem Bruder **Leon** * 1875 Barcelona (schon als Kind VVirt.) ein MInstit. gründete; Pianist. W: Sinf.-Ode Austria-España (1881), KlavStücke, Chöre, viele Lieder.

FONTKEL, S. ps. = Florent SCHMITT

FOOTE, Arthur * 5/3 1853 Salem, Mass. (Nordam.), lebt in Brooklyn, war ML. in Boston. W: OrchSuiten, Ouvert., KaM., Stücke f. Klav., V., Vc., Chöre auch m. Orch., Lieder.

FORBERG, Otto * 5/4 1862 Lpz., gründ. da 1887 einen bald sehr aufblüh., stets nur gute M. berücksichtigenden MVerlag, Grundlage die Hamburger Firma Hugo Thiemer.

FORBERG, Robert * 18/5 1833 Lützen, † 10/10 1880 Lpz., gründ. da 1862 den zu großer Bedeutg namentl. durch seinen Sohn **Max** (* 24/10 1860, † 12/3 1920) gelangten MVerlag, der enge Beziehungen zu dem Moskauer Verl. Jurgenson unterhalten hat.

FORCHHAMMER, Einar * 19/7 1868 Dänemark, † 15/8 1928 in OBay., bek. Heldentenor (Debut 1895), wirkte u. a. in Dresden, Frankfurt a. M., Wiesbaden, seit 1926 GsgL. in München

FORCHHAMMER, Jörgen * 24/6 1873 Herlufsholm (Dänemark), seit 1921 Stimmbildner in München, Schüler u. a. von Iffert u. Paul Bruns. W: ‚Theorie u. Technik des Singens' u. a.

FORCHHAMMER, Theophil * 29/7 1847 Schiers (Graubünden), † 1/8 1923 Magdeburg, da seit 1885 Organ. (Nachfolger G. A. Ritters). W: Org-, Klav- u. GsgKompos., Jugend-Album f. V. u. Klav. (op. 24), ‚Führer durch die OrgLiteratur' usw.

FORCK, Wilh. * 15/3 1890 Seehausen/Bremen, seit 1919 in Berlin, KonzTenor, GsgL. u. Dirig. W: Orator., Motetten, Chöre, Lieder, KlavStücke.

FORD, Ernest A. C. * 17/2 1858 Warminster, † Juni 1919 London, da KM. u. GsgL. W: Opern, Optten, KaM., KlavStücke, Lieder u. a.

FORINO, Ettore * 1875 Roma, † 1917 Buenos Aires, da 1894 Gründer des Konserv., Schüler Sgambatis. W: Sinf. Stücke, VcKonz., KlavStücke, Lieder, Chöre. — Sein gleichnam. **Sohn** † 10/10 1933 Buenos Aires, da Dir. des Ist. music. di S. Cecilia. W: Unterrichtsstücke

FORINO, Ferdinando * 1837 Napoli, † 6/7 1905 Roma, da seit 1864, VcVirt. W: VcSchule, Konz. u. Stücke.

FORINO, Luigi (Sohn Ferdinandos) * 20/8 1868 Rom, ausgez. Vcellist, seit 1901 da L. am Liceo di S. Cecilia, vorher seit 1895 KonservDir. in Buenos Aires. W: OrchStücke, Chorwerke, VcStücke u. Unterrichtswerke, Lieder usw.; ‚Il violoncello ed i violoncellisti'.

FORKEL, Joh. Nik. * 22/2 1749 Meeder/Coburg, † 20/3 1818 Göttingen, UniversMDir. seit 1778, Theoret. u. MSchr. W: ‚Allgem. Gesch. der M.', ‚Bachs Leben' usw.; Oratorium, Kantaten, Sinfon., KlavSonaten, Chöre usw.

FORLIVESI, A. & Co., MVerl. in Firenze, gegr. 1882.

FORMES, Karl * 7/8 1816 Mülheim a. Rh., † 15/12 1889 San Francisco, berühmt. Opernbaß u. GsgL. W: ‚Aus meinem Bühnen- u. Kunstleben'. — Sein Bruder **Theodor** * 24/6 1826 Mülheim, † 15/10 1874 Endenich (irre), berühmter Tenor, 1851/66 in Berlin.

FORMIGNANI, Gius. * 1883 Ferrara, da GsgL. W: KirchM., weltl. Chöre, Gsge.

FORNASINI, Nicola * 17/8 1803 Bari, † 24/6 1861 Napoli, da MilKM. W: Opern, KirchM., Gsge, Tänze.

FORNEROD, Aloys * 16/11 1890 Montet-Coudrefin (Schweiz), ausgebild. in Lausanne u. Paris (Schola cantorum), KomposL. in Montreux u. Lausanne, MSchr. W: Sinfon., OrchStücke, KaM., Chöre m. Orch., Motetten.

FORONI, Jacopo * 25/7 1825 Valeggio (Verona), † 8/9 1858 Stockholm, da seit 1849 HofKM. W: Opern, KirchM., 3 Sinf., Gsge u. a.

FORQUERAY, Antoine * 1671 (1681?) Paris, † 28/6 1745 Mantes, GambenVirt. W: Pièces de Viole.

FORRESTER, James Cliffe * 10/5 1860 Burslem, Staff., Chordir. in London. W: Kantaten, KaM., VStücke, KlavStücke, Anthems, Lieder.

FORSELL, John * 6/11 1868 Stockholm, ausgez. vielgereist. Bühnen- u. KonzBaritonist, seit 1913 Dir. der Stockholmer Oper.

FORSTER, Georg * um 1514 Amberg, † 14/11 1568 Nürnberg, Arzt. H: Sammelwerk ‚Ein Außzug guter alter u. neuer teutscher Liedlein'.

FORSTER, Jos. * 10/8 1845 Trofayach (Steiermark), † 23/4 1917 Wien, wo er lange gelebt. W: Opern u. a. ‚Die Rose von Pontevedra' (1893, preisgekrönt), Ballette, Sinf., KaM., KirchM.

FORSTER, Karl, Dr. phil. * 2/8 1904 Großklenau, Bay., ausgeb. in München (Akad. u. Univ.; MWiss.), seit 15/2 1934 DomKM. (St. Hedwig) in Berlin, kurz vorher Präfekt der KirchMSchule in Regensburg. W: KirchM.

FORSTER-LARRINAGA, Rob. † (52jähr.) 2/7 1932 Berlin, Pianist, dann Schauspiel. W: BühnM.

FORSYTH Brothers, KlavFabrik seit 1857 in Manchester, 1872 auch MVerl., 1873 Filiale in London

FORSYTH, Wesley Octav. * 1863 Toronto, da sehr geschätzt. Pianist, L. u. MSchr. W: KlavStücke, viele Lieder.

FORTER, Adolf, Dr. jur. * 28/2 1894 St. Gallen, Schüler v. Jos. Haas u. Ravel, lebt seit 1924 in Paris. W: KaM., KlavStücke, Chöre, Lieder.

FORTESCUE, Edith, ps. = A. W. RAWLINGS

FORTI, Frz Ant. * 8/6 1790 Wien, da † 18/7 1859, ausgez. OpBassist (bis 1834).

FORTLAGE, Karl, Dr. phil. * 12/6 1806 Osnabrück, † 8/11 1881 Jena, da Prof. der Philos. seit 1846. W: ‚Das musik. System' (1847).

FORTNER, Wolfg. * 12/10 1907 Lpz., seit 1931 KomposL. am kirchmus. Inst. der ev. Landeskirche in Heidelberg, Schüler Grabners. W: geistl. M., StrQuart., OrgStücke.

FORZANO, Giovacchino * 19/11 1887 Borgo San Lorenzo, OpRegiss. in Milano, fruchtbarer OpLibrettist.

FOSCHINI, Gaetano * 25/8 1836 Polesella, † 12/3 1908 Torino, 1864 OpKM. in Konstantinopel usw. 1875 ML. in Asti, 1889/1900 am Konserv. zu Torino. W: Oper, KlavStücke, ‚Traité d'harmonie'.

FOSS, Herbert J. * 2/5 1899 Croydon, MSchr. in London. W: Sinf., VSonate, Gsge

FOSTER, Myles Birket * 29/11 1851 London, da † 18/12 1922, Organ. W: Sinf., KaM., Kirch- u. KinderM.

FOSTER, Stephan Collins * 4/7 1826 Lawrenceville/Pittsburg (NAm.), † 13/1 1864 Newyork. W: viele Lieder im Volkston u. a. ‚Old Folks at home', das zum Volkslied wurde.

FOULDS, John Herbert * 2/11 1880 Manchester, seit 1918 Dirig. in London. W: Opern, BühnM., OrchSuiten (Music Pictures mit Vierteltönen), VcKonz., ‚A world Requiem', Gsge.

FOUQUÉ, Friedrich de la Motte, Baron * 12/2 1777 Brandenburg, † 23/1 1843 Berlin, der Dichter der von E. T. A. Hoffmann u. Lortzing als Opernstoff benutzten ‚Undine'. — Sein Enkel:

FOUQUÉ, Friedrich de la Motte, Baron * 23/8 1874 Hannover, bis 1918 Offizier, Geiger, 1912/14 Schüler des Karlsruher Konserv., 1920 bei L. Schrattenholz, lebt in Berlin. W (seit 1923 in der Öffentlichk.): Sinf., KaM., Chöre, Duette, Lieder

FOUQUE, Octave * 12/11 1844 Pau, da † 22/4 1883, seit 1876 Bibl. des Konserv. in Paris. W: Optten, Lieder; ‚Histoire du théâtre Ventadour', ‚Les revolutionnaires de la m.' u. a.

FOUQUES DUPARC, Marie Eugène Henri — s. Henri DUPARC

FOURDRAIN, Félix, ps. ROUFRAIND, Fél. Symson * 3/2 1880 Paris, da † 23/10 1923. W: Opern.

FOURESTIER, Louis * 31/5 1892 Montpellier, Vcellist in Paris. W: sinfon. Dichtg, Kantaten.

FOURNEAU, Léon — s. XANROF

FOURNIER, Louis, ps. LOUYS, Karl * 10/12 1879 Paris, da Schüler des Konserv., VVirt. u. Dirig., lebt in St. Brieu als Dir. der von ihm 1919 gegründ. MSchule u. der Philharm. Gesellsch. W: pädag. Schriften. H: ältere VEtüden

FOURNIER, Pierre * 15/9 1712 Paris, da † 8/10 1768, Schriftgießer, führte die Notentypen mit runden Köpfen in Frankreich ein. W: ‚Essai d'un nouveau caractère de fonte pour l'impression de la m.' (1756) u. a.

FOX, Dorothy † 11/8 1934 Windsor. W: KaM., u. a. BrSonate

FOX, Sam, ps. = BRANSEN

FRACASSI, Elmerico A. * 1883 Lucito (Campobasso), KonservDir. in Buenos Aires. W: Opern, KlavStücke, VStücke, VcStücke, KaM.

FRAEMCKE, Aug. † 18/1 1933 (61jähr.) New York, da KlavVirt. u. Dir. des NY college of m.

FRÄNZL, Ignaz * 3/6 1736 Mannheim, da † 1811, VVirt., 1790/1803 MDir. am Hofthea. W: Sinfon., VKonz., KaM. — Sein Sohn F e r d i n a n d * 24/5 1770 Schwetzingen, † 19/11 1833 Mannheim, VVirt., 1806/27 HofKM. u. OpDir. in München. W: Opern (Singspiele), Kantate ‚Das Reich der Töne', Sinfon., Konz. f. 2 V., VKonz., KaM. usw.

FRAGEROLLE, Geo. Aug., ps. Pol CANTEROY * 11/3 1855 Paris, da † 21/2 1920. W: Opern, Pantomimen, patriot. u. Soldaten-Lieder.

FRAIS, Hugo, ps. = WYSOTZKI, Georg v.

FRALIERS, A. K. de, ps. = KAISER, Alfred

FRANC-NOHAINE (eig. LEGRAND), Maurice Etienne * 25/10 1873 Corbigny (Nièvre), † Okt. 1934 Paris, da Advokat, OpLibrettist

FRANCHETTI, Alberto, Baron * 18/9 1860 Turin, Schüler der Konserv. in München u. Dresden, 1926 Dir. des Konserv. Cherubini in Firenze. W: Opern u. a. ‚Asrael', ‚Cristofero Colombo', ‚Germania', Orch- u. KaM.

FRANCHETTI, Aldo * 1882 Mantova, vielgereister OpKM. W: Opern, sinf. Dichtgen, Gsge.

FRANCHINUS — s. GAFORI

FRANCHOMME, Auguste * 10/4 1808 Lille, † 21/1 1884 Paris, VcVirt., Schüler des Pariser Konserv., seit 1846 da L.. W: VcKonz., Variationen usw.

FRANCILLO-KAUFFMANN, Hedwig * 30/9 1881 Wien, GsgL. in Berlin seit 1927, nach sehr erfolgr. Laufbahn (KaSgerin) als KolorOpSgrin in Wiesbaden, Berlin (1906 ff. Kom. Op., später Hofoper), Wien u. Hamburg. Große Tierfreundin. W: ‚Von Caruso zu Dir'

FRANCIS, Louis, ps. = L. VOUILLEMIN

FRANCISQUE, Ant. * um 1565 St. Quentin, † 1605 Paris, Lautenist u. Kompon. f. sein Instr.

FRANCK, César * 10/12 1822 Lüttich (Eltern Deutsche), † 9/11 1890 Paris, Schüler des Lütticher u. Pariser Konserv., 1843 Organ. in Paris, 1872 OrgProf. am Konserv., Führer der jungfranz. Komp. W: Opern, Orator. ‚Ruth', ‚Redemption', ‚Les Béatitudes', ‚Rebecca', Messen, sinf. Dichtgen ‚Le chasseur maudit', ‚Les Djinnes', ‚Les Eolides' u. a., Sinfon., SinfVariat. f. Klav. u. Orch., StrQuart. (bedeut.), KlavQuint., 4 KlavTrios, OrgKompos., Motetten, MChöre, KlavStücke.

FRANCK, Eduard * 5/12 1817 Breslau, † 1/12 1893 Berlin, da Pianist, seit 1867 L. am Sternschen, vorher am Kölner Konserv., 1859 in Bern. W: Sinf., KlavKonz., KaM., KlavStücke

FRANCK, Joseph (Bruder Césars) * 1820 Lüttich, ML. in Paris, da † 1891. W: Messen, Motetten, KlavStücke u. ‚Manuel de la transposition et de l'accompagn. du plainchant', ‚Traité d harmonie' usw.

FRANCK, Joh. Wolfg. — s. FRANK

FRANCK, Melchior * um 1573 Zittau, † 1/6 1639 Coburg, KM. seit 1603. W: Motetten, KirchLieder, weltl. Lieder u. Tänze. Konz., Quodlibets usw.

FRANCK, Richard (Sohn Eduards) * 3/1 1858 Köln, Schüler seines Vaters, d. Sternschen Konserv. zu Berlin u. d. Leipz. Konserv., 1887/1900 MSchulL. in Basel, 1900/09 Dir. des LGsgVer. in Kassel, seit 1909 in Heidelberg. W: sinf. Dichtgen, Ouvert., KaM., KlavStücke, Chöre, Lieder usw.

FRANCKE, Max * 6/12 1892 Magdeburg, da akad. ML. W: Op., sinf. Dichtg, Chöre, Lieder (u. a. geistl.) SchulM.

FRANCKE, Rich. * 20/1 1868 Berlin, da MSchulDir., Mitbegr. d. Fafner-Bundes, vielgereister HarmonVirt. W: Opern, Pantom., Kantaten, Gsge m. Harmon. usw.; Sinf., StrQuart., VStücke

FRANCKENSTEIN, Clemens Frh. v. * 14/7 1875 Wiesentheid (UFrank.), Schüler Thuilles u. I. Knorrs, 1902/07 Dirig. in London, dann Korrepet. an den Hofthea. in Wiesbaden u. Berlin, 1912/18 HoftheaIntend. in München, da 1924/34 wieder Intend. des Staatsthea. Lebt jetzt meist in Hechendorf a. Pilsen See (OBay.). W: Opern u. a. ‚Des Kaisers Dichter', (‚Li Tai Pe'), Ballett, OrchW., Gsge, auch m. Orch., Lieder

FRANCMESNIL, Roger de, eigentl. Vente de Francmesnil, ps. René MORIN * 2/12 1884 Paris, da † 1/1 1921, Pianist. W: Chant de la victoire f. Orch., KaM., Lieder

FRANCNOHAINE — s. FRANC-NOHAINE

FRANCO — s. FRANKO

FRANCO-MENDES, Hans * 15/12 1890 Amsterdam, KlavVirt. (Schüler u. a. Friedbergs), KonservL. in Leiden. W: KlavStücke

FRANCO-MENDES, Jacques * 1812 Amsterdam, † ? Paris, VcVirt. W: VcStücke. — Sein Bruder Joseph * 4/5 1816 Amsterdam, da † 14/10 1841, VVirt., Schüler Baillots. W: StrQuart.

FRANCOEUR, François * 28/9 1698 Paris, da † 6/8 1787, urspr. (1710) Geiger im OpOrch., 1760 Kgl. OberMIntend. W: Opern, meist zus. m. F. Rebel; VSonaten. — Sein älterer Bruder Louis † 1745 Paris, gleichfalls Geiger d. Op. W: VSonaten. — Dessen Sohn Louis Jos. * 8/10 1738 Paris, da † 10/3 1804, machte dieselbe Karriere wie sein Onkel, verlor aber durch die Revolution sein Amt. W: Opern; ‚Diapason general de tous les instruments à vent

FRANK, Botho, ps. — s. Graf Botho v. HOCHBERG

FRANK, Eduard * 8/3 1895 Amstetten, NÖsterr., VVirt., (Mitglied der Staatsop. seit 1919) Wien, Schuler A. v. d. Hoyas, Karl Prills u. Sevčiks. W: 2 VKonz., VStücke

FRANK, Ernst * 7/2 1847 München, † 17/8 1889 Oberdöbling (Irrenanstalt bei Wien), Schüler Fr. Lachners, seit 1868 TheaKM., 1872/77 Mannheim, seit 1879 in Hannover (nach Bülow), mit Brahms befreundet. W: Opern, Lieder usw. Vollendete ‚Francesca da Rimini v. Herm. Goetz

FRANK (Franck), Joh. Wolfgang * 1641 Hamburg), † um 1696 London, 1673/78 HofKM. in Ansbach, 1678/86 OpKM. in Hamburg, seit 1690 in London. W: 14 Opern, Sonaten f. 2 V. u. Baß, geistl. Lieder usw.

FRANK, Josef * 31/8 1895 Alt-Pölla, NÖsterr., SchulL. in Groß-Gerungs. W: Lieder z. Laute.

FRANK, Marco * 1883 Wien, lebt da, Schüler u. a. Massenets. W: Opern, Sinf., KaM., KlavStücke

FRANK, Paul — s. MERSEBURGER

FRANK, Paul * 14/4 1885 Wien, da Librettist

FRANK VAN DER STUCKEN, — s. STUCKEN

FRANKE, Friedr. Wilh. * 21/6 1862 Barmen, † 3/4 1932 Köln, da 1891/1923 Org.- u. TheorL. am Konserv., OrgVirt. W: ‚Das deutsche Wächterlied‘, ‚Dies irae f. Chor, Soli u. Orch.; geistl. Chöre, Psalmodien; ‚Theorie u. Praxis d. harmon. Satzes‘, ‚OrgSpiel‘, ‚Bachs KirchKantaten‘ u. a.

FRANKE, Hellmuth * 26/10 1890 Sangerhausen, besuchte das Konserv. in Lpz., da ML., VerOrch.- u. ChorDir. W: viel KaM., KlavStücke, OrgSonate, Weihnachtskantate, gem., Fr- u. MChöre

FRANKE, Herm. * 9/2 1834 Neusalz a. Oder, † 1919 Sorau, Schüler von A. B. Marx, Kantor in Krossen u. seit 1869 in Sorau (Lausitz). W: Oratorium, Motetten, Trios, Sonaten usw., ‚Handbuch der M.‘

FRANKE Max * 14/7 1858 Deutsch-Lissa, † 13/7 1911 Breslau, da seit 1881 SchulL., später auch Organ. u. VerDirig. (1891/1906 GsgVer. Breslauer L.). W: MChöre

FRANKE, Paul * 8/12 1878 Magdeburg, SchulML., seit 1915 in Berlin, auch ChorDir. W: Weihnachtsspiel, Chöre, Lieder, KlavStücke

FRANKE, Rob. — s. Rob. STEIDL

FRANKENBERGER, Heinr. * 20/8 1824 Wümbach, † 22/11 1885 Sondershausen (da 1847 Geiger) als II. HofKDirig., Schüler des Lpzger Konserv. W: Opern, OrgSchule, Choralbuch, PfteStücke, Lieder usw., ‚Anleitg z. Instrumentierg‘

FRANKENBERGER, Heinr. * 2/5 1868 Kulmbach, KonzSänger (Bariton), Stimmbildner, ChorDirig.. in Nürnberg seit 1892. W: Lieder; ‚Ton u. Tonbildg‘, ‚Der Männerchor‘, ‚Gsg als schöpfer. Erleben usw.

FRANKENBURGER, Paul * 5/7 1897 München, lebt in Tel Aviv/Jaffa seit 1934, vorher 1924 OpKM. u. KonzBegl. in Augsburg, dann Begl. in München bis 1933, Schüler Beer-Walbrunns. W: Pantomime, KaM., Psalm 22, Lieder

FRANKL, Paul Jos., Dr. phil. * 21/12 1892 Brünn, seit 1908 in Wien, KonzBegl. W: Sinf., Ouv., KaM. KlavStücke, Lieder

FRANKO (Franco) VON KÖLN, 13. Jhh., Verfasser eines Compendium discantus, das eine verbesserte Intervallenlehre enthält; wahrscheinlich identisch mit:

FRANKO (Franco) VON PARIS, 13. Jhh., um die Verbesserg der Mensuralnoten verdient

FRANKO, Sam * 20/1 1857 New Orleans, lebt seit 1930 meist in Berlin, auch in New York, treffl. Geiger, bes. L., auch Dirig., verdient um die Wiederbelebg älterer M.

FRANKOWSKI, Hans * 3/11 1888 Graz, Pianist in Wien. W: Wiener Lieder, Chansons

FRANTZEN, Heinr. * 1/10 1880 Köln, da KM. u. Pistonvirt., da Schüler des Konserv., im Krieg MilKM. W: Fantas., Potpourris, Märsche, Schlager

FRANZ, drei Brüder, zu Pulsnitz (Sachsen) geboren: Alwin * 8/11 1846, seit 1883 Stabstromp. zu Dresden. W: Tänze, Märsche, Lieder usw. — Bruno * 23/11 1845 Waldhornist der Hofkap.

zu Dresden. — O s k a r * 30/12 1843, † 25/9 1889, seit 1872 Waldhornist der Hofkap. u. seit 1882 KonservL. zu Dresden. W: Waldhornschule, Konz-, Übgsstücke u. Arrangem. f. Horn, ‚Musik. Fremdwörterbuch', ‚Die MInstrum. d. Gegenwart', ‚Transpositionslehre f. alle Instrum.'

FRANZ, C. A., ps. = KUHLO, Franz

FRANZ, Ewald * 15/7 1870 Langburkersdorf/ Neustadt (Sachs.), Schüler d. Lpzger Konserv., seit 1895 Kantor u. Organ., seit 1903 auch SchulGsgL. in Glauchau, da verdient um das MLeben (große OratorAufführ.). W: Motetten, MChöre, Lieder; Sonate u. a. f. Klav., VStücke

FRANZ, J. H. — s. HOCHBERG

FRANZ, Leo * 4/12 1895 Beneschau/Prag, seit 1924 Dirig. in Aussig, da seit 1927 auch Gymnas-GsgL. W: BühnenM., KaM., KlavStücke, Lieder

FRANZ, Oskar — s. FRANZ, Alwin

FRANZ, Pepi, ps. = NAGLER, Franciscus

FRANZ, Robert (eigentl. Knauth) * 28/6 1815 Halle a. S., da † 24/10 1892, stud. 1835 unter Fr. Schneider in Dessau, 1841 Organ. u. Dirig. d. Singakad., 1859 UnivMDir. in Halle. Allmähl'ch verschlimmerte Schwerhörigkeit zwang ihn 1868 zur Niederlegg seiner Ämter; eine v. Kunstfreunden aufgebrachte Ehrengabe (30 000 Taler) schützte ihn vor Nahrungssorgen. Als Dir. der Winterkonzerte hat er die Meisterwerke der InstrumentalM. u. Bachsche VokalM. in Halle heimisch gemacht. B: Bachsche u. Händelsche Werke, Astorgas ‚Stabat mater', Durantes ‚Magnificat'. W: Psalm f. Doppelchor, gem. u. MChöre, an 350 teilweise wertvolle Lieder

FRASER, Marjory — s. KENNEDY-FRASER

FRASI, Felice * 1805 Piacenza, † 1879 Vercelli, berühmter Organ., 1845/51 KonservL. in Milano, L. Ponchiellis. W: Oper, KirchM., Sinf.

FRATER, Lorenz * 1872, † 13/3 1930 Budapest. W: Lieder

FRAUENLOB (eigentl. Heinrich von Meißen) † 29/11 1318 Mainz, den Meistersing. nahestehender Minnesgr

FRECH, J. G. * 17/1 1790 Kaltenthal/Stuttgart, † 23/8 1864 Eßlingen, SemML. W: Oper, Orator., Kantat., OrgStücke, Psalmen, Lieder

FRED, Will, ps. = Wilh. SCHMIDT-GENTNER

FREDAL, F., ps. = Jos. FREUDENTHAL

FREDERICH, Otto, Dr. iur. * 22/4 1882 Lüneburg, lebt in Berlin, vorher in Bützow, Kr. Kolberg (Pomm.). W: Opern, Sinf. u. sinfon. Dichtg, KaM., Lieder, UnterhaltsM.

FREDERICHSEN, Emil Juel — s. JUEL-FREDERICHSEN

FREDRICKSHAMM — s. JUNKER-FREDRICKSHAMM

FREDY, Charlie, ps. = Karl BUCHHOLZ

FREDY, F., ps. = FRIEDE, Friedrich

FREE, Hugo * 9/2 1897 Berlin, Musiker in Wiesbaden, da ausgeb. W: Chöre, Lieder, Tänze

FREED, Sadore * 1900 Rußland, lebt in Philadelphia. W: Oper, Ballett, Sinf. Suite, KaM., Chöre

FREEMAN, Roderich, ps. = FRIML, Rud.

FREEMANN, Gus., ps. = FRIEDEMANN, Fritz

FREESE, Karl * 14/12 1831 Berlin, da † 6/10 1903, da 1867/1901 sehr verdienter u. beliebter MilKM. H: Altpreuß. MilitMärsche

FREGE, Livia geb. Gerhard * 13/6 1818 Gera, † 22/8 1891 Lpzg, hervorrag. Sopranistin, deren Haus in Leipzig seit 1836 eine Stätte bester M-Pflege war

FREHSE, Albin * 10/2 1878 Leipzig, da seit 1903 I. Hornist des Gewandhausorch. W: Horn-Schule

FREI, Josef * 16/3 1872 Schötz (Luzern), seit 1884 städt. MDir. in Sursee. W: zahlr. KirchM., Chöre

FREIBERG, Kurt * 5/6 1906 Garz, Rügen, Pianist in Lübben, NLaus. W: UnterhaltsM.

FREIBERG, Otto * 26/4 1846 Naumburg a. S., Schüler d. Leipziger Konserv., Geiger, 1889/1920 UnivMDir. u. außerord. Prof. a. d. Univ. Göttingen, da † 2/11 1926. W: Chöre

FREIGEDANK, K. So nannte sich Rich. Wagner, als er 1860 ‚Das Judentum in der Musik' veröffentlichte

FREILINGHAUSEN — s. FREYLINGHAUSEN

FREIMANN, Karl, ps. = KAESSER, Emil

FREISLER, Karl * 25/10 1865 Zwittau, Mähr., städt. pens. L. in Wien, da u. in Brünn ausgeb. Schüler H. Grädeners. W: Singspiel, ernste und Wiener Lieder

FREITAG (eigentl. John), Theo * 14/2 1873 Berlin, seit 1912 KM. in München, KlavSchüler Alwin Wiecks, dann a. d. Konserv. in Lpzg u. Dresden, TheaKM an verschied. Orten, reiste mit eigen. Orch. im Auslande, verdient um d. Musiker- u. KMStand. W: UnterhaltsM.

FREITAS BRANCO, Luis de * 12/10 1890 Lissabon, lebt da, Schüler u. a. Humperdncks, seit 1926 OpDir. W: Orat., 2 Sinf., KaM., OrgStücke

FREIXAS, Narcisa * 1860, † 20/12 1926 Barcelona, Kompon.

FREMSTADT, Olive * 1872 Stockholm, berühmte OpSgerin, seit 1917 in Newyork, voher in Bayreuth, München u. London, Schülerin Lilli Lehmanns

FRENGUELLI, Filippo * 23/8 1827 Perugia, da † 12/4 1892, Organ. W: KirchM., Lieder, viele KlavStücke

FRENKEL, Paul * 22/5 1891 Kischinef, KlavVirt. (ausgeb. auf d. Berl. Hochschule) in s' Gravenhage seit 1923, auch KonservL. in Rotterdam

FRENKEL Stefan * 8/11 1902 Warschau, V-Virt. in Berlin, Schüler von Flesch. W: VKonz. u. Stücke

FRENSEL WEGENER-KOOPMAN, Bertha — s. WEGENER-KOOPMAN

FRENZEL, Rob. * 21/9 1850 Freiberg i. S., KirchMDir. u. OrgRevisor in Schneeberg i. S., da † 12/1 1928. W: Choralvorspiele u. sonstige OrgStücke

FRESCHI, Giov. Domenico * 1640 Vicenza, da † 1690. W: Opern, Oratorien, Messen, Psalmen

FRESCO, Joan, ps. Percy CLEAVER, Leo KWANT, Roderich LANDER * 18/8 1886 Haag, KM. in Amsterdam, Schüler d. Konserv. in Haag, da Geiger im Residenzorch., dann KomposSchüler Gernsheims, 1921 in Amerika. Hat feste Wohnung in Berlin-Steglitz. W: KinoM., OrchSuiten, Charakterstücke, Tänze, Schlager

FRESCOBALDI, Girolamo * 9/9 1583 Ferrara, † 2/3 1644 Rom, Organ. an St. Peter seit 1608, aber zeitw. beurlaubt, berühmt. OrgSpieler, um die Entwicklg der Fugenkunst hochverdient. W: Madrigale, Kanzonen, Motetten, Toccaten usw.

FREUDE, Hans, ps. = ERDLEN, Herm.

FREUDENBERG, Wilh. * 11/3 1838 Raubacher Hütte/Neuwied a. Rh., † 22/5 1928 Schweidnitz, Schüler des Lpzger Konserv., KM. an verschied. Thea., 1865 Dir. des Cäcilienver. u. 1870 Leiter eines eig. Konserv. in Wiesbaden, 1886 in Berlin, da Chordirig. a. d. Kaiser-Wilhelm-Gedächtniskirche (1895/1908). W: Opern (Aufführgsmaterial in der MAbt. der Preuß. Staatsbibl. in Berlin), M. zu ‚Romeo u. Julie', Chöre, Lieder u. Pftestücke; ‚Lehre von den Intervallen', ‚Was ist Wahrheit? (Ges. Aufsätze)'

FREUDENTHAL, Josef, Dr. rer. pol. et iur. * 1/3 1903 Geisa (Röhn), Syndikus des MVerl. Ant. J. Benjamin (D. Rahter, N. Simrock) in Lpz. Jetziger Wohnort? W: Tanzschlager, viele Lieder, Chansons. — ps. F. FREDAL; Joe JOYCE

FREUND, Erich, Dr. phil. * 13/8 1866 Breslau, da MSchr. u. GsgL. B: Boieldieu, Das Loch in der Landstraße

FREUND, Julius * 8/12 1862 Breslau, † 6/1 1914 Partenkirchen, Librettist, lebte in Berlin

FREUND, Robert * 1852 Pest, Pianist, Schüler des Leipziger Konserv. (Moscheles, Coccius), Tausigs u. Liszts, 1875/1921 in Zürich, dann in Budapest. W: KlavStücke, Lieder

FREUND, Willy * 24/4 1892 St. Gallen, VVirt., seit 1926 in Frankfurt a. M. W: KaM., KlavStücke, Lieder

FREUNDORFER, Geo, ps. LABARI * 23/7 1881 München, lebt in Berlin. W: VolksM. B: f. SchrammelQuart.

FREY, Emil * 8/4 1889 Baden (Schweiz), seit 1917 in Zürich, KlavVirt. W: Symphon., Konz. f. Klav., V. u. Vc., KaM., viele KlavStücke, Lieder

FREY, Ernst, ps. = WÜST, Karl

FREY, Geo. * 25/4 1890 Augsburg, Chordir. in München. W: KaM., Chöre, auch m. Orch., Lieder

FREY, Herm. Walther * 26/3 1888 Berlin-Schöneberg, ObRegRat in Berlin, studierte auch MWiss. W: Lieder. B: alte KirchM. f. d. prakt. Gebr., u. a. Nannini: Missa festiva

FREY, Karl * 31/5 1876 Bonndorf, Schwarzw., seit 1900 Priester, Pfarrer in Gottenheim, Bad., ausgeb. in Freiburg i. B., musste aus gesundh. Gründen die angeb. MünsterchordirStelle in Konstanz ablehnen. W: KirchM., u. a. deutsche liturg. Singmesse, bibl. Trauerspiel m. M., Heimatspiel, Marienlieder

FREY, Martin * 32/1 1872 Crossen a. Elster, seit 1899 in Halle. W: Oper, KlavVSonaten, Chöre, Lieder, KlavStücke; Schule des polyphonen Spiels

FREY, Max, Dr. phil. * 8/4 1898 Wangen (Zürich), seit 1923 ML. an der KantSchule in Frauenfeld, daneben seit 1926 MDir. in Wädenswil. W: f. Orch., Chöre

FREY, Rud., ps. = Wilh. HOFMEISTER

FREYHOLD, Heinr. Meyer v. — s. MEYER v. F.

FREYLINGHAUSEN, Joh. Anast. * 2/12 1670 Gandersheim, † 12/2 1739 Halle a. S. (da seit 1695), Direktor der Franckeschen Stiftungen (seit 1727) u. Oberpfarrer. W: sehr verbreit. geistl. Gsgbücher (1704 u. 1714), für 269 Melodien die älteste Quelle

FREYMUTH, Max * 12/6 1879 Elenskrug, ostpr. Kr. Fischhausen, lebt in Berlin, SchulL. u. Chordir., vielfach angeregt durch Just. H. Wetzel. W: Chöre, bes. vaterländ. u. natsoz.

FREYTAG, Ludwig * 15/12 1864 München, da † Jan. 1929, da ML. u. Zithervirt. W: f. Zither

FREZZOLINI, Erminia * 1818 Orvieto, † 5/11 1884 Paris, berühmte OpSgrin (Sopran); mit ihr war Otto Nicolai verlobt gewesen

FRIBERTH, Karl * 7/6 1736 Wullersdorf, † 6/8 1816 Wien, da seit 1770 KirchKM. W: KirchM., Lieder

FRICKE, Aug. Ludw. * 24/3 1829 Braunschweig, † 27/6 1894 Berlin, da 1856/86 an der Hofoper berühmter Bassist

FRICKE, Rich. * 21/4 1877 Oschersleben, Schül. des Kgl. Instit. f. KirchM. u. Humperdincks in Berlin, 1904 Organ. u. VerDirig. in Insterburg, seit 1914 Kantor u. Chordir. in Dresden. W: StrQuart., Kantaten, viele Chöre, Lieder, Org- u. KlavStücke

FRICKER, Herbert Austin * 12/2 1868 Canterbury, Dir. u. Organ. 1898/1917 in Leeds, seitdem in Toronto. W: KirchM., Kantat., OrgStücke.

FRICKHOEFFER, Otto * 29/3 1892 Langenschwalbach, seit 1914 in Berlin (im Kriege als Arzt), KonzBegl. u. Dirig. Seit 1933 Dirig. am Reichssender Berlin. W: Sinf. Improvisat. f. Orch., KaM., KlavStücke, OrgSuite, Lieder

FRID, Geza * 1904 Marmarosziget, KlavL. in Amsterdam, Schüler Bartoks u. Kodalys. W: OrchSuite, VcKonz., KaM., KlavSon. u. -Stücke, Lieder

FRIDAY, Dick, ps. = Rich. SCHAEFER-FREYTAG

FRIDERICI, Daniel * Eisleben, † 23/9 1638 Rostock, da seit 1619 Kantor, geschätzter Theor. W: geistl. u. weltl. Gsge; Musica figuralis (Unterweisg in der Singkunst)

FRIDMAN, Sonja — s. GRAMATTÉ

FRIDZERI (Frixer), Aless. Maria Antonio * 16/2 1741 Verona, † 16/10 1825 Antwerpen, urspr. Organ. in Vicenza, dann seit 1771 jahrelang in Paris MHändler, zuletzt ML. in Antwerpen. W: Singspiele, KirchM., KaM.

FRIED, Oskar * 10/8 1871 Berlin, seit 1934 OpDir. in Tiflis, urspr. Waldhornist, Schüler Humperdincks u. Ph. Scharwenkas, 1904/10 Dirig. des Sternschen GsgVer. in Berlin, dirigiert viel im Ausland, 1925/26 Dirig. des Berl. SinfonOrch. Wohnte bis 1934 in Berlin-Nikolassee. W: Oper, Chorwerke ‚Das trunkene Lied‘, ‚Erntelied‘, Prälud. u. Doppelfuge f. StrOrch., FrChöre, Lieder usw.

FRIEDBERG, Karl * 18/9 1872 Bingen a. Rh., ausgez. Pianist, urspr. Mediziner, Schüler d. Hochschen Konserv. in Frankfurt a. M., da 1893/1904 L., dann am Konserv. in Köln, neuerdings meist in England u. Amerika, seit 1927 L. am Inst. of music. art in Newyork; im Sommer in Baden-Baden. H: Beethovens u. Mozarts KlavWerke

FRIEDE, Friedrich, ps. FREDY, F. * 21/2 1886 Rosenow, ausgebild. auf der Hochschule in Berlin, gründete da, nachdem er in verschied. Orch. tätig gewesen, am 1/1 1920 einen MVerl. W: OrchStücke, Märsche

FRIEDEMANN, Fritz, ps. Gus FREEMANN, Henry RICHARDS * 13/8 1896 Hohensalza, lebt in Berlin-Friedenau. W: UnterhaltgsM.

FRIEDEMANN, Karl * 29/4 1862 Mücheln (Preuß.), seit 1912 StadtKM. in Bern. W: Ouvert., Tänze u. Märsche, KaM., Stücke f. Klarin., Tromp. u. a. mit Orch.

FRIEDENTHAL, Albert * 25/9 1862 Bromberg, † 17/1 1921 Batavia, vielgereist. Pianist, Schüler Th. Kullaks, lebte in Berlin. W: ‚Stimmen der Völker‘, ‚Das flämische Volkslied‘, ‚M. bei den Kreolen Amerikas‘, KlavStücke, Lieder

FRIEDENTHAL, Flora — s. SCHERRES

FRIEDENTHAL, Louis * 1822, † 1903 Görlitz, Schüler Hauptmanns u. Jadassohns. W: KlavTrio, VStücke, KlavStücke, Lieder usw.

FRIEDER, K. H., ps. = K. J. G. VOLLMÖLLER

FRIEDHEIM, Arthur * 26/10 1859 St. Petersburg, † 19/10 1932 Newyork, KlavVirt., Schüler Liszts, lebte in Amerika, London, seit 1908 in München, seit 1913 wieder in Amerika. W: Oper, KlavKonz. usw.

FRIEDL, Franz, ps. RENÉE, Jacques; WILLIAMS, Stanley * 30/5 1892 Oberkappel, OÖster., lebt in Berlin. W: Trag. OrchSuite, KaM., Lieder

FRIEDL, Rob., ps. = Karl PFLEGER

FRIEDLÄNDER, Max, Dr. phil. * 12/10 1852 Brieg, † 2/5 1934 Berlin, urspr. KonzSgr, Schüler M. Garcias und Stockhausens, MSchr. (Schüler Spittas), lebte in London, Frankfurt a. M. u. seit 1884 in Berlin, da 1894 UnivDoz. f. MGesch., 1903 Prof. u. akad. MDir., 1908 Geh. RegRat, 1918 o. HonorarProf., im Auslande, auch in Amerika, durch seine Vorträge berühmt, sehr verdient um das sogen. Kaiserl. ‚Volksliederbuch‘. W: ‚Das dtsche Lied im 18. Jh.‘ (2 Bde), ‚Beitr. z. Biographie Schuberts‘, ‚Brahms' Lieder‘ (1922), ‚Schubert‘ (1928), Schriften üb. Gesch. u. Technik des Gsges, Chorschule usw. H: Kommersbuch, Lieder von

Schubert, Schumann, Mendelssohn, Brahms, ‚Gedichte von Goethe in Kompos. seiner Zeitgenossen' usw.

FRIEDLAND, Martin, Dr. phil. * 9/12 1881 Stargard in Pomm., MRef. in Köln seit Herbst 1926, ausgeb. in Berlin, da 1923/26 MSchr., vorher TheorL. am Konserv. in Hagen. W: Kreislerfantasie f. Orch., VKonz., viele Lieder; ‚Konzertbuch' (zus. mit P. Schwers, 1926)

FRIEDMAN, Ignaz * 14/2 1882 Podgorze/Krakau, Schüler Leschetizkys, ausgezeichn. vielgereister KlavVirt., lebt in Tacoma/Washington. W: KlavQuint., treffl. KlavStücke, Lieder. H: Chopin

FRIEDMANN, Alex. * 31/5 1866 Petersburg, da berühmt. MilKM. W: Ballette, Ouv.

FRIEDMANN, Armin * 31/11 1863 Budapest, Librettist in Wien

FRIEDMANN, Aron * 22/8 1855 Schaki (Litauen), seit 1878 in Berlin, Gsgsschüler F. Siebers, in der Kompos. Bußlers u. Blumners, ObKantor der jüd. Gemeinde. W: ‚Schir Lischloms', Liturg. Gsgbuch f. d. jüd. Religionsschulen Deutschlands, Kantaten, Psalmen, Motetten, Balladen, Lieder; ‚Der synogale Gsg', ‚Lebensbilder berühmter (jüd.) Kantoren'

FRIEDMANN, Ignaz — s. FRIEDMAN

FRIEDMANN, Ludwig * 7/4 1875 u. † 4/10 1933 Berlin, Dir. d. DreiMaskenVerl., Schüler H. Bischoffs, Th. Kullaks, H. Urbans u. Bußmeyers. W: Optten, viele Lieder, Chansons u. Schlager

FRIEDMANN, Rob., Dr. phil. * 1/9 1888 Wien, da KlavVirt. W: KaM., KlavSon. u. Stücke

FRIEDMANN-FREDERICH, Fritz * 13/3 1883 u. † März 1934 Berlin, Librettist

FRIEDRICH II., der Große, König von Preußen * 24/1 1712 Berlin, † 17/8 1786 Sanssouci, gr. Freund d. M. u. FlVirt. W:üb. 100 FlKonz. u. Sonat., Arien usw. Hrsg. von Ph. Spitta (1889) in Auswahl. Einige Sinf. u. a. hrsg. von G. Lenzewski (1925)

FRIEDRICH, Ferd. * 1823 Wiederau/Leipzig, † Febr. 1892 Dresden, Schüler Chopins, machte erfolgreiche Kunstreisen, lebte dann in Hamburg, später in Dresden. W: KlavSalonkompos., Arrang., Schule, Etüden

FRIEDRICH, Ferry, ps. = Friedr. JUNGHANS

FRIEDRICH, Fritz, ps. = J. P. Th. LYSER

FRIEDRICH, Martin * 22/1 1907 Wolgast, Organ. u. Pianist in Stettin, ausgeb. auf d. Berliner Hochsch., PrivSchüler Schrekers. W: 2 Sinf., Sinfonietta, StrOrchSerenaden, KaM., 2 KlavKonz., KlavSon., OrgKonz., OrgSon., Lieder

FRIEDRICH, Victor, ps. Jimmy WOOD * 24/8 1904 Reichenstein (Schles.), KonservL. in Berlin-Pankow, ausgebildet in Breslau (Schles. Konserv. u. Univ.) u. Berlin (Hochschule). W: Opern, Messe, Sinf., OrchSuite, KaM., KlavStücke, Chöre, Lieder, UnterhaltgsM.

FRIEDRICH, W., Librettist — s. RIESE, W. F.

FRIEDRICHS, Friedrich * 19/9 1855 Altona, SchulL. W: f. Orch., Klav.; Lieder. H: Deutsche Volkslieder aus 600 Jahren

FRIEDRICHS, Fritz * 13/1 1849 Braunschweig, † 15/5 1918 Königslutter, Bühnensgr, hervorrag. als Beckmesser, Alberich, Klingsor (auch in Bayreuth)

FRIEDRICHS, Karl * 1/6 1873 Gevelsberg i. W., seit 1898 RealgymnGsgL. u. VerDirig. in Lennep, ausgeb. in Berlin (Bußler, Bruch). W: sinf. Dichtgen, Ouvert., KlavStücke, Chöre, auch m. Orch.; ‚Der dtsche MGsg in Theorie u. Praxis' u. a.

FRIEMANN, Witold * 20/8 1889 Konin/Kalisch, Schüler des Warschauer Konserv. u. Regers (in Leipzig), seit 1919 L. f. KlavSpiel u. Komp. am Konserv. in Lemberg, da seit 1922 auch Lektor f. MTheor. an d. Univ. W: 2 KlavKonz. u. Stücke f. Klav., KlavVSonate, Chorwerke, treffl. Lieder

FRIEND, George, ps. = THON, Franz

FRIES, Peter * 1/7 1881 Hoerde, Westf., lebt in Düsseldorf. W: Komp. u. Bearb. f.Bandonium, Harmonika, SalonOrch.

FRIES, Phil. † 25/11 1926 Zürich, MVerleger u. OrchDir. (1885—1917). W: Märsche u. Tänze, Chöre

FRIGEL, Per * 2/9 1750 Kalmar, † 24/11 1842 Stockholm, da seit 1778. W: Oper, Ouvert., Kantaten, Sinf.

FRIMAN, Leo, ps. = Joel OLSSON

FRIML, Rudolf, ps. FREEMAN, Roderich * 7/12 1881 Prag, Schüler des dort. Konserv., KlavVirt., lebt in London. W: kom. Opern, u. a. ‚Rose-Marie', reiz. KlavSalonstücke

FRIMMEL, Friedr., ps. = Herm. SCHEIBENHOFER

FRIMMEL, Theodor v., Dr. med. * 15/12 1853 Amstetten (NdÖsterr.), † 27/12 1928 Wien, da gräfl. Schönborn-Wiesentheidscher Galeriedir. und Kunstschr. W: ‚Beethoven u. Goethe', ‚Beethoven', ‚Neue Beethoveniana', ‚J. Danhauser u. Beethoven', Beethoven-Studien', ‚Beethoven-Handbuch' (1927) usw.

FRISCH, Maxim. Clemens Rob. * 1/5 1883 Lengefeld, Erzgeb., TelegrInsp. in Chemnitz, ehem. MilKM. W: Märsche, Tänze, auch f. MandolOrch., VStücke, Chöre, Lieder

FRISCHEN, Jos. * 6/7 1863 Garzweiler a. Rh., Schüler des Kölner Konserv., 1888 MDir. in Luzern, seit 1892 in Hannover Dir. d. ‚M.-Akad.' (OratorVer.), MGsgVer. (1905/22) u. d. ‚Braunschweig. LGsgVer.' (1892/1930), im Sommer Dirig. der Kurkapelle Norderney. W: OrchWerke, StrQuart., ‚Thalatta', abendfüll. Chorwerk, größere Chorstücke f. M-, gem. u. FrStimm. m. Orch. usw.

FRISCHENSCHLAGER, Friedr. Friedwig * 7/9 1885 Groß-Florian (Steierm.), Schüler Degners, Juons u. Humperdincks; seit 1918 Theor- u. KomposL. am Mozarteum in Salzburg. W: Kinderop., BühnenM., Sinfon. Aphorismen, Ouvert., Suite u. a. f. Orch., KaM., Chorwerke, Lieder, OrgFugen

FRISKIN, James * 3/3 1886 Glasgow, da ausgebildet, seit 1914 in Newyork L. am Inst. of m. art. W: KaM.

FRITZ, Berthold * 1697 Braunschweig, da † 17/7 1766, treffl. Erbauer v. Clavichords u. Cembalos

FRITZ (Friz), Kaspar * 18/2 1716 Genf, da † 23/3 1783 Geiger. W: Sinf., KaM., KlavKonz.

FRITZE, Wilh. * 17/2 1842 Bremen, † 7/10 1881 Stuttgart, 1867/77 Dirig. d. Singakad. in Liegnitz, lebte dann in Berlin; seit 1879 in Stuttgart. W: M. zu Goethes ‚Faust', Oratorium, Sinf. ‚Die Jahreszeiten', KlavQuint., VKonz., Klav. u. VStücke, Chöre, Lieder u. a.

FRITZSCH, Adolf * 27/8 1885 Schönau (Sachs.), seit 1927 MStudRat u. Organ. in Chemnitz. W: OrgStücke, Chöre, auch m. Org.

FRITZSCH, Ernst Wilh. * 24/8 1840 Lützen, † 14/8 1902 Lpz., Schüler d. Lpzger Konserv., 1862 Geiger in Bern, gründ. 1866 einen MVerlag (der nach seinem Tode von Karl Linnemann erworben wurde u. nunmehr Bestandteil der Firma Kistner & Siegel in Leipzig ist), gab seit 1880 das ‚Musikal. Wochenblatt' heraus, stand in besten Beziehungen zu Wagner

FRITZSCHE, Gust. * 27/6 1893 Leipzig, seit 1907 konzertier. VVirt., seit 1923 Führer des international geschätzten Dresdner StrQuart., auch KonservL. in Dresden, Schüler Walter Hansmanns u. Sevciks (1911/12), Frontkämpfer (schwer verwundet), 1920/22 städt. KonzM. in Stavanger. B: ältere M. (Bach, Hasse)

FRITZSCHE, Heinz, ps. DOORNKAAT d. jüngere * 26/2 1903 Lpzg, lebt da, da ausgeb., Pianist u. Dirig. W: Märchenspiel, SchauspielM.,

Hörspiele, VKonz., Konz. f. Klavin., Fag. u. StrOrch., KaM., Lieder

FRITZSCHE, Johannes * 7/5 1903 Leipzig, da OpChordir. u. KM., da (Univ. u. Konserv.) ausgeb. W: Optten, Chöre, Lieder

FRITZSCHE, Oswald † 8/11 1933 (67jähr.) Lpzg, da Hornist d. GewandhausOrch., KaVirt.

FRIXER — s. FRIDZERI

FRIZ — s. FRITZ

FROBERGER, Joh. Jakob * 19/5 1616 Stuttgart, † 7/5 1667 Héricourt als ML. der Herzogin Sibylle von Württemberg, berühmter OrgSpieler, 1637/41 Schüler Frescobaldis, Hoforgan in Wien (1637, 41/45, 53/57) machte Kunstreisen nach Paris, London, Dresden usw. W: Suiten, Toccaten, Phantasien, Fugen f. Org. (Klav.)

FRODL, Karl * 5/11 1873 Schönberg (Steierm.), seit 1919 Dir. des MVer. in Klagenfurt. W: OrchSuite, KaM., große Chorwerke m. Orch., Lieder, KlavStücke

FRÖDE, Benno * 13/2 1866 Glogau, Klav- u. TheorL. am Schles. Konserv. in Breslau seit 1899, Schüler u. a. J. Knieses u. Heidingsfelds. W: Messen, 2 KlavKonz., KlavStücke, auch 4h., Lieder

FRÖHLICH, Ernst * 14/3 1852 Brügge, † 8/9 1910 Zofingen, da seit 1876 MDir. W: Chöre

FRÖHLICH, Friedr. Theod. — s. FRÖHLICH, Theod.

FRÖHLICH, Joh. Frederik * 21/8 1806, † 21/5 1860 Kopenhagen, da 1827 Chordirig. am Thea., VVirt. u. ausgez. Quartettspieler (seit 1836 wegen Krankheit nicht mehr aufgetreten). W: Ballette, KaM.

FRÖHLICH, Jos. * 28/5 1780 Würzburg, da † 5/1 1862, legte 1801 die Grundlage zu der späteren kgl. MSchule, die er bis 1858 leitete, 1812/54 Prof. der Ästhetik, bis 1844 Dirig. der UniversKonz. W: Oper, Messen, Requiem, Sinf., Sonat., Chöre; Schulen für alle möglichen Instrum., ‚Abt Vogler'. H: ‚Polyhymnia'

FRÖHLICH, Kurt, ps. = GOLDMANN, Kurt bzw. für ‚Ein musik. Büchmann' STEINITZER, Max

FRÖHLICH, Theodor * 25/2 1803 Brugg (Schweiz), † (Selbstmord) 16/10 1836 Aarau, da seit 1830 MDir., 1826/30 zu musik. Studien in Berlin. W: 2 Sinf., KaM., KlavSon. u. Stücke, Kantaten, Messen, Chöre, Lieder (‚Wem Gott will rechte Gunst erweisen')

FRÖHLICH, Willy, Dr. phil. * 20/6 1894 Straßburg i. E., stud. dort, in Frankfurt a. M., 1922/24 bei E. Sträßer in Stuttgart, 1925/28 in

Ulm, seit 1928 in Stuttgart ML. u. MSchr. W: KaM., VKonz., KlavSuite, OrgStücke, Madrigale f. FrChor, Lieder, auch m. KaOrch.

FRÖMCKE, Heinz * 15/7 1908 Berlin, da Pianist, da ausgeb. u. a. bei Bodky, W. Fork, Paul Schramm. W: UnterhaltgsM.

FROMM, Andreas, 1649/51 Kantor u. Prof. am Pädagogium in Stettin, Komp. des ersten dtschen Oratoriums ‚Der reiche Mann u. der arme Lazarus' (1649)

FROMM, Emil * 29/1 1835 Spremberg, 1859 Kantor in Kottbus, 1869 Organ. u. GsgVerDir. in Flensburg, da † 12/12 1916 (noch im Amt). W: MChorwerke m. Orch., Kantaten, Choralbuch f. Schlesw.-Holst., Chöre, Lieder

FROMM, Karl Jos. * 4/6 1873 Wien, da † 14/3 1923. W: Optten, sinfon. OrchStücke; ‚Allgem. InstrumLehre', ‚Kurze perfekte KomposLehre'

FROMM-MICHAELS, Ilse * 30/12 1888 Hamburg, Schülerin Kwasts, Carl Friedbergs u. Pfitzners, KlavVirt. in Hamburg. W: Sonat., Variationen u. and. KlavStücke, VSonate, Lieder, Kanons

FROMMEL, Gerhard * 7/8 1906 Karlsruhe, lebt seit 1932, als L. am Hochschen Konserv. in Frankfurt a. M., in Münster i. Taunus, Schüler Grabners u. Pfitzners, 1929/32 TheorL. in Essen (Folkwangschule). W: OrchVariat.; Lieder m. KaOrch., ‚R. Wagner u. der Geist der Antike' 1933

FROMMEL, Otto † 1/11 1930 Berlin, da ev. Pfarrer. W: Vaterunser f. 8st. Chor u. Orch., Chöre, Lieder

FROMMLET, Frz * 14/2 1901 Musbach, Württ. Organ. u. Chordir. in Ravensburg. W: Chöre, Lieder, auch KaM.

FRONDONI, Angelo * 1808 (Ital.), † 4/6 1891 Lissabon. W: Opern

FRONTALI, Raffaele * 27/11 1849 Faenza, † 30/12 1916 Pesaro, da seit 1884 VVirt. u. treffl. L. W: VStücke, Lieder

FRONTINI, Francesco Paolo * 6/8 1860 Catania, da Dir. des Istit. music. W: Opern, Requiem, Ouvert., StrQuart., Lieder. H: Eco di Sicilia (Volkslieder)

FRONZ, Richard * 28/4 1867 Wien, da Vcellist, GsgL. W: Opern, Singspiele, OrchStücke, Lieder, Chöre

FROST, Charles Jos. * 20/6 1848 Westburg am Trym, seit 1867 Organist, seit 1880 L. an der Guildhall-MSchule in London, da † 1918

FROTSCHER, Gotthold, Dr. phil. * 6/12 1897 Ossa/Naridorf (Sachs.), seit 1924 PrivDoz., 1932 Prof. d. MWiss. an der Techn. Hochschule in Danzig. W: ‚Die Orgel' (1927), ‚Gesch. des OrgSpiels'

FRÜH, Armin Leberecht * 15/9 1820 Mühlhausen (Thür.), † 8/1 1894 Nordhausen, stud. in Berlin, 1859/74 ML. in Dresden, dann kurze Zeit in Frankfurt a. M. (Wöhlerschule), zuletzt GymnML. in Nordhausen, wo er 1874 den noch bestehenden Frühschen Gsgver. gründete. W: Opern, Sinf., Chöre, Lieder usw.

FRÜHLING, Karl * 28/11 1868 Wien, da treffl. Pianist u. KomposL. W: Suiten u. Ouvert., KaM., KlavStücke, Lieder

FRÜHMANN, Rich. — s. BONICIOLI

FRUGATTA, Gius. * 26/5 1860 Bergamo, Schüler d. Mailänder Konserv., da seit 1892 L., Klavierist, da † 30/5 1933. W: KaM. (beachtensw.), KlavStücke, pädag. Schriften über Clementi und Chopin

FRY, William Henry * 10/8 1813 Philadelphia, † 21/9 1864 Santa Cruz, langjähr. Krit. der Newyorker Tribune. W: Opern, sinf. Dichtgen, Kantaten, Lieder

FRYER, Herbert * 21/5 1877 London, Schüler Beringers, Busonis u. Stanfords, seit 1919 L. am R. College of m. in London. W: KlavStücke, Lieder, ‚Hints on Pfte Practice'

FRYKLÖF, Harald * 14/9 1882 Upsala, † 11/3 1919 Stockholm, da seit 1905 Klav- u. TheorL. am Konserv., 1908 Organist. W: Ouvert., OrgStücke, Chöre, Lieder u. a. H: Musica sacra

FUCHS, Albert * 6/8 1858 Basel, † 15/2 1910 Dresden, 1890/98 Dir. d. Freudenberg-Konserv. in Wiesbaden, dann GsgL. am Konserv. u. seit 1901 Dir. der Rob. Schumannschen Singakad. zu Dresden. W: Oratorien, OrchSuite, VKonz., KaM., KlavStücke, Chöre, Duette, Lieder; ‚Taxe der StrInstrum.' (4. A. v. Otto Möckel 1929)

FUCHS, Alois * 6/6 1799 Raase, österr. Schles., † 20/3 1853 Wien als Beamter im Hofkriegsrat, Sammler von musik. Handschriften u. Bildern (viel davon in der Berliner Staatsbibl.)

FUCHS, Emil, ps. Emil(io) DRAUER(IO) * 27/6 1907 Klausenburg, KM. in Berlin, Schüler Kodalys. W: Optten, Singsp., KaM., KlavStücke, UnterhalttgsM.

FUCHS, Geo. Friedr. * 3/12 1752 Mainz, † 9/10 1821 Paris, da seit 1784, seit 1795 KlarinL. am Konserv. W: KaM. f. Blasinstrum.

FUCHS, Herm. * 22/9 1905 Spremberg, NLaus., ML. in Berlin. W: Tänze, Märsche

FUCHS, Joh. Jos. — s. FUX

FUCHS, Joh. Nep. * 5/5 1842 Frauenthal (Steiermark), † 5/10 1899 Vöslau als Dir. d. Wiener Konserv. (seit 1893), TheaKM. in Hamburg, Preßburg ,Köln, Leipzig u. seit 1880 in Wien (Hofop.). W: Oper. B: Händels ,Almira', R. Keisers ,Der geliebte Adonis', Schuberts ,Alfonso u. Estrella' usw.

FUCHS, Karl, Dr. phil., * 22/10 1838 Potsdam, † 24/8 1922 Danzig, Schüler Bülows u. Weitzmanns, seit 1879 in Danzig als Organ., Pianist u. Schr., ausgez. L. W: ,Virtuos u. Dilettant', ,Präliminarien zu e. Kritik der Tonkunst', ,Die Zukunft d. musikal. Vortrags', ,Künstler u. Kritiker', ,Takt u. Rhythmus im Choral' u. a.

FUCHS, Karl * 3/6 1865 Offenbach, trefflich. Vcellist, Schüler Coßmanns u. Davidoffs, seit Jahren in Manchester. W: VcSchule, Studien usw.

FUCHS, Martha * 1902 Stuttgart, seit 1930 dramat. Altistin der Staatsop. in Dresden, ausgeb. in Stuttgart, München u. Milano, nach 5jähr. Konz-Tätigkeit 1928/30 an d. Aachener Oper, 1933 u. 34 Kundry in Bayreuth

FUCHS, Rob. (Bruder Joh. Nepomuks) * 15/2 1847 Frauenthal, † 19/2 1927 Wien, lebte da, Schüler Dessoffs, 1875/1912 TheorProf. am Kons. W: Opern, 3 Sinf., Ouvert., 5 OrchSerenaden, KlavKonz., KaM., Messe, KlavStücke

FUCIK, Jul. * 1872 Prag, † 25/9 1916 Leitmeritz, urspr. Fagottist, Schüler Dvoraks, MilKM. 1879/1910 in Sarajewo und Budapest. W: viele Tänze u. Märsche

FÜCHS, Ferd. Karl * 11/2 1811 Wien, da † 7/1 1848. W: Opern, beliebte Lieder

FÜGLISTALLER, Karl * 11/12 1872 Basel, lebt da, Schüler Jul. Weismanns. W: Divertiment f. 2 Klav., Lieder

FÜHRER, Rob. * 2/6 1807 Prag, † 28/11 1861 verarmt in Wien, 1839/43 DomKM. in Prag, lebte dann unstet in Braunow, Gmunden, Ried und schließlich in Wien. W: an 100 Messen, kleine Kirchgsge, Präludienbuch, ,Die Tonleitern d. Griechen', ,Der Rhythmus'

FÜHRICH, Karl * 24/10 1865 Jemnitz (Mähr.), seit 1898 KirchChor- u. MGsgVerDirig. in Wien. W: Opern, Messe, Motetten, MChöre

FÜHRMANN, Leo * 11/4 1870, Chordir. in Essen a. R. W: MChöre

FÜLLEKRUSS, Emil * 2/9 1856 Stettin, † 1913 (?). W: Märsche, Tänze, Chöre

FUENLLANA, Miguel de, blindgeborener span. LautenVirt. u. Komp., der 1554 dem König Philipp II. ein bedeutsames Werk widmete

FÜRCHTENICHT, Hermann * 30/7 1902 Göttingen, da KlavVirt. W: KaSinf., Ouvert., KaM., KlavStücke, Lieder

FÜRNSCHUSS, Karl * 1855, † 9/12 1930 Graz. W: volkstüml. Chöre u. Lieder

FÜRST, Fritz * 8/3 1865 Wien, lebt da, Schüler Rufinatschas. W: Optte, GsgQuart., Lieder, KlavStücke

FÜRST, Georg * 23/3 1870 Feuchtwangen, ObMMeister der Reichswehr in München, da ausgebildet auf d. Akad. d. Tonkunst 1895¹/97, seit 1917 MilKM. W: MilFestOuvert., viele Märsche, u. a. Badenweiler-Marsch (Hitlers Leibstück), Lieder

FÜRSTENAU, Ant. Bernh. * 20/10 1792 Münster (Westf.), † 18/11 1852 Dresden, Kammermusikus, ausgez. Flötist. W: 100 FlKompos., große FlSchule. — Sein Sohn M o r i t z * 26/7 1824 Dresden, da † 25/3 1889 Kustos der Kgl. PrivatMBibl. seit 1852, FlL. am Konserv. seit 1858. W: ,Beiträge zur Gesch. der M. u. des Thea. zu Dresden' (1849), ,Zur Gesch. der M. u. d. Thea. zu Dresden' (1861), ,Fabrikation musikal. Instr. im Vogtlande' (1876) usw.

FÜRSTENAU, Kaspar * 26/2 1772 Münster i. W., † 11/5 1819 Oldenburg, da seit 1794 KaVirt., ausgezeichn. Flötist, urspr. Oboist u. Fagottist. W: FlKonzerte, Duos u. a., Lieder

FÜRSTNER, Adolph * 2/4 1833 Berlin, † 6/6 1908 Bad Nauheim, gründete 1868 einen MVerlag in Berlin, kaufte 1872 den Verlag C. F. Meser (Dresden) u. damit Wagners ,Rienzi', ,Holländer' u. ,Tannhäuser'. Im Verlag u. a. die MDramen von Rich. Strauß u. Pfitzners ,Palestrina'

FÜSSEL, Herm. * 12/6 1890 Köln, da ML., da ausgeb. (Konserv.). W: Messe, Chöre m. Orch. Sinf., StrQuartette, KlavSon., viele Lieder

FUGELSANG - VISCONTI, Ilse * 31/5 1895 Hadersleben, lebt in Riesa-Gröba, ausgeb. auf d. Stuttgarter Konserv. (Max Pauer, Jos. Haas, Sträßer). W: KlavVariat., Lieder

FUHR, Georg * 27/3 1897 Berlin, da seit 1917 I. Geiger der Kap. der Staatsop., ausgebild. auf d. Sternschen Konserv. (u. a. von W. Klatte). W: OrchStücke, KaM. (auch f. Bläser), Kantaten, Chöre, Lieder

FUHR, Karl, Dr. phil. * 6/11 1865 Hackenburg, Westerwald, StudRat im R. in Bielefeld, befaßt sich seit 1904 m. Geigenbau, baut nach seiner Resonanztheorie. W: Die akust. Rätsel der Geige (1926); Aufsätze i. d. Ztschr. f. InstrBau

FUHRMANN, Gertrud * 29/3 1869 Berlin, da Pianistin. W: Lieder

FUHRMANN, Mart. Heinr. * 29/12 1669 Templin/Uckermark, † nach 1740 Berlin, da seit 1695 Kantor, Kritiker u. Theoretiker. W: ‚Musik. Trichter', ‚Musik. Strigel' u. a.

FUHRMEISTER, Fritz * 19/7 1862 Westdorf/ Aschersleben, Pianist in Berlin. W: Singspiel, KaM., KlavStücke, Lieder

FULLER-MAITLAND, J. Alex. — s. MAITLAND

FUMAGALLI, Adolfo * 19/10 1828 Inzago/ Milano, † 3/5 1856 Firenze, ausgez. Pianist, Schüler d. Mailänder Kons., spielte seit 1848 mit viel Erfolg in Frankreich, Belgien, Italien. W: viele KlavSalonstücke, OpFantasien usw. — Sein Bruder Disma * 8/9 1826 Inzago, † 3/8 1893 Milano, KlavProf. am Kons. W: viele KlavStücke, treffl. Etüden z. B. op. 333. — Sein Bruder Polibio * 2/11 1830 Inzago, † 21/6 1901, OrgL. am gleichen Institut. W: OrgStücke, KlavStücke. — Sein Bruder Luca * 29/5 1839 Inzago, † 5/6 1908 Milano, treffl. vielgereister Pianist. W (gediegen): Oper, Sinf. marinaresca, viele KlavStücke

FUMI, Venceslao * 20/10 1826 (1823?) Montepulciano, † 20/11 1880 Firenze, VVirt. u. OpKM. W: Opern, Sinf. u. sinfon. Dichtgen

FUNCK, Eduard * 6/9 1861 Teterow (Meckl.), † 1927 Flensburg, Chordirig., früher MilKM. W: Optte, große Chorwerke, Lieder

FUNK, Heinr. * 23/5 1893 Meiningen, seit 1919 KlavL. in Jena. W: KlavStücke, Chöre, Lieder

FUNK, Wilh. * 9/3 1870 Oberickelsheim (Bay.), ML. in Nürnberg. W: Volkslieder z. Git.

FURLOTTI, Arnaldo * 12/9 1880 San Secondo (Parma), lebt in Parma. W: Op., Orat., Messen, Motetten, Gsge, sinf. Dichtgen

FURNALETTO, Bonaventura, gen. Musin * 27/5 1738 Venezia, da † 6/4 1817, Organ., GsgL. u. Chordir, zuletzt KM. an S. Marco. W: Orator., Messen

FURTWÄNGLER & HAMMER, OrgBaufirma, gegr. 1838 von Philipp F. (1800—69) in Furtwangen (Schwarzwald), seit 1883 in Hannover, da Teilhaber Adolf H. (1854—1921)

FURTWÄNGLER, Wilhelm (Dr. phil. h. c.) * 25/1 1886 Berlin, da Leiter der großen Philharm. Konz. 1922/34 u. wieder seit Herbst 1935, auch der Konz. d. Philharm. Orch. außerh. Berlins, 1933/34 I. StaatsKM. (Dir.) der Op. u. Staatsrat, Schüler Beer-Walbrunns, Rheinbergers u. Schillings', TheaKM. an verschied. Orten, 1915/20 in Mannheim, dann bes. KonzDirig. in Berlin, Wien, Leipzig (Nachfolger v. Nikisch bis 1928). W: Te Deum, sinf. Dichtgen, KlavKonz.

FURUHJELM, Erik Gustaf * 6/7 1883 Helsingfors, da KomposL. am Konserv. W: Sinf., Ouvert., KlavQuint.

FUSAIN, Edward, ps. = André WORMSER

FUSCO, Michele * um 1770 Napoli, † 23/8 1828 Modena, da seit 1809 OpKM., treffl. Komp. W: Orat., KirchM., Sinf.

FUSELLA, Gaetano * 16/4 1876 Napoli, vielgereister VVirt., seit 1906 KonservL. in Napoli. W: VKonz. u. Stücke, StrQuart. usw.; ‚La tecnica del v.'

FUTTERER, Karl * 21/2 1873 Basel, † 5/11 1927 Ludwigshafen, seit 1925 L. an der Hochsch. in Mannheim. W: Opern (‚Der Geiger v. Gmünd', Don Gil mit den grünen Hosen'), sinfon. Werke, KaM., Chöre, Lieder

FUX (Fuchs), Joh. Jos. * 1660 Hirtenfeld/ St. Marie (Steierm.), † 14/2 1741 Wien, da 1696 Organ., 1698 Hofkomp., 1705 I. KM. am Stefansdom, 1715 HofKM. W: 18 Opern, 10 Orator., an 50 Messen, 3 Requiems, viele Vespern u. Psalmen, OrchSuiten, 38 3st. Sonaten usw., berühmtes theor. Werk ‚Gradus ad Parnassum'

FUX, Jos. * 8/3 1888 Aschbach/Donau, SchulL. seit 1928 in Wels, OÖsterr., ZithVirt. W: ZithKompos.

G

GABAIN, Anna v. * 28/8 1866 Königsberg KlavVirt. in Berlin, Schülerin T. Carrenos u. A. Beer-Walbrunns, tritt sehr für Reger ein

GABBI, Adalgisa * 1857 Parma, † 17/12 1933 Milano, ausgez. BühnSgrin, die erste Desdemona in Verdis Otello

GABEL, Herm. * 28/4 1856 Berlin, da ML. W: KlavStücke, auch instrukt., Lieder

GABELLONE, Gaspare * um 1730 Napoli, da † um 1790. W: Opern, Orator., KirchM. — Sein Vater Michele * 1692 Napoli, da † 19/1 1740. W: kom. Opern

GABER, Ludw. * 15/3 1877 Mannheim, da SchulML., und Dirigent des LGsgVer. W: Sinf., KaM., KlavStücke, Messen, viele MChöre, Lieder

GABETTI, Gius. * 4/5 1796 Torino, † 22/1 1862 La Mara/Alba, schrieb als MilKM. 1831 den so bekannt gewordenen ital. Königsmarsch, sonstige Märsche, Tänze u. Messen

GABLER, Jos. † 13/9 1902 als Dechant in Waidhofen, NÖsterr. W: ‚Die Tonkunst in der Kirche', Christl. Volkslieder u. a.

GABLER, Maximilian † 26/4 1925 Dresden, da langjähr. I. Klarinettist der Hofkap. u. verdientes Vorstands-Mitglied d. Tonkünstler-Vereins

GABLER, Rich. * 27/12 1901, SchulL. in Hohengebraching/Regensburg, ausgeb. im Konserv. Würzburg. W: viel KaM., OrgStücke, KlavStücke, Lieder

GABRIEL, Frz Albert * 14/6 1883 Schmallenberg, † 24/10 1929 Lpzg, KM. W: Lönslieder, UnterhaltgsM.

GABRIEL, Max * 21/9 1861 Elbing, Schüler d. Lpzger Konserv., Dir. d. RembrandtThea. in Amsterdam, später des jetzt nicht mehr existierenden ResidThea. in Hannover, lebt in Amsterdam. W: Optten

GABRIEL, Rich., * 3/9 1874 Zackenzin (Pomm.), akad. ObML. in Stettin seit 1932, Schüler d. Inst. f. KirchM. in Berlin, 1902 Organ. u. Chordirig. in Sagan, 1921 ff. in Köslin. W: Ouvert., Singspiele, ‚Nach Walhall' f. gem. Chor m. Orch., MChor, Balladen, KlavStücke, OrgStücke

GABRIEL, Wilhelm, ps. R. HILDEBRANDT; Jerry WIGA; WIGA-WINSTON * 8/8 1897, lebt in Gr. Glienecke bei Berlin-Kladow. W: UnterhaltgsM.

GABRIEL-MARIE — s. MARIE

GABRIELI (Gabrielli), Andrea (mit dem Beinamen da Caneiro) * um 1510 Venedig, da † 1586, Schüler Willaerts, berühmter Komp. und Organ., KapellSgr (1536) u. II Organ. (1566) der Markuskirche. W: Madrigale, Sacrae cantiones, 6—16st. Concerti, OrgToccaten u. Ricercari usw. — Sein Neffe u. Schüler Giovanni * 1557 Venedig, da † 12/8 1612, hochberühmter Komp u. Organ., 1575/79 am Münchener Hofe, 1585 I. Organ. d. Markuskirche in Venedig, Lehrer von H. Schütz. W: Sacrae symphoniae, Canzoni e Sonate zu 3—22 Stimm. f. Gsg od. Instrum., Madrig., OrgStücke

GABRIELLI, Nicola, Conte * 21/2 1814 Napoli, † 14/6 1891 Paris, da seit 1854. W: 22 Opern, Optte, an 60 Ballette

GABRIELSKI, Joh. Wilh. * 27/5 1791 Berlin, da † 18/9 1846, Kgl. KaMusiker seit 1816, FlVirt. W: FlKonz. usw. — Sein Bruder Julius * 4/12 1806 Berlin, da † 26/5 1878, gleichfalls Flötist der Kgl. Kap. seit 1825. W: FlKompos.

GABRILOWITSCH, Ossip * 7/2 1878 St. Petersburg, Schüler des dort. Konserv., sowie Leschetitzkys u. Nawratils; seit 1896 sehr geschätzter Pianist, seit 1910 auch als Dirig. tätig, seit 1914 Dir. des SinfOrch in Detroit. W: KlavStücke, Lieder

GABUSSI, Vincenzo * 1800 Bologna, † 12/9 1846 London. W: Opern, viele Lieder

GADDA, Giulio † 28/1 1905 Milano, da Hoforgan. W: KirchM., OrgStücke, KlavStücke

GADE, Axel Wilh. (Sohn von Niels W.) * 28/5 1860 Kopenhagen, da † 9/11 1921, treffl. Geiger. W: Oper, KaM., VKonz., Lieder

GADE, Jacob (nicht verwandt mit N. W. Gade), ps. Maurice RIBOT, James WELLINGTON * 29/11 1879 Vejle (Jütland), Thea- u. FilmKM. in Kopenhagen, 1919/21 in Amerika. W: viel Unterhaltgs- u. TanzM.

GADE, Niels Wilh. * 22/2 1817 Kopenhagen, da † 21/12 1890, Geiger der Kgl. Kap., als Komp. fast ganz Autodidakt, vertrat 1843 in Lpzg Mendelssohn als Dirig. der Gewandhauskonz., da 1845/46 zweiter, 1847/48 alleiniger Dirig., dann in Kopenhagen KonzDirig. u. 1861 zeitweilig HofKM., Mendelssohn verwandter, hochgeehrter Komp. mit nord. Einschlag. W: Oper, 8 Sinfon., 5 Ouvert. ‚Ossian', ‚Im Hochland' usw., OrchSuiten u. Noveletten, VKonz., KaM., Chorwerke ‚Comala', ‚Erlkönigs Tochter', ‚Zion', ‚Die Kreuzfahrer', ‚Kalanus', ‚Psyche', M- u. gem. Chöre, Lieder, KlavStücke

GADSBY, Henry Rob. * 15/12 1842 Hackney, † 11/11 1907 Putney, seit 1884 TheorL. am QueensColl. u. Prof. a. d. GuildhallMSchule, auch Organ. W: BühnenM., 3 Sinf., Ouvert., Kantaten, Psalmen, KlavStücke

GADSKI, Johanna * 15/6 1873 Anklam, † 23/2 1932 Berlin (Autounfall), berühmte OpSgrin (dram. Sopr.), 1895/1917 in Newyork, lebte als GsgL. in Berlin, trat noch 1931 in Amerika auf; seit 1892 verheir. mit Hans Tauscher

GAEBLER, Ernst Frdr. * 9/6 1807 Mertschütz/Jauer (Schles.), † 13/6 1893 Züllichau, da 1835/81 ML. am Pädagogium. W: KirchM., OrgStücke, Choralbuch, Schullieder

GAEBLER, Gust. Wilh. Ferd. * 17/3 1846 Züllichau, † 13/1 1914 Niederschönhausen/Berlin, Schüler d. Inst. f. KirchM. in Berlin, da seit 1874 GymnGsgL., seit 1876 Dir. d. Erkschen gem. Chors, seit 1883 Organ. u. KirchChordir. W: Kantaten, der 90. Psalm, geistl. u. weltl. Chöre, MChöre, KlavStücke

GAEBLER, Paul * 3/5 1850 Sohra, Kr. Görlitz, lebte in Forst i. Laus., da seit 1870 L. u. VerDir., 1886/1922 Organ. W: Choralbuch, Lieder, Klav-Salonstücke

GÄHRICH, Wenzel * 16/9 1794 Zerchowitz (Böhm.), † 15/9 1864 Berlin, da 1825 Geiger und 1845/60 Ballett-Dirig. der Kgl. Oper. W: Opern, Ballette, Sinf. usw.

GÄNSBACHER, Joh. Bapt. * 8/5 1778 Sterzing, † 13/7 1844 Wien, DomKM. seit 1835, Schüler Voglers. W: 35 Messen, 8 Requiems, Serenaden, Märsche, Sonaten, Gsgstücke usw.

GÄNSBACHER, Josef, Dr. jur. * 6/10 1829 Wien, da † 4/6 1911, (1893/1904 GsgL. am Kons.), L. der Marie Wild, Ternina, Reuß-Belce usw. W: Beliebte Lieder

GÄNSCHALS, Karl, ps. Theod. ESPEN * 21/12 1847 Stolberg (Harz), † 28/1 1906. W: viele Salon-KlavStücke

GÄRTNER, Hermann * 24/8 1865 Salzwedel, VPädag. in Nürnberg, da seit 1915, vorher VVirt. u. KM. H: ältere VLit., Wagner-Transkript.

GAETA, Giovano, ps. E. A. MARIO * 5/5 1884 Napoli. W: sehr beliebte Canzonen im neapol. Dialekt

GAETKE, Ernst * 19/8 1886 Klötze (Altmark), PosVirt., seit 1924 StudRat am Konserv in Würzburg, 1912/24 in der Münchener Oper. W: Pos-Studien

GÄTTKE, Walter * 4/5 1896 Hamburg, lebt da. W: Lieder z. Git.

GAFFI, Bernardo, 1700 Organ. in Rom, Schüler Pasquinis. W: Orator., weltl. Kantaten

GAFORI, Franchino (G a f u r i u s, auch nur ‚Franchinus') * 14/1 1451 Lodi, † 24/6 1522 Milano, DomKM. seit 1484, berühmt. Theoretiker. W: ‚Theoricum opus musicae disciplinae', ‚Practica musicae sive musicae actiones', 5 Messen, Motetten usw.

GAGLIANO, geschätzte VBauerfamilie in Napoli: Alessandro (* um 1650, † 1725) arbeitete zw. 1695 u. 1725; seine Söhne Nicola 1700/40 u. Gennaro 1710/15

GAGLIANO, Marco da * um 1575 Gagliano, † 24/2 1642 Firenze, HofKM., einer der ersten Vertreter des stilo rappresentativo. W: Opern ‚Dafne' (1607), ‚La Flora' usw., Madrigale, Sacrae cantiones usw.

GAGNEBIN, Henri * 13/3 1886 Lüttich, 1910/16 Organ. in Paris, 1916/25 in Lausanne, seit 1925 KonservDir. in Genf. W: Sinfon., sinfon. Dicht., Ouvert., KaM., Chöre

GAGNIER, Claude, ps. = Ernst MEHLICH

GAHLBECK, Rud. * 22/11 1895 Malchow i. M., OpLibrettist, Farbe-Ton-Forscher, bes. Maler in Schwerin i. M.

GAHLENBECK, Hans * 27/9 1896, seit 1934 städt. GenMD., seit 1930 I. OpKM. in Kiel

GAJARY, Stef. v., Dr. jur. * 22/11 1884 Budapest, da MKrit. W: Opern, Optten, OrchSuiten, 3 StrQuart., KlavStücke, Lieder

GAIDE, Paul * 2/5 1858 Dirschel/Leobschütz, Schüler des Inst. f. KirchM. in Berlin, da 1880/87 L. u. VerDirig., dann SemML. in Peiskretscham u. seit 1898 in Rawitsch. W: Klav- u. OrgKomp., Chöre, Lieder, Samml. ‚Liederkranz'

GAIL, Sophie, geb. Garre * 28/8 1775 Paris, da † 24/7 1819. W: Optten, viele Romanzen

GAILHARD, Pierre * 1/8 1848 Toulouse, OpSgr (Baß), 1899/1907 Dir. d. Gr. Oper zu Paris; da † 12/10 1918. — Sein Sohn A n d r é * 29/6 1885 Paris, Schüler des Konserv. (u. a. Massenets). W: Opern, Kantate, kleine OrchStücke

GAILLARD, Jacques * 4/4 1875 Ensival, Vc-Virt., KonservL. in Brüssel, Mitgl. des Brüsseler StrQuart. u. des Zimmer-Quart. in Brüssel 1912/27

GAILLARD, Joh. Ernst — s. GALLIARD

GAILLARD, Karl * 13/1 1813 Potsdam, † 10/1 1851 Berlin, MSchr., eifriger Anhänger Wagners. H: Berliner musikal. Ztg. 1844/47

GAISSER, Ugo (Benediktiner) * 1/12 1853 Aitrach/Leutkirch, † 1920 Kloster Ettal. W: Choralwiss. Schriften

GAITO, Constantino * 1878 Buenos Aires, da KlavVirt. (Wunderkind) u. Leiter eines MInstituts. W: Opern, OrchSuite, KlavStücke, Lieder

GAL, Hans, Dr. phil. * 5/8 1890 Brunn a. G. (NÖsterr.), lebt in Wien, 1930/33 Dir. der MSchule in Mainz, Schüler Mandyczewskis u. G. Adlers, 1918/29 Lektor f. MTheor. an der Univ. Wien. W: Opern, u. a. ‚Die heilige Ente', ‚Das Lied der Nacht', Sinf. u. sinfon. OrchStücke, KaM., KlavStücke, Chöre, Lieder

GALEAZZI, Francesco * 1758 Torino, † Jan. 1819 Rom, VL. W: VSchule (1791) mit Einführ. in die M.

GALEAZZI, Reginaldo * 1866 Recanati, MSchulDir. in Cingoli (Marchi). W: Operetten, KlavStücke, Lieder

GALEOTTI, Cesare * 5/6 1872 Pietrasanta (Lucca), Schüler d. Konserv zu Paris, da † 19/2 1929. W: Opern, sinfon. Dicht., KaM.

GALEOTTI, Margherita * 1867 Mauern (Bay.), KlavVirt., ausgeb. in Bologna. W: KaM., KlavSuiten u. Stücke, Arietten

GALILEI, Vinc. (Vater des berühmt. Physikers u. Astronoms Galileo G.) * um 1533 Firenze, da † 1591, treffl. Lauten- u. VSpieler, Erfinder des rezitativ. Stils. W: Madrigale, LautenM., theoret. Schriften.

GALIMBERTI, Gius. † 9/4 1909 Mergozzo, bekannt durch Tänze („Danze figurate'), auch viele KlavStücke

GALIN, Pierre * 1786 Samatan, † 31/8 1821 Bordeaux, da MathematikL., Erfinder des Meloplaste u. der damit verbundenen Methode der M-Erziehg

GALIN, Samuel N. * 1828 Nowgorod, † 23/12 1907, russ. Gitarrist. W: Romanzen, Gitschule

GALITZIN, Fürst Nikolas Boris * 1795, † 1866 Petersburg, Vcellist, großer Bewunderer Beethovens, der für ihn auf Bestellg die Quartette op. 127, 130 u. 132 schrieb, ihm auch die Ouvert. „Die Weihe des Hauses' widmete. Ihm war die 1. vollständige Aufführg der „Missa solemnis' (6/4 1824 Petersburg) zu verdanken

GALKIN, Nikolai T. W. * 6/12 1850 Petersburg, da † 21/5 1906, da 1880 Assistent Auers, später VProf. am Konserv., dessen Orch. er seit 1890 leitete, ausgez. vielgereister VVirt., Schüler Auers, Joachims (1875) u. Wieniawskis (1876), auch TheaKM., 1896/1903 Dirig. d. SinfKonz. in Pawlowsk. W: VStücke

GALL, Jan * 18/8 1856 Warschau, † 30/10 1912 Lemberg, Schüler Rheinbergers, 1880 Dirig. des MVer. in Lemberg, 1886 KonservatGsgL. zu Krakau, dann ChorDirig. in Lemberg. W: Chor- u. Sololieder

GALLAY, Jacques Franç. * 8/12 1795 Perpignan, † 1864 Paris, Hornvirt., seit 1842 L. am Konserv. W: Schule, Konz., Duette u. a. f. Horn

GALLENBERG, Wenzel Rob. Graf v. * 28/12 1783 Wien, † 13/3 1839 Rom, Gemahl (1803) der Beethoven nahestehend. Gräfin Giulietta Guicciardi, Schüler Albrechtsbergers. W: an 50 Ballette

GALLET, Louis * 1835 Valence, † 16/10 1898 Paris, OpLibrettist

GALLI, Achille * 26/10 1829 Padova, da † 1/9 1905. W: Oper, Kantate, viele s. Zt beliebte KlavStücke u. Lieder

GALLI, Amintore * 12/10 1845 Talamello Rimini, † 8/12 1919 Rimini, ML. u. Krit. bes. in Milano. W: Opern, Orator., „Etnografia musicale', ‚Estatica della m.' usw.

GALLI, Domenico, Vcellist, 2. Hälfte des 17. Jh. W: VcSchule u. Sonaten (1691)

GALLI, Filippo * 1783 Roma, † 3/6 1853 (im Elend), berühmter OpTenor

GALLI, Rafaele * 21/2 1824 Firenze, da † 1889, Flötist. W: viele FlKompos., u. a. die sehr verbreit. Schule (op. 100) ‚L'indispensabile'

GALLI-CURCI, Amelita * 18/11 1889 Milano, berühmte KolorSgrin, meist an der MetropolOp. in Newyork, Debut 1910 Rom

GALLIARD (GAILLARD), Joh. Ernst * 1687 Celle, † 1749 London- da seit 1706. Oboist, später KM. der Königin Anna. W: Opern, KirchM., Flöt- u. VcSoli u. a.

GALLICO, Paolo * 13/5 1868 Triest, seit 1892 in Newyork, Klavierist, Schüler Epsteins W: kom. Opern; das große preisgekr. Chorwerk ‚The Apocalypse', Gsge, KlavStucke usw.

GALLICULUS, Johannes, Theoretiker in Leipzig um 1520 u. 1550. W: ‚De compositione cantus'; Psalmen, Motetten

GALLIERA, Arnaldo * 4/10 1871 Milano, da † 9/8 1934, da seit 1913 OrgL. am Konserv.; 1897/ 1913 in Parma, Schüler Fumagallis u. Catalanis. W: Oper, KirchM., OrchStücke, KaM., OrgStücke, KlavStücke, Gsge

GALLIGNANI, Gius. * 9/1 1851 Faenza, † 14/12 1923 Milano, da seit 1897 KonservDır. W: Opern, KirchM. (darum verdient), Gsge

GALLON, Jean * 26/6 1878 Paris, da Dirig., seit 1909 TheorL. am Konserv. W: Ballett, KirchM., Lieder. — Sein Bruder N o ë l * 11/9 1891 Paris, seit 1926 KontrapL. am Konserv. W: Opern, Ballett, KaM., HarfStücke u. a.

GALLOTTI, Salvatore * 19/4 1856 Gallarate (Milano), † 11/6 1928 Milano, da sehr verdient. KirchChordir, auch GsgL. W: Oper, Messen, Sinf., Chöre

GALLUS, Jacobus, eigentlich Händl (Handl), * 31/7 1550 Raifnitz (Krain), † 24/7 1591 Prag, Kantor, 1579/85 bischöfl. Chordir. in Olmütz. W: Messen, Motetten usw.

GALLUS, Joh. — s. MEDERITSCH

GALPIN, Francis William * 25/12 1858 Dorchester, Pfarrer, jezt in ?, Besitzer einer Sammlg alter Instr. W: Schrift üb. alte MInstr.

GALSTON, Gottfried * 31/8 1879 Wien, Schüler Leschetizkys, lebt in St. Louis, Mass., vielgereister Pianist, 1910/21 in München. W: ‚Studienbuch'

GALUPPI, Baldassare * 18/10 1706 Insel Burano/Venedig, † 3/1 1785 Venedig, KM der Markuskirche u. KonservatDir., Schüler Lottis. W: über 100 (meist komische) Opern, 20 Oratorien, 12 KlavSonaten

GAMBARDELLA, Salvatore * 1873 Napoli, da † 30/12 1913. W: volkstüml. Canzonetten, u. a. ‚O Marinariello'

GAMBINI, Carlo Andrea * 22/10 1819 Genova, da † 14/2 1865. W: Opern, KirchM., KlavStücke

GAMBKE, Fritz * 1/4 1871 Daubitz (OLaus.), seit 1919 in Frankfurt a. M. Dirig. d. LGsgVer., günd. da 1921 den Motettenchor, 1922 die Singakad., ausgeb. in Leipzig, Berlin u. München, bis zum Krieg (Offizier) Orch- u. VerDir. in Posen. W: MChöre, Lieder

GAMMEL, Ernst * 10/3 1876 Bad Cannstatt a. N., Chordirig. (auch in Stuttgart), wohnt in Kornwestheim, Württ., ausgeb. in Stuttgart (Konserv.). W: MChöre, auch m. Orch.

GAMUCCI, Baldassare * 14/12 1822 Firenze, da † Jan. 1892, MSchr. W: KirchM., KlavStücke

GANASSI, Silvestro, gen. del Fontego * 1492 Fontego/Venedig. W: Flötenschule (1535), Violau. Kontrabaßviolaschule (Regola Rubertina 1542/1543)

GAND, Hanns in der — s. IN DER GAND

GANDINI, Aless. * 1807 Modena, da † 17/12 1871, HofKM. seit 1842. W: Opern, KirchM., Gsge. — Sein Vater A n t o n i o * 20/8 1786 Modena, † 10/9 1842, sehr verdient. HofKM. W: Opern

GANDINO, Adolfo * 29/7 1878 Bra (Piemonte), lebt in Bologna. W: Opern, u. a. ‚Trilby', Suite u. sinf. Dicht., Chöre, Lieder, auch m. Orch.

GANDOLFI, Riccardo * 16/2 1839 Voghera, † 5/2 1920 Firenze, da seit 1869 Studieninspektor des R. Istituto. W: Opern, Ouvert., Messen, Kantaten, geschichtl. Werke

GANGLBERGER, Joh. Wilh. * 20/5 1876 Preßbaum, KM. in Wien seit 1901. W: UnterhaltgsM.

GANNE, Louis, ps. Louis PRUDHON * 5/4 1872 Buxières les Mines, † 14/7 1923 Paris, Schüler d. dort. Konserv., seit 1905 KM. in Monte Carlo. W: Kom. Opern, Ballette, KlavStücke, Lieder

GANSAUGE, Karl * 27/10 1896 Meißen, da Pianist u. ML., ausgeb. v. Hans Hermanns. W: KlavStücke

GANSSER, Hans * 14/6 1884 Stuttgart, da SchulML., da ausgeb. W: Deutsche Lieder, KriegsLieder

GANZ, Adolf * 14/10 1796 Mainz, † 11/1 1870 London, KlavVirt. W: KlavStücke

GANZ, Leopold * 28/11 1810 Mainz, † 15/6 1869 Berlin, da Mitgl. d. Kgl. Kap., ausgez. Geiger. — Sein Bruder M o r i t z * 13/6 1806 Mainz, † 22/1 1868 Berlin, da SoloVcellist der Kgl. Kap. W: VcKonzerte u. a.

GANZ, Rudolf * 24/2 1877 Zürich, ausgez. Klavierist, 1921/24 Dir. des SinfOrch. in St. Louis, lebt in Newyork. W: Sinfon., KonzStück u. a. f. Klav., viele Lieder

GANZ, Wilh. (Sohn Adolfs) * 6/11 1833 Mainz, † 12/9 1914 London, da OrchDir., KlavBegl. u. a. Jenny Linds, auch GsgL. an d. Guildhall-MSchule. W: KlavStücke; ‚Memories of a musician' (1913)

GARAT, Pierre, Jean * 25/4 1764 Ustaritz, † 1/3 1823 Paris, da seit 1795 GsgProf. am Konserv., berühmter Sger. W: Romanzen

GARAUDÉ, Alexis de * 21/3 1779 Nancy, † 23/3 1852 Paris, da GsgL. am Konserv. W: ‚Méthode compl. de chant', Solfeggien. B: KlavAusz. von Opern Adams, Meyerbeers usw.

GARAY, Vicente Arregui — s. ARREGUI

GARBRECHT, Friedr. Wilh. † 1874 Leipzig, gründete da 1862 die bekannte Notenstich- und Druckanstalt, 1880 an Oskar B r a n d s t e t t e r verkauft

GARBUSINSKI, Kazimierz * 25/2 1883 Opatowiecz, seit 1908 Organ. u. (später) Chordir. in Krakau. W: Orat., Messen, OrgStücke

GARCIA, Manuel * 22/1 1775 Sevilla, † 2/6 1832 Paris, berühmter Tenorist u. GsgL., bildete seine beid. Töchter M a r i a (s. Malibran) u. P a u l i n e (s. Viardot) zu berühmten Sgrinnen aus. Sein Sohn M a n u e l * 17/3 1805 Madrid, † 1/7 1906 London, ebenfalls berühmt. GsgL., Erfinder des Kehlkopfspiegels. W: GsgSchule. Dessen Sohn G u s t a v o * 1/2 1837 Milano, † 12/6 1925 London, auch GsgL., 1862/80 Sgr

GARCIN, Jules Auguste * 11/7 1830 Bourges, † 30/10 1896 Paris, da VVirt., 1885/92 Dirig. der KonservKonzerte. W: VKonz. u. Stücke, BrConcertino

GARDEN, Mary * 20/2 1877 Aberdeen, berühmte OpSopr., seit 1910 in Chicago, ausgeb. in Paris, die erste Melisande in Debussys ‚Pelleas u. M.' (1902)

GARDI, Franc. * um 1760 Venezia, † um 1805. W: Opern

183

GARDINER, H. Balfour * 7/11 1877 London, lebt da, Schüler I. Knorrs. W: Sinf., Ouvert., KaM., Chorwerke. KlavStücke, Lieder, auch mit Orch.

GARDNER, Samuel * 1892 Rußland, lebt in Newyork. W: Sinf. Dichtg,, KlavQuint.

GARELLI DELLA MOREA, Vincenza — s. MOREA, Centa della

GARIBOLDI, Gius. * 17/3 1833 Macerato (Italien), † 12/4 1905 Castelraimondo, FlVirt. in Paris. W: FlFantas. usw.

GARMS, Johan Hendrik † (65jähr.) 27/7 1933 Velsen, niederländ. Theoretiker. H: Musiekpaedag. Maandblad

GARNIER, François * 1759 Lauris (Vaucluse), † da 1825, vortreffl. Ob. d. Paris. Gr. Oper (seit 1778). W: ObKonzerte, BlasinstrEnsembles, ObSchule

GAROFALO, Carlo Giorgio * 1886 Roma, da KlavL. am Lic. di S. Cecilia, vorher Organ. in Boston. W: Messen, Requiem, Sinf., Ouvert.

GARRATT, Percival * 21/5 1877 Little Tew Grange, Oxon., KlavVirt. (KonzBegl.) in London. W: Pantom., Schulop., KlavStücke, Lieder u. a.

GARRERA, Julio * 12/3 1875 San Feliu de Guixols (Katal.), da † 2/12 1925, Autodidakt. W (bemerkensw.): Suite u. sinf. Dichtgen, VKonz., KaM., Stücke f. ländl. Blasorch. u. a.

GARRETT, George Mursell * 8/6 1834 Winchester, † 8/4 1897 Cambridge, da seit 1857 Organ. W: Orat., Kantaten, KirchM., OrgStücke

GARSO, Siga * 17/9 1831 Ticza Vesceny (Ung.), † 8/3 1915 Wien, Tenorist, später GsgL. u. a. in Berlin. W: ‚Ein offenes Wort über Gsg‘, ‚Schule der spez. Stimmbildg auf der Basis des losen Tones‘

GARTZ, Frdr. * 28/11 1819 Perver/ Salzwedel, † 28/1 1896 Salzwedel, Organ. u. MDir. W: Chöre, Lieder usw.

GASCO, Alberto * 3/10 1879 Napoli, lebt in Rom, Schüler d'Indys. MKrit. W: Opern, sinfon. Dichtgen, KaM., KlavSuite, Lieder

GASPARI, Gaetano * 14/3 1807 Bologna, da † 31/3 1881, zeitweise KirchKM., bedeut. MHistoriker, schrieb auch KirchM.

GASPARINI, Francesco * 5/3 1668 Camajore/ Lucca, † 22/3 1727 Rom, LateranKM. s. 1725, Schüler Corellis. W: üb. 50 Op., Orator., Messen, Motett., KaKantaten usw., auch sehr geschätzte Generalbaßschule

GASPARINI, Jola * 4/3 1882 Genova, da Pianist'n. W: Opern u. Optten, KirchM., Gsge, KlavStücke

GASPARO (di Bertolotti) DA SALO * um 1542 Salo am Gardaseee, † 1609 Brescia, berühmt. StrInstrBauer

GASPARY, J. W. A. * 2/12 1839 Hamburg, † 28/3 1908 Berlin, KM. u. Komp.

GASPERINI, Guido * 7/6 1865 Firenze, 1902/ 24 Bibl. und Prof. für MGesch. am Konserv. in Parma, s. 1/10 1924 in gleicher Stellg in Napoli, ausgez. Forscher, auch Vcellist. W: histor. Schriften, Ballett, StrQuart., Gsge, VcStücke

GASSMANN, Alfr. Leonz (ps. Hans am Rhyn) * 1/1 1877 Buchs, seit 1920 MDir. in Zurzach (Aargau). W: BühnenM., Chöre. H: Volkslieder, Liederbücher

GASSMANN, Florian Leop. * 3/5 1729 Brüx (Böhm.), † 20/1 1774 Wien, da Schüler des Padre Martini, lebte lange in Venedig, 1764 Ballettkomp. u. 1771 HofKM. in Wien. W: 22 ital. Opern, u. a. ‚La contessina‘ (1924 wieder aufgeführt), viel KirchM.

GASSMANN, Heinr. * 5/3 1877 Köln, da VerDir., Schüler des Hochschen Konserv. in Frankfurt a. M. u. der Berliner Hochsch.

GASSNER, Ferd. Simon * 6/1 1798 Wien, † 25/2 1851 Karlsruhe. 1818/26 UnivMDir. in Gießen, 1826 Geiger, später GsgL. u. Chordir. der Karlsruher Hofoper, MSchr. W: Opern, Ballette, Kantaten, ‚Partiturkenntnis‘. H: ‚Musikal. Hausfreund‘ 1822/35, ‚Ztschr. f. Deutschlands MVereine‘ 1841/45

GAST, Friedr. Moritz * 24/9 1821 Bricha/Lommatzsch, Sa., † 6/5 1889 Plauen, da 1859/89 Kantor (Kgl. MDir.), ausgeb. in Dresden (Sem. u. v. Reissiger), dann SchulL. in Schlettau/Annaberg u. Garingswalde. W: Orat., viele Kompos. in d. v. ihm gegr. ‚Dorfkirche‘ (Ztschr.)

GAST, Karl * 9/3 1860 Breitungen (Harz), † 2/1 1924 Berlin, da seit 1883 SchulL. (1901 Rektor), verd'ent um den Gsgschulunterr. W: Liederbücher. H: Ztschr. ‚Die Stimme‘

GAST, Peter, eigentl. Heinr. Köselitz * 10/1 1854 Annaberg i. S., da † 20/12 1918, Schüler E. F. Richters, 1875/78 bei Fr. Nietzsche in Basel, lebte dann in Italien, 1900/08 in Weimar. W: Oper ‚Die heimliche Ehe‘ = ‚Der Löwe von Venedig‘ u. a., Sinf., Ouvert., StrQuart., Chöre, Lieder

GASTALDON, Stanislao * 7/4 1861 Torino, lebt in Firenze, auch MKrit. W: Opern, MilitMärsche, viele KlavStücke u. Lieder (u. a. das sehr verbreitete ‚Musica prohibita‘)

GASTEYGER, Otto * 26/11 1873 Renningen (Württ.), ML. u. MSchr. in Stuttgart, da, in Mannheim u. Berlin ausgeb., Vorkämpfer f. eine eindeutige, direkt ablesbare Notenschrift. W: ‚Wie liest, lehrt u. lernt man die Notenschrift am zweckmäßigsten?‘ (1905); KlavStücke

GASTINEL, Léon * 15/8 1823 Villers les Ponts, † Nov. 1906 Paris, Schüler Halévys. W: Opern, Oratorien, Messen, Sinf., Ouvert., KaM.

GASTOLDI, ps. = DOMBROWSKI, Hendrik

GASTOLDI, Giov. Giac. * um 1556 Caravaggio, † 1622; 1582/1609 KirchKM. in Mantua. W: Messen, Motetten, Psalmen, Madrig., Canzonetten usw.

GASTOUÉ, Amédée * 13/3 1873 Paris, da KirchKM. u. L. des Gregorian. Gsgs an der Schola cantorum, hochverdient. KirchGsgsForscher; schrieb auch KirchM.

GASTRO, R., ps. = BRASE, Fritz

GATAYES, Guill. Pierre * 20/12 1774 Paris, da † 1846, Harf- u. GitVirt. W: Schulen u. Stücke f. diese Instr. — Sein Sohn Joseph Leon * 25/12 1805 Paris, da † 1/2 1877, HarfVirt. u. HarfKomp.

GATER, Will. Henry * 8/8 1848 Dublin, da † 21/6 1928, Organ. W: KirchM.

GATHY, Aug. * 14/5 1800 Lüttich, † 8/4 1858 Paris, ML.seit 1841, Schüler Schneiders-Dessau. W: ‚Musikal. Konversationslex.‘ (Neuausgabe von A. Reißmann) usw.

GATSCHER, Eman., Dr. phil. * 1/12 1890 Heilbrunn (NBay.), Schüler Regers, Straubes, H. Riemanns u. Schiedermairs, seit 1923 L. f. Org., Theor. u. MGesch. an der Akad. d. Tonkunst in München. W: ‚Die Fugentechnik M. Regers‘.

GATTER, Julius * 15/5 1881 Rohnau/Hirschfelde (OblLausitz), MStudienrat u. VerDirig. in Plauen seit 1908, vorher Kantor in Falkenstein i. V., Schüler des Lpz. Konserv. W: Kantate, ‚Lebenswanderer‘, Duos u. a. größere Chorwerke m. Orch., MChöre, Lieder u. Gesänge, auch m. KaMBegl.; VStücke. KlavStücke

GATTERMANN, Adalb. * 8/12 1866 Kunnersdorf/Zwickau, in Leitmeritz seit 1908, ML. der L-Bildgsanst. bis 1926, seit 1912 Dir. der OrchSchule. W: Messen, Chöre, Lieder, Märsche

GATTI, Carlo * 19/12 1876 Firenze, seit 1898 KonservL. in Milano W: sinfon. Dichtgen; ‚Studi d'istrumentazione per banda‘. H: ältere M. (L. Leo, Lolli u. a.)

GATTI, Guido * 30/5 1893 Chieti, MSchr. in Torino, Vorkämpfer f. jungital. M. W: ‚Musicisti moderni d'Italia‘ u. a. H: ‚Il Pianoforte‘ (seit 1927 La rassegna musicale)

GATTI-CASAZZA, Giulio * 5/2 1869 Udine, 1897 OpDir. in Ferrara, 1898 an der Scala in Milano, 1908 an der Metrop. Op. in Newyork

GATTY, Alfred Scott, Sir * 26/4 1847 Ecclesfield, Yorkshire, † 18/12 1918. W: Optten, Kinderopern, Kinderlieder, KlavStücke

GATTY, Nicholas * 13/9 1874 Bradfield, 1907 bis 1914 MRef. der Pall Mall Gazette, dann Organ. u. OpKorrep. in London. W: Opern, OrchVariat., KlavKonz., KaM., Lieder

GATZ, Felix Maria, Dr. phil. * 15/2 1892 Berlin, seit 1934 in Pittsburg, 1922/33 in Berlin OrchDirig., zeitweilig MÄsthetikProf. an der Akad. in Wien, gleichzeitig auch Doz. f. MWiss. an d. Handelshochschule in Berlin. W: ‚MÄsthetik in ihren Hauptrichtgen‘

GAUBERT, Philippe * 4/7 1879 Cahors, Fl-Virt., Schüler Taffanels, KonservL. in Paris u. seit 1920 OpKM. W: Opern, Ballett, sinfon. Dichtgen, KaM., FlKompos.

GAUBY, Jos. * 17/3 1851 Lankowitz (Steierm.), † 10/11 1932 Graz, da 1873/1921 SemL., bemerkensw. Lyriker. W: Chöre, Lieder, StrQuart., KlavStücke

GAUDE, Theodor * 3/6 1782 Wesel a. Rh., † 1834 Hamburg, Gitarist. W: üb. 80 f. Git.

GAUDRIOT, Karl (Charles) * 12/3 1895 Wien, da Leiter einer Jazzkap., da auf der MAkad. ausgeb., 9 Jahre Mitglied der Staatsop. (Klarinettist), W: UnterhaltgsM.

GAUGLER, Theo. * 1840 Gempen (So'othurn), † 2/9 1892 Kreuzlingen (Thurgau), da seit 1880 SemML. W: beliebte MChöre.

GAUL, Alfr. Rob. * 30/4 1837 Norwich, † 13/9 1913, Schüler Dr. Bucks, Theor.- u. GsgL. in Birmingham. W: Orator., Kantat., Glees

GAUL, Gerda * 9/6 1890 Falkenhayn (Schles.), Altistin, Stimmbildnerin am Konserv. in Sondershausen

GAUL, Harvey B. * 1881 Newyork, seit 1910 Organ. in Pittsburgh. W: Kantaten, Chöre, Gsge, OrgStücke

GAULTIER, 2 Vettern, berühmte Lautenvirt.: Jacques le vieux oder l'ancien, * um 1600 Lyon, † 1670 Paris; Denis le jeune oder l'illustre * um 1610 Marseille, † 1672 Paris. W: Lautenstücke

GAUS, Hans * 20/2 1868 Braunschweig, Librett. in Berlin

GAUSS, Otto * 29/12 1877 Dorfmerkingen, württ. OA. Neresheim, 1902 Priester, seit 1914 Pfarrer in Tigerfeld/Zwiefalten. W: Messen, gem. u. MChöre; ‚Compendium der kath. KirchM.‘ (zus.

mit A. Möhler). H: Liedersammlgen ‚Arbeitersang', ‚Gesellenfreud', ‚Jugendlust'; ‚OrgKonzert'. Sammlg. alter u. neuer Kompos. f. Org. allein u. mit and. Instrum.

GAUTHIEZ, Cécile * 8/3 1873 Paris, da seit 1920 L. an der Schola cantorum, 1926 Organ. W: KirchM., Chöre, Lieder, StrQuart., OrgStücke; Leçons prat. de culture music.' u. a.

GAUTIER, Jean Franç. Eug. * 27/2 1822 Vaugirard/Paris, † 3/4 1878 Paris, da TheaKM., seit 1864 L. am Konserv., MKrit. W: Kom. Opern, KirchM.; ‚Un musicien en vacance; études et souvenirs' (1873)

GAUTIER, Théophile * 31/8 1811 Tarbes, † 23/10 1872 Paris, bek. Schr. W: ‚Les beautés de l'opéra', ‚Histoire de l'art dramat. en France depuis 25 ans', Libretti u. a.

GAUWIN, Adolphe * 1865 Paris, da TheaKM. † März 1934. W: Vaudevilles, Revuen, Ballette, Tänze

GAVASTAVON, ps. = Gaston SERPETTE

GAVEAUX, Pierre * 1761 Béziers, † 5/2 1825 Paris, urspr. Tenorist. W: 33 Op., u. a. ‚Léonore ou l'amour conjugal' (1798)

GAVINIÉS, Pierre * 26/5 1726 Bordeaux, † 9/9 1800 Paris, VProf. am Konserv. seit 1796, bedeut. VVirt. W: Konz., Sonat., Etüden

GAWRONSKI, Woitech * 27/6 1868 Seimony b. Wilna, † 1913 (?) Warschau. W: Opern, Sinf., 3 StrQuart., KlavStücke, Lieder

GAY, Johan * 1867 Barcelona, † 16/1 1926 Argentinien, Komp.

GAY, John * 1688 Barnstaple, † 4/12 1732 London, der Schöpfer (Dichter) der Ballad-Oper (1728 The beggars opera, 200 Jahre später als Dreigroschen-Oper mit M. von Kurt Weill neu belebt)

GAYNOR, Jessie Lorel, geb. Smith * 17/2 1863 St. Louis, lebt in St. Joseph (Mo.) W: Operetten, Kinderlieder

GAZTAMBIDE Y GARBAYO, Joaquim * 7/2 1822 Tudela, † 18/3 1870 Madrid. W: 44 Optten

GAZZANIGA, Gius. * 1743 Verona, † 1/2 1818 Crema, da seit 1791 KirchKM., Schüler Porporas u. Piccinis. W: 52 Op., 4 Orator., viel KirchM.

GAZZOTTI, Luigi * 30/1 1886 Modena, † 13/1 1920 Vignola/Modena. W: Opern, Kantat., KirchM., Gsge, Sinf. Dichtgen

GEBAUER Alfred * 25/3 1877 Leobschütz OS., ausgeb. im Instit. f. KirchM. in Berlin (Radecke, Thiel), dann Dir. u. L. am Konserv. in Danzig, jetzt Studienrat (ObML.) u. Chordir. in Breslau. W: M. u. gem. Chöre.

GEBAUER, Et. Franç. — s. bei GEBAUER, Mich. Jos.

GEBAUER, François René — s. ebenso

GEBAUER, Frz Xav. * 1784 Eckersdorf (Glatz), † 31/12 1822 Wien, da seit 1810 ML. u. seit 1816 KirchChordir., Mitbegr. d. Ges. der MFreunde

GEBAUER, Mich. Jos. * 1763 La Fère (Aisne), † Dez. 1812 nach den Strapazen d. russ. Feldzuges, 1794/1802 in Paris KonservL., dann ArmeeM-Meister. W: Duette f. V. oder f. V. u. Br., Duette u. Quart. f. Blasinstr., MilitMärsche usw. — Sein Bruder François René * 1773 Versailles, † 6/7 1844 Paris, da 1796/1802 und ab 1825 Fag-Prof. am Konserv., 1801/26 Fagottist d. Gr. Op. W: KaM. f. Blasinstr., Ouv., MilMärsche usw. — Dessen Bruder Etienne François * 1777 Versailles, † 1823, Flötist d. Gr. Op. zu Paris seit 1801. W: FlSoli, Duette, Etüden

GEBAUER, Paul * 30/1 1865 Sömmerda, seit 1881 GsgL., Chordir. u. Organ. in Erfurt. W: M-Chöre, Liederschatz f. Schulen, Gsglehre f. höh. Mädchenschulen, Choralvorspiele

GEBAUER, Werner * 23/5 1918 Hirschberg, Schles., VVirt. in Berlin (Debut 1934), Schüler Schnirlins, in der Kompos. Forcks, Kletzkis u. Leichtentritts. W: Sinf., KaM., VKlav., VStücke

GEBAUER, Wilh. * 11/10 1891, gründete 1. 7. 1919 in Leipzig einen MVerlag, den er durch Ankauf kleinerer Verlage sehr vergrößerte. (1925 Befa-V., Berlin-Friedenau; Fritz Gottschalk, Köln; 1927 Carl W. Craemer, Essen; A. Lorentz, Hamburg; 1928 M. Kott, Braunschweig; 1931 F. Baselt, früher Henkel, Frankfurt a. M.; St. A. Braun-Peretti, Bonn; 1932 M. Kastl, Frankfurt a. M.,; 1933 C. A. Klemm, Leipzig)

GEBEL, Frz Xav. * 1787 Fürstenau/Berlin, † 1843 Moskau, da seit 1817 ML., vorher TheaKM. in Wien, Pest u. Lemberg, Schüler Voglers u. Albrechtsbergers. W: Opern, Sinfon., Ouvert., KaM., KlavStücke

GEBEL, Georg * 25/10 1709 Brieg, † 24/9 1753 Rudolstadt, 1729 Organ. in Breslau, 1735 Mitglied der Kap. des Grafen Brühl in Dresden, 1747 Hof-KM. in Rudolstadt. W: Viele Sinfon., Konz., Op., Orator., KirchKantat., KaM.

GEBESCHUS, Ida * 1848 Pölitz (Pomm.), † 9/5 1903 Weimar. W: ‚Gesch. d. M.'

GEBHARD, Curt * 7/11 1903 Ludwigshafen a. Rh., lebt in Berlin, Schüler Gmeindls u. Schrekers. W: Kl. Krippenspiel, Lieder

GEBHARD, Hans * 26/9 1882 Mülhausen i. Els., urspr. Vcellist, KompoSchüler R. Kahns. 1913/14 in Hellerau bei Jaques-Dalcroze, seit 1918 in München, Vertreter der einheitl. MLehre (Gehörbild, Theorie u. Improv.; Gebhardsche Klangsilbe). W: KaM., KlavStücke, Chöre, Lieder

GEBHARD Hans * 1897 Dinkelsbühl, da SchulL. u. Organ., Meisterschüler v. Jos. Haas u. E. Gatschner, Kriegsteiln. (schwer verletzt). W: KaM., OrgStücke, Chöre, u. a. Missa gotica

GEBHARD, Kurt — s. GEBHARD, Curt

GEBHARD, Max * 28/3 1896 Dinkelsbühl, seit 1934 ObStudDir. des städt. Konserv. in Nürnberg, ausgeb. in München (Akad., u. a. v. Jos. Haas, S. v. Hausegger). W: Kl. Passion, Reichsparteitag-Hymne, Kantaten, Chöre, Lieder, OrchVariat., KaM.

GEBHARDI, Ludwig Ernst * 1/1 1787 Nottleben (Kr. Erf.), † 4/9 1862 Erfurt, Organ. u. SemML. W: Generalbaß-, OrgSchule, Choralbuch, OrgPräludien, Schulgsge

GEBHARDT, Ernst * 12/7 1832 Ludwigsburg, da † 9/6 1899, 1853/58 Landwirt in Chile, dann Methodistenprediger in Deutschland u. d. Schweiz, Mitbegr. des Christl. Sgerbundes (1879). W: Chöre. H: ‚Frohe Botschaft', ‚Evangeliumslieder'; ‚Zions Perlenchöre'; ‚Zions Liederhalle' u. a.

GEBHARDT, Martin * 31/3 1855 Neu-Trebbin/ Wriezen a. O., † 22/7 1925 Potsdam, da seit 1/1 1883 Organ. u. Chordir., bis 1920 auch GsgL. an höh. Schulen, Dirig. des von ihm 1886 gegründ. u. zu Ansehen gebrachten MGsgVer., urspr. Theol., Schüler d. Hochschule in Berlin (H. Barth) u. L. Erks. W: Chöre, bes. MChöre, Lieder

GEBHARDT, Rio * 1/11 1907 Heilbronn a. N., Wunderkind, KM., KlavVirt. f. JazzM., seit Ende 1934 am Reichssender Hamburg, vorher viele Jahre (meist auf Reisen) in Berlin. W: Optte, MärchenOuvert., OrchVariat., KlavKonz., JazzKlavSchule, KlavStücke, auch f. 2 und 3 Klav., Schlager

GECZY, Barnabas v., ps. GELER * 4/3 1897, lebt in Berlin-Dahlem. Viel auf Reisen mit e. eignen (Jazz)Orch., VVirt. W: UnterhaltgsM.

GÉDALGE, André * 27/12 1856 Paris, da KonservTheorL., † 26/2 1926. W: ‚Traité de la fugue' I (dtsch von E. Stier), ‚L'enseignement de la m. par l'éducation méthod. de l'oreille', Oper, Sinfon., KaM. usw.

GEEHL, Henry Ernest * 28/9 1881 London, da KlavL. W: 3 OrchSuit., VKonz., KlavKonz., treffl. instrukt. KlavStücke, Lieder

GEHRING, Franz * 1838 Wien, da (Penzing) † 4/1 1884, Mathematiker u. MSchr. W: ‚Mozart' (engl. 1883)

GEHRMANN, Herm., Dr. phil * 22/12 1861 Wernigerode, † 8/7 1916 Kassel, MKrit. in Königsberg (1897/1901) u. Frankf. a. M. (1901/11). M: ‚C. M. v. Weber'; StrQuart., Lieder

GEIBEL, Konrad (Bruder des Dichters) * 26/10 1817 Lübeck, da † 24/4 1872, Organ. W: Ouvert., StrQuart.- Psalm, Lieder

GEIER, Oskar * 1889 Roßleben, seit 1915 Bratschist (Solist) der Dresdener Staatsoper, ausgebildet u. a. in Sondershausen, dann bei Petri u. Alfred Spitzner; war in verschiedenen Orchestern tätig gewesen. W: Märchenoper, KaM., KlarinConcertino, KbKonz., Suiten f. Br. allein.

GEIERHAAS, Gust. * 26/3 1888 Neckarshausen/ Mannheim, urspr. klass. Philologe, Schüler Ph. Wolfrums u. Fr. Kloses, s. 1920 L. an der Akad. in München (Prof.). W (bemerkenswert): OrchVar., KaM., KlavStücke, OrgPassacaglia, Lieder u. a.

GEIGER, Beppo * 25/3 1903, OrchBearb. in Darmstadt. W: Märsche, UnterhaltgsM., Weihnachtsmärchen, Lieder

GEIGER, Heinr. * 18/3 1900 Kaiserslautern, da seit 1923 VerDir. u. MKrit. W: BühnenM., 2 OrchSuiten, KlavSon., Lieder u. a.

GEIGER, Isy * 20/11 1886 Jaroslau (Polen), seit 1920 KM. in Wien, vorher KonzM. in Berlin (ausgeb. auf dem Sternschen Konserv.) u. Wien. W: Potpourris, Schlager — ps. XAVER

GEIGER, Max * 15/1 1885 Jaroslau (Polen), seit 1917 selbständ. OrchKM. in Wien, VVirt., ausgeb. in Agram u. Wien, war KonzM. in Berlin (Kom. Oper), Bukarest u. Wien (1909/17). W: Oper, Potpourris, Lieder u. Chansons

GEIGER, Rosy, geb. Kullmann * 20/6 1886 Frankfurt a. M., lebt da als ML. u. Gattin des Rechtsanwalts G., Schülerin v. Karl Friedberg, Iw. Knorr, B. Sekles u. Schuricht. W: Opern nach eig. Texten, viele Lieder (auch m. Orch.), Chöre, OrchVariat.

GEIJER, Erik Gustaf * 12/1 1783 Ransätter, † 23/4 1847 Stockholm, da seit 1817 Prof. d. Gesch. an d. Univ. W: KaM., Chöre, Lieder. H: Svenska folkvisor

GEIJER, Gösta * 20/8 1857 Millesvik, seit 1896 ML. u. Dirig. in Malmö. W: f. Orch., V., viele Lieder

GEILSDORF, Paul * 10/6 1890 Plauen i. V., Kantor u. VerDir. in Chemnitz seit 1917. W: KirchKant., Motetten, MChöre, Lieder

GEIRINGER, Hans * 12/11 1899, lebt in Paris. W: FilmM., Tänze

GEIRINGER, Karl, Dr. phil. * 26/4 1899 Wien, da MWissenschaftler u. seit 1930 Bibl. u. Archivar der Ges. der MFreunde. W: ‚Jos. Haydn'. H: ältere M.

GEIS, Josef * 19/4 1867 München, da berühmter Baßbuffo (‚Beckmesser', ‚Leporello')

GEISER, Walter * 16/5 1897 Zofingen, Schüler d. Konserv. in Basel, an diesem seit 1924 VL. W: Ouvert., FlConcertino, KaM., Gsge m. Orch., Lieder

GEISLER, Christian * 28/4 1869 Kopenhagen, da Organ., Schüler M. Bruchs. W: Oper, KaM., Kantaten, Motetten; neue Vokalnotation

GEISLER, Paul * 10/8 1856 Stolp (Pomm.), † 3/4 1919 Posen, Schüler C. Deckers, TheaDirig. in Leipzig, bei Aug. Neumanns wanderndem Wagner-Thea, lebte in Lpzg, Berlin u. seit 1899 in Posen, wo er ein Konserv. errichtete u. SinfKonz. gab; erregte mit seinen ersten Werken Aufsehen, doch konnte er sich später nicht durchsetzen. W (soweit ungedr. in der Preuß. Staatsbibl. zu Berlin): Opern, 4 Sinf., sinfon. Dichtgen ‚Rattenfänger v. Hameln', ‚Till Euenspiegel' usw., größ. Chorwerke, ‚Monologe', ‚Episoden' f. Klav., Lieder usw.

GEISLER, Willy, ps GOATLEY, W. * 2/8 1886 Wölfelsgrund, Kr. Habelschwerdt, ausgeb. auf der Hochsch. in Berlin, lebt da. W: Optten, BühnM.

GEISSLER, Friedr. A. * 4/10 1868 Döhlen-Dresden, seit 1896 MKrit. in Dresden, auch ML., † 11/4 1931

GEISSLER, Karl * 28/4 1802 Mulda (Freiberg), † 13/4 1869 Bad Elster, MDir. W: Choralbuch, Klav- u. OrgStücke, Chöre, Lieder

GEISTINGER, Marie * 26/7 1833 Graz, † 29/9 1903 Klagenfurt, 1865/75 in Wien die ‚Königin aller Opttensgrinnen', später Tragödin, 1880/85, 1897 u. 1899 in Amerika

GEIZLER, Herm., ps. = Herm. ZIEGLER

GELBART, Edua. * 20/2 1878 Frankfurt a. M., da seit 1911 Organ., seit 1921 auch KontrapunktL. am Hochschen Konserv., OrgVirt. W: Sinf. u. OrchVar., KlavStücke, Lieder

GELBKE, Hans * 18/2 1875 Davos-Platz (Schweiz), Schüler d. Konserv. zu Köln, seit 1898 Städt. MDir. in MGladbach, wo er 1904 ein Konserv. gründete. W: Ouvert., KlavSonate u. Stücke, Chöre, Lieder

GELBKE, Johannes * 19/7 1845 Radeberg/Dresden, † 1/3 1903 Buffalo (NAm.), geschätzt. MChorKomp. u. -dirig. (‚Heimkehr')

GELER, ps. = Barn. v. GECZY u. Alex SAMMLER

GELINEK, Jos. Abbé * 3/12 1758 Selcz (Böhm.), † 13/4 1825 Wien. W: KlavVariat., Rondos u. dgl.

GELLER, Leop. * 11/5 1863 Gießen, da seit 1900 SchulGsgL. u. Chordir. W: Kantaten, MChöre; ‚Ursprg u. Entwicklg d. dtsch. Volksges.'

GELLER-WOLTER, Luise † 76j. 27/10 1934 Berlin, hervorrag. Altistin, bes. Orat.-, aber auch OpSgerin

GELLERT, Bruno * 25/5 1878 Breslau, KM. u. Bearb. in Berlin. W: Sinfonietta, OrchSuite, UnterhaltgsM.

GELLERT, Friedr. * 6/5 1874 Heidelberg, KirchChordir., dann Chordir. der ‚Flora', ‚Liederhalle' u. ‚Harmonie' in Mannheim, Schüler Thuilles u. Rheinbergers. W: Optten, Weihnachtsspiel, gem. u. MChöre

GELLERT, Ludw. * 26/2 1827 Frankf. a. M., da † 12/9 1913, Dirig. W: Opern, Ouvert., Kantaten, Chöre (Arbeiter-Marseillaise), Lieder usw.

GELLHORN, Hans * 24/10 1912 Breslau, Pianist (KM.) in Berlin, da ausgeb. auf d. Hochschule (Schrattenholz). W: FilmM., KaM., Lieder

GELLHORN-DUBELOWSKI, Gust. * 26/2 1880 Kaschau, jetzt ? 1920/29 städt. MDir. in Hof, seit 1901 KM. W: KlavKonz., Chöre, Lieder

GELLIN, Rudolph, Dr.; ps. Maurice EBONET; KING u. José YOUNG; Jack YOUNG; Paul RUBENS; Maurice RUDOLPHE * 7/4 1893, Bearb. in Berlin, vorher in Kopenhagen. W: UnterhaltgsM.

GELOSO, Albert * 1863 Madrid, ausgezeichn. Geiger von internat. Ruf, Schüler Massarts, lebt in Paris

GEMINIANI, Franc. * 1674 (1667?) Lucca, † 16/9 1762 Dublin (auf Besuch), vortreffl. Geiger, Schüler Corellis, 1714/49 u. 1755/61 in London, 1749/55 in Paris. W: 12 Conc. grossi, VSonaten mit Baß, Generalbaßschule, VSchule, (sein Hauptwerk), GitSchule, theoret. Schriften

GEMÜND, Karl * 4/4 1874 Koblenz, seit 1906 städt. KM. in Elberfeld. W: Lieder

GENAST, Eduard * 15/7 1797 Weimar, † 4/8 1866 Wiesbaden, urspr. Sgr, seit 1829 Schauspieler u. OpRegiss. in Weimar. W: 2 Opern, Lieder; ‚Aus dem Tagebuch eines alten Schauspielers'

GENATZ, Karl Emil Moritz * 24/10 1852 Impilahti (Finnland), † 1/5 1930 Helsingfors, vorher u. a. Chordir. in Fredrikshamn. W: beliebte Chöre

GENÉE, Rich. * 7/2 1823 Danzig, † 15/6 1895 Baden-Wien, TheaKM. u. a. in Köln, Düsseldorf, Prag, Wien (1868/78), lebte seit 1878 in Preßbaum/Wien nur der Kompos. u. Dichtg. W: Opern u. Optten ‚Der Geiger aus Tirol', ‚Der Musikfeind', ‚Nanon', ‚Der Seekadett', ‚Die letzten Mohikaner' usw., humoristische MChöre u. Lieder

GENÉE, Rud., Dr. phil. * 12/12 1824 Berlin, da † 19/1 1914, Mozartforscher, Begr. d. Mozartgemeinde

GENERALI, Pietro * 4/10 1783 Masserano/Vercelli, † 3/11 1852 Novara, KirchKM., Schüler Durantes. W: 52 Opern, u. a. ‚L'Adelina', ‚Gli amanti ridicoli', ‚I baccanali di Roma', das geschätzte Orator. ‚Il voto di Jefte', Messen, Kant. usw.

GENET, Elzéar * um 1470, † 14/6 1548 Avignon, Priester. W: KirchM.

GENHART, Heinr. * 26/7 1866 Sempach, seit 1901 Dirig. in Langenthal (Schweiz), 1890/1901 MDir. in Ebnat-Kappel (St. Gallen), seit 1896 auch in Wattwill. W: Märsche, Chöre

GENIUS, Leo * 27/4 1898 Düsseldorf, Dirig. in Bad Honnef a. Rh., ausgeb. in Düsseldorf (u. a. v. M. Neumann). W: Chöre, Lieder

GENNRICH, Friedr., Dr. phil. * 27/3 1883 Kolmar, Studienrat in Frankf. a. M. seit 1921, 1929 PrivDoz. an d. Univ., vorher in Straßburg, verd. Erforscher der rom. Troubadour-Lieder; seit Ende 1934 Prof.

GENOESE, Felice, Marchese di Geria † 10/10 1930 (60jähr.) Napoli. W: Opern

GENSS, Herm. * 6/1 1856 Tilsit, Schüler L. Köhlers u. der Berliner Hochschule; lebte u. a. in Sondershausen, Mainz, Berlin, seit 1899 in San Franzisko als KonservDir., KlavVirt., Dirig. u. L. W: Volksoper, Ouvert., KaM., KlavStücke, Chöre, Lieder usw.

GENTHIN, Hans, ps. = Friedr. WINNIG

GENTILI, Alberto * 1873 Vittorio Veneto, M-Historiker in Torino, Schüler Rheinbergers. W: Oper, VStücke, Gsge; ‚Nuova teoria dell' armonia'

GENTILLI, Davide * 11/10 1869 Trieste, da KonservVL. W: VSchule u. Stücke

GENTY, E. Charles, ps. = CRICKBOOM

GENZEL, Frz * 13/6 1901 Schwerstedt/Weimar, VVirt. u. seit 1926 Führer des nach ihm gen. Str-Quart. in Leipzig, da ausgeb. (Konserv. bei Wollgandt u. Davisson; Univers.). — Seine Frau Irmgard Genzel-Röchling, BachSgerin

GEORGES, Alex. * 25/2 1850 Arras, Schüler u. dann L. an der Niedermeyerschen KirchMSchule in Paris. W: Opern, PassionsM., Gsge („Lieder Miarkas')

GEORGESCU, Georges * 1887 Sulina, urspr. Vcellist, ausgeb. in Bukarest u. von H. Becker, 1916/26 u. seit 1934 Dirig. des Philharm. Orch. in Bukarest, da 1922/26 u. 1932/34 OpDir.

GEORGI, Martin * 1/2 1889 Bockau, Bez. Schwarzenberg, seit 1914 L. (1919 OL.) u. Kantor in Thum (Erzgeb.). W: geistl. u. weltl. Chöre u. Lieder

GEORGII, Walter, Dr. phil. * 23/11 1887 Stuttgart, Schüler M. Pauers, KlavL. am Kölner Konserv. seit 1914. W: ‚Weber als KlavKomp.'

GEPPERT, Liberatus * 15/2 1815 Jauernig (Öster. Schlcs.), da † 7/2 1861 als Schulrektor u. KirchChordir. W: viel KirchM.

GERACI, Bernardo * 16/1 1825 Termini-Imereso, † 10/9 1889 Palermo, da Pian., Organ. u. Chordir., sehr geschätzter L. W: Opern, Orch-Stücke, KlavStücke (einige sehr beliebt), Gsge

GERALD, Bernh., ps. = KUTSCH, Bernh.

GERARDY, Jean * 7/12 1877 Spa (Belg.), da † 4/7 1929 Schüler v. Bellmann-Lüttich, konzertierte als VcVirt. seit 1888

GERBER, Heinr. Nik. * 6/9 1702 Wenigen-Ehrich/Sondershausen, † 6/8 1775 Sondershausen Hoforgan., Schüler S. Bachs. W: f. Org. u. Klav. — Sein Sohn Ernst Ludw. * 29/9 1746 Sondershausen, da † 30/6 1819, Hoforgan. seit 1775. W (berühmt): ‚Hist.-biogr. Lexikon der Tonkünstler' (1790/92) u. ‚Neues hist.-biogr. Lexikon der Tonkünstler' (n. A. 1812/14)

GERBER, Jul. * 1831 Warschau, † 2/12 1883 Moskau, da seit 1845 Geiger, später KM. (Oper). W: Ballette, Vaudevilles, KaM.

GERBER, Rud., Dr. phil. * 15/4 1899 Flehingen (Bad.), seit 1928 PrivDoz., seit Ende 1932 ao. Prof. f. MWiss. an der Univ. Gießen, Schüler H. Aberts

GERBERT (von Hornau), Martin * 12/8 1720 Horb/Neckar, † 13/5 1793 als Fürstabt des Benediktinerklosters St. Blasien, hochverdient als Erforscher des mittelalterl. KirchGsgs. W: ‚De cantu et m. sacra' (1774). H: ‚Scriptores ecclesiastici de m. sacra potiss.' (1784) u. a.

GERDES, Gustav, aufstrebend. MVerl. in Köln, gegründ. von A. Sauerwald 1896. Der Besitzer G. * 12/10 1880 Köln. W: GitSchule, Lieder m. Git.

GERDES, Karl * 7/7 1881 Tacna (Chile), seit 1883 in Deutschland, seit 1922 Architekt in Luckenwalde, lebte 1908/11 in Münster nur der M., 1914/18 im Felde, 1918/20 in engl. Gefangenschaft. W: Märchenoper, Singspiel, Kantate, Sinf., viele Lieder

GERHÄUSER, Emil * 29/4 1868 Krumbach (Bay.), † 5/1 1917 Stuttgart, da OpRegiss., stud. erst Jura, dann OpTenorist seit 1890, 1892 in Lübeck, 1896/1901 in Karlsruhe, daneben in Bayreuth, 1901 ff. in München

GERHARD, Livia — s. FREGE

GERHARD, Paul, ps. — s. BAYER, Eduard

GERHARDT, Elena * 11/11 1883 Leipzig, da sehr geschätzte, von Nikisch s. Z. sehr geförderte KonzSgrin u. GsgLin

GERHARDT, Ferd. * 19/6 1848 Einsiedel/Reichenberg (Böhm.), seit 1872 L. der MSchule usw. in Reichenberg, ausgeb. in Leipzig. W: 5 KlavKonz., 2 Sinf., KaM., KlavSonaten u. Stücke, gem. Chöre

GERHARDT, Karl * 1/4 1900, lebt in Berlin. W: BühnM., Kantaten, Sinf. u. a. f. Orch., KaM., Lieder

GERHARDT, Paul * 12/3 1607 Gräfenhainichen (PrSachs.), † 7/6 1676 Lübben, Archidiakonus; bedeut. protest. Kirchenlieddicht. („O Haupt voll Blut u. Wunden', ‚Befiehl du deine Wege' usw.)

GERHARDT, Paul * 10/11 1867 Lpz., OrgVirt., Schüler des Lpzger Konserv., 1893/98 Organ. in Lpz-Plawitz. W: sinf. Dichtg, OrchStück m. Org., OrgStücke, ‚Weihnachtskantate', Motetten, Lieder

GERHARZ, Nicolaas Jos. * 20/6 1872 's Gravenhage, da seit 1927, da ausgeb., 1894/1917 MilKM. in Batavia, 1918 Chordir in Apeldoorn, 1920/1927 OrchDir in Haarlem. W: Singspiel, 2 Sinf., 2 sinf. Dichtgen, OrchSuite, Kant., Chöre u. a.

GERHEUSER, Gust., Dr. med., Arzt, Geiger, Pianist u. MRef., München, da * 11/2 1871, KompSchüler R. Trunks. W: KaM., KlavStücke, Lieder

GERIA, Felice, Marchese di — s. GENOESE

GERICKE, Wilh. * 18/4 1845 Schwanberg (Steierm.), † 27/10 1925 Wien, Schüler Dessoffs, treffl. Dirig., 1880/84 in Wien, 1884/89 u. 1898/1908 in Boston, seitdem in Wien. W: Operette, Requiem, Ouvert., KaM., Lieder

GERICK, Herbert, Dr. phil. * 2/3 1905, seit 1/1 1935 Leiter d. kulturpol. Archivs des Amts für Kunstpflege der NSDAP, stellvertr. Leiter der MAbt. der NSKulturgemeinde u. 1. MKrit. des Völk. Beobachters, während 1934 Dir. d. Landeskulturkammer u. Kulturref. des Senats in Danzig, stud. MWiss. in Lpzg und Königsberg, 1924/31 Rundfunkref. u. MK. in Königsberg, dann wissensch. Arb. 1931/32 in Berlin. W: ‚MGesch. der Stadt Elbing'; ‚Verdi' (1932). B: Rossinische Opern

GERIGK, Karl * 23/1 1889 Bromberg, seit 1919 Leiter des städt. Orch. (seit 1933 Niederschles. GauSinfOrch der NSDAP) u. Kreischorleiter in Liegnitz, vorher SoloFlöt., Schüler E. Prills u. W. Rudnicks, sowie der Berlin. Hochschule

GERKE, Otto * 13/7 1807 Lüneburg, † 28/6 1878 Paderborn, VVirt. W: VKompos.

GERLACH, Horst * 11/8 1900 Erfurt, Seeoffiz. in Berlin. W: Herm. Göring-Marsch

GERLACH, Theodor * 25/6 1861 Dresden, Schüler Wüllners, KonservDir. in Kiel, vorher TheaKM. in Sondershausen, Posen usw. u. MSchuldir. in Karlsruhe. W: Oper, gesproch. Opern, Chöre m. Orch., Sinf., StrOrch-Serenade, KaM., Chöre Lieder, gesproch. Lieder usw.

GERLACH-WINTZER, Elisabet — s. WINTZER

GERLE, Hans, 1523 als Violen- u. Lautenmacher in Nürnberg schon bekannt, da † 1570. W: Lautentabulaturen

GERLING, Frdr. Aug. * 5/12 1866 Hildesheim, 1898 in Dresden, Organ. u. Chordirig., 1900 ML. in Hildesheim, seit 1914 Kantor u. Organ. in Ebstorf (Hannover). W: Chöre, Lieder, Org.- u. KlavStücke

GERMAN, Edward, eigentl. Edw. Germ. JONES * 17/2 1862 Whitchurch (Shropshire), Schüler d. Kgl. MAkad. in London, lebt da. W: Opern, Optten, BühnenM., 2 Sinf., 2 OrchSuiten, KaM., Chöre usw.

GERMER, Heinr. * 30/12 1837 Sommersdorf/Halberstadt, erst SchulL., dann KlavL., seit 1863 in Dresden, † 4/1 1913. W: ‚Die Technik d. Klav.-Spiels', ‚Musikal. Ornamentik', ‚Rhythm. Probleme', ‚Wie spielt man Klav.?', ‚KlavSchule'. B: KlassikerAusgaben m. Phrasiersgbezeichng. usw.

GERN, Joh. Geo. * 20/3 1757 Rottendorf/Würzburg, † 11/3 1830 Berlin, berühmter OpBassist, seit 1800 in Berlin, vorher in Mannheim u. München

GERNERTH, Franz v. * 1822, † 1901 Wien. W: volkstüml. MChöre u. Tänze

GERNET, Edgar * 25/2 1902 Bielefeld, Musiker u. Bearb. in Köln. W: UnterhaltsM.

GERNHARDT, Wigang * 6/ 1877 Reinstädt (Thür.), seit 1901 ML. u. Chordir. in Gießen. V: Ouv., Tänze, Märsche, Chöre, Lieder, ZithKompos.

GERNSHEIM, Frdr. * 17/7 1839 Worms, † 11/9 1916 Berlin, Schüler des Lpzger Konserv., 1861 MDir. in Saarbrücken, 1865 KonservL. zu Köln, 1874 KM. u. MSchuldir. in Rotterdam, 1890/97 L. am Sternschen Konserv. u. 1890/1904 Dirig.

des Sternschen GsgVer. in Berlin, da 1897 Senatsmitgl. der Kgl. Akad. der Künste, seit 1901 Leiter einer akad. Meisterschule f. Kompos. W: 4 Sinf., Ouvert., 2 VKonz., VcKonz., KlavKonz., treffl. KaM., Chöre m. Orch., MChöre usw. Vgl. K. Holl, F. G. (1928)

GERNSHEIM, Willi, Dr., auch Gernsheim-LAUDON gen. * 15/1 1899 Mannheim, da Pianist. W: KaM., Lieder-Zyklen

GEROLD, Theodor, Dr. phil. * 26/10 1866 Straßburg, da seit 1919 L. f. MGesch. an d. Univ. W: Sänger-Fibel; Fachschriften; ‚F. Schubert'

GERSBACH, Anton * 21/3 1803 Säckingen, † 17/8 1848, SemML. in Karlsruhe, seit 1831. W: instrum., bes. KlavStücke, Chöre, popul. Lieder, Schullieder; ‚Tonlehre'

GERSBACH, Jos. * 22/12 1787 Säckingen, † 3/12 1830 Karlsruhe, da SemML. W: Schulliederbücher

GERSBACH-VOIGT, Fritz * 25/5 1894 Basel, da seit 1923 SchulgsgL. u. VerDir., da u. auf dem Lpzger Konserv. ausgeb. W: Op., OrchStücke, KaM., VStücke, große Chorwerke, Fr- u. MChöre, Lieder

GERSCHON, Josef * 13/12 1887 Lauterbach/Elbogen, KM. in Karlsbad, urspr. Hornist. W: Lieder m. Git.

GERSHWIN, George * 1898 Newyork, lebt da. W: Sinfon. Dichtgen, KlavKonz., volkstüml. M.

GERSPACHER, Aug. Eman. * 27/7 1858 Rußwile (Bad.), † 6/3 1930 Karlsruhe, da 1908/23 SemML. W: Sinf., KaM, Messen, Chöre, Lieder u. a.

GERSTBERGER, Karl, Dr. iur. * 12/2 1892 Neiße, Schüler v. Courvoisier u. Jos. Haas, lebt in Bremen, vorher in München bzw. Berlin. W: KaKant., Chöre, Lieder

GERSTENBERG, Walter, Dr. phil. * 26/12 1904 Hildesheim, seit 1932 Assist. u. Leiter des Colleg. mus. am mwiss. Inst. der Univ. Köln, ausgeb. in Leipzig, (Univers. bei Abert u. Kroyer; als Pianist im Landeskonserv.). W: ‚Die Klav-Komposit. Dom. Scarlattis', ‚Studien z. ev. Kirch-M.' H: Kroyer-Festschr.; KlavSonaten D. Scarlattis

GERSTENBERGER, Heinrich † 6/2 1927 Bozen, Kompon.

GERSTER, Etelka * 25/6 1855 Kaschau (Ungarn), † 20/8 1920 Bologna, treffl., vielgereiste Koloratursopran., Schülerin d. Wiener Konserv. (Frau Marchesi), seit 1877 mit ihrem Impresario Gardini verheir., 1896/1917 GsgL. in Berlin. W: ‚Stimmführer'

GERSTER, Ottomar * 29/6 1897 Braunfels, Kr. Wetzlar, BrVirt., seit 1927 in Essen (Folkwang-Schule), ausgeb. in Frankfurt a. M., da nach Kriegsteilnahme Solobr. im SinfOrch. u. im Quart. Lenzewski, später Witek. W: Sinf., BrKonz., Klav-Konz., KaM., Chöre, Lieder, Oper ‚Liselotte' 1933, BühnM.

GERSTLE, Henry Stanley * 10/11 1889 Newyork, da Pianist. W: Oper, sinf. Dichtg, KaM., KlavStücke, Lieder

GERVAIS, Charles Hubert * 19/2 1671 Paris, da † 15/1 1744. W: Opern

GERVAIS, Rich. Henry Ottokar * 7/1 1848 Memel, † 1927 Mannheim, da seit 1920, vorher u. a. in Krefeld, Schaffhausen, Burgdorf (1885 bis 1920). W: Oper, Chöre, Lieder

GERVINUS, Georg Gottfr. * 20/5 1805 Darmstadt, † 18/3 1871 Heidelberg, UnivProf., berühmt. Literarhistoriker. W: ‚Händel u. Shakespeare'. — Seine Witwe V i c t o r i a (* 1820, † 2/6 1893). W: ‚Naturgemäße Ausbildg in Gsg u. KlavSpiel'. H: Händel, Arien (7 Bde)

GERWIN, G., ps. = Gerhard WINKLER

GESA, ps. = SAUBER, Gerhart

GESANG, Joh. * 31/8 1820 Fulda, da † 1900, Stadtkantor seit 1851, treffl. ML. W: OrgStücke

GESELLE, Max * 9/9 1880 Dürren-Selchow, Kr. Königsberg, NM., seit 1905 ML. (1925 StudRat) u. Organ. in Berlin. W: Messe, Chöre, Lieder, OrgStücke

GESELSCHAP, Maria * 15/12 1874 Batavia, Schülerin X. Scharwenkas u. Busonis, in der Komp. neuerdings v. Aug. Reuß, Klavieristin in München (seit 1909). W: Sonaten u. a. f. Klav., Lieder

GESIUS (eigentl. Göß), Bartholomäus * Müncheberg (Mark), † 1613 Frankf. a. O., Kantor seit 1592. W: Hymnen, Psalmen, Hochzeitsgsge, Motetten usw.

GESSINGER, Jul. * 11/6 1899 Kupferzell, Württ., seit 1930 Dirig. u. ML. in Stuttgart, da u. in Lpzg (Konserv.) ausgeb., 1925/30 Doz. an d. Pädag Akad. in Elbing, auch Dir. des LGsgVer. u. KonservDir. W: KaM., KlavStücke, MChöre, auch m. Orch., Lieder

GESSNER, Adolf * 26/11 1864 Bingen a. Rh., † 20/6 1919 Oppenau, seit 1896 OrgL. am Konserv. in Straßburg i. E. W: Te Deum, Hymnen, OrgStücke

GESUALDO, Don Carlo, Fürst von Venosa * um 1560, † 1614 Neapel. W: Madrigale mit kühner gewagter Chromatik

GEUCKE, Eduard * 20/2 1894 Lauenstein a. E., KonservL. in Dresden, Schüler Juons u. Mraczeks. W: sinf. Dichtg, KlavStücke, Lieder

GEUTEBRÜCK, Ernst R., Dr. phil. * 13/1 1893 Wien, lebt in Graz, 1913/14 OpKorrepet., Schüler v. H. Grädener, Jos. Marx u. Mojsisovicz. W: Oper, 2 Sinf., KaM., viele Lieder

GEVAËRT, Franç. Auguste * 31/7 1828 Huysse/Oudenarde, † 24/12 1908 Brüssel, Schüler des Konserv. zu Gent, da 1843/49 Organ.; ging dann nach Paris, Spanien, Gent u. 1852 wieder nach Paris, da 1867/70 MDir. d. Gr. Oper, 1871 KonservDir. in Brüssel, später HofKMTitel u. 1907 geadelt. W: 11 Opern, Kantate ‚Belg e‘, Requiem, Lieder; ferner: ‚Hist. et théorie de la m. de l'antiquité‘, ‚Nouveau traité d'instrumentation‘ (dtsch von H. Riemann), ‚Les origines de chant liturgique‘, ‚Traité d'harmonie‘ usw.

GEYER, Adalb. Ernst * 23/4 1883 Wien, lebt in Ödenburg (Sopron), Pianist. W: Chansons u. Couplets

GEYER, Edua. F. * 30/8 1876 Wien, seit 1914 in Ödenburg (Sopron), vorher VariétéKM. W: Tänze, Märsche

GEYER, Flodoard * 1/3 1811 Berlin, da † 30/4 1872, ML. u. Krit. W: Opern, Melodrama, Sinf., KaM., Lieder, ‚KomposLehre‘

GEYER, Humbert * 5/10 1887 Wien, da ML. W: KlavStücke, Chöre, Lieder

GEYER, Marianne * 20/2 1883 Wien, Lautensgrin in Berlin. W: Lieder z. Git.

GEYER, Steffi — s. SCHULTHESS

GEYR, Rob. * 25/1 1864 Horbach/Aachen, † 30/3 1925 MGladbach, da seit 1920 Dirig. d. Liedertafel, vorher in Essen u. Horbach VerDir. bzw. Organ. W: MChöre

GEYR, Willy * 14/9 1867 Horbach/Aachen, seit 1910 Dirig. der Liedertafel in Crefeld, vorher seit 1886 ML. u. VerDir. in Venlo. W: Operetten, Singspiele, MChöre, Lieder usw.

GEYTER, Pierre de † 6/10 1932 (84j.) St. Denis, Komp. d. Internationale

GFALLER, Rudi * 10/11 1889 Wien, Schauspieler in Leipzig. W: Optten

GHEBART, Gius. * 20/11 1796 Torino, † 22/1 1870 Milano, Geiger, seit 1814 in Hofkap zu Torino, deren II. KM 1839, I. 1846/65. W: Ouvert., Messen, VKonz. u. Etüden, KaM. u. a.

GHEDINI, Giorgio Federico * 11/7 1892 Cuneo, MSchulL. in Torino. W: OrchSuite, KaM., Klav- u. HarmonStücke, Gsge

GHELLUWE, Lodewijk van * 15/9 1837 Wanneghem-Lede/Oudenarde, † 20/7 1914 Gent, seit 1870 KonservDir. in Brügge. W: Kantat., Lehrbücher

GHERARDESCHI, Filippo * 1783 Pistoja, † 1803 Pisa, da KirchKM. W: Opern, KirchM., Klav-VSonaten

GHERARDESCHI, Giuseppe * 1759 Pistoja, da † 1815, Organ. u. KirchKM. W: Kantaten

GHEUSI, P. B. * 12/11 1865 Toulouse, Librett. in Paris, urspr. Advokat

GHEYN, Matth. van den * 7/4 1721 Tirlemont, † 22/6 1785 Löwen, da Organ. seit 1741, hochberühmter OrgVirt. u. Carilloneur. W: KaM., OrgStücke u. a.

GHIGNONE — s. GUIGNON

GHISLANZONI, Antonio * 25/11 1824 Lecca, † 16/7 1893 Caprino Bergamasco, OpLibrettist (u. a. Verdis ‚Aida‘)

GHYS, Joseph * 1801 Gent, † 22/8 1848 Petersburg, vielgereist. VVirt. W: Konz. u. sonstiges f. V.

GIACHETTI, Enrico * 28/8 1890 Firenze, lebt in Venezia. W: Opern, KirchM., KaM., KlavStücke, Gsge

GIACOBBI, Girolamo * 10/8 1567 Bologna, da † 30/11 1630 (1629?), KirchKM., einer der ersten dortigen OpKomp. W: Oper ‚Andromeda‘ 1610, Intermedien, Motetten, 2—5chörige Psalmen usw.

GIACOMELLI (Jacomelli), Geminiano * 1686 Parma, da † 19/1 1743, herzogl. KM., Schüler A. Scarlattis. W: 19 Opern, Konzertarien usw.

GIACOMO, Salvatore di * 20/3 1862 Napoli, da † 4/4 1934, BiblDir., Librettist, MForscher

GIADROSSI, Jos. Dominik * 12/1 1870 Pola, † 4/2 1920 Graz, Gitarist. W: GitSchule.

GIALDINI, Gialdino * 10/10 1843 Pescia, da † 6/3 1919, vielgereister OpKM., 1904/15 KonservDir. in Trieste. W: Opern, Lieder, KlavStücke, H: Eco della Lombardia (Volslieder)

GIANELLI, Pietro, Abbate * ca 1770 Friaul, † 1722 Venedig. W: ‚Dizionario della m. sacra e profana‘ (ältestes ital. mbiogr. Werk), ‚Grammatica ragionata della m.‘ usw.

GIANETTINI (ZANETTINI), Ant. * 1649 Venedig, † 1721 Modena, HofKM. W: Opern, Oratorien, Kantaten

GIANNETTI, Giov. * 25/3 1869 Napoli, Schüler des Wiener Konserv., Pianist u. OpDirig., seit 1915 in Rom, da se't 1920 Dir. des teatro dei piccoli. † 10/12 1934 Rio de Janeiro. W: Opern, Optten

GIANNETTI, Rafaele * 16/4 1817 Spoleto, † Aug. 1872 Napoli, da gesuchter GsgL. u. KomposL. W: Opern, KirchM., Sinf.

GIANNINI, Dusolina * 19/12 1902 Philadelphia (italien. Eltern), lebt da u. auch in Berlin, Schülerin der Sembrich, seit 1924 sehr gefeierte Konz- u. Op-Sopr.

GIANNINI, Salvatore * 24/12 1830 Napoli, da † um 1900, KlavL. W: üb. 300 KlavStücke, Schule, ‚Lehrbücher'

GIANNINI, Vittorio * 1903 Philadelphia, lebt in Newyork (Bruder Dusolinas), viel in Italien (Rom) u. Deutschland, urspr. Geiger, ausgeb. in Milano, KomposSchüler Rubin Goldmarks. W: Oper ‚Lucedia' (1934), Orator., Stabat mater, Sinf., KaM., Lieder. B: italien. Volkslieder

GIANOTTI, Pietro * ? Lucca, † 19/6 1765 Paris, da 1750/65 Bassist der GrOper. W: KaM.; ‚Guide du Compositeur'

GIARDA, Finucusco * 1855 Venezia, da † (Selbstmord) 25/7 1907, zuletzt da KonservL., KlavVirt. W: Messen, KlavStücke

GIARDA, Goffredo * 19/10 1886 Venezia, da sehr geschätzter KlavL. W: Suiten u. Sonate f. Klav. u. V., KlavStücke, Gsge

GIARDA, Luigi Stefano * 19/3 1868 Castelnuovo (Pavia), ausgez. Vcellist, KonservL. in Napoli 1897/1920, seitdem GsgL. u. Vizedir. d. Konserv. in Santiago. W: Opern, KaM., VcKonzStück, Etüden usw., sinf. Dicht., ‚Trattato di armonia'

GIARDINI (DEJARDINS), Felice de * 12/4 1716 Turin, † 17/12 1796 Moskau, da seit 1790; tücht. Geiger, in London 1750/84. W: 5 Opern, Orator., Sinfon., VKonz., KaM usw.

GIBBONS, Orlando * 1583 Cambridge, † 5/6 1625 Canterbury; Organ. in London. W (bemerkenswert): Madrigale, Motetten, Phantasien f. 3 Violen, KlavStücke usw. — Sein Sohn C h r i s t o p h e r * 1615 London, da † 20/10 1676, Organ. seit 1638. W: KirchM.

GIBBS, Cecil Armstrong * 10/8 1889 Great Baddow (Essex), lebt in Crossings, Danbury (Essex), KomposL. am R. Coll. in London, Gegner der ‚neuen' M. W: Opern, BühnenM., sinfon. Dichtg, KaM., Kantaten, Chöre, Lieder

GIBELIUS, Otto * 1612 Fehmarn, † 1682 Minden, da seit 1642 Kantor u. Schulrektor, Erfinder der Solmisationssilbe do. W: ‚Pflanzgarten d. Singkunst', ‚Geistl. Harmonien'

GIBELLI (GIBELLONE) * 1719 Bologna, da † 5/11 1812, da KirchKM. u. GsgL., ausgez. Fugenkompon. W: Oper, sehr viel KirchM.

GIBILARO, Stefano * 1906 Palermo, † 6/2 1934 Davos, Schüler G. Mulès. W: Ballett, sinf. Dichtgen, Orator., KlavVSonate

GIBSON, Geo. Alfr. * 27/10 1849 Nottingham, † 21/5 1924 Mentone, VVirt., L. an der R. acad. in London

GIDE, Casimir * 4/7 1804 Paris, da † 18/2 1868. W: Opern, Ballette

GIEBUROWSKI, Waclaw, Dr. phil. * 6/2 1879 Bromberg, seit 1916 DomKM. in Posen u. seit 1925 Privatdoz. an d. dort. Univers. f.MWiss. W: Requiem, Motetten, Chöre u. geistl. Lieder; Fachschriften.

GIEHRL, Jos. * 18/9 1857 München, da † 24/4 1893, treffl. KlavL. a. d. Akad. d. Tonkunst.

GIEL, Paul * 12/6 1882 Berlin, da Mker. W: UnterhaltgsM., Lieder

GIESBERT, Frz Jul. * 16/8 1896 Neuwied, da MVerl. u. MSchr., vorher in Bonn. W: Lieder zur Laute

GIESE, Theodor * 10/1 1828 Hamburg, da † 1886, KlavL. W: KlavSalonkompos.

GIESEKE-LAMBACH, Hugo *4/7 1872 Braunschweig, OrgVirt. u. VerDirig. in Magdeburg. W: KlavStücke, M- u. FrChöre

GIESEKING, Walter * 5/11 1895 Lyon, Sohn eines dtsch. Arztes, ausgezeichn., für die extremmodernen Tonsetzer mit Vorliebe eintretender, vielgereister Klavierist, seit Sommer 1934 in Wiesbaden, vorher in Hannover, Schüler Karl Leimers. W: Quint. f. Klav. u. Blasinstr., KlavStücke, Lieder

GIETMANN, Gerhard (Jesuit) * 21/5 1845 Birten, Kr. Mörs, † 11/11 1912 Balkenburg, Holl. Limburg. W: ‚Die Wahrheit in der gregorian. Frage' (1904); ‚MÄsthetik' (1900, III. Teil seiner ‚Kunstlehre')

GIFFEY, Joh. Theophil * 24/12 1872 Düsseldorf, Chordir. in Mülheim, Ruhr. W: Chöre, ‚Fünfzig Jahre christl. Sängerbund' (1929). H: ‚Gemeindepsalter'; ‚Kinderpsalter'

GIGAULT, Nicolas * um 1624 Claye (Brie), † um 1707 Paris, da Organ. W: OrgStücke, Weihnachtslieder

GIGLER-ZIERITZ — s. ZIERITZ, Grete

GIGLI, Benjamino * 20/3 1890 Recanati, lebt in Newyork, ausgezeichn. OpTenorist von internat. Ruf

GIGOUT, Eugène * 23/3 1844 Nancy, † 9/12 1925 Paris, da Schüler d. Niedermeyerschen KirchMSchule u. v. Saint-Saëns, treffl. OrgVirt., gründete 1885 eine staatl. unterstützte Organistenschule. W: OrgKompos.

GILBERT, Alfred * 21/10 1828 Salisbury, † 6/2 1902 London, da Pianist u. Dirig.. W: Optten, KaM., KlavSchule

GILBERT Henry * 26/9 1868 Somerville (Mass.), Schüler Mac Dowells, verwendete in seinen Kompos. mit Vorliebe Negermelodien, lebte in Boston bzw. Cambridge (Mass.), da † 19/5 1928. W: Sinfon. Dicht., Ouvert., Keltische Gsge

GILBERT, Jean — s. WINTERFELD, Max

GILBERT, Rob. (Sohn Jean Gs), ps. David WEBER * 29/9 1899 Berlin, lebt seit 1934 in Barcelona, vorher in Berlin, auch Textdichter. W: Optten ‚Pitt-Pitt‘, ‚Die leichte Isabell‘ u. a. Schlager

GILBERT, Thomas Bennet * 22/10 1833 Salisbury, † 11/5 1885 London, Schüler der dort. R. Acad. u. d. Lpzger Konserv., Organ. u. GsgL. W: Ouvert., StrQuart., instrukt. KlavStücke

GILBERT, Walter Bond * 21/4 1829 Exeter, † 1910 Oxford, 1869—99 Organ. in Newyork. W: KirchM.

GILBERT, Will. S. * 18/11 1836 u. † 29/5 1911 London, Optten-Librettist, bes. für Sullivan

GILCHRIST, James * 1832 Rothesay, † April 1894 Glasgow, urspr. Mechaniker, seit 1880 ausgez. Geigenbauer, der schottische Stradivari

GILCHRIST, William Wallace * 8/1 1846 Jersey-City, New-Jersey (NAm.), † 1916, Dirig., Organ. u. ML. in Philadelphia. W: f. Orch., KaM., Kantat., Chöre, Lieder

GILLE, Karl * 30/9 1861 Eldagsen (Hann.), † 14/6 1917 Hannover, treffl. OpKM., u. a. 1891/97 in Schwerin, 1897/1906 in Hamburg, seit 1910 in Hannover

GILLE, Philippe * 1831 u. † 1901 Paris, Librett.

GILLET, Ernest * 13/9 1856 Paris, Schüler Niedermeyers u. d. Konserv. zu Paris, da längere Zeit SoloVcellist der Gr. Oper, lebt jetzt in London. W: Salonkompos. f. StrOrch. (weltbekannt ‚Loin du bal‘)

GILLHAUSEN, Guido v. * 12/5 1870 Rittergut Esbach/Koburg, † 2/5 1918 auf dem westl. Kriegsschauplatz, Garde-Oberst. W: OrchStücke, wertv. MChöre u. Lieder m. Orch., meist nach eigenen Texten

GILLMANN, Kurt * 22/11 1889, HarfVirt. in Hannover. W: OrchStücke, KaM. (auch mit Harfe), HarfStücke, Lieder

GILMAN, Lawrence * 5/7 1878 Flushing/New-York, MKrit. in Newyork. W: ‚Phases of modern m.‘, ‚The m. of to-morrow‘; ‚Mac Dowell‘; ‚Nature in m.‘ u. a.

GILMORE, Patrick Sarsfield * 25/12 1829 Dublin, † 25/9 1892 Saint-Louis, KM., veranstaltete größere Monstrekonzerte, u. a. 1869/72, seit 1849 in Nordamerika, konzertierte auch in Europa

GILSE, Jan van * 11/5 1881 Rotterdam, seit 1922 in Berlin, Schüler Wüllners u. Humperdincks, OpKM. u. a. in Bremen u. Amsterdam, 1917/22 städt. MDir. in Utrecht. W: MDrama, ‚Eine Lebensmesse‘, 5 Sinf., Variat. usw. f. Orch., Lieder u. Gsge, auch mit Orch. u. a.

GILSE, Leopold van der Pals van — s. PALS

GILSON, Paul * 15/6 1865 Brüssel, Schüler d. dort Konserv., da s. 1899 u. außerdem s. 1904 am Antwerpener Konserv. HarmonieL. W: Opern, BühnenM., Sinf. ‚La mer‘, sinfon. Dichtgen u. Suiten, Ouvert., Septett, Kantat., theor. Schriften usw.

GIMENEZ, Jeronimo * 10/10 1854 Sevilla, † 19/2 1923 Madrid. W: viele volkstüml. Zarzuelas

GINER, Salvador * 17/1 1832 Valencia , da 3/11 1911, KonservDir. W (bemerkensw.): Opern, Orator., Sinf. ‚Las cuatro estaciones‘, sinfon. Dicht.

GINGOLD, Norbert * 26/9 1902 Czernowitz, seit 1930 Kompon. in Berlin, Schüler v. Jos. Marx, 1929/30 TheaKM. in Wien. W: ‚Aus Rumänien‘ Tanzpoem, KaM., Melodramen, Lieder

GINZEL, Fritz, ps. TUSSA * 24/2 1880, † 1/6 1934 Berlin. W: Melodramen, Chansons, Kuplets

GIORDANI, Giov. — s. JORDANI, Joao

GIORDANI (gen. Giordanello), Giuseppe (Bruder Tommasos) * 1744 Napoli, † 4/1 1798 Fermo, da s. 1791 KirchKM. W: 35 Opern, 2 Oratorien, viel KaM.

GIORDANI, Tommaso (eigentl. Carmine) * um 1740 Napoli, † nach 1816 Dublin, wo er eine ital. Oper f. kurze Zeit ins Leben rief u. als ML. blieb. W: Opern, Kantaten, viele KaM., Klav-Konz., engl. Gsge usw.

GIORDANO, Umberto * 27/8 1867 Foggia, lebt in Milano, Schüler d. Konserv. zu Napoli, erfolgr. Komp. W: Opern ‚Mala vita‘ (1892), ‚Andrea Chenier‘, ‚Fedora‘, ‚Siberia‘, ‚Marcella‘, ‚Madame sans gêne‘, ‚Il re‘ (1928). H: Beethovens Sinf. in Einheitspart.

GIORDONE, ps. — s. LÖWENTHAL, Ladisl.

GIORGETTI, Ferd. * 25/6 1796 Firenze, da † 2/3 1867, sehr geschätzt. VL. am Lic. mus. seit 1839. W: KaM., VKonz., KirchM.

GIORNI, Aurelio * 15/9 1895 Perugia, Schüler Sgambatis u. Humperdincks, vielgereist. KlavVirt., lebt in Newyork. W: KaM., viele Klav-, auch VStücke, Gsge

GIORNOVICHI — s. JARNOWIC

GIORZA, Paolo * 11/11 1832 Milano, † 25/5 1914 Seattle (NAmerika), Ballettdirig. u. Komp., 1867/87 in Amerika u. Australien, seit 1893 wieder in Amerika, zuletzt Organ. W: viele Ballette, volkstüml. Canzonen

GIOSA, Nicolo de * 5/5 1820 Bari, da † 7/7 1885. W: 24 Opern, bel. Canzonen, Romanzen

GIOVANELLI, Ruggiero * um 1550 Velletri, † 7/1 1625 Rom, da seit 1583 KirchKM., seit 1594 an St. Peter (Nachfolger Palestrinas). W: Motetten, Madrigale, Villanellen u. a.

GIOVANETTI, Egisto * 3/5 1884 Senigallia (Ancona), ausgeb. in Pesaro, seit 1921 Organ. in Valle di Pompei. W: Orator., KirchM., 2 Sinf., KaM.

GIOVANNI, Nicola de * 4/6 1802 Genova, † 14/3 1856 Parma, VVirt. u. Dirig. W: VStücke, KaM.

GIOVANNI DA CASCIA * um 1270 Cascia/Firenze, 1329/51 am Hofe von Verona, Vertreter der Ars nova. W: Madrigale u. a.

GIOVANNINI, Violinist, 1740/82 in Berlin. W: Lieder, u. a. das Bach (Kosename: Giovannini?) zugeschriebene ‚Willst du dein Herz mir schenken'

GIOVANNINI, Alberto * 15/7 1842 Capodistria, † 5/2 1903 Milano, da seit 1870 Konserv-GsgL., vorher in Udine u. Piacenza. W: Opern, Kantaten, Lieder; Trattato d' armonia

GIPS, Wilhelmina * 29/9 1843 Dordrecht, † 18/12 1895 's Gravenhage, ber. Sgrin, Schülerin der Viardot-Garcia

GIPSER, Else * 3/8 1875 Nordhausen, Schülerin u. a. Leschetizkys, Pianistin u. L. am Sternschen Konserv. in Berlin, da † 31/5 1925

GIRARD, Federico † 1877 bedeutender MVerl. in Napoli

GIRDLESTONE, Victor, ps. = Gust. KRENKEL

GIRNATIS, Walter * 16/6 1894 Posen, Pianist (KM.) in Altona, Schüler Emil Krauses. W: Singspiele, Hörspiele, Sinf., Sinfonietta, KaM., Klav-Suite, Lieder

GIROFLÉE, Mark, ps. = WECKERLIN J. B.

GIROUD, Henri * 11/6 1836 Grénoble, † 10/11 1902 Genf. W: Kantaten, MChöre. H: Chanteur romand

GIRSCHNER, Otto * 8/8 1862 Langensalza, ML. in Ilsenburg (Harz), Schüler der Würzburger Kgl. MSchule, Dirig. der Singakad. in Ratibor, dann TheaKaM. an verschied. Orten, 1893/28 L. f. Klav., Theor. u. MGesch. am Konserv. zu Dortmund. W: ‚Allgem. MLehre', ‚Jurist. Taschenbuch f. MDirektoren', ‚Musikal. Aphorismen' usw.

GISKA, Horvad, ps. = Paul TRESKOW

GISSER, Adolf † 4/9 1925 Wien. W: Lieder, Chansons

GIULIANI, Mauro * 1780 Bologna, † nach 1840 Napoli, 1807/20 in Wien, GitVirt. W: Schule u. zahlreiche Stücke f. Git., Romanzen (z. B. ‚Der Ritter zog zum blut'gen Kampf hinaus'), Lieder

GIULIANI, Francesco * 1760 Firenze, da † 1820, VVirt., Schüler Nardinis, später auch GsgL. W: KaM., Gsge

GIWDUL, Aug., ps. = LUDWIG, Aug.

GIZZIELLO — s. CONTI, Gioachino

GLADSTEIN, Israel * 3/6 1894, spezif. jüd. Tonsetzer in Berlin. W: BühnenM., Chöre, Lieder. B: jüd. Volkslieder

GLADSTONE, Francis Edward * 2/3 1845 Summertown/Oxford, † 5/9 1928 Hereford, Organ. u. a. in London. W: KirchM., Orator., KaM.; ‚Treatise on strict counterpoint'

GLÄSER, Frz * 19/4 1798 ObGeorgenthal (Böhm.), † 28/8 1861 Kopenhagen, HofKM. seit 1842, vorher KM. in Wien u. Berlin (Königsstädt. Thea.). W: 10 Opern ‚Des Adlers Horst', ‚Rattenfänger von Hameln' usw., Pantomimen, Possen, viele BühnenM. u. a. — Sein Sohn Joseph * 25/11 1835 Wien, † 29/9 1891 Hilleröd, da seit 1866 Organ. W: Chöre, viele Lieder, KlavStücke

GLÄSER, Helmut * 4/2 1911 Ichteshausen, Thür., Geiger in Leipzig, da ausgeb. (Konserv.). W: UnterhaltgsM.

GLÄSER, Karl Gotthelf * 4/5 1784 Weißenfels, † 16/4 1829 Barmen, da seit 1811 Chordir. W: Chöre, Lieder, Klav- u. GitStücke

GLÄSER, Karl Ludw. Traugott * 1747 Ehrenfriedersdorf (Erzgeb.), † 31/1 1797 Weißenfels, Kantor u. SemML. W: KirchM. (u. a. Melodie ‚Flamme empor' bzw. ‚Feinde ringsum!'), KlavStücke

GLÄSER, Kurt * 31/10 1891 Erlbach, Sa., seit 1915 ML. in Markneukirchen. W: OrgStücke, VStudien, Chöre

GLÄSER, Paul * 22/3 1871 Untermarxgrün i. Vogtl., urspr. VolksSchulL., Schüler des Leipziger Konserv., seit 1901 Kantor (KirchMDir.) in Großenhain. W: Oper, Oratorium ‚Jesus', Motetten, schlichte fromme Weisen f. Sopran u. Orgel, OrgChoralvorsp.

GLAHE, Willy, ps. Will GLAHÉ * 12/2 1902 Elberfeld, Pianist u. HarmonikaVirt. in Berlin, ausgeb. in Köln (Hochschule). W: UnterhaltgsM.

GLAMANN, Fritz * 29/10 1899 Hamburg, seit 1922 Organ. in Wandsbek. W: Sinf., OrgStücke, KlavStücke, Chöre, Lieder

GLAN, Edmund, ps. — s. LANGENICK

GLAREANUS, eigentl. Heinrich Loris * 1488 Mollis (Kant. Glarus), † 28/3 1563, als UnivProf. in Freiburg i. B. seit 1529, Theor. W: u. a. Dodekachordon (Abhdlg üb. die Kirchentöne)

GLAS, A., Berlin, Musikalien-Hdlg, gegr. 1838, liefert u. a. die Verlage Breitkopf & Härtel, B. Schott's Söhne u. Steingräber aus

GLAS, Jan Roelof van der * 26/9 1879, seit 1923 MilKM. u. Organ. in Amersfoort, ausgeb. in Groningen, 1905/11 MDir. in Heerenveen, 1911/23 KM. in Bergen op Zoom. W: Op., Singspiele, OrchStücke, auch f. MilOrch., Lieder

GLASENAPP, Karl Frdr. * 3/10 1847 Riga, da † 14/4 1915, Doz. f. dtsche Lit. am Polytechnikum. W: ‚R. Wagners Leben' (6 Bde), ‚Siegfried Wagner u. seine Kunst'. B: ‚Wagner-Lexikon' (mit H. v. Stein), ‚Wagner-Enzyklopädie'. H: ‚Bayreuther Briefe' (Wagners) usw.

GLASER, Konrad, M- u. TheaVerl. Leipzig, gegr. 10/2 1832 Schleusingen, 1892 nach Coburg, 1899 nach Leipzig verlegt

GLASS, Louis * 23/3 1864 Kopenhagen, lebt da, Pianist, Schüler Zarembskis u. Jos. Wieniawskis, u. Vcellist, Schüler von Servais, Dirig. des dän. KonzVer. u. eines Konserv. W: 6 Sinf., 2 Suiten, Ouvert., KaM., KlavStücke, Lieder usw.

GLASSL, Hermann * 26/5 1889 Asch (Deutschböhmen), tücht. Geigenbauer in München

GLAUS, Alfred * 13/7 1853 Uznach, † 12/5 1919 Basel, da 1876—1906 Münsterorgan. W: OrgStücke, Chöre u. a.

GLAZUNOW, Alex. * 10/8 1865 Petersburg (Leningrad), lebt in Boulogne s. Seine (seit 1930 in Frankreich), war Dir. d. Konserv. in Petersburg, Schüler Rimsky-Korssakows. W: Ballette, BühnM., 8 Sinf., 5 Suiten, sinf. Dicht. f. Orch., 4 Ouvert., 2 KlavKonz., VKonz., 6 StrQuart., StrQuint., Sonaten u. andere KlavM., Kantaten, vollend. mit Rimsky-Korssakow Borodins Op. ‚Fürst Igor'

GLEASON, Frederic Grant * 17/12 1848 Middletown (N.-Am.), † 6/12 1903 Chicago, da seit 1877 L., stud. in Leipzig u. Berlin. W: Opern, Kantaten, KaM., Org- u. KlavStücke, Lieder

GLEBOW, Igor * 29/7 1887 Petersburg, da UnivProf. der MWissensch., ausgez. MSchr. W: Märchenoper f. Kinder, BühnenM., Ballette

GLEHN, Alfred v. * 18/1 1858 Reval, † 12/12 1927 Berlin, da seit Herbst 1925 L. am Klindworth-Scharwenka-Konserv., ausgez. Vcellist, Schüler Davidoffs, 1883/84 Solist d. Berl. Philh. Orch., dann L. in Charkow, 1890/1925 am Konserv. in Moskau

GLEICH, Ferd. * 17/12 1816 Erfurt, † 22/5 1898 Langebrück/Dresden, seit 1866 in Dresden MKrit. u. Inhaber eines TheaBüros. W: ‚Charakterbilder a. d. Gesch. d. neueren Tonkunst', ‚Wegweiser f. OpFreunde', ‚InstrumLehre', ‚Die Hauptformen d. M.', ‚Symphonie', KlavStücke, Lieder usw.

GLEICHAUF, Frz. Xav. † 1856 Frankf. a. M., da ML. B: Sinf. u. a. v. Haydn, Mozart usw. f. Klav. 4hd.

GLEISSBERG, Alfred * 26/11 1864 Rockstedt (Thür.), ObVirt. in Leipzig, da seit 1893 im GewandhausOrch., seit 1927 KonservL. W: ObSchule

GLEISSENBERG, Rudolf, M- u. TheaV., Leipzig, gegr. 1896

GLEISSNER, Frz * 1760 Neustadt a. d. Waldnab, † nach 1815 München, wendete zuerst die Lithographie für den MDruck an, errichtete dafür 1799 eine Werkstatt für André in Offenbach ein. W: Opern, Instrumentales

GLEITZ, Karl * 13/9 1862 Hitzerode/Cassel, † Juni 1920 Torgau, stud. in München, Leipzig u. Berlin, lebte in Berlin u. seit 1902 in Hamburg bzw. Kiel als ML. W: Sinf., sinfon. Dichtgen, Fantasie f. Klav. u. Orch., größere Chorw. m. Orch., Lieder usw.; Autobiogr. ‚Künstlers Erdenwallen'

GLENCK, Herm. v. * 5/1 1883 Zürich, Schüler Kempters u. der Berliner Hochschule, 1908/11 OpKM. in Stuttgart, lebt in München-Gräfelfing, gelegentl. KonzDirig. W: Oper, sinfon. Werke, KlavKonz., VKonz., KaM., Lieder

GLENN, Thomas Macbean * 1804 Inverkeithing, Fifeshire, † 12/7 1873 Edinburgh, errichtete da 1827 die nicht bloß durch ihre Dudelsäcke so berühmt gewordene InstrumFabrik. — Sein Sohn John * 1833, † 29/11 1904, bes. Kenner der altschott. M. W: The Glenn collection of Scottish dance m.; Early Scottish melodies

GLICKH, Rudolf * 28/2 1864 Wien, da seit 1903 KirchKM., seit 1925 Dir. eines MInstituts, treffl. Vcellist. W: Kom. Opern, Ouvert., Missa solemnis, Stücke f. Klav., V., Vc. (Etüden), Chöre, Lieder usw.

GLIÈRE, Reinhold * 11/1 1875 Kiew, Schüler d. Moskauer Konserv., da seit 1920 L. f. Kompos., 1914/20 KonservDir. in Kiew. W: Oper, Ballette, Sinf. u. sinfon. Dicht., wertv. KaM., KlavStücke, Lieder. NB. Der Name nicht russisch; Glier heißen Leute u. a. in Klingenthal

GLINDEMANN, Willi * 24/1 1889, TheaVerwaltgsDir. in Koblenz. W: Tänze

GLINKA, Mich. Iwanowitsch * 20/5 (bzw. 1/6) 1804 Nowospaskoje (Smolensk), † 15/2 1857 Berlin, Schüler Dehns, der erste Russe, der natruss. Opern komp., lebte viel auf Reisen, bes. im Süden; Berlioz u. Liszt interessierten sich sehr für ihn. W: Opern ‚Das Leben f. den Zar‘ (1836) u. ‚Rußlan u. Ludmilla‘, OrchStücke, KaM. (schwach), KlavStücke, geistl. u. weltl. Gsge, Lieder usw.

GLINSKI, Mateusz * 1892 Warschau, da Dirig. u. MKrit., zeitweil. auch in Petersburg. W: KlavStücke, viele Lieder. H: Ztschr. ‚Muzyka‘

GLÖGGL, Franz * 1797 Linz, † 23/1 1872 Wien, da 1843 MVerl., später Dir. einer GsgSchule. H: Neue Wiener MZtg

GLÖTZNER, Karl Herm. * 16/1 1897 Nürnberg, ML. in Tiengen, ORhein. W: VSonate, Chöre, Lieder

GLOGGNER, Karl * 18/12 1886 Zürich, da KlavVirt. u. GsgL. W: KlavStücke, GsgÜbungen

GLOMBIG, Eberhard * 17/5 1904 Berlin, da Pianist, da ausgeb. (Hochschule, Sternsch. Kons.). W: UnterhaltgsM.

GLORIVITZ, ps. = Virg. RANZATO

GLOVER, Charles W. * 1806 London, da † 23/3 1863, urspr. Geiger, dann zeitw. TheaDir. W: einst sehr beliebte Duette u. Lieder

GLOVER, John Will. * 19/6 1815 Dublin, da † 18/12 1899, Chordir. W: Opern, KirchM., Org-Konz., KlavStücke

GLOVER, Sarah Ann * 1785 Norwich, † 20/10 1867 Malvern, Begründerin der Tonic-Solfa-Methode f. d. ElemGsgunterr.

GLOWER, Howard * 6/6 1819 Kilburn, † 28/10 1875 Newyork, da seit 1868 zeitweise TheaKM., urspr. VVirt. W: Opern, Kantaten, Sinfon.

GLOWER, James (Jimmy) Macey * 1861 Kingstown (Dublin), † 8/9 1931 Hastings, 1897/ 1922 KM. des Drury Lane Thea. in London (sehr beliebt). W: Weihnachtsstücke, Selbstbiogr. Schr.

GLUCK, Christoph Willibald, Ritter v. * 2/7 1714 Erasbach/Berching (OPfalz), Sohn eines Jägermeisters des Fürsten Lobkowitz, † 15/11 1787 Wien. Nach seiner ersten Ausbildung in Prag (Vcellist) studierte er in Mailand unter Sammartini Komposition. Bereits 1741 brachte er seine erste Oper ‚Artaserse‘ zur Aufführg. In seinen ersten 40 Opern schloß er sich ganz dem herrschenden italien. Geschmack an. War OpKM. in London (1745), Dresden, Prag, Hamburg, Kopenhagen. Mit den 1762/69 für Wien, wo er seit 1750 lebte u. 1754/64 HofKM. war, komponierten Opern ‚Orpheus‘, ‚Alceste‘ u. ‚Helena u. Paris‘ strebte er, von seinem Librettisten Calsabigi verständnisvollst unterstützt, einen neuen Stil an, in dem an Stelle der spezifisch musikal. Wirkg der engste Anschluß der M. an den dramatisch-logisch aufgebauten Text u. Erzielg größter Kraft u. Wahrheit des Ausdrucks z. oberst. Kunstprinzip erhoben wurde. Die so begonnene grundlegende Reformation der Oper, die später in Paris zu dem heißen Kampf zwischen d. Gluckisten u. den Piccinisten (als den Verfechtern der alten italien. Op.) führte, fand ihre Krönung in Glucks Meisterwerken ‚Iphigenie in Aulis‘ (1774, Paris), ‚Armida‘ (1777) u. ‚Iphigenie auf Tauris‘ (1779). Er darf auch als Schöpfer des dtschen Singspiels angesehen werden, denn auch seine für am Wiener Hof kompon. Singspiele franz. Texte haben. W: 107 Opern, Ballette, u. a. ‚Don Giovanni‘, 4 dram. Kantaten, 7 Triosonaten, De profundis f. Chor u. Orch., der 8. Psalm a capp., Oden f. Singst. m. Klav. Vgl. Max Arend ‚Zur Kunst Glucks‘ (1919) u. ‚Gluck‘ (1921)

GLÜCK, Aug. * 15/7 1852 Medard/Homburg (Hessen), † 19/3 1914 Offenbach a. M., Schüler d. Instit. f. KirchM. in Berlin, ML., Organ. u. VerDir. in Biel (Kant. Bern), St. Gallen, Winterthur, Schaffhausen, Frankfurt a. M. (seit 1886). W: MChöre

GLÜCK, Joh. Ludw. Frdr. * 27/9 1797 (23/9 1793?) ObEnsingen (Württbg), † 1/10 1840 Schornbach/Schorndorf, Pastor. W: Lieder, u. a. ‚In einem kühlen Grunde‘ u. ‚Herz, mein Herz, warum so traurig?‘

GLUTH, Victor * 6/5 1852 Pilsen, † 17/1 1917 München, stud. in Prag u. München, da Prof. des KlavSpiels u. d. Theor. a. d. Akad. d. Tonkunst. W: Opern, Ouvert., sinfon. Dichtg, KlavKonz., KlavStücke, Lieder usw.

GMEINER, Lula — s. MYSZ-GMEINER

GMELCH, Jos., Dr. phil. * 22/4 1881 Mühlhausen, OPfalz, Domkaplan in Eichstätt, MGeschichtler. W: u. a. ‚MGesch. v. Eichstätt‘ (1915)

GMÜR, Theodor * 14/2 1859 Aneden (St. Gallen), seit 1879 Organ. u. Chordir. in Cork (Irl.). W: Oper, Messe, Chöre

GNAUCK, Gust. * 21/3 1866 Burkan, Sachs., MVerl. in Dresden, ehem. MilMusiker. W: Soldatenliedermärsche, Tänze

GNECCHI, Vittorio * 17/7 1876 Milano, lebt da. W: Opern ‚Virtù d'amore', ‚Cassandra' (die angeblich R. Strauß für seine ‚Elektra' benutzt haben soll), ‚Rosiera', ‚Giuditta' u. a.

GNECCO, Francesco * 1769 Genova, † 1810 Milano. W: 26 Opern, u. a. ‚La prova d'una opera seria'

GNEISS, Max * 25/2 1883 Neu-Ruppin, SchulML. in Spandau, Schüler Juons u. F. E. Kochs. W: Lustige Suite, Sinfonietta, Ouvert., viel KaM. (auch f. Bläser), Klav- u. OrgStücke, Bilder aus d. 30jähr. Kriege f. Barit. u. Orch., Chöre, Lieder (auch m. StrQuart. bzw. Orch.)

GNJESSIN, Michael * 23/1 1883 Rostow, Schüler des Moskauer u. Petersb. Konserv., 1912 MSchulL. in Rostow, 1921 in Palästina, seit 1923 L. an dem staatl. MTechnikum Gnessin u. seit 1926 auch L. am staatl. Konserv. in Moskau, impression., neuerdings auf jüd. VolksM. aufbauend Kompon. W: Oper ‚Abrahams Jugend', M. zu griech. Tragödien, sinfon. Dichtg, KaM., Gsge mit Orch., Chöre, Lieder

GOATLEY, W., ps. = GEISLER, Willy

GOBATTI, Stefano * 5/7 1852 Bergantino (Rovigo), † 17/12 1913 Bologna, da GsgL. W: Opern

GOBBAERTS, Jean Louis, ps. STREABBOG, Maurice LECOCQ, G. LUDOVIC * 28/9 1835 Antwerpen, † 5/5 1886 Brüssel, da namhafter Pianist u. KlavL. W: viele KlavSalonstücke

GOBBI, Henri * 7/6 1842 Budapest, da † 22/3 1920 ML. u. Krit. W: Sonaten, Phantas., Etüden u. Arrangements f. Klav., MChöre

GODARD, Benj. * 18/8 1849 Paris, † 10/1 1895 Cannes, Schüler des Konserv. zu Paris (Geiger), lebte da. W: Opern ‚Jocelin' u. a., Ballette, Sinf. (‚Tasso', gotische, oriental. usw.), OrchSuiten, VSuiten, VKonz., KaM., Chöre, KlavStücke, Lieder

GODARD, Charles, ps. = BEHR, Franz

GODDARD, Arabella * 12/1 1836 St. Servan/ St. Malo, † 6/4 1922 Boulogne, hervorrag. KlavVirt., seit 1880 nur Pädagogin

GODEFROID, Felix * 24/7 1818 Namur, † 12/7 1897 Villers sur mer, HarfVirt. W: HarfStücke, KlavSalonstücke, Opern, Orator. — Sein Bruder J u l e s J o s. * 23/2 1811 Namur, † 27/2 1840 Paris, gleichf. HarfVirt. W: Opern, Ouvert., HarfStücke, verbreit. Lieder

GODFREY, Charles * 22/11 1790 Kingston, Surrey, † 12/12 1863 Westminster, MilKM. B: f. MilM. (Jullien's Journal, die erste engl. period. MilMSammlg.) — Sein Sohn:

GODFREY, Daniel * 4/9 1831, † 30/6 1903 Beeston/Nottingham, 1856/96 MilKM., dann Dirig. einer eig. Kap. W: einst beliebte Walzer, ‚Garde de la reine', ‚Mabel' usw.

GODFREY, Daniel Eyers * 1868 London, da MilKM. bis 1890, dann OrchDir. in Bournemouth. W: ‚Memories and m.' (1924)

GODFREY, Percy * 1859 Derbyshire, wohnt in Folkestone (Kent). W: Chöre, KaM.

GODOWSKY, Leopold * 13/2 1870 Wilna, Schüler der Kgl. Hochschule in Berlin u. von Saint-Saëns, vielgereister, treffl. Pianist, 1909/14 Leiter einer Meisterschule am Wiener Konserv., seitdem in Newyork. W: virt. KlavStücke, 50 Studien üb. Chopinsche Etüden usw.

GOEBEL, Erich * 14/12 1893 Köln, seit 1919 ML. in Danzig (Langfuhr). W: KaM., KlavStücke, Lieder

GÖBEL, Karl * 11/3 1815 Berlin, † 26/10 1879 Bromberg, da Dirig. u. ML., vorher TheaKM. in Danzig, Schüler Zelters u. Rungenhagens. W: Opern, Chöre, Lieder, KaM., KlavStücke; ‚Kompendium f. d. MUnterr., insbes. f. d. KlavSpiel'

GOEBEL, Werner † 26/3 1933 Danzig, Komp.

GOEDECKE, Lebrecht * 11/4 1872 Halberstadt, KBVirt. in Berlin, da seit Okt. 1898 im Philharm. Orch. W: KBSolostücke, auch Arrang.

GÖDEKE, Karl * 6/10 1819 im Hannoverschen, † 1890 Brake/Lemgo, Pfarrer. W: Kantat., Psalm 100 u. 121 f. MChor m. Blasinstr., Ouvert., StrQuart., OrgStücke, Choralmotette, Lieder

GOEDICKE, Alex. * 3/3 1877 Moskau, da seit 1907 KonservL, Pianist, Organ. W: Oper, Sinf., Ouvert., KaM., KlavStücke, Lieder usw.

GÖHL, Hugo * 27/12 1878 Hildesheim, da KlavVirt. u. ML. W: Optten, Singspiele, Orat., Chöre, Lieder, KaM.

GÖHLE, Rich. * 26/4 1883 Dresden, seit 1915 VerDir. in Taucha/Leipzig. W: Singspiele, Chöre, Lieder

GÖHLER, Geo., Dr. phil. * 29/6 1874 Zwickau, lebt in Lübeck, Schüler Vollhardts u. des Lpzger Konserv., 1898/1907 Dirig. d. Riedelvereins in Leipzig, 1903/07 HofKM. in Altenburg, 1907/09 in gleich. Stellung in Karlsruhe, Herbst 1909/13 wieder Dirig. (Riedelver. u. Musik. Gesellschaft) in Leipzig, 1913/14 in Hamburg (Neue Oper), 1915/

1918 Leiter der SinfKonz. u. d. Philh. Chors in Lübeck, 1922/27 u. 1929/32 OpLeiter in Altenburg, 1922/33 Dir. der Philharm. in Halle, eifr. MSchr. W: Spieloper, Ouvert., 2 Sinf., OrchSuite, KlavKonz., StrQuart., MChöre, Lieder, Übersetzgen Verdischer Opern

GÖHLER, Paul * 14/3 1866 Lauchstädt, Neumark, seit 1881 L. u. Organ. in Salzwedel. W: Orat., Motetten, OrgStücke

GOEHLICH, Hermann * 25/11 1894 Breslau, BrVirt. u. KonservProf. in Cincinnati seit 1923, Schüler Hubays u. Marteaus. W: KlavStücke, Lieder

GOEHNS, Geo. * 31/7 1875 Hamburg, da ML. (Geiger) seit 1914. W: KlavStücke, VStücke, Chöre

GOEHR, Walter * 28/5 1903 Berlin, lebt da, 1921/23 Schüler Kreneks, atonaler Komp. W: Sinf., KlavKonz., KaM.

GOELDNER, Friedr. Wilh. * 21/10 1885 Rawitsch, seit 1921 ML. in Wriezen a. O. W: Optten, Lieder, Tänze

GÖLLERICH, Aug. * 2/7 1859 Linz a. D., da † 16/3 1923, Schüler Bruckners u. Liszts, 1890 Inhaber d. Ramannschen MSchule in Nürnberg, seit 1896 Dirig. des MVer. in Linz, verd. Vorkämpfer Bruckners u. von diesem autorisierter Biograph. W: ‚Liszt‘, ‚Bruckner‘, Einführen in Lisztsche u. Wagnersche Werke usw. — Seine Gattin G i s e l a , geb. Voigt * 16/6 1858 Wien, hervorrag. KlavPädag., vorher Virt., ausgeb. in Budapest (Akad.) u. 1876/1886 von Liszt

GÖLLNER, Aug. * 28/8 1881 Alt-Lublitz/Troppau, seit 1923 KlavVirt. u. L., auch Geiger, in Wien, Schüler von Ed. Reuß u. Frau Carreno, sowie Draesekes, 1904/09 KonservL. in Genf, lebte dann in Berlin. W: VStücke. B: KlavAuszüge klass. VKonz. u. a.

GOELZ, Rich. * 5/2 1887 Stuttgart, KirchMDir. in Tübingen, verdient um d. Singbewegg der ev. Kirche. W: Musica sacra u. a.

GOENS, Daniel van † 10/5 1904 Paris. W: vielgespielte VcVirtStücke

GOEPFART, Karl * 8/3 1859 Mönchenholzhausen/Weimar, in Weimar seit 1928 (1909/27 in Potsdam) Schüler seines Vaters, des Organ. C h r i s t i a n H e i n r. G. (* 27/11 1835 Weimar, † 6/6 1890 Baltimore) u. der Großherzogl MSchule in Weimar, TheaKM. in Weimar, Ulm usw., (auch Geigenbauer). W: Opern, Weihnachtsstück ‚Beerenlieschen‘, Kinderfestspiele, Chorwerke m. Orch., Chöre, Lieder, Stücke f. Holzblasinstr., KlavStücke.

— Sein Bruder O t t o E r n s t * 31/7 1864 Weimar, da † 13/1 1911, Stadtkantor seit 1888. W: Chöre, Lieder usw.

GÖPFERT, Karl * 16/1 1768 Rimper/Würzburg, † 11/4 1818 Meiningen, KlarinVirt. W: KlarinKonz. u. v. a. f. Blasinstr.

GÖRGEL, William, ps. Billy GOLWYN * 5/11 1898 Hamburg, Bearb. in Leipzig. W: UnterhaltgsM.

GÖRLITZ, Karl * 30/3 1830 Stettin, † 10/7 1890 Berlin, da seit 1855. W: Bühnenstücke

GÖRNER, Joh. Val. * 26/2 1702 Penig (Sachs.), seit 1732 in Hamburg, da 1752 DomMDir., † 1762. W: Sammlg neuer Oden u. Lieder

GÖRRES, Maria — s. VESPERMANN

GÖSSLER, Wilh. * 8/10 1872 Buch (Bay.), Schüler d. Augsburger u. Münchner MSchule, StudRat u. Chordir. in Augsburg. W: MChöre, sinf. Dichtungen usw.

GÖSSLING, Werner * 17/1 1898 Brackwede, seit 1933 städt. MDir. in Bielefeld, vorher (1926) Chordir. in Mannheim u. KM. an d. Kölner Oper. W: BühnenM., Optte, Lieder

GOETHE, Walter v. (der letzte Nachkomme d. Dichters) * 9/4 1818 Weimar, † 15/4 1885 Lpzg, Schüler Mendelssohns u. Weinligs. W: Oper, Singspiele, Lieder

GÖTSCH, Geo. * 1/3 1895 Berlin, da SchulL. H: Lieder m. Git., ‚Fröhliche Chorlieder‘

GOETSCHIUS, Percy * 30/8 1853 Paterson, New Jersey, ausgebild. am Stuttgart. Konserv., da 1876/90 TheorL., 1890/92 an der Univers. Syracuse (Newyork), 1892/1905 in Boston, seitdem in Newyork am Inst. of music. art. W: Theor. Schr.; KlavStücke, Gsge. H: Mendelssohns KlavWerke

GOETTE, Eduard * 23/1 1867 Paderborn, ausgeb. in München u. Berlin, gründete 1896 in Berlin das Konserv. St. Ursula, LycGsgL., treffl. Chorleiter. W: Singspiele, Orator., Messen, Chöre

GÖTTIG, Willy Werner * 2/7 1891 Darmstadt, StudRat, MSchr. in Frankfurt a. M.. W: Opern, Optte

GÖTTMANN, Adolf * 25/8 1861 Darmstadt, † 23/9 1920 Berlin, urspr. Baßbuffo, seit 1890 GsgL. in Berlin, da seit 1895 Vorsitz. des TonkünstlVer., gründ. 1903 den Zentralverband dtsch. Tonkünstler u. TonkVer.

GÖTZ, Alois Josef * 13/2 1823 Ischl, † 9/6 1905 Innsbruck, langjähr. Oberförster in Reutte, Gitarr. W: Reformschule, Salonstücke f. Git.

GÖTZ, Herm. * 7/12 1840 Königsberg i. Pr., † 3/12 1876 Zürich, ML., Schüler L. Köhlers, des Sternschen Konserv. in Berlin u. H. v. Bülows, 1863/70 Organ. in Winterthur. W: Opern ‚Der Widerspenstigen Zähmung' u. ‚Francesca da Rimini' (von E. Frank vollendet), Sinfon., KlavKonz., VKonz., Ka- u. KlavM., Chorwerke, Lieder

GÖTZ, Otto, Dr. phil. * 17/9 1887 Perchtoldsdorf bei Wien, seit 1923 im Wiener MVerlag, vorher TheaKaM. an versch. Orten, Schüler von Guido Adler, R. Fuchs u. Heuberger. W: Optten, ernste u. heitere Lieder, viele Schlager

GÖTZE, Auguste * 24/2 1840 Weimar, † 29/4 1908 Lpz., erst Op.-, dann KonzSgin, GsgL. 1870 in Dresden, seit 1889 in Lpz. W: ‚Üb. den Verfall der Gsgskunst'. — Ihr Vater G., F r a n z * 10/5 1814 Neustadt a. d. Orla, † 2/4 1888 Lpz., erst Geiger, Schüler Spohrs, dann OpTenorist (1836/52 in Weimar), 1852/67 GsgL. am Konserv. zu Lpz.

GOETZE, Ed. Diederich * 20/11 1860 Lehe, Schüler Liszts, seit 1897 Großherzogl. Kammervirt., 1882/1914 KlavL. an d. MSchule in Weimar, da † 15/11 1924. W: KlavSonate, KlavStücke usw.

GÖTZE, Emil * 19/7 1856 Lpz., † 28/9 1901 Charlottenburg, gefeierter OpTenorist, 1880/90 in Köln

GÖTZE, Ernst * 14/12 1874 Heidelberg, † 27/2 1929 Pforzheim, seit 1898 GymnML. u. VerDir. W: KlavStücke, VStücke, MChöre, Lieder

GÖTZE, Frz — s. bei GÖTZE, Auguste und GÖTZE, Karl

GOETZE, Georg * 1852, † 27/6 1930 Berlin. W: Chöre, Lieder

GÖTZE, Heinr. * 7/4 1836 Wartha (Schles.), † 14/12 1906 Breslau, Schüler des Lpzger Konserv., 1871 SemML. in Liebenthal/Liegnitz, 1885 in Ziegenhals u. 1896 in Breslau. W: StrOrchSerenaden, KlavTrio u. OrgStücke, Chöre, Lieder usw., sowie ‚Musikal. Diktat oder musikal. Schreibübgen' (das erste dtsche Werk dieser Art), ‚Popul. Abhandlgen üb. das KlavSpiel' usw.

GÖTZE, Karl * 1836 Weimar, † 14/1 1887 Magdeburg, Schüler Töpfers u. Liszts, TheaKaM. an verschied. Orten. W: Opern, sinf. Dicht., KlavStücke u. a. B: Requiem von Berlioz f. normales Orch. — Sein Sohn F r a n z , TheaKaM. in Amsterdam. W: Opern

GOETZE, Marie * 2/11 1865 Berlin, da † 18/2 1922, gefeierte Altistin, Schülerin Jenny Meyers, 1892/1920 an der Hofoper

GÖTZE, Nikol. Konr. * 11/2 1791 Weimar, da † 5/2 1861, da 1846/48 Korrepet. an der Oper, VVirt. W: Opern, Singspiele, KaM.

GÖTZE, Walter *21/11 1885 Leipzig, da Gitarrist. H: ältere GitM. W: GitStudien

GOETZE, Walter W. * 17/4 1883 Berlin, lebt da, Schüler Oskar Mörikes. W: Operetten ‚Ihre Hoheit die Tänzerin', ‚Adrienne', ‚Die Männer der Manon' usw.

GÖTZL, Anselm, Dr. phil. * 20/8 1876 Karolinenthal/Prag, † 1922 Barcelona. Lebte seit 1912 in Amerika. W: kom. Oper, Optte, KaM.

GOGUEL, Oskar * 30/3 1865 Breisach, MPädag. u. Schr. in Heidelberg, Geiger, ausgeb. in Lpz., 1891/1919 in Straßburg, da 1897/1912 Dir. eines eig. Konserv., 1903 Mitbegr. des mpädag. Verbands. W: 3 Sinf., KaM., Weihnachtsmelodram; ‚Volk u. M.'; ‚Musikerkammern' u. a.

GOHLISCH, Wilh. Ferd. * 28/9 1889 Hannover, da VVirt. (u. a. Schüler v. Flesch) u. ML. seit 1917, vorher u. a. in Meiningen, Saarbrücken u. Hamburg. W: Sinf. OrchStücke, VKonzStücke, KaM., Lieder. — ps. Rolf WINTERSTEIN

GOHR (eigentl. SCHMITZ-GOHR), Else * 12/8 1904 Köln, da KlavVirt. (seit 1921 konzertierend), als Interpretin hypermoderner Werke berühmt, aber auch in klass. vortrefflich, Schülerin Klauwells, Rehbolds, Kwasts (1919/23), 1928/34 L. einer Ausbildskl. am Sternschen Kons. in Berlin

GOLBYN, Bert, ps. = Heinr. KÖHLER

GOLD, Gustav * 18/10 1870, Bearbeiter (SalonOrch. usw.) in Berlin. W: UnterhaltgsM.

GOLD, Julius *18/2 1884 St. Joseph, Missouri, seit 1915 in S. Francisco, Schüler B. Ziehns, MSchr.

GOLD, Meacham, ps. = GOLDMANN, Kurt

GOLDBECK, Rob. * 19/4 1839 Potsdam, Pianist, Schüler L. Köhlers u. Litolffs, † 16/5 1908 Saint-Louis, seit 1857 in Amerika. W: 3 Opern, 2 KlavKonz., KaM., viele KlavStücke, Lieder usw.

GOLDBERG, Joh. Gottlieb * um 1730 Königsberg, 1741 Schüler Bachs, der für ihn die bekannten Variationen schrieb, † um 1760, KammerM. des Grafen Brühl in Dresden, treffl. Improvisator. W: Kantaten, KaM., viele KlavStücke

GOLDBERG, Jos. Pasquale * 1/1 1825 Wien, da † 20/12 1890, urspr. VVirt. (schon als Knabe), 1843 Bassist, gesuchter GesL. in Paris u. London. W: Marcia trionfale f. d. Einzug des Königs Victor Emanuel in Rom; Lieder

GOLDBERG, Simon * 1/6 1909 Wloslawek (Polen), vielreisender Virt. in Loveno / Menaggio (Lago di Como), 1918 ff. Schüler von Flesch, 1924 1. Konzert mit Orch. in Berlin, 1926 bis April 1930

I. KonzM. der Dresdner Philharmonie, dann bis Juni 1934 I. KonzM. des Berliner Philh. Orch., auch treffl. KaMSpieler

GOLDBERG, Theod. Ernst * 19/3 1863 Annaberg, Organ. u. Chordirig. in Reichenbach i. V. W: Festspiel; OrgStücke, 2st. Lieder mit Laute. H: Erzgeb. Volkslieder.

GOLDBERGER, Richard v. † 24/8 1927 Berlin, lebte in Wien. W: Ballette, Optten

GOLDE, Adolf * 22/8 1830 Erfurt, da † 20/3 1880, beliebter ML. W: KlavStücke u. a. ‚Preußen-Marsch'.

GOLDENWEISER, Alex. * 26/2 1875 Kitschinew, seit 1904 KlavL. in Moskau, da Dir. des staatl. Konserv. 1922/23. W: KlavStücke, Lieder

GOLDMANN, Aug. * 11/1 1861 Wollin, lebt i. R. in Naumburg a. S., 1884/1929 MInstitDir. in Grünberg, Schles. W: KlavStücke, MChöre

GOLDMANN, Kurt * 24/7 1870 Berlin, lebt in Kleinsteinberg, Post Beucha (Leipzig) i. S., KM. und Chordirektor, Arrangeur. W: viele Tänze, Chöre, Lieder, auch mit Git. — ps. Anatole Bernard; H. Biedermann; Bill-Bill; Tristan Cesterton; Manuel Conchas; José Cortes; C. Curtius; Curt Döring; Alfonso Estrello; Charles Fleuron; Curt Fröhlich; Meacham Gold; Juan Gomez, Pablo u. Pedro Gonzalez; Fred Harrison; Fred Hill; Boris Iwanow; Horst Krafft; H. Kyper; Kurt Manngold; Gaston Margis; D. Michailowsky; Charles Olivier; Pierre Renard; Paolo Sanchez; Enrique Santacruz; Kurt Wehrmann; Th. Wilson; Frank Young; William Young

GOLDMARK, Karl * 18/5 1830 Keszthely (Ung.), † 2/1 1915 Wien, da seit 1847. W: Opern ‚Die Königin v. Saba' (1873), ‚Merlin', ‚Das Heimchen am Herd', ‚Die Kriegsgefangene', ‚Götz von Berlichingen', ‚Ein Wintermärchen', 2 Sinf. (‚Ländliche Hochzeit' u. Es), Ouvert. ‚Sakuntala' (1865), ‚Penthesilea', ‚Im Frühling', ‚Der entfesselte Prometheus', VKonz., KaM. (ber. KlavVSuite op. 11), Chöre, Lieder, KlavStücke; ‚Erinnergen a. m. Leben'

GOLDMARK, Rubin * 15/8 1872 Newyork, lebt da, in Wien ausgeb., Pianist, W: sinfon. Dichtungen, KaM., KlavStücke, Lieder

GOLDNER, Wilh. * 30/6 1839 Hamburg, † 8/2 1907 Paris, da seit 1860, Schüler d. Lpzger Konserv., Pianist. W: Suiten f. Klav. zu 4 Hdn, Salonstücke, Lieder usw.

GOLDSCHMID, Theodor * 10/9 1867 Winterthur, Pfarrer in Zürich-Wipkingen, seit 1914 Vors. u. Mitbegr. (1896) des Schweizer. Kirchengsgbunds. W: Kantat., Lieder. H: Der evang. Kirchenchor

GOLDSCHMIDT, Adalbert v. * 5/5 1848 Wien, da † 21/12 1906, Schüler des dort. Konserv. W: Opern ‚Helianthus', ‚Gaea' (Trilogie), ‚Die fromme Helene', Chorwerk ‚Die sieben Todsünden', sinfon. Dichtg, Lieder usw.

GOLDSCHMIDT, Berthold * 1903 Hamburg, da Schüler Werner Wolffs u. Edm. Schmids, dann in Berlin Schrekers, 1931/33 OpRegisseur in Berlin, vorher OpKM. in Darmstadt, jetzt ?. W: Oper, Suite, 2 Ouvert., Passacaglia für Orch., StrQuart., Requiem

GOLDSCHMIDT, Fritz * 13/1 1902 Berlin, da KinoKM., Schüler W. Klattes. W: BühnenM.

GOLDSCHMIDT, Hugo, Dr. jur. * 19/9 1859 Breslau, † 26/12 1920 Wiesbaden, Schüler Jul. Schäffers u. Stockhausens, tücht. Baritonist, 1893/1905 Mitdir. des Scharwenka-Konserv. in Berlin, lebte dann in Nizza u. Wiesbaden. W: ‚Die ital. Gsgsmethode d. 17. Jhd.', ‚Handbuch der dtschen Gsgspädag.', ‚Studien z. Gesch. der ital. Op. im 17. Jh.', ‚Die Lehre von der vokalen Ornamentik', ‚Gesch. der MÄsthetik im 18. Jh.'. H: Opernstücke Traëttas.

GOLDSCHMIDT, Lore * 28/2 1908 Hannover, lebt da, Schülerin u. a. W. Klattes. W: Sinf., StrQuart.

GOLDSCHMIDT, Otto * 21/8 1829 Hamburg, † 24/2 1907 London, da seit 1858 Dirig., treffl. Pianist, Schüler Jak. Schmitts, 1852 mit Jenny Lind verheir. W: Bibl. Idyll ‚Ruth', KlavKonz. u. Stücke, Lieder

GOLDSCHMIDT, Sigismund * 28/9 1815 Prag, † 26/9 1877 Wien, Pianist. W: KlavEtüden u. a.

GOLESTAN (eigentl. Golesteanu), Stan * 26/5 1875 Vaslui (Rum.), ausgebild. in Paris, lebt da, TheorL. u. MKrit. W: OrchRhapsod., Ouvert., KaM., KlavStücke, Lieder u. a.

GOLINELLI, Stefano * 26/10 1818 Bologna, da † 3/7 1891, MSchulL., Schüler Vaccais. W (an 200): KlavSonaten, Toccaten, Präludien

GOLISCIANI, Enrico * 25/12 1848 Napoli, da † Febr. 1918, OpLibrettist (für Ponchielli, Wolf-Ferrari u. a.)

GOLL, Anton, MVerl. in Wien, gegr. 1866, pflegt bes. die Gitarristik

GOLLE, Friedr. Curt * 21/4 1878 Werdau (Sachs.), seit 1921 Organ. in Riesa. W: OrchStücke, Tänze, Märsche, Chöre

GOLLER, Vinc. * 9/3 1873 St. Andrä-Brixen, urspr. SchulL., Schüler der KirchMSchule in Regensburg, 1903 Chorreg. in Deggendorf, seit 1910 Leiter der kirchm. Abt. der Wiener Akad. der Tonkunst in Klosterneuburg, gründ. 1913 d. KirchM-Ver. ‚Schola Austriaca'. W: Messen, Requiems usw., auch weltl. Chöre, Lieder. H: Meisterwerke kirchl. Tonkunst in Österr.

GOLLMANN, Ewald * 26/8 1889 Stralsund, KM. in Berlin. W: Märsche

GOLLMICK, Adolf (Sohn Karls), * 5/2 1829 Frankfurt a. M., † 7/3 1883 London, da seit 1844 Pianist u. Geiger. W: Opern, Kantaten, KaM. usw.

GOLLMICK, Karl * 19/3 1796 Dessau, † 3/10 1866 Frankf. a. M., studierte Theol. 1818/58 Pauker u. auch Korrepet. am Thea in Frankf. a. M. W: Klav- u. GsgKompos., ‚Prakt. Gsgschule', ‚Handlexikon d. Tonkunst', ‚Autobiographie', OpTexte, Übersetzg ausl. OpTexte usw.

GOLLNOW, Fred, ps. = WYSOCKI, Georg v.

GOLOWANOW, Nikolai * 21/1 1891 Moskau, da Dirig. d. Synodalchors, seit 1918 Mitdir. des Großen Theaters, seit 1925 L. am Konserv. W: Opern, Sinf., sinfon. Dichtgen, OrchSuiten, KirchM., Chöre, Lieder

GOLSCHMANN, Boris * 25/11 1906 Paris, da KlavVirt.

GOLSCHMANN, Wladimir * 16/12 1893 Paris (russ. Abkunft), vielgereist. Dirig., der 1919/23 in eigenen Konzerten in Paris die neueste M. gepflegt hat, seit 1920 die Konzerte der Sorbonne Univers. dirigiert und seit Ende 1934 als Dirig. des SinfOrch. nach St. Louis übergesiedelt ist

GOLTERMANN, Georg * 19/8 1824 Hannover, † 29/12 1898 Frankf. a. M., Vcellist, KM. 1853/93 am Stadtthea. in Frankf. a. M. W: Sinf., 8 Konz., Sonaten, viele Solostücke f. Vc., KlavStücke, Lieder usw.

GOLTHER, Wolfg., Dr. phil. * 25/5 1863 Stuttgart, Prof. d. dtsch. Lit. a. d. Univ. Rostock, ausgezeichn. Wagner-Forscher. W: ‚Die sagengesch. Grundlagen der Ringdichtung R. Wagners' (1902), ‚Bayreuth' u. a. H: Wagner, Ges. Schrift. u. Dichtungen (beste Ausg.); Wagner, Briefe an Mathilde Wesendonck usw.

GOLTZ, Georg von der, Freih. * 1/9 1852 Berlin, da † 3/4 1930, General a. D. W: Opern, Melodramen, Balladen, Lieder

GOLWYN, Billy, ps. = William GÜRGEL

GOLYSCHEFF, Jef * 20/9 1895 Cherson, lebt in Berlin-Steglitz, konsequ. Vertreter d. Atonalität, Verfechter der Zwölftondauer-Komplexe. W (ungedr. bis auf ein StrTrio): Opern, Sinf., KaM.

GOLZMANN, Leo (richtiger Name) — s. Bela DAJOS

GOMBERT, Nicolas, treffl. Schüler Josquins, 1520 Kapellsgr in Brüssel, nachweisbar bis 1552, zuletzt KM. Karls V. zu Madrid. W: Messen, Motetten

GOMBOSI, Otto Joh., Dr. phil. * 23/10 1902 Budapest, da MSchr. H: Ztschr. Crescendo seit 1926

GOMEN, Peter vom, ps. = Wilh. KNÖCHEL

GOMEZ. Antonio Carlos * 11/7 1839 Campinas (Brasil.), † 16/6 1896 Pará (Brasil.), Schüler des Konserv. zu Milano. W: Opern (erfolgreich) ‚Guarany', ‚Fosca', ‚Salvator Rosa', ‚Maria Tudor' u. a., Hymne ‚I salute del Bresile' usw.

GOMEZ, Juan, ps. = GOLDMANN, Kurt

GOMEZ, Julio, Dr. phil. * 20/12 1886 Madrid, da L. am Konserv., MKrit. W: Opern, Sinf., Suite, KlavStücke, Gsge. H: Ztschr. Harmonia

GOMEZANDA, Antonio * 3/9 1894 Lagos (Mexiko), KlavVirt. u. Dir. eines eigen. MInst. in der Stadt Mexiko, da auf dem Konserv ausgeb., Kenner der alten mexik. M. W: Pantomime ‚Das azketische Feuerfest', Mexik. Totengesänge f. Orch., sinfon. Dichtg, KlavSon., -Suite u. -Stücke, Lieder

GOMNAES, Fredrik Wilh. * 4/4 1868 Ringerike, urspr. Vcellist, MilitKM. seit 1898, seit 1920 in Christiania, da † 28/8 1925, auch Chordirig. W: SinfStücke u. Märsche f. MilOrch., Lieder

GOMPERTZ, Rich. * 27/4 1859 Köln, † 1921 Dresden, Schüler Joachims, Begr. des Cambridge-StrQuart., zeitw. VL. an der R. acad. in London. W: KlavVSonate, VStücke

GOMPF, Rich. * 15/5 1861 Staufenberg/Gießen, seit 1895 Chordirig. u. ML. in Heidelberg, ausgeb. in Darmstadt, auf dem Hochschen Konserv. (bes. als Vcellist) in Frankfurt a. M. u. von Rheinberger. W: Singspiele, MChöre, Lieder

GONDA, Max (eigentl. Dr. med. dent. Max SCHULZ) * 1/9 1893 Scharteuke, Kr. Jerichow, RB. Magdeburg, lebt in Berlin-Lichtenberg. W: UnterhaltsM.

GONDINET, Edm. † 19/11 1888 Paris, Libr.

GONDOLATSCH, Max * 22/12 1869 Jauer, seit 1902 SchulGsgL. in Görlitz. W: Görlitzer M-Leben u. a.

GONZALEZ, Pablo bzw. Pedro, ps. = GOLDMANN, Kurt

GOODBAN, Thomas Goodhurst * 21/12 1784 u. † 4/5 1863 Canterbury. W: Lehrbücher, Schulen f. V., Klav.

GOODHART, Arthur Murray * 14/6 1866 Wimbledon, L. am Eton Coll. in London. W: sinf. Dichtgen, Chorballaden, KirchM., Lieder, Org-Stücke, KlavStücke

GOODSON, Katharine * 18/6 1872 Watford, Herts, berühmte Pianistin in London, seit 1903 verheir. m. Arthur Hinton, Schülerin Beringers u. Leschetitzkys

GOOSSENS, Eugène * 26/5 1893 London (Enkel d. gleichnam. OpDirig. * 25/2 1845 Bruges, † 30/12 1906 Liverpool u. Sohn d. gleichnam. Geigers u. OpKM. * 28/1 1867 Bordeaux, seit 1873 in London), urspr. Geiger, KomposSchüler Stanfords, 1915/20 KM. der BeachamOp., 1922 d. Covent GardenOp. in London, auch sehr geschätzter Konz-Dirig., seit Herbst 1931 Dir. des SinfOrch. in Cincinnati. W (eigenartig, sehr modern): Oper ‚Judith‘, Ballett, sinf. Dicht., KaM., KlavStücke, Gsge (auch m. Orch. bzw. StrQuart.)

GOOVAERTS, Alphonse Juan Marie André * 25/5 1847 Antwerpen, † 25/12 1922 Brüssel, da seit 1887 Archivar, hervorr. Forscher. W: Messen u. kleinere KirchM.; ‚Histoire et bibliographie de la typographie music.'; ‚De kerkmuziek'

GORČZYCKI — s. GORZYCKI

GORDIGIANI, Giov. Batt. * 1795 Mantua, † 2/3 1871 Prag, da seit 1822 GsgL. am Konserv. W: Opern, u. a. ‚Consuelo‘ 1846, KirchM., Kanzonetten. — Sein Bruder L u i g i * 12/6 1806 Firenze, da † 30/4 1860. W: Opern, Duette, einst beliebte Lieder (der italien. Schubert!). H: toskan. Volkslieder

GORDON, Herbert Albert v., Dr. * 7/11 1878 Hamm, MKrit. in Altona. W: NS-Lieder und Märsche

GORDON, Stanley, ps. = A. W. RAWLINGS

GORIA, Adolphe * 21/1 1823 Paris, lebte u. † da 6/7 1860, einst beliebter SalonKlavKomponist

GORITZ, Otto * 8/6 1872, † 11/4 1929 Hamburg, treffl. OpBariton. W: Optten

GORKUM, Jan van * 1864 Rotterdam, ehem. treffl. Bühnenbarit., jetzt LandeskonservL. in Karlsruhe

GORNO, Albino * 10/3 1859 Cassalmorano (Cremona), KlavL. am Konserv. in Cincinnati, in Milano ausgeb., vielgereist. KlavVirt. W: Klav-Stücke u. Studien, Chöre auch m. Orch.

GORRIO, Tobia, ps. als Librettist = BOITO

GORRISSEN, Rob. Kurt v. * 16/7 1887 Hamburg, MSchr. in Wiesbaden/Biebrich, OrgVirt. u. Geiger, ausgeb. in Berlin. W: Orator., geistl. und weltl. Lieder, M. f. d. Kufsteiner Heldenorgel

GORTER, Albert * 23/11 1862 Nürnberg, lebt in München (Hersching), Schüler d. MAkad. in München, TheaKM. in Regensburg, Breslau, Stuttgart, Karlsruhe, Lpz., 1903 Straßburg, 1910/25 städt. KM. in Mainz. W: Opern, Orch.- u. Klav-Stücke, Chöre, Lieder usw.

GORZYCKI, Gregor Gabriel * um 1650, † 30/4 1734 Krakau, DomKM. W: KirchM.

GOSLAR, Julio * 10/8 1883 Siegen i.W., Organ., VerDirig. u. ML. in Köln-Nippes, Schüler des Kölner Konserv. W: StrQuart., 2 KlavSon., Chöre

GOSS, John, * 27/12 1800 Farcham (Hampshire), † 10/5 1880 Brixton/London, seit 1824 Organ. W: Ouvert., KirchM., Glees; ‚An introduction to harmony and thorough-bass‘ (verbreitet) u. a.

GOSSEC (eigentl. GOSSÉ), François Joseph * 17/1 1734 Vergnies (Hennegau), † 16/2 1829 Passy/Paris, 1751 KM. bei La Pouplinière in Paris, 1762 KM. des Prinzen Conti, gründete 1770 die Concerts des amateurs, reorganisierte 1773 die Concerts spirituels, 1780/82 zweiter Dir. der Gr. Oper, 1784 L. d. École royale de chant u., als diese 1785 zum Conservatoire erweitert wurde, Inspektor bis 1815. W: Opern, Oratorien, Hymnen f. patriot. Festlichkeiten, Sinf., KaM. usw.

GOSTINELLI, Cesare * 27/11 1855 Laterina (Toscana), † 4/2 1909 Firenze. W: MilM., BlasinstrSchulen, KlavStücke, Gsge usw.

GOTHOV-GRÜNEKE, Ludwig † 17/10 1921 Wien, TheaKM. W: Optten, Lieder, Tänze

GOTOVAC, Jakob * 11/10 1895 Split (Dalmat.), seit 1923 OpKM. und VerDir. in Zagreb, urspr. Jurist, ausgeb. u. a. in Wien. W: Opern, BühnM., Chöre, Lieder, sinf. Kolo, StrQuart.

GOTTESMANN, Hugo * 8/4 1896 Wien, da VVirt., Führer e. StrQuart.

GOTTHARD, Joh. Pet. (eigentl. Pazdirek), * 19/1 1839 Drahanowitz (Mähren), † 17/5 1919 Vöslau, Schüler Sechters, 1868/79 MVerleger in Wien, dann ML. W: Opern, Kantaten, Kirch- u. KaM., KlavStücke, Gsge usw. H: Universalhandbuch der MLiteratur

GOTTHELF, Felix, Dr. med. * 3/10 1857 M.-Gladbach, † 21/4 1930 Dresden, da seit 1920, Schüler Draesekes, zeitw. TheaKM., 1898/1920 in Wien. W: Mysterium ‚Mahadeva‘, sinf. Fantasie, StrQuart., Gsge

GOTTLIEB-HELLMESBERGER, Eugen * 21/5 1887 Wien, lebt in Dresden, 1921/29 ML. u. KM. in Berlin, ausgeb. in Wien, Schüler u. a. Leschetizkys u. v. Rob. Fuchs, später noch Humperdincks, war TheaKM. in versch. Orten. W: Opern, viele Lieder

GOTTRON, Adam, Dr. theol. * 11/10 1889 Mainz, da Diözesanpräses des CäcilienVer., KirchmDozent an der MHochschule, StudRat, Kriegsteilnehmer. W: Waldhornbüchlein; ‚Singende Gemeinde' (Briefe z. kirchm. Praxis). H: Liederbuch; Veröffentlichungen neudeutscher MScharen

GOTTSCHALG, Alex Wilh. * 14/2 1827 Mechelroda/Blankenhain (Weimar), † 31/5 1908 Weimar, Hoforgan. seit 1870, Schüler Töpfers, Chelards u. Liszts, SemML. 1870/81, 1874/1903 auch L. d. MGesch. an der großzgl. MSchule, MSchr. W: Klav- u. OrgStücke, Lieder; Biogr. Töpfers. H: ‚Urania', ‚Chorgesang' 1885/97, ‚Repertorium f. Orgel' usw.

GOTTSCHALK, Eugen, Dr. med. * 30/1 1867 Stolp, Augenarzt in Breslau. W: viele Lieder

GOTTSCHALK, Louis F. † 16/7 1934 Los Angeles, 65jähr. W: Optten, Chöre, Lieder

GOTTSCHALK, Louis Moreau * 8/5 1829 New Orleans, † 18/12 1869 Rio de Janeiro, Schüler Stamatys, vielgereister Pianist, spielte fast nur eigene Kompos., L. der Carreño. W: 2 Opern, 2 Sinf., viele beliebte SalonStücke, Lieder

GOTTWALD, Heinr. * 24/10 1821 Reichenbach (Schles.), † 17/2 1876 Breslau, da seit 1857 ML., Schüler des Prager Konserv., später Hornist am Thea. a. d. Wien, auch MSchr. W: Messen, OrchStücke, KaM., Stücke f. Horn u. Klav.

GOTTWALD, Jos. * 6/8 1754 Wilhelmstal/Glatz, † 25/6 1833 Breslau, da seit 1783 Organ. W: KirchM.

GOUDIMEL, Claude * um 1505 Besançon namhafter Kontrapunktist, der erste (?) Bearbeiter der Psalmweisen der reform. Kirche, lebte zuletzt in Lyon, wahrscheinl. als Hugenott bei der Bluthochzeit am 24/8 1572 ermordet. W: Messen, Chansons, Horaz. Oden usw.

GOUDOEVER, H. D. van * 12/11 1898 Utrecht, seit 1924 OpKM. in Coburg, 1922/24 SoloVcellist des Concertgebouw-Orch. in Amsterdam. W: sinfon. Dichtgen, Suite f. Vc. u. Orch. usw.

GOULDING, George, gründete 1784 einen bald bedeutend gewordenen MVerl., der 1835 an d'Almaine & Co., 1867 durch Auktion an verschiedene Firmen überging

GOUND (seit 1923 Gund), Robert * 18/11 1865 Seckenheim/Heidelberg. seit 1889 in Wien, da † 26/6 1927, GsgL. W: KaM., stimmungsvolle Lieder

GOUNOD, Charles * 17/6 1818 Paris, da † 17/10 1893, Schüler d. Konserv. (Halévy, Paër, Lesueur), lebte längere Zeit in Italien, war dann 6 Jahre KirchKM in Paris, hatte Neigung Theologe zu werden, wurde aber durch die Beschäftigung m. Schumanns u. Berlioz' Werken wieder der M., bes. der Op. zugeführt (1851 ‚Sappho'). 1852/60 war er Dir. des ‚Orphéon' (Verb. d. MGsgVereine u. GsgSchulen), schrieb 2 Messen f. Mst., versuchte sich an 3 Sinf. Durch seine Oper ‚Faust' (19/3 1859) berühmt, errang er erst mit ‚Romeo u. Juliette' (1867) wieder einen größ. Erfolg. Infolge der Ereignisse v. 1870 ging er nach London, wo er einen gemischt. Chor gründete, d. Kantate ‚Gallia' u. ein Saltarello f. Orch. komp., kehrte 1875 nach Paris zurück. Nachhaltigen Eindruck aber vermochte er mit späteren Werken nicht zu erzielen. Er war übrigens ein großer Verehrer Mozarts. W (außer den schon genannten): Opern ‚Le Médecin malgré lui' (1859), ‚La Reine de Saba', ‚Philemon et Baucis' u. a., Oratorien ‚Tobias', ‚The redemption' u. ‚Mors et vita', Messen, Lieder, die allbekannte Meditation üb. das Bachsche Präludium, KaM. usw.

GOUVY, Paul — s. YGOUV, Ogol

GOUVY, Theodor * 21/7 1822 Goffontaine/Saarbrücken, † 21/4 1898 Leipzig, stud. in Paris (nicht auf dem Konserv.), lebte meist in Oberhomburg (Lothr.). W (Mendelssohnsche Richtung): Oper, ‚Stabat mater', Missa brevis, Chorwerke ‚Iphigenia', ‚Ödipus auf Kolonos', usw., 6 Sinf., KaM., KlavSonaten u. Stücke, Chöre, Lieder usw.

GOVI, Aniceto * 17/4 1850 Carpi, da † Aug. 1909, da Dir. der städt. MSchule, der StadtM. auch OpKM. W: Chöre, Tänze

GOW, Niel * 22/3 1727 Inver (Schottl.), da † 1/3 1807, VVirt. W: schott. Tänze. H: Strathpey reels (6 Bde). — Dessen Sohn Nathaniel * 28/5 1763 Inver, † 19/1 1881 Edinburgh, erst einer der Kgl. Trompeter, dann MVerleger, sehr verd. um die Pflege der M. in Schottland. Sein Sohn Niel * um 1795, † 7/11 1823 Edinburgh, begabter Komp. (beliebte Lieder)

GRAAN, Jan de * 1852 Amsterdam, † 8/1 1874 's Gravenhage, VVirt., Schüler u. a. Joachims

GRAARUD, Gunnar * 1/6 1886 Holmestrand, Norw., seit 1927 schwerer Heldenten. der Staatsop. in Wien, urspr. DiplIng. (Karlsruhe), seit 1918 Sgr, Schüler u. a. v. Zawilowskis und Huslers. 1920/22 in Mannheim, 1922/26 in Berlin (Gr.

Volksop., Städt. Op.), 1926/29 (neben Wien) in Hamburg, öfters in Bayreuth, internat. bekannt auch als KonzSgr

GRABAU, Kurt, ps. Conny GRAH; Carl WILHELM * 26/7 1907 Berlin, da Kaufmann. W: UnterhaltgsM.

GRABEN-HOFFMANN, Gust. * 7/3 1820 Bnin (Posen), † 21/5 1900 Potsdam, popul. Liederkomp. (bekannt sein ‚Fünfmalhunderttausend Teufel'), zuerst Kantor u. L. in Posen, seit 1843 KonzSgr u. GsgL. in Berlin, später in Potsdam, 1857 Schüler Hauptmanns in Leipzig, 1858 in Dresden, 1868 Schwerin, seit 1869 wieder in Berlin. W: ‚Die Pflege der Singstimme', GsgSchule, Chöre, Duette, Lieder, Solfeggien

GRABERT, Martin * 15/5 1868 Arnswalde, StudRat, Organ. u. Chordirig. in Berlin seit 1896, da Schüler des Inst. f. KirchM., 1894/95 TheaKM. in Rostock. W: KaM., u. a. Sonate f. Ob. u. Klav., OrgStücke, geistl. GsgM., dramat. Kantate

GRABNER, Hermann, Dr. jur. * 12/5 1886 Graz, da u. in Leipzig ausgebild., Schüler Regers, 1912 dessen Assistent in Meiningen, 1913/18 TheorL. am Konserv. in Straßburg (Krieg als Offizier), 1919 desgl. in Mannheim, seit Herbst 1924 desgl. in Leipzig, da auch UnivMDir., sehr geschätzter L. W: Oper, Weihnachtsorator., der 103. Psalm, Kantaten, ‚Perkeo'-Suite f. Blasorch., Konz. f. 3 V., KaM., OrgStücke, Chöre, Lieder; ‚Regers Harmonik', ‚Lehrbuch der musik. Analyse' usw.

GRABOWSKI, Kurt * 29/6 1897, lebt in Kattowitz. W: Tänze, Chansons, Schlager

GRABOWSKI, Stanislaus † 1852 Wien, 1817/28 KlavL. am Lyz. zu Krzemieniec (Wolhyn.). W: s. Z. beliebte Polonäsen, Mazurken usw.

GRACE, Harvey * 25/1 1874 Romsey, Organ. in London. H: Musical Times. W: OrgStücke, Chöre, Lieder; ‚The complete organ.', ‚French organ m.', ‚The organ works of Bach'

GRAD, Gabriel * 9/7 1890 Retowo, Gouvern. Kowno, ausgebild. in Berlin, seit 1924 Dir. des jüd. Konserv. in Tel-aviv, Jaffa (Palästina). W: Oper, KaM., KlavStücke, Chöre, Lieder

GRADENWITZ, Peter, ps. Piet GRANDO, Dr. phil. * 24/1 1910 Berlin, da MWissenschaftler u. Komp., Schüler u. a. J. Weismanns u. D. Milhauds. W: Rundfunkkomp. f. kl. Orch., StrQuart., Hauskonz. f. Gsg u. 4 Instr., Lieder

GRAEBER, Walter A. F. * 29/11 1895 Berlin, da seit 1927 ML., KlavVirt., ausgeb. am Klindworth-Scharwenka-Kons., dann Korrep. am Dtsch. OpHause, Kriegsteiln. W: KaM., KlavStücke, Kadenzen zu Haydns KlavKonz. in D, Chöre, Lieder. H (zeitw.): ‚Musik. Fundgrube'

GRÄDENER, Karl G. P. * 14/1 1812 Rostock, † 10/6 1883 Hamburg, urspr. Vcellist in Helsingfors, 10 Jahre UniversMD. in Kiel, 1851/61 in Hamburg L. einer Gsgakad., 1862 Gsg- u. TheorL. am Konserv. in Wien, seit 1865 wieder in Hamburg KonservL. W (von Schumann beeinflußt): Sinf., KaM., KlavStücke (u. a. ‚Fliegende Blättchen'), Chöre, Lieder usw., Harmonielehre, ‚Gesammelte Aufsätze über M. u. Kunst'. — Sein Sohn Hermann * 8/5 1844 Kiel, † 18/9 1929 Wien, da 1869 Geiger der Hofoper, 1873/1915 TheorL. am Konserv., 1892/96 Dirig. der Singakad., 1899 UniversLektor (Prof.) f. Harmonie u. Kontrap. W: Sinfonietta, KaM., Konz. f. V., bzw. Vc., Klav- u. OrgKompos., Lieder usw.

GRÄF, Heinz * 30/5 1895 Essen, † 12/8 1934 Köln, KM. W: UnterhaltgsM.

GRÄFE, Joh. Friedr. * 1711 Braunschweig, da † 8/2 1787, herzogl. Postrat, verdient als Hrsg. von Liedern u. geistl. Oden

GRAEFER, Ludwig, ps. Ralph EARL * 29/8 1893 Harburg a. E., Musiker in Berlin. W: UnterhaltgsM.

GRAEFF, Charles W. * 1/4 1863 Baltimore, Op- u. KonzSgr (Bassist), ausgebild. in Newyork, da an d. MetropolOp., bald auch als Stimmbildner tätig, nur GsgL. 1903/09 in München, 1909/15 in Budapest, seit 1915 in Berlin (sehr geschätzt). W: Broschüren (engl.) üb. Gsg

GRÄFFER, Anton * 1780 Wien, da † c. 1830, ML. W: GitStücke u. Schule

GRÄFLINGER, Franz * 26/11 1876 Linz, da MSchr., bes. Brucknerforscher. W: ‚Bruckner'; Chöre, Lieder. H: Bruckners Briefe

GRAENER, Geo. * 20/11 1878 Berlin, da Hrsg. der 1933 eingegangenen Dtschen Musiker-Ztg. seit 1920, urspr. Hornist (auch in London), 1906/14 MKrit. W: 3 Sinf., Motetten u. a.: ‚Führer durch R. Strauß' MDramen'; ‚Paul Graener' usw. H: Bruckner: KirchGsge m. dtsch. T.

GRAENER, Paul (Vetter des vorstehenden), Dr. h. c. * 11/1 1872 Berlin, da Mitgl. d. Akad. der Künste, bis April 1935 Präsidialrat der RMK., 1930/33 Dir. des Sternschen Konserv., urspr. KM. an verschied. Thea., auch in London, da auch L. an der R. Academy, 1910/13 Dir. des Mozarteums in Salzburg, dann in München, 1920/27 in Leipzig (1920/24 KomposProf. am Konserv.). W: Opern, u. a. ‚Don Juans letztes Abenteuer', ‚Schirin u. Gertraude', ‚Friedemann Bach', ‚Der Prinz v. Homburg' (1935), Sinf., Suite, Variat. u. a. f. Orch., Klav- u. VcKonz., KaM., viele Lieder (u. a. Morgensterns ‚Galgenlieder')

GRÄSER, Wolfgang, Dr. phil. * 7/9 1906 Zürich, † (Selbstmord) 13/6 1928 Berlin-Zehlendorf. W: Neuordn. u. Instrument. v. Bachs ‚Kunst der Fuge'

GRÄSSNER, Alfr. * 7/2 1840 Keuschberg (Kr. Merseburg), † 2/8 1905 Weißenfels, Schüler des dort. Sem. u. des Instit. f. KirchM. in Berlin, SemML. in Preuß.-Friedland u. 1876 in Weißenfels. W: ‚Hilfsbuch f. den Unterr. über Bau u. Pflege der Orgel', ‚Choralschlüsse, Modulationen u. 50 leichte Präludien usw.', ‚Volksschul- u. Chorgsg', weltl. u. geistl. Gsge usw.

GRAETZ, Jos. G. * 2/12 1760 Vohburg a. d. Donau, † 17/7 1826 München, da seit 1788 Klav- u. TheorL., Schüler M. Haydns. W: Opern, Orat. ‚Tod Jesu' usw.

GRAF, Ernst * 26/6 1886 Schönholzerswyl (Thurgau), seit 1912 Organ. u. seit 1928 Prof. f. KirchM. an d. Univers. in Bern. W: Chöre, Lieder; ‚Grundzüge d. OrgTechnik', ‚Bach im Gottesdienst' usw.

GRAF, Friedr. Hartmann * 1727 Rudolstadt, † 19/8 1795 Augsburg, vielgereister FlVirt. W: FlQuart. u. a.

GRAF, Georg, Dr. phil. * 16/7 1901 Sumy (Rußl.), MDir. in Wädenswil. W: Singspiele, Ouvert., Lieder u. a.; ‚Rameau'. B: Tanz-Suite nach Rameau

GRAF, Joh. * 7/10 1853 Oberjettingen/Nagold (Württ.), † 14/11 1923 Ulm, da 1890 bis 1/11 1923 Organ., Leiter des 1890 gegründ. Ver. f. klass. KirchM. u. bis 1910 der Liedertafel, Schüler des Stuttg. Konserv., 1879/89 Organ. in Heilbronn. W: geistl. u. weltl. Chöre, OrgStücke

GRAF, Max, Dr. jur. * 1/10 1873 Wien, da MSchr. (Krit.) u. ÄsthetikL. am Konserv. W: ‚Dtsche M. im 19. Jh.', ‚Die M. im Zeitalter der Renaissance', ‚Wagnerprobleme u. and. Studien', Übersetz. von Bruneaus ‚Gesch. der französ. M.' u. ‚Gesch. d. russ. M.'; ‚Vier Gespräche üb. d. dtsche M.' (1933)

GRAFF, Conny, ps. = Karl KAPPEI

GRAFF, Konrad * 17/11 1783 Riedlingen (Schwab.), † 18/3 1851 Wien, da seit 1804 angesehener, von Beethoven sehr geschätzter KlavBauer

GRAFFIGNA, Achille * 6/5 1816 S. Martino dell'Argine, † 19/7 1896 Padova, GsgL. W: Op., u. a. ‚I matrimonio segreto', ‚Il barbiere di Seviglia' (erfolglose Verton. der alten Texte)

GRAGNANI, Filippo * 1767 Livorno, berühmt. GitVirt. W: f. Git., auch m. and. Instr.

GRAH-WADSACK, Augusta * 27/3 1865 Bensheim (Hess.), seit 1907 KlavL. in Düsseldorf. W: ‚Lehrgang des SchulGsgUnterr.', Liederbücher

GRAHL, Heinrich * 30/11 1860 Stralsund, Schüler Felix Schmidts, geschätzter KonzTenorist u. GsgL. in Berlin, da † 14/3 1923. W: Lieder

GRAHL, Heinr. * 25/9 1884 Berlin-Schöneberg, seit 1921 ObML. in Kiel u. VerDirig. W: Orator., Kantaten, Schulliederbücher, ‚Ton-Fibel', ‚Das Tonfarbproblem im MUnterr.'

GRAJAL, Tommaso Fernando * 1839, † März 1914 Madrid, da L. am Kgl. Konserv. W: viele Zarzuelas

GRAINGER, Percy * 8/7 1882 Brighton/Melbourne (Austr.), Pianist, Schüler von Louis Pabst, Kwast u. Busoni, befreundet mit Grieg, 1900/14 in London, dann in Amerika, nahm von 1917 ab am Weltkriege teil, lebt in Newyork, eigenartig, seine Nation betonender Komp. W: Suite u. sinf. Dichtgen, Chorwerke m. Orch., KaM., KlavStücke, Lieder. B: Volkslieder

GRAM, Peter * 25/11 1881 Kopenhagen, da OrchDir., Schüler d. Lpzger Konserv. W: Sinf. u. a. f. Orch., VKonz., KaM., KlavStücke

GRAMATTÉ, Sonja, geb. Fridman * 1892 (?) Moskau, VVirt. u. KlavVirt. in Berlin seit 1914, Schülerin ihrer Mutter (Schülerin A. Rubinsteins) u. des Pariser Konserv. W: Pantomime, VKonz., KlavKonz., OrchStücke, VSonaten, KlavSon., Klav. zu Paganinis Capricen u. a. — Neuerdings verheiratet mit Schriftsteller Dr. F. ECKHARDT

GRAMM, Karl † 23/3 1927 (72jähr.), Kompon.

GRAMMANN, Karl * 3/6 1844 Lübeck, † 30/1 1897 Dresden, Schüler des Lpzger Konserv., 1871/1884 in Wien, dann in Dresden. W: Opern, Sinf., treffl. KaM., KlavStücke, Chöre, Lieder usw.

GRAMONT, Louis * 1854 Paris, da † Dez. 1912, OpLibrettist

GRAMS, Boris * 2/10 1908, lebt in Berlin. W: UnterhaltgsM.

GRAMSCH, Erwin * 20/2 1895 Berlin, lebt da (kriegsverletzt), urspr. Artist. W: Märsche, Tänze

GRANADO, Spanier, 1870—80 sehr bekannt durch Walzer (El Turia, El Paraiso u. a.)

GRANADOS, Eduardo (Sohn Enriques) * 28/7 1894 Barcelona, da KlavL. an d. Granados-Akad., deren Dir. 1916/19, † 2/10 1928 Madrid. W: Zarzuelas, BühnenM. zu ‚Iphigenie in Tauris', VStücke, Lieder

GRANADOS Y CAMPINA, Enrique * 27/7 1867 Lerida (Katalonien), † 24/3 1916 (mit einem Schiff untergegangen), treffl. Pianist, KonservDir. in Barcelona, lebte zuletzt in Amerika. W: Opern, sinfon. Dichtg, KaM., eigenart. KlavStücke, u. a. ‚Gojescas'

GRANCINO, Mailänder VBauerFamilie, der älteste P a o l o, Schüler N. Amatis, baute 1665/90

GRANDAUER, Karl, ps. Karl SIKORA * 10/12 1883 München, da Arzt (Dr. med.), Schüler von R. Würz. W: Optten u. Singspiele

GRANDI, Alessandro † 1637 Bergamo, Schüler Giov. Gabrielis, KirchKM. in Ferrara 1610, Venedig 1617, seit 1627 in Bergamo; namhaft. Komp. der venezianischen Schule. W: Messen, Motetten, Madrigale usw.

GRANDJANY, Marcel * 3/9 1891 Paris, da vielgereist. HarfVirt. W: sinf. Dichtg, HarfStücke, KlavStücke, Lieder (Chansons popul. franç.)

GRANDJEAN, Axel * 9/3 1847 Kopenhagen, Schüler des dort. Konserv., 1885/87 da TheaKM., 1899/1918 Chormeister d. Kgl. Oper. W: Opern, Ballette, Chorwerk, Duette, Lieder, KlavStücke

GRANDJEAN, Samuel * 1881, seit 1923 Organ. in La Sentier (Waadt), vorher in Genf. W: OrgStücke, Chöre

GRANDO, Piet, ps. = Peter GRADENWITZ

GRANDVAL, Marie Felicitas Vicontesse de, geb. de Reitet * 20/1 1830 Schloß Cour du Bois (Serthe), † Jan. 1907 Paris, Schülerin von Saint-Saëns. W: Opern, KirchM., KaM., KlavStücke, Duette, Lieder

GRANICHSTÄDTEN, Bruno * 1/9 1880 Wien, da OpttenKM. W: Opern, Optten ‚Der Orloff' (1924), ‚Evelyne' (1927) u. a., Brettllieder usw.

GRANJON, Robert, druckte zuerst mit runden Noten in Paris, später in Lyon u. Rom 1523—82

GRANTYX, ps. = Léon SAINT-RÉQUIER

GRANZOW, Paul * 29/3 1873 Kolberg, seit 1914 ML. in Augsburg, vorher TheaKM. u. a. in Moskau. W: Opern, Tänze, KlavStücke, Lieder

GRASMANN, Philipp * 3/3 1842 München, da † 5/6 1916, Zithervirt.

GRASSI, Eugène Cinda * 5/7 1887 Bangkok (Siam), in Paris erzogen, 1910/13 in Siam, seitdem in Paris, stark beeinflußt durch die M. seiner Heimat. W: BühnenM., ‚Poème de l'univers' f. Orch., ‚Cinq mélodies siamaises' m. Orch. usw.

GRASSINEAU, James * um 1715 u. † 1769 London, überarbeitete Brossards ‚Dictionnaire de m." 1740 (‚A music. dictionary of terms and characters'; NA. 1769 u. 1784)

GRASSINI, Giuseppe * 1773 Varese, Lombard., † 3/1 1850 Milano, internat. berühmte OpSopr., Debut 1794

GRAST, Franz * 16/4 1803 Genf, da † 5/4 1871, lebte 1860/69 in Paris, TheorL. W: theor. Schriften; Romanzen

GRATZA, Ernst * 13/2 1882 Bruschiek, Kr. Lublinitz, L. in Beuthen, OS. W: KaM., KlavSon. u. Stücke, Lieder

GRAU, Karl * 23/12 1854 Coburg, TheaKM. in Hamburg. W: BühnenM.

GRAU, Theod. * 10/4 1886 Kelheim, Chordir. in Nürnberg, 1921/33 KirchChordir. in München, Franziskaner. W: KirchM.

GRAUN, Joh. Gottlieb * 1703 (nicht 1698) Wahrenbrück (Prov. Sachs.), † 27/10 1771 Berlin, KonzM. Friedrichs d. Gr. (in dessen Diensten seit 1732), Repräsentant der von den Italienern stark beeinflußten schwerblütigen norddtschen KomponSchule. W: an 100 Sinf., viele Konz., viel KaM., Passion, KirchKantaten

GRAUN, Karl Heinr. * 7/5 1704 (nicht 1701) Wahrenbrück (Merseb.), † 8/8 1759 Berlin, 1714/20 Alumnus u. Ratsdiskantist in Dresden, 1735 bei Friedrich d. Gr. in Rheinsberg u. 1740 als HofKM. in Berlin angestellt. W: 36 Opern in ital. Geschmack (u. a. Montezuma), das auch jetzt noch gelegentlich aufgeführte Orator. ‚Der Tod Jesu', Tedeum, Kantaten, Motetten, Konz. (bes. f. Fl.), Trios, OrgFugen usw.

GRAUPNER, Christof * 13/3 1687 Hartmannsdorf/Kirchberg (Erzgeb.), † 10/5 1760 Darmstadt, da seit 1709, 1712 I. HofKM., Schüler Kuhnaus. W: Opern, Kantaten, Sinf., Ouvert., KaM., KlavSuiten

GRAVINA, Gilberto, conte (Enkel R. Wagners) * 1877 Firenze, seit 1930 KurKM. in Meran, urspr. Flötist, 1925/30 in Schwerin (Oper), oft im Bayreuther Festspielorch.

GRAWERT, Theodor * 18/7 1858 Zellin, Neumark, † 27/1 1927 Berlin, Schüler Koteks u. J. O. Grimms, 1883 MDir. des Infant.-Reg. Nr. 13 in Münster i. W., 1905 L. an der Hochschule in Berlin, da 1906/24 ArmeeMInspizient. W: Armeemärsche

GRAY, Alan * 23/12 1855 York, lebt in Cambridge, da 1892/1930 Organ. u. UnivMDir. W: Requiem, Te Deum, Kantat., KaM., Chöre, Lieder

GRAY, Allan, ps. = Jos. ZMIGROD

GRAY, Grendon, ps. = Gust. KRENKEL

GRAZIANI, (Vorname unbekannt) * um 1710, † 1787 Potsdam, Vcellist, L. des späteren Königs Friedrich Wilhelm II. von Preußen. W: VcSon.

GRAZIANI, Bonifazio * 1605 Marino (Kirchenstaat), † 15/6 1664 Rom als KirchKM. W: 2—8st. Motetten, Psalmen, Messen, Litaneien usw.

GRAZIANI-WALTER, Carlo * 1/8 1851 Brüssel, † 30/8 1927 Firenze. W: Opern, Optten, FilmM., zahlr. Salonkompos. f. Klav., V., Mandol., Liedr u. Gesänge, auch m. Orch.

GRAZIOLI, Filippo * 1773 Rom, da † 24/3 1840, Organist. W: viel KirchM., 2 Opern

GRAZIOLI, Giambattista * ca. 1750 Bogliaco/Salò, † um 1820 Venedig, da seit 1782 Organ. W: 18 KlavSonaten

GRAZZINI, Reginaldo * 15/10 1848 Florenz, da † 6/10 1906, L. am Kgl. mus. Instit., vorher TheaKM., dann Dir. des Liceo B. Marcello in Venezia. W: Oper, Sinf., Messe, KlavStücke

GRECANINOW — s. GRETSCHANINOW

GREEF, Arthur de * 10/10 1862 Löwen, seit 1888 KonservL. in Brüssel, Schüler L. Brassins, ausgez. Pianist. W: StrOrchSerenade, KlavStücke

GREEF, Wilh. * 18/12 1809 Kettwig (Ruhr), † 12/9 1875 Mörs, Organ. seit 1833 u. GsgL. H: (z. T. mit seinem Schwager L. Erk) Schulliedersamml., ‚Schulchoralbuch'. W: geistl. u. weltl. M- u. gem. Chöre usw.

GREEFF, Paul, Dr. phil. * 3/12 1897 Elberfeld, da KonservKlavL. seit 1927. W: Sinf., gr. Chorw. m. Orch., KlavSuite u. Variat., Lieder

GREEN, L. Dunton (Louis GREIN) * 22/12 1872 Amsterdam, † 30/12 1933 Ruysselde (Belg.) durch Flugzeugunfall, angesehener MKrit. in London

GREEN, Samuel * 1740, † 14/9 1796 Isleworth, berühmter OrgBauer

GREENE, Eleanor, ps. = A. T. H. PARKER

GREENE, Maurice * um 1695 London, da † 1/12 1755, seit 1716 Organ. W: Orator., KirchM., Catches u. a.

GREENHOLGH, John, ps. = Jack HYLTON

GREER, Jesse * 26/8 1896 Newyork, lebt da. W: Charakterstücke, Tänze, volkstüml. Lieder

GREFF, Valentin * 1507 Kronstadt, † 13/8 1576 Padova, sehr angesehener, vielgereister Lautenmeister u. Komp., gen. Bakfark = Bockschwanz

GREFINGER, Wolfgang * um 1485 Krems, Schüler Hofhaimers, 1599 Priester u. Organ. in Wien. W: KirchM., dtsche Lieder

GREGER, Luise geb. Sumpf * 27/12 1862 Greifswald, lebt in Cassel-Wilhelmshöhe. W: viele Lieder, Melodramen

GREGOIR, Edouard * 7/11 1822 Turnhout/Antwerpen, † 28/6 1890 Wyneghem/Antwerpen, Pianist, MHistor. W: Opern, SchauspielM., Orat., Ouvert., MChöre, Lieder, KlavStücke, Schriften üb. belg. u. niederländ. M. u. Musiker. — Sein Bruder Jacques Mathieu Joseph * 18/1 1817 Antwerpen, † 29/10 1876 Brüssel, da seit 1848 ML., treffl. Pianist, Schüler v. H. Herz u. Rummel. W: KlavKonz., Etüden, Stücke, viele brillante OpDuos mit Vieuxtemps, Léonard, Servais

GREGOR I., der Große, Papst (590/604), gab dem liturg. Gsg der kath. Kirche seine noch heute gültige Ordnung (Gregorian. Gsg)

GREGOR, Hans * 14/4 1866 Dresden, lebt in Berlin, ursprüngl. Schauspieler, 1898/1906 TheaDir. in Barmen-Elberfeld, berühmt durch seine OpAufführungen, 1906/10 Dir. der von ihm gegr. Kom. Oper in Berlin, dann einige Jahre Dir. der Hofop. in Wien. W: ‚Die Welt der Oper — Die Oper der Welt'

GREGOR, Hubert, ps. = Otto WYNEN

GREGOROWITSCH, Charles * 25/10 1867 St. Petersburg, † (Selbstmord) 1926 (?), treffl. VVirt. (Schüler von Besekirsky, Wieniawski u. Joachim), seit 1886 konzertierend

GREGORY (Gregory-Haag), Else * 16/1 1892 Berlin, da Lautensgrin (seit 1910), auch BühnSgrin, Gsg- u. LautL.; Schülerin v. Leporello Müller, Therese Schnabel-Behr u. Dr. W. Schütt, Ph. Scharwenka (Theor.) u. Heinr. Scherrer (Laute). W: Lieder z. Laute

GREIN, Louis — s. GREEN, L. D.

GREINER, Albert * 1/12 1867 Augsburg, da 1905/33 Dir. der Singschule, Schüler F. Grells u. J. Heys, fast 30 Jahre SchulL. W (unveröffentl.): Lehrbuch des Jugendgsges, Chöre, Jugendlieder. Gedr.: ‚Die Augsburger Sängerschule'

GREITH, Jos. * 15/8 1798 Rapperswil, † 1/1 1869 St. Gallen, da 1833/60 KirchMDir. u. SchulGsgL. W: Chöre, volkstüml. Lieder

GREITH, Karl * 21/2 1828 Aarau, † 27/11 1887 München, da seit 1871 DomKM., 1861/77 DomKM. u. Organ. in St. Gallen. W: Kindersingspiele, Orator., Sinf., Marienlieder, Org- u. KlavStücke usw.

GRELINGER, Charles, ps. A. DE SMIT, * 30/9 1873 Amsterdam, lebt in Paris, da ausgeb., 1896/1933 mit 11 Opern hervorgetreten, u. a. mit ‚Die Hoffnung auf Segen'. Selbstbiogr. ‚35 ans de purée'

GRELL, Eduard Aug. * 6/11 1880 Berlin, † 10/8 1886 Steglitz/Berlin, Schüler Zelters, schon 1817 Organ., 1832 Vizedir. der Singakad., 1853/76 Dir. derselben, 1851 KomposL. a. d. Akad. der Künste. W: Oratorium, 16st. Messe, M.- u. gemChöre usw.

GREMONT, Henri ps. = HARTMANN, Georges

GRENIE, Gabriel Jos. * 1756, † 3/9 1837 Paris, konstruierte 1810 das erste Harmonium (Orgue expressif)

GRENZ, Günther * 10/2 1864 Klein-Gandern/Reppen, SemML. i. R. in Altkemnitz, Riesengeb., ausgeb. im Inst. f. Schul- u. KirchM. W: KlavStücke, geistl. u. weltl. Chöre

GRENZEBACH, Ernst * 14/2 1871 Berlin, da geschätzter GsgL., 1930/32 HochschulProf.

GRENZEBACH, Herbert, ps. Herbert BORDERS * 22/10 1897, lebt in Berlin. W: UnterhaltgsM.

GRESHAM, John, ps. = Ch. A. RAWLINGS

GRESNICH (GRESNICK), Fréder. * 1755 Lièges, † 16/10 1799 Paris. W: Opern, KlavKonz u. a.

GRESS, Karl Friedr. W. * 21/8 1888, seit 1921 MSchr. in Lenzkirch (Bad.), vorher Organ. u. Chordir. u. a. in Konstanz, Priester. W: Messen u. a. KirchM.

GRESS, Rich. * 3/12 1893 Endersbach (Württ.), urspr. L., 1912/14 MStudium in Heidelberg u. Darmstadt, Kriegsteilnehmer, 1921 RealgymnML. in Stuttgart (Konserv.), seit 1924 TheorL. u. stellvertr., seit 1932 Dir. d. westfäl. MSchule in Münster. W: Oper, OrchVorspiel, KaM., Requiem (abendfüllend), Chöre, Duette, viele Lieder usw.

GRESSLER, Frz Alb., * 14/12 1804 Sulza, † 3/2 1886 Erfurt, MädchenschulL. W: KlavSchule, Anthologien, Variat. u. a. für Klav.

GRÉTRY, André Erneste Modeste * 8/2 1742 Lüttich, † 24/9 1813 Montmorency/Paris, für die Entwicklg der franz. kom. Oper bedeutungsvoll, seit 1768 in Paris, zumeist unabhängig. W: Zahlreiche Opern, ‚Richard Löwenherz‘, ‚Blaubart‘, Requiem, De profundis, Motetten, Sinf., KlavSonaten usw. In seinen ‚Mémoires ou Essais sur la m.‘ (dtsch. von Spazier) entwickelt er Gluck verwandte, z. T. noch strengere Grundsätze über OpKompos., auch eine interessante Vorahng von Wagners verdecktem Orchester. Gesamtausg. seiner Opern geht der Vollendg entgegen

GRETSCHANINOW, Alexander Tichonowitsch * 25/10 1864, Schüler des Konserv. zu Moskau, an diesem KomposL. bis 1928, lebt meist im Ausland. W: Opern, BühnenM., 4 Sinf., KaM., VcKonz., Klav- u. VStücke, Chöre, treffl. Lieder usw.

GRETSCHER, Frz * 26/4 1816 Coblenz, † 1895; seit 1867 Gsg- u. KlavL. zu Kalvarienberg/Ahrweiler, vorher in Coblenz. W: Motetten, KlavKompos. usw.

GRETSCHER, Philipp (Sohn v. Franz) * 6/12 1859 Koblenz, urspr. Apotheker, in Düsseldorf als Sger ausgeb., auch GsgL. u. Chorleiter; seit 1901 Inhaber einer GsgSchule in Stettin, die auch den altitalien. Chorgsg pflegt; auch MRef. W: viele Chöre (beliebte FrChöre) u. Lieder

GREULICH, Karl Wilh. * 13/2 1796 Kuntzendorf/Berlin, † 1837 Berlin, Pianist. W: KlavStücke, Etüden

GREVE (eigentl. GROHMANN), Karl * 17/9 1870 Prag (Deutscher), Impressario in Berlin-Charlottenburg, ausgeb. in Prag, war lange OpSgr. u. GsgL. W: Optten, Lieder, KabarettSchlager

GREVILLE, Ursula, seit 1920 vielgereiste Sopranistin, lebt in London, auch MSchr. H: Ztschr. ‚The Sackbut‘ seit 1921

GREW, Sydney * 13/8 1879 Birmingham, da MSchr. H: The british Musician seit 1926

GREWE, Adolf † 11/6 1930 (64jähr.) Hamburg, Pianist. W: Tänze.

GREY, Frank Herbert * 15/11 1883 Philadelphia, seit 1907 OpttenKM. in Newyork, da ausgeb. auf der Harvard Univ. W: Optten, üb. 400 OrchStücke, üb. 200 Lieder

GREY, Robert, in Newyork, der Führer der Bruckner-Bewegg in Nordamerika

GRIEDER, Heinr. * 1821 Wintersingen (Basel), † 11/7 1913 Liestal. W: ‚Anleitg z. Singen‘, Chöre

GRIEG, Edward * 15/6 1843 Bergen (Norwegen), da † 4/9 1907, Pianist, spezif. skandinav. Komp., Schüler des Lpzger Konserv. (Reinecke, Hauptmann, Moscheles), stark beeinflußt von Gade, E. Hartmann u. Nordraak, gründete u. leitete 1871/80 in Christiania einen MVer., reiste auch viel (Italien- Deutschland); seit 1880 in Bergen. W: M. zu Ibsens ‚Peer Gynt‘ (daraus 2 sehr beliebte OrchSuiten, Lyr. OrchSuite, Ouvertüre ‚Im Herbst‘, Suite ‚Aus Holbergs Zeit‘ f. StrOrch., KlavKonz., 2 StrQuart., 3 KlavVSonaten, VcSonate, zahlreiche kleinere (‚Lyrische Stücke‘), KlavStücke, Chorwerke u. a. ‚Olaf Trygvason‘ (urspr. als Op. beabsichtigt) f. MChor u. Orch., ‚Vor der Klosterpforte‘ f. Sopr., FrChor u. Orch., zahlr. Lieder. — Seine Frau Nina H a g e r u p * 25/11 1855 Bergen, lebt in Kopenhagen, war treffl. Sgerin

GRIEPENKERL, Friedr. Konr. * 1782 Peine, † 6/4 1849 Braunschweig, GymnProf. W: Lehrbuch der Ästhetik. H: Bachs InstrWerke. — Sein Sohn W o l f g a n g R o b e r t * 4/5 1810 Hofwyl (Schweiz), † 17/10 1868 Braunschweig, MSchr. W: ‚Ritter Berlioz in Braunschweig‘, ‚Die Oper der Gegenwart‘ (1847)

GRIES, Fritz * 5/7 1895 Krembz/Gadebusch, Meckl., KlavVirt. u. Pädag. in Saarbrücken seit 1924, ausgeb. in Lübeck u. Leipzig (Konserv.: Teichmüller, Krehl), Kriegsteiln., 1921/23 Assist. Teichmüllers. W: KlavSuite u. Stücke, OrgSon., Melodr., Lieder

GRIESBACH, John Henry * 20/6 1798 Windsor, † 9/1 1875 Kensington, KlavVirt., urspr. VcVirt. W: Opern, Optten, Orator., KirchM., KlavStücke, Lieder

GRIESBACHER, Peter * 25/3 1864 Egglham (NBay.), † 29/1 1933 Regensburg, 1886 Priester, 1894 Chordir. u. L. a. d. KirchMSchule in Regensburg, dann Priester in Osterhofen a. D., seit 1911 Kanonikus u. KontrapunktL. an der KirchM.Schule in Regensburg. W: an 200, neuerdings sehr modern in der Harmonik, Messen, Requiem, kirchl. u. weltl. Kantaten, Singspiele; ‚Lehrbuch des Kontrap.', ‚Kirchmusik. Stilistik u. Formenlehre', Führer durch Bruckners ‚Te Deum', ‚GlockenM.'

GRIESE, Erwin * 14/5 1907 Berlin, lebt da. W: NS-Lieder

GRIESHAMMER, Hans * 21/1 1897 Obersteinbach (Steigerwald), Chordir. in Nürnberg, da ausgeb. W: KlavStücke, Chöre, Lieder

GRIESINGER, Geo. Aug. † 27/4 1828 Leipzig, zeitw. sächs. Legationsrat in Wien. W: ‚Biogr. Notizen üb. Jos. Haydn'

GRIFFES, Charles Tomlinson * 17/9 1884 Elmira, N,-Jersey, † 8/4 1920 Newyork, da seit 1907 ML., in Berlin ausgeb. u. a. bei Jedlicka, Klatte u. Humperdinck. W: (bemerkenswert): Tanzdrama, japan. Mimodrama, sinf. Dichtg, KlavSon. u. Stücke, Gsge

GRIFFIN, Geo. Eug. * 8/1 1781 u. † Mai 1863 London. W: Ode, KlavKonz. u. Stücke, KaM.

GRIFFITH, Frederick * 12/11 1867 Swansea, † Mai 1917 London, FlVirt. u. L. an der R. acad. W: ‚Notable Welsh musicians'

GRIGOROWITSCH — s. GREGOROWITSCH

GRILL, Leo * 24/2 1846 Budapest, Schüler Frz Lachners, 1871/1907 L. am Konserv. zu Lpz. W: KaM., KlavStücke, Chöre, Lieder usw.

GRILLET, Laurent * 22/5 1851 Sancoins (Chur), † 5/11 1901 Paris. W: Oper, Ballette; ‚Les ancêtres du violon et du vc.' (1901, 2 Bde)

GRIM, Karl * 2/10 1881 Darmstadt, da KirchChordir., Dir. der Liedertafel u. Sängerlust, Schüler u. a. seines Vaters des L. u. Kant. A d a m G r i m. W: Kantate, viele Chöre, bes. MChöre, Lieder

GRIMM, Friedr. Karl * 9/1 1902 Chemnitz, seit 1931 L. am Sternschen Konserv. in Berlin, vorher einige Jahre in London, Schüler St. Krehls u. James Kwasts. W: Sinf. Dichtgen, KaM., KlavSonaten u. KlavStücke, VcStücke, Lieder

GRIMM, Geo. Heinr. * 18/4 1901 Jügesheim (Hessen), da Chorleit. W: Festspiel, Chöre, Lieder

GRIMM, Hans, Dr. iur. * 7/1 1886 Weißenbrunn/Nürnberg, lebt in München. W: Opern, Ballette u. a. ‚Der Zaubergeiger'

GRIMM, Heinz, ps. HEGRI, Albert d' * 28/4 1907, lebt in Elberfeld (Wuppertal). W: UnterhaltgsM.

GRIMM, Jul. Otto * 6/3 1827 Pernau (Livl.), † 7/12 Münster i. W., Schüler des Lpzger Konserv., 1854 in Düsseldorf, schloß sich an Schumann an, mit Brahms befreundet, 1855 in Göttingen GsgVerDirig., 1860/1900 Dir. des ‚Cäcilienvereins' in Münster i. W. W: Sinf., 3 Suiten in Kanonform f. Orch. bzw. StrOrch., ‚Ein Liederkranz aus Quickborn' f. Soli u. Chor, Lieder (u. a. plattdtsche), KlavStücke usw.

GRIMM, Karl * 28/4 1819 Hildburghausen, † 9/1 1888 Freiburg i. Schles., langjähr. SoloVcellist in Wiesbaden. W: VcStücke

GRIMM, Wilhelm * 29/3 1833 Plate (Hann.), † 27/10 1919 Schaffhausen, da seit 1857 Chordir., ML. u. Rhapsode. W: Singspiele, Chöre, Lieder

GRIMMER, Christian Friedr. * 6/2 1798 Mulda (Freiberg), † Juni 1850 Langhennersdorf/Pirna, leitete in Dresden ein MInst., Freund Rob. Volkmanns. W: Lieder u. Balladen

GRIMPE, Alex * 21/4 1907 Hamburg, da Chor- u. OrchDir., da ausgeb., da 1929/31 KM. am FreilichtThea. W: Revue, Hörspiel, OrchStücke, StrQuart., MChöre u. Lieder, auch m. Orch.

GRISAR, Albert * 26/12 1808 Antwerpen, † 15/6 1869 Paris. W: Opern, Operetten (u. a. ‚Bon soir, Monsieur Pantalon'), Ballette, Romanzen usw.

GRISCH, Hans * 1/ 1880 Bremen, Schüler des Lpzger Konserv., da seit 1909 L. W: KaM., FrChöre, Duette, Lieder, KlavStücke

GRISI, zwei Schwestern, gefeierte OpSgerinnen; G i u d i t t a * 28/7 1805 Milano, † 1/5 1840 Robecco (Lombardei) als Gräfin Barni; G i u l i a * 28/7 1811 Milano, † 28/11 1869 Berlin, verheiratet 1836 mit Gerard de Melcy u. 1856 mit dem Tenoristen Mario

GRISWOLD, Putnam * 23/12 1875 Minneapolis, † 26/2 1914 Newyork, OpBaßbarit., zeitw. an der Berliner Hofop., bes. WagnerSgr

GROBE, Julius * 20/10 1807 Gehaus, Sa.-Weimar, † 9/7 1877 Eschlkam, bayer. Wald, städt. M-Dir. u. Kantor zu Nürnberg. W: gem. u. MChöre

GROCHEO, Joh. de, um 1280 Theoretiker in Paris

GROEG, Ernst, ps. = Geo. STERN

GROELL, Ernst * 26/2 1877 Marburg a. L., ML. in Wiesbaden, Schüler R. Barths, d. Lpzger Konserv. u. Saurets, lebte jahrelang in London. W: Serenade u. a.

GROENEN, Joseph * 11/5 1885 Waalwijk, treffl. Heldenbarit. der Oper in Hamburg, vorher in Wien u. Berlin

GRÖPPLER, Paul * 14/2 1888 Görike (Mark), MStudRat in Herford. W: OrgSonate u. -Stücke, VBallade, Chöre, auch m. Org., Lieder

GRÖSCHEL, Ernst * 12/8 1896 Nürnberg, lebt da, KM., da ausgeb., urspr. Pianist. W: UnterhaltgsM., bes. Walzer

GROH, Fritz * 24/6 1878 Plauen i. V., Direktor des Turn-, Sport- u. Jugendpflegewesens der Stadt Leipzig, urspr. SchulL. W: Reigen u. Tänze, Kinderlieder

GROH (Grohen), Johann * Dresden, 1604 Organ. in Meißen, 1623 in Wesenstein. W: Intraden, Paduanen, Quodlibets, Psalmen

GROH, Willy (William), ps. Will WILLIAMS * 22/10 1887, da KM. (Pianist). W: UnterhaltgsM.

GROHEN, Johann — s. GROH

GROHMANN, Karl — s. GREVE

GROITZSCH, Paul * 12/3 1890 Neukirchen a. d. Pleiße, seit 1921 Schul- u. ML. in Brasilien. W: Lieder z. Laute

GRONAU, Daniel Magnus, 1730—1747 Organist in Danzig. W: Choral-Variat. mit genauen Registerangaben

GRONEN, Theodor * 8/4 1883 Leuth, K. Geldern, seit 1911 Domorgan. in Hildesheim u. VerDirig., bis 1922 auch GymnGsgL., vorher Organ. u. Chordir. in Krefeld u. Danzig, Schüler d. Kölner Konserv. u. der KirchMSchule in Regensburg. W: KirchM.

GRONINGEN, Stefan van * 23/6 1851 Deventer, † 25/3 1926 Laren, war KonservDir. in Leyden, wirkte vorher in Zwolle, 's Gravenhage u. Utrecht, Schüler Raifs u. Kiels, tücht. Pianist. W: KlavQuart., Suite f. 2 Klav. usw.

GRONOSTAY, Walter * 29/7 1906 Berlin, lebt da, Schüler H. Kauns, O. Taubmanns u. Schönbergs, zeitw. am Rundfunk. W: Oper, Funkop., Tonfilme, Kantaten, KaM., Rundfunkkomp.

GROOS, Karl — s. GROSS

GROPP, Helmut * 17/11 1899 Thale (Harz), da KM., Schüler u. a. v. Krehl, Karg-Elert, Graener, Schreker u. Jarnach. W: Opern, KaM., KlavStücke, OrgStücke

GROSCH, Geo. * 10/6 1895 Gräfenthal (Thür.), seit 1923 MStudRat u. VerDir. in Jena. W: OrchSuite, Ouv., KaM., Lieder

GROSCHWITZ, Gust. * 19/7 1881 Wiesbaden, † 3/2 1933 Leipzig, KM. u. MVerleger. W: NSMärsche usw., viele Bearbeitgen

GROSHEIM, Geo. Christoph * 1/7 1764 Kassel, da † 1847. W: Opern, ‚Die 10 Gebote' f. 1—4 Singst. m. Org., OrgPräludien, reform. hess. Choralbuch; ‚Elementarlehre des GenBasses', ‚Üb. den Verfall der Tonkunst', ‚Leben der Künstlerin Mara' usw.

GROSS, Joh. * 21/9 1865 Selbach/Wissen a. d. Sieg, Schuldirektor u. VerDir. in Oberhausen. W: KirchM., MChöre

GROSS, Joh. Benj. * 12/9 1809 Elbing, † 1/9 1848 Petersburg, Solocellist. W: VcKoncertino u. Sonaten, StrQuart., Lieder

GROSS (Groos), Karl * 16/2 1798 Saßmannshausen (Westf.), † 20/11 1861 Coblenz, Konsistorialrat. W: volkstüml. Lieder, u. a. ‚Ach Gott, wie weh tut Scheiden', ‚Freiheit, die ich meine' u. ‚Ich bin vom Berg der Hirtenknab'

GROSS, Paul * 3/2 1898 Stuttgart, lebt da. W: W: Kantaten, VKonz., BrKonz., OrgPassacaglia

GROSS, Rich. * 1885 Stuttgart, KlavL. an der Akad. in Zürich. W: OrchSerenade, StrQuart., KlavStücke, Lieder

GROSS, Rud. * 5/7 1874 Karlsruhe, seit 1926 KonservL. in Berlin, vorher TheKM. u. a. in Graz, Altenburg. W: Operette, BühnenM., MChöre, Lieder

GROSS, Wilh. — s. GROSZ

GROSSE, Eduard * 16/10 1823 Weida, † 26/4 1887 Weimar, da langjähr. ausgezeichn. Posaunist d. Hofkapelle, mit Liszt befreundet

GROSSE, Eduard Ant. * 13/6 1860 Komotau, da MSchulDir., vorher da TheaKM., ausgeb. in Triest, Wien u. Leipzig, † um 1930. W: OrchStücke, KlavStücke, Messen, gem. u. MChöre

GROSSE, Erwin * 4/12 1904 Hannover, da Tanzkorrepet. d. städt. Bühne, Schüler u. a. Joh. Schülers. W: Ballette, OrchSuiten u. Stücke, OrchBearbeitgen

GROSSE, Kurt * 25/2 1890 Berlin, da KonzOrgan., Schüler der Kgl. Hochschule

GROSSE, Rudolf * 17/1 1876 Ilsenburg (Harz), Vcellist u. Gambist in Berlin seit 1896, Staatskammermus. i. R., Schüler H. Decherts, in der Kompos. Paul Stoebes. W: KaM, u. a. Trio für 3 Vc; VcStücke

GROSSE-WEISCHEDE, Aug. * 5/7 1849 Soest, † 25/2 1928 Bochum, da KirchMDir. (1922), da 1870/1919 SchulL., da über 50 Jahre Organ., auch VerDirig. W: Oper, 3 Orat., gem. u. MChöre, OrgStücke; ‚OrgBau, OrgTon u. OrgSpiel‘, ‚Gesch. des OrgSpiels‘

GROSSJOHANN, Clemens * 7/12 1875 Maaßlingen, Kr. Minden, ML. (LyzGsgL.) u. Chordir. in Detmold. Jetzt in ? W: MChöre

GROSSMAN, Ludwig * 1835 Turka (Gouvern. Kalisch), † 15/7 1915 Warschau, Schüler Rungenhagens, gründ. 1857 in Warschau eine MHandlg, Aufsichtsrat d. dort. MGes. u. DirMitgl. d. Thea. W: Opern ‚Der Geist des Wojewoden‘ usw. Ouverturen usw.

GROSSMANN, Chrysostomus, Dr. phil. * 27/3 1892 Freiburg i. B., Mönch, Lektor f. Gregorian. KirchGsg. in Beuron. W: Fachschriften

GROSSMANN, Ferd. * 4/7 1887 Tulln (N-Österr.), seit 1922 Chordir. in Wien. W: OrchStücke, KlavStücke, Chöre, Lieder

GROSSMANN, Gust. * 2/11 1890 Dresden, lebt da, war 1924 1. OpKM. in Stettin. W: Oper, SchauspM., Sinf., KaM., Lieder

GROSSMANN, Ludw. — s. GROSSMAN

GROSSMANN, Max, Sanitätsrat Dr. med. * 22/11 1856 Jastrow (West-Preußen), lebt in Treppendorf/Lübben, baut seit 1898 Geigen nach der von ihm aufgestellten Theorie der harmon. Abstimmung von Decke u. Boden, war an der gegen seinen Willen 1907 begründeten, schlecht geführten, 1915 eingegangenen InstrumFabrik ‚Neu-Cremona‘ beteiligt. Seit 1918 baut er zusammen mit Erich Brückner in Steinkirchen-Lübben. W: Broschüren über Geigenbau

GROSSMANN, Walter * 7/1 1900 Dresden, Heldenbar. der Berliner Staatsoper seit Herbst 1930, ausgeb. v. Wald. Staegemann, dann engag. in Altenburg, Gera, Kiel u. Chemnitz

GROSZ, Wilh., Dr. phil. * 11/8 1894 Wien, seit 1933 in London, 1928/33 in Berlin, vorher in Wien, KlavVirt. W: OrchStücke, KaOrchSuite, KaM., KlavKonz., KlavStücke (u. a. ‚Grotesken‘) Lieder (auch m. Orch.), Oper ‚Sganarell‘, Tanzmärchen ‚Der arme Reinhold‘, BühnenM.

GROTH, Gerhard * 9/5 1892 Hamburg, da Organ. seit 1927. W: Kantaten, Chöre, Lieder, OrgStücke

GROTHE, Franz * 17/9 1908 Berlin (Treptow), lebt da, urspr. Geiger, Schüler Müngersdorfs u. Gmeindl. W: TonfilmM., UnterhaltgsM., u. a. Jazz-Suite, aber auch VSonate, KlavStücke, ernste Lieder; Bearbeitgen. — ps. Enrico MARTELLO

GROTHE, Karl Wilh. Eduard * 7/12 1855 Naumburg a. S., seit dem 7. Jahre blind, Schüler d. Blindeninstit. zu Barby (F. W. Sering), 1888/91 in Chemnitz geschätzter Organ. u. Komp., führte dann ein Wanderleben

GROTHEY, Frido * 30/11 1896 Güntersen, Kr. Uslar, lebt in Hamburg, Bearbeiter. W: UnterhaltgsM.

GROTRIAN - STEINWEG, Klavier-Fabrik in Braunschweig (seit 1859), gegr. 1835 in Seesen

GROU, Lucien — s. FLAGNY, Luc. de

GROVE, Sir George * 13/8 1820 Clapham (Surrey), † 28/5 1900 London, geschätzter MSchr., 1882/94 Dir. d. R. College of m. W: ‚Dictionary of M. and Musicians (1879/1889, 3. Aufl. 1926), ‚Beethoven u. seine 9 Symphon.‘

GROVERMANN, C. H. * 12/1 1905 Cottbus, lebt in Berlin-Dahlem, Schüler Max Trapps, Ed. Mörikes u. Cam. Hildebrands. W: Opern, Kantate, OrchStücke, KlavKonz., KaM., KlavStücke, Lieder

GROVLEZ, Gabriel * 4/4 1879 Lille, KlavVirt., 1908 KlavL. an der Schola cantorum in Paris, seit 1914 Dirig. d. Pariser Oper, vielfach Gastdirig. W: Ballette, BühnenM., sinfon. Dicht., Chorwerke mit Orch., KlavVSonate, KlavStücke, Lieder

GROZ, Albert * 1873 Lyon, lebt in Paris, Schüler u. zeitw. L. d. Schola cantorum. W: KaM., KlavSon., Orat. ‚St. François d'Assise‘, Gsge, auch m. Orch.

GROZZA, Camille, ps. = ENESCO, G.

GRUA, Paul * 2/2 1754 Mannheim, † 5/7 1833 München, HofKM. W: 1 Oper, üb. 30 Messen, 3 Requiems, Motetten usw., Konz. f. Klav., Klarin. usw.

GRUBE, Gust. * 23/9 1869 Rostock, ausgebild. in Berlin, Chicago u. Paris, seit 1894 in Wien Chordir. u. Pianist. W: Oper, 6 Sinf., sinfon. Dichtgen, KaM., KlavKonz., Chöre, auch m. Orch., Lieder

GRUBER, Frz * 25/11 1787 Hochburg a. Inn, † 7/6 1863 Hallein als Chorreg. u. Organ. (seit 1835). Sein Lied ‚Stille Nacht, heilige Nacht‘ (1818 komp.) weltbekannt

GRUBER, Franz Xaver * 16/7 1875 Hallein, † 12/3 1926 Salzburg, da seit 1921 DomKM., 1903/21 Chorreg. in Meran, verdienter KirchMusiker, ausgebild. in Salzburg u. Regensburg, 1898 Priester

GRUBER, Hans * 14/12 1850 Regensburg, † 22/12 1910 Köln, Zithervirt.

GRUBER, Jak. * 25/12 1855 Regensburg, L. u. Chorreg. seit 1890 in München, da † 2/7 1908. W: Oper, Kompos. f. StrQuart., Zith., Org., Chorgsg

GRUBER, Jos. * 18/4 1855 Wösendorf/Krems, † 2/12 1933 Linz, 1877/1904 Stiftsorgan. in St. Florian (NÖ.), Schüler Bruckners. W (über 300): Vokal- u. InstrMessen, Requiem, Litaneien, OrgStücke, Marienlieder, ‚Handbuch f. Organ.', Gsgschule usw.

GRUBERG, ps. = Geo. GRÜBER

GRÜBER, Geo., ps. Bobby DOUGLAS, GRUBERG * 17/1 1897 Berlin, da KM. W: UnterhaltgsM.

GRÜGER, Heribert * 9/11 1900 Breslau, Pianist u. KM. in Berlin. W: SchauspM., OrchVariat., Chöre, Liederfibel, Kinderlieder

GRÜMMER, Paul * 26/2 1879 Gera, ausgezeichn. Vcellist u. Gambist, seit Herbst 1933 HochschulL. in Berlin, 1926/33 Prof. an der staatl. Hochschule in Köln; 1913/30 Mitglied des BuschQuart. W: Techn. VcÜbungen, Gambenschule

GRÜMMER, Sylvia (Tochter u. Schülerin Pauls) * 12/5 1911 Wien, Gamb- u. VcVirt. in Berlin, hält im Sommer in Salzburg Gambenkurse

GRÜMMER, Wilh. * 12/1 1877 Gera, OpKM., seit 1921 in Duisburg, da † 10/8 1934. W: sinf. Dichtgen, KlavStücke, Chöre

GRÜN, Bernhard, Dr. jur. * 11/2 1901 Startsch (Mähr.), lebt in Prag, vorher 3 Jahre TheaKM., Schüler von Guido Adler, Egon Wellesz u. Gál. W: Oper, Singspiele, Optten, sinfon. Dicht.

GRÜN, Jakob * 13/3 1837 Pest, † 1/10 1916 Baden/Wien, ausgezeichn. Geiger u. Pädagoge, Schüler Jos. Böhms, 1868/1909 KonzM. der Hofoper u. 1877/1909 KonservProf. in Wien

GRÜNBAUM, Fritz * 7/4 1880 Brünn, OpttenLibrettist in Wien

GRÜNBAUM, Joh. Christoph * 28/10 1785 Haslau/Eger, † 10/10 1870 Berlin, da seit 1832 GsgL. u. BühnenSchr. (Übers. v. frz. OpTexten), vorher gefeierter Tenorist u. a. in Prag u. Wien. W: Lieder. — Seine Frau T h e r e s e, Tochter Wenzel M ü l l e r s (s. d.) * 24/8 1791 Wien, † 30/1 1876 Berlin, berühmte dramat. Sopranistin, 1807/16 in Prag, 1816/28 an d. Wiener Hofoper (die erste Euryanthe), seit 1830 GsgL. in Berlin

GRÜNBERG, Louis * 1882 Rußland, Pianist in Newyork, da ausgeb., später bei Busoni u. Friedr. E. Koch, sehr moderner Komp. W: Oper, Sinf., KlavKonz., KaM., KlavStücke. H: Negro Spirituals. — ps. Geo. EDWARDS

GRÜNBERG, Max * 5/12 1852 Berlin, treffl. Geiger, 1905/23 L. am Sternschen Konserv. in Berlin noch unterrichtend, 1906/19 Dir. des Orch.Ver. der MFreunde. W: ‚Methodik d. VSpiels', ‚Führer durch die Lit. der StrInstr.', ‚Meister der V.'

GRÜNBERGER, Ludw. * 24/4 1839 Prag, da † 12/12 1896, KlavVirt. f. Orch.; StrQuart., V-Suite, Klav- u. a. Kompos.

GRÜNEWALD, Wilh. * 30/8 1886 Barmen, ML. u. Dirig. in Gardelegen. W: Märsche, Tänze

GRÜNFELD, Alfred * 4/7 1852 Prag, † 5/1 1924 Wien, da seit 1872, Schüler des Prager Konserv., k. k. KaVirt., namhafter Pianist. W: Oper, Optte, KlavStücke. — Sein Bruder H e i n r i c h * 21/4 1855 Prag, Schüler des dort. Konserv., VcVirt., † 26/8 1931 Berlin, da seit 1876. H: Rombergs VcSchule. W: ‚In Dur u. Moll' (Erinnergen, 1924)

GRÜNFELD, Rich. * 4/11 1871 Prag, da Schüler d. OrgSchule, seit 1888 Chordir., später KinoKM in Wien, da † 12/9 1932. W: FilmM., Lieder, Chansons

GRÜNING, Wilh. * 2/11 1858 Berlin, da GsgL., auch in Amerika u. Bayreuth gefeiert. Heldentenor., seit 1881 auf der Bühne, 1898/1911 an der Berliner Hofoper

GRÜNINGER, Karl, Dr. phil. * 10/8 1886 Haslach (Baden), RealgymnProf. in Weinheim (Bergstr.), Begr. des Bad. BrucknerVer. (1928). W: ‚Beethoven' (1927); ‚A. Bruckner, der metaphys. Kern seiner Persönlichkeit u. Werke' (1930); ‚A. Bruckner, e. Volkserzählg' (1935)

GRÜNWALD, Alfred * 16/2 1886 Wien, da OpttenLibrettist

GRÜNWALD, J. † 28/1 1931 Rumburg, KM. W: OrchStücke

GRÜNWALD, Rich. * 13/3 1877 Pest, lebt in Berlin, vorher bis 1934 Honnef a. Rh. (hier von seiner Familie sein MVerlag weitergeführt), sehr geschätzter ZithVirt. u. ZithL. W: ZithSchule u. Kompos. H: ‚Die Muse des Saitenspiels' (Ztschr.)

GRÜNWALD, Werner, Dr. phil. — s. GÜNTHER, W.

GRÜTERS, Aug. * 7/12 1841 Ürdingen a. Rh., † 28/1 1911 Frankf. a. M., Schüler des Kölner Konserv. u. von Ambr. Thomas, 1861/68 Dirig. in Troyes, 1868/92 in Crefeld, 1892/1908 Dirig. des CäcilienVer. in Frankf. a. M. — Sein Bruder

Hugo * 8/10 1851 Ürdingen, † Aug. 1928 Leukerbad (Schweiz), Schüler des Kölner Konserv., Dirig. u. a. in Hamm, Zweibrücken, Saarbrücken, Duisburg, 1898/1922 städt. MDir in Bonn

GRÜTZMACHER, Frdr. * 1/3 1832 Dessau, † 23/2 1903 Dresden, VcVirt., 1848 Mitglied d. Orch. u. KonservL. in Leipzig, seit 1860 KaVirt. in Dresden, berühmt. L. W: VcKonz.- u. Salon-Stücke, Lieder, ansprech. KlavKompos. — Sein Bruder L e o p o l d * 4/9 1835, † 27/2 1900 Weimar, ebenfalls VcVirt., seit 1876 in Weimar. W: VcKompos. — Dessen Sohn F r i e d r i c h jr. * 20/7 1866 Meiningen, † 25/7 1919 Köln, da seit 1888 Solocellist u. KonservL.

GRUND, Friedr. Wilh. * 7/10 1791 Hamburg, da † 24/11 1874, gründ. 1819 die Singakad., leitete 1828/62 die philharmon. Konz. W (vergessen): Opern, 8st. Messe, Sinf., KaM., treffl. KlavEtüden

GRUNDMANN, Alfred * 25/1 1857 Seifhennersdorf/Zittau, † 10/9 1930 Dresden, Schüler des Lpzger Konserv., 1880/93 ML. in Charkow, 1894 SemML. u. VerDir. in Bautzen, 1901 SemML. u. (ev.) Hoforgan. in Dresden. W: Org- u. Klav-Stücke

GRUNDMANN, Käte * 25/2 1899 Leipzig, da geschätzte OratorSopranistin

GRUNER, Fritz * 6/4 1876 Lößnitz, Erzgeb., seit 1906 SchulGsgL. (1926 StudRat) in Leipzig. W: Liederbuch f. höh. Mädchenbildsanst., FrChöre u. a.

GRUNER, Nathan. Gottfr., † 1794 als Kantor in Gera. W: KirchM., KlavKonz. u. Son.

GRUNER, Wilh. * 12/4 1888 Coburg, KonzBegl. in Berlin, wohnt in Geltow (Osthavelland) seit 1910. W: Sinf., KlavKonz, StrQuart., KlavStücke, Lieder, auch m. Orch.

GRUNEWALD, Gottfried * 1673, † 20/12 1739 Darmstadt, Schwiegersohn Joh. Phil. Kriegers, erst OpSgr in Hamburg, seit 1712 ViceKM. in Darmstadt, auch Virt. auf d. Pantaleon. W: Oper

GRUNEWALD, Gottfried * 20/1 1857 Quenstädt/Eisleben, † 25/4 1929 Magdeburg, wo er gelebt. W: Opern, ,Des Sängers Fluch' f. MChor u. Orch. usw.

GRUNICKE, Frz * 23/1 1841 Falkenhayn/Zeitz, † 6/9 1913 Berlin, da seit 1871 Klav.- u. OrgL., OrgVirt.

GRUNMACH, Ulrich * 2/11 1891 Eberswalde, da seit 1915 Kantor u. Organ., Schüler d. Sternschen Konserv. u. der Univers. Berlin, sowie E. E. Tauberts. W: Kantaten, geistl. Chöre, Lieder, OrgStücke

GRUNSKY, Karl, Dr. phil. * 5/3 1871 Schornbach/Schorndorf, MSchr. in Stuttgart. W: ,Ästhetik', ,MGesch. des 17., 18. u. 19. Jh.', ,Technik des Klavierauszugs' usw. B: Bruckners Sinf. f. 2 Klav.

GRUODIS * 21/12 1884 Antazaver, lebt in Kaunas (Lit.). W: Ballett, BühnM., u. a. zu ,Hamlet'

GRUS, L. & Cie, bedeutender MVerlag in Paris, gegr. 1830

GRUSS, Jos. Ant. * 17/4 1816 Kleinpriesen/Holtschitz (Böhm.), † 3/4 1893 Franzensbad, SchulL., Erfinder der VierteltonM.

GSCHREY, Rich., Dr. phil. * 27/8 1876, Klav.-L. an der Akad. in München. W: ,Leitfaden der KlavSpielTechnik'; Lieder

GSELL, Jos. Bernhard * 3/11 1877 Ruda, Kr. Hindenburg (OSchles.), KonzHausbesitzer in Berlin-Pankow. W: vaterländ. Märsche, Tänze

GUADAGNINI, von Jos. Joachim bes. geschätzte Geigenbauerfamilie in Milano; L o r e n z o, Schüler Stradivaris, arbeitete 1695/1740; sein Sohn G i o v. B a t t i s t a, bis gegen 1785; dessen Söhne G a e t a n o u. G i u s e p p e

GUAGNI-BENVENUTI, Aless. * 1844, † Okt. 1927 Milano, da GsgL. W: Gsge, u. a. Walzer

GUAITA, Leberecht v., ps. L. CUNITA * 9/4 1906 Demmin, Filmleiter in Berlin, ausgebild. in Köln (Hochsch.). W: FilmM. Tänze, Lieder, auch m. Orch.

GUALDO, Fabio * 1864 Venezia, da sehr geschätzter KlavL. W: KlavStücke

GUAMI, Jos. * um 1540 Lucca, da † 1611, Organ. 1575 in München u. 1588/95 in Venedig. W: 5st. Madrigale, 5—10st. Motetten, 4—8st. Canzonen usw.

GUARNERIUS, Geigenbauerfamilie in Cremona: am bedeutendsten G. G i u s. A n t., gen. G. d e l G e s ù * 16/10 1687 Cremona, † um 1745. (Vgl. Niederheitmann: ,Cremona')

GUARNIERI, Antonio de * 2/2 1883 Venezia, urspr. Vcellist, ausgez. Dirig., KM. der Scala in Milano, 1913 an der Wiener Hofoper. W: Oper, viele Lieder

GUARNIERI, Franc. de * 5/6 1867 Adria, ausgez. vielgereister Geiger, † 16/9 1927 Venezia, da seit 1896 L. am Liceo B. Marcello, ausgeb. in Paris. W: Opern, VKonz., KlavSon.

GUASPARINI — s. GASPARINI

GUBITOSI, Emilia * 3/2 1887 Napoli, da KlavVirt., Gründerin der società Aless. Scarlatti. W: Opern, KlavKonz. u. -Stücke, Lieder; ,Suono e ritmo' u. a.

GUDEHUS, Heinr. * 30/3 1845 Altenhagen-Celle, † 9/10 1909 Dresden, zuerst VolksschulL., seit 1875 BühnenSger (Tenor), 1880/90 an der Dresdener Oper, dann auf Gastspielen, auch in Amerika, der erste Parsifal (1882)

GUDENBERG, Erich Freih. Wolff v. — s. ANDERS, Erich

GUDERT, S., ps. = Ulrich RADEKE

GUE, Paul (Ferdy) * 12/3 1898 Schopedorf, Dirig. in Lehnin. W: Tonfilm, Tänze, Märsche

GÜFLER, Bert, ps. = GUGGENBÜHLER, Albert

GÜHLER-MATZKE, Ernst * 9/6 1882, Tenorist, Dir. der Kunstgsg- u. OpSchule in Breslau

GÜLDENSTEIN, Gust, Dr. phil. * 23/6 1888 München, Anhänger von Jaques-Dalcroze, seit 1921 KonservL. in Basel. W: ‚Modulationslehre‘, ‚Theorie der Tonart‘

GÜLKER, Aug. * 20/3 1854 Glandorf (Hannov.), 1877/1919 GymnGsgL. in Osnabrück. W: KlavKompos., Chöre, Lieder

GÜLZOW, Adalbert * 5/10 1862 Stralsund, † 16/4 1933 Berlin, Geiger, Schüler Joachims u. Em. Wirths, erst Mitglied des Philharm. Orch., 1895/1928 der Kgl. (Staats-) Kapelle in Berlin, Begr. u. Leiter deren KaMVereinigg. W: KaM., MChöre, Plattdtsche Lieder. B: Paganinische VKompos.

GUÉNIN, Marie Alexandre * 20/2 1744 Maubeuge, † 1819 Paris, da seit 1760, tücht. Geiger. W: Sinf., StrQuart., V- u. Vcduette, BrKonz. usw.

GÜNSBURG, Raoul — s. GUNSBOURG

GÜNTHER, Anton (Toler-Hans), * 5/6 1876 Gottesgab (Erzgeb.), Lithograph, Sänger, Dichter u. Komp. von Liedern in erzgebir. Mundart

GÜNTHER, Egon * 1/10 1897 Graz, Pianist in Nürnberg. W: UnterhaltgsM.

GÜNTHER, Felix, Dr. phil. * 2/12 1886 Trautenau, Schüler d. Wiener Konserv., treffl. KonzBegl. u. MSchr., auch OpKM. seit 1933 in Wien, vorher lange Jahre in Berlin. W: ‚Schuberts Lieder‘ (1928) u. a. B: Joh. Strauß (Sohn); ‚Der lustige Krieg‘ u. a.

GÜNTHER, Gerhard * 28/1 1898 Breitenborn, Bez. Lpz., seit 1927 Kantor u. Organ. in Mittweida, Schüler Karl Hoyers. W: Märchenspiele, Kantate, Chöre, Lieder, OrchStücke

GÜNTHER, Herm., ps. F. HERTHER, Dr. med. * 18/2 1824 Leipzig, da † 13/2 1871. W: Oper

GÜNTHER, Joh. Christ. * 8/4 1695 Striegau, † 15/3 1723 Jena, der eigenartige Dichter, dessen Liebesgedichte öfters vertont worden sind.

GÜNTHER, Johannes * 30/12 1901 Gr.-Ottersleben/Magdeburg, lebt in Berlin, studierte Philos. u. M. (bei Graener, Krehl) in Lpz., da 1921/25 Organ. (OrgKonz., KaMKonzerte), 1926 in Italien, 1927/28 in Hamburg, seit 1929 in Berlin, studierte bei Geo. Schumann, zeitw. mus. Leiter d. Kulturabteilg der NSDAP, Assistent Graeners, Mai 1933/34 Redakt. der Ztschr. ‚Die Musik‘. W: Gr. Chorwerk ‚Stirb u. werde‘ (Wien 1927), KaM. (3 StrQuart. usw.), KlavStücke, Chöre

GÜNTHER, Max * 13/9 1890 Ortelsburg, V-Virt. (viel gereist) u. KM. in Berlin, ausgeb. in Königsberg (Konserv.) u. von Marteau. W: Sinf. Dichtg, VKonz., Märsche

GÜNTHER, Paul * 24/2 1889 Lunzenau, Bratschist des GewandhausOrch. u. d. städt. Op. in Leipzig, da ausgeb. (Konserv.). H: alte u. neue Werke f. Vla d'amore

GÜNTHER, Richard * 9/5 1859 Berlin, da ML. u. Chordir. H: geistl. Lieder m. Git. W: GitSchule

GÜNTHER, Siegfried * 10/7 1891 Bernburg, ML. u. MSchr. in Berlin, da ausgeb. im Instit. f. KirchM. u. nach dem Kriege auch an der Univ., urspr. SchulL. (1928 Abitur. Exa.). W: ‚Moderne Polyphonie‘; ‚Die musik. Form in der Erziehg‘; ‚MErziehg als nation. Aufgabe‘; viele Aufsätze u. a. üb. MErziehg

GÜNTHER, Werner (Künstlername: bürgerl. W. GRÜNWALD, Dr. phil.) * 19/11 1887 Berlin, da TheaKM. u. Bearb. W: Volksstücke, Tänze, Märsche, Schlager, Kabarettlieder

GÜNTHER-DORRHAUER, Lid * 19/1 1888 Apolda, lebt in Lpz., da und vorher in Hannover ausgeb., gründete 1920 den Lido-Verl. z. Hrsgabe ihrer Kompos. u. Dichtgen. W: Chöre, Kinderlieder, ‚Allerlei zur Laute, u. a.

GÜNZBURG, Mark., Dr. phil. * 18/4 1879 Charkow, Schüler d. Konserv. in Moskau u. Emil Sauers, KlavVirt., 1912/21 L. am Klindworth-Scharwenka-Konserv. in Berlin; seit 1921 in Mexiko

GÜNSBURG, Raoul — s. GUNSBOURG

GÜNZEL, Rich. * 11/10 1873 Berlin, da seit 1904 Organ. u. Chordir. W: Kantaten, Chöre

GUERANGER, Prosper * 4/4 1804 Sablé-sur-Sarthe, † 30/1 1875 als Abt des Benediktinerklost. Solesme, sehr verd. um die Restauration des Gregorian. KirchGsgs. W: ‚Institutions liturgiques‘, ‚Ste Cécile et la société romaine‘ (8 Aufl.). H: ‚L'année liturg.‘

GUERRE, Michel de la — s. LA GUERRE

GUERRERO, Francesco * Mai 1528 Sevilla, da † 8/11 1599, DomKM. seit 1555. W: 2 Passionen, Messen, Motetten, Psalmen, Hymnen, Vespern usw.

GUERRINI, Guido * 12/9 1890 Faenza, seit 1928 KonservDir. in Firenze, Schüler des Lic. mus. in Bologna. W (bemerkensw.): Opern, sinf. Dicht., KaM., V-, Vc-, KlavStücke, Gsge

GÜRRLICH, Jos. Aug. * 1761 Münsterberg (Schles.), † 27/6 1817 Berlin, da 1781 Organ., 1790 KBassist, 1811 II. Dirig. der Hofoper, 1816 HofKM. W: Opern, Ballette, SchauspielM., KlavVariat., Lieder

GÜRTH, Max Frz * 1/1 1883 Wien, seit 1912 Chordir. u. ML. in Leoben, urspr. Vcellist. W: KirchM., VcStücke, KlavStücke, Lieder, Tänze

GÜTHER, Willy * 1/2 1898 Löhma, Kr. Schleiz, seit 1919 SchulL. u. VerDir. in Zeulenroda, ausgeb. in Leipzig (Konserv.) u. Weimar; Frontkämpfer. W: Märchen- u. Tanzspiele, Chöre, Lieder u. a.

GÜTTLER, Herm., Dr. phil. * 7/10 1887 Königsberg i. Pr., da (Cranz) MSchr. Schüler Bernekers, 1910/26 Krit. der Ostpreuß. Ztg. u. seit 1913 L. f. MGesch. u. Ästhetik am Konserv. in Königsberg i. Pr. W: Oper, sinf. Dicht., OrchSuite, KlavStücke, Liederzyklen; ‚Königsbergs MKultur im 18. Jh.'

GUEYMARD, Louis * 17/8 1822 Chapponay (Isère), † Juli 1880 Paris, da 1848/68 berühmter Tenorist d. Gr. Oper

GUGGENBÜHLER, Albert, ps. GÜHLER, Bert * 4/10 1882 Freiburg i. B., seit 1909 in Mannheim, da 1912 Dir. eines Pädag. f. Gsg u. Klav., VerDirig. u. Gauchorm., ausgeb. in Karlsruhe. W: MChöre

GUGLIELMI, Filippo * 15/6 1859 Ceprano, ausgebild. in Napoli u. Roma, wo er auch Liszt näher trat. W: Opern, u. a. ‚Pergolesi', ‚Le Eumenidi', sinfon. Dicht.

GUGLIELMI, Pietro * 9/12 1728 Massa Carrara, † 19/11 1804 Rom, KM. der Peterskirche, Schüler Durantes. W: üb. 100 Opern, Messe, Motetten, KlavQuart., StrTrios, KlavStücke usw. — Sein Sohn Pietro Carlo * 1763 Napoli, † 28/2 1827 Massa Carrara. W: an 50 Opern

GUHR, Karl Wilh. Ferd. * 27/10 1787 Militsch (Schles.), † 23/7 1848 Frankf. a. M., TheaKM. seit 1821. W: Opern, KirchM., ‚Über Paganinis Kunst, die V. zu spielen'

GUI, Vittorio * 14/9 1885 Rom, da Schüler des Lic. mus. di S. Cecilia, seit 1907 TheaKM. an verschied. Orten, auch MSchr., fortschrittl. Komp. W: Oper, sinf. Dicht., Liederzyklen; ‚La forza e i suoni' (Aufsätze)

GUIDI, Giov. G. † 18/1 1883 Firenze, MVerl., der zuerst Op- u. KaMPartituren in Taschenformat herausbrachte. Sein Verlag ging an Ricordi-Milano über

GUIDO ARETINUS (Guido v. Arezzo), Benediktinermönch * um 995 in der Umgegend von Paris, erzogen im Kloster St. Maur des Fosses, dann Mönch in Pomposa/Ferrara, später im Kloster zu Arezzo (Toscana). Angeblich † 17/5 1050 als Prior des Kamaldulenserklosters in Avellano. Verbesserte die bis dahin übliche, in der Tonhöhenbezichnung unsichere Neumenschr. durch Einführg eines 4 Linien umfass. Notensystems mit Benutzg d. Linien u. Zwischenräume; erfand die Solmisation u. verbesserte das Hucbaldische Organum durch Aufstellg neuer Regeln f. d. Stimmenführg u. Schlußbildg

GUIGNON (eigentl. Ghignone), Jean Pierre * 10/2 1702 Torino, † 30/1 1774 Versailles, der letzte roi des ménétriers, treffl. Geiger. W: Son. f. 1 bzw. 2 V. m. bez. Baß

GUILBERT, Yvette * 20/1 1867 Paris, berühmte, noch um 1930 auftretende, auch in Deutschland sehr geschätte, in Paris lebende Chansonsängerin

GUILLAUME DE MACHAULT — s. MACHAUT

GUILLAUME, Max * 23/10 1877 Roermond, da seit 1914 OrchDir., VVirt., zeitweis TheaKM., ausgeb. in Gent, u. a. v. Ad. Samuel. W: Op., Orat., Kantat., viele Lieder, Ballett, MilMusStücke

GUILLARD, Nic. Franç. * 1752 Chartres, † 1814 Paris, berühmter OpLibrettist

GUILLELMUS deMascandio — s. MACHAUT

GUILLEMAIN, Gabriel * 15/11 1705 Paris, da † (Selbstmord) 1/10 1770, treffl. Geiger. W: KaM., bes. Sonaten f. V. m. bez. Baß

GUILLON, Joseph * 1784 Paris, † 1853 Petersburg, vielgereist. FlVirt. W: FlKonz. u. a.

GUILMANT, Alex. * 12/3 1837 Boulogne sur Mer, † 29/3 1911 Meudon/Paris, treffl. OrgVirt., mit 16 Jahren Organ. u. mit 20 KM. u. MSchulL. in seiner Vaterstadt, seit 1871 in Paris, konzertierte in England, Italien u. Rußland, Mitbegr. der Schola cantorum (1894), seit 1906 auch OrgL. am Konserv. W: Sinf. f. Org. u. Orch., OrgSonaten u. KonzStücke, Chorwerk, Messen, Motetten usw. B: ‚L'organist liturgiste' (Gregorian. Choralmelodien), Arrang. f. Org., Harm. usw. H: Archives des maîtres de l'orgue, Traité d'instrumentation.

GUIRAUD, Ernest * 23/6 1837 New Orleans, † 6/5 1892 Paris, Schüler des dort. Konserv., da seit 1876 sehr geschätzter TheorL. W: Rezitative zu Bizets ‚Carmen'; Opern, OrchSuite, Ouvert., VStücke usw.

GUIRAUD, Georges, ps. G. Rolland † 11/3 1928 Toulouse, da Organ., TheorProf. am Konserv. u. MKrit., ausgebild. in der Niedermeyer-Schule in Paris. W: Opern, Chorwerke m. Orch.

GUITRY, Sacha * 1885 Petersburg, Schauspieler u. Bühnendichter (Libretti) in Paris

GULBINS, Max * 18/7 1862 Kumetschen, Kr. Goldap (Ostpr.), † 19/2 1932 Breslau, Schüler der Kgl. Hochschule in Berlin (Fr. Kiel), 1888 MDir. in Insterburg, 1900 Kantor u. Oberorgan. in Breslau. W (über 100): 2 Opern, Pantomime, Orch-, Org-, KlavStücke, MChöre, Lieder usw.

GULBRANSON, Ellen, geb. Norgren * 8/3 1863 Stockholm, lebt in Oslo, berühmte OpSgerin, ausgeb. in Paris, Debüt 1889 als Aida in Stockholm, 1896 u. öfter Brünnhilde in Bayreuth, zeitw. an der Berliner Op.

GUMBERT, Ferd. * 22/4 1818 Berlin, da † 6/4 1896, 1840/42 OpSgr in Köln, seit 1842 GsgL. u. MSchr. in Berlin. W: Liederspiele, Lieder (meist sehr beliebt gewesen) usw.

GUMBERT (eigentl. Gumpert), Frdr. Ad. * 27/4 1841 Lichtenau (Thür.), † 31/12 1906 Leipzig, Mitgl. des Gewandhausorch. seit 1864 u. KonservL., HornVirt. W: treffl. Hornschule, Studien, HornQuart.

GUMPELTZHAIMER, Adam * 1559 Trostberg (Bay.), † 3/11 1625 Augsburg, Kantor seit 1581, tücht. Komp. u. Theor. W: 4st. geistl. Lieder, Motetten usw.

GUMPERT, Friedr. Ad. — s. GUMBERT

GUMPRECHT, Otto, Dr. jur. * 4/4 1823 Erfurt, † 6/2 1900 Meran, MSchr. (erblindet), 1849/1890 in Berlin. W: ‚Musikal. Charakterbilder', ‚R. Wagners Nibelungen', ‚Unsere klassisch. Meister', ‚Neuere Meister' u. a.

GUND, Robert — s. GOUND

GUNGL, Joh. (weniger bekannt als Jos.) * 5/3 1828 Zsambek (Ung.), † 27/11 1883 Fünfkirchen, da seit 1862 zurückgezogen; reiste mit eigener Kap. W: Tänze

GUNGL, Jos. * 1/12 1810 Zsambek (Ung.), † 31/1 1889 Weimar, beliebt. Tanzkomp., 1843/58 Dir. eines eignen Orch. in Berlin u. auf Reisen; 1858 MilKM. in Brünn, 1864 in München u. seit 1876 in Frankfurt a. M.

GUNKE, Joseph * 1801 Josephstadt (Böhm.), † 17/12 1883 Petersburg, da seit 1834 Geiger u. Organ. der Kais. Thea., 1864 L. an der Hofsgrkap., 1872 KonservBibliothekar. W: Oratorium, Messen, KaM., Lieder; ‚Vollst. KomposLehre', ‚Briefe über M.'

GUNKEL, Adolf * 25/7 1866 Dresden, da Schüler des Konserv. u. seit 1884 Geiger der Hofkap., am 20/3 1901 von einer Dame erschossen. W: Opern, Sinf.,VKonz., Kantate f. Doppelchor, Soli, Org. u. Orch., Chöre, Balladen, Lieder usw.

GUNN, John * um 1765 Edinburgh, da † um 1824, Vclist, ML. (1790—95 in London). W: Schulen f. versch. Instr., ausgez. VcSchule

GUNSBOURG, Raoul * 6/1 1864 Bukarest, ausgebild. in Paris, lebt jetzt da, 1893 ff. OpernIntend. zu Monte Carlo. W: Opern. B: Berlioz, La damnation de Faust (f. d. Bühne)

GUNZ, Gust., Dr. med. * 26/1 1831 Gaunersdorf (NÖsterr.), † 11/12 1894 Frankf. a. M., GsgProf. am Hochschen Konserv. seit 1888; 1861/1888 lyr. OpTenor in Hannover, auch geschätzter u. vielgereist. Orator.- u. Liedersgr

GURA, Anita (Tochter Hermanns) * 20/2 1911 Berlin, ab Sept. 1935 I. jugdram. Sgrin in Danzig, Schülerin ihres Vaters, 1931/5 an der Berl. städt. Op. bzw. am Dtsch. OpHaus

GURA, Eugen * 8/11 1842 Pressern / Saaz (Böhm.), † 26/8 1906 Aufkirchen (Starnberger See), ausgez. Baritonist, seit 1865 Sgr, engagiert in München, Breslau, Leipzig, Hamburg u. 1884/1896 in München, seitdem bes. als KonzSgr (zumal Löwescher Balladen) gefeiert. — Sein Sohn Hermann * 5/4 1870 Breslau, ebenfalls tücht. Barit. (lange am Schweriner Th.), 1907/09, 1910/11 OpDir. in Berlin, 1920/22 OpSpielleiter in Helsingfors, seit 1927 GsgL. in Berlin; dirigierte auch gelegentlich

GURA-HUMMEL, Annie * 5/10 1884 Straßburg, von Berlin aus gastierende Hochdramat., ausgeb. in Köln (Konserv.) u. v. ihrem späteren Manne Herm. G., war engagiert u. a. in Schwerin, Hamburg, Leipzig, London

GURIDI, Jesus * 25/9 1886 Vitoria (Span.), Organ. in Santiago u. Chordirig in Bilbao, Schüler d'Indys, Jongens u. O. Neitzels, als Komp. durch die baskische VolksM. beeinflußt. W: Opern, sinfon. Dichtgen, Org.- u. VStücke, Chöre, Gsge m. Orch.

GURILEW, Alex. * 4/9 1803, † 12/9 1858 Moskau, Dilettant. W: beliebte Lieder, Duette

217

GURLITT, Kornelius * 10/2 1820 Altona, da † 17/6 1901, da seit 1851; 1864 Organ. W: Oper, 2 Optten, Orch- u. KaM., zahlr. KlavKompos., bes. treffl. instrukt., Lieder usw.

GURLITT, Manfred * 6/9 1890 Berlin, lebt da, Schüler Kauns, Humperdincks u. Mayer-Mahrs, 1909/10 Korrepetitor an der Berl. Hofoper, 1911 in Bayreuth, 1912 TheaKM. in Essen, 1913/14 in Augsburg, 1914/27 in Bremen, da seit 1920 Leit. d. Neuen MGesellsch. W: Opern, KlavKonz., VKonz., KlavQuint., Lieder, auch m. KaOrch.

GURLITT, Willibald, Dr. phil. * 1/3 1889 Dresden, Schüler Ph. Wolfrums u. H. Riemanns, Kriegsteilnehmer, 1919 Lektor, seit 1920 (1929 o.) Prof. d. MWissensch. an der Univers. Freiburg i. B., bes. Praetorius-Forscher, Wiederbeleber alter MInstr., Führer der modernen OrgBewegg, treffl. Lehrer. H: versch. v. Praetorius; Buxtehude, Solokant. u. Missa brevis; ‚Ausgew. dtsche ChorM. der Reformationszeit' u. a. W: zahlreiche fachwiss. Aufsätze

GURNEY, Ivor * 28/8 1890 Gloucester, lebt in Longford (Gloucester), Schüler d. R. Coll. in London. W: OrchRhapsodien, KaM., KlavStücke, Lieder-Zyklen

GURREA — s. ADALID Y GURREA, Marcel del

GUSIKOW, Jos. * 2/9 1806 Schklowa (Rußl.), † 21/10 1857 Aachen (währ. e. Konzerts), vielgereister Xylophon-Virt.

GUSINDE, Alois * 13/4 1864 Groß-Perschwitz, Kr. Militsch, Schulrektor in Berlin. W: ‚Anleitg zum SchulgsgUnterr.', Übungsschule f. musikal. Gehörbildung'

GUSTAV, Prinz v. Schweden * 18/6 1827, † 24/9 1852, Schüler Lindblads. W: viele Lieder, auch MChöre, Märsche

GUT, Heinrich, ps. HEIN AGATH * 10/2 1906 Frankfurt a. M., lebt da. W: Tänze, Schlager

GUTHEIL, A., bedeutender MVerl. (freilich viele Nachdrucke) in Moskau gegr. um 1880, von der Sowjet-Regierg 1918 enteignet, jedoch in Leipzig u. Paris weitergeführt durch A. Kussewitzky (s. d.)

GUTHEIL, Gust. * 1868 Blankenhain, † 10/4 1914 Weimar, zeitweilig KM. des Wiener KonzVer. W: Lieder

GUTHEIL-SCHODER, Marie * 10/2 1876 Weimar, lebt in Wien, da 1900/25 gefeierte Sgrin (Charakterdarstellerin), seit 1926 Spielleiterin der Oper, 1891/1900 in Weimar OpSgrin

GUTHEIM, Karlheinz * 4/10 1904 Gelsenkirchen, lebt in Berlin, vorher OpKM (1928) in Hagen. W: Tanzspiele, BühnenM., OrchSuite

GUTMANN, Adolf * 12/1 1819 Heidelberg, † 27/10 1882 Spezia, vielgereist. Pianist, Schüler Chopins. W: KlavStücke, treffl. Etüden

GUTMANN, Frdr. * 12/5 1828 Weißenburg i. Bay., † 3/10 1906 Nürnberg, wo er lange gelebt, urspr. SchulL., fruchtbarer ZithKomp. W: ZithSchule, Liederalbum (op. 330), Tanzalbum (op. 341) f. Zith. usw.

GUTTMANN, Alfred, Dr. med. * 30/7 1873 Posen, lebt in Werder a. H., Gsgstudium bei Th. Paul u. Göttmann u. a., übt seit 1900 in Berlin wissenschaftl. Tätigkeit aus (Schüler u. Mitarb. Stumpfs), fördert die musikal. Volksbildg, bes. die Arbeiter-GsgVer. W: ‚Wege u. Ziele des Volksgsgs' (1928), ‚Die Wirklichkeit u. ihr künstl. Abbild', ‚Neue VolksMKultur' (1924). H: Chor-Sammlgen

GUTTMANN, Artur * 21/8 1891 Wien, lebt da, ausgezeichn. OpttenKM., beim Tonfilm tätig in Berlin 1921/33, ausgeb. v. Jos. Labor, Jos. Sulzer u. Karl Gille. W: Optten, Pantomimen, Lieder. B: Falls ‚Jugend im Mai' u. a. — ps. Otto Erwin KULM

GUTTMANN, Oskar, Dr. phil. * 16/6 1885 Brieg, seit 1933 in Paris; 1924/33 MKrit. in Breslau bzw. Berlin, vorher OpKM. W: Singspiele, Lieder, KlavTrio u. Stücke; ‚Leerbuch (!) der mod. Optte' (1925)

GUTTMANN, Wilh. * 1/1 1886 Berlin, da Schüler der Hochschule (Bruch, Juon), später Gsgsschüler Charles W. Graeffs, in Humperdincks Meisterklasse, seit 1912 Sgr (Bariton); beteiligt an den Händel-OpAufführgen in Göttingen 1920 ff.; Mitglied der Gr. Volksoper in Berlin seit 1922 u. 1925/33 der städt. Oper; 1926/33 GsgL. an der staatl. Hochschule. Auch tüchtiger Geiger. Jetzt ML. W: Oper, StrQuart., VKonz. — ps. Hans ROLAND

GUTZEIT, Erich * 10/10 1898 Friedrichsberg, KM. in Berlin. W: UnterhaltgsM.; Bearbtgen

GUTZMANN, Herm., Dr. med. * 29/1 1865 Bütow (Pomm.), † 4/11 1922 Berlin, da Spezialarzt f. Stimmstörg. W: ‚Stimmbildg u. Stimmpflege', ‚Physiologie der Stimme u. Sprache'

GUZEWSKI, Adolf * 1876 Dyrwiany (Lit.), da † Apr. 1920, Schüler des Petersb. Konserv. u. Noskowskis. W: Opern, Sinf., OrchVariat., KlavKonz.; Prakt. InstrumentLehre

GUZMAN, Juan Baut. * 19/1 1846 Aldaya (Valencia) † 18/3 1909 als Mönch in Montserrat, da verdient um den Kindergsg, vorher Organist, u. a. in Valencia (1877). H: Ora pro nobis (Kinderchöre, 5 Bde)

GYROWETZ, Adalbert * 19/2 1763 Budweis, † 19/3 1850 Wien, da 1804/31 HofopKM., urspr. fürstl. Legationssekretär. W: 30 Opern, u. a. ‚Agnes Sorel‘, ‚Der Augenarzt‘, ‚Die Prüfung‘, Singspiele, 40 Ballette, 60 Sinf., KaM., u. a. 60 StrQuart., 19 Messen, Chöre, Lieder; Sebstbiogr. (1848)

GYSI, Fritz, Dr. phil. * 18/2 1888 Zofingen, seit 1915 in Zürich, Kunst- u. MSchr.; seit 1921 PrivDoz., seit 1932 Prof. f. MWissensch. a. d. Univers. W: ‚Mozart in seinen Briefen‘, ‚Max Bruch‘, ‚Debussy‘, ‚R. Strauss‘ u. a.

H

HAACK, Karl * 18/2 1751 Potsdam, da † 28/9 1819; treffl. Geiger, Schüler Frz Bendas; KonzM. d. Prinz. Friedr. Wilhelm v. Preußen, nach dessen Regiergsantritt KM. bis 1811. W: VKonzerte u. Sonaten

HAAG, Armin * 24/6 1884 Sonneberg (Thür.), seit 1918 GymnML. u. VerDir. in Grünberg (Schles.), Schüler der Akad. in München, bes. A. Beer-Walbrunns, 1910/15 MDir. in Schässburg, Siebenb., dann Kriegsteiln. W: Singspiele, OrchStücke, StrQuart., StrTrios, bes. f. Kinder, Chöre, Lieder

HAAG, Herbert, Dr. phil. * 3/12 1908 Mannheim, seit 1931 Doz. am kirchmus. Instit. der ev. Landeskirche in Heidelberg, OrgVirt., seit 1929 KonzReisen, MSchr., ‚César Franck als OrgKompon.‘

HAAKMAN, Jean Jacques * 1862, † 4/2 1931 London, VVirt. W: VStücke

HAAN, Willem de * 24/9 1849 Rotterdam, † 26/9 1930 Berlin, 1873 Dirig. in Bingen, 1876 Dirig. des Mozartver. in Darmstadt, 1878/1914 da HofKM., bis Sept. 1919 Dir. des MVer., lebte seit Sept. 1923 in Berlin. W: Opern, größere Chorwerke, Duette, Lieder usw.

HAAN-MANIFARGES, Pauline de * 4/4 1872 Rotterdam, da GsgL., berühmte Orat- u. LiedSgerin, u. a. Schülerin Stockhausens

HAAPANEN, Toivo, Dr. phil. * 15/5 1889, MKrit. u. OrchDir. in Helsingfors, seit 1925 Doz. f. MWissensch. an der Univer., Erforscher der mittelalterl. finnl. M.

HAARHAUS, Wilh. * 3/1 1885 Köln, da Musiker. W: UnterhaltgsM.

HAARKLOU, Joh. * 13/5 1847 Söndfjord/Bergen (Norw.), ausgeb. in Leipzig u. Berlin, seit 1880 Organ. in Oslo, auch MKrit., da † 26/11 1925. W: 5 Opern, Sinf., Klav- u. VKonz., KaM., KlavStücke, Orator., Lieder, MChöre

HAAS, Emanuel * 1840, † August 1903 Sopron/Ödenburg. W: Orch- u. KaM. usw.

HAAS, Engelbert * 23/3 1875 Köln, da † 24/12 1934, KonservDir., auch Bariton

HAAS, Joseph * 19/3 1879 Maihingen (Bay.), urspr. VolksschulL., einer der bedeut. Schüler Regers, 1911 KomposL. (ungemein verdient) am Konserv in Stuttgart, 1921 an der Akad. der Tonkunst in München. W: Orat. ‚Die heil. Elisabeth‘; ‚Christnacht‘; ‚Das Lebensbuch Gottes‘ (nach Angel. Silesius); Weihnachtsmärchen; Heitere Serenade, Variation. üb. ein altdtsch. Volkslied, Variat-Suite f. Orch.; KaM., KlavStücke, Lieder; Tag u. Nacht, sinf. Suite f. Ges. u. Orch.

HAAS, Paul * 16/12 1866 Schussenried (Württ.), seit 1894 ML. u. Organ. in Freiburg i. Ü. W: Chöre, OrgStücke

HAAS, Robert * 15/8 1886 Prag, 1908 Dr. phil., zeitw. TheaKM., bedeut. MGelehrter, seit 1920 Leiter der MAbteil. der Nationalbibl. in Wien, 1929 ao. UnivProf. W: KaM., KlavSon., Lieder; ‚Gluck u. Durazzo‘, ‚Die Wiener Oper‘, ‚Die M. des Barocks‘, ‚Die Estensischen Musikalien‘, ‚Mozart‘, ‚Bruckner‘ u. a. H: Bruckner, sämtl. Werke

HAAS, Willy (Wilhelm) * 3/1 1902 Köln, lebt da, da ausgeb. (Konserv.). W: Karnevalsschlager

HAASE, Gerhard * 8/1 1875 Köthen, Schüler der Konserv. in Sondershausen u. Leipzig, 1879/1911 MDir. in Langenberg (Rheinl.), seit 1911 als Nachfolger seines Vaters Organ. u. SchulML. in Köthen. W: Choralvorspiele, MChöre, Lieder

HAASE, Paul * 8/1 1857 Potsdam, † 1/1 1906 Köln; geschätzter KonzSgr u. GsgL. in Rotterdam, Karlsruhe, Cincinnati u. Köln (seit 1898)

HAASE, Rudolf * 17/12 1841 Köthen, dort † 24/3 1916, 1867/1911 SemML. u. Organ. W: Klav- u. OrgStücke, MChöre; Anhaltin. Landeschoralbuch

HAASS, Hans * 5/9 1897 Köln, KlavVirt., da am Reichssender tätig, vorher 1926 ff. in Freiburg i. B. W: Sinfonietta, KlavStücke, Lieder

HABA, Alois * 21/6 1893 Wisowitz (Mähr.), KonservL. in Prag, Schüler Schrekers, 1921/23 L. an der staatl. Hochschule in Berlin, sucht das Vierteltonsystem einzuführen. W: Op., Orch- u. KaM., KlavStücke, ChorSuite; ‚Grundlagen der Tondifferenzierg' — Sein Bruder K a r e l * 21/5 1898 Wisowitz, gleichf. Viertelton-Komp., Geiger. W: Ouvert., KaM., KlavStücke, moderne VTechnik

HABEL, Ferd. * 29/9 1874 Mariaschein (Dtsch-Böhm.), seit 1890 Organ. in Wien, da 1921 DomKM. W: geistl. u. weltl. Chöre

HABENECK, Franç. Ant. * 1/6 1781 Mezières (Sohn eines Mannheimer Musikers), † 8/2 1849 Paris, da Geiger, 1821/46 Dir. der Gr. Oper, dann VProf. am Konserv. u. seit 1828 Dirig. der von ihm zu besond. Bedeutg erhobenen KonservKonz., um Einbürgerg Beethovenscher Werke (bes. der 9. Sinf.) verdient. W: 2 VKonz. u. konzert. VDuos usw.

HABER, Rud. * 30/12 1882, lebt in Budapest. W: UnterhaltgsM.

HABERBIER, Ernst * 5/10 1813 Königsberg, † 12/3 1869 Bergen (Norweg.), kais. russ. Hofpianist, unternahm viele KonzReisen. W: feine KlavStücke (Etudes poésies, op. 53 u. 59 bes. wertvoll)

HABERHAUER, Maurus, Benediktiner * 13/3 1746 Zwittau (Mähr.), † 18/2 1799 Raigern/Brünn; da Chordir. im Kloster. W: Messen u. a. KirchM.

HABERL, Frz Xaver * 12/4 1840 Ober-Ellenbach (Bay.), † 5/9 1910, kath. Priester, 1871/82 DomKM. in Regensburg, wo er 1874 die bald berühmt gewordene KirchMSchule eröffnete. H: ‚Cäcilienkalender' (seit 1876 ‚Kirchmusik. Jahrbuch'), ‚Musica sacra', Werke Palestrinas u. Lassos. W: Zahlreiche kirchmusik. Schriften u. Aufsätze

HABERMANN, Frz * 20/9 1706 Königswert (Böhm.), † 7/4 1783 Eger, KirchKM.; vonher in Paris (1731), Florenz u. Prag, L. Dusseks. W: Messen, Orator., Sinf. u. a.

HABERT, Joh. Evangelista * 18/10 1833 Oberplan (Böhm.), † 1/9 1896 Gmunden, Organ. u. Chordir. seit 1861. H: ‚Ztschr. f. kath. KirchM.' 1868/83. W: Messen, Offertorien, Gradualien, Orgwerke, Chöre usw., ‚Beiträge z. Lehre von d. musik. Kompos.' (4 Bde). Vgl. A. Hartl (1900)

HABERZETTL, Karl Joh. Jos. * 10/8 1895 Liptitz/Dux, seit 1919 KM. (Variété), Kino- u. VerDir. in Dux. W: Tänze u. Märsche

HABICH, Eduard * 3/9 1885 Cassel, lebt in Berlin, da 1910/30 Charakterbaritonist der Staatsoper, vorher u. a. in Koblenz u. Düsseldorf, seit 1911 häufig in Bayreuth (Alberich, Klingsor), viel auf Gastspielen (u. a. Beckmesser) im Ausland, auch geschätzter OratorSgr

HACAULT, Edm. * 21/7 1903 Zwickau, da KonzSgr. W: Optte, Krippenspiel, JazzM., Lieder

HACK, Henri * 24/1 1879 's Gravenhage, da † 12/10 1928, VVirt., Führer e. StrQuart., Schüler u. a. Hugo Heermanns

HACKE, Albert Freih. v. * 1869 Prag, da MSchr., da u. in Wien ausgeb. W: viele Lieder, Tänze; ‚Soll unser Kind M. lernen?'

HACKENBERGER, Oskar * 24/7 1872 Langhennersdorf (Sachs.), † 8/11 1929 Berlin, da seit 1924 HeeresMInspiz., seit 1908 L. an der Hochschule u. II. ArmeeMInsp. W: Ouvert., StrQuart., Märsche u. a.

HACKER, Benedikt * 30/5 1769 Deggendorf, Bay., † 1829 Salzburg, da Geiger u. ML., Schüler M. Haydns u. Leop. Mozarts. W: Oper, Messen, einst beliebte Lieder

HACKER, Frz Xaver * 17/12 1867 Dinkelsbühl, Domkapitular seit 1924 in Eichstätt, da ausgeb., seit 1893 Priester, 1893/1906 MPräfekt an der bischöfl. Hochschule, dann Pfarrer in Meiling/Ingolstadt, 1918 Orgbausachverständiger. W: Messen, Requiems u. a. KirchM., Psalmen f. Chor u. Grch., Singspiele, Chöre, Lieder, Märsche

HACKL, N. Lajos * 11/6 1868 Siegraben/Oedenburg, SchulGsgL. u. KonservL. in Budapest. W: Chöre, Lieder

HADLEY, Henry K. * 20/12 1874 Somorville (Mass.), Dirig. s. 1920 in Newyork, stud. in Boston u. Wien. W: Opern, 4 Sinf., sinfon. Dichtgen, VcKonz., KlavStücke, Kantaten, Lieder

HADLEY, Patrick * 1899 Cambridge, KomposL. am R. Coll. in London. W: OrchSuite, gr. Chorwerke m. Orch., Lieder u. a.

HADDOCK, Edgar * 1860, † 10/8 1926 Leeds, begründ. da 1899 das Coll. of m. u. das Orch., Geiger. W: Bearb., VStücke, Handbücher

HADOW, William Henry (seit 1918 Sir) * 27/12 1859 Ehrington (Gloucester), lebt in London, 1919/30 Vizekanzler der Univers. Sheffield. W: ‚Oxford history of m.' (5. Bd) ‚Studies in modern m.', ‚Sonata-form', ‚W. Byrd', ‚English m.' (1931); Kantaten, Bühnen- u. KaM., Lieder u. a.

HÄCKEL, Friedr. * 15/5 1879 Holzmühle (Ober-Frank.), seit 1904 ML. u. Pianist in Mannheim. W: Sinf. Dichtg, KlavKonz. u. Stücke, KaM., Chorwerk ‚Die Geburt der Aphrodite' u. a.

HAEFELIN, Max * 28/8 1898 St. Gallen, lebt in Berlin-Friedenau, TheaKM. W: Opern, SchauspielM., KaM., u. a.

HÄFFNER, Joh. Christ. Friedr. * 2/3 1759 Oberschönau/Schmalkalden, † 28/5 1833 Upsala, 1797/1808 TheaKM. in Stockholm, 1808/20 Organ. in Upsala. W: Opern im Gluckschen Stil. B: schwed. Messe, Choralbuch, Volkslieder

HAEGELE, Paul, ps. Theo PAUL * 26/2 1894 Eglosheim/Ludwigsburg, Bürgermeister in Oppolsbohn, Post Backnang, Schüler von Jos. Haas u. Straesser. W: ernste u. UnterhaltgsM.

HÄGG, Gustaf * 28/11 1867 Wisby, † 7/2 1925 Stockholm, da hervorrag. OrgSpieler. W: KaM., Org- u. KlavStücke

HÄGG, Jac. Ad. * 29/6 1850 Östergarn (Gotland), † 1/3 1928 Bjuraker. W: Nord. Sinf., KlavSonat. u. Stücke, OrgStücke

HAEGI, Adolf * 15/1 1898 Kappel a. Albis (Zürich), seit 1921 L. in Andelfingen (Zür.). W: KaM., Chöre, Lieder

HAELSSIG, Artur * 1900 Köln, seit 1927 KM. der KaOp. in Stuttgart, zuerst Ingenieur, Schüler des Kölner Konserv. u. Klemperers. B: ält. Opern, u. a. Webers ‚Euryanthe'

HÄNDEL, Georg Frdr. * 23/2 1685 Halle a. S., † 14/4 1759 London, spielte schon im 7. Jahre fertig Klav. u. Org.; schrieb im 9. eine KirchM. u. im 20. als OpDir. in Hamburg seine erste Oper ‚Almira'. Seit 1707 in Italien, erregte er mit seinen Opern u. durch sein KlavSpiel ungeheures Aufsehen. 1710 zum hannov. KM. ernannt, kam er 1712 nach London, wo er, einen kurzen Aufenthalt in Hannover u. mehrere kürzere Reisen nach Italien usw. abgerechnet, hinfort dauernd blieb. 1719/28 stand er an der Spitze der großangelegt. OpAkademie (R. acad. of m.), die 1729 in verjüngter Gestalt wieder auflebte, 1737 aber wieder infolge Erkrankg Händels in Schwierigkeiten geriet. Neben der großen Anzahl (italien.) Opern schrieb er noch OrchWerke, 20 OrgKonzerte, 12 herrliche Concerti grossi f. StrOrch., viele TrioSonaten, VSonaten m. bez. Baß, kleinere Klav- u. OrgStücke, die Oratorien ‚Acis u. Galatea' ‚Deborah', ‚Athalia', ‚Saul', ‚Israel', das Utrechter Tedeum, ‚L'allegro, il pensieroso ed il moderato' usw., denen 1742 der am 13/4 in Dublin zuerst aufgeführte ‚Messias' folgte (erste dtsche Aufführg 1772 Hamburg). Hinfort wandte sich H. ausschließlich der OratorKompos. zu; es folgten ‚Samson' (1742), ‚Semele' (1743), ‚Herakles' u. ‚Belsazar' (1744), ‚Judas Makkabäus' u. ‚Josef' (1746), ‚Josua' u. ‚Alex. Balus' (1747), ‚Theodora' (1748) u. ‚Jephtha' (1751). Trotz drohender Erblindg war er bis kurz vor seinem Tode unablässig durch Konzerte für die Aufführg seiner durch Größe der Anlage, Reichtum u. Macht der Erfindg, Schwung der Phantasie auch heute noch ungemein wirkungsvollen Werke tätig. Während die 1878 erfolgte Wiederaufführung der ‚Almira' (bearb. von J. N. Fuchs) bedeutungslos blieb, während sich Prof. Dr. Hans Dütschke (Berlin) 1900/24 vergeblich um die erst 14/10 1925 in Braunschweig mit größtem Erfolg zustandegekommene Aufführg des ‚Admet' bemühte, sind seit der Aufführg der ‚Rodelinde' durch Dr. O. Hagen in Göttingen 1920 (der er 1921 ‚Otto II.', 1924 ‚Xerxes' u. a. folgen ließ) diese durchaus italien. Opern auf dtsch. Bühnen öfter erschienen. Auch in Halle, Leipzig usw. hat man andere Opern Händels ausgegraben, bes. in Hannover den Versuch szenischer Darstellung seiner Oratorien nicht ohne Glück versucht. Jedoch seit 1930 ist das Interesse an Händel-Opern schon abgeflaut. Eine von der ‚Händel-Gesellschaft' begonnene, später von Dr. Chrysander allein fortgesetzte Gesamtausgabe der Werke erschien (1859/94) in 100 Bänden. Die beste (aber unvollendete) Biographie schrieb Chrysander. Wertvoll besonders durch die Besprechung der Werke H. Leichtentritts ‚Händel' (1924) u. J. Müller-Blattau (1934)

HÄNDEL, Joh. Gerh. * 24/3 1887 Zwotental (Hammerwerk b. Klingenthal i. Vogtl.), SchulL. u. VerDirig. in Plauen i. V., Schüler u. a. der Hochschule in Berlin u. Geo. Schumanns. W: OrchFuge, StrQuart., Kantaten, gem. u. MChöre, Balladen u. Lieder

HÄNDL (Handl) — s. GALLUS

HÄNEL VON CRONENTHAL, Luise Auguste * 18/6 1836 Naumburg a. S., 1862 vermählt mit Marquis d'Héricourt de Valincourt, † 9/3 1896 Paris, da gebildet. W (geschätzt): 4 Sinf., StrQuart., 22 Sonaten u. viele kleine Stücke f. Klav.

HÄNLEIN, Albr. * 7/10 1840 München, † 31/8 1909 Mannheim, da seit 1869 Pianist, Organ. u. später Dir. des Ver. f. klass. KirchM. W: Choralvorspiele. W: Werke v. H. Schütz

HAENNI, Charles * 1867 Sitten (Sion), da seit 1892 Domorgan. u. Chordirig. W: Opern, Orator., KirchM., Nationallied La Valaisanne

HAENSCH, Edmund † 29/1 1929 Bergfelde, Prov. Brandenburg. B: SalonOrch.

HÄNSEL, Arthur * 18/ 12 1877 Zeitz, lebt in München, urspr. Jurist. W: KlavStücke, bes. Konz-Etüden

HÄNSEL, Peter * 29/11 1770 Leipa, † 28/9 1831 Wien, Geiger, KomposSchüler Haydns. W: Viele StrQuart., VDuette

HÄNSEL, Rud. * 11/3 1879 Dresden, lebt in Bichl/Kochel bzw. München, vorher 1921 ff. Theor-L. u. OrchDir. der Dresd. MSchule, TheaKM. an verschied. Orten, Kriegsteiln., Schüler Schjelderups, Mottls, Thuilles, Regers. W: StrQuart., KlavFuge, Chöre u. Lieder, auch m. Org.

HÄNSEL, William, ps. C. E. WILLIAMS * 13/9 1889 Chemnitz, KM. u. Bearb. in Hamburg

HAENSGEN, Adolf * 11/7 1877 Steglitz-Berlin, Organ. u. Chordirig., auch Dir. der Philharm. Ges. in Potsdam seit 1919. W: 3 Ballette, MChöre, Lieder; instr. KlavStücke; ‚Zeitgenossen' I. Musiker 1926

HÄNSSLER, Friedr. * 12/7 1892 Plieningen/ Stuttgart, da MVerleger u. Chordirig. W: gem. u. MChöre. H u. B: ‚Der klass. MChor', ‚Gott grüße dich' f. MChor, ‚Gottes Liederbrünnlein' f. gemChor usw.

HAERDRICH — s. HENSEL-HAERDRICH, Paul

HÄRING, Anton * 16/1 1825 Aesch (Basel), † 14/11 1888 Genf, da seit 1866 Organ. W: M-Chöre, KlavStücke

HÄRING, Camillo 4/6 1870 Aesch/Basel, lebt in Schänis (St. Gallen), 1900/18 Organ. in Zürich, ausgeb. in Basel u. Dresden. W: Singspiel, Klav-, VStücke, Chöre

HÄRING, Paul * 21/4 1894 Regensburg, M-StudRat in Ludwigshafen.. W: KaM., Chöre, auch m. Orch., Lieder

HÄRTEL, Benno * 1/5 1846 Jauer, † 4/8 1909 Berlin, da Schüler Kiels, seit 1870 TheorL. an der Kgl. Hochschule. W: KlavStücke, Lieder

HÄRTEL, Gottfr. Christoph * 27/1 1763 Schneeberg, † 25/7 1857 Landgut Cotta, 1795 Teilhaber der Notendruckerei u. Verlagsanst. Breitkopf in Lpz., die er zu größter Bedeutg brachte. — Seine Söhne Dr. Hermann H. (* 27/4 1803 Lpz., da † 4/8 1875) u. Raimund H. (* 9/6 1810 Lpz., da † 9/11 1888) traten in seine Fußstapfen. Raimunds (zweite) Frau seit 1872 die Pianistin Luise Hauffe (1837—1882)

HÄRTEL, Gust. Ad. * 7/12 1836 Lpz., † 28/8 1876 Homburg v. d. Höhe, VVirt., KM. in Bremen, Rostock, Homburg seit 1873. W: Oper, Optten, KlavTrio

HÄRTL, Valentin * 20/6 1894 Aschaffenburg, V- u. BrVirt. in München, da seit Okt. 1919 L., seit 1925 Prof. an d. Akad., 1919/30 Bratschist des Berber-, seit 1935 des Stroß-Quart., Primarius des Münchener Violenquint., ausgeb. in Augsburg, Aschaffenburg, v. A. Rebner u. F. Berber, Kriegsteiln., 1919 VL. der MSchule in Aschaffenburg

HAES, ps. = Herm. SCHAEFER

HAESCHE, William Edwin * 11/4 1867 New Haven, da seit 1903 L. der Instrumentation an der Yale-Univers., Begründer u. Dirig. des Sinf-Orch. W: sinfon. Dichtgen, Kantat., KlavVSon., KlavStücke, Lieder

HÄSER, Aug. Ferd. * 15/10 1779 Lpz., † 1/11 1844 Weimar, KirchMDir. u. SemML. seit 1829. W: Opern, Orat., Messen, Requiem, Lieder, Klav-Stücke, Chorgsgschule

HÄSER, Charlotte H. (Schwester Aug. Ferdinands) 1784—1871, berühmte Sängerin

HAESER, Georg * 17/8 1865 Danzig, seit 1905 TheorL. am Konserv. in Basel, vorher seit 1893 in Zürich. W: Oper, Kant., Chöre, auch m. Orch., Lieder, KaM., KlavStücke

HÄSER, Karl * 11/11 1811 Cassel, da † 16/4 1887, da üb. 50 Jahre Sger u. Schauspieler am Hofthea. W: MChöre (z. B. ‚O Wald, mit deinen duftigen Zweigen')

HÄSSLER, Joh. Wilh. * 29/3 1747 Erfurt, † 29/3 1822 Moskau, 1792/94 kaiserl. KM. in Petersburg, dann ML. in Moskau. W: KlavKonz., Sonaten usw. (teilweise von eigenem Reiz), Org-Stücke, Lieder

HÄSSLER, Karl * 14/6 1849 Sondershausen, † 2/1 1914 Lübeck, da seit 1880 VerDirig., vorher TheaKM. W: Ouvert., KlavStücke, MChöre

HÄUSERMANN, HANS * 5/2 1868, † 28/2 1922 Zürich, da seit 1887 Organ., treffl. Chordirig. W: MChöre

HÄUSERMANN, Rudolf * 24/1 1842 Seengen (Aargau), † 9/6 1898 Reinach (Aarg.). W: Chöre. — Sein Sohn Rudolf * 8/9 1871 Seengen, † 1/11 1926, seit 1919 MDir. in Zürich, 1898/1919 in Reinach. W: Messen, MChöre

HÄUSSLER, Ant., ps. Caballero EDLICH * 25/11 1892 Saal a. S. (UFrank.), Fagottist in Stuttgart. W: UnterhaltgsM.

HÄUSSLER, Ernst * um 1761 Stuttgart, † 20/2 1837 Augsburg, da seit 1800 Kantor. W: Lieder, Duette u. a.

HAFFNER, Joh. Ulrich † 1767 Nürnberg, da Lautenvirt. u. seit 1750 Musikalienhändler

HAFFNER, Karl * 1804 Königsberg i. Pr., † 29/2 1876 Wien, Librettist (u. a. ‚Die Fledermaus')

HAFGREN, Lill Erik * 25/5 1881 Stockholm, seit 1924 KonservDir. u, VerDir. in Neustadt a. d. H., ausgeb. in Frankf. a, M., da 1906/9 KlavL. am Raff-Konserv., 1909/14 KonservDir. in Neustadt a. d. H., 1914/21 ML. in Berlin, 1921/24 ML. in Göteborg. W: Optte, KaM., Chöre, Lieder

HAFNER, Hugo * 7/5 1893 Morât, seit 1920 FlVirt. in Zürich. W: OrchLieder, KaM., Mil-Marsch

HAGEDORN, Theodor * 13/2 1871 Hildebrandshausen (Thür.), seit 1900 L. u. Organ. a. d. kathol. Kirche in Leipzig-Lindenau. W: Oratorium, Chöre

HAGEL, Karl * 12/12 1847 Voigtstedt (Thür.), † 7/11 1931, 1872/74 Dirig. in Nordhausen, 1874/77 MilKM. in München, 1878/1905 städt. KM. u. MSchulDir. in Bamberg, lebte pens. in München. W: Ouvert., KaM. — Sein Sohn R i c h a r d * 7/7 1872 Erfurt, wirkte in Orch. zu Abo, Coburg, Meiningen, Sondershausen, 1895 städt. KM. in Barmen, 1898/1900 Schüler des Leipziger Konserv., 1900/1910 OpKM. in Leipzig, 1911/14 in Braunschweig, 1919/25 (Mai) Dirig. d. Berlin. Philharm. Orch., seit 1920 Prof. an d. Akad. f. Schul- u. KirchM., daneben 1926/29 Chordirig in Danzig

HAGEMANN, Julius, Dr. * 30/3 1863 Soest, lebt in Bonn. W: OrchStücke, KlavStücke, Chöre, Lieder

HAGEMANN, Karl, Dr. phil. * 22/9 1871 Harburg a. E., lebt in Berlin (Gastspielleiter), war zuletzt RundfIntend., vorher TheaDir. in Mannheim u. Wiesbaden. W: ‚Die Kunst der Bühne', ‚Wilhelmine Schröder-Devrient', ‚Oper u. Szene', ‚Regie' usw.

HAGEMANN, Moritz Leonh. * 25/9 1829 Zutphen, † 1900 in Holl. Indien, 1853/65 MDir. in Groningen, 1865/75 in Batavia, dann KonservDir. in Leeuwarden. W: Orator., gr. Chorwerke

HAGEN, Adolf * 4/9 1851 Bremen, † 6/6 1926 Dresden, erst Geiger in Wiesbaden, dann KM. in Danzig, Bremen, Hamburg, Riga, 1883/1914 Hof-KM. in Dresden, 1884/90 artist. Dir. des dort. Konserv. W: Opern, OrchStücke

HAGEN, Friedr. Heinr. von der * 19/2 1780 Schmiedeberg (Uckerm.), † 11/6 1856 Berlin, o. UnivProf. W: ‚Minnesänger' (5 Bde); Melodien z. d. Sammlg dtsch., vläm. u. französ. Volkslieder (1807)

HAGEN, Hans * 2/8 1902 Dresden, Solocellist (KonzM.) in Dresden, vorher in München. W: Kantaten, Lieder, Duo f. V. u. Vc.

HAGEN, Joh. Aug. * 1786 Pirna, † 1877 Reval, da seit 1815 ML. u. seit 1827 lange Jahre Organ., 1870 erblindet, der Begründer der Singver. im Baltikum, urspr. SchulL. in Dresden. W: Schriften u. OrgStücke f. ländl. Organ., Choralbücher

HAGEN, Karl * 13/11 1867 ObMM. (MilKM.) a. D. in Berlin. W: Märsche, Tänze, Charakterstücke

HAGEN, Oskar, Dr. phil. * 14/10 1888 Wiesbaden, seit 1924 Prof. der Kunstgesch. an der Univers. Wisconsin, 1918/24 in Göttingen, da Begr. der Händelfestspiele. H: Händelsche Opern

HAGEN, Sophus * 3/5 1842 Kopenhagen, da †. W: Operette, Kantat., FrChöre, Lieder

HAGEN, Theod., ps. Joa FELS * 15/4 1833 Hamburg, † 21/12 1871 Newyork, da seit 1854 MKrit. W: KlavStücke, Gsge; ‚Zivilisation u. M.', ‚Musik. Novellen'

HAGEN, Walther * 25/5 1874 Bern, † 8/3 1902 bei Adelboden, Vcellist. W: OrchSerenade, VStücke, Lieder

HAGER, C., ps. = Frz POLLAK

HAGER, Joh. — s. HASSLINGER von Hassingen

HAHN, Albert * 29/9 1828 Thorn, † 14/7 1880 Leipzig, begründ. 1876 die MZtschr. ‚Die Tonkunst'. W: ‚Üb. Mozarts Requiem', ‚Die Neuklaviatur', Kompos. f. Orch., Klav. u. Gsg

HAHN, Bernh. * 17/12 1780 Leubus (Schles.), seit 1832 DomKM. in Breslau, da † 1852. W: Messen, Chöre, Lieder, ‚Handbuch zum Unterr. im Gsg'

HAHN, Gust. * 30/6 1888 Lauterbach-Stadt, HornVirt., seit 1913 in Dessau. W: SchauspielM., Horn-Quart., Märsche u. Tänze

HAHN, Ludw. * 26/1 1905 Neumarkt, OPfalz, Chor- u. OrchDirig. in Kaufbeuren, vorher Chordir. u. Organ. in Würzburg. W: Messe, Chöre, KaM.

HAHN, Reynaldo * 9/8 1874 Caracas (Venezuela), seit 1877 in Paris, Schüler von Dubois, Massenet; im Winter Leiter d. Oper in Cannes, großer Mozartfreund. W: Opern, DramenM., Pantomime, sinf. Dicht., KlavStücke, wertvolle Lieder usw.

HAHN, Rob. * 14/5 1892 Breslau, da SchulgsgL. u. Chordirig., ausgeb. in Breslau u. im Inst. f. KirchM. in Berlin. W: Chöre

HAHN, Theodor, Dr. * 3/9 1809 Dobers (Schles.), † 21/12 1864 Berlin, Schüler von Ch. H. Rinck, Gottfr. Weber, Zelter u. B. Klein,

Organ. u. seit 1840 GsgL. in Berlin. W: 3 Opern, 2 Orator., Kantaten, Psalmen, Motetten, Org-Kompos., Gsge, Lieder usw.

HAHNEL, Frz * 21/3 1863 Bucheldorf, OS., KonservDir. in Berlin seit 1906, auch MVerleger. W: Schulen f. Klav., V. usw., Unterrichtsstücke

HAIBEL, Jakob * 1761 Graz, † 24/3 1826 Diakowar (Slavon.). W: Singspiele, Ballette

HAIGH, Thomas * 1769 u. † Apr. 1808 London, Geiger, KomposSchüler Haydns. W: KaM., VKonz., KlavStücke, Lieder

HAILE, Eugen * 1873 Ulm, ausgeb. in Stuttgart, seit 1913 ML. in Newyork, † 14/8 1933 Woodstock, NY. W: treffl. Lieder

HAINAUER, Julius * 24/2 1827 Glogau, † 16/12 1897 Breslau, wo er den noch bestehenden (sein Sohn Arthur † 7/1 1928) bedeutenden MVerlag 1851 begründet

HAINHOFER (Haunhofer), Philipp, Ende des 16. u. Anf. des 17. Jh. in Augsburg, Lauten-Virt. u. Komp.

HAINL, Franç. Geo. * 16/11 1807 Issoire (Puy de Dôme), † 2/6 1873 Paris, da zuerst 1829, 1863/72 Dirig. d. KonservKonz., erst VcVirt., 1840/63 OpKM. in Lyon, seit 1863 KM. der Gr. Oper in Paris. W: VcStücke; ,De la m. à Lyon depuis 1713' (1852)

HAISS, Karl * 22/6 1899 Freiburg i. B., † im Kriege 28/5 1918 am Winterberg. W (unveröff.): KlavTrio, KlavSonate, Lieder

HAIZINGER, Ant. * 14/3 1796 Wilfersdorf (NÖsterr.), † 31/12 1869 Wien, treffl. OpTenorist, 1821/24 in Wien, 1825/50 Karlsruhe, dann GsgL. in Wien. W: ,Lehrgang bei dem GsgUnterr. in MSchulen' (1843)

HÅKANSON, Knut Algot * 4/11 1897 Kinna (Schwed.), MKrit. in Göteborg, seit 1929; 1916/25 Dir. des OrchVer. in Borås. W: Ballett, Suiten u. a. f. Orch., KaM., Chöre, Lieder

HALACSY, Irma v. * 31/12 1880 Wien, da VVirt. W: Singspiele, VKonz., KaM., Lieder, auch m. Orch. u. a.

HALBIG, Herm., Dr. phil. * 26/3 1890 Düsseldorf, seit 1927 Prof. an der staatl. Akad. f. Kirch- u. SchulM. in Berlin, da auch seit 1934 Mitgl. d. Violenquint. W: Fachschr. üb. Gregorian. Gsg u. a.

HALBING, Hieron. * 28/1 1863 Hollstadt b. Neustadt a. S., † Okt. 1906 Hainhofen, GitL. W: Salonstücke f. Git., Zither

HALE, Adam de la — s. ADAM

HALE, Clermont, ps. = BASTYR

HALÉVY, Jacques Fromental * 27/5 1799 Paris, † 17/3 1862 Nizza, Sohn israelit. Eltern, die aus Groß-Glogau stammten (eigentl. Heymann Levy), Schüler Cherubinis, seit 1836 Mitglied d. Akad., seit 1833 Prof. d. Kontrapunkts u. seit 1840 auch der Kompos. am Konserv., auch Dir. der Hofkonzerte. W: zahlreiche Opern ,Die Jüdin' (1835) von Wagner sehr geschätzt, ,Der Blitz' (nur f. 2 Sopr. u. 2 Tenöre) usw., Kantaten, M-Chöre, Romanzen, KlavStücke; ,Souvenirs et portraits'. — Sein Bruder Léon * 14/1 1802 Paris, † 2/9 1883 St. Germain-en-laye, Librettist, ebenso dessen Sohn Ludovic * 1/1 1834 u. † 7/5 1908 Paris

HALFFTER, Ernesto * 16/1 1905 Madrid, Dirig. des KaOrch. in Sevilla, Anhänger der Atonalität. W: StrQuart. u. Sonaten-Fantasie f. StrQuart.; Sonaten u. ,Crepuscolos' f. Klav.; Oper, Gsge usw. — Sein Bruder Rodolfo * 30/10 1900 Madrid, Schönbergs Anhänger. W: StrQuart., KlavStücke

HALFTER, Oskar * 21/7 1888 Dresden, da seit April 1925 Chordir. u. Pianist, vorher in Oschatz. W: KlavStücke, MChöre, Lieder

HALIR (eigentl. Halirsch), Karl * 1/2 1859 Hohenelbe (Böhmen), † 12/12 1909 Berlin, VVirt., Schüler des Prager Konserv. u. Joachims; 1880 HofKonzM. in Weimar, dgl. 1894/1907 in Berlin, Mitglied des JoachimQuart. seit 1894

HALL, Mary * 8/4 1884 New Castle-on-Thyne, VVirt (Wunderkind), Schülerin Sevčiks, 1911 verheiratet mit ihrem Impresario Baring, lebt in London, tritt sehr für lebende Kompon. ein

HALLÉ, Charles (eigentl. Karl Halle) * 11/4 1819 Hagen (Westf.), † 25/10 1895 Manchester, Schüler Rincks, 1836 in Paris, 1848 in London, tüchtiger Pianist, seit 1850 OrchDirig. zu Manchester u. seit 1883 auch in Liverpool. 1888 verheiratet mit Wilma Neruda (s. d.). W: Klav-Kompos. u. Schule; Life and letters (1896, Autobiographie)

HALLÉN, Andreas * 22/12 1846 Götaborg (Schweden), da 1883 MVerDir., 1884/95 Orch-Dirig. in Stockholm, 1892/97 hier OpKM., 1902/07 Dirig. in Malmö, seit 1907 KomposL. am Konserv. in Stockholm, da † 11/3 1925. Begr. einer nation. schwed. M., urspr. Wagnerianer. W: Opern, Chorwerke, Lieder, sinf. Dichtgen usw.

HALLER, Benno, ps. = Joachim HENNING

HALLER, Edwin, ps. = W. LAUTENSCHLAGER

HALLER, Fritz, ps. = Willi JUNG

HALLER (eigentl. FREUND), Hermann * 24/12 1871, Librettist in Berlin, lange Jahre Optten-TheaDir.

HALLER, Mich. * 13/1 1840 Neusath (OPfalz), † 4/1 1915 Regensburg, da 1864 Priester, 1867 SemInspektor u. KirchKM.; an d. KirchMSchule L. des Kontrap. u. der GsgsKompos. W: treffl. Messen, Motetten, Marienlieder, Kantaten, Lieder; ferner ‚Kompositionslehre f. d. polyphon. KirchGsg', ‚Modulationen in den KirchTonarten' u. a.

HALLER, Richard, ps. Herbert BROWN * 1867 Wien, lebt da, Schüler v. J. N. Fuchs u. Hans Schmitt, Kriegsteiln. (Hauptmann). W: Optten, Parodien, Chansons, Tänze, beliebte Märsche u. a.

HALLER-GOETTLER, George * 2/3 1875, Komp. in München. W: Optten, Märsche, Tänze

HALLSTRÖM, ps. = KUNHARDT, David

HALLSTRÖM, Ivar * 5/6 1826 Stockholm, da † 10/4 1901, da seit 1861 MSchulDir. W: Opern, Optten, Kantaten, Lieder, Chöre, Instrumentales usw.

HALLWACHS, Karl * 15/9 1870 Darmstadt, Schüler Rheinbergers u. Thuilles, Dirig. in Darmstadt (1895/97 akad. GsgVer.), Aachen (StadtThea.), Saarbrücken u. seit 1902 Cassel (OratorVer.). W: Oper, Chöre, Lieder, KlavSon. u. Stücke

HALM, Ant. * 4/6 1789 Wies (USteierm.), † 6/4 1872 Wien, da seit 1815 hervorrag. KlavL. W: KaM., KlavStücke, treffl. Etüden; Messe, Lieder

HALM, Aug. * 26/10 1869 Groß-Altdorf (Württ.), † 1/2 1929 Saalfeld (Krankenhaus), Schüler Rheinbergers, ML. in Wickersdorf, Komp. W (eigenart.): Sinf., KlavKonz., KaM., 3 Sonat., f. V. allein. Zur VÜbg, KlavÜbg, Harmonielehre; ‚Von zwei Kulturen der M.', ‚Die Sinfonie A. Bruckners', ‚Von Grenzen u. Ländern der M.'; ‚Einführg in d. M.'; ‚Beethoven'

HALS, Gebr., MVerl. in Christiania, 1908 in dem von Wilh. Hansen gegr. Norsk Musikforlag aufgegangen. Die 1847 begr. KlavFabrik 1925 aufgelöst

HALT, Hugo * 12/3 1878 Sontheim (württ. OA. Heilbronn), ObL. in Aulendorf (Donaukreis). W: ‚Schwabenherz u. Schwabenmund' (Sammlg) u. a. MChöre

HALTON (eigentl. Hess), Theo * 30/6 1875 Wien, Opttenlibrettist in Berlin

HALVORSEN, Joh. * 15/3 1864 Drammenz (Norweg.), VVirt., seit 1899 TheaKM. in Christiania. W: BühnenM. zu ‚Vasantasena', ‚Über die Kraft' usw., KlavVSuiten, VStücke, Passacaglia nach Händel f. V. u. Bratsche u. a.

HALVORSEN, Leif * 26/7 1887 Christiania, da VVirt., Chordir. u. MKrit. W: Bauernlegende f. Orch., KlavStücke

HAMAL, Jan Noël * 23/12 1709 u. † 26/11 1778 Lièges, KirchKM. W: Opern, Oratorien

HAMANN, Ernst † 15/12 1930 65jähr., StudRat, Komp. u. MKrit. in Dessau

HAMBOURG, Mark * 31/5 1879 GogutscharWoronesch (Südrußl.), treffl. Pianist, Schüler Leschetizkys, lebt in London. W: ‚How to become a pianist'. — Sein Bruder B o r i s * 27/12 1884, seit 1916 in Newyork, vorher KonservDir. in Toronto, ausgeb. in Frankfurt a. M., treffl. Vcellist. — Sein Bruder J a n * 27/8 1882, VVirt. in London

HAMEL, Eduard * 1811 Hamburg, da † 1888 (?), da ausgeb., da seit 1846 ML., MKrit., 1835 ff. Geiger an der Gr. Oper in Paris. W: Oper, KaM., VSchule u. Etüden, KlavSücke u. Sonaten, Lieder

HAMEL, Fred, Dr. phil., ps. Hans LYCK * 19/2 1903 Paris, MSchr. seit 1929 in Berlin, studierte in Bonn, Berlin u. Giessen. W: Die Psalmkompos. Joh. Rosenmüllers. H: Werke von Rosenmüller; Atlantis-Buch der M.

HAMELLE, J. † 1917 in Paris, kaufte 1877 den 1850 begründeten MVerl. J. Maho u. führte ihn unter seinem Namen fort

HAMERIK (eigentl. Hammerich), Asger * 8/4 1843 Kopenhagen, da † 13/7 1923, anfängl. musik. Autodidakt, dann Schüler N. W. Gades, MatthisonHansens, 1862 H. v. Bülows, 1864 von Berlioz, 1871/98 in Boston KonservDir., seitdem in Kopenhagen. W: Opern, Kantaten, Chorwerke ‚Jüd. Trilogie', ‚Christl. Trilogie' usw., 6 Sinf., 5 Nord. Suit., Oper ohne Worte f. Orch., KlavQuart. usw. — Sein Bruder A n g u l s. HAMMERICH

HAMERIK, Ebbe (Sohn Asgers) * 5/9 1898 Kopenhagen, da zeitweil. Dirig., seit 1927 des MForeningen. W: Oper, Ballett, Sinf., Str.Quart., Org.- u. KlavStücke, Lieder

HAMERS, Adrianus Petrus * 14/7 1871 Tilburg (Holl.), seit 1917 kath. Pfarrer in Deursen/Ravenstein (Holl.). † 14/7 1929 Oosterhout. W: geistl. Lieder

HAMILTON, James Alex. * 1785 London, da † 2/8 1845. W: sehr verbreit. Unterrichtsbücher

HAMILTON, Joe, ps. = J. B. KENNEDY

HAMM, Adolf * 9/3 1882 Wickersheim/Straßburg i. E., hervorrag. OrgVirt., seit 1906 in Basel, auch Dirig. des Bachchors

HAMM, Joh. Val. * 11/5 1811 Winterhausen a. M. (UFranken), † 21/12 1875 Würzburg, da seit 1842 KonzM. u. MDir. am Thea. W: Potpourris, beliebte Tänze, Märsche

HAMMA, Benj. * 10/10 1831 Dreißlingen (Württ.), 1873 Dir. der ‚Neuen MSchule' in Stuttgart, 1888 in Newyork. W: Oper, KlavStücke, Chöre, Lieder usw. — Sein Bruder F r a n z X a v e r * 6/12 1835 Wehingen (Württ.), Organ., SemML. in Metz 1875/1901, dann da bis 1909 Dir. der städt. MSchule. † 1918 (?). W: Der dtsche Kunstgsg', ‚Kindergsschule', Schulliederbücher, Messen, Chöre, Lieder

HAMMA & Co., Stuttgart, bedeutende 1864 von F r i d o l i n Hamma (* 1818, † 1892) gegründete VBaufirma, deren Inhaber besonderer Kenner der alten StrInstr.

HAMMACHER, Erich * 14/5 1884, Pianist u. Dirig. des MVer. in Trier bis 1923, seitdem in Münster i. W., Führer des Westfäl. Trios

HAMMER, Birger * 6/3 1884 Bergen, Norw., KlavVirt. in Berlin-Wilmersdorf, Schüler A. Schnabels u. W. Klattes

HAMMER, Frz Xaver * (?), † 1813 (?) Schwerin, da Solist der HofKap., seit 1785 GambenVirt. (Vc.), 1771/78 in Eisenstadt in der Esterhazyschen Kap., 1782 in Preßburg. W: Gamben- u. BrSonat.

HAMMER, Karl Louis * 23/9 1877 Zwickau, lebt da, Schüler Draesekes. W: Opern, Opttten, BühnenM., 4 Sinf., 2 Suiten, OrchVariat., Orch-Fantasien, VKonz., KaM., Chöre, Lieder, Gsge m. Orch.

HAMMER, Willi * 14/10 1906, städt. MDir., Dirig. des Landesorch. Nordmark, Pianist. W: 2 Orat., Lieder, KaM., KlavStücke

HAMMERICH, Angul * 25/11 1848 Kopenhagen, da † 26/4 1931, 1874/80 im Finanzminist., widmete sich dann der MWissensch., 1892 Doz. 1896/1902 Prof. an der Univers., begründ. 1898 ein mhist. Museum. W: wertvolle mhist. Studien, u. a. Dän. MGesch. bis 1700. — Sein Bruder A s g e r s. HAMERIK

HAMMERSCHLAG, Hans * 10/12 1885 Prag, Schüler Koeßlers, seit 1919 Prof. f. Kompos., M-Gesch. u. A cap.-Gsg am Nation.-Konserv. in Budapest. W: Klav- u. OrgStücke

HAMMERSCHMIDT, Andreas * 1612 Brüx (Böhmen), † 29/10 1675 Zittau, Organ. seit 1639 (Schützsche Richtg). W: Geistl. ‚Dialoge', Sinfon. u. Konz. mit bez. B., Madrigale, Motetten usw.

HAMMERSCHMIDT, Bernh. * 9/5 1876 Plauen i. V., da 1899 SchulL., 1904 Kantor u. Organ., auch VerDirig. W: Tanzspiele, MChöre, Lieder. B: Volkslieder

HAMMERSTEIN, Oskar * 1847 Berlin, † 1/8 1919 Newyork, verdienter OpDir. in Newyork, Philadelphia u. London

HAMMIG, Wilh. Herm. * 25/3 1838 Markneukirchen, † 18/8 1925 Lpz., da seit 1875, bekannter Geigenbauer, Schüler Carl Grimms in Berlin. Seine Söhne bzw. Enkel teils in Leipzig teils in Berlin gleichf. Geigenbauer

HAMMOND, Richard * 1896 Kent, Engl., lebt in Newyork. W: Ballett, Sinf. Dichtgen, ObKlav-Sonate, FrChöre, Gsge m. Orch.

HAMPEL, Alex. * 27/2 1893 Wien, da seit 1926 MDir. der UnivKirche, seit 1928 auch Chordir., seit 1932 I. KreisChorM. d. ostmärk. Sängerbdes, im Hauptamt L., Kriegsteiln., ausgeb. auf der Staatsakad. u. v. Wickenhauser. W: Bühnenweihespiel, KirchM., Chöre, auch m. Orch., Lieder, KlavStücke; R. Wickenhauser'. B: Volkslieder

HAMPEL, Ant. Jos. † 30/3 1771 Dresden, da seit 1737, Hornist der Hofkap., Erfinder der Einsatzbögen f. das Waldhorn

HAMPEL, Camillo * 22/1 1888 Schöllschitz, Mähr., seit 1910 in Brünn, Organ. u.KlavVirt.. W: KirchM., Chöre, OrchStücke, 6 KlavSonat.

HAMPEL, Hans * 5/10 1822 Prag, da † 30/3 1884. W: KlavStücke

HAMPELN, Karl von * 30/1 1765 Mannheim, † 23/11 1834 Stuttgart, Geiger, bes. treffl. Quart-Spieler. W: Konzertante f. 4 V. mit Orch., V-Konz. usw.

HAND, Ferd. Gotth. * 15/2 1786 Plauen i. V., † 14/3 1851 Jena, Prof. d. griech. Lit. W: ‚Ästhetik der Tonkunst'

HANDROCK, Jul. * 22/6 1830 Naumburg a. S., † 5/1 1894 Halle a. S. W: KlavStücke, bes. instrukt.

HANDSCHIN, Jacques, Dr. phil. * 5/4 1886 Moskau, Schüler Regers u. Straubes, 1907/20 Organ. u. OrgL. (Konserv.) in Petersburg, seit 1921 in Basel, da 1924 UnivDoz., 1930 Prof., aber auch Organ. in Zürich. W: ‚Mussorgsky', ‚Saint-Saëns', ‚Strawinsky', Aufsätze über M. d. MA.

HANDTKE, Rob. Ernst * 22/12 1867 Reichenau (OLaus.), seit 1891 SemML. u. VerDirig. in Pirna, jetzt StudRat a. D. (Prof.), auch MSchr. W: Ouvert., M- u. FrChöre auch m. Orch., Lieder, KlavStücke; ‚Musikal. Stillehre' usw.

HANDTMANN, Erich (ps. Cheirander), Dr. med. * 23/6 1886 Dedeleben, OrchDir. in Berlin

HANDWERG, Wilh. * 24/9 1842 Querfurt (Sachs.), † 7/2 1918 Berlin, da 1861/64 Vcellist der Hofkap., errichtete 1875 ein „Pädagogium f. M.', leitete MGsgvereine. W: MChöre, KlavStücke usw.

HANEBECK, Hugo Rud. * 20/3 1903 Bergisch-Gladbach, da KonzOrgan., ausgeb. in Köln u. Düsseldorf. W: OrchStücke, KlavStücke, OrgStücke, Chöre, Lieder

HANEMANN, Frz * 1849, † 1925 Iserlohn, ausgeb. auf dem Köln. Konserv., Organ., ML. u. VerDirig. in Traben-Trarbach, Stolberg/Aachen u. Iserlohn. W: Chöre. — Sein Sohn F r a n z * 28/12 1878 Traben-Trarbach, Dir. eines Konserv. (Pianist) u. Chordir. in Iserlohn, Schüler des Kölner Konserv. W: Opern, Messe, Sinf., StrQuart., Fr- u. MChöre, auch m. Orch., Lieder. H: „Allgem. SgrZtg.' — ps. Frz v. ISERLOHN, Francesco GALLUS, E. SCHAPER

HANEMANN, Moritz * 28/2 1808 Löwenberg (Schles.), † 7/1 1875 Berlin, Vcellist der Hofoper. W: ‚Leben (Selbstbiogr.) u. Schriften' (1874)

HANFF, Joh. Nik. * 1630 Wechmar (Thür.), † 1706 als Domorgan. in Schleswig, vorher in Eutin, L. Matthesons. W: Choralvorspiele

HANFSTÄNGL, Marie — s. SCHRÖDER-Hanfstängl

HANFT, Walter * 1903 Lauscha, seit 1924 KonservKlavL. u. VerDir. in Danzig. W: OrchStücke, KlavStücke, MChöre

HANISCH, Jos. * 24/3 1812 Regensburg, da † 9/10 1892, Schüler Proskes, 1889 DomOrgan., 1875 L. a. d. KirchMSchule. W: Messen, Psalmen, Motetten, OrgPräludien usw.

HANISCH, W. Moritz * 6/4 1828 Pirna, † 8/5 1892 Lpz. W: instrukt. KlavStücke zu 4 H., KlavSchule, SalonStücke, Lieder

HANITSCH, Georg Frdr. * 1/4 1790 Großensee am Schillingswalde (Eisenach), † 31/8 1865 Eisenberg, Kantor seit 1815, stud. in Jena Theologie, Komp. d. Burschenliedes ‚Sind wir vereint z. guten Stunde'. — Sein Sohn K a r l F r i e d r i c h V i c t. * 1/6 1818 Eisenberg, da † 15/3 1883, Konrektor u. Kantor seit 1865, erst L. u. Organ. in Großenstein. W: ‚Jehovablumen' (3st. Gsge), ‚Trostlied' u. a.

HANITSCH, Heinz * 8/5 1885 Darmstadt, seit 1911 ML. in Winterthur. W: KlavVSon., KlavStücke, FrChöre, Lieder

HANKE, Karl * 1754 Roßwald (Schles.), † 1835 Hamburg als städt. MDir., vorher OpKM. an versch. Bühnen. W: Opern, Sinf., KirchM., Horn-Duette u. a.

HANN V. HANNENHEIM, Norbert * 15/5 1898 Hermannstadt, lebt in Berlin, vorher in Hermannstadt bezw. Budapest. W (sehr fortschrittl.): 7 Sinf., KaM., OrgSon., Chöre, Lieder

HANNEMANN, Erich * 16/10 1897, lebt in Berlin. W: Chöre, auch m. Orch., Lieder; Bearbeitgen

HANNEMANN, Friedr. * 30/8 1868 Herdecke, Westf., MDir. in Köln, W: Ouvert., Potpourris, UnterhaltgsM.

HANNENHEIM — s. HANN v. Hannenheim

HANNES, Hans, ps. = Hans H. ZERLETT

HANNIKAINEN, Ilmari * 19/10 1893 Jyväskylä, KlavL. am Konserv. in Helsingfors, Schüler u. a. Silotis. W: KlavKonz. u. Stücke, Lieder. — Sein Vater P e k k a J u h a n i * 9/12 1854 Nurmes, † 13/9 1924 Helsingfors, da Chordir. W: Chöre, Lieder. H: finnländ. Tänze u. Volkslieder

HANNOSCHEK, Heinr. Maria, ps. Heinz HARMO * 11/4 1879 Olmütz, GsgL. u. OpReg. in Hamburg. W: Optte, UnterhaltgsM.

HANNS, Konrad Gust. * 2/1 1886 Hamburg, da KlavL.

HANON, Charles Louis * 1820 Boulogne-sur-Mer, da † 19/3 1900, Organ. u. KlavL. W: Le pianiste-virtuoso, Méthode élém. de Piano u. a. H: cantiques choisis

HANS v. KONSTANZ, Meister = BUCHNER, Hans

HANS, Lio (d. i. Lili Scheidl-Hutterstrasser), Komponistin in Wien. W: Opern, Sturm-Zyklus f. Sopr., Bar. u. Orch., sinfon. Dicht.

HANS, Pierre * 14/2 1886 Wasmuel/Mons, lebt in Lièges, Erfinder einer Klaviatur v. 2 Tastaturen, von denen die obere einen Halbton höher steht

HANSCHMANN, Erich, ps. Eric IRHEN * 9/5 1900 Berlin, lebt da. W: Ouvert., UnterhaltgsM.

HANSEN, Cecilia * 17/2 1898 Stanitza Kamensko (Südrußl.), Schülerin Auers, hervorrag. Geigerin, lebt in Newyork verheiratet mit dem Pianisten Boris S a c h a r o w

HANSEN, Christian Jul. * 6/5 1814 Kopenhagen, da † 15/3 1875, GsgL. u. Organ. W: MChöre, Optten-Parodien

HANSEN, Conrad * 24/11 1906 Lippstadt, Westf., KlavVirt. in Berlin, seit Herbst 1934 L. am Klindworth-ScharwenkaKons., Schüler Edwin Fischers

HANSEN, Edgar, ps. RAGDE, Frz * 17/12 1876 Düsseldorf, Dirig. der Liedertafel in Mannheim, vorher Chordir. in Trier (da auch L. am Konserv. u. der KirchMSchule, 1890/1910) u. Heilbronn. W: Chöre, bes. MChöre, Lieder, Klav-Stücke

HANSEN, Emil Rob. * 25/2 1860 Kopenhagen, † 1926 Aarhus, Vcellist, 1891/1915 Solist des Gewandhausorch. u. später auch KonservL. in Lpz., zuletzt in Aarhus Dirig. d. SinfOrch. W: Oper, Optten, Sinfon., Ouvert., KlavKonz., Vckompos., KaM.

HANSEN, Ernst * 17/9 1876 Elberfeld, da ML. u. VerDirig. W: viele MChöre, FrChöre. B: Volkslieder. — ps. Jean STRERATH

HANSEN, Nikolai † (77jähr.) 26/12 1932 Kopenhagen, da Geiger. W: VStücke, viele Bearbtgen

HANSEN, Wilhelm, Kopenhagen, seit 1887 auch in Lpz., bedeutendster MVerlag Skandinaviens, gegr. 1875 v. Jens Wilh. Hansen * 1821, † 9/10 1904. 1879 wurde der MVerl. Lohse & Delbanco sowie Hornemann & Erslev übernommen, 1908 die Firmen Gebr. Hals u. Chr. Warmuth in Christiania (zusammengefaßt als Norsk MForlag), 1909 der Nordisk Forlag in Kopenhagen

HANSING, Siegfried * 14/6 1842 Bückeburg, † 9/6 1913, Klavbauer, Verf. de. Werks ‚Das Pfte in seinen akust. Anlagen‘ 1888, 2. A. 1909

HANSLICK, Eduard, Dr. jur. * 11/9 1825 Prag, † 6/8 1904 Wien, seit 1861 UniversProf. d. Ästhetik u. Gesch. der M.; der verbissenste, aber auch bestgehaßte literar. Gegner Wagners, Freund von Brahms; seit 1864 MRef. d. Wiener ‚Neuen Fr. Presse‘. Seine Kritiken noch heute beachtenswert. W: Die vielgelesene, die M. rein formalistisch auffassende Schrift ‚Vom Musikalisch-Schönen‘ (1854, 12. Aufl. 1918), ‚Gesch. d. Konzertwesens in Wien‘, ‚Die moderne Oper‘ (9 Bde, ges. Kritiken usw.), ‚Aus dem Konzertsaal‘, ‚Aus meinem Leben‘ usw.

HANSMANN, O. F. G. * 30/5 1768 Potsdam, † 4/5 1836 Berlin, da seit 1784 Vcellist der Kgl. Kapelle. W: VcSonat u. Duette

HANSMANN, Viktor * 14/8 1871 Warasdin (Kroat.), von dtschen Eltern, † 12/12 1909 Berlin, W: Opern, ein- u. mehrst. Lieder. — Sein Vater R i c h a r d (1845/1913), zuletzt ML. in Berlin. W: u. a. Neue Schule f. d. Jankó-Klaviatur

HANSMANN, Walter * 4/12 1875 Köslin, Violinist, Schüler Hans Beckers, seit 1912 Konserv-Dir. in Erfurt, verdient um das dortige MLeben

HANSON, Howard * 1896 Wahoo (Nebraska), seit 1924 Dir. der Eastman School of M. in Rochester-Newyork. W: Oper, Sinf. Dichtgen, Org-Konz., KaM., Chöre m. Orch.

HANSSENS, Charles Louis Jos. * 4/5 1777 Gent, † 6/5 1852 Brüssel, TheaKM. an verschied. Orten, 1827/30 KonservDir. in Brüssel. W: Opern, KirchM. — Sein g l e i c h n. S o h n * 12/7 1802 Gent, † 8/4 1871 Brüssel, da Vcellist u. KM. W: Opern, KirchM., Sinfon., Konz. f. verschied. Instr.

HAPKE, Walter, Dr. phil. * 14/3 1901 Lindhorst, Schaumburg/Lippe, Gastdirig., KonzBegl. u. MSchr. seit 1928 in Blankenese/Altona, ausgeb. u. a. v. Rich. Wetz, A. Beer-Walbrunn, Sandberger, F. Volbach, 1924/26 an versch. Thea. W: ‚Die musik. Darstellg der Gebärde in R. Wagners Ring des Nibel.‘, ungedr. Komp.

HARASZTI, Emil, Dr. phil. * 1/11 1885 Nagy Varad, 1917 PrivDoz. f. MGesch. an der Univers. Budapest, 1920/32 Dir. des Nation. Konserv. Jetzt UnivProf. W: Fachschriften (ung.); ‚La m. ongroise‘

HARBACH, Otto (identisch mit O. Hauerbach?) * 18/8 1878 Salt Lake City, Utah, OpttenLibrettist in Mamaroneck, NY

HARBURGER, Walter * 26/8 1888 München, lebt da. W: Kompos. auf allen Gebieten, noch ungedruckt, ‚Grundriß des musik. Formvermögens‘ 1912, ‚Die Metalogik‘, ‚Die Logik in der M. als Ausschnitt einer exakten Phänomenologie‘ 1920; ‚Form u. Ausdrucksmittel in der M.‘ 1926

HARCOURT, Eugène d' * um 1860 Paris, da † März 1918. W: Opern, Sinfon., KaM.; ‚La m. actuelle en Italie‘; dsgl. ‚en Allemagne et en Autriche-Hongrie‘

HARDEGE, Frohwald * 20/7 1920 Erfurt, auch komposit. hochbegabtes pianist. Wunderkind, auch Improvisator, in Dresden. Schüler J. G. Mraczeks. W: KlavStücke

HARDER, Augustin * 17/7 1775 Schönerstädt b. Leisnig i. S., † 29/10 1813 Lpz. W: Schule, zahlreiche Bearbeitgen f. Git. u. Lieder

HARDER, Knud * 31/3 1885 Kopenhagen, seit 1920 als Organ. u. RealschulL. in Aarhus, da seit 1921 auch Dir. d. Madrigalchors, Schüler Karl Nielsens, Thuilles, Frdr. Kloses u. Mottls, 1908/09 Korrepetitor am Hofthea. in Stuttgart, dann Thea-KM. in Aschaffenburg, Bonn, Bremen u. Elbing (1909/13), darauf UniversStud. W: M. zu Kleists ‚Hermannsschlacht‘, sinfon. Dichtg, Chorwerk, 3 StrQuart., 1 StrQuint., Lieder, auch m. Orch.

HARDER, S., ps. = Erhard SCHULTZ

HARDING, Harry Alfred * 25/7 1855 Salisbury, † Okt 1930, zuletzt KirchKM. u. Organ. zu Bedford. W: BühnenM., KlavStücke, Lieder; Musical ornaments' u. a.

HARDÖRFER, Anton * 12/6 1890 Fürth i. B., seit 1928 L. an der Folkwang-Hochschule in Essen, Schüler Dr. Heinrich Schmidts, günd. 1917 in Nürnberg den nach ihm genannten a cappella-Chor; 1921/28 auch Dirig. d. LGsgVer. in Fürth

HARDTBERG, L., ps. = KUNHARDT, David

HAREN, Georg * 16/10 1883 Witten a. R., ML in Düsseldorf, ausgeb. in Köln (Konserv.). W: KlavStücke; ,Themat. Modulieren'

HARGREAVES, Franc. A. * 31/12 1849 Buenos Aires, da † 30/12 1900, sein Haus Sammelpunkt aller Musiker von Bedeutg. W: Opern, OrchStücke

HARICH-SCHNEIDER, Eta * 16/11 1897 Oranienburg, CembVirt. in Berlin, da seit 1933 CembL. (auch Vorträge) an der Hochschule, Schülerin von Geo. Bertram, Wanda Landowska, W. Klatte, H. Tiessen, 1930/33 L. an der KirchM-Schule in Spandau, 1915/20 verheiratet mit dem Schriftst. Walther Harich

HARINGTON, Henry, Dr. med. * 29/9 1727 Celston (Somersetshire), † 15/1 1816 Bath. W: viele Glees u. Catches

HARKNES, — s. SENKRAH

HARLOFF, Ernst * 8/7 1902 Münster i. W., da SchulGsgL. W: vaterl. Chöre u. Lieder

HARMATI, Sandor * 1892 Budapest, urspr. Geiger, lebt in Shady, NYork, seit 1914 in Amerika, 1924/28 Dirig. d. Omaha-(Nebraska-)Sinf-Orch. W: Oper, Sinf. Dichtgen, StrQuart., Lieder

HARMENS, Walter * 23/1 1879 Germau, ObM-Meister (Mil.) in Potsdam. W: Märsche, Fanfaren

HARMO, Heinz, ps. = HANNOSCHEK

HARMS, Gottfried, MWissenschaftler u. Org-Virt., † 24/2 1931 Altona. H: OrgW. v. Vinc. Lübeck; S. Scheidts W.

HARMSTON, Joh. William * 1823 London, † 26/8 1881 Lübeck, da seit 1848 ML. W: Kompos. f. Klav, Vc. u. Gsg

HARNISCH, Otto Siegfried, Kantor, 1588 Braunschweig, 1603 Göttingen, 1621 Celle, da † 1630. W: instrum'. u. vokale, u. a. , Neue lustige dtsche Liedlein', Psalmodia sacra

HARNISCH, Wilh. Albert * 14/10 1897 Nürnberg, KM. in Köln, ausgeb. in Nürnberg u. Köln (Hochschule). W: Sinf., Märsche

HARPER, Sydney, ps. = WRIGHT, Ellen

HARRAS, Fred, ps. = MENZEL, Bruno

HARRER, Gottlob * 1703, 1750 Bachs Nachfolger als Kantor a. d. Lpzger Thomaskirche, † 10/7 1755. W: Orator., Passionen, Sinf., Partiten, FlDuette usw. (meist ungedr.)

HARRIES-WIPPERN, Willy * 16/3 1861 Berlin, Sohn der sehr geschätzt. KaSgrin L u i s e H.-W. (* 28/2 1830 Hildesheim, † 5/10 1878 Görbersdorf, 1857/68 an der Berliner Hofoper), Schüler der Hochschule in Berlin, KlavVirt., seit 1893/1932 Organ. u. Chordir. in B.-Friedenau, seit 1896 auch GymnGsgL. W: 8st. Messe, Motetten, Chorlieder, Lieder

HARRINGTON, Rob., ps. = Geo. H. CLUTSAM

HARRIS, Charles * 1866, † 22/12 1930 New-york. W: beliebte volkstüml. Lieder

HARRIS, Clement Hugh Gilbert * 8/7 1871 Wimbledon, † 23/4 1897 Pentepigadia (Kriegsfreiwilliger), Pianist. W: Sinfon. Dichtg, Klav-Stücke, Lieder u. a.

HARRIS, George * 15/4 1884, lebt in Richmond (Va.), Pianist u. Sänger (Schüler von Jean de Reszke, dessen Assistent 1907/09). W: Opern, Chorwerke, KlavStücke

HARRIS, Jerome, ps. = Frz MAYER

HARRIS, Roy * 12/2 1898 Oklahoma, lebt in Kalifornien, urspr. Farmer, erst seit 1926 mit Mus. beschäftigt, ausgeb. in Paris. W (meist ungedr.): Amerikan. Sinf., OrchStücke, Konz. f. Klav., Klarin. u. StrQuart., KaM., FrChor m. Orch.

HARRIS, William Henry * 28/3 1883 London, da Prof. d. Theorie am R. College. W: Kantate, KirchM., Chorlieder, Lieder

HARRISON, Beatrice * 1892 Roorkee, India, ausgez. Vcellistin, seit 1907 bekannt, lebt i. London

HARRISON, Fred, ps. = GOLDMANN, Kurt

HARRISON, J., MVerleger in London 1779/1802. H: The Pfte Magazin

HARRISON, Julius * 26/3 1885 Stourport (Worcester), seit 1930 Dir. der Hastings Corporation in Hastings, Dirig. in London, auf d. Volkslied fußender Tonsetzer auf allen Gebieten

HARRISON, May * 1890 Roorkee, India, ausgez., vielreisende Geigerin in London, da ausgeb., auch von Fernandez-Arbos u. L. v. Auer, seit 1907 bekannt

HARRISON, Silver, ps. = Herm. SCHULENBURG

HARRISS, Charles Alb. Edw. * 17/12 1866 London, lebt in Ottawa, sehr verdient um das MLeben in Kanada, treffl. Organ. u. Chordirig. W: Opern, Kantaten

HARSANYI, Tibor * 27/6 1898 O-Kanizsa, Ung., seit 1923 in Paris, sehr fortschrittl. Komp. W: OrchSuiten, KaM., KlavSon. u. Stücke, Lieder

HART, Fritz Bennicke * 1874 Brockley (Kent), Dir. des Kons. in Albert St. Melbourne (Austral.). W: Opern, OrchSuite, sinf. Dichtg, KaM., Lieder u. a.

HART, John Thomas * 17/12 1805, † 1/1 1874 London, ber. Geigenbauer. — Sein Sohn G e o r g e * 23/3 1839 London, da † 25/4 1891. W: ‚The Violin, its famous makers'; ‚The v. and its m.'. — Die VBaufirma Hart & Sons noch jetzt sehr wichtig

HART, Willem Paul Eug. de * 1/10 1878 Hengelo, KlavPädag. u. MSchr. in s'Gravenhage. W: KlavStücke; ‚Het klaviertechnik problem' u. a.

HARTENSTEIN, Karl * 4/1 1863 Schleiz, seit 1884 SchulL. u. Chordir. in Gera. H: Volkslieder z. Laute

HARTEWELT, Wilhelm † 1927 Stockholm, Komp.

HARTIG, Alfr. * 23/3 1885 Falkenstein, Vogtl., seit 1910 SemL. u. VerDirig. in Annaberg. W: Kantaten, Chöre, auch m. Orch., Lieder

HARTIG, Paul * 12/10 1885 Langenberg, Sachs., Kant., Organ. u. SchulL. in Bad Schandau, ausgeb. in Dresden. W: geistl. Gsge u. Chöre, Org- u. KlavStücke

HARTKNOCH, Karl Ed. * 1775 Riga, † 1834 Petersburg, KlavVirt. W: KlavKonz. u. Stücke

HARTMAN, Thomas Alexandrowitsch * 1883 Russl., seit 1921 ML. in Paris, ausgeb. in Petersburg (Arensky; Frau Essipoff) u. v. Felix Mottl. W: Ballette

HARTMANN, Pater (Paul von An der Lan-Hochbrunn) * 21/12 1863 Salurn/Bozen, † 5/12 1914 München, Schüler Jos. Pembaurs, Franziskanermönch, 1886 Priester, Organ. in Jerusalem 1893, 1895/1906 in Rom, dann in München. W: Orator. (‚Petrus', ‚Franziskus', ‚Das letzte Abendmahl' usw.), Messen, Tedeum, OrgStücke usw.

HARTMANN, Arthur * 23/7 1881 Philadelphia (ungar. Abkunft), glänzender weitgereist. VVirt., lebt in Newyork. W: VStücke u. Transkript.

HARTMANN, Artur * 25/8 1887 Brieg, KM. in Berlin, urspr. Posaunist. W: Tänze, Märsche

HARTMANN, Benno * 11/11 1870, lebt in Cottbus. W: SalonKlavStücke, Märsche, Lieder, Melodramen

HARTMANN, Bernhard * 13/12 1892 Köln, da ML., KirchChor- u. VerDirig., ausgebild. in Straßburg u. Köln. W: Messen u. and. KirchM., MChöre, Lieder, Stücke f. Org., Klav., V.

HARTMANN, D., ps. = KUNHARDT, David

HARTMANN, Emil — s. bei Joh. Pet. Emil H.

HARTMANN, Friedr. Helmut, Dr. jur. * 21/1 1900 Wien, da seit 1927 KonservProf., auch Dirig., seit 1934 Vorsitzender des Disziplinar-Senats des Rings der österr. Musiker, Kriegsteiln., ausgeb. an der Staatsakad. (u. a. v. F. Loewe, Jos. Marx, Frz Schmidt). W: SchauspielM., Sinf., KaM., KlavStücke, OrgStücke, Chöre, Lieder; ‚Moderne Harmonielehre' (1934)

HARTMANN, Fritz * 18/10 1866 Nordhausen, seit 1894 in Bremerhaven, VerDirig., ausgeb. in Weimar. W: MChöre, Lieder

HARTMANN, Fritz * 6/11 1882 Potsdam, Instrumentator in Berlin. W: 3 Opern, 25 Optten, Kriegslieder, instrukt. KlavStücke

HARTMANN, Georg * 30/3 1862 Hannover, lebt in Berlin, ausgeb. als Sgr (Baßbuffo) u. Schauspieler am Dresdener Konserv., in Köln, Amsterdam usw. Sgr, dann ObRegiss. in Königsberg, 1909 TheaDir. in Essen, 1912/23 Dir. des (neu gegründ.) Dtschen Opernhauses in Berlin-Charlottenburg, 1924/32 GenIntend., des Stadtthea. Kiel. W: Oper, Liederspiel, volkstüml. Lieder. B: Webers ‚Oberon', Loewes ‚Die drei Wünsche' u. viele andere ält. Opern

HARTMANN, George, ps. Giov. BEATO; Henri GRÉMONT; Rich. SCHULER † 21/4 1900 Paris, da MVerleger, Komp. u. OpLibrettist. Sein Verlag (viel Massenet) an Heugel übergegangen

HARTMANN, Joh. Bapt., Dr. phil. * 23/6 1871 Lauterbach/Dachau, Priester in München. W: Lieder z. Laute

HARTMANN, Joh. Peter Emil * 14/5 1805 Kopenhagen (dtscher Abkunft), da † 10/3 1900, HofKM. u. seit 1840 Dir. des Kgl. Konserv. W: Opern, Ballette, Sinf., Ouvert., VKonz., KaM., Kantaten, Chöre, Lieder usw. — Sein Sohn E m i l * 21/2 1836 Kopenhagen, da † 19/7 1898, da 1861/73 Organ., seit 1891 MVerDir. W (seinerzeit viel beachtet): Opern, 3 Sinf., Ouvert. (‚Eine nordische Heerfahrt'), VKonz., ‚Nordische Tänze', KaM., Lieder usw.

HARTMANN, Karl Amadeus * 2/8 1905 München, lebt da. W: Kinderspiel, KaM., TrompKonz., KlavSonat., burleske M. u. a.

HARTMANN, Ludw. * 1836 Neuß, † 14/2 1910 Dresden, da seit 1859, Komp., Pianist, Übersetzer v. OpTexten u. Krit.

HARTMANN, Ludwig * 10/5 1860 Selb (Oberfranken), seit 1895 SemML. in Bayreuth, jetzt StudProf. a. D. W: Kantaten, Chöre, Org- u. OrchStücke; ‚Die Orgel'; ‚Das Harmonium'

HARTMANN, Rolf * 12/9 1909 Köln, da Bearbeiter, da ausgeb. (Hochsch.) W: Lieder

HARTMANN, Thom. A. — s. HARTMAN

HARTOG, Eduard de * 15/8 1829 Amsterdam, † 8/11 1909 Haag, Schüler Litolffs, lebte in Paris u. Haag. W: Opern, der 43. Psalm f. Soli, Chor u. Orch., 2 StrQuart., Lieder, KlavStücke usw.

HARTOG, Jacques * 24/10 1837 Zalt-Bommel, † 3/10 1917 Amsterdam, da 1886/1913 L. f. MGesch. am Konserv. W: Biogr. v. Haydn, Mozart, Wagner u. a.

HARTUNG, Ernst, ps. Adolphe ERNEST; Ernst JANVIER * 5/7 1873 Berlin, da ML. W: UnterhaltgsM.

HARTUNG, Erwin * 12/10 1900 Komotau, lebt in Berlin. W: KlavKonz., KaM., Chöre, Lieder

HARTUNG, Hugo * 19/11 1864 Allstedt (Thür.), † 24/12 1930 Weimar, da seit 1887 Organ. u. VerDirig., urspr. SchulL., ausgeb. in Weimar u. Leipzig. W: größ. Chorwerke m. Orch., gem. u. MChöre

HARTUNG, Wilh. * 4/7 1895 Allenstorf a. Werra, städt. KM. in Weißenfels, vorher in Mühlhausen, Thür., ausgeb. in Sondershausen (Konserv.). W: Ouvert., OrchSuiten, Märsche, Tänze

HARTVIGSON, Anton * 16/10 1845 Aarhus, † 29/12 1911 Kopenhagen, KlavVirt., Schüler Tausigs u. Neuperts; sein berühmterer Bruder F r i t s * 31/5 1841 Grenaa, Jütl., † 1919 Kopenhagen, Schüler u. a. Gades u. Hans v. Bülows, 1888/1911 in London

HARTY, Hamilton * 4/12 1869 County Down (Irland), treffl. Pianist, UnivDoz. u. OrchDirig. in Manchester seit 1920. W: Ir. Sinf., Ouvert., VKonz., KlavKonz., Chorwerke, Klav-, V-, Vc-Stücke, Lieder

HARTZER-STIBBE, Marie * 29/1 1880 Samasang (Niederl.-Indien), ging 1926 nach Amerika lebte vorher in Berlin-Zehlendorf. W: KlavKonz., KlavTrio, KlavStücke (auch für d. Jugend), Terzette, Lieder, bes. Kinderlieder

HARWOOD, Basil * 11/4 1859 Woodhouse, Glouc., berühmter Organ. in Oxford. W: KirchM., OrgSon. u. a. H: ‚Oxford hymn book'

HARZEN-MÜLLER, Andr. Nikolaus * 25/6 1863 Itzehoe, lebt da seit 1934, vorher über 30 Jahre in Berlin-Schöneberg, Baßbariton u. MSchr. W: ‚Verzeichnis der plattdtsch. Kunstlieder' 1907

HASEL, Joh. Emmrich * 21/12 1828 Ofen, † 21/8 1900 Wien, hier seit 1873 ML. am Theresianum; unbedeut. Komp. W: ‚Die Grundsätze des Harmoniesystems'

HASELBACH, Albrecht * 25/3 1892 Namslau, lebt da. W: Optte

HASENEDER, Hans * 2/7 1887 Regensburg, ML. in Schweinfurt. W: Sinf., KlavSonate, KlavStücke, Tänze

HASENÖHRL, Frz., ps. HÖHRL, Dr. phil. * 1/10 1885 Maria-Lanzendorf/Wien, städt. OL. in Wien, Schüler v. Rob. Fuchs u. Hans Hofmann (Klav.). W: OrchStücke u. -Serenade, Suite f. Blasorch., KlavKonz., KaM., GitStücke, Chorwerke m. Orch., u. a. ‚Der Tod des Tiberius', ‚Liederreigen', FrChöre u. a.

HASERT, Rudolf * 4/2 1826 Greifswald, † 4/1 1877 Gristow (Pomm.), Pastor, zeitw. KonzPianist. W: geschätzte KlavStücke

HASKEL, Leonhard † 30/12 1923, Librettist

HASLER — s. HASSLER

HASLINDE, Paul Jobst * 11/8 1886 Berlin, da RundfDir. a. D. W: Optten, Hörspiele, Span. OrchSuite u. a.

HASLINGER, Karl — s. bei HASLINGER, Tobias

HASLINGER, Theo * 10/10 1893, Wels, O-Österr., seit 1924 in Klagenfurt, zunächst TheaKM., dann ML. W: Optten, Lieder, instr. KlavStücke

HASLINGER, Tobias * 1/3 1787 Zell (O-Österr.), † 18/6 1842 Wien als Besitzer der seit 1826 unter seinem Namen betriebenen Steinerschen MHandlg. Freund Beethovens u. a. W: Messen, Sonaten usw. — Sein Sohn K a r l * 11/6 1816 Wien, da † 26/12 1868. W: Kantate (Schillers ‚Glocke'), Sinf., Ouvert., KaM., Sonaten usw. — Das Geschäft wurde 1875 v. Rob. L i e n a u, dem Besitzer der Schlesingerschen MHdlg in Berlin, angekauft u. unter der alten Firma weitergeführt

HASSE, Faustina — s. bei Joh. Ad. HASSE

HASSE, Gustav * 4/9 1834 Peitz (Brandenbg.), † 31/12 1889 Berlin. W: VStücke, KlavStücke, Lieder

HASSE, Hans * 18/12 1855 Berlin, da † 14/10 1932, VL. an d. Akad. f. Kirch- u. SchulM., bis 1926, 1909/24 erster Geiger in der Hofkap. W: VStücke

HASSE, Joh. Adolf * 25/3 1699 Bergedorf/Hamburg, † 16/12 1783 Venedig, kurfürstl. sächs. u. kgl. poln. ObKM., hat oft Italien besucht, die Dresdener Oper berühmt gemacht. W: über 80 ital., heute nur noch geschichtl. Interesse habende Opern, 14 Oratorien, KirchM., Kantaten, Klav-Sonaten usw. Seit 1730 vermählt mit F a u s t i n a, geb. Bordoni * 1700 Venedig, da † 4/11 1781, eine der bedeut. Sgrinnen

HASSE, Karl * 20/3 1883 Dohna (Sachs.), Dir. der Hochschule in Köln seit März 1935, 1909 Organ. in Chemnitz, 1910 Dirig. in Osnabrück, 1919/35 UniversMDir. Tübingen, da seit 1931 HonProf., OrgVirt., Thomaner, Schüler v. H. Kretzschmar, H. Riemann, Nikisch, Straube u. Mottl. W (beachtenswert): Suite, Variat. u. a. f. Orch., Lieder. Schrift üb. Reger (1921), Bach (1925), ‚MStil u. MKultus'; ‚Vom dtsch. MLeben' (1933); ‚Von dtsch. M.' (1934)

HASSE, Max * 24/11 1860 Buttelstedt/Weimar, 1894/1927 MRef. d. Magdeburg. Ztg., Hrsg. d. Werke von P. Cornelius. Biogr. desselben

HASSEL, Aug. * 9/8 1830 Hagen i. W., da † 20/2 1915, VVirt., Schüler Spohrs, 1852/1907 Dirig. d. Stadtkap. seiner Geburtsstadt. W: Ouvert., Märsche u. Tänze, VSoli, KlavStücke, Lieder

HASSELAAR, Frans * 17/1 1885 Amsterdam, da Organ. seit 1906, da ausgeb. W: OrgStücke, Chöre, Lieder

HASSELBECK, Rosa — s. SUCHER

HASSELMANS, Alph. Jean * 5/3 1845 Liège, † 19/5 1912 Paris, HarfVirt., seit 1884 Konserv-Prof. in Paris. W: HarfStücke

HASSELT-BARTH, Wilhelmine v. * 15/7 1813, † 4/1 1881 Mannheim, 1831—1853 gefeierte Bühnensängerin (München, Wien) u. GsgL. — Ihre Tochter J o h a n n a * 23/2 1841 Wien, † 8/2 1918 Berlin, 1861—85 gleichfalls treffl. Koloratursäng., dann GsgL. in Berlin

HASSENKAMP, Leopold * 28/5 1881 Zschopau i. S., Organ. u. Chordir. in Berlin-Schlachtensee. Auch OML. W: Oper, Optten, Chöre, volkstüml. Lieder

HASSENSTEIN, Paul * 6/8 1843 Tapiau (Ostpr.), † 22/1 1927 Berlin, lebte da. W: zahlreiche Bearbeit. f. Harmon.

HASSLER (Hasler), Hans Leo * 1564 Nürnberg, † 8/6 1612 Frankf. a. M., Schüler A. Gabrielis, 1585 Organ. in Augsburg, zeitw. in Prag, 1601/08 in Nürnberg, 1608 Organ. der kurf. Kap. zu Dresden. Gleich bedeutend in weltl. u. geistl. Kompos., gleich stark in einfach schönen Melodien, wie in kunstvoll mehrst. Tonsätzen. W: Messen, Cantiones sacrae, Psalmen, Motetten, Madrigale, dtsche weltl. Gsge usw.

HASSLER, Karl Adolf * 10/9 1825 Hohenmölsen, † 18/7 1896 Halle a. S., zuerst VcellVirt., seit 1846 Kantor u. Dirig. (auch der Oper) in Halle, sehr verdient um das dort. MLeben

HASSLINGEN VON HASSINGEN, Joh., ps. Joh. HAGER * 22/2 1822 Wien, da † 9/1 1898, MinistBeamter. W: Opern, Orat., KaM., Lieder

HASTING, Hanns * 2/5 1905 Gnadenfrei, Schles., musik. Leiter der Wigman-Tanzschule in Dresden, da (OrchSchule der Staatskap.) u. von Gerh. F. Wehle ausgeb., sucht eine neue M. f. den künstler. dtsch. Tanz zu schaffen. W: Tanzzyklen; Schriften üb. M. u. Tanz

HASTUNG, Wilh. * 3/9 1870 Melle (Hann.),, GsgL. (Studienr.) u. Chordir. in Berlin. W: Chöre, Berliner Schulliederbuch; ‚Singen u. Klingen'. H: Ztschr. ‚Die Stimme'

HATE, Barron, ps. = SCHULENBURG, Herm.

HATE, Torido, ps. = ETLINGER, Rich.

HATTON, John Liptrott * 12/10 1809 Liverpool, † 20/9 1886 Margate (Kent.), seit 1832 TheaKM. in London. W: Opern, bibl. Drama, Kantate usw.

HATZFELD, Joh. * 14/4 1882 Benolpe (Sauerland), 1906 Priester, 1914/24 ReligionsL. in Paderborn, dann Leiter d. 1932 erlosch. Volksvereins-Verlags in MGladbach, MSchr. in Paderborn. W: ‚Tandaradei', ein Buch dtscher Lieder mit ihren Weisen aus acht Jh. 1917, ‚Susani' 1918 u. a.

HAUBENBERGER, Jos. Frz * 23/7 1899, da ML. u. MKrit., ausgeb. u. a. v. Iro. W: KaM., Dtsche Messe, Chöre, Lieder

HAUCK, Minnie — s. HAUK

HAUDEBERT, Lucien L. H. * 10/4 1877 Fougères (Bretagne), lebt in Paris. W: ‚Dieu vainqueur' (groß. Chorw.), StrQuart., VStücke, Lieder

HAUER, Geo. (urspr. Name) * 31/3 1857 = Georg VERÖ (magyarisiert)

HAUER, Hermann * 18/8 1812 Dardesheim/Halberstadt, † 16/3 1892 Berlin, Organ. u. VerDir. W: Chöre (u. a. 8st. Psalm m. Orch), Lieder

HAUER, Jos. Matth. * 19/3 1883 Wiener Neustadt, lebt als ML. in Wien, Vorkämpfer für die Atonalität. W: OrchSuiten, KaM., KlavStücke, Orat. ‚Wandlungen‘, ‚Über die Klangfarben‘, in 2. Aufl. u. d. T. 'Vom Wesen des Musikalischen', ‚Lehrbuch der atonalen M.‘, ‚Vom Melos zur Pauke‘, ‚Zwölftontechnik‘

HAUER, Karl * 28/10 1828 Halberstadt, † 16/3 1892 Berlin, da seit 1859 GymnasGsgL., 1868 Organ. usw. W: Lieder, Chöre, 8st. Psalm m. Orch. usw.

HAUERBACH, O. — s. HARBACH

HAUFE, Armin * 8/3 1871 Sohra, seit 1896 Kant. u. Organ. in Lpz. W: geistl. Chöre

HAUFF, Joh. Christian * 8/9 1811 Frankf. a. M., da † 30/4 1891. W: Orch- u. KaM., ‚Theorie der Tonsetzkunst‘ (5 Bde)

HAUFF, Willem Gottlieb * 1793 Nijmegen, † 31/10 1858 Groningen, da Organ. seit 1818. W: OrgStücke, KlavStücke

HAUFFE, Luise — s. bei Raimund HÄRTEL

HAUG, Gustav * 30/11 1871 Straßburg i. E., seit 1895 in der Schweiz, seit 1904 Organ. u. Chordir. in St. Gallen. W: zahlr. Chöre, auch mit Orch. (Kantaten)

HAUG, Hans * 27/7 1900 Basel, da ML u. Chordir., seit 1928 auch an der Oper. W: Oper, Te deum, VKonz., KaM., Chöre, Lieder

HAUK, Minnie * 14/11 1852 Newyork, † 6/2 1929 in Luzern-Triebschen, verheiratet mit Schriftsteller Hesse von Wartegg, sehr gefeierte Bühnensängerin von internation. Ruf (1869/71 in Wien, 1875/77 Berlin), öfter als 500mal als Carmen aufgetreten. W: ‚Memories of a singer‘ (1925)

HAULTIN, Pierre † 1580 Paris hochbetagt, der älteste (1525) franz. Gießer von Notentypen

HAUNHOFER, Ph. — s. Hainhofer

HAUPT, Frz, ps. = Gust. LEWIN

HAUPT, Karl * 1876 Gnadendorf, NÖsterr., Dir. einer eigenen Kap. in Wien, mit ihr 1908 in Amerika, Geiger, KomposSchüler v. Rob. Fuchs. W: Optten, Lieder, Tänze

HAUPT, Karl Aug. * 25/8 1810 Kuhnau/Sagan, † 4/7 1891 Berlin, OrgVirt., seit 1869 Dir. des Inst. f. KirchM. in Berlin. W: Choralbuch, Motetten, Chöre, Lieder, OrgSchule

HAUPT, Leopold * 20/12 1865 Unterscheffenlenz, Amt Mosbach, seit 1920 SemML. (StudRat.) in Konstanz, urspr. SchulL., ausgeb. auf dem Konserv. in Straßburg, 1908/20 SemML. in Meersburg a. B., sehr verdienter VerDir. u. Organ. W: Messen, gem. u. MChöre

HAUPTMANN, Harry, ps. MONN, Harry *17/7 1882 Berlin, lebt da, Schüler u. a. Emil Bohns. W: Optten, Schlager, Tänze

HAUPTMANN, Karl † 6/9 1924 Graz, TheaKM.

HAUPTMANN, Moritz * 13/10 1792 Dresden, † 3/1 1868 Lpz., 1811/12 Schüler Spohrs in Gotha, 1812 Violinist der Dresd. Hofkap., 1815/20 in Rußland; 1821/41 Violinist der Hofkap. zu Cassel, seit 1842 Kantor u. MDir. d. Thomasschule, sowie KonservL. zu Leipzig; hervorrag. Theoret. W: ‚Die Natur der Harmonik u. der Metrik‘ (1853), auch heute noch anregend; Motetten, Messen, StrQuart., treffl. VDuette usw., ‚Die Lehre von der Harmonik‘ (nachgelassen)

HAUPTNER, Thuiskon (Theod.) * 29/7 1821 Berlin, da † 9/2 1889, TheaKM. 1854/58 in Paris, zuletzt Dirig. der Singakad. in Potsdam. W: Liederspiele, Possen, Optten, Lieder, ‚Dtsche Gsgsschule‘ (1861)

HAUSCHILD, Josef Maria * 6/3 1887 Wien, Baß-Baritonist in Berlin, daneben seit 1932 GsgL. an der Hochsch. f. kathol. Kirch- u. SchulM. in Regensburg, ausgeb. in Wien, Dresden, Mailand u. Berlin (Lepanto; v. Raatz-Brockmann; dessen langjähr. Assistent)

HAUSCHILD, Karl † 1890 Kantor in Leisnig (Sachs.), bekannt durch den 107. Regiments-Marsch

HAUSCHILD, Karl * 30/12 1870, lebt in Bad Ems. W: UnterhaltgsM.

HAUSCHILD, Rudolf * 22/6 1889 Magdeburg, KlavVirt. (bes. Begl.), bek. KlavL., in Berlin seit 1912, urspr. Jurist, Schüler Egon Petris

HAUSCHKA (Hauska), Vincenz * 21/1 1766 Mies (Böhmen), † 13/9 1840 Wien, VcVirt., ausgebild. in Prag, seit 1792 in Wien, da Staatsbeamter, im Vorstand des MVer., der späteren Gesellsch. der MFreunde. W: VcSonat., 3st. Canons, Solfeggien, dtsche Lieder usw.

HAUSE (House), Wenzel * um 1780, † 1845 Prag, ausgez. KBVirt., seit 1811 L. am Konserv. W: KBSchule

HAUSEGGER, Friedr. von * 26/4 1837 St. Andrä (Kärnten), † 23/2 1899 Graz, Doz. f. Gesch. u. Theor. der M. W: ‚M. als Ausdruck‘, ‚R. Wagner u. Schopenhauer‘, ‚Vom Jenseits des Künstlers‘, ‚Die Anfänge der Harmonie‘, ‚Gedanken eines Schauenden‘ u. a. — Sein Sohn Siegmund * 16/8 1872 Graz, 1903/06 Dirig. d. Kaim-Orch. in München, 1906/08 Dir. der Museumskonz. in Frankf. a. M., 1910 Dir d. Philh. Gesellsch. in Hamburg, 1920/34 Dir. der Akad.

d. Tonk.; seit 1920 Dirig. d. groß. Konz. d. Konz-Ver. in München, auch MSchr. W: Opern, sinfon. Dicht. ‚Barbarossa', ‚Wieland der Schmied', Natur-Sinf., OrchVariat. ‚Aufklänge', Chöre (z. Teil m. Orch.), Lieder; ‚Alex. Ritter' (Biogr.), ‚Betrachtgen zur Kunst'

HAUSER, Emil * 17/5 1893 Budapest, da V-Virt., HochschulL. u. Führer des internat. berühmt. Budapester StrQuart.

HAUSER, Frz * 12/1 1794 Krasowitz/Prag, † 14/8 1870 Freiburg i. Br., treffl. OpSgr (Baß), seit 1837 geschätzter GsgL. in Wien u. 1846/65 München; Sammler von Bach-Autographen (seit 1907 in der Berl. Staatsbibl.). W: ‚GsgLehre'

HAUSER, Jos. * 9/1 1860 Näfels, da † 23/2 1932, da seit 1884 hochverd. Organ. u. Chordir.

HAUSER, Miska * 1822 Preßburg, † 8/12 1887 Wien, viel gereister VVirt., vgl. sein ‚Wanderbuch eines österr. Virtuosen'. W: Dankbare, meist virtuose VStücke

HAUSER, Moritz (Sohn v. Frz) * 28/8 1826 Dresden, † 21/5 1857 Königsberg i. Pr., MDir. W: Oper, Lieder

HAUSKA, Vincenz — s. HAUSCHKA

HAUSKE, Hugo * 30/11 1866 Naumburg a. S., seit 1922 VerDirig. in Darmstadt, da u. auf der Berliner Hochschule ausgeb., MilKM. 1907/19 in Darmstadt, 1919/22 in Dessau. W: MChöre, auch m. Orch.

HAUSMANN, Rob. * 13/8 1852 Rottleberode (Harz), † 19/1 1909 Wien (auf KonzReise); Vc-Virt., seit 1876 L. an der Kgl. Hochschule zu Berlin u. 1879/1907 Mitgl. des Joachimschen Quart.

HAUSMANN, Theodor * 9/12 1880 Elberfeld, urspr. Kaufmann, seit 1913 Musiker, Schüler F. W. Frankes, H. Ungers u. nach dem Kriege H. Grabners, 1920/24 Chordir. u. KM., seit 1925 ML. in Jeking (Isartal). W: KaM., KlavStücke, Lieder

HAUSMANN, Valentin, um 1600, Organ. in Gerbstädt, RB. Mersebg, Auswahl s. 1588/1610 erschienenen Instr.-Werke u. weltl. Gsge im 16. Bde der Denkmäler dtscher Tonkunst

HAUSNER, Edmund * 17/2 1851 Deutsch-Killmeß/Karlsbad, † 14/7 1923 Glasenbach/Salzburg, Klarinettist von Weltruf, L. am Mozarteum in Salzburg

HAUSNER, Ernst, Dr. jur. et phil. * 10/10 1879 Wien, da Dirig. d. JugendSinfOrch., ausgeb. auf der Akad. W: StrQuart., KlavStücke, Lieder

HAUSSWALD, Gunter * 11/3 1908 Rochlitz, Sachs., ML. in Dresden, ausgeb. in Leipzig (M. Pauer, Karg-Elert, Grabner, Kroyer). W: KaM., KlavStücke, Chöre, Lieder

HAUSTEIN, Josef * 25/8 1849 Brühl/Wien, † 21/8 1926 Wöglerin/Wien, da ML. W: viele bemerkenswerte Kompos. f. Zither

HAUTIN, Pierre — s. HAULTIN

HAUTSTONT, Jean * 13/12 1867 Brüssel, lebt da, nachdem er in China zeitw. ein Konserv. geleitet, Erfinder der ‚Notation autonome' (1907). W: Oper, Hymnen, Solfège

HAUTZ, Hilarius * 14/1 1893 St. Ingbert (Saar), seit 1922 MStudRat an d. LBildgsAnst. u. seit 1924 OrgSachverständiger in Speyer, KlavVirt., ausgeb. in München (Akad. u. Univers.) sowie von Otto Voß u. Pembaur

HAVARRO, Alfonso, ps. = Jul. KOCHMANN

HAVÉ, ps. = Adam WIENIAWSKI

HAVEMANN, Gustav * 15/3 1882 Güstrow, Schüler Joachims, hervorrag. Geiger, 1905 KonzM. in Darmstadt, 1911 KonservL. in Leipzig, 1915 KonzM. der Dresdener Hofop., seit 1921 L. a. d. Hochschule in Berlin, auch Führer eines StrQuart., seit 1932 Dir. des Kampfbund-Orch., das seit 1934 LandesOrch., Gau Berlin heißt, 1933 Vors. des Reichskartells d. dtsch. Musikerschaft, bzw. der Reichsmusikerschaft, Präsidialrat der RMK. W: Die VTechnik bis z. Vollendg (1928)

HAVERGAL, William Henry * 18/1 1793 High Wycombe, Buckinghamshire, † 19/4 1870 Leamington, Geistlicher. W: KirchM., Fireside m., ‚Old church psalmody'

HAWERKAMP, Gottfried * 28/2 1832 Soest, da † 28/4 1914, eigentl. Kaufmann, aber auch Organ. u. 1878/1902 VerDirig. W: MChöre, u. a. das sehr bekannte (1881) Westfalenlied ‚Ihr mögt den Rhein, den stolzen, preisen'

HAWES, William * 21/6 1785 u. † 18/6 1846 London, Sgr, später OpDir. W: BühnM., Glees. H: Madrigale

HAWKINS, John * 30/3 1719 London, da † 21/5 1789 als Advokat. W: ‚General history of the science an practice of m.' (5 Bde, 1776, N. A. 1853 u. 1875)

HAWLEY, Stanley * 17/5 1887 Ilkeston (Derbyshire), da † 13/6 1916, KlavVirt. W: Melodramen

HAY, Edw. Norman * 19/4 1889 Faversham (Irl.), Organ. in Bangor Abbey. W (bemerkensw.): sinf. Dichtg, StrQuart., OrgStücke

HAY, Frederic Charles * 18/9 1888 Basel, Dirig. in Genf seit 1923, Schüler v. H. Huber, Debussy u. R. Fuchs. W: Sinfon. Dichtg, KlavKonz., BrKonz., ObKonz., KaM., Chorwerke u. a.

HAYDN, (Franz) Joseph * 31/3 1732 Rohrau a. Leitha, † 31/5 1809 Wien, das zweite von 12 Kindern eines armen Stellmachers, der oft mit der Harfe umherzog, begleitet von der Mutter, die dazu sang. Der kleine Joseph war mit bei diesen Kunstreisen, kaum 5 J. alt, zeigte er schon große Teilnahme f. die M. Der Lehrer Frankh in Hainburg, ein Verwandter, nahm den Knaben, als dieser 6 J. alt war, zu sich, unterrichtete ihn nicht nur im Singen usw., sondern auch in der prakt. Kenntnis der Blas- u. StrInstrum., sogar im Paukenschlagen. Dadurch wurde der Grund zu seiner nachherigen Wirksamkeit als InstrumKomp. gelegt. Nach einigen Jahren kam er als Chorknabe an die Stephanskirche in Wien u. erhielt guten Unterricht im Singen u. InstrumSpiel; auch in der Komposition, obgleich fast ganz auf eigene Studien angewiesen, suchte er sich auszubilden. Im 16. Jahre verlor er durch Stimmbruch seine Anstellg als Chorknabe und gewann nur mühselig durch Unterrichtgeben u. Musikmachen d. nötigen Unterhalt. Damals fielen ihm die sechs ersten Sonaten von K. Ph. E. Bach in die Hände; daß er diesem Meister als Kompon. sehr viel verdankte, hat er stets bekannt. Drei Monate lang versah er die Stelle eines Akkompagnisten u. Dieners bei dem Gsgmeister Porpora, dabei bedacht, hin u. wieder ein Wort, das seiner musikal. Ausbildung förderlich wäre, aus dessen Munde zu vernehmen. Dort wurde er auch vom Gluck u. Dittersdorf bekannt. 1759 wurde er vom Grafen Morzin als MDir. mit 200 Gulden Gehalt u. freier Station engagiert. Nun heiratete er aus Dankbarkeit die Tochter eines Friseurs, von dem er früher Wohltaten erhalten hatte. Die Ehe (seine Frau † 1800) war keine glückliche. 1761 wurde H. KM. des Fürsten Paul Anton Esterhazy († 1762) in Eisenstadt zunächst mit 400 Gulden Gehalt. Ungefähr 30 Jahre brachte er bei Fürst Nikolaus Joseph Esterhazy zu, teils zu Eisenstadt u. seit 1769 im Schlosse Esterhazy am Neusiedler See in Ungarn, teils zu Wien. Eine Menge Sinfon., StrtQuart. usw. schrieb er während dieser Zeit; sein Ruhm verbreitete sich sogar ins Ausland. Als der Fürst 1790 starb, wurde seine Kapelle aufgelöst; Haydn behielt aber seinen KMTitel, übersiedelte jetzt ständig nach Wien u. war mit 1400 Gulden Jahrespension, die ihm Fürst Anton gewährte, in relativ unabhängiger Lage. 1790/92 u. 1794/95 folgte er wiederholt. Einladgen nach London, wo er reichen künstler. u. materiellen Erfolg hatte; er erhielt auch von d. Univ. Oxford d. Doktorwürde. Nach seiner Rückkehr von der zweiten engl. Reise wurde er von neuem KM. der wiedererrichteten Esterhazyschen Kapelle. Als 65- bzw. 67jähriger schrieb er nun die „Schöpfung" u. die „Jahreszeiten" (erste Aufführen in Wien 1798 bzw. 1801). Seit der neuerlichen Wiederentdeckung der Mannheimer KomponSchule (Stamitz u. Gen.) darf Haydn zwar nicht mehr als der eigentl. Schöpfer der neueren InstrumM., der Sonatenform (Sinf.), der beweglicheren Thematik u. der freieren OrchBehandlg, wohl aber als der erste Vollender auf diesem Gebiete gelten, der durch seinen Erfindsreichtum u. seine Kunstfertigkeit seine Vorgänger in Schatten stellte. Die Zahl seiner Werke (die Gesamtausg. bei Breitkopf & Härtel in Leipzig ist bisher nicht recht in Fluß gekommen) ist erstaunlich. Er schrieb: an 200 Sinf., mehr als 60 Kassationen, Divertimenti usw., über 40 Konz. f. Klav. u. and. Instr., 83 StrQuart., 37 KlavTrios, 175 Stücke f. Baryton (Vc-artiges Instrum.), 39 KlavSon., 3 Orator., 14 Messen, viele klein. KirchM. usw., einige 20 Opern, Chöre, Lieder usw. Seine Kompos. des Liedes „Gott erhalte Franz den Kaiser" (1797) ist österr., später auch dtsche Volkshymne geworden. Neuerdings bisher unbekannte Werke von Ad. Sandberger u. auch Ernst Fritz Schmid entdeckt. Die Wiederbelebg seiner Opern kaum von dauerndem Erfolg mit Ausnahme von „Lo speziale" („Der Apotheker") u. vielleicht von „Il mondo della luna" („Die Welt auf dem Monde"), bearb. v. Mark Lothar. Vgl. C. F. Pohls von Botstiber vollendete 3bdge Biogr. u. Rol. Tenschert (1932). — Sein Bruder (Joh.) **Michael** * 14/9 1737 Rohrau, † 10/8 1806 Salzburg, erzbisch. KonzM., fleißiger KirchKomp. (24 latein., 4 dtsche Messen, viele Gradualien, Offertorien, Kantat.), schrieb auch Sinf., KaM. u. Opern. 1788 gab er in Salzburg auch 14 MQuart. heraus

HAYDON, Claude M. * 8/11 1884 South Yarra, Melbourne, lebt in Wellington, New Zealand. W: Oper, KaM., KlavStücke, Lieder

HAYES, Philip * 1738 Oxford, † 19/3 1797 London, Organ. u. Prof. in Oxford. W: Orat., KirchM. H: Harmonica Wiccamica

HAYES, Roland * 3/6 1887 Chattanooga, Tenn., gefeierter, auch in Europa geschätzt. Tenor (Neger)

HAYES, William * 1707 Hanbury, † 27/7 1777 Oxford, da seit 1734 Organ. u. seit 1742 Prof. der MGesch. W: Psalmen, Glees, Catches, Schrift.

HAYM (it. Aimo) **Nik. Frz** * um 1679 Rom (dtsche Eltern), † 11/8 1729 London, Vcellist. W: Operndichtgen f. Händel u. a., Sonaten f. 2 V. u. Baß

HAYN, Fritz * 11/10 1885 Schrozberg, württ. OA. Gerabronn, Schüler des Stuttg. Konserv., seit 1911 in Ulm (Liedertafel), da 1919 Dirig. des Ver. f. klass. KirchM., 1922 Dirig. des MChor-Konz-Bundes Ulm-Oberschwaben, 1924 Domorgan, auch städt. KirchMDir. W: Märchenspiel, MChöre, auch m. Orch., Lieder, KlavStücke

HAYOT, Maurice * 8/11 1862 Provins, seit 1893 KonservL. in Paris, Führer e. ausgezeichn. StrQuart.

HAYWORD, Marjorie * 14/8 1885 Greenwich, VVirt in London, ausgeb. u. a. v. Sauret u. Sevčik

HAZLEHURST, Cecil * 22/5 1880 Higher Runcorn, lebt in London. W: Opern, Optten, KaM., KlavStücke, Lieder

HEAD, Herry, ps. = Leop. MITTMANN

HEAP, Charles Swinnerton * 10/4 1847 Birmingham, da † 11/6 1900, da seit 1868 angesehener Dirig. u. Klavierist, Schüler d. Lpzger Kons. u. Bests. W: Ouvert., KaM., OrgStücke, Kantaten, Anthems, Lieder usw.

HEBBEL, Heinr. * 1/6 1886 Ortenberg (Ober-Hessen), Gitarrist in Darmstadt. W: GitSchule, Stücke f. V. u. Git.

HEBENSTREIT, Pantaleon * 1669 Eisleben, † 15/11 1750 Dresden, Hofkapelldir., Gambenvirt., Erfinder des Pantaleons, eines verbess. Hackbretts, aus dem Christ. Gottl. Schröter das Hammerklavier entwickelte. Dieses Pantaleon 1925 in Florenz wieder zu Ehren gebracht durch Sascha Wotitschenko, der darauf KlavM. von Couperin bis Ravel spielte

HECHT, Edua. * 28/11 1832 Dürkheim a. H., † 7/3 1887 Manchester, da Chordir. u. ML., ausgeb. in Frankf. a. M. W: Sinf., KaM., viele KlavStücke, MilMärsche, Chöre

HECHT, Gust. 23/5 1851 Quedlinburg, † 8/7 1932 Köslin, 1874 kgl. SemML. in Cammin (Pomm.), seit 1902 in Cöslin i. P. W: Chorwerke, Stücke f. V., Klav., Gsg usw., Choralbuch, ‚Methodik d. GsgUnterr.' usw.

HECK, Ernst * 25/1 1904 Köln, da ML., da ausgeb. (Konserv.). W: Bühnenspiele, Tänze

HECK, Josef * 5/7 1880 Oberdollendorf/Bonn, ausgeb. in Aachen u. Köln, seit 1906 Organ., KirchChor- u. VerDirig. in Köln, vorher in Wenlo. W: Kantate, Chöre, Lieder

HECKEL, Emil * 22/5 1831 Mannheim, da † 28/3 1908 MHändler u. KlavFabrikant, begeisterter. tatkräftiger Förderer der Bayreuther Festspiele u. Hugo Wolfs

HECKEL, Hans * 25/7 1882 Dresden, Dir. des MVer. in Döbeln, vorher TheaKM. u. a. in Barmen u. Posen. W: sinfon. Fantasie, KaM., Klav-Stücke, MChöre, Lieder

HECKEL, Wilh. (Sohn Joh. Adam Hs., der die HolzblaseinstrFabrik 1831 gründete, † 1877) * 1856, † 15/1 1909 Biebrich, erfand 1905 das Heckelphon (eine Bariton-Oboe) u. die KBKlarin. — Sein Sohn Wilhelm Hermann H. * 1879

HECKEL, Wolf, Lautenist aus München, lebte in Straßburg.. Hrsg. einer Tabulatur f. 2 Lauten 1556 bzw. 1562

HECKMANN, Robert * 3/11 1848 Mannheim, † 29/11 1891 Glasgow, ausgezeichn. Geiger u. Führer eines StrQuart. während seiner Tätigkeit als KonzM. in Köln 1881 ff.

HECKSCHER, Hans Selmar * 23/6 1901 Berlin, da KlavL., Schüler R. J. Eichbergs u. Kurt Schuberts. W: KlavStücke, auch instr., Lieder

HEDENBLAD, Ivar * 27/7 1851 Torsång, † 16/6 1909 Ronneby, seit 1881 UnivMDir. in Upsala, seit 1902 auch Organ. W: MChöre u. a.

HEDGCOCK, Walter W. † 28/7 1932 London (68jähr.), da Organ. u. MDir. am Cristal Palace, auch OrgL. an der Guildhall School. W: Ouvert., KirchM., Lieder

HEDLER, Rud. * 20/12 1867 Frankleben/Merseburg, SchulL. u. Organ. i. R. in Zeitz, da seit 1905. W: kl. Requiem, Chöre, volkstüml. Lieder

HEDOUIN, Pierre * 28/7 1789 Boulogne s. m., † Dez. 1868 Paris, Advokat. W: Schriften über Gluck, Gossec, Gretry, Meyerbeer u. a.; Romanzen

HEDWIG, Joh. Lukas * 5/8 1802 Heedsdorf/Kronstadt, † 8/1 1849 Kronstadt, da Kantor, ausgeb. seit 1819 in Wien, dann da OrchMusiker. W: Kantaten, Siebenbürg. Volkshymne, GsgSchule

HEEREN, Hans * 3/10 1893 Hannover, Landwirt in Kleekwang am Teutob. Wald. W: viele Lieder zur Laute

HEERINGEN, Ernst v. * 1810 Großmehlra-Sondershausen, † 24/12 1855 Washington, suchte 1850 die Notenschrift zu reformieren

HEERMANN, Hugo * 3/3 1844 Heilbronn, VVirt., 1865 KonzM. in Frankfurt a. M. u. seit 1878 da VProf. am Hochschen Konserv., 1907/09 L. am M. College in Chicago, 1911 in Genf, seit 1922 in Meran

HEERMANN, Hugo * 28/3 1883 Frankf. a. M., da Chordirig. W: MChöre

HEFNER, Otto * 24/6 1868 Walldürn (Bad.), lebt da, urspr. SchulL., ausgeb. auf dem Seminar Ettlingen. W: geistl. u. weltl. Chöre (sehr verbreitet: 42 neue Volkslieder), Duette, Lieder

HEGAR, Emil * 3/6 1843 Basel, da † 13/6 1921, urspr. treffl. Vcellist, Schüler des Lpzger Konserv.; mußte aber dem VcSpiel entsagen u. wurde Sgr. War VerDirig. u. GsgL. a. d. MSchule in Basel. — Sein Bruder F r i e d r i c h * 11/10 1841 Basel, † 2/6 1927 Zürich, Schüler des Lpzger Konserv., 1865/1906 KM. in Zürich, Dir. der von ihm 1876 begründ. MSchule bis 1914, VVirt., bahnbrechender MGsgKomp. W: Oratorium, VKonz., Vc-Konz., StrQuart., MChorballaden ,Totenvolk', ,Rudolf v. Werdenberg', ,Schlafwandel', ,Die beiden Särge' u. a., Lieder usw.

HEGAR, Joh. (Sohn Friedrichs) * 30/6 1874 Basel, † 25/4 1929, treffl. Vcellist, seit 1912 Prof. an der Akad. der Tonkunst in München, Mitglied des Berber-Quart.

HEGEDÜS, Ferencz * 26/2 1881 Fünfkirchen, ausgeb. in Budapest, vielgereister VVirt., lebt in Zürich

HEGELE, Ernst * 5/8 1849 Sulz am Neckar, seit 1915 im Ruhestand in Cannstatt, urspr. SchulL., Schüler des Konserv. in Stuttgart, da 1879/81 Organ., 1881/1915 SemML. in Nagol bzw. Nürtingen; Mitbegr. d. ev. KirchGsgVer. f. Württbg. W: MChöre, geistl. gem. Chöre. H: Choralbuch f. MStimmen

HEGELER, Anna * 1896 Oldenburg, da seit 1923 Bratschistin des Landesorch., Schülerin von Petri, Marteau u. Flesch, in der Komp. v. M. Schillings. W: VStücke, Lieder

HEGER, Robert * 19/8 1886 Straßburg i. E., urspr. Vcellist, seit 1907 TheaKM., 1921/24 in München, 1924/33 in Wien (Staatsop.), seit Herbst 1933 StaatsKM. in Berlin. W: Opern, Chorwerke (u. a. das abendfüll. ,Friedenslied'), 2 Sinf., V-Konz., KlavTrio, u. a.

HEGER, Willi Rolf * 5/2 1902 Brüx, seit 1924 in Dresden, Geiger, seit 1929 Korrepet. der Staatsoper. Jetzt? W: Oper, KaM., Lieder

HEGGE, Odd Grüner * 23/9 1899 Christiania, da Pianist. W: treffl. KaM.

HEGNER, Anna * 1/3 1881 Basel (Schwester Ottos), ausgezeichn. Geigerin, Schülerin Hugo Heermanns, seit 1908 L. an d. MSchule in Basel. W: VStücke, Lieder

HEGNER, Anton * 2/3 1861 Kopenhagen, treffl. VcVirt., Schüler des Konserv zu Kopenhagen; konzertiert seit 1892. W: VcStücke

HEGNER, Ludvig * 1/5 1851 Kopenhagen, dort KBassist u. Organ.

HEGNER, Otto * 18/11 1876 Basel, † 22/2 1907 Hamburg, KlavVirt., Schüler H. Hubers u. d'Alberts, schon als Kind auf KonzReisen, 1898/1904 L. am Sternschen Konserv. in Berlin, 1905 am Hamburger Konserv. W: KlavKompos.

HEGRI, Albert d', ps. = GRIMM, Heinz

HEGYESI, Louis * 3/11 1853 Arpad, † 27/2 1894 Köln, wo er am Konserv. seit 1887 wirkte; hervorrag. Vcellist, zeitw. im Florentiner Quartett Jean Beckers; hieß eigentlich S p i t z e r

HEGYI, Bela, 1887/1904 in Budapest mit Optten hervorgetreten

HEGYI, Emanuel * 25/3 1877 Preßburg, urspr. Jurist, seit 1910 KlavVirt., seit 1914 Hochschul-Prof. in Budapest

HEHEMANN, Max * 27/10 1873 Crefeld, † 17/11 1933 Essen, da seit 1895 MKrit. W: ,M. Reger'

HEID, Joh. Phil. * 23/3 1876 Nürnberg, MSchr. u. ML. (Konserv. Klindworth) in Berlin seit 1909; TheaKM. 1900/04, dann MSchulDir. (priv.) und ChorDir. in Augsburg u. Freiburg i. B. W: Opern, trag. Ouvert., KlavStücke, Chöre, Lieder; ,Das Metronom u. s. Anwendg'; ,Handbuch d. PartStudiums' (noch ungedr.)

HEIDÉE, Charles, ps. = Karl L. HEIDENREICH

HEIDEGGER, Joh. Jak. * 13/6 1666 Zürich, † 4/9 1749 London, da seit 1707, seit 1709 Opern-Impressario, Teilhaber u. Librettist Händels, zeitweise mit diesem verfeindet

HEIDELMANN, Anton, Thea- u. VerMusik-Verl. in Bonn, gegr. 24/4 1897

HEIDENREICH, Karl L. * 15/10 1879 Wien, seit 1915 MSchr. (Krit.) in Brünn, vorher in Wien. W: Ballett, Tänze, Märsche, Potpourris, Chöre, Lieder; ,Die mtechn. Kunstausdrücke', ,Die authentischen Melodien der offiz. Volkshymnen aller Weltstaaten'; ,Deutschmähr.-schles. MGrößen der Vergangenheit u. Gegenwart. Op- u. KonzFührer' (1935) — ps. Charles HEIDÉE

HEIDERSBACH, Käte * 1897 Breslau, seit Herbst 1927 erste jugendl. dramat. Sgrin der Staatsop. in Berlin, auch außerh. Deutschlands bekannt, ausgeb. in Berlin, 1923/27 an der Breslauer Op.

HEIDINGSFELD, Ludw. * 24/3 1854 Jauer, † 14/9 1920 Danzig, 1884/96 Dir. der Singakad. in Liegnitz, seitdem in Danzig VerDirig. und KonservDir.. W: Optten, sinfon. Dichtgen, Klav-Werke, Chöre, Lieder usw.

HEIDLER, Herm. * 26/1 1834 Bennungen/Roßla (Harz), † 29/1 1890, SemML. u. Organ. in Bromberg. W: OrgStücke, Chöre usw.

HEIDRICH, Hermine Margarete * 2/7 1884 Dresden, lebt in Berlin, auch Dichterin. W: Oper, Chöre, Lieder, KaM. u. a.

HEIDRICH, Maxim. * 2/1 1864 Dtsch-Paulsdorf/Görlitz, † 6/8 1909 Dresden, begabt, von Brahms beeinflußt. W: (meist erst nach seinem Tode veröffentl.): f. Orch., KaM., Opern, Requiem, Chöre, Lieder

HEIDUCZEK, Alois * 8/11 1904 Dtsch-Piekar (Poln. OS.), lebt in Beuthen. W: KlavStücke, VStücke, Chöre, Lieder

HEIFETZ, Jascha * 2/2 1899 (1901?) Wilna, Schüler L. Auers, schon als Kind hervorrag. VVirt., seit 1917 in Amerika, lebt in Newyork.

HEIL, Otto Karl * 2/5 1865 Grimma i. S., SemML. u. Domorgan. in Bautzen. W: OrgKonz. (ungedr.)

HEILMANN, Ant. * 17/11 1910 Neheim/Ruhr, seit Juli 1934 Mitinhaber des Verl. f. musikal. Kultur u. Wissensch. in Wolfenbüttel, Pianist, Cembalist u. Geiger, stud. MWiss. 1929/34 in Königsberg u. München, gleichz. auf der Akad. der Tonkunst (u. a. bei Geierhaas), KompSchüler 1921/29 v. G. Nellius. W: Op., KlavStücke, Lieder. H: Händel, Arien m. obligat. Instr.; Telemann, Die Tageszeiten, Themat. Katalog d. InstrM. des 18. Jahrh.

HEIM, Ernst * 11/5 1854 Zürich, seit 1885 Dirig. in Davos, Geiger. W: ‚Was der VSpieler wissen muß‘, ‚Neuer Führer durch die VLiteratur‘, VStücke. H: Gradus ad Parnassum; Arena, Duette f. 2 V. u. a.

HEIM, Ignaz * 7/3 1813 Renchen (Baden), † 3/12 1880 Zürich, gründ. da die ‚MSchule‘. W: MChöre, Lieder, weitverbreit. Chorliedersammlgen

HEIM, Margarete * 11/7 1885 Berlin, da Sopranistin u. GsgL.

HEIMANN, Richard * 14/6 1907 Kunzendorf/Habelschwerdt, Geiger in Glatz. W: vaterländ. Märsche, Tänze

HEIMSOETH, Friedr., Dr. phil. * 11/2 1814 Köln, † 16/10 1877 Bonn, da 1837 PrivDoz., 1848 ao., 1865 o. Prof. der klass. Philol., sehr verdient um das dort. MLeben, auch KirchChordir., MSchr.

HEIN, August * 10/12 1858 Löwen (Schles.), Schüler des LSem. u. des Berl. Instit. f. KirchM., 1884 Choralist, 1893 Organ. am Dom in Breslau. W: Opern, gem. u. viele MChöre, Lieder, OrgStücke

HEIN, Rich. Walter, Dr. phil. * 29/10 1896 Saalburg, S., Regisseur, seit 1926 ORegRat am Thea. in Mannheim. W: StrQuart.

HEINE, Axel, Dr. med. * 21/4 1870 Kopenhagen, da TheaArzt, Schüler Svendsens. W: OrchStücke, KaM., Lieder

HEINE, Otto * 6/9 1875 Wernigerode, seit 1/10 1925 GymnML. in Magdeburg, † 23/11 1930, Schüler d. Instit. f. KirchM. in Berlin, seit 1908 SemML. in Barby a. E. bzw. Delitzsch. W: Chöre, Duette, Lieder, OrgStücke

HEINECKE, Max * 1863, † 24/7 1929 Berlin, Geiger, s. Z. Mitglied d. Waldemar Meyer-Quart. W: VStücke, UnterhaltsgsM.

HEINEFETTER, Sabine (* 19/8 1809 Mainz) u. Klara (* 17/2 1816), zwei Schwestern, anfangs arme Harfenmädchen, später Sängerinnen ersten Ranges. Klara (Stöckl-Heinefetter) † 23/2 1857 im Irrenhaus zu Wien; Sabine † 18/2 1872 in der Irrenanstalt zu Illenau

HEINEFETTER, Wilh. * 1833 Berlin, † 15/2 1934 (!) Berlin, 1849 Geiger in Mainz, später OpKM. u. a. in Brüssel, 1884 ff. GsgL. in Berlin. W: viele Lieder

HEINEMANN, Adolf * 28/3 1877 Frankf. a. M., da seit 1913 Dir. e. eigenen MInst., da ausgeb. (HochschKonserv.: Fritz Bassermann, I. Knorr), urspr. SoloBratsch. in Kreuznach u. Koblenz, seit 1904 in Frankf. a. M. W: (kath.) KirchM., KaM., OrgSuite üb. Bach

HEINEMANN, Adolf * 1/6 1882 Hagen i. W., seit 1914 sehr um die KirchM. verdienter Organ., seit 1920 auch L. f. Theor. u. Org. am Konserv. in Koblenz, auch MSchr. bes. auf biogr. Gebiet. W: ungedr. OrgStücke

HEINEMANN, Ernst * 11/1 1861 Hannover, Schr. (Mozart-Forscher) in Berlin-Charlottenburg. W: ‚Rich. Wagner u. das Ende der M.‘ (1910); ‚Üb. das Verhältnis der Poesie z. Musik u. d. Möglichkeit des Gesamtkunstwerks‘. Übers. v. Mozart ‚Don Giovanni‘ (U 7/11 1909 Stuttg.); „Zauberflöte", Text neu bearb. (1931)

HEINEMANN, Heinr. * 15/9 1842 Bischofsburg, OPr., † 3/7 1918 Braunschweig, da seit 1878 Hofschauspieler u. BühnenSchr. W: ‚Beethoven u. sein Neffe‘. Drama (1903) u. a.

HEINEMANN, Käthe (Tochter Wilhelms) * 10/11 1893 Spandau, da KlavVirtuosin

HEINEMANN, Wilhelm * 1/3 1862 Halberstadt, Dir. eines Konserv in Spandau. W: M- u. gemChöre, Lieder, bes. Kinderlieder, ansprech. KlavStücke

HEINEMEYER, Ernst Wilh. * 25/2 1827 Hannover, † 12/2 1869 Wien, treffl. Flötist, Sohn d. Flöt. Christian H. (1796/1872). W: brill. FlKomp.

HEINERMANN, Otto * 21/6 1887 Soest, seit 1908 Organist in Dortmund, da ausgeb. (Konserv.), Org- u. KlavVirt. W: OrgStücke, KlavStücke, Motetten, Lieder

HEINICHEN, Joh. David * 17/4 1683 Krösseln/Weißenfels, † 16/7 1729 Dresden, HofKM. der KirchM. seit 1717, 1710/17 in Italien. W: Opern, Messen, 57 Kantaten, Serenaden, Konz. usw., Generalbaßschule

HEINISCH, Victor * 13/9 1866 Sondershausen. W: Oper

HEINITZ, Eva * 2/2 1907 Berlin, treffl. Vcellistin u. Gambistin, Schülerin H. Beckers, seit 1933 in Paris.

HEINITZ, Wilh., Dr. phil. * 9/12 1883 Altona, urspr. Pagottist, MGelehrter (vgl. MWiss.); 1931 UnivPrivDoz. in Hamburg, 1933 Prof., seit Ende 1934 Leiter der Forschgsabt. f. vergleich. MWiss.

HEINK, Ernestine — s. SCHUMANN-HEINK

HEINKE, Karl * 16/10 1874 Berlin, Postsekr. a. D. in Berlin/Erkner, Schüler W. Klattes. W: Ouvert., KaM., Chöre u. Lieder, auch m. Orch.

HEINLEIN, G. * 28/6 1885, OMM. (MilKM.) in Bamberg. W: Märsche

HEINRICH, Prinz v. Preußen * 18/1 1726, † 3/8 1802, Bruder Friedrichs d. Gr., unterhielt auf Schloß Rheinsberg ein treffl. Orch.

HEINRICH IV., Prinz von Reuß * 26/4 1821, † 25/7 1893 Ernstbrunn bei Wien. W: KaM.

HEINRICH XXIV., Prinz Reuß (Sohn Heinrichs IV.), Dr. phil. * 8/12 1855 Trebschen/Züllichau, † 2/10 1910 Ernstbrunn/Wien, Schüler u. a. Herzogenbergs. W: 6 Sinf., viel KaM., Messe, Lieder

HEINRICH, Arthur * 24/1 1877 Saarmund/Potsdam, Schüler des Instit. f. KirchM. in Berlin, seit 1908 GsgL., Orch- u. Chordirig. in Brandenburg a. H. W: Sinf., KlavSon. u. Stücke, Choralvorspiele, Orator., Kantaten, Chöre usw.

HEINRICH, Harry, ps. = SUSSMANN

HEINRICH, Joh. Geo. * 15/12 1807 Steinsdorf/Haynau (Schles.), † 20/1 1882 Sorau (NLaus.), Kantor u. Organ. seit 1839. W: Choralvorspiele, Choralbuch, ‚Orgellehre'

HEINRICH, Max * 14/6 1853 Chemnitz, † 9/8 1916 Newyork, Baritonist, Bahnbrecher des dtschen Liedes in NAmerika, GsgL. u. a. in London, Chicago u. Boston

HEINRICHS, Agnes * 26/7 1903 Köln-Deutz, ML., in Köln-Nippes. W: Mysterienspiel, Messen u. a. KirchM., Chöre, Lieder, KlavStücke, VStücke

HEINRICHS, Anton Philipp * 11/3 1781 Schönbichel (Böhm.), † 3/5 1861 Newyork. W: Lieder

HEINRICHS, Arnold * 9/11 1868 Breberen/Aachen, Tenorist, Chordirig., GsgL. u. Kantor in Krefeld

HEINRICHS, Hans * 4/7 1873 Hannover, da Schüler Aug. Büntes, da seit 1897 GsgL. u. Chordirig., 1926 ObML. (StudRat). W: Chöre u. a. ‚Volk' H: Schulliederbuch ‚Frisch gesungen'

HEINRICHS, Hans Joachim * 26/5 1917 Baruth, Mark Brand., lebt in Berlin. W: Unterhaltgs-M., NS-Jugendlieder

HEINRICHSHOFEN, Wilh. * 4/3 1782 Mülverstedt (Thür.), † 29/4 1851 Magdeburg, gründ. da den durch seinen Sohn Theodor (* 24/4 1815, † 17/1 1901) u. seinen Enkel Adalbert (* 18/6 1859) zu großer Bedeutg gebrachten MVerlag 1797 und gleichzeitig durch Übernahme der Firma Th. Keil ein großes MSortiment; 1924 erfolgte die Trenng der Leitg von Verl. u. Sortiment. Ersterer erhielt 1902 einen groß. Zuwachs durch Ankauf des alten T r a u t w e i n schen bzw. B a h n schen Verlages (s. d.)

HEINROTH, Joh. Aug. Günther * 19/6 1780 Nordhausen, † 2/6 1846 Göttingen, UnivMDir. seit 1818. W: ‚Gsgunterrichtsmethode f. Schulen', ‚Volksnote oder vereinfachte Tonschrift' usw.

HEINS, Karl * 8/6 1859 Tangermünde, † 10/9 1923 Berlin, da MVerleger seit 1880. W (über 300): KlavStücke, auch Stücke f. andere Instrum., MChöre, Lieder (u. a. ‚Zwei dunkle Augen') usw. — Der Verlag übergegangen an Fr. Portius, Leipz.

HEINSE, Wilh. * 15/2 1746 Langewiesen, Thür., † 22/6 1803 Aschaffenburg, kurmainz. Bibliothekar, Dichter. W: musik. Roman ‚Hildegard von Hohenthal'; ‚Musik. Dialoge'

HEINSIUS, Ernst 1760 Organ. in Arnhem, Holl. W: 6 Sinf., 6 VKonz.

HEINSS, Albert * 14/8 1861 Aken a. E., seit 1896 L. einer eigenen MSchule f. alle Instr. usw. in Leipzig. W: Orch-, Org- u. KlavStücke, Balladen, Lieder

HEINTZ, Albert * 21/3 1822 Eberswalde-Berlin, † 14/6 1911 Berlin, da seit 1855 Organ. W: Schriften üb. Wagners ‚Meistersinger' u. ‚Parsifal', Arrang. aus dessen Werken usw.

HEINTZE, Geo. Wilh. * 4/7 1849 Jönköping, † 10/1 1895 Lund, da seit 1889 KM. u. Organ. W: OrgSon. u. a.

HEINTZE, Gustaf * 22/7 1879 Stockholm, da seit 1910 Organ., KlavL. W: 2 KlavKonz., 2 V-Konz., KaM., Kantaten

HEINZ, Joh. * 28/3 1879 Erlangen, seit 1909 in Wien, neuerdings nur der Kompos. lebend, urspr. Vcellist (ausgeb. in Nürnberg), dann auch Chordir. W: Oper, gr. Messe, Te Deum, Sinf., KaM., Chöre, auch m. Orch., Lieder u. a.

HEINZ, K., ps. = Heinr. KIPP

HEINZE, Berthold * 10/5 1870 Berlin, da V-Virt. W: ‚Konzentrierter Lehrgang der VTechnik'; Ouvert., VKonzStücke u. a.

HEINZE, Georg * 27/6 1873 Heidelberg, ML. u. Bearbeiter in Wiesbaden, da ausgeb. (H. Riemann; M. Reger). W: Ouvert., KlavStücke, UnterhaltgsM.

HEINZE, Gust. Ad. * 1/10 1820 Leipzig, † 20/2 1904 Muiderberg/Amsterdam als KM. a. d. dtschen Oper (seit 1850) u. VerDirig., urspr. Klarinett. W: Opern, Orator. usw.

HEINZE, Helene (Tochter Sarahs) * 28/11 1865 Leipzig, KlavL. in Dresden, Schülerin ihrer Mutter u. Ferd. Braunroths, auch MSchr. W: ‚Schule des Daumenuntersatzes'

HEINZE, Karl Friedr. Leop. * 20/10 1828 Grünberg (Schles.), Schüler d. Instit. f. KirchM. in Berlin, SemL. in Ober-Glogau, Ziegenhals u. Pilchowitz, † 31/8 1905 Breslau. W: theor. Werke, ‚Musikal. Lese- u. Bildungsbuch', ‚43 Choräle für 4 MStimmen', 2 VSchulen usw.

HEINZE, Rich. * 26/8 1845 Heldrungen, RB. Merseburg, † 20/11 1893 Cassel. W: kom. Gsge u. Singspiele, KlavStücke

HEINZE, Sarah geb. Magnus * 18/12 1836 Stockholm, † 27/1 1901 Dresden; KlavVirt. u. treffl. L.

HEINZE, Walter * 20/8 1885 Lpz., ObVirt. W: ObStud. u. VortragsStücke

HEINZEL, Alb. * 25/11 1875 Hainersdorf (TschechoSlov.), da Dirig. u. ML W: OrchSuite, Märsche, Tänze, Chöre, Lieder

HEINZEN, Karl * 11/4 1887 Düsseldorf, da Pianist u. MKrit. W: KlavSonate, Lieder, auch m. Orch.

HEIRINCK, Hans, ps. = Hans HEYMANN

HEISE, Peter Arnold * 11/2 1830 Kopenhagen, † 12/9 1879 Stokkerup. W: Opern (‚König und Marschall', 1878, Nationaloper), Ballett, Chöre, beliebte Lieder usw.

HEISER, Wilh. * 15/4 1816 Berlin, † 9/9 1897 Friedenau-Berlin, erst Opsger in Schwerin, 1853/56 Stabshoboist in Berlin, dann da GsgL. W: Beliebte Lieder ‚Das Grab auf der Heide', ‚Zieht im Herbst die Lerche fort' usw.

HEISIG, Max * 17/8 1869 Troplowitz (OS.), urspr. SchulL., seit 1925 ObML. in Duisburg, Schüler des Kgl. Instit. f. KirchM. in Berlin, dann SemML. in Coesfeld u. Paderborn. W: kirchl. u. weltl. M- bzw. FrChöre. H: Volksschul-Liederbuch

HEISS, Hermann * 29/12 1887 Darmstadt, ML. in Berlin, 1928/33 am Landerziehungsheim Spiekeroog, Schüler u. a. M. Hauers. W: Festspiel, OrchSuite, VKonz., KaM., auch im 12 Tonsyst., KlavStücke, Chöre, Lieder u. a. — ps. Georg FRAUENFELDER

HEITER, Amalie — s. AMALIA, Prinzessin von Sachsen, † 1870

HEITER, Hans, ps. = NAGLER, Franciscus

HEITER, R., ps. = NAGLER, Franc.

HEITMANN, Fritz * 9/5 1891 Hamburg, seit 1932 Domorgan. in Berlin, vorher an der Kaiser Wilhelm-Gedächtniskirche seit Herbst 1918, 1912/18 Domorgan. in Schleswig, Schüler Regers u. Straubes, ausgezeichn. OrgSpieler u. Chordirig., 1925 Prof. an der Akad. f. Schul- u. KirchM.

HEITSCH, Alfred * 8/2 1844 Dresden, da † 26/5 1885. W: Lieder, Gsge, KlavStücke usw.

HEKKING, André * 30/7 1866 Bordeaux, † 15/12 1925 Paris, da ausgezeichn. Vcellist, seit 1919 L. an der Ecole normale de m. u. am amerikan. Konserv. in Fontainebleau

HEKKING, Ant. * 7/9 1855 Haag, treffl. Vcellist, Schüler des Pariser Konserv., machte viele Reisen, seit 1881 in Berlin

HEKKING, Gérard * 12/8 1879 Nancy, Vcell-Virt. in Paris, seit 1927 L. am Conservat.

HELD, Leo † 16/5 103 Wien, 36jähr., Thea-KM. W: Optten

HELD, Ludwig * 14/4 1857 Regensburg, † 2/3 1900 Wien, Librettist

HELDER, Bartholomäus † 28/10 1635 Pfarrer zu Remstädt/Gotha, 1607/16 SchulL. in Friemar. W: Kirchl. Gsge (Choräle)

HÈLE, George de la — s. LA HÈLE

HELENE PAWLOWNA * 1807, seit 1824 Gemahlin des Großfürsten Michail Pawlowitsch von Rußland, Prinzessin v. Württemberg, † 21/1 1873 Petersburg, sehr verdient um das russ., bes. Petersburger MLeben, Gründerin der Kaiserl. Russ. M-Ges. (1859)

HELFERT, Joh. * 27/3 1869 Freudenthal, SemML. u. Chordir. in Troppau. W: Messe, Sinf., KlavQuint., Chöre. H: Schles. Volkslieder

HELFERT, Wladimir, Dr. phil. * 24/3 1886 Planitz (Böhm.), Prof. d. MWiss. an d. Univers. Brünn seit 1926 (1921 PrivDoz.)

HELFRITZ, Hans * 25/7 1902, lebt in Berlin, da ausgeb. (Hochschule). W: Hörspiele, Tanzsuite, sinf. Prälud., Cembalo-Konz., VcKonz., Blasorch-Stücke, KaM., KlavStücke

HELGAR, William, ps. = ATRI, Raffaele d'

HELGERS Otto * 4/12 1882 Frankf. a. M., ausgez. I. Bassist (Gurnemanz, Hagen, Barbier von Bagdad) der Berliner Staatsoper seit Herbst 1920, auch treffl. Oratsger, Schüler Hildachs, am Hof-Thea. in Hannover 1909/11, in Aachen 1911/13, in Stuttgart 1913/20

HELL, Hans, ps. = Hans A. HEUMANN

HELL, Raymond, ps. = Emile PESSARD

HELLE, Georg de la — s. LA HÈLE

HELLENDAAL, Pieter * 1721 Rotterdam, † ? Amsterdam, Geiger, Schüler Tartinis. W: VSonaten

HELLER, Hans Ewald, Dr. iur. * 17/4 1894 Wien, da TheorL. u. MKrit., Schüler von J. B. Foerster, Cam. Horn, Frz Marschner und Cyrill Hynais. W: Opern, Singspiel, Tonfilm, Pantomime, KaM., Lieder

HELLER, Henryk * 15/4 1875 Szumsk (Pos.), VVirt. u. L. in Warschau, da seit 1889. W: Lehre v. d. Flageolettönen u. a.

HELLER, Jos. * 4/6 1876 Budapest, Lautenvirt. in Wien. W: Optten, Lieder, KlavStücke

HELLER, Julius Anton * 28/3 1861 Wien, da † 11/8 1920, kaiserl. Rat. W: Oper, Optten, Chöre, an 100 Lieder, Orch- u. KlavStücke

HELLER, Max u. Paul (Zwillingsbrüder) * 12/4 1867 Berlin, da Pianisten auf 2 Klav., sowie auf 1 Klav 4hdg., Schüler X. Scharwenkas, seit 1893 Leiter eines eigen. Konserv. W (gemeinsam als MP. H.): KlavStücke, darunter viele instrukt.; ,Die M. als Geschenk der Natur'

HELLER, Maxime, ps. = Ch. A. RAWLINGS

HELLER, Stephen * 13/5 1813 Budapest, † 13/1 1888 Paris, da seit 1838 Pianist u. gesch. L., Schüler Ant. Halms. W: zahlr. feinsinnige KlavKompos. (kürzere poetisier. Stücke, treffl. Etüden, Paraphrasen Schubertscher u. a. Lieder usw.)

HELLINCK, Johannes Lupus (auch Lupi), niederländ. Komp., † 14/1 1541 Brügge; ein anderer des gleichen Namens 1562 DomKM. in Cambrai. W: Messen, Motetten, Chansons

HELLMANN, Fritz * 29/4 1862 Lüneburg, 1888 MilitKM. in Magdeburg, 1895 in Halberstadt, hier 1895 auch OratVerDirig., daneben 1910/23 auch Dir. des Magdeburg. MChors, † 1928

HELLMANN, Paul, ps. Lightman * 29/6 1896 Bochum, KM. und Bearb. in Berlin, Schüler u. a. Rich. Hagels. W: UnterhaltsgM., NS-Märsche und Lieder

HELLMESBERGER, Georg * 24/4 1800 Wien, † 16/8 1873 Neuwaldegg/Wien, Prof. des VSpiels am Konserv. in Wien, zuletzt OrchDirig. der Hof-Op., Lehrer von W. Ernst, Joachim, Auer usw. W: 2 VKonz. und Solostücke usw. — Seine Söhne 1) G e o r g * 27/1 1830 Wien, † 12/11 1852 Hannover, da KonzM. d. Oper seit 1850. W: Opern. — 2) J o s e p h * 3/11 1828 Wien, da † 24/10 1893, ebenfalls trffl. Violinist, zumal gesch. QuartSpieler, 1850 KonservDir. 1860 KonzM. der HofOp., 1870 Dirig. der Gesellschaftskonzerte. — Dessen Sohn J o s e p h * 9/4 Wien 1855 Wien, da † 26/4 1907, 1886 da HofOpKM., später erster HofKM. u. 1904/05 HofKM. in Stuttgart. W: Optten. — Dessen Bruder F e r d i n a n d * 24/1 1863 Wien, da Vcellist u. Dirig., 1905/06 KM. der Berliner Hofop., 1908/11 KM in Abbazia

HELLMRICH, Rud. * 16/7 1872 Berlin, GsgL. in Hamburg seit 1903, war urspr. MusikalHändler, dann KonzSgr (Bassist), Schüler Stockhausens, leitete zeitw. den Lübecker LGsgV. W: Lieder

HELLMUTH, Theod., ps. = BLANCK, Theod.

HELLOUIN, Frédéric * 18/4 1864 Paris, † 26/3 1924 St. Germain-en-Laye, treffl. MWissenschaftl.

HELLWIG, Ludwig * 23/7 1773 Kunersdorf/ Wriezen, † 24/11 1838 Berlin, da 1803 VizeDir. der Singakad., Domorgan. u. SchulGsgL. W: Opern, MChöre u. a.

HELM, Ernst, ps. = Ernst STEFFAN

HELM, Joh. * 10/4 1842 Floß (OPfalz), 1878/ 1912 SemDir. zu Schwabach, da † 28/12 1917. W: Chöre, Gsge, Klav- u. OrgKompos. usw. Sehr verbreit. ,Harmonielehre'

HELM, Otto * 28/9 1884 Düsseldorf, MStud-Rat in Essen seit 1914. W: Weihnachtskant., Schulchöre

HELM, Theodor, Dr. iur. * 9/4 1843 Wien, da † 23/12 1920, L. f. MGesch. u. Ästhetik, sehr geschätzter Krit. W: ,Beethovens StrQuartette', ,Üb. die Sonatenform seit Beethoven', ,Mozarts KlavKonzerte' u. a.

HELMBURGH-HOLMES, ps. = Otto TITEL

HELMHOLTZ, Herm. L. F. * 31/8 1821 Potsdam, † 8/9 1894 Charlottenburg, berühmter Physiker, seit 1871 UniversProf. in Berlin. Von bleibendem Wert seine ‚Lehre von den Tonempfindgen (1863, 6. A. 1913)

HELMORE, Thomas * 7/5 1811 Kidderminster, † 6/7 1890 London, Priester. W: GsgBücher, ‚Manual of plaing song', Hymnen u. a.

HELMSTETTER, Karl * 1888 Buchsweiler (Els.), lebt in Stuttgart/Degerloch, ausgeb. auf d. Konserv. in Stuttgart. W: 2 StrQuart., KlavStücke, Chöre, Lieder, auch mit Orch. usw.

HÉLOISE, Madame — s. STOLTZ, Rosine

HELSTED, Eduard * 8/12 1816 Kopenhagen, da † 1900, Freund R. Schumanns, Geiger. W: Ballette, BühnenM.

HELSTED, Gustav * 30/1 1857 Kopenhagen, da † 1/3 1924, KonservL. u. Organ. W: Sinfon., wertvolle KaM., Chorwerke, Lieder

HELSTED, Karl Adolph (Bruder Eduards) * 4/1 1818 Kopenhagen, da † 1904, Flötist. W: Sinfon., KlavQuart., Chöre

HEMMANN, Friedr. * 22/11 1893 Gera, ausgeb. da, in München u. Lpz., Pianist in Berlin. W: Sinfon., sinfon. Dichtg., KaM., KlavStücke, Lieder, auch m. Orch. — ps. Fritz BERNARDO

HEMMEL, Sigmund 1565 Tenorist u. KM. der herzogl. Hofkantorei in Stuttgart, komp. als erster den ganzen dtschen Psalter

HEMMERLING, Hermann * 4/5 1892 Fürweiler, SchulL. in Fechingen (Saar). W: Lieder, UnterhaltgsM.

HEMPEL, Adolf * 28/1 1868 Gießen, Organ. 1890 Eisenach, seit 1896 in München, vielgereister Virt. W: OrgStücke, Chöre

HEMPEL, Frieda * 26/6 1885 Leipzig, gefeierte KoloratSgrin, 1907/12 Berliner Hofoper, seitdem in Amerika (Metropolitan Oper in Newyork), jetzt privatisierend (verheir.)

HEMPEL, Otto * 6/10 1885, lebt in Berlin. W: UnterhaltgsM.

HEMPEL, Walter * 4/8 1903 Wurzbach/Dürrenbach (Thür.), seit 1926 KBassist im Stadtorch. Freiburg i. Br. W: KBKonzStück, KlavStücke

HEMPSON, Denis * 1695 Craigmore, † 1807 (!) Magilligan, einer der letzten irischen Barden, HarfVirt.

HENDERSON, Herbert, ps. = NOACK, Herbert

HENDERSON, William James * 4/12 1855 Newark N. J. (Nordam.), MKrit. in Newyork. W: ‚Story of music', ‚Preludes and Studies', ‚What is good music', ‚Rich. Wagner', ‚The art of the singer' usw.

HENGARTNER, Albert * 22/7 1876 Heiligkreuz/St. Gallen, VariétéKM. in Zürich. W: Tänze u. Charakterstücke

HENGARTNER, Max * 30/10 1898 Amriswil, seit 1920 VerDirig. in Zürich. W: VcFantasie, Lieder

HENKE, Waldemar * 24/3 1876 Königsberg i. Pr., seit 1911 I. Buffotenorist der Berl. Staatsop., auch geschätzt. OratSgr., 1896 Schauspieler, 1898 OpSgr in Posen, 1901/11 in Wiesbaden

HENKEL, Georg * 13/12 1861 Breitenworbis, RB. Erfurt, seit 1888 SchulL. u. VerDir. in Bad Orb (Hessen). W: Messen u. and. KirchM., MChöre, Lieder

HENKEL, Georg Andreas, Dr. phil. h. c. seit 1867, * 4/2 1805 Fulda, da † 5/4 1871, SemML. 1837/68. W: KirchM.

HENKEL, Heinr. * 16/2 1822 Fulda, † 10/4 1899 Frankf. a. M., dort seit 1849. W: ‚Methodik des KlavUnterr.', ‚Der Mechanismus des KlavSpiels', Kompos. f. V., Klav. usw. — Der von diesem begründeten bewährten Pädagogen gegr. MVerlag erst an Fritz Baselt (s. d.), nach dessen Tod an Wilh. Gebauer, Leipzig übergegangen

HENKEL, Karl * 28/5 1867 Brünn, † 2/12 1924 Atzgersdorf/Wien, ausgeb. in Wien, SchulL., VVirt. u. Dirig. W: Tänze, Märsche, Wiener Lieder

HENKEL, Michael * 19/7 1780 Fulda, da † 4/3 1851, Stadtkantor, 1805/37 ML. am LehrerSem., 1816/48 am Gymn. W: KirchM., Git-, Org- u. KlavStücke, Choralbuch, Schulliederbücher

HENKEL, Sophie (Tochter Heinrichs) * 14/3 1855 Frankf. a. M., da Direktorin der MSchule

HENKERS, Ludw. Fel. * 25/6 1874 Ottendorf/Hainichen, lebt in Dresden. W: Opern, VBallade

HENKING, Bernh. * 6/5 1897 Schaffhausen, treffl. OrgSpieler, Schüler des Konserv. in Zürich u. d. Berlin. Hochschule, bes. der Chorschule bei S. Ochs; 1921 Chordir. in Baden i. Schweiz, seit Mai 1925 Dir. des Reblingschen GsgVer., des Domchors (1933 KirchMDir.) u. des MChors in Magdeburg. W: geistl. u. weltl. Chöre. H: Chorgsgbuch (Ausg. f. Prov. Sachsen usw.)

HENKLER, Paul * 21/12 1880 Vieselbach, Thür., StudDir. i. R. in Blankenburg, Harz. W: Orator., große Chorw. m. Orch., Choräle

HENNEBERG, Albert * 27/5 1825 Potsdam, † 19/12 1902 Berlin, langjähr. Mitgl. des Kgl. OpChors. W: Chöre, Tänze

HENNEBERG, Joh. Bapt. * 6/12 1768 Wien, da † 26/11 1822, Hoforgan. seit 1818, 1790/1803 KM. am Thea. an der Wieden. W: Singspiele, KirchM.

HENNEBERG, Karl Alb. Theod. (Sohn Richards) * 27/3 1901 Stockholm, da ausgeb., KlavVirt. u. KM., lebt in Stockholm, vorher in Wien u. Paris. W: 4 Sinf., Suiten, sinfon. Dichtgen, KlavKonz., VcKonz., Chorwerke, Lieder u. a.

HENNEBERG, Rich. * 5/8 1853 Berlin, † 19/10 1925 Malmö, treffl. KonzBegl., TheaKM. in Stockholm 1878/1907, 1912 ff. OrchDir. in Malmö. W: Opern, BühnenM., KaM., Chorwerke, Lieder usw.

HENNEQUIN, Alfred * 1842 Liège, † Aug. 1887 (blind) Epinay, Vaudeville-Dichter

HENNEQUIN, Maurice * 1863 Liège, † 2/9 1926 Montreux, Librettist in Paris

HENNERBERG, Carl Fredrik * 24/1 1871 Aelgaras (Schwed.), seit 1908 Bibl. der MAkad., auch TheorL., KlavL. in Stockholm. W: üb. die Org., viele Aufsätze

HENNES, Alois * 8/9 1827 Aachen, † 8/6 1889 Berlin, da seit 1872 ML. W: viel benutzte ‚KlavUnterrichtsbriefe', ‚Pädag. Erfahrgen', instrukt. u. SalonKlavStücke

HENNESSY, Swan * 1866 Rockford (Illinois, USA.), † 28/10 1929 Paris, irischer Abkunft, Schüler des Konserv. in Stuttgart, lebte in Paris, reiste vorher als Pianist viel in Mittel-Europa u. Italien. W (bewußt celtischen Charakters): viel KaM., KlavStücke

HENNIG, Herbert F., ps. Herbert EFF; Herbert F. HENYOS * 26/2 1899 Tilsit, KM. in Berlin, Bearb. f. Orch., Salonorch. usw. W: UnterhaltgsM.

HENNIG, Karl * 23/4 1819 Berlin, da † 18/4 1873, Organ. W: Kantaten, Psalmen, MChöre (‚Froschkantate'), Klav-, Org- u. GsgsKompos. — Sein Sohn Karl Rafael * 4/1 1845 Berlin, † 6/2 1914 Posen, da seit 1869 sehr verdient um das MLeben, gründ. den ‚Hschen GsgVer.', 1880/1890 L. am Lehrerinnen-Sem. W: Sonate, Kantate, Lieder, Chöre, ‚Die Methodik des Schulgsg-Unterrichts', ‚Beethovens 9. Sinf.', ‚Ästhetik der Tonkunst', ‚Dtsche GsgsSchule', ‚Einführg in den Beruf d. KlavL.', ‚Einführg in das Wesen der M.'

HENNIG, Kurt * 28/4 1881 Berlin, da GsgL. Schüler u. a. M. Regers. W: Oper, sinfon. Fantasie, KaM., Klav- u. HarmStücke, Lieder; Bearbeitgen

HENNIG, Maximilian * 21/8 1891 Oppeln, VVirt. u. Führer eines StrQuart. in Breslau seit 1921, auch L. an der Akad. f. Kirch- u. SchulM. u. am Schles. Konserv., ausgeb. auf der Hochschule (Em. Wirth, Marteau) in Berlin 1910/14, dann da VL u. Solist, tritt f. lebende Komp. ein

HENNING, Ernst Moritz * 16/2 1906 Bromberg, lebt in Berlin, da ausgeb. (Hochsch.). W: Chöre in linearem Stil

HENNING, Joachim * 8/8 1899 Hüthum (NRhein), Klavierist in Köln, vorher zeitw. in Barcelona. W: Lieder m. Klav. bzw. Laute, MandolQuart. — ps. Benno HALLER

HENNING, Karl * 26/2 1807 Halberstadt, † 1/10 1865 Zeitz, StadtMDir. seit 1837. W: 2 V-Schulen, VcSchule, instrukt. Stücke u. a. — Sein Sohn Theodor * 11/10 1837 Langensalza, † Juli 1903 Nordhausen, StadtMDir. seit 1870, treffl. Dirig. u. Geiger. W: Opern, Sinf., instrukt. Stücke, Chöre, Lieder usw.

HENNING, Karl Wilhelm * 31/1 1784 Öls, † Mai 1867 Berlin, Geiger, 1836 MDir., 1841/48 HofkpKM. Berlin. W: SchauspielM.

HENNING, Max * 10/4 1866 Roßlau i. Anh., seit 1904 ML. in Berlin, vorher TheaKM. W: Opern, Sinf., Ouvert., viel KaM., Lieder. — ps. Aristide CLERMONT

HENNING, Theodor — s. bei H., Karl

HENNINGS, Joh. * 12/3 1867 Wilstedt, M-Schr. in Lübeck seit 1900, vorher Organ. W: Gesch. der Singakad. in Lübeck', ‚Kl. Führer durch die MChorlit.' u. a.

HENRICH, Herm. * 11/2 1891 Coblenz, seit 1933 Geschäftsführer der Reichsmusikerschaft in d. RMK., vorher u. a. seit 1926 in Magdeburg TheaKM. bzw. Orch- u. Chordir. (Konzerte auch in Stendal). W: Sinfon., KlavKonz., VKonzStücke, KaM., Op. ‚Melusine', Gsge, auch m. Orch.

HENRICHSEN, Roger * 12/2 1876 Kopenhagen, da † 12/1 1926, KlavL., Krit. u. Dirig. des Studenten-GsgVer. W: Sinf., Chorwerke, KaM.

HENRICI, Christian Friedr., ps. PICANDER * 14/1 1700 Stolp, † 10/5 1764 Leipzig, ObPostKommissar, dichtete die ‚Matthäus-Passion' u. viele Kantaten f. Bach

HENRION, Paul * 20/7 1819 Paris, da † 24/10 1901, der französ. Abt. W: Optten, an 1000 Lieder

HENRION, Rich. * 9/3 1854 Artern, Kr. Sangerhausen, lebt in Stettin, 1881/1920 MilKM. in Brandenburg, Metz, Prenzlau u. Stettin, Kompos-Schüler Reblings (Magdeburg). W (üb. 260): Weihnachtsmärchen, viele Märsche, bes. Fanfarenmärsche u. Tänze, Lieder

HENRIQUES, Fini * 20/12 1867 Kopenhagen, da Geiger. W: BühnenM., Sinfon., KaM., Klav-Stücke, Lieder

HENRIQUES, Robert * 14/12 1858 Kopenhagen, da † 29/12 1914, Vcellist, Dirig. u. Krit. W: f. Orch., KaM., VcStücke, Lieder

HENRY, Hamilton, ps. = A. W. RAWLINGS

HENRY, Leigh Vaughan * 23/9 1889 Liverpool, weitgereister MSchr., jetzt in London. W: ‚Music', ‚Strawinsky'; Ballett-Komödie, sinf. Dichtg, KaM., Chöre, Lieder

HENRY, Rolf, ps. = Rud. WALLER

HENSCHEL, Artur * 2/8 1865 Chemnitz, Chordir. u. GsgL. in Leipzig, da † 4/3 1934. W: viele Chöre

HENSCHEL, Georg * 18/2 1850 Breslau, † 10/9 1934 bei Aletna-Criche (Schottl.), Baritonist, auch Chordirig., Schüler F. Kiels, seit 1885 in London, Freund von Brahms; Verleugner des Deutschtums. W: Opern, M. zu ‚Hamlet', Requiem, StrQuart., Chöre, Lieder, Balladen; ‚Musings and memories' (1918). — Seine Frau Lilian, geb. Bailey * 17/1 1860 im Staate Ohio (NA.), † 5/11 1901 London, geschätzte Sopr.

HENSCHKE, Fritz, ps. Wilm WARNER * 6/2 1903 Berlin-Schöneberg, KM. in Berlin-Rummelsburg. W: OrgPassacaglia, Lieder, Unterhaltgs-M., Bearbeitgen

HENSEL, Fanny Cäcilie * 14/11 1805, Schwester von F. Mendelssohn-B., † 14/5 1847 plötzlich während einer Probe, seit 1829 mit dem Maler Hensel vermählt, treffl. Pianistin. W: KlavTrio, Klav-Stücke, Lieder

HENSEL, Heinrich * 29/10 1878 Neustadt, Pfalz, † Ende Febr. 1935 Hamburg, berühmter Heldenten. (Bayreuther Loge u. Parsifal; auch in England u. Amerika), Schüler Gust. Walters, 1897/1900 in Freiburg, 1900/06 in Hamburg, 1906/11 in Wiesbaden, 1911/22 in Hamburg, dann nur gastierend u. GsgL.

HENSEL, Walter (eigentl. Jul. Janiczek), Dr. phil. * 8/9 1887 Mährisch-Trübau, seit 1929 Dir. einer eig. MSchule in Stuttgart, 1926/29 L. d. JugendMSchule d. Konserv. in Dortmund. W: ‚Lied u. Volk', ‚Im Zeichen des Volksliedes'. H: ‚Finkensteiner Blätter', ‚Dtsche Liedlein aus Österreich', ‚Der singende Quell', ‚Volkstänze aus dtschen Gauen' u. a. — Seine Frau und Mitarb. Olga W: ‚Vom Erleben des Gsgstons'

HENSEL-HAERDRICH, Paul * 5/4 1893 Lochmühle/Thalbürgel, Thür., seit 1934 OpSpielleiter in Kassel, urspr. Buchhdler, u. a. in London, dann auf d. Konserv. in Leipzig (Reger, Krehl, Lohse), OpKM. u. a. in Greifswald, Bernburg. W: Opern, Sprechstücke. B: Lortzing, ‚Casanova' als ‚Die kleine Stadt'

HENSELT, Adolf * 12/5 1814 Schwabach (M-Franken), † 10/10 1889 Warmbrunn (Schles.), ausgezeichn. vielgereister Pianist, Schüler Hummels u. Sechters, seit 1838 in Petersburg KaVirt. u. KlavL. am kais. Hofe, auch geadelt. W: Klavkonz. (op. 16, nur technisch noch wertvoll), bes. wertvolle Etüden (op. 2 u. 5), ein 2. Klav. zu Cramers Etüden usw.; ausgez. KlavÜbertrag., z. B. von Weberschen Ouvert.

HENSLER, Karl Friedr. * 1/2 1759 Vaihingen/Heilbronn, † 24/11 1825 Wien, da seit 1784 fruchtbarer Librettist, seit 1804 TheaDir.

HENSS, Heinr. * 11/12 1883 Frankfurt a. M., Geiger in der Städt. Oper in Berlin seit 1912. W: StrQuart., Tänze, Märsche u. a.

HENTSCHEL, Ernst Jul. * 26/7 1804 Langenwaldau (Schles.), † 14/8 1875 Weißenfels, SemL. seit 1824; sehr verdient um die Fortbildg. d. dtsch. SchulL. in der M. W: ‚Evangelisches Choralbuch mit Zwischenspielen' (11 A.), Schulliederbücher ‚Kinderharfe', ‚Liederhain' (74 A.). H: Ztschr. ‚Euterpe'

HENTSCHEL, Erwin * 16/8 1889 Wahnsdorf, Bez. Dresden, ML. in Halberstadt. W: UnterhaltsM.

HENTSCHEL, Franz * 6/11 1814 Berlin, da † ?, zuletzt ML., vorher TheaKM an versch. Orten. W: Oper, BlasinstrKonz., Märsche

HENTSCHEL, Fritz * 3/9 1880 Nerchau, seit 1905 SchulGsgL. (StudRat) u. seit 1908 DomOrgan. in Meißen. W: Chöre, KlavStücke

HENTSCHEL, Rob. * 11/12 1893 Görlitz, seit 1926 Dir. der Singakademie in Hirschberg i. Schles. W: Chöre

HENTSCHEL, Theod. * 28/3 1830 Schirgiswalde (OLaus.), † 19/12 1892 Hamburg, TheaKM. in Lpz., Bremen (1860/90) u. seit 1891 in Hamburg. W: Opern usw., doppelchör. Messe, MChöre, Lieder usw.

HENTY, Mark, ps. = Hubert W. DAVID

HENTZSCHEL, Geo. * 6/7 1878 Dresden, da VerDirig., ZithVirt. W: Schlesien in Lied u. Tanz f. Zith. u. a. — ps. Heinz KLEIN

HENYOS, Herbert F., ps. = Herbert F. HENNIG

HENZE, Bruno Karl Ludw. (Sohn Karls), * 12/5 1900 Berlin, da Harfenist u. Gitar. W: f. Git., auch m. anderen Instr.

HENZE, Hermann * 18/9 1886 Frankf. a. O., TheaKM. u. KonzDirig., seit 1933 in Göttingen, vorher KonzDir. in Berlin. W: KaM., Lieder

HENZE, Karl * 8/2 1872 Berlin, da Git. u. MandolVirt. W: ZithSchule, viele Stücke f. Git., Mand., Lieder. B: f. MandOrch.

HENZE, Wilh. * 6/6 1882 Ahrensburg/Hamburg, lebt da, VerDirig., Schüler der Konserv. in Hamburg, Sondershausen u. Lpz., danach TheaKM. in Saarbrücken, Metz usw., auch VerDirig. in Lübeck. W: BühnenM., u. a. zu Goethes ‚Faust' I, MChöre, auch mit Begleit. usw.

HEPWORTH, George * 22/1 1825 Almondbury (Engl.), 1847 Organ. in Güstrow u. 1864/1907 Domorg. in Schwerin (Meckl.), † 12/9 1918 Hamburg (Armenhaus). W: Org- u. KlavWerke usw. — Sein Sohn William * 16/12 1846 Hamburg, † 12/4 1916 Chemnitz, da seit 1873 Organ. W: OrchM., KaM. usw.

HERBART, Joh. Friedr. * 4/5 1776 Oldenburg, † 14/8 1841 Göttingen, bekannter PhilosProf. usw., tüchtiger KlavSpieler. W: KlavSonate usw.; ‚Pycholog. Bemerk. z. Tonlehre'

HERBECK, Joh., Ritter v. * 25/12 1831 Wien, da † 28/10 1877; 1852 KirchChordirig., 1856/66 ChorM. des MGsgver., 1858 ChorgsgL. am Konserv., 1859 artist. Dir. d. Gesellsch. der MFreunde, 1866 HofopKM., 1870 HofopDir., ausgezeichn. Dirig. W: M. zu Goethes ‚Faust', 4 Sinf., ‚Tanzmomente' f. Orch., Messen, MChöre (u. a. ‚Zum Walde' mit Hornquart.), Lieder usw.

HERBERT, Theodor * 24/12 1822 Lpz., † 12/3 1891 Dresden, KlavL. B: f. Pfte zu 2, 4, 6 Hdn.

HERBERT, Victor * 1/2 1859 Dublin, † 26/5 1924 Newyork, Schüler des Stuttg. Konserv., 1886 SoloVcellist in Newyork, 1898/1904 OrchDir. in Pittsburg, dann in Newyork. W: Opern, viele Optten, Suiten usw. f. Orch., VcKonz., Kantaten, Lieder usw. — ps. Frank ROLAND

HERBING, Valentin * 9/3 1735 Halberstadt, † 26/2 1766, DomVikar in Magdeburg, bemerkenswert als Liederkomp.

HERBLAY, V. H. — s. HIRSCHMANN

HERBST, Fritz * 1/10 1866 Hannover, seit 1893 ML. in Königsberg i. Pr., Vcellist. W: VcStücke, Lieder

HERBST, Ignaz * 27/2 1877 Würzburg, Schüler der dort. MSchule, seit 1908 in Wien Chor- u. OrchDir., MSchr. W: Opern, Sinfon. u. sinfon. Dichtgen, Chöre, KlavStücke, VStücke

HERBST, Joh. Andr. * 1588 Nürnberg, † 26/1 1666 Frankfurt a. M., KM. an versch. Orten. W: Lehrbücher (Singschule), KirchM., Madrigale

HERBST, Kurt * 4/7 1883 Halle a. S., Organ. in Hamburg, vorher in Rostock. W: Chöre, Lieder

HERBST, Rudolf, Dr. phil. * 8/4 1890 Wurzen (Sa.), StudRat in Nürnberg, da ausgeb., auch in Lpzg u. Erlangen, auch v. H. Zilcher. W: KaM., VStücke, bayr. u. obpfälz. Tänze, Chöre, Lieder

HERDER, Joh. Gottfried * 25/8 1744 Mohrungen, OPr., † 18/12 1803, der Dichter, Wiederbeleber des Volkslieds, Verf. v. Op-, Orat- und Kantatentexten. MÄsthetisches in seiner ‚Adrastea' u. ‚Kalligone'

HEREDIA, Pedro de † 1648 Rom, da seit 1630 KM. an St. Peter, vorher in Vercelli, ein Spanier. W: KirchM.

HERFORTH, Karl * 10/9 1878 Sorau, seit 1919 Geiger in Halle, Schüler des Lpzger Konserv. W: 7 Opern, große Chorwerke, Sinfon. usw.

HERFURTH, W. * 1825, † 29/11 1906 Gera, MilKM. (lange in Bautzen). W: Märsche, Tänze

HERING, Erich, ps. Sven KARST; Woldi WALFISCH * 30/7 1901 Leipzig, da Zahnarzt. W: Tänze, UnterhaltsM.

HERING, Hans, Dr. phil. * 20/5 1901 Düsseldorf, da StudRat (Lyz.), vorher da TheaKM., KlavVirt.

HERING, Herm., Dr. phil. * 4/5 1890 Berlin, seit 1916 GymnGsgL. in Marburg a. L. W: ‚Arn. Mendelssohn'; Lieder

HERING, Karl Eduard (Sohn Karl Gottliebs) * 13/5 1807 Oschatz, † 26/11 1879 Bautzen, Organ. u. SemML. seit 1839; auch VerDirig. W: Opern, Orator., MChöre, Lieder, Gsge, KlavStücke usw.

HERING, Karl Frdr. August * 2/9 1819 Berlin, † 2/2 1889 Burg/Magdebg., Geiger, 1851/67 MSchulleiter in Berlin. W: Instrukt. u. SalonStücke f. Pfte u. V., Lieder u. a., ‚Method. Leitfaden f. VL.'

HERING, Karl Gottlieb * 25/10 1766 Schandau (Sachs.), † 3/1 1853 Zittau, da seit 1811 SemML., vortreffl. MPädagog. W: ‚Instrukt. Variation.',

‚Generalbaßschule', ‚Pedalschule', ‚VSchule', ‚Gsgschule' u. a., Schullieder (z. B. ‚Hopp, hopp, hopp', ‚Horch, wie schallt's dorten', ‚O schön ist sie am Abend' usw.)

HERING, Kurt * 21/12 1870 Leipzig, da seit 1901 Geiger, 1906/34 KonzM. des Gewandhaus-Orch., Schüler Karl Prills, 1895 KonzM. in Danzig

HERING, Rich., Dr. iur. * 27/6 1856 Bautzen, Pianist u. MSchr. in Stuttgart-Hedelfingen, vorher in Neuhausen a. Rh. (Schweiz). W: Lieder, Klav-Stücke

HERITTE-VIARDOT, Louise * 14/12 1841 Paris, † 17/1 1918 Heidelberg, Tochter der Pauline Viardot, 1862 vermählt, GsgL. am Konserv. in Petersburg, am Hochschen in Frankf. a. M., in Berlin u. Heidelberg. W: Oper, Kantaten, KaM., Lieder usw.

HERKOMER, Hubert, Freih. v. * 26/5 1849 Waal, † 31/3 1914 Budleigh Salterton (Engl.), der berühmte Kunstmaler, Zithervirt. W: f. Zith.

HERKRATH, Heinz Hubert * 29/5 1902 Köln, KM. in Berlin, ausgeb. in Köln (Hochschule). W: ungedr.

HERMAN, Adolphe * 16/8 1823 Douai, † März 1903 Paris, Geiger. W: viele VStücke, bes. OpFantasien, u. a.

HERMAN, Gerd, ps. = Gerhard WINKLER

HERMAN, Jan * 1886 Neveklov, treffl. Pianist, seit 1914 L. am Konserv. in Prag

HERMAN, Miina * 9/2 1864 Ratshof/Dorpat, gründete 1894 in Dorpat den nach ihr gen. Chor, der auch außerhalb Estlands konzertierte. W: Märchenoper

HERMAN, Nikolaus * um 1490 Altdorf/Nürnberg, † 3/5 1561 St. Joachimsthal (Böhm.), da seit 1518 Kantor u. L. an der Lateinschule; auch Dichter. W: geistl. Lieder

HERMAN, Reinhold Ludwig * 21/9 1849 Prenzlau, † 1919, Schüler d. Sternschen Konserv. in Berlin, lebte in Berlin, Newyork, Boston. W: Opern, OrchWerke, KaM., Chöre, Lieder usw.

HERMANN der Lahme — s. HERMANNUS CONTRACTUS

HERMANN, Adolf Aug., ps. = Herm. ZIEGLER

HERMANN, Frdr. * 1/2 1828 Frankf. a. M., † 27/9 1907 Lpz., Geiger, 1846/78 Gewandhausorch-Mitgl., seit 1847 KonservL. W: KaM., VSchule, V-Stücke, viele treffl. Arrang. klass. Werke. H: zahlr. klass. VWerke

HERMANN, Hans * 17/8 1870 Lpz., urspr. KBassist, † 18/5 1931 Berlin, Schüler v. W. Rust, E. Kretschmer u. Herzogenberg, seit Nov. 1927 wieder in Berlin, vorher seit 1907 in Dresden. W: Oper, Singspiel, Sinfon., StreichQuart., viele Lieder u. a.

HERMANN, Karl Aug., Dr. phil. * 11/9 1851 Vöhma/Oberpahlen (Estl.), † 1908 Dorpat, verdient um die M. in Estl., unbedeut. Kompon., eifr. Schr., auch Chordir., seit 1889 Lektor der estn. Sprache an d. Univ. Dorpat. W: KomposLehre, VSchule, VStücke, KlavStücke, geistl. Chöre, viele Lieder. H: MZtschr. f. d. Volk seit 1885

HERMANN, Matthias — s. WERREKOREN

HERMANN, Minna — s. HERMAN, Miina

HERMANN, Nikol. — s. HERMAN

HERMANN, Paul * 1/2 1904 Berlin, da Stud-Ass., da ausgeb. (Sternsches Konserv., Akad. für Kirch- u. SchulM.). W: BühnM., Silesius-Kantate, StrQuart., KlavStücke, Lieder, bes. Soldatenlieder

HERMANN, Rob. * 29/4 1869 Bern, † 22/10 1912 Ambach am Starnberger See, fast ganz Autodidakt, 1895/1910 in Lpz. W: 2 Sinfon., KaM., KlavSuiten u. Stücke, Lieder

HERMANN, Tona v., Frau Prof. * 1885 Wien, da Stimmbildnerin, einst KonzSgerin, 12 J. L. am Neuen Konserv. W: ‚Grammatik des Singens' 1929

HERMANNS, Hans * 1/3 1879 Krefeld, Leiter einer KlavAkad. in Hamburg seit 1914. W: Konz., Sonat., Suite, Studien f. Klavier, Optte, Lieder

HERMANNUS CONTRACTUS (Hermann der Lahme) * 18/7 1013 Saulgau, Schwaben (?), † 24/9 1054 Alshausen/Biberach (?), Benediktiner in Reichenau. W: Traktate üb. M., Hymnen; Notenschrift

HERMES, Eduard * 15/5 1818 Memel, † 10/3 1905 Königsberg i. Pr., Kaufmann. W: volkstüml. MChöre (z. B. ‚Das einsame Röslein')

HERMESDORFF, Mich. * 4/3 1833 Trier, da † 17/1 1885, 1859 Priester, Domorgan. W: Messen, Motetten. H: Graduale, Antiphonale usw. f. die Diöz. Trier, Harmonia cantus choralis usw.

HERMSTEDT, Joh. Simon * 29/12 1778 Langensalza, † 10/8 1846 Sondershausen, HofKM., berühmt. KlarinettVirt. W: Konz. u. a. f. Klarin., MilitM.

HERNANDEZ, Pablo * 25/1 1834 Saragossa, 1848 da bereits Organ., dann Schüler am Konserv. zu Madrid (Eslava), seit 1863 da L. W: Zarzuelas, Messe, Tedeum, Motetten, 2 Sinfon., OrgStücke, OrgSchule

HERNANDO, Rafael José Maria * 31/5 1822 Madrid, Schüler u. später L. am dort. Konserv. Zeitw. in Paris. † nach 1867. W: Zarzuelas, Messe, Kantaten, Hymnen

HERNER, Heinr., Dr. phil. * 1/2 1870 Hannover, Geiger, seit 1902 VerDirig. in Kiel, auch Dichter, MKrit. W: StrQuart, TrompSoli, MChöre, viele Lieder

HERNER, Karl * 23/1 1836 Rendsburg, † 16/7 1906 Hannover, da am Hofthea. 1857 Vlinist, 1865 Korrepetitor, 1887/1900 KM. W: Ballett, Rezitat. zu Webers ‚Oberon‘, Ouverturen, Chöre, Lieder

HERNRIED, Rob. * 22/9 1883 Wien, seit 1923 in Berlin, 1926/34 L. (1934 Prof.) an der Akad. f. Schul- und KirchM., 1908/14 TheaKM., 1919/26 TheorL. in Mannheim, MSchr. W: Opern, Chöre, Lieder, KaM.; ‚Brahms‘. H: Ztschr. ‚Das Orchester‘ 1923/33. B: theor. Lehrbücher von St. Krehl

HEROLD, Georg = HEROLD, Jiři

HEROLD, Hugo, ps. HUGO, Gustav * 21/2 1880 Ellefeld (Vogtl.), Schüler d. Dresdener Konserv., MStudRat in Dresden, vorher seit 1907 SemML. (StudRat) u. Chordir. in Rochlitz. W: Optte, Singspiel, Sinfon., OrgKonz., Chöre mit u. ohne Orch., Lieder, Org- u. KlavStücke

HEROLD, Jiři (Geo.) * 16/4 1875, † 13/11 1934 Prag (als er ein Solo spielte), VVirt., gründete 1906 ein StrQuart. trat 1908 als Bratschist statt Nedbal in das Böhm. Quart. ein, 1922 KonservProf.

HEROLD, Karl * 16/4 1875 Rakonitz, VVirt. in Prag seit 1901, KonservProf. seit 1927. W: KaM., VStücke, Lieder

HEROLD, Kurt * 17/4 1906 Brunndöbra, Sa., HarmonikaL. in Trossingen, Württ. W: UnterhaltgsM. f. Harmonika usw.

HEROLD, Louis Jos. Ferd. * 28/1 1791 Paris, da † 19/1 1833, Korrepetitor a. d. Ital. Oper u. a. d. Gr. Oper. W: Opern ‚Marie‘, ‚Zampa‘, ‚Zweikampf‘ (Le pré aux clercs), ‚Ludovic‘ (vollendet von Halévy) usw.

HEROLD, Max * 27/8 1840 Rehweiler (Franken), † 7/8 1921 Neuendettelsau, 1875 ev. Pfarrer in Schwabach, 1903 Dekan in Neustadt a. d. Aisch, Begr. d. bay. ev. KirchGsgVer. H: ‚Siona‘. W: Schriften üb. ev. Liturgie usw.

HEROLD, Paul * 11/12 1872 Berlin, da VVirt. u. Dir. einer MSchule, Schüler W. Bergers. W: Sinfon., StrQuart, VStücke, auch instrukt.

HEROLD, Rud. Herbert, ps. Rudolf BACHERL * 3/? 1893 Rotschau (Vogtl.), seit 1918 Kantor, KirchChor- u. VerDirig. in Erlbach im Vogtl. W: OrchStücke, KaM., Orator., Requiem, Weihnachtskantate, MChöre, Lieder

HEROLD, Vilhelm * 19/3 1865 Hasle, internat. berühmter lyr. Tenor, GsgL. in Kopenhagen, da u. in Paris ausgeb., Debut 1893 Kopenhagen, da 1922/24 kgl. OpDir.

HEROLDT, Bruno * 4/2 1910 Plauen i. S., da KirchMusiker, ausgeb. in Leipzig. W: Reformationskantate, Chöre, StrTrio, KlavStücke, OrgStücke

HERON-ALLEN, Edward — s. ALLEN

HERP, Robby, ps. = ROSE, Hans

HERR, Margarete — s. STERN

HERRANDO, José, Geiger in Madrid um 1750. W: VSchule 1756, KaM.

HERRIG, Karl Friedr. Wilh. * 24/2 1889 Hamburg, Fagott. d. städt. Orch. in Köln seit 1914. W: Ballette, OrchStücke, KaM., Chöre

HERRMANN, Alfred * 5/9 1867 Stendal, † 28/1 1909 Tangermünde, da seit 1898 MDir., vorher u. a. Musiker in Bismark, Prov. Sachs. W (üb. 300): Ouvert., Fantasien, Potpourris, viele Tänze u. Märsche (auch althistor.) u. a.

HERRMANN, Eduard * 18/12 1850 Oberrotweil (Bad.), VVirt., ausgeb. in Stuttgart u. Berlin (Hochschule), dann KonzM. in Hamburg u. Petersburg, seit 1881 in Newyork als Quartettspieler u. Pädagoge. W: KaM., Solostücke u. Studien f. Bl.

HERRMANN, Emil Alfred, Dr. phil. * 17/3 1871, lebt in Heidelberg. W: BühnenM., Ouvert., OrchSuite, Chöre, Lieder

HERRMANN, Erich * 9/4 1903 Dresden, da StudRef., ausgeb. in Wien (Hochsch.) u. Leipzig (Univ.). W: Lieder, Tänze, Märsche

HERRMANN, Geo, ps. George ARMIN * 10/11 1871 Braunschweig, GsgL. in Berlin-Wilmersdorf, Schüler Ifferts, Törsleffs. W: Schriften üb. Stimmbildg

HERRMANN, Gottfr. * 15/5 1808 Sondershausen, † 6/6 1878 Lübeck, V- u. KlavVirt., 1831 in Lübeck StadtMDir. u. Organ., 1844 in Sondershausen fürstl. KM., seit 1852 wieder in Lübeck. W (beachtenswert): Opern, Sinfon., Ouvert., V-Konz., StrOktett u. a.

HERRMANN, Günter (Sohn Karls) * 29/8 1914 Wien. W: Suite u. Stücke f. Klav.

HERRMANN, Heinr. * 22/3 1827 Frankf. a. O., da TheaKM. W: Beliebte Tänze u. Märsche

247

HERRMANN, Hugo * 19/4 1896 Ravensburg, seit 1931 in Reutlingen, Schüler d. Konserv. in Stuttgart u. der Hochschule in Berlin (Schreker), 1919/23 Organ. in Ludwigsburg, 1923/25 in Detroit, 1925/30 in Reutlingen, 1930/31 in Wiesbaden. W: Opern, ‚Missa gotica', Requiem, große Chorwerke mit Orch., Chöre, Sinf., KaM. u. a.

HERRMANN, Josef, ps. Herm. LARSEN, auch HERRMANN-LARSEN * 31/1 1888, Bearb. u. M-Verl. in München. W: UnterhaltgsM.

HERRMANN, Karl (Carl) * 18/1 1876 Mainz, seit 1904 Bratschist im GewandhausQuart. zu Lpzg., s. 1918 KonservL., 1934 Prof., ausgeb. in Lpzg (u. a. v. Hans Becker), 1901/04 SoloBr. in Dortmund. W: BrVariat. u. Stücke

HERRMANN, Karl * 23/8 1882 Wien, da Pianist. W (üb. 130): Sinfon., KaM., KlavSonate u. -Stücke, Messe, Lieder

HERRMANN, Kurt * 24/5 1900 Annaberg, KlavVirt., seit 1926 Assist. R. Teichmüllers in Leipzig. W: ‚Internat. moderne KlavM. H: ‚Der gerade Weg.' Etüden großer Meister.

HERRMANN, Louis * 3/11 1836 Landsberg a. W., † 9/11 1915 Berlin, Possendichter

HERRMANN, Willy * 14/12 1868 Grünberg (Schles.), Schüler des Instit. f. KirchM. in Berlin, da bis Herbst 1921 Organ. u. KirchChordirig.; lebt da der Kompos. W: weltl. u. geistl. Chöre, Klav. u. OrgStücke usw.

HERRMANN - LARSEN — s. Jos. HERRMANN

HERSCHEL, Friedr. Wilh. * 15/11 1738 Hannover, † 23/8 1822 Stongh b. Windsor, der berühmte Astronom, urspr. Vcellist, RegimMusiker u. Organ. W: Sinfon., MilitKonz., KaM.

HERTEL, Albert * 23/4 1880 Plauen i. V., da VerDirig., war Gauchormeister d. Dtsch. Arbeiter-Sgerbundes, Schüler d. Instit. f. KirchM. u. d. Hochschule in Berlin. W: Chöre, StrTrio, KlavStücke. — Sein Zwillingsbruder P a u l, SchulgsgL. u. VerDirig., auch KirchMDir. u. BundeschorM. des Dtsch. Sgerbundes in Plauen. W: gem. u. MChöre, Lieder

HERTEL, Hans (Joh.) * 5/2 1896 Kantor in Zöbigker, Bez. Leipzig, ausgeb. in Leipzig. W: Optten, Tänze, Märsche

HERTEL, Joh. Christian * 1699 Öttingen, † Okt. 1754 Strelitz, da seit 1742 KonzM., vielgereister Gambenvirt. W: Orch. u. KaM.

HERTEL, Joh. Wilh. * 9/10 1727 Eisenach, † 14/6 1789 Schwerin, HofKM. in Strelitz i. M. W: Oratorien, Sinfon., Konz. f. versch. Instr., Kantaten, Lieder usw.

HERTEL, Jul. * 29/4 1857 Löbnitz, Prov. Sachsen, 1881/85 Korrektor in Lpz., 1885/93 M-SchulL. in Klingenthal. W: Ouverturen, Lieder, Quart., Mandolinenschule, Xylophonschule usw., Erfinder d. einlegbaren Notenblattes f. Akkordzither

HERTEL, Paul — s. bei HERTEL, Albert

HERTEL, Peter Ludwig * 21/4 1817 Berlin, da † 14/6 1899, seit 1858 Hofkomp., seit 1860 Dir. d. Kgl. BallettM. W: BallettM. „Flick u. Flock', ‚Satanella', ‚Sardanapal', ‚Slav. Brautwerbg' usw.

HERTH, Herm., ps. = Herm. HERZ

HERTHER, F. — s. GÜNTHER, Herm.

HERTOG, Herm. Joh. den * 13/3 1872 Haarlemmermeer, Chordirig. in Amsterdam. W: Chöre (Lied van Nederland), Lieder, auch m. Orch.

HERTZ, Alfred * 15/7 1872 Frankf. a. M., TheaKM., 1909/15 an der Metropolitan Op. in Newyork, seitdem OrchDir. in S. Francisco

HERTZ, Mich. * 28/9 1844 Warschau, da seit 1878 ML. W: Opern, BühnenM., Orch- u. Klav-Stücke, Chöre, Lieder

HERTZBERG, Rudolf von * 6/1 1818 Berlin, da † 22/11 1893, 1861/89 DomchorDir.

HERTZKA, Emil † 9/5 1932 Wien — s. Universal-Edition

HERVÉ (eig. Ronger), Florimond * 30/6 1825 Houdain/Arras, † 4/11 1892 Paris. W: zahlr. Operettenburlesken auf eigene Texte, Ballette usw.

HERVEY, Arthur * 26/1 1855 Paris, † 10/3 1922 London, da seit 1893 MKrit. W: Optten, sinfon. Dichtgen, Ouvert., KlavStücke, Lieder; ‚French m. in the 19. century', ‚Liszt', ‚Bruneau', ‚Saint-Saëns' u. a.

HERWEGH, Marcel * 14/5 1858 Zürich, VVirt., seit 1896 in Paris. W: ‚Le pupitré du violiniste-musicien'; ‚Technique d'interprétation'. H: VKonz. Leclairs

HERZ, Albert Maria — s. HERZ, Maria

HERZ, Egon * 21/10 1885 Breslau, TheaKM., seit 1922 in Stettin, jetzt in ? W: Operetten

HERZ, Henri * 6/1 1803 Wien, † 5/1 1888 Paris, s. Z. gefeierter Pianist, Schüler des Konserv. in Paris, errichtete da eine KlavFabrik, 1846/50 bereiste er Nordamerika. W: 8 Konz., Variation., brill. SalonStücke, heute noch beachtet Gammes u. Exercices. — Sein Bruder J a c q u e s * 31/12 1794 Frankf. a. M., † 27/1 1880 Nizza, gleichfalls in Paris ausgeb., meist dort lebender KlavVirt. u. fruchtbarer, heute vergessener Komp.

HERZ, Herm., ps. Herm. HERTH * 20/6 1908 München, KM. in Berlin, ausgeb. in München (Akad.). W: Optten, BühnM., Weihnachtsmärchen, TanzSuite u. a.

HERZ, Jacques — s. bei HERZ, Henri

HERZ, Josef * 28/7 1869 Gr. Morin/Prag, Dir. einer MSchule u. Organ. in Wien, Schulrat, blind, Schüler Labers. W: SynagogalM., Chöre, Kinderlieder

HERZ, Maria, ps. Albert Maria H. * 19/8 1878 Köln, KlavSchülerin M. Pauers, 1922 theor. Schülerin v. Othegraven u. H. H. Wetzlers, lebt in Trier seit 1934, vorher in Köln. W: KlavKonz., StrQuart., Lieder, auch m. Orch. und KaOrch. B: Bachs Giaccona f. StrQuart.

HERZ, Peter, ps. Hans HILMAR und Paul FRANK, lebt in Wien, Opttenlibrettist

HERZBERG, Karl, ps. = Rud. GELLIN

HERZER, Ludw., ps. = Ludw. HERZL

HERZFELD, Victor v. * 8/10 1856 Preßburg, † 20/2 1920 Budapest, stud. Kompos. u. V. in Wien u. Berlin, seit 1886 in Budapest TheorL. an d. LandesMAkad. W: Orch- u. KaM., VStücke

HERZIG, Frz * 13/8 1866 Wünschelburg (Glatz), MInstDir., Chordir. u. Pianist in Waldenburg (Schl.), Schüler des Dresd. Konserv. W: Suite u. a. f. Orch., Messen, Chöre, Lieder; ‚Theor.-prakt. Schulgsgbuch'

HERZKA, Siegmund * 1843 Szegedin, † März 1917 Wien, da seit 1870 KlavL., KlavVirt. W: Oper

HERZL, Ludw., ps. Ludw. HERZER * 18/3 1872 Wien, da Opttenlibrettist

HERZMANN, Emil * 9/3 1905 Magdeburg, Pianist (KM.) in Berlin, ausgeb. in Lpz. (Kons.) u. Berlin (Sternsch. Konserv.). W: Sinf. Dichtgen, Ouvert., KaM., Lieder

HERZOG, Benedikt — s. DUCIS

HERZOG, Emilie * 1859 Ermatingen, Schweiz, † 16/9 1923 Aarburg, berühmte OpKolorSgerin, 1880/89 in München, 1889/1916 an der Berliner Hofop., dann seit 1922 GsgL. am Konserv. in Zürich, verheiratet seit 1887 mit Dr. Heinr. W e l t i

HERZOG, Friedr. W. * 30/3 1902 Oldenburg, MSchr., seit 1934 Hauptred. der Ztschr. ‚Die Musik' u. Leiter der MAbt. in der Reichsamtsltg. der NS-Kulturgemeinde, Schüler W. Gurlitts, Müller-Blattaus u. Volbachs, seit 1927 MRed. u. a. in Essen u. Münster. W: ‚Wilh. Backhaus'; ‚Was ist dtsche M?'; ‚Das Judentum in der M.' (1935)

HERZOG, Joh. Georg, Dr. phil. h. c. * 6/9 1822 Schmölz (OFrank.), † 4/2 1909 München, 1848/54 Kantor u. Organ. an d. ev. Kirche in München, dann Univers.MDir. in Erlangen, seit 1888 pension. in München. W: ‚Präludienbuch', ‚Handbuch f. Organisten', OrgStücke, OrgSchule usw.

HERZOGENBERG, Heinr. von * 10/6 1843 Graz, † 9/10 1900 Wiesbaden, Schüler des Wiener Konserv., lebte in Graz, seit 1872 in Lpz., gründete da den Bachver., 1885/88 u. 1897 ff. Vorst. einer akad. Meisterschule in Berlin u. Dir. der Kompos-Abteil. d. Hochschule. W: 2 Sinfon., ‚Ein dtsches Liederspiel', Requiem, Orator. ‚Die Geburt Christi', ‚Die Passion', Psalmen, weltl. Chorwerke, wertvolle KaM., Lieder usw. Wie er war auch seine Gattin E l i s a b e t h geb. v. Stockhausen (* 13/4 1847 Paris, † 7/1 1892 San Remo) innig mit Brahms befreundet

HESELTINE, Phil., ps. Peter WARLOCK * 30/10 1894, † 17/12 1930 London, da MSchr. W: ‚F. Delius', ‚Gesualdo di Venosa"; KaM., bemerkensw. Lieder

HESS — s. Theo HALTON

HESS, Alfred * 23/5 1868 Newyork, Geiger, langjähr. erster KonzM. der Oper in Frankf. a. M., da seit 1893 L. am Hochschen Konserv. u. seit 1915 Dirig. von SinfonKonz.

HESS, Jean Charles, ps. Jean VARENNES * 1876, † Apr. 1900 Paris. W: KlavStücke (‚Où vas—tu, petit oiseau') u. Transskript.

HESS, Johannes * 24/3 1875 Königsberg i. Pr., lebt in Berlin/Pankow. W: Possen, Schlager

HESS, Joseph Felix, ps. HESS-COLON, J. F. * 16/11 1892 Isenburg, Kr. Neuwied a. Rh., KM. am Reichssender Frankfurt a. M., ausgeb. auf d. Konserv. in Köln, TheaKM. an versch. Orten W: Optten, Weihnachtsmärchen, sinf. Fantasie, Lieder

HESS, Karl * 7/7 1840 Heddesheim/Mannheim, † 1/9 1897 Dresden, da seit 1862. W: ZwischenaktsM. zu ‚Romeo u. Julia', Chorwerk, KaM., KlavStücke, Lieder usw.

HESS, Karl * 23/3 1859 Basel, † 19/2 1912 Bern, da seit 1882 Domorgan. u. UniversMDir. W: Chöre, Lieder, Org.- u. KlavStücke

HESS, Ludwig * 23/3 1877 Marburg (Hessen), geschätzt. KonzSger (Tenor, später Bariton) in Berlin, zeitw. auch Dirig. in München u. Königsberg i. Pr., Herbst 1925/34 Prof. an der Akad. f. Kirch- u. SchulM. in Berlin. W: Opern, Chorwerke usw., viele Lieder, Sinfon., KaM. ‚Die Behandlung der Stimme in der Mutation'

HESS, Myra * 25/2 1890 London, da vielgereiste bedeut. KlavVirt.

249

HESS, Otto * 16/10 1871 München, da † 8/11 1920, seit 1901 TheaKM., seit 1913 an der Münch. Oper

HESS, Willy * 14/7 1859 Mannheim, treffl. Geiger, Schüler v. Joachim, 1904 in Boston Konz-M., 1910/28 L. a. d. Hochschule in Berlin, Herbst 1931/33 in Darmstadt, dann wieder in Berlin

HESS-COLON, J. F. = HESS, Jos. Fel.

HESSE, Adolf Frdr. * 30/8 1809 Breslau, da † 5/8 1863, MDir. u. Organ. (seit 1831), berühmt. OrgVirt. W: Orator., Motetten, Kantat., 6 Sinfon., Ouvert., wertvolle OrgStücke

HESSE, Ernst Christian * 14/4 1672 Großengottern (Thür.), † 16/5 1762, Darmstadt, bedeut. GambenVirt. W. GambSonat., KirchM. u. a.

HESSE, Frdr. * 4/6 1848 Dessau, da † 9/3 1918, Organ. 1876/1911 u. GsgL., Gründer eines Gsgver. W: M- u. FrChöre, auch m. Orch., Lieder, H: Schulliederbuch; Geistl. Gsge

HESSE, Julius * 2/3 1823 Hamburg, † 5/4 1881 Berlin; Erfinder einer neuen Mensur der Klav-Tasten. W: System des KlavSpiels

HESSE, Kurt * 4/1 1909 Dresden, da Pianist u. KonservL., da ausgeb., bes. von J. G. Mraczek. W: OrchBolero, Lieder

HESSE, Max * 18/2 1858 Sondershausen, † 24/11 1907 Lpz., gründ. 1880 den 1915 nach Berlin verlegten, nach ihm benannten MVerlag, bes. durch die Riemannschen Handbücher u. den Dtsch. Musiker-Kalender sehr bekannt. 1929 wurde die Ztschr. ‚Die Musik' u. der größte Teil der früher bei Schuster & Löffler in Berlin, später bei der Dtschen Verlaganstalt in Stuttgart erschienenen MBücher erworben. Jetziger Inhaber s. Joh. KRILL

HESSE, Willem * 9/10 1898 Amsterdam, Vc-Virt., seit 1926 in Oslo. W: VcEtüden usw.

HESSEN, Alex. Frdr. Landgraf 1888/1925, dann wieder Prinz v. * 25/1 1863 Kopenhagen, von Jugend an blind, Schüler Urspruchs, Herzogenbergs, Draesekes, Faurés; lebt in Frankfurt a. M. u. auf Schloß Philippsruh b. Hanau. W: Klav-Konz., KaM., Messe, Gsge, Lieder usw.

HESSEN, Ernst Ludwig, Großherz. v. * 25/11 1868 Darmstadt, lebt da auch nach dem Umsturz (1918), sorgt noch sehr für die dort. Oper. W: Orch- u. KlavStücke, Lieder

HESSEN, Moritz der Gelehrte, Landgraf v. * 25/5 1572, † 14/3 1632 Eschwege, 1592/1627 reg. W: geistl. u. weltl. Gsge

HESSLER, M., ps. = O. BUKOWSKI

HETSCH, K. Louis F. * 26/4 1806 Stuttgart, † 28/6 1872 Mannheim, MDir. in Heidelberg (1835) u. Mannheim, treffl. Geiger u. Pianist. W: 130. Psalm, Duo f. V. u. Klav usw.

HETSCHKO, Alfred * 24/8 1896 Biala/Bielitz, 1922 Ver- u. OrchDir., GymnGsgL. in Lemberg, 1924 VerDir. in Graudenz u. Bundeschorm. des dtsch. MGsgVer. in Posen-Pomerellen. W: MChöre

HETTLA, Corn., ps. = Karl THONET

HETZEL, Moritz * 12/9 1850 Staßfurt, † 19/9 1900 Mannheim, da MDir am Hofthea. W: KaM., VStücke

HEUBERGER, Rich. * 18/6 1850 Graz, † 28/10 1914 Wien, da 1876/81 Dirig. d. Akad. GsgVer. u. d. Singakad., 1902 KonservL. u. (bis 1909) Dirig. d. MGsgVer., auch MSchr. W: Opern, Optte ‚Ein Opernball' u. a., Chöre, Lieder, Ballette, Suiten, Ouvert. u. Variat. f. Orch.; Schubert-Biogr.

HEUBNER, Konrad * 8/4 1860 Dresden, † 6/6 1905 Coblenz; 1882 SingakadDir. in Liegnitz, 1884 zweiter SingakadDir. in Berlin, seit 1890 VerDirig. u. KonservDir. zu Coblenz. W: Ouvert., StrQuart., VcStücke, KlavStücke, Lieder usw.

HEUER Gust., * 16/11 1875 Wismar, urspr. Flötist u. Geiger, seit 1897 VerDirig. in Augsburg. W: f. Orch., V. bzw. Fl. m. Orch., Melodramen, Chöre, Lieder

HEUGEL, Jacques Léopold * 1/3 1811 La Rochelle, † 12/11 1883 Paris, begründete da 1830 den noch blühenden MVerl. u. 1833 die Ztschr. ‚Le Ménestrel'.

HEUKEN, Hans Jakob * 1904 Krefeld, Chordirig. u. Begl. in Köln, da ausgeb. u. v. Hans Lang. W: Chöre, Lieder, KlavStücke

HEULER, Raimund * 2/11 1872 Speicherz (Röhn), † 25/11 1932 Würzburg, da seit 1899 Leiter einer Zentralsingschule (Eitzsche Tonwortmethode), Chordir. W: ‚Moderne Schulgsgreform' 1908, ‚Dtsch. Schulsingbuch', Chöre

HEUMANN, Hans A., ps. Hans HELL * 1/9 1905 Augsburg, Organist in Braunschweig. W: Sinf., Chöre, UnterhaltgsM.

HEUSCHKEL, Joh. Peter * 4/1 1773 Harras/Eisfeld a. W., † 1853 Biebrich, Oboist, Pianist u. Organ., L. Carl M. v. Webers, wirkte lange in Hildburghausen, seit 1826 in Wiesbaden. W: Klav-Konz. u. Stücke, ObStücke, HornDuette u. Trios, Lieder

HEUSER, Ernst * 9/4 1863 Elberfeld, hervorrag. KlavPädag. in Köln, 1887/92 am Konserv. W (romant. Richtung): Oper, Chorwerk, OrchStücke, KaM., viele KlavStücke, Chöre, Lieder

HEUSS, Alfred Valentin, Dr. phil., MGelehrter * 27/1 1877 Chur, † 9/7 1934 Leipzig, Schüler d. Konserv. zu Stuttgart u. der Münchener Akad., Kretzschmars a. d. Lpzger Univers., seit 1899 in Lpzg, 1904/14 Redakt. d. ‚Ztschr. der Int. MGesellsch.', 1921/29 Hrsg. der ‚Ztschr. f. M.', MRef. W: Bachs Matthäus-Passion, Programmbücher zu d. Lpzger Bachfesten, ‚KaMAbende' usw. Zahlreiche Lieder (in älterem Stil), Balladen, Chöre

HEUSSER, Hans * 8/8 1892 Zürich, seit 1924 StadtMDir. u. VerDirig. in St. Gallen. W: Tänze, Märsche, KlavStücke, Chöre, Lieder

HEY, Jul. * 29/4 1832 Irmelshausen, UFranken, † 22/4 1909 München, erst Maler; hervorrag. GsgL.; auf Veranlassg R. Wagners 1867/83 GsgL. a. d. Münchener MSchule, 1875 von Wagner zu d. Festspielproben nach Bayreuth gezogen, 1887/1906 in Berlin, seitdem wieder in München. W: ‚Dtscher Gsgunterricht' (4 Teile, 1886, durchaus nach Wagnerschen Grundsätzen u. als Ersatz d. Schule seines Lehrers Friedr. Schmitt bearbeitet), Duette, Lieder, Kinderlieder; ‚R. Wagner als Vortragsmeister'

HEYBAL, Franz * 9/5 1894 Linz, da Geiger u. VerDirig. W: Singspiel, Chöre u. a.

HEYBLOM, Alex W. A. * 29/10 1832 Bergen op Zoom, † 13/8 1893 Rotterdam, da seit 1855 ML. u. Chordir. W: Ouvert., KaM., KlavStücke, Chöre

HEYDEN, Albert von der * 31/10 1898 Rotthausen, EnsembleKM in Kolberg. W: UnterhaltgsM.

HEYDEN, Sebald * 1488 Nürnberg, da † 9/7 1561, zuletzt Rektor der Sebaldusschule. W: Passionslied; Ars canendi

HEYDENREICH, Karl * 11/11 1876 Egeln, RB. Magdeburg, (blindgeschossener) Forstverwalter a. D. W: volkstüml. u. patriot. Lieder (Grüß' mir die Lore 1892)

HEYDRICH, Bruno * 23/2 1865 Leuben (Sachsen), urspr. KBassist, dann OpSgr, seit 1909 in Halle a. S. KonservDir. W: Opern, KaM., KBStücke, Chöre viele Lieder usw.

HEYER, Otto * 13/9 1829 Langenberg/Gera, Vcellist, Schüler F. A. Kummers, lebte in Breslau. W: Viele Tänze u. Ballett ‚Dr. Faust'

HEYER, Wilhelm * 30/3 1849 Köln a. Rh., da † 20/3 1913, Papiergroßhändler, großer MFreund, günd. 1906 das nach ihm benannte großartige ‚MHistor. Museum'; leider 1927 aufgelöst (die Instrum. für die Univ. Leipzig angekauft)

HEYERDAHL, Anders * 29/10 1832 Urskog, † 18/8 1918 Christiania, Geiger. W: Quart., KaM. H: Slatter (norw. Volkslieder)

HEYKENS, Jonny * 24/9 1884 Groningen, da seit 1914 OrchDirig., Geiger. W: OrchStücke, Klav-Trio

HEYLAND, Arthur * 18/4 1876, † 1923 Berlin, GymnGsgL. W: Singspiele, Sinf., VKonz., Klav-Konz., KlavStücke, Chöre, Lieder

HEYMANN, Hans, ps. Hans HEIRINCK, Dr. phil. * 27/6 1885 Königsberg, da u. in Berlin ausgeb., (auch Vcellist). W: Optten, Filme

HEYMANN, Isaak * 1836 Auras (Schles.), Tenorist, 1852 jüdisch. Kantor in Filehne, dann in Graudenz u. Gnesen, 1854 ObKantor in Amsterdam; da † 16/8 1906. W: Hymnen, Kantaten usw. — Von seinen 7 Töchtern u. 4 Söhnen seien erwähnt: K a r l * 6/10 1854 Filehne, Schüler d. Kölner Konserv., hervorrag. KlavVirt., 1874 MDir. in Bingen a. Rh., 1879/80 am Hochschen Konserv. in Frankfurt a. M., seitdem im Irrenhaus. † Nov. 1922 Haarlem. W: KlavKonz. u. Stücke. — L o u i s e * 1867, Sängerin (Schülerin v. Frau Artôt). — J o h a n n a * 1873, Pianistin

HEYMANN, Karl — s. HEYMANN-RHEINECK

HEYMANN, Werner Rich. * 14/2 1896 Königsberg i. Pr., lebt in Hollywood seit 1933, vorher jahrelang in Berlin, urspr. Geiger, Kompos-Schüler Scheinpflugs u. Juons. W: RhapsodSinf., Frühlings-Notturno f. Orch., StrQuart., Lieder, auch m. Orch., viel FilmM., Cabarettlieder

HEYMANN-RHEINECK, Karl * 24/11 1852 auf Schloß Rheineck a. Rh., Schüler des Konserv. zu Köln u. d. kgl. Hochschule f. M. in Berlin, da 1875/1920 KlavProf.; lebt in Berlin-Lichterfelde. W: KlavStücke, Lieder

HEYMAR, Heinr. Gust. * 12/3 1882 Dahlbruch, westf. Kreis Siegen, SchulL in Herne (Westf.), ausgeb. in Dortmund. W: Chöre, Lieder

HEYNSEN, Karl * 6/3 1859 Westerhever/Husum, lebt in Jugenheim (Bergstr.), 1899/1920 Organ. u. KonservL. in Lpzg., vorher seit 1886 Organ., GymnGsgL u. VerDir. in Eutin. W: OrgStücke, KlavStücke, Lieder

HEYNSSEN, Adda * 7/8 1893 Hamburg, da Sgrin u. Klavstin. W: KlavStücke, u. a. Tanz-Suite

HEYSE, Gust. * 6/10 1878 Rüstringen/Wilhelmshaven, seit 1922 VerDir. u. ML. in Dessau. W: Ouv., VcKonz., Kantate u. a.

HEYSE, Karl * 10/5 1879 Petersburg, OrgVirt., seit 1907 Organ. u. L. am Hochschen Konserv. in Frankfurt a. M., da † 15/1 1925

HICKMAN, Art. * 1888, † 1930 San Franzisco, der Vater der Jazzmusik, urspr. Botenjunge

251

HICKMAN-SMITH, A. E., ps. Jack HILTON, auch in Europa seit etwa 1920 bekannter JazzKM. u. Komp.

HIDALGO, Juan, komp. 1662 die erste spanische Op., Harfenist der Kgl. Kap. in Madrid

HIEBENDAHL, Rud. † 14/6 1890 Dresden, ausgez. Oboist der Hofkap. u. KonservL., half R. Wagner in seinen finanziellen Bedrängnissen während dessen Tätigkeit als HofKM.

HIEBER, Max, MVerl in München seit 1/2 1885

HIEBSCH, Jos. * 7/10 1854 Tyssa (Böhm.), † 10/4 1897 Karlsbad, Violinist, Schüler Donts, ML. in Wien. W: ‚Allgem. MLehre', ‚Methodik d. Gsgunterr.', ‚Lehrb. der Harmonie', ‚Vergl. VSchule', ‚Duettensammlg'

HIEDLER, Ida * 25/8 1869 Wien, † 18/8 1932 Berlin, da 1887/1908 an der Hofoper, 1910/26 GsgProf. an der Hochschule

HIEGE, Hans Oskar * 1/4 1900 Kassel, seit 1926 ML. in Mainz. W: OrchStücke, VKonz., viel KaM., KlavStücke, Lieder

HIEKE, Oskar * 7/3 1873 Freital/Dresden, Schüler Draesekes, OpKM. (Dessau, Königsberg), seit 1911 Dirig. des OrchVer., seit 1923 GsgL. in Dresden. W: Sinf., OrchSuite, Chöre, Lieder

HJELLEMO, Ole * 22/3 1873 Dovre, L. f. V. u. Kompos. am Konserv. in Oslo. W: Sinf., StrQuart.

HIELSCHER, Hans * 5/5 1884 Breslau, da Baßbaritonist u. GsgL.

HIELSCHER, Paul * 5/2 1864 Breslau, † 18/2 1924 Brieg, da Kantor, SingakadDirig., Bundesliedermeister d. Schles. Sängerbundes, hochverdient um den Schles. ev. KirchMVer.

HIENTZSCH, Joh. Gottfr. * 25/8 1787 Mokrehna/Torgau, † 1/7 1856, emer. Dir. der Kgl. Blindenanst. in Berlin, vorher SemL. in Neuzelle u. Breslau, 1833/49 SemDir. in Potsdam. B: Sammlgen von Schul- u. Kirchgsgen. R: Ztschr. ‚Eutonia' 1829/37. W: ‚Über den MUnterricht, bes. im Gsg' 1827 usw.

HIGGINSON, Henry Lee * 18/11 1834 Newyork, † 15/11 1919 Boston, Bankier, Mäzen, Begr. des ausgez. Boston symphony orchestra

HIGNARD, Jean Louis Aristide * 22/5 1822 Nantes, † März 1898 Vernon, da ML., Schüler Halévys. W: Opern (meist komische), Operetten, MChöre, FrChöre, Lieder, KlavStücke

HILBRANT, Aug. * 21/12 1857 Klagenfurt, da ML. W: KlavBuch, OrgBuch, viele MChöre u. a.

HILBRECHT, Herm. * 5/2 1897 Loccum (Hann.), da seit 1921 KlavVirt. u. ML. W: OrchStücke, KlavStücke, Lieder

HILD, Georg * 9/2 1872 Lichtenfels, Chordir. u. StudRat (GymnGsgL.) in München, Vors. des Verb. der Münchener KirchChordirigenten

HILDACH, Eug. * 20/11 1849 Wittenberge/Elbe, † 28/7 1924 Berlin-Zehlendorf, erst Bautechniker, sehr geschätzt. Barit., GsgSchüler Elis. Dreyschocks, 1876 in Görlitz u. 1878 in Breslau GsgL., 1880/86 am Dresdener Konserv., 1904/16 in Frankf. a. M., seit 1916 in Berlin. W: viele volkstüml. Lieder, Duette. — Seine Frau Anna, geb. Schubert * 5/10 1852 Königsberg i. Pr., gleichfalls geschätzte KonzSgrin u. L.

HILDEBRAND, Camillo * 31/1 1879 Prag, lebt in Berlin, urspr. TheaKM., 1912/19 Dirig. des Berliner Philharm. Orch., 1919/20 OpDir. in Freiburg i. B.; 1921/24 Dirig. d. Berl. SinfOrch. W: Opern, Weihnachtsstück, feinsinnige Lieder

HILDEBRAND, Ursula * 13/12 1898 Berlin-Charlottenburg, da VcVirt., Schülerin H. Beckers.

HILDEBRANDT, Rolf, ps. = Wilh. GABRIEL

HILDEBRANDT, Ulrich, Dr. theol. h. c. * 1/7 1870 Treptow a. N., seit 1895 Organist in Stettin. W: Kantaten u. a. Reformationskant.; Choralbuch f. Brandenb. u. Pommern

HILDEGARD, die Heilige * 1098 (99) Böckelheim/Kreuznach, † 17/9 1178 (79) als Äbt. des Klosters Rupertsberg/Bingen. W: Geistl. Gsge

HILES, Henry * 31/12 1826 Shrewsbury, † 20/10 1904 Worthing/London. W: Theoret. Schriften, Orator., Kantat., Psalmen u. a. — Sein Bruder John * 1810 Shrewsbury, † 4/2 1882 London, Organ. W: Theoret. Schriften, KlavStücke, Lieder

HILF, Arno * 14/3 1858 Bad Elster, da † 2/8 1909 VVirt., Schüler Davids u. Schradiecks; seit 1892 erster VL. am Lpzger Konserv., 1889/91 auch KonzM. des Gewandhausorch.

HILL, Alfred * 1870 Melbourne, KomposL. am Konserv. in Sydney. W: Opern, sinfon. Dichtg., KaM., KlavStücke, Lieder; ‚Harmony and melody'

HILL, Edward Burlingame * 9/9 1872 Cambridge, Mass., lebt in Boston. W: Pantomimen, Sinf., sinfon. Dichtgen, Chöre m. Orch. usw.

HILL, Fred, ps. = GOLDMANN, Kurt

HILL, Henry * 2/7 1808 u. † 11/6 1856 London, ausgez. Bratschist

HILL, Karl * 9/5 1831 Idstein (Nassau), † 12/1 1893 Irrenanstalt Sachsenberg (Meckl.), 1868/91 am Hofthea in Schwerin (der 1. Bayreuther Alberich)

HILL, Wilhelm * 28/3 1838 Fulda, † 6/6 1902 Homburg v. d. H., seit 1854 in Frankf. a. M. W: Oper, KaM., KlavStücke, Lieder („Das Herz am Rhein')

HILL, William Ebsworth * 1817 London, da † April 1895, bedeut. Geigenbauer u. Händler. Das Geschäft von seinen Söhnen weitergeführt. Diese veröffentlichten ein großes Werk üb. Stradivari 1902

HILLE, Eduard * 16/5 1822 Wahlhausen (Hannov.), † 18/12 1891 Göttingen, akad. MDir. seit 1855. W: Oper, Chöre, Lieder; Choralbuch f. Hannover usw.

HILLE, Gust. * 31/5 1850 Jerichow, Schüler Joachims, seit 1880 L. an der MAkad., dann seit 1910 Dir. eines eigen. Konserv. in Philadelphia. W: VKompos. (Konz., Doppelkonz., Suiten), KlavStücke, Lieder

HILLEMACHER, zwei Brüder, die als Komponisten fast alle ihre Werke gemeinsam schufen (unter der Firma: P. L. Hillemacher, ps. F. R. Péhell): L u c i e n * 10/6 1860 Paris, da † 2/6 1909, Schüler Massenets. — P a u l * 29/11 1852 Paris, † 13/8 1933 Versailles, Schüler Bazins. W: Opern, Passionsorat., OrchSuite, KlavStücke, Lieder

HILLENBRAND, Rich. * 8/5 1891 Volkach/M., seit 1929 TheaKM. in Duisburg. W: Opern, Messen, sinf. Dichtgen, KlavStücke, Chöre, Lieder

HILLER, Ferd. * 24/10 1811 Frankf. a. M., † 10/5 1885 Köln, ausgez. Klavierist, Schüler Aloys Schmitts u. Hummels, lebte mehrere Jahre in Paris, dirigierte 1836/37 den Cäcilienver. in Frankfurt u. nach einem Aufenthalte in Italien 1843/44 in Lpz. die Gewandhauskonzerte, wirkte dann in Dresden, ging 1847 nach Düsseldorf u. 1850 als städt. MDir. u. KonservDir. nach Köln; trat 1884 in Ruhestand. Geistvoller MSchr. Ungefähr 200 heute so gut wie vergessene W: 6 Opern, Oratorien „Die Zerstörung Jerusalems' u. a., KaM., KlavKonz. in fis (noch beachtensw.), KlavStücke, Lieder

HILLER, Felix Ferd. (Enkel Ferdinands) * 20/10 1882 Chemnitz, lebt in Berlin. W: KaM., Kantat., Lieder

HILLER, Friedr. Adam (Sohn Joh. Adams) * 1768 Leipzig, † 23/11 1812 Königsberg, da seit 1798 TheaKM., vorher in Schwerin u. Altona, Geiger, auch Sgr. W: Singspiele, StrQuart. u. a.

HILLER, Hans * 13/11 1873 Breslau, seit 1895 Organ. bzw. KirchChordir. in Lpz. W: KirchM. Lieder

HILLER, Hermann, ps. = Horst PLATEN

HILLER, Joh. Adam * 25/12 1728 Wendischossig/Görlitz, † 16/6 1804 Lpz., da seit 1758, gründ. 1763 die Liebhaberkonz., dirig. später die „großen" (Gewandhaus-) Konz., gründete 1771 eine Gsgschule, war 1782/89 meist nicht in Lpz., 1789/1801 Kantor u. MDir. a. d. Thomasschule. Er wirkte bahnbrechend auf dem Gebiet des Schulgsgs u. des dtschen Singspiels (Lieds), auch als MSchr.; er schuf in d. ‚Wöchentl. Nachrichten u. Anmerkgen, die M. betr.' (1766/70) die erste wirkliche MZtschr. W: Optten (Singspiele) ‚Die Jagd', ‚Die Liebe auf dem Lande' u. a., Choralbuch, viele Lieder, GsgUnterrichtswerke usw.

HILLER, Paul * 16/11 1850 Seifersdorf/Liegnitz, seit 1881 OOrgan. in Breslau u. Dir. eines MInstit., da † 27/12 1924. W: Org u. KlavStücke, Chöre, Lieder

HILLER, Paul (Sohn Ferdinands) * 1/5 1853 Paris, MSchr. in Köln, da † 31/1 1934

HILLGENBERG, Rich. * 1/11 1859 Berlin, da † 12/6 1927 (Selbstmord infolge Not), Geiger, da seit 1895 InstitDir., auch MSchr. u. Chordir., vorher seit 1882 L. des VSpiels am Konserv. in Stettin. W: Pädagog. Werke f. V., Chöre, Lieder usw.

HILLIGER, Otto * 3/9 1909 Berlin (Rixdorf), da Musiker. W: Foxtrott-Ouvert., UnterhaltgsM., KlavStücke, Lieder

HILLMANN, Karl * 2/10 1867 Frankfurt a. M., da Schüler des Hochschen Konserv., insbes. Hugo Heermanns u. Iw. Knorrs, da Mitgl. des MuseumOrch., 1891/92 in Basel, 1892/93 in Boston, seit 1893 in Chicago (da bis 1919 Geiger im SinfonOrch.), L. am Columbia College. W: OrchStücke, viel KaM. (auch f. Blasinstr.), Lieder usw.

HILMAR, Hans, ps. f. Peter HERZ und Paul FRANK

HILMAR, Jos. * 1803 Neu-Paka (Böhm.), † 1/10 1881 als L. in Kopidleo/Prag, angeblich Komp. der ersten Polka

HILPERT, K. W. Frdr. * 4/3 1841 Nürnberg, † 5/2 1896 München, VcVirt., Schüler Fr. Grützmachers, 1867/75 in Jean Beckers ‚Florentiner Quartett', seit 1884 Solist der Hofop. u. L. a. d. kgl. MSchule in München. — Sein Bruder B r u n o * 20/8 1850 Sangerhausen, 1878 Dirig. d. ‚Straßburg. MGsgVer.', seit 1/10 1897 d. ‚MGsgVer.' in Hannover; da † 29/8 1916. W: Kompos. u. Arrang. f. MChor

HILTON, Jack, JazzKM., ps. = A. E. HICKMAN-SMITH

HILTON, John † 1611 (?) Cambridge. W: Madrigale

HILTON, John * 1599, † 1657 Westminster/London, da Organ. seit 1628. W: KirchM., 3st. Arien u. a.

HIMMEL, Frdr. Heinr. * 20/11 1765 Treuenbrietzen, † 8/6 1814 Berlin, HofKM seit 1795. W: Opern ‚Fanchon', ‚Die Sylphen' u. a., das ‚Vaterunser', KaM., Lieder ‚An Alexis', ‚Gebet vor d. Schlacht' usw.

HIMMELE, Adolf * 9/2 1894 Schwetzingen, MSchr. u. Komp. in Neustadt a. H., ausgeb. in Mannheim als Geiger u. in Heidelberg (Univ.), Kriegsteiln. (schwer verwund.). W (über 100): Op., viel KaM., Konz. f. Ob. u. StrQuart., Chorwerke, Lieder

HIMMELSBACH, Ludwig * 1/11 1874 Seelbach, bad. Amt Lahr, SchulL. u. VerDirig. an verschied. Orten, seit 1920 in Ziegelhausen/Heidelberg. W: MChöre

HIMMER, Frz * 12/5 1828 Rausenbruch, † 1899 Himmelsthür, berühmter Heldentenor, 1863/70 in Amerika, seit 1887 sehr geschätzter GsgL.

HINDELANG, Hans * 1/9 1876 Regensburg, seit 1898 in München KirchChordir. u. Geiger in der Hofkap. W: OrchStücke, KirchM.

HINDEMITH, Paul * 16/11 1895 Hanau, ausgezeichn. Geiger (Bratschist), KomposSchüler v. Arn. Mendelssohn u. Sekles, 1915/23 im OpOrch. Frankf. a. M., seitdem der Kompos. lebend u. Mitglied d. Amar-Quart. 1923/29. 1927/34 KompProf. an d. Hochsch. in Berlin. Unter den jungen dtsch. Tonsetzern einer der eigenartigsten u. bedeutendsten, Vertreter d. Atonalität, seit 1934 von ihr abgerückt (Oper ‚Mathis der Maler'). W: Die 3 vielumstritt. OpEinakter (1921) ‚Mörder, Hoffnung d. Frauen', ‚Das Nusch-Nuschi', ‚Sankta Susanna', Weihnachtsmärchen ‚Tuttifäntchen', Tanzpantomime ‚Der Dämon', Oper ‚Cardillac' (1926), ‚Neues vom Tage' (1929), KaOrchM., KaM., u. a., 4 StrQuart., Sonaten f. Klav. u. V. bzw. Br. u. Vc., Sonaten f. V., Br. u. Vc. allein, Suite ‚1922' f. Klav., Konz. f. Orch., Konz. f. Klav., desgl. f. V., desgl. f. Vc., Br., Viola d'amour, KlavStücke, VcStücke, Lieder

HINDEMITH, Rudolf * 9/1 1900 Hanau, Vcellist, 1919/21 Solist d. Münchener KonzVerOrch., 1921/24 der Staatsop. in Wien, 1924/27 Mitgl. d. Amar-Quart., seit Herbst 1927 KonservL. in Karlsruhe, lebt in Frankfurt a. M.

HINDERMANN, Paul * 28/5 1868 Zürich, da † 24/7 1925, Schüler der dort. MSchule u. Rheinbergers, seit 1887 Organ. in Zürich, seit 1888 Dir. des von ihm gegr. Ver. f. klass. KirchM., seit 1893 auch Leiter eines eig. MInst. W: Messe, Psalm 121, Lieder

HINDLE, Joh. * 1792 Wien, da † 9/8 1862, KBVirt. W: KBSchule

HINKE, Gust. * 24/8 1844 Dresden, † 5/8 1894 Leipzig, ausgez. Oboist, 25 Jahre Mitgl. d. Gewandhausorch., KonservL. W: ObStudien

HINRICHS, Friedr. * 4/2 1820 Halle a. S., † 25/10 1892 Berlin, ObJustizrat, Schwager v. Rob. Franz. W: Lieder; Broschüre ‚R. Wagner u. d. neuere M.' (1854). — Seine Schwester M a r i a (R. Franz' Frau) * 1828, † 5/5 1891 Halle a. S. W: Lieder

HINTERMEYER, Willi * 20/4 1892 München, da ZithVirt. W: ZithKompos. H: Echo v. Gebirge seit 1912

HINTON, Arthur * 20/11 1869 Beckenham, Prof. an d. R. acad. in London. W: Oper, Optten, Sinfon., KaM., Lieder

HINTZE, Frz * 16/1 1902 Berlin, Pianist, da Schüler Conr. Ansorges. W: UnterhaltgsM.

HINZE, Bernh. * 11/9 1883 Berlin, da im Hauptberuf Rechtsanw. W: Sinfon. Dichtgen, Son. f. Klav. u. V., Lieder (nach Löns usw.)

HINZE-REINHOLD, Bruno * 20/10 1877 Danzig, lebt in Berlin, Klavierist, Schüler Reisenauers, Dir. d. staatl. MSchule in Weimar 1916/27 u. 1930/33, vorher in Berlin. W: Chöre, Lieder. — Seine Gattin A n n a * 9/9 1880 Eisenach, gleichf. treffl. Klavieristin (Vorträge mit ihm auf 2 Klav.). W: ‚Techn. Grundbegriffe eines natürl. neuzeitl. KlavSpiels' (1918)

HIOB, Heinr., ps. Alex. Th. RENZI * 5/12 1882 Görlitz, MHändler in Berlin-Lankwitz. W: UnterhaltgsM.

HIPKINS, Alfred James * 17/6 1826 Westminster, † 3/6 1903 London. W: Schrift. üb. InstrKunde

HIPPMANN, Silvester, Dr. jur. * 23/7 1893 Cáslau, Sekretär d. Allg. Pensionsanst. in Prag, seit 1932 MKrit., seit 1932 Komp., war jahrelang Geschäftsführer der MSektion der Umelecka Beseda in Prag. W: Sonatine f. V. u. Klav., KlavSon., Fr- u. MChöre

HIRCHMANN, Henri — s. HIRSCHMANN

HIRLEMANN, Théophile * 29/9 1855, † 27/6 1927 Paris, KinoKM. W: Optte, Film- u. UnterhaltgsM.

HIRN, Carl * 21/11 1886 Viborg, seit 1934 in Paris, 1909/25 in Berlin, dann in Helsingfors, Schüler Rezniceks, stud. außerdem in Helsingfors, Wien u. Paris. W: OrchSuite, feine KlavSalon- u. Charakterstücke, Lieder

HIRSCH, Abraham, Musikverlag in Stockholm seit 1837; der Begründer u. Besitzer bis 1874 * 16/8 1815 Stockholm, da † 23/2 1900

HIRSCH, Adolf, ps. ADOLFI * 1866 u. † Ende 1931 Wien. W: Wiener Lieder

HIRSCH, Hugo * 12/3 1884 Birnbaum a. Warthe, lebt in Berlin, Schüler Joh. Doebbers. W: viele Optten, u. a. ‚Tangofieber', Die Scheidungsreise', ‚Der Fürst von Pappenheim', ‚Der blonde Traum'

HIRSCH, Karl * 17/3 1858 Wendingen/Nördlingen, † 3/11 1918 Faulenbach/Füssen, erst SchulL., Chordirig. in Mannheim, Köln (1892), Solingen, Barmen-Elberfeld (1898), Heilbronn (1906), 1909 Baden-Baden, 1912 Nürnberg, 1915 München. W: größ. Chorwerke f. MGsg u. a., ‚Die Lieder Eilands' für Bariton u. Klav., gemChöre usw. B: ältere Chöre usw.

HIRSCH, Paul * 24/1 1881 Frankf. a. M., lebt da, Besitzer einer reichhaltig. mwissschaftl. Biblioth. Öffentl. zugänglich. Veröffentlichgen daraus; Kataloge ders. gedr. W: Katalog einer Mozart-Bibl.

HIRSCH, Richard, Dr. jur. * 13/12 1884 Berlin, lebt da, Schüler G. Dippes u. Phil. Scharwenkas. W: Optten, Schwänke, Tänze

HIRSCH, Rud., Dr. phil. * 1/2 1816 Napajedl (Mähr.), † 10/3 1872 Wien, MSchr. H: Album f. Gsg

HIRSCH, Theod. * 19/7 1835 Güttersberg/Krossen a. O., Schüler des Kgl. Inst. f. KirchM., war Organ., KonservLeiter in Berlin. W: Chöre, Lieder usw.

HIRSCHBACH, Herrm. * 29/2 1812 Berlin, † 19/5 1888 Leipzig-Gohlis. W: Opern, 14 Progr-Sinf., Schauspiel-Ouvert., KaM., u. a. 13 StrQuart., viele musik. Aufsätze. H: ‚Musikal.-krit. Repertorium' 1843/45. — ps. Henry LARGO. Vgl. das Buch v. Rob. Pessenlehner (1934)

HIRSCHBERG, Felix, ps. H. S. MORLEY * 4/9 1876 Berlin, da Bearbeiter. W: Schlager, UnterhaltgsM.

HIRSCHBERG, Leopold, Dr. med. * 6/12 1867 Posen, † 28/9 1929 Berlin, da seit 1900 Doz. f. M. an d. Humboldt-Akad., fruchtbarer MSchr., spez. Loeweforscher. W: u. a. ‚Die Kriegsm. der dtschen Klassiker u. Romantiker'

HIRSCHBERG, Walther * 8/5 1889 Berlin, da seit 1918 MSchr., Schüler Ph. Scharwenkas, zeitweise TheaKM. W: Sinfon., KaM., Duette, Lieder. H: Volkslieder.

HIRSCHEL, Herm. † 26/11 1900 Berlin 53jähr. W: Possen

HIRSCHFELD, Ludwig — s. Leo FELD

HIRSCHFELD, Rob., Dr. * 17/9 1857 Mähren, † 2/4 1914 Salzburg, Dir. des Mozarteum, 1882/1913 L. f. MÄsthetik am Wiener Konserv. W: ‚Das kritische Verfahren E. Hanslicks', ‚Fachkatalog d. ital. Abteil. in d. M- u. TheaAusstellg zu Wien' (1892), Haydns ‚Apotheker', Fr. Schuberts ‚Vierjähr. Posten', Mozarts ‚Zaide'

HIRSCHFELD, Victor — s. Victor LÉON

HIRSCHLER, Sigismund * 21/3 1894 Trnovica, KlavL. u. MKrit. in Agram. W: Oper, Kroat. Rhaps. f. Orch., KaM., KlavStücke, Lieder u. a.

HIRSCHMANN, Henri, ps. V. H. HERBLAY * 1872 St. Maudé, lebt in Paris. W: Opern, Operetten ‚Les hirondelles' (‚Das Schwalbennest') 1904, usw., Ballette

HIRT, Frz Jos. * 7/2 1899 Luzern, seit 1927 KlavL. am Konserv. in Bern, treffl. Virt., Schüler u. a. E. Petris u. Cortots

HIRT, Fritz * 10/8 1888 Luzern, treffl. VVirt., seit 1915 I. VL. am Konserv. in Basel, Führer eines StrQuart. usw., Schüler u. a. F. Hegars u. Sevčiks

HIRT, Luise * 23/2 1884 Hindenburg, gesch. KonzSopranistin in Breslau, Schülerin v. S. Nicklas-Kempner

HIRTE, Alfred * 10/12 1878 Chemnitz, da † 7/11 1923, Schüler des Lpzger Konserv., KM., an verschied. Thea. W: Sinfon., KlavStücke, Lieder

HIRTE, Rud., ps. J. WITZEL * 5/10 1893 Magdeburg, da seit 1919 ML., Schüler von Rahlwes. W: Sinf. Fantasie, KlavKonz., KaM., KlavStücke, Lieder

HIRZEL-LANGENHAN, Anna * 20/8 1874 Lachen/Zürich, ausgez. Pianistin u. L. auf Schloß Berg/Weinfelden, Kant. Thurgau, Schülerin von F. Hegar, Rob. Freund u. Leschetizky, wirkte 1898/1926 in München

HITZELBERGER, Sabine * 12/11 1755 Randersacker, † ?, ausgezeichn. KolorSgrin u. GsgL. in Würzburg. — Ihre Tochter R e g i n a * 1786 Würzburg, † 10/5 1827 München, nicht minder gefeiert, bis Nov. 1811 an der Hofop.

HITZIG, Friedr. Wilh., Dr. phil * 3/1 1876 Mannheim, seit 1933 am Rundfunk in Leipzig, vorher seit 1922 Archivar bei Breitkopf & Härtel, MSchr.

HLADISCH, Eduard Rudolf, ps. Eduard RUDOLF * 10/2 1890 Agram (Sohn eines MilKM.), KM. (Salonorch.) in Stockholm, ausgeb. in Wien bei Rud. Glickh u. A. Schönberg, da erst Geiger d. Volksop., dann Dirig, e. eigen. Orch. W: OrchStücke. B: Lieder v. R. Strauß u. a. f. Orch.

HLADNIK, Ignaz * 25/9 1865 Krize/Neumarktlet (Krain), Organ. in Rudolfswert. W: KirchM., weltl. Chöre, Lieder

HLAWATSCH, Woizech * 1849 Leditsch (Böhm.), † 1911 Petersburg, da seit 1871 Dirig. u. HarmonVirt., Schüler der Pariser OrganSchule. W: Oper, OrchStücke (auch Arrang.), Chöre, Lieder

HLINAK, Karl * 4/10 1888 Wien, da Chordir. W: MChöre

HNAPI, Parli, ps. = Walter PÖRSCHMANN

HOBBING, Martin * 13/5 1842 Greetsiel (Ostfriesl.), † 16/3 1908 Bremen, tücht. GsgL., gründ. u. leitete 1887/94 den Bremer LGsgVer. W: Chöre, Lieder

HOBDAY, Alfred Charles * 19/4 1870 Faversham, ausgezeichn. Bratschist in London

HOBRECHT (Obrecht, Obreht, Obertus, Hobertus), Jakob * um 1450 Utrecht, † 1505 Florenz an der Pest, DomKM. in Utrecht, Brügge u. Antwerpen, 1504 in Italien, bedeutend. niederländ. Komp. W: (NA. v. Joh. Wolf, 1908 ff.) Messen, Motetten, Chansons

HOCH, Julius, Dr. jur. * 23/4 1865 Dresden, † 1932 Bautzen (Geh. RegRat), Schüler von Herm. Schultz. W: Weihnachtskant., Requiem, KaM., VStücke, Orgstücke, KlavStücke

HOCH, Theodor * 1843, † März 1906 Newyork, berühmter PistonVirt., lange bei Bilse in Berlin. W: Fantas. u. a. f. Piston u. Orch.

HOCHAPFEL, Hans * 23/2 1871 Kassel, KM. in Libau. W: OrchM., KaM., VStücke, Lieder

HOCHBERG, Hans Heinr. XIV., Graf Bolko v., ps. Botho FRANK; J. H. FRANZ; PELHAM * 23/1 1843 Schloß Fürstenstein (Schles.), † 1/12 1926 Bad Salzbrunn, lebte auf Schloß Rohnstock (Kr. Bolkenhain, Schles.), Schüler Fr. Kiels, rief 1876 die ‚Schles. MFeste' ins Leben; 1886/1903 GenIntend. der Preuß. Hofthea. W: Opern, 3 Sinfon., bemerkensw. KlavKonz., KaM., Chöre, Lieder usw.

HOCHBRUCKER, Erfinder der Pedalharfe in Donauwörth um 1720. Seine Söhne (?) Celestin * 10/1 1727 Tagmersheim/Monheim, bayr. RBez. Schwaben, † 1809 Wien, seit 1747 BenediktinerMönch in München. W: KirchM. — Christian * 17/5 1733 Tagmersheim, HarfVirt., 1770 in Paris, 1792 in London. W: HarfKompos.

HOCHE, Kurt † 4/1 1934 Wiesbaden, da bedeutender GsgL.

HOCHREITER, Emil * 27/12 1871 Debrecin (Ung.), MDir. an der Erziehungsanst. der Ges. Jesu in Kalksburg/Wien; 1915/20 KirchMDir. in Wien. W: Kirch- u. KaM., Chöre

HOCHSTEIN, Karl, Heidelberg, MVerl. (u. a. ‚Süddtsche SgrZtg', MChöre), gegr. 1/11 1863

HODAPP, Frieda — s. KWAST

HODGES, Edward * 20/7 1796 Bristol, † 1/9 1867 Clifton, Organ. in Bristol (1819), Toronto (1838) u. Newyork (1839/59), seit 1863 wieder in England. W: KirchM. — Seine Tochter Faustina Hasse H. † 1895 Newyork, Organistin in Philadelphia u. Komp. — Sein Sohn John Sebastian Bach H. (* 1830), tücht. Organ. in Baltimore; † 1915

HOEBEL, Ernst Karl * 28/12 1851 Teinlah/Hildesheim, † 2/4 1918 Cassel, Prof. (Mathem.) der ObRealschule seit 1881, TheorL. am Konserv. u. MSchr. W: Oper, große patriot. Chorwerke, u. a. ‚Die Hermannsschlacht' m. Orch., MChöre, Lieder

HÖBER, Lorenz * 30/12 1888 Frankf. a. M., Bratschist des Berliner Philharmon. Orch.; dessen Vertreter im Vorstand der das Orch. finanzierenden G. m. b. H. W: KaM. (noch ungedruckt)

HOECKH, Karl * 22/1 1707 Ebersdorf/Wien, † 1772 Zerbst, herzogl. KonzM. W: VKonzerte, KaM.

HÖCKNER, Hilmar * 24/12 1891 Leipzig, seit 1923 ML. am Landerziehungsheim Schloß Bieberstein (Rhön.), einer der Führer der musik. Jugendbewegung. W: ‚JugendM. im Landerziehungsheim'. ‚Die M. in der dtsch. Jugendbewegung'

HOEBERG, Georg * 27/12 1872 Kopenhagen, da Geiger u. seit 1912 Kgl. ViceKM. W: Oper, KaM., V- u. KlavStücke, Chöre, Lieder

HÖFER, Frz * 27/8 1880 Griesbach, NBay., seit 1909 Organ. u. seit 1911 L. an der KirchMSchule in Regensburg, lebt jetzt in Garmisch-Partenkirchen. W: Opern, Messen, Sinfon., VKonz., OrgStücke, Lieder; ‚Modulationslehre', ‚InstrumentLehre'

HÖFFDING, Finn * 10/3 1899 Kopenhagen, da L. am Kgl. Konserv., Vorsitz. des mpäd. Ver. W: Opern, 3 Sinf., KaM., Lieder

HÖFFER, Paul * 21/12 1895 Barmen, ausgeb. auf d. Kölner Konserv., 1920/21 bei Schreker, seit 1923 L. (1933 Prof.) an der Hochschule in Berlin. W: SinfM., Ouvert., KlavKonz., VKonz., VcKonz., KaM., auch f. Bläser, Oper, Schulopern

HÖFFNER, Erich, ps. Ernest YARDNER * 24/2 1889 Lpz., lebt da, Schüler v. Albert Mattausch, war viel im Ausland. W: Revuen, Ballette, Tänze, Lieder

HÖFLE, Paul * 5/8 1852, Pasewalk, † 30/10 1916 Wologda (Rußl.). W: f. Zither

HOFNER, Gabr. * 1877 Wolfsberg (Kärnten), seit 1922 ML. in St. Pölten, VVirt., auch OrchDir. W: Tänze, Märsche u. a.

HÖGG, Max † 17/3 1933 Füssen, 79jähr., langjähr. MilKM., u. a. in Bayreuth. W: Märsche u. a.

HÖGNER, Friedr. * 11/7 1897 Oberwaldbehrungen, UFranken, seit 1929 L. f. virt. u. liturg. OrgSpiel am Konserv. in Leipzig, da 1930 Organ. (1934 Prof.), auch MSchr., als OrgVirt. f. die Zeitgenossen eintretend. Ausgeb. als Wissenschafter in München (dann Kriegsteilnehmer), Erlangen und Leipzig, da auf dem Konserv. in KirchM. ausgeb. 1922/25 Kantor in Leipzig-Gohlis, 1925/29 in Regensburg, Kantor u. Organ. (ev. KirchMDir.) W. KirchKantaten, OrgStücke, Lieder

HOEHN, Alfred * 20/10 1887 Oberellen/Eisenach, hervorrag. Pianist, seit 1934 Leiter der Meisterkl. an der Hochschule in Weimar, daneben seit 1920 am Hochschen Konserv. in Frankf. a. M., Schüler Uziellis u. im Dirigieren Fritz Steinbachs. W: StrQuart., KlavStücke, OrchLieder

HÖHNE, Heinz * 30/8 1892 Pasewalk, Apotheker in Berlin-Pankow, Schüler Karl Zimmers, leitete schon als Gymn. ein Orchester, Kriegsteilnehmer. W: Deutscher Psalm m. Orch u. Solis, Lieder auch z. Laute

HÖHRL, ps. = Frz HASENÖHRL

HÖLLER, Karl (Sohn Valentins) * 25/7 1907 Bamberg, L. an der Akad. in München, Schüler d. Würzburger Konserv. u. d. Münchener Akad. W: Sinf. OrchHymnen, KaM., VKonz., OrgPartita, KlavStücke, Messe, Chöre, Lieder

HÖLLER, Valentin * 15/8 1873 Würzburg, Schüler der dort. kgl. MSchule, seit 1892 Domorgan. u. Chordir. in Bamberg, † 19/10 1932. W: OrgStücke, auch Konz. m. Orch., Chöre, Lieder; ChorgsgSchule f. Mittelschulen

HOELSCHER, Ludwig * 23/8 1907 Solingen, lebt da (im Sommer meist in Tutzing, OBay.), ausgezeichn. Vcellist, ausgeb. zuerst v. Lamping, dann in München u. Berlin, Mitglied des Elly Ney-Trios seit 1931, des Beethoven-Quart., auch solistisch viel tätig

HÖLZEL, Friedr. * 24/12 1880 Berlin, da ausgeb., SchulgsgL. in Emden seit 1919, vorher u. a. in Allenstein, Kriegsteilnehmer. W: Vogelkant.,

Weihnachtsfestspiel, Motetten, Lieder, Märsche. H: ‚Freude allem Volke', f. gem. Chor; ‚Wir singen'; ‚Friesland singt'

HÖLZEL, Friedr., Dr. med. * 31/1 1894 Zwickau, Arzt in Haar-Eglein, OBay., nach Frontdienst und ärztl. AssistTätigk. auf der Akad. d. Tonkunst in München (u. a. v. Courvoisier ausgeb.). W: Op., 113. Psalm m. Orch.

HÖLZEL, Gust. * 2/9 1813 Budapest, † 3/12 1883 Wien, da 1841/62 Baßbuffo, der erste Beckmesser (1868 in München). W: viele Lieder (‚Das Dorfgeläute', ‚Mein Liebster ist im Dorf der Schmied' u. a.)

HÖLZEL, Karl * 6/4 1808 Linz, † 14/1 1883 Budapest, da seit 1842 Gsg- u. KlavL. W: Lieder

HÖLZL, Frz Seraph * 14/3 1808 Malaczka (Ungarn), † 18/8 1884 Fünfkirchen als DomKM. W: KirchM.

HOENES, Peter Ed. * 1/1 1868 Trier, Gitarrist u. MVerl. in München-Pasing. W: GitStücke u. Bearb.; Zitherstücke, MChöre

HÖNICH, Felix * 11/2 1900 Czernowitz, da KonzBegl. u. Chordir. W: Sinf., KlavStücke, Lieder, H: Jüd. Volkslieder

HÖNIG, Heinr. * 9/9 1852 Neunkirchen/Eberbach (Bad.), 1868 SemML. in Meersburg, Schüler von Meyer-Olbersleben. W: Messen, OrgKompos., Chöre, Lieder usw.

HOEPLI, Ulrico † 24/1 1935 Milano, 89jähr., Begründer des wertvolle MBücher aufweisenden Verlags

HÖRBURGER, ps. O. E. Burgherr, Baurat in München (pensioniert), * 1870 (? keine Auskunft). W: GitStücke, Lieder m. Git.

HOERÉE, Arthur * 16/4 1897 Saint-Gilles/Bruxelles, ausgeb. in Brüssel u. Paris, wo er seit 1919 lebt (Schüler Vidals u. d'Indys); auch MSchr. W: ‚Ode au soleil', choreogr. Sinf., KaM., Liederzyklen; ‚I. Stravinsky et ses trois chefs d'oeuvre dramat.' (1928)

HÖRNER, Hans, Dr. phil. * 30/1 1903 München, da ausgeb., urspr. Hornist u. Solobratschist, dann Dirig. in Berlin, seit Okt. 1934 musik. Leiter der wandernden ‚Deutschen MBühne' (Oper; Sitz Berlin), Schüler Sandbergers und F. Steins. W: Messe, StrQuart., Lieder. B: ältere M., u. a. Schumanns KonzStück f. 4 Hörner, Telemanns PassionsM.

HÖRSCHELMANN, Emil Aug. Heinr. * 12/7 1810 Wierland, † 22/6 1854 Pargolowo/Petersburg, ev. Pastor seit 1853 in Petersburg, vorher seit 1838 in Oberpahlen, Estl. W: Geistl. Gsge

HOERTER, Philippe * 30/8 1795 Straßburg, da † 6/11 1863, KBassist u. GsgL. W: Kantat., KaM., Lieder

HOESEL, Kurt * 28/1 1862 Dresden, da † 28/4 1929, da 1876/1929 Dirig. der Dreyssigschen Singakad., Wagnerianer. W: Opern ‚Wieland der Schmied' (1913), ‚Alarich', Lieder u. a.

HÖSER, Otto * 13/4 1877 Wiesbaden, da seit 1899 Geiger im städt. Orch., wegen Unfall pens. W: Singspiel, Ballett, Tänze, VStücke, vaterländ. Chöre, Lieder

HOESICK, Ferd. * 16/10 1867 Warschau, seit 1905 in Krakau, Chopinforscher. W: Chopins Leben u. Schaffen

HOESSLIN, Franz v. * 31/12 1885 München, Schüler Regers u. Mottls, seit Herbst 1932 GenMDir. in Breslau, Herbst 1926/32 GenMDir. in Barmen-Elberfeld, vorher seit 1907 TheaKM. an versch. Orten. W: OrchStücke, KlarQuint., FrChöre, Lieder

HÖTZEL, Ed. * 22/11 1866 Pasenberg, NÖsterr., ML. in Troppau seit 1918, da MilKM. 1891/1918. † 1931. W: Tänze, Märsche

HÖTZEL, Paul * 23/12 1876 Meerane, Sachs., seit 1912 akad. ML. in Oldenburg. W: KaM., OrgStücke, Chöre, Lieder. H: Kling, Klang, Gloria, 93 Lieder

HOEVKER, Rob. * 13/1 1866 Güsten, † 1933, seit 1890 SemML. in Cöthen, Dir. d. BachVer. W: ‚Der erste KlavUnterricht' u. a.

HOFER, Heinr., Dr. phil. * 11/5 1892 München, seit 1922 MRef. in Berlin, Schüler v. Sandberger, Rich. Würz u. F. Klose. W: KaM., 2 KlavSon., KlavStücke, Lieder, auch m. StrQuart.

HOFER, Pater Norbert, Dr. phil. * 22/7 1874 Gumpoldskirchen, NÖsterr., seit 1934 Pfarrer in Pfaffstätten/Baden, NÖsterr., stud. außer Theol. auch MWiss. in Wien, 1903/33 Regens chori im Stift Heiligenkreuz/Baden bei Wien. W: 5 lat., 4 dtsche Messen, 4 Requiem u. sonst. KirchM. (an 200 Wechselgsge)

HOFER, Toni, ps. = Ludwig ANDRÉ

HOFF, Joh. Friedr., Dr. phil. * 24/9 1886 Frankf. a. M., da ML. W: KaM., KlavStücke, Lieder

HOFFBAUER, Karl * 1850, † 1889 (Selbstmord im Main), genialer Pianist u. Dirig., seit 1872 m. P. Cornelius befreundet, von dessen ‚Barbier von Bagdad' er den KlavAusz. bearbeitete, dessen ‚Gunlöd' er ergänzte, lebte von 1878 ab in Frankfurt a. M., vorher in München, wo er 1875 den „Christus" Liszts aufgeführt. W: BühnM.

HOFFHEIMER — s. HOFHAIMER

HOFFMAN, Richard Andrews — s. ANDREWS, Rich. Hoffman

HOFFMANN, Arthur * 6/3 1864 Wahlstatt, Kr. Liegnitz, 1907 GymnL. in Bunzlau. † 1931. W: Chöre, Terzette, Lieder

HOFFMANN, Baptist * 9/7 1864 Garitz/Kissingen, hervorrag. OpBariton., zuletzt 1897/1915 u. als Gast bis 1919 an der Hofoper in Berlin, da jetzt GsgL.

HOFFMANN, Emil Adolf * 9/3 1879 Aarau, da seit 1905 GsgL. u. Organ., ausgeb. in Zürich, Genf u. Dresden (Draeseke; Iffert). W: Messen, Chöre, Lieder. H: Schweizer. mpädag. Blätter

HOFFMANN, Ernst, Dr. phil. * 31/3 1885 Liegnitz, da StudRat. W: Das Wesen der Melodie

HOFFMANN, Ernst Theod. Amadeus (eigentl. Wilh.) * 24/1 1776 Königsberg, † 25/6 1822 Berlin, 1800 Assessor in Posen, 1802 Rat in Plozk, 1803 in Warschau, 1808 TheaKM. in Bamberg, 1813/14 in Leipzig u. Dresden, seit 1816 Kammergerichtsrat in Berlin; Dichter, begabter Musiker u. MSchr. von nachwirkender Bedeutg, gewandter Zeichner. W: Opern (u. a. die von Weber u. Hans Pfitzner sehr geschätzte ‚Undine', deren Wiederbelebg 1922 aber ohne Erfolg war), Singspiele, Melodramen, Ballett, Ouvert., Quint. f. Harfe u. StrQuart., KlavTrio, KlavSonaten, GsgStücke. Vollst. Ausgabe seiner musikal. Schriften als 13. u. 14. Bd d. SerapionsAusg. (1922). Musikal. Werke hrsg. von G. Becking im Erscheinen

HOFFMANN, Fritz * 1/6 1873 Kirchditmold/Cassel, seit 1879 SchulL. u. VerDirig. in Cassel. W: MChöre. B: Volkslieder f. MChor

HOFFMANN, Hans, Dr. phil. * 26/1 1902 Neustadt, OS., Doz. f. MWissensch. (Schüler Fritz Steins) an der Univers. Hamburg, seit 1934, auch OratSger (Tenor, Schüler Bapt. Hoffmanns), 1929/1932 Doz. an d. pädag. Akad. in Kiel u. UniversLektor in Kiel, urspr. Geiger. W: Die norddtsche Trio-Sonate

HOFFMANN, Hans, ps. Jean (Jan) BEROLIN; Kurt WILO * 2/7 1913 Berlin, lebt da. W: Schlager, Märsche

HOFFMANN, Heinr. Aug. (von Fallersleben) * 2/4 1798 Fallersleben (Hannover), † 29/1 1874 Schloß Corvei (Westf.), 1823/30 Bibliothekar u. (1835) Prof. d. dtsch. Sprache in Breslau, 1842 wegen seiner polit. Ansichten abgesetzt, seit 1860 Bibliothekar in Corvei, Dichter u. Sprachforscher. W: ‚Gesch. des dtsch. KirchLiedes', ‚Schles. Volkslieder mit Melodien', ‚Kinderlieder' usw.

HOFFMANN, Horst, ps. Horace HOPMAN; Hein MAHLOW; Bernie SPALL * 18/8 1911 Berlin, da Tonfilm-Ingen., da ausgeb. (Hochschule, Univ.). W: Tonfilme, UnterhaltgsM.

HOFFMANN, Jos. * 24/5 1865 Ziegenhals (Schles.), Rektor in Berlin, hochverdient um den Gsgunterricht an d. Volksschulen. W: ‚Preuß. Schulliederbuch', ‚Sängerlust', ‚Stimmbildsübgen', Methodik des SchulGsgunterr.'

HOFFMANN, Karl * 12/12 1872 Prag, Führer d. 1892 gegr. ‚Böhm. StrQuart.', lebt in Prag, da seit 1922 Leiter e. Meisterkl. am tschech. Konserv.

HOFFMANN, Leop. * um 1730 Wien, da † 17/3 1793, DomKM. seit 1772, sehr beliebt. Komp. W: KirchM., Sinf., Konzerte, Trios

HOFFMANN, Max Heinr. Frz * 29/3 1863 Berlin, da seit 1894 MInstitDir., Geiger u. Pianist. W: Salonstücke, Märsche u. Tänze

HOFFMANN, Paul * 28/10 1865 Naumburg a. S., seit 1888 Organ. in Solingen, wo er auch als Chorleiter das musik. Leben sehr fördert

HOFFMANN, Paul * 10/2 1870 Cöthen, lebt in Dessau, da 1892/1927 Chordir. der Oper. W: viele BühnM., Chöre, Lieder

HOFFMANN, Rud. * 20/1 1880 Bochum, da KonservDir. u. VerDirig., Chormeister d. Westfäl. Sängerbundes, Schüler des Kölner Konserv. W: MChöre, auch m. Orch.

HOFFMANN, Rud. Steph., Dr. med. * 21/8 1878 Wien, da Dirig. des Philh. Chors u. der Singakad., MSchr. W: KaM., Lieder; ‚Franz Schreker'; ‚E. W. Korngold'; Übersetzgen fremdsprachiger OpTexte

HOFFMANN-ANDREWS, Rich. — s. ANDREWS, Rich. H.

HOFFMANN-BEHRENDT, Lydia * 1/9 1890 Tiflis, hervorrag., die zeitgenöss. Komponisten sehr fördernde KlavVirt. in Berlin

HOFFMANN-BEROLIN — s. Hans HOFFMANN

HOFFMANN v. FALLERSLEBEN — s. HOFFMANN, Heinr. Aug.

HOFFMANN-SENKRAH — s. SENKRAH, Arma

HOFFMEISTER, Frz Ant. * 1754 Rotenburg/Neckar, † 9/2 1812 Wien, KirchKM., günd. mit Kühnel 1800 das ‚Bureau de mus.' (C. F. Peters) in Leipzig, ging 1805 wieder nach Wien; sehr fruchtbarer Komp. W: Opern, KaM., KirchM. usw.

HOFFMEISTER, Karl * 1868 Liblice, KlavL. am Konserv. in Prag seit 1899, auch MSchr. W: KlavStücke, Lieder; ‚Smetana'; ‚Das Klavier, seine Meister' (böhm.)

HOFHAIMER (Hofheymer) Paulus v. * 25/1 1459 Radstadt (Salzburg), † 1537 Salzburg, hochberühmter Domorgan.. seit 1528. W: dtsche Lieder (4st.), latein. Oden usw.

HOFMANN, Frz Heinr. * 17/4 1840 Delitzsch, MDirig. in Siegen. W: FagSchule, Übungs- u. Vortragsstücke f. Fagott (op. 36), Salonstücke f. V. u. Klav (op. 8), ‚Der Pilot' Chorwerk mit Orch., MChöre (Amboßlied) usw.

HOFMANN, Hans * 14/1 1867 Borna (Sachs.), seit 1906 Organ. der UnivKirche in Leipzig, Dirig. des UnivKirchChors u. seit 1912 des StudentenOrch., † 3/12 1933. W: hymnolog. Schriften

HOFMANN, Hans Philipp * 31/5 1874 Bamberg, seit 1920 in Berlin Begl. u. Korrepet., ausgeb. in München (Akad.), war OpDirig. in Regensburg, assistiert in Bayreuth, hält während d. Festspielzeit u. auch an anderen Orten Vorträge über Wagner

HOFMANN, Heinr. * 13/1 1842 Berlin, † 16/7 1902 Groß-Tabarz (Thür.), lebte in Berlin seit 1873 ausschließl. der Kompos., seit 1882 Mitgl. d. Akad. der Künste. W (über 120, seinerzeit teilweise sehr beliebt) f. Orch.: ‚Ungar. Suite', ‚FrithjofSinf.' u. a., KaM., 4h. KlavStücke, Chorwerke ‚Märchen v. d. schönen Melusine', Opern, Lieder

HOFMANN, Jos. * 13/8 1865 Wien, da † 18/10 1927, da KlavVirt., ausgeb. auf d. Konserv., dann da L. u. seit der Erhebg zur Akad. (1901) o. Prof. W: KlavStücke, auch f. Kinder, Lieder, W: Klass. Werke f. d. Unterr.

HOFMANN, Josef * 20/1 1876 Krakau, KlavVirt., Schüler A. Rubinsteins u. d'Alberts, konzertierte schon als Knabe; lebte lange in Newyork, seit 1924 Dir. des Curtis Institute of m. in Philadelphia. W: KlavKonz. u. Stücke; ‚Piano playing', Sinf. The haunted castle usw.

HOFMANN, Karl * 3/4 1835 Wien, da † 12/12 1909, Geiger in d. Hofkap. u. KonservL. W: Oper, Konz. f. 2 V., Walzer f. StrQuart. u. Klav. usw.

HOFMANN, Kasimir † Juli 1911 Berlin, OptenKM. u. Komp., Vater v. Josef H.

HOFMANN, Kurt * 11/2 1892, städt. KonzM. in Bochum. W: Ouvert., OrchStücke, KaM.

HOFMANN, Leopold † 1793 — s. HOFFMANN

HOFMANN, Oskar † 23/4 1898 Wien. W: Lieder

HOFMANN, Rich. * 30/4 1844 Delitzsch, † 11/11 1918 Leipzig, Schüler R. Dreyschocks u. Ferd. Spohrs (V.), Jadassohns (Kompos.), seit 1866 in Lpzg ML., seit 1904 InstrumL. am Konserv. W: weitverbreit. Schulen f. OrchInstrum. (fast sämtlich bei C. Merseburger in Leipzig), ferner ‚OrchStudien f. V.', ‚Große VTechnik', ‚Quart. f. Messingblasinstrum.', instrukt. Kompos. f. V., Blasinstrum. usw., wertvolle ‚Prakt. InstrumLehre' u. a.

HOFMANNSTHAL, Hugo v. * 1/2 1874 Wien, da † 15/7 1929, der Dichter, OpDichter f. Rich. Strauß

HOFMEIER, Andreas * 17/10 1872 Lübeck, seit 1900 Organ. in Eutin, Schüler des Lpzger Konserv., 1896/1900 Organ. in Brünn, 1912/23 auch Leiter des Konserv. in Lübeck, 1916 Prof. W: KaM., Chöre, viele Lieder

HOFMEISTER, Friedr. * 24/1 1782 Strehle a. E., † 30/9 1864 Reudnitz/Leipzig, gründ. 1807 den MVerl. in Lpzg (durch die Hrsg. d. ‚Musikal.-liter. Monatsberichts' bzw. des ‚Handbuchs der musikal. Literatur' weltberühmt). Erwarb 1935 den MVerlag Carl Merseburger, jedoch ohne die Kirch- u. SchulM.

HOFMEISTER, Wilhelm, ps. Rud. FREY; Karl HOFMEISTER; Willy HOFMEISTER; John E. LEWES; Ulrich MENGELBERG; Jan MICHA * 1/11 1871 Stettin, da MVerl. (Baltischer MV.). W: UnterhaltgsM., Tänze

HOGREBE, Karl * 31/7 1877 Brackwede (Westf.), seit 1921 UnivMDir. in Göttingen, vorher seit 1910 ML. u. Chordir. in Saarbrücken. W: OrchSuite, Chöre. H: Singende Jugend

HOHENBERG, Frz, ps. = Bernh. HOMOLA

HOHENEMSER, Richard, Dr. phil. * 10/8 1870 Frankf. a. M., da MGelehrter. W: ‚Luigi Cherubini' 1913

HOHENSTEIN, Arthur (eigentl. Koppitz) * 5/1 1876, † 17/4 1923 Hamburg. W: UnterhaltgsM. B: f. Orch., SalonOrch. usw.

HOHLFELD, Otto * 10/3 1854 Zeulenroda (Thür.), † 10/5 1895 Darmstadt, HofkonzM. seit 1877. W: Effektvolle VKompos., KlavStücke

HOHMANN, Adolf Wilh. * 18/6 1889 Oetzsch/Leipzig, SchulL. in Plauen, ausgeb. in Dresden (Kons.). W: Chöre, auch m. Orch., Lieder, KlavStücke

HOHMANN, Christ. Heinr. * 7/3 1811 Niederwerra/Schweinfurt, † 12/5 1861 Schwabach als SemML. seit 1845, vorher seit 1823 in Altdorf/Nürnberg. W: sehr verbreit. VSchule (viele Neubearb.), Klav- u. OrgSchule, Lehrb. d. Kompos. — Sein Sohn E d m u n d * 15/5 1858 Schwabach,

† Febr. 1935 Ansbach, ausgeb. in München, seit 1894 MDir. in Ansbach. W: KirchM., Lieder

HOHN, Melchior * 15/2 1824 Stetten (UFrank.), † 3/10 1885 Würzburg, Domkapitular u. L. des KirchGsgs an der Univers., sehr verdient um das dortige MLeben

HOHN, Wilh. * 5/2 1881 Rotenhahn, Westerwald, seit 1909 Org. u. KirchChordir. in Homburg v. d. Höhe. W: Messen, Psalmen, OrgStücke

HOHNEN, Mathias * 10/6 1892, lebt in Krefeld. W: Optte, BühnM., Tänze

HOL, Richard * 23/7 1825 Amsterdam, † 14/5 1904 Utrecht, städt. MDir., Domorgan. u. Dir. d. städt. MSchule seit 1863. W (über 125): Opern, Oratorium, Messen, Balladen f. Soli, Chor u. Orch. (‚Der fliegende Holländer' u. a.), 4 Sinf., KaM., KlavKompos., Chöre, Lieder usw.

HOLBROOKE, Jos. * 6/7 1878 Croydon, lebt in London bzw. Herlech (Wales) ausschließl. der Kompos. W: Opern, u. a. ‚The children of Don', BühnM. zu ‚Dylan' Sinf., sinfon. Dichtgen, Ouvert. OrchVariat., KlavKonz., VKonz., KaM., KlavStücke usw. — ps. Even MEREDITH

HOLDE, Artur * 16/10 1885 Rendsburg, seit 1910 Chordir., seit 1918 MKrit. in Frankf. a. M., Schüler u. a. E. E. Tauberts. W: KlavSuite, Chöre, Lieder

HOLDER, William, Dr. theol. * 1616 Nottingham, † 24/1 1697 London, Theoretiker

HOLDERS, Fritz, ps. = Josef KÖNIGSBERGER

HOLE, William, London, stach zuerst in England seit 1611 in Kupfer MWerke

HOLENIA, Hanns * 5/7 1890 Graz, lebt da, Schüler Rezniceks. W: Österr. Sinf., burleske Ouv. KlavKonz., KlavQuart., Oper ‚Viola', gr. Chorwerk, Lieder

HOLL, Arthur * 31/5 1888 Neu-Isenburg/Frankfurt a. M., lehrt in Frankf. a. M. einheitl. dtsche Sprache u. Gsg auf Grund naturgemäßer Atmg

HOLL, Karl, Dr. phil. * 15/1 1892 Worms, seit 1913 MRef. der ‚Frankfurter Ztg'. W: ‚Rudi Stephan'; ‚F. Gernsheim'

HOLLÄNDER, Adelheid — s. bei HOLLÄNDER, Gust.

HOLLÄNDER, Alexis * 25/2 1840 Ratibor, † 5/2 1924 Berlin, Schüler d. kgl. Akad. in Berlin, lebte da seit 1861 als ML., 1870/1902 Dirig. des ‚Cäcilienver.', seit 1903 Doz. a. d. Humboldt-Akad. W: KlavQuint., Stücke f. 2 u. 1 Klav., Gsgkomp., ‚Treffübgen als Vorbereitg f. d. Chorgsg' usw. H: Schumanns KlavWerke

HOLLAENDER, Friedr. (Sohn Victors) * 18/10 1896 Berlin, KM. seit 1934 in Hollywood, vorher in Berlin. W: Opttenrevuen, Cabarettlieder, FilmM.

HOLLAENDER, Gust. * 15/2 1855 Leobschütz (OSchles.), † 4/12 1915, VVirt., 1869/81 in Berlin, 1881/94 KonzM. u. KonservL. in Köln; seit 1895 Dir. des Sternschen Konserv. zu Berlin. W: 4 V-Konz., viele VStücke. — Seine Frau A d e l h e i d * 14/12 1858 Anklam, † 6/3 1916, LiederSgrin. — Sein Bruder V i c t o r, ps. Tolveno, Arricha del * 20/4 1866 Leobschütz, TheaKM. an verschied. Orten, lebt in Hollywood seit 1934, vorher in Berlin. W: Opttenrevuen, Possen, Lieder usw.

HOLLAND, Justin * 1819 Norwalk County (Virginia), † 24/3 1887, GitVirt. W: GitSchulen u. Stücke

HOLLANDER, Benoit * 8/6 1853 Amsterdam, Violinist u. Komp., Schüler von Massenet u. Saint-Saëns; KonzM. in London, 1887 da L. an der Guildhall-MSchule, seit 1903 KonzDirig. W: Sinf., 2 VKonz., KaM., usw.

HOLLANDER, Christ. Janszone, 1549/57 Kirch-KM. in Audenarde, 1559/64 KapellSgr Kaiser Ferdinands I. W: Motetten, dtsche geistl. u. weltl. Lieder

HOLLE, Hugo, Dr. phil. * 25/1 1890 Mehlis (Thür.), 1919/21 KonservDir. in Heilbronn, seitdem in Stuttgart KonservL. u. Dirig. eines ausgez. Madrigalchors. W: BühnenM., Lieder; ‚Die Chorwerke M. Regers' u. a. H: ‚Die hohen Feste. Motetten alter Meister'

HOLLENBERG, Otto * 16/5 1872 Dinslaken (Rheinprov.), Schüler d. Stuttg. Konserv. u. F. Dreyschocks, 1905/33 KlavL. a. d. MSchule in Augsburg, auch MSchr. Lebt in Siedlung Tannenberg bei Böblingen (Württ.). W: KlavStücke, V-Stücke, Lieder

HOLLINS, Alfred * 11/9 1865 Hull, bedeut. vielgereist. OrgVirt. in Edinburgh. W: KirchM., OrgStücke, Ouvert., Lieder u. a.

HOLLMAN, Joseph * 16/10 1852 Maastricht, † 1/1 1927 Paris, da VcVirt., viel gereist. W: 2 Konz. u. Stücke f. Vc.

HOLLMANN, Friedr. Aug. Wilh. * 1833 Harjel (Hargla), Kr. Werro, Estl., † 1900 als livländ. GenSuperint., 1873/87 Dir. des Dorpater LSem., urspr. Pastor. W: Motetten

HOLLSTEIN, Otto * 23/1 1876 Dresden, da Korrepet. u. MSchr. W: Opern, sinfon. Dichtgen, KaM., Lieder

HOLLY, Franz Andr. * 1747 Lub, † 4/5 1783 Breslau, TheaKM. W: Singspiele

HOLM, ps. = Wilh. JERAL

HOLM, Banner, ps. = Jos. Leop. ROECKEL

HOLM, Ludvig * 24/12 1858 Kopenhagen, da † 8/4 1928, Geiger (KonzM.) der kgl. Kapelle u. seit 1906 KonservDir. W: VKonz., KaM., KlavStücke, Lieder

HOLMES — s. HELMBURGH-HOLMES

HOLMES, Alfred * 9/11 1837 London, † 4/3 1876 Paris, da seit 1864 VVirt. W: Sinf., Ouvert. — Sein Bruder H e n r y * 7/11 1839 London, † 9/12 1905 San Francisco, gleichf. VVirt., seit 1866 in London als VProf. am R. Coll., QuartSpieler. W: Sinf., Kantaten, StrQuint., VKonz., Chöre, Lieder usw.

HOLMÈS, Augusta Mary Anne (ps. Hermann ZEUTA) * 16/12 1847 Paris (irische Eltern), da † 28/1 1903, treffl. Pianistin (Wunderkind). W: Opern, Sinf., sinfon. Dicht., Kantat., Chöre, Lieder

HOLMES, Edward * 1797 London, † 28/8 1859; treffl. MSchr. W: ‚W. A. Mozart', ‚Purcell' u. a.

HOLMES, George Aug. * 10/5 1861 Peckham, lebt in London, da L. u. 1880/1903 Organ., verdient um die Ausgestaltg der Prüfgen der ML. in England. W: KaM., KlavStücke u. Etüden, Lieder

HOLMES, Henry — s. bei HOLMES, Alfred

HOLMES, John, ps. = Jack HYLTON

HOLMES, William Henry * 8/1 1812 Sudbury, † 23/4 1885 London, Klavierist, Schüler u. L. der R. Acad.

HOLMSEN, Borghild * 22/10 1865 Christiania, lebt in Bergen (Norw.), ML. u. MSchr. W: KlavVSon., V- u. KlavStücke, Lieder

HOLST, Gustav * 21/9 1874 Cheltenham, hervorrag. Komp., † 25/5 1934 London. W: Opern, OrchWerke, u. a. The Planets (7teil.), SPauls-Suite, KaM., Chorwerke, Lieder

HOLSTEIN, Frz v. * 16/2 1826 Braunschweig, † 28/5 1878 Leipzig, Offiz. bis 1853, Komp. in Lpzg. W: Opern ‚Der Heideschacht', ‚Der Erbe von Morley', ‚Die Hochländer' (eig. Texte), Ouv., Lieder, Chöre, KlavStücke, KaM. usw. — Seine Witwe H e d w i g † 1897 gewährte 7 Schülern des Kons. (‚Die 7 Raben') freien Unterhalt

HOLT, Fred, ps. = Frederick SHEPARD

HOLTEN, Hans v. * 14/6 1873 Altona, Organ. u. ML. seit 1913 in Rostock, ausgeb. in Leipzig u. Stuttgart (Konserv.), 1907/13 Organ. in Flensburg. W: StrQuart.

HOLTEN, Karl von * 26/7 1836 Hamburg, † 12/1 1912 Altona, tücht. Pianist, seit 1874 L. am Hamburger Konserv. W: KlavKonz., KaM., KlavStücke, Lieder

HOLTER, Iver * 13/12 1850 Gausdal (Norw.), Schüler des Lpzger Konserv., seit 1886 KonzDirig. in Christiania. W: Sinf., M. zu ‚Götz von Berlichingen‘, 2 StrQuart., Kantaten, Chöre, KlavStücke, Lieder

HOLTSCHNEIDER, Karl * 22/9 1872 Krefeld, Organ. (verdienter KirchMusiker). u. KonservDir. in Dortmund

HOLTZWART, Karl Fritz * 12/1 1892 Liverpool, lebt in Ulm, TheaKM. an versch. Orten. W: Oper, BühnenM., Ballett-Suite, KaM., KlavStücke, Lieder

HOLWEDE, Arthur v. * 8/9 1849, † 1918 Hamburg. W: Chöre, Lieder, Festmarsch

HOLZ, Adelheid * 16/10 1896 Aachen, KonzSgerin (Sopr.) u. GsgL. in Köln, Schülerin Ernst Wolffs u. H. Emges, tritt f. lebende Kompon. ein

HOLZ, Karl * 1798 Wien, da † 9/11 1858, seit 1825 Vertrauter Beethovens, tücht. Geiger, auch Dirig.

HOLZBAUER, Ignaz Jakob * 17/9 1711 Wien, † 7/4 1783 Mannheim, HofKM. seit 1753. W: 11 ital. u. d. dtsche Op. ‚Günther von Schwarzburg‘, 65 Sinf., StrQuart. u. Quint., Orator., Messen, Motetten usw.

HOLZER, Ernst * 9/3 1856 Stuttgart, † 18/2 1910 Ulm, da seit 1887 GymnProf., MSchr.

HOMANN, Günter * 12/4 1895 Berlin, vielger. KlavVirt., seit 1925 KonservProf. in Stuttgart, da seit 1933 GauMRef. des NS-LBundes, 1919/25 am Konserv. in Erfurt

HOMANN, Wilh. * 21/8 1894 Nordkirchen, Westf., seit 1913 Organ. u. Chordir. in Recklinghausen. W: KirchM., Chöre

HOMANN-WEBAU, Otto, ps. E. HOVE * 23/4 1877 Leipzig, seit 1919 in Mannheim, Leiter des KonzOrch., Schüler K. Reineckes, TheaKM. an versch. Orten, Kriegsteiln. W: Opern, OrchSuiten (u. a. ‚Ekkehard‘), der 60. Psalm m. Orch. u. a.

HOMEYER, Josef Maria * 1817 Kreuzeber (Eichsfeld), † 5/10 1894 Duderstadt, OrgVirt. W: KirchM., OrgStücke

HOMEYER, Paul * 26/10 1853 Osterode a. Harz, † 27/7 1908 Leipzig, Organ. am Gewandhaus u. L. d. OrgSpiels u. der Theor. am Konserv.

HOMILIUS, Friedr. * 15/10 1813, ausgez. Hornist, ausgeb. in Dresden, da 1830/38 MilM., 1838/76 in Petersburg (Kaiserl. Op.), 1873/99 da L. am Konserv., auch langjähr. Direktor der Philh. Gesellsch.

HOMILIUS, Gottfr. Aug. * 2/2 1714 Rosenthal, † 5/6 1785 Dresden (da seit 1742), Kantor u. MDir. an d. drei Hauptkirchen. W: Passionen, WeihnachtsOrat., Motett., Choräle, OrgTrios, Choralbücher usw.

HOMILIUS, Louis * 25/5 1845 Petersburg, da † 27/12 1908, treffl. Organ., Pianist u. Vcellist, seit 1874 OrgProf. am Konserv. W: Choralbuch, KlavStücke, Lieder

HOMOLA, Bernard * 26/10 1894 Mülhausen (Els.), lebt in Berlin, OrchDirig., Schüler v. K. H. David (Basel), F. Klose, Meyer-Olbersleben, Geo. Schumann, H. Abert; 12jähr. Organ. in Metz, Pionieroffiz. im Kriege. W: Oper, Tonfilme, Sinf., Suite, OrchVariat., Ouvert., Chöre, auch m. Orch. bzw. Org., viele Lieder, auch m. Orch. u. Laute, KlavStücke. — ps. Frz HOHENBERG

HOMPESCH, Nikol. Jos. * 14/3 1830 Köln a. Rh., da † 30/11 1902, seit 1854 KlavProf. am Konserv. B: instrukt. Ausgaben

HONEGGER, Arthur * 10/3 1892 Le Havre, seit 1913 in Paris; Führer der französ. Moderne (Gruppe der ‚Sechs‘). W: Opern, u. a. ‚Antigone‘, ‚Judith‘, Orator. ‚Le roi David‘ (1921), Ballett, BühnM., sinfon. Dicht., KaM., Klav- u. OrgStücke

HONEGGER, Ernst * 8/1 1881 Wald/Zürich, seit 1921 Organ. u. Chordir. in Zürich. W: Chöre, Lieder

HONIGBERGER, Emil * 16/3 1881 Kronstadt, seit 1925 MDir. u. Organ. in Mediasch (1906/20 in Kronstadt). W: OrchStücke, KaM., KlavStücke, Chöre, Lieder

HONIGBERGER, Selma * 24/5 1892 Kronstadt (Siebenb.), KlavVirt. u. L. in Berlin

HOOGSTRAATEN, Willem van * 18/3 1884 Utrecht, Geiger, seit 1925 Dirig. des Portland SinfOrch., 1923/25 OrchDir. in Newyork, vorher städt. KM. in Bonn, zeitweilig (bis 1927) verheiratet mit Elly N e y

HOOK, James * 3/6 1746 Norwich, † 1827 Boulogne, wirkte in London als Organ. u. TheaKomp. W: Singspiele, c. 2000 Gsge; KlavKonz. u. Sonat.; KlavSchule op. 37 (1796)

HOOSE, Aug. * 1870 Riegersdorf, OS., Sem- u. GymnML. in Lötzen, OPr. (pens. 1932), wirkte in Birnbaum (Pos.) u. Karalene (OPr.). W: 88 u. 50 OrgVorspiele

HOPE, Marcus, ps. = A. W. RAWLINGS

HOPEKIRK, Helena * um 1855 bei Edinburgh, vielgereiste KlavVirt., lebt in Edinburgh. W: Klav-Konz. u. KonzStück, VSonaten, Gsge, Lieder usw.

HOPF, Emy * 2/8 1882 Thun, seit 1914 Organ in Bern. W: Klav-, Org-, VStücke

HOPF, Hermann * 8/1 1871 Weimar, Vcellist in Berlin. W: VcStücke

HOPFAUF, Jakob * 29/5 1891 Karlsruhe (Süd-Ukraine), KirchM- u. GsgL. in Köln, auch Tenorist. W: Chöre

HOPFE, Heinr. Jul., Dr. phil. * 18/1 1817 Heldrungen, † ?, ML. in Berlin. W: KaM., V-Stücke, KlavStücke usw.

HOPFE, Karl * 30/9 1872 Barmen, da † 30/6 1910; seit 1896 Dirig. der AbonnKonz. d. ‚Allgem. KonzVer. Volkschor'. W: Oper, sinfon. Suite ‚Rheinsagen', MChöre, KlavStücke usw.

HOPFFER, Ludw. Bernh. * 7/8 1840 Berlin, † 21/8 1877 Niederwald/Rüdesheim a. Rh. W: Opern, Sinfon., Ouvertur., KaM., Chorwerke (u. a. ‚Pharao'), Lieder usw.

HOPKINS, Edward John * 30/6 1818 Westminster/London, † 4/2 1901 London, OrgVirt. W: Psalm., Anthems, OrgStücke. — Sein Bruder J o h n * 30/4 1822 Westminster, † 27/8 1900 Rochester, da geschätzter Organ. W: KirchM. — Sein Vetter J o h n L a r k i n H. * 25/11 1819 Westminster, † 25/4 1873 Ventnor, desgl.

HOPKINSON, Francis 1737—91, der erste amerikanische Komp. W: Lieder

HOPLIT, ps. = POHL, Richard

HOPMAN, Horace, ps. = Horst HOFFMANN

HOPP, Julius * 1819, † 28/8 1885 Wien (Irrenhaus), da TheaKM. W: Optten, Possen, Libretti

HOPP, Karl * 11/8 1900 Freiburg i. B., da Geiger, OrchDir. u. ML. seit 1927. W: KaM., Lieder

HOPPE, Adolf * 15/7 1867 Kissingen, seit 1892 Lektor f. M. a. d. Univers. Freiburg i. B., Organ. u. ChorDirig. W: Theoret. Schriften

HOPPE, Jaroslaw 48jähr. † 11/2 1926 Kremsier (Kromeric). W: Chöre, Lieder

HOPPE, Karl * 11/4 1883 Roszdin (Kr. Kattowitz), Organ. in Bogutschütz, OS., seit 1922 M-Prof. am Gymn. in Kattowitz. W: KirchM., Wanderliederbuch, Manuale chorale u. a.

HOPPE, Klara * 7/12 1856 Samter (Pos.), stud. Gsg. u. a. bei Teschner u. Amalie Joachim, dann 1899 Kompos. bei W. Berger, H. Kaun u. Frdr. E. Koch, war KonzSgerin, ML. in Berlin. W: Opern, Lieder, Duette

HOPPE, Paul * 6/8 1845 Breslau, † 9/2 1933 München, wo er die letzten Jahre gelebt; ausgeb. an d. kgl. Akad. in Berlin, 1871 GsgL. an der MSchule in Augsburg, dann desgl. in Würzburg, 1882 am Konserv. in Köln, errichtete da eine eig. Gsg- u. OpSchule, die er nach Düsseldorf verlegte, 1909 L. d. Op.Chorschule in Lübeck, dann in Düsseldorf. W: ‚Blondels Lied' f. gem. Chor, Soli u. Orch., MChöre, FrChöre, viele Lieder, u. a. das längst volkstümlich gewordene ‚Ein rheinisches Mädchen bei rhein. Wein', instrukt. KlavStücke

HORAK, Adolf * 15/2 1850 Jankowic (Böhm.), † 6/12 1892 Riva (Gardasee) u. E d u a r d * 1839 Holitz (Böhmen), zwei Brüder, die in Wien nach ihnen benannte Schulen für Klav. begründeten. W: ‚KlavSchule' usw.

HORÁK, Wenzel Emanuel * 1/1 1800 Mscheno-Lobes (Böhm.), † 5/9 1871 Prag, KirchChordirig. W: Messen, Requiem usw.

HORENSTEIN, Jascha * 6/5 1898 Kiew, Schüler Schrekers u. a., lebt in Karlsruhe-Rüppus, 1928/1933 1. KM. der Oper in Düsseldorf, vorher Chor- u. OrchDir. in Berlin. W: KaM., KlavStücke, Lieder

HORETZKY, Felix * Prag, † 1846 Rußland, 1820—40 in England, Gitarrist. W: GitStücke u. KaM.

HORLBECK, Max * 4/11 1882 Oberkotzau/Hof, seit 1905 ML. in Bayreuth. W: VStücke, MChöre usw.

HORN, Aug. * 1/9 1825 Freiberg (Sachs.) † 25/3 1893 Lpz. W: Oper, Ouvert., MChöre, zahllose Arrangem. f. Klav. zu 4 u. 8 Hdn.

HORN, Camillo * 29/12 1860 Reichenberg (Böhm.), MSchr. in Wien, TheorL. an d. Akad. d. Tonkunst seit 1918. W: Sinfon., KaM., Duette, Lieder, KlavKompos.

HORN, Charles Edward * 21/6 1786 London, † 21/9 1849 Boston, Opernsänger u. Dirig. W: 26 Singspiele, Orator., Glees, Lieder u. a.

HORN, Fr., ps. = Ludwig ANDRÉ

HORN, Heinz * 11/4 1871 MGladbach, ausgeb. in Düsseldorf u. London in V., Klav. u. Gsg, seit 1899 ML. u. Chordir. in Eisenach. W: MChöre, Lieder, KlavStücke

HORN, Joh. Kaspar * um 1630 Feldsberg (Tir.), Arzt in Freiberg in Sachs., Lpz. (1663—76) u. Dresden. W: Suiten, Kantaten, Lieder

HORN, Kamillo — s. HORN, Camillo

HORN, Karl Friedr. * 1762 Nordhausen, † 5/8 1830 Windsor, seit 1782 in London, sehr beliebt. KlavL., Organ. W: KlavSonat. u. a. H: Bachs wohltemp. Klav. (1810)

HORN, Michael, Benediktinermönch * 25/10 1859, Chordir. u. MSchr. in Graz, † ?. W: KirchM., OrgStücke

HORNBERGER, Gust. * 8/9 1866 Eßlingen, Schüler d. Stuttg. Konserv., seit 1894 in Kempten i. Allgäu, Organ., Chordir. (u. a. OratorVer.) u. Leiter einer MSchule. W: MChöre, Lieder, KlavStücke

HORNBOSTEL, Erich von, Dr. phil. * 25/2 1877 Wien, 1900/33 in Berlin, Forscher auf dem Geb. der vergleich. MWissensch., 1923 PrivDoz., 1925/33 Prof. an d. Univers., seitdem meist in London

HORNEMANN u. ERSLEV, MVerl. in Kopenhagen, 1879 von Wilh. Hansen angekauft.

HORNEMANN, Joh. Ole Emil * 13/5 1809 Kopenhagen, da † 29/5 1870. W: Chöre, Lieder ('De tappre Landsoldat'), KinderKlavSchule usw. — Sein Sohn Emil Christ. * 17/12 1841 Kopenhagen, da † 9/6 1906 als Dir. einer MSchule. W: Oper 'Aladin', KlavStücke, Lieder, Chöre usw.

HORNER, Egbert F. † 1/10 1928 London, Organist

HORNOFF, Alfred * 8/2 1902 Deuben, Bez. Dresden, seit 1921 Geiger im Berliner Philh. Orch., ausgeb. in Dresden (Pellegrini; Bärtich), in der Kompos. Meisterschüler Geo. Schumanns. W: KaM., Stücke f. 3 Fag. bzw. Posaunen, VStücke

HORNSTEIN, Robert von * 6/12 1833 Donaueschingen, † 19/7 1890 München, wo er lebte, zeitweilig befreundet mit R. Wagner. W: Opern, DramenM., Ballett, Lieder, KlavStücke; 'Memoiren'.

HORNUNG, Conrad * 1/7 1801 Skelskör (Dänem.), † 11/1 1873 Kopenhagen, gründ. da 1842 die sehr bedeutend gewordene KlavFabrik Hornung & Möller, aus der er sich 1851 zurückzog

HOROWITZ, Wladimir * 1/10 1894 Kiew, hervorrag., seit 1923 vielgereist., seit 1924 bes. in Amerika wirkender KlavVirt., lebt in Newyork. Ausgeb. in Kiew v. Felix Blumenfeld

HORSLEY, Charles Edward * 16/12 1822 London, † 28/2 1876 Newyork. Oratorien, Ode, KlavKompos. — Sein Vater William * 15/11 1774 London, da † 12/6 1858. W: Vocal harmony (5 Bde.), KlavStücke u. a.

HORST, Carita v. * 4/12 1871, lebt in Berlin. W: Optten, UnterhaltgsM.

HORST, Julius * 12/11 1864 Innsbruck, Librettist in Wien

HORST, Rob. * 4/6 1858 Schleiz, Schüler des Lpzger Konserv., Pianist, seit 1888 MSchulDir. in Hannover, † 1931 ?. W: Sinf., KlavStücke

HORSTMANN, Herm. * 12/1 1879 Kiel, Organ., StudRat (GsgL.) u. Chordir. in Landsberg a. W. W: Oratorium 'Winfried', der 121. Psalm

HORSZOWSKI, Miecio * 1892 Lwow (Polen), lebt in Milano, als Pianist bereits 1905 aufgetreten, Schüler Leschetizkys, C. Kistlers u. Heubergers, lebte nach glänzendem Erfolg still in Paris u. trat erst seit 1913 wieder an die Öffentlichkeit, reiste auch in Südamerika

HORVATH, Attila * 11/8 1862 Nustár (Szeremer Kom.), † 1920 Budapest (blind), da seit 1889 ML. am Blindeninstitut. W: Ouvert., KlavTrio

HORVATH, Geza * 27/5 1868 Komarom (Ung.), Leiter einer MSchule in Wien; † 19/7 1925. W: instrukt. KlavStücke, Chöre, Lieder

HORVATH, Seby * 11/2 1883 Braunau a. Inn, KonzM. d. Philharm. Orch. in Nürnberg, L. a. d. MSchule u. StrQuartFührer

HORWITZ, Benno * 17/3 1855 Berlin, da † 3/6 1904 Geiger, TheorL., MRef. W: KaM., Chöre, Lieder, KlavStücke

HORWITZ, Karl, Dr. phil. * 1/1 1884 Wien, † 18/8 1925 Salzburg, Schönberg-Schüler, 1908/14 TheaKM.. dann in Wien. W: Ouv., KaM., Lieder

HOSTINSKY, Ottokar * 2/1 1847 Martinoves (Böhm.), † 19/1 1910 Prag, da seit 1877 Doz. f. Ästhetik u. MGesch., seit 1883 (1892) Prof. a. d. tschech. Univers. Prag. W: Fachschriften, meist in tschech. Sprache

HOTTETERRE, Louis, Flöt. a. Hof Louis XIV. u. XV. W: FlSchule, Sonaten, Duos, Trios

HOUDARD, Georges Louis * 30/3 1860 Neuilly sur Seine, † 28/2 1913 Paris. W: Requiem, KirchM., InstrumStücke; wertvolle Schriften z. Neumenforschg

HOUSE, Wazlaw — s. HAUSE, Wenzel

HOVE, E., ps. = HOMANN-WEBAU, Otto

HOVEN, J. — s. VESQUE von Püttlingen

HOWARD, Walther * 8/5 1880 Leipzig, stud. 1900 da am Konserv. u. a. d. Univers., seit 1926 ML. in Berlin. Verdient durch s. soziale Künstlerhilfe. Es besteht eine W. Howard-Gesellschaft, die 'Auf dem Wege, Ztschr. f. objekt. Kulturarbeit' herausgibt. W: 'Rhythmik, Metrik, Ton- und Stillehre'; 'Auf d. Wege z. M.' (30 Bdchen); 'Wissenschaftl. Harmonielehre des Künstlers'

HOWELL, Dorothy * 25/2 1898 Handsworth, wohnt in Pedmore, Stourbridge, Worcs., Kompos-Prof. an d. R. Acad. in London seit 1924. W: Ballett, sinfon. Dichtg, KlavKonz. u. Stücke, Lieder

HOWELLS, Herbert * 17/10 1892 Sydney, seit 1920 L. an d. R. Acad. in London. W: treffl. KaM., KlavKonz., OrgStücke, Chöre m. Orch., Lieder usw.

HOWES, Frank Stewart * 1891 Oxford, MSchr. in London. W: W. Byrd; Beethoven u. a. H: Journal of the english Folk Dance and Song Society

HOWS, Ted, ps. = Alfred WEHOWSKI

HOYA, Amadeo von der * 13/3 1874 Newyork, † 4/4 1922 in Linz, da seit 1901 Geiger, Schüler Joachims, Saurets u. Halirs, war KM. in Newyork, 1894/96 in Weimar. W: ‚Die Grundlagen d. V-Technik'; ‚Moderne Lagenstudien'; ‚Studienbrevier'

HOYER, Bruno * 25/5 1857 Naundorf/Großenhain (Sachs.), † 15/8 1926 München, da 1876/1922 ausgez. Hornist der Oper, 1903/22 auch L. an der Akad.

HOYER, Fritz * 25/2 1849 Oldenburg, † 1924 Berlin, da seit 1881, Schüler des Kullakschen Konserv., Klav- u. TheorL., MKrit. W: ‚MTheoret. Tabellen', ‚Geometrie des Dreiklangs', V-, Klav-Stücke, Lieder usw.

HOYER, Karl * 9/1 1891 Weißenfels a. S., seit 1912 Organ. in Chemnitz. W: OrgStücke, Doppelfuge f. 2 Klav., KaM., KlavStücke, Chöre

HOYERMANN, Wilh. Karl Julius * 16/8 1866 Bremen, dort Organ. u. Vcellist. W: OrgSonat., KlavStücke, Lieder

HRABE, Jos. * 1816 Bubensch/Prag, † 19/3 1870 Prag, treffl. KBassist, seit 1845 KonservL. W: berühmte KBSchule u. Etüden

HŘIMALY, Adalb. * 30/7 1842 Pilsen, † 17/6 1908 Wien, treffl. Geiger, Schüler d. Prager Konserv., KM. in Gotenburg (1861), Prag (1868 am böhm., 1873 am dtsch. Thea.), seit 1874 MSchulDir. in Czernowitz. W: beliebte Opern ‚Der verwunschene Prinz' u. ‚Der Dorfmusikant'. — Sein Bruder J o h a n n * 13/4 1844 Pilsen, Geiger, Schüler des Prager Konserv., † 1915 Moskau, da seit 1869 KonservL. W: techn. VStudien. — Sein Bruder J a r o m i r * Pilsen, † Juli 1905 Helsingfors, da Vcellist

HŘIMALY, Ottokar, Dr. phil. * 20/12 1883 Czernowitz, seit 1908 Komp. in Moskau. W: Sinf., sinfon. Dichtgen, KaM.

HROMADA, Anton * 23/12 1841 Kladno (Böhmen), † 21/6 1901 Stuttgart, treffl. Baritonist seit 1866

HRUBY, Viktor * 9/5 1894 Wien, da KM. W: Ouv. u. OrchBurleske, KaM., Lieder

HUBAD, Matthäus * 28/8 1866 Povodje/Laibach, seit 1917 Dir. des Konserv. u. seit 1922 GenIntend. der Thea. in Ljubljana (Laibach), Erforscher des sloven. Volkslieds, Mitgründer (1892) der sloven. Op. Ausgeb. in Graz u. Wien

HUBAY, Eugen (Jenö, Sohn Karls) * 14/9 1858 Budapest, VVirt., Schüler Joachims seit 1886 Prof. und 1919/34 KonservDir. in s. Vaterstadt. W: Opern, 4 Sinf., 4 VKonz., kleinere VStücke (Scènes de Zsarda) usw.

HUBAY (eigentl. Huber), Karl * 1/7 1828 Varjas (Ungarn), † 20/12 1885 VVirt., KM. am NatThea u. VProf. am NatKonserv. zu Budapest. W: 4 Opern, KaM., VSchule, Chöre, Lieder usw.

HUBER, Adolf * 13/11 1872 Magdeburg, da VL. W: KaM., VSchülerkonz. u. a.

HUBER, Anton * 15/4 1888 München, da seit 1922 VL. (Prof.) an d. Akad. d. Tonk., BrVirt., Altviolen- u. Viola d'amore-Spieler, Schüler W. Siebens, Kriegsteiln.

HUBER, Aug. * 26/8 1845 Wien, † 2/2 1917 Graz, ZithVirt. W: f. Zith. (treffl.)

HUBER, F. K., ps. = AILBOUT, Hans

HUBER, Ferd. Fürchtegott * 31/10 1791 St. Gallen, da † 9/1 1863. W: Lieder

HUBER, Frz * 18/1 1865 Stans (Schweiz), † 26/10 1932 Luzern, seit 1884 im Benediktiner-Stift Engelberg KM. W: Opern, Weihnachtsspiel, Messe, Motetten u. Lieder

HUBER, Geo. Walter * 9/4 1874 Leipzig, seit 1908 VerDirig. in Baden-Baden. W: Optten, Singspiele, Stücke f. Harfe, Vc., Fl., Chöre usw.

HUBER, Hans * 28/6 1852 Schönewerd/Olten (Schweiz), † 25/12 1921 Locarno, seit 1896 MSchulDir. zu Basel. W (ca 150): Opern, Oratorium ‚Weissagg u. Erfüllg', 8 Sinf., Ouvert., KaM., VKonz. u. Stücke, 2- u. 4hdge KlavStücke, Chorwerke, Lieder usw.

HUBER, Jos. * 17/4 1837 Sigmaringen, † 23/4 1886 Stuttgart, Geiger, da seit 1865 in der Hofkap. Verfolgte als Kompon. eigene (teilweise den Wagnerschen verwandte) Wege u. verschmähte die Tonwertvorzeichen. W: Opern, 4 einsätz. Sinf., V- u. VcStücke, Lieder usw.

HUBER, Julius * 15/12 1887 Zürich, ML., GitVirt in Bad Kreutzlingen (Bodensee). H: Moderne VolksM.

HUBER, Karl — s. HUBAY

HUBER, Karl Borromäus * 27/5 1869 Herrsching, Pfarrer in Aigelsbach/Geisenfeld, OBay. W: KlavKonz., KaM., Lieder

HUBER, Klemens † 14/10 1930 (85jähr.) Uffing am Staffelsee. W: Chöre, auch Instrumentales

HUBER, Kurt, Dr. phil. * 24/10 1893 Chur, Schüler Sandbergers, 1920 PrivDoz., 1926 ao. Prof. a. d. Univ. München, beschäftigt mit d. phonogr. Aufnahme altbayr. Volkslieder. W: Fachschriften

HUBER-ANDERACH, Theodor * 14/3 1885 Kempten (Allgäu), lebt in München seit 1911, Pianist, 1920/24 Dirig. der Liedertafel, ML. W: sinf. Dichtgen, Ouvert., KaM., KlavStücke, MChöre, Lieder

HUBERMAN, Bronislav * 19/12 1882 Czenstochowa/Warschau, seit seinem 7. Jahre berühmter VVirt., lebt in Wien. W: ‚Aus der Werkstatt des Virtuosen'

HUBERTI, Gust. Léon * 14/4 1843 Brüssel, da † 23/7 1910, seit 1889 TheorProf. usw. am Konserv. da. W: Orator., Chorwerke, Sinf., Suiten, KlavKonz. usw.

HUBERTUS, ps. = Hubert PATAKY

HUBERTY, Geiger des Hoforch. in Paris um 1750, gründ. einen MVerl., der 1761 an La Chevardière überging

HUBL, Otto * 21/1 1865 Neudorf/Karlsbad i. Böhmen., VL. in Karlsruhe, da 1888/1929 1. Geiger des Hof- (Staats-)Thea., 1889/1919 L. am Großherz. Konserv., ausgeb. in Dresden u. München. W: VLagenschule, Etüden, OrchStud., Stücke f. 2 V. u. Klav.

HUCBALD, (Hugbaldus, Ugbaldus) * um 840, † 25/6 930 Mönch im Kloster St. Amand/Tournay (Belg.), durch seine mtheor. Schriften (Anfänge der Lehre vom mehrst. Satz) u. Verbessrg der Tonbezeichng (Erfinder der Lineatur f. die Tonzeichen) verdient

HUDEZ, Karl * 21/1 1904 Salzburg, KM. u. Pianist in Wien, ausgeb. in Salzburg (Mozarteum) u. Wien (Akad.), 1920/22 OpKorrep. in Salzburg, 1924/33 TheaKM. in Wien. W: Hörspiele, SchauspielM., Tanzsuite, Madrigale, Lieder. B: f. 2 Klav.

HUE, Geo. Adolphe * 6/5 1858 Versailles, lebt in Paris. W: Opern, Operette, Ballette, sinfon. Legende, Sinf., Chöre, Lieder

HÜBNER, Joh., Dr. jur. * 25/4 1888 Breslau, da BiblRat, Kriegsteiln. W: KaM., KlavStücke, Lieder

HÜBNER, Otto R. * 28/12 1860 Dresden, da † 1931. W: viele Lieder; ‚Vom Liede als Urform aller M.'

HÜBSCH, Eduard A. * 1833, † 1894 als MilKM in Jassy, Komp. (1861) der rumän. Hymne

HÜBSCHMANN, Werner * 23/7 1901 Chemnitz, lebt da. W: OrchVariat., KlavKonz., KaM., Lieder

HUEFFER, Francis * 23/5 1845 Münster i. W., † 19/1 1889 London; da seit 1869 MRef. der ‚Times'. W: ‚R. Wagner u. die Zukunftsm.', ‚Half a century of m. in England' usw., Textdichtgen f. Mackenzie u. Cowen

HÜGEL, Adolf * 1868 Frankf. a. M., seit 1895 bei der MFirma Jul. Heinr. Zimmermann in Lpzg, bes. Kenner der Blechblasinstr., MSchr. H: Rich. Hofmann, Katechismus der MInstr.

HÜGEL, Rob. * 18/8 1876 Wien, da seit 1904 Leiter eines eig. Orch., vielgereist. VVirt., Schüler des Konserv. W: Optte, Tänze, Wiener Lieder

HÜHN, Paul * 13/2 1883 Berlin, da OpttenKM., Schüler Humperdincks u. F. Dreyschocks, auch Chordir. W: Kantaten, Chorlieder, Lieder; KlavKonz., KaM.

HÜHNE, Fritz, Dr. phil., ps. Fritz PAUL * 4/5 1886 Werder a. H., StudRat in Berlin. W: ‚Die Op. Carmen als ein Typus musik. Poetik' (1913), ‚Musik. Visionen'; Lieder, Schlager

HÜLLMANDEL, Nik. Jos. * 1751 Straßburg, † 19/12 1823 London, treffl. Klav- u. Harmonika-Virt., sehr gesuchter L. in Paris (dtsche Spielart). W: Trios u. Duos m. Klav., Sonat., Variat. usw.

HÜLLWECK, Ferd. * 8/10 1824 Dessau, † 24/7 1887 Blasewitz-Dresden, seit 1844 KonzM. der Kgl. Kapelle in Dresden. W: OrchPartita, instrukt. V-Werke, OrchStudien usw.

HÜLSBERG, Geo. * 15/4 1882 Daber, Pomm., Strafanstalts-Dir. a. D. W: Märsche, Lieder

HÜLSEMANN, Michael * 3/11 1885 Luxemburg, da seit 1920 MHändler, vorher Organ. W: Kantate

HÜLSEN, Ernst * 11/9 1882 Freiburg (Hann.), Gitarr. in Hannover. W: GitStücke

HÜLSER, Willy * 3/3 1891 Düsseldorf, da KlavVirt. W: Märchenspiel, Ballett, Lieder

HÜLSKAMP, Heinr., ein Westfale, gründ. 1850 zu Troy (Staat Newyork) eine zu Bedeutg gelangte KlavFabr., 1866 nach Newyork verlegt

HÜMER, Georg, Benediktinermönch * 14/1 1837 Grünau, OÖsterr., † 21/1 1908 Kremsmünster, OÖsterr. W: ‚Die Pflege der M. im Stift Kremsmünster'

HÜNI-MIHACZEK, Felicie * 3/4 1898 Fünfkirchen, Bayr. KaSgrin, jugdram. u. dram. KolSgrin am NatThea in München, auch sehr gesch. Orat- u. Liedersgrin, ausgeb. in Wien (MAkad.)

u. bei Rosa Papier, dann da a. d. Staatsop., verheir. mit Alfr. Hüni, Mitinhaber des MHauses H ü n i in Zürich

HÜNTEN, Frz * 26/12 1793 Coblenz, da † 22/2 1878, 1819 in Paris, seit 1847 in seiner Vaterstadt. W: KaM., viele leichte, gefällige KlavStücke, KlavSchule

HÜRLIMANN, Martin, Dr. phil. * 12/11 1897 Zürich, Kulturhistor. u. VerlBuchhdler in Berlin. H: Atlantisbuch der M.

HUERTA, F. * 1805 Orihuela (Valencia), † ?, Sger u. Gitarrist, ausgeb. in Paris u. London, KaVirt. der Königin Isabella II. in Madrid. W: GitTänze u. a.; Riego-Marsch, Hymne der span. Republikaner

HÜSCH, Gerhard * 2/2 1901 Hannover, treffl. lyr. TheaBarit., KonzSgr, seit 1930 in Berlin (städt. Op., Dtsch. Opernhaus bis Mai 1935), 1924/27 in Bremen, 1927/30 in Köln, Schüler Hans Emges

HUESGEN, Rudolf, Dr. phil. * 30/6 1887 M-Gladbach, seit 1931 MSchr. in Freiburg i. B., ausgeb. von F. Volbach, W. Klatte, Geo. Schumann, auch auf d. akad. Instit. f. KirchM. in Berlin, Kriegsteiln., 1919/31 L. an der Westfäl. Hochschule f. M. u. staatl. MBerater in Münster i. W., Chordir., Organ. W: Weihnachtsmusik, Chorwerke m. Orch., Chöre, Lieder; ,MErziehg'; ,Stimmführgslehre'; ,Der junge Reger u. seine OrgWerke'

HÜTTENBRENNER, Anselm * 13/10 1794 Graz, † 5/6 1868 Ober-Andritz/Graz, befreundet mit Beethoven u. Frz Schubert. W: Opern, Sinf., Ouvert., Messen, KaM., Chöre, Lieder usw.

HÜTTNER Geo. * 10/2 1861 Schwarzenbach (OFranken), † 29/11 1919 Dortmund, da seit 1887 Dirig. d. Philharm. Orch. u. KonservDir.

HUFELD, Albert * 6/4 1876 Tiefengruben/ Berka a. Ilm, Pianist (KonzBegl. u. Pädag.) in Berlin seit 1926, urspr. Geiger u. Tromp. (Stadtpfeiferei Weimar, Königsreg. in Stettin, seit 1898 pianist. Ausbildg bei Berth. Knetsch, später bei Conr. Ansorge, Kompos. bei Knetsch u. Hugo Kaun), zuletzt in Stettin L. am Riemann-Konserv., 1906/22 in Berlin (viel auf Reisen), 1922/25 in Spanien (auch KM.). W: KlavStücke, Chöre, Lieder

HUFELD, Arno (Sohn Alberts) * 16/6 1903 Stettin, KM. in Königsberg i. Pr. W: Oper, Funkop., Kurzop., BühnM. zu Goethes ,Faust' I u. II., 2 Sinf., OrchSuiten, OrgKonz. u. a.

HUG, Gebr. MHandlg in Zürich 1807 gegründ., seit 1863 auch MVerl. (bedeut.) durch Übernahme des 1791 gegr. Verlags J. G. N ä g e l i, seit 1885 Filiale in Leipzig

HUG, Emil * 2/11 1879 Straßburg i. E., Komp. u. Pianist in Konstanz, ausgeb. in Heidelberg (Ph. Wolfrum) u. Freiburg i. B. (Joh. Diebold), bis 1925 SemML. in Meersburg. W: Messen, u. a. AugustinusM., MChöre, auch m. Orch., u. a. ,Haralds Tod'

HUGBALDUS — s. HUCBALD

HUGHES, Edwin * 15/8 1884 Washington D.-C., KlavVirt., Schüler Leschetizkys, seit 1916 L. am Inst. of mus. art in Newyork. W: Lieder; ,Die Tonbildg am Klavier'

HUGHES, Herbert * 16/3 1882 Belfast, seit 1901 in London, MSchr. W: viele Lieder. H: Irish country songs. Historical songs and ballads of Ireland

HUGHES, Rupert * 21/1 1872 Lancaster, Mo., lebt in Newyork, Schüler u. a. E. Stillman-Kelleys, MKrit. W: FilmM., Lieder; ,Contemporary American composers'; ,Love affairs of great musicians'; ,Music-lover's Cyclopedia'. H: Songs by 30 Americans

HUGO (Spechtshart) v. REUTLINGEN * 1285 (?), † 1360 (?). W: Geissler u. Gregor. Gsge

HUGO, Gabriel, ps. = A. T. H. PARKER

HUGO, Gustav, ps. = Hugo HEROLD

HUGOT, Ant. * 1761 Paris, da † 18/9 1803 (durch Selbstmord), FlötProf. am Konserv. W: Konz., Duos, Sonaten usw. f. Fl. u. eine weitverbreitete FlSchule

HUGUET Y TAGELL, Rogelio * 20/10 1882 Barcelona, VcVirt. in Paris. W: Opern, Optten, OrchSuite, VcStücke, Lieder

HUHN, Charlotte * 15/9 1865 Lüneburg, berühmte OpAltistin (Köln, Dresden, München), GsgL. in Berlin, zuletzt in Hamburg, da † 15/6 1925

HUHN, Erich, ps. Fried ONTA * 1/12 1888 Magdeburg, MVerleger in Potsdam. W: UnterhaltgsM.

HUHN, Ernst Joachim, ps. Peter PAROFF * 7/7 1894 Kirchhain i. Sa., KM. in Leipzig. W: UnterhaltgsM.

HUHN, Walter * 12/7 1887 Dernburg, MDir. u. MVerl. in Lüdenscheid, Bearbeiter. W: UnterhaltgsM.

HUIGENS, Pater Cäcilianus, Dr. phil. * 14/4 1878 Bolsward, seit 1925 Dir. d. KirchMSchule St. Cäcilia in Utrecht, hervorrag. Kenner des Gregor. Gsgs. W: Fachschriften, KirchM.

HULDSCHINSKY, Konrad * 17/5 1885 Berlin, früher Dirig. der AbonnemKonz u. des Singver. in Potsdam; auch Vcellist, jetzt GymnGsgL. in Potsdam

HULL, Arthur Eaglefield * 10/3 1876 Market Harborough, † 4/11 1928 Huddersfield, MSchr. W: Orat., Ouvert., OrchStücke; ‚Scriabin'; ‚Cyril Scott'; ‚Modern harmony'. H: Dictionary of modern m. and musicians; Bachs OrgWerke

HULLAH, John * 27/6 1812 Worcester, † 21/2 1884 London, da seit 1841 Leiter einer Gsgschule f. VolksschulL., sehr verdient um den Schulgsg in England, auch OrchDir., Organ. u. MSchr. W: Opern, KirchM., MLehrbücher

HULLEBROECK, Emile * 20/2 1878 Gentbrugge, Schüler des Konserv. in Gent, als Verbreiter (Sänger) flämischer Volkslieder bekannt. W: Optten, Fläm. Orator., sinfon. Dicht., Chöre

HUMAN, Frz Leo 19/10 1894 Wien, da Chordir., ausgeb. auf der LBildgsanst., Kriegsteiln., in russ. Gefangensch. Dirig. v. Lagerorch., nach Rückkehr Schüler v. Josef Marx. W: Kinderballettop., Kantate ‚Du u. die Arbeit', Chöre, Lieder, Tänze

HUMBERT, Georges * 10/8 1870 Sainte-Croix (Schweiz), seit 1918 KonservDir. in Neuchâtel, MSchr. H: Le répertoire du choeur d'hommes

HUMFREY — s. HUMPHRY

HUMISTON, William Henry * 27/4 1869 Marietta, O., † 5/12 1923 Newyork, da 1912/22 Hilfsdirig. d. Philharm. Ges., Organ. W: ‚Southern Fantasie' f. Orch., Suite f. V. u. Orch., Chorw., Gsge

HUMMEL, Ferd. * 6/9 1855 Berlin, da † 24/4 1928, langjähr. KM. u. Hauskomp. d. Kgl. Schauspielhauses, Harf- (Wunderk.) u. KlavVirt., 1900 Prof. W: Op. ‚Mara' usw.; M. zu Wildenbruchs ‚Das heilige Lachen' u. zu zahlr. andern Schausp., Sinfon., Ouvert., KaM., HarfKompos., Märchendichtgen f. FrSt. u. Klav., Chöre, Lieder, Melodramen usw.

HUMMEL, Joh. Bernh. * 1760 u. † 1805 (?) Berlin, KlavVirt., wirkte längere Zeit in Warschau. W: Sinf., KlavSon. u. Stücke, Lieder

HUMMEL, Joh. Jul. † 12/2 1798 Berlin, gründ. um 1765 in Amsterdam und 1774 in Berlin den bis 1821 bestehend. MVerl., der vielfach nachdruckte u. dabei die Opuszahlen änderte

HUMMEL, Joh. Nepomuk * 14/11 1778 Preßburg, † 17/10 1837 Weimar, Mozarts Schüler, ausgezeichn. KlavSpieler, in der freien Fantasie unübertroffen, KM. in Wien, Stuttgart u. seit 1824 in Weimar. W: Opern, Messen, 7 KlavKonz., 2 Septette u. sonst. KaM., bes. Trios, Sonaten u. and. KlavStücke, große KlavSchule

HUMMEL, Jos. Frdr.* 14/8 1841 Innsbruck, † 29/8 1919 Salzburg, 1861/80 TheaKM., 1880/1907 Dir. des Mozarteums, Dirig. d. ‚Liedertafel' u. SemL. in Salzburg. W: Chöre, geistl. GsgsKompos.

HUMMELSHEIM, Anton * 7/7 1872 Köln, seit 1934 in Godesberg, urspr. Tenorist, 1917/33 GsgL. in Leipzig

HUMMER, André * 30/11 1869 Wien, lebt da seit 1911, im Sommer Dirig. des Kurorch. in Bad Ischl, 1908/18 Dirig. des Wiener TonkünstlOrch.; Schüler des Wiener Konservator.; urspr. KBassist. W: Chöre, Lieder, Tänze u. Märsche

HUMPERDINCK, Engelbert * 1/9 1854 Siegburg a. Rh., † 27/9 1921 Neustrelitz, stud. in Köln u. München, lebte in Italien, Frankreich, Spanien usw., 1890/96 L. f. Partiturspiel u. ChorGsg am Hochschen Konserv. zu Frankf. a. M., lebte dann bei Boppard a. Rh., 1900/20 Vorsteher einer akad. Meisterschule f. Kompos. in Berlin. W: Opern ‚Hänsel u. Gretel' (Weimar, 23/12 1893, die herrliche Märchenoper, die ihn hochberühmt u. wohlhabend gemacht hat), ‚Die Königskinder' (1898 Melodram, 1908 Märchenoper, e. herrliches Werk), ‚Die Heirat wider Willen' 1909, ‚Die Marketenderin' 1914 (schwach), ‚Gaudeamus' 1919 (schwach), Pantomime ‚Das Wunder', BühnenM., Chorballaden; ‚Maurische Rhapsodie' f. Orch., KlavStücke, Chöre, Lieder usw. Vgl. die Biogr. von O. Besch (1914). — Sein Sohn Wolfram * 29/4 1893 Frankf. a. M., urspr. Maler u. Bildhauer, dann auf d. Konserv. in Leipzig, Regie-Ass. Max Reinhardts in Newyork u. S. Wagners (Bayreuth), Frontsoldat, dann OpReg. an versch. Orten, seit 1933 in Leipzig, auch Stellvertr. des OpDir. u. Dramaturg. (Gastinsz. u. a. in Paris); Gründer des E. Humperdinck-Arch. in Boppard. B: E. Humperdinck ‚Die Heirat wider Willen' (1935)

HUMPERT, Hans * 22/4 1901 Organ. in Paderborn. W: KirchM., KaM., OrgSonat., Lieder

HUMPHRIES, John * 1707, † um 1730 London. W: Konz. f. 2 V., VSon. — Nicht identisch mit J. S. HUMPHRIES, der 1734 als op. 1 VSon. herausgab

HUMPHRY (Humphrys, Humfrey), Pelham * 1647 London, † 14/7 1674 Windsor. W: Anthems, weltl. Lieder

HUNDOEGGER, Agnes * 26/2 1858 Hannover, da † 13/2 1927, Erfinderin der die musik. Gehörbildg auf systemat. Grundlage stellenden Tonika-Do-Lehre, einer Ableitung der englischen Tonic-Solfa-Methode des Elementar-GsgUnterr.

HUNEKER, James Gibbons * 31/1 1860 Philadelphia, † 9/2 1921 Newyork, da seit 1888 Krit. W: ‚Mezzotints in modern m.', ‚Chopin the man and his m.', ‚Franz Liszt' usw.

HUNGAR, Paul * 5/11 1887 Leipzig, da ML. (Geiger), da ausgeb. (Konserv. bei Reger, Krehl, Graener). W: OrchVariat., KaM., Chöre (auch mit Begl.), Lieder

HUNGER, Karl * 6/1 1863, † 25/4 1906 a. d. Sonnenstein/Pirna, VerDirig. in Meißen a. E. W: MChöre

HUNNIUS, Karl * 6/11 1856 Narva, Pastor u. Organ., lebt in Dorpat. W: Stücke f. 2 Klav., Melodramen, Lieder

HUNNIUS, Monika * 14/7 1858 Narva, GsgL. u. Schr. in Riga, Schülerin u. a. Stockhausens u. v. Zur Mühlens. † 31/12 1934. W: ‚Mein Weg zur Kunst' (1926)

HUNRATH, Aug. * 19/5 1881 Bremen, SoloFl. des LohOrch. u. FlL. an der Hochsch. in Sondershausen. W: FlKonz., FlStücke, MChöre

HUNT, G. W. † März 1905 London, ehedem sehr populärer engl. Lieder- u. Balladenkomponist

HUNTLEY, James, ps. = KROME, Herm.

HUNYACZEK, Richard † 22/9 1917 Wien. W: Märsche

HUPPERTZ, Gottfried * 11/3 1887 Köln, Schüler des dort. Konserv. (u. a. v. Baußnern), seit 1920 in Berlin, vorher Opernsänger in Coburg (KaSgr), Freiburg i. B., Frankf. a. M. W: Filmmusiken, u. a. ‚Nibelungen', ‚Chronik von Grieshuus', ‚Metropolis'; ‚Meereslied' Schauspiel m. Mus., Trag. Suite f. Orch.; Lieder, auch m. Streichquart.

HURÉ, Jean, ps. Louis RACHELS * 17/9 1877 Gien (Loiret), † 27/1 1930 Paris, da seit 1895, Gründer einer Normalschule f. Klav., Organ. W: Opern, Sinf., KaM., Messen; La technique du Piano, La technique de l'Orgue usw. H: L'orgue et les organistes

HUREL DE LAMARE, Jacques Michel * 1/5 1772 Paris, † 27/3 1823 Caen, vielgereister VcVirt. Die 4 von ihm veröffentl. Konzerte aber von seinem Freunde A u b e r

HURKA, Frdr. Frz * 23/2 1762 Merklin (Böhmen), † 10/12 1805 Berlin, schwed. KaSgr. W: Kantaten (‚Die Glocke' v. Schiller), Lieder (‚Die Farben') usw.

HURLEBUSCH, Konrad Friedr. * 1696 Braunschweig, † 16/12 1765 Amsterdam, da seit 1737 Organ. W: KlavStücke, Gsge

HURLSTONE, William Yeates * 7/1 1876 London, da † 30/5 1906, begabter Komp. W: OrchVar. u. Suite, KlavKonz., KaM., Chöre, Lieder

HURSTINEN, Sulo * 1/12 1881 Helsingfors, lebt da (viel auf Reisen), Geiger. W: VSchule

HURUM, Alf * 21/9 1882 Christiania, seit 1921 Dir. der Harmonien in Bergen (Norw.), Schüler d. Berl. Hochschule (Bruch), Pianist. W: OrchSuiten, KaM., KlavSuiten u. a.

HUS-DESFORGES, Pierre Louis * 14/3 1773 Toulouse, † 20/1 1836 Pont-le-Voy/Blois, VcVirt., zuletzt MSchulDir. W: Sinf., KaM., VcSchule u. Konz., Messe

HUSCHKE, Konrad, Dr. jur. * 25/9 1875 Auma (Thür.), ORegRat in Weimar, vorher in Greiz, MSchr. W: ‚Beethoven als Pianist u. Dirig.'; ‚Unsere Tonmeister untereinander'; ‚Die dtsche M. und unsere Feinde'; ‚Lenau u. d. M.'

HUSMANN, Jos. † (33jähr.) 25/9 1933 Reußbühl, Schweiz, Chordir. W: Chöre

HUSS, Henry Holden * 21/6 1862 Newark, N.-J., seit 1899 in Newyork, Schüler d. Konserv. in München. W: OrchSuite, KlavKonz., KaM., Chöre, Lieder

HUSSA, Maria * 7/12 1896 Wien, OpSgrin (jugdramat.) in Düsseldorf, Debut 1917 Wien, 1923/26 an der Berliner Staatsoper, 1926/32 in Hamburg

HUSSAN Bey, ps. = Karl ZIMMER

HUSZLA, Victor * 16/10 1857 Petersburg, † 14/11 1899 Lissabon, Dir. der Kgl. MAkad. seit 1887, Violinist. W: f. Orch. u. V. (u. a. portugies. Rhapsodien)

HUTCHENS, Frank * 1892 Christchurch, Neu-Seeland, Pianist; L. am Konserv in Sydney. W: Ouvert., KaM., Kantaten

HUTCHESON, Ernest * 20/7 1871 Melbourne, vielgereister Pianist, seit 1916 in Newyork pädagogisch tätig. W: Sinf., sinfon. Dicht., Klav- u. VKonz., KlavStücke

HUTCHINSON, Thomas * 23/4 1854 Gunderland (Durham), da † 4/2 1917, Organ. W: KirchM., Gsge, OrgStücke

HUTCHISON, William Marshall, ps. Jos. MEISSLER * 1854, † 2/6 1933 Sidmouth. W: Tänze

HUTH, Alfred * 31/8 1892 Herborn (Hessen-Nassau), Sohn eines SemML., Dir. deutscher Chöre u. Organ., lebt in Haderslev (Dänemark), Kriegsteilnehmer, dann Hochsches Konserv. in Frankf. a. M., im wesentl. Autodidakt. W: Opern, Sinf., OrchSuiten u. Stücke, Kantat., ‚Stabat mater', Messen, geistl. Chöre, viele Lieder, Klav- u. OrgStücke usw.

HUTH, Louis * um 1810 in Mecklenburg, † 1859 London, Vcellist, seit 1835 ML. in Berlin, 1843

TheaKM. in Sondershausen, 1848/49 TheaDir. in Potsdam, dann da, später in Hannover u. London ML. W: Messen, Orator., einst beliebte Lieder

HUTSCHENREUTER, Otto * 24/4 1862 Königsee (Thür.), VcVirt. (Schüler d. Lpzger Konserv.) in Woltersdorf/Berlin, auch treffl. KlavPäd., langjähr. KonservDir. in Berlin. W: ‚Theorie am Klav.‘, ‚Der erste MUnterr. am Klav.‘, ‚Neue VcMethode‘; VcStücke, Lieder u. a.

HUTSCHENRUIJTER, Wouter * 28/12 1796 Rotterdam, da † 18/11 1878 Dirig. des MVer. ‚Eruditio musica‘, städt. MDir. usw. seit 1826 W: Oper, Sinf., Ouvert., HarmonieM., Messen, Kantaten, Lieder usw.

HUTSCHENRUIJTER, Wouter * 15/8 1859 Rotterdam, 1890 zweiter Dirig. d. ConcertgebouwOrch. u. L. (MGesch. u. Klav.) a. d. OrchSchule in Amsterdam, dann Dirig. in Utrecht, 1917/25 Dir. der MSchule in Rotterdam, lebt in 's Gravenhage. W: f. Orch., KaM., KlavStücke, Lieder; ‚De geschiedenis der toonkunst‘; ‚De symphonieen van Beethoven‘; ‚Chopin‘; ‚G. Mahler‘; ‚R. Wagner‘; ‚Brahms‘; ‚R. Strauß‘ u. a.

HUTT, Rob. * 8/8 1878 Karlsruhe, GsgL. in Berlin, da jugendl. Heldenten. d. Staatsop. 1918/27, vorher zuerst in Karlsruhe (da u. bei Jul. Kniese ausgeb.), dann in Düsseldorf u. Frankf. a. M., viel auch im Ausland, urspr. Ingenieur

HUTTER, Herm. * 30/12 1848 Kaufbeuren, † 30/1 1926 Aibling, bis 1898 Offizier, bis 1912 in Nürnberg, dann in Rosenheim, zuletzt in Bad Aibling. W: Lieder, Gsge, namentl. größere gem. u. MChöre (Balladen, u. a. ‚Ablösung‘, ‚Siegfrieds Schwert‘, ‚Der Weichensteller‘), teilweise m. Orch., u. a. ‚Coriolan‘

HUTTER, Willy * 9/7 1875 Jassy, Pianist, Dir. der Schmittschen Akad. f. M. in Darmstadt

HUTTERSTRASSER, Karl, ps. Charles VERNAY * 11/6 1863 Wien, da Kommerzialrat, Besitzer der KlavFirma L. Bösendorfer, Schüler Ed. Kremsers. W: OrchStücke, KaM., viele Chöre u. Lieder

HUTTERSTRASSER, Lili — s. Hans, Lio

HUTZLER, Joh. * 5/7 1880 Budweis, seit 1904 Organ. u. Chordir. in Pilsen. W: Chöre, Märsche

HUYGENS, Constantin * 4/9 1596 's Gravenhage, da † 28/3 1687, vielgereister Gelehrter, auch Lautenist. W: viele Lieder m. Lautenbegl., Psalme

HYE-KNUDSEN, Johan * 24/5 1896 Nyborg (Fünen), seit 1932 KM. am Kgl. Thea., auch Dirig. des StudGsgVer. in Kopenhagen, urspr. Vcellist; Schüler André Hekkings. W: Sinf., KaM., Kantat., Chöre

HYLLESTED, August * 17/6 1858 Stockholm, KlavVirt., seit 1897 in Chicago. W: sinf. Dichtgen f. Orch. u. Doppelchor, ‚Suite romantique‘, KlavStücke, Lieder usw.

HYLTON, Jack, ps. John GREENHOLGH, John HOLMES, Ennis PARKES, Leiter eines ber., auch in Europa seit etwa 1922 bekannt gewordenen JazzOrch. in Newyork. W: UnterhaltgsM.

I (J)

JACCHIA, Agide * 5/1 1875 Lugo/Ravenna † 29/11 1932 Siena, vielgereister OpKM., seit 1916 Dirig. der popul. Konz. des SinfOrch. in Boston, da seit 1919 auch Leiter eines MInstit. W: OrchTarantella, Lieder

JACCHINI, Giuseppe, Vcellist in Bologna, gab 1697/1703 KaMWerke heraus

JACHET de Mantua, 1527/58 Kantor in Mantua. W: Messen, Motetten, Hymnen usw.

JACHIMECKI, Zdzislaw, Dr. phil. * 7/2 1882 Lemberg, seit 1917 Prof. an der Univ. Krakau f. MWiss., auch Dirig. W: Bücher in poln. Sprache; OrchStücke, Lieder

JACHINO, Carlo, Dr. jur. * 3/2 1887 San Remo, TheorProf. am Konserv. in Parma. W: Opern, Sinf., KaM.

JACHMANN-WAGNER, Johanna, Nichte Rich. Wagners * 13/10 1828 Hannover, † 31/10 1894 Würzburg, bedeut. Sgrin Wagnerscher (erste Elisabeth), Gluckscher u. Meyerbeerscher Rollen

JACK, Alfred * 25/2 1914 Petersburg, Saxophonist u. Pianist in Berlin, Schüler G. Bumckes. W: Saxophonstücke, KlavStücke, Tänze

JACKSON, Will. * 29/5 1730 Exeter, da † 5/7 1803, Organ. u. KirchChordir. W: Opern, KirchM., Madrigale, Lieder, KlavSonaten u. a.

JACKSON, Will. * 9/1 1815, † 15/4 1866 Bradford, 1832/52 Organ. in Masham, dann in Bradford. W: Orat., Kantaten, Psalme

JACKY, Theodor * 15/3 1867 Bern, seit 1892 GsgL., Organ. u. Chordir. in Murten, Kant. Freiburg. W: MChöre, Lieder

JACOB, Georges * 19/8 1877 Paris, da berühmt. Organ. W: KaM., KlavStücke, OrgStücke u. a.

JACOB, Gordon * 5/7 1895 London, da TheorProf. am R. College. W: Ballett, Ouvert., KlavKonz., BratschKonz., KlavStücke u. a.

JACOB, William, ps. William JAMES; Willi ZOMART * 1/6 1888 Kriebstein, Sachs., i. Hauptberuf Ingen. in Berlin. W: Optte, Singsp., Tänze, Märsche

JACOB DE LA CROIX, J. * 19/8 1852 Burghofen, Kr. Eschwege, SchulL. a. D. in Kassel, Schüler Volkmars (Homburg). W: Oratorium, Kantaten m. Orch., Chöre, Lieder, Tänze, Märsche

JACOBI, Frederick * 4/5 1891 San Francisco, lebt in Northampton, Mass., Schüler Rubin Goldmarks u. Juons. W: ‚A California Suite', sinfon. Dicht., StrQuart., Lieder

JACOBI, Geo. * 13/2 1840 Berlin, † 13/9 1906 London, da seit 1871 TheaKM., urspr. Geiger in Paris, Schüler Bériots u. Massarts, 1869/71 OpttenKM. in Paris. W: viele Ballette

JACOBI, Karl * 1790, † 12/5 1852 Coburg, da seit 1833 MDir. der Hofkap., FagVirt., Komp.

JACOBI, Martin, Dr. phil. * 17/5 1864 Schwetz (Westpr.), † 24/10 1919 München, Schüler Volbachs, Tapperts u. Heinr. Reimanns, im Gsg Fel. Schmidts, KonzBariton., lebte viele Jahre in Berlin. W: Opern, Duette, Lieder

JACOBI, Victor * 22/10 1883 Budapest, † 1921 Newyork (?). W: Optten ‚Miami', ‚Sybill'

JACOBI, Wolfgang * 25/10 1894 Bergen auf Rügen, lebt in München, 1922/33 KonservL. in Berlin, Schüler Friedr. E. Kochs, i. Kriege Offizier. W: Schulop., Funkop., Sinf., OrchSuite, StrOrchSinfonietta, KaM., KlavStücke, Chorwerke, Lieder

JACOBS, Alois Joh. * 24/12 1906 Mommenheim, Els., Schr. in Bocholt. W: Op., Weihnachtsorat., Suite f. 3 bzw. 2 Lauten, Lieder

JACOBS, Hendrik — s. JACOBSZ

JACOBS, Walther, Dr. phil. * 5/3 1881 Barmen, seit 1920 MRedakt. der Köln. Ztg (Nachfolger Otto Neitzels), Schüler O. Freibergs

JACOBSEN, Maxim * 26/6 1887 Mitau, ausgeb. in Riga u. Petersburg, v. Hugo Heermann u. Marteau, VVirt., seit 1933 KonservL. in Boston, 1922/33 L. am Sternschen Konserv. in Berlin. W: ‚Schule der VTechnik', ‚100 techn. Paraphr. üb. KreutzerEtüden'. H: ältere VM.

JACOBSOHN, Simon * 24/12 1839 Mitau, † ? Chicago, VVirt., ausgez. L., Schüler F. Davids, 1860/71 KonzM. in Bremen, dann im ThomasOrch. in Newyork, später KonservL. in Cincinnati u. Chicago

JACOBSON, Benno † (53jähr.) 10/5 1912 Berlin, Possendichter

JACOBSON, Eduard * 10/11 1833 Gr. Strelitz (OSchles.), † 29/1 1897 Berlin, Singspiel- u. Possendichter

JACOBSSON, John * 2/4 1835 Löfholmen/Stockholm, † 4/6 1909 Stockholm. W: KaM., Messe, Lieder

JACOBSTHAL, Gust. * 14/3 1845 Pyritz (Pommern), † 9/11 1912 Berlin, seit 1875 ao., seit 1897 o. Prof. f. MWissensch. a. d. Univ. Straßburg i. E. W: ‚Die Mensuralnotenschrift d. 12. u. 13. Jahrh.', ‚Die chromat. Alteration im liturg. Gsg. der abendländ. Kirche' usw.

JACOBSZ, Hendrik da * 1629 (1630?) u. † 8/11 1699 (1712?) Amsterdam, der beste holländ. VBauer, Nachahmer Nic. Amatis u. Schwager des Girolamo Amati; benutzte als erster Fischbein zu den Reifchen

JACOBUS da Bologna — s. JACOPO da Bologna

JACOBY, Fritz, ps. BYJACCO * 9/8 1889, lebt in Berlin. W: UnterhaltgsM.

JACOBY, Georges * 13/2 1840 Berlin, † 13/9 1906 London, TheaKM. in Paris u. seit 1871 in London (Alhambra-Thea.), seit 1896 L. an d. Kgl. MAkad. W: Opern, Optten, über 100 Ballette

JACOBY, Heinr. * 3/4 1889 Frankf. a. M., seit 1926 ML. in Berlin, Anhänger von Jaques-Dalcroze. W: ‚Grundlagen einer schöpfer. MErziehg', ‚Jenseits v. Musikal. u. Unmusikal.' u. a.

JACOBY, Wilh. * 8/3 1855 Mainz, † 20/2 1925 Wiesbaden, da VerlBuchhändl. u. Schr. (Librettist)

JACOMELLI — s. GIACOMELLI

JACOPO da Bologna, 14. Jahrh. W: Madrigale u. a. mit Instrum.

JACQUARD, Léon * 3/11 1826 Paris, da † 27/3 1886, ausgezeichn. Vcellist

JACQUES, le Cousin — s. BEFFROY

JACQUES, Geert — s. TURNHOOT

JACQUET, Elis. Claude — s. LAGUERRE

JACUBENAS, Vladas * 29/11 1903 Birzai, Lit., lebt in Kaunas, Schüler Withols u. Schrekers. W: Sinf., Prälud. u. Tripelfuge f. StrOrch., StrQuart., MChor m. Orch.

JADASSOHN, Salomon, ps. OLIVIER * 13/8 1831 Breslau, † 1/2 1902 Leipzig, Schüler v. Hesse, Brosig, Liszt, Hauptmann; 1867/69 Dirig. d. Euterpe-Konz. in Lpzg, seit 1871 da L. f. Theor. u.

Kompos. am Konserv. W: Sinf., OrchSerenaden, Ouvert., KaM., KlavKonz., KlavStücke; geistl. u. weltl. Chöre, Lieder usw., ferner die sehr verbreit. Bücher: ‚Die Formen in d. Werken der Tonkunst', ‚InstrumLehre', ‚Harmonielehre', ‚Kontrapunkt', ‚Generalbaß', ‚Kanon u. Fuge' usw.

JADIN, Louis Eman. * 21/9 1768 Versailles, † 11/4 1853 Paris, 1800 da KonservProf., 1806 TheaKM., 1814/30 Leiter d. kgl. Musikpagen. W: viele Opern u. Singspiele, Sinf., Ouvert., KaM., Konz. (f. Klav. usw.), Lieder usw. — Sein Bruder Hyacinthe * 1769 Versailles, † 1800 Paris, seit 1795 da KlavProf. am Konserv. W: KaM., KlavKonz., Potpourris usw.

JADLOWKER, Hermann * 5/7 1876 Riga, berühmt. OpTenor., 1906/11 in Karlsruhe, 1911/19 in Berlin (Hofoper), seit 1929 Synagogen-Kantor u. sehr geschätzter KonservGsgL. in Riga

JAECKEL, Rob. * 22/1 1896 Wien; seit 1917 L. f. Klarin. u. Ob. am Mozarteum in Salzburg. W: Opern, KaM., KlavStücke, Lieder

JAECKERT, Erich * 9/4 1884, ehemal. MilKM., jetzt Reichsbankbeamter in Küstrin. W: Märsche, Tänze

JÄGER, Ferd. * 25/12 1838 Hanau, † 13/6 1902 Wien, berühmter Wagner-Tenor.

JÄGER, Heinr. * um 1840 Braunschweig, † Okt. 1882 Genf, da seit 1863 Organ., KlavL. u. Chordir. W: MChöre

JÄGER, Herbert * 24/4 1902 Dresden, KM., Pianist u. Bearb. in Berlin, Schüler u. a. Juons. W: Tonfilme, OrchSuite, Konz. u. Stücke f. 2 Klav., UnterhaltgsM.

JAEGER, Hertha * 8/7 1899 Berlin, KlavVirt. u. ML. in Berlin, Schülerin von Sonderburg, Herm. Scholtz, Juon u. Hindemith. W: KaM., f. Klav. 2- u. 4hdg u. 2 Klav. (u. a. altdtsche Ländler, Polonaise), Lieder

JÄGER, Rich. * 21/11 1893 Berlin, Schüler Humperdincks, bereits vor d. Kriege (Teilnehmer) TheaKM., seit 1920 Korrepetitor d. Berliner Staatsoper. W: Jugendop., sinfon. Dicht., KaM.

JÄGER, Rob. * 27/6 1869 Herges-Vogtei (Thüringen), Schüler des Konserv. in Leipzig, als Geiger (KonzM.) an verschied. Orten, seit 1904 ML. u. VerDir. in Kattowitz, 1924 TitProf. W: Singsp., sinfon. Fantasie, VStücke, Lieder

JÄGER, Walther * 23/10 1901 Arnstadt, Thür., Pianist in Frankfurt a. M. W: Fliegerlieder, UnterhaltgsM.

JAEGER, Willy * 28/12 1895 Charlottenburg, gesuchter Begleit., Organ. u. Chordir. in Berlin,

Schüler F. E. Kochs. W: Requiem, KaM., Klavu. OrgStücke, Motetten u. and. Chöre, Lieder

JAËLL, Alfred * 5/3 1832 Triest, † 27/2 1882 Paris, KlavVirt., schon als Knabe vielgereist, dann meist in Paris. W: KlavParaphr. u. brill. Salonstücke. — Seine Gattin Marie, geb. Trautmann * 17/8 1846 Steinseltz (Els.), † 7/2 1925 Paris, Pianistin. W: KaM, KlavKonz., KlavStücke; Schriften üb. KlavTechnik

JÄHNIG, Max * 1/6 1866 Dresden, da ausgeb., seit 1892 Vcellist der Hofkap. in Stuttgart, dort noch KomposSchüler S. de Langes. W: Oper, Königshymne f. gem. Chor u. Orch., MChöre, Lieder, VcStücke

JÄHNS, Frdr. Wilh. * 2/1 1809 Berlin, da † 8/8 1888, GsgL., Gründer e. GsgVer. W: KlavTrio, kl. KlavStücke, Lieder usw.; ‚C. M. v. Weber in seinen Werken, themat. Katalog'

JÄRNEFELT, Armas * 14/8 1869 Wiborg, Schüler Alb. Beckers u. Massenets, OpKM., seit 1907 in Stockholm. W: OrchSuiten, sinfon. Dicht., Ouvert., Chöre, Lieder, KlavStücke

JAFFÉ, Moritz, ps. MORJA, B. * 3/6 1834 Posen, Violinist, † 7/5 1925 Berlin, lebte da. W: Opern, StrQuart., VStücke, Lieder usw.

JAHN, Alfred, M- u. TheaVerl., Leipzig, gegr. 1/10 1910

JAHN, Arthur * 2/6 1877 Brandenburg a. H., VVirt, seit 1909 in Berlin, Leiter der OrchSchule der Hochsch. f. M. seit 1921. W: ‚Grundlagen der natürl. Bogenführg'

JAHN, Carl * 2/7 1884 Fürstenwalde a. Spree, seit 1926 GsgL. u. gastier. Tenor., Schüler v. Joh. Bischoff, war Heldent. in Darmstadt, Lübeck u. Magdeburg (viele Gastsp.), veranstaltet auch Volkserbauungsstunden

JAHN, Otto * 16/6 1813 Kiel, † 9/9 1869 Göttingen, klass. Philolog, UnivProf. in Greifswald, Leipzig, Bonn (1855) u. Berlin (1867). Sein Meisterwerk ‚Mozart' (4 Bde), ‚Ges. Aufsätze über M.', Lieder. H: Beethovens ‚Leonore' in 2. Fassg

JAHN, Wilh. * 24/11 1834 Hof (Mähr.), † 21/4 1900 Wien, 1864/81 TheaKM. in Wiesbaden, dann bis 1897 HofopDir. in Wien, treffl. Dirig. W: Lieder usw.

JAHN, Wilhelm (Willi) * 27/2 1889 Magdeburg, lebt in Neue Mühle, Kr. Teltow. W: Lieder m. Laute, NS-Marschlieder

JAHN-SCHULZE, Herm. * 4/3 1862, lebt in Tornow, Kr. Teltow. W: OrchStücke, KaM., KlavStücke, Chöre, Lieder

JAHROW, Emil * 21/6 1855 Forst i. d. Laus., Stadt- u. KirchMDir. a. D. in Berlin-Lichterfelde. — Seine Söhne **H u b e r t** * 7/7 1881 Forst, Vcellist u. **K u r t** * 4/6 1883 Forst, KM. u. KlavL., beide in Lichterfelde. W des Letzteren: Tänze

JAIME, Ernest * um 1802, † 1884 Versailles, Librettist

JAKOB, Fr. Aug. Leberecht * 25/6 1803 Kroitzsch/Liegnitz, † 20/5 1884 Liegnitz, 1824/78 Kantor u. L. zu Konradsdorf (Schles.). B: ‚Der kirchl. Sängerchor' (1854); Reformator. Choralbuch (1872) usw.

JAKOBS, Heinr. * 3/12 1884 Bocholt, seit 1915 GymnGsgL. u. VerDirig. in Rheinbach, RB. Köln. W: Chöre

JAKOBSON, Karl Rob. * 1841, † 1882 Fellin, verdient um d. estn. Volkslied. H: Liedersammlgen

JAKOV, Gotovac * 11/10 1895 Split (Dalmat.), OpKM. u. Chordir. in Zagreb, da u. in Wien ausgeb., strebt eine spezif. jugoslav. M. an. W: Volksop., BühnM., sinf. Tanz, Chöre u. Lieder, auch m. Orch.

JAMBOR, Eugen v. * 14/5 1853, † 18/3 1914 Budapest, im Hauptberuf Jurist. W: KaM., hübsche KlavSalonstücke, Lieder usw.

JAMBE-DE-FER, Philibert * 1525 Lyon, da † 1572. W: KirchM., Psalmen, Fl. u. VSchule

JAMES, Emerson, ps. = Ch. A. RAWLINGS

JAMES, Ivor * 12/10 1882 London, da ausgez., Vcellist (KaM.), seit 1919 L. am R. College

JAMES, William, ps. = William JACOB

JAN, Karl v., Dr. phil. * 22/5 1836 Schweinfurt, † 4/9 1899 Adelboden (Kant. Bern, auf Urlaub), seit 1883 am Lyceum in Straßburg i. E. W: ‚Musici scriptores Graeci' (Krit. Textausg.), wertvolle Aufsätze üb. altgriech. M. u. Instr. usw.

JANACCONI — s. JANNACCONI

JANACEK, Leos * 3/7 1854 Hukvaldy bei Pribor, † 12/8 1928 Mähr.-Ostrau, gründ. 1881 die Brünner OrgSchule, seit 1919 KomposL. an d. dort. Konserv. W (bedeutend): Opern ‚Jenufa' (komp. 1901, Uraufführg 1916 in Prag, seit 1918 auch in Dtschld); ‚Katja Kabanova' (1922), ‚Das schlaue Füchslein' (1925) u. a., Festl. Messe, Sinfonietta, KlavKonz., StrQuart., KlavVSon., Lieder

JANCOVIUS, Max * 10/4 1850 Forst, NLaus., lebt in Stettin, 1876/90 MilKM., dann BadeKM in Heringsdorf usw. W: Märsche

JANDEISEK, Rudolf * 10/11 1887 Gersdorf, Bez. Chemnitz, da seit 1909 ML. u. Chordir.,

vorher in Bad Warmbrunn (Schles.) u. Mühlhausen in Thür. W: gem. u. MChöre

JANEQUIN, Clement — s. JANNEQUIN

JANET & COTELLE, wichtiger Pariser MVerl. in dem 1. Viertel des 19. Jh.

JANETSCHEK, Alois * 5/8 1850 Karlsbad (Böhm.), Leiter (bis 1900) des dort MVer., Schr. u. Kompon.

JANETSCHEK, Edwin * 2/9 1882 Prag, da MRef. W: Chöre, Lieder, ‚Gesch. des dtsch. Sgrbundes in Böhmen'

JANETSCHEK, Stefan Jaray — s. JARAY JANETSCHEK

JANETZKE, Ernst * 7/2 1867 Driesen, NMark, lebt in Berlin, gründete 1896 die Berliner Sänger-Ztg ‚Die Tonkunst', die er noch leitet

JANICZEK, Julius — s. HENSEL, Walter

JANIEWICZ, Felix * um 1762 Wilna, † 1848 Edinburgh, VVirt., Wunderknabe, seit 1791 in London, auch Dirig. W: 5 VKonz.

JANITSCH, Anton * 1753 Böhmen, † 12/3 1802 Burgsteinfurt, Geiger, Schüler Pugnanis, 1774/1785 in der Kap. des Grafen Oettingen-Wallerstein, dann in der des Grafen Burgsteinfurt. W: Sinf., VKonz.

JANITSCH, Joh. Gottlieb * 19/6 1708 Schweidnitz, † 1760 Berlin, urspr. Jurist, 1736 KBass. in der Kap. des Kronprinz. in Rheinsberg, nach dessen Thronbesteigg KMker, auch Dirig. der HofballM. W: KirchM., weltl. Kantaten, KaM., Lieder

JANK, Erwin * 19/4 1870 München, da GsgL.

JANKEWITZ, Gust. Ad. * 20/4 1846 Danzig, da † 7/11 1897, Organ., Klav- u. GsgL. W: Orat., Org- u. KlavWerke, Chöre, Motetten usw.

JANKO, Paul v. * 2/6 1856 Totis (Ung.), † 17/3 1919 Konstantinopel; erfand 1882 eine neue, terrassenförmige, chromatische, sehr viele Vorteile biet. Klaviatur (vgl. Hansmann: Janko-Klav-Schule), die sich trotzdem nicht recht eingeführt hat

JANNACCONI, Giuseppe * 1741 Rom, da † 16/3 1816, päpstl. KM. seit 1811, hervorrag. im vielst. Satz. W: Messen, Psalmen, Motett., Kanons (u. a. f. 64 St.) usw.

JANNEQUIN (Jennequin), Clement, der Schöpfer des französ. A cappella-Chanson des 16. Jh., Programmusiker, Schüler Josquins de Prés

JANOSKE, Felix * 7/8 1872 Brieg, seit 1895 L. (1924 Rektor) in Breslau, Schr., Vorsitz. des GsgVer. Breslauer Lehrer, † 29/5 1928. W: MChöre, Lieder, musikal. Romane, u. a. ‚Kantor Kalmus'

JANOTHA, Natalie * 8/6 1856 Warschau, † 9/6 1932 Haag, Pianistin, Schülerin Rudorffs u. Klara Schumanns, lebte in London u. Haag. W: ‚Ave Maria‘, KlavStücke, ‚Chopins größere Werke‘ usw.

JANSA, Leop. * 23/3 1795 Wildenschwert (Böhm.), † 24/1 1875 Wien, tücht. Geiger (Quartettist), 1834 UniversMDir. in Wien, 1849/68 in London ML. W: StrQuart., Duos u. SoloStücke

JANSEN, Albert * 29/4 1833 Cassel, † ? Gries/Bozen, da seit 1888, GymnL. an verschied. Orten, 1872/78 GeschichtsProf. an der Kriegsak. in Berlin. W: ‚Rousseau als Musiker‘

JANSEN, Gust. Fr. * 15/12 1831 Jever (Oldenbg), † 3/5 1910 Hannover, 1855/1900 Domorgan. in Verden. W: ‚Die Davidsbündler, aus R. Schumanns Sturm- u. Drangperiode‘, ‚R. Schumanns Briefe‘, Chöre, Lieder usw.

JANSEN, Willy * 26/9 1897 Altona, da akad. ML. W: Tanzspiele, Kantaten, Chöre

JANSSEN, Hans * 26/8 1894 Materborn, Kr. Kleve, Mker in Berlin. W: Märsche, Tänze

JANSSEN, Herbert * 22/9 1895 Köln, seit 1922 an der Berliner Staatsop., schon seit Jahren in ersten lyr. BaritRollen auftretend, viel auf Gastspielen in den europ. Hauptorten, seit 1930 auch in Bayreuth (u. a. Amfortas, Kothner), Schüler O. Daniels

JANSSEN, Julius * 4/6 1852 Venloo (Holl.), † 24/9 1921 Dortmund, da seit 1882 städt. MDir. u. Leiter des MVer. W: Chöre, Lieder

JANSSEN, Werner * 11/6 1900 Newyork, lebt da, OrchDir., KlavSchüler Arthur Friedheims. KomposSchüler F. Converses, erhielt den Staatspreis der amerik. Akad. W: 20 Optten, sinf. Dichtgen, KaM.

JANSSENS, Jean François Joseph * 29/1 1801 Antwerpen, da † 3/2 1835, Schüler Lesueurs, Notar in Berchem u. Antwerpen. W: Messen, Psalmen, Motetten, Kantaten, auch 2 Opern, Sinfon. usw.

JANVIER, Ernst, ps. = Ernst HARTUNG

JANZEN, M., ps. = Max JARCZYK

JAPHA, Georg Jos. * 28/8 1835 Königsberg, † 25/2 1892 Köln, VVirt., seit 1863 KonzM. der Gürzenichkonz. u. KonservProf. zu Köln. — Seine Schwester Luise * 2/2 1826 Hamburg, † 13/10 1910 Wiesbaden, KlavVirt., seit 1858 mit Dr. Wilh. Langhans (s. d.) verheiratet. W: StrQuart., KlavStücke, Lieder usw.

JAQUES-DALCROZE, Emile * 6/7 1865 Wien, Schüler des Genfer Konserv. u. von Rob. Fuchs, Bruckner u. Delibes, 1892 TheorL, am Genfer Konserv., 1919/26 L. an der Ecole norm. de m. in Paris, seit 1926 Leiter eines eigenen Instit. in Genf, aber auch in Paris u. London tätig, Erfinder der Methode der rhythm. Gymnastik (Instit. in Hellerau-Dresden, 1910/16). W: Opern, Kantaten, 2 V-Konz., Tanzsuite u. OrchVariat., KlavStücke, Chansons usw.; Schriften üb. d. Rhythmus als Erziehgsmittel

JARAND, Bernhard * 13/2 1884 Hannover, da Organ., tücht. Kirchmusiker

JARAY-JANETSCHEK, Stefan * 2/12 1868 Budapest, da KlavProf. an der Landeshochschule. W: Pantomimen, KlavKonz. u. -Stücke, KaM.

JARCZYK, Max, ps. M. JANZEN; M. JARY; J. LEEDS * 24/9 1906 Laurahütte, Kr. Kattowitz, KM. in Berlin, da ausgeb. (Hochschule). W: Filmu. UnterhaltgsM.

JARECKI, Heinr. * 6/12 1846 Warschau, † 18/12 1918 Lemberg, da 1872/1900 TheaKM., auch DomKM. W: nation. poln. Opern, Lieder. — Sein Sohn Taddeuß * 1889 Lemberg, seit 1920 in Newyork, fortschrittl. interessant. Komp. W: 2 Sinf., Suite, sinf. Skizzen, KaM., Chöre, Lieder

JARMER, Gottfried, L. in Klosterneuburg. W: Chansons u. Lieder zur Laute

JARNACH, Philipp * 26/7 1892 Noisy (Frankr.), katalonischer Abst., seit Ost. 1927 KonservProf. an der Hochschule in Köln, vorher seit Herbst 1921 in Berlin. W (modern): Sinfon., Ouvert., KaM., (StrQuint. bes. bemerkenswert), KlavStücke, Lieder. H: Busonis ‚Dr. Faust‘.

JARNO, Georg * 3/6 1868 Budapest, † 25/5 1920 Breslau, zeitw. OpKM. W: Opern, Optten u. a. ‚Die Förster-Christel‘ 1907, ‚Das Musikantenmädel‘ 1910, ‚Das Farmermädchen‘ 1913, ‚Jungfer Sonnenschein‘ 1919

JARNOWIC (Giornovichi), Giov. Mane * 1745 Palermo, † 21/11 1804 Petersburg, ausgezeichn. V-Virt., Schüler Lollis. W: Konzerte, Quartette, Duos (veraltet)

JAROFF, Serge * 20/3 1896, Schüler der SynodalAkad. f. kirchl. Chorgsg in Moskau, dann RealgymnGsgL., gründ. 1920 aus Don-Kosaken der weißen Armee einen Chor, mit dem er seit 1923 Europa u. seit 1930 Amerika bereist, ständige Adr.: Berlin

JAROSCH, Wilh., Dr. phil. * 12/12 1903 Ried, ObÖsterr., MRefer. in Wien. W: Ballette, KaM., OrchLieder

JARY, M., ps. = Max JARCZYK

JASCHA, Oskar * 4/6 1881 Wien, lebt da, da ausgeb. (Konserv.), dann KM. in Dtschland, Holland, Italien u. zuletzt am Thea an der Wien. W: Optten, KaM., Lieder

JASCHKE, Joh. * 4/1 1881 Wien, da KBVirt. W: OrchStücke, KBStücke, Chöre, Lieder

JASCHKE, Paul * 11/9 1881 Bratsch, Kr. Leobschütz, SemML. u. Dir. des Singvereins Beuthen OS. † 11/8 1929.

JASPER, Louis, p. = A. W. RAWLINGS

JATHO-VERLAG, gegr. 1/1 1916 Berlin von Dr. Karl Hermann Jatho, 1922 an Ries & Erler verkauft

JAUER, Rich. * 25/6 1901 Schoeningen, Braunschweig, MilKM. in Erlangen, urspr. Flöt., ausgeb. auf d. Berl. Hochsch. W: Märsche

JAZZTEUFEL, ps. = Hanns LÖHR

IBACH, Joh. Adolf * 20/10 1766, † 14/9 1848 Barmen, gründ. 1794 die noch blühende KlavFabrik

IBERT, Jacques * 15/8 1890 Paris, lebt da. W: Oper, Ballett, sinfon. Dichtgen, KaM., VcKonz., KlavStücke u. a.

IDELSOHN, Abrah. * 14/7 1882 Filzburg/Libau, 1906/21 in Jerusalem, da 1910 Gründer eines Inst. f. jüd. M. u. 1919 einer jüd. MSchule, seit 1924 Prof. am Hebrew Union Coll. in Cincinnati. W: Hebr.-orient. Melodienschatz, jüd. Liederbücher, SynagGsge usw.

IDZIKOWSKY, Leon, begründete 1859 einen wichtig gewordenen MVerl. in Kiew; Filiale in Warschau

JEAN-AUBRY, G. * 13/8 1882 Paris, lebt in London, vielgereister MSchr. H: ‚The Chesterian'. W: ‚La m. franç. d'aujourdhui' (1916); ‚La m. et les nations' (1922)

JEANNIN, Dom Jules Cécilien * 6/2 1866 Marseille, † 15/2 1933, Organ. d. BenediktAbtei Hautecombe (Savoyen), Choralforscher

JEDLICZKA, Ernst, Dr. * 5/6 1855 Pultawa (Südrußl.), † 3/8 1904 Berlin, Schüler N. Rubinsteins u. Klindworths, KlavVirt., Prof. am Sternschen Konserv.

JEEP, Joh.. * 1582 Dransfeld (Hann.), † um 1650 Ulm, 1615 in Altdorf-Nürnberg, 1625 KM in Weitersheim. W: geistl. Gsge, weltl. Lieder

JEFFERSON, H., ps. = Curt DITTRICH

JEHIN, Léon * 17/7 1853 Spa, † 15/2 1928 Montecarlo, da OpKM. seit 1914, 1882/88 in Brüssel. W: Ballett, Suite, OrchStücke

JEHRING, Jul. Eduard * 28/8 1874, lebt in Leipzig, da ausgeb. (Konserv.) W: Optten, Lieder, Kuplets. — ps. Henry NORRIS

JELINEK, Frz Xav. * 3/12 1818 Kaurins (Böhm.), † 7/2 1880 Salzburg, Domchordir., da seit 1841 ObL. am Mozarteum, urspr. ObVirt. W: KirchM., MChöre

JELINEK, Joh., ps. Hanns ELIN, lebt in Wien, Adr. durch Univers.-Edition. W: Chansons (1934)

JELMOLI, Hans * 17/1 1877 Zürich, da Pianist, ML. u. MSchr. W: Opern, Kantaten, Chöre (‚Canti Ticinesi' u. a.), Lieder usw.

JELYOTTE, Pierre de * 13/4 1713 Lasseube, Basses-Pyrén., † 11/9 1787 Estos, B.-Pyrén., Vcellist, Theorbist u. bes. ausgezeichn., sehr geschätzter Bassist 1733/65. W: Ballett

JEMNITZ, Alex. * 9/8 1890 Budapest, da Schüler Koeßlers, zeitw. TheaKM., sehr fortschrittl. Komp. u. MSchr. W: OrchStücke, KaM., Klav- u. OrgStücke, Lieder

JENBACH, Bela * 1/4 1871 Miskolcz, Librettist in Wien

JENDROSSEK, Karl * 17/1 1872 Rosenberg i. Schles., SemML. u. VerDirig. in Schneidemühl, Schüler des Instit. f. KirchM. in Berlin. W: Messen u. a. KirchM., MChöre

JENKINS, Cyril * 9/10 1885 Dunvant/Swansea, Führer der wallisischen Tonsetzer. W: Sinf., KaM., Kantaten, Chöre, Lieder

JENKNER, Hans, Dr. phil. * 15/9 1903 Berlin, da MSchr., studierte da und in Erlangen, 1923/33 Schausp. u. Sgr (Barit.). W: ‚Aug. Klingemann'; ‚BühnM. u. NatOp. der Weberzeit'

JENKO, Davorin * 10/11 1835 Dvorje/Cerklje, † 25/11 1914 Laibach, Schöpfer der serb. Hymne, sehr verdient um die M. in Serbien und Slowenien. Wirkte seit 1865 als KM. in Belgrad. W: 39 Op., u. a. ‚Oracara' (Die Hexe), OrchStücke, Lieder

JENNEQUIN — s. JANNEQUIN

JENNER, Gust, * 3/12 1865 Keitum (Insel Sylt), † 29/8 1920 Marburg a. L., da seit 1895 UniversMDir., Schüler v. Brahms u. Mandyczewski, tücht. Pianist. W (bemerkenswert): KaM., Lieder, Fr-Terzette, Chöre usw.

JENSCH, Georg, Dr. phil. * 19/1 1891 Breslau, da † (ertrunken) 30/5 1925, MSchr. W: MGesch. der Stadt B.

JENSEN, Adolf * 12/1 1837 Königsberg, † 23/1 1879 Baden-Baden, Schüler von Ehlert, Liszt, Gade, haupts. Autodidakt, 1857 TheaKM. in Posen, 1860/66 ML. in Königsberg, 1866/68 in Berlin, 1870 in Graz, 1876 Baden-Baden. W (feinsinnig): Oper ‚Turandot', Chorwerke u. a., zahlr. Lieder: Zyklus ‚Dolorosa', ferner op. 1, 11, 21, 22, 40 usw., KlavKompos. zu 2 u. 4 Hdn (‚Innere Stimmen', ‚Wanderbilder', ‚Idyllen', ‚Hochzeitsmusik' usw.). — Sein Bruder Gustav * 25/12 1843 Königsberg, † 26/11 1895 Köln, VVirt., seit 1872 da KonservL. W: Sinfon., KaM., KlavStücke, Chöre. H: alte VSonaten

JENSEN, Niels Peter * 23/7 1802 Kopenhagen, da † 19/10 1846, blinder Organ. u. Flötist. W: BühnenM., FlStücke, KlavStücke

JENTSCH, Max * 5/8 1855 Ziesar/Magdeburg, † Nov. 1918 Stendal, seit 1894 ML. in Wien, tücht. Pianist. W: Opern, Sinfon., KaM., KlavStücke, Chöre usw.

JENTSCH, Walter, ps. Hans WALTER * 11/9 1900, lebt in Berlin-Charlottenburg. W: BühnM., OrchSerenade u. Stücke, KlavKonz. u. Stücke, Lieder, UnterhaltgsM.

JEPKENS, Albert Mich. * 17/12 1828 Weeze (Kr. Geldern), † 11/2 1878 Kempen (Rheinprov.), SemML. B: ‚Kirchl. Gsge f. MChor' (sehr verbreit.)

JEPPESEN, Knud, Dr. phil. * 15/8 1892 Kopenhagen, Schüler Carl Nielsens u. Guido Adlers, seit 1920 TheorL. am Konserv. in Kopenhagen. W: mwiss. Schriften. H: Acta musicol.

JERABEK, Jos. * 1854 (?), † 30/6 1914 Prag. W: Opern, sinf. Dichtgen, KaM., KlavStücke, Chöre, Lieder

JERAL, Wilh. * 2/10 1861 Prag, SoloVcellist d. Staatsoper in Wien seit 1900. W: VcKonz. u. Stücke, Lieder. — ps. HOLM

JEREMIAS, Jaroslav * 14/8 1889 Pisek, † 16/1 1916 Budweis. W: Oper, Orator. ‚Hus', sinfon. Dichtg, Lieder

JEREMIAS, Ottokar * 17/10 1892 Pisek, Dir. einer MSchule u. Dirig. in Budweis. W: Oper ‚Die Brüder Karamasow', Sinfon., KaM., Lieder

JERGER, Alfred, berühmter OpBarit. in Wien, vorher in München. (Auskunft nicht erhalten)

JERGER, Wilhelm * 27/9 1902 Wien, da KBassist der Staatsop. seit 1922, Schüler Schrekers u. Guido Adlers. W: Sinf., Spielm. f. 13 Bläs., OrgChaconne, KaM., Lieder

JERITZA, Marie * 6/10 1887 Brünn, berühmte Sopranistin, seit 1912 an d. Wiener Staatsoper u. daneben seit 1921 an d. Metropol. op. in New-York. W: Sunlight and Song (Autobiogr. 1924)

JERNER, Ingve, ps. = F. DZIEWIOR

JERVIS-READ — s. READ, Harold Vincent Jervis

JESINGHAUS, Walter * 13/7 1902 Genua, seit 1925 Organ. und Chordirig. in Lugano, pianist. Wunderkind, dann Geiger u. OpKorrep. W: Oper, Sinf., KaM., KlavStücke, Lieder

JESSEL, Leon * 22/1 1871 Stettin, Komp. in Berlin, vorher TheaKM. W: viele sehr erfolgreiche Optten ‚Das Schwarzwaldmädel' (1917), ‚Die Postmeisterin' (1921), zahlr. Charakter- u. Salonstücke, z. B. ‚Die Parade d. Zinnsoldaten'

JEUNE, Claudin Le — s. LE JEUNE

JEWSEJEW (Ewssejew), Sergei * 25/1 1894 Moskau, da TheorL. am Konserv. u. Veranstalter von Volkskonz. W: Sinf., KaM., Chöre, Duette, Lieder

IFFERT, Aug. * 31/5 1859 Braunschweig, † 13/8 1930 Kötzschenbroda/Dresden, GsgL. an den Konserv. zu Köln (1891), Dresden (1893) u. Wien (1904), seit 1912 in Dresden. W: ‚Allgem. Gsgschule'

IGLISCH, Rud., Dr. phil. * 11/1 1903 Berlin-Zehlendorf, HochschulDoz. in Aachen, vorher in Berlin Pianist u. Chordir., Schüler H. Kauns. W: KlavTrio, Chöre, Lieder

IGNOTUS, ps. = Edwin FISCHER (Bearb.)

IHLEMANN, Gust. * 14/12 1861 Osterode a. H., Chordirig. u. MRef. Freiburg i. B., urspr. Geiger, da † 16/12 1931. W: Oper, BühnM., Chorwerke mit Orch., Sinfon., KaM., KirchM., MChöre, Lieder

IHLERT, Heinz * 27/10 1893 Aue, Sachs., seit 1933 Präsidialrat der RMK., Ratsherr u. MBeauftr. der Stadt Berlin, 1911/14 auf d. Konserv. in Dresden (Draeseke, Striegler), 1914/18 Frontsoldat (Offiz.), 1919/20 auf der Berl. Hochsch. (KMKlasse Krasselts; Humperdinck), dann musik. Leiter des Dtsch. LichtspielOpFilms; 1927 Kulturwart der NSDAP

JIMENEZ, Jeronimo * 10/10 1854 Sevilla, † 19/2 1923 Madrid, Schüler d. Pariser Konserv., fruchtb. u. beliebter Zarzuelakompon.

JINDRICH, Jindrich * 5/3 1876 Clenči, SchulL. in Domazlice, Schüler V. Nováks. W: viele Liederzyklen, KlavStücke

JIRAK, Karl Boleslav * 28/1 1891 Prag, da Schüler Nowaks u. J. B. Försters, urspr. Jurist, 1915/18 OpKM. in Hamburg, seit 1920 Konserv-KomposL. u. MKrit. in Prag W: Opern, KaM., Psalm 23, KlavStücke, Lieder

JIRANEK, Aloys * 3/9 1858 Ledec (Böhm.), seit 1881 KlavL. in Charkow. W: Oper, KaM.

JIRANEK, Josef * 24/3 1855 Ledec (Böhm.), 1891/1913 KlavProf. am Prager Konserv. W: OrchStücke, KaM., techn. KlavStudien usw.; Methodik d. KlavSpiels

IKONEN, Lauri * 8/8 1888 Mikkeli (Finnl.), MSchr. in Helsingfors. W: Sinfon., KaM., Kantat., Chöre, Lieder

ILDEBRANDO da Parma, ps. = PIZZETTI

ILIFFE, Frederick * 21/2 1847 Smeeton-Westerby, † 2/2 1928 Oxford, da seit 1883 Organ. W: Orat., Kantat., Sinf., Ouvert. u. a.; ‚Analysis of Bachs well-temp. clavichord'

ILJINSKI, Alexander Alexandrowitsch * 24/1 1859 Zarskoje Sselo, Schüler Kullaks u. Bargiels, seit 1885 TheorProf. a. d. MSchule der Philharm. Gesellsch. in Moskau, † 1919. W: Oper, Sinfon., sinf. Dichtgen, DramenM., Chorwerke, KlavStücke, Lieder usw.

ILJINSKI, Joh. Stan. * 1795 Romanowo, † 1860 Petersburg. W: Messen, Sinf., Ouvert., StrQuart., Lieder u. a.

ILLICA, Luigi * 1857, Castellarquato (Piacenza), da † 16/12 1919, Verf. v. OpLibrettis für Giordano, Puccini u. a.

ILLMER, Ludwig * 24/10 1843 Bernburg, da † 12/2 1927, da seit 1872 GymnGsgL., Chordir. u. Organ. W: Motetten, MChöre, Lieder

IMBACH, Ludw., ps. = Hans v. VIGNAU

IMBAULT, J. J. * 9/3 1753 Paris, da † nach 1819, VVirt. u. seit 1787 auch MVerl. (56 Quart. Haydns, VKonz. von Kreutzer, Rode, Viotti)

IMBERT, Hugues * 11/1 1842 Moulins-Engilbert (Nièvre), † 15/1 1905 Paris, da geschätzter MSchr. W: ‚Profils des musiciens‘, ‚Portraits et Etudes‘, ‚Rembrandt et Wagner‘ usw. H: Le Guide musical

IMELMANN, Heinr. * 23/4 1866 Empede/Neustadt a. Rübenberge (Prov. Hannover), Schüler des Dresd. Konserv., Geiger, dann Sänger; seit 1906 in Hannover VerDirig., Dir. einer MSchule. W: Chöre, auch m. Orch., Lieder, VStücke usw.

IMMICH, Karl * 12/2 1904 Rombach, Lothr., Kaufmann in Berlin. W: UnterhaltsM.

INDERAU, Herm. * 1/9 1883 Barmen, seit 1919 Orch- u. Chordir. in Wuppertal u. Hagen, auch Klav- u. OrgVirt., ML., ausgeb. in Köln (Konserv.), da 1903/04 VolontKM. an der Op., 1905/09 MDir. in Gummersbach, 1909/10 städt. KM. in Trier, 1910/14 Dir. des Barmer Volkschors, daneben 1912/14 KurKM. in Kreuznach, 1914/18 Leutn. u. Batterieführer a. d. Westfront. W: Heroi. Ouvert., Sinfon. Dichtg, StrQuart., OrgVorspiele, KlavVar., 13. Psalm m. Orch., Lieder

IN DER GAND, Hanns, d. i. Ladislaus KRUPSKI * 1882 Erstfeld (Schweiz), Sänger z. Laute in Kilchberg/Zürich. H: Schweizer Lieder

INDY, Vincent d' * 27/3 1851 Paris, da † 3/12 1931, Schüler César Francks, bedeut. Kompon., Dir. der von ihm 1896 mitbegr. Schola cantorum. W: Opern ‚Fervaal‘, ‚L'étranger‘ u. ‚La légende de St. Christophe‘, BühnM., dramat. Legende, ‚Le chant de la cloche‘, sinfon. Dichtg ‚Wallenstein‘, sinfon. Suiten u. Variat., Ouvert., biblische Szene ‚Maria Magdalena‘, Chöre, Lieder, KlavKompos., KaM. usw., ‚Cours de composition musicale‘, ‚C. Franck‘, ‚Beethoven‘

INDY, Wilfred d' * 14/12 1821 Valence (Drôme), † 19/1 1891 Bayeux, Schüler Ant. v. Kontskys u. Carafas, 1839/73 in Paris, schwer augenleidend, dann in Bayeux. W: Op., KaM., KlavStücke

INGBER, Franz * 18/11 1873 Weimar, KM. an versch. Orten, seit 1907 des Sinf- u. KurOrch. in Davos. W: Suite, Ouv., Chöre, auch m. Orch u. a.

INGEGNERI, Marco Antonio * um 1545 Verona, † 1/7 1592 Cremona, KirchKM. seit 1576. W: Messen, Sacrae cantiones, Madrigale usw.

INGELIUS, Axel * 26/10 1822 Finnland, † 2/3 1868 Nystad. W: Lieder

INGENBRAND, Joseph * 13/2 1905 Oberhausen/Kreuznach an d. Nahe, Komp. (rhein. Beethovenpreis) in Köln, da ausgeb. von Jarnach u. H. Abendroth. W: Oper, Kantate, OrchStücke, KaM., Lieder, auch m. mehr. Instr.

INGENHOVEN, Jan * 19/5 1876 Breda, fortschrittl. Komp., Adr. durch MVerl. Tischer & Jagenberg, Köln, lebte zeitweise in Thun (Schweiz), dann in Oosterbeek, Holl., 1905/19 in München als Dirig. eines Madrigalchors, dann in Paris. W: sinf. Dicht., 4 StrQuart., StrTrio, Bläserquint., Chöre, Lieder

INGHELBRECHT, Desiré Emile, ps. Emile MULOSHAI * 17/9 1880 Paris, da Schüler des Konserv., Freund Debussys, TheaKM. W: Ballette, sinfon. Dichtgen, KaM., KlavStücke, Chöre

INGRAM, John, ps. = R. O. MORGAN

ININGER, Joh. Bapt., Augustinermönch, * ca 1645 München, da † 18/2 1730. W: KirchM.

INSANGUINE, Giacomo * um 1740 Monopoli/Napoli, † um 1795 Napoli. W: Opern

INZENGA, José * 4/7 1828 Madrid, da † Juli 1891, Prof. am Konserv. W: Zarzuelas. H: Ecos de España; Cantos y bailes populares de España

JOACHIM, Amalie — s. bei JOACHIM, Jos.

JOACHIM, Fritz, ps. = Fritz REITER

JOACHIM, Günter, ps. = PRZETAK, Paul

JOACHIM, Jos. * 28/6 1831 Kjtse/Preßburg, † 15/8 1907 Berlin, Schüler des Wiener Konserv., von David in Lpz weitergebildet, 1852 HofKonzM. in Weimar, 1854/64 in Hannov., seit 1868 Dir. d. Kgl. Hochschule f. M. in Berlin, Leiter eines StrQuart. u. Senatsmitglied der Kgl. Akad. d. Künste, spielte alljährlich auch in London; einer der bedeut. Geiger u. VL., auch Dirig. Intimer Freund von Brahms (der Briefwechsel veröffentlicht), für dessen Werke er sehr eingetreten ist. W: 3 VKonz. (das in ungar. Weise bedeutend), klein. VStücke, Ouvert.

usw. — Seine Gattin A m a l i e, geb. Schneeweiß (Weiß) * 10/5 1839 Marburg (Steiermark), † 3/2 1899 Berlin, früher in Wien u. Hannover, Opern- später KonzSgerin, ausgezeichn. Altistin

JOBIN & CIE., Verl. in Lausanne, 1/3 1930 an F o e t i s ch frères, Lausanne verkauft

JOCHIMSEN, Hugo * 1/1 1869 Eibenstock (Erzgeb.), Schüler des Lpzger Konserv., seit Ende 1898 Kantor der Schloßkirche in Chemnitz, da auch Chordir. W: Kantaten, Chöre, Lieder; StrQuart., OrgStücke usw.

JOCHUM, Eugen † 15/2 1926 Günzburg, Chorreg. u. Komp.

JOCHUM, Eugen * 1/11 1902 Babenhausen (bayr. Schwaben), ausgeb. in Augsburg u. München; seit 1926 KM, 1932/33 der Funkstunde Berlin, seit 1/1 1934 OpLeiter u. KonzDir. in Hamburg

JOCHUM, Geo. Ludw. * 10/12 1909 Babenhausen, seit Herbst 1934 I. KM. (Konz. u. Op.) der Stadt Frankfurt a. M., ausgeb. in Augsburg (Gymn. u. Konserv.) u. München (Akad.), 1932/34 städt. MDir. in Münster i. W.

JOCHUM, Otto * 18/3 1898 Babenhausen, seit 1920 Organ. in Augsburg, auch SchulL., seit Herbst 1933 Dir. d. städt. Singschule, Kriegsteilnehmer, ausgeb. in Lauingen, von Alb. Greiner, Fritz Klopfer, Heinr. Kasp. Schmid, Geierhaas u. Jos. Haas. W: KirchM., bes. Messen, Motetten, geistl. Lieder, JugendM., StrQuart., OrgKomp. u. a.

JOCKISCH, Reinhold * 12/1 1848, † 5/9 1906 Leipzig, Geiger. W: VStücke. H: Haydns StrQuart. (beste Ausg.)

JÖCHER, Christian Gottlieb * 25/6 1694 Lpz., da † 10/5 1758, Prof. der Philos. Gab ein auch Musiker verzeichnendes ‚Allgem. Gelehrtenlexikon' (4 Bde) heraus.

JÖDE, Fritz * 2/8 1887 Hamburg, da 1908 VolksschulL., 1920/21 Schüler H. Aberts u. Fests (Org.) in Lpz., darauf in Hamburg Leiter d. staatl. Fortbildgskurse f. SchulM., 1923/Febr. 1935 Prof. an der Berliner Akad. f. Kirch.- u. SchulM., 1925 Mitgr. d. VolksMSchule der Musikantengilden. W: ‚Musik. Jugendkultur', ‚M. u. Erziehg', ‚Unser M-Leben', ‚MSchulen f. Jugend u. Volk', ‚Der Kanon', ‚Die Kunst Bachs' (1926), ‚Ringel, Rangel, Rosen', ‚Der kleine Rosengarten', ‚Der Musikant' ‚Die Musikantenlieder'; ‚Das schaffende Kind in der M.' (1927) u. a. H: ‚Die Laute', später die ‚Musikantengilde' gen. seit 1918; ‚Das Chorbuch f. d. Schule' (1926)

JÖNSSON, Hans * 26/10 1913 Berlin, lebt da, Schüler von Rud. Groß. W: Optte, Schlager

JOETZE, Frz * 9/12 1839 Marienwerder, 1866/69 ML. in Konitz (Westpr.), seit 1869 GsgL. u. Dirig. in Danzig. W: Chöre, Lieder, KlavStücke

JOHANN ERNST, Prinz v. Sachsen-Weimar * 26/12 1696, † 1/8 1715 Frankfurt a. M., Schüler Joh. Gottfr. Walthers. W: Concerti grossi

JOHANNSEN, Heinrich * 29/7 1864 Lauenburg (Elbe), seit 1904 Organ. u. 1898/1926 Chordirig. in Kiel. W: Chöre

JOHANNSEN, Jul. * 28/2 1826 Kopenhagen, Schüler d. Lpzger Konserv., † 27/7 1904 Lohja-Paloniem (Finnl.), 1866/97 TheorProf. zu Petersburg. W: ‚Kontrapunkt'

JOHANNSSON, Karl * 18/9 1900 Hamburg, lebt in München, TheaKM. an versch. Orten. W: Oper, BühnenM., StrQuart., KlavStücke, Lieder

JOHANSEN, David Monrad * 8/11 1888 Vefsen, Pianist, Schüler u. a. Humperdincks, lebt in Oslo, auch MSchr. W: OrchSuite, VSonaten, KlavSuiten, Gsge

JOHN, ps. = Hermann MÜLLER-JOHN

JOHN, Alois * 30/3 1860 Lohma/Franzensbad, seit 1922 Dir. d. städt. Sammlgen in Franzensbad. W: R. Wagner-Studien, ‚W. H. Veit'. H: Egerländer Volkslieder

JOHN, Hermann Joseph, ps. JOSEPH-JOHN, Herm., * 4/9 1887, lebt in Berlin-Charlottenburg. W: UnterhaltgsM.

JOHN, Silver, ps. = Rich. ETTLINGER

JOHN, Theo — s. FREITAG

JOHNEN, Kurt * 3/1 1884 Aachen, KlavPädag. u. KonzBegleiter in Berlin-Charlottenburg. W: Lieder; ‚Neue Wege z. Energetik des KlavSpiels', 1927

JOHNER, Dominicus, Benediktinermönch * 1/12 1874 Waldsee (Württ.), L. des gregorian. Chorals in Beuron (Württ.). Wirkt aber auch in Köln. W: Neue Schule des gregorian. Chorgsgs, 6. A. 1929; Marienlieder u. a.

JOHNS, Clayton * 24/11 1857 Newcastle (Irl.), studierte u. a. in Berlin, seit 1885 KlavL. in Boston. W: KlavStücke, Chöre, viele Lieder; ‚From Bach to Chopin' (1911) u. a.

JOHNSEN, Henrik Filip * 1717 England. † 12/2 1779 Stockholm, da HofKM., da seit 1743 Organ. W: BühnenM., Sinf., OrgStücke, KlavStücke, Lieder

JOHNSON, James * 1753 (?), † 1811 Edinburg, da MDrucker u. Verleger. H: The Scots musical Museum, 6 Bde.

JOHNSTONE, J. Alfred * 6/7 1861 Co. Cork (Irl.), seit 1882 KlavL. u. Dir. der MSchule in Melbourne. W: Schriften üb. KlavUnterricht.

JOHOW, Alex. * 11/12 1865 Berlin, † 7/5 1933 Breslau, 1894/1930 Kantor, GymnML. u. Dir. der Liedertafel u. des OratorVer. in Memel, Schüler der Berliner Hochschule. W: viele Chöre

JOKL, Georg * 21/7 1896 Wien, da Pianist (Begltg.). W: Sinfonisches, KlavStücke, Lieder, auch mit Orch.

JOKL, Otto, Dr. phil. * 18/1 1891 Wien, da ML., Schüler H. Grädeners u. Alb. Bergs. 1927/31 Korrepet. (auch Dirig.) an der Berliner staatl. Krollop. unter Klemperer. W: OrchPräLud. u. Fuge, KaM., KlavSonate u. -Stücke, Chöre m. Orch., Lieder

JOLLES, Heinz * 28/1 1901 Berlin, lebt in Bayerseide, Post Egelsbach (Hess.), KlavVirt. u. L. an der Hochschule in Köln 1929/33, ausgeb. in Berlin. W: KaM., KlavStücke

JOMELLI, (Jommeli), Nicolo * 10/9 1714 Aversa/Napoli, † 25/8 1774 Napoli, s. Z. sehr geschätzt, 1753/68 HofKM. in Stuttgart. W: Opern, Oratorien, Messen, Requiem, klein. geistl. Gsge, u. a. ‚Miserere'

JONAS, Alberto * 8/6 1868 Madrid, Schüler A. Rubinsteins, KlavVirt. u. L., wirkte in Ann Arbor, Detroit, Berlin u. seit 1914 in Newyork. W: KlavStücke; Master school of modern Piano playing

JONAS, Emile * 5/3 1827 Paris, † 21/5 1905 St. Germain en Laye/Paris, KonservL. 1847/56, auch SynagChor- u. OrchDirig. W: viele Opttn; ‚Recueil de chants hébraiques'

JONAS, Herbert, ps. = Felice LATTUADA

JONAS, Oswald, Dr. phil. * 10/1 1897 Wien, seit 1930 in Berlin, MWissenschaftler, TheorL. u. Pianist, ausgeb. in Wien (Schenker, M. Violin). W: ‚Das Wesen d. musik. Kunstwerks. Einführg in die Lehre H. Schenkers' 1934

JONAS-STOCKHAUSEN, Ella * 1/10 1883 Dortmund, tücht. Klav-, insbes. KaMSpielerin in Berlin

JONCIÈRES, Victorin de * 12/4 1839 Paris, da † 26/10 1903 MRef. W: Opern, M. zu ‚Hamlet', Sinfon., Suite ‚Les Nubiennes', VKonz., Ouv., usw.

JONES, Edward * 2/4 1752 Henblas (Wales), † 18/4 1824 Easter Day, seit 1775 in London, Barde. W: ‚Relicks of the Welsh bards', ‚Epic Airs' u. a.

JONES, Edward German — s. GERMAN

JONES, Robert, gefeierter engl. Lautenvirt. um (1597) 1614. W: Gsge, Arien, Madrigale

JONES, Sidney * 1869 Leeds, † 1914 London, MilKM. W: Optten, u. a. ‚Die Geisha' (1896), auch in Dtschld sehr bekannt

JONG, Marinus de * 14/8 1891 Oosterhout (Nordbrabant), jetzt KonservL. in Antwerpen (vorher in Mecheln) u. TheorProf. an der geistl. MSchule in Malines, ausgeb. v. Emil Bosquet u. L. Mortelmans. KlavVirt. W: Sinf., sinfon. Dichtg, OrchSuite, KaM., KlavKonz., Sonaten u. Stücke, VStücke, OrgStücke, Messen, Motetten, viele Lieder

JONGEN, Jos. * 14/12 1873 Lüttich, Schüler des dort. u. d. Pariser Konserv., seit 1904 in Brüssel, 1914/18 in England, seit Jan. 1919 wieder in Brüssel, da seit Herbst 1925 KonservDir. W: Opern, OrchStücke, V- u. VcKonz., KaM., Kantaten, Klav- u. OrgStücke, Lieder — Sein Bruder L e o n * 2/3 1884 Lüttich, in Paris seit 1912. W: Opern, u. a. d. Kriegsdrama ‚Le rêve d'une nuit de noël', StrQuart., KlavStücke, Lieder

JONGG, Armin, ps. = Herm. SCHULENBURG

JONQUIÈR, Alfred, Dr. phil. (Mathematiker) * 30/12 1862 Bern, † 12/4 1899 Basel. W: Grundriß der mus. Akustik

JONSSON, Josef Petrus * 21/6 1887 Enköping, L. u. Krit. in Nörrköping (Schwed.). W: Sinfon., Suiten u. a. f. Orch., KaM., Kantat., KlavStücke, Lieder

JOOST, Oskar, ps. CAROS; LANDSCHULZ * 9/6 1898 Weißenburg i. Els., KM. in Berlin. W: UnterhaltgsM.

JORA, Michai * 1891 Jassy, Komp. in Bukarest. W: OrchSuite, sinfon. Dichtgen, KlavStücke, Gsge

JORDAN, Sverre * 25/5 1889 Bergen (Norweg.), lebt da, KlavVirt., in Berlin ausgeb. W: OrchSuiten, VKonz., VSonaten, BühnM., Kantaten, KlavStücke, Lieder

JORDANI (Giordani), Joao * 23/12 1793 Lissabon (ital. Eltern), da † 4/9 1860, KBVirt. W: Ballette, KirchM., bes. Messen

JOSÉ ANTONIO de San Sebastian — s. SAN SEBASTIAN

JOSÉ, Charles, ps. = Peppi WETZEL

JOSEFFY, Rafael * 3/7 1853 Miskolez (Ungarn), † 25/6 1915 Newyork, da seit 1880 L. am ‚National Conserv.', Schüler Tausigs u. Liszts. W: brill. KlavKompos.; ‚School of advanced Piano playing'

JOSEPH, P. A. * 28/9 1879 Berlin, da ausgeb. bes. als Pianist auf der Kgl. Hochschule, 1904 KlavL. an der Akad. u. MChorDir. in Erfurt, 1912 noch Meisterschüler Humperdincks, seitdem Chordir. in Berlin. W: MChöre, Lieder

JOSEPH, Rosa, ps. R. NEUMANN * 23/12 1889, † 30/5 1928 Hamburg. W: Lieder, Tänze

JOSEPH-JOHN, Hermann — s. JOHN, Herm. Jos.

JOSEPHI, K., ps. = Frz IPPISCH

JOSEPHSON, Jacob Axel * 27/3 1818 Stockholm, † 29/3 1880 Upsala, da seit 1849 UnivMDir. W: Chöre, viele Lieder, KlavStücke

JOSEPHSON, Walter * 16/4 1868 Barmen, 1899/1920 städt. KM. in Duisburg, Dir. des Rhein. Madrigalchores. Lebt in Duisburg. W: Chöre, Lieder

JOSQUIN DE PRÈS (del Prato, auch Dupré) * um 1450 im Hennegau, † 27/8 1521 Condé, Domprobst, einer der frühesten u. bedeutendsten niederländischen Kontrapunktisten, Schüler Ockeghems (?), 1474 in Mailand, 1484/94 KapSgr in Rom, lebte später in Cambrai, Modena, Paris, Ferrara. W: Messen, Motetten, Chansons usw.

JOSS, Christian * 18/4 1880 Großhöchstetten (Bern), † 4/2 1917 Montana (Wallis). W: OrgSonaten, Chöre, Lieder

JOSS, Victor, Dr. phil. * 29/5 1869 Prag, da MSchr.

JOST, Albrecht * 16/5 1897 Höckendorf/Königsbrück, Sa., in Dresden ausgeb., da seit 1920 Kantor u. ML. W: KaM., OrgStücke, KlavStücke, Lieder

JOST, Franz, MV in Leipzig, gegr. 1/7 1890

JOSTEN, Werner * 12/6 1888 Elberfeld, seit 1923 MProf. in Northampton, Mass. W: Oper, Kantaten, Lieder, KaM., KlavKonz.

JOTEYKO, Thaddeuß * 1/4 1872 Poczuiki, † 30/8 1932 Teschen, lebte in Warschau. W: Opern, Sinfon., Ouvert., KaM., Kantaten

JOUBERT, M. C., Pariser MVerlag, der 1887 die Firma Brandus, früher M. A. Schlesinger aufgekauft hat

JOURET, Léon * 17/10 1828 Ath, † 6/6 1905 Brüssel, KonservL. seit 1874. W: 2 Opern, Kantaten, M. zu Racines ‚Esther‘, MChöre usw. B: Volkslieder

JOUY, Victor Jos. Etienne (de) * 12/9 1764 Jouy/Versailles, † 4/9 1846 Paris, urspr. Offizier, Schr., bes. Librett. (Spontinis ‚Vestalin‘ u. ‚Cortez‘, Rossinis ‚Tell‘ u. a.)

JOYCE, Joe, ps. = Jos. FREUDENTHAL

IPARRAGUIRRE Y BALERDI, José Maria * 1800 Villareal de Urrechu, † 6/4 1881 Zozobarro, der baskische Barde. W: bask. Lieder (Zortzikos), darunter das zur Volkshymne geword. ‚Guarnikada arbola‘

IPPISCH, Frz * 18/7 1883 Wien, da Schüler Frz Schmidts, Vcellist der Volksoper. W: Sinf., VKonz., viel KaM., VcStücke, Messe, Lieder u. a. — ps. K. JOSEPHI

IPPOLITOW-IWANOW, Michail * 19/11 1859 Gatschina, † 26/1 1935 Moskau, Schüler d. Petersb. Konserv., 1882/94 MSchulDir. u. KM. in Tiflis, 1895 TheorProf. u. 1906/22 KonsDir. zu Moskau. W: Opern, Kantaten, Psalmen, Chöre, Orch- u. KaM., Harmonielehre

IRADIER — s. YRADIER

IREHN, Eric, ps. = Erich HANSCHMANN

IRELAND, John * 13/8 1879 Bowdon/Cheshire, Komp. in Chelsea. W: sinf. Dichtgen, KaM., KlavKonz. u. Stücke, Lieder

IRGANG, Frdr. Wilh. * 23/2 1836 Hirschberg (Schles.), gründ. 1863 in Görlitz eine MSchule, da 1877 Organ., 1881/1905 in Züllichau, dann priv. in Bremerhaven, seit 1910 wieder in Görlitz, dann in Karlsruhe, da † 1918? W: ‚Allgem. MLehre‘, ‚Harmonielehre‘, KlavStücke

IRMLER, Alfred * 1/2 1891, lebt in Berlin-Steglitz, war KM. u. a. in Meiningen. W: Oper, Hörspiel, sinf. Dichtg, KlavStücke, Lieder, bes. Kinderlieder

IRMLER, Joh. Christian Gottl. * 11/2 1790 Obergrumbach/Dresden, † 10/12 1857 Leipzig, begründ. da 1818 die noch bestehende Pianofortefabr.

IRO, Otto * 10/8 1890 Eger, Stimmbildner in Wien seit 1916. W: ‚Der amputierte Tenor‘, ‚OpPartienstudium‘ u. a. H: Stimmwissensch. Blätter

IRRGANG, Bernhard * 23/7 1869 Zduny (Kr. Krotoschin, Pos.), † 8/4 1916 Berlin, (Sohn des pädagogisch sehr verdienten Kantors u. Hauptlehrers Heinr. Irrgang, † 14/1 1922 Gr.-Peterwitz), seit 1894 da Organ., seit 1905 L. am Sternschen Konserv., seit 1910 am Dom, seit 1912 an der Hochschule f. M. W: OrgSonaten, Gsge

IRSEN, Heinz * 5/2 1906 Köln-Nippes, da ML. (Pianist). W: KaM., KlavStücke, auch 4h., OrgStücke, Chöre, Lieder

IRVING, Kelville Ernest * 6/11 1878 Godalming, Surrey, TheaKM. in London. W: BühnM. B: ‚The almond tree‘ nach Schumann

ISAAC, (YSACH, ISAAK), Heinrich * um 1450, † 1517 Firenze, um 1480 da Organ., 1484 in Innsbruck, 1496 in Augsburg, 1497 in Wien, 1514 in Firenze. W: Messen, Motetten, weltl. Lieder, Instrumentalsätze

ISASI, Andreas * 1890 Bilbao, lebt da, Schüler Humperdincks. W: Sinf. u. sinf. Dichtgen, KaM., Lieder

ISAYE — s. YSAYE

ISENMANN, Karl * 29/4 1839 Gengenbach (Bad.), † 14/12 1889 Illenau (Irrenanst.), 1878 GymnGsgL. u. Chordirig. in Mannheim u. Ludwigshafen. W: Sinfon., Ouvert., KirchM., M- u. gem. Chöre

ISERLOHN, Frz v., ps. = Frz HANEMANN

ISLEDON, H. S., ps. = Geo. H. CLUTSAM

ISLER, Ernst * 10/9 1879 Zürich, da Organ., OrgL. am Konserv. H: ‚Schweizer MZtg‘ 1910/27. W: Ouvert., Chöre, Lieder; ‚Karl Attenhofer‘, ‚Max Reger‘, ‚Hans Huber‘

ISMER, Geo. * 25/2 1875 Ober-Tannhausen, Kr. Waldenburg, seit 1919 OML. (StudRat) an der Blindenanst. in Berlin-Steglitz, auch Organ. u. Chordir. W: Chöre, ‚Tonika Do f. d. Blinden‘ u. a. H: ‚Deutsch im Lied‘ (Liederbuch)

ISORI, Ida * 1875 Firenze, da † 1926, Sopran. H: ‚Altital. Arien des 16., 17., u. 18. Jhd.‘

ISOUARD, Niccolo (auch nur Niccolo gen.) * 6/12 1775 Malta, † 23/3 1818 Paris, da seit 1799, auch in Dtschld früher sehr beliebt. W: 50 Opern, ‚Aschenbrödel‘, ‚Lotterielos‘, ‚Joconde‘ usw., Messen, Kantaten, Lieder usw.

ISRAEL, Karl * 9/1 1841 Heiligenrode (Kr. Cassel), † 2/4 1881 Frankf. a. M., da MGelehrter. W: Lieder; ‚Musikal. Schätze in Frankf. a. M.‘, ‚Musikalien der ständischen Landesbibl. in Cassel‘ usw.

ISSERLIS, Julius * 8/11 1888 Kitschinew, vielgereister KlavVirt., seit 1923 in Wien, vorher seit 1913 KlavProf. an d. Philharm. in Moskau, ausgeb. in Kiew u. Moskau (Safonov u. S. Taneiev), mit 16 J. goldne Medaille. W: KlavStücke, auch m. Orch., KlavEtüden

ISTEL, Edgar, Dr. phil. * 23/2 1880 Mainz, seit 1920 in Madrid, Schüler Thuilles u. Sandbergers. W: Opern, Optten, BühnM., Singspiel-Ouvert., Chöre, Lieder; ‚Das deutsche Weihnachtsspiel‘, ‚Die Entstehg des dtschen Melodrams‘, ‚Die komische Oper‘, ‚P. Cornelius‘, ‚Das Libretto‘, ‚Die moderne Oper‘, ‚Paganini‘, ‚Das Buch der Oper‘. H: Musikal. Schriften von E. T. A. Hoffmann u. P. Cornelius, Dittersdorffs Biographie; ‚Fern im Süd‘ (span. Lieder)

ITAL, Louis * 28/1 1878, † 21/5 1929 Berlin, KM. d. HerrnfeldThea. W: Optten, Coupl., Tänze

ITURBI, José * 28/11 1895 Valencia, KlavVirt. seit 1923 in Paris

ITZEL, Kurt * 29/12 1886 Berlin, lebt in Leipzig, TheaKM. an versch. Orten. W: Optten, Lieder, KlavStücke

JUCKER, Benedikt * 23/10 1811 Basel, da † 21/2 1876, da gesuchter Klav- u. OrgL., Münsterorgan. W: Sinf., OrgStücke, Chöre u. a.

JUDENKÖNIG, Hans † 4/3 1526 Wien, Lautenvirt. aus Schwäb.-Gmünd. W: Schule u. Stücke f. Laute in Tabulatur

JUEL-FREDERIKSEN, Emil, ps. Hugo D i a r e l, Jack D o w e r, Urban F o b i n, Pietro M a r i n e l l a, Enrico Moreno, Thomas N o r d s t r ö m, Den glade U n g k a r l, Victor P a o l o, Ivan P e t r o v i t s c h, S t a n l e y, Hugo V i a r d, James W o o d * 14/4 1873 Kopenhagen, da seit 1901 Organ., wohnt in Rödovre p. Valby, ausgeb. in Kopenhagen u. von Eugen Hildach. W: Ballett, skandinav. OrchSuiten u. Stimmungsbilder, KlavStücke, viele Lieder

JÜNGER, Oskar * 21/11 1862 Hauteroda, ObMM. (MilKM.) a. D. in Bayreuth, ausgeb. in Weimar u. München. W: Märsche, MChöre, auch mit Orch.

JÜNGST, Hugo * 26/2 1853 Dresden, da † 6/2 1923, Schüler d. Konserv. zu Dresden, gründ. 1876 den Dresdner MGsgVer., Autorität auf d. Gebiet ds MChorgsgs. W: (über 100) gem. u. M-Chöre, auch m. Orch. B: fremdländ. Volksweisen (‚Spinn, Spinn‘ usw.)

JÜRGENS, Fritz * 22/4 1888 Düsseldorf, † 25/9 1915 in der Champagne. W: wertvolle Lieder nach Gedichten Gust. Falkes u. M. Greifs

JUERGENSOHN, Alf * 1902 Dünaburg, seit 1925 in München, Schüler v. Jos. Haas. W: KaM., KlavStücke, Gsge

JÜRGENSON, Peter * 17/7 1836 Reval, † 2/1 1904 Moskau, gründ. da 1861 den sehr bedeutend gewordenen MVerlag (Verlag M. Bernard 1885 angekauft), der trotz der Enteignung durch die Sowjets seit 1919 in Leipzig durch Rob. Forberg fortgeführt wird

JÜTTNER, Oskar * 24/11 1863 Liegnitz, † 19/8 1931 Basel, Violinist; 1889/1908 OrchDirig. in Montreux, 1909 städt. MDir. in Görlitz, seit 1918 Leiter der Kurkonz. in Neuenahr; lebte sonst in Köln. W: VStücke u. a., Tänze

JÜTTNER, Paul * 11/12 1864 Gräditz (Kr. Schweidnitz), † 1915, Organ. u. RealschulGsgL. in Berlin. W: Motetten, MChöre, OrgStücke usw.

JUFEROW — s. YUFEROW

JULIANO, A. P., ps. = Auguste PILATI

JULLIEN, Adolphe * 1/6 1845 Paris, da † 30/8 1932, bedeut. MSchr. W: ‚Berlioz‘ (1882, bzw. 1888), ‚E. Reyer‘, ‚R. Wagner‘ u. a.

JULLIEN, Louis Antoine * 23/4 1812 Sisteron (Basses Alpes), † 14/3 1860 Paris, verdienter OrchDir., 1840/59 in London. W: Oper, Tänze, bes. Quadrillen

JULLIEN, René * 1/12 1878 Paris, da VcVirt., KompSchüler Faurés. W: VcKonz., viel KaM. u. a.

JUMILHAC, Pierre Benoit de, Benediktiner-Mönch * 1611 Schloß St. Jean de Ligour (Limousin), † 22/3 1682 St. Germain-des-Près, zuerst seit 1630 im Kloster St. Remi zu Reims, bedeutent. Theoret. u. Choralgsforscher

JUNCK, Benedetto * 21/8 1852 Torino, † 3/10 1903 Vigilio (Bergamo), lebte in Milano (großes musik. Haus). W: KaM., Gsge u. Lieder

JUNG, Alb. * 29/4 1899 St. Ingbert (Saar), KM. in Bad Orb (Spessart), Schüler von Sekles. W: Sinfonietta, OrchSuite, OrchPassacaglia, FestM., KaM., u. a. Var. f. Horn u. StrQuart, Lieder

JUNG, Aug. * 16/12 1871 Elberfeld (blind), Schüler v. Jul. Buths u. nach Abitur.-Examen der Blindenanst. in London, 1893 des Kölner Konserv., 1903/14 Komp. in Köln, seitdem TheorL. u. Organ. in Hamm, da † 22/4 1934. W: Sinfon., Ouvert., KaM., KlavStücke, 103. Psalm, vaterl. Kantate, Chöre, Lieder

JUNG, Friedr., ps. Max STURM * 17/7 1897 Wien, seit Herbst 1933 Dirig. der Liedertafel in Berlin, ausgeb. in Wien (Akad.), war TonfilmKM. in München, HilfsKM. in Bayreuth. W: Tonfilme, MChorkantate, MChöre

JUNG, Rich. * 17/4 1861 Greiz, da † 8/7 1932, da SchulL., Organ. u. VerDir., vorher in Zeulenroda, Schüler des Konserv. in Sondershausen. W: gem. u. MChöre, OrgStücke

JUNG, Theo * 29/8 1897 Düsseldorf, lebt in Düsseldorf-Benrath, war 1927/32 OrchDir. und Organ. in Konstantinopel. W: Singspiele, Ouvert., KaM., Lieder

JUNG, Wilh., ps. W. ALBRECHT, Karl BRÄUER, Fritz HALLER * 8/12 1877 Straßburg, Els., StudRat a. D., Violinist (viele Konz.), bis 1932 VL. an der LBildgsAnst., Chordir. in Karlsruhe, lebt in Karlsruhe-Rüppur, ausgeb. auf d. Berl. Hochsch. W: VStudien, viele MChöre

JUNGE, Rudolf (Rudi) * 8/9 1897 Berlin, da Pianist, ausgeb. auf der Akad. John Petersen und von Gust. Ernest. W: Lieder

JUNGER, Friedr., Dr. med. * 13/7 1862 Wetzlau, Kr. Prag, seit 1915 Arzt in Schönbach, Bez. Eger. W: Optten, Tänze, Lieder

JUNGHERR, A. H. (Hans) * 9/8 1893, Bearb. in Berlin. W: UnterhaltgsM.

JUNGMANN, Albert * 14/11 1824 Langensalza, † 7/11 1892 Pandorf/Krems, seit 1853 in Wien (MHändler). W: KlavSalonstücke (teilweise sehr beliebt)

JUNGMANN, Felix, ps. = A. T. H. PARKER

JUNGMANN, Jaroslaw * 1846, † 3/10 1905 Wien, erst TheaKM., dann DomKM. in Budweis. W: Höritzer Passionsspiel, KirchM. usw.

JUNGMANN, Louis * 1/1 1832 Weimar, da † 20/9 1892, ML. am Sophieninstit. W: KlavStücke, Lieder usw.

JUNK, Victor, Dr. phil. * 18/4 1875 Wien, da Germanist an d. Univ., Dirig. des Chors der Wiener Bach-Gemeinde. W: Oper, Orator., sinfon. Dichtgen; ‚Reger als OrchKomp.', ‚Tannhäuser in Sage u. Dichtg' usw. B: 2hd. KlavAuszüge von Werken Regers u. Hugo Wolfs, Mozarts ‚Mithridates'. H: Motetten v. Christ. Bach, Messe v. Nik. Bach

JUNKER, Herm., Dr. phil. * 23/7 1881 Karlsruhe, da seit 1907 KonservL., Schüler Thuilles u. Sandbergers. W: BühnM., Psalm 63, Lieder, KlavStücke, VStücke

JUNKER, Karl Ludw. * ca 1740 Öhringen (Württ.), † 30/5 1797, Pastor in Ruppertshofen/ Kirchberg, OA. Gaildorf, trefflicher MSchr. W: Melodr., Kantate, 3 KlavKonz.; ‚Zwanzig Komponisten', ‚Tonkunst' usw.

JUNKER, W., ps. = W. JUNKER-FREDRIKSHAMM

JUNKER-FREDRIKSHAMM, Will * 24/12 1872 Petersburg, seit 1906 in Berlin, KlavVirt. u. MRef., ausgeb. in Frankfurt a. M., Wiesbaden u. Genf, lebte zeitw. in Lausanne, Cannes u. auf Reisen, gründ. in Berlin die ‚Polyhymnia' zur Unterstützg musik. junger Talente (durch d. Weltkrieg eingegangen). W: KlavVSon., 4 KlavSon. u. Stücke; Der 66. Psalm m. Orch., Chöre, Lieder

JUNNE, Otto * 19/3 1854, gründete 1887 den gleichnamigen Verlag in Leipzig und führte, nachdem er daraus 1909 ausgeschieden, den 1889 angekauften Verlag Schott Frères, Brüssel, allein fort

JUON, Paul * 8/3 1872 Moskau, lebt in Vevey, Schüler v. J. Hřimaly, Tanějew, Arensky u. Bargiel 1897/34 in Berlin, 1906/34 TheorL. a. d. Hochschule, seit 1919 Mitgl. d. Akad. d. Künste, auch L. an der MSchule in Dresden; bedeut. Kompon., urspr. Brahmsscher Richtg. W: Sinf. u. and. OrchWerke, TripelKonz., 3 VKonz., KaM., u. a. KlavSextett, 4 StrQuartette, Okt., VStücke, KlavStücke, auch zu 4 Hdn, u. 2 Klav., Lieder, Harmonielehre

JUPIN, Charles Franç. * 30/11 1805 Chambery, † 12/6 1839 Paris, da KM. der Kom. Op., urspr. VVirt., Schüler Baillots. W: KaM., VKonz., V-Stücke

JUREK, Wilh. Aug. * 29/4 1870 Wien, da † 10/4 1934, Chordir., früherer MilMker. W: Possen, Volksstücke, viele volkstüml. Lieder; ‚Deutschmeister-RegMarsch'

JURGENSON, MVerlag — s. Jürgenson

JURJANS, Andrejs * 18/9 1856 Erlaa (Livl.), † 28/9 1922 Riga, Schüler Rimsky-Korssakows, 1882/1916 ML. in Charkow. W (beachtenswert): Sinf. Dichtg., VcellKonz., Chöre, Lieder. H: lett. Volksweisen

JURMANN, Walter * 12/10 1903 Wien, lebt da. W: Tonfilme, viele Schlager

JUSTINE, Leo, ps. = Ernest REEVES

JUUL, Asger * 9/5 1874 Kopenhagen, † 1919 Roskilde, Domkantor, auch MRef., Schüler H. Riemanns. W: bemerkenswerte KlavStücke u. Lieder u. Chöre, darunter 200 geistl.

IVALDI, Filippo * 10/12 1874 Alessandria in Ägypt., treffl. KlavVirt., Schüler des Licco in Bologna, da seit 1911 L. W: KlavStücke, Lieder

IVANOV, russ. — s. IWANOW

IVANOVICI, † 2/10 1902 Bukarest, bekannter Tanzkomp. (u. a. ‚Donauwellen'-Walzer), Generalinsp. der rumän. MilKapellen

IVERSEN, Bernh. * 26/1 1881 Munkbraruy, Kr. Flensburg, seit 1928 Prof. an der pädag. Akad. Kiel, vorher seit 1903 SemML., Organ. u. VerDir. in Flensburg. W: MChöre

IVES, Charles * 1874 Danbury, Connecticut, lebt da bzw. in Newyork, Geiger u. HarmonVirt. W: 4 Sinf., New England Suite, KaOrchKompos., KaM., Chöre m. Org., Lieder u. a.

IVOGÜN, Maria (eigentl. Inge von Günther), * 18/11 1891 Budapest, ausgez. hochmusikal. KoloraturSgerin, 1913/25 an der Münchener Op., seit Herbst 1925 bis 1932 an der Städt. Op. in Berlin, 1921/31 mit Karl Erb, seit 1933 mit Mich. Raucheisen verheiratet, lebt in Berlin

IVORY, Charly, ps. = MEINEL, Walter

IVRY, Richard d', Marquis, ps. Rich. YRVID, * 4/2 1829 Beaume (Cóte d'or), † 18/12 1903 Hyères, lebte seit 1854 in Paris. W: Opern, Hymnen, Lieder

IWANOW, Boris, ps. = GOLDMANN, Kurt

IWANOW, Michail Michailowitsch * 23/9 1849 Moskau, † 20/10 1927 Rom, Schüler Tschaikowskys u. Sgambatis, MSchr. W: Opern usw., Ballett, Requiem, sinfon. Werke, Lieder, KlavStücke usw.

IWANOW - BORETZKI, Michael * 16/6 1874 Moskau, lebt da, KonservProf., auch MSchr. W: Opern, Sinf., KaM., KlavStücke, Lieder

K

KAAN (eigentl. Kaan-Albést), Heinrich v. * 29/5 1852 Tarnopol (Galizien), † Mai 1926 Roudna, KlavVirt., Schüler Blodeks u. Skuherskys, seit 1890 KlavProf. u. seit 1907 KonservDir. in Prag. W: 2 Opern, Ballett ‚Bajaja', Pantomime ‚Olim', sinf. Werke, KlavKonz., KlavTrio, KlavStücke

KAATZ, Fritz * 30/10 1889 Breslau, da Dir. eines Konserv.

KABASTA, Oswald * 29/12 1896 Mistelbach (Österr.), ausgeb. in Wien u. Klosterneuburg, erst SchulGsgL. in Wien, dann TheaKM. (1926/31 in Graz), seit 1930 Leiter d. Rundfunks u. seit 1932 der KM-Schule der Staatsakad. in Wien, Kriegsteilnehmer

KABATEK, A., ZithMV. in Leipzig, gegr. 1877

KACSOH, Pongracz * 15/12 1873 Budapest, Komp. der da über 500mal gegeb. Operette ‚Ritter Johann'

KADE, Otto * 6/2 1825 Dresden, † 19/7 1900 Bad Doberan, gründete 1848 in Dresden den Gsg-Ver. ‚Cäcilia', seit 1860 MDir. in Schwerin (Mecklbg.), kenntnisreicher MForscher. B: ‚Luther-Kodex v. J. 1530', Luthers erstes Gsgbuch (1524), ein ‚Offizielles Melodienbuch für die Mecklbg. Landeskirche', sowie die Musikbeilagen zu Ambros' M-Gesch. (5. Band). W: ‚Isaac', ‚Le Maistre', ‚Katalog der Musikalien der Schweriner Regierungsbibl.'

KADE, Reinhard (Sohn Ottos) * 25/9 1859 Dresden, da GymnasStudRat, MGelehrter

KADE, Willy * 28/5 1892 Eldagsen, Hann., seit 1921 SoloVcellist in Magdeburg. W: VKonz., VcStudien

KADEN, Richard * 10/2 1856 Dresden, da † 9/7 1923, seit 1883 Dir. einer MSchule. W: Sinfon., VDuette. B: VSchule v. Rode

KADLETZ, Andreas * 18/2 1859 Dobrisch (Böhmen), Violinist, OpKonzM., u. GymnsGsgL. in Petersburg. W: Oper, Ballette, VStücke

KADOSA, Paul * 6/9 1903 Leva (ObUngarn, jetzt Tschechoslovakei), KlavL. an der FedorSchule in Budapest seit 1927, da Schüler Kodalys u. Arnold Szekelys, KlavVirt. W: Sinf., KaM., Klav-Sonaten, Suiten u. Stücke, Chöre, Lieder

KADSCHUN, Karl * 22/3 1876 Dresden, lebt in Wien seit 1920. W: viel UnterhaltgsM.

KÄHLER, Helmar, ps. Julius MARLEH * 20/1 1884 Kiel, Dirig. in Berlin-Spandau. W: Opern, Optten, Lieder, UnterhaltgsM.

KÄHLER, Leo, ps. Lyonel CAYLOR, Max OTTO * 21/4 1881, lebt in Lausa/Dresden, geschätzter Bearb. f. SalonOrch. W: UnterhaltgsM.

KAEHLER, Moritz Friedr. * 20/7 1781 Sommerfeld, † 17/2 1834 Züllichau, da seit 1815 MDir. am Pädagog. W: Kantaten, 2 KlavKonz., Duos f. Br. u. Vc. usw.

KAEHLER, Willibald, Dr. h. c. * 2/1 1866 Berlin, lebt da, 1906/31 I. KM. (Dir.) d. Schwerin. Oper, ausgeb. in Berlin (Hochsch.), TheaKM. seit 1887, 1891/1906 in Mannheim, öfters in Bayreuth, wo er den Parsifal dirig. W: BühnenM., Kantate ‚Friede‘, V- u. KlavStücke, Chöre, Lieder. H: Webers ‚Silvana‘

KAELTER, M., ps. = Karl KAPPEI

KÄMPF, Karl * 31/8 1874 Berlin, Schüler Sormanns u. F. E. Kochs, Harmon- u.KlavVirt., seit Herbst 1925 Dirig. der Liedertafel in M-Gladbach. W: 2 sinf. Dichtgen, OrchSuiten, KaM., Klav- u. HarmonStücke, MChöre (auch m. Orch.), Lieder

KAEMPFERT, Max * 3/1 1871 Berlin, seit 1923 MSchulDir. in Solothurn, urspr. Geiger, 1893/1898 KonzM. des KaimOrch. in München, 1898 städt. KM. in Eisenach, 1899/23 KM. in Frankf. a. M. (Palmengarten), 1915/23 auch UnivMDir. (3 Jahre als Landsturmmann im Krieg). W: Volks-Op., Optte, 4 OrchRhapsodien, Tänze, KaM., V-Stücke, bes. f. die Jugend, Lieder. H: Mozarts Wiener Sonatinen f. 2 V. — Seine Frau A n n a, geb. Seyboth * 25/5 1877, hervorragende Orat-Sgerin (Sopran) u. GsgL.

KAEMPFNER, Bernh., ps. B. K. SKUTECKY * 30/11 1874 Wien, lebt da. W: volkstüml. Lieder

KÄPPELE, Hermann * 18/8 1883, Bearbeiter in Oberlahnstein a. Rh. W: UnterhaltgsM.

KAEPPLER, Adolf * 3/3 1896 Dresden, da Organ., Pianist u. Chordir., da ausgeb. (Konserv.). W: Gr. Chorwerk ‚Der Stern der Heimat‘, M-Chöre

KAERNBACH, Gerd * 30/5 1894, lebt in Berlin. W: Oper, Tonfilme, OrchSuite

KÄSERMANN, Niklaus * 13/4 1755 Jegenstorf (Bern), † 13/1 1806 Bern, da seit 1782 Kantor am Münster. W: Oper, geistl. Oden u. Lieder u. a.

KÄSLIN, Eusebius * 21/12 1855 Beckenried (Nidwalden), † 21/8 1889 Aarau, da seit 1882 Organ. W: MChöre, Lieder

KAESSER, Emil, ps. Rob. CARLY, Karl FREIMANN * 9/9 1898 Waiblingen/Stuttgart, lebt in Berlin, bis 1934 in Stuttgart, MVerleger. W: UnterhaltgsM., KlavStücke, Lieder

KÄSSMAYER, Moritz * 1831 Wien, da † 10/11 1884, Violinist im Hofopernorch. W: Oper, Str-Quart., Volkslieder, humor. kontrap. f. StrQuart. bearb. (von Brahms sehr geschätzt), MChöre, Lieder, Messen

KAEVER, Max * 11/8 1900, lebt in Düsseldorf. W: MChöre, bes. vaterländ., Lieder, auch m. Laute

KAFFKA (eigentl. Engelmann), Joh. Christoph * 1754 Regensburg, † 29/1 1815 Riga, Buchhdler seit 1803, früher Schauspieler u. Sger (Breslau, Petersburg usw.). W: Singspiele, Ballette, Orator., Sinfon. usw.

KAFKA, Heinr. * 25/2 1844 Strazowitz (Böhm.), † April 1917, Schüler von Mildner u. Krejči-Prag, seit 1875 ML. in Wien. W: Opern, sinfon. Dichtg., KaM., Lieder usw.

KAFKA, Joh. Nep. * 17/5 1819 Neustadt a. d. Mettau (Böhm.), † 23/10 1886 Wien, ML. W: KlavSalonkompos. (‚Erinnerg an Steinbach‘, ‚Frühlingsgruß‘, ‚Vöglein, mein Bote‘ u. a.)

KAGELER, Ludwig * 7/1 1865, † 23/11 1915. W: Chöre, Lieder, Schulliederbuch. H: Volkslieder

KAGERER, Christoph Lorenz * 11/12 1886 Endelhausen/Wolfratshausen, OBay., StudRat in Burghausen, OBay. seit 1922. W: KirchM.

KAGERER, Marcus Thomas * 17/11 1878 Oberwarngau (OBay.), † 3/11 1932 Luzern, seit 1902 Priester, seit 1921 Chorregent am Stift Beromünster (Schweiz). W: viele KirchM.

KAHL, Maximilian * 5/1 1858 Breslau, da Organ. i. R. W: Tänze, Märsche, KlavStücke

KAHL, Oskar * 1842, † 1914 Zürich, da 1865/99 KonzM. des Tonhallenorch. W: Sinf., KaM., V-Konzerte. — Sein gleichnamiger Sohn * 1/11 1872 Zürich, † 5/2 1915 Arosa, da krank seit 1905. W: KlavTrio, Lieder

KAHL, Willi, Dr. phil. * 18/7 1893 Zabern, M-Schr., Krit., seit 1923 UnivPrivDoz., seit 1928 BiblRat in Köln. H: Lyr. KlavStücke der Romantik; Dtsche KlavM. des 18. Jhdts

KAHLE, Erich, ps. Ri KELLY * 20/11 1880 Stargard in Pomm., Bankbeamter in Berlin, Schüler Elis. Kuypers. W: Schausp. mit M., UnterhaltgsM.

KAHLERT, Aug. Karl Timotheus, Dr. phil. * 5/3 1807 Breslau, da † 29/3 1864, Prof. der Philos.; gründl. Musiker. W: u. a. ,System der Ästhetik', Lieder

KAHN, Albert gen. Böhme † 17/5 1919 Berlin. W: UnterhaltgsM.

KAHN, Erich Itor * 23/7 1905 Rimbach (Odenwald), KlavVirt. u. ML. in Frankf. a. M. W: Ballett, KaM., KlavStücke, Lieder

KAHN, Esther * 1877 London, lebt in Kensington (Austral.), gründ. 1924 die International soc. of m. therapeutics. W: KaM., KonzStück f. 2 Klav., KlavStücke, Lieder

KAHN, Johannes * 12/3 1890 Bernburg, seit 1920 in Berlin, studierte MWiss. u. Germanistik in Leipzig, Kompos. unter Rahlwes, Kaun und Donisch, Frontkämpfer. W: Lieder, auch nach eig. Dichtgen. H: Briefwechsel m. Spohr u. Ad. Hasse (erscheint demnächst bei Gustav Bosse)

KAHN, Robert * 21/7 1865 Mannheim, lebt in Feldberg, Meckl., 1898/1930 KomposL. an der Berliner Hochschule, auch KlavVirt. W: treffl. KaM., KonzStück, KlavStücke, Chöre, sehr gelungene Lieder usw.

KAHNT, Christian Frdr. * 10/5 1823, † 5/6 1897 Leipzig, Begründet (1851) des noch bestehenden sehr angesehenen MVerlags

KAHNT, Moritz * 27/4 1836 Löbnitz (Sachs.), † 16/8 1904 Basel, da seit 1864 Solovcellist u. seit 1866 auch Organ. W: VcellStücke, MChöre

KAHRER, Laura — s. RAPPOLDI-KAHRER

KAHSE, Geo. Otto * 20/9 1884 Albungen a. d. Werra, Kr. Eschwege, urspr. SchulL., seit 1910 in Cassel, Schüler des dort. Konserv., 1921/23 Leiter des KonzVer., jetzt Dirig. eines Mädchenchors, der das alte u. neue Volkslied pflegt. W: Kinderlieder. H: ,Der Chorleiter', Ztschr. f. d. Reform der VokalM. u. die Bestrebgen der Chordirigenten

KAJANUS, Rob. * 2/12 1856 Helsingfors, da † 6/7 1933, bis 1932 Dir. des von ihm 1882 begründet. philharm. Orch.; seit 1897 auch UniversMDir. W (national gefärbt): sinfon. Dichtgen, 2 finnl. Rhapsodien, OrchSuite, Kantaten, Lieder, KlavStücke usw.

KAIM, Frz * 13/5 1856 Kirchheim/Stuttgart, gründ. 1893 in München die Kaimkonzerte. Das 1908 aufgelöste ,KaimOrch.' wurde v. ,KonzVer.' übernommen

KAISER, Alfr., zuletzt de Keyser sich nennend, auch Kaiser de Bruxelles, ps. A. K. DE FRALIERS * 1/3 1872 Brüssel, † 2/10 1917 London, wo er lebte, Schüler Bruckners. W: Opern, M. zu Grabbes ,Don Juan u. Faust', Sinfon., StrOrchSerenaden, KlavKonz., KaM.

KAISER, Emil * 7/2 1850 Coburg, † 1929 München, KM., auch MilKM. in Prag u. Wien, seit 1903 in München. W: Opern ,Der Trompeter v. Säkkingen' u. a., M. zu Volksstücken des Schlierseer Bauernthea., Ouvert., Messen, Chöre, Lieder usw.

KAISER, Geo., Dr. phil. * 1/3 1883 Hartmannsdorf/Chemnitz, † 17/8 1918 Lpz. H: K. M. v. Webers ges. Schriften u. a.

KAISER, Henry Charles * 1861 Nancy, † 1921 Paris, da seit 1891 KonservatProf., Schüler v. G. Mathias, Cés. Franck u. Massenet, verdient. Pädagoge. W: Ballett, Oper, Stücke f. Orch., Klav., V. u. Vc., theoret. Schriften

KAISER, Ludwig, Dr. phil. * 5/12 1876 Wien, da † 20/2 1932, Dir. der von seinem Vater Karl (1837/90) begründ. MSchule seit 1914; vorher OpKorrepetitor u. KM. in München, Wien, Hamburg; 1917 KM. d. Wiener Volksoper. W: Chöre, Lieder

KAISER, Phil. Christ. — s. KAYSER

KAISER, Rud. * 22/6 1876 Nürnberg, Chordirig. in München. W: Opern, gem. u. MChöre, letztere auch m. Orch.

KAISER, Siegfried, ps. = Otto KATTNER

KAISER, Willy * 8/10 1879 Leipzig, Bankbeamter a. D. in Berlin. W: FilmM., Lieder

KALAFORTI, Wassili P. * 10/2 1869 Eupatoria (Krim), seit 1900 L. am Petersburger Konserv. W: Sinf., Ouvert., KlavQuart., KlavSonaten u. -Stücke, Lieder

KALBECK, Max * 4/1 1850 Breslau, † 5/5 1921 Wien, hier MRef. seit 1880. W: ,Opernabende', ,Brahms' (4 Bde) usw. Operettentexte, Übersetzgen fremdsprachig. OpTexte

KALCHER, Joh. Nepom. * 1766 Freising, † 1826 München, da seit 1798 Hoforgan., L. Carl M. von Webers. W: Messen, Sinfon., Konzerte, Sonat., Lieder

KALDY, Giulaj * 1838 Budapest, da † 1901, KM., Spielleiter u. Dir. d. Oper, auch GsgL. u. zeitw. Dir. der Landesakad. f. M., hoch verdient als Hrsg. alter ungar. M., bes. von Volksliedern

KALENSKY, Joh. † 24/1 1917 Prag. W: Märsche

KALEVE, Gust. * 25/10 1884 Keckringen (Lothr.), I. Flötist der Op. u. L. an der Akad. der Tonkunst in München. W: Blasquint. u. a.

KALHAUGE, Viggo * 12/8 1840 Kopenhagen, da † 19/2 1905. W: Opern, Chöre, Lieder, KlavStücke

KALINNIKOW, Wassili Sergejewitsch * 13/1 1866 Woina, Gouvern. Orlow, † 11/1 1901 Jalta, begabter Komp. W: 2 Sinfon., sinfon. Dichtgen, Kantaten, Lieder, KlavStücke usw.

KALISCH, Alfred † 17/5 1933 London, da einflußreicher MKritiker

KALISCH, Paul (Sohn des bekannten Possenu. Coupletdichters D a v i d K. [1820/72]), * 6/11 1855 Berlin, lebt in Wiesbaden seit Jahren, urspr. Architekt, später OpTenorist, in Italien, London, Berlin (Hofoper), Newyork usw. engagiert; heiratete 1888 seine Lehrerin Lilli Lehmann (s. d.)

KALISCHER, Alfred Christlieb * 4/3 1842 Thorn, † 8/10 1907 Berlin, Philolog, Dichter u. MSchr., verdienter Beethovenforscher, ‚Beethoven u. seine Zeitgenossen'. H: Beethovens sämtl. Briefe

KALKBRENNER, Christian * 22/9 1755 Minden, † 10/8 1806 Paris, da seit 1799 Korrepetitor der Gr. Op., 1790/96 KM. des Prinzen Heinrich in Rheinsberg. W: Opern (erfolglos), KaM., KlavStücke, theor. Schriften

KALKBRENNER, Frdr. (Sohn Christians) * 1788 Berlin, † 10/6 1849 Enghien les Bains/Paris, treffl. vielgereister Pianist, 1814/23 in London, gründ. 1824 in Paris mit Pleyel eine KlavFabrik. W: KlavSchule, Etüden, 5 Konz., Variat., viele Salonstücke, KaM., ‚Traité d'harmonie du pianiste'

KALKUM, Georg * 25/2 1878 Schloß Stein, Bay., Barit, in Berlin, KomposSchüler V. Gluths u. Rheinbergers. W: Lieder

KALLAB, Camilla * 22/12 1910 Österr., seit Herbst 1934 I. Altistin der Leipz. Op., 1929/34 in Dresden, ausgeb. v. Maria Gluck-Wetzelsberger in Frankf. a. M.

KALLENBACH, Geo Ernst Gottlieb † 1832 Magdeburg, da seit 1795 Organ., 1780 schon als Liedkompon. bekannt. W: viele Lieder, Choralbuch

KALLENBERG, Siegfried * 3/11 1867 in Schachen/Lindau, lebt in München, begabter expression. Komp. W: Opern, Sinfon., KaM., Chöre, zahlr. Lieder usw.; ‚M. Reger'; ‚R. Strauß'. Seit 1921 besteht zu seiner Förderg der KVer. in München

KALLIES, Hans * 7/4 1899 Berlin, da KM., Schüler u. a. v. S. Ochs, Cam. Hildebrand. W: UnterhaltgsM.

KALLIWODA, Joh. Wenzel * 21/2 1801 Prag, † 3/12 1866 Karlsruhe, 1822/66 KM. des Fürsten v. Fürstenberg in Donaueschingen, lebte dann in Karlsruhe, VVirt. u. seinerzeit beliebter Komp.

W: 7 Sinfon., viele Ouvert., VKonzerte, KaM., KlavStücke, 10 Messen, Lieder, MChöre (z. B. der populäre ‚Das deutsche Lied') usw. — Sein Sohn W i l h e l m * 19/7 1827 Donaueschingen, † 8/9 1893 Karlsruhe, dort 1849/75 HofKM. W: InstrumentalM., KlavStücke, Lieder

KALLMEYER, Georg, MVerlag in Berlin (seit 1927) u. Wolfenbüttel, entstanden aus dem 1872 gegr. Verlag Jul. Zwißler, in den G. K. 1913 eingetreten ist; bevorzugt die von Fritz Jöde geleitete, in der Musikantengilde vereinigte musikal. Jugendbewegung

KALLSTENIUS, Edvin * 29/8 1881 Filipstad (Wärmland), lebt in Stocksund/Stockholm, Schüler des Lpzger Konserv. W: Sinf., OrchSerenade u. Ouvert., KaM., KlavKonz., Requiem, Kantate, Lieder

KALMAN, Emerich * 24/10 1882 Siofok (Ung.), lebt in Wien, Schüler Koeßlers, erfolgr. Operettenkomp. W: ‚Herbstmanöver', ‚Die Csardasfürstin', ‚Das Hollandweibchen', ‚Gräfin Maritza' u. a.

KALMAN, Georg * 28/6 1883 Budapest, da KlavL. W: KlavMethodik (ung.)

KALMTHOUT, Willem Cornelis Maria van * 23/1 1890 Nijmegen, seit 1918 KonservDir. in Tilburg, vorher seit 1913 Organ. in Nijmegen, ausgeb. in Gent (Konserv.) u. v. Anrooy. W: Op., Orator., Messen, Chöre, Lieder

KALOMIRIS, Massolis, KonservDir. in Athen

KALT, Pius * 14/7 1883 Giersdorf/Neisse, L. an d. Akad. f. Kirch- u. SchulM. u. Dirig. des Kammerchors Caecilia in Berlin, da 1915/29 Regens chori der St. Hedwig-Basilika, 1913/15 KirchChordir. in Frankf. a. M.

KALTHOFF, Ernst (Sohn v. Franz) * 30/4 1908 Lüdenscheid, Westf., AbtLeiter beim Reichssender Köln. W: UnterhaltgsM.

KALTHOFF, Frz * 13/10 1872 Letmathe, seit 1926 StudR. in Köln, 1909/19 SemML. in Kempen bzw. Buhl. W: Dtsch. Singbüchlein, Rhein. Liederbuch, ‚Stimmbildg' u. a.

KAMBUROW, Iwan * 22/10 1883 Lertowetz (Bulg.), MSchr. in Sofia, ausgeb. in Leipzig, sammelte üb. 2000 Volkslieder. W: Schriften, u. a. MLexikon (bulg.)

KAMIENSKI, (Dolega-K.), Lucian * 7/1 1885 Gnesen, Schüler M. Bruchs, 1910 Dr. phil. der Berliner Univers., 1909/19 MRef. in Königsberg, als Nationalpole 1919 an die Akad. d. M. in Posen berufen, dort seit 1922 auch UnivProf. W: Oper, Optten, Sinf., Chöre, wertvolle Lieder; Fachschriften

KAMIENSKI, Matthias * 13/10 1734 Ödenburg, † 25/1 1821 Warschau, der erste polnische Op-Komp. W: Opern ‚Nedza Uzczediwiona' (1778), ‚Zoska' (1779) usw., KirchM.

KAMINSKI, Heinrich * 4/7 1886 Thiengen (Baden), lebt in Ried/Benediktbeuren, Schüler Wolfrums, Klattes, Kauns u. Juons. 1930/32 Leiter einer Meisterschule an der Akad. d. Künste in Berlin, leitete 1930/33 die SinfKonz. in Bielefeld. W: (eigenartig, teilw. bedeutend): MDrama ‚Jürg Jenatsch', Concerto grosso u. Suite für Orch., KaM., ‚Passion' (Mysterienspiel), ‚Magnificat', Psalmen f. Chor u. Orchester, OrgWerke

KAMINSKI, Jos. * 17/11 1903 Odessa, VVirt. in Berlin, Schüler von A. Rosé u. Barmas, auch von Hans Gal; vorher in Warschau

KAMM, Ferd. * 1/4 1845 Kelheim (Bayern), † 9/4 1897 Aix (Provence), seit 1871 Prof. an d. Kantonschule in St. Gallen. W: viele MChöre (op. 4 Nr. 1 das auch im Weltkrieg sehr bekannt gewordene Heckenrosenlied ‚Es war ein Knab gezogen'); Fr- u. gemChöre

KAMMEIER, Hans * 24/4 1902 Rüttenscheid/Essen, seit 1931 in Berlin der Funkstunde, seit 1933 MRef. am Reichssender Berlin, Schüler W. Courvoisiers u. Willib. Gurlitts, dann OrchMker u. LanderziehungsheimML. W: Hörspiele, KaM., Chöre (Osterkantate u. a.), Lieder. B: Volkslieder

KAMMEL, Ant. * ca 1740 Hanna (Böhm.), † 1788 London, da seit 1774, Schüler Tartinis, dann in Prag Geiger. W: Sinf., viel KaM., u. a. VDuette

KAMMEL, Karl Ludw. * 22/8 1885 Wien, da Konzsgr u. Gitarrist. W: GitStücke, Lieder mit Git.

KAMMERER, Immanuel Joh. * 14/11 1896 Zürich, seit 1924 MDir. in Rheinfelden. W: Chöre

KAMMERER, Paul, Dr. phil. * 17/8 1880 Wien, da MSchr. † Mai 1927. W: ‚Erwerbg. u. Vererbg des musikal. Talentes', Lieder

KAMMERLANDER, Karl * 30/4 1828 Weißenborn, † 24/8 1892, DomKM. zu Augsburg. W: KirchM., MChöre, Lieder usw.

KAMPE, Frz Rud. * 27/4 1879 Spandau, ZithVirt. in Alzey. W: ZithStücke

KAMPERS, Otto * 7/7 1902 München, lebt in Stockdorf/München, Schüler v. Geierhaas, Jos. Haas u. v. Waltershausen. W: Oper, Messen, KaM., MChöre, Lieder m. StrQuint.

KAMPZ, Martin * 20/9 1895 Goldberg, Meckl., MD. in Malchow, Meckl., ausgeb. in Sondershausen (Konserv.). W: Optte, Chor-Ballade m. Orch., viele Lieder, Märsche u. Tänze

KANDLER, Franz Sales * 23/8 1792 Klosterneuburg, † 26/9 1831 Baden/Wien, k. k. Feldkriegskonzipist, kenntnisreicher MSchr.

KANDLER, Hans * 6/6 1891 Dresden, lebt da, Cabarettist („Der Dichterkompon. am Flügel'). W: Schlager, bes. Tänze

KANITZ, Ernst, Dr. * 9/4 1894 Wien, Schüler Schrekers, TheorL. in Wien. W: ‚Das hohe Lied', KaM., Lieder

KANNE, Friedr. Aug. * 8/3 1778 Delitzsch, † 16/12 1833 Wien, da seit 1807, auch Dichter u. MSchr. (Vorkämpfer für Beethoven). W: Opern, Singspiele, Messen, Sonaten, Lieder, auch m. Git.

KANNEWISCHER, Georg, Dr. phil. * 27/12 1897 Beuthen, da ausgeb. (Ciepliks Konserv.) u. in München (Sandberger, G. F. Schmidt, Alfr. Lorenz), war 6 J. TheaK. u. a. in Solingen, lebt in München als musik. Berater e. Tanzschule. W: Bühn. u. BallM., Märchenspiel, KaM., Lieder

KANTER, Gust. * 21/12 1884 OstPr., BandoniumVirt. in Dresden, vorher in Görlitz. Auch theoret. Vorkämpfer f. sein Instr. W: BandonLehrgang u. Bearb.

KAPELLER, Karl † Mai 1918, Wien, TheaKM. W: Optten u. Possen

KAPER, B., Dr. jur. * 5/2 1902 Warschau, seit 1926 in Berlin, studierte da u. vorher in Warschau M. W: ernste M., Tonfilme, Schlager. — ps. John DAVIS; Harry MORELL (zus. m. H. Scheibenhofer)

KAPP, Artur * 16/2 1878 Nordlivland, 1904/20 Dir. der MSchule in Astrachan, dann Prof. am Konserv. in Reval, ausgeb. in Petersburg, vielgereister OrgVirt. W: 2 Sinf., Suite üb. estnische Volkslieder, Ouv., KaM., OrgStücke, Orator. ‚Hiob' (das erste estn.), Chöre, Lieder

KAPP, Julius, Dr. phil. * 1/10 1883 Steinbach (Baden), Dramat. d. Staatsop. in Berlin. W: ‚Berlioz', ‚Liszt', ‚Meyerbeer', ‚Paganini', ‚Schreker', ‚Wagner', ‚Weber'; ‚Die Oper der Gegenwart', ‚Die Berliner Staatsoper 1919/25'; ‚R. Wagner u. seine erste Elisabeth'; ‚18 Jahre Staatsoper'. H: Wagners Ges. Schriften u. Ges. Briefe (bisher nur 2 Bde) B: Berlioz, ‚Trojaner'; Meyerbeer, ‚Hugenotten'; Rossini, ‚Tell'; Verdi, ‚Ernani' u. ‚Sizilian. Vesper' usw.

KAPPEI, Karl, ps. Conny GRAFF; M. KAELTER * 19/4 1907, lebt in Berlin. W: UnterhltgsM.

KAPPELLER, Karl — s. KAPELLER

KAPPLUSCH, Alfred, ps. Fred CAPHAT * 22/9 1898 Bochum, Pianist u. Bearb. in Düsseldorf, da ausgeb. W: UnterhaltgsM.

KAPRAL, Vaclav * 26/8 1889 Urcice, lebt in Brünn, Pianist. W: StrQuart., KlavSonat., Lieder

KAPS, Ernst * 6/12 1826 Dresden, da † 11/2 1887, Begr. (1862) der geschätzen Pftefabrik

KAPS, William, ps. = Willy FERRERO

KAPSBERGER, Joh. Hieron., Dtscher von Geburt, † um 1650, 1604 in Venedig, später in Rom, Theorben- u. Lautenvirt. W (neuer Florentiner Stil): Madrigale, Villanellen, Arien, Tänze usw.

KARAJAN, Herbert v., seit Herbst 1934 1. OpKM. in Aachen, da seit 1935 GenMDir., vorher 5 J. OpKM. in Ulm (keine Auskunft erhalten)

KARASOWSKI, Moritz * 22/9 1823 Warschau, † 20/4 1892 Dresden, da seit 1864 Kgl. KaMusiker (Vcellist). W: ,Gesch. der poln. Oper', ,Frdr. Chopin' u. v. a.

KARATYGIN, Wjatschieslav Gavrilovitch * 17/9 1875 Pawlowst, † 23/12 1925 Leningrad, da MGeschProf. am Konserv. W: Schr. üb. Mussorgsky, Skriabin, Schaljapin; Lieder

KARBE, Karl Heinr. Geo. * 30/5 1887 Hannover/Linden, da seit 1905 ML. u. Pianist. W: KaM., Chöre

KARBULKA, Josef * 23/7 1866 Prag, † 13/2 1920 Nikolajew (Rußl.), VVirt., Schüler von Bennewitz u. Joachim, Prof. an den Konserv. in Agram, Odessa (12 J.) u. Nikolajew. W: VStücke u. Konz.

KARCZAG, W., MV. u. BühnenV., Wien, gegr. 1/9 1904

KAREL, Rudolf * 9/11 1880 Pilsen, Schüler Dvořaks, Dir. in Prag. W: Oper, Sinfon., u. OrchStücke, KaM., KlavStücke

KARG, Marga * 17/7 1903 München, lebt da, da ausgeb. W: Messe, Kantate, KaM., KlavStücke, FrChöre, Lieder

KARG-ELERT, Sigfrid * 21/11 1879 Oberndorf a. Neckar, † 9/4 1933 Leipzig, zuerst Bläser in untergeord. Orch., dann auf dem Lpzger Konserv., zeitw. L. am Magdeburger Konserv., dann in Leipzig, seit 1919 KonservL.; expression. fruchtbarer Komp. W: OrchSuite, KaM., Harmon- u. OrgStücke, KlavStücke (3 Sonat.), Lieder — ps. Theo v. OBERNDORFF

KARGANOFF — s. KORGANOW

KARGER, Georg * 6/1 1870 Löwen, Schles., Musiker in Hamburg. W: UnterhaltgsM.

KARK, Frdr., ps. Fr. DANNENBERG, Charles DUFORT, E. ZEILBECK * 13/8 1869 Altona/Ottensen, seit 1906 KM. bei Schallplattenfirmen in Berlin, ausgeb. in Hamburg als Geiger u. Pianist, nach KonzReisen im Auslande 1900/06 TheaKM. in Hamburg. W: Optten, OrchSuiten, Ouvert., Schlager

KARL, A., ps. = Amandus Karl PRIETZEL

KARL, Alfred, ps. = Alfred MORGENROTH

KARL, Friedr. Wilhelm * 1/10 1890 Frankf. a. M., seit 1925 Dir. der MSchule in Schwenningen (Württ.), vorher SchulL., dann Leiter der Madrigal-Ver. u. 1918/19 TheaKM. in Ulm, Schüler von Jos. Haas. W: Oper, Orator., Kantaten, Sinfonietta, Chöre, Lieder, auch m. StrQuart.

KARL-LOUYS, ps. = FOURNIER, Louis

KARLINSKY, Leo * 19/7 1868 Wien, lebt teils da, teils in Teplitz-Schönau, vielgereister FlVirt. W: Optten, Tänze, Lieder

KARLIPP, Bernh. * 22/5 1849 Penkun (Pomm.), lebt in Herzberg am Harz, 1873 MilKM. u. a. in Gleiwitz, konzertierte mit seiner Kapelle 1886 in London. W: Opern, Märsche, Tänze, Chöre, Lieder usw.

KARLOWICZ, Mieczyslaw * 11/12 1876 Wiszniewo (Litauen), † 10/2 1909 Zakopane/Tatra (von Lawine verschüttet), 1904/06 Dir. der MGesellsch. in Warschau. W: Sinfon., sinfon. Dichtgen, V-Konz., KlavSonate, Lieder usw.

KARMIN, Fritz * 1848, † 1922 Wien, lebte lange in Genf. W: Chöre, Lieder, auch Dichtgen

KARNEVICIAUS, Jurgio * 1884 Kaunas, lebt da, Schüler von Wihtol, M. Steinberg, Liadow, Rimsky-Korsakow. W: 1. littauische Op. Grazina, Sinf. Dichtgen, StrQuart., Lieder

KARNOWITSCH, Jurij L. * 23/4 1884 Kowno, Prof. am Konserv. in Leningrad. W: KaM., bes. StrQuart., KlavStücke, Lieder u. a.

KAROW, Karl * 15/11 1790 Alt-Stettin, † 20/12 1863 Bunzlau, SemMDir. seit 1818. W: Leitfaden zum Gsgunterricht, Chöre, Choralbuch, KlavStücke usw.

KARPATH, Ludw. * 4/4 1866 Budapest, seit 1894 MKrit. in Wien. W: ,Siegfr. Wagner'. H: Wagners Briefe an eine Putzmacherin u. an Hans Richter

KARPE, Rich * 9/9 1867 Gerbstadt (Mannsfelder Seekreis), † 15/12 1925 Sagan, da 1896/1905 Dir. der Stadtkap., seit 1920 Dirig. des OrchVer.

KARPILOWSKI, Daniel * 21/11 1895 Dimar (Ukraine) VVirt., 1925/33 in Berlin, wo er das Guarneri-Quart. gründ., zuerst in Kiew ausgeb., bereits mit 10 Jahren aufgetr., dann Schüler Auers in Petersburg, 1912 VL. am Konserv. Karkow, 1919/24 am Konserv. in Moskau, da Führer des Stradivari-Quart. u. auch OrchDirig. Jetzt in Buenos Aires

KARST, Iven, ps. = Erwin HERING
KARTHAUS, Werner, Dr. phil. * 11/2 1901 Düsseldorf, da ML. (Viol.), MWissensch. u. MSchr., Schüler u. a. Juons, in der MWiss. Schüler F. Volbachs. W: 2 Sinf., 2 OrchVar., KaM., KlavSon. u. Variat.
KARYL, M. A., ps. = Karl MAY
KARZEW, Alex. A. * 19/7 1883 Moskau, lebt da. W: Oper, KaM., KlavStücke, Lieder
KASANLI, Nikolai * 17/12 1869 Tiraspol (Gouvern. Chersson), † 1913 (?) Petersburg, treffl. Dirig. (auch in Deutschl.). W: Sinfon., Sinfonietta, Oper, Gsge m. Orch. usw. B: zahlr. Arrang. f. kl. Orch.
KASATSCHENKO, Nikolai * 3/5 1858 Chordir. der kaiserl. Oper in Petersburg, tücht. Dirig. Seit 1924 L. f. Chorges. am Konservat. in Leningrad. W: Opern, Sinf., OrchSuiten, Kantate usw.
KASCHIN, Daniel * 1773, † 1844 Moskau. W: Opern, Kantat., Chöre, Lieder, bes. patriot. H: russ. Volkslieder
KASCHKIN, Nik. * 9/12 1839 Voronesch, † 1909 (?) Moskau, da 1866/96 KlavL. am Konserv., bedeut. MKrit., Freund v. N. Rubinstein, Tschaikowsky usw.
KASCHMANN, Gius. * 14/7 1850 Lussinpiccolo, † Febr. 1925 Roma, ausgez. Barit., Debüt 1874 Torino, 1894 u. 1896 in Bayreuth
KASCHPEROW, Wladimir * 1827 Simbirsk, † 8/7 1894 Romanzewo/Moschaisk, 1866/72 GsgL. am Moskauer Konserv., MSchr. u. Kompon. mehrerer erfolgloser Opern
KASE, Alfred * 28/10 1877 Stettin, ausgez. Opern- u. KonzBaritonist, seit 1907 in Leipzig (bis 1920 an der Oper)
KASELITZ, Emil * 23/8 1883 Halle a. S., Chordir. am Landesthea. in Darmstadt seit 1928, vorher seit 1916 dsgl. in Braunschweig, Vcellist u. Pianist, ausgeb. in Halle, auch an d. Univers. W: KaM., MChöre, Lieder
KASIOREK, Harry * 7/9 1911 Berlin-Charlottenb., da Musiker. W: UnterhaltgsM.
KASKEL, Karl Freih. v., ps. LASEKK, lebte in Dresden, zw. 1835/53, Kompos. u. a. zus. mit F. A. Kummer
KASKEL, Karl Freih. v., ps. KORLA * 10/10 1866 Dresden, lebte in Berlin-Charlottenburg, vorher lange Jahre in München u. Dresden, jetzt ?, Schüler v. Reinecke, Jadassohn u. F. Wüllner. W: Opern, OrchBallade, Lieder
KASKI, Heino * 21/6 1885 Pielisjarvi (Finnl.), lebt in Helsingfors. W: Sinf., Suiten, KlavStücke, Lieder

KASSEBAUM, Hans, ps. Henry KASSBON * 12/3 1900 Köln, da KM. u. Pianist, da ausgeb. (Hochschule). W: Optten, Revue, UnterhaltgsM.
KASTALSKY, Alex. * 28/11 1856, † 17/12 1926 Moskau, seit 1887 L. an d. Schule des Synodalchors (1918 Volkschoralakad., 1923 mit d. Konserv. vereinigt), bedeut. kirchl. Komp. W: Opern, BühnenM.; ‚Die Volksharmonisierg d. russ. Volkslieder' (1923). B: f. BalalaikaOrch.
KASTL, Max, MVerl. in Bergisch-Gladbach — s. Wilh. GEBAUER
KASTNER, Alfred * 10/3 1870 Wien, Harf-Virt., seit 1904 in London, vorher in Warschau (Oper), Budapest (L. an der LandesMAkad.), Leipzig. W: HarfStücke
KASTNER, Emerich * 29/3 1847 Wien, da † 5/12 1916, österr. Staatsbeamter (bis 1872), dann in d. Nibelungenkanzlei R. Wagners angestellt, seit 1873 in Wien MSchr. W: Rich. Wagner-Katalog' (1878), ‚Tonkünstler- u. Opernlexikon' (unvoll.), ‚Wagner-Kalender' (1881/83), ‚Die dramat. Werke Wagners' usw. H: Beethovens Briefe
KASTNER, Geo. Friedr. Eug. * 10/8 1852 Straßburg i. E., † 6/4 1882 Bonn, Erfinder des Pyrophon (Flammenorg.)
KASTNER, Joh. Georg * 9/3 1810 Straßburg i. Els., † 19/12 1867 Paris, da seit 1835 MTheoret. W: Opern, Kantaten, MChöre, InstrumentLehre, Lehrbücher der Harmonie, des Kontrap., der Kompos., Anleitgen für versch. Instrum. usw. H: ‚Les chants de l'armée française'
KASTRIOTO-SCANDERBEG, Wladimir Fürst * 1820, † 13/2 1879 Petersburg. W: KaM., Lieder
KASTROPP, Gust. * 30/8 1844 Salmünster, † Sept. 1925 Hildesheim, OpLibrettist, zuerst Apotheker, dann MSchulL. in Weimar, später Schr.
KATE, André ten — s. TEN KATE
KATHER, Alfr. * 6/1 1875 Celle, da ML. W: OrchSuite u. Stücke, KlavKonz. u. Stücke, Lieder
KATSCHER, Rob., Dr. jur. * 20/5 1894 Wien, lebt da, KomposSchüler Hans Gals. W: Revue-Operetten, u. a. ‚Die Wunderbar', Lieder
KATT, Maurus, ps. = Frz. MARSZALEK
KATTIOFSKY, Fritz * 12/2 1875 Breslau, Schüler des Akad. Instit. f. KirchM. in Berlin u. Gernsheims, 1902/23 SemML. in Frankenheim (Eder), Eschwege u. Rinteln, 1923 (kränklich) pensioniert, lebt in Kassel. W: geistl. u. weltl. Chöre (auch Preischöre), Lieder
KATTNER, Otto, ps. Siegfr. KAISER, Fred LARSEN, Ernst RICHTER * 9/11 1876, † 3/3 1935 Berlin, da KM. W: UnterhaltgsM., Konz. u. KlavStücke, Lieder

KATTNIG, Rud. * 9/4 1895 Oberdorf/Treffen (Kärnt.), seit Herbst 1928 Dir. des MVer. in Innsbruck, vorher seit 1922 L. an der MAkad. in Wien. W: 2 Sinfon. u. OrchSuite, KaM., KlavStücke, Lieder

KATUAR (Russe) — s. CATOIRE

KATZ, Erich, Dr. phil. * 31/7 1900 Posen, seit 1923 in Freiburg i. B., MKrit., TheorL. u. Chordir. W: KaM., Chöre

KATZ, Hans Werner * 30/12 1898 Danzig, Pianist in Grätzwalde. W. Tonfilme, UnterhaltgsM.

KATZER, Karl Aug. * 3/12 1822 Berge/Bautzen, † 19/5 1904 Kittlitz/Löbau, Kantor. W: Wendische Tänze, Chöre u. Lieder

KAUDER, Hugo * 9/6 1888 Tobitschau (Mähren), Geiger u. MSchr. in Wien. W: Sinfon., KaM., Stücke f. V., Vc., Klav. u. Org., Lieder

KAUDERS, Albert (ps. K. ANDERS) * 20/1 1854 Prag, MRef. in Wien. W: Opern, Optte

KAUER, Ferd. * 8/1 1751 Kleinthaya (Mähr.), † 13/4 1831 Wien, da anfängl. KlavL., dann MDir., TheaKM. u. schließlich Bratschist. W: mehr als 100 meist nicht mehr vorhandene Opern und Singspiele, u. a. ,Das Donauweibchen', Messen, Orator., Lieder usw.

KAUF, Frz * 6/3 1883 Liegnitz, seit 1919 Leiter der MSchule in Gleiwitz, Schüler Bruchs u. Humperdincks, 1905/08 TheaKM., 1909/12 KirchChordir. u. KonservDir. in Deutsch-Krone, 1912/17 KirchChordir. u. SingakadDir. in Neiße, 1918 künstler. Leiter des Cieplikschen Konserv. in Beuthen. W: 2 Op., 2 Orator., Messen, geistl. u. weltl. Chöre, Lieder, StrQuart., VStücke, KlavStücke

KAUFFMANN, Emil, Dr. phil. * 23/11 1836 Ludwigsburg, † 18/6 1909 Tübingen, da 1877/1907 UnivMDir., mit H. Wolf befreundet. W: Chöre, Lieder, KlavStücke; Biographie von J. H. Knecht

KAUFFMANN, Erich — s. KAUFFMANN-JASSOY, Erich

KAUFFMANN, Ernst Friedr. * 27/11 1803 Ludwigsburg, † 11/2 1856 Stuttgart, da seit 1852 MathemProf. am Gymn., vorher in Ludwigsburg u. Heilbronn. W: MChöre, Lieder

KAUFFMANN, Fritz * 17/6 1855 Berlin, † 29/9 1934 Magdeburg, da seit 1889 KM. (SinfKonz. bis 1900, KirchGsgVer. bis 1920). W: Oper, Sinf., KaM., 2 KlavSonaten, 2 V- u. 1 VcKonz., Chöre, Lieder, OrgVariat. u. Fuge

KAUFFMANN, Leo * 1901 Dammerkirch (Els.), seit 1928 KlavL. an der rhein. Orch- u. MSchule in Köln, ausgeb. in Straßburg u. Köln. W: Oper, Legendenspiel, OrchSuite, KaM., Lieder, auch m. Orch.

KAUFFMANN-JASSOY, Erich * 27/11 1877 Wiesbaden, ML. in Dresden. W: Sinf. Dichtgen u. OrchSuite, KlavStücke, Chöre, auch m. Orch., Lieder — ps. Ton WILKY

KAUFMANN, Armin * 30/10 1902 Itzkani, Geiger, seit 1923 in Wien. W: Sinf., KaM, V-Stücke, KlavStücke, Lieder

KAUFMANN, Arno * 17/10 1885 Niederlungwitz, seit 1900 in Dresden, 1904/08 MilMusiker, dann OrchDirig. W: Ballette

KAUFMANN, Friedrich * 5/2 1785 Dresden, da † 1/12 1866, Erfinder des Trompeterautomaten (1808) u. des Symphonion (1839). — Sein Sohn Friedrich Theodor * 9/4 1823, † 5/2 1872, brachte die noch in Dresden bestehende Fabrik mechan. MInstrum. noch mehr in die Höhe durch die Konstruktion des Orchestrions (1851)

KAUFMANN, Ludw. Jos. * 14/10 1907 Brod a. d. Save (Jugoslav.), KM. u. Bearb. in Breslau, ausgeb. in Wien (Hochschule). W: OrchStücke, KaM., KlavSonaten, Variat. u. Stücke, Lieder, UnterhaltgsM. B: Volkslieder f. Chor

KAUFMANN, Moritz * 16/2 1871 Karlsbad, da Geiger u. seit 1895 Dir. einer MSchule. W: KlavStücke, VStücke; ,M. u. Musiker'

KAUFMANN, Robert * 18/8 1857 Basel, † 28/5 1925 Zürich, da seit 1898, berühmter OratTenor.

KAUFMANN, Theodor * 18/11 1892 Ludweiler (Saar), KlavVirt., Leiter des MPädag. in Hamburg, Schüler W. Armbrusts, gefördert v. Busoni. W: M. zu Lenaus Faust, Messe, Lieder m. KaOrch., KlavVSon., 2 KlavSon., Kanon. Variat. f. Fl., Klar. u. StrQuart.

KAUFMANN, Walter, seit 1935 Leiter d. RundfunkM., europ. Abt., in Bombay. W: Tonfilme

KAUFMANN, Willi, Dr. med. * 28/1 1887 Zürich, da Arzt. W: Singspiel, Chöre, Studenten- u. patriot. Lieder

KAUL, Oskar, Dr. phil. * 11/10 1885 Heufeld, OBay., Prof. am Staatskonserv. u. seit 1928 an d. Univ. Würzburg. W: Gesch. d. Würzburger Hof-M. im 18. Jh. H: Rosettis Sinf. u. KaM.

KAULA, Emilie, geb. Ettlinger * 9/7 1833 Karlsruhe, † 29/9 1912 München, hervorrag. Gsgspädagogin

KAULER, Herbert, ps. = Herbert NOACK

KAULICH, Jos. * 27/11 1827 Florisdorf/Wien, † 22/7 1901 Mödling/Wien, 1854/85 BühnenKM. der Hofop., seit 1873 auch KirchChordir. W: Messen, Requiem, Tänze, MilitM.

KAUN, Hugo * 21/3 1863 Berlin, † 2/4 1932, lebte da seit 1902, Schüler Kiels, 1887/1902 Pianist u. Dirig. in Milwaukee, ausgezeichn. KomposL., Mitgl. der Akad. d. Künste. W: Opern, 3 Sinfon., Suite, sinf. Dichtgen, 2 KlavKonz., treffl. KaM., Klav- u. OrgStücke, Oratorium ‚Mutter Erde', Requiem, Chöre bes. MChöre, Lieder (u. a. ‚Der Sieger') — ps. Ferd. BOLD; Emil FRASCARD

KAUPERT, Joh. Bernh. * 28/4 1786 Kleinhereth (Franken), † 10/5 1863 Tolochanaz/Morges (Waadt), da seit 1820 Gutsbesitzer, berühmt durch seine Gesangskurse mit öffentl. Aufführungen; durch sie die Singfreudigkeit in der Schweiz sehr gefördert. W: Chants nationaux

KAUPERT, Paul * 9/9 1865 Breslau, urspr. Vcellist, sei 1901 Organ. u. Chordir. in Glatz. W: VcStücke, Chöre, Lieder u. a.

KAUSCH, Friedr. * 17/4 1902 Berlin/Pankow, Organ. u. Dirig. (Haenelscher MChor, HändelOrch.) in Berlin, ausgeb. auf d. Sternschen Konserv. u. der Akad. f. Schul- u. KirchM.

KAWI-Verlag, MV. in Berlin, gegr. 1/7 1923 v. Karl Wilke

KAYE, Geoffrey, ps. = A. W. KETELBEY

KAYL, Alfred * 15/8 1854 Seestadt (Böhm.), Autodidakt, SynagOrgan. u. VerDirig. in Teplitz-Schönau. W: MChöre, Lieder

KAYSEL, Friedr. * 15/1 1883 Lüssow (Mecklbg.), Baßbaritonist u. GsgL. in M-Gladbach seit 1922 (1912/22 in Bielefeld). W: Lieder

KAYSER, Ernst Heinr. * 16/4 1815 Altona, † 17/1 1888 Hamburg, geschätzter VPädag. W: VSchule, Duette, sehr verbreit. Etüden usw.

KAYSER (Kaiser), Phil. Christoph * 10/3 1755 Frankfurt a. M., † 23/12 1823 Zürich, MDir. u. KlavVirt., mit Goethe befreundet. W: M. zu ‚Egmont', Singspiele (‚Jery u. Bätely', ‚Scherz, List u. Rache') vermischte Lieder u. a.

KAZACSAY, Tibor v. * 1892 Budapest, seit 1934 Landesinspektor der ungar. MSchulen, auch Pianist (Begl.) u. MSchr., Schüler v. V. v. Herzfeld u. Alb. Siklos, zeitw. in Berlin L. am Klindworth-Scharwenka-Konserv., dann in Budapest erst am Landeskons., später Dir. e. eign. MSchule. W: Satyr. Sinf., sinf. Dichtgen, KlavStücke, OrgStücke, Lieder, auch m. Orch.

KAZINSKI, Viktor * 30/12 1812 Wilna, † 1870 Petersburg, da seit 1843 TheaKM., W: Op., BühnenM., Kantaten, Chöre, Tänze, Märsche

KEEL, James Fred. * 8/5 1871 London, da Baritonist. W: VStücke, Lieder. H: Folk Lore Society's Journal, Elizabethan Songs

KEENE, Raymond, ps. = A. T. H. PARKER

KEEREWEER, Lambertus Cornelis * 12/5 1870 Leiden, seit 1910 in Amsterdam, Vcellist u. Chordir., 1886/1910 im Orch. in Utrecht, da ausgeb. W: Sinf. Dichtg, viele Chöre

KEETMAN, Gunhild * 5/6 1904 Elberfeld, Gymnastik- u. RhythmL. in Berlin. W: Tanz- u. Spielstücke, auch f. Blockfl.

KEFER, Louis * 6/12 1842 Jambes les Namur, † ? Verviers, da 1873—1918 KonservDir., auch OrchDir. W: Sinf. Dichtg, Chöre, auch m. Orch.

KEHRER, Willy * 26/4 1902 Dresden, da ML., Schüler u. a. Mraczeks u. Paul Büttners. W: Orat., Messen, Chöre m. Orch., sinf. Fantas., Konz. f. 2 u. 1 Klav., VKonz., KaM., KlavSonat. u. Suiten, Lieder

KEIL, Alfredo * 1850 Lissabon, † 4/10 1907 Hamburg. W: Opern, neue portug. Nationalhymne

KEILBERTH, Joseph * 19/4 1908, leit. OpStaatsKM. in Karlsruhe

KEILMANN, Ferd. * 17/6 1880, GymnasML. (seit 1915, StudRat) u. Chordir. in Aschaffenburg. W: Sinf., Requiem, Chöre, Lieder

KEISER, Reinhard * 9/1 1674 Teuchern/Weißenfels, † 12/9 1739 Hamburg, bedeut. Komp., besuchte die Lpzger Thomasschule, 1692 in Braunschweig, 1695/1706 KM. u. schließlich noch Pächter der Oper sowie KonzDirig. in Hamburg, lebte dann u. a. in Kopenhagen, Ludwigsburg u. seit 1728 wieder in Hamburg. W: allein für Hamburg 116 Op. u. Oratorien, Passionen, Kantaten usw.

KEITEL, Rich. * 11/12 1880 Königsberg (Pr.) ML. in MGladbach u. Chordir. in Rheydt. W. Chöre, Lieder

KEITH, A. L., ps. = Hubert W. DAVID

KELDORFER, Max * 28/4 1864 Salzburg, Polizeidir. i. R. in Wien, Schüler R. Bibls u. Bruckners. W. 4 Messen, 64 MChöre, Lieder, KaM., Tänze, Märsche

KELDORFER, Robert (Sohn Victors) * 10/8 1901 Wien, Dir. des Neuen Bruckner-Konserv. in Linz a. D., vorher 1925/31 Chordir. in Bielitz/Biala. W: Messe, KaM., OrgFantas., Chöre, Lieder

KELDORFER, Viktor * 14/4 1873 Salzburg, lebt in Wien, 1910/21 Dir. des MännerGsgver., seit 1922 des Schubertbundes. W: Messe, viele MChöre, Lieder f. große u. kleine Kinder

KÈLER, Béla (eigentl. Alb. v. Kéler) * 13/2 1820 Bartfeld (Ung.), † 20/11 1882 Wiesbaden, beliebter Tanzkomp., 1855 Leiter des Lannerschen Orch. u. 1856/63 MilKM. in Wien, 1863/73 dsgl. in Wiesbaden. W: Ouverturen, Tänze usw.

KELLER, Emil * 12/1 1838 Aarau, † März 1900 Frauenfeld, da seit 1862 ML. u. Dirig. W: MChöre, KlavStücke u. a.

KELLER, Fortunat — s. CHELLERI

KELLER, Herm., Dr. phil. * 20/11 1885 Stuttgart, da OrgL. am Konserv. u. Dirig. der Madrigal-Vereinig., Schüler Regers u. Straubes. W: Org-Phantas., VcSonat., FrChöre, Lieder; ‚Reger u. d. Orgel'; ‚Die musik. Artikulation'

KELLER, Hugo * 1887 Frauenfeld, seit 1922 SchulGsgL. in Bern. W: Chöre; ‚Der kleine Notenschreiber'

KELLER, Joh. M i c h a e l Klaudius * 29/12 1800 Oberelchingen/Ulm, † 3/4 1865 Augsburg, sehr verdienter DomKM. seit 1/10 1839, vorher da Schüler Franz Bühlers u. Organ. W: Canticum Zachariae u. andere KirchM.

KELLER, Karl * 16/10 1784 Dessau † 19/7 1855 Schaffhausen, bekannter Liederkomp. (‚Kennst du der Liebe Sehnen', ‚Helft, Leutchen, mir' usw.) u. FlVirt., KaMusikus, später bis 1849 KM. in Donaueschingen

KELLER, Karl * 1814 Meilaa/Zürich, † 6/7 1878 Zürich, da Prof. f. dtsche Lit. am Polytechnikum, sehr verdient um d. MLeben. W: M- u. gem. Chöre

KELLER, Ludw. * 23/8 1847 Karlsruhe, da † 17/4 1930, Schr., im Hauptamt Geometer. W: Orat., KaM., KlavStücke, Chöre, Lieder

KELLER, Max * 7/10 1770 Trostberg (OBay.), † 16/10 1855 Altötting. W: KirchM., OrgStücke

KELLER, Michael — s. Keller, Joh. Mich. Kl.

KELLER, Oswin * 5/11 1885 Auerbach (Vogtl.), seit 1906 KlavL. am Leipziger Konserv. W: KlavStücke

KELLER, Otto * 5/6 1861 Wien, † 25/10 1928 Salzburg, lebte u. a. in München. W: ‚Illustr. Gesch. der M.', volkstüml. Biographien von Beethoven, Goldmark, Suppé, ‚Die Operette' usw.

KELLER, Rudi * 7/7 1911 Berlin-Steglitz, lebt da. W: Singspiel, UnterhaltgsM.

KELLER, Walther * 8/4 1883 Breslau, seit 1925 GsgL. in Berlin, vorher Op- u. KonzSgr. W: ‚Die Kunst des Singens'

KELLERMANN, Albert * 30/1 1863 München, Dirig. d. Chors der neuen Synagoge u. des Ver. z. Pflege hebr. Gsge in Berlin, da † (überfahren) 15/11 1927. W: Sammlg ltiurg. (hebr.) Psalmen, Chöre usw.

KELLERMANN, Berthold * 5/3 1853 Nürnberg, † 14/6 1926 München, Pianist, Schüler Liszts, 1878/81 in Bayreuth L. v. Wagners Kindern, seit 1882 L. an der Akad. d. Tonkunst in München, der Held in E. v. Wolzogens Roman ‚Der Kraftmeier'

KELLERMANN, Christian * 27/1 1815 Randers (Jütland), † 3/12 1866 Kopenhagen, VcVirt., seit 1847 Solist der Hofkapelle

KELLERMANN, Helmuth (Sohn Bertholds) * 10/2 1891 München, seit Herbst 1935 städt. MDir. in Zittau, war TheaKM. u. OrchDir. an versch. Orten. W: Oper, BühnM., VSonate, Lieder

KELLETAT, Herbert, Dr. phil. * 13/10 1907 Saalfeld (OPr.), OrgL. am staatl. Inst. f. Kirch- u. SchulM. in Königsberg i. Pr., vertritt da auch KirchM. an der Univ., Schüler Scherings, Max Schneiders u. Jos. Müller-Blattaus, auch im Ausland als OrgVirt. (Schüler K. Matthaeis) bekannt. W: ‚Zur Gesch. d. dtsch. Org.M. in d. Frühklassik'

KELLEY, Edgar Stillman — s. STILLMAN-KELLEY

KELLEY, Fred, ps. = Walter M. RUMMEL

KELLIE, W. F. L. † 20/8 1932 London, 70jähr. Sgr. W: bel. Lieder

KELLNER, David * um 1670 Leipzig, † 6/4 1748 als Organ. in Stockholm. W: Oper; ‚Treulicher Unterricht im Generalbaß' (in 7 Aufl.)

KELLNER, Jos. Christoph * 15/8 1736 Gräfenroda, † 1803 Kassel als Hoforgan. W: 7 Klav-Konz., ‚Grundriß des Generalbasses' u. a.

KELLY, Frederick * 29/5 1881 Sydney, gefallen 13/11 1916 Beaucourt. W: KaM., KlavStücke

KELLY, Michael — s. O'KELLY

KELSEN, Ottmar, ps. = SPRECKELSEN, Otto

KELTERBORN, Louis * 28/4 1891 Boston (Mass.), † 9/7 1933 Neuchâtel, studierte in Basel u. Genf, war Organ., auch TheaKM., seit 1927 KonservL. in Neuchâtel u. Chordir. W: Opern, Chöre, sinf. Dichtgen, KaM.; ‚Die Quintenſpirale'

KELZ, Joh. Friedr. * 11/4 1786 Berlin, da † Okt. 1862, 1811/47 Vcellist der Hofkap., dann Dirig. der Neuen Liedertafel. W (an 300): viel KaM., VcStücke, KlavStücke, Chöre, Lieder

KEMITZ, Fred Ch., ps. = Friedr. MITZSCHKE

KEMP, Barbara * 1886 Cochem/Mosel, bedeut. dramat. Sgrin, 1913/32 an der Staatsoper in Berlin, vorher in Breslau, 1923 verheir. mit Max v. Schillings, lebt in Berlin

KEMPEN, Paul van * 16/5 1893 Leiden, seit Herbst 1934 KM. des Philharm. Orch. in Dresden, ausgeb. in Amsterdam, Geiger, zunächst 2 J. im ConcertgebouwOrch., dann KonzM. in Posen, Bad Nauheim u. Dortmund, 1932/33 städt. MDir. in Oberhausen, 1933/34 KM. der Deutschen MBühne

KEMPFF, Wilhelm * 25/11 1895 Jüterbog, lebt in Potsdam, 1924/29 Dir. des Konserv. in Stuttgart, auf der Berlin. Hochsch. ausgeb., hervorrag. Klav- u. Orgelspieler (auch Improvisator). W: Opern, Sinf., OrchSuite, Ouvert., KlavKonz., StrQuart., Klav- u. OrgStücke, Sonate f. V. allein, VKonz.; Mysterium von der Geburt des Herrn, Chöre, Lieder

KEMPNER-HOCHSTÄDT, Max * 5/3 1863 Breslau, † 24/1 1934 Genova, Librettist, lebte lange (bis 1933) in Berlin

KEMPTER, Ernst * 17/11 1839 Hofen (Bay.), † 11/1 1921 Basel, da seit 1885 Chordirig. u. Org. W: MChöre, auch m. Orch.

KEMPTER, Friedrich * 17/10 1810 Limpach/Burgau (RB. Schwaben), † 16/12 1864 Lauingen, SemML. seit 1841, urspr. SchulL. bei Augsburg. W: KirchM., u. a. d. bekannte ‚Mein Jesus ist mein'; ‚Unterr. u. Übungen im Generalbasse'

KEMPTER, Karl * 17/1 1819 Limpach/Burgau (Bay.), † 11/3 1871 Augsburg, DomKM. W: Orat., Messen, Gradualien usw.

KEMPTER, Lothar (Sohn Friedrichs), * 5/2 1844 Lauingen (Bayern), † 14/7 1918 Vitznau, TheaKM., seit 1875 in Zürich, da seit 1886 auch KonservTheorL. W: Opern, OrchWerke, MChöre mit Orch., Lieder, VStücke usw. — Sein gleichnamiger Sohn * 21/6 1873 Straßburg i. E., ML. u. Chordir. in Zürich. W: Kantaten, FrChöre. — Sein Sohn Maximilian * 1879 Zürich, da ML. u. MSchr. W: ‚Das Wesen des Dirigierens', ‚Spezialkatalog der MWissensch.' u. a.

KENIG, Wlodzimierz * 1/4 1883 Suwalki, † 4/5 1929 Pultusk, Dirig. in Warschau, Schüler des dort. Konserv. u. der Münchener Akad. W: Sinf., sinf. Dichtgen, V- u. VcStücke, Lieder

KENNEDY, Daisy * 1893 Adelaide (Austral.), VVirt., Schülerin Sevčiks, lebt in Sydney

KENNEDY, David * 15/4 1825 Perth, † 12/10 1886 Stratford, Ontario, ausgez. LiedSgr. Seine Tochter Marjory veröffentl. 1887 seine Biogr.

KENNEDY-FRASER, Marjory * 1/10 1857 Perth (Schottl.), † 21/11 1930 Edinburgh, Altistin u. Klavieristin. H: Songs of the Hebrides

KENT, William, ps. = Adam CARSE

KERBAUL, ps. = BASTIDE, Paul

KERGL, Max * 2/7 1899 München, VVirt u. Führer eines treffl. StrQuartetts, seit 1923 1. Konz-M. am NatThea. u. seit 1929 auch L. an der städt. MHochsch. in Mannheim, ausgeb. in München (Akad.) u. v. Eldering

KERL, Joh. Kaspar — s. KERLL

KERLE, Jacob van * 1532 (?) Ypern, † 7/6 1591 Prag, viel herumgekommener Organ. u. KM. (Geistlicher), zuletzt Kaplan K. Rudolfs II., ordnete von Augsburg aus, wo er zeitw. weilte, die Verhältnisse der Kantorei. W (treffl.): Messen, Motetten, Hymnen, Madrigale usw.

KERLL (Kerl, Kherl), **Joh. Kaspar** * 9/4 1627 Adorf (Vogtl.), † 13/2 1693 München, bedeut. OrgMeister, Schüler Carissimis u. Frescobaldis, 1656/73 KM. in München, 1677/84 Hoforgan. in Wien, dann wieder in München. W: Opern, OrgStücke, KlavSuiten, Messen usw.

KERMBACH, Erich * 27/1 1885 Berlin, Standesbeamter in Finow, Brandenb. W: MChöre,, Märsche

KERMBACH, Otto, ps. Charly RIVER * 29/3 1882, TanzMDirig. in Berlin, Schüler R. Marquardts. W: UnterhaltgsM.

KERN, Aurel * 1871 Budapest, da † 20/1 1928, da MSchr., seit 1917 Präsident des Konserv. W: BühnM., KaM., Chöre, Lieder

KERN, Fritz * 9/1 1872 Hof, Geiger, seit 1896 in Dortmund KonservL. u. Dirig. W: Chöre

KERN, Geo. Peter * 1/8 1819 Fulda, da † 30/12 1869, SemL., auch DomOrgan. W: Chöre, OrgStücke

KERN, Gust. * 23/11 1871 Könnern/Halle a. S., ganz hervorrag. Ob. des Berliner Philharm. Orch. seit 15/4 1894, ausgeb. in Halle

KERN, Jerome David * 27/1 1885 Newyork, lebt da, seit 1903 durch viele Optten bekannt

KERN, Karl * 25/11 1867 Erbach/Darmstadt, seit 1894 L. am Hochschen Konserv., wo er ausgebild., u. VerDirig. in Frankf. a. M. Da † 20/1 1935. W: Opern, MChöre, auch größere m. Orch.

KERN, Karl Aug. * 23/12 1836 Bobenhausen, Kr. Schotten, Hessen, † Juli 1897 Laubach, Ob-Hess., L. u. Organ. W: Kinderlieder (Ged. von Dieffenbach), MChöre, OrgKompos. usw.

KERN, Kurt * 27/9 1886 Wien, seit 1908 in Leipzig, Schüler H. Riemanns u. Rich. Hofmanns. W: OrchVar., KaM., KlavStücke, u. a. Wiener Tänze, Gasteiner Walzer

KERN, Walter, Dr. med. * 10/3 1881 Wien, da Arzt u. MSchr. W: ‚Das VSpiel' 1924

KERNCHEN, Albert, ps. NOCCIOLINO, Alberto * 15/2 1869 Berlin, da Geiger, Pianist (Schüler Th. Kullaks) u. Organ. W: VStücke, UnterhaltgsM.

KERNTLER, Jenö, Dr. med. * 17/6 1878 Budapest, da seit 1923 KlavProf. am Konserv., seit 1926 an der Landeshochschule, Schüler Teresa Carennos, Koeßlers, Friedr. E. Kochs u. Schrekers. W: OrchSuite, KaM., KlavKonz., KlavStücke, Psalm, Lieder

KERPER, Willem Frederik * 9/3 1879 Gouda, seit 1907 in Nijmwegen Chordir., seit 1919 auch MSchulDir. W: Chöre auch m. Orch., KlavSchule

KERR, Julia, geb. Weismann — s. KERWEY

KERREBIJN, Marius * 1/10 1882 im Haag, da Pianist u. Dirig. † 15/6 1930. W: Suite, sinf. Dichtg, KlavKonz., KlavStücke usw.

KERSBERGEN, Jan Willem * 29/10 1857 Delft, Schüler des Haager Konserv., 1875 Organ. u. Chordir. in Groningen, 1880 desgl. in Zaandam, 1890 in Amsterdam, auch L. am Konserv. u. MKrit., † Okt. 1927. W: KaM., OrgStücke

KERSCHBAUMER, Erwin * 10/5 1895 Bozen, seit 1931 Dir. d. Landeskonserv. in Detmold, VVirt., ausgeb. in Wien (Akad.), v. Petschnikoff u. Jos. Wolfsthal, Frontkämpfer, 1920/30 Mitgl. bzw. KonzM. der SinfOrch. in Wien bzw. Berlin, auch in Bayreuth

KERSCHBAUMER, Walther * 1/12 1890 Mödling/Wien, KlavVirt. u. seit 1926 Prof. an der Hochschule (Akad.) in Wien, da seit 1923, ausgeb. v. seinem Vater E m i l K. (Pianist u. Chorleiter * 11/11 1850, † 20/4 1899), Ferd. Löwe, Hynais u. Mor. Rosenthal, 1924 Leiter der KlavAbt. an der CanadiaAcad. of m. in Toronto, 1914/19 Kriegsteiln., 1919/23 von Schloss Houcen (ČSR) aus große KonzReisen

KERSCHENSTEINER, Franz Seraph Peter * 9/11 1869 u. † 2/2 1935 Regensburg, da Geigenbauer, eifriger Bratsch., Schüler Karl Reineckes, MSchr., Kriegsteiln. W (ungedr.): KaM.

KERWEY, Julia (eigentl. Kerr, geb. Weismann) * 28/8 1898 Wiesbaden, lebt seit 1933 in Paris, vorher in Berlin, Schülerin W. Klattes. W: Opern, Lieder

KES, Willem * 16/2 1856 Dordrecht, treffl. VVirt. u. Dirig. u. a. in Amsterdam (1888), Glasgow (1896), Moskau (1898), 1905/26 Dir. des MVer. in Koblenz, † 21/2 1934 München. Lebte zuletzt in Niederaudorf (Tirol). W: Sinf., Ouv., ‚Der Taucher', Ballade f. Soli, Chor u. Orch., VcKonz., Klav- u. VStücke. B: Mozarts Divertim. (D) f. StrInstr. u. 2 Hörn. als VKonz.; Bachs SoloVSonaten f. 2 V.

KESSEL, Frz * 22/3 1862 Köln, † 1931 Freiburg i. B., lebte da seit 1908, vorher TheaKM. an versch. Orten. W: Opern, sinf. Dichtgen, KaM., KlavSonat. u. -Stücke

KESSELS, Jos. * 31/10 1856 Heerlen, † 24/2 1928 San Anna (San Salvador), da seit 1896 GenInsp. der MilM., urspr. Vcellist. W: Opern, Optten, Lieder, MilM. u. a.

KESSLER, Ferd. * 14/1 1793 Frankf. a. M., da † 28/10 1856, Violinist (später erblindet). W (meist ungedruckt): Sinfon., KlavStücke usw.

KESSLER, Hans, MVerl., bes. f. MChor in Trier, gegr. 1/4 1905

KESSLER, Jos. Christ. * 26/8 1800 Augsburg, † 14/1 1872 Wien, KlavVirt. (Autodidakt) u. L., lebte in Warschau, Breslau, Lemberg, seit 1855 in Wien. W: KlavKompos., Etüden op. 20, 51 u. 100 wertvoll

KESSLER, Rich. * 6/7 1878 Berlin, da erfolgreicher Librettist

KESTENBERG, Leo * 27/11 1882 Rosenberg (Ungarn), seit 1933 in Prag, Klavierist, Schüler Busonis, seit der Revolution 1918 bis 1932 Ref. (1929 MinRat) f. musikal. Angelegenh. im preuß. Minist. f. Wissensch., Kunst u. Volksbildg, langjähr. Vorsitzender des Berl. Volkschors. W: ‚MErziehg u. MPflege' (1921). H: Jahrb. d. dtsch. MOrganis., ‚Mpädag. Bibliothek'

KETELBEY, Albert Will., ps. A. William ASTON; André de BASQUE; Geoffrey KAYE; Ant. VORORINSKI * [um 1885 ? Auskunft verweigert] Birmingham, da u. in London ausgeb., lebt in Hampstead, OrchDir., zeitw. auch Organ., weltbekannt durch seine zahlreiche UnterhaltgsM. (Suiten), kompon. aber auch Ouvert., KaM., KlavKonz., Gsge

KETTEN, Henri, ps. VALERIO * 25/3 1848 Baya (Ungarn), * 1/4 1883 Paris, ehedem beliebter Pianist u. Salonkomponist

KETTERER, Eugen * 1831 Rouen, † 17/12 1870 Paris, wo er zumeist lebte, beliebter Pianist u. Modekomponist (u. a. ‚Silberfischchen')

KETTING, Piet * 29/11 1895 Haarlem, KonservL. in Rotterdam, Schüler W. Pijpers. W: Sinf., KaM., Chöre u. a.

KEUDELL, Rob. v. * 28/2 1824 Königsberg i. Pr., † 26/4 1903 Hohen-Lübbichow, Kr. Königsberg in d. NM., ehemal. kaiserl. dtscher Botschafter in Rom. W: KlavStücke, Lieder. B: Werke Mendelssohns u. Schuberts für Klav.

KEUERLEBER, Gust. * 1862 Beuren/Nürtingen (württ. Schwarzwaldkreis), da † 1910, SchulL. u. VerDir. W: MChöre, Lieder

KEURVELS, Edward H. J. * 1853 Antwerpen, † 19/1 1916 Eeckeren(Hogbloom), Schüler Benoits, seit 1882 KM. am vläm. NationalThea. u. KonzDirig. W: Opern, Singspiele, Messe, Kantaten, Lieder usw.

KEUSSLER, Gerhard von, Dr. phil. * 6/7 1874 Schwanenburg (Livland), seit 1931 Dirig. in Melbourne, Schüler d. Lpzger Konserv., bis 1918 Dirig. des Dtschen Singver. in Prag, 1918/31 in Hamburg, da 1918/21 Dirig. der Singakad.; eigenart., sehr innerl. Dichter u. Komp., auch bedeut. MSchr. W: Opern, Oratorien ‚Jesus von Nazareth‘, ‚die Mutter‘, ‚In jungen Tagen‘ u. a., 2 Sinfon., sinfon. Dichtgen, Lieder

KEWITSCH, Theodor * 3/2 1834 Posilge (W-Pr.), † 18/7 1903 Berlin, SemML. in Schwetz, Graudenz u. Berent, seit 1887 pension., in Berlin. Redakteur der ‚Neuen MilitMZtg.‘. W: Kirch- u. M., M- u. gemChöre, Kathol. Choralbuch usw.

KEWITSCH, Willi * 1/2 1875 Landsberg a. W., Sopranistin u. Stimmbildnerin in Berlin. W: ‚Stimmbildg durch Luftmassage‘

KEYL, Hanns * 15/2 1890 Dresden, VcVirt., seit 1919 in Gera, seit 1927 auch VerDir. W: Klav-Trio, VcStücke, Chöre, Lieder

KEYSER, Alfr. de — s. KAISER

KHERL — s. KERLL

KHOSS v. STERNEGG, Gisela * 17/8 1892 Brünn, seit 1928 ML. in Wien. W: KlavStücke, Lieder

KHUEN — s. KUEN

KICK-SCHMIDT, Paul (eigentl. Paul Schmidt) * 29/2 1882 Riga (Vater MilKM.), KM. in Berlin, Schüler O. Neitzels. W: Opern, 2 Sinf., sinfon. Dichtg, KaM., UnterhaltgsM.

KICKSTAT, Paul * 13/1 1893 Bochum, seit 1924 Organ in Hamburg, daneben seit 1930 Doz. der pädagog. Akad. in Altona, urspr. Naturwissenschaftler. W: OrgChoralvorspiele, Volkslieder mit Instrumentalsätzen. B: viele Volkslieder in Sammlgen f. SchulM.

KICKTON, Erika * 21/5 1896 Berlin-Schöneberg, MSchr. in Potsdam. W: KlavStücke, Lieder; ‚Was wissen wir üb. M.‘

KIDSON, Frank * 15/11 1855 Leeds, da † 7/11 1926, MSchr., Begr. einer Folk Song Society. H: Old english Country Dances‘, ‚Traditional Tunes‘ u. a.

KIEFER, Heinr. * 16/2 1867 Nürnberg, † 15/8 1922 Eisenach, treffl. VcVirt., 1902/21 in München

KIEL, Friedrich * 7/10 1821 Puderbach/Siegen (Westf.), † 14/9 1885 Berlin, Prof. des Kontrap. u. der Kompos. an der Kgl. Hochsch. seit 1870, 1840 KonzM. zu Berleburg, seit 1842 in Berlin (Schüler Dehns), 1865 Mitgl. d. Kgl. Akad. der Künste, hervorrag., als Beethoven-Epigone anzusehender, leider viel zu wenig beachteter Komp. W: 2 Requiems (f, As), Missa solemnis, Oratorien ‚Christus‘, ‚Der Stern v. Bethlehem‘, Stabat mater, Tedeum, kleinere Chöre, KlavKonz., ganz ausgezeichn. KaM. (bes. 2 KlavQuint., 3 KlavQuart., KlavTrios, Sonaten f. Klav. u. V. bzw. Br., Vc.), KlavKompos. (Variat., Fugen, Kanons, kl. Stücke) usw.

KIENBAUM, Rudolf * 26/12 1863 Jerichow a. Elbe, Kantor, Organ. u. GsgL. in Gleiwitz. W: Opern (ungedr.)

KIENÉ, Marie — s. BIGOT

KIENLE, Ambrosius * 8/5 1852 Laiz/Sigmaringen, † 18/6 1905 Kloster Einsiedeln, seit 1873 im Benediktinerkloster zu Beuron, gründl. Kenner des gregorian. Choralgsgs. W: ‚Choralschule‘, ‚Kleines kirchmusik. Handbuch‘ usw.

KIENLEN, Joh. Christoph * 1784 Ulm, † 1830 verarmt in Dessau, Wunderkind, KM. an verschied. Thea., seit 1817 in Berlin, 1823/26 da GsgL. an der kgl. Oper. W: Opern, SchauspielM., Orch- u. KlavStücke, viele Lieder

KIENZL, Wilh., Dr. phil. * 17/1 1857 Waizenkirchen, ObÖsterr., seit 1918 in Wien, kam 1860 nach Graz, stud. 1879 in Bayreuth bei Wagner, bald darauf KM. an verschied. Thea., u. a. 1889 Hamburg, 1890/93 München, lebte 1894/1917 in Graz, auch sehr tätiger MSchr. W: Opern, u. a. ‚Der Evangelimann‘ (weltberühmt), ‚Don Quixote‘, ‚Der Kuhreigen‘, ‚Das Testament‘ (viel zu wenig beachtet), Melodramen, Orch- u. KaM., KlavStücke, Chöre, Lieder; ‚Die musikal. Deklamation‘ (R. Wagner gewidmet), ‚Miscellen‘, ‚Aus Kunst und Leben‘, ‚Im Konzert‘, ‚Betrachtgen u. Erinnergen‘, ‚Meine Lebenswanderung‘ (1926) usw. B: A. Jensens Nachlaßoper ‚Turandot‘

KIEPURA, Jan, seit 1924 der Wiener Staatsop. verpflichteter, durch viele Gastspiele u. Tonfilme sehr bekannter lyr. Tenor. [Gibt keine Auskunft üb. sich]

KIERAS, ps. KYRAS, Siegfried * 7/8 1901 Zittau, KM. in Hamburg. W: UnterhaltgsM.

KJERULF, Halfdan * 15/9 1815 Christiania, † 11/8 1868 Bad Grafsee, populärer skand., auch in Dtschld bekannter Komp. W: Lieder, Chöre, KlavStücke

KIESEWETTER, Raph. Geo. v. * 29/8 1773 Holleschau (Mähr.), † 1/1 1850 Baden/Wien, verdient. MHistoriker. W: ‚Die Verdienste d. Niederländer um die Tonkunst‘, ‚Gesch. der europ.-abendländ. M.‘, ‚Guido von Arezzo‘ ‚Schicksale u. Beschaffenheit d. weltl. Gsges‘, ‚Die M. der Araber‘ usw.

295

KIESEWITTER, Günter † 31/5 1930 (71jähr.) Brooklyn. W: Kant. ‚Die Hermannschlacht', Chöre

KIESLICH, Leo * 15/9 1882 Wiese bei Neustadt OS., seit 1933 in Breslau, 1925 OGsgL. in Gleiwitz, 1924 in Breslau, vorher in Neustadt L. u. Chordirig. W: Singspiele, Orator., Messen u. a. KirchM., viele Chöre, Lieder, KlavStücke

KIESOW, Walter, ps. Ben TIX; Will WALTERS * 28/3 1905, Bearb. bes. f. Salon- u. BlasOrch. in Berlin

KIESSIG, Georg * 17/9 1885 Leipzig, zeitw. TheaKM., seit 1911 nur Kompon. in Lpzg. W: Oper, SchauspielM., Eichendorff-Suite, sinf. Dichtgen (u. a. Totentanz) f. Orch., KaM., KlavStücke, Chöre, Lieder

KIESSLING, Joh. Geo. * 7/2 1880 Marktleuthen, OFrank., lebt in München, da ausgeb. (Akad., bes. v. Courvoisier). W: Op., Singsp., Kantate, Chöre, Lieder

KILBURN, Nicholas * 7/2 1843 Bishop Auckland (Durham), da † 4/12 1923, OrchDir. W: Orat., Kant., OrchSuite u. a.; ‚Story of chamber m.'

KILLITSCHKY, Josefine — s. SCHULZE

KILPINEN, Yrjö * 4/2 1892 Helsingfors, lebt teils in Berlin, teils bei Helsingfors, da, in Wien u. Berlin ausgeb. W: KlavStücke, über 400, neuerdings teilweise sehr beachtete Lieder, auch nach dtsch. Texten (u. a. von Chr. Morgenstern)

KIMMERLE, Gotthold * 23/6 1868 Bodelshausen, württ. OA. Rottenburg, SemML., Organ. u. Chordir. in Stuttgart, da Schüler d. Konserv. W: MChöre, Singübgen f. höh. Schulen usw. H: ‚Polyhymnia' (Gsge f. FrChor)

KIMOVEC, Franz, Dr. theol. * 21/9 1878 Cerklje, Domherr in Laibach. W: KirchM., u. a. 10 Messen, weltl. Chöre

KIMPTON, Edith Gwynne † 26/11 1930 London, Geigerin, treffl. L., erste Dirig. des Brit. FrSinfOrch.

KIND, Friedr. * 4/3 1768 Leipzig, † 25/6 1843 Dresden, Librettist (Webers ‚Freischütz', Kreutzers ‚Nachtlager in Granada' u. a.). War Schr. u. Redakteur in Dresden.

KINDERFREUND, ps. = Ludw. ANDRÉ

KINDERMANN, Aug. * 6/2 1817 Posdam, † 6/3 1891 München, da seit 1847 Baßbarit. der Hofoper

KINDERMANN, Joh. Erasmus * 29/3 1616 Nürnberg, da † 14/4 1655, Organ. W: ‚Musik. Friedensfreude', OrgStücke u. a.

KINDLER, Hans * 8/1 1892 Rotterdam, hervorrag. VcVirt., Schüler u. a. Mossels, seit 1914 in Amerika, auch Dirig.

KINDSCHER, Ludwig * 22/10 1836 Dessau, † 7/12 1903 Zerbst, Archidiakonus. W: Lieder, u. a. ‚Lieder des Mönches Eliland'

KING, Alfred * 1837 Shelley, Essex, † 26/1 1926 Brighton, Dirig. u. Org. W: geistl. u. weltl. Chöre

KING, Max, ps. = Arno PRETSCH

KING, Oliver A. * 1855 London, da † Sept. 1923, KlavVirt., Schüler des Lpzger Konserv., seit 1893 Prof. an der R. Acad. of. m. W: Sinfon., Ouvert., größ. Chorwerke, Konz. f. Klav., V. usw.

KING, William, ps. = BALDAMUS, Willy

KING, Young, ps. = GELLIN, Maurice Rudolphe

KINIGL, Jos. * 10/1 1860 München, 3/5 1926 Hamburg, Zithervirt.

KINKEL, Johanna, geb. Mockel * 8/7 1810 Bonn, † (Selbstmord) 15/11 1858 London, 1832 verheir. m. Buchhändl. Matthieux, 1843 m. dem Dichter Gottfr. Kinkel, in Berlin musikal. gebild. W: Opern, ‚Vogelkantate', Lieder (‚Ritters Abschied' u. a.), ‚Briefe an eine Freundin üb. KlavUnterricht' usw.

KINKELDEY, Otto, Dr. phil. * 27/11 1878 Newyork, bereits in jungen Jahren Organ. u. Chordirig., 1902/08 in Berlin, 1909 in Breslau, da UnivPrivDoz., 1915 in Newyork (Bibliothekar, Dozent), 1925/27 Prof. der MWiss. an der Cornell-Univ. in Ithaka, seit Herbst 1927 wieder an der Public library in Newyork. W: ‚Org. u. Klav. in der M. des 16. Jh.'

KINKULKIN, Affrem * 13/12 1884 Wilna, VcVirt. in Stockholm, meist auf Reisen, Solocellist des SinfonOrch. in Leipzig 1925/32, vorher in Stockholm u. Petersburg, Schüler Klengels. W: VcStücke

KINSKY, Georg, Dr. phil. * 29/9 1882 Marienwerder, seit 1909 Leiter des Mhistor. Museums W. Heyer in Köln bis zu dessen Auflösung 1927 (von ihm bearb. dessen Katalog Bd. 1, 2 u. 4), tücht. Gelehrter. H: VStücke Paganinis u. a.

KINT, Cor * 9/1 1890 Enkhuizen, seit 1919 VL. an der MSchule in Amsterdam, Bratschist. W: Singspiel, Suite f. StrOrch., BrKonzStück, VStücke usw. H: Werke f. Viola d'amore

KIPKE, Alex. L. * 3/10 1895, KM. in Hannover. W: Optten, UnterhaltgsM., Lieder

KIPKE, Karl * 20/11 1850 Breslau, † 14/11 1923 Leipzig, Schüler d. Lpzger Konserv., 1872/75 in Lippstadt, 1878/86 in Pilsen Chordirig., sonst stets in Lpzg lebend, MSchr. u. Krit., 1887/1906 Redakt. der ‚Sängerhalle', 1902/07 auch des ‚Musikal. Wochenblatts'. W: Chöre, Balladenzyklus,

'Christfestbilder' (Zyklus von Weihnachtsliedern usw.), mit B. Vogel: ,Das kgl. Konserv. zu Lpzg'. B: Neuaufl. von F. L. Schuberts ,InstrumLehre', Franks ,Tonkünslerlexikon', 11. A., Wunderlichs ,Anleitg z. Instrumentierg', Zopffs ,Der angehende Dirigent'. H: ,Dtsche Liedertafel', zahlr. Arrang.

KIPNIS, Alex. * 1/2 1891 Schitomir (Ukraine), seit 1932 I. Bass. der Berliner Staatsop., nach allgem. musikal. Ausbildg. Schüler E. Grenzebachs, auch als KonzSgr. in Europa u. Amerika sehr geschätzt, 1915/16 in Hamburg, 1916/18 in Wiesbaden, 1918 ff. am Dtsch. OpHaus bzw. an der städt. Oper in Berlin, daneben viel im Auslande (Newyork, Buenos Aires usw.). wiederholt auch in Bayreuth

KIPP, Heinr., ps. K. HEINZ * 19/11 1881 Lengerich, Westf., MSchr. in Bremen. W: Optten, Lieder

KIPP, Wilhelm * 27/8 1869, Organ. u. Chordirig. in Neubrandenburg

KIPPER, Herm. * 27/8 1826 Coblenz, † 25/10 1910 Köln, da ML. u. MSchr. W: humorist. Optten f. MChor, Chöre, Lieder, Bearb. f. Schulchor usw.

KIRCHBACH, Max † 10/3 1927 Darmstadt, Kompon.

KIRCHER, Athanas. * 2/5 1602 Geisa/Fulda, † 28/11 1680 Rom, da (Jesuit) seit 1637, Gelehrter. W: ,Musurgia universalis', ,Phonurgia nova' u. a., die viel Absonderliches enthalten

KIRCHHOFF, Paul * 23/6 1879 Wülfrath/Elberfeld, da seit 1900 VerDirig. W: Fr- u. MChöre, Lieder

KIRCHHOFF, Walther * 17/3 1879 Berlin, da GsgL. u. OpTen., urspr. Kav.Offiz., ausgeb. von Lilli Lehmann, u. in Milano, 1906/20 HeldenT. an der Berl. Hof- bzw. StaatsOper, dann im In- u. Ausland (Newyork, SüdAmer.) gastierend, 1934 TheaDir. in Berlin

KIRCHHOFF, Werner * 21/12 1897 Angerburg, OPr., ObML. in Berlin-Charlottenburg, stud. in Berlin (Sternsches Konserv., Univ., Akad. f. Kirch- u. SchulM.). W: Hörspiele, FilmM., Klav-Trio, Lieder

KIRCHL, Adolf * 16/6 1858 Wien, lebt in Wien (1915/23 Zwettl, NÖsterr.), vorher Bürger-SchulL. u. lange Jahre ChorM. d. ,Schubertbund' in Wien. W: viele MChöre, Lieder, Schulliederbücher, KlavStücke usw.

KIRCHNER, Elek * 20/5 1852 Mucsfa, ung. Kom. Tolna, lebt in Kelldömölk, 1875/88 evang. Pfarrer in Mucsfa, 1888/1922 Organ., Chordir. u. Dir. der MSchule in Györ/Raab, Autodidakt. W (streng klassische Formen, volkstümlich): KaM., bes. StrQuart., KlavSon., u. Stücke, ung. Tänze, Psalmen, MChöre, viele Lieder

KIRCHNER, Elisabeth * 4/9 1866 Petersburg, KlavL. in Berlin, Schülerin Ad. Henselts u. des Stuttg. Konserv. W: KaM., KlavSon. u. Stücke, Lieder

KIRCHNER, Fritz * 3/11 1840 Potsdam, † 14/5 1907 Berlin, da Schüler, seit 1864 L. an der Akad. von Kullak. W: Beliebte Salon- u. instrukt. KlavStücke, Lieder

KIRCHNER, Hermann * 23/1 1861 Wölfis (Thür.), † 26/12 1928 Breslau, urspr. Tenorist, 1900/06 Chordirig. in Hermannstadt i. Siebenbürg., dann KonservL. in Bukarest, 1910 in Ratibor, seit 1927 in Breslau. W: Opern, Singspiel, Chöre, Lieder usw.

KIRCHNER, Rob. Alfr. * 2/4 1889 Hannover, seit 1907 Geiger im Hoforch. zu Schwerin, zeitw. Dirig. des Domchors. W: Opern, KaSinf., viel KaM., Lieder

KIRCHNER, Theodor * 10/12 1823 Neukirchen/Chemnitz, † 18/9 1903 Hamburg, Schüler des Lpzger Konserv., 1843/62 Organ. in Winterthur, dann MVerDir. u. ML. in Zürich, 1873/75 Dir. der kgl. MSchule in Würzburg, lebte dann in Leipzig 1875/83, Dresden 1883/90 (KonservL.) u. seit 1890 in Hamburg. W (feinsinnig): KaM., viele KlavStücke, Lieder, Arrang.

KIRCHSTEIN, Harold M. * 29/12 1906, lebt in Berlin-Wilmersdorf. W: UnterhaltgsM.

KIRIAC, Demetri * 18/3 1866 Bukarest, da † 8/1 1928, da seit 1900 L. am Konserv., ausgeb. in Paris, Folklorist. W: KirchM., Kinderlieder

KIRMSE, Otto * 12/11 1854 Ronneburg, Organ., GsgL. u. Chordirig. in Lpz. W: Chöre, Lieder usw.

KIRNBERGER, Joh. Phil. * 24/4 1721 Saalfeld, † 27/7 1783 Berlin, KaMusikus d. Prinz. Amalie seit 1754, berühmter, jedoch trockener Kontrapunktist u. rückschrittl. Theoret., Schüler Bachs. W: ,Die Kunst des reinen Satzes', ,Grundsätze des Generalbasses' (1781) usw., Sinfon., KaM., Klav-Stücke, Lieder u. Oden

KIRSCH, Ernst, Dr. phil. * 18/4 1891 Breslau, da PrivDoz. f. MWiss. an der Univ. seit 1926. 1935 Prof. W: ,Wesen u. Aufbau der Lehre von der harmon. Funktion' u. a.

KIRSTEN, Ernst * 24/8 1895 Duisburg, seit 1933 Referent. u. Dirig. am Deutschlandsender in Berlin, Schüler H. Abendroths u. E. Bückens, dann 6 Jahre OpKM., u. a. in Bremen

KIRSTEN, Paul, ps. Peter K. * 11/1 1895 Berlin, da Kaufmann (Autodidakt). W: UnterhaltgsM.

KISHI, Koishi * 31/3 1909 Osaka Kitaku (Jap.), da Dirig., ausgeb. in Genf (Konserv.) u. Berlin (Hochsch.). W: Tonfilme (jap. Kultur), Japan. Suite, VKonz., japan. Lieder

KISSEL, Dominikus * 29/2 1892 Frankf. a. M., da Schüler des Hochschen Konserv., Kriegsteiln., seit 1920 in Kempten (Allgäu) KM. u. VerDirig. W: Singspiel, gem. u. MChöre

KIST, Florentius Cornelis * 28/1 1796 Arnhem, † 23/3 1863 Untrecht, gründete verschied. GsgVer. in Holland, MWissenschaftler. W: Chöre, Lieder. H: Ztschr. Caecilia 1844 ff.

KISTENMACHER, Arthur, ps. NETSIK; Ernesto TAMARI * 28/6 1882 Stettin, lebt in Berlin, vorher in Bremen; OpSgr, auch Dir. des Kurthea. in Norderney. W: KlavStücke, MChöre, Lieder u. Gsge (auch m. Orch.)

KISTLER, Cyrill * 12/3 1848 Groß-Aitingen/ Augsburg, † 1/1 1907 Kissingen, 1867/76 SchulL., 1878 KonservL. in Sondershausen, seit 1885 in Kissingen, Wagner-Epigone. W: Opern, u. a. ‚Baldurs Tod', Orch- u. KlavStücke, Chöre, Lieder usw., ‚Harmonielehre', ‚Musikal. Tagesfragen' u. a.

KISTNER, Friedrich * 3/3 1797 Leipzig, da † 21/12 1844, übernahm 1831 die Probstsche MHandlg (gegr. 1823), firmierte seit 1836 unter seinem Namen. Bedeut. MVerlag, seit 1923 Kistner & Siegel, vgl. Siegel

KITCHINER, William * 1775, † 27/2 1827 London, Arzt. W: Op., Lieder, bes. Trinklieder; ‚Observations of vocal m.' H: The loyal and national songs of England; The sea songs of England; Collection of the vocal m. in Shakespeare's plays

KITSON, Charles Herbert * 13/11 1874 Leyburn, Yorks., seit 1920 MProf. an der Univers. Dublin (vorher da Organ. usw.), auch Prof. am R. College in London. W: theoret. Lehrbücher

KITTEL, Bruno * 26/5 1870 Entenbruch in Posen, urspr. Geiger, gründ. 1902 in Berlin den nach ihm gen. gem. Chor, der in dem dort. MLeben eine große Rolle spielt (1912 erste vollst. Aufführg von Draesekes ‚Christus'); 1901/14 leitete er das von ihm gegründ. Brandenburg. Konserv., 1928/30 auch Leiter des Chors der akad. Hochsch. f. M., seit Juni 1935 Dir. des Sternschen Konserv.

KITTEL, Emmy — s. DESTINN

KITTEL, Joh. Christ. * 18/2 1732 Erfurt, da † 18/5 1809, Schüler Bachs, seit 1756 Organ. in Erfurt, berühmter L. u. OrgVirt. W: ‚Der angehende prakt. Organ.', ‚Choralbuch' (Altona), KlavSonaten, OrgPräludien usw.

KITTEL, Karl * 20/9 1874 Wien, seit 1912 ObLeiter d. musik. Vorarbeiten zu d. R. Wagner-Festspielen in Bayreuth, da seit 1921 StudProf. am Lyceum, Leiter der städt. Singschule u. des Gesellsch.Chors, ausgeb. in Wien (Akad.), 1891/ 1901 Chordir. der Op. in Graz, 1901/04 dgl. in Hamburg, 1904/12 OpDirig. in Karlsruhe

KITTL, Joh. Friedr. * 8/5 1809 Schloß Worlik (Böhm.), † 20/7 1878 Polnisch-Lissa, stud. anfangs Jura, gleichzeitig aber M. in Prag bei Tomaschek, 1843/65 da KonservDir. W: Opern ‚Bianca und Giuseppe oder die Franzosen vor Nizza' (Text von R. Wagner), u. a., Sinfon., KaM., KlavStücke, Lieder usw.

KITZLER, Otto * 16/3 1834 Dresden, † 6/9 1915 Graz, Vcellist u. TheaKM., 1868/98 Dir. der MSchule u. Chordir. in Brünn, Lehrer A. Bruckners, 1861/63 in Linz. W: Orch-, Klav- u. Vc-Kompos., Lieder, Chöre, ‚Musikal. Erinnergen'

KLAAS, Julius * 29/2 1888 Bochum, lebt in Darmstadt, war 1920 ff. KlavL. in Auerbach (Hess.), Schüler Bodo Wolfs. W: Sinf., 2 Orch-Suiten, KaM., KlavStücke u. Sonaten, Lieder, Melodram

KLAASS, Rob. * 7/11 1866 Kyritz, GymnGsgL. in Berlin-Charlottenburg 1890/1918, da † 31/12 1925. W: Chöre, instr. KlavStücke. H: ‚Aus dem Reiche der Töne', ‚Das goldene Buch der Lieder', ‚Spiel u. Sang' usw.

KLÄMBT, Fritz * 21/3 1885 Schwiebus. W: Lieder z. Laute. H: Alte GitM.

KLAES, Arnold, Dr. phil. * 1/7 1904 Münster i. Westf., da L. f. alte M. u. Theor., ausgeb. b. H. Erpf, Fellerer, Jöde, Ldw. Weber u. W. Woehl. W: ‚Studien z. Interpretation des musik. Erlebens'

KLAFSKY, Anton M. Rud., Dr. theol. * 8/7 1877 Winden (Burgenland), Priester in Wien. W: Orator., KirchM., Sinf., Lieder

KLAFSKY, Katharina * 19/9 1855 St. Johann/ Wieselburg (Ung.), † 22/9 1896 Hamburg (hier seit 1885), hervorrag. WagnerSgerin, 1895 z. 3. Mal verheir. u. zwar mit Otto LOHSE (s. d.)

KLAGE, Karl * 21/5 1788 Berlin, da † 12/10 1850, ML. u. MVerleger. B: Haydns Sinf. f. Klav. 4h. u. a.

KLAGES, Adolf * 29/4 1862 Hannover, da GymnML. i. R., MRef. W: Märchenkomödien, Kantate ‚Martin Luther', Chorwerke mit u. ohne Orch.

KLAHRE, Heinr. * 22/5 1842 Heinersdorf (Sachs.), † 25/12 1891 Frankf. a. M. W: MChöre

KLAIČ, Vjekoslav * 28/7 Garčin, Slavon., † ? Agram, da bis 1922 Geschichts-Prof., dirig. ein DilettOrch., sehr verdient um die MVerhältn. in Kroatien, eifriger MSchr. W: MChöre, Gsge m. Klav.

KLAIS, Johannes * 13/12 1852 Lüftelberg/Bonn, † 11/4 1925 Bonn, begründete da 1882 die bedeutende Orgelbauanstalt

KLAMI, Uuono * 1900 Virolahti (Karelen), lebt in Helsingfors. W: Händel-Suite

KLANERT, Karl * 23/11 1873 Thale (Harz), seit 1900 Dir. des Stadtsingechors (mit dem er Skandinavien bereist hat) u. Kantor, seit 1911 auch SchulgsgL. in Halle. W: Kantaten, Chöre, Klav-Rhapsodien

KLANERT, Paul * 5/6 1876 Thale a. H., seit 1898 ML. u. MSchr. in Halle, Pianist. W: Chöre, Lieder u. a.

KLATTE, Wilhelm * 13/2 1870 Bremen, † 12/9 1930 Berlin, Schüler des Lpzger Konserv., Korrepetit. der Weimarer Oper unter Rich. Strauß, seit 1897 erster Ref. am Berliner Lokal-Anzeiger, seit 1904 TheorL. am Sternschen Konserv., 1925 auch Prof. a. d. Akad. f. Kirch- u. SchulM., sehr tätiges Vorstandsmitglied des Allg. Dtsch. MVer. W: ‚Zur Gesch. der Programm-M.', ‚Aufgaben u. Lehrgang für den einf. Kontrap.', ‚Harmonielehre', ‚Grundlagen des mehrst. Satzes' — ps. Arnold SIEWERS

KLAUS, Peter, ps. = Mich. BUKOWIECKI

KLAUSER, Karl * 24/8 1823 Petersburg, † 9/1 1905 Farmington, stud. M. in Deutschland, 1853 in Newyork, seit 1856 in Farmington, Conn., KlavL. B: treffl. Ausg. klass. M., Arrangements. — Sein Sohn Julius * 5/7 1854 Newyork, seit 1875 ML. u. Dirig. in Milwaukee, da † 23/4 1907. W: ‚The Septonate and the Centralization of the Tonal System', ‚The nature of m.'

KLAUWELL, Adolf * 31/12 1818 Langensalza, † 22/11 1879 Lpz BürgerschulL., 1838/54 L. in verschied. Dörfern Sachsens. W: weitverbreit. gemütvolle Kinderlieder (‚Liederlust', op. 12 u. ‚Familienharfe', op. 18), Lieder für Erwachsene (op. 24, 25, 28, 29), Wanderlieder für MChor (op. 19), instruktive KlavKompos. (‚Goldnes Melodienalbum'), ‚Zwei Kindersonaten' (op. 42), ‚Lieder ohne Worte' (op. 39) und 4hd. Stücke (‚Die jungen Pianisten', 10 Hefte, ‚Tonblumen', 3 Hefte) usw. — Seine Tochter Marie * 27/1 1853, † 19/11 1911, namhafte Sgerin. — Sein Neffe Otto, Dr. phil. * 7/4 1851 Langensalza, † 12/5 1917 Köln, da seit 1875 am Konserv. L. f. Klav. u. M-Gesch. W: Opern, Ouvert., KaM., KlavStücke, (‚Aus der Jugendzeit'), Lieder, ‚Die histor. Entwicklg des musikal. Kanons', ‚Der Fingersatz des KlavSpiels', ‚Die Formen der InstrumentalM.', ‚Gesch. d. Sonate', ‚Th. Gouvy', ‚Gesch. d. Programm-M.' usw.

KLEBBA, Werner, ps. Will FANTA * 6/10 1885 Rastenburg, OPr., KM. in Berlin, ausgeb. auf dem Sternschen Konserv. (Klatte; Rüfer). W: Optten, Tonfilme, UnterhaltgsM.

KLEBER, Leonhard * um 1490 Göppingen, † 4/3 1556 Pforzheim, da Organist (berühmt) seit 1521 (Geistlicher). W: Tabulaturbuch 1524

KLEBS, Paul * 11/2 1888 Berlin, lebt da, vielgereister Pianist, auch Chordir. W: Oper, Sinf., Ouv., VcKonz., Chöre m. Orch., Lieder

KLECZYNSKI, Jan * 8/6 1837 Janiewicze, Wolhynien, † 1895 Warschau, da 1887/89 Konserv-Prof., ausgez. Pianist, ausgeb. in Paris. W: Lieder; Schriften üb. Chopin. H: Ztschr. ‚Echo muzycne' 1879/95

KLEE, Bruno Malte (Sohn Ludw.), * 7/2 1870 Berlin, Organ., Chordir. u. KonservDir. in Berlin-Südende. W: KlavStücke, bes. instrukt.

KLEE, Hermann * 8/9 1883 Rendsburg, urspr. Kontrabassist, seit 1919 KM. der rumän. Staatsoper in Cluj. W: Oper, Chöre, Lieder u. a.

KLEE, Ludw. * 13/4 1846 Schwerin (Mecklbg.), † 14/4 1920 Berlin, da seit 1875 MSchulDir. W: ‚Die Ornamentik der klass. KlavM.' u. a. pädag. musikal. Werke; KlavArrang. (OuvertAlbum usw.)

KLEEBERG, Klotilde * 27/6 1866 Paris, † 7/2 1909 Brüssel, feinsinn. KlavVirtuosin, 1908 mit dem Bildhauer Charles Samuel verheiratet

KLEEFELD, Wilh., Dr. phil. * 2/4 1868 Mainz, TheaKM. u. a. in Detmold, ML. u. MSchr. in Berlin seit 1898. W: Oper, Lieder, ‚Das Orch. der ersten dtsch. Oper'. B: ‚Don Pasquale' von Donizetti, ‚Dorfsängerinnen' von Fioravanti usw.

KLEEMANN, Hans, Dr. phil. * 29/7 1883 Altona, Leiter einer MadrigalVer. in Halle, Schüler H. Aberts. W: OrchSuite ‚Die 4 Temperamente', StrOrchSerenaden, KlavKonz., viel KaM., KlavStücke, HarfStücke, Lieder; M. zu Neurode, 1. dtsch. Thingplatzspiel (Juni 1934)

KLEEMANN, Karl * 9/9 1842 Rudolstadt (Schwarzburg), † 18/2 1923 Gera, da 1889/1913 HofKM. W: Sinfon., sinfon. Phant., M. zu Grillparzers ‚Der Traum ein Leben', Oper, Weihnachtsmärchen, KlavStücke, Chöre, Lieder usw.

KLEEMEYER, Herm. * 31/7 1859 Luhdorf, Kr. Winsen, pens. RealgymnasGsgL. in Hannover, da seit 1883 auch Organ. u. Chordir. W: Choralbuch, geistl. Chöre, OrgStücke; ‚Die Ausildg u. Fortbildg des Organisten'

KLEES, Gabriele * 12/12 1895 Kronstadt, da Pianistin. W: Ballette. KlavKonz. u. Son.

KLEFFEL, Arno * 4/9 1840 Pößneck (Thür.), † 15/7 1913 Nikolassee/Berlin, seit 1863 KM. an versch. Thea., 1886/92 u. 1894/1904 am Stadtthea. in Köln, seit 1904 TheorL. in Berlin, seit 1910 Vorsteher der OpSchule der Hochschule f. M. W: Oper, Weihnachtsmärchen, M. zu Goethes ‚Faust', Ouvert., StrQuart., KlavStücke, Chöre, Lieder

KLEIBER, Erich * 5/8 1890 Wien, TheaKM. in Darmstadt (1912/19), Barmen-Elberfeld, Düsseldorf, Mannheim, Okt. 1923/1. Febr. 1935 GeneralMDir. bzw. seit 1933 StaatsKM. d. Staatsop. in Berlin, lebt in Mondsee bei Salzburg, auch im Ausland für Konz. sehr gesuchter GastDirig., geht Herbst 1935 als OpDirektor an die Scala in Milano

KLEIBER, Karl * 21/12 1838 Reiserhof (N-Österr.), † 15/6 1902 Wien, da TheaKM. W: volkstüml. Singspiele, Lieder

KLEIN, Artur * 1867 Zürich, da ML., urspr. Trompeter. W: Ouv., Tänze, Märsche, TrompStücke u. a.

KLEIN, August * 21/4 1854 Somplar, Reg.-Bez. Cassel, † 7/3 1919 Cassel, da GsgL., Kantor und Chordir. W: Charfreitagsliturgie u. a. KirchM., Chöre, auch m. Orch.

KLEIN, Bernh. * 6/3 1793 Köln, † 9/9 1832 Berlin als GsgL. usw. W: Oratorien ‚Hiob', ‚Jephta', ‚David'; 8st. Pater noster, Psalmen, Hymnen; Oper ‚Dido', KlavSonaten u. Lieder, Motetten f. MChor usw.

KLEIN, Bruno Oscar * 6/6 1858 (nicht 1856) Osnabrück, † 22/6 1911 Newyork, da 1878 Organ. W: Oper, Orch- u. KaM., Chöre, Lieder usw.

KLEIN, Fritz Heinr. * 2/2 1892 Budapest, Schüler Schönbergs u. A. Bergs, lebt in Linz. W: Oper, OrchVariat., KaM., KlavStücke, Lieder

KLEIN, Hans, ps. = BÖTTCHER, Walter

KLEIN, Heinr. * 1756 Rudelsdorf/Schönberg (Mähr.), † 1830 Preßburg, da ML. am adel. Fräuleinstift, treffl. Org- u. KlavSpieler, ausgeb. in Olmütz, Erfinder der Tastenharmonika (1799). W: Messen, Kantaten, Lieder, KlavStücke; Schrift ‚Nationaltänze der Ungarn'

KLEIN, Heinr. * 26/2 1908 Stommeln-Köln, da Musiker, Schüler W. Malers. W: MChöre

KLEIN, Heinz, ps. = Geo. HENTZSCHEL

KLEIN, Hubert * 14/4 1903 Würselen, Kr. Aachen, da ML. u. Chordir., ausgeb. im Kölner Konserv. W: Chöre

KLEIN, Joseph * 24/8 1740 Arnstadt, † 15/6 1823 Kahla (Thür.), Advokat in Eisenberg. W: Lehrbücher der prakt. u. theor. M., Choralbuch

KLEIN, Josef (Bruder Bernhards) * 1802 Köln, da † 1862. W: Ouvert. z. ‚Jungfrau von Orleans', Sonaten, KlavStücke, dtsche Singmesse, Gsge, Lieder usw.

KLEIN, Josef * 22/11 1870 Wien, da † 13/9 1933, da seit 1913 BallettMDir. der Oper, Geiger, (1887/1913 in der Hofop.), Schüler Bruckners. W: Ballette, Optten, Salonstücke, Tänze, Lieder

KLEIN, Jos. * 7/3 1877 Aachen, VVirt. u. KonservL. (Prof.), seit 1928 in Augsburg, urspr. Geiger im Orch. in Krefeld, dann im PalmengartenOrch. in Frankfurt a. M., dann Schüler Hugo Heermanns, 1900/08 VL. u. KonzM. in Schaffhausen, 1908/28 KonservL. in Düsseldorf, wo er d. Rhein. Trio gründete. W: KaM., VStücke, Paganinis Übungsgeheimnis (VSchule), Lieder

KLEIN, Jules * 27/2 1845 Chaumont, † um 1910 Paris. W: Tänze, bes. beliebte Walzer

KLEIN, Lidus * 24/9 1884 Wageningen, seit Ende 1929 VL. am Konserv. in Amsterdam, treffl. Solist, Schüler von Eldering, Sevčik und Flesch 1910/18 in Zürich, 1919 in Genf, dann bis 1929 in Paris

KLEIN, Otto * 1/5 1887 Düsseldorf, KM in Berlin-Charlottenburg, 1928 OpKM. in Koburg. Ausgeb. in Düsseld. W: BühnM., Sinf., sinf. Dichtgen u. Ouvert.

KLEIN, Walther, Dr. phil. * 23/6 1882 Brünn, MTheorL. in Wien. W: BühnM., KaM., Lieder m. Orch. bzw. StrQuart. u. Klav.; ‚Harmonielehre für Vorgeschrittene'

KLEINER, Artur * 20/3 1903 Wien, da KonzBegl. W: KlavStücke, Lieder u. a.

KLEINHEINZ, Frz Xaver * 3/7 1772 Mindelheim, † um 1832 Pest, 1803 ff. in Wien, dann KM. in Brünn u. Pest. W: Opern, Festmesse, KaM., Lieder u. a.

KLEINKNECHT, Jak. Friedr. * 8/6 1722 Ulm, † 14/8 1794 Ansbach, seit 1743 in der markgr. Kap. in Bayreuth, erst Flötist, dann Geiger, 1761 KM. W: KaM., bes. m. Fl., KlavSon.

KLEINMICHEL, Rich. * 31/12 1846 Posen, † 18/8 1901 Charlottenburg/Berlin, tücht. Pianist, Schüler des Lpzger Konserv., wirkte in Hamburg, 1876 in Lpzg, 1881 in Danzig, zuletzt in Berlin.

W: Opern, Sinfon., Ouvert., KaM., KlavStücke, Lieder, Chöre. B: treffliche Klavierausz. klass. u. Wagnerscher Opern

KLEINPAUL, Alfred * 28/10 1850 Altona, Schüler v. Gurlitt u. des Lpzger Konserv., Organ., ML. u. Komp. in Hamburg. W: KlavStücke, Lieder usw.

KLEMETTI, Heiki * 14/2 1876 Helsingfors, da L. am Konserv. u. der Univ., verdient um die finnländ. KirchM., Dirig. d. Chors Suomen Laulu. W: Messen, Chöre, M. in Historia, ‚Aperçu de l'hist. de la m. Finlandaise'

KLEMM, C. A., MHandlg, 1806 in Plauen gegründ., 1809 nach Leipzig verlegt, seit 1821 auch MVerlag; 1933 von Wilh. G e b a u e r (s. d.) angekauft

KLEMM, Rich. * 1902 Dresden, Vcellist der Staatsop. in Berlin, Schüler Hugo Beckers u. P. Juons. W: VcSuite u. Stücke

KLEMPERER, Oskar * 8/4 1877 Hamburg (Eltern Böhmen), VcVirt, seit 1902 in Paris, Schüler J. Klengels u. Poppers, Jadassohns u. Koeßlers. W: KaM., Tondichtgen f. Orch. u. Singst.

KLEMPERER, Otto * 15/5 1885 Breslau, seit 1935 Dirig. des SinfOrch. in Los Angeles, seit 1907 immer mehr beachteter TheaKM., 1917/24 in Köln, Herbst 1924/27 GeneralMDir in Wiesbaden, 1927/31 GeneralMDir. der Staatsoper am Platz der Republik in Berlin, da 1931/33 1. KM. an der Staatsop. Unter den Linden; auch hervorrag. KonzDirig. W: Oper, ‚Missa sacra', ‚Der 42. Psalm', Lieder

KLENAU, Paul v. * 11/2 1883 Kopenhagen, lebt da, zeitw. an Theatern (Freiburg, Stuttg.), lebte dann in ObBay. u. Wien, Schüler v. Max Bruch, Thuille, Schillings. W: Opern, Ballett ‚Klein Idas Blumen', Sinfon., sinfon. Dichtgen, ‚Gespräche mit dem Tod' f. Alt u. Orch.

KLENGEL, Aug. Alex. * 27/1 1783 Dresden, † 22/11 1852 Dresden, Organ. an der Hofkirche seit 1816, Schüler Clementis. W: ‚Kanons u. Fugen in allen Tonarten', 2 Konz., kleinere Stücke für Klav.

KLENGEL, Julius (Bruder Pauls) * 29/9 1859 Leipzig, da † 26/10 1933, berühmter Vcellist, am Gewandhaus bis 1926 u. Konserv. W: KaM., zahlr. VcKompos. u. Bearbeit.

KLENGEL, Paul, Dr. phil. * 13/5 1854 Leipzig, Geiger, Orch- u. Chordirig. (1898/1902 Dir. des ‚Dtsch. Liederkranz' in Newyork), seit 1909 KonservL. zu Leipzig, † 24/4 1935. W: Lieder, KaM., KlavStücke, ‚Zur Ästhetik der Tonkunst'. H: alte VSonaten. Viele Arrang. f. Klav 2- u. 4hdg, f. Klav. u. V., f. Br.

KLENOWSKI, Nikolai S. * 1857 Odessa, seit 1879 TheaKM., seit 1902 II. Dir. der Kais. HofSgrKap. in Petersburg. W: Ballette, BühnM., Kantaten, OrchSuite, Grusin. Liturgie u. a.

KLERK, Jos. de * 8/1 1885 Merxem (Antwerpen), seit 1919 KonservL. u. MSchr., auch KonzSgr (Bar.) in Haarlem, ausgeb. in Antwerpen. W: Op., Mysteriensp., BühnM., Kantat., Chöre, Lieder

KLETSCH, Ludw., ps. Lul CLAY * 13/6 1908 München, Mker in Berlin. W: Ernste u. UnterhaltgsM.

KLETZKI, Paul, ps. MARTIN, Paul Hans * 21/3 1900 Lodz, seit Herbst 1935 L. an der Scuola superiora di m. in Milano, 1921/33 in Berlin, 1933/34 in Venedig, Schüler F. E. Kochs. W: Sinfon., OrchVar., KlavKonz., VKonz., KaM., KlavStücke, Lieder

KLEVEN, Arved * 29/11 1899 Drontheim, FlötVirt. in Oslo. † 1930. W: Sinf. u. sinfon. Dichtgen, VSonate u. a.

KLIČKA, Jos. * 15/12 1855 Klattau (Böhm.), OrgVirt., TheaKM. u. GsgVerDirig. in Prag, jetzt da OrgProf. am Konserv. W: Oper, 2 Orator., 9 Messen, KaM., Orch- u. OrgStücke, Chöre

KLIEBERT, Karl, Dr. jur. * 13/12 1840 Prag, † 23/5 1907 Würzburg, da seit 1876 Dir. der kgl. MSchule. W: Klav- u. OrgStücke, Lieder

KLIEWE, Gerhard * 6/10 1888 Luckow, seit 1913 Solobratschist der Oper in Breslau. W: OrgStücke, Lieder. B: klass. Werke f. Br.

KLIMOW, Michael Georgiewitsch * 22/10 1881, seit 1908 Prof. am Konserv. in Petersburg, seit 1913 Hauptdir. der Kais. Hofsgrkap., die er nach dem Umsturz in einen weltl. Chor, auch mit FrStimmen umwandelte, 1925/27 Dir. der staatl. Philharm. in Leningrad, ausgez. Chorerzieher. W: mpädag. Schriften. H: alte KirchM. f. Chor

KLINCKERFUSS, Johanne geb. Schultz * 22/3 1855 Hamburg, † 13/12 1924 Stuttgart, gefeierte Pianistin, Schülerin Leberts, Pruckners u. Liszts.

KLINDWORTH, Karl * 25/9 1830 Hannover, † 27/7 1916 Stolpe/Oranienburg (Berlin), KlavVirt., Schüler Liszts, 1854/68 in London, 1868/84 in Moskau, seit 1884 in Berlin, gründ. da eine MSchule (später mit der Scharwenka-Konserv. vereinigt) u. wirkte auch als Dirig. B: Klavierauszüge v. Wagners MDramen. H: Chopin- u. Beethovensche KlavWerke

KLING, Henri * 17/2 1842 Paris, † 2/5 1918 Genf, Hornvirt. u. ehem. MilMDir., seit 1866 L. am Konserv. in Genf. W (üb. 500): Opern, Kant., SchauspielM., Ouvert., Tänze, HornKonz., Schulen f. verschied. Instrum., ‚InstrumLehre', ‚Der vollkommene Dirigent' usw.

KLINGBERG, Friedl * 1/12 1899 Winterthur, lebt in Berlin, Schülerin des Konserv. in Zürich u. des Klindworth-Scharwenka in Berlin. W: KlavStücke, gem. Chöre, Lieder

KLINGENBERG, Alfred * 7/2 1892 Fürth, seit 1919 KonservKlavL. in Hamburg. W: KlavStücke, viele Lieder

KLINGENBERG, Frdr. Wilh. * 6/6 1809 Sulau (Kr. Militsch, Schles.), † 2/4 1888 Görlitz, da seit 1840 Organ. u. GsgverDir. W: Kirchl. u. weltl. Gsgwerke, Sinf., Ouvert. usw.

KLINGENBERG, Joh. * 28/8 1852 Görlitz, † Juli 1905 am Langkofel (Südtirol, verunglückt od. ermordet?), Vcellist, Schüler F. Grützmachers, zuletzt seit Herbst 1877 in der Braunschweig. Hofkap., legte sich Abschriften alter Gambenwerke an, eine sehr wertvolle, in d. MAbt. der preuß. Staatsbibl. in Berlin aufbewahrte Sammlg.

KLINGER, Emil * 1882 Gr.-Harthau/Bischofswerda, Klavierist in Dresden, Führer des ‚modernen Trios'

KLINGER, Max * 7/5 1898 Warnsdorf, GymnProf. in Rumburg. W: GitStücke, Lieder m. Git.

KLINGLER, Karl * 7/12 1879 Straßburg i. Els., Lieblingsschüler Joachims, L. an der MHochschule in Berlin, Leiter eines sehr bekannten StrQuart. W: KaM., u. a. wertvolle Sonate für Br. u. Klav. V-Konz.; ‚Die Grundlagen des VSpiels'

KLINGNER, Fritz * 3/2 1902 Zwickau, seit Okt. 1934 mus. Referent für Sondersendgen im Reichssender Berlin, auch Dirig. am Kurzwellensender, ausgebild. in Frankfurt a. M., TheaKM. seit 1919 u. a. in Remscheid, seit 1923 meist in Berlin, 1932/34 MKrit. W: BühnM., KaM., (u. a. Sonate f. Ob., Br. u. Klav.), Lieder, u. a. ‚Lieder aus den Lüften' (1928)

KLINGSOR, Tristan * 8/8 1874 La Chapell (Oise), MKrit. in Paris, Autodidakt. W: FilmM., KaM., Chöre, Lieder. — ps. Arthur Justin Léon LECLERE

KLINKOTT, Joh. * 5/7 1861 Altgolßen, Kr. Luckau, seit 1890 erst SchulL., dann Organ., Kantor u. Chordir. in Guben. W: kirchl. u. weltl. Chöre, OrgStücke

KLINNER, Carl, MVerl. in Leipzig, 1911 an SCHWEERS & HAAKE Bremen übergegangen

KLITZSCH, Karl Eman., Dr. phil. (ps. E. KRONACH) * 30/10 1812 Schönhaide (Erzgeb.), † 5/3 1889 Zwickau, GymnasObL. u. MDir (Chordir.), langjähr. Mitarb. der ‚N. Ztschr. f. M.' W: Oper, 96. Psalm f. Soli, Chor u. Orch., Gsge, Lieder usw.

KLOB, Karl Maria * 18/5 1873 Olmütz, M-Schr. in Wien. W: ‚Die dtsche kom Oper', ‚Die Op. von Gluck bis Wagner' usw.

KLOB, Otto, Dr. * 22/12 1876 Wien, lebt da. W: Singspiel, KaM., KlavStücke, Lieder

KLOEK, Ferd. * 18/12 1887 Hoorn, Organ in Hilversum. W: BühnM., 3 OrgSon., Harmon. Stücke, KlavStücke, Lieder

KLOEKNER, Eduard, MVerl. in Budapest, gegr. 1893, 1929 an Rich. BIRNBACH, Berlin übergegangen

KLOEPFER, Ernst * 9/5 1878 Stuttgart, Schüler des dort. Konserv., seit 1903 MDir., Organ. u. GsgL. in Nordenham a. W. W: MChöre

KLOPPER, Fritz * 29/7 1889 Augsburg, † 15/2 1929 Sanat. am Haußstein/Deggendorf, 1918/26 TheorL. der MSchule in Augsburg. W: Orch- u. KaM., Chöre, Lieder

KLOSE, Amalie * 13/11 1867 Karlsruhe, da KlavVirt. (sehr für wenig bekannte Werke eingetreten) u. Pädag., Schülerin u. a. von Ed. Reuß u. Jos. Schalk, Schwester von Friedrich K.

KLOSE, Friedr. * 29/11 1862 Karlsruhe, Schüler Bruckners, 1907/19 L. an der Akad. der Tonkunst in München, jetzt in Locarno-Muralto. W (bedeutend): Oper ‚Ilsebill', Orat. ‚Der Sonne-Geist', Messe, sinf. Dichtg, StrQuart., Elegie f. V., Gesänge, Lieder usw., ‚Meine Lehrjahre bei Bruckner' (1927)

KLOSÉ, Hyacinthe Eléonore * 11/10 1808 Korfu, † 29/8 1880 Paris, da KonservL., KlarinV., schuf ein eigenes in Frankreich u. Amerika noch heute übliches KlarinSystem. W: KonzStücke, Schule für Klarin.

KLOSE, Margarete * 6/8 1902 Berlin, Preuß. KaSgerin, I. MezzoSopr. u. Altistin der Berliner Staatsop. seit Herbst 1931, auch treffl. Orat- u. LiederSgerin, vorher in Ulm u. Mannheim, ausgeb. in Berlin (Scharwenka-Konserv.: M. Marschalk), Mailand u. Paris

KLOSE, Oskar * 8/5 1859, † 17/11 1924 Görlitz. W: viel UnterhaltgsM.

KLOSE, Othmar * 13/10 1889 Wien, da vielgereister KlavVirt. (Schüler Leschetitzkys nach Besuch des Konserv.), später KM. W: Optten, ernste u. heitere Lieder usw.

KLOSS, Erich * 19/2 1863 Görlitz, † 1/11 1910 Berlin, Wagnerschr.
KLOSS, Erich * 24/2 1898 Schleiz, seit 1931 KM. am Reichssender München, KlavVirt., ausgeb. in Lpz. (Konserv.), v. Frau Hirzel-Langenhan u. K. Pottgießer; 1923/24 KurKM. in Bad Heiden (Schweiz), 1924/31 KurKM. in Berchtesgaden
KLOSS, Karl * 8/2 1792 Morungen bei Eisleben, † 26/4 1853 Riga, vorher Organ. zu Elbing u. Danzig, unstet umherreisend, OrgVirt. W: Klav- u. OrgStücke, Lieder usw.
KLOTH, Geo. * 24/2 1873 Lübeck, da Pianist (Schüler K. Stiehls u. des Hamburger Konserv.) u. VerDirig. W: MChöre, auch größere m. Orch.
KLOTZ, Hermann * 23/4 1856 Rudersberg, württ. OA. Welzheim, urspr. SchulL., seit 1883 in Eßlingen, GsgL. an höh. Schulen u. VerDir., ausgeb. in Stuttgart. W: MChöre
KLOTZ, Mathias * 11/6 1653 Mittenwald, da † 16/8 1743, berühmter Geigenbauer
KLUCK, Hubert * 12/11 1872 Aachen, seit 1911 GsgL. in Köln, vorher OpSger. W: ‚Lehrb. f. Kunstgsg‘ 1925
KLUCK, Josef * 3/10 1896 Aachen, seit 1919 GsgL. u. Chordir. in Köln. W: MChöre, auch m. Orch.
KLUGE, Albert * 6/12 1864 Deutschneudorf (Erzgeb.), Schüler des Konserv. in Dresden, da seit 1888 Theor- u. KlavL., auch Chordir. W: Sinfon., StrSext., Opern, PassionsM., Chöre, a. m. Orch., Lieder
KLUGE, Karl * 1880 Dresden, Schulleiter in Plauen, Schüler u. a. O. Urbachs. W: viele Chöre, auch m. Orch., Terzette, Duette, an 300 Lieder u. a.
KLUGE, Karl * 28/2 1889 Pieschen, GsgL. u. Chordir. in Plauen, seit 1925. W: Chöre, Lieder
KLUGER, Jos. * 13/9 1881 Gröbnig, OSchl., Fag- u. KBassist, seit 1926 in Gleiwitz. W: Tänze u. Märsche
KLUGHARDT, Aug. * 30/11 1847 Cöthen, † 3/8 1902 Roßlau, TheaKM. in Posen, Lübeck, Weimar, Neustrelitz, seit 1882 HofKM. in Dessau. W: Opern, Orator. ‚Zerstörung Jerusalems‘, ‚Judith‘, ‚Grablegg Christi‘, 4 Sinf., Ouvert., KaM., KlavStücke, Lieder, Konz. für Ob., V., Vc., ‚Schilflieder‘ f. Klav., Ob. u. Br. usw.
KLUSS, Georg * 11/6 1892 Falkenberg (OS.), Dir. des Madrigalchors in Beuthen (OS.) W: ‚Chinesische Tageszeiten‘, Chorsuite, Lieder
KLUSSMANN, Ernst * 21/4 1901 Hamburg, seit Herbst 1925 L. an der rhein. MHochschule in Köln, Schüler von Woyrsch und Jos. Haas. W: Sinf., VcKonz., KaM., Chöre, Lieder

KNAB, Armin * 19/2 1881 Neu-Schleichach (Unterfranken), seit Herbst 1934 KompL. an der Akad. f. Kirch- u. SchulM. in Berlin, urspr. Jurist, zuerst Amtsgerichtsrat in Rothenburg o. T., 1926/28 Landgerichtsrat in Fürth, 1928/34 LandgerRat in Würzburg, musik. ausgeb. in München u. Würzburg, MSchr. u. sehr feinsinniger, erfolgr. Liederkomp. W: Mombert-, George-, Wunderhorn-, Kinderlieder, Lautenlieder, Chorlieder, KaM., Klav-Sonate
KNABE, August * 22/11 1847 Osterwieck/Harz, 1896 MDir. in Soest, bekannt durch ‚Westfalenlied‘ (1890). W: Chöre m. Orch., Klav., Org- u. VStücke
KNABE, Wilh. * 1797 (3/6 1803?) Kreutzburg (S-Weimar), † 1864 Baltimore, kaufte da 1854 die Klavierfabrik Gähler, die er unter seinem Namen berühmt machte
KNAPE, Walter * 14/1 1906, lebt in Leipzig. W: Sinf., sinf. Dichtg., KaM., KlavSonatine und Stücke, VStücke, Chöre, Lieder
KNAPPE, Franz * 12⁰4 1848 Dessau, 1867 V-cellist in Düsseldorf, seit 1872 MDir. in Solingen; da † Aug. 1888. W: Opern, Operette, Ouvert., Chöre, Lieder, KlavStücke usw.
KNAPPE, Heinr., Dr. phil. * 28/9 1887 Bamberg, seit 1920 L. an der Akad. in München, vorher TheaKM. W: ‚Fr. Klose‘. B: OpKlavAuszüge
KNAPPERTSBUSCH, Hans * 12/3 1888 Elberfeld, erfolgreicher TheaKM. (1913/18 Elberfeld), seit Okt. 1922 OpDir. u. GenMDir. in München, auch sehr geschätzter KonzDirig.
KNAPSTEIN, Heinr. * 15/7 1887 Köln, 1920/25 städt. MDir. in Trier, lebt in Godesberg
KNAUER, Karl, Dr. phil. * 27/2 1885, lebt in Berlin. W: UnterhaltgsM.
KNAUTH — s. FRANZ, Rob.
KNAYER, Christian * 29/5 1876 Bergheim/Eßlingen, † 20/8 1932, nach UniversStudium Schüler des Konserv. in Stuttgart, darauf Organ. in Florenz, seit 1919 Leiter einer eig. MSchule in Stuttgart, MSchr. W: Orator. ‚Sieg der Sonne‘, Kantaten,, Chöre, Lieder, KlavStücke. — Seine Frau Lydia * 15/3 1888 Schorndorf, GsgL. W: ‚Der Weg zum Sologsg‘ u. a.
KNECHT, Justin Heinr. * 30/9 1752 Biberach, da † 1/12 1817, 1807/09 HofKM. in Stuttgart, OrgVirt. W: Opern, Melodram ‚Das Lied v. der Glocke‘, Sinfon. mit gleichem Progr. wie Beethovens ‚Pastorale‘, KlavStücke, OrgSonate, Choralbuch, OrgSchule, Harmonie- u. Generalbaßlehre usw.

KNEIP, Gustav * 3/4 1905 Beningen (Lothr.), lebt in Köln. W: Opern, SchauspielM., KaM.

KNEISEL, Frz * 26/1 1865 Bukarest, † 27/3 1926 Boston, treffl. VVirt., Schüler Grüns u. Hellmesbergers, 1885/1903 KonzM. in Boston, seit 1905 VProf. am Inst. of mus. art in Newyork, Leiter eines sehr angesehenen Quart. 1885/1917. W: Advanced exercices f. V.

KNEISEL, Rud. * 8/5 1831 Königsberg i. Pr., † 17/9 1898 Pankow/Berlin, Bühnendichter

KNEPLER, Paul * 29/10 1879 Wien, da Komp. u. bes. Optten-Librettist. W: Optte, Singspiel. B: Millöckers ‚Gasparone'

KNETSCH, Berthold * 16/3 1855 Zedlitz/Schweidnitz, † Okt. 1923 Berlin, SchulL., gründ. 1893 in Stettin eine MSchule nach Riemannscher Methode, seit 1908 Doz. f. MWissensch. an der Freien Hochsch. in Berlin. W: ‚Die Organisation des Unterr. im Riemann-Konserv. zu Stettin', theoret. Aufsätze usw.

KNETTEL, Jos. * 22/8 1875 Düsseldorf, VerDir. in Bingen, wo er lebt, Mainz u. Kreuznach, Schüler des Hochschen Konserv. in Frankf. a. M. W: größ. Chöre m. Orch., MChöre, Lieder, KaM. usw.

KNIEPKAMP, Wilh. * 20/6 1859 Wüstenhof/Elberfeld, † 5/11 1926 Elberfeld, da bis 1910 SchulL., gründ. 1898 den landeskirchl. Gemeinsch.-Chöre umfass. ev. Sängerbund. W: geistl. Lieder. H: geistl. Liedersammlgen

KNIESE, Jul. * 21/12 1848 Roda (Altenburg), † 22/4 1905 Bayreuth, 1871/76 Dirig. der Singakad. in Glogau, 1876 des Rühlschen Ver. in Frankf. a. M., 1884 städt. MDir. in Aachen, daneben seit 1882 ChorM. der Bayreuther Festspiele, seit 1889 in Bayreuth lebend. W: Opern, Chöre, Duette, Lieder, sinf. Dichtg u. a.

KNIESTÄDT, Georg * 20/6 1895 Berlin, dort treffl. Geiger, Mitgl. der Staatsop., seit Herbst 1924 KonzM. u. bis 1926 II. Geiger des Havemann-Quart., seit Herbst 1932 Leiter der KaVereinigg der Staatsoper, auch Führer eines eig. Quart., viel solistisch tätig

KNIGHT, Jos. Phil. * 26/7 1812 Bradford on Avon, † 1/6 1887 Great-Yarmouth, popul. engl. Liederkomp.

KNINA, L. * um 1870, 1914 KlavL. am Konserv. in Petersburg. W: treffl. KlavÜbgen

KNIPPER, Lew Konstantinowitsch * 16/12 1898 Tiflis, lebt in ?, Schüler u. a. Ph. Jarnachs und Gliers. W: Ballett, OrchSuite, Lieder

KNIRSCH, Fritz, ps. = KÖHLER, Kurt

KNITTL, Karl * 4/10 1853 Polná, † 17/3 1907 Prag, KonservDir. seit 1901, da 1877/90 VerDirig., seit 1882 Org- u. TheorL. am Konserv. W: ‚Lied v. d. Glocke', ‚Wintermärchen' f. Orch., Ka- u. KlavM.; Lieder, Chöre, theoret. Schriften

KNOBEL, Theodor * 22/5 1906 Berlin-Schöneberg, lebt da. W: Tonfilme, NS-Marschlieder

KNOCH, Ernst * 1/8 1875 Karlsruhe, OpDir. in Cleveland (Ohio), seit 1914 in Amerika, Schüler Mottls, 1898/1912 an dtsch. Bühnen

KNOCH, Friedr. * 31/1 1821 Erfurt, † 29/8 1885 Aarau, da seit 1859 MDir. W: Märsche u. Tänze f. Blasorch., MChöre

KNOCH, Rich. * 18/11 1877 Burgk-Möschlich, Thür., OMM. in B.-Spandau. W: Märsche, Tänze

KNOCHE, Emmi * 1/5 1881 Mainz, Klav-Virtuosin, treffl. KaMSpielerin u. L. in Braunschweig

KNOCHENHAUER, Karl * 13/4 1888 Lpz., seit 1914 SoloVcellist u. Korrepet. des Schweriner Landesthea. W: Opern, SchauspielM., Liedersinf. ‚Aus des Künstlers Traumwelt', KaM., VStücke, Lieder

KNÖCHEL, Wilh. * 3/1 1881 Krefeld, Schüler Klattes, Chordir. u. ML in Berlin-Wilmersdorf, vorher Leiter einer MSchule in Mörs. W: Orator., Sinf., KaM., Chöre. — ps. Peter van GOMEN

KNÖFLER, Max * 16/1 1861 Weimar, † 17/11 1900 Riga, da TheaKM. u. Chordir. seit 1877, urspr. KonzM. W: BühnenM., Ouv., VStücke, KlavStücke, Lieder

KNÖLL, Heinz, Dr. phil. * 23/12 1892 Wien, seit 1933 Dir. d. städt. MSchule in Offenburg i. B., vorher OpKM. u. auch VerDir., 1927/33 Konserv-L. in Karlsruhe. W: Ouvert., KaM., KlavSon., Lieder u. a.

KNÖPFEL, Rob. * 19/2 1888 Paris (aufgewachsen in St. Gallen), L. am Kons in Stuttgart (wo er Schüler gewesen) u. VerDir. in Stuttgart/Gablenberg seit 1913, auch Org. W: Chöre

KNÖRL, Josef * 16/5 1890 Kronach (OFrank.), Schüler d. Münchn. Akad, GsgStudienrat in Eichstätt. W: MChöre. H: Fränk. Weihnachtslieder

KNOP, Ernst † 1850, seit 1829 Solovcellist in Basel. W: VcellStücke, Lieder. H: Les délices de la Suisse (Lieder u. Kuhreigen)

KNOPF, Martin * 2/2 1876 Treuenbrietzen (Mark), Schüler W. Bergers, lebt in Berlin. W: Optten ‚Pariser Luft', ‚Kleine Hoheit', ‚Der Traum vom Glück' (reizend. Singspiel), ‚Die Mädels von Davos' usw.

KNORR, Ernst Lothar v. * 2/1 1896 Eitorf an d. Sieg ‚Schüler d. Kölner Konserv., insbesond. Elderings, im Kriege Offizier, 1918 ML. an der

Hochschule in Mannheim u. d. Heidelberger Akad., seit 1925 ML. in Berlin-Charlottenburg. W: Suiten u. SchauspielM. f. Orch., KaSinf. u. viel. and. KaM., KlavStücke u. Sonaten, ‚Marienleben' f. Kinderchor, Soli u. KaOrch., FrChöre, Lieder, auch mit Orch.

KNORR, Jul. * 22/9 1807 Lpz., da † 17/6 1861, Mitgr. d. ‚N. Ztschr. f. M.' W: ‚Leitfaden f. Klav-Lehr.', ‚Ausführl. KlavMethode' usw.

KNORR, Iwan, ps. I. O. ARMAND * 3/1 1853 Mewe (Westpr.), † 22/1 1916 Frankf. a. M., 1874 ML. in Charkow, 1883 TheorL., 1909 Dir. des Hochschen Konserv. in Frankf. a. M. W: Opern, Orch- u. KaM., KlavKompos., Chorw. ‚Marienlegende' usw.

KNOSP, Gaston, ps. Gil FAVAR * 29/5 1879 Milano, lebt in Paris, Schüler Massenets, 1898 bis 1904 in Franz. Indo-China. W: Opern

KNOTE, Heinrich * 20/11 1870 München, berühmter Heldenten. (WagnerSger) in München

KNUBBEN, Felix * 11/9 1880 Aachen, da Organ. W: KirchM.

KNUDSEN, Johan Hye — s. HYE-KNUDSEN
KNUDSEN, Niels, ps. — s. WIETH-KNUDSEN, Knud A.

KNÜBEL, Karl * 8/11 1893 Delmenhorst, TheaKM. in Berlin, ausgeb. v. F. Manns und R. Stöhr. W: Singspiel

KNÜMANN, Jo * 11/2 1895 Gelsenkirchen, KonzPianist in Hamburg, ausgeb. in Köln (Hochschule). W: Suiten f. SalOrch., KlavStücke, V-Stücke, Lieder

KNÜPFER, Paul * 21/6 1866 Halle, † 4/11 1920 Berlin, berühmt. Bassist, seit 1908 an der Berliner Oper. — Seine Frau Marie EGLI, jugendl. dramat. Sgerin * 17/10 1872, † 7/8 1924 Bayreuth. — Sein Bruder Willi, deutsch. Liederkomp. * 27/6 1875 Halle, † Febr. 1901 Berlin

KNÜPFER, Sebast. * 6/9 1633 Asch i. Vogtl., † 10/10 1676 Lpz., da seit 1657 Thomaskantor. W: Choralkantaten, Motetten, Lustige Madrigale

KNÜPPEL, Anton * 17/4 1880 Billerbeck (Westfalen), seit 1907 Org. in Essen/Altenessen. W: KirchM., Lieder

KNUTSEN, Dagny * 30/11 1890 Oslo, da für lebende Komp. bes. eintretende KlavVirt., Schülerin u. a. Cortots

KNUTSEN, Martin * 24/5 1869 Drammen, † 9/12 1909 Oslo, ausgez. vielgereister KlavVirt., Schüler u. a. Heinr. Barths u. Leschetizkys

KNYVETT, William * 21/4 1779, † 17/11 1856 Ryde berühmt. Gleesgr, schon 1797 in d. Kgl. Kap. zu London, auch Dirig. W: Kröngsanthems, Glees

KOBABE, Walther * 10/6 1905 Neumünster, akad. SchulML. in Wandsbeck, ausgeb. auf der Berl. Akad. W: vaterl. Chöre

KOBALD, Karl, Dr. jur. * 28/8 1876 Brünn, seit Ende 1932 Dir. der Staatsakad. f. M. in Wien, vorher MRef. im Unterrichtsminist. in Wien seit 1918. W: ‚Altwiener MStätten'; ‚Beethoven'; ‚Joh. Strauß'; ‚Schubert'

KOBECK, Paul Joh. * 10/11 1891 Breslau, seit 1932 Chorreg. in Cosel, OS., ausgeb. in Breslau (Konserv.) u. Wien (Akad.), 1915/22 Chordir. in Berndorf (NÖsterr.), dann DomKM in Klagenfurt. W: KirchM., MChöre, OrgStücke

KOBELIUS, Joh. Augustin * 21/2 1674 Wählitz/Halle, † 17/8 1731 Weißenfels, da herzogl. KM., vorher KM. u. Organ. in Sangerhausen u. Querfurt. W: 20 Opern, KirchM., Ouvert., Konzerte, KaM.

KOBELT, Joh., Dr. phil. * 19/5 1877 Neinstedt a. H., stud. urspr. Theol. u. Kunstgesch., 1906/09 auf d. Leipziger Konserv. (Reger, Straube), dann auf dem Inst. f. KirchM., GymnGsgL. (seit 1925 ObML.), Chordir. u. MSchr. in Hildesheim. W: Instrum. u. Vokales. — Sein Bruder Martin, Dr. phil. * 12/4 1873 Birnbaum, Prov. Posen, † 17/3 1928 Berlin-Steglitz, da seit 1925 Leiter der Abteil. f. VolksM. im ev. Presseverband f. Dtschland, erst Theologe, 1910/25 im Schulaufsichtsdienst, zuletzt Schulrat in Bunzlau, sehr verdient um die musikal. Jugendbewegg. W: ‚Erziehg zur M. Beitrag z. Verinnerlichg d. Volkstums' (ungedr.)

KOBLER, Hugo * 1869 Brünn, † 19/12 1907 Wien. W: Oper, Optten, Orch- u. KaM.

KOCH, Andreas * 1844, † 10/10 1915 Trossingen (Württ.), gründ. da 1867 die sehr bekannt gewordene Mundharmonika-Fabrik

KOCH, August, aus München, † 9/11 1914 Bern. W: Märsche u. Tänze, Chöre

KOCH, Bernard * 1791 u. † 30/7 1858 Amsterdam, da OpKM. W: Opern, Kantaten, Lieder

KOCH, Ed. Emil * 20/1 1809 Schloß Solitude/ Stuttgart, † 27/4 1881 Stuttgart, bedeut. Hymnologe, 1847/64 Pfarrer in Heilbronn. W: ‚Gesch. des Kirchenliedes u. KGsges der christl. insbes. der dtsch. ev. Kirche' (8 Bde)

KOCH, Emma * 12/11 1860 Mainz, Schülerin Liszts u. Bülows, 1898/1923 Leiterin einer Klav-Ausbildsklasse am Sternschen Konserv. in Berlin

KOCH, Frz Joseph, Prof. Dr. ing. * 2/10 1872 Chemnitz, Begr. der Geigenbau- Prof. F. J. Koch-G. m. b. H. in Dresden (Herstellg v. KonzStrInstr. altital. Klangcharakters), VSchüler Hans Sitts, Vc-Schüler G. Willes u. H. Kiefers

KOCH, Friedr. Ernst * 3/7 1862 Berlin, da † 30/1 1927, urspr. Vcellist der Kgl. Kapelle bis 1891, 1901 Mitglied der Akad. d. Künste, seit 1917 Vorsteher der TheorAbteil. an der Hochsch. f. M. W: Opern, 2 Symph., Sinfonietta, sinf. Fuge, Suite f. Orch., VKonz. („Dtsche Rhapsodie'), KaM., Orator. u. Chorwerke, u. a. ‚Von den Tageszeiten', ‚Die Sündflut', Lieder usw.

KOCH, Heinr. Christof * 10/10 1749 Rudolstadt, da † 12/3 1816, treffl. musikal. Theor. W: ‚Musik. Lexikon' (1802), NA. von A. v. Dommer (1865), ‚Versuch der musik. Kompos.', ‚Handbuch beim Studium d. Harmonie', Gelegenheitskant. usw.

KOCH, Herm. * 15/12 1886 Fiddichow, Prov. Brandenburg, † 3/3 1934 Berlin, NSMZugführer. W: NSLieder und Märsche

KOCH, Hermann Ernst * 17/4 1885 Hecklingen, Anhalt, seit 1934 Doz. f. Liturg. u. Theor. am Inst. f. KirchM. der ev. Landeskirche in Leipzig, da ausgeb. auf d. Konserv. (u. a. von Krehl, Reger, Straube), 1910 Kantor in Dresden, 1910/23 Kant. u. Organ. in Chemnitz, 1923/24 UnivMDir. in Rostock. W: KirchM., auch m. Orch., Klavtrio u. a.

KOCH, Jos. Edler von Langentreu * 7/12 1833 Wien, † 12/11 1905 Graz, Bankbeamter, langjähr. Mitgl. des ‚Wiener MGsgVer.', seit 1896 pension. in Graz. W: beliebte humor. MChöre, Quart. usw.

KOCH, Irene * 26/1 1905 Mies (Böhm.), Pian., Schülerin Konr. Ansorges u. Joh. Reicherts, mit dem sie seit 1924 viel auf 2 Klav. konzertiert; lebt meist in Dresden, aber auch in Teplitz

KOCH, Karl * 28/1 1887 Biberwir, Tirol, KirchChordir. in Innsbruck seit 1924, 1914/24 in Bozen, Priester, ausgeb. in Brixen und Wien. W: KirchM., bes. Messen, weltl. Chöre, KlavStücke

KOCH, Marcus * 26/7 1879 Vilshofen a. Donau, seit 1900 in München, Mitbegründ. d. städt. Musikerfachschule, seit 1923 MPädagProf. an der Akad. W: Messen, KaM., OrgStücke, Fr- u. Kinderchöre, Kinderlieder; ‚Einführ. in das Eitzsche Tonwort'

KOCH, Matthäus * 1/3 1862 Heubach/Schwäb.-Gmünd, OrgVirt., Leiter eines MInstit. in Stuttgart, † 23/5 1933. W: Motetten, Chöre, OrgSonaten usw.

KOCH, Max, Dr. phil. * 22/12 1855 München, † 19/12 1931 Breslau, da seit 1895 o. Prof. der dtsch. Lit. W: ‚R. Wagner' (3 Bde)

KOCH, Otto, MVerl. in Bückeburg, übergegangen an C. F. Schmidt, Heilbronn

KOCH, Sigurd v. * 28/6 1879 Stockholm, da † 9/3 1919 MRef. W: sinfon. Dichtgen, KlavQuint. u. a. KaM., KlavStücke, Lieder usw.

KOCH, Willibald, ps. = Ludwig ANDRÉ

KOCH-HAINFELS, Wilh. * 3/12 1881 Zossen, Kafeehausbesitzer (MilMusiker a. D.) in Weimar. W: ‚Deutsche Hymne', UnterhaltsM., bes. viele Märsche

KOCHANSKI, Paul * 1887 Odessa, † 12/1 1934 Newyork, da Leiter der VAbt. der Juilliard School of M., vielgereister VVirt., Schüler Mlynarskis, zeitweilig KonservL. in Warschau. B: VirtStücke

KOCHER, Konrad * 16/12 1786 Ditzingen (Württbg), † 12/3 1872 Stuttgart, Stiftsorgan. u. Dir. des KirchGsgVer., verdient um den Kirch- u. Volksgsg. W: Opern, Oratorium, KlavSon., KlavSchule, Lieder; ‚Die Tonkunst in d. Kirche', ‚Harmonik', ‚Zionsharfe', ‚Hauschoralbuch'

KOCHETOV, Nik. — s. KOTSCHETOW

KOCHMANN, Julius, ps. Alfonso HAVARRO, Heinz LANDMANN, Frank SPEYER, Frank STEFFEN, * 23/1 1885 Berlin, da ausgeb., da Klav- u. HarmonSpieler in Kapellen u. Kinos, auch Besitzer des MVerl. ‚Orion'. W: UnterhaltsM. B: bes. f. Salonorch.

KOCHMANN, Spero, ps. Theo CALMON, S. CASTALDO * 31/3 1889 Berlin, da Pianist, auch Besitzer des MVerl. ‚Diana'. W: Tanzsuite, Märsche, Tänze. B: f. Salonorch.

KOCIAN, Jaroslav * 22/2 1884 Wildenschwert (Böhm.), seit 1901 als VVirt. geschätzt, lebt in Prag. W: OrchM., VStücke, KirchM.

KOCK, Karl, Dr. phil. * 17/7 1866 Altona, seit 1912 KlavL. in Hamburg. W: ‚Kleine MGesch.'

KOCK, Paul de * 21/5 1794 Passy, † 28/8 1871 Paris, der bek. Novellist. W: Kuplets

KOCKEROLS, Rudolf, ps. Robert OSCAR * 30/5 1891, KM. in Düsseldorf. W: Oper, Chöre, geistl. Gesänge, Lieder, auch m. Orch., UnterhM.

KOCKERT, Otto * 28/6 1865 Berlin, da Schüler d. Hochsch., als KlavVirt. u. KM. viel herumgekommen, seit 1898 in Berlin. W: OrchStücke, Tänze u. Märsche, KlavSalonstücke usw., Lieder

KOCZALSKI, Raoul (von) * 3/1 1885 Warschau, lebt in Paris, KlavVirt. (Chopinspieler), reist seit 1892. W: Opern, KaM., KlavStücke, Lieder

KOCZIRZ, Adolf, Dr. phil. * 2/4 1870 Wierowan (Mähr.), urspr. Jurist, lebt in Wien, Erforscher der alten LautenLit.

KOCZWARA — s. KOTZWARA

KODALY, Zoltan, Dr. phil. * 16/12 1882 Kecskemet, seit 1907 KompL. an der Landesakad. in Budapest, eigenart., neuerdings die Atonalität bevorzug. Komp., Erforscher des ungar. Volksliedes. W: Oper, Psalmus Hungaricus, KaM., (u. a. Serenade f. 2 V. u. Br.), KlavStücke, Lieder

KODOLITSCH, Michaela * 1875 Graz, lebt da. Schülerin Camillo Horns, auch Dichterin. W: Märchenop., Kinderop., Singspiel, Lieder, KlavStücke, Tänze

KÖBELE, Herm. * 10/4 1897 Mundraching, Bay., Chorreg. u. Organ. in Ottobeuren. W: KirchM., Lieder

KOEBERG, F. E. A. * 15/7 1876 Haag, lebt da. W: Opern, Sinf., sinf. Dichtgen, Stücke f. Klav., V., Vc., Oboe u. a.

KÖCHEL, Ludw. (Ritter v.) * 14/1 1800 Stein a. Donau, † 3/6 1877 Wien, 1827/42 Erzieher d. kaiserl. Prinzen, 1850/52 Schulrat in Salzburg, lebte dann in Wien. W: ‚Chronol.-themat. Verzeichnis sämtl. Tonwerke W. A. Mozarts‘, ‚Die kaiserl. HofMKap. in Wien‘, ‚J. J. Fux‘ usw.

KOCHER, Reinhold Karl * 16/7 1879 Lippersdorf (Thür.), seit 1914 StadtKM. in Jena, Schüler u. a. Draesekes. W: OrchSuiten u. a. OrchM.

KOECHLIN, Charles * 27/11 1867 Paris, da MSchr. W (gemäßigt fortschrittl. Richtg): Ballette, sinfon. Suiten f. Orch., KaM., bes. f. Blasinstr., KlavStücke (Sonatinen), bibl. Pastorale u. andere Chorwerke m. Orch., KirchM.

KÖCKERT, Adolf * 27/10 1828 Magdeburg, † 27/8 1911 Zürich, VVirt., seit 1857 in Genf als Führer eines StrQuart., auch MSchr. W: V- u. OrchKomp. — Sein Sohn Gustav, Dr. phil. * 27/10 1861 Genf, da VL. W: BühnM., VStücke, ‚Rationelle VTechnik‘

KÖCKERT, Karl * 15/10 1840 Schönburg/Naumburg a. S., SemML. 1894/1906 in Berlin. W: ‚Der Gsgunterricht i. d. mehrklass. Volksschule‘, ‚Liederbuch für Volksschulen‘, Kompos. f. Klav., Org. u. Gsg

KÖDITZ, Edm. * 8/3 1866 Wümbach/Gehren (Thür. Wald), † 2/8 1925 Arnstadt, Schüler des LSem. in Sondershausen; 1885/91 L. u. Dir. des MGsgVer. in Arnstadt, 1891/97 L. u. Kantor in Gehren, seit 1897 Stadtkantor in Arnstadt, auch Dir. des KirchChors, der Kurrende, des MChors u. MGsgVer. W: Chöre, bes. Motetten, geistl. u. weltl. Lieder

KÖGLER, Hermann (blind) * 2/2 1885 Lodz, seit 1904 in Leipzig, Klavierist. W: Sinf., Ouvert., VKonz., KaM., KlavStücke, Choralkantat., Chöre Lieder

KÖHL, Karl * 28/10 1855 Odessa, † 6/12 1919 Chur, da seit 1878 Organ. u. sehr verdient. KirchChordir. W: Chöre, Lieder

KÖHLER, Albert — s. KÖHLER, Friedr. Alb.

KÖHLER, Alex., ps. William ROBBERS * 13/12 1882, MVerleger (Verl. moderner dtscher VolksM., vorher Verl. d. dtsch. Schlagers) in Berlin. W: UnterhaltgsM.

KÖHLER, Christ. Louis Heinr. — s. KÖHLER Louis

KÖHLER, David — s. KOLER

KÖHLER, Emil * 26/5 1895, Geiger, seit 1919 im Städt. Orch. Freiburg i. B. u. Dir. der Git Vereinig. H: Kompos. f. MandolOrch.

KÖHLER, Ernesto * 4/12 1849 Modena, † 17/5 1907, Soloflötist am kais. Thea. in Petersburg seit 1871. W: Oper, Ballette u. viele bemerkenswerte FlKompos., FlSchule

KÖHLER, Ernst * 28/5 1799 Langenbielau (Schles.), † 26/5 1847 Breslau, Organ. seit 1827. W: KirchKantat. u. andere Vokalwerke, Ouvert., OrgKompos. usw.

KÖHLER, Estella (Künstlern. E. POPP-KÖHLER) * 5/7 1903 Bistritz, KlavVirt. in Berlin, war KlavL. an den Konserv. in Klausenburg u. Bukarest, ausgeb. in Berlin (Hochsch.) u. Wien (Akad.; R. Stöhr). W: Melodram, UnterhaltgsM.

KÖHLER, Friedr. Albert * 29/4 1860 Birkigt, Kr. Saalfeld, † 2/8 1926 Gera, Organ. u. Oberlehrer. W (Handschriften in d. Berliner Staatsbibl.): Opern, Orator., Sinf., Suiten, KaM., KlavSonaten, Lieder usw.

KÖHLER, Gottl. Heinr. — s. KÖHLER, Heinr.

KÖHLER, Heinr. * 6/7 1765 Dresden, † 29/1 1833 Leipzig, da seit 1794 Flötist, auch Mitgl. der Stadtpfeifer, 1817/31 Pauker im Gewandhaus- u. TheaOrch. W (an 200): KaM., FlötKompositionen, Lieder u. a.

KÖHLER, Jos. Wenzel * 1809 Böhmen, † 28/6 1878 Rothenthurm, FlVirt., über 40 Jahre in der Hzgl. Kap. zu Modena. W: FlKomp. (Var. usw.)

KÖHLER, Kurt, ps. Rolf BOKORNI, Fritz KNIRSCH * 18/2 1894 Elsterberg, lebt in Bremen, Geiger, Schüler Hans Sitts (Leipz. Konserv.). Auch Bearb.; Mitinhaber des MVerl. Gebr. Köhler. W: Optten, Pantomimen, Ouvert., UnterhaltM.

KÖHLER, Louis * 5/9 1820 Braunschweig, † 16/2 1886 Königsberg i. Pr., Leiter einer MSchule seit 1847, treffl. KlavL., fortschrittl. MSchr. W: Opern, Lieder, instrukt. KlavStücke, bes. viele Etüden, ‚Harmonie- u. Generalbaßlehre‘, ‚Die Melodie der Sprache‘, ‚Führer durch d. KlavUnterr.‘, ‚Systemat. Lehrmeth. f. KlavSpiel u. M.‘, ‚Der KlavUnterr., Studien, Erfahrgen u. Ratschläge‘ usw.

KÖHLER, Moritz * 29/11 1855 bei Altenburg, VVirt., 1880 KonzM. der Hofkap. in Petersburg, da 1898 KM. W: OrchSuiten u. Serenaden, StrQuart., VKonz., Solostücke für V., Vc. usw.

KÖHLER, Oskar * 19/5 1851 Schkeuditz (Prov. Sachsen), † 6/12 1917 Erfurt. W: OrchSuite, Ouverture, KirchKantaten, Klav- u. VStücke, Lieder

KÖHLER, Wilh. * 1/12 1852 Queienfeld/Meiningen, † 24/6 1924 Saalfeld, da 1874 L., 1876 Begr. des CäcilienVer., 1879 Kantor, 1888/1919 auch GsgL. am Realgymn., 1899 KirchMDir., machte mit seinem Kirchenchor Konzertreisen in Thüringen; hochverdient um das MLeben Thüringens, auch durch seine Mitarbeit am Thür. Sängerbund

KÖHLER-ECKARDT, Hans * 27/12 1889 Zittau, Domorg. in Magdeburg seit 1920, vorher seit 1913 in Aschersleben KirchChorDir. W: OrchSuite, KaM., KlavStücke, Lieder

KÖHLER-WÜMBACH, Wilhelm * 22/5 1858 Wümbach (Thür.), KirchChordirig. u. SemML. in Hamburg, da † 6/4 1926. W: Opern, Messen, Psalmen, Motetten, ‚Das Mädchen von Kola‘ f. MChor m. Orch., Lieder usw. B: Liedersammlg f. MChor (4 Bde)

KÖHN, Fred (eigentl. Siegfried COHN) * 13/10 1897 Lübeck, da Pianist. W: UnterhaltgsM.

KÖLER, David, tücht. Komp. des 16. Jh. in Zwickau. W: Psalmen, Messe, Hymne (Doppelkanon)

KOELL, Geo. * 28/6 1895 Straßburg i. E., SchulML. in Jena, KompSchüler v. R. Wetz. W: StrQuart., Kantate, Motetten, Chöre, auch m. Begl.

KÖLLA, Georg Adolf * 1822 Stäfa (Zürich), † 15/8 1905 Ormons (Waadt), Geiger, seit 1854 in Lausanne, wo er sich um das Musikleben sehr verdient machte u. 1871 das Konservat. gründete. W: Chorlieder, Chants militaires u. a.

KÖLLE, Konrad, Dr. phil. * 11/11 1882 Nienburg a. W., OLyzDir. in Berlin-Schöneberg, 1903/13 in Bergedorf-Hamburg (KomposSchüler Löwengards), 1913/16 in Jena, seit 1916 in Berlin. W: Oper, Sinf., OrchSerenade, VKonz., BrKonz., VcKonz., KaM., KlavStücke, Choral-Kantate, ‚Im Frühling‘ Kantate f. FrChor u. KaOrch., Ballade, Lieder

KÖLLING, Karl * 28/2 1831 Hamburg, da † um 1900. W: Viele KlavSalonstücke

KÖLLNER, Eduard * 15/7 1839 Dobrilugk/Luckow (Brandbg.), † 8/11 1891, Kantor u. GsgL. in Guben seit 1866. W: Oper, Chorwerk, MChöre, Lieder usw.

KOELLREUTTER, Hans Joachim * 2/9 1915 Freiburg i. B., Flötist in Karlsruhe. W: OrchStücke, FlKonz., KlavStücke, OrgVStücke, OrgStücke, Chöre, Lieder

KÖLM, Frz * 3/12 1871 Güntergost, ehem. Prov. Posen, Konrektor i. R. in Berlin-Karow. W: Oper, MChöre, Lieder, Tänze, Märsche

KOELTZSCH, Hans, Dr. phil. * 17/8 1901 Gößnitz, Thür., seit Ende 1933 Leiter d. OpSchule der Hochschule Mannheim, MSchr., ausgeb. auf d. Konserv. in Leipzig, den Univers. Leipzig, Halle, Berlin u. Erlangen, dann da Assistent G. Beckings, darauf OpSpielleiter in Essen. W: ‚Frz Schubert in s. KlavSonaten‘; ‚OpDramaturgie‘ (in Vorbereitg)

KÖLZER, Joh. * 20/9 1870 Schönborn, Kr. Alkenkirchen, seit 1893 Organ. u. Chordir. in Bonn. W: OrgStücke, MChöre

KÖMME, Peter W. * 1/6 1890 Kiel, Kompon. u. Schr. in Berlin, Schüler Draesekes. W: Optten, Singsp., Ballett

KÖMME, Walter * 1/6 1890 Kiel, ausgebild. in Dresden, da seit 1925 Korrepet. der StaatsOp. W: Ballette, KaM., Lieder

KÖMMENICH, Louis * 4/10 1866 Elberfeld, 1890 Chordirig. in Brooklyn, 1902 in Philadelphia, seit 1912 Dir. der Oratorio Society in Newyork. W: MChöre, auch mit Orch.

KÖMPEL, Aug. * 15/8 1831 Brückenau, † 7/4 1891 Weimar, da 1863/84 KonzM., Schüler Spohrs, Davids u. Joachims, zuerst in der Hofkap. in Cassel, 1852/61 in Hannover

KOENECKE, Robert * 19/9 1867 Guben, lebt in Berlin, da 1887/1932 Br. der Hof- bzw. Staatsoper, seit 1894 Solist, 1914 KaVirt., sehr geschätzter KaMSpieler, TheorSchüler L. Bußlers

KOENEN, Friedr. * 30/4 1829 Rheinbach/Bonn, † 6/7 1887 Köln, 1854 Priester, seit 1863 in Köln DomKM. W: Messen, Motetten, Psalmen, Kantaten, Lieder OrgKompos.

KOENEN, Tilly * 25/12 1873 Salatiga (Insel Java), treffl. temperamentvolle Altistin (KonzSgrin), Schülerin d. Amsterdamer Konserv. (Cornelie van Zanten), lebt in ?

KOENENKAMP, Reinhold * 18/7 1883 Chordirig., Tenorist u. MSchr. in Danzig. W: Chöre, Duette, Lieder

KÖNIG, Adolf * 1865 Weismain, SemML. in Schwabach/Nürnberg. W: ‚Der GsgUnterr.‘, ‚Der dtsche MChor‘, ‚Die Ballade in d. M.‘ u. a.

KÖNIG, Aug. * 17/7 1829, Organ. in Sondershausen. W: PosKonz.

KÖNIG, Joh. Balth. * 28/1 1691 Waltershausen/ Gotha, † 31/3 1758 Frankfurt a. M., da sehr verdient um das MLeben, 1727 städt. KM. W: ‚Harmonischer Liederschatz' 1738 (Choralbuch mit 1913, darunter 358 eigenen Melodien)

KÖNIG, Konr. * 9/3 1860 Nürnberg, da M-Hdler. W: viele ZithKompos.

KÖNIGSBERGER, Jos., ps. Hugo FLAMM; Fritz HOLDERS; Silvio ONESTI * 24/1 1879 Krakau, lebt in Berlin, auch Besitzer des Kaleidoskop-Verl., ausgebild. in Wien (Leo Fall). W: Optten, UnterhaltgsM.

KÖNIGSLÖW, Cornelius v. * 16/3 1745 Hamburg, † 14/3 1833 Lübeck, da seit 1773 Organ. der Marienkirche. W: Abendmusiken

KÖNIGSLÖW, Otto v. * 13/11 1824 Hamburg, † 6/10 1898 Bonn, KonzM. u. VProf. am Konserv. in Köln, seit 1884 pension. in Bonn

KÖNIGSPERGER, Marianus, Benediktinermönch * 4/12 1708 Roding (OPfalz), † 9/10 1769 Prüfening/Regensburg. W: Messen, Litaneien, Offertorien, Sinf.

KOENNECKE, Fritz * 19/6 1876 Newyork, lebt in Vomperberg bei Schwaz, Tirol; 1892/1929 in München. W: Opern, Orat. ‚Welten-Ende', Melodram, Lieder

KÖNNEMANN, Arthur * 12/3 1861 Baden-Baden, Dir. einer MSchule u. ChorM. von Gsgvereinen in Mährisch-Ostrau seit 1886, † 1934. W: Opern, OrchStücke, VKonz., KlavStücke, Lieder. — ps. Rud. NEUSTEIN

KOEPKE, Heinr. * 16/6 1856 Altona, † 13/4 1928 Lübeck, MilKM., Schüler Saros. W: Optte, OrchSuite, TrompFant., Märsche

KÖPPING, Otto † 4/6 1926 Erfurt. W: UnterhaltgsM.

KÖRBER, Martin * 17/7 1817 Estland (Dörptscher Kreis), † 7/4 1893 Arensburg (Oesel) 1846/75 ev. Pfarrer in Anseküll, verdient. Chorleiter, Organisator des ersten (1862) estn. Sgrfests. W: weltl. Chorlieder im Volkston

KÖRLING, J. Felix A. * 17/12 1864 Kristdala (Schwed.), seit 1889 ML. u. Organ. in Hamstad, ausgeb. in Stockholm. W: Optten, MChöre, Kinderlieder

KÖRLING, Sven Aug. * 14/4 1842 Kristdala, † 21/10 1919 Ystad, da 1866/1911 Organ. usw. W: MChöre, geschätzte Lieder

KÖRLING, Sven Holger * 27/1 1879 Ystad, Organist in Gothenburg. W: Chöre, Lieder

KÖRNER, Georg, ps. = Geo. KROST

KÖRNER, Geo. * 7/5 1876 Nürnberg, da seit 1897 Kantor, Organ. u. VerDirig. W: Chöre, geistl. Lieder, KlavStücke

KÖRNER, Gotthilf Wilh. * 3/6 1809 Teicha/Halle a. S., † 3/1 1865 Erfurt, erst SchulL., seit 1839 MVerl. in Erfurt. W: viele OrgKomp., Sammlungen ‚Der angeh. Organist', ‚Der wohlgeübte Organist'; Begr. der Ztschr. ‚Urania' (1844)

KÖRNER, Leo * 1889 Olmütz, KM. u. TheorL. in Wien, da ausgeb. (Konserv.), war seit 1909 TheaKM. u. a. in Mannheim, Wien (Jarno-Bühn.), Brünn und 9 Jahre in Salzburg (bis 1933). W: Optte u. a.

KÖRNER, Paul, ps. = Paul PRAGER

KÖRNER, Theod. * 9/3 1900 Charlottenburg, Schüler Kauns, 1922 ML. u. Chordir. in Lichtenrade, seit 1927 in Johnstown (NAm.). W: MChöre

KÖRNER, Walther * 4/12 1892 Nürnberg, da u. in Mannheim u. Leipz. Schüler des Konserv., seit 1918 Organ. (hervorrag.) u. Chordir. in Nürnberg, da seit 1920 auch KonsL. (Prof.) W: KaM., Klav- u. OrgStücke, Chöre, Lieder

KÖRTE, Oswald, Dr. phil. * 27/8 1852 Flatow, WPr., urspr. Offizier, † 1924 in Berlin-Zehlendorf. W: KaM., ‚Laute und Lautenspiel bis zur Mitte d. 16. Jh.'

KÖSEL, Joseph, kathol. KirchMVerl. in München mit vielen Zweiggeschäften, 1593 gegr. in Kempten im Allgäu, seit 1926 mit dem Verl. Friedrich Pustet (s. diesen) vereinigt

KÖSELITZ, Heinr. — s. GAST, Peter

KÖSEN, Konr., ps. = AILBOUT, Hans

KOESSLER, Hans * 1/1 1853 Waldeck (Fichtelgeb.), † 23/5 1926 Ansbach, Schüler Rheinbergers, 1877 Dirig. der Liedertafel u. KonservL. in Dresden, 1881 TheaKM. in Köln, seit 1883 Org- u. TheorL. an der LandesMAkad. zu Budapest, dann dort Nachfolger Volkmanns bis 1908, lebte dann pensioniert an verschied. Orten (u. a. in Berlin, Wunsiedel, Ansbach), 1920/25 als Leiter einer Meisterklasse nach Budapest zurückberufen, Freund v. Brahms, ausgezeichn. L., dem fast alle jüngeren ungar. Tonsetzer viel verdanken. W (ungedr. in der Berliner Staatsbibl.): Oper, Messe f. FrChor u. Orgel, 16st. Psalm, Chorw. ‚Sylvesterglocken', ‚Dem Verklärten', ‚Hymne an die Schönheit', ‚Deutschland', MChöre, Symphon., treffl. KaM., VKonz., VcKonz., KlavStücke, Lieder usw.

KOESTER, Willy, ps. Will COSTE * 4/5 1902 Bruxelles, Pianist u. ML. in Kaiserslautern, ausgeb. in Bruxelles (Kons.) u. München (Akad.; bes. bei Pembaur). W: Optten, Ouvert, Tanz- u. UnterhaltgsM.

KOESTER-SCHLEGEL, Luise * 22/2 1823 Lübeck, † 2/11 1905 Schwerin, berühmte OpSopran. (Fidelio usw.), 1838/40 in Leipzig, 1840/41 in Berlin, 1841/44 in Schwerin, 1844/45 in Breslau, 1847/62 in Berlin

KÖSTERKE, Arthur * 11/5 1880 Wegberg, Kr. Erkelenz, SchulML. u. Chordir. in Berlin-Lichtenberg. W: Märchensp., Chöre, Lieder, Schulorch-Stücke, Märsche

KÖSTLIN, Heinr. Ad. * 4/10 1846 Tübingen, † 4/6 1907 Darmstadt (seine Mutter die Liederkomponistin Josefine Lang), seit 1891 ObKonsistorialrat in Darmstadt, 1895/1900 TheolProf. in Gießen. W: ‚Geschichte d. M. im Umriß‘ 6. Aufl. 1910), ‚Die Tonkunst. Einführg in die Ästhetik der M.‘ u. a.

KÖSTLIN, Karl Reinhold * 28/9 1819 Urach, † 12/4 1894 Tübingen, Prof. der Ästhetik und Kunstgesch. W: ‚Ästhetik‘; bearbeit. den (musikal.) 3. Bd von Vischers ‚Ästhetik‘

KÖTSCHAU, Joachim, ps. Erik ERIKSON * 17/5 1905 Lübeck, ML. in Leipzig, da ausgebild. (Konserv.; P. Graener). W: KaM. (auch f. Blasinstr.), KlavSon., Lieder, UnterhaltgsM.

KÖTSCHER, Edmund, ps. Mario MARIANI * 17/4 1909 Berlin, da Musiker, ausgeb. in Weimar (Hochsch.). W: VKonz., UnterhaltungsM.

KÖTSCHER, Hans * 12/11 1877 Weimar, † 2/7 1925 Düsseldorf, städt. KonzM. seit 1921, 1901/18 KonzM. in Basel, 1918/21 VL. an der Hochschule in Mannheim. W: Serenade, Kriegsbilder-Suite f. Orch., VcKonz.

KOETSIER, Jan (auch Koetsier-Muller) * 11/3 1879 Zwaag, Holl., seit 1913 in Berlin, studierte StimmPhys. an den Univ. Amsterdam und Berlin, da StimmbildsL. W: ‚Sprecherziehg‘, viele Aufsätze. — Seine Frau J e a n n e * 1/6 1890 Amsterdam, bek. LiederSgrin u. GsgL., Schülerin ihres Mannes u. der Frau Noordewier-Reddingius

KOETSIER, Jan * 14/8 1911 Amsterdam, KM. in Berlin, da ausgeb. (Hochsch.). W: KlavStücke, Lieder

KÖTTLITZ, Adolf * 27/9 1820 Trier, † 26/10 1860 Uralsk (Sib.), da seit 1857 MDir., Geiger, 1848/56 KonzM. in Königsberg. W: StrQuart.

KÖTZSCHKE, Hanns * 31/12 1870 Dresden, da Organ. u. Kantor. W: Sinf., OrchSuiten, KaM., OrgSonate, kirchl. Chorwerke, Duette, Lieder

KOFLER, Leo * 13/3 1837 Brixen, † 29/11 1908 Neu-Orleans, seit 1877 Organ. in Newyork, angesehener GsgL. W: Schrift. üb. Gsg. H: kirchl. Chöre

KOHL Frz Friedr. * 13/1 1851 St. Valentin auf der Haid (Vintschgau), † 15/12 1924 Traismauer, NÖsterr. H: Echte Tiroler Volkslieder; Deutscher Jungbrunnen (m. Git.)

KOHL, Leonard * 23/7 1879 Sangerberg (Böhmen), seit 1906 I. Klarinett. d. Staatsoper in Berlin. W: KlarinSchule

KOHLER, Aloys * 5/2 1867 Westhausen (württ. OA. Ellwangen), Schulrektor u. VerDir. in Heilbronn, vorher in Schwenningen, Schüler d. KirchMSchule in Regensburg. W: Messen, weltl. Chöre

KOHLER, Joseph * 9/3 1849 Offenburg, † 3/8 1919 Berlin-Charlottenburg, da seit 1888 Prof. d. Rechtswiss., auch MSchr. W: Lieder

KOHLMANN, Otto * 30/12 1851 St. Andreasberg, seit 1889 Organ. in Hannover. † (wann?). W: OrgStücke, geistl. u. weltl. Lieder

KOHR, Roland, ps. = Raoul PUGNO

KOGEL, Gust. Frdr. * 16/1 1849 Leipzig, † 13/11 1921 Frankf. a. M., treffl. Dirig., war TheaKM. in Nürnberg, Dortmund, Aachen usw., 1887 KM. des Philharm. Orchesters in Berlin, 1891/1903 Dirig. der Museumskonz. in Frankf. a. M., seit 1908 Dirig. des ‚Caecilienver.‘ in Wiesbaden. B: viele Klavierauszüge von Opern usw.

KOHMANN, Antoni * 9/10 1879 Lemberg, Tenorist u. seit 1919 L. am Hochschen Konserv. in Frankfurt a. M. (Seine berühmteste Schülerin Tiana Lemnitz.) Auch Schr. nicht bloß über M., sondern auch üb. poln. Lit. u. Gesch.

KOHUT, Adolf * 10/11 1847 Mindszent (Ung.), † 21/9 1917 Berlin. W: ‚Weber-Gedenkbuch‘, ‚Trag. Primadonnen-Ehen‘, ‚Die Gsgsköniginnen der letzten 3 Jh.‘, ‚Schiller in seinen Beziehgen z. M.‘, ‚Fr. Wieck‘, ‚J. Miksch‘, ‚Meyerbeer‘, ‚J. Joachim‘, ‚Auber‘, ‚Rossini‘ u. a. — Seine Frau E l i s a b e t h, geb. Mannstein * 1844 Dresden, geschätzte OpSgrin, seit 1876 GsgL., † 29/11 1926 Berlin

KOISHI KISHI (Japaner) — s. KISHI

KOK, Gerrit * 4/12 1828 u. † 17/12 1899 Amsterdam, treffl. StrInstrBauer

KOLANDER, Watroslaw * 1848 Warasdin, † 1914 Agram, da seit 1875 Domorgan., ausgeb. in Prag u. Wien. W: KirchM.

KOLAR, Victor * 12/2 1888 Budapest, Geiger, Schüler Dvořáks, seit 1904 in Amerika, seit 1919 II. Dirig. des Symph. Orch. in Detroit. W: Sinf., Suite, sinfon. Dichtgen, VStücke, Lieder

KOLATSCHEWSKI, Michail Nikolajew. * 2/10 1851, Schüler des Leipziger Konserv. W: Ukrain. Sinfon., KaM., Requiem, Chöre, Lieder

KOLB, Karlmann * 1703 Köstlarn, NBay., † 15/1 1765 München, Benediktiner in der Abtei Aspach, Organ. W: OrgStücke in ungewöhnl. Schlüsseln

KOLBE, Eduard * 7/2 1870 Wien, da Pianist, Chordir. u. ML., Schüler u. a. I. Brülls. W (üb. 260): Op., Optte, Chöre, Lieder, KaM.

KOLBE, Hanns, ps. = Joh. Edm. MÜLLER

KOLBE, Oscar * 10/8 1836 Berlin, da † 2/1 1878. W: Orator. ‚Johannes d. Täufer', ‚Handbuch d. Generalbaßlehre', ‚Handbuch d. Harmonielehre', Chöre, Lieder usw.

KOLBERG, Hugo * 29/8 1898 Warschau, seit 1/12 1934 I. KonzM. des Berliner Philharm. Orch., ausgez. vielgereister VVirt., Schüler Marteaus und Hubermans, 1920/24 KonzM. in Oslo, 1924/34 dgl. in Frankfurt a. M. (Op.)

KOLBERG, Oskar * 1814 Radom, † 3/6 1890 Warschau. W: poln. Tänze, ‚Piesni ludu polskiego' (Sammlg poln. Volkslieder, 22 Bde)

KOLESSA, Filaret * 17/7 1871 Tatarsko (Ostgaliz.), GymnProf. in Lemberg, Erforscher der ukrain. Volkslieder. — Seine Nichte L u b k a, * 19/5 1904 Lemberg, hervorrag., viel reisende KlavSpielerin, Schülerin v. L. Thern u. E. Sauer, lebt in Wien, verheir. mit Lippert

KOLETSCHKA, Karl, Dr. phil. * 25/11 1885 Wien, lebt da, Gitarrist. H: Deutsche Volkslieder zur Git.

KOLISCH, Rudolf * 20/6 1896 Klamm, VVirt., ausgeb. in Wien, begr. da 1922 ein StrQuart., das sich bes. für moderne Werke einsetzt u. oft alles auswendig spielt

KOLLER, Oswald * 30/7 1852 Brünn, † 10/6 1910 Klagenfurt, MForscher. H: Die Lieder Oswald v. Wolkensteins u. a.

KOLLER, Victor * 23/11 1891 Troppau, lebt da, TheaKM. an versch. Orten urspr. Harfenist. W: Optte, Ballette

KOLLER-HOPP, Margarete * 30/6 1888, lebt in Liegnitz. W: BühnM., Lieder, KlavSon. u. Stücke

KOLLERITSCH, Josef * 31/7 1897 Tieschen, Steierm., Komp. in Graz, da ausgeb. (Konserv.). W: Oper, große Chorw. m. Orch., Chöre, Lieder, auch m. Orch., KaM.

KOLLMANN, Aug. Friedr. Christoph * 1756 Engelbosel (Hann.), † 1829 London, da seit 1784 Organist. W: Sinf. ‚Der Schiffbruch', KlavKonz., KlavSchule, theoret. Schriften u. a.

KOLLMANECK, Ferd. * 11/2 1871 Wien, lebt in Leipzig, ZithVirt. W: zahlr. f. Zith u. Git.

KOLLNITZ, Frz. * 1/12 1871 St. Pauli i. Lav. (Kärnt.), ChorD. (40 Jahre bereits tätig; Hauptber. Eisenbahnbeamter) in Wien. W: MChöre

KOLLO, Walter * 28/3 1883 Neidenburg (Ostpr.), lebt in Berlin. W: Optten ‚Der Juxbaron', ‚Drei alte Schachteln', ‚Die Frau ohne Kuß', ‚Die tanzde Prinzessin' (1924), ‚Jettchen Gebert' (1928) u. a. — Sein Sohn W i l l i * 28/4 1905 Berlin, ps. ALLAN, Edgar. W: FilmM., Schlager

KOMAROWA, Warwara, geb. Stassow * 1862 Petersburg, da bedeutende MSchr.

KOMAUER, Edwin * 11/2 1869 Klagenfurt, da Chordirig. W: Opern, MChöre, KaM.

KOMMNICK, Eugen * 15/1 1865 Frankfurt a. M., urspr. Geiger, 1890/99 Dirig. in Hohensalza, seit 1899 in Berlin VerDirig., zeitw. Bibliothekar d. Staatsoper. W: Oper, Ouvert., Kantat., Chöre, Orch- u. KlavStücke

KOMMOL, Walter, ps. Almo RETKOW * 19/12 1892 Driesen, Neumark, FilmKM. in Berlin, da ausgeb. (Sternsches Konserv.), dann TheaKM. in Wilhelmshaven-Rüstingen. Auch Besitzer des Helios MVerl. (seit Mai 1935 Walter K.-V.). W: FilmM., UnterhaltM.

KOMORN, Maria * 1880 (?) Wien, da KlavVirt., ausgeb. am Konserv. u. v. Leschetitzky, u. MSchr. W: ‚Was wir von Bruno Walter lernten. Chorproben der Wiener Singakad.' 1913; ‚Joh. Brahms als Chordirig in Wien' 1928

KOMOROWSKI, Ignaz * 1824 Warschau, da † 14/10 1858, Vcellist. W: viele Lieder

KOMPANEISKY, Nikolai J. * 1848 Prijutino/Taganrog, † 28/3 1910. W: KirchM.

KOMZAK, C., ps. = LINDEMANN, Wilh.

KOMZAK, Karl * 8/11 1850 Prag, † 23/4 1905 Baden/Wien, 1883/1902 treffl. MilKM., meist in Wien. W: Optte, viele Tänze, Märsche. — Sein Sohn K a r l jr † 5/9 1924 Wien. W: Tänze, Märsche

KONING, David * 19/3 1820 Rotterdam, † 6/11 1876 Amsterdam, Präsident der ‚Cecilia' u. ML. W: Oper, KonzSzenen, M-, Fr- u. gemChöre, Choräle, Lieder usw.

KONING, Servaas de † um 1720 Amsterdam. W: BühnM., KaM., Motetten, holl. Minne- und Trinklieder

KONING-NARET — s. NARET-KONING

KONJOVIC, Peter * 6/5 1882 Sombor, ausgeb. in Prag, Dir. der Oper in Agram. W: Oper, Chöre, Lieder, auch Instrumentales

KONIUS (Russen) — s. CONUS

KONRADIN, Karl Ferd. * 1/9 1833 Helenenthal/Wien, † 31/8 1884 Wien. W: Operetten, volkstüml. Chöre u. Lieder

KONRATH, Anton * 14/5 1888 Innsbruck, seit 1913 Dirig. des Wiener Tonkünstler(KonzVer.)-Orch. W: Sinfon., Lieder auch m. Orch.

KONTA, Robert, Dr. phil. * 12/10 1880 Wien, da Komp., MSchr. u. L. am Neuen Konserv. W: Opern, u. a. ‚Das kalte Herz' (= ‚Der Kohlenpeter'), Tanzpantom., Sinfon., VKonz., Lieder usw.

KONTI, Josef * 1852 Warschau, † 24/10 1905 Budapest, da TheaKM. W: Optten

KONTSKI, Anton * 27/10 1817 Krakau, † 2/12 1899 Iwanitschi (Gouv. Nowgorod), vielgereister Pianist, als 80jähr. noch in Australien, Japan usw. W: viele KlavSalonStücke (‚Das Erwachen des Löwen'). — Sein Bruder A p o l l i n a r von * 23/10 1825 Warschau, da † 29/6 1879, Konserv-Dir. seit 1861, glänzender VSpieler, Schüler Paganinis. W: Capricen, Mazurkas, Salonstücke. — Zwei weitere Brüder: S t a n i s l a u s * 8/10 1820 Krakau, VL. in Paris u. K a r l * 6/9 1815 Krakau, † 27/8 1867 Paris, da KlavL. W: Klav- u. VStücke

KONUS (Russen) — s. CONUS

KOOL, Jaap, ps. Rae RONALD, Dr. phil. * 31/12 1891 Amsterdam, seit 1931 Leiter der Schulgemeinde in Wickersdorf, Schüler W. Klattes u. der Schola cantorum in Paris, lebte zeitw. in Sèvres. W: Ballette, Sinf., Ouvert., ‚Tanz und Tänze d. Naturvölker' 1922

KOOP, Olivier * 13/12 1885 Hoorn, Organ. in Amsterdam, da ausgeb. W: KirchM., Chöre, Lieder

KOORT, Olly — s. WIRTZ-KOORT

KOPECKY, Ottokar * 29/4 1850 Chotebor (Böhm.), † Dez. 1907, Hamburg, trefflf. Geiger u. Pädgg., Schüler v. Ant. Bennewitz, seit 1878 in Hamburg (bis 1896 KonzM.), Führer e. StrQuart., KonservL.

KOPETZKY, Wendelin † 18/5 1899. W: Märsche u. a. der sehr bekannt gewordene Egerländer (73er)

KOPF, Leo * 17/5 1888 Torgowitz (Wolhynien), ausgeb. bei Gernsheim u. Juon in Berlin, da seit 1914 Chor- u. OrchDir. W: StrQuart., Synagog-Gsge, Lieder usw.

KOPF, Othmar * 8/6 1890 Schwanberg, Steiermark, Schüler Regers, ML. in Leipzig. W: Lieder

KOPFERMANN, Albert, Dr. phil. * 15/1 1846 Dortmund, † 29/5 1914 Berlin, da seit 1878 Leiter der MAbt. der Kgl. Bibliothek, als unermüdlicher Helfer bei allen musikwissenschaftl. Arbeiten ungemein geschätzt

KOPFF, Dr., ps. A. BENFELD † Aug. 1907 Paris. B: viele Werke v. Saint-Saëns u. a. für Klav. 4h.

KOPFF, Max * 9/9 1870 Heide in Holstein, Dirig. des Sollerschen MVer. u. des Volkschors in Erfurt. W: StrQuart., VStücke, auch m. Orch., KlavStücke, Chöre, Lieder

KOPKA, Erich * 3/1 1894 Teschen, ML. u. KM. (war MilKM.) in Langensalza, ausgeb. auf der Teschener staatl. MSchule. W: Ouvert., Tänze, Märsche u. a.

KOPPEL, Robert * 9/1 1874 Bochum, beliebter Baritonist (Kabarettsänger) in Berlin

KOPPITZ, Arthur — s. HOHENSTEIN

KOPSCH, Julius, Dr. jur. * 6/2 1887 Berlin, da Dirig. seit 1924, 1921/24 LandesKM. in Oldenburg, zeitw. Leiter der Genoss. dtscher Tonsetzer. W: Sinf., Tondichtg, KlavKonz., KaM., Lieder

KOPTJAJEW, Alex. * 12/10 1868 Petersburg, verdienter MSchr. W: OrchStücke, KlavSuite, ‚Der 18. Psalm', Lieder

KOPYLOW, Alex. * 14/7 1854 Petersburg, da † 20/2 1911, Schüler Liadows u. Rimsky-Korssakows, GsgL. der kais. Hofkap. W: Finale f. Chor u. Orch. aus ‚Die Braut von Messina', Sinfon. u. a. OrchM., KaM. u. KlavKompos.

KORB, Anton * 21/4 1875 Platten/Karlsbad, Geiger, viel herumgekommen, ML. in Klagenfurt. W: VKonz- u. Stücke, StrQuart., Kant., Lieder u.a.

KORB, Joh. * 26/5 1857 Freiburg a. U., seit 1889 Domorgan. in Halberstadt, zeitw. auch Dirig. des OratorVer. W: KaM., Klav- u. OrgStücke, Chöre

KORBAY, Franz Alex. * 8/5 1846 Pest, † 9/3 1913 London, da seit 1894, bis 1903 GsgProf. an der MAkad., ausgeb. in seiner Vaterstadt f. Klav. u. Kompos. von Moronyi u. R. Volkmann, in Gsg von Roger (Paris), OpTen. 1865/68, ging 1871 nach Amerika als KlavVirt. u. Sger. W: Sinf. Dichtg, Ouvert., Lieder. H: unger. Volkslieder m. engl. T.

KORDA, Victor * 19/8 1900, lebt in Berlin. W: UnterhaltgsM.

KORDEN, Emilio, ps. = Kurt LUBBA

KORENY-SCHUCK, Fritz * 1874, † 30/3 1912 Riga, da TheaKM. seit 1902. W: Optten, Lieder

KORESCHTSCHENKO, Arseni Nikolajewitsch * 18/12 1870 Moskau, da † 1918, seit 1891 Theor-L. am Konserv. W: Opern, BühnM., Ballett, sinf. Dichtgen, KaM., Kantaten, Chöre, Lieder, Klav-Stücke

KORETZ, Karl * 9/7 1865 Brünn, da 1884/1904 KonzM., seit 1886 VL. an der MAkad., † 1933. W: Sinf., KaM., Lieder

KORFF, Heinz * 29/9 1910 Düsseldorf, da Musiker. W: Singspiele, Hörspiele, Chöre, Lieder, Tänze

KORGANOW (Karganow), Gennari * 12/5 1858 Kwarelia (Grusien), † 12/4 1890 Rostow am Don, KlavVirt. W: KlavStücke

KORLA, ps. = KASKEL, Karl v.

KORMUNDA, Zdenko * 2/11 1887 Bauschowitz a. Eger, da ML., war TheaKM., Pianist, ausgeb. auf d. Prager Konserv., im Kriege MilKM. W: UnterhaltgsM.

KORNAUTH, Egon, Dr. phil. * 14/5 1891 Olmütz, lebt in Wien, TheorL. (KonzReisen in Indien u. Ostasien). W: sinfon. Suite u. andere OrchStücke, wertvolle KaM., KlavStücke, Lieder

KORNGOLD, Erich Wolfg. * 29/7 1897 Brünn, lebt in Wien, da s. Herbst 1927 Prof. an der Staatsakad. f. Tonkunst (1919/20 am Stadtthea. in Hamburg KM.); erregte bereits mit 11 Jahren Aufsehen durch die Pantomime ‚Der Schneemann', beherrschte schon als Knabe d. koloristisch-harmon. Technik eines Rich. Strauß u. Debussy. W: Opern ‚Violanta' (im Stile der Elektra 1916), ‚Der Ring des Polykrates' (reizende Spieloper 1916), ‚Die tote Stadt' (1920), ‚Das Wunder der Heliane' (1927), reizvolle M. zu ‚Viel Lärm um nichts'; Sinfonietta, Ouvert., wertvolle KaM., KlavSonate, Lieder. B: Optten v. Joh. Strauß (Sohn)

KORNGOLD, Jul., Dr. jur. * 24/12 1860 Brünn, seit 1902 als Nachfolger Hanslicks MRef. der ‚Neuen Freien Presse' in Wien. W: ‚Dtsch. OpSchaffen der Gegenwart', ‚Die roman. Op. der Gegenwart'

KORNMÜLLER, P. Utto * 5/1 1824 Straubing, † 15/2 1897 Benediktinerkloster Metten, Prior u. Chorregent. W: ‚Lexikon der kirchl. Tonkunst' u. a. Schriften u. Aufsätze üb. kath. KirchM.; Messen, Motetten usw.

KOROLANYI, Friedrich * 27/11 1875 Wien, lebt in Magdeburg, ausgeb. in Wien, war TheaKM. in Wien, Berlin, Hamburg, Dresden. W: Opern, Optten, Possen, Volksstücke, Märchenspiele, Tänze, Lieder

KORST, Friedr. * 26/6 1859 Duisburg-Ruhrort, lebt seit 1924 in R. in Dhünn/Wermelskirchen, da seit 1890 HauptL., seit 1879 SchulL. u. Organ., ausgeb. im Sem. in Mörs. W: KlavStücke, OrgStücke, geistl. Chöre

KORSTEN, A. † 19/1 1892. W: KlavStücke, Lieder

KORTEN, Ernst * 4/5 1859 Wesel, stud. neuere Philologie u. M., StudRat a. D. in Elberfeld. W: Opern, sinfon. Dichtgen, viele Lieder

KORTH, Konrad * 19/1 1873 Wittenberge a. E., MChordir. in Berlin (u. a. Bund Berliner MChöre), Schüler F. E. Kochs

KORTSCHMAREW, Clemens * 16/4 1899. Lebt in Moskau. W: Oper, Ballett, revolut. Chöre u. Gsge

KOSA, Georg * 24/4 1897 Budapest, lebt da (1920/21 Tripolis), seit 1926 Prof. der MHochschule. W: Oper, Oratorien, Sinfon. ‚Mensch und Weltall', OrchStücke, StrQu., KlavStücke, Lieder

KOSCH, Hugo, Prof. Dr. phil. * 19/4 1859 Wien, da Dir. der 1855 von Albin Kosch gegr. MSchule, Schüler u. a. H. Grädeners

KOSCHAT, Thomas * 8/8 1845 Viktring/Klagenfurt, † 19/5 1914 Wien, anf. Chorist der Hofoper, dann HofkapSgr., durch seine meist von ihm gedichteten Lieder im Kärtner Volkston (‚Verlassen' usw.) volkstümlich geworden; Chorwerke ‚Am Wörther See', ‚Eine Bauernhochzeit in Kärnten', ‚Kirchtagsbilder aus Kärnten', ‚Viktringer Marsch' usw.

KOSCHELUCH — s. KOTZELUCH

KOSCHINSKY, Fritz, Dr. phil. * 29/6 1903 Breslau, da Organist. W: Volksstück ‚Lob der Arbeit', Ouvert. üb. schles. Volkslieder, OrchVar., Messe, Chöre, Lieder. B: Zum Singen m. Instr., Volkslieder f. MChor; Ouv. v. Ign. Holzbauer; zeitgen. M. an Shakespeares ‚Kaufmann v. Venedig'

KOSLECK, Jul. * 3/12 1835 Naugard (Pomm.), † 5/11 1905 Berlin, Trompetenvirt., 1852/93 a. d. Kgl. Oper, 1873/1903 L. a. d. Hochschule, Gründer des berühmten Kaiser-Kornettquart., seit 1890 ‚Patriot. Bläserbunds'. W: Schule für Tromp. u. Cornet à pist.

KOSLOVSKY, Josif * 1757 Warschau, † 1831 Petersburg, da 1786/1831 OrchDir. W (über 600): BühnenM., Messen, Kantaten, Polonaisen, Märsche, Lieder

KOSNICK, Heinr. * 11/1 1889 Riga vielgereist. KlavVirt u. Pädag in Berlin, Psychotherapeut (langjähr. anatom.-physiol. Studien), Schüler Teichmüllers, Ansorges u. Busonis. W: ‚Lebensteigerg'; ‚Muskel u. Geist'; KlavStücke

KOSPOTH, Otto Karl Erdmann, Baron v. * ? Mühltroff, sächs. Erzgeb. † 23/6 1817 Berlin, preuß. KaHerr, auch Domherr in Magdeburg. W: Singspiele, KirchM., Sinf., KaM.

KOSS, Henning von * 13/12 1855 Rittergut Lautow (Pomm.), † 12/4 1913 Berlin, Schüler von Th. Kullak, seit 1888 Berliner MRef. W: viele Lieder

KOSSAK, Ernst, Dr. phil. * 4/8 1814 Marienwerder, † 3/1 1880 Berlin, da MSchr., tücht. Kontrapunktiker, Schüler Dehns; Begr. d. MZtschr. ‚Echo'

KOSSMALY — s. KOSZMALY

KOSTAL, Erno * 26/11 1889 Prag, da KM., da ausgeb. (Konserv.). W: Optten, Tonfilme, OrchSuiten, Ouvert., UnterhaltgsM.

KOSTER (eigentl. Arnold), Ernst * 8/10 1904 Hamburg, da ML. u. MRef. W: Hörspiele, SchauspielM., Kantate, Lieder, KaM., Suite, Konzerte f. Orch.

KOSZLOWSKY — s. KOSLOVSKY

KOSZMALY, Karl * 27/7 1812 Breslau, † 1/12 1893 Stettin, Schüler v. L. Berger, Zelter u. B. Klein, erst TheaKM., seit 1846 L. u. Dirig. in Stettin. W: Symphon., Ouvertur., Chöre, Lieder usw.; ‚Schles. Tonkünstler-Lexikon', ‚Mozarts Opern', ‚Über R. Wagner' u. a.

KOTALLA, Viktor * 13/2 1872 Norok OS., † 4/6 1916 Pilchowitz, SemML. W: OrgSchule, Harmoniumbuch, OrgStücke, MChöre, ‚Praktisches Übungsbuch f. d. Gsgsunterr.'

KOTANA, Karl * 8/7 1881 München, da 1903/1916 Organ. u. seit 1916 KirchChorDir. W: KirchM.

KOTEK, Jos. * 25/10 1855 Kamenez-Podolsk, † 4/1 1885 Davos, VVirt., Schüler des Moskauer Konserv. u. Joachims, seit 1872 L. an der Kgl. Hochschule in Berlin. W: VStücke

KOTHE, ist der Name von 3 tücht. MPädagogen: A l o y s * 3/10 1828, † 13/11 1868 Breslau, SemL. — B e r n h a r d * 12/5 1821 Groebnig (Schles.), † 25/7 1897 Breslau, da 1869/96 SemML., Gründer des schles. Cäcilienver. f. kath. KirchM. W: ‚Musica sacra' (Sammlg geistl. MChöre), OrgStücke, Lieder, Chöre, ‚Abriß der M-Gesch.', ‚Musikal.-liturg. Wörterbuch', ‚Führer durch die Org.-Literatur' usw. — Deren Bruder W i l h e l m * 8/1 1831, † 31/12 1899, seit 1871 SemML. in Habelschwerdt (Schles.). W: ‚Friedrich d. Gr. als Musiker', ‚Leitfaden für den Gsgsunterr.', ‚Singtafeln', VSchule usw.

KOTHE, Robert * 6/2 1869 Straubing, urspr. Rechtsanwalt, lebt in München, seit 1903 als Sänger z. Laute sehr bekannt. Seit 1935 L. f. künstler. GitSpiel an d. Akad. W: Lieder, Volksliederbearb., ‚Schule f. künstler. Git- u. Lautenspiel'

KOTHE, Wilh. — s. bei KOTHE, Aloys

KOTHEN, Karl Axel, Baron v. * 15/8 1871 Frederikshamn (Finnl.), Bariton, seit 1908 GsgL. am Konserv. in Helsingfors, da † 7/7 1927. W: OrchSuite, MChöre, auch mit Orch., viele Lieder

KOTILAINEN, Otto * 5/2 1868 Heinävesi (Finnl.), lebt in Helsingfors. W: BühnenM., OrchSuite, VStücke, Kantaten, Chöre, Lieder

KOTSCHETOW, Nikolai * 8/7 1864 Oranienbaum, seit 1906 Prof. f. MGesch. an der Univers. Moskau. W: Oper, Sinfon., arab. Suite f. Orch., KlavStücke, Lieder

KOTT, Louis, ps. A. KELLERMANN; Merlik SALTEN * 28/10 1863, lebt in Naumburg a. S. W: Optte, Ouvert., Lieder, Märsche

KOTTE, Joh. Gottl. * 29/9 1797 Rathmannsdorf, † 3/2 1857 Dresden, da treffl. Klarin. der Hofop.

KOTTER, Hans * um 1485 Straßburg, † 1541 Bern, da seit 1532 SchulL., vorher seit 1514 Organ. in Freiburg i. B., Schüler Hofhaimers. W: Tabulaturbuch, KirchM.

KOTZEBUE, Aug. Friedr. Ferd. v. * 3/5 1761 Weimar, † 23/3 1819 Mannheim, TheaDichter (auch OpLibrettist). H: OpAlmanach 1815 u. 1817

KOTZELUCH, Joh. Anton * 13/12 1738 Wellwarn (Böhm.), † 3/2 1814 Prag, KM. W: Opern, Orat., Messen usw. — Sein Vetter L e o p. A n t. K. * 9/12 1752 Wellwarn, † 7/5 1818 in Wien, kais. Hofkomp. W: Oper, Sinfon., KirchM. (viel) KaM., KlavKonz. usw. — Dessen Tochter K a t h a r i n a * 1790 Wien, † 1865 Prag, 1812 verheiratet mit dem Advokat Cibbini, KlavVirt., Vorspielerin des Kaisers Ferdinand I. W: KlavStücke

KOTZOLT, Heinr. * 26/8 1814 Schnellewalde/Neustadt (Oberschles.), † 2/7 1881 Berlin, Schüler Dehns u. Rungenhagens, da 1865 zweiter Dirig. des Domchors und 1849 Gründer eines treffl. a-cappella-Ver. W: Chorgsgschule

KOTZWARA, Frz * um 1730 (?) Prag, † 2/9 1791 London, Geiger. W: ‚Die Schlacht von Prag' (einst sehr beliebt) f. KlavTrio, Sonat., Lieder u. a.

KOUBA, Josef * 21/3 1880 Prag, da KonzM. W: KaM., VStücke, KlavStücke

KOUSSEWITZKY — s. KUSSEWITZKY

KOVÁCS, Sandor * 24/1 1886 Budapest, da † 24/2 1918, KlavVirt. u. L., MSchr.

KOVALEV — s. KOWALEW

KOVAŘOVIČ, Karl * 9/12 1862 Prag, da † 6/12 1920, seit 1899 KM. am Böhm. Landesthea., treffl. Dir. W: Opern, 7 Ballette, Chöre, Lieder usw.

KOVEN, Reginald de — s. KOWEN
KOWAL, Ernst * 12/5 1840 Klettwitz/Senftenberg, L. in Spremberg. W: M- u. and. Chöre, Lieder, KlavStücke usw. — Sein Sohn R i c h a r d * 16/7 1865 Spremberg, † 4/7 1884 Berlin. W: Sinfon., Ouvertur., WaldhornKonz., V.-, Org.-, KlavStücke, Chöre, Lieder usw.
KOWALEW, Paul Iwanowitsch * 7/1 1890 Nikolajew, KlavVirt. in Moskau seit 1922, ausgeb. auf dem Konserv. in Odessa, Krakau u. Leipzig (Teichmüller, Krehl, Reger); 1919/22 KonservL. in Odessa. W: Op., BühnM., KaM., KlavStücke, Lieder
KOWALSKI, Henry, ps. Pol ROSKOFF * 1841 Paris, † 10/7 1916 Bordeaux, vielgereister KlavVirt. W: Oper, KlavStücke; ‚A travers l' Amérique, impressions d'un musicien'
KOWALSKI, Leo * 14/4 1911 Köln, da Komp. u. Bearb., da ausgeb. auf der Hochschule. W: OrchSuiten, KlavStücke, Tänze, u. a. BegleitsM. zu rhythm. Übgen, Lieder
KOWALSKI, Max, Dr. jur. * 10/8 1882, Rechtsanwalt in Frankf. a. M., Schüler von B. Sekles. W: Schelmenspiel, viel beachtete Lieder u. Ballladen
KOWALSKY, Alfred * 17/2 1879 Luxemburg, da Dir. der städt. MSchule, wohnt Esch-sur-Alzette, Schüler von Widor, Geo. Schumann, R. Strauß. W: Opern, Sinf., OrchSkizzen u. Variat., KaM., Messen, Lieder
KOWEN, Reginald de *3/4 1859 Middletown (Conn.), † 16/1 1920 Chicago, 1891/1902 MSchr. in Newyork, 1902/05 Dir. des Sinfon-Orch. in Washington. W: Opern, viele Optten, viele Lieder
KOZELUCH — s. KOTZELUCH
KOZLOWSKI, Jos. * 1757 Warschau, † 11/3 1831 Petersburg als Inspektor der M. am kais. Thea. W: BühnenM., KirchM., Requiem, Polonaisen, (Siegesruf erschalle, f. Chor u. Orch.), viele Lieder
KRAATZ, Kurt † 30/4 1925 Wiesbaden 68j., Librettist
KRABBE, Wilh., Dr. phil. * 13/6 1882 Widdert, Kr. Solingen, MForscher spez. über das dtsche Lied, seit Okt. 1928 Bibliotheksrat an d. MAbt. der Staatsbibl. in Berlin. H: J. W. Francks geistl. Lieder, Telemanns Oden, J. V. Görners Sammlg neuer Oden u. Lieder
KRACKE, Hans * 13/7 1910 Frankf a. M., da Pianist. W: StrTrio, KlavKonz. u. Stücke, Lieder
KRADOLFER, Rud. * 8/6 1857 Bern, da † 12/11 1915, KlavL. u. Organ. W: KlavStücke, Lieder, Chöre

KRÄGEL, Jos. * 4/1 1855 Öttingen, † urspr. Schauspieler, dann TheaDir. seit 1902. W: Operetten, volkstüml. Lieder
KRAEMER, Emil * 1/3 1878 Trier, seit 1902 SchulL. u. Chordir. in Rheidt. W: Messe, viele MChöre
KRAFFT, Horst, ps. = Kurt GOLDMANN
KRAFFT - LORTZING, Karl, Enkel Albert Lortzings, TheaKM., † 28/7 1923 München. W: Opern u. a.
KRAFT, Anton * 30/12 1752 Rokitzan (Böhm.), † 28/8 1820 Wien, ausgez. Vcellist, Schüler Haydns. W: VcKompos., KaM.
KRAFT, Karl * 9/2 1903 München, seit 1923 Domorgan. in Augsburg. W: KirchM., KaM., OrgSon., KlavStücke, Lieder
KRAFT, Nikolaus (Sohn Antons) * 14/12 1778 Esterhazie, † 18/5 1853 Stuttgart, da 1814/34 Mitglied der Hofkap., VcVirt. W: f. Vc.
KRAFT, Walter * 9/6 1905 Köln, da ausgeb., mit 14 J. als Pianist aufgetreten, 1924 Organ. in Hamburg, seit 1929 Organ. der Marienkirche in Lübeck, hervorrag. OrgVirt. W: KirchM., weltl. Kantaten, Chöre, KaM., OrgStücke
KRAKAMP, Emanuele * 13/2 1813 Messina, † Nov. 1883 Napoli, da seit 1860 KonservL, vielgereister FlVirt. W: an 300 FlKomp., Schulen f. Fl., Ob., Klarin. u. Fag.
KRAKAMP, Felix * 11/11 1861 Spich (Siegkreis), seit 1883 KirchChor-, VerDirig. u. MSchr. in Bonn, Schüler d. Kölner Konserv. W: MChöre, auch einige mit Orch.
KRAKAUER, Alex. * 1866 Wien, da † 1894, Ingenieur. W: erfolgreiche Kuplets
KRAKAUER, Erich — s. CLEVE
KRAL, Joh. Nep. * 1849, † Jan. 1896, sehr beliebter Wiener MilKM. W: Märsche, Tänze
KRAL, Josef, Wien, gab 1870 eine Schule für Viola d'amore heraus
KRALIK, Heinr., Dr. phil. * 27/1 1887 Wien, da MRef. W: ‚Beethoven'; ‚Schuberts Liederzyklus', ‚MFührer'
KRALIK, Mathilde * 3/12 1857 Linz, lebt in Wien, Schülerin u. a. Bruckners. W: Opern, Orat., KirchM., Kantaten, Sinf., KaM., KlavStücke, viele Lieder
KRALIK, Richard, Dr. jur. * 1852 Leonorenheim (Böhmerwald), † 4/2 1881 Wien, da (schon auf dem Gymnas.) Dichter u. MSchr. W: Lieder

315

KRAMER, A. Walter * 23/9 1890 Newyork, lebt da, seit 1910 Redakteur von ‚Musical America'. W: Sinf. Skizzen, Rhapsod. f. V. u. Orch., VStücke, KlavStücke, Chöre

KRAMM, Georg * 2/12 1856 Cassel, † Okt. 1910 Düsseldorf, Violinist, seit 1880 in Düsseldorf, da seit 1896 VerDir. W: Oper (1903), Orch.-, Klav.- u. Gsgkompos..

KRANE, Karl * 1880, † 27/9 1916 als SemML. in Coesfeld. W: Messe, Liederbuch f. d. westfäl. Volksschulen

KRANNIG, Simon * 19/11 1866 Eisenach, seit 1891 VerDir. in Zürich. W: Chöre

KRANTZ, Eugen * 13/9 1844 Dresden, † 26/5 1898 Gohrisch/Königstein i. S., seit 1869 in Dresden, seit 1890 Dir. des kgl. Konserv. W: ‚Lehrgang im KlavUnterr.'

KRANZ Albert * 27/2 1879 Grumbach/Dresden, seit 1921 in Lpz., SchulL. u. Kantor u. a. in Wurzen (1907/12), Meerane (1913/20), Schüler des Dresd. Konserv., VerDirig. W: Orator., Kantaten, MChöre, Lieder, OrgStücke

KRANZ, Joh. Friedr. * 1754 Weimar, † 1807 Stuttgart, Geiger, 1778/81 in der Hofkap. in Weimar, dann in Italien, 1789/1803 KonzM. u. MDir. in Weimar, dann HofKM. in Stuttgart. W: Singspiele Goethes

KRASA, Hans * 30/11 1895 Prag, lebt da, Schüler Zemlinskys. W: Sinfon., StrQuart., Grotesken f. Gsg u. Orch.

KRÁSNOHORSKÁ, Eliška * 18/11 1847 Prag, † ?, schrieb OpLibretti f. Bendl, Fibich, Smetana u. a.

KRASSELT, Alfred * 3/6 1872 Glauchau, † 27/9 1908 Eisenach, VVirt., Schüler seines Vaters (Gust. Kr., 1862/1904 KonzM. in Baden-Baden), Petris u. Brodskys, 1893/96 KonzM. in München (KaimOrch.), seit 1896 HofkonzM. in Weimar. — Sein Bruder Rudolf Kr., urspr. Vcellvirt. 1912/23 erster KM am Dtschen Opernhaus in Berlin-Charlottenburg, seitdem OpDir. in Hannover

KRASSUSKI, Hermann * 17/7 1846 Heilsberg, † 25/7 1925 Elbing, da 1870/1917 SchulL. u. bis zu seinem Tode Organ. u. Kantor u. seit 1872 Dir. des von ihm gegründ. CäcilienVer. W: KirchM., OrgStücke

KRATINA, Rud. * 21/11 1890 Dresden, da seit 1925 Solovcellist der Oper. W: Duo f. V. u. Vc., VcStücke

KRATOCHVILL, V., Wiener MVerlag, eine d. Grundlagen des jetzigen Verl. Bosworth

KRATZER, Heinr. * 14/2 1855 Bonn, da Chordir. u. ML. † (wann?). W: Oper, Optten, Chöre, Lieder

KRATZI, Joh., Prof. Dr. phil. * 25/9 1877, StudRat (Mathem.) in Bremen, MSchr., bes. Kenner der FlLit.

KRATZL, Karl * 20/8 1852 Wien, † 24/7 1904 Lubereag/Melk, Österr., VariétéKM. in Wien, da ausgeb. auf d. Konserv.. W (üb. 500): Ouvert., KaM., Salonstücke, Tänze, Wiener Lieder

KRAUEL, Rich. * 29/1 1913 Bonn, Pianist in Köln. W: Vc-Stücke, MChöre, Lieder, Märsche

KRAUS, Alessandro (Baron) * 6/8 1820 Frankf. a. M., † 22/9 1904 Fiesole, Pianist u. MSchr., Sammler älterer MInstr. W: ‚L'ipocrisia musicale', ‚Il Pfte'. — Sein gleichnamiger Sohn * 12/10 1853 Firenze, gleichfalls Sammler u. MSchr.

KRAUS, Else C. * 1903 (?) Darmstadt, internat. bekannte KlavVirt. in Berlin, die neben der klass. u. romant. Lit. bes. die zeitgenöss. (auch die hypermoderne A. Schönbergs) pflegt, ausgeb. in Lausanne (Konserv.) u. v. Artur Schnabel, 1928/32 L. an der Akad. f. Kirch- u. SchulM. in Berlin

KRAUS, Ernst * 8/6 1863 Erlangen, lebt im Sommer in Walchstadt am Wörthsee, GsgL. in München seit 1924, ausgezeichn. Heldentenor, 1893 in Mannheim, 1896/1923 an der Berliner Oper (öfters in Bayreuth u. Amerika)

KRAUS, Ernst * 26/2 1875 Seifen (Böhm.), seit 1894 ML. in Prag, auch Organ. W: KlavStücke, auch instrukt.; theor. Lehrbücher (böhm.)

KRAUS, Felix von, Dr. phil. * 3/10 1870 Wien, KonzSger (1899 auch Hagen und Gurnemanz in Bayreuth), seit 1908 GsgL. a. d. Akad. d. Tonkunst in München; verheiratet mit der treffl. Bühnen- u. Konzertaltistin Adrienne geb. Osborne (* 2/12 1873 Buffalo)

KRAUS, Hans * 10/12 1899 Leipzig, lebt da, Kriegsteiln. W: Optten, Chöre, Lieder

KRAUS, Hedwig, Dr. phil. * 20/8 1895 Wien, Schülerin G. Adlers (spielt auch KB.), 1919 Bibl-Ass. der Ges. d. MFreunde in Wien, 1930 Dir. deren Sammlgen (Nachfolgerin Mandyczewskis)

KRAUS, Jos. Martin * 26/6 1756 Miltenberg/Main, † 15/12 1792 Stockholm, da seit 1778, da seit 1781 HofKM., vielgereist, großer Verehrer Glucks, MSchr. W: Opern, KirchM., Orat. ‚Der Tod Jesu', Sinfon. u. a.

KRAUS, Paul * 18/7 1870 Mikultschütz (O-Schles.), Schüler d. Instit. f. KirchM. in Berlin, SchulL. u. Organ. zuletzt in Roßberg/Beuthen, seit der Pensionierung 1924 KonservLeiter in Beuthen u. VerDir. † 12/5 1934 Bad Kissingen. W: 5 Optten, MChöre, Tänze u. Märsche

KRAUSE, Anton * 9/11 1834 Geithain, † 31/1 1907 Dresden, 1859/97 MDir. in Barmen, treffl. Pianist u. Pädagog. W: instrukt. Sonaten, Etüden f. Pfte, Chöre, Lieder

KRAUSE, Christian Gottfr. * 1719 Winzig (Schles.), † 21/7 1770 Berlin, da seit 1747 Advokat u. MSchr. W: Lieder; 8st. Hymne m. Orch.; ‚Von der mus. Poesie‘ (1752) u. a.

KRAUSE, Eduard, Prof. Dr. * 15/3 1837 Swinemünde, † 28/3 1892 Berlin, da Pianist u. ML., früher in Stettin u. Genf. W: KlavKompos., ‚Schule für d. linke Hand‘, philosmusikal. Abhandlgen

KRAUSE, Emil * 30/7 1840 Hamburg, da † 5/9 1916, MKrit. u. KlavProf. am Konserv. W: ‚Beiträge z. Technik des KlavSpiels‘, ‚Aufgabenbuch für die Harmonielehre‘, KaM., Kantaten, Lieder, ‚Neuer Gradus ad Parnassum‘ (100 Pfte-Etüden) usw.

KRAUSE, Ernst * 8/1 1874 Sielkeim, Kr. Labiau, seit 1904 GsgL. u. VerDir. in Königsberg i. Pr., Schüler des Lpzger Konserv. u. Stockhausens. W: Sinf., Chöre, viele Lieder, KlavStücke

KRAUSE, Hermann Otto * 12/7 1876 Reimswaldau (Schles.), ObML. u. Organ. in Liegnitz. W: Kantate, Motetten, MChöre, OrgStücke

KRAUSE, Karl Christian Friedr. * 6/5 1781 Eisenberg (SAltenburg), † 27/9 1832 München. W: ‚Darstellgen aus d. Gesch. der M.‘; ‚Anfangsgründe der allgem. Theorie der M.‘, KlavSonate

KRAUSE, Karl Josef * 1775 Forst i. Laus., ausgez. Klarinettist, 1789/94 in der Kap. des Grafen Röder in Holstein/Löwenberg (Schles.), dann in der Kap. des Grafen Hoym in Breslau, 1813/28 KM. beim 1. Garde-Regt. in Potsdam, bekannt durch treffl. Arrang f. MilitM.

KRAUSE, Martin * 17/6 1853 Lobstädt (Sachs.), † 2/8 1918 Plattling (NBay.) in der Sommerfrische, 1882 Pianist in Lpz., gründ. u. leitete da 1885/99 den ‚Liszt-Verein‘; seit 1904 L. am Sternschen Konserv. in Berlin

KRAUSE, Max * 26/3 1871 Schlawa, schles. Kr. Freystadt, MStudRat seit 1895 in Breslau u. VerDir. W: MChöre

KRAUSE, Otto — s. KRAUSE, Herm. Otto

KRAUSE, Paul * 27/12 1880 Klingenthal i. V., VolksschulL. in Dresden. W: eigenartige, neuerdings sehr modern gehaltene OrgKompos.

KRAUSE, Theodor * 1/5 1836 Halle a. S., † 12/12 1910 Berlin, da 1858/98 SchulRektor, KonzSger, VerDirig., 1895 GsgL. am kgl. Instit. für KirchM. W: StrQuart., Chöre, Lieder. Erfinder der ‚Wandernote‘; ‚Dtsche Singschule‘

KRAUSHAAR, Otto * 31/5 1812 Cassel, da † 23/11 1866, MTheoret. (Schüler M. Hauptmanns). W: ‚Der akkordliche Gegensatz u. die Begründg. der Skala‘ u. a.

KRAUSS, Bruno * 28/6 1881 Marienberg (Sa.), seit 1900 ML. in Leipzig. W: f. MandolQuart., Git., Lautenlieder

KRAUSS, Clemens — s. Klemens KRAUSS

KRAUSS, Fritz * 16/6 1883 Lehenhammer (ObPfalz), seit 1921 I. lyr. u. jugendl. Heldenten. der Staatsop. in München, ausgeb. in München, Mailand u. Berlin, 1911/12 in Bremen, 1912/4 in Danzig, 1914/15 in Kassel, 1915/21 in Köln

KRAUSS, Karl Aug. * 2/3 1852 Mutterstadt; KirchMDir. u. Glockensachverständ. f. d. Pfalz u. MKrit. in Speyer; bis 1923 GymnasML. u. L. am pfälz. Konserv. † 4/11 1927. W: MChöre, Lieder

KRAUSS, Klemens * 31/3 1893 Wien, treffl. Dirig., seit Dez. 1934 StaatsopDirektor in Berlin, seit 1913 beim Thea., 1924/29 Operndir. u. Dirig. der Museumskonz. in Frankf. a. M.; 1929/34 Staatsoperndirektor in Wien

KRAUSS, Maria Gabriele * 24/3 1842 Wien, † 6/1 1906 Paris, berühmte BühnenSgerin (dramat. Sopran.), an der Wiener Hofoper 1860/67, 1875/87 an der Großen Oper in Paris, dann GsgL.

KRAUSS, Max * 2/2 1887, Baßbaritonist (KaSger) in Tegernsee

KRAUSZ, Michael * 11/4 1897 Pancsova (Ung.), lebt in Budapest. W: Opern, Optten

KRAWE, Bjaroct — s. SCHNEIDER, Bernh.

KREAL, Ernst * 1891 Bregenz, lebt da, Schüler v. Braunfels, Schreker, Debussy. W: Sinf., KlavKonz., viel KaM., KlavStücke, Lieder

KREBS, Joh. Ludw. * 10/10 1713 Buttelstedt/Weimar, † Jan. 1780 Altenburg, bester OrgSchüler Bachs, Organ. in Zwickau 1737, Zeitz 1744 u. Altenburg 1756. W: Trio-Sonaten, OrgStücke, KlavÜbgen

KREBS, Karl, Prof. Dr. phil. * 5/2 1857 Hanseberg/Königsberg NM., lebt in Berlin, 1895/1929 MRef., bis 1922 L. der MGesch. an der Hochschule f. M. u. Sekretär der Akad. der Künste. W: ‚Dittersdorfiana‘, ‚Haydn, Mozart, Beethoven‘, ‚Meister des Taktstocks‘

KREBS, Karl Aug. (eigentl. Miedke), * 16/1 1804 Nürnberg, † 16/5 1880 Dresden, 1827 KM. bei d. Hamburger Op., 1850/72 HofKM. in Dresden. W: Lieder (‚Liebend gedenk ich dein‘, ‚In der Heimat ist es schön‘ u. a.), Opern usw. — Seine Tochter Mary, verh. Breuning * 5/12 1851 Dresden, da † 29/6 1900, treffl. KlavVirt. — Seine Frau **Aloysia**, geb. Michalesi * 29/8 1824 Prag, † 4/8 1904 Dresden, bedeut. Bühnenaltistin (die erste deutsche Fides)

KREBS, Rudolph, ps. Ralph CREVETTI * 2/7 1907, lebt in Berlin. W: UnterhaltgsM.

KREČMAN, Theobald — s. KRETSCHMANN

KREHBIEL, Henry Edw. * 10/3 1854 Ann/Arbor, Mich. (NAm.), † 20/3 1923 Newyork, da seit 1880 MSchr. u. Krit. W: ‚Studies in the Wagnerian Drama', ‚Music and Manners in the 18th Century', ‚The Pfte and its music' u. a.

KREHL, Stefan * 5/7 1864 Lpz., da † 8/4 1924, 1889 L. f. Klav. u. Theor. am Konserv. zu Karlsruhe, seit 1902 am Konserv. zu Lpz. W: Kantate, Vorspiel zu ‚Hannele', treffl. KaM., feinsinnige KlavStücke, Lieder, ‚Formenlehre', ‚Kontrapunkt', ‚Harmonielehre', ‚Theorie der Tonkunst', ‚Musikerelend' usw.

KREJČI, Jos. * 6/2 1822 Milostin (Böhm.), † 19/10 1881 Prag, da 1844 Organ., 1858 Dir. der OrgSchule, 1865 des Konserv. W: Oratorium, Messen, OrgKompos., Lieder usw.

KREJČI, Isa * 10/9 1904 Prag, lebt da. W: Divert. f. 4 Bl., Chöre, Lieder

KREJČI, Miroslaw * 4/11 1891 Reichenau a. d. Knežna, lebt in Prag. W: OrchSuite, KaM., KlavStücke, Chöre

KREIDEWEISS, Adolf * 6/6 1888 Berlin, urspr. SchulL., Kriegsteilnehm., dann Schüler der akad. Hochschule u. der Univers. in Berlin, seit 1922 Organ. in Berlin-Niederschönhausen, auch VerDirig. W: gem. Chöre, Lieder

KREIN, Alex. * 20/10 1883 Nischny-Nowgorod, Vc. in Moskau, verwendet althebr. Melodien in seinen Komp. W: ‚Salome' sinfon. Dichtg, KaM., KlavStücke, Requiem ‚Kadisch', M. zu jüd. Schauspielen, Lieder. — Sein Bruder **Grigori** * 1879, Schüler Juons u. Glières, lebt in Moskau. W: KaM., KlavSonate, Lieder

KREIPL, Jos. * 1805, † Mai 1866 Wien, Komp. von Baron Klesheims zum Volkslied gewordenen ‚Mailüfterl', war Tenorist in verschied. Städten (in Linz usw.)

KREIS, Otto * 9/6 1890 Frauenfeld (Schweiz), seit 1927 Chordir. u. Pianist in Bern, 1925 Organ. u. HarmonL. am Konserv. in Neuenburg. W: KaM., Te Deum, Chöre

KREISER, Kurt, Dr. phil. * 4/6 1891 Dresden, da Lehrer am Konserv., MRef., auch Dirig. W: BühnenM., MChöre, Lieder; ‚C. G. Reissiger'

KREISIG, Martin * 8/9 1856 Kunnersdorf/Glashütte a. E., ObL. und KirchMusiker a. D. in Zwickau, gründete da 1910 das Rob. Schumann-Museum, das er mit größter Liebe ausbaute, dessen Katalog er verfaßte. H: Robert Schumann, Schriften; Veröffentlichungen der Sch.-Gesellschaft

KREISLER, Fritz * 2/2 1875 Wien, wohnt in Berlin, vielgereister treffl. VVirt., Schüler von Hellmesberger, Massart u. Delibes, auch durch seine Wohltätigkeit berühmt. W: Operette, StrQuart., VVirtuosenstücke. B: alte Stücke, die aber nach seiner Erklärg vom Frühjahr 1935 von ihm selbst komponiert sind.

KREISSLE, Heinr., v. Hellborn * 1812 Wien, da † 6/4 1869 als Beamter. W: ‚Franz Schubert'

KREITEN, Theodor * 20/8 1887 Valkenburg, Holland, KlavVirt., seit 1917 Leiter der KlavAusbildgsKl. am Konserv. in Düsseldorf, auch MKrit., ausgeb. in Köln (Konserv.) u. München (Akad., bes. bei Kellermann). W: KlavKonz., KaM., ‚Aphorismen üb. Kunst, Wissen u. Leben'

KREITMAIER, Josef, Jesuit * 20/11 1874 Siegenburg (NBay.), lebt in München. W: ‚Mozart'; ‚Dominante', Messen, Lieder u. a.

KREK, Gojmir, Dr. iur. * 27/6 1875 Graz, ordentl. Prof. an der Univ. Leibach. W: KaM., KlavStücke, Chöre, Lieder. H: Novi akordi

KREMBERG, Jakob * um 1650 Warschau, † um 1720, sächs. Hofmusicus (Sgr) in Halle u. Dresden, auch in Stockholm, Warschau u. London tätig, 1693/95 Mitpächter der Hamburger Op. W: dtsche Lieder

KREMPELSETZER, Georg * 20/4 1827 Vilsbiburg, da † 9/6 1871, OpttenKM. in München, Görlitz, Königsberg. W: Operetten

KREMPL, Ferd. * 29/7 1893 Wien, lebt da, TheaKM. an verschied. Orten. W: Operette, Chöre, Lieder

KREMSER, Albert — s. KREMSER, Hans Alb.

KREMSER, Eduard * 10/10 1838 Wien, da † 26/11 1914, seit 1869 ChorM., bzw. seit 1899 EhrenchorM. d.MGsgV. W: ‚Altniederländ. Volkslieder' f. MChor u. Orch., ‚Balkanlieder' desgl., Operetten, Lieder. H: Wiener Lieder u. Tänze. — Sein Sohn **Georg** K., * 7/9 1871 Wien, Vcellist u. Dirig., seit 1897 artist. Dir. der Philharm. Gesellsch. in Athen. † 28/10 1908. W: Lieder usw.

KREMSER, Hanns Albert * 6/8 1903 Zittau, lebt in Dresden. W: KaM.

KŘENEK, Ernst * 23/8 1900 Wien, lebt da, auch MSchr., über seinen Lehrer Schreker hinausgewachsen, der Atonalität u. dem linearen Kontrap. ergeben, 1920/24 in Berlin, 1924/25 in Zürich, dann OpKorrep. in Kassel u. Wiesbaden (bei Paul Bekker). W: Opern ‚Die Zwingburg', ‚Der Sprung über den Schatten' (1923), ‚Orpheus u. Eurydice' (1926), ‚Jonny spielt auf' (1927), ‚Einakter' (1928), ‚Die Heimkehr des Orest' (1929), ‚Karl V.' (1933), M. zu Goethes ‚Triumph der Empfindsamkeit', Ballette, Sinfon., Concerti grossi, KlavKonz., VKonz., StrQuart., KlavSonaten, Chöre, Lieder usw.

KRENGEL, Alfred * 4/1 1870 Oranienburg, Schüler der Hochsch. in Berlin, da Organ., Chordir. u. GsgL.. W: KlavQuat., KlavStücke, Chöre

KRENGEL, Editha * 27/4 1898 Berlin-Schöneberg, da VVirtuosin

KRENGER, Rudolf * 25/5 1854 Seeberg, Kant. Bern, † 17/9 1925 Interlaken. W: MChöre

KRENKEL, Gust., ps. Georgina Clare; V. E. Day; Denis Dupré; Marcel Fleur; Victor Girdlestone; Grendon Gray; Gerald Romney; Jean Saint-John; Eduard Saint-Juste; Edyth Steele; Sidney Stroud; Otto Werner; Evelyn Witt. Seit Ende des 19. Jhd. als fruchtbarer Salonkomp. in England hervorgetreten. Näheres nicht ermittelt

KRENN, Frz * 26/2 1816 Droß (NÖsterr.), † 18/6 1897 St. Andrä (NÖsterr.), Organ., KirchKM. u. Harmonieprof. am Konserv. in Wien. W: Oratorien, Messen, Requiems, Kantaten, Lieder, Klav- u. OrgStücke, OrgSchule, Harmonielehre usw.

KRENN, Hans * 16/11 1854 St. Gotthardt (Ung.), † Wien. W: MChöre

KRENN, Leopold * 6/12 1850, † 2/10 1930 Wien. W: Opttenlibrettist

KRENTZLIN, Rich. * 27/11 1864 Magdeburg, KlavPädag. in Berlin. W: KlavStücke, bes. instrukt. H: Der gute Pädagoge (8 Bde)

KREPS, Dom Joseph, OSB. * 23/5 1866 Antwerpen, Organ. in Löwen (Vlam.) W: üb. Liturgie, OrgStücke, Lieder

KRESZ, Geza v. * 11/6 1882 Budapest, seit 1923 1. VL. am Konserv. in Toronto, Schüler v. Hubay, Sevčik u. Ysaye, 1909/15 in Budapest, 1917/21 in Berlin (KonzM. der Philharm.), treffl. VVirt.

KRETSCHMANN, Theobald * 1/9 1850 Vinos/ Prag, Vcellist in Salzburg, Breslau, Wien, 1889 KirchKM. in Wien, da † 16/4 1929. W: Oper, Burleske ‚Salome die zweite', Stücke f. 4 V., ‚Tempi passati', ‚Erinnergen'

KRETSCHMAR, Walter * 11/2 1902 Leipzig, da LautenSgr. W: Lautenlieder

KRETSCHMER, A., Geh. Kriegsrat, gab ‚Deutsche Volkslieder mit ihren Originalweisen' 1840 in Berlin heraus unter Mitwirkg v. Prof. Maßmann, Zuccamaglio u. a., ein von Brahms sehr geschätztes und für seine Volksliederbearb. benutztes Werk

KRETSCHMER, Edmund * 31/8 1830 Ostritz (Oberlaus.), † 13/9 1908 Dresden, da 1854 Hoforgan., 1880 Dirig. des Chores d. Hofkirche, 1901 pension. W: Opern ‚Die Folkunger' (1874, recht erfolgreich), ‚Heinrich d. Löwe' u. a., Chorwerke, Messen, Litaneien, OrgStücke, Lieder usw. — — Sein Sohn F r a n z X a v e r * 23/12 1863 Dresden, da ML., vorher TheaKM. u. KirchKM. W: OrchSuite, Kompos. f. Vc. u. Klav., Messen, Chöre, Lieder usw.

KRETSCHMER, Emanuel * 4/1 1875 Breslau, da MSchulDir. W: Opern, Messen; ‚Modulationslehre'

KRETTLY, Robert * 1891 Paris, da VVirt., seit 1918 Führer eines StrQuart., Vors. der Internat. Ges. f. KaM.

KRETZSCHMAR, Hermann, Dr. phil. * 19/1 1848 Olbernhau (Erzgeb.), † 11/5 1924 Berlin, 1871 in Lpz L. am Konserv. (Theorie u. Org.) u. Dirig. (Euterpe, Bachverein, Singakademie), 1876 TheaKM. in Metz, 1877 Univers.- u. 1880 städt. MDir. in Rostock, 1887 UniversMDir. in Lpz., 1888/98 Dir. des Riedelver., gründete u. leitete 1890/95 Akad. Konz., hielt Vorlesgen üb. M-Gesch. an der Univers., 1904 ord. Prof. der M. an der Berliner Univers., 1907/22 Dir. d. Kgl. Inst. f. KirchM., 1909/20 Dir. der Hochsch f. M. W: ‚Führer durch d. Konzertsaal', ‚Peter Cornelius', Chorgsg.', ‚Gesamm. Aufsätze', ‚Gesch. des neuen dtschn Lieds', ‚Gesch. der Oper', ‚Einführg in die MWissenschaft', ‚Bach', OrgKompos., Chöre, Lieder usw.

KREUBÉ, Charles Frédéric * 5/11 1777 Lunéville, † 1846 St. Denis, 1816/20 KM. der Kom. Op. in Paris. W: 16 Opern

KREUCHAUFF, Andreas * 11/5 1901, auch im Ausland bekannter Orat.- u. LiedTenor in München, da ausgeb. (Akad., bes. v. Felix v. Kraus), urspr. VolksSchulL.

KREUSSER (Kreuser), Geo Ant. * 1743 Heidingsfeld/Würzburg, † um 1803 Mainz, VVirt., zeitw. OpKM. in Frankf. a. M., W: Orat., viele Sinf., KaM.

KREUTZBURG, Walther v. * 22/11 1871 Schönstedt, Kr. Langensalza, Major a. D. in Berlin, Schüler u. a. v. W. Klatte, Rinkens u. Wartisch. W: Optte, Lieder, MilMärsche, Tänze

KREUTZER, Auguste (Brud. Rodolphes), * 9/9 1778 Versailles, † 31/8 1832 Paris, dort VVirt., seit 1826 KonservL. W: VKonzerte, KaM. usw.

KREUTZER, Charles Léon Franç. — s. KREUTZER, Léon

KREUTZER, Joseph veröffentlichte zwischen 1822 u. 1828 KaM., bes. m. Fl., sowie GitWerke; nichts über ihn sonst ermittelt; fälschlich nach Eitner identisch mit Auguste Kr.

KREUTZER (richtiger Kreuzer), Konradin * 22/11 1780 Meßkirch (Bad.), † 14/12 1849 Riga, Schüler Albrechtsbergers, war KM. in Stuttgart, Donaueschingen, Wien, Köln, usw. W: 30 Opern, u. a. ‚Nachtlager von Granada', ‚Libussa'; M. zu Raimunds ‚Verschwender', viele MChöre, u. a. ‚Das ist der Tag des Herrn', ‚Die Kapelle', ‚Ständchen', Siegesbotschaft', ‚Märznacht'; KaM., Klav-Konz., Lieder usw.

KREUTZER, Léon (Sohn Augustes), * 23/9 1817 Paris, † 6/10 1868 Vichy, geistvoller MKrit. W: Opern, Sinfonien, KaM.

KREUTZER, Leonid * 13/3 1884 Petersburg, ausgezeichn. Klavierist u. Dirig., 1920/33 Prof. a. d. Hochschule in Berlin. Seit 1935 in Tokio. W: Pantomime; ‚Das normale KlavPedal', ‚D. Wesen d. KlavTechnik'

KREUTZER, Rodolphe * 16/11 1766 Versailles, † 6/1 1831 Genf, berühmter VSpieler, seit 1801 Solist, seit 1816 Dirig. u. 1824/26 Intend. der Gr. Oper in Paris. W: viele Opern, 19 VKonzerte f. V., 40 Caprices, KaM., die große VSchule mit Rode u. Baillot für das Pariser Konserv. Beethovens op. 47 (die sog. Kreutzer-Sonate) ist ihm gewidmet.

KREUZ, Emil * 25/5 1867 Elberfeld, † 3/12 1932 London, da seit 1883 (Schüler der R. acad.), treffl. Bratschist. W: KaM., BrStudien usw.

KREUZER, Konradin — s. KREUTZER

KREUZHAGE, Eduard, Dr. phil. * 6/1 1874 Witten a. d. Ruhr, Chordir. i. Duisburg. W: Chöre, Lieder, ‚Hermann Goetz, sein Leben u. seine Werke'

KREYMANN, Rich. — s. RALF-KREYMANN

KREZMA, Frz * 2/9 1862 Essek (Kroat.), † 14/6 1881 Frankf. a. M., vielgereister VVirt. W: VStücke, Lieder

KRIČKA, Jaroslaw * 27/8 1882 Kelč (Mähr.), Chordir. u. seit 1918 L. am Konserv. in Prag. W: Opern, Kantaten, Ouv.., KaM., Chöre, Liederzyklen usw.

KRIEBSTEIN, ps. = Jul. E. GOTTLÖBER

KRIEG, Hans, * 11/4 1899 Hayenau (Schles.), TheaKM. in Amsterdam; in Breslau, Lpz. (Konserv.) u. Berlin (Hochsch.) ausgeb., seit 1922 an versch. Thea. W: viele BühnenM., Chöre, Lieder auch m. Orch., KaM., KlavStücke, VStücke

KRIEGER, Adam * 7/1 1634 Driesen (Brandenbg.), † 30/6 1666 Dresden, Hoforgan., Schüler S. Scheidts. W: Arien (Lieder) f. 1—5 Singst. mit Instrumenten

KRIEGER, Adolf * 5/11 1876 Glauchau, seit 1899 VerDirig. in Burgstädt i. Sachs. W: MChöre

KRIEGER, Erhard * 25/5 1902 Berlin, seit 1926 Dirig., MSchr. u. Kulturpolitiker, wirkt seit 1935 an der Folkwangschule in Essen, vorher in Düsseldorf (seit 1933 staatl. u. natsoz. GauMBerater), Organisator der Burgmusiken auf Schloß Burg (Wupper). W: ‚Dtsche Musiker der Zeit'; ‚Die Spätwerke J. S. Bachs'; ‚Heinr. Schütz'; Neuordn. u. Instr. v. Bachs ‚Musik. Opfer'. H: alte Meisterwerke

KRIEGER, Ferd. * 8/1 1843 Walderhof (O-Pfalz), 1867 ML. a. d. Präparandenanst. in Regensburg, 1872 in München. † (?) W: ‚Die kathol. KirchM.', ‚Studien f. d. VSpiel', ‚Technische Studien im Umfang einer Quinte f. d. Klav.', ‚Harmonielehre' usw.

KRIEGER, Fritz * 21/3 1902 Bochum, seit 1929 DomOrg. u. Chordir., auch Dirig. des OratVer. in Fulda, ausgeb. auf der Hochschule in Köln (u. a. v. Braunfels), 1925/29 Organ. u. KonservL. in Hagen. W: Instrument.; Chöre

KRIEGER, Jakob * 6/3 1873 Köln, GsgL. u. Chordirig. Papenburg a. d. Ems

KRIEGER (Krüger), Johann * 28/12 1651 Nürnberg, † 18/7 1735 Zittau, da seit 1681 MDir. u. Organ., bedeut. Kontrapunktiker. W: Motett., wertvolle Chöre, Org- u. KlavStücke

KRIEGER, Joh. Philipp * 26/2 1649 Nürnberg, † 6/2 1725 Weißenfels a. S., stud. in Venedig u. Rom, 1660/75 Organ. in Kopenhagen, 1672 KaKomp. u. KM in Bayreuth, 1677/80 in Halle a. S. u. seit 1680 in Weißenfels. W: Ouvert., Sonaten, geistl. Arien, OpArien usw.

KRIEGK, J. J. * 25/6 1750 Bibra, RB. Merseburg, † 1813 Meiningen, da seit 1779 KaM., urspr. Geiger, dann VcVirt. (1774/78 Schüler Duports in Paris.) W: VcKonz. u. Sonaten

KRIEGNER, Kalman v., Dr. phil., iur. & rer. pol. * 1/6 1889 Halas (Ung.), MSchr. in Berlin. W: Schriften üb. d'Indy, Saint-Saëns usw. (ungar.) — Seine Frau s. Marta LINZ

KRIEKEN, Gerard Bartus van * 30/4 1836 Oude Tonge, † 26/7 1913 Rotterdam, da ausgez. Organist. W: Kantaten, OrgKomp.

KRIENITZ, Willy, Dr. phil. * 12/9 1882 Dresden, MSchr. in München, seit 1922 Leiter der städt. MBücherei

KRIENS, Christian * 29/5 1881 Dresden, † 17/12 1934 West Hartford, Conn., VVirt., wirkte meist in Amerika, lebte zuletzt in Newyork (Kriens Symph. Club), treffl. L. W: Sinf., OrchSuiten, Vc-Konz., KlavStücke, Orat., Lieder

KRIETSCH, Albert * 22/9 1897 Kroppstädt, Kr. Wittenberg, seit 1924 Organ. u. ChorDir. in Neustrelitz. W: OrchSuite, Ouvert., Lieder, auch m. Orch.

KRIETSCH, Georg * 27/8 1904 Charlottenburg/Berlin, ML. u. Chordir. in Brandenburg a. H., ausgeb. auf der Berl. Hochsch. u. v. P. Graener. W: sinf. Dichtg, KaM. KlavStücke, Chöre, Lieder

KRIGAR, Jul. Herm. * 3/4 1819 Berlin, da † 5/9 1880, Chordir. u. ML. W: geistl. Chöre, Lieder, KlavStücke usw.

KRIJANOWSKI — s. KRYJANOWSKY

KRILL, Johannes, Dr. phil. * 12/4 1884 Eger, seit 1911 Teilhaber, seit 1/1 1927 alleiniger Inhaber des Verlags Max Hesse (s. d.); Neuphilologe, war GymnProf. in Wien und Eger

KRILL, Karl * 1847, † 13/8 1927 Apeldoorn (Holl.), Schüler v. Ferd. Hiller u. Isid. Seiß. W: KaM., KlavStücke, Chor-Ballade, Lieder

KRILL, Walter * 15/2 1900 Berlin, da KM. W: Tonfilme, UnterhaltgsM.

KRILOW, Paul — s. KRYLOCO

KRIPS, Jos. * 8/4 1902 Wien, urspr. Geiger, seit Herbst 1933 KM der Staatsop. in Wien, 1927/1933 GenMDir. des Landesthea in Karlsruhe

KRISPIN, Ladislaus * 1820, † Juli 1904 Wien. W: KlavStücke u. a. ‚Ein flüchtiger Gedanke'

KRISTINUS, Karl Raimund * 22/3 1843 Wagstadt, OstSchlesien, † 16/12 1904 Wien, da VerDirig. u. seit 1896 KirchChordir. W: MChöre, u. a. ‚Heerbannlied', geistl. Gsge

KRISTOFFERSEN, Frithjof, ps. Ola PILT; Karl TAST * 28/2 1894 Oslo, da KlavVirt., ausgeb. u. a. in Berlin u. Lpzg. W: KlavSon. u. Stücke, VStücke

KRJUKOW, Wladimir * 22/7 1902 Moskau, lebt dort. W: Opern, Sinf., KaM., KlavSon. u. Stücke, Lieder

KRIZKOVSKY, Paul * 9/1 1820 Kreuzendorf (Schles.), † 8/5 1885 Brünn, da Gründer u. Leiter des Philharm. Ver., Augustinermönch. W: Kantaten, Chöre

KROAL, Ernst, eigentl. Name von Ernst KREAL

KRODER, Armin, Dr. phil., Prof. * 1/8 1875, MRef. in Augsburg. W: Singspiel, Solooper, Kantate, StrQuart., 3 KlavTrios, Lieder

KRÖBER, Rob. * 27/9 1875 Dobitschen, Thür., MilKM. i. R. in Magdeburg, Schüler u. a. M. Bruchs. W: Ouvert., Märsche, Chöre, Lieder

KROEGEL, Arnold * 17/7 1857 Köln, da † 20/12 1923, da Schüler d. Konserv., da u. in M.-Gladbach VerDir. W: MChöre

KROEGER, Ernst Richard * 10/8 1862 St. Louis (N-A.), da † 7/4 1934, da ML. u. Chordir. W: Ouvert., KaM., KlavSonaten, Lieder usw.

KRÜGER, Willi * 9/12 1903 Kiel, da seit 1926 ML., KlavVirt. W: Sinf., KaM., KlavStücke. — ps. Willi HASS

KRÜHNE, Paul * 24/2 1883 Bockwa/Zwickau, seit 1909 Organ. usw. in Zwickau. W: KirchM., Chöre, Lieder, OrgStücke

KRÖLL, Jos. * 22/12 1887 Kempen, Rheinl., seit 1924 Organ. in Trier. W: Krippenspiel, Chöre, Lieder, OrchStücke

KROGULSKI, Jos. * 1815 Tarnow, † 9/1 1842 Warschau, Pianist. W: KirchM., KlavQuart.

KROHN, Geo. * 25/2 1900 Hamburg, lebt da, TheaKM. an versch. Orten. W: Operetten, BühnenM., KaM., KlavSonaten, Lieder usw.

KROHN, Ilmari, Dr. phil. * 8/11 1867 Helsingfors, da 1900 PrivDoz., 1918 Prof. d. M-Wissensch. a. d. Univers., zeitw. auch Organ. u. Mitgl. der Choralkommission. W: Oper, Orator., Motetten, geistl. Chorlieder, InstrKompos., Sammlung finnischer Volkslieder; ‚Aus dem Gebiet der Töne', ‚Rhythmik', ‚Melodik' (alles in finn. Sprache), viele Aufsätze auch in dtsch. Zeitschriften

KROHN, Max * 24/12 1886 Hamburg, zuerst Kaufmann, Schüler u. a. Emil Krauses, TheaKM. in Stettin u. Hamburg (Volksoper), 1919 in Blankenese, seit 1924 in Hamburg ausschließl. Komp. W: Opern, Mysterium ‚Erlösung', KonzStück f. V. u. Orch., KlavVariat., Lieder auch m. Orch.

KROISS, Karl, Dr. phil. * 1890 Würzburg, Schüler Fr. Kloses u. H. Zilchers, Studienrat u. Chordir. in Ludwigshafen a. Rh. W: GretchenTragödie, M. zu Hölderlins ‚Empedokles', Suite f. Jazz-Orch., KaM. (z. T. atonal), Kantate ‚An meine Mutter', Orch-Lieder u. a.

KROLL, Erwin, Dr. phil. * 3/2 1886 Deutsch-Eylau, MSchr. in Berlin, 1925/33 MRedakt. in Königsberg i. Pr., urspr. GymnOL. W: ‚H. Pfitzner' (1924); BühnenM., KaM., Lieder

KROLL, Frz * 22/6 1820 Bromberg, † 28/5 1877 Berlin, KlavVirt., Schüler Liszts, seit 1849 in Berlin. H: ‚Das wohltemp. Klav. v. J. S. Bach', ‚Bibliothek älterer u. neuerer KlavM.' usw.

KROLL, Oskar * 15/10 1908 Barmen, da Klarin. im städt. Orch., viel reisender u. sehr geschätzter Solist u. KaMSpieler, auch MSchr.

KROLOP, Franz * 5/9 1839 Troja (Böhm.), † 29/5 1897 Berlin, ausgezeichn. Bassist, seit 1863 BühnenSgr, seit 1872 a. d. Berliner Op.

KROME, Herm. (ps. Werner Altmann, Hans Berger, James Huntley, Herm. Lustig, Marriot, Fred Ralph, Tosta) * 27/5 1888 Berlin, lebt da. W: Operetten, UnterhaltgsM., Lieder. H: ‚Dtscher Liederwald', ‚Was die Wandervögel singen' usw. — Besitzt den Charivari-Verl.

KROMER, Karl * 23/3 1865 Mahlberg, bad. Amt Ettenheim, seit 1889 Chorführer im OpChor in Stuttgart, da VerDirig., vorher Chorist in Mannheim u. Aachen. W: gem. u. MChöre.

KROMMER, Frz * 17/5 1760 Kamenitz (Mähr.), † 8/1 1831 Wien, da seit 1818 kais. Kammerkomp. W: (einst sehr beliebt) Messen, Sinf., Konz., viel KaM. usw.

KROMOLICKI, Jos., Dr. phil. * 16/1 1882 Posen, seit 1905 KirchChordirig in Berlin, verdienter KirchMusiker u. MWissenschaftler. W: Messen, geistl. Chöre u. Lieder, OrgStücke. H: Florilegium cantuum sacrorum (lat. Motetten aus klass. Zeit f. d. prakt. Chorgebr.)

KRON, Louis * 21/5 1842 Berlin, seit 1874 in Braunschweig, wo er 1882 eine MSchule gründ., † 11/11 1907. W: VStücke, bes. instrukt.; humor. Gsgskompos.

KRONACH, Emanuel — s. KLITZSCH

KRONBERGER, Ed., ps. = Austin EGEN

KRONECKER, Günther * 27/1 1803 Fischlham im Traunkreis (OÖsterr.), † 14/8 1847 Bennediktinerstift Kremsmünster, da seit 1841 sehr verdient um das MArch. W: Messen u. a. KirchM., Septett f. Str- u. Blasinstrum.

KRONEGGER, Rudolf † 15/6 1929 Wien. W: viele Lieder, Kuplets u. a.

KRONENBERG, Peter * 26/8 1904, lebt in Köln. W: UnterhaltgsM.

KRONIG, Otto * 7/5 1885 's Gravenhage, Ingenieur in Schönebeck a. E. W: UnterhaltgsM., bes. Märsche

KRONKE, Emil * 29/11 1865 Danzig, Schüler Nicodés u. Draesekes, KlavVirt. u. L. in Dresden. W (zahlreich): OrchStücke, KaM. (auch f. Blasinstr.), KlavKonz., Stücke f. 2 Klav., Klav-Kompos., auch instruktive, u. a. ‚Die moderne Technik', ‚Die hohe Schule des 4. u. 5. Fingers'. — ps. Eugen ARDEN; NAWRAZEK

KROPF, Reinhold * 29/5 1846 Prettin a. E., Schüler u. 1866 SemHilfsL. in Weißenfels (Hentschels Gehilfe im MUnterr.), SemML. zu Waldau u. Mettmann, seit 1884 zu Delitzsch, zuletzt in Halberstadt, da † 5/11 1912. W: Geistl. u. weltl. MChöre, VStücke, KlavStücke. B: Choralbuch f. MSt., Liedersammlungen, Hentschels Choralbuch f. Org. (14. A.)

KROPHOLLER, Alex * 13/5 1887 Amsterdam, VcVirt., 1. Solocellist der Philharm. in Dresden, Mitgl. des Dresd. StrQuart., vorher in Königsberg, Bremen und Berlin (1918/22 Philh. Orch.), ausgeb. in Haag (Konserv.) u. v. Hugo Becker

KROSS, Emil * 24/7 1852 Königsberg, † 10/5 1917 Weinheim, verdienter Hrsg. von VWerken Spohrs, Paganinis usw., ausgez. VSchule

KROST, Georg, ps. G. KOERNER; P. MARCO * 15/12 1898 Leipzig, Pianist u. MVerl. in Berlin. W: UnterhaltgsM.

KROTKOW, Nikolai S., 1888/98 TheaK. in Petersburg. W: Opern, Ballette

KROTTENTHALER, Karl * 1818 Wien, da † 2/10 1864, 1837/63 KM. des KarlThea., dann ML. W: BühnenM., Couplets, Tänze

KROYER, Theod., Dr. phil. * 9/9 1873 München, da Schüler von Sandberger, Gluth, Rheinberger, 1902 PrivDoz. f. MWissensch. a. d. Univers., 1907 ao. Prof. 1920 in Heidelberg, 1922 o. Prof. in Lpz., wo er ein mwiss. Zentralinstitut aufbaute. Seit 1933 an der Univ. Köln. Anläßlich der Vollendg seines 60. Jahres wurde ihm eine Festschrift gewidmet (Verl. Gust. Bosse). W: 2 Sinf., Ka- u. KlavM., Lieder, ‚Die Anfänge der Chromatik im ital. Madrigal', ‚Jos. Rheinberger', viele wertvolle Aufsätze

KRSTIČ, Peter * 1877 Belgrad, da Dir. der MSchule u. Dirig., ausgebildet in Wien. W: BühnenM., Ouv., Chöre, KlavStücke

KRÜCKL, Franz, Dr. jur. * 10/11 1841 Edlspitz (Mähr.), † 12/1 1899, Dir. des Stadtthea. in Straßburg i. Els., 1868/75 geschätzter OpBarit., dann bis 1892 GsgL. am Hochschen Konserv. zu Frankf. a. M.

KRÜGER, Eduard, Dr. phil. * 9/12 1807 Lüneburg, † 9/11 1885 Göttingen, Prof. d. M. seit 1861, Begr. der ‚Siona'. W: ‚Grundriß der Metrik', ‚Musikal. Briefe', ‚System d. Tonkunst, u. a.

KRÜGER, Felix, Dr. phil. * 10/8 1874 Posen, seit 1918 Nachfolger W. Wundts als UnivProf. in Leipzig. W: mtheor. Aufsätze

KRÜGER, Fritz * 15/3 1878 Berlin, Schüler A. Überlées, W. Freudenbergs u. Humperdincks, 1900 KirchChordirig., seit 1906 Dirig. d. Mengeweinschen OratVer., seit 1907 GymnasGsgL. in Berlin-Friedenau. W: Sinfon., Oratorium, Kantaten, Psalmen mit Orch., Chöre, Lieder

KRÜGER, Gust. * 12/3 1878 Osnabrück, seit 1919 Orch.- u. Chordirig. in Greiz, vorher seit 1912 Korrepet. (KM.) am Thea in Gera. W: M-Chöre, auch mit Orch.

KRÜGER, Johann — s. KRIEGER

KRÜGER, Karl * 15/12 1867, † 11/5 1930 Hamburg, da seit 1900 KM. am Dtsch. Schauspielhause, seit 1922 auch KonservL. W: Bühnen-M.

KRÜGER, Max, ps. Victor FORD * 25/3 1871 Berlin, da Musiker, war u. a. 20 J. im SinfOrch. in Lausanne. W: UnterhaltgsM. (eigner Verlag; früher Edition Le Bluet, Laus.)

KRÜGER, M. C. * 23/8 1893, lebt in Berlin (auch Textdichter). W: UnterhaltgsM.

KRÜGER, Paul, ps. PAULE * 26/9 1891, KM in Finsterwalde, vorher in Berlin. W: UnterhM.

KRÜGER, Rob., ps. PITCHER, Bobby * 27/3 1872 Berlin, lebt da. W: Span. Suite, OrchCharakterstücke, Soli f. V., Fag., KlavStücke, UnterhM.

KRÜGER, Ulrich * 27/11 1896 Graudenz, Stud.-Ass. in Berlin, Schüler Karl Kämpfs, der Berl. Univers. u. Akad. f. Schul- u. KirchM. W: Lieder

KRÜGER, Wilh. * 5/8 1820 Stuttgart, da † 17/6 1883, württ. Hofpianist; 1845/70 in Paris. W: Salonstücke, Etüden, KlavSchule

KRÜGER-NYSTEDT, Frz * 20/2 1860 Elbing, vielgereist. FagVirt., in Berlin seit 1883, vorher in Petersburg

KRÜKL, Frz — s. KRÜCKL

KRÜSI, Gottlieb * 26/9 1822 Gais (Appenzell), † 29/5 1908 Herisau, Arzt. W: Chöre

KRÜSS, Aug. * 21/8 1865 u. † 30/1 1923 Hamburg, da ausgeb. bei Bernuth, Mitgl. d. Philharm. Orch., seit 1908 Mitdir. der Färberschen M-Schule (Krüß-Färbersches Konserv.)

KRÜTZFELDT, Hugo * 29/9 1871, Besitzer d. Hamburger MVerl. W: Patriot. Lieder, UnterhM.

KRUFFT, Nikol. Freih. v. * 1/2 1779 Wien, da † 16/4 1818 Staatskanzleirat, Schüler Albrechtsbergers. W: KaM., KlavSonaten, Capricen usw.; Chöre mit u. ohne Begleit., 92 Lieder

KRUG, Arnold (Sohn Diederichs) * 16/10 1849 Hamburg, da † 4/8 1904, 1872 L. am Sternschen Konserv. in Berlin, seit 1879 in Hamburg als Dirig. u. KonservL. W: Sinfon., OrchSuite, Str-Sextett u. andere KaM., VKonz., KlavStücke, Chöre m. u. ohne Orch., ‚Italien. Liederspiel‘, Lieder usw.

KRUG, Diederich * 25/5 1821 Hamburg, da † 7/4 1880. W: viele Paraphrasen u. Salonstücke, eine ‚Schule der Geläufigkeit‘ f. Klav. u. a.

KRUG, Friedr. * 5/7 1812 Cassel, † 3/11 1892 Karlsruhe (Baden), HofMDir., früher Sänger (Bar.) u. Schauspieler. W: Opern, Lieder

KRUG, Gust. * 1803 Berlin, † 1873 Naumburg a. S. als Oberlandesgerichtsrat. W: KaM. B: Konz. Bachs u. Händels f. 2 Klav. — Sein gleichnam. Sohn * 16/11 1844 Naumburg, † 28/7 1902 Freiburg i. B., ObRegRat. W: Lieder u. Gsge

KRUG, Jos. — s. KRUG-WALDSEE

KRUG, Siegfried * 22/3 1879 Cassel, Schüler von Straeßer u. R. Louis, urspr. Offizier, seit 1919 in München, bzw. St. Georgen am Ammersee. W: Sinf., Passacaglia f. 2 Klav., KaM., KlavStücke

KRUG, Walter (Sohn Gustavs) * 23/9 1875 Düsseldorf, Oberamtsrichter in Schopfheim (Bad.). W: ‚Die neue M.‘ (1920). ‚Beethoven, eine Streitschrift‘ (1924)

KRUG-WALDSEE, Jos. * 8/11 1858 Waldsee (Württemberg), † 8/10 1915 Magdeburg, 1882/89 Dirig. d. Stuttgarter ‚Neuen Singver.‘, dann Thea-KM. an verschied. Orten, 1899 Dir. des Karlorch. in Nürnberg, seit 1901 Dirig. d. SinfKonz. des LGsgVer. usw. in Magdeburg. W: Opern, Chorwerke m. Orch., Sinf., KaM., Chöre, Lieder usw.

KRUIS, M. H. van 't * 8/11 1861 Oudewater, † 14/2 1919 Lausanne, Organ. in Rotterdam seit 1884, begründ. 1886 die Ztschrift ‚Het Orgel‘. W: Oper, Sinfon., Ouvert., Chöre, Klav- u. Org-Stücke

KRUMPHOLTZ, Jos. Bapt. * um 1745 Zlonitz/Prag, † (Selbstmord) 19/2 1790 Paris, hervorrag. HarfVirt. W: wertv. HarfStücke, Konz., KaM. — Dessen Bruder Wenzel * um 1750, † 2/5 1817 Wien, da seit 1796 Geiger der Hofop., Freund Beethovens u. Czernys. W: VStücke

KRUMSCHEID, Alwin * 22/12 1898 Rheinbrohl, RB. Koblenz, seit 1923 Organ. u. MStud-Assessor in Berlin, da ausgeb. an der Akad. für Schul- u. KirchM. H: ältere kath. KirchM.

KRUPKA, Jaroslaw, Dr. phil. * 30/3 1893 Brünn, seit 1920 KonservProf. in Prag. W: Sinf-Suite, Lieder

KRUSE, Georg Rich. * 17/1 1856 Greiffenberg (Schles.), war TheaKM. in Amerika, Bern, Ulm, lebt seit 1900 als Red., Schriftst. u. Dir. d. Lessing-Museums in Berlin. W: Biographien von A. Lortzing, H. Götz, O. Nicolai usw. B: Lortzings ‚Rolandsknappen‘. H: Operntexte bei Reclam. — Seine Tochter — s. KRUSE, Lotte

KRUSE, Joh. * 23/3 1859 Melbourne, † 14/10 1927 London, hervorrag. Schüler Joachims, zeitweise in dessen Quart., seit 1897 in London

KRUSE, Karl * 13/5 1880 Osnabrück, da L. H: Das junge Lied m. Git.

KRUSE, Lotte * 1/5 1899 St.-Gallen, † 13/4 1930 Züllichau, da seit 1924 Dir. eines Konserv., seit 1925 verheir. mit dem Geiger Ernst A r l t, ausgeb. in Berlin u. Lpz., auch Schülerin Jos. Pembaurs u. Hugo Kauns, KlavVirt. W: volkstüml. BühnenM., Chöre, Lieder, Klav-, VStücke

KRUSE, Wilh. * 10/11 1872 Ottbergen (Westf.), Chordir. u. Organ. in Soest. W: BühnenM., OrchStücke, StrQuart., Chöre, instrukt. KlavStücke, OkarinaSchule u. a.

KRUYS, M. H. van 't — s. KRUIS

KRYGELL, Joh. Adam * 18/9 1835 Naestved (Dänem.), † 27/7 1915 Kopenhagen, Organ. W: Oper, Orator., Sinf., StrQuart., OrgStücke

KRYJANOWSKY, Joh. (KRYSHANOWSKY, Iwan), Dr. med. * 24/2 1867 Kiew, Geigenschüler Ševčiks, 1909 Prof. d. Medizin in Petersburg, da † 9/12 1924. W: VKonz. u. Stücke, KaM., KlavStücke, Lieder

KRYLOW, Paul * 3/3 1885 Twer (Rußl.), Prof. am Moskauer Konserv. W: Oper, Sinfon., sinf. Dichtg, KaM., Chöre

KRYSHANOWSKY — s. KRYJANOWSKY

KRZYZANOWSKI, Rud. * 5/4 1862 Eger, † 21/6 1911 Graz, TheaKM. an verschied. Orten, 1898/1907 in Weimar

KUBA, L. * 16/4 1863 Poděbrady, akad. Maler, Komp. u. MSchr. in Prag, da ausgeb. auf d. OrgSchule. W (böhm.): ‚Reisen e. slav. Liedersammlers', ‚Reisebilder m. musik. Beilagen'. H: ‚Slovanstvo v svych zpěvech' (= ‚Das Slaventum in s. Liedern'; 16 Bde)

KUBE, Alex. * 4/8 1880 Dresden, da SchulGsgL. (StudRat) u. Chordir. W: Chöre

KUBE, Rio * 8/6 1897 Berlin, da sehr beliebter, bes. am Rundfunk tätiger Tenor, Kriegsteiln., dann an den Opern in Essen, Hagen u. Münster

KUBELIK, Jan, * 5/7 1880 Michle/Prag vielgereister VVirt., Schüler Ševčiks, lebt teils in Prag, teils in Abbazia. W: 6 VKonz.

KUBIN, Rudolf * 10/1 1909 Mor. Ostrava, ČSR., da seit 1935 Rundfunkleiter, 1924/34 in Prag, Schüler Karl Habas, Folklorist. W: Op., Funkop., Optten, Tonfilme, folklorist. Kantate, Ballett, OrchStücke, KaM., KlavSuiten u. Stücke (auch im Vierteltonsystem), Lieder

KUBITZ, Paul Ed. * 8/7 1886 Stettin, Buchhdlr in Wien. W: GitLieder. H: Altwiener GitM. u. a.

KUCHARČ, Joh. Baptist * 5/3 1751 Chotec (Böhm.), † 18/2 1829 Prag, da 1791/1800 OpernKM., treffl. OrgVirt. W: Opern, Ballette, OrgKonzerte, Rezitat. zu Mozarts ‚Zauberflöte'

KUCHARTZ, Ludw. 9/12 1880 Hamburg, RundfunkKM. in Berlin, ausgeb. in Hamburg u. Bückeburg. W: Tonfilme, Lieder

KUCHYNKA, Vojta * 7/5 1871 Nové Strašeci, ČSR., vielgereister KBVirt. in Prag, 34 J. KonzM. im NatThea., ausgeb. auf der OrgSchule in Prag u. v. Dvořák. W: Stücke f. Orch., KB., Klav., viele Lieder

KUCK, Werner * 25/3 1891 Berlin-Charlottenburg, akad. RealschulML. in Berlin, da Schüler der Hochschule u. des Instit. f. KirchM. W: Spielopern, Chöre, Lieder, Instrumentales

KUCZOR,, Hilda geb. Schleinzer * 7/3 1894 Wien, KlavL. in Abbazia, ausgeb. in Triest, NewYork u. a.; KomposSchülerin Perinellos. W: KlavFantas. ‚Savonarola', KlavStücke, Lieder

KUCZYNSKI, Paul * 10/11 1846 Berlin, da † 21/10 1897, Schüler Bülows u. Kiels, befreundet mit Ad. Jensen; mußte das Bankgeschäft des Vaters übernehmen. W: Oper, Kantaten, KlavKompos., Lieder usw., ‚Erlebnisse u. Gedanken'

KUDELSKI, Karl Matthias * 17/11 1805 Berlin, † 3/10 1877 Baden-Baden, 1830 QuartSpieler in Dorpat, 1839 KM. am kaiserl. Thea. in Petersburg. W: VKonz., VcKonz., KaM.

KUDORFER, Otto * 24/10 1870 Mennig, Bez.-A. Ingolstadt, seit 1905 ML. u. Chordir. in Passau. W: Lieder

KUDRITZKI, Horst * 30/11 1911 Königsberg i. Pr., KM. (Pianist u. Bearb. f. gr. Jazz-Orch.) in Berlin, Schüler v. A. v. Fielitz u. P. Graener. W: UnterhaltgsM.

KÜCHLER, Ferd. * 14/7 1867 Gießen, VPadagog, Schüler des Hochschen Konserv. in Frankf. a. M., seit Herbst 1927 am Konserv. in Leipzig, 1910/20 in Basel. W: sehr verbreit. VSchule, V-Etüden, ‚Lehrbuch der Bogenführg' u. a.

KÜCKEN, Frdr. Wilh. * 16/11 1810 Bleckede (Hann.), † 3/4 1882 Schwerin, einst beliebter Liederkomp. u. tücht. Pianist, 1851 zweiter HofKM. in Stuttgart, seit 1862 in Schwerin. W: Opern, Chöre, Duette, Lieder (‚Ach, wie ist's möglich dann', ‚Gretelein', ‚Wer will unter die Soldaten' u. a.), Sonaten f. V. (Vc.) u. Klav. usw.

KÜFFNER, Alfred * 8/12 1892 Würzburg, stud. da Mathematik u. M., seit 1921 StudRat in Bamberg, auch MKrit. W: Operette, Orator., größere Chorwerke mit Orch., KaM., MChöre, Lieder

KÜFFNER, Jos. * 31/3 1776 u. † 9/9 1856 Würzburg, urspr. Jurist, dann Geiger in der Hofkap. seit 1797; von 1802 ab zeitw. MilKM. W: über 300 Kompos. für alle mögl. Instr., MilitM., Sinf., KirchM., usw.

KÜGELE, Joh. * 18/6 1878 Pilchowitz (O-Schles.), SchulL. u. ML. in Hirschberg (Schles.). W: Kinderchöre, Lieder

KÜGELE, Rich. 8/4 1850 Loslau OS., † 30/3 1926 Schmellwitz, Kr. Schweidnitz, seit 1875 SemML., lebte im Ruhestand in Görlitz. W: ‚Kleine Harmonielehre', KlavStücke, Chöre, Lieder usw.

KÜHMSTEDT, Frdr. * 20/12 1809 Oldisleben (Weimar), † 10/1 1858 Eisenach, SemL. W: Oratorien, KlavSonaten, Fugen usw. f. Org. u. Klav., Harmonielehre usw.

KÜHN, Edmund * 2/8 1874 Berlin, da † 13/8 1935, MKrit. der ‚Germania' 1905/31, Schüler von Bußler, Frdr. Koch u. Ed. Behm, 1895 Korrepetitor, 1899 Mitarbeiter im Verlag Joh. André in Offenbach, dann bei Karl Simon, Berlin; gründ. 1924 die Gesellsch. z. Förderg kirchl. Tonkunst. W: Operetten, OrchStücke, KaM., Chöre, Lieder, HarmonStücke; ‚Führer durch die Operette', H: Wagners MDramen (Texte)

KÜHN, Heinr. * 22/2 1887 Wien, EnsKM. (Pianist) in Berlin. W: Chöre, UnterhaltgsM.

KÜHN, Karl * 19/9 1851 Kranichfeld, SemML. bis 1904, † 1/4 1930 in Hohendorf/Bürgel i. Th. W: M. zu ‚König Ödipus', Kantat., Motetten, OrgStücke, VRomanze usw.

KÜHN, Walter * 3/12 1883 Züllichau, seit 1928 in Königsberg L. an d. Univ. f. MErziehung, 1908/12 Organ. u. GymnGsgL. in Stralsund, 1913/1928 in Berlin L. des Sem. f. SchulGsg am Sternschen Konserv. W: ‚SchulM.' u. a.; Chöre, Lieder. H: Die MErziehg, Monatsschr.

KÜHNE, Bonifaz * 15/2 1853 Ragaz, † 4/6 1922 Zug, hier 1885/1919 städt. MDir. u. Organ. W: Chöre, Lieder

KÜHNE, Emmerich, ps. = Hugo TOMICICH

KÜHNE, Willy * 2/10 1887 Straßburg i. E., vielreisender, sehr für lebende Tonsetzer eintretender VcVirt, seit 1919 Prof. am städt. Konserv. in Nürnberg, seit 1920 Mitgl. des Nürnb. Trios u. StrQuart., Schüler H. Beckers (Hoch'sches Konserv. in Frankfurt a. M.), dann Solist in Bad Homburg u. Frankf. a. M., L. in Graz (Konserv.), 1914/16 im Kriege, 1918 I. Solocell. des Münch. KonzVer.

KÜHNEL, Ambrosius † 13/10 1813, begründete mit Franz Ant. H o f f m e i s t e r 1/12 1800 das Bureau de musique in Leipzig, das nach seinem Tode an C. F. P e t e r s überging

KÜHNEL, Aug. * 3/8 1645 Delmenhorst, † um 1700, Gambenvirt. W: Gamben-Sonaten

KÜHNEL, Emil * 3/6 1881 Kratzoin (Böhm.), Dir. des Lausitzer Konserv. u. Dirig. des LGsgVer.

in Görlitz, Schüler Dvořáks u. Humperdincks. W: MDrama, Ouvert., sinfon. Dichtg, Chorwerke m. Orch., MChöre, Lieder

KÜHNER, Konrad * 2/3 1851 Markt-Streufdorf (Meiningen), † 5/2 1909 Schmalkalden (Thüringen), langjähr. KlavL. in Braunschweig. W: ‚Technik des KlavSpiels', Schule des 4h. Spiels, KlavStücke, sinf. Dichtg u. a. H: Beethovens Sonaten in progress. Folge, Schumanns KlavWerke

KÜHNER, Wassili * 1/4 1840 Stuttgart, † Aug. 1911 Wilna, 1870/76 MSchuldir. in Tiflis, seit 1878 in Petersburg. W: Oper, 2 Sinfon., Ka u. KlavM.

KÜHNHOLD, Karl * 12/11 1864 Tambach (Thür.), † 30/1 1933 Gotha, da erst L., Chordirig., 1897/1930 GsgL. a. d. höheren Töchterschule. W: viele gem. u. MChöre, KlavKompos. u. a.

KÜHNLEIN, Alfred * 13/5 1868 Potsdam, Geiger, seit 1908 Dirig. d. Philharm. Orch. in Elberfeld, auch Chordir. W: Lieder

KÜHNS, Emil * 12/2 1866 Prag, Geiger, KonzM. in Sondershausen u. Linz, s. 1899 Dir. des Konserv. in Königsberg i. Pr. W: Chöre, Klav- u. VStücke

KÜMMEL, Erich, ps. Erik v. WALDEN * 24/10 1906 Nowawes/Potsdam, da KM. ausgeb. im Sternschen Konserv. in Berlin (bes. v. Bumcke). W: vorwieg. UnterhaltungsM. B: f. Orch. bzw. Sal-Orch.

KÜMMERLE, Salomon * 8/2 1838 Malmsheim/Stuttgart, † 28/8 1896 Samaden (Schweiz), Prof. a. d. Sekundärschule. W: ‚Handlexikon d. Tonkunst', ‚Enzyklopädie d. ev. KirchM.', ‚Musica sacra' (Samml. älterer KirchM. für MChor), Grabgsge, ‚Zionsharfe', Choralbuch usw.

KUEN (KHUEN), Joh. * 1605 München, da † 15/11 1675, Priester. W: geistl. Lieder nach eigenen Texten

KUEN, Paul * 12/7 1878 Villenbach (Schwab.), HauptL. und Glockenexpert in Sulzberg (Allgäu). W: Singspiele, Messen, Lieder, KaM., Marsch-Album

KÜNDIG, Felix * 24/4 1824 Grüningen (Zürich), † 26/6 1899 Zürich (blind), L. f. Gsg. u. Git. an der Blindenanstalt. W: Chöre, Lieder

KÜNDINGER, Geo. Wilh. * 28/11 1800 Königshofen (Bay.), 1831 Stadtkantor in Nördlingen, desgl. 1838 Nürnberg, † ? Fürth. W: KirchM.

KÜNDINGER, Rud. * 2/5 1832 Nördlingen, † Jan. 1913 Petersburg, da seit 1850, treffl. Pianist u. L. W: KlavTrio, KlavStücke

KÜNNEKE, Eduard * 27/1 1885 Emmerich a. Rh., lebt in Berlin. Schüler M. Bruchs. W: Opern; Singspiel ‚Das Dorf ohne Glocken'; Operetten ‚Wenn Liebe erwacht', ‚Der Vielgeliebte', ‚Der Vetter von Dingsda', ‚Die hellblauen Schwestern' u. viele a.; Filme ‚Das Weib des Pharao' u. a.; OrchSuite, Ouvert., Lieder

KÜSSEL, Rob. * 13/5 1895, lebt in Berlin. W: Tonfilme, UnterhaltgsM.

KÜSTER, Albert, Dipl. Ing. * 16/2 1900 Detmold, MVerl. in Wolfenbüttel (da von ihm 1/4 1933 d. Verl. f. musik. Kultur u. Wissensch. gegr.), Kriegsteiln., studierte dann Chemie u. MWiss. in Hannover, dazw. in MSort. u. MVerl tätig, seit 1921 auch Chordir. H: ältere MWerke; ‚Themat. Katalog der InstrM. des 18. Jh.'

KÜSTER, Herbert * 4/10 1909 Berlin-Schöneberg, Komp. in Berlin-Steglitz, Schüler W. Retslags u. der Berl. Univ. W: Optten, UnterhaltsM.

KÜSTER, Herm. * 14/7 1817 Templin (UM.), † 17/3 1878 Herford (Westf.), 1857 MDir. Hof- u. Domorgan. in Berlin. W: Orator., KirchM., Vorträge üb. Bildg. u. Begründg. e. musikal. Urteils' (4 Bde) usw.

KÜSTNER, Karl Theodor (v. seit 1837) * 26/11 1784 Leipzig, da † 28/10 1864, urspr. Jurist, leitete 1817/28 das StadtThea in Leipzig, 1830/32 das Hofthea. in Darmstadt, 1833/42 das Hofthea. in München u. war 1842/51 GenIntend. in Berlin, verdient. TheaFachmann, der 1845 die Einführg der Autorentantièmen mit durchsetzte

KUFFERATH, Joh. Herm. * 12/5 1797 Mülheim a. Ruhr, † 28/7 1864 Wiesbaden, Schüler Spohrs u. Hauptmanns, 1830 MDir. u. GsgL. in Utrecht, seit 1862 in Wiesbaden privatisierend. W: Ouvert., Motetten, Kantaten, Gsglehre für Schulen usw. — Sein Bruder L o u i s * 10/11 1811 Mülheim, † 2/3 1332 bei Brüssel, Schüler F. Schneiders, 1836 Dirig. in Leeuwarden, seit 1850 in Gent. W: Kantate, Messe, Chöre, Lieder, KlavKompos. usw. — Sein Bruder H u b e r t F e r d. * 11/6 1818 Mülheim, † 23/6 1896 Brüssel, Schüler F. Schneiders, Mendelssohns und Davids, seit 1844 in Brüssel, da 1871 KomposProf. am Konserv. W: Sinf., KaM., KlavKompos., Choralschule, Chöre, Lieder usw. — Dessen Sohn M a u r i c e * 8/1 1825 Brüssel, da † 8/12 1919, Vcellist, 1873 Red. der ‚Indépendance belge' u. bis 1900 Red. u. Eigentümer des ‚Guide musical', 1900 Dir. des ‚Théâtre de la Monnaie'. W: ‚R. Wagner u. die 9. Sinf.', ‚Berlioz u. Schumann', ‚H. Vieuxtemps', ‚Le théâtre de Wagner, de Tannhäuser à Parsifal', ‚L'art de diriger l'orchestre', ‚La Salome de Rich. Strauss', ‚La flûte enchantée de Mozart' u. a.

KUGELMANN, Hans † 1542 Königsberg i. Pr., oberster Tromp. u. seit 1536 KM. des Herzogs Albrecht. W: Geistl. Liederbuch. — Sein Sohn (?) P a u l. W: teutsche Liedlein (1558)

KUGLER, Adolf * 16/10 1848 Stade, † 9/2 1931 Darmstadt, da 1869/1906 Geiger der Hofkapelle, 1908/11 Dir. der Liedertafel, 1881 Mitbegründer des MGsgVer. W: M- u. FrChöre, Lieder, Melodramen, Tänze, Märsche

KUGLER, Gust. * 19/7 1874 Fahrhof (Thurgau), Prorektor an der Kantonschule u. Organ. in Schaffhausen. W: KlavSchule, Chorschule, M-Chöre u. a.

KUHAČ, Frz Xav. * 20/11 1834 Esseck (Kroat.), † 19/6 1911 Agram. W: Schriften über die M. der Südslawen, Samml. südslaw. Volkslieder (4 Bde) usw.

KUHE, Wilh. * 10/12 1823 Prag, † 9/10 1912 London, hier seit 1845 Pianist. W: KlavSalonkompos., z. B. ‚Le Feu follet'

KUHLAU, Frdr. * 11/9 1786 Ülzen (Hann.), † 13/3 1832 Kopenhagen, Hofkomp. seit 1810. W: Opern ‚Die Räuberburg', ‚Lulu', ‚Erlenhügel' u. a., KaM., instrukt. KlavSonatinen, M-Chöre (‚Unter allen Gipfeln ist Ruh') u. a.

KUHLO, Franz, ps. C. A. FRANZ, Dr. phil. * 5/4 1871 Stettin, lebt in Berlin, studierte M-Wissensch., Klav. bei W. Berger, Stavenhagen u. Leschetizky, Theorie bei W. Berger. W: KlavKonz., KaM., KlavStücke, KlavEtüden, Tänze

KUHMÄRKER, Leonhard, ps. Leonh. K. MÄRKER * 28/7 1910 Wien, lebt da, PrivSchüler Hans Gals u. Alban Bergs. W: KlavStücke, Lieder

KUHN, Leopold * 26/8 1861 Wien, † 16/1 1902 in einer Irrenanstalt (seit 1899) bei Wien, KM. u. a. am Thea. a. d. Wien in Wien. W: Optten u. a. ‚Arme Mädel'

KUHN, Max, Dr. phil. * 9/10 1874 Chemnitz, urspr. Volksschullehrer, 1902 Mitgr. des MVerlags Lauterbach u. Kuhn (d. J.). W: ‚Die Verzierungskunst in der Gesangsm. des 16./17 Jh.'

KUHN, Max * 28/4 1896 Zürich, lebt da, ausgebild. v. Peter Faßbaender, V. Andreae, Ph. Jarnach, Rich. Stöhr u. (als Dirig.) v. Weingartner. W: Oper, Festspiel, Messen, Chöre, Lieder, KlavStücke

KUHN, Siegfr. * 15/4 1893 Eisenach, † 15/7 1915 Schlachtfeld in Polen (Saluske Pathory), Schüler von Rinkens, Sandberger, Wolfrum, Humperdinck u. R. Kahn. W: KaM., KlavStücke, Chöre, Lieder

KUHN, Willy, ps. K. WILLIAMS † 12/7 1929 Berlin. W: UnterhaltgsM.

KUHNAU, Johann * 6/4 1660 Geising (Erzgeb.), † 5/6 1722 Lpz, da 1684 Organ. an St. Thomas, 1701 UniversMDir. u. Thomaskantor (Amtsvorgänger S. Bachs); vielseitig gebildeter Mann, treffl. Musiker (bes. als Sonatenkomp. bedeutsam), Philologe, Jurist usw. Übertrug als erster die mehrsätz. Form der Kammerson. a. d. Klav. W: KlavSonaten u. a. die ‚Biblisch. Historien‘, musiktheor. Schriften, ‚Der musikal. Quacksalber‘ u. a.

KUHNE, Rich. * 18/10 1864 Brinnis, Kr. Delitzsch, † Mai 1933 Magdeburg, da 1899/1923 MStudRat u. Dir. des Domchors. W: Chöre mit u. ohne Orch., OrgStücke

KUHNKE, Geo * 2/2 1895 Freital, ObL. u. Chordir. in Löbau. W: Osterspiel, Sinf., Chöre

KUILER, Kor * 21/4 1877 Alblasserdam, Dir. d. MSchule in Groningen u. Chordirig. W: Chöre, auch mit Orch., Lieder, KlavStücke usw.

KUIPER, Joh. Gerardus * 18/9 1887 Alkmaar, da ML., Chòrdir u. Organ., ausgeb. in Amsterdam. W: KlavStücke, Lieder

KULENKAMPFF, Georg * 23/1 1898 Bremen, treffl. VVirt., (Schüler v. W. Hess), Hochschulprof. in Berlin, 1916/19 I. KonzM. in Bremen

KULENKAMPFF, Gustav * 11/8 1849 Bremen, † 10/2 1921 Berlin, Schüler Reinthalers u. der Kgl. Hochschule in Berlin, lebte da. W: Opern (OrigPart. in der Berl. Staatsbibl.), KlavSonat., Chöre, Duette, Lieder usw.

KULIKOW, Hipolyt N. * 10/1 1866, † 22/8 1896 Moskau, GitKomp.

KULLAK, Adolf, Dr. phil. * 23/2 1823 Meseritz, † 25/12 1862 Berlin, stud. Philos., dann M. bei Agthe u. Marx, L. an seines Bruders Akademie. W: ‚Vom Musikalisch-Schönen‘ u. ‚Ästhetik des KlavSpiels‘. — Sein Sohn E r n s t * 22/1 1855 Berlin, da † 1914, Pianist. W: KlavStücke, Lieder. Sein Bruder T h e o d o r * 12/9 1818 Krotoschin, † 1/3 1882 Berlin, Schüler Agthes, Tauberts, u. Dehns, zuletzt Czernys u. Sechters, trat bereits im 11. Jahre als Pianist auf, 1843 ML. der kgl. Prinzen in Berlin, 1850 Mitbegr. mit Marx u. Stern des Berl. Konserv., 1855 Gründer der rasch aufblühenden ‚Neuen Akad. f. M.‘; ausgezeichn. L., W: KlavSalonkompos., Transkript. u. Studien. — Sein Sohn F r a n z * 12/4 1844 u. † 9/12 1913 Berlin, ebenfalls treffl. KlavVirt., löste 1890 die Akad. seines Vaters auf. W: Oper, Lieder, KlavArrangem. (Beethovens Konzerte usw.), die Schriften: ‚Der erste KlavUnterr.‘, ‚Der Fortschritt im KlavSpiel‘, ‚Die Harmonie auf dem Klav.‘ u. ‚Der Vortrag in der M. am Ende des 19. Jh.‘

KULLMANN, Rosy — s. GEIGER - KULLMANN

KULM, Ludw. v., ps. = A. T. H. PARKER

KULM, Otto Erwin, ps. = Artur GUTTMANN u. H. J. SALTER

KUMBRUCH, Herta * 1909 Johannesburg, Transvaal, viel, bes. im Ausland reisende KlavVirt. in Berlin, ausgeb. u. a. in Leipzig (Konserv.) u. v. H. Kosnick

KUMM, Franz Albert * 10/5 1856 Zachau (Pomm.), † 20/11 1920 Berlin - Steglitz, urspr. SchulL., 1888/09 Organ., KirchChordir. u. SchulGsgL. in Steglitz, MChordir. W: Chöre; ‚Zur Reform des Schulgsgunterr.‘, ‚Großes Handbuch f. d. Gsgunterr.‘. H: Flottenliederbuch‘, ‚Dtsches Singebuch‘ usw. — Sein Sohn P a u l * 23/3 1883 Berlin-Steglitz, da L. f. Klav., Org. u. Theor., MSchr. W: Chöre. H: ‚Dtsches Singebuch‘.

KUMMER, Frdr. Aug. * 5/8 1797 Meiningen, † 22/5 1879 Dresden, treffl. Vcellist, 1814/64 Mitglied der Dresdner Hofkap. W: Schule u. zahlr. Kompos. für sein Instrum.

KUMMER, Hans * 24/6 1880 Ilmenau, lebt als Dirig. u. Pianist in Worms. W (ungedruckt): OrchSuite u. sinfon. Dichtg, KlavKonz., KaM., Chöre, Lieder

KUMMER, Kaspar * 10/12 1795 Erlau/Schleusingen, † 31/5 1870 Coburg, hzgl. MDir., FlötVirt. W: zahlr. Kompos. f. Fl. allein u. mit and. Instrum.

KUMMER, Wolfgang * 24/5 1868 Wien, BergwerksDir. in Brüx. W: Lieder

KUN, Arpad * 12/6 1894 Budapest, da VVirt. (Wunderkind). W: VKonz. u. Stücke

KUNATH, Hugo, ps. = Jul. E. GOTTLÖBER

KUNC, Jan * 27/3 1883 Doubrawitz (Mähr.), seit 1923 Dir. des Staatskonserv. in Brünn, Schüler Janačeks u. V. Novaks. W: Sinf. Dichtg., KaM., KlavStücke, Chöre, Lieder

KUNDIGRABER, Herm. * 6/4 1879 Graz, Schüler des dort. Konserv. (Degner), war MDir. in Pettau u. Cilli, seit 1905 Dir. der städt. MSchule u. der SingAkad. in Aschaffenburg. W: Steyr. Sinfon. (preisgekr.), Sinf. nach Mathias Grünewald (1930/31), KaM., Variat. u. Stimmungsbilder aus einer alten Stadt u. Maidibuch f. Klav., Kompendium der KlavTechnik, Deutsche Geigenschule, kom. Op., Lieder m. Orch. u. a.

KUNHARDT, David, ps. HALLSTRÖM, L. HARDTBERG, D. HARTMANN, G. LUDWIG, Kamillo ROLAND † 14/4 1931. W: UnterhM.

KUNILEID, ps. = Alex. SAEBELMANN

KUNITS, Luigi * 30/7 1870 Wien, † Nov. 1931 Toronto, VVirt., seit 1912 VProf. am Konserv. in Toronto, da seit 1921 Dirig. des SinfOrch. W: Ouv., VKonz u. -Stücke, KaM., KlavStücke, Lieder

KUNKEL, Frz Jos. * 30/8 1808 Dieburg (Hessen), † 31/12 1880 Frankf. a. M., wo er seit 1854 privatisierte, vorher SemMDir. in Bensheim. W: Kantate, Psalmen, Lieder, ‚Vorschule z. Melodiebildgslehre', ‚Das Tonsystem in Zahlen' u. a.

KUNKEL, Max Jos. * 26/8 1875, Schüler Meyer-Olberslebens u. Herm. Ritters, Kreischormeister in Würzburg. W: Opern usw.

KUNSEMÜLLER, Ernst, Dr. phil. * 24/6 1885 Rehma (Westf.), † Mai 1918 im Kriegslaz. in Düsseldorf, Chordirig. in Neuß u. 1912 in Kiel, hier 1914 UniversMDir. W: Serenade f. kl. Orch., SpitzwegSuite f. Vc. u. Klav., KlavStücke, Chöre, Lieder, auch mit Orch.

KUNST, Jakob, Dr. jur * 1891 Groningen, holl. Reg.-Beamter in Bandoeng (Java), Geiger u. MSchr. W: De Toonkunst von Bali u. a. H: Noord-Nederlandsche Volksliederen en -dansen

KUNTZE, Karl * 17/3 1817 Trier, † 7/9 1883 Delitzsch, SemML. seit 1873, vorher Organ. u. GsgL. in Aschersleben. W: Motetten, heitere MChöre, VDuos, OrgStücke u. a.

KUNTZE, Olga * 12/8 1879 Pillau, OPr., Organ.. u. Pianistin in Stettin. W: KaM., OrgStücke, KlavSonate u. Stücke, Chöre

KUNTZE, Willy * 14/12 1861 Berlin, da ML. † 1929 (?). W: Klav- u. VStücke, Lieder usw.

KUNTZEN, Erich Robert, ps. Eric ROBERT * 7/4 1894 Bochum, KlavVirt in Berlin, ausgeb. auf dem Berl. Klindworth-Scharwenka-Konserv. W: UnterhaltgsM., Lieder nach eigen. Texten

KUNTZEN, Joh. Paul — s. KUNZEN

KUNTZSCH, Alfred * 25/6 1904 Dresden, KM. u. Pianist in Karlsruhe, ausgeb. in Dresden (MSchule). W: Optte, OrchStücke, KaM., KlavKonz. u. Son., Stücke f. 2 Klav., VKonz. u. Stücke, Lieder m. Orch.

KUNWALD, Ernst, Dr. jur. * 14/4 1868 Wien, Schüler H. Grädeners u. des Lpzger Konserv., TheaKM. in Rostock, Madrid (1900/1901 ‚Nibelungenring'), Frankfurt, Berlin, Nürnberg, 1907/12 Dirig. d. Philharm. Orch. in Berlin, 1912 ff. des SinfOrch. in Cincinnati (während d. Kriegs interniert), 1922/27 GeneralMDir. in Königsberg i. Pr., 1928/32 Dir. d. Berliner SinfOrch., auch KlavVirt., oft Gastdirig. (u. a. in Bukarest), lebt in Wien

KUNZ, Ernst * 2/6 1892 bei Bern, seit 1919 MDir. in Olten (Schweiz), Schüler der Münchner Akad., beeinflußt v. Pfitzner. W: Opern, Weihnachts- u. Passionsorator., ‚Huttens letzte Tage', 2 Sinfon., LegendenSuite, KaM., OrgStücke, Chöre, Lieder

KUNZ, Heinr. * 16/11 1857 Bubendorf (Basel), † 24/4 1923 Aarburg, da seit 1889 MDir. W: Chöre, Kinderlieder u. a.

KUNZ, Konr. Max * 30/12 1812 Schwandorf (Bayern), † 3/8 1875 München, Chordir. der Hofoper seit 1845. W: ‚200 kleine 2st. Kanons. Ein Supplement zu jeder KlavSchule' (von Bülow bevorwortet), MChöre usw.

KUNZ, Thomas Ant. * 21/12 1756 Prag, da † 1830 (?), Pianist, Erfinder eines Orchestrions um 1796. W: Kantate, Lieder

KUNZE, Karl * 25/9 1839 Halle a. S., gründ. 1868 das Konserv. in Stettin, 1875 ein MLehrerinnenSem., auch Chordir., † 27/7 1911. W: Orator., Lieder, KlavSchule, technische Studien, SalonStücke usw. — Seine Tochter F r i d a * 19/8 1876, tüchtige Violinistin; lebt als Frau Ritter seit 1901 als L. u. ihre Kunst ausübend in Hannover

KUNZE, Karl * 11/8 1862 Wiehe a. U., lebt in Naumburg a. S., da 1886/1924 GsgL., auch KirchChordir. W: Motetten, Lieder, KlavStücke

KUNZEN, Friedr. Ludw. Ämilius (Sohn von Karl Adolf) * 24/9 1761 Lübeck, † 28/10 1817 Kopenhagen, HofKM. seit 1795. W: Opern ‚Holger Danske' (= ‚Oberon') u. a., SchauspielM., Ouvert., Orator., Kantaten, Sonat., treffl. Lieder usw.

KUNZEN (Kuntzen), Joh. Paul * 30/8 1696 Leisnig, † 20/3 1757 Lübeck, Organ., 1723/32 in Hamburg, von Mattheson als Komp. sehr gerühmt. W: Opern, Passion, Kantaten usw. — Sein Sohn K a r l A d o l f * 22/9 1720 Wittenberg, † Juli 1781 Lübeck, da Nachfolger seines Vaters; Wunderkind, 1750 KM. in Schwerin. W: Sinfon., KlavKonz. u. Sonaten, Lieder

KUON, Raffaele * 22/7 1831 Roma, † 5/8 1885 Cuneo, VVirt., OpKM. W: KirchM., OrchStücke, VStücke

KUPFER-BERGER, Ludmilla * 1850 u. † 12/5 1905 Wien, berühmte OpSopran. 1875/85 an der Wiener Hofop., dann im Ausland, seit 1898 GsgL.

KUPFERMANN, Fritz * 1/6 1875 Dittmannsdorf, Kr. Waldenburg, seit 1909 GymnGsgL. in Breslau. W: geistl. u. weltl. Chöre, patriot. Chöre f. Schulchor, Lieder

KUPFERSCHMIDT, Eduard * 7/9 1869 Tangerhütte, Kr. Stendal, SchulgsgL. u. VerDir. in Magdeburg. W: MChöre

KURPINSKI, Karl Kasimir * 6/3 1785 Luschwitz/Fraustadt (Posen), † 18/9 1859 Warschau, da 1810/42 HofOpKM. W: 26 poln. Opern, Ballette, Sinfon., Ouvert., Kantaten, Messen, ‚Systemat Vorlesgen üb. d. Grundlagen der M.' usw.

KURSCH, Richard * 28/3 1879 Berlin, Chordirig. u. KonservL. in Königsberg seit 1922, vorher seit 1916 in Tilsit, Kriegsteiln., zeitw. TheaKM. W: Suite u. a. f. Orch., KaM., Stücke für Harmonium, Chöre, Lieder; ‚Primavistalehre für KlavSpiel'

KURSCHEID, Theo * 30/8 1882 Birlinghoven/Siegburg, Theor- u. KlavL. in Siegburg, Schüler des Konserv. in Köln. W: Sinfon., StrQuart., KlavStücke, MChöre, Lieder

KURTH, Ernst, Dr. phil. * 1/6 1886 Wien, Schüler G. Adlers u. Rob. Gounds, 1912 PrivDoz., 1920 Prof. an der Univers. Bern, hervorrag. MForscher. Wohnt Spiez/Bern. W: ‚Grundlagen des linearen Kontrapunkts', ‚Romantische Harmonik u. ihre Krise in Wagners Tristan', ‚Bruckner' (2 Bde), MPsychologie

KURTH, Joh. * 11/4 1899 Berlin, da seit 1924 Organ. u. KirchChordir., OrgVirt. W: Kantate, Motetten, Lieder, KaM. u. a.

KURTH, Otto * 11/11 1846 Triebel, NLausitz, † 21/2 1906 Lüneburg, da seit 1871 SemML. W: Opern, Sinfon., KaM., Orator., M- u. gem. Chöre, Lieder usw.

KURTH, Reinhold * 19/2 1871 Berlin, da Organ. u. Chordirig. W: Sinf., Adventsmysterium, Chöre, Lieder

KURTHEN, Wilhelm, Dr. phil. * 4/2 1882 Elsen, Kr. Grevenberich, kath. Pfarrer in Weidesheim/Euskirchen u. Prof. f. kath. KirchM. an der Hochschule in Köln, stud. MWiss. in Bonn. H: Gregorius-Blatt

KURZ, Ludwig * 7/4 1811 Neustadt, Württ., † 26/5 1882 Wavre (Neuchatel), seit 1838 Organ. usw. in Neuchatel, sehr verdient um d. MLeben. W: Hymnen. H: Répertoire music. (Chorlieder)

KURZ, Max * 27/12 1888, ML. in Apolda. W: KaM., MChöre, Lieder

KURZ, Paul * 14/12 1869 Crossen a. O., Organ., Chordir. u. Dir. der MSchule in Berlin-Friedrichshagen. W: Oratorien, Ouvert., StrOrchSerenade, MChöre, auch mit Orch., gem. Chöre, Lieder, Klav- u. OrgStücke — ps. Hubert CROSSIN

KURZ, Selma * 15/11 1877 Biala, † 10/5 1933 Wien, da 1899/1928 berühmte KoloraturSgerin d. Oper

KURZ, Wilh. * 23/12 1872 Deutsch-Brod, KlavVirt., seit 1919 Prof. am čslov. Staatskons. in Prag, 1898/1919 KonservProf. in Lemberg. W: ‚Techn. Grundlagen des KlavSpiels' (čech.)

KURZBACH, Paul * 13/12 1902, lebt in Chemnitz. W: Sinf., KaSinf., Ouvert., KlavKonz., KaM., MChorSuite u. MChöre, UnterhaltgsM.

KURZE, Paul * 1/12 1876 Rehmen/Pößneck, seit 1902 ML. (Studienrat) in Borna. W: MChöre, Lieder, auch m. Git.

KUSCHE, Ludwig * 31/3 1901 Mainz, seit 1925 KM. der KammerOp. in München. W: KaM., KlavStücke, Chorballade m. Orch., Lieder. B: Mozart, Lo sposo deluso u. a.

KUSNETZOW, Alex. W. * 1847 Petersburg, VcVirt. W: OrgStücke, KaM., VcStücke, Lieder

KUSNETZOW, Konst. A., Dr. phil. * 1883 Petersburg, seit 1921 Präsid. d. Akad. d. Kunstwissensch. in Moskau. W: ‚Studium z. M.', ‚S. Tanejew', ‚Glinka' u. a.

KUSSER (COUSSER), Joh. Sigmund * 13/2 1660 Preßburg, † 1727 Dublin, treffl. Dirig., unruhiger Geist, lebte in Paris (Freund Lullys), Braunschweig, Hamburg(1693/96 Mitpächter der Oper), Stuttgart (1698/1704 OpKM,), dann in Irland (HofKM. d. Vizekönigs). W: Opern, Orch-Suiten aus den Opern, Gelegenheitsmusiken

KUSSEWITZKI, Sergei * 30/6 1874 Wyschny Wolotschk (Gouv. Twer), urspr. KBaßVirt., dann Dirig., 1900 Prof. an der Philharmon. MSchule zu Moskau, viel auf Reisen, 1921 in Paris, seit Herbst 1924 Dirig. des SinfonOrch. in Boston. Gründete 1909 in Berlin den ‚Russischen MVerlag' zur uneigennütz. Förderg russisch. M. (Filiale in Paris). Setzt neuerdings auch den früheren Moskauer Verlag A. Gutheil (s. d.) fort. W: Konz. u. Stücke f. KBaß

KUSTERER, Arthur * 14/7 1898 Karlsruhe, lebt da. W: Opern, Sinf., VKonz., KaM., KlavKonz. u. Stücke, Lieder u. a.

KUTSCH, Bernhard, ps. B. BERNARDS; Bernh. GERALD * 24/7 1882 Berlin, lebt da, Klarinett., Schüler Eßbergers u. Ippolitow-Iwanoffs in Moskau. W: Unterhaltgs- u. SalonM.; Saxophon-Unterr.; ZupfinstrStücke

KUTSCH, eigentl. Kutschenreuter, Erhard * 18/6 1873 Schalding, NBay., HauptL. i. R. (seit 1927) in Vilsbiburg, NBay., 42 J. lang KirchChordirig. W: 10 Niederbayer. Singspiele, KirchM., Märsche, Tänze

KUTSCHERA, Alois † 22/10 1919 Wien. W: Lieder

KUTSCHERA, Eugen * 10/1 1852 Brünn, † 9/2 1918 Basel, hier seit 1889 Chordir. W: Festspiele, Chöre, Lieder

329

KUTTA, Adolf * 13/3 1888 Charlottenburg/Berlin, da MilMus. a. D. W: Märsche, Tänze

KUTZSCHBACH, Hermann * 30/8 1875 Meißen, OpKM., meist in Dresden, da unausgesetzt seit 1909; OpDirektor seit 1933

KUULA, Toivo * 7/7 1883 Wasa (Finnl.), † Mai 1918 Wiborg (Opfer des Kriegs), da Dirig. des Orch., W (begabt): Sinfon., Suiten, KaM., KlavStücke, Kantaten, Lieder

KUYPER, Elisabeth * 13/9 1877 Amsterdam, Dirig. u. Pianistin in Berlin, Lieblingsschülerin Max Bruchs; 1908/19 TheorL. an der Hochschule in Berlin, seitdem viel im Auslande, bes. in England als Chor- u. OrchDirig.; gründete in Berlin, London u. NewYork FrauenSinfOrch., die jedoch keinen Bestand hatten. W: Sinf., OrchSerenade, VKonz., VcBallade m. Orch., KlavTrio, 2 KlavVSonat., Kantaten, Chöre, Lieder

KUZNITZKY, Hans * 2/12 1901 Berlin, da MSchr., studierte MWiss. u. Philol., Schüler v. S. Ochs

KVAPIL, Jaroslaw * 21/4 1892 Freistadtl/Holleschau, Dir. der tschech. philharm. Schule in Brünn, Schüler Janaceks, Regers u. Teichmüllers. W: 2 Sinf., KaM., KlavStücke

KWANT, Leo, ps. = FRESCO, Joan

KWAST, Barend * 28/12 1854 Purmerend, † 1/5 1919 Liverpool, seit 1903 in England. W: KlavStücke, Chöre, Lieder

KWAST, Jacob * 1820 Wognum, † 26/6 1890 Amsterdam, verdienter Chordir. (25 J. in Purmerend). W: in Holland beliebte Chöre

KWAST, James * 23/11 1852 Nijkerk, † 31/10 1927 Berlin, treffl. Pianist, L. an den Konserv. zu Köln 1874/83, Frankf. a. M. 1883/1903, Berlin 1903. W: Ouvert., Trio, KlavKonz., Etüden usw. — Seine Frau F r i e d a geb. Hodapp * 13/8 1880 Bargen/Schwarzwald, treffl. Pianistin

KYPER, H., ps. = GOLDMANN, Kurt

KYRAS, Siegfried, ps. = KIERAS

L

LAAKEN, Louis van der * 10/10 1878 u. † 29/12 1912 Amsterdam. W: Sinf., KaM., Chöre, auch f. Kinder

LAAR, Louis van * 11/1 1882 Holland, † 6/12 1926 Berlin, da seit 1901 Geiger (KaM.), L. am Sternschen Konserv.

LABANCHI, Gaetano * 1829 Palermo, † 1/8 1908 Napoli, KlarVirt. u. treffl. L. W: viele Klarinettenkompos., auch Schule

LABARI, ps. = Georg FREUNDORFER

LA BARRE, Michel de * 1675 Paris, da † 1744, FlötVirt. W: Opern, FlSonaten, Duette u. a.

LABARRE, Théodore * 5/3 1805 Paris, da † 9/3 1870, KonservProf. seit 1867, HarfVirt., auch OpKM. W: Opern, Ballette, HarfKompos. Romanzen

LABATT, Leonhard * 1838 Stockholm, † 7/3 1897 Christiania, berühmter Heldentenor, 1869/83 an der Wiener Hofoper

L'ABBÉ fils — s. SEVIN

LABER, Heinrich * 11/12 1880 Ellingen (Bayern), urspr. Geiger, seit 1914 (Hof)KM. in Gera, häufiger Gastdirig. W: Chöre, Lieder

LABEY, Marcel, Dr. jur. * 6/8 1875 Vésinet (Seine et Oise), Schüler d'Indys, bis 1914 L. des Klavierspiels u. Dirig. der OrchKlasse der Schola cantorum in Paris, dann Dirig. an verschied. Orten, 1922 ff. in Reims, dann wieder in Paris. W: Oper, Sinf., Ouvert., KaM. — Seine Frau — s. SOHY

LABIA, Maria * 14/2 1889 Verona, lebt da, treffl. OpSgerin (Tosca, Carmen usw.), 1905/09 an Gregors Kom. Oper in Berlin

LABITZKY, Jos. * 4/7 1802 Schönefeld/Eger, † 18/8 1881 Karlsbad, Dir. eines Orch. (1834/68), mit dem er große Kunstreisen (Rußland, England usw.) machte. W: viele Tänze. — Sein Sohn A u g u s t * 22/10 1832 Petschau, † 28/8 1903 Reichenhall, seit 1853 KonzM. u. seit 1868 (Nachfolger seines Vaters) KM der Karlsbader Kurkap.

LABLACHE, Luigi * 6/12 1794 Napoli, da † 23/1 1858, berühmter Bassist, 1830/52 in Paris, seit 1856 privatisierend. W: Méthode de chant

LABOCETTA, Domenico * 1823 Messina, † Aug. 1886 Napoli, da seit 1875 KonservProf., VcVirt. W: VcKompos.

LABOR, Josef * 29/6 1842 Hořowitz (Böhm.), † 26/4 1924 Wien, treffl. vielgereister Pianist u. Organ. (früh erblindet); seit 1866 in Wien, Lehrer Jul. Bittners, Arn. Schönbergs u. a. W: VKonz., KaM., Klav- u. OrgStücke, Messe, geistl. Chöre, Lieder usw.

LABORDE, Jean Baptiste, Jesuit. W: ‚Le chavecin électrique' 1761; ‚Mémoire sur les proportions musicales' 1781

LABORDE, Jean Benj. de * 5/9 1734, † (hingerichtet) 22/7 1794 Paris. W: Opern, Chansons; ‚Essay sur la m. ancienne et moderne' (4 Bde). H: Choix de chansons (4 Bde)

LABROCA, Mario * 22/11 1896 Rom, lebt da, auch MKrit., Schüler Respighis u. Malipieros. W: Ballette, KaSinf., KlavKonz., bemerkenswerte KaM., Gsge u. a.

LABUNSKI, Viktor * 14/4 1895 Petersburg, seit 1919 KlavProf. am Konserv. in Krakau, seit 1916 konzertierend, urspr. Jurist, Schüler Fel. Blumenfelds u. Wihtols. W: KlavStücke

LACCETTI, Guido * 1/10 1870 Napoli, seit 1925 KonservProf. in Palermo. W: Opern, Lieder

LA CEPÈDE, Bernard comte de * 26/12 1756 Agen, † 6/10 1825 Epinay, Schüler Gossecs, Gluck-Enthusiast. W: Opern- KirchM., KaM. u. a.; ‚La poétique de la m.' 1785

LA CERDA, Philipp de — s. CERDA

LACH, Robert, Dr. phil. * 29/1 1874 Wien, hervorrag. MGelehrter, seit 1920 Prof. (1927 o.) an der Univ. Wien. W: Bühnenwerke, Sinfon., Ouvert., viel KaM., Lieder; zahl. Fachschr., ‚Studien z. Entwicklgsgesch. der ornament. Melopöie (1913); ‚W. A. Mozart als Theoretiker' (1918); ‚Die M. der turktartar., finnisch-ugr. u. Kaukasusvölker' (1920) u. a. H: ‚Gsge russ. Kriegsgefangener'

LA CHEVARDIÈRE, Roullède de, wichtiger Pariser MVerl. etwa seit 1750, übernahm 1761 die MVerl. Leclerc u. Huberty, ging 1775 an Pierre Leduc über

LACHMANN, Rob., Dr. phil. * 28/11 1892 Berlin, lebt da, MWissenschafter, Schüler u. a. v. Joh. Wolf, Bibl. an d. MAbt. der Staatsbibl. seit Herbst 1927 bis 1933. Unternahm öfters musikal. Forschgsreisen nach dem vorderen Orient. W: ‚M. des Orients'. H: Ztschr. f. vergl. MWissensch.

LACHNER, Frz 2/4 1803 Rain a. Lech, † 20/1 1890 München, Schüler seines Vaters (Organ.) u. später K. Etts, 1822 in Wien Organ. u. 1824 TheaKM., da befreundet mit F. Schubert, 1834 KM. in Mannheim, 1836 HofKM. u. 1852/68 GeneralMDir. in München. W: Opern ‚Catharina Cornaro' u. a., 8 Sinf. (die ‚Appassionata' preisgekr.), 8 OrchSuiten (noch durchaus beachtensw.), KaM., OrgSonaten, ‚Requiem', M. zu ‚König Ödipus', Orator., Kantate, MChöre, Lieder usw. — Sein Bruder Ignaz * 11/9 1807 Rain, † 24/2 1895 Hannover, 1824 Organ., dann OpKM. in Wien, seit 1831 HofMDir. in Stuttgart, 1842 KM. in München, 1853 am Hamburger Stadtthea., 1858 in Stockholm, 1861/75 in Frankf. a. M. W: Opern ‚Loreley' u. a., OrchM., KaM., Lieder (‚Überall du') usw. — Sein Bruder Vincenz * 19/7 1811 Rain, † 22/1 1893 Karlsruhe, 1831 Organ. in Wien, 1836/73 HofKM. in Mannheim, privatisierte seit 1873 in Karlsruhe, treffl. TheorL. W: M. zu Schillers ‚Turandot', KonzOuvert., KaM., zahlr. MChöre

LACHNER, Willi * 3/8 1895, lebt in Berlin. W: UnterhaltgsM.

LACHNITH, Ludw. Wenz. * 7/7 1746 Prag, † 3/10 1820 Paris, da seit 1773, berüchtigt durch seine Verballhornung von Mozarts ‚Zauberflöte' (‚Les mystères d' Isis' 1801), Kompilator

LACK, Théodore * 3/9 1846 Greimper, Dép. Finistère, † 25/11 1921 Paris. W: beliebte Klav-Salonstücke (‚Valse arabesque') u. Etüd.

LACKOWITZ, Wilh. * 13/1 1837 Trebbin (Mark), † 11/3 1916 Berlin, da Schr., 1877/97 Red. der ‚Dtschen Musiker-Ztg'. W: ‚Musikal. Skizzenblätter', ‚OpFührer', ‚OpttenFührer', ‚Berühmte Menschen', auch botan. u. a. Bücher

LACOMBE, Louis * 26/11 1818 Bourges, † 30/9 1884 St. Vaast-la-Hougue. W: Opern, dramat. Sinfon. ‚Manfred', Melodram, KaM., KlavStücke, Lieder; ‚Philosophie et m.'

LACOMBE, Paul * 11/7 1837 Carcassonne, da † 5/6 1927. W: 3 Sinfon., Ouvert., KaM., Stücke f. Klav. u. Orch., Messe, Requiem, Lieder usw.

LACOME, Paul (L. de l'Estaleux), ps. L. PAOLO * 4/3 1838 Houga (Gers), da † 12/12 1920, seit 1870 in Paris. W: Operetten ‚Jeanne, Jeannette u. Jeanneton' u. a., Possen, KaK., Kompos. f. Klav., Blasinstr., Gsg usw.

LACOSTE, 1693 Chorist, 1708 TheaKM., † nach 1757. W: Opern.

LACROIX, Eugène * 13/4 1858 Eshen (Engl.), 1898/1914 Organ. in Paris, Schüler Gigouts. W: Opern, Messen, Sinf., KaM., OrgStücke

LA CROIX, J. Jacob de — s. JACOB de la Croix

LACY, Frederick St. John * 27/3 1862 Blackrock/Cork (Irl.), seit 1910 UnivProf. in Cork. W: Kom. Op., OrchSerenade, Ouvert., KaM.; ‚Irish tunes for irish regiments'; ‚Notes on irish m.'

LADEGAST, Frdr. * 30/8 1818 Hochhermsdorf (Sachsen), † 30/6 1905 Weißenfels, da seit 1846, vortreffl. OrgBauer. — Sein Sohn Oskar, * 26/9 1858, sein Nachfolger

LADEWIG, Max * 12/12 1902 Halle a. S., Pianist in Stuttgart (am Rundfunk seit 1931), da ausgeb. (Konserv.; u. a. v. Petyrek u. E. Straesser)

LADMIRAULT, Paul * 8/12 1877 Nantes, lebt in Paris. W: Opern, Ballett, Sinfon. u. sinfon. Dichtgen, KaM., KlavStücke, Kantaten, Duette usw.

LA DOUÉ, Bertin de — s. BERTIN

LADUCHIN, Nikolai * 3/10 1860 Petersburg, Schüler Tanejews. W: OrchVariat., Klav- u.V-Stücke, Lieder (100 Kinderlieder), Chöre usw.

LADUNKA, Naum I. * 13/12 1730 u. † 2/8 1782 Petersburg. B: russ Volkslieder f. Orch.

LADURNER, Ignaz Ant. Frz Xaver, * 1/8 1766 Aldein (Tirol), † 4/3 1839 Massy, seit 1788 in Paris, angesehener Pianist, Lehrer Aubers. W: Opern, KaM., KlavSon.

LADWIG, Werner * 18/9 1899 Halle, Schüler Klattes, † 22/3 1934 Berlin, Leiter des Philharm. Orch. und der Singakad. in Dresden, 1927/28 KM. in Oldenburg, 1928/31 OpDir. in Königsberg, 1931/32 GenMDir. in Schwerin, 1932/33 KM. der städt. Op. in Berlin. W: Opern, Sinf., Ballette, KaM., Lieder

LÄTE, Alex., * 13/1 1860 Ringen-Ayakar (Esthl.), Schüler Draesekes, bedeut. esthländ. Tonsetzer, ML. in Dorpat. W: Kriegs-Sinfon., Ouvert., StrQuart., esthn. Tänze, viele volkstüml. Chöre. Auch SPRENK-LÄTE genannt

LAFAGE, Adrien Lenoir de * 28/3 1801 Paris, † 8/3 1862 im Irrenhause zu Charenton/Paris, namhafter MSchr., in Paris u. Rom (Baini) gebildet. W: Kirchl. M., Lieder; Manuel complet de m. vocale et instrum. (6 Bde), Séméiologie musicale, Histoire générale de la m. et de la danse (2 Bde), Schriften üb. Choralgsg usw.

LAFITE, Karl *31/10 1872 Wien, da u. a. Chormeister des ev. Singver., geschätzter Begleit. v. Sängern. W: Opern, Singspiel ‚Hannerl' (Forts. des ‚Dreimäderlhaus') nach Schubertschen, Operette ‚Der Kongreß tanzt' nach Beethovenschen und Mozartschen Melodien [!], Chöre, Lieder

LAFONT, Charles Phil. * 7/12 1781 Paris, † 14/8 1839, Geiger, seit 1815 KaVirt. in Paris. W: 7 Konz., Variat. usw. f. V., gegen 200 Lieder

LAFONT, Hermann * 18/4 1873 Ilmenau, † 4/9 1923 Berlin, treffl. Pianist, Schüler Stavenhagens

LA FORGE, Frank * 22/10 1879 Rockford Ill., KlavBegleiter in Newyork. W: KlavStücke, Lieder

LAGKNER, Daniel aus Marburg in Steiermark, um 1606 Organ. in Losdorf. W: Motetten, Neuere teutsche Lieder

LAGO, N. — s. NETZEL, Laura

LAGOANÈRE, Oscar de * 25/8 1853 Bordeaux, lebte in Paris, † 1927 (?). W: Opern, Ballette

LAGUERRE, Elis. Claude de, geb. Jacquet * 1659 Paris, da † 27/6 1729 Clavecinistin u. Organ. W: Opern, VSonat., KlavStücke

LA GYE, Paul * 8/6 1883 St. Gilles-Brüssel, Prof. der MWiss. an der Brüsseler Ecole normale. W: 13 Opern, sinfon. Dichtgen

LA HARPE, Jean Franç. de * 20/11 1739 Paris, da † 11/2 1803, MKrit., Gegner Glucks

LAHEE, Henry * 11/4 1826 Chelsea (Engl.), † 29/4 1912 London, Pianist u. Organ. in Brompton, seit 1874 in Croydon. W: Kantaten, Anthems, Glees, Lieder usw.

LA HÈLE, Geo. de * 1547 Antwerpen, † 1587, HofKM Philipps II. von Spanien. W: Messen

LAHUSEN, Christian * 12/4 1886 Buenos-Aires, in Deutschland erzogen, zeitweilig TheaKM., lebt in Überlingen am Bodensee. W: Tanzspiele, BühnenM., Volks- u. Bänkellieder

LA HYE, Louise Geneviève, geb. Rousseau * 8/3 1810 Charenton, † 17/11 1838 Paris, begabte Komponistin. W. Oper, Messe, KlavStücke u. Transkript.., OrgSchule u. Stücke u. a.

LAJARTE, Théod. Ed. Dufaure de, ps. BRAULT, Jules * 10/7 1826 Bordeaux, † 20/6 1890 Paris, Bibliothekar der Gr. Oper, deren Bibl-Katalog er veröffentlichte. W: OpernFachschriften u. a. H: Chefs d'oeuvres class. de l'opéra français

LAIB, Joh. Gottlieb * 18/8 1806 Kirchenkirnberg (Württ.), † 5/3 1866 Chur, da seit 1834 Gsg-L. u. Chordir. W: Chöre, Schullieder u. a.

LAIB, Rudolf — s. BIAL

LAIBLE, Friedr., Dr. med. * 13/4 1892 Heuberg (Bay.), Arzt in Hiddensee (Ostsee). W: Lieder z. Laute

LAIDLAW, Robena Anna * 30/4 1819 Bretton, † 29/5 1901 London, seit 1852 Miß Thompson, Pianistin, der Schumann s. ‚Fantasiestücke' op. 12 gewidmet hat

LAJOVIC, Anton * 19/12 1878 Vače/Litija, Oberlandesgerichtsrat in Laibach, Schüler von Rob. Fuchs. W: Sinf., Kantat., Chöre, Lieder

LAJTAJ, Ludw. * 13/4 1900 Budapest, lebt da, da u. in Wien ausgeb. W: Operetten, Kabaretlieder (sehr beliebt)

LAJTHA, Laszlo * 30/6 1891 Budapest, da Prof. am NationKonserv., Folklorist. W: viel KaM., KlavStücke, Lieder

LAKATOS, Joska (Josef) * 24/9 1871 Szilagysomlyo (Ung.), Musiker in Bremen. W: UnterhM.

LAKER, Karl, Dr. med. * 5/2 1859 Gmünd (Kärnt.), ao. Prof. der Physiologie an der Univ. Graz, † 1931. W: Hilfsmittel f. d. Demonstration der Tonverhältnisse

LAKOMY, Perigrin * 19/4 1851 Sternberg, Mähr., urspr. Geiger, seit 1885 Dir. einer MSchule in Wien. W: VKonz. u. -Stücke

LALANDE, Desiré Alfred * 5/12 1866 Paris, † 8/11 1904 London, ausgez. Oboist

LALANDE, Mich. Rich. de * 15/12 1657 Paris, da † 18/6 1726, kgl. HofMIntend. W: Ballette, Motetten

LA LAURENCIE, Lionel de * 24/7 1861 Nantes, urspr. Forstakademiker, hervorrag. MSchr. in Paris, da † 21/11 1934. H: Encyclopédie de la m. (beg. v. Lavignac). W: L'école franç. de V. (3 Bde) u. a.

LALEWICZ, Georg * 21/8 1876 Suwalki, KlavVirt., seit 1921 KonservProf. in Buenos Aires. W: KlavStücke

LALIBERTÉ, Alfred * 10/2 1882 St. Johns, Quebec, KlavVirt., Schüler der Carreño, Klattes, u. Skrjabins,, seit 1911 in Montreal (Canada). W: Oper, Gsge. H: canad. Volkslieder

LALLOUETTE, Jean Franç. * 1651 u. † 31/8 1728 Paris, urspr. Geiger bei Lully, seit 1693 KirchKM. W: SchauspielM., Kantate, Motetten

LALO, Charles, Dr. phil. * 24/2 1877 Périgueux, PhilosProf. an der Univ. Bayonne. W: Schriften üb. MAesthetik

LALO, Edouard, ps. De MASSEN * 27/1 1823 Lille, † 23/4 1892 Paris, Violinist. W: Opern, Ballett ‚Namouna', Pantomime ‚Néron', 3 VKonzerte (das in f u. das Symphonie espagnole benannte weltberühmt), VcKonz. (viel gespielt), KaM., Vc-, V- u. KlavStücke, Lieder usw.

LALO, Pierre (Sohn Edouards) * 6/9 1866 Puteaux (Seine), sehr geschätzter MKrit. in Paris

LALOY, Louis, Dr. phil. * 18/2 1874 Grey (Haute Saone), MSchr. in Paris. W: Ballett; ‚Rameau'; ‚Debussy'; ‚La m. Chinoise'

LA MARA — s. LIPSIUS, Marie

LAMARE, Jacques Michel Hurel de — s. HUREL

LAMARE, Pierre, ps. = ZADORA, Mich.

LAMATEO, Eric de * 18/2 1880 Lansing, Mich., MSchr. u. KM. in Chicago, wo er 1924 das SoloOrch. (25 Künstler) gründete. W: OrgSuite, Chöre

LAMBARDI, Camillo, 1588/1631 KirchKM. in Napoli. W: Responsorien, Madrigale

LAMBARDI, Francesco, 1607/16 Kapellorgan. in Napoli. W: Villanellen, Arien usw.

LAMBARDI, Girolamo, um 1600 Kanonikus in Venedig. W: Vesperpsalmen, der 8st. mit doppelt. OrgBaß

LAMBERG, Josef * 11/11 1852 Wien, da KlavPädagoge. W: OrchStücke, KaM., KlavStücke, Chöre. — eigentl. LAMBERGER

LAMBERT, Alex. * 1/11 1862 Warschau, † 31/12 1929 Newyork, Pianist, Schüler A. Rubinsteins u. H. Urbans, seit 1888 Dir. des ‚Coll of M.' in Newyork. W: brill. u. instrukt. Klavkomp.

LAMBERT, Edvard Frank † 13/11 1925 London, Komp.

LAMBERT, Lucien * Jan. 1861 Paris, lebt da. Vielgereister Pianist, KomposSchüler von Massenet u. Th. Dubois. W: Opern, Kantate, KlavKonz. usw.

LAMBERT, Mario, Paris. W: Operetten seit 1896

LAMBERT, Michel * 1610 Vivonne (Poitou), † 1696 Paris, da seit 1650 KaM., berühmter Lautenist u. Theorbist, GsgL. W: Airs et Brunettes u. a.

LAMBERTI, Gius. * 1820 Cuneo, † April 1894 Torino. W: Opern, Messen, Kantate

LAMBERTI, Luigi * 22/4 1769 Savona, † 1814 (? wo?), 1806/12 in Paris. W: Opern, viel KirchM., Sinf., KaM.

LAMBERTINI, Michelangelo * 14/4 1862 Lissabon, da KlavFabrik., MVerleger u. Schr. W: Schrift üb. d. Org. u. a. H: Ztschr. ‚A arte musical'

LAMBERTS, Albert * 9/9 1887 Krefeld, seit 1919 Orch- u. ChorDir. in Dortmund u. Umgegend, im Krieg MilKM. (schwer verwundet), ausgebild. in Krefeld u. Köln (Konserv.), dann Dirig. in Krefeld; tritt sehr f. d. Zeitgenossen (Urauff.) ein. W: MChöre

LAMBETH, Henry Albert * 16/1 1822 Hardway/Gosport, † 27/6 1895 Glasgow, da Organ. seit 1853 u. Chordir. 1859/80. W: Psalmen, KlavStücke. H: Scottish book of praise

LAMBILLOTE, Louis, Jesuit * 27/3 1796 Lahrmaide (Hennegau), † 22/2 1855 Vaugirard/Paris. W: KirchM.; ‚Clef des mélod. Grégor.'. H: Musée des organistes

LAMBINON, Nicolas * 9/2 1880 Lièges, da (Konserv.) u. von Jos. Joachim ausgeb., VVirt., treffl. KaMSpieler u. Pädag. in Berlin, 1900/06 KonzM. u. KonservL. in Krefeld, 1907/32 KonzM. des von ihm mitbegr. Berliner Sinf- (urspr. Blüthner-)Orch., seit dessen Auflösg I. Geiger im Berl. Philh. Orch. W: ‚Der OrchMusiker' 1932

LAMBOTTE, Lucien * 22/1 1888 Verviers, seit 1927 KonservDir. in Luxemburg. W: sinf. Dichtg, KlavStücke u. a.

LAMBRECHTS-VOS, Anna * 29/6 1876 Rotterdam, da † 16/1 1932, Organ. W: 2 StrQuart., KlavVSonate, Chorwerke, Lieder, bes. Kinderlieder

333

LAMBRINO, Telemaque * 27/10 1878 Odessa, Pianist, Schüler Terese Carreños, lebte in Leipzig. † 25/2 1930.

LAMM, Paul A. * 27/7 1882 Moskau, da Klav-Virt., seit 1917 im MVerl. B: sinf. Werke von Borodin, Skriabin usw. f. 2 Klav. 8h. H: Mussorgskys ‚Boris Godunow' in d. OrPart. (1928)

LAMMERS, Julius * 20/4 1829 Lpz., da † 20/9 1888, ML. W: Lieder, Tänze usw.

LAMMERS, Thorwald * 15/1 1841 Modum (Norweg.), 1874/77 OpSgr in Christiania, da GsgL. u. verdient. Chordirig.; da † 8/2 1922. W: Orator., Chöre, Lieder. B: norweg. Volkslieder

LAMOND, Frederick * 28/1 1868 Glasgow, lebt in Berlin, treffl. Pianist, Schüler v. Schwarz-Frankfurt, Liszt, Bülow, bes. Beethovenspieler. W: Sinf., Ouvert., KaM., KlavStücke

LA MONINARY, Jacqu. Phil. * 14/7 1707 Valenciennes, † 29/8 1802 Boulogne-sur-Mer, Geiger. W: KaM.

LA MOTE de Grignon Bocquet, Juan * 1872 Barcelona, da OrchDirig. W: OrchStücke, Orat., Gsge, auch m. Orch.

LAMOTTE, Antoine * 1819 Beaurieux (Aisne), † Jan. 1912 Pavillons-sous-Bois, BallMDir. in Paris u. London. W: an 600 Tänze

LA MOTTE, Antoine Houdart de * 17/1 1672 u. † 26/12 1731 Paris, Mönch, OpLibrettist

LA MOTTE Fouqué — s. FOUQUÉ

LAMOUREUX, Charles * 28/9 1834 Paris, da † 21/12 1899, Violinist u. ausgezeichn. Dirig., gründete 1873 Oratorienkonz. u. 1881 die ‚Nouveaux Concerts', trat energisch für Wagner ein. 1872/78 zweiter Dirig. der KonservKonz., 1876/78 erster Dirig. der Gr. Oper

LAMPADARIOS, Petros * um 1730 Tripolitza (Morea), † 1777, KirchKM., wird f. d. Untergang der Kenntnis der alten byzantin. Notenschr. verantwortlich gemacht, führte Elemente der türk.-arab. M. in die griech. KirchM. ein

LAMPADIUS, Wilh. Adolf * 1812, † 7/4 1892 Lpz., Pastor. W: ‚F. Mendelssohn', 1848 bzw. 1886

LAMPE, Joh. Friedr. * 1703 Sachsen, † 25/7 1751 Edinburgh, seit c. 1725 Fagottist in England, lange in London, 1748 in Dublin, 1750 in Edinburgh. W: Opern, BühnM., Gsge, theor. Schriften

LAMPE, Walther * 28/4 1872 Lpz., KlavL. an der Akad. der Tonkunst in München, Schüler von I. Knorr, Herzogenberg u. Humperdinck. W (feinsinnig): Trag. Tongedicht f. Orch., KaM., KlavStücke usw.

LAMPERT, Ernst * 3/7 1818 Gotha, da † 17/6 1879, HofKM. W: Opern, Ouvert., StrQuart., Stücke f. V., Klav., Lieder usw.

LAMPERTI, Francesco * 11/3 1813 Savona, † 1/5 1892 Como, berühmt. GsgL. W: Gsgschule u. Gsgsübgen.

LAMPERTI, Giov. Batt. * 1839 Italien, † 19/3 1910 Berlin, hervorrag. GsgL. in Paris, Dresden u. zuletzt in Berlin. W: ‚Die Technik des bel canto' usw.

LAMPING, Wilhelm * 1861 Lingen (Hann.), † 7/9 1929 Bielefeld, da seit 1886 verdienter VerDirig. u. städt. MDir. W: geistl. u. weltl. Chöre. B: Bachsche Kantaten

LAMPING, Willy * 13/3 1880 Osnabrück, vielgereister VcVirt. (auch treffl. L. u. Quartettist), lebte lange in Köln, Herbst 1927/30 Schloß Halburg bei Würzburg, seit 1930 L. an der Akad. in München; da † ?

LAMPL, Helene * 23/5 1891 Wien, vortreffl. Pianistin, seit 1925 in Paris

LAMPUGNANI, Giov. Batt. * 1706 Milano, † 1781, W: 29 Opern, Sinfon., Konzerte, TrioSonaten

LAMY, Rud. * 15/10 1905 Sigmaringen, Sger in Berlin-Charlottenburg, ausgeb. in München (Akad.) u. Berlin (Akad. f. Schul- u. KirchM.). W: Kantate, Chöre u. Lieder, bes. geistl.

LANCASTER, Rosalie (geb. Magnussen), † Dez. 1908 Chicago; sehr geschätzte amerikan. Pianistin

LAND, Jan Pieter Nicolaus * 23/4 1834 Delft, † 30/4 1897 Arnhem, Prof. der orient. Philol. in Leiden. W: Abhandl. üb. orient. M. H: musik. Korrespondenz v. Const. Huygens

LANDAU, Fred * 2/2 1902 Lodz (Russ. Polen), lebt in Berlin, seit 1914 in Deutschland, Schüler v. Rathaus u. W. Gmeindl, auch Harfenist. W: Operetten, Schlager, Jazzmusik. — ps. Otto LINDE

LANDÉ, Franz * 10/4 1893 Elberfeld, seit 1933 in Paris, war seit 1924 VerDir. u. TheorL. in Düsseldorf, vorher seit 1914 TheaKM. W: MTheor. Aufsätze; ‚Vom Volkslied bis z. AtonalM.'; Orat., Chöre, KaM., KlavStücke

LANDER, Joh., ps. = Ludwig ANDRÉ

LANDER, Roderich, ps. = FRESCO, Joan Milano. W: Opern

LANDEROIN, Joseph * 27/1 1880 St. Romain (Loire et Cher), lebt in Paris, war Schuldir. in den frz. Kolonien, deren VolksM. er in seinen Kompos. mitunter verwendet. W: 4 Opern, Ballette, KirchM., Sinf., OrchSuiten, KlavStücke, Lieder u. a.

LANDGREBE, Karl * 28/5 1889 Hoof/Kassel, MStudRat, Pianist (KaMSpieler) u. Dirig. in Potsdam, stellvertr. Leiter des Sem. f. MErziehg, seit

Aug. 1935 Prof. an der Akad. f. Kirch- u. SchulM. in Berlin usw., Schüler von K. Hallwachs u. des Berl. Instit. f. KirchM., auch v. Leonid Kreutzer. W: KlavFibel nach d. Grundsätzen der Tonwortlehre von Carl Eitz

LANDI, Camilla * 1866 Genova, lebt da, berühmte dram. OpSgerin, sang zw. 1884 u. 1910

LANDI, Lamberto * 1882 Lucca, ausgebildet in Milano. W: Opern

LANDI, Stefano † um 1655 Rom, seit 1629 päpstl. Kapellsäng. (Kastrat), Mitschöpfer der Kantate, erster röm. OpKomp. W: Oper ‚La morte d'Orfeo', Messen, Madrigale, Instrumentalkanzonen usw.

LANDINI, Benedetto * 31/1 1858 Calenzano (Firenze), Organ. u. KirchKM. in Firenze, seit 1891 sehr verdient um die KirchM. in Toscana. W: KirchM. H: alte toscan. Volkslieder

LANDINO, Francesco * um 1325, † 2/9 1397 Firenze, als Kind erblindet, Organist, als Komp. (Madrigale, Balladen, Canzonen) einer der bedeutendsten Meister der Ars nova

LANDMANN, Arno * 23/10 1887 Blankenhain (Thür.), Schüler Straubes u. Regers, seit 1911 Organ. u. seit 1914 Dirig. des Bach-Ver., 1923 KirchMDir. in Mannheim. W: OrgStücke, Chöre

LANDMANN, Heinz, ps. = KOCHMANN, Julius

LANDMANN, Otto * 6/1 1885 Jaucha/Weißenfels i. S., KM. in Leipzig, war MilMusiker, ausgeb. in Leipzig (Konserv.) u. Dresden (Hochsch.) W: Tänze, Märsche

LANDOLFI (Landulphus), Carlo Ferdinando, sehr geschätzter Geigenbauer um 1735/60 in Milano

LANDORMY, Paul * 3/1 1869 bei Paris, erst Sänger, dann MGelehrt., seit 1902 in Paris. W: ‚Brahms', ‚Le Faust de Gounod' usw.

LANDOWSKA, Wanda * 5/7 1877 Warschau, treffl. Pianistin u. bes. Cembalospielerin, 1900/13 L. an der Schola Cantorum in Paris, 1913/19 an d. Berliner Hochschule, seit 1919 in Paris. W: Lieder, KlavStücke, ‚La m. ancienne' usw.

LANDRÉ, Willem * 12/6 1874 Amsterdam, seit 1906 MKrit. u. neuerdings auch TheorL. am Konserv. in Rotterdam. W: Opern, Requiem, OrchStücke, KaM., Lieder

LANDRÉ, Willem Louis Fredrik (Sohn des vorst.) * 24/2 1905 's Gravenhage, lebt in Amsterdam, Schüler W. Pijpers. W: BühnM., Sinf., V-Konz., KaM.

LANDRY, Sascha, ps. = SCHWARTZ, Alex.

LANDSBERG, Ludwig (eigentl. Landsberger) * 1807 Breslau, † 6/5 1858 Rom, da seit 1835, vorher 2½ Jahre in Paris, urspr. Geiger, großer MKenner u. Sammler von Notenschätzen (nach seinem Tode in der MAbt. der preuß. Staatsbibl.), Förderer aller nach Rom kommenden dtsch. Musiker

LANDSCHULZ, ps. = Oskar JOOST

LANDSHOFF, Ludwig, Dr. phil. * 3/6 1874 Settin, lebt in Berlin, 1918/28 Dirig. des BachVer. in München, vorher TheaKM. H: J. S. Bach, Geistl. Lieder; Meister des bel canto; Werke v. Joh. Christian Bach; Rossinis ‚Signor Bruschino' u. a. — Seine Frau Philippine * 7/1 1886 München, tücht. Sapranistin

LANDSKRON, Leopold † 18/7 1900 Wien, da seit 1876 KlavL. am Konserv. W: KlavStücke (Kadenzen)

LANDULPHUS — s. LANDOLFI

LANE, Brand * 1854 London, † 7/11 1927 Manchester, da GsgL. seit 1875, sehr verdient um das MLeben, gründete 1880 den Philharm. Chor, veranstaltete seit 1914 auch OrchKonzerte (Dirig. Henry Wood)

LANG, Adolf * 10/6 1830 Thorn, † 15/5 1912 Oliva, 1854/67 TheaKM. in Berlin. W: Possen, Ouvert., Märsche, Lieder

LANG, Benjamin J. * 28/12 1837 Salem (Massachusetts), † 3/4 1909 Boston, um das dortige Musikleben sehr verdient, Organ. der Handel and Haydn Society, Dirig. der Cecilia Society u. des Apollo Club

LANG, Eduard (Eddie) * 7/4 1862 Augsburg, da † 1933, ML., ZithVirt. W: ZithKompos.

LANG, Hans * 20/8 1897 Weiden (OPfalz), Schüler der Münch. Akad., insbes. v. Jos. Haas, seit 1930 SchulL. in Fürth; 1927/30 TheorL. an der Hochschule in Köln, vorher seit 1924 VolksSchulL. u. Chordir. in Eichstätt, eigenart. Tons. W (beachtet): Messe, Chöre, Lieder, KaM. — ps. Christoph BREIT

LANG Hans * 5/7 1908 Wien, lebt da, da ausgeb. (Konserv.). W: Optten, Tonfilme, Chansons, Unterhaltgs- u. TanzM.

LANG, Heinr. * 17/2 1858 Laichingen (Württbg.), † 14/11 1919 Stuttgart, da Organ., 1897 L. am Konserv., 1910 dessen Vizedir., verdient um das neue Württ. Choralbuch von 1912. W: OrgStücke, geistl. u. weltl. Chöre, Kinderlieder

LANG, Herm. * 29/3 1872 Großvoigtsberg bei Freiberg i. S., Geiger, seit 1893 in der HofKap., seit 1895 KonservL. in Dresden. W: KaM., auch m. Blasinstr., VStücke, Lieder

LANG, Joh. Geo. * ca. 1724 Böhmen, † 1793 (?) Coblenz, kurf. Trierscher KonzM. W: Sinfon., KlavKonzerte, KaM.

LANG, Jos. * 25/2 1868 Kreuznach, ML., Organ. u. VerDir. in Wiesbaden, ausgeb. u. a. auf der kirchmusik. Akad. in Beuron. W: KlavStücke, gem. u. MChöre

LANG, Josefine * 14/3 1815 München, † 2/12 1880 Tübingen, Schülerin Mendelssohns, 1842 verheiratet mit Prof. Christ. Reinh. Köstlin in Tübingen († 1856), dann da KlavL. W: treffl. Lieder, KlavStücke

LANG, Margret Ruthwen (Tochter Benj. J. Langs) * 27/11 1867 Boston, da Geigerin. W (bemerkensw.): Ouvert., KamM., Klav- u. VStücke, Kantaten. Orch-Lieder

LANG, Max Arthur * 16/4 1894 Goslar, KM. in Köln, ausgeb. in Sondershausen (Konserv.). W: SchauspM., OrchSuite, UnterhaltgsM., viele dtsche volkstüml. Lieder

LANG, Placidus * 5/10 1831 Altenstadt, † 19/10 1899 Augsburg, ZithVirt.

LANG, Walter * 19/8 1896 Basel, seit 1922 L. am Konserv. in Zürich, KlavVirt.; Schüler von Jaques-Dalcroze. W: KaM., Klav- u. VStücke, Lieder

LANGALERIE, Philippe Gentils de, Graf * 10/11 1797 Lausanne, da † 1873, großer Mäzen, befreundet mit Liszt, Meyerbeer, Niedermeyer, Thalberg u. a. W: KlavSalontänze

LANGBECKER, Eman. Christian Gottlieb * 31/8 1792 u. † 24/10 1843 Berlin, Erforscher des ev. Chorals

LANGDON, Rich. † 8/9 1803 Exeter. H: Divine Harmony 1774. W: Glees, Lieder

LANGE, Albert * 3/1 1861 Löbau, 1889/1920 MilKM., lebt in Pirna (Sachs.), vorher lange in Dresden. W: Oper, KinoM., KaM., UnterhaltgsM.

LANGE, Anny v. * 20/6 1887, lebt in Dresden. W: KaM., KlavSuite u. -Stücke, Lieder

LANGE, Daniel de * 11/7 1841 Rotterdam, † 31/1 1918 Point Loma (Kaliforn.), Schüler v. Servais (Vc.), Verhulst u. Damcke (Kompos.), treffl. OrgSpieler, 1860/63 MSchulL. zu Lemberg, seit 1870 in Amsterdam, da zunächst VerDirig. u. KonservL., KonservDir. 1895/1913. W: Oper, 2 Sinf., Ouvert., a-cappella-Messe, Requiem, VcKonz. usw., ‚Exposé d'une théorie de la m.'

LANGE, Fritz * 7/3 1873 Wien, da † 18/7 1933, GymnGsgL., OpSchulLeiter u. MSchr. W: Singspiele, BühnenM., Requiem, geistl. u. weltl. Chöre; ‚J. Lanner', ‚Jos. Lanner u. Joh. Strauß' usw.

LANGE, Gust. * 13/8 1830 Schwerstedt/Erfurt, † 20/7 1889 Wernigerode, Schüler von A. W. Bach, Löschhorn, Grell usw. W: KlavSalonStücke u. a.

LANGE, Gust. Friedr. * 22/2 1861 Fredrikshald, seit 1890 in Christiania, VVirt. W: VStücke, Chöre, Lieder

LANGE, H., ps. = AILBOUT, Hans

LANGE, Hans * 8/6 1882 Berlin, da ML., da ausgeb. auf d. Sternschen Konserv. W: Sinf., OrchSuite, KaM., FlKonz., VStücke

LANGE, Hans * 17/2 1884 Konstantinopel, Sevcik-Schüler, 1910 erster KonzM. der Op. in Frankfurt a. M., Führer eines StrQuart., treffl. Lehrer, seit 1924 KonzM. u. Dirig. des Neuen Philharm. Orch. in Newyork

LANGE, Herm., ps. Gust. ARMIN * 28/8 1877 Halle, † 31/7 1930 Leipzig. W: UnterhaltgsM., zahlr. Bearbtgen

LANGE, Herm. Franc. de * 1717 Lièges. da † 27/10 1781, VVirt., lange in Italien. W: Oper, KirchM., Sinfon., KaM.

LANGE, Hieronymus Gregor *? Havelberg, † 1/5 1587 Breslau, 1574/84 Kantor in Frankf. a. O. W: mehrst. Cantiones ‚Motetten, 3st. Neue dtsche Lieder

LANGE, Jos. L. * 1/4 1751 Würzburg, † 18/9 1831 Wien, da 1770/1821 sehr geschätzter Schauspieler, auch Maler. W: Operette

LANGE, Julius * 8/11 1866 München-Gladbach, seit 1917 MDir. in Biel, 1896 KlavL. u. Chordir. in Zürich, 1909/16 Chordir. in Buffalo. W: OrchStücke, KlavStücke, MChöre, Lieder

LANGE, Kurt * 18/5 1881 Lübben, Organ. u. KlavVirt. in Berlin-Schöneberg. W: KlavStücke, viele Lieder

LANGE, Otto, Dr. phil. * 1815 Graudenz, † 13/2 1879 Kassel, langjähr. SchulGsgL. in Berlin, MSchr. W: ‚Die M. als Unterrichtsgegenstand in Schulen' (1841)

LANGE, Paul * 12/10 1857 Kartzow/Potsdam, 1880 Organ. der dtschen Gesandtschaftskap. in Konstantinopel; gründete da ein Konserv., Orch- u. VerDirig. W: Kompos. f. Orch., Klav., Gsg usw.

LANGE Rich. * 27/7 1867 Magdeburg, da KlavVirt., ML. und Krit., Schüler des Konserv. zu Lpz. W: zahlr. Arrang. f. Klav., Org. u. Harmonium

LANGE, Samuel de * 22/2 1840 Rotterdam, † 7/7 1911 Stuttgart, OrgVirt., Schüler v. Verhulst, A. Winterberger, Damcke u. Mikuli, 1863 Organ. in Rotterdam, 1874/76 MSchulL. zu Basel, 1877 am Kölner Konserv. u. Dirig. des Kölner MGsgVer., 1885 Dir. des OratorVer. im Haag, seit 1893

L. u. 1900/8 Dir. des Konserv. zu Stuttgart, auch KonzDirig. W: Oratorium, 3 Sinfon., Kantaten u. größere MChorwerke, KaM., 8 OrgSon., Klav-Stücke usw. — Sein Vater **Samuel** * 9/6 1811 Rotterdam, da † 15/5 1884, Organ. W: OrgSonaten usw.

LANGE, Walter * 2/9 1884 Lüdenscheid, da SchulL. u. Chordir. W (im SelbstV.): MChöre

LANGE-MÜLLER, Peter Erasmus * 1/12 1850 Frederiksberg-Kopenhagen, da † 25/2 1926, spezif. nord. Komp. W: Opern u. Singspiele u. a. ‚Span. Studenten', SchauspielM., 2 Sinfon., 2 Suiten, Kantaten, Ka- u. KlavM., Chöre u. viele, teilweise populär gewordene Lieder

LANGENBACH, Jul. * 3/7 1823 Iserlohn, † 7/10 1886 Bonn, Schüler Spohrs, Violinist u. Dirig. Seine Witwe begründete die segensreiche Langenbach-Stiftg f. Musikerwitwen

LANGENBECK, Geo. * 1/8 1853 Hannover, † 31/1 1922 Wolfenbüttel, da seit 1875 ML. u. M-Ref., 1884/91 Dirig. des OrchVer., KonservL. in Braunschweig, Schüler des Lpzger Konserv. W: Oper, sinfon. Dichtgen, KaM., KlavStücke, Chöre, Lieder

LANGENDORFF, Frieda * 28/3 1875 Breslau, lebt in Berlin, treffl. Op.- u. KonzSgerin (Alt)

LANGENICK, Edmund, ps. Edmund GLAN * 1/6 1905 Berlin, da Dirig. u. Besitzer des Tonkunst- (M. u. Thea.) Verl.; Schüler Herbert Klamts. W: Optte, Mandschur. Suite (exotisch, beeinfl. von Debussy), sinf. BallettSuite, UnterhaltgsM.

LANGENTREU — s. KOCH v. Langentreu

LANGER, Albert * 22/8 1888 Erfurt, seit 1922 SchulGsgL. u. Chordir. in Düsseldorf. W: Chöre, Lieder

LANGER, Eduard * 3/5 1835 Moskau, da † 5/6 1905 (ausgebildet in Leipzig), Pianist, seit 1866 L. am Konserv. W: KaM., KlavStücke. B: Klav. 4h. u. 8h.

LANGER, Ferd. * 21/1 1839 Leimen/Heidelberg, † 25/8 1905 Kirneck (Schwarzwald), Vcellist am Hofthea., 1871 II. HofKM. in Mannheim. W: Opern, FlKonz., Chöre, Lieder. B: Webers ‚Silvana'

LANGER, Gotthard * 22/12 1896 Großolbersdorf, SchulL. in Schönau/Chemnitz. W: Op., Chöre, Lieder, KaM.

LANGER, Hans Klaus * 6/12 1903 Tost (OS.), lebt in Berlin; Schüler des Beuthener Konserv., 1924/26 TheaKM. W: Kom. Op., Orator., Kantaten, OrchM., KaM., VariatSuite f. V. u. Orch., VKonz., KonzKlavStücke, Chöre, Duette, Lieder

LANGER, Herm. * 6/7 1819 Höckendorf/Tharandt, † 8/9 1889 Dresden, 1843 UniversMDir. u. Dirig. des UniversGsgver. ‚Paulus', 1855 MDir. der ‚Euterpe' in Lpz, seit 1887 OrgBauRevisor in Dresden. W: ‚Der erste Unterr. im Gsg.'. H: ‚Repertorium des MGsgs', ‚Musikal. Gartenlaube'

LANGER, Joh. * 13/11 1861 Hof in Mähren, MittelschulGsgL. in Wien. W: Singspiele, KaM., Chöre, Lieder, Gsgbuch z. Gebr. b. kathol. Gottesdienste, Chorgsschule

LANGER, Josef * 24/6 1894 Ebersdorf, böhm. Erzgebirge, treffl. Pianist, Schüler Teichmüllers, wirkt in Prag, auch an der städt. MSchule in Reichenberg i. B.

LANGER, Manfred * 2/3 1875 Stettin, seit 1922 Organ. in Spandau, vorher seit 1910 in Berlin. W: OrchM., KaM., OrgStücke, Chöre

LANGER, R. ps. = Ludwig Baron ERLANGER

LANGER, Victor * ps. TISZA, Aladar * 14/10 1842 Budapest, da † 19/3 1902, Schüler R. Volkmanns, ML., Mitred. d. MZtschr. ‚Zenelap'. W: populär gewordene Czardas u. Lieder

LANGER, Victor * 28/11 1888 Stiebnig, Österr., KM. in Berlin, ausgeb. in Moskau. W: viele Kulturfilme

LANGERT, Aug. * 26/11 1836 Coburg, da † 28/12 1920, TheaKM. in Coburg, Basel, Triest, lebte in Paris, Berlin u. a. Orten, 1872 L. am Genfer Konserv. 1873/97 HofKM. in Gotha, seitdem privatisierend. W: Opern, Lieder usw.

LANGEY, Otto * 20/10 1851 Leichholz/Frankf. a. O., urspr. Vcellist, dann KM., 1877 in London, seit 1889 ML. in Newyork. W: verbreitete Schulen f. OrchInstrum.

LANGGAARD, Rud. Immanuel (Sohn Siegfrieds) * 28/7 1893 Kopenhagen, lebt da. W: Oper, Sinfon., sinfon. Dichtgen, KaM., Lieder

LANGGAARD, Siegfr. * 13/7 1852, † 5/1 1914 Kopenhagen, da seit 1881 KonservL., ausgez. Pianist, Liszt-Schüler. W: KlavStücke, Lieder

LANGHANS, Wilh. * 21/9 1832 Hamburg, † 9/6 1892 Berlin, tücht. Geiger, 1857/60 KonzM. in Düsseldorf, kehrte dann nach Hamburg zurück; 1858 vermählt mit der Pianistin **Luise Japha**, erwarb 1870 in Heidelberg den Doktortitel, lebte seit 1871 als MGesch1. u. MSchr. in Berlin. W: Sinfon., StrQuart., VDuos usw., ‚Das musikal. Urteil', ‚MGesch. in 12 Vorträgen' u. im Anschluß an Ambros: ‚Gesch. der M. im 17., 18. u. 19. Jhdt' usw.

LANGHEINRICH, Friedr. Wilh. * 24/11 1904 Bocholt, da seit 1923 OrchDir., ausgeb. in Dresden (Geiger). W: Sinf., Ouv., VKonz., viel KaM., KlavStücke, Lieder

LANGHEINRICH, George * 3/1 1882, Pianist in Berlin. W: viele Lieder

LANGLÉ-LANGLOIS, Honoré Franç. Marie * 1741 Monaco, † 20/9 1807 Villiers-le-Bel/Paris, da seit 1768, 1784/91 staatl. GsgL., seit 1794 Konserv-Bibliothekar, unbedeut. Komp. W: wertv. theor. Schriften

LANGSTROTH Ivan Shed * 16/10 1887 Alameda (Kaliforn.), Schüler Juons, Humperdincks u. Lhevinnes, lebt in Wien seit 1912. W: Sinfon. Suite, KlavKonz., KaM., Lieder

LANIERE, Nicholas * 10/9 1588 London, da † Febr. 1666, HofMDir., auch Sgr., Maler u. Kupferstecher, führte den stile rappresentativo in England ein. W: Masques, BühnM., Kantate, Lieder

LANKHOUT, Carolina * 26/1 1895 Utrecht, viel reisende KlavVirt. in Amsterdam, da MSchulL.

LANKMAR, Helene, * 23/6 1897 Neresheim, Württ., Pianistin, seit 1922 in München, Schülerin M. Pauers, u. v. Jos. Haas. † (1930?) W: KaM., KlavStücke, Lieder

LANKOW, Anna * 13/1 1850 Bonn, da † 19/3 1908, geschätzte KonzAltistin u. GsgL., seit 1886 in Newyork. W: (mit Th. Wangemann) ‚Die Wissenschaft des Kunstgsges‘.

LANNER, Jos. * 11/14 1801 Oberdöbling/Wien, † 14/4 1843 Wien, beliebter Tanzkomp., Autodidakt, Dir. eines eigenen Orch. W: Ländler, Galoppe u. bes. Walzer. — Sein Sohn A u g. J o s. * 23/1 1834, † 27/9 1855, ebenfalls begabter Tanzkomponist

LANNOY, Edu. Frh. v. * 3/12 1787 Brüssel, † 29/3 1853 Wien, da seit 1813, ausgeb. in Graz u. Paris, 1830/35 im Vorstand der Ges. der MFreunde, auch OrchDirig. W: Opern, Singspiele, Melodramen, Sinfon., KaM., KlavStücke, Lieder

LANS, Michael J. A. * 18/7 1845 Haarlem, seit 1887 kathol. Pfarrer in Schiedam; begr. 1876 das ‚St. Gregoriusblad‘ (Ztschr. für kirchl. Tonk.). † 3/2 1908 Amsterdam. W: ‚Lehrb. d. Kontrapunkts‘, Messen, Kantaten, geistl. Lieder usw.

LANZ, Friedr. * 30/9 1860 Rohrbach (Bern), seit 1887 in Bern, Mhändler. W: Chöre

LANZETTI, Salvatore * um 1710 Napoli, † 1780 Torino, Vcellist. W: VcSchule, VcSonaten (1736)

LAOUREUX, Nicolas * 1863 Vervières, VVirt. in Bruxelles. W: VStücke, verbreitete VSchule

LAPARRA, Edouard * 30/9 1877 Bordeaux, geschätzter VVirt. in Paris. — Sein Bruder R a o u l * 13/5 1876 Bordeaux, lebt in Paris. W: Opern, OrchSuite, KaM.

LA POMMERAYE, Victor Berdalle de * 24/2 1825 Paris, † 1866 Bukarest. W: SalonM.

LA POUPLINIÈRE, Alex Le Riche de * 29/7 1693 Paris, da † 5/12 1762, seit 1718 Generalpächter d. Steuern, veranstaltete in seinem Hause OpVorstellgen u. OrchKonz., nahm in sein Orch. als erster Franzose Hörner u. Klarinetten, auch Harfe auf, befreundet mit Rameau u. Gossec

LAPPI, Pietro * ? Firenze, KirchKM. in Brescia, veröffentl. 1600/29 bes. KirchM.

LAQUAI, Reinh. * 1/5 1884 Zürich, Schüler des dort. Konserv., an dem er seit 1920 lehrt. W: Opern, OrchSerenade, KaM., KlavStücke, viele Lieder

LARA, Augustin † 1932 Havanna. W: vielgesungene mexikan. Lieder

LARA (Cohen), Isidore de * 9/8 1858 London, † 2/9 1935 Paris, zeitweise OpKM. zu Monte Carlo, lebte meist in Paris. W: Opern

LARCHER, Sigismund * 22/5 1880, KM. in Hamburg. W: Ouvert., UnterhaltgsM.

LARCHET, John F. * 1885 Dublin, da zuerst TheaKM., jetzt Prof. an d. Univers., hochbegabter, seine irische Nationalität betonender Komp. W: sinf. Dichtg, Chöre, Lieder. H: Irische Volkslieder

LARGO, Henry, ps. = Herrmann HIRSCHBACH

LARK, Jam, ps. = Karl MAY

LAROCHE, Hermann * 25/5 1845 Petersburg † 18/10 1904, KonservProf. in Moskau, Pianist, MSchr., Freund Tschaikowskys. W: ‚Glinka‘; ‚Tschaikowsky‘; Ges. Kritiken; Ouvert., Lieder

LA ROTELLA, Pasquale * 28/2 1880 Bitonto, ausgeb. in Napoli, 1902/03 Dir. der Schola cantorum in Bari, seitdem TheaKM. an versch. Orten. W: Opern, KirchM.

LARREGLA, Joaquin * 1865 Lumbin (Navarra), KlavVirt. in Madrid. W: Oper, BühnenM., OrchStücke, auch KlavStücke

L'ARRONGE, Adolf * 8/3 1848 Hamburg, † 25/12 1908 Kreuzlingen/Konstanz; Schüler R. Genées u. des Lpzger Konserv., OpKM. in Danzig, Königsberg, Köln, Stuttgart usw., 1869/72 Zeitgsred. in Berlin, dann TheaDir. in Breslau u. Berlin. W: Opern, Singspiele, Possen; sehr bekannt seine Schau- und Lustspiele

L'ARRONGE, Richard * 29/6 1869 Mainz, Chordir. in Regensburg, seit 1920 TheaKM. an verschied. Orten. W: Oper, Operette, Chöre, Lieder

LARSEN, Fred, ps. = Otto KATTNER

LARSEN, Hardie, ps. = Hans LOESCH

LARSEN, Herm., ps. = Jos. HERRMANN

LARSEN, Nils * 7/6 1888 Christiania, da KlavVirt. u. Leiter einer MSchule. W: KlavStücke, Lieder

LARSEN-TODSEN, Nanny * 2/8 1884 Hagby, seit 1907 an der Op. in Stockholm, bedeut. WagnerSgerin. Von 1927 ab öfters in Bayreuth und sonst in Deutschland

LA RUE (Larue), Pierre de † 20/11 1518 in Courtray, 1492/1510 KapSänger in Brüssel, bedeut. Kontrapunktist, Schüler Okeghems. W: Messen, Motetten usw.

LARUETTE, Jean Louis * 27/3 1731 Toulouse, da † 1792, ab 1752 Sger der Opéra com. in Paris. W: Singspiele

LAS, Alonso Cor de — s. COR

LA SALETTE, Joubert de * 1762 u. † 1832 Grenoble, zuletzt General. W: theor. Schriften, u. a. ‚Sténographie music.' 1805

LA SALVIA, Antonio * 1877 Buenos Aires, da KlavVirt. W: Orch-, V- u. KlavStücke; ‚Teoria de la m.'

LASEK, Jos. * 13/12 1898 Neuchatel, VVirt., seit 1922 KonservL. in Basel. W: Etüden

LASEKK, Karl, ps. = KASKEL

LASER, Robert, Dr. med. * 1864, Arzt in Königsberg i. Pr., kompon. 1895 ‚Mein Heimatland' v. Johanna Ambrosius, die ostpreuß. Hymne

LASERNA, Blas de * 4/2 1751 Corella (Nav.), † 8/8 1816 Madrid. W: Zarzuelas u. an 500 Tonadillas

LASKA, Gust. * 23/8 1847 Prag, † 16/10 1928 Schwerin, KBVirt., 1878/1923 KaVirt. in Schwerin. W (meist ungedr.): Sinfon., Ouvert., KlavStücke, Schule u. KonzStücke für KBaß, Messen, Motetten, Opern, Chöre, Lieder

LASKA, Jos. Jul. * 13/2 1886 Linz, seit 1923 Dirig. des SinfOrch. in Takarazuka (Japan), vorher TheaKM. an versch. Orten, ausgeb. in München. W: Ballett, KaM., KlavStücke, Chöre, Lieder

LASNER, Ignaz * 8/8 1815 Drosau (Böhm.), † 18/8 1883 Wien, Vcellist. — Sein Sohn K a r l * 11/9 1865 Wien, da seit 1901 SoloVcellist des Konzver. W: Orch-, Vc- u. KlavStücke, Lieder, Märsche

LASSALE, Jean Louis * 14/12 1847 Lyon, † 7/9 1909 Paris, gefeierter Baritonist, seit 1903 KonservGsgL.

LASSEL, Rudolf * 15/3 1861, † 18/1 1918 Kronstadt, Siebenb. W: Geistl. Chöre, auch mit Orch., Singsp., Orator., weltl. Chöre, Lieder, OrgStücke

LASSEN, Eduard * 13/4 1830 Kopenhagen, † 15/1 1904 Weimar, Schüler des Konserv. in Brüssel, 1858 HofMDir. u. 1861 HofKM. in Weimar, 1895 als ‚GenMDir.' pension. W: Opern; M. u. a. zu Goethes ‚Faust', Hebbels ‚Nibelungen', Calderons ‚Über allen Zauber Liebe', 2 Sinfon., VKonz., Fest- u. BeethovenOuv., viele Lieder usw.

LASSERRE, Jules Bernard * 29/7 1838 Tarbes, da † 19/2 1906, ausgez., auch längere Zeit in Madrid u. London gewesener, in Paris ausgebild. VcVirt. W: VcStücke u. Schule

LASSERRE, Pierre * 1867 Pau, MSchr. in Paris. W: ‚Les idées de Nietzsche sur la m.'; ‚L' esprit de la m. franç.' u. a.; Lieder

LASSO, Orlando di (Roland de Lassus) * 1530 Mons (Hennegau), † 14/6 1594 München, der letzte u. größte Niederländ. Meister, neben Palestrina der größte u. zugleich fruchtbarste Komp. des 16. Jh., in seinen geistl. Werken von klassischer Reinheit des Stils, in seinen weltl. ein kühner Neuerer, bes. der Chromatik zugeneigt. Zuerst Kapellknabe in Mons, 1544 im Dienste des Generals Ferdinand I. Gonzaga; nach Reisen in Frankreich, Oberitalien u. Sizilien längerer Aufenthalt in Milano, darauf in Napoli, Rom (1553 KM. am Lateran) u. 1555 in Antwerpen, seit Ende 1556 bis an sein Ende Mitglied, seit 1563 Leiter der Hofkap. in München. Reiste von da aus noch einige Male nach Italien, u. a. nach Venedig. W (über 2000): einige 40 Messen, über 500 Motetten, 100 Magnificats, Bußpsalmen, viele Madrigale, Villanellen, Chansons, dtsche Lieder usw. Gesamtausg. seiner Werke (bis jetzt 21 Bde). — Seine Söhne F e r d i n a n d († 27/8 1609, HofKM. seit 1602 in München) und R u d o l f († 1625, Hofkapellorgan. in München), bereits bei seinen Lebzeiten Mitglieder der Hofkap., gaben ebenfalls Messen, Motetten usw. heraus

LASSON, Bredo Henrik * 24/2 1838, † 15/8 1888 Vaekkerö/Christiania. W: KlavStücke, Lieder

LASSON, Niels Quiest * 18/7 1836, † 11/8 1876 Newyork. W: KlavStücke, MChöre, Lieder

LASSON, Per * 18/4 1859 u. † 6/6 1883 Christiania. W: Salonstücke (‚Crescendo'), beliebt gewordene Lieder

LASSUS — s. LASSO

LAST, Otto * 23/4 1897 Borntuchen (Pomm.), seit 1925 Organ. u. VerDir. in Wesermünde/Lehe. OrgVirt. W: Orator., Chöre, Lieder, OrgSonat.

LASZLO, Alex. * 22/11 1895, KlavVirt. in München seit 1922, seit 1928 Prof. an der staatl. Filmschule, Schüler A. Szendys u. V. Herzfelds (Wunderkind), 1915 in Berlin, dann auch Dirig. an vielen Orten; Erfinder d. Farblichtklav. W: Tanzpantomimen, impression. M. zu Shakespeares ‚Sommernachtstraum' (1925), KlavStücke für das Farblichtklav., Lieder; ‚Die FarblichtM.' (1925)

LATANN, Karl * 28/7 1840 Kl. Leinungen, † 15/10 1888 Freienwalde a. O., langjähr. MilKM. in Wilhelmshaven. W: Märsche, Tänze, VcStücke

LATES, John † um 1777 Oxford, Geiger. W: VSonaten, KaM. — Sein Sohn C h a r l e s † um 1810 Oxford, Klavierist. W: KlavSonaten

LATILLA, Gaetano * 12/1 1711 Bari (Napoli), † 1791 Napoli. W: 51 Opern (‚Orazio' u. a.), Oratorium, 4st. Sonaten

LA TOMBELLE, Fernand de * 3/8 1854 Paris, da TheorL. a. d. Schola cantorum. † 13/8 1928 Castelnau-Fayrac, Dordogne. W: OrchSuiten, KaM., OrgStücke, KirchM., Lieder

LATOUR, Geo., ps. = Geo. H. CLUTSAM

LATOUR, Jean * um 1766 Paris, da † 1840 KlavVirt., 1793/1830 London, Hofpian. des Prinzen v. Wales, gründete 1810 die MHdlg Chappell & Co. W: SalonKlavStücke, bes. Variationen

LATROBE, Christian Ignatius * 14/2 1757 Fulneck (Leeds), † 6/5 1836 Fairfield/Manchester, Herrenhuter. W: KlavSon., geistl. Gsge. H: Selection of sacred m. (6 Bde)

LA TROBE, Joh. Friedr. de *1769 Chelsea/London, † 1845 Dorpat, seit 1795 in Livland, verdient um dessen MLeben. W: geistl. Chöre, Lieder, KlavStücke. — Sein Sohn J o h n A n t e s * 1799 London, † 19/11 1878 Gloucester, Geistlicher. W: Anthems, Schriften üb. KirchM.

LATTERMANN, Theodor * 29/7 1886 Frankf. a. M., † 4/3 1926 Seehof/Teltow bei Berlin, ausgez. OpBaßbariton., bereits 19jähr. aufgetreten, viele Jahre in Hamburg, auch in Amerika, Spanien usw. sehr geschätzt, auch treffl. Bildhauer, auch Maler; auch Gärtner u. Sportsmann. Vermählt mit Ottilie M e t z g e r (s. d.)

LATTRE, Roland de = Orlando di LASSO

LATTUADA, Felice * 5/2 1882 Casella di Morimondo (Milano), Schüler d. Konserv. Verdi in Milano, lebt dort. W: Opern, Sinfon., KaM., Gsge. H: Raccolta di canzoni populari. — ps. Herbert JONAS

LATZELSBERGER, Jos. * 11/1 1849 Allhartsberg, NÖ., † 27/5 1914 Wien, da seit 1875 KirchChordir. W: Orator., Messen, KaM.

LATZKE, Harry * 11/4 1893 Penzig/Görlitz, SchulL. in Grube Marga, NLaus.. W: MChöre, auch m. Instr.

LATZKO, Ernst, Dr. jur. * 1/4 1885 Wien, seit 1933 MRef., Klav- u. TheorL. in Prag, Schüler H. Grädeners, Mandyczewskis u. H. Riemanns, 1908 OpKorrep. in Dresden, 1910 da Chordir. u. KM. der Hofkirche, 1913/27 OpKM. in Weimar, 1927/33 MSchr. u. Leiter des Colleg. mus. am Rundfunk in Leipzig. W: ‚Frz Schubert'; ‚Mendelssohn'. B: Haydn, ‚Ritter Roland' u. a. ält. Op.

LATZKY, Bela * 3/6 1867 Nyitra (Ung.), lebt in Wien. W: Operetten, Kuplets

LAU, William * 23/7 1877, † 17/12 1932 Berlin. W: UnterhaltgsM.

LAUB, Ferd. * 19/1 1832 Prag, † 17/3 1875 Gries/Bozen, 1853/55 KonzM. in Weimar, dann bis 1864 in Berlin (Kammervirt.), 1867 KonservProf. in Moskau, seit 1874 leidend in Karlsbad; viele Konzertreisen. W: VStücke, u. a. Polonaise

LAUB, Thomas * 5/12 1882 Langaa/Nyborg, † 4/2 1927 Kopenhagen, da Organ., Kenner des ev. Chorals, MSchr. H: KirchM. H: Dän. Volkslieder

LAUBACH, Heinr. * 21/6 1895 Dünsche/Hannover, seit 1924 SchulGsgL. u. seit 1927 Organ. in Altona. W: Chöre, Niedersächs. Liederfreund

LAUBER, Emil * 1866 Luzern, lebt in St. Aubin (Neuchatel). W: Festspiele, MilMärsche, KlavStücke, Chöre; ‚ABC de la m.'

LAUBER, Jos. * 25/12 1864 Rusvil (Luzern), Pianist, Schüler Gust. Webers, Rheinbergers u. Massenets, KonservTheorL. in Genf. W: Oper, Sinfon. u. sinf. Dicht., KaM., KlavSonaten, Chorwerke m. Orch., Lieder usw.

LAUBNER, Jul. * 12/4 1881 Prag. W: Oper

LAUCELLA, Nicola * 1882, FlVirt. in Newyork seit 1910. W: Oper, sinfon. Dichtgen, KaM.

LAUCKNER, Rolf, Dr. jur. * 15/10 1887 Königsberg i. Pr. W: OpLibrettist (Dichter) in Berlin

LAUDAMO, Antonio * 1814 Messina, da † 1884, seit 1855 DomKM. W: Opern, KirchM., Sinf. u. a.

LAUDIEN, Max * 15/10 1859 Königsberg i. Pr. W: BühnenM.

LAUDON, W. F., ps. = Willi GERNSHEIM

LAUDY & Co., MVerl. in London; der Gründer * 1862 in Holland, † 1921 London, da seit 1886, zuerst bei Novello

LAUGHLIN, ps. = Walter NOACK

LAUGS, Richard (Sohn Roberts) * 10/3 1907 Hagen i. W., KlavVirt. in Berlin, mehrjähr. Assist. A. Schnabels, ausgeb. bes. von diesem auf der Hochsch. in Berlin, zeitw. OpKorrepet.

LAUGS, Rob. * 21/2 1875 Saarbrücken, seit 1914 erster KM. der Op. (SinfKonz.), Dir. des LGsgVer. in Kassel, vorh. KM. in Krefeld, Hagen, Berlin (Hofop.). 1927 Dr. phil. h. c. W: MChöre

LAUGWITZ, Alfons Peter * 3/10 1874 Berlin, da MSchr., Vorkämpfer f. seelisch neue M., Schüler E. Breslaurs, Ph. Scharwenkas, W. Bergers und Pfitzners, zuerst OpKM., Kriegsteiln., erhielt 1923 3 Reichspatente üb. Verbesserg der Notenschrift. W: Opern, FilmM., Chöre, Balladen, Lieder, u. a. ‚Dtsch. Trutzlied' (eig. Text)

LAUKIEN, Emil * 22/10 1868 Berlin, da seit 1925 nur Komp. u. Arrangeur, Schüler der Berliner Hochschule, bis 1892 Tubaist, dann KM an kleinen Bühnen, † 30/9 1934. W: Märsche, Tänze, Lieder usw.

LAUKO, Desider, Dr. jur. * 8/11 1872 Sarvaš, Ung., Finanzbeamt. in Bratislava, Folk¹orist, M-Schüler Szendys. W: KlavStücke, bes. Rhapsodien nach slovak. Melodien

LAUNIS, Armas, Dr. phil. * 22/4 1884 Hämeenlinna (Finnl.), seit 1912 KonservL. in Helsingfors, MSchr., Erforscher d. finnl. Volksliedes. W: (finn.) Opern, KaM., Chöre, Lieder

LAUR, Ferd. * 22/2 1791 Merkdorf/Meersburg, † 1854 Egelshofen (Thurgau), 1820/46 GsgL., Chor- u. OrchDir. in Basel. W: volkstüml. gewordene Chöre, Schullieder

LAURENCE Frederick * 25/5 1884 London, lebt da. W: sinfon. Dichtgen, KaM.

LAURENCIE, L. de la — s. LA LAURENCIE

LAURENCIN (d'Armond), Graf Ferd. Peter * 15/10 1818 Kremsier, † 5/2 1890 Wien, da MSchr., in Prag musikal. gebildet. W: zahlreiche Aufsätze in der ‚N. Ztschr. f. M.', ‚Gesch. der KirchM.', ‚Dr. Hanslicks Lehre vom Musikalisch-Schönen', ‚Die Harmonik der Neuzeit'. — ps. PHILOKALES

LAURENS, Edmond * 10/11 1852 Bergerau, † 27/11 1925 Paris, da L. am Konserv. W: Oper, BühnenM., OrchSuiten, KaM., KlavStücke, Lieder; Lehrwerke

LAURENTI, Bartolommeo * 1644 u. † 18/1 1726 Bologna, VVirt. W: KaM. — Sein Sohn Girolamo Nicolo † 26/12 1752 Bologna, VVirt., Schüler Torellis u. Vitalis. W: StrInstr-Konzerte

LAURISCHKUS, Max * 18/2 1876 Insterburg, † 17/11 1929 Berlin, da seit 1893 ML. W: Orch-Suite, VcKonz., KonzStück f. V., KaM. (u. a. Sonate f. Ob. u. Klav.), KlavStücke, Chöre, Lieder

LAUSCHMANN, Rich. * 12/6 1889 Altenburg, ObVirt., seit 1918 im städt. Orch. in Kiel. H: ältere ObKonz. usw.

LAUSKA, Frz Seraph * 13/1 1764 Brünn, † 18/4 1825 Berlin, da seit 1798 angesehener KlavL. W: KlavSchule, Sonaten, Variation., Rondos usw.

LAUTENSCHLÄGER, Willi, ps. José ARMANDOLA, Edwin HALLER, A. NIPPON, Udo TÜRMER, James WANSON * 27/2 1880 Bonn, seit 1906 Pianist in Berlin. W: Singspiel, viele MChöre, KlavStücke u. a.

LAUTERBACH & KUHN, MVerlag, gegründ. 1902 in Leipzig (wichtig u. a. durch Werke Max Regers, Jos. Haas', Hugo Wolfs), 1908 an B o t e & B o ck, Berlin übergegangen

LAUTERBACH, Joh. Chr. * 24/7 1832 Kulmbach, † 28/3 1918 Dresden, da 1861 KonzM. der Hofkapelle, 1889 pension., treffl. L., Schüler de Bériots; 1851 Vertreter H. Léonards in Bruxelles; 1853/61 OpKonzM. u. MSchulL. in München. W: VStücke

LAUTERBURG, Franz † 1871 Bern, Pfarrer. W: Chöre, Lieder

LAUTERLEIN, Martin * 25/1 1907 Leipzig, da Chordir. u. Begl., da ausgeb. (Konserv., Univers.). W: viele Lieder (auch m. mehreren Instr.), Chöre, KlavStücke, VStücke

LAUWERYNS, Georges * 9/8 1884 Bruxelles, seit 1925 I. KM. der Kom. Oper in Paris, vorher u. a. in Monte Carlo, 1908/15 OpKM. in Brüssel; war Sängerknabe, dann auf dem Konserv. in Brüssel, Schüler Tinels, auch Otto Lohses. W: Oper, Kantate, sinf. Dichtg; KaM., Lieder

LAUX, Karl, Dr. phil. * 28/8 1896 Ludwigshafen a. Rh., MKrit. in Dresden, desgl. 1923/34 in Mannheim, da auch Doz. an der Hochschule. W: ‚Jos. Haas' 1931; Einführg in Nellius' Kantate ‚Von dtscher Not'. H: ‚150 Jahre Musikal. Akad. des NatTheaOrch. in Mannheim'

LAVALLÉE, Calixa * 28/12 1842 Verchères (Kanada), † 1891 Boston, Prof. a. d. ‚Petersilea-Akad.', KlavVirt. W: Opern, 1 Orat., Kant., Sinfon., Ouvert., Suiten usw. f. Orch., KlavKompos. usw.

LAVATER, Hans * 24/2 1885 Zürich, da Univ-MDir., Leiter der MAkad. u. Chordir. W: KlavKonz., KaM., Chöre, (auch m. Orch.), Lieder

LAVATER, Louis * 1867 St. Kilda (Melbourne), lebt in Melbourne. W: sinf. Dichtgen, KaM., V-Stücke

LAVEN, Ferd. * 14/8 1879 Trier, lebt teils da, teils in Paris. W: Orch-, Vc- u. KlavStücke, Chöre, Lieder

LAVIGNA, Vincenzo * 19/2 1767 Altomura (Bari), † 14/9 1836 Milano, Lehrer Verdis, von diesem geschätzter OpKompon.

LAVIGNAC, Albert * 21/1 1846 Paris, da † 28/5 1916, TheorProf. am Konserv. W: ‚Cours compl. théor. et pract. de dictée mus.' ‚La m. et les musiciens', ‚Le voyage artist. à Bayreuth', ‚l'Ecole de pédale' usw. H: Encyclopédie de la m.

341

LAVIGNE, Ant. Jos. * 23/5 1816 Besançon, † 1/8 1886 Manchester, ausgez. Oboist, der auch das Instrum. auf Grund der Böhmflöte verbesserte, ausgeb. in Paris, seit 1841 in England

LAVIGNE, Jacques Emile * 1782 u. † 1855 Pau, 1809/25 gefeierte Tenorist (,L'Hercule du chant') der Gr. Op. in Paris

LA VIOLETTE, Wesley * 1884 St. James, Minnesota, lebt in Chicago. W: Opern, Sinfon. Dichtgen, KaM., KlavSonate

LAVOIX, Henri Marie François * 26/4 1846 Paris, da † 27/12 1897. W: z. B. ,Les traducteurs de Shakespeare en m.', ,Hist. de l'instrumentation', ,La M: dans la nature', ,Les principes et l'hist. du chant', ,L'hist. de la m.' u. a.

LAVOTTA, Joh. * 5/7 1764 Pusztafödemes, † 10/8 1820 Talye, VVirt., der in seinen bemerkensw. Kompos. zuerst die sogen. ungarische Tonleiter verwendet hat. W: VStücke, KlavStücke

LAVRY (eigentl. LEVINS), Marc * 1903 Riga, da Dirig., 1921/29 in Berlin, ausgeb. auf d. Lpzger Kons. (Teichmüller, Graener), schon 18jähr. Dirig. W: Singspiel, Ballette, sinf. Suiten, Ouvert., Klav-Konz., Lieder

LAWRENCE, William John * 29/10 1862 Belfast, OpHistoriker in Dublin

LAX, Erich, ps. Erich LUTZ * 31/1 1900 Berlin, da MSortimenter, Schüler Fritz Kleiners. W: KlavStücke, Lieder, UnterhaltgsM.

LAYHER, Kurt * 7/7 1907 KonzSgr (Baß-Barit.), Chor- u. OrchDir., MKrit in Säckingen, Baden, ausgebild. in Basel (Univ. u. Konservat.)

LAZAR, Filip * 1894 Craiova, lebt in Bukarest. W: Orch-, Klav- u. VStücke

LAZARI, Ferd. * 1678 Bologna. da † 19/4 1754, Franziskanermönch, KirchKM. W: KirchM., Orator.

LAZARUS, Daniel * 1898 Paris, lebt da. W: Ballette, sinfon. Dichtgen, KaM., KlavStücke

LAZARUS, Gustav * 19/7 1861 Köln a. Rh., † 24/5 1920 Berlin, da seit 1887 Pianist u. Dir. des ,Prof. Emil Breslaurs Konserv. u. KlavLSem.'. W: Opern, OrchSuite, KaM., viele, auch instrukt. Klav-Stücke, Chöre, Lieder usw.

LAZZARI, Sylvio, Dr. iur. * 1/1 1858 Bozen (Tirol), seit 1882 in Paris, lebt meist in Suresnes, Schüler Guirauds u. César Francks. W: Opern, sinfon. Dichtgen, KaM., KlavStücke, auch 4hdg., Chöre, Duette, Lieder usw.

LEBAN, Ermanno * 11/6 1874 Trieste, da Konserv.KlavL. W: Oper, Operetten, KlavStück., beliebte Canzonetten

LEBANO, Felice * 7/1 1857 Napoli, da † 23/1 1919, vielgereister HarfVirt. W: HarfStücke, KlavStücke, Gsge

LE BÉ (BEC), Guillaume, verfertigte als einer der ersten in Frankreich (Paris) seit 1540 Typen f. d. gleichzeitigen Druck von Noten u. Linien, seit 1555 getrennte Typen f. Noten u. Linien. Seine Punzen an Ballard (s. d.) übergegangen

LEBEAU, Alfred * 17/9 1835 Paris, da † 1906, Organist. W: Org- u. HarmonStücke

LE BEAU, Louise Adolfa * 25/4 1850 Rastatt, lebte in München, Wiesbaden, Berlin, seit 1893 Baden-Baden, da † 2/7 1927, KlavVirt u. L. W: Festouvert., KaM., KlavStücke, Kantaten, Chöre, Lieder; ,Lebenserinnergen einer Komponistin' (1910)

LE BEC, Guillaume — s. LE BÉ

LEBEDE, Hans, Dr. phil. * 2/2 1883 Berlin, da StudRat, MSchr. H: Wagners MDramen (Text) u. a.

LEBEDE, Willibald * 19/4 1872, ObMMeister (MilKM) in Frankfurt a. O. W: Sinf., Ouvert., Märsche. B: f. MilM.

LEBEDEW, Wassili P. * 1867 Capiatowsky/Samara, † 1907 Petersburg, da seit 1898 GitL. W: GitSchulen u. -Stücke. H: Heimatklänge

LE BÉGUE, Nicolas Antoine * 1630 Laon, † 6/7 1702 Paris, da seit 1678 Hoforgan. W: Org-Stücke m. Registrieranweisg, KlavStücke

LEBER, Gottfried * 3/5 1864 Kastel/Mainz, 1890 Chor- u. OrchDir. in Fulda, wo er 1908 eine MSchule gründete, da † 31/5 1929. Sein Institut von seiner Tochter Leni (* 7/9 1896) fortgeführt. W: Kantate, Chöre, Lieder, KaM., KlavStücke, VStücke

LEBERT (eigentl. Levy), Siegmund * 12/12 1822 Ludwigsburg, † 8/12 1884 Stuttgart, in Prag ausgeb., gründ. 1856 mit Faißt, Stark, Speidel das Konserv. zu Stuttgart. W: mit L. Stark ,Große KlavSchule' u. ,Elementar-Singschule'. H: klass. KlavWerke

LE BLANC, Hubert, Pariser Jurist, veröffentl. 1740 eine Verteidiggschrift für die durch das Violoncell bedrohte Gambe

LE BOEUF, HENRI † 29/1 1935 Bruxelles, Musikologe, gab die Anregg zur Begründg des Palais des Beaux-Arts in Bruxelles

LE BORNE, Aimé Ambroise Simon * 29/12 1797 Bruxelles, † 1/4 1866 Paris, Schüler u. a. Cherubinis, bereits seit 1820 TheorL. am Konserv. in Paris, sehr geschätzter L. W: ,Sujets de concours (basses et chants)'; kom. Opern

LEBORNE, Ferd. * 10/3 1862 Charleroi, Schüler v. Massenet, Saint-Saëns u. Cés. Franck, M-Ref. in Paris, da † Febr. 1929. W: Opern, Sinf., Suiten, Ouvert., KaM., Kantaten usw.

LEBOUC, Charles Jos. * 22/12 1822 Besançon, † 6/3 1893 Hyères (Var), VcVirt. in Paris. W: Vc-Fantasien, Schule usw.

LEBRUN, Louis Sébast. * 10/12 1764 Paris, da † 29/6 1829. W: Opern, u. a. ‚Le Rossignol', KirchM.

LEBRUN, Ludw. Aug. * 1746 Mannheim, † 6/12 1790 Berlin, ObVirt., 1764/78 im Mannheimer Orch. W: Konz., Trios f. Ob., FlDuette. — Seine Frau Franziska geb. Danzi (1756/91), berühmte Sängerin. W: KlavVSonaten usw.

LEBRUN, Paul Henri Jos. * 21/4 1861 Gent, Schüler d. dort. Konserv., seit 1889 TheorProf. an dem Instit. u. Dirig., seit 1913 MSchulDir. in Löwen, da † 4/11 1920. W: Oper, OrchKompos., preisgekr. Str.Quart., Kantaten, Chöre usw.

LE CARPENTIER, Adolphe Clair * 17/2 1809 Paris, † 14/6 1869, geschätzter KlavL. W: viele (auch instrukt. KlavStücke); ‚Ecole d'harmonie'

LE CÈNE, Michel Charles, übernahm 1717 den Amsterdamer MVerlag Et. Rogers u. führte ihn bis c. 1741

LE CERF, Georges † 31/3 1933 Taormina, Offizier, MForscher

LECERF, Justus Amandus * 23/6 1789 Rosendorf, † 28/3 1868 Dresden, da seit 1843 ML., Schüler Weinligs u. Reichas, 1825 ff. MDir. in Aachen. W: Oper, Sinf., KlavStücke, Lieder

LECHNER, Leonhard † 9/9 1906, HofKM. in Stuttgart seit 1595, um 1570 Sängerknabe der bayr. Kapelle, um 1570 SchulL. in Nürnberg, 1584 KM. in Hechingen. W: Motetten, Messen, Madrigale, dtsche Lieder

LECHTHALER, Jos., Dr. phil. * 31/12 1891 Reutte (Tirol), seit 1924 TheorProf. an der Akad. in Wien. W: KirchM. (Stabat mater), KaM., Chöre, Lieder

LECLAIR, Jean Marie * 10/5 1697 Lyon, ermordet 22/10 1764 Paris; urspr. Ballettmstr., seit 1729 Geiger in Paris. W: Treffl. Sonaten, Duos, Trios u. Konz f. V. — Sein jüngerer Bruder Antoine Remi L., auch Geiger. W: 12 V-Sonaten 1739

LE CLERC, Pariser MVerl., 1761 verkauft an LA CHEVARDIÈRE, mit dieser Firma 1775 an Pierre Leduc übergegangen

LECLERE, Arthur Justin Léon, ps. = Tristan KLINGSOR

LECLERQ, Jean, ps. = Fred MULLEN

LECOCQ, Alex. Charl., ps. Geo. STON * 3/6 1832 Paris, da 24/10 1918 W; viele Operetten in Offenbachschem Stile ‚Les 100 vierges', ‚Mamsell Angot' (1872), ‚Giroflé-Girofla', ‚Le petit Duc', Ballette, KlavStücke, Gsge

LE COCQ, Maurice, ps. = GOBBAERTS

LE COUPPEY, Felix * 14/4 1811 Paris, da † 5/7 1887, KonservKlavProf. W: KlavSchule, Etüden, Lieder

LEDEBUR, Karl Freih. von * 20/4 1806 Schildesche/Bielefeld, † 25/10 1872 Stolp, Kavallerieoffiz. bis 1852. W: ‚Tonkünstlerlexikon Berlins'

LEDERER, Decsö (Désiré), ps. Louis DERLÉ * ?, VVirt. Ende des 19. u. Anf. des 20. Jhdt. W: VStücke

LEDERER, Felix * 1880 Prag, GenMDir. in Saarbrücken bis 1935, vorher OpKM. u. a. in Mannheim

LEDERER, Josef * 16/12 1877 Dresden, da seit 1899 Geiger in der Op., Schüler Ed. Rappoldis u. Draesekes. W: Opern, Te Deum, ‚NachtM.' f. klein. Orch., VKonz., VcKonz., KaM., Chöre, Lieder

LEDERER, Viktor, Dr. jur. et phil.. * 7/10 1881 Prag, lebt da seit 1920, VSchüler von Ševčik, M-Ref. in Prag, Lpz. (1904) u. 1907 in Wien, auch KonzBegl. W: ‚Über Heimat u. Ursprg der mehrst. Tonkunst' (Bd. 1, 1906)

LEDERER-PRINA, Felix * 9/1 1880 Danzig, KonzSäng. (Baß) u. GsgL. in Berlin. W: KlavStücke, Lieder

LEDERMANN, Wilhelm * 11/1 1854 Gotha, † 10/3 1889 Köln, da seit 1879 SchulL. u. KirchChordir. W: geistl. Lieder

LEDESMA, Damaso * 3/2 1868 Ciudad Rodrigo, Prov. Salamanca, Organ. u. Folklorist in Salamanca. W: kirchl. u. weltl. Chorwerke. H: ‚Cancionero Salmantino'

LEDUC, Alphonse, ps. DELASCURIE * 9/3 1804 Nantes, † 17/6 1868 Paris, da Fag.-, Fl.- u. GtiVirt., gründete 1841 den noch bestehenden M-Verl. W: viele Stücke f. seine Instr. u. Klav.; ‚Méthode élement. de Piano'

LEDUC, Pierre (le jeune) * 1755 Paris, † Okt. 1816 Holland, urspr. Geiger, dann MV., kaufte 1775 den Verlag La Chevardière. Sein Geschäft (von seinem gleichnamigen Vater 1750 gegr.) führte sein Schwiegersohn G. Jules Sieber unter eigenem Namen fort

LEDUC, Simon (l'aîné, Bruder Pierres) * 1748 Paris, da † 1777, VVirt. W: Sinf., VKonzerte, KaM.

LEDWINKA, Frz * 27/5 1883 Wien, Pianist, seit 1907 L. am Mozarteum in Salzburg, da auch Dirig. u. OpKM. W: Oper, Sinfonietta, KlavStücke, Lieder

LEE, Ernest Markham * 8/6 1874 Cambridge, da und in London UnivDoz. W: ‚The story of opera‘, ‚Grieg‘, ‚Brahms‘ u. a.; KirchM., Kant., KlavStücke, VStücke usw.

LEE, Louis * 19/10 1819 Hamburg, † 26/8 1896 Lübeck, VVirt., bes. in Hamburg. W: KaM., BühnenM., Sinfon., Sonaten usw. — Sein Bruder Sebastian L. * 24/12 1805 Hamburg. da † 4/1 1887, VcVirt. 1837/68 in Paris. W: Schule u. viele Stücke f. Vc.

LEEDE, C. F., MGroßsortim. u. Kommiss-V., Leipzig, gegr. 1824 bzw. 1/1 1843

LEEDER, Fritz * 23/9 1872 Rodaun/Wien, KlavL. in Wien. W: KlavStücke, Lieder

LEEDS, J., ps. = Max JARCZYK

LEEDS, Percy, ps. = Hans Jos. VIETH

LEENEN, Ernst * 9/5 1905 Krefeld, lebt in Berlin, ausgeb. auf d. Konserv. in Krefeld u. Köln. W: Optten, Tonfilme

LEEUWEN, Ary van * 25/5 1873 Arnheim, FlVirt., wirkte in Berlin (Philharm. Orch.) u. Wien (Hofop., Akad. der Tonkunst), jetzt in Cincinnati. H: FlStücke

LEEVES, William * 11/6 1748 Kensington, † 28/5 1828 Wrington, erst Offizier, dann Geistl. W: KirchM., das volkstüml. Lied ‚Auld Robin Gray‘

LEFÉBURE, Louis Franç. Henri * 18/2 1754 u. † Nov. 1840 Paris, da seit 1814 Unterpräfekt i. R. W: Oratorien, Kantaten; ‚Nouveau solfège‘ 1780, eingef. an der École de chant

LEFÉBURE-WÉLY, Louis James Alfr. * 13/11 1817 Paris, da 31/12 1869, Organ. W: Messe, Sinf. u. KlavSalonstücke u. a. ‚Les cloches du monastère‘

LEFEBVRE, Charles Ed. * 19/6 1843 Paris, † 8/9 1917 Aix-les-Bains, seit 1895 TheorProf. am Paris. Konserv. W: Opern, Sinfon., KaM., Chorwerke, Lieder usw.

LEFEBVRE, Franç. Charlemagne * 10/4 1775 Paris, da † 23/5 1839. W: Ballette, Kantaten, MilM. B: Rousseaus Le devin du village

LEFEUILLET, Raoul Auger — s. FEUILLET

LEFÈVRE, Jean Xavier * 6/3 1763 Lausanne, † 9/11 1829 Paris, da seit 1791 KlarinVirt., bis 1825 L. am Konserv. W: KlarinKonz. u. a., KlarinSchule

LEFFLER-BURCKARD, Martha * 1868 (?) Berlin, da GsgL., vorher sehr gefeierte OpSgrin (seit 1898 hochdram.), ausgeb. in Dresden, engagiert in Straßburg, Breslau (1890), Köln, Amerika, Bremen (1894; hier verheir. mit dem Schauspieler Herm. L.), Weimar (1898; Brünnhilde), Wiesbaden (1900/ 1912, 1906 Bayreuth), Berlin (Hofop. 1912/18; Dtsch. OpHaus 1918/19)

LE FLEM, Paul * 18/3 1881 Lèzardieux (Côtes du Nord), Schüler d'Indys, lebt in Paris. W: Oper, Sinfon., KaM., Chöre, Lieder

LEFMANN, Paul * 8/3 1893 Bremen, da † 2/7 1929, Dirig. d. LGsgver., Pianist. W: KaM., KlavStücke, Lieder

LEFRID de MÉREAUX — s. MÉREAUX

LEGE, Wilh. * 1841 Belzig/Brandenburg a. H., † 24/10 1893 Berlin (da seit 1865). W: KlavSalonstücke

LEGER, Hans * 21/2 1899 Mannheim, Dirig. u. ML. in Pforzheim. W: MChöre, Lieder, auch mit Orch.

LEGGE, Robin Humphrey * 28/6 1862 Bishop's Castle. Stropshire, † 6/4 1933 London, berühmter MKritiker

LEGINSKA (eigentlich LIGGINS), Ethel * 13/4 1890 Hull, lebt teils in Newyork, teils in London, KlavVirt. (Wunderkind), Schülerin Leschetizkys, des Frankf. Konserv., R. Goldmarks u. Ernest Blochs, seit 1924 auch Dirig. W: sinfon. Dicht., KaM., KlavStücke, Lieder

LEGNANI, Rinaldo Luigi * 7/11 1790 Ferrara, † 5/8 1877 [!] Ravenna, seit 1816 anerkannt. GitVirt., 1820 zuerst in Wien. W: 250 f. Git.

LEGOUIX, Isidor Ed., ps. DAUBRÉE * 1/4 1843 Paris, † Sept. 1916 Boulogne s. m. W: Opern, 10 Operetten usw.

LEGOUVÉ, Ernest W. * 15/2 1807 u. † 14/2 1899 Paris, OpLibrettist

LEGOV, M., ps. = VOGEL, Max

LEGRENZI, Giov. * 12/8 1626 Clusone/Bergamo, † 26/5 1690 Venedig, KM. an S. Marco. W: Opern, Oratorien, KirchM., Kammer- u. KirchSonaten

LE GUILLARD, Albert * 16/10 1887 Paris, VVirt. u. Pädagoge, Schüler der Frau Joachim-Chaigneau, Remys u. Hayots, in der Kompos. von M. Emmanuel u. Ravel. W: StrQuart., VStücke

LEHÁR, Franz * 30/4 1870 Komorn (Ung.), Sohn des gleichnam. österr. MilitKM. († 7/2 1898), Schüler d. Prager Konserv., 1890/1902 österr. MilitKM., lebt in Wien. W: Opern, erfolgreiche Optten ‚Der Rastelbinder‘, ‚Die lustige Witwe‘ (1905), ‚Das Fürstenkind‘, ‚Der Graf von Luxemburg‘ (1909), ‚Zigeunerliebe‘, ‚Die blaue Mazur‘, ‚Frasquita‘ (1923), ‚Paganini‘ (1925), ‚Friederike‘ (1928), ‚Das Land des Lächelns‘ (1929; Umarbeitg von ‚Die blaue Jacke‘ 1923), ‚Giuditta‘ (1934) u. a.

LEHMANN, Bruno * 14/1 1877 Rawitsch, Ober-ML. (Studienrat) u. Kirchenchordir. in Cassel (da seit 1904). W: Chöre

LEHMANN, George * 31/7 1865 Newyork, da Dir. einer VSchule seit 1916, VVirt., ausgebild. in Leipzig (Konserv.) u. v. Joachim, lebte zeitweise in Berlin. W: ‚True principles of the art of V. playing'; VStücke

LEHMANN, Joh. Gottlieb * 26/1 1821 Ponsdorf/Finsterwalde, † 14/5 1879 Elsterwerda, SemML. seit 1857. W: ‚Harmonie- u. Kompositionslehre', KlavSchule, Oratorium usw.

LEHMANN, Joh. Traugott, Dr. phil. * um 1782 Wenbrück, OLaus., ML. in Leipzig. W: GitSchule, Lieder m. Git.

LEHMANN, Lilli * 24/11 1848 Würzburg, † 16/5 1929 Berlin, bedeut. Op- u. KonzSgrin, zuerst in Prag, dann in Danzig, Lpz., Berlin (Hofoper 1870); 1885 in Amerika; seit 1892 in Berlin GsgL., sang noch 1922 öffentl.; verheir. mit dem Tenor Kalisch. W: ‚Studie zu Fidelio', ‚Meine Gsgskunst', ‚Mein Weg'. — Ihre Schwester M a r i e * 15/5 1851, † 9/12 1931 Berlin, ebenfalls tüchtige Sgrin (u. a. in Breslau, 1881/1902 Wiener Hofop.), lebte mit ihr viele Jahre zusammen

LEHMANN, Liza * 11/7 1862 London, da † 19/9 1918, seit 1894 mit dem Komp. Herbert Bedford verheir., urspr. Sgerin. W: Opern, BühnenM., Lieder-Zyklen, KlavStücke

LEHMANN, Lotte * 1885 Perleberg, ausgez. OpSerin (jug.-dram.) in Wien, Schülerin Mathilde Mallingers, Debüt 1910 Hamburg, viel auf Gastspielen (Dresden, Berlin)

LEHMANN, Marie — s. bei LEHMANN, Lilli

LEHMANN, Otto * 19/6 1876 Potsdam, EnsKM in Regensburg. W: Märsche, Tänze

LEHMANN, Paul * 6/12 1876 Berlin, VVirt., städt. KonzM. u. L. an der Folkwangschule in Essen. W: Optte, StrQuart., Lieder

LEHMANN, Robert * 26/11 1841 Schweidnitz, † 12/6 1912 Stettin, Vcellist, seit 1875 Organ. u. GymnGsgL. in Stettin. W: KirchM., Stücke f. V., Vc., Klav. usw., ‚Erinnerungen eines Künstlers' (1891)

LEHMANN-OSTEN, Paul * 16/4 1865 Dresden, da seit 1892 Dir. der Ehrlichschen MSchule, bed. KlavPädag. W: KlavStücke, Lieder

LEHNE & CO., MVerl. in Hannover, gegr. 1890, gehört jetzt W. Ehrler & Co. in Leipzig

LEHNER (Lener), Eugen * 24/6 1871 Szabadka, ausgeb. in Budapest, da Begr. u. Führer des berühmten nach ihm genannt., neuerdings meist in London lebenden, 1920 zuerst aufgetretenen StrQuart. W: Anweisg StrQuart. zu spielen

LEHNER, Fritz * 14/3 1872 Darmstadt, lebt in Berlin (viel in Italien, wo sehr geschätzt), Schüler von Rob. Fuchs, TheaKM. in Wien, Bonn, New York u. a. W: Optten, Revüen, Schlager

LEHNER, Hans * 17/10 1884 Bubach, L. u. VerDir. in Landshut (Bay.) W: Tanzspiel, sinf. Prolog, KaM., KlavStücke, Lieder

LEHNERT, Jul. * 25/1 1871 Nikolsburg, lebt in Wien, da Schüler des Konserv., TheaKM. an verschied. Orten, 1901/20 Ballettdirig. an d. Wiener Hofoper, seit 1924 Dir. des OrchVer. der Ges. der MFreunde. B: Ballettpantomimen nach Berlioz, Delibes, Schubert

LEHNHARDT, Gust. † (40jähr.) 12/7 1890 Berlin, da TheaKM. W: BühnenM., Tänze

LEHNHOFF, Walther * 8/2 1902 Hannover, da Pianist bzw. KM. W: UnterhaltgsM.

LEHRNDORFER, Frz Xav. Jos., Dr. phil. * 13/4 1889 Kempten (Allgäu), da seit 1924 Chordir. W: Märchenspiel, Pantomime, OrchSerenade und Ouv., KaM., Motetten, Lieder

LEIB, Walter, Dr. phil. * 15/3 1893 Heidelberg, da MSchr. u. seit 1924 Konserv.L. W: ‚Repertorium der ev. KirchM.'; ‚Wege z. polyphon Chorgesange'

LEIBROCK, Jos. Ad., Dr. phil. * 8/1 1808 Braunschweig, † 8/8 1886 Berlin, langjähr. Mitgl. d. Braunschw. Hofkap. (Harfe, Vc.). W: M. zu Schillers ‚Räubern', Chöre, Lieder, ‚Akkordenlehre' usw. B: VcKlavStücke

LEICHSENRING, Emil * 13/3 1867 Klingenthal, Schüler des Lpzger Konserv., Kantor u. Chordir. (auch Vc.) in Hamburg. W: kirchl. Chöre

LEICHSENRING, Max, MVerl. in Hamburg, verkauft 1894 an Rühle und Wendling, Leipzig

LEICHT, Fredy, ps. = F. DZIEWIOR

LEICHTENTRITT, Hugo, Dr. phil. * 1/1 1874 Pleschen (Posen), Schüler der kgl. Hochschule f. Mus. in Berlin, da 1902/24 L. am Klindworth-Scharwenka-Konserv., MRef. seit 1902, seit Herbst 1933 Leiter des musikwiss. Sem. der Harward-Univ. Cambridge/Boston. W: ‚Gesch d. Motette', ‚Chopin', ‚Musik. Formenlehre', ‚Erwin Lendvai', ‚F. Busoni', ‚Analyse der Chopinschen KlavWerke', ‚Händel' (1924); Op., Sinf., KaM., Chöre, Lieder. H: H. Prätorius, Hammerschmidt; Ambros, M-Gesch. Bd 4; ‚Dtsche HausM. aus 4 Jh.' u. a.

LEIDER, Frida * 18/4 1888 Berlin, Preuß. KaSgrin, ausgeb. in Berlin u. Milano, seit 1924 an d. Preuß. Staatsop. in Berlin, vorher u. a. I. Hochdramat. in Rostock, Aachen u. Hamburg, sehr viel im Ausland u. in Bayreuth, da zuerst 1928 (Brünnhilde, Kundry)

LEIDESDORF, Max Jos. * um 1780, † 26/9 1835 Firenze, bis 1827 in Wien (auch MHändler). W (ca 150): Ka- u. KlavM. — Der Verlag 1836 an Diabelli, Wien, also später an Aug. C r a n z verkauft

LEIDSTRÖM, J. Oscar * 19/12 1858 u. † 11/12 1926 Stockholm, da u. in Paris ausgeb., berühmt. GsgL. 1898/1925 am Konserv. in Stockholm, da 1885/98 Organ.

LE JEUNE, Claudin * 1528 Valenciennes, † 1602 Paris, Kgl. Kammerkomp., Hugenott. W (tonmalerisch bedeut.): Messen, Psalme, Chansons

LEIFS, Jon * 1/5 1899 Solheimar (Island), seit 1935 isländ. StaatsMD u. Leiter der M. des Rundfunks in Reykjavik, ausgeb. (1916 ff.) in Leipzig, Pianist, Dirig. u. MSchr., reiste viel, auch in Deutschl., lebte 1932/34 in Rehbrücke/Potsdam. W: BühnM., sinfon. Trilogie u. Dichtg, Ouvert., OrgKonz., KlavStücke, Island-Kantate, Lieder usw. H: Isländ. Volkslieder

LEIGHTER, Henry Clough * 13/5 1874 Washington, Organ., seit 1901 beim MVerl. Ditson in Boston. W: kirchl. u. weltl. Gsge, KlavSchul-Komp.

LEIMER, Karl * 22/6 1858 Biebrich/Wiesbaden, seit 1897 Dir. des von ihm gegr. Konserv. in Hannover, Schüler des Konserv. in Stuttgart, 1884/97 KonservKlavL. in Königsberg, ausgez. L. u. a. Giesekings. W: ,Handb. f. KlavUnterricht'; ,Modernes KlavSpiel'

LEIPOLD, Bruno, * 9/9 1879 Lauscha, Thür., 1916 Chordir., Kantor, GsgL., Leiter der Sinfon-Konz. usw. in Schmalkalden, sehr verdient. Kirch-M. W (über 200): Orator. ,Jesus Nazarenus', ,Seligpreisgen', ,Bethlehem', ,Erlösg'; Kantat., Motetten, weltl. Chöre, Org.- u. HarmonStücke; ,Handb. der musik. Jugendpflege', ,Chorgsschule' usw.

LEIPOLDT, Friedr. * 6/11 1900 Culitzsch/ Zwickau, Bassist, seit 1922 GsgL. in Leipzig, seit 1927 auch in Naumburg. W: GesamtSchule des Kunstgsges (7 Bde), Lieder u. a.

LEISCHNER, Franz * 9/5 1857 Beuthen, † 1933 Berlin, da 1884/1920 Organ. u. Chordir., Schüler der Kullakschen Akad. u. d. Instit. für KirchM. W: Messen u. andere geistl. M., MChöre, Lieder

LEISINGER, Elisabeth * 17/5 1856 (Tochter d. württ. KaSgrin B e r t h a L. geb. Würst * 1828 Königsberg, † 12/10 1913 Eßlingen) u. † 15/12 1933 Stuttgart, da (Mutter; Konserv.) u. v. Pauline Viardot-Garcia ausgeb., ausgez. Kolorat- u. jugendl.-dramat. Sgrin, 1884/94 an der Berliner Hofop., dann verheir. mit ObBürgerm. Dr. Mühlberger in Eßlingen

LEISNER, Emmi * 1886 Flensburg, hervorrag. Altistin in Berlin, da 1912/21 an der Hof- bzw. Staatsop.

LEITE, Antonio da Silva * 23/5 1759 u. † 10/1 1833 Porto, da seit 1814 DomKM. W: Opern, KirchM., Gsge, Duette, KaM., GitSchule

LEITER, Jos. † (85j.) 1921 Meran. W: Märsche

LEITERT, Georg * 22/9 1852 Dresden, † 6/9 1901 (geistesgestört) Hubertusburg/Dresden, treffl. vielgereister Pianist, Schüler Liszts. W: KlavKompos. u. Transkript.

LEITMANN, Friedr. * 14/8 1860 Spremberg (Lausitz), da seit 1886 Kantor, SchulL. u. Gymnas-ML. (bis 1924), VerDir., † 1931. W: Ouvert. u. Märsche, MChöre, Lieder

LEITNER, Karl Aug. * 4/5 1837 Dollnstein/ Eichstätt (Bay.), † Ende Mai 1904 Wörishofen, 1877 L. in München. W: Messen, Requiem, Offert., Litaneien usw.

LEITZMANN, Albert, Dr. phil. * 3/8 1867 Magdeburg, 1891 PrivDoz., 1898 Prof. der Lit-Gesch. an der Univers. Jena. W: ,Beethovens Persönlichkeit', ,Beethovens Persönlichkeit'. H: Beethovens Briefe (Auswahl); Mozarts Briefe (Auswahl) usw.

LEKEU, Guillaume * 20/1 1870 Heusy-les-Verviers, † 21/1 1894 Angers. W: OrchStücke, KaM., KlavSonate u. a.

LEM, Peder * 1754, † 1826 Kopenhagen, da seit 1783 Geiger der Kgl. Kap., seit 1793 KonzM., bedeut. Virtuos

LEMACHER, Heinr., Dr. phil. * 26/6 1891 Solingen, KlavL. u. MRef. in Köln. W: KaM., Messen, Chöre, Lieder

LEMACHER, Klemens * 5/6 1861 Brauweiler, † 26/2 1926 Solingen, Schüler d. Kölner Konserv., Geiger, seit 1885 Organ., Chordir. u. GsgL. in Solingen. W: Chöre, bes. MChöre, Lieder

LEMAIRE, Ferd. † Aug. 1879 Bad Baguolo, Librettist der Op. ,Samson et Dalila' von Saint-Saëns

LEMAIRE, Gaston Eugène * 19/9 1855 Chateau d'Amblainvillers (Seine et Oise), † (Selbstmord) Ende Dez. 1927 Paris, Schüler Niedermeyers. W: Optten, Ballett-Pantomime, einst beliebte Klav-Stücke u. Lieder

LE MAISTRE (Le Maître), Mattheus, † 1577, niederländ. Komp., 1554/67 HofKM. in Dresden. W: Messen, Motetten, geistl. u. weltl. dtsche Lieder usw.

LEMARE, Edwin Henry * 9/9 1865 Ventnor auf Wight, da † 19/3 1929, hervorrag. Organ. (zeitw. in Amerika u. Australien), seit 1905 in London. W: OrgStücke, viele OrgBearb.

LEMBA, Arthur * 12/9 1885 Reval, Pianist, 1915 KonservL. in Petersburg, seit 1920 in Reval. W: Oper, Klav- u. VKonz., KlavStücke, Kantate, Lieder

LEMBERG, Martin von — s. LEOPOLITA

LEMIÈRE DE CORVEY, Jean Fréd. Aug. * 1770 Rennes, † 19/4 1832 Paris, Offizier, Schüler Bertons (1792). W: 23 Op., KaM., KlavSon., Romanzen u a.

LEMIEUX, Ant., ps. = Frederic MULLEN

LEMLIN, Lorenz * um 1493 Eichstätt, † ? Heidelberg, da HofKM., zuerst Sgr. W: Motetten, 4st. Lieder

LEMMENS, Nicolas Jacqu. * 3/1 1829 Zoerle/Parwijs (Belg.), † 30/1 1881 Schloß Linterport/Mecheln, bedeut. OrgVirt., 1849 KonservL. in Brüssel. Begründ. 1879 in Mecheln eine Schule f. Organ. u. Chordirig. W: KirchM., OrgKomp. u. -Schule, Methode z. Begl. des gregor. Gsgs

LEMOINE, Ant. Marcel * 3/11 1763 Paris, da † Apr. 1817, GitVirt., begründete 1793 den noch bestehenden MVerl. W: GitSchule u. a. — Sein Sohn H e n r i * 21/10 1786, † 18/5 1854, sehr gesuchter KlavL., übernahm 1817 den Verlag, den er sehr erweiterte. W: KlavSon. u. -Stücke; ‚Méthode pratique' u. a.

LE MOYNE, Jean Battiste — s. MOYNE

LEMPERT, Erwin * 15/12 1900 Breslau, da Pianist. W: Optte, Tänze

LEMUNE, Gaston, ps. = Frederic MULLEN

LENA, Maurice * 24/12 1859 Chalon-sur-Saône, † 31/3 1928 Nizza, Librettist Massenets u. vieler anderer franz. Kompon.

LENDVAI, Erwin * 4/6 1883 Budapest, Schüler Koeßlers u. Puccinis, seit 1901 in Deutschland (Berlin, Hellerau, Jena), 1923 Chordir. in Hamburg-Altona, 1926 in Horchheim/Koblenz, 1929 in Stockdorf/München, jetzt in Erfurt. W: Oper, Sinfon., StrTrios u. and. KaM., vortreffl. Chorw. (Chorvariat.) usw.

LENEPVEU, Charles Ferd. * 4/10 1840 Rouen, † 16/8 1910 Paris, da seit 1880 KonservProf. W: Opern, Ode m. Orch., Leçons d'harmonie usw.

LENER, Jenö — s. LEHNER Eug.

LENERD, H., ps. = ERDLEN, Herm.

LENGARD (eigentl. Schiemanowky), Max * 10/4 1882 Caymen (Samland), ML. in Breslau, da u. in Berlin ausgeb. W: Lieder

LENGNICK, Alfred, & Co., MVerl. London, gegr. 1890, Vertreter von N. Simrock

LENGYEL, Ernst v. * 28/8 1893 Wien, † 24/11 1914, klavierist. Wunderkind, ausgeb. v. A. Szendy

LENORMAND, René * 5/8 1846 Elbeuf, † 5/12 1932 Paris, da Pianist. W: Oper, KlavKonz., KaM., KlavStücke, viele Lieder

LENTZ, Aug. Karl * 28/12 1883, VVirt. in Iron Ridge, Wisc. W: OrchSuite, KaM., VStücke

LENZ, Heinr. * 1764 Warschau, da † 1839, 1784 in Berlin, 1793 in Paris, 1796 in Hamburg, seit 1798 in Warschau, Klav-Virt. W: KaM, Klav-Sonaten, Gsge

LENZ, Herm. * 20/3 1896 Bülstringen, Kr. Neuhaldensleben, da seit 1901 Organ. u. Chordir., Schüler d. Instit. f. KirchM. in Berlin. Seit 1930 MDir. (OratVer.) in Wernigerode. W: Festspiele, gem. u. MChöre

LENZ, Leop. * 1803 Berlin (1804 Passau ?), † 19/7 1862 München, da 1826/55 OpSgr u. 1846 GsgL. an der MSchule, treffl. Baritonist. W (mit Unrecht vergessen): KirchM., MChöre, Lieder

LENZ, Max * 28/2 1887 Frankf. a. O., Fagottist in Berlin, da ausgeb. (Hochsch.). W: UnterhaltgsM.

LENZ, Wilh. v. * 1808, † 31/1 (12/2) 1883 St. Petersburg. W: üb. Beethoven

LENZEWSKI, Gust. * 17/8 1857 Schöneberg/Berlin, † 21/12 1928 Berlin-Charlottenburg, VL., Chor- u. OrchDir., Gründer der Ges. z. Pflege altklass. M. H: OrchWerke Friedrichs d. Gr. u. a. W: ‚Lehrg. f. d. V.' — Dessen Sohn G u s t a v * 16/9 1896 B.-Charlottenburg, VVirt., Führer eines StrQuart. u. KonservL. in Frankf. a. M., Schüler s. Vaters u. v. W. Heß, war KonzM. in Berlin, Königsb., Nürnberg u. Frankf. a. M.

LEO, Leonardo * 5/8 1694 San Vito degli Schiavi/Napoli, † 31/10 1744 Napoli, KM. u. KonservL., bedeut. Komp. W: 71 Opern, Oratorien, Messen, Motetten, 8st. Miserere, Konz., OrgFugen usw.

LEO, Maria * 18/10 1873 Berlin, da sehr verdiente KlavL., MBeraterin beim ProvSchulkolleg., begründete 1911 ein Sem. für theor., pädagog. u. wissensch. Ausbildung der ML., Vertreterin der Tonika-Do-Methode

LEON, August, ps. = OEHL, Aug.

LEON, Victor, eigentl. V. Hirschfeld, * 1/1 1860 Wien, da Opttenlibrettist

LÉONARD, Hubert * 7/4 1819 Bellaire/Lüttich, † 6/5 1890 Paris, da seit 1867, VVirt., berühmter L., 1849/66 KonservProf. zu Brüssel. W: 5 Konz., Fantas., Etüden f. V.

LEONARD (eigentl. Lewysohn), Hugo * 10/5 1874 u. † 27/9 1933 Berlin, KM. W: Unterhaltgs-M., bes. Chansons

LEONARD, Lotte * 3/12 1884 Hamburg, sehr angeseh. KonzSgerin (Sopr.) u. GsgL., seit 1933 in Paris, vorher viele Jahre in Berlin, verheir. mit Dr. Heinr. L e w y

LEONASTRO, Matthäus — s. LÖWENSTERN

LEONCAVALLO, Ruggiero, ps. Roger LÉON CAVALLO; L. PERTERHOFF * 8/3 1858 Napoli, Schüler des dort. Konserv., † 9/8 1919 Montecalini/Firenze, mußte sich sehr mühselig als Klav-Spieler durchschlagen, bis er 1892 durch seine Op. ‚Pagliazzi' weltberühmt wurde, lebte meist in Milano. Erfolg hatten noch seine Opern ‚La Bohème' (1897) u. ‚Zaza' (1900). Erwähnt sei noch ‚I Medici' (I., einziger Teil der Trilogie ‚Crepusculum'), ‚Der Roland von Berlin' (1904, geschrieben auf Wunsch Wilhelms II.) u. die Optte ‚Malbruk' (1910)

LEONEL — s. POWER, Leonel

LEONHARD, Jul. Emil * 13/7 1810 Lauban, † 23/6 1883 Dresden, Pianist, 1852 KonservL. zu München, 1859/73 desgl. in Dresden. W: Orat., Sinfon., KaM., preisgekr. KlavSonate, Kantaten, MChöre, Lieder usw.

LEONHARDT, Andreas † 3/10 1866 Wien, MilKM. i. R. W: Märsche

LEONHARDT, Karl * 11/2 1886 Coburg, 1907 Solorepet. u. 1912 OpKM. in Hannover, 1920/22 I. OpKM. in Weimar, seitdem GenMDir. in Stuttgart

LEONHARDT, Otto * 8/10 1881 Hildesheim, lebt in Hannover, Reger-Schüler. W: Sinfon., sinf. Dichtgen, KaM., Lieder

LEONI, Alberto * 21/7 1827 Milano, da † 17/11 1912; KonservGsgL. 1873/1910. W: Oper, KirchM., Chorgesgschule, Solfeggien, Romanzen u. a.

LEONI, Franco * 24/10 1865 Milano, Schüler Ponchiellis, seit 1914 in Milano, vorher 25 Jahre in London. W: Opern, Oratorien, viele Lieder

LEONI, Giov. Ant. veröffentl. 1652 in Rom 31 VSon. m. B.

LEONI, Leone, KirchKM. in Vicenza, Ende des 16. u. Anf. d. 17. Jhdts. W: Madrigale, Motetten z. T. m. OrgBaß

LEONI, Sergio * 5/6 1888 Padova, da Advokat u. MSchr. W: Sull' arte pianistica di Martucci, Brahms usw.; Le Sonate p. Pfte di Beethoven

LEONOWA, Daria Michailowna * 1829 Gouv. Twer, † 9/2 1896 Petersburg, 1852/73 da ber. AltOpSgrin (viel im Ausland), dann GsgL., befreundet mit Mussorgsky, mit dem sie 1879 Südrussland bereiste

LEOPOLD I., deutscher Kaiser (1658/1705), * 9/6 1640, Förderer der ital. Oper. W: Messen, Orator., kleinere kirchl. Kompos., viele Arien, Ballettsuiten

LEOPOLD, Bohuslav * 6/9 1888 bei Deutsch-Brod, VVirt. u. MVerleger (Edit. Continental) in Prag. W: VCapricen, UnterhaltgsM., zahlr. Fantasien üb. Volkslieder (Stimmen der Völker). B: üb. 1000 f. Salon-Orch.

LEOPOLD, Joh. Friedr. * 26/8 1871 Glarus, VVirt., seit 1921 Chor- u. OrchDir. in Naumburg a. S. W: sinf. Dichtg, KaM., Stücke f. V., Br., Vc., Klav.

LEOPOLITA ,Martin † 1589 (?) Lemberg, seit 1560 poln. Hofkomp. in Krakau. W: KirchM.

LEPINE, M., ps. = Frederic MULLEN

LEPORELLO-MÜLLER — s. MÜLLER, Erasmus

LERCH, Eduard * München, Schüler Rheinbergers; TheaKM. an verschiedenen Orten (1901 Straßburg). W: M. zu Hauptmanns ,Versunkene Glocke', 3 Sinfon., VKonz., KaM., Lieder usw.

LERCHE, A. Rudolf * 17/6 1851 Wien, † ?, ZithVirt.

LE REY, Fréderic, ps. PHAREY * 19/5 1858 Cherbourg, lebt in Paris. W: Opern, Optten, Orch-Kompos.

LEROLLE, Jacques * 15/9 1880 Pressagny l'Orgueilleux, seit 1907 Mitbesitzer des Pariser MVerl. R o u a r t, Lerolle & Cie

LEROUX, Xavier * 11/10 1863 Velletri (Kirchenstaat), † 2/2 1919 Paris, da seit 1882. W: Opern ,Théodora', ,Le carillonneur' usw., SchauspielM., Messe, Kantate, Motetten

LE ROY, Adrien † um 1599 Paris, Mitbegründer (1552) des MVerl. Le Roy & Ballard. W: Lautenstücke. H: Sammlg v. Chansons

LERT, Ernst, Dr. phil. * 12/5 1883 Wien-Hernals, Thea-Fachmann u. MSchr., 1909 Regiss. u. Dramaturg in Breslau, 1912 ObRegiss. der Op. in Lpz., 1919 TheaDir. in Basel, 1920/23 OpDir. in Frankf. a. M.; lebt in Milano. W: Oper, Lieder; ,Mozart auf dem Theater', ,Otto Lohse'

LERT, Richard * 19/9 1885 Wien, lebt in Los Angelos, KonzDirig., vorher GMD. in Düsseldorf, Darmstadt usw., Breslau, 1929/32 in Berlin (Staatsoper)

LESAGE DE RICHÉE, Phil. Franç., Lautenvirt., gab 1695 das wichtige ,Kabinett der Lauten' (98 Stücke in 12 Suiten) heraus

LESCAUT, Pierre, ps. = Frederic MULLEN

LESCHEN, Christoph * 1816 Wien, da † 4/5 1899. W: Opern, Sinfon., KirchM., Lieder

LESCHETIZKY, Ludwig * 22/9 1886 Wien, OpKM., seit Herbst 1933 in Chemnitz, vorher u. a. in Braunschweig. W: Oper, sinf. Dichtg, KlavTrio usw.

LESCHETIZKY, Theod. * 22/6 1831 Lancut (Galizien), † 14/5 1915 Dresden, treffl. Pianist u. KlavL., 1852/78 in St. Petersburg, seitdem in Wien, 1880/92 Gatte Annette Essipoffs. W: Oper, elegante KlavStücke

LESCHETIZKY, Theodor Herm. * 25/5 1896 Wien, da ML. u. Chordir. seit 1923, nach Absolv. der Baufachschule MStudium, 1915/17 Frontsold., 1917/19 in ital. Gefangensch., seit 1920 Chordir. an versch. Orten. W: Sinf., Kleine M. f. Funkorch., KaM., Liederzykl. m. Orch., Lieder, Chöre

LESLIE, Henry David * 18/6 1822 London, da † 4/2 1896, Dir. eines Chorgsgver. usw. W: Oper, Operetten, Oratorien, Sinfon., KaM., KlavStücke usw.

LESONNÉ, Bertrand, ps. = Fred MULLEN

LESOV, A. M., ps. = Willy RICHTER

LESSEL, Frz * um 1780 Pulawy (Polen), † 1838 Petrikow, Lieblingsschüler Haydns. W: Sinfon., Konz., KlavSon. u. -Stücke, Lieder

LESSER, Alfred * 11/1 1902 Kassel OSchulGsgL. in Arolsen, vorher in Kassel (hier auch Kant. u. VerDir.). W: Chöre

LESSLE, Adolf * 28/3 1888, städt. KonzM. in Stettin. W: Pantomime, OrchSuite, ObKonz., VcKonz., KaM., VStücke, KlavStücke, Lieder

LESSMANN, Bernh. * 14/4 1897 Krefeld, treffl. VVirt. u. QuartSpieler, seit Herbst 1933 KonzM. am Dtsch. OpHaus in Berlin, ausgeb. in Krefeld (Konserv.) u. v. Eldering, 1927/29 im Krefelder Orch., Sommer 1929 I. KonzM. in Meiningen, 1929/33 dsgl. in Dessau (von da Reisen mit dem Dessauer Quart.)

LESSMANN, Otto * 30/1 1844 Rüdersdorfer Kalkberge/Berlin, † 28/4 1918 Jena, Schüler von A. G. Ritter, H. v. Bülow u. Fr. Kiel, 1866/1917 ML. in Berlin, 1882/1907 Hrsg. u. Eigentümer der ‚Allgem. (Dtsch.) MZtg.'. W: KlavStücke, Lieder

LESSO-VALERIO, P., ps. = Erich PLESSOW

LESTÈRE, Paul, ps. = Frederic MULLEN

LE SUEUR, Jean Franç., * 15/2 1760 DrucatPlessiel/Abbeville, † 6/10 1837 Paris, Hof- u. OpKM., KonservKomposL., Vorläufer seines Schülers Berlioz als Programmusiker. W: Opern, Orat., KirchM. u. mehr. Streitschr.

LETOCART, Henri * 6/2 1866 Courbevoie (Seine), seit 1900 Organist in Neuilly-sur-Seine. W: Motetten, Lieder, OrgStücke

LETOREY, Ernest * 2/11 1867 Rouen, seit 1926 Vorsitz. der Chambre syndic. franç. des compositeurs de m. in Paris, Schüler Pessards, urspr. TheaKM. W: instr. u. vokale

LETTON, Harry bzw. Heinz, ps. = LEWIN, Heinz

LEU, Ferd. Osk. * 8/4 1897 Zürich, da ausgeb., zuerst OpttenKM., 1911 VerDir. in Zürich, 1914 städt. MDir. in Glarus, seit 1919 SchulGsgL., Organ. u. VerDir. in Baden (Schweiz). W: Chöre, Lieder, OrgStücke

LEU, Frz. Anton * 28/6 1886 Düsseldorf, † 6/9 1927 Helsingör, KlavVirt., Orch- u. Chordir., u. a. 1877/82 in St. Gallen, 1882/1900 in Klagenfurt. W: Chöre, auch m. Orch., Lieder

LEUCKART, F. E. Christoph, gründ. 1782 eine MHdlg in Breslau, die 1856 von Konstant. Sander (* 25/4 1826, † 21/12 1905) übernommen, auch als Verlag zu großem Ansehen gebracht und 1870 nach Lpz. verlegt wurde. Sein Sohn Mart. Sander * 11/11 1859 Breslau, † 14/3 1930 Lpz.

LEUCKS, Gottlieb — s. LEUX, Leo

LEUENSTERN, Matthäus — s. LÖWENSTERN

LEUKAUF, Rich. † 17/11 1920 Wien. W: Wiener Lieder u. Duette

LEUPOLD, Ant. Wilh. * 22/4 1868 Haber/Leitmeritz i. Böhm., Organ. in Berlin seit 1899. W: OrgStücke, Lieder

LEUPOLT, Paul Adolf * 5/3 1883 Reichenau/Zittau, seit 1913 Kant. usw. in Wurzen (Sachs.). W: Kanaten, Chöre; ‚M. am Wurzener Dom' u. a.

LEUSCHNER, Arthur † 25/5 1928 Berlin, auch MVerleger. W: UnterhaltsgsM.

LEUSCHNER, Karl * 11/7 1886 Schleiz, seit 1910 I. Fag. des Berliner Philh. Orch., ausgeb. in Leipzig (Konserv.)

LEUSCHNER, Theod. Rob. * 8/4 1878 Morgenroth OS., lebt in Berlin, Schüler Riemenschneiders u. M. Graberts, 1901/08 MilKM., 1919/29 KinoKM. W: FilmM., OrchSuiten,, sinfon. Dichtgen, Ouvert. u. a.

LEUTNER, Albert * 1815, † 21/5 1871 Berlin, ML. W: Oper, Ouvert., u. a. ‚Fest-Ouvert.', Märsche, Tänze usw.

LEUX, Irmgard, Dr. phil. * 1/9 1895 Elbing, Schr. in Kopenhagen (verheir. mit Henschen), vorher in Berlin. W: Chr. G. Neefe

LEUX, Leo (eigentl. Gottlieb Leucks) * 7/3 1873, KM. in Berlin. W: Tonfilme, UnterhaltsM.

LEVA, Enrico de * 19/1 1867 Napoli, da seit 1907 Leiter eines MInstit., vorzügl. GsgL. W: Oper, Stücke f. Klav. u. V., (beliebte) Lieder

LEVADÉ, Charles Gaston * 3/1 1869 Paris, lebt da. W: Opern, OrchSuiten, KaM.

LEVASSEUR, Jean Henry * 1765, † 1823 Paris, da VcVirt. u. seit 1795 L. am Konserv. W: Vc-Sonaten, Duette, Etüden

LEVASSEUR, Nicolas Prosper * 9/3 1791 Breste (Oise), † 6/12 1871 Paris, da berühmter Bassist der Gr. Op. 1813/45; KonservGsgL. 1841/70

LEVASSEUR, Pierre Franç. * 11/3 1753 Abbeville, † 1816 (?), VcVirt., 1785/1815 in der Gr. Op. in Paris. W: VcDuette

LEVASSEUR, Rosalie * 8/10 1749 Valenciennes, † 6/5 1826 Neuwied, 1766/85 ber. Sopr. der Gr. Op. in Paris

LEVEY, William Charles * 25/4 1837 Dublin, † 18/8 1894 London, ausgeb. in Paris (Auber, Thalberg, Prudent), seit 1868 OpKM. in London. W: Optten, SchauspM., Kant., Ouvert., Lieder

LEVI, Herm. * 7/11 1839 Gießen, † 13/5 1900, Schüler von V. Lachner u. des Lpzger Konserv., KM. in Saarbrücken, Rotterdam, Karlsruhe (1864/1872), seit 1872 HofKM. in München, intim. Freund v. Brahms u. Wagner, der ihm 1882 den ‚Parsifal' anvertraute. W: KlavKonz., Lieder (‚Der letzte Gruß'), Textübersetzgen von Opern, bes. Mozarts

LEVI, Jakob — s. LEBERT

LEVI, Samuele * 1813 Venezia, † 18/3 1883 Firenze. W: Opern

LEVIN, Martin (ps. VELIN) * 15/4 1895 Dresden, urspr. Fagottist, dann TheaKM., lebt in Dresden. W: Operetten, BlasQuint., KlavStücke

LEVINS, Markus — s. Marc LAVRY

LEVINSON, André * 1/11 1887 Petersburg, † 5/12 1933 Paris, da MKrit.

LEVITZKI, Mischa * 25/5 1898 Krementschug, Rußl., seit 1914 konzert. KlavVirt in Newyork, ausgeb. in Warschau, 1907/11 v. S. Stojowski, 1911/15 von Dohnanyi in Berlin

LEVY, Alex. * 10/11 1864 S. Paulo (Bras.), da † 17/1 1892. W: Sinf. (preisgekr.), KaM., KlavStücke

LEVY, Eduard * 1/4 1862 Breslau, † 26/8 1921 Berlin, Schüler des Lpzger Konserv., zunächst TheaKM. an verspied. Orten, seit 1899 Dirig. der jüd. Reformgem. in Berlin u. 1905/07 auch der ‚Musikal. Gesellschaft'. W: Opern, Orator., Sinfon., KaM., Chöre, Lieder

LEVY, Ernst * 18/11 1895 Basel, da treffl. Pianist u. L. am Konserv., lebt seit 1922 in Paris (Neuilly s. S.). W: Sinf., KaM., KlavStücke, OrgSonate, KirchM., Lieder

LEVY, Jakob — s. LEBERT

LEVY, Lazare * 1883 Brüssel, vielgereister KlavVirt. u. KonservL. in Paris. W: KaM., VcStücke, KlavStücke u. Etüden

LEVY, Roland Manuel — s. MANUEL

LEVY-DIEM, Hans * 1/7 1908 Rorschach, † (Selbstmord) 16/2 1929 Berlin, da seit 1927 Korrep. (Dirig.) der städt. Oper, Schüler von Alb. Meyer St. Gallen und der Münchener Akad., KlavVirt. W: OrchPartita, BühnM., KaM., Lieder

LEWALD, Aug. * 14/10 1792 Königsberg i. Pr., † 10/3 1871 München, der bekannte Roman- u. Theater-, auch MSchr.

LEWALTER, Joh. 24/1 1862 Cassel, da ML. u. MSchr. W: KlavStücke, MChöre, Lieder. B: ‚Dtsche Volkslieder in Hessen', ‚Hess. Kinderliedchen', ‚Schwälmer Tänze', ‚Reichswacht, dtsche Soldaten- u. Vaterlandslieder', ‚Frisch auf', ‚Fröhlich. Singen'

LEWALTER, Phil. * 7/6 1864 Wernborn, SchulL. i. R. in Eckenheim/Frankf. a. M., da seit 1890. W: viele Lieder

LEWANDOWSKI, Leopold * 1823, † 22/11 1896 Warschau, TheaKM. W: viele Tänze

LEWANDOWSKI, Louis * 3/4 1823 Wreschen (Posen), † 3/2 1894 Berlin, da langjähr. SynagogChordir. W: Orch- u. KaM., Lieder, B: alte Synagogengsge

LEWANDOWSKY, Max * 16/2 1874 Hamburg, da † 27/8 1906 (Selbstmord), TheaKM., zuletzt Chordir. in Kiel. W: KaM.

LEWERENZ, Wilh. Siegfr. * 17/7 1898 Rostock, Vcellist u. ML. am Goetheanum in Dornach/Basel, Kriegsteiln., seit 1922 in der Schweiz, Schüler E. Kurths. W: Op., BühnM., Konz. f. StrInstr., KaM., M. f. Eurhythmie, KlavSuite, Choralvorsp., Chöre

LEWES, John E., ps. = Wilh. HOFMEISTER

LEWICKI, Ernst * 4/3 1863 Olten (Schweiz), o. Prof. a. d. Techn. Hochschule in Dresden, da 1896 Mitbegr. des MozartVer., verdient. Mozartforscher. B: Mozarts Idomeneo

LEWIN, Gustav * 19/4 1869 Berlin, Schüler Bußlers, urspr. TheaKM., 1901/33 L. an der M-Schule (Staatskonserv.) in Weimar, lebt da. W: Opern, Sinfon., LustspielOuv., KaM., KlavStücke, Chöre, viele Lieder, Melodramen. — ps. Franz HAUPT

LEWIN, Heinz, ps. Harry LETTON, Heinz LETTON, Harry NIVELL * 22/3 1888 Wiesbaden, da ausgeb., lebt in Berlin. W: Operetten, Ballette, FilM., Schlager

LEWINGER, Max * 17/3 1870 Sulkow/Krakau, † 31/8 1908 Dresden, da seit 1898 HofKonzM., ausgeb. in Lemberg, Krakau u. Wien (Grün), 1897/1898 KonzM. in Leipzig. W: VStücke

LEWIS, Clarke, ps. = Hubert W. DAVID
LEWY, Edua. Konst. * 3/3 1796 St. Avold (Mosel), † 3/6 1846 Wien, 1822 in der Hofoper u. L. am Konservat., vielgereister Hornvirt.
LEWY, Gustav, MVerl. in Wien, 1897 verkauft an Jos. W e i n b e r g e r
LEWY, Karl * 1823 Lausanne, † 20/4 1883 Wien, Pianist. W: KlavSalonstücke
LEWY, Leo, ps. Leon LÖWEN * 1/8 1882 Berlin, lebt da, war 1933/35 in Haifa-Hadar (Palästina). W: KaM., Chöre, Lieder, auch m. Orch.
LEWY, Richard * 1827 Wien, da † 31/12 1883, urspr. Waldhornist d. Hofoper, später Regiss. u. GsgL., u. a. der Lucca, Mallinger, Sembrich
LEWYSON, Hugo (bürgerl. Name) — s. LEONARD, Hugo
LEWYSON, Rudolph (bürgerl. Name) — s. NELSON
LEY, Henry George * 30/12 1887 Chagford, Devon., Organ. (ausgez.) in Oxford u. OrgL. am R. Coll. in London. W: OrchVariat., Str.Quart., KirchM., Lieder
LEY, Herm. * 12/7 1845 Apenrade, Domorgan. 1875/1915 in Lübeck. W: Sinfon. u. OrchSerenade, OrgStücke, Kantaten, Chöre, Lieder
LEYBACH, Ignaz * 17/7 1817 Gambsheim (Niederrh.), † 23/5 1891 Toulouse, da seit 1844 Organ. W: große OrgSchule, HarmonSchule, Motetten, Lieder, weitverbreitete KlavSalonstücke
L'HERMET, Hans * 19/3 1887 Magdeburg, seit 1919 OrchDirig. in Lpz., vorher TheaKM. an verschied. Orten. W: Opern, sinfon. Dichtgen, Lieder
LHEVINNE, Jos. * 1874 Moskau, vielgereister KlavVirt. u. L., lebte lange in Berlin, jetzt Newyork
LHOTKA, Franz * 25/12 1883 Jung Wozic, seit 1909 in Agram, da seit 1923 Rektor der MAkad. W: nation. kroat. Opern, Sinf., VKonz., KaM., Lieder
LHOTSKY, Bohuslav * 14/1 1879 Libochowitz, † 4/5 1930 Prag, Schüler Sevčiks, 1900 KonzM. in Lemberg, 1901 dsgl. in Warschau, begründete 1904 das ausgezeichnete, auch in Amerika gereiste Sevčik-Quartett
LIADINE, ps. = L. VILKOMIN
LIADOFF (Ljadow), Anatol * 12/5 1855 Petersburg, † 28/8 1914 Nowgorod, seit 1878 KonservKomposL. in Petersburg. W: sinfon. Dichtgen, feinsinnige KlavStücke, Lieder, Chöre zu Schillers ‚Braut von Messina'
LIAPUNOFF (Ljapunow), Sergei Michailowitsch * 30/11 1859 Jaroslaw, † 9/11 1924 Paris, Schüler des Moskauer Konserv., 1885/1918 in Petersburg. W: Sinf., sinfon. Dichtgen u. a. OrchStücke, 2 KlavKonz., viele KlavStücke, Lieder usw.

LIBA, ps. = Ernst WIEDERMANN
LIBANI, Gius. * 12/12 1845 Roma, da † 1/5 1880. W: Opern
LIBERATI Alessandro * 1847, † 16/11 1927 Newyork, Stabstromp. Garibaldis, seit 1872 in NAmerika, verdienter MilKM.
LIBERT, Henri * 15/12 1869 Paris, da treffl. Organ. u. KonservL. W: Klav-, OrgStücke, Motetten, Lieder
LIBERTI, Hendrik * um 1600 Groningen, † nach 1661 Antwerpen, da Organ. seit 1630. W: KirchM.
LIBON, Felipe * 17/8 1775 Cadix, † 5/2 1838 Paris, da seit 1800, VVirt. W: VKonz., KaM.
LICHDI, Kurt * 11/2 1907 Heilbronn a. N., KlavV., seit 1930 konzertierend, KonservL. u. MSchr. in Braunschweig, ausg. auf d. Hochschulen Stuttg. u. Berlin sowie v. Cortot
LICHEY, Reinhold * 26/3 1880 Pohlsdorf, RB. Breslau, 1905 Organ. in Aachen, 1907 in Königsberg i. Pr., 1919 in Naumburg a. S. StudDir. der MSchule, Chor- u. OrchDirig., 1921 OberML. in Schulpforta/Naumburg. W: Psalmen für Chor u. Orch., Chöre, StrTrio, OrgStücke usw.
LICHIUS, Joseph * 8/6 1905 Hagen i. W., Bariton. in Berlin. W: Lieder u. Gsge, auch m. Orch., Chöre, KaM.
LICHNER, Heinr. * 6/3 1829 Harpersdorf/ Goldberg (Schles.), 7/1 1898 Breslau, da Kantor u. Organ. W: viele ansprechende Salon- u. instrukt. KlavStücke, auch Psalmen, MChöre, Lieder
LICHNOWSKI, Karl, Fürst * 1756, † 15/4 1814, Schüler Mozarts, großer Gönner und Freund Beethovens, der ihm u. a. sein op. 1, 13, 26 u. 36 widmete. Auch die Fürstin M a r i e C h r i s t i n e, geb. Gräfin Thun, des Fürsten Bruder der Reichsgraf M o r i t z (* 1771, † 17/3 1837 Wien; ihm op. 90 gewidmet) u. seine Schwester Gräfin H e n r i e t t e † als Marquise de Corneville um 1830 Paris (ihr gewidmet op. 51 Nr 2) hielten treu zu Beethoven
LICHT, Ernst * 6/1 1892, Ingenieur in Bremen. W: Singspiele, Lautenlieder
LICHT, Wilh. * 2/4 1909 Köln, KM. in Berlin, ausgeb. in Köln (MSchule) u. von R. Hagel, war OpKorrep. u. a. in Heilbronn u. Darmstadt. W: Opern, BühnM., MärchenSuite, FlSerenade, Lieder
LICHTENAUER, W. F., MVerl., gegr. Okt. 1843 in Rotterdam

LICHTENBERG, Leop. * 22/11 1861 San Francisco, VVirt. in Newyork, Schüler Wieniawskis, seit 1899 L. am NatKonserv. H: ältere VM.

LICHTENBERGER, Henri * 12/3 1864 Mülhausen (Els.), seit 1905 Prof. der dtsch. Lit. an d. Univers. Paris, auch MKrit. W: ‚R. Wagner poète et penseur' (auch dtsch übers.) usw.

LICHTENSTEIN, Alfr. * 30/3 1901 Königsberg i. Pr., FlVirt in Berlin seit 1920. W: FlKonz. u. Stücke

LICHTENSTEIN, Herbert * 20/6 1898 Spandau, seit 1935 in Kopenhagen, war FilmKM. u. Pianist, auch L. am KlindworthKonserv in Berlin, da Schüler Klattes u. Ansorges. W: FilmM.

LICHTENSTEIN, Karl Aug. Frhr. von * 8/9 1767 Lahm (Franken), † 16/9 1845 Berlin, HoftheaIntend. in Dessau, Wien, Berlin (1805). W: selbstgedichtete Op. u. Singspiele; Bearb. (Übersetzer) frz. u. ital. OpTexte

LICHTENTHAL, Peter * 10/5 1780 Preßburg, † 18/8 1853 Milano, da seit 1810. W: Opern, Ballette, KaM., Schriften üb. Mozart, Dizionario e bibliografia della musica (1826, 4 Bde)

LICHTERFELD, M., ps. = THIELE, Rud.

LICHTWARCK, Karl † 3/1 1931 (71jähr.) Lübeck, da 1887/1929 sehr verdienter Organist, Gründer der Vereinigg f. kirchl. Chorgsg

LICKL, Ägidius Karl (Sohn Joh. Georgs) * 1/9 1803 Wien, † 22/7 1864 Triest, da ML seit 1831. W: Oper, Kirchen-, Ka- u. GitM.

LICKL, Joh. Georg * 11/4 1769 Kornneuburg, † 12/5 1843 Fünfkirchen, KirchMDir. seit 1806. W: Singspiele, Messen, Motetten usw. — Sein Sohn Karl Georg * 28/10 1801 Wien, da † 3/8 1877, PhysharmonikaVirt. W: Stücke u. Arrang. f. dieses Instr., KirchM.

LIDON, José * 1752 Béjar, Prov. Salamanca, † 11/2 1827 Madrid, da seit 1808 Hoforgan., später HofKM. W: Opern, KirchM., OrgStücke, theor. Schriften

LIDORF, Alex., ps. = LUDWIG, Aug.

LIE, (verheir. Nissen), Erica * 17/1 1845 Kongsvinger (Norweg.), † 27/10 1903 Christiania, tücht. Pianistin

LIE, Sigurd * 23/5 1871 Drammen (Norw.), da † 29/9 1904. W: Sinfon., oriental. OrchSuite, KlavQuart., Chorwerke, Lieder

LIEBAN, Jul. * 19/2 1857 Lundenburg (Mähr.), urspr. Geiger in einer Zigeunerkap., dann Gsgschüler Gänsbachers, berühmt durch seinen Mime bei A. Neumanns wanderndem Wagnerthea., 1892/1911 an der Berliner Hofop., 1912/15 am Dtsch. OpHause in Berlin, lebt da als GsgL.

LIEBAU, Arno * 10/6 1888 Lpz./Neustadt, seit 1919 in Berlin Pianist u. MSchr., Schüler A. Winterbergers, H. Riemanns u. Leschetizkys. W: KlavKonz., lyr. Stücke f. StrOrch., Klav-, V-, auch VcStücke, KlavEtüden, Chorwerke, Liederzyklen; ‚Prakt. Ratgeber f. Säng. u. Sgerinnen'; ‚Das Kunstliedschaffen um u. seit Hugo Wolf'. H: ‚Musik. Fundgrube'

LIEBE, Friedr. Wilh. * 14/11 1802 Wickerode, † 27/6 1843 Quedlinburg, Organ., Schüler J. N. Hummels. W: Orat.

LIEBE, Ludw. * 26/11 1819 Magdeburg, † 4/7 1900 Chur (Schweiz), Dir. u. a. in Mainz, Straßburg, London, zuletzt in Konstanz. W: Oper, Orator., beliebte MChöre, Lieder

LIEBECK, Adolf, Dr. med. * 1/8 1886 Cranz (Ostpr.), lebt in Berthelsdorf, Kr. Hirschberg i. Schles. W: Goethelieder-Cyklus f. Klav., Lieder

LIEBENBERG, Eva * 15/2 1898 Stettin (einer alten Kapitänsfamilie entstammend), internat. bekannte Konz- u. OratAltistin in Berlin, Schülerin v. H. Rasch, zuerst an der Coburger Oper

LIEBERMANN, Armin * 17/3 1888 Leipzig VcVirt., treffl. KaSpieler u. L. in Berlin, Schüler Hugo Bechers

LIEBERMANN-ROSSWIESE, Erich * 25/8 1886 Roßwiese, Kr. Landsberg a. W., seit 1914 MSchr. u. Pianist in Lpz. W: KaM., Lieder; OpTexte

LIEBERSON, A. S., Dr. phil. * 29/7 1881 Odessa, Schüler v. Gernsheim u. Nikisch, 1910 KM. an der Volksop. in Berlin, da 1911/15 Theor.-L. am Sternschen Konserv., darauf nur Komp., seit 1922 KonservDir. in Berlin Jetzt? W: kom. Oper, Sinfon., VKonz., StrQuart., Lieder usw.

LIEBESKIND, Joseph * 22/4 1866 Lpz., da † 10/8 1916, Sammler bes. der Gluckschen Werke. W: Sinfon., 3 OrchSerenaden, KaM., Chöre usw. H: Dittersdorfs OrchWerke u. a.

LIEBHOLD, ein thüring. Kantor aus d. 1. Hälfte des 18. Jh. W: viele Kantaten u. Motetten

LIEBICH, Ernst * 13/4 1830 Breslau, da † 23/9 1884, treffl. Geigenbauer

LIEBIG, Fritz * 29/8 1873 Stuttgart, da Architekt u. seit 1929 Bundeschorm. des Christl. Sgerbunds. W: geistl. gem. Chöre, MChöre

LIEBIG, Karl * 25/7 1808 Schwedt a. O., † 6/10 1872 Berlin, gab als erster da seit 1843 populäre SinfonKonz. — Sein Sohn Julius * 1838 Berlin, da † 26/12 1885, langjähr. KurKM. in Ems

LIEBIG, Karl * 6/7 1886 Graudenz, Organ. u. Chordir. in Berlin-Johannisthal, Schüler v. Gulbins u. K. Kittel. W: Chorlieder

LIEBLEITNER, Karl * 29/9 1858 Korneuburg, NÖsterr., verdienter Volksliedforscher u. EhrenchorDir. in Mödling/Wien. B: Volkslieder f. M-Chor u. a.

LIEBLING, Emil * 12/4 1851 Pleß, † 20/1 1914 Chicago, Konzertpian., seit 1867 in Amerika. W: KlavKompos. — Sein Bruder G e o r g * 22/1 1865 Berlin, Schüler Th. u. Frz. Kullaks, gleichfalls erfolgr. KonzPianist, 1898 in London, 1908/23 in München, seitdem teils in der Schweiz, teils in Amerika, zuletzt in Los Angeles. W: Oper, Mysterium, Sinfon., KlavKonz., KaM., KlavStücke, Lieder. — Sein Bruder S a l l y * 8/4 1859 Posen, † 15/9 1909 Berlin, tücht. Pianist, zuletzt Konzertagent

LIEBLING, Leonard (Sohn Emils) * 7/2 1874 New York, da seit 1902 Mitarb., seit 1911 Hrsg. des ‚Musical Courier', urspr. KlavVirt., Schüler u. a. Godowskys u. H. Barths. W: OpttenTexte

LIEFFERING, Adriaan * 12/6 1884 Haag, seit 1923 VL. in Bussum, auch in Hilversum u. Amsterdam, 1913/23 Dir. der Stettiner Meisterschule des VSpiels, 1907/12 Mitgl. des Berliner Philharm. Orch.

LIÈGOIS, Cornelis * 25/3 1860 Namur, VcVirt., zeitweise in Berlin, dann in Paris. W: KaM., Vc-Stücke u. Schule

LIENAU, Robert * 28/12 1838, † 22/7 1920 Neustadt (Holst.), kaufte 1864 den Schlesingerschen MVerl. in Berlin u. 1875 den MVerlag Haslinger in Wien, überließ 1910 beide Geschäfte seinen Söhnen R o b e r t * 27/7 1866 (Berlin) u. W i l h e l m * 26/11 1879 Wien (Wien). Da auch die Verlage Adolf K ö s t e r, H. R. K r e n t z l i n u. Otto W e r n t h a l seit einiger Zeit erworben sind, auch der Name Schlesinger nicht mehr tragbar erscheint, lautet die Firma seit Herbst 1935: L i e n a u s c h e M V e r l a g e

LIEPE, Emil * 16/1 1860 Potsdam, GsgL. in Berlin, 1884/1902 Heldenbariton an verschied. Bühnen, 1903/07 GsgL. am Konserv. in Sondershausen, auch MSchr. W: Opern, Sinfon., sinfon. Dichtgen, Balladen, Lieder. H: Wagner-Albums, Erks Liederschatz

LIER, Bertus van * 10/9 1906 Utrecht, VcllVirt. in Amsterdam, ausgeb. u. a. v. Orobio de Castro u. W. Pijper. W: BühnM., 2 Sinf., KaM., Klav-Stücke, Chöre, Lieder

LIER, Fritz * 17/6 1911 Halle a. S., VPädag. u. MSchr. in Leipzig, da ausgeb. (Konserv.: Wollgandt, Marteau). W: VSchule, VStücke

LIER, Jacques van * 24/4 1875 Haag, lebt da, VcVirt., 1897/1915 in Berlin. W: ‚VcBogentechnik', ‚Moderne VcTechnik'.H: klass. Werke f. Vc.

LIERHAMMER, Theo, Dr. med. * 18/11 1866 Lemberg (Lwow), erst Mediziner, seit 1896 sehr angesch. KonzBarit., Schüler u. a. Padillas u. Stockhausens, 1903/14 GsgL. an der R. acad. in London, im Kriege MilArzt, 1922/24 wieder in London, seit 1924 Prof. an der Staats-Akad. in Wien

LIES, Otto * 1869 Hannover, MDir. in Goes (Holl.). W: Sinf., sinfon. Dichtgen, KaM., Klav-Stücke, Chöre, Lieder

LIESERING, Ludw. * 15/5 1861 Haintchen (Taunus), Trompet., lebt in Würzburg, da 1893/1925 MSchulL. (Prof.). W: Messen, TrompKonz-Stücke

LIESS, Andreas, Dr. phil. * 16/6 1903 Klein-Kniegnitz, Schles., MSchr. in Wien, Schüler v. Guido Adler, Rud. v. Ficker (Univ.) u. Jos. Marx, lebte zeitw. in Paris. W: ‚Debussy' (2 Bde)

LIFTL, Franz * 26/3 1864 Allensteig, NÖsterr., † 10/9 1932 Wien, da ML. seit 1893. W: Optten, Tänze, Märsche, HornQuart., KlavStücke, Lieder usw.

LIGGINS, Ethel — s. LEGINSKA

LIGHTMAN, ps. = Paul HELLMANN

LILGE, Herm. * 5/12 1870 Göhlenau/Friedland, seit 1929 in Warnemünde/Rostock, vorher seit 1907 ObOrgan. in Breslau. W: KaM., OrgStücke, Chöre, Lieder

LILJEFORS, Ruben * 30/9 1871 Upsala, da Chordirig. seit 1912 Dirig. des OrchVer. in Gäfle. W: Sinf., KaM., KlavKonz., Kantaten

LILIEN, Ignatz * 29/5 1897 Limburg, Sohn der OpSgrin Emma Gialina, sehr moderner Kompon. in AltHerzdorf im Isergeb., ausgeb. in Delft und Haag, später Schüler Jos. Suks in Prag. W: Opern, Sinf., KlavKonz., KaM., Lieder (Bettlerlieder)

LILIENAU (auch Limbeck-Lilienau), Max von * 23/4 1865 Wien, da im Hauptberuf Ingenieur, Pianist. W: KlavStücke, Lieder, Tänze, Märsche

LILIENCRON, Rochus Frhr. von * 8/12 1820 Plön, † 5/3 1912 Coblenz (auf Besuch), lebte als Probst des adel. St. Johannisklosters seit 1876 in Schleswig, hochverdienter Gelehrter. Vorsitzender der Kommiss. zur Hrsgabe der ‚Denkmäler dtscher Tonkunst'. W: ‚Histor. Volkslieder der Dtschen', ‚Dtsches Leben im Volkslied des 16. Jh. mit Mel. usw.', ‚Chorordng f. die Sonn- und Festtage des ev. Kirchenjahres'; viele Aufsätze; ‚Aus frohen Jugendtagen'

LILLO, Gius. * 26/2 1814 Galatina (Lecce), † 4/2 1863 Napoli, da seit 1842 KlavPädag. W: Opern, KirchM., Sinf., viele KlavStücke

LIMBECK-LILIENAU, Max — s. LILIENAU

353

LIMBERT, Frank L., Dr. phil. * 15/11 1866 Newyork, seit 1874 in Deutschland, 1895/98 und wieder seit 1906 Dirig. des OratVer. zu Hanau, dazwischen Chordir. in Düsseldorf (1898/1901). W: OrchVariat., KaM., KlavKonz., Fr- u. MChöre, Lieder usw.

LIMMERT, Erich * 27/2 1909 Erlangen, da staatl. ML., MKrit. u. Dirig. e. KaOrch., ausgeb. in Nürnberg (Konserv.). W: KaOrchM., StrQuart., Chöre

LIMNANDER DE NIEUWENHOVE, Armand * 22/5 1814 Gent, † 15/8 1892 auf seinem Schlosse Moignauville (Seine et Oise), seit 1847 in Paris. W: Opern, Te deum, Stabat mater, Requiem, Lieder, KaM.

LINACK, Walter * 17/3 1909 Niederodewitz, Sachs., Musiker in Berlin. W: Märsche

LINCKE, Jos. * 8/6 1783 Trachenberg, † 26/3 1837 Wien, da Vcellist im Quart. Schuppanzighs, Freund Beethovens. W: Konz. u. a. f. Vc.

LINCKE, Paul * 7/11 1866 Berlin, lebt da, bereits mit 19 Jahren TheaKM., auch MVerleger (Apollo-Verl.). W: Operetten ‚Venus auf Erden', ‚Frau Luna', ‚Im Reiche d. Indra', ‚Lysistrata' u. a., populäre Gsgswalzer, Tänze

LINCOLN, Henry John * 15/10 1814 u. † 16/8 1901 London, da 1847 Organ., 1866/86 MKrit., treffl. MSchr.

LIND, Gustave, ps. = Fred MULLEN

LIND, Jenny * 6/10 1820 Stockholm, † 2/11 1887 auf ihrer Villa Malvern Wells/London, geniale Sgrin (‚die schwed. Nachtigall'), Schülerin von Garcia, im Koloraturgsg wie im Liedvortrag gleich bedeutend; zunächst am Hofthea. zu Stockholm engagiert, dann in Berlin, Wien usw. gefeiert, entsagte 1849 der Bühne, bereiste 1850/52 Amerika, vermählte sich 1852 mit Otto Goldschmidt (s. d.), lebte später in London, sang bis 1870

LINDAU, Karl * 26/11 1853 u. † 15/1 1934 Wien, urspr. Schauspieler, bes. Komiker, Possen- und Opttenlibrettist

LINDBERG, Carl Johan * 8/3 1837 Lemo (Finnl.), † 21/12 1914 Stockholm, da seit 1879 Geiger (Schüler F. Davids u. Joachims) u. 1882/88 KonzM. der Hofop., 1873/1903 sehr geschätzter KonservL. W: VEtüden

LINDBERG, Helge * 1/10 1887 Finnland, ausgez. Baritonist u. GsgL., seit 1919 in Wien, da † 3/1 1928

LINDBERG, Oskar Fredrik * 23/2 1887 Gagnef, seit 1914 Organ. u. seit 1919 KonservL. in Stockholm. W: Sinf., Suite, Ouvert., Kantate, Requiem, Lieder, KlavStücke

LINDBLAD, Ad. Frederik * 1/2 1801 Skennige, † 23/8 1878 auf dem Gute Löfvingsborg/Sköda (Ostgotld). W: Oper, Sinf., VSon., viele durch Jenny Lind bekannt gewordene Lieder

LINDBLAD, Otto Jonas * 31/3 1809 Karlstorp, † 26/1 1864 St. Mellby. W: Chöre, bes. MChöre, Duette, Lieder

LINDE, Otto, ps. = Fred LANDAU

LINDEGREN, Johan * 7/1 1842 Ullared, † 8/6 1908 Stockholm, da OpChorM., auch Kantor, sehr angeseh. KomposL., hervorrag. KirchMusiker. W: StrQuint., KlavKanonSonate, Choralbuch

LINDEMAN, Ludw. Matth. * 28/11 1812 Drontheim, † 23/5 1887 Christiania, Norwegens Bach. W: Choralbuch, viele Lieder. H: ‚Fjeldmelodier' (540 Volkslieder u. Tänze). — Sein Sohn Peter * 1/2 1858, gründ. mit ihm 1883 in Christiania (da 1880 Organ.) das erste Konserv. W: Stücke f. Org., V., Klav., Lieder; OrgHandb. usw.

LINDEMAN, Ole Andreas * 17/1 1769 Surendalen, † 26/2 1859 Drontheim, Organ. H: Choralbuch für Norwegen

LINDEMANN, Fritz * 22/7 1876 Wehlau, † 26/5 1927 Berlin, da Pianist, seit 1902 geschätzter GsgsBegl. u. KaMSpieler

LINDEMANN, Otto * 16/11 1879 Berlin, lebt da, geschätzter Verf. von KlavAuszügen, OpttenInstrumentator, auch MVerleger usw. W: Ballett, BühnM., Lieder, Tänze. — Seine Zwillingssöhne Heinz und Paul * 2/1 1905 Berlin. W: UnterhaltgsM.

LINDEMANN, Wilh., ps. Wald. ALFREDO, Fritze BOLLMANN, Ernst ECKSTEIN, C. KOMZAK * 5/4 1882 Berlin, da KM. W: Singspiele, Possen, viele Schlager usw.

LINDEN, Cornelis van der * 24/8 1839 Dordrecht, † 28/5 1918 Amsterdam, KM. der I. holl. Oper (1888/94), verdient um d. niederländ. MLeben. W: Opern, Kantaten, Chöre, Lieder, HarmonieMStücke, KlavSonaten

LINDEN, H., ps. = Ludwig ANDRÉ

LINDEN VAN SNELREWAARD - BOUDEWYNS, Nelly van * 12/1 1869 Breda, † 8/2 1926 Crowkurt (Engl.), ausgeb. in Köln (Konserv.). W: KinderSingsp., -Lieder, -KlavStücke u. a.

LINDER, Gottfr. * 22/7 1842 Ehingen a. D., † 29/1 1918 Stuttgart, da 1868/1912 KonservL. W: Opern, OrchWerke, KaM., Chöre, Lieder usw.

LINDERER, Rob. * 25/11 1824 Erfurt, † 16/12 1887 Berlin, Possendichter

LINDGREN, Adolf * 14/3 1846 Trosa (Schweden), † 8/2 1905 Stockholm, da seit 1875 MSchr., Leiter der Svensk Mtidning

LINDLEY, Robert * 4/3 1776 Rotherham, † 13/6 1855 London, vortreffl. Vcellist. W: 4 Konz. usw. f. Vc.

LINDMAYER, Quirin, ps. MOAR jun. * 6/6 1899 Egern/Tegernsee, EnsKM. in Berlin, Gitarrist u. Harmonikasp. W: UnterhaltgsM.

LINDNER, Adalbert * 23/4 1860 Neukirchen, St. Chr. (OPfalz), L. u. Kantor in Weiden (OPfalz), der erste L. Regers. W: ‚Max Reger. Ein Bild seines Jugendlebens u. künstler. Werdegangs'; KlavStücke, Lieder

LINDNER, Aug. * 29/10 1820 Dessau, † 15/6 1878 Hannover, da seit 1837 Mitglied der Hofkapelle. Bedeut. VcVirt. W: VcKompos.

LINDNER, Edwin * 29/10 1884 Brünn, † 4/5 1935 Berlin, da seit 1933 Dir. des Orch. des Deutschlandsenders, Schüler u. a. Reisenauers u. Nikischs, 1913 Dir. der Rob. Schumannschen Singakad. in Dresden (1914 zur Dresdner Singakad. erweitert), 1915 Begr. u. bis 1924 Dirig. des Dresdener Philharm. Orch.

LINDNER, Emil * 13/5 1870 Passau, Pianist in Ingolstadt. W: KaM., VStücke, VcStücke, KlavStücke, Lieder

LINDNER, Ernst Otto * 28/11 1820 Breslau, † 7/8 1867 Berlin, MSchr. W: ‚Die erste stehende dtsche Oper' (2 Teile, 1855), ‚Zur Tonkunst, Abhandlgen' (1864), ‚Gesch. des dtschen Liedes im 18. Jh.' usw.

LINDNER, Eugen * 11/12 1858 Leipzig, † 12/11 1915 Weimar, urspr. OpSgr, dann GsgL. an der MSchule zu Weimar, seit 1902 am Konserv. zu Leipzig. W: Opern, Gsge

LINDNER, Friedr. * um 1540 Liegnitz, † 13/9 1597 Nürnberg, Kantor. W: Cantiones sacrae, 5st. Messen

LINDNER, Gust. * 8/1 1887 Meura (Thür.), lebt in Dresden, Schüler v. Bumke, A. Cairati und J. Kwast. W: FilmM., OrchStücke. B: KlavW. Beethovens, Mozarts u. a. f. Orch.

LINDNER, Otto — s. Ernst Otto LINDNER

LINDNER, Rich. * 27/2 1857 Elberfeld, da Organ., KirchChordirig., u. Dir. der Organistenschule 1880/1926 u. GsgVerDir. 1884/1924, † 8/3 1926. W: Choralbuch der reform. Kirche, viele geistl. Lieder u. Chöre

LINDPAINTNER, Peter Jos. von * 9/12 1791 Koblenz, Schüler P. Winters, † 21/8 1856 Nonnenhorn a. Bodensee, 1812/19 TheaKM., seit 1819 HofKM. in Stuttgart. W: 21 Opern ‚Der Vampyr', ‚Lichtenstein' u. a., M. zu Goethes ‚Faust', Schillers ‚Glocke', Ballette, Orator., Messen, Lieder (‚Fahnenwacht'), Konz. f. versch. Instr., KaM. usw.

LINDSAY, John, ps. = THEIMER, Joh.

LINDSTRÖM, Albert * 24/4 1853 Stockholm, da † ?, OrgVirt., Organ. 1871/1926, auch MChordir. W: OrgStücke, Hymnenbuch

LINDSTRÖM, Carl * 1867 Södertälje, Schwed., † 1932 Berlin, errichtete hier 1897 eine mechanische Werkstatt, aus der 1904 die zu großer Bedeutung gelangte Schallplatten- u. Sprechmaschinen- (M-Apparate-)Fabrik hervorgegangen ist. Fabriken dieser Carl Lindström AG. außer in Berlin noch in Barcelona, Boulogne, Buenos Aires, Milano, Rio de Janeiro, Santjago u. Wien

LINGKE, Geo. Gottfr., sächs. Bergrat in Leipzig, hat zuerst die harmon. Molltonleiter mit übermässiger Sekunde aufgestellt. W: ‚Die Sitze der musik. Hauptsätze' 1766; ‚Kurze MLehre' 1779

LINK, Augustin * 12/8 1819 Herrenzimmern/ Rottweil (Württ.), † 24/3 1886 Feldkirch (Vorarlberg), da seit 1862 JesuitenschulML., 1845/55 Weltpriester, seitdem Jesuit, sehr verdient um die Wiederbelebg der alten KirchM. (Palestrina, Lasso usw.), treffl. GsgsPädag. u. Erzieher f. BlechM., jedoch nicht Kompon.

LINK, Fdr. * 1/12 1841 Obernhain (Nassau), Schüler d. Lpzger Konserv., 1866 SemML. in Wettingen, 1875 in Friedberg (Hess.), da † 26/8 1887. W: Vc- u. KlavStücke, Chöre, Lieder usw., bes. Kanons

LINKO, Ernst * 14/7 1889 Tampere, seit 1915 KlavL. am Konserv. in Helsingfors. W: KlavKonz., Sonate, Stücke, Lieder

LINLEY, George * 1798 Leeds, † 10/9 1865 London, Vcellist. W: Opern, volkstüml. Lieder. H: Scottish melodies

LINLEY, Thomas * 17/1 1733 Badminton, † 19/11 1795 London, musik. Dir. des DrurylaneThea. W: mit BühnenM., Kantaten, Lieder. — Sein gleichnamiger Sohn * 1756 Bath, † (ertrunken) 7/8 1778, Geiger. W: Orat., BühnenM.

LINNALA, Eino * 19/8 1896 Helsingfors, da Chordir. u. TheorL. am Inst. f. KirchM., da u. in Wien ausgebildet. W: Sinf., TanzSuite, Rhapsodie, kl. OrchStücke, Chöre, auch m. Orch.

LINNARZ, Rob. * 29/9 1851 Potsdam, seit 1888 SemML. in Alfeld/Hannover. W: Ouvert., Festkantate, VSchule, Choralbuch, Methodik des Gsgsunterr., Liedersammlgen, OrgSchule, OrgStücke, Chöre, Lieder usw.

LINNEMANN, Richard, MVerleger — s. SIEGEL, C. F. W.

LINPRUN, Inka v. * 9/7 1878 München, VL., seit 1922 an der Hochschule in Mannheim. W: ‚Die ersten VStunden', ‚Vorstudien f. d. Anfangsunterr.' u. a.

LINZ, Eugen * 6/11 1889 Budapest, namhafter vielreisender Pianist, lebt in Dresden

LINZ, Marta * 21/12 1898 Budapest, seit Herbst 1924 in Berlin, VVirt. u. Dirig., verh. mit Dr. jur. et ph.l. Kalman von Kriegner (MSchr.), auch treffl. Klavieristin, ausgeb. in Budapest bei Hubay, Thoman, Koeßler u. Kodaly, als Dirig. auf d. Hochschule in Berlin. W: KaM., VStücke, Chöre mit Orch. (z. B. Dies irae, preisgekrönt)

LIO, Hans — s. HANS, Lio

LION, Ferd., OpLibrettist, lebt in Lausanne (gab keine Auskunft)

LION, Moritz * 6/1 1867 Cassel, lebt da, urspr. Geiger, dann TheaKM. an versch ed. Orten; seit 1892 ML. u. VerDir. in Cassel. W: Opern, Chorwerke mit Orch., Sinfon.

LIONCOURT, Guy de * 1/12 1885 Caen, Schüler d'Indys, Studieninspektor an der Schola cantorum in Paris. W: sinfon. Dichtgen, Chöre mit Orch., Lieder

LIONEL — s. Lionel POWER

LIPINSKI, Karl * 30/10 1790 Radzyn (Polen), † 16/12 1861 auf seinem Landgute Orlow/Lemberg, bedeut. VVirt., mit Paganini befreundet. Nach Konzertreisen durch Europa 1838/61 Kgl. KonzM. in Dresden. W: VKonzerte („Militärkonz.' u. a.), Polonäsen usw.

LIPP, Alban * 9/8 1866 Freising, † 6/9 1903 Bad Aibling, 1897 L. u. Chordir. in Kolbermoor (Bayern), seit 1900 in Bad Aibling. W: Messen, Requiem, Offertorien, geistl. u. weltl. Lieder u. Chöre, die MChorsammlg ‚LSängerhalle', OrgStücke usw.

LIPPE, Karl Gottlieb * 25/3 1808 Döbeln, † 4/10 1900 Leipzig-Connewitz, 1827/67 MilM. W: Armeemärsche

LIPPIUS, Joh. * 25/6 1565 Straßburg i. Els., † 24/9 1616 Speyer (auf e. Reise), Theoretiker

LIPPS, Theod. * 28/7 1851 Wallhalben (Pfalz), † 17/10 1914 München, Ästhetiker u. Psychologe, 1889 UniversProf. in Bonn, 1890 in Breslau, seit 1894 in München. W: ‚Ästhetik', ‚Das Wesen der musikal. Harmonie u. Disharmonie'

LIPSIUS, Maria, ps. LA MARA * 30/12 1837 Lpz., lebte da, MSchr., † 2/3 1927 Schmölen/Wurzen (Sachs.). W: ‚Musikal. Studienköpfe' (5 Bde), ‚Gedanken berühmter Musiker üb. ihre Kunst', ‚Das Bühnenfestspiel in Bayreuth', ‚Klassisches u. Romantisches aus der Tonwelt', ‚Liszt und die Frauen', ‚Beethovens unsterbliche Geliebte', ‚Beethoven u. d. Brunswicks', ‚Durch Musik u. Leben im Dienste des Ideals'. H: ‚Musikerbriefe aus fünf Jahrh.', ‚Briefe Liszts', ‚Briefe hervorrag. Zeitgenossen an Fr. Liszt', Briefwechsel von Liszt u. Hans von Bülow, Briefe von Berlioz usw.

LIPSKI, Stanislaw * 9/4 1880 Warschau, seit 1910 KonservL. in Krakau, KlavVirt. (Schüler Jedliczkas und Leschetizkys, auch von Zelenski, Leichtentritt u. Rob. Fuchs). W. KlavStücke, MChöre, Lieder

LISHIN (Lischine), Gregor * 1854 Petersburg, da † 15/6 1888. W: Opern, sinfon. Dichtgen, Requiem, Lieder

LISINSKI, Vatroslav * 8/8 1819 Agram, da † 31/5 1854. W: die ersten kroat. Opern, OrchStücke, KlavStücke, viele Lieder usw.

LISSAUER, Fritz, Dr. jur. * 20/10 1874 Berlin, lebt da, Schüler Regers u. O. Taubmanns. W (meist ungedr.): OrchM., StrQuart. u. KaM., große Chorwerke mit Orch., Gsge f. 4 Singst. mit Klav., FrChöre, Lieder

LISSENKO, Nikolai Witaliewitsch * 22/3 1842 Grinjki (Kleinrußl.), † 11/11 1912 Kiew, da seit 1868, Schüler d. Lpzger Konserv., populärer kleinruss. Komp. W: Opern, Kinderopern, Kantaten, kleinruss. Lieder f. gem. u. MChor usw.

LISSINSKY — s. LISINSKI

LISSMANN, Fritz * 26/5 1847 Berlin, † 5/1 1894 Hamburg, ausgez. Op- u. KonzBarit., Schüler Stockhausens, verheiratet mit der gleichfalls vortreffl. jugendldramat. Sgerin Marie, geb. Gutzschbach * 22/4 1847 Döbeln, † 1928 Lpzg. (1871/78 in Leipzig, 1879 in Hamburg, 1880/83 Bremen, 1883/93 Hamburg). — Deren Sohn Hans * 19/9 1885 Hamburg, 1913/35 I. lyr. OpTen. in Leipzig, da GsgL. am Landeskonserv., ausgeb. v. Raimund von zur Mühlen und in Milano, war 1909/16 in Ital. u. London bei ital. Op. W: 3 Spielop., KaM., Chöre, Lieder

LISSMANN, Kurt * 29/9 1902 Elberfeld, lebt in Wupperthal, da ausgeb. urspr. Kaufmann. W: Psalme, auch m. Orch., Messe, MChöre, auch m. Orch., StrQuart.

LISSONI, Giulia * 1902 Novara, Pianistin in Parma. W: KlavStücke

LIST, Karl * 4/6 1902 Lechen/Mürzzuschlag, Steierm., RundfunkKM. u. VcVirt. in München, da ausgeb. (Akad.). — W: Optten, Märchenspiele, Hörspiele, BühnM., Kantaten, Melodramen

LISTE, Anton * 14/4 1774 Hildesheim, † 3/7 1832 Zürich, Wunderkind, KlavVirt., Schüler Mozarts, seit 1804 in Zürich, auch Chordirig. W: Konz., Son. u. a. f. Klav., Kantaten, Chöre, Lieder

LISTEMANN, Bernh. Friedr. Wilh. * 25/3 1839 Schlotheim (Thür.), † 11/2 1917 Chicago, seit 1867 in Amerika, VVirt. u. Quartettspieler. W: Sinf., VSchule u. -Stücke. — Sein Bruder Ferdinand * 28/8 1841 Schlotheim, † 28/12 1909 Boston, gleichf. seit 1867 in Amerika u. VVirt. W: 2 VKonz. u. Stücke, Lieder

LISTENIUS, Nikolaus, um 1535 Kantor in Salzwedel, Verf. der oft aufgelegten ‚Rudimenta musica', NA. 1927 hrsg. v. Geo. Schünemann

LISTL, Paul, Dr. * 18/11 1890, Dirig. in München. W: Chöre, auch m. Orch.

LISZT, Franz * 22/10 1811 Raiding (Ungarn), † 31/7 1886 Bayreuth; nicht bloß einer der größten Künstler, sondern auch einer der edelsten u. aufopferungsfähigsten Menschen. Sein Vater, ein Beamter d. Fürsten Esterhazy u. zugleich Musiker, unterrichtete ihn selbst im Klavierspiel; die Fähigkeiten des jungen Franz entwickelten sich so schnell, daß er bereits im 9. Jahre öffentlich auftreten konnte u. Bewunderung erregte. 1821 wandte sich der Vater nach Wien, für weitere Ausbildung bei Czerny im höheren Klavierspiel, bei Salieri in der Kompos. sorgend. Nach 1½jährig. Studium trat Franz mit überaus glänzendem Erfolg in Wien öffentlich auf. Vater u. Sohn wendeten sich 1823 in München, Stuttgart usw. Konzerte gebend, nach Paris, wo der elfjährige Virtuos kurz nacheinander an 30mal auftrat; dabei studierte er unter Reicha fleißig Kontrapunkt u. schrieb die Oper ‚Don Sancho oder das Schloß der Liebe', die fünfmal in der Académie royale aufgeführt wurde. Nach einem kurzen Ausflug in die Schweiz feierte Liszt im Drurylane - Theater zu London außerordentliche Triumphe, begab sich dann zur Wiederherstellg seiner angegriffenen Gesundheit in das Bad nach Boulogne sur mer, wo 1827 sein Vater starb. Liszt kehrt nach Paris zurück, blieb daselbst bis 1834, durchreiste dann als Pianist ganz Europa, überall beispiellos gefeiert, erhielt in Ungarn das Ehrenbürgerrecht von Ofen u. Pest und einen kostbaren Ehrensäbel, in Königsberg das Doktordiplom. überhaupt, sowie später, alle erdenklichen Auszeichn°en. 1842 wurde er ao., 1848/61 o. HofKM. in Weimar, wohin er 1848 ganz übersiedelte. Damit begann eine zweite Periode, die des Dirigenten, Komponisten großen Stils u. Lehrers. Hatte er sich bis dahin als Komp. der virtuosen KlavierM. (Originale u. zahlr. Übertragen) zugewandt, so war er jetzt mit größtem Erfolg bestrebt, als Dirig. für alle bedeutenderen neueren Erscheinen einzutreten. Unter ihm fand 1850 die erste Aufführg des ‚Lohengrin' statt, wie er denn überhaupt für Wagner viel getan hat. Die unfreundl. Aufnahme des ‚Barbier von Bagdad' von P Cornelius bewog ihn 1858 seine Tätigkeit als OpKM. einzustellen. Als Komp. suchte er bes. durch seine sinfon. Dichtgen (thematisch-einheitliche einsätzige Sinfon en) eine neue, gegen Berlioz' ProgrammM. wesentlich vergeistigte Richtg der poetisierenden Sinfoniekompos. anzubahnen. In Weimar begann er auch seine hochbedeutsame, bis in sein spätes Alter fortgesetzte Lehrtätigkeit. Namhafteste KlavVirtuosen gingen aus seiner Schule hervor oder erhielten bei ihm die letzte Feile (v. Bülow, H. u. I. v. Bronsart, Tausig, Sophie Menter, d'Albert, Bendel, Stavenhagen, Siloti usw.). Als ihm kleinliche Anfeindgen u. Intrigen den Weimarer Posten verleideten, wandte er sich 1861 nach Rom, wurde dort 1865 Abbé, widmete fortab sich kompositorisch bes. der kirchl. Kunst. 1870 leitete er das Beethovenfest in Weimar, nachdem er schon 1861 mit Brendel u. a. den „Allgem. dtschen Musik-Verein" als Sammelpunkt modern-fortschrittl cher Bestrebgen ins Leben gerufen hatte. 1875 wurde er Präsident der neuen ungar. LandesMAkad. in Budapest. Er lebte fortab abwechselnd in Rom, Weimar, Budapest bzw. später Bayreuth, wo er auch seine letzte Ruhestätte fand. Aus Liszts Beziehgen zu der unter dem Schriftstel ernamen Daniel Stern bekannten Gräfin Mar e d Agoult geb. de Flavigny, erwuchsen zwei Töchter, deren eine, Cosima, später Bülows u. dann Wagners Gattin wurde. Die zweite, Blandine, Gemahlin des franz. Staatsmanns Emile Olivier; sein Sohn Daniel starb schon im Jünglingsalter. Von der Weimarer Zeit ab datierten Liszts Beziehgen zu der Fürstin Karoline Sayn-Wittgenstein, die von teilweise tiefgreifendem Einfluß auf seine KomposTätigkeit war. Als Pianist verband er mit einer fast unbegrenzten, alles Vorausgegangene überstrahlenden Virtuosität eine völlige Beherrschg der heterogensten Stilgattgen u. eine zwingende Macht des durchgeistigten Vortrags. Seine bleibende Bedeutg als Komp. beruht vielleicht vornehmlich in den von ihm erschlossenen neuen Wegen; der genialen Konzeption seiner Werke steht nicht immer die formale Vollendg zur Seite. In seinen kirchl. Werken ist er wahrhaft gläubiger Katholik. W: ‚Faust - Sinfonie', ‚Dante-Sinfonie', 12 sinfon. Dichtgen (Bergsinfon., Tasso, Préludes, Orpheus, Prometheus, Mazeppa, Festklänge, Hungaria, Heroide funèbre, Hunnenschlacht, Ideale, Hamlet), 2 Oratorien (‚Heilige Elisabeth', ‚Christus'), 2 große Messen (Ungarische, Graner), 2 Messen mit Orgel (c, a), 4 Psalmen, kleinere Kirchgsge ‚Die Glocken des Straßburger Münsters', ‚Beethoven-Kantate', ‚Festgsg an die Künstler' f. MChor u. Orch., Chöre zu Herders ‚Entfesseltem Prometheus', klein. OrchWerke (zwei Faust-Episoden, Festmärsche usw.), 2 KlavKonz. (Es, A), 19 ungar., 1 span. Rhapsodie, KlavSonate (h), Etüden, Nocturnes, Impromptus usw., zahlr. Transkript. u. Phantasien, OrgKompos., MChöre, Lieder, Melodramen usw.; Liszts gesamm. Schriften gab Lina Ramann (6 Bde) heraus; sie schrieb auch 1880/94 seine Biographie (3 Bde). Eine Gesamtausgabe seiner musikal. Werke (Breitkopf & Härtel, Lpz.) ist im Erscheinen begriffen. Vgl. über ihn auch A. Göllerich (1908) Jul. Kapp (1909), Bruno Schrader (1914), das 2bdge auf selbständiger Forschg beruhende Werk Peter Raabes (1933)

LITOLFF, Henry * 6/2 1818 London, † 6/8 1891 Paris, da seit 1860 KlavVirt., begabter, aber wunderlicher Komp., Schüler von Moscheles, nach Aufgabe der VirtTätigkeit infolge von Krankheit 1850 Eigentümer (durch Heirat mit der Witwe des letzten Besitzers) der MHandlg G. M. Meyer (firmierte ab 1861 m. seinem Namen) in Braunschweig, aus der sein von ihm adoptierter Stiefsohn T h e o d o r (* 18/3 1839 Braunschweig, da † 10/3 1912) die bekannte, neuerdings wieder sehr aufblühende ‚Collection Litolff' von 1864 ab schuf. W: Opern, Optten, Ouvert. ‚Robespierre' u. ‚Die Girondisten', Orator., wertvolle sinfon. Konzerte f. Klav. bzw. V., Trios, KlavStücke

LITTA, Giulio Duca * 1822, † 29/5 1891 Vedano/Monza. W: Opern

LITTA, Paolo † 8/5 1931 (60j.) Fiesole/Firenze, Pianist. W: KlavStücke, VStücke, Lieder.

LITTERSCHEID, Frz * 3/7 1854 Brühl a. Rh., † 17/12 1921 Koblenz, da seit 1879 ML., Organ. u. Dirig. W: Opern, KlavStücke, Chöre, Lieder usw.

LITZAU, Joh. Barend * 9/9 1822 Rotterdam, da † 17/7 1893, da 1855/90 Organ. W: OrgKompos., Motetten usw.

LITZMANN, Berthold * 18/4 1857 Kiel, † 13/10 1926 München, wo er im Ruhestand lebte, 1892/1921 Literaturprof. an der Univers. Bonn. W: ‚Clara Schumann, ein Künstlerleben nach Tageb. u. Briefen' (3 Bde). H: Briefwechsel Brahms-Cl. Schumann

LIUZZI, Ferd. * 19/12 1884 Senigallia, Theor-L. am Istit. m. in Firenze u. seit 1926 auch Doz. f. MGesch. an der Univers. in Rom, 1910/17 in Parma, auch MSchr. W: Oper, sinfon. Dicht., KaM., OrgStücke, Lieder. ‚Estetica della m.', ‚G. Pierluigi da Palestrina'

LIVENS, Leo * 24/5 1896 Beckenham, Kent, seit 1922 KlavL. am R. College in London. W: Ballett, sinf. Dichtgen, KaM., sehr reizvolle KlavStücke

LIVERATI, Giov. * 1772 Bologna, † 1829 (?) London, erst Tenor., dann KM der ital. Op. in Potsdam (1797/1800), 1805 GsgL. in Wien, seit 1814 in London als OpKomp. W: 14 Op., 2 Orat., Kantaten, Gsge, KaM. u. a.

LLANOVER, Lady (Miss W a d d i n g t o n) * 21/3 1802 u. † 17/1 1896 Llanover (Wales), verdient um die M. in Wales. H: gälische Melodien 1838

LLEÓ, Vizente, † 1922 Madrid, lebte erst in Valenzia, dann in Argentinien. W: beliebte Zarzuelas

LLOBET, Miguel * 18/10 1878 Barcelona, ausgez. Gitarrist, lebt in Paris. W: GittStücke

LLOYD, Charles Harford * 16/10 1849 Thornbure (Gloucestershire), † 16/10 1919 London, 1882/1892 Organ., Dir. des Chorver. u. d. SinfonKonz. in Oxford, 1892/1914 TheorL. in Eton. W: Kantaten, M. zu ‚Alcestis', KirchM., OrgSonaten, Duos f. Klarin. u. Klav. usw.

LLOYD, Edward * 1845, † 31/3 1927 London, berühmter, bis 1900 aufgetretener OratTen.

LOB, Otto * 25/12 1834 Lindlar (Rheinprov.), MDir. in Heidelberg, † 11/9 1908 Neckargmünd. W: sehr beliebte Studentenlieder

LOBATSCHEW, Grigori G. * 20/7 1888, lebt in Moskau. W: KaM., KlavStücke, revolut. Chöre, Lieder. H: Volkslieder

LOBE, Joh. Christ. * 30/5 1797 Weimar, † 27/7 1881 Lpz., hier seit 1846 KomposL., bis 1842 Flötist (zuletzt Bratschist) der Hofkap. in Weimar. W: Opern, FlKonz., Ouvert. usw., ‚Katechismus der M.', ‚Lehrbuch der Komposition (4 Bde), ‚Musikal. Briefe eines Wohlbekannten', ‚Fliegende Blätter f. M.', ‚Konsonanzen u. Dissonanzen' usw.

LOBERTZ, Bernh. * 29/1 1892 Aachen, Konz-Pianist in Ludwigshafen, ausgeb. auf Konserv. in Mannheim u. Dresden, sowie v. Jos. Marx. W: Oper, sinf. Märchensuite, sinf. Dichtg, Partita barocca f. StrOrch., KaM., KlavStücke, Lieder

LOBKOWITZ, Fürst Josef Franz Maximilian * 7/12 1772 Schloß Raudnitz, Böhm., † 15/12 1816 Wittingau, Gönner Beethovens, der ihm die Quartette op. 18, die 3., 5. u. 6. Sinf., das Quart. op. 74 u. den Liederkreis op. 98 widmete; Geiger, hielt sich in Wien ein Orch. u. ein vorzügl. Str-Quart.

LOBO, Alonso * um 1555 Osuna, 1593 ff. DomKM. in Toledo, 1604/10 ViceDomKM. in Sevilla. W: Messen, Motetten

LOBO, Duarte (auch LOPEZ, Edua. LUPUS) * 1540, † 1643 (!), seit 1594 DomKM. in Lissabon. W: viel KirchM.

LOCATELLI, Pietro * 3/9 1695 Bergamo, † 1/4 1764 Amsterdam, Schüler Corellis, bedeutender, die Technik des Instrum. erweiternder VVirt. W: Konz., Sonaten usw.

LOCHER, Joh. Adolph * 5/4 1877 Goßau/ St. Gallen, † 23/10 1926 Bozen, Eucharistiner, ausgeb. in Brüssel, da Priester, 1919 in Bozen, seit 1921 in Montreal (Kanada). W: ‚Erinnergen an Stehle'. H: Laudes (Stundengebet der Eucharistiner in 100 Vertonungen)

LOCHER, Karl * 8/11 1843 Bern, da † 26/11 1915, 1890/1906 Organ. u. seit 1893 OrgExperte. W: ‚Die OrgRegister' (5. A. 1923)

LOCHNER, Joseph Melchior * 20/2 1896 Würzburg, da ML. u. Chordir., da (Staatskons.) u. in Berlin (Hochsch.) ausgeb., Frontkämpfer. W: Chöre, Lieder, KlavStücke

LOCKE, Matthew * um 1632 Exeter, † 1677 London, Organ. d. Königin, Hofkomp. K. Karls II. W: DramenM., u. a. zu Shakespeares ‚Sturm', Anthems, Suiten, Anleitg z. Generalbaßspiel usw.

LODER, Edw. James * 1813 Bath, † 5/4 1865 London, da u. in Manchester OpKM. W: Opern

LOÉ, Herbert, ps. = Edward MORITZ

LOEB, Jules Léop. * 13/5 1852 Straßburg, VcVirt. in Paris. Da † Nov. 1933. W: VcStücke u. Studien

LOEBEL, J. Heinr. * 20/10 1911 Berlin, da Chordir., EnsM., MSchr. u. Bearb. W: UnterhaltgsM., AkkordeonStücke

LOEBELL-SCHORLEMMER v. — s. SCHORLEMMER, Erna v.

LOEFFEL, Felix * 25/7 1892 Oberwangen, Kant. Bern, sehr geschätzter KonzBaßBariton. in Bern, ausgeb. in Prag, München u. Milano

LOEFFLER, Charles Mart. * 30/1 1861 Mülhausen i. Els., VVirt, Schüler v. Massart, Leonard, Joachim bzw. Guiraud u. Kiel, erst bei Pasdeloup, 1899/1903 in Boston KonzM., † 20/5 1935 Medfield, Mass. W: Oper, sinf. Dichtgen, KonzStücke für Klav. bzw. V. bzw. Vc. u. Orch., KaM., Lieder usw.

LÖFFLER, Hans * 11/5 1887 Salzburg, seit 1925 ev. Pfarrer in Dobitschen (Thür.), MSchr.

LÖFFLER, Joh. Heinr. * 1/3 1833 Oberwind (Thür.), † 15/4 1903 Pößneck, da seit 1863 Organ. W: KirchM., OrgStücke, KlavStücke, MChöre

LÖFFLER, Otto * 17/3 1871 Unterriflingen (Württ.), ObL. u. VerDir. in Stuttgart, vorher in verschied. kleinen württemb. Orten. W: gem. u. MChöre, Lieder

LÖHLEIN, Georg Simon * 1727 Neustadt a. d. Heide (Coburg), † 17/12 1781 Danzig, 1763 VRipienist u. KlavSolist beim Großen Konz. in Leipzig, seit 1779 KonzM. in Danzig. W: weit verbreit. KlavSchule, VSchule, KaM., KlavSonaten

LÖHNER (auch LÖHNER-BEDA), Fritz, Dr. phil., ps. BEDA * 24/6 1883, Opttenlibrettist in Wien

LÖHNER, Joh. * 21/12 1645 u. † 2/4 1705 Nürnberg, da Schüler Weckers, Organist. W: Opern, viele geistl. Lieder

LÖHR, Hanns, ps. ELROH; JAZZTEUFEL; Jack MORNING; Harry WEBER * 28/5 1892, EnsKM. in Braunschweig. W: OrchSuiten, UnterhaltgsM.

LÖHR, Richard Hervey . * 1856 Leicester, † 16/1 1927 S. Leonards-on-sea, Organist u. KlavVirt. in London. W: Oper, Orator., 3 Sinf., KaM., KlavStücke, KirchM., Lieder u. a.

LOEILLET, Jean Bapt. * 18/11 1680 Gent, † 19/7 1730 London, hier seit 1705 Flötist. W: Fl- u. TrioSonat. — Sein Bruder J a c q u e s * 7/7 1685 Gent, † 1746 Paris. W: FlSonaten

LÖPMANN, Hugo, Dr. phil. * 19/12 1864 Schirgiswalde (OLaus.), urspr. SchulL., KirchChordir. in Leipzig. W: Liederb. f. kath. Schulen, ‚Jugendgrüße', ‚Singfibel', ‚Aus meiner Singstunde', ‚Der Glocken- u. OrgInspektor', ‚Fröhl. Kontrapunkt'

LORKY, Willy * 5/8 1905 Berlin, da Pianist u. Sgr. W: UnterhaltgsM.

LOESCH, Albert * 24/8 1882 Endingen (Bad.), seit 1914 Tonbildner u. L. f. OpPartStudium in Berlin, Gsgschüler von Frau Laborde, war TheaKM. (Korrepetitor) an versch. Orten, 1912/14 mit e. Truppe bis nach Java. W: OrchStücke, KaM., Lieder

LOESCH, Hans * 4/10 1893 Berlin, seit 1919 Kantor u. VerDir. in Erfurt. W: MChöre, auch m. Orch. — ps. Hardi LARSEN

LÖSCHHORN, Albert * 27/6 1819 Berlin, da † 4/6 1905, Schüler L. Bergers, seit 1851 KlavL. (sehr geschätzt) am kgl. Instit. f. KirchM. W: (treffl.) Etüden, Fantas., Transkript.; ‚Führer durch d. KlavLit.'

LOESER, Albert * 2/3 1896, lebt in Berlin. W: UnterhaltgsM.

LÖSER, Leopold * 13/8 1862 Kapellendorf (S-Weimar), ObMM. in R., ausgeb. auf der Berliner Hochschule, 1893/1920 beim Milit. W: Märsche

LOESER-SCHEPPAN, Lotte * 6/10 1884 Berlin, lebt da. W: UnterhaltgsM.

LÖTZE, Gottfr. * 14/5 1883 Chemnitz, da Kantor u. Organ. W: Kantaten, Chöre, Lieder, OrgStücke

LÖVENSKJOLD, Herm. v. * 30/7 1815 Hadenjernwoerk (Norw.), † 5/12 1870 Kopenhagen, da, in Wien (Seyfried) u. Leipzig ausgeb., seit 1851 Hoforgan. in Christiansborg. W: Oper, Ballett, BühnM., Ouvert., KlavQuart., KlavStücke, Lieder

LOEVENSOHN, Marix * 31/3 1880 Kortryk, hervorrag. Vcellist, 1908/14 in Berlin (mod. KaM-Abende), seit 1916 Solist des Concertgebouw-Orch. in Amsterdam u. seit 1920 auch KonservL. in Brüssel. W: VcStücke, Lieder

LÖW, Hans * 2/1 1868 Basel, da Pfarrer, auch Chordir. W: Weihnachtslieder, Chöre

LÖW, Jos. * 23/1 1834 Prag, da † 5/10 1886, Pianist, gesuchter ML. W: viele KlavStücke

LÖW, Rud. * 2/3 1832 Basel, † 6/8 1898 Langenbruck (Basel), KlavL., Organ. u. Chordir. in Basel. W: Geistl. Chöre, Lieder. — Sein gleichnam. Sohn, Dr. phil. * 30/9 1864 Basel, da GymnL., Organ. u. Chordir. W: Geistl. Chöre, KaM.

LÖWE, Ferd. * 19/2 1865 Wien, da † 6/1 1925, Schüler des dort. Konserv. (Bruckner, Dachs), 1883/1896 da L., 1897 Dirig. des Kaim-Orch. in München, 1900/04 Dirig. d. Konz. der Gesellsch. der MFreunde in Wien, dann Dirig. des Neuen Wiener KonzVer. bis 1924, auch außerhalb als Dirig. tätig, 1919/22 Leiter der Akad. der Tonkunst in Wien. Sehr um Bruckner verdient

LOEWE, Gilbert, ps. = Ch. A. RAWLINGS

LOEWE, Hilda, ps. Henry LOVE, Wien (gab keine Auskunft). W: UnterhaltsM.

LOEWE, Joh. Jak. * 1628 Wien, † 1703 Lüneburg, 1655 KM. in Braunschweig (Wolfenbüttel), 1663 in Zeitz, 1682 Organ. in Lüneburg. W: dtsche Suiten, KaM., 1st. Lieder

LÖWE, Karl * 30/11 1796 Löbejün/Cöthen, † 20/4 1896 Kiel, da seit 1866, Schüler Türks, urspr. Theol., 1821/66 Kantor, städt. MDir. u. GsgL. in Stettin. Hier erwarb er sich durch Verbesserg des städt. MWesens, Gründg eines GsgVer. u. Heranbildg tüchtiger Schüler große Verdienste. Er ist der bedeutendste u. fruchtbarste Vertreter d. Balladenkompos., in der er durch geschicktes Variieren u. Modifizieren eines oder einiger weniger Hauptmotive gedankliche Einheitlichkeit mit sorgfältiger Detailcharakteristik verband. W: Balladen ‚Erlkönig', ‚Edward', ‚Archibald Douglas', ‚Prinz Eugen', ‚Der Nöck', ‚Oluf', ‚Heinrich der Vogler', ‚Tom der Reimer', ‚Kleiner Hausrat', ‚Die verfallene Mühle' usw., Chöre, Lieder, Oratorien ‚Die Festzeiten', ‚Die Zerstörg Jerusalems', ‚Joh. Hus', ‚Gutenberg', ‚Hiob', ‚Die Auferweckung des Lazarus' usw., Kantaten, 5 Opern, Sinf., Ouvert., Klav- u. GBaßSchule, ‚Musikal. Gottesdienst', Autobiographie usw. Vgl. üb. ihn M. Runze u. Bulthaupt u. a.

LÖWE, Sofie Johanna * 24/3 1815 Oldenburg, † 29/11 1866 Pest, ausgez. KolorSgrin v. internat. Ruf, 1832/38 an der Wiener, 1838/40 an der Berliner Hofop., seit 1848 mit dem österr. Feldmarschall-Leutn. Fürsten Friedr. Lichtenstein vermählt

LÖWE von EISENACH = Joh. Jakob LÖWE (sein Vater hatte diesen Zusatz zum Namen)

LÖWEN, Leon, ps. = Leo LEWY

LÖWENBACH, Jan, Dr. jur., * 1880 Rychnow, Rechtsanwalt in Prag, MSchr. (OpTexte), sehr verdient um das MLeben der Tschechoslowakei

LOEWENGARD, Max * 2/10 1860 Frankfurt a. M., † 19/11 1915 Hamburg, Schüler Raffs, 1890/1904 L. an Berliner Konserv., seitdem MRef. in Hamburg, da seit 1908 auch KonservL. W: Lieder usw., ‚Lehrb. d. Harmonie', ‚Lehrb. des Kontrapunkts', ‚Kanon u. Fuge', ‚Formenlehre', ‚Anleitg z. GBaßSpiel' usw.

LÖWENSTAMM, Frz Jos. * 18/8 1843 Budapest, in Wien seit 1862 VerDirig. u. GsgL. W: Chöre, Lieder usw.

LÖWENSTAMM, Max G. * 25/10 1814 Trebitsch, † 9/4 1881 München, da seit 1847 jüd. Kantor. W: SynagogGsge

LÖWENSTERN (Leuenstern), Matthäus Apelles (Matthaeus Leonastro de Longueville Napolitanus) * 20/4 1504 Neustadt, OS., † 1(3?)/4 1648 Breslau. W: geistl. Singspiel, geistl. Gsge

LÖWENTHAL, Dagobert * 21/9 1849 Königsberg i. Pr., † 21/9 1914 Berlin, Geiger, treffl. L. (auch mpäd. Aufsätze), Schüler Joachims, 25 Jahre KonzM. in Königsberg, seit 1897 in Berlin. W: StrQuart., VStücke

LÖWENTHAL, Ladislaus, ps. L. ECKEHARDT; GIORDONE * 11/12 1879 Pilsen, KM. (Geiger), Schüler des Wiener Konserv., jetzt in ?, war zeitw. in Berlin. W: FilmM., Tänze

LOGIER, Joh. Bernh. * 9/2 1777 Kassel, † 27/7 1846 Dublin, 1805 Flötist in England, später Organ. in Westport (Irland), wirkte auch 3 Jahre in Berlin, Erfinder des Chiroplasten (Handleiter) beim KlavSpiel u. der Methode des gemeinsamen Unterr. an mehreren Klavieren. W: KlavStücke, Trios, Schriften üb. sein System, ‚System der M-Wissensch. u. der musikal. Kompos.', ‚Theorprakt. GBaßStudien' usw.

LOGROSCINO, Niccolò * um 1700 Napoli, da † 1763, 1747 Kontrapunktprof. zu Palermo, Komponist komischer (parodist.) Opern; einer der ersten, die Ensembles als Aktschlüsse (Finales) verwendeten

LOHET, Simon * um 1530 Lüttich, † 3/7 1611 Stuttgart, da 1571/1601 Mitgl. der Hofkap., vorher Ratsmusiker in Nürnberg, bedeut. Organ. W: OrgStücke

LOHFING, Max * 20/5 1870 Blankenheim/Weimar, ausgez. Bassist, seit 1898 am Hamburger Stadtthea.

LOHMANN, Paul * 2/4 1894 Halle a. S., seit 1934 GsgProf. an der Hochsch. in Berlin, wohnt in Potsdam, schwerkriegsverletzt; ausgez. KonzBarit., Schüler seiner Frau Franziska Martiensen, mit der er die Gsgkurse des Dtsch. MInst. f. Ausländer leitet. W: ‚Die sängerische Einstellg'

LOHMANN, Peter * 24/4 1833 Schwelm, † 10/1 1907 Leipzig, da seit 1856. W: ‚Üb. Schumanns FaustM.', ‚Über die dram. Dichtg mit M.', 3. A. u. d. T. ‚Das Ideal der Oper' (Das gesungene Drama erklärte er für das geläuterte poetische Drama); OpDichtgen

LOHNSTEIN, Kurt, ps. Kurt OHLEN, Peter PAUL * 17/7 1880 Liegnitz, Schauspieler u. Schr. in Berlin, Schüler W. Rudnicks u. Rich. Falks. W: UnterhaltgsM., bes. Kabarettlieder

LOHR, Georg † 1908 München. W: Zitherstücke

LOHR, Joh. * 8/5 1828 Eger, OrgVirt., lebte in Szegedin u. Budapest, hier † Jan. 1892. W: f. Org., Klav. u. Gsg

LOHR, Michael * 23/9 1591 Marienberg, Sa., † 17/2 1654 Dresden, da Kantor. W: Neue dtsche KirchGsge, Motetten

LOHR, Otto * 1835, † Dez. 1910 München. W: treffl. KirchM.

LOHSE, Fred * 9/4 1908 Leipzig, da SchulL., Schüler Grabners u. S. W. Müllers. W: Op., OrchSuite u. Variat., KaM., KlavSon. u. Stücke, Lieder

LOHSE, Louis * 22/9 1822 Limbach i. V., † 18/3 1907 Plauen i. V., SemML. a. D. W: Gsgunterr. i. d. SemSchule in Plauen', ‚K rchChorgsg u. Chorverband', ‚Luther, der Dichter u. Tonkünstler' usw.

LOHSE, Otto * 21/9 1859 Dresden, † 5/5 1925 Baden-Baden, Schüler des Dresdn. Konserv. 1877/1879 Vcellist d. Dresdner Hofkap., 1880/82 KlavL. in Wilna, 1882/93 Dirig. in Riga (Wagner-Ver., kaiserl. russ. MGesellsch., später am Stadtthea.), dann TheaKM. in Hamburg 1893/95, London, Newyork, 1897/1904 in Straßburg, 1904 in Köln, 1912/23 OpDir. in Lpz. W: Oper ‚Der Prinz wider Willen', Lieder usw.

LOICQ, Leon * 29/3 1894 Rixensart (Belg.), Schüler des Konserv. in Brüssel, urspr. Brat chist, OrchDir. in Paris

LOISEAU DE PERSUIS — s. PERSUIS

LOLLI, Antonio * um 1730 Bergamo, † 1802 Pal rmo, vielgereister VVirt. W: Konz., Sonaten, VSchule

LOMAKIN, Gabriel * 6/12 1812 Petersburg, † 21/5 1885 Gatschina, ChorgsgL. in Petersburg; durch Übertragg altruss. kirchl. Gsge f. 4st. Chor verdient. W: geistl. Chorgsge, Lehrb. d. Chorgsgs'

LOMAN, Abraham Dirk * 16/9 1823 's Gravenhage, † 17/4 1897 Amsterdam, da Theologe. W: Chöre, Lieder. — Dessen gleichnam. Sohn * 26/10 1868 Amsterdam, da Leiter des Büros f. MAutorenrecht (BUMA), urspr. TheaKM., Schüler v. Zweers u. Kes. W: Op., Orat., Lieder

LOMBARD, Louis * 15/12 1861 Lyon, † Nov. 1927 in Ithaka, NY (NAm.), wo er ein Konserv. gegründet; reicher amerikan. Kunstfreund franzö̈s. Abkunft, veranstaltete 1906/14 auf Schloß Trevano (Lugano) Konz- u. OpVorstellgen. W: Oper, kleine OrchStücke, KaM.

LOMBARDI, Giacomo * 1810 Parma, † 1877 Napoli, Tenorist, später GsgL. u. Chordir in Napoli. W: Oper, 23 Messen, GsgLehrbücher u. a.

LOMBARDINI, Giuseppe — s. LOMBARDO

LOMBARDINI, Maddalena — s. SYRMEN

LOMBARDO, Carlo * 28/11 1869 Napoli, da Librettist, Kompon., OperettenTheaDir. u. MVerleger. W: Operetten. — Sein Bruder Costantino * 1872 Napoli, OperettenKM. W: Operetten

LOMBARDO (Lombardini), Giuseppe * 1820 Palermo, † 3/5 1892 Napoli, da seit 1835 Chordir., später KonservProf. W: Oper, Duette, Tänze u. a.

LONGMAN & BRODERIP, London, MVerl.; 1767—98

LONGO, Aless. * 30/12 1864 Amantea (Cosénza), KlavL. am Konserv. in Napoli seit 1887, Schüler Cesis. W: KaM., KlavStücke. H: KlavWerke Scarlattis usw. Ztschr. ‚L'arte pianistica' 1914 ff. — Sein Sohn Achille * 28/3 1900 Napoli. W KaM., KlavStücke

LONGO, Giacomo * 15/2 1833 Faro (Messina), † 27/7 1906 Messina, da Klav- u. GsgL., Gründer einer ChorgsgSchule, auch OpKM. W: Oper, Kantaten, Gsge, Sinfon., KlavStücke. — Sein Sohn Giuseppe * 23/7 1877 Messina, lebt da, zeitweilig OpKM. in Amerika. W: InstrM.; Trattato d'armonia

LONGUEVILLE, Matthaeus Leonastro de — s. LÖWENSTERN, M.

LOOKS, Rudolf * 3/6 1867 Stralsund, da seit 1896 Organ. u. Dirig. W: Sinf., Ouv., KaM., OrgStücke, Chöre

LOOMIS, Harvey Worthington * 5/2 1865 Brooklyn, lebt in Newyork, Schüler Dvořaks. W: Opern, Pantomimen, BühnM., Melodramen, KlavStücke, Kinderlieder

LOOTS, Philipp * 22/8 1865 Amsterdam, † 31/7 1916 Haarlem, da seit 1882 Organ. u. Chordir. W: KirchM., Lieder, bes. Kinderlieder

LOPATNIKOFF, Nikolai * 16/3 1903 Reval, seit 1920 in Karlsruhe, ausgeb. in Petersburg (Konserv.), dann von W. Rehberg, Grabner und Toch. W: OrchStücke, KaM., KlavStücke

LOPATYNSKI, Jaroslaw, Dr. phil. * 19/8 1871 Dolina (Ukraine), ausgebildet in Wien u. Dresden. W: Opern, Operetten, L eder

LOPEZ, Duarte — s. LOBO

LOPEZ, Santjago, ps. = Walter BORCHERT

LOPEZ, Vincent * 29/12 1894 Brooklyn, Dirig. einer ausgez. JazzBand in Newyork

LORBERG, Paul Ernst Wilh. * 5/7 1834 Berlin, war kgl. MDir. in Heidelberg. W: Ouvertur., Märsche, Chöre, Lieder usw.

LORENS, Karl = LORENZ

LORENTZ, Alfred * 7/3 1872 Straßburg i. Els., † 23/4 1931 Karlsruhe, Schüler Rheinbergers, urspr. Flötist, 1894 OpKM. in Straßburg, 1899/1925 Hof-KM. in Karlsruhe; GsgL. W: Opern, OrchStücke

LORENZ, Alfred, Dr. phil. * 11/7 1868 Wien, TheaKM. an verschied. Orten, zuletzt GenMDir. in Coburg-Gotha (1905/20), lebt in München, da seit April 1926 HonProf. f. MWiss. an d. Univers. W: Oper, sinf. Dichtgen, ausgezeichn. KlavQuart., Lieder; ‚Die musikal. Formgebg in R. Wagners Werken‘; ‚A. Scarlattis Jugendopern‘; ‚MGesch. im Rhythmus der Generationen‘ (1928). H: Weber, ges. Werke I

LORENZ, Christian * 29/4 1885 Darmstadt, Bankfachmann in Karlsruhe. W: Märsche, u. a. der bek. Karlsruher Schützenmarsch

LORENZ, F. Alfred * 28/1 1879 Schulrektor a. D. in Kleinbothen (Leipzig). W: Lieder, Märsche

LORENZ, Franz, Dr. med. * 4/4 1805 Stein, NÖsterr., † 8/4 1883 Wien, Dichter u. MSchr. W: ‚Haydns, Mozarts u. Beethovens KirchM.‘, ‚Mozart als KlavKomp.‘ u. a. Durch ‚In Sachen Mozarts‘ regte er Köchels Mozart-Katalog an

LORENZ, Fritz * 25/2 1868 Marktsteft, Kantor u. Chordir. in Schweinfurt. W: Optten, Singspiele, Chöre

LORENZ, Joh. * 3/2 1894 Dresden, FlVirt., seit 1929 Hamburg (Stadtthea.). W: FlSuite u. Etüden

LORENZ, Jul. * 1/10 1862 Hannover, † 1/10 1924 Glogau, Schüler des Lpzger Konserv., 1884 D.rig. der Singakad. in Glogau, seit Okt. 1895/1910 Dir. des Männergsgver. ‚Arion‘ in Newyork, seitdem wieder in Glogau. W: Oper, Operette, Sinfon., Ouvert., KaM., Messe, Chöre, Lieder, KlavStücke usw.

LORENZ, Karl * 1851 Wien, da † Dez. 1909. W: beliebte Wiener Lieder u. Kuplets

LORENZ, Karl Adolf * 13/8 1837 Köslin, † 3/3 1923 Stettin, Schüler Dehns, Kiels u. a., seit 1866 Organ., GymnasGsgL. u. städt. MDir. in Stettin. W: Opern, Oratorien, Kantaten, ‚Stabat mater‘, Sinfon., Ouvert., Trios, Sonaten, KlavStücke, Chöre (op. 38: 30 klass. u. mod. Chöre f. Gymn. u. Realsch. in 3st. Tonsatz) u. Lieder

LORENZ, Max * 19/5 1901 Düsseldorf, Heldentenor. in Dresden, daneben seit 1934 in Berlin, Staatsop., viel im Auslande, auch in Bayreuth, (zuerst 1933 Parsifal, Siegfried, Stolzing), Schüler Grenzebachs

LORENZ, Oswald * 30/9 1806 Johanngeorgenstadt (Sachs.), † 22/4 1889 Winterthur, hier 1845/1872 SchulGsgL. u. 1845/78 Organ.; 1835/45 in Leipzig, Freund R. Schumanns

LORENZ PUBLISHING COMPANY, gegr. 1890 in Dayton bes. f. KirchM., Filialen 1902 in Newyork u. 1914 in Chicago

LORENZANI, Paolo * um 1640 u. † 28/10 1713 Rom, 1678/93 in Paris, teils OpIntend., teils KirchKM., seit 1694 KirchKM. in Rom. W: Opern, Motetten, Airs italiens

LORENZEN, Herm. * 8/5 1892, lebt in Berlin. W: Sinf. Dichtgen, KaM., KlavSuite, Lieder

LORENZI, Giorgio * 6/4 1846 Firenze, † 24/11 1922 London, HarfVirt. u. gesuchter L. W: HarfSchule u. Stücke

LORENZI-FABRIS, Antonio * 18/1 1861 Montebelluna, lebt ?, ausgeb. in Venezia. W: Opern

LORENZITI, Antonio * 1740, Geiger, Schüler Locatellis, † (?) Nancy, da seit 1767 DomKM. W: KaM. — Sein Bruder (Neffe?) Bernardo * um 1764 Kirchheim, Württ., seit 1787 in Paris, da bis 1813 Geiger der Großen Oper. W: Konzerte, Schule, Stücke f. V., viel KaM.

LORENZO, Leonardo de * 1875 Vigevano, FlVirt, ausgeb. in Napoli, seit 1914 in Minneapolis (1910/14 in Newyork). W: FlKompos. u. Etüden

LORENZONI, Renzo, Dr. jur. * 10/10 1887 Padova, trefl. Pianist, seit 1926 KonservL. in Milano, auch MSchr. W: KlavStücke, Lieder

LORETI, Alfr. Heinr. * 22/3 1870 Rom, Mandol- u. GitL. in Zürich. W (zahlr.): f. Git. u. Mandol.

LOREY, Wolf (Wolfram) * 2/4 1906 Dresden, da EnsKM. u. Bearb. W: UnterhaltgsM.

LORINSER, Gisela v. * 27/9 1856 Falksburg/Wien, † ?, lebte in Wien, Schülerin v. Brüll, R. Fuchs u. H. Grädener. W: KlavStücke, Lieder

LORIS, Heinr. — s. GLAREANUS

LORRAINE, L. de la, ps. = Leop. WENZEL

LORTZING, Gust. Alb. * 23/10 1801 Berlin, da * 20/1 1851, Sger u. Schausp. in Düsseldorf, Köln, Detmold, seit 1833 in Lpz., in humor. Rollen sehr beliebt, 1844/45 KM. b. Lpzger Thea., 1846/48 am Thea. a. d. Wien, dann wieder in Lpz. u. 1850 am Friedrich-Wilhelmstädt. Thea. in Berlin. Bittere Sorgen begleiteten ihn trotz seiner

Erfolge bis an sein Lebensende. In seinen wahrhaft dramatischen Opern lebt ein gesundes schlichtes Empfinden, vor allem aber ein nie versagender Humor, der ihnen noch lange Lebenskraft sichert. W: Opern ‚Ali Pascha Janina' 1828, ‚Die beiden Schützen' 1835, ‚Zar u. Zimmermann' 1837, ‚Hans Sachs' 1840, ‚Der Wildschütz' 1842, ‚Undine' 1845, ‚Der Waffenschmied' 1846, ‚Die Rolandsknappen' 1849 usw., Singspiel, Oratorium ‚Die Himmelfahrt Christi' 1828, mehrere SchauspielM., maurer. u. andere Lieder

LOS-KINE, ps. = Ch. QUEF

LOSCH, Philipp, Dr. phil., Prof. * 6/11 1869 Cassel, ObBibl. (BibliothRat i. R.) in Berlin, da 1906/1924 an der Dtschen MSammlg bei der Staatsbibl., an deren Einrichtg er wesentl. Anteil hatte, MBibliogr. W: MLiterat. f. Ob. u. engl. Horn

LOSCHELDER, Frz * 11/7 1896 Neuß, TheaKM., seit 1922 in Basel. W: BühnenM.

LOSCHI, Anacleto * 25/9 1863 Carpi, † Mai 1913 Novara, KM. W: KirchM., Sinf., BlasorchStücke, Gsge. — Sein Bruder Enrico * 9/10 1866 Carpi, † 17/9 1904 Castelfranco (Veneto). W: Opern, Sinf. u. sinfon. Dichtgen, Messe, StrQuart., KlavStücke

LOSCHKY, Wilh. Matthias * 17/10 1862 Neustadt a. Aisch, † 15/2 1933 Fürth i. Bay., da StudRat, GsgL. u. Chordir. W: viele, teilweise sehr verbreitete MChöre, FrChöre

LOSE (& DELBANCO), MVerl. in Kopenhagen, 1879 von Wilh. Hansen angekauft

LOSKINE — s. LOS-KINE

LOSSE, Paul * 23/11 1890 Leipzig, da KonzSgr (Barit.) u. Doz. am Pädag. Inst., da ausgeb. (Konserv.: Arlberg; Univers.). W: Entwicklg des rhythm. Gefühls. H: ‚Das Kirchenjahr in Liedern' (1934)

LOSSEN, Josef * 1/10 1894 Wiesbaden, MSchr. u. MGeschL. an der Schmittschen Akad. der Tonkunst in Darmstadt. W: KlavStücke, Lieder; ‚Das Darmstädter Hoftheater 1892/1917'

LOSSIUS (eigentl. Lotze), Hugo * 18/10 1508 Fack/Münden a. W., † 8/7 1582 Lüneburg als Rektor des Johanneum, da seit 1540. W: verbreit. theor. u. liturg. Handbuch

LOTHAR, Friedr. Wilh. * 13/7 1885 Eppingen, Kr. Heidelberg, ML. in Freiburg i. B., vorher im Landerziehgsheim Schloß Buchenau, vorher TheaKM. W: BühnM., Sinf. u. OrchStücke, KaM., KlavStücke, Chöre, Terzette, Lieder

LOTHAR, Louis, ps. = DUPIN, Paul

LOTHAR, Mark * 23/5 1902 Berlin, lebt da, Schüler J. H. Wetzels, seit 1921 als Begleiter der Sgrin Corry Nera viel gereist, seit Herbst 1934 KM. u. Hauskomp. des Staatl. Schauspielhauses in Berlin. W: Opern, SchauspM., Lieder, KlavStücke. B: Haydn: Die Welt im Monde

LOTHAR, Rud., Dr. phil. * 23/2 1865 Budapest, OpLibrettist in Wien, lebte lange in Berlin — ps. S. de BUILLET

LOTT, Walter, Dr. phil. * 11/4 1892 Lippstadt i. W., stud. MWissensch., Schüler u. a. Kretzschmars u. Joh. Wolfs, im Kriege 3 Jahre MilitKM., lebte in Berlin, seit Aug. 1927 in Leipzig, seit 1921 Bearb. der bei Fr. Hofmeister-Lpzg erschein. musikbibliogr. Monatsberichte, Jahresverz. usw.

LOTTI, Antonio * um 1667 Venedig, da † 5/1 1740, KM. an San Marco, da 1693 Organ., 1717 in Dresden, 1719 wieder in Venedig. W: (bedeut.): 21 Opern, Orator., Messen, Motetten, ‚Crucifixus', 6-, 8- u. 10st. ‚Duetti, terzetti e madrigali'

LOTTO, Isidor * 22/12 1840 Warschau, VVirt., 1862 in Weimar, 1872 Prof. des VSpiels in Straßburg i. Els., 1880/1910 am Konserv. zu Warschau. B: VBearbeitgen älterer Werke

LOTZ, Adolf E. M. * 21/2 1874 Wiesbaden, Fagottist, seit 1900 im städt. Orch. zu Rostock, auch Chordir. W: OrchSuite, Tänze, Märsche, Lieder

LOTZE, Herm. * 21/5 1817 Bautzen, † 1/7 1881 Berlin, UnivProf. W: ‚Gesch. der Ästhetik in Deutschland', 1868

LOTZE, Lukas — s. LOSSIUS

LOUIS FERDINAND, Prinz von Preußen * 18/11 1772 Friedrichsfelde/Berlin, fiel im Kampfe bei Saalfeld 10/10 1806, reichbegabter Komp., KlavVirt. W: KaM. (KlavQuart. op. 6!), KlavRondo usw.

LOUIS, Rudolf, Dr. phil. * 30/1 1870 Schwetzingen, † 15/11 1914 München, Schüler Fr. K.oses u. F. Mottls, TheaKM., seit 1907 in München MSchr. u. TheorL. W: ‚Der Widerspruch in der M.', ‚Die Weltanschauung R. Wagners', ‚R. Wagner als MÄsthetiker', ‚Franz Liszt', ‚Hektor Berlioz', ‚Anton Bruckner', ‚Die dtsche M. der Gegenwart', sehr verbreit. ‚Harmonielehre' (m. Thuille), sinf. Dichtg ‚Proteus'

LOULIÉ, Etienne, ML. in Paris um 1700, Erfinder d. Chronomètre, eines Vorläufers d. Metronoms, u. des Sonomètre, eines Hilfsinstrum. für KlavStimmer

LOUYS, Karl, ps. = FOURNIER, Louis

LOVE, Henry, ps. = LOEWE, Hilda

LOVREGLIO, Donato * 6/12 1841 Bari, † Mai 1907 Napoli, FlVirt. W: Sinf., BlasorchKompos., Schulen f. Holzblasinstr., KaM., FlStücke

LOYONNET, Paul * 1889 Paris, da vielgereist. KlavVirt., KonservL.

LOZZI, Antonio * Dez. 1873 Ascoli Piceno, da Dirig. u. MSchulDir. W: Opern, sinfon. Dichtgen

LUALDI, Adriano * 22/3 1887 Larino (Campobasso), lebt in M'lano, Schüler E. Wolf-Ferraris, auch MSchr. W: Opern, sinfon. Dichtg, StrQuart., Gsge mit Orch.; viele Aufsätze

LUBBE, Kurt, ps. Emilio KORDEN; Frank STAFFORD * 8/6 1888, Bearb. in Berlin. W: viel UnterhaltgsM.

LUBLIN, Johannes de, Kanoniker in Krasnik/ Lublin, schrieb um 1540 eine sehr umfangreiche OrgTabulatur: Hauptquelle f. die poln. M. in der ersten Hälfte des 16. Jahrh.

LUBRICH, Ernst * 29/3 1889 Neustädtel, RB. Liegnitz, Kantor u. Organ. in Adelsdorf/Goldberg (Schles.). W: Chöre, Lieder

LUBRICH, Fritz (sen.), * 29/7 1862 Bärsdorf (Posen), 1891 Organ. in Peilau (Schles.), 1900 in Neiße, 1901 SemML. in Kyritz, 1904 in Sagan, lebt i. R. seit 1928 in Sprottau, kgl. MDir. (1901). H: ‚Die Orgel', ‚Flieg. Bl. d. ev. KirchMVer. in Schles.', ‚Kirchmusik. Archiv, Sammlg gemeinverst. Vorträge', ‚Ztschr. f. ev. KirchM.', ‚Schles. Blatt f. ev. KirchM. W: MChöre mit u. ohne Orch., gem. Chöre, Lieder, ‚Chorgsgbuch f. MChor', ‚Der KirchChor', ‚Schles. Hauschoralbuch', ‚Schles. Provinzial-Choralbuch', ‚Großes Choral-Präludienbuch', ‚Kleines Choral-Präludienbuch', ‚Das geistl. Volkslied', ‚Kirchmus. Brevier', ‚Liturg. Altargsg des Geistl.', ‚Die Kirchentonarten' usw.

LUBRICH, Fritz (jun.) * 26/1 1888 Neustädtel, RB. Liegnitz, Schüler Regers, seit Okt. 1919 Dir. d. Meisterschen GsgVer. in Kattowitz u. gleichzeit. seit 1934 Dir. der Singakad. in Breslau. W: Kantaten, Motetten, Lieder, OrgStücke

LUBRICH, Georg * 28/8 1885 Neustädtel, Organ. u. Chordir. in Sagan. W: MChöre, Lieder

LUCANTONI, Giov. * 18/1 1825 Rieti, † 30/5 1902 Paris, da seit 1857 GsgL. W: Opern, GsgQuart., Terzette, Duette, Romanzen

LUCAS, Charles * 28/7 1808 Salisbury, † 30/3 1869 London, Organ., Vcellist u. Dirig., 1859/66 Dir. der R. Academy of M. W: Sinf., StrQuart., Anthems, Lieder

LUCAS, Clarence * 19/10 1866 Niagara, lebt in Newyork, vorher TheorL. u. Chordir. in Toronto u. Utica, 1893/1904 in London bes. MRef. W: Opern, Ouvert., KlavStücke, Kantaten, Lieder; ‚Story of musical form'

LUCCA, Francesco * 1802 Cremona, † 20/11 1872 Milano, urspr. Klarinettist, erlernte bei Ricordi die Notenstecherei, gründete 1825 einen eig. MVerlag, der sehr bald große Bedeutung erlangte: fortgeführt von seiner Frau Giovannina, geb. Strazza (* 1810, † 19/8 1894 Cernobbio), die das Geschäft am 30/5 1888 an G. Ricordi verkaufte

LUCCA, Pauline * 25/4 1841 Wien, da † 28/2 1908, berühmte OpSopranistin, Schülerin von Uffmann u. Lewy, 1861/72 an der Berliner, 1874/89 an der Wiener Hofoper, 1872/74 auf ausgedehnt. Gastreisen; 1869/71 mit Baron Rhaden, später mit v. Wallhofen verheiratet

LUCCHESI, Andrea * 28/5 1741 Motta (Venetien), † ca 1800, 1771 OpKM. in Bonn, da 1774/94 kurfürstl. KM. W: Opern, Kantaten, Sinf., VSonaten

LUCCHESI, Frediano Matteo * um 1710 Lucca, da † 18/8 1779 KirchKM., treffl. L. W: KirchM.

LUCCHESI, Giulio Mario * 1763 Livorno, Geiger, u. a. in Wien u. Salzburg, seit 1799 in Italien; † ?. W: Sinf., KaM.

LUCERNA, Eduard * 11/11 1869 Klagenfurt, Apotheker in Gries/Bozen, auch Chordir. W: Oper, 6 Sinf., Serenade usw. f. Orch., KaM., Lieder

LUCIA, Nadir de * 1892 Napoli, † 29/11 1927 Rom, GsgL. u. MKrit. W: Duette, Lieder, bes. Kriegslieder

LUCIANI, Sebastiano Arturo * 1884 Acquaviva (Bari), MSchr. in Rom. W: ‚Verso una nuova arte'; ‚Il cinematografo'; ‚Orpheus' (zus. mit O. Respighi)

LUCIANO, ps. = Martin MICHAELIS

LUCILLA, Domenico * 17/2 1820 R'o'reddo/ Tivoli, † 9/1 1884 Roma, da seit 1881 Präsident der Philharm. Akad. W: Opern, Kantate, viele Lieder (Walzer ‚La gioia'), KlavStücke

LUCK, Otto * 26/3 1886 Frankfurt a. M., KonservDir. in Offenbach a. M.

LUCKHARDT's MVerl. (R. Lebrecht), Stuttgart 1905 meist an Heinrichshofen verkauft

LUCKHARDT, Carl, MVerl. in Kassel, 1880 an Raabe & Plothow, Berlin, später = N. Simrock, Leipzig, übergegangen

LUDERER, Hans * 17/4 1887 Chemnitz, da SchulL. u. MSchr., ausgeb. in Dresden (Konserv.) u. v. Frz Mayerhoff, war auch Chordir. W: Chöre, Lieder, auch m. Instr. außer Klav u. a.

LUDKEWYCZ, Stanislaus, Dr. phil. * 24/12 1879 Jaros, Schüler Grädeners, Zemlinskys u. G. Adlers, seit 1910 Dir. des MVer. u. des MInstit. in Lemberg. W: SinfOde ‚Kaukasus', KlavKonz., KaM. H: Ukra'n. Volkslieder

LUDOVIC, G. (ps.) — s. GOBBAERTS

LUDWIG, Aug., ps. Aug. GIWDUL; Aug. LIDORF * 15/1 1865 Waldheim (Sachs.), lebt in Berlin, Schüler der Konserv. Köln u. München,

H: ‚Neue Berl. MZtg' 1894/1903. W: Opern, Singspiele, sinfon. Werke (Ergänzg von Schuberts h-moll), KlavStücke, Lieder usw., ‚Gelobet seist du jederzeit, Frau Musika', ‚Lorbeer u. Stachel', ‚Die M. der Zukunft' usw.

LUDWIG, C., ps. = Jul. E. GOTTLOBER

LUDWIG, Ernst * 7/2 1852, † 23/3 1925 Wien, da KlavL. an d. Akad. der Tonkunst. W: KlavStücke, Chöre, viele Lieder. — Sein Sohn E r n s t, Dr. phil., ps. EMGAL * 25/2 1891 Wien, da ausgebild. v. Frz Schmidt, Rob. Fuchs, Heuberger, jetzt nach längerem Wirken in Wien Pianist, ML. u. Chordir. in Berlin. W: Oper, Kantate, KaM., Chöre, Lieder

LUDWIG, Erwin Adolf * 10/5 1891 Mühldorf a. Inn (Bay.), lebt in Berlin. W: Tonfilme, UnterhaltgsM.

LUDWIG, Frz * 4/4 1846 Holleben/Lauchstädt, † 15/8 1913 Kassel, da 1867/1902 Oboist. W: Opern, Weihnachtsorat., Sinf., Ouvert., VKonz., KaM., Arien, Lieder

LUDWIG, Franz * 7/7 1889 Graslitz (Böhm.), lebt in Münster i. W., wo er 1920 den Ludwigsbund z. Pflege des KlavSpiels in histor. u. wissenschaftl. Umrahmg gründete, vorher in Sondershausen, dort auch HofKM. W: Opern, LustspielOuvert., Horn-Konz., Sonat. f. V. u. Klav., auch f. Klav.; ‚J. O. Grimm', ‚MGesch. des Erzgebirges'

LUDWIG, Friedrich, Dr. phil. * 8/5 1872 Potsdam, † 3/10 1930 Göttingen, seit 1920 o. Prof. der MWissensch. an der Univers. (vorher in Straßburg), hervorrag. Forscher d. MGesch. des 13. u. 14. Jh.

LUDWIG, G., ps. = KUNHARDT, David

LUDWIG, Geo * 14/4 1871 Gottesberg, Schles., seit 1890 ML. in Breslau. W: Opern, sinfon. Dichtg, KaM., Chöre, Lieder

LUDWIG, Hans * 16/12 1885 Essen, da ML. u. VerDir. W: f. Zith., MandolOrch. usw.

LUDWIG, Max * 25/10 1882 Glauchau, urspr. SchulL., Schüler d. Leipziger Konserv. (Reger, Teichmüller), seit 1909 Dir. des Neuen Leipziger MGsgVer. u. des RiedelVer., auch TheorL. am Konserv., Organ. W: OrgStücke, Chöre

LUDWIG, Otto * 13/2 1813 Eisfeld, † 25/2 1865 Dresden, der bekannte Dichter. W: Opern, Singspiele, Lieder

LUDWIG, Robert * 31/10 1847 Reichenbach i. Schles., † 24/8 1909 Interlaken, erst Kaufmann, seit 1871 in Breslau MRef. u. KlavL. W: KlavStücke, Lieder

LUDWIG, Valentin * 6/1 1882 Breslau, KonzTenor. u. GsgPädag. in Berlin, urspr. SchulL., ausgeb. in Breslau (u. a. v. Emil Bohn), von E. Pinks u. in Berlin (u. a. v. S. Ochs)

LUDWIG, Walter * 17/3 1904 Bad Oeynhausen, nach mediz. Studium lyr. OpTenor., Schüler Stückgolds, 1931 in Königsberg, 1931/32 in Schwerin; seit Herbst 1932 am Dtsch. Opernhaus in Berlin, auch treffl. KonzSgr (Evangelist, Lieder)

LÜBBERT, Fr. * 26/3 1818 Bobzin, † 15/1 1892 Brandenburg a. H., da langjähr. MilKM. W: Märsche, u. a. Helenenmarsch

LÜBECK, Joh. Heinr. * 11/2 1799 Alphen (Holl.), † 7/2 1865 im Haag, 1827 KonservDir. im Haag, 1829 HofKM. u. Dirig. der ‚Diligentia'. W: Psalm f. Soli, Chor u. Orch. — Seine Söhne waren E r n s t * 24/8 1829 Haag, † 17/9 1876 Paris, tücht. Pianist. W: KlavKonz. u. Stücke, u. L o u i s * 14/2 1838 Haag, † 8/3 1904 Berlin, treffl. Vcellist der Hofkap. W: VcStücke

LÜBECK, Vincent * 1654 Padingbüttel/Dorum (Hann.) [?], † 9/2 1740 Hamburg, da seit 1702, Organ., 1654/1702 in Stade, sehr gesuchter OrgL. u. Virt. W: OrgStücke, KlavÜbung, Kantaten

LÜCK, Stephan * 9/1 1806 Linz a. Rh., † 4/11 1883 Trier, Domkapitular. H: ‚Sammlg ausgez. Kompos. f. d. Kirche' (2. A., 4 Bde)

LÜDIG, Mikkel * 27/4 1880 bei Pernau, seit 1924 in Südamerika, ausgeb. in Petersburg (Kons.), gründ. 1918 in Reval das Konserv., da auch Organ. W: OrchSuite, Ouvert., Chöre, Lieder (esthn. gefärbt)

LÜDTKE, Hans, Dr. phil. * 19/8 1889 Mittelwalde (Schles.), Organ. in Berlin seit 1912, urspr. Geiger, Schüler des Instit. f. KirchM.; Miterfinder der Oskaldorgel, für die er seit 1921 im In- u. Auslande eintritt (erbaut von Osk. Walcker, Ludwigsburg, Württ.)

LÜDTKE, Rob., Dr. phil. * 11/9 1845 Berlin, † 21/9 1880 Rauendorf/Potsdam, Erfinder des Mikrophons

LÜER, Albrecht * 25/2 1900 Berlin, lebt da (erblindet). W: KlavSonaten

LÜHRS, Hans * 7/12 1910 Haspe (Westf.), lebt in Berlin, ausgeb. in Leipzig (Konserv.: Dawisson) und Wien (Akad.), urspr. Geiger, seit 1932 Pianist. W: FilmM., Hörspiele, Totenfeier f. 3 Chöre u. Orch., Lieder, UnterhaltgsM.

LÜHRSZ, Karl * 7/4 1824 Schwerin (Mecklbg), † 11/11 1882 Berlin, da seit 1851 ML. W: Orch- u. KaM., Klav- u. GsgStücke

LÜLING, Bruno * 17/12 1873 Leipzig, seit 1914 Ensemble- u. KinoKM. in Lintorf, Kr. Düsseldorf, vorher in Düsseldorf, pian. Wunderkind, ausgeb. in Leipzig, 1900/13 TheaKM. W: OrchSuiten, KlavStücke, Lieder u. a.

LÜPKE, Gust. v. * 8/12 1875 Hermansdorf, Prov. Hannover, † (schwer verwundet) 22/10 1915 Siedlec, seit 1907 Dirig. des Meisterschen Gsg-Ver. in Kattowitz

LÜRMAN, Ludw. * 9/7 1885 Bremen, lebt in Hamburg, vorher in Leipzig. W: Sinf., Ouvert., KaM., Lieder

LÜSCHOW, Max * 23/1 1882 Berlin, urspr. Flötist, seit 1921 MVerleger, seit 1933 in Berlin-Fichtenau, vorher in Bismarck, Prov. Sachsen. W: Tänze, Märsche u. a.

LÜSTNER, Ignaz Peter * 22/12 1793 Poischwitz/Jauer, † 30/1 1872 Breslau, KonzM. u. VL. — Sein Sohn O t t o * 9/4 1839 Breslau, † 8/9 1889 Barmen, städt. MDir., VVirt., 1875/77 KonzM. in Sondershausen. — Dessen Bruder K a r l * 10/11 1834 Breslau, † 9/4 1906 Wiesbaden, Vcellist der Kurkapelle, Schüler von Brosig, auch KlavL. u. MSchr. W: KlavStücke usw. — Dessen Bruder L o u i s * 30/6 1840 Breslau, † 24/1 1918 Wiesbaden, Violinist u. Dirig., 1874/1905 Dirig. der Kurkapelle in Wiesbaden

LÜTGE, Karl * 16/3 1875 Akstedt (Hann.), Organ. u. Chordir. in Berlin, Dir. einer Schule für GsgL. u. Organ.

LÜTGEN, B. * um 1835, lebte als GsgL. in Paris bis 1870, dann in Brighton, bekannt durch seine ‚Kehlfertigkeits-Studien'

LÜTGENDORFF, W. Leo von * 8/7 1856 Augsburg, Maler, seit 1889 Leiter der Kunstschule in Lübeck. W: ‚Die Geigen- u. Lautenmacher vom Mittelalter bis zur Gegenwart' (6. A. 1922, 2 Bde, unentbehrlich)

LÜTSCHG, Karl * 15/10 1839 St. Petersburg, † 6/6 (18/6?) 1899 Blankenburg a. H., tücht. Klav-L., Schüler v. Moscheles u. Henselt, zeitw. KonservL. zu Petersburg. B: instrukt. NA. klass. Klav-Kompos. — Sein Sohn u. Schüler W a l d e m a r * 16/5 1877 Petersburg, treffl. Pianist, lebt in Berlin, seit 1920 L. an der staatl. Hochschule

LÜTZEL, Joh. Heinr. * 30/8 1823 Ingelheim/Speyer, † 10/3 1899 Zweibrücken, da seit 1844 Organ. u. MDir. W: Kirch- u. OrgStücke. H: ‚Kirchl. Chorgsge der vorzügl. Meister des 16., 17. u. 18. Jh.', ‚Leichte Chorgsge f. Kirchen u. Schulen', ‚Geistl. u. weltl. MChöre', ‚Trauerklänge f. MChor' u. a.

LUFT, Heinr. * 7/9 1813 Magdeburg, da † 1868, 1839/60 in Petersburg, ObVirt. W: Oboe-Kompos.

LUGERT, Jos. * 30/10 1841 Frohnau a. E. (Böhm.), † 17/1 1928 Linz a. D., wo er seit 1917 gelebt; 1868/1917 L. (Klav., MGesch.) am Prager Konserv., 1905 k. k. MInspektor; organisierte seit 1877 daneben die OrchSchulen zu Petschkau u. Proßnitz u. die InstrumBaufachschulen zu Graslitz u. Schönbach. W: Sinf., 2 Seren., OrchSuite, KaM., KlavStücke, ‚Musikal. Formenlehre', ‚Prakt. Lehrgang der Instrument.', ‚Anleitg z. Partiturkenntnis' usw.

LUIG, Albert * 17/6 1906 Brüssel, jedoch Deutscher, Dirig. in Berlin, ausgeb. in Köln (Hochsch.). W: KaM., VKonz. u. Stücke, KlavStücke, Lieder

LUIGINI, Alex. * 9/3 1850 Lyon, † 27/7 1906 Paris, KM. der Opéra com. seit 1897, 1877/97 TheaKM. in Lyon. W: Opern, Ballette, KaM.

LUIN, Elisabet Jeanette, Dr. phil. * 9/5 1881 Nürnberg, lebt in München bzw. Rom, sehr viel auf Reisen, da sie ein großes Werk üb. d. italien. Musiker d. 17. u. 18. Jhd. im Ausland vorbereitet, urspr. Pianistin, ausgeb. in Nürnberg, dann ML. in England, erneutes Studium in München (Akad. u. Univ.). W: ‚Ant. Giannettini u. das MLeben am Hofe der Estense in Modena', viele Aufs. besonders in ital. MZtschr.

LUITHLEN, Victor, Dr. phil. * 20/5 1904 Wien, da Amanuensis der Bibl. der Ges. d. M-Freunde (seit 1927), ausgeb. v. K. Prohaska, V. Ebenstein, Guido Adler u. R. Lach

LULLI, Angelo, ps. = Vincenzo MURZILLI

LULLY, Giov. Battista * 29/11 1632 Firenze, † 22/3 1687 Paris, unter Ludwig XIV. Dir. des kgl. OpWesens. Reformator der franz. Op. vor Gluck (strengster Anschluß der M. an die Textdichtg). W: Opern, Ballette, auch kirchl. Kompos.

LUMBE, Dora von — s. PEJACSEVICH

LUMBYE, Hans Christ., ‚Der nordische Strauß' * 2/5 1810 Kopenhagen, da † 20/3 1874, dirigierte da 1848/73 ein eig. KonzOrch. W: Beliebte Tanzkompos. u. sog. OrchTongemälde. — Sein Sohn u. Nachfolger G e o r g * 9/7 1841 † 10/8 1911. W: Oper, Vaudevilles

LUND, John Reinhard * 20/10 1859 Hamburg, ausgeb. in Leipzig (Konserv.), 1880/83 OpChordir. in Bremen, 1884/87 OpKM. in Newyork, 1887/1903 Dir. des SinfOrch. u. des Orpheus-MCh. in Buffalo, dann OpttenKM., seit 1914 wieder in seiner Stellg in Buffalo. † ?. W: MChöre m. Orch., Chöre, Lieder, KlavStücke

LUND, Signe * 15/4 1868 Christiania, lebt in Amerika, Schülerin W. Bergers. W: Kantaten, u. a. ‚The road to France' (1917), Lieder, KlavStücke, VStücke

LUNDBERG, Lennart * 29/9 1863 Norrköping, † 27/7 1931 Karlshamn, Pianist, seit 1913 KonservL. in Stockholm. W: KlavSonat., Etüden usw.

LUNDE, Johann Backer * 6/7 1874 Havre, Pianist in Christiania. W: Sinf. u. sinfon. Dichtg., KlavStücke, viele beliebt gewordene Lieder

LUNDQVIST, Carl Fredrik * 24/1 1841 Veinge (Halland), † 12/5 1920 Stockholm, da 1869/1904 an der Hofop., berühmt. Bariton. W: ‚Erinnergen' (schwed.) 1908

LUNN, Charles * 5/1 1838 Birmingham, † 28/2 1906 London, Sgr u. GsgL., 1867/95 in Birmingham, dann in London. W: ‚The philosophy of voice' (verbreitet), ‚Vox populi'

LUNN, Henry Charles * 1817 u. † 23/1 1894 London, da L. u. später bis 1887 Dir. der R. acad., MSchr. W: ‚Musings of a musician'. H: Musical times 1863/87

LUNN, John Rob. * 8/3 1831 Cleeve Prior (Worcester), † Apr. 1899 Morton/Grafton (Yorkshire), da seit 1863 Geistl. W: KirchM, Orat.

LUNSSENS, Martin * 16/4 1871 Brüssel, seit 1924 Dir. des Genter Konserv. W: Opern, Sinf., sinfon. Dichtgen, Ouvert., KaM., Kantaten, Gsge m. Orch.

LUNZER, Fritz * 19/10 1877 Opttenlibrettist in Wien

LUPI, Johannes — s. HELLINCK

LUPORINI, Gaetano * 12/12 1865 Lucca, da Leiter des Istit. mus. u. KirchChordir. W: Opern, Optten, KirchM. Romanzen usw.

LUPOT, Nicolas * 1758 Stuttgart, † 13/8 1824 Paris, der ‚franz. Stradivari', berühmter Geigenbauer

LUPTON, I. B., ps. = PREIL, Paul

LUPUS, Eduardus = Duarte LOBO

LUPUS, Johannes — s. HELLINCK

LURIA, Juan * 20/12 1863 Warschau, sehr geschätzter GsgL. in Berlin, Schüler Gänsbachers, OpSgr (Barit.) in Stuttgart, Newyork, Milano usw., zuletzt in Berlin (Thea. d. Westens bis 1908)

LURIE, Arthur * 1884, 1918/20 Chef des M-Depart. der Sowjetregier. in Petersburg, sehr fortschrittl. Komp. W: Japan. Suite f. Orch., Klav-Stücke, Kantate

LUSCINIUS (Nachtigall), Othmar * 1487 u. † 1536 (?) Straßburg i. Els., Theologe, Schüler Hofhaymers, zeitw. Organist. W: theoret. Schriften

LUSSY, Mathis * 8/4 1828 Stans (Schweiz), † 21/1 1910 Montreux, seit 1847 in Paris, bedeut. KlavL., seit 1902 privatisierend bei Montreux. W (wichtig): ‚Traité de l'expression music.', ‚Histoire de la notation music.', ‚L'anacrouse dans la m. moderne', ‚Exercices de méchanisme'

LUSTGARTEN, Egon * 17/8 1887 Wien, da TheorL. W: Chorsinf., KaM., OrchLieder

LUSTIG, Herm., ps. = KROME, Herm.

LUSTIG, Jak. Willem * 21/9 1706 Hamburg, † 1796 Groningen, da seit 1725. W: Theoret. Lehrbücher; 12 KlavSonat.

LUTHER, Martin * 10/11 1483 Eisleben, da † 18/2 1546, der große Reformator, auch ein großer MFreund, doch ist er kaum Komp. d. Chorals ‚Ein' feste Burg'

LUTHER, Paul * 25/8 1892 Kölleda, Thür., da ausgeb. in der Stadtpfeif., dann Schüler von Traug. Ochs u. H. de Vries in Berlin, seit 1923 Soloflöt. der Berliner Staatsop., 1919/21 in Flensburg, 1921/1922 in Dresden (Philh.), 1922 in Lübeck

LUTKIN, Peter Christian * 27/3 1858 Thompsonville, Wisc., † ? Evanston, Ill., da seit 1897 UnivProf. f. M., ausgeb. in Chicago, Berlin (Hochschule), v. Leschetizky u. Moszkowski, 1871/96 Organ. u. KonservProf. (Theor.) in Chicago. W: KirchM.; ‚M. in the church' 1910

LUTTER, Heinrich * 18/3 1858 Hannover, da KonzPianist, sehr geschätzter L., Schüler Liszts u. Bülows

LUTZ, Erich, ps. = Erich LAX

LUTZ, Ernst * 13/2 1887 Schönbach/Eger, seit 1912 MSchuldir., auch Organ. in Saaz. W: Messen. Kantaten, Ouvert., Chöre. B: f. Salonorch.

LUTZ, Hugo Friedr. * 13/2 1869 Freudenberg a. M., seit 1910 SemML. in Heidelberg, da 1914/21 auch Organ. u. KirchChordir. W: Sinf., OrchSuite, Messe, MChöre, auch m. Orch., gem. u. Schulchöre, Duette, Lieder, Stücke f. Klav. u. V.; ‚Chor-Normalgsschule f. jugendl. St. u. MChöre'

LUTZ, Wilh. Meyer — s. MEYER-LUTZ

LUTZ-HUSZAGH, Nelly * 15/9 1880 St. Gallen, seit 1905 KlavL. am Konserv. in Leipzig. W: ‚MPädagogik' 1919

LUTZE, Walter * 22/8 Wittenberg, TheaKM., seit Herbst 1935 am Deutsch. OpHaus in Berlin, vorher seit 1920 in Schwerin. W: Sinf.

LUTZER, Jenny * 4/3 1816 Prag, † 3/10 1877 Wien, ausgez. KolorSgrin, 1832/37 in Prag, seit in Wien, nicht mehr aufgetreten seit ihrer Vermählg mit Frz v. Dingelstedt 1843

LUX, Frdr. * 24/11 1820 Ruhla (Thür.), † 9/7 1895 Mainz, 1841 MDir. am Hofthea. in Dessau, 1851/77 StadttheaKM. in Mainz, 1864/91 da auch Dir. des DamenGsgVer. u. der Liedertafel. W: Opern ‚Der Schmied von Ruhla' usw. Sinf., Kantate ‚Coriolan', Messe, MChöre, Lieder usw.

LUYTON, Charles * um 1556 Antwerpen, † Aug. 1620 Prag, da Hoforgan. W: KirchM., OrgStücke

LUZE, Karl * 4/8 1864 Altenmarkt, NÖsterr., seit 1874 in Wien, Schüler Bruckners, Chordirig., zeitw. Dirig. des Chors der Hofop., auch HofKM., Regenerator der Hofkap.

LUZZASCHI, Luzzasco † 1607 Ferrara, da seit 1576 Hoforgan. W: KirchM., Madrigale, OrgStücke

LUZZI, Luigi * 28/3 1828 Olevano di Lomellina, † 26/2 1876 Stradella. W: Opern, Sinf., Trauermarsch auf Cavour, KlavStücke, einst sehr beliebte Lieder

LWOFF, Alexis von * 6/6 1799 Reval, † 28/12 1870 (7/1 1871) auf seinem Gute Romano (Gouv. Kowno), 1837/61 Intend. der kaiserl. HofM. in Petersburg; Komp. der russ. Nationalhymne (1833), treffl. Violinist. W: Opern, Psalmen, geistl. Chöre, VStücke usw.

LWOWCZYK, Martin, poln. Name für LEOPOLITA

LYCK, Hans, ps. = Fred HAMEL

LYNTON, Everett, ps. = H. NICHOLLS

LYON and HALE, große InstrFabrik, auch Klav., treffl. Harfen, in Chicago seit 1864

LYON, James * 25/10 1872 Manchester, L. in Warwick. W: Opern, OrchSuiten, KaM., OrgSon., KlavStücke, Lieder, auch m. Orch.; ‚A practical guide to the modern orchestra‘, ‚The elements of harmony‘

LYRA, Justus Wilhelm * 23/3 1822 Osnabrück, † 30/12 1882 Gehrden, Pastor. Schrieb als Student in Berlin (1841/46) volkstümlich gewordene Lieder ‚Der Mai ist gekommen‘, ‚Durch Feld und Buchenhallen‘, ‚Meine Mus' ist gegangen‘, ‚Zwischen Frankreich u. dem Böhmerwald‘ u. a. Ferner Weihnachtskantate, Motetten, geistl. Lieder usw. H: ‚Dtsche Lieder‘ (1843), die Grundlage des ‚Lahrer Kommersbuchs‘

LYSBERG, ps. für BOVY, Charles Samuel * 1/3 1821 Genf, da † 25/2 1873, da KonservL., treffl. Pianist, Schüler Chopins W: KlavSalonstücke u. Paraphrasen

LYSENKO = LISSENKO

LYSER, Joh. Peter * 2/10 1803 Flensburg, † 29/1 1870 Altona, Maler u. Novellist, zu Schumanns Davidsbündlern gehörig, durch Taubheit seit 1820 verhindert, sich der M. zu widmen. — ps. Fritz FRIEDRICH

M

MAAR, Niels, ps. = Walter MEIER

MAAS, Albert * 14/12 1897 Adensdorf/Lüneburg, seit 1920 MKrit. in Hagen. W: OrchSerenade, Chöre, Lieder

MAAS, Dolores * 7/1 1894 Deezbüll/Tondern, VVirt. in Berlin seit 1915, sehr für die Lebenden eintretend, Schülerin Berbers, seit 1920 verheiratet mit Bildhauer A. Fuchs

MAAS, Louis Ph. O. * 21/6 1852 Wiesbaden, † 18/9 1889 Boston, Schüler des Lpzger Konserv. u. Liszts, tücht. Pianist. W: Sinf. (‚On the Prairies‘), Ouvert., Suiten, KlavKonz., Sonaten usw.

MAASALO, Armas * 28/8 1885 Rautavaara, Organ., Chordir. u. seit 1923 Dir. des KirchMInst. in Helsingfors. W: Suite u. Rhapsodie f. Orch., Chöre auch m. Orch., Lieder

MAASE, Wilh. † 15/8 1932 (81j.) Düsseldorf-Obercassel. W: Chöre, Duette, viele Lieder

MAASZ, Erich * 5/11 1894 Berlin, da seit 1923 KM. W: Operette, JazzSinfonietta, KlavStücke, auch Tänze, Lieder

MAASZ, Gerhard, ps. Will BERGER * 9/2 1906 Hamburg, da KM. am Reichssender, vorher OpKM., u. a. in Braunschweig. W: BühnM., Tanzsuite nach R. Keiser, KaM., Lieder

MAASZ, Leopold * 8/4 1872, MVerleger in Berlin. W: Optte, UnterhaltgsM.

MABELLINI, Teodulo * 2/4 1817 Pistoja, † 10/3 1897 Firenze, da HofKM. u. seit 1867 KomposL. am Konserv. W: 9 Opern, Orator., Messen, Kantaten, Motetten, KaM., KlavKompos. usw.

MAC ADAMS, ps. = Hans MAY

MAC ALPIN, Colin * 9/4 1870 Leicester, MSchr. in London. W: Opern, Lieder

MACAN, Karl Emanuel * 1858 Pardubitz, früh erblindet, ausgebild. in Prag, † 1931. W: Messen, KaM., KlavStücke, Lieder

MACAT, Kurt * 13/5 1873 Gnadenfrei, seit 1908 ML. in Berlin. W: Chorwerke m. Orch., FilmM., KlavStücke

MAC AYN, ps. f. Hans MAY u. Rich. ETLINGER zusammen

MAC BRAILY, ps. = BUKOWIECKI

MAC CORMACK, John * 14/6 1884 Athlone (Irland), berühmt. OpTenor in Newyork

MAC CUNN, Hamish * 22/3 1868 Greenock (Schottl.), † 2/8 1916 London, da Schüler der Kgl. MAkad., 1888/94 da HarmonieL., dann OpKM., seit 1912 Leiter der OpKlasse der Guildhall

School, nation.-schott. Komp. W: Opern, Ouvert., KaM., Chöre, Lieder

MAC DOWELL, Edw. Alex. * 18/12 1861 Newyork, da † 24/1 1908 (irrsinnig seit 1905), 1876/88 in Europa, seit 1888 in Amerika, (1895/1904 Prof. am Columbia-College zu Newyork), trefl. Pianist u. Komp. W: Sinfon. u. sinfon. Dichtgen, Suite, 2 KlavKonz., Sonaten, Etüden, zahlreiche kleine Charakterstücke f. Klav., Lieder usw. — ps. E. THORN

MACE, Thomas * um 1613, † 1709, berühmter Lautenist in Cambridge. W: Music's monument (1676)

MAC EVEN, John B. * 13/4 1868 Harwick, TheorL. am R. College of m. in London, dessen Dir. seit Frühjahr 1924. W: Oper, Sinfon. u. a. f. Orch., viel KaM., bes. StrQuart., KlavStücke, Kantaten, Lieder

MAC FARLANE, Wilh. Charles * 2/10 1870 London, Organ. in Newyork, Begr. der Gilde amerikan. Organisten. W: OrgStücke, Anthems, Kantate, Lieder

MACFARREN, George Alex. * 2/3 1813 London, da † 31/10 1887. Schüler u. seit 1834 L., seit 1876 Dir. der R. Acad. of m. W: Opern, Orator. ‚St. John the Baptist', ‚Josef', ‚King David' usw., 8 Sinfon., Ouvert., KaM., Psalmen, Anthems, Lieder usw., theoret. Schriften. — Seine Gattin Natalia (* 1827 Lübeck, † 9/4 1916 Bakewell), gesch. Altistin u. tücht. Übersetzerin dtsch. Dicht. — Sein Bruder Walter Cecil * 28/8 1826 London, da † 2/9 1905, 1896/1903 KlavL. an der R. Acad. of m., 1868 Dir. d. Philharm. Gesellsch., 1873/80 Dirig. der AkadKonz. W: Sinfon., Ouv., Ka- u. KlavM., Chöre, Lieder

MACFARREN, Mistress John, geb. Emma Marie Blunett, ps. Jules Brissac * 1824, London, da † 1895, Pianistin. W: KlavStücke, meist brillanter Art (OpFantasien)

MACH, Ernst * 18/2 1838 Turras (Mähr.), † 22/2 1916 Haar/München, berühmt. Physiker, seit 1895/1901 UnivProf. in Wien, 1864/67 in Graz, 1867/95 in Prag. W: ‚Einleitg in die Helmholtzsche Theorie der M.', ‚Beitrag z. Gesch. d. M.' u. a.

MACHADO, Antonio Xavier * 1/9 1756 Tamengos/Anadia (Coimbra), † 14/9 1828 Caxias (Portug.), berühmter OrgBauer

MACHADO, Augusto * 27/12 1845 Lissabon, da † 26/3 1924 als Dir. des Konserv.. W: Opern, Operetten, KlavStücke

MACHADO, Raphael Coelho * 1814 Angra (Azoren), † 9/9 1887 Rio de Janeiro, in Lissabon ausgebild., seit 1835 in Brasilien. W: KirchM., bes. Messen, KlavSchule, theor. Schriften. H: brasilian. Volkslieder, Schulen von Alard, Hünten usw. in portug. Übersetzg

MACHANEK, Ignaz, Dr. * 23/7 1825 Olmütz, Studiengenosse von E. S. Engelsberg (s. d.), Advokat, lebte in Wien, da † 18/5 1903, war auch Dichter. W: MChöre, Lieder usw.

MACHAUT, Guillaume de * 1300 Machaut (Ardennen), † 1377 Reims, Kleriker, Dichter und Musiker zuletzt am Hofe K. Karls V. von Frankreich. W: Motetten, Balladen, Rondeaux, Virelais

MACHETANZ, Louis * 14/1 1883 Ermsleben am Harz, ehem. MilM. in Berlin. W: Märsche

MACHINSKI, ps. = L. VILLERMIN

MACHTS, Karl * 16/6 1846 Weimar, † Febr. 1903 Hannover, MDir., vorher in Jena. W: Oper, BühnM., Ouvert., Serenaden, Chöre, Lieder, KlavStücke usw.

MACHTS, Ludw. * 28/1 1850 Apolda, † 25/12 1904 Jena, da seit 1876 MDir. u. GymnGsgL., vorher L. an d. MSchule in Weimar. W: ‚Die Schilfinsel', Märchen f. 3st. Chor, Soli, Deklamat. u. Klav., Chöre usw.

MACIOCCHI, Mario * 1874 Rom, Gitarrist, seit 1900 in Paris. W: GitSchule. H: Ztschr. ‚L'Estudiantina'

MACK, Christian Friedr. * 24/7 1860 Frankfurt a. M., da seit 1878 Organ., 1888/1919 Chordir., 1899/1914 L. am Raff-Konserv. W: MChöre

MACKAY, Angus † 21/3 1859 Nith/Dumfries, Dudelsackpfeifer der Königin Victoria. W: ‚A collection of ancient piobaireachd or Highland pipe m.'; ‚The piper's assistant'

MACKEBEN, Theo, ps. MORRIS, John * 5/1 1897 Pr.-Stargard, KM. u. Kompon. in Berlin, aufgewachsen im Rheinland, nach Abitur Kriegsteilnehmer, ausgeb. 1917/18 in Warschau von Jules v. Wertheim, dann in Berlin von Jos. Weiß, KonzPianist, Reise mit Premyslaw in Ostasien, seit 1922 nicht mehr KlavV. W: Optte, Sendespiele u. Oratorium ‚Hiob' f. d. Rundfunk, FilmM. u. a. B: künstler. wertvolle Instrumentat., Millöckers ‚Gräfin Dubarry', Donizettis ‚Regimentstochter' u. a.

MACKENROTH, Hans * 12/3 1894 Sonneberg (Thüring.), ML. in Berlin/Tempelhof (im Krieg einen Arm verloren) seit 1918, ausgeb. in Mannheim. W: MärchenM., OrchStücke, KlavStücke, MChöre, Lieder

MACKENZIE, Alex. Campbell * 22/8 1847 Edinburgh, stud. in Sondershausen u. London, 1888/1924 als Nachfolger Macfarrens Dir. der R. Acad. of m. in London, † 28/4 1935. W: Opern, Optten, Orat., Kantat., Ouvert., VKonz. u. Suite, KaM., KlavStücke, Chöre, Lieder usw.

MACKINTOSH, Rob. † 1807 London, da seit 1803, seit 1775 Dirig. in Edinburgh. W: Tänze, bes. Reels u. Strathspey-Reels

MAC LAUGHLIN, ps. = Walter NOACK

MACLEAN, Alick Morvaren * 20/7 1872 Eton, OrchDirig. in London bzw. in Scarborough. W: Opern, BühnenM., OrchSuiten, Chorwerke

MACLEAN, Charles Donald * 27/3 1843 Cambridge, † 23/6 1916 London, Schüler Ferd. Hillers, Organ. in Oxford, Eton u. London (1880), dann in Indien, seit 1893 wieder in London. W: Orator., Ouvert., KlavKonz. usw.

MACLEAN, Quentin Morvaren * 14/5 1896 London, lebt da, Schüler Straubes, Regers u. Krehls. W: BühnenM., Serenade usw. f. Orch., kathol. KirchM., Lieder

MACLEOD, Peter * 8/5 1797 West Calder, Midlothian, † 10/2 1859 Bonnington/Edinburgh. W: volkstüml. Lieder. H: Original nat. melodies of Scotland; Original Scottish melodies u. a.

MAC LEOD, Robert * 20/6 1879 Glasgow, seit 1907 Inspekt. f. Schulgsg. u. neuerdings Dir. des LSemin. in Edinburgh. W: Chöre, Lieder, mpädag. Aufsätze

MACMILLAN, Ernest * 18/8 1893 Mimico, Ontar., Organ. u. seit 1926 Dir. des Konserv. in Toronto, MWissenschaft. W: ungedr.

MACMILLEN, Francis * 14/10 1885 Marietta O., lebt da, ausgez. Geiger. W: VStücke, Lieder

MAC NAUGHT, William Gray * 30/3 1849 u. † 13/10 1918 London. H: ‚School m. review' 1892 ff.; ‚The musical times' 1909 ff.

MAC PHEE, Colin * 1901 Toronto, lebt in Newyork, da u. in Paris ausgebildet. W: Sinf., 2 KlavKonz., KlavQuint., ChorSuite

MACPHERSON, Charles * 10/5 1870 Edinburgh, † 28/5 1927 London, da 1895 Organ., dann L. an der Kgl. MAkad. W: OrchSuiten, KaM., Psalm 137, Chorlieder usw.

MACPHERSON, Charles Stewart * 29/3 1865 Liverpool, 1887 L. an der R. Acad. of m. in London, 1903/20 da UniversProf. W: Theoret. Lehrbücher, Sinf., Messe, KlavStücke usw.

MACQUE, Jean de 1584 Organ., 1592/1613 KM. in Napoli, Schüler Philipps de Monte. W: Madrigale

MAC RAULS — s. RAULS, Mac

MADDISON, Adele geb. Tindal * 15/12 1866, † 12/6 1929 Ealing, lebte vor Kriegsausbruch in Berlin. W: Oper, Lieder, KlavStücke, KlavQuint.

MADER, Anton * 23/4 1877 Währing-Wien, in Wien seit 1908 Dirig., seit 1912 MilKM. W: Messe, Operetten, Ouvert., Tänze, Märsche, Potpourris

MADER, Raoul * 25/6 1856 Preßburg, Schüler des Wiener Konserv., Solokorrep. der Wiener Hofop., 1895/1907 KM. bzw. Dir. der Kgl. Op. in Budapest, 1917/19 Dir. der Wiener Volksop., 1921/25 wieder Dir. d. Op. in Budapest. W: Oper, Optten u. a. ‚Der weiße Adler' (nach Chopin), Ballette, Chöre, Lieder usw.

MADETOJA, Leevi * 17/2 1887 Oulu, KonservL. seit 1916 u. MKrit. 1916/32, auch UnivMDir. in Helsingfors, da, in Paris, Wien u. Berlin ausgeb., KM. 1912/14 in Helsingfors, 1914/16 in Wiborg. W: Oper, Ballette, 3 Sinf., OrchSuiten, KaM., 8 Kantaten, Chöre, Lieder

MADJERA, Gottfried * 26/6 1905 Wien, da ausgeb. (Akad.), KM. in Berlin. W: Optte, SchauspielM., VcSuite, Chöre, Lieder, UnterhaltgsM.

MADSEN, Paul, ps. = DRWENSKI

MÄCHTIG, Karl * 10/1 1836 Breslau, da † 2/5 1881, Klav- u. OrgVirt. W: KlavStücke, Lieder

MAECKEL, Otto Victor * 29/3 1884 Frielendorf/Kassel, da bzw. in Kassel KlavVirt., L. nach eigen. Methode, auch MSchr., Schüler K. Reineckes, Stavenhagens u. Pugnos, wirkte in Paris, London u. Wiesbaden. W: ‚Üb. d. stilgemäßen Vortrag der Chopinschen Kompos.'; ‚Carl Reinecke u. der klass. Stil'

MAECKLENBURG, Albert, Dr. phil. * 6/6 1863, lebt in Danzig-Langfuhr. W: Sinf., KaM., KlavStücke

MÄDER, Rud. * 22/11 1859 Zürich, da seit 1881 SemML. W: Kantaten, Chöre, Lieder

MÄDING, Franz † 15/2 1934 (58j.) Heidelberg, gründete 1906 die Süddtsche Sgrzeitg. W: MChöre

MÄDLER, Ruth * 1/7 1908, lebt (blind) in Berlin. W: Messe, Chorw. m. Orch., KaM., KlavSonaten

MÄLZL (Mälzel), Joh. Nep. * 15/8 1772 Regensburg, † 21/7 1838 in Amerika, berühmter Wiener Mechaniker, erfand mehrere künstl. Instr., verbesserte den Stöckelschen Taktmesser zum Metronum (1817 Fabrik in Paris)

MAENDLER, Karl * 22/3 1872 München, da KlavBauer, Erfinder des sogen. Bachklaviers (1923)

MÄNNECKE, Hermann * 24/6 1879 Hannover, da ausgeb., seit 1931 L. der OrchKlasse der staatl. akad. Hochschule in Berlin, vorher KM. an Optte, Variété, Kino. W: Optte, Tänze, Märsche, u. a. Argonner-Marsch

MÄRKER, Leonhard K., ps. = L. KUHMÄRKER

MAERZ, Gust. * 19/4 1882 Biberach, seit 1918 GsgL. in Frankfurt a. M. W: ‚Grundlagen der Tonbildg' u. a.

MÄURER (nicht Maurer), Bernh. Jos. * 1757 Köln, da † 26/4 1841, 1777/80 Vcellist in der Kurf. Kap. zu Bonn, dann in Köln ML. u. Ver-Dir. W: KaM., Lieder

MÄURER, Gust. * 23/5 1880 Wiesbaden, VVirt. u. Leiter einer VSchule in Wien. W: VKonz., Tonleiterstudien u. a.

MAFFIOTTI, Guido * 16/7 1895 Biella, Organ. u. GsgSchuldir. in Cambuzzano Biellese. W: KirchM., Gsge, Stücke f. Klav., Org., V. u. Vc.

MAGAZZARI, G. † 27/3 1872 Milano, seinerzeit sehr beliebter volkstüml. Komp. (Papst-Hymne, Sardin. Hymne)

MAGER, Jörg * 6/11 1880 Eichstätt, lebt in Darmstadt, urspr. SchulL. u. Organ., zuletzt in Aschaffenburg, lebt nur dem experiment. InstrBau, Erfinder d. zuerst 1926 vorgeführten Sphärophons. W: ‚Eine neue Epoche der M. durch Radio'

MAGERSTÄDT, Jul. Theod. Frdr. * 1/5 1839 Tennstädt, RB. Erfurt, seit 1875 Rektor in Erfurt, da † 13./7 1896, sehr rühriger Chordir. W: Optte, 2 VSchulen, V-, Klav- u. OrgStücke, Chöre, Lieder usw. B: Armee-Märsche, 1—3st. m. Klav.

MAGGI, Paolo * 4/9 1850 Gallarale, 1894 KonservL. in Milano. W: Opern, Kantaten, KaM., KlavStücke

MAGGINI, Giov. Paolo * 25/8 1580 Botticini, † um 1640 Brescia, berühmter Geigenbauer

MAGI, Fortunato * 6/10 1839 Lucca, † 26/5 1882 Venezia, da seit 1877 Dir. des Lizeums B. Marcello, ausgez. TheorL., 1857/74 Organ. in Lucca. W: KirchM.

MAGLIO, Franco del, ps. = Maffeo ZANON

MAGLIONI, Giovacchino * 26/7 1814 Pontassieve (Firenze), † Dez. 1888 Firenze, da OrgProf. an MInst. W: Opern, Messe, viele KlavStücke u. a. — Sein g l e i c h n a m. Enkel * 19/3 1891 Firenze, seit 1915 L. am MInst. in Ferrara, VVirt. W: VStücke, KlavStücke, Lieder u. a.

MAGNANI, Aurelio * 26/2 1856 Longiano (Romagna), † 25/1 1921 Rom, ausgez. vielgereist. Klarinettist. W: Opern, BlSextette, KlarinStücke usw.

MAGNARD, Albéric * 9/6 1865 Paris, † 3/9 1914 Senlis. W: Opern, 4 Sinf., sinfon. Dichtgen, KaM.

MAGNETTE, Paul * 16/1 1888 L'èges, † Okt. 1918 Paris, MSchr. W: Schriften über Bruckner, Glasunoff, Litolff u. a.

MAGNIEN, Victor * 19/11 1804 Epinal, † Juni 1885 Lille, da seit 1846 Dir. des Konserv., V- u. GitVirt. W: f. V. u. Git.

MAGNUS, Désiré (eigentl. Magnus Deutz) * 13/6 1828 Brüssel, † Anf. Jan. 1884 Paris, Pianist. W: instrukt. u. Salon-KlavStücke

MAGNUS, Emil * 29/5 1868 Garding, Schüler der Hochschule in Berlin, seit 1897 Organ. (OrgVirt.) in Flensburg, auch SchulgsgL. u. Dirig. des Bach-Ver. W: Ouvert. u. a. f. Orch., KaM., Chöre, auch mit Orch., Lieder (beachtensw. op. 12)

MAGNUSSEN, Rosalie — s. LANCASTER

MAGRI, Pietro (Priester) * 10/5 1873 Vigarano Mainarda (Ferrara), seit 1919 Organ. in Oropa, vorher in Venedig, Bari usw. W: Oratorien, Messen u. a. KirchM.

MAGRINI, Gius. * 26/9 1857 Milano, da ausgezeichn. Vcellist u. seit 1880 KonservL., † 20/12 1926 Monza. W: VcStücke u. Etüden

MAGRINI, Gustavo * 1872 Trieste, ML. in Torino. W: Lehrbücher, u. a. ‚Arte e tecnica del canto'; KirchM., Gsge, KlavStücke

MAHILLON, Vict. * 10/3 1841 Brüssel, † 17/6 1924 S. Jean Cape Ferrat (Alpi marittim'), 1877 Custos des Museums d. mus. Instr. am Brüsseler Konserv. u. Chef der von seinem Vater begründ. Fabrik von Blasinstr. W: theoret. Werke. H: (Gründer) MZtschr. ‚L'écho musical'

MAHLE, Gottlob * 13/8 1861 Kirchheim/Teck, pens. MDir. in Stuttgart, da ausgeb. (Konserv.), war MilMus., 1893 KurKM. in Urach. W: Märsche

MAHLER, Fritz (Neffe Gustavs) * 16/7 1901 Wien, da seit 1935, 1932/34 RundfunkKM. in Kopenhagen, 1929/31 I. KM. am Thea. in Neustrelitz, ausgeb. Wien, Kompos. bei A. Berg, MGesch. bei Guido Adler. W: sinf. Dichtg., KaM., Lieder

MAHLER, Gust. * 7/7 1860 Kalisdt (Böhm.), † 18/5 1911 Wien, besuchte seit 1877 die Univers. u. das Konserv., 1880/83 KM. an kleinen Bühnen, 1883/85 MDir. am Hofthea. zu Kassel, dann bei A. Neumann in Prag, 1886 am Stadtthea. in Leipzig, 1889 OpDir. in Budapest, 1891 in Hamburg, 1897 HofKM. resp. 1900/07 HofopDir. in Wien, seit 1909 KonzDirig. in Newyork. Ein vorbildlich. Dirig., eine echte Musikantennatur, ein Meister d. Instrumentation. W: 10 Sinf. (z. T. mit Gsg), ‚Das Lied von d. Erde', Lieder u. Gsge m. Orch., Ausarbeitg der von Weber nur skizz. Oper ‚Die drei Pintos' (1887)

MAHLER, Max, Dr. phil. * 28/6 1878, MSchr. in München. W: Lieder, Gsge, auch m. Orch.

MAHLING, Friedr., ps. Theodor EBERHARDT, Dr. phil. * 2/8 1899 Hamburg, studierte MWiss., Philos., Physik, auch Ztgs- u. FilmWiss. in Berlin (Univ.), da auch Schüler A. Egidis u. der Akad. f. Kirch- u. SchulM., 1924/26 da MKrit., 1926/27 Assist. des Prof. Geo. Anschütz an der Univ. in Hamburg, da PrivGelehrter, 1932 wieder in Berlin MKrit., da seit 1933 Doz. f. MGesch. an der Hochschule u. an der Akad. f. Kirch- u. SchulM.

W: ‚Zum Problem der Audition colorée'; ‚M-Kritik'; ‚Emund Schröder' u. a. H: Ztschr. ‚M. im Zeitbewußtsein' 1933/35

MAHLKNECHT, Marie * 11/10 1845 Wien, † Anf. Jan. 1931 Leipzig, da 1870/77 eine Zierde der Oper (jugendl.-dramat.), 1877 mit Albert Payne (s. d.) verheiratet

MAHLMANN, Johannes * 19/9 1902 Köln, da Pianist, da ausgeb. (Hochsch.). W: OrchStücke, Neue M. auf Volksinstr. (Suite), Hörspiel, KaM., KlavSon. u. Stücke, Lieder

MAHLOW, Hein, ps. = Horst HOFFMANN

MAHLSTEDT, ps. = MEYER-MAHLSTEDT

MAHN, Marguerite * 12/5 1898 St. Louis, Pianistin in Berlin. W: VRomanze, Lieder

MAHO, J., gründ. 1850 in Paris einen MVerl., seit 1877 von J. Hamelle unter seinem Namen fortgesetzt

MAHR, Gust., ps. G. RHAM † 1/9 1930 Linz. W: Tänze, Lieder

MAHR, Kurt * 23/9 1907 Schwarza/Blankenhain, Thür., Pianist u. Accordeonsolist in Leipzig, da ausgeb. (Konserv). W: Stücke f. Accord., Vibraphon, Jazzorch.

MAHRENHOLZ, Christhard, Dr. phil. * 11/8 1900 Adelebsen, seit 1925 Pastor in Großlengden/Göttingen, OrgSachverst. W: ‚Die OrgRegister' u. a. H: ‚Handb. der dtsch. ev. KirchM.'

MAHU, Stephan, KapSgr, K. Ferdinands I. (erste Hälfte des 16. Jh.). W: ‚Lamentationes Jeremiae', Magnificate u. a. KirchKompos.

MAI, Bruno * 28/2 1893 Berlin, lebt da. W: UnterhaltgsM.

MAI, Jul., Dr. phil. * 10/10 1862 Roth a. Sand (Bay.), UnivProf. in Bern, Schüler Raffs u. Rheinbergers. W: Opern, Chöre, auch m. Orch.; Schillers ‚Cassandra' f. Sopr., MChor u. Orch.; Lieder, KlavTrio, KlavStücke, Tänze

MAICHELBECK, Frz Ant. * 6/7 1702 Reichenau, † 14/6 1750 Freiburg i. B., da Domherr. W: KlavSonaten, ‚Die auf dem Klavier spielende bzw. lehrende Cäcilia'

MAJCHROWICZ, Leon, * 21/5 1892 Berlin, da Ensemble-Pianist (KM.). W: UnterhaltgsM., Salonstücke

MAIER, Amanda — s. RÖNTGEN

MAIER, Jul. Jos. * 29/12 1821 Freiburg i. B., † 21/11 1889 München, da 1857/87 Konserv. der mus. Abteilg der Kgl. Bibl. H: ‚Klass. Kirchenwerke alter Meister', ‚Auswahl engl. Madrigale'. W: ‚Katalog der mus. Handschriften der kgl. Hof- u. Staatsbibl. zu München'

MAIER, Max, ps. Stefan THANN * 14/3 1889, † 11/10 1931 HauptL. in Fürth. W: Chöre, UnterhaltgsM.

MAIERHEUSER, Karl Aug. * 16/5 1884 Michelfeld, Kr. Heidelberg, seit 1904 L. u. Chordir. in Karlsruhe. W: Weihnachtsspiele, Chöre, Lauten-Lieder

MAIKAPAR, Samuel * 18/12 1867 Chersson, KlavVirt., 1910 L. am Petersburger Konserv. W: KlavSonaten u. Stücke

MAILLARD, Jean, Schüler Josquins, 1. Hälfte des 16. Jahrh. W: Messen, Motetten, Chansons

MAILLART, Louis Aimé * 24/3 1817 Montpellier, † 26/5 1871 Moulins (Dép. Allier), lebte in Paris. W: Opern, u. a. ‚Les Dragons de Villars' = ‚Das Glöckchen d. Eremiten'.

MAILLY, Alph. Jean Ernest * 27/11 1833 Brüssel, da † Jan. 1918, OrgVirt., 1861 Klav- u. 1868 OrgL. am Konserv. W: OrgKompos.

MAINARDI, Enrico * 19/5 1897 Milano, bekannter VcVirt., seit 1933 L. an der Akad. in Rom, 1929/32 Solist der Staatsop. in Berlin. W: VcStücke

MAINWARING, John * 1735, † Apr. 1807 Cambridge. W: ‚Memoirs of the life of the late G. F. Händel' 1760 (anon., erste Händel-Biogr.)

MAINZER, Jos. Abbé * 7/5 1807 Trier, † 10/11 1851 Manchester, SemGsgL. in Trier, dann in Brüssel, Paris, London u. Manchester (mit populär. MKursen u. Singschulen viel Erfolg). W: Schriften (dtsch., franz., engl.) üb. Gsgunterr. Begr. der Zeitschrift ‚Musical times'

MAJO, Francesco di (gen. Ciccio) * um 1740 Napoli, † 18/1 1770 Rom, Organ. der kgl. Kapelle in Napoli. W: 19 Opern, 8 Oratorien, KirchM., bes. 5 Messen

MAJOR, Erwin (Sohn v. Julius J.) * 26/1 1901 Budapest, da MSchr. H: Ztschr. ‚Zenei Szemle' seit 1926

MAJOR, Julius J. * 13/12 1859 Kaschau (Ung.), Schüler v. R. Volkmann, Erkel, † 30/1 1925 Budapest, wo er 1894 den ‚Ungar. Damen-Chorverein' u. 1896 eine ‚MAkad.' gründete. W: Opern, Sinf., Konzerte, StrOrchSerenade, KaM., KlavSonaten, FrChöre, Lieder usw. ‚Lehrbuch d. Kontrapunkts'

MAIR, Frz * 15/3 1821 Weickendorf (NÖsterr.), † 14/11 1893 Wien, 1883 Gründer u. ChorM. des ‚Schubertbund'. W: BühnM., MChöre

MAISCHHOFER, Bruno * 29/3 1895 Pforzheim, KlavVirt., seit 1926 Leiter der KlavKlassen des Konserv. in Basel, ausgeb. in München (Akad.; Univers.)

MALAN, Cäsar † 1847, bekannt durch: ‚Harre, meine Seele'

MALANDRA, Alfredo * 31/3 1880 Milano, da Kanonikus. W: KirchM.

MALASCHKIN, Leonid D. * 1842, † 11/2 1902 Moskau. W: Oper, KirchM., Sinf., KlavStücke, viele ukrain. Lieder

MALAT, Jani * 16/6 1843 Jungbunzlau, † 2/12 1915 Prag. W: Opern, OrchStücke, Chöre, KlavStücke, KlavSchule, VSchule. H: böhm. u. mähr. Volkslieder

MALATA, Fritz * 29/9 1882 Wien, KlavVirt., seit 1916 L. am Hochschen Konserv. in Frankfurt a. M. W: KaM., Lieder

MALATA, Oskar * 15/1 1875 Wien, lebt in Perchtolsdorf/Wien, OpKM., 1903/31 (1919 GMD.) in Chemnitz. W: Opern, Orch- u. KlavM.

MALATS, Joaquin * 4/3 1872 u. † Okt. 1912 Barcelona, da KlavVirt., ausgeb. u. a. in Paris. W: KlavStücke

MALCOLM, Alex * 1687 Edinburgh, bekannt durch ‚A treatise of m., speculative, practical and historical' 1721, 2. A. 1730

MALDEGHEM, Rob. Julien van * 1810 Denterghem (Fland.), † 13/11 1893 Ixelles/Brüssel, Organ. H: ‚Trésor musical, Collection de m. sacre et profane des anciens maîtres belges' (29 Bde)

MALDEN — s. MANDELSTAM

MALDER, Pierre van * 13/5 1724 Brüssel, da † 3/11 1768, Geiger. W: Sinf., VSonaten

MALDURA, Giov. Batt. † 5/5 1905 Rom, Git.- u. MandolVirt., auch Erbauer. W: Git- u. MandolStücke

MALEINGREAU, Paul de * 23/11 1887 Trélon en Thiérache, Organ. in Brüssel, da ausgebildet. W: KaM., Org- u. KlavStücke, Gsge

MALER, Wilhelm * 21/6 1902 Heidelberg, Schüler von Grabner, Jos. Haas u. Jarnach, seit Okt. 1925 L. an der rhein. MSchule in Köln. W: Concerto grosso, Konz. f. StrOrch. u. Klav., Tänze, KaM. — ps. Christof TUCHER

MALHERBE, Charl. Theod. * 21/4 1853 Paris † 5/11 1911, seit 1896 Archivar d. Gr. Op., MSchr. W: Opern, BühnM., OrchStücke, Kirch-, Klav- u. GsgKompos., ‚L'oeuvre dramat. de R. Wagner', ‚Précis d'histo:re de l'opéra com.', ‚Mélanges sur R. Wagner' usw. H: Werke v. Rameau u. Berlioz

MALHERBE, Edmond * 21/8 1870 Paris, lebt in Orsay (Seine et Oise), Schüler Massenets u. Faurés. W: Opern, Sinf., sinfon. Dichtgen, Ouvert., KaM., KlavStücke

MALIBRAN, Alex. * 10/11 1823 Paris, da † 12/5 1867 VVirt., Schüler Spohrs. H: ‚Le monde musical' (1864). W: Messe, Orch- u. KaM.

MALIBRAN, Maria Felicitas * 24/3 1808 Paris, † 23/9 1836 Manchester, berühmte Sgrin (umfangreicher Alt), Tochter u. Schülerin des (span.) Tenoristen Manuel Garcia, in Paris, London, Neapel, Mailand gefeiert; heiratete in Newyork d. Bankier Malibran u. 1836 den VVirt. de Beriot. W: Lieder

MALIG, Kurt, ps. Kurt MARQUARDT * 2/3 1895 Breslau, da Pianist u. Vcellist, Schüler u. a. B. v. Posniaks. W: KlavSuite, UnterhaltgsM., SA-Märsche

MALINOWSKI, Stefan * 23/1 1887 Warschau, lebt da. W: Optte, KaM.

MALIPIERO, Francesco * 9/1 1824 Rovigno, † 12/5 1887 Venezia, KlavVirt. u. L. W: Opern, KirchM., Lieder, Tänze. B: KlavArrang.

MALIPIERO, G. Francesco * 18/3 1882 Venedig, Schüler Bossis u. Bruchs, (1921 KomposL. am Konserv. in Parma) führend. Neutöner, seit 1924 in Asolo (Treviso), auch MSchr. W: Opern, Mysterium ‚Francesco d'Assisi', sinf. Dicht. ‚Impressioni dal vero', ‚Pause del silentio' u. a., KaM., KlavStücke, Gsge m. Orch. H: Monteverdis Werke

MALISCHEWSKY Witold * 8/7 1873 Mogilow-Podolsk, Schüler Rimsky-Korssakows, 1908 MSchuldir. in Odessa, seit 1922 Warschau, da seit 1925 Dir. des Konserv. W: Sinf., KaM., besond. StrQuart.

MALKMUS, Wilhelm, Pfarrer am Frauenberg bei Fulda. W: Messen, OrgStücke. H: Fuldaer Kath. GsgBuch

MALLEY, Ewald Joh., ps. Arnold MEISTER * 1/11 1888 Karolinenthal, Schausp. u. Bearb. in Leipzig, ausgeb. in Prag (Konserv.). W: Optte, Märchenstück, Lieder

MALLING, Jörgen * 31/10 1836 Kopenhagen, da † 12/7 1905, ML. vorher Organ. in Svendborg, seit 1895 meist in Wien; Anhänger der Methode Chevé. W: Opern, Kantate, KaM., KlavStücke, Gsge

MALLING, Otto * 1/6 1848 Kopenhagen, da † 5/10 1915, Schüler von N. Gade u. J. P. E. Hartmann, Prof., zuletzt KonservDir., Organ. Dir. des KonzVer. W: Ballett, Sinf., Ouvert., KaM., Org- u. KlavStücke, Chorwerke mit Orch., Chöre, Lieder

MALLINGER, Mathilde * 16/2 1847 Agram, † 19/4 1920 Berlin, namhafte dramat. Sgrin, 1866 am Münchner (1868 die erste Eva in Wagners ‚Meistersingern'), 1869/82 am Berliner Hofthea., 1890 GsgL. im Konserv. zu Prag, seit 1895 in Berlin

MALLINSON, James Albert * 13/11 1870 Leeds, Organ., vielgereist, 1914 in Dänemark, seit 1925 in Rom. W: KaM., Kantat., viele Lieder

MALLIOT, Antoine Louis * 30/8 1812 Lyon, † 5/4 1867 Rouen, da seit 1843 um das MLeben sehr verdienter GsgL. u. MSchr., 1835/42 OpTenor. W: Opern, ‚La m. au théâtre'

MALMQUIST, Karl Julius * 16/6 1819 Kopenhagen, † 4/8 1859 Hörsholm. W: Optten, MChöre, Lieder

MALMSJÖ, Joh. Gust. * 14/1 1815 Gårdstånga/Lund, † 13/9 1891 Göteborg, gründete da 1843 die bedeutend gewordene KlavFabrik (seit 1906 AktGes.)

MALSY, Peter * 21/6 1887 Hausen/Offenbach a. M., seit 1909 ML. u. Dirig. in Offenbach. W: Tänze, Märsche, Chöre

MALTEN (Müller), Therese * 21/6 1855 Insterburg, † 2/1 1930 Dresden, bedeut. dramat. Sgrin (erste Bayreuther Kundry), 1873/1903 an der Dresdener Hofoper

MALVEZZI, Cristofano * 27/7 1547 Lucca, † 25/12 1597 Firenze, da HofKM., L. Peris. W: Intermedien, Konz., Madrigale

MALZ, Heinr. * 30/4 1870 Königswalde/Annaberg, ML. in Leipzig, da ausgeb. (Konserv.). W: OrchStücke, KaM., VStücke, KlavStücke, Lieder

MAMELI, Goffredo * 5/9 1827 Genova, † 6/7 1849 als Adjutant Garibaldis, nicht Komp., sondern Dichter d. ‚Canto degli Italiani' (‚Fratelli d'Italia'), Faschisten-Hymne seit 1918

MANASSE, Otto, Dr. phil., ps. Tomas E. ASTON * 10/6 1862, lebt in München. W: Orch. Var., OrgSon. u. Stücke, KlavStücke, Lieder

MANCINELLI, Luigi * 5/2 1848 Orvieto, † 2/2 1921 Rom, erst Vcellist, 1881 KM. u. MSchulDir. in Bologna, 1886/1912 OpKM. in London, Madrid, Newyork u. Buenos Aires, seit 1918 als Nachfolger Boitos MRef. im Unterrichtsmin. in Rom. W: Opern, Ouvert., Orat. usw.

MANCINI, Franc. * 1679 Napoli, da † 1739, HofKM. seit 1709. W: 25 Opern, Oratorien usw.

MANCINI, Giambattista * 1716 Ascoli, † 4/1 1800 Wien, da seit 1760 ausgez. GsgL. W: ‚Pensieri e riflessioni prat. sopra il canto figur.'

MANCIO, Felice * 19/12 1841 Torino, † 4/2 1897 Wien, da gefeierter KonzTen., dann KonservGsgL.

MANDANICI, Placido * 1798 Barcellona (Sicilia), † 6/6 1852 Genova als Inhaber einer MSchule, vorher in Milano, urspr. Kontrabassist. W: Opern, KirchM., Kantaten, Solfeggien

MANDELLI, Manuel * 27/8 1891 Morengo, OrchDir. in Bergamo. W: f. Klav. bzw. V. u. Orch., Stücke f. 2 Klav., Klav., Vc., 2 V. u. Klav., Lieder usw.

MANDELSTAM (gen. Malden), Felix * 20/12 1880 Riga, Humperdinck-Schüler, lebte in Berlin, da † 17/11 1927. W: Orch- u. KlavStücke, Lieder. B: Volkslieder f. gem. u. MChor

MANDERSCHEID, Paul * 5/12 1867 Hatzenport (Mosel), 1907/26 SemML. in Münster i. W., lebt da. W: Messen; ‚Der tradition. Choral', ‚M- u. GsgLehre'

MANDIČ, Josef, Dr. jur. * 4/4 1883 Triest, lebt da. W: Oper, kroat. Messe, OrchSuite, Lieder

MANDL, Rich. * 9/5 1859 Proßnitz (Mähr.), † 1/4 1918 Wien, 1883/90 in Paris, Freund von Delibes. W: Opern, Ouvert., treffl. KlavQuint., Kantate ‚Griseldis', Lieder. — Seine Frau C a m i l l a geb. Barda * 30/10 1872 Bukarest, † 1922, ausgezeichn. Pianistin u. L. W: ‚Kompendium der ges. KlavTechnik'

MANDT, Heinr. * 1/3 1903, lebt in Köln. W: Optte, UnterhaltgsM., auch f. MandolOrch.

MANDYCZEWSKI, Eusebius, Dr. phil. * 18/8 1857 Czernowitz, † 15/7 1929 Wien, Schüler Nottebohms. Freund von Brahms, s. 1887 Archivar der Ges. der MFreunde u. ChorM. der Singakad. in Wien, 1897 KonservL. H: Gesamtausg. von Bahms, Haydn u. Schubert. W: Messen, Kantaten, Lieder, KlavStücke usw.

MANELLI, Franc. * um 1595 Tivoli, † um 1670 Venedig, 1609/24 KapSgr, 1627/29 DomKM. in Tivoli, dann in Venedig BaßSgr. W: Opern, Kantaten, Arien usw.

MANELSKI, Paul * 11/6 1906 Wien, da Komp. W: KlavStücke, VStücke, Lieder

MANÉN, Joan (de) * 14/3 1883 Barcelona, lebt da, schon als Knabe vielgereister VVirt., Schüler Alards, neuerdings spez. katalon. Komp. W: Op., sinfon. Dichtg ‚Nuova Catalonia', Konzerte, Suite f. V., Klav. u. Orch., KaM., Lieder usw. — B: Beethovens fragment. VKonz. in C u. a.

MANENTE, Gius. * 3/2 1868 Morcone del Pannio, lebt in Rom, da jahrelang MilKM. W: viele Kompos. u. Arrang. f. MilM.

MANFRED, Heinrich — s. MANNFRED

MANFRED, Oskar, ps. = Oskar REISINGER

MANFREDINI, Franc. * 1688 Pistoja, KM. in Monaco u. Pistoja. W: Oratorien, Concerti grossi, Tr.osonaten. — Sein Sohn V i n c e n z o * 22/10 1737 Pistoja, † 16/8 1799 Petersburg, da 1755/68 Hofkompon., 1796/99 HofKM., dazwischen in Bologna. W: GenBaß-Schule, Kantaten, KlavKonz. u. Sonaten

MANGEOT, Edoua. Jos. * 1834 Nantes, † 31/5 1898 Paris, da KlavBauer u. MSchr., stellte 1878 ein Klav. mit einer zweiten üb. der gewöhnlichen liegenden Klaviatur mit umgekehrter Tastenordng aus, das sich trotz großer Vorzüge nicht einbürg.

MANGNER, Karl 1817/47 Stabstrompeter der Garde-Husaren in Potsdam, bekannt durch treffl. Arrangem. f. KavallerieM.

MANGOLD, Karl Ludw. Amand * 8/10 1813 Darmstadt, da 1848/69 HofMDir. u. 1839/73 Ver-Dirig., † 5/8 1889 Oberstdorf (Allgäu). W: Opern ‚Tannhäuser' u. a., Orator., MChöre (‚Waldlied'), Lieder usw.

MANGOLD, Wilh. * 19/11 1796 Darmstadt, da † 23/5 1875, 1825/58 HofKM. W: Oper, Bühn-M., KaM., Lieder usw.

MANIA, Paul * 22/9 1882 Tschöplowitz, Schles., Harm- u. OrgVirt. seit 1928 in Berlin, vorher seit 1906 in Köln, Schüler P. Hielschers, † 11/8 1935 Obernigk/Breslau. W: Sinf. ‚Die Reise des Kölner MGsgVer. nach Belgien u. England', Harm-, KlavStücke, Chöre, Lieder

MANIGOLD, Jul. * 23/11 1873 Masmünster (Els.), FlötVirt., KonservL. in Würzburg, 1910/34, vorher seit 1896 in der Meininger Hofkap., † 20/1 1935. W: FlKonz. u. Stücke

MANKELL, Gustaf * 20/5 1812 Christiansfeld (Schlesw.), † 23/3 1880 Stockholm, da hervorrag. Organ. seit 1836 u. KonservL. seit 1853. W: Org-Schule. H: OrgKompos.

MANKELL, Hennig * 3/6 1868 Härnösand, † 1930 Stockholm, da seit 1899 KlavL. u. MKrit. W: KaM., KlavKonz. u. Stücke

MANN, Arthur Henry * 16/5 1850 Norwich, † 19/11 1929 Cambridge, da seit 1876 Organ. u. Chordir., MForscher. W: KirchM. H: Church of England Hymnal

MANN, Eduard † 5/7 1935 Dresden, da GsgL., vorher geschätzter OratTenor.

MANN, Geo. Matth. — s. MONN

MANN, H. R., ps. = PETSCHKE, Hermann

MANN, Joh. Christian * 1726, † 24/6 1782 Wien, da seit 1766 ML., vorher in Prag. W: Divertimenti

MANN, Joh. Gottfried Hendrik * 15/7 1858 's Gravenhage, † 10/2 1904 Oudewater bij den Bosch, ehem Mil- u. TheaKM. W: Op., OrchSuiten, VKonz., KaM., viele Fantas. u. Arrang. f. MilOrch.

MANN, Josef * 1879 Lemberg, † 5/9 1921 (während der Auff. v. Aida) Berlin, erst Rechtsanwalt, dann OpTen., seit 1916 an der Berliner Hof- bzw. Staatsop.

MANN, Rich. * 27/3 1883 Köln, VcVirt., seit 1908 in Elberfeld. W: VcStücke

MANNA, Ruggero * 7/4 1808 Trieste, † 13/5 1864 Cremona, da seit 1835 KirchKM. W: Opern, treffl. KirchM.

MANNAU, K., ps. = THIELE, Kurt

MANNBORG, Karl Theod. * 8/11 1861 Karlstad (Schweden), † 26/7 1930 Leipzig, 1889 Harmoniumfabrikant in Borna (Saugluftsystem). Die Firma Th. Mannborg, die auch das sehr bekannt geword. Mannborg-Orchestral-Harm. u. bes. Pedalu. Starktonharm. herstellt, seit 1894 in Leipzig, als Kommanditges. fortgeführt unter Leitg von K a r l M a n n b o r g (* 4/3 1889 Borna), der 1911 in Pegau i. S. die Dtsche HarmonZungen-Fabrik (die erste in Europa) eingerichtet und 1932 das PianochordKlav. in den Handel gebracht hat

MANNES, David * 16/2 1866 Newyork, da Gründer u. Dir. der MSchule f. Farbige, treffl. Geiger, 1902/11 KonzM. im Sinf.Orch.

MANNFRED, Heinr., ps. Arthur MELBA, PETERS, C. PETERS, H. u. Heinr. WERNER * 27/7 1866 Posen, in Berlin seit 1880, Schüler Rob. Kleins u. H. Urbans. W: Optten, Fantas., Tänze, Märsche. B: viele KlavTranskript.

MANNGOLD, Kurt, ps. = GOLDMANN, Kurt

MANNS, Aug. * 12/3 1825 Stolzenburg/Stettin, † 2/3 1907 London, erst preuß. MilKM., seit 1854 II. u. 1855/1901 I. KM. d. Krystallpal. in London, um Einführg dtscher M. verdienter tüchtiger Dirig., 1883/1900 Leiter der Londoner Händelfeste

MANNS, Ferd. * 27/8 1844 Witzenhausen, RB. Kassel, † 1922 Oldenburg, 1866 Geiger in Bremen, 1889 HofKonzM. u. 1891 HofKM. in Oldenburg. W: Sinf., Suiten, Ouvert., KaM., KlavStücke, Chöre usw.

MANNSTÄDT, Frz * 8/7 1852 Hagen i. W., † 18/1 1932 Wiesbaden, 1874 KM. in Mainz, 1876 Dirig. der Berl. SinfKap., dann KM. in Meiningen, a. d. Op. in Wiesbaden. des Philharm. Orch. in Berlin, 1897/1924 wieder a. d. Oper in Wiesbaden, geschätzter Pianist. W: KaM., Klav- und GsgKompos. — Sein Bruder W i l h e l m * 20/5 1857 Bielefeld, † 13/9 1904 Steglitz/Berlin, erst Kaufmann, dann Dirig. an kleinen Bühnen, seit 1865 in Berlin. W: Optten, Possen (meist eigene Texte)

MANNSTEIN (eigentl. Steinmann), Heinr. Ferd. * 17/9 1806 Berggießhübel, † 3/8 1872 Loschwitz/Dresden, Schriftst. u. GsgL. (Schüler von Miecksch) in Dresden. W: ‚System der gr. Gsgschule des Bernacchi', ‚Gesch., Geist u. Ausübg d. Gsges' usw.

MANNWALD, ps. = Ewald GOLLMANN

MANOJLOVIC, Kosta * 3/12 1890 Krajevo, Chordir. u. KonservL. in Belgrad, ausgebild. in München u. Oxford. W: Kantate, KaM., Klav-Stücke, Lieder

MANOWARDA, Josef v. * Juli 1890 Wien, ausgez. Bassist seit Herbst 1935 an der Berliner Staatsop., studierte urspr. Philos., 1911/15 in Graz, 1915/18 in Wien, Volksop., 1918/19 in Wiesbaden, 1919/35 in Wien, Staatsop., 1929 KaSgr, 1932 Prof.

MANSCHINGER, Kurt, Dr. phil. * 25/7 1902, lebt in Wien. W: Lieder

MANSFELDT, Edgar — s. PIERSON, H. H.

MANSFELDT, Ferd. * 1824, † 11/6 1869 Wien. W: Wiener volkstüml. Lieder

MANSFELDT, Rob. Wilh. * 15/7 1879 Zaborze, Kaufmann in Breslau. W: UnterhaltgsM., bes. NS-Märsche

MANSKOPF, Nicolas * 25/4 1869 Frankfurt a. M., da † 2/7 1928; Gründer d. ‚Musikhistor. Museums'

MANTEGAZZI, Joh. Bapt. * 23/10 1889 Riva san Vitale (Tessin), seit 1928 StadtKM. in Zürich, vorher u. a. in Schaffhausen. W: Tessiner Hymne u. Suite, Tänze, Märsche f. BlasM.

MANTICA, Franc. * 23/12 1875 Reggio, Leiter der MBibl. des Lic. di S. Cecilia in Rom. W: Opern, Orch-u. KaM.

MANTIUS, Eduard * 18/1 1806 Schwerin (Mecklbg), † 4/7 1874 Bad Ilmenau, gesch. Op-(1830/57 Hofop.) u. KonzTenor, dann GsgL. in Berlin. W: Lieder

MANTOVANI, Tancredo * 27/9 1864 Ferrara, † 25/2 1932 Roma, da seit 1919 L. am Liceo di S. Cecilia, vorher seit 1894 am Liceo Rossini in Pesaro, MWissenschaftler u. Schr. W: ‚Estetica della m.', ‚Gluck' u. a.

MANTOVANO, Alberto — s. A. de RIPA

MANTUANI, Jos., Dr. phil. * 23/3 1868 Laibach, da † 18/3 1933, da seit 1909 Dir. des Landesmuseums, vorher seit 1893 Leiter der MAbt. d. Hofbibl. in Wien, deren Handschriften-Katalog er herausgab. W: ‚Gesch. der M. in Wien' I usw.

MANUEL, Roland (eig. R. M. Lévy) * 22/3 1891 Paris, Schüler der dort. Schola cantorum u. Ravels, Krit der Revue musicale. W: Opern, sinf. Dichtgen, StrTrio, Liederzyklen

MANZER, Jos. Dionys * 1808 Petersdorf (Böhmen), † 1882 Leitmeritz. W: ‚Harmonielehre', ‚KirchMLehre', OrgSchule, Choralbücher u. a.

MANZER, Rob. * 14/1 1877 Tetschen, seit 1916 KM. (1923 GenMDir.) in Karlsbad, auch Bratsch. W: OrchStücke, Chöre

MANZIARLY, Marcelle de * 15/10 1899, lebt in Paris. W: KaM., KlavStücke

MANZOCCHI, Salvatore * 1845, † 22/2 1924 Parma, GsgL. u. Komp.

MANZUOLI, Giovanni * um 1725 Firenze, da † nach 1771, berühmter OpSopran. (Kastrat), sang noch 1771

MANZUTTO, Gian Giacomo, Dr. phil. † 10/2 1933 (71j.) Trieste, Vorkämpfer f. d. Gregorian. KirchGsg

MAPELLI, Luigi * 10/10 1855 Bellinzago, † 23/10 1913 Milano, da seit 1885 KonservL. W: Oper, KirchM., Gsge

MAPLESON, James Henry * 4/5 1830 u. † 14/11 1901 London, erst Sgr u. Bratsch., seit 1861 OpImpressario in London, seit 1879 auch in Newyork. W: ‚Memoirs' (1888)

MAQUET, franz. MVerlag, jetzt J o u b e r t, Paris

MARA, Gertr. Elis., geb. Schmeling * 23/2 1749 Kassel, † 20/1 1833 Reval (verarmt), da seit 1812 GsgL., VWunderkind, große dtsche Sgrin, 1771/80 an der Berliner Hofop., verheir. 1773/99 mit dem Vcellisten J o h B a p t. Mara (* 20/7 1744 Berlin, † 1808 Schiedam); in Wien, Paris u. bes. London (1784/1802) sehr gefeiert

MARA, La — s. LIPSIUS, Maria

MARAIS, Marin * 31/3 1656 Paris, da † 15/8 1728, berühmter Gambenvirt., Schüler Lullys, 1685/1725 Sologambist der kgl. KammerM. W: Opern, Gambenstücke. — Sein Sohn u. Nachfolger (1727) R o l a n d gleichf. Gambist. W: Gambenstücke

MARAK, Jan † 22/10 1932 Prag, da seit 1897 sehr geschätzter VL. am Staatskonserv.

MARAZZOLI, Marco * 1619 Parma, † 24/1 1662 Rom, da seit 1637 päpstl. KapSgr, schrieb zus. mit Virgilio M a z z o c c h i die erste komische Oper (Chi soffre speri 1639), weit. Opern, Orat., Messen

MARBOT, Rolf, Dr. jur. * 1906 Breslau, lebt in Berlin. W: FilmM., Optten, Schlager, meist zus. mit Bert Reisfeld

MARCACCI, Franc. * 26/5 1885 Montorio al Vomano, Dirig. in Rom, ausgeb. in Milano. W: Oper, Sinf., sinfon. Dichtgen, KaM., Gsge

MARCELLO, Aless. (Bruder Benedettos, ps. Eterio Stinfalico) * um 1684 Venezia, da † um 1750. W: 12 VSonaten, 6 VKonz.

MARCELLO, Benedetto * 1/8 1686 Venedig, † 24/7 1739 Brescia, Schüler Gasparinis, Advokat, Mitglied des Rats der Vierzig in Venedig, 1730/38 Oberbeamter in Pola, seit 1738 Kämmerling in Brescia. W: 50 Psalmen f. 1—4 St. mit Continuo, 5st. Concerti, Sonaten, Canzonen, Opern, Orator., Messen; die wichtige Schrift ‚Il teatro alla moda' (dtsche Übersetzg v. A. Einstein 1917)

MARCELLO, Marco Marcelliano * 1820, † 25/7 1865 Milano, da seit 1859, 1848/59 in Torino MSchr. W: viele OpLibretti, KirchM., Gsge, KlavStücke, Tänze. H: Ztschr. ‚Il Trovatore' (seit 1854)

MARCELLUS (bürgerl. Name: Habermann), Herm. * 15/11 1876 Tauer, Kr. Cottbus, lebt in Leipzig, ausgeb. in Berlin u. Leipzig, u. a. v. Achtélik. W: Optten, Singsp., viele Laienspiele, Chöre

MARCHAND, Louis * 2/2 1669 Lyon, † 17/2 1732 Paris, bedeut. Org- u. KlavVirt. W: Org- u. KlavKompos.

MARCHESI, Mario * 1862 Parma, † 7/8 1933 M.lano, TrompVirt. W: Tänze (bekannte Mazurka)

MARCHESI, Salvatore, Cavaliere de Castrone, Marchese della Rajata * 15/1 1822 Palermo, † 20/2 1908 Paris, bedeut. KonzSgr u. GsgL., Schüler von Raimondi, Lamperti u. Garcia, übersetzte dtsche (z. B. Wagners) u. franz. Opern ins Ital., seit 1881 in Paris. W: GsgSchule, Vokalisen, Canzonen. — Seine Frau (1852) M a t h i l d e geb. Graumann * 26/3 1826 Frankfurt a. M., † 18/11 1913 London, gleichfalls bedeut. KonzSgrin und GsgL. W: GsgSchule, Vokalisen, ‚Erinnerungen aus meinem Leben'. — Ihre Tochter B l a n c h e * 4/4 1863 Paris, berühmte Sopran., seit 1896 als GsgL. in London. W: ‚Singers pilgrimage' 1923

MARCHETTI, Filippo * 26/2 1835 Bolognola, † 18/1 1902 Rom, Schüler des Konserv. zu Napoli, seit 1881 Präsid. der Cäcilien-Akad. in Rom. W: Opern

MARCHIONNE, Louis César — s. DESORMES

MARCHISIO, Barbara * 12/12 1834 Torino, † 19/4 1919 Mira, berühmte Altistin, Debut 1851. — Ihre Schwester C a r l o t t a * 6/12 1836 Torino, da † 28/6 1872, berühmte Sopr., Debut 1851

MARCIANO, Ernesto * 20/10 1869 Napoli, da † 20/8 1930 MSchuldir., treffl. Pianist u. L. H: klass. KlavStücke. W: Prontuario di m.

MARCILLAC, F. * 1/5 1817 Genf, da † 9/3 1876, L. am Konserv. W: ‚Histoire de la m. moderne'

MARCILLY, Paul * 11/7 1890 Paris, da erst KlavL., dann OrgVirt., seit 1926 Organ. W: Etude symphon. f. Orch., KaM., OrgStücke, geistl. Chöre

MARCO, P., ps. = Georg KROST

MARCUS, Otto * 13/3 1878 Berlin, Pianist, MPaedag. u. Schr. in St. Gallen, ausgeb. von E. Radecke, P. Hindermann (Org.) u. Paul Müller (Theor.). W: ‚Die chromat. Notenschrift' (bestimmt f. d. polyton. M.). H: Monatsschr. des 1620 gegr. StdtSgrVer. ‚Frohsinn', St. Gallen

MARCZEWSKI, Lucyan * 1872 Warschau, da MInstDir., Schüler Noskowskis. W: Lieder

MARDEN, Frank, ps. = Ernest REEVES

MARÉCHAL, Henri * 22/1 1842 Paris, da † 10/5 1924, lebte da. W: Opern, Orator., Orch.- u. KirchM., KlavStücke, Chöre, Lieder; ‚Lettres et Souvenirs' (1920)

MARÉCHAL, Maurice * 3/10 1892 Dijon, seit 1912 sehr geschätzter VcVirt in Paris, da ausgeb. (Konserv.)

MAREK, Czeslaw * 16/9 1891 Przemysl, seit 1915 in Zürich, Schüler Leschetizkys, Grädeners, K. Weigls u. H. Pfitzners, treffl. Pianist. W: OrchStücke, VKlavSon., KlavStücke, Lieder

MARENCO, Romualdo * 1/3 1841 Novi Ligure (Ital.), † 10/10 1907 Milano, Ballettdirig. d. Scala seit 1873. W: Opern, 30 Ballette (‚Excelsior', ‚Sport') usw.

MARENZIO, Luca * um 1550 Coccaglia/Brescia, † 22/8 1599 Rom, Organ., berühmter Komp. fortschrittl. Stils. W: Madrigale, Motetten, Villanellen usw.

MARES, Gaetano * 1793 Venezia (böhm. Eltern), da † 28/8 1862, VVirt. u. KM. W: KaM., VStück

MAREŠ, Joh. Ant. * 1719 Chotebor (Böhmen), † 11/6 1794 St. Petersburg, da seit 1748 kais. Hofmusiker (Hornvirt.), dann bis 1779 KM. der HofjägerM. (eines von ihm zusammengest. Orch. von Hörnern mit nur je einem Ton)

MARESCALCHI, Luigi * um 1745, † um 1790 Napoli, da seit 1786 MDrucker, ebenso 1770/75 in Venedig, Schüler Padre Martinis. W (teilw. unter d. gefälschten Namen Boccherinis): Opern, KaM.

MARESCH, Joh. Ant. — s. MAREŠ

MARESCOTTI, Ercole Arturo * 16/5 1866 Cuccaro, lebt in Milano. W: Oper, viele Lieder, KlavStücke. H: Ztschr. ‚Ars et labor'

MARETZEK, Max * 28/6 1821 Brünn, † 14/5 1897 Plesant-Plains (Nordamerika), seit 1848 OpDir. in Newyork. W: Opern

MARGARIA, Seb. Aug. * 9/10 1857 Cuneo, † 24/6 1904 Torino. W: Opern, KlavStücke, Tänze, Lieder, viele OpTranskript. f. verschied. Instr.

MARGARITESCO * ?, † 13/3 1924 Mülheim a. R. (auf Urlaub), Inspektor der M. der rumän. Armee, MSchr., begründ. 1908 in Bukarest die Ztschr. ‚Muzika'

MARGARITIS, Loris * 2/8 1894 Athen, seit 1915 KlavL. am Konserv. in Saloniki, KlavVirt. W: OrchStücke, KlavStücke, Lieder

MARGIERI, G., ps. = MARIE, Jean Marie

MARGIS, Gaston, ps. = GOLDMANN, Kurt

MARIA ANTONIA WALPURGIS, Kurfürstin von Sachsen * 18/7 1724 München, † 23/4 1780 Dresden, Schülerin Porporas u. Hasses, auch Dichterin. W: Opern ‚Il trionfo della fedeltà' u. ‚Talestri'

MARIA, Dominique della — s. DELLA MARIA

MARIAN, Pater — s. PARADEISER

MARIANI, Angelo * 11/10 1822 Ravenna, † 13/10 1873 Genova, ausgez. Dirig. (1871 ‚Lohengrin') in Bologna. W: Opern, Requiem, Lieder

MARIANI, Mario, ps. = Edm. KÖTSCHER

MARIANI - CAMPOLIETI, Virginia * 4/12 1869 Genova. W: Oper, Kantaten, viele Kinderlieder

MARIE AMALIA FRIEDERIKE, Prinzessin von Sachsen, † 1870 — s. AMALIA

MARIE, Jean Marie, ps. Jean GABRIEL-MARIE; G. MARGIERI; Jean REX * 8/1 1852 Paris, † Sept. 1928 in Spanien, Dirig. 1902/12 in Marseille, im Sommer in Bad Vichy. W: Salon-OrchStücke, Klav- u. VStücke

MARIN, José * 1619 u. † 17/3 1699 Madrid, nach sehr bewegtem Leben Priester. W: treffl. weltl. Gsge

MARIN, Marcel de * 8/9 1769 Bayonne, † 1861 Toulouse, vielgereister HarfVirt. W: KaM. mit Harfe, HarfSonaten usw.

MARINELLA, Pietro, ps. = Emil JUEL-FREDERIKSEN

MARINI, Biagio * um 1600 Brescia, † nach 1655 Padua, 1620 Geiger in Venedig, später an den Höfen zu Parma, Heidelberg, Neuburg u. Düsseldorf, zuletzt wieder in Italien, der erste VVirt., der auch komponierte. W: Oper, Sinf., KaSonaten, kirchl. Gsge

MARINI, Carlo Ambrogio, Geiger in Bergamo, gab 1687 ff. KaM. heraus

MARINUS, H. G. * 1/1 1831 Haarlem, † 8/1 1885 's Gravenhage, da seit 1851 Organ. W: KirchM., weltl. Kantaten u. a.

MARINUZZI, Gino * 24/3 1882 Palermo, lebt in San Remo, OpDir. in Italien, Chicago u. Südamerika, zuletzt in Torino. W: Opern, Requiem, ‚Suite Siciliana‘, sinfon. Dichtgen

MARIO, Giuseppe, Conte di Candia * 17/10 1810 Cagliari (Sard.), † 11/12 1883 Rom, seinerzeit (bis 1867) bedeut. OpTenor. in Paris, London u. Petersburg; seit 1856 verheir. mit der Sängerin G i u l i a G r i s i

MARIOTTE, Antoine * 22/12 1875 Avignon, Schüler der Schola cantorum in Paris, seit 1920 Dir. der MSchule in Orleans. W: Opern, Sinfon., KlavSonat., Gsge

MARIOTTI, Mario * 8/9 1889 Paris, ausgeb. in Milano. W: Oper, sinfon. Dichtgen, Quart. u. a.

MARKEES, Ernst * 5/11 1863 Chur, seit 1893 ML. in Basel, Pianist, auch MKrit. W: Festmarsch, KlavStücke, Lieder

MARKEES, Karl * 10/2 1865 Chur, VVirt., † 4/12 1926, Berlin, da Schüler Joachims, seit 1889 L. an d. Hochschule. W: ‚Tägl. techn. Studien f. V.‘

MARKEVITSCH, Igor * 27/7 1912 Kiew Pianist, seit 1926 in Paris, TheorSchüler der Frau Nadja Boulanger. W: Sinfonietta, Concerto grosso, KlavKonz., Kantate

MARKS, Bruno * 3/6 1887, † 29/8 1927 Essen, KM. W: Optte, UnterhaltgsM.

MARKS, G. W., Verfertiger v. Potpourris, 1850 ff. (Verlag Aug. Cranz, früher Hamburg, jetzt Leipzig) = Joh. BRAHMS

MARKULL, Frdr. Wilh. * 17/2 1816 Reichenbach/Elbing, † 30/4 1887 Danzig, da seit 1836 Organ. W: Oratorien ‚Johannes der Täufer‘ u. a., Opern, Sinf., Klav- u. OrgKompos. usw.

MARKWART, Kurt, ps. Mark TURKART * 8/8 1906 Berlin, Sgr in Kl. Machnow/Berlin, Schüler G. Ernests. W: Chöre, Lieder, UnterhaltsM.

MARKWORT, Joh. Christ. * 13/12 1778 Reisling/Braunschweig, † 13/1 1866 Bessungen/Darmstadt, urspr. Theol., dann Tenor., 1810/30 Chordir. der Hofop. in Darmstadt, GsgL. W (beachtensw.): ‚Umriß einer ges. Tonwissensch.‘, ‚Klangveredlg der Stimme‘, ElementKlavSchule

MARLEH, Julius, ps. = Helmar KÄHLER

MARLIANI, Marco Aurelio, Conte * 1805 Milano, † 8/5 1849 Bologna, Schüler Rossinis. W: Opern

MARLING, Henri, ps. = Ed. SCHÜTT

MARMONTEL, Ant. Franç. * 18/7 1816 Clermond-Ferrand (Puy-de-Dôme), † 17/1 1898 Paris, Schüler des dort. Konserv. u. 1847/87 da Klav-Prof. W: KlavSonaten, SalonStücke, Etüden; ‚L'art class. et moderne du Piano‘, ‚Les pianistes célèbres‘, ‚Symphonistes et virtuoses‘, ‚Histoire du piano‘ u. a. — Sein Sohn E m i l e A n t o i n e L o u i s * 24/11 1850 Paris, da † 23/7 1907, seit 1875 Gsg-L. u. 1891 KonservKlavProf., zweiter Chordirig. an d. Gr. Oper, auch tücht. Pianist. W: KlavSonaten, Scherzi usw.; ‚Première et deuxième années de m.‘

MARMONTEL, Jean François * 11/7 1723 Bort (Corrèze), † 31/12 1799 Gaillon (Eure), Dichter, Librettist u. a. Gretrys

MARNOLD, Jean * 19/4 1859 Paris, da † 15/4 1935, MKrit. W: ‚M. d'autrefois et d' aujourdhui‘, ‚Le cas Wagner‘. H: ‚Mercure mus.‘

MARO, ps. = Wismar ROSENDAHL

MARPURG, Frdr. Wilh. * 21/11 1718 Seehausen (Altmark), † 22/5 1795, Kgl. Lotteriedir. in Berlin, Theoretiker u. Krit. W: KlavStücke, geistl. u. welt. Lieder, Sammelwerke; ‚Abhandlg von der Fuge‘, ‚Handbuch beim Generalbaß u. der Kompos., ‚Histor.-krit. Beiträge‘ (1754/62), ‚Anleitg z. Sngekomposition‘ usw. — Sein Urenkel F r i e d r i c h

Marquardt, Joh. Friedr. * 4/4 1825 Paderborn, † 2/12 1884 Wiesbaden, TheaKM. in Königsberg, Mainz, Sondershausen, Darmstadt, Straßburg, 1875 Dir. des Cäcilien-Ver. in Wiesbaden. W: Opern, KaM. usw.

MARQUARDT, Joh. Friedr. * 1/5 1810 Berlinchen, † 3/2 1893 Berlin, da 1844/54 Schulrektor, rief da 1852 die Kurrende (ev. Singinst.; kirchl. Straßengsg) wieder ins Leben

MARQUARDT, Kurt, ps. = Kurt MALIG

MARQUARDT, Rudolf * 5/1 1861 Mühlhausen bei Pr. Eylau, OPr., † 29/11 1926 Berlin, Schüler F. W. Markulls u. Alb. Beckers, treffl. TheorL. W: Lehrbücher

MARQUART, Curt * 1895 Breslau, da KonzBegl., Schüler B. v. Pozniaks. W: OrchStücke, KlavStücke, Lieder

MARQUES Y GARCIA, Pedro Miguel * 20/5 1843 Palma (Mallorca), da † 25/2 1918, lebte in Madrid. W: Op., zahlr. Zarzuelas, OrchVariat.

MARRIOT, ps. = Herm. KROME

MARSCHALK, Max * 7/4 1863 Berlin, da seit 1895 MRef. der ‚Voss. Ztg‘ bis zu deren Ende 1933, GsgL. (ausgeb. auf der Hochsch.) u. Leiter des 1934 an Rich. Birnbach übergegangenen MVerl. ‚Dreililien‘. W: Opern, M. zu Bühnenwerken seines Schwagers G. Hauptmann u. a., OrchKompos., feinsinn. Lieder

MARSCHALL, Otto * 21/10 1874 Mühlhausen (Thür.), seit 1911 in Dresden, Schüler v. C. Kühner, Schulz-Beuthen, Leschetizky, bedeut. KlavPädagoge (Marschall-Lehrplan), vielgereister Virt. W: ‚Diorama‘ (f. KlavSolo, sowie Klav. u. V.), KaM., KlavStücke, Lieder, Konzerte f. 2 Klav. usw.

MARSCHNER, Adolf Eduard * 5/3 1819 Grünberg i. Schles., † 9/9 1853 Lpz., gab schon als 10jähr. MUnterr., bezog 1831 die Univers. Lpz.., dann da ML. W: KlavKomp., MChöre, Lieder

MARSCHNER, Franz, Dr. phil. * 26/3 1855 Leitmeritz, † 28/8 1932 Weißpyhra/Poggstall, NÖsterr., besuchte Univers. u. Konserv. zu Prag, 1883/85 Schüler A. Bruckners, Prof an e. Lehrerinnenbildsanst., Pianist u. Organ. W: Rhapsodien f. Orch., KaM., ‚Sturmesmythe‘ f. gem. Chor u. Klav., Chöre, Lieder; ‚Entwurf e. Neugestaltg der Theor. u. Prax. des kunstgem. Anschlages (im KlavSpiel, 1888). ‚Die Grundfragen der Ästhetik im Lichte der immanent. Philos.‘ usw.

MARSCHNER. Heinr. * 16/5 1795 Zittau, † 14/12 1861 Hannover, studierte in Leipzig zuerst die Rechte, wurde Schüler Schichts, ging 1816 nach Wien, dann nach Pest u. Preßburg, 1822 nach Dresden, da 1824 MDir. bei der Oper, ging, da er Webers Nachfolger nicht werden sollte, 1826 ohne Amt nach Leipzig, 1830/59 HofKM. in Hannover. Sein Einfluß auf Wagners ‚Fliegenden Holländer‘ u. ‚Lohengrin‘ unleugbar. Sehr mit Unrecht seine Meisteropern neuerdings vernachlässigt, trotzdem sie von keinem Geringeren als Hans Pfitzner ihrer Schwächen entkleidet worden sind; seine anderen Opern, z. B. die komische ‚Der Bäbu‘ (1837) für die Gegenwart nicht mehr zu retten, seinerzeit auch ohne rechten Erfolg. W: Opern ‚Heinrich IV. u. Aubigné‘ (1820 Dresden), ‚Vampyr‘ (1828), neubearb. v. Hans Pfitzner, ‚Der Templer u. die Jüdin‘ (1829) neubearb. v. Hans Pfitzner, ‚Des Falkners Braut‘ (1832), ‚Hans Heiling‘ (1833) usw., KaM., KlavStücke, MChöre, Lieder usw.

MARSCHNER, Karl Wilh. * 7/6 1864 Berlin, da Schriftst. W: Festspiel ‚Mozart‘, ‚R. Wagners Einfluß auf d. mod. Opernkompos.‘, OpTexte u. a.

MARSHALL, William * 1806 Oxford, da Organ., † 17/8 1875 Handsworth. W: KirchM., Lieder; ‚The art of reading church m.‘

MARSICK, Armand * 1878 Lièges, seit 1900 KomposL. am Konserv. u. Dirig. in Athen, Schüler von Ropartz u. d'Indy. W: Opern, sinfon. Dichtg., KaM., Stücke f. Klav., V., Vc., Lieder

MARSICK, Martin Pierre Joseph * 9/3 1848 Jupille/Lüttich, † 21/10 1924 Paris, Schüler der Konserv. zu Lüttich u. Paris u. Joachims, VVirt., 1892/1900 VProf. am Konserv. zu Paris. W: VKonz. u. Stücke

MARSOP, Paul, Dr. phil. * 6/10 1856 Berlin, † 31/5 1925 Firenze, Kunstschriftst., Schüler Bülows, seit 1881 teils in München, teils in Italien, sehr verdient um die Errichtg musik. Volksbiblioth. W: ‚Neudtsche KapellmeisterM.‘, ‚Der Kern der Wagnerfrage‘, ‚Der Einheitsgedanke in der dtschen M.‘, ‚Musik. Essays‘, ‚Studienblätt. eines Musikers‘ usw.

MARSTRAND, Wilhelmine * 4/8 1843 Donaueschingen, † 16/8 1903 Spiez/Thun, tücht. Pianistin, seit 1883 L. am Hamburger Konserv.

MARSZALEK, Frz., ps. Marcus KATT * 2/8 1900, Bearb. f. Jazz- u. SalonOrch. in Berlin (vorher in Breslau). W: UnterhaltgsM.

MARTEAU, Henri * 31/3 1874 Reims, † 3/10 1934 Lichtenberg (ObFranken), wo er seit Jahren wohnte, VVirt., Schüler Léonards und des Konserv in Paris, konzertierte schon als Jüngling in London, Wien, Amerika usw. erfolgreich, 1900 KonservL. in Genf, 1908/15 an der Kgl. Hochschule in Berlin, 1921 in Prag, Herbst 1926/28 am Konserv. in Leipzig, seit Herbst 1928 dsgl. in Dresden (auch Dirig.). W: 2 StrQuart., StrTrio, KlarinQuint., 2 VKonz., VcKonz., V- u. OrgStücke, Szene f. Sopran, Chor u. Orch., Lieder m. StrQuart., Opern. H: klass. VKonz. u. Etüden

MARTEAU, Léon, ps. = Karl ZOELLER

MARTELLI, Bruto * 21/4 1892 Trappa (Garessio), VVirt. u. QuartSpieler, seit 1921 KonservDir. in Genova. W: VStücke, Canzonetten

MARTELLO, Enrico, ps. = Frz GROTHE

MARTEN, Heinz * 17/1 1908 Schleswig, sehr geschätzter OratTenor, auch LiederSgr in Berlin, Schüler von Osk. Rees

MARTEN, Waldemar * 13/3 1894 Fraustadt (Pos.), GsgL. in Berlin, da ausgeb. (Akad. f. Schul- u. KirchM., Sternsches Konserv.). W: Melodramen, Chöre, auch m. Orch., viele Lieder, VStücke

MARTENOT, Maurice * 1898 Paris, lebt da, Schüler Gedalges, Erfinder eines treffl. radio-elektr. Apparates (Patent 1922, also vor Theremin) für Aetherwellen-M. (Constable-Celestion), Leiter des Institut psycho-physiolog. d'enseignement mus.

MARTENS, Fred. Herm. * 6/7 1874 Newyork, da MSchr. u. Librettist, † 18/12 1932 Mountain Lakes, NJ. W: ‚Violin masters'; ‚The art of primadonna' u. a.

MARTENS, Heinr. * 5/6 1876 Isenhagen, seit 1924 Prof. f. Solo- u. Chorgsg an d. staatl. Akad. f. Schul- u. KirchM. in Berlin, 1903/07 ML. am Lyzeum in Itzehoe, 1907/24 am Real-Gymn. in Altona, auch KonzSgr u. Chordirig. H: ‚Frisch gesungen', ‚Singendes Volk', ‚Musik. Formen in histor. Reihen'. W: ‚Das MDiktat'

MARTENS, Joh. * 25/8 1860 Christiansfeld, seit 1912 SemML. in Kiel, 1882/85 Kantor in Neusalz a. O., dann Schüler des Instit. f. KirchM. in Berlin, 1890 SemML. in Tondern. W: KaM., Chöre; ‚Schlesw.-Holst. Liederbuch', ‚Liederheft f. Schlesw.-Holst. Schulen', ‚Die Gsgstunde in der Volksschule' usw.

MARTENSON, Elis Hjalmar * 8/6 1890 Inga (Finnl.), Organ. u. seit 1920 KonservOrgL. in Helsinki, auch Chordir., Schüler Merikantos u. Straubes

MARTERER, Albert * 14/7 1881 Schlaggenwald (Böhm.), seit 1900 SchulL. u. Chordir. in Lauterbach, Westböhm. W: KaM., Chorlieder, Lieder in Egerländer Mundart, KlavStücke usw.

MARTIENSSEN, Karl Adolf * 6/12 1881 Güstrow, seit Herbst 1935 KlavProf. a. d. Hochschule in Berlin, 1914/35 KlavL. (1932 Prof.) am Leipziger Konserv., Schüler W. Bergers, K. Klindworths u. Reisenauers. W: ‚Die individ. KlavTechnik auf d. Grundlage des schöpfer. Klangwillens'; ‚Methodik des individ. KlavUnterrichtes' (1934). — Seine 1929 von ihm geschiedene Gattin Franziska geb. Meyer-Estorf * 6/10 1887 Bromberg, treffl. GsgL., seit 1927 Prof. an d. Akad. in München,

seit 1930 in Berlin (Potsdam), da bis 31/3 1934 Prof. an d. Akad. f. Schul- u. KirchM.; jetzt verheiratet mit Paul Lohmann (s. d.). W: ‚Joh. Messchaert', ‚Das bewußte Singen', ‚Stimme u. Gestaltung'

MARTIN, Frank * 15/9 1890 Genf, lebt da, Schüler Laubers. W: BühnenM., OrchSuite u. sinf. Dichtgen, KaM., Chorwerk ‚Les Dithyrambes', Lieder

MARTIN, Friedr. * 18/1 1888 Wiesbaden, † 20/4 1931 Weimar, da seit 1916 Stadtorgan., M-SchulL. u. MRef. W: Kantate, Chöre mit Orch., MChöre, Lieder, OrgStücke

MARTIN, Paul Hans, ps. = KLETZKI, Paul

MARTIN, Peter, ps. = Stefan MEISEL

MARTIN, Pierre Alexandre † Dez. 1879 Paris, Verbesserer des Harmoniums

MARTIN Y SOLER, Vicente * 5/3 1754 Valencia, † 19/2 1806 Petersburg, da seit 1788, vorher 1785 in Wien. W: 21 Opern, u. a. die sehr beliebten ‚La cosa rara' u. ‚L'arbore di Diana'

MARTINE, George, ps. = Karl BRÜLL

MARTINEZ, Marianne v. * 4/5 1744 Wien, da † 13/12 1802, KlavVirt., Schülerin Haydns. W: Orat., KirchM., Sinf., KlavKonz. u. Sonaten

MARTINI, Giambattista, bekannt als Padre Martini * 24/4 1706 Bologna, da † 4/10 1784 KM. des Franziskanerklosters, hochgelehrt, Gründer des Lic. filarmonico. W: Orator., Messen, Org-, Klav-Sonat., KaDuette usw., ‚Gesch. der M.' (3 Bde, nur üb. d. Altertum), Lehrb. d. Kontrapunkts usw.

MARTINI, Hugo * 20/2 1857 Görbersdorf (Schles.), Leiter einer MSchule u. eines Damenchors in Leipzig. W: KlavStücke, Lieder

MARTINI, Jean (il Tedesco, eigentl. Schwarzendorf), * 1/9 1741 Freistadt i. d. Pfalz, † 10/2 1816 Paris, da seit 1764 KM., KonservL. u. seit 1814 Intendant der Kgl. M. W: Opern u. a., ‚L'amoureux de quinze annes', ‚La bataille d'Ivry', 11 Messen, Requiems, KaM., MilMärsche. Sehr bekannt sein ‚Plaisir d'amour'

MARTINO lo SPAGNUOLO = MARTIN Y SOLER

MARTINO il TEDESCO = Jean MARTINI

MARTINU, Bohuslav * 1890 Policka (Böhm.), lebt in Paris, Schüler Jos. Suks u. Alb. Roussels, urspr. Geiger. W: Oper, Ballette, Sinf. u. sinfon. Dichtgen, KaM.

MARTUCCI, Gius. * 6/1 1856 Capua, † 3/6 1909 Napoli, Schüler des dort. Konserv., 1886 Dir. des Konserv. in Bologna, 1902 Dir. des Konserv. in Napoli, treffl. Pianist u. Wagnerdirig. W: 2 Sinfon., KlavKonz., KaM., KlavSonat., Oratorium usw.

MARTY, Geo. Eugène * 16/5 1860 Paris, † 11/10 1908 Vichy/Paris, s. 1894 Prof. f. Ensemblegsg am Konserv. u. Korrep. der Gr. Oper, 1903 Dirig. der KonservKonz., seit 1906 auch Dir. der klass. Konz. in Vichy. W: Opern, Ouvert., Orch-Suiten, Klav- u. Gsgkompos.

MARUCELLI, Enrico, † Nov. 1901 Firenze. W: verbreit. Schulen f. Git. u. Mandol., viele Kompos. u. Bearb. f. diese Instr.

MARX, Adolf Bernh., Dr. phil. * 15/5 1795 Halle a. S., † 17/5 1866 Berlin, stud. zuerst Jura, Schüler Türks u. Zelters, 1830 in Berlin Prof. der M. u. 1832 MDir. an der Univers., gründ. 1850 mit Stern ein Konserv. W: ‚Allgem. MLehre‘ u. ‚Die Lehre v. der musik. Kompos., ferner ‚Die M. des 19. Jh.‘, ‚Beethovens Leben u. Schaffen‘, ‚Gluck u. die Oper‘, ‚Anleitg z. Vortrag Beethovenscher KlavWerke‘, ‚Erinnergen aus. m. Leben‘, Orator., Hymnen, MChöre usw.

MARX, Bertha * 28/7 1859 Paris, da Klav-Virtuosin, langjähr. Partnerin Sarasates, verheir. mit Otto Goldschmidt; † Dez. 1925 Biarritz

MARX, Herbert, Dr. phil. * 17/5 1903 Breslau, Leiter des ‚Volksdtsch. Singkreises‘ in Berlin, Stud-Ass., ausgeb. in Breslau, dann Schüler Schrekers. W: Chorw.: ‚Das Volk‘, Kantaten, Dtsch. Jugendsingspiel, KonzM. f. Klav- u. KaOrch., StrQuart.. H: ‚Volksdeutsche Liederblätter‘

MARX, Hermann * 6/12 1859 Cöthen (Anh.), seit 1899 GsgL. (Studienrat), Organ. u. Chorleiter in Bernburg (Anh.), Schüler Kiels. W: Str.Quart., KlavStücke, Choralvorspiele, gem. u. MChöre, Lieder

MARX, Hermann, * 27/9 1895 München, da im höh. Schuldienst, Volksliedforscher. W: Lieder z. Laute

MARX, Jos., Dr. phil. * 11/5 1882 Graz, seit 1914 L., 1922/25 Dir. der Akad. d. Tonkunst, 1925/27 Rektor der Hochschule f. M. in Wien. W: Sinfon., romant. KlavKonz., KaM., Chöre, viele treffl. Lieder

MARX, Karl * 12/11 1897 München, da bis 1924 L. f. Solorepetition an d. Akad. d. Tonkunst. W: OrchVariat., KaM., Konz. f. 2 V., dgl. f. Br., Klav., Kantate. Chöre

MARX, Maria, ps. = Max BÖHME

MARX, Pauline * 1819 Karlsruhe, † 19/6 1881 Potsdam, gefeierte BühnSgrin, 1839/42 in Dresden, 1843/51 in Berlin, 1857 mit Hauptmann R. Steiger verheiratet

MARX-MARKUS, Karl * 11/12 1820 Grimma, VcVirt., ausgeb. in Lpz., dann in Riga, 1856 KonservProf. in Petersburg. W: VcStücke

MARXSEN, Eduard * 23/7 1806 Nienstädten/Altona, † 18/11 1887 Hamburg, da ML.; Lehrer von B r a h m s. W: Orch-, Klav- u. GsgKompos.

MARZORATI, Achille * um 1830 Brescia, † 21/11 1873 Milano, VVirt. W: VStücke

MARZUTTINI, Giov. Batt. * 9/2 1863 Udine, Gitarrist u. Mandolinist in Trieste, erweckte 1914 die echte Furlana (‚Ziguzaine‘) wieder. W: Schulen u. Stücke f. seine Instr.

MAS Y SERRACANT, Domingo * 1866 Barcelona, lebt da, Schüler u. a. Pedrells. W: Kirch-M., Kinderlieder

MASBACH, Fritz * 23/4 1867 Mainz, treffl. Pianist u. L. in Berlin

MASCAGNI, Pietro * 7/2 1863 Livorno, lebt in Rom, Schüler des Mailänder Konserv., dann KM. an kleinen Thea., plötzlich weltberühmt durch seine Op. ‚Cavalleria rusticana‘ (1890), 1897/1903 Dir. des Rossini-Konserv. in Pesaro. Von seinen weiteren Opern fanden nur Beachtung ‚L'amico Fritz‘ (1891), ‚Ratkliff‘ (1894), ‚Parisina‘ (1913) u. ‚Il piccolo Marat‘ (1921)

MASCANDIO, Guillermus de — s. MACHAUT

MASCARA, Florentio = MASCHERA

MASCHA, E. P., ps. = SCHADE, Max

MASCHEK, Vincenz — s. MAŠEK

MASCHERA, Florentio * um 1540 Brescia, da † 1584 (1580?), Organ. W: InstrCanzonen

MASCHERONI, Edoardo * 4/9 1859 Milano, OpKM. an versch. Orten, lebt in Rom. W: Opern, Requiem (f. König Viktor Emanuel)

MASCHKE, Ernst Ludw. * 4/10 1867 Königsberg, da Organ. u. Leiter des Instit. f. KirchM. W: Opern, Kantaten, Chöre, Stücke f. Klav., Org., V., Vc.

MASCHNER, Friedr. * 30/3 1907 Brünn, Klav-Virt in Wien, da ausgeb. (Akad.). W: KlavStücke, VcStück, Lieder, B: f. 2 Klav.

MASCITTI, Michele * um 1670 Neapel, † 1738, VVirt. W: VKonz. u. Sonat.

MAŠEK, Vincenz * 5/4 1755 Zwikowetz, † 15/11 1831 Prag, da seit 1794 Organ., KlavVirt. W: Opern, KirchM., Sinf., KaM., KlavKompos.

MASETTI, Umberto * 18/2 1869 Bologna, Schüler des dort. Konserv., seit 1895 GsgProf. da u. Mitglied der Kgl. Philharm. Akad. W: Oper, Messe, Requiem, OrchKompos., Lieder usw.

MASI, Enrico † 1894 Rom, war 1866/80 II. Geiger im Florentiner Quartett Jean Becker

MASINI, Anacleto Lombardo * 7/3 1877 Milano, lebt da. W: Opttten, Kantate

MASINI, Angelo * 28/11 1844 Terra del Sole (Forli), † 26/9 1926 Forli, ausgez. u. a. von Verdi (‚Requiem‘) sehr geschätzter Tenorist

MASINI, Francesco * 16/7 1804 Firenze, † 20/8 1863 Paris, da seit 1830 GsgL. W: einst beliebte Romanzen

MASON & HAMLIN, bedeutende Org- u. HarmonFabrik in Boston

MASON, Daniel Gregory * 20/11 1873 Brookline, † 15/3 1930 Newyork, da seit 1910 L. (1914 Prof.) f. MWissensch. an der Columbia-Univers. W: Sinf., KaM., KlavStücke; ‚From Grieg to Brahms', ‚The romantic composers', ‚Great modern composers' usw. H: The art of m. (14 Bde)

MASON, Lowell * 24/1 1792 Medfield Mass., † 11/8 1872 Orange, New Jersey; Begründer (1832) der MSchule in Boston. W: ‚Musical letters from abroad' (1853)

MASON, Luther Whiting * 1828 Turner (Maine), † 1896 Buckfield (Maine), Erfinder von ‚The national m. course', 1865 in Boston, Reformator des MUnterr. in den Schulen, 1879/87 Inspektor der MSchulen in Japan. W: ‚Neue Gsgs-Schule'

MASON, William * 24/1 1829 Boston, † 14/7 1908 Newyork, da seit 1855 KlavVirt. u. bedeut. Pädagog. W: method. Klav- u. Salonkompos., ‚Memoirs of a mus. life'

MASSA, Nicolo * 26/10 1854 Calice Ligure (Ital.), † 24/1 1894 Genova, Schüler des Konserv. z. Milano. W: Opern

MASSACRIE - DURAND, Jaques = Jacques DURAND

MASSAINI, Tiburtio * Cremona, KirchKM. u. a. in Salo (1587), Prag (1590), Lodi (1600). W: Messen, Hymnen, Psalmen, Madrigale

MASSARANI, Renzo, ps. Renzo RANI * 26/3 1898 Mantua, MKrit. in Rom. W: Opern, interess. VStücke

MASSART, Lambert Jos. * 19/7 1811 Lüttich, † 13/2 1892 Paris; VVirt., Schüler Rod. Kreutzers, seit 1843 VProf. am Konserv. zu Paris, Lehrer von H. Wieniawski, M. Marsick, Fr. Ries, Sarasate, T. Tua u. a.

MASSARY (eigentl. MASSARYK), Fritzi * 21/3 1876 (?) Wien, 1901 ff. gefeierte OpttenSgrin in Berlin, Wien usw.; lebt in Wien, in neuerer Zeit auch Schauspielerin

MASSÉ, Jean Bapt., Vcellist der Pariser Hofkap., veröffentl. 1736 VcSonaten

MASSÉ, Victor * 7/3 1822 Lorient (Bretagne), † 5/7 1884 Paris, da seit 1860 Korrepet. der Gr. Oper u. 1866/80 KomposL. am Konserv. W: Opern ‚Les noces de Jeanette', ‚Galathée', ‚Jeanne d'Arc' u. a.

MASSEN, de, ps. = LALO, Ed.

MASSENET, Jules * 12/5 1842 Montaud/ St. Etienne, † 13/8 1912 Paris, da Schüler des Konserv., 1878/96 KomposProf., bedeut. Komp. W: Opern ‚Der König von Lahore' (1877), ‚Herodias', ‚Manon' (1884), ‚Cid', ‚Thaïs', ‚Ariane', ‚Werther' (1891), ‚Le jongleur de Notre Dame' (1902), ‚Don Quichote' (1910) u. a., bibl. Dramen ‚Maria Magdalena' (1873), ‚Eva', ‚La terre promise' u. a., BühnM., Ballette, OrchSuiten, Ouvert., KlavKonz., Chöre, Lieder; ‚Mes souvenirs' (1912)

MASSET, Nicolas Jean Jacques * 27/1 1811 Lièges, † 1903 Beaugency/Paris, VVirt. u. Tenorist, zuletzt GsgL. W: VKonz. u. Stücke, GsgSchule, viele Lieder

MASSON, Charles, um 1680 KirchKM. in Chalons, später in Paris, stellte zuerst die modernen Tonarten auf in ‚Nouveau traité des règles pour la composition' (zuerst 1694)

MASSON, Elisabeth * 1806, † 9/1 1865 London, da 1839 Gründerin d. Society of female musicians. W: Lieder. H: Liedersammlgen

MASSON, Paul Marie * 19/9 1882 Cette, 1910 MGeschProf. an der Univers. Grénoble u. Leiter der MAbt. des Institut franç. de Florence, seit 1919 Leiter des franz. Instit. in Napoli. W: ‚Lullistes et Ramistes', ‚Berlioz', ‚L'oeuvre de Rameau', viele Aufsätze, KlavStücke, Gsge. H: Canti carnascialeschi

MASSUTO, Giov. * 30/7 1830 Treviso, † 25/1 1894 Venezia, da ML. u. MSchr. W: ‚La m. della sun origine'; ‚I maestri di m. italiana'; ‚Della m. sacra in Italia' (3 Bde)

MASSUTO, Renzo * 25/4 1858, Geiger und Pianist, MilKM. W: Opern, Ballett, Ouvert., MilM.

MASZKOWSKI, Rafael * 11/7 1838 Lemberg, † 14/3 1901 Breslau, Dirig. des OrchVer. seit 1890, vorher Dirig. in Schaffhausen u. Koblenz (seit 1869, MInstit. = Chorver., gründ. da das Konserv. 1888). W: VStücke

MASZYNSKI, Peter * 3/7 1855 Warschau, da seit 1886 Chordir., seit 1890 auch MInstitL. W: BühnM., OrchStücke, KaM., Kantaten, Lieder, KlavStücke

MATACHICH, Lovro v. * 14/2 1899 Eisack/ Fiume, lebt in Agram, ausgeb. in Wien. W: Szen Orator., BühnM., OrchFantasie, Tänze

MATERNA, Amalie * 10/7 1847 St. Georgen (Steierm.), † 18/1 1918 Wien, ausgez. Sgrin (erste Bayreuther Brünnhilde), 1865 in Graz, dann in Wien am Karlthea. u. 1869/94 a. d. Hofoper, dann GsgL.

MATHEWS, William * 8/5 1837 London (New Hampshire), † 1/4 1912 Denver, Colo., seit 1867 hervorrag. KlavL. u. MSchr. in Chicago. W: ‚How to understand music', ‚One hundred years of m. in America', ‚The great in m.', ‚How to teach the pfte', ‚Course of Piano study in ten grades'

MATHEY-DORET, Gust. — s. DORET

MATHIAS, Frz Xav., Dr. phil. et th., * 16/7 1871 Dinsheim (Els.), 1898 Organ. in Straßburg i. Els., 1907 PrivDoz., 1913 UnivProf. u. Leiter des von ihm gegründ. Instit. für KirchM. W: ‚Die Choralbegleitg', ‚Modulat'onsbuch f. Org.', Messen u. kirchl. Gesänge, OrgStücke usw.

MATHIAS, Georges * 14/10 1826 Paris, da † 14/10 1910 Schüler Kalkbrenners u. Chopins, L. am Konserv. W: Sinf., Ouvert., KlavKonzerte, 6 KlavTrios, Sonaten, Etüden, Chorwerke usw.

MATHIAS, Hermann — s. WERRECOREN

MATHIEU, Emile L. V. * 16/10 1844 Lille, † Sept. 1932, Schüler d. Konserv. in Brüssel, 1881 MSchulDir. in Löwen, 1898/1924 KonservDir. in Gent. W: Opern, Ballette, Kantat., OrchWerke, KlavKonz., VKonz., Chöre, Lieder usw.

MATHIEU, Julien Aimable * 31/1 1734 Versailles, † 6/9 1811 Paris, Geiger u. Organ. W: KaM.

MATHY, Joh. * 15/11 1883 Königsberg i. Pr., seit 1914 Organ. u. Chordir. in Berlin. W: Kinderopern, Chöre, Lieder, Klav- u. OrgStücke

MATHYS, Karl * 1/9 1835 Hannover, da † 25/12 1908, Vcellist d. Op. W: Duette u. a. f. Vc.

MATIEGKA, Wenz. Thomas * 1773 Chotzen (Böhm.), † 19/1 1830 Wien, da seit 1800 Gitarrist, beliebter L. W: GitSonaten, u. a. das als Quart. f. Git., V., Br. u. Vc. von Frz Schubert durch Hinzufügung des Vcells bearbeitete Trio

MATINI, Riccardo * 25/3 1859 Badia S. Salvatore, † 25/5 1919 Firenze, da TrompL. am M-Instit. W: Schulopern, Gsge, MandolSchule u. Stücke

MATSCHKE, Ernst * 12/11 1867 Breslau, KonservDir. in Stettin, vorher Chordirig. in Beuthen (OS.) u. Berlin, Organ. in Neubrandenburg, 1896 Kantor u. Organ. in Köslin, 1904 Organ. in Rostock. W: Oratorium, KlavTrio, MChöre usw.

MATTARESZ, Vincenzo * 17/11 1837 Castellamare di Stabia, † 7/3 1907 Milano, da seit 1868 f. den Verlag Ricordi als Arrang. tätig. W: Opern, Quart., Schule f. versch. Instr., viele KlavTranskriptionen, Gsge

MATTAUSCH, Hans Alb., ps. H. A. MOREL * 18/9 1883 Dresden, seit Herbst 1928 VerDir. u. ML. in Berlin, Schüler des Dresdner Konserv. (Draesekes), Pianist, KM. an Thea. in Dresden, Lübeck, Magdeburg Königsberg (1924/25), 1925 Kaiserslautern. W: Opern u. a. ‚Graziella', ‚Esther', Operetten, VKonz., KaM., Chöre, Lieder

MATTEI, Stanisl. (Abbate) * 10/2 1750 Bologna, da † 17/5 1825, da KirchKM., u. seit 1804 KontrapunktProf. am Lic. filarm., L. Rossinis u. Donizettis. W: ‚Pratica d'accompagnem. sopra bassi num.'

MATTEI, Tito * 24/5 1841 Campobasso/Napoli, † 30/3 1914 London, da seit 1865, KlavVirt., Schüler Thalbergs u. a., mit 17 Jahren von der Accad. di S. Cecilia in Rom zum Prof. ernannt, Hofpianist d. Königs von Italien. W: Opern, Ballette, KlavKompos., Lieder usw.

MATTEIS, Nicola, ital. VVirt., konzertierte 1672/1704 in England, lebte in London. W: V-Suiten. — Sein g l e i c h n a m i g e r Sohn, 1700/37 in der Wiener Hofkap., dann in England, † um 1749 in Shrewsbury. W: VKonz. u. Sonaten, Fantasie (c) f. V. solo

MATTER, Walter * 25/3 1894, † 21/3 1931 Berlin-Neukölln. W: UnterhaltgsM.

MATTHÄI, Heinr. Aug. * 30/10 1781 Dresden, † 4/11 1835, erster KM. der Gewandhauskonz. zu Leipzig. W: Konz., Duette, SoloStücke usw. f. V.

MATTHÄI, Johanna * 31/12 1888 Zürich, seit 1919 angesehene, viel gereiste KonzSgrin (Sopr.) u. GsgL. in Basel, da u. in München (u. a. v. Beines) ausgebildet

MATTHÄI, Karl * 23/4 1897 Olten, OrgVirt., Schüler Straubes, seit 1923 Organ. u. MSchulDir. in Winterthur. H: OrgStücke d. 17. Jh. u. a.

MATTHAY, Tobias Aug. * 19/2 1858 Clapham/London, 1880/1925 hervorrag. KlavL. a. d. Kgl. MAkad. in London. W: Ouvert., KaM., KonzertStück u. KlavStücke, ‚The act of touch', ‚First Principles' u. a.

MATTHES, Johannes * 4/10 1906 Chemnitz, lebt in Zeschwitz/Gaschwitz-Land. W: UnterhaltgsM., SA-Marschlied

MATTHES, Wilh. * 8/1 1889 Berlin, da seit Herbst 1935 MKrit., Schüler des Sternschen Konserv., 3 Jahre TheaKM., dann Schüler Kauns, Kriegsteilnehmer, 1918/35 MKrit. in Nürnberg, gab die Anregg zu der I. Nürnberger Sängerwoche 1927. W: Sinfonietta, StrQuart., Chöre m. Orch., Liederzyklen usw.

MATTHESON, Joh. * 28/9 1681 Hamburg, da † 17/4 1764, vielseitig gebildet. MSchr., Komp., Sänger, Staatsmann, Jurist usw., 1715/28 DomKM. in Hamburg. W: 8 Opern, 24 Oratorien u. Kantaten, Messe usw., Klav- u. FlM., ‚Das neueröffn. Orchester' m. 2 Fortsetzgen, ‚Exemplar. Organistenprobe', ‚Gr. Generalbaßschule', ‚Kern melodischer Wissenschaft', ‚Der vollkommene Kapellmeister' usw.

MATTHEY, Jul. Herm. * 27/11 1853 Weißenborn/Freiberg, † 20/5 1923 Leipzig, Schüler der Berliner Hochschule (Rudorff, Hausmann) u. Ed. Grells, 1887/1914 MilKM. in Leipzig. W: Oper, Weihnachtsmärchen, Sinf., Suite u. OrchStücke, KlavStücke, Chöre, Lieder. B: zahlr. Komp. f. MilM.

MATTHEY, Ulisse * 17/4 1876 Torino, da seit 1923 OrgProf. W: Org., Harm. u. KlavStücke

MATTHIAS, Herm. — s. WERREKOWEN

MATTHIEUX, Johanna geb. Mockel — s. KINKEL

MATTHIS, G. S., ps. = M. SEIBER

MATTHISON-HANSEN, Gotfred * 1/11 1832 Roeskilde (Dänem.), † 14/10 1909 Kopenhagen, da seit 1871 Organ., seit 1868 Klav- u. OrgL am Konserv., seit 1900 Dir. der Anstalt W: Ka-M., Org- u. KlavStücke usw. — Sein Vater Hans * 6/2 1807 Flensburg, † 7/1 1890, Dom-Organ., seit 1832 in Roeskilde. W: Orator., Kantaten, Psalmen, OrgStücke

MATTIESEN, Emil, Dr. phil. * 24/1 1873 Dorpat, lebt seit 1925 in Gehlsdorf/Rostock, MRef., als Kompon. seit 1910 bekannt, machte als Naturforscher große Reisen, 1904/08 in England, 1908/1915 in Berlin, 1915/22 in Rostock, 1922/25 in Fürstenfeldbruck/München. W: wertvolle Lieder und Balladen, ‚L'immacolata', KirchM., OrgStücke

MATTIOLI, Guglielmo * 14/10 1859 Reggio Emilia, † 6/5 1924 Bologna, da seit 1908 Prof. am Lic. music., treffl. OrgVirt. W: Opern, Chorwerk

MATTONI, B., ps. = MORENA, Camillo

MATTONI, Filippo * 27/4 1848 Todi, † 14/11 1922 Rom, da Organ. W: KirchM.

MATZEN, Margarete geb. Schottensack, ps. Elva Margret SCHLEGEL * 1/8 1887 Kaukehmen, OPr., lebt in Törning/Hammelev (Nordschlesw.). W: Tänze, Lieder

MATZENAUER, Margarethe * 1/6 1881 Temesvar, ber. OpSgerin, 1901/04 in Straßburg, 1904/11 in München, dann in New York

MATZKE, Herm., Dr. phil. * 28/3 1890 Breslau, da seit 1921 MRef., 1923 Leiter des akad. M-Ver., 1924 Lektor der M. an der Techn. Hochschule, da auch Doz. u. seit W. 1931/32 Leiter des von ihm geschaffenen ‚Archivs f. MWirtschaft u. MTechnik', ausgeb. in Breslau, Berlin u. Bern. W: ‚Der Soldatengsg im Belg. Heer', ‚Von der Er-

ziehg zur M.', ‚Die MWissensch. an dtsch. Hochschulen, ‚MÖkonomik u. MPolitik', OrchStücke, Chöre, Lieder. H: ‚Ztschr. f. InstrBau' seit 1935 Ztschr. ‚Taghorn' (eingegangen)

MAUCK, Erich * 18/11 1893 Frankfurt a. M., seit 1923 GsgL. (bes. f. Op. geschätzt) in Berlin, ausgeb. u. a. v. Raoul Walter, Messchaert, Jean de Reszke, ehem. Tenorbuffo

MAUDER, Manny * 14/7 1893 London, (bayr. Staatsangeh.), seit 1929 KM. des Alsterpavillons in Hamburg, ausgeb. in Weimar, VSchüler Felix Berbers, 9 Jahre KM. der Kleinkunstbühne Bonbonnière in München. W: OrchSuiten, UnterhaltgsM., Tanzschlager

MAUDUIT, Jacques * 16/9 1557 Paris, da † 21/8 1627, Lautenist. W: Requiem f. Ronsard, Chansons

MAUERSBERGER, Erhard * 29/12 1903 Mauersberg (Erzgeb.), seit 1930 LandeskirchMWart u. Kantor in Eisenach, Thomaner, ausgeb. a. d. Konserv. in Leipzig, 1928/30 L. an d. städt. M-Schule u. KirchChordir. in Mainz

MAUERSBERGER, Rud. * 29/1 1889 Mauersberg (Erzgeb.), seit Juli 1930 KreuzKantor in Dresden, ausgeb. in Leipzig (Konserv.), Organ. u. ChorDir. 1914 in Lyck, 1918 in Aachen, 1924 LandesMWart u. Organ. in Eisenach

MAUKE, Wilh. * 27/2 1867 Hamburg, † 25/8 1930 Wiesbaden, stud. erst Medizin, dann M. unter H. Huber, F. Löw u. Rheinberger, lebte in München als Komp. u. Schriftst. moderner Richtg. W: 8 Opern, Mimodrama, Oratorium, Sinfonien, sinfon. Dichtgen, viele Lieder

MAUR, Sophie * 10/7 1877, seit 1929 MBeraterin der Regierung in Köln, Schülerin v. Max van de Sand u. Reger. W: KlavStücke, Lieder

MAURACHER, Mathias † 1857 Graz, Orgelbauer. Von seinem Sohne bzw. seinen Enkeln die Firma in Graz u. Salzburg (seit 1861) fortgesetzt

MAUREL, Victor * 17/6 1848 Marseille, † 22/10 1923 Newyork, weltberühmter Baritonist, der erste Jago in Verdis ‚Otello'. W: ‚Dix ans de carrière' (1897)

MAURER, Bernh. Jos. — s. MÄURER

MAURER, Erwin * 1886 Reichenau (Baden), leitet seit 1918 eine Geigerschule in Basel. W: V-Schule

MAURER, Franz Anton * 1777 St. Pölten, † 19/4 1803 München, treffl. Opernbassist. W: Opern, Lieder

MAURER, Julius, Dr. phil. * 10/4 1888 Pforzheim, Geiger, dann Opern- u. KonzDirig. an verschiedenen Orten, lebt in Frankfurt a. M.

MAURER, Ludw. Wilh. * 8/2 1789 Potsdam, † 25/10 1879 Petersburg, treffl. VVirt., 1824/33 KonzM. in Hannover, 1833/45 OrchInspekt. in Petersburg. W: Opern, Konz. f. 4 V, Doppelkonz., Konzerte, Sinfon., Ouvert., VDuette u. a.

MAURICE, Alphonse * 14/4 1856 Hamburg, † 27/1 1905 Dresden, wo er seit 1878 lebte, Schüler d. Wiener Konserv. W: Opern, Singspiele, KaM., KlavM., Lieder

MAURICE, Pierre * 13/11 1868 Allaman, Kant. Waadt, lebt da, stud. M. in Genf, Stuttgart u. Paris, 1899/1917 in München. W: Opern, bibl. Drama, Mimodrama (1920), Orch- u. Klav-Stücke, Chöre, Lieder usw.

MAURICK, Ludw. * 19/7 1898 Dordrecht, seit 1922 in Kassel, da ML. u. seit 1933 KM. des NS. kurhess. Landesorch., Kriegsteiln. 1916/18, dann Schüler H. Zilchers, 1926/28 Korrep. in Kassel. W: Opern, u. a. ‚Die Heimfahrt des Jörg Tilman', Optten, BühnenM., KlavSon., Lieder

MAURIN, Jean Pierre * 14/2 1822 Avignon, † 16/3 1894 Paris, da treffl. Geiger, Schüler Baillots u. Habenecks, seit 1875 KonservL., Mitbegr. (1861) der ‚Société des derniers quatuors de Beethoven'

MAURO, Ortensio * 1633 Verona, † 14/9 1725 Hannover, da seit 1663 HofopLibrettist

MAUSZ, Erwin * 20/4 1899 Köln, da Bearb. am Westdeutsch. Rundfunk, da ausgeb. auf dem Konserv. W: künstler. UnterhaltgsM.

MAUX, Richard, Dr. phil. * 26/1 1893 Wien, da GymnGsgL. W: Melodramen, StrQuart., FrChöre, viele Lieder

MAWET, drei Brüder: E m i l e * 2/3 1884 Prayon-Forêt, VCellist, seit 1904 in Straßburg, auch KonservL. W: Oper, preisgekr. Kantate, OrchStücke, — F e r n a n d * 7/4 1870 Vaux sous Chèpremont, Organ. u. KonservL. in Lüttich. W: Opern, Orator., Messen, Motetten, OrgStücke, theor. Schriften. — L u c i e n * 13/10 1875 Chaudfontaine, Organ. u. KonservL. in Lüttich. W: Chöre, Lieder

MAX, Maria, ps. = BÖHM, Max

MAXYLEWICZ, Vincenz * um 1680, † 24/1 1645 Krakau, DomKM. W: KirchM.

MAY, Eduard, ps. James BARNE, James EDWARDS, Eduard MAYSON, R. MRAWEK * 30/1 1896, lebte bis 1933 in Berlin, jetzt ?. W: UnterhaltgsM.

MAY, Florence, Tochter des Organ., Klav- u. GsgL. Edward Collet May (1806/1887) in London, KlavVirt., Schülerin von Brahms. W: ‚The life of Brahms' (1905, deutsch 1911)

MAY, Hans (eigentl. Mayer, Joh.), ps. ADAMS, Mac; Mac AYN; Woodrow MAY; John MILSON; John MILTON; Woodrow PERCY; Guido VANNINI * 11/7 1886, lebt in Wien. W: UnterhaltgsM.

MAY, Hans Adolf * 5/5 1894 M-Gladbach, lebt in Berlin. W: Chöre, Lieder, UnterhaltgsM.

MAY, J. * 11/7 1899 Wien, TheaM. in Berlin, ausgeb. von Rich. Heuberger u. Anton Door, KM. an verschiedenen Orten, auch in Konstantinopel, Kairo, Kriegsteilnehmer, dann TheaDir. in Berlin. W: Operetten u. a. ‚Traum einer Nacht', sehr viel FilmM., bes. Tonfilme, viele Schlager

MAY, Karl, ps. M. A. KARYL * 25/2 1842 Hohenstein/Ernstthal, † 31/3 1912 Radebeul/Dresden, der durch Indianer- u. Reisegeschichten bekannte Schriftsteller. W: geistl. Gsge

MAY, Reinhard * 5/10 1874 Radeberg/Dresden, SchulL. in Dresden. W: Op., Optte, Ouvert., KlavStücke, Chöre, Lieder

MAY , Siegfried * 14/3 1880 Darmstadt, lebt da. W: Lieder

MAY, Woodrow, ps. = MAY, Hans

MAYER, Charles * 21/3 1799 Königsberg i. Pr., † 2/7 1862 Dresden, da seit 1850, KlavVirt., Schüler Fields, 1819/50 ML. in Petersburg, bereiste 1845 Schweden u. Deutschland. W: Konzerte, Etüden u. zahlr. einst beliebte Salonstücke

MAYER, Emilie * 14/5 1821 Friedland (Mecklbg.), † 10/4 1883 Berlin, Schülerin von K. Löwe, A. B. Marx u. Wieprecht, lebte in Berlin. W (viele ungedr. in der Preuß. Staatsbibl.): Op.te, 7 Sinf,. 12 Ouvert. (u. a. ‚Faust), KlavKonz., KaM., KlavStücke, Gsge

MAYER, Frz., ps. Jerome HARRIS, lebt in Wien [? nichts ermittelt]. W: UnterhaltgsM.

MAYER, Herm. * 19/8 1891, gefallen an der Westfront 1917, 1915/16 Dirig. des Meisterschen Gsgver. in Kattowitz, hervorrag. OrgVirt., ein sehr vielversprechender Künstler

MAYER, Joh. — s. Hans MAY

MAYER, Jos. Ant., * 5/12 1855 Pfullendorf (Baden), Schüler u. 1900/1924 L. am Stuttgarter Konserv., 1892/1910 HoftheaMDir., da 1878 ff. Geiger. W: Opern, SchauspielM., Chorwerke usw.

MAYER, Karl * 22/3 1852 Sondershausen, † 7/7 1933 Zippendorf/Schwerin, treffl. OpBarit. u. GsgL., erst KlavBauer in Amerika, dann Schüler Goetzes in Leipzig, 1874 Debüt, 1881/90 in Köln, 1890/92 in Stuttgart, 1892/97 in Schwerin, dann nur auf Gastspielen, zeitw. L. am Sternschen Konserv. in Berlin

MAYER, Lise Maria * 22/5 1894 Wien, da Dirigentin. W: Oper, sinfon. Fantasie m. Chor, StrQuart., KlavStücke, Lieder auch m. Orch. bzw. KlavTrio

MAYER, Ludw. K., Dr. phil. * 9/5 1896 München, seit Juli 1935 musik. Leiter des Reichssender Königsberg, MSchr., Kriegsteiln., Schüler Sandbergers, 1924 KM in Klagenfurt, 1926/31 Dramaturg der städt. Op. in Berlin, 1932/34 MSachverständ. der Reichspropaganda-Abt. der NSDAP, 1934/35 Refer. der Reichssendeleitung. B: F. L. Gaßmann, ‚La contessina'; Gluck, ‚Belagerg v. Kythera'. H: Weber, Gitarrelieder u. Preziosa

MAYER, Max † 26/10 1931 (72j.) Manchester, da seit 1883 Pianist, Schüler Liszts. W: KlavStücke, Lieder

MAYER, Robert Alois — s. MAYER-RONSPERG

MAYER, Rud. Ludw. * 12/5 1893 Radmer (Steiermark), GymnL., Gründer u. Dir. des Wiener Damenchors. W: Chöre

MAYER, Wilh., ps. W. A. RÉMY, Dr. jur. * 10/6 1831 Prag, † 22/1 1898 Graz, da 1867/70 Dir. des Steiermärk. MVer., lebte dann nur der Kompos. u. der Lehrtätigkeit (Schüler u. a. Kienzl, Busoni, Reznicek, Sahla, Weingartner). W: 3 Sinf. u. a. f. Orch., ‚Slavisches Liederspiel', ‚Östliche Rosen', KonzOper ‚Das Waldfräulein', Chöre, Lieder usw.

MAYER-MAHR, Moritz * 17/1 1869 Mannheim, KlavVirt., Schüler der Kgl. Hochschule f. M. in Berlin, lebt da, seit 1892 L. am Konserv., Klindworth-Scharwenka, hervorrag. Pädagoge. W: KlavStücke, Lieder. H: ‚Die Technik d. KlavSpiels' Czerny-Auswahl; KlavWerke von Brahms, Mendelssohn u. Schumann

MAYER-REINACH, Albert, Dr. phil. * 2/4 1876 Mannheim, KonservDir. in Hamburg, KM., 1904 Doz. der MWissensch. a. d. Univers., 1908 KonservDir. in Kiel, 1924/32 Dir. des 1884 gegr. Krüß-Färber-Konserv. in Hamburg u. Altona. H: Grauns ‚Montezuma'

MAYER-RONSPERG, R. A. * 22/7 1884 Ronsperg, Böhmen, † Aug. 1935 Aussig a. E., da Kompon. u. MSchr., ausgeb. in Prag, dann TheaKM. usw., nach dem Kriege erneutes mehrjähr. Studium in Wien. W: Opern, gr. Messe, Sinf. m. MChor u. Soli, VKonz., KaM., Chöre, Lieder, auch m. Orch.

MAYERHOFER, Karl * 13/3 1828 Wien, da 1845/95 gefeierter Baßbuffo der Hofoper

MAYERHOFF, Frz * 17/1 1864 Chemnitz, da seit 1888 Dir. des MVer. u. Kantor, seit 1899 KirchMDir., vorher TheaKM.; 1915/20 auch Dir. des RiedelVer. in Leipzig. W: Sinfon., KaM., Kantaten, geistl. u. weltl. Chöre, Lieder usw.; ‚Instrumentenlehre'

MAYERL, Billy * 31/5 1902 London, da seit 1929 sehr geschätzter Jazz-Klavierspieler, ausgez. in der Kunst des Synkopierens, gründete 1926 eine eigene Schule f. Jazz-Pianisten, schrieb eine auch dtsch. erschienene Methode f. d. moderne KlavSpiel

MAYLATH, Heinr. * 4/12 1833 Wien, KlavVirt., seit 1868 in Newyork. W: Instrukt. u. KonzertStücke f. Klav.

MAYNE, Leslie, ps. = Lionel MONCKTON

MAYO, Rafael del, ps. = Karl BARTH

MAYOR, Charles Lucien Adolphe * 2/3 1876 Genf, GsgL. in Lausanne. W: M. u. FrChöre, ‚Manuel de l'enseignement de m.'

MAYR, Joh. Simon * 14/6 1763 Mendorf (Bayern), † 2/12 1845 Bergamo, Schüler des Jesuitensem. zu Ingolstadt, später von Bertoni, 1802 KirchKM., 1805 KomposL. am MInstitut in Bergamo, Lehrer Donizettis. W: Orator., Messen, Psalmen, seit 1794 über 70 Opern, Kantaten, Ballett usw.

MAYR, Rich. * 18/11 1877 Henndorf/Salzburg, urspr. Mediziner, seit 1902 bis Aug. 1935 Bassist der Hofoper (Staatsop.) in Wien (sehr gefeiert)

MAYR, Rupert Ignaz * 1646 Schärding, OberÖsterr., † 7/2 1712 Freising, da fürstbischöfl. KM. seit 1706, 1685/1706 Geiger der Münchn. Hofkap. W: Suiten, Psalmen, Offertorien

MAYR, Seb. * 1845 München, † 1899 La Chaux de Fonds, da seit 1876 Bade-Orch- u. ChorDir. W: viele Märsche u. Tänze, MChöre

MAYR, Simon — s. Joh. Simon MAYR

MAYRBERGER, Karl * 9/6 1828 Wien, † 23/9 1881 Preßburg, da seit 1869 DomKM. W: Oper, Optte, MChöre, Lieder, ‚Lehrb. der musik. Harmonie', ‚Die Harmonik R. Wagners' u. a.

MAYRHOFER, Isidor (Pater) * 30/4 1862 Passau, seit 1890 Chorregent d. Benediktiner-Stifts Seitenstetten (NÖsterr.). W: ‚Über die Bedingen einer gesunden Reform der KirchM.', ‚Bachstudien', ‚Kein stümperhaftes Pedalspiel mehr'

MAYRHOFER, Rob. * 22/5 1863 Gmunden, Privatgelehrter in Brixen. W: ‚Psychologie des Klanges u. die daraus hervorgeh. theoret.-prakt. Harmonielehre', ‚Die organ. Harmonielehre', ‚Der Kunstklang' usw.

MAYSEDER, Jos. * 26/10 1789 Wien, da † 21/11 1863, VVirt., Schüler Schuppanzighs, Solospieler der Hofop. W: VKonz., KaM., VStücke, Messe

MAZAS, Jacq. Féréol * 23/9 1782 Béziers, † 1849, VVirt., Schüler d. Konserv. in Paris, 1837/41 MSchulDir. in Cambrai. W: Konzerte, Etüden (unentbehrlich), VDuos, VSchule, BrSchule usw.

MAZER, Joh. * 7/3 1790 u. † 25/10 1847 Stockholm, begründete 1823 u. sicherte testamentarisch die noch bestehende Quartettgesellschaft.

MAZZA, Gius. * 3/3 1806 Lucca, † 20/6 1885 Trieste, Organ., vorher lange OpKM. W: Opern

MAZZAFERRATA, Giov. Batt. * ? Pavia, KM. in Ferrara, veröffentl. 1668/80 beachtenswerte Kantaten, Psalme, Madrigale, Kanzonetten, auch TrioSonaten

MAZZINGHI, Gius. * 25/12 1765 London, † 1839, Schüler Joh. Christ. Bachs, Klav- u. OrgVirt. W: Opern, BühnM., viele KlavSonaten, Lieder. — Sein Bruder (?) T h o m a s † 15/1 1844 Downside/Bath, Geiger

MAZZOCCHI, Domenico * 8/11 1592 Cività Castellana, † 20/1 1665 Rom. W: KirchM., Madrigale u. a. (mit damals seltener genauer dynam. Bezeichng)

MAZZOCCHI, Virgilio * 22/7 1597 Cività Castellana, da † 3/10 1646, seit 1628 KirchKM. in Rom; schrieb (mit Marazzoli) die erste komische Oper (‚Chi soffre speri' 1639), ferner Motetten, Psalmen usw.

MAZZONE, Luigi * 19/12 1820 Manfredonia (Foggia), † 1897 Napoli, GsgL. u. MSchr. W: Messen, viele Lieder

MAZZONI, Antonio * 1718 Bologna, da † um 1790. W: Opern, Orator., KirchM.

MAZZUCATO, Alberto * 28/7 1813 Udine, † 31/12 1877 Mailand, Dir. des Konserv. seit 1872, 1859/69 KonzM. (zeitw. auch Dir.) der Scala. W: Opern, Messe, Lieder, ‚Atlante della m. antica'. H: ‚Gazetta mus. di Milano'; Übersetzgen von Unterrichtswerken ins Ital.

MC vor einem Namen, z. B. Ewen — s. MAC

MEADOWS-WHITE — s. WHITE

MECHETTI, Pietro * 1775, † Wien um 1835, da seit 1798 MVerleger. Der Verlag ging um 1830 an D i a b e l l i über, später an S p i n a, endlich an Aug. C r a n z (vgl. diese Namen)

MECHLENBURG, Fritz * 24/8 1890 Rendsburg, s. 1933 Intend. (bis 1934) u. GMD. d. Staatsthea. in Schwerin, ausgeb. auf dem Leipziger Konserv. (Krehl, Reger, Sitt), seit 1912 TheaKM. (Leipzig, Kiel, Rostock, Wuppertal)

MECKE, Friedr., Dr. phil. * 18/6 1890 Duderstadt (Hann.), Chor- u. OrchDir., Organ. u. MSchr. in Stettin seit 1920, Landesleiter d. 6. Reichs-MFachschaft seit 1934, stud. in München, Berlin u. Bonn, Kriegsteiln. W: Chöre, Lieder, OrchStücke. H: Heinr. Werners MChöre

MECKEL, Jakob * 28/3 1842 Köln, † 6/7 1906 Berlin-Lichterfelde, preuß. General, militär. Japan-Instruktor, führte 1905 in Berlin (privatim) eine große Oper ‚Teja' (auf eig. Text, nach Dahns ‚Kampf um Rom') auf.

MEDER, Joh. Val. * 1649 Wasungen, † 1719 Riga, da 1701 Organ., 1687 KM. in Danzig, dann in Königsberg. W: 2 Opern, PassionsM., Motetten (z. T. 12st.), KaM.

MEDERITSCH, Johann (gen. Gallus) * um 1755 Nienburg a. Elbe, † 1835 Lemberg, 1794/96 MDir. in Ofen, nachher in Wien KlavL. W: Singspiele, M. zu ‚Macbeth', KaM., Messen usw.

MEDICUS, Waldo * 5/10 1896 Venezia, KonzBegl. u. ML. in Wien. W: KaM., KlavSonate u. Stücke, Lieder

MEDINŠ, Janis * 9/10 1890 Riga, da seit 1920 OpKM. der Nationaloper u. KonservL., seit 30/6 1932 verschollen, W: Lett. Opern, Sinf., Suiten u. sinf. Dichtg., VcKonz., Kantate, Lieder

MEDINŠ, Joseph * 13/2 1877 Kowno, seit 1922 in Riga, OpDir. W: Oper, Sinf., VcKonz., Chöre, Lieder u. a.

MEDROW, Hugo * 5/9 1872 Rehberg, † 6/2 1924 Greifswald, sehr tücht. KirchMusiker (Madrigalchor), GymnasGsgL. W: Chöre

MEDTNER, Nicolai * 24/12 1879 Moskau, lebt in Enghien les Bains, franz. Dep. S. et O., seit 1902 als KlavVirt. auch in Deutschland bekannt, zeitweilig Prof. am Konserv. in Moskau, 1922/24 in Berlin. W: KlavKonz., KlavVSon., KlavSon. u. Zyklen, Lieder

MEER, Ernst ter, MVerl. in Aachen, 1853 an C. F. W. S i e g e l in Leipzig verkauft

MEERENS, Charles * 26/12 1831 Brügge, † 14/1 1909 Schaerbeek/Brüssel, erst VcVirt., dann im Pftemagazin seines Vaters Akustiker. W: Schriften theor.-spekulativer Richtg

MEERTS, Lambert * 6/1 1800 Brüssel, da † 12/5 1863, als VProf. am Konserv. seit 1855. W: ausgezeichnete VEtüden

MEES, Arthur * 13/2 1850 Columbus, O., † 26/4 1923 Newyork, in Berlin ausgebildet, ChorDir. u. MSchr. W: Choirs and cathedral m.

MEGERLE, Abraham * 9/2 1607 Wasserburg a. Inn, † 29/5 1680 Altötting, da seit 1651 Kanonikus, vorh. HofOrganist (bis 1653) in Innsbruck, DomKM. in Konstanz, (seit 1640) fürstbisch. KM. in Salzburg. W: üb. 2000 meist kirchl. Kompos., theor. Schriften

MEGLIO, Vincenzo de * 9/4 1865 Napoli, da † April 1883, KlavVirt. W: Opern, KirchM., KaM., sehr viele KlavStücke. H: Eco di Napoli (150 Kanzonetten)

MÉGREL, Dom Charles † 79j. 3/2 1933 Nizza, ChorDir. in Clervaux, Vorkämpfer f. d. Reform d. Gregor. KirchGsgs

MEHLER, Eugen * 20/7 1883 Fulda, OpRegisseur, lebt in Weimar (Gastspiele). W: Regiebücher zu den Inszenierungen H. Pfitzners

MEHLER, Karl, MVerlag in Leipzig, gegr. 26/1 1903

MEHLICH, Ernst — ps. Claude GAGNIER * 9/2 1888 Berlin, Schüler d. Berliner Hochschule (Rob. Kahn), lebt seit 1934 in San Paolo, TheaKM., 1922/26 I. KM. d. Oper in Breslau, 1927/33 städt. KM. (GMD) in Baden-Baden. W: KaM., KlavStücke, Lieder

MEHLIG, Anna (verh. Falk) * 11/7 1846 Stuttgart, † 16/7 1928 Berlin, PfteVirt. (Schülerin von Lebert u. Liszt), lebte in Antwerpen bis 1914, dann in Berlin

MEHRKENS, Frdr. Adolf * 22/4 1840 Neuenkirchen a. Elbe, † 31/5 1899 Hamburg, Schüler des Leipziger Konserv., ChorDir., KlavL. u. Organ. in Hamburg. W: Symphon., KlavKonz., Org. u. PfteStücke, Missa solemnis, Te Deum

MÉHUL, Etienne Henri * 22/6 1763 Givet (Ardennen), † 18/10 1817 Paris, da seit 1778, seit 1795 KonservProf. W: Opern ‚Le jeune Henri‘ 1797, ‚Une Folie‘ 1802, ‚Les deux aveugles de Toledo‘ 1806, ‚Uthal‘ (ohne V.) 1806, ‚Joseph‘ 1807 (noch heute auf dtschen Bühnen) u. viele andere, Ballette, Symphon., Kantaten, Hymnen usw.

MEI, Orazio * 1719 Pisa, † 1787 Livorno, da seit 1763 DomOrgan. W: viel KirchM., KlavKonz. u. Sonaten, OrgFugen u. a.

MEIBOM, Marcus * 1626 Tönning (Schlesw.), † 1711 Utrecht, gelehrter MHistoriker. H: ‚Antiquae musicae auctores septem‘

MEICHELBECK — s. MAICHELBECK

MEIER, Georg * 8/2 1865 Regensburg, urspr. Geiger, spät. Gitarrist, seit 1905 Dir. e. MSchule in Hamburg. W: GitStücke. H: alte GitM.

MEIER, Walter, ps. Niels MAAR * 29/8 1898 Berlin, da KM. u. Pianist. W: Tänze, Märsche

MEIFRED, Joseph Emile * 22/11 1791, † 29/8 1867 Paris, da 1833/65 HornL. am Konserv., vervollkommnete das Ventilhorn. W: HornDuette, Méthode p. le cor usw.

MEILAND, Jakob * 1542 Senftenberg (OLaus.), † 31/12 1577 Hechingen, bis 1574 HofKM. in Ansbach, zuletzt Organ. in Celle. W: geistl. Gsge, Lieder usw.

MEILHAC, Henri * 1832 Paris, da † 6/7 1867, OpLibrettist

MEINARDUS, Ludw. * 17/9 1827 Hooksiel (Oldenbg), † 10/7 1896 Bielefeld, in Leipzig, Berlin, Weimar (Liszt) gebildet, 1853/65 SingakadDir. in Glogau, 1865 KonservL. in Dresden, 1874 MRef. in Hamburg, 1887 Organ. in Bielefeld. W: Oratorien u. a. ‚Luther in Worms‘, Chorballaden usw., 2 Symphon., KaM., PfteStücke, Lieder usw.; ‚Ein Jugendleben‘, ‚Rückblick auf die Anfänge der dtsch. Oper in Hamburg‘, ‚Die dtsche Tonkunst im 18. u. 19. Jh.‘, ‚Mozart‘ usw.

MEINBERG, Karl * 27/7 1889 Hannover, da SchulML. Pianist u. VerDir. (‚Deutsche MAbende mit Einheitsprogramm‘), urspr. VolksschulL., ausgeb. im Instit. f. KirchM. in Berlin. W: Oper, Chorwerk, ‚Andreas Hofer‘ m. Orch., Chöre, Lieder, StrTrio, OrgStücke, KlavSon. u. Stücke usw.

MEINCK, Ernst, Dr. phil. * 12/2 1857 Malchin, GymnasProf. in Liegnitz. W: ‚Die sagenwissenschaftl. Grundlagen der Nibelungendichtg R. Wagners‘ u. a.

MEINECKE, Karl * 28/12 1869 Braunschweig, urspr. Geiger, später OrchDir., lebt in Breslau; ausgeb. in Leipzig (Konserv.), im Kriege MilMker. W: OrchCharakterStücke, Tänze, Märsche

MEINECKE, Ludw., Dr, phil. * 25/12 1879 Wiesbaden, Schüler d. Berlin. Univers. u. W. Bergers, ThaKM., 1910/26 Dir. (1921 Intendant) des Thea. in Coblenz, lebt da, seit Herbst 1933 da OpKM.

MEINEL, Gust. Adolf, * 13/2 1871 Schneeberg i. Erzgeb., seit 1895 Kantor u. Organ. in Chemnitz, auch ChorDir. W: Ouvert., KaM., OrgSonaten, Oster- u. and. Kantat., Chöre, Lieder

MEINEL, Walter, ps. Charly IVORY * 11/11 1895 Wernitzgrün (Vogtl.), KM u. Begleiter in Glauchau, ausgeb. in Leipzig (Konserv.). W: Charakterstücke, Tänze, Märsche

MEINERS, Gius. Batt. * 1826 Cortenuova, † 6/8 1897, Schüler Donizettis. W: Opern

MEISEL, Edmund * 14/8 1874 Wien, † 15/11 1930 Berlin, da OrchDir., urspr. Geiger, auch KM. in verschiedenen Bädern. W: FilmM., BühnenM., Melodram, Balladen u. Lieder, auch mit Orch.

MEISEL, Stefan, Dr. med., ps. Peter MARTIN; Stefan MILA * 5/9 1897 Berlin, da Arzt. W: UnterhaltgsM.

MEISEL, Will * 17/9 1897 B-Neukölln, MVerl. in Berlin seit 1926, von 1904/23 im Ballett der Kgl. bzw. Staatsop. W: Schlager

MEISEN, Hubert * 31/12 1867 Aachen, Organ. (OrgVirt.) u. ChorDir. in Düsseldorf. W: KlavStücke, VStücke, Chöre, Lieder

MEISSL, Jos. * 21/12 1882 Grafensulz, Bez. Mistelbach, NÖ., ObL. i. R. in Wien, Chordir., ausgeb. in Wiener Neustadt. W: KirchM., weltl. Chöre

MEISSLER, Jos., ps. = HUTCHISON, William Marshall

MEISSNER, C. Hjalmar * 1/3 1865 Helsingfors, TheaKM. in Stockholm, da u. in Paris ausgeb., war u. a. 1914/19 Dirig. in Göteborg, zeitweilig MilKM. W: KlavStücke, MilMStücke

MEISSNER, Herbert, Dr. phil. * 23/2 1889 Wurzen, MStudRat in Dresden. H: Liederbuch f. höh. Schulen

MEISSNER, Max * 26/9 1871 Chemnitz, da Ob. u. Harfenist der städt. Kapelle seit 1900. W: Sinf., OrchSuite, Tänze, Märsche

MEISSNER, Rich., Dr. phil. * 23/4 1903 Mühlheim a. M., seit 1927 Dir. d. (Spangenbergschen) Konserv. in Wiesbaden, auch MRef., ausgeb. in Frankf. a. M. (Hochsches Konserv. u. Univ.), 1925/1926 OpKorrep. in Mainz, 1926/27 dsgl. in Wiesbaden. W: ‚Telemanns Frankf. KirchKantaten'

MEISTER, Arnold, ps. = Ewald Joh. MALLEY

MEISTER, Casimir * 22/11 1869 Watzendorf, Kant. Solothurn, seit 1898 MDir. in Solo hurn, W: Ouvert., Org- u. KlavStücke, Chöre. H: Volkslieder

MEISTER, Ferd. * 25/3 1871 Wiesbaden, † Juli 1929 als Kurdir. in Homburg v. d. H., urspr. KBassist, verdient durch Chor- u. OrchKonz. in Arolsen, Pyrmont, Wildungen, Nauheim seit 1899. Mitbegr. (1909) des Ver. dtscher Orch- u. Chorleiter; 1922/24 Intend. d. Pfälz. LandesOrch. in Ludwigshafen. W: OrchSuite, Lieder

MEISTER, Joh. Geo. * 30/8 1793 Gellershausen, † Sept. 1870, Organ. u. Hofmusikus in Hildburghausen. W: OrgKompos., Generalbaßschule u. a.

MEISTER, Karl * 1824 Hildesheim, † 28/5 1901 Elberfeld, Organ. u. Chordir. W: Chöre

MEISTER, Karl * 25/6 1903 Augsburg, ML. in Nürnberg, vorher in Landau, Schüler Courvoisiers u. Hauseggers. W: BühnenM., Sinfon., Concerto grosso, OrchVariat., OrgStücke, Kantaten, KaM., Lieder, auch m. Orch. usw.

MEISTER, Karl Severin * 23/10 1818 Königstein im Taunus, † 30/9 1881 Montabaur, da SemML. seit 1851. W: OrgSchule, OrgKompos., Lieder, Chöre u. dgl.; ‚Das kathol. dtsche Kirchenlied in seinen Singweisen' (fortgesetzt von W. Bäumker)

MEISTER, Oskar * 22/4 1846 Marienwerder, † 15/1 1907 Kattowitz, Chordirig., Schüler des Sternschen Konserv. in Berlin, seit 1872 in Kattowitz, hochverdient um das MLeben OSchlesiens; der nach ihm noch jetzt benannte GsgVer. 15/1 1883 gegründet (urspr. ein aus Schülerinnen seines MInstit. bestehend. FrChor)

MEISTER, Rob. * 21/10 1852 Delitzsch, seit 1884 kgl. SemML. in Homberg (Hessen), dann in Eisleben, da † 10/10 1911. W: Kompos. u. Bearb. f. StrQuart., Org., V., Klav. usw., Chöre u. Lieder

MEL, René de * um 1554 Mechen, † nach 1596, war HofKM. in Lissabon (bis 1580), wirkte dann meist in Italien. W: Motetten, Madrigale

MEL BONIS, ps. — s. DOMAGNE

MELA, Vinc. * um 1820 Isola della Scala, † 1897 Cologna Veronesa, Wagnerfeind. W: Opern, Gsge, KlavStücke

MELANI, Jacopo * 6/7 1623 Pistoja, da † 1676, einer der ersten Komp. komischer in Firenze aufgeführter Opern. — Von seinen 7 Brüdern gleichfalls Musikern: A l e s s a n d r o † 1703, 1660 KirchKM. in Bologna, später in Rom. W: kom. Opern, Orator., Messen, Motetten usw. u. A n t o n i o, 1659 am Hof des Erzherz. Karl Ferdinand von Österreich. W: Capricci e balletti f. V u. Br.

MELANTE, ps. = TELEMANN, G. Ph.

MELARTIN, Erkki * 7/2 1875 Kexholm (Finnland), seit 1911 KonservDir. in Helsingfors, 1908 OrchDir. in Wiborg. W (bemerkensw.): Oper, Sinf., OrchSuite, sinf. Dichtgen, VKonz., KaM., Kantaten, Chöre, viele Lieder

MELBA, Arthur, ps. = MANFRED, Heinr.

MELBA, Nellie, ps. für MITCHELL, seit 1882 verehel. Armstrong * 19/5 1861 Burnley Melbourne, † 23/2 1931 Melbourne, wo sie seit Jahren gelebt; Schülerin von Frau Marchesi in Paris, seit 1887 bedeutende vielgereiste KolorSgrin. W: ‚Melodies and Memories'

MELCER, Henryk von * 25/10 1869 Kalisch, † Mai 1928 Warschau, Schüler Noskowskis und Leschetizkys, treffl. Pianist, 1901 Dirig. der Philh. in Lemberg, 1903/06 L. am Wiener Konserv., seit 1908 KM. der Philharm. in Warschau, da seit 1922 Dir. des MInstit. W: Opern, Chorwerke, 2 Klav-Konz., KaM., KlavStücke usw.

MELCHER, Heinr. * 9/2 1867 Ziegenhals, Kr. Neisse, † 3/10 1929 Breslau, da seit 1907 S mML., seit 1921 Dirig. des Spitzerschen MChors, vorher u. a. in Ratibor (da SingakadDirig.). W: MChöre

MELCHER, Louis * 20/12 1856 Friemersheim, Kr. Mörs, lebt in Freiburg i. B., langjähr. Dirig. des Verb. amerik. Zither-Ver. u. ZithL. in Newyork, KomposSchüler W. Tapperts. W: f. Zither, Lieder

MELCHERS, H. Melcher * 30/5 1882 Stockholm, lebt da, 1905/19 in Paris. W: sinfon. Dichtgen, Gsge, u. a. Zigeunerlieder m. Orch.

MELCHIOR, Abraham * 24/12 1813 Wuppertal-Sonnborn, † 10/4 1873 Barmen, SchulL. und Organ., u. a. seit 1845 in Ronsdorf, pension. 1868. W: geistl. Chöre. H: Choralbuch z. reform. Gsgbuch 1853; Harfenklänge f. christl. Jünglings- u. MGsgVer.

MELCHIOR, Edward A. * 6/11 1860 Rotterdam, da ML. W: Wörterbuch d. Tonkunst (holl.)

MELCHIOR, Lauritz * 20/3 1890 Kopenhagen, Heldentenor, seit 1913 auf der Bühne, 1924 und 1925 in Bayreuth, auch in London, seit Herbst 1927 in Hamburg, daneben 1929/31 auch in Berlin

MELCHIORI, Ant. * 1828 Milano, da † 29/7 1897, KM. des Scala-Thea., VVirt. W: BallettM.

MELCHISSÉDEC, Léon * 7/5 1843 u. † 23/3 1925 Paris, da seit 1894 KonservGsgL., urspr. Op-Bariton. W: Schriften über Gsg

MELESVILLE (eigentl. Anne Honore Joseph Duveyrier) * 13/11 1787 u. † 7/11 1865 Paris, Advokat, später ObStaatsanwalt, sehr fruchtbarer Librettist, arbeitete oft mit seinem Bruder Charles (1803/66) zusammen

MELGUNOW, Jul. von 11/9 1846 Wetluga, Gouv. Kostroma, † 31/3 1893 Moskau, Pianist, Rhythmik-Forscher. W: Chöre. H: Bachsche Fugen, russ. Volkslieder

MELICHAR, Alois * 18/4 1896 Wien, seit 1926 Beirat der Grammophon A.-G. in Berlin, Schüler Schrekers. W: Tonfilme, OrchPassacaglia, StrQuart., KlavStücke, Chöre, viele Lieder

MELITON, Barris, ps. = ALETTER

MELITZ, Leo * 6/10 1890 Basel (Sohn des dort 30 Jahre lang tätig gewesenen TheaDir., des Verf. von ‚TheaStücke der Weltliteratur' * 5/1 1855 Halle, † 11/4 1927 Basel) stud. zuerst neuere Philol., Schüler H. Hubers u. Stavenhagens, 1913 Korrepet. in Halle, 1918/21 TheaKM. in Freiburg i. B., Herbst 1921 in Montreux ML. u. hauptsächl. Komp., seit 1927 in Basel. W: Oper, 2 Sinfon., OrchSuite u. KaSuite, KaM., Melodramen

MELKICH, Dmitri M. * 11/2 1885 Moskau, lebt da. W: Sinf. u. sinfon. Dichtgen, StrQuart., KlavSonaten u. Stücke, Gsge m. Orch.

MELL, Davis * 15/11 1604 Wilton, † ?, berühmter VVirt im Dienste Cromwells, auch Uhrmacher. W: VStücke

MELLING, Einar * 16/1 1880 Lindaas/Bergen, Organ. in Oslo. W: KlavStücke, OrgStücke, Chöre, Lieder

MELLO, Alfred * 24/1 1872 Görlitz, † 22/9 1934 Dresden, da MSchr. W: Oper, Singspiele, UnterhaltgsM.

MELLONI, Pietro * 11/4 1871 Reggio Emilia, da ML. W: Oper, KirchM., Lieder

MELONE — s. BOTTRIGARI

MELROSE, Gladys, ps. = A. W. RAWLINGS

MELUZZI, Salvatore * 22/7 1813 Rom, da † 17/4 1897, KirchKM. W: KirchM.

MELZER, Henryk — s. MELCER

MEMBRÉE, Edmond * 14/11 1820 Valenciennes, † 10/9 1882 Damont/Paris. W: Opern, M. zu ‚König Ödipus', Kantate, Lieder usw.

MENAGER, Ludwig * 10/1 1835 Luxemburg, da † 7/2 1906 Schüler d. Konserv. zu Köln, GymnGsgL., VerDir. u. Organ. W: Ouvert., Kantaten, Chöre, Messen, MChöre, Lieder usw.

MENCHACA, Angel * 1855 Asunción del Paraguay, † ? Buenos Ayres, da GeschProf., Erfinder einer KlavTastatur: weiße und schwarze Tasten in gleicher Linie, daher chromat. Glissando. W: ‚Nuevo sistema teoricografico de la m.' (1914); Chöre, Lieder

MENDEL, Herm. * 6/8 1834 Halle a. S., † 26/10 1876 Berlin, MKrit., urspr. MHändler. W: Biographien v. O. Nicolai u. Meyerbeer; ‚Musikal. KonversLexikon'

MENDEL, Joh. Jak. * 8/9 1809 Darmstadt, † 22/12 1881 Bern, da seit 1830 MünsterOrgan., auch GsgL. an der Kantonschule u. Prof. an d. Univers. W: ‚Anleitg z. Schulgesang'; ‚Anleitg z. KirchGsg'; Schullieder, Chöre, Lieder, OrgStücke u. a.

MENDEL-OBERÜBER, Else * 15/3 1886 Allenstein, Geigerin in Berlin, eifrige Reger-Interpretin

MENDELSSOHN, Arnold (Sohn eines Vetters von F. Mendelssohn-Bartholdy), Dr. theol. et phil. h. c., * 26/12 1855 Ratibor, † 19/2 1933 Darmstadt, stud. erst Jura, dann in Berlin M. (Grell, Kiel, Taubert, Löschhorn), zuerst Organ. u. UnivML. in Bonn, dann in Bielefeld u. Köln, seit 1890 GymnML. u. KirchMM. (GMD.) in Darmstadt (sehr verdient um die ev. KirchM.). W: Opern u. a. ‚Der Bärenhäuter' (vor Siegfr. Wagners gleichnam. Oper komp.), Symphon., Orch.-Suit., VKonz., KaM., KlavStücke, Chöre mit Orch. u. a. ‚Paria', MChöre, Lieder usw. — Seine Schwester L u i s e * 22/10 1863 Ratibor, † 17/9 1923. W: MChöre, geistl. Lieder

MENDELSSOHN, Erna (Tochter Ludwigs) * 13/6 1885 Berlin. W: Lautenlieder u. Stücke

MENDELSSOHN, Felix Rob. (Sohn Ludwigs) * 27/9 1896 Berlin, da VcVirt. u. zeitweilig Dirig. der OrchSchule des Sternschen Konserv. W: sinfon. Dichtg, VcStücke

MENDELSSOHN, Ludwig * 25/3 1858 Striegau, † 5/10 1921 Berlin-Charlottenburg. W: Operette, zahlreiche KlavStücke, VStücke, VcStücke, viele Lieder

MENDELSSOHN, Luise — s. bei Arnold MENDELSSOHN

MENDELSSOHN-BARTHOLDY, Felix * 3/2 1809 Hamburg, † 4/11 1847 Leipzig, wuchs in sehr glücklichen äußeren Verhältnissen auf. Zelter und L. Berger waren seine ML. Bereits im 9. Jahre trat er in Berlin als Pianist auf. Seine ersten Aufsehen erregenden Kompos. die Ouvert. zu Shakespeares ‚Sommernachtstraum' (1826) u. die Oper ‚Die Hochzeit des Camacho' (1827 Berlin). Nach mehreren Kunstreisen lebte er einige Zeit in Düsseldorf (1833 Direktion d. Rhein. MFestes; 1834 KM. an dem von Immermann eröffneten Thea.), seit 1835 in Leipzig als Dirig. der Gewandhauskonz., folgte dann, nachdem er sich 1837 vermählt, vorübergehend einem Rufe nach Berlin als GMD. der KirchM., kehrte aber 1843 nach Leipzig in seine frühere Stellg u. zugleich zur Leitg des neuerrichteten Konserv. zurück. Seine Kompos. zeigen, bei einer im allgemeinen mehr sentimentalen als pathetischen Empfindgs- u. Erfindungsweise, eine in ihrer Art vorbildliche Vollendg u. Klarheit des formalen Aufbaues. Bereits im Jünglingsalter ein nahezu fertiger Meister, hat er tiefeinschneidende Weiterentwicklg, wie etwa Beethoven oder Wagner, nicht erfahren. Als Pianist u. Dirig. stand er bei seinen Zeitgenossen in höchstem Ansehen. Ein großes Verdienst erwarb er sich durch die 1829 mit der Berliner Singakad. durchgeführte Wiedererweckg der seit Bachs Tode nicht mehr aufgef. ‚Matthäuspassion'. Aus der Reihe seiner Kompos. seien noch als bes. wertvoll hervorgehoben die Orator. ‚Paulus' (1836) u. ‚Elias' (1846), die M. zum ‚Sommernachtstraum' (lange nach der Ouvertüre), zu ‚Antigone', ‚Athalia' u. ‚Ödipus in Kolonos', ‚Die erste Walpurgisnacht', die Symphonie A 1833 u. a 1842, die Ouvertur. ‚Meeresstille u. glückliche Fahrt', ‚Hebriden', ‚Melusine' ‚Ruy Blas', sein VKonz., Psalmen, weltl. Chor- u. Sololieder, das Oktett f. StrInstr., StrQuart. u. Quint., 2 KlavTrios, KlavVcSonaten, OrgSonaten, KlavSonat., Variationen, ‚Lieder ohne Worte', 2 KlavKonz., Lieder f. gem. u. MChor, Duette, viele Lieder usw. — Als Davidsbündler Felix M e r i t i s gen.

MENDÈS, Catulle * 1840 Bordeaux, † 8/2 1909 Paris, da seit 1860, OpLibrettist

MENGAL, Martin Joseph * 27/1 1784 Gent, da † 3/7 1851, da seit 1835 Dir. d. Konserv., urspr. Hornist in Paris, seit 1825 TheaDir. W: Opern, KaM., Hornkomp.

MENGDEN, Gust. Freih. v. * 17/4 1627 Schloß Sunzel (Riga), † 16/12 1688. W: Geistl. Gsge nach eigenen Dichtgen

MENGE, Max * 13/6 1881 Hamburg, da VVirt., neuerdings nur noch pädagog. tätig, hält auch Vorlesgen an der Univers. über VKompos. mit Vorführg derselben, Schüler Hugo Heermanns

MENGELBERG, Kurt Rud., Dr. phil. * 1/2 1892 Crefeld, seit 1905 MSchr. u. seit 1925 Vizedir. des Concert-gebouw in Amsterdam. W: OrchStücke, KaM., Lieder, auch m. Orch.; ‚G. Mahler'.

MENGELBERG, Ulrich, ps. = Wilh. HOFMEISTER

MENGELBERG, Willem * 24/3 1871 Utrecht, da seit Herbst 1934 Prof. f. MWiss. an der Univers., treffl. Dirig., Schüler des Konserv. zu Köln, seit 1897 Dir. des Concert-gebouw-orkest in Amsterdam, 1907/20 auch noch Dirig. der Museumskonz. u. des Caecilien-Ver. in Frankf. a. M., seit 1913 zeitweilig regelmäßig Dirig. auch in London seit 1921 auch in Newyork. W: Messe, MChöre

MENGER, Friedr. * 27/11 1891 Hemmenhofen, Bad., HauptSchulL. in Mannheim. W: 4 Sinf., 6 OrchKonz., viel KaM., KlavStücke, Chöre, Lieder

MENGEWEIN, Karl * 9/9 1852 Zaunröden, Thür., † 7/4 1908 Gr. Lichterfelde/Berlin, 1876/86 L. an Freudenbergs Konserv. in Wiesbaden, seit 1886 in Berlin, da Gründer u. Leiter des ‚OratVer.' seit 1890 u. der ‚Berlin. KonzVereinig. Madrigal' seit 1897. W: Singspiel, Orator., Festkantate, Requiem, Ouvert. ‚Dornröschen', Chöre, Lieder, ‚Schule der KlavTechnik', ‚Die Ausbildg des musikal. Gehörs' usw.

MENGOZZI, Bernardo * 1758 Firenze, † 1800 Paris, da seit 1794 KonservGsgL., vorher treffl. Bühnensger in London u. Paris. W: 13 Opern, Ballett, ‚Méthode de chant de conservat.'

MENIER, Alphonse, ps. = Ch. A. RAWLINGS oder Ernest REEVES

MÉNIL, Felicien de * 16/7 1860 Boulogne surmer, lebt als MForscher in Paris. W: Opern, Messen, KaM., Esperanto-Hymne, ‚Monsigny', ‚Josquin de Près' u. a.

MENNERICH, Adolf * 23/6 1902 Altona, seit Okt. 1929 Dirig. der VolksSinfKonz. u. d. Philharm. Chors in München, da ausgeb. auf der Akad. (Hausegger; Beer-Walbrunn; Schwickerath u. a.). 1924/26 OpKorrep. in Bremen, 1926/27 Assist. Hugo Rüdels-Berlin, 1927/29 Chordir. u. KM. der Op. in Leipzig

MENNICKE, Karl, Dr. phil. * 12/5 1880 Reichenbach i. V., † (gefallen) Juni 1917 in Rußland, PrivSchüler H. Riemanns, 1907/11 SingakadDirig. in Glogau, 1913 OpKM. in Helsingfors. W: ‚Hasse u. die Brüder Graun als Symphoniker'; Ouvert.

MENOZZI, Giov. * 28/12 1814 Milano, † 8/2 1885 Pallanza (Lago Maggiore). W: viele KlavStücke, auch instr., Schulen, Lehrbücher, auch KirchM. — Sein Sohn G i u s e p p e * 15/7 1841 Pallanza, † 26/11 1896 Milano. W: viele KlavStücke, MandolStücke, Gsge

MENTER, Sophie * 29/7 1846 München, Tochter d. VcVirt. Josef M. (* 19/1 1808 Deutenkofen/Landshut, † 18/4 1856 München), † 23/2 1918 Stockdorf/München, hervorrag. Pftevirt., Schülerin v. Tausig, Bülow u. Liszt, 1872/86 mit dem VcellIsten Popper verheir., 1883/87 KonservL. in Petersburg, lebte dann abwechselnd in Stockdorf u. Itter in Tirol. W: ‚Zigeunerweisen', ungar. Fant. f. Klav. u. Orch. — Ihre Schwester Eugenie * 19/5 1853 München, da (Witwe des Hauptm. O. Schulze) gleichfalls KlavVirt. u. treffl. L.

MENU, Pierre * 1896 Paris, da † 16/10 1919. W: KaM., HarfFantasie, Lieder

MENUHIN, Yehudi * 22/1 1917 Newyork, lebt in San Franzisko, seit 1924 öffentl. (wenn auch nur selten) aufgetret., Wundergeiger, Schüler Louis Persingers, Ad. Buschs u. Enescos (in Paris)

MENZEL, Adolf * 24/4 1857 Reichmannsdorf (Thür.), MSchr. in Meiningen, usrpr. in der höh. Forstlaufbahn, auch VerDirig. W: Opern, BühnM., KaM., viele gem. u. MChöre, auch mit Begleit.

MENZEL, Bruno, ps. Fred HARRAS * 26/3 1877 Elbing, GgsL. in Leipzig, da ausgeb. (Konserv.). W: ernste u. UnterhaltgsM.

MENZEL, Hans Rich. * 5/4 1866 Leipzig, Organ. in Zittau, urspr. Theologe. W: Sinfon., OrgChoralfantas., KlavStücke, Messe, Requiem, Psalmen, Motetten, Lieder

MENZEL, Max * 25/12 1863 Dresden, lebt in Meißen, ausgeb. auf d. LSem. u. Konserv. in Dresden, 1887/1924 Kantor u. Org., Chordir. in Meißen. W: OrchSuiten, Ouvert., Chöre, auch m. Orch., u. a. ‚Lobgsg', Lieder

MENZEL, Victor * 15/9 1865 Ratibor, StudRat i. R. in Berlin. W: KlavSuite u. Stücke, viele Lieder

MENZEN, Jakobus * 5/8 1882 Köln-Kalk, † 6/8 1933 Düsseldorf, da seit 1923 Org. W: Lieder

MERCADANTE, Saverio * 26/6 1797 (17/9 1795?) Altamura (Napoli), † 17/12 1870 Napoli, Schüler Zingarellis, 1840 KonservDir. in Napoli, seit 1862 erblindet. W: ca 60 Opern (berühmt ‚Il giuramento' 1837), 20 Messen, Kantate, Motetten, Lieder, sinfon. Dichtgen usw.

MERCADIER, Jean Bapt. * 18/4 1750 Belesta, Dép. Ariège, † 14/1 1815 Foix, Ingenieur. W: ‚Nouveau système de m. théor. et prat.' (1776)

MERCHI * um 1730 Napoli, † nach 1789 Paris, da seit 1753 Mandol- u. GitVirt. W: f. seine Instr., auch Lieder

MERCIER, Fr., ps. = MICHEL, Friedr.

MERCURI, Agostino * 2/8 1839 S. Angelo in Vado, † 1/2 1892 Perugia, da seit 1872 Dir. eines MInstit. W: Opern, KirchM.

MERCURI, Armando * 29/2 1884 Perugia, lebt da, auch MSchr. W: Opern, Optten, Messen, sinf. Dichtg, Chöre, Gsge

MÉREAUX, Jean Amédée Lefroid de * 1803 Paris, † 25/4 1874 Rouen, da seit 1832 sehr geschätzter KlavL., Schüler Reichas. W: KlavStücke, geistl. Gsge. H: ‚Les clavecinistes de 1637 à 1790'. — Sein Vater Joseph Nicolas Lefroid de (* 1767, † 6/2 1838) u. Großvater Jean Nicolas Amédée Lefroid de (* 1745, † 1797), geschätzte Organ. u. Komp. in Paris

MEREDITH, Even, ps. = Jos. HOLBROOKE

MERGNER, Adam Friedr. Christoph * 19/10 1818 Regensburg, † 7/1 1891 Klost. Heilsbronn/Ansbach, ev. Pfarrer. W: geistl. u. weltl. Chöre u. Gsge

MERIAN, Hans * 1857 Basel, † 28/5 1902 Leipzig, da MSchr. W: ‚Illustr. Gesch. der M. im 19. Jh.', Erläuter. zu sinfon. Dichtgen von R. Strauß, Wagners Tondramen, Mozarts Meisteropern usw.

MERIAN, Wilh. * 18/9 1889 Basel, da seit 1921 PrivDoz., 1928 ao. Prof. f. MWiss., MKrit. W: ‚Die Tabulaturen des Organ. Hans Kotter', ‚Basels MLeben im 19. Jh.'

MÉRIEL, Paul * 4/1 1818 Mondoubleau, † 24/2 1897 Toulouse, KonservDir., da seit 1847. W: Kom. Opern, Orato. ‚Kain', Sinf., KaM.

MERIGHI, Vincenzo * 7/12 1795 Parma, † 29/9 1849 Milano, da seit 1826 VcProf. am Konserv. W: VcSonaten, Capricen usw.

MERIKANTO, Oskar * 5/8 1868 Helsingfors, da † 17/2 1924, Organ. u. OpKM. W: Opern, OrgStücke, volkstüml. Lieder usw. — Sein Sohn Aarre * 29/7 1893, ausgeb. in Leipzig u. Moskau. W: Sinfon., sinf. Dichtgen, KlavKonz.

MERITIS, Felix = Felix MENDELSSOHN BARTHOLDY

MERK, Gust. * 20/2 1849 Goschütz (Schles.), Schüler des Instit. f. KirchM. in Berlin, SemML. in Neuzelle, Drossen und Bunzlau, † ?. W: Choralbuch, OrgStücke, KlavStücke, Chöre; Harmonielehre

MERK, Jos. * 18/1 1795 Wien, da † 16/6 1852, VcVirt, seit 1818 an der Hofop. u. KonservL. W: VcKonzerte u. sehr geschätzte Studien

MERKAU, Karl * 31/1 1882, † 5/11 1928 Berlin. W: UnterhaltsM.

MERKEL, Gust. * 12/11 1827 Ober-Oderwitz, † 30/10 1885 Dresden, da 1864 Organ. an der kathol. Kirche, 1867/73 Dirig. d. Dreyßigschen Singakad. W: OrgSonaten, Schule, Etüden, Fantas., Fugen, KlavStücke, Gsge

MERKEL, Joh., Dr. phil. * 25/9 1860 Leipzig, da † 13/5 1934, da nach Lehrtätigkeit in Riga, Breslau u. Berlin, seit 1898 KonservL. f. Klav. u. Theor. W: Sinfon., Ouvert., KlavKonz., Klav-Stücke, Gsge; ‚Lehrgang des Kontrapunkts'

MERKEL, Karl Ludwig, Dr. med. * 9/12 1812 u. † 1/4 1870 Leipzig, UnivProf. W: ‚Anatomie u. Physiol. des menschl. Stimm- u. Sprachorgans', ‚Physiologie der menschl. Stimme', ‚Der Kehlkopf' (m. MBeispielen)

MERKEL, Willi * 17/8 1870 Rabenstein/Chemnitz, † 11/4 1915 Be lin, jugendl. HeldenTen., 1905/09 an Gregors Kom. Op. in Berlin, vorher u. a. in Mannheim, Hamburg, Köln. W: Lieder

MERKELT, Paul * 7/6 1871 Sangerhausen, lebt in Hamburg, urspr. MilMusiker. W: Schulen f. viele Instrum.

MERKLIN, Jos. * 17/1 1819 Oberhausen/Baden, † 10/6 1905 Nancy, beühmter OrgBauer, seit 1843 in Brüssel

MERLO, Aless., noch 1594 als päpstl. Kapell-Sgr nachweisbar, ViolaVirt. W: Motetten, Madrigale, Canzonen, Villanellen

MERLOTTI — s. MERULO

MERMET, Auguste * 5/1 1810 Paris, da † 4/7 1889. W: Opern

MEROFF, ps. = L. de RILLÉ

MERRICK, Frank * 30/4 1896 Clifton, Bristol, Pianist, Schüler Leschetizkys, seit 1911 L. am R. College in Manchester. W: Sinfon., celt. Suite, KlavTrio, KlavStücke usw.

MERSEBERG, Fritz * 7/2 1885 Altenburg, seit 1914 staatl. ML. in Jena, auch OratSgr (Barit.), zeitw. Chordir., ausgeb. als Sgr in Leipzig u. Dresden. W: Schrift üb. das Eitzsche Tonwort

MERSEBURGER, Carl, Verlagsbuchhandlg in Leipzig, gegr. 21/9 1849. Pflegt neuerdings ausschließlich Schul- u. KirchM. Der sonstige MVerlag 10/2 1935 an Friedr. H o f m e i s t e r (s. d.) übergegangen. — C a r l   W i l h. M. * 12/5 1816, † 18/5 1885 Leipzig, wirkte unter dem Autornamen ‚Paul Frank' auch als MSchr., sein ‚Taschenbüchlein des Musikers' erlebte bis jetzt 30, sein 1934 an den Verlag Gust. Bosse Regensburg übergegangenes ‚Tonkünstler-Lexikon' 14 A. — Der jetzige Inhaber G e o r g   C a r l M. (* 22/12 1871) begr. 1928 die freilich nicht lange erschienene Ztschr. ‚Die Oboe', 1929, die gleichf. eingegangenen Ztschr. ‚Die Bratsche' u. ‚Der Kontrabaß'

MERSENNE, Marin * 8/9 1588 Oizé (Depart. Maine), † 1/9 1648 Paris, da gelehrter Paulaner-Mönch. W: ‚Harmonie universelle' (enthält u. a. Beschreibgen der mus. Instrumente d. 17. Jh.) usw.

MERSIOWSKY, Arthur * 22/3 1902 Halbau, Schles., Bandoniumspieler in Berlin. W: Bandon-Stücke

MERSMANN, Hans, Dr. phil. * 6/10 1891 Potsdam, seit 1921 PrivDoz. u. 1927 ao. Prof. für MGesch. an d. techn. Hochschule in Berlin, seit 1917 mit der Einrichtg eines Arch. der dtschn Volkslieder betraut, 1931 bis März 1933 Leiter der ‚Deutschen Welle'. W: ‚Das dtsche Volkslied', ‚Beethoven', ‚Die moderne Musik', ‚Mozart', ‚Angewandte MÄsthetik' 1926, ‚Gesch. der modern. M.' 1928, ‚Führer durch d. KaM.' 1930; ‚Geschichte der dtsch. M.' 1934. H: Ztschr. ‚Melos'

MERTENS, Jos. * 17/2 1834 Antwerpen, † 30/1 1901 Brüssel, VL. am Konserv. zu Antwerpen, 1878/79 Dirig. der vläm. Oper in Brüssel. W: vläm. Opern, Orator., VStücke, Lieder

MERTENS, Willi * 21/3 1891 Bonn, Volksschul-L. in Krefeld. W: KirchM., Kantate, Chöre, bes. MChöre, ‚Neue Marschweisen f. d. Jugend', Lieder

MERTKE, Eduard * 7/6 1833 Riga, † 25/9 1895 Köln, KlavVirt., seit 1869 KonservProf. in Köln, vorher in Luzern, Mannheim. W: Opern, Sinf. ‚Minnesg', Kantate, Technische Übgen u. Stücke f. Klav. H: Samml. russ. Volkslieder. Chopin-Werke usw.

MERTZ, Joh. Kaspar * 17/8 1806 Preßburg, † 14/10 1856 Wien, da seit 1842 ML., GitVirt. W: (üb. 100) f. Git.

MERULA, Tarquinio, 1623 KirchKM. in Bergamo, 1628 in Cremona, 1639 wieder in Bergamo, 1652 wieder in Cremona. W: Messen, Psalmen, Concerti spirituali, Motetten, Madrigale, Canzonen usw.

MERULO (eigentl. Merlotti), Claudio * 8/4 1533 Correggio, † 4/5 1604 Parma, 1557/86 Organ. am Markusdom in Venedig, hochbedeut., auch Org-Bauer. W: Madrigale, Motetten, OrgStücke

MERVYN, Mat, ps. = Geo. H. CLUTSAM

MERZ, Karl * 19/9 1836 Bensheim a. M., † 30/1 1890 Wooster (Ohio), seit 1854 ML. u. Dirig. in versch. Städten NAamerikas. W: KaM., Klav-Stücke, Chöre, Lieder; ‚M. u. Kultur'

MERZ, Victor * 28/7 1891 Brünn, da Ingenieur; Schüler von Rob. Fuchs u. Schreker. W: Ouvert., KaM., Hymnus ‚Natur' für Chor, Soli u. Orch., Lieder m. Orch.

MERZ-TUNNER, Amalie * 1890 (?), ausgezeichn. OratSopran. (seit 1922 bekannt) in Duisburg (vorher in München)

MESCHKE, Paul * 26/12 1877 Reichenau (Sachs.), ML. (StudRat) seit 1910 in Leipzig, da Schüler des Konserv., 1902 SemML. in Annaberg. W: OrchSuite, KaM., KlavSonat., Miserere f. Chor u. Orch., Motetten, MChöre

MESER, C. F., MVerl. in Dresden, gegr. um 1840, 1872 an Adolph Fürstner, Berlin übergegangen

MESNARD, Léonce * 14/2 1826 Rochefort, † 13/5 1890 Grénoble. W: ‚Un successeur de Beethoven' [= Schumann], ‚Essais de critique mus.' (1888)

MESSAGER, André Ch. Pr. * 30/12 1853 Montluçon (Allier), † 24/2 1929 Paris, da Schüler d. Niedermeyerschen Schule u. Saint-Saëns', 1874 Organ. 1898 OrchDir. der Op. com., 1907/13 Mitdir. der Gr. Op., seit 1908 Dirig. der KonservKonz., 1919/20 wieder KM. an der Op. com. W: Opern, Optten (‚Les petits Michu' u. a.), Ballette, Lieder usw.

MESSCHAERT, Joh. * 22/8 1857 Hoorn (Holl.), † 9/9 1922 Zürich, treffl. KonzBarit., Schüler Stockhausens u. F. Wüllners, 1911 L. an d. Hochschule in Berlin, 1920 am Konserv. in Zürich

MESSEMAECKERS, Henri * 5/11 1778 Venlo, † 25/12 1864 Schaerbeck, lebte in Brüssel. W: Opern, KaM., KlavKonz. u. Sonaten

MESSLÉNYI — s. MESZLÉNYI

MESSNER, Georg, ps. Geo. ERICH * 22/9 1871 Berlin, † 26/2 1933 Berlin, ArtillOffizier a. D., Schüler H. van Eijkens, 1911 in München, Kriegsteilnehmer, seit 1919 in Berlin. W: MChöre (u. a. Preischor ‚Siegesgsg nach der Hermannsschlacht), Lieder usw.

MESSNER, Joseph * 27/2 1893 Schwaz (Tirol), 1922 Domorgan. u. 1926 DomKM. in Salzburg, Schüler der Münchener Akad. W: Opern, Sinf., Messen, ‚Das Leben' ChorSinf., Lieder

MESSNER, Oskar * 9/2 1848 Berlin, da † 13/8 1917, Oboe- u. ZithVirt.

MESTDAGH, Karel * 22/10 1850 Brügge, da † 10/4 1924, da seit 1900 KonservDir. W: Ouvert., Chorwerke m. Orch., Chöre, Lieder

MESTRINO, Nicolo * 1748 Milano, † 1789 Paris, hier seit 1786 Dirig. u. Sologeiger, vorher in der Kap. des Fürsten Esterhazy (1780). W: 12 VKonz., sehr brauchbare Capricen

MESTROZZI, Paul † 23/1 1928 Wien. W: Tänze, Lieder, Kuplets

MESTRUM, Hermann * 23/5 1875 Moschweiß, Kabarettist in Altona. W: humorist. Lieder

MESZLÉNYI, Rob., Dr. iur. * 23/3 1883 Budapest, da 1921 Prof., 1926 stellvertr. Dir. der MHochschule. W: Oper, Ballette, Sinf., KaM., VcKonz., KlavStücke, feine Lieder

METALLOW, Wassili * 13/3 1862 im Gouv. Saratow, 1894 GsgL. an d. Synodalschule, 1901 am Konserv. zu Moskau. W: über Gesch. u. Stil des altruss. KirchGsgs

METASTASIO, Pietro (eigentl. Trapassi) * 13/1 1698 Rom, † 12/4 1782 Wien, da seit 1730 Hofpoet. W: viele von bedeut. Meistern komp. Op.- u. OratorTexte

METHFESSEL, Adolf * 1802 Mühlhausen (Thür.), † 17/11 1878 Bern, MDir., vorher in Winterthur (1837) u. Zürich, auch Oboist. W: ObKompos.; Lieder

METHFESSEL, Albert * 6/10 1785 Stadtilm (Thür.), † 23/3 1869 Heckenbeck / Gandersheim, 1810 in Rudolstadt Kammermusiker, 1822 MDir. in Hamburg (Gründer e. Liedertafel), 1832/42 HofKM. in Braunschweig. W: Chöre, Lieder, ‚Dtsch. Kommersbuch', KlavStücke usw.

METHFESSEL, Ernst * 20/5 1811 Mühlhausen (Thür.), † 20/1 1886 Winterthur, da 1837/62 MDir., ObVirt. W: Oper, Kantaten, Chöre, Lieder, Concertino f. Ob. u. Klarin. u. a.

METHFESSEL, Friedr. (Bruder Alberts) * 27/8 1771 u. † Mai 1807 Stadtilm, cand. theol. W: Gsge mit Git. bzw. Klav.

METRA, Olivier * 2/6 1830 Reims, † 22/10 1889 Paris, da KM. an verschied. Thea. u. BallettDirig. W: Ballette, Optten, viele Tänze

METTE, Arthur, ps. TREUMANN * 7/10 1888 Berlin, da Zahnarzt u. Bearb., OpttenLibr., war ab 1908 15 J. Buffo-Tenor. W: ‚Zahntechnik u. Tonkunst' (1931). B: Lortzing: ‚Die beiden Schützen' u. ‚Zum Großadmiral'; Millöcker: ‚Das Heiratsnest' = ‚Der Vizeadmiral'

METTENLEITER, Bernh. * 25/4 1822 Wallerstein (Bayern), † 14/1 1901 Marktheidenfeld, Chordirig. in Kempten. W: Messen, Requiem, Stabat mater, Offertorien usw., HarmonSchu.e u. dgl.

METTENLEITER, Dominicus, Dr. th. u. ph., * 20/5 1822 Thannhausen (Württ.), † 2/5 1868 Regensburg, Priester. W: ‚MGesch. der Stadt Regensburg, ‚MGesch. der Oberpfalz', ‚Carl Proske' usw., KirchM.

METTENLEITER, Joh. Geo. * 6/4 1812 St. Ulrich/Ulm, † 6/10 1858 Regensburg, Chorreg. u. Organ. W: Psalmen, Messen, Hymnen. H: ‚Enchiridion chorale' (mit OrgBegl.) usw.

METTNER, Karl * 5/8 1820 Buchwald/Oels (Schles.), † 26/3 1892 Breslau, Schüler von A. Marx, 1860/88 SemMDir. zu Münsterberg (Schles.). W: VSchule, MQuart., liturg. Chöre, OrgStücke usw.

METZ, Hermann * 10/6 1882 Gießen, lebt in Berlin-Wilmersdorf, ausgeb. in Frankfurt a. M. u. Berlin, auch als Sänger, Kriegsteilnehmer. W: Märsche, Tänze

METZ, Karl * 29/2 1868 Zeulenroda, Dir. der MSchule in Feldkirch (Vorarlb.). W: Opern, Optte, VKonz., Chöre, Lieder, ‚Das dtsche Kunstlied' u. a.

METZDORFF, Rich. * 28/6 1844 Danzig, † 15/6 1919 Berlin, studierte da, an versch. Orten TheaKM., dann bis 1914 in Hannover MSchulDir. W: Opern, 9 Sinf. (die ungedr. in der Berliner Staatsbibl.), Ouvert., VKonz., KaM., KlavStücke, Lieder

METZGER, Joh. Karl * 16/5 1827 Wien, † 9/4 1898 Feldkirchen (Kärnt.), VerDirig. W: MChöre

METZGER, Ottilie * 15/7 1878 Frankf. a. M, GsgL. in Berlin, vorher treffl. Altistin, Schülerin der Frau Nicklaß-Kempner; in Köln, Hamburg, Dresden engagiert; dann auf Gastspielen, viel in Amerika; 1902/08 verheiratet mit dem Schriftst. Froitzheim, 1910 mit dem Baßbariton. Theod. Lattermann

METZL, Wladimir, ps. L. Z. TEM * 12/11 1882 Rußland, Pianist in Berlin. W: Oper, Ballett, sinf. Dichtg

METZMACHER, Wilh. * 25/5 1891 Schwerin, Vcellist, seit 1914 in der Oper zu Braunschweig. W: KaM., VcStücke

METZNER, Karl, * 14/7 1902 Wien, da Geiger u. ML. W: KaM., KlavStücke, VStücke

METZNER, Oskar † 4/2 1926 Wien. W: Gsge, Lieder

MEUERER, Joh. Georg * 8/7 1871 Würzburg, seit 1920 MDir. in Altstetten/Zürich, vorher seit 1892 in Graz, DomKM. u. Organ., L. an d. M-Schule. W (geschätzt): Messen u. kirchl. Gsge, OrgSchule

MEULEMANS, Arthur * 19/5 1884 Aerschot, RundfunkKM. in Brüssel, vorher Dir. der Org-Schule in Limburg (Holl.) u. der Singschule zu Tongern. W: Oper, Orator., Kantaten, Messen, KaM., OrgSonaten, Lieder

MEVES, Wilh. * 1/12 1808 Hannover, † 24/12 1881 Braunschweig, KaMusiker. W: Ballett, Orator., Hymne, VDuette

MEY, Kurt * 24/6 1864 Dresden, da † 21/9 1912, Schüler von C. A. Fischer, Spitta, Bellermann u. Paul, MSchr. W: ‚Der Meistergsg in Gesch. u. Kunst', ‚Die M. als tönende Weltidee' I. Teil

MEYER, Adolph * 25/10 1864 Verden a. d. Aller, † 23/1 1934 Kassel, Geiger u. GitVirt., seit 1889 in Kassel, da 1891/1926 in der Staatskap., Schüler des Leipziger Konserv. W: Methode z. Erlerng d. Lautenspiels, Lieder m. Laute, Sinf., Ouvert. u. a. f. MandolOrch. H: Volkslieder

MEYER, Albert * 8/12 1847 St. Gallen, da † 7/5 1933, da seit 1877, langjähr. Dir. der dort. SinfKonzerte, Schüler d. Stuttg. Konserv., 1867/73 Pianist u. ML. in St. Gallen, 1873/77 in Newyork. W: Festspiel, KlavKonz., KaM., Lieder

MEYER, Clemens * 25/2 1868 Ober-Planitz (Sachs.), ML. u. MSchr. in Schwerin, da bis 1933 Solobr. der Hofkap. W: BrStücke u. Etüden, Chöre, Lieder; ‚Gesch. der Mecklbg. Schwer. Hofkap.'. H: ältere V- u. BrM.

MEYER, Felix — s. MEYER, Waldemar

MEYER, Frz = MEYER-AMBROS

MEYER, Fritz * 5/4 1857, † 21/12 1926 Braunschweig, VVirt., anges. ML. W: ‚Allerlei von der V.' u. a. H: viele ält. VMus.

MEYER, G. M. jr., MVerl. in Braunschweig — s. LITOLFF

MEYER, Gust. * 14/6 1859 Königsberg i. Pr., Schüler R. Schwalms u. des Konserv. in Leipzig, TheaKM. in versch. Städten, 1895 in Leipzig, seit 1903 in Prag, † ?. W: Optten, Ballett, Possen, Chöre, Lieder usw.

MEYER, Gust. * 14/6 1864 Paderborn, † 17/6 1925 Essen-Oberhausen, da seit 1090 Chordirig., Schüler Othegravens. W: MChöre, Lieder

MEYER, Gust. William * 14/2 1887 Dresden, seit 1920 in Chemnitz, MRef. usw. W: Ballett-Suite, KlavStücke, Lieder

MEYER, Hans, VVirt. — s. MEYER-RAUBINEK

MEYER, Heinr. — s. MEYER v. FREYHOLD

MEYER, Herm. * 3/4 1836 Detmold, da † 20/6 1908, GsgL. an höh. Schulen, Organ. u. VerDirig. W: gem.- u. MChöre, Lieder

MEYER, Jenny * 26/3 1834 Berlin, da † 17/7 1894, tücht. Sgrin, seit 1865 GsgL. am Sternschen Konserv., seit 1888 dessen Besitzerin

MEYER, Jul. Alfr. * 28/8 1877 Luzern, Thea-KM. an versch. Orten, seit 1918 ML. in Bad Oeynhausen. W: Sinf., sint. Dichtgen, Lieder

MEYER, Karl * 23/9 1890 Essen, seit 1927 ML., KonzBegl. u. Chordir. in Waren (Müritz), ausgeb. in Essen, Köln (Konserv.) u. nach d. Krieg (schwer verwundet) in Krefeld (Konserv.). W: Optte, Chöre, Lieder, KlavStücke

MEYER, Karl Walter * 3/1 1902 Frankf. a. M., Bratschist in Königsberg i. Pr., ausgeb. in Frankfurt a. M. (Hochsches Konerv.) u. Berlin (Hochschule). W: BrKonz., Passacaglia f. 2 Klav., Lieder

MEYER, Kathi, Dr. phil. * 27/7 1892 Berlin, seit 1922 tätig in der MBibl. Paul Hirsch in Frankfurt a. M. W: ‚Der chor. Gsg der Frauen mit besond. Betätigg auf geistl. Gebiet', ‚Das Konzert', ‚Katalog der MBibl. P. Hirsch' u. a.

MEYER, Klemens — s. MEYER, Clemens

MEYER, Leop. v. * 20/12 1816 Baden/Wien, † 6/3 1883 Dresden, KlavVirt., Schüler Czernys, lebte abwechselnd in Wien u. Paris, später in Dresden. W: Brill. KlavKompos.

MEYER, Marcelle * 22/5 1899 Rijssel, Klav-Virt. (sehr modern) in Paris, da ausgeb.

MEYER, Oskar * 1865 Hannover, † 1935 Wiesbaden, Pianist u. Geiger, Freund Griegs, lebte lange in England. W: KlavStücke, VStücke, Lieder

MEYER, Otto * 20/8 1887 Lüneberg, KM. in Hameln, ausgeb. in Berlin (Hochsch.). W: Lieder

MEYER, Waldemar * 4/2 1853 Berlin, lebt im Winter in Berlin, seit 1922 in Berchtesgaden, Schüler Joachims, 1873/81 Mitglied der Hofkap., dann reis. Virtuos, Leiter eines geschätzten StrQuart. W: VStücke. — Sein Bruder Felix * 5/2 1850 Berlin, da † 3/10 1914, Schüler F. Davids; seit 1878 Mitglied der Hofkap., VVirt.

MEYER, Willy * 3/3 1889 M-Gladbach, Pianist u. AkkordeonVirt., Schüler E. Heusers u. E. Straessers. Lebt in Köln. W: UnterhaltgsM.; Akkord-Suite u. Stücke

MEYER-AMBROS, Frz * 17/5 1882 Leipzig, da Chordir. W: Kantaten, OrchPart., KaM., Klav-Konz., OrgStücke, Chöre, Lieder

MEYER v. BREMEN, Helmut * 18/4 1902 London, seit 1905 in Leipzig, da KonservSchüler (Krehl, Teichmüller, Pauer). W: Oper, Sinf., KaM., KlavSon. u. Stücke, Psalm 93 f. 8st. Chor, Lieder

MEYER-FRENNER, Karl, Dr. phil. * 2/12 1891 Vöslau/Wien, lebt in Wien, Schüler Frz. Schmidts. W: Chorwerke m. Orch., gem. u. M-Chöre, Introd. u. Choral f. Blasorch. u. Org.

MEYER v. FREYHOLD, Heinr. * 4/5 1877 Leer (Ostfriesl.), Dirig. u. ML. in Erfurt, Schüler der Konserv. in Leipzig u. Sondershausen, sowie v. Nikisch. W: Messe, gem. u. MChöre, Lieder, Orch.- u. VcellStücke, Tänze

MEYER-GIESOW, Walter, Dr. phil. * 16/3 1899 Leipzig, da Thomaner gewesen, ausgeb. in Leipzig u. Kiel, 1922/24 TheaKM. in Kiel, 1924/31 in Oberhausen städt. MDir., 1932/34 dsgl. (auch OpDir.) in Krefeld, lebt da

MEYER-HELMUND, Erik * 13/4 1861 Petersburg, † 4/4 1932 Berlin, wo er jahrelang gelebt. W: Opern, Optten, Ballette, viele gefällige, stark verbreitete Lieder

MEYER-LUTZ, Wilh. * 1829 (1822?) Münnerstadt/Kissingen, † 31/1 1903 London, Organ. u. auch OpttenKM., seit 1848 in England. W: Optten, Messen, KaM., Lieder usw.

MEYER-MAHLSTEDT, Adolf * 20/9 1873 Hannover, † 16/12 1930 Cassel, früher KM. in Sooden-Werra u. Pyrmont, auch HarfVirt. W: Ouv., Suite u. a. f. Orch., KlavStücke, Lieder usw.

MEYER-MARCO, Alfred * 18/8 1888, Film-KM. in Berlin. W: Ouvert., FilmM., KlavStücke, Lieder

MEYER-OLBERSLEBEN, Max * 5/4 1850 Olbersleben (Weimar), † 31/12 1927 Würzburg, da Schüler, seit 1876 Prof., 1907/20 Dir. der Kgl. MSchule. W: Opern, KonzStücke, KaM., Klav-Stücke, Chöre auch mit Orch., Lieder usw.

MEYER-RADON, Walter * 14/12 1889 Berlin, KlavVirt., seit 1932 Dir. eines eig. MInst. (Op-Schule) in Kopenhagen, daneben auch Chordir. in Malmö, da 1925/32 MD. des SinfOrch.

MEYER-RAUBINEK, Hans * 2/9 1881 Nürnberg, da KonzM., in Nürnberg seit 1908, vorher in Elberfeld u. Chemnitz, Schüler Joachims u. Halirs. W: VSon., Moderne Etüden (3 Bde)

MEYER von SCHAUENSEE, Leonti * 10/8 1720 Luzern, da † 2/1 1789, Kanonikus u. Organ. W: Singspiele, Offertor., geistl. Arien

MEYER-SCHIERLOH, W. * 12/6 1869 Bremen, da KonservDir., VVirt., ausgeb. auf dem Konserv. in Leipzig. W: ‚Deutschlands Erwachen' f. Chor u. Orch.

MEYER-STEINEG, Theod., Dr. med. * 9/5 1873 Bückeburg, seit 1910 UnivProf. in Jena, Gitarrist. W: KlavStücke, treffl. Lieder m. Git.

MEYER-STOLZENAU, Wilh., ps. F. MOCCANEIS * 2/9 1868 Bückeburg, Schüler der M-Schule in Weimar, VcVirt., seit 1906 VerDir. u. ML. in Hannover. W: Opern, Optten, sinf. Dichtgen, M- u. GemChöre, Lieder usw.

MEYERBEER, Giacomo (eigentl. Jakob Meyer BEER) * 5/9 1791 Berlin, † 2/5 1864 Paris, bildete sich anfangs unter Lauska (Klav.) u. Zelter (Kompos.), später (zugleich m. K. M. v. Weber) bei Abt Vogler in Darmstadt, unter dessen Leitung er auch die Kantate ‚Gott u. die Natur' u. die Op. ‚Jephta' arbeitete. Seine kom. Op. ‚Die beiden Kalifen' fiel 1814 in Stuttgart u. Wien durch; dagegen erregte er in Wien, wo damals bes. Hummel glänzte, als Pianist Aufsehen. Rossinis Triumphe in Italien veranlaßten ihn, dort sein Glück zu versuchen: er komponierte Opern im ital. Geschmack, aber erst ‚Il Crociato in Egitto' (1824 Venedig) hatte Erfolg u. fand auch in Deutschland wie in Paris Eingang. Hier trat 1826 M. mit Scribe in Verbindg; dieser lieferte ihm das Buch zu ‚Robert le Diable'. Dieses Werk hatte 1831 in der Pariser Gr. Oper enormen Erfolg. Bereits darin war sein das Charakteristische seiner ‚Gr.

Oper' bildender internationaler Stil ausgebildet, der dtsche Harmonik, franz. Rhythmik u. ital. Melodik äußerlich zusammenschweißt. 1836 folgten die ‚Hugenotten', sein bestes Werk, dessen Erfolg noch andauert. 1842 als GMD nach Berlin berufen, komponierte M. die Festoper ‚Ein Feldlager in Schlesien' (später erweitert mit Scribeschem Texte als „Nordstern"). Die treffl. M. zu dem Trauerspiel ‚Struensee' seines Bruders Michael Beer veröffentlichte er 1845, den ‚Prophet' 1849, ‚Dinorah oder die Wallfahrt nach Ploermel' 1859. Die ‚Afrikanerin', an der er über 25 Jahre lang gearbeitet hatte, ging erst nach seinem Tode 1865 in Paris in Szene. Außer den Opern schrieb er noch Kantaten und kleinere ChorStücke, Psalmen, Instrumentalw. (Fackeltänze), KlavStücke, Lieder usw. Er war unstreitig ein außergewöhnlich reich veranlagtes Talent, opferte jedoch dem Streben nach äußerem Effekt den höheren künstlerischen Ernst. Dabei war er ein strenger Kritiker gegen sich selbst, konnte sich in Umarbeitgen gar nicht genug tun. Er war kränklich, lebte mehr in Paris als in Berlin, wo er viel für die Hbg der äußeren Lage der Kammermusiker tat. Er war auch wohltätig. — Seine musik. Bibliothek, die auch seine Handschriften (darunter viele Skizzen u. ungedr. Werke) enthält, seit 1915 in der MAbt. der Preuß. Staatsbibl. in Berlin

MEYROOS, Hendrik Arnoldus * 10/2 1830 Enkhuizen, † 27/2 1900 Arnhem, da seit 1863 M-Dir., ausgeb. in Amsterdam u. Leipzig, 1850/63 Organ. in Hoorn, 1863/80 auch MSchulDir. in Nijmegen. W: Sinf., 2 Ouvert., VKonz., KaM., Kantaten, Lieder

MEYROWITZ, Selmar * 18/4 1875 Bartenstein (OPreuß.), lebt in Berlin, Schüler des Leipziger Konserv. u. M. Bruchs, 1897 bei Felix Mottl KM-Eleve in Karlsruhe, 1905 KM. am Dtsch. Landesthea. in Prag, 1907/10 an Gregors Kom. Oper in Berlin, 1913 erster KM. am Hamburger Stadtthea., seit 1917 Konz.- u. gelegentlich OpDirig. in Berlin, 1924/27 an der Staatsoper

MEYSEL, Ferd. * 27/4 1859 Berlin, da † 26/3 1933, seit 1880 Leiter der Stettiner Sänger. W: Kuplets

MÉZERAY, Costard de * 25/11 1810 Braunschweig, † Apr. 1887 Asnières/Paris, bereits 1827 TheaKM. in Lièges, 1830 HofKM. im Haag, später in anderen Städten (auch OpBarit.), 1843 ff. OpKM. in Bordeaux, da sehr verdient um das M-Leben. W: Opern

MEZGER, Martin * 13/8 1864 Aidlingen (Württ., Schüler des Konserv. zu Stuttgart, da MD., Organ. u. KirchChorl., Vorsitz. des Württ. BachVer., Schriftleiter d. Mitteilungen f. Freunde

der Kirch-, Ka- u. HausM., L. an der Akad. f. Kirch- u. SchulM. W: Männerchor Sammlung, Sammlgen f. gem. Chor, SchulLedersammlgen usw.

MIASKOWSKI, Nikola * 8(20)/4 1881 Nowogeorgiewsk b. Warschau, Schüler des Petersb. Konserv., seit 1921 KomposL. am Mosk. Konserv. W: 13 Sinf., sinf. Dichtgen, KaM., KlavSon., Lieder

MICELI, Giorgio * 21/10 1836 Reggio, † 2/12 1895 Napoli, Pianist, Dir., 1887/94 KonservDir. in Palermo. W: Oper, KaM., instrukt. KlavStücke

MICHA, Jan., ps. = Wilh. HOFMEISTER

MICHAEL, Friedr. (Frédéric), ps. = MICHEL, Friedr.

MICHAEL, Paul * 20/10 1867 Leipzig, da † 26/2 1932, seit 1891 verdienter Dirig. d. (Arbeiter)-M- u. FrChors Leipzig-Thonberg. W: MChöre, Lieder

MICHAEL, Rogier * um 1550 Maes, † 1618 Dresden, da 1575 Sgr, 1587 HofKM., Lehrer J. H. Scheins. W: Passionen, Motetten, Choräle

MICHAEL, Tobias (Sohn Rogiers) * 13/6 1592 Dresden, † 26/6 1657 Leipzig, Thomaskantor seit 1631, vorher (1619) MDir. in Sondershausen. W: ‚Musikal. Seelenlust' (geistl. Konz.), Motetten, Hochzeits- u. Begräbnisgse usw.

MICHAELI (eigentl. MICHAL), Luise * 17/5 1830 u. † 23/2 1875 Stockholm, sehr geschätzte OpSgrin, 1855/59 u. 1863/73 in Stockholm, oft im Ausland, bes. in London

MICHAELIS, Ad. Alfr. * 14/8 1854 Beiersdorf (Pr. Sachs.), besuchte Konserv. u. Univers. zu Leipzig, MSchr., Organ. u. Chordirig. W: ‚Allgem. MLehre', ‚Vorstudien z. Kontrapunkt', ‚Die Lehre v. Kontrapunkt', ‚Die Lehre v. d. Nachahmg' usw., 75 Studien u. Stücke f. Org. (op. 36) u. a.

MICHAELIS, Christian Friedr. * 1770 Leipzig, da † 1/8 1834, UnviDoz. W: ‚Entwurf der Ästhetik', ‚Über den Geist der Tonkunst' usw.

MICHAELIS, Gust. * 23/1 1828 Ballenstädt, † 20/4 1887 Berlin, KM. am Wallnerthea. W: Optten, Possen (,500000 Teufel' u. a.), Tänze usw. — Sein Bruder Theodor * 15/3 1831 Ballenstädt, † 17/11 1887 Hamburg. W: OrchStücke ‚Türkische Scharwache', ‚Ägypt. Zapfenstreich' usw., Märsche, Tänze

MICHAELIS, Hugo † 1933, Komp. von ‚Das war der Graf zu Rüdesheim'

MICHAELIS, Martin * 17/6 1897 Straßburg i. Els., MundharmonikaVirt. in Berlin. W: UnterhaltgsM. — ps. LUCIANO

MICHAELIS, Melanie * 20/4 1882, VVirt., Schülerin Joachims, in München

MICHAELIS, Theodor — s. bei MICHAELIS, Gust.

MICHAELS, Ilse — s. FROMM-MICHAELS

MICHAILOWSKY, D., ps. = GOLDMANN, Kurt

MICHAL, Luise — s. MICHAELI

MICHALCSYK, Victor * 31/8 1894 Poppelau, Kr. Rybnick, OSchles., SchulL. in Istergiesel/Fulda, ausgeb. in Berlin (Hochsch.) u. Leipzig (Konserv.). W: Sinf., Ouvert., KaM., Chöre, auch m. Orch., Lieder

MICHALEK, Franz * 22/11 1870 Münster i W., seit 1906 L. am Konserv. in Köln, wo er stud. hatte. W: OrgKomp., gem. u. MChöre. B: Albums für Harmon.

MICHALOWICZ, Mieczyslaw * 27/6 1872 Mielitopol (Taurien), seit 1906 sehr geschätzter VL. in Warschau, Schüler von Barcewicz

MICHALOWSKI, Alex. * 17/5 1851 Kamenez Podolski, KlavVirt., Schüler Reineckes, Tausigs u. Mikulis, seit 1890 in Warschau, da 1891/1918 L. der Meisterklasse am Konserv. W: brill. Klav-Stücke

MICHE, Paul * 26/4 1886 Courtelary (Bern), seit 1911 VL. am Genfer Konserv., Schüler Marteaus. W: KlavVSonaten, VStücke, Lieder

MICHEELSEN, Hans Friedrich * 9/6 1902 Hennstedt (Dithmarschen), ML. in Berlin, u. a. da (Hochsch.) ausgeb. W: Kantaten, Plattdtsch. Liederspiel, Lutherchoralmesse, Lieder, OrgPassacaglia, KlavStücke

MICHEL, Bodo * 21/12 1899 Weimar, da Dirig., da ausgeb. W: Sinf. Dichtg, KaOrchSuite, Chöre u. a.

MICHEL, Friedr. (Frédéric), ps. Fr. MERCIER, Friedr. MICHAEL, Edgar PICK * 31/5 1877 Hannover, da SchulL. u. Chordir. W: OrchStücke, MChöre, Lieder (‚Rüdesheimer Wein'). H: ‚Im Künstlerkonzert', ‚Beim Fünfuhrtee' u. a.

MICHEL, Marius, ps. = Edm. MISSA

MICHEL, Reinhold * 16/2 1859 Leutersdorf/ Zittau, seit 1886 Kantor, Organ. u. VerDirig. in Hirschfelde (Sachs.). W: ‚Die Lagenmethode' f. V., Chöre, Lieder

MICHELANGELI, Augusto * 3/2 1833 Lucca, da † 30/3 1892, VVirt. u. Dirig. W: VStücke, Tänze

MICHELI, Romano * um 1575 Roma, da † um 1659, KirchKM. W: Messen, Psalmen, Madrig. usw.

MICHELIS, Vincenzo de * 1825 Roma, da † 1891, FlVirt. W: Fl Schule u. Stücke

MICHETTI, Vincenzo * 8/2 1878 Pesaro, lebt in Rom. W: Op., sinf. Dichtg, KlavStücke, Lieder

MICHEUX — s. MIHEVEC

MICHIELS, Gustave, ps. BARD; Louis SINCLAIR, sehr fruchtbarer französ. od. belg. Salon-Komp. im letzten Viertel des 19. Jahrh. W: Optten, UnterhaltgsM.

MICHIELSEN, Leonard Pieter Joseph * 19/11 1872 Batavia, seit 1913 in 's Gravenhage. W: Lieder

MICHL, Artur * 18/1 1897 Graz, da KonzM. u. seit 1921 VL. am Konserv. W: Opern, Messe, VKonz., KaM., Chöre, Lieder

MICI, Guglielmo * 1863 Torino, KonservL. in Bologna, seit 1885. W: KlavStücke, ‚Saggio di armonia' u. a.

MICKEL-SUCK, Frieda * 17/4 1885 Wellingerode, Kr. Eschwege, Organ. u. KirchChordir. in Mühlhausen i. Th., OrgVirt., KlavVirt., sehr verdient durch zahlr. Bach-Auff., ausgeb. in Leipzig (Konserv.)

MICKENSCHREIBER, Wilh. Otto * 18/3 1889 Essen, da ML. u. ZithVirt. W: f. Zither, Git. H: Zentralblatt d. dtsch. Zitherver.

MICKSCH, Hugo * 8/2 1885 Podersam (Böhmen), seit 1927 VerDir. in Leoben. W: MChöre

MICKWITZ, Harald von * 22/5 1859 Helsingfors, KlavVirt., Schüler von L. Brassin, Rimsky-Korssakoff u. Leschetizky, KlavL. am Konserv. in Karlsruhe, Wiesbaden, seit 1895 in seiner Vaterstadt. W: KlavStücke

MIDDELSCHULTE, Wilh. * 3/4 1863 Werwe (Westf.), Schüler d. Inst. f. KirchM. in Berlin, OrgVirt., 1891 Organ. u. KonservL. in Chicago, auch am Wisconsin-Konserv. in Milwaukee; lebt jetzt in Evanston, Ill. W: Konz. mit Orch., Passacaglia, Fugen usw. f. Orgel

MIDLANE, Albert * 1824, † Frühjahr 1909 Newyork, populär. Komp. W: gegen 100 Lieder

MIEHLER, Otto * 24/8 1903 Passau, lebt in Augsburg, Meisterschüler H. Zilchers, stud. auch MWiss. in Würzburg (Univers.), 1927/30 TheaKM. in Augsburg, 1931/32 dgl. in Luxemburg. W: Märchenspiel, Messe, Chöre, Lieder, StrQuart., KlavStücke

MIEK, Paul * 9/3 1871 Krotoschin, ObStadtsekr. i. R. (ehemal. Chordir.) in Breslau. W: Chöre, Tänze

MIEKLEY, Walter, Dr. phil. * 15/1 1876 Potsdam, urspr. GymnObL., KlavVirt. in Berlin (hat auch in München bzw. Murnau gelebt), Schüler Frz Kullaks u. Gust. Dippes. W: Sinf., sinfon. Mysterium, KlavQuart., KlavStücke, Kantate, Lieder

MIEKSCH, Joh. Alois * 19/7 1765 Georgenthal (Böhm.), † 24/9 1845 Dresden, treffl. GsgL., 1797 Mitgl. der ital. Op., 1820/31 Chordir. der dtschen Op. in Dresden

MIELCK, Ernst * 24/10 1877 Wiborg, † 22/10 1899 Locarno, Schüler v. Ehrlich, Radecke u. Bruch, begabter Komp. W: Sinf., OrchSuite, 2 Ouvert., KaM., Gsg- u. KlavM.

MIELCZEWSKI, Martin † 1650 Warschau, da HofKM. W (wichtig): KirchM.

MIELENZ, Hans * 16/12 1909 Berlin, da KM., da ausgeb. (Akad. f. Schul- u. KirchM., Hochsch.), Bearb. f. Jazz-Orch.

MIERSCH, Joh. * 1865 Dresden, † 8/9 1916 Cincinnati, viel herumgekomm. VVirt., 1894/98 KonservDir. in Athen. W: VStücke

MIERSCH, Paul Friedr. * 18/1 1868 Dresden, VcVirt., Schüler der Kgl. MAkad. zu München, seit 1892 in Newyork. W: Orch-, V- u. VcStücke, VcKonz., VKonz., StrQuart., Lieder usw.

MIERZWINSKI, Ladislaus * 21/10 1850 Warschau, † 15/7 1909 Paris, ausgezeichn. Bühnentenor.

MIES, Paul, Dr. phil. * 22/10 1889 Köln, da StudRat u. MWissenschaftler. W: ‚M. im Unterr. der höh. Lehranstalten', ‚M. und Musiker in Poesie u. Prosa', ‚Noten u. Bücher', ‚Schubert' usw. H: Liederbuch; klass. Werke bearb. f. Schulorch.

MIESES, Carl, ps. = Camillo MORENA

MIESNER, Heinr., Dr. phil. * 3/6 1890 Scheessel/Hann., s. 1934 MStudR. in Hannover, ChorDir., OrgVirt. u. MSchr., ausgeb. in Bremen, Berlin (Univ., Akad. f. Schul- u. KirchM.), seit 1910 stellv. SchulL., seit 1924 im höh. Schuldienst. W: ‚Klaus Geroth u. die M.', Biogr. Ph. Em. Bachs (noch ungedr.), OrgKomp., KlavStücke, Chöre, Lieder u. a.

MIESSNER, Hanns * 6/8 1877 Brieg, seit 1909 Chordir. in Berlin, da ausgeb. auf d. Instit. f. KirchM., 1898 SchulL. u. MChordir. in Gottesberg (Schles.), 1902/08 L. u. Organ. in Waldenburg (Schles.), seit 1911 Dirig. des Beethoven-(M)Chors, 1916 GymnasGsgL., 1924 StudR. W: MChöre, Taschenliederbuch ‚Wandern u. Rasten'. B: Volkslieder

MIETHLING, Karl Friedr. * 25/11 1862 Zscherben/Halle, HauptL., Kantor u. VerDirig. in Groß-Corbetha, vorher SchulL. u. VerDir. in klein. Orten der Prov. Sachsen. W: gem. u. MChöre, Lieder

MIGNARD, Alex. * 13/8 1852 Warschau, seit 1893 in Moskau, † ?, Schüler u. a. v. Saint-Saëns. W: Opern, Sinf., Ouv., KirchM., Lieder, KlavStücke

MIGOT, George * 27/2 1891 Paris, da der Atonalität ergebener Komp., auch Maler u. Ästhetiker. W: ‚Hagoromo, symph. choréogr. et lyr.', ‚Agrestides' (sinf. Fresken), KaM. (KlavTrio u. Quint. preisgekrönt), Chöre u. Lieder

MIHACSEK, Felicie — s. HÜNI-MIHACSEK

MIHALOVICH, Edm. v. * 13/9 1842 Fericsanze (Slavon.), † 22/4 1929 Budapest, Schüler Hauptmanns u. v. Bülows, 1887/1919 Dir. der ungar. LandesMAkad. in Budapest. W: Opern ‚Wieland der Schmied' (Text nach R. Wagner) u. a., 4 Sinf., Ouvert., OrchBalladen, ‚Faust'-Phantasie, Chöre, Lieder, KlavStücke

MIHEVEC (MICHEUX), Georg * 22/3 1805 Laibach, † 31/8 1882 Paris, da seit 1842, ML. W: Opern, zahlr. KlavStücke, Lieder

MIKOREY, Franz * 3/6 1873 München (Sohn des treffl. OpTenor. Max M. * 1850, † 1907), lebt da od. in Garmisch/OB., Schüler Thuilles u. Herzogenbergs, 1902/18 HofKM. in Dessau, 1919 OpKM. in Helsingfors, 1924/28 in Braunschweig. W: Opern, KlavKonz., KlavQuint. u. -Trio, Sinfonia Engadina, Lieder usw.

MIKSCH — s. MIEKSCH

MIKULI, Karl * 20/10 1821 Czernowitz, † 20/5 1897 Lemberg, KlavVirt., Schüler Chopins, seit 1858 Dir. des Konserv. u. bis 1888 auch des galiz. MVer. in Lemberg. W: KlavStücke, Serenade f. Klarin. u. Klav., Chöre, Lieder. H: Chopins Werke, Samml. rumän. Volksweisen usw.

MIKULIČZ, K. Lothar * 6/7 1896 Czernowitz, seit 1919 in Berlin, FilmKM., als Stud. Kriegsteilnehmer, KomposSchüler A. Willners. W: FilmM. H: Beethovens Skizzenbuch

MIKUSCH, Margarete v. * 26/3 1884 Baydorf (OstSchles.), KlavVirt., Schülerin u. a. Regers, lebt in Berlin. W: StrOrchSuite, KaM., VPartiten KlavStücke, Lieder

MILA, Stefan, ps. = Stefan MEISEL

MILA Y FONTANALS, Manuel * 4/5 1818 u. † 15/7 1884 Villafranca del Passades, Univ-Prof. in Barcelona. W: ‚Los trovadores en España'; ‚Romancerillo Catalan'; ‚Canciones tradicionales'

MILAN, Don Luis * um 1500, hervorr. span. Lautenist am Hofe zu Valencia. W: Tabulaturwerk ‚El Maestro' 1535

MILANDRE, bekannt durch seine 1782 veröffl. Schule f. Viola d'amour, Mitglied der Kap. des Königs Louis XV. in Paris

MILANOLLO, Teresa * 28/8 1827, u. Maria * 19/7 1832 Salvigliano/Turin, Schwestern, welche als VVirt. 1839/48 ihre Triumphzüge durch Europa hielten. Maria † 21/10 1848 in Paris; Teresa, 1857 verheir. mit General Parmentier zu Toulouse, † 25/10 1904 Paris

MILANUZZI, Carlo, Augustinermönch, 1619 Organist in Perugia, KirchKM in Verona, Venedig, Camerino u. zuletzt (1643) in Noventa di Piava. W: geistl. u. weltl. (bemerkenswert) mehrst. Gsge

MILARCH, Alfred * 21/8 1878 Berlin, MittelschulL. u. Chordir. in Forst (Laus.). W: zahlr. (auch vaterländ.) Lieder f. Kinder-, M- u. gem. Chor, u. a. das ‚Lausitzer Heimatlied' (‚Teurer Gau im dtschen Lande'). H: Liederbuch f. Mädch-Mittelschulen. B: Volkslieder

MILCHMEYER, Phil. Jak. * 1750 Frankfurt a. M., † 15/3 1813, KlavL. in Straßburg, zeitw. in Paris u. in Mainz KlavBauer. W: ‚Die wahre Art, das Pfte zu spielen', ‚Anfangsgründe der M'

MILDBRAND, Hans, Dr. phil. * 13/1 1896, lebt in Berlin. W: UnterhaltgsM.

MILDE, Hans Feodor v. * 13/4 1821 Rittergut Petronell/Wien, † 10/12 1899 Weimar, treffl. OpBariton, Schüler Fr. Hausers u. M. Garcias, seit 1848 in Weimar, der erste Telramund im ‚Lohengrin' (1850). — Seine Frau R o s a l i e , geb. Agthe * 25/6 1827 Weimar, da † 26/1 1906, Schülerin v. Franz Götze, 1845/76 Mitglied der HofOp. in Weimar, die erste Elsa im ‚Lohengrin'. Beide auch tücht. GsgL. — Ihr Sohn F r a n z * 4/3 1855, † 6/12 1929 München, da GsgL. an der Akad. der Tonkunst seit 1906, vorher Baritonist in Weimar, 1876/78, Hannover 1878/96. — Ihr Sohn R u d o l f * 29/11 1859 Weimar, langjähr. Baritonist in Dessau, seit 1921 GsgL. in Berlin, da † 10/7 1927

MILDENBERG, Albert * 13/1 1878 Brooklyn, † 1918 Raleigh, N.C., da seit 1902 MProf. am Meredith Coll., Pianist, Schüler Joseffys. W: Opern, Kantaten, KlavStücke, treffl. Lieder

MILDENBURG, Anna v. * 29/11 1872 Wien, seit 1919 GsgL. an der Akad. der Tonkunst in München, da seit 1920 auch Spielleiterin an der Staatsop. für Wagnersche Werke, ausgez. hochdramat. Sgerin (Debut 1895 in Hamburg), 1908/17 an der Wiener Hofoper, seit 1909 verheir. mit dem Schriftst. Hermann Bahr. W: ‚Bayreuth u. das Wagner-Thea' (1912).

MILDER-HAUPTMANN, Anna * 13/9 1785 Konstantinopel, † 29/5 1838 Berlin, bedeut. Sgerin, die erste Leonore im ‚Fidelio'. 1803/16 in Wien, 1816/29 Berliner Hofoper

MILDNER, Alfred * 17/11 1895 Warnsdorf (Böhm.), seit 1923 KonzM. in Wien, seit 1924 Führer e. Quartetts, Schüler H. v. Steiners, Karl Prills u. Stöhrs, 1920/23 KonzM. in Altenburg. W: VStücke, Lieder

MILDNER, Henriette † 14/3 1934 Prag, KlavVirt., Schülerin Liszts u. Smetanas

MILDNER, Mor. * 7/11 1812 Türnitz (Böhm.), † 4/12 1865 Prag, ausgezeichn. VL. am Konserv.

MILES, Phil. Napier * 21/1 1865 Shirehampton, † 19/7 1935 Kingsweston/Bristol, lebte in London, Schüler Draesekes. W: Opern, Hymnen u. Oden m. Orch., Lieder, sinf. Dichtgen

MILHAUD, Darius * 4/9 1892 Aix (Prov.), lebt in Paris, Schüler Gedalges u. Widors, einer der Führer der französ. Moderne (Gruppe der 6). W: Opern, u. a. ‚Les malheurs d'Orphée', ‚Co omb', Kurzopern, M. zur Orestie d. Aischylos, Ballette, Sinf., Suiten, Serenade f. Orch., BrKonz., KaM. u. a. 7 StrQuart., Kantate, Psalm, Lieder

MILLAUD, Albert * 1836 (1844?) Paris, da † 1892, OpttenLibrettist

MILLENKOVICH, Max v. — s. MOROLD

MILLER, Charlie, ps. = Charlotte MÜLLER

MILLER, Edward * 1731 Norwich, † 12/9 1807 Doncaster, da Organ. seit 1756. W: F.Soli, KlavSonat., Psalme, Lieder, theoret. Schriften

MILLER, Julius * 1782 Dresden, † 7/4 1851 Charlottenburg, Tenorist. W: 2 Opern, Messen, Lieder

MILLER, Russel King * 10/5 1871 Philadelphia, da Organ., seit 1909 Dir. der Pennsylvania School for the Blind in Overbrook. W: Orgel- u. KlavStücke, Anthems, Lieder

MILLER, Victor * 23/1 1897 Syrakuse, NY. (U. S. A.), da KlavVirt. u. Dirig., 15jähr. Schüler von James Kwast u. Wilh. Klatte in Berlin, dann nach Rückkehr nach Amerika bei Rud. Ganz. W: romant. Sinf. u. a. f. Orch., KaM., Lieder

MILLET, Luis * 18/4 1867 Barcelona, Schüler Pedrells, Gründer (1891) des angesehenen gem. Chors Orféo Catalá. W: OrchPhantasien über katalon. Volksweisen, geistl. u. weltl. Chöre; Schriften üb. Volkslieder

MILLEVILLE, Alessandro * 1521 Paris, † 7/9 1589 Ferrara, da seit 1530 Organist, sehr geschätzter ML. W: Madrigale

MILLEVILLE, Francesco * um 1565 Ferrara, † nach 1639. W: Messen, Motetten, Madrigale, Concerti spirituali usw.

MILLHAHN, Erwin * 19/8 1909 Berlin-Charlottenburg, lebt in Berlin-Friedenau. W: Märsche

MILLICO, Giuseppe * um 1730 Terlizzi, † 1802 Napoli, berühmter Kastrat. W: Opern, Arien, Canzonen

MILLIES, Karl * 21/4 1874, Bariton., Chordir. u. städt. GsgL. in Bielefeld. W: Lieder

MILLIET, Paul * 1849 Rio de Janeiro, † ? Paris, Librettist

MILLIGEN, A. — s. VOLTI

MILLIGEN, Simon van * 14/12 1849 Rotterdam, † 11/3 1929 Amsterdam, da zuletzt ML. u. Ref. W: Opern, Chorwerk, KaM., KlavStücke, Lieder usw.

MILLÖCKER, Karl * 29/5 1842 Wien, † 31/12 1899 Baden/Wien, Schüler des Wiener Konserv., seit 1869 KM. am Thea. a. d. Wien. W: Optten ‚Die Jungfrau von Belleville', ‚Der Bettelstudent' (1882), ‚Gasparone', ‚Der arme Jonathan' u. a., Possen, Lieder usw.

MILLS, Charles Henry * 29/1 1873 Nottingham, Schüler Prouts, Organ. an verschied. Orten Englands, seit 1907 in Amerika, seit 1914 UnivProf. in Wisconsin. W: BühnM., Oden, Balladen und Magnificat f. Chor u. Orch.

MILLS, Joh. Seb. Bach * 13/3 1838 Leicester (Engl.), † 21/12 1898 Wiesbaden, Pianist, Schüler d. Konserv. zu Leipzig, seit 1859 KlavL. in Boston. W: KlavStücke

MILOJEVITCH, Miloje * 15/10 1884 Be!grad, da Prof. der MWiss. an der Univers., ausgeb. in München. W: BühnM., ‚Alte Legende' f. Chor, Soli u. Orch., StrQuart., Chöre, Lieder. H: Serb. Volkslieder

MILSON, John, ps. = Hans MAY

MILSTEIN, Nathan * 1903 Odessa, VVirt. (seit 1925 aufgetr.) in Newyork, Schüler L. Auers u. Ysayes

MILTITZ, Karl Stephan v. * 9/11 1781 Dresden, da † 19/1 1841, ObHofmeister des Prinzen Johann, eigenartl. MSchr. W: Opern, Oratorien, Messe, Lieder, OpTexte

MILTON, John * um 1563 Oxfordshire, † 1646 (1647?) London, Notar. W: Madrigale, Motetten

MILTON, John, ps. = Hans MAY

MINCUS, Ludw. * 1827 Wien (1830 Gr. Meseritsch?), in Petersburg seit 1853, OrchDirig., Sologeiger u. einige Zeit KonservL., seit 1872 Hofballkomp., † nach 1897. W: 16 Ballette ‚Roxane', ‚Die Bajadere', ‚La source' (= ‚Naila', m. Delibes) u. a.

MINGOTTI, Angelo * um 1700 Venezia, † nach 1776, u. sein etwas jüngerer Bruder P i e t r o † 28/4 1759 Kopenhagen, berühmt. OpUnternehmer in Österreich, Mitteldeutschland (bes. Dresden u. Leipzig), Hamburg u. Kopenhagen seit 1732; Pietros Gattin R e g i n a, geb. Valentin * 6/2 1722 Napoli, † 1/10 1808 Neuburg a. D., da seit 1787, sehr berühmte, vielgereiste Sgrin, wirkte 1763/87 in München

MINGUZZI, Giov. * 20/10 1870 Forli, seit 1912 KlavL. am Liceo in Bologna. W: Oper, sinf. Dichtg, VcSonate, KlavKonz. u. Stücke

MINHEJMER (Münchheimer), Adam * 4/1 1831, † 28/1 1904 Warschau, Schüler von Marx, Gründer der Warschauer MGesellsch. (1876). W: Opern, DramenM., Ouvert., Messen, OrchBearbeitgen usw.

MINKOWSKI, Giacomo * 3/6 1873 Odessa, GsgL. in S. Franzisco, urspr. OpSgr. W: Optten

MINKUS, — s. MINCUS

MINKWITZ, Bruno * 11/6 1874, KM. in Berlin. W: Optten, viele MChöre m. Klav., Lieder u. a.

MINOJA, Ambrogio * 22/10 1752 Ospedaleko/Lodi, † 3/8 1825 Milano, Sgr, Cembalist an der Scala u. StudInspektor am Konserv. W: Opern, Te Deum, kirchl. Gsge, Trauersinf., StrQuart., treffl. Solfeggien; ‚Lettere sopra il canto'

MINOR, Leo, ps. = Leop. WENINGER

MINSHALL, Nathan Ebenezer † 87jähr. 27/4 1933 Folkestone, Organ. H: Nonconformist music journal

MIRANDE, Hippolyte * 1862 Lyon, da seit 1890 MGeschProf. am Konserv u. SynagogOrgan., Schüler d. Konserv. in Paris. W: Ballette, Ouvert., KlavStücke, Lieder usw.

MIRASOL, Diego, ps. = ANGELELLI C.

MIRECKI, Franz * 1/4 1791 Krakau, da † 29/5 1862, Schüler Hummels u. Cherubinis, OpSchulDir. W: Opern, Ballette, KaM., KlavSonat., Messe, InstrumentatLehre usw.

MIREVALL, Claude, ps. = Carlos PEDRELL

MIRSCH-RICCIUS, Erich * 5/9 1884 Bautzen, OpKM. i. R. in Berlin-Schmargendorf, Kriegsteiln. W: Opern, 2 Sinf., sinf. Dichtg, KlavKonz., VcKonz., KaM., Chöre m. Orch u. a.

MIRUS, Eduard * 12/5 1856 Klagenfurt, † 14/12 1914 Wien, GsgL. am Theresianum. W: Lieder; Schulgsgbücher; Chöre, FrTerzette

MIRY, Karel * 14/8 1823 Gent, da † 5/10 1889, Prof. der Harm. u. stellvertr. KonservDir. W: 18 franz. u. vläm. Opern, OrchWerke, Chöre, Lieder (u. a. ‚Vlaemsche Lieuw' u. ‚La Belgique') usw.

MISCH, Ludwig, Dr. jur. * 13/6 1887 Berlin, da seit 1921 MSchr. u. TheorL., Schüler Klattes, 1913/19 TheaKM. an versch. Orten. B: Brahms, Ernste Gsge m. Orch.

MISCH, Rob. * 6/2 1880 Rittergut Zurczyn, Kr. Schubin, RB. Bromberg, † 27/11 1929 Berlin, Librettist

MISKOW, Sextus * 3/2 1857 Nyborg, † 24/11 1928 Kopenhagen, da GsgL. W: KaM., Gsge m. Orch., volkstüml. Lieder

MISLIWECEK — s. MYSLIWECEK

MISON (MISSON), Luis † 1766 Barcelona, Flötist u. Oboist der Hofkap. in Madrid. W: Zarzuelas, Tonadillas, BühnM., FlSonaten

MISSA Edmond, ps. Marius MICHEL * 12/6 1861 Reims, † 29/1 1910 Paris. W: feinkom. Op., Optten, Pantomimen, Lieder usw.

MISSON, Luis — s. MISON

MISTRELLA, Alberto Favara — s. FAVARA-MISTRELLA, A.

MITJANA Y GORDON, Rafael * 6/12 1869 Malaga, † 15/8 1921 Stockholm, Diplomat, Kenner der MGesch. Spaniens. W: Oper, mgesch. Schriften

MITLACHER, Siegfried * 6/9 1902 Wittenberge, RB. Potsdam, Musiker in Berlin. W: UnterhaltgsM., u. a. Xylophonstücke

MITROPOULOS, Dimitri * 1896 Athen, da KonservL. u. OrchDir., KlavVirt, Schüler Paul Gilsons u. Busonis; 1920/24 Korrepetitor an der Berliner Staatsoper. W: Oper, OrchKonz., KlavStücke

MITSCHKE, Friedr., ps. Fr. Ch. KEMITZ; R. F. PETULANT * 14/2 1892, Bearbeiter in Dresden. W: UnterhaltgsM.

MITTERER, Ignaz * 2/2 1850 St. Justina (Tirol), † 18/8 1924 Brixen, Priester, Schüler der KirchMSchule zu Regensburg, da 1882/85 DomKM., darauf KirchMDir. in Brixen. W (üb. 200): Messen, Requiems, Gradualien, Marienlieder, prakt. Chorsingschule usw.

MITTERWURZER, Ant. * 12/4 1818 Sterzing, † 12/4 1872 Döbling/Wien, ausgez. Baritonist, 1839/70 an der Dresdener Hofoper

MITTLER, Frz * 14/4 1893 Wien, lebt da. W: KaM., KlavStücke

MITTMANN, Leopold, ps. Harry HEAD * 16/9 1904, seit 1933 in Paris, vorher in Berlin. W: UnterhaltgsM.

MITTMANN, Paul * 18/6 1868 Habelschwerdt, † 11/1 1920 Breslau, Chordir., Organ. u. seit 1901 MRef. W: SchauspielM., Messen, gem. u. MChöre, KlavStücke, schles. Dialektlieder usw.

MITTMANN, Paul * 3/10 1886 Königsberg i. Pr., RegRat in Breslau seit 1930, vorher in Kottbus bzw. Königsberg, Flötist, Pianist, sehr bewandert in der FlLit. W: KaM., Fl- u. KlavStücke, Melodram, Singspiel, M- u. FrChöre, Duette, Lieder

MIZLER, Lorenz Christoph (später geadelt: M. v. Kolof) * 25/7 1711 Heidenheim (Württ.), † 1778 Warschau, Schüler J. S. Bachs, seit 1743 in Warschau. H: ‚Neu eröffnete musikal. Bibliothek' (Ztschr.). W: Suiten, Oden, ‚Anfangsgründe des GBasses' usw.

MLETZKO - ECKERSDORF, Georg von, ps. ECKERSDORF, Georg; VAUME * 2/6 1887, Besitzer des Märkischen MVerl. in Berlin-Wilmersdorf. W: UnterhaltgsM., bes. Kuplets u. Lieder

MLYNARCZYK, Hans, Dr. phil. * 14/5 1900 Leipzig, da VVirt. H: Dittersdorf, Sonaten usw.

MLYNARSKI, Emil * 18/7 1870 Kibarty (Gouv. Suwalki), VVirt., Schüler L. Auers, 1893 OrchDirig. in Warschau, 1894/97 KM. u. VL. in Odessa, 1891/93 OpKM., 1904/07 KonservDir. in Warschau, lebte 1907/10 in London, 1910/18 Dir. der Choral and Orch. Union in Glasgow, 1918/24 Op- u. KonservDir. in Warschau, dann wieder Dirig. des Schott. Orch. in Glasgow, seit 1930 OpKM. in Philadelphia, † 5/4 1935. W Opern, poln. Sinf., VKonz., VStücke, Lieder usw.

MOAR jr., ps. = Quirin LINDMAYER

MOBACH, E. * 1836, † 13/2 1898 Amsterdam, Organ. W: KirchM., OrgStücke, Lieder

MOBERG, Carl Allan, Dr. phil. * 5/6 1896 Östersund (Schwed.), seit 1933 PrivDoz. an der Univ. Upsala, Schüler u. a. Alb. Bergs u. P. Wagners. W: ‚Die schwed. Sequenzen', ‚Gesch. d. Kirch-M.' (schwed.) u. a.

MOCCANEIS, F., ps. = MEYER - STOLZENAU, W.

MOCHE, Lucien * 25/9 1874, † Mai 1928 Paris, Opttenlibrettist

MOCKWITZ, Frdr. * 5/3 1785 Lauterbach (Sachsen), † Dez. 1849 Dresden. H: klass. Sinf., Quart. usw. f. 4h. Klav.

MOCQUEREAU, Dom André * 6/6 1849 La Tessoualle/Collet, † 18/1 1930, urspr. Vcellist, seit 1875 Benediktiner in Solesmes, seit 1903 in Quar Abbey, Insel Wight, Erforscher d. Gregor. Chorals. H: Paléographie music.

MODERN, Max * 4/4 1879 Gleiwitz, KonservDir. in Berlin, VVirt., Schüler Gust. Holländers

MODERNE, Jacques, KM. u. berühmter M-Drucker 1532/67 in Lyon. W: Motetetn, Chansons

MODRONE, Guido Visconti di — s. VISCONTI

MODY, Harry, ps. = Herm. ZANKE

MÖBIUS, Paul E., ps. Hanno BINNEWIES * 13/4 1908 Halle a. S., MSchr. in Berlin. W: UnterhaltgsM.

MÖBUS Rich. * 22/10 1881 Roßlau a. E., Flötist in Berlin seit 1907, vorher in Rußland u. Schweden, Kriegsteiln., ausgeb. in Berlin (Hochsch. u. Geo. Schumann). W: OrchVar., FlKonz. und Stücke, Chorwerk, Lieder

MÖCHEL, Kurt * 11/1 1880 Stolpen (Sachs.), KBVirt., seit 1905 im OpOrch. in Frankfurt a. M. u. L. am Hochschen Konserv. W: KBEtüden usw.

MÖCKEL, Herm. Alexander * 20/4 1873, lebt in Dresden. W: Optte

MÖCKEL, Louis * 29/1 1878 Schönheiderhammer, seit 1903 L. u. VerDir. in Annaberg. W: MChöre

MÖCKEL, Max (Sohn Oswalds) * 29/3 1873 Berlin, da seit 1901 Geigenbauer, vorher u. a. in Petersburg. W: ‚Das Konstruktionsgeheimnis der alten ital. Meister. Der goldene Schnitt im Geigenbau' 1925

MÖCKEL, Oswald * 7/4 1843 Carlsfeld i. S., † 12/3 1912 Berlin, da seit 1869 sehr geschätzter Geigenbauer

MÖCKEL, Otto (Sohn Oswald) * 10/5 1869 Berlin, da ausgez. Geigenbauer seit 1914, 1908/14 in Dresden. W: ‚Die Kunst des Geigenbaus' 1930. B: Apian-Bennewitz, Die Geige, 2. A.; Alb. Fuchs, Taxe der StrInstr., 4. A. H: Ztschr. ‚Die Geige'

MÖCKEL, Paul Otto * 14/4 1890 Straßburg i. E., † 20/4 1926 Zürich, Schüler Carl Friedbergs, für moderne M. eintret. KlavVirt., seit 1922 an der Hochschule in Stuttgart, vorher seit 1912 am Konserv. in Zürich, verheir. mit d. treffl. Geigerin Katharina van Bosch * 24/2 1888 Tiel (Holl.), die in Stuttgart lebt

MÖGELE, Frz * 24/5 1834 Wien, da † 16/2 1907. W: Optten, OpParodien, Lieder

MÖHLER, Ant., Dr. phil. * 2/3 1866, Pfarrer in Steinhausen/Schussenried (Württbg). W: ‚Beitrag zur Gesch. des Gregorian. Chorals', ‚Gesch. der alten u. mittelalterl. M.', ‚Kompend. der kathol. KirchM.', ‚Ästhetik der kathol. KirchM.'

MÖHRING, Adalbert * 24/7 1890 Wehlau (OPr.), seit 1926 MStudRat u. Kantor in Torgau, urspr. SchulL., 1914/17 MStud. in Königsberg, 1918/26 ML. in Rastenburg, Gründer des OratorVer. W: Oper, KaM., Motetten, Lieder

MÖHRING, Ferd. * 18/1 1816 Alt-Ruppin, † 1/5 1887 Wiesbaden, da seit 1883 privatisierend, 1840 Organ. in Saarbrücken, 1845 Organ. u. MDir. in Neu-Ruppin. W: 2 Opern, Instrumentales, viele MChöre, Lieder usw.

MÖLDERS, Jos. B. * 18/7 1881 Krefeld, 1910 Priester, 1913 Dir. des Aach. Domchors, seit 1921 DomKM. u. Prof am Priester-Sem in Köln.

MÖLDNER, Ed. * 12/5 1884 Prag, seit 1909 RGymnProf. in Leoben, Chordir. W: kirchl. u. weltl. Chöre, Lieder

MÖLLENDORF, Jul. * 25/9 1821 Kyritz, † 29/1 1895 Potsdam, MilKM. W: Märsche

MOELLENDORFF, Willi v. * 28/2 1872 Berlin, † 27/4 1934 Stettin, Schüler der Berl. Hochschule, zeitw. TheaKM. 1908/12 TheorL. in Dresden. W: Opern, Ballett, 2 Sinfon. u. sinfon. Dichtgen, KaM., MChöre mit Orch., Gsge mit Orch., Lieder, KlavStücke; ‚Musik mit Vierteltönen'; Vorträge am bichrom. Harmon. (von ihm erfunden)

MÖLLER, Alfred * 1/5 1876 Naumburg a. S., Schauspieler, Regisseur u. Librettist in Berlin

MÖLLER, Emil * 10/2 1862 Hannover, da Kaufmann. W: Löns-Lieder

MÖLLER, Heinr., Dr. phil. * 1/6 1876 Breslau, MSchr. in Naumburg a. S. H: ‚Das Lied der Völker', Übers. russ. OpTexte

MÖLLER, Joachim — s. MOLLER

MÖLLER, Joh. * 27/5 1856 Hamburg, 1890/1926 OrchDir., VerDirig., Kantor u. Organ. in Mühlhausen in Thür., Schüler der Berliner Hochschule, 1883/90 Organ. u. Chordir. in Jena. W: Opern, Lieder, Stücke f. Orgel, V., Vc.

MÖLLER, Rich. * 1/1 1891 Hamburg, da † 22/8 1918, verdienter Lautenist, Begründer der Zschr. ‚Die Laute'. W: GitStücke u. Lieder m. Git.; ‚Der Lautenspiegel'

MÖLLER, Walter * 21/12 1887 Berlin, seit 1918 MSchr. in Oranienburg/Berlin. W: ‚MVerständnis für jedermann'; ‚Unsterbl. Meister der Töne'

MÖNIG, Heinz * 18/5 1903 Elberfeld/Sonnborn, da Organ. u. VerDir. W: Messen, MChöre u. a.

MOERAN, Ernest John * 31/12 1894 Osterley/London, lebt in Eynsford (Kent). W: Rhapsodie u. a. f. Orch., KaM., KlavStücke, Lieder. H: Volkslieder aus Norfolk

MÖRICKE, Osk. * 10/8 1839 Koburg, da zuerst Fagottist, dann TheaKM. an verschied. Orten, seit 1882 in Berlin ML., † Okt. 1911. W: Oper, 2 Sinf., Requiem, Chöre, Lieder usw.; Aufsätze in MZeitschriften

MÖRIKE, Eduard * 16/8 1877 Stuttgart, † 15/3 1929 Berlin, Dirig. der Singakad. u. des Philharm. Orch. in Dresden seit 1924, OpKM. in Rostock, Stettin, Halle u. Berlin (Dtsches OpHaus 1912/22), auch in Amerika mit anziehende Vorträge mit Illustrat. am Klav. H: Wagners OpTexte

MOESCHINGER, Albert * 10/1 1897 Basel, seit 1929 Pianist in Bern, ausgeb. in Bern, Leipzig u. München. W: KaM., KlavKonz., OrgStücke, Chöre, Lieder

MÖSER, Karl * 24/1 1774 Berlin, da † 27/1 1851, da seit 1811 Geiger der Kgl. Kapelle, gab Quart. u. OrchKonz. (27/11 1826 erste Aufführg der 9. Sinf. Beethovens), zuletzt Titul. KM. W: VStücke

MOESGEN, Hugo * 11/7 1885 Berlin, seit 1928 städt. OpttenKM. in Düsseldorf, Kriegsteiln., Schüler Mayer-Mahrs' u. Bumckes, 1911/23 KM. d.

Meinhard-Bernauer-Bühnen, 1923/24 des Metropol-Thea., 1924/25 des Gr. Schauspielhauses, 1925 Leiter der Sing-Film-Gesellsch. in Berlin. W: Bühnen-M., Pantomime, Revue, Lieder

MÖSKES, Herm. * 13/9 1859 Kempen a. R., Dirig. der musik. Gesellsch. u. KonservKlavL. i. R. in Köln. † 5/5 1935. W: Klav- u. VStücke, Chöre u. Lieder, auch m. Orch.

MOESTUE, Marie * 28/7 1869 Nes, Romerike, GsgL. in Oslo. W: KlavStücke, FrChöre, Lieder; Gesch d. Singkunst (norw. 1917)

MOFFAT, Alfred * 4/12 1866 Edinburg, Schüler L. Bußlers, lebt neuerdings nur in London, früher auch oft in Berlin. W: Kantaten, Chöre, Lieder, Stücke f. Klav. u. V. H: Trio-Meisterschule, Meisterschule klass. V- bzw. VcSon., VKaSonat. usw.

MOHAUPT, Frz * 29/8 1854 Jäckelsthal/Friedland in Böhm., † 22/10 1916 Leipa, SchulDir. seit 1896. W: Volksoper, OrchSuite, KlavQuint., Missa solemnis, MChöre, Lieder

MOHLER, Philipp * 26/11 1908 Kaiserslautern, ML. u. Dirig. in Landau, Pfalz, ausgeb. in München (Akad., bes. v. Jos. Haas). W: Kantaten, Chöre, Lieder, KaM., Concertino f. Fl., Klarin., Horn u. StrOrch. usw.

MOHR, Adolf * 23/9 1841 München, TheaKM. in Riga, Düsseldorf, Hamburg usw. W: Opern, bes. ‚Loreley', ‚Der deutsche Michel'

MOHR, Andreas * 29/9 1832 Bonn. W: Opern

MOHR, Gerhard * 13/10 1901 Glatz, Mitglied der Jazzkap. Marek Weber in Berlin, Schüler des Leipziger Konserv. W: Intermezzi, Tänze, Arrang. f. JazzOrch.

MOHR, Herm. * 9/11 1830 Nienstedt (Weimar), † 25/5 1896 Philadelphia, 1853 Schüler des KirchMInstit. in Berlin, gründete da den MGsgVer. ‚Loreley' u. das Louisenstädt. Konserv., seit 1889 L. an Zeckwers Konserv. zu Philadelphia. W: KaM., KlavKonz., beliebte MQuart., Kantaten

MOHR, Jos. * 10/1 1834 Siegburg a. Rh., † 7/2 1892 München, bis 1882 Jesuit. W: Gsg- u. Gebetbücher ‚Cantate', ‚Jubilate Deo!', ‚Laudate Dominum', ‚Psälterlein', ‚M. sacra', ‚Cantiones sacrae', ‚Manuale cantorum' u. a. geistl. Kompos.

MOHR, Theod. * 1836 Bonn, † 12/10 1903 Pforzheim, da seit 1867 verdienter GsgverDirig. W: MChöre, Lieder

MOHS, Walter * 8/4 1899 Strausberg/Berlin, lebt in Berlin. W: UnterhaltgsM.

MOJA, Leonardo * 1811 Milano, † 1888 Torino, da seit 1843 Vcellist der Hofkap. W: Sinf., VcStücke

MOINAUX, Jules * 1875 Tours, † 1895 Saint-Mande. Librettist

MOINEAU, W., ps. = Wilh. SPERLING

MOIR, Frank Lewis * 1852 Market Harborough, † Aug. 1902 Deal. W: Oper, KirchM., viele einst beliebte Lieder

MOJSISOVICS, Roderich von, Dr. jur. * 10/5 1877 Graz, seit Herbst 1935 KomposL. am Trappschen Konserv. in München, Schüler Degeners, des Konserv. zu Köln u. der Münch. MAkad., 1903/05 Chordirig. in Brünn, 1908/10 KonservDir. u. Dirig. in Pettau, 1912/30 KonservDir. in Graz, auch MSchr. W: Opern, Sinf., Chorus mysticus aus ‚Faust', Weihnachtskantilene, 2 KlavKonz., VKonz., KaM., OrgStücke, M- u. FrChöre, auch mit Orch., Lieder usw. H: Mozarts Ballett ‚Die Liebesprobe'

MOISSL, Gustav * 5/9 1894 Reichenberg (Böhmen), seit 1915 SchulL. in Wien. W: SpielStücke, Lieder zur Laute

MOKRANJAC (eigentl. Stojanovič), Stepan * 1855 Negotin, † 16/9 1914 Skoplie, der erste serb. Komp. von Bedeutg, auch Vcellist, ausgeb. in München, Rom u. Leipzig, seit 1887 Dir. des serb. GsgVer. in Belgrad (große KonzReisen) u. seit 1899 der von ihm da gegründ. MSchule. W: Serb. Liturgie, 15 ChorRhapsod. (Rukoveti)

MOL, Pierre u. Willem de — s. DEMOL

MOLBE, Heinrich, ps. = BACH Heinr. Freih. v.

MOLCK, Heinr. * 7/9 1825 Gr.-Himstedt/Hildesheim, † 4/1 1889 Hannover, Organ., Schüler Hauptmanns. W: KlavKomp., MChöre, Lieder, Choralsammlg

MOLDENHAUER, Walter * 25/12 1878 Freienwalde (Pomm.), † 5/9 1927 Berlin, da Schüler der Hochsch., bes. H. Barths u. Bruchs, treffl. KonzBegl., KlavL. an der Hochschule, Dirig. des Charlottenb. u. Neuköllner LGsgVer. W: ‚Im Herbst' sinf. Kantate, MChöre, u. a. Volkslieder in Variat.

MOLETI, Nicola * 7/3 1890 Messina, OpttenKM., lebt in Milano. W: viele beliebte moderne Tänze, Kuplets

MOLINARI, Bernardino * 11/4 1880 Rom, da seit 1912 Dirig. des Augusteo, als Op- u. KonzDir. viel auf Reisen. H: Carissimis ‚Giona', Vivaldis ‚Le 4 stagioni' u. a.

MOLINO, Francesco * um 1775 Firenze, † 1847 Paris, da seit 1820 GitVirt u. L. W: viele GitStücke, GitSchule u. a.

MOLIQUE, Bernh. * 7/10 1802 Nürnberg, † 10/5 1869 Cannstatt, VVirt., KonzM. 1820 in München, 1826/49 in Stuttgart, 1849/66 L. in London, seit 1866 in Cannstatt. W: 6 Konz. (Nr. 5 bes. wertvoll), Fantas., Rondos f. V., treffl. VcKonz., FlKonz., KaM., Messen, Orator. usw.

MOLITOR, Joh. Bapt. * 14/11 1834 Weil-die-Stadt (Schweiz), † 1900 Leitmeritz, 1882 DomKM. in Konstanz, dann Domorgan. u. ChoralL. in Leitmeritz. W: Messen, Requiem, Offertorien usw. — Sein Sohn P. G r e g o r * 18/7 1867 Sigmaringen, Prior der BenediktAbtei Beuron, † 28/5 1926. W: Orator., Messen, Rosenkranz-Lieder, ‚Die diaton.-rhytm. Harmonisation der Gregor. Melodien'. — Sein anderer Sohn P. R a p h a e l * 2/2 1873 Sigmaringen, Benedikt., seit 1906 Abt in St. Joseph/Coesfeld (Westf.). W: ‚Die nachtrident. Choralreform', ‚Choralwiegendrucke', ‚Jos. Rheinberger' usw., viele Aufsätze

MOLITOR, Ludw. * 12/7 1817 u. † 12/1 1890 Zweibrücken, ObLandesgerRat, ausgeb. in München (Kgl. Konserv.). W: KirchM., MChöre, Lieder, KlavStücke

MOLITOR, Raphael — s. bei Joh. Bapt. MOLITOR

MOLITOR, Simon * 3/11 1766 Neckarsulm, † 21/2 1848 Wien, da 1798/1831 Beamter, dann nur der M. lebend. W: OrchM., KaM., Klav- u. GitStücke, Lieder

MOLL, Adolf, Dr. phil. * 9/8 1874 Neuvorwerk, ML. (StudRat) am Gymn. in Wandsbek. W: Orat., OrchStücke, KlavStücke; ‚Wanderliederbuch'; ‚Wie erhalten wir unsere Stimme gesund?'; ‚Akustik f. Musiker' u. a.

MOLL, Frz., Dr. med. * 3/10 1868 Brixen, da Arzt. W: Tirol. Bauerntänze, Volkslieder z. Laute

MOLLENHAUER, Eduard * 12/4 1817 Erfurt, † 2/4 1885 Boston, in Newyork seit 1853, errichtete das erste Konserv. in Amerika, Geiger, Schüler H. W. Ernsts. W: Opern, Sinf., KaM., VStücke. — Sein Bruder H e i n r i c h * 10/9 1825 Erfurt, vielgereister Vcellist, 1867 L. an einer MSchule in Brooklyn

MOLLENHAUER, Emil * 4/8 1855 Brooklyn, † 10/12 1927 Boston, urspr. Geiger, dann Dirig.

MOLLENHAUER, Heinr. — s. bei MOLLENHAUER, Edu.

MOLLENHAUER, Joh. * 31/8 1798 Fulda, da † 30/8 1871 Begr. der bekannten HolzblasinstrFabrik

MOLLER (Möller), Joachim (Joachim a Burgk gen.) * um 1540 Burg/Magdeburg, † 24/5 1616 Mühlhausen i. Thür., Organ. seit 1566; bedeut. prot. KirchKomp. W: Passionen, Psalmen, dtsche u. lat. Lieder usw.

MOLLO, Tranquillo, Begründer einer MHdlg in Wien 1796, 1793/96 Mitbesitzer v. Artaria & Co., 1832 übernahmen seine Söhne E d u a r d u. F l o r i a n das Geschäft; als letzterer († 1839) ausschied, verband sich Eduard mit O. W i t z e n d o r f, der von 1844 ab allein firmierte; 1882 ging das Gesch. an O. L a c o i n über, der es aber bald an F. E. C. L e u c k a r t (s. d.) verkaufte.

MOLNAR, Anton * 7/1 1890, seit 1919 Prof. an der Hochschule in Budapest, MSchr. W: Bücher in ungar. Sprache, SchauspielM., Orch., KaM., Lieder

MOLNAR, E. A. (eigentl. Ed. Aug. Müller) * 14/7 1889 Aachen, lebt in Weimar, vorh. RGymnML. in Altenburg, erst SchulL., im Kriege Offizier, dann Schüler des Leipziger u. Dresd. Konserv. W: sinf. Dichtgen, SchulOrchStücke, große Chorwerke mit Orch., Chöre, Lieder, bes. geistl.

MOLNAR, Geza * 1872 Budapest, da † Dez. 1933, da seit 1895 MAkadL., auch seit 1905 UnivL. W: ‚Theorie der ungar. M.', ‚M. der ungar. Tonleiter' usw. H: Ungar. Tänze des 16. Jh.

MOLTER, Joh. Melch. † 12/1 1765 Durlach, da 1722/33 u. 1743/65 markgräfl. KM., 1733/43 KirchMDir. in Eisenach. W (ungedr. in Karlsruhe): 169 Sinfonien usw.

MOLTKE, Graf Kuno † 13/3 1923. W: MilMärsche

MOMBELLI, Domenico * 17/2 1751 Villanova (Vercelli), † 15/3 1835 Bologna, urspr. Organ., dann OpTenorist. W: Opern, KirchM., auch Orat., Duette

MOMIGNY, Jérome Jos. de * 20/1 1762, † Juli 1838 Paris, Organ., seit 1800 MHändler in Paris, der erste Begr. der Phrasiergslehre. W: ‚Cours complet d'harmonie et de composition d'après une théorie neuve' (1806) usw.

MOMPOU, Federico * 1905 Barcelona, lebt da. W: KlavSuiten u. a. ohne Takteint. u. Vorzeichen

MONALDI, Gino * 2/12 1847 Perugia, † 5/4 1932 Roma, da MSchr. W: ‚Verdi' (1877, bzw. 1899, 2. A. 1918); ‚Verdi e Wagner'; ‚Puccini'; ‚Gli editori celebri'; ‚Ricordi viventi' 1927 u. a.

MONASTERIO, Gesu * 21/3 1836 Potes (Span.), † 28/9 1903 Santander, vielgereist. VVirt., Schüler Bériots, KonservL. zu Madrid. W: KirchM., VStücke u. Etüden

MONBELLI, Marie * 15/8 1843 Cadix, † ?, berühmte Op- u. KonzSgrin, bes. viel in London aufgetreten, ausgebild. in Paris

MONCADA, Martinus, ps. = Felipe PEDRELL

MONCKTON, Lionel, ps. Leslie MAYNE * 1862 London, da † 15/2 1924, MSchr. u. fruchtb. Opttenkomp.

MONDONVILLE, Jean Jos. de (eigentl. Cassanea) * 25/12 1711 Narbonne, † 8/10 1772 Belleville/Paris, Geiger, zeitweil. KM. in Versailles u. Paris. W: Opern, Orator., Motetten, treffl. VSonaten (teilw. mit viel Flageolett)

MONE, Frz Jos. * 12/5 1796 Mingolsheim/Bruchsal, † 12/3 1871 Karlsruhe, ArchivDir. H: Lat. Hymnen des Mittelalters

MONFERRATO, Natale † 1685 Venedig, KirchKM. seit 1647. W: Messen, Psalmen, Motetten usw

MONHAUPT, Karl * 9/3 1856 Hamburg, VcVirt., seit 1880 in Bern. W: VcKonzStück u. a.

MONIUSZKO, Stanislaw * 5/5 1819 Ubil (Gouv. Minsk), † 4/6 1872 Warschau, da 1858 OpKM., später L. u. Mitdir. des Konserv., in Polen sehr verehrt (M.-Stiftung). W: 20 Opern ‚Halka‘ (erste poln. Nationalop.) usw., Ballette, BühnenM., Ouvert., Messen, Kantat., KlavStücke, viele Lieder

MONK, Edwin George * 13/12 1819 Frome (Somerset), † 3/1 1909 Radlay/Abington, Schüler Macfarrens, 1843/83 Organ. u. KirchMDir. in York, verdient um die Hebg des Gsges in d. engl. Kirche. W: KirchM., OratTexte f. G. A. Macfarren. B: Gsgbücher usw.

MONK, Will. Henry * 16/3 1823 London, † 18/3 1889 Stoke Newington, Organ. u. GsgL. in London. W: KirchM. H: kirchmusikal. Sammlgen

MONLEONE, Domenico, ps. W. di STOLZING * 4/1 1875 Genova, ausgeb. in Milano, TheaKM. W: Opern, u. a. ‚Cavalleria rusticana‘ 1907 = La giostra dei falcatori 1914, Lieder

MONN, Geo. Matth. * 1717, † 3/10 1750 Wien als Organ. W: Sinf., VcKonz. (beachtet), KaM.

MONN, Harry, ps. = HAUPTMANN, Harry

MONNET, Jean * 7/9 1703 Condrieux, † 1785 Paris, da OpDir., auch in Lyon u. London. W: Selbstbiogr. H: Anthologie franç. ou Chansons choisies depuis le 13. siècle jusqu' à présent‘ (1765)

MONNIKENDAM, Marius * 28/5 1896 Haarlem, KonservL. in Amsterdam, da u. von V. d'Indy ausgeb. W: Messe, Te deum, Sinf. u. a.

MONOD, Edmond * 4/2 1871 Lyon, seit 1907 KonservKlavL. in Genf, ausgeb. bei B. Roth u. Leschetizky, MSchr. W: ‚Harmonie et mélodie‘; ‚M. Lussy‘, Lieder; ‚Pour les petits‘ 4h. KlavStücke u. a.

MONPOU, Fr. L. Hipolyte * 12/1 1804 Paris, † 10/8 1841 Orleans, Schüler Chorons. W: Opern, Romanzen

MONPOUR, P. J., MVerl. in Bonn im ersten Drittel des 19. Jhdts., über F. W. Arnold, Elberfeld an Adolph Fürstner, Berlin gelangt

MONRAD-JOHANSEN, David ist falsch für JOHANSEN, David Monrad

MONS, Phil. de — s. MONTE

MONSIGNY, Pierre Alex. * 17/10 1729 Fauquembergue/St. Omer, † 14/1 1817 Paris, Mitschöpfer der französ. NatOper: ‚Rose et Celas‘, ‚Le déserteur‘, ‚Aline reine de Golconde‘, ‚La belle Arsène‘ u. a.

MONTAG, Karl * 1817 Blankenhain/Weimar, † 1/10 1864 Weimar, KirchMDir. W: KlavStücke u. a.

MONTAGNANA, Domenico, treffl. Geigenbauer in Cremona um 1700/40, Schüler Ant. Stradivaris

MONTAL, Claude * 28/7 1800 La Palisse, † 7/3 1865 Paris, berühmter (blind) KlavBauer. W: Schriften üb. sein Fach

MONTANI, Pasquale * 22/5 1835 Cornogiovine (Milano), seit 1918 Dir. des Istituto G. Verdi in Genova. W: Orch- u. KaM., Messen, Psalmen usw.

MONTANI, Pietro * 1895 Lodi, KlavL. am Konserv. Cherubini in Firenze. W: OrchSuite, V-Stücke, Chor- u. OrchGsge usw.

MONTANUS, Joh. — s. BERG

MONTANARI, Alberto * 24/12 1878 Livorno ML. in Firenze. W: Optten, KaM., Gsge, KlavStücke

MONTANARI, Angelo * 1849 Bologna, da † 9/2 1926, KlarinVirt. u. MilKM. bis 1915. W: ‚Giro armonico‘; patriot. Hymnen, Tänze. B: f. MilM.

MONTANARI, Carlo * 1809, † Juni 1898 Parma, da Kontrabassist, 1850/88 L. an d. M-Schule. W: KontrabaßSchule

MONTANARI, Francesco * ? Padova, † 1730 Roma, da seit 1717 VSolist d. Peterskirche. W: VKonz., VSonaten

MONTANELLI, Archimede * 6/3 1848 Forli, da † 6/11 1932 VVirt. u. MSchr., treffl. Pädag. W: Oper, Messen, Ouvert., Lieder u. a. ‚La reforma del diapason‘, ‚La cucina in m.‘ usw.

MONTANOS, Francisco de, Organist in Valladolid, gab 1592 das in 10 Aufl. verbreit. Buch ‚Arte de musica‘ heraus, die beste Quelle für die weltl. span. M. seiner Zeit

MONTE, Philippus de (auch Phil. de Mons), * 1521 Mecheln, † 4/7 1603, kais. KM. in Wien. W (bedeutd): Canzonen, Madrigale, Motetten, Messen usw.

MONTE, Toti del * 1898 [?], ausgez. OpKolorSgerin, bes. in Milano u. New York wirkend

MONTECLAIR, Michel Pignolet de * 1666 Chaumont, † 1737 St. Denis/Paris, seit 1707 K-Bassist der Gr. Op. W: Opern, FlKaM. usw., Requiem, Motetten, Kantaten; ‚Méthode p. apprendre la m.‘, ‚Méthode facile p. apprendre à jouer du v.‘ (nur für Anfänger)

MONTEFIORE, Tommaso Mosé * 1855 Livorno, † 27/2 1933 Rom, da MKrit. W: Opern; ‚Il diritto d'autore e quello del publico'; ‚Parsifal e la sua veste musicale'; ‚Per un teatro nazionale d'opera' (1916) u. a.

MONTEMEZZI, Italo * 31/5 1875 Vigasio/Verona, lebt in Milano, Schüler des dort. Konserv. W: Opern, ‚L'amore dei tre rè' (1913), ‚La nave' (1918), ‚Principessa lontana' u. a., Chorwerk ‚Cantico dei cantici'

MONTEUX, Pierre * 4/4 1875 Paris, Dirig. in Amsterdam u. Paris, Schüler des Pariser Konserv., Dir. des Colonne-Orch., 1913/14 der Oper, reiste 1916/17 mit dem russ. Ballett in Amerika, dirig. dann in Newyork (auch Opern), 1919/24 Dir. des Bostonner SinfOrch.

MONTEVERDI, Claudio * 15/5 1567 Cremona, † 29/11 1643 Venedig, KM. an St. Markus seit 1613, für die Entwicklg des MStils u. bes. der Oper von größter Bedeutg. W: Opern ‚Orféo', ‚Arianna', ‚Proserpina rapita', ‚Il ritorno d'Ulisse', ‚Incoronazione di Poppea' u. a., Intermezzi, Messen, Motetten, Psalmen, Canzonetten, Madrigale (diese bes. kühn in der Charakteristik) usw.

MONTFORT, Aless. * 1803 Paris, da † 13/2 1856. W: Opern, Ballett, KlavStücke

MONTI, Gaetano * um 1750, † 1816 Napoli. W: Opern

MONTI, Vittorio, ps. V. TIMON * 6/1 1868 Napoli, urspr. Geiger, † um 1925 Paris, wo er gelebt. W: Optten, Ouvert., VStücke, Mandol-Schule, Lieder

MONTICO, Domenico * 1852 S. Vito al Tagliamento, † 8/2 1931 Udine, lebte da, ausgeb. in Milano. W: Opern, KirchM., Orator.

MONTICO, Mario * 9/1 1885 Udine, da seit 1927 Dir. der MSchule. W: Opern, Kantaten, Ouvert., KlavSonaten u. Stücke, Gsge

MONTILLET, William * 16/8 1879 Genf, da seit 1901 L. am Konserv. u. Organ., OrgVirt. W: Messen u. a.

MONTOWT, Reinh. Karl Sylvius v. * 12/1 1842 Kirpehnen/Germau (Ostpreußen), da † 14/3 1925, 1861/74 Offizier, dann Landwirt. W: Opern

MONZA, Carlo * um 1730 Milano, da † Aug. 1801, da zuletzt DomKM. W: Opern, KirchM., KaM.

MONZANI, Tebaldo * 1762 Modena, † 14/7 1839 London, da seit 1788 FlVirt., seit 1800 auch FlFabrikant. W: KaM. mit Fl., FlSchule u. Soli

MOODIE, Alma * 12/9 1900 Brisbane (Queensland, Austral.), VVirtuosin in Köln, 1907/10 Schülerin Thomsons in Brüssel, 1913 Konzerte m. Reger, 1919 Schülerin von Flesch, bereiste dann ganz Europa

MOOLENAR, Frieso * 20/6 1881 Groningen, da Organ. u. MSchr., da u. in Amsterdam (Konserv.) ausgeb. W: Sinf., Ouvert., BrKonz., KaM., KlavStücke, verbr. KlavSchule, Kinderkant., Chöre, Lieder; theor. Lehrbücher

MOOR, Emanuel * 19/2 1863 Keeskemet, Pianist, † 21/10 1931 Mont-Pélerin sur Vevey, lebte meist in der Schweiz u. in Paris, auch in London u. Berlin, Erfinder (1920) eines 2man. Klav. W: Opern, Messe, 7 Sinf., Konz. f. Pfte, f. V., f. Vc., Tripelkonz., viel KaM., KlavStücke, viele Lieder usw.

MOOR, Karel * 26/12 1873 Belohrad, Dirig., ML. u. MRef. in Prag, vorher TheaKM. an verschied. Orten. W: Opern, Optten, sinf. D.chtgen, KaM. usw.

MOORE, Douglas Stuart * 1893 Cutchoque, New York, lebt in New York. W: Pantomime, sinf. Dichtgen, KaM., auch f. Gsg

MOORE, Graham Ponsonby * 15/4 1859 Ballarat (Austral.), † 5/5 1916 London, da langjähr. KlavL. an der kgl. Akad., KlavVirt., Schüler u. a. Th. Kullaks. W: KlavStücke u. Studien

MOORE, John W. * 11/4 1807 Andover (New Hampshire. NAm.), † 1887. W: ‚Moore's Complete Encyclopaedie of M.', ‚Dictionary of Musical Information'

MOORE, Thomas * 28/5 1779 Dublin, † 25/2 1852 Devizes, der Dichter. W: Duette, Lieder

MOOS, Herm., Dr. phil. * 9/4 1896 Speyer, lebt in Heidelberg/Haarlaß, Schüler Grabners u. Tochs. W: Opern, KaM., Lieder

MOOS, Paul, Dr. phil. h. c. * 22/3 1863 Buchau, lebt in Göggingen a. Fils (vorher lange in Ulm), MSchr. W: ‚Die Philosophie der M. von Kant bis Ed. v. Hartmann', ‚R. Wagner als Ästhetiker', ‚Die dtsche Ästhetik d. Gegenwart mit besond. Berücksichtigg der MÄsthetik'

MOOSER, R. Aloys * 1876 Genf, da seit 1909 MHistoriker u. Kritiker, Besitzer einer wichtigen MBibl., ausgeb. in Genf u. Petersburg (Amani, Balakirew), da 1879/1909 Organ. u. MRef. W: Schriften üb. russ. MGesch. d. 18. Jh. H: Ztschr. ‚Dissonances' seit 1923

MORAÈS, Joano de Silva * 1689 Lissabon, da † 1747, KirchKM., bedeut. u. sehr fruchtb. kirchl. Komp.

MORALES, Christobal * um 1500 in Sevilla, † 14/6 1553 Malaga, um 1540 päpstl. Sänger in Rom. W (bedeut.): Messen, Motetten, Lamentationen usw.

MORALES, Malesio * um 1840 Mexiko, da † 1908, seit 1880 KonservDir. W: Opern, Messen

407

MORALES, Olallo * 13/10 1874 Almeria (Spanien), da seine Mutter Schwedin, herangeb. in Gotenburg u. Stockholm, auch in Berlin 1905/09 OrchDirig. in Gotenburg, seitdem in Stockholm MRef. u. seit 1911 auch KonservL. W: Sinf. u. a. f. Orch., KlavStücke, Lieder usw.

MORALES, Pedro Garcia * 1879 Huelva, Schüler des R. Coll. in London, da Dirig., Geiger, Dichter u. Krit., eifriger Vorfechter für die span. M. W: VStücke, Lieder

MORALT, Joh. Baptist * 10/1 1777 Mannheim, † 7/10 1825 München, zweiter Geiger in dem StrQuart. der Gebr. M. W: Sinf., Concertanten, Quartette usw.

MORALT, Jos. * 5/8 1775 Schwetzingen, † 14/11 1855 München, da 1800 HofkonzM., 1827/36 OpDirig., Führer des ausgez. StrQuart. der Brüder M.

MORAN-OLDEN, Fanny * 28/9 1855 Oldenburg (Tochter des ObMedizRats Dr. Tappehorn), † 13/2 1905 Schöneberg/Berlin, hervorrag. dramat. OSgerin, 1879 verheir. mit dem Tenoristen Carl Moran, 1897 mit dem Bariton. Th. Bertram — Ihre Tochter Dorothea Moran, Oldenburg. KaSgrin, GsgL. in Berlin, † 27/5 1930

MORANDI, Giov. * 12/5 1777 Pergola, † 23/2 1856 Senigallia, da seit 1824 DomKM. W: OrgSon., Duette, Romanze. — Seine Gattin Rosa, geb Morelli * 17/7 1782 Senigallia, † 4/5 1824 Milano, berühmte OpMezzosopran., seit 1804 mit ihrem L. verheir.

MORASCA, Benedetto * 1870 Palermo, da ML. u. OrchDir. W: Orator., KirchM., Ouvert., StrQuart., Gsge u. a.

MORAWSKI, Eugeniuß * 1/11 1876 Warschau, da Schüler Noskowskis, seit 1908 in Paris. W: Prometheische Sinf., sinf. Dichtgen

MORCMAN, Oscar * 1892 Bergen, lebt in Oslo. W: Sinf. Dichtg, Ouv.

MOREA, Centa della (eigentl. Vincenza GARELLI DELLA M., Witwe des Grafen de Cardenas) * Nov. 1859 Valeggio, Schülerin u. a. Sgambatis, lebte in Rom (auch in Milano), Klav-Virt. W: Optten, Ballette, Kanzonetten u. a.

MOREAU, Jean Bapt. * um 1656 Angers, † 24/8 1733 Paris. W: BühnM., Kantaten

MOREL, Aug. Franç. * 26/11 1809 Marseille, † 22/4 1881 Paris, 1852/77 KonservDir. in Marseille. W: Oper, Ballett, 2 Sinf., Ouvert., treffl. KaM. usw.

MOREL, H. A., ps. = MATTAUSCH

MOREL, Jean, ps. = Frederic MULLEN

MORELL, Harry, ps. = B. KAPER und H. SCHEIBENHOFER

MORELLI, Alfredo * 1885 Rom, da KM. W: sinf. Dichtgen, Romanzen u a.

MORELOT, Stéphen * 12/1 1820 Dijon, † 7/10 1899 Beaumont (Côte d'or), bedeut. KirchMSchr. W: ‚Manuel de psalmodie en fauxbourdons à 4 voix' u. a.

MORENA, Bertha * 27/1 1878 Mannheim, hervorrag. dramat. Sgerin, 1898/1923 an der Münchener Oper, auch im Ausland sehr gefeiert. Unterrichtet in München

MORENA, Camillo, ps. Rich. BIERD; George ELBON; B. MATTONI; Carl MIESES; Ernst TOMPA; Franz WESSOBRUNN * 27/5 1867 Guntramsdorf, seit 1901 in Berlin. W: Tänze, Märsche, Potpourris

MORENO, Enrico, ps. = JUEL-FREDERIKSEN, Emil

MORENO-TORROBA, Federico * 1891 Madrid, lebt da. W: Zarzuelas, OrchStücke, GitStücke

MORERA, Enrique * 22/5 1865 Barcelona. W: 40 Opern u. Zarzuelas, Chöre, Lieder. H: katalan Volkslieder f. Chor

MORETTI, Giov. * 1807 Napoli, † 1884 Ceglie (Napoli), TheaKM. in Napoli. W: 24 Opern, 12 Messen, sonstige KirchM.

MORGAN, Rob. Orlando * 16/3 1865 Manchester, seit 1887 Klav- u. TheorL. an der GuildhallMSchule in London. W: Kom. Opern, Orator., Kantaten, 3 VKlavSonaten, VStücke, Chöre, Lieder usw. — ps. John INGRAM; VALÈRE

MORGENROTH, Alfred, Dr. phil. * 29/10 1900 Berlin, da seit Okt. 1934 Kultur-Referent in der RMK., vorher Doz. an d. städt. MSchule, Chor- u. OrchDirig., MSchr. in Mainz (seit 1925), ausgeb. von Mart. Grabert, Konr. Kölle u. auf d. Univers. Berlin. W: OrchStücke, KaM., KlavStücke, Chöre, auch m. Orch., Lieder

MORHANGE, Charles H. V., eigentl. Name von ALKAN

MORJA, B., ps. = JAFFÉ, M.

MORIANI, Napoleone * 10/3 1808 u. † 4/3 1878 Firenze, berühmter OpTenor., 1853/69 GsgL. am Konserv. in Petersburg

MORICONI, Aug. * 1844 Rom, da † 26/12 1907, Organ. W: gute KirchM.

MORIN, August * 1/9 1849 Ödelsheim/Kassel, † 20/1 1929 Frankfurt a. M., SchulML. u. Schr. W: Analysen, Lieder, MilMärsche

MORIN, Jean Baptiste * um 1677 Orleans, † 1745 Paris. W: Kantaten, Motetten

MORIN, René, ps. = FRANCMESNIL, Roger de

MORINI, Erika * 26/5 1906 Wien, lebt da, VVirt. (Wunderkind), Schülerin Sevčiks

MORINI, Ferd. * 1790 Firenze, da † Juni 1879, VVirt., begeistert. Beethovenianer. W: Sinf., Ouv., KaM., VStücke, Kantaten. B: Beethovensche Werke f. Orch. usw.

MORITZ, Edvard, ps. Herbert LOÉ * 23/2 1891 Hamburg, lebt in Berlin, Schüler Juons, auch Geiger u. KM. W: 2 Sinf., NachtM., OrchSerenade, KaM., V- u. KlavStücke, KlavKonz., Chorsuite ‚Empfängnis‘, Lieder

MORITZ, Franz * 8/3 1872 Roebel (Mecklbg), KlavL. in Leipzig. W: Instr. KlavStücke

MORITZ, Kurt * 17/10 1892 Olbernhau (Sachs.), lebt in Erfurt, TheaKM. an versch. Orten. W: Opern, Optte, BühnM., Lieder

MORKS, Jan * 6/10 1865 Dordrecht, † 7/2 1926 Middelburg, KM. u. ML. W: Salon- u. UnterhaltgsM., u. a. ‚Kleppermarsch‘

MORLACCHI, Cesare, Billeteur am Teatro Adriano in Rom, brachte da 1908 seine ‚Bre agna‘ auf die Bühne

MORLACCHI, Franc. * 14/6 1784 Perugia, † 28/10 1841 Innsbruck, seit 1810 KM. der italien. Op. in Dresden. W: 20 Opern, Orator., 10 Messen, Requiem usw.

MORLAYE, Guillaume, franz. Lautenist. W: Lautentabulaturen 1552/58

MORLEY, Ch., ps. = Herm. ERLER

MORLEY, Charles, ps. = BEHR, Franz

MORLEY, H. S., ps. = Felix HIRSCHBERG

MORLEY, Thomas * 1557, † 1603 London, Theoretiker, Schüler von W. Bird, Sgr d. kgl. Kap. W: Madrigale, Ballette (Tanzlieder), Canzonen usw.; ‚A plaine and easie introduction to practicalle musicke‘

MORNINGTON, Garret, Earl of * 19/7 1735 Dangan (Irland), † 22/5 1781, UnivProf. in Dublin 1764/74, W: Glees, Madrigale

MOROLD, Max (eigentl. Max v. Millenkovich) * 16/3 1866 Wien, da MSchr. W: ‚E. Reiter‘, ‚Bruckner‘, ‚H. Wolf‘

MORONI, Umberto * 1878 Salerno, † 3/10 1924 Milano, KlavVirt. W: KaM., KlavKonz., KlavSonate

MORPHY, Don Guillermo * 29/2 1836 Madrid, da † 28/8 1899. W (wertvoll): ‚Die span. Lautenmeister des 16. Jh.‘ (dtsch. v. H. Riemann)

MORRIS, George, ps. = Martin PFAU

MORRIS, Harold * 1890 San Antonio, Texas, lebt in Newyork. W: Sinf., OrchVariat., KaM.

MORRIS, John, ps. = MACKEBEN, Theo

MORRIS, Reginald Owen * 3/3 1886 York, MKrit. u. KontrappProf. am R. Coll. in London, 1926/28 am Curtis Instit. in Philadelphia. W: KaM., Lieder; ‚Contrapuntal technique in the 16. century‘ u. a.

MORRISON, Charles Summer † 73jähr. 5/9 1933 Grand Haven, Mich., Mitarb. d. Verl. Presser. W: viele KlavStücke, Märsche

MORRISS, Guy, ps. = A. W. RAWLINGS

MORS, Richard * 18/8 1873 Mannheim, KonzBegl. in München, Schüler Thuilles, zeitw. TheaKM. W: Oper, sinf. Dichtgen, KaM., Requiem, Lieder

MORSCH, Anna * 3/7 1841 Gransee, † 12/5 1916 Wiesbaden, seit 1885 Besitzerin eines MInst. in Berlin, verdient um den Ver. der MLeh erinnen u. d. Mpädag. Verband, fleißige MSchr. W: ‚Der ital. KirchGsg bis Palestrina‘. H: ‚Der KlavLehrer‘

MORTARI, Virgilio * 6/12 1902 Passirana di Lainate (Milano), lebt in Milano. W: Opern, KaM., KlavStücke, Kantate, Lieder

MORTARO, Antonio, Franziskaner in Brescia, gab 1590/1610 KirchM. u. 3st. Liebeslieder heraus

MORTELMANS, Lodewijk * 5/2 1868 Antwerpen, da seit 1902 KomposL. am vlaem. Konserv. W: Oper, Sinf., sinfon. Dichtgen, KlavStücke, viele Lieder

MORTIER DE FONTAINE — s. FONTAINE

MORTIMER, Peter * 5/12 1750 Puttingham, Surrey, † 8/1 1828 Dresden, zuletzt L. in Herrnhut, erzogen in Niesky (Schles.). W: ‚Der Choralgsg z. Z. der Reformation‘

MORTON, Rich. † April 1921 London, bekannt durch ‚Tarabum de ag.‘

MORTON, Ted, ps. = Walter NOACK

MORY, Janos v. * 10/7 1892 Banska Bystrica (damals ung., jetzt tschechoslow.) Besitzer des Kurorts Neu Csorber See in der Hohen Tatra, stud. Jura, auch auf d. Handelshochsch. in Budapest, Offiz. im Weltkrieg. W: Optten, u. a. ‚La Vallière‘, Märchenspiel, Tatra-Sinf. u. a., OrgStücke, ernste Lieder, Schlager

MOSCA, Giuseppe * 1772 Neapel, † 14/9 1839 Messina, da seit 1823 TheaKM. W: 44 Opern

MOSCA, Luigi * 1775 Napoli, da † 30/11 1824, GsgProf. am Konserv. W: 14 Opern, Orator.

MOSCHE, Wilh. Heinr. Karl * 28/7 1796 Frankfurt a. M., † 27/1 1856 Lübeck, da GymnL. seit 1819, mit d. Gsgunterr. betraut seit 1835. W: Orator., Psalmen, Motetten, StrQuart.

MOSCHELES, Ignaz * 30/5 1794 Prag, † 10/3 1870 Leipzig, Schüler F. D. Webers, später Albrechtsbergers u. Salieris, machte erfolgreiche Kunstreisen als Pianist, 1825 Prof. an d. Akad. in London, 1846 auf Mendelssohns Veranlassg KonservL.

409

zu Leipzig. W: KonzStück ‚Hommage à Händel' für 2 Klav., 7 KlavKonz., KaM., berühmte Etüden (op. 70), Sonaten, Phantasien, Paraphrasen usw.

MOSCOVA — s. MOSKOWA

MOSCUZZA, Vincenzo * Apr. 1827 Siracusa, † Okt. 1896 Napoli. W: Opern, KirchM., Gsge

MOSEL, Giov. Felice * 1754 Firenze, da † nach 1812, VVirt., Schüler Nardinis, 1793 Großherzogl. HofKM. W: KaM.

MOSEL, Ignaz Frz v. * 2/4 1772 Wien, da † 8/4 1844, Dirig. d. ersten Konzerts der Gesellsch. d. MFreunde 1816, seit 1829 Custos der Hofbibl. W: Opern, Ouvert., Hymnen, Psalmen; ‚Versuch einer Ästhetik des dramat. Tonsatzes', ‚Üb. d. Leben u. die Werke des Ant. Salieri' usw. B: Händels Belsazar u. Samson

MOSENTHAL, Jos. * 30/11 1834 Cassel, † 6/1 1896 Newyork, da seit 1856, Pianist (KaM.), Organ. u. Chordir. W: Chöre

MOSENTHAL, Salomon Herm. * 14/1 1821 Cassel, † 17/2 1877 Wien, OpLibrettist

MOSER, Andreas * 29/11 1859 Semlin, † 7/10 1925 Berlin, Schüler Joachims, treffl. VPäd., 1888/1924 L. an d. Berliner Hochschule, lebte zuletzt in Heidelberg. W: ‚Jos. Joachim', ‚Methodik des V-Spiels', ‚Gesch. des VSpiels' (grundlegend); VSchule m. Joachim. H: Brahms - Joachim - Briefwechsel, klass. KaM.

MOSER, Frz * 20/3 1880 Wien, da zeitw. K-Bassist der Hofop., seit 1911 Theor- u. seit 1920 KlavL. an der Akad. in Wien. W: 4 Sinf., Ka-Sinf., Serenade f. 15 Blasinstr., VcKonz., KaM., KlavStücke, 4 Messen, gr. Chorwerke, Chöre, Lieder u. a.

MOSER, Hans Joachim (Sohn von Andreas), Dr. phil. * 25/5 1889 Berlin, lebt da, 1919 Priv-Doz. an d. Univers. Halle, 1925 Prof. d. MWiss. in Heidelberg, auch KonzSger (Bariton), 1927/33 Dir. der Akad. f. Schul- u. KirchM. in Berlin; HonorProf. an d. Univ., Kriegsteiln. W: ‚Der ev. Choral als rhythm. Gebilde', ‚Gesch. der dtsch. M.' (5. Aufl.), ‚Technik der dtsch. Gsgskunst', ‚Musikal. Zeitenspiegel', ‚Das Volkslied in der Schule', ‚Epochen der MGesch.', ‚MLexikon'; ‚J. S. Bach' (1935), ‚Tönende Volksaltertümer' (1935) u. a. Orator., Schulop., Chöre, Lieder, Duette. H: ‚Alte Meister des dtsch. Liedes', ‚Minnesang u. Volkslied' usw. B: Webers ‚Euryanthe' mit neuem Text ‚Die 7 Raben', Händels ‚Orlando furioso' u. ‚Arminio'

MOSER, Joh., Dr. phil. * 14/9 1852 Mainz, † 8/12 1920 Berlin, da seit 1895 als Seelsoger tätig, seit 1874 Priester, wirkte u. a. in Brüssel, Mainz, Darmstadt, Bensheim (LSem.), Verbess. des Klav-Resonanzbodens (ausgeführt v. Rithmüller in Göttingen), sehr musik. interessiert

MOSER, Joh. Bapt. * 1799, † 1863 Wien, Dichter von Wiener Volksliedern

MOSER, Rud. * 7/I 1892 Niederuzwill (St. Gallen), Schüler Regers u. H. Hubers, Dirig. des Münsterchors in Basel, auch Geiger u. TheorL. W: OrchSuite, Ouv., 3 VKonz., KaM., OrgStücke, Chöre, Lieder

MOSEWIUS, Joh. Theodor * 25/9 1788 Königsberg i. Pr., † 15/9 1858 Schaffhausen, erst OpSger, seit 1827 UniversMDir. in Breslau u. Gründer d. dort. Singakad. (1825). W: ‚J. S. Bach in seinen KirchKantaten', ‚J. S. Bachs Matthäuspassion' usw.

MOSHEIM, Frieda * 4/4 1898 Berlin, lebt da, treffl. Bratschistin, seit 1924 Mitglied des LambinonQuart., Schülerin K. Klinglers u. Rob. Kahns, seit 1918 in der Öffentlichkeit

MOSKOWA (MOSSKWA), Prince Joseph Napoleon Ney de la * 8/5 1803, Sohn des Marschalls Ney, † 25/2 1857 St. Germain-en-Laye, Mäzen. W: kom. Opern, Messe

MOSMANS, Albert Jos. Alph. * 18/3 1874 's Hertogenbosch, da MVerleger, auch Chordir. u. MKrit. W: Te deum, MChöre, Lieder, KlavStücke

MOSMANS, Alph. Willem Jos., ps. Arthur CLAESSENS * 7/2 1872 's Hertogenbosch, da MVerleger. W: KirchM., MChöre, Lieder, Org-Stücke

MOSONYI, Michael (BRAND, gen. M.) * 4/9 1814 Wieselburg (Boldog-Asszony), † 31/10 1870 Budapest. W: Opern, Sinf., KirchM., KlavStücke, Lieder usw.

MOSSEL, Isaac * 22/4 1870 Rotterdam, † 29/12 1923 Amsterdam, hervorrag. VcVirt. u. L., 1885/1888 im Berliner Philh. Orch., 1888/1904 im Concertgebouw-Orch. in Amsterdam

MOSSI, Giov. * um 1700 Rom, † ?, VVirt. Schüler Corellis. W (bemerkensw.): Concerti grossi, KaM.

MOSSKWA — s. MOSKOWA

MOSSO, Gius. * 29/6 1883 Santena (Torino), BlindenML. u. Organ. in Torino. W: Preludi u. a. f. Orch., KaM., Stücke f. Org., Klav., V., Messen u. a. KirchM.

MOSSOLOW, Alex W. * 10/8 1900 Kiew, ausgeb. in Moskau, lebt da, sehr radikaler Kompon. W: SinfDichtg, KlavKonz., KaM., KlavSonat., Kantate

MOSZKOWSKI, Moritz * 23/8 1854 Breslau, † 4/3 1925 (Magenkrebs) Paris, Pianist u. Komp. von Ruf, Schüler der Konserv. in Dresden u. Berlin, längere Zeit L. an der Kullakschen Akad. in Berlin, seit 1897 in Paris. W: Sinf. ‚Jeanne d'Arc', 3 OrchSuiten, KlavKonz., VKonz., Oper, Ballett,

M. zu Grabbes ‚Don Juan u. Faust', VStücke, KlavStücke, Lieder usw. — Sein Bruder **Alexander** M. * 15/1 1851 Pilica (Polen), † 26/9 1934 Berlin, da langjähr. Chefredakt. der ‚Lustigen Blätter' u. Feuilletonist des ‚Berliner Tagebl.'. W: ‚Ant. Notenquetscher, satir. Gedicht', ‚Schulze u. Müller im Ring d. Nibelungen', ‚Poet. MGeschichte'

MOTHES, Kurt * 29/5 1880 Mühlhausen i. Th., Schuler des Instit. f. KirchM. in Berlin, 1910 SemML. in Essen a. Rh., 1921 ML. in Gotha, da † 4/7 1922, auch MSchr. W: Weihnachts-Kantate, Chöre, Balladen, Lieder (auch m. Org.), KlavStücke

MOTTA, José Vianna da * 22/4 1868 auf der portug. Insel St. Thomas (Afrika), Schüler des Konserv. zu Lissabon, später von X. u. Ph. Scharwenka, Fr. Liszt u. H. v. Bülow, vielgereister KlavVirt., auch MSchr. Nach längerem Aufenthalt in Berlin 1915/17 am Konserv. in Gent, seitdem Dir. des Konserv. u. Dirig. des SinfOrch. in Lissabon. W: Sinf., StrQuart. ‚Die Lusiaden' f. Chor u. Orch., Portugies. Szenen u. Rhapsodien f. Klav. usw., ‚Studien bei H. v. Bülow', ‚Über Liszts sinf. Dichtgen', ‚E. T. A. Hoffmanns Undine' u. a.

MOTTE-FOUQUÉ, de la — s. FOUQUÉ

MOTTL, Felix * 24/8 1856 Unter-St. Veit/Wien, † 2/7 1911 München, Schüler des Wiener Konserv., 1876 Bühnendirig., 1886 Hauptdirig. in Bayreuth, 1880 HofKM. in Karlsruhe, 1903 GMD. in München. W: Opern, Festspiel, Tanzspiel, StrQuart., Lieder. B: ‚Der Barbier v. Bagdad' von Cornelius. H: Wagners Jugendouvert., Werke von Bach, Gluck, Händel, Rameau usw. — Seine erste Frau (seit 1892) **Henriette**, geb. Standhartner * 6/12 1866 Wien, † Apr. 1933 München, ausgez. WagnerSgrin, zuletzt GsgL.

MOULAERT, Raymond * 4/2 1875 Brüssel, seit 1913 Dir. der MSchule in St. Gilles/Brüssel. W: Oper, OrgStücke, KlavSonat., viele Lieder

MOULLÉ, Edouard, KlavHändler u. Komp. in Paris, Freund u. a. Chabriers, 2. Hälfte des 19. Jh. H: ‚Chants populaires recueillis en Normandie'; ‚Trente trois chants populaires de l'Espagne'

MOUQUET, Jules * 1867 Paris, da KonservProf. W: Orator., sinf. Dichtgen, KaM., Klav-, Org- u. HarmStücke

MOURET, Jos. * 11/4 1682 Avignon, † 20/12 1738 Charenton (Irrenhaus), 1707/36 in Paris Intendant der Herzogin von Maine, Dirig. der Conc. spirituels. W: Opern, Ballette, Motetten

MOUSSORGSKY (franz.) — s. MUSSORGSKY

MOUTON, Charles * 1626, † 1692? Paris, LautenVirt. W: LautenStücke

MOUTON, Jean (de Hollingue, gen. M.), * um 1470 wahrscheinl. Holling/Metz, † 30/10 1522 St. Quentin, bedeutend. Kontrapunktist, Schüler Josquins u. Willaerts. W: Messen, zahlr. Motetten, kunstreiche Kanons usw.

MOUZIN, Ed. (Pierre Nic.) * 13/7 1822 Metz, † 1894 Paris, 1842 L. u. 1854 Dir. des Konserv. in Metz, seit 1871 L. am Konserv. in Paris. W: Opern, viel KirchM., Lieder

MOYNE (auch LE MOYNE), Jean Batt., * 3/4 1751 Eymet (Périgord), † 30/12 1796 Paris, zeitweilig II. KM. Friedrichs d. Gr. in Berlin. W: Opern

MOZART, Leopold * 14/11 1719 Augsburg, † 28/5 1787 Salzburg, erzbisch. ViceKM. seit 1762, Vater des großen Mozart, treffl. Geiger u. L. W: der wertvolle ‚Versuch einer gründl. VSchule', Kirch- u. TheaStücke, Orator., Sinf., KaM. usw. — Sein Sohn **Wolfgang Amadeus** * 27/1 1756 Salzburg, † 5/12 1791 Wien, offenbarte bereits im frühesten Kindesalter seine phänomen. Begabg (mit 6 Jahren KlavVirt., mit 7 Jahren Komp., mit 12 Jahren salzburg. HofkonzM.). Seine Ausbildg zusammen mit seiner älteren Schwester **Marie Anna** [Nannerl] (* 30/7 1751 Salzburg, da 1784 verheir. m. d. Reichsfreih. v. Berthold, da † 29/10 1829) leitete der Vater. Nach langen u. ausgedehnten Kunstreisen, die er mit seinen Kindern unternahm (alle dtschen Höfe, Paris, London, Italien usw. besucht, überall Bewunderung) wurde Wolfgang 1779 Hoforgan. in Salzburg, löste aber 1781 das auf die Dauer unhaltbare Verhältnis zum Erzbischof u. siedelte nach Wien über, wo er 1787 mit 800 fl. Gehalt kaiserl. KaKomp. wurde. Als Komp. entwickelte er eine erstaunliche Fruchtbarkeit; einer unvergleichlichen Leichtigkeit der Erfindg standen die spielende Beherrschg des gesamten kompositionstechnischen Rüstzeugs u. ein nie versagendes feines Formen- u. Stilgefühl fördersam zur Seite. Er hat sich auf allen Gebieten der geistlichen, Op-, Konz- u. KaM. betätigt u. auf allen seine Vorgänger überflügelt. Eine durch Schönheit gezügelte u. geadelte Wahrheit des Ausdrucks, in der sich deutsche Tiefe mit dem Schmelz italienischer Melodik verbindet, ist der Grundzug seiner M. u. hat seinen reifsten Meisterwerken ihre bis heute unverminderte Lebensfrische erhalten. Gesamtausg. seiner Werke bei Breitkopf & Härtel in Leipzig; sie umfaßt u. a. 15 Messen, 1 Requiem, zahlreiche kleinere geistl. Kompos., Kantaten, 18 Bühnenwerke (darunter ‚Bastien u. Bastienne', ‚La finta semplice', ‚Idomeneus', ‚Die Entführ a. d. Serail', ‚Die Hochzeit des Figaro', ‚Don Juan', ‚Cosi fan tutte', ‚Die Zauberflöte', ‚Titus'), einige 40 Arien, Duette, Terzette, 34 Lieder, Kanons, 54 Sinf., einige 60 Divertimenti, Kassationen, Serenaden, Tänze usw. f. Orch., 10 Quint., 28 Quart., Trios, Duosonaten, Konzerte f. Klav., **V.** u. versch. Blasinstrum., KlavM. (Sonaten, Variat.

411

usw.), OrgStücke usw. Ein ‚Chronolog.-themat. Verzeichnis‛ seiner Werke gab Köchel heraus. Beste Biographie die Umarbeitg der Jahnschen (1856) durch H. Abert (1919); sehr wichtig T. de Wyzewa u. G. de St. Foix: W. A. Mozart (1911). Beachtenswert R. Tenschert (1932) u. Rob. Haas (1933). — Sein Sohn W o l f g a n g A m a d e u s * 26/7 1791 Wien, † 29/7 1844 Karlsbad, Pianist, Dirig. des Cäcilien-Ver. in Lemberg, zuletzt ML. in Wien. W (nicht bedeut.): KlavKonz. u. Stücke, u. a. die fälschlich seinem Vater zugeschriebene Romanze in As

MOZZANI, Luigi * 1869 Faenza, lebt seit 1910 in Cento (ObItal.) als Lautenbauer, GitVirt, vorh. Oboist. W: Schule, Capriccios f. Git.

MRACZEK, Jos. Gust. * 12/3 1878 Brünn, seit 1919 in Dresden KomposL. am Konserv., da 1923/1924 Dirig. d. Philharm. Orch., urspr. Geiger (Brünner MSchule, Wiener Konserv.), 1897/1902 KonzM. am Brünner Thea. W: Opern, u. a. ‚Der Traum‛ (bedeut.), ‚Herrn Dürers Bild‛, Ballettpantomime ‚Kismet‛, daraus ‚Oriental. Skizzen‛, OrchBurleske ‚Max u. Moritz‛, sinfon. Dicht. ‚Eva‛ u. a., KlavQuint., StrQuart., KlavStücke, Lieder. — Sein Sohn K a r l * 1/9 1902 Brünn, da † 22/10 1928 (Typhus). W: Op., Sinfonietta, Slav. Tänze, KlavStücke

MRAWEK, R., ps. = MAY, Ed.

MUCCI, Ranieri * 1888 Campli (Abruzzi), KM. in Napoli. W: Optten, Sinf., sinfon. Dichtgen

MUCHANOW, Marie, Gräfin, geb. Gräfin Nesselrode * 1823, † 1874, 1839 mit dem griech. Diplomaten Joh. v. Kalergis verheiratet, von dem sie sich 1840 trennte, seit 1863 mit dem russ. Obersten M. verheir., treue Freundin R. Wagners, dessen Defizit bei seinen Pariser Konzerten (1861) sie deckte

MUCHOW, Siegfr. * 25/9 1906 Berlin, da Vcellist, auch TheaKM. W: Sinfon. Dichtg, KaM., KavStücke, Lieder

MUCK, Jos., Dr. jur. * 16/4 1824 Würzburg, da † Jan. 1891, erst Jurist, dann TheaKM., 1866 in Würzburg LiedertafelDir. W: Oper, ‚Landsknechtszenen‛, ‚Rolands Zeit‛ u. a. f. MSt. mit Orch., Chöre, VcKompos., Lieder usw.

MUCK, Karl, Dr. phil. * 22/10 1859 Darmstadt, lebt in Stuttgart, besuchte die Univers. zu Heidelberg u. Leipzig u. das Leipziger Konserv., treffl. Pianist, seit 1881 TheaKM., 1886 in Prag, 1892/1912 HofKM. in Berlin, 1912/15 Dirig. des SinfOrch. in Boston, dann interniert, seit 1919 wieder in Europa als Gastdirig., 1922/33 Dirig. d. Philharm. Konz. in Hamburg, auch Gastdirig. in Bayreuth, London, Wien, Boston, Madrid usw.

MUDIE, Thomas Molleson * 30/11 1809 Chelsea, † 24/7 1876 London, Pianist. W: Sinf. KaM., viele KlavStücke, Lieder

MÜCKE, Frz * 24/1 1819 Möckern, † 8/2 1863 Berlin, Chordir. u. Red. der ‚Märk. Sängerbund-Ztg‛. W: Opern, MChöre (‚Gott grüße Dich‛, ‚Froh u. frei‛), Lieder usw.

MÜHLAUER, Peter * 24/12 1857 München, da † 23/1 1914 ZithVirt.

MÜHLBERG, Ehrhart * 26/9 1883 Dresden, MStudRat u. Chordir. in Berlin, vorher in Bielefeld, ausgeb. in Dresden u. im Inst. f. KirchM. in Berlin. W: Kinder-, Fr- u. MChöre

MÜHLBERGER, Karl * 21/8 1857 Spitz a. Donau, NÖsterr., MilKM. i. R. in Innsbruck, ausgeb. auf d. Wiener Konserv., seit 1878 MilMus., KM. bis 1919. W (beliebt): Märsche, Tänze

MÜHLDORFER, Wilh. Karl * 6/3 1837 Graz, † 1919 Köln, bis 1880 TheaKM. in Leipzig, 1881/1909 in Köln. W: Opern, Ballette, Ouvertur., MChöre, Lieder

MÜHLEN, R. zur — s. ZUR MÜHLEN

MÜHLENAU, M., ps. = Maxim. MÜLLER

MÜHLFELD, Christian * 1850, † 3/4 1932 Meiningen, KirchMDir. W: KirchM.

MÜHLFELD, Rich. * 28/2 1856 Salzungen, † 1/6 1907 Meiningen, da seit 1873 Mitglied der Hofkap., dann auch MDir., bedeut. Klarinettist (Autodidakt), m. Brahms befreundet

MÜHLHÖLZL, Fritz * 24/10 1890 München, da Git- u. ZithVirt. u. Komp.

MÜHLING, Aug. * 26/9 1786 Raguhn/Dessau, † 3/2 1847 Magdeburg, da seit 1823 KonzDirig. u. Organ. W: Orat., Sinf., OrgStücke, Chöre, Lieder. — Sein Sohn J u l i u s * 3/7 1810 Nordhausen, † 10/2 1880 Magdeburg, da Nachfolger seines Vaters. W: Klav- u. OrgStücke, Chöre, Lieder

MÜHLSTÄDT, Karl * 5/8 1886 Meissen, Musiker in Leipzig. W: Märsche

MÜLLER, Gebrüder, K a r l (* 11/11 1797, † 4/4 1873), ausgez. Geiger; G u s t a v (* 3/12 1799, † 7/9 1855); T h e o d o r (* 27/9 1802, † 22/5 1875) u. G e o r g (* 29/7 1808, † 20/10 1875); alle vier in der Hofkap. zu Braunschweig, bildeten 1831/55 ein berühmt. StQuart., ebenso später ihre Söhne K a r l (M.-Berghaus * 14/4 1829, † 11/11 1907 Stuttgart, KM. in Rostock u. Wiesbaden, seit 1880 privatisierend in Stuttgart, ein ausgez. Instrumentator, auch Komp.); H u g o (* 21/9 1832, † 26/6 1886 Braunschweig); B e r n h. (* 24/2 1825, † 4/9 1895 Rostock) u. W i l h. (* 1/6 1834, † Sept. 1897 Newyork), 1869/79 Mitglied d. (Berl.) Joachim-Quart. u. L. an der Hochschule

MÜLLER, Adolf * 7/10 1810 Tolna (Ungarn), † 29/7 1886 Wien, Komp. von mehr als 640 (!) Possen, Singspielen, Opern, 1826 Sgr am KärntnertorThea. in Wien, 1828 KM. am Thea. a. d. Wien. — Sein Sohn A d o l f M. jun. * 15/10 1839 Wien, da † 14/12 1901, 1875 KM. der dtsch. Op. zu Rotterdam, seit 1883 am Thea an d. Wien zu Wien. W: Opern, Optten, Chöre, Lieder

MÜLLER, Alex. * 1808 Erfurt, † 28/1 1863 Zürich, da seit 1834 KlavL., auch Chordir., Freund R. Wagners. W: KlavStücke, Chöre u. a.

MÜLLER, Aug. * 1810, † 25/12 1867 Darmstadt, Mitgl. d. Hofkap., KBVirt. W: KBStücke

MÜLLER, Aug. * 1889 — s. Edu. Aug. MOLNAR

MÜLLER, Aug. Eberh. * 13/12 1767 Northeim (Hann.), † 3/12 1817 Weimar, 1804 Thomaskantor zu Leipzig, 1810 HofKM. in Weimar. W: 11 Fl-Konz., KaM., große u. kleine KlavSchule, Klav-Sonaten, Caprizen, Variationen

MÜLLER, Bernh. — s. MÜLLER, Gebr.

MÜLLER, Bruno — s. MÜLLER-BRUNOW

MÜLLER, Charlotte, ps. Charlie MILLER * 30/4 1886 Berlin, lebt da bzw. in Cladow/Spandau, ausgeb. v. Schmalstich u. Edv. Moritz. W: Optten

MÜLLER, Christ. Gottlieb * 6/2 1800 Nieder-Oderwitz/Zittau, † 29/6 1863, 1829 Dirig. der Leipziger ‚Euterpe', seit 1838 StadtMDir. in Altenburg. L. Fr. Abts u. a. W: Opern, Sinf., KirchStücke, Gsge usw.

MÜLLER, Edmund Jos. * 7/2 1874 Marienheide (Rhld), urspr. VolksschulL., Schüler des Kölner Konserv., dann städt. MDir. in Eschweiler, Leiter der Dürener MSchule, jetzt ML. (StudRat) an höh. Schulen Kölns, Gründer (1918) u. Dir. des Volkschors, Leiter d. SchulMAbtlg an der staatl. MHochschule. W: ‚Der Gsgunterr. an höh. Knabenschulen', ‚Die MPflege im neuen Deutschland'. H: ‚M. im Leben'

MÜLLER, Edu. Aug. — s. E. A. MOLNAR

MÜLLER, Erasmus, gen. Leporello-Müller, auch Müller-Leporello * 27/8 1853 Zwickau, sehr gesch. GsgL. in Berlin, urspr. Jurist, dann Pianist, ausgebildet in Lpzg (Konserv.), dann Schüler von Karl Reß, Luise Reß u. Jul. Hey, OpSgr (Baß) in Rostock u. Gera, † 6/10 1935

MÜLLER, Erich H., Dr. phil. * 31/8 1892 Dresden, MSchr. in Berlin, vorher lange in Dresden, auch in Hermannstadt, Siebenb. W: ‚Angelo u. Pietro Mingotto', ‚Jos. G. Mraczek'. H: Simrock-Jahrbuch; Dtsch. Musiker-Lexikon

MÜLLER, Ernst * 2/8 1866 Leipzig, Schüler des dort. Konserv., da GsgL., Kantor, Organ., MSchr., bedeut. KirchMusiker. W: Choralkantaten, Motett., KaM., KlavStücke, Lieder usw.

MÜLLER, Ernst * 11/8 1889 Eilenburg, Mker in Görlitz. W: UnterhaltgsM.

MÜLLER, Ernst (auch Müller-Betzin) * 30/8 1892 Memel, KM. in Osterode, OstPr., vorher in Liegnitz. W: OrchStücke, u. a. Suite, UnterhaltgsM.

MÜLLER Frz (Heinr.) * 1/2 1887, Cho. dir. in Klostergrab/Teplitz-Schönau. W: Optte, Oratorien, Messe, Chöre, Lieder

MÜLLER, Franz K. Fr. * 30/11 1806 Weimar, da † 2/9 1876, RegRat, Vorkämpfer für Wagner. W: ‚Tannhäuser' (1853); ‚R. Wagner u. das M-Drama'; ‚Lohengrin', ‚Tristan', ‚Ring des Nibelungen', ‚Meistersinger'

MÜLLER, Friedr. * 10/12 1786 Orlamünde, † 12/12 1871 Rudolstadt, da 1803 Klarinettist der Hofkap., 1831/54 HofKM. W: Sinf., Konz. u. Stücke f. Klarin. u. f. Horn usw.

MÜLLER, Friedr. * 23/7 1893 Wandsbeck, ML. in Hamburg, da ausgeb. (Bernuths Konserv.). W: Ouvertüren, UnterhaltgsM.

MÜLLER, Friedr. Konr. — s. MÜLLER von der WERRA

MÜLLER, Fritz * 1889 — s. MÜLLER-REHRMANN

MÜLLER, Fritz, MHandlg u. Verlag, Karlsruhe, gegr. 1899, seit 1925 damit vereinigt die HofMHandlg Fr. Doert, gegr. 1847

MÜLLER, Geo. 1808/75 — s. MÜLLER, Gebr.

MÜLLER, Geo. * 13/1 1840 Frankf. a. M., † 13/4 1909 Baden/Wien, 1868/97 gefeierter Tenorist der Wiener Hoioper

MÜLLER, Geo. * 13/12 1882 Berlin, da seit 1918 Flötist der Staatsop., da ausgeb. auf der Hochsch., Kriegsteiln., FlGeschForscher. W: Böhm-Fl-Studien; ‚Friedrich d. Gr., seine Flöte'. H: FlW. von Quantz u. Friedr. d. Gr.

MÜLLER, Geo. Gottfried * 1870, † 30/7 1930 Graz, da Organ. u. Kompon., Schüler Bruckners

MÜLLER, Gottfried * 8/6 1914 Dresden, lebt da, lehnte 1. Nov. 1934 den Ruf als L. an das Konserv in Leipzig ab, um nur seinem Schaffen zu leben, Schüler Toveys u. Straubes. W: Orch-Variat., 90. Psalm, Dtsch. Heldenrequiem u. a.

MÜLLER, Gust 1799/1855 — s. bei Gebrüder MÜLLER

MÜLLER, Hans, Dr. phil. * 18/9 1854 Köln, † 11/4 1897 Berlin, da seit 1886 MGeschL. an d. Hochschule. W: ‚Die Musik Wilhelms von Hirschau', ‚Hucbalds echte und unechte Schriften', ‚Abhandl. üb. MensuralM.' usw.

MÜLLER, Heinr. * 27/6 1870 Ballersheim, Kr. Gießen, seit 1920 SemML. in Friedberg (Hess.). W: Singschule, Sammlg 2- u. 3st. Gsge, Sammlg von OrgKompos. f. d. Gottesdienst

MÜLLER, Heinr. Fidelis * 23/4 1837 Fulda, da † 30/8 1905, 1859 Priester, Pfarrer in Kassel (1873/90) u. Amöneburg, seit 1894 Domkapitular, seit 1902 Domdech. in Fulda. W: vielgesung. Orat. f. kathol. Ver., geistl. Chöre, Lieder usw.

MÜLLER, Herm. * 13/5 1841, † 14/11 1907 Barmen, Schüler seines Bruders Brah-Müller (s. d.), seit 1867 GsgL. am Elberfelder Realgymnasium. W: weitverbreit. Märchen u. Kantaten f. Schul- oder gem. Chor, Soli, Deklamat. mit Klav., Chöre, Lieder

MÜLLER, Herm., Dr. theol. * 1/10 1868 Dortmund, † 17/1 1932 Paderborn, da seit 1893, 1894/1901 Domchordir., 1901 TheolProf., 1910 GenPräsid. d. Allgem. Dtschen Cäcilien-Ver. W: Kirchmusikal. Schriften

MÜLLER, Hugo — s. MÜLLER, Gebr.

MÜLLER, Johann † 30/10 1924 Wien. W: Märsche, Lieder

MÜLLER, Johannes * 23/7 1893 Berlin, da Op- u. OpttenSgr, s. Z. geradezu volkstüml. geworden durch seinen Schubert im ‚Dreimäderlhaus', urspr. Schauspieler, seit 1916 als Tenorist tätig. W: Optten, u. a. ‚Liebesintermezzo' (3 einakt. Optten, bes. ‚Wenn der Rechte kommt' reizend), ‚Tanzschlager, Couplets

MÜLLER, Johannes, ps. Joh. Paul THILMAN * 11/1 1906, lebt in Dresden. W: OrchSuiten, KaM.

MÜLLER, Joh. Edm., ps. Hanns KOLBE * 5/10 1894 Kolberg, lebt in Berlin-Zehlendorf. W: UnterhaltgsM., Lieder

MÜLLER, Jos. * 1839, † 18/7 1880 Berlin, 1871/74 Red. der ‚Allgem. musik. Ztg' u. Sekretär der Kgl. Hochschule f. M. W: ‚Die musik. Schätze d. kgl. u. UniversBibl. in Königsberg'

MÜLLER, Iwan * 3/12 1786 Reval, † 4/2 1854 Bückeburg, berühmter Klarinettist, Erfinder d. AltKlarin., lebte viel in Paris. W: KlarinKonzerte, Variat. u. a.

MÜLLER, Karl 1797/1873 — siehe MÜLLER, Gebr.

MÜLLER, Karl * 21/10 1818 Weißensee bei Erfurt, † 19/7 1894 Frankf. a. M., da 1860/92 CäcilienVerDir., 1846/60 in Münster i. W. W: Ouvert., Kantaten usw.

MÜLLER, Karl Christian * 3/7 1831 Meiningen, † 4/6 1914 Newyork, da seit 1854 ML. (besond. Theorie). W: Sinf., OrgSon., KaM., MChöre, Lieder; ‚Harmonic exercises'

MÜLLER, Karl Friedr. * 1894 — s. MÜLLER-PFALZ

MÜLLER, Karl Hugo * 30/11 1868 Eichstätt, Organ. in Eisenach, da † Aug. 1935. W: viele Lieder m. Git.

MÜLLER, Karl Ludwig * 2/1 1875 ML. in Düsseldorf. W: KaM., KlavStücke, Lieder, auch m. Orch.

MÜLLER, Kurt * 23/7 1906 Lörrach, lebt da, VPädag, auch in Basel, Bratschist, Schüler Ph. Jarnachs, Geo. Kulenkampffs u. Ferd. Küchlers. W: Sonaten f. V. allein, Stücke f. 3 V., MChöre, Lieder u. a.

MÜLLER, Ludwig * 11/1 1879 Eslarn, Bay., lebt in München, Schüler Beer-Walbrunns u. Hans Grimms. W: Oper, 2 Sinf., Chöre, Lieder

MÜLLER, Maria * 1900 (?), Preuß. KaSgrin in Berlin, sehr viel im Ausland, bes. in Newyork, zuerst in München (Staatsop.) engagiert

MÜLLER, Maximilian, ps. M. MÜHLENAU * 9/7 1882 Wien, da ausgebild., seit 1921 MVerleger in Berlin, reiste üb. 10 Jahre als KM. eines GsgEnsembles. W: theoret. Schriften, Lieder

MÜLLER, Otto * 10/1 1837 Augsburg, † 8/3 1920 Wien, da seit 1869 Organ. u. TheorL. an der Lehranstalt des Allg. KirchMVer. W: Messen, Stabat mater, KaM., OrgStücke

MÜLLER, Otto * 12/6 1867 Berlin, Harfenist, 1905/30 Vorsitzend. des Berliner Philharm. Orch. (darin seit 1882)

MÜLLER, Otto Max * 24/3 1882 Tangermünde, da Kaufmann. W: Lieder u. Schlager

MÜLLER, Paul * 19/6 1898 Zürich, lebt da, da Schüler V. Delpys, 1917/19 Phil. Jarnachs u. V. Andreaes. W: Singspiel, M. z. Puppenspiel ‚Dr. Faust', Sinfon., ‚Marienleben' Suite f. KaOrch., KaM., KlavStücke, Te deum, Lieder

MÜLLER, Peter * 28/7 1791 Kesselstadt/Hanau, † 29/9 1877 Langen (Hess.), 1817/39 SemML. in Friedberg (Hess.), 1839/77 Pastor in Staden. W: Opern, Str- u. BlasQuint., OrgStücke, volkstüml. MChöre, Lieder (‚Wenn in die Ferne')

MÜLLER, Peter † 22/8 1925 Rom, da langjähr. Chordirig. der dtschen Kirche

MÜLLER (auch MÜLLER-MARC), Raymund * 30/11 1910 Johannesburg, SAfrika, lebt in Augsburg. W: UnterhaltgsM.

MÜLLER, Reinhard, ps. Reiny ROLAND * 20/4 1898, Bearb. für Salon- u. Jazzorch. in Leipz., vorher in Dresden. W: UnterhaltgsM.

MÜLLER, Rich. * 25/2 1830 Leipzig, da † 1/10 1904, GsgL. u. VerDirig. W: geistl. u. weltl. Chöre, Lieder usw.

MÜLLER, Rich., Dr. phil. * 12/3 1853 Kamenz (Sachs.), † 26/11 1917 Dresden, da seit 1888 Stimmbildner, Schüler v. Luise Reß, urspr. Naturwissenschaftler

MÜLLER (auch Müller-Eder), Rud. * 5/6 1887 Burgstädt (Sa.), SchulL. in Wiederitzsch-Leipzig. W: StrQuart., Chöre

MÜLLER, Rud. * 11/1 1889 Marienberg (Sa.), seit 1920 städt. MDir. in Emden, Schüler der Berl. Hochschule u. Univers. W: KaM., Chöre, Lieder

MÜLLER, Sigfrid Walter * 11/1 1905 Plauen (Vogtl.), OrchDirig. u. Pianist in Leipzig, Schüler seines Vaters (SemML.) bis 1915, dann Autodidakt bis 1923, dann Lpzger Konserv. (Schüler Karg-Ehlerts, Ramins). W: ,Heitere M. f. Orch., KaM., Klav- u. OrgStücke, 8st. Gloria

MÜLLER, Theod. — s. MÜLLER, Gebr.

MÜLLER, Valentin * 7/2 1830 Münster i. W., † 24/7 1905 Selisberg (Schweiz), Vcellist, 1845 Schüler Jos. Menters in München, dann 1847/67 in Brüssel zuerst Schüler, dann Assistent von Fr. Servais, 1867/90 L. am Hochschen Konserv. in Frankfurt a. M., seitdem in Rom, da auch Organ., vor allem als KaMSpieler von Bedeutg

MÜLLER, Walther, Dr. phil. * 7/11 1884 St. Gallen, da seit 1920 Chordir. W: Chöre; ,J. A. Hasse als Kirchenkomponist'

MÜLLER, Wenzel * 26/9 1767 Tyrnau (Mähren), † 3/8 1835 Baden/Wien, KM. in Wien seit 1786. W: 227 Bühnenstücke, u. a. ,Die Schwestern von Prag', ,Das neue Sonntagskind', Lieder (,Wer niemals einen Rausch gehabt' usw.)

MÜLLER, Wenzel (20. Jh.), ps. = Otto STRANSKY

MÜLLER, Wilh., Vcellist, 1834/97 — s. MÜLLER, Gebr.

MÜLLER, Wilh. * 5/9 1863, KirchKM. i. R. (Prof.) in München. W: Kreuzesschule f. Oberammergau, dram. Legende, Singspiele, BühnM., gr. Chorwerke m. Orch., Kantaten, Chöre, Lieder, auch Kinderlieder, Stücke f. Horn, Klarin., V.

MÜLLER, Wilh. Christian * 7/3 1752 Wasungen/Meiningen, † 6/7 1831 Bremen, Domkantor u. MSchr. W: ,Versuch einer Aesthetik der Tonkunst' 1830

MÜLLER, William * 4/2 1845 (1844?) Hannover, da † 21/7 1905, berühmter Heldentenor, urspr. Dachdecker, 1868/74 in Hannover, 1874/77 in Leipzig, 1877/84 in Berlin (Hofoper), dann bis 1893 wieder in Hannover

MÜLLER, Willibald * 10/7 1877 Kraptsdorf, Thür., MDir. in Wesel. W: Märsche. B: f. BlasM.

MÜLLER, Willy — s. MÜLLER-CRAILSHEIM

MÜLLER-BERGHAUS — s. MÜLLER, Gebr., Karl

MÜLLER-BETZIN, Ernst — s. MÜLLER, Ernst

MÜLLER-BLATTAU, Jos., Dr. phil. * 21/5 1895 Kolmar i. E., seit Herbst 1935 Prof. der MWiss. an d. Univ. Frankf. a. M., 1922 PrivDoz., 1928 ao. Prof. an d. Univ. Königsberg; Kriegsteiln., Schüler Fr. Ludwigs u. Pfitzners. W: ,Das Elsaß, ein Grenzland dtsch. M.'; Gesch. der Fuge'; ,Händel' (1933); ,Einführg in die MGesch.'; ,Brahms' usw. H: Königsberger Studien zur MWissensch.; Schütz, Heinr., KomposLehre; ,Die hohe Schule der M.'

MÜLLER - BRAUNAU, Henry * 28/7 1857 Hamburg, da Schüler Emil Krauses, lebt in Sachsenhausen, Mark Brandenburg, Erfinder der Pedalgeige (1890), des Pentaphons (1903) u. der Sondure (Klaviergeige, 1925), die ohne Geigenbogen mittelst von einem Pedal bewegten Streichbandes gespielt werden; auch Erfinder eines StrOrchestrions (1901). W: Stücke f. Sondure; Intervall- u. Akkord-Tabelle. — Seine Gattin Martha, geb. Kasten, Schülerin Oskar Pauls, unterstützt ihn bei seinen Vorführungen

MÜLLER-BRUNOW (eigentl. Bruno MÜLLER) * 1853, † 11/12 1890 Leipzig, SpezialL. (primärer Ton) f. Stimmbildg u. Gesg. W: ,Tonbildg oder Gsgunterricht' (8. A. 1922)

MÜLLER-BUESSOW, Artur * 4/5 1867 Drebkau, Kr. Kalau, MStudRat in Berlin. W: Opern, Sinf., StrQuart., Chöre, Lieder

MÜLLER-CRAILSHEIM, Willy * 6/8 1896 Crailsheim, Württ., VVirt., seit 1927 in Weimar, da II. u. 1934 I. KonzM. der Staatsop., auch L. (1934 Prof.) an der MHochsch., ausgeb. in Stuttgart (Hochsch.: Wendling, Jos. Haas), da 1922/23 VL., 1923/26 in der Staatskap. in Dresden. W: ,Repetitor. der ersten geigentechn. Grundlagen'

MÜLLER-DAUBE, Otto * 10/11 1888 Bielefeld, seit 1917 in Detmold, VVirt. W: 6 Sinf., KaM.

MÜLLER-EDER, Rud. — s. MÜLLER, Rudolf

MÜLLER - EISENACH — s. MÜLLER, Karl Hugo

MÜLLER-HANSEN, Karl * 8/1 1871 Pforzheim, Leiter einer MSchule in Berlin seit 1907, Schüler E. Breslaurs u. Bargiels, KlavL. W: OrchStimmungsstücke, KlavSalonstücke, Chöre usw.

MÜLLER - HARTMANN, Rob. * 11/10 1884 Hamburg, da TheorL. u. MSchr. W: Sinf., Suite, Ouverturen, OrchVariationen, KM., KlavStücke, Lieder

MÜLLER-HARTUNG, Karl * 19/5 1834 Stadtsulza, † 11/6 1908 Charlottenburg, Schüler Kühmstedts, dessen Nachfolger 1854 in Eisenach; 1865/89 KirchMDir., 1869/89 OpKM., 1872/1902 Dir. der großhzgl. Orch- u. MSchule zu Weimar. W: OrgSonaten, Psalmen, liturg. u. MChöre, ,Theorie der M.' Bd. 1 u. a.

415

MÜLLER - HERMANN, Johanna * 15/1 1878 Wien, da Theor.- u. KomplL. am Neuen Konserv. W: Sinf. mit Chor u. Soli, KaM., Chöre, Duette, Lieder (auch mit Orch.) u. a.

MÜLLER v. KULM, W. * 31/8 1899 Basel, da TheorL. am Konserv., ChorM. u. KonzSgr (Bar.), urspr. VolksschulL., Schüler W. Wehrlis u. der Konserv. in Zürich u. Basel. W: Sinf., V-Konz., KaM., OrgStücke, Chöre, auch m. Orch., viele Lieder

MÜLLER-LEPORELLO — s. MÜLLER, Erasmus

MÜLLER-MAINAU, Karl * 22/10 1894 Wien, lebt da. W: 4 StrQuart.

MÜLLER-MARC — s. MÜLLER, Raymund

MÜLLER-MOLNAR, Ed. Aug. — s. MOLNAR, Ed. Aug.

MÜLLER-NORDEN, Albert * 2/1 1879 Dresden, da Vortragskünstler, auch Schr., Thea- u. KonzAgent, da ausgeb. auf dem Konserv. W: Optten, Lieder, UnterhaltgsM.

MÜLLER von der OCKER, Fritz * 21/2 1868 Braunschweig, † 20/4 1931 Magdeburg, urspr. Geiger, VerDirig., in Magdeburg. W: Op., Optten, WeihnStücke, Ouvert., KaM., Chöre, Lieder

MÜLLER-PFALZ, Karl Friedr., Dr. phil. * 2/3 1894 Pirmasens, Pianist, KonzBegl. in Berlin, Schüler v. B. Kellermann, F. Klose u. Courvoisier. W: KaM., Lieder

MÜLLER - REHRMANN, Fritz * 3/12 1889 Nürnberg, seit Herbst 1934 ML. in Berlin, ausgeb. in München u. Berlin, dann Korrepetitor in St. Gallen u. Karlsruhe, 1919/20 SngakadDir. in Glogau, 1921/34 MSchulDir. in München. W: OrchSuite, KaOrchStücke, KaM., KlavStücke, auch 4hdge, ‚Grundlagen der modernen Harmonik'

MÜLLER-REUTER, Theodor * 1/9 1858 Dresden, † 13/8 1919 Leipzig, Schü'er u. a. von Wieck, Meinardus, Bargiel, 1887 in Dresden VerDirig., da seit 1892 KonservL., 1893/1918 städt. MDir. in Krefeld. W: Opern, Chorwerk, Fr- u. MChöre, Lieder, KlavKonz., KlavT io usw.; ‚50 Jahre M-Leben am Niederrhein', ‚Lexikon der dtschen Konz-Literatur'

MÜLLER-RONNEBURGER, Katharina * 21/2 1846 Berlin, da † Jan. 1933, KonzSgerin u. GsgL.

MÜLLER-THÜRLINGS, Wilhelm * 20/2 1877 Köln, Schüler des dort. Konserv. (Wüllners), ML. in Schwerin. W: Chöre, Lieder

MÜLLER-WENDISCH, Max * 29/6 1870 Leisnig (Sa.), VVirt., seit 1913 in Hirschberg (Schles.). W: VSchule, ‚Die Akkordgeschlechter auf der V.' u. a.

MÜLLER von der WERRA, Frdr. Konrad * 14/11 1823 Ummerstadt (Meining.), † 26/4 1881 Leipzig, volkstüml. Liederdichter. H: ‚Neue Sängerhalle' (1861/71), ‚Allgem. Reichskommersbuch f. dtsche Studenten' u. a.

MÜLLER-ZÜRICH, Paul — s. MÜLLER, Paul

MÜLLERHARTUNG — s. MÜLLER - HARTUNG

MÜNCH, Ernst * 1859 Niederbronn, † 1/4 1928 Straßburg, da 1885/1925 KirchChordir.

MÜNCH, Ernst * 1/1 1879 Weinböhla/Meißen, seit 1903 in Dresden, urspr. SchulL. W: Sinf., KaM., KlavStücke, Lieder

MÜNCH, Gerhart * 1907 Dresden, Pianist (Wunderkind)

MÜNCH, Hans * 9/3 1893 Mülhausen i. Els., seit 1912 in Basel, da seit 1918 L. f. Klav. u. ChorGsg an der MSchule, seit 1926 Dirig. des GsgVer. u. der Liedertafel, seit 1935 (als Nachf. Weingartners) KonservDir. W: KaM., Klav- u. OrgSücke, Chöre, Duette, Lieder

MÜNCH-HOLLAND, Hans * 15/1 1899 Bern, vielreisender, auch viel KaM. spielender VcVirt., seit Herbst 1933 HochschulProf. in Köln, ausgeb. in Stuttgart (Hochschule), da 1922 Nachfolger s. Lehrers A. Saal als KonzM., erneutes Studium bei H. Becker, 1924 I. SoloVc. in Bayreuth, 1924/33 KonzM. im Gewandhaus in Leipzig, auch L. am Landeskonserv.

MÜNCHHEIMER, Adam — s. MINHEJMER

MÜNGERSDORF, Theodor * 28/2 1870 Frankfurt a. M., † 21/12 1932 Berlin, Dir. der nach ihm gen. Chorvereinigg (J. Haydn-Chor u. Pankower OratVer.) u. der AEGBeamtenLiedertafel in Berlin, vorher Korrepet. bzw. TheaKM. in Frankfurt a. M. u. Cassel usw. W: Chöre, Lieder, VcStücke

MÜNNICH, Hans Friedr. * 15/7 1876 Berlin, da KlavL. seit 1902. W: KlavStücke, Material f. d. Jankoklaviatur, Lieder

MÜNNICH, Rich., Sohn Rudolfs, Dr. phil. * 7/7 1877 Berlin (Steglitz), 1904 L. am Riemann-Konserv. in Stettin, 1908/34 GsgL. (1924 StudRat) an Berliner Schulen, zeitw. auch Chordirig., seit 1910 auch L. am Klindworth-Scharwenka-Konserv. Seit 1934 in Naumburg a. S. wohnend, Prof. f. MGesch. u. Leiter des Inst. f. KirchM. an der Hochsch. in Weimar. Sehr verdient um den Schulgsg. W: Motett., kleine Harmonielehre (Wohlfahrt-Schulz), ‚Die Suite'; ‚Jale' (1930); darin eine die Vorzüge der Eitz- u. Tonika-Do-Methode vereinigende Solmisation. H: Ztschr. f. SchulM. ‚Frisch gesungen', ‚Beiträge z. SchulM.' u. a.

MÜNNICH, Rud. * 18/6 1836 Berlin, da † 24/12 1915, Pianist, Chordir. u. MSchr. W: Chorwerk ‚Das Ideal u. das Leben', Requiem, Lieder

MÜNTZEL, Herbert * 18/5 1909 Neubrandenburg, Mitarb. der Fachschaft ‚Ev. KirchM.' in Berlin-Steglitz, stud. in Freiburg i. B. (Univers.) u. auf der Akad. f. Schul- u. KirchM. in Berlin, gepr. Organ. W: StrOrchSuite, ‚Die Fahne der Verfolgten', MChorzyklus, Motetten

MÜNZER, Georg, Dr. phil. * 4/9 1866 Breslau, † 24/4 1908 Berlin, da seit 1902, Schüler von Bohn, Spitta, Bellermann, Klindworth. W: ‚Wagners Ring des Nibelungen', ‚H. Marschner', ‚Das Singebuch des Adam Puschmann'; Analysen Lisztscher Werke, die MRomane, ‚Wunibald Teinert' u. ‚Der Märchenkantor', Horntrio, VSonate, Lieder usw.

MÜRBE, Otto * 28/5 1857 Döbberin, Kr. Lebus, seit 1880 L., seit 1896 Organ. in Berlin. W: Motetten, Duette, Lieder

MÜRL, Eugen * 19/6 1898, KM. in Bremerhaven, vorher in Wesermünde. W: Charfreitagskant., Chöre, Lieder, UnterhaltgsM.

MÜTHEL, Joh. Gottfr. * 1720 Mölln, † 1790 Riga, 1738/50 KaMusiker u. Hoforgan. in Schwerin, seit 1753 in Riga bes. Organ. W: KlavKonz., Sonaten, Variat., Kantaten, Oden, Lieder

MUFFAT, Georg * um 1645 Schlettstadt i. Els., † 23/2 1704 Passau, bischöfl. KM. seit 1690, früher in Mosheim (Els.), Paris, Salzburg u. Rom, bedeut. Organ. u. Komp. W: OrchSuiten, Konz. f. StrInstrum., Sonaten usw. — Sein Sohn A u g. G o t t l i e b M. * 1690 in Passau, † 10/12 1770 Wien, da 1717/63 Hoforgan. W: Org- u. KlavKompos.

MUGELLINI, Bruno * 24/12 1871 Potenza, † 15/1 1912 Bologna, da 1898 KlavL. am Liceo, dessen Dir. 1911, ausgez. Pianist. W: sinf. Dichtg, KaM., KlavSonat., KirchM. H: KlavWerke von Bach, St. Heller, Mozart usw.

MUGNONE, Leopoldo * 29/9 1858 Neapel, da ausgez. Dirig. W: Opern, Optten

MUHR, Ferry * 8/3 1895, lebt in Berlin. W: UnterhaltgsM.

MUKLE, May Henrietta * 14/5 1880 London, da vielreis. VcVirt., Wunderkind. W: VcStücke

MULÉ, Gius. * 28/6 1885 Termini Imerese (Siz.), Schül. d. Konserv. in Palermo, dessen Dir. 1922, seit Herbst 1925 Dir. des Lic. di S. Cecilia in Rom, urspr. Vcellist, dann Konz- u. OpDirig. W Opern, u. a. ‚Dafne' (1928), BühnM., Orator., Suite ‚Sicilia', StrQuart., Gsge. — Sein Bruder G i o v a n n i * 1889. W: Optte, Gsge

MULERT, Friedr. v. * 1859 Mitau, Vcellist, Schüler Davidovs, L. an der MSchule in Kiew. W: OrchSuiten, VcKonzerte u. a.

MULET, Henri * 17/10 1878 Paris, da Organ. W: sinfon. Dichtgen, Esquisses Byzantines f. Org.

MULLEN, Frederic (ps. Léon Adam; Eileen Ashton; John Ashton; Paul Beaupré; Cyril Burgess; Philippe Curton; Denis Duprès; Emil Durand; Jean Leclerq; Anton Lemieux; Gaston Lemuné; M. Lepine; Pierre Lescaut; Bertrand Lesonné; Paul Lestére; Gustave Lind; Jean Morel; Victor Salcède; Cyril Thorne; Jean Valjean; Paul Vardon), lebt in London. W (1900 ff.): SalonKlavStücke

MULOSHAI, Emile, ps. = INGHELBRECHT

MUNCK, Ernest de — s. DEMUNCK

MUNDA, Anton * 1/11 1875 St. Georgen (Steierm.), SchulML. in Wien, da u. auf dem Leipziger Konserv. ausgeb., war Thea- u. KonzKM an verschied. Orten, gründete die Milit. InstrMSchule. W: Oper, Chöre, auch m. Orch., Lieder

MUNGO, Bobby de, ps. = Kurt DRIESCH

MUNIER, Carlo * 15/7 1859 Napoli, † 10/2 1911 Firenze, vielgereister MandolVirt. W: MandolSchule u. viele Kompos.

MUNKEL, Heinz * 19/4 1900 Köln, EnsKM. ohne festen Wohnsitz, ausgeb. in Köln (Konserv.). W: Oper, KaOrchStücke, KaM., VStücke, KlavStücke, Lieder

MUNTER, Friedr., Dr. phil. * 1881 Riga, Schüler Thuilles, auch MWissenschaftler, 1923/29 Dir. der VolkssinfKonz. des KonzVer. in München, lebt da. W: ‚L. Thuille'

MUNZ, Theodor * 11/5 1868 Seelbach, Amt Lahr (Bad.), seit 1899 Dir. e. eign. Konserv. in Karlsruhe, da auch KirchChordir., ausgeb. auf d. städt. Konserv., dann da 9 Jahre L. W: Sinfon., Ouvert., kl. OrchStücke, Chöre

MUNZINGER, Edgar * 4/8 1847 Olten (Schweiz), † 23/9 1905 Basel, Schüler des Leipziger Konserv., 1884/93 in Winterthur Organ. u. MDir., dann Dir. des Eichelbergschen Konserv. in Berlin, seit 1898 in Basel. W: Oper, 3 Sinf., Kantaten, FrChöre m. Orch. usw.

MUNZINGER, Eduard * 24/6 1831 Olten (Aargau), † 31/3 1899 Neuchâtel, Schüler des Leipziger Konserv., VerDirig. in versch. Orten. W: Kantate ‚Sempach', viele Chöre usw.

MUNZINGER, Karl * 23/9 1842 Balsthal, Kant. Solothurn, † 16/8 1911 Bern, da bis 1909 MSchulDir., Schüler des Konserv. in Leipzig. W: Kantate ‚Die Murtenschlacht', Chöre, Lieder

MURDOCH, MURDOCH & CO., MVerlag in London seit 1885

MURGI, Gino, ps. William NELSON * 1886, ausgeb. in Bologna, Berater des MVerl. Ricordi in Milano. W: Optten

MURIS, Joh. de, MTheoret., * um 1290 in d. Normandie, † 1352 (?) Paris, da seit 1321 Prof. an der Sorbonne. W: Speculum musice (um 1340) u. a. — In Paris zur selben Zeit ein gleichnam., aber älterer Theoret. W: M. practica (1321), M. speculativa (1323) u. a.

MURSCHHAUSER, Frz Xav. Ant. * 1663 Zabern, † 6/1 1738 München, da KirchKM. seit 1691. W: Theoret. Schr., bes. Academia musicopoetica bipartita (1721), KirchM., OrgStücke

MURSKA, Ilma v. * 1835 Agram, † 14/1 1889 München, gefeierte KolorSgrin, 1865/70 an der Wiener Hofoper, 1874/88 in Amerika

MURZILLI, Tito * 7/10 1884, lebt in Berlin. W: UnterhaltgsM.

MURZILLI, Vincenzo * 10/8 1883, lebt in Berlin. W: UnterhaltgsM.

MUSARD, Phil * 1793, † 31/3 1859 Auteuil/Paris, der französ. Strauß, Dir. eines TanzOrch. in Paris. — Sein Sohn Alfred M. (1828/81), gleichfalls fleißiger Tanzkomp.

MUSIN — s. FURNALETTO

MUSIN, Ovide * 22/11 1854 Nandrin/Lüttich, weitgereister VVirt., Schüler Leonards, † 30/10 1929 Brooklyn, 1898/1908 KonservProf. in Lüttich, 1908/10 Leiter einer eigen. Geigerschule in New-York. W: ‚The belgian school of v.‘ (4 Bde); ‚My memories‘ (1920)

MUSIOL, Robert * 14/1 1846 Breslau, † 19/10 1903 Fraustadt (Posen), bis 1891 Kantor u. L., pension. in Fraustadt, MSchr. W: ‚Katechismus der MGesch.‘, ‚KonversLexik. der Tonkunst‘, ‚Musiker-Lexikon‘, ‚W. Fritze, ein musikal. Charakterbild‘, ‚Th. Körner u. seine Beziehg. z. M.‘, M- u. gem. Chöre, Lieder (‚Über's Jahr, mein Schatz‘), Klav- u. OrgStücke usw.

MUSSA, Viktor Eman. * 1853 Wien, da ausgeb. (Konserv., Univ.), † ? Freiburg i. B., da geschätzter KlavL. W: KlavStücke, meist instrukt.

MUSSORGSKY, Modest * 9 bzw. 21/3 1835 Karewo (Gouv. Pskoff), † 28/3 1881 Petersburg, zuerst Militär, dann im Staatsdienst, musikal. Naturalist, Verächter der Form u. der Harmonik, Autodidakt; von großem Einfluß auf die neueren Kompon. W: Opern ‚Boris Godunoff‘ 1874 (sehr verbreitet), ‚Der Jahrmarkt von Sarotschin‘ u. ‚Chovantchina‘; KlavStücke ‚Bilder von d. Kunstausstellg‘ u. a., origin. Lieder (‚Lieder u. Tänze des Todes‘) usw.

MUSTAFA, Domenico * 14/4 1829 Fellano (Spoleto), † 18/3 1912 Montefalco (Perugia), 1848 päpstl. KapellSgr, dann KM. der Sixtina bis 1902. W: KirchM.

MUSTAL, Charles D., ps. = Geo. H. CLUTSAM

MUSTEL, Victor * 13/6 1815 Havre, † 1890 Paris, da seit 1853 HarmonFabrikant. — Sein Sohn u. Nachf. Auguste 1842/1919 Erfinder der Celesta (1868 patentiert, aber erst 1886 zuerst im Orch. der Opera com. verwendet). W: Méthode d'orgue expressive (1902)

MUTH, Fritz * 9/3 1881 Meiningen, da KaVirt. (Hornist), KomposSchüler v. Wilh. Berger und Reger. W: OrchM., Hornübgen u. Solostücke, KlavStücke f. Kinder, humor. Einakter, Chöre. B: KaM. f. Bläser

MUTHER, Ludwig * 9/5 1866 Bludenz (Vorarlberg), ML. an der LBildungsanst. in Krems, ausgebild. bes. als Geiger in Innsbruck, da auch KonzM., zeitw. VerDir. in Argentinien, dann in Innsbruck u. Wien. W: MChöre, Lieder

MUZII, Michele * 8/11 1882 Chieti, † 19/1 1931 Pescara, lebte in Rom, Schüler des Konserv. in Bologna. W: Oper, sinf. Dichtg, Ouvert., Sonaten, Lieder

MUZIO, Emanuele * 25/8 1825 Zibello/Busseto, † 27/11 1890 Paris, da seit 1875 GsgL., vorher OpKM. W: Opern, KlavStücke, Gsge u. a. B: KlavAusz. v. Opern Mercadantes, Verdis u. a.

MYASKOVSKY, Nikolai — s. MIASKOWSKI

MYERS, Fred, ps. = Fritz STROHMAIER

MYLIUS, Otto, 66jähr. † 10/2 1906 Berlin, Possendichter

MYRBERG, Aug. Melcher, Dr. phil. * 23/12 1825 Göteborg, † 27/5 1917 Stockholm, zeitw. Chordir., seit 1890 nur Kompon. W: KaM., M-Chöre, auch m. Orch., viele Lieder, KlavStücke

MYSLIWECZEK, Jos. (in Italien Il divino Boemo, auch Venatorini genannt) * 9/3 1737 bei Prag, † 4/2 1781 Rom, in Prag ausgebild., kam 1763 nach Italien, von Einfluß auf Mozart. W: ca 30 (ital.) Opern, Orator., Messen, 6 Sinfon. (= StrQuint.), 12 StrQuart., Triosonaten, V- u. FlKonzerte (beachtenswert) usw.

MYSZ-GMEINER, Lula * 16/8 1876 Kronstadt, seit 1899 sehr angesehene Berliner Altistin, seit 1920 Prof. an der Hochschule f. M.

N

NAAFF, Ant. Aug. * 28/11 1850 Weiten-Trebelitsch (Böhm.), † 27/12 1918 Wien, da seit 1881, gründ. 1882 die MZtschr. ‚Lyra', die er bis 1900 leitete, vielkompon. Dichter

NABHOLZ, Philipp * 1882 Darlington (Engl.), aufgewachsen in Winterthur, seit 1904 ML. u. Chordir. in Luzern. W: Chöre, auch m. Orch., Lieder

NABICH, Moritz * 22/2 1815 Altstadt-Waldenburg (Vogtl.), † 4/7 1893 Berlin, treffl. Posaunist, 1849/55 Mitglied der Weimarschen Kap., dann in London, später in Leipzig

NACCIARONE, Guglielmo * 18/2 1837 Napoli, da † Apr. 1916, vielgereister KlavVirt. W: 2 Sinf., viele KlavStücke, VStücke, Gsge. — Sein Vater **Nicola** * 2/4 1802 Napoli, da † Dez. 1876, treffl. KlavL. W: Requiem, 4 Sinfon., Quart. mit Fl., Gsge u. a.

NACHBAR, Karl Josef * 1820 Borne i. Schles., † 28/11 1893 Peiskretscham (OS.), Schüler des Instituts f. KirchM. in Berlin, KM. u. Organ. zu Gnesen, 1847 SemML. in Paradies/Schwiebus, 1865 in Peiskretscham. W: Sammlg gregor. Gsge, Choralbuch, Requiem, Messen, Motetten, OrgStücke usw.

NACHBAUR, Frz * 25/3 1835 Gießen / Tettwang (Württbg), † 23/3 1902 München, da 1866/90 Tenorist der Hofoper, der erste Walter Stolzing in den ‚Meistersingern'

NACHÈZ, Tivadar (eigtl. Theod. NASCHITZ) * 1/5 1859 Budapest, † 29/5 1930 Lausanne, vielgereister VVirt., Schüler v. Joachim u. Léonard, lebte in London. W: VKonzerte, Zigeunertänze usw. H: VKonz. v. Vivaldi u. a.

NACK, Geo. Adolf * 10/9 1876 Heppenheim (Hess.), ausgeb. in Stuttgart, da KonservL. f. Klav. u. Org. W: OrchStücke, Chöre, Lieder

NADAUD, Edouard * 14/4 1862 Paris, da † 14/2 1928, ausgez. Geiger, seit 1900 KonservL. W: VEtüden. H: klass. VEtüden u. a.

NADAUD, Gustave * 20/2 1820 Roubaix, † 19/4 1893 Paris. Dichterkomp. von Optten, Chansons usw.

NADEL, Arno * 30/10 1878 Wilna, seit 1894 in Berlin, Chordir. einer Synagoge, MSchr. W: Jüd. Volkslieder, Lieder, KaM.; ‚Der Ton'

NADERMANN, Franç. Jos. * 1773 Paris, da † 2/4 1835, HarfVirt., seit 1825 KonservL. W: HarfKonzerte, Quartette usw.

NADERMANN, Jean Henri, MVerleger gegen Ende des 18. Jahrh. in Paris. Sein Verlag an **Sieber** (s. d.) übergegangen

NADLER, Ernst * 24/6 1869 Wallern, GymnGsgL. in Wels seit 1892, auch Chordir. W: Oper, Orat., Kantaten, Chöre, Lieder

NADOLOVITSCH, Jean, Dr. med. * 6/9 1873 Rumänien, 1905/10 erster Tenorist der Kom. Oper in Berlin, jetzt da Inhaber eines Instit. f. angewandte Gsgsphysiologie

NÄF, J. Emil * 26/2 1866 Kilchberg/Zürich, † 4/7 1926 Rüti (Zür.), seit 1908 Organ. in Stäfa (Zürich). W: Chöre

NÄGELI, Hans Geo. * 16/5 1773 Wetzikon/Zürich, † 26/12 1836 Zürich, Komp. des Volksliedes ‚Freut euch des Lebens' (1794), sehr verdient um die Förderg d. Volks- u. MGesanges, tücht. Theoret., seit 1791 auch MVerleger (Verlag seit 1807: Hug). W: ‚Gsgsbildgslehre nach Pestalozzischen Grundsätzen' (1810), ‚Gsgsbildgslehre f. MChor' (1817), ‚Chorgsgschule' (1820), sämtl. zus. m. M. T. Pfeiffer; ‚Der Streit zwisch. der alten u. neuen M.' (gegen Thibaut) usw. — Sein Sohn **Hermann** * 15/4 1811 Zürich, da † 20/2 1872, Pianist u. KlavL. W: Chöre, Lieder

NAGEL, Adolph, MHandlung in Hannover, gegr. 1820. Der Verlag, der 1901 an Ernst Hoffheinz (seit 1908 Heinrich Kreisler & Co, Hamburg) verkauft worden ist, neuerdings durch Alfred Grensser (Besitzer seit 1913) sehr gefördert; bekannt die Sammlg ‚Nagels MArchiv'

NAGEL, Albert * 16/2 1896 Meißen, seit 1922 Klarinett. der Staatsoper in Berlin. W: KaM., KlavStücke, Lieder

NAGEL, Ludw. * 22/2 1872 Libochowitz, VVirt. (KonzM. des städt. Orch. 1902/22) in Düsseldorf, Schüler des Prager Konserv. W: KlavStücke, Lieder

NAGEL, Rud. * 9/6 1823 Gerbstadt/Halle, † 15/11 1870 Bremen, Organ. W: KlavSon. u. Stücke, u. a. ‚Trennung' (sehr verbreitet.)

NAGEL, Wilh. * 3/11 1871 Hoheneck/Ludwigsburg, SemML. u. VerDir. in Eßlingen seit 1905, Schüler des Stuttg. Konserv. W: Choralvorsp. u. a. f. Org., KlavStücke, MChöre

NAGEL, Wilibald, Dr. phil. * 12/1 1861 Mülheim a. R., † 17/10 1929 Stuttgart, stud. in Berlin Germanistik u. M., war in Zürich Doz. f. MGesch., lebte dann in England, 1896 in Cleve, 1898/1913 Doz. f. MWissensch. u. akad. MDir. in Darmstadt, 1913/17 in Zürich, seit 1917 in Stuttgart, MSchr. u. tücht. Pianist. W: ‚Über die dram. mus. Bearbeitg d. Genovefa-Legende', ‚Annalen der engl. HofM.', ‚Zur Gesch. d. M. am Hofe zu

Darmstadt', ‚Gesch. d. M. in England' (2 Bde), ‚Studien zur Gesch. der Meistersinger', ‚Beethovens KlavSonaten', ‚Brahms' KlavSonaten' usw.

NAGILLER, Matthäus * 24/10 1815 Münster (Tirol), † 8/7 1874 Innsbruck, MVerKM. seit 1866. W: Oper, Sinf., Messen, MChöre, Lieder usw.

NAGLER, Franciscus, ps. Pepi FRANZ, Hans HEITER, Karl RAINER * 22/7 1873 Prausitz/Riesa, in Leipzig ausgeb., seit 1902 Kantor, seit 1910 KirchMDir. in Leisnig. W: Orator., Motetten, geistl. Lieder, kom. Operetten f. Gsgver., Kinderfestspiele, MChöre usw.

NAJAC, Emile Conte de * 14/12 1828 Lorient, † 11/4 1889 Paris, Librettist

NAJORK, Wilh. * 23/2 1861 Weißack/Forst i. L., lebt in Berlin-Lichterfelde, 1890 MilKM. in Metz, 1892/1919 Dirig. des MKorps der Hauptkadettenanst. in Lichterfelde. W: Märsche, Tänze, Lieder

NAKONZ, Karl Guido, Dr. med. * 1833, † 1/9 1907 Leipzig. W: üb. 100 Kinderlieder

NAMBUAT, N., ps. = Otto TAUBMANN

NAMEDY, A. ps. = Prinz Albrecht von HOHENZOLLERN

NANINI (NANINO), Giov. Maria, * um 1545 Tivoli, † 11/3 1607 Rom, bedeut. KirchKomp., Schüler Palestrinas, seit 1571 KM. in Rom, errichtete da 1580 mit Palestrina die berühmt gewordene MSchule. W: Motetten, Psalmen, Kanons, Madrigale, Canzonetten usw. — Sein Bruder G i o v. B e r n a r d i n o * um 1550 Ballerano, † 1623 Rom, seit 1591 KirchKM., L. an seines Bruders MSchule. W: Madrigale, Motett. (mit OrgB.), Psalmen usw.

NANNY, Edouard * 24/3 1872 St. Germain-en-Laye, vielgereister KBVirt., seit 1920 KonservL. in Paris. W: Schule, Etüden, Stücke, Konz. f. KB.

NAPIER, William † 1812 Somerstown/London, da MVerleger seit 1770, vorher Geiger in der Kgl. Kapelle

NAPOLEON, Arthur * 6/3 1843 Oporto, schon als Knabe berühmter vielgereister Pianist, seit 1868 MHändler in Rio de Janeiro. W: KlavStücke

NAPOLETANO, Daniele * 4/10 1872 Saviano/Nola, ausgeb. in Napoli, da KontrapL. W: Opern, OrchStücke, KlavStücke, Chöre, Canzonetten

NAPOLI, Gennaro * 19/5 1881 Napoli, da KonservTheorL. seit 1912, auch MSchr. W: Oper, Sinf. u. sinf. Dichtgen, KaM., Kantaten, Lieder

NAPOLITANO, Daniele — s. NAPOLETANO

NAPOLITANO, Franco Michele * 22/1 1887 Gaeta, Organ. seit 1908, TheorL. u. OrchDirig. in Napoli. W: Suite u. a. f. Orch., KirchM., Org.- u. KlavStücke, Lieder

NAPRAWNIK, Eduard * 24/8 1839 Bejst/Königgrätz, † 10/11 1915 Petersburg, besuchte die OrgSchule zu Prag, 1861 PrivKM. des Fürsten Yussupoff in Petersburg, seit 1869 erster KM. der russ. Op., 1869/81 auch Dirig. der Konz. der kais. russ. MGessch. W: Opern, Ouvert., Sinf., sinf. Dichtgen, KlavKonz., KaM., KlavStücke, Gsge m. Orch., Chöre, Lieder usw.

NARBAEZ, Luis — s. NARVAEZ

NARDINI, Pietro * 1722 Fibiana/Toscana, † 7/5 1793 Firenze, HofKM. seit 1770; VVirt., Schüler Tartinis. W: VKonz., Sonaten, KaM. usw.

NARDIS, Camillo de * 26/5 1857 Orsogna, seit 1897 L. am Konserv. in Napoli. W: Opern, Sinf., ‚Szene Abruzzesi'-Suite, KaM., KirchM.

NARES, James * 1715 Stanwell (Middlesex), † 10/2 1783 London, da Organ., bzw. Kantor. W: KirchM., GsgSchule, KlavSchule u. Etüden, OrgSchule u. Stücke

NARET-KONING, Joh. Jos. Dav. * 25/2 1839 Amsterdam, † 29/3 1905 Frankfurt a. M., seit 1871 I. KonzM. am Stadtthea. zu Frankfurt a. M. W: VStücke, Lieder

NARVAEZ (NARBAEZ), Luis de, span. Lautenist u. Komp. des 16. Jh.

NASCHITZ — s. NACHÈZ

NASOLINI, Sebast. * um 1768 Piacenza, † 1816 Napoli. W: 38 Opern

NATALE, Tito, ps. = A. W. RAUDINES

NATER, Joh. Jak. * 4/8 1826 Hugelshofen (Thurgau), † 19/7·1906 Wädenswil, Organ. u. Chordir. W: Weihnachtskant., Chöre, KlavStücke

NATH, Yves * 29/12 1890 Béziers, KlavVirt. in Paris, Schüler Diemers. W: KlavStücke, Lieder

NATHAN, Adolf * 3/12 1814 Kopenhagen, † 19/7 1885 Aalborg, KlavVirt. W: PfteEtüd. u. Stücke

NATHAN, Isaak * 1791 Canterbury, † 15/1 1864 Sydney, W: kom. Opern, BühnenM., Lieder; ‚Musurgia vocalis', ‚The life of Mme Malibran-de Beriot'

NATORP, Bernh. Chr. Ludw. * 12/11 1774 Werden a. R., † 8/2 1846 Münster, da L. u. Pfarrer, seit 1819 GenSuperint. W: ‚Lehrbuch der Singekunst' (m. Anwendg der Ziffernnotierg), ‚Choralbuch f. ev. Kirchen' usw.

NATORP, Paul, Dr. phil. * 24/1 1854 Düsseldorf, † 17/8 1925 Marburg, da 1881 PrivDoz., 1885 ao., 1892 o. Prof. der Philos. u. Pädagog. W: KaM., KlavStücke, Lieder

NATTER, Jos. Hyazinth * 15/2 1886 Mühlhausen, württ. OA. Geislingen, seit 1914 HauptL. in Reichenbach/Gmünd. W: MChöre

NATZLER, Leopold † 3/1 1926 Wien. W: Lieder, Kuplets

NAUBERT, Aug. * 23/3 1839 Schkeuditz/Lpz., † 26/8 1897 Neubrandenburg, da seit 1868 Organ. W: Chorwerke, Lieder, KlavStücke usw.

NAUDIN, Emilio * 23/10 1823 Parma, † Mai 1890 Bologna, berühmter OpTenor bis 1879; 1862/65 in Paris, der erste Vasco in Meyerbeers ‚Afrikanerin'

NAUE, Joh. Frdr., Dr. phil. * 17/11 1787 Halle a. S., da † 15/5 1858, UniversMDir. seit 1813 u. Organ., Veranstalter d. großen MFeste. W: ‚Choralbuch in Melodien', ‚Versuch einer musikal. Agende', Üb. den sogen. quant. rhythm. Choral, Motetten, Hymnen, KlavStücke usw.

NAUENBURG, Gust. * 20/5 1803 Halle a. S., da † 1863 [?], Baritonist, GsgL. u. MSchr. W: ‚Tägl. GsgStudien', ‚Ideen zu einer Reform der christl. KirchM.'

NAUJALIS, Juozas * 1869 Raudondvaris, † 10/9 1934 Kaunas (Lit.), Organ., ausgeb. auch in Regensburg, seit 1898 Dir. eines lit. Chors in Kowno, da seit 1919 MSchulDir., W: Messen, OrgStücke, 4hd. KlavM.

NAUMANN, Emil, Dr. phil. * 8/9 1827 Berlin, † 23/6 1888 Dresden, Schüler Mendelssohns, 1856 in Berlin HofKirchMDir., seit 1872 in Dresden. W: Opern, Oratorium, Kantate, ‚Die Tonkunst in der Kulturgesch.', ‚Dtsche Tondichter', ‚Italien. Tondichter', ‚Illustr. MGesch.', ‚MDrama oder Oper?' u. a.

NAUMANN, Ernst, Dr. phil. h. c. * 15/8 1832 Freiberg i. S., † 15/12 1910 Jena, da 1860/1904 UniversMDir. u. Stadtorgan. W: treffl. KaM. B: 4h. Arrangem.

NAUMANN, Ernst Guido * 14/12 1890 Trier, lebt in Berlin, da ausgeb. u. L. (seit 1933 Leiter der VolksMSchule) am Sternschen Konserv., 1921/25 TheaKM. in Detmold, 1926/30 KM. in Darmstadt u. städt. MDir. in Alzey. W: Oper, Chorwerke mit Orch., Vorspiel zu e. Drama, StrQuart., Melodramen, Lieder

NAUMANN, Frz. * 12/2 1879 Salzburg, KM. in Magdeburg, ausgeb. v. M. Haller u. P. Büttner. W: OrchStücke, KaM., Lieder

NAUMANN, Georg * 30/8 1872 Dresden, da seit 1896 Bratschist am Landesthea. W: SpezialVEtüden, BrSchule, KlavStücke, Lieder

NAUMANN, Hans * 3/3 1894 Dresden, Archivar der Reichssendeltg in Berlin. W: Oper, Lieder, auch m. Orch., KlavStücke

NAUMANN, Joh. Gottlieb * 17/4 1741 Blasewitz, jetzt Dresden, † 23/10 1801 Dresden, da 1764 kurfürstl. Kirch-, 1765 KammerKomp., 1776 KM., 1786 OberKM., 1776/77 u. 1782/84 nach Stockholm beurlaubt. W: 23 (ital.) Opern ‚Cora' usw., Ballett, 10 Oratorien, Messen, ‚Vater Unser', ‚Te Deum', Psalmen, Orch.- u. KaM., Lieder

NAUMANN, Karl Wilh., Dr. phil., ps. Karl WILLNAU * 11/10 1886 Leipzig, da VerlBuchhdler, studierte Naturwiss. W: OpLibretti

NAUMANN, Otto * 5/5 1871 Berthelsdorf/Freiberg i. S., † 6/8 1932 Mainz, VerDirig. in Bremen 1892/97, Schüler von Rich. Strauß 1897/98, dann TheaKM. in Posen, Kiel, Aachen, Riga, 1907 L. an Schneiders Dresd. MSchule, 1908/30 LiedertafelDir. in Mainz. W: Märchenoper, OrchScherzo, Kantate ‚Der Tod u. die Mutter', Bismarck-Hymne u. a. MChöre mit Orch., Lieder

NAUMANN, Rob. * 27/8 1844 Pegau (Sachs.), † 30/6 1906 Zürich, da seit 1885 Dir. eines BlasOrch. W: Schulen f. Klarin., Posaune, Baßtuba, Märsche

NAUMBURG (frz. NAUMBOURG), Salomon * 15/3 1817 Donaulohe [? bayr. RB. Schwaben], † 1/5 1880 Paris, da seit 1842 jüd. Kantor, vorher u. a. in München, hervorrag. Reformator des synagog. Gsgs. W: ‚Zemirof Jisrael', Chants réligieux des Israelites (1847) usw. H: Werke S. Rossis

NAUTILUS, ps. = SEEMANN, Arthur

NAUWACH, Joh. * um 1595 Mark Brandenburg, † um 1630 Dresden, da erst Sgerknabe, seit 1618 nach Ausbildg in Italien HofLautenist. W: Monodien, Dtsche Villanellen mit bez. B.

NAVA, Antonio Maria * um 1775 Milano, da † 19/10 1826, Sgr u. GitVirt. W: Schule u. viel anderes f. Git.

NAVA, Gaetano * 16/5 1802 Milano, da † 31/3 1875, 38 Jahre lang KonservGsgL. W: Messen, GsgSchule, Solfeggien, KlavStücke u. a.

NAVRATIL, Karl * 24/4 1867 Prag, Schüler G. Adlers (Theorie) u Ondriceks (V.), lebt in Prag; auch MSchr. W: Opern, Sinf., sinf. Dichtg. Konz. f. V. u. f. Pfte, MChöre, Lieder; Biogr. Smetanas

NAWRATIL, Karl, Dr. jur. * 7/10 1836 Wien, da † 6/4 1914, Setretär der Generaldirekt. der Österr. Staatsbahnen; Schüler Nottebohms, bildete namhafte Schüler (Frau Essipoff, Schütt, Rückauf) heran. W: Ouvert. u. a. OrchWerke, KaM., KlavStücke, geistl. Chorwerke, Lieder

NAYLOR, Edward Woodall * 9/2 1867 Scarborough, † 7/5 1934, Organ. in Cambridge, MSchr. W: Preisop. ‚The Angelus', Kantaten, Services, Anthems, ‚Shakespeare and m.' ‚The poets and m.' usw. — Sein Vater John * 8/6 1838 Stanningley/Leeds, † 15/5 1897 auf See, seit 1856 Organist in Scarborough. W: KirchM., Kantaten

421

NEAL, Heinr. * 8/9 1870 München, Schüler Rheinbergers u. Draesekes, seit 1894 MPädagoge in Heidelberg. W: KaM., KlavStücke, bes. treffl. Etüden, Chöre, Lieder, Melodramen

NEAL, Max * 26/3 1865 München, da Librettist

NEALE, Barry, ps. = Ernest AUSTIN

NEALE, John † 1769 Dublin, gründete da 1735 einen MVerlag, der von seinem Sohne fortgeführt wurde

NEANDER, Joach. * 1650 Bremen, da † 31/5 1680 als Pfarrer. W: geistl. Lieder, u. a. ‚Lobe den Herren, den mächtigen König der Ehren'

NEATE, Charles * 28/3 1784 London, † 30/3 1877 Brighton, Schüler u. Freund Beethovens, Pianist u. Vcellist. W: KaM., KlavSon.

NEBE, Wilhelm * 1891 Thale (Harz), studierte erst Philolog. u. Theol., seit 1913 M., Kriegsteiln., studierte dann in Halle u. Leipzig, 1922/24 OpKorrepet. in Leipzig, 1924/27 beim Rundfunk in Münster i. W., seit 1927 Chor- u. OrchDir. in Siegen. W: BühnM., Chöre auch m. Orch., Lieder, KaM., KlavSon., OrgStücke

NEBELONG, Joh. Hendrik * 9/11 1847 Kopenhagen, da OrgVirt. W: KlavStücke, Lieder usw.

NEBUSKA, Ottokar * 28/5 1875 Jung-Bunzlau, MKrit. in Prag. W: Chöre, Lieder

NECKE, Herm. * 8/11 1850 Wiehe (Thür.), † 15/2 1912 Leipzig, langjähr. städt. MDir. in Düren. W: Ouvert., Chöre, Lieder, KlavStücke, VStücke usw.

NEDBAL, Karel * 28/10 1888 Königinhof a. E., TheaKM. 1914/19 in Prag, seitdem in Olmütz. W: Pantomimen, KaM., Lieder

NEDBAL, Oscar * 26/3 1874 Tabor, † (Selbstmord) 24/12 1930 Agram, zuletzt OpDir. in Preßburg, Schüler des Prager Konserv., bedeut. Bratschist, 1892/1906 im ‚Böhm. StrQuartett', 1896/1906 auch Dirig. der tschech. Philharmonie in Prag, 1906/19 Dirig. d. TonkünstlerOrch. in Wien. W: Operetten ‚Polenblut' u. a., kom. Oper, Ballette ‚Andersen' u. a., OrchScherzo, KlavVSonate usw.

NEDDEN, Otto zur — s. ZUR NEDDEN

NEEB, Heinr. * 1807 Lich (Oberhess.), † 18/1 1878 Frankf. a. M., da seit 1831 GsgverDirig. W: Opern, KaM., KlavStücke, Balladen, Lieder

NEEDHAM, Alicia Adelaide * 1875 bei Dublin, lebt da. W: üb. 600 Lieder

NEEFE, Chr. Gottl. * 5/2 1748 Chemnitz, † 26/1 1798 Dessau, 1779 Hoforgan. in Bonn, 1796 OpKM. in Dessau, Beethovens Lehrer. W: Opern, Singspiele, Doppelkonz. f. Klav. u. V. m. Orch., Sonaten u. a. f. Klav., Kantaten, Lieder usw.

NEEMANN, Hans * 9/9 1901 Berlin, da Lauten- u. TheorbenVirt. H: Alte deutsche Meister für Laute, Lautenlieder u. a.

NEERGAAR, Joachim Bruun de * 27/4 1877 Kopenhagen, † 31/10 1920 Sorö. W: Ouv., OrchVariat., KlavVSon., KlavStücke

NEES, Stef. * 1901 Mechelen, da Organ., da ausgeb. W: KirchM.

NEF, Albert, Dr. phil. * 30/10 1882 St. Gallen, seit 1912 OpernKM. in Bern, auch MSchr. W: Oper, Chöre, KlavStücke

NEF, Karl, Dr. phil. * 22/8 1873 St. Gallen, besuchte in Leipzig Konserv. u. Univers., 1900 PrivDoz., 1909 ao., 1923 o. Prof. der MWisssensch. a. d. Univ. Basel, † 9/2 1935. W: ‚Z. Gesch. d. dtsch. InstrumM. im 17. Jh.', ‚Einführg in die MGesch.', ‚Gesch. d. Sinf. u. Suite', ‚Die Sinf. Beethovens' u. a.

NEFF, Fritz * 20/11 1873 Durlach, † 3/10 1904 München, hochbeg. Schüler Mottls u. Thuilles. W: Chöre m. Orch., Lieder usw.

NEFZGER, Bernh. * 16/11 1874 Wien, seit 1910 KirchChor- u. VerDir. in Baden/Wien. W: Messen, Chöre, Lieder u. a.

NEGRI, Benedetto * 23/1 1784 Torino, † 24/3 1854 Milano, da 1810 KlavL. am Konserv., 1823 DomKM. W: KlavSchule, Stücke usw., FlStücke u. a.

NEGRI, Marco Ant., 1612/20 DomViceKM. in Venedig. W: Motetten, Liebeslieder

NEHL, Wilh. * 6/8 1847, † 4/2 1921 Düsseldorf, KM. W: UnterhaltgsM., auch f. MilM.

NEHLS, Bruno * 4/4 1896 Stendal, Vcellist u. Pianist in Berlin. W: UnterhaltsM.

NEHRLICH, Christian Gottfried * 22/4 1802 Ruhland (Schles.), † 8/1 1868 Berlin, da seit 1849 tücht. GesgL. W: ‚Die Gsgskunst od. die Geheimnisse der gr. ital. u. dtsch. Gesgmeister', ‚GsgSchule f. geb. Stände'

NEIBIG, Albert * 30/7 1832, † 7/3 1888 Braunschweig. W: Oper

NEIDHARDT (Nithart) von Reuenthal, MinneSgr des 12./13. Jh., vielleicht der älteste dtsche Komp., von dem Melodien erhalten sind

NEIDHARDT (Neidhart), Aug. * 12/5 1867, lebt in Berlin, sehr fruchtbarer Opttenlibrettist

NEIDHARDT, Joh. Geo. * um 1685 Bornstedt (Schles.), † 1/1 1739 Königsberg i. Pr. als Kgl. KM. W: Theoret. Schriften; Bußpsalmen, Choräle

NEIDHARDT, Karl * 7/10 1872 Dresden, ML. in Sondershausen, da 1897/1919 Hornist der Hofkap. W: BühnM., Hornkonz., OrchSuite, MChöre, Lieder

NEIDHARDT, Nino * 14/4 1889 St. Nicolai/ Chemnitz, lebt in Geising, Erzgeb., KlavVirt., zeitw. TheaKM., Schüler u. a. von Draeseke u. Saint-Saëns. W: OrchSuite, sinfon. Dichtgen, 2 KlavKonz., KaM., Chorwerk, Lieder

NEIDHART, Aug. — s. NEIDHARDT

NEIDLINGER, William Harold * 20/7 1863 Brooklyn, GsgL. in Paris, Chicago u. Newyork, jetzt in East Orange, NJ. W: Opern, Kantate, stark verbreit. Kinderlieder u. a.

NEJEDLY, Zdenek, Dr. phil. * 10/2 1878 Leitomischl, 1905 PrivDoz., 1909 Prof. der MWissensch. an der tschech. Univers. Prag. W: wertv. geschichtl. u. biogr. Schriften in tschech. Sprache, bes. über Smetana

NEISSER, Arthur, Dr. phil. * 6/4 1875 Berlin, MSchr., meist in Italien. W: ‚Verdi‘, ‚Massenet‘, ‚Puccini‘, ‚Vom Wesen u. Wert d. Optte‘, KlavStücke, Lieder u. a.

NEITHARDT, Aug. Heinr. * 10/8 1793 Schleiz, † 18/4 1861 Berlin, da 1816 MilMMeister, 1843 GsgL. u. 1845 Dirig. des kgl. Domchors. W: Stücke f. MilM., Hornquart., KlavSonaten, MQuart., Lieder ‚Ich bin ein Preuße, kennt ihr meine Farben‘, ‚Den Schönen Heil‘ u. a. H: ‚Musica sacra‘

NEITZEL, Otto, Dr. phil. * 6/7 1852 Falkenburt (Pomm.), † 19/3 1920 Köln, Schüler Th. Kullaks, reiste als Pianist u. a. mit der Lucca u. Sarasate, seit 1885 L. am Kölner Konserv. u. 1887 MKrit. der ‚Köln. Ztg‘. W: Opern, ‚Führer durch d. Oper‘, ‚Saint-Saëns‘; KlavKonz. u. Stücke, Fantasie f. V. u. Orch., Balladen, Lieder usw.

NEKES, Frz * 14/2 1844 Huttrop/Essen, † 6/5 1914 Aachen, da bis 1910 DomKM. W: Messen u. sonst. KirchM.

NELDNER, Paul * 1852 Gleiwitz, † 12/6 1929 Riga, begründete da 1861 einen MVerlag

NELDRÉ, Armand, ps. = ERDLEN, Herm.

NELLE, A. * 10/5 1822 Obhausen St. Petri, Kr. Querfurt, † 22/11 1895 Zeitz, da seit 1851 Stadtkantor u. Chordirig. W: ‚Der Chorsgr, method. Anleitg‘, 3st. Choräle, Motett., Grabgse usw.

NELLE, Wilh. * 9/5 1849 Schwöbber/Hameln, † 18/10 1918 Münster i. Westf., 1856 Organ., seit 1874 ev. Geistlicher, seit 1886 in Hamm i. W., da seit 1889 Superint., Begr. d. ev. KirchGsgVer. in Westfalen. W: Liederbüchlein, Choralbuch, Schriften üb. Gesch. u. Pflege d. ev. Choralgsgs

NELLIUS, Georg * 29/3 1891 Rumbeck (Sauerland), seit 1933 StudRat in Herne (Westf.), stud. erst Theologie, dann MWiss., Kunstgesch. und Philos., Kriegsteiln., 1913/20 in Saarbrücken (ausgewiesen), 1920/33 MDir. in Neheim (Westf.), mit Staatspreisen mehrfach gekrönter Komponist.

W: ‚Festmesse‘; ‚Von dtscher Not‘; ‚Dtsche Messe‘ u. a. größere Werke f. MChor, viele MChöre, Lieder, auch mit Orch., KaM., KlavStücke

NELSON, Rudolph * 8/4 1878 Berlin, da Kabarett- bzw. TheaDir. seit 1902, seit 1933 im Auslande, zuletzt in Amsterdam, Schüler der Hochschule u. d. Sternschen Konserv. W: Optte ‚Miß Dudelsack‘ (1910), Revuen, Chansons und Kuplets (heißt eigentl. L e w y s o n)

NELSON, Sidney * 1/1 1800 London, da † 7/4 1862. W: Opernburleske, Balladen, Lieder, GsgSchule

NELSOR, Fred, ps. = ROSENDORFF, Max

NEMEČEK, Emil * 1902 Příbam, lebt in ?, ausgeb. in Prag. W: Opern, Chöre, Lieder, KaM.

NEMETH, Maria * 13/3 1899 Körmend (Ung.), hervorrag. Sopr. d. Wiener Staatsop. seit 1924, viel auf Gastspielen

NEMETI, Joseph (ps. Ira TEMEN) * 18/11 1881 Budapest, Bearb. f. Orch. (auch MilOrch.) in Mackendorf/Jüterbogk, 1917 ff. OrchDir. in Leipzig. W: OrchSuiten, Tänze, Märsche, KlavStücke

NENNA, Pomponio * Bari, † 1618 Rom, veröffentlichte 1574/1618 Villanellen u. Madrigale

NENTWICH, J. * 1851, † 4/2 1903 Wien. W: heitere MChöre

NENTWIG, Siegmund * 1855 Regensburg, StiftsKM in Wien. W: Messen usw.; VSchule

NEPUMUCENO, Alberto * 1864 Ceara, seit 1895 KonservDir. in Rio de Janeiro, ausgebild. in Rom u. Paris. W: Opern, brasil. Hymne, Lieder, OrchStücke, VStücke

NERA, Corry * 28/4 1896 Amsterdam, schon als Kind in Deutschland (da Staatsangehörige), KonzSgrin (Sopran) in Berlin, bereist seit 1919 erfolgreich Europa, verheiratet mit Mark L o t h a r (s. d.)

NERETTI, Luigi * 20/3 1865 Foiano della Chiana (Arezzo), gründete 1904 eine Schola cantorum in Firenze. W: Schulgsgbücher, Kinderoptten. H: ‚Stornelli e rispetti toscani‘; ‚I canti della patria‘ u. a.

NERI, Filippo * 21/7 1515 Firenze, † 26/5 1595 Rom, Gründer der Congregazione dell'Oratorio (Beetsaal), für die Canti spirituali (Hymnen) geschrieben wurden (erste Anfänge des Oratoriums)

NERI, Massimiliano, 1644 Organ. der Markuskirche in Venezia, 1664 Hoforgan. des Kurfürsten v. Köln. W: mehrst. Sonaten, Motetten

NERINI, Emile * 2/2 1882 Colombes, lebt in Paris. W: Opern, OrchStücke, KaM., KlavStücke, Lieder, Chöre; ‚Traité d'harmonie‘

NERINI, Emmanuel-Charles * 9/6 1883 Vésinet (Seine et Oise), seit 1911 MSchulDir. in Paris. W: f. Unterricht

NERUDA, Frz — s. bei NERUDA, Wilhelmine

NERUDA, Georg * 1707 Rossicz (Böhm.), † 1780 Dresden, da 1741/72 HofKonzM. W (ungedruckt): Sinf., VKonz., KaM.

NERUDA, Wilhelmine (Wilma) * 21/3 1840 Brünn, † 15/4 1921 Berlin, hervorrag. VVirt., Schülerin Jansas; reiste seit 1846 viel mit ihren Geschwistern, verheirat. 1864/69 mit dem Stockholmer KM. L. Norman, lebte 1869/1900 in London, 1888 in zweiter Ehe mit Charles Hallé vermählt, seit 1900 in Berlin. — Ihr Bruder F r a n z N. * 3/12 1849 Brünn, † 19/3 1915 Kopenhagen, da seit 1864, bedeut. VcVirt., seit 1892 Dir. des ‚MVer.', nebenbei auch MVerDir. in Stockholm. W: OrchSuiten, ‚Slovak. Märsche', StrQuart., Vc-Kompos. Lieder usw.

NESSLER, Viktor Ernst * 28/1 1841 Baldenheim (Els.), † 28/5 1890 Straßburg, da seit 1886; erst Theologe, 1864 ff. in Leipzig Chordir. am Stadtthea. W: Opern, bes. erfolgreich, doch ziemlich seicht ‚Der Rattenfänger von Hameln' (1879), ‚Der Trompeter von Säkkingen' (1884) usw., viele M-Quart., Lieder

NESTLER, Amadeus (Sohn v. Julius) * 14/7 1870 Naundorf bei Freiberg i. Sa., seit 1909 KonservKlavL. in Leipzig. W: ‚Die KlavTechnik' u. a.

NESTLER, Gerhard, Dr. phil. * 22/9 1900 Frankenberg i. S., TheaKM. an versch. Orten. Ständige Adresse: Frankenberg, Sachs. Schüler St. Krehls u. P. Graeners. W: Oper, OrchSuite, KaM., Passacaglia f. 2 Klav., KlavStücke, Lieder

NESTLER, Jul. * 3/12 1851 Grumbach/Annaberg i. Sa., † 24/8 1919 Leipzig, da Schüler des Konserv., Begr. (1878) eines MInstit., auch Gymn-GsgL. W: Hymnus f. gem. Chor u. Orch., Motetten, Chöre, Lieder usw.

NESTLER, Theo * 14/4 1868 Reichenbrand/Chemnitz, Chordir. u. ML. in Chemnitz, da † 3/7 1932. W: MChöre

NESTMANN, Alfred, Dr. jur. * 7/8 1890 Leipzig, seit 1934 Landesleiter der RMK. in Stettin, Schüler des Lpzger Konserv. (Pianist), 1922/34 PrivAssist. Rob. Teichmüllers, auch MSchr. in Lpz. W: Märchenstück ‚Brumm, der Bär', Ostermärchenspiel ‚Prinz Krokus auf Osterfahrt', OrchVariat., KaM., OrgFantas., Lieder; ‚Die deutsche WeihnachtsM.'

NESVADBA, Joseph * 19/1 1824 Vysker (Böhm.), † 20/5 1876 Darmstadt, TheaKM. in Karlsbad, Olmütz usw., seit 1864 HofKM. in Darmstadt. W: Opern, tschech. Chöre, Lieder

NEŠVERA, Jos. * 24/10 1842 Praskoles/Hořovic (Böhm.), † 12/4 1914 Olmütz, Schüler der Prager Organistenschule, 1867 Chordir. in Beraun, 1877 Domorgan. in Königgrätz, seit 1883 Kirch-KM. in Olmütz. W: 6 Opern, Orator., Messen, Offertorien, Orch- u. KaM., KlavKompos., Chöre, Lieder usw.

NETSCHAJEW, Wassili * 16/9 1895 Moskau, lebt da, da ausgeb. (Konserv.: u. a. v. Wassilenko). W: Op., BühnM., StrQuart., KlavStücke, Lieder

NETSIK, ps. = Arth. KISTENMACHER

NETTE-TEICHMÜLLER, Gerda * 21/11 1907 Norddeich (Ostfriesland), lebt in Leipzig, Klav-Virt., ausgeb. bei Prof. Teichmüller, dessen Adoptivtochter u. Assist.

NETTL, Paul, Dr. jur. et phil. * 10/1 1889 Hohenelbe (Böhm.), seit 1920 PrivDoz. f. M-Wissensch. in Prag, auch LandesMKonservator. W: ‚Alte jüdische Spielleute u. Musiker', ‚MBarock in Böhmen u. Mähren', ‚Das Wiener Lied im Zeitalter des Barock'

NETZEL, Laura, veröffentlichte zwischen 1890 u. 1900 bes. KaMWerke unter dem Namen N. LAGO

NETZER, Jos. * 18/3 1808 Imst, † 28/5 1864 Graz, TheaKM. u. a. in Leipzig, seit 1853 MVerDir. in Graz. W: Opern, Sinf., einst beliebte Lieder

NEUBACHER, Frz * 13/1 1896 Salzburg, seit 1927 in Wien, FlVirt., Schüler d. Mozarteums. W: KaM., Stücke f. Fl. bzw. V. u. Klav., KlavStücke, MChöre, zahlr. volkstüml. Lieder

NEUBAUER, Egon * 25/6 1889 Mahlin/Danzig, seit 1919 ML. in Magdeburg, Pianist. W: Klav-Stücke u. Studien

NEUBAUER, Frz Christoph * 1760 Horzin (Böhm.), † 11/10 1795 Bückeburg, da Hofkomp., führte ein unstetes Leben. W: Symphon., Konz. für Fl., Klav., Vc., KaM.

NEUBECK, Ludw., Dr. phil. h. c. * 7/7 1882 Schwerin, † 10/8 1933 Leipzig, da seit 1929 sehr verdienter Intendant des Rundfunks, Schüler Humperdincks, seit 1904 TheaKM., 1918 Thea-Dir. in Rostock, Herbst 1925 Intend. d. Thea. in Braunschweig. W: M. z. ‚Jungfrau von Orleans', sinf. Tonbild, StrQuart., Klav- u. VStücke, groß Chorwerk ‚Deutschland', Chöre, Lieder

NEUBNER, Ottomar * 30/7 1843 Bautzen, † 23/9 1913 Köln, Schüler des Konserv. in Leipzig, 1863 Organ. in Hermannstadt (Siebenb.), 1869 in Kaschau, dann VerDirig. in Hermannstadt u. Kronstadt, seit 1882 Dirig. u. GymnasGsgL. in Köln. W: M- u. gemChöre, Instrumentalw.

NEUENDORFF, Adolf * 13/6 1843 Hamburg, † 5/12 1897 Newyork, da seit 1885, mit Unterbrechgen, OpKM. u. TheaDir., veranstaltete 1877 ein großes Wagner-Fest. W: Opern, Operetten, V- u. Orch-Stücke

NEUERT, Fritz * 15/10 1866 Spechbach/Heidelberg, † 6/8 1923 Pforzheim, urspr. SchulL., dann SchulGsgL. u. VerDir.. W: MChöre; ‚Der treffsichere Sänger', ‚Der dtsche MGsg u. seine Hauptvertreter'. H: Dtsches Liederbuch; ‚Im fröhlichen Sängerkreise'

NEUGEBAUER, Felix * 1890 Bautzen, seit 1921 ML. an höheren Schulen Dresdens, da ausgeb. (Juon, Schnorr v. Carolsfeld), urspr. SchulL., Kriegsteiln. W: BühnenM., KlavVSonate, Klav-Stücke, Chöre, Lieder

NEUHAUS, Frz Adolf * 11/3 1871 Zwickau, MInstitDir. u. VerDirig. in Leipzig. W: Klav-Stücke, Chöre

NEUHAUS, Heinr. * 12/4 1890 Elisavetgrad, KlavVirt. u. seit 1922 KonservProf. in Moskau, Schüler Godowskys, 1916/17 MSchulL. in Tiflis, 1919/22 KonservL. in Kiew

NEUHAUSEN, Jos. * 10/9 1892 Düsseldorf, da OrchDir. W: Tänze, Märsche

NEUHOFER, Frz Karl * 8/9 1870 Freistadt (OÖsterr.), seit 1903 Domorgan. in Linz, auch Chordirig. W: Sinf., Messen, Requiem, Chöre, Lieder usw.

NEUHOFF, Ludwig * 11/8 1859 Berlin, † 1/4 1909 Gardone (Gardasee), erst Philologe, Schüler des Leipziger Konserv. W: Sinf., VcKonz., KaM., 2 OrgSon., MChöre, Lieder usw.

NEUKOMM, Edmond * 2/11 1840 Rouen, † ? Paris, MSchr. W: ‚Histoire du Freischütz', ‚Hist. de la m. militaire' (1890) u. a.

NEUKOMM, Sigism. Ritter von * 10/7 1778 Salzburg, † 3/4 1858 Paris, Schüler Mich. u. Jos. Haydns, 1806 OpKM. in Petersburg, lebte dann in Paris, Rio de Janeiro (1816/21 HofKM.), Lissabon, London, Paris. W: 10 Op., 7 Orat., 15 Messen, Kantaten, Psalmen usw., Orch- u. KaM., KlavSonaten, OrgStücke, gegen 200 Lieder usw.; ‚Esquisses biographiques'

NEUMAN, Leenart † 47jähr. 20/10 1933 Tartu, Chordir., Sger u. MKrit., sehr verdient um das estn. MLeben

NEUMANN, Alex. * 1856, † 1903 Wien, Kaufmann. W: Optten

NEUMANN, Angelo * 18/8 1838 Wien, † 20/12 1910 Prag, erst OpSger, 1876/82 OpDir. in Leipzig, 1882 Dir. des wandernden WagnerThea., Ende 1882 TheaDir. in Bremen, seit 1885 in Prag. W: ‚Erinnergen an R. Wagner'

NEUMANN, Emil, gen. BLIEMCHEN * 18/9 1836 Leipzig, † 10/12 1922 Berlin-Buch, Volkssänger, reiste zuerst mit einem humorist. Ensemble Leipziger Sänger, ließ sich dann in Berlin nieder. W: volkstüml. Lieder u. Kuplets (eigene Texte)

NEUMANN, Frz * 16/6 1874 Prerau (Mähr.), † 24/2 1919 Brünn, Schüler d. Leipziger Konserv., seit 1919 OpDir. in Brünn, vorher KM. an versch. Thea., 1904/19 in Frankf. a. M. W: Opern, Ballette, KaM., Chöre, Lieder

NEUMANN, Fritz(e) * 3/5 1898 Berlin-Charlottenburg, Vortragskünstler, Adr. Landsberg a. W. W: Chansons

NEUMANN, Hermann, ps. Teo BURNS * 10/1 1897 Berlin, da VariétéKM. W: UnterhaltungsM.

NEUMANN, Jul. * 22/4 1876 Carwen (Preuß.), Chordir. u. Organ. in Berlin. W: Märsche, Chöre

NEUMANN, Klemens Dr. phil. * 26/11 1873 Tütz, WPr., Leiter des ‚Heimgarten' in Neisse. W: Krippenspiel. H: ‚Der Spielmann. Liederbuch f. Jugend u. Volk'

NEUMANN, Mathieu * 17/4 1867 Köln, † 2/1 1928 Düsseldorf, Schüler des Kölner Konserv., da Organ. u. VerDir., seit 1904 KonservL. u. sehr geschätzter MChorDirig. in Düsseldorf. W: Requiem, MChorballad., viele MChöre, Motetten, Lieder usw.

NEUMANN, Paul * 15/6 1895 Groß-Schönau in Sa., GsgL.. Sänger u. Gitarrist in Kulmbach. W: GitStücke, Lieder m. Git.

NEUMANN, R., ps. = JOSEPH, Rosa

NEUMANN, Rich. * 1891 Zala/Egerszeg (Ung.), seit 1920 TheaKM. in St. Gallen. W: BühnenM., VcStücke, Lieder

NEUMANN-BLIEMCHEN — s. NEUMANN, Emil

NEUMARK, Georg * 16/3 1621 Langensalza, † 2/7 1681 Weimar, Bibliothekar, Gambist, bekannt als Dichter. W: Lieder (‚Wer nur den lieben Gott läßt walten')

NEUMAYER, Fritz * 2/7 1900 Saarbrücken, da Leiter einer Vereinigg f. alte M., Cembalist u. Pianist, ausgeb. in Berlin (Sternsches Konserv.). W: Chöre, Lieder

NEUMEISTER, Erdmann * 12/5 1671 Üchtritz/Weißenfels, † 18/8 1756 Hamburg als Hauptpastor (seit 1703), Dichter geistl. (u. a. von Bach u. Telemann komp.) Kantaten, die er inbezug auf Rezitation u. Arien als erster den weltlichen nachbildete

NEUMEISTER, Hugo * 12/10 1872 Stuttgart, da auf dem Konserv., 1902 TheaKM. in Detmold, seit 1904 ML. in Mühlhausen (Thür.). W: Optten, Singspiele, Chöre, auch mit Orch., Duette, Lieder

NEUPERT, Edmund * 1/4 1842 Christiania, † 22/6 1888 Newyork, PfteL. am Konserv. zu Berlin (1858), Kopenhagen (1868), Moskau (1881), seit 1883 in Newyork. W: gesch. Etüden usw. f. Klav.

NEUPERT, Fritz * 16/5 1893 München, da Geiger der Staatsop., Schüler Mottls. W: Bühnen-M., KirchM., KaM.

NEUPERT, Hanns * 22/2 1902 Bamberg, da seit 1928 Klav- u. Cembalobauer, stud. Physik u. MWiss. W: ‚Vom MStab z. modern. Klav.'; ‚Das Cembalo' (1933)

NEUSIEDLER, Hans * 1508 Preßburg, † 2/2 1563 Nürnberg, da seit 1530, Lautenist. W: f. Laute

NEUSIEDLER, Melchior * 1507 Preßburg, † 1590 Nürnberg, 1552/61 in Augsburg, 1565/66 in Italien, Lautenist. W: f. Laute

NEUSITZER-THOENISSEN, Mia * 2/9 1887 Kottbus, seit 1914 treffl. KonzSopranistin in Berlin

NEUSTEDT, M. Ch. * um 1838 Saumur, † 3/4 1908 Neuilly, geschätzter PfteL. in Paris. W: Etüden, Albumblätter, Transkriptionen usw. f. Pfte

NEUSTEIN, Rud., ps. = Art. KÖNNEMANN

NEUVILLE, Valentin * 1863 Rexpoede (Franz. Fland.), seit 1894 Organ. in London. W: Opern, Sinf., Ouvert., Messen, Chöre, OrgStücke usw.

NÈVE, Paul de * 24/1 1881 Steglitz/Berlin, lebt in Berlin, Schüler Ph. Scharwenkas u. W. Bergers, TheaKM. an verschied. Orten. W: Oper, Melodram, KaM., Lieder usw.

NEVEU, Ginette * 1898, auch durch seelenvollen Vortrag ausgez. VVirt. in Paris, Schülerin u. a. von Carl Flesch, siegte bei dem internat. Wettbewerb März 1935 in Warschau, auch in Hamburg u. Berlin sehr erfolgreich

NEVI, Pio * 1848 Parma, † 12/10 1930 Milano, da langjähr., sehr beliebter Dir. der städt. BlasM. B: zahlr. Stücke f. Blasorch.

NEVIL, ps. = CONUS, Jul.

NEVIN, Arthur * 27/4 1871 Edgeworth, Pennsylv., seit 1920 städt. MDir. in Memphis, 1915/20 Prof. d. M. an der Univers. in Lawrence (Kansas). W: Opern, OrchM., StrQuart., KlavStücke, Lieder

NEVIN, Ethelbert * 25/11 1862 Edgeworth, Pennsylv., † 20/2 1901 New Haven (Conn.), Pfte-Virt., Schüler Bülows u. Klindworths, zeitw. Dirig. in Newyork. W: Oper, Pfte- u. Gsgkompos.

NEVIN, George Balch † 17/4 1933, 74jähr., Easton, Pa. W: KirchM.

NEWITOW, Mich. * 28/12 1886 Wolsk (Saratow), Schüler Glières in Moskau, bedeut. MPädagoge, seit 1921 Rektor der staatl. MSchule in Omsk (Sib.). W.: Sinf., Chöre, Gsge

NEWMAN, Ernest * 30/11 1869 Liverpool, M-Ref. u. Übersetzer aus d. Dtschen in London. W: wertv. Schriften üb. Gluck, Wagner, H. Wolf, Elgar, Rich. Strauß, ‚The Piano player and its m.'; ‚The unconscious Beethoven' usw.

NEWMARCH, Rosa Harriet * 18/12 1857 Leamington, lebt in London, besuchte Rußland, übersetzte viel aus d. Russ., MSchr. W: ‚Borodin and Liszt', ‚Songs to a singer', ‚The devout Russian' u. a.

NEWSIDLER — s. NEUSIEDLER

NEY, Elly * 27/9 1882 Düsseldorf, hervorrag. Pianistin, Schülerin Leschetitzkys u. Sauers, 1911 mit William van Hoogstraten vermählt, 1928 mit Kohlenbergdir. Paul Allais in Chicago, lebte dann teils dort, teils in Bonn (hier 1927 Ehrenbürgerin), seit 1932 in Starnberg/München, reist neuerdings viel mit ihrem Trio

NEY, Jenny (seit 1856 verh. BÜRDE) * 21/12 1824 Graz, † 7/5 1886, gef. OpSgerin, 1850/52 in Wien, dann bis 1867 an der Dresdener Op.

NEY, Jos. Napoléon — s. MOSKOWA, Prince de la

NEYSES, Jos., Dr. phil. * 10/11 1893 Gummersbach, RB. Köln, seit 1924 Chordir. in Düsseldorf. W: BühnM., Lieder

NEYSIDLER, — s. NEUSIEDLER

NIBELLE, Adolphe * 9/10 1825 Gien (Loiret), † März 1895 Paris, Advokat. W: Optten, Lieder

NIC, Joe, ps. = Nikolaus Josef Maria SIMONS

NICCOLINI, Gius. * 29/1 1762 Piacenza, da † 18/12 1842, DomKM. seit 1819. W: 48 Opern, 3 Orator., 30 Messen, 100 Psalmen, Kantaten, KlavKompos.

NICCOLO DE MALTA — s. ISOUARD

NICHELMANN, Christoph * 13/8 1717 Treuenbrietzen, † 20/7 1762 Berlin, Schüler von Bach, Telemann u. Quantz; 1744/56 Cembalist in der Kapelle K. Friedrichs II. W: KlavSonaten, Lieder usw.; ‚Die Melodie'

NICHOLL, Horace Wadham * 17/3 1848 West-Bromwich (Staffordshire), Organ. in Newyork, † 10/3 1922. W: OratTetral. (im Wagnerstil), ‚The golden legend' u. a. Chorwerke, Messe, Sinfon., sinfon. Dichtgen, KlavKompos., OrgStücke usw.

NICHOLL, Jos. Weston * 7/5 1875 Halifax, da † Mai 1925, Organ. (Schüler Rheinbergers und Guilmants) u. Dirig., auch MilKM. W: Oper, sinf. Dichtgen, auch f. Bläser, Chöre, Lieder

NICHOLLS, Berwood † 31/3 1929 Aberdeen. W: KirchM., KlavStücke

NICHOLLS, Frederick * 8/1 1871 Birmingham, Schüler, seit 1891 L. des Coll. in Liverpool. W: OrchSuiten, KaM., KlavStücke, viele Lieder; The technique of the Pfte pedals

NICHOLLS, Horatio, ps. Victor Ambroise, Haydon Augarde, Kathleen Cavanagh, Everett Lynton, Paul Paree, Lilian Shirley, Gene Williams, Lawrence Wright, Salonkomp. am Ende des 19. u. Anfang des 20. Jahrh. in London (Näheres nicht zu ermitteln)

NICHOLSON, Sidney Hugo * 9/2 1875 London, 1908 Organ. in Manchester, 1918/27 in Westminster. W: KlavQuint., Kantaten, OrgStücke usw.

NICK, Edmund, Dr. jur. * 22/9 1891 Reichenberg (Böhm.), seit 1933 KM. in Berlin, 1919/33 in Breslau, da seit 1924 Leiter der Funkstunde. W: BühnM., Lieder

NICK, Winand * 11/9 1831 Fritzlar, † 18/12 1910 Hildesheim, da seit 1856 DomMDir. u. GymnGsgL., vorher in Fulda, Schüler Spohrs u. Botts. W: KlavStücke, Lieder usw.

NICKEL, Emil Konst. * 12/9 1851 Sohrau, poln. OSchles., † 17/5 1921 Breslau, seit 1901 Dompfarrer u. KonservL. in Breslau. W: viele Messen, Requiems, Motetten, Chorsammlgen, viele Chöre, ‚Gesch. d. gregor. Chorals‘ usw.

NICKLASS-KEMPNER, Selma * 2/4 1849 Breslau, † 22/12 1928 Berlin, da seit 1893 GsgL. am Sternschen Konserv., Schülerin von Jenny Meyer, Opernsängerin bis zu ihrer Verheiratung, dann KonzSgrin u. GsgL. in Wien. — Ihr Sohn S i e g f r i e d in Newyork. W: Optte, UnterhaltgsM.

NICO, Per, ps. = Nikolaus PERREITER

NICODÉ, Jean Louis * 12/8 1853 Jersitz/Posen, † 5/10 1919 Langebrück/Dresden, Schüler von Kullak, Kiel u. Liszt, seit 1878 L. (1878/85 am Konserv.) u. bis 1900 Dirig. in Dresden, Vorkämpfer für neue M. W: sinf. Dichtgen, OrchVariat. u. Suiten, Chorsinf. ‚Das Meer‘, Sinfon. ‚Gloria‘ mit Schlußchor, a capp.-Sinfon. f. MChor, KaM., KlavStücke, Lieder

NICOLAI, David Traugott * 24/8 1733 u. † 20/12 1799 Görlitz, da seit 1764 Organ. W: Kantaten, KlavStücke

NICOLAI, Otto * 9/6 1810 Königsberg, † 11/5 1849 Berlin, Schüler B. Kleins, lebte 1834/37 in Italien, in Rom Schüler Bainis, 1837/38 KM. in Wien, dann wieder in Italien, 1841 OpKM. in Wien, vor die Philharm. Konzerte begründete, 1848 Kgl. KM., auch Dirig. des Domchors in Berlin. W: ital. Opern u. ‚Die lustigen Weiber von Windsor‘, 2 Sinf., ‚Kirchl. Festouv.‘, Messe u. a. kirchl. Komp., Lieder usw. Vgl. seine Biographie von G. R. Kruse. Seine sehr wichtigen Briefe an seinen Vater, hrsg. von W. Altmann. Seine (vollst.) Tagebücher hrsg. von W. Altmann (in Vorbereitg bei G. Bosse)

NICOLAI, Paul, Dr. phil. * 17/6 1891 Jüchen, Kr. Grevenbroich, seit 1919 Dir. der MSchule in Rheydt, da seit 1920 auch KirchChordir. W: Chöre, Lieder u. a.

NICOLAI, Philipp * 10/8 1556 Mengeringhausen, † 26/10 1608 Hamburg, da Pastor. W: Choräle, u. a. ‚Wachet auf, ruft uns die Stimme‘

NICOLAI, Willem Frederik Gerard * 20/11 1829 Leyden, † 25/4 1896 im Haag, Schüler des Lpzger Konserv.; 1852 u. 1865 Dir. der kgl. MSchule im Haag, förderte kräftig in Holland die Liszt-Wagnersche Kunstrichtg. H: ‚Cäcilia‘. W: Orator., Schillers ‚Lied von der Glocke‘, Kantaten, Lieder, VcSonate

NICOLAU, Antonio * 8/6 1858 Barcelona, da † 26/2 1933, OrchDirig. u. Dir. d. städt. MSchule. W: Op., Chorwerke m. Orch., sinfon. Dichtgen, Lieder

NICOLE, Louis * 25/2 1863 Genf, lebt seit 1922 Vandoeuvres/Genf, Schüler des Lpzger Kons. u. H. Litolffs, 1890/95 in Athen, 1897/1922 in London. W: Opern, OrchStücke, Chorsinf. ‚La bataille du Leman‘, Stabat mater, Psalm, KaM. u. a.

NICOLINI, Ernesto (eigentl. Nicolas), * 23/2 1834 St. Malo, † 19/1 1898 Pau, OpTenorist, seit 1886 mit Adelina Patti verheiratet

NICOLINI, Gius. — s. NICCOLINI

NICOLO (v. Malta) — s. ISOUARD

NICOLOSI, Salvatore * 15/6 1885 Catania, da seit 1904 Organ., ausgeb. in Rom. W: KirchM.

NIDECKI (Nidetzky), Thomas * 1800 Warschau, da † 1852, da 1841 OpKM. W: Possen, KirchM., Ouvert.

NIECHCIOL, Traugott * 9/2 1872 Gabel, Kr. Guhrau (Schles.), seit 1902 KonservDir. in Berlin-Grunewald, Schüler der Berlin. Akad. der Künste. W: Chöre, Lieder, KlavSalonstücke, VStücke u. a.

NIECKS, Frdr. * 3/2 1845 Düsseldorf, † 29/6 1924 Edinburgh, da 1891/1914 Prof. der M. a. d. Univers.; urspr. Geiger. W: ‚Fr. Chopin‘ (dtsch. von Langhans), ‚Dictionary of musical terms‘ ‚Programme m. in the last four centuries‘ usw.

NIEDECKEN-GEBHARD, Hanns, Dr. phil. * 4/9 1889 Oberingelheim, OpSpielleiter, auch in Newyork, bes. durch Inszenierung Händelscher Op. in Göttingen, Berlin usw. bekannt geworden, seit

1935 in Berlin mit der Vorbereitg der künstler. Darbietgen bei den Olymp. Spielen von 1936 beauftragt

NIEDERLITZ, Heinr. * 20/10 1869, ML. in Hamburg. W: UnterhaltgsM.

NIEDERMANN, Gust. * 20/9 1881 Zürich, Chordir. in Dietikon/Zürich. W: Sinf., MChöre, Lieder

NIEDERMAYR, Otto * 7/9 1885 München, SoloVcellist des Dtsch. OpHauses (seit 1912) u. Prof. an der Hochschule in Berlin, ausgebild. in München u. Frankf. a. M. (u. a. v. Hugo Becker)

NIEDERMEYER, Louis * 27/4 1802 Nyon (Genf), † 14/3 1861 Paris, Schüler v. Moscheles, Fioravanti u. Zingarelli, seit 1823 in Paris: seine Schule f. KirchM. in großem Ansehen. W: Opern, gute Messen, Motetten, Org- u. KlavStücke, Gsge usw. Die beliebte, Stradella zugeschriebene ‚Kirchenarie' von N. komponiert. ‚Méthode d'accompagnation du plain chant'

NIEDT, Friedr. Erhardt * 31(?)/5 1674 Jena, †1717 Kopenhagen. W: ‚Musik. Handlietg' (3Bde), Suiten f. 3 Ob. m. bez. Baß

NIEHR, Gustav * 5/7 1867 Neustrelitz, † 17/7 1899 Dessau, da 1886 OpChordir. W: Oper, BühnM., Lieder usw.

NIELEBOCK, Hermann, ps. Herms NIEL * 17/4 1888, lebt in Potsdam. W: UnterhaltgsM.

NIELSEN, Carl * 9/6 1865 Nörre-Lyndelse (Insel Fünen), † 2/10 1931 Kopenhagen, da 1904 II. HofKM., 1915 Dir. des MVer. u. Mitdir. des Kgl. Konserv. W (bedeut.): Opern, 6 Sinfon., Ouv., KaM., KlavStücke, Chorwerke, Lieder u. a.

NIELSEN, Hermann * 12/4 1826 Rendsburg, † 4/9 1897 Itzehoe, da seit 1851 sehr verdient. OrchMusiker, auch Maler u. Kupferstecher. W: OrchStücke, Tänze, Märsche

NIELSEN, Ludolf * 29/1 1876 Nörre Tvede (Seeland), lebt in Kopenhagen. W: Opern, 3 Sinf., sinfon. Dichtgen, KaM., Chorwerke m. Orch., Lieder u. a.

NIEMAND, Otto F. * 16/6 1887 Altona, da KlavL., OrgVirt., Organ. u. Chordir. (u. a. Cäcilienchor 1918). W: Sinf. Dichtg, StrTrio, Fr-, gem. u. MChöre, Lieder

NIEMANN, Albert * 15/1 1831 Erxleben/Magdeburg, † 13/1 1917 Berlin, ausgezeichn. Heldentenor, 1855/66 am Hofthea. in Hannover, 1866/88 an der Berliner Hofbühne, sang 1861 den Tannhäuser in Paris, war der erste Siegmund in Bayreuth. Vgl. W. Altmann, Rich. Wagner u. A. Niemann (1924). — Sein Sohn Gottfried N., Dr. phil. * 28/1 1882 Berlin, lebt in Wustrow (Meckl.), Landschaftsmaler. W: Suiten f. V. u. Klav., KlavStücke, Gsge nach eig. Texten

NIEMANN, Rudolf * 4/12 1838 Wesselburen/Holstein, † 3/5 1898 Wiesbaden, Schüler des Konserv. zu Leipzig, Bülows u. Kiels, treffl. Pianist, seit 1895 KonservL. zu Wiesbaden. W: KlavKompos., VSonate usw. — Sein Sohn Walter, Dr. phil. * 10/10 1876 Hamburg, Schüler seines Vaters u. Humperdincks, lebt in Leipzig, da 1907/1915 MRef. W: OrchStücke, zahlr. sehr beachtete feine impression. KlavStücke usw., ‚Die M. Skandinaviens', ‚Das KlavBuch', ‚Grieg', ‚Die M. der Gegenwart', ‚Brahms', ‚Meister des Klaviers' usw. B: Neuausgaben älterer MWerke (Froberger usw.)

NIEMEYER (auch Niemayer) Friedr. Wilh. * 22/1 1869 Hannover, † 17/5 1932 Wien, da seit 1925, 1894/1906 GsgL. am Gymn. u. Leiter des OratVer. in Landsberg a. W. W: Sinf. u. dramat. Fantasie f. Orch., Chorwerke m. Orch., Chöre, viele Lieder

NIEPEL, Paul * 6/7 1856 Köben/O., † 3/9 1934, seit 1886 Kantor u. Organ. in Hirschberg (Schles.). W: Festspiel, Passion, Psalmen, Motetten

NIERENTZ, Hans Jürgen * 15/9 1909 Posen, Filmlibrettist (‚Sinfonie der Arbeit' u. a.) in Berlin

NIESLONY, Joh. * 11/12 1881 Kudoba, OS., † 26/7 1929 Kattowitz, da Organ. u. Chordir., Schüler der Berliner Hochsch. W: kirchl. GsgKompos., KlavSalonstücke

NIESSEN, Bruno v. * 5/3 1902 Wiesbaden, seit 1935 OpRefer. der RTheaKammer in Berlin, ausgebild. auf der Akad. in München (Jos. Haas), v. Elly Ney u. Fritz Busch, 1923/26 Korrepet. u. Regieass. der Staatsop. in Dresden, 1926/33 Reg. u. Dramaturg der städt. Bühnen in Hannover, 1933/1935 ObRegiss. der städt. Op. in Berlin

NIESSEN, Wilhelm, Dr. phil. * 1/11 1862 Berlin, † 15/3 1919 Heilanstalt Warstein, Schüler des Sternschen Konserv., 1897 SingakadDir. in Glogau, seit 1900 MVerDir. in Münster i. W. W: Chöre, KlavStücke, Lieder

NIESSEN-STONE, Matja v. * 28/12 1870 Moskau, GsgL. in Berlin seit 1922, ausgeb. in Dresden (Konserv.), Paris u. von Geo. Fergusson, sehr geschätzte Konz- u. OpSgrin, 1910/22 L. am Inst. of mus. art in Newyork, sang auch da an der Metropolitan Oper

NIETO, Manuel * Okt. 1844 Reuss, Span., † Aug. 1915 Madrid, fruchtbarer popul. Komp. W: üb. 150 Zarzuelas (Opttten)

NIETZSCHE, Frdr. * 15/10 1844 Röcken/Lützen, † 25/8 1900 Weimar (seit 1889 irr), genialer Philosoph, dessen Wagnerbegeisterg später ins Gegenteil umschlug, 1869/79 Prof. d. klass. Philol. a. d. Univers. Basel. W: ‚Geburt der Tragödie aus dem Geiste der M.', ‚R. Wagner in

Bayreuth', ,Der Fall Wagner', ,N. contra Wagner', Randglossen zu Bizets Carmen'; Hymnen f. Chor, Lieder, KlavStücke

NIEUWENHUYSEN, Frederik * 1758 Zutfen, † 29/1 1841 Utrecht, da seit 1778 Organ., bedeut. OrgVirt. W: Choralbücher

NIEWIADOMSKI, Stanislaw * 4/11 1859 Soposzyn, Galiz., ausgeb. in Lemberg (Mikuli), Wien u. Leipzig, 1887/1919 KonservL. in Lemberg, seit 1919 dsgl. in Warschau; auch MKrit. W: KlavStücke, Lieder, Schriften üb. Chopin u. Moniuszko u. a.

NIGGLI, Arnold * 20/12 1843 Aarburg, † 30/5 1927 Zürich, 1875 Stadtschreiber in Aarau, 1891/1894 Red. der ,Schweizer. MZtg.', lebte zuletzt in Zürich. W: ,Die schweiz. MGesellschaft', ,Adolf Jensen', ,Chopin', ,Paganini' usw.

NIGGLI, Friedrich (Sohn Arnolds) * 15/12 1875 Aarburg, Pianist in Zürich, Schüler u. a. von I. Knorr, B. Scholz, Kwast, Sgambati. W: Vc- u. VSonate, KlavStücke, ,Technik u. Anschlag' f. Klav., Schweiz. Volksliederspiel, Lieder

NIGHTINGALE, Joseph * 1887, † 16/1 1929 London, Liederkomponist

NIKEL, Emil — s. NICKEL

NIKISCH, Arthur * 12/11 1855 Szent-Miklos (Ungarn), † 23/1 1922 Leipzig, berühmt. Dirig., 1878 KM. am Stadtthea zu Lpzg, 1889 Dirig. der SinfKonz. in Boston, 1893 OpDir. in Budapest, seit Sept. 1895 Dirig. der Gewandhauskonz. in Lpzg u. seit 1897 auch des Philharm. Orch. in Berlin, Gastdirig. in Hamburg, Petersburg usw. W (ungedr.): Orch- u. KaM., Kantate, Lieder. — Seine Frau A m é l i e geb. Heußner, einst reizende OpSoubrette in Kassel u. Leipzig, treffl. GsgL. W: Optten. — Sein Sohn M i t j a * 21/5 1899 Leipzig, treffl. Pianist, seit Herbst 1929 Dirig. ein. Jazz-Orch., neuerdings nur KlavVirt in Berlin, vorher in Amerika

NIKLAUS, Albert * 13/6 1901 St. Ingbert/Saar, da MRef., stud. MWiss. W: Lieder u. Gsge, auch m. Orch.

NIKOLAJEW, Leonid * 14/8 1878 Kiew, Schüler d. Moskauer Konserv. seit 1908 KonservKlavL. in Petersburg. W: OrchStücke, KaM., Suite u. Variat. f. 2 Klav., KlavStücke; ,Hymne an die Schönheit'

NILIUS, Rud. * 23/3 1883 Wien, da urspr. Vcellist, 1908 KirchKM., 1912 Dirig. des Singver. der Ges. der MFreunde, später der OratVereinigg u. des Tonkünstler-Orch., Leiter der KMSchule des Neuen Konserv. W: OrchStücke, Messen

NILSON, Einar * 21/2 1881 Kristianstad (Schwed.), Schüler der Hochschule in Berlin, da seit 1907 KM. der Reinhardt-Bühnen, oft im Ausland. W: BühnM., Ballette nach Mozart, Offenbach, Rameau

NILSSON, Christine * 20/8 1843 auf dem Gute Sjöabel/Wexiö (Schwed.), da † 22/1 1921, berühmte OpSgrin, in Stockholm, später in Paris gebildet; 1864/67 am Théâtre lyr., 1868 an der Gr. Oper zu Paris, 1870/72 in Amerika; seit 1887 Gräfin Miranda

NIN, Joaquin * 29/9 1859 Havanna, Schüler Moszkowskys u. d'Indys, treffl. Pianist, der bes. die ältere Lit. berücksichtigt, aber gegen d. Wiedereinführg des Cembalo ist, seit 1909 in Brüssel. W: Oper, KlavStücke; Schriften u. a. ,Pour l'art', ,Clavecin ou piano'. H: Span. Volkslieder

NINI, Aless. * 1/11 1805 Fano (Romagna), † 27/12 1880 Bergamo, KirchKM., 1830/37 Dir. der Gsgschule in Petersburg. W: Opern, kirchl. Gsge

NIPPON, A., ps. = W. LAUTENSCHLÄGER

NISARD, Théodore, ps. für Abbé Théodule NORMAND * 27/1 1812 Quaregnon (Hennegau), † 29/2 1888 Jacqueville (Dép. Seine-et-Marne), Schr. in Paris, da 1842/46 Organ. W: wertvolle Schriften üb. Gesch. d. Choralgsgs (Neumenerforscher), Palestrina, Lully, Rameau usw.

NISSEN, Erica — s. LIE

NISSEN, Georg Nik. v. * 27/1 1765 Hadersleben, † 24/3 1826 Kopenhagen, dänischer Staatsrat, verheir. mit Mozarts Witwe. W: ,Biographie W. A. Mozarts'

NISSEN, Henriette * 12/3 1819 Gotenburg (Schwed.), † 27/8 1879 Harzburg, in ganz Europa gefeierte OpSgrin (Schülerin M. Garcias), seit 1859 GsgL. am Konserv. in Petersburg, 1850 mit dem Komponisten S a l o m a n verheir. W: GsgSchule

NISSEN, Karl * 27/2 1879 Christiania, da † 1/5 1920, ausgezeichn. Pianist, seit 1911 Dirig. der ,Cäciliaforeningen'

NITHART — s. NEIDHARDT

NITSCH, Adolf * 3/2 1866 Freudenthal (Schlesien), urspr. Vcellist, lebt in Wien, 1905/28 Organ. bzw. ML. in Troppau. W: Messen, KaM., Vc-Stücke, Lieder

NITSCHE, Egon * 27/6 1906 Kattowitz, lebt in Berlin. W: UnterhaltgsM.

NITZSCHE, Bernhard (ps. Rudi BERNARD; BERN-BERND; B. de FERANO) * 24/11 1877 Bautzen, seit 1906 in Berlin-Tegel KonservDir., vorher TheaKM. an verschied. Orten. W: Optten, Sinfon., OrchSuiten, KlavStücke, auch instrukt., Chöre, Lieder

NITZSCHE, Franz Ludw. Rich. Nils * 29/10 1877 Papritz/Dresden, seit 1904 Organ., Kirch-Chor- u. VerDir. in Plauen. W: größere Chorwerke m. Orch., MChöre

NIVELL, Harry, ps. = LEWIN, Heinz

NIVERD, Lucien, ps. Jacques d'ARTOY * 20/9 1879 Vouziers, lebt in Paris, Geiger. W: Opern, OrchSuiten, KaM., BrConcertino, VEtüden

NIVERS, Guillaume * 1617 (1632?) Melun, † 30/11 1714 Paris, da Organ. u. MSchr.. W: KirchM., OrgStücke; ‚La gamme du si‘, ‚Traité de la composition de m.‘ u. a.

NOACK, Elisabeth, Dr. phil. * 29/7 1895 Mainz, seit 1925 SchulML. (StudRat) in Schneidemühl. W: ‚Mein erstes Singbuch‘

NOACK, Friedr., Dr. phil. * 10/7 1890 Darmstadt, da 1920 Doz., 1927 ao. Prof. f. MWissensch. an der Techn. Hochschule, auch Chordirig. W: Lieder. H: Graupners KirchKantaten

NOACK, Heinz * 7/7 1912 Berlin, lebt da. W: UnterhaltgsM.

NOACK, Herbert (ps. Jim COWLER; Herbert HENDERSON; Herbert KAULER) * 23/1 1898, lebt in Berlin. W: UnterhaltsM.

NOACK, Kurt * 13/2 1895, lebt in Berlin, vorher in Stettin. W: UnterhaltsM.

NOACK, Walter, ps. Ted MORTON, James REED * 12/6 1900 Berlin, lebt da, Geiger. W: Oper, Singspiel, Ballette, UnterhaltsM.

NOATZSCH, Rich. * 20/10 1869 Oschatz, SemML., seit 1914 in Rochlitz, Schüler des Dresdener Konserv. W: ‚Formenlehre der KlavM.‘, ‚Zur Gesch. des Klav.‘

NOBEL, Otto Willem de * 10/2 1867 Haarlem, seit 1914 MSchulDir. in 's Gravenhage, urspr. Op-Bassist. W: Chöre

NOBLE, Thomas Tertius * 5/5 1867 Bath, Schüler des R. Coll. of m. in London, verdienter engl. Organ. u. Dirig., seit 1912 in Newyork. W: Opern, Orch-, Ka- u. bes. KirchM.

NOCCIOLINO, Alberto, ps. = KERNCHEN, Albert

NOCE, Ugo dalla — s. DALLANOCE

NOCENTINO, Domenico * 1848 Laterina (Arezzo), † 29/12 1924 Firenze, da KonservL., KlarinVirt. W: Optte, Sinf., KlarinDuette, Etüd. u. KonzStücke

NODERMAN, Preben, Dr. phil. * 11/1 1867 Hörring (Dänem.), † 14/11 1930, 1899 Organ. in Malmö, seit 1903 DomKM. in Lund. W: Opern, Optten, Chöre, Lieder, bes. Kinderlieder usw. B: Glucks Orpheus

NODNAGEL, Ernst Otto * 16/5 1870 Dortmund, † 25/3 1909 Berlin, Schüler Ph. Wolfrums u. der Hochschule in Berlin, Liedersgr; 1899/1903 MRef. u. GsgL. in Königsberg. W: sinf. Dichtgen, ultramoderne Gsge (lyr. Rezitative) m. Orch. od. Klav., Schriften: ‚Jenseits von Wagner u. Liszt‘, ‚Profile u. Perspektiven‘, ‚Versimpelg der MKrit.‘, Analysen von Werken Schillings', Mahlers, Arn. Mendelssohns usw.

NOE, Oskar * 23/5 1872 Graz, erst Geiger (Berl. Hochschule), dann Schüler Stockhausens, † 20/3 1910 Leipzig, da Sgr, GsgsL. am Konserv. seit 1902, auch OrchDirig. W: ‚Technik der dtschen Gsgskunst‘, Lieder

NÖLCK, Aug. * 9/1 1862 Lübeck, seit 1913 in Dresden, Schüler des Hamburger Konserv. W: Stücke f. Klav., V., Vc., bes. instrukt.

NOELTE, A. Albert * 10/3 1885 Starnberg/München, seit 1908 in München, zeitw. MRef. in Boston. W: Opern, sinf. Dichtgen, Lieder, auch mit Orch.

NÖLTGE, Walter * 21/4 1891 Cottbus, Gastwirt in Fürstenberg, Mecklbg. W: Optte, UnterhM

NÖSSLER, Eduard * 26/3 1863 Reichenbach i. Sa., Schüler des Konserv. in Leipzig, 1885/87 TheaKM. in Bremen, da 1888 Organ., 1893/1930 Domorgan. u. Chordirig. W: Sinf., Ouvert., Märchenspiel, Chöre, Lieder, KlavStücke usw.

NOETEL, Konr. Friedr. * 30/10 1903 Posen, ML. im staatl. höh. Schuldienst in Königsberg (Pr.), stud. zuerst Technik u. Rechtswiss., ausgeb. in Hannover u. Königsberg. W (beeinfl. von Hindemith): Orat. ‚Christoph Kolumbus‘, Schulwerk, Kantate, Lieder, KlavStücke

NÖTHLING, Elisabeth * 19/3 1881 Berlin, da GsgL. W: KaM., Chöre, Duette, Lieder

NOETZEL, Herm. * 10/4 1880 Wiesbaden, lebt in Leoni am Starnberger See (München), Schüler I. Knorrs, zeitw. Dirig. W: Oper ‚Meister Guido‘, Ballett, Sinf., OrchSuite, Ouvert., Lieder

NOFERI (Nofferi), Giov. Batt. * 1730, † nach 1775, vielger. VVirt. W: KaM.

NOGUERAS, Vicente Costa — s. COSTA

NOHL, Ludw. * 5/12 1831 Iserlohn, † 16/12 1885 Heidelberg, Schüler Dehns, 1860 PrivDoz. f. M. in Heidelberg, 1865/69 Prof. in München, dann Privatgelehrter, 1872 wieder PrivDoz. in Heidelberg, da 1880 Prof. W: Biographien Mozarts, Beethovens, Wagners, ‚Gluck u. Wagner‘, ‚R. Wagners Bedeutg. f. d. nationale Kunst‘, ‚Das moderne MDrama‘, ‚Die geschichtl. Entwicklg. der KaM.‘ usw. H: Briefe Mozarts u. Beethovens u. a.

NOHL, Walther * 6/9 1866 Eichen/Siegen, StudDir. i. R. in Nowawes. W: Chöre; ‚Beethoven als Mensch‘, ‚Die Romantiker der dtsch. M.‘ u. a. H: Beethovens Konversationshefte

NOHR, Christian Friedr. * 7/10 1800 Langensalza, † 5/10 1875 Meiningen, da seit 1830 KonzM., Schüler Spohrs. W: Opern, Oratorium, Sinf., KaM., VStücke, Lieder

NOLA, Domenico da † um 1590 Napoli, KirchKM. W: Madrigale, Canzone villanesche

NOLL, Rudi * 9/3 1900 Dortmund, da ML., Schüler des dort. u. des Sondershaus. Konserv. W: Suiten, Volksliederparaphrasen u. a. f. Klav., Lieder

NOLOPP, Werner * 5/6 1835 Stendal, † 12/8 1903 Magdeburg, Lehrer, 1882 pension. W: ‚Bretagne', Ballade m. Orch., Chöre, Lieder usw.

NOLTE, A. W. S., ps. — s. Aug. SERIEYX

NOLTE, Rudolf, ps. Bernard ETON * 23/1 1891, SchlagerKomp. in Wieck auf Rügen, bis 1934 in Berlin

NOLTHENIUS, Hugo * 20/12 1848 Amsterdam, † 8/6 1929 Haarlem, Vorkämpfer für Wagner, GymnasL. u. a. in Utrecht, auch Chordirig. W: ‚Bayreuth'; ‚W. Mengelberg'; BühnM., Lieder

NOORDEWIER - REDDINGIUS, Aaltje * 1/9 1868 Deurne, lebt in Hilversum (Holl.), hervorrag. OratSgerin (Sopran) u. GsgL., Schülerin Messchaerts

NOORDT, Sybrandus van 1692 ff. sehr geschätzter Organ. in Haarlem, vorher seit 1679 in Amsterdam. W: Sonat. f. Fl. m. B., f. 2 V., f. Klav.

NOPITSCH, Christoph Friedr. Wilh. * 4/2 1758 Kirchensittenbach, † 22/5 1824 Nördlingen, da seit 1781 Kantor. W: KirchenKant., Lieder, KlavStücke; ‚Elementarbuch der Singekunst'

NORBLIN, Louis Pierre Martin * 2/12 1781 Warschau, † 14/7 1854 Connantre (Marne), ausgez. Vcellist, 1811/41 an der großen Op., 1826/46 KonservL. in Paris

NORDBLOM, Joh. Erik * 12/4 1788 u. † 25/12 1848 Upsala, da seit 1833 UnivMDir., 1835 DomOrgan., sehr geschätzter GsgL., auch Sgr. W: GsgMethode, Lieder

NORDEN, Juanita * 30/11 1876, VVirt. in Dresden, Schülerin Ysayes u. Joachims

NORDEN, Leo ps. = ALETTER, Wilh.

NORDICA, Lillian * 12/5 1859 Farmington (NAm.), † 10/5 1914 Batavia, seit 1879 auch in Europa bekannt, dramat. Sgrin; 1894 Elsa in Bayreuth; eigentl. Name Norton; seit 1909 verheir. mit George W. Young in London

NORDIO, Cesare * 1891 Triest, seit 1925 KonservDir. in Bologna, Schüler Oreficcs u. Regers. W: Opern, sinf. Dichtgen, StrQuart. u. a.; ‚Nel primo centenario della nascita di César Franck'

NORDISK MusikForlag — s. HANSEN, Wilh.

NORDQVIST, Conrad * 11/4 1840 Venersborg (Schwed.), † 16/4 1920 Stockholm, da MAkadL. seit 1881 u. HofKM. 1885/1908. W: Ballette, OrchKomp., KlavStücke, Chöre, Lieder usw.

NORDQVIST, Gustaf * 12/2 1886 Stockholm, da seit 1914 Organ. u. beliebter KonzBegleiter. W: Klav- u. VSonate, Suite u. a. f. Klav., OrgStücke, Hymnen, viele Lieder

NORDRAAK, Rich. * 12/6 1842 Christiania, † 20/3 1866 Berlin, Schüler Kiels u. Kullaks, sehr begabter Komp. W: Dramenmusiken, nation. Gesänge, PfteStücke

NORDSTRÖM, Thomas, ps. = JUEL-FREDERIKSEN, Emil

NOREN, Heinr. Gottlieb (urspr. GOTTLIEBNOREN, Heinr.) * 6/1 1861 Graz, † 6/6 1928 Rottach am Tegernsee (hier seit 1915), Geiger, 1896/1902 KonservDir. in Crefeld, 1902/07 L. am Sternschen Konserv. in Berlin, 1908/11 KomposL. am Dresdner Konserv. W (bed.): Oper, OrchVariat. ‚Kaleidoskop', Sinf., Suite, VKonzer., KaM., Lieder usw.

NORKUS, Arthur * 17/8 1866 Königsberg i. Pr., BezirksChormeister des Dtschen ArbeiterSängerbundes in Stettin, da seit 1900 Chordir., vorher MilitMusiker in Königsberg, Schüler R. Schwalms, Berneckers u. M. Oestens. W. MChöre

NORLIND, Tobias, Dr. phil. * 6/5 1879 Hvellinge (Schwed.), Schüler von Jadassohn, Thuille, Sandberger, 1909 PrivDoz. f. M. in Lund, seit 1921 MGeschL. an der MAkad. in Stockholm. W: ‚MGesch. Schwedens', ‚Beethoven', ‚Allgem. MGesch.', ‚Jenny Lind', ‚Wagner' usw. H: ‚Allmant MLexicon', ‚Svensk Tidskrift f. Mforskning'

NORMAN, Ludw. * 28/10 1831 Stockholm, da † 28/3 1885, Schüler Lindblads u. des Leipziger Konserv., 1857 L. a. d. kgl. Akademie zu Stockholm, Dirig. der ‚Neuen philharm. Gesellsch.' (1859), der Op. (1861) u. der SinfKonz. (1879/84). 1864/69 mit Wilma Neruda (s. d.) verheiratet. W: BühnenM., Sinf., Ouvert., KaM., KlavStücke, Orator., Kantaten, Lieder

NORMAND, Théodule — s. NISARD

NORONHA, Francisco de Sá * 24/2 1820 Vianna do Castello, † 23/1 1881 Rio de Janeiro, VVirt. W: Operetten, VStücke

NORSK MusikForlag, Oslo (Kristiania) — s. HANSEN, Wilh.

NORRIS, Carl Baily, ps. = SCHIRACH, Karl Baily v.

NORRIS, Henry, ps. = Jul. JEHRING

NORRIS, Homer Albert * 4/10 1860 Wayne (Maine), Organist, zul. in New York. W: Chöre, Lieder; ‚The art of counterpoint' u. a.

NORSA, Vittorio * 1/2 1859 Mantova, † 7/8 1933 Milano, KonservL. W: Oper, SinfOde, KaM., KlavStücke, OrgStücke, Duette, Lieder u. a.

NORTH, Charles * 3/7 1859 Mülhausen i. E., seit 1887 MDir. u. Org. in Le Locle (Schweiz). W: Weihnachtskant., Chöre

NORTON, Lillian, eigtl. Name = NORDICA

NOSKOWSKI, Sigism. * 2/5 1846 Warschau, da † 24/7 1909, 1876 städt. MDir. in Konstanz, 1888 in Warschau KonservL., 1904 II. KM. der Philharm. u. 1906 der Oper. W: Oper, Optten, 3 Sinf., Ouvert. ‚Das Meerauge' u. a., KlavQuart., KlavStücke, Chöre, Lieder usw.

NOSSEK, Karl Vincent * Vischau (Mähr.), † 23/4 1900 Verrey, vielgereister VVirt., seit 1882 in Lausanne. W: VStücke, Lieder

NOTARI, Umberto * 26/7 1878 Bologna, MSchr. u. MVerleger. H: I classici italiani

NOTHOLT, Frz * 21/5 1898 Oldenburg, Op- u. KonzBarit., seit 1935 in Berlin (Volksop.), ausgeb. in München, Berlin u. Milano, auch Kunst-, Lit.- u. TheaGesch., erst KonzSgr u. Stimmbildner, auch Dramaturg in Hannover u. Hamburg, seit 1928 OpSgr, auch Spielleiter in Oldenburg, Darmstadt u. Saarbrücken. B: Händels ‚Ezio' u. ‚Apollo u. Daphne'

NOTKER (Balbulus) * 830, † 6/4 912 Mönch im Kloster St. Gallen, einer d. ältesten Sequenzenkompon.

NOTKER (Labeo d. i. der mit der hängenden Lippe) † 1022 St. Gallen, Benediktiner, der erste in dtsch. (althochdtsch.) Sprache schreibende M-Theoretiker

NOTTEBOHM, Gust. * 12/11 1817 Lüdenscheid (Westf.), † 29/10 1882 Graz, Schüler von L. Berger, Dehn, Mendelssohn, Schumann u. Sechter, seit 1846 in Wien ML. u. Schriftst. Von Bedeutg seine Schriften üb. Mozart, Beethoven, Fr. Schubert. W: KaM., KlavStücke

NOTZ, Franz * 14/4 1867 Cannstatt, lebt in Freiburg i. B., Schüler d. Stuttg. Konserv., 1901/32 Dir. des OratorVer. u. GymnGsgL. in Insterburg. W: OrchKompos., VKonz., KaM., KlavStücke, Chorwerk ‚Liedlegende', Lieder

NOUFFLARD, Geo. Frédéric * 1846 Frankreich, † 4/3 1897 Lugano, MSchr. in Firenze. W: ‚Berlioz'; ‚Lohengrin à Florence'; ‚R. Wagner d'après lui-même' u. a.

NOUGUÈS, Jean * 1876 Bordeaux, † 29/8 1932 Auteuil, lebte in Paris. W: Opern ‚Quo vadis', ‚La vendetta' u. a., Ballette, FilmM.

NOURRIT, Adolphe * 3/3 1802 Paris, † 8/3 1839 Neapel, berühmt. OpTenorist u. Schubert-Liedersgr, 1821/37 an der Gr. Oper in Paris. W: Ballette

NOVACEK, Ottokar * 13/5 1866 Ungar. Weißkirchen, † 3/2 1900 Newyork, da seit 1892 treffl. QuartBratschist, Schüler von Dont, Schradieck, Brodsky. W: 3 StrQuart., KlavKonz., Stücke für Klav., f. V. usw.

NOVAČEK, R. * 7/4 1860 Weißkirchen, Ung., † 12/8 1929 Prag. W: VStücke, Märsche

NOVÁK, Vitezslav * 5/12 1870 Kamenitz (Böhm.), Schüler des Prager Konserv., da seit 1908 KomposL. W: Opern, treffl. Orch- u. KaM., Sonaten u. a. f. Klav., gr. Chorwerke, Chöre, Lieder

NOVARO, Michele * 23/12 1822 Genova, da † 21/10 1885 GsgL., komponierte u. a. 1847 den berühmten von Goffredo Mameli stammenden Freiheitsgesang ‚Fratelli d' Italia'

NOVARRA, G., ps. = W. ALETTER

NOVELLO, Clara Anastasia * 10/1 1818 London, † 12/3 1908 Rom, berühmte, vielgereiste KonzSgrin (bis 1860), Vertreterin des bel canto

NOVELLO, Vincent * 6/9 1781 London, † 9/8 1861 Nizza, da seit 1849, gründ. 1811 den wichtig. MVerlag Novello u. die noch jetzt bestehende Ztschr. ‚The musical Times', seit 1797 Organ. W: Messen, Motetten. H: ‚Collection of sacred m. u'. a.

NOVOTNY, Joh. † 1897 Dušniky/Roudnice, MilKM. i. R. W: Märsche, u. a. ‚Aller Ehren ist Österreich voll'

NOVOTNY (vgl. Nowotny), Wenzel * 17/9 1849 Pocaterl (Böhm.), † 1922 Prag, da Schüler der OrgSchule, Schr. W: Lieder u. VStücke. B: Volkslieder, viele Übersetzgen v. OpTexten. H: MZtschr. ‚Dalibor'

NOWAKOWSKI, Joh. Nep. * 1797 Lemberg, da † 21/1 1865, treffl. Schauspieler bis 1854, seit 1857 TheaDir. in Lemberg. W: Optten u. Singspiele, aus denen manches Lied volkstümlich geworden ist

NOWAKOWSKI, Jos. * 1800 Mniszck/Radomsk, † 1865 Warschau, ausgezeichn. Pianist. W: KaM., KlavStücke, kirchl. Kompos., Lieder

NOWOTNY (vgl. Novotny) Karl * 13/9 1858 Wien, Schüler Donts u. Titls, 1875 Violinist am Thea. an der Wien, 1885/1918 OrchDir. bzw. KM. am Hofburgthea., tücht. Pädagog. W: VEtüden u. Unterrichtswerke. H: VWerke von Dont, Spohr, R. Kreutzer, H. Ries u. a.

NOWOTTNY, Gerhard * 25/4 1905 Dresden, ML. in Leipzig, da ausgeb. (Konserv.). W: KaM., Volks- u. SchulM.

NOWOWIESKI, Felix * 7/2 1877 Wartenburg (Ost-Pr., Schüler d. Sternschen Konserv. in Berlin, der KirchMSchule zu Regensburg u. M. Bruchs, 1909/1910 Dirig der SinfKap. in Krakau, 1920/27

Organ. u. L. a. d. KirchMSchule in Posen, lebt da. W (viele Preise): 4 Opern, 4 volkstüml. Oratorien, u. a. ‚Quo vadis', 2 Sinfon., OrgStücke, Lieder usw. — Sein Bruder E d u a r d * 13/10 1888 Warschau, KlavVirt. in Berlin, da ausgeb. (Hochsch.)

NOYES, Edith Rovena * 1875 Cambridge, Mass., Pianistin, in Boston seit 1895. W: Optte, KaM., KlavStücke, Lieder u. a.

NOZEMAN, Jacobus * 3/9 1693 Hamburg, † 6/10 1745 Amsterdam, da Organ. W: VSonaten, VcSonaten

NUCIUS, Joh. * um 1556 Görlitz, † 25/3 1620 Himmelwitz (Schles.), Abt d. Zisterzienser-Klosters seit 1609, vorher seit 1591 Zisterzienser in Rauden, Schles. W: treffl. Messen, Motetten

NÜLL, Edwin von der * 13/10 1905 Berlin, da MWissenschaftler (ausgeb. auf der Univers.: Schering, Schünemann, Joh. Wolf) u. MKrit. W: ‚Bartok' 1930; ‚Moderne Harmonik' 1932

NÜRNBERG, Herm. * 13/11 1831 Potsdam, † 5/9 1894 Berlin. W: viele KlavSalon- u. instr. Stücke

NÜSSE, Lucie * 25/5 1895, lebt in Harsefeld/Hamburg. W: Lieder, UnterhaltgsM.

NÜTZEL, ps. = Geo. FREUNDORFER

NÜTZLADER, Rudolf, Dr. phil., ps. Harry CORDY * 11/4 1885 Linz a. D., seit 1928 in Berlin-Wittenau, studierte in Wien (Univ., M-Wiss.), dann TheaKM. an verschied. Orten. W: Optte, Chöre, auch m. Orchester, Wiener Lieder

NUITTER (ps. für Truinet), Charles Louis Etienne * 24/4 1828 Paris, † 24/2 1899, Archivar der Gr. Oper. W: Übersetzgen von OpTexten, Opern- u. Ballettdichtgen, ‚Les origines de l'opéra franç.'

NUNN, Edw. Cuthbert * 23/11 1868 Bristol, † 26/11 1914 London, Dirig. W: Opern, Kinderopern, Sinfon., KirchKantate, Stücke f. V., Klav., Lieder

NUNO, Jaime, ein Spanier, der 1851 nach Cuba als MilitKM. kam, dann in Mexiko u. 52 Jahre lang in Buffalo als ML. wirkte, † 19/7 1908 in Bay Side, L.J. auf einem Besuch; Kompon. der mexikan. Nationalhymne

NUTZHORN, Heinr. * 20/2 1833 Kopenhagen, da † 1925. W: viele gem. u. MChöre

NYIREGYHAZY, Erwin * 19/1 1903 Budapest, Schüler Dohnanyis, Lamonds u. M. Fiedlers, war ungewöhnlich f. Klav. u. Kompos. begabtes Wunderkind, lebt teils in Amerika, teils in Budapest. W: Orch-, Ka- u. KlavM.

O

OAKELEY, Sir Herbert Stanley * 22/7 1830 Ealing (Essex), † 26/10 1903 Eastbourne (London); Schüler Joh. Schneiders u. des Lpzger Konserv., 1856/91 MProf. an der Univers. Edinburgh, treffl. Organ. W: Anthems, MChöre, Duette, Lieder usw.

OBERBORBECK, Felix, Dr. phil. * 1/3 1900 Essen, seit 1934 Dir. der staatl. Hochschule in Weimar, da auch Chordir. u. MRef. im Volksbildgsminist.; 1925/34 Prof. an der MHochschule in Köln u. städt. MDir. in Remscheid. W: ‚Dtschu. MUnterricht'; ‚Methode des MUnterrichts'

OBERDÖRFFER, Martin * 11/1 1865 Hamburg, † 8/12 1926 Leipzig, da KonzSger (Barit.), 1888/1893 MVerleger. (Sein Verlag 1893 an H. vom Ende in Köln, bzw. mit diesem 1907 an F. E. C. L e u c k a r t verkauft.) W: Lieder

OBERHOFFER, Emil * 10/8 1867 München, † 22/5 1933 San Diego, Orch.- u. Chordir. in Minneapolis 1905/22, Schüler Kistlers, Assistent Anton Seidls. W: KirchM., Lieder

OBERHOFFER, Engelbert * 9/6 1882 Püttlingen/Saarbrücken, InstrMacher u. Komp. in Völklingen/Saarbrücken. W: VStücke, MChöre

OBERHOFFER, Heinr. * 9/12 1824 Pfalzel/Trier, † 29/5 (30/5?) 1885 Luxemburg, SemML. seit 1856 u. Organ. W: geistl. Chöre, MChöre, KlavStücke; KlavSchule, GsgSchule, Harmonielehre usw.

OBERHOFFER, Karl * 4/6 1811 Tirol, † 24/4 1885 Karlsruhe, da 1841/76 am Hofthea., gefeierter Bariton.

OBERHOLZER, Otto * um 1858 Wald/Zürich, † 7/11 1901 Berlin, hier seit 1899 KlavL. W: Sinf., KaM., KlavStücke, Lieder

OBERLE, Willi * 9/12 1890 Dieuze (Els.-Lothringen), MForscher in Kassel-Niederzwehren seit 1933, vorher in Baden-Baden, Erfinder (1927) des Akkordgeometron u. Harmonie-Mediators. W: ‚Die Quadratur des Kreises, ein musikal. Problem, die musikgeometr. Kristall-Pyramide' (1934)

OBERLEITHNER, Max v., Dr. jur. * 11/7 1868 Mährisch-Schönberg, lebt in Wien, Schüler Bruckners. W: Opern u. a. ‚Abbé Mouret' ‚Der eiserne Heiland', 3 Sinf., Lieder

OBERLEITNER, Adalbert * 1890 (?), MKrit. in Brno, ČSR. W: Lieder, auch nach chines. u. japan. Texten

OBERMAIER, Lorenz * 12/12 1871 Miesbach, ZithVirt. u. ML. in München. W: f. Zith.

OBERMAYER, Joh. K. * 2/1 1876 Wien, da Prof. an der LBildgsanst. u. Doz. der Chorakad., Schüler R. Bibls u. Jos. Vockners. W: Chöre m. Klav. bzw. Orch.; KlavStücke

OBERNDORFF, Theo v., ps. = S. KARG-ELERT

OBERSTADT, Karolus Detmar * 23/6 1871 Tilburg, NBrabant, KlavVirt., seit 1894 L. am Konserv. im Haag. W: Suite f. StrOrch., Klav-Konz., VcKonz., KlavSuiten u. Stücke, Lieder

OBERSTEINER, Joh. * 8/10 1824 Zell a. Ziller, † 24/3 1896 Kufstein, KirchChordir., KM. der BürgerM. usw. W: zahlr. Messen, Chöre, Lieder

OBERSTETTER, Hans Edgar † 67jähr. 1933 Rio de Janeiro, da SingakadDir., sehr verdient um das MLeben in Brasilien

OBERTHÜR, Karl * 4/3 1819 München, † 8/11 1895 London, da seit 1844 treffl. Harfenist. W: Opern, Ouvert., Kantaten, Harf- u. KlavStücke, Lieder usw.

OBIOLS, Mariano * 26/11 1809 Barcelona, da † 10/12 1888, VVirt., Dir. des Lic. music. W: Opern, KirchM., Sinf., GsgSchule u. a.

OBOUSSIER, Rob. * 9/7 1900 Antwerpen, seit 1931 in Berlin, vorher in Paris, ausgeb. in Zürich u. Berlin, MRef. W: OrchSuite, KaM., KlavKonz. u. Stücke, Trilogia sacra (Kantate), Lieder

OBRECHT, Jakob — s. HOBRECHT

O'BRIEN, Charles * 6/9 1880 Edinburgh, da GsgL. an der Hochschule. W: Sinf. op. 23 (bedeutend), Ouvert., KlavSon. u. Stücke

O'BRIEN, Harry, ps. = WALDAU, Harry

OBRIST, Alois, Dr. phil. * 30/3 1867 San Remo, † (Selbstmord) 29/6 1910 Stuttgart, stud. M. in Weimar u. bei A. Becker in Berlin, 1895/1900 u. 1907/08 HofKM. in Stuttgart, 1901/07 Custos des Lisztmuseums in Weimar

OBSNER, Georg E. * 19/9 1872 Fiorenze, dort ausgeb., Geiger; † 4/8 1934 Essen, da seit 1903 Leiter des gem. Chors des Kruppschen Bildgsver., d Frauenchors u. OrchVer. W: KlavVSonate. V-Stücke, Chöre, Lieder

OBUCHOW, Nikolai * 1892 Moskau, Schüler des Petersburger Konserv. u. Ravels, lebt in Paris, Anhänger des 12 HalbtonSystems. W: Orator., KlavStücke

O'CAROLAN, Turlogh * 1670 Newtown/Nobber (Meath), † 25/3 1738 Alderford House (Roscommon), irischer Barde, seit s. 16. J. blind. W: Lieder

OCCHELLI — s. O'KELLY

OCHS, Erich * 7/6 1883 Wismar, urspr. Vcellist, später KM., lebt in Berlin. W: StrQuint.

OCHS, Gerd * 27/9 1903 Rossla, ML. u. MSchr. in Halle a. S., vorher seit 1925 u. a. Leiter der Singschule in Weißenfels u. VerDir. W: Orator., OrchStücke, KaM., KlavStücke, Chöre

OCHS, Heinr. Aug. * 1/1 1844 Gehren (Thür.), † ? Rudolstadt, VVirt. u. Dirig., 1871/1913 in St. Gallen. W: Ouv., Tänze u. Märsche

OCHS, Rudolf, ps. Rud. O. SCHLENKER * 17/1 1887, Dirig. u. MSchr. in Dresden. Ausgeb. in Berlin (Rob. Kahn, Kleffel, Kretzschmar), Leipzig (Krehl, Sitt) u. von Mraczek, 1931/32 OpKM. in Brüx. W: Singspiel, Orat. ('Gesch. v. d. Geburt Christi'), Chöre, auch m. Orch., u. a. 'Schnitter Tod', Duette, Lieder, StrQuart., Märsche, Walzer

OCHS, Siegfried, ps. Diego FISCHERS * 19/4 1858 Frankfurt a. M., † 6/2 1929 Berlin, da Schüler der Hochschule f. M., Gründer u. Leiter des Philharm. Chores 1884/1920; 1920/28 Dir. des Chors der Hochschule. W: Kom. Oper, Variat. üb. ‚'s kommt a Vogerl geflogen' im Stile der verschied. Komp., Chöre, Duette, Lieder; 'Geschehenes, Gesehenes', 'Der dtsche GsgVerein' (3 Bde), 'Üb. die Art M. zu hören' (1926)

OCHS, Traugott * 19/10 1854 Altenfeld/Thür., † 27/8 1919 Berlin, KonservDir. seit 1911, 1883 Organ. u. 1889 auch SingakadDir. in Wismar; 1901 MDir. in Bielefeld, 1907/10 KonservDir. zu Sondershausen. W: Requiem, 'Dtsches Aufgebot' für MChor u. Orch., OrgStücke, Lieder, MChorgsgSchule usw.

OCHS, Werner * 11/6 1899 Rossla (Harz), seit 1926 MSchulL., Organ. u. Kantor in Eisleben, vorher SchulL. in Berlin, ausgeb. v. Karl Lütge. W: Geistl. Chöre

OCHS-SCHLENKER, Rud. — s. OCHS, Rud.

OCHSENKHUN, Sebastian * 6/2 1521, † 20/8 1574 Heidelberg, HofLautenist. W: Lautentabulaturbuch

OCHSNER, Meinrad, KirchMVerl. in Einsiedeln (Schweiz), gegr. 1912

OCKENHEIM, Joh., eigentl. OKEGHEM * um 1430 Okeghem (Hennegau), † 1495 Tours, Haupt der 2. niederländ. MSchule, Meister des imitierenden Kontrap. W: Messen, Motetten, Chansons, Kanons usw.

OCKER, Fritz Müller von der — s. MÜLLER von der Ocker, Fritz

OCÓN Y RIVAS, Eduardo * 12/1 1834 Malaga, da † Febr. 1901, Dir. des Konserv. W: KirchM., KlavStücke. H: Cantos Españoles

ODDONE SULLI-RAO, Elisabetta * 13/8 1878 Milano, lebt da. W: KaM. H: Canrionero popolare ital.; Canzocine per bimbi; Cantilene popolari dei bimbi d'Italia

ODENWALD, Felix (Sohn Rob. Theodors) * 16/1 1865 Gera, seit 1891 Pianist (viel gereist) u. ML. in Bremen, ausgeb. auf d. Univ. u. d. Konserv. in Leipzig. W: KlavStücke, Chöre m. Orch., Lieder

ODENWALD, Rob. Theod. * 3/5 1838 Frankenthal/Gera, † 22/4 1899 Hamburg, Schüler W. Tschirchs u. A. Helfers, 1856 Präfekt des Kirch-Chors in Gera, da 1859/70 GsgL., 1870 Kantor u. GymnasGsgL. zu Elbing, seit 1882 zu Hamburg. W: Palmen, Chorlieder usw.

ODINGTON, Walter † nach 1330, Benediktinermönch zu Evesham, bedeut. Theoret. W: ‚De speculatione musices'

ODO, Abt des Benediktinerklosters Cluny (seit 927), † 10/11 942, Theoretiker

ODOJEWSKI, Fürst Wladimir Teod. * 1803, † 11/3 1869 Moskau, verd. MSchriftsteller (russ. Volkslied u. KirchGsg)

OECHSLER, Elias * 19/3 1850 Spielberg (O-Frank.), † 15/9 1917 Erlangen, Schüler der Akad. in München, SemML. in Bamberg, seit 1889 UniversMDir. in Erlangen, OrgVirt. W: Org- u. KlavKompos., Motetten, Chöre, Lieder usw.

OGLIN, Erhart, druckte zuerst in Deutschland (Augsburg) 1507 Mensuralnoten mit Typen

OEHL, Aug., ps. Aug. LEON * 4/10 1869, † 24/7 1933 München. W: Optten, Chöre, Tänze u. a.

OEHLERKING, Heinr. * 31/8 1869 Esperke, Hann., seit 1898 ObML. in Elberfeld, da 1899/1922 auch Organ., † 1933 (?). W: ‚Sang u. Klang'. Liederbücher

OEHLMANN, Leo * 17/5 1874 Stolp, Dir. d. Beethoven-Konserv. u. Chordirig. in Düsseldorf seit 1914, Schüler der Würzburg. MSchule, urspr. Vcellist, später OrchDir. u. 1910 KonservDir. in Wanne/Elberfeld. W: KaM., KlavStücke, Lieder

OEHME. Robert * 20/5 1860 Dresden, lebt da, Schüler E. Kretschmers. W: KlavStücke, Lieder

ÖLANDER, Per Aug. * 8/1 1824 Linköping, † 3/8 1886 Stockholm. W: Oper, Messe, Sinf., KaM.

OELSCHLÄGER, Friedr. * 1798 Stettin, da † 1858, Kantor u. Organ. W: OrgStücke, Gsge

OELSCHLEGEL, Alfr. * 25/2 1847 Anscha (Böhm.), † 19/6 1915 Leipzig, Schüler d. Prager OrgSchule, TheaKM. in Hamburg, Würzburg, Wien usw., dann österr. MilKM., Dirig. von Kurkap. W: Optten. H: viele KlavArrang. von klass. OrchWerken

OELSNER, M., MHdlg mit großem MAntiquariat in Leipzig, gegr. 21/2 1860

OERTEL, Louis * 21/6 1825, † 27/2 1892 Hannover, da MilMDir., begründ. 1/4 1866 den namentlich die MilM. sehr erfolgreich pflegenden M-Verlag

OERTLING, Julius * 14/1 1833 Berlin, Geiger, 1852 KonzM. in Wiesbaden, dann auf KonzReisen, KonservL. in Berlin, 1865/77 städt. MDir. in Frankfurt a. O., 1877/96 in Krefeld, 1896 Ver-Dirig. in Wiesbaden, da † nach 1909. W: Komp. f. Orch., V., Chöre, Lieder

OESER, Aug., ps. FERNANDO, Gust. * 17/5 1865 Schwerin, lebt in Bremen, Schüler d. Konserv. in Sondershausen u. Rheinbergers. W: Opern usw., WeihnachtsKinderSinf., KaM., instrukt. Klav-Stücke, Chöre, Lieder

OESTEN, Theod. * 31/12 1813 Berlin, da † 16/3 1870 als KlavL., Mitglied der Berliner Akad. der Künste. W: über 400 instrukt. u. Salonstücke f. Pfte. — Sein Sohn M a x * 20/11 1843 Berlin, † 12/12 1917 Königsberg i. Pr., da 1879 MDir. W· instrukt. u. Salonkompos. f. Pfte, Chorlieder ‚Der Pilot' f. Barit., MChor und Orch. usw.

OESTERLEIN, Nicolaus * 4/5 1841 in Wien, da † 8/9 1898, Privatbeamter, Begr. des Wagner-Museums (nach seinem Tode in Eisenach). W: ‚Bayreuth', ‚Katalog einer R. Wagner-Bibl.'

OESTERREICH, Geo. * 15/3 1664 Magdeburg, † 6/6 1735 Wolfenbüttel, urspr. Tenor. der Hamburger Op., 1702/35 Schloßkant. u. KM. in Braunschweig, bzw. Wolfenbüttel. W: geistl. u. weltl. Chöre, Solokant.

OESTERREICH, Oswald * 9/10 1853 Brand/Freiberg i. S., † 19/3 1910 Dresden, da Schüler des Konserv., Geiger, Mitglied d. Meininger Hofkap., dann StadtMDir. in Görlitz u. Bautzen, seit 1898 ML. in Dresden. W: Sinf., Ouverturen, KonzStücke f. V., Klarin., Tromp., KlavStücke, Lieder

OESTERREICHER, Geo. * 1563 Wiebelsheim/Windsheim, † 9/1 1621 Windsheim, da seit 1588, seit 1608 Kantor. W: ‚Kantorbüchlein' (geistl. Lieder)

OESTERREICHER, Rud. * 19/7 1881, Optten-Libr. in Wien

OESTREICH, Kurt * 26/9 1912 Luschwitz/Lissa (Posen), Bergmann in Hüls, Westf. W: Tänze, NS-Lieder u. Märsche

435

ÖSTVIG, Karl Aagard * 17/5 1889 Christiania, gefeierter OpTenor., 1914/19 in Stuttgart, 1919/27 in Wien, 1927/30 in Berlin (städt. Op.), jetzt Op-Spielleiter in ?

OETIKER, Aug. * 22/9 1874 Lachen (Schwyz), Chordir. in Thun (Bern) seit 1901. W: Chöre, Lieder

OETTINGEN, Arthur von * 28/3 1836 Dorpat, † 6/9 1920 Leipzig, 1865 Prof. der Physik in Dorpat, seit 1894 an der Univers. zu Leipzig. W: ‚Harmoniesystem in dualer Entwicklung' 1866, 2. Aufl. 1913

OFFENBACH, Jacques * 20/7 1822 Köln, † 4/10 1880 Paris, im Pariser Konserv. gebildet, erst Vcellist, Schöpfer d. parodistisch-satyr. Optte, 1860/66 MDirig. an den Bouffes parisiens, 1876 in Amerika, seit 1877 wieder in Paris. W: viele Singspiele, Optten ‚Verlobung bei der Laterne', ‚Orpheus in der Unterwelt', ‚Die schöne Helena', ‚Pariser Leben', ‚Fortunios Lied', ‚Die Großherzogin von Gerolstein', ‚Die Prinzessin von Trapezunt', ‚Madame Favart' usw., die Oper ‚Hoffmanns Erzählungen', erst 1881 aufgeführt, von bleibender Bedeutung, Stücke f. Vc, Lieder. Aus den weniger bekannten Optten neuerdings Optten, Opern u. Ballette zusammengestellt.

OFFENEY, Erwin * 2/6 1889 Stettin, KM. in Berlin-Spandau, ausgeb. u. a. v. Rich. Stiebitz. W: Optte

OFFENEY, Gust. * 2/12 1849, † 24/2 1921 Spandau, MilKM. (u. a. in Stettin) i. R. W: Märsche, Tänze

OFFERMANS - van HOVE, Sophie Johanna Huberta * 30/7 1829 u. † 23/9 1906 's Gravenhage, ausgez. KonzSopran.

OGIER, Marinus Jacobus * 21/9 1864 's Gravenhage, lebt seit 1921 in Maastricht, urspr. Geiger, 1882/1921 StadtMDir. in 's Hertogenbosch. W: Singspiel, Kantaten, Märsche. B: f. Blasorch.

OGINSKY, Mich. Kleophas, Graf * 25/9 1765 zu Guzow/Warschau, † 31/10 1831 Firenze. W: Polonäsen

OGLIO, Domenico dell' * um 1700 Padova, † 1764 Narva, 1735/64 Geiger der Hofkap. in Petersburg. W: Sinf., VKonz. u. Sonaten

OHE, Adele aus der * 11/12 1864 Hannover, lebt in Berlin, Schülerin Kullaks u. Liszts, vielgereiste KlavVirt. (Wunderkind). W: KlavVSon., KlavSuiten u. Stücke, Lieder

OHLA, Max, ps. = Ernst v. SCHICKH

OHLEN, Kurt, ps. = Kurt LOHNSTEIN

OHLHANS, Frz * 15/4 1861 Eger, † 16/7 1910 Brüx, da seit 1891 Dir. des Gsg- u. MVer., vorher KurKM. in Marienbad. W: OrchStücke, MChöre, u. a. ‚Dtsch-österr. Bannerlied', Lieder (u. a. ‚Wir lugen hinaus in die sonnige Welt')

OHLSEN, Emil * 27/5 1860 Ahrensböck (Lübeck), lebt in Hamburg, da 1901/27 I. Geiger des Stadt-Thea., ausgeb. in Weimar, dann KonzM. an versch. Orten. W: Tänze, bes. Walzer u. Märsche

OHLSSON, J. Richard * 9/3 1874 Stockholm, da VVirt. W: StrQuart., KonzStück u. a. f. V.

OHMS, Elisabet * 17/5 1896 Arnhem, ausgez. OpSgrin (hochdram.) in München, vorher in Frankfurt a. M., urspr. Geigerin, verheir. mit dem Maler Leo Pasetti

OHNESORG, Karl * 29/6 1867 Mannheim, † 15/11 1919 Hannover, TheaKM. in Königsberg, Lübeck, Riga (1900/10), Breslau usw. Schüler K. Reineckes, Zwintschers u. Draesekes. W: Opern, Optten, Ballett

OHRMANN, Fritz * 26/4 1884 in Bochum, OrgVirt., Vorkämpfer f. das Kunstharm., 1922/30 KonservDir. in Berlin-Friedenau, seitdem MSchr. in Berlin-Charlottenburg, † 8/10 1935. W: f. Orch., Org., Harmon., V., Chöre, Lieder

OKEGHEM — s. OCKENHEIM

O'KELLY, Jos. * 1829 Boulogne-sur-mer, † Jan. 1885 Paris. W: Opern, Kantaten, viele KlavStücke

O'KELLY (ital. Occhelli, auch nur Kelly), Michael * um 1762 Dublin, † 9/10 1826 Margate/London, Tenorist, zuletzt Weinhändler. W: viele Singspiele, Lieder

OKONKOWSKI, Geo. * 11/3 1865 Hohensalza, † 24/3 1926 Berlin, OpttenLibrettist

OLAGNIER, Marguerite * 1844 Paris, da † 1906. W: Opern

OLANDER, Per Aug. * 8/1 1824 Linköpping, † 3/8 1886 Stockholm. W: Opern, Messen, Sinf., KaM.

OLBRICH, Heinzgünter, ps. Hansjoachim BORNSTÄDT, Ronny DARRÉ * 2/8 1913 Danzig, KM. in Berlin, ausgeb. u. a. im Sternschen Konserv. W: UnterhaltgsM.

OLBRICH, Reinh. * 11/11 1849 Landeck, † 3/3 1894 Meiningen, MilKM.

OLCZEWSKA, Maria * 12/8 1892 Augsburg, internat. bekannte OpAltistin, u. a. an der Münchener Staatsop., zeitw. mit dem Bassisten Dr. E. Schipper verheir.

OLDBERG, Arne * 12/7 1874 Joungstown (Ohio), seit 1899 ML. an der Univers. Evanston-Chicago, Schüler Leschetizkys u. Rheinbergers. W: Sinf., Ouvert., OrchFantasie, Konz. f. Horn, desgl. f. Klav., desgl. f. Org., KaM., KlavStücke

OLDEN, Peter, ps. = PERLEBERG, Arthur

OLDENBARNEVELT, Jeanne van * 9/2 1866 Ambarawa (Java), † 4/12 1918 's Gravenhage, wirkte als GsgL. (Atemtechnik) zeitw. in Berlin. W: ‚Die Atemkunst des Menschen'

OLDROYD, George * 1/12 1886 Healey/Batley (Yorkshire), Organ. in London. W: KirchM., OrgStücke, Lieder; ‚The accompaniment of plainchant'

O'LEARY, Arthur * 15/3 1834 Tralee/Kerry, † 13/3 1919 London, Schüler v. Moscheles u. Bennett, 1856/1903 L. an d. R. acad. W: OrchStücke, KlavStücke

OLENIN, Alex. * 13/6 1865, lebt in Moskau. W: Volksoper, 2 KlavTrios, KlavSonate, Lieder im nat. russ. Stil

OLIAS, Lotar * 23/12 1912 Königsberg i. Pr., lebt in Berlin-Schöneberg. W: UnterhaltgsM., Märsche

OLIO, Cesare dall' * 1849 Bologna, da † 1906, KomposL. am Lic. mus. W: Opern, sehr verbreit. ‚Trattato di armonia'

OLIPHANT, Thomas * 25/12 1799 Condie, † 9/3 1873 London. H: La musa madrigalesca, Tallis' 40st. Motette

OLIVEIRA, Valerio Franchetti * 7/7 1881 Paris, da KonzM. im Colonne-Orch., auch in Deutschland geschätzter VVirt.

OLIVEN, Fritz, ps. RIDEAMUS, Dr. jur. * 10/5 1874 Breslau, Rechtsanwalt in Berlin. W: Opttenlibretti

OLIVIER, Verf. v. OpPotpourris, ps. = JADASSOHN

OLIVIER, Charles, ps. = GOLDMANN, Kurt

OLIVIERI, Alessio * 13/2 1830 Genova, † 15/3 1867 Cremona, kompon. als MilKM. 1858 die Garibaldi-Hymne ‚Si scopron le tombe'

OLIVIERI SANGIACOMO, Elsa — s. RESPIGHI

OLLONE, Max d' * 13/6 1875 Besançon, Dir. der MSchule f. Amerikaner in Fontainebleau, Schüler d. Pariser Konserv. W: Opern, Orator., Kantaten, KaM., VKonz. ‚Le menétrier' u. a.

OLMAN, Israël Jacques * 17/8 1883 Amsterdam, da Chordir. W: Op., Chöre, Lieder, Sinf., KaM.

OLMEDA, Féderico * 1863 Burgo de Osma, † 11/2 1909 Madrid, 1888 Organ. zu Burgos, seit 1903 KlosterChordir. zu Madrid. W: ‚Folk-Lore de Castilla', ‚Discursos sobra la orquesta religiosa', zahlr. geistl. u. weltl. Kompos. H: Ztschr. ‚La Voz de la Musica'

OLSEN, Ole * 5/7 1850 Hammerfest, Schüler d. Leipziger Konserv., 1899/1919 ArmeeMInspekt. in Christiania, da † 9/11 1927. W: Opern, Orat., sinfon. u. KlavKompos. moderner Richtg

OLSSON, Joel, ps. Leo FRIMAN [sonst nichts ermittelt]. W: UnterhaltgsM.

OLSSON, Otto Eman. * 19/12 1879 Stockholm, da seit 1908 Organ. u. L. am Konserv., bekannter OrgVirt. W: StrQuart., viele Klav- u. OrgStücke, KirchM., Chöre, Lieder

ONDRIČEK, Frz * 29/4 1859 Prag, † 13/4 1922 Milano, bedeut. vielgereister VVirt., Schüler des Prager Konserv. u. Massarts, 1908/19 in Wien, seit 1919 L. am Prager Konserv. W: ‚Neue Methode zur Erlerg der Meistertechnik des VSpiels' (mit Dr. Mittelmann), VKonz. u. Stücke

ONEGIN, Eugen * 10/10 1883 Petersburg, † 12/11 1919 Stuttgart, hochbegabter Komp. u. ausgezeichn. Pianist. W: Opern, Lieder; seine Frau Sigrid geb. Hoffmann * 1/1 1891 Stockholm (dtsche Eltern), ausgezeichn. Altistin, meist auf Reisen, 1912/19 an der Oper in Stuttgart, 1919 an der Oper in München, 1926/33 an der städt. Oper in Berlin, lebt seit 1932 aber in Zürich, seit 1920 mit Dr. med. Fritz Pentzold verheir.

O'NEILL, Norman * 14/3 1875 Kensington, † 3/3 1934 London, da Pianist, seit 1924 Prof. an der R. Acad., Schüler I. Knorrs. W: BühnenM., Ouvert. u. a. f. Orch., KaM., KlavStücke, Gsge. H: A golden treasury of song; Echos of Erin u. a.

ONESTI, Silvio, ps. = KÖNIGSBERGER, Jos.

ONOFRI, Aless. * 29/5 1874 Spoleto, KirchKM. in Boston. W: Opern, KirchM., amerik. Tänze

ONSLOW, George * 27/7 1784 Clermont (Puy de Dome), da † 5/10 1853, Sohn eines engl. Lords, Schüler Dusseks, Cramers u. Reichas, 1842 Mitgl. der Pariser Akad. (an Cherubinis Stelle). W: Opern ‚Le colporteur' u. a., 4 Sinf., zahlr. KaM., u. a. 36 StrQuart. u. 34 StrQuint, KlavKompos.

ONTA, Fried, ps. = Erich HUHN

OORT, Hendrik Christiaan van * 28/4 1873 Utrecht, GsgL. am Konserv. in Amsterdam, vorher KonzSgr (Barit.), Schüler v. Frau Noordewier-Reddingius. W: Chöre, Lieder

OOSTEN, Ernst v., ps. = B. UHLFELDER

OOSTERZEE, Cornelia van * 16/8 1863 Batavia, lebt in Berlin, Schülerin Radeckes u. Heinr. Urbans, auch MSchr. W: Oper, Sinf., Königs-Idyllen f. Orch., KaM., Lieder

OPEL, Otto * 19/5 1895 Erfurt, MZugführer in Walterhausen. W: OrchSuite, Tänze, Märsche u. a.

OPELT, Friedr. Wilh. * 9/7 1794 Rochlitz, † 22/9 1863 Dresden als Geh. Finanzrat. W: ‚Üb. d. Natur der M.' (1834); ‚Allg. Theorie der M.' (1852)

OPIENSKI, Heinr., Dr. phil. * 13/1 1870 Krakau, seit 1926 in Morges/Genf, Schüler d'Indys, H. Urbans, Riemanns, Nickischs, seit 1907 MGesch-

L. an der MSchule in Warschau, da seit 1908 OpKM., 1919 Dir. der MAkad. in Posen. W: Opern, sinf. Dicht., Mickiewicz-Kantate; ‚Chopin‘, ‚Ia m. polonaise‘, Handbuch der MGesch. (poln.) usw. H: Briefe Chopins. — Seine Frau s. Lydia BARBLAN

OPITZ, Charles, ps. = Hugo KRÜTZFELDT

OPITZ, Erich, ps. Erich ERIKSEN * 27/4 1888 Landsberg a. W., auch Textdichter in Berlin. W: UnterhaltgsM.

OPLADEN, Adolf * 8/12 1837, SchulL., wirkte als Dirig. in Höhenberg/Köln. W: MChöre

OPPEL, Reinhard, Dr. phil. * 13/11 1878 Grünberg (ObHessen), seit Herbst 1927 KomposL. am Konserv. in Leipzig, Schüler des Hochschen Konserv. in Frankf. a. M., 1911 KonservTheorL. in Kiel, 1923 PrivDoz. an der Univers., treffl. Komp., auch MSchr. W: KaM., Sonate u. Suite f. V. allein, Klav- u. OrgStücke, weltl. u. kirchl. Chöre

OPPENHEIMER, H., MVerl. in Hameln, bes. f. KirchM., gegr. 1867

ORB, Karl, ps. = ORTLEB, Willy

ORBAN, Marcel * 13/11 1884 Lüttich, lebt in Paris, da Schüler der Schola Cantorum. W: Sinf., OrchStücke, KaM., KlavStücke, Chöre, Lieder

ORCHARD, W. Arundel * ? London, seit 1923 Dir. des Staatskonserv. in Sydney, NSW. W: Opern, sinf. Dichtgen, Chorwerke m. Orch., Chöre, KaM.

ORDENSTEIN, Heinr. * 7/1 1856 Worms, Schüler des Konserv. zu Leipzig, Pianist, gründ. 1884 das Konserv. zu Karlsruhe, da † 22/3 1921. W: ‚Führer durch die KlavLiteratur‘, ‚Gesch. der M. in Karlsruhe‘

ORDONNEAU, Maurice * 1854 Saintes, † 14/11 1916 Paris, Librettist

ORE, Harry * 1885 Petersburg, seit 1920 ML. in Hongkong. W: KaM., KlavSonate u. a.

OREFICE, Antonio * um 1690 Napoli, da † 1733. W: Opern

OREFICE, Giacomo, Dr. iur. * 27/8 1865 Vicenza, † 22/12 1922 Milano, da seit 1909 KomposL. am Verdi-Konserv., auch MSchr. W: Opern, Ballett, Sinf., KaM., KlavStücke

OREFICE, Vittorio * 22/1 1857 u. † 12/12 1919 Padova, GsgL. u. Chordir. W: KirchM., Romanzen

OREL, Alfred, Dr. phil. * 3/7 1889 Wien, erst Jurist, MWissenschaftler an der Stadtbibl. in Wien. Da auch ao. UnivProf. W: ‚Bruckner‘. H: Bruckner, Ouvert. u. a.

OREL, Anton * 17/9 1881 Wien, lebt da. W: Lieder m. Laute

OREL, Dobroslaw, Dr. phil. * 15/12 1870 Ronow (Böhm.), urspr. Theologe, seit 1921 MWissProf. an der Univers. in Preßburg (Bratislawa), auch Chordir. W: wissenschaftl. Monographien. H: Ztschr. ‚Cyrill‘ (1909/18)

ORELIO, Jozef Marie Theod. * 10/4 1854 ’s Hertogenbosch, † 25/3 1926 ’s Gravenhage, sehr gefeierter Op- u. KonzBassist

ORELLANA, J. A. de * 1860, † 19/3 1931 London, VVirt., Dirig. u. Hsg. W: BühnenM., OrchStücke

ORFF, Karl * 10/7 1895 München, lebt da, Dirig. des BachVer., da ausgeb. auf d. Akad., Kriegsteiln., zeitw. TheaKM., 1922 Schüler Kaminskis, W: Tanzspiel, Kantaten, Lieder u. a. B: Monteverdis ‚Orfeo‘ u. a. OrchStücke. H: Das Schulwerk

ORGENI (eigentl. von Görger St. Jörgen), Aglaja * 17/12 1843 Tismenica (Galiz.), † 15/3 1926 Wien, bedeut. KoloraturSgerin, Schülerin von Frau Viardot-Garcia, 1865/66 an der Hofbühne in Berlin, dann auf Gastspielen, seit 1886 GsgL. am Konserv. in Dresden

ORGITANO, Raffaele * um 1780 Napoli, † 1812 Paris. W: Opern, Kantaten, Canzonetten

ORLAND (ORLANDI), Ferd. * 1777 Parma, da † 5/1 1848, GsgL. i. R., 1806/22 in Milano, 1822/23 in München, 1823/28 in Stuttgart. W: Opern, KirchM.

ORLANDINI, Gius. Maria * 4/2 1688 Bologna, † um 1750 Firenze. W: über 40 Opern, 3 Orat.

ORLANDINI, Icilio * 1855 Pistoja, da Geiger u. OpKM., DomOrgan., 1918 Dir. der MSchule. W: Opern, Sinf., VKonz., KaM., Lieder

ORLOFF, Gregor, Graf * 1777, † 4/7 1826 Petersburg. W: ‚Essai sur l'hist. de la m. en Italie‘ (wertlos)

ORLOFF, Nikolai * 26/2 1892 Jeletz, russ. KlavVirt., seit 1922 meist in Paris od. London, ausgeb. in Moskau, da 1913/17 KonservL.

ORMANDY, Eugen * 18/11 1899 Budapest, Wunderkind, Geiger, Schüler Hubermans, seit 1921 in Amerika, seit 1928 Dirig., 1931 in Newyork, meist in Mineapolis, auch in Philadelphia, sehr geschätzt

ORMEVILLE, Carlo d' * 1840 Roma, † 20/7 1924, OpLibrettist

ORNITHOPARCHUS (d. i. VOGELMAIER), Andreas * um 1485 Meiningen, † um 1535 Münster i. W. W (wichtig): Musicae activae micrologus 1517; 6 A. 1540

ORNSTEIN, Leo * 11/12 1895 Krementschuk (Rußl.), seit 1906 in Newyork, Pianist. W (futuristisch): Pantomime, OrchSuite, sinf. Dichg, KlavKonz., KaM., KlavStücke, Chöre, Lieder

OROBIO DE CASTRO, Arth. Herm. * 3/6 1882 Amsterdam, VL. an den Konserv. in 's Gravenhage u. Rotterdam, Schüler u. a. Elderings, Hayots u. Sevčiks

OROBIO DE CASTRO, Max * 4/4 1887 Amsterdam, sehr geschätzter Vcellist, seit 1924 Nachfolger seines Lehrers Mossel am Konserv. in Amsterdam, 1915/18 Solist des Berl. Phil. Orch.

ORPHEUS, sagenhafter altgriech. Sgr, durch Glucks Oper und Offenbachs Parodie weitesten Kreisen dem Namen nach bekannt

ORSI, Romeo * 18/10 1843 Como, † 11/6 1918 Milano, da Klarinettist, seit 1873 KonservL., auch Erfinder auf dem Gebiet des Baus von Klarin., Xylophonen. W: f. Klar., SaxophonSchule

ORSINI, Aless. * 24/1 1832 Roma, da † 15/4 1890. W: Opern, Ballette, Kantaten u. a.

ORSNAH, E. S., ps. = ROSE, Hans

ORTH, Albert * 6/2 1849 Kopenhagen, da † ?, 1883/1920 KonservL., vorzügl. Pianist. W: KlavStücke, Lieder

ORTH, Arthur * 14/10 1885 Hermsdorf, schles. Kreis Waldenburg, MVerl. u. Komp. in Berlin, da ausgeb., Schüler R. Tourbiés. W: Salonstücke, Tänze, Lieder

ORTH, Georg Jul. * 2/2 1844 Rülzheim/Germersheim a. Rh., † 30/12 1903 Darmstadt, 1873 ML. in Speyer. W: OrgKompos., Studien f. Pfte u. V., Chöre, Lieder

ORTHMANN, Erich * 17/8 1894 Ohligs, RB. Köln, seit Herbst 1935 Intendant (auch Dirig.) der durch die NS-Gemeinschaft ‚Kraft durch Freude' begründ. Volksoper in Berlin, urspr. Vcellist, Schüler des Konserv. in Köln, da 1909/14 Mitgl. des GürzenichOrch., 1914 I. KM. am Thea. in Barmen (2 Jahre im Krieg), dann in Stettin, Aachen, Düsseldorf u. Mannheim, auch Gastdirig. in Holland u. Rußland; 1933/35 Intendant bzw. GMD. des Thea. in Danzig

ORTHMANN, Wilh. * 31/3 1871 Gaarden/Kiel, seit 1897 GymnML. in Kiel, auch Organ., KonservOrgL. u. MKrit. W: Chöre, Lieder, OrgStücke

ORTIGUE, Joseph L. de * 22/5 1802 Cavaillon, † 20/11 1866 Paris, hervorrag. MSchr., bes. üb. KirchGsg

ORTIZ, Diego aus Toledo, 1553 KM. in Napoli. W: kirchl. Kompos., Traktat üb. d. Variieren auf StrInstrum.

ORTIZ DE ZARATE, Eleodoro — s. ZARATE

ORTLEB, Willy, ps. Karl ORB * 20/6 1899 Ebenhards, Kr. Hildburghausen, lebt in Berlin, da ausgebild. auf d. Sternschen Konserv. W: KaM., MChöre, Lieder

ORTLEPP, Ernst * 1/8 1800 Droyßig, † 14/6 1864 Almrich (als Bettler im Straßengraben, während e. Gewitters ertrunken), urspr. Theologe, begabter MSchr., ps. Joh. PAULUS. W: ‚Beethoven' (1836); ‚Großes Instrumental- u. Vokalkonz.' u. a.

ORTLIEB, Eduard * 16/7 1807 Oberndorf (Württ.), † 4/2 1861 Stuttgart, seit 1840 Pfarrer in Drackenstein, Ehrenmitgl. des DomMVer. u. Mozarteums in Salzburg, KirchMSchr. W: Messe, Requiem. H: Organ f. kirchl. Tonkunst

ORTMANN, Peter * 31/12 1892 Köln, seit 1918 akad. ML. in Düsseldorf. W: Chöre, Lieder, OrgBegl. zum Graduale parvum usw.

ORTMANN, Willy (eigentl. Friedr. Wilh. RAUMANN) * 24/4 1887, lebt in Berlin-Neukölln. W: UnterhaltgsM.

ORTNER, Jakob * 11/6 1879 Innsbruck, seit 1910 Gitarrist an der Wiener Hofoper, seit 1925 Prof. f. Git. an der Akad. f. M. u. darst. Kunst. H: ‚Österr. GitZtschr.'; alte GitM.

ORTNER, Vincenz * 22/1 1846 Wies, † 7/6 1923 Graz, da ausgeb., dann SchulL. in kleinen Orten Steiermarks, 1873 Versicherungsbeamter in Graz, da VerDirig., zuletzt Bundeschorm. des Steirisch. Sängerbundes

ORTO, Marbriano de, 1484/94 päptsl. Sgr in Rom, 1505 am Hofe Herz. Philipps des Schönen von Burgund. W: Messen, Chansons u. a.

ORTOLANI, Terenzio * 4/9 1799 Pesaro, da † 7/4 1875. W: Oper, KirchM., viele Fugen, Instrumentationslehre

OSBORN, Frz * 11/7 1903 Berlin, da KlavVirt. bis 1933, seitdem in London. W: StrQuart., KlavStücke, Lieder

OSBORNE, Adrienne — s. KRAUS

OSBORNE, Gg. Alex. * 24/9 1806 Limerick (Irland), † 16/11 1893 London, da seit 1843 Pianist, Schüler von Pixis, Kalkbrenner u. Fétis. W: KaM., KlavSalonkompos. (z. B. ‚La Pluie de Perles'), Duos über Opern f. Klav. u. V. (mit Bériot)

OSBURG, Wilh. * 16/2 1859 Rengelrode (Eichsfeld), Schüler des Akad. Inst. f. KirchM. in Berlin, SemML., 1896 in Ober-Glogau, † 17/4 1929 Breslau. W: ‚Der Chorsänger', ‚Deutsche GsgSchule', ‚OrgBuch', ‚Lehrstoff des mtheoret. Unterr. f. Lyzeen u. Studienanstalten'

OSCHEIT, Max * 22/3 1880 Berlin, da † 10/2 1923. W: viele Märsche, Tänze u. Charakterstücke f. Orch. bzw. Klav.

OSER, Hans * 27/12 1895 Freiburg (Schweiz), seit 1924 MDir. in Rapperswil. W: Messe, KlavSon., Chöre

OSIANDER, Lukas 16/12 1534 Nürnberg, † 7/9 1604 Stuttgart als Hofprediger, Verf. des ersten ev. Choralbuchs (1586)

OSMIN, ps. = SIMON, Heinr.

OSSOWSKY, Alex * 31/3 1871 Kischinew, seit 1921 in Leningrad KonservProf., 1924 Dir. der Philharmonie, MSchr. W: ‚Glasunow'; ‚Belaiew'; ‚Concerts hist. russes'; Lieder

OSTEN, Eva v. der * 19/8 1884 Helgoland, lebt in Dresden, da 1902/30 (hochdramat.) an d. Oper, Schülerin Ifferts, vermählt mit KaSgr. Plaschke

OSTERLOH, Hans Hennig * 25/2 1899 Oschersleben, Pianist in Berlin-Pankow. W: Märsche, Tänze

OSTERLOH, Karl * 8/12 1869 Leipzig, lebt da, da (Konserv., Univer.) u. in Berlin ausgeb. W: BühnM., Chorw. m. Orch., Lieder, auch Kriegslieder.

OSTERMANN, Willi * 1/10 1876, Kompon. u. MVerl. in Köln. W: UnterhaltgsM. (Kölner bzw. Rhein. Lieder u. Tänze)

OSTHOFF, Helmuth, Dr. phil. * 13/8 1896 Bielefeld, seit 1932 PrivDoz. f. MWiss. an der Univers. in Berlin, Schüler u. seit 1926 Assistent Scherings. W: Fachschr. H: Regnart, 5st. Lieder

OSTRČIL, Ottokar * 25/2 1879 Smichow-Prag, da seit 1909 OrchDir., seit 1921 OpLeiter, † 20/8 1935. W (bemerkenswert): Opern, Sinf., OrchSuite, StrQuart., Chorwerke

O'SULLIVAN, Denis * 25/4 1865 San Francisco, † 1/2 1908 Columbus (Ohio), seit 1895 gefeierter, in 8 Sprachen singender Bariton

OSWALD, Enrique * 14/4 1852 Rio de Janeiro, da † 9/6 1931, Schüler Buonamicis, sehr verdient um das MLeben in Brasilien. W: Opern, Sinf., KaM., KlavStücke, Lieder

OTAÑO Y EGUINO, Nemesio * 19/12 1880 Azcoitia, Span., Jesuit, Organ., Folklorist in Comillas, wo er die Schola cantorum 1910 gründete. W: KlavStücke, Chöre, Lieder; ‚El canto popular montañes'. H: Ztschr. Musica Sacro-Hispana; Antologia de organistas españoles

OTESCU, J. Nonna * 3/12 1888 Bukarest, da seit 1918 Dir. des Konserv u. der Oper, Schüler Widors u. d'Indys. W: Oper, Ballett, BühnM., sinfon. Dichtgen, Lieder

OTHEGRAVEN, Aug. v. * 2/6 1864 Köln, Schüler des dort Konserv., da seit 1889 L. W: Märchenspiel, Orat. ‚Marienleben', MChöre mit Orch., z. B. ‚Bauernaufstand' u. ohne Begleit., u. a. ‚Der Rhein u. die Reben'; treffl. Volksliedbearbeit.

OTHMAYR, Kaspar * 12/3 1515 Amberg, † 7/2 1553 Nürnberg, Schulrektor in Heilsbronn, 1548 Propst zu Ansbach. W: Gsge, 4st. Lieder

OTT, Franz v. Paula * 2/7 1822 München, da † 7/5 1907, bahnbrechend als Zitherspieler. W: f. Zith.

OTT, Johann, berühmter Nürnberger Notendrucker u. Verleger von musik. Sammelwerken 1533/50; auch OTTL od. OTTO genannt

OTTANI, Bernardino (Abbate) * 1735 Bologna, † 26/10 1827 Torino, da KirchKM. seit 1779. W: 22 Opern, viele KirchM.

OTTEN, Geo. Dietr. * 8/2 1816 Hamburg, † 28/7 1890 bei Vevey, Schüler F. Schneiders, Dirig. in Hamburg (MVer. 1836/68)

OTTEN, Hans * 10/7 1905 Köln, lebt da, auch da ausgeb. W: UnterhaltgsM. Schlager; Saarschwur

OTTENHEIMER, Paul, ps. Dick PAWEL * 1/3 1873 Stuttgart, Schüler d. dort Konserv., TheaKM. a. D. in Darmstadt; wirkte da 1913 ff. W: Optten, BühnM.

OTTER, Frz Jos. * 1760 Nandlstadt (Bayern), † 1/9 1836 Wien, Geiger d. Hofkap., Schüler Mich. Haydns. W: VKonz. u. Sonaten

OTTERSTRÖM, Thorvald * 17/7 1868 Kopenhagen, seit 1892 in Chicago. W: OrchStücke, Klav-Quint., Prälud. u. Fugen, Etüden f. Klav., Lieder. B: amerik. Negerlieder f. Chor

OTTINGER, Ludwig * 12/8 1873 Wien, da †. 1933 ?. W: Märsche, Tänze, MChöre, Lieder, bes. Wiener

OTTINGER, Rich. * 2/2 1879, Schüler des Instit. f. KirchM. in Berlin u. H. Kauns, SingakadDir. u. SemML. in Ratibor. W: Chöre m. Orch., MChöre, Lieder

OTTL, Hans = OTT

OTTMANN, Maria * 18/9 1876 Wien, gefeierte erste OpttenSgerin 1892—1914, verheir. mit KM. Dr., später Zahnarzt Stefanides in Budapest

OTTO, Erich * 10/9 1900 Gera, Mker in Hamburg. W: UnterhaltgsM.

OTTO, Ernst * 7/11 1881, lebt in Swinemünde. W: Optten, MChöre, Märsche

OTTO, Franz * 3/6 1809 Königstein, † 30/4 1842 Mannheim, OpSgr. W: MChöre ‚Blauer Montag', ‚In dem Himmel ruht die Erde' usw.

OTTO, Fritz * 26/2 1871 Sagan, Leiter einer eign. OpSchule u. KonzBegl. in Berlin, war OpKM. in Würzburg u. Leipzig, leitete dann die Opern-Schule versch. Berliner Konserv., Kriegsteiln.

OTTO, Georg * um 1544 Torgau, † Anf. Jan. 1619 Kassel, da seit 1588 HofKM. W: 4—8st. Psalmen, KirchLieder usw.

OTTO, Georg Aug. Gottfried * 5/10 1789 Weimar, † 2/6 1857 Jena, da seit 1818, treffl. Geigenbauer

OTTO, Hans = OTT

OTTO, Jakob Aug. * 1760 Gotha, † 1829 Lobeda, treffl. Geigen- u. GitBauer, bes. in Weimar u. Jena tätig, aber auch in Leipzig, Berlin usw.

OTTO Julius * 1/9 1804 Königstein (Sachs.), † 5/3 1877 Dresden, da 1830/75 Kantor u. MDir. an d. Kreuzschule. W: Opern, Oratorien, MChöre ‚Burschenfahrten', ‚Gesellenfahrten', ‚Soldatenleben' usw., auch viel KirchM.

OTTO, Karl * 17/7 1881 Berlin, Organ. in B.-Friedrichshagen. W: Vortragsstücke f. Git.

OTTO, Louis * 15/7 1844 Ludwigslust i. Meckl., † 1924 Düsseldorf, da seit 1872 treffl. Geigenbauer, 1866/72 bei Aug. Riechers in Hannover

OTTO, Max, ps. = Leo KÄHLER

OTTO, Reinhold * 30/10 1867 Henneberg (Meiningen), 1889/1926 SchulL. in Römhild/Thür., lebt da i. R., war auch Organ. u. Chordir. W: Schillers Lied v. d. Glocke, Chöre, OrgSonat., Duette u. a.

OTTO, Theod. * 31/12 1873 Rathstock, Kr. Lebus, seit 1910 GsgL. (1925 Studienrat) am Lyz. in Berlin-Lichtenberg, 1916/20 auch Organ. u. Chordirig., Schüler P. Blumenthals, des Instit. f. KirchM. in Berlin u. Gernsheims, vor 1910 in Luckau, Bremerhaven u. Landsberg a. W. W: Chöre, Lieder. B: Volkslieder. H: ‚Perlen alter Tonkunst' f. FrChor

OTTO, Valerius 1607 Organ. in Prag, 1611 Fürstl. Lichtenbergscher HofM. W: Psalmen, 5st. Tanzsuiten

OTTOLENGHI, Aldo * 17/9 1887 Mantua, da † 3/10 1924, Schüler Pizzettis u. Zanellas, Dirig., Pianist, Geiger, MSchr. W: Oper, KaM.

OTTZEN, Kurt, Dr. phil. * 11/4 1881 Berlin, † (verunglückt) 4/11 1917 Arvennes, war TheaKM. an verschied. Orten. W: ‚Telemann als Op-Komp.'

OUDRID (Y SEGURA), Christobal * 7/2 1829 Bajodoz, † 15/3 1877 Madrid, TheaKM. W: über 60 Operetten

OULIBISCHEFF — s. ULIBISCHEFF

OUSELEY, Sir Frederick Arthur Gore * 12/8 1825 London, † 6/4 1889 Hereford, 1855 MProf. in Oxford, treffl. Pianist u. Organ. W: Oratorien, Anthems, KaM., Klav- u. OrgStücke, ‚Harmonielehre', ‚Kontrap., Kanon u. Fuge' usw.

OUSHOORN, Hugo * 4/6 1874 Rotterdam, ausgez. viel herumgekommener Vcellist, u. a. Schüler H. Beckers, auch Dirig., seit 1923 in Arnhem

OUSHOORN, Jacobus Hendrik * 15/8 1871 Rotterdam, seit 1900 KM. in Alkmaar, urspr. Geiger, Schüler u. a. v. W. Heß u. Gernsheim. W: Ouvert., OrchStücke, VKonz., VcKonz., KaM., VStücke, 2 Messen, Lieder

OVERATH, Jos. * 11/9 1872 Köln, da VL. W: Opern, OrchStücke, VStücke, MChöre, Lieder

OVERHOFF, Kurt * 20/2 1902 Wien, städt. MDir. (1934 GMD.) in Heidelberg seit 1932, stud. in Wien außer Philos. M. u. a. bei Karl Prohaska, 1923 Korrep. am Stadtthea. in Köln, da Schüler H. H. Wetzlers u. Uziellis, 1925 I. TheaKM. in Ulm, 1926 in Münster i. W., 1929 GMD. in Koblenz. W: Oper, VSonate, Lieder u. a.

OVERZIER, Willy * 17/9 1878 Köln, da seit 1902 GsgL. u. Gitarrist. W: Lieder z. Laute, Rheinlieder

OXFORD UNIVERSITY PRESS, music department, in neuerer Zeit bedeutend gewordener M-Verlag in London E. C 4, Auslieferung u. a. auch in Leipzig und Paris

OZI, Estienne * 9/12 1754 Nimes, † 5/6 1813 Paris, da I. Fagottist der Hofkapelle. W: Fag-Konz. u. a., Schule (1788)

P

PAARDEKOPER, Jan * 10/10 1875 Purmer (Holl.), † 14/2 1931 Leeuwarden, da seit 1915 städt. KM., auch Organ. u. KonzSgr (Ten.) W: viele Lieder

PAASCH, Karl * 25/10 1880 Großkühnau, Kr. Dessau, Schüler H. Ritters, seit 1904 Solobratschist (KonzM.) des städt. Orch. in Elberfeld. W: Br-OrchStudien

PABST Verlag, G. m. b. H., Leipzig, gegr. 1/1 1871 [nicht ident. m. P. Pabst Nachf., M-Hdlg, Leipzig, gegr. 1/1 1871]

PABST, Aug. * 30/5 1811 Elberfeld, † 21/7 1885 Riga, da MSchulDir., vorher Kantor u. Organ. in Königsberg i. Pr. W: Opern, KlavStücke, Lieder usw. — Seine Söhne: Louis P., KlavVirt. * 18/7 1846 Königsberg i. Pr., KlavL. in

Riga, 1885 in Australien, London, Petersburg, seit 1899 in Moskau L. a. d. MSchule d. Philharm. Gesellsch. W: KlavTrio, KlavStücke, Lieder. — **Paul P.** * 27/5 1854 Königsberg i. Pr., † 9/6 1897 Moskau, KonservL. seit 1880. W: Klav-Konz. u. Paraphrasen

PABST, Eugen [so falsch im Riemann] — s. PAPST

PABST, Louis — s. bei PABST, Aug.

PABST, P. — s. PABST Verlag

PABST, Paul — s. bei PABST, Aug.

PABST, Reinhold, MVerlag, Delitzsch, gegr. 29/3 1865

PACCAGNELLA, Ermenegildo * 1882 Salbolo (Padua), KirchKM. u. Org. in Milano, vielgereister OrgVirt. W: ‚Metodo per lo studio del Pfte', ‚Nuovi principii di sviluppo ritmico melodico' u. a. Schriften; KirchM.

PACCHIAROTTI, Gasparo * 1744 Fabriano (Ancona), † 28/10 1821 Padova, berühmter, vielgereister Kastrat, sang 1770/92, dann Wohltäter der Armen

PACCHIEROTTI, Ubaldo * 1874 (1877?) Cervarese Croce/Padova, † 1916 Milano. W: Opern, ‚Eidelberga mia' (‚Alt-Heidelberg') u. a.

PACE (PACI), Pietro * 1559 Loreto, da † 1622, Organ. W: Motetten, Madrigale u. a.

PACELLI, Asprilio * um 1570 Varciano (Umbria), † 4/5 1623, Kgl. KM. in Warschau seit 1603, vorher KirchChordir. in Rom. W: Motetten, Psalmen, Madrigale

PACH, Ali, ps. = PACHERNEGG

PACHE, Joh. * 9/12 1857 Bischofswerda i. S., † 21/12 1897 Limbach, Kantor seit 1889, vorher Dirig. in Dresden, Leipzig usw. W: Oper, KaM., Chöre (‚Des Liedes Heimat'), Duette, Lieder usw.

PACHE, Jos. * 1/6 1861 Friedland (Schles.), Schüler der Akad. in München u. M. Bruchs, seit 1891 in Amerika, 1904 Dirig. des OratVer. in Baltimore. W: Chöre, Lieder

PACHELBEL, Joh. * 1/9 1653 Nürnberg, da † 3/3 1706, da seit 1695 berühmt. Org- u. Kirch-Komp., OrgVirt., war Hoforgan. in Eisenach, dann in Erfurt usw. W: Suiten, Fugen, Chaconnen, Choralvorspiele f. Org. (Klav.)

PACHEO, José Fernandez * 1874 Madrid, da OpKM., später KirchKM. u. künstler. Berater des Verlags ‚Union mus. espagnola'. W: Zarzuelas, KirchM.

PACHER, Jos. Adalb. * 29/3 1818 Daubrawitz (Mähr.), † 3/8 1871 Gmunden, stud. erst Jura, ehe er 1836 in Wien zur M. überging, Schüler Gottfr. Preyers, KlavVirt. seit 1843, viel gereist, treffl. KlavL. W: KlavSalonstücke u. Etüden

PACHERNEGG, Alois, ps. Ali PACH * 21/4 1892 Irchning im Ennstale, seit 1927 ML. in Berlin, Schüler von Mojsisovicz, 1914/27 Dir. des MVer. in Leoben. W: Singspiele, sinf. Dichtgen u. Ouvert., Klav- u. VSonat., MChöre m. Orch., KlavStücke, Lieder

PACHLER-KOSCHAK, Marie * 2/10 1792 u. † 10/4 1855 Graz, KlavVirt., von Beethoven sehr geschätzt. W: KlavStücke

PACHMANN, Wladimir v. * 27/7 1848 Odessa, † 8/1 1933 Rom, bedeut., origineller, etwas exzentrischer KlavVirt. (Chopinspieler), seit 1884 mit d. Pianistin Maggie Oakey verheir., lebte in London

PACHULSKI, Heinr. * 16/10 1859 Lasa, Gouv. Sedletz, Schüler d. Konserv. in Moskau, da 1886/1917 KlavL. W: OrchSuite, Fantasie f. Klav. u. Orch., KlavStücke, Lieder

PACI, Pietro — s. PACE

PACINI, Ant. Franc. Gaetano Saverio * 7/7 1778 Napoli, † 10/3 1866 Paris, da seit 1804, GsgL. u. MVerleger. W: Opern

PACINI, Giov. * 17/2 1796 Catania, † 6/12 1867 Pescia, Prov. Lucca, seit 1836 MSchulDir. zu Viareggio/Lucca. W: gegen 90 Opern u. a. ‚Saffo', ‚Medea', Oratorien, Sinf., Messen, auch Lehrbücher (Harmonielehre, Kontrap.). ‚Le mie memoire artifiche'

PACIUS, Frdr. * 19/3 1809 Hamburg, † 9/1 1891 Helsingfors, da seit 1834 UniversMDir., Geiger, Schüler Spohrs. W: Opern, Chöre usw.

PADEREWSKI, Ignaz Jos. * 6/11 1859 Kurilowka (Podolien), lebt seit 1927 in Morges-Genève, berühmt. KlavVirt., Schüler d. Warschauer Konserv., Fr. Kiels u. H. Urbans, 1879/83 L. am Warschauer Konserv., dann auf Kunstreisen in Europa u. Amerika, 1908/13 KonservDir. in Warschau, dann wieder in Amerika, 1918 in Warschau, 1919 sogar poln. Ministerpräsident, 1922/27 in Amerika. W: Opern, Sinf., KaM., KlavKonz. u. kleinere Stücke (berühmtes Menuett) usw.

PADILLA, Marziano, Baritonist — s. ARTOT-PADILLA

PAEMINGER — s. PAMINGER

PAEPKE, Gustav * 7/6 1853, † 23/8 1933 Bad Reichenhall, lebte in Schwerin, da einst in d. Hofkap.; im Sommer KM. in Bad Reichenhall, bekannt durch viele Bearb. f. kleines Orch. W: Fantasien, Tänze, Märsche, VStücke

PAER, Ferd. * 1/6 1771 Parma, † 3/5 1839 Paris, KM. 1791 in Venedig, 1798 in Wien, 1802/06 in Dresden, 1812/27 KM. der ital. Oper in Paris, da seit 1832 Dir. der kgl. KaM. W: üb.

40 Opern ‚I pretendenti burlati', ‚Camilla', ‚Sargino', ‚Leonora ossia l'amore conjugale', ‚Le maitre de chapelle' u. a., Oratorien, Kantaten usw., KlavKompos. usw.

PAESIELLO, Giov. * 9/5 1741 Tarent, † 5/1 1816 Napoli, KonservDir., KM. in Petersburg 1776/84, Napoli, Paris u. wieder in Napoli. W: ca 100 Opern, u. a. ‚La finta contessa', ‚Il barbiere de Seviglia', ‚La molinara' (s. Z. ungemein beliebt), ‚Nina', ‚I Zingari in fiera', KirchM., Sinf., KaM., KlavKonzerte usw.

PÄSLER, Karl, Dr. phil. * 2/10 1863 Wüstewaltersdorf (Schles.), da seit 1928, vorher seit 1892 in Berlin, MSchr. u. KlavL., Schüler Spittas u. H. Barths. W: KaM., KlavStücke, Lieder. H: KlavWerke v. Haydn u. Kuhnau

PAESSLER, Carlo * 1774 Napoli, † 26/1 1865 Trieste, da 1828/45 im Thea., ObVirt. W: ObStudien u. Fantasien

PÄSSLER, Hans * 20/2 1891 Sehma, Erzgeb., KonzSgr (Tenor) u. GsgL. in Leipzig. W: Lieder

PAETEL, Hans Werner, Dr. jur., ps. Hans WERNER * 27/3 1892 Berlin, da Syndikus. W: NS.-Märsche, Tänze, Lieder

PÄTZOLD, Herm. * 15/8 1824 Neudorf (Schles.), † 6/2 1861 Königsberg i. Pr., SingakadDirig. W: KlavStücke, Chöre, Lieder

PAGANELLI, Gius. Ant. * um 1700 Padova, † um 1760 Madrid, vielgereister VVirt., Schüler Tartinis. W: Opern, Kantaten, KaM.

PAGANINI, Ercole * 1770 Ferrara, † um 1824. W: Opern, Kantaten, KirchM.

PAGANINI, Niccolo * 27/10 1782 Genua, † 27/5 1840 Nizza, phänomenaler vielgereister V- u. GitVirt., im Grunde Autodidakt. W: 2 Konz., 24 Caprices, Variat. ‚Karneval von Venedig', ‚Di tanti palpiti' usw., auch GitStücke. Vgl. Schottky, P's Leben u. Treiben (1830); J. Kapp, P. (1913)

PAGE, John † Aug. 1812 London, KirchM. H: ‚Collection of hymns'; ‚Festine harmony' u. a.

PAGE, Nathanael Clifford * 26/10 1866 San Franzisco, lebt in Newyork, InstrumentatL. an d. ColumbiaUnivers. W: Opern, OrchSuite, Chorballaden

PAGEL, Alfred * 22/4 1885 Berlin, lebt da, Schüler Th. Krauses, Geiger, Pianist, Dirig. (auch im Ausland tätig gewesen), beschäftigt bei Schallplatten- u. Tonfilmaufnahmen. W: ernste u. UnterhaltgsM. B: f. Salonorch usw.

PAGEL, Hans * 9/7 1867 Offenbach a. M., da seit 1921 StadtKM., vorher MilMusiker

PAGELLA, Giov. * 21/11 1872 Spezia, Priester, KirchKM. u. Organ. in Torino. W: Oper, geistl. Drama, viele Messen, Motetten, OrgSon. usw.

PAGELS, Ludwig * 22/2 1861 Schwerin, 1893/1896 Solobratschist d. Hofkap. in Karlsruhe, da auch KonservL. H u. B: VWerke f. Br.

PAGIN, André Noel * um 1721 Paris, da † nach 1770, Schüler Tartinis, für dessen Kompos. er so eintrat, daß er in Paris boykottiert wurde. W: VSonaten

PAGLIA, Cesare * 8/8 1878 Budrio/Bologna, MSchr. in Bologna. W: OrchSuiten, KaM., KlavStücke, viele Lieder u. a.

PAGNONCELLI, Giov. Batt. * 5/4 1835 Milano, da † 3/12 1906, KlavVirt. u. Organ. W: KlavStücke, Gsge

PAGOLA GOYA, Beltran * 28/2 1878 San Sebastian (Span.), da ML. an der Akad. W: Baskische OrchSuite, KaM., KlavSon. u. Stücke

PAHISSA, Jaime * 7/10 1880 Barcelona, lebt da. W: Opern ‚La Prision de Lerida' (sehr erfolgr.) u. a., sinfon. Dichtgen, KlavStücke, Lieder. H: ‚Diccionario de la m. ilustrado'

PAHL, Ernst * 11/11 1867 Berlin, da seit 1886 Dir. e. MSchule. W: KlavStücke, VStücke, Chöre

PAHLEN, Kurt, Dr. phil. * 26/5 1907 Wien, da Dirig., MWissenschaftler, Volkshochschuldoz. W: OrchStücke, Chöre, Lieder, Negergsge

PAHNKE, Waldemar * 1871 Herrliberg (Zürich), † 2/1 1934 Genf, da seit 1894 VL. am Konserv. W: OrchFant., VKonz., KaM., Lieder

PAINE, John Knowles * 9/1 1839 Portland, Maine (NAm.), † 25/4 1906 Cambridge (Mass.), stud. 1858/62 in Berlin, OrgVirt., ML. an der HarvardUnivers. in Boston. W: BühnenM., Orat., Orch- u. KaM., Stücke f. Klav. u. Org., Messe, Kantaten, Chöre, Lieder usw. ‚The history of m.'

PAJOT, Jean Baptist * 1817, † 1863 Jenzat/Gannat, Dép. Allier, der Stradivari der BauernLeier (Vielle)

PAISIBLE * um 1745 Paris, † 1783 (1787) Petersburg, VVirt. u. Dirig. W: Orat., VKonz., StrQuart.

PAISIELLO — s. PAESIELLO

PAIX, Jakob * 1550 Augsburg, † um 1618 Hilpolstein, Organist 1575/1601 in Lauingen, 1601/17 in Neuburg a. D. W: Motetten, Canzonen, OrgFugen u. a.

PALADILHE, Emile * 3/6 1844 bei Montpellier, † 8/1 1926 Paris, da Schüler des Konserv., da Mitglied der Studienkommission. W: Opern, u. a. ‚Patrie', Sinf., Messen, Lieder (‚La Mandolinata' a. d. Oper ‚Le passant' u. a.) usw.

PALADIUS (Palladius) * 16/3 1798 Brandeis a. E., da † 13/11 1813, jugendl. vielgereister FlVirt., ausgebildet in Prag. W: FlVariat u. a.

PALASCHKO, Joh. * 13/7 1877 Berlin, da † 21/10 1932, seit 1913 Dir. d. Böttcherschen Kons., Schüler E. E. Tauberts, Herzogenbergs u. Joachims, VVirt., hauptsächl. L. W: Oper, Ouvert., treffl. VVortragsstücke, Etüden f. V. u. Br., OrgStücke, Lieder

PALAVICINO — s. PALLAVICINO

PALAZZI, Eugenio * 16/8 1859 Trino/Vercelli, seit 1925 KonservL. in Cremona, vorher Geiger, MilKM. u. Organ. an verschied. Orten W: Opern, KirchM., Orch- u. KaM., Chöre, Madrigale u. a. — Sein Bruder Giuseppe * 28/5 1844 Trino, da † 23/2 1909 Priester, KirchMDir. W: KirchM., KlavStücke, VStücke

PALERMI, Oscarre * 3/9 1864 Napoli, da KonservL., Pianist. W: KlavStücke, Lieder

PALESTRINA, Giov. Pierluigi da * 27/12 1525 Palestrina, † 2/2 1594 Rom, KM. an St. Peter, der Reformator (einfach-ernster Stil statt übertriebener Figuren) u. zugleich größte Meister der kathol. KirchM. 1544/51 Organ u. KirchKM. in seiner Vaterstadt, dann an verschied. Kirchen in Rom. 1580 StudDir. der MSchule Naninis. Die Legende hat sich seines Lebens bemächtigt (vgl. Hans Pfitzners P.). Gesamtausgabe seiner Werke (15 Bücher Messen, 139 Motetten, Lamentationen, Improperien, Psalmen, geistl. Madrigale usw.) in 33 Bänden (1862/1901)

PALFFY-WANIEK, Kamilla * 20/11 1885 Mannersdorf a. d. March, NÖsterr., OpLibrettistin, Schr. u. GsgL. in Wien, urspr. Pianistin (Schülerin Hugo Reinholds bzw. des Wiener Konserv.) u. Sgrin (KonzReisen auch im Ausland)

PALING, Willem Hendrik * 1/9 1825 Rotterdam, † 27/8 1895 Sydney, Pianist, seit 1855 in Sydney, gründete da die berühmt gewordene Klav-Fabrik. W: KlavSon. u. Stücke

PALLADIUS — s. PALADIUS

PALLAVICINO, Benedetto * Cremona, † nach 1616 in Mantua. W: Motetten, Madrigale

PALLAVICINO, Carlo * 1630 Salò, † 29/1 1688 Dresden, HofKM. W: Opern, u. a. ‚Gerusalemme lib.'

PALLEMAERTS, Edmond * 1867 Mecheln, Pianist, seit 1889 in Buenos Aires, wo er 1894 das Konserv. gründete. W: Sinfon., Suite, KlavStücke, Kantate, Lieder

PALLONI, Gaetano * 5/8 1831 Camerino, † 14/7 1892 Roma, da seit 1890, berühmter GsgL., vorher in Firenze. W: Messe, Duette, einst beliebte Lieder

PALLOS, Paul * 23/5 1870 Budapest, lebt in Wien, ausgeb. in Budapest, vielgereister KlavVirt., Dirig. in Amerika, KabarettKM. W: viele Chansons u. Schlager

PALM, Emil * 26/1 1893 Köln, lebt in Berlin, Schüler des Kölner Konserv., volkstüml. Kompon. u. Sgr. W: Optten, OrchStücke, Tänze (Büttenmärsche), MChöre, Duette, Lieder, bes. Rheinlieder

PALM, Joh. Friedr. * 19/8 1753 Stockholm, † 15/3 1821 Edsberga, KlavL. in Stockholm. W: Lieder

PALM, Karl Hermann * 18/5 1863 Kyrketorps Församling (Westgotland), seit 1904 Pfarrer in Upsala, da 1898/1904 Domorgan. W: MChöre, Lieder, kirchm. Schriften

PALMA, Athos * 7/6 1891 Buenos Aires, da TheorL. am Konserv. W: Oper, sinfon. Dichtgen, KaM., Lieder

PALMA, Silvestro * 1762 Ischia, † 8/8 1834 Napoli. W: Opern

PALMAY, Ilka * 21/9 1864 Kaschau, auch im Ausland gefeierte OpttenSgrin (bis 1903), seit 1891 Gräfin Kinsky

PALME, Rud. * 23/10 1834 Barby a. E., † 8/1 1909 Magdeburg, da seit 1864 Organ., OrgVirt., Schüler A. G. Ritters. W: OrgStücke, OrgSchule, M- u. gem. Chöre usw. H: Chorsammlgen

PALMER, Courtlant * 17/12 1872 New York, KlavVirt. in Ouchy/Lausanne, in New York, Rom (Sgambati), Paris, London ausgeb. W: BühnM., OrchStücke, KaM., KlavStücke, auch f. Kinder

PALMER, George Herbert * 1846 Grantchester, † 20/6 1926, Priester u. Organ. in England, u. a. 1876/83 in Pimlico, 1883/1900 in Primrose Hill, Wagnerianer. W: ‚Sarums Psalter'

PALMGREN, Selim * 16/2 1878 Björneborg, KomposL. u. Pianist in Rochester (Newyork), stud. in Helsingfors, bei Ansorge u. Busoni, 1909/22 KM. in Abo, impressionist., oft eigenart., aus der finn. VolksM. schöpfender Komp. W: Opern, Märchenspiel, OrchSuite, 4 KlavKonz. (Nr. 2 ‚Der Fluß' bedeut.), viele KlavStücke, Chöre, Lieder

PALMIERI, Benedetto * 4/3 1863 Napoli, urspr. KlavVirt., 1885/90 GsgL. am R. college in London, 1900/14 an der irisch. Akad. in Dublin, 1914/16 in Italien, seit 1916 GsgL. am Londoner College of m. W: Sinf., Suite u. a. f. Orch., KaM., Kantaten usw.

PALMINTERI, Ant. * 3/10 1846 Memfi (Siz.), † 31/7 1915 Pistoja, OpKM. W: Opern, viele Lieder

PALOMBI, Alfredo * 22/11 1875 Rom, lebt da, verdient um die Ausbildg von MilKM. W: Messen, Suite u. Märsche f. MilM., Harmonielehre

PALOSCHI, Giov. * 1824 Milano, da † 2/1 1895, MSchr., im Verlag Ricordi tätig. W: Dizionario d' opere teatrali u. a.

PALOTTA, Matteo * 1688 Palermo, † 28/3 1758 Wien, da 1733/41 u. wieder seit 1749 Hofkomp., ausgeb. in Napoli. W: Messen u. Motetten im Palestrina-Stil

PALS, Leopold van der (van Gilse) * 5/7 1884 Petersburg, lebt in Arlesheim/Basel, reist als Dirig., Schüler des Petersb. Konserv. u. von Dénéreaz in Lausanne, 1907/15 in Berlin. W: Opern, Sinfon., sinfon. Dichtgen, VKonzStück, KaM., KlavStücke, Lieder

PALS, Nikolaus van Gilse van der, Dr. phil. * 19/5 1891 Petersburg, KlavL. u. MKrit. in Helsingfors. W: ‚Rimsky-Korssakow' (1929)

PALUMBO, Costantino * 30/11 1843 Torre Annunziata (Napoli), † 15/1 1928 Posilippo, seit 1873 KonservL. in Napoli, viel gereister Pianist. W: Opern, Sinf., KlavKonz. u. Stücke usw.

PAMER, Egon Fritz, Dr. phil. * 6/6 1900 Wien, da † 18/10 1924, begabter vielseitiger Dichter-Komp.

PAMINGER (Pammigerus, Pannigerus), Leonhard * 29/3 1495 Aschau (ObÖsterr.), † 3/5 1567 Passau, Schulrektor, bedeut. Kontrapunktist. W: Motetten

PANCERA, Ella * 15/8 1876 Wien, † 10/5 1932 Bad Ischl, vielgereiste KlavVirt., Schülerin Epsteins, zeitw. verheir. mit Prof. Dr. J. Krill in Berlin

PANDER, Oskar von, Dr. phil. * 31/3 1883 Agershof (Livland), seit 1927 MKrit. in München, Schüler von R. Louis u. Gernsheim, seit 1912 TheaKM., 1920 Dirig. des Sängerver. u. d. KonzGes. in Offenbach, seit 1921 auch Dirig. des Rühlschen GsgVer. in Frankfurt a. M. W: KlavTrio, KlavBallade, Lieder, eigenart. Bühnenwerk. B: Mussorgsky, ‚Lieder des Todes' m. Orch.

PANIZZA, Ettore * 12/8 1875 Buenos Aires, Schüler des Mailänder Konserv., vielgereister TheaKM., jetzt in Chicago. W: Opern, OrchStücke, KaM., Lieder. B: Berlioz' InstrumLehre (ital.)

PANIZZA, Giacomo * 1/5 1804 (27/3 1803?) Castellazzo Bormida (Aless.), † 1/5 1860 Milano, da 1839/59 Cembalist der Scala. W: Opern, Ballette, Kantate

PANIZZARDI, Mario * 26/1 1863 Torino, war Richter in Genova. W: ‚Wagneriana'; ‚Wagner in Italia' (1914)

PANNAIN, Antonio * 31/1 1841 Neapel, da † Okt. 1921, ML. am Blindeninstit. W: Oper, Messen, Harmonielehre

PANNAIN, Edoardo * 11/4 1869 Napoli, da KlavL. W: Opern, Sinf., KaM., KlavStücke

PANNAIN, Guido * 17/11 1891 Napoli, da Prof. d. MGesch. W: Fachschriften; KaM., KlavStücke

PANNIER, Otto * 27/1 1882 Gröbzig (Anh.), Fagottist, seit 1918 in Barmen-Elberfeld. W: Sinf., sinfon. Dichtgen, KaM., Lieder

PANNIGERUS — s. PAMINGER

PANNOCHA, Frz * 6/9 1887 Feldbach, Steiermark, Chormeister in Graz, da ausgeb. v. Leop. Suchsland. W: Oper, Singspiel, Messen, Chöre, Lieder u. Chansons, Tänze, Märsche

PANNY, Joseph * 23/10 1794 Kolmitzberg (Österr.), † 7/9 1838 Mainz, Inhaber e. MSchule, vielgereister Geiger. W: StrQuart., VStücke, Messen, MChöre, Lieder

PANOFF, Petr Assen * 23/8 1899 Russe (Bulg.), lebt in Kopenhagen u. Leipzig, MForsch. u. V-Virt. W: sinfon. Dichtg, VStücke

PANOFKA, Heinr. * 3/10 1807 Breslau, † 18/11 1887 Firenze, geschätzter GsgL., 1834/44 in Paris, seit 1866 in Firenze; auch MSchr. W: Gsg-Schule, Vokalisen, VStücke

PANORMO, Vincenzo Trusiano * 30/11 1734 Monreale/Palermo, † 1813 London, treffl. Geigenbauer, 1750/72 in Paris, dann in London

PANOSETTI, Franz Ercole * 22/8 1889 Basel, da V- u. Gsg-L., auch Chordir. W: ‚Das Elastizitätsprinzip der VTechnik'

PANOW, P. A. — s. PANOFF

PANSERON, Aug. Matth. * 26/4 1796 Paris, da † 29/7 1859, treffl. GsgL., Verf. einer berühmt. GsgSchule, seit 1826 KonservProf. W: Solfeggien usw.

PANTHÈS, Marie * um 1880 Odessa, ausgez. Pianistin, Schülerin d. Pariser Konserv., seit 1910 KonservL. in Genf

PANTILLON, Georges * 9/10 1870 La Chaux-de-Fonds, VPädag., Orch- u. Chordir. in Corcelles sur Neuchâtel. W: VStücke, bes. instrukt., Chöre; ‚Les premiers éléments du solfège'; ‚Cours d'harmonie'; ‚Solfège pratique' (Primavista-Singen)

PANUM, Hortense * 14/3 1856 Kiel, † 26/4 1933 Kopenhagen, da seit 1864, treffl. MHistikerin. W: Illustr. MGesch.; Illustr. MLexikon; ‚Middelalderens Strenge instrumenter' (2 Bde) u. a.

PANZER, Fritz * 9/4 1865 Bamberg, Geiger, KomposSchüler Jadassohns, Dirig. des InstrumVer. in Krefeld. W: KaM., Lieder

PANZINI, Angelo * 22/11 1820 Lodi, † 27/2 1886 Milano, da seit 1860 TheorL. am Konserv. W: Kantaten, viele KlavStücke, Gsge u. a.

445

PANZNER, Karl * 2/3 1866 Teplitz (Böhm.), † 7/12 1923 Düsseldorf, Schüler des Konserv. in Dresden, treffl., vielfach als Gast in Hamburg, Berlin usw. tätig gewesener Dirig., TheaKM. an versch. Orten, 1893/99 in Leipzig, dann Dirig. d. Philharmonie in Bremen, seit 1909 städt. MDir. in Düsseldorf

PAOLI, Francesco * 18/4 1820 Pescia, † 15/1 1870 Firenze, Hornist. W: Horn-Schule, Fantas. usw., Bombardon-Schule

PAOLO, Enrico, ps. = Erwin BLUMENREICH

PAOLO, L. ps. = Paul LACOME

PAOLO, Victor, ps. = JUEL-FREDERIKSEN

PAPAVOINE † 1793 Marseille, Geiger, u. ≈ 1750 in Rouen, 1760 in Paris. W: Sinf., VDuos, VSonat.

PAPE, Erich * 3/12 1898 Hannover, da MSchul-Dir., da ausgeb., Geiger. W: Sinf., KaM., Lieder

PAPE, Heinr. † 1663 Stockholm, Organist, 1632/62 dsgl. in Altona. W: Lieder

PAPE, Joh. Heinr. * 1/7 1789 Sarstedt/Hannover, † 2/2 1875 Asnières/Paris, seit 1811 in Paris, selbständig seit 1815, sehr geschickter, den KlavBau dauernd durch neue Erfindgen bereichernder InstrBauer

PAPE, Ludw. Jos. Christ. * 14/5 1799 Lübeck, † 9/1 1855 Bremen. W: 7 Sinfon., KaM.

PAPENDIEK, Gust. Ad. * 26/4 1839 Naussedorf/Tilsit, † 24/5 1908 Berlin, da seit 1846 tücht. Pianist u. Pädagoge, Schüler von Voß u. Kullak. W: KlavKompos.

PAPIER, Louis * 26/2 1829 u. † 13/2 1878 Leipzig, OrgVirt. W: Klav- u. OrgStücke

PAPIER, Rosa * 18/9 1858 Baden/Wien, † 9/2 1932 Wien, da hervorrag. Sgrin bis 1891, seitdem KonservL., verheiratet mit Dr. Hans P a u m - g a r t n e r

PAPIN, Geo. * 26/11 1860 Paris, † 1914 Colombes, VcVirt. u. Gambist. W: VcStücke, Etüden, Transkriptionen u. a.

PAPINI, Guido * 1/8 1847 Camagiore/Firenze, † 20/10 1912 London, da seit 1896 Geiger, treffl. KaMSpieler, 1893/96 in Dublin. W: Schule, Konz., Fantasien usw. f. V., KaM., Lieder

PAPOFF, Wlad. v. * 23/11 1878 Pern, seit 1902 in Berlin, Schüler Heinr. Barths u. Godowskys, KlavVirt., sehr geschätzter L. am Sternschen Konserv.

PAPP, Victor v. * 3/4 1881 Szilagysomlyo, M-Schr. in Budapest. W: üb. Bach, Beethoven, Haydn, Dohnanyi (ung.)

PAPPALARDO, Salvatore, ps. PARALADOP * 21/1 1817 Catania, † 9/2 1884 Napoli, da seit 1851, KomposL. u. MKrit. W: Opern, StrQuart., KlavStücke u. a.

PAPPERITZ, Rob., Dr. phil. * 4/12 1826 Pirna, † 29/9 1903 Leipzig, Schüler des Konserv. zu Lpz., seit 1851 da L., 1868/99 auch Organ. W: OrgStücke, Motetten usw.

PAPST, Eugen * 24/12 1886 Oberammergau, seit Nov. 1934 städt. GMD. in Münster i. W., seit 1935 auch Dirig. d. Kölner MGsgVer., Schüler Mottls, 1911/22 StadtKM. in Bern, 1922/33 Dir. d. OrchVer. der MFreunde u. d. Singakad., 1926/33 auch Dirig. des LGsgVer. in Hamburg. W: OrchStücke, Chöre, Lieder

PAPUSCHEK, Frz., Dr. jur. * 2/11 1885 Wien, lebt in Eger. W: Messen, Sinf., TanzSuiten

PAQUE, Desiré * 21/5 1867 Lüttich, Schüler des dort. Konserv., Org- u. KlavL. an verschied. Orten, seit 1921 in Paris. W: Oper, 6 Sinfon., viel KaM., KlavSon. u. Stücke, OrgStücke, Requiem, Lieder u. a.

PAQUE, Guillaume * 24/7 1825 Brüssel, † 2/3 1876 London, da seit 1863 bedeut. VcVirt. (Schüler von de Munck). W: VcKompos.

PARADEISER, Karl (Pater Marian) * 11/10 1747 Rindenthal (Österr.), † 16/11 1775 Benediktinerstift Melk, treffl. Geiger. W: KirchM., Kantaten, 32 StrQuart. usw.

PARADIES, (Paradisi), Pietro Domenico * 1710 Napoli, † 1792 Venedig, zeitw. KlavL. in London, Schüler Porporas. W: Opern, 12 KlavSonat.

PARADIS, Maria Theresia von * 15/5 1759 Wien, da † 1/2 1824, schon als Kind erblindete Pianistin, auch GsgL., Schülerin von Kotzeluch, Salieri, Righini, Abt Vogler. W: Oper, Singspiel, Melodram., KlavTrio, KlavStücke, Lieder

PARADISI — s. PARADIES

PARALADOP, S., ps. — s. PAPPALARDO

PARAY, Paul, ps. Paolo APRIA * 24/5 1886 Tréport, Schüler des Konserv. in Paris, seit 1928 Dirig. der SinfKonzerte in Monte Carlo, vorher Dirig. der Lamoureux-Konzerte in Paris, ausgez. Pianist u. Dirig. W: (bemerkensw.): OrchSuite, KaM., KlavVariat., Oratorium ‚Jeanne d'Arc‘, Lieder

PARDUN, Arno * 13/7 1903 Bromberg, Kaufmann in Berlin-Hohenschönhausen. W: Märsche

PARÉE, Paul, ps. = Horat. NICHOLLS

PARELLI, Attilio * 31/5 1874 Monte Leone d'Orvieto, seit 1928 Leiter des Rundfunks in Milano, vorher OpKM. (Italien, Paris, Chicago). W: Opern, Sinf., OrchSuite, Gesänge

PARENT, Armand, * 5/2 1863 Lüttich, † 19/1 1934 Paris, da seit 1883 VVirt., L. an d. Schola cantorum. W: KaM., VStücke u. Schule, Lieder

PARENT, Hortense * 22/3 1837 London, † 12/1 1929 Paris, da tücht. Pianistin, Schülerin des Konserv., Leiterin eines MLSem. W: ‚Etude du Piano', ‚Repertoire encycloped. du pianiste'

PARENTI, Franc. Paolo * 15/9 1764 Napoli, † 1821 Paris, da seit 1790, treffl. GsgL. W: Opern

PARÈS, Gabr. † 73j. 2/1 1934 Paris, Begründer der sinfon. BlasM.

PARGOLESI, Coronato, ps. = PERSOGLIA

PARIBENI, Giulio Cesare * 27/5 1881 Rom, seit 1914 KomposL. am Konserv. in Milano, M-Schr. W: Sinfon., Ka- u. KirchM.; ‚Storia e teoria della antica m. greca'

PARIGI, Luigi * 14/7 1883 Settimello/Firenze, MKrit. in Firenze. H: La Critica music. W: ‚Il momento mus. italiano'

PARISH-ALVARS, Elias * 28/2 1808 West-Teignmouth (Engl.), † 25/1 1849 Wien, vielgereister HarfVirt., auch Pianist, 1836/38 in der Wiener Hofkap., dann in England, seit 1847 wieder in Wien. W: HarfKonz. u. wertvolle Stücke

PARISINI, Federico * 4/12 1825 Bologna, da † 5/1 1891, KontrapL. am Liceo Rossini u. Leiter eines KirchMInst., auch verdienter MSchr. W: Opern, KirchM., ‚Trattato element. d'armonia', ‚Padre Martini'. — Sein Sohn Ferruccio * 8/5 1876 Bologna, da † 1923, KlavVirt. W: sinf. Dichtgen, KaM., KirchM., Kantate, KlavStücke

PARISOTTI, Aless. * 24/7 1853 Roma, da † 4/4 1913. W: KirchM. H: Arie antiche; Piccolo album di m. antico

PARKER, Alfr. T. H., ps. Julien BAX; Otto BECHSTEIN; Roy BERNARD; Michael BORIWSKY; Francis DEACON; Jack ENGLISH; Eleanor GREENE; Gabriel HUGO; Felix JUNGMANN; Raymond KEENE; Ludwig v. KULM; Alfred THOMAS, engl. Salonkomponist um die Wende des 19. u. den Anfang des 20. Jahrh. [sonst nichts ermittelt]

PARKER, Charlie, ps. = Karl ROCKSTROH

PARKER, Frank, ps. = Heinz TIESSEN

PARKER, Horatio William * 15/9 1863 Auburndale, Mass., † 18/12 1919 Cederhurst, NJ., stud. in Boston u. München, seit 1894 Prof. am Yale College in New Haven, Conn. W (bemerkensw.): Opern, Sinf., Ouvert., KaM., Klav- u. OrgSonaten, Orator., Kantaten, Motetten, Chöre m. Orch. Lieder; ‚M. and public entertainment'

PARKER, James Cutler Dunn * 2/6 1828 Boston, da † 1916, Organ. u. Chordirig. W: KirchM., Chöre

PARKES, Ennis, ps. = Jack HYLTON

PARLOW, Albert * 1/1 1824 Torgelow/Uckermünde, † 27/6 1888 Wiesbaden, MilKM. u. später Dir. einer KonzKap. in Hamburg. W: Ouvert., Märsche, Tänze usw.

PARLOW, Edm. * 9/9 1855 Mainz, seit 1887 Dirig. des Ev. KirchGsgVer. u. seit 1892 des Chorver. zu Frankfurt a. M. W: Kompos. f. Klav., V., Vc. u. Gesang

PARLOW, Kathleen Mary * 20/9 1890 Calgary-Alberta (Canada), seit 1905 vielgereiste V-Virt.; Schülerin von H. Holmes u. Auer; lebt in Maldreth, Cambridgeshire

PARMA, Ildebrando da — s. PIZZETTI

PARMA, Viktor * 20/2 1858 Trient, † 25/12 1924 Marburg a. D., Jurist, aber auch im Nebenamte KM. W: Opern, Operetten, gr. Chorwerke, Chöre u. a.

PARMENTIER, Théod. * 14/3 1821 Barr i. Els., † Mai 1910, höherer Militär, heiratete 1857 Theresa Milanollo. W: KlavStücke, OrgStücke, Gsge

PARODI, Lorenzo * 10/8 1856 Genua, da KonservDir., † 28/3 1926. W: Oratorien, OrchSuite, Kantaten; ‚Musicologia', ‚L'estetica del canone'

PAROFF, Peter, ps. = Ernst HUHN

PARRATT, Walter (Sir) * 10/2 1841 Huddersfield, † 27/3 1924 Windsor, bereits mit 11 J. Organ., 1882 in Windsor, 1884 OrgL. am R. College of M., 1901 Master of the m. of the king, 1908 Prof. an d. Univers. Oxford. W: BühnenM. zu Aeschylos' ‚Agamemnon u. Orestes', KirchM.

PARRAVANO, Costantino * 25/11 1841 Caserta, da † 28/2 1905. W: Opern, KaM., KlavStücke, Gsge

PARRHYSIUS, Arthur * 26/3 1866 Erfurt, gründete 1/1 1890 in Berlin einen MVerl, bes. f. OrchM. (MilOrch.). Ztschr.: ‚Dtsche MilMkerZtg.', ‚M. im Zeitbewußtsein' 1933 = ab Sept. 1935 ‚Die MWoche'

PARRY, Charles Hubert Hastings (Sir) * 27/2 1848 London, da † 7/10 1918, Schüler von Pierson, Macfarren u. Dannreuther, 1891 Prof. für Kompos. u. MGesch. am R. College of M., 1894 Dir. dieser Anstalt. W: M. zu antiken Dramen, weltl. u. geistl. Chorwerke, 5 Sinf., moderne OrchSuite, Ouvert., viel KaM., Klav- (auch Konz-) u. OrgStücke, Lieder; ‚The evolution of the art of m.', ‚The m. of the 17. century', ‚J. S. Bach' u. a.

PARRY, John I, † 1782, walisischer Barde. H: Ancient British m. of the Cimbro-Britons 1742 usw.

PARRY, John II * 18/3 1776 Denbigh, † 8/4 1851 London, walisischer Barde. W: Opern, SchauspielM., Pantomimen, Harfen- u. KlavStücke, Glees, Duette, Lieder; H: The welsh Harper

PARRY, John Orlando * 3/1 1810 London, † 20/2 1879 East Molesey, Organ. u. Harfenist. W: Gsge, Kuplets

PARRY, Joseph * 21/5 1841 Merthyr-Tydvil (Wales), † 17/2 1903 Penarth/Cardiff, Schüler der R. Acad. in London, 1872 Prof. der M. an der Univers. Aberystwyth. W: Opern, Orator., Kantaten, Lieder. H: Cambrian minstrelsy (6 Bde)

PARSONS, Albert Ross. * 16/9 1847 Sandusky (Ohio), † 14/6 1933 Mount Kisco, NY, MSchr., Wagnerianer. W: ‚The virtuoso's handling of the Pfte' u. a.

PASCAL, Florian, ps. = WILLIAMS, Joseph

PASCALE, Francesco = PASQUALI

PASCH, Oskar * 28/3 1844 Frankfurt a. O., † 14/5 1922 Berlin, da Schüler d. Inst. f. KirchM. u. d. Akad., Organ., KirchChordir. u. SchulgsgL. W: Opern, Sinf., Orator., Motetten usw.; ‚Kontrapunktlehre'

PASCHALOW, Victor * 20/4 1841 Saratow, † 12/3 1885 Kasan. W: einst beliebte Lieder

PASCHALOW, Wjatscheslaw * 1/5 1873 Moskau, da Leiter der ethnograph. Abt. des staatl. Instnt. f. MWiss. W: Fachschriften; Ouvert., Str-Quart., Lieder. B: Volkslieder

PASCHE, Hans, MVerlag in Berlin bzw. Leipzig, gegr. 4/2 1920

PASCHKEWITSCH — s. PASKEVITSCH

PASCHTSCHENKO, Andrei * 16/8 1893 Rostow a. D., lebt in Petersburg. W: Oper, Sinf. u. sinf. Dichtgen, Ouvert., KaM., Chöre, bei denen die Singst. orchestral behandelt sind, auch m. Orch.

PASCUCCI, Giov. Cesare * 28/2 1841 Rom, da † 28/3 1919, KM. u. Pianist. W: Opern, Orator., Kantaten, Gsge, viele Tänze

PASDELOUP, Jules Etienne * 15/9 1819 Paris, † 13/8 1887 Fontainebleau, Schüler des Pariser Konserv., da 1841/50 KlavHilfsL., 1855/68 Chor-L., gründete 1851 die ‚Société des jeunes artistes du conserv.', mit der er klass. SinfKonz. gab; 1861/84 Leiter d. berühmten ‚Concerts populaires'; auch Chordir. u. 1868/69 Dir. des Théatre lyrique

PASEDACH, Joachim Werner * 1/5 1909, Bearb. in Berlin. W: UnterhaltgsM.

PASKEVITSCH, Wassili, russ. Komp. W: Singspiel ‚Unglück in der Liebe' (Petersburg 1772), zus. mit Sarti u. a. ‚Die Regierung von Oleg' (1790, d. erste gedr. russ. Part.)

PASMORE, H. Bickford * 27/6 1857 Jackson, Wis., Organ. in San Francisco. W: Messen, Ouvert., OrgStücke

PASQUALI (PASCALE) Francesco * um 1590 Cosenza, † nach 1633. W: Madrigale, 1—5st. Gsge u. InstrStücke m. bez. B.

PASQUALI, Niccolò † 13/10 1757 Edinburgh, da seit 1740, Geiger. W: Oper, Orator., Sinf., KaM., theoret. Schriften

PASQUÉ, Ernst * 3/9 1821 Köln, † 20/3 1892 Alsbach/Bergstraße, stud. in Paris Gsg, in Darmstadt u. Weimar engagiert, 1872/74 TheaDir. in Darmstadt. W: OpTexte, ‚Gesch. des Thea. zu Darmstadt', ‚Frankfurter M.- u. TheaGesch.', ‚Abt Vogler' usw.

PASQUETTI, Guido * 15/4 1874 Prato, Kritiker in Firenze. W: ‚L'oratorio music. in Italia'

PASQUINI, Bernardo * 8/12 1637 Massa di Valnevola (Toscana), † 22/11 1710 Rom, da Organ., Schüler Cestis, Lehrer Durantes, G. Muffats u. a. W: Opern, Oratorien, Kantaten, Sonaten, Toccaten f. Klav. usw.

PASSY, Edvard * 4/9 1789 Stockholm, † 16/8 1870 Drottningholm, KlavVirt., auch Organ. in Stockholm, sehr geschätzter L. W: BühnenM., Ka-M., KlavKonz. u. Stücke, Chöre, Balladen, Lieder

PASTA, Giuditta geb. Negri, * 9/4 1798 Como, da † 1/4 1865, sehr gefeierte dramat. Sängerin

PASTCHENKO — s. PASCHTSCHENKO

PASTERWITZ, Rob. v. (Pater Georg), * 7/6 1730 Bierhütten/Passau, † 26/1 1803 Stift Kremsmünster, da seit 1750, Mathematiker u. Pkilosoph, Chorregent der StiftsM. W: Messen u. sonstige KirchM., Orat., Singspiele, OrgStücke

PASTON, Etienne Jean Bapt. * 26/5 1784 Vigan (Gard), † 8/10 1851 Ternes/Paris, seit 1836 GsgProf. am Konserv. W: Schr. üb. Gsg, bes. üb. EnsembleUnterr.

PASTRI, ps. = STRICH, Paul

PASZTHORY, Casimir v. * 1/4 1886 Budapest, VcProf. am Volkskonserv. in Wien. W: Oper, Rilke-Lieder, Melodram, KlavTrio

PASZTHORY, Palma v. * 23/5 1884 Budapest, VVirt. (von Reger sehr geschätzt), zuletzt Schülerin Joachims, seit 1918 verheir. mit dem Sozialhygien. Hugo Erdmann, lebt in Tutzing-München

PATA, Huert, ps. = Hubert PATAKY

PATAKY, Hubert, ps. HUBERTUS; Huert PATA * 16/2 1892 Lüttich, lebt in Berlin, aufgewachsen in Düsseldorf, Schüler Juons. W: Opern, sinfon. Dichtg, Lieder

PATHY, Ilonka von * 29/3 1894 Budapest, Schülerin Dohnanyis, treffl. Pianistin in Berlin

PATSCH, Karl * 3/11 1870 Komp. u. MVerl. in Berlin. W: UnterhaltgsM.

PATTENHAUSEN, Hellmuth * 5/9 1896 Dresden, Pianist u. MRef. in Hamburg (vorher in Dresden). W: KaM., KlavStücke

PATTERSON, Annie Wilson, Dr. mus. † 65 j. 15/1 1934 Cork, Autorität in der irischen M. W: Lieder

PATTI, Adelina * 10/2 1843 Madrid, † 27/9 1919 Brecknock (Wales), 1868 mit dem Marquis de Caux, 1886 mit dem Tenoristen Nicolini (* 1833, † 1898), 1899 mit Baron Cederström vermählt, hervorrag. KolorSgrin u. Vertreterin des bel canto, zuerst 1859 in Newyork, dann in London, Paris, Petersburg, zahllose Konz u. Bühnen-Reisen. — Ihre Schwester C a r l o t t a * 1840 Firenze, † 27/6 1889 Paris, gefeierte KolorSgrin: große Kunstreisen in Europa u. Amerika, 1879 mit dem Vcelli-ten E. Demunck verheiratet

PATTISON, John Nelson * 22/10 1844 a. d. Niagarafällen, KlavVirt., Schüler Liszts, lebte in Newyork. W: Sinfon., Ouvert., KlavWerke usw.

PATZAK, Julius * 9/4 1898 Wien, seit 1928 lyr. Tenor der Staatsop. in München, auch im Ausland sehr geschätzter Orat- u. Liedersgr, urspr. KM., hat nie Gsgstunde gehabt

PATZIG, Alfred * 25/3 1850 Zittau, † 28/8 1927 Essen, da seit 1909 Dir. e. Konserv., Schüler des Leipziger Konserv., 1874/1909 KlavPäd., Orch- u. Chordir. in Gotha

PATZLAFF, Georg * 5/3 1884 Berlin, seit 1919 Chordir. in Stettin, ausgebild. in Tangermünde (Waldhornist), 1902/14 MilMusiker in Stettin, 1915/18 MilKM. W: Posse, Chöre, Kinderlieder

PAUCH, Heinz * 11/6 1916 Berlin, da Ens-Mker (Pianist), KomposSchüler Klattes. W: Nationale Lieder, Märsche, Tänze

PAUELS, Heinz * 1/3 1908 Oberhausen, Rhl., seit 1927 in Köln, pianist. Wunderkind, ausgeb. in München, bes. bei Beer-Walbrunn. W: KaM., (StrQuart.), Chöre, Lieder

PAUER, Ernst * 21/12 1826 Wien, † 9/5 1905 Jugenheim/Darmstadt, Pianist (hist. Konz.), Schüler Sechters u. F. Lachners, seit 1851 in London, da 1871/96 Prof. an der Kgl. Akad. W: Opern, KaM., brill. KlavStücke („Cascade' usw.), ‚New gradus ad Parnassum'. H: ältere KlavWerke. — Sein Sohn M a x * 31/10 1866 London, lebt in Stuttgart, KlavVirt., 1897 Prof., 1908 Konserv-Dir. in Stuttgart, Herbst 1924/32 dsgl. in Leipzig, 1933/34 Dir. d. städt. MHochschule in Mannheim. W: KlavKompos. B: Lebert u. Starcksche Klav-Schule. H: Schumanns Werke

PAUL, Emil * 2/3 1868 Seifhennersdorf/Zittau, seit 1890 Organ. in Leipzig u. seit 1902 Konserv-TheorL. W: leichte KlavTrios, instrukt. Klav-Stücke, MChöre, Lieder; ‚Aufgabenbuch für den Unterr. in der Harmonielehre'

PAUL, Ernst Joh. * 17/7 1867 Börnersdorf i. Sachs., † 5/11 1929 Dresden, da Schüler d. Konserv., da Leiter des LSem., MRef. W: ‚Lehrgang im Gsgunterr.', ‚MLehre in Erläutergen'. H: Monatsschr. f. Schulgsg'

PAUL, Fritz, ps. = HÜHNE, Fritz

PAUL, Kurt * 9/8 1883 Wehlau, OPr., KM. in Neustettin seit 1935, vorher Dir. d. StadtM. in Schwenningen a. N., auch d. OrchVer. in Rottweil, ausgeb. auf d. Berliner Hochschule, langjähr. Mil-KM. W: Märsche, Tänze

PAUL, Max Otto, Dr. phil. * 24/7 1878 Meißen, StudRat in Dresden. W: Handpuppenspiele, Lieder z. Laute

PAUL, Oskar, Dr. phil. * 8/4 1836 Freienwaldau (Schles.), † 18/4 1898 Leipzig, Pianist u. MSchr., da 1866 PrivDoz. an der Univers., seit 1869 KonservL. H: Boethius (dtsch); ‚Tonhalle'. W: ‚Gesch. des Klaviers', ‚Handlexikon d. Tonkunst', ‚Lehrbuch d. Harmonie' usw.

PAUL, Peter, ps. = Kurt LOHNSTEIN

PAUL, Theo, ps. = Paul HAEGELE

PAUL, Theodor * 14/8 1861 Crostau/Bautzen, Dir. e. GsgAkad. in Breslau, Schüler J. Heys. W: ‚Systemat. Ton- u. Stimmbildg f. Singen u. Sprechen (16. Taus. 1928)

PAUL, Vera, ps. = E. PIZZI

PAUL-JULIEN, ps. = Paul PIERNÉ

PAULE, ps. = Paul KRÜGER

PAULI, Heinr. * 23/12 1865 Münster i. W., Schüler der KirchMSchule in Regensburg, 1892/1904 Domorgan. in Trier, lebt in Elberfeld. W: ‚Das prakt. OrgSpiel u. die Behandlg der Org.', OrgKompos.; gründete 1892 die MZtschr. ‚Der Organist'

PAULI, Walter, Dr. phil. * 7/1 1880 Berlin, seit 1908 OpKM. in Kassel. W: ‚J. F. Reichardt', ‚J. Brahms'

PAULIK, Gerhard * 1896 Dresden, da Org-Virt, Improvisator, seit 1926 Kantor u. Organ., da ausgeb. (Draeseke), Kriegsteiln. W: OrgStücke, geistl. u. weltl. Lieder usw.

PAULKE, Karl * 16/10 1881 Bentschen (Posen), Schüler P. Geislers u. d. Berliner Hochschule, 1907 Kantor in Luckau, 1911 GsgL. am Realgymn. u. 1915 KirchMDir. in Meiningen, seit 1923 in Hamburg, da 1925 Leiter des staatl. KirchChors, 1927 Dir. der staatl. Singschule. W: Chöre, Lieder; ‚Musikal. Vespern, ein Programmbuch', ‚MPflege in Luckau'. H: Weihnachtslieder für Schulchor; Römhildts Matthäus-Passion

PAULLI, Simon * 22/2 1810 Kopenhagen, da † 23/12 1891, urspr. Geiger, 1849 KonzM. der Kgl. Kap., 1891 KM., Mitbegr. des Konserv. (1866). W: Singspiel, Ballette, Ouvert., VEtüden, Lieder

PAULSEN, Hellmut * 29/5 1909 Hamburg, da Chordir., auch für d. Rundfunk tätig, da ausgeb. bes. bei R. Müller-Hartmann. W: Schulop., Orch-Stücke, u. a. StudentenM., viel KM., Chöre, auch m. Orch. (u. a. ‚Dtsche Volkslieder-Suite'), Lieder

PAULTON, John, ps. = Anton POWOLNY

PAULUS, Adolf * 14/8 1874 Markneukirchen, Geigen- u. bes. Lautenbauer in Bonn, urspr. Fagottist, vordem in Leipzig, Berlin u. Rothenburg o. T.

PAULUS, Adolf Wilh. Edua. * 3/3 1843 Markneukirchen, † 13/7 1899 Leipzig, da seit 1860 Mitarb. v. Ludwig Bausch & Sohn, sehr angesehenen Geigenbauern, übernahm 1873 diese Firma, arbeitete u. a. nach eignem Modell

PAULUS, E., ps. = Arthur PIECHLER

PAULUS, Joh., ps. — s. ORTLEPP

PAULUS, Olaf * 25/1 1859 Christiania, † 29/6 1912 Stavanger, da seit 1889 Organ. W: Kantaten, Chöre, Lieder, KlavStücke. H: De 1000 hjems sange

PAUMANN, Konrad * um 1410 Nürnberg, † 25/1 1473 München, wichtig durch die von ihm hinterlassenen OrgBücher

PAUMGARTNER, Bernhard * 14/11 1887 Wien, seit 1919 MozarteumDir. in Salzburg, OrchDirig. W: Opern, ‚Dtsche WeihnachtsM.' (Orat.), Ouvert., ‚W. A. Mozart' (1927) H: Österr. Soldatenlieder

PAUMGARTNER, Hans (Vater Bernhards), Dr. phil. * 1843, † 1896 Wien, da Klavierist (seine Frau — s. Rosa P a p i e r). W: KlavQuart., KlavStücke

PAUNOVIČ, Milenko * 29/11 1889 Sajkas-Sv. Ivan (Bačka), † 1/10 1924 Belgrad, urspr. Geiger, ausgeb. in Prag u. Leipzig (H. Riemann; Reger), dann TheaKM., Prof. am LSem. in Jagodina, zuletzt MilKM. W (nation. gefärbt): Opern, Chöre, Lieder, KlavStücke

PAUR, Emil * 29/8 1855 Czernowitz, † 7/6 1932 Mistek (Mähr.), Schüler des Wiener Konserv., tücht. Dirig., Klav.- u. VVirt., war OpKM. in Mannheim u. Leipzig, 1893/98 Dirig. der SymphKonz. in Boston, 1898/1903 Dir. d. Nationalkonserv. in Newyork, 1904/10 KonzDirig. in Pittsburg, 1912/13 Kgl. OpKM. in Berlin. W: Sinf. ‚In der Natur', KlavKonzert, Stücke f. Klav. u. V. usw. — Seine Frau M a r i e, geb. Bürger, * 1862 Gengenbach/Schwarzwald, † 27/4 1899 Newyork, treffl. Pianistin. — Sein Sohn K u r t, Pianist

PAUWELS, Jean Engelbert * 26/11 1768 Brüsel, da † 3/6 1804, Schüler Lesueurs, urspr. Geiger. W: Opern, KirchM., Sinf., VKonz., Horn-Konz., KaM.

PAUX, Jean Bapt. Charles de * 31/3 1852 Bruxelles, † 10/6 1924 Bussum, ausgeb. in Bruxelles, da 1872 Organ., 1879 dsgl. in Amsterdam, da seit 1884 sehr verdienter KonservL. f. Org. u. Klav. W: Sinf., KlavSonaten, Kantaten, Lieder

PAVAN, Gius. * 27/11 1869 Cittadella (Padova), da † 3/11 1924, MSchr.

PAVENELLI, Lamberto * 1890 Ferrara, † 4/8 1927 Varese. W: Opern, Optten, sinf. Dichtgen, KlavStücke, Gsge

PAVESI, Stefano * 22/1 1779 Casaletto Vaprio, † 28/7 1850 Crema, da seit 1818 DomKM. W: üb. 60 Opern, KirchM.

PAVONA, Pietro Aless. * um 1710 Udine (?), † 1786 Cividale, KirchKM. W: Messen, Motetten

PAWEL, Dick, ps. = Paul OTTENHEIMER

PAWELEK, Heinrich † 14/4 1930 Regensburg, 76jähr., Besitzer des MVerl. Coppenrath

PAWLIK, Oswald * 14/2 1864 Groß-Lontschitz, † 25/12 1933 Brünn, da seit 1885 Organ. u. Chordir., auch Sger u. Geiger. W: KirchM., Ballett, Chöre

PAWLOW, Eugen * 20/2 1894 Moskau, lebt da. W: KlavSonaten u. Stücke

PAX, Heini, ps. = Heinr. WIESMEIER

PAX, Karl Ed. * 17/3 1802 Großglogau, † 28/12 1867 Berlin, Organ. W: instrukt. KlavStücke, Lieder usw.

PAYER, Hieronymus * 15/2 1787 Meidling/Wien, † 17/8 1845 Wiedburg/Wien, TheaKM. in Amsterdam u. Wien, PhysharmonikaVirt. W: Op., Messen, Motetten, KaM., Klav- u. OrgStücke

PAYNE, Albert, ps. A. EHRLICH * 3/6 1842 Leipzig, da † 1/4 1921, Verl., urspr. Geiger, gründete 1886 die 1892 an Ernst Eulenburg übergegangene ‚Kleine KaMPartAusg.'. W: ‚Berühmte Pianisten', ‚Berühmte Geiger', ‚Das StrQuart. in Wort u. Bild' u. a. — Seine Frau s. Marie MAHLKNECHT. — Der 1/11 1839 gegr. Verlag firmiert A. H. P a y n e

PAYR, Rob. † 1933 Wien. W: Opern

PAZ — s. DELL VALLE de Paz

PAZDIREK — s. GOTTHARD

PAZDIREK, Franz, 1873—1886 Leiter der MHdlg Jurgenson in Moskau, dann in Dresden, später in Wien. H: MLiterar. Blätter 1900 ff., Universal-Handbuch der MLiteratur aller Zeiten

u. Völker. Nachschlagewerk u. Studienquelle der Welt-MLiteratur. Teil I Die gesamte durch M-Handlgen noch beziehbare Literatur Bd 1—32. 1904/10

PAZDIREK, Oldř., MVerl. in Brno (Brünn), gegr. um 1928, u. a. Verleger der letzten Werke Sevčiks

PAZELLER, Jakob * 1869 Baden/Wien, langjähr. österr. MilKM. W: Operetten, Tänze, bes. beliebte Walzer

PEACE, Alb. Lister * 26/1 1844 Hudersfield (Engl.), † 14/3 1912 Liverpool, da seit 1897 Organ. W: Orat., Psalmen, OrgKompos.

PEARCE, Charl. Will. * 5/12 1856 Salisbury, † 2/12 1928 London, da Organ., bis 1924 L. am Trinity Coll. W: Orgel-, Klav- u. VStücke, Hymnen, Handbücher über Gsg-, KlavUnterr. usw.

PEARSALL, Rob. Lucas * 14/3 1795 Clifton (Gloucester), † 5/8 1856 Wartensee/Rorschach; da s. 1845, MLiebhaber, abwechs. in England u. Deutschland lebend. W: Opern, Sinf., Madrigale usw.

PEARSON, Henry Hugh — s. PIERSON

PECCATE (PECCATTE), Dominique * 15/7 1810 Mirecourt, da † 13/1 1874, berühmter V-Bogenmacher, 1826/37 bei Villaume, 1837/47 selbständig in Paris, dann in s. Geburtsort. — Sein jüngerer Bruder François * 1820 Mirecourt, † 1/11 1855 Paris, gleichfalls treffl. Bogenmacher

PECHER, Albin * 4/9 1877 Reschwitz, Böhm., seit 1905 ML. am LSem. in Innsbruck. W: KirchM., MChöre

PEDEMONTE, Giacomo * 12/11 1894 Genova, da OrgVirt., KonservL. u. KirchKM. W: KirchM., OrchKompos., KlavStücke, OrgStücke

PEDRELL, Carlo, ps. Claude MIREVAL * 1878 Minas, Uruguay, seit 1906 in Buenos Aires. W: Opern, Ouvert., Chöre, Lieder

PEDRELL, Felipe, ps. Martinus MONCADA * 19/2 1841 Tortosa, † 19/8 1922 Barcelona, Autodidakt, KonservProf. zu Madrid, Führer im spanisch. MLeben. W: Opern, Messe, Chorwerke, KlavStücke; Übgen im Instrument.; Ges. Aufsätze. B: Neuausgaben älterer span. Kirch- u. OpM. usw.

PEDROLLO, Arrigo * 5/12 1878 Montebello Vicentino, Schüler des Konserv. in Milano, da Konz- u. OpDirig. W: Opern, Mimodramen, Sinf. descrittiva, KaM., Chorwerke

PEDRON, Carlo * 8/1 1876 San Remo, TheorL. am Konserv. in Milano. W: Oper, OrchKompos., KlavStücke, Gsge, theor. Schriften

PEDROTTI, Carlo * 12/11 1817 Verona, da † (Selbstmord) 16/10 1893, 1840/45 OpDirig. in Amsterdam, seit 1869 in Torino, da auch KonservDir. W: zahlreiche Opern

PEELLAERT, Auguste Philippe Baron de * 12/3 1793 Brieges, † 16/4 1876 Bruxelles, Schüler Momignys. W: Opern, ‚50 ans de souvenir‘ (1867)

PEETERS, Emil * 25/4 1893 Antwerpen, sehr moderner Kompon., verlebte seine Jugend in Bonn, wo er auch Germanistik studierte, dann 1913 Schüler Courvoisiers u. Fr. Kloses in München, 1914/17 in Berlin Schüler Humperdincks u. Geo. Schumanns, auf der Univers. Kretzschmars u. Joh. Wolfs, seit 1919 in Bochum, da KM. am Schauspiel (auch in Duisburg). W: zahlr. BühnenM. zu Schauspielen, Oper ‚Die Troerinnen‘, ‚Tanzsinf.‘, Orch- u. KaM., Gsg m. KaOrch.

PÉHELL, F. R., ps. = HILLEMACHER

PEHM, Rudolf * 30/11 1887 Pitten, Chordir. in Wien. W: Chöre, Lieder, VStücke u. a.

PEJACSEVICH, Dora v. * 10/9 1885 Budapest (jedoch Kroatin), † (als Frau v. Lumbe) 5/3 1923 München, stud. in Agram, Dresden u. schließl. bei Courvoisier. W: Sinfon., viel KaM., KlavKonz., Sonaten u. Stücke, Lieder

PEITERS, Flor * 4/7 1903 Thielen/Turnhout, OrgVirt. u. Organ. in Mecheln, KomposSchüler u. a. M. Duprés. W: OrchSuite, viele OrgStücke, KirchM., Chöre, Lieder

PEKIEL, Bartholomäus † 1670 Krakau, da seit 1657 DomKM., vorher HofKM. in Warschau. W: viel KirchM.

PELCKMANN, Stephanie * 13/5 1898 Berlin, da KonzSgerin, u. Improvisat., Anhängerin von Jaques-Dalcroze, ausgeb. im Instit. f. KirchM. W: Lieder, auch m. V. od. Fl.

PELIZZA, Corrado * 6/2 1886 Bastida Pancarena (Pavia), ausgeb. in Milano u. Rom, lebt da. W: Ouv. u. a. f. Orch., VStücke, KlavStücke, Lieder

PELLARIN, Gius. * 17/2 1815 Venezia, da † 17/9 1865. W: viel KirchM.

PELLEGRINI, Alfred * 5/2 1887 Dresden, Geiger in Dresden, Schüler d. Prager Konserv. W: StrQuart., V- u. KlavStücke, Chöre, Lieder

PELLEGRINI, Ferd. * um 1715 Napoli, † nach 1768 Paris, KlavVirt. W: KlavKonz. u. Sonaten

PELLEGRINI, Jul. * 1/1 1806 Milano, † 12/6 1858 München, da 1823/54 ausgez. Baßbarit. der Hofbühne

PELLET, Alphonse * 18/10 1828 Uzés, † 1887 Nimes, da Organ. W: Opern, KirchM., KaM.; ‚Essai sur l'opéra en France‘ (1876)

PELLETAN, Fanny * 28/7 1830 Paris, † 2/8 1876 Passy, MFreundin, gab die Mittel zur Hrsg. der Pracht-Partituren der Gluckschen Meisteropern her

PELLISIER, Aug. * 19/11 1855 Sinsheim a. Elsenz, † 25/1 1919 Mannheim, da seit 1873, erst Geiger, dann ML., Chordir. u. GymnasGsgL. W: MChöre. B: Gsge f. Knabenchor

PELLISOV, ps. = SCHAFHÄUTL

PELTAST, nannte sich Hans v. BÜLOW als Mitarbeiter der ‚Neuen Ztschr. f. M.'

PELTENBURG, Mia * 8/9 1897 Haarlem, ausgez. KonzSopran., seit 1929 in Bern, vermählt mit Alphons B r u n , ausgeb. in Amsterdam u. Haarlem, Debut 1918

PELTZER Eduard * 11/2 1865 Setterich (Jülich), MStudRat in Düren. W: GsgsHandbuch z. wissenschaftl. Fortbildg des L.; ‚Liederschatz' u. a.

PELTZER, Fred * 9/5 1905 Viersen, Pianist in Berlin-Steglitz. W: UnterhaltgsM. — ps. PELTZER-KERSAY

PELTZER, Joh. * 30/3 1874 Setterich (Jülich), RealgymnGsgL. in R. in Aachen (da seit 1900), vorher SchulL. W: Chöre, auch in Aachener Mundart, Lieder

PELZ, Jos. * 3/3 1854 Neu-Altmannsdorf, Kr. Münsterberg, Schles., Schulrektor a. D. in Breslau. W: MChöre

PEMBAUR, Jos. * 23/5 1848 Innsbruck, da † 19/2 1923, Schüler der Konserv. zu Wien u. München, 1875/1918 MVerDir. u. akad. MDir. in Innsbruck. W: Oper, Sinfon. ‚In Tirol', Messen, Hymnen, Kantate, Chöre, Lieder usw., ‚Üb. das Dirigieren', ‚Anleitg z. gründl. Studium u. Analysieren der 84 KlavEtüden von Cramer', ‚Harmonie- u. Modulationslehre' u. a. — Sein Sohn J o s e f jr * 20/4 1875 KlavVirt., 1897/1900 L. a. d. Akad. der Tonkunst in München, dann noch Schüler Reisenauers, 1903/21 L. am Leipziger Konserv., 1907/08 auch Dirig. des ‚Riedel-Ver.', seit 1921 an der Akad. d. Tonkunst in München. W: KlavStücke, Lieder, ‚Von der Poesie des KlavSpiels', B: Cramers Etüden. — Dessen Bruder K a r l M a r i a * 24/8 1876 Innsbruck, Schüler s. Vaters u. der Münchener Akad., seit 1901 Hoforgan. u. KirchMDir., auch OpChordir. in Dresden, 1910/13 Dirig. der Schumannschen Singakad. W: Singspiel, Messen, geistl. u. weltl. Chöre usw.

PENA, Joaquin * 1887 Barcelona, da MKrit., begeisterter Wagnerianer. W: Übersetzgen von OpDichtgen Wagners u. a. H: ‚Cancoer selecte' (5 Bde, 1927)

PÉNAVAIRE, Jean Grégoire * 15/9 1840 Lesparre (Gironde), † Ende Sept. 1906 Paris. W: Opern, sinfon. Dichtgen u. a.

PENKERT, Anton * 8/3 1875 SemML. u. Organ. in Hamburg. W: KaM., Lieder; ‚D. Kampf gegen die Schundliteratur' I, ‚Das Gassenlied'

PENNA, Lorenzo * 1613 Bologna, † 20(30?)/10 1693 Imola, Karmelitermönch. W: KirchM., theor. Schriften u. a.

PENNACCHIO, Giov. * 14/4 1878 Napoli, da MilKM. W: Oper, StrQuart., Hymnen, Lieder; Manuale di strumentazione per banda. B: viele Werke für MilM.

PENNARINI, Aloys * 1870 bei Wien, † 23/6 1927 als TheaDir. in Reichenberg, ausgez. Tenorist, 13 Jahre in Hamburg, 1913/20 Sgr u. TheaDir. in Nürnberg

PENNDORF, Werner * 31/10 1910 Leipzig, seit 1934 Kantor u. Organ. in Bremen, Schüler v. Straube u. Kurt Thomas. W: KaM., KlavStücke, OrgSon., Motetten

PENSCH, Rob. * 25/5 1881 Laa a. d. Thaya (NÖsterr.), Schüler v. R. Fuchs, seit 1903 Organ. u. VerDir. in Wien, SchulL. bis 1930. W: KirchM., Chöre

PENTE, Emilio * 16/10 1860 Padova, † 14/5 1929 Bad Sachsa (Harz), Geiger, Schüler Bazzinis, 1894/1904 L. in Firenze, seit 1909 L. a. d. GuildhallMSchule in London. W: VStücke. H: Sonaten Tartinis usw.

PENTENRIEDER, Frz Xav. * 6/2 1813 Kaufbeuren, † 17/7 1867 München, HofKM., u. Hoforgan. W: Opern, Messen, Kantaten, Motetten

PENZEL, P. Robert * 2/1 1873 Markneukirchen, da treffl. VBauer

PENZELLI, Frz de * 26/4 1888, lebt in Nürnberg. W: UnterhaltgsM.

PENZLIN, Lothar * 30/7 1895 Angermünde, Organ. in Berlin, da ausgeb. (Instit. für KirchM.). seit 1934 L. an d. MSchule des Johannesstifts in Spandau. W: OrgSonaten. u. Stücke, VStücke, KlavKonz., Motetten, Orator., Messe

PEPÖCK, Aug. * 1887 Gmunden, OÖsterr., seit in Wien, Sängerknabe in Kloster St. Florian, Schüler von Heuberger u. Rob. Fuchs u. d. Wiener Univers., Kriegsteiln., dann TheaKM. an versch. Orten. W: Optten, Tonfilm, StrQuart., MChöre, Lieder

PEPPERCORN, Gertrude * 1/12 1878 West Horsley (Surrey), internat. bekannte KlavVirt. in London, Debut 1894

PEPPING, Ernst * 12/9 1901 Duisburg, L. an der KirchMSchule des Johannesstifts in Spandau, Schüler W. Gmeindls. W: Konzerte, KaM., ChorChoralSuite, ChoralVorsp. u. a. f. Org.; ‚Stilwende der M.' 1934

PEPUSCH, Joh. Christoph * 1667 Berlin, † 20/7 1752 London, gesch. Organ., Theoretiker, seit 1700 in England, Begr. der Acad. of ancient m.,

1713 Dr. mus. (Oxford). W: Opern, Masken- u. Festspiele, Concerti grossi, KaSon., Motetten, Harmonielehre

PERABO, Ernst * 14/11 1845 Wiesbaden, Schüler d. Leipziger Konserv., † 29/10 1920 Boston, da seit 1866 als Pianist u. L. hochgeschätzt. W: KlavStücke

PERAK, Rud. * 29/3 1891 Wien, TonfilmKM. in Berlin, früher OpttenKM., ausgeb. in Salzburg (Mozarteum). W: Optten, Schlager

PERANDI(-A), Marco Gius. * um 1625 Roma, † 12/1 1675 Dresden, da erst Altist, 1661 ViceKM., 1663 KM. W: KirchM., teilw. neu hrsg. v. Bernward Beyerle 1935

PERCIVATI, Carlo * 1878 Torino, da Geiger. W: OrchKompos., KaM., KlavStücke, Chöre, Gsge

PERCY, ps. = Hans MAY

PERCY, John, ps. = Fritz SCHÜLER

PEREIRA, Aug. Amadeo — s. AMADÉ, Aug.

PERELLI, Edoardo * 20/11 1842 Milano, † 27/7 1885 Carpiano (Lago maggiore), KonservGsgL. in Milano, MKrit. W: Opern, Messe, Gsge, KaM., KlavStücke

PERELLI, Natale * 24/12 1817 Milano, † 1867 Philadelphia. W: Opern (zw. 1839/58)

PEREPELIZYN, Polykarp v. * 14/12 1818 Odessa, † 14/6 1887 Petersburg, Violinist (Schüler Lipinskis) u. Offizier. W: Stücke f. V. u. Vc., MLexikon, ‚Illustr. MGesch. Rußlands‘, ‚Illustr. musik.-histor. Album‘

PEREZ, Armin, ps. = Kurt PROTZE

PEREZ, Davide * 1711 Napoli (span. Abkunft), † 1778, 1739 KirchKM. zu Palermo, 1752 HofKM. zu Lissabon. W: 39 Opern, Messen, Respons. usw.

PEREZ, Juan Gines * 1548 Orihuela (Murcia), da † 1612, KirchKM. W: Motetten, Psalmen usw.

PEREZ, Lorenzo, ps. = Karl ZIMMER

PEREZ CASAS, Bartolomé * 24/1 1873 Lorea, Prov. Murcia, urspr. MilKM., KonservTheorL. in Madrid seit 1911, gründete 1915 das Philharmon. Orch. W: Oper, sinfon. Dichtg, OrchSuite, KlavQuart. usw.

PERFALL, Erich v. * 28/1 1882, lebt in Düsseldorf. W: Revuen

PERFALL, Karl Freih. v. * 29/1 1824 München, da † 14/1 1907, Schüler M. Hauptmanns, 1850 Dirig. der Liedertafel in München, gründete da 1854 den OratorVer., 1864 HofMIntend. u. 1867/1893 HoftheaIntend. W: Opern, Märchendichtgen f. Soli, Chor u. Orch., MChöre (‚Noch ist die blühende, goldene Zeit‘), Lieder, Schriften z. Münchener TheaGesch. usw.

PERGAMENTER, Karl — s. PERRON

PERGER, Rich. v. * 10/1 1854 Wien, da † 11/1 1911, Schüler von Zellner u. Brahms, 1890 MSchulDir. in Rotterdam, 1895/1900 Dirig. der Gesellschaftskonz. in Wien u. 1899/1907 Dir. d. Konserv. W: 3 Opern, vornehme KaM., VKonz., ‚Brahms‘, ‚Gesch. der K. K. Gesellsch. der MFreunde‘

PERGOLESI, Giambattista * 3/1 1710 Jesi, † 16/3 1736 Pozzuoli/Napoli. W (bedeut.): Opern, 1733 ‚La serva padrona‘, das Vorbild f. d. späteren kom. Opern, noch heute auf d. Spielplan; Messen, u. a. f. 2 Chöre u. 2 Orch., ‚Stabat mater‘, ‚Salve Regina‘, Kantaten, TrioSonaten (von Strawinsky f. das Ballett ‚Pulcinella‘ benutzt) usw.

PERI, Achille * 20/12 1812 Reggio, da † 28/3 1880, OpKM. W: Opern ‚Tancreda‘, ‚Rienzi‘ u. a.

PERI, Jacopo * 20/8 1561 Rom, † 12/8 1633 Firenze, HofMIntend., Begr. des stilo rappresentativo bzw. der Oper. W: ‚Dafne‘ (1594), ‚Euridice‘ (1600) usw.

PERIGOZZO, Lorenzo, ps. RIGO * 13/3 1866 Verona, Gsg- u. KlavL. in Torino, Schüler des Lic. Rossini in Pesaro, TheaKM. an versch. Orten. W: Opern, Messen, KlavStücke, Gsge

PERILLI, Massimino * 15/10 1866 Napoli, da 1926 KonservGsgL. W: Opern, OrchKompos., KaM., MilMärsche, KlavStücke, Gsge

PERIN, Ida * 25/11 1906 Paris, da KlavVirt., Schülerin J. Philipps

PERINELLO, Carlo * 13/2 1877 Trieste, Schüler Jadassohns, lebt in Abbazia, 1904 KomposL. am Konserv. in Triest, 1914 in Mailand. W: Oper, Sinfon., KaM., KlavStücke, Chöre, Lieder; ‚Gius. Verdi‘, ‚Alfr. Casella‘, ‚Armonia razionale‘

PERL, Matthias * 25/12 1897 Weiden/OPfalz, Pianist in Berlin, Schüler des Würzburger Konserv. u. Paul Juons. W: Tonfilm, UnterhaltgsM.

PERLEA, Jonel * 13/12 1900 Ograda (Rum.), aufgewachsen in München, da Schüler Beer-Walbrunns u. P. Graeners, 1921 des Lpzger Konserv. u. Lohses, 1922 Korrepet. an der Lpz. Oper, 1923 OrchDirig. in Bukarest, 1924 OpKM. in Rostock, dsgl. seit 1926 in Bukarest, da seit 1934 OpDir. W (sehr modern): Vorspiel z. e. Drama, sinfon. Sätze, StrQuart, KlavQuint., Lieder

PERLEBERG, Arthur, ps. Peter OLDEN * 5/10 1876 Berlin, da seit 1910 KonservDir., Schüler E. E. Tauberts u. da Mottas, 1904/10 KonservDir. in Gotha. W: Oper, VSon., KlavStücke, Lieder

PERLES, Arthur * 17/12 1878 Bozen, Komp. u. OrchDir. in Wien, Schüler E. Degners, Thuilles u. Cam. Horns. W: OrchStücke, KlavStücke, Chöre, Lieder

PERLOFF, Friedr. * 15/10 1878 Riga, OpSgr (Bass.) u. Spielleiter in Fürstenwalde a. Spree, meist auf Gastpielen. W: Opern, Operette, sinf. Dichtg, Tänze, Lieder

PERNE, Franc. Louis * 4/10 1772 u. † 26/5 1832 Paris, urspr. KBassist, dann HarmProf. am Konserv., 1822 pens., MSchr. W: Festmesse, KlavSchule u. Stücke; ‚Cours d'harmonie'

PERNY, Pierre * 10/3 1822 Nizza, da † 7/12 1908, da KlavVirt. W: an 1000 KlavStücke, bes. Transkriptionen

PERÒ, Hans E. * 29/4 1897 Gemünd, NÖsterr., Kompon. in Wien, Schüler von Jos. Marx, Schreker, Schönberg u. Sevčík, guter Geiger u. KM. W: Opern, KaM., viele Lieder, auch m. Orch.

PERONI, Aless. * 13/10 1874 Mondavio (Pesaro), KonservL. in Pesaro, vorher u. a. eine Zeit lang MInstitDir. in Firenze, KlavVirt. W: Opern, OrchKompos., KaM., Madrigale, Gsge

PERONNE, Paul, ps. = Ernest REEVES

PEROSI, Lorenzo * 20/12 1872 Tortona, Priester, lebt in Roma, zeitw. geistig umnachtet, 1923 m. ‚Psalmen' wieder hervorgetreten; stud. M. in Milano u. 1893/94 bei Haberl in Regensburg, 1898/1915 Dirig. d. Chores der Sixtinischen Kapelle in Rom. W: Oratorien ‚Die Verklärg Christi', ‚Die Auferweckg des Lazarus', ‚Die Geburt des Erlösers', ‚Das jüngste Gericht' u. a., die Passion nach Markus, 25 Messen, Requiem, OrchSuiten, OrchVariationen, VKonz., KaM., OrgStücke

PEROSI, Marziano (Bruder Lorenzos) * 20/10 1875 Tortona, Schüler Haberls u. Hugo Riemanns, KirchKM. in Zürich, Wien u. Berlin, j. Organ. an der Päpstl. Kapelle v. Valle di Pompei. W: Opern u. a. ‚Gli ultimi giorni di Pompei', Kantaten, 3 Sinfon. f. Org. u. Orch. usw.

PEROSIO, Ettore * 10/5 1869 Genova, da † 14/2 1919, TheaKM. u. a. in Lissabon, Buenos Aires u. Chicago. W: Opern, KaM., KirchM.

PEROSIO, Gius. * 16/5 1844 Genova, da † 7/9 1922, OpLibrettist, Freund Verdis

PEROTINUS, Magnus, KirchKM. in Paris um 1250, berühmter Vertreter der Ars antiqua des 13. Jh.

PEROTTI, Giov. Agostino * 11/4 1769 Vercelli, † 28/6 1855 Venedig, da seit 1801 (vorher OpCembalist in Wien u. London), seit 1817 KM. der Markuskirche. W: Markuskirche. W: Opern, Ballette, Messen; ‚Sul lo stato attuale della m.'

PEROTTI (eigentl. PROTT) Jul. * 13/3 1841 Ückermünde, † 28/2 1901 Milano, auch im Ausland gefeierter Heldentenor, 1866/68 in Wien, 1878/88 u. 1892/1900 in Budapest

PERRACHIO, Luigi * 28/5 1883 Torino, lebt da, Schüler I. Brülls, Pianist u. MSchr. W: KaM., KlavStücke, KirchM., Lieder

PERREITER, Nikolaus, ps. Per NICO * 6/8 1902, MVerleger in München. W: UnterhaltgsM., bes. Märsche

PERRELLI, Gounard † 26/1 1871 Paris, vielgereister KlavVirt. aus Napoli. W: KlavStücke, Transkriptionen u. a.

PERRIER, Paul, ps. = Ch. A. RAWLINGS

PERRIN, Henry Crane * 19/8 1865 Wellingborough, seit 1908 MProf. an der Univ. Montréal, 1886/98 Organist in Dublin, 1898/1908 desgl. in Canterbury. W: KirchM., Kantat., Lieder

PERRON, Karl * 3/1 1858 Frankenthal (Pfalz), † 15/7 1928 Dresden, da 1891/1915 berühmter OpBariton., Schüler Heys u. Stockhausens, hieß eigentl. P e r g a m e n t e r

PERRY, Edw. Baxter * 17/2 1855 Haverhill, Mass., † 13/6 1924 Camden, Me., Pianist (blind), der erste, der zahllose KlavAbende in Amerika gegeben hat, Schüler Kl. Schumanns u. Liszts. W: KlavStücke

PERRY, George * 1793 Norwich, † 4/3 1862 London, da seit 1822 Organ. u. Dirig. W: Oper, Oratorien, Ouvert. usw.

PERSCHMANN, Elfriede * 21/1 1888 Schöppenstedt/Braunschw., ML. in Berlin, seit 1924 auch Chordirig. W: Chöre, Lieder, KlavStücke, VStücke

PERSFELT, Bror * 27/5 1881 Stockholm, da VcVirt., Schüler Cossmanns u. H. Beckers. W: VcStücke, Etüden u. Schule

PERSIANI, Gius. * 11/11 1799 (1804?) Recanati, † 14/8 1869 Paris. W: 11 Opern. — Seine Gattin (1830) F a n n y, geb. Tacchinardi * 4/10 1812 Rom, † 3/5 1867 Passy/Paris, berühmte Opernsängerin

PERSIANY, Joh. * 17/2 (1/3) 1872 Athen, Sohn eines russ. Diplomaten, stud. Rechtswissenschaft in Petersburg, seit 1894 in russ. diplom. Dienst, KomposSchüler Liadows, auch als Pianist ausgeb., lebt in Rom. W: Sinf., BallettM., StrQuart., KlavTrio, KlavStücke, Lieder (auch m. Orch.)

PERSICHINI, Pietro * 1755 Roma, da † 8/9 1837, erst Organ., dann TheaKM., u. a. 1814/20 in München, 1820/24 in Mannheim. W: Opern, KirchM.

PERSICHINI, Venceslao * 1827 Roma, da † 19/9 1897, berühmter GsgL., seit 1877 an der accad. di S. Cecilia. W: Opern

PERSICO, Mario * 1/12 1892 Napoli, lebt da. W: Opern, KirchM., KaM., Gsge

PERSOGLIA, Stefano, ps. PARGOLESI, Coronato, † Nov. 1900 Trento. H: Villotte friulane, 60 canti popolari Trentini. W: KlavStücke, Lieder

PERSUIS, Loiseau de * 4/7 1769 Metz, † 20/12 1839 Paris, da seit 1787, urspr. Geiger, seit 1817 (sehr verdienter) Dir. der Gr. Op. W: Opern, Ballette

PERTERHOFF, L., ps. = LEONCAVALLO

PERTI, Jacopo Ant. * 6/6 1661 Bologna, da † 10/4 1756, KirchKM. W: viel KirchM., 19 Orat., 24 Op., KaSonaten

PERTILE, Aureliano * 3/11 1885 Montagnana/Padova, internat. bek. OpTenorist

PERUCCHINI, Giov. Batt. * 1784 Bergano, † 6/2 1870 Venezia. W: einst beliebte Romanzen u. Kanzonetten

PERY, M. — s. PFERDMENGES

PESCETTI, Giov. Batt., * 1704 Venezia, da † Anf. 1766, Schüler Lottis, Organ. der Markuskirche, 1737/40 TheaDir. in London. W: Opern, KirchM., KlavSonaten

PESCHEL, Gerhard * 2/6 1912 Dresden, Pianist u. ML. in Leipzig, da ausgeb. (Konserv.). W: Suite f. Blockfl. u. Cemb., Duos f. 2 Git., KlavStücke, Lieder

PESCHKA - LEUTNER, Minna * 29/10 1839 Wien, † 12/1 1890 Wiesbaden, bedeut. KolSgrin in Darmstadt, Leipzig, Hamburg u. in Köln.

PESCHKE, Herm., ps. H. R. MANN * 21/4 1901 Berlin-Pankow, da Pianist in Kapellen, Schüler M. Graberts. W: UnterhaltsM., Schlager

PESENTI, Martino * um 1600 (blind) u. † 1647 (?) Venezia. W: Messen, Motetten, Madrigale, Arien, Tänze

PESSARD, Emile, ps. Raymond HELL * 29/5 1843 Paris, da † 10/2 1917, langjähr. Inspektor des Schulgsgs. W: Opern, Optten, Messen, KaM., KlavStücke, Lieder

PESTALOZZA, Alberto * 1851, † 8/6 1934 Torino. W: Optten, einst sehr beliebte Lieder, u. a. ‚Ciribiribin'

PESTALOZZI, Aug. * 6/6 1886 Zürich, ChorL. in Berlin. W: ‚Voraussetzgen z. techn. Beherrschg der MInstrumente'

PESTALOZZI, Heinrich * 27/8 1878 Wädenswil/Zürich, GsgL. am Konserv. in Zürich seit 1917, Schüler R. Kahns u. Ed. Behms, 1902/12 GsgL. in Berlin, 1912/17 Pfarrer in Arosa. W: sinfon. Dichtg, Requiem, BerglandSuite f. Chor u. Orch., Kosmische Messe, KaM., Chöre, Lieder, auch Kinderlieder; ‚Individuelle Stimmbildg', ‚Die dtsche Bühnenaussprache im Gsg' u. a.

PESTER, Alfr. * 2/4 1862 Dresden, seit 1891 ML. in Leipzig, urspr. Vcellist. W: OrchStücke, V-, Vc-, KlavStücke, MChöre

PETER, Eugen * 13/8 1893 Engelswald, Mähr., KM. u. Verleger in Cosel, OS. W: Ouvert., OrchCharakterstücke, UnterhaltsM.

PETER, Fritz * 8/4 1893 München, VVirt., Führer des von ihm 1923 gegr., schnell berühmt gewordenen, für lebende Komp. sich sehr einsetzenden Peter-Quartetts in Krefeld, da auch KonservL., seit 1931 auch VL. der Ausbildgskl. der Folkwangschule in Essen, ausgeb. in München (Akad., bes. v. d. Ysaye-Schüler G. Knauer). — Sein Bruder G u s t a v * 8/7 1895 München, da Schüler Berbers, Kriegsteiln., seit 1923 Bratschist des Peter-Quart.

PETER, Jos. * 27/8 1870 Luzern, seit 1897 SemML. u. Chordir. in Hißkirch (Luzern). W: Messe, Chöre

PETERKA, Rudolf * 17/4 1894 Brünn, † 18/9 1933 Berlin, wo er zuletzt gelebt, Geiger, 1920/22 Dir. der Akad. Philharmonie in Brünn, 1922 ff. in Weimar. W: Oper, Sinf. ‚Triumph des Lebens', KaM., KlavStücke, Lieder

PETERMANN (eigentl. PETHKE), Ernst * 13/5 1889 Berlin, da Vortragskünstler. W: UnterhaltsM.

PETERS, ps. = MANNFRED, Heinr.

PETERS, C., ps. = MANNFRED, Heinr.

PETERS, C. F. — s. PETERS, Karl Friedr.

PETERS, Ernst * 13/3 1869 Koblenz, da seit 1891 ML. u. Pianist, ausgeb. in Köln (Konserv.). W: Messe, 2 Sinfon., OrchStücke, KaM., Tänze, Lieder u. a.

PETERS, Guido * 29/11 1866 Graz, seit 1905 in Wien, Pianist, als Tondichter im wesentl. Autodidakt, Melodiker, beeinflußt durch die Gebirgslandschaft, tief religiös, großer Mozart-Verehrer. W: 3 Sinfon., KaM., Gsge

PETERS, Illo, Dr. phil. * 15/6 1893 Laar, Studienrat u. MSchr. in Berlin. W: ‚Die Grundlagen der M.', KaM., Lieder u. a.

PETERS, Joh — s. PETERS, Peter Joh.

PETERS, Joh. R. * 1/10 1882 Bonn, Studienrat, seit 1927 in Bonn, vorher in Düren (Rheinprov.). W: Stücke f. Orch. u. KaOrch., KaM., KlavSonat. u. Stücke, VStücke, Weihnachtslieder

PETERS, Karl Friedrich † 20/11 1827 Leipzig, besaß s. 1813 das da 1800 begr. Bureau de m., den später so berühmt gewordenen MVerlag, der unter Jul. Friedländer u. Dr. Max Abraham (s. d.) 1867 die billige, dabei ausgezeichnete, bis jetzt fortgesetzte und immer wieder durch Neuausgaben auf der Höhe erhaltene ‚Edition Peters' herausbrachte, 1893 die ‚MBibliothek Peters' schuf u. 1917 d. Verl. Rieter-Biedermann (s. d.) erwarb

PETERS, Kurt, Dr. phil., Komp. * 18/1 1866 Berlin, ausgeb. in Leipzig, lebt in München. W: Opern, Sinf., sinfon. Dichtgen, KaM., Lieder

PETERS, Max * 16/10 1849 Arendsee (Altmark), † 14/2 1927 Charlottenburg (Berlin), Organ. u. KlavVirt., 1883/93 städt. MDir. in Pernau, 1896 LiedertafDir. u. Organ. in Moskau, 1914 vom Kriege auf einer Schweizer Reise überrascht, seit 1916 in Berlin. W: Operetten, Chöre, Lieder, auch InstrumM.

PETERS, Max * 18/6 1888, seit 1920 KM. in Hannover. W: SchauspielM., viele Lieder, auch m. Orch.

PETERS, Pet. Joh. * 13/3 1820 Breyell, Bez. Düsseldorf, † 7/7 1870 Köln, OpKM. W: Tänze, Märsche, Lieder (‚Strömt herbei, ihr Völkerscharen', ‚Ihr mögt den Rhein, den stolzen, preisen' u. a.)

PETERS, Rud. * 21/2 1902 Gelsenkirchen, KlavVirt. in Elmau (OBay.), Schüler v. Max Pauer u. Jos. Haas. W: Sinf., KaM., KlavStücke

PETERSEN, Cornelius, eigentl. Name des Heldentenor. Peter CORNELIUS

PETERSEN, Dory * 1/8 1860 Oldenburg, † 4/11 1902 Hamburg, Pianistin, 1885/89 mit Rich. Burmeister (s. d.) verheiratet

PETERSEN, Else * 29/4 1874 Braunschweig, da KlavVirt. u. ML. W: KaM., Lieder

PETERSEN, Friedr. * 8/1 1881 Lübeck, † 22/1 1933 Wiesbaden, da seit 1905 Organ. u. KonservKlavL., Schüler der Konserv. in Leipzig u. Sondershausen. W: KaM., Klav- u. OrgStücke

PETERSEN, John * 21/12 1860 Hamburg, urspr. VVirt., seit 1896 Dir. einer Akad. u. eines gem. Chors in Berlin. W: Stücke f. V., Vc.; Lieder. B: Schumanns VcKonz. f. V.

PETERSEN, Karl, MVerlag in Halle a. S., 1909 von Carl Rühle, Leipzig angekauft

PETERSEN, Mozart * 4/5 1817, † 1874 Kopenhagen, ausgez. Klarin. der Kgl. Kap.

PETERSEN, Pet. Nik. * 2/9 1761 Bederkesa/Bremen, † 19/8 1830 Hamburg, FlVirt. W: Kompos., auch Schule f. Fl.

PETERSEN, Wilh. * 28/1 1849 Oldenburg, 1879/84 Chordir. u. KlavL. in Winterthur, ging 1885 nach Bonn. W: MChöre, Lieder, VStücke

PETERSEN, Wilh. * 15/3 1890 Athen, TheorL. an der Hochschule in Mannheim seit 1/10 1935, lebte vorher lange in Darmstadt, da aufgewachsen,

Schüler von Mottl, Friedr. Klose u. R. Louis. W: Sinfon., KaM., KlavSon. u. Stücke, Messe, Chöre, Lieder

PETERSON, Franklin * 24/2 1861 Edinburgh, † Juli 1914 Melbourne, da seit 1901 MProf.. an der Univers., urspr. Organ. in Edinburgh, Schüler Karl Aug. Fischers. W: theor. Lehrbücher, ‚Introduction to the story of m.', ‚Pianist's handbook'

PETERSON-BERGER, Wilh. * 27/2 1867 Ullanger (Schweden), Schüler von Edm. Kretschmer u. H. Scholtz, 1892/94 L. an der Dresdener MSchule, seit 1895 in Stockholm, auch MSchr. W: Opern, 2 Sinf., KlavStücke, ‚Schwed. Lyrik' (Lieder); ‚R. Wagner als Kulturerscheing'

PETHKE, Ernst — s. PETERMANN

PETIT, Raymond * 6/7 1893 Neuilly-sur-Seine, lebt in Paris. W: OrchSuite, KaM., Gsge

PETITLOUP, ps. = H. WOOLLETT

PETRALI, Vinc. Ant. * 22/1 1832 Crema, † 24/11 1889 Bergamo, OrgVirt. W: 2 Opern, OrgStücke

PETRASSI, Goffredo * 1904 Zagarolo, Prov. Roma, lebt in Napoli, Schüler u. a. Busonis, auch des Konserv. in Napoli, urspr. MHändler. W: Sinf., OrchPartita, Ouvert., KaM., KlavStücke, Chöre m. Orch., Lieder

PETRAUSCH, Walter * 26/12 1896, lebt in Harburg a. E. W: UnterhaltgsM.

PETRE, Torsten * 17/1 1863 Hammarby (Uppland), † 6/7 1928 Södertälje. W: KaM., KlavStücke, Chöre, Lieder

PETREJUS, Joh. † 18/3 1550 Nürnberg, da seit 1526 Buch- und seit 1536 Notendrucker

PETRELLA, Enrico * 1/12 1813 Palermo, † 7/4 1877 Genova, Schüler Bellinis u. Zingarellis. W: 25 s. Z. in Italien sehr geschätzte Opern, KirchM.

PETRI, Egon (Sohn Henris) * 23/3 1881 Hannover, zuerst Geiger, dann viel reisender Pianist (hervorrag.), Schüler Busonis u. Draesekes, 1905/11 KonservL. in Manchester. 1921/25 an der Hochsch. in Berlin, seitdem in Zakopane (Polen). H: Bachs KlavWerke (mit Busoni)

PETRI, Geo. Gottfr. * 1715 Sorau, † 1795 Görlitz, da Kantor seit 1764, 1748/64 in Guben. W: KirchKantaten, Lieder

PETRI, Helga (Tochter Henris) * 3/8 1890 Dresden, erst Sgrin, dann GsgL. in Dresden. W: Lieder, bes. z. Laute

PETRI, Henri * 5/4 1856 Zeyst (Holland), † 7/4 1914 Dresden, Schüler Joachims, treffl. VVirt.,

KonzM. 1877 in Sondershausen, 1881 in Hannover, 1882 am Gewandhaus zu Leipzig, seit 1889 in Dresden. W: VStücke, Lieder

PETRI, Joh. * 17/6 1893 Breslau, da Organ. W: OrgStücke, KlavStücke, geistl. Gsge

PETRI, Joh. Samuel * 1/9 1738 Sorau, † 12/4 1808 Bautzen, Kantor. W: ‚Anleitg z. prakt M.', ‚Anweisg z. OrgSpiel'

PETRI, Mart. Willem * 7/4 1853 Amersfoort, † 10/9 1924 Utrecht, Geiger, GsgL.u. Chordir. bes. in Amersfoort. W: Optten, Lieder, KlavStücke, Märsche

PETRINI, Franz * 1744 Berlin, † 1819 Paris, da seit 1770 HarfVirt. W: HarfKonz. usw.

PETROVITSCH, Ivan, ps. = JUEL-FREDE-RIKSEN

PETROW, Karl F., ps. Fedor RAUSCHER * 10/2 1899 Bützow, Meckl., Pianist in Berlin. W: Vaterländ. u. UnterhaltgsM.

PETROW, Ossip * 15/11 1807 Elisawetgrad, † 14/3 1878 Petersburg, da phänomenaler OpBass., sang von 1836 bis kurz vor s. Tode

PETRUCCI, Gualterio * 4/2 1864 Palermo, † 28/5 1928 Roma, MSchr., Wagnerianer

PETRUCCI, Ottaviano dei * 18/6 1466 Fossombrone/Urbino, da † 7/5 1539, Erfinder (1498) des Drucks von MensuralM. mit Metalltypen; 1501/11 in Venedig

PETRUS de Florencia = PIETRO di Firenze

PETRUS Platensis = LA RUE, Pierre de

PETRUSCHKA, S., ps. = Siegmund Leo FRIEDMANN

PETRZELKA, Wilh. * 10/9 1889 Königsfeld/Brünn, seit 1919 KonservKomposL. in Brünn, Schüler Janaceks u. Novaks. W: Sinf., KaM., Chöre, auch m. Orch., Lieder

PETSCH, Hans * 14/2 1891 Ludwigshafen, Rh., seit 1920 TheaKM. u. VerDir. in Guben, ausgeb. in Frankf. a. M. W: Opern, KaM., Chöre, Lieder

PETSCHKE, Herm. Theob., Dr. jur. * 21/3 1806 Bautzen, † 28/1 1888 Leipzig, Mitglied der Direkt. d. Gewandhauskonz. W: MChöre, Lieder usw.

PETSCHNIGG, Emil * 19/12 1877 Klagenfurt, lebt in Wien, Schüler v. Rob. Fuchs u. Zemlinsky, MSchr. W: 6 Opern (unaufgef.), Ouvert., Melodram, Balladen, Lieder

PETSCHNIKOFF, Alex. * 8/1 1873 Jelez (Gouv. Orel), Schüler des Konserv. in Moskau, treffl. vielgereister VVirt., 1913/21 AkadL. (Prof.) in München, seit 1926 in Berlin; nur noch pädagog. tätig. W: VStücke

PETTENBACH, Fritz, ps. = Fritz REDL

PETTENI, Giulo Donalo † 28/5 1930 Bergamo, MSchr.

PETUCHOW, Mich. * 1843 u. † 4/10 1895 Petersburg, MSchr. W: bes. üb. Instrumente

PETULANT, R. F., ps. = Friedr. MITSCHKE

PETYREK, Felix * 14/5 1892 Brünn, Schüler Godowskys, Sauers u. Schrekers, seit 1930 KonservL. in Stuttgart, 1919/21 L. am Mozarteum in Salzburg, 1921/23 in Berlin, 1926/30 KlavL. am Odeon in Athen. W: Geistl. Oper, Märchenspiel, Sinfonietta, KaM., KlavStücke (auch nach ukrain. Volksliedern), bes. Grotesken, Etüden f. 2 Klav., geistl. M., Lieder

PETZ, Jakob * 22/7 1742 u. † 21/1 1824 Vils (Tirol), treffl. VBauer (Amati-Modell)

PETZ, Joh. Christoph * 9/9 1664 München, † Sept. 1716 Stuttgart, da seit 1706 OpernKM., 1695/1701 Kurköln. KM. in Bonn. W: Opern, KaM., Psalmen u. a.

PETZELT, Jos. * 25/5 1884 Wollstein (Posen), Schüler der KirchMSchule in Regensburg, ML. an verschied. Orten, seit 1914 in München. W: Oper, Sinf., KaM., Chöre

PETZER, Toni * 23/12 1843 Linz, † 24/11 1902 Salzburg, treffl. Bassist, zuletzt 1877/82 am Münchner HofThea.

PETZET, Walter * 10/10 1866 Breslau, Schüler Rheinbergers, L. Abels u. Bülows, KlavVirt., L. in Amerika (1887/96 Minneapolis, Chicago, Newyork), Helsingfors, Karlsruhe (1898/1910), Weimar (1910/13) u. Berlin (1913/16), seit 1916 MRef. in Dresden, begr. da das Sem. f. ML. W: Oper, sinfon. Dichtgen, 2 KlavKonz., KaM., KlavStücke, Chöre, Lieder. H: Programmhefte der Dresdener OpSinfKonz. seit 1924, ‚Signale f. d. musik. Welt' seit 1933 (Mitarb. seit 1913)

PETZKO-SCHUBERT, Therese * 4/6 1889 Tiflis, Schülerin d. Moskauer Konserv. (Hrimaly), seit 1912 konzert. VVirt., seit 1918 in Berlin, zeitw. Führerin eines DamenStrQuart.

PETZL-BASNY, Walter, Dr. jur. * 8/6 1886, Rechtsanwalt in München. W: Optte u. a. UnterhaltgsM.

PETZMAYER, Joh. * 18/3 1803 Zistersdorf/Wien, † 29/12 1884 München, ZitherVirt. in Wien, Erfinder d. StrZither u. Verbess. der AlpenZither, spielte urspr. in der Wirtschaft seines Vaters in Neu-Lerchenfeld bei Wien z. ‚Heiling Jean', reiste seit 1828 sehr viel. Ihm ist die große Verbreitung der Zither in Deutschland zuzuschreiben. W: viele ZithKompos., Lieder

PETZOLD, Ant. * 13/8 1858 Prag, † 5/5 1931 Olmütz, KM. W: ‚Missa solemnis', Lieder, Vc-Stücke, KlavStücke u. a.

PETZOLD, Christian * 1677 Königstein (Sachsen), † 2/7 1733 Dresden, kurfürstl. Organ. u. KaKomp. W: KaM, KlavKonz. ohne Orch.

PETZOLD, Emil Gustav * 18/8 1877 Plauen i. V., seit 1908 ML. (StudRat) u. seit 1914 Kantor u. Chordirig. in Bautzen. W: geistl. Chöre, M-Chöre

PETZOLD, Eugen Karl * 7/11 1813 Ronneburg (Altenburg), † 22/1 1889 Basel, in Zofingen (Schweiz) seit 1844 MDir. (sehr verdient um das KonzLeben), auch Organist. W: Chöre, Lieder, KlavStücke

PETZOLD, Joh. Christoph * 1639 Calau, † 13/10 1694 Bautzen, da seit 1681 Stadtmusikus. W: Suiten, bes. f. Blasinstrum., KirchKantaten, theoret. Schriften

PETZOLD, Rud. * 17/7 1908 Liverpool, ML. in Köln, da ausgeb. (Hochschule). W: Ouvert., KaM., KlavSon. u. Stücke, Hörspiel, Lieder

PETZOLDT, Rich., Dr. phil. * 12/11 1907 Plauen, MWissenschaftler, ML. u. Komp. in Berlin. W: OrchSuite nach Joh. Matthesons ‚Boris Godunow', KaM., KlavStücke, Lieder

PEUERL (BÄWERL, BEURLIN), Paul, Anf. des 17. Jh. Organ. in Steyer, † 1625 (?). W: Tanzsuiten (in denen er als erster den vereinigten Tänzen das gleiche Thema zugrunde legte u. so die VariatSuite schuf), dtsche Gsge usw.

PEUSCHEL, Moritz * 6/10 1838 Leipzig, da † 20/1 1892, Sänger u. Schauspieler an verschied. Thea., gründete in Regensburg das 1866 aufgelöste, in Süddeutschland sehr beliebte ‚OpQuartett'. W: komische MChöre, Terzette, Duette, Lieder usw.

PEVERNAGE, Andreas * 1543 Courtray, † 30/7 1591 Antwerpen. W: Motetten, Hymnen, Chansons

PEZ, Joh. Christ. — s. PETZ

PEZEL, PEZELIUS, Joh. Christ. = PETZOLD

PEZOLD, Gust. * 13/10 1850 Stetten am Heuchelberg, † 13/10 1931 Kirchheim/Teck, Dekan, Vorst. d. ev. KirchGsgVer. f. Württemberg, auch OratSgr. W: Lieder, meist nach eig. Gedichten (Kinder-, Kriegslieder), BühnenM.

PEZZE, Aless. * 1835 Milano, † Juni 1914 London, da seit 1867 VVirt. W: VcStücke

PFAFF, Heinr. * 31/12 1880 Bierstadt/Wiesbaden, Intend. in Kulmbach, vorher in Lahr, Freiburg i. B. u. Bamberg, Schüler d. MSchule in Basel u. d. Hochschen Konserv. in Frankfurt a. M. W: Opern, Kantaten, Chöre, Lieder

PFAHLER, Jean * 26/3 1894 Nürnberg, seit 1924 ML. in Nürnberg. W: Oper, Chöre

PFANNENSTIEL, Alex. * 5/7 1861 u. † 23/12 1926 Berlin, MKrit. W: ‚Die Erhaltg. der MilKapellen eine Kulturfrage' (1914). H: Dtsche MilMZtg 1907/26

PFANNER, Adolf * 24/5 1897 Westerheim (Schwab.), lebt in München seit 1919. W: Bühnen-M., KaM., Chöre, Lieder u. a.

PFANNSCHMIDT, Heinr. * 13/2 1863 Berlin, da Organ., GsgL. u. 1892/1927 Leiter eines eig. GsgVer., Schüler der Hochschule. W: Chöre, Gsge, OrgStücke

PFANNSTIEHL, Bernh. * 18/12 1861 Schmalkalden, blinder OrgVirt. in Dresden, Schüler des Leipziger Konserv., 1903/11 Organ. in Chemnitz, 1912/34 Organ. in Dresden

PFARSCHNER, Karl * 18/6 1882 Zeisdorf, SchulL. in Weißenfels, Schüler u. a. W. v. Baußnerns. W: Optten, Chöre, Lieder

PFATTEICHER, Karl Friedr., Dr. phil. * 22/9 1882 Easton, Pa., seit 1912 Prof. in Andover, Mass.

PFAU, Martin, ps. George MORRIS * 6/4 1901 Berlin, da MHändler. W: UnterhaltgsM.

PFEFFER, Karl * 1833, † 17/2 1897 Wien, da 1859/88 Chordir. der Hofoper. W: Opern, Chöre, Lieder

PFEFFER, Max, Bühnen- u. MVerl. in Wien, gegr. 1/3 1915

PFEIFER, Joh. * 15/2 1872 Nürnberg, Gymn-ML. seit 1913 in München, 1894/1913 in Schweinfurt. W: Opern, OrchSuite, KlavStücke, Lieder

PFEIFFER, Albert * 30/6 1881 Bonn, KlavVirt. u. MSchr. in München, ausgeb. in Köln (Konserv.) u. Univ. Bonn u. München, seit 1925 schwergeprüft durch Augenleiden. W: zahlr. KlavKomp., auch f. d. linke Hand, KaM., VStücke, Melodramen; in Vorber.: Biogr. M. Plüddemanns, P. Gasts, Th. Kirchners u. Liszts

PFEIFFER, August * 25/3 1866 Eisersdorf/ Glatz, seit 1899 VerDir. in Kaiserslautern, urspr. Geiger. W: KaM., VStücke, Chöre, auch m. Orch.

PFEIFFER, Frz Ant. * 1754 Wendischtenk (Pfalz), † 1792 Ludwigslust, FagVirt., seit 1786 in der Mecklenb. Schwerinschen Hofkap. W: Ouvert., FagKonz., KaM.

PFEIFFER, Georges * 12/12 1835 Versailles, † 14/2 1908 Paris, da KlavVirt. u. Mitinhaber der Pftefabrik Pleyel, Wolf & Co. W: Opern, Optte., Orat., Sinfon., sinfon. Dichtg, Ouvert., KaM., KlavKonz., Sonaten usw.

PFEIFFER, Hubert * 14/9 1891 Barmen, † 25/12 1932 Aachen, blinder Komp., ausgeb. in Düren, 1922/26 Organ. in Barmen. W: KirchM., Kantaten, KlavSon., OrgStücke u. a.

PFEIFFER, Jos. Ant. * 1828 Riedlingen a. D., † 1881 Stuttgart, gründete da 1862 eine Klav-Fabrik, die sein Sohn K a r l A u g u s t (* 1861, † 1927) zur Blüte brachte. Jetziger Inhaber — s. Walter PFEIFFER

PFEIFFER, Karl Friedr. * 2/11 1901 Würzburg, Fagottist in Wuppertal/Barmen, ausgeb. in Würzburg (Konserv.). W: Sinf., ObSonate, Lieder, auch m. Orch.

PFEIFFER, Marianne, zweite Frau Spohrs — s. SPOHR

PFEIFFER, Mich. Traug. * 5/11 1771 Wilfershausen (Bay.), † 20/5 1849 Wettingen (Aargau), seit 1792 in der Schweiz u. a. SemML. W: geistl. u. weltl. Chöre; mit Nägeli ‚Gsgbildungslehre nach Pestalozzi' (1810), ‚Gsgbildungslehre f. MChor' (1817) u. ‚Chorgsgschule' (1820)

PFEIFFER, Theodor * 20/10 1853 Heidelberg, Schuler von Speidel, Seifriz u. Bülow, seit 1889 ML. in Baden-Baden, seit 1899 auch KonservL. in Mannheim. W: ‚Studien bei H. v. Bülow', Virtuosen-Studien, Klav-Stücke, dtsche Messe, Chöre

PFEIFFER, Theodor * 3/7 1875 Aachen, da seit 1927 ML., Organ. u. Chordir., da ausgeb. u. in Regensburg (KirchMSchule), 1902/06 Organ. u. GymnML. in Südrußland, 1906/14 da MSchulDir., in Gefangenschaft bis 1920. W: 16 Messen u. andere KirchM., Kantaten, Lieder, KaM.

PFEIFFER, Walter, Dr. phil. * 1886 Stuttgart, Mitinhaber d. KlavFabrik Jos. Ant. P. W: Fachschriften üb. KlavBau

PFEIL, Heinr. * 18/12 1835 Leipzig, da † 17/4 1899, redigierte 1862/87 die ‚Sängerhalle', 1890/96 in Glauchau, dann wieder in Leipzig. W: ‚Tonkünstler-Merkbüchlein', ‚Liedertafelkalender', ‚Musikantengeschicht.', beliebte MChöre usw.

PFEIL-SCHNEIDER, Ulrich * 24/10 1881 Berlin, Geiger, Dir. einer Lehranstalt f. höhere M. in Potsdam

PFEILSCHIFTER, Julie v. * 15/4 1840 Mannheim, lebte in Wiesbaden als KlavL. seit 1881. W: KlavStücke, Lieder, BallettM., dramat. Szene

PFERDMENGES, Maria, ps. PERY, M. * 8/3 1872 Rahmel, Kr. Neustadt/WPr., seit 1919 Organ. in Zoppot, vorher KlavVirt. W: KlavSonat. u. Stücke, OrgSonat., Chöre, Duette, viele Lieder

PFEUFFER, Walter, ps. Frank FELLOW * 21/6 1893 Berlin, da KM., Schüler Willi Böhmes. W: Ouvert., Charakterstücke u. UnterhaltsM. f. Orch., VcStücke, Chöre, auch m. Orch., Lieder

PFIRSTINGER, Felix * 24/10 1869 Kolbermoor (OBay.), Ver.- u. KirchChorDir. in Zürich (seit 1889). W: Weihnachtsorat., Chöre, Lieder (auch in Schweizer Mundart) u. a.

PFISTER, Ernst * 14/1 1870 Worb (Bern), seit 1898 Chordir. u. Organ. in Thun. W: Chöre, OrgStücke

PFISTER, Jakob * 1/1 1779 Opferbaum/Würzburg, † 1838 Würzburg, urspr. Tischler, Begr. der noch bestehenden sehr geschätzten KlavFabrik Pf. in Würzburg

PFISTER, Karl * 12/4 1884 Werneck, Bay., lebt in Bad Wörishofen. W: viele Lautenlieder

PFITZNER, Hans, Dr. phil. h. c. * 5/5 1869 Moskau, lebt in München, Schüler seines Vaters u. des Hochschen Konserv. in Frankfurt a. M., 1894/96 OpKorrepet. (KM.) in Mainz, 1897/1903 L. am Sternschen Konserv. u. 1903/07 KM. am Thea. des Westens in Berlin, 1907 KonzDirig. in München, 1908/18 städt. MDir., KonservDir., Herbst 1910/16 auch OpDir. in Straßburg, wohnte 1919/29 in Schondorf a. Ammersee, von da aus 1920/26 Leiter einer Meisterklasse der Akad. der Künste in Berlin, 1929/34 Prof. an d. Akad. der Tonkunst in München, eigenartiger, als Neuromantiker zu bezeichnend., hochbedeut. Komp. W: MDramen ‚Der arme Heinrich' (1893), ‚Die Rose vom Liebesgarten' (1909), die eine Sonderstell wie der ‚Parsifal' einnehmende Legende ‚Palestrina' (1917), Märchen-Op. ‚Christelflein' (1917), ‚Das Herz' (1931), M. zu Ibsens ‚Fest auf Solhaug' (1890) u. zu Kleists ‚Käthchen v. Heilbronn' (1905), Kantate ‚Von dtscher Seele' (1922), ‚Der Blumen Rache' (1888) f. Alt, FrChor u. Orch., Ballade ‚Herr Oluf', Klav-, V- u. VcKonz., KaM., Lieder usw. B: E. T. A. Hoffmanns ‚Undine', Marschners ‚Templer u. Jüdin' u. ‚Vampyr'. Vgl. Walter Abendroths offiz. Biogr. 1935

PFITZNER, Paul, Dr. phil. * 22/10 1858 Buchwald (Schles.), lebt in Dresden, da 24 J. Gymnas-Prof. (Mathemat.), vorher 16 J. in Zwickau. Leipzig, als Liederkomp. zuerst bekannt gemacht durch Paul Jensen (später Intend. in Frankfurt a. M.). W: Lieder u. Balladen, Duette, FrChöre m. Klav., gem. u. MChöre, KlavStücke, TrompetenKonz.

PFITZNER, Rob. (Vater von Hans) * 8/9 1825 Frohburg i. S., † 11/11 1904 Frankfurt a. M., Geiger, ausgeb. in Leipzig (Konserv., Ferd. David), engag. an den Thea. u. a. in Würzburg, Moskau, Frankfurt a. M. 1872/92

PFLANZER, Hans * 18/2 1887 Gsgtextdichter f. Optten in Berlin

PFLEGER, Karl, ps. Rob. **FRIEDL** * 24/6 1866 Wien, da sehr verdienter SchulgsgL. u. Chordir. W: Kindergartenlieder, ‚Singen u. Klingen aus dem Wiener Wald'

PFLUGFELDER, C. * 15/9 1883, lebt in Koblenz. W: UnterhaltgsM.

PFLUGHAUPT, Rob. * 4/8 1833 Berlin, † 12/6 1871 Aachen, bedeutender KlavVirt., Schüler Liszts. W: KlavKomposit. — Seine Gattin S o p h i e, geb. Stschepin * 15/3 1837 Dünaburg, † 10/11 1867 Aachen, gleichfalls KlavVirt.

PFLUGMACHER, Max Alex. * 24/2 1903 Innsbruck, KM. in Berlin seit 1934, vorher in Offenbach a. M. W: Singspiel, Tonfilm

PFOH, Otto * 11/9 1898 Chemnitz, Pianist (KM.) u. Bearb. in Berlin, ausgeb. in Dresden. W: Lieder

PFOHL, Ferd. * 12/10 1863 Elbogen (Böhm.), 1891/31 musikal. Redakt. d. ‚Hamburger Nachr.', auch TheorL. W: ‚Führer durch Wagners Tondramen', ‚Die moderne Oper', ‚Karl Grammann', ‚R. Wagner' usw., sinfon. Dichtgen, Lieder usw.

PFORDTEN, Herm. von der * 5/7 1857 München, da † 17/11 1933, seit 1882 PrivDoz., seit 1906 ao. Prof. an der Univers. W: ‚Handlg u. Dichtg der Bühnenwerke R. Wagners', ‚Musikal. Essays', ‚H. Vogl', ‚Beethoven', ‚Mozart', ‚Schubert', ‚Deutsche M.', ‚Weber', ‚Schumann', ‚Rob. Franz'

PFRETSCHNER, Chr. Rob * ? Plauen, † 19/1 1885 Dresden, da Organist. W: OrgStücke, Chöre

PFRETZSCHNER, Joh. Gottlob * 15/8 1753 u. † 12/7 1823 Markneukirchen i. S., der beste der Geigenmacherfamilie, arbeitete zuerst nach Modell Stainers, dann Stradivaris

PERIEMER, Ernst * 1872 Lemberg, seit 1888 in Wien, urspr. Geiger, seit 1911 Dirig. des BurgThea. u. MSchulDir. W: BühnenM., VUnterrichtswerke

PFUND, Leonore, geb. Thiele (Enkelin Ed. Thieles) * 21/5 1877 Glauchau, geschätzte LiederKomp. in Dresden, Schülerin d. Leipziger Konserv. W: romant. Lieder, Kinderliederbuch; ‚Feierstunden'

PFUNDT, Ernst Gotthold Benj. * 17/6 1806 Dommitsch/Torgau, † 7/12 1871 Leipzig, PaukenVirt., seit 1835 im Gewandhausorch., Erfinder der Maschinenpauken, stud. erst Theol. W: ‚Anleitg z. Paukenschlagen'

PFUSCH, Ernst * 1864 Watterode/Allendorf a. W., GsgL. u. VerDirig. in Hannover. W: MChöre, gem. Chöre, Lieder. H: Volkslieder; Schulliederbuch ‚Frisch gesungen'

PFYFFER, Frz * 22/3 1844 Luzern, da † 16/2 1899, OrchDir. W: Tänze u. Märsche, Messe

PHALÈSE, Pierre * um 1510 Löwen, da † 1573, da seit 1545 MVerleger u. seit 1556 auch MDrucker

PHAREY, ps. = F. LE REY

PHELPS, Ellsworth C. * 1827 Middletown (Conn.), † 1913 Brooklyn, da 1857/1900 Organ. W: Opern, Sinf. u. sinf. Dichtgen, Kantaten, Chöre

PHILIDOR, frz. Musikerfamilie, die eigentl. Danican hieß; der bedeutendste François André Danican * 7/9 1726 Dreux, † 31/8 1795 London, erst als Schachspieler berühmt, seit 1759 erfolgreicher OpKomp. in Paris. W: Opern, Requiem, Carmen saeculare usw.

PHILIP, Achille * 12/10 1878 Arles, Organ. u. L. an der Schola cantorum in Paris. W: Oper, sinfon. Dichtgen, KaM., Gsge, auch m. Orch.

PHILIPP, Bernh. Edua. * 10/8 1803 Raudnitz, † 22/1 1850 Oppeln, Chordirig., zeitweise ML. in Breslau. W: Oper, FastnachtsKantate, MChöre, Lieder

PHILIPP, Eduard, Dr. phil. h. c. * 19/9 1883 Schönhorst a. M., ObSchulGsgL., Organ., Chordir. u. MSchr. in Leer (Ostfriesl.), vorher im Schuldienst u. a. in Berlin. W: Chöre, Duette, mpädagog. Schriften. H: ‚In des Lebens Maien', Volkslieder. H: Psalter; ‚Lied u. Harfe'; ‚Dtsch. Organ-Kalender'

PHILIPP, Franz * 24/8 1890 Freiburg i. Br., seit 1924 Dir. des Bad. Konserv. in Karlsruhe, der von ihm gegründ. Bad. OrgSchule u. d. BachVer., vorher OrgL. u. Chordir. in Freiburg. W: M. zu H. Burtes ‚Simson', FriedensMesse, ‚Deutschlands Stunde' f. Chor u. Orch., KaM., KlavBallade, Lieder

PHILIPP, Isidore, ps. Sam. **PHITT** * 2/9 1863 Pest, Schüler des Konserv. in Paris, da seit 1903 KlavL. W: Etüden usw. f. Klav. H: ältere u. neuere KlavStücke

PHILIPP, Ludo * 1/7 1901 Gut Toustobaby, lebt in Wien, da Schüler v. Schreker u. Nilius, TheaKM. an versch. Orten, dann Gastdirig. W: Oper, Optten, OrchStücke, Lieder, auch m. Orch. viele Chansons

PHILIPP, Rob. * 21/11 1852 Offenbach, † 12/8 1933 Berlin, urspr. OpttenTenor., 1890/1930 an der Hof(Staats)oper, zuletzt nicht mehr in ersten Rollen

PHILIPP, Rud. * 13/11 1858 Hamburg, da M-Schr., Schüler des Wiener u. des Hochschen Konserv. in Frankfurt a. M., seit 1904 in Hamburg. W: Lieder, KlavStücke

PHILIPPI, Maria * 26/7 1875 Basel, lebt da, daneben seit 1925 L. an der Akad. in Köln, hervorrag. vielgereiste OratorAltistin (Bach), Schülerin Stockhausens

PHILIPPUS, Petrus = Peter PHILIPS

PHILIPS, Peter * um 1560 England, † nach 1633 NordFrankr. Organ. u. a. in Antwerpen. W: Messen, Motetten, Madrigale u. a.

PHILLIPS, Montague * 13/11 1885 London, lebt da, Schüler F. Corders. W: Opern, Sinfon., Ouvert., 2 KlavKonz., KaM., KlavStücke, Chorwerke, Lieder

PHILIPPSON, Max (ps. H. CRAMER) * 1864, † 10/10 1929 Hamburg. W: Operetten, Lieder

PHILOKALES, ps. = LAURENCIN

PHILPH, Elisabeth † 26/11 1885 London, GsgL. W: einst beliebte Romanzen u. Lieder

PHITT, Sam, ps. = Isidore PHILIPP

PIACENZA, Pasquale * 16/11 1816 Casale Monferrato, † 23/9 1888 Pistoja, MilKM., später TheaKM. W: Opern, KirchM., KlavStücke

PIANI (DES PLANES), Giov. Ant. * um 1680 Napoli, † ?, seit 1721 HofVVirt in Wien (noch 1757). W: VSonaten

PIANTONI, Louis * 1885 Genf, ML. in Palermo. W: KaM., OrgStücke, KlavSonaten, Chöre, Lieder

PIATIGORSKY, Gregor * 20/4 1903 Jekaterinoslaw, ausgezeichn. VcVirt., Schüler A. v. Glehns in Moskau, seit 1923 in Berlin, viel im Ausland

PIATTI, Alfredo * 8/1 1822 Bergamo, da † 19/7 1901, bedeut. VcVirt., 1859/98 in London unentbehrlich. W: 2 Konz., Stücke u. Schule f. Vc. usw. H: ältere VcM.

PIAVE, Francesco Maria * 18/5 1810 Mureno (Venezia), † 5/3 1876 Milano, OpLibrettist, Freund Verdis

PIAZZANO, Felice Geremia * 15/6 1841 Balzoli (Aless.), † 19/8 1921 Torino, Organ. u. KirchKM. W: Opern, KirchM.

PIAZZINI, Edmondo * 1857 Missaglia/Milano, † Febr. 1927 Buenos Aires, da seit 1878, KlavVirt. u. seit 1904 KonservDir. W: KlavSchule u. Stücke, Lieder

PIBER, Jos. * 21/2 1857 Gaming (NÖsterr.), † 3/7 1922 Wien, Chordir. W: Singspiele, beliebte, bes. heitere MChöre

PICANDER, ps. = Christian Friedr. HENRICI

PICCAVER, Alfred * 5/2 1887 Long Sutton, Lincolnshire (Engl.), vielgereister lyr. Tenorist d. Wiener Staatsoper, ausgeb. in Newyork, zuerst bei A. Neumann in Prag engagiert

PICCHI, Ermanno * 7/6 1811 Imprunata/Firenze, † 18/4 1856 Firenze, da seit 1852 Dir. d. MSchule bei der Akad. d. Künste. W: Opern, Orator., KirchM., KaM., KlavStücke

PICCININI, Aless. aus Bologna, † 1638 (?), 1581 am Hofe in Modena, später in Ferrara, erfand 1594 die Chitarrone (Arciliuto, Theorbe). W: ‚Intavolatura di liuto e di chitarrone‘ (1626)

PICCINNI, Louis Alex. * 10/9 1779 Paris, da † 24/4 1850, TheaKM. W: Opern, viel BühnM.

PICCINNI, Nicola * 16/6 1728 Bari (Napoli), † 7/5 1800 Passy/Paris, erwarb sich in Italien durch zahlr. Opern Beifall, folgte 1776 einem Rufe nach Paris u. wurde dort gegen Gluck ausgespielt; seit 1784 Vorsteher der Singschule daselbst, verlor en durch die Revolution Hab u. Gut. Schöpfer breit ausgeführter Finales. W: mehr als 130 Opern, u. a. ‚La Cecchina nubile‘ = ‚La buona figliuola‘, ‚Roland‘

PICCOLELLIS, Giov. Marchese de * 25/1 1839 Napoli, † 28/10 1912 S. Nicola la Strada (Caserta). W: ‚Liutai antichi e moderni‘ 1885; ‚Genealogia degli Amati e dei Guarnieri‘. — Sein Sohn Ottavio * 1861 Napoli, † 25/5 1928 Firenze, vielgereister VcVirt. W: VcStücke

PICCOLOMINI, M., ps. — s. PONTET-PICCOLOMINI

PICHL, Wenzel * 25/9 1741 Bechin (Böhm.), † 23/1 1805 Wien, da seit 1796 Geiger im Hofthea., vorher seit 1775 in Mailand im Dienste eines Erzherzogs; Vielschreiber, über 700 Werke aller Art, ausgez. VEtüden

PICK, Edgar, ps. = MICHEL, Friedr.

PICK, Gustav, ps. Th. AURACH * 10/12 1832, † 29/4 1921 Wien. W: Tänze, Kuplets, Wiener Lieder, u. a. ‚Fiakerlied‘

PICK, Hanns * 27/9 1883 Rorschach (Schweiz), seit 1911 MSchulDir. in St. Gallen, VcVirt., Schüler u. a. D. Poppers. W: Spieloper, VcStücke

PICK-MANGIAGALLI, Riccardo * 10/7 1882 Strakonitz (Böhm.), Schüler u. a. des Konserv. in Milano, lebt da. W: Oper, Tanz, Mimodramen, sinf. Dichtgen, KaM., KlavStücke, auch mit Orch.

PICKA, Franz * 1873 Lochowicze, † 1918 Prag, da seit 1900 OpKM. W: KirchM., Weihnachtsspiel, KlavStücke

PICKART, Joh. * 30/7 1873 Wien, da Gründer der Fachschule f. höh. Zitherspiel. W: ZithKompos. u. Bearb.

PICKERT, Alfred (ps. Harry oder Henry BARRY; Rolf PIQUET) * 8/4 1884, lebt in Berlin. W: UnterhaltgsM., Schlager

PICQUOT, L., Sammler der Werke Boccherinis in Paris, veröffentl. 1851 ‚Notices sur la vie et les ouvrages de L. Boccherini'

PIDOLL, Karl v. * 14/10 1888 Luxemburg, Schüler Juons, Kloses u. Aug. Schmid-Lindners, Maler in Italien, hochbegabter Komp. W: Sinf., KlavKonz., KaM. (leider ungedruckt)

PIECHLER, Arthur, ps. E. PAULUS * 31/3 1896 Magdeburg, seit 1925 Domorgan. in Augsburg, seit 1926 da nur noch OrgL. u. TheorL. an der städt. MSchule, Kriegsteiln., ausgeb. in München, auch auf der Univers. W: Oper, abendfüll. Chorwerk ‚Sursum corda', Chöre, Klav- u. OrgStücke

PIEFKE, Gottfried * 1817 Zielenzig, † 25/1 1884 Frankf. a. O., da seit 1860, langjähr. MilKM., Schüler Grells u. A. W. Bachs. W: Märsche (u. a. Düppeler) usw.

PIEGENDORFER, Georg * 9/2 1849 Kläham/ Ergoldsbach, NBay., † 1906 Augsburg, urspr. Kunsttischler, dann Waldhornist, seit 1880 VBauer, sehr geschätzt

PIEL, Peter * 12/8 1835 Kessenich/Bonn, † 21/8 1904 Boppard a. Rh., da seit 1868 SemML. W: Messen u. andere kathol. KirchM., Org-, V- und KlavStücke, Harmonielehre

PIELKE, Walter * 25/2 1848 Dessau, † 20/2 1925 Berlin, nach naturwiss. Studium 1872 Sgr, 1874/80 lyr. Ten. der Oper in Leipzig, studierte dann Medizin, seit 1887 SpezArzt f. Halskrankh. in Berlin, da seit 1907 bzw. 1910 L. f. Hygiene u. Physiol. der Stimme an der Hochsch. W: Fachschriften

PIELTAIN, Dieudonné Pascal * 4/3 1754 Lièges, da seit 1800, † 10/12 1833, vielgereister VVirt., Schüler Giornovicchis, 1778/82 in Paris, 1782/93 in London. W: 13 VKonz., 12 StrQuart., VSonaten u. a.

PIENK, Otto, ps. = Gust. KNEIP

PIEPER, Karl * 15/10 1871 Lippstadt (Westf.), seit 1898 in Krefeld, da seit 1902 KonservDir. W: ‚Harmonielehre', ‚Modulationslehre', ‚Musik. Analyse', MChöre, Lieder u. a.

PIERACCINI, Mario * 9/5 1877 Venezia. W: Opern, Gsge

PIERAZZON, PIERCHON, 16. Jhdt. = LA RUE, Pierre de

PIÉRNÉ, Gabriel * 16/8 1863 Metz, Schüler d. Konserv. in Paris, da erst Organ., seit 1910 Dirig. des Colonne-Orch. W: Opern, Optten, Pantomimen, Oratorien, u. a. ‚La croisade des enfants', ‚François d'Assisi', Chorsinf. ‚L'an mil', Kantaten, OrchStücke (Suite usw.), KlavKonz., KaM., Stücke f. V., Oboe, Klav. usw., Chöre, Lieder usw.

PIÉRNÉ, Paul (Vetter Gabriels) * 30/6 1874 Metz, lebt in Paris. W: Opern, Sinfon., sinfon. Dichtgen, KaM., Messe

PIERO di Firenze, 14. Jahrh. W: Madrigale

PIERONI, Leopoldo * 9/11 1847 Firenze, da † Mai 1919 FlVirt. W: Sinf., KirchM., Kantate, Gsge, FlSchule, Tänze u. Märsche

PIERRE, Constant * 24/8 1855 Passy, † Jan. 1918 Paris, urspr. Fagottist, seit 1881 Hilfssekr. am Konserv., MSchr. W: ‚Le conserv. national de m.' (1900), ‚Le concert spirituel 1725 à 1790'. H: ‚M. des fêtes et cérémonies de la revolution franç.' (1899); ‚Hymnes et chansons de la révolution'

PIERROT Verlag, 1/4 1913 gegründeter Zweigverl. (UnterhaltgsM.) von Otto Junne, Leipzig

PIERSIG, Fritz, Dr. phil. * 22/12 1900 Aschersleben, MWissenschaftler in Bremen, ausgeb. in Berlin (Hochschule: P. Juon) u. Halle (Univ.: A. Schering), 1927/33 Doz. an der Akad. f. Kirch- u. SchulM. in Berlin. W: ‚Die Einführg des Waldhorns in die KunstM.'; ‚Das Rondo'. H: Othmayer, Reutterische und jegerische Liedlein; KlavVSonat. v. K. Fr. Abel u. Joh. Christ. Bach u. a.

PIERSON, 16. Jahrh. = LA RUE, Pierre de

PIERSON (PEARSON), Henry Hugh (ps. Edgar MANSFELDT) * 12/4 1816 Oxford, † 28/1 1873 Leipzig, 1844/47 Prof. der Tonkunst in Edinburgh, dann in Deutschland. W: Opern, Orator., M. z. 2. Teil von Goethes ‚Faust', sinf. Dichtg, Ouvert., Chöre, Lieder, u. a. ‚O Deutschland, hoch in Ehren' usw.

PIETH, Frdr. * 1/1 1859 Mückenberg/Merseburg, erst L., ausgeb. auf der Hochschule, dem Instit. f. KirchM. u. der Akad. der Künste (Ed. Grell) in Berlin, da seit 1887 Organ., 1898/1922 auch GymnasGsgL. W: 2 Opern, Orgel- u. viele geistl. Gesangst., ‚Jahrbuch f. d. kirchl. Chorgsg'. H: ‚Allgem. ev. Gsgbuch', ‚Liederbuch u. Orgelbuch z. GsgBuch f. d. ev. Deutschen im Ausland'

PIETRI, Gius. * 6/5 1886 S. Ilario (Elba), lebt in Milano. W: Opern, Optten

PIETSCH, A., MVerl. in Ziegenhals (Schles.), gegr. 1858

PIETSCH, Edua. * 5/8 1876 Trautmannsdorf a. d. Leitha, ausgeb. in Wien, da Chordir., Reg-Rat. W: Optte, Chöre, auch m. Orch., Lieder, auch OrchStücke

PJETUCHOW — s. PETUCHOW

PIETZNER-CLAUSEN, Paul (eigentl. P. CLAUSEN) * 13/5 1892 Berlin-Charlottenburg, lebt da, da ausgeb. (Sternsches Konserv.). W: nat. Märsche u. Lieder, Tänze

PIETZSCH, Geo. * 10/11 1863 Dresden, da seit 1887 Ob. der Hofkap. W: ObSchule, KlavStücke, MChöre

PIETZSCH, Gerhard, Dr. phil. * 2/1 1904 Dresden, da seit 1931 PrivDoz. f. MWiss., bes. MPädag. an d. Techn. Hochschule, Schüler Kroyers u W. Gurlitts. W: Studien z. Gesch. d. MTheor. im MA. u. a.

PIGENOT, Friedr. v., Dr. phil. * 30/1 1888 Nürnberg, SpinnDir. in Augsburg. W: Oper ‚Der unbek. Soldat‘, Balladen, Lieder

PIJPER, Willem * 8/9 1894 Zeist (Holl.), seit 1929 KonservDir. in Amsterdam, Schüler Wagenaars in Utrecht, da 1918/23 MKrit., 1924/29 KonservatL. in Amsterdam, Vorkämpfer f. Atonalität. W: BühnenM., Sinfon., KaM., Lieder u. a.

PIJSCHNOV — s. PYSCHNOW

PIJZEL, Ewaldus Daniel, Dr. phil. * 9/9 1846 Dordrecht, † 30/1 1926 Amsterdam, MSchr. W: Chöre

PIKET, Fritz * 6/1 1903 Konstantinopel, OpttenKM., Adresse Wien. W: Optten

PIKETHY, Tibor * 28/3 1884 Komarom-Ujvaros (Ujszöny), Ung., Chordir. u. Organist der Kathedrale in Vac, ausgeb. in Budapest (V. v. Herzfeld), da zeitw. auch L. am NatKonserv. W: Messen u. andere KirchM., weltl. Chöre, OrgStücke, KlavStücke

PILATI, Auguste, ps. A. P. JULIANO u. WOLFART * 29/9 1810 Bouchain, Dép. du Nord, † 1/8 1877 Paris, da TheaKM. W: Opern, Ballette, Kantate

PILATI, Maria * 1903 Napoli, lebt da. W: KlavQuint., Sonaten

PILGER, Karl, ps. = SPAZIER

PILINSZKY, Geza v., ps. Geza v. BELTI * 19/12 1891 Budapest, Sgr in Berlin, ausgeb. in Budapest (Hochsch.). W: Scherzo u. a. f. Orch., KlavStücke, Lieder, UnterhaltgsM.

PILKINGTON, Francis † 1638 Chester, 1595 Baccalaureus in Oxford, Sgr. W: Madrigale, 4st. Lieder

PILLAND, Eduard * 10/9 1887 Eichstätt (Bay.), seit 1910 in Nürnberg, ML. u. seit 1919 Chordirig., Schüler Griesbachers. W: Chöre (auch für Kinder), Lieder. — Sein Vater Joseph † 1911 Eichstätt, da SemML. W: Messen

PILLNEY, Karl Herm. * 8/4 1896 Graz, seit 1908 in Köln (GymnasAbit.), da seit Herbst 1925 L. des höh. KlavSpiels am Konserv., KlavVirt. B: Regers BachVariat. f. Klav. u. Orch.; Bachs ‚Musik. Opfer‘. W: Optte, KlavKonz., KaM., Lieder

PILLOIS, Jacques, ps. Jacques DESKY * 14/2 1877 Paris, da seit 1921 L. der MG. am amerik. Konserv. W: sinf. Dichtgen, Chöre u. Lieder m. Orch., KaM.

PILOTTI, Gius. * 1784 Bologna, da † 12/6 1838. W: Opern, KirchM., Konz. f. Engl. Horn, Klarin. u. a., theoret. Schriften

PILOWSKI, Geo. * 22/3 1901 Bromberg, KM. in Berlin, vorher u. a. in Stendal, ausgeb. in Berlin (Laurischkus, Hochschule). W: OrchTrauerM., StrOrchPartita, Lieder

PILT, Ola, ps. = Frithjof KRISTOFERSSEN

PILTZ, Karl * 23/4 1863 Altstedt (Thür.), Chordir. u. ML. in Hamburg, Geiger, ausgeb. auf dem Leipziger Konserv., dann KonzM. in Bad Nauheim, Danzig u. Hamburg. W: OrchStücke, V-Stücke, Chöre

PINCHERLE, Marc * 13/6 1888 Constantine (Algier), MWissenschaftler in Paris. W: ‚Les violonistes compositeurs et virtuoses‘; Feuillets d'hist. du violon‘ (1927); ‚Corelli‘ (1934)

PINELLI, Ettore * 18/10 1843 Rom, da † 17/9 1915, bedeut. Geiger u. Dirig., Schüler J. Joachims, seit 1866 wieder in Rom, wo er mit Sgambati eine Gesellsch. für klass. KaM. gründ., 1877 VProf. am Liceo m., auch Dirig. der HofKonz. W: Italien. Rhapsodie, Ouvert., StrQuart. usw. — Sein Bruder Oreste * 1844 Rom, da † 17/3 1924, ausgez. KlavL.

PING-PONG, ps. = Mich. BUKOWIECKI, bzw. F. L. WEISSMANN

PINGEL, Paul * 19/5 1874 Elbing, seit 1895 KBassist des Berl. Philh. Orch. W: OrchStücke, KBStücke, Lieder

PINGOUD, Ernest * 14/10 1888 Petersburg, seit 1918 in Helsingfors, Schüler Regers. W: 4 Sinf., sinf. Dichtgen, 4 KlavKonz., KaM., Lieder

PINKS, Emil * 23/11 1866 Pausa (Sachs.), † 9/8 1933, Tenorist u. GsgL in Leipzig, Schüler Stockhausens. W: ‚Atem-, Sprech- u. Singtechnik‘, ‚Singschule‘

PINKUS, Alwin Oskar — s. ALWIN, Karl

PINNER, Valentin, ps. — s. WALDAU, Harry

PINOZZI, Carlo, ps. = James ROTHSTEIN

PINSUTI, Ciro * 9/5 1829 Sinalunga/Firenze, † 10/3 1888 Firenze, stud. M. in London, da seit 1848 geschätzter GsgL. W: Opern, Te Deum, Duette, viele Lieder usw.

PIOT, Julien * 27/4 1850 Löwen, VVirt. bis 1883 in Paris. W: VKonz., Duette, Schule u. viele Stücke

PIPEGROP (BARYPHONUS), Heinr. * 17/9 1581 Wernigerode, † 3(13?)/1 1655 Quedlinburg, da seit 1606 Stadtkantor, MSchr. u. Kompon. geistl. Gsge

PIPELARE, Matthäus, niederländ. Kompon. des 15. u. 16. Jahrh. W: Messen, Magnificat

PIPPING, Geo. * 30/7 1892 Zechnitz, Tschechoslov., KM. in Augsburg. W: Oper, Optten, Chöre, Lieder, Schlager, KaM.

PIQUE, Franç. Louis * 1758 Rorei/Mirecourt, † 1822 Charenton Saint-Maurice/Paris, treffl. V-Bauer, 1777/1816 in Paris, ebenso geschätzt wie Lupot

PIQUET, Rolf, ps. = PICKERT, Alfred

PIRANI, Eugenio * 8/9 1852 Ferrara, Schüler des Liceo m. in Bologna u. Fr. Kiels, 1870/80 L. an Kullaks Akad. in Berlin, 1905 MSchulDir. in Brooklyn, KlavVirt. W: Oper, Orch- u. KaM., KlavStücke, Lieder usw.

PIRKER, Marianne * 27/1 1717, † 10/11 1783 Eschenau / Heilbronn, bedeut. internat. bekannte Sgrin; 1756/64 wegen ihrer Treue zur Herzogin von Württemberg eingekerkert, seit 1765 GsgL. in Heilbronn

PIRRO, André * 12/2 1869 St. Dizier, seit 1896 DirektMitgl. der Schola cantorum in Paris, bedeut. MSchr., seit 1920 MGeschProf. an d. Univers. W: ‚L'orgue de J. S. Bach', ‚J. S. Bach' (auch dtsch erschienen), ‚L'esthétique de Bach', ‚Buxtehude', ‚Henri Schutz', ‚Les clavecinistes français'

PISA, Agostino, Dr. iur., veröffentlichte 1611 in Rom die erste Abhandlung über das Dirigieren

PISARI (PISERI), Pasquale * 1725 Rom, da † 1778. W: wertvolle noch ungedr. KirchM.

PISARONI, Benedetta Rosamonda * 6/2 1793 u. † 6/8 1872 Piacenza, sehr gefeierte Kontra-Altistin 1814/32

PISAROWITZ, Karl Maria * 20/2 1901 Prag, da OpttKM seit 1925, da ausgeb. auf der Dtsch. MAkad. (Al. v. Zemlinsky, Fidelio F. Finke). W: BühnM., OrchKomp., KaM.

PISCHEK, Joh. Bapt. * 14/10 1814 Mscheno/Melnik, † 16/2 1873 Sigmaringen, berühmt. Baritonist, 1842/63 in Stuttgart

PISCHNA, Jos. * 15/6 1826, † 1896 Prag, treffl. KlavL., zeitw. in Moskau. W: 60 Exercices, KlavStücke

PISENDEL, Joh. Georg * 26/12 1687 Karlsburg (Franken), † 25/11 1755 Dresden, da seit 1712 Geiger, 1728 KonzM. W: Concerti grossi, VKonz. u. SoloSonaten

PISERI — s. PISARI

PISK, Paul Amadeus, Dr. phil. * 16/5 1893 Wien, da MSchr., Schüler Schrekers u. Schönbergs. W: Ballett, OrchStücke, KaM., KlavStücke, Kantate, Lieder, auch m. Orch. bzw. StrQuart.

PISKÁČEK, Adolf * 8/11 1873 Prag, da † 1919. W: Opern, sinfon. Dichtgen, KaM.

PISNA — s. PISCHNA

PISTA, Danko * um 1840 Szegedin, † 1903 Budapest, Zigeuner, VVirt. W: Tänze u. volkstüml. gewordene Lieder

PISTILLI, Achille * Juli 1820 Montagano (Campobasso), † 29/1 1869 Aversa. W: Opern, KirchM., Gsge, viele KlavStücke

PISTOCCHI, Franc. Ant. * 1659 Palermo, † 13/5 1728 Bologna, da KirchKM. (1697/99 OpKM. in Ansbach), 1700 gründete er seine bald berühmt gewordene GsgSchule, in der erstmalig methodisch gelehrt wurde. W: Opern, Arien u. a.

PISTON, Walter * 1894 Rockland, Maine (NA), lebt in Belmont, Mass. W: Sinf., OrchSuite, sinfon. Dichtg., KaM.

PISTOR, Karl Friedr., ps. Fred TORI * 9/1 1884 Menz, Kr. Ruppin, seit 1910 Solobratsch. im städt. Orch. zu Rostock. W: Opern, OrchSuite, KaM., BrStücke, Chöre

PITONI, Gius. Ottavio * 18/3 1657 Rieti, † 1/2 1743 Roma, KirchKM. seit 1677. W: vielstimm. Messen, Motetten, Psalmen; auch theor. u. mhistor. Schriften

PITRA, Jean Bapt., O.S.B. * 1/8 1812 Champforgeuil/Autun, † 9/2 1889 Frascati, Bischof von Porto seit 1884, seit 1863 Kardinal, verdienter Forscher. W: S. Romanus veterum melodorum princeps. Cantica sacra' (1888), ‚Hymnographie de l'église grecque'

PITSCH, Else * 2/6 1898 Berlin, da staatl. gepr. SchulML., ausgeb. auf der Hochschule. W: Chöre, Lieder

PITSCH, Karl Franz * 5/2 1786 Bartoschowitz/Rokitnitz (Böhm.), † 13/6 1858 Prag, da 1840 L. am Konserv., 1841 OrgSchuldir. W: Messe, OrgStücke

PITSCHER, Bobby, ps. = Rob. KRÜGER

PITSCHMANN, Josef † 18/9 1917 Salzburg. W: Märsche, Tänze

PITT, Percy * 4/1 1870 London, † 23/11 1932 Hampstead, Organ. in London, Schüler Reineckes, Jadassohns u. Rheinbergers, seit 1915 auch OpKM., zeitw. auch KM. d. engl. Rundfunks. W: BühnM., sinfon. Dichtgen, Ouvert., Balladen, Gsge m. Orch.

PITTRICH, Georg * 22/2 1870 Dresden, † 28/4 1934 Nürnberg, Schüler des Dresdn. kgl. Konserv., KM. an verschied. Thea., seit 1914 in Nürnberg. W: Opern, Weihnachtsmärchen, SchauspM., Orch- u. KlavStücke, Chöre, Lieder usw.

PITZNER, Alfons * 26/3 1905 Berlin, da Architekt. W: Tänze (u. a. ‚Wozu gibt es goldenen Wein?‘, Märsche

PIUTTI, Karl * 30/4 1846 Elgersburg, † 17/6 1902 Leipzig, OrgVirt., Schüler der Konserv. zu Köln u. Leipzig, hier 1875 KonservL., 1880 Organ. der Thomaskirche. W: Org- u. KlavStücke, Motetten, Lieder; ‚Regeln u. Erläuter. z. Studium der MTheorie‘

PIWARSKI, A. & Co, MVerl. in Krakow, gegr. 1897

PIXÉRÉCOURT, René Charles Guilbert * 22/1 1773 Pixérécourt / Nancy, † 27/7 1844 Nancy, 1824/27 Dir. der op. com. in Paris, OpLibrettist, Bigoraph Dalayracs

PIXIS, Friedr. Wilh. * 1786 Mannheim, † 20/10 1842 Prag, da seit 1810 TheaDirig., treffl. Geiger, auch KonservL. — Sein Bruder J o h. P e t. * 1788 Mannheim, † 22/12 1874 Baden-Baden, treffl. Pianist, 1825/45 in Paris, seit 1845 in Baden-Baden. W: Opern, Ka- u. KlavM.

PIZZETTI, Ildebrando (Ildebrando da Parma) * 20/9 1880 Parma, Schüler des dort. Konserv., 1909 L. am Istituto mus. in Firenze, 1917 dessen Dir., seit 1924 KonservDir. in Milano, bemerkenswerter, sehr moderner Komp., auch MSchr. W: Opern, BühnM., Sinf. u. sinfon. Dichtgen, Chöre, Lieder; ‚La m. dei Greci‘, ‚Musicisti contemporanei‘, ‚Intermezzi critici‘, ‚La m. italiana‘

PIZZI, Emilio, ps. Vera PAUL * 2/2 1862 Verona, Schüler des Konserv. in Milano, 1897 MSchuldir. in Bergamo, seit 1900 in London, † 1931 Bergamo. W: Opern, ‚Hohe Messe‘, StrQuart., KlavStücke, Lieder usw.

PIZZI, Umberto † 54jähr. 2/2 1934 Bologna, da MVerleger

PLAG, Joh. * 8/4 1863 Roßbach an d. Wied, Kr. Neuwied, † 1921 Düsseldorf, da seit 1889 Hoforgan., seit 1893 auch KirchChordir. in Düsseldorf, da auch VerDir., ausgebildet auf d. KirchMSchule in Aachen, seit 1883 Organ., zuerst in Honnef a. Rh. W: Messen, Hymnen, MChöre usw.

PLAICHINGER, Thila * 13/3 1868 Wien, lebt in Rodaun/Wien, gef. hochdram. OpSgrin, 1894/1901 in Straßburg, 1901/14 in Berlin (Hofop.), 1906 in Bayreuth

PLAIDY, Louis * 28/11 1810 Hubertusburg (Sachs.), † 3/3 1874 Grimma, 1843/65 L. am Leipziger Konserv., später PrivL. W: ‚Techn. Studien f. Pfte‘, ‚Der Klavierlehrer‘ (1874)

PLAMENAC, Dragan, Dr. jur. u. phil. * 8/2 1895 Agram, lebt da, studierte in Prag, Paris u. Wien. W: Chöre, StrQuart., KlavStücke. H: Ockeghems Werke

PLANCHET, Dominique Ch. * 25/12 1857 Castanet/Toulouse, Schüler der Niedermeyerschen KirchMSchule in Paris, KirchKM. u. Organ. in Versailles, seit 1895 in Paris. W (wertvoll): sinf. Dichtg, VcKonz., KaM., Orator., Lieder; ‚L'art du maître de chapelle‘

PLANES, des — s. PIANI

PLANK, Carlo * 9/5 1897 Wien, lebt da. W: Tänze, Kuplets

PLANK, Fritz * 7/11 1848 Wien, † 15/1 1900 Karlsruhe, berühmter Baritonist, der erste Klingsor, 1875/84 in Mannheim, dann in Karlsruhe

PLANQUETTE, Robert * 31/3 1848 Paris, da † 28/1 1903, Schüler des dort. Konserv., lebte da. W: 23 Optten ‚Die Glocken v. Corneville‘ (1877), ‚Panurge‘ u. a., Romanzen, Chansons usw.

PLANTADE, Charles Henri * 19/10 1764 Pontoise, † 18/12 1839 Paris, da geschätzter GsgL. (auch am Konserv.). W: Opern, Messen, Requiem, Motetten, Romanzen, Harfensonate. — Sein Sohn C h a r l e s F r a n ç o i s * 14/4 1787 Paris, da † 26/5 1870 Ministerialrat. W: Romanzen

PLANTÉ, Francis * 2/3 1839 Orthez, Basses Pyrénées, † 19/12 1934 Dax, s. Z. sehr geschätzter, zeitw. in Paris lebender, da ausgeb. (Marmontel) KlavVirt., mit Thalberg, Liszt u. Rubinstein befreundet. W: KlavTranskript.

PLANTENBERG, Frz * 20/1 1887 Steele/Essen a. R., seit 1920 städt. MDir. in Gladbeck, vorher seit 1911 in Recklinghausen. W: OrgStücke, Chöre, Lieder

PLASCHKE, Friedr. * 7/1 1875 Jaromer (Böhmen), ausgez. Baritonist der Dresdener Oper seit 1900, KaSgr seit 1912, ausgeb. in Prag

PLASS, Ludwig * 13/3 1864 Osterode (Harz), PosVirt. in Berlin, 1893/1929 in d. Hofop., 1895/1929 Dirig. d. Kosleckschen Bläserbundes. W: BlechblasinstrumKompos. H: ‚Es blasen die Trompeten'. (Ein Fanfarenheft. Alte GebrauchsM.)

PLATA, Rodriguez del, ps. = Paul SCHRAMM

PLATANIA, Pietro * 5/4 1828 Catania, † 26/4 1907 Napoli, da 1885/1902 KonservDir., dsgl. in Palermo 1863/82, dann in Venedig. W: Opern, Trauersinfonie f. Pacini usw.

PLATE, Eduard * 23/1 1882 Hamburg, L. f. Kunstgsg, Chordir. u. KonzBegl. in Dresden. W: ‚Die Akustik des menschl. Körpers'; ‚Haben wir eine dtsche Stimmbildslehre?'; ‚Die prakt Verwendbarkeit gedanklich kontrollierter Atmung u. Tongebg f. körperl. u. geist. Wiedergeburt'

PLATE, Heinr. Aug. Wilh. * 9/9 1892 Ludwigshafen a. Rh., KM. in Nürnberg, ausgeb. in Dresden (Konserv.). W: OrchStücke, KlavStücke, Lieder

PLATEL, Nicol. Jos. * 1777 Versailles, † 25/8 1835 Brüssel, da seit 1824 erster Vcellist der Oper u. KonservL. W: 5 VcKonz., StrTrios, Duos usw.

PLATEN, Hartwig v., ps. Christoph CHARLES, Johnny COOPER * 8/7 1901 Berlin-Charlottenburg, lebt in Berlin, KM. u. Vcellist, Schüler O. Taubmanns, Lendvais u. Hugo Decherts. W: VcStücke u. a. B: Instrumentieren von Optten usw.

PLATEN, Horst, ps. Hermann HILLER * 14/4 1884 Magdeburg, lebt in Berlin, Schüler Paul Gilsons u. Cesar Thomsons, zeitw. TheaKM., 1914/33 in Hamburg, da seit 1926 KonzLeiter des Rundfunks. W: Opern, Singspiel, BühnM., sinfon. Dichtgen, KlavStücke, Lieder usw.

PLATTI, Giov., um 1740 KaMusiker des Fürstbischofs von Bamberg. W: FlSonat., KlavSonat.

PLATZ, Kurt * 20/8 1889 Swinemünde, Solo-Bratsch., seit 1924 in Münster i. W. B: Sonaten usw. f. Br.

PLATZBECKER, Heinr. Aug. * 13/9 1860 Merzenhausen (Jülich), MSchr. in Dresden, früher TheaKM. W: Optten, Märchenspiele, MChöre, Lieder, KlavStücke

PLAUT, Henry Hans * 16/5 1898 Chicago, K-M. u. TheorL. in Berlin, ausgeb. u. a. von Ferd. Hummel, W. Moldenhauer. W: Op., Melodram, Lieder, auch m. Orch., KaM.

PLAYFORD, John * 1623 Norfolk, † 1686 London, da 1648/84 MVerleger. W: Psalmen, ‚The division Violin' u. a. — Sein Sohn u. Nachfolger Henry * 5/5 1657, † 1720. H: Orpheus Britannicus usw.

PLENGORTH, Friedr. * 1828 Trier, † 11/9 1896 Elberfeld, TheaKM. u. ML. W: geistl. u. weltl. Chöre, Kindersinf.

PLESS, Hans, Dr. * 18/1 1884 Wien, da seit 1919 VerDir., früher TheaKM. W: Opern, BühnM., Sinf., Chöre, auch m. Orch.

PLESSING, Marko, ps. = PROTZE, Kurt

PLESSOW, Erich, ps. Manuel ESTVILLA; LESSO-VALERIO; Ewald WALTER; Edw. WILLS * 25/11 1899 Oranienburg/Berlin, JazzKM. in Berlin, da Schüler des Klindworth-Konserv. u. 8 Jahre MHändler, dann OpttenKM. an verschied. Orten. W: viel UnterhaltgsM. (Schlager)

PLEYEL, Ignaz * 1/6 1756 Ruppersthal/Wien, † 14/11 1831 Paris, Schüler Haydns, 1787 MünsterKM. in Straßburg, 1792 KonzDirig. in London, seit 1795 in Paris, da auch MHändler u. KlavFabrik. W (zahlr.): Sinfon., KaM., u. a. VDuette, KlavSchule usw. — Sein Sohn Camille * 18/12 1788 Straßburg, † 4/5 1855 Paris; erhob die Klav- u. InstrumFabrik seines Vaters zu großer Bedeutg. W: KlavTrios, Sonaten u. kleinere KlavStücke. — Dessen Frau Camilla, eigentl. Marie, geb. Mocke * 4/9 1811 Paris, † 30/3 1875 St. Josse/Bruxelles, KlavVirt., 1848/72 KonservProf. in Bruxelles

PLIVERICS, Emil * 15/5 1878 Sopron (Ung.), treffl., viel herumgekommener GBauer, seit 1/5 1909 in Berlin Nachfolger Joseph Hornsteiners

PLÖTNER, Frz † 12/8 1934 (83jähr.) Dresden, da Begr. der Philharm. Konzerte (1880), Inhaber der MHdlg u. KonzDir. F. Ries

PLÖTZ, Otto * 1830 (?) Halle, † 28/12 1888 Genf, KlavL. u. Chordir. W: volkstüml. gewordene Chöre

PLONER, Josef Edua. * 5/2 1894 Sterzing, seit 1928 in Innsbruck, Begr. u. Dirig. des KaOrch. SchulL., Kriegsteiln., 1918 staatl. geprüfter ML. in Wien, 1920/24 SchulL., Chordir. u. Organ. W: KaM., Chöre, BühnM., KaKantate

PLOTENYI, Ferd. † 90jähr. 5/5 1933 Budapest, VVirt., Freund Liszts. W: VStücke

PLÜDDEMANN, Martin * 29/9 1854 Colberg, † 8/10 1897 Berlin, Schüler des Lpzger Konserv. u. Jul. Heys, 1887 Dirig. in Ratibor, 1890/94 GsgL. a. d. MSchule zu Graz, dann in Berlin. W: treffl. Balladen, Lieder; Broschüren für Wagner

PLÜGGE, Theod. * 30/5 1850 Dalldorf/Halberstadt, † 26/4 1915, Domorgan. u. MVerDirig. in Mölln seit 1902, urspr. SchulL. in Altenhausen,

RB. Magdeburg, dann nach Ausbildg in Berlin SemML. in Segeberg u. Ratzeburg, sehr verdienter KirchMusiker. W: Choralbuch f. Lauenburg und Schleswig-Holst., OrgVorspiele, Liederbücher

PLUMHOF, Heinr. * 9/3 1836 Bevensen/Lüneburg, † 24/7 1914 Vevey, 17jähr. Geiger in d. Hofkapelle in Hannover, seit 1855 Organ. u. Chordirig. in Vevey, sehr verdient um das dortige MLeben. W: ‚Cantate de Grandson', ‚Ode helvétiue', MChöre, KlavStücke usw.

POCCI, Frz Graf * 7/3 1807 München, da † 7/5 1876. W: Oper, Kinderlieder usw. nach eignen Gedichten von ihm selbst illustr.

POCHHAMMER, Adolf * 14/8 1864 Rheine i. W., lebt in Aachen, Schüler des Hamburger Konserv u. H. Riemanns, L. an den Konserv. zu Wiesbaden (1894) u. Frankf. a. M. (1897), 1902/1928 KonservDir. in Aachen. W: ‚Einführg in die M.', ‚Musikal. Elementargrammatik', Analysen, Lieder

PODBERTSKY, Theodor * 16/11 1846 München, da † 5/10 1913, da VerDirig., 1876 auch Chordir. der Hofoper. W: zahlr. MChöre mit u. ohne Orch. ‚Dtsches Heerbannlied' usw.

PODBIELSKI, Christian Wilh. * 1740 u. † 3/1 1792 Königsberg i. Pr., Organ., urspr. Theol. W: KlavSonaten

PODEWILS, Torsten Hünke v., ps. Torsten HÜNKE * 21/12 1909 Kassel, lebt in Stentsch, ausgebild. in Berlin (Konserv. Klindworth-Scharwenka). W: Optten, Lieder im Volkston, Tänze, Märsche, KlavStücke

PODRECCA, Guido * 5/12 1865 Vimercate (Milano), † 29/4 1923 Auburn/New York, MKrit. in Rom u. Milano, auch Verleger. H: Ztschr. ‚Il Primato'; ‚Storia della m. italiana'

PODRECCA, Vittorio * 26/4 1883 Cividale, Advokat, Sekr. des Lic. di S. Cecilia, Gründer des viel reisenden ‚Teatro dei piccoli' (Marionetten) in Rom

PÖCK, Karl Jos. * 1812 Zwettl (Österr.), † 30/10 1869 Braunschweig, da ausgez. Bariton. seit 1837

PÖHLAND, Frz Herold * 5/8 1898, lebt in Markneukirchen. W: Tänze, Märsche

PÖLCHAU, Georg * 5/7 1773 Cremon, Livl., † 12/8 1836 Berlin, da seit 1813, vorher in Hamburg, kaufte den Nachlaß K. Ph. Em. Bachs u. sammelte überhaupt musik. Handschriften u. Erstdrucke, die später der Kgl. Bibliothek in Berlin einverleibt wurden

POELL, Alred, Dr. med. * 18/3 1900 Linz a. D., treffl. Op- u. KonzBarit. in Düsseldorf

PÖLZER, Julius, Dr. med. * 9/4 1901 Admont (ObSteiermark), Heldentenor, seit 1930 in München (vorher in Breslau) u. seit 1935 auch in Dresden, viel auf Gastspielen, ausgeb. in Wien

PÖNITZ, Frz, ps. BENIZZO, Franc. * 17/8 1850 Bischofswerda (Westpr.), † 19/3 1913 Berlin, da seit 1866 Harfenist des kgl. Orch. W: Oper, HarfKompos. usw.

PÖRSCHMANN, Walter, ps. BIELING; Parli HNAPI * 16/3 1903 Leipzig, Pianist u. BandonVirt. in Berlin, Schüler Rob. Teichmüllers. W: Ouvert., Tänze, Märsche, auch f. Bandon.

PÖTHKO, Gust. Ewald * 12/9 1821 Hoyerswerda (Schles.), † 6/6 1857 Meißen, ObL. W: Lieder (u. a. das volkstüml. ‚An den Rhein, zieh nicht an den Rhein')

POETSCHICK, Joh. * 12/3 1885 Dresden, da KM. W: Optte, Chöre, bes. MChöre, auch m. Orch., Lieder, KaM.

POGLIETTI, Aless. † 1683 Wien, da seit 1661 Hoforgan. W: wertvolle KlavStücke

POGOJEFF, W. * 25/1 (alt. Stil) 1872 Moskau, Schüler Liadows, im Hauptberuf höher. FinanzBeamter. W: StrQuart., Fugen f. Klav.

POGORELOFF, Wladimir, ps. PORELL * 11/8 1884 Nikolaeff, Ukraine, Mker in Berlin, ausgeb. in Charkoff (Konserv.). W: OrchStücke

POHL, Baruch — s. POLLINI

POHL, Emil * 7/6 1824 Königsberg i. Pr., † 18/8 1901 Ems, Bühnendichter (bes. Possen)

POHL, Gust. Herm. 6/5 1866 Frankenstein (Schles.), seit 1900 Organ., KirchChordir. der Singakad. u. des LGsgVer. in Bunzlau, da † 1927, Schüler des Konserv. in Breslau, 1892 Organ. in Herrnstadt, 1898 in Neisse. W: Motetten, MChöre, Lieder, Klav- u. OrgStücke

POHL, Karl Ferd. * 6/9 1819 Darmstadt, † 28/4 1887 Wien, da seit 1866 Archivar u. Biblioth. d. Ges. d. MFreunde, Schüler Sechters, 1849/55 Organ. in Wien, 1863/66 in London. W: ‚Mozart u. Haydn in London', ‚J. Haydn' usw.

POHL, Max * 23/5 1869 Breslau, † 17/3 1928 Guben, OStudDir., Volksliedforscher, förderte, bes. als er in Berlin-Steglitz wirkte, die Wandervogelbewegg. W: ‚Ferne Jugend' (1923). H: mit G. F. Selle 100 dtsche Volkslieder aus älterer Zeit

POHL, Rich., ps. HOPLIT * 12/9 1826 Leipzig, † 17/12 1896 in Baden-Baden, da seit 1864, vorher u. a. in Weimar, persönlicher Freund Wagners u.

Liszts. W: Schriften üb. Wagner, Liszt, Berlioz, ‚Akustische Briefe', ‚Die Höhenzüge der musikal. Entwicklg', verbind. Dichtgen zu Schumanns ‚Manfred', Liszts ‚Prometheus' usw., Übersetzgen (Berlioz' Schriften, OpTexte), Kompos. f. Gsg. u. Klav.

POHLE, Christ. Friedr., Dr. phil. et mus. * 1800, † 14/10 1871 Leipzig, da KlavL. u. MKrit.

POHLE, David, 1677 KM. der kurf. Kap. in Dresden, vorh. KB. in Halle u. Kassel. W: viel KirchM., Sonaten a 5 u. 6

POHLENZ, Chr. Aug. * 3/7 1790 Saalgast (Lausitz), † 10/3 1843 Leipzig, 1827/35 Dirig. der Gewandhauskonz., auch der Singakad. u. Organ., GsgL. W: Psalmen, Lieder ‚Der kleine Tambour Veit' u. ‚Auf, Matrosen, die Anker gelichtet' u. a.

POHLIG, Karl * 10/2 1858 (nicht 1864!) Teplitz (Böhmen), † 17/6 1928 Braunschweig, KlavVirt., Schüler Liszts, 1900/07 HofKM. in Stuttgart, 1907/13 KonzDirig. in Philadelphia, 1914/24 GenMDir. in Braunschweig. W: 2 Sinf., sinfon. Dichtg, KlavTrio, KlavStücke, Lieder

POIGAR, Victor * 23/5 1891 Cilli, † (Fliegeroffizier) 7/4 1916. W: Lieder

POINTER, John † 14/1 1934 London, beliebter Instrumentator. H: Bach, Kantaten. W: Kantate, Chöre, Lieder

POIRÉE, Elie * 9/10 1850 Villeneuve-St.-Georges, † 26/5 1925 Paris, da Bibliothekar. W: ‚L'évolution de m.', ‚Essais de technique et d'èstètique', Chopin, R. Wagner (1922); StrQuart. usw.

POISE, Jean Alex. Ferd. * 3/6 1822 Nimes, † 13/5 1892 Paris. W: heit. Singspiele ‚Bon soir voisin' (1853) u. a., Orat.

POISOT, Charles Emile * 8/7 1822 Dijon, da † 1904, Dir. des von ihm 1868 gegründ. Konserv. u. MVer. W: Opern, Kantate, KirchM., KaM.; theor. u. geschichtl. Schriften

POISSL, Joh. Nep. Freih. v. * 15/2 1783 Haukenzell, NBay., † 17/8 1865 München, Schüler Danzis, 1823 Substitut des HofMIntend. in München, da 1825/48 HoftheaIntend. W: 14 Opern, Orator., kirchl. Kompos.

POL-DAX, ps. = POUGIN, Arthur

POLACCO, Giorgio * 12/4 1875 Venedig, bes. in Amerika sehr angesehener OpKM., wirkte 1919/30 in Chicago

POLAK, Abraham Jeremias * 21/9 1839 Rotterdam, da † 27/4 1907, Kaufmann u. MGelehrter. W: ‚Üb. Zeiteinheit in Bezug auf Konsonanz, Harmonie u. Tonalität', ‚Üb. Tonrhythmik u. Stimmführg', ‚Die Harmonisierung indischer usw. Melodien', ‚Die musikal. Intervalle als spezif. Gefühlserreger'

POLANSKY, Gustav * 24/5 1892 Prag, seit 1911 in Dresden, Mandol.- u. GitVirt. W: Lieder z. Git.

POLAROLI — s. POLLAROLO

POLBERO, Lionello — s. POWER, Leonel

POLDINI, Ed. * 13/6 1869 Pest, seit 1908 in Bergeroc/Vevey (Schweiz). W: Opern, Märchenspiele, hübsche KlavStücke, Lieder

POLE, William, Dr. mus. * 22/4 1814 Birmingham, † 30/12 1900 London, da 1836/66 Organ. W: KirchM.; ‚Philosophy of m.'; ‚The story of Mozart's ‚Requiem''

POLETZKY, Erwin, ps. Martin ERKENS * 19/1 1907 Berlin, da Pianist. W: UnterhaltgsM.

POLIDORO, Federigo * 22/10 1845 Napoli, † 14/8 1903 S. Giorgio a Cremano, seit 1874 MGeschProf. am Kgl. Konserv. in Napoli, MKrit. W: ‚Cimarosa'; KirchM., KaM. — ps. ACUTO

POLIGNAC, Armande de * 8/1 1876 Paris, lebt da, Schülerin Faurés u. d'Indys, verheir. mit Chabannes la Palice. W: Opern, Ballette, KaM., Liederzyklen

POLINSKI, Alex. * 4/6 1845 Wlostow, Gouv. Radom, † 13/8 1916 Warschau, da MKrit., Schüler u. a. Noskowskis, seit 1904 MGeschProf. am Konserv. W (poln): ‚Gesch. der poln. M.' (1907) u. a.

POLIVKA, Vladimir * 6/7 1896 Prag, KlavVirt., seit 1926 KonservL., in Chicago. W: Sinf., KaM., KlavStücke, Lieder

POLK, Leonidas * 5/4 1841 Nashville, Tenn., † 25/3 1915 Berryville, Va., KlavVirt., ausgeb. auf dem Leipziger Konserv., Freund Sullivans. W: KlavStücke, sehr beliebtes Wiegenlied

POLKO, Elise, geb. Vogel * 31/1 1823 Leipzig, † 15/5 1899 München fruchtbare Schriftstellerin. W: ‚Musik. Märchen', ‚Faustina Hasse', ‚Die Bettleroper', ‚Alte Herren' (Vorläufer Bachs), ‚Erinnergen an Mendelssohn', ‚Das Buch v. Gsge', ‚Paganini' u. a.

POLLAIN, Fernand * 7/10 1879 Rheims, ausgezeichn. Vcellist in Paris. H: ältere VcLiteratur

POLLAK, Egon * 3/5 1879 Prag, da † 14/6 1933, hervorrag. OpKM.; 1901 Chordir. am Prager Landesthea., 1905 erster OpKM in Bremen, 1910 in Leipzig, 1912/17 Frankf. a. M., 1917/31 Hamburg, 1931/32 OpDir. in Chicago. B: KlavAuszüge von Opern d'Alberts usw.

POLLAK, Frz, ps. C. HAPER, Fred ROBERT, VOLKWARTH * 6/7 1870 Höchstädt a. D. (bayr. Schwaben), MVerleger in München, da vorher 1. Trompeter d. Staatsoper, ausgeb. in Augsburg. W: Messen u. Chöre m. BlasM., BlasMStücke, Märsche, Tänze

POLLAK, Rob. * 18/1 1880 Wien, VL. in Tokio, Schüler von Sitt, Marteau u. Flesch, hervorrag. Geiger, 1908/14 in Genf, 1919/26 in Wien, dann in S. Franzisco. W: Oper

POLLAROLO (POLAROLI), Antonio * 1680 Venedig, da † 4/5 1746, KirchKM. W: 13 Opern, 7 Oratorien

POLLAROLO, Carlo Francesco * 1653 Brescia, † 1722 Venedig, da seit 1665, seit 1692 II. KM. an S. Marco. W: 73 Opern, 10 Oratorien

POLLEDRO, Giov Batt. * 10/6 1781 Piova/Torino, † 15/8 1853 Torino, HofKM. seit 1824, vielgereister VVirt., 1814/24 KonzM. in Dresden. W: Konzerte usw. f. V., FagKonz., kirchl. Kompos.

POLLEN, Friedr. * 15/5 1864 Kronenberg/Elberfeld, ML. in Köln. W: Ouvert., KaM., Klav-Stücke u. a.

POLLERI, Giov. Batt. * 28/6 1855 Genua, da † Okt. 1923, da seit 1898 KonservDir. W: treffl. KirchM., KaM., Klav- u. OrgStücke

POLLINI, Bernh. (eigentl. Baruch Pohl) * 16/12 1838 Köln, † 27/11 1897 Hamburg, urspr. OpSgr, dann Impresario usw., seit 1874 Dir. des von ihm zu großer Blüte gebrachten Stadtthea. in Hamburg

POLLINI, Cesare * 13/7 1858 Padova, da † 26/1 1912 KlavVirt. u. MSchr. W: KlavTrio, ‚La m. italiana' u. a.

POLLINI, Enea * 24/8 1878 Massa Lombarda, ML. in Carrara. W: Opern, sinfon. Dichtgen

POLLINI, Franc. * 1763 Laibach, † 17/9 1846 Milano, da seit 1809 KonservKlavProf., Schüler Mozarts. W: Kompos. f. 2 Klav., Klav. 4- u. 2hd. (wichtig 32 esercizi in forma di toccate), Klav-Schule, kirchl. Kompos.

POLLITT, Arthur Wormald * 17/11 1878 Crompton/Manchester, wirkt in Liverpool, da 1900/17 Organ., seit 1919 MProf. an d. Univers. W: OrgSon. u. Stücke, Chöre; ‚The enjoyment of m.' u. a.

POLLITZER, Adolf * 23/7 1832 Budapest, † 14/11 1900 London, VVirt., Schüler Jos. Böhms, langj. VL. an d. R. Acad. H: VKonz. de Bériots, Vieuxtemps' usw.

POLNARIOW, Albert * 10/4 1888, lebt in Newyork, vorher u. a. in Hamburg u. Osnabrück. W: UnterhaltgsM.

POLO, Enrico * 18/11 1868 Parma, VVirt., Schüler Joachims, seit 1903 L. am Konserv. Verdi in Milano, Führer eines StrQuart. W: VStücke, Schule, Etüden, Lieder. H: alte Konz., Son. usw.

POLOWINKIN, Leonid A. * 13/8 1894 bei Tobolsk, lebt in Moskau, da ausgeb. (Konserv.), urspr. Jurist. W: KlavSonaten u. Stücke, Lieder

POLSTERER, Rud. * 3/6 1879 Tattendorf, N-Österr., lebt in Klein-Neusiedl/Wien. W: KaM., OrgStücke, Messen, Motetten, Gsge usw.

POLZER, Odo * 15/7 1895 Judenberg, Steierm., seit 1928 städt. MDir. u. Organ. in Schwaz. W: BühnenM., Messen, Chöre, Lieder

POMASANSKI, Iwan A. * 11/4 1848 bei Kiew, 1868 ff. Harfenist in Petersburg, da ausgeb. (Konserv.), † ?. W: Ouvert., Kantate, Lieder

POMMER, Helmuth (Sohn Josefs) * 3/5 1883 Wien, ev. Pfarrer u. Singkreisdir. in Bregenz. W: Lieder d. dtsch. Alpenvolkes, Volkslieder aus Franken u. dgl.

POMMER, Josef, Dr. phil. * 7/2 1845 Mürzzuschlag, † 25/11 1918 Gröbming (Steierm.), Gymn-Prof. in Krems a. D., verdienter Volksliedforscher, gründete 1889 den Dtschen VolksgsgVer. in Wien, 1899 die Monatsschr. ‚Das dtsche Volkslied'. H: Liederbuch f. d. Dtschen in Österr., 444 Jodler u. Juchezer

POMMER, Will. Henry * 22/3 1851 St. Louis, Schüler des Leipziger Konserv. u. Brucknérs, seit 1907 Prof. an der Univers. Missouri. W: KaM., Lieder usw.

POMPEI, Edoardo * 4/2 1866 Roma, da † Juli 1925 MKrit. W: Biographie Mascagnis 1912

POMPER, Albert * 4/1 1862 Sneek, † 11/2 1917 Amsterdam, da Organ. (blind). W: Kantaten, Lieder, OrgStücke

PONCHIELLI, Amilcare * 31/8 1838 Paderno Fasolare/Cremona, † 17/1 1886 Milano, 1881 Dom-KM. in Bergamo. W: Opern ‚I promessi sposi', ‚Gioconda' (verbreitet) u. a., Ballette usw.

PONIATOWSKI, Jos. Mich. Xav. Francis John, Fürst v. Monte Rotondo * 20/2 1816 Rom, † 3/7 1873 Chislehurst (England), lebte meist in Paris. W: Opern, KirchM., Gsge

PONS, Charles in Paris, ps. Karl SNOP, Charley SOMP, seit 1900 mit Orator. u. Opern hervorgetreten

PONSONBY, Noel Edw. * 14/1 1891, seit 1919 Organ. u. Chordir. in Elg (Engl.). W: Klav- u. OrgStücke

PONTE, Lorenzo da — s. DA PONTE

PONTÉCOULANT, Louis Adolphe Le Doulcet, marquis de * 1794 Paris, † 20/2 1882 Bois-Colombes/Paris, MSchr. bes. üb. Instr. W: ‚Les phénomènes de la m.' (1868) u. a.

PONTEN, Anton * 3/5 1870 Zyfflich, seit 1897 Organ. in Utrecht, auch SemML. in Culemborg. W: KirchM.

PONTET-PICCOLOMINI, Henri (ps. PICCOLOMINI, M.) * 1835 (1840?) Dublin, † März 1902 London. W: viele volkstüml. Lieder

PONTINE, Maxime, ps. = Ch. A. RAWLINGS

PONTOGLIO, Cipriano * 25/12 1831 Grumell del Piano, † 23/2 1892 Milano. W: Opern, Ballett, Tänze, Lieder

PONTRELLI, Vincenzo * 10/6 1805 Napoli, † 2/6 1877 Messina, wohin er schon als Kind gekommen, namhafter Kompon., doch Werke ungedr.

PONZILACQUA, Aureliano * 8/5 1855 Lendinara (Rovigo), ML. in Venezia. W: KirchM., OrchStücke, Gsge

POOK, Wilhelm * 12/9 1877 Hanau, Chordir. u. MSchr. in Hamburg, ausgeb. in Frankf. a. M. u. Darmstadt. W: Chöre, Lieder; ‚Chorpraxis'; ‚1000 Fragen u. Antworten f. chor. Grund- u. Fortbildg'

POORTMAN, Christiaan * 16/5 1846 u. † 29/7 1908 Groningen, da VL. an der MSchule, L. u. a. Bram Elderings. W: VSchule, Etüden

POOT, Marcel * 7/5 1901 Vilvoorde/Bruxelles, MKrit. in Bruxelles, ausgeb. in Amsterdam (Konserv.) u. v. P. Gilson. W: Op., Sinf. u. sinfon. Dichtg, KaM., KlavStücke u. a.

POPELINIÈRE — s. LA POUPELINIÈRE

POPOW, Iwan * 1859 Ekaterinodar, stud. in Moskau, 1900 Dir. der MSchule in Stawropol (Kaukasus). W: Sinfon., Orient. Suite, sinfon. Dichtgen, Lieder usw.

POPP, Wilh., ps. Henri ALBERTI * 29/4 1828 Coburg, † 1903 Hamburg, FlVirt., bis 1866 Hofpianist u. I. Flötist der Coburger Hofkap., seit 1867 in Hamburg. W: Fl- u. KlavKompos. (über 400) usw.

POPP-KÖHLER, Estella — s. KÖHLER

POPPEN, Herm. Meinhard, Dr. phil. * 1/1 1885 Heidelberg, urspr. Theol., treffl. OrgSpieler, 1914 akad. MDir. in Jena, 1918 LandeskirchMDir. in Karlsruhe, 1919 Univers- u. städt. MDir., Leiter des BachVer. in Heidelberg. W: Chöre; ‚Max Reger'. H: Liedersammlgen

POPPER, David * 18/6 1845 Prag, † 7/8 1913 Baden/Wien, berühmter VcVirt., 1868/73 in der Hofop. in Wien, zuletzt L. a. d. LandesMAkad. in Budapest. W: KaM., VcKonz. u. sehr beliebte Stücke

POPPER, Gregor, ps. = PROREP, Geo.

POPPI, Giov. * 8/9 1828 Cento (Bologna), † 24/12 1891 Bologna, Klav- u. HarfVirt., L. M. E. Bossis. W: KlavStücke, Romanzen

POPY, Francis, ps. Henry STAZ * 1/7 1874, † 20/1 1928 Lyon, da erst MilKM., dann StadtKM. W: viel UnterhaltgsM.

PORDES, Gerhard * 10/1 1907 Berlin-Charlottenburg, lebt da, ausgebildet u. a. auf d. Sternschen Konserv. W: Oper, Optten, Tänze. — Sein Vater Alex. Sigmund Pordes-Milo, Librettist, urspr. OpChorist, * 6/12 1878 Lemberg, † 29/10 1931 Berlin

POREPP, Geo., ps. Gregor POPPER * 6/10 1895 Lüneburg, SchulL. u. Chordir. in Berlin seit 1901. W: Optten, Singspiel f. Schulen, Chöre, UnterhaltgsM.

PORELL, ps. = W. POGORELOFF

POREZ, Armin, ps. = Kurt PROTZE

PORGES, Heinr. * 25/11 1837 Prag, † 17/11 1900 München, da seit 1867, MSchr. u. Dirig. des 1886 begründ. ‚Porges'schen GsgVer.'. Eifriger Vorkämpfer der neudtschen Schule. W: Studie üb. Wagners ‚Tristan u. Isolde', ‚Üb. die Aufführg der 9. Sinf. unter R. Wagner', ‚Die Bühnenproben zu den 1876er Festspielen' usw.

PORGES, S. G., MVerl. in Praha, gegr. 1896, seit 1930 übergegangen an Frančisek Chadim, gegr. 1906

PORITA (eigentl. PORITZKY), Ruth * 24/8 1902 Berlin, lebt in Karlsruhe, ausgeb. in Gsg, Klav., Org., Git., chromat. Harfe. W: geistl. u. weltl. Chöre, Lieder

PORPORA, Nicola * 19/8 1686 Napoli, da † (verarmt) Febr. 1766, GsgL., KM., unruhiger Geist, der in Venedig, Wien, Dresden, London, nochmals in Wien u. 1760 schließlich wieder in Napoli wirkte. W: 53 Opern, 6 Orator., Messen, Kantaten, KaSinfon., VSonaten usw.

PORRINO, Ennio * 1910 Cagliari, Kompon. in Rom, da u. a. von Mulè ausgeb., urspr. Geiger, ausgeb. in Pisa. W: Sinf. Dichtgen, TrompKonz., KaM., Canti della schiavità f. Instr., Gsge, Kinderlieder

PORRO, Pierre * 1750 Béziers, † 1831 Montmorency, ausgez. Gitarrist, seit 1783 in Paris. W: GitSchule, GitKompos., Canzonetten. H: Collection de m. sacrée

PORSCH, Franz * 20/5 1853 Wien, lebt da (auch in Perchtoldsdorf, NÖsterr.), verdienter Chordir. W: Chöre, Tänze, Märsche

PORSILE, Giuseppe * 1672, † 29/5 1750 Wien, da seit 1720 Hofkomponist. W: Opern, Orator., Kantaten

PORTA, Bernardo * 1758 Rom, † 1832 Paris, da seit 1788. W: Opern, viel KaM.

PORTA, Constanzo * um 1530 Cremona, † 26/5 1601 Padova, Schüler Willaerts. W (bedeut.): Messen, Motetten, Madrigale usw.

PORTA, Francesco della * um 1590 Milano, da † 1666, KirchKM. W: Psalmen, Motetten, Villanellen

PORTA, Giov. * um 1690 Venedig, † 21/6 1755 München, HofKM. seit 1738, vorher in Rom, Venedig u. London. W: über 30 Op., Messen, Psalmen usw.

PORTER, Walter * 1595, † 28/11 1659 London, 1617 in der Kgl. SgrKapelle, 1639 Chordir. in Westminster. W: Madrigale (im Stile Monteverdis), Arien m. Instrum., Motetten

PORTIUS, Fr., MVerl., Leipzig, gegr. 10/1 1874

PORTMANN, Joh. Gottlieb * 4/12 1739 Oberlichtenau/Dresden, † 27/9 1798 Darmstadt, da Kantor. W: Theoret. Schriften. H: Neues HessenDarmstädt. GsgBuch 1786

PORTUGAL (da Fonseca), Marcos Antonio * 24/3 1762 Lissabon, † 7/2 1830 Rio de Janeiro, GMD. f. Kirche, Thea. u. KaM. W: an 40 Opern, 10 Messen, Psalmen usw.

PORZIO, Martino * 3/5 1897 Moltrasio, lebt in Como. W: OrchStücke, FlStücke, VStücke, Lieder

PORZKY, Martin * 22/6 1898, seit 1924 KlavL. am Sternschen Konserv. in Berlin, da ausgeb., seit 1920 erfolgreich konzertierend

POSA, Oskar C. * 16/1 1873 Wien, lebt in Wien, vorher in Graz, da 1911/13 OpKM. W: VSonate, KlavStücke, Lieder

POSCH, Isaak † um 1622, Organ. in Laibach. W: Suiten, mehrst. Gsge

POSELT, Robert * 17/2 1878 Neu-Sandec/Krakau, VVirt. u. Leiter einer MSchule in Zakopane. W: VStücke

POSER, Emil * 7/8 1901 Görlitz, da Pianist u. Dirig. W: Volksstück m. M., Melodramen, Kantate, Motetten, MChöre, auch m. Orch., sinf. Stück, StrQuart., OrgStücke, KlavStücke, UnterhaltsgsM.

POSSE, Wilh. * 15/10 1853 Bromberg, † 20/6 1925 Berlin-Zehlendorf, 1872/1903 Harfenist der Kgl. Kap. in Berlin, da 1890/1923 L. an der Hochschule. W: HarfKompos.

POST, Gebrüder, Söhne des Stadtmusikus Hermann Post in Schivelbein bzw. seit 1873 in Schwiebus, gründ. 1907 ein StrQuart. (1911 in Frankfurt a. M.), das der Inflationszeit zum Opfer fiel. 1) Arthur * 19/1 1869 Schivelbein, lebt in Berlin, da Schüler d. Hochschule, Bratsch., lange Jahre (1902) im Orch. des Hofthea. in Mannheim. W: VLagenschule, VStücke, KlavStücke. 2) Max * 6/1 1875 Schwiebus, lebt als KM. in Frankfurt a. M., der I. Geiger, Schüler v. Andr. Moser, Petri u. Thomson. W: VSchule (bereits in 5. A.), VStücke. 3) Willy * 27/10 1877, lebt in Frankfurt a. O., der II. Geiger, Schüler seines Bruders Arthur u. Naret-Konings, langjähr. L. am RaffKonserv. in Frankfurt a. M. 4) Richard * 3/4 1878 Schwiebus, der Vcellist, Schüler d. a. Jul. Klengels, † 20/9 1933 Lauban. Weitere 4 Brüder gleichfalls Musiker

POSWIANSKY, Benno — s. B. BARDI

POTH, Adolphe Guill. Hubert * 15/9 1885 te Huy (Belg.), VVirt. (KonzM.) seit 1915 in 's Gravenhage, Schüler Charliers u. Ysayes, auch Jos. Jongens

POTHIER, Dom Joseph, Benediktiner * 7/12 1835 Bouzemont/St. Dié, da † 8/12 1923, bedeut. Erforscher des Gregorian. KirchGsgs. W: ‚Les mélodies Grégoriennes', ‚Méthode du chant Grégorien' usw.

POTJES, Edua. * 13/8 1860 Nijmegen, † 12/1 1931 Seattle, NA., vielgereister KlavVirt., ausgeb. u. a. in Köln (Konserv.), zuerst KlavL. in Antwerpen, dann in Amerika. W: Opern, Missa solemnis, Lieder, KlavStücke

POTPESCHNIGG, Heinrich, Dr. med. * 1/8 1847 Graz, da † 1/9 1932, Freund Hugo Wolfs (dessen Briefe an ihn veröffentlicht), treffl. KonzBegleiter, lebte zuletzt in Peggau (Steierm.). W: ‚Zwei Ländlerfolgen aus d. Steiermark', FrChöre, Lieder usw.

POTT, Aug. * 7/11 1806 Northeim (Hannov.), † 27/8 1883 Graz, VVirt., Schüler Spohrs, 1832/61 KonzM. in Oldenburg, lebte dann in Graz. W: 2 VKonz., VDuette usw.

POTT, Therese * 10/10 1880 Köln, da vielgereiste KlavVirt., Schülerin Max Pauers

POTTER, Cipriani * 2/10 1792 London, da † 26/9 1871; 1822 KlavL., 1832/69 Dir. d. R. Acad. of m. W: 9 Sinfon., KaM., viele KlavStücke, auch Konz.

POTTER, Peter, ps. = James SIMON

POTTGIESSER, Karl * 8/8 1861 Dortmund, seit 1890 in München, erst Jurist, dann Schüler H. Riemanns. W: Opern, Festspiel, ‚Eleg. Simfon.', sinf. Dichtgen, KaM., Oratorium, Chöre, Gsge mit Orch., Lieder usw.

POTTHOF, Ernst * 1/9 1871 Iserlohn, KlavVirt. u. MPädagoge in Elberfeld seit 1902. W: KlavStücke

POTULOW, Nikolai * 1810, † 1873, verdient um den russ. KirchGsg (Lehrbuch). H: Sammlung kirchl. Gsge (russ.)

POUEIGH, Jean ps. Octave SÉRÉ * 24/2 1876 Toulouse, lebt in Paris, da Schüler des Konserv. u. d'Indys, auch MSchr. W: Op., Ballett, OrchSuite, gr. Chorwerk m. Orch., KaM., Gsge, auch m. Orch.; ‚Musiciens français d'aujourd'hui'.

POUGIN, Arthur * 6/8 1834 Chateauroux, Depart. Indre, † 8/8 1921 Paris, Schüler d. Konserv., Geiger, KM. u. ML., bis er sich ganz der Schriftstellerei (ps. Pol DAX) widmete. W: Biograph. v. A. Adam, Auber, Bellini, Boieldieu, Rossini, Rousseau, Verdi, Viotti, Supplement zu Fétis ‚Biogr. univers.', ‚Le violon, les violonistes et la m. de v. du 16. au 18. siècle' (1924) usw.

POULENC, Francis * 7/1 1889 Paris, lebt da, gehört zur Gruppe der ‚Sechs'. W: Op., Ballett, BlasKaM., Sonate f. Klav. 4hd., KlavSuiten, Gsge mit Kammerorch.

POUPLINIÈRE — s. LA POUPLINIÈRE

POWEL, James Baden * 1843, † 5/4 1931. W: beliebte KirchM.

POWELL, John * 6/9 1882 Richmond (Virginia), lebt da, Schüler Leschetizkys u. Navratils, vielgereist. KlavVirt. W: Op., KlavKonz., Sonat., Suite u. Sücke, Rhapsodie nêgre f. Klav. u. Orch., VKonz., KaM.

POWELL, Maud * 22/8 1868 Peru (Illinois), † 8/1 1920 Uniontown (Pa), lebte seit 1905 in New York, glänzende, seit 1882 reisende VVirt., Schülerin Schradiecks, Ch. Danclas u. Joachims. W: VTranskriptionen

POWER, (POLBERO), Leonel, engl. KirchKomp. des 15. Jahrh., wahrscheinlich der ursprüngl. Name des Mönches (Komp.) DUNSTABLE (s. d.)

POWOLNY, Anton, ps. John PAULTON * 14/5 1871 Wien, Bearb. in München. W: Mimodrama, Ouvert., UnterhaltgsM.

POZNANSKI, Barrett Isaac * 11/12 1840 Charleston-WVa., † 24/6 1896 London, da seit 1879 geschätzter VL., Schüler von Vieuxtemps, vielgereist. VVirt. W: VStücke, Duette; ‚Violine u. Bogen'

POZNIAK, Bronislaw v. * 26/8 1877 Lemberg, KlavVirt., Führer des Pozniak-Trios, verdienter KlavL. in Breslau, ausgeb. in Breslau u. v. Heinr. Barth. W: ‚ABC des KlavSpielers'

POZZOLI, Ettore * 22/7 1873 Seregno, Schüler des Konserv. in Milano, da Klav- u. GsgL., MSchr. W: Orator., KaM., KlavSuite u. Stücke, Gsge; ‚Sunto di teoria mus., e solfeggi parlate e cantate'

POZZOLO, Bartol. * 21/1 1849 Novi Liguri, Organ. in Vercelli, ⊥1882 KirchKM. in Novaro u. 1892 in Como, da † 13/10 1927. W: Opern, Messen u. a. KirchM. — Sein Bruder Eusebio * 13/1 1858 Vercelli, da † 23/8 1917, Organ., Klav- u. GsgL. W: viel KirchM., OrgStücke, KlavStücke, Gsge

PRACHER, Max * 5/11 1871 Augsburg, RealschulML. in Garmisch, ausgeb. in München (Kgl. Musikschule) u. Regensburg (KirchMSchule), viele Jahre KirchchorDir. in München (treffl. KlavL.). W: OrchMärsche, KlavSon. u. Stücke, Chöre, Lieder; ‚Das erfolgreiche Klavierstudium'

PRACHT, Rob. * 12/4 1878 Mülhausen (Els.), MStudRat u. VerDir. in Karlsruhe (auch in Bruchsal), ausgeb. in Mannheim (Hochschule). W: MChöre, KlavStücke, VStücke.

PRADHER (Pradère), Louis Barthelemy * 18/12 1781, † Okt. 1843 Gray (Haute-Saône), lebte seit 1829 in Toulouse, vorher seit 1802 KlavProf. am Paris. Konserv. W: Opern, KlavKonz. u. Stücke, KaM., Lieder

PRAEGER & MEIER, MVerl. in Bremen, gegr. 1864; seit 1911 übergegangen an Carl Rühle, Leipzig

PRÄGER, Heinr. Aloys * 23/12 1783 Amsterdam, † 7/8 1854 Magdeburg, Geiger u. Gittarist, MDir. in Leipzig, Hamburg, Magdeburg. W: 1 Op., LustspielM., Ballette usw. — Sein Sohn Ferdinand * 22/1 1815 Leipzig, † 1/9 1871 London, seit 1834 ML. in London, eifriger Wagnerianer. W: sinfon. Dichtgen, Trio, KlavStücke, ‚Wagner as I knew him' (unzuverlässig)

PRAETORIUS, Ernst, Dr. phil. * 20/9 1880 Berlin, seit Ende 1935 in Ankara, beauftragt mit der Reorganisation des türk. MLebens, stud. MWiss., auch Fagottist, seit 1909 OpKM. in Köln, Breslau u. Berlin, 1923/24 an der Berliner Staatsoper, 1924/34 GenMDir. in Weimar, lebte 1934/35 in Berlin

PRAETORIUS, Hieron. * 10/8 1560 Hamburg, da † 27/1 1629, Organ. W: Cantiones sacrae, variae usw. — Sein Sohn Jakob * 8/2 1586 Hamburg, da † 21/10 1651, 1604 Organ., Schüler Sweelincks. W: Motetten, Gelegenheitskompos.

PRAETORIUS, Michael * 15/2 1571 Kreuzburg (Thür.), † 15/2 1621 Wolfenbüttel, HofKM. u. Organ. seit 1596, bedeut. Komp. u. Theoretiker. W: viele geistl. Lieder, Psalmen, Motetten, Madrigale (‚Musae Sioniae', 9 Teile) usw., ‚Syntagma musicum' (noch heute sehr wichtige Encyklopädie)

PRAGER, Erich * 1/5 1893, OpSgr, seit 1925 in Gotha. Jetzt ?. W: UnterhaltgsM.

PRAGER, Fritz, ps. WILFRED; WILLFREED * 11/2 1883, Bearb. in Berlin. W: Optte, UnterhaltgsM.

PRAGER, Paul, ps. Harry ARTIS * 14/7 1895 Frankenberg, Sa., MilKM. in Schwerin, ausgeb. in Berlin (Hochschule: Juon). W: OrchSuiten, Fantasien u. Potpourris, HornQuart., Märsche, Tänze, Lieder u. a.

PRASCHINGER, Karl * 5/10 1853 Schwechat/Wien, † 20/5 1909 Wien. W: Zitherkompos.

PRATELLA, Franc. Balilla * 1/2 1880 Lugo (Romagna), da 1910/16 Dir des Istit. m., seit 1927 in gleicher Stellg in Ravenna, Futurist. W: Opern, OrchSuite ‚Romagna', Stücke f. Klav., V. usw. ‚Memorie Rossiniane', ‚Teoria della m.' ‚M. italiana', ‚Evoluzione della m.'

PRATI, Alessio * 19/7 1750 Ferrara, da † 17/1 1788, auch in Paris, Petersburg, München, Holland tätig gewesener OpKM. W: Opern, Sinf., FlKonzerte, KaM u. a.

PRATSCH, Joh. Gottfr., Schlesier † 1798 Petersburg. W: Oper, KlavStücke. H: Sammlg russ. Volkslieder m. Melod. (1790)

PRATT, Silas * 4/8 1846 Addison (Vermont), † 31/10 1916 Pittsburg, Schüler Kullaks, Kiels, Liszts, 1889/1907 L. am Metropol. Konserv. in Newyork. W: 4 Opern, 3 Sinf., KlavStücke usw.

PRATT, Waldo Selden * 10/11 1857 Philadelphia, seit 1882 in Hartford, Conn., ML. (Hymnologe) am theolog. Seminar. H: ‚New dictionary of m.' W: ‚The history of m.', ‚Musical ministries in the church'

PRATTÉ, Edvard * 22/11 1799 Hajda (Böhm.), † 23/5 1875 Odensnäs (Ostgotland), HarfenVirt. W: HarfenStücke, Gsge m. Orch.

PRAUPNER, Wenzel * 18/8 1744 Leitmeritz, † 2/4 1807 Prag, Organ. u. KirchKM. W: KirchM., Sinf., Konz. f. versch. Instr. usw.

PRAWOSSUDOWITSCH, Natalie * 14/8 1899, lebt in Meran. W: OrchStück, Konz. f. StrQuart. u. KaOrch., KlavKonz., KaM., KlavStücke, Lieder

PRECHTL, Ludw. * 14/5 1865 Wien, da ML. † 1930. W: Optte, Wiener Lieder

PRECHTLER, Otto * 21/1 1813 Grieskirchen, OÖst., † 6/8 1881 Innsbruck, Dichter (OpLibr.), befreundet mit Grillparzer, dessen Nachfolger als ArchDir. im Wiener Reichsfinanzminist. (1856/66)

PREDIERI, Giacomo Cesare * um 1665 Bologna, da † 1753, KirchKM. W: Oratorien, KirchM.

PREDIERI, Luca Antonio * 13/9 1688 Bologna, da † 1767, seit 1723 Vorsitz. d. Philharm. Akad. W: 24 Opern, 9 Oratorien

PREHL, Paul * 4/3 1876 Meuselwitz (Thür.), seit 1912 Kantor, Kinderchor- u. VerDirig. in Lpz. W: geistl. GemChöre, MChöre. H: ‚Geistl. Liederschatz', ‚Jauchzet dem Herrn'

PREIL, Arthur * 6/10 1887 Leipzig, da KupletSgr u. MVerl. W: Kuplets (Schlager)

PREIL, Paul, ps. J. B. LUPTON, Erich SEIFERT * 21/7 1879 Leipzig, lebt da. W: MChöre, zahlr. Schlager u. Kuplets (auch im eigenen Verlag)

PREINDL, Jos. * 30/1 1756 Marbach, NÖst., † 26/10 1823 Wien, DomKM., Schüler Albrechtsbergers. W: Messen, Requiem, Offertorien, KlavSonaten usw., ‚Gsglehre', ‚Wiener Tonschule'

PREIS, Christof * 1821, † 12/9 1902 Erlangen, da Stadtkantor. W: MChöre

PREIS, Paul * 18/1 1900 Glatz, EnsKM. in Bad Reinerz, Schüler v. R. Stiebitz. W: Märsche, Tänze

PREISS, Cornelius, Dr. phil. * 20/5 1884 Troppau, seit 1924 L. an der BundesLbildganstalt u. Vorst. der Mozart-Gemeinde in Linz a. D., vorher seit 1908 ML. am Konserv. u. an höheren Lehranstalten in Graz, MSchr. W: Messen, Melodramen, Gem- u. MChöre, Klav- u. VStücke; OpFührer, Biogr. Goldmarks, Rubinsteins usw., Gesch. der M. in Graz u. Steiermark, Beiträge z. VolksGsg usw.

PREISS, Rudolf * 17/12 1881 Wien, da Oberlehrer. H: ‚Unsere Lieder', ‚BauernM.'

PREISSER, ps. = Jul. E. GOTTLÖBER

PREISSLER, Josef, ps. Gius. BOLDI * 3/5 1906 Rosenheim, HarmonikaVirt. in München. W: Tänze f. Harmonika

PREITZ, Franz * 12/8 1856 Zerbst, da † 17/7 1916, OrgVirt., Schüler d. Konserv. zu Leipzig, seit 1885 KirchChordirig., GsgL. u. Organ. in Zerbst. W: Festspiele, Motetten, geistl. MChöre, Terzette, Lieder

PREITZ, Gerhard (Sohn von Franz) * 2/11 1884 Zerbst, seit 1907 (Hof-)Organ. in Dessau u. Chordir., 1924 Prof. W: Liederspiel, KirchM., OrgStücke ‚OrchSuite. H: klass. KlavWerke

PRELINGER, Fritz, Dr. phil. * 2/2 1862 Graz, † 25/8 1930 Breslau, da Pianist, MKritiker seit 1915, vorher Dir. der MSchule in Aschaffenburg u. Schaffhausen, Chordir. in Petersburg 1910/14. W: Weihnachtskant., Lieder. H: Beethovens Briefe

PREMERL, Stanislaus * 28/9 1880 St. Veit/Wippach, Priester, Schüler des Wiener Konserv., seit 1909 DomKM. in Laibach. W: Messen, Motetten usw., OrgStücke

PRENTICE, Thomas Ridley * 6/7 1842 Paslow Hall/Ongar, † 15/7 1895 Hampstead, Organ. u. KlavL. in London, Schüler Macfarrens. W: KlavStücke, Chöre, Lieder. H: Carissimi, Kantaten u. a.

PRENZLER, Rud. * 16/8 1869 Osnabrück, da MStudRat, MDir., Organ., OrgRevisor, MFachberater, KonzDirig., Begleiter, ausgeb. in Berlin (Hochschule, Univ.)

PREOBRASHENSKI, Antoni * 1870, † 17/2 1929 Leningrad (Petersburg), da seit 1902, ausgeb. in Kasan, MWissenschaftler, Erforscher des russ. KirchGsgs

PRERAUER, Kurt * 1/4 1901, bis 1933 Korrepet. der Berliner Staatsop., ausgeb. in Breslau u. auf d. Münchner Akad. Jetzt in ?. W: KaM., Lieder. B: Bizets ‚Perlenfischer‘

PRÈS, Josquin des — s. JOSQUIN

PRESCOTT, Oliveria Luisa * 3/9 1842 London, da † 1919, Schülerin Macfarrens. W: OrchStücke, StrQuart., Chöre usw.; ‚About m.‘, ‚Form or design in m.‘

PRESS, Michael * 29/8 1872 Rußland, treffl. VVirt., ausgeb. v. Hrimaly, lebte 1903/12 in Berlin, jetzt staatl. KonservL. in Michigan. B: viele Transkr. f. V. u. Klav.

PRESSEL, Gustav Adolf * 11/6 1827 Tübingen, † 30/7 1890 Berlin, Schüler S. Sechters, seit 1868 in Steglitz/Berlin. W: Opern, Balladen, Lieder (‚An der Weser‘ u. a.); suchte nachzuweisen, daß Mozart sein Requiem bis auf Kleinigkeiten selbst vollendete

PRESSENDA, Giov. Franc. * 6/1 1777 LequioBerria, † 11/9 1854 Torino, geschätzter Geigenbauer.

PRESSER, Theodore * 3/7 1848 Pittsburg, † 27/10 1925 Philadelphia, da Pianist, seit 1883 MVerleger, hat sehr viel für Künstler getan, 1906 das PresserHeim f. ML. in Philadelphia errichtet. Der Verlag erwarb 1931 den großen, bis ins Jahr 1783 zurückgehenden Verlag Oliver Ditson in Boston u. New York

PRESTELE, Karl * 3/1 1901 München, lebt in Wasserburg am Bodensee, vorher in München, MWissenschatler, Klav-, Org- u. CembaloSpieler, auch Hornist u. Dirig.; Schüler v. Braunfels, Waltershausen u. Sandberger. W: Psalm 130 f. Chor, Soli u. Orch., KaM., Chöre, OrgChaconne

PRESTINI, Gius. * 17/12 1877 Salò, ObVirt. in Firenze. W: ObKonz. u. Studien; Gesch. der Ob., Fl., Klarin., des Fag.

PRESUHN, Alex. * 10/1 1870 Graz, seit 1910 MDir. am Thea. in Stuttgart, urspr. Geiger. W: Oper, BühnenM., Messen, BrKonz.

PRETSCH, Arno, ps. Alfonso ESTRELLO; Mac KING; Vico VIDO * 17/9 1885 Dresden, lebt da, Schüler des dort. Konserv. (Draesekes) u. J. G. Mraczeks. W: Opern, Optte, Weihnachtsmärchen, Ouvert., OrchUnterhaltgsM., KaM., VStücke, Chöre, Lieder u. a.

PRETZSCH, Paul * 2/9 1868 Zeitz, MSchr. in Bayreuth. W: ‚Die Kunst Siegfr. Wagners‘

PREUSS, Alex. * 8/3 1877 Marklissa, urspr. SchulL., 1902 Organ. in Guben, seit 1905 in Berlin, GsgL. u. seit 1910 Organ., seit 1924 Dirig. des MChors ehem. Schüler d. Domchors. W: Kantaten, MChöre (u. a. ‚Sturm‘), KaM.

PREUSS, Arthur * 23/2 1878 Königsberg i. Pr., Tenorist u. GsgL. in Wien, ausgeb. an d. Berliner Hochschule, 1899—1915 an d. Wiener Hofoper, darauf auf Gastspielen. W: Oper, Tonfilm, Lieder

PREUSSNER, Eberhard, Dr. phil. * 22/5 1899 Stolp, MSchr. u. KlavBegl. in Berlin. W: MPädagogik

PREUSSNER, Karl Theod. * 24/5 1895 Marxgrün (OFrank.), da seit 1925 VcVirt. u. ML., ausgeb. in Dortmund, München, Leipzig, bes. von J. Klengel, tätig gewesen in Orch. in Dortmund u. München, Kriegsteilnehmer

PRÉVOST, Eugène Prosper * 23/8 1809 Paris, † 30/8 1872 Neuorleans, Schüler des Pariser Konserv., 1835 TheaKM. in Havre, 1838/62 in Neuorleans, 1862/67 in Paris, seit 1867 wieder in Neuorleans. W: Opern, Oratorien, Messen

PREVOSTI, Franceschina * 13/5 1867 (1865?) Livorno, bedeut., vielgereiste OpSgrin (Glanzrolle: Violetta), GsgL. in Berlin, da Debut 1890

PREYER, Gottfr. * 15/3 1807 Hausbrunn (NÖsterr.), † 9/5 1901 Wien, Vizehof- u. DomKM. 1853/76, 1844/48 KonservDir. W: Oratorium, Messen, Klav- u. OrgM. usw.

PREYER, Wilh. Thierry * 4/7 1841 Manchester, † 15/7 1894 Wiesbaden, 1869/94 PhysiolProf. in Jena. W: ‚Üb. die Grenzen der Tonwahrnehmg‘ u. a.

PRIBIK, Joseph * 1853, ausgeb. in Prag, seit 1880 OpKM. in Rußland, seit 1894 KM. des SinfonieOrch. in Odessa. W: OrchSuiten, KaM., Kantaten, Lieder

PRIEDÖHL, Alfr. * 20/3 1881 Stettin, seit 1923 VerKM. in Frankfurt a. M., urspr. Geiger. W: Orch-, Klav- u. VStücke

PRIEGER, Erich, Dr. phil. * 2/10 1840 Kreuznach, † 27/11 1913 Bonn, Bach- u. BeethovenKenner, befreundet mit Kiel, Rob. Franz, Vierling usw. W: ‚Echt oder unecht? Zur Lukaspassion von

J. S. Bach', ,Fr. W. Rust' usw. H: Beethovens ,Leonore', I. Fassg

PRIETZEL, Amandus * 1/7 1878 Berlin, da Bearb. f. Orch- bzw. SalOrch- u. MilMus. W: UnterhaltgsM. — ps. A. KARL

PRIGGE, Klaus, ps. R. CAPRI * 16/1 1891 Neuenfelde (Hannover), ML. in Kiel. W: Mil-Märsche, Potpourris, UnterhaltgsM.

PRIGO, Aloysius * 6/1 1906 Danzig, da Pianist, da ausgeb. (Konserv.). W: UnterhaltgsM.

PRIHODA, Vása * 24/8 1900 Vodnany, vielgereister VVirt. in Prag. W: VStücke u. Transkript.

PRILL, Karl * 22/10 1864 Berlin, † 18/8 1931 Wien, VVirt., Schüler der Kgl. Hochschule, 1891 KonzM. des GewandhausOrch. in Leipzig, seit 1897 HofkonzM. u. KonservProf. zu Wien. — Sein Bruder P a u l * 1/10 1860 Berlin, † 21/12 1930 Bremen, wo er seit kurzem lebte, Schüler der Berliner Hochschule, urspr. Vcellist, 1901/06 HofKM. in Schwerin, 1908/15 Dirig. des KonzertverOrch. in München, 1916/27 städt. MDir. in Kottbus. — Sein Bruder E m i l * 10/5 1867 Stettin, ausgezeichn. Flötist, lebt in Berlin, da 1892/1928 in der Hofoper, da 1903/34 HochschulL. W: FlSchule, Etüden usw., ,Führer durch die FlLiter.'

PRIMAVERA, Giov. Leonardo 1573 KonzM. in Milano, gab 1565/85 wiederholt Napoletanen u. Madrigale heraus

PRINCIPE, Remigio * 25/8 1889 Venezia, V-Virt., sehr geschätzter KonservL in Palermo. W: VKonz., Studien usw.; ,La storia e lo studio del V.'

PRINGEUR, Harry Thomas † 26/10 1930 London, Dirig. u. Kompon. v. KirchM.

PRINGSHEIM, Heinz, Dr. phil. * 7/4 1882 München, seit 1934 in Icking, OBay., seit 1910 Mker, urspr. Archäol., Schüler Thuilles, zeitw. KM., 1920/34 MSchr. in Berlin. W: OrchRondo, KaM., der 3. Psalm f. Chor u. Orch., Lieder

PRINGSHEIM, Klaus * 24/7 1883 München, seit Herbst 1931 Dir. der MHochschule in Tokio, Schüler Thuilles, Stavenhagens, Mahlers, TheaKM., auch OpReg. u. Dramaturg, 1918/32 in Berlin (bis 1922 KM des Großen Schauspielhauses), MSchr. W: Op., SchauspielM., Lieder (auch m. Orch.); ,Vom modernen Wagnerproblem'

PRINTZ, Wolfg. Kaspar * 10/10 1641 Waldthurn (Bay.), † 13/10 1717 Sorau, Kantor seit 1665; fleiß. MSch. W: ,Compendium m.', ,M. modulatoria' u. v. a.

PRINZ, Leonhard, Dr. phil., ps. ELPÉE * 26/3 1899 Dresden, da seit 1928 KM. am Residenzthea. W: SchauspielM., KaM., Chöre

PRIORIS, Johannes, Schüler Ockeghems, Ende des 15. u. Anf. des 16. Jh. W: Messen u. andre KirchenM.

PRIVAS, Xavier (eigentl. Antoine TARAVEL) * 27/9 1865 Lyon, † 6/2 1927 Paris, Chansonsänger. W: Sehr viele Chansons

PROBST, Heinr. Albert * 1791 Dresden, † 24/5 1846 Leipzig, gründete da am 1/5 1823 einen M-Verl., den er 1831 an Karl Friedr. K i s t n e r verkaufte, da er auf Veranlssg Kalkbrenners nach Paris ging u. sich dort mit I. Pleyel assoziierte; um 1844 kehrte er nach Dtschland zurück, wohnte erst in Dresden, dann in Leipzig. Er war urspr. Lederhändler

PROBST, Willi * 26/9 1880 Dannhausen/Gandersheim, Staatl. SchulML. in Hamburg, da ausgeb. W: Märchenspiel, Orch-, Klav- u. VStücke, M-Chöre, Lieder, bes. Kinderlieder

PROCH, Heinr. * 22/7 1809 Böhm.-Leipa, † 19/12 1878 Wien, da 1840/70 HoftheaKM. W: Opern, Zaubermärchen, Ouvert., viele einst sehr beliebte Lieder (,Alpenhorn', ,Wanderlied') usw.

PROCHÁZKA, Ladislav, wirkl. Name — s. PROKOP

PROCHÁZKA, Ludw., Dr. jur. * 14/8 1837 Klattau (Böhm.), † 18/7 1888 Prag, Begr. der M-Ztschr. ,Hudebné listy' (später ,Dalibor'), 1879 ML. in Hamburg. W: ,Slaw. Volksweisen', Lieder usw.

PROCHÁZKA, Rud., Freih. v. * 23/2 1864 Prag, da höherer Verwaltungsbeamter, MSchüler L. Grünbergers u. Z. Fibichs. W: ,Rob. Franz', ,Mozart in Prag', ,Die böhm. MSchulen', ,Arepeggien' (Musikalisches aus alten u. neuen Tagen), ,Joh. Strauß', ,Das romant. MPrag', Opern, Orch- u. KaM., Lieder, Melodrama ,Christus' (1900) usw. B: Kothes MGesch., 8./11. Aufl.

PROD'HOMME, Jacques Gabriel * 28/11 1871 Paris, lebt da (ausgen. 1897/1900 München), M-Schr. W: ,Le cycle Berlioz', ,H. Berlioz, sa vie et ses oeuvres', ,Les symphonies de Beethoven', ,La jeunesse de Beethoven', ,Paganini', ,R. Wagner et la France', ,L'opéra 1669—1925', usw.

PROFE (Profius), Ambrosius * 12/2 1589 u. † 27/12 1661 Breslau, da seit 1633 Organ. W: Geistl. Konzerte u. Harmonien, Weihnachtslieder

PROFES, Anton * 26/3 1898 Leitmeritz, lebt in Berlin, seit 1916 in Deutschland, ausgeb. u. a. in Prag. W: Optten, UnterhaltgsM.

PROHASKA, Jaro * 24/1 1892 Wien, Preuß. KaSgr, Heldenbar. der Berliner Staatsoper, daneben in Wien, Bayreuth, Gast in Amerika usw., auch Lieder- u. OratSgr., ausgeb. in Wien, war da u. in Rußland urspr. KM.

PROHASKA, Karl * 25/4 1869 Mödling/Wien, † 27/3 1927 Wien, Schüler d'Alberts, Mandyczewskis u. Herzogenbergs, seit 1908 L. an der Akad. W: Op., Kantate, ‚Frühlingsfeier', OrchVariat., wertvolle KaM., Chöre, Lieder, KlavStücke usw.

PROKOFIEFF, Serge * 11/24 April 1891 Sontzovka, Gouv. Jekaterinoslav, seit 1925 teils in Samoreau (Frankr.), teils in Paris, KlavVirt., Schüler des Moskauer u. Petersburger Konserv., 1918 in Amerika, 1922/24 in Ettal/Oberammergau, eigenart. Komp. W: Opern, u. a. ‚Die Liebe zu den drei Orangen' (auch in Deutschl. aufgeführt), Ballett, Sinfon. u. sinfon. Dicht., Ouvert., 5 KlavKonz., VKonz., KaM., KlavSonat. u. Stücke, Gsge

PROKOP, Franz Dominik * 4/10 1803 u. † 19/12 1862 Hlinsko, ČSR, treffl. VBauer

PROKOP, Ladislaw, Dr. med. * 1872 Leitomischl, Arzt in Prag, Schüler V. Novaks. W: Op., Kantate, sinf. Dichtgen, KaM. — vgl. Ladislav **PROCHÁZKA**

PROKOP, Max * 24/7 1888, lebt in Berlin. W: UnterhaltgsM.

PROKSCH, Jos. * 4/8 1794 Reichenberg (Böhm.), † 20/12 1864 Prag, seit 1811 erblindet, Begr. einer sehr angesehenen MSchule (1830). W: Messen, Konz. f. 3 Klav., Kompos. u. Bearb. f. 2 u. mehr Klav. ‚Versuch einer ration. Lehrmethode im Klav Spiel' uw. — Seine Brüder A n t o n * 4/10 1804 Reichenberg (Böhm.), da † 17/5 1866, ausgezeichn. OrgSpieler, Leiter der MSchule u. des GsgVer. — F e r d i n a n d * 1810, † 12/9 1866 Prag, urspr. Mediziner, KlavVirt., in Wien ausgebildet, L. in der Schule seines Bruders 1849/59, dann PrivatML., die letzten Lebensjahre irre.

PROMBERGER, Joh. * 1810 Wien, da † 1890, treffl. Pianist, auch Komp., 1843 in Petersburg, dann in Wien.

PROMNITZ, Werner * 6/6 1907 Göttingen, ausgeb. in Sondershausen (Konserv.) u. Göttingen, (auch Univers.), da MPädag. u. MSchr. seit 1931. W: ‚50 Jahre Hochschule f. M. zu Sondershausen'

PROSKE, Karl, Dr. med. * 11/2 1794 Gröbnig/Leobschütz, † 20/12 1861 Regensburg, Kanonikus u. KirchKM., urspr. Arzt, 1826 Priester, bedeut. Forscher, Sammler alter KirchM. Seine kostbare Bibliothek dem Bistum Regensburg vermacht; zu Studienzwecken allgemein zugänglich seit 1909. H: ‚M. divina' usw.

PROSNIZ, Adolf * 2/12 1829 Prag, † 23/2 1917 Wien, Schüler v. Proksch u. Tomaschek, 1869/1900 KonservL. in Wien. W: ‚Handbuch der Klav-Literatur', ‚Kompendium der MGesch.', ‚Elem. M-Lehre'

PROTHEROE, Daniel * 24/11 1866 Ystradgynlais, SWales, † 24/2 1934 Chicago, da seit 1904 KirchChorDir. u. ML. W: sinf. Dichtg, StrQuart., KirchM., Kantaten

PROTIWINSKY, Hans * 11/12 1876 Wien, da seit 1911 MSchulDir. W: KlavStücke; ‚Wie erlerne ich Klavier', ‚Mein erstes KlavBüchlein'

PROTZE, Herm. * 26/10 1866 Fichtenberg a. E., lebt in Berlin, 1881 Organ. in Leipzig, 1887/89 Schüler des dort. Konserv., gründete 1889 einen MVerlg. W: Cantionale, Choralbuch, Motetten, Lieder, HarmonSchule

PROTZE, Kurt, ps. Armin PERETZ; Marko PLESSING, Armin POREZ * 4/5 1891 Leipzig, lebt in Berlin, Schüler seines Vaters Hermann P., Amad. Wandelts, K. Kämpfs u. Hugo Heermanns. W: Spielop., Optte, Singspiel, VStücke, KlavStücke, Balladen, Lieder.

PROUT, Ebenezer * 1/3 1835 Oundle (Engl.), † 5/12 1909 London, urspr. Organ. u. KlavL., seit 1894 MProf. a. d. Univer. Dublin. W: ‚Harmony', ‚Counterpoint', ‚Double Counterpoint and Canon', ‚Fugue', ‚The orchestra', 4 Sinfon., KaM., OrgKonz., dramat. Kantaten usw.

PROUT, Louis B. (Sohn Ebenezers) * 14/9 1864 Hackney/London, L. an der Guildhall-School in London. W: Psalm 93 f. Chor u. Orch., Lieder, theor. Schriften, u. a. ‚Analysis of Bach's 48 Fugues'

Provaznik, Anatol * 10/3 1887 Rychnov/Kn. (ČSR), Komp. u. in der Leitg der MAbtg des Rundfunks in Praha, da 1904/07 auf d. Konserv., 1907/11 Domorgan., Kriegsteiln., 1929 Studium d. Elektroakustik in Berlin, dann beim Prager Rundfunk. W: Opern, OrchSuiten, Fant. f. Br. u. O-ch., KlavSuite; ‚Cantantibus Organis' Variat. f. Chor, Soli, Org. u. Orch. usw.

PROVENZALE, Francesco * um 1630 Napoli, da † Sept. 1704, Begr. der sogen. napolitan. Schule, vielleicht = Franc. della TORRE. W: Opern, Orat., KirchM.

PRUCKNER, Dionys, * 12/5 1834 München, † 1/12 1896 Heidelberg, Schüler Fr. Liszts, seit 1859 Prof. am Stutgarter Konserv., seit 1864 auch Kgl. Hofpianist

PRUCKNER, Karoline * 4/11 1832 Wien, da † 16/6 1908, erst OpSgerin in Hannover u. Mannheim, dann GsgL. in Wien. W: ‚Theorie u. Praxis der Gsgskunst', ‚Über Ton- u. Wortbildg'.

PRUDENT, Emile * 3/2 1817 Angoulême, † 14/5 1863 Paris, da Schüler d. Konserv., dann KlavL. W: 2 KlavKonzerte, viele Salonstücke

PRUDHON, Louis, ps. = L. GANNE

PRÜFER, Arthur, Dr. jur. et phil. * 7/7 1860 Leipzig, erst Jurist, da Schüler des Konserv., 1895 PrivDoz., 1902 ao. Prof. der MWissensch. an der Univers. W: ‚Das Werk von Bayreuth', ‚Die M. als tönende Faust-Idee'; Biogr. u. NA. der Werke J. H. Scheins usw.

PRÜFER, Clemens * 6/1 1843 Thieschitz/Gera, † 5/4 1914 Gera, da Organ. seit 1869 u. L. eines von ihm nach Lina Ramannschen Grundsätzen 1871 gegründ. MInstit. W: OrgStücke. H: Helfers Choralbuch usw.

PRÜFER, Herm. * 1/10 1844 Neusalz, Schles., † 25/6 1914 Berlin, da GsgL., 1899/1909 DomchorDir.

PRÜMERS, Adolf * 1/9 1877 Burgsteinfurt, seit 1922 Organ., Chordirig. u. ML. in Herne, Schüler Müller-Hartungs, Kleffels, F. W. Frankes u. H. Urbans, 1903/10 TheaKM., 1911/19 VerDir. in Tilsit. W: Orator., KirchKantate, MChöre (3 VokalSinf.)); Silcher-Biogr.

PRÜWER, Jul. * 20/2 1874 Wien, lebt in Berlin, Schüler des Wiener Konserv., treffl. Konz. u. OpDirig., 1896/1923 in Breslau, 1923/24 GenMDir. in Weimar, 1924/33 DirigL. an d. Hochsch. in Berlin, 1925/32 auch Dirig. des Berliner Philharm. Orch. W: Führer durch die Elektra v. Rich. Strauß

PRUME, Franç. Hubert * 3/6 1816 Stavelot/Lüttich, da † 14/7 1849, erblindet, VL. am Konserv. W: Etüden u. a. f. V. (‚La Mélancolie')

PRUMIER, Ange Conrad * 5/1 1820 Paris, da † 3/4 1884, seit 1870 HarfProf. am Konserv. W: KirchM., HarfStücke. — Sein Vater A n t o i n e * 2/7 1794 in Paris, da † 20/1 1868, HarfVirt., seit 1836 KonservL. W: HarfStücke

PRUNIÈRES, Henri * 24/5 1886 Paris, da hervorrag. MSchr. W: ‚Lully', ‚L'opéra italien en France avant Lully', ‚Monteverdi' u. a. H: La revue musicale, Werke Lullys

PRUSIK, Karl, Dr. phil. * 19/5 1896 Wien, da Lautenforscher. W: Lieder z. Git., Stücke f. Git., auch m. V.

PRUSSE, Theod. * 28/4 1873 Großpreiskerau, Schles., KlavVirt., seit 1919 ML. in Frankf. a. ‚O. (1900/15 in Berlin), † 24/1 1932. W: KaM., KlavStücke

PRZECHOWSKI, Hans * 24/6 1904 Stettin, Organ. u. (kath.) KirchChorDir. in Berlin, Schüler v. L. Schrattenholz u. Schreker. W: KaM., Chöre, Lieder

PRZETAK, Paul, auch PRZETAK-JOACHIM, ps. Günter JOACHIM * 21/9 1890, Bobern, Kr. Lyck, auch Textdichter u. MVerl., ausgeb. in Königsberg, u. a. bei Fiebach u. Scheinpflug. Lebt in Berlin. W: Optte, UnterhaltgsM., Schlager

PRZIODA, Artur * 23/1 1895 Dresden, lebt da. W: Oper, Orator., Kantaten

PTOLEMÄOS, Claudios, Mathematiker im 2. Jh. n. Chr. in Alexandria (Ägypten). W: ‚Harmonica' (wichtig für die Kenntnis der alten griech. M.)

PUCCINI, Antonio, * 1747 Lucca, da † 3/2 1832. W: KirchM.

PUCCINI, Domenico * 1771 Lucca, da † 25/5 1815. W: Opern, KirchM.

PUCCINI, Giacomo * 1712 Lucca, da † Mai 1781, Organ. W: KirchM.

PUCCINI, Giacomo, Sohn Micheles * 22/12 (!) 1858 Lucca, † 29/11 1924 Brüssel, Schüler d. Konserv. zu Milano, sehr erfolgreicher OpKomp. W: Opern ‚Edgar' 1881, ‚Le Villi' 1884, ‚Manon Lescaut' 1893, ‚La Bohême' 1896, ‚Tosca' 1900, ‚Madame Butterfly' 1906, ‚La fanciulla del' West' 1910, ‚La rondine' 1917; die Einakter ‚Il Tabarro', ‚Suor Angelica' u. ‚Gianni Schicchi' 1919, ‚Turandot' 1924, Messe u. a.

PUCCINI, Michele * 27/12 1813 Lucca, da † 23/1 1864. W: KirchM.

PUCCITTA, Vinc. * 1778 Civitavecchia, † 20/12 1861 Milano. W: 30 Opern (vergessen).

PUCHALSKI, Wladimir * 2/4 1848 Minsk, † ? Kiew, KlavVirt., da seit 1876 Dirig. u. später KlavL. am Konserv. W: Oper, Liturgie, Orch-Fantas., KlavStücke, Lieder

PUCHAT, Max * 8/1 1859 Breslau, † 12/8 1919 im Karwendelgebirge (durch Absturz), Schüler Kiels, 1896 MDir. in Paderborn, 1903/05 Dirig. in Milwaukee, 1906 Dirig. d. Wiener Singakad., seit 1910 KonservDir. in Breslau. W: sinf. Dichtg, Ouvert üb. ein nord. Thema, KlavKonz., StrQuart., KlavStücke, Lieder usw.

PUCHTLER, Wilh. Maria * 24/12 1848 Holzkirchen (Bay.), † 11/2 1881 Nizza, Schüler des Suttgarter Konserv., 1873/79 MDir. in Göttingen. W: Chorwerk, brillante KlavStücke usw.

PUCITTA, Vincenzo — s. PUCCITTA

PUDELKO, Walther * 20/8 1901 Altwasser-Waldenburg (Schles.), lebt in Königsberg i. Pr. H: Meisterwerke alter Lautenkunst

PUDOR, Heinr. * 29/8 1865 Dresden, Vcellist u. MSchr., lebt in Leipzig

PUDOR, J. Friedr. * 1835 Delitzsch, † 9/12 1887 Dresden, da seit 1859 Besitzer des Konserv.

PÜSCHEL, Eugen * 26/5 1883 Aschaffenburg, seit 1910 Gewerbeschulprof. u. MKrit. in Chemnitz. W: KlavStücke, Chöre, Lieder

PÜTZ, Heinrich * 6/6 1865 Köln, Chordirig. in Köln-Ehrenfeld, Schüler v. Jos. Schwartz. W: MChöre

PÜTZ, Ludw. * 27/1 1868 Schönthal (Rheinprov.), Domorgan. in Aachen. W: Messen, u. a. KirchM., MChöre

PUGET, Louise * 1810 Paris, da † nach 1869, Schülerin Ad. Adams. W: Optten, viele einst bel. Lieder

PUGH, Joh. * 12/1 1851 Glücksburg, seit 1875 ML. in Altona, Zithervirt. W: viele ZithKompos.

PUGNANI, Gaetano * 27/11 1731 Torino, da † 15/6 1798, vielgereister Geiger, seit 1770 HofKM. in Torino. W: Opern, Sinf., KaM., VKompos.

PUGNI, Cesare * 1805 Genua, † 26/1 1870 Petersburg, da seit 1851 Ballettkomp. des Kais. Thea., Schüler des Mailänder Konserv. W: 10 Opern, an 300 Ballette, 40 Messen

PUGNO, Raoul, ps. Roland KOHR * 23/6 1852 Montrouge (Isle de France), † 3/1 1914 Moskau (auf KonzReise), KlavVirt., Schüler der KirchMSchule Niedermeyers u. des Konserv. in Paris; da 1871 Organ., 1878 KirchKM., 1892/1901 HarmonieProf. am Konserv. W: Opern, Optten, Ballette, Oratorium, Gsge, KlavStücke usw. H: KlavWerke Chopins.

PUHLE, Rich. * 22/4 1889 Berlin, freier Prediger u. Evangelist der dtsch. Zeltmission, Sänger in Eisenach. W: Chöre, geistlvolkstüml. Lieder u. Balladen

PUJOL, Emilio * 7/4 1886 Granadella, span. Prov. Lerida, ausgeb. in Barcelona u. bei Tarrega, vielgereister GitVirt., seit 1920 in Paris. W: GitStücke u. Bearb.

PUJOL, Juan * um 1573, † 1626 Barcelona, da DomKM., vorher in Tarragona u. Saragossa. W: KirchM.

PUJOL, Juan Bautista * 1836, † Dez. 1898 Barcelona, KlavVirt. u. ML. W: KlavStücke; ‚Nuevo mecanismo del Piano'

PUJOL POUS, Francisco * 15/5 1878 Barcelona, da KM. u. KonservDir., auch MSchr. W: OrchStücke, Stücke f. das CoblaOrch., Chöre

PULIKOWSKI, Jndian v., Dr. phil. * 24/5 1908 Görlitz, seit 1934 Leiter der MAbt. der Nationalbibl. u. Prof. d. MWiss. am staatl. Konserv. in Warschau, ausgeb. in Wien (Univ.; Kompos. bei Jos. Marx). W: Fachschr., ‚Gesch. d. Begriffes Volkslied im musikal. Schrifttum'

PULITI, Leo * 29/6 1818 u. † 15/11 1875 Firenze, da MSchr.

PULVER, Jeffrey * 22/6 1884 London, da Geiger (Schüler Sevčiks u. Marteaus u. a.), Viola d'amore-Spieler, MSchr. W: ‚A biogr. dictionary of old english m.' usw.

PULVERMACHER, Benno * 23/6 1862 Berlin, seit 1888 GsgL. in Breslau, 1882/87 OpKM. u. a. in Posen u. Breslau. W: ‚Die Schule der Gsgsregister als Grundlage der Tonbldg'

PULVIRENTI, Alfio * 10/10 1885 Aci S. Antonio (Sizil.), BlechML in Napoli. W: Op., Stücke f. BlasM., V. usw.; Gsge

PUNTO — s. STICH

PUPPO, Gius. * 12/6 1749 Lucca, † 19/4 1827 Firenze, VVirt., auch OpKM. in Paris 1784/1811 u. Napoli 1811/17. W: Konz., Etüden, Duette f. V.; KlavFantas.

PURCELL, Henry * 1658 Westminster (London), da † 21/11 1695, Englands bedeutendster Komp., 1680/85 Organ., 1683 kgl. Hofkomp. W: Opern, SchauspielM., KirchWk, KaM. usw. Ges-Ausg. seiner Werke erscheint bei Breitkopf & Härtel 1876 ff. — Sein Bruder Daniel * um 1660, † 12/12 1717, 1688 Organ. in Oxford, seit 1696 in London, auch tücht. Komp. W: BühnenM., KirchM.

PURGOLD, Nadeshda — s. RIMSKY-KORSAKOW

PUSCHMANN, Adam * 1532 Görlitz, † 4/4 1600 Breslau, Kantor. W: ‚Gründl. Bericht des dtschen Meister-Gsges', ‚Singebuch'

PUSTET, Friedr., gründete am 13. 11. 1826 in Regensburg einen KirchMVerlag, der 1921 mit dem Verlag Kösel in Kempten vereinigt wurde

PUTTMANN, Max * 23/7 1864 Berlin, Schüler der kgl. Hochschule, MRef. u. VerDirig. in Altenburg, vorher lange Jahre in Leipzig, † 10/7 1935

PUZONE, Gius. * 12/2 1820 Napoli, da † 17/10 1914, 1844/64 OpKM., 1875/1906 KonservL. W: Opern, KirchChöre

PYLÉE, P. ps. = Peppi WETZEL

PYPER, Willem — s. PIJPER

PYSCHNOW — s. PIJSCHNOV

Qu

QUAAS, Felix * 1869 Libau, stud. in Moskau Gsg u. Rechtswissensch., bis 1902 Rechtsanwalt, seit 1903 in Berlin Stimmbildner. W: ‚Das Schaffen von Stimmen' (russ. 1899)

QUADFLIEG, Gerhard Jakob * 27/8 1854 Breberen, RB. Aachen, † 23/2 1915 Elberfeld, da seit 1881 L. (1898 Rektor), Organ. u. Chordir. W: Messen, Motetten, OrgBegeit. z. Graduale Romanum usw. B: Sammlg kathol. Gge u. OrgStücke

QUADRI, Domenico * 1801 Vicenza, † 29/4 1843 Milano, 1831/40 Dir. einer MSchule in Napoli. W: Theor. Lehrbücher u. Schriften.

QUAGLIATI, Paolo * um 1555 Chioggia, † 16/11 1623 Rom, da seit 1574. W: Monodien, Canzonetten, Madrigale usw.

QUANDT, C. J. begründete 1854 die noch bestehende KlavFabrik in Berlin

QUANTE, Bernhard * 13/12 1812 Coesfeld (Westf.), † 7/10 1875 Münster i. Westf., da 1835 Priester, 1840/51 Schulrektor in Rees (Niederrhein), darauf kirchenmusikal. Studium in Rom u. Regensburg, 1855/68 DomChordir. in Münster, wo er sehr verdienstvoll wirkte. W: ‚Zur Reform des KirchGsgs', H: ‚Caecilia. Sammlg latein. KirchGsge'

QUANTEN, Emil * 1827 Finnland, † 1903 San Remo, Kompon. des finnländ. National-Lieds ‚Suömis sang'

QUANTZ, Joh. Joach. * 30/1 1697 Oberscheden/Göttingen, † 12/7 1773 Potsdam, berühmter Flötist, L. Friedrichs d. Gr., seit 1741 in Berlin. W: an 300 FlKonz. u. 200 Soli = Sonaten, FlSchule

QUARANTA, Costantino * 1813 u. † 31/5 1887 Brescia, KirchKM. W: KirchM., 1 Op.

QUARANTA, Francesco * 4/4 1848 Napoli, † 26/3 1897 Milano, Schüler Mercadantes. W: seinerzeit sehr beliebte Romanzen

QUARENGHI, Guglielmo * 22/10 1826 Casalmaggiore, † 4/2 1882 Milano, da DomKM u.VcellL am Konserv. W: Op., KirchM., treffl. Vcellschule (1877)

QUARITSCH, Joh. * 18/2 1882 Magdeburg, da OrgVirt. u. seit 1920 KonservDir. W: Opern, 5 Sinf., KaM., 9 KlavSonat.

QUAST, Rud. * 4/7 1889 Stettin, TheaM., seit 1919 Städt. KM in Zittau. W: sinfon. Dichtgen

QUATREMÈRE DE QUINCY, Antoine Chrysostome * 28/10 1755 u. † 28/12 1849 Paris, Sekr. der Akad. der Künste, MSchr. W: ‚De la nature des opéras buffons' u. a.

QUEDENFELD, Ernst * 18/5 1868 Magdeburg, ML. u. VerDir. in Oschersleben (Harz), urspr. Geiger, auch Bsger. W: Chöre, Lieder, KlavStücke

QUEDENFELD, Wilh. * 1/6 1863 Alleringersleben, Ka Neuhaldensleben, seit 1896 in Stendal, da 1898/1924 Schulrektor. W: MChöre

QUEDENFELDT, Gust., Dr. jur. * 26/9 1871, Leiter der MBühne in München, zeitweis Tenor u. TheaDirektor. W: Optten-Libretti

QUEF, Charles ps. LOS-KINE * 1/11 1873 Lille, vielgereister OrgVirt., Organ. in Paris seit 1898. W: Suite u. a. f. Orch., KaM., viele Org- u. HarmonStücke, Motetten

QUEISSER, Karl Traugott * 11/1 1800 Döben/Grimma, † 12/6 1846, PosaunenVirt. in Leipzig (seit 1830), da seit 1841 KonzM. der ‚Euterpe' u. StadtMD.

QUELING, Riele * 30/5 1897 Krefeld, VVirt. u. Führerin e. DamenStrQuart. in de Bilt/Utrecht, bis zu ihrer Verheiratg m. Dr. Scholtend 1935 in Köln, Schülerin Elderings

QUELING, Theo. * 5/4 1856 Sterkrade, urspr. SchulL., Schüler d. Inst. f. KirchM. in Berlin, seit 1888 ML. u. Chordir. in Paderborn. W: Festspiele f. Mädchschulen, Messen, Chöre, Lieder

QUELLE & MEYER, Verlag, Leipzig, gegr. 1/7 1906, verlegt auch MLiteratur

QUIDANT, Alfred (eigentl. Joseph) * 7/12 1815 Lyon, † 9/10 1893 Paris, KlavVirt. W: KlavStücke; ‚L'âme du Piano'

QUIEL, Hildegard * 23/4 1888 Berlin-Lichterfelde, akad. SchulML. in Wittenberge, lebte vorher lange in Lichterfelde, Schülerin Elis. Kuypers u. Humperdincks. W: Märchenspiel, KlavTrio, KlavVSonate, Chöre, Lieder

QUIEL, Joh. Heinr. * 1680 u. † 26/9 1768 Nimptsch (Schles.), sehr um die Pflege der KirchM. bis an sein Lebensende verdienter Kantor, der eine große KirchMBibliothek gesammelt. — Sein Sohn J o h. G o t t l i e b * 1716 Nimptsch, † 1779 Schmiedeberg i. Riesengeb., da seit 1748 Kantor, urspr. Jurist. W: Oratorium, Kantaten, GelegenheitsM.

QUILTER, Roger * 1/11 1877 Brighton, lebt in London, Schüler Iwan Knorrs. W: Suiten usw. f. Orch., KlavStücke, Chöre, Lieder

QUINAULT, Jean Bapt. Maurice, † 1744 Gien, Schauspieler, Sger, in Paris seit 1712. W: Intermedien, Ballette usw.

QUINAULT, Philippe * 3/6 1635 Paris, da † 26/11 1688, begabter Dichter, Librettist bes. Lullys

QUINCHE, Albert * 11/6 1867, ML., Organ. u. ChorDir. in Neuchâtel. W: GemChöre, Lieder, KlavStücke

QUINCY — s. QUATREMÈRE de Quincy

QUINET, Fernand * 29/1 1898 Charleroi, VCellist in Brüssel. W: KM, Kantate, Lieder

QUINT, Heinz * 18/12 1870, ML. u. Theoretiker in Wien. W: ‚Die Tonschubleiter', ‚Kernfunktion u. Tonbezifferg'

QUINTIERI, Maurizio * 24/12 1887 Calabro (Cosanza), stud. in Napoli, da ML. W: Opern, sinfon. Dichtg, KM., KlavStücke usw.

QUINTILIANUS, Aristides — s. ARISTIDES

QUIQUEREZ, Herm. † 27/1 1925 Wien. W: MChöre, Lieder, Tänze

QUIROGA, Manuel * 1890 Pontevedra, ausgez. VVirt. in Madrid, da u. in Paris (Konserv.) ausgeb.

QUIRSFELD, Joh. * 22/7 1642 Dresden, † 18/6 1686 Pirna, Kantor u. Archidiakonus. W: ‚Breviarium musicum' (5 A.); ‚Geistl. Harfenklang' (Choralbuch)

QUITTARD, Henri, Dr. phil. * 13/5 1864 Clermond-Ferrand, † 21/7 1919 Paris, hervorrag. MForscher, Schüler C. Francks. W: ‚Les Couperins'

QUOIKA, Rud. * 6/5 1897 Saaz, da SchulL., Organ. u. MSchr. W: ‚Gesch. der Glocken in Saaz', OrgSonat.

R

RAABE (Martin) & PLOTHOW, Berliner M-Verl., verkauft 1919 an N. Simrock

RAABE, Peter, Dr. phil., * 27/11 1872 Frankfurt a. O. Schüler d. Hochschule in Berlin, geschätzter Dirig., war KM. in Königsberg, Elberfeld, Amsterdam, 1903 KaimorchDir. in München, 1906 Dirig. in Mannheim, 1907/20 HofKM. in Weimar; 1920/34 städt. GMD. in Aachen, auch MSchr., 1924/34 auch HonProf. an der Techn. Hochschule. Wohnt in Weimar; seit Juni 1935 Präsident der RMK. (von Montag nachmitt. bis Freitag in Berlin). W: KlavStücke, Lieder; ‚Liszt' (2 Bde), ‚Die M. im dritten Reich'. H: Werke Liszts

RAABE-BURG, Emmy * 2/6 1877 Przemysl, † 6/7 1927 Berlin, urspr. KlavVirt. (Wunderkind), Schülerin Mikulis u. A. Rubinsteins, dann gefeierte KolorSgrin (auch in Amerika), seit 1904 GsgL. in Berlin

RAAFF (Raff), Anton * 6/5 1714 Gelsdorf, Kr. Ahrweiler, † 28/5 1797 München, berühmter, auch im Ausland bekannt gewesener Tenor, seit 1770 im Dienste des Kurfürsten v. d. Pfalz Karl Theodor

RAASCH, Hermann, ps. W. TREESEMER * 27/11 1892 Tempelhof/Berlin, KonservDir. in Berlin seit 1920, da Schüler des Brandenburg. Konserv. 1905/15. W: Ouvert., Tänze, Märsche

RAASCH, Paul, ps. P. RÖMER * 4/8 1888 Schöneberg/Berlin, lebt in Berlin-Charlottenburg, gründete da 1929 den Verlag ‚Stimmung', 1905/9 MilMusiker. W: Schlager

RAASTED, Niels Otto * 26/11 1888 Kopenhagen, da seit 1924 Domorgan., Schüler des dort. Konserv., Regers u. Straubes, 1915/24 Organ. in Odensee. W: KaM., OrgSon., Chöre usw.

RAATZ-BROCKMANN, Jul. von * 29/4 1870 Hamburg, urspr. Jurist, ausgezeichn. KonzBaritonist, seit 1907 in Berlin, sehr geschätzter GsgL., 1923/35 an der staatl. Hochschule

RABAUD, Henri * 10/11 1873 Paris, Schüler Massenets, 1897 Rompreisträger, zeitweilig KM. an der Kom. Oper in Paris, seit 1920 da KonservDir. W: Opern, u. a. ‚Marouf le savetier de Caire', Orator., Sinf., sinf. Dichtgen, u. a. ‚La procession nocturne' (nach Lenaus ‚Faust'), StrQuart., Lieder

RABBONI, Gius. * 16/7 1800 Cremona, † 10/6 1856 Varenna, FlVirt., seit 1827 KonservL. in Milano. W: FlKompos. u. Etüden

RABE, Christ. Gust. Gottl. * 18/10 1815 Halle, † 27/2 1876 Königsfelden (Aargau), seit 1848 MDir. in Lenzburg. W: Lieder, MChöre

RABICH, Ernst * 5/5 1856 Herda a. Werra, † 1/2 1933 Gotha, Schüler Thureaus u. v. Mildes, 1880 SemML., Hoforgan. u. Dirig. d. ‚Liedertafel' usw. in Gotha; 1897 Prof. H: ‚Blätter für Haus- u. KirchM.' 1897/1915; ‚Musikal. Magazin. W: große Chorwerke, ‚Psalter u. Harfe' (Motettensammlg.), ‚Thüring. Liederkranz' f. MChor u. v. a.

RABL, Walther, Dr. phil. * 30/11 1873 Wien, lebt in Magdeburg, war TheaKM. in Düsseldorf, Dortmund usw., 1915/24 städt. MDir. in Magdeburg, von Brahms sehr geförderter, neuerdings wenig hervortretender Kompos. W: Oper, Sinf., KlavQuart. (mit Klarin.), VSonate, Lieder

RABSCH, Edgar * 1/11 1892 Charlottenburg, Kantor, Organ. u. StudRat in Itzehoe, vorher u. a. in Freienwalde a. O. (1919/22), Berlin, Plön (1924/32), Schüler Geo. Schumanns, sehr tätig auf dem Gebiet der MSchulreform. W: ‚Gedanken über MErziehg‘, ‚M. im Alumnat‘ u. a.; KaM, Org- u. KlavStücke, Schulopern, Jugendspiele, Kantaten, u. a. ‚Feier der Arbeit‘ (1935), Chöre, Lieder, u. a. ‚Lieder der neuen Zeit‘ (1935). H: ‚Dtsche Kriegslieder‘

RABUS, Hugo * 15/12 1865 Mannheim, V-Virt., VL. (Vertreter der Analogiemethode behufs Auswendigspielens), u. MVerleger (Verlag Polyhymnia) in Offenbach a. M., Schüler Brodskys, Sitts u. Halirs, lebte lange in Leipzig. W: Oper, Sinf., VKonz. u. Stücke, MChöre

RACHELS, Louis, ps. = HURÉ

RACHLEW, Anders * 26/8 1882 Drammen, KlavVirt. in Kopenhagen. W: KlavVSon., Klav-Stücke, Lieder

RACHMANINOFF, Sergei Wassiljewitsch * 2/4 1873 Nowgorod, lebt in New York, Schüler d. Kons. in Petersburg u. Moskau, treffl. Pianist u. Komp., 1903 L. am Marieninst. in Moskau, lebte dann in Dresden u. Amerika, 1912 KM. an der Kais. Op. in Petersburg, 1919 in Newyork, 1924 in Dresden. W: Opern, Chorwerk ‚Die Glocken‘, Sinf. und andere OrchW., KlavKonz., KlavTrio, KlavVc-Sonate, KlavStücke, Lieder usw.

RACKWOOD, Fred, ps. = Fritz RECKTENWALD

RACKY, Rudolf * 1/6 1891 Frankfurt a. M., da Pianist u. TheorL., Schüler I. Knorrs, Sekles' u. Waltershausens. W: Oper, Requiem, StrQuart., KlavSon., Lieder; ‚Die Technik des KlavÜbens‘

RADECK, Ferd. * 30/12 1828 Spandau, † 21/9 1903, Garnison-VerwaltDir. in Görlitz, langjähr. MilKM. in Posen. W: Fridericus Rex u. a. Märsche

RADECKE, Rob. * 31/10 1830 Dittmannsdorf/ Waldenburg (Schles.), † 21/6 1911 Wernigerode, besuchte das Leipziger Konserv., seit 1854 in Berlin, veranstaltete hier große Orch.- Chor- und KaMKonz., 1863/87 HofopKM., seit 1874 Mitgl. der Akad. der Künste, 1883/88 artist. Dir. des Sternschen Konserv., 1892/1907 Dir. des kgl. Instituts für KirchM. W: Liederspiel ‚Die Mönkguter‘, Sinf., 2 Ouvert. (‚Am Strande‘), KlavStücke, FrChöre, Lieder (sehr bekannt ‚Aus der Jugendzeit‘) usw. — Sein Sohn E r n s t R., Dr. phil. * 8/12 1866 Berlin, † 8/10 1925 Winterthur, Schüler des Sternschen Konserv., 1892 Korrepet. am Stadttheater zu Leipzig, seit 1893 MSchulDir. und VerDirig. in Winterthur. — R u d o l f * 6/9 1829 Dittmannsdorf (Schles.), Bruder von Rob. R., † 15/4 1893 Berlin, da seit 1855 als GsgverDirig. u. L. (1861/71) am Sternschen Konserv. W: Klav-Stücke, Chorwerke, Lieder usw.

RADECKI, Karl von * 8/3 1842 Wohlersdorf (Livland), † 12/10 1885 Davos, Schüler des Lpzger Konserv., 1869 MDir. in Landau, 1871 Dir. der Karlsruher MSchule, seit 1875 VcVirt. in Davos. W: KaM., Gsgschule, Lieder, KlavStücke

RADEGLIA, Vittorio * 1863 Konstantinopel, lebt da. W: sinf. Dichtg, VcSonate, KlavStücke, türk. Nationalhymne

RADEKE, Ulrich, ps. S. GUDERT * 20/12 1870 Anklam, VerDir. in Berlin/Kladow, ausgeb. auf dem Konserv. Klindworth-Scharwenka. W: 2 Sinf., KaM., KlavStücke, VStücke

RADEMACHER, Joh. Mart. * 11/2 1863, seit 1901 Organ. in Geestemünden, hervorrag. Org-Virt. (bes. Bachspieler), ausgeb. in Berlin (A. Haupt; A. Löschhorn)

RADICATI, Felice * 1778 Torino, † 14/4 1823 Wien, VVirt., Schüler Pugnanis, seit 1815 KM. u. VL. in Bologna. W: viel KaM. f. StrInstrum.

RADICIOTTI, Gius. * 25/1 1858 Jesi Le Marche, † 6/4 1931 Tivoli, da seit 1895 GeschProf., ausgez. MSchr. W: ‚Pergolesi‘, ‚Rossini‘ usw.

RADICZ, Bela † 21/2 1930 Budapest, 67 jähr., berühmter ZigGeiger u. Tanzkompon.

RADNAI, Miklos * 1/1 1892 Budapest, da seit 1919 TheorProf. an der Landesakad., Schüler Koeßlers. Seit 1925 auch OpDir., † 4/11 1935. W: Oper, OrchM., KaM., Chorwerke, Lieder

RADNITZ, Janscy * 1902 Budapest, Geigerin in Berlin, zeitweilig Führerin eines nach ihr gen. DamenStrQuart., Schülerin von Andr. Moser u. Ad. Busch. Lebt jetzt in ?

RADOLT, Wenzel Ludw. Frh. v. * 1667 Wien, da † 1716. W: Konz. f. Laute, V., Gambe u. a.

RADOUX, Charles (Sohn Théodores) * 30/7 1877 Lüttich, da seit 1900 KonservTheorL. W: Opern, große Chorwerke, sinf. Dichtgen, Klav-Stücke usw.

RADOUX, Jean O. * 4/9 1825 Lüttich, da † 12/1 1889, HornVirt., 1856/86 KonservL., auch ChorDir. W: KirchenM., weltl. Kantaten, Chöre, MilM.

RADOUX, Théod. * 9/11 1835 Lüttich, da † 21/3 1911, Schüler d. dort. Konserv., seit 1872 Dir. desselben, urspr. Fagottist. W: Opern, Orat., Kantat., OrchKompos. usw., Biogr. ‚Vieuxtemps‘

RADZIWILL, Ant. Heinr., Fürst * 13/6 1775 Wilna, † 7/4 1833 Berlin, Statthalter im Großherzogtum Posen, spielte Vc. u. sang. W: gediegene M. zu Goethes ‚Faust', Romanzen

RAEBEL, Hans * 27/6 1869 Bielefeld, Vcellist in Eisenach, ausgeb. in Weimar u. Stuttgart, zeitweilig in Weimar, Stuttgart, Münster u. Aachen engagiert. W: VcStücke, Lieder

RAEBEL, Max * 8/1 1874 Bielefeld, lebt in Eisenach seit 1919, wirkt aber als KM. u. Vortragender daneben in Norwegen u. Island, ausgeb. in Weimar, 1893 in Schweden, dann KM. 1900/05 u. ML. 1905/09 in Trondhjem, Reisen nach Island, verwendet isländ. u. nordische Volkslieder in seinen Kompos., auch Geograph u. Maler. W: Sinf., OrchSuiten, Ouvert., norweg. Tänze, KlavStücke, viele Lieder

RAEDER, Alwin * 13/11 1842 Dresden, † 3/11 1917 Berlin, Kenner der TheaGesch.

RAEDER, Gust. * 21/4 1811 Breslau, † 16/7 1868 Bad Teplitz, gefeierter Komiker (seit 1838 in Dresden) u. Possendichter (u. a. Robert u. Bertram)

RAELI, Vito * 8/7 1880 Tricase, Pianist u. MSchr. in Rom seit 1905. H: Rivista nazionale di m.

RAETTIG, Theodor, MVerlag in Wien, 1879 übergegangen an A. Bösendorfer u. mit diesem Verlag an Ad. Robitschek, die von ihm nach 1879 in Leipzig veröffentlichten Werke 1910 an die jetzigen Lienauschen Verlage

RAFF, Anton — s. RAAFF

RAFF, Joachim, * 27/5 1822 Lachen (Züricher See), † 25/6 1882 Frankfurt a. M., zuerst SchulL., widmete sich seit 1843 der M., seit 1850 in Weimar in naher Verbindung mit Liszt, 1856 in Wiesbaden, 1877 Dir. des Hochschen Konserv. in Frankfurt a. M., auch MSchr. W (über 200): ungedr. in der Preuß. Staatsbibl. zu Berlin: Opern (erfolglos), BühnenM. zu ‚Bernhard von Weimar', Orator. ‚Weltende, Gericht, neue Zeit', 11 Sinf. (1 ‚An das Vaterland', 3 ‚Im Walde', 5 ‚Leonore'), 4 OrchSuiten, Ouvert., Konz. u. Suite f. Klav. u. Orch., 2 Konz. u. 1 treffl. Suite f. V. u. Orch., 2 VcKonz., wertvolle KaM., u. a. 8 StrQuart. (7 ‚Die schöne Müllerin'), 5 KlavVSon., Stücke f. V. (u. a. die berühmte Kavatine) bzw. Vc. u. Klav., KlavStücke, Chöre, Lieder usw. Vgl. über ihn Helene Raff (1925)

RAFFAELI, Vincenzo * 22/8 1885 Pesaro, lebt da. W: Opern

RAGDE, Frz, ps. = HANSEN, Edgar

RAGOTZKY, Hans * 8/10 1868 Koblenz, † 3/5 1927 Berlin, da 1889 Begründer e. Konserv. f. Zupfinstr., GitVirt. W: Gitarrist. Lehrgang, GitStücke, Lieder m. Git.

RAGUENET, Franç., Abbé, gab 1702 die öfters aufgelegte, auch ins Dtsche u. Engl. übersetzte, sehr beachtete Schrift ‚Parallèle des Italiens et Français en ce qui regarde la m. et les opéras' heraus

RAHLFS, Ludw. * 1/5 1863 Vilsen, Konrektor i. R., Chordir. in Hannover. W: viele Lieder, bes. nach T. v. H. Löns; Plattdtsch. Liederbuch

RAHLWES, Alfred * 23/10 1878 Wesel, Schüler des Kölner Konserv., zunächst TheaKM., 1902 Dirig. der Liedertafel u. des Philharm. Chors in Elbing, 1910 SingakadDirig. in Halle, da seit 1913 auch UniversMDir. W: kom. Oper, KlavQuint., KlavStücke, Chöre, Lieder. B: Händels ‚Semele'

RAHNER, Hugo * 25/7 1875 Horben bei Freiburg i. B., Schüler des Konserv. in Karlsruhe u. der Akad. in München, SemML. (1900/22) u. Chor. dir. in Ettlingen/Karlsruhe, dirigiert bes. in Karlsruhe, wo er lebt. W: MChöre, OrgStücke. B: klass. Werke f. StrOrch. u. Klav. (Org.)

RAHTER, Daniel * 1828 Hamburg, da † 7/4 1891, gründete da 1879, gestützt auf seine als Chef der Firma A. Buettner in Petersburg gewonnenen Beziehgen zu Tschaikowsky u. andern russ. Tonsetzern einen MVerlag, der, nach seinem Tode nach Leipzig verlegt, 1917 an Ant. J. Benjamin überging

RAICK, Dieudonné * 1702 Lièges, † 30/11 1764 Anvers, da seit 1757 DomOrgan., Priester, vorher u. a. Organ. in Gent 1747/57. W: KirchM, KlavSonaten

RAIDA, Karl Alex., ps. Charles ADAIR, Jonny BELL * 4/10 1852 Paris, † 26/11 1923 Berlin, da seit Jahren; KM. an verschied. Bühnen (1878/92 in Berlin, 1894/97 Mitdir. d. Dtschen Thea. in München). W: Opern, Optten (Hdschr. i. d. Preuß. Staatsbibl.), Ballette u. a. ‚Excelsior', SchauspielM., Possen usw.

RAIF, Oskar * 31/7 1847 Zwolle (Niederl.), † 29/7 1899 Berlin, Schüler Tausigs, KlavVirt., seit 1875 sehr geschätzter HochschulL. zu Berlin. W (gediegen): KlavKonz., KlavVSonate usw.

RAILLARD, Theodor * 27/9 1864 Königsberg i. Pr., † 31/1 1929 Leipzig, treffl. KlavL., Schüler der kgl. Hochschule in Berlin, seit 1893 MInst.-Dir. (früher Zschochersches) in Leipzig. W: Motetten, Kantaten, Weihnachtsmelodram, KlavStücke usw.

RAIMANN, Rud. * 7/5 1861 Veßprem (Ung.), † 26/9 1913 Wien. W: Opern, Optten, Possen u. a.

RAIMONDI, Ignazio * um 1773 Napoli, † 14/1 1813 London, 1762/80 in Amsterdam, Geiger u. Dirig. W: ProgrammSinfonien, KaM.

RAIMONDI, Pietro * 20/12 1786 Rom, da † 30/10 1853 als KM der Peterskirche, bedeut. Kontrapunktist, schrieb sogar für 24 reale Stimmen, ja eine 64st. Fuge u. 3 Orato., die sowohl einzeln als gleichzeitig aufführbar waren. W: 62 Opern, 21 Ballette, 8 Oratorien, Messen, Psalmen im Palestrina-Stil

RAINER, Karl, ps. = Franc. NAGLER

RAINPRECHTER, Joh. Nepom. * 1757 Altötting (Bay.), † 1812 Salzburg, da seit 1773 Chorregens, auch treffl. Geiger. W: Messen, Dtsches Hochamt, viele andere KirchM., Märsche u. Tänze

RAITIO, Väino * 15/4 1891 Sortavala, lebt in Helsingfors. W: Sinf. u. sinf. Dichtgen, KlavKonz., KaM.

RAKOWIANU, Rob. * 22/6 1886 Wien, da KlavVirt. seit 1894. W: Optten, KlavStücke, Lieder

RALF-KREYMANN, Richard, ps. B. DAYLIGHT, Rich. RALF * 30/9 1891 Karlsruhe i. B., KinoKM. in Berlin, Schüler Ph. Scharwenkas u. H. Kauns. W: OrchSuiten, VKonz., KaM., UnterhltgsM.

RALFF, Otto, ps. = Otto SCHÖNEN

RALLO, Ralf, ps. — s. STOLZENBERG, Geo.

RALPH, Fred, ps. = Herm. KROME

RALPH, Otto, ps. = Otto SCHÖNEN

RALTON, Harry * 2/5 1897 Breslau, da TheaKM., da ausgeb. u. auf der Univers. Berlin. W: Revuen, Sendespiele, Tonfilme, Schlager

RAMACCIOTTI, Tullio * 26/5 1819 Roma, da † 12/1 1910, VVirt. u. QuartSpieler. W: VStücke.

RAMANN, Bruno * 17/4 1832 Erfurt, † 13/3 1897 Dresden, da seit 1867 GsgL. u. MSchr. W: Chöre, Duette, Lieder, KlavKomp.

RAMANN, Lina * 24/6 1833 Mainstockheim/Würzburg, † 30/3 1912 München, Schülerin v. Frz Brendel u. dessen Gattin Elisabeth in Leipzig, gründete 1858 ein MInst. zu Glückstadt, leitete 1865/90 die von ihr mit Ida Volkmann eröffnete MSchule in Nürnberg; lebte dann in München. W: ‚Die M. als Gegenstand des Unterr. u. d. Erziehg‘ u. ‚Allgem. musikal. Erzieh- u. Unterrichtslehre der Jugend‘, ‚Aus der Gegenwart‘ (Aufsätze ü. M.), ‚Bach u. Händel‘, ‚Frz Liszts Oratorium Christus‘, Biographie Fr. Liszts (2 Bde) u. a.; KlavSonaten. Mit Ida Volkmann (s. d.) ‚Technische Studien‘ für den KlavUnterr., I. u. II. Elementarstufe des KlavSpiels‘ usw.

RAMANN, Maria † 25/1 1925 (86 J. alt) Dresden, Pianistin u. MPädagogin

RAMBACH, Aug. Jak. * 28/5 1777 Quendlinburg, † 7/9 1851 Ottensen/Altona, bedeut. Hymnologe, 1802/51 Pastor in Hamburg. W: ‚Üb. Dr. M. Luthers Verdienste um den KirchGsg‘ (1813). H: ‚Anthologie christl. Gesänge aus allen Jh. der Kirche‘ (6 Bde).

RAMEAU, Jean Phil. * 25/9 1683 Dijon, † 12/9 1764 Paris, zweimal Organ. in Clermont, seit 1732 in Paris, seit 1745 Organ. an MM. des Generalpächters La Pouplinière, bald beliebter OpKomp., hervorrag. Theoretiker, Begr. der eigentl. Harmonielehre, schließlich Compositeur de cabinet Louis' XV. W (Gesamt-A.): an 30 Opern, u. a. ‚Zoroastre‘, ‚Castor et Pollux‘, ‚Dardanus‘, ‚Les Indes galantes‘, ‚Les fêtes d'Hébé‘, ‚Platée‘, Kantaten, Motetten, KlavStücke, ‚La m. théor. et prat. dans son ordre naturel‘, ‚Traité d'harmonie reduite à ses principes naturels‘, ‚Génération harmonique‘ usw.

RAMIN, Günther * 15/10 1898 Karlsruhe, Schüler des Lpzger Konserv., Org. u. CembaloVirt., seit 1918 Thomas-Organ. in Lpz, da seit 1920 auch KonservL., seit 1922 Dirig. des LGesgVer. Seit 1935 auch Dirig. des Philharm. Chors in Berlin. W: KlavVSonate, OrgStücke, Motetten; ‚Das Organistenamt‘

RAMMEL, Jos. * 14/4 1892 Frauenau, Organ. u. ChorDir. in Weiden, ObPfalz. W: KirchM., bes. Messen.

RAMPERTI, Edoardo * 1846 Milano, † 1/2 1926 Novara, da seit 1874, VVirt., treffl. L. W: VStücke, bes. OpFantasien. ‚Il violino ed i violonisti‘

RAMRATH, Konrad * 17/3 1880 Düsseldorf, Schüler des Kölner u. Wiener Konserv., KlavVirt., seit 1907 L. am Kölner Konserv. (Hochschule) u. Chordir. Lebt in Rhöndorf a. Rh. W: Opern, Chorwerk ‚Lebensmesse‘ (Dehmel), KaM., VSuite, KlavStücke, Chöre, Lieder

RAMSAY, Max, ps. = V. VREULS

RAMSEY, Bernh. * 31/5 1873 London, da Organist, 1899/1903 in Moskau. W: OrgSonat.

RAMSØE, Wilhelm * 7/2 1837, † 1895 Kopenhagen, TheaKM. an versch. Orten. W: BlasQuart., Tänze

RAMULT, Ludwik, Altritter v. Baldwin * 24/7 1895 Lemberg, seit 1927 Dir. der Lubliner Philharmonie. W: Sinfon., KaM., KlavStücke, viele Lieder usw.

RANALLI, Ottino * 1873 Ortona, OrchDir., seit 1913 in Bologna. W: Sinf., MilM., Messe, Gsge, KlavStücke; ‚Metodo di canto corale‘

RANDEGGER, Alberto * 13/4 1832 Triest, † 18/12 1911 London, stud. Pfte bei Lafont, Kompos. bei Luigi Ricci, seit 1855 GsgL. in London,

1868 an der R. Acad. of m., auch OpDirig. W: Opern, Kantaten, Psalmen, Chöre, Duette, Lieder, GsgSchule. — Sein Neffe Alberto Iginio * 3/8 1880 Triest, † 7/10 1918 Milano, da Schüler des Konserv., Geiger u. Dirig. W: Op., Optten

RANDEGGER, Gius. Aldo * 1876 Napoli, vielgereister KlavVirt., KomposSchüler Bossis, seit 1914 Dir. eines eigenen Konserv. in New York (mit Sommerfiliale in Luzern seit 1922). W: Op., KlavSon. u. Stücke, Friedenshymne, Lieder

RANDEL, Andreas * 6/10 1806 Randala (Blekinge), † 27/10 1864 Stockholm, VVirt. W: SchauspielM., VKonz., MQuart., volkstüml. Romanzen

RANDHARTINGER, Benedikt * 27/7 1802 Ruprechtshofen, NÖsterr., † 22/12 1893 Wien, Schüler Salieris, Freund Frz Schuberts; 1844 Vice- u. 1862/66 KM. der Hofkap. in Wien. W: Op., 20 Messen, 60 Motetten, Orch.- u. KaM., viele Solo- u. Chorlieder

RANDOLPH, Harold * 31/10 1861 Richmond, Van., bekannt als L. des Peabody-Konserv. in Baltimore

RANGSTRÖM, Ture * 30/11 1884 Stockholm, da Dramaturg der Op., auch MKrit., ausgeb. als Sänger, in der Kompos. Schüler H. Pfitzners, MSchr. u. GsgL, führender schwed. Komp., 1922/5 Dir. des MVer. in Gothenburg. W: Opern, BühnenM., Sinf. ,In Memoriam Strindberg' u. ,Mein Land', sinf. Dichtgen, KaM., Balladen, an 250 Lieder.

RANI, Renzo, ps. = Renzo MASSARANI

RANSCH, ps. = Jul. E. GOTTLÖBER

RANTA, Sulho * 15/8 1901 Peräseinäjoki, lebt in Helsingfors, Schüler Melartins, Ilmari Krohns u. Schönbergs, auch in Paris gebild. W: Ballet, BühnM., Sinfonien, Suiten, KaM., Chöre, Lieder

RANZATO, Virgilio, ps. GLORIWITZ * 7/5 1888 Venezia, vielgereister VVirt. in Milano. W: Optten, Suite u. a. f. Orch., VKonz. u. Stücke, usw.

RAPHAEL, Georg * 29/12 1865 Berlin, da † 29/5 1904, da seit 1892 Organ. u. seit 1901 auch KirchChordirig., Schüler Bargiels u. Alb. Beckers (dessen Schwiegersohn). W: Sinfon., FestOuvert., Psalme, Motetten, FrChöre, OrgStücke, VStücke. — Seine Frau Maria geb. Becker, * 23/4 1878 Berlin, tücht. Geigerin, Schülerin von Struß.

RAPHAEL, Günter (Sohn Georgs) * 30/4 1903 Berlin, seit Herbst 1934 in Meiningen, Schüler R. Kahns, M. Trapps u. A. Mendelssohns, 1926/34 TheorL. am Konserv. in Leipzig. W: Sinf., OrchVariat., VKonz., VcKonz., KaM., OrgStücke, Messe a cap., Requiem, Chöre mit Orch., Lieder

RAPP, Marguerite * 17/6 1865 Straßburg, † 23/11 1913 Rouen, KlavVirt. W: Op., Ouv. u. sinfon. Dichtgen

RAPPOLDI, Eduard * 21/2 1839 Wien, † 16/5 1903 Dresden, treffl. Geiger, Schüler Jansas, Böhms u. Sechters in Wien, da 1854/61 im HofopOrch., 1861/66 KonzM. in Rotterdam, dann OpKM. in Lübeck, Stettin u. Prag, 1871/77HochschulL. in Berlin u. Bratschist im Joachim-Quart., dann bis zu seinem Tode KonservL. u. bis 1898 HofKonzM. in Dresden. W: 2 KlavVSonaten, Lieder. — Seine Frau Laura R.-Kahrer * 14/1 1853 Mistelbach/Wien, treffl. Pianistin, Schülerin Liszts, seit 1890 KonservL. zu Dresden; † 17/8 1925. Da auch sein Sohn Adrian * 13/9 1878 Berlin, VL. seit 1910, vorher KonzM. in verschiedenen Orch., Schüler seines Vaters, Wilhelmjs u. Auers, auch eifriger MSchr., z. B. über denVSpielerkrampf

RARO, ps. = Rob. SCHUMANN, auch = Friedr. WIECK

RASCH, Hugo * 7/5 1873 München, GsgL. u. MSchr., seit 1934 im Vorstand des Berufsstandes der deutsch. Kompon. in Berlin, seit 1935 Präsidialrat der RMK., ausgeb. in Milano. W: feinsinn. Lieder

RASCHDORFF, Ferd., städt. MDir. u. KonservDir. in Kattowitz, Schüler des Lpzger Konserv. W: f. Orch., V., Klav.

RASELIUS, Andreas * um 1563 Hahnbach/Amberg, † 6/1 1602 Heidelberg, HofKM. seit 1600, vorher Kantor in Regensburg. W: ,Cantiones sacrae' (5—9st.), ,Teutsche Sprüche', ,Regensburger Kirchenkontrapunkt'; ,Hexachordum sive quaestiones musicae practicae'. — Ausgew. ,Cantiones sacrae', hrsg. v. Ludw. Roselius 1931 = Denkmäler dtsch. Tonkunst II. Folge Bd. 29/30

RASENBERGER-KOCH, Friedr. * 22/11 1894 Glarus, Geschäftsführer der Edition zeitgenöss. Tonsetzer, wohnt Berlin-Zehlendorf, war dtsch. Frontoffiz., stud. in Elbing, München u. Berlin (Univers.). W: Dtsch. Arbeitslied f. Chor u. Orch., Lieder

RASETTI (Razzetti), Amadeo * 1754 Torino, † 1799 Paris, da seit ca 1781 KlavVirt. W: KlavKonz., KaM, KlavSon.

RASKIN, Adolf, Dr. phil. * 17/11 1900 Köln, seit 1935 Rundfunk-Intend. in Saarbrücken, da 1924/29 FeuillRed., 1929/33 MKrit. der Rhein.-Westf. Ztg; 1933/35 musik. Rundfunkleiter in Köln

RASMADSE, Alex. S. * 1845 Pensa, † 26/3 1896 Moskau, da 1869/75 Lektor f. MGesch. am Konserv., MSchr., ausgeb. in Leipzig (Konserv.). W: Russ. MGesch. (russ.); KlavStücke, Lieder u. a.

RASSE, François * 27/1 1873 Helchin (Hennegau), seit Herbst 1925 KonservDir. in Lièges, urspr. Geiger, dann OrchDir., 1910/25 KonservTheorL. in Brüssel. W: Oper, Ballett, sinf. Dichtgen, KaM., VStücke, Lieder

RASSEL, Karl * 15/9 1868 Berlin, da † 10/2 1935, ML. u. ChorDir., VSchüler Joachims. W: OrchCharakterstücke u. Märsche, MChöre, Lieder

RAST, D., ps. = STUTZENBERGER, Ant.

RASTRELLI, Jos. * 13/4 1791 Dresden, da † 15/11 1842, HofKM. seit 1829. W: Oper, Messen, Motetten usw. — Dessen Vater V i n c e n z o * 1760 Fano, † 20/3 1839 Dresden, Komp. der Hofkap., ausgeb. in Bologna. W: viel KirchM.

RASUMOWSKY, Andreas Cyrillowitsch, Graf, seit 1815 Fürst * 22/10 (2/11) 1752 Rußland, † 23/9 1836 Wien, seit 1776 Diplomat, 1793/1809 russ. Gesandter in Wien, lebte dann dort als Privatmann, großer Kunstmäcen, spielte selbst V., unterhielt ein Beethoven zur Verfügg stehendes Quart. unter Führg Schuppanzighs. B. widmete ihm u. a. seine Quartette op. 59

RASUMOWSKY, Demetrius * 7/11 1818 Kiew, † 14/1 1889 Moskau, Protopresbyter, seit 1866 Prof. f. Gesch. des KirchGsgs am Konserv. W: Fachschriften

RASZAT, Horst * 19/10 1902 Königsberg i. Pr., Pianist in Berlin. W: UnterhaltgsM.

RATEZ, Emile Pierre, ps. VETULUS * 5/11 1851 Besançon, † 1934 Lille, KonservDir. a. D., 1891 Schüler des Pariser Konserv. W: Opern, KaM, kleine Stücke f. Str.- u. Blasinstr.

RATH, Felix vom * 17/6 1866 Köln, † 25/8 1905 München, Jurist (Assessor), dann MSchüler v. M. Pauer, Reinecke u. Thuille, tücht. Pianist. W: KlavKonz., KlavQuart., KlavStücke, Lieder

RATH, Joh. Friedr. Karl * 23/1 1796 Zwickau, † 14/10 1875 Leipzig. W: MilMärsche

RATHAUS, Karol, Dr. jur., ps. Leonard BRUNO * 16/9 1895 Tarnopol, lebt in Paris, 1925/33 L. an der Berliner Hochschule, Schüler Franz Schrekers. W: Oper, Ballett, Ouvert., KlavKonz., VSuite m. Orch., KaM., KlavSonate u. Stücke

RATHBONE, George * 5/1 1874 Manchester, Pianist in London. W: Kantaten, Chorlieder

RATHGEBER, Emil * 19/7 1844 Doberan. W: Optte

RATHGEBER, Geo., ps. Max WERNER * 7/6 1869 Laudenbach/Bad Mergentheim, lebt in Hechingen, da 1903/20 Chordirig., urspr. SchulL. W: Singspiele, Messen, Requiems, viele MChöre, Orch. u. OrgStücke.

RATHGEBER, Valentin * 3/4 1682 Oberalsbach, † 2/6 1750 Banz (Franken), Benediktiner. W: KirchM., ‚Musikal. Zeitvertreib auf d. Klav.‘ usw.

RATHKE, Otto, auch RATHKE-BERNBURGER gen., ps. Erik BLOOMSTROEM * 13/4 1881 Langfuhr/Danzig, KM. u. Bearbeiter in Berlin. W: CharakterStücke, Märsche, Schlager

RATHMANN, Elsbet * 4/7 1879 Hochzeit/Danzig, KlavL. in Erkner/Berlin. W: Chöre, Lieder

RATHSACH, Vitus * 15/6 1883 Kopenhagen, da ML., Verf. eines Systems für V. u. Vc., das dem Unterricht auf StrInstr. neue Bahnen zu geben sucht.

RATTAY, Eman. * 5/2 1889 Steinberg/Dobertsburg (NÖsterr.), ML. in Wien. W: VStücke, Schlager

RATZENBERGER, Theodor * 14/4 1840 Großbreitenbach (Thür.), † 8/3 1879 Wiesbaden, KlavVirt., Schüler Liszts, 1868 Dirig. des Singver. in Düsseldorf. W: KlavStücke, Lieder

RAU, Georg — s. RHAW

RAU, Heribert * 11/2 1813 Frankfurt a. M., † 26/9 1876 Offenbach, dtschkath. Theologe, wirkte in Stuttgart, Mannheim (1849/56) u. Offenbach (1868/74), schriftstellerisch sehr tätig. W: Romane ‚Beethoven‘ u. ‚Mozart‘

RAU, Karl Aug., Dr. phil. * 29/4 1890 Frankfurt a. M., † 2/10 1921 Karlsruhe, Schüler Sandbergers u. R. Louis', seit 1916 in Bückeburg, wo er 1917 die Begründg des Fürstl. Instituts für musikal. Forschg u. 1918 der Fürstl. MSchule durchsetzte

RAU, Max, ps. Max BAUER; Rico WILHELMI *27/1 1871, lebt in Basel. W: UnterhaltgsM.

RAU, Walter * 10/2 1891 Chemnitz, da ML., Chordir. u. MSchr.; erstrebt in der Harmonik ein freies Spiel der 12 Halbtöne. W: Kantaten, Chöre, Zwiegesänge, Lieder, KaM.; ‚Gesch. d. Chemnitzer Stadtpfeifer‘, ‚Gesch. d. städt. Kap. in Chemnitz‘ (1933)

RAUBER, Eugen * 2/9 1876 Baden i. d. Schweiz, Priester, seit 1926 Stiftsorgan. u. ChorDir. in Bregenz (1913/26 DomKM. in Leitmeritz). W: Singspiele, KirchM., Lieder

RAUCH, Joseph * 16/10 1904 München, Franziskaner in Bad Tölz, Schüler v. Jos. Haas. W: Kantate, OrchSerenade, KaM., Lieder

RAUCH, Moritz * 13/4 1826 Osterfeld, † Sept. 1892 Wiesbaden, da KaM. H: ältere VM.

RAUCHEISEN, Michael * 10/2 1889 Rain am Lech, sehr gesuchter Begleiter in Berlin, vorh. in München, da Schüler der MSchule, da 1900 Bratschist der Hofkap., 1909 erneutes Studium in d. MSchule, seit 1912 öffentl. Auftreten als Pianist (KaM.), bes. als Begl., 1922/24 in Amerika u. mit Kreisler in Ostasien. — Seine Frau — s. Maria IVOGÜN

RAUCHENECKER, Georg * 8/3 1844 München, † 17/7 1906 Elberfeld, tücht. Geiger u. Komp.; 1873 MDir. in Winterthur, 1884/85 Dirig. des Berliner Philharm. Orch., dann bis 1888 in Barmen, dann in Elberfeld Leiter einer MSchule u. des InstrumtalVer. W: Opern, Sinf., sinf. Dichtgen, StrQuartette u. andere KaM., Chöre, Lieder usw.

RAULS, Mac (eigentl. Werner SCHÜTTE) * 11/6 1901 Magdeburg, da † 31/10 1934. W: Optten, moderne Tänze

RAUM, Erich * 30/11 1901 Dresden- MStudRat in Annaberg, Sachs., vorher in Dresden (Konserv. Dresden, Univ. Leipzig). W: geistl. Chöre, Solokantate f. Sopr., Lieder

RAUPACH, Christoph * 5/7 1686 Tondern, † 1744 Stralsund, da Organ. seit 1703, ausgeb. in Hamburg. W: Orator., Kantaten, KlavSuiten. — Sein Sohn H e r m a n n * 1728 Stralsund, † 1780 in Paris, 1756/78 in Petersburg. W: Opern, Ballette, KaM.

RAUPPE, Joh. Geo. * 7/7 1762 Stettin, † 15/6 1864 Amsterdam, da seit 1782 hervorrag. VcVirt.

RAUSCH, Karl * 12/3 1880 Wien, GymnProf. in Ried im I. W: KaM., KlavStücke, Chöre, Lieder

RAUSCHER, Jak. * 9/12 1771 Pirmasens, † 7/1 1834 Amsterdam, da KM., urspr. Klarinettist, dann MilKM. in Delft. W: Kantaten, Lieder

RAUSCHNING, Hermann, Dr. phil. * 7/8 1887, Gutsbesitzer in Warnau, Kr. Gr. Werder (Danzig), Kulturpolitiker, zeitw. Präsid. des Senats von Danzig. W: ‚Gesch. der M. u. MPflege in Danzig' (1931)

RAUZZINI, Venanzio * 1747 Rom, † 8/4 1810 in Bath, gefeiert. Tenorist, 1774/87 in London, zuletzt GsgL. W: Opern, KaM., KlavSonat.

RAVANELLO, Oreste * 25/8 1871 Venedig, da 1890 Organ., 1898 KirchKM. in Padua, 1902 OrgL. in Venedig, seit 1914 Dir. des Istituto music. in Padua. W: Messen, Kantaten, Motetten, KaM., OrgSuite u. Schule, Harmon. u. Chorschule. H: ‚Il repertorio pratico dell' organista liturgico'

RAVASENGA, Carlo * 17/12 1891 Torino, lebt da; ML. u. MSchr. W: Opern, OrchSuite u. sinf. Dichtgen, KaM., KlavSuiten u. Sonaten, Lieder

RAVEL, Maurice * 7/3 1875 Ciboure/Pyrenäen, lebt in Paris bzw. in Montfort l'Amaury (S. et O.), seit 1934 Dir. d. amerikan. Konserv. in Fontainebleau/Paris, KonservSchüler (Faurés), Hauptvertreter der französ. Impressionismus, wohl noch wichtiger als Debussy, ausgez. Pianist. W: Opern ‚L'heure espagnole' ‚La cloche engloutie', L'enfaut et les sortilèges' (1925), Ballette ‚Ma mère l'oye', ‚Daphnis et Chloe', Oratorium ‚François d'Assissi', sinf. Dichtg ‚La valse', Ouvert. ‚Shézérazade', ‚Rhapsodie espagnole' f. Orch., KaM., KlavStücke ‚Miroirs', ‚Gaspard de la nuit', Gsge

RAVENSCROFT, John, Geiger in London W: 12 TrioSonaten 1695

RAVENSCROFT, Thomas * 1593, † um 1633. W: KirchM., Catches, theor. Schriften

RAVERA, Nicolò Teresio * 24/2 1851 Alessandria, † ?, ausgeb. in Milano, TheaKM. in Paris seit 1888. W: Opern, Gsge, KlavStücke

RAVINA, Jean Henri * 20/5 1818 Bordeaux, † 30/9 1906 Paris, KlavVirt. W: KlavKonz., zahlreiche Salonstücke, Etüden

RAVN, Vilhelm * 19/9 1838 Helsingör, † 17/5 1805 Kopenhagen, Vizepolizeidir. W: über dän. Musiker u. a.

RAVNKILDE, Niels * 24/1 1823 Kopenhagen, † 16/11 1890 Rom, da seit c. 1858 KlavL. W: Ouvert., KlavStücke

RAWAY, Erasme * 2/6 1850 Lüttich, † Okt. 1918 Brüssel, zeitw. Priester u. KirchKM. W (bemerkensw.): KirchM., sinf. Dichtgen, Lieder

RAWLINGS, Alfred W., ps. Max DRESSLER; Gust. DUMAS; Florence FARE; Edith FORTESCUE; Stanley GORDON; Hamilton HENRY; Marcus HOPE; Louis JASPER; Gladys MELROSE; Guy MORISS; Tito NATALE; Edward SAINT-QUENTIN; Ivan STEPHANOFF; Horace TEMPLEMAN; Jules THÉRÈSE; Lionel TREE; Constance WHITE * London, da † 27/1 1919. W: viele Lieder, KlavSalonstücke. — NB. Auch beide Rawlings vielleicht Deckname für Edward S a i n t - Q u e n t i n.

RAWLINGS, Charles Arthur, ps. Haydn AUGARDE; Jean BARTELET; Isidore BONHEUR; Théo BONHEUR, Faulkner BRANDON; Emile BRONTË; Henri CLERMOND; Auguste CONS; Léon DELCASSE; Eileen DORÉ; Jean DOUSTE; Denis DUPRÉ; Seymour ELLIS; John GRESHAM; HELLER-MAXIME; Emerson JAMES; Gilbert LOEWE; Alphonse MENIER; Paul PERRIER; Maxime PONTINE; Wellington RAWLINGS; Vernon REY; Carl RITZ; Carl RUBENS; Emile bzw. Hans SACHS; Ralph SEYMOUR; Hermann

STRAUS; Maurice TELMA; Gordon TEMPLE; Thomas THOMÉ; Claude de VERE; Oscar VERNE; Beryl VINCENT, englischer Salonkomp., lebte vielleicht noch bis 1927 (nichts ermittelt). — Vgl. den Schluß des Artikels über Alfred W. RAWLINGS

RAWLINGS, Wellington = Ch. A. RAWLINGS

RAY, Pietro * Nov. 1773 Borghetto (Lodi), † 11/4 1857 Milano, Schüler Piccinis, gründ. 1807 das Konserv. in Milano, da seit 1804 GsgL., 1839 KomposProf., pension. 1850. W: Opern, weltl. u. kirchl. Kantaten, ‚Studio teorico-pratico di contrapunto'

RAYMOND, Eduard * 27/9 1812 Breslau, da † ?, Geiger u. Dirigent. W: Sinf., VStücke

RAYMOND, Fredy, lebt in Berlin, mit Optten und Singsp. seit 1921 hervorgetreten

RAYMOND, Geo. Marie * 1769, † 24/4 1839 Chambery, da seit 1811 GymnDir. W: theoret. Schriften, u. a. üb. Notenschrift

RAZZETTI, Amadeo — s. RASETTI

READ, Harold Vincent Jervis * 14/3 1883 Powryke, Worcs., KomposProf. am R. College in London. W: Kantaten, KaM., KlavStücke, Lieder

REBAY & ROBITSCHEK, MVerlag in Wien, seit 1899 = Adolf ROBITSCHEK

REBAY, Ferd. * 11/6 1889 Wien, da seit 1921 Prof. an d. Akad., vorher ChorM., Verfert. von KlavAuszügen. W: Opern, Orator., KaM., Chöre, Lieder

REBBERT, Lorenz * 31/3 1854 Winterberg a. d. Ruhr, da † 26/2 1923 SchulL. in Bochum, treffl. MChordirig. W: MChöre

REBEL, Jean Ferry * 1661 Paris, da beerdigt 3/1 1747, Geiger. W: Ballette, VSonaten. — Sein Sohn François * 19/6 1701, † 7/11 1775 Paris, gleichfalls Geiger, OpKompon. u. OpUnternehmer

REBELLO, João Lourenço * 1609 Cominha, † 16/11 1661 San Amaro/Lissabon. W: KirchM.

REBER, Napoléon Henri * 21/10 1807 Mülhausen (Els.), † 24/11 1880 Paris, seit 1851 L. u. Insp. d. Sukkursalen des Konserv. W: Opern, Ballette, Sinf., Ouvert., KaM., Kompos. f. Gsg, Klav. usw.; ‚Traité d'harmonie'

REBHAN, Albin * 23/12 1888 Effelder (Meiningen), seit 1913 Dir. einer MSchule in Leipzig. W: größere u. kleinere Chöre, Lieder, KlavStücke; ‚Harmonielehre', ‚Formenlehre'

REBICEK, Jos. * 7/2 1844 Prag, † 24/3 1904 Berlin, Geiger, 1882 KM. in Warschau, 1891 in Pest, 1892/97 HofKM. in Wiesbaden, seit 1897 Dirig. des Berliner Philharm. Orch. W: Sinf., VStücke usw.

REBICZEK, Frz, Dr. phil. * 6/2 1891 Taus im Böhmerwald, lebt in Wien. H: österr. Volkslieder m. Klav., bzw. Git.

REBIKOW, Wladimir Iwanowitsch * 1/6 1866 Krasnojarsk (Sibir.), † 1/12 1920 Yalta (Krim), Schüler des Moskauer Konserv., wirkte in Odessa, Kischinew, Berlin, Wien usw., verwendete mit Vorliebe die ganztonige Tonleiter, überhaupt ein großer Neuerer. W: Opern, Chöre, Melodramen (der oft aufgeführte ‚Christbaum'), Lieder, bes. parodistische, Lieder m. Mimik (Melomimik), KlavStücke usw.

REBLING, Gust. * 10/7 1821 Barby, † 9/1 1902 Magdeburg, tücht. Dirig. u. OrgSpieler, Schüler Fr. Schneiders, seit 1840 Organist, 1847/97 auch SemML. in Magdeburg; Gründer (1846) u. Leiter des ‚Reblingschen GsgVer.', W: KirchM., Lieder, KaM. — Sein Bruder F r i e d r i c h * 14/8 1835 Barby, † 15/10 1900 Leipzig, Schüler des Lpzger Konserv. (Prof. Götze), geschätzt. OpTenor., 1865/78 in Leipzig; treffl. GsgL., seit 1877 am Leipziger Konserv.

REBLING, Oskar * 10/11 1890 Langensalza, seit 1915 sehr verdienter Organ. (seit 1921 über 300 OrgFeierstunden) u. seit 1921 MStudRat in Halle, ausgeb. in Berlin (Hochschule; B. Irrgang), studierte auch MWiss., Theol. u. Germanistik in Berlin, Göttingen u. Halle

REBNER, Adolf * 21/11 1876 Wien, treffl. Geiger u. QuartSpieler, Schüler Grüns u. Marsicks, seit 1896 in Frankfurt a. M., L. am Hochschen Konserv. — Sein Sohn W o l f g a n g * 20/12 1910 Frankf. a. M., KlavVirt. (auch Dirig.) in London, ausgeb. auf d. Hochschule in Berlin (Leon. Kreutzer, Hindemith, Prüwer), dann OpKM. in Bremen u. Prag. W: KlavStücke

RECHNITZER-MÜLLER, Henning, ps. Paul DREYER * 26/10 1889 Hjörring (Jütland), seit 1922 in Berlin-Friedrichshagen, auch Dichter, ausgebildet in Kopenhagen (auch Univers.), da 1915/21 KonservTheorL. W: Opern, Ballett, sinfon. Fantasie mit Altsolo u. a. OrchStücke, KaM., KlavStücke, Lieder

RECK, Albert Freih. v. * 26/6 1912 Percha/Starnberg, ObBay., lebt da, ausgeb. in München (Trappsches Konserv.). W: SpielM. f. kl. Orch., Choralvorsp. u. a.

RECKENDORF, Alois * 10/6 1841 Trebitsch (Mähren), † 11/4 1911 Leipzig, Schüler d. dort. Konserv., da seit 1877 als KlavL. W: KlavStücke, Lieder, Arrang.

RECKLING, Aug. * 16/11 1843 Wendisch-Priborn (Meckl.), † 30/12 1922 Dobbertin (Meckl.), MilKM. 1866/91, 1891/1902 in Schwerin, 1902/10 im Geburts-, seit 1918 im Todesort. W: Märsche Tänze, Potpourris

RECKTENWALD, Fritz, ps. Fred. RACKWOOD; Fritz WALDEN * 27/4 1876 Wien, Schüler d. dort. Konserv., seit 1906 OrchDir. an verschied. Orten, seit 1918 in Wien, im Sommer seit 1923 Dir. in Bad Gastein. W: Optte, 2 Ballette, Tänze, Lieder

RECKZEH, Adolf † 7/3 1906 Saarlouis. W: Märsche, Tänze

RECLAM, Phil. jun., Verlag in Leipzig, gegr. 1/10 1828, durch Herausg. von OpKlavAusz., Op-Textbüchern usw. auch für die MWelt von Bedeutg

RECLI, Giulia * 4/12 1890 Milano, lebt da. W: Kantaten, sinf. Dichtgen, KaM., VStücke, Chöre, Lieder

REDEN, Gerhard Klaus Frh. v. * 16/7 1889 Innsbruck, † 11/9 1914 Rußland. W: Volkslieder m. Git.

REDERN, Wilhelm Friedr. Graf v. * 9/12 1802 Berlin. † 5/11 1883, Kompon., 1828 stellvertr. u. 1832/42 GenIntend. der Kgl. Schauspiele, seitdem GenIntend. der Kgl. HofM. 1859 Schüler Grells. W: Oper, Kantaten, KirchM., Ouvert., Tänze, bes. Fackeltänze

REDL, Fritz, ps. Fritz PETTENBACH * 3/11 1874 Waldkirchen, ObÖsterr., lebt in Berlin, urspr. SchulL., dann Schüler der Weimarer Akad. der Tonkunst, sehr geschätzter OpttenKM. u. a. in Wien, München u. Berlin. W: Lieder

REDLICH, Hans Ferd., Dr. phil. * 11/2 1903 Wien, seit 1930 MSchr. in Mannheim, studierte auf den Univers. Wien, München, Frankfurt a. M., Schüler Paul Weingartens u. Karl Orffs, 1925/29 OpKM. in Mainz. W: Concerto grosso, KaM., OrgStücke, Chöre, Lieder; ‚Gust. Mahler'. B: Malipiero ‚Komödie des Todes'. H: Crommer ‚Musica sacra' NA. u. a.

REDLINGER, Ferd. * 10/9 1877 Glinka, Kr. Bromberg, GitVirt., Git-, Mand- u. VL. in Berlin-Friedenau, auch VerDirig. W: Stücke, Tänze, Märsche f. MandolOrch., Stücke u. Schule f. Mandol.

RÉE, Anton * 5/10 1820 Aarhuus (Jütland), † 20/12 1886 Kopenhagen, Schüler von Jacq. Schmitt u. Krebs, erfolgr. KonzPianist. W: KlavKompos. — Sein Vetter L o u i s * 15/10 1861 Edinburgh, Schüler des Konserv. in Stuttgart u. Leschetizkys, Pianist in Wien, mit der KlavVirt. S u s a n n a geb. Pilz verheiratet: erfolgr. Konz. auf 2 Klav. W: OrchSuite, Ouvert., KaM., 2 Konz. f. 2 Klav. m. Orch., KlavKompos., Lieder

REED, James, ps. = s. NOACK, Walter

REED, William Henry * 29/7 1876 Frome (Engl.), L. am R. Coll. of m. u. Dir. des Sinf-Orch. usw. in London. W: OrchStücke, VKonz. 5 StrQuart., VStücke, Lieder

REEVE, William * 1757 u. † 22/6 1815 London, da seit 1783 Organ., 1802 TheaDir. W: Singspiele, Pantom., SchauspM.

REEVES, Ernest, ps. Alan R. CAMERONE; René DUBOIS; Leo JUSTINE; Frank MARDEN; Alphonse MENIÉR; Paul PERONNE; Fabian SCOTT; Léon VERRE; Gladys A. WOOD Salonkomp. in London, am Ende des 19. u. Anf. des 20. Jahrh. (nichts ermittelt). W: KlavStücke, VStücke

REEVES, John Sims * 26/9 1818 Woolwich, † 25/10 1900 Worthing/London, auch außerhalb Englands berühmter Tenor, Debut 1839, urspr. Organ. W: ‚On the art of singing' (1900)

REFARDT, Edgar, Dr. jur. * 8/8 1877 Basel, da Geschäftsführer der OrchGesellsch., MForscher. W: ‚Hans Huber', ‚Histor.-biogr. Musiklexikon der Schweiz' (1928) usw.

REFICE, Licinio * 12/2 1885 Patrica (Rom), KirchML. u. seit 1911 KirchChordir. in Rom, Priester. W: Orator., Kantaten, Messen usw.

REGAN, Anna — s. SCHIMON

REGER, Max * 19/3 1873 Brand, Amt Kemnath, Bay., † 11/5 1916 Leipzig, Schüler H. Riemanns, 1896 KonservL. zu Wiesbaden, 1901/07 in München, da 1905/06 TheorL. an d. Kgl. Akad., 1907 in Leipzig UniversMDir. bis 1908 u. KonservL.; letztere Stellung behielt er auch bei, als er 1911/14 HofKM. in Meiningen war u. 1914 nach Jena übersiedelte. Alle mögl. äußeren Ehrungen wurden ihm zuteil. Er war wohl der bedeutendste kontrapunkt. Könner der Neuzeit, meisterte aber seinen Hang zu harmon. u. kontrapunktisch. Verkünstelg oft zu wenig u. schrieb öfters zu schwülstig, häufte ‚bewußt die letzten harmon. Wagnisse u. modulator. Willkürlichkeiten in einer Weise, welche dem Hörer das Miterleben zur Unmöglichketi macht' (Riemann, Musiklex., 7. Aufl.). ‚Nur wo ihn eine feststehende Form in besondere Bahnen zwingt (Variat., Fuge, Choralvorspiel) sind daher seine Werke ästhetisch einwandfrei' (a. a. O.). Jetzt sind viele frühere Gegner Regers zu ihm bekehrt. Wenn auch viele seiner Werke in absehbarer Zeit der Vergessenheit anheimfallen werden, so werden sich die meisten seiner Orch-

u. KaMWerke noch in langer Zukunft auf den Konzertprogrammen behaupten. Sein früher Tod zerstörte die großen auf ihn noch gesetzten Hoffnungen. Obwohl Katholik hat er der protestant. KirchM. sehr gedient. W. Sinfonietta, Serenade, Konz. im alten Stil, Romant. Suite, 4 Tondichtgen nach Böcklin, Ballettsuite, Variat. üb. ein Thema v. Hiller u. üb. ein Thema v. Mozart, sinfon. Prolog f. Orch., KlavKonz., VKonz., 2 Klav-Quint., 2 KlavQuart., 2 Klav- u. 2 StrTrios, StrSextett, Quint. m. Klarin., 2 Serenaden f. Fl., V. u. Br., 5 StrQuart. (op. 109 hervorrag.), Duo-Sonaten f. V. (7), Klarin. (3), Vc. (4) u. Klav., Son. (Suiten) f. V., Br. u. VcSolo, KlavSuiten u. kl. Stücke, Variat. f. 2 Klav., Fugen, Choralfantas. u. Vorspiele, Trios u. kleinere Stücke f. Org., ‚Gesang der Verklärten', Psalm 100 f. Chor u. Orch., kl. Choralkantaten, geistl. Chorlieder, MChöre u. zahlr. Lieder; ferner viele Bearbeitgen (Bach, Volkslieder) u. Übertragen u. ‚Beiträge zur Modulationslehre'. Vgl. W. Altmann, Max Reger-Katalog (2. A. 1917), Karl Hasse (1921), Adalb. Lindner (1922), Guido Bagier (1923), Fritz Stein (soll Ende 1936 erscheinen). Der themat. Reger-Katalog Fritz Steins im Erscheinen

REGINA-Verlag, Berlin — s. Otto WREDE

REGNAL, F., ps. = ERLANGER, Friedr. v.

REGNART, Jakob * um 1540 Niederlande, † 16/10 1599 Prag als kaiserl. ViceKM., 1582/95 erzherzogl. ViceKM. in Innsbruck. W: Messen, Motetten, 5st. dtsche Lieder, Villanellen u. a.

REH-CALIGA, Siegfried * 1/1 1884 Göttingen, lebt in München seit 1923, vorher TheaKM., Schüler v. R. Bartmuß, des Konserv. in Sondershausen u. Humperdincks. W: Sinf., KaM., KlavStücke, Messe, Kantaten, Chöre, an 200 Lieder

REHBAUM, Theob. * 7/8 1835 Berlin, da † 2/2 1918, Schüler von Hub. Ries u. Kiel, lebte als V- u. KomposL. seit 1891 in Wiesbaden u. seit 1913 wieder in Berlin. W: Opern zu selbstgedicht. Texten, Elementar-Violaschule, Lieder usw.; „Erlebtes u. Erstrebtes' (1914)

REHBERG, Adolf * 16/2 1868 Morges, Vcell-Virt., seit 1910 KonservL. in Lausanne (1892/1910 in Genf), † 1/8 1935. W: KlavStücke

REHBERG, Walter (Sohn Willys) * 14/5 1900 Genf, seit Herbst 1926 KonservL. in Stuttgart, die letzten Jahre vorher in Heidelberg, wo er ein kl. KaOrch. gegründet hatte, bemerkensw. KlavVirt. W: KlavVSonate, KlavSonaten u. Stücke. H: Schuberts KlavSonaten (auch ergänzt)

REHBERG, Willy * 2/9 1862 Morges (Schweiz), lebt in Mannheim, tücht. Pianist, Schüler des Konserv. zu Leipzig, da 1888/90 L., 1890 KonservL. zu Genf, da seit 1892 auch Dirig., 1907 L. am Hochschen Konserv. in Frankfurt a. M., 1917 Dir. der Hochschule in Mannheim, 1921/26 KonservDir. in Basel, seit 1927 wieder in Mannheim. W: KlavVSonate, KlavStücke usw.

REHBOLD, Fritz Hans * 22/1 1889 Wiesbaden, KlavVirt., Schüler Stavenhagens, seit 1924 am Sternschen Konserv. in Berlin, vorher in Köln

REHFELD, Fabian * 23/1 1842 Tuchel, WPr., † 11/11 1920 Berlin, da 1868 Geiger u. 1873/98 KonzM. d. Hofoper. W: ansprechende VKompos.

REHFELD, Wilh. * 2/12 1878 Sangerhausen, seit 1905 Organ. u. Chordir. in Delmenhorst. W: Orator., Kantaten, Chöre, Lieder; KaM.

REHFISCH, Leonhard * 21/9 1889 Höngen/Aachen, Klarin. in Herzogenrath. W: Ouvert., Märsche, Lieder (bes. Kinder- u. geistl.)

REHKEMPER, Heinr. * 23/5 1894 Schwerte, Kr. Hoerde, Westf., Bayr. KaSgr an der Münchner Staatsoper seit 1926, ausgezeichn. Baritonist, aufgewachsen in Hagen, da Gsg stud. (Konserv.), 1919 Debut in Coburg, dann in Stuttgart, 1924/26 überwieg. KonzSgr, doch auch OpGastsp.

REHL, Theo * 22/10 1910, lebt in Dortmund. W: UnterhaltgsM.

REHM, Edmund † 1928 Wien, da ChorM. W: Chöre, Lieder

REHM, Otto * 10/12 1887 Mühlhausen/Singen a. H. (Baden), StiftsKM. in Einsiedeln (Schweiz), ausgeb. in München (Jos. Haas u. Akad.). W: Messen, Kantaten, Motetten, Lieder, KaM., KlavStücke, OrgStücke

REHMANN, Theod. Bernh. * 9/2 1895 Essen, seit 1925 DomKM. in Aachen, war Frontsoldat, stud. an d. Univ. Münster u. Bonn, M. in Essen (L. Riemann) u. Regensburg (KirchMSchule), 1923 Priester. W: Kantat., Motetten. H: Gregoriusblatt

REIBE, Karl * 13/7 1891 Zehlendorf-Berlin, Chordirig. der Staatsop. u. L. an d. Hochschule (f. OpChor u. Partienstudium) in Berlin seit 1922, Schüler des Sternschen Konserv. u. M. Battkes

REICH (eigentl. BLUMENREICH), Erwin * 12/5 1899 Köln, KM. in Berlin. W: UnterhaltgsM.

REICH, Jul., ps. REY * 27/9 1886 Kronstadt, seit 1922 KinoKM. in Danzig; in Wien ausgeb. auf der Akad. W: Optten, Tänze, Märsche, Lieder, Schlager

REICH, Paul * 5/4 1893 Berlin, da Bearbeiter, da ausgeb. (Akad. d. Künste). W: UnterhaltgsM.

REICH, Reinhold * 26/2 1842 St. Hedwigsdorf/Goldberg, 1866 Kantor u. HauptL. in Schreibersdorf/Lauban, da † 11/4 1900. W: Org- u. Klav-Stücke, M- u. gem. Chöre, Lieder

REICH, Wilhelm † (61jährig) 2/7 1924 Dortmund, TheaKM. an versch. Orten (auch Berlin, Gregors Kom. Oper). W: Opern

REICH, Willi, Dr. phil. * 27/5 1898 Wien, da MSchr. u. TheorL., Pianist u. Klarin., Schüler Guido Adlers u. Alb. Bergs. W: Führer zu A. Bergs ‚Wozzeck'. H: ‚23. Eine Wiener MZtschr.' seit 1932 (unabhg, scharf krit.)

REICHA, Anton * 27/2 1770 Klettau i. Böhm., † 28/5 1836 Paris, berühmter Theoret., Flötist 1785/94 im kurfürstl. Orch. zu Bonn, 1794 in Homburg, 1799 in Paris, 1802/08 in Wien, von da ab in Paris, seit 1818 TheorProf. am Konserv. W: Opern, Sinf., viel KaM., ‚Traité de haute composition' usw.

REICHA, Jos. (Onkel Antons) * 1746 (1757?), † 1803 (nicht 1795) Bonn, da seit 1787 kurfürstl. OrchDir., VcVirt. W: VcKonz., Duos f. V. u. Vc. usw.

REICHARDT, Alex. * 17/4 1825 Packs (Ung.), † 14/3 1885 Boulogne-sur-mer, wo er die Philharm. Gesellsch. gegründet, urspr. Tenorist. W: einst beliebte Lieder

REICHARDT, Gust. * 13/11 1797 Schmarsow/Demmin, † 19/10 1884 Berlin, da seit 1819 Sgr u. GsgL. W: volkstüml. Lieder (‚Was ist des Deutschen Vaterland?' 1825)

REICHARDT, Joh. Frdr. * 25/11 1752 Königsberg, † 27/6 1814 Giebichenstein/Halle a. S., 1775/91 KM. am Hofe in Berlin, darauf auf Reisen, 1794 wegen revolutionärer Gesinn als HofKM. entlassen, 1796 Salinendir. in Halle, Schöpfer des dtschen Liederspiels, verdienstvoller MSchr. W: Opern, Liederspiele, Sinfon., KlavKonz., Ka- u. KlavM., viele Lieder usw. H: Musikal. Kunstmagazin; Musikal. Wochenblatt; Berlinische musik. Ztg usw. — Reichardts erste Frau, J u l i a n e * 1752 Berlin, † 9/5 1783, Tochter Fr. Bendas, vortreffl. Sängerin, KlavSpielerin u. LiederKomp.; seine Tochter L u i s e * 11/4 1779 Berlin, † 17/11 1826 Hamburg, wo sie seit 1814 als GsgL. lebte u. 1816 ein Händelfest veranstaltete, beliebte Liederkomponistin

REICHE, Gottfried * 5/2 1667 Weißenfels, † 6/10 1734 Leipzig, da seit 1691 Stadtmusik. (Trompeter). W: 24 Quatricinia

REICHEL, Adolf * 30/8 1820 Tursnitz/Graudenz, † 4/3 1896 Bern, in Paris KlavL., 1857 in Dresden KonservL. u. Dirigent der Dreyßigschen Singakad., 1867/84 städt. MDir., bis 1888 Dir. der MSchule in Bern. W: Messe, KaM., Chöre, Lieder, ‚Harmonielehre' usw.

REICHEL, Alex., Dr. iur. * 23/7 1853 Paris, † 21/2 1921 Lausanne, da seit 1891 (bis 1905 Prof. an der Univ., dann Bundesrichter). W: WeihnachtsM., Chöre, Lieder

REICHEL, Ant., Dr. phil. * 20/11 1877 Graz, seit 1909 an der Albertina in Wien, Schüler J. B. Foersters. W: KlavTrio, KlavSonate, Lieder

REICHEL, Bernhard, ps. = ERLER, Herm.

REICHEL, Friedr. * 27/1 1833 Oberoderwitz, Sachs., † 29/12 1889 Dresden, da seit 1857 ML. u. VerDirig., seit 1878 Kantor u. Organ. W: Operette, StrQuart., BlasOktett, Chöre, Lieder usw.

REICHENBACH, Herm., Dr. phil. * 6/7 1898, Dir. der VolksMSchule in Berlin. W: ‚Mein Gambenbuch', ‚Formenlehre' u. a.

REICHENBERGER, Hugo * 28/7 1873 München, TheaKM., 1905/35 in Wien (Staatsop.), lebt da. W: Oper, Sinfon., KaM., Konz. u. Stücke f. Klav., Lieder

REICHER - KINDERMANN, Hedwig * 15/7 1853 München, † 2/6 1883 Triest, Tochter Aug. Kindermanns, am Münchner Konserv. geb., hervorrag. dramat. Sgrin, verheir. mit dem Schauspieler Reicher, in München, Hamburg, Paris, Leipzig, zuletzt bei dem Ang. Neumannschen wandernden WagnerThea. engagiert

REICHERT, Arno Jul. * 31/5 1866 Dresden, da † 10/2 1923, 1904/31 Verwalter der Musikal. der Landesbibl., urspr. Sänger. W: Oper, Chöre, Lieder, KlavStücke. B: Volkslieder

REICHERT, Ernst, Dr. phil. * 13/7 1901 Mähr. Trübau, seit 1931 MBibl., TheorL. u. Cembalist in Essen, ausgeb. in Wien (Hochsch., u. a. v. Frz. Schmidt u. Univ., sowie bei Schenker), 1926/29 Korrepet. der Oper in Essen, da 1928/31 Leiter der OpKlasse der Folkwangschule. W: KaM., OrgVariat. u. a.

REICHERT, Heinz, eigentl. Heinr. BLUMENREICH * 21/12 1877 Wien, da OpttenLibr.

REICHERT, Joh. * 19/6 1876 Dresden, da seit 1899 Dir. der von ihm begründ. VolksSingakad. 1906/23 auch städt. KM. in Bad Teplitz-Schönau, seit 1921 Dirig. der Liedertafel in Teplitz u. seit 1926 auch L. an der MSchule in Dresden. Schüler Buchmayers u. Nicodés, KlavVirt. W: Suiten u. a. f. Orch., Chöre auch m. Orch., Son. f. 2 Klav., KlavSonat. u. Stücke. B: Händels ‚Belsazar' u. ‚Samson'

REICHMANN, Theodor * 15/3 1849 Rostock, † 22/5 1903 Marbach (Bodensee), berühmt. OpBarit., 1882/89 u. 1892/1903 a. d. Wiener Hofoper, der erste Bayreuther Amfortas

REICHWEIN, Leopold * 16/5 1878 Breslau, seit Herbst 1926 städt. GMD. in Bochum, Thea-KM. in Breslau, Mannheim, Karlsruhe, 1913/21 Wiener Hofoper, 1921/26 KonzDir. der Gesellsch. der MFreunde in Wien. W: Opern, Optten, M. zu ‚Faust', Lieder

REIDARSON, Per * 27/5 1879 Grimstad, M-Krit. in Oslo, urspr. Geiger. W: Singschule, Suite u. a. f. Orch., Chöre mit Orch.

REIDINGER, Friedr., Dr. iur. * 17/7 1890 Wien, lebt da. W: Orator., Gotische Messe, KaM., KlavStücke, Chöre, Lieder

REIFF, Lili, geb. S a r t o r i u s * 21/6 1866 Bamberg, seit 1891 in Zürich verheir. W: Opern, VStücke, VcStücke, KlavStücke, Lieder

REIFF, Wilh. * 4/2 1833 Schwallungen, † 16/1 1870 Meiningen, da Herzogl. HofMDir. W: BühnenM.

REIFNER, Vinc., Dr. phil. * 25/10 1878 Theresienstadt (Böhm.), † 26/11 1922 Dresden, seit 1907 K. K. Beamt. in Teplitz, Schüler C. Kistlers u. d. Münchner Konserv. W: Volksoper, sinfon. Dichtgen, Ballettouverturen u. -Szenen, Ballade mit Orch., Lieder

REIGERSBERG, Heinr. Frhr. v. * 6/1 1875 Schönburg, NBay., lebt in Bayreuth. W: f. Zith.

REIGNY, Louis Abel Beffroy de — s. BEFFROY

REIHING, Frz * 17/11 1804 Rottenburg a. N., † 2/6 1888, Priester, lange Jahre in Schmiechen/Blaubeuren, eifriges Mitglied des 1842 begründ. Stuttgarter KirchMVer. W: Messen. B: ‚Das Cantionale chori', Vesperale, Psalmen u. Hymnen (4st.) usw.

REIJVAAN, Jean Verschuere, Dr. jur. * 1743 Middelburg, † 12/5 1809 Vlissingen, da Organ. W: das 1. holländ. MLexikon (unvoll.), VSonaten, KirchM., Lieder u. a.

REIM, Edmund * 13/8 1859 Wien, da † 28/2 1928, verd. Chordir. W: Festmesse, MChöre

REIMANN, Friedr., ps. Fritz THONY * 4/3 1874 Löwen, Kr. Brieg, pens. SchulL. u. Kantor in Breslau. W: OrchStücke, KlavStücke, Chöre, Lieder. H: Chorlieder-Sammlgen

REIMANN, Heinr., Dr. phil. (Sohn v. Ignaz) * 14/3 1850 Rengersdorf, † 24/5 1906 Berlin, studierte in Breslau, bereits 1885 GymnasDir. in Gleiwitz, seit 1887 als OrgVirt (1895 Organ. an der Kaiser Wilhelm-Gedächtniskirche) u. MSchr. in Berlin. W: ‚Rob. Schumann', ‚Joh Brahms', ‚Musikal. Rückblicke', ‚J. S. Bach', ‚Hans v. Bülow' I, ‚Das dtsche Lied' (alte Gsge f. den KonzSaal bearb.), ‚Das dtsche geistl. Lied', ‚Internation. Volksliederbuch', OrgKompos., Lieder, Duette usw. B: Ambros, MGesch. II. H: Bach, PassionsM. nach Johannes u. a.

REIMANN, Ignaz * 27/12 1820 Albendorf (Glatz), † 17/7 1885 Rengersdorf (Glatz), L. u. Chorreg. W: Messen, Requiem, Offertorien, auch Ouverturen usw.

REIMANN, Matthias, Dr. iur. * 1544 Löwenberg, † 21/10 1597 Prag, kaiserl. Rat. W: f. Laute

REIMANN, Wolfg. * 3/9 1887 Neusalz a. O., OrgVirt., Schüler Straubes, 1910 Organ. in Berlin, 1920 KirchMDir. in Breslau, seit Herbst 1923 Prof. an der Akad. f. KirchM. u. Organ. in Berlin. W: Motetten, geistl. Terzette, ernste Gsge, Lieder, KlavStücke

REIMAR, Hannes, ps. = Bert REISFELD

REIN, Joh. Balth. † 24/8 1794 Altona, Organ. W: Choralbuch f. Schleswig-Holstein (1755)

REIN, Walter * 10/12 1893 Stotterheim/Erfurt, seit Okt. 1935 Prof. a. d. Akad. f. Kirch- u. Schul-M. in Berlin, Führer der musik. Jugendbewgg, Schüler von Lendvai, Wetz u. des Berl. Instit. f. KirchM., wirkte zunächst in Weimar, 1930 Prof. an der pädag. Akad. in Kassel, 1932 dsgl. in Frankfurt a. M. W: Chorsuite, Motetten, sonstige Chöre, StrTrio, KlavSuite usw. B: Volkslieder, Madrigale

REINACH, Théodore * 3/6 1860 St. Germainen-Laye, † 28/10 1928 Paris, Erforscher der altgriech. M., OpLibrettist. W: ‚La m. grecque' 1923

REINAGLE, Jos. * 1762 Portsmouth, † 1836 Oxford. W: StrQuart., VcDuette u. Schule

REINBRECHT, Friedr. * 19/5 1853 Fischbeck, Kr. Rinteln, † 8/10 1910 Königsberg i. Pr., da seit Herbst 1907 UnivMDir., Organ. u. KirchChordir., vorher u. a. in Wesel u. Greifswald, Schüler des Berl. Instit. f. KirchM. u. Reineckes. W: Kantate, Chöre mit Orch., MChöre, Motetten, Lieder, KlavStücke

REINCKEN, Joh. Adams — s. REINKEN

REINDEL, Alwin * 27/12 1856, † 12/8 1924 Breslau, da lange Jahre MilKM. W: OrchRhapsodie, VcKonzert usw.

REINECKE, Gebrüder, MVerl. in Leipzig, gegr. 25/6 1890 von Karl († 4/2 1935) u. Franz R., den Söhnen des Komp. Karl R.

REINECKE, Joh. Pet. Rud. (Vater Karls) * 22/11 1796 Hamburg, † 14/8 1883 Altona, Schüler Schwenckes, 1844/69 SemML. in Segeberg. W: ‚Vorbereit. Unterricht in d. M.' (= Harmonielehre). H: ‚Für Schule u. Haus' (Liedersammlg)

491

REINECKE, Karl, ps. Hinrich CARSTEN * 23/6 1824 Altona, † 10/3 1910 Leipzig, Schüler seines Vaters, konzertierte bereits 1843 als Pianist, lebte dann in Leipzig, 1846/48 Hofpianist in Kopenhagen, ging nach Paris, 1851 L. am Kölner Konserv., 1854/59 KonzDirig. in Barmen, 1859/60 akad. MDir. u. SingakadDirig. in Breslau, seitdem in Leipzig 1860/95 Dirig. der Gewandhauskonz., 1860/1902 L. (Klav. u. Kompos.) am Konserv. (seit 1897 Studiendir.), privatisierte dann in Leipzig, bes. als Mozartspieler geschätzt. W: Opern, Oratorium, M. zu Schillers ‚Tell‘, MChorkantate, ‚Weihnachtskantate‘, Märchendichtgen usw., Sinf., Ouvert. ‚Friedensfeier‘ u. a., Konzerte f. Pfte (4), Harfe (1), V. (1) u. Vc. (1), viel KaM., Klav-Stücke, Chöre, Konzertarien, Lieder (viele Kinderlieder) usw.: viele Bearbeitgen u. Übertraggen, Schriften: ‚Zur Wiederbelebg d. Mozartschen Klav-Konzerte‘, ‚Die Beethovenschen KlavSon.‘, ‚Meister der Tonkunst‘ usw.

REINECKE, Wilhelm, Dr. med. * 28/10 1870 Halberstadt, GsgL. in Leipzig seit 1902, früher OpSgr. W: ‚Kunst der ideal. Tonbildg‘, 5. A., ‚Der freie Gsgton‘ usw.

REINER, Adam = RENER

REINER, Fritz * 18/12 1888 Budapest, Schüler Kößlers, 1914/21 KM. an d. Dresdener Op., 1922/1931 Dir. des SinfOrch. in Cincinnati, seit Herbst 1931 L. am Curtis-Instit. u. Dirig. in Philadelphia. W: StrQuart., Lieder

REINER, Gebhard * 7/5 1878 Basel, da Sgr u. Chordir. W: Chöre, Lieder

REINER, Jakob * vor 1560 Altdorf/Weingarten, † 12/8 1666 Kloster Weingarten (Württ.), Chordir. W: geistl. Lieder (Motetten), ‚Schöne neue dtsche Lieder‘ u. a.

REINER, Joh. Jak. * 1837 Zürich, † 2/1 1919 Winterthur. W: Choralvorsp., Liederkranz f. d. Jugend

REINFELD, Heinz * 4/8 1912 Berlin, da Pianist, da ausgeb. (Sternsches Konserv.) W: UnterhaltgsM., bes. Chansons

REINHARD, August * 27/11 1831 Ballenstedt, da † 27/11 1912 (Lehrer, 1887 pension.). W: Trios, Sonaten usw. f. Org., Harmon. u. a. Instrum.; HarmSchule; viele HarmArrangements

REINHARDT, Delia * 27/4 1892 Elberfeld, treffl. jugendldramat. Sgrin der Berliner Staatsop. seit Herbst 1924, Schülerin von Strakosch u. des Hochschen Konserv. in Frankf. a. M., 1913 am Breslauer Stadtthea., 1916/23 an der Münchner Staatsop., 1923/24 an der Metropolitan Op. in Newyork, viel auf Gastspielen im Ausland

REINHARDT, Heinr. * 13/4 1865 Preßburg, † 31/1 1922 Wien. W: Optten ‚Das süße Mädel‘ u. a.

REINHARDT, Louis * 21/10 1867 Basel, lebt da. W: Märsche, Tänze, Lieder

REINHART, Walther * 24/5 1886 Winterthur, Schüler M. Bruchs u. Regers, Chordir. in Winterthur (seit 1920) u. Zürich, vorher in Frankf. a. M. u. Stuttgart. W: KirchM., geistl. Lieder

REINHOLD, Erich, ps. DLOHNIER * 12/12 1900 Potsdam, Mker in Berlin. W: UnterhaltsgsM.

REINHOLD, Hugo * 3/3 1854 Wien, Schüler des dort. Konserv., da KlavL. 1897/1925, † 4/9 1935. W: OrchWerke, StrQuart., KlavWerke, Chöre, Lieder usw.

REINHOLD, Theod. Christlieb * 1682, † 26/3 1755 Dresden, da seit 1720 KreuzKantor, L. Joh. Ad. Hillers. W: viele Motetten

REINKEN, Joh. Adams * 27/4 1623 Wilshausen (Els.), † 24/11 1722 Hamburg, da seit 1658, Organ. seit 1663. Berühmter OrgVirt., zu dem J. S. Bach pilgerte. W: ‚Hortus musicus‘ für StrInstr., Org- u. KlavStücke

REINMAR, Hans * 1895 (?) Wien, ausgez. Barit., seit 1928 in Berlin (Städt. Op., jetzt Dtsch. OpHaus), studierte in Wien (Akad. u. Univers.), später bei Vanzo in Milano, I. Engag. 1919 in Olmütz, dann Dresden, Nürnberg, Zürich, Hamburg

REINPRECHTER — s. RAINPRECHTER

REINSCH, Jos. * 1800 Geseß, Kr. Neiße, † 5/6 1862 Patschkau, SchulL., Komp. des Weihnachtslieds ‚O Jesulein zart‘

REINSTEIN, Ernst, Dr. phil. * 25/2 1881 Grimma, Studienrat in Zittau, Schüler H. Riemanns. W: Ostermysterium, Chorkantate ‚Cyclopen‘, Gsge m. Orch., BühnM., Chöre; OrchVar., Sinf. Satz, KaM. u. a.

REINTHALER Karl * 13/10 1822 Erfurt, † 14/2 1896 Bremen, da städt. MDir. u. Domorgan. 1858/87. Veranstalt. d. erste Aufführg des ‚Dtsch. Requiem‘ v. Brahms 10/4 1868. W: Opern, Oratorium, Sinf., MChöre usw.

REIPSCHLÄGER, Erich, Dr. phil. * 1/6 1884 Bielefeld, MWissenschaftler u. Pädag. in Rostock, vorher TheaKM.

REISENAUER, Alfred * 1/11 1863 Königsberg i. Pr., † 3/10 1907 Liebau, hervorrag. vielgereister Pianist, Schüler L. Köhlers u. Liszts, 1900/06 KonservL. zu Leipzig. W: OrchVariat., KlavStücke, Lieder

REISER, Alois * 1884 Prag, Schüler Dvořaks, TheaKM. in Newyork. W: sinfon. Dichtgen, 2 VcKonz., KaM.

REISER, Aug. * 19/1 1840 Gamertingen/Hohenzollern, † 22/10 1904 Haigerloch/Hohenzollern, lebte in Amerika, Indien, München u. Straßburg i. E., 1880/86 in Köln a. Rh. als Red. der ‚Neuen MZtg', seitdem in Haigerloch, auch GsgL. W: 2 Sinf., 4 Ouvert., MChöre, KlavStücke, Lieder usw., ReformKlavSchule. H: Chorsammlgen ‚Lorelei' f. MChor, ‚Troubadour' f. gem. Chor, ‚Liederkranz aus Schwaben' usw. — Sein Bruder F r i e d r. H e r m. * 20/1 1839 Gamertingen, † 22/2 1879 Rheinfelden, MDir. seit 1870, vorher KlavL. am Münchener Konserv. W: KlavStücke u. -Schule, sehr verbreitet. KinderKlavSchule, Lieder.

REISER, Jörg = REYSER

REISER, Josef * 30/12 1878 Wien, da Schüler v. Hellmesberger u. Rob. Fuchs, Geiger. W: MChöre

REISET, Gustave Armand Henri, Baron de, ps. TESIER * 1821 Mont-Saint-Aignan, † 1905 Marcilly sur Eure, seit 1840 im diplom. Dienst, 1859/63 Gesandter in Darmstadt, 1863 in Hannover. W: Opern (1863 u. 1865); ‚Mes souvenirs' (1901)

REISET, Marie Félicie Clemence de, geb. Vicomtesse de Grandval, ps. Caroline BLANGY; Clémence VALGRAND * 21/1 1830 (Schloß) la Cour du Bois (Sarthe), † 15/1 1907 Paris, Schülerin v. Saint-Saëns. W: Opern, Oratorien, KirchM., Esquissess sinf., KaM., KlavStücke, Duette, Lieder

REISFELD Bert, Dipl.-Ingen., ps. Hannes REIMAR * 12/12 1906 Wien, lebt in Berlin, Schüler des Wiener Konserv. W: viele ernste Lieder, seit 1917 Schlager, Tonfilme, meist mit Rolf Marbot zus.

REISINGER, Oskar Manfred, ps. Oskar MANFRED * 24/4 1908 Zell/Zellhof (Österr.), OrchBearbeiter in Friedburg, OÖsterr. (vorher in Berlin), ausgeb. in Wien. W: KlavKonz., UnterhaltgsM.

REISS, Anton * 1741 Trautenau (Böhm.), † 30/4 1815 Prag, da berühmter OrgBauer

REISS, Geo. Mich. Döderlein * 12/8 1861 Oslo, da † 25/1 1914 MKrit., Erforscher der norw. M. im MA. u. Organist

REISS, Jos., Dr. phil. * 4/8 1879 Dembica, seit 1901 GymnasProf. in Krakau, Schüler G. Adlers, seit 1910 UnivDoz. W: viele Fachschr. (poln.). H: Gomolka, 4st. Psalmen

REISS, Karl * 24/4 1829 Frankfurt a. M., da † 5/4 1908, TheaKM. in Mainz (1854), Cassel (1856), 1881/86 HofKM. in Wiesbaden. W: u. a. Oper ‚Otto der Schütz'

REISSIGER, Karl Gottlieb * 31/1 1798 Belzig (RB. Potsdam), † 7/11 1859 Dresden, Schüler Schichts, 1826 MDir. u. 1827 HofKM. (nach Weber) in Dresden. W: Opern ‚Libella', ‚Die Felsenmühle' usw., Oratorium, Psalmen f. MChor, Messen, Sinfonie, viel KaM., u. a. KlavTrios, KlavStücke, viele Lieder (‚Der Zigeunerbube', ‚Die Grenadiere' u. a.) usw. — Sein Bruder F r i e d r i c h A u g. R. * 26/7 1809 Belzig, † 2/3 1883 Frederikshald (Norweg.), Schüler Dehns, 1840 TheaKM. in Christiania u. 1850 Milit.KM. in Frederikshald. W: Orch- u. KaM., Requiem, Gsge, KlavStücke usw.

REISSMANN, Aug. * 14/11 1825 Frankenstein (Schles.), † 13/7 (nicht 1/12) 1903 Dalldorf/Berlin, MSchr., 1863/80 in Berlin, dann in Leipzig, seit 1884 in Wiesbaden, zuletzt wieder in Berlin. W: ‚Illustr. Gesch. der dtschen M.', ‚Gesch. des dtsch. Liedes', ‚Lehrbuch der musikal. Komposition', ‚Zur Ästhetik der M.', Biographien von Bach, Gluck, Lux, Mendelssohn, Schumann usw., Opern auf eigene Texte, Orator., Ballett, Sinfon., VKonz., Chöre, Lieder usw.; nach Mendels Tode beendigte er dessen ‚Universal-Lexikon der Tonkunst'

REITER, Anton * 3/3 1872 Königsberg a. d. Eger, da † 13/8 1933, seit 1897 KirchChorDir., sehr verdient um die KMGenossensch. in Eger

REITER, Ernst * 30/3 1814 in Wertheim (Baden), † 14/7 1875 als MDir. in Basel (seit 1839), tücht. Violinist u. Dirig. W: Oper, Orator., Sinf., StrQuart., Chöre, Lieder, KlavWerke usw.

REITER, Ernst, Dr. phil. * 29/8 1897 Basel, lebt in Berlin. W: BühnenM., Lieder.

REITER, Franz de Paula Roser v. — s. ROSER

REITER, Fritz, ps. Fritz JOACHIM [nichts ermittelt]

REITER, Joh. Bapt. * 19/5 1834 u. † 22/1 1899 Mittenwald, treffl. Geigen- u. Bogenmacher

REITER, Josef * 19/1 1862 Braunau a. Inn (ObÖsterr.), lebt seit 1934 in Bayr. Gmain, erst L. in Linz, 1886 in Wien, 1908/11 Dir. d. Mozarteums in Salzburg; zur Förderg seines Kunststrebens seit Ende 1899 ein ‚J. R.-Ver.'. W: Opern u. a. ‚Der Bundschuh', ‚Der Tell', Sinf., Ouvert., KaM., Kantaten, Balladen, MChöre, Lieder, KlavStücke. B: Händels ‚Herakles' u. ‚Messias'

REITER, Leop. * 21/1 1871 Leipzig, da Verlagsfaktor. W: KirchM., KaM., KlavKonz., Lieder

REITERER, Ernst * 27/4 1851, † März 1923 Wien, Schüler des dort. Konserv., seit 1873 TheaKM., seit 1881 in Wien. W: Operetten

493

REITLER, Jos. * 25/12 1883 Wien, da MKrit. seit 1907, KonservDir. seit 1915, OpLibrettist. H: ‚MBuch aus Österreich'

REITZ, Rob. * 17/6 1884 Burgdorf (Schweiz), Leiter d. VAusbildgsKl. der Hochsch. in Weimar, da 1909/30 I. KonzM. d. NationalThea. H: Konz. u. Sonaten von Bach, Biber, Pisendel, Stamitz, Tartini.

REK, Engelbert * 30/5 1880 Bensen, Dtsch-Böhmen, seit 1899 SchulL. in Tetschen, da GsgL. am Gymn., Chordir. W: Oratorien, Messen, geistl. u. weltl. Chöre u. Lieder

REKAY, Ferd. * 6/2 1870 Budapest, erster K-M. an der dort. Oper. W: Ungar. Opern, Suite ‚Im Walde', Ungar. Ouvert., 2 StrQuart. usw.

RELITZ, W., ps. = Waltrud RITZEL

RELLA, Robert * 24/3 1900 Wien, lebt da, Schüler Mandyczewskys u. R. Stöhrs. W: Lieder, Tänze

RELLSTAB, Friedr. * 27/2 1759 Berlin, da † 19/8 1813, MSchr., zeitw. MVerleger u. Konz-Unternehmer. W: Kantaten, Märsche, Tänze. H: KlavMagazin

RELLSTAB, Ludw. (Sohn Friedrichs) * 13/4 1799 Berlin, da † 27/11 1860, Roman- u. MSchr., Schüler v. Agricola u. Fasch, zuerst ArtillOffizier, seit 1826 Redakt. u. MRef. der ‚Voss. Ztg.' in Berlin, 1830/41 auch Hsgr der MZtschr. ‚Iris', Gegner Spontinis. W: ‚Die Gestaltg der Oper seit Mozart', ‚F. Liszt', ‚L. Berger' usw.

RELTAS, Harry, ps. = Heinr. BRÖLL

REMBT, Joh. Ernst * 1749 Suhl, da † 26/2 1810, Organ. W: wertvolle OrgFughetten u. Choralvorspiele

REMBT, Paul * 7/2 1875 Marktbreit (UFranken), HornVirt., Pianist (KonzBegleit.), auch Chor- u. OrchDirig. in Berlin, ausgeb. in Würzburg, 1894/1904 I. Hornist des Stadtthea. in Köln, 1904/32 dsgl. an der Hof- bzw. Staatsop. in Berlin, da 1911/32 HornL. an der Hochschule, 1921 Prof. W: Horn-Etüden u. OrchStudien

REMÉNYI, Eduard (Hoffmann, gen. R.) * 1830 Hewes (Ungarn), † 15/5 1898 San Francisco, vielgereister VVirt., Schüler d. Wiener Konserv., 1854 in London Sologeiger der Königin; seit 1875 in Paris. W: VKonz. u. Stücke

REMI, Werner, ps. = BORTZ, Alfred

REMMERT, Martha * 4/8 1864 Großschwein/Glogau, treffl. Pianistin, Schülerin v. Kullak, Tausig u. Liszt, seit 1885 in Berlin als L., gründete 1900 die Liszt-Akad.

REMO, Antoni ps. = Theo. BLUMER

REMONDI, Roberto * 1851 Fiesse (Brescia), † 22/1 1928 Torino, da seit 1892, vorher seit 1875 in Brescia, treffl. Organist. W: KirchM., OrgStücke u. Studien

RÉMUSAT, Jean * 11/5 1815 Bordeaux, † 1/9 1888 Schanghai, FlötVirt. W: FlSchule, Solo-Stücke, KaM.

REMY, Alfred * 16/3 1870 Elberfeld, MWissenschaftler in Bronsville, NY, zeitw. UnivProf., seit 1882 in Amerika, Schüler B. O. Kleins. H: Th. Baker, biogr. dictionary of musicians, Übersetzer u. a. v. Sevčiks op. 11 u. 12

REMY, W. A. — s. MAYER, Wilh.

RENARD, Casimir * 5/10 1853, Pariser Klav-Komp. W: Salon- u. Bravourstücke

RENARD, Marie * 18/1 1863 Graz, ausgezeichn. OpSgrin (Carmen, Mignon, Manon) 1885/88 in Berlin, 1888/1901 in Wien; 1901 vermählt mit Graf Rudolf Kinsky

RENARD, Pierre, ps. = Kurt GOLDMANN

RENAUD, Albert * 1855 Paris, Schüler von Cés. Franck u. Delibes. W: Oper, Operette, Ballette, Messe, Orch-, Klav- u. OrgStücke usw.

RENAUD, Pierre Guill. * 3/4 1809 's Gravenhage, da † 29/12 1890, Organ. u. Chordir. W: Org- u. KlavStücke, MChöre

RENDAHL, Claes W. * 4/4 1848 Ölmestad (Jönköping), † 12/2 1926 Karlstad (Schwed.), da s. 1877 Domorgan. W: KirchM., Gsge, KlavStücke

RENDANO, Alfonso * 5/4 1853 Carolei/Cosenza, † 10/9 1931 Rom, Schüler des Konserv. zu Napoli u. Leipzig u. Thalbergs, tücht. Pianist, lebte in Napoli u. Rom. W: Oper ‚Consuelo' Orch- u. KlavStücke

RENÉ, Jaques, ps. = FRIEDL, Frz

RENER, Adam * um 1485 Lüttich, 1503 in der Augsburger Hofkap., 1507/20 Kantor in Torgau. W: Messen, Magnificate u. a.

RENESSE, Geo. van * 21/2 1909 Zaamslag (Südflandern), KlavVirt., bes. geschätzter Begleiter u. KonservL. in Amsterdam, da u. in Paris ausgeb., Wunderkind

RENGER, Friedr. * 6/11 1866 Böhm.-Kamnitz, seit 1903 Organ. u. Dirig. des dtsch. MGsgVer. in Wrschatz (Jugoslav.), ausgeb. in Dresden (Sängerknabe), Prag (OrgSchule), Regensburg u. Wien (Konserv.). W: Optten, Singspiele, Chöre, Lieder, KlavStücke

RENIÉ, Henriette * 18/9 1875 Paris, da ausgez. Harfenistin. W: Konz., u. a. für Harfe

RENK, Peter * 7/2 1842, † 12/5 1910 Leipzig, ZithVirt. W: viele ZithKompos. u. -Schule

RENKER, Felix * 2/12 1867, † 21/3 1935 Dresden, Possenlibrettist

RENN, Artur * 12/11 1883 Treblin (Pomm.), 1919 GsgL. u. 1920 DomOrg. in Kolberg, da Chordir., vorher SchulL. an verschied. Orten. W: Gem- u. MChöre

RENNER, Jos. * 25/4 1832 Schmatzhausen/Landshut (Bay.), † 11/8 1895 Regensburg, Schüler Mettenleiters u. Proskes, tücht. MPädag., MSchul-Inhaber zu Regensburg, suchte seit 1874 die alte Madrigallit. wieder zu beleben. W: Chorliedersammlg ‚Mutter Donau‘, ‚Oberquartette‘, ‚Auswahl dtscher Madrigale‘ usw. — Sein Sohn J o s e f (R. jun.), ps. Otto SEPHNER * 17/2 1868 Regensburg, da † 17/7 1934, Schüler seines Vaters, der KirchMSchule daselbst u. Rheinbergers, 1887 Chordir. in Bludenz, seit Dez. 1892 Dom-Organ. u. OrgL. a. d. KirchMSchule in Regensburg. W: Singspiel ‚Haydn‘, zahlr. Messen, Requiems, Motetten, Hymnen, StrQuart., OrgKompos., KlavStücke, MChöre, Lieder usw.

RENNER, Ludwig † 11/6 1932 (64j.) Hofgastein, MKrit. in Berlin. W: Kuplets, u. a. ‚Haben Sie nicht den kleinen Kohn gesehn?‘

RENNER, Willy * 28/5 1883 Oldesleben, Prov. Sachsen, KlavVirt. in Frankfurt a. M., da ausgeb. (Dr. Hochsches Konserv.), da 1913/22 L. W: OrchScherzo, KaM., KlavSuite u. -Stücke, Balladen f. Singst. u. Orch., Lieder, ‚Neue Methode des KlavSpiels‘ (1928)

RENNES, Catharina van * 2/8 1858 Utrecht, GsgsPädagogin in Amsterdam, Schülerin Rich. Hols u. Messchaerts. W: Lieder, bes. viele Kinderlieder

RENSBURG, Jacques E. * 22/5 1846 Rotterdam, † Dez. 1910 Bonn, da seit 1880, VcVirt. W: VcKonz. u. -Stücke

RENTSCH, Arno * 9/1 1870 Nickern in der Mark, lebt in Woltersdorf/Berlin, ML. (V., Theorie), künstler. Beirat des Bruno Kittelschen Chors. W: Oper; ‚Weltfrühling‘, ‚Deutsche Lieder‘ u. a. f. Chor u. Orch., Hymnen Hölderlins, Lieder

RENTSCH, Ernst * 29/4 1844 Dresden, † 1886 Davos, seit 1864 Geiger, Organ. u. Chordir. in Basel. W: StrQuart., VStücke, Lieder

RENYI, Aladar W: Optte ‚Susi‘ (1912), Schlager

RENZI, Alex. Th., ps. = Heinr. HIOB

RENZI, Luigi * 19/3 1899 Rom, da Pianist. W: Frauenoper, Messen u. andere KirchM.

RENZI, Remigio * 1/10 1857 Rom, da seit 1880 Organ., seit 1887 auch L. am Liceo di S. Cecilia, sehr geschätzt. W: KirchM., OrgSonaten

RESCH, Joh. * 11/2 1830 Wien, kais. KM. in Petersburg, † 1889. W: viele Tänze (Gavotte ‚Heimliche Liebe‘ 1875)

RESCHKE, Hans * 13/12 1897 Charlottenburg, lebt in Berlin, Pianist (KonzBegl.), stud. da M-Wiss. u. TheaWiss., Korrep. d. städt. Op. 1924/1926; auch MRef. der ‚Dtsch. Bühne‘. W: Lieder

RESCHKE, Hermann * 2/6 1891 Obergehren, Kr. Züllichau-Schwiebus, lebt in Bamberg, urspr. MilM. W: UnterhaltsM.

RESINARIUS, Balthasar * 1480 Hessen, 1543 Pastor in Leipa, tüchtiger Tonsetzer des Frühprotestantismus

RESPIGHI, Ottorino * 9/7 1879 Bologna, lebt in Rom, Schüler des Bologn. Lic., Rimsky-Korsakoffs u. M. Bruchs, 1913 KomposL. am Lic. di S. Cecilia in Rom, dessen Dir. 1923/25, seitdem da nur der Kompos. lebend, führender neuitalien. Tonsetzer, oft Gastdir., auch in Amerika. W: Opern, u. a. ‚Belfagor‘, ‚Versunkene Glocke‘, Mimodrama ‚Scherzo Veneziano‘, OrchSuite, sinf. Dichtg ‚Fontane di Roma‘, ‚I Pini di Roma‘, ‚I festi di Roma‘, KlavKonzert, Conc. Gregoriano f. V., KaM., V- u. OrgStücke, Lieder u. a. B: alte LautenM. f. Orch., Bach, Monteverdi, Vitalis VCiaconna. — Seine Gattin Elsa Olivieri S a n - g i a c o m o - R. * 24/3 1894 Rom. W: Märchenoper, Tanzsuite, sinfon. Dichtg, Lieder

RESS, Luise * 14/12 1843 Frankfurt a. M., † 19/5 1908 Berlin, da seit 1872 sehr angesehene GsgLehrerin

RESS, Rob. † 9/2 1935 (63j.) Berlin, treffl. GsgL., urspr. OpSgr

RESTANO, Antonio * 1866 Buenos Aires, da Leiter eines MInstituts. W: Opern, Ouvert., sinf. Dichtgen

RESZKE, Eduard de * 23/12 1854 Warschau, † 25/5 1917 Gureck (Pol.), ausgez. Baßbarit., bes. in Paris, London u. Neuyork. — Sein Bruder J a n * 14/1 1850 Warschau, † 15/4 1925 Nizza, 1875 Bariton, seit 1884 Tenor, wie sein Bruder hochberühmt u. vielgereist

RETHBERG, Elisabeth * 22/12 1894 (22/9 1897?) Schwarzenberg (Erzgeb.), ausgez. Sopranistin, seit 1923 an der Metropolitan Op. in Newyork, 1915/22 in Dresden, (da ausgeb.)

RETI, Rud., Dr. phil. * 27/11 1885 Uzice (Serb.), lebt in Wien, Pianist. W: KaM. Klav-Stücke, Lieder

RETKOW, Almo, ps. = W. KOMMOL

RETSLAG, Wolfgang * 10/1 1893 Berlin, da seit Herbst 1926 (teilw. Blankenburg i. Harz), war KM. an verschied. Orten. W: Sinfonietta. B: Joh. Scholtze, Opernführer 10. A. 1935

RETTICH, Wilhelm * 3/7 1892 Leipzig, da Schüler des Konserv. (Reger) u. Lohses, 1914/20 kriegsgefangen in Sibirien u. China, dann TheaKM., zuletzt in Stettin, lebt in Berlin. W: MDrama, Chöre, auch m. Orch., Lieder, KaM.

RETTICH-PIRK, Sarolta v. * 13/6 1865 Wien, da seit 1909 GsgL., vorher OpSgrin, Debut 1884 Wien, 1885/96 in Prag (sehr beliebte Soubrette, 1898/1902 im Wiener KaiserJubiläumsThea.). W: Kinderlieder

REUBKE, Adolf * 6/12 1805, † 3/3 1875 Halberstadt, OrgBauer zu Hausneindorf/Quedlinburg. — Seine Söhne: Julius * 23/3 1834 Hausneindorf, † 3/6 1854 Pillnitz, Pianist. W: OrgSonate üb. den 94. Psalm, KlavStücke, Lieder; Emil * 1836, † 1885, OrgBauer; Otto * 2/11 1842, † 18/5 1913 Halle, Pianist u. Organ., VerDirig. (1867/1911 Rob. Franzsche Singakad.) u. ML., seit 1892 auch UnivMDir. in Halle a. S.

REUCHSEL, Amédée, ps. ARLANDE, Guy d' * 21/3 1875 Lyon, Organ. in Paris, Schüler des Brüsseler Konserv. u. Faurés. W: Oper, Oratorium, bemerkensw. KaM., OrgSonaten, KlavStücke, M-Chöre, Lieder, ‚Théorie complète de la m.'

REUCHSEL, Léon * 1840 Vesoul, † 11/8 1915 Lyon, da seit 1861 Organist, auch Chordirig. W: Messen, Motetten, Kantaten; ‚Clef du parfait mécanisme'

REUCHSEL, Maurice (Bruder Amédées) * 22/11 1880 Lyon, Geiger. W: Ballett, VSuiten u. Stücke m. Orch., KaM., Motetten, Lieder; ‚La m. à Lyon', ‚L'école class. du viol.' usw.

REULING, Ludw. Wilh. * 22/12 1822 Darmstadt, † 19/4 1879 München, langjähr. KM. der Wiener Hofop. W: Opern, Optten, Ballette

REUSCH, Fritz, Dr. phil. * 20/11 1896 Bingen, seit 1930 Prof. f. M. an der pädag. Akad. in Frankf. a. O., studierte MWiss. in Heidelberg u. Berlin, KomposSchüler Grabners, 1925/27 Leiter d. VolksMSchule der Musikantengilde, 1928/30 Leiter der ev. Schule f. VolksM. im Johannisstift in Spandau. H: ‚Die Musikantengilde', ‚Der Kreis' 1925/30

REUSCH, Joh. * um 1520 Rotach (Koburg), † 27/2 1582 Wurzen, da Stiftskanzler, Schuldir. W: KirchM., ‚Elementa musicae pract.'

REUSCHER, Fedor, ps. = Karl F. PETROW

REUSNER, Esajas, der Vater. W: ‚Musikal. Lustgarten' 1645. — Sein gleichnamiger Sohn * 29/4 1636 Löwenberg (Schles.), † 1/5 1679 Cölln a. d. Spree, Lautenist. W: Suiten f. Laute

REUSS, Prinz — s. HEINRICH IV. u. XXIV.

REUSS, Aug. * 6/3 1871 Liliendorf/Znaim, † 18/6 1935 München, da sehr geschätzter TheorL., zuletzt an der Akad., Schüler Thuilles, 1906/07 TheaKM. in Augsburg u. Magdeburg. W: Oper, sinfon. Dichtgen usw., KaM., VSerenade m. Orch., KlavKonz., KlavStücke, Chöre, Lieder, Melodram., Pantomimen

REUSS, Eduard * 16/9 1851 Newyork, † 18/2 1911 Dresden, studierte M. in Dtschland (Ed. Krüger u. Liszt), seit 1880 ML. in Karlsruhe, 1896 in Wiesbaden, 1901/02 KM. in Amerika, dann KonservL. in Dresden, auch MSchr. W: Kompos. f. Klav. u. Gsg. — Seine Frau Reuß-Belce, Luise (* 24/10 1863 Wien), geschätzte OpSgrin u. GsgL. in Berlin, künstl. Beirat am Dtschen OpHause bzw. (= seit 1925) der städt. Oper. — Sein Sohn Wilhelm Franz * 17/3 1886 Karlsruhe, OpKM. in Mainz, Barmen u. Königsberg, 1923/27 KM. am Deutsch. Opernhause in Berlin, 1927/33 in Kassel, seit 1935 in Königsberg. B: KlavAusz. v. Opern Siegfr. Wagners

REUSSNER, Esajas — s. REUSNER

REUTER, ps. = Hans SCHINDLER

REUTER, Florizel v. * 21/1 1893 Davenport, lebt in Freising, VVirt. (Wunderkind), Schüler Saurets, Thomsons u. Marteaus, 1932/34 Leiter d. MeisterVSchule an d. Staatsakad. in Wien. W: Opern, Variat. u. a. f. Orch., VStücke, ‚Führer durch die VM.'. H: Werke Paganinis. B: Capricen Locatellis usw.

REUTER, Fritz, Dr. phil. * 9/9 1896 Löbtau/Dresden, da 1921/23 TheorL. am Konserv. (wo er ausgebildet.), seit 1923 Theor- u. KomposL. am Inst. f. KirchM. in Leipzig. W: gr. Chorwerk, Fr- u. MChöre, OrchSuite; ‚MPädagogik'; ‚Mtheoret. Unterricht auf neuzeitl. Grundlage' (1929) u. a.

REUTLINGEN, Hugo v. — s. HUGO

REUTTER, Georg — s. bei Joh. Adam Karl Georg REUTTER

REUTTER, Herm. * 17/6 1900 Stuttgart, da seit 1922, seit 1933 TheorProf. am Konserv., Pianist, ausgebildet in München, u. a. bei Courvoisier. W: Opern, Orator., KaM., Konz., Sonaten usw. f. Klav., VKonz., Lieder, auch m. StrQuart.

REUTTER, Joh. Adam Karl Georg * 6/4 1708 Wien, da † 11/3 1772, wo sein Vater Georg (1656/1738) Hof- u. KaOrgan. an St. Stefan war, 1731 Hofkompositeur, 1738 Nachf. seines Vaters, 1747 HofKM. u. 1740 geadelt. W: Opern, Orator., Messen, Kantaten, Motetten usw.

REUTTER, Otto, eigentl. Pfützenreutter * 1870 Gardelegen, † 3/3 1931 Düsseldorf, berühmter Kupletsänger. W: Kuplets, humor. Lieder

RÉVÉTZ Géza, Dr. phil. et jur. * 9/12 1878 Siofok (Ung.), seit 1921 Dir. des psychol. Instit. in Amsterdam, 1908/21 an der Univers. Budapest. W: tonpsycholog. Schriften; ‚Erwin Nyiregyhazy'

REWUCKYI, Mykola * 1880, KomposL. an der MHochschule in Kiew, Schüler Gliers. W: Sinfonien u. a.

REY, Ernest — s. REYER

REY, Frédéric — s. LE REY

REY, Giov. Batt. * um 1760 Tarrascona, † 1822 Paris, Vcellist u. KlavL. W: VcSonaten; theor. Lehrbücher

REY, Jean Bapt. * 18/12 1734 Lauzerte (Languedoc), † 15/7 1810 Paris, da seit 1776, OpKM. an verschied. Orten, 1795/1802 KonservL. W: Opern, KirchM.

REY, Juan Stefano * 3/8 1832 Tolosa, † ?. W: Opern, KirchM., 7 Sinf., KaM., Chöre, Gsge

REY, Julius, ps. — s. REICH

REY, Vernon, ps. = Ch. A. RAWLINGS

REY-REICH, Jul. — s. REICH

REYER (eigentl. Rey), Ernest * 1/12 1823 Marseille, † 15/1 1909 Le Levandon/Hyères, Schüler der Frau Farrenc, lebte in Paris, MKrit. des Journal des débats, seit 1876 Mitglied der Académie. W: Opern ‚Salambo', ‚Sigurd', usw., Ballett, SinfOde, Kantaten, Lieder; ‚Notes de m.'

REYMOND, Eugène * 1872 Genf, da VL. am Konserv. W: KaM., VcStücke, Lieder

REYMOND, Henri * 1863 Genf, seit 1895 Klav- u. TheorL. am Konserv. in Lausanne. W: Oper, VStücke, KlavStücke

REYSER (REISER, RYSER), Jörg, Würzburg druckte zuerst mit gotischen Choraltypen seit 1481

REYVAAN — s. REIJVAAN

REZNICEK, Emil Nikol. von * 4/5 1860 (nicht 1861) Wien, lebt in Berlin, Sohn eines hohen österr. Offiziers, stud. in Graz Jura, dann M. bei W. Mayer u. auf dem Konserv. zu Leipzig; KM. in versch. Städten, 1896/99 HofKM. in Mannheim, seit 1902 in Berlin (1909/11 KM. der kom. Oper), 1920/26 L. an der Hochschule f. M., sehr geschätzt als InstrumentL., bedeut. eigenartiger, in der Technik R. Strauß ebenbürtiger Komp. W: Opern, u. a. ‚Donna Diana' (1894, umgearb 1908 u. 1933), ‚Blaubart' (1920), ‚Holofernes' (1923), ‚Satuala' (1927), ‚Spiel oder Ernst?' (1930), ‚Der Gondolier des Dogen' (1931), Requiem, Messe, Chorwerk ‚In Memoriam', LustspielOuv., 4 Sinf., sinfon. Suiten u. Dichtgen (‚Schlemihl', ‚Der Sieger') f. Orch., VKonz., 4 StrQuart., KlavStücke, Gsge, Lieder usw.

RHAM, G., ps. = Gust. MAHR

RHAW (= RAU), Georg * 1488 Eisfeld (Franken), † 6/8 1548 Wittenberg, 1518/20 ThomasKantor in Leipzig, wegen seines Übertrittes zum Protestantismus ausgeschieden, dann SchulL. in Eisleben u. Hildesheim, seit 1523 in Wittenberg, wo er 1525 die wichtig gewordene Musikaliendruckerei im Dienste d. Protestantismus gründete. W: zahlr. KirchM., geistl. dtsche Gsge

RHEINBERGER, Jos. * 17/3 1839 Vaduz (Liechtenstein), † 25/1 1901 München, Schüler d. Münchener Konserv., da 1859 TheorL., 1865 Repetitor am Hofthea., 1867 Prof. der Theor u. des OrgSpiels u. Inspektor an der neuen Kgl. MSchule, 1877 HofKM., 1894 geadelt, 1899 Dr. phil. h. c. (München). W: Opern, SchauspM., Orator. ‚Christophorus', Messen, Requiem, Chorwerke ‚Toggenburg', ‚Klärchen auf Eberstein', ‚Montfort' ‚Das Tal des Espingo' u. a., Sinf. ‚Wallenstein' u. a., Ouvert., viel KaM., OrgKonz., 19 OrgSonaten, KlavStücke, Lieder usw.

RHEINECK, Christoph * 1/11 1748 Memmingen, da † 29/7 1797, Kaufmann, später Gastwirt. W: Opern, treffl. volkstüml. Lieder

RHENÉ-BATON (eigentl. René B.) * 5/9 1879 Courseulles-sur-Mer, Schüler des Pariser Konserv., auch im Ausland bekannter Dirig., seit 1916 Dir. des Pasdeloup-Orch. W: Oper, Ballett, Suite u. a. f. Orch., KaM., KlavStücke, Lieder

RHODE, Eduard * 1828 Halle a. S., † 25/3 1883 Berlin, Organ., KirchChordirig. u. GymnGsgL. W: Motetten, Chöre, Lieder, KlavStücke

RHODE, Erich * 28/2 1870 Berlin, seit 1919 ML. u. MKrit. in Nürnberg, 1891/1902 Offizier, dann Schüler der Konserv. in Dresden u. Sondershausen sowie Thuilles, OpKM. in Pilsen, Stralsund, Ulm u. Nürnberg bis 1914; Kriegsteiln. W: OrchSuite, KaM., KlavStücke, Chöre, auch m. Orch., FrTerzette, Duette, Lieder

RHODE (auch Rhode-Royer), Max, ps. ROYER, Max * 27/11 1884 Berlin, da Berater v. MVerlagen. W: Ballette, BühnM., Charakterstücke, Tänze. B: OpFantas. u. a.

RHYN, Hans am, ps. = GASSMANN, Alfr. L.

RHYNE, H. E., ps. = H. E. SAUVEPLANE

RIADIS, Emil * 13/5 1890 Saloniki, der bedeutendste leb. griech. Kompon., ausgebildet in München u. Paris. W: Opern, BühnM., OrchM., KaM., KlavStücke, Chöre, Lieder

RIBAUPIERRÉ, Emile de * 1887 Montreux, da VVirt., OrchDir. u. KonservDir. W: OrchSuite, Suiten f. V., bzw. Br. u. a.

RIBBECK, Hedwig † 28/2 1931 Berlin, 71jähr., verdiente MPädagogin

RIBOLI, Aless. * 13/4 1887 Cascina (Malpensata)/Crema, Organ. u. KirchenKM. in Milano. W: Orch-, Ka- u. KlavM., Chöre, Lieder

RICCI, Corrado * 18/4 1858 Ravenna, zuletzt Dir. d. archäolog. Inst. in Rom. W: ‚I teatri di Bologna nei secoli XVII. e XVIII.‘, ‚Arr. Boito‘, ‚Vita barocca‘, OpLibretti

RICCI, Federigo * 22/10 1809 Napoli, † 10/12 1877 Conegliano, 1853/69 in Petersburg. W: Opern ‚La prigione d'Edimburgo‘, ‚Crispino e la Comare‘ u. a., Optten, Kantaten, Lieder usw. — Sein Bruder Luigi R. * 8/7 1805 Napoli, † 21/12 1859 Prag (irrsinnig), gleichf. OpKomp., mit seinem Bruder mehrfach zus. W: 30 Opern, u. a. ‚Il diavolo a quattro‘, KirchM., Duette, Lieder usw. — Dessen gleichnamiger Sohn, auch Luigi Stolz Richter genannt * 27/12 1852 Trieste, † 10/2 1906 Milano, TheaKM. an versch. Orten. W: Opern, Optten, KirchM., Gsge u. a.

RICCI, Pasquale, Abbate * 1733 Como, † 1799 ?, KirchKM., lebte zeitw. in Deutschland, Holland, Paris u. London. W: Sinf., KaM., KirchM.; ‚Méthode p. le Pfte‘ (1788)

RICCI, Vittorio * 18/3 1859 Terranova Bracciolini (Arezzo), † 25/4 1925 Firenze, GsgL. (19 J. in Edinburgh). W: Optten, Kantaten, Gsge, theoret. Aufsätze

RICCI-SIGNORINI, Antonio * 22/2 1867 Massalombarda (Ravenna), Schüler des Lic. mus. zu Bologna, lebt da.. W: Oper, sinfon. Dicht., OrchSuiten, KlavStücke, Lieder

RICCIERI (RICIERI), Giov. Ant. * 12/5 1679 Vicenza, † 15/5 1746 Cento, lebte u. a. in Venezia u. Bologna. W: Orator., KirchM.

RICCIO, Antonio * um 1540 Brescia, † nach 1594 Ansbach, da Kirch-, später HofKM. W: Messen, Psalmen, Cantiones sacrae, Madrigale usw.

RICCITELLI, Primo * 10/8 1880 Bellante (Terrano), Schüler Mascagnis. W: Opern, Gsge

RICCIUS, Aug. Ferd. * 26/2 1819 Bernstadt (Lausitz), † 5/7 1886 Karlsbad, 1854/64 OpKM. in Leipzig, dann in Hamburg, zuletzt da GsgL. u. MRef. W: Ouvert., ZwischenaktsM., MQuart. — Sein Neffe Karl Aug. Gust. R. * 26/7 1830 Bernstadt, † 8/7 1893 Dresden, da Geiger u. OpChordir., seit 1889 Bibliothekar der Kgl. Musikaliensammlg. W: Oper, Schillers ‚Dithyrambe‘ f. Chor u. Orch., KlavStücke u. Lieder

RICCIUS, Erich Mirsch — s. MIRSCH-RICCIUS

RICH, Gene, ps. = Hubert W. DAVID

RICHARD, Aug. * 20/3 1875 Karlsruhe, Schüler Thuilles, KM. u. a. in Stettin, Weimar, Altenburg, seit 1910 VerDir. in Heilbronn; auch MSchr. W: OrchSuite, Hymnen f. Chor u. Org., gem. Chöre, M-Chöre, Lieder (auch mit Orch.); ‚M. v. Schillings‘ (Biogr.)

RICHARD, Ernst, ps. = Rich. SCHÖNIAN und Ernst RÖMER

RICHARDS, A. H., ps. = Paul SCHRAMM

RICHARDS, Brinley * 13/11 1817 Carmarthen (Wales), † 1/5 1885 London, vielgereister KlavVirt., angesehener L., Schüler d. Kgl. MAkad. in London. W: OrchStücke, Chöre, bes. KlavSalonStücke

RICHARDS, Harry, ps. = Fritz FRIEDEMANN

RICHARDSON, Alfred Madeley * 1/6 1868 Southend-on-Sea, Essex, seit 1912 TheorL. am Inst. of mus. art in New York, vorher Organ. u. a. in London, Worcester u. Baltimore. W: ‚Southwark Psalter‘, ‚Choir training‘, ‚Church m.‘, KirchM., Chöre

RICHARDY, Joh., ps. = Joh. RICHTER

RICHARTZ, Willy, Dr. phil. * 25/9 1900 Köln, da MWissenschaftler u. AbtLeiter des Rundfunks, da u. in Bonn (Univ.) ausgeb. W: UnterhaltgsM.

RICHAULT, Charles Simon * 10/5 1780 Chartres, † 20/2 1866 Paris, begründ. da 1805 einen bedeutend gewordenen MVerlag, kaufte u. a. die Verlage Nadermann u. Sieber auf. Sein Verlag seit 1895 übergegangen an Costallat

RICHELOT, Gustave, ps. G. R. SIMIA, Dr. med. * 14/11 1844, † 10/8 1924 Paris, da angesehener Arzt. W: KaM.

RICHMOND, James, ps. = Hans DÖRING

RICHTER, Adolf * 1858, † 23/2 1894 Berlin, TheaDir., Kompon.

RICHTER, Alfred * 1846 — s. bei Ernst Friedr. RICHTER

RICHTER, Alfred * 5/12 1888 Guben, seit 1915 SoloKlar. des Dtsch. OpHauses in Berlin, da seit Okt. 1927 L. (Sept. 1934 Prof.) f. Klar. an der Hochschule, ausgeb. da (Osk. Schubert), vorher in der StadtKap. in Sorau, NL.; 1906/10 I. Klar. an Gregors Kom. Op. in Berlin, dann im TonhallenOrch. in Zürich

RICHTER, Arno † 8/9 1932 Thum i. Erzgeb. W: UnterhaltgsM.

RICHTER, Bernh. Friedr. — s. bei Ernst Friedrich RICHTER

RICHTER, C. Arthur = Karl Arthur RICHTER

RICHTER, Curt = Kurt RICHTER
RICHTER, Ernst, ps. = Otto KATTNER
RICHTER, Ernst Frdr. * 24/10 1808 Großschönau, † 9/4 1879 Leipzig, da seit 1843 KonservTheorL., seit 1868 ThomasKantor, früher NikolaiOrgan., auch UniversMDir. W: Orator., Messen, Motetten u. a. Chöre; weitverbreitet sein ‚Lehrbuch der Harmonie', ‚Lehrb. der Fuge', ‚Lehrb. des Kontrapunkts', ‚Katechismus der Org.' usw.
— Sein ältester Sohn Alfred * 1/4 1846 Leipzig, † 1/3 1919 Berlin, 1872/83 KonservL. in Leipzig, seit 1884 in London; seit 1897 wieder in Leipzig, seit 1918 in Berlin. W: 2 Opern, Chöre, Lieder, ‚Allgem. MLehre', ‚Lehre v. d. themat. Arbeit', ‚Das KlavSpiel', Aufgabenbuch zu seines Vaters Harmonielehre usw. — Sein Bruder B e r n h a r d F r i e d r i c h * 1/8 1850 Leipzig, da † 16/4 1931, da 1876/1920 Organ., 1908 KirchMDir., lieferte schätzenswerte Studien zur Leipziger MGesch. (spez. auf S. Bach bez.)
RICHTER, Ernst Heinr. * 3/10 1859 Hohenleina/Delitzsch, † 5/1 1918 Leipzig, da MInstitDir. u. Chordir., u. a. d. ‚Zöllnerbundes'. W: MChöre
RICHTER, Ernst Heinr. Leop. * 15/11 1805 Thiergarten/Ohlau, † 24/4 1876 Steinau a. O., SemML. in Breslau, Halberstadt u. Steinau. W: Oper, Kantaten, Motetten, Lieder, OrgStücke, ‚Reformator. Choralbuch', Kinderliedersammlg usw.
RICHTER, Eugen * 12/4 1881 Chemnitz, da Klav- u. OrgVirt., Organ. seit 1911, ausgeb. in Leipzig, Dresden u. München.
RICHTER, Ferd. Tobias * 1649 Würzburg, † 1711 Wien, da seit 1683 Hoforg. W: Orat., KirchM., Ballette, KlavSon. u. Toccaten
RICHTER, Francis William * 5/2 1888 Minneapolis, Pianist in Portland (Oregon), ausgeb. in Wien u. Paris. W: Oper, Sinfon., KlavKonz. u. -Stücke
RICHTER, Frz Xav. * 1/12 1709 Holleschau (Mähren), † 12/9 1789 Straßburg, MünsterKM. seit 1769, 1747 Geiger in Mannheim. W (beachtensw.): üb. 60 Sinfon., StrQuart., TrioSonaten, KlavKonz., FlDuette u. -Sonaten, viel KirchM. usw.
RICHTER, Fritz * 25/11 1893 Dresden, ML. in Obervogelgesang/Pirna, ausgeb. in Dresden (Konserv.). W: Chöre m. Klav., Balladen u. Lieder, KlavStücke, auch 4h.
RICHTER, Geo. * 25/5 1872 Dresden, da seit 1827 MSchulDir. W: Oper, OrchStücke, KaM., Lieder
RICHTER, Gust. † 8/6 1930 Wien, KM. W: UnterhaltgsM.

RICHTER, Gustav, Thea- u. MVerl. (Humoristica, Optten) in Leipzig, gegr. 10/5 1907; 1912 mit der Firma Rob. M e i ß n e r vereinigt
RICHTER, Hans * 4/4 1843 Raab (Ungarn), † 5/12 1916 Bayreuth, da seit 1912; ausgez. Dirig., Schüler des Wiener Konserv. (Hornist), 1866/67 Famulus bei Wagner in Triebschen, leitete die erste Aufführg des ‚Rings des Nibelungen' in Bayreuth (1876), 1868/69 Chordir. am Hofthea. in München, 1871/75 KM. am NatThea. in Budapest, 1879/1900 HofKM. in Wien, 1900/10 KonzDirig. in Manchester
RICHTER, Hans * 1892 — s. RICHTERHASER
RICHTER, Joh., ps. Joh. RICHARDY * 13/6 1878 Leipzig/Gohlis, Pianist (Begl.) in Berlin. W: UnterhaltgsM.
RICHTER, Julius Hermann † Aug. 1935 Dresden, Pianist, LisztSchüler
RICHTER, Karl * 14/1 1819 Frankfurt a. M., † 28/5 1885 Braunschweig, da ML., Lehrer F. v. Holsteins. W: KlavStücke, Chöre, Lieder usw.
RICHTER, Karl Arthur * 6/2 1883 Leipzig, seit 1912 MDir. in Lenzburg (Schweiz). W: OrchSuite, VStücke, Chöre, auch m. Orch.; Lieder, auch m. Orch.
RICHTER, Karl Gottlieb * 1728 Berlin, † 1809 Königsberg i. Pr., da seit 1761 Organ., Schüler u. a. K. Ph. Eman. Bachs. W: KlavM., Tänze, Lieder
RICHTER, Karl Heinr. * 12/6 1852 Rade vorm Wald (Rheinprov.), † 5/10 1905 Genf, KlavL. u. MSchr. W: KlavStücke, VStücke, Chöre, Lieder
RICHTER, Kurt, ps. LEIPNITZ-RICHTER * 8/9 1882 Leipzig, da SchulL. da ausgeb. (Konserv.). W: ‚Golgatha', ‚Spiel vom fröhl. Wiedersehen', MChöre
RICHTER, Martin, ps. Arthur ADDISON * 5/4 1895 Dresden, seit Herbst 1934 StadtKM. in Döbeln, vorher in Dresden, Schüler Mraczeks u. Juons. W: Ouvert., UnterhaltgsM.
RICHTER, Otto * 5/3 1865 Ebersbach/Görlitz, lebt in Dresden, Schüler des Dresd. Konserv., des Kgl. Instit. f. KirchM. in Berlin, Grells u. Bargiels, 1890 Kantor, Organ. u. Dirig. des SingVer. in Eisleben, 1904 akad. VerDirig. in Halle a. S., 1906/30 Kantor d. Dresdener Kreuzschule. W: Messe, Motetten, Chöre, Lieder; ‚Die M. in ihrer Bedeutg für unser dtsch. Volksleben', ‚Musikal. Programme', ‚Volkskirchenkonzerte'
RICHTER, Paul * 28/8 1875 Kronstadt, da Chor- u. OrchDir. seit 1898, seit 1928 Konserv-

Dir., seit 1935 in Hermannstadt = Sibiu, ausgeb. in Leipzig. W: 4 Sinf., 2 OrchSuit., Ouv., KaM., Chöre, Lieder

RICHTER, Pius * 11/12 1818 Warnsdorf, † 10/12 1893 Wien, Schüler von Proksch in Prag, 1867 Hoforgan. in Wien, da 1878 Titular-, 1893 wirkl. HofKM. W: Messen, weltl. Chöre, Klav- u. OrgStücke

RICHTER, Rich. * 27/6 1892 Radebeul/Dresden, seit Herbst 1933 I. KM. am StadtThea. in Hamburg, seit 1913 TheaKM., ausgeb. in Leipzig. W: BühnenM., OrchM., Lieder

RICHTER, Wilhelm, Dr. phil. * 22/1 1889 Krefeld, StudRat in Düsseldorf. W: 2 SinfOrch- Suiten, KaM.

RICHTER, Willy, ps. A. M. LESCO * 22/1 1894 Ehrenfriedersdorf (Sachs.), KM. in Döbeln. W: OrchSuite, Ouvert., Tänze, Märsche, Saxoph- Stücke

RICHTER-HASER, Hans * 6/1 1892 Dresden, da Pianist u. Dirig., da ausgeb. a. d. MSchule. W: Opern, OrchStücke, KlavKonz. u. -Stücke, Chöre, Lieder

RICHTER-REICHHELM, Werner * 9/4 1906 Breslau, musik. ObLeiter u. I. Dirig. des Dtsch Kurzwellensenders in Berlin seit 1933, da ausgeb. (Hochschule: Prüwer; F. E. Koch), dann Korrep. an der Staatsop., darauf I. OpKM. in Königsberg

RICIERI — s. RICCIERI

RICO, Wilh., ps. = Max RAU

RICORDI & Co. in Milano, der größte M- Verlag Italiens, überhaupt der Welt mit vielen Zweiggeschäften, u. a. in Leipzig, London u. Paris, gegründ. 1808 v. Giov. Ricordi (1785/1853). Der große Verlag F. Lucca (48 000 Nummern) 1888 angekauft. Seit 1919 Aktiengesellschaft.

RICORDI, Giulio, ps. J. BURGMEIN * 19/12 1840 Milano, da † 6/6 1912, Mitglied des Verlags. W: Opern, Ballett, KaM., viele KlavStücke, auch 4hdge

RIDEAMUS, ps. = OLIVEN, Fritz

RIDKY, Jaroslav * 25/8 1897 Reichenberg, Böhm., KonservTheorL. in Prag, Schüler Jos. B. Foersters, urspr. Harfen., Dirig. (u. a. des Philharmon. Chors). W (sehr beachtenswert): 5 Sinf., Sinfonietta, 2 Ouvert., VKonz., VcKonz., KaM., KlavStücke, VStücke, VcStücke, Chöre

RIEBER, Karl Friedr., Dr. phil. * 1/7 1903 Lörrach, da seit 1926 KirchMDir. u. VerDir. W: KirchM., MChöre, Lieder, OrgStücke

RIECHERS, Aug. * 8/3 1836 Hannover, † 4/1 1893 Berlin, treffl. Geigenbauer, selbständig 1862 in Hannover, von Jos. Joachim 1872 zur Übersiedlg nach Berlin veranlaßt

RIEDE, Erich, * 3/5 1903 London, OpKorrep. in Stuttgart seit 1927. W: Oper, Melodram, Duette, Lieder

RIEDEL August * 22/5 1855 Chemnitz, † 6/2 1929 Plauen, Schüler des Konserv. zu Leipzig, seit 1888 SemML. u. 1890 KirchMDir. zu Plauen i. V. W: Kantate, Chöre, Lieder, KlavStücke

RIEDEL, Fritz * 27/11 1864 Sandewalde (Schles.), seit 1906 Kantor u. Organ., auch Orator- VerDirig. in Forst (Lausitz). W: Chöre

RIEDEL, Herm. * 2/1 1847 Burg/ Magdeburg, † 6/10 1913 Braunschweig, da 1882/1911 HofKM., Schüler des Konserv. in Wien. W: Oper, Lieder ‚Trompeter v. Säkkingen' usw.

RIEDEL, Karl, Dr. h. c. * 6/10 1827 Cronenberg/Elberfeld, † 3/6 1888 Leipzig, anfangs Seidenfärber in Krefeld, besuchte in Leipzig das Konserv. und die Univers., da ML. u. 1854 Gründer eines Gsgver., des bald berühmten ‚Riedelschen Ver.', der durch seine Altes und Neues berücksichtig. bedeutsamen Programme weithin fördernd gewirkt und bs. KirchM. zur Aufführg bringt. Langjähr. Vorsitzender des ‚Allgem. Dtschen MVer.'. W: Chöre, Lieder, Lieder. H: Werke v. Schütz, J. W. Frank, Eccard, altböhm. Lieder usw.

RIEDEL, Wolfgang (Sohn Hermanns) * 28/9 1884, lebt in Rosenheim (Bay.), Schüler Bruchs u. Joachims, KM. u. a. in Halle, Erfurt u. Stuttgart. W: Opern, Optte, Ouvert., StrSextett usw.

RIEDER, Ambrosius * 10/10 1771 Döbling/ Wien, † 19/11 1855 Perchtolsdorf, L. u. Regens chori seit 1802. W: Messen, Requiems, beliebtes ‚Ecce panis'

RIEDER, Karl * 1819 Wien, da † 1886, Volks- Sgr. u. ausgez. Gitarrist. W: Singspiele, Soloszenen, Lieder, Duette

RIEDL, Joh. * 22/4 1871 Eger, da seit 1899 Organ., vorher Geiger in versch. Städten. W: Singspiele, KlavStücke, Lieder u. a.

RIEDT, Friedr. Wilh. * 24/1 1712 Berlin, da † 5/1 1784, 1741 Flötist der Kgl. Kap. u. MSchr. W: FlKonz., Soli u. Trios

RIEFFEL, Wilh. Heinr. * 23/10 1792 Hoya (Hannov.), † 6/2 1869 Flensburg, da Organ. seit 1817. W: Gsge u. a.

RIEGE, Ernst * 1/10 1885, KM. u. Bearb. in Berlin. W: OrchSuite u. sinf. Stücke

RIEGEL (Rigel), Anton, gab seit 1780 StrQuart. und Sonaten für Klav. u. V. heraus; 1807 in Mannheim nachweisbar

RIEGEL, Friedr. Samuel * 1/10 1825 Regensburg, † 10/4 1907 München, da seit 1858 Kantor u. Organ., auch Prof. an der Kgl. MSchule, bearbeitete den mus. Teil von Ludw. Schöberleins ‚Schatz des liturg. Chor- u. GemeindeGsgs‘, 1852/58 Organ. in Augsburg. W: KirchM., OrgStücke

RIEGEL (Rigel), Henri Jos. * 9/2 1741 Wertheim a. d. T., † Mai 1799 Paris, da seit 1768, Schüler F. X. Richters. W: Opern, Orator., Sinf., KaM. — Seine Söhne L o u i s * 1769 Paris, † ‚25/2 1811 Havre, Pianist, geschätzter L. und H e n r i J e a n * 11/5 1772 Paris, † 16/12 1852 Abbeville, Kammerpianist Napoleons. W: Opern, Orator., KlavKonz., KaM., KlavStücke

RIEGER, Gebr., Orgelbaufabrik in Jägerndorf (Tschechoslowakei), gegr. 1873

RIEGER, Gottfr. * 1764 Troplowitz (Österr.-Schles.), † 13/10 1855 Brünn, da 1787/1805 u. 1808 ff. ML. u. Chordirig., zeitw. auch TheaKM., 1805/08 KM. beim Grafen Haugwitz auf Schloß Namiest, Bez. Trebitsch, Mähr., spielte viele Instrum.; angesehen. Theoretiker. W: Opern, Orat., Kantaten, Messen u. viele and. KirchM., KaM., KlavKonz., BrKonz., KlavVariat.; ‚Harmonielehre‘ (1833) usw.

RIEGER, Otto * 21/6 1892 Wien, da seit 1919 Bratschist der Staatsop., auch VerDirig. W: Sinfonietta, KaM., KlavStücke, Chöre m. Orch., Lieder

RIEGGER, Wallingford * 1885 Albany, Georgia, lebt in Newyork, ausgeb. in Deutschland, OrchDir. W: OrchKompos., KaM., Kantate

RIEGL, Ant. * 12/2 1879 Salzburg, Theologe, seit 1919 auch VerDirig. in Linz. W: Mysterium u. a.

RIEHL, Wilh. Heinr. von, Dr. * 6/5 1823 Biebrich a. Rh., † 16/11 1897 München, da seit 1854 Prof. d. Staatswissensch. a. d. Univers. W: ‚Musikal. Charakterköpfe‘, ‚Hausmusik‘ (50 Lieder) usw.

RIEM, Friedr. Wilh. * 17/2 1779 Cölleda i. Thür., † 20/4 1857 Bremen, Dir. d. 1815 begründ. Singakad. u. Domorgan. seit 1814, OrgVirt. W: KaM., Org-, Klav- u. Gsgskompos.

RIEMANN, Ernst * 24/1 1882 Coburg, Pianist, seit 1912 L. an d. Akad. der Tonkunst in München, deren Schüler er gewesen. Seit 1923 auch Dir. des Chorver. f. ev. KirchM.

RIEMANN, Hugo, Dr. phil. * 18/7 1849 Großmehlra/Sondershausen, † 10/7 1919 Leipzig, stud. Jura u. Philosophie in Tübingen u. Berlin, dann M. in Leipzig (Konserv. u. Univers.), 1880 in Bromberg, 1881/90 KonservL. zu Hamburg, dann am Konserv. zu Wiesbaden, seit 1895 in Leipzig, seit 1901 da UnivProf., hochbedeut. MForscher v. ungewöhnlicher Universalität. W: KaM., KlavStücke, Lieder, Treffübgen f. Gsg usw.; ‚Die Hilfsmittel der Modulation‘, ‚Musikal. Logik‘, ‚Studien zur Gesch. der Notenschrift‘, ‚MLexikon‘ (12. A. 1929), ‚Vergleich. KlavSchule‘, ‚Musikal. Dynamik u. Agogik‘, ‚Lehrbuch der musikal. Phrasierung‘, ‚Opern-Handbuch‘, ‚Musikal. Katechismen‘ (Allgem. MLehre, Kompositionslehre, Fuge, Gsgskomposition, Instrumentationslehre, Generalbaßspiel, MGesch. usw.), ‚Gesch. der M. seit Beethoven‘, ‚Handbuch der MGesch.‘, ‚MGesch. in Beispielen‘, ‚Gr. Kompositionslehre‘, ‚Lehrbuch des einfachen, doppelt. u. imitierend. Kontrapunkts‘, usw. H: Phrasiergsausgaben klass. KlavLiteratur; Alte KaM., Collegium musicum; Sinf. der pfalzbayer. Tonschule; Mannheimer KaM. des 18. J. usw.

RIEMANN, Kurt * 1/8 1904 Magdeburg, da VerDir. W: SchauspM

RIEMANN, Ludwig * 25/3 1863 Lüneburg, Schüler von Königslöw, H. Schröder, Grüters, Löschhorn, Alsleben, Bargiel usw., seit 1889 GymnGsgL. in Essen a. R., da † 25/1 1927. W: Schriften üb. musikal. Akustik, u. a. ‚Wesen des KlavKlanges‘ (1911)

RIEMENSCHNEIDER, Georg * 1/4 1848 Stralsund, † 14/9 1913 Breslau, TheaKM. an verschied. Orten, 1889/98 KonzDirig. u. Organ., darnach ML. u. MRef. in Breslau. W: Opern, sinfon. Dichtgen, Lieder usw.

RIEMER, Otto, Dr. phil. * 12/9 1902 Bardeleben/Magdeburg, MSchr. in Magdeburg

RIEMSDIJK, J. C. M. * 16/12 1841 Maastricht, † 30/6 1895 Utrecht, Chordir. W: Gesch. des Collegium mus. in Utrecht 1631/1881. H: Reinken, Hortus music. u. a.

RIEPEL, Jos. * 1708 Horschlag, ObÖsterr., † 23/10 1782 Regensburg, da seit ca 1757 KaMker des Fürsten Thurn u. Taxis, treffl. Theoretiker

RIES & ERLER, MVerlag ernster Richtg in Berlin, gegr. 1872 von Hermann E r l e r (s. d.); dessen Teilhaber s. R i e s, Franz; seit 1924 Inhaber Dr. phil. R o b e r t R i e s * 1889 Berlin

RIES, Ferd. * 28/11 1784 Bonn, † 13/1 1838 Frankf. a. M., von Beethoven im KlavSpiel u. in d. Kompos. unterrichtet, erwarb sich in London großen Ruf als Pianist, 1834/36 städt. MDir. in Aachen, 1837 CäcilienverDirig. in Frankf. a. M. W (üb. 200; viele OrigHandschriften in d. Berliner Staatsbibl.): Opern, Orator., 6 Sinf., 9 KlavKonz., KaM., Sonaten usw., ferner mit Wegeler: ‚Biograph. Notizen über L. v. Beethoven‘. — Sein Bruder H u -

bert * 1/4 1802 Bonn, † 14/9 1886 Berlin, da seit 1829 Kgl. KonzM., 1851/72 L. an der ‚Thea-InstrumSchule'. W: VKonzerte, Quartette, VSchule usw. — Huberts Sohn F r a n z * 7/4 1846 Berlin, † 20/6 1932 Naumburg, VVirt., Schüler seines Vaters, Massarts u. Kiels, gab die Kunst wegen Nervenleiden auf und widmete sich seit 1874 dem MHandel in Dresden u. seit 1882 in Berlin; seit Mai 1924 in Naumburg. W: ‚Dramat. Ouvert., KaM., 4 Suiten f. V. u. Klav., V- u. KlavStücke, Lieder. H: Albumblätter f. V. (Vc.) u. Klav.

RIES, Frz Ant. * 10/11 1755 Bonn, da † 1/11 1846, kurfürstl. KonzM., später MDir., der Vater Ferdinands u. Huberts, L. Beethovens

RIES, Herman, ps. = SLATTER, J. W.

RIES, Hubert — s. bei RIES, Ferd.

RIESE, Eduard * 2/4 1901 Dresden, da KM. u. Bearb., Schüler Kurt Strieglers. W: Oratorien, sinf. Dichtgen

RIESE, Erich * 8/10 1898 Döbeln, seit 1928 städt. I. KM. in Freiberg i. Sa. W: BühnM., KaM., Lieder

RIESE, Jos., Dr. med. * 20/9 1894 Ybbsitz, N-Österr., Chirurg in Wien. W: Lieder.

RIESE, Lorenz * 17/3 1836 Mainz, † ? berühmter Tenorist, an der Dresdener Oper 1873—1893

RIESE, Wilh. Friedr., ps. W. FRIEDRICH, Librettist (u. a. Flotows ‚Martha'), * um 1820 Berlin, † 15/11 1879 Napoli, wo er s. 1852 gelebt

RIESEMANN, Oskar v., Dr. phil. * 29/2 1880 Reval, † 28/9 1934 St. Niklausen/Luzern, MSchr., stud. in München, Berlin u. Leipzig (in Moskau Jura), 1908/21 MRef. in Moskau. W: Monographien z. russ. MGesch.; KlavStücke

RIESEN, Paul * 5/5 1857 Burkhartsdorf/Chemnitz, seit 1874 in Dresden, Schüler d. Konserv., GsgL. u. Chordir. (begründ. 1886 den gem. Gsg-Ver. ‚Liederstrauß', später Riesens ‚Liedergarten' genannt). W: Chöre, Lieder; ‚Das schlüssellose Notensystem d. Zukunft'. H: ‚Lyra' (MChöre)

RIESENFELD, Hugo * 26/1 1879 Wien, da als Geiger ausgebildet, erst KonzM. in Newyork, dann da OpImpressario. W: Opern, Ballett, Suite u. sinf. Dichtg, Lieder

RIETER-BIEDERMANN, Jak. Melchior * 14/11 1181, † 25/1 1876 Winterthur, gründete da 1849 e. sehr gediegen. MVerlag, der (seit 1871 Filiale in Leipzig) nach seinem Tode zunächst von seinem Sohne und Schwiegersohn E d m u n d A s t o r, bald aber von diesem allein fortgeführt und nach dem durch Verletzung im Kriege erfolgten Tode Dr. iur. R o b. A s t o r s (* 11/8 1876, † 14/3 1917) 1917 von C. F. Peters in Leipzig aufgekauft wurde u. u. a. wertvollste Werke von Brahms enthielt. Seit Herbst 1932 als selbständige Firma weitergeführt

RIETH, Wilh. * 18/2 1906 Hamm i. W., städt. KaM. (Bratsch.) in Bonn, ausgeb. in Essen (Konserv.). W: OrchStücke, u. a. Passacaglia, KaM.

RIETI, Vittorio * 28/1 1898 Alexandria (Ägypten), Schüler Frugattas u. Respighis, hypermoderner Kompon. W: Ballett, Konz. f. Holzbläser u. Orch.; BlasKaM., KlavKonz.

RIETMANN, Carlo Marcello * 1905 Genova, da Klavierist u. MSchr. W: Sinf. Dichtgen, KlavStücke, viele Lieder

RIETSCH, Heinr., Dr. jur. * 22/9 1860 Falkenau, † 12/12 1927 Prag, da seit 1900 Prof. d. MWissensch. an der dtschen Univers. W: ‚G. Muffats Florilegium', ‚Die Mondsee-Wiener-Liederhandschrift' (mit F. A. Mayer), ‚Die Tonkunst in der 2. Hälfte des 19. Jh.', ‚Die Grundlagen der Tonkunst', ‚Die dtsche Liedweise', Oper, zwei OrchSerenaden, KaM., KlavStücke, Chöre, Lieder

RIETSCHEL, Georg Christian * 10/5 1842 Dresden, † 13/6 1914 Leipzig, da seit 1889 Theol-Prof. a. d. Univers. W: ‚Lehrb. der Liturgik', ‚Die Aufgabe der Org. im Gottesdienst' usw.

RIETZ, Jul. * 28/12 1812 Berlin, † 12/9 1877 Dresden, erst VCellist in Berlin, von Mendelssohn 1834 nach Düsseldorf als KM. an Immermanns Theater berufen, da städt. MDir., 1847 OpKM. in Leipzig u. nach Mendelssohns Tode Dirig. der GewandhausKonz., auch KonservL. u. Dirig. der Singakad.; 1859 Ehrendoktor der Univers., 1860 HofKM. in Dresden. W: Opern, Liederspiel, BühnM., Messen, Sinfon., Ouvert., VKonz., 2 Vc-Konz., ObKonzStück, KaM., MChöre, auch mit Begleit., Lieder usw. H: Mozarts Opern, Mendelssohns Werke. — Sein Bruder E d u a r d R., * 17/10 1802 Berlin, da † 23/1 1832, Kgl. Kammermusiker, bedeut. Violinist, Begründer (1826) u. Dirig. d. Philharmon. Gesellsch., intimer Freund Mendelssohns

RIEZLER, Walther, Dr. phil. * 2/10 1878 München, Dir. des städt. Museums in Stettin, MSchr. W: ‚H. Pfitzner u. die dtsche Bühne' (1917)

RIFLEMAN, Waly, ps. = Walter SCHÜTZE

RIGA, François * 21/1 1831 Lüttich, † 18/1 1892 Schaerbeck/Brüssel, Schüler des Konserv. zu Brüssel, später da KirchKM. W: wertvolle Vokalkompos., bes. MChöre, Ouvert., Stücke f. V., Vc., Klav.

RIGEL — s. RIEGEL

RIGHETTI, Gius. * 8/2 1871 Verona, MPädag. in Teramo (Abruzzi). W: Oper, Oratorien, KaM., VStücke u. a.

RIGHI, Telesforo * 1850, † 29/12 1930 Parma, da langjähr. KontrapunktL. am Konserv. W: Opern, KaM.

RIGHINI, Vinc. * 22/1 1756 Bologna, da † 19/8 1812, 1787/92 KM. in Mainz, seit 1793 in Berlin. W: Opern ‚Tigrane', ‚La selva incantata' usw.; Messen, KaM., Solfeggien, dtsche Lieder

RIGO, ps. = Lor. PERIGOZZO

RIGOLOTTO, ps. = Alons BLÜMEL

RIHAR, Gregor * 1/3 1796 Billichgratz (Krain), † 24/8 1863 Laibach, da seit 1829 Priester u. DomOrgan. W: viel KirchM., sehr verbreit. Marienlieder, auch weltl. Chöre

RIHOVSKY, Adalbert * 21/4 1871 Dub (Mähren), Schüler der OrgSchule in Prag, da Chordir. u. Berater des MVerlags M. Urbanek. W: Messen, Requiem, KlavTrio, Org- u. KlavStücke

RIJKEN, Georg * 4/5 1863 Rotterdam, da Chordir. u. GsgL. W: MChöre, Lieder

RIJKEN, Jan Hendrik Laurens * 1/10 1857 Rotterdam, † 9/4 1921 Deventer, da seit 1880 Chordir., MSchulL. u. KlavVirt., ausgeb. in Rotterdam, Schiedam u. Bruxelles (L. Brassin). W: Opern, MChöre, Lieder, OrchStücke

RIIS-MAGNUSSEN, Adolf * 26/6 1883 Kopenhagen, da Organ., Schüler Carl Nielsens. W: Sinfon., StrQuart., Lieder

RIISAGER, Knudåge * 6/3 1897 Port Kunda (Esthland; dänische Eltern), MinistBeamter in Kopenhagen, Schüler P. Grams, A. Roussels, Le Flems u. H. Grabners. W: (sehr fortschr.): Märchenspiel, Ballett, 3 Sinfon., Suite ‚Dionysiaque', Ouv., Var. f. Orch., TrompKonz., KaM. (u. a. 4 StrQuart.), KlavStücke, Lieder

RILLÉ, Laurent de, ps. MÉROFF * 1828 Orléans, † 26/8 1915 Paris, da lange Inspektor des Schulgesangs. W: Optten, viele popul. MChöre, KirchM.

RILLER, Otto * 30/7 1861 Breslau, VVirt. (Wunderkind), Schüler M. Schoens, lebt in Hannover, sehr gesuchter L., 1888/1924 KonzM. am Thea. u. Führer eines StrQuart., vorher in Breslau, Frankfurt a. M. u. Darmstadt. W: Tänze, Märsche

RILZ, Herm. * 14/2 1882 Greiz i. V., seit 1913 in Weimar, Stadtkantor, Begründ. einer Kurrende, Chordir., Schüler des Leipziger Konserv., 1906/13 Kantor u. Organ. in Vacha. W: gem. Chöre, Lieder; ‚Der L. als KirchMusiker'

RIMBAULT, Edward Francis * 13/6 1816 London, da † 26/9 1876, hervorrag. MHistoriker, beteiligt an der ‚Musical Antiquarian Society'. H: viele alte KirchKompos., Oratorien u. Opern; ‚Gallery of german composers'. W: Gesch. d. Org., Bibliographie der engl. Dichtgen u. Komposit. aus der Zeit der Königin Elisabeth u. Jakobs I., KlavSchule, 2 HarmonSchulen, Lieder u. Gsge, 2 Optten

RIMPLER, Ernst * 22/5 1865 Breslau, seit 1888 in Berlin, SchulgsgL. u. KonservDir., ausgeb. im Instit. f. KirchM. W: ‚GsgSchule f. höh. Knabenschulen', Chöre (auch mit Orch.), Lieder

RIMSKY-KORSAKOW, Andrej Nikolajewitsch, Dr. phil. (Straßburg 1903) * 17/10 1878 Petersburg, da Bibl. der MAbt. der öff. Bibl., MSchr. H: Glinka, ‚Memoiren', Briefe aus dem Nachlaß Mussorgskys u. a. — Seine Frau siehe Julie WEISSBERG. — Sein Neffe Georg Michailowitsch * 13/12 1901 Petersburg, Vors. d. Ver. f. VierteltonM. in Leningrad

RIMSKY-KORSAKOW, Nikolai Andrejewitsch * 21/5 1844 Tichwin (Gouv. Nowgorod), † 21/6 1908 Petersburg, urspr. Marineoffizier, Komp. d. ersten russ. Sinfonie (1865), befreundet mit Balakirew, einer der Führer der jungruss. M., seit 1871 InstrumentationL. am Konserv. in Petersburg. W: Opern ‚Schneeflöckchen', ‚Die Mainacht', ‚Sadko', ‚Die Zarenbraut', ‚Das Märchen vom Zaren Saltan', ‚Der goldene Hahn' u. a., Sinfonien ‚Antar', ‚Scheharazade' (Meisterwerk der Instrumentation) sinfon. Dichtgen, Ouvert., KlavKonz., KaM., KlavStücke, Chöre, Romanzen, Lieder; 100 russ. Volkslieder m. KlavBegleit.; ‚Lehrbuch der Harmonie', ‚Grundlagen der Instrumentation', ‚Gesamm. musikal. Aufsätze u. Skizzen', ‚Chronik m. musik. Lebens' (auch dtsch erschienen). B: Borodins ‚Fürst Igor'; Mussorgskys ‚Boris Godunow'. — Seine Frau Nadesha, geb. Purgold (1848/1919), KlavVirt. B: die Opern ihres Mannes u. a. f. Klav.

RINALDI, Giovanni * 1840 Reggiolo, † 25/3 1895 Genua, KlavVirt. W: KlavCharakterstücke

RINALDINI, Jos., Dr. iur. * 16/9 1893 Wien, da MRef. W: Sinf. u. sinf. Dichtgen, KaM., Lieder

RINALDO DA CAPUA * um 1715 Capua, † 1780 (Familienname unbekannt), lebte zeitweilig in Rom. W: 25 Opern im Stile A. Scarlattis, u. a. ‚La donna superba' u. ‚La Zingara' (in letzterer die früher Pergolesi zugeschriebene Canzonetta ‚Tre giorni')

RINCK, Gustave * 1832, † 24/12 1899 St Jean de Luz, lebte in Bordeaux, Pianist. W: Oper, KlavKonz., KlavQuart., KlavStücke

RINCK, Joh. Christian Heinr. * 18/2 1770 Elgersburg (Thür.), † 7/8 1846 in Darmstadt (hier seit 1805 Hoforgan.), treffl. OrgSpieler. W: Choralbuch, OrgSchule, KlavSonaten, zahlr. Präludien, Motetten usw.

RING, Frz., Dr. phil. * 28/6 1890 Lieboritz, ČSR., MSchr., Tenor u. GsgL. in Berlin-Britz, ausgeb. in Prag (dtsche Univ.: H. Rietsch), Frankfurt a. M. u. Dresden, da 1917/18 Ministerial- u. städt. Beamter, 1919/22 am Thea. in Gera, seit 1924 in Berlin, 1924/30 an der Volksbühne, seit 1930 auch bei den Festspielen in Bayreuth. W: Aufsätze in ‚Die Stimme' u. ‚Bayreuther Blätter'

RINGLER, Eduard * 8/1 1838 Nürnberg, da † 12/12 1914, Schüler des Konserv. in München, Bassist u. Chordirig. W: Opern, Chöre

RINGLER, Franz, ps. = DÖRING, Wilhelm

RINKENS, Wilh. * 15/6 1879 Röhn/Eschweiler, † 22/6 1933 Eisenach, Schüler d. Kölner Konserv., seit 1906 Leiter des MVer., Kantor, Organ. u. SemML. in Eisenach, 1901/05 Organ. in Köln, 1906 Chordir. in Recklinghausen. W: Sinfonie, KaM., KlavStücke, MChöre, auch m. Orch., treffl. Lieder

RINUCCINI, Ottavio * 20/1 1562 Firenze, da † 28/3 1621, der Dichter der ersten, von Peri u. Monteverdi vertonten Opern.

RIOTTE, Phil. Jak. * 16/8 1776 Trier, † 20/8 1856 Wien, da KM. am Thea. a. d. Wien. W: Opern, Singspiele, Ballette u. Pantomimen, auch viel Ka- u. KlavM.

RIPA, Alberto da (Alberto MANTOVANO) † 1551 Paris, seit 1529 da HofLautenist. W: Tablature de luth (1553/58)

RIPFEL, Karl * 1799 Mannheim, † 8/3 1876 Frankfurt a. M., da 45 J. im TheaOrch., ausgez. VcVirt. W: KaM. (Quart. f. Ob. u. Str.), Vc-Stücke

RIPOLLES, Vicente (Pater) * 20/11 1867 Castellón (Valencia), seit 1909 in Valencia DomKM., seit 1927 Kanonikus. W: KirchM. H: altspan. KirchM.

RIPPEL, Georg * 25/2 1868 Bruck/Erlangen, Studienprof. in Nürnberg seit 1898, zeitw. auch Organ., KirchChordir. u. VerDir. in Fürth, OrgVirt., Schüler Rheinbergers. W: Chöre, OrgStücke

RIPPER, Alice * 23/3 1889 Budapest, Schülerin des dort. NatKonserv. u. Sofie Menters, hervorrag. Pianistin, lebte seit 1919 in München, jetzt ?

RIPPL, Otto * 22/12 1884 Wien, Schüler des dort. Konserv., seit 1921 Organ. in Basel, 1908 Domorgan. u. L. am Mozarteum in Salzburg,
1917/21 Leiter der von ihm gegründ., nicht mehr bestehenden MSchule ‚Habertinum' in Linz. W: Sinf., KaM., KlavStücke, KirchM., Chöre, Lieder

RIQUET, Christian, ps. = CASADESUS, Henri

RIS, Ferd. * 27/9 1871 Unterschüpf i. Bad., lebt in Leverkusen/Köln, seit 1896 VerDirig. in Burscheid, seit 1922 auch in Opladen. W: OrchSuite, ‚Die Sage vom Mummelsee' f. Chor u. Orch., Chöre usw.

RISCHBIETER Wilh. Albert * 20/7 1834 Braunschweig, † 10/2 1910 Dresden, Schüler Hauptmanns, Geiger in Leipzig, Nürnberg usw., 1862/1900 TheorL. am Konserv. zu Dresden. W: Sinfon., Chöre, Lieder; ‚Üb. Modulation', ‚Die verdeckten Quinten', ‚Die Gesetzmäßigkeit der Harmonik' usw.

RISCHE, Quirin * 7/8 1903 Köln-Kalk, ML. u. Chorleiter in Duisburg. W: Kantate, MChöre, auch m. Orch.

RISCHKA, Gerh. Ewald * 16/7 1913 Hundsfeld/Breslau, da KM., ausgeb. in Berlin (Sternsches Konserv.). W: Opern, OrchSuiten u. -Stücke (Tänze), KlavStücke, MChöre, Lieder

RISELEY, Geo. * 20/7 1834 u. † 12/4 1932 Bristol, 1876/98 Organ., 1893 ff. L. an der M. acad. u. Dirig. W: Chöre, auch m. Orch.

RISLER, Edouard * 23/2 1873 Baden-Baden, † 22/7 1929 Paris, da seit 1906 im Studienrat d. Konserv., treffl. Pianist, Schüler des Pariser Konserv., Stavenhagens u. d'Alberts

RISPOLI, Salvatore * 1745 od. 1746 Napoli, da † 1812. W: Opern, KirchM., KlavStücke

RISSMANN, Erich * 16/9 1902 Berlin-Neukölln, Volkswirt in Berlin. W: ns. Lieder u. Märsche

RIST, Joh. * 8/3 1607 Ottensen, † 31/8 1667, Pastor in Wedel, Dichter, der Vater des Hamburg. Singspiels

RISTORI, Giov. Alb. * 1682 Bologna, † 7/2 1753 Dresden, da zuletzt neben Hasse VizeKM. W: 20 Opern, Oratorien, Messen, Requiems, Kantaten, Konzerte usw.

RITSCHER, Hugo, Dr. phil. * 12/8 1886 Dresden, akad. ML. in Altona, ausgeb. u. a. auf der Akad. f. Schul- u. KirchM. u. Univ. Berlin. W: ‚Die musik. Deklamation in Lullys Opernrezitativen'

RITSCHL, Alex., * 18/8 1861 Bonn, Prof. Dr. med. (emer.) in Freiburg i. B., da Begr. des OratorVer. W: ‚Die Anschlagsbewegungen beim KlavSpiel'

RITTE, Theodor * 30/12 1865, KlavPädag. u. MVerleger in Hugstetten/Freiburg i. B., ausgeb. in München (Hochschule). W: ‚Fingersportsystem Energetos'; ‚Höhenweg des Pianisten' (1916) u. a.

RITTER, Alex. * 15(27)/6 1833 Narwa (Rußl.), † 12/4 1896 München, kam 1842 nach Dresden, 1849/51 Schüler des Leipziger Konserv., 1854/56 Geiger in Weimar, 1856/58 KM. in Stettin, seit 1863 meist in Würzburg, wo er 1875/82 eine M-Hdlg hatte, 1883/86 Mitgl. d. Meininger Kap., seitdem in München, Mentor von Rich. Strauß. W: Opern, sinfon. Dichtgen, StrQuart., Chöre, Org- u. KlavStücke, Lieder usw. — Seine Frau (1854) F r a n z i s k a, Nichte R. Wagners † 1895, seine Tochter H e r t h a, Sängerin, Schülerin der Viardot-Garcia, † 15/1 1913 Hamburg, mit S. v. Hausegger verheiratet

RITTER, Aug. Gottfr. — s. Gottfr. Aug. RITTER

RITTER, Christian * um 1650, † nach 1725, 1683/88 KM. u. KaOrgan. in Dresden, seit 1688 KM. in Schweden, seit 1704 in Hamburg. W: doppelchör. Tedeum, Kantaten, KlavSuite usw.

RITTER, Felix * 1860 Schneeberg, † 4/8 1914 Coblenz, wo er 1889 das Konserv. mitbegründete, treffl. Organ., Schüler des Leipziger Konserv.

RITTER, Franz * 17/1 1898 Klosterneuburg, Gitarrist in Wien. W: f. 1 u. 2 Git.

RITTER, Franziska — s. bei Alex RITTER

RITTER, Fréderic Louis * 22/6 1834 Straßburg i. Els., † 22/7 1891 Antwerpen, Schüler Schletterers u. J. G. Kastners; 1855 in Cincinnati VerDir., seit 1861 in Newyork. W: ‚History of m.', ‚M. in America', ‚M. in England', ‚A practical method for the instruction of chorus-classes', Sinfon., Ouvert., Psalmen, KaM., Konzerte f. Klav. bzw. Vc., Lieder usw.

RITTER, Fritz * 30/6 1879 Bad Kreuznach, † (Selbstmord) 31/3 1930 Görlitz, da seit 1912 Dirig. des Ver. der MFreunde, der Singakad. u. der VolksSingakad., Schüler Karl Schröders u. Klieberts, dann TheaKM. an verschied. Orten. W: Oper, Pantomime, Lieder

RITTER, Geo. Wenz. * 7/4 1748 Mannheim, † 16/6 1808 Berlin, da seit 1788 Fag. der Hofkap. W: 2 FagKonz., 6 StrQuart. m. Fag.

RITTER, Gottfr. Aug. * 25/8 1811 Erfurt, † 26/8 1885 Magdeburg, da seit 1844 MDir. u. DomOrgan. (sehr verdienstvoll), hervorragender Improvisator. W: ‚Kunst des OrgSpiels', ‚Zur Gesch. des OrgSpiels im 14. bis 18. Jh.' (neugestaltet v. Frotscher), Motetten, MChöre, KlavM. usw. H: ‚Odeon', ‚Armonia', ‚Arion', Sammlgen f. Singst. mit Klav.

RITTER, Hans * 1878 Nürnberg, seit 1905 KaM. u. GitL. in München. H: alte GitM.

RITTER, Helmut * 15/1 1907 Plauen i. V., Bearb. in Berlin, ausgeb. in Leipzig (Konserv.: Karg-Elert). W: UnterhaltgsM.

RITTER, Herm. * 16/9 1849 Wismar, † 22/1 1926 Würzburg, Geiger, Schüler Wüersts u. Joachims, 1879/1912 in Würzburg an der MSchule L der Ästhetik u. MGesch.; bes. durch seine Propaganda f. die kaum noch benutzte Viola alta bekannt. W: ‚Die Viola alta oder Altgeige', Kompos. u. Arrang. f. Viola alta; ‚Allg. Enzyklopädie der MGesch,' (unwissenschaftlich). H: OrchesterStud. f. Bratsche (fortges. v. W. Altmann) u. a.

RITTER, Hertha — s. bei Alex. RITTER

RITTER, Hubert * 16/4 1893 München, KM. in Berlin, ausgeb. in Heidelberg (Ph. Wolfrum) u. München (u. a. Courvoisier), Frontsoldat im Kriege. W: Optte, SchauspM. u. a. zu ‚Faust II', ‚Macbeth'

RITTER, Josef * 3/10 1859 Salzburg, † ?, berühmter Bariton., seit 1891 an der Wiener Hofop.

RITTER, Peter * 2/7 1736 Mannheim, da † 1/8 1846, da Vcellist u. 1803/23 KM. W: Singspiele, Orat., geistl. Gsge, KaM.

RITTER, Rudo (Sohn Hermanns) * 27/11 1889 Würzburg, lebt in Berlin (vorher in Würzburg), ausgeb. in München. W: Opern, Requiem, Chöre m. Orch., Lieder

RITTER, Rudolf * 19/1 1881 Brüx, urspr. Offizier, stud. Ges. in Wien, da 1910/13 Tenor. der Volksop., seit 1913 in Stuttgart, Heldentenor bis 1932 (KaSgr), dann GsgL.

RITTER, Theodor * 13/1 1883 Dortmund, da Dir. eines MandolinenOrch., Mandol- u. GitVirt. W: viele Kompos. u. Bearb. f. MandolQuart. u. Orch., Chöre, volkstüml. Lieder; ‚Neue MandolSchule'

RITTER, Theodore * 5/4 1842 Paris, da † 6/4 1886, KlavVirt., Schüler Liszts. W: Opern, dramat. Szenen, KlavStücke

RITTERFELDT, Ernst * 18/11 1869 u. † 4/6 1930 Berlin, Librettist

RITTMANN, Friedr. * 26/11 1867 Künzelsau a. Kocher, Württ., ObL. u. VerDirig. in Bernhausen (Neckarkreis). W: gem. u. MChöre

RITTMANNSBERGER, Theod. * 31/10 1893 Kogl, Bez. Tulln, NÖsterr., Gitarrist in Wien. W: viele Lieder m. Git.

RITZ, Carl, ps. = Ch. A. RAWLINGS

RITZEL, Waltrud (Walt), ps. W. RELITZ * 5/5 1901 Rüdesheim, lebt in Wiesbaden, ausgeb. in Hamburg (Kons.). W: Optte, Lieder, Märsche

RIVELA, Modestino (ps. ROCHNER, Oscar) * 1860 Avellino, Dir. einer MSchule in Sulmona, Pianist, Schüler Cesis. W: KlavStücke u. Studien

RIVELLI, Fedele * 23/4 1875 Napoli, † 25/7 1930 Berlin, da KinoKM. W: FilmM., UnterhaltgsM.

RIVER, Charly, ps. = Otto KERMBACH

RIVIER, Jean, Paris seit 1922 mit StrQuart., Ouverturen, sinf. Sätzen, Burleske f. V. m. Orch. u. a. vorteilhaft bekannt

RIXNER, Joseph * 14/4 1825 Ellingen, † 7/3 1913 München. W: Chöre, Lieder

RIXNER, Josef (Joe) * 1/5 1902, lebt in München. W: UnterhaltgsM.

RIZZOLA, Luigi * 29/12 1879 Torino, TheaKM. W: Optten, OrchStücke, Lieder

ROBAUDI, Vincenzo * 21/7 1819 S. Benigno Canavese, † 2/12 1882 Torino, Soldat, zuletzt General. W: Optte, Tänze, viele Lieder, u. a. das äußerst beliebt gewesene ‚Alla stella confidente' (1860)

ROBBERECHTS, André * 13/12 1797 Brüssel, da † 23/5 1860, Geiger, der Lehrer Bériots

ROBBERS, William, ps. = Alex. KÖHLER

ROBBIANI, Iginio * 18/4 1884 Soresina (Cremona), lebt in Rom. W: Opern

ROBERT, Erich, ps. = Erich Rob. KUNTZEN

ROBERT, Oskar, ps. = Rud. KOCKEROLS

ROBERT, Rich. * 25/3 1861 Wien, da † 3/2 1924, KlavPädag., seit 1909 Leiter d. N. Konserv. W: Oper, KaM., KlavStücke, Lieder

ROBERTI, Giulio * 14/11 1823 Barge (Saluzzo), † 14/2 1891 Torino, seit 1875 ChoralgsgL. in Firenze. W: Opern, Messe, KaM.; ‚armonia vocale', ‚corso element. di m. vocale'

ROBERTI, Rob., ps. = Rob. VOLLSTEDT

ROBERTI, S. H., ps. = SCHAAB, Rob.

ROBERTS, Fred, ps. = Frz POLLAK

ROBERTS, Harry, ps. = Rob. WINTERFELD

ROBITSCHEK, Adolf † 18/2 1934, Inhaber des von ihm in Wien im Nov. 1870 gegründeten, bedeutend gewordenen MVerlags, der urspr. bis 1899 Rebay & Robitschek firmierte, 1883 den Verlag Buchholz & Diebel (Wien) u. 1893 Bösendorfer (Wien) ankaufte

ROBITSCHEK, Rob. * 13/12 1874 Prag, Schüler Dvořáks, TheaKM. an verschied. Orten, seit 1904 Dir. des Klindworth-Scharwenka-Konserv. in Berlin. W: Oper, sinfon. Dichtgen, VcKonz., KaM., KlavStücke, Duette, Lieder

ROBRECHT, Karl, ps. Robert BRECHT * 25/6 1888 Immenhausen/Kassel, seit 1923 in Berlin, Schüler d. Leipziger Konserv., 14 Jahre TheaKM. u. a. in Wien, Stettin. W: UnterhaltgsM., vornehme TanzM. mit sinfon. Einschlag

ROBSON, Rob. Walker * 2/5 1878 Alnwick, Organ. in Crouch Hill (NEngl.). W: KirchM., Lieder, KlavStücke, Unterrichtswerke

ROBUSCHI, Ferd. * 15/8 1765 Colorno (Parma), † 5/9 1850 Parma, da Herzogl. KM. seit 1787. W: 35 Opern, KirchM.

ROCCA, Ludovico * 29/11 1895 Torino, lebt in Verona. W: Opern, viele sinfon. Dichtgen, KaM., KlavStücke, Gsge

ROCHE, Hermann La — s. LAROCHE

ROCHLICH, Gust. * 3/7 1823 Plauen i. V., † 1880 Colditz, seit 1850 SchulL. in Lpz. W: Psalmen, Chöre, Lieder, KlavStücke, ‚Die Wallfahrt nach Kevlaar' für Deklam., FrChor u. Klav. — Sein Sohn Edmund * 5/3 1854 Leipzig, GymnasObL. in Zwickau, † 16/5 1932 Leipzig, zeitw. Redakt. der ‚Neuen Ztschr. f. M.'. W: Orch-, Chor- u. KlavWerke, Lieder usw.

ROCHLITZ, Joh. Frdr. * 12/2 1769 Leipzig, da † 16/12 1842, Hofrat, MKrit., redigierte 1798/1818 die ‚Leipziger Allgem. MZtg'. W: ‚Für Freunde der Tonkunst'; der 23. Psalm, MChöre. H: Sammlg vorzüglicher GsgStücke

ROCHLITZER, Ludw., Dr. jur. * 25/8 1880 Voitsberg, Steierm., seit 1904 in Wien (1914 Rechtsanwalt). W: Oper, Optten, Lieder

ROCHNER, Oscar, ps. = RIVELA

ROCKSTRO, William Smith * 5/1 1823 North Cheam (Surrey), † 2/7 1895 London, MGelehrter. W: Kantaten, Madrigale, KlavWerke; ‚Life of Handel', ‚Mendelssohn', ‚Jenny Lind', ‚A general history of m.' u. a.

ROCKSTROH, Karl, ps. Charlie PARKER * 30/5 1876, Bearb. in Berlin. W: UnterhaltgsM.

RODA, Cecilio de, Dr. jur. et phil. * 24/10 1865 Albuñol/Granada, † 27/11 1912 Madrid, MSchr., bes. üb. Beethoven

RODA, Ferd. v. * 26/3 1815 Rudolstadt, † 26/4 1876 Gut Bülow/Crivitz (Meckl.-Schwerin), 1842 in Hamburg, da Gründer der BachGes. 1855, 1857 UnivMDir. in Rostock. W: Orat., PassionsM., Kantaten, ‚Liturg. Handbuch'

RODE, Joh. Gottfr. * 25/2 1797 Kirchscheidungen, Kr. Querfurt, † 8/1 1857 Potsdam, da seit 1827 MilKM., verdient durch gute Arrang. (üb. 3000!) f. die sogen. JägerM. W: ‚Die Hubertusjagd', ‚Die freundlichen Klänge der Jagd' usw.

RODE, Pierre * 16/2 1774 Bordeaux, † 25/11 1830 Schloß Bourbon/Damazon, vielgereist. VVirt., Schüler Viottis, 1795/1803 KonservProf. in Paris. W: VSchule (mit Baillot u. Kreutzer), 13 VKonz., Etüden (auch heute noch unentbehrlich), Soli, V-Duette, Quartette

RODE, Theodor * 30/5 1821 Potsdam, † 12/12 1883 Berlin, Schüler Dehns, 1848/52 Chordir., MSchr. u. L. in Berlin. W: Sonaten, Motetten, MilM.

RODE, Wilh. * 17/2 1887 Hannover, wohnt im Sommer in Ammerland am Starnberger See, ausgezeichneter, auch im Ausland, bes. in London sehr geschätzter Heldenbarit., seit 1934 Intendant (1935 GenIntend.) des Dtsch. Opernhauses, früher städt. Oper in Berlin, vorher in Bremerhaven (Debut), Breslau, Stuttgart, München, Wien u. Berlin (städt. Oper), auch als GenIntend. noch singend, Schüler R. Moests (Hannover)

RODOLPHE, Jean Jos. — s. RUDOLPH

RODOMINSKY, Eugen * 8/3 1873 Berlin, da † 27/1 1929, ML. u. Chordir. W: Optten, Chöre, viele Lieder; OrchStücke

RODRIGO, Maria * 20/3 1888 Madrid, lebt da, Schüler A. Beer-Walbrunns. W: Oper, Zarzuelas, OrchSuiten, KlavStücke, Chöre, Lieder

RODRIGUEZ DE HITA, Ant. † 21/2 1787 Madrid, da KirchKM., vorher in Palencia. W: Zarzuelas seit 1768

RODRIGUEZ DE LEDESMA, Mariano * 14/12 1779 Saragossa, † 28/3 1848 Madrid, HofKM., lange J. in London, GsgL. der Prinz. Carlota von Wales. W: KirchM., Gsgübgen

RODRIGUEZ DEL PLATA, ps. = Paul SCHRAMM

RÖCKEL, Aug. * 1/2 1814 Graz, † 18/6 1876 Budapest, Schüler J. N. Hummels (sein Onkel) in Weimar, dann da TheaKM, 1843 dgl. in Dresden, mit R. Wagner befreundet, beteiligt sich am Maiaufstand, 1849/63 im Zuchthaus, dann polit. Schr. in Frankf. a. M., München u. Wien. W: Oper, kleinere Kompos.

RÖCKEL, Eduard (Bruder Augusts) * 20/11 1816, † 2/11 1899 Bath (Engl.), da seit 1848 KlavVirt. u. L., Schüler Hummels. W: KlavStücke

ROECKEL, Jos. Leop. (Bruder Augusts), ps. Ed. DORN, Banner HOLM * 1838 London, † Juni 1923 Vittel (Frankr.), begr. in Clifton, da ML. W: KlavStücke, bes. OpFantas., VStücke, Lieder

RÖDELBERGER, Phil. * 12/12 1865 Würzburg, urspr. Flötist, zuerst in Hamburg, dann in London u. Amerika, seit 1890 nach neuen Studien (Würzburg, MSchule) in Berlin, 1895 wieder in Würzburg, seit 1899 wieder in Berlin als ML., da noch Schüler J. Heys u. Humperdincks. W: Opern, Chöre mit u. ohne Orch., Duette, Lieder u. Balladen, KaM.

RÖDER, C. G., Notenstecherei — s. RÖDER, Karl Gottlieb

ROEDER, Erich, Dr. phil. * 24/1 1904 Scheidt/Saarbrücken, MSchr. (Krit.) in Berlin seit 1932, ausgeb. in Heidelberg (Poppen, Kroyer, H. J. Moser, H. Neal), Mannheim, Saarbrücken (H. Dessauer) u. Berlin (Sternsches Konserv.: Klatte, Breithaupt, Graener), dazw. 1927/29 Dirig., KlavBegl. u. GymnML. in Saarbrücken, W: ‚F. Draeseke' (2 Bde); OrchSuite, KaM., OrgVorspiele, Lieder u. a. B: lothr. Volkslieder

RÖDER, Ewald * 29/1 1863 Waldau/Bunzlau, Schüler des kgl. Instit. f. KirchM. in Berlin, seit 1891 Kantor u. Organ. in Lauban, † 1/8 1914. W: Orat., Motettensammlg ‚Das Kirchenjahr', ‚Fest- u. Feierklänge' (für höh. Schulen), Chöre, Lieder, OrgStücke, GsgLehre, MLexikon ‚Geborene Schlesier'

RÖDER, Fructuosus (OSB.) * 5/3 1747 Simmershausen, † 1789 im Kloster S. Lorenzo in Napoli, 1770 Domorgan. in Fulda, OrgVirt. W: KirchM.

RÖDER, Geo. Vinc. * 1780 Rammungen (N-Franken), † 30/12 1848 Altötting (OBay.), stud. urspr. Rechtswiss. in Würzburg, da 1805/14 kurf. KM. ,dann nur Kompon., seit 1830 in Augsburg, 1839 (oder 1837) Kgl. KirchKM. in München; wie lange er da gewirkt, ob er zuletzt KirchKM. in Altötting gewesen, unbekannt. W: Oper, Orat. ‚Messiade', KirchM., Kantate, 5 Sinfon. usw.

RÖDER, Karl * 27/6 1860 Hangard/Ottweiler, † 25/2 1933 Herford, da SemML. (1903/25). W: Prakt. Elementarkursus f. d. Volksschulgsg (1886), Volksschulliederbuch, ‚Wegweiser z. Singen nach Noten', ‚Einführg in d. Theorie d. Tonkunst', Ev. Schulchoralbuch, ‚Methodik d. Gsgunterr. in der Volksschule', ‚Vorbereitgen auf die Gsgstunde', Chöre, Lieder, Klav- u. OrgStücke u. Schule usw.

RÖDER, Karl Gottlieb * 22/6 1812 Stötteritz/Leipzig, † 29/10 1883 Gohlis/Leipzig, begründete 1846 die weltberühmte Rödersche Offizin f. Notenstich u. Druck in Leipzig

RÖDER, Martin * 7/4 1851 Berlin, † 9/7 1895 Cambridge/Boston, Schüler der Kgl. Hochschule in Berlin, dann Chordir. in Milano, da 1875 Dirig. der Società del Quartetto corale; 1880 in Berlin, 1887 MDir. in Dublin, zuletzt in Boston. W: 4 Opern, 2 Orator., 2 sinfon. Dichtgen, KaM., Lieder usw.

ROEDER, Paul * 10/6 1901 Hellertshausen, MBerater der NS-Gauleitung in Neustadt a. d. H., ausgeb. in Heidelberg. W (viel versprechend): Oper, OrchSuite, Tänze, Märsche, Saarlieder

RÖDGER, Emil * 29/7 1870 Untergneus, Thür., seit 1896 GymnML. in Altenburg, seit 1918 auch Organ. W: Christspiel, Chöre, auch m. Orch., Kinderlieder, OrgStücke. H: Liederbuch f. höh. Schulen

RÖGELY, Fritz * 30/5 1876 Schatthausen (Kr. Heidelberg), seit 1921 GsgL. in Berlin, Schüler d. Karlsruher Konserv., 1901 SingverDir. in Greifswald, 1903 Schüler der Hochschule f. M. in Berlin u. später Gernsheims, 1911 Chordir. in Elbing, 1915 SemML. (MDir.) in Detmold. W: KaM., KlavStücke, Lieder; ‚Harmonielehre', ‚Schulgsg'

ROEHR A.-G., MVerl. u. Groß-Sort., bes. f. ausländ. Musikalien, in Berlin, gegr. 1/7 1898 durch Curt Max R o e h r, ps. R o p e t z, Bearb. u. Textdichter

RÖHR, Hugo * 13/2 1866 Dresden, lebt in München, Schüler d. Dresdner Konserv., KM. in Augsburg, Prag, Breslau, Mannheim, 1896/1934 HofopKM. in München, 1924/34 auch Prof. für Dirig. an d. Akad. der Tonkunst. W: Opern, Oratorium, Chöre, Lieder. H: Rossinis ‚Angiolina' (‚Aschenbrödel') u. ‚Italienerin in Algier'

RÖHRICHT, Paul * 13/11 1867 Grünberg i. Schles., † 17/10 1925 Schreiberhau i. Riesengeb. W: Chöre, Lieder, KlavStücke

RÖHRIG, Emil * 31/10 1882 Rettert (Unterlahnkreis), seit 1909 Geiger im städt. Orchester zu Aachen. W: OrchStücke, Konz- u. SoloStücke f. versch. Instr., u. a. KB., Br., Chöre, Lieder

RÖLLIG, Joh. Geo. * 1710 Berggießhübel (Sachs.), † 29/9 1790 Zerbst, urspr. Theol., Hoforgan. u. Vcellist in Zerbst, da seit 1758 KM. W: Sinf., Konz. f. versch. Instr., KaM., Kantaten

RÖLLIG, Karl Leop. * ?, TheaKM. in Hamburg 1764/69, † 4/3 1804 Wien. W: Singspiele, Stücke f. Harmonika, Lieder; ‚Über die Hornmeister' (1787), ‚Orphika' u. a.

ROELS, Oscar Aug. * 2/11 1864 Gent, da 1881/1930 KonservL., auch TheaKM. bis 1925. W: Opern, Kantaten, OrchSuiten, OrgStücke, Lieder u. a.

RÖMER, Ernst, Dr., ps. Ernst RICHARD * 28/12 1893, OpttKM. u. Bearb. in Berlin. W: Optte, UnterhaltsM.

ROEMER, Fritz * 25/7 1875 Siegen, Geiger, seit 1927 im städt. Orch. zu Magdeburg. W: Oper, Optte, KirchM., KlavStücke, VStücke

ROEMER, Hans * 14/1 1892, KM. in Molln, ObÖsterr. ,war u. a. KM. in Bad Ems. W: Ouv., UnterhaltgsM.

ROEMER, Matthäus, Dr. phil. * 8/11 1871, KonzSgr (Ten.) in München, urspr. Philologe (1909 Parsifal in Bayreuth). W: Lieder, Git.- u. KlavStücke

RÖMER, P., ps. = Paul RAASCH

RÖMER, Paul — s. RÖMER-BALTIC

RÖMER, Rud. * 1/7 1906 Freiberg i. S., seit 1924 KlavL. nach Methode Alb. Kluges, Dresden, ausgeb. in Wilsdruff (OrchSchule) und Dresden (Alex. Wolf, Alb. Kluge)

RÖMER-BALTIC, Paul * 26/8 1874 Dorpat, seit 1919 in Rudolstadt, da 1919/27 TheaKM., vorher an verschied. Thea. W: OrchStücke, Tänze, Märsche, Lieder

ROEMHELD, Heinz * 1/5 1901, lebt in Berlin, W: Sinf. Variat., UnterhaltsM.

RÖMHILDT, Joh. Theod. * 23/9 1684 Salzungen, † 23/10 1756 Merseburg, da seit 1731 HofKM. u. seit 1735 Domorgan. W: MatthäusPassion, viele Kantaten, OrgChoralvorspiele

RÖMISCH, Otto * 24/4 1880 Wien, da MDir., Präsid. der österr. KMUnion, VVirt. (Wunderkind), ausgeb. a. d. Konserv., 1902 Dir. d. HofBallM., war auch KM. in österr. Bädern. W: Optten, Singspiele, UnterhaltsM.

RÖNISCH, Karl * 28/11 1814 Goldberg (Schles.), † 21/7 1894 Blasewitz/Dresden, Begründer (1845) d. bekannten KlavFabrik in Dresden

RÖNNFELDT, Friedrich * 3/2 1894 Waren, Hornist in Berlin, z. Z. MLeiter e. Fliegertruppe in Neuruppin. W: Märsche, UnterhaltsM. B: f. BlasM.

RÖNTGEN, Amanda — s. bei RÖNTGEN, Julius

RÖNTGEN, Engelbert * 30/9 1829 Deventer (Holl.), † 12/12 1897 Leipzig, VVirt., 1848 Schüler Davids, bald darnach Mitgl. u. seit 1869 KonzM. des GewandhausOrch. u. KonservL. zu Leipzig H: Beethovens StrQuart. u. a. W: VSonate Seine Frau A m a n d a, geb. M a i e r * 19/2 1853 Landskrona, † 15/7 1894 Amsterdam, VVirt. W: Schwed. Weisen u. Tänze

RÖNTGEN, Engelbert * 12/8 1886 Amsterdam, Vcellist, seit 1916 in Newyork, Schüler von Mossel, Klengel u. Casals, 1905 Solist der Oper in Rostock, 1906/11 in Zürich, 1912/14 in Wien (Hofop.). W: Sinf., KaM., Lieder

RÖNTGEN, Julius (Sohn Engelberts I) * 9/5 1855 Leipzig, † 13/9 1932 Utrecht, 1886/98 Dirig. der KonzGesellsch. ‚Felix meritis', 1883/1918 L.,

1918 bis Herbst 1924 Dir. des Konserv. in Amsterdam. W: Oper, Sinfon., KlavKonz., treffl. KaM., KlavWerke, Chorsachen, Lieder usw.

RÖNTZ, Wilh. * 3/9 1867 Düsseldorf, MSchr. in Berlin-Blankenfelde

RÖRICH, F., MVerl. in Wien, gegr. 1900

RÖSCH, Friedrich * 12/12 1862 Memmingen, † 29/10 1925 Berlin, urspr. Jurist, organisierte 1898 die Genossenschaft dtscher Tonsetzer u. deren TantièmeAnstalt. W: M- u. GemChöre; ‚Musikästhet. Streitfragen'

ROESE, Fritz * 10/12 1891 Berlin, Chordir. in Berlin-Lichtenberg. W: Chöre, auch größere m. Begleit., Lieder; VKonzStücke, KlavStücke

ROESE, Heinrich, Dr. phil. * 1890 Gießen, da Pianist u. MSchr., Schüler des Konserv. in Leipzig, z. RegerKreis gehör.

RÖSEL, Artur * 23/8 1859 Münchenbernsdorf (S.-W.-E.), † 3/4 1934 Weimar, da 1887/1906 HofKonzM., u. 1887/1925 MSchulL. W: Opern, Ouvert., Konzerte f. V., Br., Klarin., StrQuart. usw.

ROESELING, Kaspar, Dr. * 5/5 1894 Köln, lebt da, da ausgeb. (Hochsch.). W: Oratorien, Messen, Chöre, Gsge, auch m. Instr., KaM., OrgStücke, KlavStücke

ROESGEN-CHAMPION, Marguerite, ps. Jean DELYSSE, Komp. in Paris, seit 1926 hervorgetr. W: KaM.

RÖSLER, Gust. * 2/9 1819, † 24/12 1882 Dessau, ML., Schüler Fr. Schneiders. W: Oper. B: KlavAuszüge Bachscher Kantaten

RÖSLER, Hans * 14/12 1867 Wien, † 13/7 1916 Hannover, da OpSgr u. später KirchChorDir. W: Chöre, Lieder; ‚Was soll jeder LiederBruder wissen?'

ROESLER, Joh. Jos. * 22/8 1771 Schemnitz (Ung.), † 25/1 1813 Prag, KM. des Fürsten Lobkowitz. W: Sinf., KlavKonz., KaM. u. a.

ROESNER, Leonhard * 6/11 1889 Katscher, OS., seit 1930 GymnML. in Waldenburg, ausgeb. in Breslau (Puchat). W: Schulopern, Chöre, Lieder, Schles. WeihnachtsM., Altschles. Volkstänze f. Orch.

RÖSSEL, Willy * 1/4 1877 Plauen/Dresden, seit 1908 Organ., Chordir. u. KonzSgr (Bariton.) in Davos. W: VcKlavSon., KlavStücke, Lieder

ROESSERT, Hanns * 17/7 1892 Staffelstein, seit 1925 OpKM. in Halle, ausgeb. in München. W: OrchSuite usw., KlavStücke

RÖSSLER (ROSETTI), Frz Ant. * 26/10 1746 Niemes (NordBöhm), † 30/6 1792 Ludwigslust, Mecklenburg. HofKM. seit 1789, urspr. KBassist,

1785 KM. der Öttingenschen Kap. zu Wallerstein, namhafter, auch in Paris gefeierter Komp. W: Opern, Orator., 34 Sinfon., Konz. f. versch. Instrum., viel KaM.

ROESSLER, Gustav v. * 15/1 1850 Wiesbaden, † 5/4 1919, ausgeb. in Berlin u. München, treffl. KomposL. W: Opern, Chöre, Lieder. H: Zumpes Sawitri

RÖSSLER, Hans, ps. = Rich KESSLER

RÖSSLER, Rich. * 14/11 1880 Riga, Schüler Rudorffs u. Bruchs, treffl. KlavSpieler, L. an der Hochschule in Berlin. W: KaM., KlavStücke, Lieder

RÖSSLER, Wolfg. * 4/12 1904 Düsseldorf, I. OpKM. in Augsburg, ausgeb. in Berlin (Sternsches Konserv.) u. Köln (Hochschule), dann Korrep. in Berlin u. KM. in Allenstein. W: BühnenM., KaM., KlavStücke, Lieder

ROESSNER, Gerhard * 1/9 1907 Leipzig, lebt da, da (Konserv.) u. in Berlin (Hochsch.) ausgeb., zeitweilig in Berlin-Ruhleben. W: FilmM., GymnastikM., Chöre, Lieder

ROESSNER, Hellmut * 27/1 1914 Römerstadt, ČSR., lebt in Berlin. W: Optte, FilmM.

RÖTHIG, Bruno * 7/10 1859 Ebersbach (Sachs.), † 24/3 1931 Leipzig, Schüler v. C. Riedel u. Papperitz, seit 1889 Kantor in Leipzig, Gründer u. Leiter eines vielgereisten ‚SoloQuart. f. KirchGsg'. W: Motetten, Lieder usw.

RÖTHLISBERGER, Edm. * 7/11 1858 Kalkringen (Bern), † 16/12 1919 Neuchâtel, da seit 1882 Vcell., L. f. MGesch., Dir. W: ‚Le clavecin dans l'oeuvre de Bach'

ROGATIS, Pascual de * 17/5 1881 Teora (Ital.), VProf. am Konserv. in Buenos Aires. W: Opern, ‚Suite Americana', ‚sinf. Dichtgen, KlavStücke, Gesänge

ROGEL, José * 24/12 1829 Orihuela (Alicante), † 25/2 1901 Cartagena. W: viele Zarzuelas

ROGER, Etienne * um 1665, † 1722 (?) Amsterdam, da seit 1700 bedeut. MVerleger; sein Nachfolger M. Ch. le Cène

ROGER, Gust. * 17/12 1815 St. Denis/Paris, † 13/9 1879 Paris, berühmter Tenorist (1. Auftreten 1838; der erste ‚Prophet'), seit 1868 GsgProf. am Konserv.

ROGER, Kurt, Dr. phil. * 3/5 1895 Wien, lebt da, Schüler G. Adlers u. Karl Weigls. W: KaM., Lieder, auch m. Orch.

ROGER, Victor * 21/7 1854 Montpellier, † 2/12 1903 Paris, Schüler Niedermeyers; Kritiker der ‚France'. W: an 30 Operetten, Ballette

ROGER-DUCASSE — s. DUCASSE

ROGERS, Benj. * 1614 Windsor, † 19/6 1698 Oxford, da seit 1664 Organ. u. Chordir. W: KirchM.

ROGERS, Bernard * 1893 Newyork, lebt in Rochester, NYork. W: Sinf., sinfon. Dichtgen, StrQuart, Kantate

ROGGERO, Gius. Paolo * 1884 S. Marzano Oliveto, lebt in Milano. W: Opern, Optten, Kantate, Sinf., StrQuart.

ROGOWSKI, Mich. Ludw. * 3/10 1881 Lublin, lebt in Warschau, Schüler des dort. Konserv., Nikischs u. H. Riemanns, 1909/12 OrchDir. in Wilna, 1914/21 in Paris. W: Oper, Ballett, Orch-Suite, KaM. (sehr modern)

ROGUSKI, Gust. * 12/5 1839 Warschau, da (Ostrowy) † 5/4 1921, seit 1873 KonservL., Schüler v. Berlioz. W: KirchM., Sinf., KaM., Chöre, Lieder

ROHDE, Eduard * 25/9 1828 Halle, † 25/3 1883 Berlin, Organ., Chordirig. u. GsgL. W: Chöre, instrukt. KlavStücke, bes. f. d. Jugendunterr. — Sein Sohn Eduard jr * 2/5 1856 Berlin, da seit 1883 Organ. W: Chöre, auch Kinderchöre, instrukt. u. a. KlavStücke, OrgStücke usw.

ROHDE, Wilhelm * 11/12 1856 Altona, † 1931, Schüler des Lpzger Konserv., Geiger, 1878/86 in Chicago, später in Boston, Hamburg, Schwerin, seit 1914 in Kopenhagen. W: Sinfon., StrOrch-Serenade, StrQuart., KlavTrio, KlavStücke, Chöre, Terzette, Duette, Lieder usw.

ROHLAND, Karl, auch ROHLAND-STASSFURT * 20/1 1901 Leopoldshall, Anh., MilMker in Berlin. W: Märsche, Tänze

ROHLEE-ROHOWSKY, Max * 17/11 1898 Jersitz, Redakt. in Berlin seit 1924, vorh. Dirig. W: Optten

ROHLOFF, Ernst Franz * 3/2 1884 Pasewalk, seit 1915 ObML. in Berlin-Karlshorst. W: Oper, Kantat., 8 Sinf., viel KaM., KlavStücke, Lieder

ROHLOFF, Max * 31/8 1877 Pasewalk, seit 1921 ObML. in Königsberg i. Pr., seit 1897 SchulL., Kriegsteiln. W: 5 Abende umf. Oper ,Aus meinem Leben', PassionsM., Kantaten, 9 Sinfon., sinfon. Dichtg., KlavSon., Balladen u. Lieder

ROHM, G., ps. = CATHERINE, Alph.

ROHOWSKY, Max, eigentl. Name — s. ROHLEE-ROHOWSKY

ROHOZINSKI, Ladislav de * 7/11 1886 Petersburg, naturalisierter Franzose, lebt in Paris, Schüler d'Indys. W: Sinf. Dichtgen, viel KaM., VStücke, KlavStücke, Lieder

ROHR, Hanns, Dr. phil. * 20/1 1885 München, da seit Herbst 1935, Gastdirigent; 1919/23 Thea-KM. u. a. in Karlsruhe u. Düsseldorf, 1923/27 Dir. der KonzGes. in München, 1929/35 in Bremen; Pianist, bes. KaMSpieler, verheir. mit Hedwig Faßbaender (s. d.). Kriegsteiln. W: KaM., Lieder

ROHR, Oskar * 16/8 1879 Langensalza, seit 1914 KirchChordir. (Diakon) in Berlin, ausgeb. in Mühlhausen i. Th., dann KirchChordir. in Köln. W: geistl. Kantaten, Motetten, MChöre, Lieder

ROHRBACH, Hans Georg * 18/8 1878 Berlin, da Schüler der Hochschule, da seit 1914 Organ. u. KirchChordir. W: ,Frühlingsfeier' f. Chor u. Orch., Messe, Motetten, OrgVorspiele, Lieder

ROHRSDORFF, Gust. * 7/6 1884 Berlin, da seit 1914 L., 1926 ObML. (StudRat). W: Kantaten, Chöre, Lieder

ROJO, Casiano, Benediktiner * 1877 Acinas (Burgos), lebt im Kloster Silos. W: ,Método de canto Gregoriano'. H: ,Graduale Romanum' u. a.

ROITZSCH, Friedr. Aug. * 10/12 1805 Gruna/Görlitz, † 4/2 1889 Leipzig. ML. H: klass. Werke, bes. Instrumentalwerke J. S. Bachs (Edit. Peters)

ROKITANSKY, Hans Frhr. von * 6/3 1835 Wien, † 2/11 1909 Schloß Laubegg, Steierm., berühmter Bassist, 1864/93 an der Wiener Hofop.

ROKITANSKY, Viktor Frhr von * 1836, † 17/7 1896 Wien, da geschätzter Sgr d. Hofoper. W: ,Üb. Sänger u. Singen', Lieder usw.

ROLAFF, Ralph, ps. = Walter BÖTTCHER

ROLAND, Camillo, ps. = KUNHARDT, David

ROLAND, Frank, ps. = V. HERBERT

ROLAND, Hans, ps. = Wilh. GUTTMANN

ROLAND, Konrad * 17/1 1866 Rötha/Leipzig, langjähr. VerDir. in Leipzig. W: an 30 Thea-Stücke f. Ver., Chöre

ROLAND, Marc (eigentl. Ad. Beeneken) * 4/1 1894 Bremen, lebt in Berlin, ausgeb. in Würzburg. W: Singspiel, FilmM. ,Fridericus rex', ,Alt Heidelberg' u. a., Balladen, Lieder; ,Dtscher Tanzreigen'

ROLAND, Reiny, ps. = Reinhard MÜLLER

ROLAND DE LATTRE — s. LASSO

ROLAND-MANUEL — s. MANUEL, Roland

ROLANDI, Ulderico * 23/7 1874 Roma, da Gynäkologe u. MSchr.

ROLDAN, Amadeo * 12/7 1900 Paris von kuban. Eltern, seit 1921 in Havana, VVirt., seit 1932 Dir. d. Philharm. Orch., ausgeb. in Madrid. W: Ballette, Negertänze, Ouvert., KaM., Gsge

ROLLA, Aless. * 22/4 1757 Pavia, † 15/9 1841 Milano, V- u. BrVirt., L. Paganinis, 1802 Dir. am Scalathea. in Milano u. seit 1807 VProf. am dort. Konserv. W: Ballette, Konzerte f. V. bzw. Br., KaM. — Sein Sohn A n t o n i o * 18/4 1798 Parma, † 19/5 1837 Dresden, HofkonzM. W: V-Konz. u. Stücke

ROLLAND, G., ps. = Geo. GUIRAUD

ROLLAND, Romain * 29/1 1866 Clamecy (Nièvre), lebt seit Ende 1924 in der Schweiz, betätigt sich seitdem überwiegend dichterisch, Begr. (1903) d. MAbteilg der Ecole des hautes études sociales in Paris. W: ‚Histoire de l'opéra en Europe avant Lully et Scarlatti', ‚Vie de Beethoven', ‚Musiciens d'aujourdhui', ‚Vie de Händel', ‚Voyage musicale au pays du passé' usw.

ROLLE, Geo. * 28/12 1855 Köben a. O., † 9/5 1934 Berlin, da Schüler Blumners, Bassist, SchulgsgL., 1907/24 L. am Instit. f. KirchM. W: ‚Didaktik u. Methodik des Schulgsgunterrichts' (1903)

ROLLE, Joh. Heinr. * 23/12 1718 Quedlinburg, † 29/12 1785 Magdeburg, da Organ. seit 1746. W: 20 Oratorien ‚Der Tod Abels', ‚Saul' usw. 4 Passionen, viele Kantaten, Motetten, Instrum-Stücke usw.

ROLLEDER, Anton * 14/8 1881 Wien, da LandesgerRat. W: ‚Populäres MelodienLexikon' (in Vorber.)

ROLLER, Alfred * 2/10 1864, † 21/6 1935 Wien, ausgez. Bühnenbildner u. AusstattgsFachmann, 1903/09 (unter Mahler; u. a. sehr gelungen ‚Fidelio') u. 1919/35 an der Wiener Hof-, bzw. Staatsop., arbeitete auch f. Berliner Thea., 1934 f. Bayreuth den ‚Parsifal'

ROLLER, Max, ps. = Tom BURLEIGH * 28/8 1887 Berlin, da MDir., Schüler B. Irrgangs, Kriegsteiln. W: UnterhaltgsM.

ROLLFUSS, Bernh. * 21/7 1837 Göritzhain (Sachsen), † 14/9 1904 Dresden, Pianist, Schüler Fr. Wiecks, reiste 1856/61 erfolgreich, dann Leiter einer MAkad. zu Dresden. W: KlavSalonstücke, Lieder usw.

ROLLINS, Will, ps. = Walter BRANSEN

ROLLKA, Hans B. * 16/5 1896 Gera, da KM. W: Märsche, Tänze

ROLOFF, Alex, ps. = Oskar KRONKE

ROMAN, Joh. Helmich * 26/10 1694 Stockholm, † 19/10 1758 auf seinem Landgute, der ‚Vater der schwed. M.', hervorrag. Geiger. W (zahlr.): Sinfon., Ouvert., Konzerte, KaM., Messen, Kantaten, Psalmen

ROMAN, Ludwig, ps. = Roman L. CHMEHL

ROMANI, Carlo * 24/5 1824 Avellino, † 4/3 1875 Firenze, da GsgL. u. KM. W: Opern, Orat., Gsge, u. a. patriot. (‚La croce di Savoia')

ROMANI, Felice * 31/1 1788 Genova, † 28/1 1865 Moneglia (Riviera), OpLibrettist, u. a. von Bellinis ‚Norma'

ROMANI, Pietro * 29/5 1791 Rom, † 6/1 1877 Firenze, erfolgr. Ballettkomp. Auch bekannt durch die Einlage ‚Manca un foglia' in Rossinis ‚Il barbiere di Seviglia'

ROMANIELLO, Luigi * 29/12 1860 Neapel, Schüler des dort. Konserv., da KlavProf., Dir. der Soc. del Quartetto, MSchr. bis 1896, dann MSchulDir. in Buenos Aires, da † Dez. 1916. W: Opern, 2 KlavKonz., KaM., KlavStücke, Studien, Chöre, Lieder usw. — Sein Bruder V i n c e n z o * 27/10 1858 Napoli, da KonservL., KlavVirt. W: KaM., KlavStücke u. Schule; ‚Metodo di elementi musicali'

ROMANINI, Romano * 14/3 1864 Parma, V-Virt., seit 1890 in Brescia, da seit 1897 MSchul-Dir. † 1934. W: Oper, 2 Sinf., KaM., VStücke, Gsge

ROMBERG, Andreas * 27/4 1767 Vechta (Oldenb.), † 10/11 1821 Gotha, HofKM. seit 1815, gedieg. Kompon. u. VVirt. W: Opern, Kantaten (u. a. Schillers ‚Glocke'), Sinf., viele VKonz., KaM., kirchl. Gsge, Balladen usw. — Sein Vetter B e r n h a r d * 12/11 1767 Dinklage (Münster), † 13/8 1841 Hamburg, vielgereister VcVirt. u. Gründer einer eigenen Schule, 1801 Prof. am Pariser Konserv., 1805 Solist d. Kgl. Kapelle zu Berlin, 1815/19 da HofKM., zuletzt in Hamburg privatis. W: Opern, Ouvert., Vc-Konzerte, StrQuart., Duette, VcSchule usw.

ROMBERG, Bernh. * 19/5 1865 Kalkhorst/ Schwerin, † 8/10 1913 Schwerin, da (Schüler des Leipziger Konserv.) 1883/93 Hoforgan., seit 1884 Dirig. d. SchloßkirchChors, ML. der Prinzessinnen, u. a. d. späteren dtschen Kronprinzessin Cecilie, Begr. (1893) des Ver. f. KirchM., GymnGsgL. W: kirchl. Chöre

ROMBERG, Cyprian (Sohn von Andreas) * 28/10 1807 Hamburg, da † 14/10 1865, VcVirt., lange Jahre in Petersburg. W: VcKonzStücke, Lieder

ROMBERG, Georg, ps. = Ferd. SCHULTZ

ROMBERG, Heinr. (Sohn von Andreas) * 4/4 1802 Paris, † 1859 Hamburg, Geiger, 1829/49 KonzM. bzw. KM. der ital. Oper in Petersburg. W: KaM., VStücke

ROMBERG, Karl (Sohn Bernhards) * 11/1 1811 Petersburg, † ? Wien, ausgez. Vcellist, 1832/42 in der Petersburger Kapelle. W: VcStücke

ROMBERG, Sigmund, Amerikaner, seit 1927 mit Optten hervorgetreten

ROMBOUTS, Pieter * 1667 u. † 3/8 1740 Amsterdam, treffl. VBauer

ROMERO, Luis T. * 1853 Madrid, † 18/11 1893 Boston, GitVirt u. Komp.

ROMERO, Pablo, ps. = SCHÜLER, Fritz

ROMERO Y ANDIA, Ant. * 11/5 1815 Madrid, da † 7/10 1886, KlavVirt., seit 1836 MVerleger. W: Schule f. Klarin., Fag., Tromp. u. a.

ROMEU, Luis * 1874 Vich (Barcelona), da Organ. W: KirchM.

ROMNEY, Gerald, ps. = Gust. KRENKEL

RONALD, Landon (ps. für L. R. RUSSELL) * 7/6 1873 London, Schüler des R. College of m., Dir. der Guildhall School of m. u. KonzDir. in London. W: Ballette, BallettSuite, sinf. Dichtgen, dramat. Szenen, viele Lieder; ‚Variations on a personal theme'

RONALD, Rae, ps. = Jaap KOOL

RONCHETTI-MONTEVITI, Stefano * 18/9 1814 Asti, † 16/10 1882 Casale Monferrato, L. u. zuletzt KonservDir. in Milano. W: Oper, KirchM. usw.

RONCHINI, F. * 23/10 1865 Fano, lebt in Paris, vielgereister VcVirt. W: VcStücke

RONCONI, Domenico * 11/7 1772 Lendinara di Pollesina, † 13/4 1839 Milano, namhafter Tenorist (1819/29 in München) u. GsgL. W: Arien, Solfeggien usw.

RONDEL, Aug. * 1/1 1858 Marseille, † 6/6 1934 Paris, MFreund, sammelte Materialien zur Thea(Op)Gesch., aufbewahrt in d. Paris. Arsenalbibliothek

RONDO-VERLAG, Berlin, bes. Optten, gegr. 11/4 1922

RONDORF, Alfred * 31/1 1895, Geiger u. Gitarrist in Wien. W: ‚Das Studium d. Git.' u. a.

RONER, Anna * 19/3 1873 Zürich, da geschätzte KlavPädagogin, Schülerin von Max Schwarz u. Urspruch

RONG, Wilh. Ferd. * um 1721, soll noch 1821 gelebt haben, KaMusiker des Prinzen Heinrich v. Preußen, dann ML. in Berlin. W: patriot. Gsge, musikal. Gesellschaftsspiele, ‚Elementarlehre am Klav.' u. a.

RONGÉ, Jean Bapt. de * 1/4 1825 Lièges, da † 28/10 1882, treffl. Umdichter dtscher Operntexte usw. W: Opern

RONGER, Florimond — s. HERVÉ

RONNAY, Rolf, ps. = Rud. ROSENTHAL

BONSARD, Pierre de * 10/9 1524 La Poissonnière, † 27/12 1585 Tour, Dichter; dessen Gedichte häufig vertont

RONZI, Luigi Antonio * 1813 Firenze, da † 25/1 1873. W: Opern, Gsge (L' eco della Veneta laguna')

ROOM, Charles, ps. = Karl ZIMMER

ROONTHAL, Rudi, ps. = Rudolf ROSENTHAL

ROOT, George Frederick (ps. G. F. WURZEL) * 30/8 1820 Sheffield (Mass.), † 6/8 1895 Bailey's Island (Maine). W: Kantaten, patriot. u. kirchl. Gsge; ‚Story of a musical life'. — Sein Sohn Frederick Woodman * 13/6 1846 Boston, † Nov. 1916 Chicago, Organ. u. GsgL. W: KirchM., Optte, Kantate, Gsge u. a.

ROOTHAM, Cyril * 5/10 1875 Bristol, Schüler Stanfords, seit 1901 Organ. in Cambridge. W (bemerkenswert): Oper, Chöre m. Orch., OrchSuite, KaM. usw.

ROOY, Anton van * 1/1 1870 Rotterdam, † 28/11 1932 München, Schüler Stockhausens, Baßbariton., bes. als Wagnersgr durch s. Bayreuther Tätigkeit bekannt, wirkte bes. auch in München u. Newyork

ROOY, Cornelis Ant. Marie de * 19/6 1886 Bergen-op-Zoon, OrgVirt. u. Chordir. in Venlo seit 1910, auch in Roermond seit 1918, ausgeb. in Regensburg u. Anvers. W: KirchM., BühnM., MChöre

ROPARTZ, J. Guy * 15/6 1864 Guingamp (Côtes du Nord), † 15/7 1935 Lanloup/Plouha (Côtes du Nord), lebte in Paris, Schüler Massenets u. C. Francks, 1894 KonservDir. in Nancy, 1919/1920 in derselb. Stellg in Straßburg. W: Opern, 3 Sinf., sinfon. Dichtgen, KaM., Chorwerke, Klav- u. OrgStücke, Lieder

ROPETZ, ps. = Curt M. ROEHR

ROQUET, Ant. Ernest — s. THOINAN

RORE, Cyprian de * 1516 Antwerpen (Mecheln?), † 1565 Parma, KirchKM., Schüler Willaerts, KapSgr, 1563/64 KM. an San Marco zu Venedig. W: Messen, Madrig., Motetten usw.

RORICH, Karl * 27/2 1869 Nürnberg, lebt da, Schüler der MSchule in Würzburg, 1892 L. für Theor. u. Gesch. d. M. a. d. MSchule in Weimar, 1914/34 Dir. der städt. MSchule in Nürnberg. W: Sinfon., OrchSuiten, KaM., KlavStücke, Chöre, Lieder usw.

ROSA (Rose), Carlo * 21/3 1842 Hamburg, † 30/4 1889 Paris, stud. M. in Leipzig u. Paris, tücht. Geiger, 1863 KonzM. in Hamburg, seit 1865 in London, 1867 mit E u p h r o s. P a r e p a (* 7/5 1836 Edinburgh, † 21/1 1874 London, bedeut. Op- u. OratorSgrin) verheir., dann Impresario in London u. Newyork

ROSA, Salvatore * 21/7 1615 Napoli, † 15/3 1673 Rom, der berühmte Maler. W: Madrigale, Kanzonen, Satire gegen die KirchM.

ROSANELLI, Gedeon * 27/12 1884 Wien, urspr. Offiz., seit 1920 Gitarrist in Wien. W: Lieder mit Gitarre

ROSATI, Luigi * 1855 Avezzano (Aquila), † 9/3 1921 Roma, da KlavL. am Lic. di S. Cecilia. W: KlavStücke

ROSBAUD, Hans * 22/7 1895 Graz, da ausgeb. u. in Frankfurt a. M. (Hochsches Konserv.), 1923/30 Dir. der städt. MSchule in Mainz, seit 1930 I. KM. u. AbtLeiter am Reichssender in Frankfurt a. M.

ROSCHER, Hanns Wolfgang * 1/5 1897 Bachetsfeld, OPfalz, Lehrer, Organ. u. ChorM. in Fürth, auch MRef., gründete 1933 das Philharm. Orch., Kriegsteiln., ausgeb. in München, Leipzig u. Berlin. W: OrchStücke, geistl. („Weihnachtskantilene') u. weltl. Chöre, Lieder

ROSCHER, Jos. * 1860 Wien, da † 9/5 1932. W: FagStücke, viele MChöre u. Lieder (Kuplets)

ROSCHLAU, W. * 15/8 1851, † 17/8 1934. B: f. MChor

ROSE, Alfred * 9/11 1855 Niedern-Audorf (Westf.), Schüler d. Kölner Konserv., seit 1883 Dirig. des Tempelchors u. seit 1890 GsgL. am israelit. Sem. in Hannover. W: instrukt. KlavStücke, Chöre

ROSÉ, Alfred (Sohn Arnolds) * 11/12 1902 Wien, da Korr. an der Staatsoper, Pianist. W: StrQuart, Lieder u. a.

ROSE, Alfred Georges * 14/1 1900 Paris, lebt in Vincennes (Seine), Schüler Gedalges. W: viele KlavStücke, KaM., chasseid. Tänze, Chöre, Terzette, viele Lieder, auch m. Orch. u. einz. Instr.

ROSÉ, Arnold * 24/10 1863 Jassy, Schüler des Konserv. in Wien, bedeut. Geiger, 1881/1922 KonzM. im Hoforch., Führer (seit 1882) eines berühmt StrQuart. — Sein Bruder E d u a r d * 29/3 1859 Jassy, lebt in Berlin, 1900/20 Solo-Vcellist der Hofkap. zu Weimar

ROSE, Gust. * 13/6 1854 Berlin, lebt da, Chordirig., vorher TheaKM. an verschied. Orten. W: Oper, 3 Sinf., KaM., Lieder

ROSE, Karl — s. ROSA

ROSEBERY (eigentl. ROZENBERG) d'Arguto, Martin * 25/12 1890 Mlava, Russl., GsgL. u. Chordir. in Berlin seit 1911. W: viele Chöre

ROSEGGER, Sepp, Dr. med. * 20/2 1874 Graz, da Arzt. W: Opern, weltl. Requiem, KlavTrio, Lieder

ROSEINGRAVE, Thomas * um 1690 Winchester, † 23/6 1766 Dunleary, in Italien ausgeb., 1725/37 Organ. in London, lebte dann in Dublin. W: Oper, Kantaten, Org- u. KlavStücke

ROSELIUS, Ludwig, Dr. phil. * 2/8 1902 Kassel, lebt in Berlin, Schüler Schmalstichs, Taubmanns u. Georg Schumanns bzw. Joh. Wolfs u. Aberts. W: Opern, KaM., KlavStücke, Lieder; ‚Andr. Raselius als Motettenkomp.'. H: Raselius, Motetten (s. Raselius)

ROSELLEN, Heinr. * 13/10 1811 Paris, da † 18/3 1876, Pianist. W: KlavTrio, KlavSalonkompos., KlavSchule

ROSÉN, Erik Gabriel v. * 2/5 1775 Stockholm, † 10/9 1866 Djurgårdsbrunn/Stockholm, seit 1800 Organ. W: Kirchl. Gsge

ROSEN, Jean, ps. = BATZEM

ROSÉN, Joh. Magnus * 6/4 1806 Gotenburg, † 10/6 1885 Stockholm, da MSchr. W: OrchStücke, Optte, BühnM., dtsche Gsge, Selbstbiogr. ‚Några minnesblad'

ROSEN, Josef * 1841 Wien, † nach 1907. W: ZithKomp.

ROSEN, Willy (eigentl. Rosenbaum), ps. Wilh. BAUM * 18/7 1894 Magdeburg, lebt in Berlin. W: Optte, Tonfilme, Chansons, Schlager

ROSENBERG, Anders Gust. * 18/1 1809 Lilla Mellösa, † 26/7 1884 Nora, da seit 1837 Organ. H: Skandin. Volksmelod.

ROSENBERG, Hilding C. * 21/6 1892 Bosjäkloster, Pianist in Stockholm, expression. Komp. W: Sinfon. u. a. f. Orch., KaM., KlavKonz. u. Stücke, TrompKonz., Lieder

ROSENBERG, Hugo, Dr. jur. * 28/2 1881 Wien, lebt da. W: Lieder z. Laute

ROSENBERG, Jos. * 21/9 1863 Wien, seit 1892 KM. in Breslau. W: Ballett, OrchM., KaM., KlavStücke, Lieder

ROSENBERG, Richard, Dr. * 5/3 1894 Frankfurt a. M., da seit 1927 MKrit., da ausgeb. (Hochsches Konserv.; v. Baußnern), dann OpKorrepet. W: Opern, Spiel f. Kinder, ungar. Sinf., KaM.

ROSENBERG, Wilhelm * 20/8 1862 Kopenhagen, da Chordir. W: Opern, BühnM., Kantaten, Lieder

ROSENBERG-RUZIC, Alois * 29/4 1870 Warasdin, Schüler d. Wiener Konserv., 1891/95 DomKM. in Spalato, 1895/1910 städt. KM. in Warasdin, seitdem KonservDir. in Agram. W: Ouvert., KlavSonaten, KlavSchule, Chöre, Lieder. B: kroat. Volkslieder

ROSENBLOOM, Sydney * 25/6 1889 Edinburgh, KlavVirt. seit 1921 in Johannesburg, SüdAfr., ausgeb. in London, da auch KonservL.; Kriegsteiln. W: KaSuite f. 2 V. u. StrOrch., V-Stücke, KlavStücke

ROSENDAHL, August, ps. MARCO; Wismar ROSENDAHL; A. WISMAR; A. WISMAR-ROSENDAHL * 1/2 1878, lebt in Berlin. W: Chöre u. a., überwiegend UnterhaltgsM.

ROSENDORF, Max, ps. Fred NELSOR † 7/5 1917 Berlin. W: UnterhaltgsM.

ROSENDORFF, Emil, ps. EMILCHEN * 13/12 1877, lebt in Berlin. W: UnterhaltgsM.

ROSENFELD, Leop. * 21/7 1850 Kopenhagen, da † 17/7 1909. W: Chorwerke mit Orch., Duette, Lieder, KlavStücke

ROSENHAIN, Ed. * 18/11 1818 Mannheim, † 6/9 1861 Frankfurt a. M., treffl. Klavierist u. Pädag. W: KlavStücke

ROSENHAIN, Jakob * 2/12 1813 Mannheim, † 21/3 1894 Baden-Baden, Pianist, lebte in Paris, dann in Baden-Baden. W: Opern, Sinfon., KaM., KlavKonz., Etüden u. Stücke, Lieder

ROSENHOFF, Orla * 1/10 1845 Kopenhagen, da † 4/6 1905, Schüler Gades, seit 1880 KonservTheorL. W: KaM., instrukt. KlavStücke, Lieder, ‚450 vierst. Aufgaben f. d. theoret. Unterricht'

ROSENKRANZ, Adolf * 5/12 1829 Halle, † Juni 1895 Mannheim, da TheaMusiker. W: OrchStücke

ROSENKRANZ, Friedrich † 85jähr. Jan. 1903 Heidelberg, ehem. MilKM. W: Fantasien, Potp. u. a. f. MMus.; VSchule u. -Stücke

ROSENMÜLLER, Joh. * um 1620 Ölsnitz (Vogtl.), † 10/9 1684 Wolfenbüttel, da seit 1674 HofKM., 1651/55 Organ. in Leipzig. W (wichtig): TanzSuiten, KaM., geistl. Gsge usw.

ROSENMUND, Joh. Jak. * 1841 Liestal, da † 31/7 1910, Organ. u. Chordir. W: MChöre

ROSENOW, Emil Karlowitsch * 14/10 1861 Paris, lebte in Moskau, da ausgeb. (bis 1889 Konserv.), Gründer des Mwiss. Ver. (1901) u. der ‚Mtheor. Bibl.'. W: Fachschriften (russ.); KlavStücke, Lieder, u. a. ‚Lied des freien Rußland'

ROSENSTEIN, Leo — s. Leo STEIN

ROSENSTEINER, Hans * 1/10 1864 Baden (NÖsterr.), † 6/9 1911 Graz, da seit 1906 Leiter des steiermärk. MVer.

ROSENSTENGEL, Heinr. Aug. * 16/3 1854 Hochheim/Erfurt, Schüler des Kgl. Instit. f. KirchM. in Berlin, seit 1888 SemML. in Warendorf (Westf.), da † 27/7 1911. W: Chöre, Klav- u. OrgStücke, Lieder usw.

ROSENSTOCK, Josef * 27/1 1895 Krakau, seit 1933 KM. der Op. des jüd. Kulturbunds in Berlin, Schüler des Krakauer u. Wiener Konserv., bes. Schrekers, KlavVirt., 1922 KM., 1925 GMD. der Darmstädter Op., Herbst 1927 dsgl. der Wiesbadener Op., Herbst 1929 kurze Zeit Dirig. der MetropolOp. in New York, Herbst 1930/Frühj. 1933 GMD. in Mannheim. W: Ouvert., Klav-Konz. u. Sonate usw.

ROSENTHAL, Felix, Dr. med. * 2/4 1867 Wien, Schüler des Wiener Konserv. u. Gernsheims, Pianist u. MSchr., 1901/17 KonservL. in Breslau, seit 1918 in Wien. W: Märchenspiel, FriedensSinf., OrchVariat., KaM., Org- u. KlavStücke, Lieder

ROSENTHAL, Moriz * 18/12 1862 Lemberg, Schüler v. Mikuli u. Liszt, vielgereister KlavVirt. mit eminenter Technik, lebt in Wien. W: KlavStücke. H: KlavW. Liszts

ROSENTHAL, Rudolf, ps. Rolf RONNAY; Rudi ROONTHAL * 24/4 1896 Köln, lebt da, schwer kriegsbesch. W: UnterhaltgsM., Märsche, Lieder (u. a. ‚Denn wir sind die braunen Soldaten')

ROSENTHAL, Willi (Wilh.) * 3/9 1904 Berlin, da staatl. KaMker. W: UnterhaltgsM. B: f. MandolOrch.

ROSENWALD, Hans Herm., ps. Edwin BRADY; BRADY & HARDY * 17/1 1907, lebt in Berlin. W: OrchSuite, Sonate f. 2 Klav., Lieder, UnterhaltgsM. H: Niederländ. KlavM. aus alter Zeit

ROSENWALD, Henri, ps. = FERRARI, Gabriella

ROSENZWEIG, Józef * 1869 Warschau, da MKrit., Schüler H. Riemanns u. Bertr. Roths. W: Fachschriften (poln.)

ROSENZWEIG. Wilh. † 31/5 1899 Wien. W: Tänze, volkstüml. Lieder

ROSER von REITER, Franz de Paula * 1779 Naarn, OÖsterr., † 12/8 1830 Pest, da seit 1821 TheaKM., vorher in Wien. W: Opern, Optten, Possen, Ballette usw.

ROSETTI, Frz Ant. — s. RÖSSLER

ROSI, Eugène * 1868, † Sept. 1928 Paris. W: viele Chansons, u. a. ‚Sur les bords de la Tamise

ROSKIN, Janot S. * 17/4 1884 Rjesitza (Lettl.), jetzt in ?, lebte lange Zeit bis 1935 in Berlin (Preuße geworden), gründete da den Verl. ‚Hatikwah' f. jüd. M. W: KlavStücke, Lieder. H: jüd. Volkslieder

ROSKOFF, Pol., ps. — s. Henri KOWALSKI

ROSLAWETS — s. ROSSLAWETS

ROSOLLECK, Alfr. * 24/3 1897 Berlin, da Chor- u. OrchDir., Schüler u. a. Heinz Tiessens, Frontsoldat, 1924/30 SchulML. W: BühnM., Lieder

ROSOWSKY, Salomon * 1878 Riga, seit 1925 Dir. der KantorSchule in Jerusalem, 1908/18 in Petersburg, 1920/25 Dir. d. jüd. Konserv. in Riga. W (spezif. jüd.): BühnenM., sinf. Dichtg, Chöre, Lieder

ROSPIGLIOSI, Giulio, Marchese * 28/1 1600 Pistoia, † 9/12 1669 Rom, als Papst Clemens IX. seit 1667. W: OpTexte

ROSSARI, Gustavo * 27/12 1827 Milano, da † 30/11 1881, HornVirt., KonservL., Dir. des von ihm gegr. städt. Blasorch. W: Schulen f. Blechblasinstr., Stücke f. V., Fl., Horn, Posaune, Märsche, Tänze u. a.. B: f. BlasOrch.

ROSSARO, Carlo * 20/11 1828 Crescentino/Vercelli, † 7/2 1878 Torino, KlavVirt. W: KlavStücke

ROSSBACH, Aug. * 26/8 1823 Schmalkalden, † 22/7 1898 Breslau, o. Prof. der Archäol. W: mit Rud. Westphal ‚Metrik der griech. Dramatiker u. Lyriker', 3. A. u. d. T. ‚Theorie der musischen Künste der Hellenen' (1885)

ROSSBERG, Gustav * 1/4 1838 Berlin, da † 15/11 1910, ArmeeMInspizient seit 1894 u. L. an der Hochschule. W: Lieder; ‚Verzeichnis sämtl. preuß. Armeemärsche'. H: Armee- u. Präsentiermärsche

ROSSELLI-NISSIM, Mary * 9/6 1864 Firenze, da auch Malerin u. Bildhauerin. W: Opern, patriot. Gsge, viele Lieder

ROSSI, Carlo * 4/4 1839 Lemberg, † Okt. 1906 Venezia, da seit 1851, treffl. L. f. versch. Instr. u. Theor. W: Oper, Sinf., KaM., VStücke, KlavStücke, Gsge

ROSSI, Cesare * 31/12 1842 Napoli, † 9/3 1909 Milano, erst TheaKM. seit 1870 in Napoli, dann GsgL. in Milano. W: Opern, KlavStücke usw.

ROSSI, Cesare * 20/1 1858 Rivarolo/Mantua, † 27/7 1930 Casalmaggiore, Schüler des Konserv. zu Parma, 1890/1912 KlavL. bzw. Dir. der M-Schule in Trient, seit 1912 Dir. u. GsgL. am Instituto m. in Mantua. W: Opern, KirchM., u. a. Festmesse, Sinf., OrgSonaten

ROSSI, Francesco, Abbate * um 1645 Bari della Puglia, da † nach 1689. W: bemerkensw. Opern, Orat., Requiem

ROSSI, Giov. Gaetano * 5/8 1828 Borgo San Donnino/Parma, † 30/3 1886 Parma, Schüler des Konserv. zu Milano, 1864/73 KonservDir. zu Parma, 1873/79 städt. KM. in Genova. W: Opern, Messen, Requiem, Sinfon. usw.

ROSSI, Isidoro * 13/12 1815 Correggio, † 5/1 1884 Pavia, da KM. der Stadtkap. W: Opern, Orator., Sinf., KaM., Kantaten

ROSSI, Lauro * 19/2 1810 Macerata, † 5/5 1885 Cremona, 1850 KonservDir. in Milano, 1870/80 KonservDir. zu Napoli. W: 29 Opern, u. a. ‚I falsi monetari', Messe, Vokalisen usw.

ROSSI, Lorenzo de, Abbate * 1720 Rom, da † 6/8 1794, KirchKapM., urspr. Tenor. der päpstl. Kap. W: KlavSonat.

ROSSI, Luigi * 1598 Torremaggiore, Prov. Foggia, † 19/2 1653 Rom. W: 2 Opern, Oratorium, über 100 Kantaten (wervoll)

ROSSI, Luigi Felice * 27/7 1805 Brandizzo (Piemont), † 20/6 1863 Torino, Schüler Zingarellis u. Raimondis, auch MSchr. W: Oper, viel KirchM., KBaßSchule usw.

ROSSI, Marcello * 16/10 1862 Wien, † 4/6 1897 Bellagio, Schüler Lauterbachs u. Ed. Kretschmers, bedeut. VVirt. W: VKompos., Chöre

ROSSI, Michel Angelo, Schüler Frescobaldis in Rom, bekannt durch die Op. ‚Erminia sul Giordano', gedr. 1637, u. OrgStücke

ROSSI, Nino * 24/11 1895 Forli, KlavVirt., ausgeb. in Bologna, L. am Konserv. S. Cecilia in Rom. W: KlavStücke

ROSSI, Roberto * 21/10 1877 Borzano (Reggio Emilia), Schüler Respighis, Bossis u. Mugellinis, KlavVirt., KonservDir. in Roverato. W: OrchSuite, sinfon. Dichtgen, Ouvert., VStücke, KlavStücke, Gsge

ROSSI, Salomone (Ebreo), 1587/1628 am Hofe zu Mantua. W (bedeutend): Sinfonien, Tänze, Sonaten, Psalmen, Madrigale, Duette

ROSSINI, Gioacchino * 29/2 (nach eigener Angabe 2/3) 1792 Pesaro (Romagna), † 13/11 1868 Ruelle/Paris, wegen seines Reichtums an Melodien auch der ‚Schwan von Pesaro' genannt. Sein Vater ein umherziehender Musiker, seine Mutter Sgerin an kleinen Theatern. Seine erste Oper ‚La cambiale di matrimonio' 1810 in Venedig. In den folgenden Jahren überschüttete er die Bühnen mit mehr als 40 Opern. Seit dem großen Erfolge des ‚Tancred' (1813 Venedig) wuchs sein Ruhm ge-

515

waltig. ‚L'Italiana in Algeri' (1815), ‚Il Barbiere di Sevilla' (1816), sein Meisterwerk, das er angeblich in vierzehn Tagen vollend., ‚Otello' (1816), ‚Cenerentola' (‚Aschenbrödel'; seit 1929 als ‚Angiolina' wieder hervorgesucht), ‚La gazza ladra' (‚Die diebische Elster') (1817), ‚Moisè' (1818) vermehrten seinen Ruhm. 1815/22 unter Barbajas Direktion in Napoli angestellt; 1823 feierte er glänzende Triumphe in Wien, wohin er mit Barbajas OpGesellsch. u. der Sängerin Colbran, die er um diese Zeit heiratete, sich begeben hatte, um seine ‚Zelmira' u. a. eigene Opern selbst aufzuführen. 1823 lebte er in Paris und London, war 1824/30 in Paris bei der ital. Oper angestellt. Nach dem Erfolg seines ‚Wilhelm Tell' (1829) schrieb er keine Oper mehr. Er lebte von 1830/53 in Italien, dann meist auf seinem Landgute in Passy bei Paris. Sehr erfolgreich sein ‚Stabat mater' (1832, erweitert 1841). Biographien schrieben: Beyle, A. Pougin, Zanolini, J. Sittard, H. de Curzon, G. Radiciotti (3 Bde 1927/28) u. a.

ROSSKOPF, Friedr. * 8/5 1867 Berlin, da M-L. W: Chöre, Lieder

ROSSLAWETS, Nikolai * 5/1 1881 Surai, Gouvern. Tschernigow, lebt in Moskau, extremer Kompon. W: Sinf., sinfon. Dichtgen, VKonz., viel KaM., viele Lieder

ROSSMANN, Rich. * 27/5 1894 Liegnitz, Pianist in Berlin-Lichtenberg. W: Optte, Tonfilm, UnterhaltgsM. B: f. Salon-, Jazz- u. MilOrch.

ROSSO, Maxim, ps. = Max ROTH jr

ROSSOMANDI, Florestano * 1857 Bovino, † 19/1 1933 Napoli, da 1889/93 KonservKlavL., Schüler u. Nachfolger B. Cesis, auch OrchDir. W: KlavStücke, bes. instrukt.

ROSSOW, Alb. * 1857 Stettin, lebt in Berlin, war StadtMDir. in Zürich, vorher dtscher MilKM. W: Stücke, Tänze usw. f. MilM., bzw. Klav.

ROST (Rosthius), Nikolaus * Weimar, Theologe, 1583 Heidelb. Hofkantor, 1593 fürstl. KM. in Altenburg, 1606 Pastor zu Cosmenz (Altenburg). W: geistl. u. weltl. Chöre, u. a. ‚Fröliche neue teutsche Gesänge'

ROSTOCK, Max * 7/4 1887 Ludwigshafen a. Rh., lebt in Berlin, war in Argentinien. W: MChöre, Lieder, UnterhaltgsM., u. a. Marsch ‚Argentina salud'

ROSWAENGE, Helge * 23/8 1897 Kopenhagen, hervorrag. jugendl. Heldentenor, urspr. Ingenieur, im Gsg Autodidakt, 1921 Debut in Neustrelitz, dann in Altenburg, Basel u. Köln, seit 1929 an der Berliner Staatsop., 1934 KaSgr, durch Gastspiele (auch Bayreuth) auch außerhalb Europas bekannt

ROTA, Gius. * 25/9 1836 Trieste, da † 27/4 1911, GsgL. u. MSchr. W: Opern, KirchM., Chöre, Gsge

ROTA-RINALDI, Nino * 3/12 1911 Milano, lebt da. W: Oper, Orator., Requiem, VcKonz., Gsge

ROTERS, Ernst, ps. EROTERS, Sierrto * 6/7 1892 Oldenburg, Schüler Georg Schumanns, lebt in Berlin, vorher KM. der Hamburger Kammerspiele. W: Oper, BühnenM., KaSinf., ChorSinf., Orator., KaM., KlavStücke, Lieder

ROTH, Albert — s. ROTH - de MARKUS

ROTH, Bertrand * 12/2 1854 Degersheim (St. Gallen), lebt da seit 1932, KlavVirt., Schüler d. Leipziger Konserv. u. Liszts, 1882 Mitgr. des Raff-Konserv. in Frankf. a. M., 1884/90 in Dresden KnoservL., dann Dir. einer MSchule u. eines durch Konzerte hervorrag. MSalons. W: KaM., KlavStücke, Lieder

ROTH, Curt — s. ROTH, Kurt

ROTH, Ferd., BlechblasinstrFabrik in Milano — s. BOTTALI

ROTH, Frz * 7/8 1837 Wien, da † 24/10 1907, Pianist, reiste mit Ole Bull in Amerika, dann KM. in Wien, 1886 in Berlin, seit 1888 wieder in Wien. W: Optten, viele Possen, Schwänke, Lieder, Kuplets usw. — Sein Bruder Louis * 30/4 1843 Wien, da † 28/9 1929, langjähr. KM. am Friedrich Wilhelmstädt. Thea. in Berlin. W: Optten, Possen

ROTH, Fridolin * 25/2 1871 Freiburg i. B., seit 1895 KirchChordir. in Zürich. W: Messen u. a. KirchM., Chöre, OrgStücke

ROTH, Herm. * 15/2 1882 Hornberg (Baden), seit 1935 Prof. an der Akad. f. Kirch- u. SchulM. in Berlin, MForscher u. MSchr., 1925/30 KonservL. in Stuttgart, 1931/35 MKrit in Hamburg, vorher in Leipzig, München u. Karlsruhe, MSchr. W: Lieder; ‚Heinr. Kasp. Schmid', ‚Elemente der Stimmführg'. H: Werke von J. S. u. Ph. E. Bach, Corelli, Händel u. a.

ROTH, Joh. * 24/5 1852 Lachen (Rheinpf.), † 22/5 1926 Ludwigshafen, da seit 1883 Vcellist, MädchSchulGsgL. u. Chordir. W: ‚Christfeier', Chöre, üb. 100 Lieder, KlavStücke

ROTH, Kurt * 6/5 1885, lebt in Dresden. W: Sinfon. Dichtgen u. a. OrchStücke, KaM., VStücke, Kantate, Chöre, Lieder

ROTH, Louis — s. bei ROTH, Franz

ROTH, Max * 30/8 1878 Ungarn, OpttenKM. in Zürich seit 1934, vorher jahrelang in Berlin, Schüler L. Janačeks. W: UnterhaltgsM.

ROTH, Max jr, ps. Maxim ROSSO * 20/3 1913 Solingen, lebt in Berlin. W: TanzM.

ROTH, Phil. * 25/10 1853 Tarnowitz (OS.) † 9/6 1898 Berlin, VcVirt., Schüler der Hochschule in Berlin, gründete da 1890 die ‚Freie musikal. Vereinigg'. W: ‚Führer durch die VcLiteratur', OrchKompos., Etüden, Schule u. Arrangem. usw. f. Vc. H: Berliner Signale (Ztschr.). — Sein kleiner MVerlag 1889 an Carl Simon (s. d.) verkauft

ROTH, Werner Geo. * 22/6 1900, TheaKM. in ?. W: Tanzfantasien, KlavSon. u. Etüden, Lieder

ROTH - DE MARKUS, Albert * 3/12 1861 Vevey, † 22/10 1927 Huttwil (Bern), KM. u. auch TheaDir. in Vevey, Schr., lebte seit 1917 in Madiswil (Bern). W: Optten, OrchStücke, Xylophonschule

ROTHAUG, Frz Jos. * 13/8 1884 Volkersbrunn, Bay., seit 1925 MStudRat in Würzburg. W: Messen, Chöre, Lieder, auch m. Git., KaM.

ROTHE, Carl M. F., MVerl. in Leipzig, gegr. 1/7 1904

ROTHE, Martha * 21/9 1901 Hamburg, da KlavVirt. u. Dir. e. eigenen Konserv., verheir. mit Dr. Mayer-Reinach (s. d.), Schülerin u. Assistentin Vera Schapiras

ROTHER, Artur * 12/10 1885 Stettin, seit Herbst 1934 I. KM. am Dtsch. OpHaus in Berlin, 1927/34 GenMDir. in Dessau. W: BühnM., KaM., Lieder. B: Mozarts Idomeneo

ROTHER, Pater Corbinian (Wilhelm getauft) * 19/9 1900 Gleiwitz, seit 1933 KirchChordir. u. Magister choral. an der Franziskaner-Hochschule St. Anna in München, urspr. VolksschulL., ausgeb. in Beuthen (Konserv.) u. Regensburg (KirchMSchule), dann Regens chori in Beratzhausen, O-Pfalz, seit 1926 Franziskaner, 1931 Priester. W: PassionsOrator., Messen, u. a. die preisgekr. Immaculata-Messe, OrchM., Chöre, Lieder. B: Volkslieder

ROTHER, Paul * 13/1 1870 Kaiserswaldau (Schles.), Geiger, seit 1897 MInstitDir. in Breslau. W: KaM., VStücke, Chöre, Lieder, Tänze

ROTHMÜHL, Nikolaus * 24/3 1857 Warschau, † 24/6 1926 Berlin, da langjähr. Leiter der OpSchule des Sternschen Konserv., Schüler Gänsbachers, 1882/93 Heldentenor der Berliner, 1893/1901 der Stuttgarter HofOp.

ROTHSCHILD, Fritz * 28/8 1891 VVirt. in Wien. W: Alte Weisen f. V. u. Klav.

ROTHSCHILD, Wilh. v., Freifrau * 5/3 1832, † 8/3 1924 Frankf. a. M. W: Lieder

ROTHSTEIN, James * 23/11 1871 Königsberg i. Pr., lebt in Berlin, Schüler Bernekers u. Bruchs, Chordirig. W: Opern, große Chorwerke m. Orch., Doppelkonz. f. V. u. Vc., KaM., viele Lieder — ps. Carlo PINOZZI

ROTHWELL, Walter Henry * 1872 London, † 11/3 1927 Los Angeles, da seit 1919 OrchDir., vorher TheaKM. u. a. in Hamburg u. KonzDir. u. a. in Sao Paulo 1908/15, ausgeb. in Wien. W: OrchSuite, KlavKonz., Sonate u. Stücke, Lieder

ROTOLI, Augusto * 17/1 1847 Rom, † 26/11 1904 Boston, da seit 1885 GsgL. u. seit 1896 KirchKM. W: viele s. Z. beliebte Romanzen

ROTSCHI, Ludw. * 28/10 1801 Welschenrohr (Solothurn), † 5/12 1864 Solothurn, da seit 1819 GsgL., später Chordir. W: BühnenM., KirchM., Kinderlieder

ROTTENBERG, Ludwig * 11/10 1864 Czernowitz, † 6/5 1932 Frankfurt a. M., 1888 Dir. des OrchVer. der Gesellsch. d. MFreunde in Wien, 1891 erster KM. am Thea. in Brünn, 1892/1925 am Thea. in Frankf. a. M. W: Oper, KlavVSonate, Lieder

ROTTER, Fritz (nicht der gleichnam. berücht. TheaDir.) * 3/3 1900 Wien, lebt da, 1919/33 in Berlin, Kriegsteiln. W: Schlager

ROTTER, Konrad * 23/11 1801 Wünschelburg (Glatz), † 25/2 1851 Breslau, GymnObL. W: Lieder, u. a. das zum Volkslied gewordene ‚Ein Sträußchen am Hute' (1828)

ROTTER, Ludw. * 6/9 1810 Wien, da † 5/4 1895, da seit 1867 Hoforgan. u. VizeKM. der Hofkap. W: KirchM., Org- u. KlavStücke; GenBaßschule

ROTTMANNER, Ed. * 2/9 1809 München, † 4/5 1843 Speyer, da seit 1839 DomOrgan. W: viel KirchM. H: NationalGsge der Neugriechen

ROUART, Lerolle et Cie, angesehen. MVerlag in Paris, begründet 1905 von Alexis Rouart (1869—1921), übernahm u. a. die Verlage B a u d o u x, J o a q u i n u. M e u r i o t, auch G r e g h (gegr. 1840)

ROUFRAIND, ps. = FOURDRAIN, Félix

ROUGET DE L'ISLE, Claude Jos. * 10/5 1760 Lons-le-Saulnier, † 26/6 1836 Choisy le Roi/Paris, IngOffiz. zu Straßburg, dichtete u. komp. (letzteres bestritten) 1792 den Gsg ‚Le Chant de guerre de l'armée du Rhin', der in Paris aber ‚Marseiller Hymne' genannt und weltbekannt geworden ist. W: Romanzen usw.

ROUGNON, Paul * 24/8 1846 Poitiers, † 12/12 1934 St. Germain-en-Laye, 1862/70 auf dem Konserv. in Paris, zuerst KlavVirt., 1873/1923 Prof.

517

für solfège am Konservat. W: Opern, MChöre, Lieder, Unterrichtswerke, KlavStücke, Stücke f. BlasInstr.; Lehrbücher

ROULERS, J. A., ps. = Fritz DIEDERICH

ROUSSEAU, Jean, Pariser Gambist im 17. Jh. W: Pièces de viole, ‚Traité de la viole' (1687) u. a.

ROUSSEAU, Jean Jacques * 29/6 1712 Genf, † 3/7 1788 Ermenonville, berühmter Schriftst., Theoret. u. Schöpfer d. Melodrams (‚Pygmalion' 1770). W: Singspiele, u. a. ‚Le Devin du village', Romanzen; ‚Dissertation sur la m. moderne' (1743) u. ‚Lettre sur la m. franç.' (1753), beide sehr angefeindet; ‚Dictionnaire de m.' (geschätzt)

ROUSSEAU, Marcel Samuel (Sohn Samuels) * 18/8 1882 Paris, lebt da. W: Opern, Lieder, KlavStücke

ROUSSEAU, Samuel * 11/6 1853 Neuvemaison (Aisne), † 1/10 1904 Paris, da Schüler des Konserv., später da HarmonieL., Chordir. u. Organ., auch MKrit. W: Opern, 2 Messen, Requiem, KaM., Org- u. KlavStücke

ROUSSEL, Albert * 5/4 1869 Tourcoing (Départ. du Nord), lebt in Paris, Schüler d. Schola cantorum, da 1902/13 KontrapL. W (beachtenswert): Opern, BallettPantomime, BühnenM., drei Sinfon. u. sinfon. Dichtgen, KaM., KlavStücke, Lieder

ROUSSIER, Pierre Jos., Abbé * 1716 Marseille, † um 1790 Stift Ecouis (Normandie). W: theoret. Schriften

ROVELLI, Pietro * 6/2 1793 Bergamo, da † 8/9 1838, Geiger, Schüler Rod. Kreutzers, 1817/19 KM. in München, Lehrer Moliques. W: VEtüden

ROVETTA, Giov. † 23/10 1668 Venedig, Schüler Monteverdis, dessen Nachfolger als DomKM. 1644. W: Opern, Psalme, Motetten, Madrigale

ROVETTINO (eigentl. Volpe), Giambatt. * um 1620 Venedig, da † 1692, seit 1690 KM. an S. Marco, Neffe Rovettas. W: Opern, KirchM.

ROVITTI, Oberto, ps. — s. VITTORI, Loreto

ROWALDT, Joh. Jak. * 25/8 1718, † als Organ. 14/10 1775 Marienburg (Westpr.). W: treffl. KirchKantat.

ROWBOTHAM, John Frederic * 18/4 1854 Edinburgh, stud. M. in Oxford, Berlin, Paris, Dresden u. Wien, lebt in London. W: ‚History of M.' (3 Bde), ‚Private Life of Great Composers', ‚The Troubadours and the Courts of Love' u. a., auch Chöre m. Orch., Gsge, Lieder usw.

ROWLEY, Alec, ps. St. ARNOLD * 13/3 1892 Shepherds Bush / London, lebt in London. W: Ballett, OrchSuite, KaM., OrgStücke, KlavStücke, Kantaten, Gsge (auch f. Kinder)

ROXAS, Emanuele de * 1/1 1827 Reggio di Calabria, † 1/4 1891 Napoli, da seit 1873 GsgL. am Konserv. W: Opern, KirchM., s. Z. sehr beliebte Kanzonetten

ROY, Otto * 14/6 1904 Altona, StudAss. in Hannover, ausgeb. in Berlin: Akad. f. Kirch- u. SchulM. W: ‚Der Volkstanz', Lieder, auch mit StrQuart. u. a.

ROYCE, Edward * 1886 Cambridge, Mass., TheorL. in Rochester, NY, ausgeb. u. a. in Berlin. W: Sinf. Dichtgen

ROYE, Hugo * 24/9 1873 Zörbig, Prov. Sachs., seit 1919 ML. in Merseburg, da sehr verdient um das MLeben durch Aufführ. v. Werken alter Merseburger Tonsetzer, ausgeb. auf dem Kölner Konserv., 12 Jahre Geiger im GürzenichOrch.; vielgereister Viola d'amoreVirt., Kriegsteiln.

ROYER, Etienne * 1882 Grenoble, Schüler der Schola cantorum in Paris, da † 1928, MKrit. W (wertvoll): Sinfon., KaM., Motetten

ROYER, Jos. Nic. Pancrace * 1705 Savoyen, † 11/1 1755 Paris, da seit 1725, urspr. KlavL., 1741 Dirig. u. 1753 Inspektor der Großen Oper. W: Opern, Ballette, KlavStücke

ROYER, Max, ps. = RHODE, Max

ROZE, Marie, geb. Pousin * 2/3 1846 Paris, † 21/6 1926 bei Paris, seit 1856 OpSgrin, auch in England u. Amerika berühmt als Margarete u. Carmen

ROZE (auch Roze-Perkins), Raymond * 1875 London, da TheaDir., ausgeb. in Bruxelles. W: Opern, BühnM., Ouvert.

ROZENBERG d' Arguto — s. ROSEBERY

ROZKOSNY, Jos. * 22/9 1883 Prag, da † 1913, Schüler von Jiranek u. Tomaschek, erfolgreicher Pianist. W: Opern, Ouvert., Messen, Chöre, Lieder, KlavStücke usw.

ROZSA, Miklos * 18/4 1907 Budapest, lebt in Duisburg, vorher in Leipzig, da ausgebildet (Konserv.), bes. Schüler H. Grabners, Pianist. W (mit ungar. Einschlag): OrchSerenade, OrchVariat., KaM., KlavStücke

RÓZSAVÖLGYI & Co., sehr angesehener MVerl. in Budapest, begründ. 1850 von Julius R. † 1861, dem Sohne des VVirt. u. spezif. ungar. Kompon. Mark R. * 1790, † 1848

ROZSNYAI, Karl, MVerl. in Budapest, gegr. 15/11 1889

RÓZYCKI, Ludomir * 3/11 1883 Warschau, lebt da seit 1919, Schüler Noskowskys u. Humperdincks, 1908 OpKM. u. KonservL. in Lemberg. W: Opern, Ballett, sinfon. Dichtgen, KlavKonz., KaM., KlavStücke, Lieder

RUBACH, Ernst, ps. = URBACH, Ernst
RUBBRA, Edm. Duncan — s. DUNCAN-RUBBRA
RUBENS, Carl, ps. = Ch. A. RAWLINGS
RUBENS, Eddi, ps. = Bela DAJOS
RUBENS, Paul, ps. = Rud. GELLIN
RUBENS, Paul A. * 1876 London, † 5/2 1917 Falmouth. W: Optten
RUBENSON, Albert * 20/12 1826 Stockholm, da † 2/3 1901, da seit 1872 KonservDir. W: BühnM., Sinfon., StrQuart., Lieder
RUBERT, Joh. Mart. * um 1614 Nürnberg, † 1680 Stralsund, da seit 1640 Organist. W: mehrst. Arien, z. T. mit Instr.
RUBERTIS, Oreste de * 1889 Napoli, † 6/10 1930 Rom, KlavVirt., seit 1922 L. am Konserv. di S. Cecilia. W: sinfon. Dichtgen, KaM. u. a.
RUBERTIS, Vittorio de * 1893 Lucito (Campobasso), † 7/1 1930 Rom, ausgeb. in Napoli, seit 1920 KonservL. in Buenos Aires, MSchr. W: sinf. Dichtgen, KlavSonaten u. -Stücke
RUBEUS, Aloysius = Luigi ROSSI
RUBINI, Giacomo * 1888 Romano (Lombardia), KlavVirt. u. ML. in Genova. W: Opern, Requiem, VKonz., KaM., KlavSuiten u. Studien, Lieder
RUBINI, Giov. Batt. * 7/4 1795 Romano/Bergamo, † 2/3 1854 auf seinem Schloß bei Romano, berühmter OpTenorist, glänzte in Paris u. London, treffl. GsgL.
RUBINSTEIN, Anton * 28/11 1829 Wechwotynetz/Balta (Podolien; arischer Sibirier, nicht Jude), † 20/11 1894 Peterhof. In früher Jugend von seiner Mutter Klara im KlavSpiel unterrichtet, bildete er sich bei Villoing in Moskau weiter aus. Schon als Knabe trat er dort u. auf Reisen nach Paris, Holland, England usw. öffentlich auf u. erregte bes. durch den Vortrag Lisztscher Werke Bewunderg. 1844 stud. er in Berlin Komposition bei Dehn, lebte 1846 in Wien, führte dann ein Wanderleben in Ungarn, Rußland u. Deutschland. 1859 trat er in Petersburg, von wo aus er größten Einfluß auf das russische MLeben ausübte, an die Spitze der ‚Russ. MGesellsch.' u. gründete 1862 das Konserv., dessen Dir. er bis 1867 war. Von da bis 1870 wieder auf Konzertreisen durch Europa u. Amerika. Er dirigierte 1872/73 die GesellschaftsKonz. in Wien. 1887/90 nochmals Leiter des Petersburger Konserv., seit 1890 meist in Dresden. Sein Spiel durch Genialität u. kolossale Technik ausgezeichnet. Seine Komposit. meist genial intentioniert, aber in der Ausführg ungleich-mäßig, schon zum guten Teil vergessen, selbst in Rußland. W: Opern u. a. ‚Feramors', ‚Die Makkabäer', ‚Nero', ‚Der Dämon' usw., Orator. ‚Das verlorene Paradies', ‚Der Turmbau zu Babel', ‚Moses', ‚Christus', Ballett ‚Die Rebe', 6 Sinfon., u. a. ‚Ocean', sinfon. Dichtgen, 5 Konz. f. Klav., 1 f. V., 2 f. Vc., Ouvert., viel KaM., KlavStücke (Etüden!), Duette, geschätzte Lieder usw. Schrift: ‚Die Kunst u. ihre Meister'
RUBINSTEIN, Artur * 1886 Lodz, KlavVirt., konzertiert seit 1898, lebt in Madrid, vorher in New York. W: KaM., KlavStücke
RUBINSTEIN, Erna * 2/3 1903 Nagyszeben, VVirt. in Budapest, Schülerin Hubays
RUBINSTEIN, Joseph (nicht verwandt mit Anton) * 8/2 1847 Staro Konstantinow (Rußl.), † (Selbstmord) 15/9 1884 Luzern, seit 1872 in Wagners Umgebg, fertigte den KlavAuszug des ‚Parsifal' usw.
RUBINSTEIN, Nicolaus (Bruder Antons) * 2/6 1835 Moskau, † 23/3 1881 Paris, 1844/46 Schüler Th. Kullaks u. Dehns, begründ. 1849 die Moskauer ‚Russ. MGesellschaft', 1864 das Moskauer Konserv., treffl. KlavV., Dirig. W: KlavStücke
RUBIO, Agustin * 17/2 1856 Murcia (Span.), seit 1895 in London, um die Verbreitg dtscher M. verdienter VcVirt. W: VcKonz., Stücke f. 2 Vc.
RUBIO-PIQUERAS, Felipe * 13/9 1887 Valera de Ariba, Priester, Organist, lebt in Toledo. W: KirchM., sinfon. Dichtgen, KaM., ‚M. y musicos toledanos'
RUCH, Hannes, ps. = WEINHÖPPEL
RUCK, Herm., ps. Herm. GEYER * 9/9 1897 Sulzbach am Kocher, SemObL. in Künzelsau, Württ., 1923 ff. Kinderchordir. usw. in Stuttgart, ausgeb. u. a. v. Ew. Strässer. W: Orat., Kantaten, Chöre, Lieder, KlavStücke, KaM.
RUCKERS, Hans † 1624 Antwerpen, seit c. 1579 Cembalo- (Virginal-) Erbauer; auch seine Söhne u. seine Enkel auf diesem Gebiet berühmt
RUCKMICH, Karl, MVerl., Freiburg i. B. s. 1827
RUDERSDORFF, Hermine * 12/12 1822 Iwanowsky (Ukraine), † 26/2 1882 Boston, da seit 1871 GsgL., berühmte OpSopr., Debut 1840, u. a. in London 1845/65, 1844 in Frankfurt a. M. mit Dr. Küchenmeister verheiratet
RUDHART, Frz Mich. * 27/1 1830 Bamberg, † 29/6 1879 Staffelstein (OFranken), Bezirksamtmann, MSchr. W: ‚Gesch. der Op. in München' I; ‚Gluck in Paris'
RUDHYAR, Dane * 1895 Frankreich, MSchr. in New York. W: Sinf., sinf. Dichtgen, KaM.

RUDIGIER, Paul * 27/6 1830 Tschuppach, † 15/2 1900 St. Gallen, ZithVirt.

RUDNICK, Otto (Sohn Wilhelms) * 5/6 1887 Landsberg a. W., Schüler d. Berl. Hochsch., KirchMDir. u. Organ. (Nachf. seines Vaters, 1919) in Liegnitz. W: Motetten, Choralvorspiele

RUDNICK, Wilh. * 30/12 1850 Damerkow/ Bütow (Pom.), 1891/1919 Kantor u. MDir. in Liegnitz, da † 7/8 1927. W: Oper, Operette, Orator. ‚Der verlorene Sohn', ‚Weltheiland' (op. 175), Chorwerke (u. a. ‚Dornröschen'), Chöre, Org- u. KlavStücke, Lieder usw.

RUDNICKI, Marjan T. * 7/3 1888 Krakau, seit 1919 OpKM. in Warschau. W: Bühn- u. FilmM., KlavStücke, Lieder

RUDOLF, Eduard, ps. — s. HLADISCH, Ed. Rud.

RUDOLF, Ernst, ps. = Reinhold SCHARNKE

RUDOLF, Max * 15/6 1902 Frankfurt a. M., seit 1928 OpKM. in Prag, vorher in Darmstadt. W: BühnM., KaM., KlavStücke

RUDOLPH, Anton † 13/8 1932 Karlsruhe, 58j., Bearb. Mozartscher Op.

RUDOLPH, Ernst * 5/2 1900 Neuruppin, KlavVirt. in Königsberg i. Pr., Schüler Geo. Schumanns. W: StrQuart., KlavSon. u. -Stücke, Lieder

RUDOLPH (RODOLPHE), Joh. Jos. * 14/10 1730 Straßburg, † 18/8 1812 Paris, da seit 1767 HornVirt. W: Opern, Ballette, HornKonz., VDuette u. a.; ‚Solfèges', ‚Théorie d'accompagnement et de composition'

RUDOLPH, Oskar * 28/11 1856 Lützen/Sachs., † 28/4 1913 Erfurt, da seit 1883 VerDir., vorher einige Jahre russ. MilitKM. W: MilitMärsche, Tänze, StrQuart., MChöre

RUDOLPHE, Maurice, ps. = Rud. GELLIN

RUDORFF, ps. = Rud. TANDLER

RUDORFF, Ernst Fr. K. * 18/1 1840 Berlin, da † 31/12 1916, 1852/57 KlavSchüler Bargiels u. d. Konserv. zu Leipzig, 1865/69 KlavL. am Konserv. zu Köln, 1869/1910 an d. Kgl. Hochschule in Berlin, 1880/90 Dirig. des Sternschen GsgVer. W: 3 Sinfon., 3 Ouvert., OrchSerenaden u. -Variat., Chöre mit u. ohne Begleitg, Lieder, KlavStücke

RÜBNER, Kornelius * 26/10 1853 Kopenhagen, KlavVirt., Schüler Gades u. Rubinsteins, 1880/92 Assistent Mottls in Karlsruhe, da seit 1892 Dir. des Philharm. Ver. u. KonservL., 1905/1919 L. an der Columbia-Universität zu Newyork; lebt dort der Kompos. W: Tanzmärchen, VKonz., KlavTrio, KlavWerke, Lieder usw.

RÜBSAM, Ferd. * 30/10 1852 Hünfeld, RB. Cassel, DomMDir. u. Organ. in Fulda, da seit 1880; 1880/1901 auch KirchML. am PriesterSem. W: ‚Die Glocken des Doms zu Fulda'

RÜCKAUF, Anton * 13/3 1855 Prag, † 19/9 1903 Schloß Alt-Erlaa (NÖsterr.), stud. M. in Prag u. Wien, da Pianist. W: Oper, KlavQuint., VSonate, KlavStücke, Chöre, Duette, sehr feinsinnige Lieder

RÜCKBEIL, Hugo * 1868 Sondershausen, VVirt., Schüler Max Grünbergs, KonzM. an versch. Orten, lebt in Cannstatt-Stuttg. W: Op., VStücke

RÜCKER, Aug. * 8/12 1871 Frankenbach/Heilbronn, MethodistenPrediger u. Chordir. in Wiesbaden (vorher in Darmstadt, Pforzheim, London, Karlsruhe), Autodidakt. W: Oratorien, geistl. Festspiele, ‚Sängergruß'

RÜCKERT, Theod. * 21/9 1859 Hermstedt (Thür.), ausgeb. in Weimar, da bereits 1886 Organ., dann Schüler des Instit. f. KirchM. in Berlin, da Organ., Chordir. u. GymnasGsgL. W: Sinf., OrgStücke, MChöre, Motetten, Lieder usw.

RÜCKLOS, Heinr. * 9/1 1878 Eußerthal (RhPfalz), MRef. in Stuttgart, Schüler G. Jacobsthals u. d. Berlin. Hochschule. W: KinderOp., Weihnachtsorat., Passion, KaM., viele Lieder u. a.

RÜCKWARD, Fritz * 10/6 1872 Labiau (Ostpreuß.), † 8/2 1933 Berlin, Schüler Joachims, bes. Bratschist, seit 1904 Dirig., viel im Ausland konzertiert, seit 1910 Vorsitz. (Dirig.) der Berliner Mozartgemeinde (1926 eingegangen)

RÜDE, Friedr. * 7/10 1868 Hochsal/Waldshut, † ?, Chordir. in Zürich, Chur (1896) u. Küsnacht (1900/03). W: KlavVSon., Chöre, Lieder

RÜDEL, Hugo * 7/2 1868 Havelberg (Brandenb.), † 27/11 1934, urspr. Hornist, ausgeb. auf der Berliner Hochschule, da auch L. seines Instr. (1898 ff.), 1899/33 Chordir. der Hof(Staats)Oper, daneben seit 1901 in Bayreuth, 1909/33 Dirig. des Hof- u. DomChors (viel im Ausland konzertiert), seit 1916 auch I. Chormeister des Berliner LGsgVer., treffl. GsgL.

RÜDEL, Karl H. * 10/2 1895 Berlin-Wilmersdorf, seit 1923 ObML. u. Organ. in Berlin-Zehlendorf. W: KlavSonaten, OrgStücke, Motetten, Lieder

RÜDIGER, Theo K. * 29/9 1878 Nordhausen, Vcellist in Weimar (Hofkap.) seit 1907, auch Dirig., KlavBegl., auch Dichter; seit 1928 recht leidend. W: volkstüml. Singspiele, Optte, OrchM. (Quart., Fantas., Tänze), OrgStücke, VcStücke, Lieder; ‚Heitere MGeschichten'

RÜDIGER - STARKLOFF, W. * 27/3 1885 Quakenbrück/Osnabrück, VVirt. (KaMusiker) in Kassel seit 1911, ausgeb. u. a. in Leipzig (Konserv.) durch Sitt u. Joh. Merkel, dann KonzM. in Zwickau u. Frankfurt a. M., 1900/11 I. Geiger der Hofkap. in Karlsruhe. W: Sinf., OrchStücke, KaM., Chöre, Lieder auch m. Klav. u. StrInstr.

RÜDINGER, Albert * 20/4 1838 Kopenhagen, da † 7/4 1925, Vcellist, 1864/99 in der HofKap. W: VcSchule

RÜDINGER, Gottfried * 23/8 1886 Lindau, Schüler Regers, seit 1911 in München, da seit 1920 TheorL. an der Akad. W: ‚Romant. Serenade' f. Orch., Sinfon. f. Vc. u. Orch., VKonz., KaM., KlavSonaten u. -Stücke, Kantaten, Chöre, Lieder

RÜFER, Phil. * 7/6 1844 Lüttich, † 15/9 1919 Berlin, da seit 1871, 1881/94 L. am Sternschen Konserv. W: Opern, Sinfon., Ouvert., VKonz., treffl. KaM., Klav- u. OrgStücke, Lieder usw.

RUEFF, Rolf * 6/4 1870 Wien, Sänger (Bariton) zur Laute, seit 1910 in Kiel. W: Oper, Duette, Lautenlieder; ‚Meister des Lautenspiels'

RUEGGER, Elsa * 6/12 1881 Luzern, treffl., seit 1896 vielgereiste VcVirtuosin, Schülerin der Konserv. zu Straßburg u. Brüssel, lebt seit 1914 in S. Francisco

RÜHL, Friedr. Wilh. * 7/2 1817 Hanau, † 6/11 1874 Frankfurt a. M., da Gründer u. Dirig. des ‚Rühlschen GsgVer.'. W: ‚ElementarGsgStücke'

RÜHLE & WENDLING, Leipzig, MVerl., gegründ. 1/11 1897

RÜHLE, John Walter, ps. John WALTER * 12/9 1886, lebt in Berlin. W: NS-Lieder u. Märsche, UnterhaltsgsM.

RÜHLE, Karl, MVerlag in Leipzig, gegr. 1880 durch K. R. (* 1849, † 21/6 1927, tätig bis 1918), bekannt durch seine billigen Ausgaben, erwarb 1885 die damaligen Bestände des Verlags Ph. J. Tonger in Köln, in der Folge noch weitere Firmen, bes. Praeger & Meier, Bremen (üb. 30 000 Werke), eigene Notenstecherei

RÜHLE, Rob. * 13/8 1886, Bes. des Allegro-Verl. in Berlin, gegr. 1/5 1905, firmierte später Rob. Rühle, seit 1935 Deutscher MVerl. Rob. Rühle

RÜHLMANN, Ad. Jul. * 28/2 1816 Dresden, da † 27/10 1877, InstrumInspekt. der Kgl. Kap., urspr. Posaunist, seit 1856 L. f. Klav. u. MGesch. am Konserv. W: ‚Gesch. der BogenInstrum.'

RÜHLMANN, Frz, Dr. phil. * 7/12 1896 Chemnitz, seit 1933 Prof. f. OpDramat. u. OpGesch. an der Berliner Hochschule f. M., stud. in Leipzig u. Kiel, war MKrit. W: ‚10 Jahre Kieler OratVer.'; ‚R. Wagners theatr. Sendg'

RÜNGER, Julius * 26/7 1874 Holicz (Ung.), † 21/2 1932 Berlin, wo er seit 1929 gelebt, Schüler der OrgSchule in Prag, darauf OpSgr (Barit.), 1914 ff. in München, vorwiegend OrchDir. W: OrchStücke, Mess., viele Lieder

RÜPPE, Christ. Friedr. — s. RUPPE

RÜSTEN, M., ps. = Jos. VIEGENER

RÜTER, Hugo * 7/9 1859 Hamburg, Schüler des dort. Konserv., GymnasGsgL. (1898/1925) u. Chordirig. in Wandsbeck. W: Opern, BühnenM., Sinfon., VKonz., viel KaM., KlavStücke, Chorwerke, Lieder usw. — Sein Sohn u. Schüler Raimund * 31/8 1886 Wandsbeck, seit 1913 Kaufmann in Bremen, 4 Jahre Frontsoldat. W: Chöre, Duette, viele neuromant. Lieder. KaM.

RÜTH, Ludwig, ps. Lewis RUTH * 30/1 1889 Landau (RhPfalz), TheaKM. in Berlin seit 1933, Schüler der Akad. in München, urspr. Flötist, dann Dirig., u. a. 1912 in Saarbrücken. W: FilmM., Schlager

RUFFO, Tito * 9/6 1877 Pisa, ausgez., vielgereister OpBaritonist (singt seit 1898), meist in Newyork, lebt neuerdings in Rom

RUFFO, Vincenzo * Verona, da 1554 DomK-M., 1563 desgl. in Milano, 1580 in Pistoia, 1580 wieder in Milano. W: Messen, Psalme, Madrigale

RUFINATSCHA, Joh. * 1812 Mals (Tirol), † 25/5 1893 Wien, geschätzter L. W: 5 Sinfon., 4 Ouvert., KlavKonz., Gsge

RUGGERI, Geigenbauer — s. RUGIERI

RUGGERI, Giov. * Venedig, schrieb 1696/1712 Opern, Kantaten u. TrioSonaten

RUGGI, Francesco * 21/10 1767 Napoli, da † 23/1 1845, seit 1725 KonservKontrap- u. KomposL. W: 3 Opern, viel KirchM.

RUGGI, Franc. * 1826 Napoli, da † Jan. 1901. W: Opern, KirchM., Gsge

RUGGLES, Karl * 1883 (1876?) Marion, Mass., lebt in Arlington, Vt. W: Sinf. Dichtgen, Gsge mit Orch.

RUGIERI, Name einer Geigenbauerfamilie in Cremona, deren bester Vertreter Francesco 1670/92 baute. Letzter dieser Fam. Vincenzo detto il Per * 1680, † 1735

RUH, Emil * 28/4 1884 Adliswil/Zürich, gründete da 1908 e. MVerl., Vorsitz. des Verbandes Schweizer Posaunenchöre u. d. Christl. Sgrbund., Dirig. W: geistl. Chöre u. Lieder, BlasM.

RULLI, Dino * 10/10 1891 Roma, da † 20/5 1929. W: Optten, sehr beliebte Canzonen und Kuplets

RUMBLER, Karl, ps. = Karl ZIMMERSCHIED

RUMMEL, Christian * 27/11 1787 Brichsenstadt (Bay.), † 13/2 1849 Wiesbaden, da 1815/41 OpKM., treffl. Pianist. W: f. Blasinstr.

RUMMEL, Frz (Sohn Josephs) * 11/1 1853 London, † 2/5 1901 Berlin, KlavVirt., Schüler Brassins, L. an d. Neuen Akad. der Tonkunst zu Berlin, dann in Dessau, zuletzt wieder in Berlin

RUMMEL, Fritz * 7/4 1889 Mittweida, lebt in Bielefeld. W: 2 Sinf., Ouvert., KaM.

RUMMEL, Jos. * 1818 Wiesbaden, † 25/3 1880 London, KlavVirt. W: KlavStücke

RUMMEL, Walter Morse (Sohn von Franz), ps. Fred KELLEY * 19/7 1887 Berlin, seit 1913 in Paris, aber auch in London, KlavVirt. W: BühnM., KaM., KlavStücke, H: ältere M., u. a. franz. Gsge a. d. 12. J.

RUMPEL, Frz, ps. Frz WALDEGG * 25/10 1858 Graz, seit 1905 in Berlin, TheaKM. (zuletzt an Gregors Kom. Oper 1906/07) u. a. in Preßburg u. Frankfurt a. M., Schüler Wilh. Mayers (Graz). W: Optte, MChöre, Duette, Lieder

RUMPF, Wilh. * 20/12 1900 Mannheim, da seit 1927 ML. am LInstit., Organ. u. Dirig. des MadrigalVer., da ausgeb. W: OrchM., KaM., OrgStücke, Lieder

RUNCIMAN, John * 1866 London, da † 1916, MSchr. W: ‚Purcell'; ‚R. Wagner'

RUNDNAGEL, Karl * 4/4 1835 Hersfeld, † 2/2 1911 Kassel, da VSchüler L. Spohrs, Mitglied d. TheaOrch., seit 1866 Hoforgan. W: Org-, V u. Gsgskompos.

RUNG, Henrik * 3/3 1807 Kopenhagen, da † 13/12 1871 OpChordir. u. Gründer (1851) des CäcilienVer. f. ältere KirchM. W: SchauspielM., volkstüml. Lieder. — Sein Sohn F r e d e r i c k * 14/6 1854 Kopenhagen, da † 22/1 1914, CäcilienVerDirig., seit 1884 OpKM. W: Oper, Ballett, BühnM., Sinf. u. OrchSuite, KaM., KlavStücke, Chöre, Lieder

RUNGE, Bernhard † 17/6 1932 Berlin-Köpenick, 67jähr., Schulrektor. W: Schulgsgbücher

RUNGE, Paul * 2/1 1848 Heinrichsfeld (Kr. Krotoschin), † 4/7 1911 Colmar, Schüler d. Kgl. Instit. f. KirchM. in Berlin, seit 1873 Organ. u. GymnGsgL. in Colmar i. Els. W: ‚Die Sangesweisen der Colmarer Handschrift u. die Liederhandschrift Donaueschingen' (1896), ‚Die Gesänge der Geißler des Pestjahres 1349', ‚Te Deum' u. a.

RUNGENHAGEN, Karl Friedr. * 27/9 1778 Berlin, da † 21/12 1851, seit 1833 SingakadDir. W: 4 Opern, 3 Oratorien, Messe, Sinfon., viele Lieder usw.

RUNSKY (Runschke), Georg * 6/9 1866 Brieg, GsgL., früher OpSgr in Berlin-Charlottenburg. W: größere Chöre m. Orch., viele Lieder, Tänze, u. a. Gavotten

RUNZE, Max, Dr. phil * 8/8 1849 Woltersdorf, † 9/5 1931 Berlin, da Pastor. W: ‚C. Löwe', ‚Giesebrecht u. C. Löwe', ‚Löwes hebr. Gsge', ‚Schriften zur Balladenforschung u. Charakteristik C. Löwes'. H: Löwes Balladen, Legenden u. Gsge (17 Bde)

RUOFF, Wolfgang * 8/5 1882 Rüschlikon/Zürich, Schüler Stavenhagens, L. an der MAkad. in München, treffl. Pianist

RUOLZ, Henri * 5/3 1808 Paris, da † 30/9 1887. W: Opern, Kantate auf d. Jungfrau von Orleans, Chöre, Romanzen, KaM.

RUPP, Frz * 24/2 1901 Schongau, OBay., KlavVirt. in Berlin, ausgebildet in München (Akad.: Schmid-Lindner, Fr. Klose, Courvoisier), zuerst KonzBegl. erster Größen (Kreisler, Schlusnus), dann Solist u. KaMSpieler, ausgedehnte KonzReisen in ganz Europa u. Amerika

RUPPE, Christ. Friedr. * 22/8 1753 Salzungen, † 25/5 1826 Leiden, da seit 1774, da KM. u. KonservL. W: Sinf., Ouvert., KaM., KlavKonz. u. Sonaten, Kantaten, Lieder

RUPPRECHT, Theo * 29/6 1873 München, da † 4/3 1934, Vcellist des Staatsthea., Schüler Rheinbergers, Begr. der ‚Lustig-musikal. Abende'. W: Optten, Märsche, Tänze

RUPRECHT, K., ps. = Alwin ALTENDORF

RUPRECHT, Wilh. † 4/2 1862 Wien, da seit 1839 tüchtiger, bes. Guarneri del Gesù nachahmender VBauer

RUSCH, Wilh. * 17/3 1883 Wesel, MInspiz. der SA. Gruppe Hansa in Hamburg-Wandsbeck, ausgeb. in Dortmund u. Berlin (Hochschule), war OMMeister in Salzwedel. W: Optten, Märsche u. a.

RUSCHEWEY, Eduard † 9/3 1917 Pforzheim, langjähr. Berliner MilKM. W: Märsche, Tänze

RUSPIGLIOSI, Giulio, marchese — s. ROSPIGLIOSI

RUSSANOW, W. A. * 1866 Moskau, † 30/7 1918, GitForscher u. Komp.

RUSSELL, Henry * 24/12 1812 Sheerneß, † 8/12 1900 London, Organ. W: mehr als 800 teilweise bekannt gewordene Lieder

RUSSELL, L. R. — s. RONALD, Landon

RUSSELL, Louis Arthur * 24/2 1854 Newark, N. J., da Organ. u. Dirig., Gründer des Sinf-Orch., † ?, ausgeb. in London. W: instrukt. Klav-Stücke, VStücke, Kantaten, Lieder

RUSSELL, William * 6/10 1777 u. † 21/11 1813 London, da Pianist. W: Opern, Orat., KirchM., Lieder, Org- u. KlavStücke

RUSSISCHER MUSIKVERLAG in Berlin, begründ. 1909 von Serge Kussewitzky u. seiner Gattin, ein Seitenstück zu d. Verlag Belaieff

RUST, Erich * 29/10 1891 Stettin, seit Herbst 1935 Prof. an der Hochschule in Berlin, vorher ML. u. KlavVirt. in Stettin, ausgeb. in Berlin (Hochschule). W: Kantaten, KlavTrio, KlavStücke, Lieder

RUST, Friedr. Wilh. * 6/7 1739 Wörlitz, † 28/3 1796 Dessau, da seit 1775 HofMDir., treffl. Geiger u. Lautenist. W: VSonaten, auch mit Laute

RUST, Fr. W., ps. Sied BONDY, Bert CADI * 21/9 1902, EnsKM. u. Bearb. in Berlin, vorher in Leipzig. W: UnterhaltgsM.

RUST (Rusti), Giacomo * 1741 Rom, † 1786 Barcelona, da seit 1767 DomKM. W: 26 Opern

RUST, Hugo * 17/4 1856, † 26/4 1929 Stettin, KM., langjähr. MilKM. W: Tänze, Märsche

RUST, Wilh. * 15/8 1822 Dessau, † 2/5 1892 Leipzig, 1849 ML. in Berlin, seit 1878 Organ., seit 1880 Kantor d. Thomasschule in Leipzig, Mitbegr. der Bachgesellsch. H: Bachsche Werke. W: Chöre, Lieder usw.

RUST, Wilh. Karl * 29/4 1787 Dessau, da † 18/4 1855, ML., 1819/27 Organ. in Wien. W: Klav- u. OrgStücke

RUSTI, Giacomo — s. RUST

RUTA, Gilda (Tochter Micheles) * 13/10 1856 Napoli, seit 1896 in Newyork, KlavVirt., Schülerin Liszts. W: KlavKonz. u. Stücke, KlavSonate

RUTA, Michele * 7/2 1826 Caserta, † 24/1 1896 Napoli, da KonservProf., Schüler Mercadantes. W: Opern, Ballett, Messen, Requiem, KlavStücke, theoret. Schriften

RUTH, Lewis, ps. = Ludwig RÜTH

RUTHARDT, Adolf * 9/2 1849 Stuttgart, † 12/9 1934 Leipzig, ausgeb. in Stuttgart, 1868/1885 ML. in Genf, 1886/1914 KonservKlavL. zu Leipzig. W: Trio für Klav., Ob. u. Br., Klav-Stücke, u. a. Etüden, ‚Chormeisterbüchlein‘, ‚Das Klavier‘, ‚Wegweiser durch die KlavLit.‘ usw. — Sein Bruder Julius * 13/12 1841 Stuttgart, † 13/10 1909 Konstanz, urspr. Geiger, dann TheaKM. an verschied. Orten. W: Chöre, Lieder usw.

RUTHARDT, Friedr. * 1800 u. † 1862 Stuttgart, da Oboist der Hofkap. W: f. Ob. u. Zither

RUTHENFRANZ, Rob. * 3/9 1905 Witten a. R., da Dirig. des MVer., auch KurKM. in Bad Driburg, KlavVirt. W: Oper, KlavKonz., KaM., KlavSon., Lieder

RUTHSTRÖM, Julius * 30/12 1877 Lundsvall, Schüler des Stockholmer Konserv. u. Joachims, treffl. Geiger, seit 1912 KonservL. in Stockholm. W: VSchule u. Etüden

RUTINI, Ferd. * 1767 Modena, † Nov. 1827 Terracina. W: Opern, Kantate, KlavSonat.

RUTINI, Giov. Marco * um 1730 Firenze, da † 7/12 1797, wirkte u. a. in Dresden, Prag, Petersburg. W: Opern, Kantaten, viele KlavSon.

RUTKOWSKI, Karl * 6/12 1897, akad. SchulML. in Stralsund, Schüler des Sternschen Konserv. in Berlin (da auch Univers. besucht), Kriegsteiln. W: Lieder

RUTTE, Eugen Miroslav * 1855, † 1903 Prag. W: Parodist. Optte u. a.

RUTTERS, Herm. * 22/12 1879 Amsterdam, da MSchr., Schüler v. B. Zweers. W: ‚De m. als geestelijk element in de beschaving‘ u. a. H: ‚Het Orgel‘ (Ztschr.)

RUTZ, Ottmar, Dr. jur. * 15/7 1881 Fürth, lebt in München. W: ‚Neue Entdeckgen von der menschl. Stimme‘, ‚M., Wort u. Körper als Gemütsausdruck‘, ‚Sprache, Gsg u. Körperhaltg‘

RUYGROK, Leo * 8/5 1889 Utrecht, seit 1925 II. Dirig. d. ResidenzOrch. im Haag, Kompos-Schüler Wagenaars u. Dr. P. Ertels, urspr. SoloVcellist, dann Dirig. in Arnheim, auch OpKM. W: 2 Sinf., 2 OrchSuiten, Ouvert., BühnM., Tongedicht f. Singst. u. Orch., KlavStücke, auch für Kinder, Lieder, auch m. Orch.

RUYNEMAN, Daniel * 8/8 1886 Amsterdam, hypermod. Autodidakt in Groningen. W: Opern (auch Vollender v. Mussorgskys ‚Heirat‘), Sinfon., KaM., KlavSonatine, Chorwerke, Lieder

RUZEK, Jos. * 2/3 1834 Beneschau (Böhm.), † 17/12 1891 Genua, seit 1873 HofKM. in Karlsruhe, vorher KM. an verschied. Bühnen

RUZITSKA, Anton † 10/3 1933 Wien, 61jähr., Solobratscher der Staatsoper, 30 Jahre lang im Rosé-Quart.

RYBA, Jak. Joh. * 26/10 1765 Przestiez (Böhmen), † 8/4 1815 Roczmittal, GymnasDir. W: Opern, viel KirchM., Sinfon., Konzerte, KaM.

RYBNER, Cornelius — s. RÜBNER

RYCHLIK, Charles V. * 1875 Cleveland, da KonzM. u. VL., Schüler des Prager Konserv. (A. Bennewitz). W: Sonate f. V. u. Br., VStücke

523

RYCHNOVSKY, Ernst, Dr. jur. * 25/6 1879 Janowitz a. E., † 25/4 1934 Prag, da MKrit. W: ‚Joh. Friedr. Kittl', ‚Leo Blech', ‚Franz Liszt', ‚Smetana' u. a.

RYCHTA, Alois * 18/6 1903 Slezska Ostrava, da viel (auch im Ausland) reisender VVirt., ausgebildet in Brno u. Praha, auch VL. u. MSchr.

RYELANDT, Jos. * 7/4 1870 Brügge, da seit 1924 KonservDir., Schüler Tinels. W: Sinf., viel KaM., Chöre u. Gsge m. Orch

RYPL, Celestin, Dr. phil. * 12/9 1894 Pilsen, stud. an der Univers. Prag, bei Jos. B. Foerster u. Emil Sauer, lebte 1921/23 in Wiesbaden, von wo aus er seit Nov. 1924 an der Mainzer MSchule Klav. u. Theorie lehrte, KlavVirt., † 1927 (?). W: Scherzo f. Orch., Thema u. Variat. f. Klav. u. Orch., Fantasie desgl., Prälud. u. Fuge desgl., Gsge m. Orch.

RYSER, Jörg — s. REYSER

RYTEL, Piotr * 16/5 1884 Wilna, stud. in Warschau, da KonservL. u. MKrit. W: Oper, Sinf. u. sinfon. Dichtgen

S

SÁ NORONHA, Francisco de — s. NORONHA

SAABYE, M. Listov * 23/9 1886 Kopenhagen, da KlavPädag. W: KlavStücke

SAAL, 3 Brüder * Weimar: 1) A l f r e d * 10/7 1881, Vcellist, Schüler Leop. Grützmachers u. H. Beckers, wirkt in Stuttgart (Hofoper, Wendling-Quart.); 2) H e r m a n n * 23/3 1872, Chordir. am NationThea. in Weimar. W: Chöre; 3) M a x * 5/9 1882, seit 1904 Harfenist der Kgl. bzw. Staatsop. in Berlin, auch KlavVirt. (Schüler Bertrams), treffl. KonzBegl., seit 1923 auch HarfProf. u. OpKorrepet. an der Hochschule. W: KaM., HarfStücke, Lieder

SAAL, Ignaz * 26/7 1761 Geiselhöring, NBay., BA. Mallersdorf, † 1836 Wien, ausgez. Bassist, zuerst in Salzburg, 1782/1822 an d. Wiener Hofoper (Sarastro usw.), sang in den Uraufführ. von Haydns ‚Schöpfung' u. ‚Jahreszeiten' die Baßsoli

SAALFELD, Ralf v. * 28/3 1900 Frankfurt a. M., seit 1929 Stadtkantor in Regensburg, ausgeb. v. H. Zilcher, Orff, Kaminski, 1925/29 Organ. in München-Solln. W: geistl. Chöre u. Lieder. H: Dtsch. geistl. Liederbuch; Haßler, KirchGsge u. Psalmen

SAALFELD, Rich. * 12/4 1893 Mühlhausen i. Th., seit 1919 Orch.- u. Chordirig. in Cuxhaven, ausgeb. in seiner Vaterstadt (Geiger), Kriegsteiln. W: Sinf., OrchSuiten, Tänze, größere Chöre m. Orch., MChöre, KlavStücke

SAAR, Louis Victor * 10/12 1868 Rotterdam, Schüler des Konserv. zu München u. v. Brahms, 1892/1905 in Newyork Pianist, MRef. u. 1896/98 L. am Coll. of m., 1906/17 KonservL. in Cincinnati, seit 1917 erster TheorL. am Konserv. in Chicago. W: Sinfon. Dichtgen, KaM., Kompos. f. V., Klav., MChöre usw.

SAAR, Mart * 28/9 1882 Nord-Livland, lebt auf dem Lande in Esthland, ausgeb. in Petersburg (Konserv.). W: viele Chöre u. Lieder m. Benutzg esthn. Volkslieder, KlavStücke

SAATMANN, Walter * 12/12 1890 Creuzthal, Kr. Siegen, lebt in Leipzig, da (Konserv.) ausgeb. W: Chöre, bes. MChöre, Lieder, KlavSonaten, Grotesk-Walzer

SABANEJEV, Leonid * 19/11 1881 Moskau, da seit 1920 Leiter des Staatsinstit. f. MWissensch., MSchr., Pianist. W: KlavTrios, KlavStücke, theor. Schriften; ‚Gesch. der russ. M.'

SABATA, Victor de * 1892 Triest, Schüler des Verdi-Konserv. in Milano. W: Opern, sinfon. Dichtgen, KaM.

SABATHIL, Ferd. * 12/11 1852 Sangerberg/Marienbad, lebt in Saaz (Tschecho-Slowakei), ausgeb. in Prag, vielgereister SoloFlötist, zuletzt 27 Jahre KaMker in Schwerin. W (üb. 400): Orch-Charakterstücke u. Tänze, KlavSalonstücke, Fl-Stücke, Cornet à Piston-Stücke, Lieder u. a.

SABATIER, Karoline — s. UNGER

SABBATINI, Luigi Antonio * 1739 Albano Laziale, † 29/1 1896 Padova, Franziskaner, KirchKM. W: theor. Schriften, KirchM.

SABBATINI, Pietro Paolo * Rom, da KM. um 1628/52. W: Kirchl. u. weltl. Gsge

SABBATTINI, Galeazzo de * Pesaro, da um 1626/42 KirchKM. W: KirchM., Madrigale

SABISCH, Karl * 29/8 1876 Breslau, Gitarrist in Berlin, urspr. Organ. W: GitStücke, Lieder mit Git.

SACCHETTI, Liberius * 30/8 1852 Kensar, russ. Gouv. Tambow, † 1913 (1912?) Petersburg, da ausgeb. am Konserv., dort seit 1878 L., seit 1885 an der Kais. Bibliothek. W: Schriften (russ.) über MÄsthetik, ‚MGesch.', Solfeggien

SACCHINI, Antonio Maria Gasparo * 4/6 1730 Firenze, nicht 23/7 1734 Pozzuoli/Napoli, † 8/10 1786 Paris, Schüler Durantes. W: Opern, u. a. ‚Dardanus', ‚Oedipe à Colone', Orator., Messen, KaM. usw.

SACHER, Paul * 28/4 1906 Basel, da ausgeb. (Univers.: Karl Nef; Konserv.: Weingartner), gründete 1926 das öfters reisende Basler KaOrch. mit KaChor u. 1933 die Schola cantorum (Lehr- u. ForschgsInstit. f. alte M. mit hist. Instrum.), als Gastdirig. viel tätig

SACHNOWSKY, Jury * 1866 Moskau, da † ?, Schüler des Konserv., MSchr. W: Chöre, Lieder. B: Mussorgskys ‚Jahrmarkt von Sorotschinzy'

SACHS Emile, ps. = Ch. A. RAWLINGS

SACHS, Hans * 5/11 1494 Nürnberg, da † 19/1 1576, der Meistersinger. Seine Weisen in Puschmanns Singebuch

SACHS, Hans, ps. = Ch. A. RAWLINGS

SACHS, Hans, ps. = Ch. A. RUBENS

SACHS, Jul. * 12/12 1830 Meiningen, † 28/12 1887 Frankf. a. M., da KlavVirt. W: Ouvert., instrukt. u. SalonKlavStücke, Lieder usw.

SACHS, Kurt, Dr. phil. * 29/6 1881 Berlin, lebt da, bis 1933 UnivProf. u. Leiter d. Sammlg alter MInstrum., hervorrag. Instrumentenkunde- Forscher, auch Kunsthistoriker. W: ‚Reallexikon d. MInstrum.', ‚Handbuch d. MInstrumentenkunde', ‚MGesch. d. Stadt Berlin bis 1800' usw.

SACHS, Leo * 3/4 1856 Frankf. a. M., † 13/11 1930 Paris, wo er lange gelebt. W: Oper, BühnM., sinfon. Werke, KaM., Lieder

SACHS, Melchior Ernst, ps. v. EINEM * 28/2 1843 Mittelsinn, UFranken, † 18/5 1917 München, urspr. DorfschulL., Schüler Rheinbergers, 1871/ 1910 Prof. d. Harmonielehre an d. Kgl. MSchule in München. W: ‚Untersuchungen üb. d. Wesen der Tonarten', Oper, Orator., Chorballaden, Sinf., Lieder usw.

SACHSE, Hans Wolfg. * 17/3 1899 Dresden, Chordir. in Plauen i. V., ausgeb. in Leipzig (Konserv., Univ.). W: Optte, sinf. Dichtg, Orch- Var., VKonz., KaM., Chöre, Gsge m. Orch.

SACHSE, Leop. * 1880 Berlin, lebt in Hamburg, Schüler des Kölner Konserv., im Gesang B. Stolzenbergs u. A. Selvas, zuerst Baßbuffo, 1906 UnivLektor in Münster i. W., 1907 da Dir. des Stadtthea., 1915 Intendant d. Stadtthea. in Halle a. S., 1922/32 in Hamburg. B: ältere Opern, u. a. Martin y Solers ‚Cosa rara'

SACHSE-HOFMEISTER, Anna * 26/7 1852 Gumpoldskirchen/Wien, † 15/11 1904 Berlin, Schülerin von Frau Passy-Cornet u. Proch, namhafte dramat. Sgerin (Wagnerrollen), in Würzburg, Frankfurt, Leipzig u. Berlin (Hofop. 1882/89) engagiert, vermählt mit Dr. phil. Max S.

SACHSE-STEUERNAGEL (eigentl. STEUERNAGEL), Erwin * 1/8 1905 Frankfurt a. M., seit 1933 in Berlin, ausgeb. in Frankfurt a. M. (Hochsches Konserv.), 1929/32 Leiter d. Süddtsch. Gastspielbühne. W: Optten (z. T. selbst gedichtet), Märchenspiel, Lieder

SACHSENHAUSER, Theod. * 27/7 1866, † 25/2 1904 München. W: KaM., KlavStücke, Lieder

SACHSSE, Hans, Dr. ing. * 3/8 1891 Bautzen, urspr. Architekt (bis 1921), Schüler Schreyers, Haueggers u. Courvoisiers, Kriegsteiln., seit 1925 Dirig der Bürgersgrzunft in München, seit 1933 I. GauchorM. des Bayr. Sgrbundes, seit 1935 TheorL. an der Akad. W: BühnM., Sinf., sinfon. Fantasie f. Klav. u. Orch., KaM., Sonate u. a. f. Klav., OrgStücke, Orator., Chöre (auch m. Orch.), Lieder

SACK, Joh. Ph. * 1722 Harzgerode, † 1763 Berlin, da seit 1747 DomOrgan. W: KlavStücke, beachtensw. Lieder

SACKS, Woldemar * 1868 Riga, lebt in Leipzig nach längeren Wanderfahrten (1894/1905 Berlin), vortreffl. Pianist (Begleiter), veranstaltete ‚heitere' KlavAb., seit 1920 mit sprachlichen Studien beschäftigt. W: Lieder (im Volkston, Tanz- Lieder, romant.)

SACRATI, Francesco (Paolo) † 20/5 1650 Modena, HofKM. W: Opern, u. a. die wirkungsvolle kom. ‚La finta pazza' (1641)

SADERO, Geni * 12/5 1890 Triest, OpSgerin, neuerdings durch ihren Vortrag von Volksliedern auch in Deutschland, Frankreich u. England beachtet. H: Album di 25 canzoni regionali

SÁDLO, Karel Pravoslav * 5/9 1898 Praha, da VcVirt. u. Pädag. u. seit 1925 MVerleger (Edition Sádlo, wichtig). W: instrukt. f. Vc. — Sein Bruder Miloš * 13/4 1912 Praha, da viel reisender VVirt. — Sein Bruder Miloslav * 1897 Praha, da VVirt., Mitgr. der Edition Sádlo (1925)

SADUN, Icilio * 27/11 1872 Viareggio, Optten- KM. W: Optten, Pantomimen

SAEBELMANN, Alex., ps. KUNILEID * 10/11 1845 Audern, Kr. Pernau. † 15/7 1875 Poltawa, L. u. Organ. W: volkstüml. Lieder, teilw. nach finnischen Vorlagen

525

SÄMANN, Karl Heinr. * 1790 Königsberg i. Pr., da † 29/1 1860, Kantor u. UniversMDir. W: Requiem, Motetten, Chöre, Lieder, OrgStücke usw.

SAENGER-SETHE, Irma * 28/4 1876 Brüssel, ausgezeichn., seit 1894 viel gereiste VVirt., Schülerin Ysayes, lebt in Berlin, spielt aber seit Jahren nicht mehr öffentlich

SAEVERUD, Harald * 17/4 1897 Bergen (Norweg.), lebt da, Schüler F. E. Kochs. W: 3 Sinf., KlavSon. u. a.

SAFFE, Ferd. * 21/4 1867 Wolfenbüttel, da seit 1890 ML. (ausgeb. in Berlin) der LBildgs-Anstalt u. Organ. der Hauptkirche, 1906 OratVerDir. W: KirchKantaten, Chöre, Lieder, OrgSchule u. -Stücke

SAFONOW, Wassili Iljitsch * 6/2 1852 Izjursk (Kaukasus), † 13/3 1918 Kislovodsk (Kaukasus), Schüler Leschetizkys, Zarembas, Brassins, seit 1889 Dir. des Moskauer Konserv. u. KonzDirig., in letzterer Eigenschaft auch im Auslande

ŠAFRANEK-KAVIČ, Lujo * 12/10 1882 Agram, lebt da, war MilKM., ausgeb. in Triest. W: Op., Ballett, sinfon. Dichtgen, KaM., Gsge

SAGERER, Herm. * 28/8 1888 Kissingen, Schüler der Akad. in München, da seit 1913 Organ. (hervorrag.) u. seit 1924 OrgL. an der Akad.

SÁGH, Josef * 13/3 1852 Budapest, † 25/1 1922 Vác. H: MZtg. ‚Zenelap‘ (von ihm 1887 begr.). W: ‚SchulgsgLehre‘, ungar. Lexikon der Tonkunst

SAGITTARIUS — s. SCHÜTZ

SAHLA, Rich. * 17/9 1855 Graz, † 30/4 1931 Stadthagen, Schüler d. Leipziger Konserv. (F. David), VVirt., 1888/1918 HofKM. in Bückeburg. W: KonzStücke f. V., Lieder usw.

SAHLENDER, Emil * 12/3 1864 Ibenhain/Gotha, Schüler d. Leipziger Konserv., seit 1889 VerDirig. u. MSchulleiter in Heidelberg. W: Opern, Chorwerke, Lieder, OrchSuiten

SAILER, Seb. * 1714 Weißenhorn, Württ., † 1777 Dieterskirch, da Pfarrer, vorh. Benediktiner. W: kleine volkstüml. Singspiele

SAINT-AMANS, Louis Jos. * 26/6 1749 Marseille, † 1820 Paris, 1784/1802 da KonservL. W: Opern, Ballette, Orator., Kantaten, KaM.

SAINT-FOIX, Georges, Comte de * 2/3 1874 Paris, Schüler der Schola cantorum, hervorrag. MGelehrter, bes. Mozartforscher in Paris

SAINT-GEORGE, Georg * 1841 Leipzig (von engl. Eltern), † 5/1 1924 London, da Geiger, Viola d'amore-Spieler, InstrBauer (Lauten usw.), ausgeb. in Prag. W: KaM., VStücke. — Sein Sohn Henry * 1866 London, da Geiger u. Viola d'amore-Spieler

SAINT-GEORGES, Joseph de * 25/12 1745 Guadeloupe, † 12/6 1799 Paris, VVirt., BallettTänzer. W: Ballette, VKonz. u. a.

SAINT-GEORGES, Jules Henry Vernoy de * 1801 u. † 23/12 1875 Paris, Librettist

SAINT-HUBERTY, Antoinette Cécile * 1756 Toul, † 1812 London, berühmte OpSgerin, lange in Paris

SAINT-JOHN, Jean, ps. = Gust. KRENKEL

SAINT-JUSTE, Eduard, ps. = Gust. KRENKEL

SAINT-LAMBERT, Michel de, KlavL. in Paris, veröfentlichte 1680 ‚Traité de l'accomp. du clavecin‘, 1707 ‚Nouveau traité de l'accomp. du clavecin, de l'orgue et des autres instruments‘, 1697 ‚Principes du clavecin‘

SAINT-LÉON, Charl. Vict. Arth. * 17/4 1821 Paris, da † 2/12 1870 als VVirt., Ballettänzer. W: Ballette, VKonz. u. a.

SAINT-LUBIN, Léon de * 5/7 1805 Torino, † 13/2 1850, KonzM. (seit 1830) am Königstädter Thea. in Berlin. W: Opern, SchauspielM., Ballette, VKonzerte, KaM., Kantaten, Lieder usw.

SAINTON, Prosper * 5/6 1813 Toulouse, † 17/10 1890 London, da seit 1845 KonzM. u. V-Prof. der R. Academy, Freund R. Wagners. W: VKonz. usw.

SAINT-PAUL, Rosa † 2/10 1930 Wien. W: KlavStücke, Lieder

SAINT-QUENTIN, Edward, ps. = A. W. RAWLINGS

SAINT-RÉQUIER, Léon, ps. GRANTYX * 8/8 1872 Rouen, L. an der Schola cantorum u. KirchKM. in Paris. W: Messen, Kantaten, Motetten, Lieder, OrgStücke, VS.ücke

SAINT-SAËNS, Charles Camille * 9/10 1835 Paris, † 16/12 1921 Algier, Schüler des Pariser Konserv. u. Gounods, 1855/77 Organ. u. KlavVirt., lebte in Paris, sehr bedeutender Tondichter Frankreichs. Trotzdem er in Deutschland bes. zu Ehren gekommen, erwies er sich später als großer Feind der dtschen M., bes. Wagners. Ein S.-S.-Museum seit 1897 in Dieppe. W: Opern ‚Samson u. Dalila‘, ‚Les barbares‘, ‚L'ancêtre‘ u. a., BühnM., 3 Sinfon., sinfon. Dichtgen ‚Danse macabre‘, ‚La jeunesse d'Hercule‘, ‚Phaëton‘ usw., 2 OrchSuiten, Orator. (‚Or. de Noël‘ u. ‚Le deluge‘), Requiem, Kantaten, KirchM., 3 V-, 2 Vc-, 5 KlavKonz., KaM., Motetten, Org- u. KlavStücke, Lieder usw.

SAINT-SÉVIN, Philipp de, gen. Abbé l'ainé u. sein Bruder Pierre, gen. Abbé le cadet, V-Cellisten der Op. in Paris 1727 (bzw. 1730)/60, vorher in Agen. — Des ersteren Sohn Jos. Barnabé, gen. Abbé le fils * 11/6 1727 Agen, † 1787 Maison Charenton, VVirt., Schüler Leclairs, 1742/55 in der Pariser Op., konzertierte bis 1776. W: Trios, VSon., VSchule

SAKARIA, Hillar * 29/11 1899 Tallinn, da dipl. Tonkünstler, urspr. Chemiker (Univ. Petrograd), Absolvent (1931) des Tallinner Konserv., war f. die EsperantoSprache sehr tätig. W: geistl. Kantaten, Chöre, Lieder, VStücke; ,Chrestomatie der estn. MGesch.'

SAKOLOWSKI, Paul, Dr. phil. * 14/8 1872 Danzig, † 15/9 1913 Leipzig, MSchr. W: ,Parsifal', ,Opernführer' u. a.

SALA, Aless. * 15/4 1818 Valleggio sul Mincio, † Febr. 1890 Verona, Pianist u. Organ. W: Opern, KirchM., KlavStücke, Gsge u. a.; ,Sui musicisti Veronesi' (1879)

SALA, Marco * 19/2 1842 Milano, † 5/4 1901 Nervi Ligure. W: Ballette, Tänze nach span. Volksliedern

SALA, Nicola * 7/4 1713, † 31/8 1801 Napoli. W: Opern, Duette, ,Regole del contrappunto pratico' (1794) u. a.

SALADINO, Michele * 31/10 1835 Palermo, † 12/7 1912 Ornavasso (Novara), 1870/1906 KontrapunktL. am Konserv. in Milano. W: KaM., KlavStücke, kirchl. u. weltl. Gsge

SALAMAN, Charles Kensington * 3/3 1811 London, da † 23/6 1901, beliebter ML., Pianist. W: jüd. Tempelges., KlavStücke, Lieder

SALAZAR, Adolfo * 6/3 1890 Madrid, da MSchr. W: KaM., Gsge, ,Historia della m. en España' u. a.

SALCÈDE, Victor, ps. = Frederic MULLEN

SALDONI, Baltasar * 4/1 1807 Barcelona, da † 1890, seit 1840 GsgL. a. Madrider Konserv. W: Opern (ital.), Zarzuelas (span.), Messen, Motetten, Sinfon., MilMärsche, Org- u. KlavM., Chöre, Lieder usw.

SALE, François, 1593 ChorM. in Hall am Inn, 1593 Sgr. der Hofkap. in Prag. W: Messen, Motetten, Marienlieder, Canzonetten u. a.

SALES, Pompeo * 1729 Brescia, † 1797 Hanau, KM. in Augsburg, London, Koblenz. W: Opern, Orator., KlavKonz. u. -Sonat.

SALIERI, Antonio * 19/8 1750 Legnano, † 7/5 1825 Wien, seit 1774 KaKomp. u. bis 1790 Dir. der ital. Oper in Wien, L. u. a. Beethovens u. Schuberts, Gegner Mozarts. W: 39 Opern ,Die Danaiden', ,Axur', ,Tigrane', ,Der Rauchfangkehrer' usw., auch KirchM., GsgÜbgen, Instrumentales

SALINAS, Francisco * 1/3 1513 Burgos, † 13/1 1590 Salamanca, da seit 1567 MProf. an d. Univers., bedeutender Theoretiker, blind

SALLER, Helmut * 27/6 1907, Korrepet. der Op. in München, Schüler v. Jos. Haas. W: OrchSuite, OrchVar., Serenade f. KaOrch., KlavKonz., KaM., Lieder

SALLUSTIO, Giacinto * 15/8 1879 Molfetta (Bari), ausgeb. in Rom, da MSchr. W: Oper, sinf. Dichtgen, Chöre, Lieder

SALMHOFER, Frz * 22/1 1900 Wien, da TheorL. u. seit Herbst 1929 KM. am BurgThea., Schüler Schrekers u. G. Adlers. W: Opern, Pantom., sinfon. Dichtgen, Ouvert., KaM., Lieder

SALMON, Joseph * 5/4 1864 Aix, VcVirt. in Paris, Schüler Franchommes. W: VcDuette. H: alte VcSonaten

SALO, Gasparo da — s. GASPARO

SALOMAN, Siegfried * 2/10 1816 Tondern (Schlesw.), † 22/7 1899 Stockholm, Schüler F. Schneiders u. Lipinskis, VVirt., meist in Dänemark u. Rußland, seit 1859 in Petersburg. W: Opern, VStücke, Duette, Lieder. — Seine Frau Henriette — s. Nissen

SALOMON, Heinr. * 3/9 1825 Leipzig, † 5/11 1903 Berlin, gefeierter Bassist, 1853/58 an der Berliner Hofoper, auch Regisseur

SALOMON, Heinr., ps. SLOMAN * 22/4 1885 Neinstedt, Pianist u. Bearb. in Berlin, da ausgeb. (Hochschule). W: UnterhaltgsM.

SALOMON, Hektor * 29/5 1838 Straßburg i. Els., † 28/3 1906 Paris, da ausgeb., 1870 ChorDir. d. Gr. Oper. W: Opern, Optten, Ballette, Kantaten, Chöre, Lieder, Stücke f. V., Vc., Klav. usw.

SALOMON, Joh. Peter * 1/2 1745 Bonn, † 28/11 1815 London, VVirt., urspr. in der Kurfürstl. Kap. in Bonn, 1765 KonzM. d. Prinzen Heinrich v. Preußen in Rheinsberg, seit 1791 in London, da auch Konzertunternehmer, der u. a. Haydn berief. W: Opern, Orat., VSonaten

SALOMON, Karl, ps. CASAL * 13/11 1897 Heidelberg, seit 1933 UnivMDir. in Jerusalem, Schüler v. Ph. Wolfrum, J. Kwast, war TheaKM. u. Chorleiter in Baden-Baden u. Hamburg, dann bis 1933 KonzBegl. u. Baritonist in Berlin. W: KaOper, SchauspielM., KaM., Lieder. B: Offenbachs Pariser Leben

SALOMON, M. * 1786 Besançon, da † 19/2 1821, GitVirt. W: GitStücke

SALOMON, Siegfried * 5/1 1876 Hamburg, da Klavierist u. MRef., Schüler des Hamburger u. des Berliner Klindworth-Scharwenka-Konserv. W: KlavStücke, Lieder

SALOMON, Siegfried * 3/8 1885 Kopenhagen, da VcVirt. W: Opern, Melodram, VcKonz., KaM., Lieder

SALOMON-SLOMAN — s. Heinr. SALOMON

SALTEN, Felix, ps. Ferd. STOLLBERG * 6/9 1869 Budapest, Schr. u. OpttenLibrettist in Wien

SALTEN, Merlik, ps. = Louis KOTT

SALVATINI, Mafalda * 1890 (?) Bajae/Napoli, Schülerin Jean de Reszkes u. Pauline Viardot-Garcias, gefeierte OpSopr., Debut 1909, lange J. bis 1932 in Berlin (städt. bzw. Staatsoper), lebt in Italien

SALVAYRE, Gaston Gervais Bernard * 24/6 1847 Toulouse, † 16/5 1916 St. Ague/Toulouse, Schüler des Konserv. in Paris, 1877 ChorM. der Op. populaire, dann Krit., reorganisierte 1894 die MilitM. in Serbien. W: Opern, Ballette, Ouvert., ‚Stabat mater', bibl. Sinf., KlavStücke, Lieder usw.

SALVI, Matteo * 24/11 1816 Botta (Bergamo), † 18/11 1887 Rieti, Schüler Donizettis, 1842/70 in Wien, da gesuchter GsgL. u. 1860/67 Hofoperndir. W: Opern, Messen

SALZEDO, Carlos * 6/4 1885 Arcachon (Frankr.), in Paris ausgeb., HarfVirt., 1909/23 in Newyork, seit 1924 in Philadelphia, L. am Curtis-Instit. W: sinf. Dichtg, HarfKomp., Chöre; ‚Modern study of the Harp'. H: ‚Eolian Review' (seit 1920)

SALZER, Felix, Dr. phil. * 13/6 1904 Wien, da MWissenschaftler u. TheorL. (Schenkersche Lehre), Schüler v. Malvine Brée, Schenker u. O. Kabasta. W: ‚Die Sonatenform bei Schubert'; ‚Sinn u. Wesen der abendländ. Mehrstimmigkeit'

SALZMANN, Karl Gottfried * 8/11 1797 Wien, da † 3/7 1871, Schüler Salieris, KlavVirt., KonservL. f. Klav. 1820/23 u. f. Kompos. 1823/39. W: BühnM., Sinf., StrQuart., Sonaten, Variat. usw. für Klav., Lieder

SALZMANN, Theod. * 18/10 1854 Lungenau, † 4/2 1928 Leipzig, da Gsg- u. GitL. W: viele Lieder m. Git.

SAMARA, Spiro * 29/11 1861 auf Corfu, † April 1917 Athen, ausgeb. in Athen u. Paris. W: Opern, Lieder, Gsge usw.

SAMAZEUILH, Gustave * 2/6 1877 Bordeaux, MSchr. in Paris, Schüler Chaussons u. d'Indys. W: sinf. Dichtg, StrQuart., VSonate, KlavSuite, Gsge

SAMEHTINI, Maurits * 1863, in Amsterdam bis 1894 Hornist, dann KM., verdient um das MLeben. W: Suiten, Charakterstücke usw. f. Orch. B: zahllose Arrang. f. klein. Orch- u. BlasM.

SAMET, Elias (Emile) * 4/7 1862 Tarnow, † 26/8 1926 Wien, lebte da (KonservSchüler). W: Serenade f. StrInstrum. u. Harfe, StrQuart. usw.

SAMETINI, Leon * 16/3 1886 Rotterdam, ausgez. VVirt., Schüler Tognis u. Elderings, seit 1912 VProf. in Chicago

SAMINSKY, Lazare * 1883 in der Krim, seit 1919 nicht mehr in Rußland, lebt in Newyork. W: Opern, 3 Sin., sinfon. Dichtgen, KaM., Chöre, auch m. Orch., Lieder

SAMM, J., ps. = DURAND, Jacques

SAMMARTINI, Giov. Batt. * 1701 Milano, da † 15/6 1775 Organ. u. KirchKM., wichtig f. d. Entwicklg des InstrumStils, obwohl von Haydn ‚Schmierer' genannt, L. Glucks. W: Sinf., VKonz., Trios usw., KirchM. — Sein Bruder Giuseppe * 1693 Milano, † 1740 London, da seit 1727 ObVirt. u. OrchDirig. W: Concerti grossi, KaM.

SAMMLER, Alex., ps. BENTLEY; GELER; SOMLO * 24/7 1898 Budapest, KM. u. Bearb. in Berlin, ausgeb. in Budapest (Hochschule). W: Optte, Tonfilme, Schlager

SAMMONS, Albert * 23/2 1886 London, da treffl. Geiger u. L. W: StrQuart., VStudien

SAMPSON, George * 24/7 1861 Clifton, Engl. Organ. u. OrchDir., seit 1898 in Brisbane (Austral.). W: KirchM., Handbücher, u. a. ‚The Pfte'.

SAMUEL, Adolphe (Abraham) * 11/7 1824 Lüttich, † 11/9 1898 Gent, stud. M. in Lüttich u. Brüssel, seit 1871 KonservDir. zu Gent. W: Opern, 5 Sinf., StrQuart., Motetten usw., ‚Cours d'harmonie pratique et d'accompagnement de la basse chiffrée' u. v. a. — Sein Sohn Eugène — s. SAMUEL-HOLEMAN

SAMUEL, Harold * 23/5 1879 London, da KlavVirt., bes. Bachspieler, sehr geschätzter ML., Schüler Dannreuthers u. Stanfords. W: Oper, Lieder

SAMUEL, Leopold * 5/5 1893 Brüssel, lebt da, seit 1920 Inspektor für MErziehg an den Mittel- u. Hochschulen Belgiens. W: Oper, Kantate, sinf. Dichtg, KaM., Lieder mit Orch.

SAMUEL, Paul * 12/10 1868 Kl. Friedrichsgraben (Ostpr.), SemML. in Elbing, vorher in Hohenstein (Ostpr.) u. Angerburg, VerDirig.

SAMUEL-HOLEMAN, Eugène * 3/11 1863 Schaerbeck, lebt ?, war OpKM. W: Opern, Tedeum

SAMUEL-ROUSSEAU, Marcel — s. ROUSSEAU

SAMUELS, Hofmusiker in Schwerin, erfand 1912 das Aerophon

SANCES, Giov. Felice * um 1600 Rom, † 24/11 1679 Wien, da 1637 Tenorist, 1649 Vize-KM., 1669 HofKM. W: Opern, Kantaten

SANCHEZ, Paolo, ps. = GOLDMANN, Kurt

SANCTIS, Cesare de * 1830 Albano/Rom, † Rom, da Schüler Bainis, Kirch- u. TheaKM., 1877 Prof. des Kontrapunkts. W: Messen, Requiems, ‚Trattato d'armonia‘

SANDBERG, Helge * 29/4 1856 Bjuf (Skåne), † ? Stockholm, da seit 1896, 1884/94 in Boston Dir. schwed. GsgVer. W: Kantate, Chöre, Lieder

SANDBERG, Mordechai * 1897, seit 1922 in Jerusalem. W: Oper, Sinf., KaM. u. a.

SANDBERG, Osk. Theod. * 1/12 1870 Kristianstad, † 12/12 1926 Stockholm, da seit 1903 Organ., verdienter MChordir. W: Kantaten, MChöre

SANDBERGER, Adolf, Dr. phil. * 19/12 1864 Würzburg, lebt in München, Schüler Spittas, 1889 Konservator der musik. Abteilg der Kgl. Hof- u. Staatsbibl. in München; da 1900 ao. u. 1909/1929 o. UnivProf. f. MGesch. W: Opern, Ouvert., KaM., KlavWerke, Chöre, Lieder usw., ‚Beiträge zur Gesch. der bayr. Hofkap. unter Orlando di Lasso‘, Biogr. von P. Cornelius, ‚Zur Gesch. des Haydnschen StrQuart.‘, ‚Studien zur MGesch.‘ usw. H: Denkmäler d. Tonkunst in Bayern, Beethoven-Jahrbuch, von ihm entdeckte Sinfon. und KaM. Haydns u. a.

SANDBY, Hermann * 21/3 1881 Kundby/Holbaek, VcVirt. in Newyork, 1912/16 in Philadelphia, Schüler Hugo Beckers. W: BühnenM., Vc-Konz., 3 StrQuart., VcSchule

SANDER, Constantin — s. LEUCKART

SANDER, Horst * 8/2 1904 Leipzig, da Leiter u. Mitbes. des MVerl. Leuckart (s. d.), seit 1933 Leiter des Dtsch. MVerlegerVer. u. Mitgl. d. groß. Rats des Börsenver. der dtsch. Buchhändler, seit Nov. 1933 Mitgl. des Beirats der RMK., seit Nov. 1935 Mitgl. des Reichskultursenats

SANDER, Lothar * 22/3 1903 Landstuhl, Bay., da Organ. u. Chordir., ausgeb. in Kaiserslautern u. Mannheim. W: OrchStücke, KlavTrios, Klav-Stücke, Chöre, Lieder

SANDER, Martin — s. LEUCKART

SANDER, Paul * 22/12 1892 Frankfurt a. M., lebt da. W: Liederzyklen

SANDER, Rolf, ps. = Arthur DAMP

SANDERS, Paul F. * 21/12 1891 Amsterdam, da seit 1920 MKrit., Schüler Sem Dresdens u. W. Pijpers. W: BühnM., sinfon. Dichtg, Chorwerke, auch mit Orch., Lieder, KlavStücke; ‚Het Strijkkwartet‘, ‚Moderne nederlandsche Componisten‘ 1929 u. a.

SANDERSON, Lillian * 13/10 1867 Milwaukee (NAm.), geschätzte Konz(Lieder-)Sgrin (Schülerin v. Stockhausen); lebt in Loschwitz/Dresden als Gattin des Malers R. Müller (seit 1899)

SANDERSON, Sybil * 7/12 1865 Sacramento, † 16/5 1903 Paris, da u. bes. auch in Newyork berühmte OpSgrin

SANDHOP, Hans * 24/11 1883 Grimmen (Pom.), GsgL. (OpSgr) in Berlin, vorher in der Prov., ausgeb. in Hamburg, Berlin (auch Univ.) u. Kiel. W: vaterl. (natsoz.) Balladen u. Lieder (seit 1923), Chöre

SANDONI, Pietro Gius. * um 1680 Bologna, † um 1750 London, da Parteigänger Händels. W: Opern, Kantat., KlavSonat.

SANDOW, Eugen * 11/9 1856 Berlin, da Vc-Virt., schon mit 9½ Jahren öffentl. aufgetreten, Schüler W. Müllers, 1879/1908 Mitglied (Solist) d. Kgl. Kapelle, treffl. KaMSpieler, geschätzter L.

SANDRÉ, Gustave (Mutter ungar. Abstammg) * 17/5 1843, † 26/2 1916 Paris. W: KaM., Klav-Stücke, Gsge

SANDRINI, Paolo * 1782 Görz, † 15/11 1813 Dresden, da seit 1808 I. Oboist der Hofkapelle. W: f. Fl. u. Git.

SANDSTRÖM, Karl Israel * 14/11 1824 Linköping, † 21/11 1880 Gotenburg, da seit 1854 Organ. W: Chöre, Lieder, Choralbuch

SANDT, Max van de * 18/10 1863 Rotterdam, † 14/7 1934 Köln, Pianist, Schüler seines Vaters u. Liszts, nach erfolgr. KonzReisen 1889 L. am Sternschen Konserv. in Berlin u. seit 1896 mit kurzer Unterbrechg in Köln. W: KaM., Klav-Stücke

SANDVIK, Ole Mörk, Dr. phil. * 9/5 1875 Hedemarken (Norw.), GymnL .u. seit 1916 L. f. Liturg. u. KirchGsg an der Univers. in Oslo, Begr. der norweg. MSammlg der dort. UnivBibl. W: Schrift. üb. norw. Volks- u. KirchM.; MGesch. Norwegens

SAN-FIORENZO, Cesare * 17/3 1834 Genova, da † Dez. 1909, KlavL. W: Opern, viele Klav-Stücke

SANGALLI, Francesco * 1/2 1820 Romanengo (Cremona), † 23/9 1892 Varese. W: viele Klav-Stücke, auch 4hdg, Gsge

SANGIACOMO, Elsa Olivieri — s. RESPIGHI

SANGIORGI, Filippo * 16/4 1831 Roma, da † 4/2 1901, Dir. der Stadtkap. W: Opern, Kirch-M., Gsge

529

SANI, Antonio * 6/2 1877 Ferrara, † 10/10 1933, Dir. der MSchule in Perugia seit 1912. W: Oper, Kantaten, Gsge, KaM.

SANKEY, Ira David * 28/8 1840 Edinburgh, Pa., † 13/8 1908 Brooklyn, NY., vielgereister ErbauungsSgr. W: Gospel hymns (ev. Hymnen)

SANMARTINO — s. SAMMARTINI

SANNE, Viggo * 10/8 1840 Christiania, † 22/7 1896 Kopenhagen, seit 1880 Gsgsinspektor der Schulen. W: Lieder, bes. Kinderlieder

SANNEMANN, Friedr., Dr. phil. * 9/7 1866 Roßla, † 20/2 1929 Berlin-Zehlendorf, Pastor a. D., Begr. des Ver. f. ev. KirchM. in der Prov. Sachsen (1907). W: ‚Die M. als Unterrichtsgegenstand in d. ev. Lateinschulen d. 16. Jhd.'

SANNEMANN, Max, * 15/4 1867 Seehausen (Altmark), † 1929 (?) Ballenstedt a. H., Klav-Pädagoge. W: BallettM., KlavStücke

SANORONHA, Franc. de — s. NORONHA

SAN SEBASTIAN, José Antonio de, Franziskaner (Familienname Zulaica) * 10/1 1886 San Sebastian. W: Oper, Orator., relig. Gsge, StrQuart., Erforscher d. bask. VolksM. H: Canciones popular vasco. — Sein baskischer Name: D o n o s t i a

SANSONE, Enrico * 13/8 1859 Napoli, † ?, OpKM. in Italien, Chicago usw. W: Oper, OrchStücke, VKonz., KaM. u. a.

SANTA, Fred, ps. = Alfred SCHATTMANN

SANTACRUZ, Enrique, ps. = GOLDMANN, Kurt

SANTEN-KOLFF, Jan van * 19/4 1849 Rotterdam, † 29/11 1896 Berlin, MSchr., Wagnerianer

SANTINI, Fortunato, Abbate * 5/1 1778 Rom, da † 1862, Sammler musikal. Schätze. Seine Bibl. jetzt in Münster i. W. (UnivBibl.)

SANTLEY, Charles (Sir) * 28/2 1834 Liverpool, † 22/9 1922 London, ausgezeichn. Bariton. W: Messe; ‚Student and singer', ‚Art of singing', ‚Reminiscenses of my life' (1909)

SANTNER, Karl * 26/1 1819 Salzburg, † 19/4 1885 Salzburg, 1870 Chordir. u. Sekr. des Mozarteums. W: Orato., Messen, MQuart., ‚Handbuch d. Tonsetzkunst' (1866) usw.

SANTO, Car., ps. = Fritz DIEDERICH

SANTOJANNI, Gius. † 31/7 1935 (üb. 80 J. alt) Napoli, da MVerleger, sehr verdient um die Wiederbelebg der Canzonetten

SANTOLIQUIDO, Francesco * 6/8 1883 San Giorgio a Cremona (Neapel), lebt seit 1912 meist in Tunis (Hammamet), aber auch in Rom. W: Opern, Mimodram, Sinf., Suiten, sinfon. Dichtgen,
KlavStücke, Lieder; ‚Il dopo Wagner: Debussy e Strauß'

SANTOS, Fred, ps. = WALTZINGER, Friedr.

SANTUCCI, Marco * 4/7 1762 Camajore (Tosc.), † 29/11 1843 Lucca, DomKM. W: Messen, Motetten, Sinf., OrgSonat.

SANZ, Gaspar, Gitarrist, L. von Don Juan de Austria, lebte u. a. in Salamanca u. Napoli. W: GitSchule mit zahlreichen Tanzstücken u. Volksliedern 1674, 2. A. 1697

SAPELLNIKOW, Wassily * 2/11 1868 Odessa, KlavVirt., Schüler Brassins u. Sophie Menters,, 1897/99 KonservL. in Moskau, lebt jetzt in Dtschland. W: Oper, KlavM.

SARAN, Aug. * 28/2 1836 Altenplathow/Genthin, † 23/2 1922 Bromberg, da seit 1884 Superintendent. W: ‚Rob. Franz u. das dtsche Volks- u. KirchLied', ‚Musikal. Handbuch z. erneuerten Agenda', KlavStücke, Lieder usw.

SARAN, Frz Ludw., Dr. phil. * 27/10 1866 Altranstädt/Lützen, 1896 PrivDoz. u. 1905 ao. Prof. f. dtsche Liter. in Halle, 1913 o. Prof. in Erlangen, da † 24/4 1931, Rhythmikforscher. H: Jenaer Minnesinger-Hds.

SARASATE, Pablo de * 10/3 1844 Pampelona, † 21/9 1908 Biarritz, berühmter VVirt., spielte schon 10jähr. am Madrider Hofe, stud. dann in Paris u. unternahm ungezählte KonzReisen durch die ganze Welt, seit 1876 auch in Deutschland bewundert. W: brill. VKompos.

SARLY, Henry * 28/12 1884 Tirlemont, KonservL. in Brüssel. W: OrchSuite, KaM., Kantate, Lieder

SARMIENTO, Salvatore * 1817 Palermo, † 13/5 1869 Napoli, da seit 1854 HofKM. W: Opern, KirchM., Gsge, Kanzonetten

SARO, J. Heinr. * 4/1 1827 Jessen (Prov. Sachsen), † 27/11 1891 Berlin, Schüler v. K. Böhmer u. Marx, seit 1856 in Berlin MilMDir. Konzertierte mit s. Orch. erfolgreich in Paris 1867 u. Boston 1872. W: MilitMKompos. u. Arrang., ‚Lehre vom musikal. Wohlklang u. Tonsatz', ‚Instrumentationslehre f. MilitM.' usw.

SARRAZIN, Konrad * 5/9 1869 Pesch, Kr. Erkelenz, † 7/7 1935 Freiburg i. B., 1923/32 Leiter der städt. Singschule in Bochum, auch VerDirig., urspr. SchulL., dann Domorgan. in Minden i. W., Schüler u. a. der KirchMSchule in Regensburg. W: geistl. u. weltl. Chöre, auch mit Orch. usw.

SARRETTE, Bernard * 27/11 1765 Bordeaux, † 13/4 1858 Paris, bildete da 1789 eine MilitMKapelle, errichtete 1792 eine MSchule, die 1795 zum Conservatoire erhoben wurde, dessen Dir. er bis 1814 blieb

SARRI (SARRO), Domenico * 1678 Terni, † um 1741 Napoli. W: Opern, Oratorien u. a.

SARRIA, Enrico * 16/2 1836 Napoli, da † 28/1 1883. W: Opern

SARRONI, Enrico, ps. = Otto STRANSKY

SARRUS, franz. MilKM., erfand 1863 das in mehreren Größen erbaute Sarrusophon

SARTI, Federigo * 27/10 1858 Cento, † 12/10 1921 Bologna, da ausgez. Geiger (mit seinem Quartett auch viel im Ausland) u. L.

SARTI, Gius. * 28/12 1729 Faenza, † 28/7 1802 Berlin, Schüler des Padre Martini, 1779/84 DomKM. in Milano, 1784/87 HofKM. in Petersburg, da 1793/1801 MSchulDir. W: Opern ‚Le gelose Villane', ‚Achille in Sciro', ‚Fra i due litiganti il terzo gode' u. a., Orator., KirchM. f. d. röm. u. griech.-kath. Gottesdienst usw.

SARTORIO, Arn., ps. T. DEVRIENT, F. DURAND * 30/3 1853 Frankfurt a. M., KlavL. in Straßburg, Düsseldorf, Köln a. Rh., Krefeld. W: ‚Moderne Methode'; zahlr. SalonKlavStücke

SARTORIUS, Eberhard, ps. = E. v. WALTERSHAUSEN

SARTORIUS, Lilli — s. RAIFF, Lilli

SARTORY, Will, ps. = Willy BILD

SASS, Aug. Leopold * 9/11 1874 Bredow-Stettin, VVirt., Begründer einer neudeutschen Geigerschule (Beginn mit der Sattellage, bzw. den B-Tonarten) in Stettin. W: Oper, Orator., ‚Neue Schule f. Geiger' (1922), VStücke, Etüden; ‚Das Tongeheimnis d. Geigers', ‚Der Geigerspiegel' usw.

SASS (SAX, SAXE), Marie * 26/1 1838 Gent, † 8/11 1907 Auteil/Paris, ausgez. Sängerin, die Elisabeth bei den Pariser ‚Tannhäuser'-Auff. 1861, sang außer in Paris viel in Italien. W: ‚Mémoires'

SASSONE, Eduardo * 1861, † 6/2 1921 Milano, TheaKM. W: Optten

SATIE, Eric * 17/5 1866 Honfleur, † 5/7 1925, Schüler des Pariser Konserv. u. der Schola cantorum, Leiter einer eignen KomposSchule in Arcueil, in der Harmonik eigenart. Komp. expressionist. Richtg. W: Opern, karikaturenhafte KlavStücke

SATOW, Karl * 27/6 1907, Bearb. in Berlin. W: Optte, UnterhaltsM., auch OrchSuiten

SATTER, Gust. * 12/2 1832 Wien, † ?, KlavVirt., in Wien u. Paris gebildet, konzertierte in Amerika u. seit 1862 in Europa, lebte dann in Wien, Dresden, Hannover, Gothenburg u. seit 1868 in Stockholm. W: Oper, Ouvert., KaM., KlavStücke

SATTLER, Hans * 30/1 1901 Pirna, Pianist (seit 1922 OpKorrepet.) in Breslau. W: Optten, Weihnachtsmärchen, Hörspiele, KonzStücke, Lieder u. a.

SATTLER, Heinr. * 3/4 1811 Quedlinburg, † 17/10 1891 Braunschweig, 1861/83 SemML. in Oldenburg. W: Orator., Kantat., Motetten, KaM., OrgKompos., ‚Die Orgel', ‚Harmonielehre', ‚SchulgsgSchule' usw.

SATTLER, Karl * 1/12 1874 Köln, da Organ. u. SchulGsgL. W: OrgStücke, HarmStücke, Chöre, Lieder

SATTNER, Hugolin P. * 29/11 1851 Kandia/Rudolfswert, † 20/4 1934 Laibach, da seit 1895 Pfarrer u. Chorleiter, seit 1911 Präses des CäcilienVer. W: Orator., Kantaten

SAUBER, Gerhard, ps. Eugen DARRAS; Rolf DAVIS; GESA; Bruno SHAERRAG * 31/5 1882 Brandenburg a. H., lebt in Berlin. W: UnterhaltsM., Tänze, Lieder, Schlager

SAUER, Artur * 14/9 1893 Berlin, † 21/11 1924 Berlin-Pankow, 1912/20 auf d. Berl. Hochschule (bei W. Heß u. Leop. Wolf). W: LustspielOuv., Nocturnen u. a. f. Orch., KaM., Vc-Stücke, KlavStücke, Motetten, GemChöre, Lieder

SAUER, Emil * 8/10 1862 Hamburg, KlavVirt., Schüler seiner Mutter, dann v. Nic. Rubinstein u. Liszt, konzertierte in Deutschland, England, Spanien, Italien, lebte dann in Dresden; 1901/07 u. seit 1915 Leiter einer Meisterschule am Wiener Konserv. W: 2 Konz., ‚Moderne Suite', KonzEtüden usw. f. Klav.

SAUER, Frz * 11/3 1894 Bielitz (OSchles.), Schüler Irrgangs u. Jos. Renners; seit 1914 DomOrgan. in Salzburg, seit 1915 auch L. am Mozarteum. W: ‚Handbuch d. OrgLiteratur'

SAUER, Heinr. * 22/2 1870, seit 1907 KM. in Bonn, im Sommer 1897/1911 in Bad Kreuznach, vorher TheaKM. u. a. in Elberfeld u. Koblenz. W: OrchSuite, Chöre, Lieder

SAUER, Joh. Ludw. Wilh. * 7/7 1843 Schönerlinde/Berlin, L. u. Organ. zu Bernau. W: Kantate, MChöre, Motetten, Lieder usw.

SAUER, Ludwig * 20/12 1861 Cronberg (Taunus), da GsgL., Organ. u. VerDir., Schüler des Instit. f. KirchM. in Berlin u. Stockhausens. W: MChöre. H: OrgAlbum

SAUER, Ludwig * 8/7 1863 Kissingen, † 27/7 1913, TheaKM., u. a. in Halle. W: BühnM., OrchM.

SAUER, Wilh. * 23/3 1831 Friedland (Mecklbg), † 9/4 1916 Frankfurt a. O., berühmter Org-

Bauer, Schüler seines Vaters, gründete 1857 in Frankfurt a. O. eine rasch aufblühende OrgBau-Anstalt

SAUERBORN, Eugen, ps. ESBORN, Eugen * 10/1 6869 Frankfurt a. M., Pianist u. Dirig. in Berlin, Schüler des Hochschen Konserv. in seiner Vaterstadt. W: Märchen vom kleinen Däumling, sinfon. Dichtg u. Ouvert., KlavStücke, Lieder

SAUERSTEIN, Erich * 17/6 1899 Leipzig, seit Herbst 1933 Chordir. in Karsruhe, 1922/33 Chordir. u. ML. in Halle. W: Sinf., KaM., KlavStücke, Kantate, Chöre, Lieder

SAUL, Felix * 22/12 1883 Preuß. Stargard, seit 1909 in Stockholm, Chordirig., TheorL. (Riemann-Anhänger), MKrit. H: Musikkultur

SAUPE, Karl * 1822 Dresden, † 1904 Kaditz, jetzt Dresden, lange VerDirig. in Dresden. W: Ballade ‚Graf Eberstein' m. Soli u. Orch., kleinere MChöre

SAURET, Emile * 22/5 1852 Dun le Roi (Frankreich), † 12/2 1920 London, VVirt., Schüler d. Pariser Konserv. u. de Bériots, unternahm seit 1866 erfolgr. KonzReisen in Europa u. Amerika. 1880/91 VL. an Kullaks Akad. in Berlin, 1891/1903 Prof. a. d. Kgl. MAkad. in London, 1903/06 in Chicago, seit 1908 in London. W: VKompos., 2 Konz., ‚Gradus ad Parnassum', Etüden, Transkriptionen usw.

SAUVAGE, Agostino * 17/10 1844 Firenze, da † 17/2 1914, BrVirt., zeitweilig in Nizza u. Santjago. W: Opern

SAUVAL, Marc, ps. = Marcelle SOULAGE

SAUVEPLANE, Henri Emile, ps. H. E. RHYNE * 1892 Nimes, seit 1910 in Paris (Adresse auch Mazet à la Cigale bei Nimes), Schüler v. X. Leroux, Gedalge u. P. Vidal. W: Opern, Ballette, sinf. Dichtgen, KaM., KlavStücke, Gsge

SAUVEUR, Jos. * 24/3 1653 La Flèche, † 9/7 1716 Paris, berühmter Akustiker, Feststeller der Schwingungszahl eines Tons, wissensch. Begr. der Obertöne

SAUVREZIS, Alice * 1885 Nantes, lebt in Paris, Autodidaktin, doch beeinflußt von César Franck u. P. Vidal. W: OrchSuite, sinf. Dichtg, KaM., KlavStücke, Chöre, auch m. Orch., viele Lieder

SAUZEY, Eugène * 14/7 1809 Paris, da † 24/1 1901, Schüler u. Schwiegersohn Baillots, verdient. KaMSpieler, seit 1860 VProf. am Konserv. W: KaM., V- u. KlavStücke

SAVARD, Augustin * 15/5 1861 Paris, Schüler Massenets, 1902/21 Dir. des Konserv. in Lyon, lebt in Venec (Alpes marit.). W: Oper, Sinfon., KaM.

SAVARD, Marie Gabr. Augustin * 21/8 1814 Paris, da † Juni 1881, seit 1843 HarmonL. am Konserv. W: Theoret. Lehrbücher

SAVART, Felix * 30/6 1791 Mezières, † 16/3 1841 Paris, berühmter Akustiker, beschäftigte sich auch mit VBau. W: ‚Memoire sur la construction des instruments à cordes et à archet' (1819)

SAVASTA, Antonio * 22/8 1874 Catania, seit 1926 KonservDir. in Palermo, vorher KonservL. in Napoli. W: Opern, Sinf., Suiten, Ouvert., KlavQuint., KlavStücke

SAVENAU, Karl Maria Freiherr v. * 3/2 1837 Prag, † 26/1 1916 Graz, da seit 1860, MRef. W: OrchStücke, Chöre, Melodr., Lieder, KlavStücke

SAVJ, Alfonso * 29/12 1773 Parma, da † 8/5 1847, VcVirt. W: Opern, KirchM., Sinf., KaM. — Sein Sohn Luigi * 15/4 1803 Parma, † 3/1 1842 Firenze. W: Opern, KaM.

SAVIN, Risto, ps. = Friedr. v. SCHIRZA

SAVINE, Alexander * 26/4 1881 Belgrad, ausgebild. als Sgr in Wien, auch Dirig., L. am Instit. of mus. art in Newyork. W: Opern, sinf. Dichtgen

SAVIONI, Mario * 1608 Rom, seit 1642 Sgr in der päpstl. Kap., 1688 deren KM. W: wertvolle Kantaten, Motetten, Madrigale

SAWICKI (SAWITZKI), Karl Nikolaus * 1792 Lemberg, † 13/10 1850 Wien, treffl., u. a. von Paganini sehr geschätzter VBauer (breites Stradivari-Modell)

SAWYER, Frank Jos. * 15/6 1857 Brighton, da † 29/4 1908, Organ. u. GsgL. W: Orator., Kantaten, vok. u. instrum. Unterrichtswerke

SAX, Charles Jos. * 1/2 1791 Dinant a. Maas, † 26/4 1865 Paris, namhafter InstrumBauer. — Sein Sohn Adolphe * 6/11 1814 Dinant, † 4/2 1894 Paris, Schüler des Konserv. zu Brüssel, später berühmt. InstrumBauer in Paris seit 1842, Erfinder des Saxophons u. der Saxhörner, seit 1857 KonservL. W: Schulen f. seine Instrum.

SAX (SAXE), Marie — s. SASS

SAYN-WITTGENSTEIN-BERLEBURG, Frdr. Ernst Graf, ps. F. E. WITTGENSTEIN * 5/6 1837 Schloß Sannerz/Fulda, † 16/4 1915 Meran, Schüler v. Rietz. W: Opern, ‚Szenen a. d. Frithjofsage' f. Orch., Lieder

SBRIGLIA, Giovanni * 1840 Napoli, † ? Paris, ausgez. OpTen., Début 1861, dann hervorr. GsgL. in Paris. L. der beiden de Reszkes, der Nordica, Sybil Sandersons u. a.

SCACCHI, Marco * um 1598 Rom, † um 1684 Gallese/Rom, 1623/48 HofKM. in Warschau, Schüler Anerios. W: Oper, Orat., Messen, Madrigale, Schr. u. a. ‚Breve discorso sopra la m. moderna' (1647)

SCAGLIA, Carlo * 20/7 1863 Mede (Pavia), ausgeb. in Dresden u. München, 1901/33 Dir. des Istit. m. in Alessandria in Aegypten (KaMVereinigg u. Chor), lebt da? W: Sinfon., sinf. Dichtgen, StrQuart., Chöre, auch m. Orch., Gsge, Lehrbücher

SCALABRINI, Paolo * 1713 Lucca, da † 28/2 1806, KM. der Mingotti-Truppe, 1748/53 u. 1775/1781 HofKM. in Kopenhagen. W: Opern, Sinfon. u. a.

SCALERO, Rosario * 24/12 1873 Moncalieri/Torino, Schüler Wilhelmjs u. Mandyczewskys, VVirt., KomposL. in Philadelphia (Curtis-Inst.) seit 1928, vorher u. a. L. an der Cäcilienakad. in Rom. W: KaM., VKonz., VStücke, geistl. Chöre

SCALETTA, Orazio † 1630 Padova, KirchKM., vorher in Salo, Cremona (1607) u. Padova. W: Messen, Madrigale, Villanellen, theor. Schriften

SCANDELLO, Antonio * 1517 Bergamo, † 18/1 1580 Dresden, da seit 1550 Cornettist, seit 1562 HofKM. W: ‚Canzoni Napolitane‘, dtsche geistl. Lieder

SCARAMELLI, Gius. * 1761 Venezia, † um 1830 Firenze (?), Geiger, seit 1809 in Trieste, da seit 1826 TheaDir.. W: VStücke, KaM. — Sein Sohn G i u s e p p e A l e s s a n d r o * 1817 Trieste, † Juli 1876 Venezia, Geiger, Nachfolger seines Vaters als TheaDir. in Trieste. W: Opern

SCARIA, Emil * 18/9 1840 Graz, † (irre) 22/7 1886 Blasewitz/Dresden, geschätzter OpBassist (der erste Gurnemanz), 1863 in Leipzig, 1864/72 in Dresden, 1872/84 in Wien

SCARLATTI, Alessandro * 1659 Trapani (Palermo?), † 24/10 1725 Napoli, der bedeutendste Vertreter der neapolitan. Schule, bildete ausgez. Schüler, darunter Hasse, Durante u. Leonardo Leo. W: 115 Opern, 600 1stimm. Kantaten, gegen 200 Messen, Oratorien, Motetten usw. — Sein Sohn D o m e n i c o * 26/10 1685 Napoli, da † 1757, zeitw. in Lissabon u. Madrid, der größte Klav- u. OrgSpieler seiner Zeit, der erste bedeut. Klav-Kompon. (Sonaten, Fugen)

SCARLATTI, Gius. * 24/6 1723 Neapel, † 17/8 1777 Wien, da seit 1757. W: 30 Opern

SCARLINO, Eriberto * 28/7 1895 Matino (Lecce), Klav- u. OrgVirt., seit 1/4 1933 Dir. d. Lic. mus. in Alexandrien (Aegypt.), ausgeb. im Konserv. B. Marcello in Venezia, 1917 Debut als KlavVirt. in Firenze, Konzertreisen in Europa, 1911/25 KonservL. in Venezia, desgl. 1926 in Firenze, 1927/33 KonservL. in Parma, MSchr. W: sinf. Dichtgen u. a. OrchStücke, KaM., KlavStücke, Lieder

SCHAAB, Rob. * 28/2 1817 Rötha/Leipzig, da † 18/3 1887, SchulL., MKrit. W: Arrang. für Org., V. u. Klav. (z. T. ps. ‚S. H. R o b e r t i‘), ‚Führer durch die Lit. des MGsges‘, Choralbuch, musikal. Fremdwörterbuch u. a., KlavKinderstücke, gedieg. OrgStücke usw.

SCHAAF, Edward Oswald * 7/8 1869 East/Newyork, lebt in Newark (NY.). W: Opern, Messen, Sinfonien, StrQuart., KlavStücke, Lieder; ‚Study of modern operatic art‘, ‚Art of player piano transcriptions‘

SCHAAF, Jodocus * 12/1 1876 Altenessen, Chordirig. in Düsseldorf, Schüler des Konserv. in Krefeld. W: MChöre, auch m. Orch., FrChöre, V- u. KlavStücke

SCHAALE, Christ. Fr. — s. SCHALE

SCHACHLEITER, Albanus, O. S. B. * 20/1 1861, lebt i. R. in Feilnbach/Bad Aibling, 1890 im St. EmausKloster in Prag, 1908/18 Abt, wegen seiner deutschen Gesinnung vertrieben, dann in St. Florian, gründete 1922 die nur bis 1930 bestehende Schola Gregoriana, tüchtiger Musiker, ausgeb. in Leipzig (Konserv.), befreundet mit Paul Marsop, hat sehr f. d. KirchM. gesorgt

SCHACHNER, Rud. Jos. * 31/12 1821 (1816?) München, † 15/8 1896 Reichenhall, Pianist, Schüler Henselts u. J. B. Cramers, KlavL. in London u. in Wien. W: Oratorium, 2 KlavKonz., KlavStücke

SCHACHT, Peter * 30/7 1901 Bremen, lebt in Berlin, ausgeb. u. a. v. Jul. Weismann und Arnold Schönberg. W: KaM., KlavVariat.

SCHACHTEBECK, Heinr. * 6/8 1887 Diemarden/Göttingen, VVirt. in Leipzig, seit 1915 Führer eines StrQuart., seit Herbst 1932 auch OpKonzM. in Altenburg, wohnt in Leipzig

SCHACK (Cziak) Benedikt * 1758 Mirowitz (Böhm.), † 11/12 1826 München, mit Haydn u. Mozart befreundeter Operntenor. W: Opern, Messen, Gsge

SCHAD, Joseph * 6/3 1812 Steinach/Kissingen, † 4/7 1879 Bordeaux, da seit 1847 ML., Pianist, vorher in Morges (1834) u. Genf. W: Ballett, KlavStücke, Lieder

SCHADAEUS (Schade), Abraham * um 1545 Senftenberg, † 1617 (?) Bautzen, da Rektor seit 1614. H: 8stimm. Motetten (Promptuarium musicum 1611/7)

SCHADE, Georg * 27/10 1861 Kassel, da † 14/6 1927, sehr verdient um den MGsg, bes. den Kurhess. Sängerbund, anläßl. dessen 75jähr. Bestehens er eine Festschrift verfaßte. W: MChöre

SCHADE, Max, ps. E. P. MASCHA * 19/5 1874 Dresden, da Pianist u. Besitzer des Schamax-MVerl. u. des Dtsch. KomponVerl. W: Tänze, Lieder

SCHADE, Otto * 26/7 1880, lebt in Berlin. W: Lieder; UnterhaltgsM.

SCHADEWITZ, Karl * 23/1 1887 St. Ingbert (Rheinpfalz), ausgebild. in Würzburg, da KM., Chordir., Klav- u. TheorL. W: Opern, BühnM., sinfon. Dichtg, KaM., KlavStücke, Liedsinfonien, Lieder, auch m. Instr., bzw. Orch.

SCHAEBEN, Jakob * 2/6 1905 Euskirchen, Rh., da seit 1928 ML., seit 1931 Dir. des städt. Gsg-Ver. u. des KaOrch., ausgeb. in Köln (Hochsch. u. Univers.)

SCHAEBEN, Jos. † 23/5 1928 Euskirchen, da Chordir. W: Chöre

SCHAEBETHAL, Willi * 30/3 1892 Berlin, da Mker. W: Märsche, Tänze

SCHÄDEL, Joh. Bernh. * 13/4 1808 Hanau, † 17/12 1882 Darmstadt, langjähr. KlavL. in Frankfurt a. M. W: ‚Dichterblüten'

SCHÄDLICH, Reinhold * 19/1 1890 Berlin, da seit 1926 MVerleger. W: Tänze, Märsche, Lieder

SCHÄFER, Alex. * 11/9 1866 Petersburg, da 1901 ff. KM. am Volkshause des K. Nicolaus II. W: Opern, Ballett, Sinfon. u. OrchSuiten, KaM., KlavStücke

SCHÄFER, Dirk * 25/11 1874 Rotterdam, † 18/2 1931 Amsterdam, da vielgereister KlavVirt. W: OrchRhapsodie, KlavKonz., KaM., KlavStücke

SCHAEFER, Ernst * 27/6 1883 König i. Odenwald, Major a. D. in Stuttgart, Schüler v. Sekles. W: OrchVorspiel, Zeppelin-Konzert, sinf. Trauermärsche, StrQuart., Psalme u. a. f. Chor u. Orch., MChöre, viele Lieder

SCHÄFER, Hans, ps. Jean SCHÄFER * 22/11 1899 Berlin, da BallettM. W: Tänze

SCHAEFER, Hermann, ps. HAES; Frank SHEPHERD * 20/4 1895, Bearb. bes. f. kl. Orch. in Berlin-Britz. W: UnterhaltgsM.

SCHÄFER, Jos. * 22/1 1857 Leichlingen, Kr. Solingen, Organ. u. Kantor i. R. in Neuß, Schüler des Kölner Konserv. W: Messen, Motetten, weltl. Chöre, Orgelstücke

SCHÄFER, Jos. Matth. * 17/6 1882 Heppingen an d. Ahr, ausgeb. in Aachen, seit 1908 Organ. u. Chordir. in Lindlar (Rheinl.), vorher seit 1901 in Wallhausen/Kreuznach. W: Messen, Motetten, M-Chöre

SCHAEFER, Karl * 30/3 1876 Berlin, seit 1899 I. Fag. der Leipziger Op. W: FagSchule u. -Stücke

SCHÄFER, Karl (Heinz) * 29/7 1899 Roßbach (Westerwald), seit 1924 ML., Chordir. u. Cembalist in Bamberg (MSchule), ausgeb. in Gießen (G. Trautmann) u. Würzburg (MSchule). W: Sinf. Suite, TafelM. f. Orch., KaM., KlavStücke, Chöre, auch m. Orch. (u. a. ‚Sündflut'). B: fränk. Volkslieder f. Chor u. Orch.

SCHAEFER, Karl Ludolf, Dr. med. * 2/7 1866 Rostock, † 12/2 1931 Berlin, da UniversProf. seit 1907 (Ohrenarzt). W: Musikal. Akustik u. a.

SCHAEFER, Lucie, Dr. phil. * 30/9 1908 Wiesbaden, verwaltet seit Mai 1935 die Autograph-Sammlg des Manskopfschen mhist. Museums der Stadt Frankfurt a. M.

SCHAEFER, Max * 26/2 1863 Finsterwalde, seit 1891 Kantor u. Organ. in Grünberg (Schles.). Lebt ?. W: geistl. Chöre, Lieder

SCHÄFER, Theo * 27/1 1872 Frankfurt a. M., seit 1912 MKrit. in Dortmund (1897/99 in Bern, 1899/1912 in Frankfurt a. M.). W: BühnM., Lieder; ‚J. L.Nicodé' u. a.

SCHÄFER, Walter, Lic. theol. * 16/3 1903 Essen, Landesjugendpfarrer in Kassel, stark interessiert an der Singbewegg durch Alfred Stier. W: Lieder u. Chöre nach eigen. natsozial. Dichtgen

SCHAEFER-FREYTAG, Rich., ps. Dick FRIDAY * 9/7 1884 Berlin, da VVirt., da ausgeb. (Stern'sches Konserv.), zeitw. KonzM. in Bonn. W: OrchStücke, UnterhaltgsM.

SCHAEFERS, Wilh. Anton, Dr. phil. * 5/8 1908 Moers, KM. u. MSchr. in Odenkirchen, Rheinl., ausgeb. v. K. Rathaus (Berlin) u. auf der Kölner Hochschule. W: KaM., neue M. f. Volksinstr., KlavStücke, Chorwerke, Lieder, auch m. Instr., bzw. KaOrch.

SCHÄFFER, Andreas * 4/11 1868 Sielmingen/Stuttgart, seit 1912 SemML. in Heilbronn. W: MChöre

SCHÄFFER, Aug. * 25/8 1814 Rheinsberg, † 7/8 1879 Baden-Baden, lebte längere Zeit in Berlin. W: humor. MChöre, Duette, Lieder, auch 3 Opern

SCHÄFFER, Heinr. * 20/2 1808 Cassel, † 28/11 1874 Hamburg, zuerst Tenorist in Magdeburg u. Hamburg. W: OrchKompos., Kantate ‚Lob der Eintracht', MChöre, Lieder

SCHÄFFER, Jul., Dr. phil. h. c., Prof. * 28/9 1823 Crevese (Altmark), † 10/2 1902 Breslau, da 1860/1901 Dir. der Singakad. u. UniversMDir. W: Choralbuch, Lieder, KlavStücke, Broschüren u. Aufsätze üb. Rob. Franz als Bearb. älterer Tonwerke (gegen Chrysander) usw.

SCHÄFFER, Karl Friedr. Ludw. * 12/9 1746 Oppeln, † 6/4 1817 Breslau, Notar. W: Opern, Messen, 6 KlavKonz. u. a.

SCHAEFFER, Karl W. E. * 11/8 1877 Berlin, da ML. W: KlavKonz. u. -Stücke, Lieder u. a.

SCHÄFFER, Willy * 3/8 1870 Berlin, KaMker i. R. in Wiesbaden, Schüler Bußlers. W: Opern

SCHAEFFNER, André * 7/2 1895 Paris, da MSchr. Schüler der Schola cantorum

SCHAEFKE, Rud., Dr. phil. * 17/2 1895 Hildesheim, seit 1927 MStudRat in Berlin. W: ‚Hanslick u. die MAesthetik'; ‚SchulMErziehg u. dt. Erhebg' (1933); ‚Gesch. d. MAesthetik'

SCHAEKEN, J. H. * Weert/Roermond, lebt als Kirchchordirig. in Brüssel. W: Oper, Messen und viel and. KirchM., Lieder („Moedertaal' = Muttersprache Volkslied geworden)

SCHÄRTLICH, J. C. * 25/3 1789 Dresden, † 29/9 1859 Potsdam, da seit 1817 SemMDir., MSchr. W: MChöre

SCHAEUBLE, Hans * 29/5 1906 Arosa (Schweiz), lebt teils da, teils in Berlin, 1927/31 ausgeb. in Leipzig (Konserv.: Grabner, Martienssen). W: Requiem, Kantaten; Toccata Passacaglia u. Finale f. Orch., KaM., KlavKonz. u. -Stücke, Mus. f. 2 V. u. StrOrch., OrgStücke

SCHÄUBLIN, Joh. Jak. * 29/1 1822 Riehen (Basel), † 19/1 1901 Basel, GsgL., später (1866/1897) Waisenvater. W: ‚Üb. d. Bildg des Volkes für M. u. durch M.', Schullliederbücher (sehr verbreitet)

SCHAFFER, Adalbert * 21/8 1851 Kaaden (Böhm.), † 26/9 1913 Prag-Smichow, Dirig. dtscher MChöre, ausgeb. in der Lehranst. f. KirchM. in Prag. W: MChöre

SCHAFFRATH, Christoph * 1709 Hohnstein, Sächs. Schweiz, † 17/2 1763 Berlin, seit 1735 in der Privatkap. des späteren K. Friedrich II. W: Sinf., KlavKonz., KaM., KlavSonaten

SCHAFHÄUTL, Karl Frz Emil v. * 16/2 1803 Ingolstadt, † 25/2 1890 München, Prof. der Geognosie. W: z. Akustik u. kathol. KirchM.

SCHAFITEL, Alfred * 23/10 1912 Nürnberg, da Mker, da ausgeb. (Konserv.). W: Völker-Suite f. Orch., UnterhaltgsM.

SCHAFRANEK-KAVIČ — s. ŠAFRANEK

SCHAIDACHER, Max * 28/12 1884 Gangkofen, BA. Eggenfelden, Chordir. u. ML. in Straubing. W: Relig. Festspiel, Messen, Lieder, Tänze

SCHAIK, Joh. Ant. Steph. van * 1862 Utrecht, † 14/6 1927 Culemborg, da Dir. des PriesterSem., ausgeb. in Regensburg. W: KirchM.

SCHALE (Schaale), Christian Friedr. * 10/3 1713 Brandenburg, † 2/3 1800 Berlin, da seit 1741 Vcellist der Hofkap., 1763 auch Domorgan.,

Schüler Rolles. W: Sinf., Fl- u. KlavKonz., KaM., Klav- u. OrgStücke, Lieder

SCHALJAPIN, Feodor * 13(27)/2 1873 Kasan, internat. bekannter Bassist, seit Frühjahr 1933 L. an der Newyorker MSchule. W: ‚Aus m. Leben' 1927; ‚Ohne Maske' Erinnerungen

SCHALIN, Adalbert — s. Joe EDWARDS

SCHALIT, Heinrich * 2/1 1886 Wien, Schüler des dort. Konserv., lebt in München. W: jüd. Liturgie, KaM., feine KlavStücke u. Lieder. B: jüd. Volkslieder

SCHALK, Frz * 27/5 1863 Wien, † 2/9 1931 Edlach, Schüler Bruckners, 1894 TheaKM. in Graz, 1900 an der Berliner Hofop., 1901 an der Wiener Hof(Staats-)Op., deren Dir. 1918/29. — Sein Bruder Josef * 24/3 1857 Wien, Schüler Epsteins u. Bruckners, 1884 KlavL. am Konserv. u. 1887 artist. Leiter des R. Wagner-Ver., auch MSchr. B: Sinfon. Bruckners f. Klav. 4- u. 2h.

SCHALL, Klaus * 28/4 1757 Kopenhagen, † 10/8 1835 Kongens Lyngby, 1792 KonzM. u. 1817/34 KM. am Kgl. Thea. in Kopenhagen. W: Singspiele, viele Ballette, VKonz. u. a.

SCHALL, Peder * 1762 Kopenhagen, da † 1/2 1820, Vcellist u. GitVirt. W: Chöre, Lieder m. Git.

SCHALLINGER, Ewald * 23/9 1873 Wien, da MSchulDir. u. KirchChordirig. W: Messen, V-Schule

SCHAMMBERGER, Aug. * 9/7 1876 Coburg, da seit 1902 Organ., Schüler Langerts u. des Leipziger Konserv. W: OrgStücke, Lieder

SCHANTL, Heinr. (Sproß einer auf den Thea-Mus. Frz Xav. Schantl (1778/1832) zurückgeh. Grazer MFamilie) * 15/1 1873 Graz, da ML., vorher TheaKM. (Hornist). W: Optten, Tänze

SCHANZE, Ign. Ludw. * 24/12 1869 München, da seit 1907 GymGsgL. (1919 Prof.), da ausgeb. auf der Akad., 1892/99 GymnGsgL. in Dillingen, 1899/1907 in Landshut i. B., auch VerDirig. W: OrchMärsche, KlavStücke, Chöre, Lieder

SCHANZE, Joh. * 14/5 1889 Dresden, seit 1926 KirchMD. u. Kantor in Zwickau, urspr. VolksschulL., dann Schüler Urbachs u. Strieglers, 1909/19 Korrepet. der Dresdener Oper, 1919/21 TheaKM. in Neustrelitz, 1922 in Hannover, 1923/25 städt. KM. in Plauen. W: sinf. Adagio u. sinf. Prolog, Duo f. V. u. Vc., Capriccio f. V. u. Orch., gr. MChorwerk, Duette u. Lieder m. Orch.

SCHANZER, Rudolph * 12/1 1875 Wien, lebt in Bad Ischl, OpttenLibr., 1905/31 in Berlin

SCHAPER, E., ps. = Frz HANEMANN

535

SCHAPER, Gust. * 17/10 1845 Hohenwarsleben- † Juni 1906 Magdeburg, da seit 1880 M- u. GsgL., 1883 Leiter des LGsgVer. u. seit 1900 Organ. W: OrchStücke, gem. u. MChöre, Lieder usw.

SCHAPIRA, Vera * 10/2 1891 Wien, † (Selbstmord) 16/4 1930 Bremen, ausgeb. in Wien, wo sie lange lebte (zeitweise mit Dr. Richard S p e c h t verheiratet), zuletzt in Hamburg, verheiratet mit dem KlavVirt. Walter K a u f f m a n n

SCHAPLER, Julius * 1813 Graudenz, † 20/2 1886 Berlin, Vcellist, stud. in Berlin, war in Magdeburg, Wiesbaden u. Thorn ML. W: Kantate, KlavQuint., PreisStrQuart., KlavTrio u. a.

SCHAPOSCHNIKOW, Adrian G. * 10/6 1888 Petersburg, lebt da. W: Oper, Ballett, Sinfon. Dichtg, KaM., KlavStücke, Lieder

SCHARF, Hugo * 6/11 1876 Utzberg, Kr. Weimar, MDir. u. MVerl. in Rudolstadt. W: Tänze, Märsche

SCHARF, Moritz * 13/1 1838 Pirna i. S., † 13/8 1908 Dresden, ML. in Österreich u. Rußland, zuletzt in Dresden. W: KaM., V- u. KlavStücke, MChöre, Lieder usw.

SCHARFE, Ernst * 9/7 1881 Wippra, seit 1919 SchulML. (StudRat) in Halberstadt, da † 14/12 1934. W: Evang. Schulchoralbuch 'Das Jahr in Liedern' u. a.

SCHARFE, Gust. * 11/9 1835 Grimma, † 25/6 1892 Dresden, da OpBaritonist u. seit 1874 KonservGsgProf. W: ‚Die Entwicklg der Stimme', Lieder, Chöre

SCHARFENBERG, Wilh. * 22/2 1819 Kassel, † 8/8 1895 Quogue, NYork, Pianist, Schüler J. N. Hummels, seit 1838 in Newyork, geschätzter L., zuletzt Berater des Verl. G. Schirmer

SCHARNKE, Reinhold * 26/5 1899 Berlin, da MSchr. W: Lieder. H: ‚Dtsch. Musikerblatt'

SCHARRER, Aug. * 18/10 1866 Straßburg i. E., seit 1914 in Nürnberg, da bis 1925 Dirig. des LGsgVer., 1898/1900 KM. in Regensburg, 1900/04 Dir. des KaimOrch. in München, 1904/07 des Berl. Philharm. Orch. W: Sinfon., sinfon. Dichtgen, Ouvert., Chorwerke m. Orch., OrgStücke, Lieder

SCHARWENKA, Philipp * 16/2 1847 Samter (Posen), † 16/7 1917 Bad Nauheim, seit 1865 in Berlin, 1870 L. an Kullaks Akad., seit 1881 am Konserv. Klindworth-Scharwenka, Mitgl. d. Akad. d. Künste. W: 2 Sinfon., sinfon. Dichtgen, treffl. KaM., VKonzStücke, KlavStücke, ‚Sakuntala' für Soli, Chor u. Orch., Chöre, Lieder usw. 1880 verheir. mit M a r i a n n e geb. Stresow (* 25/2 1856 Berlin, da † 24/10 1918), VVirtuosin u. Komp. v. VStücken

SCHARWENKA, Walter (Sohn Philipps) * 21/2 1881 Berlin-Steglitz, da Organ., auch Chor- u. OrchDirig. W: Oper, sinfon. Dicht., Klav- Konz., OrgStücke, 107., 150. Psalm, Chöre, Lieder

SCHARWENKA, Xaver * 6/1 1850 Samter, † 8/12 1924 Berlin, Schüler von Th. Kullak u. Würst, KlavVirt., 1868/74 L. an Kullaks Akad. in Berlin, unternahm dann viele KonzReisen, 1881 KonservDir. in Berlin, Mitgl. d. Akad. d. Künste, Vorsitzender des MLVerbandes. W: Oper, Sinf., 4 KlavKonz. (op. 32 in b u. op. 82 in f, sehr geschätzt), KaM., viele KlavCharakterstücke, Salontänze (in Chopin verwandtem Stil) usw. u. Studienwerk, ‚Methodik des KlavSpiels', ‚Klänge aus meinem Leben' (1922)

SCHATTERER Egon, ps. = Hans RICHTER-HAASER

SCHATTMANN, Alfr. * 11/6 1876 Rytwiany/ Radom (Polen), Schüler Jul. Schaeffers, MRef. in Berlin seit 1901. W: Opern, Lieder; Führer zu ‚Salome', ‚Rosenkavalier' usw. — ps. Fred SANTA

SCHATTSCHNEIDER, Arnold * 26/8 1869 Gorczyn (Pos.), † 17/6 1930 Mannheim, Schüler M. Bruchs, zuerst GymnasGsgL. in Bromberg (hier Gründer einer Singakad. u. e. Konserv.), 1912 städt. MDir. in Görlitz (Volkschor), seit 1920 Dir. der MHochschule u. der VolksSingakad. in Mannheim. W: Chöre u. a.

SCHATZ, Albert * 19/3 1839 u. † 18/10 1910 Rostock, Kaufmann, sammelte 12000 OpTBücher, die 1908 von der Kongreßbibl. in Washington angekauft wurden. Katalog v. O. G. Th. Sonneck

SCHATZ, Joh. (Hans) * 23/12 1893 Berlin, da Kunstmaler, Schüler Heinz Tiessens. W: Orch- u. KaM.

SCHATZ, Karl * 23/9 1850 Hamburg, lebt da, VL., Schüler H. Schradiecks. W: VSchule (op. 24), instrukt. VKompos.

SCHAUB, Hans F. * 22/9 1880 Frankfurt a. M., Schüler I. Knorrs u. Humperdincks, seit 1916 MRef. u. sehr gesuchter KomposL. in Hamburg, neuerdings auch GymnML.; war 1907/16 als Schriftleiter der ‚Dtsch. Musiker-Ztg' in Berlin sehr ideal gesinnt. W: Oper, Suite, Passacaglia u. a. f. Orch., VStücke, Lieder

SCHAUER, Rich. * 24/8 1892 Leipzig, Vorstand des MVerl. Ant. J. Benjamin, A-G., Leipzig u Hamburg (auch D. Rahter u. N. Simrock umfassend), seit 1911 in dieser Firma, 1908/11 in Dresden ausgeb.

SCHAUER, Willy Hans * 25/1 1902 Berlin, lebt da. W: UnterhaltgsM.

SCHAUERTE, Gust. * 11/8 1876 Lüdenscheid, DomChordir. in Paderborn. H: ‚Jubilate deo' (FrChöre), Cantual (GemChöre)

SCHAUSEIL, Wilh. * 1/1 1834 Düsseldorf, da † 29/10 1892, Dirig. des Bach-Ver. H: Nachlaß Norb. Burgmüllers. W: MChöre, Lieder, Klav-Stücke usw. — Seine Tochter W a l l y * 28/5 1861 Düsseldorf, geschätzte Konzertsängerin (Sopran) u. GsgL., privatisiert in Godesberg a. Rh.

SCHAUSS, Ernst * 30/5 1882 Höchst a. M., ML. in Berlin, HarmonVirt. W: HarmonStücke, KlavStücke, Lieder; ‚Mtheoret. Grundlagen'

SCHAUSS, Karl * 10/12 1856 Lollschied, seit 1879 in Wiesbaden, da † 12/1 1929, urspr. SchulL., später GsgL. u. VerDirig. W: viele MChöre

SCHAW, Luap, ps. = Paul WACHS

SCHEBEK, Edmund, Dr. jur. * 22/10 1819 Petersdorf/Mähr., † 11/2 1895 Prag, Handelskammersekr. W: ‚Die OrchInstrum. auf d. Pariser Weltausstellg 1854'; ‚Der Geigenbau in Italien'; ‚Froberger'

SCHEBEK, Julius * 16/5 1885, Bearb. in Hamburg. W: UnterhaltgsM., auch f. Schrammelquart.

SCHEBEST, Agnes * 10/2 1813 Wien, † 22/12 1870 Stuttgart, treffl. Sgrin, bis z. Verheir. mit Dr. David S t r a u ß 1842 tätig. W: ‚Aus dem Leben einer Künstlerin' (1857); ‚Rede und Gebärde'

SCHECHNER, Nanette * 1806 München, da † 29(30)/4 1860, da Schülerin Dom. Ronconis († 1830), sehr gefeierte Koloratur- u. dramat. Sgrin der Hofoper, 1833 stimmkrank, 1834 pens.; 1831 verheir. m. dem Maler u. Lithographen Waagen

SCHECK, Gust. * 22/10 1901 München, seit 1934 L. f. Fl. u. KaM. an der Hochschule in Berlin, Virt. auch auf der v. ihm wiedererweckten Querflöte u. der Blockflöte, ausgeb. von Richard Röhler, W. Gurlitt, Müller-Blattau u. H. Erpf. W: ‚Weg zu den Holzblasinstrumenten' (1935)

SCHEEL, Fritz * 7/11 1852 Lübeck, † 13/3 1907 Philadelphia, VVirt., Schüler Davids, war KonzM. in Bremerhaven, Chemnitz u. Hamburg u. 1894 ff. in San Francisco, seit 1900 Dir. des SinfOrch. in Philadelphia

SCHEEL, Geo. * 11/7 1866 Grünrade (Brandenb.), lebt in Gollnow (Pomm.), da 1926/31 ObML., ausgeb. in Berlin (Inst. f. Schul- u. KirchM.), 1903/07 SemML. in Drossen, 1907/26 in Dramburg, OrgVirt., Chordir. W: Choralbücher, Motetten, Lieder, KlavStücke, OrgStücke. H: ‚Laudate dominum'; ‚Feierklänge'

SCHEEL, Jos. * 16/10 1879 Treherz, OA. Leutkirch (Württ.), seit 1913 DomKM. in St. Gallen, 1907/13 Chordir. u. MünsterOrgan. in Konstanz. W: Volksoper, Messen, weltl. Chöre, OrgFantasien

SCHEFBECK, Jos. Rud. * 4/3 1876 Wien, da KonzBegl. u. ML. W: Sinf., Chöre m. Orch., Lieder, KlavStücke u. a.

SCHEFER, Leopold, der Dichter * 30/7 1784 u. † 16/2 1862 Muskau. W: Sinf., KlavSon., Chöre

SCHEFFLER, John Julia * 29/11 1867 Hamburg, da ChorM. seit 1896, vorher TheaKM. an verschied. Orten. W: Chöre, Duette, Lieder. — Sein Sohn S i e g f r i e d * 15/5 1892 Ilmenau, KM. an den Kammerspielen in Hamburg, Schüler Regers u. Humperdincks; Kriegsteilnehmer, wohnt in Altona-Stellingen. W: Oper, BühnM., Sinfon., Mazedonische Suite, Rokoko-Novelle f. Orch., KaM., Lieder. B: Flotows ‚L'ombre'

SCHEIBE Johann Adolf * 3/5 1708 Leipzig, † 22/4 1776 Kopenhagen, da 1744/58 HofKM., MSchr., Gegner Bachs. W: ‚Abhandlg v. Ursprung u. Alter der M.', ‚Musikal. Kompositionslehre', Ztschr. ‚Der kritische Musikus'; Oper, 200 kirchl. Werke, Sinf., 150 FlKonz., 30 VKonzerte, KaM., Kantaten, Kinderlieder

SCHEIBEL, Theodor * 12/2 1828 KleinTschirnau/Glogau, stud. ev. Theol. u. M., seit 1859 in Lissa Buchhändler u. VerDirig. Legte 1892 krankheitshalber die Leitg des von ihm 1862 gegründ. GsgVer. f. KirchM. nieder. W: Klav- ᵃu. GsgKompos.

SCHEIBENHOFER, Herm., ps. Friedr. FRIMMEL, Fritz GERMAN, Harry WAENS * 17/2 1872 Wien, da ausgeb. (Rob. u. Joh. Nep. Fuchs), lebt in Berlin (seit 1907 Preuße). W: Optten

SCHEIBLER, Joh. Heinr. * 11/11 1777 Montjoie/Aachen, † 20/11 1837 Krefeld. W: Schriften üb. Tonmessg (Krefelder Stimmung von 440 Schwingungen)

SCHEIBLER, Ludw., Dr. phil. * 7/6 1848 Montjoie/Aachen, † 1921 Friesdorf/Godesberg, erst Tuchfabrikant, dann Kunstgeschichtler u. MSchr. W: ‚Frz Schubert'

SCHEIDE, Aug. * 2/4 1876 Gotha, da seit 1906 Kantor u. KirchChordirig., 1915 auch Organ., 1923 KirchMDir. W: Motetten, MChöre, Lieder, Org- u. HarmonStücke; ‚Gesch. des Choralvorsp.'

SCHEIDEMANN, Geo. Walter * 27/7 1859 Stettin, ein musikal. Sonderling, der zuletzt in Dresden († 1913?) gelebt. Er stellte aus den Werken der Klassiker u. Romantiker, fast ohne jede Hinzufüg neuer Noten, KlavKompilationen zusammen, um gewissermaßen ein Epos (z. B. ‚Kaiser Wilhelms II. Wünschen u. Wollen') zu schaffen oder ein bibl. Drama (z. B. ‚Moses'), letzteres nannte er Pianoforatorium!

SCHEIDEMANN, Heinr. * um 1596 Hamburg, da † 1663, da Organ. (bedeutend) seit 1625, Schüler Sweelincks. W: Org- u. KlavStücke, Lieder, u. a. ‚Die verschmähte Eitelkeit, 24 Gespräche'

SCHEIDEMANTEL, Karl * 21/1 1859 Weimar, da † 21/6 1923, bedeutender Baritonist, Schüler Stockhausens, 1878/86 in Weimar, 1886/1911 an der Dresdner Hofoper, deren Dir. 1920, auch besond. geschätzte Bayreuther Kraft. W: ‚Stimmbildg', ‚Gsgsbildg'; OpTexte (Umarbeitg von ‚Cosi fan tutte' zu ‚Dame Kobold'). H: ‚Meisterweisen' (6 Bde)

SCHEIDL, Lili — s. HANS, Lio

SCHEIDL, Theodor * 9/8 1883 Wien, da ausgebildet, seit Herbst 1932 Baritonist des Prager Landesthea., I. Engag. 1911 Olmütz, 1912 Augsburg, 1913/21 Stuttgart, 1921/32 Berlin (Staatsoper), viel auf Gastspielen, auch im Auslande, 1914, 1924 in Bayreuth

SCHEIDLER, Christian Gottlieb † 1814 (?) Frankfurt a. M., da ML. seit 1806, seit 1778 Fagottist der kurfürstl. Mainzer Hofkap., GitVirt. W: GitKompos.

SCHEIDLER, Dorette — s. SPOHR

SCHEIDT, Jul. * 12/11 1863 Kitzingen a. M., † 26/8 1917 Karlsruhe, Schüler der kgl. MSchule zu Würzburg, seit 1887 VerDirig., GymnGsgL. u. seit 1895 L. f. Klav. u. Theor. am Konserv. in Karlsruhe. W: Kompos. f. Klav. u. Gsg

SCHEIDT, Samuel * 1587 Halle a. S., da † 30/3 1654, Schüler Sweelincks, seit 1609 Organ. u. markgräfl. KM. zu Halle, verdient um die kunstvolle Ausgestaltg des Chorals. W: Org- (‚Tabulatura nova') u. a. InstrumKompos., geistl. Lieder usw.

SCHEIFFELHUT, Jakob * 18(?)/5 1647 Augsburg, da † 2/7 1709, KirchMDir., 1666 Stadtpfeifer. W: Kantaten, geistl. Gsge m. Begl., InstrSuiten

SCHEIN, Joh. Herm. * 20/1 1586 Grünhain (Erzgeb.), † 19/11 1630 Leipzig, 1599 Diskantist der Dresdner Hofkap., 1603 Alumnus in Schulpforte, stud. in Leipzig, 1615 HofKM. in Weimar, 1616 Thomas-Kantor in Leipzig. Seine Zeitgenossen stellten ihn neben Schütz u. S. Scheidt (‚die drei großen S'). W: ‚Cantional', ‚Te Deum', Madrigale, geistl. Konzerte, Lieder usw. Gesamtausgabe s. Werke (A. Prüfer)

SCHEIN, Paul Wassiljewitsch * 1826 Mohilew, † 1900 Riga, seit 1843 in Moskau, verdienter Erforscher d. russ. Volkslieds

SCHEINPFLUG, Paul * 10/9 1875 Loschwitz/ Dresden, lebt in Berlin, Schüler d. Dresdener Konserv., 1898 KonzM. u. VerDirig. in Bremen, 1909/ 14 MVerDir. in Königsberg i. Pr., 1914/20 Dirig. des BlüthnerOrch. in Berlin, 1920/28 städt. GMD. in Duisburg, 1929/31 Dirig. des Philharm. Orch. in Dresden. W: Oper, sinfon. Dichtg ‚Ouvert. zu e. Shakespeare-Lustspiel'; treffl. KaM., Lieder

SCHEIT, Karl * 21/4 1909 Schönbrunn, Schles., GitProf. an der Staatsakad. in Wien, Gründer des Bunds der Gitarristen Österreichs. H: alte u. neue GitLiter.

SCHELB, Josef * 14/3 1894 Krozingen, Kr. Freiburg i. B., KlavVirt., seit 1924 L. (Prof.) an d. MHochschule in Karlsruhe, ausgeb. auf den Konserv. in Basel u. Genf. W: Sinfonien, Konz. f. Klav., V., BaßKlarin., Tromp., Pos., KaM., KlavStücke, Kantaten, Lieder, MChöre

SCHELBLE, Joh. Nep. * 16/5 1789 Hüfingen (Schwarzw.), † 7/8 1837 Frankfurt a. M., Dirig. des von ihm 1818 gegr. ‚CäcilienVer.', erst OpSgr, verdient um den ElementarGsgunterr. (Gehörentwicklgsmethode)

SCHELL, Karl * 26/1 1864, seit 1886 Organ. u. Chordir. in Basel. W: BlasorchStücke, MChöre, Messen. H: Lieder unserer Heimat

SCHELLE, Joh. * 6/9 1648 Geising (Sachs.), † 10/3 1701 Leipzig, Kantor der Thomaskirche seit 1676, 1670/76 Kantor in Eilenburg. W: Kantaten

SCHELLE, Karl Eduard, Dr. phil. * 31/5 1816 Biesenthal/Berlin, † 16/11 1882 Wien, da seit 1864 MRef. W: ‚Der Tannhäuser in Paris' (1861); ‚Die päpstl. Sängerschule in Rom' (1872)

SCHELLER, Jakob * 16/5 1759 Schettal/Racknitz, Böhm., † 1803 Friesland, VVirt. ersten Ranges, urspr. a. d. Jesuitenschule in Prag, dann Geiger in Wien, München, Mannheim (da Schüler Abt Voglers), dann in der Schweiz, Italien, Paris, bis 1792 HofKonzM. in Mömpelgard, darauf vagabundierend verkommen

SCHELLING, Ernest * 26/7 1876 Belvidere (New Jersey), lebt in New York, Schüler Leschetizkys u. Paderewskis, vielgereister KlavVirt. W: Sinf. Dichtgen, KlavKonz., VKonz., KaM., KlavStücke, Lieder

SCHELPER, Otto * 10/4 1844 Rostock, † 10/1 1906 Leipzig, ausgezeichn. vielseitiger Op- u. KonzBaritonist, 1872/76 am Kölner, seitdem am Leipziger Stadthea.

SCHEMELLI, Geo. Christian * 1676, Schloßkantor in Zeitz, veröffentl. unter Mitwirkg Joh. Seb. Bachs 1736 ein wichtiges Gsgbuch

SCHENCK, Peter Petrowitsch * 23/2 1870 Petersburg, da Pianist u. MSchr. W: Opern, Ballette, Sinfon., Ouvert., Kantaten, Ka- u. KlavM,- Lieder usw.

SCHENK, Erich * 5/5 1902 Salzburg, seit 1929 PrivDoz. f. MWiss. in Rostock, Schüler Sandbergers, bes. Kenner der Sonaten a tre; 1925 Bibl. u. L. am Mozarteum in Salzburg, da 1927 Pressechef der Festspiele; auch Pianist u. Cembalist. W: Fachschriften. H: ältere M.; Acta Mozartiana (seit 1936)

SCHENK, Joh., GambenVirt. in Düsseldorf u. Amsterdam, veröffentl. Sonaten u. andere KaM. 1692/1724

SCHENK, Joh. * 30/11 1761 Wiener-Neustadt, † 29/12 1836 Wien, da ohne Anstellg. W: Singspiele u. a. ‚Der Dorfbarbier', Messen, Kantaten, Sinfonien

SCHENKENDORF, Leop. v., ps. Günther ERNST * 4/9 1909 Breslau, lebt in Berlin. W: ns. Chöre u. Lieder

SCHENKER, Heinr., Dr. phil. * 10/6 1868 Wisniowczyk (Galiz.), † 14/1 1935 Wien, wo er lange gewirkt, Pianist u. ausgezeichn. Theoret., Schüler Bruckners. W: ‚Beethovens 9. Sinfonie', ‚Neue musikal. Theorien u. Phantasien', ‚Der Tonwille'. H: Beethovens KlavSonaten, die fünf letzten mit ausführl. Kommentar, Händels OrgKompos., Phil. Em. Bachs KlavWerke (vgl. Osw. Jonas: ‚Das Wesen des musikal. Kunstwerks'. Eine Einführg in die Lehre H. Schenkers. 1934)

SCHENNER, Wilh. * 20/3 1839 St. Agatha, Salzkammergut, † 27/9 1913 Wien, Organ. an d. ev. Kirche u. sehr verdienter KlavVirt.

SCHENNIG, Emil * 29/11 1884 Rattenberg (Tirol), † 13/4 1928 Innsbruck, Schüler Pembaurs in Innsbruck u. des Leipziger Konserv., Pianist, 1908 ML. u. Dirig. in Königsberg i. Pr., 1916 KonservDir. in Barmen-Elberfeld, 1918 Dir. des MVer. u. der MSchule in Innsbruck. W: Auferstehungs-Sinf., OrchSerenade, KaM., OrgSonaten, KlavKonz., Sonaten, Suiten u. Stücke, Lieder, bes. nach Texten Morgensterns

SCHENSCHIN, Alex. * 19/11 1890 Moskau, da seit 1922 KonservL. W: KinderdramenM., sinf. Dichtg, KlavQuint., KlavStücke, Lieder

SCHEPPAN, Lotte — s. Lotte LOESER

SCHERBER, Ferd., Dr. jur. * 31/3 1874 Wien, da 1901/12 an der MSammlg der Hofbibl. tätig, MSchr. u. Ref. W: f. Orch., KaM. mit Bläsern, StrQuart., Lieder

SCHERCHEN, Herm. * 21/6 1891 Berlin, lebt seit 1933 in Straßburg i. Els., Gastdirig., 1907/10 Bratschist in Berlin, 1911/12 herumgereist als Dirig. von Schönbergs ‚Pierrot Lunaire', 1914 II. Dirig. des Badeorch. von Riga, in russ. Gefangenschaft, 1918 Dirig. u. Begr. der Gesellsch. ‚Melos' in Berlin, 1921 Dirig. in Leipzig, 1922/24 Dir. der MuseumsKonz. in Frankfurt a. M., 1928/31 GMD. in Königsberg, wirkt seitdem u. a. in Winterthur. W: KaM., Lieder; ‚Lehrb. des Dirigierens' (1929)

SCHEREMETJEV, Alex., Graf * 1859, † ?, gründete 1882 ein SinfOrch. u. 1884 einen KirchChor, veranst. seit 1898 VolkssinfKonz. in Petersburg, dirigierte als I. 1914 da bzw. in Rußland den ‚Parsifal'. W: KirchM., pathet. Fantasie u. Trauermarsch f. Orch. — Sein Vater D e m e t r i u s hatte eine sehr geschätzte SgrKap. unterhalten

SCHERER, Anton * 19/2 1881 u. † 22/6 1931 Köln, Maschinenfabrik., beschäftigte sich auch mit OrgBautechnik, erfand 1915 eine Spielvorrichtung, die es ermöglicht, wie beim Klav. durch den Anschlag die Tonstärke zu bestimmen (DRP 302370)

SCHERER, Georg * 16/3 1828 Dennenlohe/Ansbach, † 21/9 1909 München, der Dichter. H: ‚Die schönsten dtschn Volkslieder'; ‚Liederborn' u. a.

SCHERER, Hans * 9/3 1905 Köln, seit 1933 MSchr. in Berlin, urspr. Vcellist, ausgeb. in Köln (Rhein. MSchule), da 1922 Mitbegr. der Musikantengilde

SCHERER, Sebast. Ant. * 4/10 1631 u. † 26/8 1712 Ulm, da 1653 Stadtmusikus, 1671 DomOrgan. W: KirchM., KaM., LautenSuiten

SCHERING, Arnold, Dr. phil. * 2/4 1877 Breslau, stud. in Berlin (auch bei Joachim V.) u. Leipzig, seit 1928 o. Prof. der MWissensch. an der Univers. Berlin, vorher in Leipzig u. Halle. W: ‚Gesch. des InstrumentalKonz.', ‚Studien zur M-Gesch. der Frührenaissance', ‚Handbuch der M-Gesch. (Neubearb. A. v. Dommers), ‚Gesch. des Oratoriums', ‚MGesch. Leipzigs' Bd. 2, ‚Beethoven in neuer Deutg', usw.; VSonaten (ungedr.), Lieder. B: Neuausgaben älterer MWerke. H: Bach-Jahrbuch

SCHERRER, Heinrich * 6/3 1865 Eckernförde, lebt in Schöngeising/Bruck (OBay.), urspr. Flötist (bis 1916) der Hofop. in München, GitL., ihm ist die dortige große Entwicklg der Gitarristik zuzuschreiben. W: Volkstüml. Lauten- u. Git-Schule, sehr viele Liedersammlgen m. Git.

SCHERRES-FRIEDENTHAL, Flora * 1/4 1863 Warschau, pianist. Wunderkind, dann Schülerin Nik. Rubinsteins, viel gereist, seit 1887 (verheir. mit dem Maler Sch.) in Berlin, seit 1915 vor allem pädagogisch tätig

SCHERTEL, Fritz * 13/2 1890 Schweinfurt, VcVirt. u. seit 1921 KonservL. in Leipzig, ausgeb. in München (Akad. u. Univ.) u. 1913/14 v. Jul. Klengel, 1920 I. Solist der Dresdner Philharm., seit 1924 auch in Bayreuth, seit 1927 im WeitzmannTrio

SCHERZ, Ernst, ps. = Herm. ERLER

SCHERZ, Sylvester, ps. = Rudolf SCHMIDT

SCHERZER, Otto * 24/3 1821 Ansbach, † 23/2 1886 Stuttgart, 1860/77 UniversMDir. in Tübingen. W: Stücke für Org., Klav., Lieder

SCHESSL, Joh. * 1/6 1882 München, MMeister in Garmisch, ausgeb. in München (Akad.). W: UnterhaltgsM.

SCHESTAK, Bruno C. * 5/8 1903 Weiskirchlitz (Böhm.), KM. in Dresden. W: UnterhaltgsM.

SCHETKY, Christoph * 1740 Mannheim, † 1773 Edinburgh, vielgereister VcVirt. W: VcKonz., KaM.

SCHETTLER, Alex. * 18/9 1886 Köthen, Rundfundberater in Leipzig, da ausgeb. (Konserv.) W: Märchenspiele, Hörspiele, OrchSuite, KaM., KlavStücke, Lieder, Chansons

SCHEU, Josef * 15/9 1841, † 12/10 1904 Wien, VerDir. W: MChöre

SCHEU, Just * 22/2 1903 Mainz, Schauspieler in Berlin. W: Schlager

SCHEUCH, Otto * 6/10 1880 Hüttengesäß/Hanau a. M., seit 1912 LyzML. u. Chordirig. in Cassel. W: gr. Chorwerk, M- u. GemChöre. B: Volkslieder

SCHEUNEMANN, Max * 28/10 1881 Rumbske, Kr. Stolp (Pomm.), Schüler des Instit. f. KirchM. in Berlin, 1911 SemML. in Kettwig, Ruhr, seit 1925 OberML. (Studienrat) in Duisburg, Pianist. W: Orat., MChöre, Lieder, KaM.

SCHEURLEER, Dan. Franç. * 13/11 1855 Haag, da † 6/2 1927, Bankier, Besitzer e. wertvollen MBibl. u. InstrumSammlg, MSchr., Begr. u. Vorsitzender der 1921 zu internat. Pflege der MWiss. gegr. Union musicolog.

SCHEVE (eigentl. SCHEWE), Edgar Benjamin * 13/11 1865 Herford, † 1918 (?), 1886/88 L. an Kullaks Akad. in Berlin, treffl. Organ., 1888/92 in Rochester (NY.), 1892/1906 KonservDir. in Chicago, seitdem L. f. Theorie u. Kompos. in Grinnell (Ja.). W: Oratorium, Requiem, KlavKonz., VKonz., KaM., OrgSonaten usw.

SCHEY, Hermann * 8/11 1895 Bunzlau, treffl. KonzSgr (Bariton) in Berlin seit 1922

SCHEYDER, A. Ludw. * 20/4 1880 Wittstock, seit 1920 in Hamburg, urspr. TheaKM., dann Chordir. W: Ouvert., Chöre, Lieder u. a.

SCHIASSI, Gaetano Maria * um 1695 Bologna, † 1754 Lissabon, da HofKM. W: WeihnachtsSinf., Concerti grossi

SCHICHT, Joh. Gottfr. * 29/9 1753 Reichenau/Zittau, † 16/2 1823 Leipzig, gediceg. KirchKomp., da 1785 Dir. d. Gewandhauskonz., 1810 ThomasKantor. W: Oratorien ‚Das Ende des Gerechten‘ u. a., Motetten, Choralbuch, ‚Grundregeln der Harmonie‘ usw.

SCHICK, Edgar * 31/10 1871 Schweidnitz, TheaKM. i. R. in Berlin-Neukölln. W: Optten, Ballett, OrchStücke, Chöre, Lieder

SCHICK, Ernst * 1756 Aachen, † 10/12 1815 Berlin, Sologeiger der Hofkapelle. W: VKonz. — Seine Frau M a r g a r e t e, geb. H a m e l * 27/4 1773 Mainz, Schülerin Righinis, † 29/4 1809 Berlin, berühmte Sgrin. — Sein Sohn F r i e d r i c h * 1794 Berlin, urspr. Klarinettist der Hofkap., seit 1830 MilKM., bekannt durch treffl. MilM-Arrangements

SCHICK, Otto * 1850 Lauchstädt, Gitarr. in Leipzig, begründete da 1877 den GitKlub. W: Lieder m. Git.

SCHICK, Philippine * 9/2 1893 Bonn, s. 1919 KonzBegl. in München, 1927/33 verheir. mit H. W. v. Waltershausen. W: KaM., KlavStücke, Kantaten, Lieder

SCHICKANEDER, Emanuel — s. SCHIKANEDER

SCHICKE, Richard * 20/7 1897, lebt in Breslau. W: Märsche, Tänze

SCHICKH, Ernst v., ps. Max OHLA * 23/6 1896 Hadersdorf-Weidlingau/Wien, teils in München, teils in Berlin seit 1926 KonzBegl. u. Schr. Schüler H. Grädeners, Kriegsteiln. W: Revüen, u. a. ‚Münchner Luft‘, KabarettStücke

SCHICKHARDT, Joh., Komp. von VSonaten u. KaM. im 18. Jh. * Braunschweig, 1745 an d. Univers. Leyden als Musikus inskribiert

SCHIEBOLD, Karl * 19/12 1866 Jersey City (NAm.), ausgeb. als Sgr u. Geiger in Leipzig u. Breslau, GsgL., Chordir. u. MSchr. in Leipzig. W: viele, teilweise sehr beliebte Chöre

SCHIEDERMAIR, Ludwig, Dr. phil. * 7/12 1876 Regensburg, Schüler Sandbergers, 1906 PrivDoz. der MWissensch. in Marburg, 1912 in Bonn, da 1914 ao., 1920 o. Prof. W: ‚Beiträge z. Gesch. der Oper‘, ‚Mozart‘, ‚Der junge Beethoven‘, ‚Gesch. der dtschen Oper‘; Lieder. H: Die Briefe Mozarts u. seiner Familie; Mozarts Handschrift

SCHIEDERMAYER, Joh. Bapt. * 23/6 1779 Pfaffenmünster/Straubing, † 6/1 1840 Linz, DomOrgan. W: Singspiele, Messen u. a. KirchM., Sinf., OrgStücke, ‚Chorallehre‘

SCHIEDMAYER u. Söhne, bzw. seit 1853 auch J. u. P. Sch., bedeut. Klav- u. HarmFabrik in Stuttgart, dahin 1806 (1809?) durch Joh. Lor. Sch. (1786/1860) die von Joh. David Sch. (1753/1805) 1781 in Erlangen gegr. Fabrik verlegt

SCHIEFFERDECKER, Joh. Christian * 10/11 1697 Teuchern/Weißenfels, † 1732 Lübeck, da seit 1707 Organist. W: Opern, Abendmusiken

SCHIEGG, Ant. * 19/1 1879 Mindelheim, seit 1897 in München SchulGsgL. (treffl. Stimmbildn.), 1926 StudRat. W: Messe, Lieder; ‚Theorie u. Praxis der Stimmerziehg im Schulgsgunterr.' u. a.

SCHJELDERUP, Gerhard * 17/11 1859 Christiansand (Norw.), † 29/7 1933 Benediktbeuern, Schüler von Franchomme (Vc.) u. Massenet (Kompos.), 1896/1915 in Dresden, dann in Christiania, seit 1922 in Benediktbeuern, auch MSchr. W: M-Dramen ‚Norwegische Hochzeit' (= ‚Brautraub'), ‚Frühlingsnacht', ‚Ein Volk in Not', ‚Jenseits Sonne und Mond', ‚Die scharlachrote Blume', ‚Sturmvögel', ‚Liebesnächte' usw., Märchen, M zu Gellerups ‚Opferfeuer' u. zu anderen Schauspielen, 2 Sinfon., OrchSuiten, StrQuart., Chöre, Lieder. B: skandinav. Volkslieder f. MChor usw.

SCHIEMANN, Agnes * 7/2 1878, † 1921 (?). Lebte in Berlin. W: Lieder

SCHIEMANN, Christian Ludw. Adolph * 10/11 1823 Kopenhagen, da † 22/4 1915, ObVirt., 1845/1895 Mitglied d. Hofkap. W: Studien f. Ob.

SCHIEMANOWSKY, Max — s. LENGARD

SCHIEMER, Geo. † 26/3 1914 Wien. W: Tänze, Märsche, Wiener Lieder

SCHIEPPATI, Emilio * 4/7 1876 Milano, da Organ. (blind). W: sinfon. Dichtgen, KaM., OrgSonaten, KlavStücke, Madrigale

SCHIER, Frz * 17/11 1892 Dresden, Pianist in Berlin, ausgeb. in Dresden. W: Märsche, Tänze

SCHIERBECK, Poul * 8/6 1886 Kopenhagen, lebt da, Schüler u. a. Carl Nielsens. W: Oper, Kantat., Sinf., KlavStücke u. a.

SCHIERSE, Gotthard * 25/4 1880 Berlin, da Konz- u. OpSgr, zeitw. Dir. einer KaOper. H: Führer durch die Konzertsäle in Berlin 1921 ff.

SCHIFFEL, Edwin * 9/4 1859 Pirna, MDir. in Dresden. W: f. Zith.

SCHIFFER, Marcellus * 20/6 1892, † 24/8 1932 Berlin, Librettist

SCHIFFMANN, Ernst * 8/5 1901 München, lebt nur der Kompos. in Herrsching am Ammersee, ausgeb. auf der Akad. der Tonkunst u. Univ. München. W: sinfon. Dichtg, KaM., Lieder

SCHIFFNER, Rich. * 12/8 1889 Großschönau (Sachs.), da seit 1934 Organist, 1929/34 Organ. in Schwarzenberg (Sachs.), OrgVirt., ausgeb. in Leipzig (Konserv.); Kriegsteiln. W: OrgStücke, KlavStücke, Chöre, Lieder

SCHIKANEDER, Eman. * 3/1 1748 Regensburg, † 21/9 1812 Wien in Armut, Schauspieler u. Dir. d. Thea. a. d. Wien. W: viele Singspieltexte, u. a. zu Mozarts ‚Zauberflöte'

SCHILAJEW, Nikolai S. * 18/10 1881 KonservProf. u. MSchr. in Moskau, da ausgeb., u. a. v. S. Tanejev. W: Lieder. H: Werke Skrjabins

SCHILD, Kurt Heiko * 15/10 1881 Breslau, da u. in Landeshut seit 1928 VL., zuerst OrchGeiger, 1911/28 KonservDir. in Krefeld. W: Sinf., Ouvert., KlavStücke, Lieder u. a.

SCHILD, Theodor † 1929 Wien. W: Chöre, Lieder

SCHILDKNECHT, Jos. * 4/2 1861 St. Georgen/St Gallen, † 6/9 1899, SemML. in Rorschach. W: Messen, Requiem, OrgStücke, ‚Prakt. Anleitg z. Registrieren', ‚Organum comitans ad graduale Romanum' usw.

SCHILDT, Melchior * 1593 Hannover, da † 28/5 1667, da seit 1629 Organ., Schüler u. a. Sweelincks. W: OrgStücke, KlavVariat.

SCHILHANEK, Joh., ps. Jean SCHMID * 14/5 1860 Wien, da lange KabarettKM. W (über 1500): Singspiele, SchauspielM, Duette, Wiener Lieder u. Kuplets, OrchFantas., Tänze, Märsche

SCHILLING, Ferd. * 28/2 1849 Stühlingen (Bad.), wirkte in Freiburg i. B. W: Opern

SCHILLING, Gust., Dr. phil. * 3/11 1803 Schwiegershausen, † März 1881 Kreta (Nebraska), MSchr., 1830 MSchulDir. in Stuttgart, seit 1857 in Newyork, später in Montreal (Kanada). W: Allgem. VolksMLehre, Musikal. Didaktik, Univers-Lex. der Tonkunst, Ästhetik der Tonkunst usw.

SCHILLING (zeitweilig Sch.-Ziemssen gen.), Hans * 19/8 1869 München, bis 1889 Offiz., dann OpKM. (1906 Düsseldorf, 1908/12 in Frankfurt a. M.), lebte dann in London, seit 1919 bei München, 1921 ff. in Augsburg, da zeitw. Dir. der städt. MSchule, lebt in München, auch MSchr. W: Opern, Lieder, StrQuart., MilMärsche

SCHILLING, Karl Herm. * 7/5 1893 Metz, seit 1920 VerDir. in Karlsruhe, ausgeb. in Metz u. Mannheim, 1910/14 VerDir. in Hayingen, während des Krieges MilKM., 1919 ML. in Pr. Stargard. W: MChöre, Lieder, KlavStücke

SCHILLING, Walter * 9/7 1892 Bad Salzbrunn, seit 1919 ML. u. Chordir. in Hannover. W: Ouvert., KaM., Chöre, Gsge, auch m. Orch., Lieder

SCHILLING-ZIEMSSEN, Hans — s. SCHILLING, Hans

SCHILLINGER, Jos. * 1/9 1895 Charkow, KomposL. am staatl. Zentral-MTechnikum in Petersburg. W: Sinf. u. OrchStücke, KaM., Seelenmesse

SCHILLINGS, Max * 19/4 1868 Düren am Rhein, † 24/7 1933 Berlin, stud. in Bonn bei C. J. Brambach u. O. v. Königslöw, später in

München, lebte da als Komp., 1903 Prof., 1908/1918 GenMDir. in Stuttgart, 1919/25 Intend. d. Staatsop. in Berlin, gesuchter Gastdirig., 1932 Präsid. der Akad. der Künste, 1933 Intend. der städt. Oper in Berlin. W: Opern ‚Ingwelde', ‚Der Pfeifertag', ‚Moloch', ‚Mona Lisa' (1915, sehr erfolgreich), OrchKompos. ‚Meergruß', ‚Seemorgen', ‚Zwiegespräch' u. a., VKonz., StrQuart. u. Quint., M. zur ‚Orestie' u. zu ‚Faust' I, Chöre, Melodramen ‚Das Hexenlied' u. a., sehr feinsinnige Lieder u. Duette. — Vgl. Wilh. Raupp, M. Sch. 1936

SCHIMAK, Franz * 5/10 1885, Bearb. bes. f. SalonOrch. in Berlin. W: UnterhaltgsM.

SCHIMANKE, Paul * 19/10 1897 Schmolsin, Kr. Stolp, ausgeb. in Stettin, da seit 1922 SchulGsgL., VerDirig. u. MKrit. W: Singspiele, Chöre, Duette, Lieder

SCHIMON, Adolf * 29/2 1820 Wien, † 21/6 1887 Leipzig, Schüler des Konserv in Paris, wo er lange lebte, 1874 KonservGsgL. zu Leipzig, 1877 in München, 1886 wieder in Leipzig. W: Opern, KaM., KlavVStücke, Lieder. Verheir. 1872 mit Anna geb. Regan * 1842 Aich/Karlsbad, † 18/4 1902 München, geschätzte KonzSgrin, 1886 GsgProf. am Konserv. zu Leipzig, seit 1887 an der Kgl. MSchule in München

SCHIN, Otakar — s. SIN

SCHINAGL, Max * 11/11 1868 Ruhmannsfelden, NBay., Schüler der Münch. Akad., 1895/1898 TheaKM., seitdem SemML., seit 1905 in Speyer. W: KirchM., MChöre, auch mit Klav., Lieder, Märsche

SCHINDELMEISSER, Louis * 8/12 1811 Königsberg, † 30/3 1864 Darmstadt, HofKM. seit 1853, vorher KM. u. a. in Hamburg (1847), Frankfurt a. M. (1848), Wiesbaden (1851), Freund R. Wagners. W: 7 Opern, Orat., Ouvert., Konz. f. 4 Klarin., Sonaten f. Klav., Lieder usw.

SCHINDLER, Anton * 13/6 1795 Medl/Neustadt (Olmütz), † 16/1 1864 Bockenheim/Frankfurt a. M., Freund u. Genosse Beethovens, mit dem er 10 J. in einem Hause wohnte u. 1819 bis Anf. 1825 sowie 1827 täglich verkehrte, TheaKM. in Wien, DomKM. in Münster u. Aachen, lebte dann in od. bei Frankf. a. M. W: Biogr. Beethovens (1840)

SCHINDLER, Fritz (ps. Adolf BERRY, Otto v. WALDEN) * 29/3 1871 Bözingen (Bern), † 6/3 1924 Biel, da Flötist u. Pianist. W: MChöre, Lieder, Fl- u. KlavStücke

SCHINDLER, Hans, ps. REUTER; WINSTON * 9/5 1889, lebt in Berlin. W: UnterhaltgsM.

SCHINDLER, Hanns * 23/10 1889 Pfaffenhofen (OBay.), seit 1913 L. f. Org. u. HarmLehre an der MSchule in Würzburg, seit 1920 Madrigalchordirig. W: Sonate f. Ob. u. Org.; KlavStücke, Chöre, Lieder

SCHINDLER, Hellmuth * 2/1 1903 Leipzig, Musiker u. Sgr in Berlin. W: UnterhaltgsM.

SCHINDLER, Kurt * 17/2 1882 Berlin, † 16/11 1935, Schüler Gernsheims u. Thuilles, zuerst OpKorrepetitor, seit 1900 Dir. der Schola cantorum in Newyork. W: Lieder. H: ‚A century of Russian song'; ‚Modern spanish choral songs' u. a.

SCHINELLI, Achille * 1892 Breme (Lovellino), lebt in Torino. W: Opern, Optten, Messe, KaM., OrgStücke, theoret. Schriften; Cancionere del popolo ital. — Sein Bruder Ettore * 1888 Carbonara sul Ticino, KlavVirt. W: Optten, Klav. u. OrgStücke

SCHINK, Fritz * 30/10 1882 Berlin, da Organ., Schüler B. Irrgangs. W: OrgStücke, kirchl. Chöre

SCHINK, Hans * 1881 Honsbronn/Mergentheim, Württ., seit 1909 StudRat in Backnang, Schüler d. Stuttg. Konserv. Passionskant., M-, Fr- u. gem. Chöre, auch m. Begl.

SCHIÖLER, Axel * 11/12 1872 Guldager (Dänem.), Geiger u. OrchDir. in Kopenhagen. W: 2 Sinf.

SCHIÖLER, Victor * 1/4 1899 Kopenhagen, da bedeutender vielgereister KlavVirt., Schüler Ign. Friedmans u. A. Schnabels, zeitw. KM. am Kgl. Thea.

SCHIÖRRING, Christian * 10/2 1837 Aarhus, † 20/12 1893 Kopenhagen, da seit 1858 Geiger in d. Hofkap. W: VStücke

SCHIÖRRING, Joh. Christian Frederik * 10/1 1869 Kopenhagen, da seit 1893 Geiger der Hofkap., 1917 KonzM., seit 1910 KonservL., Schüler Toftes, Halirs u. Joachims, vielgereister Virt.

SCHIÖRRING, Niels * 1743 Ulstrup (Aarhus), † 6/2 1798 Kopenhagen, da 1773 Cembalist der Hofkap. W: Choralbuch, ‚Selskabssange', Arien

SCHIÖTT, Waldemar * 8/8 1826 Kopenhagen, da † 13/4 1915, FlötenVirt., 1852/89 in der Hofkapelle, 1853/1903 ML. am Blindeninst. W: Kantaten, Lieder, KlavStücke

SCHIPA, Tito * 2/1 1889 Lecce, wohnt in Rom, seit 1911 lyr. Tenorist, jetzt an der MetropOp. in New York. W: Messe, KlavStücke, Lieder u. a.

SCHIPKE, Max, Dr. phil. * 2/5 1873, seit 1905 Organ. u. MStudienrat in Berlin, verdient um den Schulsgunterr. W: Fachschriften; Orator.; ‚Musik. Bilderbuch', KlavSchule f. d. Unter- u. Mittelschule

SCHIRA, Francesco * 21/8 1809 (19/9 1815?) Malta, † 15/10 1883 London, da seit 1848 gesuchter GsgL., ausgeb. in Milano, urspr. OpKM., 1832/1842 in Lissabon. W: Opern, Ballette, Gsge, OrgStücke. — Sein Bruder V i n c e n z o * um 1802 Madrid, † 1857 Lissabon, da TheaKM. W: Ballette

SCHIRACH, Friedr. Wilh. v. * 14/9 1870 Philadelphia, † 20/5 1924 München, Schüler Mottls u. Thuilles, urspr. Offiz. (Kriegsteiln.). W: Oper, Optte, Sinf. Dichtgen, Gsge m. Orch., Lieder

SCHIRACH, Karl Baily v., ps. Carl Baily NORRIS * 10/11 1873 Kiel, seit 1933 GenIntend. des Thea. in Wiesbaden, 1907/18 Intend. des HofThea. in Weimar, lebte da bis 1933. W: Aus Bayreuth 1905. — Seine Tochter R o s a l i n d * 21/4 1898 Berlin, da Konz- u. OpSgrin.

SCHIRINSKY, Basil * 1901 Ekaterinodar, V-Virt. in Moskau, Mitgl. des KonservQuart. seit 1923. W: OrchSuite, KaM., Gsge

SCHIRMANN, Alex. * 13/2 1876 EnsKM. in Berlin. W: UnterhaltsgsM.

SCHIRMER Friedr. * 27/10 1881 Bonn, Dirig. u. Vcellist in Königsberg i. Pr., Schüler des Kölner u. Leipziger Konserv., sowie Humperdincks, vielgereist als KM. mit dessen ‚Mirakel‘, †, wann unbekannt. W: Sinfon. u. sinfon. Dichtgen, Suite u. Ouvert., MChöre m. Orch., Bläsersextett

SCHIRMER, Gust. * 19/9 1829 Königsee/Thür., † 6/8 1893 Eisenach, seit 1840 in Amerika, gründ. 1861 den bedeutend gewordenen MVerlag in New York. Dieser seit 1893 eine Gesellsch. (Inc.). — Deren Teilhaber G u s t a v jr, der zweite Sohn (* 18/2 1864, † 15/7 1907) gründete 1895 die Boston Music Co.

SCHIRZA, Friedr. v., ps. Risto SAVIN * 11/7 1859 Žalec/Cilli, lebt ?, zuletzt österr. GenMajor, Schüler v. Rob. Fuchs u. K. Knittl (Prag). W: Opern, Ballette, OrchSuiten, KaM., Chöre, Lieder

SCHISCHMAREV, Vladimir * 25/3 1874, seit 1924 Prof. f. vergl. MWiss. in Leningrad. W: Fachschriften

SCHISCHOR, Ivan * 10/10 1888 Nowotscherkassk, lebt in Moskau. W (aton.): Sinf., KlavStücke, Chöre, Duette, Lieder

SCHITOMIRSKY — s. SHITOMIRSKY

SCHIUMA, Alfredo * 25/6 1885 Buenos Aires, da KonservDir. u. OrchDirig. W: Opern, Sinf., sinfon. Dichtgen, KaM.

SCHLADEBACH, Julius, Dr. med. * 1810 Kiel, † 21/9 1872 Kiel, MSchr., Begr. des ‚Neuen UniversalLex. der Tonkunst‘ (1854)

SCHLÄGER, Antonie * 4/5 1860 Wien, † 28/8 1910 Gstattenhof/NÖsterr., berühmte dramat. Sängerin der Wiener Hofoper (1882/96), vorher OperettenSgrin

SCHLÄGER, Hans * 5/12 1820 Vilskirchen, OÖsterr., † 17/5 1885 Salzburg, da 1861/67 DomKM. u. MozarteumsDir., urspr. SchulL. in St. Florian, 1855 Schüler des HofKM. Gottfried Preyer in Wien, 1856/61 ChorM. des Wiener MGsgVer. W: Opern, Sinfon., StrQuart., Messen, Chöre (u. a. ‚Kriegslied der Deutschen‘, Bruckner gewidmet), Lieder usw.

SCHLAFFHORST, Klara * 1863 Memel, Stimmbildnerin, Schülerin v. Jul. Hey, gründ. mit Hedwig Andersen 1916 die Rotenburger Atemschule, seit 1926 in Hustedt/Celle. W: ‚Atmung u. Stimme‘

SCHLAG, Christl. Gottl. * 27/2 1803, † 10/3 1889, begründete 1831 die 1834 nach Schweidnitz verlegte, dort noch blühende OrgBauanstalt

SCHLAG, Ewald * 24/7 1897 Oberndorf, Thür., OrchMusiker in Crefeld, ausgeb. in Berlin (Hochsch.) u. Leipzig (Konserv.). W: OrchStücke, HornQuartette, Märsche

SCHLAGETER, Alfred * 23/7 1892 Luzern, Pianist in München. W: KlavVcSonate, KlavVar.

SCHLAGETER, Joseph * 5/1 1883 Basel, † 3/9 1919, Pianist. W: KaM., KlavStücke, Lieder

SCHLAR, Josef * 10/4 1861 Graz, † 23/3 1922 Schliersee, langjähr. HofKM. in Wiesbaden, verdient um die dort. Festspiele. B: Glucks ‚Armide‘, Webers ‚Oberon‘

SCHLECHT, Raimund * 11/3 1811 Eichstätt, da † 24/3 1891, da 1836 Präfekt, 1838 Inspekt. des PriesterSem. W: ‚Gesch. der KirchM.‘, geistl. ChorSammlgen

SCHLEGEL, Elva Margret, ps. = Margareta MATZEN

SCHLEGEL, Leander * 2/2 1844 Overveen/Haarlem, da † 20/10 1913, KlavVirt., 1871/98 MSchulDir. in Haarlem, auch Dir. des GsgVer., seit 1898 MSchulDir. in Overveen. W (feinsinnig): Sinfon., KaM., KlavStücke, Chöre, Lieder

SCHLEICH, Karl Ludw., Dr. med. * 19/7 1859 Stettin, † 7/3 1922 Saarow, der berühmte Berliner Chirurg, tüchtiger Vcellist. W: VcStücke, Lieder

SCHLEIDT, Wilh. * 21/11 1840 Neckarsteinach, † 15/11 1912 Interlaken, da Chor- u. MDir. W: OrchStücke, Chöre (‚Alpenszenen‘ usw.), Lieder, KlavStücke u. a.

SCHLEISICK, Heinr. Aug. * 4/2 1848 Neunkirchen/Melle, SemML. u. Organ. in Bromberg seit 1890, da † 1899. W: ‚Liederbuch f. Volksschulen‘, ‚Choralbuch f. d. MChor‘, ‚Liederkranz‘, Chöre, Lieder, Org- u. KlavStücke usw.

SCHLEMM, Gust. Ad. * 17/6 1902 Gießen, lebt in Hamburg, ausgeb. in Frankf. a. M. (Hochsches Konserv., Sekles), 1924/29 OpKM. in Münster i. W., 1928/31 städt. KM. in Herford, 1931/33 Dir. der Staatskap. in Meiningen. W: Gr. Messe, OrchSuite u. Passacagl., Ouv., KaM., Klav-Konz. u. -Stücke, Lieder

SCHLEMÜLLER, Gust. * 7/11 1841 Königsberg i. Pr., † 22/5 1900 Lepzig, Schüler des dort. Konserv., lebte 1867/82 in Königsberg, seitdem in Leipzig, MKrit. u. ML. W: KlavStücke, geistl. Lieder. — Sein Sohn Hugo * 2/10 1872 Königsberg i. Pr., † 7/8 1918 Frankfurt a. M., Vcellist in München u. in Leipzig, zuletzt KonservL. in Frankfurt a. M. H: 1910/14 ‚KonzProgramme d. Gegenwart'. W: VcKonz. u. -Stücke

SCHLENGER, Kurt, Dr. phil. * 20/4 1909 Tiegendorf (Danzig), FlVirt. in Berlin, stud. M-Wiss. u. Fl. in Wien u. Berlin (Univ.; Hochschule, bes. bei Prill). W: ‚Eignung z. Blasinstrumentenspiel'; ‚Beiträge z. Physiol. u. Pädagog. des BlasinstrSpiels'. H: alte FlM.

SCHLENK, Karl * 29/1 1885 Regensburg, lebt in Ansbach. W: Märsche, UnterhaltgsM.

SCHLENKER, Alfred, Dr. phil. * 30/5 1876 St. Gallen, lebt in Konstanz seit 1902, Schüler Gust. Jacobsthals, auch H. Kaminskis. W: Oper, BühnenM., Sinf., Motetten, Lieder

SCHLENKER, Rud. O., ps. = Rudolf OCHS

SCHLENSOG, Martin * 6/6 1897 Löwen, Kr. Brieg, SchulML. in Altona/Nienstedten vorher im Landerziehsheim Holzminden, Schüler P. Hielschers, vorwiegend Autodidakt. W: Kantat., Liedkantat., Motetten, LiederZyklen, heroisches Requiem f. V., 2 Br. u. Vc., HausM. f. V. u. Laute

SCHLESINGER, Adolf Martin * 4/10 1769, † 11/11 1838 Berlin, gründ. da 1810 (1795) eine bedeutend gewordene MHandlg mit Verlag, die 1864 an Rob. Lienau überging und noch jetzt in dessen Familie ist. — Sein Sohn Moritz Adolf Schl. (* 30/10 1798 Berlin, † Febr. 1871 Baden-Baden), gründ. 1834 in Paris einen MVerlag (für den Rich. Wagner während seiner ersten Pariser Zeit viel arbeitete), der 1846 an L. Brandus verkauft wurde u. seit 1887 zur Firma Joubert gehört

SCHLESINGER, Bruno Walter — s. WALTER, Bruno

SCHLESINGER, Hans, ps. SILESIUS * 8/4 1893, lebte in Berlin-Wilmersdorf, 1933 ausgewandert. W: UnterhaltgsM.

SCHLETT, Jos. * 17/8 1764 Wasserburg, † 26/12 1836 München, da Hoforgan. W: Messen, Magnificat, ‚4st. Gesge zum Gebr. in der Charwoche', weltl. Lieder, KlavSon.

SCHLETTERER, Hans Michel * 29/5 1824 Ansbach, † 4/6 1893 Augsburg, Schüler Spohrs, Davids u. E. F. Richters, zuerst L., 1847/53 M-Dir. in Zweibrücken, 1854/58 UniversMDir. in Heidelberg, 1858 ev. KirchM. in Augsburg, wo er 1865 den OratVer. u. die MSchule gründete, Geiger, Pianist u. OrgSpieler, 1878 Dr. h. c. der Univers. Tübingen. W: geistl. u. weltl. Chöre, ‚Gesch. des Singspiels', ‚Übersicht der Gesch. des KirchLiedes', ‚Studien z. Gesch. der französ. M.', ‚Zur Gesch. der dramat. M. u. Poesie in Dtschland', ChorGesgSchule, VSchule usw. B: viele Arrang., bes. f. V. u. Klav.

SCHLICHTING, Wilh. * 4/11 1877 Münster i. W., lebt in Stuttgart, in Münster u. auf der Berliner Hochsch. ausgeb., langjähr. Organ., Kirch-ChorDir. u. L. an der bischöfl. KirchMSchule in Münster, auch Schriftst. (Humoresken). W: Org-Feststücke, MChöre

SCHLICK, Arnold, ein Böhme, † (blind) nach 1527, Hoforgan. in Heidelberg. W: ‚Spiegel der OrgMacher u. Organisten'; ‚Tablaturen etlicher Lobgesang u. Lidlein uff die Orgeln u. Lauten'

SCHLICK, Joh. Konr., Vcellist, † 1825 Gotha, 1776 in Münster. W: VcKonz., KaM. — Seine Frau Regina — s. Strinasacchi. Ihr Sohn Joh. Friedr. Wilh. * 24/1 1801 Gotha, † 24/4 1874 Dresden, da Vcellist der Kgl. Kapelle, baute auch gute StrInstrumente

SCHLIEDER, Frederick William * 22/1 1873 Foreston, Ill., OrgVirt. in NewYork, ausgeb. in London u. Paris (Guilmant; Dallier). W: Kantate, geistl. u. weltl. Lieder, KaM., KlavStücke, VStücke

SCHLIEPE, Ernst * 25/5 1893 Darkehmen, OPr., lebt in Berlin, da 1933/34 Dramaturg der NS-Kulturgem., da 1921/33 MKrit., vorher Thea-KM. an versch. Orten. W: Op., Singspiele, OrchVariat., 2 StrQuart., Deutsche Kantate (op. 35; Dichtg von Karl Maria Holzapfel), Lieder

SCHLIER, Joh. Evangelist * 22/10 (9?) 1792 Salzburg, da † 27/5 1873, Schüler Mich. Haydns, auch Geiger, 1816/26 MilKM., dann VerOrchDir. bis 1841. W: BühnenM., Kantaten, Messen u., a. KirchM., M- u. GemChöre, Lieder, KaM., Git-Stücke, KlavStücke, Tänze

SCHLIPPES, Peter * 11/11 1897 Rheidt, da Pianist, Kriegsteiln. W: Lieder

SCHLÖGEL, Ludwig † 1893 Wien. W: Potpourri, Tänze, Märsche

SCHLÖGEL, Xavier * 14/7 1854 Brillonville (Belg.), † 23/3 1889 Ciney/Namur. W (beachtenswert): OrchStücke, KaM., Messen, Chants Brétons

SCHLÖGL, Alfons * 10/3 1886 Sellrain (Tirol), † 28/12 1926 Telfs (Tir.), seit 1906 ML. an der Lehrerbildgsanst. in Salzburg. W: Messen, Salzburger Liederbuch, Choralbearbeit.

SCHLÖSSER, Louis * 17/11 1800 Darmstadt, da † 17/11 1886, HofKM., vorher KonzM., stud. in Wien u. Paris. W: Opern, M. zu ‚Faust', KaM., KlavStücke, Lieder usw. — Sein Sohn u. Schüler Adolf * 1/2 1830 Darmstadt, † 10/11 1913 Great Boockham, 1854/1903 Prof. an der Kgl. Akad. in London. W: KaM., KlavStücke, Lieder

SCHLOEZER, Boris de * 1884 Witebsk, MSchr. in Petersburg, seit 1920 in Paris. W: ‚Skrjabin'

SCHLOMING, Georg * 1852 ?, † 1924 Panama, Geiger. W: VStücke

SCHLOSSER, Ernst * 8/2 1866 Braubach, seit 1903 ML. u. Chordir. in Wiesbaden. W: Chöre, Lieder, 2 StrQuart.

SCHLOSSER, Max * 17/10 1835 Amberg, † der erste David und Mime, 1868/71 u. 1873/95 an der Wiener, dazwischen an der Berliner Hofoper

SCHLOSSMACHER, Jakob * 30/9 1872 Düren, lebt da, ausgeb. in Köln (Konserv.). W: KaM., VStücke, Lieder

SCHLOTTER, Frz * 9/11 1877 Berlin, da † 24/10 1922, Pianist u. ML. W: SalonorchStücke, Lieder

SCHLOTTMANN, Louis * 12/11 1826 Berlin, da † 13/6 1905, Schüler W. Tauberts u. Dehns, tüchtiger Pianist u. L. W: Orch- u. KaM., KlavStücke, MChöre, Lieder

SCHLUER (SCHLWER), Karl G. * 26/7 1887 Vincennes (Ind.), KlavVirt. u. Pädag. in Berea, Ohio seit 1922, Schüler Godowskys (Wien), 1906/11 in New York, 1914/17 in Grand Island (Nebr.) W: KaM., KlavStücke, Lieder

SCHLÜTER. Jos., Dr. * 30/3 1833 Arnsberg, Großneffe Andr. u. Bernh. Rombergs, † 1/2 1887 Andernach a. Rh., da seit 1878 ProgymnRektor. W: ‚Allgem. Gesch. der M.', ‚Aus Beethovens Briefen' u. a.

SCHLÜTER-UNGAR, Hanns — s. UNGAR

SCHLUSNUS, Heinrich * 6/8 1888 Braubach a. Rh., ausgezeichn. in Frankf. a. M. ausgebild. lyr. Bariton der Berliner Staatsoper seit 1/9 1917, auch treffl. sehr viel auf Gastreisen befindl. KonzSgr, OpDebut (urspr. in der höh. Postlaufbahn, im Kriege schwer verwundet) 1915 in Hamburg, 1915/17 in Nürnberg

SCHLWER — s. SCHLUER

SCHMACHTENBERG, Joh. Peter * 18/10 1798 Harm/Elberfeld, † 17/11 1860 Elberfeld, HauptL. W: geistl. Gsge. H: Choralbuch der reform. Gemeinden des Wuppertales.

SCHMAL, René Rich. * 25/12 1897 Wien, da Kunsthdlr. W: mod. Tänze u. Tanzlieder

SCHMALHUSEN, Lina * 1863, † 5/9 1928 Berlin, treffl. KlavL., Schülerin Liszts

SCHMALSTICH, Clemens * 8/10 1880 Posen, seit Herbst 1933 Prof. an der staatl. Hochschule in Berlin, stud. erst Philos., dann Schüler Rudorffs u. Humperdincks, KonzBegl. u. GsgL., 1906/09 KM. am N. Schauspielhause, 1910/20 Solokorrep. u. zuletzt Ballettdirig. der Staatsop., 1929/31 künstl. Leiter der ‚Electrola'. W: BühnM. (u. a. ‚Faust' II), Ballett, Sinf., OrchSuite, KlavKonz., feine SalonKlavStücke, u. a. Suite de Carnaval, instrukt. KlavStücke, VStücke, Lieder. H: ‚Das deutsche Volkslied'

SCHMALZ, Osk. Friedr. * 25/12 1881 Ittigen/Bern, Oberwachtmeister in Konolfingen. W: Lieder, bes. Jodellieder. H: ‚Bi üs im Bärnerland'; ‚In üsem Schwyzerland' (Volks- u. Jodelliedersammlgen)

SCHMALZBACH, Leon * 13/10 1882 Jaroslau, 1901 SchulL., Schüler der Akad. in München, seit 1906 SchulL. u. Chordir. in Hechingen. W: MChöre, Lieder

SCHMEDES, Erik * 27/8 1868 Kopenhagen, urspr. Bariton, † 23/3 1931 Wien, da 1898/1924 Heldentenor. (Schüler Ifferts) der Hofop., öfters auch in Bayreuth

SCHMEDES, Hakon * 31/10 1877 Gjentofte, Schüler Ysayes, vielgereister VVirt., seit 1905 in Kopenhagen. W: Optten, BühnM., Klav- u. VStücke, Lieder

SCHMEHLING, Gertrud Elisab. — s. MARA

SCHMEIDEL, Herm. Ritter von * 20/6 1894 Graz, da KonservDir. seit 1931, da u. in Wien ausgeb., war Dirig. u. a. in Wien, Elberfeld, Frankfurt a. M., Prag, zeitweilig der am meisten herumreisende Dirigent

SCHMEIDLER, Karl * 21/8 1859 Kattowitz, Schüler der Berliner Hochschule, GymnGsgL. u. Dir. einer MSchule in Breslau, † 11/5 1935. W: Opern, Orator., Sinfon., KaM., KlavStücke, Chöre, Lieder; ‚Gesanglehre u. Liederschatz'

SCHMEIDLER, Konrad * 21/1 1847 Breslau, † 15/1 1922 Dresden, Schüler Gottwalds, Brosigs u. des Konserv. zu Leipzig, 1872/79 in München, dann in Dresden, Pianist. W: KaM., Kompos. f. Klav., Gsg usw.

SCHMEISER Jos. * 5/10 1874 Siegburg (Rheinprov.),, † 11/3 1930 Köln, da seit 1898, urspr. SchulL., VerDir., seit 1924 OberML. (StudRat). W: ‚Der 100. Psalm', ‚Sturmflut' u. a. für Chor, Soli u. Orch., MChöre

SCHMELING, Gerhard * 25/1 1889 Stettin, da Postinspektor, da u. in Riga ausgebildet, zeitw. Chordir. in Chemnitz. W: geistl. u. weltl. Chöre, Lieder

SCHMELING, Martin, ps. S. M. ALBANIZ * 4/10 1865 Scheune/Stettin, TheaKM. in Frankfurt a. O., ausgeb. in Stettin u. Brüssel, urspr. Waldhornist, seit 1902 Thea- u. KurKM. an versch. Orten. W: Singspiele, BühnM., Ballette, UnterhaltsgsM. B: viele OrchW. in verkleinerter Besetzg

SCHMELTZL, Wolfgang * um 1500 Kemnat, ObPfalz, † um 1561 St. Lorenzen am Steinfeld, Österr., Pfarrer, war Kantor in Amberg u. Wien. W: Mehrstimm. dtsche Lieder

SCHMELZER, Joh. Heinr. * um 1630, † 30/6 1680 Wien, da zuerst KaMusiker, 1671 VizeKM., 1679 HofKM. W: Ballett-Suiten, KaM., Messe

SCHMETTERER, Karl * 16/4 1888 Wien, da SchulL., KirchChorDir. seit 1922, gründete 1928 den Knabenchor „Marien-Singvögel', 1935 die 1. Wiener SgrKnaben-Kongregation. W: KirchM., bes. Messen u. Gradualien; kindertümliche Wiener Lieder; GitQuart.

SCHMETZ, Paul Joh. * 2/9 1845 Rott (Bez. Aachen), † 25/9 1897 Zell a. d. Mosel, 1878/93 SemML. in Aachen. W: ‚Die Harmonisierg d. gregor. Choralgesges', ‚OrgBegleitg z. Ordinarium missae' usw.

SCHMEZER, Friedr. * 1807 Wertheim in Baden, † 14/1 1877 Braunschweig, da berühmter Tenorist (sang bis kurz vor seinem Tode) seit 1836, zuletzt Regisseur. W: Lieder, bes. nach Scheffelschen Texten

SCHMICERER — s. SCHMIERER

SCHMID, Alfons * 28/2 1901 Donzdorf, Württ., seit 1927 Organ. u. ObSchulML. in Stuttgart, ausgeb. in Schwäb. Gmünd u. Stuttgart, urspr. SchulL., OrgVirt. W: Messen u. a. KirchM., MChöre, KlavStücke, SpielM. f. versch. Instr.

SCHMID, Alfred (Nachf.), MVerl. in München, gegr. Nov. 1868

SCHMID, Anton * 20/1 1787 Pehl (Böhm.), † 3/7 1857 Wien, Verwalter der Musikalien der K. K. Hofbibl. W: ‚Gluck', ‚Jos. Haydn u. Nic. Zingarelli' u. a.

SCHMID (SCHMIDT), Bernhard * 1520 Straßburg, da † 1578 (?), Organist seit 1560. W: ‚2 Bücher einer neuen kunstl. Tabulatur auff Org. u. Instr.' (1577). — Sein gleichnamiger Sohn, gleichf. Organ. * 1548. W: ‚Tabulaturbuch v. allerhand auserlesenen schönen Präludiis, Toccaten ...' (1607)

SCHMID, Edmund * 3/5 1886 Berlin, Schüler des Sternschen Konserv., treffl. Pianist u. L. in Flensburg bzw. Kiel

SCHMID, Ernst * 4/1 1835 Geras (NÖsterr.), † 20/9 1901 Wien, da SchulL., Mitbegr. u. 1863/95 ChorM. des ‚Schubertbundes'. W: MChöre, Lieder usw.

SCHMID, Ernst Fritz, Dr. phil. * 7/3 1904 Tübingen (Enkel Emil Kauffmanns), seit Herbst 1935 UnivMD. u. Doz. in Tübingen, 1933/35 PrivDoz. f. MWiss. an der Univers. Graz, Viola d'amoreVirt., ausgeb. in München als Geiger usw., als MWissenschaftler auf den Univers. Freiburg u. Tübingen, lebte dann in Wien. W: Messen. B: Volkslieder f. Klav. H: Haydns Requiem, K. Ph. E. Bachs KlavQuartette u. a.

SCHMID, Frz Jos. * 1836 Straubing, † 3/5 1912 München, da seit 1887, ausgeb. in Regensburg, über 40 Jahre ChorM. d. Bayr. Sängerbundes. W: OrchStücke, Chöre (u. a. ‚Bayernlied'), Lieder

SCHMID, Hans * 1874 — s. SCHMID-KAYSER

SCHMID, Hans * 20/11 1893 Znaim, VML. in Salzburg. W: Ouv., Tänze, Märsche

SCHMID, Heinr. Kasp. * 11/9 1874 Landau a. Isar, lebt in Geiselbullach/München; 1899/1903 auf der Münchener MSchule, treffl. Pianist, 1903 KonservL. in Athen, 1905 in München MSchulL. (Akad.), 1921 KonservDir. in Karlsruhe, 1924/31 Dir. der MSchule in Augsburg. W (bemerkensw.): KaM., u. a. BläserQuint., KlavStücke, KirchM., Chöre, Lieder, u. a. Türk. Liederbuch

SCHMID, Jean, ps. = SCHILHANEK

SCHMID, Joh. Christoph — s. SMITH

SCHMID, Josef * 30/8 1868 München, Schüler der dort. MSchule, OrgVirt., da 1890 Organ. u. Chordir. W: Oper, Messen, Chöre, auch m. Orch. Lieder usw.

SCHMID, Karl, Dr. med. * 9/4 1825 Aarau, † 1873 Wien, da 1855/68 ausgez. Bassist der Hof-Oper, vorher seit 1852 in Prag

SCHMID, Otto * 6/5 1858 Dresden, da † 12/9 1931, MSchr., Krit., 1912/24 L. für MGesch. am Konserv. W: ‚Th. Koschat', ‚Edm. Kretschmer', ‚Mary Krebs', ‚M. Haydn', ‚F. Tuma', ‚Die M. am sächs. Hofe' (Sammelwerk), ‚Gesch. der Dreyßigschen Singakad.', ‚Der MozartVer. in Dresden'

SCHMID, Richard * 23/1 1880 Wien, da Gitarrist. W: ‚Hohe Schule des GitSolospiels'. H: Schuberts Lieder m. Git.

SCHMID, Rud. * 30/9 1863 Kuchen, württ. OA. Geislingen, urspr. SchulL., seit 1893 ObL. u. VerDirig. in Eßlingen a. N. W: MChöre

SCHMID, Waldemar * 16/10 1881 Berlin, seit 1924 KonservDir. in Kiel, vorher seit 1907 OpKM. W: KaM., VKonz., Chöre, Lieder, auch m. Orch., u. a. (auch Schmid-Carstens gen.)

SCHMID, Wilhelm, MVerlag in Nürnberg u. Leipzig, gegr. 1/6 1853; 1920 angekauft v. Alsbach, Amsterdam. Daneben besteht aber eine M-Hdlg Wilh. Schmid Nachf. in Nürnberg

SCHMID, Willi, Dr. phil. * 12/4 1893 Weilheim, † 30/6 1934 München, da MSchr. u. Gambist. H: Geistl. Gsge, alte KaM.

SCHMID-CARSTENS, Waldemar — s. Wald. SCHMID

SCHMID-KAYSER, Hans * 25/9 1874 Mexiko, lebt in Zürich, seit 1918 Stimmbildner, Schüler H. Riemanns u. Rob. Freunds, 10 Jahre Thea-KM., 1910/22 in Berlin, bis 1918 auch Sgr z. Laute. W: Lieder (auch z. Laute), KlavStücke, Lautenschule; ‚Der Kunstgsg auf Grundlage der dtsch. Sprache' (1922). B: klass. Lieder mit Laute usw.

SCHMID-LINDNER, Aug. * 15/7 1870 Augsburg, Schüler der Münchener Akad. u. Sofie Menters, hervorrag. Pianist, seit 1893 AkadL. in München. H: KlavWerke Bachs u. Liszts

SCHMIDL, C. & Co., MVerl. in Wien, seit 1905 Mozarthaus

SCHMIDL, Carlo * 7/10 1859 Triest, da M-Schr., Begr. (1889) eines angesehenen MVerlags. W: ‚Dizionario univ. dei musicisti' (2 Bde) 2. A. (1927/29); ‚R. Schumann' u. a.

SCHMIDL, Eduard * 3/12 1897 Wien, seit Dez. 1933 in Berlin, Instrumentator u. Bearb. v. Tonfilmen u. Optten, ausgeb. in Wien (Akad.)

SCHMIDLIN, Joh. * 22/5 1722 Zürich, † 5/11 1772 Wetzikon (Zürich), da seit 1754 Pfarrer. W: Kantat., geistl. u. weltl. Lieder

SCHMIDSEDER Ludw. * 24/8 1904 Passau, Pianist in Berlin, ausgeb. in München. W: Optte, FilmM., Tanzlieder

SCHMIDT, Anton, Dr. phil. * 20/7 1872 Prag, Schüler Fibichs, G. Adlers u. H. Riemanns, seit 1899 L. an der Dresdener MSchule u. MKrit. W: ‚Die Harmonielehre in ihrer geschichtl. Entwicklg u. Zukunft'

SCHMIDT, Arthur * 23/8 1885 Ober-Langenbielau (Schles.), SchulL., seit 1909 in Breslau, da Schüler Riemenschneiders u. des Instit. f. KirchM., 1916 ObRealschulML. W: Chöre, TrauerGsg f. Singst. u. Org. usw.

SCHMIDT, Artur * 18/10 1905 Königsberg i. Pr., seit März 1934 in Köln, vorh. in Berlin bzw. in Königsberg, ausgeb. in Königsberg (Konserv.). W: Tanzlieder

SCHMIDT, Arthur P. * 1/4 1846 Altona, gründete 1876 den bedeutend geword. MVerl. in Boston (Filiale in Leipzig). Der europäische Verlag 1910 an B. Schott's Söhne, Mainz verkauft.

SCHMIDT, Aug., Dr. phil. * 9/9 1808 Wien, da † 1891 (?). W: ‚Gesch. des Wiener MGsgVer.' (1868). H: ‚Orpheus' (1840/42); ‚Allgem. Wiener MZtg.' (1841/48)

SCHMIDT, Aug. * 13/5 1847 Belgern, † 20/7 1907 Teplitz, langjähr. MilKM. in Frankfurt a. O. W: Märsche

SCHMIDT, Bernhard — s. SCHMID

SCHMIDT, Bruno * 31/3 1882 Stuhm, Konrektor in Essen. W: method. musik. Schriften, volkstüml. Lieder u. a. ‚Oberschles. Heimatlied'

SCHMIDT, C. F. — s. SCHMIDT, Karl Friedr.

SCHMIDT, Ernst * 10/4 1864 Schwebheim/Schweinfurt, lebt in Erlangen, 1887 ML. in Windsbach, 1889 Organ. in Rothenburg a. T., 1917/29 UniversMDir. in Erlangen. W: OrgStücke, Chöre; ‚Zur Gesch. des Gottesdienstes u. der KirchM. in Rothenburg a. T.'

SCHMIDT, Ernst * 7/6 1878 München, StudRat in Bayreuth, Schüler B. Walters u. Rheinbergers, zuerst Geiger im KaimOrch. in München, dann KonzM. in Halle, Mainz, Darmstadt, zeitw. auch Dirig. W: StrQuart., VStücke, u. a. Schüler-Konz., Lieder

SCHMIDT, Felix * 11/5 1848 Dresden, † 3/9 1927 Berlin, stud. bei Mantius (Gsg), Weitzmann (Theor.) u. auf der Kgl. Hochschule in Berlin, da 1872 Hilfs- u. 1878 ord., später bis 1920 HauptL. f. Gsg, leitete 1890/1917 den Berliner LGsgVer., auch geschätzter Baßbariton H: ‚Handbuch der Theorie der M. v. C. F. Weitzmann'. — Verheir. 1878 mit Maria, geb. Köhne, geschätzter Konz-Sopranistin

SCHMIDT, Feodor * 30/11 1906 Schmiedefeld am Rennsteig, VVirt. u. EnsKM. (reisend) in Ohrdruf, Thür., ausgeb. in München. W: UnterhaltgsM.

SCHMIDT, Ferd. * ? Lobenstein, † 9/2 1876 Flensburg. W: MChöre

SCHMIDT, Frz * 22/12 1874 Preßburg, seit 1880 in Wien, 1892 Vcellist der Hofop., 1910 L. f. höheres KlavSpiel an der Akad. der Tonkunst, deren Dir. 1925, 1927/30 Rektor der Hochschule f. M. W: Opern, u. a. ‚Notre Dame' (sehr bemerkenswert), 4 Sinfon., 2 StrQuart., OrgStücke, KlavKonz. u. KlavQuint. f. d. linke Hand (für Paul Wittgenstein)

SCHMIDT, Friedr. * 5/3 1840 Hartefeld/Geldern, † 27/4 1923 Münster (Westf.), da Domdechant u. DomchorDir., 1889/99 Präses des ‚Allg. dtsch. CäcilienVer.'. W: Messen, Requiem, Motetten, OrgStücke, geistl. Lieder usw.

SCHMIDT, Friedr., ps. Friedr. d'ELVERNE * 1883 Wien, † 19/2 1931 Stolp i. P., TheaKM. an vielen Bühnen. W: Optten

SCHMIDT, Geo. Wilh. * 9/11 1885 Basdorf, Brandenb., Schüler der Hochschule in Berlin, bes. Bruchs, da Chordirig., seit 1924 im Ausschuß des Bundes d. gem. u. FrChöre Dtschlands. W: Chöre auch mit Orch., Lieder

SCHMIDT, Gust. * 1/9 1816 Weimar, † 11/2 1882 Darmstadt, Schüler Mendelssohns, seit 1841 TheaKM. in Brünn, Würzburg, Wiesbaden, Frankfurt a. M., 1864/76 in Leipzig, seit 1876 HofKM. in Darmstadt. W: Opern, Chöre, Lieder

SCHMIDT, Gust. Friedr., Dr. phil. * 11/8 1883 Rostock, seit 1922 PrDoz. bzw. ord. Prof. f. MGesch. an d. Univers. München. W: Schr. z. OpGesch.; ,G. K. Schürmann'; Oper, Lieder u. a.

SCHMIDT, Hans * 6/9 1854 Fellin, † 29/8 1923 Riga, studierte in Leipzig, Berlin u. Wien, seit 1885 Pianist, Chordir. u. MSchr. in Riga. W: KlavStücke, Lieder u. a.

SCHMIDT, Heinr., Dr. phil. * 30/4 1861 Kirchenlamitz, † 23/5 1923 Bayreuth, SemML., Schüler d. Münchener MSchule. W: M. zu Festspielen; ,Die Org. unserer Zeit in Wort u. Bild', ,Der Chorgsg f. Mittelschulen', ,Der MChor auf natürl. Grundlage'; OrgKonz., Chöre, Lieder. H: Das StrOrch. f. Mittelsch.

SCHMIDT, Herm. * 5/3 1810 Berlin, da † 19/10 1845 FlVirt., BallettDirig. der Hofop. W: Optten, Ballette, Sinfon., KaM. usw.

SCHMIDT, Herm., Dr. med. * 4/12 1862 Berlin, da Dir. des CharitéKrankenhauses i. R. (ObGenArzt a. D.), Schüler H. Urbans u. Humperdincks. W: 2 LustspielOuvert., StrOrchSuite, KaM., zwei Son. f. Klav., Gsge m. Orch., viele Lieder

SCHMIDT, Herm. * 9/3 1885 Greiz, seit Nov. 1929 HeeresMInspizient im Reichswehrmin. u. L. an der Staatl. Hochschule in Berlin, seit 1883 Hoboist (treffl. Klarin. u. Sologeiger), seit 1913 MilMMeister (Kriegsteiln.). W: ,Die nächtl. Heerschau', sinfon. Dichtg f. Mil-, auch f. gr. Orch., heroische Ouv., KlarinKonz., Märsche. B: Heeresmarschfolge IV

SCHMIDT, Hermann * 1893 — s. SCHMIDT-TEICH

SCHMIDT, Joh. — s. SCHMIDT-STRAHLENBERG

SCHMIDT, Joh. Christoph * um 1664 Hohenstein (Sachs.), † 13/4 1728 Dresden, da bereits 1676 Sänger u. Instrumentalist der Hofkap., 1692 II. Hoforgan., 1696 (nach Aufenthalt in Italien) VizeHofKM., 1698 I. KM., 1717 ObKM. W: KirchM.

SCHMIDT, Joh. Phil. Sam. * 8/9 1779 Königsberg i. Pr., † 9/5 1853 Berlin, MKrit. W: Opern, KirchM. usw. B: 4hdge KlavArrang. von Werken Haydns u. Mozarts

SCHMIDT, Jos. * 26/9 1795 Bückeburg, da † 15/3 1865, KM. seit 1852, VVirt. W: Orator., Psalmen, Lieder usw.

SCHMIDT, Jos., Dr. phil. * Rüdinghausen (Westf.), seit 1924 KirchChordir. u. seit 1927 Assist. am BeethovenArch. in Bonn. W: KirchM. u. a.

SCHMIDT, Karl, Dr. phil. * 10/7 1869 Friedberg, Hessen, da seit 1902 GymnasProf. u. 1903/12 L. der MGesch. am ev. PredigerSem. W: ,Geistl. Liederbuch', ,Zur Gesch. des MVer. in Friedberg', ,Hilfsbuch für den Unterr. im Gsg auf d. höh. Schulen', ,W. Hill'; M. zu Sophokles' Aiax, KlavKonz. H: Arien-Album (10 Bde)

SCHMIDT, Karl * 21/8 1871 Güdingen/Saarbrücken, ausgeb. in Magdeburg, Geiger, ML. u. Chordir. in Nordhausen. W: Optte, Sinf., Lieder, UnterhaltgsM.

SCHMIDT, Karl Friedr. * 25/12 1827 Jonitz/Dessau, † 28/2 1892 Heilbronn, begr. um 1860 das bedeutend gewordene MAntiquariat C. F. Schmidt in Heilbronn, mit dem auch ein MVerl. verbunden ist

SCHMIDT, Karl Jul. * 30/1 1851 Döben/Grimma i. Sachs., † 16/8 1917 Basel, Schüler d. Leipziger Konserv., 1875 Chordir. in Solothurn, 1898 MSchulL. u. Chordir. in Basel. W: gem. u. MChöre, Lieder

SCHMIDT, Kurt, ps. = Hans SOMMER * 1904

SCHMIDT, Leopold, Dr. phil. * 2/8 1860 Berlin, da † 30/4 1927, seit 1897 MSchr. u. Krit. des ,Tageblatts', vorher seit 1887 OpttenKM. W: ,Zur Gesch. der Märchenop.', ,Jos. Haydn', ,Mozart', ,Lebende Tonkünstler', ,Gesch. der M. im 19. Jh.' u. v. a., Sonate f. Klav u. V., Chöre, Lieder; Optten nach Offenbach ,Die Heimkehr des Odysseus' u. ,Die glückliche Insel'

SCHMIDT, Margot Alice * 18/1 1897 Schönlanke, lebt in Landsberg a. W. W: volkstüml. Chöre u. Lieder nach eigenen Texten

SCHMIDT, Max * 14/7 1869 Berlin, da seit 1892 TheaKM. W: Possen, Revuen, Tänze

SCHMIDT, Paul (P. O.) * 20/4 1872 Potsdam, Mker u. MVerleger in Berlin. W: Tänze, Märsche

SCHMIDT, Paul * 1882 — s. KICK-SCHMIDT

SCHMIDT, Rich. * 16/6 1877 Oberrodewitz, Schüler des Konserv. in Dresden, jetzt L. an dieser Anstalt u. Kantor u. Organ.

SCHMIDT, Rudolph * 25/2 1897 Berlin, Sohn eines Musikers, der ihn viele Instrumente erlernen ließ, Pianist, Schüler L. Kreutzers, Kriegsteilnehmer, 1920 L. am Sternschen Konserv., seit 1925 L. (1934 Prof.) an der Hochschule in Berlin, KonzReisen, u. a. in Griechenland. W: KlavKonz. — ps. Sylvester SCHERZ

SCHMIDT, Theodor * 1/10 1840 Altona, †, treffl. Baritonist der Berliner Hofoper (1871/98)

SCHMIDT, Theodor * 25/7 1846 Lodenau/Rothenburg (OblLausitz), † 21/10 1908 Görlitz, Schüler d. Instit. f. KirchM. zu Berlin, 1886/98 SemML. in Marienburg, später Kantor in Görlitz. W: Psalmen, Motetten, M- u. GemChöre, Org-Komp., Chorsammlgen usw.

SCHMIDT, Ulrich * 9/3 1896 Crossen a. Oder, lebt in Berlin, da ausgeb. (Hochschule). W: UnterhaltgsM.

SCHMIDT, Walther * 20/1 1872 Brandenburg a. H., da Organ., Begr. des Philharm. Orch. u. (1904) des Konserv.; zeitw. GymnGsgL.; Kgl. M-Dir.

SCHMIDT, Walter * 7/7 1883 Rosenthal/Breslau, † 7/9 1934 Berlin, da seit 1908 Chordir., da 1925 ObML. (Studienrat). W: Chöre

SCHMIDT, Walther * 7/6 1886 Rorodt, Kr. Bernkastel, SchulL. in Krombach, Kr. Siegen, vorher in St. Wendel (Saargebiet), besuchte 1918/20 das Konserv. in Saarbrücken, KirchChor- u. Ver-Dirig. W: Gem- u. MChöre, Lieder

SCHMIDT, Walter, ps. Fried WALTER * 19/12 1907 Ottendorf-Okrilla, Sa., Pianist (KM.) in Leipzig, ausgeb. in Dresden u. Berlin (Akad. der Künste). W: Weihnachtsmärchen, BühnenM., Orch-Suite, BrKonz., HornKonz., KlavStücke, Lieder, Chansons, Tänze

SCHMIDT, Wilh. * 7/6 1886 Rorodt, Kr. Bernkastel, SchulL. in Krombach, Kr. Siegen, vorher (1907 ff.) in St. Wendel (Saar), auch KirchChor-u. VerDir., 1918/20 auf dem Konserv. in Saarbrücken. W: Gem- u. MChöre, Lieder

SCHMIDT-BOELCKE, Werner * 28/7 1903 Warnemünde, lebt in Berlin. W: Tonfilme, UnterhaltgsM.

SCHMIDT-ELSEY, Arthur * 28/6 1893 Leipzig, da KM., vorher Flötist. W: FlKompos., Ka-M., Lieder

SCHMIDT-GENTNER, Wilh., ps. Will FRED * 6/4 1894 Neustadt am Rennsteig (Thür.), Film-KM. in Berlin, urspr. Geiger (kriegsverletzte linke Hand), ausgeb. in Sondershausen u. auf d. Sternschen Konserv. in Berlin; auch von M. Reger. W: FilmM., sinf. Dichtg, KlavStücke, Lieder

SCHMIDT-HAGEN, Frz * 7/6 1875 Danzig, KM. in Berlin. W: Optten, UnterhaltgsM. (Tänze, Märsche)

SCHMIDT-ISSERSTEDT, Hans, Dr. phil. * 5/5 1900 Berlin, OpKM. 1928/31 in Rostock, 1931/34 in Darmstadt, 1934 bei der Dtsch. M-Bühne (Wanderoper), seit Herbst 1935 an der StaatsOp. in Hamburg. W: Oper, BühnenM., Ka-M., Lieder

SCHMIDT-MORITZ, Frieda * 7/10 1883 Balsthal (Schweiz), KlavL. in St. Gallen. W: ‚M-Erziehg durch KlavUnterr.'

SCHMIDT-REINECKE, Heinz * 19/3 1875 Hamburg, vielgereister VVirt., Schüler Schradiecks u. A. Krugs, seit 1901 KonzM. des Philharm. Orch. u. KonservL., seit 1923 städt. KM. in Dortmund, † 15/5 1935. W: Sinf. Dichtg, VStücke, KaM., Lieder

SCHMIDT-STRAHLENBERG, Johann, ps. STRAHLENBERG * 13/9 1901 Strahlenberg, lebt in Tütz (Grenzmark). W: UnterhaltgsM.

SCHMIDT-TEICH, Herm. * 17/11 1893 Dresden, da SchulL., Schüler J. G. Mraczeks. W: Märchenspiel, Sinf. Dichtg, KlavTrio, Liederzykl.

SCHMIDTGEN, Karl * 4/4 1891 Zittau, M-Dir. am staatl. Schauspielh. a. D. in Dresden, auch OrchSchulL., Schüler Regers u. Pfitzners (Straßburg), Kriegsteiln. W: Op., BühnenM., sinf. Kantate, OrchVorspiel, KlavTrio, Chöre, Lieder

SCHMIDTHAUER, Ludwig * 1882 Komorn, vielgereister OrgVirt., Hochschul-Prof. in Budapest, da ausgeb. (bes. von Hans Koeßler), auch Schüler Guilmants. W: OrgFantas. u. Stücke

SCHMIDTKONZ, Max * 15/11 1869 Neustadt a. D., Schüler der Akad. d. Tonkunst in München, SemML. in Bamberg seit 1907. W: Orat., Messen, Offert., Chöre, Lieder, OrgStücke

SCHMIDTS, Ludw. * 17/4 1905 Kaschau, seit 1933 ChorM. der Dtsch. Liedertafel, Stimmbildner u. KonzSgr (Bar.), auch MSchr. in Bukarest, ausgeb. in Liège u. am kirchmus. Inst. des Konserv. in Leipzig

SCHMIEDEBERG, Axel * 14/8 1896 Narwa, lebt in Berlin. W: ns. Marschlieder, UnterhaltgsM.

SCHMIEDEKNECHT, Berthold * 3/8 1878 Bochum, da SchulL. u. KirchChordir. W: Gem-u. MChöre

SCHMIEL, Rich. * 14/5 1878 Plötzensee/Berlin, † 17/3 1929 Neuhaldensleben, langjähr. MilKM. in Kassel. W: Märsche, CharakterStücke, Potpourris u. a.; viele Bearb. f. MilM.

SCHMIER, Johann * 5/1 1852 Leiden, † 21/4 1915 Heerenveen, berühmter OpBassist u. Konz-Sgr. W: KirchM., humor. (natural.) Lieder

SCHMIERER (SCHMICERER) gab als J. A. S. u. d. T. ‚Zodyacus musicus' 6 OrchSuiten 1698 in Augsburg heraus; NA. Denkmäler dtsch. Tonkunst I. Folge 10. Bd

SCHMITT, Aloys, Dr. phil. h. c. * 26/8 1788 Erlenbach a. M. (Unterfranken), † 25/7 1866 Frankfurt a. M., ML. in Berlin, Hofpianist in Hannover (1825/29), dann in Frankfurt a. M. W: ‚Methode des KlavSpiels', KlavEtüden, Sonaten, Konzerte, auch Opern, Sinfon., Quartette, Kinderlieder usw.

SCHMITT, Aug. † 3/9 1929 Oppau. W: treffl. MChöre, Melodr., KlavStücke

SCHMITT, Cornelia — s. bei Geo. Aloys SCHMITT

SCHMITT, Cornelius * 4/1 1874 Marktheidenfeld, StudProf. in Würzburg. W: Gem- u. MChöre, Kinderlieder. H: ‚Aus entschwundenen Tagen' (Volkslieder)

SCHMITT, Eugen * 20/9 1859 Unter-Schneidheim, Württ., SchulRektor a. D. in Stuttgart, seit 1900 Organ. W: Mysterienspiel, Messen, OrgStücke

SCHMITT, Florent, ps. S. FONTREL; YKS * 28/9 1870 Blamont, lebt in Paris, da Schüler des Konserv., von Debussy beeinflußt, 1921/24 KonservDir. in Lyon. W: Ballette, BühnenM., sinf. Dichtgen, KaM., u. a. KlavQuint. op. 51, KlavStücke, Chöre, Lieder

SCHMITT, Frieda — s. SCHMITT-LERMANN

SCHMITT, Frdr. * 18/9 1812 Frankfurt a. M., † 17/1 1884 Wien, Tenorist u. GsgL., Freund R. Wagners, L. Julius Heys. W: GsgSchule (sehr geschätzt) u. a.

SCHMITT, Geo. * 11/3 1821 Zurlauben/Trier, Mitbegr. d. ‚Trierer Liedertafel', seit 1845 Organ. in Paris, da hochgeehrt † 7 (nicht 27) / 12 1900. Komp. der volkstümlich gewordenen Lieder ‚Dort, wo der alte Rhein', des Mosselliedes ‚Im weiten deutschen Lande' u. a. W: für Orch., Klav., Org. usw.

SCHMITT, Geo. Aloys * 2/2 1827 Hannover (Sohn von Aloys Sch.), † 15/10 1902 Dresden, Schüler Vollweilers, 1857/92 HofKM. in Schwerin, seitdem pension. in Dresden, da seit 1896 Leiter des Mozartver. W: Opern, SchauspielM., KaM., KlavStücke, Lieder usw. B: Mozarts c-moll-Messe.
— Seine Frau Cornelia geb. Csanyi * 6/12 1851 Debreczin, † 11/10 1906 Wismar, treffl. Sopranistin

SCHMITT, Hans * 14/1 1835 Koben (Böhm.), † 14/1 1907 Wien, da KlavVirt. u. KonservProf. W: große KlavSchule, KlavStücke u. Etüden, Lieder; ‚Das Pedal des Klaviers'

SCHMITT, Jakob (Jacques), Bruder v. Aloys * 2/11 1803 Obernburg, zuletzt geschätzter Klav-L. in Hamburg, da † Juni 1853. W: üb. 200 KlavWerke

SCHMITT, Jul. * 19/1 1863 Ebertsheim (Rheinpf.), † 27/10 1918 Frankenthal, da seit 1884 SchulL., Chordirig, oft Leiter der Gausängerfeste. W: MChöre, auch m. Orch. (u. a. ‚Pfälzerlied', ‚Heil Dir, Haus Wittelsbach'), Lieder

SCHMITT-CSANYI, Cornelia — s. bei Geo. Aloys SCHMITT

SCHMITT-LERMANN, Frieda * 24/5 1885 Würzburg, lebt in München. W: KirchM., ‚Das Lied von der Glocke', sinfon. Dichtg, Lieder

SCHMITTBAUER, Joseph * 8/11 1718 Bamberg, Schüler Jomellis, † 24/10 1809 Karlsruhe, da 1776 KM. W: Singspiele, KirchM., Sinf., KaM.

SCHMITZ, Alois * 17/12 1872 Köln, da Stimmbildner, Schüler Schulz-Dornburgs u. MSchr. W: ‚Stimmbildg'

SCHMITZ, Arnold, Dr. phil. * 11/7 1893 Sablon/Metz, seit Herbst 1929 o. Prof. der MWiss. in Breslau, vorher seit 1921 PrivDoz. in Bonn. W: ‚Beethovens zwei Prinzipe'; ‚Das romant. Beethovenbild' u. a.

SCHMITZ, Eugen, Dr. phil. * 12/7 1882 Neuburg a. D., 1908 MRef., 1909 PrivDoz. a. d. Univers. in München, 1914 Mozarteum-Dir. in Salzburg, seit 1915 MRef., 1916 Doz., 1918 Prof. a. d. techn. Hochschule in Dresden. W: ‚H. Wolf', ‚Rich. Strauß als MDramatiker', ‚Harmonielehre als Theorie', ‚Gesch. der weltl. Solokantate', ‚Palestrina', ‚Orlando di Lasso', ‚Handbuch der M-Ästhetik', ‚Das Madonnen-Ideal in der Tonkunst', ‚Klav. u. KlavSpiel'; Chöre, Lieder usw. B: Naumanns ‚Illustr. MGesch.' usw.

SCHMITZ, Jos. (Jupp) * 15/2 1901 Köln, da Pianist, da ausgeb. (Hochsch.). W: UnterhaltgsM.

SCHMITZ, Paul * 16/4 1898 Hamburg, seit 1933 GenMDir. der Op. in Leipzig, ausgeb. in Mannheim (W. Rehberg, E. Toch, Furtwängler), OpKM. 1919/21 in Kiel, 1921/23 in Weimar, 1923/27 in Stuttgart, 1927/33 in München

SCHMITZ, Peter * 20/1 1895 Köln, Gymnas-Abit., seit 1933 OpKM. in Kassel, Schüler des Kölner Konserv., 1918/20 Korrepet. an der dort. Oper, 1919 Dirig. des dort. Volksorch., 1920/27 KM. der Staatskap. in Meiningen, 1927 in Trier

SCHMOCK, Jul. * 18/11 1829 Magdeburg, † 6/8 1879 Berlin, Mitglied des Domchors, GsgL., Liederkomp. — Sein Sohn Jul. Edgar * 1/4 1874 Berlin, da † 3/12 1925, Schüler E. E. Tauberts, Bassist, Improvisator, GsgL., MSchr. W: Lieder, Chöre

SCHMÖLZER, Jak. Ed. * 9/3 1812 Graz, † 9/1 1886 Schloß ObKindberg. W: MChöre, volkstüml. Lieder

SCHMÜGEL, Joh. Christoph * 1726 Pritzier, Meckl., † 31/10 1798 Mölln, da Organ. seit 1766, vorher seit 1762 in Lüneburg, Schüler Telemanns. W: Kantaten, Sing- u. Spieloden, OrgStücke, KaM.

SCHMUHL, Karl * 14/11 1869 Stavenhagen, Postrat in Eilenburg, Schüler von R. Tobias. W: geistl. M., Stücke f. Org u. Ob.

SCHMULLER, Alex. * 5/12 1880 Mozyr (Rußl.), † 29/3 1933, Schüler Sevčiks u. Auers, ausgezeichn. VVirt., 1908 L. am Sternschen Konserv in Berlin, seit 1914 am Konserv. in Amsterdam; eifriger Regerianer

SCHMUTZ, Frz, Dr. phil. * 28/3 1888 Groß-Höbarten (NÖsterr.), seit 1914 GymnProf. in Wien. W: Oper, Orator., Melodram, KlavStücke, Lieder

SCHMUTZER, Anton = Toni SCHMUTZER

SCHMUTZER, Franz † (74j.) 21/8 1934 Bremen, da seit 1890 Mitgl. d. Philharm. Orch., vorher in Wien u. Prag, KirchChordir. W: Messen, BühnM., Lieder, auch z. Laute

SCHMUTZER, Joh., MVerl. in Baden-Baden, gegr. Juli 1902

SCHMUTZER, Philipp * 31/12 1821 Kottwitz (Böhm.), † 17/11 1908 Feldkirch (Vorarlberg), Pfarrchordirig. u. ML. an der Jesuitenschule, vorher ML. in Innsbruck, L. Rheinbergers. W: Sinf., Tedeum, kirchl. Gsge

SCHMUTZER, Phil. * 16/6 1868 Feldkirch, ML. in Bad Kissingen, ausgeb. in Innsbruck und München (Kgl. MSchule). W: Ouvert., VKonz., Märsche, Tänze, Chöre

SCHMUTZER, Toni * 3/7 1864 Feldkirch, da seit 1891 ML. an der Jesuitenschule, seit 1896 KirchChordir., seit 1902 Dir. des von ihm gegr. KirchChorver. W: KirchM., weltl. Chöre u. Lieder, auch mit Orch., u. a. das zum Vorarlberger Volkslied gewordene ‚Du Ländle, meine teure Heimat'

SCHMUTZLER, Ludwig * 4/11 1843 Kreuznach a. d. Nahe, † 3/8 1922 Heilbronn a. N., da seit 1883 Dir. des Singkranz, urspr. Geiger in Wiesbaden u. Löwenberg i. Schles., 1886/70 TheaKM., 1870 VerDir. in Langenberg (Rheinl.), 1878 städt. MDir. in Kempten (Bay.), 1882 VerDir. in Konstanz. W: MChöre, Lieder. B: Bachsche Kompositionen f. StrOrch.

SCHNABEL, Alex. Maria * 17/12 1890 Riga, da KlavL. W: Tanzspiele, KaSinf. u. a. OrchKomp., KaM., KlavStücke, Lieder

SCHNABEL, Artur * 17/4 1882 Lipnik (Öst.-Schles.), seit 1934 in London, Wunderkind, Schüler Leschetizkys, 1901/33 in Berlin, (1925/33) Prof. an d. Hochschule, ausgez. Pianist, der fast nur Klassiker spielt, in seinen bisher meist ungedr. Kompositionen (KlavQuint., StrQuart, Sonate für V. allein) dem Atonalismus huldigt. — Seine Frau (seit 1905) T h e r e s e geb. Behr * 14/9 1876 Stuttgart, Schülerin Stockhausens, Rich. Schulz-Dornburgs u. Etelka Gersters, hervorragende, vielgereiste Altistin

SCHNABEL, Jos. Ign. * 24/5 1767 Naumburg a. Queis, † 16/6 1831, DomKM. seit 1805 u. M-Dir. in Breslau seit 1797, treffl. Dirig. W: Messen, Requiem, Kantaten usw. — Sein Neffe K a r l * 2/11 1809 Breslau, da † 12/5 1881, da KlavFabrik., Organ., Pianist. W: Opern, Messe, Kantaten, Orch- u. KlavWerke

SCHNABEL, Karl Ulrich (Sohn Arturs) * 6/8 1909 Berlin, lebt in London, Pianist, Schüler d. Hochschule (Leonid Kreutzer, Juon). W: Fantasie-Sonate f. V. u. Klav., KlavStücke u. a.

SCHNAUBELT, Joh. * 1814 NÖsterr., † 1871 Salzburg, da Geiger, MozarteumL. W: Opern, Messen, MChöre

SCHNEDLER-PETERSEN, Frederik * 16/2 1867 Rudkjöbning, Schüler d. Kopenhagener Konserv. u. Joachims, VVirt. u. Dirig., seit 1909 Dir. des Tivoli-Orch. u. OrchSchulDir. in Kopenhagen

SCHNEE, Karl * 4/3 1883 Köln, Dirig. u. Organ. in Bonn, ausgeb. in Köln (Konserv.). W: Kantaten, Motetten, Lieder, OrgStücke

SCHNEEBERGER, Ferd. * 1843, † 21/5 1906 Biel, da 1872/75 GsgL. u. Dirig., dann MVerleger. W: Opern, viele Chöre; ‚Rationelle Gsgschule'. — Sein Sohn u. Nachfolger P a u l * 1883 Biel. W: KlavStücke, VStücke, Chöre

SCHNEEGASS (Snegassius), Cyriacus * 5/10 1546 Bufleben/Gotha, † 23/10 1597 Friedrichsroda, Thür., da seit 1573 Pastor. W: theoret. Schriften, u. a. ‚Dtsche Musica für die Kinder u. andere, so nicht sonderlich Latein verstehen', Gradualien, Psalme, Motetten

SCHNEEVOIGT, Georg * 8/11 1872 Wiborg (Finnl.), urspr. VcVirt., seit 1901 vielgereister Dirig. (1904/08 des KaimOrch. in München), 1922/28 in Stockholm u. 1924/25 auch in Düsseldorf, 1928/32 OpDir. in Riga, auch Dirig. in Los Angeles, seit 1932 in Malmö. — Seine Frau S i g r i d * 17/6 1878 Helsingfors, treffl. Klav-Spielerin, Schülerin Busonis

SCHNEIDER, Bernhard (wendisch: KRAWE, Bjarnat) * 5/2 1861 Milstrich/Kamenz, Sa., ML. u. Chordir. in Dresden, Schüler Draesekes. W: OrchSuite, sinf. Dichtg, Chöre, auch m. Orch., Duette, Lieder. H: Wendische Volkslieder

SCHNEIDER, Constantin, Dr. phil. * 22/9 1889 Braunau a. Inn, seit 1925 Staatsbibl. in Wien, MSchr., Major a. D., 1914/18 an der Front, Schüler G. Adlers u. R. Lachs. W: ‚Gesch. der M. in Salzburg' 1935. H: Webers Jugendmesse

SCHNEIDER, F. Louis, ps. F. Louis TAYLOR Ende des 19. u. Anf. d. 20. Jh. W: viele Klav-Stücke, VStücke

SCHNEIDER, Franz — s. SCHNEIDER-BOBBY

SCHNEIDER, Frdr. (Dr. phil. h. c. seit 1830) * 3/1 1786 Waltersdorf (Oberlausitz), † 23/11 1853 Dessau, Schüler v. Schicht u. Rochlitz in Leipzig, 1807 Organ. (St. Pauli), 1810 OpKM., 1813 Organ. (Thomask.), 1817 MDir. am Stadt-Thea. in Leipzig, seit 1821 HofKM. in Dessau, wo er 1829 eine MSchule errichtete, berühmter Komp., L. u. Dirig. (leitete außerhalb Dessau 66 MFeste u. Aufführgen). W: 7 Opern, 23 Sinf., 20 Ouvert., 16 seinerzeit sehr beachtete Orator. (u. a. ‚Das Weltgericht' 1821), 15 Messen, 28 Hymnen, Kantaten u. Psalmen, KaM., KlavSonat., 609 Chor- u. Sololieder usw.; Lehrbücher f. Harmonie, Gsg, Klav. u. Org. — Seine Brüder: Joh. Gottlob * 28/10 1789 Altgersdorf/Zittau, † 13/4 1864 Dresden, da seit 1825 Hoforgan., vorzügl. OrgSpieler u. L., seit 1830 Dir. der Dreyßigschen Singakad. — Joh. Gottlieb * 19/7 1797 Altgersdorf, † 4/8 1856 Hirschberg, da seit 1825 Organ. W: Kompos. f. Org., Klav. u. Gsg

SCHNEIDER, Friedr. Herm. * 16/10 1860, † 1930 Berlin-Hermsdorf, sehr geschätzt als Verfertiger von OpKlavAuszügen

SCHNEIDER, Friedr. Wilh. Hellmuth * 1/10 1905 Frankfurt a. O., Harfenist in Berlin, da ausgeb. (Hochschule). W: Optte

SCHNEIDER, Geo. Abrah. * 19/4 1770 Darmstadt, † 19/1 1839 Berlin, urspr. Hornvirt. in Schwerin, in der Kapelle d. Prinzen Heinrich von Preußen u. nach dessen Tode in der Hofkap. zu Berlin, 1814 TheaKM. in Reval, 1816 wieder in Berlin, da 1820 HofopKM. W (über 100 gedruckt): Singspiele, Ballette, BühnM., Sinfon., Ouvert., Konzerte, KaM.

SCHNEIDER, Gust. * 19/4 1879 Reutlingen, urspr. SchulL., Schüler des Konserv. in Stuttgart, seit 1906 L., Organ., KirchChor- u. MChordir. in Geislingen a. S. W: MChöre

SCHNEIDER, Hans * 2/3 1855 Neumarkt (Böhm.), † 16(nicht 20)/11 1926 Bad Karlsbad, 1874 in Prag, stud. Naturwissensch., 1875 Chordir., 1883 Lektor f. Gsg u. Harmonielehre an der dtschen Univers., da 1902 UnivMDir., 1896/1924 Obmann des Dtsch. Sängerbundes in Böhmen, Begr. des Sängerbundes der Sudetendtsch. W: KirchM., gem. u. MChöre

SCHNEIDER, Hans * 7/2 1886 Dresden, Schüler des Leipziger Konserv., seit 1913 Dir. d. Dresdener MSchule, sehr geschätzter KlavL.

SCHNEIDER, Hans Jörg * 13/5 1881 Kitzbühel, OpChorist in Dresden, Schüler Jos. Pembaurs (Innsbr.) u. Kurt Strieglers. W: viele gem. u. MChöre, Lieder, KlavStücke

SCHNEIDER, Herm. Jos. * 7/4 1862 Tepl (Böhm.), seit 1890 KirchChordir. u. Organ. in Saaz. W: sehr viele Tänze u. Märsche, auch Schulen für alle möglichen Instrum., MChöre

SCHNEIDER, Horst * 11/4 1894 Bautzen, da seit 1924 Domorgan., seit 1933 Orgelbausachverständ., nach SemBesuch Kriegsteiln.; ausgeb. in Leipzig (Konserv.), OrgVirt., sehr verdient um das MLeben von Bautzen (regelmäßig geistl. Abendmusiken)

SCHNEIDER, Hortense * 1838 Bordeaux, † 6/5 1920 Paris, da sehr berühmte OpttenSgrin, für die Offenbach u. a. die ‚Großherzogin von Gerolstein' geschrieben hat

SCHNEIDER, J., ps. = Theobald WERNER

SCHNEIDER, Joh. * 17/7 1702 Lauter/Coburg, † 6/12 1787 Leipzig, da seit 1730 Organ. der Nikolaikirche, Schüler Bachs in Cöthen, berühmter Improvisator

SCHNEIDER, Joh. Christian Friedr. = SCHNEIDER, Friedr.

SCHNEIDER, Joh. Gottlieb u. Joh. Gottlob — s. unter SCHNEIDER, Friedr.

SCHNEIDER, Josef * 27/4 1866 Reichenhall, Chor- u. OrchDir. in Wolkersdorf, NÖsterr., ausgeb. in Salzburg (Mozarteum). W: Singspiele, KirchM., Chöre, Märsche, Tänze

SCHNEIDER, Jul. * 6/7 1805 Berlin, da † 3/4 1885, da seit 1829 Kantor u. Organ., auch Ver-Dirig., seit 1849 Mitgl. der Akad. der Künste. W: Optte, Orator. ‚Luther', KirchM., viele MChöre usw.

SCHNEIDER, Karl * 1822 Strehlen, † 3/1 1882 Köln, da seit 1872 KonservGsgL., bes. als Evangelist in Bachs Matthäuspassion sehr geschätzt

SCHNEIDER, Karl Ernst * 29/12 1819 Aschersleben, † 25/10 1893 Dresden, Theolog, 1850 SchulDir. in Bielefeld u. 1859 InstitutsL. in Dresden. W: ‚Das muskal. Lied in geschichtl. Entwicklg', ‚Zur Periodisierg der MGesch.' u. ‚Musik, Klav. u. KlavSpiel'

SCHNEIDER, Konstantin — s. SCHNEIDER, Constantin

SCHNEIDER, Louis (Sohn Georg Abrahams), * 29/4 1805 Berlin, † 16/12 1878 Potsdam, gesch. Schauspieler in Berlin. W: ‚Gesch. der Op. u. kgl. Opernhauses in Berlin', Liederspiel ‚Der Kurmärker u. die Picarde'. B: Mozarts ‚Schauspieldirektor'

SCHNEIDER, Louis * 23/6 1861 Lyon, † 21/8 1934 Grénoble, MKrit. in Paris. W: ‚Schumann', ‚Massenet', ‚Monteverdi', ‚Offenbach', ‚Lecocq' u. a.

SCHNEIDER, Marius, Dr. phil. * 1/7 1903 Hagenau (Els.), seit 1931 Assist., seit 1933 Leiter des Phonogramm-Archivs des Mus. für Völkerkunde in Berlin, stud. Klav., MWiss. usw. in Straßburg, Paris u. Berlin. W: ‚Die ars nova des 14. Jhd. in Frankr. u. Ital.' 1931; ‚Gesch. der Mehrstimmigkeit' Bd 1, 2 1934/35

SCHNEIDER, Max, Dr. phil. * 20/7 1875 Eisleben, o. Prof. der MWissensch. an der Univers. Halle, Schüler Kretzschmars u. Jadassohns, 1897/1901 Korrepetit. am StadtThea. in Halle, 1904 Assist. am Mwiss. Sem. der Univers. Berlin, seit 1909 auch L. für Partiturspiel am Instit. f. KirchM., 1915 ao., 1920 o. Prof. der MWissensch. an d. Univers. Breslau, bes. als Bachforscher geschätzt. H: prakt. Ausgaben v. Werken Bachs, Telemanns usw. W: ‚Die Anfänge des Basso cont. u. s. Bezifferung'

SCHNEIDER, Oskar * 7/3 1896 Hörnitz/Zittau, seit 1923 SchulML. u. Chordir. in Zittau. W: KlavStücke, Lieder

SCHNEIDER, Otto * 3/4 1892 Neuwied, seit 1927 L. an der Hochschule f. Leibesübungen in Berlin. W: Lieder z. Laute

SCHNEIDER, Paul Friedr. * 1821, † 1866 Schweinfurt, Kantor u. GsgL. W: MChöre, auch m. Orch.

SCHNEIDER, Pierre, Magazin musical, angesehener MVerl. in Paris seit Anf. des 20. Jh.

SCHNEIDER, Rich. * 24/ 2 1884 Berlin, seit 1927 Doz. an der pädag. Akad. in Kiel, vorher SemML. in Jüterbog. W: Chöre; ‚Singendes Volk'

SCHNEIDER, Rich. Ludw. * 8/4 1857 Dresden, † 20/1 1913 Blasewitz/Dresden, Schüler u. L. d. Dresd. Konserv., 1890 Begr. d. Dresd. MSchule. W: KlavEtüden; ‚Die musikal. Metrik'

SCHNEIDER, Sigism. * 1/11 1866 Süplingen, Kr. Neuhaldensleben, † 14/2 1935 Berlin-Lichtenberg. W: UnterhaltgsM.

SCHNEIDER, Simon * 4/12 1886 Pasing/München, ZithVirt., Gitarrist, LautenSgr u. ML. in Buenos Aires; konzertierte in Deutschland, Holland u. Amerika. W: GitStücke, Lieder z. Git., ZithStücke, MQuart.

SCHNEIDER, Theodor * 14/5 1827 Dessau als 4. Sohn Dr. Fr. Schneiders, † 15/6 1909 Zittau, 1859/98 Kantor u. Chordir. in Chemnitz. W: für Klav., Org. u. Gsg

SCHNEIDER, Therese * 30/6 1839 Berlin, † ?, seit 1864 treffl. dramat. Sgerin, 1870/80 in Karlsruhe

SCHNEIDER, Wilh. * 5/10 1781 Rathenow, † 17/10 1811 Berlin, ML. W: Melodrama, KlavStücke, Trios f. 3 Klav., Lieder

SCHNEIDER, Wilh. * 21/7 1783 Neudorf (Sachs.), † 9/10 1843 Merseburg, Organ. W: Schriften üb. OrgSpiel, Choralvorspiele

SCHNEIDER, Wilh. * 24/4 1878 Lübeck, ML. u. Chordir. in Kirchheim, Württ. W: Ouverturen, Potp., Tänze, Chöre, Lieder

SCHNEIDER-BOBBY, Franz * 1/9 1872 Berlin, lebt da meist; war 1881/85 Schüler des Kgl. Domchors, seit 1886 Komiker auf d. Flügel u. d. Viol. (Artist, fast durch ganz Europa gereist), 1896/1901 Mitglied der Stettiner Sänger, 1915/17 in Ersatz-Reg.-Kap., 1918 Vorträge an der Front u. in Lazaretten, seit 1919 nur noch kompositor. tätig. W: zahlreiche Couplets, volkstüml. Lieder u. Chöre

SCHNEIDER-KRAWE — s. SCHNEIDER, Bernh.

SCHNEIDER-TRNAVSKY, Mikulas * 24/5 1881 Trnava (Slowakei), da MInspektor. W: OrchStücke, VSon., Chöre, Lieder. H: Slowak. VolksLieder

SCHNEIDERS, Karl, MVerl., bes. f. ZitherKompos. in Karthaus/Trier

SCHNEITZAEFFER, Jean * 1785 Paris, da † 1852, urspr. Pauker in der Großen Oper, dann da Chordir., auch KonservL. W: Ballette, Messe, GsgSchule

SCHNELL, Heinr. † Jan. 1884. W: Lieder

SCHNELL, Walter * 9/6 1876 Dresden, seit 1923 KonzBegl. in Berlin, urspr. Marine-Offizier, ab 1920 M. als Beruf; KomposSchüler von Max Donisch. W: KaM., Chöre, Lieder

SCHNELLE, Max * 26/12 1865 Breslau, † 17/12 1920 Limburg a. L., da seit 1911 KonservDir., OratorVerDir. u. GsgL. usw., ausgeb. bes. als Geiger in Breslau, da II. KonzM. des OrchVer., KonservL. u. VerDirig. W: MChöre

SCHNERICH, Alfred, Dr. phil. * 22/10 1859 Tarvis (Kärnten), stud. kathol. Theol. in Graz u. Kunstgesch. in Wien; hier 1889/1929 wissensch. Beamter der UniversBibl. W: ‚Der Messentypus von Haydn bis Schubert' (1892), ‚Messe u. Requiem seit Haydn u. Mozart', ‚Die kirchl. Tonkunst' u. a.

SCHNIRLIN, Ossip * 3/3 1874 Proskurow (Rußl.), seit 1895 in Berlin, VVirt. u. VL., Schüler Brodskys u. Joachims. W: VStücke. H: ‚Der neue Weg zur Beherrschg der ges. VLit.'; Klass. Hefte f. V. u. Klav., KaMWerke von Brahms u. Reger, VSchule v. Joachim u. Moser

SCHNITGER, Arp * 2/7 1648 Schmalenfleth (Oldenb.), † 1720 Neuenfelde/Hamburg, bedeut. OrgBauer

SCHNITTELBACH, Nathanael * 16/6 1633 Danzig, † 16/11 1667 Lübeck, da Ratsmusiker, treffl. Geiger, L. v. N. A. Strungk. W: KirchM., VSuiten à 4

SCHNITTKER, Arp = SCHNITGER

SCHNITZER, Germaine * 28/5 1889 Paris, einst vielgereiste KlavVirt., Schülerin Pugnos u. E. Sauers, lebte lange in Wien, seit 1913 in New York, da verheiratet mit Dr. Leon Bürger

SCHNITZER, Manuel * 1839 Ungarn, † 1921 Wien, OpttenLibr.

SCHNITZLER, Hubert * 21/4 1881, Schüler des Kölner Konserv., da Leiter des MLSem., Geiger u. Chordir., seit 1920 Leiter des InstrVer. Kruppscher Werkangehöriger u. Dir. des Witte-Konserv. in Essen. W: Oper, Requiem, KlavStücke; ‚Der neue Lehrgang d. Geigenspiels'; ‚Die Entwicklg der M. in graphischer Darstellg', ‚Vorschule des Geigenspiels auf Grund der Tonika-Do-Lehre'

SCHNITZLER, Isidor * 2/6 1859 Rotterdam, † 17/10 1935 Newyork, VVirt., seit 1876 bekannt, Schüler u. a. Em. Wirths, Wieniawskis u. Joachims, seit 1880 meist in Amerika, zeitw. KonzM. in Frankfurt a. M.

SCHNITZLER, Louis * 28/11 1869 Rotterdam, † 14/5 1933 Scheveningen, KlavVirt. u. ausgez. Begleiter, KompSchüler Gernsheims. W: KlavStücke, VStücke, VcStücke, Lieder

SCHNÖPF, Paul * 20/1 1833 Berlin, da † 18/4 1912, Organ. u. Dirig. eines eignen GsgVer. seit 1852. W: Chöre, ‚Leitfaden f. d. SchulgsgUnterr.'

SCHNOOR, Hans, Dr. phil. * 4/10 1893 Neumünster, MRedakt. in Dresden seit Herbst 1925, vorher in Leipzig, Schüler H. Riemanns. W: ‚Die M. der german. Völker im 19. u. 20. Jh.', ‚Gesch. des Ortor.' in Guido Adlers ‚Handb. der M-Gesch.', ‚Führer durch die Oratorien' (Kretzschmars KonzFührer, neu bearb.). — Sein Vater Hermann, Dr. phil. * 22/8 1853 Hof/Falkenberg bei Schleswig, † 22/9 1926, bis 1/10 1919 StudRat in Neumünster, rief da die 1920 eröffnete öffentl. Musikalienhalle u. die Schleswig-Holsteinsche MSammlg ins Leben

SCHNORR VON CAROLSFELD, Ernst, Dr. phil. * 16/8 1875 Dresden, da Organ., L. f. M-Theor. u. Org. W: OrgStücke

SCHNORR VON CAROLSFELD, Ludw. * 2/7 1836 München, † 21/6 1865 Dresden, hervorrag. HeldenTenor. (der erste Tristan), in Karsruhe (1858) u. Dresden (1861), Schüler J. Ottos u. des Leipziger Konserv. — Seine Gattin Malwina, geb. Garrigues * 7/12 1825 Kopenhagen, † 8/2 1904 Karlsruhe, ebenfalls treffl. Sgerin (die erste Isolde)

SCHNYDER, Christoph * 29/3 1826 Sursee, † 31/7 1909 Luzern. W: in der Schweiz volkstüml. geword. Lieder

SCHNYDER, Paul * 3/5 1878 Basel, da seit 1906 ML., später Organ. u. Chordir. W: Chöre, KlavStücke; ‚Führer durch die ges. A capp.-M-Chor-Lit.'

SCHNYDER VON WARTENSEE, Xaver * 16/4 1786 Luzern, † 27/8 1868 Frankfurt a. M., Schüler Nägelis u. Kienlens-Wien, L. bei Pestalozzi in Yverdun, seit 1817 ML. in Frankf. a. M. W: Oper, Orator., Sinf., Kantaten, Lieder usw. Die Grundzüge seines Lehrsystems veröffentl. Ben. Widmann in der treffl. Schrift: ‚Formenlehre der InstrumentalM.'

SCHOBER, Hans * 25/5 1879 München, da ML. u. Chordir. W: Messen, Chöre, Lieder, Klav-Sonatinen

SCHOBERLECHNER, Frz * 21/7 1797 Wien, † 7/1 1843 Berlin (auf der Reise), KlavVirt. (Wunderkind), dessen unstetes Leben sich zwischen Wien, Petersburg u. Oberitalien abspielte. W: Opern, KaM., KlavStücke

SCHOBERT, Johann * um 1720 Straßburg? Nürnberg?, seit 1760 in Paris, da † 28/8 1767 mit seiner Familie an Vergiftg durch Pilze; gefeierter Klavierist; bevorzugte zuerst KaM. mit Klav. (Mannheimer Stil); Mozart hat viel von ihm gelernt. W: KlavKonz., KaM., KlavSonat.

SCHÖBER, Frz * 27/1 1892 Wien, da ausgeb., Schausp. u. Komp. in Berlin. W: Optten, Singsp., Lieder

SCHÖBERLEIN, Ludwig * 6/9 1813 Kolmberg/Ansbach, † 8/7 1881 Göttingen, o. Prof. der Theol. W: ‚Schatz des liturg. Chor- u Gemeinde-Gesgs', Mitbegr. der Ztschr. ‚Siona' (1876)

SCHOECK, Othmar * 1/9 1886 Brunnen am Vierwaldstätter See, Schüler Regers, lebt in Zürich, da Dir. des LGsgVer., seit 1917 auch Dir. der SinfKonz. in St. Gallen. W (bedeut.): Opern, OrchSerenade, Ouvert., VKonz., KaM., Chorwerke mit Orch., viele Lieder

SCHOEDEL, Gust. * 2/12 1897 Forchheim (OFranken), seit 1921 Organ. u. KirchChordir. (ev.) in München, da seit 1928 auch KonzOrgan. des Rundfunks, OrgVirt., ausgeb. in Würzburg. W: KirchM., OrgStücke, KlavStücke, Lieder

SCHÖFFER, Peter d. jüng., ausgezeichn. Notendrucker bis 1512 in Mainz, dann auch in Worms, 1534/37 in Straßburg, 1540 in Venedig

SCHÖFMANN, Karl Peter Frz * 9/3 1886 Wien, da Organ., KBassist, GsgL. W: Ouvert., KaM., OrgStücke, Messen u. a. KirchM.

SCHÖKEL, Heinr. Peter, Dr. phil. * 25/11 1897 Wolfenbüttel, lebt in Berlin, ausgeb. in München (Akad.; Univ.) W: UnterhaltgsM.

SCHÖLCHER, Victor * 21/7 1804 Paris, † 24/12 1893 Harville, Dép. Seine et Oise, lebte 1851/70 in England, großer Händelverehrer; seine reiche Sammlg Händelscher Werke, von Schriften üb. ihn u. von Instrum. dem Pariser Konserv. vermacht. W: ‚The life of Handel' 1857

SCHÖN, Ed., Dr. — s. ENGELSBERG

SCHÖN, Else * 8/4 1899 Berlin, da treffl. KonzSopran., L. am Sternschen Konserv., Leiterin der Chorschule des Bruno Kittelschen Chors, Schülerin Kittels, f. d. Bühne ausgeb. von Luise Reuß-Belce

SCHÖN, Karl * 24/10 1855 Bielitz, † 29/5 1925 Wien, ML. W: Messen, MChöre, Lieder

SCHÖN, Moritz * 1808 Krönau/Brünn, † 8/4 1885 Breslau, da VVirt. u. Pädag. W: ‚Prakt. Lehrgang f. d. VUnterr.'

SCHÖNAUER, Wolfg. Heinr. * 10/7 1884 Schlottenhof/Arzberg, Bayr. Ostmark, VolksschulL. u. Chordir. in Bayreuth, da ausgeb. W: Chöre, Lieder

SCHÖNBERG, Arnold * 13/9 1874 Wien, seit Herbst 1933 KonservL. in Boston, Schüler Zemlinskys, 1925/35 Leiter einer KomposMeisterklasse bei der Akad. d. Künste in Berlin, extrem modern. Kompon., nachdem er zuvor im Wagnerschen Tristan-Stil geschaffen. Nach seiner ersten Wiener Lehrzeit 1901/02 in Berlin, wo er Opptten instrumentieren mußte, um zu leben, 1903/11 ML. in Wien, Herbst 1911 wieder in Berlin, das er 1915 wieder mit Wien vertauschte, wo er im wesentlichen (1920/21 in Amsterdam) bis Herbst 1925 blieb. W: sinf. Dichtg ‚Pelleas u. Melisande' op. 5, KaSinf. op. 9, OrchStücke op. 16, OrchVar. op 31, StrSextett (später auch f. StrOrch bearb.) ‚Verklärte Nacht' op. 4, 3 Quart. (op. 10 mit Singst.), Bläserquint. op. 26, KlavStücke op. 11, 19 u. 23; KlavSuite op. 25 (in der das Zwölftonsystem streng durchgeführt ist), Monodrama ‚Erwartung', Drama ‚Die glückliche Hand', Oper ‚Von heute auf morgen', Chorwerk ‚Gurrelieder' mit Riesen-Orch., ‚Harmonielehre' usw. B: Bachsche Stücke f. Orch.

SCHOENBERGER, Theo * 4/1 1874 Kosten, Prov. Posen, Schüler H. Ehrlichs, F. Dreyschocks, Gernsheims, KlavVirt., seit 1896 L. am Sternschen Konserv. in Berlin

SCHÖNE, Lotte * 15/12 1894 Wien, KolorSoubrette, urspr. an der Wiener, dann an d. städt. bzw. StaatsOp. in Berlin bis 1933

SCHÖNE, Paul * 24/7 1868 Wehrsdorf, sächs. Lausitz, ausgeb. in Dresden, da seit 1909 SemML. (StudRat), 1900/20 auch Kantor. W: Motetten f. gem. Chor, MChöre

SCHOENE, Waldemar * 30/7 1877 Dresden, erst Kaufmann, 1902 Schüler der Kullakschen Akad., später Dippes u. Reznicek, seit 1925 in Philadelphia. W: Opern, Melodramen, 2 StrOrchSuiten, KaM., KlavStücke, Chöre, Duette, Lieder

SCHÖNEBAUM, Ivan * 3/5 1880 Dresden, da seit 1935, vonher Kantor, KirchChor- u. VerDir. in Riesa. W: MChöre, Lieder

SCHÖNEBECK, Karl Sigmund * 26/10 1758 Lübben, da † 1800, Vcellist. W: VcKonz. u. Duette

SCHÖNECK, Rudolf * 1829, † 15/1 1904 Elbing, TheaDir., von Rich. Wagner (1853 in Zürich) sehr geschätzter KM.

SCHOENEFELD, Henry * 4/10 1857 Milwaukee, seit 1904 Dirig. in Los Angeles, Schüler des Leipziger Konserv. W: Sinf., Ouvert., KaM.

SCHÖNEN, Otto, ps. Otto RALPH * 29/10 1887 Xanten, KM. (Pianist) in Hamburg. W: UnterhaltgsM.

SCHÖNFELD, Alfred † 10/12 1917 Berlin, Possendichter

SCHÖNFELD, Alois * 1(13)/4 1873 Pfeifer a. d. Wolga, lebt in Sinowjewsk (Ukraine), wirkte jahrelang seit 1893 als Gsgspräfekt der Kathedrale in Saratow, (1895 Priester), treffl. KirchMusiker. W: Messen, üb. 400 kleinere KirchGsge (russ., dtsch, poln.), viele Lieder

SCHÖNFELD, Herm. * 31/1 1829 Breslau, da † 1/1 1912, da bis 1901 Kantor. W: Sinfon., 3 Ouvert., KaM., OrgStücke, KirchM., Schulliederbücher

SCHÖNFELD, Willy * 10/3 1890 Berlin-Rixdorf, KM. in B.-Charlottenburg. W: UnterhaltM.

SCHÖNGART, Edwin * 6/12 1890 Forst (Lausitz), urspr. L., seit 1928 ML. in Berlin. W: KlavTrio, KlavSon. u. Stücke

SCHÖNHARDT, Arnold * 4/9 1856 Stuttgart, lebt in Reutlingen, da 1878/1917 Organ. u. Chordir. W: OrchM., Quint f. Klav. u. Bläser u. a.

555

SCHÖNHERR, Friedr. Wilh., Dr. phil. * 10/7 1893 Halle a. S., da seit 1920 Domkantor, 1924 SingakadDir. W: Messe, Kantaten, MChöre, geistl. Lieder, weltl. Lieder m. Orch.

SCHÖNHERR, Karl * 14/7 1865 Zittau, Organ. in Leipzig, da ausgeb. (Konserv.), † 15/9 1935. W: OrgStücke, KlavStücke, Chöre, auch mit Orch.

SCHÖNHERR, Max * 23/11 1903 Marburg a. d. Drau, KM. in Wien, vorher OpKM. u. a. in Graz. W: KaSinf., KaM., Lieder

SCHÖNIAN, Rich., ps. ERNST Rich. * 30/11 1887, FilmKM. in Berlin, sehr viel in der Welt als Musiker herumgereist (Thea., Varieté), ausgeb. in Dresden, Berlin (Hochschule) u. Milano. W: Optten, Sinf., Suite, Charakterstücke, Tänze, Lieder, Hitler-Hymne

SCHÖNICKE, Wilh. * 11/11 1850 Friesack, Mark Brandenbg, † 13/7 1917 Berlin, da 1878/1909 KaMusiker, FlVirt. W: OrchStücke, FlKonz. u. -Stücke, Lieder usw.

SCHÖNLEIN, Adalbert * 5/1 1856 Beichlingen, Kr. Eckartsberga, † 11/12 1933 Dessau, da SchulL. u. Chordir., ausgeb. in Delitzsch u. im KirchMusInst. in Berlin. W: Motetten, Schulliederbücher

SCHOENMAKER, Ant. * 10/11 1885 Alkmaar, VVirt., seit 1915 in Barmen bzw. Elberfeld, Führer eines treffl. StrQuartetts seit 1922, ausgeb. in Amsterdam, auch von Togni, Flesch, Schmuller u. Eldering

SCHÖNSTEIN, Karl Freih. v. * 26/6 1797 Ofen, † 16/7 1876 Wien, da seit 1856 pens. Ministerialrat, treffl. Sgr, dem Franz Schubert seinen Liederzyklus ‚Die schöne Müllerin' gewidmet

SCHÖNY, Heinr. * 12/6 1881 Wien, da seit 1907 SchulL., ML. u. Chordir. W: Oper, BühnenM., Messe, 3 Sinf., 9 StrQuart., Chöre, Lieder

SCHÖPF, Franz * 1836 Girlan, Tirol, † 1905 Bozen, da seit 1859 Organ. W: Oper, Brixlegger Passionsspiel, Messen usw.

SCHÖPS, Karl, ps. ELSASS * 28/7 1888 Straßburg i. E., Musiker in Breslau. W: Märsche, Tänze, Lieder

SCHÖRG, Franz * 15/11 1871 München, † 5/4 1923 Würzburg, Schüler u. a. Ysayes, VVirt., gründ. 1901 das bald sehr berühmt gewordene Brüsseler StrQuart., das er infolge d. Weltkriegs auflöste; 1916 KonservL. in Würzburg

SCHOLANDER, Sven * 21/4 1860 Stockholm, lebt da, urspr. Bildhauer, bis 1930 viel gereist, mit vielen Sprachen vertrauter Sänger zur Laute. W: Lieder

SCHOLES, Percy * 24/7 1877, MSchr. in London. W: ‚The Listeners History of m.'; ‚The appreciation of m.'; ‚by means of the Pianola and Duo Art' u. a.

SCHOLL, Wilh. * 9/1 1900 Hannover, seit 1930 staatl. SchulML., Dirig. u. Ref. in Merseburg, Schüler R. Lerts u. Max Schneiders in Breslau, 1923/30 KM. u. Chordir. in Görlitz. W: BühnenM., sinf. Dichtg, Chöre, auch m. Orch.

SCHOLTYS, Hans Heinz * 8/3 1900 Wien, da OpSgr u. Chordir. W: KirchM., Chöre, Lieder

SCHOLTZ, Adolf * 1823, † 13/8 1884 Breslau, TrompVirt., treffl. L.

SCHOLTZ, Friedr. * 5/10 1787 Hernstadt (Schles.), † 15/10 1830 Moskau, da seit 1815 OpKM. W: Ballette, Vaudevilles

SCHOLTZ, Gerd, ps. = Gerda WACHTENDORF

SCHOLTZ, Herm. * 9/6 1845 Breslau, † 13/7 1918 Dresden, Pianist, Schüler Brosigs u. der Konserv. in Leipzig u. München; an diesem seit 1869, nachher L., seit 1875 in Dresden. W: KlavKonz., KlavTrio, Sonate, Variat., kleinere Werke f. Klav., Lieder usw. H: Chopin

SCHOLZ, Arthur Joh. * 16/11 1883 Lemberg, seit 1922 Chordir. in Wien, vorher KM. u. a. in Spalato u. Olmütz. W: Oper, BühnenM., KaM., Chöre, Lieder

SCHOLZ, Bernd * 28/2 1911 Neustadt, Ober-Schles., Pianist in Berlin, da ausgeb. (Akad. f. Kirch- u. SchulM.). W: Hörsp., KlavStücke, Lieder

SCHOLZ, Bernh. * 30/3 1835 Mainz, † 26/12 1916 München, Schüler E. Pauers (Klav.) u. Dehns (Theor.), 1859/65 HofKM. in Hannover, 1871/83 Dirig. des Breslauer OrchVer., 1883/1908 Dir. des Hochschen Konserv. in Frankfurt a. M. u. des Rühlschen GsgVer. W: Opern, Requiem, ‚Das Siegesfest', Schillers ‚Glocke', Sinfon., OrchSuite, Ouvert., KaM. usw.; ‚Lehre v. Kontrapunkt u. der Nachahmung'; ‚Wohin treiben wir?' (1904); ‚Musikalisches u. Persönliches'; ‚Verklung. Weisen' 1911

SCHOLZ, Hans (Sohn Bernhards), Dr. phil. * 7/3 1879 Breslau, MSchr. in München. W: ‚Harmonielehre'; Übers. v. Berlioz, Mémoires

SCHOLZ, Heinz * 25/1 1897 Steyr, OÖsterr. Pianist u. Prof. am Mozarteum in Salzburg, Schüler Frischenschlagers u. Petyreks. W: Bearb. alter Meister f. Klav. u. f. 2 Klav.

SCHOLZ, Paul Rich. * 17/1 1880 Berlin, da L. u. seit 1904 Chordir. W: Kantaten, Chöre, bes. geistl. Lieder

SCHOLZ, Rich. * 26/2 1880 Breslau, da Geiger, seit 1904 MSchulDir. W: Ouv., StrOrchStücke, VStücke, KlavStücke, Lieder

SCHOLZ, Rob. * 16/10 1902 Steyr, OÖsterr., seit 1924 Theor- u. KlavL. am Mozarteum in Salzburg, KlavVirt., Schüler F. Wührers (Wien) u. Petyreks. W: Konz. f. 2 Klav., Paccacaglia f. 2 Klav., KlavStücke, Lieder. B: klass. Meister f. 2 Klav.

SCHOLZ, Wilhelm * 9/5 1870 Zuckmantel, Schüler der Akad. der Tonkunst in Wien, treffl. Pianist (KonzBegl.) in Berlin

SCHOLZ-KNAUER, Bernd — s. SCHOLZ, Bernd

SCHOLZE, Anton * 26/2 1864 Oberhennersdorf, Böhm., seit 1898 ML. an der LBildgsAnst. in Eger, da † 1921. W: Oper, Liederspiele, MChöre, Lieder

SCHOLZE, Joh. * 27/2 1873 Leipzig, seit 1910 ML. d. Fichte-Realschule in Berlin, MSchr., ausgeb. Univers. Leipzig u. Sternsches Konserv. Berlin. W: Optten, Chöre; ‚Opernführer‘ (10. A. v. Wolfg. Retslag 1935), ‚Allg. MLehre‘ usw.

SCHOLZE, Joh. Sigism. — s. SPERONTES

SCHONDORF, Johs * 1/7 1833 Röbel, Mecklbg, † 4/9 1912 Güstrow, Organ. u. VerDirig. 1855 in Neubrandenburg, seit 1864 in Güstrow. W: Gem- u. MChöre, KlavStücke usw.

SCHOOF, Hans, MVerl. in Berlin, gegr. 1/7 1908

SCHOONDERBEEK, Joh. * 27/9 1874 Naarden, da † 3/3 1927, da zuerst Organ., ausgez. Dirig., bes. Chordir., wirkte u. a. in Amsterdam u. 's Gravenhage, seit 1923 MSchuldir. in Hilversum

SCHOOP, Joh. * 30/3 1870 Euskirchen, lebt da. W: KlavSon., MChöre, Lieder

SCHOP, Joh. † 1665, städt. KM. in Hamburg, da seit 1621; vorher 1615/19 in der Kopenhagener Hofkap., VVirt. W: TanzSuiten, VStücke, VDuos, Gelegenheits-Kantaten, geistl. u. weltl. Lieder

SCHOPPE, Theo, ps. = Fritz DOMINA

SCHORLEMMER, Erna v., ps. Erny CHALOIX * 30/6 1875 Dessau, lebt in Berlin-Charlottenburg, Schülerin O. Leßmanns, Ed. Behms, Lurias u. von Dulongs. W: Lieder, Ballettszenen, Märsche

SCHORN, Hans * 28/9 1887 Baden-Baden, MKrit. (Prof.) in Karlsruhe

SCHORNAGEL, Wilh., ps. Friedr. WILLMS * 16/1 1870, lebt ? W: UnterhaltgsM.

SCHORNSTEIN, E. Hermann * um 1811, † 20/4 1882 als MDir. in Elberfeld, Pianist. W: KlavKonz. u. a.

SCHORR, Friedr. * 2/9 1888 Nagyvarad/Ung., Heldenbar. der Staatsop. in Wien, urspr. Jurist, seit 1911 OpSgr, 1923/31 an der Berliner Staatsoper (auch in New York u. Bayreuth)

SCHOSLAND, Wilh. Dr. phil. * 6/3 1896 Berlin, da Organ., Chordir. u. GsgL. W: Messen, Offertor.

SCHOSTAKOWITSCH — s. SZOSTAKOWICZ

SCHOTT, MVerlag in Mainz, begründet als Notenstecherei 1770 v. Bernhard Schott (* 1748, † 1809), fortgeführt v. seinen Söhnen Andreas (1781/1840) u. Johann Josef (1782/1855), Firma B. Schotts Söhne. Die einstigen Zweighäuser in Brüssel u. London gehören nicht mehr zur Firma. Der letzte Schott war Franz (1811/1874). Dieser, seit 1867/72 ehrenamtl. Bürgermeister u. seine Frau Betty v. Braunrasch machten ein großes musikal. Haus, sicherten sich Wagners ‚Ring des Nibelungen‘ u. ‚Meistersinger‘, stifteten die Mittel zur Gründg des städt. Orch. Gegenwärtige Besitzer: Geh. Kommerzienrat Dr. jur. Ludwig Strecker * 26/3 1853 Darmstadt (von Schotts zum Miterben eingesetzt, später Alleinbesitzer); seine Söhne Dr. jur. Ludwig (ps. als Dichter Ludwig Andersen) * 13/1 1883 Mainz u. Wilhelm * 4/7 1884 Mainz. VerlagsZtschr. ‚Der Weihergarten‘

SCHOTT, frères, MVerlag in Brüssel, gegründ. 1/12 1823, urspr. als Filiale des Mainzer Hauses, später selbständig, vgl. Otto Junne

SCHOTT, Anton * 24/6 1846 Burg Staufeneck, Württ., † 8/1 1913 Stuttgart, urspr. ArtillOffiz., seit 1871 gefeierter Tenorist, bes. Wagner-, auch KonzSgr

SCHOTTE, Karl * 11/11 1864, † 1917 (?) Hildesheim. W: Chöre, viele Lieder, bes. Kinderlieder

SCHOTTLÄNDER, Joh. Wolfg. * 23/11 1905 Berlin, da MWissenschaftler, auch klass. u. CeltPhilol., beschäftigt sich mit vor- u. frühgesch. M. u. InstrKunde, MilM, GebrM. H: Zelters Selbstbiogr. u. Tagebücher; Zelters vollständ. Briefwechsel (in Vorb.), Zelters Werke (in Vorb.)

SCHOTTLAENDER, Leo Rud. * 6/8 1886 Benkwitz/Breslau, lebt in Basel, war TheaDir. in Brüx-Saaz, vorher TheaKM. W: Optten

SCHOUSBOE, Fritz * 11/4 1857 Ribe (Dänemark), † 13/5 1898 Köln, da seit 1896 KlavL. am Konserv., vorher in Berlin u. Genf. W: Pantomime, KlavSon., Lieder

SCHOUWMAN, Hans * 8/8 1892 Gorichen, Pianist in Amsterdam, ausgeb. in Rotterdam, Paris, London. W: Singsp., Lieder, KlavStücke

SCHRADE, Leo, Dr. phil. * 13/12 1903 Allenstein, seit 1932 PrivDoz. f. MWiss. an Univers. Bonn, vorher seit 1929 in Königsberg, Schüler Sandbergers u. Kroyers. W: ‚Die ältesten Denkmäler der OrgM.' u. a.

SCHRADER, Alfred * 18/8 1875 Breslau, seit 1909 Dirig. in Gummersbach, seit 1924 auch in Lüdenscheid. W: OrchSuite, Ouv., KlavStücke, Lieder

SCHRADER, Bruno * 12/5 1861 Schöningen, Braunschweig, † 12/4 1926 Weimar, Schüler E. Naumanns u. Liszts, ausgezeichn. Klav- u. TheorL., MSchr., 1908/25 in Berlin; seit Okt. 1925 in Weimar (da einst L. d. MSchule), auch Kunsthistoriker. W: ‚Bach', ‚Händel', ‚Liszt', ‚Mendelssohn'; Lieder, Motetten

SCHRADER, Eduard * 5/8 1852 Weißensee, Thür., Pianist in Berlin. W: Tänze u. Märsche, instrukt. u. SalonKompos. f. Klav., MChöre, Lieder usw.

SCHRADER, Friedr. * 1/3 1852 Duderstadt, † Münster i. W., lebte pension. in Münster i. W., war L. in Hildesheim. W: ‚Auswahl liturg. Gsge', ‚Liederbuch f. Volksschulen', Kompos. f. Org., Klav. usw.

SCHRADER, Heinr. * 13/6 1844 Jerxheim, Braunschw., † 30/7 1911 Braunschweig, da 1882 SemML., Chordir., Hof- u. DomOrgan. W: f. Org., Klav., MChöre usw.

SCHRADER, Rudolf * 21/2 1863 Berlin, seit Sept. 1932 in Warnemünde, war KM. in Berlin. W: viele Lieder, UnterhaltgsM. (Potpourris)

SCHRADIECK, Henry * 29/4 1846 Hamburg, † 28/3 1918 Brooklyn, VVirt., Schüler Léonards u. Davids, in Bremen, Moskau u. Hamburg tätig, 1874/82 KonzM. u. KonservL. in Leipzig, dann in Cincinnati, 1889 wieder in Hamburg, 1898 NatKonservL. in Newyork, 1899 in Philadelphia, dann wieder in Newyork. W: VStudien

SCHRAMKE, Herm. * 21/1 1846 Kottbus, † 10/12 1900 Berlin, da seit 1892 MSchulInhaber. W: Passionskantate, ‚Dtscher Kaiserpsalm', theoret. Schriften

SCHRAMM, Friedr. * 9/8 1867 Dresden, da seit 1888 Geiger der Oper, jetzt im Ruhestand. W: Sinf., Ouvert.

SCHRAMM, Melchior 1574 in der Kap. des Grafen Karl von Hohenzollern, 1595 Organ. in Offenburg, Bad. W: Motetten, Neue auserlesene dtsche Gsge 4st.

SCHRAMM, Paul, ps. Rodriguez del PLATA; A. H. RICHARDS * 22/9 1892 Wien, Pianist in Batavia, Schüler Leschetitzkys (Wunderkind), vielgereist, lebte 1912/33 in Berlin. W: Oper, KaM., KlavStücke, Lieder (neuerdings sehr modern)

SCHRAMM, Werner * 21/3 1903 Königsberg i. Pr., ML. (Geiger) in Danzig, da u. in Berlin (W. Klatte) ausgeb. W: OrchSuite, Ouvert., viel KaM., KlavStücke, VcKonz., Chöre, Lieder u. a.

SCHRAMM, Willi * 8/8 1884 Obereichstädt, Kr. Querfurt, seit 1920 SemML. in Detmold, Dirig. d. OratVer. u. der SängerVereinigg, 1925 KirchMDir., vorher SemML. in Barby a. E., stud. u. a. im Instit. f. KirchM. in Berlin, urspr. SchulL., OrgVirt. W: Chöre, Lieder; ‚MErziehg', ‚Das Einmaleins des KlavSchülers'. H: Lipp. Choralbuch, MChorGsge

SCHRAMMEL, Joh. * 22/5 1853 Wien, da † 17/6 1893, Schüler d. Wiener Konserv., Geiger. Gründete 1877 mit seinem Bruder Josef (* 3/3 1852, † 24/11 1895), einem Klarinettisten, der später durch einen Harmonikaspieler ersetzt wurde, u. einem Gitarristen das bald zu großem Ruhm auch außerhalb Wiens gelangte sog. Schrammelquart., das viele Nachahmer bis heute gefunden hat. W: viele Märsche, Tänze, Volkslieder

SCHRAPPE, Walter * 14/3 1889 Weißenfels, da seit 1919 Organ. u. SchulGsgL., auch Chordir. W: ‚Zur Gründg v. Singschulen', ‚Musik. Jugenderziehg'

SCHRATTENHOLZ, Leo * 24/8 1872 London, Schüler der Berliner Hochschule, Vcellist, auch treffl. Pianist; 1909/34 TheorL. an dieser Hochschule, auch Dirig., gediegener Komp. Brahms'scher Richtg, lebt in Berlin i. R. W: OrchStücke, VKonz., VcKonz., KaM., Lieder

SCHRECK, Gust. * 8/9 1849 Zeulenroda, † 22/1 1918 Leipzig, da Schüler des Konserv., da seit 1887 TheorL. u. seit 1892 Thomas-Kantor. W: Orator., Chorwerke, ObKonz., Nonett für Blasinstrum., FagSonate, OrgStücke, Motetten, MChöre, Lieder usw. H: Bachsche u. a. ältere VokalM.

SCHREIBER, Adolf * 1883 Prag, † 1/9 1920 Berlin (Selbstmord), Schüler des Prager Konserv., KM. an verschied. Orten. W: BühnM., gr. Chöre m. Orch., KaM., KlavStücke, viele Lieder

SCHREIBER, Felix * 29/9 1875 Hamburg, † 23/8 1914 Vogesen, Frontsoldat, Schüler Sandbergers u. Thuilles, TheaKM., zuletzt in Kiel. H: J. E. Kindermann, Ausgew. Werke

SCHREIBER, Frz * 6/7 1867 Bingen, Pianist, † 27/11 1924 Wiesbaden, Schüler d. Raff-Konserv. in Frankf. a. M., seit Okt. 1907 KonservDir. in Wiesbaden. W: KlavStücke, Lieder

SCHREIBER, Friedr. * 6/9 1824 Wien, da † 1876, seit 1872 Besitzer des MVerlags C. A. Spina, der nach seinem Tode an Aug. Cranz kam

SCHREIBER, Friedr. Gust. * 5/8 1817 Bienstedt/Gotha, † 14/7 1899 Mühlhausen i. Th., da seit 1851 Kantor u. Organ. W: Kantaten, Psalmen, Motetten, Sinf., Ouvert., KlavStücke

SCHREIBER, Fritz * 13/1 1895 Wien, da TheorL. W: Sinf., VKonz., KaM., Lieder

SCHREIBER, Gerhard * 12/9 1884 Berlin, da ML. u. MSchr., ausgeb. in Leipzig (Konserv.), zeitw. TheaKM., dann KonzBegleiter. W: KaM., Lieder

SCHREIBER, Max, Dr. phil. * 2/10 1890 Sulzbürg, OPfalz, seit 1925 MDir. in München, vorher seit 1910 MPräfekt usw. in Regensburg. W: Singspiele, KirchM., Chöre, Marschlieder

SCHREINER, Adolf * 10/5 1841 Plauen, † 19/2 1894 Neustrelitz, da Hofmusiker, durch zahlreiche Potpourris (OpFantasien) f. Orch bekannt

SCHREKER, Frz * 23/3 1878 Monaco, † 21/3 1934 Berlin, Schüler von Rob. Fuchs in Wien, da 1911 Begr. des Philharm. Chors u. KomposL. an der Akad., 1920/32 Dir. d. Hochschule in Berlin, da 1932/33 Leiter e. Meisterschule an der Akad. der Künste, dann moderne Meyerbeer, berühmt durch den Farbenreichtum u. die Feinheit seines OrchSatzes, auch Dichter mit Vorliebe für stark erotische, sehr theatral. Stoffe. W: Opern, u. a. ‚Der ferne Klang' (1912), ‚Das Spielwerk u. die Prinzessin' (1913, umgearbeitet 1920), ‚Die Gezeichneten' (1918), ‚Der Schatzgräber' (1920), Pantomimen, OrchSuiten, Ouvert., Lieder

SCHREMS, Jos. * 5/10 1815 Warmensteinach/Bayreuth, † 25/10 1872 Regensburg, da 1839/71 DomKM. (Geistl.). H: ‚Musica divina' (nach Proskes Tod)

SCHREMS, Theobald * 17/2 1893 Mitterteich (ObPfalz), Geistl., Schüler Jos. Renners jr u. Jos. Pembaurs, seit Herbst 1924 DomKM. in Regensburg, da vorher seit 1920 MPräfekt im bischöfl. Sem. Obermünster, unternimmt mit seinem ausgezeichneten, ‚Die Regensburger Domspatzen' gen. Domchor häufig KonzReisen

SCHRENK, Walter * 13/3 1893 Darkehmen (Ostpr.), Schüler O. Fiebachs, MKrit. in Berlin seit 1920, da † 27/2 1932 (Autounfall). W: ‚R. Strauß u. die neue M.' (1924)

SCHREY, Julius, vlämischer Komp., OpKM. in Amsterdam, führte da 1904 die Oper ‚Das Adlernest' auf

SCHREYER, Christian Heinr. * 24/12 1751 Dresden, † 24/1 1823 Ortrand/Dresden, Pfarrer. W: Vorspiele zu Übergängen u. Kadenzen in andere Tonarten, Lieder u. a.

SCHREYER, Harry † 12/1 1931 Berlin. W: Kuplets

SCHREYER, Johs * 20/6 1856 Possendorf/Dresden, † 11/2 1929 Dresden, Schüler des Konserv. zu Leipzig u. der Akad. in Berlin, seit 1881 ML. u. MSchr. in Dresden, bedeut. Theoretiker. H: Bachsche OrgKompos. u. a. W: ‚Von Bach bis Wagner', 1903, umgearb. z. ‚Harmonielehre' (5. A. 1924); ‚Beiträge z. Bachkritik'

SCHROCK, Fr. Adolf * 23/2 1877 Berlin, lebt da, da u. in Königsberg i. Pr. ausgebild., zeitw. VerDir. u. TheaKM. in der Prov. W: Optte, SalonOrchStücke; ‚Wie werde ich EnsembleKM.?'; ‚Prakt. Ratgeber z. Arrang. f. SalonOrch.' u. a.

SCHRÖDER, Albert * 8/4 1829 Ermsleben (RB. Merseburg), † 8/8 1885 Bromberg, 1856 MDir. u. Organ. in Quedlinburg, 1878 in Neu-Ruppin, dann in Halberstadt u. Bromberg. W: Opern, Kantaten, KlavStücke, Chöre, Lieder

SCHRÖDER, Albert * 1868 — s. SCHRÖDER-GLOGER

SCHRÖDER, Alwin * 15/6 1855 Neuhaldensleben, hervorragend. Vcellist, 1880 KonservL. zu Leipzig, 1886 im Kneisel-Quart. in Boston, 1901 in Frankf., seit 1908 wieder in Boston

SCHRÖDER, Edm. * 13/12 1882 Berlin, lebt da, Schüler Ph. Scharwenkas, van Eykens, Regers; auch Bildhauer. W: KlavKonz., KaM., viele Lieder

SCHRÖDER, Friedr. * 6/8 1910 Näfels, Kant. Glarus, lebt in Berlin, Schüler v. Rich. Greß u. P. Höffer. W: KulturfilmM., KaM., Saxophon-Stücke, KlavStücke, Lieder, UnterhaltgsM.

SCHRÖDER, Hans * 4/7 1896 Rostock, Bratschist in verschied. Orch., zuletzt in Berlin, Schüler W. Gurlitts u. Sandbergers. W: KaM., VKonz., Lieder

SCHRÖDER, Hermann (Geiger) * 28/7 1843 Quedlinburg, † 30/1 1904 Berlin, errichtete da 1874 ein MInstit., seit 1885 VL. am Instit. für KirchM. W: Ouvert., StrQuart., Lieder, VSchule, ‚Die Kunst des VSpiels', ‚Ton u. Farbe' usw.

SCHROEDER, Hermann * 1904 Bernkastel, L. an der Hochschule in Köln. W: KirchM., OrgStücke, StrTrio u. a.

SCHRÖDER, Karl * 18/12 1848 Quedlinburg, † 22/9 1935 Bremen, 1874 I. Vc. d. Gewandhauskonz. in Leipzig, früher in Sondershausen, Braunschweig u. auf Reisen, 1881 HofKM. u. KonservDir. in Sondershausen, 1887/88 HofopKM. in Berlin, dann KM. in Hamburg, 1900/07 wieder KonservDir. in Sondershausen, dann in Leipzig u. Frankenhausen, 1911/24 L. d. OrchSchule des Sternschen Konserv. in Berlin. W: Opern, VcKonz., VcSchule, Katechismen üb. das ‚Dirigieren', das ‚VcSpiel' u. ‚VSpiel' usw. u. a.

SCHROEDER, Leopold, MVerlag in Berlin-Spandau, gegr. 19/8 1903

SCHRÖDER, Martin * 26/9 1878 Hamburg, lebt in Cuxhaven. W: UnterhaltgsM.

SCHRÖDER, Max * 31/1 1880 Berlin, da VariétéKM. u. Chordir. W: Optten, Possen, UnterhaltgsM.

SCHRÖDER, Otto * 19/3 1860 Halle a. S., lebt da, urspr. Philologe, Schüler des Leipziger Konserv., 1890 Kantor u. Chordir. in Halle, 1900/26 desgl. in Torgau, auch StudRat am Gymn. W: Chöre, Motetten. H: ältere GsgM.

SCHROEDER, Walther, MVerlag in Berlin, gegr. 10/10 1896

SCHRÖDER-DEVRIENT, Wilhelmine * 6/12 1804 Hamburg, † 26/1 1860 Koburg, berühmte dramat. Sgerin, 1823/47 Zierde der Dresdner Op., Meisterin im Vortrag dtscher Lieder u. Balladen, verheir. 1) 1823/28 m. dem Schauspieler Karl Devrient, 2) 1847/48 m. Herm. v. Döring, 3) 1850 mit dem livländ. Gutsbesitzer v. Bock. Seit 1859 in Koburg

SCHRÖDER-GLOGER, Albert * 7/8 1868 Berlin, da Musiker. W: Märsche, Tänze

SCHRÖDER-HANFSTÄNGL, Maria * 30/4 1847 (nicht 1848) Breslau, † 5/9 1917 München, ausgezeichn. OpSgrin u. GsgL. W: ‚Meine Lehrweise der Gsgskunst' (1902)

SCHRÖDTER, Fritz * 15/3 1855 Leipzig, † 16/1 1924, urspr. Schauspieler, dann OpttenSgr, 1879 lyr. OpTenor in Prag, seit 1886 gefeierter lyr. u. Spieltenor d. Wiener Hofoper

SCHRÖTER, Alfred * 23/10 1869 Elbing, lebt in Berlin, ausgeb. in Bernburg, 12 Jahre MilM. W: Charakterstücke, Tänze, Märsche, Lieder

SCHRÖTER, Christof Gottlieb * 10/8 1699 Hohenstein (Sachs.) † 2/11 1782 Nordhausen, da Organ. seit 1732, Verbreiter u. Verbesserer des von Christofali (Christofori) erfundenen Hammerklav. W: Passion, viele KirchKantaten, Konz., Ouvert., Sonaten, Fugen, Org- u. GsgStücke, theor. Schriften usw.

SCHRÖTER, Corona * 14/1 1751 Guben, † 23/8 1802 Ilmenau, berühmte Sgrin, seit 1778 am Hofthea. zu Weimar. W: Singspiel ‚Die Fischerin' (von Goethe), Lieder u. Gsge (u. a. ‚Erlkönig')

SCHRÖTER, Heinz * 2/5 1907 Berlin, Pianist in Frankf. a. M., da (Konserv.) u. in Leipzig (Konserv.) ausgeb. W: Hörspiel, BühnM., KaM., KlavStücke, Chöre, Lieder

SCHRÖTER, Joh. Samuel (Bruder Coronas) * 1750 Warschau, † 2/11 1788 London, KaPianist. W: 15 KlavKonz., KlavQuint. u. Trios, KlavSonaten

SCHRÖTER, Leonhardt * um 1532 Torgau, † um 1601 Magdeburg, Kantor. W: Tedeum, Motetten, ‚Weihnachtsliedlein' (NA. v. B. Engelke)

SCHRÖTER, Oskar * 1/5 1866 Leipzig, MRef. seit 1907 u. KonservDir. in Stuttgart, Schüler Reineckes, Jadassohns u. Pfitzners. W: Oper, OrchSerenade, Lieder

SCHROTH, William * 18/12 1881 Dresden, da VolksschulL. a. D., ausgeb. u. a. von Kurt Striegler. W: OrchStücke, KaM., KlavSonaten, gr. Chorwerk m. Orch., Chöre, Lieder

SCHTERBATSCHEW — s. STCHERBATSCHEW

SCHUBART, Christ. Frdr. Daniel * 13/4 1739 Obersontheim (Schwab.), † 10/10 1791, Dir. der herzogl. HofM. u. des Thea. in Stuttgart, Dichter, vorher Organ. in Geislingen u. MDir. in Ludwigsburg, 1777/87 auf d. Feste Hohenasperg wegen Freidenkerei eingekerkert. W: Kantaten, Lieder, Autobiogr., ‚Ideen zu e. Ästhetik der Tonkunst'

SCHUBAUR, Lukas * 22/12 1749 Lechfeld, † 15/11 1815 München, hochangesehener Arzt. W: Singspiele

SCHUBERT, Anton * 6/8 1845 Hartenstein. † 26/10 1898 Dresden, MilKM. W: Märsche

SCHUBERT, Edmund * 21/12 1882 Königsberg i. Pr., da im Kgl. Instit. f. KirchM. ausgebildet, da seit 1910 Kantor u. Organ. W: Orat., Advents-, Oster- u. sonst. Kantaten m. Orch., Weihnachts-Kinderlieder, viele geistl. Lieder mit Org. (Harmon.), Stücke f. StrOrch., Klav. (auch instrukt.), f. V. bzw. Vc. mit Org.

SCHUBERT, Ernst Friedr. Alfred * 1874 Schwarzenberg, Erzgeb., SchulL. u. Organ. in Dresden, Schüler Rischbieters u. Draesekes. W: MChöre

SCHUBERT, F. L. — s. SCHUBERT, Franz Louis (nicht Ferd. Leberecht)

SCHUBERT, Ferd. (Bruder von Franz) * 18/10 1794 Lichtenthal/Wien, † 26/2 1859, SchulDir. in Wien. Hatte 28 Kinder! W: 2 Kinderop., 2 Requiems, das eine dem Andenken seines Bruders gewidmet, KirchKompos.

SCHUBERT, Frz (Peter) * 31/1 1797 Lichtenthal/Wien, wo sein Vater SchulL., † 19/11 1828 Wien, der geniale Tondichter. Dem 7jährigen erteilte Kantor Michael **Holzer** den ersten MUnterr. u. verschaffte ihm 1808 Aufnahme in die kaiserl. Pensionsanstalt. Darauf wurde er SoloSgr der kais. Kap. (Klav- u. VUnterr.). Seine Fortschritte so überraschend schnell, daß er als erster Geiger bei den OrchÜbgen in Abwesenheit des Dir. die Leitung übernahm. Im GBaß unterrichtete ihn der Hoforgan. Ruzicka, in der Kompos. Salieri. Dabei versäumte er nicht das gründliche Studium d. Meisterwerke eines Mozart, Haydn, Beethoven, sowie eigene strenge Arbeit; noch in den letzten Monaten seines Lebens stud. er unter S. Sechter angestrengt Kontrapunkt. Seit 1813, wo er infolge Stimmbruchs die Anstalt verließ, widmete er sich bes. der Kompos., lebte zurückgezogen im väterl. Hause, da es ihm nicht glückte, eine feste LStellg zu erlangen. Außer einigen Ausflügen nach Ungarn, Steiermark u. Oberösterreich verbrachte er sein Leben ganz in Wien. Er besaß einen schier unerschöpflichen Reichtum der Erfindg, gepaart mit innigster Empfindg; auch war er ein Meister des Satzes u. genialer Harmoniker. Er betätigte sich auf allen Gebieten der Tonkunst; größte Bedeutg hat er als Schöpfer des modernen Liedes; er hat üb. 600 Lieder geschrieben (,Erlkönig' [1817], ,Wanderer', die Lieder-Zyklen ,Die schöne Müllerin' u. ,Winterreise' usw.), die seinen Namen unsterblich machen. Unter seinen Sinfonien ragen bes. die von Schumann entdeckte große in C (Nr. 7, 1828 komp.) u. die unvollendete (Nr. 8) in h hervor. Die KaM. dankt ihm 14 StrQuart., 1 hochbedeut. StrQuint., 1 Oktett, 1 KlavQuint., 2 KlavTrios u. verschied. Duos; für Klav. schrieb er 14 Sonaten, Phantasien, Variationen, Impromptus, Tänze u. Märsche usw., 2- u. 4hd.; seine Opern ,Alfonso u. Estrella', ,Fierrabras', ,Der häusliche Krieg' usw. u. SchauspielM. weniger gelungen; er schrieb auch Messen, Psalmen, kl. KirchStücke, MChöre mit u. ohne Begleitg, Fr- u. GemChöre usw. Gesamtausg. seiner Werke bei Breitkopf & Härtel in Leipzig. Biographien schrieben Kreißle v. Hellborn, A. Niggli, Heuberger, Dahms, Vetter usw.

SCHUBERT, Frz * 22/7 1808 Dresden, da † 12/4 1878, VVirt., 1823/73 KonzM. der Kgl. Kap. W: VKomposit., u. a. ,Die Biene'. — Seine Gattin Maschinka, geb. Schneider, geschätzte KolorSgerin * 25/8 1815 Reval, 1834/60 an der Hofop. in Dresden, da † 20/9 1882. — Ihre Tochter Georgine * 28/10 1840 Dresden, † 26/12 1878 Potsdam, Schülerin ihrer Mutter, Jenny Linds u. M. Garcias, geschätzte OpSgrin u. Komponistin. — Ihr Sohn Franz * ?, † 8/5 1925 Dresden als HofKonzM. a. D. treffl. Quartettspieler, verdient um den dort. TonkünstlerVer.

SCHUBERT, Frz Ant. * 20/7 1768 Dresden, da † 5/3 1824, seit 1788 KBassist der Hofop., 1807 HofKirchKM. W: viel KirchM., Freimaurerlieder usw.

SCHUBERT, Frz Louis * 1804 Dürrenberg, Prov. Sachs., † 27/3 1868 Leipzig, anfangs SchulL., zeitw. MDir. am Thea. in Gera, später MSchr. u. sehr geschätzter Arrangeur, bes. f. Klav. 4h. in Leipzig. W (sehr verbreitet): ,Instrumentationslehre nach den Bedürfn. d. Gegenwart', ,Vorschule z. Komponieren', ,Das Klav. u. seine Behandlg', ,Katechismus der Gesgskunst', ,Die V., ihre Bedeutg u. Behandlg', ,Die Orgel', ,KlarinetSchule', ,ObSchule', ,TrompSchule'

SCHUBERT, Franz Peter — s. SCHUBERT, Franz * 1797

SCHUBERT, Georgine — s. SCHUBERT, Frz (Dresden)

SCHUBERT, Heinz * 8/4 1908 Dessau, OpKM. in München seit 1935, Schüler v. Frz v. Hoeßlin, A. Seidl, Joh. Haas, H. Röhr u. S. v. Hausegger, seit Herbst 1929 OpKM. (u. a. in Dortmund), 1933/35 in Flensburg. W: Sinfonietta, Lyr. Konz. f. Br., KaM., Tedeum, Chöre, Lieder, auch mit KaOrch. u. a.

SCHUBERT, Hermann * 2/5 1888 Breslau, KBVirt. in Berlin seit 1912. W: KBKonz.., Schule, Etüden; Lieder

SCHUBERT, Joh. Friedr. * 17/12 1770 Rudolstadt, † Okt. 1811 Köln, TheaKM. an versch. Orten. W: VKonz., VDuette, KlavStücke; ,Neue Singschule' (1804)

SCHUBERT, Jos. * 1757 Warnsdorf (Böhm.), † 28/7 1833 Dresden, da seit 1788 Bratschist der Hofkap. W: Opern, Messen, Sinfon., 49 Konz. f. verschied. Instr., KaM., auch f. Bläser usw.

SCHUBERT, Kurt * 19/10 1891 Berlin, Schüler seines Vaters, X. Scharwenkas u. Gernsheims, ausgezeichn. Pianist, seit 1921 Prof. a. d. Hochschule für Schul- u. KirchM. in Berlin. W: Oper, sinfon. Dichtgen, KaM. (u. a. KlarinQuint.), KlavStücke, Lieder

SCHUBERT, Louis * 27/1 1828 Dessau, † 17/9 1884 Dresden, urspr. Geiger in Petersburg, dann KonzM. u. ML. in Königsberg, seit 1862 in Dresden, geschätzter GsgL. W: Optten, Gsge, Variat. f. Sopr. u. a.

SCHUBERT, Maschinka — s. SCHUBERT, Frz (Dresden)

SCHUBERT, Oskar * 11/10 1849 Berlin, da † 25/9 1935, KlarinVirt., 1873/75 in Petersburg, 1875/78 in Bilses Kap., 1878/1905 in der Hofop. zu Berlin, da Prof. an der Hochschule bis 1928. B: Bärmanns KlarinSchule

SCHUBERT, Otto Rolf — s. SCHUBERT, Rolf

SCHUBERT, Paul * 20/3 1884 Grünhof (Lettland), KlavVirt., seit 1919 L. am Konserv. in Riga, auch Dirig. W: KlavStücke, VStücke, Lieder

SCHUBERT, Rich. * 3/3 1878 Ziegenhals, Schüler Riemenschneiders, GsgL. u. 1919/21 Dir. des Spitzerschen MGsgVer. in Breslau. Lebt da. W: Pantomimen, Messen, ,Szenen aus d. Freiheitskriege 1813', MChöre

SCHUBERT, Rolf * 26/4 1907 Dresden, lebt da. W: KlavStücke, VStücke, Lieder

SCHUBERT, Rud. Ili * 20/4 1900 Prag, da KlavVirt. u. MSchr. W: KlavStücke, Lieder

SCHUBERT-DRESDEN, Franz — s. SCHUBERT, Franz * 1808

SCHUBERTH, Edward & Co., MVerlag in Newyork (urspr. 1859 Filiale von J. Schuberth & Co. in Leipzig)

SCHUBERTH, Fritz jr, MVerl. (Abzweigg von J. Schuberth & Co. seit 1/10 1888) in Leipzig

SCHUBERTH, Gottlob * 11/8 1778 Karsdorf, † 18/2 1846 Hamburg, da seit 1833 Ob- u. KlarinVirt., vorher in Magdeburg, Vater von Louis u. Karl (s. d.). W: KlavStücke

SCHUBERTH, Jos. * 20/1 1876 Eichstätt/Bay., † 28/4 1934 Nürnberg, da Chordir. u. MStudRat. W: ‚GsgsUnterr. an d. Volksschulen', ‚Neue ChorGsgSchule f. d. Schulgebr.', ‚Lehrb. f. d. GsgUnterr.' (zus. mit Heinr. Schmidt). H: ‚Singt! Liederbuch f. Schule u. Haus' (4 Bde) u. a.

SCHUBERTH, Jul. * 14/7 1804 Magdeburg, † 9/6 1875 Leipzig, Begründer des bekannten M-Verlags (Hamburg 1826, Filiale in Leipzig 1832); nur noch in Leipzig (J. Schuberth & Co. seit 1859, jetziger Besitzer s. Otto Bahlmann; vgl. Felix Siegel). — Sein Bruder Karl * 25/11 1811 Magdeburg, † 22/7 1863 Zürich, ausgez. vielgereister VcVirt., seit 1842 in Petersburg, da auch Dir. der Hofkap. W: VcKonz. u. a., KaM.

SCHUBERTH, Louis * 18/4 1806 Magdeburg, † Mai 1850, Geiger, dann MDir. in Oldenburg, Riga, Petersburg. W: KaM. u. a.

SCHUBERTHAUS, MVerlag in Wien, gegr. 1854

SCHUBIGER, Pater Anselm * 9/4 1815 Uznach, Schweiz, † 14/3 1888 Einsiedeln (da seit 1835), Prior, MHistoriker. W: ‚Die Sängerschule in St. Gallen', ‚OrgBau u. OrgSpiel im MAlter', ‚Das liturg. Drama des MA.', ‚Zur mittelalterl. InstrumentM.' u. a.; Kompos.

SCHUCH, Ernst * 23/11 1847 Graz, † 10/5 1914 Dresden, urspr. Jurist u. Geiger, Schüler von E. Stoltz u. O. Dessoff, 1867 MDir. d. LobeThea. in Breslau, dann OpKM. in Würzburg, Graz, Basel usw., seit 1873 HofKM. in Dresden, 1889 GenMDir., 1897 geadelt, hervorrag. Dirig. — Seine Gattin (seit 1875) Clementine, geb. Proska (Prochaska) * 12/2 1853 Wien, † 11/6 1932 Kötzschenbroda, treffl. KolorSgrin, 1873/1904 an der Dresdener Oper

SCHUCH, Karl, Dr. phil. * 26/5 1887 Liebenau/Graz, seit 1907 KlavVirt. u. KlavL. in Graz. W: ‚Die einfachen u. zusammengesetzten Rollungen im KlavSpiel' (1928)

SCHUCHARDT, Friedr. * 28/4 1874 Gotha, da Prediger, Schüler des Leipziger Konserv. W: Oper, Orator., dramat. Kantate, 8 Sinfon., 3 StrQuart. usw.

SCHUCHT, Joh. F., Dr. phil. * 17/11 1822 Holzthaleben, Thür., † 30/3 1894 Leipzig, Schüler Hauptmanns u. Spohrs, ML. u. Schr. in Berlin, seit 1868 in Leipzig. W: ‚Grundriß der prakt. Harmonielehre', ‚Wegweiser in der Tonkunst', ‚Partiturkenntnis', ‚Meyerbeer', ‚Chopin', Oper, KlavKompos., Lieder usw.

SCHUCHT, Rud. * 11/4 1879 Mainz, seit 1913 Organ. u. KirchChordir. in Frankfurt a. M., da ausgeb. (Hochsches Konserv.). W: KirchM.

SCHUCKERT, F., MVerlag in Krefeld, gegr. 1865

SCHUDER, Jos. * 8/10 1893 Steinbach NBay., SchulL. in Kötzting NBay., Schüler Vinc. Gollers. W: MChöre, geistl. u. weltl., bes. KinderLieder

SCHUECKER, Edmund * 16/11 1860 Wien, † 9/11 1911 Bad Kreuznach, ausgezeichn. Harfen., 1884/91 im Leipziger Orch., dann in Chicago, Philadelphia usw. W: HarfKompos.

SCHUEGRAF, Eduard * 6/12 1851 München, da † 24/12 1928, treffl. Bariton. u. GsgL.

SCHUEGRAF, Karl * 8/3 1886 München, L. f. Fag. u. Klav. am Mozarteum seit 1913, KonzBegl. d. Lilli Lehmann-Kurse in Salzburg

SCHÜLER, Fritz (F. A.), ps. Percy COX; John PERCY; R. PRUNIER; Pablo ROMERO * 17/5 1883, † 26/6 1930 (Selbstmord) Berlin. W: UnterhaltgsM.

SCHÜLER, Johannes * 21/6 1894 Vietz (Neumark), seit 1933 städt. MDir. (ObLeiter der Op. usw.) in Essen, ausgeb. in Berlin (Hochschule, Univ.), Kriegsteiln., seit 1920 TheaKM. (Gleiwitz, Königsberg, Hannover), 1928/32 LandesMDir. in Oldenburg, 1932/33 OpLeiter in Halle

SCHÜLER, Karl * 16/1 1894 Magdeburg, da akad. ML. u. VerDir. W: Oper, MChöre, Lieder mit Klav., auch mit KaOrch. B: Volkslieder

SCHÜMANN, Hans * 20/8 1876 Leipzig, seit 1924 TheorL. in München (bis 1918 Offiz.). W: ‚Monozentrik. Eine neue MTheor.'; ‚Tonlehre'

SCHÜNEMANN, Georg, Dr. phil. * 13/3 1884 Berlin, lebt da, Schüler d. Sternschen Konserv. u. der Univers. Berlin, da 1919 PrivDoz., 1921 ao. Prof., 1920/28 stellvertr. Dir. der staatl. MHochschule, deren sehr verdienter Dir. Juli 1932/April 1933; dann Dir. der staatl. InstrumSammlg; seit März 1935 Dir. der MAbt. der Preuß. Staatsbibl. W: ‚Gesch. d. Dirigieren', ‚Mozart als 8j. Komp.', ‚Das Lied der dtsch. Kolonisten in Rußland',

,Gesch. d. dtsch. SchulM.' (1928), ‚Führer durch d. dtsche Chorliteratur' I (1935) u. a. H: Werke J. Chr. Friedr. Bachs u. a.

SCHÜNEMANN, Kurt * 21/4 1900 Berlin, da ML., ausgeb. auf der Hochsch., bes. v. Humperdinck. W: Chöre, bes. Motetten u. Marschlieder, viele Lieder, UnterhaltgsM.

SCHÜNGELER, Heinz * 1884 Brachelen/ Aachen, Schüler des Düsseldorfer Konserv. (Buths), 1904 KlavL. am Konserv. in Hagen, da 1912 eigene MSchule. W: KlavStücke, auch f. 2 Klav., Lieder

SCHÜRER, Joh. Georg * 1720, † 16/2 1786 Dresden, da seit 1746 fruchtbarer Hofkomp. W: Opern, 40 Messen, 140 Psalmen usw.

SCHÜRMANN, Geo. Kaspar * um 1762, † 25/2 1751 Wolfenbüttel, da seit 1707 HofKM. W (geschätzt): 50 Opern, u. a. ‚Ludwig der Fromme'. Vgl. das 2bdge Werk v. Gust F. Schmidt (1935)

SCHÜSTEL, Ferd., ps. Ferd. WALLNER * 14/7 1865 Wien, KM. in Berlin, ausgeb. in Wien u. Prag. W: UnterhaltgsM.

SCHÜTKY, Frz Jos. * 30/7 1817 Kratzau, Böhm., † 9/6 1893 Stuttgart, da seit 1854 HeldenBariton. der Hofoper (Schüler bes. Gordigianis), auch treffl. KonzSgr u. GsgL. W: Messen, MChöre, Lieder. — Seine Tochter Fernande * 30/9 1845 Lemberg, † 29/4 1889 Darmstadt, da seit Ende 1877 am Hofthea., ausgez. KolorSoubr.

SCHÜTT, Eduard, ps. Arnolde CLAIRLIE; Henri MARLING * 22/10 1856 Petersburg, † 28/7 1933 Obermais/Meran, Pianist, Schüler der Konserv. zu Petersburg u. Leipzig, lebte lange in Wien, auch in Paris. W: Oper, StrOrchSerenade, 2 KlavKonz., KaM., elegante KlavStücke, Lieder usw.

SCHÜTT, Walter * 3/9 1875 Berlin, lebt seit 1932 in Alt-Ruppin (Neumühle), vorher in Berlin. W: Optten, feinsinnige Lieder

SCHÜTTE, Werner — s. RAULS, Mac

SCHÜTZ, Erwin, ps. = Edwin SCHULTZ

SCHÜTZ, Frz * 15/4 1892 Wien, da ausgez. OrgVirt. u. L.

SCHÜTZ, Hans Geo. * 2/3 1912 Stettin, da SchulL., Pianist u. AkkordeonVirt. W: Tänze, Märsche

SCHÜTZ, Heinr., gen. Sagittarius * 8/10 1585 Köstritz, † 6/11 1672 Dresden, kam 13jährig als Sopranist in die Hofkap. d. Landgrafen Moritz von Hessen-Cassel. Nach Studium auf der Univers. Marburg schickte ihn 1609 der Landgraf zu Gabrieli nach Venedig. 1617 wurde er vom Kurf. Joh. Georg I. in Dresden als KM. angestellt, richtete daselbst die kurfürstl. Kapelle nach ital. Vorbild ein u. brachte sie zu hoher Blüte. Er hat die ital. Oper nach Deutschland verpflanzt. Seine leider nicht erhaltene ‚Daphne', die erste dtsche Op., (13/4 1627 in Torgau aufgeführt). Die dtsche M. hat er ungemein gefördert. Seine Hauptwerke die vokalen ‚Symphoniae sacrae', ‚Die sieben Worte', die vier ‚Passionen', Madrigale, geistl. Gsge, Psalmen usw. Spitta besorgte eine Gesamtausg. seiner Werke

SCHÜTZ, Ludw. * 30/3 1885 Schwerin (Mecklenbg), Pianist u. KlavL. in Berlin, vorher in Frankfurt a. M. W: Lieder

SCHÜTZE, Arno * 25/10 1868 Magdala/Thür., KonservDir. u. VerDir. in Bochum, vorher in Recklinghausen u. Gelsenkirchen, ausgeb. in Weimar. W: Chöre, auch m. Orch., Lieder, KlavStücke

SCHÜTZE, Erich, ps. Ernst VOLKER * 23/11 1888 Kauern, Kr. Brieg, MStudRat in Duisburg, Schüler Friedr. E. Kochs, Geo. Schumanns u. der Berliner Akad. f. Schul- u. KirchM. W: Kantaten, relig. Gsge, Thür. Schulgebet, Lieder der dtsch. Freiheitsbewegg

SCHÜTZE, Herm. * 15/7 1884 Rüdigershagen/ Erfurt, seit 1913 SchulML. (1925 StudRat) u. Chordir. in Witten a. Ruhr. W: Chöre, auch m. Orch., Lieder, StrQuart., Klav- u. OrgStücke

SCHÜTZE, Joh. Steph. * 1/11 1770 Oberstädt/ Magdeburg, † 19/3 1839 Weimar, geschätzt. Ästhetiker. W: u. a. ‚Theorie d. Komischen'

SCHÜTZE, Karl * 2/3 1853 Obergebra (Harz), Schüler des Inst. f. KirchM. u. des Leipziger Konserv., seit 1887 MSchulLeiter in Leipzig. W: ElementarKlavSchule, Lehrg. der KlavTechnik u. a.

SCHÜTZE, Walter, ps. O. A. EVANS * 27/1 1898 Berlin, da Pianist u. KM. f. Schallplatten- u. TonfilmAufnahmen, Schüler Ed. Behms, 1919/22 Korrepet. an der Dresdner Oper. W: UnterhaltgsM., FilmM.

SCHÜTZENDORF, Alfons * 25/5 1882 Vught (Holl.), seit 1932 GsgL. u. dramat. L. in Berlin, Baß-Barit., ausgeb. in Köln, v. Felix v. Krauß u. Borgatti (Milano), engagiert seit 1904 in Düsseldorf, Prag, Wien u. Hamburg, viel auf Gastspielen, auch in Bayreuth u. München (Festsp.), 1927/31 GsgL. an der Folkwang-Schule in Essen

SCHÜTZENDORF, Leo * 7/5 1886 Köln, † 18/12 1931 Berlin, erst Kaufmann, ausgeb. auf d. Kölner Konserv., seit 1908 OpSgr zuerst in Düsseldorf, dann u. a. in Wiesbaden u. Wien, seit 1920/29 an der Berliner Staatsop., durch zahlr. Gastspiele auch im Ausland bekannter, ausgez. Bassist, zuletzt OpttenSger in Berlin

SCHÜZ, Alfred, Dr. phil. * 11/7 1845 Tübingen, † 23/3 1916 Cannstatt, Klavierist, KirchChordirig. u. MSchr.; Erfinder eines Tempometers (Metronom). W: Suiten u. symph. Dichtg, KlavStücke, Lieder; ‚Zur Ästhetik der M.', ‚Mtheoret. Aufsätze'

SCHUGT, Heinz, ps. Henri FERRES * 22/1 1897 Düsseldorf, lebt da, Schüler Mathieu Neumanns. W: Sinf., VKonz., KaM., Optte, UnterhaltgsM.

SCHUH, Willi, Dr. phil. * 12/11 1900 Basel, MWissensch. u. MKrit. in Zürich seit 1927. W: ‚Das Volkslied in der Schweiz'; ‚O. Schoeck'. H: Schweiz. Sing- u. SpielM.

SCHUIL, Martinus * 1842 Harlingen, † 22/3 1899 Drachten, Schüler v. Fétis u. Dupont, Organ. in Leeuwarden, Franeker u. seit 1875 in Harlingen. W: Optten, Kantaten

SCHULENBURG, Herm., ps. ARO; Leon DAZAR; Silver HARRISON; Barron HATE; Armin JONGG * 3/3 1896 Berlin, da Geiger, auch Textdichter u. MVerleger. W: Revue, moderne Tänze, Schlager

SCHULER, Georg * 11/4 1906 Budapest, da KM. W: Pantomime, burleskes Orator., Requiem, Lieder, VKonz., KaM.

SCHULER, Rich., ps. = Georges HARTMANN

SCHULHOFF, Erwin * 8/6 1894 Prag, lebt da, Schüler des dort., des Leipziger u. Kölner Konserv., auch Willy Therns, ausgezeichn. Pianist. W (hypermodern): Oper, Ballette, Sinfon., KaM., KlavStücke

SCHULHOFF, Jul. * 2/8 1825 Prag, † 13/3 1898 Berlin, Pianist, Schüler Tomascheks, 1849/50 zu Wien, dann auf Reisen, lebte in Paris, Dresden (1870/88), seit 1888 in Berlin. W: Brill. KlavSalonkompos, u. a. op. 6 u. op. 20 Valse brill., op. 17 Galopp di bravura

SCHULKEN, Herm. * 19/5 1870 Berlin, lebt in Neuruppin/Gildenhall, vorher in Berlin MInstit-Dir. u. Chordir., Schüler Kotzolts. W: Chöre, vor allem MChöre. — Sein Vater K o n r a d * 4/5 1828 Bremen, † 17/1 1910 Berlin, gründ. da 1851 den nach ihm gen., zu Ansehen gelangten GsgVer., urspr. Maler. W: MChöre

SCHULT, J. H., * 24/4 1866 Bliefensdorf/Neustadt i. M., treffl. VBauer, seit 1896 in Lübeck

SCHULTE, Eleonore * 16/1 1876 Gelsenkirchen, lebt in Kreuzlingen (Schweiz). W: Tondichtg, Lieder, auch mit Orch.

SCHULTE, Joh. * 27/6 1866 Köln, da † 30/3 1934, da Schüler Gust. Jensens, DomKM. u. ML. am PriesterSem. in Köln. W: KirchM., weltl. Chöre u. Lieder

SCHULTEN, Gust. * 30/1 1897 Landshut/Bay., MSchr. in Berlin, ausgeb. in Erfurt (Konserv.) u. Berlin (Sternsches Konserv.). W: BühnM., Lieder

SCHULTES, Heinz * 16/2 1880 München, da KM. u. Chordir. (30 J. an versch. Thea.). W: Oper, Chöre, auch m. Orch., z. T. ns., Märsche

SCHULTETUS, Joh. — s. SCHULTZ

SCHULTHEISS, Carl L., MVerl. u. MAntiquariat, Stuttgart, gegr. 1/10 1920

SCHULTHESS, Walter * 24/7 1894 Zürich, Pianist, Schüler Andreaes u. Moeckels, auch Courvoisiers u. Schmid-Lindners, ist auch Geschäftsführer der KonzHausGes. W: OrchSerenade, Concertino, KaM., KlavStücke, Lieder. — Seine Frau (seit 1921) die ausgezeichn. Geigerin Stefi G e y e r * 23/6 1888 Budapest

SCHULTS, Ulfert * 19/11 1871 Amsterdam, da KlavL. am Konserv. W: feinsinnige KlavStücke, ElementarKlavSchule

SCHULTZ, Edwin, ps. Erwin SCHÜTZ * 30/4 1827 Danzig, † 20/5 1907 Tempelhof/Berlin, seit 1851 in Berlin, Baritonist, GsgL. u. VerDirig. W: viele MChöre, ‚Soldatenliederbuch', Lieder, KlavStücke usw.

SCHULTZ, Ella v. — s. SCHULTZ-ADAJEWSKY

SCHULTZ, Erhard, ps. D. ALBERTI; (B.) S. HARDER * 7/9 1879 Abtmanndorf/Leipzig, Mitbesitzer des MVerl. Otto J u n n e in Leipzig. W: UnterhaltgsM.

SCHULTZ, Ferd., ps. Geo. ROMBERG, Dr. phil. * 7/10 1829 Berlin, da (Charlottenb.) † 27/7 1901, langjähr. sehr verdienter GymnDir., Historiker. W: M. zu ‚Dramen des Aeschylus'

SCHULTZ, Helmut, Dr. phil. * 2/11 1904 Frankfurt a. M., seit 1933 Prof. d. MWissensch. an der Univ., Dir. d. InstrumMuseums usw. in Leipzig, da u. in Wien ausgeb. W: ‚Führer durch d. InstrumMuseum', ‚Joh. Vesque v. Püttlingen', ‚Die Karl StraubeOrgel', ‚Instrumentenkunde'. H: Haydn, ges. Sinfonien, Bd. 4 ff.

SCHULTZ, Jakob * 14/2 1868 Knittelsheim, ML. u. Organ. in Speyer. W: KirchM., weltl. Chöre

SCHULTZ (SCHULTETUS), Joh. † 14/2 1653 Dannenberg (Braunschw.), da Organ. seit 1603. W: geistl. Gsge, InstrSuiten u. a.

SCHULTZ-ADAJEWSKI, Ella von * 10/2 1846 Petersburg, † 29/7 1926 Bonn, lebte zuletzt in Neuwied a. Rh., KlavVirt., Schülerin Henselts, Rubinsteins, Faminzins, jahrelang v. 1882 ab in Italien. W: Russ. Volksoper, Chöre f. d. griechkathol. Kirche, Lieder; Griech. Sonate f. Klarin. u. Klav., KlavStücke

SCHULTZE, Adolf * 3/11 1853 Schwerin, Schüler Kullaks, an dessen Akad. L., 1886/90 Hof-KM. u. KonservDir. in Sondershausen, seitdem KonservDir. in Berlin, da † 1923. W: KlavStücke, Lieder

SCHULTZE, Clemens * 7/12 1839 Bückeburg, da † 13/9 1900, Hofpianist, Schüler von Litolff, Moscheles u. Hauptmann. W: KlavStücke; ‚Tägl. Studien d. KlavTechnik'. — Sein Sohn Clemens Schultze-Biesantz, ps. S. B. Clemus * 1/2 1876 Bückeburg, Schüler seines Vaters u. L. Bußlers, Berater des Verlags Litolff in Braunschweig, da † 3/6 1935. W: sinf. Dichtgen, Klav-, VStücke, Lieder. H: klass. Werke

SCHULTZE, Gerhard * 31/12 1902 Berlin, da seit 1924 MRef. W: KaM., KlavStücke, Lieder

SCHULTZE, Heinr. Aug. * 8/10 1808 Dresden, † 18/5 1883 Oldesloe/Holstein, Schüler M. G. Fischers, 1827 GymnML. u. Organ. in Nordhausen, gründete 1868 in Cassel eine MSchule, später in Küstrin u. Oldesloe. W: Opern, Kantaten, Sinfon., Ouvert., Choralbuch, Choralvorspiele, Chöre, Lieder usw. — Sein Sohn Dr. Martin Sch. * 11/1 1835 Nordhausen, † 10/9 1899 Rektor an verschied. Schulen, lebte pension. in Ellrich/Harz. W: ‚Kinder-Kreuzzug', ‚Spaziergang' (nach Schiller), ‚Jahresmärchen' u. a.

SCHULTZE, Kurt, Nachf., M. u. TheaVerl., Leipzig, gegr. 1/11 1916

SCHULTZE, Ludw., 1855/1901 — s. SCHULTZE-STRELITZ

SCHULTZE, Norbert * 26/1 1911 Braunschweig, KM. in Berlin, ausgeb. in Köln (Hochsch.: Abendroth, u. Univers.) u. München (Univers.). W: Optten, BühnM.

SCHULTZE-BIESANTZ — s. SCHULTZE, Clemens (Sohn)

SCHULTZE-BUCH, Hermann * 26/4 1875 Frankfurt a. M., † 21/1 1921 Berlin. W: UnterhaltgsM. — ps. SCHULZBUCH. — Vgl. Rudolf THIELE

SCHULTZE-STRELITZ, Ludwig * 7/1 1855 Stargard (Mecklb.), da † 20/3 1901, Schüler u. a. Jul. Heys in Berlin, da GsgL. H: Ztschr. ‚Der Kunstgsg' 1897/1901. W: ‚Sängerfibel', ‚Krit. Skizzen üb. Gsgmethoden' u. a.

SCHULTZEN-VON ASTEN, Anna * 11/3 1848 Wien, † 25/3 1903 Charlottenburg, treffl. KonzSgrin (hoh. Sopran), Schülerin der Viardot-Garcia, seit 1874 GsgL. an der Kgl. Hochschule in Berlin

SCHULZ, Adolf * 7/7 1817 Berlin, da † 16/3 1884, Geiger der Hofkap. W: M. zu Euripides ‚Hippolytos', Sinfon., KlavSonat. usw.

SCHULZ, Aug. * 15/6 1837 Lehre/Braunschweig, † 12/2 1909 Braunschweig, herzogl. SinfDir., Schüler u. a. Joachims, auch VerDir.. W: Opern, MChöre, auch m. Orch., Lieder usw.

SCHULZ, Ferd. * 21/10 Kossar/Krossen, † 27/5 1897 Berlin, da seit 1858 KirchChordir. W: Motetten, MChöre, Lieder, KlavStücke

SCHULZ, Frdr. Aug. * 19/1 1810 Neuhof/Walkenried a. H., † 23/4 1893 Kissenbrück, Kr. Wolfenbüttel, 1840/76 L. u. Organ. in Schöpenstedt (Braunschweig). W: Schulgsghefte, kl. Schulgsschule u. Gsgschule mit KlavBegl., kl. Harmonielehre, GitSchule, MChöre, Lieder usw.

SCHULZ, Gottfried, Dr. phil. * 6/7 1870 Mainz, 1900/35 Leiter der MAbt. der Staatsbibl. in München, OBibliothekar, Schüler V. Gluths u. Sandbergers

SCHULZ, Günther — s. SCHULZ-FÜRSTENBERG

SCHULZ (Szulc), Heinr. (Henryk) * 31/1 1836 Warschau, da † 11/2 1903, da angesehener Geiger

SCHULZ, Heinr. 1838/1915 — s. SCHULZ-BEUTHEN

SCHULZ, Heinr. * 8/6 1864 Thale (Harz), lebt in Rostock (Gastdirig.), ausgeb. in Leipzig (Konserv.), 1884/91 KonzM. an verschied. Orten, 1891/95 TheaKM. in Harburg, 1897/1932 städt. MDir. in Rostock, da sehr verdient um das M-Leben, auch Chordirig., Gründer eines eig. ChorVer., der während des Weltkrieges mit der Sing-Akad. verschmolzen wurde, leitete versch. M- und SgrFeste. W: Kantate, Psalm 100, MChöre, Lieder, auch m. KaOrch.

SCHULZ, Hilmar * 23/9 1895 Sonneberg, Thür., seit 1929 Doz. f. M. am Pädag. Inst. in Jena, seit 1931 auch L. f. MPädag. u. Gsg an der Hochschule in Weimar, ausgeb. in Hildburghausen (LSem.) u. Köln (MHochschule)

SCHULZ, Joh. Abrah. Pet. * 31/3 1747 Lüneburg, † 10/6 1800 Schwedt, Schüler Kirnbergers, 1780/87 KM. des Prinzen Heinrich in Rheinsberg, 1787/95 HofKM. in Kopenhagen. W: Opern, BühnM., Orator., Kantaten, ausgezeichn. volkstüml. Lieder (‚Des Jahres letzte Stunde'), KlavStücke, Beitr. zu Sulzers ‚Theorie der schönen Künste'

SCHULZ (Schulze), Joh. Phil. Christian * 1/9 1773 Langensalza, † 30/1 1827 Leipzig, da 1800 TheaKM., seit 1810 Dir. der Gewandhauskonz. W: BühnM., Märsche, Chöre, Lieder

SCHULZ, Jos. — s. SCHULZ-WEIDA

SCHULZ, Karl 1845/1913 — s. SCHULZ-SCHWERIN

SCHULZ, Karl (Schulz-Tegel) * 9/3 1884 Göritz a. O., seit 1918 LyzeumML. in Berlin-Tegel, urspr. SchulL., ausgeb. im Inst. f. Schul- u. KirchM., auch Schüler M. Graberts u. F. E. Kochs. W: Lieder in 3st. polyph. Tonsatz; 222 dtsche Volkslieder in Einheits-Wort u. -Weise

SCHULZ, Karl Friedr. * 14/11 1784 Wittmannsdorf (NLaus.), † 28/6 1850 Konrektor in Fürstenwalde, vorher seit 1810 SemGsgL. in Züllichau. W: Lieder

SCHULZ, Kurt * 21/4 1896 Berlin, da Dentist. W: Schlager

SCHULZ, Madeleine, geb. v. Braun * 18/1 1866 Lyon, aufgewachsen in Michelstadt (Odenwald) u. Wertheim a. M., besuchte das Hochsche Konserv. in Frankfurt a. M., 1890 verheiratet. W: GsgQuart., viele Lieder, KlavStücke

SCHULZ, Max * 5/2 1866 Dresden, ML. u. ZithVirt. in Berlin

SCHULZ, Max * 11/4 1885 Bunzlau, Jurist, ObRegRat in Köln, Gitarrist. W: Lieder z. Laute. H: Paganini, GitKompos.

SCHULZ, Max, Dr. med. dent. — s. GONDA

SCHULZ, Oskar * 1854 Berlin, Pianist, seit 1878 KonservL. in Genf. W: KaM., KlavStücke, FrChöre, Lieder

SCHULZ, Paul * 7/8 1876 u. † 11/5 1924 Berlin, Musiker. W: Märsche, Tänze

SCHULZ, Peter * 17/7 1808 u. † 2/4 1871 Regensburg, ausgez. V- u. GitBauer, seit 1865 mit seinem Schüler X. Kerschensteiner (s. d.) vereinigt

SCHULZ, Siegfr. * 13/10 1886 Schöneberg/Berlin, lebt in Berlin, zeitw. OpttenKM., Schüler Joh. Doebbers. W: Optten, BühnM.

SCHULZ, Walter * 29/7 1893 Frankfurt a. O., seit Herbst 1926 KonzM. am NatThea. u. HochschulL. (Prof.) in Weimar, VcVirt u. Gambist, Schüler H. Decherts, 1919/26 SoloVcellist des Berliner Philharm. Orch. W: VcLagenwechselstudien, Studien im Daumenaufsatz nach Sevčik op. 1. H: Bachs VcSuiten

SCHULZ-BEUTHEN, Heinr. * 19/6 1838 Beuthen (ObSchles.), † 12/3 1915 Dresden, Schüler des Leipziger Konserv. u. C. Riedels, 1866 ML. in Zürich, 1881 in Dresden, 1893/95 in Wien, seit 1895 wieder in Dresden. W (viele ungedr.): 4 Opern, Requiem, Psalmen, 8 Sinfon. (Nr. 1 u. 10 unvoll.), Ouvert., KlavKonz., Klav- u. VStücke, Lieder usw.

SCHULZ-DORNBURG, Rudolf * 31/3 1891 Würzburg (Sohn d. KonzSgrs u. GsgL. Richard Schulz-Dornburg * 1855, † 22/10 1913 Köln), lebt in Berlin, seit 1934 Dir. des LuftschutzOrch., ausgeb. in Köln bei Neitzel, Straesser u. F. Steinbach, ein Jahr Sänger, dann Chordir., 1912/13 KM. am Dtsch. Thea. in Köln, 1913/14 Dramaturg am Hofthea. in Karlsruhe, während d. Kriegs Fliegeroffiz., 1919 städt. KM. in Bochum, wo er die städt. Singschule errichtete, 1925 GenMDir. u. Dir. der westfäl. Akad. f. Bewegg, Sprache u. M. in Münster i. W., Herbst 1927/32 OpDir. u. Dir. d. Akad. in Essen, auch häufiger Gastdirig. B: ältestes Singspiel ‚Seelewig'

SCHULZ-EVLER, A. * 1854 Warschau, † 1905 Charkow, KlavVirt. W: KonzParaphrase üb. Joh. Strauß' Walzer ‚An der schönen blauen Donau'

SCHULZ-FÜRSTENBERG, Günther * 21/1 1906 Berlin, da VcVirt., Schüler u. a. v. Casals. Otto Taubmann. W: VcStücke

SCHULZ-MERKEL, Konrad * 1863 Naumburg a. B., † 3/2 1919 Liegnitz, da seit 1891 verdienter Kantor u. Organ., 1896 SingakadDir. W: Motetten, Lieder

SCHULZ - SCHWERIN, Karl * 3/1 1845 Schwerin, † 24/5 1913 Mannheim, mecklenb. Hofpianist, KonservL. zu Stettin, 1885/1901 in Berlin L. am Sternschen Konserv., dann in Mannheim. W: Sinfon., Ouvert. KlavStücke, Lieder usw.

SCHULZ-TEGEL, Karl — s. Karl SCHULZ

SCHULZ-WEIDA, Joseph * 27/10 1830 Weida, † 7/6 1872 Braunschweig, Thomas-Schüler, Schüler Mendelssohns u. Spohrs, OpKM. W: KlavStücke, Lieder

SCHULZBUCH, ps. = Hermann SCHULTZEBUCH

SCHULZE, Adolf * 19/4 1835 Mannhagen/Mölln, † 9/4 1920 Jena, Schüler Garcias in London, KonzSgr, GsgL., 1864/75 in Hamburg, 1875/1910 Leiter d. GsgKlassen der Kgl. Hochschule in Berlin, auch Mitglied der Akad. der Künste

SCHULZE, Friedr. Wilh. * 4/12 1839 Neumarkt/Jüterbog, † 7/12 1923 Berlin, da SchulL. u. Chordir., Schüler Erks. W: ‚Peter Ritter, sein Leben u. Wirken'. H: ‚Liederborn', ‚Liederstrauß'

SCHULZE, Fritz * 1887 — s. SCHULZE-STOLLE

SCHULZE, Fritz * 5/7 1900 Bitterfeld, Organ. in Dessau. W: Sinf., KaM., Kantate, Chöre, Gsge, OrgStücke u. a.

SCHULZE, Joh. Friedr. * 27/1 1793 Milbitz (Thür.), † 9/1 1858 Paulinzella, da ausgezeichn. Orgelbauer

SCHULZE, Joh. Phil. Christian — s. SCHULZ

SCHULZE, Josefine, geb. Killitschky * 1790 Wien, † 1/1 1880 Freiburg i. B., 1813/31 Zierde der Berliner Hofop.

SCHULZE, Karl * 3/2 1896 Wolmirstedt/ Magdeburg, seit 1922 I. Klarinett. der Oper in Wiesbaden. W: Saxophonschule

SCHULZE, Walter * 31/12 1906 Leipzig, da Musiker, da ausgeb. (Konserv.). W: Tänze, Märsche. B: Vibraphonsoli

SCHULZE-BERGHOF, Luise * 14/6 1889 Potsdam, lebt da, früher in München, Pianistin. W: Balladen, Lieder, Melodramen

SCHULZE-PRISCA, Walter * 18/5 1879 Halle a. S., VVirt., ausgeb. in Chicago, dann auch von Sevcik, Auer u. Ysaye, 1907/09 VL. in Dortmund, dann in Würzburg, seit 1918 in Köln Führer eines treffl. StrQuart. W: ‚Entwicklg des Bogenstrichs auf der V.' 1927

SCHULZE-STOLLE, Fritz * 21/5 1887 Baruth, Prov. Brandbg, Musiker i. R. in Königsberg i. Pr. W: Tänze Märsche

SCHUMACHER, Hans * 11/4 1886 Rathenow, seit 1909 Organ. u. Chordir. in Elsfleth a. Weser, ausgeb. in Berlin. W: StrQuart., 60 Chöre, u. a. 3 preisgekr.

SCHUMACHER, Heinr. Vollrat * 30/4 1861 Corbach (Waldeck), † 28/3 1919 Berlin, da ausgeb., auch Schr. (kulturgesch. Romane u. a.), W: Sing-Spiele, Lieder, Tänze, Märsche

SCHUMACHER, Paul * 6/11 1848 Mainz, da † 25/4 1891, Schüler von Fr. Lux u. des Leipziger Konserv., gründete 1882 in Mainz ein MInst. W (geschätzt): Oper, OrchSerenade, KaM., Klav-Stücke, Lieder usw.

SCHUMACHER, Rich. * 8/4 1860 Berlin, da (Hermsdorf) † 22/12 1932, SchulgsgL. u. Konserv-Dir. W: ‚Germania, Klänge a. der Lehrerwelt', ‚Zionsharfe', M- u. GemChöre, Lieder, Klav- u. OrgStücke

SCHUMANN, Camillo (Bruder Georgs) * 10/3 1872 Königstein, Sachs., lebt in Gottleuba, Sächs. Schweiz, Schüler des Leipziger Konserv. u. Bargiels, 1896 ff. Organ. in Eisenach. W: OrgSonaten, HarmonSuiten, Chöre, Lieder u. a.

SCHUMANN, Clara — s. bei SCHUMANN, Robert

SCHUMANN, Elisabet * 13/6 1891 Merseburg, treffl. OpSoubrette, seit 1919 an der Staatsoper in Wien, 1909/15 in Hamburg, zuletzt verheir. mit KM. Karl Alwin

SCHUMANN, Erich, Dr. phil. * 5/1 1898 Physiker (Akustiker) u. Vertreter der system. MWiss., auch Ministerialrat, 1929 PrivDoz., seit 1933 o. UnivProf. in Berlin

SCHUMANN, Eugenie — s. bei Rob. SCHUMANN

SCHUMANN, Georg * 25/10 1866 Königstein, Sachs., Schüler C. A. Fischers u. des Leipziger Konserv., Pianist, ausgez. KaMSpieler, 1890/96 GsgVerDir. in Danzig, 1896/1900 Dir. des Philharm. Chores u. Orch. in Bremen, seit Herbst 1900 SingakadDir. in Berlin, Mitgl. der Akad. der Künste, da 1913 Leiter einer Meisterkl. f. Komp., 1916 Ehrendoktor der Berl. Univers. W: 2 Sinfon., Serenaden, sinfon. Dichtgen, Ouvert., Variationen f. Orch., Orator. ‚Amor u. Psyche', ‚Ruth', ‚Das Thränenkrüglein', KaM., KlavStücke, Chöre, Lieder

SCHUMANN, Geo. Oskar (Sohn Oskars) * 27/2 1903 Berlin, da seit 1920 KonzPianist u. Chordir. W: Chöre, Lieder

SCHUMANN, Gust. * 15/3 1815 Holdenstadt, da † 16/8 1889, Pianist, angesehener ML. in Berlin. W: KlavKompos.

SCHUMANN, Karl * 29/3 1835 Eisleben, † Nov. 1910 Merseburg, da 1873 Kantor, seit 1/10 1877 Domorgan. W: dramat. Kantate, Orator., Ouvert., StrQuart., Kompos. f. V., Klav., Org., Motetten

SCHUMANN, Klara — s. SCHUMANN, Rob.

SCHUMANN, Marie — s. SCHUMANN, Rob.

SCHUMANN, Oskar * 14/8 1875 Pohlitz/Greiz, † 25/1 1932 Berlin, urspr. Geiger, dann Hornist, Schüler von Osk. Franz, 1898/1931 hervorrag. Mitgl. des Berliner Philharm. Orch.

SCHUMANN, Robert * 8/6 1810 Zwickau (hier seit 1910 ein ihm gewidm. Museum, seit 1913 städtisch, begr. v. M. Kreisig), † 29/7 1856 Endenich/Bonn. Sein erster Lehrer in der M. war Kuntzsch. 1828 bezog er die Univers. Leipzig, ohne jedoch nach dem Wunsch der Seinen die Rechte zu studieren, widmete sich bald ausschließlich der M., nahm bei Frdr. Wieck KlavUnterr., ging 1829 nach Heidelberg. Auch hier bildete das KlavSpiel sein eigentl. Studium; gleichzeitig komponierte er sein erstes Werk, die AbeggVariationen. 1830 nach Leipzig zurückgekehrt, um sich unter Wiecks Leitg ganz der VirtLaufbahn zu widmen, hatte aber das Unglück, sich die Sehne des dritten Fingers der rechten Hand dermaßen auszudehnen, daß dieser zum KlavSpiel unfähig blieb. Er trieb nun gründlichere theoret. Studien, zuletzt bei Heinr. Dorn, u. begann sich anhaltender mit der Kompos. zu beschäftigen; 1831 erschienen u. a. seine ‚Papillons'. 1834 gründete mit Ludw. Schunke, Jul. Knorr u. Wieck die ‚Neue Zeitschrift f. M.' (mit Ende des Jahrs sein alleiniger Besitz). Seine von Wieck lange bekämpfte Vermählg mit dessen Tochter Klara erfolgte 1840, nachdem er zuvor von der Univers. Jena die Doktorwürde erlangt hatte. In diesem Jahre entstand die Mehrzahl seiner schönsten Lieder, bes. der ‚Liederkreis' op. 39, ‚Frauenliebe u. Leben' op. 42, ‚Dichterliebe' op. 48 usw., im folgenden Jahre u. a. seine Sinfonie in B op. 38, Ouvert., Scherzo u. Finale op. 52, Sinfon. in d (erst später als op. 120 herg.). 1843 wurde er L. am neugegründ. Leipziger Konserv.; schuf das romant. Oratorium ‚Das Paradies u. die Peri' op. 50, das nächst den bereits genannt. Liedern, den ‚Phatasie-Stücken' op. 12 u. ‚Kinderszenen' op. 15 f. Klav., dem KlavQuint. op. 44 am frühesten Anerkenng gefunden hat. Eine Reise des Künstlerpaares nach Petersburg, wo Klara mehreremal im engeren Familienkreise des Kaisers spielte, u. weiter nach Moskau Anfang 1844, war vom günstigsten Erfolge begleitet. Im Herbst 1844 nahm Sch. nach Niederlegg der Redaktion seiner Ztschr. Aufenthalt in Dresden, trat im Sept. 1850 bis 1853 in Düsseldorf als städt. MDir. an Ferd. Hillers Stelle. Hier trat er sehr für den jungen Brahms ein. Dieser späteren Periode gehören noch an: die Sinfon. in C u. Es, das KlavKonz., die Kantate ‚Der Rose Pilgerfahrt', die Op. ‚Genoveva', die ‚Manfred'-M., während d. ‚FaustSzenen' aus verschiedenen Perioden stammen. Außer den gen. Werken schrieb er noch Chorballad. m. Soli u. Orch., M-, Gem- u. FrChöre, viele Lieder, Duette, 1 KlavQuart., drei StrQuart., 4 KlavTrios, KlavM. mannigfachster Art, OrgStücke usw. Gesamtausgabe seiner Werke bei Breitkopf & Härtel in Leipzig. In den letzten Lebensjahren war sein Geist von tiefer Melancholie umnachtet. Er ist einer der genialsten Komponisten der nachbeethovenschen Zeit; er führte der M. eine Fülle neuer Gedanken u. Ausdrucksmittel zu, begründ. als KlavKomponist geradezu eine neue (romant.) Schule, trat auch als Schr. für freiere Kunstansichten mit Erfolg ein; man darf ihn als den Reformator der MZtschriften bezeichnen. Seine ‚Gesammelten Schriften üb. M. u. Musiker' die wichtigste Quelle der MKultur s. Zeit. Die Zeit ist glücklicherweise vorüber, in der seine Bedeutg verkannt oder gar absichtlich verkleinert worden ist, leider hat auch R. Wagner sich daran beteiligt, Grund genug für viele seiner Anhänger, ihm darin nachzueifern. Biographien (jedoch noch keine erschöpfende) v. J. W. Wasielewski, H. Reimann, A. Reißmann, H. Erler, H. Abert, W. Dahms u. a. — Seine Gemahlin K l a r a, geb. Wieck * 13/9 1819 Leipzig, † 20/5 1896 Frankfurt a. M., erwarb sich schon als Kind auf Reisen großen Ruf, der sich später noch steigerte. Sie führte in Dtschland Henselts u. Chopins sowie ihres Gatten Tonschöpfgen zuerst vor. Ihr Spiel wirkte deshalb so anziehend, weil es männliche Kraft u. weibliche Anmut in abgeklärter, künstlerischer Reife in sich vereinigte. Sie erfreute sich eines Weltrufs wie wenige Virtuosen. Nach dem Tode ihres Mannes hatte sie sehr für ihre Kinder zu sorgen. 1863 ließ sie sich in Baden-Baden nieder, seit 1878 lebte sie, zunächst bis 1892 als KlavL. am Hochschen Konserv., in Frankfurt a. M. Aus ihren Tageuüchern u. ihrem Briefwechsel hat B. Litzmann ein Lebensbild (3 Bde) hergestellt. Ders. hat auch ihren leider nicht vollst. erhalt. Briefwechsel mit B r a h m s, der ihr während der Krankheit ihres Mannes und nach dessen Tode aufs treueste zur Seite stand, hrsg. (2 stattl. Bde). W: KlavSücke, KaM., Lieder usw. — Ihre älteste Tochter M a r i e * 1/9 1841, † 14/11 1929 Interlaken, treffl. KlavL. — Die 4. Tochter E u g e n i e * 1/12 1851, lebt in Interlaken, war KlavL., veröffentl. ‚Erinnerungen' (1925); ‚Lebensbild' ihres Vaters (1932)

SCHUMANN, Wolfgang * 22/8 1887 Dresden, da Schr., auch MRef., Stiefsohn v. Ferd. Avenarius

SCHUMANN-HEINK, Ernestine, geb. R o e ß l e r * 15/6 1861 Lieben/Prag, treffl. OpAltistin, debütierte 1878 in Dresden, 1883 in Hamburg, dann viel auf Gastspielen, auch in Bayreuth, 1899/1904 in Berlin (Hofop.), seitdem in Amerika, verheirat. sich 1883 mit H e i n k, 1893 mit Paul S c h u m a n n, darauf noch einige Male, ohne ihren bekannten Doppelnamen zu ändern

SCHUMM, Oskar * 28/12 1862 Naumburg a. S., L. in Eisenach. W: Märchenspiele, bes. für Schulen, MChöre, Lieder

SCHUNKE, Karl * 1801 Magdeburg, † (Selbstmord infolge Sprachverlust) 16/12 1839 Paris, da sehr beliebter Pianist. W: KlavStücke

SCHUNKE, Ludwig * 21/12 1810 Cassel, † 7/12 1834 Leipzig, Schüler Kalkbrenners u. Reichas, kam 1833 nach Leipzig u. gründete mit R. Schumann die ‚Neue Ztschr. f. M.'. W: Kompos. f. Klav. u. Gsg

SCHUPPAN, Adolf * 5/6 1863 Berlin, lebt da. W: KaM., Stücke f. Klav. u. V., Klav. allein (Suiten) usw.

SCHUPPANZIGH, Ignaz * 1776 Wien, da † 2/3 1830, Führer des StrQuart., das zuerst die Quart. Beethovens spielte, 1828 MDir. am Dtsch. Thea. in Wien. W: StrQuart., VKompos. usw.

SCHUPPE, Paul * 19/9 1878 Breslau, urspr. Geiger, seit 1902 in Coburg ML. u. VerDir. W: Melodramen, Tänze u. Märsche f. MandolOrch.

SCHUPPERT, Karl * 29/7 1823 Cassel, da † 6/12 1865, da seit 1858 Hoforgan., 1849/63 LiedertafelDirig. W: MChöre

SCHUPPMANN, Jul. * 31/3 1881 Berlin, da † 1917, seit 1908 Organ. u. Chordirig., Schüler B. Irrgangs u. der Hochschule. W: Choralkantate, OrgKompos.

SCHURDEL, Otto Ernst * 18/8 1882 Lassek (Posen), ML. in Schneidemühl, Schüler X. Scharwenkas. W: Märsche, UnterhaltgsM.

SCHURÉ, Edouard * 1841 Straßburg (Els.), † 8/4 1929 Paris, studierte Jura und Germanistik, zeitw. in Dtschland, trat in nahe Beziehgen zu R. Wagner, Ad. Stahr u. a. Wirkte seit 1867 für dtsche Lit. u. M. in Paris. W: ‚Histoire du Lied ou la Chanson popul. en Allemagne' (dtsch 1883), ‚Le drame mus.' (dtsch von H. v. Wolzogen) u. a., Oper

SCHURICHT, Karl * 3/7 1880 Danzig, Schüler Rudorffs u. Humperdincks, bedeut. Chor- u. Orch-, auch OpDir., seit 1912 städt. (Gen)MDir. in Wiesbaden, daneben 1933/34 Dir. d. Philharm. Chors in Berlin, gesuchter Gastdirig., u. a. bes. häufig im Sommer in Scheveningen, seit Jan. 1936 auch häufig im Berliner Reichssender. W: OrchStücke, KlavSonate u. -Stücke, Lieder

SCHURIG, Arthur * 24/4 1870 Dresden, da † 15/2 1929, 1890/1904 ArtillOffiz., darauf UniversStudium, lebte in Dresden als Literat. W: ‚Mozart' (2 Bde)

SCHURIG, Volkmar * 24/3 1822 Aue (Sachs.), † 31/1 1899 Dresden, da u. a. Schüler Joh. Schneiders, 1842/56 Chordir. u. Organ., 1856/61 in Preßburg, dann in Dresden GsgL., Kantor, auch TheorL. W: OrgStücke, geistl. ChorGsge, Lieder, bes. Kinderlieder usw.

SCHURZMANN, Katharina * 24/9 1890 Liegnitz, ML. u. MSchr. in Berlin, Meisterschülerin Gernsheims. W: StrOrchSerenade, KlavStücke, Lieder; ‚Wie erkenne ich die musikal. Begabung meines Kindes', ‚Von Tonart zu Tonart'

SCHUSTER, Bernh. * 26/3 1870 Berlin, da † 13/1 1934, Schüler v. L. Gentz u. Bußler, TheaKM. u. a. in Magdeburg u. Berlin, 1901/33 Hrsg. d. Ztschr. ‚Die Musik' in Berlin. W: Opern, Sinfon. u. OrchSuite, StrQuart., Chöre, Lieder. — Seine Frau H e r m i n e Sch.-W i r t h * 13/2 1866 München, † 19/12 1933 Berlin, treffl. KolorSgerin, 1901/10 nur noch gastierend

SCHUSTER, Elfriede * 26/11 1894 Berlin, da Pianistin u. L. am Sternschen Konserv., Schülerin W. Klattes (Komp.). W: KlavKonz. u. Stücke, KlavTrio, Lieder

SCHUSTER, Hanns * 8/9 1896 München, LandespolizeiMM. in Ludwigshafen a. Rh., ausgeb. in München (Akad.). W: Märsche. B: f. MilM.

SCHUSTER, Heinr. Maria, Dr. jur. * 5/8 1847 Tabor (Böhm.), † 9/4 1906, o. UnivProf., auch MKrit. in Prag. W: ‚Rob. Franz', ‚Carl M. v. Weber', ‚Urheberrecht der Tonkunst'

SCHUSTER, Jos. * 11/8 1748 Dresden, da † als nom. KM. des Königs von Neapel 24/7 1812. W: Opern (ital. u. dtsch), Orator., Kantate ‚Lob der M.', Messen, Sinfon., Ouvert., Klav- u. V-Werke usw.

SCHUSTER, Karl Aug. * 16/8 1807 Lipburg (Bad.), † 14/3 1877 Basel, da seit 1840, Geiger u. Chordirig. W: MChöre, Lieder

SCHUYER, Ary * 25/5 1881 Den Haag (Holl.), da Schüler d. Konserv., seit 1910 I. SoloVcellist der Oper in Frankfurt a. M. W: VcKonz., Lieder mit Orch. usw.

SCHUYER, Elie * 6/1 1879 Den Haag, urspr. Fagottist, dann sehr viel in Amerika, Griechenland u. Ägypten herumgereister OpttenKM., jetzt in Paris. W: Optten, OrchStücke

SCHUYER, Samuel * 9/9 1873 Den Haag, da VL., vorher zeitw. TheaKM. W: Opern, OrchStücke, u. a. preisgekr. ‚Präludium', Lieder

SCHWAB, Franc. Marie Louis * 18/4 1829 Straßburg i. Els., da 6/9 1882, MKrit. W: Opern, Messe u. a.

SCHWABACH, Kurt * 26/2 1890 OpttenLibrettist in Berlin.

SCHWABE, Friedr., Dr. phil. * 16/12 1870 Marienwerder, † 14/10 1931 Berlin, da seit 1913 GsgL. u. MSchr., 1898/1910 Bariton. in Bremen, Berlin (Thea. d. Westens), Würzburg u. Aachen, stud. darauf MGesch. u. Ästhetik in Zürich, 1913 Promotion: ‚Üb. Tonmalerei in Schuberts Winterreise'. Verheiratet mit der 1902 zuerst in Kiel aufgetretenen hochdramat. Sgrin E m y (* 24/6 1877 Arbon, Thurgau), GsgL. in Berlin, da † 21/1 1930

SCHWAEN, Kurt * 21/6 1909 Kattowitz, KlavL. in Berlin, Schüler F. Lubrichs jr., besuchte Univ. Breslau u. Berlin. W: Variat. f. KaOrch. u. Klav., KlavStücke, Suiten f. V. solo

SCHWAKE, Kurt Karl v. * 5/8 1890 Oppershausen, Kr. Celle, seit 1923 Tonkünstler in Dresden, da ausgeb. W: VKonz., KaM., Chöre

SCHWALM, Osk. * 11/9 1856 Erfurt, Schüler des Leipziger Konserv., darauf Pianist in Leipzig, 1905/22 als Vertreter der KlavFabrik J. Blüthner (seines Schwiegervaters) in Berlin, dann seit 1922 Vertreter d. Firma Feurich, † 11/2 1936. W: KlavStücke, Lieder usw. — Sein Bruder R o b e r t * 6/12 1845 Erfurt, † 6/3 1912 Königsberg, Schüler d. Leipziger Konserv., VerDir. 1870/75 in Elbing, dann in Königsberg i. Pr. W: Oper, Oratorien, MChorwerke m. Orch., KaM., KlavStücke, Chöre, Lieder usw.

SCHWANENBERG, Joh. Gottfr. * 28/12 1740 Wolfenbüttel, † 5/4 1804 Braunschweig, da seit 1762 HofKM. W: Opern, Sinf., KlavKonz. u. Sonat.

SCHWANER, Friedrich, Dr. phil. * 25/2 1890 Rattlar (Waldeck), stud. in Berlin u. Tübingen Germanistik, Kriegsteilnehmer, lebt in Berlin-Steglitz. W: Lieder, auch m. Orch.

SCHWANN, L., Verlag in Düsseldorf, gegr. 1821, wichtig f. kath. KirchM. u. auch f. SchulM.

SCHWANTZER, Hugo * 21/4 1829 Ober-Glogau, † 15/9 1886 Berlin, da Organ., L. am Sternschen u. schließlich Dir. eines eignen Konserv. W: Kompos. f. Klav., Org. u. Gsg

SCHWARTZ, Alex., ps. LANDRY, Sascha * 7/7 1874 Petersburg, urspr. Jurist, Schüler des Leipziger Konserv., seit 1902 in Berlin. W: Opern, Melodramen, VcStücke, geschätzte Lieder

SCHWARTZ, Emile * 8/2 1858 Paris, da † Juni 1928, GsgProf. am Konserv. W: ‚Traité de lecture musicale'; ‚Manuel du chanteur', Ballette

SCHWARTZ, Heinr. * 30/10 1861 Dietenhofen/Ansbach, † 8/7 1924 München, da seit 1885 KlavL. am Kgl. Konserv. u. VerDirig. W: Komposit. f. Orch., MChor, Klav. u. Gsg; ‚Aus meinem KlavUnterrichte'

SCHWARTZ, Jos. * 25/11 1848 Gohr/Neuß a. Rh., † 19/7 1933 Köln, da Schüler d. Konserv., 1872 KonzM. am Stadtthea., seit 1879 KonservVL. Betrieb nebenbei auch Gsg u. leitete höchst erfolgreich 1890/1925 d. Kölner MGsgVer. W: MChöre u. a.

SCHWARTZ, Otto, Dr. phil. * 27/10 1871 Frankfurt a. M., lebt in Dornholzhausen/Taunus, lebte lange in Frankfurt a. M., da Schüler M. Kaempferts, Kompon. u. Librettist. W: Optten, GsgPossen

SCHWARTZ, Rudolf, Dr. phil. * 20/1 1859 Berlin, † 27/4 1935 Halle, stud. Philosophie und unter Spitta M., 1887/92 GsgVerDirig. in Greifswald, 1897 MSchr. in Leipzig, da 1901/29 Bibliothekar der MBibl. Peters. H: Jahrbuch der M-Bibliothek Peters; Haßlers weltl. Kompositionen; Dulichius u. a.

SCHWARTZ, Rud. * 10/4 1883 Antern/Saalfeld (Ostpr.), urspr. Marineoffiz. bis 1909, dann Gsg- u. Medizin-Stud., GsgL. u. MSchr. in Berlin. W: ‚Die natürl. Gsgstechnik',, ‚Merkbüchlein für Gsgstudierende'

SCHWARTZENDORF, Joh. = Jean MARTINI

SCHWARZ, Adolf * 3/6 1861 Mittergraben, NÖsterr., Chordir. in Wien. W: MChöre

SCHWARZ, Boris (Sohn v. Jos.) * 26/3 1906 Petersburg, vielgereister VVirt. seit seinem 13. J., Schüler von Alex. Fiedemann u. C. Flesch, lebt in Berlin

SCHWARZ, Emil † 3/11 1929 in Danzig, Chordir. W: Chöre

SCHWARZ, Erwin — s. SCHWARZ-REIFLINGEN

SCHWARZ, Felix, ps. Felix HOLTEN * 20/3 1898 Wien, da KM., da ausgeb. (Univ., Akad.). W: Lieder, bes. DauthendeyZyklus

SCHWARZ, Friederike * 15/1 1910 Prag, da KlavVirt., ML. (auch Theor.) u. MSchr., ausgeb. auf d. Dtsch. MAkad. (Romeo u. Fid. F. Finke). W: KaM., u. a. KlarinQuint., KlavSon.

SCHWARZ, Gerd, ps. = PASEDACH

SCHWARZ, Gerhard * 22/8 1902 Reußendorf (Schles.), Leiter der ev. Schule f. VolksM. u. der KirchMSchule im Johannisstift zu Spandau, Improvisator, Organ., ausgeb. in der Berl. Akad. f. Schul- u. KirchM.

SCHWARZ, Hanns * 4/9 1883 Kassel, seit 1913 SchulML. in Cleve u. VerDir., 1927 städt. MDir. W: BühnM., Mysterium, MChöre, Lieder

SCHWARZ, Hermann * 21/7 1877 Gransee (Mark), † 8/9 1925 Strausberg, da seit 1902 SchulL., seit 1903 Dirig. des ‚GemChors 1875' u. seit 1912 Organ. (Schüler Walt. Fischers)

SCHWARZ, Hermann * 31/7 1886 Berlin, da ML. u. Chordir., Schüler Frz Mannstädts u. Papendicks. W: Opern, Chöre, auch mit Orch., Lieder, KlavStücke, VStücke

SCHWARZ, Joh. * 19/4 1885 Herzogenaurach, Bay., KM. eines eig. Orch. in Ansbach, früher in Nürnberg. W: Ouvert., Märsche, Tänze

SCHWARZ, Jos. * 1880 Riga, † 10/11 1926 Berlin, hervorrag. OpBariton; zuerst an d. Wiener Volksop., dann an der Berliner Hofop., später in Newyork, viel auf Gastspielen, lebte zuletzt in Baden-Baden

SCHWARZ, Jos. * 1/5 1883 Odessa, Schüler des dort. u. d. Petersburger Konserv., ausgezeichn. KlavSpieler, 1910/33 L. am Sternschen Konserv. in Berlin, lebt da; reiste viel, auch mit seinem Sohne Boris (s. d.)

SCHWARZ, Max (Sohn Wilhelms) * 1/12 1856 Hannover, † 3/7 1923 Frankf. a. M., KlavVirt., Schüler v. Fr. Bendel, Bülow u. Liszt, seit 1880 L. am Hochschen Konserv. zu Frankfurt, gründete da 1883 das RaffKonserv.

SCHWARZ, Max, Dr. phil. * 4/8 1873 Bernstadt (Schles.), treffl. KlavPädag., MKrit. in Berlin

SCHWARZ, Otto * 26/5 1873 Kaufbeuren (Bay.), GsgL. in Berlin, ausgeb. in München (Akad.), dann KM. an verschied. Orten, 1897 ff. in Straßburg. W: Op., Chöre, Balladen u. Lieder; ‚Das Opernstudium'; ‚Hygiene u. ästhet. Gsgsregeln'

SCHWARZ, Reinhard * 9/5 1904 Hannover, Organ. u. Dirig. in Lans bei Innsbruck, Schüler v. Rich. Braunfels, des Kölner Konserv. u. Kaminskis (1927/29). W: StrQuart., Chöre, OrgStücke

SCHWARZ, Wenzel * 3/2 1830 Brunnersdorf (Böhm.), Schüler d. Prager Konserv., leitete seit 1864 ein eigenes KlavInstit. in Wien. W: KlavSchule, theoret. Schriften

SCHWARZ, Wilhelm, Dr. phil. * 11/5 1825 Stuttgart, † 4/1 1878 Berlin, erst Theologe, dann OpSgr, GsgL. in Hannover u. Berlin. W: ‚System der Gsgskunst nach physiol. Grundsätzen', ‚Die M. als Gefühlssprache' u. a.

SCHWARZ-REIFLINGEN, Erwin * 22/7 1891 Berlin, da MWissensch. u. Gitarrist, Begr. (1920) der MFeste der dtsch. Git- u. Lautenspiele. W: ‚Schule d. GitSpiels', ‚Handb. der Gitarristik', ‚Schule der alten Laute in Tabulatur u. moderner Notenschrift'. H: Ztschr. ‚Die Gitarre', ‚Lautenalmanach', ‚Alte Meister der Git.' usw.

SCHWARZENDORF, Joh. = Jean MARTINI

SCHWARZKOPF-DRESSLER, Marie * 28/11 1889 Warnsdorf/Böhmen (seit 1908 Preußin), lebt in Dresden, Schülerin Mraczeks. W: Weihnachtsmärchen, Lieder, a. m. KaOrch., UnterhaltgsM.

SCHWARZLOSE, Karl † 7/1 1907 Oranienburg/Berlin, da SemML. seit 1861, vorher Kantor in Havelberg. W: Chöre

SCHWARZLOSE, Otto * 23/1 1858 Genthin, urspr. SchulL., seit 1885 in Aschersleben, VerDirig. W (üb. 300): Chöre, bes. MChöre, auch mit Orch., Lieder, Klav-, V-, auch VcStücke, OrgHilfsbücher usw.

SCHWECHTEN, Heinr. * 30/1 1812 Stolzenau, † 17/5 1871 Berlin, begründete da 1841 die noch blühende KlavFabrik, die seit 1925 auch Sprechapparate baut

SCHWEDA, Gerh. * 13/12 1901 Potsdam, EnsembleKM. in Bremen, da ausgeb. (Konserv.). W: Ouvert., SaxophKonz., UnterhaltgsM.

SCHWEDLER, Maxim. * 31/3 1853 Hirschberg/Schlesien, bedeut. Flötist, Schüler Meinels in Dresden, 1881/1918 im Gewandhausorch. u. seit 1908 KonservL. zu Leipzig, verbesserte die Fl-Mechanik (SchwedlerFl.). W: ‚Katechismus d. Fl. u. des FlSpiels', ‚Spielweise der ReformFl.', Bearbeitgn. H: Struth, FlSchule, 29. Aufl.

SCHWEDOW, Konst. * 19/8 1886 Moskau, dn OpKM. W: Opern, Chöre, Gsge, auch m. Orch.

SCHWEERS & HAAKE, MVerlag, Bremen, gegr. Febr. 1892

SCHWEICH, Karl * 21/6 1868 Düsseldorf, † 1912 (Selbstmord im Gefängnis) Gelsenkirchen, da seit 1908 OrgVirt. u. MSchr., urspr. (kathol.) Theologe. W: Ouvert., lyr. OrchStücke, OrgStücke, KlavStücke, Messe, Kantate, Lieder usw.

SCHWEICHERT, Alfred * 9/2 1860 Neufahrwasser, Chordir. in Leipzig, jetziger Aufenthalt ? W: OrgStücke, Chöre

SCHWEIKERT, Margarete — s. VOIGT-SCHWEIKERT

SCHWEINSBERG, Karl Heinr. * 13/1 1902 Bochum, wohnt Mülheim/Ruhr, hauptamtl. KirchMusiker, Organ. u. KlavL. W: KirchM.

SCHWEITZER, Albert, Lic. theol., Dr. phil. et med. * 14/1 1875 Kaysersberg (ObEls.), OrgSchüler der beid. Münch in Straßburg u. von Widor, 1906 Mitbegr. der Pariser Bachgesellschaft, PrivDoz. an d. Straßburger Univers., Arzt im Kongo, 1919 ev. Pfarrer in Straßburg, jetzt meist in Afrika. W: ‚J. S. Bach' (vortreffl.), ‚Dtsche u. franz. OrgBaukunst u. Orgelkunst'; ‚Selbstdarstellg' (1928). H: Bachs OrgWerke

SCHWEITZER, Anton * 3(?)/6 1735 Coburg, † 23/11 1787 Gotha, TheaKM. in Hannover, Weimar, Gotha (seit 1750). W: Dtsche Opern, Singspiele, Monodrama, KirchM.

SCHWEITZER, Elsa * 11/11 1871 Frankfurt a. M., da seit 1901 sehr geschätzte OpSgrin, neuerdings GsgL. in ?

SCHWEITZER, Gust. (Bruder von Joh.) * 15/4 1847 Walldürn, † 12/5 1918, DomKM (seit 1882) in Freiburg i. B. W: Kantaten, Chöre

SCHWEITZER, Joh. * 19/3 1831 Walldürn, Priester seit 1855, Schüler d. Konserv. in München u. Paris, † 2/2 1882, DomKM. in Freiburg i. B. seit 1869. W: Requiem f. MChor u. Orch., kirchl. Kompos.

SCHWEITZER, Joh. Bapt. * um 1825 Wien, † um 1865 Budapest, seit 1825 VBauer in Pest, bes. wegen seiner nach Santo Serafino gebauten Vcelli geschätzt

SCHWEITZER, Julius * 2/11 1868 München, da Baritonist, GsgL. uu. zeitw. MRef., Schüler Rheinbergers, Thuilles usw. W: Duette, Lieder, Märsche

SCHWEITZER, Karl * 18/2 1867 Freiburg i. B., lebt da, DomKM. 1916/34, erzbisch. Glocken- u. OrgBauinsp., Diöcesan-Präses d. Cäcilienver., Schüler der KirchMSchule in Regensburg. W: Messen, Marien- u. Sakramentslieder. H: ‚Der kathol. KirchSgr'

SCHWEITZER, Otto * 17/12 1881 Barmen, da (Wuppertal) MVerl. W: Ouvert., Tänze, Märsche, u. a. f. MandolOrch.

SCHWEIZER, Gertrud * 5/5 1894 Mannheim, da ML., Schülerin v. Aug. Schmid-Lindner, H. W. v. Waltershausen u. Ernst Toch. W: Vaterunser f. FrChor usw., Duette, Lieder, KlavStücke f. d. Jugend

SCHWEIZER, Richard * 1868 Zürich, † Dez. 1906 Firenze, Pianist, L. an der MSchule in Zürich seit 1896. W: Sinf., KaM., KlavStücke, Lieder

SCHWELB, Hugo * 7/6 1877 Rokitnitz, Schüler des Prager Konserv., seit 1903 in Köln, zuerst als KonzM., dann als VL. W: VKonz. u. Stücke, KlavStücke, Lieder

SCHWEMMER, Heinr. * 28/3 1621 Gumpertshausen (UFranken), † 26/5 1696 Nürnberg, da seit 1641, sehr beliebter Fest- u. Gelegenheits-Kompon.

SCHWEMMER, Rob. * 28/6 1889 Nürnberg, da Gastdirig., da ausgeb. u. in München, bes. v. Friedr. Klose, dann TheaKM. an versch. Orten. W: Oper, 2 Singspiele, 2 Sinf., 2 OrchSuiten, KlavKonz., VKonz., KaM., Chöre, u. a. 8stimm. Lieder m. KaOrch.

SCHWENCKE, Christ. Friedr. Gottlieb * 30/8 1767 Wachenhausen/Harz, † 27/10 1822 Hamburg, da seit 1790 Kantor, Schüler Marpurgs u. Kirnbergers. W: V- u. KlavSonaten, Fugen, KirchM. usw. Instrumentierte neu Händels ‚Messias' u. Bachs H-moll-Messe

SCHWENCKE, Friedr. Gottl., Sohn u. Schüler Joh. Friedrichs * 15/12 1823 Hamburg, da † 11/6 1896, seit 1852 Organ., tücht. Klav- u. OrgSpieler. W: OrgFantas. u. Choralvorsp., geistl. Chöre, Lieder

SCHWENCKE, Joh. Friedr. (Sohn u. Schüler Chr. F. Gottliebs)) * 30/4 1792 Hamburg, da † 28/9 1852, seit 1829 Organ., tücht. Org-, Vc- u. KlarinSpieler. W: Serenade f. 5 Vc., Baß u. Pauken, Choralvorspiele, Choralbuch usw.

SCHWENCKE, Karl (Bruder Joh. Friedrichs) * 7/3 1797 Hamburg, vielgereister KlavVirt., zuletzt in Nußdorf/Wien, seit 1870 verschollen. W: Sinf., Messe, KaM., KlavSonaten u. Stücke

SCHWENDLER, Otto * 7/6 1867 Allstedt, Thür., Vcellist, seit 1895 in Halle, da seit 1898 ML. u. Chordir. W: OrchStücke, KaM., VcStücke, MChöre u. a.

SCHWERDHÖFER, Frz * 24/5 1897 Augsburg, da ML. W: Oper, OrchStücke, auch f. MilM. GitStücke, Lieder m. Git.

SCHWERDHÖFER, Markus * 25/4 1862 Helmstedt/Würzburg, † 19/11 1919 Augsburg, GitVirt. (Postbeamter). W: f. Git.

SCHWERS, Paul * 22/2 1874 Spandau, Schüler u. a. Blumners u. Bußlers, 1895/1901 Organ. u. Chordir. in Berlin, seit 1898 MKrit. u. seit 1907 Hrsg. der ‚Allgem. MZtg'. W: Oper, Messen, Chöre, viele Lieder; ‚Das KonzBuch'. B: K. Storcks ‚OpFührer'

SCHWEYDA, Willy * 13/9 1894 Brunndorf/ Marburg a. D., VVirt., seit 1920 L. an der dtsch. Akad. in Prag. W: KaM., VEtüden, Lautenlieder

SCHWICKERATH, Eberhard * 4/6 1856 Solingen, lebt seit 1927 in Godesberg, urspr. Jurist, Schüler Gustav Jensens, A. Doors u. Bruckners, 1882/87 Chordir. u. KonservL. in Köln, 1887/1902 städt. KM. in Aachen, 1909 Dirig. d. ‚Rühlschen Gsgver.' in Frankfurt a. M., 1912/27 Leiter der Chorklasse der Akad. der Tonkunst u. Dir. der KonzGesellsch. f. Chorgsg in München

SCHWICKERT, Gust. * 1/12 1901 Heidelberg, lebt in Freiburg i. B., Schüler J. Weismanns. W: Chorwerke m. Orch., Lieder, KlavStücke

SCHWIECK, A., MVerlag in Leipzig, gegr. 1/10 1891

SCHWIER, Heinz * 6/10 1881 Petershagen/ Weser, ML. in Göttingen, zeitw. seit 1921 städt. KM. W: Oper, 2 Sinf., Ouvert., Chöre, Lieder

SCHWINDL, Friedr. * 3/5 1737 Amsterdam, † 10/8 1786, KonzM. in Karlsruhe, 1770 im Haag, vielgereister VVirt. W: Singspiele, Sinfon., KaM.

SCHWIPPERING, Wilh. * 11/9 1888 Kassel, seit 1927 MStudRat. in Münster i. W., urspr. VolksschulL., ausgeb. auf d. Inst. f. Schul- u. KirchM. in Berlin, 1914/25 SemML. in Düren. W: Opern, BühnM., Weihnachtsorator. ‚Zu Bethlehem geboren', KaM., KlavStücke, Chöre, Lieder

SCHWITTMANN, Willy * 21/1 1896 Kettwig a. Rh., MilMusiker in Berlin. W: Märsche, Tänze

SCHWYZER, Frz Otto * 26/5 1846 Riesbach/ Zürich, † 14/10 1900 Mesnil-Esnard, ML. in Edinburgh u. Glasgow. W: KaM., KlavStücke, Lieder

SCHYTTE, Frida — s. Frida SCOTTA

SCHYTTE, Henrik Vissing * 4/5 1827 Aarhus, † 22/2 1909 Kopenhagen, MKrit. W: Nordisk MLexikon

SCHYTTE, Ludwig * 28/4 1848 Aarhus, † 10/11 1909 Berlin, tücht. Pianist, erst Chemiker, seit 1870 Musiker, 1884/85 in Berlin, dann in Wien, seit 1907 L. am Sternschen Konserv. in Berlin. W: kom. Oper u. Optten, Konz., Sonate, viele Charakterstücke, Etüden f. Klav., Liederzyklen usw.

SCONTRINO, Antonio * 17/5 1850 Trapani (Sizil.), † 7/1 1922 Firenze, da seit 1892 KonservKomposL., urspr. KBaßVirt. W: Opern, Sinfon., StrQuart., Lieder u. a.

SCONZA, Fortunato * 21/11 1903 Palermo, da FlVirt. u. MSchr. W: FlSchule u. -Stücke; ‚L'auletica' (1925)

SCORRA, Adolf * 31/5 1880 Langenbielau, Schles., SemML. in Gleiwitz, ausgeb. in Berlin (Akad. f. Schul- u. KirchM.). W: Messen u. a. KirchM., OrchStücke, KaM., KlavStücke, Tänze, Chöre

SCOTT, Charles Kennedy * 16/11 1876 Romsey, verdienter Chordir. in London. W: Lieder, ‚Handbuch des Madrigalsingens'

SCOTT, Cyrill * 27/9 1879 Oxton (Engl.), lebt in Liverpool, 1896 Schüler des Hochschen Konserv. in Frankfurt a. M., lebte in London, Führer der engl. Impressionisten. W: Oper, Sinfon., Rhapsod., Ouvert., KlavKonz., KaM., KlavStücke, Lieder; ‚My years of indiscretion' (1924)

SCOTT, Fabian, ps. = Ernest REEVES

SCOTTA (eigentl. SCHYTTE), Frida * 31/3 1871 Kopenhagen, treffl. VVirt., lebt als Frau v. K a u l b a c h in München

SCOTTI, Antonio * 25/1 1866 Napoli, hervorrag. vielgereister Baritonist, seit 1900 an der MetropolitanOp. in Newyork, † 27/2 1936 Napoli

SCOTTO, Octaviano † 23/11 1498 Venezia, das Haupt einer Notendruckerfamilie

SCOZZI, Riccardo * 27/7 1878 Venezia, seit 1910 ObVirt. u. KonservL. in Rom. W: ObStudien u. -Stücke

SCRIABINE — s. SKRJABIN

SCRIBA, Ludwig, Dr. iur. * 1/4 1885 Höchst a. M., lebt in Frankfurt a. M., Schüler Regers (in München) u. G. F. Kogels, Pianist u. Geiger. W: StrOrchSerenade, KaM., KlavStücke, VcellConcertino; ‚Eine Totenfeier', szen. Orat., Lieder

SCRIBE, Eugène * 25/12 1791 Paris, da † 21/2 1861, der bekannte Dichter, schrieb üb. 100 OpLibretti für Auber (‚Die Stumme', ‚Fra Diavolo' u. a.), Boieldieu (‚Weiße Dame'), Halévy (‚Die Jüdin' u. a.), Meyerbeer (‚Robert', ‚Hugenotten', ‚Prophet' u. ‚Afrikanerin') u. a.

SCUDERI, Salvatore * 3/1 1845 Terranova (Caltanisetta), † 10/1 1927 St. Leonards-on-Sea, GsgL. W: Lieder, u. a. das sehr beliebte ‚Dormi pura'

SCUDO, Pietro * 6/6 1806 Venezia, † 14/10 1864 Blois, GsgL., MKrit. u. MSchr. in Paris

SCZADROWSKY, Heinr. * 28/8 1828 b. Würzburg, † 3/7 1878 Mariaberg/Rorschach, da seit 1870 SemML., seit 1848 in der Schweiz, 1855/57 in St. Gallen (OrchKonz.), treffl. Organist. W: Chöre, Lieder, Choralbuch

SCZUKA, Karl * 15/6 1900 Schillersdorf, OS., seit 1919 ČSR., lebt in Breslau, stud. da MWiss. W: Ouverturen, StrOrchSerenade, Schles. TanzSuite, Hörspiele, viele Lieder, UnterhaltgsM., Kantaten, u. a. Schlesische. B: viele Volkslieder

SEBALD, Alex. * 29/4 1869 Budapest, † 30/6 1934 Chicago, VVirt., Schüler Thomsons, war Mitgl. des Leipziger GewandhausQuart., seit 1903 auf KonzReisen, eröffnete 1907 in Berlin eine VSchule, lebte 1913/14 in Paris, Führer e. StrQuart. in Chicago. W: ‚Geigentechnik'; VStücke, Lieder usw.

SEBALD, Amalie * 24/8 1787 u. 1846 Berlin, sehr musikal. Dame, die 1811 in Teplitz mit Beethoven verkehrt und sein Herz entflammt hat, doch ist sie nicht die „unsterbliche Geliebte", was bes. Wolfg. Thomas-San Galli (1909) hat nachweisen wollen; sie verheiratete sich 1815 mit Justizrat Krause

SEBASTIAN, Georg * 17/8 1903 Budapest, 1934 GMD. des Rundfunks in Moskau, 1927/31 KM. an der städt. Oper in Berlin, dann Gastdirig. im Auslande. W: OrchStücke, KaM.

SEBASTIANI, Carlo * 13/4 1854 Napoli, da † 2/7 1924. W: Opern, Sinfon., Ouvert., KaM., KirchM., Gesänge

SEBASTIANI, Ernesto * 6/1 1843 Napoli, da † 1884. W: Opern, Lieder, KlavStücke

SEBASTIANI, Joh. * 30/9 1622 Weimar, † 1683 Königsberg, da seit 1661 kurfürstl. KM. W: Passion, geistl. u. weltl. Lieder

SEBOR, Karel * 13/8 1849 Brandeis a. E., † 17/5 1903 Prag, da Schüler des Konserv., TheaKM. in Erfurt u. Prag, seit 1871 MilKM. in Wien. W: Opern, Sinfon., KaM., Chöre, Lieder, KlavStücke usw.

SEBY, Horvath * 11/2 1883 Braunau am Inn, VVirt., Schüler des Mozarteums in Salzburg u. Arnold Rosés, KonzM. in verschied. Orten, zuletzt in Nürnberg, da Prof. am städt. Konserv., Führer des Nürnberger StrQuart.

SECCHI, Benedetto * 28/1 1831 Mondovi, † 31/5 1883 Roma. W: Opern, KirchM.

SECHTER, Simon * 11/10 1788 Friedberg, Böhm., † 10/9 1867 Wien, hier 1811 ML. am Blindeninst., 1824 Hoforgan, 1851 KonservL., berühmter Theoret., bildete zahlreiche Schüler, z. B. Frz Schubert, Döhler, Pauer, Thalberg, Vieuxtemps, Bruckner. W: ‚Grundsätze der musikal. Komposition', Messen u. and. KirchM., 2 StrQuart., OrgStücke usw.

SECKENDORFF, Karl Siegm. v. * 26/11 1744 Erlangen, † 26/4 1785 Ansbach, Offiz. u. später Diplomat. W: Singspiele u. Lieder (bemerkensw.) nach Goethe, KaM.

SEDAINE, Michael * 4/7 1719 Paris, da † 17/5 1797, OpLibrettist

SEDIE, Enrico Aug. delle * 17/6 1822 Livorno, † 29/11 1907 Garenne-Colombes/Paris, treffl. Op-Barit., GsgL., 1867/71 am Konserv. W: Schriften üb. Gsg

SEDLATZEK, Joh. * 6/12 1789 Ober-Glogau, † 11/4 1866 Wien, vielgereister FlVirt. W: f. Fl.

SEEBER, Christ. Friedr. * 10/6 1846 Weida, † 1883 Weimar, da Vcellist, Erfinder von Fingerringen

SEEBER-VAN DER FLOE, Hans * 21/5 1884, GauMRef. der NS.-Gemeinschaft ‚Kraft durch Freude' in Karlsruhe, ausgeb., in Heidelberg u. Berlin (Hochsch.; Univ.), reiste dann als KM. des Berliner BlüthnerOrch. u. a. in Dänemark, 1914 Dirig. des KonzVer. in Stockholm, dann Frontkämpfer (Leutn.), veranstaltete später Konz. m. nord. Progr., 1929/31 Leiter des Rundfunks in Stuttgart, dann Dir. des Philharm. Orch. in Karlsruhe bis 1933

SEEBOECK, Wilh. Karl Ernst * 1859 Wien, † 1907 Chicago, da seit 1881 Organ. u. ML. W: 2 KlavKonz., KaM., KlavSonaten u. -Stücke, viele Lieder

SEEBOHM, Erwin * 17/7 1901 Bergedorf, KlavVirt., seit 1925 Chordir. in Chemnitz. W: Chöre, auch m. Orch., Lieder, KlavStücke

SEEBOTH, Max * 14/3 1904 Magdeburg, da KlavVirt., Chordir. u. MKrit., stud. MWiss. W: OrchSuite, Ouv., Messen, Motetten, Chöre, auch m. Orch., Lieder, KaM., KlavStücke, KlavKonz.

SEEGER, Charles * 1887 Paterson, NYork bedeutender Musikologe in New York. W: Sinf. Dichtgen, KaM., Chöre, Gsge

SEEGER, Jos. — s. SEGER

SEELIG, Otto * 2/1 1866 Rotterdam, Schüler d. Münchner MSchule, Dir. des städt. Konserv. in Heidelberg 1890/1934, lebt da

SEELIG, Paul Joh. * 23/2 1876 Breda, lebt in Bandoeng, ausgeb. in Leipzig u. München, 1910/13 HofKM. in Bangkok (Siam). W: Ballette, Javan. OrchRhaps., KlavStücke, Lieder, auch nach javan. Volksmelodien

SEELIG-BASS, Werner * 6/10 1908 Brandenburg a. H., 1930 Korrepet. an der Op. in Kassel, Schüler A. Perlebergs u. Jul. Prüwers. W: Oper

SEELIGER, Herm., Dr. phil. * 9/10 1865 Ludwigdorf, Kr. Schönau, StudRat in Landshut in Schles. W: FestOuvert., KaM., KlavStücke, Lieder

SEELING, Hans * 1828 Prag, da † 26/5 1862, KlavVirt. W: Brillante Salonstücke, Etüden f. Klav.

SEELING, J. G., MVerl. in Dresden, gegründet Sept. 1872, bes. OrchM.

SEELMANN, Aug. * 1806, † 3/1 1855 Dessau, Organ. W: geistl. u. weltl. Chöre, bes. MChöre, Lieder, Treffübungen

SEEMANN, Arthur, ps. NAUTILUS * 30/11 1861 Leipzig, † 22/12 1925 Meran, Verlagsbuchhändler in Leipzig. W: StrKaM., Gsge

SEEMANN, Elsa Laura — s. WOLZOGEN, Ernst v.

SEEMANN, Philipp Paul † 17/4 1930 Wien. W: Wiener Lieder, Kupletts

SEEPE, Karl * 22/12 1891 Viersen, da Dirig. u. ML., ausgeb. u. a. in Köln (Konserv.). W: OrchStücke, Chöre, Marschlieder

SEGEBRECHT, Albr. * 5/7 1876 Hamburg, Dirig. in Pforzheim, ausgeb. u. a. in Berlin (Hochsch.). W: Op., Singsp., OrchSuiten, Märsche, Lieder

SEGER (SEEGER), Jos. * 21/3 1716 Melnik, † 22/4 1782 Prag, da Geiger u. Organ. seit 1745, treffl. L. W: KirchM., OrgStücke

SEGHERS, François Jean Bapt. * 17/1 1801 Brüssel, † 2/2 1881 Margency/Paris, tücht. Geiger u. Dirig. in Brüssel

SEGNITZ, Eugen * 5/3 1862 Leipzig, Schüler des dort. Konserv., da MRef. u. ML., † 26/9 1927 Berlin (auf Besuch). W: ‚K. Reinecke', ‚Wagner u. Leipzig', ‚Liszt u. Rom', ‚Goethe u. die Oper in Weimar', ‚A. Nikisch', ‚M. Reger' usw., Analysen usw.

SEGOVIA, Andres * 1894 Jaéu (Span.), vielgereister Gitarrist, lebt seit 1924 in Paris. W: GitStücke u. Bearb.

SEHLBACH, Erich * 18/11 1898 Barmen, L. an den FolkwangSchulen in Essen, ausgeb. auf dem Leipziger Konserv. W: Opern, OrchVar., Kantate, dithyramb. Rhapsodie, Lieder, KlavStücke

SEJAN, Nicolas * 19/3 1745 Paris, da † 16/3 1819, hervorr. Organ. W: KaM., Klav- u. OrgStücke

SEIBER, Matyas, ps. G. S. MATTHIS * 4/5 1905 Budapest, seit 1925 in Frankfurt a. M., KM. am Neuen Thea., Vcellist des Lenzewski-Quart., Leiter der Jazz-Klasse des Hochschen Konserv., auch MSchr., KompSchüler Kodalys. W: BühnM., Singspiel, KaM., Messe, Chöre, Lieder; Schule für Jazz-Schlagzeug; leichte Tänze

SEIBERT, Louis * 22/5 1833 Kleeberg, RB. Wiesbaden, † 29/7 1903 Wiesbaden, da KonservL. W: Opern, 4 Sinfon., Ouvert., KaM., gem. u. MChöre, Lieder

SEIDEL, Arthur * 13/4 1849 Neisse, † 28/3 1910 Breslau, treffl. OpKM., auch Kompon.

SEIDEL, Friedr. Ludw. * 14/7 1765 Treuenbrietzen, † 8/5 1831 Charlottenburg, 1801 Hilfsdirig. am Nationalthea. in Berlin, da 1808 MDir., 1822 HofopKM. W: Opern, SchauspielM., Kirch-M., Lieder

SEIDEL, Hugo * 7/4 1875 Heinrichsgrund, Schles., Mker in Berlin. W: Kinderballett, Marsch

SEIDEL, Joh. Jul. * 14/7 1810 Breslau, da † 13/2 1856, Organ. W: ‚Die Orgel u. ihr Bau'; MChöre, OrgStücke

SEIDELMANN, Eugen * 12/4 1806 Rengersdorf/Glatz, † 31/7 1864 Breslau, da seit 1826, 1828 Dirig. der akad. MVer., seit 1830 Stadt-TheaKM. W: Kantaten, Hymnen, viele MChöre

SEIDL, Anton * 7/5 1850 Budapest, † 29/3 1898 Newyork, Schüler des Leipziger Konserv., dann in der Bayreuther ‚Nibelungen'-Kanzlei, auf Wagners Empfehlg 1875 OpKM. in Leipzig, danach in Bremen, seit 1885 in Newyork

SEIDL, Arthur, Dr. phil. * 8/6 1863 München, † 11/4 1928 Dessau, lebte als Schr. in Weimar, Dresden, Hamburg, München, seit 1903 in Dessau (bis 1919 HoftheaDramaturg), daneben seit 1904 Lektor f. MGesch. am Lpzger Konserv. W: ‚Vom Musikalisch-Erhabenen', ‚Zur Gesch. des Erhabenheitsbegriffes seit Kant', ‚Hat Rich. Wagner eine Schule hinterlassen?', ‚R. Strauß', ‚Das mod. Dirigentenproblem', ‚Was ist modern?', ‚Moderner Geist in der dtschen Tonkunst', ‚Wagneriana' u. ‚Neue Wagneriana', ‚Straußiana', ‚Askania', ‚Hans Pfitzner', ‚MDramaturgie', ‚Neuzeitl. Tondichter'. H: Fr. Nietzsches Werke

SEIDL, Stefan * 2/2 1868 Moosburg (ObBay.), MilKM. a. D. in München. W: Tänze, Märsche, MChöre m. Orch. B: Arrang. f. die verschiedensten Besetzgen

SEIDLER, Karoline, geb. Wranitzky * 1790 Wien, † 7/12 1872 Berlin, da 1816/38 Zierde der Hofoper (Sopr.)

SEIDLER-WINKLER, Bruno * 1880, Konz-Begl. in Berlin, da als Schüler am Domchor, pian. Wunderkind, dann Schüler Jedlickas, später Thea-KM., künstler. Leiter der Dtsch. Grammophon-AG. in Berlin, 1923/25 OrchDirig. u. KonzBegl. in Amerika, 1925/33 Leiter der Abt. Orch. der Funkstunde in Berlin. W: populäre OrchStücke, Lieder

SEIDMANN, Bernhard * 10/4 1893 Ismail (Beßarabien), Schweizer Bürger, lebt ?, Pianist u. Dirig. in Zittau seit 1924, ausgeb. in Zürich u. Wien, 1914/15 in Wetzikon/Zürich, dann OpKM., 1915/16 in Karlsruhe, 1917/22 in Braunschweig, 1922/23 in Tilsit. W: Lieder

SEIFERT, Adolf, Dr. phil. * 28/6 1902 Asch (Böhm.), seit 1933 in Stuttgart-Botnang, vorher u. a. in Kloster Lorch, Jebenhausen, Württemberg, (1929/31), 1927 Chordir. in Waldenburg, Schles., 1925/27 Dir. der akad. Singgemeinde in Prag. W: Kantate z. Gedächtnis der Gefallenen, Chöre, auch m. Orch., Lieder, auch m. Instr. H: ‚Der Rosenstrauch', Volkslieder; ‚Lobsinget'; ‚Burschen heraus'

SEIFERT, Eduard * 29/12 1870 Leipzig, da auf dem Konserv., seit 1896 I. Tromp. der Hofoper in Dresden, da auch L. an d. MSchule usw. W: TrompSchule, Studien, Fantasien usw.

SEIFERT, Ernst * 9/5 1855 Sülzdorf, Thür., † Köln, gründete da 1885 die noch bestehende, schnell aufgeblühte OrgBauanstalt

SEIFERT, Erich, ps. = PREIL, Paul

SEIFERT, Jos. † 7/6 1930 Prag, Organ. u. Chordir. W: Chöre

SEIFERT, Oskar * 15/5 1884 Eppendorf in Sachsen, Komp., Bearb. u. Verleger f. Bandonium-M. in Leipzig seit 1934, vorher in Eppendorf

SEIFERT, Peter, Dr. phil. * 4/2 1895 Düsseldorf, da MRedakteur. W: ‚OpFührer'. H: ‚Wie eine Quelle' Volkslieder

SEIFERT, Uso * 9/2 1852 Römhild (Thür.), † 4/6 1912 Dresden, da Schüler des Konserv., seit 1880 L. an demselben, Organ. u. Kantor. W: Ouvert., Org-, Klav- u. GsgKompos.; KlavSchule

SEIFFERT, Alex. * 19/12 1850 Deutsch-Neukirch/Leobschütz, † 24/11 1916 Glogau, da seit 1888 GymnGsgL. W: Chöre, Lieder usw.

SEIFFERT, Ernst — s. TAUBER, Rich.

SEIFFERT, Karl * 24/4 1856 Bremen, da † 4/4 1929, SemML. 1892/1924 u. MKrit. W: Ouvert., Chorwerke, Orator., Weihnachtskantate, Klav-, VStücke, Lieder; ‚Ergebnisse des Unterr. in der Harmonielehre an LSeminaren'

SEIFFERT, Max, D. theol. h. c., Dr. phil. * 9/2 1868 Beeskow a. d. Spree, MGelehrter in Berlin, Schüler Ph. Spittas, 1914 Mitglied der Akad., 1917 ständ. Sekretär des Instit. f. mwiss. Forschung in Bückeburg. H: Werke von Peter Sweelinck; C. F. Weitzmanns ‚Gesch. d. Klav-Spiels' I, 3. Aufl., S. Scheidts Tabulatura nova', A. van Noorhts ‚Tabulatuurboek', C. Boskoops ‚Psalmen Davids'; Händels Orch- u. KaM., Zachow, Joh. Phil. Krieger; ‚Organum' (Sammlg) u. a.

SEIFHARDT, Karl Wilh. * 21/11 1851 Steinbach/Thür., † 28/2 1918 Dresden, da seit 1875 SemML. W: Chöre, KlavStücke, Lieder usw.

SEIFRIZ, Emil * 19/9 1833 Rottweil, † 18/10 1903 Stuttgart, Geiger, 1865/99 in der Hofkap.

575

SEIFRIZ, Max * 9/10 1827 Rottweil, † 20/12 1885 Stuttgart, tücht. Geiger u. Dirig., 1857/69 fürstl. HofKM. zu Löwenberg (Schles.), seit 1871 MDir. am Stuttg. Hofthea. W: Sinfon., M. zu ‚Jungfrau von Orleans', Kantate, Chöre, vortreffl. VSchule. — Sein Sohn H a n s. W: Fantasie u. Sonate f. V. u. Klav., KlavStücke, FrChöre usw.

SEILER, Jos. * 15/1 1823 Lügde/Pyrmont, † 29/5 1877 Münster i. W., Organ., Schüler Jos. Schneiders u. Reißigers. W: Messen, Hymnen, M-Chöre usw.

SEISS, Isidor * 23/12 1840 Dresden, † 25/9 1905 Köln, Schüler v. Wieck, J. Otto u. Hauptmann, seit 1874 KonservKlavL. zu Köln. W: Oper, KlavKompos. u. Arrang.

SEITZ, Friedr. * 12/6 1849 Günthersleben/Gotha, † 22/5 1918 Dessau, VVirt., auch in Holland u. England erfolgreich, KonzM. in Magdeburg u. Dessau 1884/1908. W: beliebte Schüler-Konz., VStücke

SEITZ, Karl * 6/4 1844 Bayreuth, † 20/10 1905 Hof (Bayern), da seit 1872 L., VerDirig. u. seit 1890 Kantor u. Organ. W: M-, gem. u. Kinderchöre, Duette, Lieder; ‚Taschenwörterbuch f. KlavSpieler', ‚Sängerkalender'

SEITZ, Karl * 1/4 1894 Gelsenkirchen, Steiger u. Chordir. in Essen-Katernberg. W: Motetten, Chorlieder

SEITZ, Robert * 8/4 1837 Leipzig, da † 26/9 1889, begründete 1878 einen MVerlag, 1886 an Ries u. Erler in Berlin verkauft

SEIXAS, José Ant. Carlos de * 11/6 1704 Coimbra, † 25/8 1742, bedeut. Organ. W: 10 Messen, Toccaten f. Klav. bzw. Org. u. a.

SEKLES, Bernhard * 20/6 1872 Frankfurt a. M., da † 15/12 1934, da Schüler des Hochschen Konserv., 1893/95 TheaKM. in Heidelberg u. Mainz, 1896 L., 1924/33 Dir. des Hochschen Konserv. W (eigenartig, bedeut.): Opern, u. a. ‚Schahrazade', Tanzspiel, Sinf., sinfon. Dichtg, Serenade f. 11 Instrum., KaM., Chöre, Lieder; ‚MDiktat'

SELDEN, Gisela * 6/6 1884 Budapest, lebt da, Schülerin Bartoks. W: sinfon. Dichtg, KaM., Gsge; ‚Busoni'

SELIGMANN, Hippolyte Prosper * 28/7 1817 Paris, † 5/2 1862 Monte Carlo, VcVirt. W: Vc-Stücke

SELIGMANN, Julius * 1817 Hamburg, † 4/5 1903 Glasgow, Klav- u. VL. W: KlavStücke

SELIGMANN-FERRARA, R. * 19/6 1887 Köln, Schüler des dort. Konserv., 1913/20 Mitdir. des P. Geisler-Konserv. in Posen, seit 1920 Dir. des Brahms-Konserv. in Hamburg

SELIM, Josma — s. BENATZKY

SELING, Emil * 25/11 1868 Wien, seit 1904 Gsg- u. KomposL., auch Chordir., KonzBegl., 1927/35 L. an der Hochschule in Berlin, Schüler Hanslicks u. Bruckners, war 5 Jahre KlavL. am kath. LSem. in Wien, dann 3 Jahre Dirig. des MVer. in Teplitz, 9 Jahre TheaKM. W: Oper, OrchSerenade, KaM., Chöre, Duette, Lieder

SELL, Joseph * 21/4 1901 Tegernheim, Bay., SchulL. in Zwiesel, NBay., Schüler G. Rüdingers. W: KaM., Lieder

SELLE, Gust. F. * 1829, † 31/8 1913 Freienwalde, Brandenb., da 50 J. bis 31/3 1912 sehr verdienter Schul(Gymnas)GsgL. (Prof.). W: Schul-GsgLehrbuch, Chöre m. Orch., u. a. zu Schillers ‚Braut von Messina'; Chorlieder

SELLE, Leonhard * 1816 Gelting/Flensburg, † 1888. langjähr. Organ. in Landkirchen (Fehmarn). W: Lieder

SELLE, Thomas * 23/3 1599 Zörbig (Sachs.), † 2/7 1663 Hamburg, da 1641 Kantor u. KirchMDir., vorher in Wesselburen u. Itzehoe. W: Passionen, geistl. u. weltl. mehrst. Lieder mit B cont., Melodien zu Rists ‚Sabbatische Seelenlust' usw.

SELLNER, Josef * 13/3 1787 Landau, † 17/5 1843 Wien, ausgezeichn. Oboist u. GitL. W: ObSchule

SELMER, Joh. * 20/1 1844 Christiania, † 22/7 1910 Venedig, stud. erst Jura, dann M. am Pariser Konserv., bes. bei A. Thomas, dann bei Richter u. Paul in Leipzig, erhielt 1879 durch das norweg. Parlament einen jährl. Ehrensold, 1883/86 Nachfolger Joh. Svendsens als Dirig. d. MVer. in Christiania, lebte dann wegen eines Brustleidens im Süden. W (stark von Berlioz beeinflußt): sinfon. Dichtgen, Gesgs- u. KlavKompos.

SELNECKER, Nikolaus * 6/12 1528 Hersbruck/Nürnberg, † 24/5 1592 Leipzig, Superint. u. TheolProf. W: 4st. Kirchenlieder

SELVA, Alberto † 16/7 1914 Berlin, 53 Jahre alt, treffl. GsgL.

SELVA, Blanche * 29/1 1884 Brive, ausgezeichn. Pianistin in Barcelona, ausgeb. in Paris, da auch L. an der Schola cantorum. W: ‚La sonate'; ‚L'enseignement musicale de la technique du Piano' u. a.

SEMBACH, Joh., eigentl. SEMFKE * 9/3 1881 Berlin, da GsgL., langj. OpTenor. u. a. in Dresden. W: Lieder

SEMBRICH, Marcella, verh. S t e n g e l * 15/2 1858 Wisniewczyk (Galizien), † 11/1 1935 New York, hochber. KolorSgerin, auch tücht. KlavSpielerin u. Geigerin, Schülerin Rokitanskys u. Lampertis jun., 1878/80 in Dresden, 1880/85 in London engagiert, unternahm ausgedehnte Kunstreisen; zog sich 1909 von der Öffentlichkeit zurück, lebte in Lausanne, unterrichtete seit 1924 am CurtisInstitut in Philadelphia, lebte zuletzt in New York

SEMET, Théophile A. E. * 6/9 1824 Lille, † 15/4 1888 Corbeil/Paris, Schüler Halévys. W: Opern, Gsge

SEMFKE, Joh. — s. SEMBACH

SENA, Gennaro de * ? Napoli, da † 22/12 1924. W: viele SalonKlavStücke (beliebt), Kanzonen

SENALLIÉ, Jean Baptiste * 23/11 1687 Paris, da † 8/10 1730, Geiger. W: 50 VSonaten (teilweise in NA.)

SENART, Maurice * 29/1 1878, gründete 1908 den für ältere wie neueste M. gleich wertvollen MVerl. in Paris. Bes. beachtenswert die seit Umwandlg des Verlags in eine G. m. b. H. (1920) periodisch erscheinende ‚M. de chambre'

SENDT, Willy * 31/8 1907 Hamborn, da seit 1931 Chorleiter u. PrivML., ausgeb. auf der Hochschule in Köln, bes. v. Lemacher. W: Chöre

SÉNÉCHAL, F. C., ps. = F. CASADESUS

SENEFELDER, Alois * 6/11 1771 Prag, † 26/2 1834 München, Erfinder des lithograph. Drucks, durch den er auch der Herstellg der Musikalien einen neuen Weg wies (1800 Chemische Steindruckerei in Wien)

SENEKE, Teresa * 1848 Chieti, da † Nov. 1875. W: Oper, Gsge, Tänze

SENESINO — s. BERNARDI, Franc.

SENFEL — s. SENFL

SENFF, Bartholf * 2/9 1815 Friedrichshall/Coburg, † 25/6 1900 Badenweiler, gründ. 1843 die noch bestehende Ztschr. ‚Signale f. d. musik. Welt' u. den bedeutenden 1907 (ohne die ‚Signale') an N. Simrock verkauften MVerlag

SENFF, Rich. * 8/5 1858 Morl/Halle, † 22/2 1932 Düsseldorf, Schüler der Kgl. Hochschule f. M. in Berlin, GsgL. in Düsseldorf, vorher über 20 Jahre in Darmstadt Dirig. d. MozartVer. W: OratChöre, Lieder usw.

SENFFL — s. SENFL

SENFFT VON PILSACH, Arnold, Dr. jur. * 15/3 1834 Gramenz (Pomm.), † 7/3 1889 Marburg a. L., Schüler von Teschner, F. Sieber u. Stockhausen, Freund von Rob. Franz (ihr Briefwechsel hrsg. 1906), bedeutend. Bariton, lebte in Berlin

SENFL (SENFFL, SENFEL, SENFELIUS), Ludwig * um 1492 Zürich, † um 1555 München, Schüler Hr. Isaacs, nach dessen Tode HofKM. in Wien, war dies 1530/40 in München. W (in geistvoll-kunstreichem Satz; v. Luther sehr geschätzt): Messen, Motetten, Hymnen, Sequenzen, Lieder

SENFTER, Johanna * 1880 Oppenheim, lebt da, Schülerin des Frankf. u. Leipziger Konserv., auch Regers. W (bisher nur wenig gedruckt): vier Sinfon., KaM. jeder Art, Chorwerke m. Orch., Chöre, Lieder, auch mit Orch.

SENFTLEBEN, Joh. * 1874 Friedersdorf a. Qu., † 19/6 1934 Berlin, da MStudienrat u. Organ. W: Motetten, MChöre

SENGER, Hugo v., Dr. phil. * 13/9 1835 (1832?) München, † 18/1 1892 Genf, da seit 1869 Dirig., vorher in Sankt Gallen u. Zürich. W: Festspiele, Kantaten, Chöre, Lieder

SENGER, Rudolf * 13/10 1893 Krefeld, MSchr. (Krit.) in Berlin bis 1934, jetzt im Ausland (wo ?), studierte MWiss., Lit. u. TheaGesch., auch Medizin. W: Buffop., Optten, künstler. UnterhaltgsM. (Suiten, Walzer, Märsche) usw.

SENGER-BETTAQUE, Katharina * 2/8 1862 Berlin, lebt in Berlin, treffl. dramat. Sgerin, Schülerin H. Dorns, wirkte in Berlin, Leipzig, Rotterdam, Bremen, Hamburg u. seit 1906 München, dann in Stuttgart, auch in Bayreuth. 1895 verheir. mit Al. S e n g e r, später mit dem TheaMachinenDir. Rud. K l e i n

SENIG, Eugen * 24/2 1894 Friedrichsberg/Berlin, lebt in Berlin-Friedrichsfelde. W: KaM., UnterhaltgsM.

SENILOW, Wladimir * 9/7 1875 Wjatka, † 18/9 1918 Petersburg, urspr. Jurist, Schüler H. Riemanns, Rimsky-Korssakows u. Glazunows. W (viel ungedr.): Opern, Sinfon., sinfon. Dichtgen, Ouvert., StrQuart., KlavStücke, Chöre, Lieder

SENKRAH, Arma Leoretta (eigentl. HARKNES) * 6/6 1864 Newyork, † (durch Selbstmord) 3/9 1900 Weimar, treffl. VVirt., Schülerin von Hilf, Wieniawski u. Massart, seit 1882 auf erfolgreichen KonzReisen; 1888 m. Rechtsanwalt H o f fm a n n in Weimar verheir.

SENN, Karl, Dr. phil. * 31/1 1878 Innsbruck, lebt in Innsbruck, Schüler Pembaurs, Pianist u. Dirig. W: Opern, Messen u. a. KirchM., KlavKonz., KaM., Chöre, Lieder

SENTIS, ps. = SIEDE, Ludwig

SEPHNER, Otto, ps. = Jos. RENNER

SEPPILLI, Armando * 19/8 1860 Ancona, † 23/1 1931 Milano, da ausgeb., OpKM. W: Opern u. a. ‚Nave rossa', Gsge

SERAFIN, Santo, angesehener Geigenbauer in Venedig um 1710/50

SERAFIN, Tullio * 8/12 1878 Rottanova di Cavarzere (Venetia), urspr. Geiger, seit 1900 in Italien u. Amerika sehr geschätzter OpDirig., seit 1924 an der Metropolitan Opera in Newyork

SERASSI, Gius. * 1750 u. † 1817 Bergamo, berühmtes Mitglied einer OrgBauerFamilie

SERATO, Arrigo * 7/2 1877 Bologna, seit 1895 VVirt., lebte lange in Berlin, seit 1914 L. am Conserv. di S. Cecilia in Rom. — Sein Vater F r a n c e s c o * 17/9 1843 Castelfranco Veneto, † 24/12 1919 Bologna, da Vcellist u. KonservL.

SÉRÉ, Octave — s. POUEIGH

SÉRIEYX, Auguste, ps. A. W. S. NOLTE * 14/6 1865 Amiens, lebt seit 1914 bei Montreux, Schüler d'Indys, langjähr. KomposL. an der Schola cantorum in Paris. W: ‚Les trois états de la tonalité', ‚V. d'Indy'; KaM., Klav- u. OrgStücke, Messen, Lieder

SERING, Friedr. Wilh. * 26/11 1822 Finsterwalde, † 5/11 1901 Hannover, Schüler v. A. W. Bach u. Grell, 1855 SemMDir. in Barby, 1871/98 in Straßburg (Els.), seitdem pension. in Hannover. W: Orator., OrgStücke, Motetten, Lieder; ‚Die Kunst des Gsges', Lehrg. des Schulunterr. im Singen nach Noten (op. 106), Elementar-VSchule, OrgSchule, Harmonielehre usw. H: 1871/84 M-Ztschr. ‚Euterpe'

SERKIN, Rudolf * 28/3 1903 Eger, treffl. Pianist in Basel/Riehen (spielt viel mit Adolf Busch), ausgeb. in Wien. W: StrQuart.

SERMISY, Claude de (auch nur CLAUDIN genannt) * um 1490, † 1592 Paris, da I. KirchKM. des Königs seit 1547, Kanonikus. W: Messen, Motetten, Chansons

SERMOND, Heinr. * 15/5 1841 Heiligenstadt, RB. Erfurt, 1869/75 SemML. in Fulda, dann KreisSchulinsp., zuletzt in Lautenburg, RB. Marienwerder. W: Harmonielehre. H: Sammlg beliebter dtsch. Volkslieder

SEROW, Alex. Nikolajewitsch * 23/1 1820 Petersburg, da † 1/2 1871, Jurist bis 1868, seit dem 30. Jahre musik. beflissen. (Autodidakt), geistvoller Schr. (Propaganda f. Wagner). W: Opern, OrchStücke, Chöre usw. — Seine Gattin u. Schülerin V a l e n t i n e, geb. Bergmann * 1846 Moskau, auch MSchr. W: Opern, ‚Musikal. Vignetten' f. Klav.

SERPENTHIEN, Claudius * 13/2 1825 Rendsburg, † 17/12 1911 San Bernardino (Parag.), Vcellist u. KlavL., 1848 am Schleswig-Holsteinschen Aufstand beteiligt, Pionier f. dtsche M.

SERPENTIN, ps. (als Davidsbündler) = Karl BANCK

SERPETTE, Gaston, ps. COESTER; GAVASTAVON * 4/11 1846 Nantes, † 3/11 1904 Paris, Schüler von A. Thomas. W: üb. 30 Optten, Kantaten usw.

SERPIERI, Edoardo * 1839 Spinalbeto (Rimini), da † 1897. W: Opern, viele KlavStücke

SERRA, Giovanni * 1787 Genova, da † Dez. 1876, 1828/52 OpKM. W: KirchM., Kantate, KlavStücke

SERRÃO, Emilio * 13/3 1850 Vitoria (Span.), zeitweilig OpDir. u. KonservL. in Madrid. W: Opern, sinfon. Dichtg, KlavKonz. u. a.

SERRAO, Gioachino Silvestro * 16/8 1801 Setubal (Portug.), † 20/2 1877 Ponta Delgada, Priester, hervorrag. Organist. W: KirchM., OrgStücke u. a.

SERRAO, José * 14/10 1873 Sueca (Valencia), lebt in Madrid. W: Zarzuelas

SERRAO, Paolo * 1830 Filadelfia (Catanzaro), † 17/3 1907 Napoli, da seit 1863 KomposL. W: Opern, Orat., Requiem, Te Deum, Ouvert., KlavStücke, Lieder usw.

SERRE, Jean Adam * *1704 u. † 1788 Genève, Maler, Chemiker u. MTheoretiker in Paris

SERRTO, ps. = Ernst ROTERS

SERVAIS, Adrien François * 6/6 1807 Hal/Brüssel, da † 26/11 1866, vielgereister VcVirt. W:Konzerte, Fantasien, u. a. ‚Souvenir de Spaa', VcSalonstücke. — Sein Sohn J o s e f * 23/11 1850 Hal, da † 29/8 1885, 1869/70 SoloVcellist der Hofkap. zu Weimar, dann KonservProf. zu Brüssel. — Dessen älterer Bruder F r a n ç. M a t h i e u * 1846 Petersburg, † 13/1 1901 Asnières/Paris, Schüler F. Kufferaths, mit Liszt gut bekannt, Orch- u. OpDir. in Brüssel. W: Oper

SERVIÈRES, Georges * 13/10 1858 Fréjus (Dep. Var), MSchr. in Paris. W: ‚R. Wagner jugé en France', ‚Le Tannhaeuser à l'opéra en 1861', ‚La m. franç. moderne', ‚C. M. von Weber', ‚Em. Chabrier', ‚Episodes d'hist. music.', ‚E. Lalo', ‚G. Fauré'

SESSA, del — s. ARANDA

SESSA, Carlo * 30/1 1843 Trani, † 29/12 1919 Mliano. W: Opern, Sinf., Romanzen

SESSI, Marianne * 1776 Rom, † 10/3 1847 Wien, ausgez. KolorSgrin

SESSIONS, Roger * 1896 Brooklyn, lebt in Rom, Schüler u. a. Ernest Blochs. W: BühnM., Sinf., OrchSuite, VKonz., KlavSon., OrgStücke

SETACCIOLI, Giacomo * 8/12 1868 Corneto Tarquinia, † 5/12 1925 Siena, Schüler des Liceo di S. Cecilia in Rom, da TheorL. W: Opern, Requiem f. König Umberto, Sinf., sinf. Dicht., KaM., Org- u. KlavStücke, Motetten, Lieder; ‚Cl. Debussy e un innovatore?' u. a.

SETTERQVIST, Erik Adolf * 4/7 1809 Hallsberg (Schwed.), † 13/4 1885 Örebro, gründete 1835 in Hallsberg die 1860 nach Örebro verlegte noch blühende OrgBauanstalt

ŠEVČIK, Otokar * 22/3 1852 Horazdowitz, Böhm., † 18/1 1934 Pisek, wo er zuletzt ständig, 1919 ff. im Sommer gelebt, berühmter VL. (Halbtonsystem, bes. Bogenhaltg), Schüler des Prager Konserv., KonzM. in Salzburg u. Wien, VL. in Kiew, 1892/1906 in Prag KonservProf., 1909/19 Leiter einer VMeisterschule a. d. staatl. Konserv. in Wien, dann in Prag, auch in London. W: V-Schule, Böhm. Tänze, Variat. usw. f. V. u. a. H: ältere VKonz. usw. mit daraus gewonnenen Übgen

SÉVÉRAC, Déodat de * 20/7 1874 Saint-Félix, Haute-Garonne, † 23/3 1921 Roussillon, da seit 1911, Schüler des Konserv. zu Toulouse u. der Schola cantorum zu Paris, impressionist. Kompon. u. Schr. W: Opern, BühnM., sinfon. Dichtgen, Kantate, KlavSonate, OrgStücke, Lieder

SEVERIN, Emil * 21/1 1859 Möckern/Magdeburg, GsgL. in Berlin, früher vielgereister Baßbariton. W: KlavStücke, Lieder

SEVERIN, Willy Friedr. Karl * 28/1 1887 Frankfurt a. O., da seit 1917 Organ. u. Chordir. W: Kantaten, Chöre u. a.

SEVERN, Edmund * 10/12 1862 Nottingham, Geiger, KomposSchüler Ph. Scharwenkas u. Chadwicks, seit 1907 in Newyork. W: sinfon. Dichtgen, Kantate, KaM., VKonz., VSchule u. a.

SEVERN, Thomas Henry * 5/11 1801 Nottingham, † 15/4 1881 Wandsworth (Engl.). W: Oper, KirchM., Kantate, Lieder

SÉVIN — s. SAINT-SÉVIN

SEYBOLD, Arthur * 6/1 1868 Hamburg, da Geiger, treffl. Pädagoge u. VerDirig. W: ‚Das neue System‘, ‚Lagenschule‘, ‚VFibel‘, ‚Neue V-Etüden-Schule‘ (12 Hefte), ‚Melodie und Rhythmus, Vortragsschule‘, VKonzerte, zahlr. VStücke, MChöre, Lieder. H: ‚Neue VDuett-Sammlg‘, ‚Alte Meister des VSpiels‘. — Sein Sohn K u r t * 7/2 1907 Hamburg, da VVirt.

SEYBOTH, Paul * 20/8 1888 Stuttgart, ML. in München, Schüler O. Biehrs u. Thuilles, sowie des Hochschen Konserv. in Frankf. a. M. W (ungedruckt): Sinfonietta, akad. FestM., KaM., Kantat., Chöre, Lieder

SEYDEL, Karl Ernst * 14/12 1879 Dresden-Blasewitz, seit 1920 BuffoTen. der Münchener Staatsop. (1924 KaSgr), auch Spielleiter, studierte erst Theol., Schüler v. E. Pinks, 1901/07 KonzSgr, 1907/10 OpSgr in Altenburg, 1910/17 in Hannover, 1917/20 in Karlsruhe, oft auf Gastspielen, auch in Paris, Barcelona, Holland u. in d. Schweiz

SEYDEL, Martin, Dr. phil. * 10/2 1871 Gohlis/Leipzig, † 25/8 1934 Leipzig, da ausgeb., da seit 1898 GsgL., 1900 VortragsL. an d. Univers. W: ‚Üb. Stimme u. Sprache‘, ‚Grundfragen d. Stimmkunde‘

SEYDELMANN, Frz * 8/10 1748 Dresden, da † 23/10 1806, 1772 kurfürstl. KirchKomp., 1787 HofKM. W: (ital.) Opern, Singspiele, 36 Messen, 40 Psalmen, 37 Offertorien, Duette, Lieder, KaM.

SEYDLER, Napoleon Ludw. Karl * 8/3 1810 Vorstadt St. Leonhardt/Graz, da † 10/5 1888, seit 1837 Domorgan. W: Messen, Hymnen, Oratorium, Chöre u. Lieder (‚Hoch vom Dachstein‘ u. a.)

SEYERLEN, Reinh. * 1847, † 27/10 1897 Stuttgart, da ausgez. Organ. u. KonservL.

SEYFERT, Otto * 29/4 1896 Hamburg, KM. u. Bearb. in Stuttgart. W: Chöre, Lieder, Chansons

SEYFFARDT, Ernst Herm. * 6/5 1859 Krefeld, seit 1927 in Partenkirchen, Schüler des Kölner Konserv. u. der Berliner Hochschule, 1887/92 Liedertafeldirig. in Freiburg i. Br., 1892/1924 des Neuen Singver. in Stuttgart, da auch KonservL. W: Oper, Kantaten ‚Aus Deutschlands großer Zeit‘ u. a., Sinf., KaM., Chöre, Lieder, Sonat. usw.

SEYFFART, Ernst Herm. * 5/10 1825 Dresden, † 24/11 1901 Berlin, da SchulgsgL. seit 1880. W: FrChöre, Lieder

SEYFRIED, Ignaz Ritter v. * 15/8 1776 Wien, da † 26/8 1841, 1797/1827 KM. am Thea. a. d. Wien, tücht. Pianist, Schüler Mozarts, MSchr. W: Opern, Singspiele (u. a. ‚Das Ochsenmenuett‘ mit Haydnscher M., der erste Versuch, die M. eines Komp. für ein sein Leben behandelndes TheaStück auszunutzen), Ballette, Melodramen, Orator., Messen, Requiem, kleine KirchStücke, Sinf., KaM. usw. B: Albrechtsbergers Schriften, ‚Beethovens Studien im Generalbaß‘ usw.

SEYLER, Karl * 1815 Ofen, † Dez. 1884 Gran, MSchulL., Schüler Seyfrieds. W: KaM., KlavStücke

SEYMER, John William * 21/8 1890 Stockholm, da MSchr.. W: OrchSuiten, Sinfonietta, KaM., KlavStücke, Lieder

SEYMOUR, Ralph, ps. = Ch. A. RAWLINGS

SGAMBATI, Giov. * 28/5 1841 (nicht 1843) Rom, da † 15/12 1914, tücht. Pianist, Schüler Liszts, seit 1877 I. KlavL. der Cäcilien-Akad., Dirig., wirkte eifrig für dtsche M. (Liszt, Wagner, Schumann, Brahms). W (beachtenswert): 2 Sinf., Ouvert., Requiem, Te Deum, KaM., KlavKonz., KlavStücke

SHAERRAG, Buerd, ps. = SAUBER, Gerhard

SHAKESPEARE, William * 16/6 1849 Croydon/London, † 1/11 1931 Golders Green, Schüler Moliques u. Bennetts, 1871/72 d. Konserv. in Leipzig u. 1872/75 Lampertis in Milano (Gsg), seit 1875 in England geschätzter KonzSgr, 1878 ff. Gsg-Prof. an der R. Academy, Pianist u. Dirig. W: Sinfon., Ouvert., KaM., KlavStücke; ‚The art of singing‘ usw.

SHAKESPEARE, William † 53jähr. 8/8 1933 Cincinnati, GsgL.

SHAPLEIGH, Bertram * 15/1 1871 Boston, 1904/14 in England; lebt in Newyork. W: Sinf., Suiten, StrQuart., Chöre, viele Lieder

SHARP, Cecil James * 22/11 1859 London, da † 22/6 1924, Dir. eines MInstit., sehr verdient um die Volksliedforschg. H: ‚The Morris book', ‚The country dance book' u. a.

SHARPE, Cedric * 13/4 1891 London, da ausgezeichn. Vcellist. W: Bearb. f. Vc. m. Klav.

SHARPE, Herbert Francis * 1/3 1861 Halifax, KlavVirt., 1884 L. am R. Coll. in London; † 14/10 1925. W: KaM., KlavStücke, Lieder

SHAW, Bernard * 26/7 1856 Dublin, der ber. Dichter in London. W: ‚The perfecte Wagnerite' (auch dtsch)

SHAW, Geoffroy * 24/11 1879 London, da KirchMDir. W: BühnenM., Suiten, Ouvert., KirchM., KlavStücke, Lieder. — Sein Bruder Martin * 9/3 1876 London, da KirchMDir. W: Opern, BühnM., KirchM., KlavFantasie m. Orch., KaM.; ‚Principles of church m. composition'. H: Songs of Britain u. a.

SHEDLOCK, John South * 29/9 1843 Reading, † 9/1 1919 London, da seit 1879 ML. u. MSchr. W: KlavQuart., KlavStücke; ‚The Pfte Sonata' (dtsch 1897). H: Cramers Etüden mit Beethovens Randglossen u. a.

SHELLEY, Harry Rowe * 8/6 1858 New Haven (Connecticut), Organ. u. TheorL. am Metropolitan Coll. in Newyork. W: Oper, Kantaten, Sinf., VKonz., OrgStücke

SHEPHERD, Arthur * 19/2 1880 Paris, Idaho, USt., lebt in Cleveland, Ohio, 1908 TheorL. in Boston, da 1917 ff. auch Leiter d. Cecilia Society. W: OrchSuite, Ouvert., KaM., KlavSon. u. Stücke, Chöre

SHEPHERD, Frank, ps. = Herm. SCHAEFER

SHERA, Frank H. * 4/5 1882, seit 1928 MProf. an d. Univers. Sheffield, auch Orch- u. Chordirig., ausgeb. in Cambridge, 1916/28 MDir. des Collegs in Malvern. W: Sinf., KlavQuint., KirchM., Org-, KlavStücke, Lieder; ‚Debussy and Ravel', ‚Musical groundwork' u. a.

SHERWOOD, Edgar Harmon * 29/1 1845 Lyons, NY, † ?, Pianist in Rochester, NY. W: KlavStücke, Lieder

SHERWOOD, Percy * 23/5 1866 Dresden, Schüler des dort. Konserv., da L. bis 1914, seitdem in London. W: 2 Sinf., Ouvert., KaM., KlavStücke, Requiem, Chöre, Lieder

SHERWOOD, William Hall * 31/1 1854 Lyons/Newyork, † 7/1 1911 Chicago, KlavVirt., 1871/76 in Dtschland, seit 1889 ML. in Chicago. W: KlavSuiten, Mazurkas usw. — Seine Gattin Estella F. Adams, gleichfalls treffl. Pianistin

SHIELD, William * 5/3 1748 Whickham, † 27/1 1829 London, OrchDir. W: Opern, KaM.

SHIRINSKY — s. SCHIRINSKY

SHIRLEY, Lilian, ps. = H. NICHOLLS

SHITOMIRSKY, Alex. M. * 1881 Cherson, ausgeb. in Odessa, Wien, Petersburg, hier 1914 KomposL. am Konserv. u. 1919 Berater d. StaatsThea. W: BühnenM., Sinfon., dramat. Ouvert., Lieder. B: hebr. Volksweisen

SHORE, Samuel Royle * 12/4 1856 Edgbaston (Birmingham), Organ. u. KirchChordir. in Birmingham. W: KirchM., Madrigale. H: The cathedral series; Diocesan m. series u. a.

SIANESI, Gius. * 1822, † 1892 Lodi. W: Schulen f. Blasinstr., Märsche, Tänze

SIBELIUS, Jean * 8/12 1865 Tavastehus, Finnl., stud. in Helsingfors, Berlin u. Wien, wirkte lange in Helsingfors, lebt in Järvenpää, erhält als Mitschöpfer einer nationalen finnischen M. eine Staatspension. W: Oper, BühnenM., 7 Sinfon., OrchSuiten, KonzOuvert., sinf. Dichtgen ‚Der Schwan von Tuonela', ‚Finlandia' usw., VKonz., StrQuart., KlavStücke, VStücke, Chöre m. Orch., Lieder usw.

SIBER, Julius, Dr. jur. * 30/10 1875 Dettelbach (UFrank.), vielgereister (auch in SAmerika) VVirt. in Würzburg, Schüler u. a. F. Berbers, C. Thomsons u. H. Heermanns. W: energetische VSchule nach System Ritte, VStücke, musik. Romane, ‚Paganini', ‚Chopin'

SIBONI, Erik, A. W. * 26/8 1828 Kopenhagen, da † 22/2 1892, bis 1883 OpDir. u. KonservDir. W: 2 Op., Sinfon., Ouvert., KaM., Org- u. KlavStücke, Stabat mater, Psalme, Lieder usw.

SICARD, Michail * 1868 Odessa, VVirt., Schüler Massarts u. Joachims, † ?, zuerst KonservL. in Kiew, 1894/95 KonzM. bei Colonne in Paris, dann auf Reisen. W: VStücke

SICCA, Friedr. v. * 1859, serbischer Kompon.

SICHRA, Andreas O. * 1772 Wilna, † 6/1 1861 Petersburg, GitVirt. W: 75 f. Git.

SICK, Theod. Bernh. * 7/11 1827, † 1893 Kopenhagen, 1863/80 ArtillOffizier. W: viel KaM.

SIEBECK, Gust. * 4/7 1815 Eisleben, † 25/5 1851 Gera, fürstl. MDir., vorher SemML. in Eisleben, Schüler von A. W. Bach u. B. Marx. W: OrgStücke, MChöre, geistl. Lieder. L: ‚Der kirchl. Sängerchor auf dem Lande u. in kleinen Städten' (3st.)

SIEBECK, Herm., Dr. phil. * 28/9 1842 Eisleben, † 26/2 1920 Gießen, da seit 1883 o. Philos-Prof. W: ‚Üb. musik. Einfühlg' (1906), ‚Grundfragen zur Psychol. u. Ästhetik der Tonkunst' (1909)

SIEBECK, Jul. † 6/4 1890 Coburg, da seit 1845 HoftheaSänger u. Musiker. W: Singspiel

SIEBEN, Wilh. * 29/4 1881 Landau, Pfalz, Schüler der Münchener MSchule, da 1905 VL., vorher Schüler Sevciks u. Berbers; auch Führer eines StrQuart., 1918 Dir. der SinfKonz. u. der Singakad. in Königsberg, seit 1920 städt. MDir. in Dortmund, treffl. Dirig.

SIEBENHÜNER, Josef * 26/11 1882 Schönbach/Eger, seit 1912 Chormeister (urspr. Offiz.) in Budweis. W: Opern, Ballett, sinf. Dichtg, Chöre, Lieder u. a.

SIEBER, Ferd. * 5/12 1822 Wien, † 21/2 1895 Berlin, Schüler von Miksch, OpSgr, treffl. GsgL., 1848 in Dresden, seit 1854 in Berlin. W: ‚Lehrbuch der Gsgskunst', ‚Anleitg z. gründl. Studium des Gsges', ‚Katechismus d. Gsgskunst', ‚Handbuch des dtsch. Liederschatzes', Lieder, Solfeggien u. a.

SIEBER, Horst Hanns * 26/2 1899 Lichtenstein/ Sa., KM. u. Organ. in Berlin, ausgeb. in Leipzig (Konserv.: Karg-Elert). W: Singspiel, Tonfilme

SIEBER, Joh. Geo. * 1734 in Franken, † 1815 Paris, da Waldhornist seit 1758, begründete 1771 einen MVerlag, der über Richault an Costallat übergegangen ist.

SIEBER, Walter * 11/7 1904 Berlin, da Pianist (KM.). W: Tonfilme, Orat., Gsge, auch m. KaOrch.

SIEBERT, Edua. * 28/3 1878 Dünaburg, seit 1914 VL. in Riga, vorher MilKM. W: Techn. Studien, VSchule

SIEBERT, Kurt Werner * 15/2 1900 Gr. Flottbeck/Hamburg, VerDirig. u. ML. in Frankfurt a. M., da ausgeb. W: Chöre

SIEBOLD, Hans * 17/4 1874 Kassel, da † 26/11 1926, MilitärKM. in Saarbrücken u. Kassel, auch Ver- u. KirchChorDir.

SIECZYNSKI, Rud., Dr. jur. * 23/2 1879 Wien, d. Hofrat. W: Wiener Lieder

SIEDE, Ludwig, ps. SENTIS * 6/1 1888 Hildesheim, lebt in Berlin, auch Dirig. W: zahlr. Charakterstücke, Intermezzi, Tänze f. Orch. bzw. Klav.

SIEFERT, Christian Heinr. * 23/1 1831 Eisenach, † 18/6 1889 Leipzig, da seit 1875, geschätzter, Stradivari gut nachahmender VBauer

SIEFERT, Paul * 1586 u. † 6/5 1666 Danzig, da Organ. seit 1623, Schüler Sweelincks. W: Psalmen

SIEGEL, C. F. W. † 29/3 1869 Leipzig, gründ. da 1846 einen zu Ansehen gelangten MVerlag, den Richard Linnemann (* 14/4 1845 Leipzig, † 1/12 1909, Schüler d. Leipziger Konserv., ausgetreten 1902) seit 1870 u. seine Söhne Karl (* 25/9 1872) u. Richard (* 5/11 1874, † 5/4 1932, Schüler des Leipziger Konserv.) noch sehr erweiterten (1903 Erwerbg d. Verl. E. W. Fritzsch u. 1919 des Verl. Fr. Kistner); seit 1923 Firma: Kistner & Siegel

SIEGEL, Felix (Sohn von C. F. W. S.) * 21/8 1860 u. † 4/7 1920 Leipzig, da seit 1891 Besitzer des MVerl. J. Schuberth & Co, verdienter Vorsteher des Vereins d. dtsch. Musikalienhändler 1903/06. Seine Tochter Rose-Charlotte führte bis zu ihrem Tode 13/5 1928 den Verlag fort

SIEGEL, Ralph Maria (Sohn Rudolfs) * 8/6 1911 München, seit 1933 in Berlin als TanzOrchDirig., Geiger, Schüler Seratos, der Hochschule in Köln u. E. Tochs. W: Optten, VolksStücke, LutherFilm, Chansons

SIEGEL, Rudolf, Dr. jur. * 12/4 1878 Berlin, Schüler Humperdincks u. Thuilles, Dirig. in München, Königsberg i. Pr. 1914/17; 1919/30 städt. GMD. in Krefeld, lebt in Berlin. W: Oper, ‚Heroische Tondichtg' f. Orch., Apostatenmarsch, Heldenfeier f. MChor u. Orch., Kanon. Duette f. Mezzosopr. u. Barit. m. Orch. u. a.

SIEGERT, Ewald * 30/11 1875 Wetzelsgrün (Vogtl.), urspr. SchulL., Schüler d. Leipziger Konserv. (Regers), seit 1907 Organ. u. Chordirig. in Chemnitz. W: Sinfon., KaM., OrgStücke, Requiem, 94. Psalm, Chorwerke m. Orch., Chöre, Lieder, bes. Kinderlieder

SIEGERT, Ferd. † 28/11 1897 Leipzig, Dirig. des LGsgVer. B: Volkslieder f. MChor

SIEGERT, Rud. * 4/2 1906 Dresden, da Pianist u. Chordir. W: Märchen, OrchStücke, KlavSonaten u. Stücke, Chöre, Lieder

SIEGL, Otto * 6/10 1896 Graz, Schüler von R. v. Mojsisovicz, seit 1933 TheorL. an der Hochschule in Köln, da seit 1934 auch GürzenichChorDir.; 1918/20 ML. in Leoben, dann Geiger im Wiener SinfOrch., dann MSchr. u. 1922/24 Korrepetitor in Graz, 1924/25 H des ‚Musikboten' in Wien, 1926 zuerst in München, Herbst 1926/33 städt. KM. in Paderborn, expressionist. atonaler Komp. W: Oper, Marionettenspiele, ‚Galante AbendM.' u. a. f. Orch., VKonz., KaM., KlavStücke, Lieder

SIEGLING, Otto * 13/2 1883 Gera/Elgersburg (Thür.), SchulL. u. VerDirig. in Gotha

SIEGLITZ, Georg * 26/4 1854 Mainz, † 3/11 1917 München, ausgez. OpBassist

SIEGMUND, Hermyn * 17/10 1863 Schönau a. K., ML. u. Chordir. in Breslau, früher Organ. W: UnterhaltgsM., bes. f. Zith. u. MandolOrch.

SIEHR, Gust. * 17/9 1837 Arnsberg, † 18/5 1896 München, ausgez. Bassist, 1865/70 in Prag, 1870/81 in Wiesbaden, seit 1881 in München, sang 1876 in Bayreuth den Hagen u. 1882 den Gurnemanz

SIEMERS, Karl Heinr. Aug. * 7/5 1819 Goldenstadt (Oldenbg), † 30/11 1876 Dresden, da ML. seit 1864, vorher Organ. in Manchester. W: KlavStücke, MChöre, Lieder

SIEMS, Margarete * 30/12 1881 Breslau, GsgL. in Dresden, Schülerin der Orgeni, treffl. KolorSgrin, 1902/08 an der Prager, 1908/20 an der Dresdener Oper, dann einige Jahre GsgL. in Berlin

SIEP, Willem Frederik * 21/11 1866 Arnhem, † 19/3 1926 Nizza, wirkte 22 J. als KlavL. in Indien. W: Orch- u. KlavStücke, u. a. ‚OudHollandsche boerendansen'

SIERCHING, Martinus * 24/3 1867 Amsterdam, KlavVirt., seit 1915 MSchulDir. in NewYork, Schüler u. a. Leschetizkys. W: KlavStücke, VStücke

SIERING, Moritz * 14/7 1821 Mügeln/Oschatz (Sachs.), † 1892 Dresden, da seit 1842 ML., ausgeb. bei Anacker, C. F. Becker u. G. F. Mannstein, begabter Komp. W: Oper, Lieder, KaM.

SIERING, Wladimir * 1/3 1880 Taurien, seit 1915 KonservL. in Moskau, da ausgeb., KlavVirt. W: Chöre, Lieder

SIERRTO, ps. = Ernst ROTERS

SIEVEKING, Martinus * 24/3 1867 Amsterdam, KlavVirt., seit 1915 MSchulDir. in New York, Schüler u. a. Leschetizkys. W: KlavStücke, VStücke

SIEVERS, Arnold, ps. = Wilh. KLATTE

SIEVERS, Eduard * 25/11 1850 Lippoldsberg/ Hofgeismar, Germanist, † 31/3 1932 Leipzig, war Prof. in Jena, Tübingen, Halle, seit 1892 in Leipzig. W: ‚Grundzüge der Phonetik', ‚Altgerman. Metrik', ‚Metrische Studien', ‚Sprachmelodisches in der dtsch. Dichtg'

SIEWERT, Adolf * 8/1 1879 Herongen, Kr. Geldern, Schüler des Kölner Konserv., Geiger, 1903 KonservL. in Barmen, dessen Dir. seit 1906

SIEWERT, Heinr. * 10/4 1818 Braunsberg i. Pr., † (?), Schüler Markulls u. Rungenhagens, seit 1840 in Berlin ML. W: Motetten, MChöre, Lieder, Klav- u. OrgKompos.

SIGHICELLI, Gius. * 1737 Modena, da † 4/12 (8/11) 1826, VVirt. W: Ballette, VStücke

SIGHICELLI, Vincenzo * 30/7 1830 Cento, † 15/2 1905 Paris, VVirt. W: VKonzStücke

SIGISMONDI, Gius. * 13/11 1739 u. † 10/5 1826 Napoli, da seit 1808 KonservBibl. W: Oper, 4 Orator., Kant., Org- u. KlavStücke

SIGL, Max * 21/4 1877 Vortann, NBay., Pfarrer in Ascholshausen/Regensburg. W: ‚Die KirchM. in ihren Grundfragen'

SIGNORINI, Francesca — s. CACCINI

SIGTENHORST-MEYER, Bernhard van den * 17/6 1888 Amsterdam, lebt da. W: Oper, Orator., Stabat mater, KaM., KlavStücke, viele Lieder

SIGWART, Botho, d. i. Sigwart Botho Graf zu Eulenburg * 10/1 1884 München, † (gefallen) 2/6 1915 Jaslo (Galizien). W: Oper ‚Die Lieder des Euripides', Sinfon. f. Org. u. Orch., Melodramen ‚Hektors Bestattg' u. ‚Ode der Sappho' mit Orch., KaM., KlavSon., Lieder

SIKLOS, Albert * 26/6 1878 Budapest, seit 1910 Prof. an der LandesMAkad., Schüler Koeßlers. W: Oper, Pantom., OrchSuiten, Choralvorspiele, KlavStücke, ‚Harmonie- u. InstrumentatLehre', ‚Schule des Partiturlesens', ‚Gesch. der ungar. M.' (in ungar. Sprache)

SIKORA, ps. = Karl GRANDAUER

SILAS, Eduard * 22/8 1827 Amsterdam, † 8/2 1909 London, tüchtiger Pianist u. OrgSpieler, 1842/49 auf d. Pariser Konserv., seit 1850 Organ., später auch L. an der Guildhall-MSchule in London. W: Oper, Orator., Messe, Kantaten, Orchu. KaM., 2 KlavKonz., KlavStücke, OrgStücke usw.

SILBER, Fritz * 7/7 1893 Görlitz, seit 1925 Organ., Chordir. u. ML. in Berlin, ausgeb. von Wilh. Rudnick u. auf dem Leipziger Konserv. W: Orator., viele Motetten, weltl. Chöre, Lieder

SILBER, Philip, Dr. iur. * 17/7 1876 Czernowitz, lebt in Wien. W: Oper, OrchM., bes. Tänze, Lieder

SILBERMANN, Andreas * 1678 Kleinbobritzsch (sächs. Erzgeb.), † 16/3 1734 Straßburg, urspr. Zimmermann, dann OrgBauer, zunächst 6 J. in Görlitz, dann kurze Zeit in Hagenau, seit 1701 in Straßburg, sehr berühmt. — Sein Bruder G o t t f r i e d * 14/1 1683 Kleinbobritzsch, † 4/8 1753 Dresden, gleichf. berühmter OrgBauer, baute die Orgel in Freiberg, in der Kathol., Frauen- u. Sophienkirche Dresdens, erfand das Cembal d'amour, ein verbessertes Klav. mit stärkerem u. länger aushaltendem Ton, u. baute 1745 nach dem Modell des Organ. C. G. Schröter in Nordhausen bereits ein Fortepiano. Vgl. üb. ihn Ernst Flade (1926). — Dessen Neffen J o h a n n A n d r. * 26/6 1712 Straßburg, † 11/2 1783 u. J o h. H e i n r.

* 24/9 1727, † 15/1 1799, machten sich ebenfalls einen Namen, ersterer als Org-, letzterer als FortepianoBauer

SILCHER, Frdr. * 27/6 1789 Schnaith/Schorndorf, Württ., † 26/8 1860 Tübingen, da seit 1817 UniversMDir. W: Liedkompos. (viele zu Volksliedern geworden) u. Bearb., meist f. MChor (u. a. ‚Ännchen von Tharau', ‚Lorelei' usw.); ‚Gesch. des ev. KirchGsgs', ‚Harmonie- u. KomposLehre'

SILESIUS, ps. = Hans SCHLESINGER

SILOTI, Alex. * 10/10 1863 auf dem väterl. Gute bei Charkow, Schüler d. Konserv. zu Moskau u. Leipzig u. Liszts, vortreffl. Pianist, lebte u. a. in Paris, Antwerpen, 1897/98 in Leipzig, 1901/02 als Dirig. d. SinfKonz. in Moskau, 1903/19 in Petersburg, seitdem in London

SILVA, Giulio * 22/12 1875 Parma, GsgL. in New York s. 1920, vorher am Konserv. in Parma u. Rom. W: KaM., Motetten, Lieder; Schriften üb. Gsg u. a.

SILVA, Oscar da * 1872 Lissabon, lebt da, vielgereister Pianist, Schüler Reineckes u. Clara Schumanns. W: Oper, KlavStücke, Lieder

SILVA, Poll de * 28/3 1834 St. Esprit/Bayonne, † 9/5 1875 Clermont (blind). W: Opern, Sinf,- Stabat mater, Chöre, Lieder, viele KlavStücke

SILVA LEITE, Antonio da — s. LEITE

SILVA MORAÈS, Joano de — s. MORAÈS

SILVER, Charles * 16/4 1868 Paris, da HarmonieL. am Konserv., Schüler von Dubois u. Massenet. W: Opern, Orator., Orch- u. ChorStücke

SILVER, John, ps. = ETLINGER, Richard

SILVESTRE, Armand * 18/8 1838 Paris, † 19/2 1901 Toulouse, OpttenLibrettist

SILVESTRI, Gius. * 15/7 1841 Aldifredi (Caserta), † 18/2 1921 Napoli, da seit 1861 MandolVirt. W: MandolSchule u. -Stücke

SILVESTRI, Luigi * 1830, † 1927 Camisano (Veneto), der Erfinder der Okarina, doch auch Gius. Donati gilt dafür (1867).

SILVING, Bert * 10/12 1887 Wien, da ausgeb., VVirt., KM. des Radio-Künstler-Ensembles, seit 1921 auch Dir. des Schönbrunner SchloßparkOrch. W: Optten, Wiener Lieder

SILWEDEL, Hermann * 19/3 1877 Hohenwalde, Kr. Landsberg, † 10/5 1936 Landsberg a. W. Da eigener MVerl. seit 1900. W: viele Tänze u. Märsche

SIMANDL, Frz * 1/8 1840 Blatná (Böhmen), † 13/12 1912 Wien, berühmter KBassist, ausgeb. in Prag, seit 1869 in Wien (Hofop.), seit 1870 KonservProf. W: ‚Neueste Methode d. KBaßSpiels' (3 Teile), KBStudien u. -KonzertStücke

SIMIA, G. R., ps. = Gust. RICHELOT

SIMIN, Peter * 16/5 1890 Tschernigow, Dir. am mwiss. Inst. in Moskau, auch Doz. f. das Grenzgebiet zw. Physiol. u. M. am Konserv., Schüler Ljapunovs u. Sokolovs. W: KlavStücke, Lieder; Fachschr.

SIMKUS, Stasys * 23/1 1887 Motiskiai (Lit.), lebt in Wilna (1914/19 in Amerika). W: Opern, KaM., Chöre, Duette, Lieder

SIMLINGER, Walter * 25/11 1889 Wien, lebt in Berlin, urspr. Sgr, langjähr. Regisseur, ausgeb. in Wien (Akad.). W: Oper, Optten, viel UnterhaltsgsM.

SIMM, Juhan * 1882, KM. u. Chordir. in Talin (Dorpat), ausgeb. in Berlin (Sternsches Konserv.). W: Optten, BühnM., OrchStücke

SIMMERMACHER, Wilh. * 3/6 1883 Frankfurt a. M., da Organ. u. KirchChordir. W: Weihnachtsmärchen, Heimatspiele, Kantaten, Chöre, KlavStücke, OrgStücke

SIMON, Anton * 1851 in Frankreich, † ?, Schüler d. Pariser Konserv., seit 1871 in Moskau, da 1891 KlavL. a. d. Philharmon. Schule u. seit 1897 OrchIntendant der kaiserl. Thea. W: Opern, Ballette, Suiten, Ouvert., sinfon. Dichtgen, KaM., KlavKonz., KlarinKonz., KlavM., Chöre, Lieder

SIMON, C., MVerlag — s. Karl SIMON

SIMON, Christian * 3/4 1809 Schernberg/Sondershaus., † 29/5 1872 Sondershausen, KBVirt.

SIMON, Ernst * 23/2 1850 Arnstadt (Thür.), † 10/3 1916 Magdeburg, da seit 1875 L. W: Orch-, Klav- u. a. Kompos., bes. humorist. Gsge

SIMON, Hans * 18/12 1897 Darmstadt, lebt da, war TheaKM. W: Oper, Sinf., OrchVariat., KaM.

SIMON, Heinr., ps. OSMIN, Dr. phil. * 4/5 1854 Berlin, † 24/10 1930 Hamburg (auf Besuch), bis 1924 ObBiblioth. in Berlin. W: ‚Kleines MLex. von Kalauer', ‚M. u. Musiker im Lichte des Humors u. d. Satire'. H: ‚R. Schumann, Schriften'

SIMON, Hermann * 26/1 1896 Berlin, lebt da, da ausgeb. a. d. akad. Hochschule. W: OpMysterium ‚R. Lenz', M. zu ‚Faust I', zu ‚Der Prinz von Homburg', Luthermesse, geistl. u. weltl. Chöre u. a.

SIMON, James, Dr. phil. * 29/9 1880 Berlin, da bis 1934, Pianist, Schüler Ansorges u. in der Kompos. Bruchs. W: Oper, Sinf. u. OrchSuite, Kantaten, KaM., KlavStücke, Lieder; ‚Faust in der M.'. — ps. Peter POTTER; soll seit 1935 in Amsterdam (1934 in Zürich) leben

SIMON, Jean Henri * 1783 Antwerpen, da † 10/2 1861, VVirt. u. L., ausgeb. in Paris, u. a. v. P. Rode u. Gossec. W: Orator., Motetten, 7 V-Konz. u. a.

SIMON, Karl, MVerlag, gegr. 17/9 1867 Berlin, 1928 angekauft von Breitkopf & Härtel, unter der alten Firma fortgeführt

SIMON, Prosper Charles 27/12 1788 Bordeaux, † 31/5 1866 Paris, da seit 1825 ausgez. Organ., Schüler Reichas. W: Te Deum, ‚Nouveau manuel complet de l'organiste'

SIMON, Walter v. * 15/8 1864 Frankfurt a. O., lebt in Potsdam, war Offizier., durfte sich nicht der M. widmen, Schüler v. Heidingsfeld, Jul. Lorenz (in Glogau) u. Th. Kewitsch. W: Oper ‚Das kors. Gebot', Singspiel ‚Alt Potsdam', Operetten, Lieder, bes. im Volkston, MilMärsche u. a.

SIMON, Walter, MVerlag in Kassel, gegr. 1/10 1908

SIMONETTI, Achille * 12/6 1857 Torino, † 19/11 1928 London, Schüler des Pariser Konserv., 1912/19 KonservL. in Dublin. W: KaM., VStücke

SIMONETTI, Franc. * 1846 Napoli, da † 30/7 1904, KlavPädag. W: ‚Dizionario del Pianista', KlavStücke, Gsge

SIMONS, Nikolaus Josef Maria, ps. JOE NIC * 7/5 1892 Eupen, MVerleger in Berlin-Friedenau. W: Schlager

SIMONS, Rainer * 16/8 1869 Düsseldorf, † 17/8 1934 Rottach/Egern am Tegernsee, Schüler Stockhausens u. Humperdincks, OpSgr, TheaDir., 1901/17 in Wien, wo er die Volksop. gründete, dann Prof. an der StaatsAkad. f. M. in Wien.

SIMONSEN, Rudolph * 30/4 1889 Kopenhagen, da seit 1918 KlavL. am Kgl. Konserv. W: 3 Sinf., StrQuart., Chöre mit Orch., Lieder

SIMPSON, Christopher * um 1610, † 1669 Turnstile (London), GambenVirt. W: ‚The division Violist'; ‚The principles of practicle m.'

SIMPSON, George Elliot * 1/11 1876 Orange, NY. (Amerika), seit 1914 KonservDir. in Fort Werth (Texas), ausgeb. in Newyork u. Leipzig. W: Sinf., sinf. Dichtgen, Ouvert., KlavStücke, Lieder

SIMPSON, Thomas, Engländer, 1610 Holstein-Schaumburg. Hofmusiker, 1618 in der Hofkapelle zu Kopenhagen. W: treffl. TanzSuiten

SIMROCK, Nicolaus * 1752 Mainz, † 1833 Bonn, da seit 1775 Hornist d. kurfürst. Kap., gründ. 1792 den zu größtem Ansehen gelangten MVerlag. Dieser wurde von seinem mit Brahms befreundeten Enkel F r i t z (* 2/1 1837 Bonn, † 20/8 1901 Lausanne) 1870 nach Berlin verlegt. (Zweigstelle 1904 in Leipzig). Seit 1902 ist das Geschäft, das 1907 den Verlag Raabe u. Plothow u. 1925 den Verlag Eos erwarb, eine G. m. b. H., Nov. 1929 an B e n j a m i n - H a m b u r g verkauft, aber unter der alten Firma in Leipzig weitergeführt

SIMSON, Christopher — s. SIMPSON

SIN (SCHIN), Otakar * 23/4 1881 Frysana (Mähren), Schüler des Prager Konserv., da TheorL. seit 1920. W: sinf. Dichtgen, StrQuart., KlavStücke; ‚Harmonielehre' (böhm.)

SINCERO, Dino (Priester) * 17/1 1872 Trino (Vercelli), † 17/4 1923 Torino, MSchr. W: Chöre, Schullieder, Klav- u. OrgStücke

SINCLAIR, Louis, ps. = MICHIELS, Gust.

SINDING, Christ. * 11/1 1856 Kongberg (Norw.), nächst Grieg der bedeutendste u. angesehendste, übrigens von Wagner stark beeinflußte, norweg. Komp., Schüler d. Leipziger Konserv., lebte dann in Leipzig, München, Berlin, Paris, ehe er sich in Oslo festsetzte; 1921/22 KomposL. an der Eastman School in Rochester, dann wieder in Oslo. W: Oper, 3 Sinfon., sinf. Dicht., viele KaM., 3 VKonz., V- u. VcStücke, 2 Serenaden für 2 V. u. Klav., KlavStücke (u. a. ‚Frühlingsrauschen' op. 32 Nr. 3), viele Lieder usw.

SINGELÉE, Jean Baptiste * 25/9 1812 Brüssel, † 29/9 1875 Ostende, treffl. Geiger, KonzM. der Brüsseler Op. W: VOpFantasien

SINGENBERGER, John † 29/5 1924 Milwaukee, seit 1873 ML. am LSem. zu St. Francis, Wisc., Präs. d. amerik. CäcilienVer. H: MZtschr. ‚Caecilia' u. ‚For School and Fireside'. Melodiebücher zu Mohrs ‚Cäcilia' u. Dreves' ‚Adoro te'. W: Messen, HarmonSchule usw.

SINGER, Alfons, Dr. phil. * 16/9 1884 Kipfenberg/Eichstätt, Schüler d. Akad. u. der Univers. in München, da seit 1913 KirchChorDir.

SINGER, Edmund * 14/10 1831 Totis (Ungarn), † 23/1 1912 Stuttgart, treffl. Geiger, 1854/56 HofkonzM. in Weimar, desgl. 1856/1903 in Stuttgart, hier auch hervorrag. KonservL. W: V-Schule u. -Stücke

SINGER, Kurt, Dr. med. * 11/10 1885 Berent, WPr., Nervenarzt, MSchr. u. Dirig. des Ärzte-GsgVer. in Berlin, auch Geiger, 1928/30 stellvertr., 1930/32 Intend. der städt. Oper, seit Ende 1935 musik. Leiter im Reichsverband jüd. Kulturbünde. W: ‚R. Wagner', ‚Bruckners Chormusik'; ‚Berufskrankheiten des Musikers' u. a.

SINGER, Otto * 26/7 1833 Sora/Meißen, † 3/1 1894 Newyork, 1851/55 Schüler Liszts, 1860 ML. in Dresden, seit 1867 in Newyork, ausgez. Pianist. W: Sinfon., 2 KlavKonz., KlavVSonate, Klav-Kompos., Kantaten usw. — Sein Sohn O t t o S. jr * 14/9 1863 Dresden, † 8/1 1931 Leipzig, aufgewachs. in Amerika, Schüler Kiels u. Rheinbergers, VSchüler in Paris, 1888 VerDirig. in Heidelberg, 1890/92 KonservL. in Köln u. Dir. des ‚M-GsgVer.', lebte dann in Leipzig, Berlin, Kufstein,

seit 1922 wieder in Leipzig. W: VKonzertstück, Chöre usw. B: KlavAuszüge, bes. der Wagnerschen u. R. Straußschen Opern, der Brucknerschen Sinf. 4hdg.
SINGER, Peter * 18/7 1810 Häselgehr, Tirol, † 26/1 1882 Salzburg, Pianist u. Organ., Erfinder des Pansymphonikums. W: sehr viel KirchM., ‚Metaphysische Blicke in die Tonwelt'
SINGER, Richard * 9/9 1879 Budapest, treffl. Pianist, Schüler Max Fiedlers, Leschetizkys u. Busonis; lebt in Hamburg
SINGERY, Gaston * 5/12 1892 Beau-Bassin, Ins. Maurice, seit 1903 in Paris, OrgVirt. W: KirchM., KaM., KlavStücke, HarfStücke
SINICO, Franc. * 12/12 1810 Triest, da † 18/8 1865, treffl. Chordirig. W: Sinf., Messen, geistl. Chöre. — Sein Sohn G i u s e p p e * 10/2 1836 Triest, da † 31/12 1907. W: Opern, Gsge, Solfeggien usw.
SINIGAGLIA, Leone * 14/8 1868 Torino, lebt da, Schüler Giov. Bolzonis, Mandyczewskis u. Dvořáks, auf piemontes. Volksweisen zurückgreif. Komp. W: OrchSuite, Ouvert., OrchTänze, V-Konz., VRondo m. Orch., KaM., Chöre, Lieder usw.
SINZHEIMER, Max * 20/6 1894 Frankfurt a. M., Dirig. der Stamitz-Gemeinde (Orch.), des Bachchors u. Liederkranzes in Mannheim. W (ungedr.): Op. ‚Die Nachtigall', lyr. Sinf., sinfon. Tänze u. a.
SJÖBERG, Svante Leonard * 28/8 1873 Karlskrona, da seit 1902 Dirig. des OrchVer. u. Organ., ausgeb. in Stockholm, bei M. Bruch u. R. Hausmann. W: Ouvert., KaM., Kantaten, Lieder
SJÖGREN, J. G. Emil * 16/6 1853 Stockholm, da † 4/3 1918, stud. da u. in Berlin, seit 1890 Organ. in Stockholm. W: 4 VSonaten, VcSonate, Klav- u. OrgStücke, Chöre, viele Lieder usw.
SIOLY, Joh. * 1843 u. † 8/4 1911 Wien. W: Wiener Lieder u. Duette, Tänze
SIPPEL, Hans (Joh.) * 15/3 1874 Iserlohn, ML. in Bochum. W: MChöre
SIRAUDIN, Paul * 1813 Paris, † 1883 Enghien, Librettist u. a. von Lecocqs ‚La fille de Madame Angot'
SIRÈNE MUSICALE, La, Paris, MVerlag gegr. von Paul Dupont 1893, pflegt modernste M.
SIRMEN, Maddalena — s. SYRMEN
SIROLA, Bozidar, Dr. phil. * 20/12 1889 Zakanj, lebt in Agram, ausgeb. in Wien. W: Oper, Orator., Melodr., KaM., Chöre, Lieder
SIROTA, Leo ** 4/5 1885 Kiew, KlavVirt., Wunderkind, ausgeb. in Petersburg, 1908 noch Schüler Busonis, 1920/22 KonservL. in Lemberg, dann in Wien, meist auf Reisen

SISTERMANS, Anton * 5/8 1865 Hertogenbusch (Holl.), † 18/3 1926, Schüler Stockhausens, bedeut. KonzSgr (Baßbariton), 1899 in Wiesbaden, 1904/15 L. am Scharwenka-Konserv. in Berlin, seitdem im Haag (Holland)
SITT, Anton * 5/2 1819 Val, ungar. Kom. Stuhlweißenburg, † 19/11 1878 Prag, da seit 1848, tüchtiger VBauer, ausgezeichn. Reparateur, Vater von Hans Sitt
SITT, Hans * 21/9 1850 Prag, † 10/3 1922 Leipzig, Schüler von Bennewitz, Mildner, Kittl, 1867 KonzM. in Breslau, 1873/80 StadtMDir. in Chemnitz, 1883/1921 L. f. V- u. OrchSpiel am Konserv. in Leipzig, 1885/1903 Dirig. des BachVer., seit 1888 auch des LGsgVer., treffl. Dirig. u. Pädagoge. W: Ouvert., Konz. f. V. (3), Br. (1), Vc. (2), viele VStücke, Chöre, Lieder usw.
SITTARD, Josef * 4/6 1846 Aachen, † 24/11 1903 Hamburg, Schüler d. Konserv. zu Stuttgart, da 1872/85 Gsg- u. KlavL., seit 1885 in Hamburg dsgl., sowie MRef. W: ‚Kompendium der Gesch. d. KirchM.', ‚Einführg in die Gesch. u. Ästhetik der M..', ‚Studien u. Charakteristiken', ‚Gesch. d. Hamburger M- u. KonzWesens', ‚Gesch. des Thea u. d. M. am württemb. Hofe' u. v. a., auch Gsg-Komposit. — Sein Sohn A l f r e d * 4/11 1878 Stuttgart, seit April 1933 Dir. des Staats- u. Domchors in Berlin, Schüler d. Kölner Konserv., 1903 Organ. in Dresden, 1912/30 Organ. u. Chordirig. der Michaeliskirche in Hamburg, daneben seit 1925 OrgL. an d. Akad. f. Kirch- u. SchulM. in Berlin, treffl. OrgVirt. W: Choralstudien, Chöre usw.
SITTE, Heinr., Dr. phil. * 28/2 1879 Salzburg, seit 1912 Prof. der klass. Archäologie an der Univers. Innsbruck. W: ‚J. S. Bach als Legende erzählt' (1925), ‚Bachs Chromatische eingel. und erläutert'
SIVORI, Camillo * 25/10 1815 Genua, da † 18/2 1894, berühmter Schüler Paganinis, auch in Amerika gefeiert. W: 2 VKonz., Etüden u. a.
SIXT, Joh. Aug. * 3/1 1757 Gräfenhausen (Württemberg), † 30/1 1797 Donaueschingen, vorher Organ. in Heilbronn u. Straßburg, 1780 KlavL. in Lyon, seit 1784 fürstl. KaM. in Donaueschingen, später HilfsKM. W: KlavTrios u. Sonaten, Lieder
SKARABISCH, Richard * 12/11 1877, lebt in Königshütte, OS. (seit 1919 poln.). W: Chöre, Lieder
SKJERJANC, Lucian Maria * 17/12 1900 Ljubljana, da KonservL. W: sinf. Dichtgen, KaM., KlavStücke, Lieder
SKJERNE, Carl Godtfred * 10/5 1880 Kopenhagen, da MForscher. W: Fachschriften. H: Ztschr. ‚Musik'; ‚Musikhistorisk Archiv'

585

SKILTON, Charles Sanford * 16/8 1868 Northampton, Mass., u. a. Schüler Bargiels, seit 1903 Prof. an der Univers. Lawrence, Kansas. W (teilweise mit indian. Motiven): Opern, OrchSuiten, sinfon. Dichtg, KaM., Orator., Kantate

SKOCIC, Adalbert * 14/10 1904 Sereth, Dirig. in Wien, urspr. Vcellist. W: KaM., KlavStücke, Lieder

SKOCZEK, Erich * 26/6 1908 Olmütz, OrgVirt. in Wien (auch Klavierist), da ausgeb. W: f. Orch., sinfon. Dichtgen f. Org. (nicht polyphon inspiriert; polytonal in Debussys Art), KlavStücke, Gsge

SKRAUP (Skroup), Franz * 3/6 1801 Wositz (Böhm.), † 7/2 1862 Rotterdam, erst Jurist, 1827/1857 OpKM. in Prag, 1860 in Rotterdam. W: Opern (3 dtsche, 5 tschech.), Ouvert., SchauspM., Chöre, Lieder usw. — Sein Bruder Joh. Nepomuk * 15/9 1811 Wositz, † 5/5 1892 Prag, DomKM. seit 1846. W: Opern, KirchM., Gsg-Schule, kirchmusik. Handbücher usw.

SKRAUP, Karl † 14/3 1909, Dir. des Erfurter Stadtthea. seit 1905. W: ‚Rhetorik u. dramat. Ausbildg‘, ‚Katechismus d. Mimik u. Gebärdensprache‘, ‚Die Kunst der Rede u. d. Vortrags‘ usw.

SKRJABIN, Alex. * 10/1 1872 Moskau, da † 14/4 1915, Schüler des Konserv., da 1898/1903 KlavL., urspr. stark von Chopin u. auch Wagner beeinflußter, dann immer mehr gesucht eigenartig werdender, bemerkensw. Kompon. W: Sinfon., sinf. Dicht., KlavKonz., 10 Sonaten u. v. a. für Klav.

SKROUP — s. SKRAUP

SKUHERSKY, Frz Zdenko * 31/7 1830 Opočno (Böhm.), † 19/8 1892 Budweis, Schüler d. Prager Organistenschule, 1854 TheaKM., 1855 MVerDir. in Innsbruck, 1866 Dir. der Prager Organistenschule, 1868 städt. Chordir., seit 1879 Univers-Lektor zu Prag. W: Opern, Messen, ‚Musikal. Formenlehre‘, ‚KomposLehre‘, OrgSchule usw.

SKUTECKY — s. KAEMPFNER

SLADEK, Wendelin † 1/7 1901 Prag, da KBaßVirt. W: KBStücke

SLAMA, Anton * 4/5 1803 Prag, † 1881 Wien, Pos- u. KBVirt., KonservL. in Wien 1833/65. W: KBSchule

SLAMA, Karl * 6/1 1892 Schärding a. Inn, seit 1920 ZithVirt u. ML. in Passau. W: ZithKompos., KlavStücke

SLANSKY, Ludwig * 1838 Haida (Böhmen), † 15/8 1905 Prag, seit 1871 KM. am Dtsch. Thea. W: Possen, hübsche Lieder

SLATTER, Arthur Frederick * ?, † 1924 Grimsby, da Gründer der Orchestral Soc., Geiger. W: VKompos. u. viele Arrang.

SLATTER, James William, ps. Hermann RIES † 8/6 1932 Brighton, Kompon. u. Arrang.

SLAUGHTER, Walter * 1860 London, † 2/4 1908 London. W: Optten

SLAVENSKI (Stolcer-Sl.), Josip * 11/5 1896 Čakovec, TheorL. am Konserv. in Belgrad, ausgebildet in Budapest u. Prag. W: Sinf., Balkan-Suite, VKonz., KaM., KlavSonate, Chöre, Lieder

SLAVIANSKY — s. AGRENEW

SLAVIK, Jos. * 26/3 1806 Jinc/Horowitz (Böhm.), † 30/5 1833 Budapest, VVirt., der böhm. Paganini, seit 1829 im Wiener HofopOrch. W: 3 VKonz., StrQuart, usw.

SLEZAK, Leo * 18/8 1875 Schönberg (Mähr.), anfängl. Techniker, 1896/1934 OpTenor in Brünn, Berlin, Breslau u. Wien (1901/34), viel auf Gastspielen; wohnt in Egern/Tegernsee. W: ‚Meine sämtlichen Werke‘, ‚Der Wortbruch‘

SLIVINSKI, Joseph v. * 15/12 1865 Warschau, da KlavVirt., Schüler Leschetizkys u. A. Rubinsteins, † 2/3 1930

SLOMAN, ps. = Heinr. SALOMON

SLONIMSKY, Nikolai * 1894 Rußland, lebt in Boston, ausgeb. in Petersburg, MSchr. W: Sinf. Dichtg, ‚Studies in black and white‘

SLUNIČKO, Jan * 23/3 1852 Humpoletz, Schüler des Prager Konserv., Geiger, seit 1875 MSchulL. in Augsburg, dort Dir. seit 1905, da † 5/5 1923. W: KlavVSonaten, zahlr. VStücke u. Etüden, KlavStücke, Lieder

SLUTZKA, Eduard, ps. Edda SLUZCANI * 4/10 1885 Janow, OSchles., ML. in Oppeln. W: Märsche, Tänze

SMALLWOOD, William * 31/12 1831 u. † 6/8 1897 Kendal, da Organ. W: KirchM., KlavStücke, s. Zt. sehr geschätzte KlavSchule, Lieder

SMAREGLIA, Antonio * 5/5 1854 Pola, † 15/4 1929 Grado, Schüler d. Mailänder Konserv., seit 1921 KomposL. am Konserv. in Triest. W: Opern, ‚Istrianische Hochzeit‘ u. a., sinfon. Dichtg, Lieder

SMART, Georg Thomas * 10/5 1776 London, da † 23/2 1867; da Gründer u. Mitdirig. (1813/44) der Philharmonic Soc., ausgez. Dirig. (viele M-Feste) u. Organ. W: Anthems, Glees

SMART, Henry * 26/10 1813 London, da † 6/7 1879, ausgez. Organ. W: Kantaten, KirchM., Chorlieder, Terzette, Duette, Lieder

SMEND, Friedrich (Sohn von Julius), Lic. theol. * 26/8 1893 Straßburg i. Els., BiblRat der Staats-Bibl. in Berlin (seit 1921 in d. Laufbahn), Bachforscher. H: Bachs Choräle

SMEND, Jul. * 10/5 1857 Lengerich (Westf.), † 7/6 1930, 1893/1917 o. Prof. d. ev. Theol. an der Univers. in Straßburg, seitdem in Münster i. W., ausgez. Liturgiker. H: Monatsschrift für Gottesdienst u. kirchl. Kunst

SMETAK, Anton * 28/5 1878 Zizelitz, ML. u. ZithVirt. in Zürich. W: f. Zith.

SMETANA, František * 8/5 1914 Ohništany, ČSR., VcVirt. in Praha, da ausgeb. (Staatskonserv.; P. Sadlo). W: KaM., VcStücke, Lieder

SMETANA, Frdr. * 2/3 1824 Leitomischl (Böhm.), † 12/5 1884 Prag (Irrenanst.), Pianist, der beste tschech. OpKomp., Schüler von Proksch u. Liszt, 1856/61 Dir. der Philharm. Gesellsch. in Gothenburg, 1861 wieder in Prag, da 1866 KM. am NationalThea., 1874 von unheilbarer Taubheit befallen. W: 8 Opern ‚Die verkaufte Braut' (1866, echte Volksmusik, auch in Deutschland sehr beliebt), ‚Dalibor' (1868), ‚Der Kuß' (1876) usw., sinfon. Dichtgen ‚Wallensteins Lager', ‚Richard III.', ‚Mein Vaterland' usw., StrQuart., ‚Aus meinem Leben', ausgez. KlavTrio, KlavStücke, MChöre u. a. Vgl. Ernst Rychnowsky, Smetana 1924

SMETERLIN, Jan * 7/2 1892 Bielsko (Polen), ausgez. vielreisender KlavVirt., Schüler Godowskys, wohnt in London

SMIGELSKI, Ernst * 16/2 1881 Neiße, KonservL. u. MKrit. in Leipzig, nach 10jähr. Priestertum Schüler Krehls u. Regers, während des Kriegs KM. der Wilnaer Oper. W: Optten, Hörspiele, sinfon. Dicht., KlavVSonate, Lieder, auch m. Orch.

SMIJERS — s. SMYERS

SMIRNOW, Dmitri * 1881 Moskau, vielgereister lyrischer Tenorist (1904 zuerst in Moskau), lebt in London

SMIT, A. de, ps. = GRELINGER, Charles

SMIT, Johan * 23/5 1862 Utrecht, VSchüler der MSchule im Haag u. von Léonard, KonzM. bei Bilse in Berlin, seit 1889 KonservProf. zu Gent, wohnte zuletzt in Brüssel, da † 24/5 1932. W: VStudien

SMIT, Leo * 14/5 1900 Amsterdam, lebt da, da ausgeb. (Konserv.). W: Ballett, OrchSuite, KaM.

SMITH, David Stanley * 6/7 1877 Toledo (Ohio), Schüler H. Parkers u. Thuilles, seit 1904 TheorL. an d. YaleUnivers. u. Organ. in Newyork. W: Sinfon., Ouvert., 3 StrQuart., Anthems, FrChöre

SMITH, Gerrit * 11/12 1859 Hagerstown, MD, † 21/7 1912 Darien (Conn.), in Berlin u. Stuttgart ausgeb., Organ. W: Kantate, Chöre, Lieder

SMITH, Joh. * 27/1 1869 Arnheim, VcVirt., Schüler des Dresd. Konserv., 1890 Solist in Bremen, 1895 in Bückeburg, seit 1899 in Dresden. W: VcStücke, StrQuartette

SMITH (eigentl. SCHMID), Joh. Christoph * 1712 Ansbach, † 3/10 1795 Bath (Engl.), Schüler Händels, der ihm nach seiner Erblindg seine Kompos. diktierte. W: Opern, Orator., Kantaten, KlavStücke

SMITH, John Stafford * um 1750 Gloucester, † 21/9 1836 London, da Organ. der Kgl. Vokal-Kap. W: Glees u. a. Gsge. H: Musica antiqua 1812

SMITH, Leo * 26/11 1881 Birmingham, ausgeb. in Manchester, VcVirt., seit 1909 in Toronto, da seit 1911 KonservL. f. Vcell, Harm. u. M-Gesch. W: VcStücke, Chöre, viele Lieder

SMITH, Sidney * 14/6 1839 Dorchester, † 3/3 1889 London, tücht. Pianist, Schüler des Leipziger Konserv. W: viele SalonKompos. u. OpFantasien

SMITH, Wilson George * 19/8 1855 Elyria, Ohio, † 1929, Pianist, studierte in Berlin; lebte in Cleveland. W: Orch-, Klav- u. GsgsKompos.

SMITS, Wilhelmus * 22/10 1804 u. † 15/2 1869 Amsterdam, treffl. Chordirig., förderte sehr den Volksgsg. W: Oper, Kantaten, Chöre, Lieder; Lehrb. f. den VolksGsg

SMOLENSKI, Stepan * 1848 Kasan, da † 6/8 1909, da 1872/89 SeminL., seit 1889 Dir. der SynodalSchule in Moskau. W (hervorr.; russ.): Schriften üb. russ. KirchGsg

SMOLIAN, Arthur * 3/12 1856 Riga, † 5/11 1911 Leipzig, Schüler Rheinbergers, zuerst TheaKM., dann ML., MSchr. (Krit.), 1890 in Karlsruhe, seit 1901 in Leipzig. W: Chöre, Lieder usw., ‚Vom Schwinden der Gsgskunst', Konz- u. OpFührer

SMULDERS, Karl * 8/5 1863 Maastricht, † 21/4 1934 Liège, da Schüler des Konservatoriums, an diesem 1889 ff. L., auch MKrit. W: sinfon. Dichtgen, 2 KlavKonz., 2 Sonaten f. V. u. Klav., Stücke f. V. u. Vc., Chöre, Lieder

SMYERS, Albert, Dr. phil. * 19/7 1888 Raamsdonksveer, Schüler Averkamps u. d. Wiener Akad., auch Adlers, L. am PriesterSeminar St. Michielsgestel. H: Werke v. Josquin des Près

SMYTH, Ethel * 23/4 1858 London, lebt in Woking, Schülerin des Leipziger Konserv. u. Herzogenbergs; auch Dirigentin. W: Opern, Messe, OrchSerenade, Konz. f. V. u. Horn m. Orch., KaM. (treffl. StrQuart.); ‚Impressions that remained' (1919), ‚Streaks of life' (1921)

SNAGA, Frz (SNAGA-THUSSEK) * 8/9 1878 Branitz, OSchles., lebt in Berlin-Halensee, seit 1907 TheaKM. W: Optten, Lieder

SNAGA, Jos., ps. Baran BERTEK * 3/6 1871 Branitz, OSchles., lebt in Berlin seit 1910, ausgeb. in der Regensburger KirchMSchule, auf dem Leipziger Konserv. u. der Berliner Hochschule, dann TheaKM. in Düsseldorf u. Köln. W: Opern, Optten, Singspiele u. a., musikal. Schwänke, Messen, OrchSuite, StrQuart., Chöre, Lieder

SNEGASSIUS — s. SCHNEEGASS

SNEL, Jos. Franç. * 30/7 1793 Brüssel, † 10/3 1861 Koekelberg/Brüssel, Generalinsp. der MSchulen f. die belg. MilKap. W: Ballette, Sinfon., viel MilM., VStücke, Messen, Kantaten

SNELL, Edmond * 1879 Genf, da KlavL. W: KaM., Chöre, Lieder

SNOER, Joh. * 28/6 1868 Amsterdam, tücht. Harfenist, 1894/1910 im Leipziger Gewandhaus-Orch., seit 1915 an der Staatsop. in Wien. W: ‚Die Harfe als OrchInstrument', HarfKompos.

SNOP, Karl, ps. = Charles PONS

SOBANSKI, Hans Joach. * 19/7 1906 Breslau, lebt in Berlin, da ausgeb. (Hochsch.). W: Hörspiele, Balladen, Lieder, StrQuart.

SOBECK, Joh. * 30/4 1831 Luditz (Böhmen), † 9/6 1914 (beim Schachspielen) Hannover, vielgereister KlarinVirt., ausgeb. in Prag, 1851/1901 in der Hofkap. in Hannover. W: Oper, Konz-Ouv., KaM. f. Bläser, KlarinKonz. u. -Solostücke, Lieder

SOBINOV, Leonid * 7/6 1872 Jarosslav, GsgL. in Moskau [?], urspr. Jurist, ausgez. lyr. Tenor, Debut 1897 in Moskau, viel auf Gastspielen in Europa

SOBOLEWSKI, Eduard * 1/10 1808 Königsberg i. Pr., † 23/5 1872 St. Louis, 1854/58 Thea-KM. in Bremen, seit 1859 in Amerika, auch M-Schr. W: Opern, Oratorien, sinf. Dichtgen, ‚Oper, nicht Drama', ‚Das Geheimnis der neuesten Schule der M.'

SOBOLEWSKI, Maryan, Dr. iur. * 18/12 1884 Krakau, lebt in Kattowitz. W: OrchSuiten, Ka-M. u. a.

SOBOTKA, Frz, ps. Francis BOSSI * 26/6 1884 Waltrowitz (Mähr.), seit 1919 MSchulDir. u. MVerleger in Wien. W: Tänze, Märsche, Klav-Stücke, Lieder

SOBRINO, Carlos * 23/2 1862 Pontevedra (Span.), † 17/1 1927 St. John's Wood, vielgereister ausgez. Pianist, seit 1898 in London, da seit 1903 L. an der Guildhall School

SOCAL, Pietro * 7/8 1879 Venezia, Domorgan. in Lendinara (Rovigo). W: KirchM., OrgStücke

SOČNIK, Hugo * 7/1 1889 Berlin, KlavVirt., seit 1919 MRef. in Danzig. W: OrchStücke, Klav-Konz. u. a.; ‚Handbuch der neuen KlavM.'

SODERO, Cesare * 2/8 1886 Napoli, seit 1907 in Amerika, urspr. Vcellist, dann Dirig., bes. in Newyork. W: Opern, Ballett, Suiten u. a. f. Orch., StrQuart., Gsge

SODI, Carlo * um 1715 Rom, † 1788 Paris, da seit 1749, MandolVirt. u. Geiger. W: kom. Opern. — Sein Bruder Pietro * um 1716 Rom, † 1760 Paris, da seit 1743. W: Ballette, Mandol-Stücke, Lieder mit Harfe

SÖCHTING, Emil * 22/2 1858 Gröningen (Prov. Sachsen), seit 1890 in Magdeburg, Schüler d. Berliner Instit. f. KirchM. u. Deppes, treffl. Pädagoge. W: ‚Der freie Fall', ‚Schule der Gewichtstechnik', ‚ReformKlavSchule', instrukt. Ka-M., zahlr. instrukt. KlavStücke

SÖDERMAN, Aug. Joh. * 17/7 1832 Stockholm, da † 10/2 1876, Schüler d. Konserv. zu Leipzig, seit 1860 TheaKM. in Stockholm. W: Operette, BühnenM., Messe, Chöre (‚Bröllopsmarsch'), Lieder usw.

SÖDLING, Karl Erik * 1819 Mogata (Östergötland), † 12/4 1884 Västerwik, da seit 1859 ML., 1850/59 Organ. u. GsgL. in Buenos Aires, Erforscher der schwed. VolksM. W: ‚Handleitg für Organisten'; ‚Neues System f. d. KlavUnterr.' u. a.

SÖHLE, Karl * 1/3 1861 Ülzen, Schr., seit 1897 in Dresden, lange Jahre SchulL. in der Lüneburger Heide. W: ‚Musikantengeschichten', ‚Seb. Bach in Arnstadt', ‚Mozart', ‚Der verdorbene Musikant'

SÖHNEL, Rob. * 29/5 1874 Lüchendorf/Zittau, lebt da. W: ZitherM.

SÖHNER, Leo (Paul), Dr. phil. * 15/10 1898 Karlsruhe, Chordir. in München, Schüler v. Jos. Haas. W: Messen, Motetten, StrTrio, Lieder

SÖHNGEN, Oskar, Lic. theol. Dr. phil. * 5/12 1900 Wupperthal-Barmen, MRef. d. ev. ObKirch-Rats in Berlin, LiturgikL. an d. KirchMSchule in B.-Spandau, Leiter der Arbeitsgemeinsch. z. Pflege u. Förderg zeitgen. ev. KirchM., studierte in Marburg u. Bonn. W: ‚Kirche u. zeitgen. KirchM.'

SOERGEL, Friedr. Wilh. † 11/6 1870 Nordhausen, als Kantor, urspr. Geiger, 1818/26 in Leipzig. W: Sinf., KaM., VStücke

SÖRNSEN, Niels * 26/7 1884 Rendsburg, LautenSgr in Hamburg. W: viele Lieder

SOFFI, Pasquale * um 1732 Lucca, da † um 1810. W: KirchM.

SOFFREDINI, Alfredo * 17/9 1854 Livorno, Schüler d. Konserv. in Milano, da † 12/3 1923. W: Opern; ‚Le opere di Verdi'

SOHIER, Charles Jos. Balthasar * 6[?]/1 1728 u. † 29/6 1759 Lille. W: VSonaten, 4st. Sinf.

SOHR, Peter † um 1693 in Elbing, Kantor u. Organ. W: GsgBuch mit 238 eigenen Choralmelodien

SOHY, Ch. (Madame Marcel Labey) * 1887 Paris, lebt da, Schülerin d'Indys u. Guilmants. W: Oper, Chorwerke m. Orch., Sinf., KlavSonaten usw.

SOKALSKI, Peter Petrowitsch * 26/9 1832 Charkow, † 11/4 1887 Odessa, erst GymnL., 1857/60 Konsulatssekretär in Newyork, seit 1860 Redakteur in Odessa, gründete 1864 die Philharm. Gesellsch. W: ‚Das russ. Volkslied u. seine musikal. Struktur'; Opern, KlavStücke, Lieder. — Sein Neffe W l a d i m i r * 6/4 1863 Heidelberg, Jurist in Charkow. W: Kinderoper, Sinfon. u. dramat. Fantasie f. Orch., KlavStücke, Lieder

SOKOL, Helmut v. * 26/1 1904 Laibach, lebt in Berlin, ausgeb. u. a. in Graz (Konserv.). W: Optte, sinf. Stück, Suite f. Klav. u. Ob., Lieder u. Chansons

SOKOLOFF, Nikolai * 26/3 1859 St. Petersburg, da † 27/3 1922, Schüler des dort. Konserv., seit 1886 TheorL. an d. Hofsgrkap. u. seit 1896 am Konserv. W: Ballett, BühnM., KaM., Stücke f. Vc. oder V. u. Klav., Chöre, Lieder usw.

SOLA, Charles Mich. Alexis * 6/6 1786 Torino, † 1829 London, da seit 1877, vorher in Genf, Flötist u. Gitarr. W: GitSchule u. Stücke, Lieder

SOLANO, Francisco Ignatio * um 1720 Coimbra, † 18/9 1800 Lissabon. W: wertvolle theor. Schriften

SOLAZZI, Ugo * 10/8 1875 Sabbioneta (Mantova), seit 1897 bei Ricordi in Milano als Verfertiger von OpKlavAuszügen tätig. W: Hymnen, Lieder u. a.

SOLDAN, Kurt * 7/1 1891 Berlin, stud. da an der MHochschule u. gleichzeitig Medizin, da Organ. u. 1913 Korrepet. d. Hofoper, darauf TheaKM. in Rostock, Bremerhaven u. Barmen/Elberfeld, auch KonzDirig., seit 1922 in Berlin als GsgL., KonzBegl. u. Dirig., Mitarbeiter der Edition Peters. W: ‚Schulgsgbuch unter Zugrundelegg des physiolog. Stimmumfanges', ‚Techn. Studien f. Klav. B: Offenbachs ‚Banditen'. H: Lortzings ‚Undine' (Part.), Klavierausz. von Thomas' ‚Mignon', von Verdischen Op. usw.

SOLDAT, Maria * 25/3 1864 Graz, VVirt. Schülerin Potts u. Joachims; lange auch als Führerin eines StrQuart. in Wien, seit 1889 verheir. mit dem Juristen Röger, lebt neuerdings wieder in Wien, vorher in Knittelfeld (Steiermark)

SOLENIÈRE, Eugène de * 25/12 1872 Paris, da † 4/12 1904, MSchr. W: ‚La femme compositeur'; ‚Cent années de m. franç.' u. a.

SOLER, Antonio † 1783 Madrid, KlosterKM., Theoretiker. W: KlavSonaten, Quart f. Org. u. Streicher

SOLER, Oscar — s. CAMPS y Soler

SOLER, Vicente Martin y — s. MARTIN y SOLER

SOLERA, Temistocle * 25/12 1815 Ferrara, † 21/4 1878 Milano, OpLibrettist, auch Liederkomp.

SOLERTI, Angelo * 1865 Savona, † 10/2 1907 Massa Carrara. W: ‚Le origini del melodramma'; ‚Musica, ballo e drammatica alla corte Medicea dal 1600 al 1637'. H: ‚Gli albori del melodramma' (Sammlg der ältesten OpTexte)

SOLIÉ (Soulier), Jean Pierre * 1775 Nimes, † 6/8 1812 Paris, geschätzter Buffotenor, später Baritonist. W: 34 komische Opern, u. a. ‚Le diable à quatre'

SOLINA, Carlo * 1792 Casalmonferrato, † 20/12 1853 Paris, da GsgL., 1821/30 in Warschau, 1831/41 in Petersburg. W: Opern, KirchM., Gsge, Duette

SOLINGER, W.: op. 1 = Hans von BÜLOW; op. 2 = Wendelin WEISSHEIMER

SOLLE, Friedr. * 2/2 1807 Dorr.dorf/Jena, † 5/12 1884 Zeulenroda, da seit 1835 L. u. Kantor, Schüler Töpfers (Weimar). W: vielverbreit. VSchule, MChöre usw.

SOLNITZ, Ant. Wilh. * 1721, † 1758 Amsterdam. W: Sinf. u. Trio-Sonaten im Stile der Mannheimer Schule

SOLOMON, Edward * 1853, † 22/1 1895 London. W: 22 Opern u. Optten

SOLOMON, Mirrie * 1893 Sydney, da L. am Staatskonserv., Pianistin. W: OrchSuite, KaM., KlavStücke, viele Lieder

SOLOTAREW, SOLOTARJOW — s. ZOLOTAREW

SOLOWIEW (Solowjew), Nicolai Theopemptowitsch * 9/5 (27/4 1846 Petrosadowsk (Gouv. Olonetz), † 14/12 1916 Petersburg, da Schüler d. Konserv., da seit 1874 Prof. der Harmonielehre u. MGesch., auch MSchr. (Krit.). W: Opern, Sinf., Kantaten, Lieder, KlavStücke, Harmonielehre

SOLOWJOW, Alex. P. * 8/7 1856 Moskau, da † 5/11 1911, GitVirt. W: GitStücke, Lieder mit Git.

SOLTYS, Adam (Sohn des Mieczyslaw), Dr. phil. * 4/7 1890 Lemberg, Schüler d. dort. Konserv., der Berliner Hochschule u. Univers., sowie Georg Schumanns, Dirig. u. KomposL. am Konserv. in Lemberg. W: Sinf., Ouvert., KaM., KlavStücke, Lieder

SOLTYS, Mieczyslaw * 7/2 1863 Lemberg, da † 12/11 1929, in Wien u. Paris gebildet, seit 1891 KonservDir. u. Dirig. der MGesellsch. zu Lemberg. W: Opern, Oratorien, Sinfon., sinf. Dichtgen, KlavKonz., KlavStücke, Lieder usw.

SOMBORN, Josef * 8/6 1900 Köln, da V-Pädagoge, ausgeb. auf d. Kölner Konserv. (H. Unger; Wetzler). W: OrchBallszenen, VSonate, VSerenade m. Orch., KlavStücke

SOMBORN, Karl * 16/11 1851 Barmen, stud. Philol. u. M. in München, 1878/82 VerDir. in Lahr, 1882/1911 in Straßburg i. Els. L. f. Theorie u. MGesch. am Konserv., 1912/13 in Venedig, seitdem in München. † ? W: Opern, Chöre, Lieder, KlavStücke; ,Die venezianische Villota'

SOMERSET, Henry, Lord † 10/10 1932 Firenze, 82jähr. W: Lieder

SOMERVELL, Arthur * 5/6 1863 Windermere, Schüler Stanfords, Parrys, Bargiels u. Kiels, seit 1901 MInspektor der Erziehgbehörde von Großbritann. in London. W: Optten, Messe, Sinf., Lieder, u. a. ,The shepherds cradle song'

SOMIS (Ardy), Giov. Batt. * 1686 in Piemont, † 14/8 1763 Torino als Kgl. **KM.,** treffl. Schüler Corellis, Begr. d. piemont. Geigerschule (Chabran, Giardini, Ghignon, Leclair, Pugnani). W: V- u. Trio-Sonaten. — Sein Bruder L o r e n z o * 11/11 1688 Torino, da † 29/11 1775, gleichfalls treffl. Geiger. W: wie sein Bruder

SOMLO, ps. = Alex SAMMLER

SOMMA, Bonaventura * 30/7 1893 Chianciano, Organ. in Rom. W: Orator., KirchM., Sinf., Lieder u. a.

SOMMER, Frz † 5/3 1908 Wien. W: Tänze, Märsche

SOMMER, Frz Alfred * 7/2 1886 Potsdam, lebt in Berlin/Neukölln. W: OrchFantas., UnterhaltgsM.

SOMMER, Hans (eigentl. Z i n c k e n), Dr. phil. * 25/7 1837 Braunschweig, da † 16/4 1922, da 1859/84 Prof. der Physik, in der M. Schüler J. O. Grimms, lebte 1885/88 in Berlin u. 1888/98 in Weimar, seit 1898 wieder in Braunschweig. W: Opern, Balladen, viele Lieder usw.

SOMMER, Hans, ps. Kurt SCHMIDT * 22/5 1904 Berlin, da FilmKM., da ausgeb. (Konserv. Klindworth). W: FilmM.

SOMMER, Josef, ps. José VERANO * 26/9 1881 Zehlendorf/Berlin, † 12/12 1935 Eiche/Potsdam. W: UnterhaltgsM.

SOMMER, Karl Jul., ps. Jean CLESTON; Karl STRAUSS; VALENTIN * 14/6 1883 Reichenau, Sachs., urspr. Geiger, lebt in Zittau, vorher ML.

u. OrchDir. in Dresden. W: Oper, BühnenM., OrchM., KaM., VStücke, KlavStücke, Kantaten, Lieder, auch m. Orch.

SOMMER, Otto (Sohn v. Hans S.) * 1/11 1886 Berlin, urspr. MarineOff., seit 1934 Geschäftsf. des RVerb. der GemChöre in Berlin, 1924/33 VerDirig. u. MRef. in Braunschweig. W: BühnenM.

SOMMER, Paul * 23/10 1879 Benern, Kr. Heilsberg, Schüler der KirchMSchule in Regensburg, seit 1907 Organ. u. VerDir. in Braunsberg. W: Chöre, Lieder, OrgStücke

SOMMER, Wilibald * 16/1 1846 Langensalza, lebte noch 1929 in Mühlhausen i. Th., urspr. Landwirt, dann Kaufmann, daneben Geiger. W: KaM.

SOMMERFELD, Helmuth, Dr. phil. * 13/11 1890 Danzig, da seit 1921 L., seit 1927 Leiter des (Heidingsfeld-)Konserv., seit 1921 auch MKrit., stud. M. u. MWiss., u. a. in Breslau, Berlin u. Leipzig

SOMMERFELD, Walter * 6/1 1895 Berlin, da OpKorrepetitor, wohnt Berlin/Kleinschönebeck. W: Tänze

SOMMERLATTE, Ulrich * 21/10 1914 Berlin, lebt da, ausgeb. auf d. Hochsch. (P. Juon). W: Serenade f. StrOrch. u. Klarin., KaM., KlavSuite

SOMMERMEYER, Walter * 7/3 1883 Porto Alegre (Bras.), KonzSgr (Barit.) in Hamburg, urspr. Jurist, Schüler v. Rud. Schulz-Dornburg, zeitw. OpSgr, Kriegsteiln.

SOMMI-PICENARDI, Guido * 12/3 1894 Mentone, lebt da, Schüler Pizzettis, auch MSchr. W: Opern, Ballette, KlavStücke

SOMP, Charley, ps. = Charles PONS

SOMPY, Ernst * 11/1 1876 Salzburg, SchulDir. in Maxglan/Salzburg. W: MChöre, Salzburger Landeshymne

SON, Harry * 28/9 1880 Rotterdam, treffl. Vcellist, langjähr. Mitglied des Budapester StrQuart., treffl. L.

SONDERBURG, Hans * 18/8 1871 Schleswig, † 21/9 1931 Kiel, da 1899/1923 GymnGsgL., dann da ML., MRef. u. Dirig. W: Liederspiel, Chöre, Lieder. H: Ztschr. Organum

SONDHEIMER, Robert, Dr. phil. * 6/2 1881 Mainz, seit 1933 in London, stud. MWissensch., daneben Schüler Humperdincks u. Friedr. E. Kochs, lebte in Berlin als Leiter der Edition Bernoulli, die vorwiegend Werke aus der Entstehgszeit des neuen Sonatenstils bringt. W: Schriften über die Entstehg der vorklass. Sinfonie

SONNECK, Oskar * 6/10 1873 Jersey City, NY., † 30/10 1928 New York, stud. M. u. M-Wissenschaft in Frankfurt a. M. u. München, 1902/17 Leiter der MAbt. der Congress Library in Washington, seitdem Berater des MVerlags G. Schirmer in Newyork. W: ‚Bibliography of early secular American m., ‚Early concert-life in Amerika‘, ‚Early opera in America‘, ‚Miscellaneous studies in the history of m.‘, ‚Catalogue of orchestral scores‘ u. a.; Lieder. H: Musical Quarterly

SONNET, Hermann * 5/10 1881 Pforzheim, da VerDirig., Schüler d. Karlsruher Konserv., zuerst TheaKM. in Rostock, Ulm, Göttingen (bis 1907), daneben stets VerDirig. W: verbreit. M-Chöre

SONNLEITHNER, Christoph v., Dr. jur. * 28/5 1734 Szegedin, † 25/12 1786 Wien, Univers-Prof. W: Sinfon., StrQuart. — Sein Sohn Joseph * 1765 Wien, da † 25/12 1835, Sekretär des Hofthea., Mitbegr. der Gesellsch. d. MFreunde u. des Konserv., deren Geschäfte er bis zu seinem Tode führte. — Christophs Enkel Leopold, Dr. jur. * 15/11 1797 Wien, da † 4/3 1873, Freund Frz Schuberts, dessen ‚Erlkönig‘ durch seine Bemühgen gedruckt

SONNTAG, Eugen, ps. Eno GATNOS * 27/4 1894 Berlin, da Geiger u. KM. W: Dtsche Maientänze

SONNTAG, Gottfried * 10/2 1846 Schwarzenbach, Saale, † 23/7 1921 Bayreuth, da Rechnungsrat u. zu Wagners Zeit MilKM. W: Nibelungen-Marsch u. a.

SONTAG, Henriette * 3/1 1806 Koblenz, † 17/6 1854 Mexiko, gefeierte Sgerin, bereits 1817 Schülerin d. Prager Konserv., sang schon im 15. J. die Partie der Prinzessin im ‚Johann v. Paris‘. Nach kurzen Engagements in Wien, wo sie die ‚Euryanthe‘ kreierte, Leipzig u. Berlin trat sie 1827 in Paris u. London mit sensationellem Erfolge auf u. verheiratete sich in London mit dem Grafen Rossi, gastierte dann noch erfolgreichst in Berlin u. entsagte 1830 der Bühne, trat aber noch als KonzSgerin auf, lebte 1837/48 in Petersburg, sah sich dann aber später genötigt, abermals von der Kunst Erwerb zu machen u. trat in den Hauptstädten Europas u. Amerikas in Konzerten auf; 1854 gastierte sie in Mexiko u. erlag dort der Cholera

SONTHEIM, Heinr. * 3/2 1820 Jebenhausen/Göppingen, † 2/8 1912 Stuttgart, da 1856/72 sehr gefeierter, auch vielgereister Heldentenor, später GsgL.

SONZOGNO, Ant. * 1852, † 31/12 1933 Venezia, da Chordir. W: Orator., Requiem u. a. KirchM.

SONZOGNO, Eduardo * 21/4 1836 Milano, da † 15/3 1920, gründete 1874 da einen MVerlag, der durch das von Mascagni mit der ‚Cavalleria rusticana‘ gewonnene Preisausschreiben u. durch Leoncavallos ‚Pagliacci‘ allgemein bekannt wurde

SOOMER, Walter * 12/3 1878 Liegnitz, ausgezeichn. vielgereister Heldenbariton., oft in Bayreuth, schließlich Bassist der Oper in Leipzig, da GsgL.

SOOT, Fritz * 20/8 1880 Neunkirchen/Saarbrücken, Heldentenor. der Berliner Staatsop. 1922/34, seitdem Charaktertenor., urspr. Schauspieler, dann Schüler Scheidemantels, zuerst 1908 an der Dresdener Hofop., dann nach der Rückkehr aus dem Kriege (Offiz.) Heldentenor in Stuttgart, auch treffl. LiederSgr, seit Herbst 1935 auch Spielleiter der Berliner Staatsoper

SOPH, Hans * 19/1 1869 Platten, Erzgeb., Maler in Zwickau. W: Lieder z. Git.

SOR (SORS), Fernando * 13/2 1778 (nicht 17/2 1780) Barcelona, † 8/7 1839 Paris, Gitarrist; seine Kompos. neuerdings wieder beachtet

SORABJI, Kaikhosru * 14/8 1895 Essex (Vater Perser, Mutter Spanierin), aufgewachsen in London, wo er lebt, sehr excentr. Komp. mit kaum ausführbarem KlavSatz

SORE, Martin — s. AGRICOLA

SORGE, Ernst * 17/5 1908 Leipzig, da KM. u. Spielleiter. W: UnterhaltgsM.

SORGE, Georg Andr. * 21/3 1703 Mellenbach/Schwarzburg, † 4/4 1778 Lobenstein, da seit 1721 Organ., entdeckte gleichzeitig mit Tartini die Kombinationstöne. W: ‚Vorgemach der musikal. Kompos.‘, ‚Anleitg z. Phantasie‘ u. v. a. theoret. Schriften, Sonaten, Fugen usw. f. Klav. u. Org.

SORIANO, Francesco — s. SURIANO

SORIANO-FUERTES, Mariano * 28/3 1817 Murcia, † 26/3 1880 Madrid, Begr. der ersten span. MZtg (1841), OpKM. an verschied. Orten, u. a. in Barcelona. W: Zarzuelas, Schriften (unwissenschaftl.) z. span. MGesch.

SORKO, A. * 9/8 1892 Klagenfurt, lebt in ?. W: Lieder z. Laute

SORMANI, Pietro * 1861 Milano, da † 3/1 1913, Komp. u. OpDirig., zeitw. an der Scala

SORMANN, Alfr. * 16/5 1861 Danzig, † 17/9 1913 Berlin/Friedenau, KlavVirt. W: Opern, KaM., KlavKonz. u. -Stücke, Lieder

SORO, Enrique * 15/7 1884 Concepcion, stud. in Santiago u. Mailand, KlavVirt. u. Dirig., seit 1905 KonservDir. in Santiago. W: Sinfon., sinf. Suiten u. Dichtgen, KaM., KlavSonaten u. -Stücke usw.

SORS — s. SOR

SOSEN, Otto Ebel v. — s. EBEL v. SOSEN

SOTHMANN, Friedr. * 26/10 1855 Boergerende/Doberan, seit 1880 SchulL. in Schwerin i. M., da seit 1894 Organ. der Schloßkirche, Schüler O. Kades

SOTKE, Fritz * 2/1 1902 Hagen, Westf., dipl. HandelsL. in Berlin. W: NS-Lieder

SOUBIES, Albert * 10/5 1846 Paris, da † 19/3 1918, Jurist, später MSchr. u. Krit. W: MGesch. fast aller Länder, ‚Histoire de l'Opéra comique', ‚L'oeuvre dramatique de Rich. Wagner', ‚Massenet historien' u. a.

SOUBRE, Etienne Jos. * 30/12 1813 Lüttich, da † 8/9 1871, da Schüler des Konserv., 1838 Gsg-VerDirig., 1844 Dirig. der Philharm. Gesellsch. in Brüssel, seit 1862 KonservDir. in Lüttich. W: Oper, Sinfon., Requiem, Fr- u. MChöre

SOUCHAY, Marc André, Dr. phil. * 4/2 1906 Stuttgart, da KonzSgr (Bassist) u. MRef., Schüler H. Aberts (MWiss.), Oskar Nees (Gsg) u. u. a. Paul Juons. W: Op., geistl. Spiel, Liederzyklen mit verschiedenart. Begl., Sonaten f. 2 Klav. u. a.

SOUKUP, Frz * 14/5 1861 Wien. W: Optte

SOULAGE, Marcelle, ps. Marc SAUVAL * 12/12 1894 Lima (Peru), Schülerin des Konserv. in Paris, da seit 1907. W: KaM., HarfStücke, FrChor, Gsge

SOULIER — s. SOLIÉ

ŠOUREK, Ottokar * 1/10 1883 Prag, da Baurat u. MSchr. W: Themat. Dvořák-Katalog; Biograph. Dvořáks (böhm.) u. a.

SOUSA, John Philip * 6/11 1856 Washington, † 6/3 1932 Reading, Pennsylv., 1880/92 amerikan. MarineKM., seitdem L. e. eignen Blasorch., mit dem er reiste. W: Optten, Tänze, Märsche, Schulen f. OrchInstrum.

SOUSSMANN, Henri — s. SUSSMANN

SOUZU, David de * 6/5 1880 Lissabon, da VcVirt., Schüler u. a. J. Klengels u. M. Regers. W: Oper, VcStücke, KlavStücke, Lieder

SOWERBY, Leo * 1/5 1895 Grand Rapids, Mich., KlavVirt., Organ. u. Chordir. in Chicago. W (beachtenswert): 2 Sinf., Suite, sinfon. Dichtgen, Konz. f. Klav., V., Vc, KaM., Kantaten

SOWINSKI, Albert * 1805 Labyzin (Ukraine), † 5/3 1880 Paris, da seit 1830, Schüler Czernys u. Seyfrieds, auch als L. sehr geschätzter Pianist. W: ‚Lexikon poln. Tonkünstler' in franz. Sprache, Orator., Orch-, Ka- u. KlavM.

SOZZI, Franc. * um 1765 Firenze, † um 1818, vielger. VVirt., Schüler Nardinis. W: KaM., V-Stücke, bes. Caprizen

SPADARO — s. SPATARO

SPÄTH, Andreas * 9/10 1792 Rossach/Coburg, † 26/4 1876 Gotha, HofKM. in Coburg seit 1838, vorher Organ. 1821/32 in Morges, 1832/38 in Neuchâtel. W: Opern, Orator., KaM., KlavStücke, MChöre

SPÄTH (Spath), Frz Jak. * 1714, † 23/7 1798 Regensburg, baute treffl. Cembali u. Fortepianos

SPÄTH, Joh. Adam * 9/12 1742 Anspach, da † 29/9 1794 Stadtkantor u. markgräfl. KaMusiker. W: volkstüml. Lieder

SPAGNOLI, Guido * 12/12 1896 Imola, lebt da. W: OrchSuite, Ouv., KaM., Lieder

SPAHN, Adolf * 19/2 1878 Frankfurt a. M., seit 1921 in Leipzig, Vortragskünstler (Variété), Schüler Oskar Kloses, 1904/13 in Berlin, 1913/21 in Schwarzburg (Thüring.). W: zahlreiche Humoristica, bes. Soloszenen, Kuplets, MChöre, auch OrchStücke

SPAHR, Arnold * 12/7 1860 Biel-Benken (Basel), seit 1885 GsgL. u. Chordir. in Liestal. W: Kantaten, Chöre. H: Liedersammlg Sonnenblick; ‚Liederbuch fürs junge Schweizervolk'

SPAIN-DUNK, Susan * 1885 London, da L. an der MAkad., Dirigentin, Geigerin. W: Sinfon. Dichtgen, Ouvert., KaM., VStücke u. a.

SPALDING, Albert * 15/8 1888 Chicago, ausgezeichn. Geiger (viel gereist) in Newyork. W: KaM., VKonz. u. -Stücke

SPALDING, Walter Raymond * 25/5 1865 Northampton, Mass., seit 1895 (1907 Prof.) an der HarvardUnivers. in Cambridge, Mass., Schüler Guilmants, Widors, Rheinbergers u. Thuilles, Organ., sehr verdient um die Erweiterg des MUnterrichts an d. öffentl. Schulen NAmerikas. W: ‚Tonal counter point', Modern harmony', ‚History of m. in Harvad' (1929) u. a.

SPALL, Bernie, ps. = Horst HOFFMANN

SPALWINGK, Gust. * 23/12 1878 Riga, seit 1928 ML. in Weißenfels, vorher TheaKM. W: Opern, Orator., Lautenlieder u. a.

SPANGENBERG, Cyriak * 17/1 1528 Nordhausen, † 10/2 1604 Straßburg i. E. W: ‚Von der edeln ... Kunst der Musica ...', auch wie die Meistersinger aufgekommen'

SPANGENBERG, Heinr. * 24/5 1861 Darmstadt, Schüler von W. de Haan, des Hochschen Konserv. in Frankfurt a. M., N. Rubinsteins, Grädeners u. Leschetitzkys; reiste als Pianist, seit 1886 KonservDir. u. VerDirig. in Wiesbaden, † 27/9 1925. W: Opern, Singspiel, Orch-, Org- u. KlavStücke, Chöre, Lieder. B: Lortzings ‚Casanova' u. d. T. ‚Der Mazurka-Oberst'

SPANGENBERG, Joh. * 1484 Hardegsen/Göttingen, † 13/6 1550 Eisleben, da Superint. W: KirchGsge, theor. Schulbuch

SPANJAARD, Martin * 30/7 1892 Borne, OrchDir. 1920/32 in Arnhem, lebt da, Schüler u. a. v. C. Dopper u. Gernsheim. W: sinfon. Dichtgen, KlavStücke, Lieder

SPANICH, Kurt * 8/11 1892 Lahr (Bad.), seit 1920 SchulL. in Mannheim (Kriegsteiln.), Autodidakt. W: Oper, 3 Sinf., KlavKonz., VKonz., VcKonz., OrchKonz., KaM., OrgSuite, Chöre, auch m. Orch., Lieder

SPANNHOF, Otto * 8/6 1882 Harvesse/Braunschweig, seit 1914 ML. (StudRat) in Droyßig. W: sinfon. Dichtgen, KlavStücke, Chöre, Lieder; ‚Reformbestrebgen im Volksschulgsunterr.'

SPANUTH, August * 15/3 1857 Brinkum (Hann.), † 9/1 1920 Berlin, Schüler des Hochschen Konserv. in Frankf. a. M., 1886 als Pianist, L. u. MRef. in Amerika, 1906 L. am Sternschen Konserv. in Berlin, 1907 Hrsg. der ‚Signale f. die musik. Welt'. W: KlavStudien

SPANUTH, Nikolaus * 22/12 1901 Treisbach, Kr. Marburg a. L., künstl. Fachberater im Reichssender Leipzig, vorher Theol. in Deckbergen/Rinteln, Schüler v. Greß in Münster, beeinflußt von Reger. W: PassionsM., Lieder, OrgStücke

SPARK, William * 28/10 1823 Exeter, † 16/6 1897 Leeds, da seit 1850 Organ. u. Chordir. W: KirchM., Kantat., OrgSon., ‚Musical reminiscences'

SPARMANN, Georg * 16/8 1882 Leipzig, da Dirig., langjähr. MilKM., Schüler A. Hilfs. W: Märsche

SPARTARIUS = SPATARO

SPARY, Josef † 31/3 1931 KM. in Bruck a. M. W: Schlager

SPATH, Frz Jak. — s. SPÄTH

SPATARO, Giovanni * um 1458 Bologna, da † 17/1 1541, KirchKM. seit 1512, gelehrter Theoret. W: ‚Errori di Franchino Gafurio', ‚Tractato di m., nel quale si tracta de la perfectione, de la sesquialtera etc.' (1531)

SPATZIER, Felix * 28/5 1870 Berlin, da Ingenieur, Schüler K. Kämpfs. W: Lieder, UnterhaltgsM.

SPAZIER, Karl, ps. PILGER, Karl * 20/4 1761 Berlin, † 19/1 1805 Leipzig, da seit 1800, vorher PhilosProf. in Gießen, fleiß. MSchr. H: Gretrys ‚Versuche üb. die M.', Dittersdorfs Autobiographie; Berlinische musikal. Ztg. 1793. W: Lieder u. Chöre

SPEAIGHT, Jos. * 24/10 1868 London, da Pianist, L. an der Guildhall School. W: Sinfon., Suiten, sinfon. Dichtgen, KaM., StrQuart., u. a. ‚Shakespeares fairy characters', KlavStücke, Chöre, Lieder

SPECHT, Karl * 10/11 1870 Cassel, lebt in Frankf. a. M., gründ. 1897 den nach ihm benannten MChor, 1903 eine Kunstgsg- u. MSchule, 1899/1923 Bundesdirig. der Frankf. SgrVereinigg. W: Chöre m. Orch., MChöre, Lieder, pädagog. Schriften

SPECHT, Richard * 7/12 1870 Wien, da † 18/3 1932, geistvoller MSchr. u. Krit. W: ‚Gust. Mahler', ‚Rich. Strauß u. sein Werk', ‚Jul. Bittner', ‚E. N. v. Reznicek', ‚Brahms', ‚Puccini' u. a.

SPECHTSHART, Hugo = HUGO v. Reutlingen

SPEE (von Lengenfeld), Friedrich * 25/2 1591 Kaiserswerth a. Rh., † 7/8 1635 Trier, Jesuit. H: geistl. Liedersammlgen

SPEER, Charlton T. * 21/11 1859 Cheltenham, † 1921 London, da Organ. W: Opern, KirchM., Kantat., OrchSuite, KlavStücke, Lieder

SPEER, Daniel * Okt. 1636 Breslau, † 5/12 1707 Göppingen, Württ., da 1675/88 u. 1693/1707 Stadtpfeifer u. Organ. W: Quodlibet-Sammlgen

SPEER, Will. Henry * 9/11 1863 London, da Organ. W: Orator., Chorwerke, Sinf., KaM., KlavStücke, OrgSonaten, Lieder

SPEIDEL, Friedr. * 25/4 1851 Dornstetten, Württ., 1878/1921 MDir. u. Organ. in Muri, Kant. Aargau. W: Chöre

SPEIDEL, Wilh. * 3/9 1826 Ulm, † 14/10 1899 Stuttgart, 1853/56 MDir. in Ulm, seitdem in Stuttgart KonservL. W: KaM., KlavStücke, MChöre, Lieder

SPEIER, Wilhelm — s. SPEYER

SPEISER, Wilh. * 3/6 1873 Aachen, VerDirig. in Köln. W: kom. Ensemblespiele (Optten), viele Chöre, bes. MChöre, Lieder

SPELMAN, Timothy Mather * 21/1 1891 Brooklyn, lebt da, 1913/15 Schüler Courvoisiers in München. W: Oper, Pantomimen, OrchSuite

SPEMANN, Adolf, Dr. phil. * 12/3 1886 Mentone, VerlBuchhdlr (Engelhorn) in Stuttgart. H: ‚Musikal. Volksbücher', ‚M. Reger-Brevier' u. a.

SPENCER, Eleanor * 30/11 1890 Chicago, KlavVirt., Schülerin Leschetitzkys, seit 1907 bekannt, lebt in Paris

SPENDIAROW, Alex. * 1/11 1871 Kachowka, russ. Gouv. Taurien, † Mai 1928 als Dir. des armen. Staatskonserv. in Eriwan (seit 1924), Dirig., urspr. Jurist, dann Schüler Rimsky-Korsakows, lebte meist in der Krim. W: Oper, Suite ‚Skizzen aus d. Krim', sinf. Dichtg ‚Die 3 Palmbäume', Lieder, auch m. Orch., Eriwaner Etüden f. Klav.

SPENGEL, Jul. * 12/6 1853 Hamburg, Schüler d. Kölner Konserv. u. d. Berliner Hochschule, 1878/1927 Dirig., GsgL. u. Organ. in Hamburg, berühmt als Leiter von A cappella-Gesg, da † Mai 1936. W: Sinf., KaM., KlavStücke, Chöre, Lieder

SPENGLER, Ludw. * 2/7 1840 Kassel, da † 28/12 1909, Schüler Botts, gründ. 1869 ein MInstitut. W: f. Orch., Klav. u. Gsg, Liedersammlgen

SPENSER, Willard † (81jähr.) 16/12 1933 St. Davids, OpttenKomp. (‚The little Tycoon' u. a.)

SPERGER, Joh. Matth. † 13/5 1812 Ludwigslust, Meckl., KBass. der Kofkap. seit 1787, vorher u. a. in Esterhazy unter Haydn. W: KirchM., Sinf., Divert., KaM., KlavStücke

SPERLING, Theo Albr. * 17/7 1884 Mannheim, lebt teils in Basel, teils in Neubiburg/München, s. 1927 Dir. der MGesellsch. in Interlaken u. Mürren, BrVirt., ausgeb. in Würzburg u. München, zuerst TheaKM., 1912/18 MilKM., 1919/23 Dirig. in Regensburg, 1924/26 in Nürnberg. W: volkstüml. M., Tänze

SPERLING, Willy, ps. W. MOINEAU * 28/8 1894, lebt in Berlin. W: UnterhaltgsM.

SPERONTES (d. i. Joh. Sigism. Scholze) * 1705 Lobendau/Liegnitz, † 12/2 1750 Leipzig. W: ‚Die singende Muse an der Pleiße', eine Sammlg von Gedichten mit beigedruckten bekannten, meist auf Tänze zurückgehenden Melodien

SPEYER, Frank, ps. = Jul. KOCHMANN

SPEYER (Speier), Wilh. * 21/6 1790 Offenbach a. M., da † 5/4 1878, Violinist. W: KaM., Chöre, einst beliebte Lieder u. Balladen (‚Die drei Liebchen', ‚Der Trompeter')

SPEZZAFERRI, Giov. * 11/9 1888 Lecce, seit 1916 in Lodi Pianist u. OrchDir. W: Opern, Sinf. u. sinfon. Dichtgen, KaM., KlavStücke

SPICHER, Erich * 5/11 1898 Bad Sachsa, da KM., ausgeb. in Sondershausen (Konserv.). W: Märsche

SPICKER, Max * 16/8 1858 Königsberg i. Pr., Schüler L. Köhlers u. d. Konserv. in Leipzig, TheaKM. in verschied. Städten, seit 1882 in Newyork, seit 1895 TheorL. am NationalKonserv., † 15/10 1912. W: OrchSuite, M. zu Schillers ‚Demetrius', Kantaten, MChöre, Lieder. H: verkürzte, gut spielbare KlavAuszüge (ohne Singst.), u. a. von Wagners Musikdramen

SPIEGELBERG, Paul * 12/2 1859 Berlin, ML. u. VerDir., lebt in Sebnitz, Sachs. W: f. Zith., bes. ZithChor

SPIEHS, Herm. J. * 5/10 1893 Navis (Tirol), seit 1920 L. u. MPädag. in Imst, ausgebild. in Innsbruck (Jos. Pembaur), Prag u. Wien. W: InstrM., MChöre, Lieder

SPIELTER, Hermann * 26/4 1860 Bremen, † 10/11 1925, Schüler d. Leipziger Konserv., seit 1894 in Newyork VerDirig., auch L. am Coll. of M. W: KaM., Klav- u. VStücke, MChöre, viele Lieder

SPIER, Rosa * 7/11 1891 'sGravenhage, da ausgez., veilgereiste HarfVirt., unterrichtet auch an den Konserv. in Amsterdam u. Haag, Mitgl. des ConcertgebouwOrch. in Amsterdam

SPIERING, Theodor * 5/9 1871 St. Louis, Schüler Schradiecks u. Joachims, treffl. Geiger u. Pädagoge, in Chicago 1892/1905, auch Dirig., 1905/09 in Berlin, 1909/11 KonzM. u. Stellvertreter Mahlers in Newyork, 1912/14. wieder in Berlin, 1914 wieder in Newyork, sollte Herbst 1925 Dirig. in Portland (Oregon, USA) werden, aber † 11/8 1925 München. W: VEtüden, KlavStücke, Lieder

SPIES, Adolf * 16/2 1890 Weidenau (Sieg), ausgeb. in Köln u. Mannheim, 1918 schwer kriegsverw., 1920 ff. Red. d. Rhein. M- u. TheaZtg in Köln, auch ML. W: Opern, Sinf., KlavStücke, KlavKonz., Chöre, viele Lieder

SPIES, Fritz * 10/11 1894 Leipzig, MDir., KonzBegl. u. ML. in Gevelsberg i. W. W: Sinf. u. OrchSuite, KaM., KlavStücke, Lieder

SPIES, Hermann * 6/6 1865 Rommerskirchen (Rhld), Priester, Schüler der KirchMSchule in Aachen u. Regensburg, 1892/1920 DomKM. in Salzburg, lebt da, MSchr. W: KirchM., Marienlieder

SPIES, Hermine * 25/2 1857 Lohneberger Hütte/Weilburg, † 26/2 1893 Wiebaden, vortreffl., von Brahms sehr geschätzte KonzAltistin, Schülerin Siebers u. Stockhausens

SPIES, Leo * 4/6 1899 Moskau (dtsche Eltern), BallettKM. des Dtsch. OpHauses in Berlin, Schüler von Joh. Schreyer u. Humperdinck. W: Bühn- u. BallM., StrOrchSuite

SPIESS, Ernst * 1830, † 15/12 1905 Karlsruhe, da Geiger, spät. OrchDir. der Hofkap. W: KaM., VStücke

SPIESS, Joh. Martin * 1696 Bayern, † 4/6 1772 Bern, da Organ., vorher in Bergzabern u. Heidelberg. W: Choräle, geistl. Arien

SPIESS, Meinrad * 24/8 1683 Honsolgen (Schwab.), † 12/7 1761 als Prior des Benediktinerstiftes Yrsee. W: Geistl. Gsge mit Begl., TrioSonaten

SPIGL, Friedr. * 15/1 1860 Wien, seit 1914 Dir. an Horaks KlavSchule. W: Operndichtgen, ‚Der KlavUnterr. in natürl. Bahnen gelenkt', Lieder, KlavArrang. v. OrchWerken

SPILCKER, Max * 6/8 1893 Hamburg, treffl. OpBarit., seit Herbst 1935 in Königsberg, vorher in Rostock, Dortmund, Leipzig, Berlin u. wieder (lange) in Leipzig. W: Ballett, Optte, viele Lieder

SPILKA, František * 13/11 1887 Tekna, treffl. Chordirig. (1908 LGsgVer.) in Prag. W: Opern, Chöre, Lieder

SPILLER, Adalbert * 10/11 1846 Hermannsdorf/Jauer, † 5/3 1904 Siegburg a. Rh., da seit 1879 SemML., Schüler d. akad. Instit. f. KirchM. in Berlin. W: Opern, Optten, KlavStücke, Chöre, Lieder usw.

SPILLING, Rob. * 8/2 1907 Nürnberg, da Pianist u. TheaKM., ausgeb. in Würzburg (Zilcher). W: Oper, KaM., Lieder

SPINA, Karl übernahm 1852 den Wiener M-Verlag Mollo (1801) u. Diabelli (1818), den er sehr erweiterte (Werke v. Joh. Strauß' Sohn!). Der Verlag seit 1876 im Besitz von Aug. Cranz, Brüssel u. Leipzig

SPINDLER, Frz Stanisl. * 1759 Steingaden (OBay.), † 8/9 1819 Straßburg, OpSgr, zeitw. Thea-Unternehmer, seit 1808 MünsterKM. zu Straßburg. W: Singspiele, Melodramen, Orat.

SPINDLER, Fritz * 24/11 1817 Wurzbach (Reuß), † 26/12 1905 Niederlößnitz/Dresden, Schüler F. Schneiders; seit 1841 in Dresden KlavL. W: 2 Sinfon., KaM., KlavKonz., viele SalonStücke, u. a. ‚Husarenritt‘, ‚Spinnrädchen‘

SPINDLER, Fritz * 3/2 1870 Schwarzenbach am Wald (OFranken), lebt in Jena, war 1892/1926 StudProf. f. Klav. u. Org. an der städt. M-Schule in Augsburg, urspr. SchulL., dann auf der Münchner MAkad. (Thuille, Rheinberger). W: KlavStücke

SPINDLER, Max * 9/1 1883 Plauen i. V., seit 1920 Orch- u. Chordirig. in Dortmund, KlavVirt., Schüler Mayerhoffs u. des Leipziger Konserv., reiste viel als Pianist, dann TheaKM. an versch. Orten

SPINELLI, Nicola * 29/7 1865 Torino, † 18/10 1909 Rom, Schüler d. Konserv. in Napoli, erhielt 1890 mit der Oper ‚Labilia‘ den 2. Preis (Mascagni mit ‚Cavalleria rust.‘ den 1.) bei der vom MVerleger Sonzogno ausgeschrieb. Konkurrenz, doch drang sie nicht nach Deutschland, wohl aber ‚A basso porto‘ (1895)

SPINETI, Giov., KlavBauer, 1503 in Venedig; nach ihm angeblich das Spinett benannt

SPIRIDIO, Karmeliter im Kloster St. Theodor/Bamberg seit 1670, † nach 1683. W: Org- u. KompSchule, 5 u. 3st. geistl. Gsge m. Instr.

SPITTA, Friedrich (Bruder Philipps) * 10/1 1852 Wittingen/Hannover, † 8/6 1924 Göttingen, seit 1887 o. TheolProf. in Straßburg (Els.), seit 1918 in Göttingen. H: die Monatsschr. f. Gottesdienst u. kirchl. Kunst, ‚H. Schütz‘, ‚Die Passionen v. H. Schütz‘, ‚Chorgesang im ev. Gottesdienst‘, ‚Dtsches Gsgbuch f. die ev. Gemeinden in ElsLothringen‘, ‚Dtsches Straßburger Gsgbuch f. Christen Augsburger Konfession‘ u. a.

SPITTA, Heinr. (Sohn Friedrichs), Dr. phil. * 19/3 1902 Straßburg i. E., L. an d. Akad. f. Schul- u. KirchM. in Berlin, ausgeb. in Leipzig (Konserv., Grabner, Straube), SchützForscher. W: KaM., OrgStücke, Kantaten, Chöre u. a.

SPITTA, Phil. * 27/12 1841 Wechold/Hoya (Hannov.), † 13/4 1894 Berlin, stud. Philologie, 1864/74 L. in Reval u. Sondershausen, gründete 1874 mit H. v. Herzogenberg u. Volkland den BachVer. zu Leipzig, seit 1875 MProf. an d. Univers. zu Berlin u. L. (später stellvertret. Dir.) der Kgl. Hochschule, Begr. der modernen MWissenschaft. Sein Hauptwerk die 2bd. grundlegende BachBiographie. H: Werke H. Schütz', Buxtehudes Org-Werke, ‚Vierteljahrsschr. f. MWissensch.‘

SPITTEL, Wilh. * 23/2 1838 Molsdorf/Erfurt, † 8/2 1897 Gotha, HofOrgan., SemML. u. MSchul-Dir. W: f. Klav., Org. u. Gsg

SPITTLER, Hans * 28/4 1903 Berlin, da SchulL. W: OrgPassacaglia, KlavStücke (2- u. 4h.), Chöre, Lieder

SPITZER, Adolf * 23/4 1847 Liebau (Schles.), † 30/10 1911 Breslau, da seit 1872 SchulL., gründ. 1875 den noch jetzt berühmten Spitzerschen M-GsgVer., den er bis 1890 dirigierte

SPITZER, Louis — s. HEGYESI

SPITZMÜLLER - HARMERSBACH, Alex., ps. Jean CARTIER * 22/2 1894 Wien, da ausgeb. von E. Kanitz, Berater des Verl. Fortin u. Repräsent. der Wiener UniversalEd. in Paris. W: Sinfonietta, MarschM., KaM., KlavStücke, Lieder, Tonfilme

SPITZNER, Alfred † 20/9 1928 Dresden, da im OpOrch., ausgez. Bratschist. W: VTonleiter- u. Akkord-Studien

SPIWAKOWSKY, Abraham * 1887 Charkow, seit 1913 Dirig. in Moskau, jetzt ?, ausgeb. in Petersburg. W: Sinf., Ouvert., KaM., KlavStücke, Chöre, Lieder

SPIWAKOWSKY, Jascha * 31/8 1896 Kiew, treffl. KlavVirt., Schüler Mayer-Mahrs, lebte lange in Berlin, jetzt ?

SPIWAKOWSKY, Tossy * 10/12 1907 Odessa, VVirt., Wunderkind, mit 10 Jahren öffentl. aufgetreten, Schüler A. Seratos (in Berlin) u. von W. Heß, lebte bis 1933 in Berlin; jetzt ?

SPOEL, Arnold * 26/12 1850 Dordrecht, erst OpBariton., s. 1885 GsgL. am Konserv. im Haag. W: ChorgsgSchule, Lieder

SPÖRR, Martin * 16/10 1866 Innsbruck-Wilten, Schüler d. Innsbrucker MSchule u. von Rob. Fuchs, seit 1925 Dirig. in Wien (1905/22 in Karlsbad). W: Oper, Sinfon., kl. OrchStücke, Lieder

SPÖRRY, Rob. * 6/5 1878 Winterthur, seit 1905 in Deutschland, seit 1909 KonzSgr (Bar.) u. GsgL. in Berlin, ausgeb. u. a. v. Stockhausen, Messchaert, Paul Bruns, urspr. Geiger. W: Oper, Festspiel, viele Lieder

SPOHR, Ludw. * 5/4 1784 Braunschweig, † 22/10 1859 Cassel, errang schon 1804 auf Reisen hohen Ruf als VVirt. u. Komp., 1813 KM. in Wien, seit 1817 in Frankfurt a. M., 1822/57 HofKM. (seit 1847 GMD.) in Cassel; dann im Ruhestand. Er wirkt durch seine allzu große Verwendg der Chromatik weichlich, hat in fast allen Musikgattgen Bedeutendes geleistet, bes. im VKonzert (15 Konz.). Opern u. a. ‚Faust' (1816) u. ‚Jessonda' (1823), Oratorien (‚Das jüngste Gericht', ‚Das befreite Jerusalem', ‚Die letzten Dinge', ‚Der Fall Babylons' usw.), 10 Sinfon. (Nr. 3 u. 5, ‚Die Weihe der Töne', ‚Die Jahreszeiten', wichtig), 34 StrQuart. u. a. KaM., ausgezeichn. Duette für 2 V. Seine große VSchule ist ein Meisterwerk. Auch als VL. bedeutend.. — Seine erste Gattin D o r o t h e a, geb. Schindler († 1834), HarfVirtuosin, ebenso seine Nichte R o s a l i e Spohr * 22/1 1829, seit 1855 Gräfin S a u e r m a , † 11/1 1919 Berlin. Er vermählte sich zum 2. Male (1836) mit der Pianistin Marianne P f e i f f e r († 4/1 1892 Cassel). 1860/61 erschien seine Autobiogr.

SPONER, Alfred v. * 26/11 1870 Wien, bis 1896 Jurist, dann Schüler des Konserv. in Leipzig, da seit 1898 MInstitDir. W: Sinf., KaM., Studien f. Klav. bzw. V., Lieder

SPONHEIMER, Philipp * 27/2 1861 Rehborn, Rheinpfalz, SchulL. i. R. in Ludwigshafen a. Rh., da seit 1885, 1889/1918 auch Organ. u. KirchChordir. W: Motetten, kirchl. Lieder, Chöre

SPONHOLTZ, Adolf Heinr. * 12/3 1803 Rostock, da Organ., † 1852, urspr. Theologe. W: OrchM., KirchM., KlavStücke, Lieder

SPOLIANSKY, Mischa, ps. Arno BILLING * 28/12 1898 Bialystok, ausgeb. bei Lendvai u. im Sternschen Konserv. in Berlin, lebt seit 1933 in Paris, vorher in Berlin. W: Oper, Revuen, BühnenM., sinfon. Dichtg, KabarettLieder

SPONGIA, Francesco — s. USPER

SPONTINI, Gasparo * 14/11 1774 Majolati/ Jesi, da † 14/1 1851, Schüler d. Konserv. della Pietà zu Napoli, kam 1803 nach Paris u. begründ. durch ‚Die Vestalin' (1807) seinen europ. Ruf, den ‚Ferdinand Cortez' (1809) u. ‚Olympia' (1819) noch verstärkten, doch sind diese Werke längst von den Bühnen verschwunden; weniger Erfolg hatten seine späteren Opern ‚Nurmahal', ‚Alcidor' u. ‚Agnes von Hohenstaufen', die er als GMD. (seit 1820) in Berlin komponierte. Hier war Lud. Rellstab einer seiner erbittertsten Gegner. Seit 1842 lebte Sp. teils in Paris, teils in Italien

SPOOR, André * 23/9 1867 Amsterdam, † 29/3 1929 Haag, Geiger, treffl. L., Schüler u. a. Em. Wirths u. Massarts, 1895/1904 KonzM. in Amsterdam, 1904/20 KonservL. im Haag

SPORCK, Ferd. Graf v. * 21/2 1848 Krnsko/ Böhm., † 21/7 1928 München, OpLibrettist

SPORCK, Georges * 9/4 1870 Paris, da Schüler des Konserv. u. d'Indys, lebt in Paris, bzw. Les Andelys (Eure). W: Sinfon., sinfon. Dichtgen

SPORER, Thomas † um 1534 Straßburg. W: Kunstlieder m. Begl.

SPORLEDER, Charlotte, geb. Freiin Spiegel von u. zu Peckelsheim * 8/11 1836 Cassel, da † 9/1 1915, verw. Oberstleutn. W: KlavStücke, Konzertante f. V. u. Klav., Chöre, Balladen, Lieder usw.

SPORLEDER, Ferd. * 1/2 1901 Göttingen, da Organ. u. ML., da ausgeb. W: Suite, Passacaglia u. a. f. Orch., Singspiele

SPORN, Fritz * 20/2 1887 Zeulenroda, da Kantor, 1920 städt. MDir., Dirig. des OratorVer., seit 1925 auch der staatl. Singschule, Veranstalter von SinfonKonz., Schüler des Konserv. in Dresden (Draeseke) u. Leipzig (Krehl). W: KirchM., weltl. Chöre, auch mit Begleit. H: H: Schütz

SPORS, Bruno * 20/7 1880, † Sept. 1929 Naumburg a. S. W: Oper, BühnM., OrchSuiten, KaM.

SPORY, Charly, ps. = Walter MEINEL

SPRECKELSEN, Otto, ps. KELSEN, Ottmar * 9/8 1898 Stade/Himmelspforten, seit 1934 Prof. an d. Hochschule f. LBildg in Lauenburg (Pomm.), 1924/34 städt. MDir. u. 1928/34 ObML. (StudRat) in Itzehoe, ausgeb. in Bremen u. Berlin (Akad. f. Schul- u. KirchM.; Univers.). W: Chöre, Lieder; MGesch. v. Stade. H: ‚Marschierende Jugend', ‚Plöner Liederbuch'

SPREITZER, Karl Frz — s. Frz ADOLFI

SPRENGER, Adolf (Sohn Antons) * 24/11 1872 Neu-Ulm, treffl. VBauer in Stuttgart seit 1897

SPRENGER, Anton * 8/4 1833 u. † 27/10 1900 Mittenwald, treffl. VBauer (1870/97) in Stuttgart, Erfinder der Tonschraube u. des PaganiniKinnhalters

SPRENGER, Ewald * 5/11 1892 Dortmund, seit 1927 GymnML. (seit 1932 DomMDir.) in Hildesheim, 1919/27 Chordir. in Dortmund. W:

KirchM., HildesiaOrchSuite, MChöre, Lieder; ‚Anleitg z. Spielen der SchulBlockflöte'. H: Orient. Volkslieder

SPRENK-LÄTE, Alex. — s. LÄTE

SPRINGEFELD, Tilmar * 20/2 1880 Rzyschtew (Ukraine), Kompon. in Berlin; urspr. Ingenieur; ausgeb. auf dem Sternschen Konserv.. u. von Rud. Marquardt. W: Operetten, FilmOperetten, Tänze

SPRINGER, Frz * 22/12 1881 Schwendi, Württ., lebt in Stuttgart. W: Ouvertüren, sinf. Dichtg, Märsche, Chöre

SPRINGER, Herm., Dr. phil. * 9/5 1872 Döbeln, Sachs., lebt in Berlin, MSchr. u. Krit., Oberbibl. der Staatsbibl. a. D., Prof.

SPRINGER, Joh. * 16/6 1850 Hirschfeld/Merseburg, Schüler d. Berliner Instit. f. KirchM., lebt in Kolberg im Ruhestand, war dort Domorganist u. GymnGsgL. W: Orator. ‚Lutherkantate', Psalm 145 f. GemChor u. Orch.; Chöre o. Begl.

SPRINGER, Max * 19/12 1877 Schwendi, Württembg, stud. auf der dtsch. Univers. in Prag u. M. bei Schachleiter u. Klička, war da Stiftsorgan. u. Chorregent, seit 1910 Prof. f. gregor. Choral, Kontrapunkt usw. an der Akad. in Klosterneuburg/Wien. W: Sinfon., KaM., OrgSonaten u. -Stücke, Lieder; ‚Die Kunst der Choralbegleitg', ‚Der liturg. Choralgsg, ... dessen Harmonisierg usw.'

SPRÜNGLI, Joh. Jak. * 4/11 1801 Zürich, da † 6/2 1889, Pfarrer, sehr verdient um das GsgWesen. H: Liedersammlungen, u. a. ‚Lieder fürs Freie'

SPRÜNGLI, Theo A. * 15/8 1885 Hamburg, MSchr. in Düsseldorf. W: ‚Grundriß der M-Gesch.'; ‚Das deutsche Volkslied'

SPRUNG, Werner * 10/8 1903 Prenzlau, seit 1926 Organ., Kant. u. SchulML. in Rendsburg, seit 1928 auch Dirig. d. MVer., ausgeb. in Berlin (Univ. u. Akad. f. Schul- u. KirchM., bes. bei Baußnern). W: Abendkantate, Volksliederspiel, Chöre, Lieder; Klav- u. OrgStücke

SPURNI, Dorothea — s. WENDLING

SQUARCIALUPI, Antonio, v. Herzog Lorenzo dem Prächtigen u. Dufay hochgeschätzter Organ., † 1475 Firenze, der eine sehr wichtige Madrigal-Sammlg aus d. 14. Jh. hinterlassen hat

SQUARE, Arthur, ps. = Arthur VIEREGG

SQUIRE, William Barclay * 18/10 1855 London, da † 13/1 1927, erst Jurist, 1885/1917 Bibliothekar der MAbteil. am British Museum, auch M-Ref. W: ältere engl. M. (Purcell, Byrd usw.), Madrigale, BibliothKataloge

SQUIRE, William Henry * 8/8 1871 Ross, Herefordshire, VcVirt. in London, L. an der R. Acad. W: VcKonz. u. -Stücke, VStücke, Klav-Stücke, Lieder

SSABANEJEW — s. SABANEJEW

SSEROW — s. SEROW

STAAB, Joh. * ?, † 16/10 1885 Mainz, Organ. W: Märsche, Tänze, SynagogenChöre

STABERNACK, Karl * 14/1 1876 Berlin, da Organ., KunstharmonVirt.

STABILE, Annibale † um 1597 Rom, Schüler Palestrinas. W: Motetten, Madrigale

STADE, Friedr., Dr. phil., 8/1 1844 Sondershausen, † 12/6 1928 Leipzig, da ML. u. MSchr., 1885/1920 Organ. W: ‚Vom musikalisch Schönen'. B: Brendels ‚Gesch. der M.' (6. A.), J. S. Bachs ‚Wohltemp. Klavier' in Partiturform u. v. a.

STADE, Heinr. Bernh. * 2/5 1816 Ettischleben/ Arnstadt, † 22/5 1882 Arnstadt, Organ. W: ‚Der wohl vorbereitete Organist' usw.

STADE, Wilh. * 25/8 1817 Halle, † 24/3 1902 Altenburg, Schüler Fr. Schneiders (Dessau), längere Zeit UnivMDir. in Jena (Dr. phil. hon. c.), seit 1860 HofKM. u. Organ. in Altenburg. W: Org- u. KlavStücke, Psalmen, Chöre, Lieder u. a. B: Lieder aus d. 13., 15. u. 16. Jh.

STADELMANN, Li * 2/2 1900 Würzburg, Klav- u. CembVirt. in München, da seit 1926 L. an d. Akad. der Tonkunst

STADEN, Joh. * 1581 Nürnberg, da † 15/11 1634, Organ. W: Motetten, geistl. u. weltl. Lieder, Tänze. — Sein Sohn Sigmund * 1607 Nürnberg, da † 30/7 1655 Organ. u. Stadtpfeifer. W: ‚Seelewig' (die erste erhaltene dtsche Op.), ‚Seelen-M. trostreicher Lieder' usw.

STADLER, Hans * 16/12 1878 Chemnitz, Leiter d. Konz.- u. TheaAbt. bei d. Kriegsamtsstelle in Leipzig, Schüler Regers, urspr. Schauspieler, dann TheaKM. W: Singspiele, viele Lieder, auch m. Orch., OrchStücke

STADLER, Jos. * 13/10 1796 Wien, da † 16/11 1859, zuerst OrchGeiger, bereits 1818 KM. des LeopoldstadtThea., seit 1831 ohne Solist der Kais. HofMKap., sehr geschätzter L., auch tücht. Gitarrist u. OrgSpieler. W: Pantomimen, VKonz. u. a., KaM., Tänze, Lieder

STADLER, Maxim. (Abt) * 7/8 1748 Melk, NÖsterr., † 8/5 1833 Wien, erst Geistlicher, berühmter OrgSpieler. W: Orator., Requiem, Messen, OrgStücke, Lieder; ‚Verteidigung der Echtheit d. Mozartschen Requiems'

STADLMANN, Dan. Achaz * um 1680, † 27/10 1744 Wien, treffl. V.Bauer (StainerModell). — Sein Sohn Joh. Jos. * 1720 u. † 27/11 1781

Wien, treffl. VBauer (StainerModell). — Dessen Sohn **Michael Ignaz** * um 1756 u/. † 10/3 1813 Wien, da 1799/1813 Geiger der HofKap., gleichf. tüchtiger VBauer (StradivariModell)

STADLMAYR, Joh. * 1560 Freising, † 12/7 1648 Innsbruck, HofKM. seit 1607. W: 8—12st. Messen, 6—24st. Motetten, Hymnen, Kantat. usw.

STADTFELDT, Alex. * 27/4 1826 Wiesbaden, † 4/11 1853 Brüssel, wo er stud. hatte. W. Opern, Sinf., Ouvert., Messe, Kantaten, Lieder

STÄBLEIN, Bruno, Dr. phil. * 5/5 1895 München, da ausgeb., war 1926 LyzML. in Coburg, da 1920 TheaKM. u. Dirig. des OratorVer. W: Messen, ‚Marienlegenden' f. Chor, Soli u. Orch., Gem. Chöre, Lieder. ‚Von Bach-Händel bis Pfitzner-Strauß, ein Motivbüchlein'

STÄGEMANN, Max * 10/5 1843 Freienwalde a. O., † 29/1 1905 Leipzig, erst Schausp., seit 1865 sehr geschätzter Baritonist in Hannover, 1876/79 TheaDir. in Königsberg, dann in Berlin KonzSgr u. GsgL., seit 1882 StadttheaDir. in Leipzig. — Seine Tochter **Helene** (1909 mit Botho Sigwart **Graf Eulenburg** verheir.), geschätzte LiederSgrin, † 24/8 1923 Dresden

STAEGER, Alex * 6/4 1857 Windau, Kurl., seit 1885 ML. in Riga. W: KaM., KlavStücke, Chöre, auch m. Orch., Lieder u. a.

STAEHLE, Hugo * 21/6 1826 Fulda, † 29/3 1848 Kassel, da Bratschist im Thea., Schüler Spohrs u. Hauptmanns. W: Oper, Sinf., KaM., Lieder

STAFFA, Gius. * 1807 Napoli, da † 18/5 1877, treffl. TheorL., MSchr. W: Opern, theor. Schriften

STAFFORD, Frank, ps. = Kurt LUBBE

STAGNO, Roberto * 1836 Palermo, † 26/4 1897 Genua, berühmter OpTenorist, vermählt mit Gemma **Bellincioni**

STAHL, Albert, MHaus m. Verl., Berlin, gegr. 1/10 1898

STAHL, Felix, ps. = SZTAL

STAHL, Georg, ps. GESTA * 22/10 1907 Potsdam, MilMker in Berlin, da ausgeb. (Hochschule). W: Märsche

STAHL, Heinr. * 12/3 1881 Straßburg i. Els., MSchr. in München, Schüler Sandberger, G. Adlers u. Nawratils. W: KlavStücke, Lieder

STAHL, Werner, ps. = Hans FÖRSTER

STAHL, Wilh. * 10/4 1872 Groß-Schenkenberg (Lauenburg), urspr. SchulL., seit 1883 in Lübeck (Dresd. Konserv.), Organ. u. KonservL., auch eifriger MSchr. W: OrgStücke, Soldatenlieder, Lübeck. Liederbuch; ‚Geschichtl. Entwicklg der ev. KirchM.', ‚Gesch. des Schulsgunterr.', ‚E. Geibel u. die M.', ‚Frz Tunder u. Buxtehude'. H:

‚100 Volkskinderlieder aus Lübeck', ‚Niederdtsche Volkstänze', Lübecker Choralbuch

STAHLKNECHT, Adolf * 18/6 1813 Warschau, † 25/6 1887 Berlin, bedeut. Geiger der Kgl. Kap. W: Opern, Messen, 7 Sinf., Quartette, VDuos, Psalmen, Liturgien, Lieder usw. — Sein Bruder **Julius** * 17/3 1817 Posen, † 14/1 1892 Berlin, seit 1835 SoloVcellist der Kgl. Kapelle. W: VcSalon- u. instrukt. Kompos.

STAHR, Franz * 30/1 1877 Leipzig, da Schüler d. Konserv., VVirt. u. seit 1902 Dirig. in Köln. W: 7 Sinf., Ouvert., OrchVariat., VKonz., VcKonz., KaM., u. a. 11 StrQuart., Lieder

STAHR, Kurt * 6/7 1905 Fürstenberg a. O., Kaufmann in Berlin, Schüler Th. Prusses. W: Optte, Schlager

STAINER (Steiner), Jakob * 14/7 1621 Absam (Tirol), da † 1683 arm u. irrsinnig, berühmter Geigenbauer; Instrumente noch hochgeschätzt

STAINER, John * 4/6 1840 London, † 31/3 1901 Verona (auf d. Reise), hervorrag. OrgSpieler, 1859/72 in Oxford, 1872 bis zur Erblindg Organ. in London, 1889 Prof. an der Univers. Oxford. W: Orator., Kantaten, Anthems; Harmonielehre. H: ‚Dufay and his contemporaries'

STALLA, Oskar * 9/7 1879 Königsberg i. Pr., TheaKM. in Kopenhagen, vorher auch in Wien u. Berlin. W: Kom. Opern, StrQuart.

STALLBAUM, Jos. Gottfr., Dr. phil. * 25/9 1793 Zaasch/Delitzsch, † 24/1 1861 Leipzig, seit 1835 Rektor d. Thomasschule, seit 1840 ao. Univ-Prof. der klass. Philol. W: ‚Üb. d. inneren Zusammenhang musikal. Bildg der Jugend mit d. Gesamtzwecke des Gymnas.' (1842)

STAMATY, Camille Marie * 13/3 1811 Rom, † 19/4 1870 Paris, Pianist u. angesehener KlavL. in Paris, Schüler Kalkbrenners, L. von Saint-Saëns. W: KlavKonz., Son., Variat., Etüden usw.

STAMITZ (Steinmetz), Joh. Wenzel Ant. * 19/6 1717 Deutsch-Brod (Böhm.), † 27/3 1757 Mannheim, VVirt., seit 1745 KonzM. u. KaMDir. des Kurfürsten Karl Theodor v. d. Pfalz; brachte dessen Kapelle rasch zu sehr hohem Ansehen, begründete die Mannheimer Schule bzw. den modernen Intrumentalstil durch die Einführg kontrastierender Themen; soll auch die Hörner ins Orch. eingeführt haben. W: 50 Sinf., OrchTrios, Sonaten, VKonz. usw. — Sein Sohn **Karl** * 7/5 1746 Mannheim, † 9/11 1801 Jena, da seit 1800 Dir. der akad. Konz., vielgereister Virt. auf der Br. u. Viole d'amour. W: 2 Opern, 70 Sinf., Konz., KaM. — Sein and. Sohn **Joh. Anton** * 25/11 1754 Mannheim, † ca. 1808 in Paris, da seit 1770 Geiger. W: 13 Sinfon., 54 StrQuart., Trios u. a.

STAMM, Oswalt * 17/4 1868 Uthleben/Sondershausen, Schüler Jadassohns u. der Berliner Hochschule, 1908/25 SemML., 1908/30 Dirig. (treffl. Beethoven-Ausleger) des KonzVer. in Weißenfels, lebt da. W: Sinfon., Ouvertur., Requiem, Chöre, OrgVorspiele

STAMMLER, Wilh. * 10/3 1872 Mainz/Raunheim, seit 1917 Organ. u. VerDir. in Darmstadt. W: geistl. Chöre, Duo f. Br. u. Vc.

STAMPA, Reed, ps. = Hub. W. DAVID

STANDFUSS, Joh. Georg, † 1756 (?) Hamburg, 1752 Ballett-Korrepet. der Kochschen TheaTruppe in Leipzig, neben J. A. Hiller der Schöpfer des dtsch. Singspiels (1747 ff.), schrieb auch Motetten

STANDKE, Otto * 10/2 1832 Lippstadt, † 8/6 1885 Bonn, erst L., dann sehr geschätzter ML. in MGladbach, Lennep u. Bonn. W: Salon- u. instrukt. KlavKompos.

STANFORD, Charles Villiers * 30/9 1852 Dublin, † 29/3 1924 London, da lange L. am R. College, Schüler Reineckes u. Kiels, 1887 MProf. a. d. Univers. Cambridge, 1897 Dirig. d. Philh. Gesellsch. Leeds, 1901 geadelt. W (üb. 160): 6 Opern, BühnenM., Orator., Kantaten, 6 Sinfon., Ouvert., KaM., Konz. f. Klav., bzw. V., bzw. Vc.; KlavStücke, Chöre, Lieder

STANGE, Herm. * 19/12 1835 Kiel, da † 22/6 1914, Schüler des Konserv. in Leipzig, 1876 bis 1911 Organ. u. GsgVerDir. in Kiel, 1878/1911 UniversMDir. W: Choralbuch für Schleswig-Holstein, OrgStud., geistl. Chöre, MChöre usw.

STANGE, Herm. * 14/10 1884 Kiel, seit 1935 Präsidialrat der RMK. u. Mitgl. d. RKulturSenats in Berlin, seit 1/10 1935 I. Dirig. des gr. DeutschlandsenderOrch., ausgeb. von Phil. Scharwenka, Mayer-Mahr u. HofKM. Franz Fischer (München), war OpKM. in Prag, Bremen, Chemnitz, Neustrelitz, der Gr. Volksop. in Berlin, Kiel, Helsingfors, Sofia (GMD), 1/1 bis 30/9 1935 I. Geschäftsf. u. Dirig. des Berl. Philh. Orch.

STANGE, Max * 10/5 1856 Ottensen/Hamburg, † 25/1 1932 Berlin, da Schüler der kgl. Hochschule, 1889/1922 GsgL. an derselben, Dirig. d. Erkschen MGsgVer. W: Ouvert., FrChöre, MChöre, Duette, Lieder u. a.

STANLEY, ps. = JUEL-FREDERIKSEN, Emil

STANLEY, Alb. Augustus * 25/5 1851 Manville, R.I., Schüler Reineckes, erst Organ., 1888/1922 MProf. an der Univers. Ann Arbor (Mich.), Mitbegr. des amerik. MLVerbandes u. d. OrganGilde. W: Sinfon., sinfon. Dichtg, KirchM., Lieder usw.

STANLEY, Charl. John * 17/1 1713 London, da † 19/5 1786, blind, Organ., von Händel, der ihm einen Teil seines musikal. Nachlasses vererbte, sehr geschätzt. W: Orator., Kantaten, KaM.

STANLEY, Winn, ps. = Hubert W. DAVID

STANTSCHINSKY, Alexei * 1888, † 6/10 1914, Schüler Tanejews. W: KlavSonate u. -Stücke

STAPELBERG, Reinhold, ps. Heini St. * 12/11 1905 Barmen, ML. in Stuttgart, ausgeb. in Berlin (Hochsch.). W: Lieder

STAPF, Oskar * 6/4 1885 Schmiedefeld, Sachs.-Mein., seit 1910 Kantor u. Organ. (1923 KirchMDir.) in Themar. W: Chöre, Org- u. KlavStücke

STARCK, Arno * 10/3 1886 Dresden, da L. an Urbachs Pädagog. der Tonkunst u. VerDirig., ausgeb. am Konserv., auch Dichter. W: Sinfon., Ka-M., KlavStücke, Mysterium, Chöre, Lieder usw.

STARCK, Ingeborg — s. BRONSART v.

STARCZEWSKI, Felix * 27/3 1868 Warschau, da KlavL. am Staatskonserv. u. MSchr., Schüler Humperdincks u. d'Indys. W: OrchStücke, KaM., KlavSon. u. -Stücke, Lieder; ‚M. Karlowicz'

STARK, Adolf, Dr. phil. * 15/5 1878 New Brunswick (Am.), L. des höh. KlavSpiels a. Klindworth-Scharwenka-Konserv. in Berlin. W: ‚Technik des KlavSpiels' (mit Mayer-Mahr)

STARK, Ludw. * 19/6 1831 München, † 22/3 1884 Stuttgart, Schüler Ign. u. Frz Lachners, Mitgründer (1857) des Konserv. zu Stuttgart. W: ‚Große KlavSchule' (mit Lebert), KlavStücke, treffl. KlavBearbeitgen, Lieder usw.

STARK, Rob. * 19/9 1847 Klingenthal (Sachs.), † 29/10 1922 Würzburg, Schüler des Dresdener Konserv., treffl. Klarinettist, 1873/81 in Wiesbadener Kurorch., 1881/1921 L. an der Kgl. MSchule in Würzburg. W: 3 Konz., Solostücke, Etüden, Große Schule, Kunst der Transkription f. Klar., Bläserquint. u. a. KaM.

STARKE, Alwin * 7/3 1877 Cönnern a. S., KBVirt., seit 1907 bei der Oper u. L. am Konserv. in Dresden. W: KBSchule u. -Studien

STARKE, Friedr. * 1774 Elsterwerda, † 18/12 1835 Döbling/Wien, langjähr. MilKM. W: Messen, KlavSchule. H: Journal für MilM.; Journal für TrompeterChöre

STARKE, Gust. * 9/2 1862 Freiburg i. B., da † 17/12 1931, da seit 1890 ML. u. städt. KM., vorher TheaKM. an versch. Orten. W: Duette, Lieder

STARMER, William Wooding * 4/11 1866 Wellingborough, † 27/10 1927 Birmingham, Organist. W: KirchM., OrchStücke; ‚Bells and Bell Tones', ‚Carillons and bell m.' u. a.

599

STARZER, Josef * 1726, † 22/4 1787 Wien, da KonzM. der Hofkap., seit 1760 in Petersburg Hofkomp., seit 1770 wieder in Wien. W: Ballette, Singspiele, Orator., Sinf., KaM., VStücke usw.

STASNY, Bernh. Wenz. — s. STIASTNY

STASNY, Ludwig * 26/2 1823 Prag, † 30/10 1883 Frankfurt a. M., da seit 1871 KM. des Palmengarten, 1846/68 österr. MilKM. W: Opern, zahlreiche Tänze. B: OrchArrang. aus d. MDramen Wagners usw.

STASSOW, Wladimir * 14/1 1824 Petersburg, da † 23/10 1906, hervorrag. Kunst- u. MSchr., befreundet mit Glinka, Mussorgsky, Borodin, Dargomyschki, Serow usw.

STATHAM, Henry Heathcote * 11/1 1839 Liverpool, † 29/5 1924 London, urspr. Architekt, MSchr. W: ‚The organ and its position in musical art', ‚My thoughts on m. and musicians', ‚What is m.?'

STATKOWSKI, Roman * 5/1 1860 Szcypiorna/ Kalisch, † 1926 Warschau, urspr. Jurist, Schüler d. Petersb. Konserv., L. f. Instrum. u. MGesch. am Konserv., in Warschau. W: Opern, OrchFantasie, StrQuart., V- u. KlavStücke

STAUB, Gottfried * 5/11 1861 Oberrieden/ Zürich, da seit 1914 KonservKlavL., 1888/1914 Pianist u. ML. in Basel. W: KlavTrio, Klav-Son. u. -Stücke, Chöre, Lieder

STAUCH, Richard * 15/11 1901 Berlin, lebt da, Schüler W. Klattes u. W. Forcks. W: Tonfilme, UnterhaltgsM.

STAUDERMAIER, Alfons * 3/2 1898 Nenningen, württ. OA. Geislingen, lebt in Charlottenhöhe/Calmbach, Württ., Schüler Karl Hasses. W: sämtl. Lieder a. d. ‚Kleinen Rosengarten' v. Löns

STAUDIGL, Josef * 14/4 1807 Wöllersdorf (N-Österr.), † 28/3 1861 Irrenanst. Michaelbeuerngrund (hier seit 1856), bedeut. Op- u. LiederSgr (Bassist) in Wien. — Sein Sohn Josef * 18/3 1850 Wien, Schüler d. Konserv. daselbst, † 1916 Karlsruhe, gleichfalls bedeut. Konz- u. OpSgr (Bariton) bis 1883 in Karlsruhe, lebte dann in Dresden

STAUDIGL, Rich. * 28/10 1877 Wien, seit 1919 Chordir. u. ML. in Halle, urspr. TheaKM. W: Optten, Messen, Chöre, Lieder

STAUFER, Joh. Geo. * 1778 Wien, da † 1853, GitBauer, erfand 1822 die LiebesGitarre, das Arpeggione

STAUFFER, Theodor * 16/4 1826 Münster/ Luzern, † 23/11 1880 Kreuzlingen, da seit 1874 SemML., vorher MDir. u. a. in Baden/Aargau. W: Opern, Chöre, Lieder

STAVENHAGEN, Bernh. * 24/11 1862 Greiz, † 26/11 1914 Genf, Schüler von F. Kiel, E. Rudorff u. Liszt, den er 1885/86 wiederholt auf seinen Reisen begleitete, 1890 Hofpianist u. 1895 HofKM. in Weimar, 1898 HofKM. u. 1901/04 Dir. d. Kgl. MSchule in München, seit 1907 KonzDirig. in Genf. W: 2 Konz. u. Stücke f. Klav.

STAZ, Henry, ps. = Francis POPY

STCHERBATSCHEW, Nikolai * 24/8 1853 Petersburg. W: Serenade usw. f. Orch., viele Klav-Stücke, Lieder

STCHERBATSCHEW, Wladimir * 24/1 1889 Warschau, Schüler des Konserv. in Petersburg, lebt da. W: 2 Sinfon., KaM., KlavStücke, Lieder

STECHER, Eduard (Eddy) * 21/8 1896 Wien, Musiker in Köln. W: UnterhaltungsM.

STECK, Aimé * 24/11 1892, lebt in Paris. W: KaM., KlavStücke

STECK, Paul, ps. für DUGAS, Paul † vor 1925 Paris. W: OrchSalonstücke, Tänze

STECKER, Karl * 22/1 1861 Kosmanos, Böhm., † 15/10 1918 Prag, stud. da Jura u. Philos.; später M., da 1885/89 L. an d. OrgSchule, 1888 UniversLektor f. musik. Wissensch. u. 1889 KonservPr. f. Theor. u. MGesch. W: Messe, Motetten, OrgStücke, Lieder usw.; ‚Gesch. der M.' (tschech.), ‚Lehre von d. OrgImprovisation' (desgl.) usw.

STEEGER, Otto Erich * 1/5 1900 Leipzig, seit 1928 TheaKM. in Berlin, ausgeb. (auch als Flötist) in Leipzig (Reger; Karg-Elert), seit 1920 OpKM. W: sinf. Dichtg ‚Schlageter'

STEEGER, Walter † 12/6 1930 (42jähr.) Mühlhausen i. Thür., da städt. MDir. W: Chöre

STEELE, Edith, ps. = Gust. KRENKEL

STEENHUIS, Hendrik Pieter * 24/1 1850 Appingedam, † ? Groningen, da Organ. seit 1891, vorher s. 1875 in Sappemeer. W: KirchM., HarmonSchule u. -Stücke, KlavStücke

STEENKISTE, Flötist — s. DORUS

STEFAN, Paul, Dr. phil. * 25/11 1879 Brünn, seit 1888 in Wien, MSchr. u. Krit. W: ‚Gust. Mahler', ‚Oskar Fried', ‚Die Feindschaft gegen Wagner', ‚Neue M. u. Wien', ‚Arnold Schönberg', ‚F. Schubert'. H: ‚Der Anbruch'

STEFANI, Joh. * 1746 Prag, † 24/2 1829 Warschau, Geiger, im Dienste König Stanislaw Augusts von Polen, zuletzt KirchKM., Begr. d. poln. Oper. W: Opern, Optten, Messen usw.

STEFANI, Jos. (Sohn Johanns) * 16/4 1800 (16/5 1802?) Warschau, da † ?, Schüler Elsners, urspr. Geiger, dann Ballettdir. W: beliebte Messen u. a. KirchM., kom. Opern, Ballette, Klav-Stücke, beliebte Lieder

STEFANIAI, Imre * 1885 Budapest, da seit 1927 MHochschulProf., KlavVirt., Schüler Busonis u. Dohnanyis, 1914/26 span. Hofpianist. W: 2 KlavKonz., VSon., KlavStücke u. a.

STEFANOFF, Stefan * 1/9 1881 Gabrovo (Bulg.), lebt in Berlin, Schüler Vit. Novaks. W: Optte, OrchRhapsodien, sinf. Dichtgen u. Tänze

STEFFAHN, Albert * 25/5 1868 Hamburg, da seit 1893 ML., seit 1902 Dir. des Neuen Konserv. v. 1902 u. seit 1923 Kantor der Christuskirche, 1898/1930 GsgL. an höheren Schulen, ausgeb. in Hamburg u. Weimar, 1889/93 auf Reisen mit der Kap. v. Joh. bzw. Ed. Strauß. W: Ouvert., Märsche, Tänze, Kantaten, Motetten, Lieder

STEFFAN, Ernst, ps. Ernst HELM * 22/1 1890 Wien, lebt in Berlin, ausgeb. in Wien, urspr. Pianist (Wunderkind), dann TheaKM. bis 1920, zuletzt in Zürich, urspr. Kompon. ernster Werke. W: Optten ‚Betty' (1914, üb. 4000 Auff.), ‚Das Milliardensouper' (1921), ‚Münchhausen' (1927), ‚Die Toni aus Wien' (1931)

STEFFAN, Jos. Ant. * 14/3 1726 Kopidlno (Böhm.), † 12/4 1797 Wien, da hochangesehener KlavL. W: KlavSonaten u. Variat.; Sammlg dtscher Lieder (wertvoll)

STEFFANI, Agostino * 25/7 1655 Castelfranco (Venetien), † 12/2 1728 Frankf. a. M. (auf der Reise), stud. in München u. Rom, 1680 (Priester) Dir. der kurf. KaM. in München, 1688 HofKM. in Hannover, dann Diplomat, 1709/22 apostol. Vikar von Norddeutschl. in Hannover, bis 1725 in Italien. W: Opern (wertvoll), geistl. Kompos., KaSonaten f. 2 V., Br. u. bez. Baß, treffl. KaDuette

STEFFEN, Frank, ps. = Julius KOCHMANN

STEFFENS, Gust. * 14/5 1842 Angermünde, † 22/6 1912 Berlin-Charlottenburg, da TheaKM. u. MSchulDir. W: viele Possen

STEFFENS, Jul. * 12/7 1831 Stargard (Pomm.), † 4/3 1882 Wiesbaden, treffl. vielgereister Vcellist, Schüler von Ganz u. C. Schuberth, Mitglied der Hofkap. in Petersburg. W: 2 Konz. u. a. f. Vc.

STEFFENS, Rud. * 22/4 1893 Schweinfurt, da Pianist (KM.), ausgeb. in Würzburg u. Frankfurt a. M. (Konserv.). W: Sinf. Dichtgen, KlavStücke

STEGAGNO, Tullio * 3/9 1874 Extra (Verona), MSchulDir. in Verona. W: Kantate, KaM., Org- u. KlavStücke, Chöre, Duette, Romanzen

STEGE, Fritz, Dr. phil. * 11/4 1896 Witterschlick/Bonn, MSchr. (Krit.) in Berlin. W: KlavStücke, Motetten, Lieder; ‚Das Okkulte in der M. Beiträge zu einer Metaphysik der M.'; ‚Bilder aus d. dtsch. MKritik' (1936) usw.

STEGGALL, Charles * 3/6 1826 London, da † 7/6 1905, bedeut Organ. W: Anthems; ‚Church psalmody', ‚Hymns ancient and modern'. — Sein Sohn R e g i n a l d * 17/4 1867 London, da Organ. u. OrgL. am Royal College. W: Sinfon., Suiten, Ouvert., KaM., Klav- u. OrgStücke, Lieder

STEGLICH, Rudolf, Dr. phil. * 18/2 1886 Ratsdamnitz (Pomm.), treffl. MGelehrter, seit 1930 PrivDoz., 1934 ao. Prof. an d. Univers. Erlangen, 1919/30 MKrit. in Hannover. W: ‚Die elementare Dynamik des musik. Rhythmus'; ‚Bach' 1935. H: Händel-Jahrbuch, ZfMW.

STEGMANN, Christian * 16/10 1867 Osterburg (Altmark), Schüler d. Kölner Konserv. u. Thuilles, ML. u. VerDirig. in München. W: OrchM., Chöre, Lieder (auch mit Orch.)

STEGMANN, Karl David * 1751 Dresden, † 27/5 1826 Bonn, Geiger, 1778 KM. u. 1798 Mitdir. d. Hamburger Oper. W: Opern, Sinfon., KlavStücke, Lieder. B: 4hd. KlavArrangements

STEGMAYER, Ferd. * 25/8 1803 Wien, da † 6/5 1863, TheaKM. an verschied. Orten, 1853/57 L. f. Chor- u. dramat. Gsg. am Konserv. in Wien. W: KirchM., KlavStücke, Lieder

STEGMAYER, Matthäus (Matthias) * 29/4 1771 Wien, da † 10/5 1820, Schauspieler in Raab, Preßburg u. Wien (Josephstadt 1792, bei Schikaneder 1796, Hofthea. 1800, da auch Chordir.). W: Singspiele, Optten, Possen, auch KirchM., Chöre, Arien

STEHLE, J. G. Eduard * 17/2 1839 Steinhausen (Württ.), † 21/6 1915 St. Gallen, da seit 1874 DomKM., bedeut. kathol. KirchKomp., Org- u. KlavVirt. W: Messen, die Legende ‚Die heilige Cäcilia', Kantate ‚Lumen de coelis', ‚Frithjofs Heimkehr', OrgKompos., M- u. gem. Chöre, Lieder usw. H: ‚Der Chorwächter'. — Sein Sohn E d u a r d * 1869 Rorschach, † 11/4 1896 Winterthur, Dirig. u. Organ. W: KirchKompos., Chöre, Lieder

STEHLE, Sophie * 15/4 1838 Sigmaringen, † 4/10 1921 Harterode/Hannover, 1874 vermählt m. Freih. v. Knigge, 1860/74 gefeierte Sopranistin der Münchener Hofoper

STEHMANN, Joh. * 7/10 1872, Schüler des kgl. Instit. f. KirchM. in Berlin, da SchulObML. i. R., KirchChordir. u. Dir. des 1904 gegründeten, sehr leistungsfähigen OratorVer., wohnt in Zeuthen/Berlin

STEIBELT, Daniel * 1765 Berlin, † 20/9 1823 Petersburg, gefeierter Pianist, Schüler Kirnbergers, konnte infolge seines extravaganten Lebens in Paris u. London nicht festen Fuß fassen, seit 1808 KM. in Petersburg. W: Opern, KaM., 7 KlavKonz., viele Sonaten, Variat. f. Klav.

601

STEIDL, Rob., eigentl. Rob. Franke * 8/10 1878 Berlin, da † 1927. W: UnterhaltgsM.

STEIFFENSAND, Wilh. * 1820 Berlin, † 27/11 1882 Seddin, Pomm., da seit 1856, Schüler Dehns, KlavVirt. W: KlavSon. u. Stücke, MChöre, Lieder

STEIGER-BETZAK, Annie * 6/3 1897 Erfurt, treffl. Geigerin, Schülerin v. Hans Lange u. Flesch, seit 1924 in Frankf. a. M.

STEIGLEDER, Joh. Ulrich * 1593 Schwäbisch-Hall, † 10/10 1635 Stuttgart, da seit 1617 Organ. (bedeutend). W: OrgStücke

STEIN, Andreas * 1728 Heidelsheim (Bad.), † 29/2 1792 Augsburg, da 1757 Organ., berühmter Org- u. KlavBauer, der Erfinder der ‚dtschen Mechanik'

STEIN, Bruno (Sohn Josephs) * 27/6 1873 Rosenberg, † 9/10 1915 Bromberg, Schüler d. akad. Instit. f. KirchM. in Berlin, 1897 SemML. in Paradies (Posen), 1904 in Bromberg. W: KirchM., 2 ‚Präludienbücher'

STEIN, Eduard * 1818 Kleinschirma (Sachs.), † 16/3 1864 Sondershausen, da HofKM. seit 1853, Schüler Weinligs u. Mendelssohns, bedeut. Dirig. W: KBKonzert

STEIN, Erwin * 7/11 1885 Wien, Schüler Schönbergs, nach TheaKMTätigkeit MSchr. in Wien. W: ‚Leitfaden zu A. Schönbergs Harmonielehre'. H: Ztschr. ‚Pult u. Taktstock'

STEIN Fritz, Dr. phil * 17/12 1879 Heidelberg, seit Mai 1933 Dir. der staatl. Hochschule f. M. in Berlin, stud. Theologie u. Naturwiss., später M., treffl. OrgSpieler; 1902 Assist. Ph. Wolfrums in Heidelberg,, 1906 UnivMDir. in Jena; 1914 als Nachfolger Regers HofKM. in Meiningen, dirigierte den KriegsMChor Laon, 1918 (1928 o.) / April 1933 Prof. f. MWissensch., Organ. u. städt. MDir. (Ver. der MFreunde, OratorVer.) in Kiel, 1925 GenMDir. W: ‚Gesch. des MWesens in Heidelberg'; ‚Staat u. Chorgsg'; ‚Themat. Katalog v. Regers Werken'; ‚Max Reger' (offiz. Biographie), soll Ende 1936 erscheinen. H: Beethovens angebl. sogen. Jenaer Sinf.; Händels FestOrat.; Vinc. Lübecks Werke, H. Schütz, Kantaten usw.

STEIN, Hans, ps. = Hans STEINWASCHER

STEIN, Heinr. * 18/1 1881 Kassel, da † 3/5 1922, VVirt., Schüler u. a. H. Petris, gründ. 1904 ein Konserv. (seit 1909 Spohr-Konserv.), 1909 die Spohr-Gemeinde u. 1910 eine musikal. Volksbibliothek. W: VStücke

STEIN, Jos. * 17/4 1845 Königshain/Glatz, † 20/7 1915, Schüler d. Instit. f. KirchM. in Berlin, seit 1873 SemML. in Rosenberg (OS.). W: KirchM., Chöre, Lieder, OrgStücke

STEIN, Jos. * 5/1 1910 Edenkoben, Bay., SchulL. in Obermohr, Rheinpfalz, vorher in Kusel. W: ‚Singende Pfalz', Lieder, Chöre

STEIN, Karl * 25/10 1824 Niemegk (Belzig), † 3/11 1902 Wittenberg, da seit 1850 Kantor, Organ. u. GymnGsgL., in Berlin ausgebildet. W: Orator., Motetten, SchulliederSammlg, OrgStücke, KlavSchule

STEIN, Leo * 25/3 1861, † 28/7 1921 Wien, treffl. Opttenlibrettist

STEIN, Leo Walter * 10/8 1866 Gleiwitz, † 3/1 1930 Berlin, Librettist

STEIN, Max Martin (Sohn v. Fritz) * 27/7 1911 Jena, lebt in Berlin, aufgewachsen in Kiel, ausgeb. als Organ .in Leipzig. W: BühnenM., OrgStücke, KlavStücke, Lieder

STEIN, Rich. H., Dr. phil. * 28/2 1882 Halle a. S., KomposL. u. KlavL., seit 1933 in Las Palmas (Kanar. Ins.), vorher in Berlin, Kriegsteiln., Vorkämpfer f. d. Vierteltonsystem. W: Oper, Sinf., KaM., KonzStücke f. Vc., KlavStücke, Lieder; ‚Grieg', ‚Tschaikowsky'

STEIN, Theod. * 1819 Altona, † 9/3 1893 Petersburg, da seit 1872 sehr geschätzter KlavL. am Konserv., berühmt als Improvisator

STEIN, Wilh. * 27/10 1889, † (gefallen) 1917. W: Gsge

STEIN-SCHNEIDER, Lena * 5/1 1874 Leipzig, lebt in Berlin. W: Optten, Sing- u. Märchenspiele, Lieder, Tänze

STEINBACH, Emil * 14/11 1849 Lengenrieden (Baden), † 6/12 1919 Mainz, Schüler d. Leipziger Konserv., seit 1871 KM.; 1877/1910 städt. KM. u. 1898/1910 auch am Stadtthea. (seit 1901 Dir. desselben) in Mainz. W: sinfon. Dicht., Ouvert., KaM., Chöre, Lieder usw. — Sein Bruder Fritz * 17/6 1855 Grünsfeld (Baden), † 13/8 1916 München, hervorrag. Dirig., bes. von Brahms'schen Werken, Schüler des Lpzger Konserv., 1886 HofKM. u. 1893 GenMDir. in Meiningen, 1902/14 städt. KM. u. KonservDir. in Köln. W: Oper, Septett, Sonaten, Lieder usw.

STEINBECKER, Dietrich * 20/9 1905 Berlin, da ausgeb. (Hochschule: Friedr. E. Koch). W: Hörspiel, Chöre m. Orch., u. a. ‚Requiem'

STEINBERG, Maxim. * 22/6 1888 Wilna, Schüler Rimsky-Korssakows u. Glazunows, seit 1909 L. f. Instrum. u. Kompos. am Konserv. in Petersburg. W: Ballett, 2 Sinf., Variat., dramat. Fantasie, Ouvert., Orator., Lieder

STEINBERG, Will * 4/4 1892, † 6/12 1934 Berlin, Librettist

STEINBERGER, Otto * 23/11 1889 München, da Chordir. u. ML., da ausgeb. (Akad.). W: KirchM.

STEINBOCK, Heinz, ps. Heinz MARKGRAF * 8/9 1907 Mannheim, Bearb. in Berlin, da ausgeb. (Hochschule; Konserv. Klindworth - Scharwenka). W: Hörspiele, Kulturfilme, UnterhaltsM.

STEINBRÜCK, Hugo Karl * 15/1 1900 Könnern/Saale, da Pianist u. ML., ausgeb. in Leipzig (Konserv.: Krehl). W: MChöre, Lieder, UnterhaltsM.

STEINBRÜCK, Karl * 24/11 1851 Potsdam, MDir. i. R. in Berlin, da ausgeb. (Kullaksche Akad. u. Rich. Schmidt). W: FestOuv., Chöre m. Orch.

STEINECK, Fritz, ps. ECK, Fritz * 10/1 1878 Halle a. S., StudRat, GsgL. u. VerDirig. in Berlin, Schüler H. Riemanns u. Karl Schröders. W: StrOrchStücke, Chöre, Lieder

STEINER, Adolf, Dr. phil. * 1843, † 6/4 1930, MSchr. in Kilchberg/Zürich. W: ‚R. Wagner in Zürich‘, ‚Brahms‘, ‚H. Götz‘, ‚F. Hegar‘ (1928) usw.

STEINER, Adolf * 12/4 1897 Schwäbisch-Hall, viel reisender VcVirt. in Berlin, da Mitgl. des aus seinen Brüdern bestehenden StrQuart., seit 1922 Mitgl. des HavemannQuart., seit 1926 Solist des Dtsch. OpHauses, früh als Schlagzeuger in der Kap. seines Vaters, erst v. 12. Jahre ab Vcellist, ausgeb. in Frankfurt a. M., Hamburg u. Berlin (Hochschule), nach 3jähr. Frontdienst wieder auf der Hochschule, dann PrivSchüler H. Beckers

STEINER, Ant. * 6/6 1885 Brünn, da VVirt. W: VSuite. B: Brahmssche Lieder usw. f. V. u. Klav.

STEINER, Frz * 1880 (?), Ungar, vielgereister Bariton, Schüler v. J. Reß u. Messchaert, lebt in Wien

STEINER, Frz Xav. * 4/3 1840 Rosenheim, † 17/6 1883 München, ZithVirt.

STEINER, Friedr. * 1893, † 29/9 1927 verd. KirchChordir. in Nürnberg

STEINER, Heinr. * 12/12 1875 Ludwigsburg, ML. u. VerDirig. in Stuttgart. W: KaM., KlavStücke, Chöre, Lieder

STEINER, Heinr., ps. Heinr. BORT, Henry STOWER * 27/11 1903 Oehringen, Württ., TheaKM. in Würzburg, ausgeb. a. d. Konserv. in Frankfurt a. M. u. Berlin als Pianist (u. a. v. L. Kreutzer, Egon Petri) u. KM. (v. Jul. Prüwer); konzertiert viel mit seinen StrQuart. spielenden Brüdern bes. am Berliner Rundfunk, war TheaKM. in Lübeck, 1934/35 KM. der Funkstunde Berlin

STEINER, Hugo * 2/12 1862 Zara (Dalm.), Schüler des Wiener Konserv., bes. von Grün u. Rob. Fuchs, 1883 im HofopOrch. (SoloBr.), seit 1907 KonservL., auch f. Viole d'amour. W: 3 BrKonz., Viola-Technik, Etüden

STEINER, Jakob — s. STAINER

STEINER, Rud. * 27/2 1861 Kraljevic (Kroat.), † 30/3 1925 Dornach/Basel, der bekannte Anthroposoph. W: ‚Eurhythmie als sichtbarer Gsg‘

STEINER, Rud. * 2/7 1863 Stendal, ausgeb. in Weimar u. bei Rauchenecker, seit 1889 ML. in Elberfeld. W: OrchStücke, MChöre, Lieder

STEINER, Wilh. * 1872 Schänis (St. Gallen), seit 1903 SchulML. in Chur. W: Singspiel, Kantaten, Chöre

STEINERT, Alex. Lang * 1900 Boston, lebt in Paris. W: Sinf. Dichtg, KaM., KlavSon., Gsg mit Orch.

STEINERT, Ludw. * 15/3 1865 Göttingen, Schüler des Instit. f. Kirch- u. SchulM. in Berlin, 1884 SemML. in Usingen. W: KlavStücke, Chöre

STEINGRÄBER, Ed. * 1806, † 1906, KlavBauer in Bayreuth. — Sein Sohn Georg * 1/1 1858 Bayreuth, † 16/3 1932 Berlin, baute in seinen letzten Jahren einige bes. gute Cembali

STEINGRÄBER, Theod. * 25/1 1830 Neustadt a. Orla, † 5/4 1904 Leipzig, brachte seinen 1878 in Hannover gegr., nach Leipzig verlegten MVerlag zu Ehren, gab unter dem Ps. ‚Gustav Damm‘ eine sehr verbreitete KlavSchule, instrukt. KlavWerke, Sammlgen u. ein Liederbuch heraus

STEINHÄUSER, Karl * 8/5 1823 Frankenhausen, † 13/3 1903 Mühlhausen i. Th. W: ‚Ruth u. Boas‘, ‚Pfingstruf‘ u. a. Gesangsstücke, Org-Vorspiele

STEINHAGEN, Otto * 23/3 1875 Berlin, da MKrit. u. SchulObML. i. R., Schüler H. Wetzels, Fried. E. Kochs u. G. Schumanns. W (ungedruckt)

STEINHARD, Erich, Dr. phil. * 26/5 1886 Prag, da Prof. f. MGesch. an d. dtsch. Akad. f. M. u. darstell. Kunst. H: ‚Auftakt. MBlätter für d. tschechoslovak. Republik‘; Vl. Helfert: ‚Die Entwicklg der tschech. M.‘ (übersetzt). W: ‚Zur dtsch. M. in der Tschechoslovakei‘, ‚Gesch. des dtsch. Thea. u. des Konzertwesens in Prag 1850—1935‘ (erscheint Ende 1936); mit Gracian Černušák ‚MGesch. von der Urzeit zur Gegenwart‘ (1936)

STEINHART, Frz Xav. * 28/6 1864 Neufra (Hohenz.), seit 1898 GymnML. in Karlsruhe. W: MChöre

STEINHAUER, Karl * 29/5 1852 Düsseldorf, † 31/3 1934 Oberhausen, Schüler von Schauseil, Tausch u. d. Leipziger Konserv., SchulGsgL., regte 1895 VolksMFeste an, 1901/24 städt. MDir. in

Oberhausen. H: Ztschr. ‚Der dtsche Chorgesang' (Trier). W: Oper, Passionskant., MChöre, Lieder usw.

STEINHAUSEN, Alwine — s. FEIST

STEINHAUSEN, Frdr. Adolf, Dr. med. * 13/7 1859 Potsdam, † 23/7 1910 Boppard, Generalarzt. W: ‚Physiologie der Bogenführg auf d. Streichinstr.', ‚Die physiolog. Fehler u. die Umgestaltg d. KlavTechnik'

STEINITZER Max, Dr. phil., ps. Kurt FRÖHLICH * 20/1 1864 Innsbruck, Schüler von A. Kirchner u. Hüttner (München), TheaKM., GsgL., MRef. u. VerDirig. in Halle, Elberfeld, Salzburg, München, Mainz, Mühlheim (Ruhr), 1903 KonservL. zu Freiburg i. B., seit 1911 M-Kritiker in Leipzig, da † 21/6 1936. W: ‚Über die psycholog. Wirkgen d. musikal. Formen', ‚Musikal. Strafpredigten', ‚Musikhistor. Atlas', ‚R. Strauß', ‚Meister des Gesangs', ‚Auf Flügeln des Gsgs, ein musik. Büchmann' (ps.); ‚Tschaikowsky' u. a.

STEINKAULER, Walter * 9/4 1873 Wiesbaden, † 15/12 1921 Baden-Baden, Schüler Jadassohns u. Cortolezis, auch MSchr. W: KaM., geistl. Chöre, Lieder u. a.

STEINKE, Arthur * 23/12 1878 Berlin, da KM. W: UnterhaltgsM.

STEINKÜHLER, Wilhelm * 31/3 1871 Hagen i. W., da † 22/9 1924, da Gründer einer MSchule, über 30 Jahre VerDirig. W: MChöre

STEINMANN, Michael * 19/3 (2/4) 1890 Odessa, Schüler des Petersb. Konserv., seit 1915 Dirig., reiste mit einer russ. Operntruppe u. mit Djagilews Ballett nach Westeuropa, jetzt an der Groß. Oper in Moskau. W: sinf. Dichtgen

STEINMANN, Vilem * 31/10 1880 Oplocany, Mähr., seit 1923 in Brünn, SemML. u. Chordir., 1903/22 SchulL. in Proßnitz. W: Sinf. Dichtgen, KlavStücke, Chöre, Lieder u. a.

STEINMETZ — s. STAMITZ

STEINMEYER, Georg Friedr., gründete 1847 in Öttingen die zu Ansehen gelangte, 1919 mit Joh. Strebel in Nürnberg vereinigte OrgBauanstalt

STEINWASCHER, Hans, ps. Hans STEIN * 21/9 1907 Beelitz, lebt in Nowawes. W: UnterhaltgsM.

STEINWEG, Heinr. * 22/2 1797 Wolfshagen, † 7/2 1871 Newyork, Begr. der sehr berühmt gewordenen KlavFabrik, zuerst in Braunschweig (dort noch bestehend als Grotrian-Steinweg), dann in Newyork (Steinway & Sons) seit 1853

STEINWEG, Joh. * 25/12 1892 Berlin, da seit Apr. 1914 I. Geiger der Hof(Staats)Op., Frontsoldat, Schüler v. Salzwedel u. W. Heß, in der Kompos. v. Arno Rentsch. W: KaM., VStücke, Lieder

STEINWENDER, Otto * 8/6 1868 Memel, seit 1807 Organ. u. Kantor in Thorn, seit 1910 auch Gitarrist. W: Stücke f. Git., auch m. and. Instr.; Lieder m. Git.

STEINWERT, Joh. aus Soest — s. SUSATO, Joh.

STELINO, ps. — s. Leop. WENZEL

STELLA, Domenico * 21/2 1881 Carpineto Romano, seit 1920 DomKM. in Assisi, Mönch. W: KirchM.

STELZIG, Hans * 16/5 1896 Außig, seit 1918 ML. in Bokau/Aussig. W: Tänze, Märsche

STELZNER, Alfred, Dr. phil. * 29/12 1852 Hamburg, InstrumBauer in Wiesbaden, dann in Dresden, da † (Selbstmord) 14/7 1906, vermehrte die StrInstrum. (um 1891) erfolglos durch Violotta u. Cellone. W: Opern u. a.

STEMMLER, Ernst * 13/5 1886 Witten (Ruhr), seit 1906 L., Organ. u. Chordir. in Buer/Resse (Westf.), ausgeb. in Essen. W: MChöre

STENBORG, Karl * 25/9 1752 Stockholm, † 1/8 1813 Diugården, OpSgr, TheaDir., 1780/99 in Stockholm. W: Singspiele, SchauspielM.

STENDHAL, d. i. BEYLE, Henri * 23/1 1783 Grenoble, † 23/3 1842 Paris, der große Dichter. W: ‚Vie de Haydn, Mozart et Metastasio'; ‚Vie de Rossini' (1823)

STENGEL, Theophil, Dr. phil., ps. Theo ENGEL * 12/7 1905 Bodersweier, Kr. Offenburg (Bad.), MSchr. in Berlin, studierte in Heidelberg u. Berlin, Meisterschüler Geo. Schumanns. W: Te deum, weltl. Chorwerk m. Orch.; Lieder, auch m. Orch.

STENGELE, Arthur * 20/2 1878 Gutach, bad. Amt Wolfach, urspr. Theologe, Schüler des Konserv. in Karlsruhe, seit 1900 ML., seit 1904 Organ. u. Chordir. in Konstanz. W: Messen u. a. KirchM., weltl. Chöre, Märsche, Tänze

STENHAMMAR, Wilh. * 7/2 1871 Stockholm, da † 20/11 1927, lebte da seit 1923 der Komposition, Schüler d. dortigen Konserv., 1898 Dirig. d. Philharm. Gesellsch., 1900 OpKM., 1907/23 Dir. des SinfOrch. in Gotenburg, treffl. Pianist. W (wertvoll): Opern, Chorwerke, Sinfon., Ouvert., 2 KlavKonz., 4 StrQuart., KlavStücke, Lieder

STENZEL, Karl * 26/1 1869 Berlin, ML. in Eichwalde, Kr. Teltow, Schüler Frz Kullaks. W: KlavStücke, Lieder

STEPAN, Wenzel, Dr. phil. * 12/12 1889 Peček (Böhmen), treffl. Pianist, seit 1919 AesthetikProf. am Konserv. in Prag, Schüler V. Novaks. W: KaM., KlavStücke, Chöre, Lieder. B: böhm. Volkslieder

STEPHAN, Carlo * 19/2 1900 Offenbach a. M., seit 1924 KlavVirt. u. ML. in Hamburg, ausgeb. in Frankfurt a. M. (Univers.), Schüler W. v. Baußnerns, A. Hoehns u. Fritz Malatas. W: Ballette, M. zu tänz. u. gymn. Übgen, TanzSuiten, KaM., KlavStücke, Lieder

STEPHAN, Joh., seit 1589 Organ. in Lüneburg. W: ‚Neue teutsche Gsge nach Art der Madrigalien‘, ‚Newe teutsche weltl. Madrigalia u. Balletten‘ (1619)

STEPHAN, Martin * 22/8 1900 Leipzig, Organ. u. Chordir. in Havelberg, ausgeb. in Leipzig (Konserv.; Zschochersches Inst.). W: Chöre, auch mit Orch., OrgStücke, Märsche. B: Volkslieder

STEPHAN, Rudi * 29/7 1887 Worms, gefallen 29/9 1915 bei Tarnopol, Schüler von B. Sekles, Rud. Louis u. Heinr. Schwartz. W: Oper ‚Die ersten Menschen‘ (wertvoll), M. f. Orch., desgl. f. 7 Saiteninstrum., desgl. f. V. u. Orch., Lieder

STEPHANI, Herm., Dr. phil. * 23/6 1877 Grimma, stud. erst Jura, dann M. in Leipzig u. München, 1903 Dirig. in Sonderburg, 1905 in Flensburg, 1906 Organ. u. GsgVerDir. in Eisleben, seit 1921 UniversMDir. (1927 ao. Prof.) in Marburg a. L., tritt für einheitl. Aufzeichn. der Partituren im VSchlüssel ein (Muster Schumanns Manfred-Ouvert.). W: Ouvert., OrgFuge, Chöre, auch mit Orch., Lieder; ‚Der Charakter der Tonarten‘, ‚Grundfragen des MHörens‘. B: Händels ‚Judas Makkabäus‘ u. ‚Jephtha‘, Webers ‚Euryanthe‘

STEPHANOFF, Ivan, ps. = A. W. RAWLINGS

STEPHEN, David * Dundee, seit 1905 MSchulDir. in Dunfermlinie (Schottl.), tücht. Organ. u. Chordirig., seine Nationalität betonender, fruchtbarer Komp. W: KaM., Messe, Kantaten, Chöre

STEPHEN, Edward * 1822 Festiniog, † 1885 Tanymarian, komponierte als erster aus Wales stammender ein Oratorium (‚Storm of Tiberias‘)

STEPHENS, Charl. Edw. * 18/3 1821 London, da † 13/7 1892, Organ. u. Pianist. W: Sinfon., Org- u. KlavStücke, KirchM., Lieder

STERK, Wilh. * 28/6 1880 Budapest, OpttenLibrettist in Wien

STERKEL, Joh. Frz Xav. * 3/12 1750 Würzburg, da † 21/10 1817, urspr. Theologe, 1781 Kanonikus in Aschaffenburg, da 1794/97 Nachfolger Righinis als kurfürstl. KM., verlor durch die französ. Besetzg diese Stelle, doch 1805 wieder bischöfl. HofMDir. in Aschaffenburg bis 1814, dann in Würzburg; treffl. Pianist. W (von den Zeitgenossen sehr geschätzt): 10 Sinfon., Ouvert., viel KaM., KlavKonz., Sonaten u. Stücke, Duette, viele Lieder (ungedr. KirchM.)

STERLING, Antoinette * 23/1 1850 (?) Sterlingville, NY., † 9/1 1904 Hampstead, berühmte Altistin, Schülerin der Frau Marchesi, der Frau Viardot-Garcia u. Manuel Garcias, seit 1873 in London, verheir. mit John Mac Kinlay

STERLING, Lee, ps. = Hubert W. DAVID

STERN, Emil † 26/7 1925 Wien. B: Optten nach Lanner u. Mendelssohn

STERN, Geo. * 1867 Königsberg i. Pr., † 25/3 1934 Berlin, da ElektroIng., Schüler M. Bruchs, befreundet mit Reger. W: Sinf., KaM., Kantate ‚Hiob‘, Chöre, Lieder, auch mit Orch.

STERN, Georg F. T. * 1803 Straßburg i. Els. da † 1886. W: KirchM., OrgStücke, KlavStücke, Lieder

STERN, Georges, ps. =LECOCQ, Alex. Ch.

STERN, Jonathan * 10/5 1872 Karlsruhe, ev. Pfarrer in Dossenbach/Schopfheim (Bad.) s. 1901. W: geistl. Solo- u. ChorLieder

STERN, Jos. W. † 31/3 1934 (64jähr.) New York, da MVerleger. W: volkstüml. Lieder

STERN, Jul. * 8/8 1820 Breslau, † 27/2 1883 Berlin, konzertierte frühzeitig als Geiger, bildete sich in Berlin weiter, gründete da (nach Reisen) 1847 den nach ihm benannten, 1912 aufgelösten GsgVer., errichtete 1850 mit Marx u. Kullak das (als Sternsches) berühmt gewordene Konserv., bildete als GsgL. treffl. Schüler, 1867/75 Dirig. der ehemal. Liebigschen Kap. W: Lieder, Gsge, V-Stücke usw.

STERN, Jul. * 13/5 1858 Wien, da † 6/1 1912. W: Opern, Optten, Possen usw.

STERN, Margarethe, geb. Herr * 25/11 1857 Dresden, da † 4/10 1899, treffl. Pianistin, Schülerin Liszts u. Klara Schumanns; 1881 verheir. mit dem Literaturhistoriker Dr. Ad. Stern († 1907)

STERN, Walter, ps. Frank KONRAD * 21/12 1903 Repzin/Grabow, Meckl., KM. u. Bearb. in Schwerin, Schüler G. Paepkes. W: UnterhaltgsM.

STERNBERG, Erich Walter * 31/5 1891 Berlin, da (Charlottenburg) ML. u. MSchr., stud. M. nach dem ersten jurist. Examen bei Leichtentritt. W: 2 StrQuart., KlavTrio, ‚Östl. Visionen‘ für Klav., Chorzyklus, viele Lieder

STERNBERG, Konstantin * 9/7 1852 Petersburg, † 31/3 1924 Philadelphia, treffl. Pianist, Schüler des Leipziger Konserv., Th. Kullaks u.

Liszts, seit 1885 in Amerika, seit 1889 in Philadelphia MSchulDir. W: KaM., viele KlavStücke; ‚Ethics and esthetics of piano playing'

STERNFELD, Rich., Dr. phil. * 15/10 1858 Königsberg, † 21/6 1926 Berlin-Zehlendorf als Prof. d. Gesch. an d. Univers. Berlin, begeisterter Wagnerianer (Bayreuthianer), treffl. Pianist. W: Oper, VcStücke, Lieder u. a.; ‚Beethoven u. Wagner', ‚Hans v. Bülow', ‚Beethovens Missa solemnis', ‚Alb. Niemann', ‚Musikal. Skizzen u. Humoresken'. H: Aus Wagners Pariser Zeit; Wagners Schriften Bd. 12

STERNITZKI, Maximilian * 7/1 1892 Breslau, L. am Konserv. der Stadt Berlin (früher Sternsches Konserv.; da ausgeb.), auch Orch- und Chordir., zeitw. TheaKM.; urspr. Geiger, auch Schüler Karl Habas. W: SinfDichtg, KaM., Chöre, Lieder

STERNSDORFF, Helene * 16/5 1881 Solingen, da Organ. u. Chordir. W: Lieder

STETEFELD, Louis * 15/2 1841, † 30/9 1911 Mühlhausen, Thür., MilKM. i. R. W: Märsche

STETTEN, Gert van, eigtl. Hellmuth FISCHÖTTER * 21/12 1906 Ravensburg, lebt in Berlin. W: FilmM.

STETTEN, Hans v. * 18/10 1890 Augsburg, Landwirt in Burtenbach, bayr. Schwaben. W: UnterhaltgsM.

STEUER, Rob. * 1831 Laubenzedel (MFrank.), † 6/3 1895 Erlangen, ML., 1883 Dir. d. städt. Konserv. in Nürnberg. W: KaM., KlavStücke, GsgM.

STEUERLEIN, Joh. * 5/7 1547 Schmalkalden, † 5/5 1613 Meiningen, da seit 1589 Notar, 1604 Stadtschultheiß. W: geistl. Gsge

STEUERNAGEL, Erwin — siehe SACHSE-STEUERNAGEL

STEVEN, Fritz * 3/1 1877 Berlin, lebt da, Schüler Paul Bekkers u. O. Taubmanns, auch M-Schr. W: OrchStücke, KlavStücke, Chöre, Lieder

STEVENS, David * 12/8 1860 Fitchburg, Mass. Librettist in Boston, Mass.

STEVENS, Richard J. S. * 1757 London, da † 1837. W: M. zu Shakespeares ‚Sommernachtstraum', Glees

STEVENSON, John A. * 1761 Dublin, da † 1833. W: KirchM., Glees, Lieder. H: Moores ‚Irish melodies' m. Begl.

STEWART, Humphrey John * 22/5 1856 London, † 28/12 1932, Organ. in San Francisco usw. seit 1886, seit 1917 in Sant Diego. W: Opern, Orator., Messen usw.

STEWART, Rob. Prescott * 16/12 1825 Dublin, da † 24/3 1894, Organ. u. UniversMDir.,

1872 geadelt, 1873 Leiter der Philharm. Gesellsch. W: Kantaten

STEWART-JONES, Emily Pauline † (91jähr.) 7/1 1934 Hove Sussex. W: Hymnen, Kinderlieder

STEZENKO, Kyrill * 1885, † Mai 1922 Kiew, da ausgeb., da ML. W: KirchM., u. a. ‚Requiem', KlavStücke

STHAMER, Heinrich * 11/1 1885 in Hamburg, da Schüler Emil Krauses, 1903/05 auf dem Leipziger Konserv., 1905/07 bei Schröder in Sondershausen, 1907 Theor- u. KontrapunktL. in Berlin; 1915/19 Kriegsteilnehmer. Seit 1919 TheorL. am Krüß-Färber-Konserv. in Hamburg. W: Opern, 2 Sinf., KlavKonz., KaM., Totenmesse, buddhist. Orator., Gsge von verlorener Liebe mit Orch.

STIASTNY, Bernh. Wenzel * 1760 Prag, da † 1835, Vcellist im TheaOrch., 1810/22 KonservL. W: VcellSchule, Sonaten f. 2 Vc. — Sein Bruder Franz Johann * 1764 Prag, da † ca. 1820, noch bedeutender als VcVirt. W: KaM. für Vc

STICH, Joh. Wenzel, gen. PUNTO * 1746 Zchuzicz/Czaslau, † 16/2 1803 Prag, berühmter, vielgereister Hornvirt., Beethoven schrieb für ihn die Sonate op. 17. W: 14 Konz., 24 Quart. f. Horn u. StrTrio, 20 HörnerTrios, HörnerDuos, Etüden usw., Hornschule.

STICH, Jos. † 12/5 1914 München, 1871 KM. in Zürich, dann an verschiedenen Thea., seit 1878 Chordir. u. seit 1891 Ballettdirig. am Münchner Hofthea., seit 1896 auch L. a. d. Akad. d. Tonkunst. W: Oper u. a.

STICHTENOTH, Friedr., Dr. phil. * 16/9 1900 Kassel, seit 1927 MRef. u. KonservL. in Köln. W: BühnenM., OrchM., Chöre, Lieder

STIEBER, Hans * 1/3 1886 Naumburg a. S., seit 1922 in Hannover Dir. d. MGsgVer., eines OratVer. u. der MadrigalVer., vorher TheaKM. u. KonzDir. an versch. Orten, ausgeb. in Sondershausen u. Leipzig, auch Dichter. W: Opern, gr. Chorwerke, Lieder (auch m. Orch.), Melodram, KaM. B: Cherubinis ‚Wasserträger'

STIEBERITZ, Ernst * 31/5 1877 Cöthen, MDir. in Danzig, Bearb. f. MilM., ausgeb. in Berlin (Hochschule). W: Optte, OrchFantas., Märsche

STIEBITZ, Kurt, Dr. phil. * 12/6 1891 Spandau (Sohn Richards), lebt in Berlin, Schüler v. Gernsheim u. R. Strauß. W: Opern, Sinf., sinf. Dichtg, Melodram, KlavStücke, MChöre, Lieder — ps. Ix YPSILON

STIEBITZ, Richard * 13/8 1858 Spandau, da † 6/6 1924, MVerDir., treffl. ML., Schüler der Kullakschen Akad., bes. Pianist. W: 3 Opern, 2 Sinf., sinf. Dichtg, Ouvert. u. a. f. Orch., Chöre, Lieder

STIEDRY, Fritz, Dr. jur. * 11/10 1883 Wien, seit 1933 GMD. der Philharmonie in Leningrad, Schüler Mandyczewskis, 1907/08 Assistent bei Schuch-Dresden, OpKM. an verschied. Orten, 1916/23 I. KM. an der Berliner Staatsop., 1924/25 Dir. d. Wiener Volksop., 1929/33 KM. der städt. Op., in Berlin. W: KaM.

STIEGLER, Karl * 26/1 1876 Wien, da † 5/6 1932, seit 1899 in der Hofoper, HornVirt. W: Hornschule, KaM. f. Horn, TurmM. u. a.

STIEGLITZ, Olga, Dr. phil. * 26/9 1856 Groß-Luckow (UckerM.), seit 1880 in Berlin, MSchr. W: ‚MÄsthetik‘ u. a.

STIEGMANN, Eduard † 23/11 1880. W: Singspiele

STIEHL, Karl * 12/7 1826 Lübeck, da † 2/12 1911, da 1878/97 SingakadDir. W: Klav- u. Gsgskompos., Beiträge z. musik. Lokalgesch. v. Lübeck. — Sein Bruder Heinrich * 5/8 1829 Lübeck, † 1/5 1886 Reval, MDir. u. Organ. in Petersburg, Lüneburg, England, Italien, seit 1880 in Reval. W: Opern, OrchM., KaM., KlavStücke, Chöre, Lieder

STIEHL, Martin Hans Helmuth * 16/1 1907 Leipzig, da ML. da ausgeb. (Konserv.). W: BühnM., StrOrchKonz., KaM., OrgM., Lieder

STIEHLE, Ludw. * 19/8 1850 Frankf. a. M., † 6/7 1896 Mülhausen i. Els., treffl. Geiger, bes. QuartSpieler, Schüler v. Vieuxtemps, H. Heermann und Joachim

STIEL, Ludwig * 8/7 1901 Wien, da ausgeb. (Akad.), KM. in Berlin, bearbeitet bes. OpKlav-Ausz. W: StrQuart., MChöre, UnterhaltgsM.

STIER, Alfons, Dr. phil. * 13/6 1877 Würzburg, da Realschulprof., Organ. u. MRef., vorher in Nürnberg. W: Sinf. Dichtg, Messe, Chöre, auch m. Orch., Lieder u. a.

STIER, Alfred * 27/11 1880 Greiz i. V., Schüler des Konserv. in Leipzig, 1904 Kantor in Limbach (Sachs.), seit 1911 Kantor u. Organ. in Dresden, Vorsitz. des Tonika-To-Bundes. W: Messen, KaM., KlavSonate, Motetten, Lieder, ‚Zur Erneuerg der KirchM.‘ u. a.

STIERLIN, Adolf * 14/10 1859 Adenau (Rheinland), † 26/4 1930 Münster i. W., wo er 1907 ein MInstit. gründete; vorher OpBassist. W: Opern, Ballett, Weihnachtsorat. u. a.

STIERLIN, Kuno (Sohn Adolfs) * 30/8 1886 Ulm, seit 1923 Dir. der OratVereinig. in Hengelo (Holland), vorher TheaKM. an verschied. Orten. Wohnt in Oldenzaal, Holl. W: Opern, OrchM., KaM., Lieder

STIERLIN-VALLON, Henri * 12/12 1887 Lausanne, da KonservKlavL. (1914), s. 1920 in Paris W: OrchSuite, KaM., KlavStücke, Orator., Lieder

STIGHELLI (STIGELE, Geo.), Giorgio * 1820 Ingstetten, † 3/7 1868 Boschetti am Comer See, vielgereister Tenorist. W: Lieder, u. a. das volkstümlich gewordene ‚Die schönsten Augen‘

STIGLER, Karl † 11/3 1926 Wien. W: Optte, MChöre

STILL, William Grant * 1895 Woodville, Missisippi, lebt in Jamaica, NY, Schüler Vareses. W: Ballett, Sinf., sinf. Dichtgen, Gsge m. Orch.

STILLER, Karl * 22/5 1837 Kaltwasser/Lüben (Schles.), † 27/12 1894 Leipzig, Organ. u. ML. W: KlavStücke, (Sonate usw.), OrgStücke, Lieder usw.

STILLER, Max * 19/12 1867 Jutroschin, † 1931 Leipzig, 1893/1920 städt. KM. in Hirschberg i. Schles., 1901/20 auch KurKM. in Bad Warmbrunn, seit Herbst 1920 MDir. in Leipzig, 1923 I. Vorsitz. des Dtsch. MDirVerbands. W: Oper, Ouvert., Tänze, Märsche, MChöre, Lieder

STILLER, Oswald * 6/9 1889 Hannover, Mker in Berlin, Schüler u. a. P. Juons. W: OrchSuite, Ouvert., KaM., Lieder

STILLER, Paul * 28/3 1831 Langenbielau, Schles., † 25/11 1895 Posen, da seit 1867, ML. u. Chordir., vorher SchulL. W: MChöre, auch mit Orch.

STILLMAN - KELLEY, Edgar * 14/4 1857 Sparta/Wisc., stud. 1877 in Chicago bei Eddy (Kontrap.) u. Ledochowski (Klav.), dann in Stuttgart bei Seifriz, Speidel u. Finck, 1880/88 ML. in San Francisco, 1888 Organ. u. Dirig. in Newyork, 1896/1901 L. a. d. Staatsunivers. in San Francisco, 1901 an d. Yale-Univers. in Newyork, 1902/13 in Berlin; seitdem am Konserv. in Cincinnati. W: Oper ‚Puritania‘, DramenM. ‚Macbeth‘, ‚Ben Hure‘, ‚Prometheus‘ (Äschylos), ‚Aladin‘-Suite, New England-Sinfon., humorist. Sinfon. ‚Gulliwer in Liliput‘, Suite ‚Alice in Wonderland‘, ‚The pit and the pendulous‘, KlavQuint., StrQuart., KlavStücke, Orator. ‚The Pilgrims Progress‘, Balladen, Lieder

STILZ, Philipp * 5/6 1877 Conz/Trier, seit 1923 ObML. u. Chordir. in Saarbrücken, Schüler des Instit. f. KirchM. in Berlin. W: MChöre. H ‚Sang von der Saar‘

STIMMER, Karl, Dr. phil. * 17/7 1901 Baden/Wien, TheorL. in Wien, Schüler Karl Weigls u. Frz Schmidts. W: OrchStücke, KaM., KlavKonz. u. Stücke, VKonz.

STINFALICO, Eterio, ps. — s. MARCELLO, Aless.

STINGL, Anton * 25/1 1908 Konstanz, Stud-Ass. (Mathemat.) u. GitL. in Freiburg i. B., ausgeb. in Wien (Gal). W: KaM. mit Git., GitStücke, Lieder

STIRLING, Elizabeth * 26/2 1819 Greenwich, † 25/3 1895 London, 1839/80 treffl. Organ. W: OrgStücke, Lieder

STIRZ, Hans * 2/2 1877 Deutsch-Wilmersdorf, KBassist der Staatsop. in Berlin, da ausgeb. (Hochschule). W: KBKonzerte, Stücke u. Etüden; Vc-Stücke, FlStücke, FagStücke

STIX, Otto * 14/11 1873 Wien, da KBVirt., seit 1898 in der Hofoper. W: OrchM., KlavStücke, Lieder

STOBÄUS, Joh. * 6/7 1580 Graudenz, † 11/9 1646 Königsberg, Schüler Eccards, 1603 Kantor, 1627 KM. zu Königsberg. W: ‚Cantiones sacrae', geistl. Lieder (Choräle), preuß. Festlieder u. a.

STOBITZER, Heinr. * 13/12 1856 Waldsassen, † 1/5 1929 München, Op- u.OpttenLibrettist

STOCK, Friedrich A. * 11/11 1872 Jülich, Schüler des Kölner Konserv., 1891/95 Geiger im Kölner städt. Orch., dann im Thomas-Orch. zu Chicago, da 1901 Hilfsdir. u. 1905 Nachfolger von Thomas, bedeut. Dirig. W: Sinfon. u. sonstige OrchM., KaM., Lieder

STOCKER, Eduard * 1842 Budapest, † 4/7 1913 Wien, da sehr geschätzter Pianist. W: KlavStücke, Lieder. — Sein Sohn E d u a r d P a u l * 6/2 1879 Wien (1900/18 Offizier), da MSchr. W: Oper, sinfon. Dichtg, Tänze, Märsche, Lieder. — Sein Bruder S t e f a n * 1845 Budapest, † 1910 Wien. W: KlavStücke im Brahmsschen Stil

STOCKHAUSEN, Frz * 1792 Köln, † 1868 Colmar i. Els., HarfVirt., Begr. der Singakad. in Paris (1827). W: HarfKompos.

STOCKHAUSEN, Frz * 30/1 1839 Gebweiler i. Els., Schüler v. Alkan u. d. Lpzger Konserv., 1868/79 Dir. der Soc. de chant sacré u. DomKM. in Straßburg, da 1871/1907 KonservDir., da † 4/I 1926

STOCKHAUSEN, Jul. * 22/7 1826 Paris, † 22/9 1906 Frankf. a. M., sehr geschätzter Lieder-Sgr (Barit.), Schüler Garcias, seit 1845 in London u. später auf Reisen, 1862/67 Dirig. in Hamburg, 1869 KaSgr in Stuttgart, 1874/78 Dirig. des Sternschen Gesgver. in Berlin, 1878/79 L. am Hochschen Konserv. in Frankf. a. M., gründete da eine eigene GsgSchule, befreundet mit Brahms u. Klara Schumann. W: ‚Gsgs-Unterrichts-Methode'

STOCKHAUSEN, Wilh. * 10/2 1872 Ehrenbreitstein, seit 1900 DomKM. in Trier. W: KirchM

STOCKHOFF, Walter William * 12/11 1886 St. Louis, lebt dort, Autodidakt, der Busonis Aufmerksamkeit erweckt hat. W: Amerikan. sinfon. Suite, OrgM., KaM., KlavStücke (Sonate, Metamorphosen, Impressionen), VStücke

STOCKMANN, Aloys * 12/6 1887 Fuchsstadt/Hammelburg, seit 1925 MStudRat in Kempten, vorher auch OrchDir., u. a. in Buffalo 1921/25. W: Messen, Chöre, auch m. Orch., 2 StrQuart. u. a.

STOCKMANN, Jul. M. * 1839 Petersburg, † 4/12 1905 Kursk, MittelschulL. u. Gitarrist. W: GitKompos.

STOCKMARR, Johanne * 21/4 1869 Kopenhagen, da KonservL., hervorr. KlavVirt.

STOCKOWSKI, Leop. — s. STOKOWSKI

STÖBE, Paul * 20/1 1863 Neukirchen/Chemnitz, Schüler des Lpzger Konserv., 1890 OratorVerDir. in Halberstadt, 1891 da Domorgan., seit 1894 in Zittau KirchMDir. u. StudRat, Dir. des KonzVer., BachVer., LGsgVer., Volkschors, 1916 Prof., † 12/6 1935. W: Motetten, MChöre, H: Chorbuch f. die sächsischen KirchChöre

STOEBER, Geo. * 1/10 1879 Freising, Schüler der Akad. in München u. Lamonds, treffl. Pianist, 1905/12 auf Konzertreisen, seit 1912 Akad.L. in München, da † 20/8 1926. W: KaM. mit Git, KlavStücke, Lieder

STÖBER, Heinr. Wilh. Jos. * 9/3 1850 Ellershausen, Kr. Witzenhausen, † 7/2 1914 Mühlhausen (Thür.), da seit 1896 SemML., Schüler d. Instit. f. KirchM. in Berlin, 1876/84 SemML. in Petershagen i. W., 1884/96 in Mettmann (Rh.). W: MChöre, auch m. Orch., Lieder, V-, Org- u. KlavStücke usw.

STOECKERT, Hermann * 18/12 1852 Kalbe/S., † 30/1 1933 Neuruppin, GsgL. in Berlin, da 1889/1900 KirchChordir. W: Kantaten, Chöre, 4- u. 6hd. KlavStücke

STÖCKL-HEINEFETTER, Klara — s. HEINEFETTER

STÖCKLIN, Aug. * 1873 Isenheim (Els.), da † Dez. 1919, Schüler des Straßburger Konserv. W: Oper, KirchM., KlavStücke, Lieder

STOECKLIN, Konrad * 1/4 1813 Hofstetten (Solothurn), † 1889 Kloster Einsiedeln, da Mönch seit 1832; Organist. W: Messen, Chöre

STOECKLIN, Leo * 23/2 1803 Hofstetten (Solothurn), † 21/2 1873 Kloster Mariastein, da Abt seit 1867, vorher Organist, verdient um die KirchM. im Elsaß. W: KirchM., Chöre

STÖHR, Ludwig * 1842 St. Pölten, da † 23/6 1902, 1867/99 VerDirig. W: Messen, Offertor., Chöre, Lieder, auch Orch- u. KlavKompos.

STÖHR, Rich., Dr. med. * 11/6 1874 Wien, Schüler des Wiener Konserv., da seit 1901 TheorL. W: ‚Leitfaden der Harmonielehre', ‚desgl. des Kontrapunkts', ‚Modulationslehre', ‚Musikal. Formenlehre', Opern, Sinfon., OrchSerenade, TrompKonz., KaM., OrgSonate, KlavStücke, Orator., Chöre, auch m. Orch., Duette, Lieder

STOEHTER, Ernst * 30/3 1862 Solingen, † 1/9 1933 Leipzig, da seit 1923 ML., 1901/23 KonservDir. in Düsseldorf. W: Opern, sinfon. Stücke, Tänze, Märsche, MChöre

STÖLZEL, Gottfr. Heinr. * 13/1 1690 Grünstädtl, Erzgeb., † 27/11 1749 Gotha, lebte in Breslau, Italien, Prag, Gera, zuletzt als HofKM. in Gotha. W: Opern, Messen, viele Kirchkantat., InstrumM., u. a. Konz. f. 2 Orch., VKonz., Abhandlg üb. künstl. Kontrapunkte

STÖPEL, Frz, Dr. phil. * 14/11 1794 Oberheldrungen, Prov. Sachs., † 19/12 1836 Paris, MSchr., gründ. MSchulen nach Logiers System, zuletzt in Paris ohne Erfolg, eifriger MSchr. W: KlavStücke, Lieder

STÖPEL, Rob. Aug. * 1821 Berlin, † 1/10 1887 Newyork, da seit 1850. W: Opern

STÖR, Karl * 29/6 1814 Stollberg/Harz, † 17/1 1889 Weimar, da 1851 OpMDir., 1868 HofKM. W: Sinf. Tonbilder zu Schillers ‚Glocke', Ouvert., VKonz., Klav- u. GsgKompos.

STOESSEL, Alb. Frederic * 11/10 1894 St. Louis, seit 1921 in Newyork, Dirig. der Oratorio Society u. Leiter der M. an der Univers., Geiger, Schüler d. Berliner Hochschule. W: KaM., VStücke, Lieder; ‚The technic of the baton'

STÖVER, Walter * 13/12 1894 Bremen, seit 1934 GenMDir. in Bad Nauheim, 1925/33 KurKM. in Pyrmont, wo er sich durch MFeste recht verdient gemacht. W: OrchSuite, Ouvert., Lieder

STÖVING, Karl * 7/5 1861 Leipzig, VSchüler Schradiecks u. Léonards, seit 1914 VL. in NewYork u. auch New Haven. W: ‚Von d. Violine'; ‚Kunst d. Bogenführg'

STÖWE, Gust. * 4/7 1835 Potsdam, da † 30/4 1891, gründ. da 1875 eine MSchule, Pianist, Schüler von Marx. W: Chöre, Lieder, KlavStücke; ‚Die KlavTechnik als mphysiolog. Beweggslehre' (1886)

STOJANOVIĆ, Stefan — s. MOKRANJAC

STOJANOVICS (Stojanovič, Sztojanovits), Jenö (Eugen) * 1864 Budapest, da † 1919, KirchKM. W: Opern, Optten, Ballette; Lehrbücher

STOJANOVITS, Peter * 6/9 1877 Budapest, seit 1925 Dir. des Konserv in Belgrad, Schüler Hubays u. des Wiener Konserv., gründete 1913 in Wien eine ‚VSchule f. höhere Ausbildg'. W: Opern, Optte, KaM., 2 Konz., Stücke u. Etüden f. V.

STOJOWSKI, Sigismund * 2/5 1870 Strelzy (Polen), Schüler von L. Zelenski, Diemer und Delibes, zuletzt von Paderewski, namhafter Pianist, seit 1907 in Newyork. W: Sinfon., Suite, OrchVariat., KaM., 2 KlavKonz., VKonz., VcKonz., KlavStücke

STOKOWSKI, Leop. Ant. Stanisl. * 18/4 1882 London, ausgez. Dirig., 1912/34 in Philadelphia, wo er 1923 auch die ‚Band of gold' (Blasorch.) ins Leben rief, seit Ende 1935 wieder Dirig. des SinfOrch. in Philadelphia

STOLCER-SLAVENSKI — s. SLAVENSKI

STOLL, Edmund, MVerl. in Leipzig, 1909 an Max Pohl-Wohnlich in Basel verkauft

STOLL, Karl * 4/8 1893 Schloß Oranienstein/ Diez a. d. Lahn, TheorL. am Hochschen Konserv. seit 1923 u. Chordirig. in Frankfurt a. M., da ausgeb. u. a. bei Iw. Knorr, W. v. Baußnern. W: Chöre, auch m. Orch., bes. MChöre, Lieder

STOLLBERG, Ferd., ps. = Felix SALTEN

STOLLBERG, Oskar * 18/10 1903 Berlin, seit 1929 Kant. u. Organ. in Schwabach/Nürnberg. W: KirchM. B: Volkslieder 3- u. 4stimm.

STOLLEY, Aug. * 4/9 1833 Warder/Segeberg, † 9/12 1912 Kiel, Schulrektor. W: ‚Gsgfreunde'

STOLP, Ewald * 26/1 1895 Stettin, da Kaufmann. W: Lieder, UnterhaltgsM.

STOLTE, Wilhelm * 5/7 1873 Evenhausen (Lippe), ObL. in Lage, Bundeschormeister d. Lippeschen MGsgVer. usw. W: ‚Liederborn', ‚Singfibel'

STOLTZ, Rosine (auch Mad. Héloise u. Mad. Ternaux) * 13/2 1815 Spanien, † 28/7 1903 Paris, ausgez. Sgrin, 1837/47 an d. Großen Oper, war verheiratet mit Conte Lesignano. W: Lieder

STOLTZER, Thomas * um 1480 Schweidnitz, † 29/8 1526 nach der Schlacht bei Mohacs, ungar. HofKM. W: Hymnen, Psalmen, 5stimm. InstrumFantasien (teilw. NA. Denkmäler dtsch. Tonkunst I Bd 65, 1931)

STOLTZING, Walter, ps. = G. E. BRAND

STOLZ, Eduard † 5/6 1889 Prag (71jähr.), TheaKM., u. a. in Wien u. Prag, treffl. GsgL. W: BühnenM.

STOLZ, Georg * 24/9 1870 Annaberg, Kantor, Organ. u. 1909 KirchMDir. in Chemnitz (treffl. Aufführgen), auch MKrit., † 19/4 1931

STOLZ, Gust. * 10/3 1873 Deutsch-Tschammendorf, MStudRat in Kiel, ausgeb. in Berlin (Akad., Hochschule). W: Trauerkant., Chöre, Lieder, Trio f. V., Ob. u. Org.

STOLZ, Leopold (Bruder Roberts) * 8/9 1866 Graz, lebt in Berlin-Charlottenburg, Schüler Jadassohns u. Reineckes, langjähr. OpKM. in Wiesbaden. W: Oper, viel BühnenM., viele Lieder, sinfon. Dichtg u. a.

STOLZ, Luigi — s. RICCI, Luigi, Sohn

STOLZ, Paul * 15/7 1879 Leitz (Meckl.), seit 1927 MSchuldir. in Ried im Inntal (ObÖsterr.), ausgeb. in Sondershausen, Weimar u. Leipzig, zuerst ML. in Schottland, 1910/15 am Konserv. in Klagenfurt, 1915/23 MDir. in Cilli, 1923/27 in St. Pölten. W: instr. Klav- u. VStücke, Chöre, Lieder

STOLZ, Rob. * 25/8 1880 Graz, lebt in Berlin, seit 1911 nur der Kompos., vorher TheaKM., u. a. in Brünn, Mannheim, lebte viele Jahre in Wien, da sehr gefeiert. W: viele Optten ‚Der Favorit', ‚Die Tanzgräfin', ‚Wenn die kleinen Veilchen blühen' (als ‚Wild Violets' ununterbrochen in London von Aug. 1932 bis Febr. 1934) u. a., viele Tonfilme, (‚Zwei Herzen im ³/₄-Takt', ‚Mein Herz ruft nach Dir', ‚Ich liebe alle Frauen' u. a.), Lieder, Chansons, sehr viele Tänze

STOLZ, Rosine — s. STOLTZ

STOLZE, Heinr. Wilh. * 1/1 1801 Erfurt, † 12/6 1868 Celle, da seit 1823 Schloßorgan., tücht. Klav- u. OrgSpieler. W: Orator., KirchM., OrgVorspiele, KlavStücke, Lieder

STOLZENBERG, Benno * 25/2 1829 Königsberg i. Pr., † 22/4 1906 Berlin, geschätzter OpTenor u. GsgL.; 1878/82 TheaDir. in Danzig, dann GsgL. in Berlin, 1885/96 am Konserv. in Köln, seitdem in Berlin

STOLZENBERG, Georg (ps. Rolf RALLO) * 11/7 1857 Berlin, da MKrit., Schüler Th. Kullaks u. Bargiels. W: Serenade f. Klarin. m. StrOrch., ‚Neue Dichter in Tönen' (Lieder)

STOLZENWALD, Frz, ps. DEWALLY * 17/9 1899 Rixdorf/Berlin, Schüler v. Richard Robert (Wien), Bearb. in Berlin. W: UnterhaltgsM.

STOLZER-SLAVENSKI = SLAVENSKI, Josip

STOLZING, W. di — s. MONLEONE, Dom.

STONE, Eddy, ps. = Hub. W. DAVID

STORACE, Ann * 1766 London, † 24/8 1817 Herne Hill Cottage/Dulwich (Engl.), international bekannte KolorSgrin, für die Mozart die Susanne in ‚Le nozze di Figaro' schrieb, Schülerin Sacchinis

STORACE, Bernardo, veröffentlichte 1664 bemerkenswerte Klav- u. OrgStücke

STORACE, Stephen * 4/1 1763 London, da † 19/3 1796, Schüler des Konserv. in Napoli. W: Opern, Singspiele

STORCH, Anton M. * 22/12 1815 Wien, da † 31/12 1887 VerDirig. W: Opern, Optten, Possen, BühnM., viele MChöre u. a.

STORCH, Gust. Heinr. * 28/1 1877, † im Kriege, war bei Kriegsausbruch Hauptmann im 2. bair. InfReg. in München. W: Optten, Lieder, Märsche

STORCK, Karl, Dr. phil. * 23/4 1873 Dürmenach i. Els., † 12/5 1920 Olsberg i. W. (auf d. Reise), seit 1897 MSchr. u. MKrit. in Berlin, auch Dichter u. Literarhistoriker, verarbeit. die Ergebnisse der Forschg sehr geschickt. W: ‚Opernbuch', ‚Gesch. der M.', ‚Die kulturelle Bedeutg der M.', ‚Mozart', ‚M. u. Musiker in Karikatur u. Satire', ‚MPolitik'

STORIONI, Lorenzo * 1751 Cremona, da † um 1801, der letzte dortige Geigenmacher von Ruf

STORK, Karl * 27/2 1884 Rendel, ObHessen, PosVirt. u. KonservL. in Sondershausen seit 1920, ausgeb. in Frankfurt a. M. (Hochsches Konserv.), viel herumgereist. W: OrchIntermezzi, Tänze u. Märsche (SelbstV.)

STORTI, Riccardo * 26/1 1873 Warschau, Schüler des Mailänder Konserv., gründ. in Rom das Istituto nazion. di m., wo er Kompos. lehrt, auch MSchr. W: Opern, Suite, sinfon. Dichtg, Ouvert., KaM.

STOSCH, Ernst * 21/3 1875 Zedlig, Kr. Rothenburg, Schles., lebt in Berlin-Charlottenburg, Schüler B. Zeitlers. W: Oper, Orat., Lieder

STOWER, Henry — s. STEINER, Heinr.

STRACCIARI, Riccardo * 1875 Bologna, auch in Amerika ber. Bariton., seit 1926 KonservL. in Napoli

STRACK, Ludwig * 26/3 1815 Biedenkopf (Hessen), da † 19/7 1853, ML u. Literat in Baltimore, Komp., Instrumentator

STRADAL, Aug. * 1860 Teplitz, † 13/3 1930 in Schönlinde (NBöhm.), da seit 1919 KlavVirt., Schüler A. Doors u. Bruckners, 1884/86 bei Liszt, 1893/95 in Wien. W: Etüden, Lieder. B: OrchWerke von Bach, Berlioz, Bruckner, Händel, Liszt f. Klav.

STRADELLA, Aless. * um 1645 Napoli, † (ermordet) 1682 Genova, berühmter Sänger u. Tonsetzer, auch KM., der Held in Flotows gleichnam. Oper. W: Oper, Orator., Kantaten, Madrigale. Die ihm zugeschriebenen Kirchenarien nicht von ihm

STRADIVARI, Antonio * 1644 Cremona, da † 18/12 1737, der größte italien. Geigenbauer, Schüler Niccolò Amatis, baute bis 1736 auch vorzügliche Vcelli, Bratschen, Gamben, Lauten usw. — Seine Söhne F r a n c e s c o (* 1/2 1671, † 11/5 1745) u. O m o b o n o (* 14/11 1679, † 8/7 1742) unterstützten ihn

STRÄSSER, Ewald * 27/6 1867 Burscheid, † 4/4 1933 Stuttgart, Schüler Wüllners am Kölner Konserv., da KomposL., 1921/32 am Konserv. in Stuttgart, hervorrag. von Brahms beeinflußter Komp. W: 7 Sinfon., Suite, KlavQuint., 6 StrQuart., KlavTrio, VSonate, VKonz., KlavStücke, Chöre, Lieder

STRÄSSER, Hans (Joh.) Geo. (Sohn Ewalds) * 24/6 1902 Köln, lebt in Berlin. W (sehr fortschrittlich): Messen, Sinfon., OrchSuiten, KaM., KlavSonat. u. Stücke, OrgSonaten u. a.

STRAETEN, Edmond van der * 3/12 1826 Audenarde (Belg.), da † 25/11 1895, geschätzter MHistoriker. W: ‚Jaques de Gouy', ‚J. F. J. Janssens', Charles V. musicien', ‚Les Willems, luthiers Gantois du XVII. siècle', ‚La m. aux Pays-Bas', ‚Les musiciens Belges en Italie', ‚Wagner', ‚Lohengrin' u. v. a.

STRAETEN, Edmund van der * 29/4 1855 Düsseldorf, † 15/10 1934 London, da seit 1880 VcVirt. u. Gambist, ausgeb. in Köln (Konserv.), gründete 1900 mit Sauret den ‚Tonal Art Club', eifriger MSchr. W: VcStücke u. Bearb.; ‚The romance of the fiddle'; ‚History of the Vcllo'; ‚The technique of Vc. paying'; ‚History of the Vlin' (2 Bde, 1933)

STRAHLENBERG — s. SCHMIDT-STRAHLENBERG

STRAKOSCH, Moritz * 1825 Groß-Seelowitz, Mähren, † 9/10 1887 Paris, Pianist u. GsgL., Impresario, vor allem der Patti; vermählt mit Carlotta Patti. W: Opern, KlavStücke; ‚Souvenirs d'un impresario'

STRANSKY, Jos. * 1810, † Anf. Dez. 1890 Wien, langjähr. Vcellist der Hofoper. W: VcKompos.

STRANSKY, Jos. * 9/9 1872 Humpoletz, Böhm., urspr. Arzt, 1898/1903 OpKM. in Prag, 1903/10 in Hamburg, dann KonzDir. seit 1911 in Newyork (deutschfeindlich!). W: Oper, sinfon. Dichtgen, Lieder, auch mit Orch.

STRANSKY, Otto, ps. Wenzel MÜLLER, Enrico SARRONI * 15/5 1889 Brünn, † 23/11 1932 Berlin, da s. 1921 KabarettKM., ausgeb. in Brünn u. Wien, seit 1910 Korrepet. bzw. KM. an Thea. (Leipzig, Wien), Kriegsteilnehmer. W: Optte, Tonfilme, Schlager (auch auf eigene Texte)

STRANTZ, Ferd. v. * 31/7 1831 Breslau, † 25/10 1909 Berlin, zuerst Offizier, OpSger, später Regisseur, 1876/87 Kgl. OpDirektor in Berlin. W: ‚Erinnerungen'; ‚Opernführer' (1907)

STRARAM, Walter † (57jähr.) 24/11 1933 Paris, sehr verdienter Dirig. (eigenes KonzOrch.)

STRASKY, Alois * 23/8 1868 Wien, da GsgL. u. Chordirig. W: KirchM., Chöre jeder Art, Tänze, Märsche

STRASSBURG, Heinz * 3/12 1910 Chemnitz, da KlavVirt., da ausgeb., zeitweise mus. Leiter der WigmannSchule. W (in Vierteltönen): OrchKonz., StrTrio

STRASSER, Alfred, ps. A. CLAIRON * 4/9 1854 Lettowitz (Mähr.), lebte in Wien. W: Optten, Possen

STRASSER, Alfred * 28/5 1895 Wien, TheaKM. in Berlin. W: BühnM., UnterhaltgsM.

STRASSERT, Frz * 11/12 1906 Castrop, Kaufmann in Berlin-Steglitz. W: Tänze, Tanzlieder

STRASSMANN - CESTNIK, Franz, ps. Hans BERNHARDT; Elise WAGNER; auch Cestnik-Straßmann * 28/3 1892, lebt in Hamburg. W: UnterhaltgsM.

STRATER, Tillmann † 31/12 1929 Krefeld. W: Chöre

STRATTNER, Geo. Christof * um 1645 Gols (Ung.), † 11/4 1704 Weimar, da seit 1695 ViceKM. W: Kantaten, KirchLieder

STRATTON, Gregory, ps. = R. R. TERRY

STRATTON, Stephen Samuel * 19/11 1840 London, † 1906 Birminghan, da 1866/82 Organ., seit 1877 MKrit. W: Chöre, KlavStücke; ‚British musical biography' (1897), ‚Mendelssohn', ‚Paganini'

STRAUB, Otto Geo. Theod. * 10/4 1895 Stuttgart, † 21/11 1931 Göttingen, Schüler der Berl. Hochschule, nach Kriegsteilnahme Pfitzners; 1923 bis 1931 in Amerika, zuletzt als L. an der BostonUniv. W: KlavVSon., Altdtsch. Minnelieder

STRAUBE, Karl * 6/1 1873 Berlin, Schüler von H. Reimann (Orgel), Alb. Becker u. Ph. Rüfer, OrgelVirt., 1897 Domorgan. u. KirchChordir. in Wesel, seit 1902 in Leipzig Organ. an d. Thomaskirche, 1903 Dirig. des BachVer. u. 1907 OrgL. am Konserv., 1918 ThomasKantor, 1919 vereinigte er den BachVer. mit dem Gewandhauschor. B: ältere u. neuere Chor- u. OrgM.

STRAUBE, Willy * 17/10 1861, Organ. usw. in Wittenberg. W: Weihnachtsstücke, HausM. f. Klav.

STRAUCH, Arwed, Verlag in Leipzig, bes. f. JugendFestspiele u. Volkstanz, gegr. 1/7 1891

STRAUMANN, Bruno * 26/12 1889 Lostorf (Solothurn), seit 1919 L. an der MSchule in Basel, wo er 1924 eine VolksSingschule gründete. W: KaM., KlavSonaten u. -Stücke, Chöre, Lieder

STRAUS, Erwin (Sohn Oskars) * 5/4 1910 Wien, lebt meist da. W: Optten, FilmM.

STRAUS, Hermann, ps. = Ch. A. RAWLINGS

STRAUS, Ludw. * 28/3 1836 Preßburg, † 15/10 1899 Cambridge, ausgezeichn. Geiger, Schüler Böhms u. Hellmesbergers, 1859 in Frankf. a. M., seit 1865 in London

STRAUS, Oskar * 6/4 1870 Wien, lebt in Bad Buhl (Salzkammergut), Schüler H. Grädeners u. M. Bruchs, TheaKM. an verschied. Orten, zuletzt

1901/02 an E. v. Wolzogens Überbrettl in Berlin, lebte dann teils da, teils in Wien, war auch in Paris u. New York. W: Optten ‚Die lustigen Nibelungen', ‚Hugdietrichs Brautfahrt', ‚Ein Walzertraum', ‚Der tapfere Soldat', ‚Das Tal der Liebe', ‚Niobe', ‚Eine Ballnacht', ‚Der letzte Walzer', ‚Riquette', ‚Marietta' (1928) u. a.; Ouvert., StrOrchSerenade, KaM., ÜberbrettlM. ‚Der lustige Ehemann', ‚Die Musik kommt' usw.

STRAUSS, Edm. v. * 12/8 1869 Olmütz, † 13/9 1919 Berlin, stud. in Wien, TheaKM. in Prag, Lübeck, Bremen u. Berlin (Hofop.) seit 1903. W: Duette, Lieder

STRAUSS, Eduard — s. bei STRAUSS, Johann

STRAUSS, Elisabeth * 27/12 1881, † 25/6 1934 Landsberg a. W., da ML. W: KlavStücke, Lieder

STRAUSS, Frz — s. bei STRAUSS, Rich.

STRAUSS, Hugo * 11/6 1869, KM. in Berlin. W: kl. OrchStücke

STRAUSS, Joh. (Vater) * 14/3 1804 Wien, da † 25/9 1849, HofballMDir., berühmter Tanzkomp., in der Hauptsache Autodidakt; anfangs Bratschist in Lanners Orch., gründ. u. leitete dann 1825 ein eigenes: weite Reisen. Üb. 250 einst außerordentl. beliebte Tänze, bes. Walzer. — Sein Sohn J o h a n n * 25/10 1825 Wien, da † 3/6 1899 übertraf bald seinen Vater an Ruf u. Produktivität; leitete 1844/63 ein eigenes Orch., mit dem er ganz Europa u. sogar Amerika bereiste. Seine Tänze, ein Stück Wiener Volksleben, in allen Erdteilen verbreitet; seine Spezialität der mehrsätzig erweiterte Walzer. Von 1870 an wandte er sich, ohne der Tanzkompos. zu entsagen, mit rasch wachsendem Erfolge der Operette zu; seine erste war ‚Indigo' (1906 neu textiert als ‚1001 Nacht'); am bekanntesten wurden ‚Die Fledermaus' (1874), ‚Der lustige Krieg' (1881) u. ‚Der Zigeunerbaron' (1885). Kein Glück hatte er mit der Oper ‚Ritter Pasman' (1882). — Sein Bruder J o s e p h * 22/8 1827 Wien, da † 22/7 1870, seit 1863 Dirig. der Kapelle seines Bruders, ebenfalls fleißiger Tanz- u. auch OperettenKomp. W: u. a. ‚Frühlingsluft', ‚Das Frauenherz'. — Sein Bruder E d u a r d * 14/2 1835 Wien, da † 28/12 1916, leitete nach Joseph das StraußOrch., das er 1902 in Newyork auflöste. Leider ließ er sein großes, für sein Orchester teilweise bes. eingerichtetes Repertoire verbrennen. W: über 300 Tänze. — Dessen Sohn J o h a n n * 16/2 1876 Wien, Dirig. eines UnterhaltgsOrch. in Berlin. W: Operetten, Tänze

STRAUSS, Johannes * 6/7 1899 Erzgebirge, vielgereister KlavVirt. in Berlin (seit 1924, Wunderkind), Schüler des Dresdner Konserv. u. R. M. Breithaupts, Kriegsteilnehmer, tritt sehr f. lebende Tonsetzer ein. W: StrQuart., Lieder

STRAUSS, Jos. * 1793 Brünn, † 2/12 1866 Karlsruhe, da 1824/63 HofKM., urspr. VVirt. W: Opern u. Optten, Te deum, Kantate, Oratorium, Sinfon., VStücke, Lieder

STRAUSS, Karl, ps. = SOMMER, Karl Julius

STRAUSS, Ludw., VVirt. — s. STRAUS

STRAUSS, Richard * 11/6 1864 München, Sohn des Waldhornisten u. L. an der Münchner MSchule F r a n z Strauß (* 26/2 1822, † 31/5 1905), Schüler F. W. Meyers; 1885 auf Bülows Veranlassg herzogl. MDir. in Meiningen (da durch Alex. Ritter für die neudeutsche Richtg gewonnen), 1886 dritter HofKM. in München, 1889 HofKM. in Weimar u. 1894 abermals in München, 1898/1918 HofKM. (1904 GMD.) in Berlin, 1919/24 mit Schalk Leiter d. Wiener Staatsoper, dazwischen außerordentlich viel als Gastdirig. im In- u. Auslande tätig. Wohnsitz Garmisch (ObBay.) u. zeitw. Wien, 15/11 1933/Juni 1935 Präsident der RMK, oft in Berlin. Als Komp. nahm er in seinen Jugendwerken den Ausgang von den Klassikern, war von Brahms beeinflußt, schlug dann immer mehr neue Bahnen ein, bes. als er sich der Oper zuwandte; vor allem bildete er die farbige Sprache des Orch. in bisher unerhörter Weise aus; stets ein großer Mozartfreund, begann er schon im ‚Rosenkavalier' nach dessen Abgeklärtheit zu streben. Sein reifstes Bühnenwerk, das in der ganzen OpLiteratur eine eigene Stellung einnimmt, ist die ‚Frau ohne Schatten'. Unvergänglich werden auch von seinen sinfon. Dichtgen ‚Tod u. Verklärung' u. ‚Till Eulenspiegel', sowie viele seiner Lieder bleiben. Daß ein Teil der heutigen Jugend seine Überlegenheit nicht mehr anerkennen, ja ihn überhaupt nicht mehr gelten lassen will, ist hoffentlich nur vorübergehend. Ihm starke melodische Erfindg abzusprechen, ist völliges Verkennen. Daß er selbst im hohen Alter noch voller herrlicher Einfälle ist, beweist seine bisher letzte Oper. W: Opern ‚Guntram' (1894. Erlösungsoper im Wagner-Stil), ‚Feuersnot' (1901), ‚Salome' (1905, als unerhört angestaunt, noch immer sehr zugkräftig), ‚Elektra' (1909), ‚Der Rosenkavalier' (1911, ungemein beliebt), ‚Ariadne auf Naxos' (1912, umgearb. 1917), ‚Die Frau ohne Schatten' (1921), ‚Intermezzo' (1924), ‚Die ägyptische Helena' (1928), ‚Arabella' (1933; Seitenstück zum ‚Rosenkavalier'), ‚Die schweigsame Frau' (1935), Ballettpantomime ‚Josephslegende' (1914), Ballett ‚Schlagobers' (1923), Sinfon. f op. 12, ‚Aus Italien' op. 16, ‚domestica' op. 53, ‚Alpen' op. 64, sinf. Dichtgen ‚Don Juan' op. 19, ‚Tod u. Verklärg' op. 24, ‚Macbeth' op. 23, ‚Till Eulenspiegel' op. 28, ‚Also sprach Zarathustra' op. 30, ‚Don Quixote' op. 35, ‚Ein Heldenleben' op. 40, VKonz. op. 8, HornKonz. op. 11, KlavKonz. f. d. linke Hand (Parergon zur Sinf.

domestica u. Panathenäenzug geschr. für Paul Wittgenstein), Sonaten f. Klav. op. 5 bzw. mit V. op. 18, mit Vc. op. 6, KlavQuart. op. 13, StrQuart. op. 2, Bläserserenaden op. 4 u. 9, KlavStücke, 16stimm. Chöre, u. a. ‚Deutsche Motette', Chorwerke mit Orch., zahlr. Lieder, Melodrama ‚Enoch Arden'

STRAWINSKY, Feodor * 20/6 1843 Gouvern. Tschernigow, † 1902 Petersburg, hervorrag., da ausgeb. OpBassist

STRAWINSKY, Igor * 23/5 1882 Petersburg, lebt in Voreppe (Dauphiné,) viel auf Konzertreisen als Pianist, bes. in Bezug auf Rhythmik eigenartiger, auf grotesk-satyrische Wirkgen ausgehender, der Atonalität zeitw. sehr huldigender, aber z. B. in seinem KlavKonz. an Bach anknüpfender Komp., der mindestens ebenso sehr wie Schönberg das musikal. Schaffen der Jugend beeinflußt. W: Opern ‚Die Nachtigall' (1914), ‚Mavra' (1924), ‚Oedipus rex' (1927); Ballette ‚L'oiseau de feu', ‚Petruschka', ‚Le sacre du printemps' (1912), ‚Pulcinella' (nach Pergolese), ‚Renard', burleske Pantomime ‚Apollon Musagète' (1929); Melodram mit Tanz ‚L'histoire d'un soldat' (1918); Sinfon. (1906), 2 OrchSuiten, OrchStück ‚Feuerwerk', Blasoktett, Concertino f. StrQuart., 2 KlavKonz., Konz. f. 2 Klav. ohne Orch., KlavStücke, VKonz., Lieder u. a.

STREABOG, ps. — s. GOBBAERTS

STREBEL, Arnold * 20/9 1879 Schwäb. Hall, seit 1906 Organ. u. Chordir., seit 1919 auch L. (1933 Prof.) an dem Konserv. (Hochsch.) in Stuttgart, da ausgeb., urspr. Theologe, KirchMSachverständiger usw.

STREBEN, Ernst * 25/5 1819 Stralsund, da † 31/3 1871, Liederkomp., ML., Dirig., Kritiker

STRECKE, Gerh. Werner * 13/12 1890 OberGlogau, seit 1925 KonservL. in Breslau. W: BühnM., KaM., OrgStücke, KlavStücke, KirchM., Chöre, Lieder, recht beachtete lustige Ouvert.

STRECKER, Heinz * 24/2 1893 Wien, lebt da, da ausgeb., ObLeutnant a. D. W: Wiener Lieder, Tänze

STRECKER, Ludwig — s. SCHOTT, B.

STRECKER, Wilhelm — s. SCHOTT, B.

STREET, Georges Ernest * 1854 Wien, da † 1908, Schüler Draesekes u. Bizets, MKrit. in Paris. W: Oper, Optten, Ballette

STREHLER, Bernh. * 18/12 1905 Bettlern/ Breslau, da SchulL., Schüler v. Jos. Haas. W: KaM., KlavStücke, Lieder

STREHMEL, Reinhold * 9/2 1870 Berlin, lebt da; Kunstmaler. W: KlavStücke, Lieder

STREICHER, Joh. Andr. * 13/12 1761 Stuttgart, † 25/5 1833 Wien, da KlavFabrikant seit 1793, Erfinder d. Mechanik des Hammerschlags von oben, mit Beethoven befreundet, hatte die Fabrik seines Schwiegervaters Joh. Andr. Stein (s. d.) von Nürnberg nach Wien verlegt

STREICHER, Ljuba * 1887 Wladikawkas, Geigerin u. Komp., ausgebildet in Petersburg, wirkt da. W: Kinderopern, Ballett, Chöre, Lieder, KlavStücke

STREICHER, Theodor * 7/6 1874 Wien, Sohn des KlavFabrik., machte erst seit 1896 bei SchulzBeuthen u. Ferd. Löwe ernstere musikal. Studien, lebt in Kammer a. Attersee. W: Chöre m. Orch., viele Lieder; StrSextett

STREIT, Else * 27/7 1869 Lauenburg (Pomm.), VL. in Berlin seit 1901. W: Märchenop., KaM., VStücke, Lieder u. a.

STREITMANN, Karl * 8/5 1858 Wien, da GsgProf., urspr. Schauspieler, dann sehr gefeierter OpttenTenor, 1882/85 in Prag, dann bis 1900 u. von 1902 ab in Wien

STRELETZKI, Anton (eigentl. Burnand), ps. auch Stepan ESIPOFF * 5/12 1859 Croydon, † 1907, Schüler des Lpzger Konserv. u. Clara Schumanns, in Amerika geschätzter KlavVirt. W: viele KlavSalonstücke, nicht ohne eigenen Reiz

STRELNIKOW, Nikolai * 2/5 1888 Plotzk, ausgeb. in Petersburg, wo er lebt, auch MSchr. W: viele BühnM., KlavKonz., KaM., Sonate u. a. f. Klav., Chöre, Lieder m. Orch.

STREPPONI, Feliciano * 1767 Milano, † 13/1 1832 Trieste. W: Opern. — Seine Tochter Giuseppina, berühmte Sgrin 1834/49, * 8/9 1815 Lodi, † 14/11 1897 Sant' Agata (Buffalo)

STRERATH, Jean = Ernst HANSEN

STRESEMANN, Wolfg. * 20/7 1904 Dresden, Jurist in Berlin, Schüler P. Ertels. W: Sinf., KaM., Lieder

STRICH, Paul, ps. PASTRI * 3/1 1879 Aschersleben, lebt in Dessau, Autodidakt, Zithervirt. W: Optte, MChöre, volkstüml. Lieder (eigene Texte), Tänze, Märsche

STRIEGLER, Georg * 21/1 1874 Dresden, da Chordirig. u. MSchr. W: Chöre, auch m. Orch.

STRIEGLER, Joh. * 25/9 1876 Dresden, da Geiger, seit 1896 in der Staatskap., auch KonservL. † 3/10 1935. W: ‚Hohe Schule des VSpiels'

STRIEGLER, Kurt * 7/1 1886 Dresden, da seit 1912 OpKM., auch KonservL. (OrchKlasse, Kompos.), dessen Dir. 1933, Schüler Draesekes, fruchtbarer Komp. W: Opern, Märchenspiele, Sinfon., Paukenkonz., KaM., KlavStücke, Chöre, Lieder, auch m. Orch.

STRIGGIO, Aless. * um 1535 Mantua, † um 1595, da HofKM., Lautenist u. Organ. W: Intermedien (damals noch selten), Madrigale

STRINASACCHI, Regina * um 1764 Ostiglia/Mantua, † 1839 Dresden, 1785 verheir. mit dem Gothaer HofVcellisten Joh. Konr. S ch l i ck (s. d.), ausgezeichnete, in Venedig ausgeb. Geigerin, für die Mozart die große Sonate in B geschrieben hat

STRITT, Albert * 9/10 1847 Königsberg i. Pr., † 11/2 1908 Dresden, da seit 1908, urspr. Schauspieler, dann Heldentenor, 1879/81 Karlsruhe, 1881/85 Frankfurt a. M., 1885/88 Newyork, 1888/90 Hamburg, 1891 Dresden, dann nur gastierend

STRITZKO, Josef * 17/4 1861 Wien, da † 8/3 1908, da VerDir., Schüler des Konserv. W: Optten, MChöre

STRNAD, Kaspar * 6/1 1752 u. † 13/11 1823 Prag, treffl. VBauer (Stradivari-Modell)

STROBEL, Heinr., Dr. phil. * 31/5 1898 Regensburg, ausgeb. bes. in München, seit Herbst 1927 MKrit. in Berlin, vorher seit 1921 in Erfurt. W: ‚P. Hindemith'. B: Cherubinis ‚Medea'. H: Ztschr. ‚Melos' bzw. ‚Neues MBlatt'

STROBEL, Theo. * 22/10 1876 Hamburg, da VerDirig., seit 1907 Organ. u. KirchChordir. W: geistl. u. weltl. gem. u. MChöre

STROBL, Karl * 1866 Münsterhausen (Bay.), seit 1910 MDir. u. Organ. in Arbon (Schweiz). W: Chöre, Lieder, KlavStücke

STRÖSSENREUTHER, Fritz * 11/5 1888 Schwarzenbach a. S., seit 1911 SchulL. in Hof (Kriegsteiln.), da seit 1921 Chordirig. W: Chöre, auch mit Orch., Lieder, 2 StrQuart.

STRÖTER, Karl Maria Max. * 30/11 1893 Wülfrath/Düsseldorf, SchulL. in Düsseldorf. H: Volkslieder m. Laute

STROHMAIER, Fritz, ps. Fred MYERS * 2/5 1904 München, Kinoorgan. in Dresden, ausgeb. in München (Akad.). W: UnterhaltgsM.

STROMM, Willi * 13/2 1898 Hatten, Kr. Weißenburg i. Els., MDir. in Mülheim, vorher RealgymnGsgL. in Düsseldorf, bzw. SchulL. in Kettwig a. d. Ruhr, Tenor u. Chordir. W: Chöre, Lieder

STRONCK, Rich. * 20/2 1862 Rotterdam, † 21/7 1929 Wassenaar/Haag, lebte seit 1924 in 's Gravenhage als KonservL., vorher in Barmen, sehr verdienter Dirig. der KonzGesellsch. u. des Singver. — Seine Frau A n n a geb. Kappel, hervorrag. KonzSopranistin, seit 1924 gleichfalls KonservL. im Haag

STRONCONE, Alvaro † Febr. 1896 Parma, da KlavL. des Konserv. W: KlavStücke, Gsge

STRONG, Geo. Templeton * 26/5 1856 Newyork, Schüler d. Lpzger Konserv., lebt in Genf. W: Sinf., sinfon. Dichtgen, KaM., KlavSuiten, Chorwerk u. a.

STROPP, Karl * 5/10 1891 Wien, da seit 1921 GsgL., vorher lyr. Bariton. W: Lieder

STROSS, Wilh. * 5/11 1908 Eitorf a. d. Sieg, seit Herbst 1934 VProf. an der Akad. u. Führer eines StrQuart. in München, ausgeb. 1917/30 in Köln u. a. v. Bram Eldering, 1932/34 Mitgl. des Elly Ney-Trios, als Solist viel gereist und reisend

STROTZKA, Karl Joh. (Jan) * 29/9 1897 München, da † 12/3 1933, seit 1930 ML. am Dominikaner-Kolleg in Vechta i. O., schwerkriegsverletzt, Schüler A. Beer-Walbrunns, OpKorrepet. u. a. 1926/27 in Madrid u. Barcelona. W: KaSingspiel, viel KirchM., Cembalostücke, OrgStücke, Chöre, Lieder; Reichspatentschrift ‚Chorbühne' 1924 u. a.

STROUD, Sidney, ps. = Gust. KRENKEL

STROZZI, Barbara, eine Venezianerin, die 1644/46 Kantat., Madrigale, Arien u. Duette veröffentlichte

STROZZI, Pietro, wirkte gegen Ende des 16. Jh. in Firenze, Miterfinder d. stile rappresentativo

STRUB, Max * 28/9 1900 Mainz, 1928/34 KonzM. der Staatsop. in Berlin, da seit 1933 L. an der Hochschule, seit 1931 Führer eines StrQuart., seit 1928 Prof., musikal. Wunderkind auf Klav u. V., u. a. Schüler Bram Elderings, 1921 KonzM. der Op. in Stuttgart, 1922/25 in Dresden, 1925/28 in Weimar

STRUBE, Adolf * 31/7 1894, musik. Mitarb. des ev. Presse-Verbands in Berlin seit 1928, seit 1932 auch Organ. u. Kantor, seit 1933 auch L. an der Hochschule, vorher L. in Harsleben/Halberstadt, Vorkämpfer f. das Tonwort. W: Lehrmittel f. d. Unterr. nach d. Eitzschen Tonwortlehre

STRUBE, Christian Heinr. * 2/1 1803 Hayn (Braunschw.), † 25/11 1852 Wolfenbüttel, Organ. W: KlavStücke u. a.

STRUBE, Gust. * 3/3 1867 Ballenstedt (Harz), Schüler des Leipziger Konserv., Geiger, 1891/1913 in Boston, seitdem VL. am Peabody-Konserv. in Baltimore, da seit 1916 Dirig. des SinfOrch. W: Oper, Sinfon., sinfon. Dichtgen, 2 VKonzerte, KaM. usw.

STRUCK, Batistin — s. STUCK

STRUCK, Gust., Dr. phil * 21/1 1889 Rostock, seit 1933 BiblDir. in Lübeck, vorher seit 1921 in Kassel, MSchr.

STRUCK, Ilse * 8/6 Parchim, Meckl., Organistin in Flensburg, ausgeb. in Leipzig. W: KaOrchSpielM., BlockflTrios, OrgStücke, geistl. u. weltl. Chöre u. Lieder

STRÜBIN, Philipp * 2/5 1894 Basel, seit 1919 TheorL. am Konserv. u. Chordir. in Mülhausen. W: OrchSuite, Chöre, auch m. Orch., Lieder, Klav. u. OrgStücke

STRÜVER, Paul, Dr. phil. * 12/2 1896 Hamburg, lebt in Kaiserswerth, vorher (1924) OpKM. in Magdeburg u. Duisburg seit 1926, Schüler Paul Juons u. Courvoisiers. W: Oper, StrQuart., KlavSonate, Lieder

STRUNGK, Delphin * 1601, † 10/10 1694 Braunschweig, da seit 1638 Organ., vorher 1630/32 in Wolfenbüttel, 1632/38 in Celle. W: KirchM.

STRUNGK (Strunk), Nikol. Adam (Sohn Delphins) * 14/11 1640 Braunschweig, † 23/9 1700 Dresden, bedeut. Geiger, Organ., seit 1688 Vizeu. 1692/98 HofKM. in Dresden, vorher wiederholt in Diensten des Kurf. v. Hannover, auch in Hamburg. W: Opern (f. d. erste dtsche Oper zu Hamburg usw.), Liebeslieder, ‚Musikal. Übg auf der V. od. Viola da Gamba in etlich. Sonaten' (1691)

STRUNZ, Jakob * 1783 Pappenheim, † 23/5 1852 München, da sehr jung schon Flötist, führte ein abenteuerl. Leben, zeitweilig franz. MilitMusiker, lebte in Antwerpen, Paris, reiste in Spanien, Griechenland, Ägypten, war dann KM. an verschied. Thea. in Paris, seit 1846 in München. W (nicht ohne Eigenart): Opern, Ballets, Kantat., Requiem, Konz. f. Fl. u. Vc., StrQuart., Romanzen

STRUNZ, Karl, Dr. jur. * 8/7 1875 Prag, MinistBeamter, MSchr. in Wien. W: ‚J. W. Kalliwoda'

STRUSS, Fritz * 28/11 1847 Hamburg, VVirt., Schüler Joachims, Auers u. a., 1887/1912 Kgl. KonzM. in Berlin, lebt da. W: VKonz. u. -Stücke

STRUTH, Adam * 2/6 1810 Lauterbach (Hessen), † 5/3 1895 Darmstadt, urspr. FlötVirt., 1839/54 GymnGsgL. in Darmstadt, 1854/55 in Wien, 1855 kurze Zeit in Leipzig, 1859/66 in Lauterbach, seit 1866 wieder in Darmstadt, ML. W: ‚Jugendblüten' (Kinderlieder), ‚Das Schönste deutscher Volkslieder', ‚Kinder- u. Hausmärchen' f. Klav. u. viele andere KlavStücke, FlSchule usw.

STRUVE, Gust. — s. STRUBE

STSCHERBATSCHEW — s. STCHERBATSCHEW

STUART, Leslie (ps. für Thomas A. BARETT) * 1866 Southport, † 27/3 1928 London. W: Opern. Optten, Lieder

STUBBE, Artur * 18/10 1866 Köpenick/Berlin, seit 1911 VerDir. in Hermannstadt (Siebenbürg.), 1892/99 städt. MDir. in Waren. W: Oper, OrchSuite u. -Stücke, KaM., KlavStücke, VStücke, Chöre, Lieder

STUBENRAUCH, Carlotta * 1886 Berlin, VVirt., Schülerin Max Grünbergs u. des Pariser Konserv., lebt in B.-Lichterfelde (verwitwete Frau Reich-Stubenrauch)

STUBENRAUCH, Marie v. * 19/12 1886 München, da VVirt. (seit 1900 bekannt) u. Führerin eines DamenStrQuart., ausgeb. in München (Vollnhals) u. London

STUCK (nicht STRUCK), Batistin (auch nur Batistin genannt) * um 1680 Firenze, † 9/12 1755 Paris, da seit 1705, bürgerte das Vc. im OpOrch. ein. W: Opern, Ballette, Kantaten, Arien

STUCKEN, Frank van der * 15/10 1858 Fredericksburg (Texas), † 18/8 1929 Hamburg, seit 1868 in Antwerpen erzogen, Schüler Benoits, 1881/82 TheaKM. in Breslau, 1884 Dirig. des ‚Arion' zu Newyork, 1895/1907 Dir. des Konserv. u. d. SinfOrch. in Cincinnati, lebte zuletzt in Reading, Pennsylv. W: Opern, M. zu Shakespeares ‚Sturm', Ouvert., Te deum, MChöre, Lieder, KlavStücke

STUCKENSCHMIDT, Hans Heinz * 1/11 1901 Straßburg i. Els., seit 1920 MSchr., seit 1929 in Berlin. Schüler A. Schönbergs. W: Ballette, FilmM., KaM., KlavStücke, Lieder

STUDENY, Bruno, Dr. phil. * 22/7 1888 Marchendorf, † (Kriegsteilnehmer) 18/9 1917 Brünn. W: BühnM., VStücke, Lieder; ‚Beiträge z. Gesch. der VSon. im 18. Jh.'

STUDENY, Herma * 4/1 1896 München, da VVirt., Schülerin Sevčiks u. Marteaus. W: KaM., VStücke, Lieder; ‚Büchlein vom Geigen'

STUDER, Otto * 11/3 1894 Basel, da Dir. einer Schule f. poetisch. KlavSpiel. W: ‚Reform der KlavPädagogik', ‚Grundzüge meiner Unterrichtsmethode', ‚Fröhl. KlavUnterricht', KlavStücke, Chöre, Lieder

STÜBEN, Herm. * 23/1 1865 Hamburg, da † 27/8 1899, Schüler des dort. Konserv., Chordir. u. seit 1897 auch Kantor. W: MChöre

STUEBER, Karl * 18/6 1893 Trier, Intendant des Reichssenders Leipzig, Instrumentator. W: OrchSuiten nach Mozartschen Opern

STÜBING, Adolf, Dr. phil. * 10/3 1881 Hanau, Schüler des Hochschen Konserv. u. Max Bruchs, KonservL. in Frankfurt a. M. W: sinfon. Dichtgen, Chöre mit Orch., Lieder; ‚Hebbel in der M.'

STÜCKGOLD, Grete, geb. S c h n e i d t * 6/6 1895 London, ausgez. Konz- u. OpSopranistin in Berlin, auch in der MetropolitanOper in New York, von Jaques St. geschieden 1929

STÜCKGOLD, Jaques * 29/1 1877 Warschau, Schüler u. a. Boncis, zuerst GsgL. (1899) in Karlsruhe, dann in München, seit Herbst 1924 in Berlin, 1926/32 Prof. an der staatl. akad. Hochschule. W: ‚Der Bankrott der dtsch. Gsgskunst', ‚Über Stimmbildskunst'

STÜDEMANN, Kurt * 28/5 1885 Berlin, da KM. i. R., Schüler u. a. M. Battkes u. Juons. W: SchauspM., Chorwerk m. Orch., Lieder, Chansons, KlavStücke

STÜRMER, Bruno * 9/9 1892 Freiburg i. B., lebt teils in Kassel, teils in Erfurt, Chordir., ur spr. OpKM., Schüler Wolfrums u. Sandbergers. W: Legendenspiel, VKonz., KaM., KlavStücke, SaarKantate, MChöre, Lieder

STÜRMER, Heinr. * 1789 Frödenwald (Preuß.), † 27/9 1856 Berlin, da 1811/31 gefeierter Tenorist der Hofoper, dann GsgL.

STÜRMER, Wilh. * 1843, † 21/11 1925 Havelberg (Brandenb.), da lange Jahre Schulrektor u. Domorgan., seit 1872 Dirig. des MGsgVer. W: viele MChöre

STÜRMER, Wolfg. Bodo * 1/3 1910 Lehnin, Brandenb., Schr. in Wernigerode. W: Optte, Lieder, Tänze

STÜSSI, Fritz * 6/4 1874 Käpfnach/Horgen (Zürich), † 14/3 1923 Degersheim (St. Gallen), seit 1902 treffl. KlavL. u. Chordir. in Wädenswil (Zürich). W: Orat., Kantat., Chöre, Lieder, Orch- u. KaM.

STÜTZ, Anton * 27/3 1843, † 3/10 1893 Ulm, da langjähr. MilKM. W: Märsche

STUHLFELD, Willy * 9/3 1879 Berlin, lebt in Berlin-Frohnau, OpSgr, später Intendant. W: OpLibretti. B: ältere Opern

STUIBER, Paul * 6/10 1887 Nepomuk (Böhmen), lebt in Hammern/Eisenstraß (ČSR.), Schüler Regers u. Mandyczewskis, KM. an verschied. Bühnen, 1919/24 Leiter des dtschen SingVer. in Prag, 1927 Dir. der dtsch. MSchule in Reichenberg (Böhm.). W: KaM., KlavKonz., KlavSon., Chöre, Lieder m. Orch. bzw. Klav.

STUMME, Paul * 3/4 1879 Göttingen, seit 1909 GymnGsgL. u. Organ. in Züllichau. W: Lieder

STUMPF, Franz, Lic. theol., Dr. phil. * 16/12 1889 Darmstadt als Sohn des Stadtorgan. Wilh. St., nach dessen Tod 1904/05 sein Nachfolger, Schüler u. a. A. Mendelssohn; 1919 Pfarrer zu Eschenrod (Oberhessen), 1927 desgl. in Merlau. W: ‚Die M. im Gemeindegottesdienst' (1921), ‚Das gegenseit. Verhältnis von Chor u. Gemeinde im ev. Gottesdienst, vorn. des 19. Jahrh.' (1923), ‚Sechs Weihnachtslieder, Neue Weisen zu alten Texten', ‚Geistl. Gsge'

STUMPF, Joh. Christian † 1801 Frankfurt a. M., berühmter FagottVirt. u. a. in Paris, seit 1789 Korrepetit. an Thea. in Frankfurt a. M. W: OrchStücke, 4 FagKonz., FlKonz., KaM.

STUMPF, Karl, Dr. phil. * 21/4 1848 Wiesentheid/Würzburg, 1870 PrivDoz. der Philos. in Göttingen, 1873 o. Prof. in Würzburg, 1879 in Prag, 1884 in Halle, 1889 in München, 1893 in Berlin, wo er ein PhonogrammArchiv gründete u. die vergleich. MWissenschaft sehr förderte. W: ‚Tonpsychologie' usw. H: Beiträge z. Akustik u. MWissensch.; Sammelbände f. vergleich. MWissensch.

STUMPF, Paul * 18/9 1881 Bottendorf, Prov. Sa., KaMker a. D. in Bremen. W: Optte, Singspiel, Tänze, Märsche

STUNDAY, Billy, ps. = Hub. W. DAVID

STUNTZ, Jos. Hartmann * 25/7 1793 Arlesheim/Basel, † 18/6 1859 München, HofKM. seit 1826. W: Opern, KirchM., MChöre, Ouvert., KaM. usw.

STURM, Frz Jos. * 1854 Prag, † Juli 1901 Budapest. W: ZithKompos.

STURM, Frz Otto † Jan. 1890 Solingen. W: MChöre

STURM, Max, ps. = Friedr. JUNG

STURM, Wilh. * 5/1 1842 Sebnitz (Sachsen), † 5/5 1922 Biel, Kant. Bern, da 1876/1917 MDir., vorher VerDirig. in Dresden seit 1863, 1866 OpSger (Bass.) in Chemnitz, 1867 desgl. in Dresden. W: viele, teilweise sehr beliebte MChöre

STURZENEGGER, Rich. * 18/12 1905 Zürich, seit 1934 I. SoloVcellist in Bern, viel gereist, auch Gambist, Schüler u. a. von Alexanian (Paris), Casals, Feuermann bzw. E. Toch. W: BühnenM., VcKonz., VcStücke, Kantaten, Chöre, Lieder u. a.

STUTSCHEWSKY, Joachim * 7/2 1891 Rowny, Rußl., VcVirt., lebt in Wien seit 1924 (1914/24 in Zürich). W: Studien zu einer neuen Spieltechnik auf dem Vc., Schule, VcStücke u. Bearb.

STUTZENBERGER, Anton (ps. D. RAST) * 10/12 1897 München, da GymnL. W: Singspiele, Melodram, Lieder m. Laute

SUBIRA, José, Dr. iur. * 20/8 1852 Barcelona, MForscher in Madrid

SUCH, Edwin Charles * 1840 London. W: Kantaten, Lieder, KlavStücke

SUCCO, Reinhold * 29/5 1837 Görlitz, † 3/12 1897 Breslau, OrgVirt., Schüler seines Vaters Franz Adolf (* 26/11 1802 Stargard, † 20/1 1879 Landsberg a. W., Organ. seit 1839) u. des KirchMInst. zu Berlin, seit 1863 Organ. u. seit 1874 TheorL. an der Hochschule in Berlin. W: Chöre, Lieder, Klav- u. OrgStücke

SUCHER, Jos. * 23/11 1843 Döbör (Ungarn), † 4/4 1908 Berlin, stud. zuerst Rechte, dann M. (Sechter in Wien), wurde Korrepetitor bei der Wiener Hofoper, 1876 KM. am Stadtthea. in Leipzig, desgl. 1878/88 in Hamburg, 1888/99 HofKM. in Berlin, vortreffl. WagnerDirig. W: Chorwerke m. Orch., Lieder usw. — Seine Gattin R o s a, geb. Hasselbeck * 23/2 1849 Velburg (OPfalz), † 16/4 1927 Aachen, dramat., bes. WagnerSgerin (1888/99 an der Berliner Hofop.), darauf GsgL., lebte zuletzt in Eschweiler/Aachen. W: ‚Aus meinem Leben'

SUCHSDORF, Otto * 27/6 1854 Kuhsdorf (Brandenb.), L. u. Organ. a. D., seit 1879 in Berlin, da † 27/6 1927, gründete 1892 den ChormeisterVerb., 1907 eine Chorführerschule. H: Allgem. dtsch. Sängerkalender ‚Der Sangesbruder'. W: MChöre

SUCHSLAND, Leopold * 13/9 1871 Vacha (Thür.), Schüler d. Weimarer MSchule u. J. Klengels, VcVirt., seit 1912 Chor- u. OrchDirig. in Graz, jetzt da Vorst. der musikal. Abteilg der ‚Urania'. W: Sinfon., VcKonz., KaM., Kantaten, Chöre, Lieder

SUCHY, Paul * 9/7 1875 Koschutka, Kr. Kattowitz, IngChemiker in Berlin, Erfinder der schwachgedämpften (teleskopartigen) Blasinstr. auf Grund der Berechnung der Eponentialkurve, Entdecker der krystalloiden Holzbildung bei den StrInstr. (Schwingungsfiguren der Decke) auf Grund der Verdichtung des Holzes

SUCK, Frieda — s. MICHEL-SUCK

SUCKEL, Hermann * 21/2 1855 Greibing/Liegnitz, † 20/1 1916 Grünberg (Schles.), Schüler des Kgl. Instit. f. KirchM. in Breslau, 1876 L. u. Chorregent in Grünberg, gründ. die ‚Grünberger KonzVereinig.' 1898 Dirig. d. Niederschles. SgerBundes, auch SoloSger (Tenor). W: Sinfonietta, Märsche, Missa solemnis, Chöre, Lieder

SUDA, Stanislaus * 30/4 1865 Pilsen, lebt da. W: tschech. Opern

SUDER, Joseph * 12/12 1892 Mainz, lebt in Pasing-München. W: Oper, KaM., Chorschule, Chöre, Lieder

SUDESSI, Pompilio * 4/9 1853 Treviso, da † 28/4 1923, Geiger u. KM., 1882/97 in Paris. W: Opern, einst beliebte Charakterstücke f. Orch., bzw. Klav.

SUDOS, William F. * 1843 London, lebte in Amerika. W: viele KlavStücke

SÜDA, Peter * 1883 Insel Oesel, † 1920 Reval, Organist. W: treffl. OrgStücke

SÜDDEUTSCHER MVerl. in Straßburg i. Els. 1904 gegr., jetzt im Besitz von B o s w o r t h & Co. (s. d.)

SÜHRING, Frz * 24/12 1883 Gransee, KonzSgr u. KonservDir. in Berlin seit 1919. W: KlavStücke, Chöre, Lieder

SÜSS, Joh. Christian * 6/12 1829 Mühlhausen/Bad Elster, † 12/10 1900, treffl. VBogenmacher (nach Tourte) in Markneukirchen

SÜSS, Rudolf * 16/4 1872 Vitis, NÖsterr., GymnProf. in Krems (der Sänger der Wachau). W: KaM., MChöre, Lieder z. Laute, GitSuiten

SÜSS, Wilh. * 18/3 1861 Partenheim, Rheinhessen, 1890 ff. Leiter des Konserv. in Darmstadt, jetzt im Ruhestand, ausgeb. in Leipzig. W: KaM., KlavStücke; ‚Schule des modernen KlavSpiels', ‚Akad. Studien', Chorschule, Chöre, Lieder

SÜSSKE, Paul † 22/12 1929 (56jähr.) Soldin, StadtKM. u. Kompon.

SÜSSKE, Willy * 25/2 1875 Soldin, lebt in Kassel, 1902 ff. in Stettin, urspr. SchulL., Chordir., KonzSgr (Tenor) u. 1912/24 auch GymnGsgL., MKrit. W: Chöre, bes. MChöre, Lieder

SÜSSMAYER, Frz Xaver * 1766 Schwanenstadt (ObÖsterr.), † 17/9 1803 Wien als OpKM. (seit 1792), Schüler Salieris u. Mozarts, dessen ‚Requiem' er vollendete. W: Opern, u. a. ‚Der Spiegel von Arkadien'

SÜSSMUTH, Hans * 11/12 1892 Laupheim, Württ., HauptL. i. R. in Göppingen, Schüler E. Straessers. W: MärchenOp., Chöre

SÜSSMUTH, Rich. * 18/4 1896 Heidenheim a. Brenz (Württ.), da Organ., Chordir. u. ML., ausgebildet auf der Hochschule in Stuttgart (Ew. Strässer), urspr. VolksschulL., Frontsoldat. W: M. z. ‚Käthchen v. Heilbronn', Suite f. kl. Orch., KlavStücke, OrgStücke, Chöre, Lieder

SUGGIA, Guilhermina * 27/6 1888 Oporto, VcVirt. in London, Schülerin Klengels, 1906/13 verheiratet mit Casals

SUK, Josef * 4/1 1874 Křesovič (Böhm.), † 29/5 1935 Beneschau, seit 1922 KonservL. in Prag, Schwiegersohn Dvořaks, 1892/1922 zweiter Geiger des ‚Böhm. StrQuart.'. W (zuletzt sehr fortschrittlich): MärchenM., 3 Sinfonien, sinfon. Dichtgen, Ouvert., StrOrchSerenade, KaM., KlavStücke, Kantate, Chöre, Lieder

SUK, Vása * 1861 Kladno, lebt in ?, erst Geiger, dann TheaKM., seit 1906 in Moskau. W: Oper, sinf. Dichtg u. a.

SULIME, Jan, ps. — s. SZULC, Jos.

SULLI, Parrino Giorgio * 2/1 1850 Prizzi, † 23/1 1926 Palermo, da KlavVirt. u. L. W: SchulOptten, Lieder u. a.

SULLIVAN, Arthur Seymour * 13/5 1842 London, da † 22/11 1900, Schüler der R. Acad. of m. u. des Leipziger Konserv., seit 1862 L. an der R.

Acad., 1876/81 Dir. der ‚Nat. Training School f. M.', 1883 geadelt. W: Optten ‚Der Mikado' (1887, weltberühmt), ‚The Gondoliers' u. a., Kantate ‚The golden Legend', Ouvert., Ballette, KlavStücke, Lieder usw.

SULZBACH, Emil * 7/5 1855 Frankfurt a. M., † 25/5 1932 Bad Homburg, lebte in Frankfurt a. M., Schüler von K. Bischoff u. Iw. Knorr. W: Orch-, Klav- u. VStücke, viele Lieder

SULZBACH, W., MVerl. u. MHdlg, Berlin, gegr. 1847

SULZER, Joh. Ant., Dr. iur. * 18/9 1752 Rheinfelden, † 8/3 1828 Konstanz, da Prof. am Lyceum seit 1798, der Dichter u. Religionsphilosoph. W: Lieder, KlavStücke

SULZER, Joh. Geo. * 16/10 1720 Winterthur, † 25/2 1779 Berlin, urspr. Theol., dann GymnL. in Berlin, bekannter Ästhetiker. W: ‚Allgem. Theorie der schönen Künste', 4 Bde

SULZER, Josef * 11/2 1850 Wien, da † 14/1 1926, VcVirt., langjähr. Solist der Hofoper. W: VcStücke

SULZER, Salomon * 30/3 1804 Hohenems (Vorarlberg), † 18/1 1890 Wien, Oberkantor der israel. Gemeinde seit 1825. Durch seine Sammlg von Tempelgsgen ‚Schir Zion' bahnbrechend für den musikal. Teil des jüd. Ritus. W: hebr. Hymnen u. dtsche Gsge für die Synagogen. — Sein Sohn Julius * 1834 Wien, da † 13/2 1891, Violinist, 1875 HofKM. W: Opern, OrchStücke, Klav u. GsgsKompos.

SUMMER, Joseph (Sepp) * 10/2 1891 Schwabau (Steierm.), lebt in Berlin, im Sommer Hohenschaftlarn/München, LautenSger. W: viele Lieder zur Laute

SUNDELIN, Augustin † 6/9 1842 Berlin, da 1827/29 Klarin. der Hofop. W: ‚Die Instrumentierg f. Orch.' 1828; ‚Die Instrumentierg f. sämtl. MilMChöre' 1828; ‚Ärztl. Ratgeber f. MTreibende' (mit s. Bruder Karl, 1832)

SUÑOL = SUNYOL

SUNYOL Y BAULENAS, Gregorio * 7/9 1879 Barcelona, Prior des Klosters Montserrat. W: Schrift. üb. d. Gregorian. Gsg

SUPPÉ, Frz von * 18/4 1819 Spalato (Dalmatien), † 21/5 1895 Wien, Schüler Sechters u. Seyfrieds, 1845/60 KM. am Thea. a. d. Wien, 1863/82 KM. am KarlThea. in Wien. W: 31 Operetten ‚Flotte Bursche' (1863), ‚Schöne Galathea' (1865), ‚Fatinitza' (1876), ‚Boccaccio' (1879) usw., M. zu 180 Schauspielen u. Possen, Messe, Requiem, Sinfon., Lieder usw.

SURBONE, Angelo * 8/12 1892 Treville Monferrato, ausgeb. in Torino, da ML. W: KirchM.

SURENNE, John T. * 1814 London, da † 1878. H: Schottische Tänze u. Volkslieder, Irische Volkslieder

SURETTE, Thomas Whitney * 7/9 1862 Concord, Mass., seit 1921 L. am Bryn Mawr Coll. in Pennsylvania, urspr. Organ. W: Opern, Operette; ‚Course of study on the development of symphonic m.'; ‚M. and life' u. a.

SURIANO, Francesco * 1549 Soriano, † Jan. 1621 Rom, bedeut. KirchKomp. W: Messen, Motetten, Madrigale

SURLÄULY, Eduard * 17/10 1844 Baden, schweiz. Kant. Aargau, da † 23/12 1902, Schüler der Konserv. München u. Stuttgart, 1867 Chordirig. in Rapperswil, 1875 Organ., Kirchenchoru. VerDir. in Zürich, 1886 VerDir. u. GsgL. an der Kantorschule in Schaffhausen, seit 1893 wieder VerDir. u. ML. in Zürich, ein unruhiger Geist, der dem Weine auch gern zusprach. W: MChöre (‚Gruß an die Schweiz', ‚Nur die Hoffnung festgehalten')

SURZYNSKI, Jos. * 15/3 1851 Schrimm (Posen), † 5/3 1919 Kosten, da seit 1894 Probst; 1833 Gründer des AdalbertVer. z. Hebg kath. KirchM. in Polen. W: Messen, Requiem, Offertor., OrgStücke, ‚Directorium chori'. H: ‚Muzyka Kóscielna', ‚Monumenta m. sacrae in Polonia', ‚Officium hebdomadae' u. a.

SURZYNSKI, Mieczyslav * 22/12 1866 Schroda, seit 1904 OrgL. am Konserv. in Warschau. W: Messen, Chöre, viele OrgStücke

SUSAN, Thaddäus * 1779 Mülln/Salzburg, † 1838 Ried im Innkreis, Gerichtsbeamter, Jugendfreund K. M. v. Webers. W: Gsge

SUSATO, Johannes (= Joh. STEINWERT aus Soest) * 1448 Unna (Westf.), † 2/5 1506 Frankfurt a. M., da seit 1500 Stadtarzt, urspr. Sängerknabe in Cleve, studierte in Brügge, Chormeister in Köln, Kassel u. seit 1472 in Heidelberg, dann Mediziner (auch in Pavia). W: 8- u. 12st. Chöre

SUSATO, Tilmann, Komp. u. bedeut. MDrucker in Amsterdam, nachweisbar 1531/60. — Sein Sohn Jacques, da † 20/11 1564, gleichfalls MDrucker

SUSSMANN, Heinr., ps. Harry HEINRICH * 1776 Berlin, † 1848 (geisteskrank) Petersburg, da seit 1822 Mitgl. der Hofkap., FlVirt., Schüler Zelters, in der Schlacht bei Belle Alliance schwer verwundet. W: KaM., Stücke, Etüden, Schule für Fl., TrompSchule

SUTER, Herm., Dr. phil. h. c. * 28/4 1870 Kaiserstuhl a. Rh., † 22/6 1926 Basel, Schüler Gust. Webers, Bagges, H. Hubers u. des Stuttgarter Konserv., 1892/1902 Organ. u. VerDirig. in Zürich, seit 1902 Dirig. der SinfKonz. der MGesellsch., bis 1925 auch des GsgVer. u. der Liedertafel, 1918/21 auch Dir. des Konserv. in Basel. W: Sinfon., VKonz., StrSext., 3 StrQuart., Orator. ‚Li laudi di S. Francisco', Chöre, Duette, Lieder usw.

SUTER (-WEHRLI), Karl * 28/4 1873 Zürich, da seit 1905 GsgL. W: ‚SgerAtmung u. Brustresonanz'

SUTOR, Wilhelm * 1774 Edelstetten (RB. Schwaben), † 7/9 1828 Linden/Hannover, 1806 Chordir. der Oper in Stuttgart, 1816 HofKM. in Hannover. W: Opern, Kantaten u. a.

SUTRO, Emil * 1831 Aachen, † 3/11 1906 Newyork, seit seinem 8. J. in Amerika, Tuchhändler, Dichter u. treffl. Übers. v. Longfellow, Burns usw., später Forscher üb. die menschliche Stimme. W: ‚The basic law of vocal utterance' (1894), ‚Duality of voice' (1899) = ‚Das Doppelwesen der menschl. Stimme' 1902 (wichtig)

SUTTER, Anna * 26/11 1871 Wyl, Kant. St. Gallen, † (erschossen von KM. Obrist) 29/6 1910 Stuttgart, da gefeierte OpSgrin

SUTTNER, Jos. * 18/3 1881 Prag-Smichow, Schüler d. Prager Konserv., seit 1918 I. Hornist der Staatsop. u. L. an der Akad. der Tonkunst in München, vorher in Prag u. Karlsruhe, auch in Bayreuth. W: HornEtüden

SVANZOV, Konstantin * 1825, † 1870 Petersburg, Philologe, Freund Serovs, übers. Wagners ‚Tannhäuser' u. ‚Lohengrin' ins Russ.

SVEDBOM, Wilh. * 8/3 1843 Stockholm, da † 24/12 1904, seit 1877 L. der MGesch., seit 1901 Dir. des Kgl. Konserv. W: Chöre, Lieder, KlavStücke

SVEINBJÖRNSEN, Sveinbjörn * 24/6 1847 Reykjevik (Island), † 23/2 1927 Kopenhagen, Pianist u. a. in Edinburgh u. Kopenhagen. W: KlavStücke, bes. instrukt.; isländ. Volkshymne

SVENDSEN, Joh. Sev. * 30/9 1840 Christiania, † 14/6 1911 Kopenhagen, anfangs Geiger in Hamburg, Lübeck usw., 1863/67 Schüler d. Leipziger Konserv., dann auf Reisen, 1871/72 KonzM. in Leipzig, 1872/77 u. 1880/82 KonzDirig. in Christiania, lebte in Rom, London, Paris, 1883/1908 HofKM. in Kopenhagen. W: 2 Sinfon., sinfon. Dichtgen, Ouvert., Rhapsodien, VKonz. u. sehr beliebte Romanze, VcKonz., StrOktett, 2 StrQuart., Lieder

SVENDSEN, Oluf * 19/4 1832 Christiania, † 15/5 1888 London, da seit 1855 Flötist, L. an der R.Acad. seit 1867

SVEREV, Nikolai * 1832, † 1893 Moskau, da seit 1870 KonservKlavProf., Schüler u. a. Henselts, L. u. a. Silotis, Skrjabins u. Rachmaninovs

SVOBODA — s. SWOBODA

SWANZOW — s. SVANZOV

SWEELINCK, Jan Pieters * 1562 Amsterdam (oder Deventer), † 16/10 1621 Amsterdam, da seit 1580 Organ., bedeut. Komp., Schüler Zarlinos. W: Psalmen, Motetten usw. Gesamtausg., hrsg. v. Max Seiffert

SWEET, Reginald Lindsey * 14/10 1885 Dunwoodie (New Yersey), Schüler H. Kauns u. F. E. Kochs in Berlin, seit 1916 ML. in Newyork. W: Oper, KaM., Lieder

SWEETING, Edw. Th. * 16/9 1863 Alsager, Cheshire, † 8/7 1930 St. Alban's, bedeut. Organ. W: OrgStücke

SWEREW — s. SVEREV

SWERT, Jules de * 15/8 1843 Löwen, † 24/2 1891 Ostende, VcVirt., Schüler von Servais, 1865 in Frankf. a. M. KonzM., 1868 in Weimar u. 1869/73 in Berlin, privatis. dann in Wiesbaden, 1880 MSchulDir. in Ostende u. KonservL. zu Brügge. W: Opern, Sinfon., 3 Konz. u. kl. Stücke f. Vc.

SWIERZYNSKI, Michael * 25/10 1868 Krakau, da seit 1916 KonservTheorL. W: Optten, SalonKlavStücke, Lieder

SWIETEN, Gottfried Baron van * 1734 Leiden, † 29/3 1803 Wien, Dir. der Kais. Hofbibl. seit 1776, übersetzte für Haydn die Texte der ‚Schöpfung' u. ‚Jahreszeiten' aus dem Engl., regte Mozarts Händel-Bearbeitungen an u. förderte den jungen Beethoven

SWINNERTON-HEAP, Charles — s. HEAP

SWINSTEAD, Felix Gerald * 25/6 1880 London, da Pianist. W: viele, auch instrukt. KlavStücke

SWOBODA, Adalbert (Sohn Augusts) * 26/1 1828 Prag, † 19/5 1902 München, gründete 1880 die ‚Neue MZtg'. W: ‚Illustr. MGesch.'

SWOBODA, Alma * 6/12 1863, Altistin, treffl. GsgL. in Prag

SWOBODA (Svoboda), August * 1787 Böhmen, † 17/5 1856 Prag, längere Zeit MilKM. u. dann ML. in Wien. W: ‚Harmonielehre', ‚Instrumentierungslehre', GitKompos. u. a.

SWOBODA, Jos. * 29/5 1867 Konitz, ML. u. Organ. in Olmütz. W: f. Zith.

SYDENHAM, Edwin A. * 1847 Somerset, † 1891, Kompon.

SYKES, John, ps. = Joh. EVERT

SYLVA, Eloi * 29/11 1847 Gegradsbergen (Belg.), † ?, berühmter Tenorist, 1889/1902 an d. Berliner Hofoper

SYLVESTRE, Louis * 1830, † März 1927 Camisano, soll die Okarina erfunden haben

SYMPSON, Christopher — s. SIMPSON

SYMSON, Felix, ps. = FOURDRAIN, Felix

SYRMEN (Sirmen), Maddalena, geb. Lombardini * 1735 Venedig, VVirt., Schülerin Tartinis, verheiratet m. d. VVirt. Ludovico Sirmen, Kirch-KM. in Bergamo. W: VKonz., KaM.

SYVARTH, Hugo * 29/7 1872 Oldenburg, † 2/4 1933 Breslau, Organ., Kompon.

SZABADOS, Bela * 3/6 1867 Budapest, da seit 1896 L., seit 1927 Dir. der MAkad., Schüler Volkmanns u. Koeßlers. W: Opern, Optten, KaM., MChöre, Lieder

SZABOLCSI, Benedikt, Dr. phil. * 2/8 1899 Budapest, da MForscher. H: Ztschr. Zenei Szemle

SZADROWSKY, Heinr. — s. SCZADROWSKY

SZAHL, Felix, ps. STAHL * 9/12 1912 Kalicz, Pianist (KM.) u. Bearb. in Berlin. W: UnterhM.

SZANTO, Theod. * 3/6 1877 Wien, † 1/1 1934 Budapest, da Schüler der MAkad. (Koeßler) u. Busonis, treffl. Pianist, lebte in Budapest, 1914/21 in der Schweiz, dann in Paris u. Helsingborg. W: Opern, VKonz., KlavVSonate, KlavStücke, Chöre mit Orch.

SZARVADY — s. CLAUSS-SZARVADY, Wilh.

SZARZYNSKI, Stanislaw Sylvester, O. S. B., fruchtbarer poln. KirchKompon. um 1700

SZEGHEÖ, Janos * 28/4 1898 Budapest, da 15/2 1930, KlavVirt. W: KlavStücke, Lieder

SZEKELY, Imre * 8/5 1823 Matyfalva (Ung.), † 8/4 1887 Budapest, da seit 1852 namhafter Pianist. W: KlavKonz., Orch- u. KaM., Klav-Stücke, Lieder

SZEKELY, Zoltan * 8/12 1903 Kocs, ausgeb. in Budapest, Geiger, lebt in Budapest, meist auf KonzReisen, viel in Holland. W: KaM.

SZELL, Georg * 7/6 1897 Budapest, Schüler Mandyczewskis, Jos. B. Försters u. des Pianisten Rich. Robert in Wien, erregte bereits seit 1897 als Pianist u. Komp. Aufsehen, 1915 Korrepet. an der Berliner Hofop. unter R. Strauß, der ihn sehr förderte; OpKM. in Straßburg, Prag, Budapest, Darmstadt, Düsseldorf, Herbst 1923/29 an der Staatsop. in Berlin, seit 1929 OpDir. in Prag. W: Sinfon., OrchVariat., Ouvert., KlavKonz., KlavQuint.

SZELUTA, Apolinary * 1884, lebt in Warschau, Schüler Noskowskis. W: Oper, KaM., Klav-Sonat. u. Fugen, Lieder

SZENDREI, Alfred (Aladar), Dr. phil. * 29/2 1884 Budapest, stud. Jura u. M. (u. a. bei Koeßler), seit 1905 KM. an dtschen u. amerik. Opern, zuletzt bis 1924 in Leipzig, da 1926/31 Dir. des Rundfunks, dann in Berlin; jetzt ?. W: Oper, Sinfon., ungar. Ouvert., StrQuart., Stabat mater, gem. Chöre, Lieder; ‚Dirigierkunde'; ‚Rundfunk u. MPflege'

SZENDY, Arpad * 11/8 1863 Szarvas, † 10/9 1922 Budapest, Schüler Liszts u. Koeßlers, seit 1890 KlavL. an der Landesakad. W: Oper, 2 Str-Quart., KonzFantasie, Sonate, Rhapsodie usw. f. Klav., Lieder. H: klass. KlavWerke

SZENKAR, Alex. Mich. * 24/10 1897 Budapest, TheaKM. in Graz; jetzt in ?. W: BühnM., OrchSuite, KaM., Lieder, auch m. Orch.

SZENKAR, Eugen * 9/4 1891 Budapest, seit 1934 Dirig. der Moskauer Philharmonie, Schüler der MAkad. in Budapest, seit 1911 OpKM., 1922 in Frankfurt a. M., 1923/24 an d. Berliner Volksoper, 1924/33 in Köln. W: OrchSuite, Ouvert., StrQuart., KlavSonate, Lieder m. Orch. bzw. Klav.

SZIGETI, Jos. * 2/9 1892 Budapest, vielgereister VVirt., Schüler Hubays, 1917/24 in Genf KonservL., seitdem Wohnsitz Paris

SZIKRA, Lajos * 29/11 1899 Ujvidek (Ung.), VVirt. (Vorkämpfer f. neue M.) in 's Gravenhage, Schüler v. Hubay, Flesch, Schmuller, Kodaly. W: BühnM., VStücke

SZIRMAI, Albert * 2/7 1880 Budapest, lebt da. W: Optten, u. a. ‚Tanzhusaren', Chansons

SZOPSKI, Felician * 5/6 1865 Krceszowice/Krakau, seit 1907 TheorL. am Konserv. in Warschau; seit 1918 MRef. im Unterrichtsminist. W: Oper, Lieder, KlavStücke

SZOSTAKOWICZ, Dimitri * 25/9 1906 Petersburg, da Schüler des Konserv. (bes. M. Steinbergs) 1919/25 (Wunderkind), lebt da. W: Oper, Sinf. u. sinfon. Dichtgen, Oktett, KlavStücke

SZPANOWSKI, Frz v. * 30/3 1892 Warschau, VVirt. in Berlin, schon 10jähr. aufgetreten, ausgeb. in Warschau, 1907 Privatschüler Joachims, nach dessen Tode Hubays, 1909 KonzReisen in Italien, 1912/14 KonzM. des Berl. Philh. Orch., 1914/22 in Berlin nur konzertierend, 1922/25 Reisen, seit Sept. 1925 KonzM. des Berl. Funkorch. W: Orch-Stücke, 2 VKonz., VStücke, Lieder

SZTOJANOVITS — s. STOJANOVITS

SZUDOLKSI, Marius * 24/6 1879 Wien, da KlavProf. an der Akad. seit 1922. W: Oper, KlavStücke, Lieder

SZULC, Bronislaw * 24/12 1881 Warschau, da urspr. Hornist, dann Dirig. W: sinfon. Dichtgen, VStücke

SZULC, Henryk — s. SCHULZ

SZULC, Joseph, ps. Jan SULIME * 19/3 1875 Warschau, seit 1899 in Paris, ausgeb. in Warschau

(Konserv.), in Berlin (E. Jedlicka, Schramke, Moszkowski) u. von Massenet. W: Optten (seit 1913), Ballett, VSonate, VStücke, VcStücke, KlavSon. u. Stücke, viele Lieder

SZYMANOWSKA, Marie, geb. Wolowska * 1790, † 24/7 1832 Petersburg, Pianistin, Schülerin Fields (der ‚weibliche Field'). W: KlavStücke

SZYMANOWSKI, Karl von * 1882 Timoschowka (Kiew), Schüler Noskowskis, seit 1919 in Warschau, bemerkensw. impression., dem Atonalismus nahestehender Komp., 1927/29 Dir. des Konserv. W: Opern, 3 Sinfon., sinfon. Dichtgen, Ouvert., KlavKonz., VKonz., KlavVSonat., KlavSonaten u. Stücke, VStücke, Lieder

T

TABANELLI, Nicola * 27/3 1876 Riolo Bagni (Ravenna), Advokat, MSchr. in Bologna. W: ‚Il codice del teatro', ‚La vera donna nel concetto di R. Wagner'

TABBERNAL, Bernard * 27/1 1881 Delft, KlavVirt., Schüler Godowskys, seit 1925 KonservL. in Rotterdam

TABOADA, Federico † März 1882 Badajoz (Span.), MilKM. W: Märsche, Tänze

TABOROWSKI, Stanislaw * 1830 Krzemienica (Wolhynien), † ?, ausgeb. in Odessa, Petersburg (Univ.) u. Brüssel (Léonard), VVirt. in Petersburg, später in Moskau. W: VStücke

TABOUROT, Jean — s. ARBEAU, Toinot

TABRAR, Jos. * 1858, † 22/8 1931 London. W: viele volkstüml. Lieder

TACCHINARDI, Guido * 10/3 1840 Firenze, da † 6/12 1917, da seit 1891 Dir. des R. istituto m. W: Orator., Messen, Requiem, sinfon. Dichtungen, KlavKonz., VKonz., VcKonz., theor. Schriften

TACCHINARDI, Nicolo * 3/9 1772 Legnano, † 14/3 1859 Firenze, da KaSger (bis 1831), hervorrag., 1811/14 in Paris sehr bewunderter Tenor, dann GsgL. W: GsgÜbgen; ‚Dell' opera in m. sul teatro italiano'

TADOLINI, Giov. * 1793 Bologna, da † 29/11 1872, 1811/14 unter Spontini u. 1830/39 Accompagnist u. Chordirig. der ital. Oper in Paris, sonst in Bologna. W: 7 Opern, Trio f. Klav., Ob. u. Fag., Kantaten, Kanzonen usw.

TAEGENER, Emil * 7/8 1877 Fürstenwalde/Berlin, seit 1892 in Hannover, da Dir. des LGsgVer. (1890) u. des OratorVer. (1897), KlavVirt., Schüler d. Berliner Hochsch.

TÄGLICHSBECK, Thomas * 31/12 1799 Ansbach, † 5/10 1867 Baden-Baden, VVirt., 1828/48 KM. des Fürsten Hohenzollern-Hechingen, dann in München. W: Sinfon., VKonz., KaM., Chöre, Lieder usw.

TAFFANEL, Claude Paul * 16/9 1844 Bordeaux, † 22/11 1908 Paris, bedeut. FlVirt., gründete 1879 die ‚Société de m. de chambre p. instrum. à vent', 1893 FlProf. am Konserv., 1892/1907 Dirig. an der Großen Oper u. bis 1903 der KonservKonz. W: BläserQuint., FlKompos.

TAFT, Joh. Ev. Wenz. * 4/5 1807 Prosmik/Leitmeritz, † 6/5 1889 Cisterzienserstift Ossegg, da 1871/75 Prior, 1837/68 GymnasProf. in Komotau, sehr verdient um die MBibliothek seines Stifts

TAG, Christian Gotthilf * 1735 Bayerfeld (Sa.), † 19/7 1811 Niederzwönitz/Zwickau, Schüler von Homilius, 1755/1808 ev. Kantor in Hohenstein. W: üb. 70 Kantaten, Messen, Motetten, dramat. Szenen, Sinfon. f. Org. u. Orch., Lieder usw.

TAGLIACOZZO, Riccardo * 28/12 1878 Napoli, VVirt., seit 1910 L. am Istit. mus. in Firenze. W. VStücke. H: alte VM.

TAGLIAFICO, Joseph Dieudonné * 1/1 1821, † 1900 Nizza, berühmter OpSger, Debut 1844 in Paris, lange Jahre in Petersburg, 1877/82 OpRegisseur in London. W: Lieder

TAGLIAPIETRA, Gino * 30/5 1887 Lubiana, Schüler P. Epsteins u. Busonis, KlavL. am Lic. B. Marcello in Venedig. W: KlavKonz., Fantasie, Präludien, Etüden usw. H: Antologia di musica antica e moderna p. Pfte (1931), klass. Werke, auch f. Klav. 4h. u. f. 2 Klav. 4h. arr.

TAGLIETTI, Giulio * um 1660 Brescia, † nach 1715, Geiger. W: KaM.

TAGLIONI, Ferdinando (Sohn des berühmten BallettM. * 1780, † 1871) * 14/9 1810 Napoli, da † 1874 (?), 1842/49 KM. in Lanciano, 1849/52 KonzM. am San-CarloThea. in Napoli u. Red. der dort. ‚Gazzetta musicale'; gründete eine Chor-Gsgschule u. schrieb Lehrmethoden f. diese, richtete histor. Konzerte mit erläut. Programm ein

TAILLEFERRE (eigentl. TAILLEFESSE), Germaine * 19/4 1892 Pau-St. Maur/Paris, Schülerin des Pariser Konserv., z. Gruppe d. ‚Sechs' gehörende fortschrittl. Komponistin in Paris. W: Ballett, sinfon. Dichtg, KaM., KlavStücke

TAKÁCS, Jenö v. * 25/9 1902 Siegendorf, öst. Burgenland, lebt da im Sommer, im Winter KonservKlavL. in Kairo, seit 1924 vielgereister KlavVirt., ausgeb. in Wien (P. Weingarten, Jos. Marx). W: KaM., Arab. Suite f. 2 Klav., KlavStücke

TAKATS, Michael * 1863 Nagyvarad, † 21/8 1913 Keszthely, seit 1885 ausgez. Heldenbar. in Budapest, sang auch in Bayreuth

TALBOT, Howard, ps. für Rich. L. MUNKITTRICK * 9/3 1869 Yonkers, NY., † 12/9 1928 London, da TheaKM. W: viele Optten, u. a. ‚A chinese honeymoon‘, Revuen, Lieder

TALEXY, Adrien * 1820 Paris, da † Februar 1881, KlavL. W: Optten, viele KlavStücke

TALICH, Vaclav * 28/5 1883 Kromeriz (Mähren), ausgeb. in Prag, Leipzig (Reger, Nikisch) u. Mailand, VVirt., 1908/12 KM. in Laibach, 1912/15 in Pilsen, 1918/35 I. Dirig. d. Tschech. Philharm. Orch. in Prag, seit 1932 OpKM. in Stockholm

TALIS, ps. = Tobias WILHELMI

TALLIS (TALYS), Thomas * um 1515 London, da † 23/11 1585. W: KirchM.

TALMADGE, Will, ps. = Hub. W. DAVID

TALON, Pierre * 25/10 1721 Reims, † 26/6 1785 Paris, Vcellist. W: Sinf., KaM.

TALYS — s. TALLIS

TAMAGNO, Francesco * 1851 Torino, † 31/8 1905 Varese/Torino, gefeierter stimmgewalt. OpTenorist, der erste Othello in Verdis gleichnam. Oper, privatisierte seit 1902

TAMARI, Ernesto, ps. = Arthur KISTENMACHER

TAMBERLIK, Enrico * 10/3 1820 Rom, † 13/3 1889 Paris, bedeut. vielgereister OpTenorist

TAMBORINI, Odoardo * 7/1 1843 Casovale, ausgeb. in Milano, da † 21/12 1882, ML., II. KM. der Stadtkap. W: FlStücke

TAMBURINI, Antonio * 20/3 1800 Faenza, † 9/11 1876 Nizza, hervorrag. OpBassist, seit 1855 privatis. in Sèvres

TAMURA, Hirosada, Dr. phil. * 6/9 1883, Prof. an der kais. MAkad. u. der FrauenUniv. in Tokio. W (jap.): ‚R. Wagner‘; ‚Beethovens IX. Sinf.‘ u. a.

TANCMAN, Alex. = TANSMAN

TANDLER, Frz * 1782 Groß-Waltersdorf, Bez. Bärn (Mähren), † 1/2 1807, Student der Medizin. W. GitKompos.

TANDLER, Rud., ps. RUDORFF, Musikalienhändler in Wien [keine Auskunft]. W: VStücke, KlavStücke, UnterhaltgsM.

TANEJEW, Alex. * 17/1 1850 Petersburg, da † 7/2 1918, hoher jurist. Beamter, Schüler Rimsky-Korssakows. W: Opern, 3 Sinfon., 2 Suiten, Ouvert. u. andere OrchStücke, 3 StrQuart., Chöre, Lieder u. a.

TANEJEW, Sergei Iwanowitsch * 13/11 1856 Rußl., † 18/6 1915 Moskau, Schüler N. Rubinsteins u. Tschaikowskys, treffl. Pianist, seit 1878 Prof. für Theorie u. Kompos., 1878/88 auch für KlavSpiel am Konserv. zu Moskau. W (meist bedeutend): Oper ‚Oresteia‘, 4 Sinfon., 2 Str- u. 1 KlavQuint., 6 StrQuart., KlavQuart. u. -Trio, StrTrios, Kantate, Chöre, Lieder, KlavStücke, ‚Lehrbuch des Kontrapunkts‘

TANNER, Rud. * 19/2 1870 Großröda/Altenburg, † 18/6 1926 Leipzig, da MHändler (Verleger), vorher auch ML., Schüler Hugo Riemanns. W: EtüdenSchule; ‚Der Weg zur Meisterschaft im KlavSpiel‘, ‚Klass.-modernes Jugend-Album für Klav.‘

TANSMAN (TANCMAN), Alexander * 12/6 1897 Lodz, ausgebildet in Warschau, seit 1920 in Paris, sehr moderner Komp. W: Oper, Ballett, OrchStücke, KaM., 2 KlavKonz., KlavStücke, Lieder

TANSUR, William * 1706 Dunchurch (Werwickshire), † 7/10 1783 St. Neots, da Organ. seit 1739. W: KirchM., sehr verbreitete ‚new m. grammar‘, andere theor. Schriften

TANTILLO, Giacomo * 14/7 1877 Villafreti (Palermo), VVirt., KonservL. in Palermo s. 1916. W: VKonz. u. -Stücke

TAPPER, Thomas * 28/1 1864 Canton, Mass., 1905 L. am Inst. of mus. art in New York, da seit 1908 Dir. der MAbt. der Univers., MSchr. W: ‚A short course in m.‘; ‚Harmonic mus. course‘; ‚The modern graded Piano-course‘

TAPPERT, Wilh. * 19/2 1830 Ober-Thomaswaldau/Bunzlau, † 27/10 1907 Berlin, zuerst SchulL., 1856 Schüler d. Kullakschen Akad. in Berlin u. Dehns, 1858 ML. in Glogau, seit 1866 in Berlin ML., MRef. u. Schriftst., Forscher u. Sammler auf dem Geb. der LautenLiteratur, eifriger Wagner-Kämpe. Seine bedeut. Bibliothek von der Berliner Kgl. Bibliothek angekauft. W: ‚M. u. musikal. Erziehg‘, ‚Musikal. Studien‘, ‚Das Verbot der Quintenparallelen‘, ‚Wagner-Lexikon, Wörterbuch der Unhöflichkeit usw.‘, ‚R. Wagner‘, ‚Wandernde Melodien‘, ‚Die Entwicklung der M-Notenschrift vom 8. Jahrh. bis zur Gegenwart‘, ‚54 ErlkönigKompos.‘ mit Nachträgen usw., ‚Sang

u. Klang aus alter Zeit' (100 Lautenstücke usw.); außerdem Lieder, KlavStücke, Liedbearbeitungen; ungedruckt ‚900—1900, Tausend Jahre Entwicklungsgesch. der musikal. Zeichenschrift' u. ‚Gesch. der alten dtsch. LautenTabulatur'

TAPPOLET, Willy, Dr. phil. * 6/8 1890 Lindau, Kant. Zürich, MSchr. u. StudL. in Genf, besuchte die Univ. Montpellier, Berlin u. Zürich. W: ‚A. Honegger' (1933)

TARANTINI, Gaetano * 21/12 1872 Trani, † 14/1 1927 Posilippo/Napoli. W: Opern, sinfon. Dichtgen, KlavKonz., Lieder. — Sein Zwillingsbruder L e o p o l d o. W: Opern, Ballett, Kirch-M.

TARAVEL, Antoine — s. Savier PRIVAS

TARCHI, Angelo * 1760 Napoli, † 19/8 1814 Paris, ausgeb. in Napoli. W: 40 Opern

TARDITI, Giov. * 10/3 1875 Acqui, † 19/9 1935 Rom, lebte da, MilKM. a. D. W: Optten, Tänze, Märsche, Gsge. B: f. MilM.

TARDITI, Oratio, 1625 DomOrgan. in Arezzo, 1640 Organ. in Murano, 1642 in Arezzo, 1648 DomKM. in Faenza. W: Messen, Psalme, Motetten, Litaneien, Madrigale, Canzonette amorose

TARENGHI, Mario * 10/7 1870 Bergamo, M-SchulDir. in Milano, treffl. Pianist. W: Opern, StrQuart., Variat. für 2 Klav., KlavStücke; ‚Stabat mater'

TARGIONI-TOZZETTI, Giov. * 1862 Livorno, da † 31/5 1934, OpLibrettist

TARISIO, Luigi * um 1795 Fontanetto (Milano), † 1854 Milano, berühmter Geigenkenner u. Händler, der teils in Paris, teils in Milano wohnend, dort von 1820 ab eine große Anzahl der herrlichsten Cremoneser Instrumente in den Handel brachte

TARREGA, Franc. * 29/11 1852 Villareal, † 15/12 1909 Barcelona, hervorrag. Gitarrist, auch Komp. u. Übertrager (Bach) f. sein Instr.

TARTAGLIA, Giulio * 8/9 1871 Rom, lebt da, vielgereister MandolVirt. seit 1883. W: Mandol-Schule u. -Stücke. B: f. MandolQuart.

TARTAGLIA, Lida * 20/10 1898 Rom, da KlavVirt. W: KlavStücke, ‚Inno di guerra'

TARTENDO, N., ps. = Jos. VIEGENER

TARTINI, Giuseppe * 8/4 1692 Pirano/Trieste, † 26/2 1770 Padova, stud. da zuerst Jura, mußte aber von dort fliehen u. fand ein Asyl im Minoritenkloster zu Assisi, wo er sich nun ganz der M., insbes. dem Geigenspiel zuwandte. 1721 nach Padua zurückgekehrt, SoloVirt. u. Dirig. der Hauptkirche, 1723/25 in Prag, errichtete 1728 in Padua seine berühmt gewordene GeigerSchule. 1714 hatte er die Kombinationstöne entdeckt. W: viele VKonz. u. -Sonaten, theor. Schriften usw.

TASCA, Pier Antonio (Baron), ps. d'ANTHONY * 1/4 1864 Noto (Sizil.), da † 14/5 1934, lebte meist in Palermo. W: Opern, Sinfon., StrQuart.

TASKIN, Henri Jos. * 24/8 1779 Versailles, † 4/5 1852 Paris, KlavVirt. u. Organ. W: Opern, KlavTrios, KlavKonz., KlavStücke, Lieder

TASKIN, Pascal * 1723 Theux, † 9/2 1793 Paris, Erfinder des KlavPedals, berühmter Klav-Bauer

TAST, Karl, ps. = Frittjof KRISTOFERSSEN

TATE, Enrico * 1873 Prahran (Austral.), lebt in Melbourne, MSchr. W: Operette, Ballett, Orch-Stücke, KaM., Lieder; ‚Australian musical resources' (1917)

TAUBE, Michael * 14/3 1890 Lodz, KonzDir. u. KlavVirt. in Berlin seit 1923, seit 1933 KM. des Orch. des jüd. Kulturbundes, ausgeb. in Leipzig u. Köln (Abendroth), zuerst Dirig. in Bad Godesberg, viel auf Reisen, gründete 1926 ein Ka-Orch., 1928 auch einen KaChor. W: KaM., KlavStücke u. a.

TAUBÉ, Werner * 17/6 1901 Eisenach, SchulL. in Halberstadt u. GitL. an der KirchMSchule in Aschersleben. W: ‚Der Lautenschüler'

TAUBER, Rich. (eigentl. Ernst Seiffert) * 16/5 1892 Linz a. D., berühmter lyr. Tenor, Schüler von Karl Beines, wirkt in Wien, vorher lange in Berlin. W: Optte, FilmM., Lieder

TAUBERT, Ernst Eduard * 25/9 1838 Regenwalde (Pomm.), † 14/7 1934 Berlin, Schüler Alb. Dietrichs u. F. Kiels, lebte in Berlin, Mitglied der Akad. der Künste, langjähr. L. f. Klav. u. Theor. am Sternschen Konserv., MRef. W: Orch. u. KaM., KlavStücke, Chöre mit Orch., Lieder

TAUBERT, Karl Heinz * 16/12 1912 Stettin, Pianist u. L. f. Rhythmik u. Gehörbildg an der Hochschule in Berlin, da ausgeb. W: Duette, Liederzyklen, Marienlieder m. Klav. u. Vc.

TAUBERT, Otto, Dr. phil. * 26/6 1833 Naumburg a. S., † 1/8 1903 Torgau, in der M. Schüler von O. Claudius, seit 1863 GymnL., Kantor u. VerDirig. in Torgau. W: Schriften üb. die lokale MGesch. von Torgau; Chöre, Lieder, KlavStücke usw.

TAUBERT, Wilh. * 23/3 1811 Berlin, da † 7/1 1891, Schüler von Neithardt u. L. Berger (Klav.), Hennig (V.) u. B. Klein, bald als Pianist u. L. geschätzt, 1842/69 HofopKM. Auf seinen Antrieb wurden die SinfSoireen der Kgl. Kapelle ins Leben gerufen. W: Opern, M. zu Shakespeares ‚Sturm', Sinfon., Ouvert., KaM., KlavKonz. u. Stücke, Lieder, darunter 140 teilweise sehr bekannt gewordene ‚Kinderlieder'

TAUBMANN, Otto, ps. NAMBUAT * 8/3 1859 Hamburg, † 4/7 1929 Berlin, erst Kaufmann, studierte 1879/82 Klav., Vc. u. Kompos. in Dresden, machte Studienreisen nach Paris u. Wien, mehrere Jahre KM., 1886/89 Besitzer des Freudenbergschen Konserv. in Wiesbaden, seit 1895 in Berlin, TheorL. u. MRef., 1920/25 KomposL. an d. staatl. Hochschule. W: Opern; ‚Deutsche Messe' (bedeut.), Sinfon., sinfon. Dichtg, Konzertouvert., KaM., der 13. Psalm, Kantaten, MChöre, Lieder usw. B: viele KlavAuszüge usw.

TAUDOU, Antoine * 24/8 1846 Perpignan, † 6/7 1925 Saint-Germain-en-Laye, seit 1883 L. am Konserv. in Paris. W: VKonz., KaM.

TAUFSTEIN, Louis * 3/2 1870 Wien, lebt da?, lebte lange in Berlin, Opttenlibr.

TAUND, Eugen * 17/7 1856 Preßburg. W: Optten; Unterrichtsbriefe (Harmonielehre)

TAUSCH, Frz * 26/12 1762 Heidelberg, † 9/2 1817 Berlin, da seit 1789 Klarin. der Hofkapelle u. seit 1805 Dir. einer BlasinstrSchule. W: KlarinKonz. u. a.

TAUSCH, Jul. * 15/4 1827 Dessau, † 11/11 1895 Bonn, Schüler F. Schneiders u. d. Lpzger Konserv., seit 1846 in Düsseldorf, da 1853 Vertreter R. Schumanns, da 1855/89 städt. MDir. u. Dirig. d. MVer., seit 1890 in Bonn. W: M. zu Shakespeares ‚Was ihr wollt', Chöre, Duette, Lieder

TAUSCHE, Emil * 1840, † 31/3 1904 Teplitz (Böhmen), da lange Jahre VerDirig. W: MChöre

TAUSIG, Aloys * 1817 Prag, da † 24/3 1885, u. weit mehr noch dessen Sohn Karl * 4/11 1841 Warschau, † 17/7 1871 Leipzig, haben sich als KlavVirt. einen Namen gemacht. Karl, 1855/59 Schüler Liszts, leitete 1866/70 in Berlin eine eigene Akad. f. das höhere KlavSpiel. W: VirtuosStücke, techn. Studien, Transkriptionen. B: Wagners ‚Meistersinger' im KlavAusz. — T. seit 1865 verheiratet mit der ausgez. ungar. Pianistin Seraphine v. Vrabely * 1841, † 3/9 1931 Dresden

TAUSS, Erwin * 8/4 1904 Jaicek (Jugoslav.), 1923 in Berlin, urspr. Geiger, KomposSchüler W. Gmeindls, OrchDirig., † 30/1 1928 Wittenberg

TAUT, Kurt, Dr. phil. * 1/3 1888 Obereichstädt, Kr. Querfurt, urspr. KonzTenor. u. ML. in Leipzig, seit Aug. 1929 Bibliothekar der MBibl. Peters. W: ‚Die Anfänge der JagdM.'; ‚Verzeichnis des Schrifttums üb. Händel' (= Händel-Jahrbuch 6, 1933). H: Jahrbuch der MBibl. Peters

TAUWITZ, Eduard * 21/1 1812 Glatz, † 26/7 1894 Prag, TheaKM. in Wilna, Riga, Breslau u. 1846/63 in Prag, dann da Dir. der Sophien-Akad. u. Dir d. Dtsch. MGsgVer. W: Opern, Chöre u. Lieder. — Sein Bruder Julius * 7/5 1826 Glatz, † 5/11 1898 Posen, erst L., später TheaKM. in Danzig, Stettin, Berlin, seit 1871 in Posen. W: Oratorien, Singspiele, SchauspM., Ouvert., StrQuart., Messen, Chöre, Lieder

TAUX, Alois * 5/10 1817 Baumgarten/Frankenstein (Schles.), † 17/4 1861 Salzburg, da seit 1841 DomKM., ausgeb. in Prag, Geiger u. Hornist, 1837 in Graz (Thea.), 1839 II. KM. am Thea. in Salzburg. W: viel KirchM., aber auch GsgsPossen, Ouvert., ZwischenM., Tänze, auch MChöre f. die von ihm 1847 gegr. Salzburger Liedertafel, der er seine reichhaltige AutographenSammlg vermachte

TAVERA, José, ps. = Karl ZANDER

TAVERNER, John * um 1495, † 25/10 1545 Boston (Lincolnshire). W (bedeut.): KirchM.

TAYBER — s. TEYBER

TAYLOR, Deems — s. Jos. Deems TAYLOR

TAYLOR, Edw. * 22/1 1784 Norwich, † 12/3 1863 Brentwood/London, MForscher. W: Glees

TAYLOR, F. Louis, ps. = SCHNEIDER

TAYLOR, Franklin * 5/2 1843 Birmingham, † 19/3 1919 London. da seit 1882 I. KlavProf. am R. College of m. W: ‚Primer of the Pfte', ‚Technique and expression in Pfte playing'; EtüdenSammlg

TAYLOR, Jos. Deems * 22/12 1885 Newyork, da MKrit. W: Oper, sinfon. Dichtgen, OrchSuite, Kantaten

TAYLOR, Samuel Coleridge — s. COLERIDGE-TAYLOR

TEBALDINI, Giov. * 7/9 1864 Brescia, Schüler des Konserv. zu Milano, Haberls u. Hallers in Regensburg, 1889 KM. an S. Marco in Venedig, wo er den Gsg nach cäcilianischen Grundsätzen reformierte, 1894 KM. an S. Antonio in Padua, 1897 KonservDir. in Parma, 1902 KirchKM. in Loreto, seit 1926 Prof. f. Palestrina-Forschg in Napoli. W: ‚La m. sacra in Italia' u. a., arab. Fantasie f. Orch., Messen, Motetten, OrgStücke u. mit E. Bossi OrgSchule. H: Cavalieris Rappresentazione d'anima e di corpore u. a.

TECCHLER, (Techler), David * 1666, † um 1747, treffl. Geigenbauer, der in Salzburg, Venedig u. Rom tätig gewesen

TECHRITZ, Joh. * 24/9 1864 Leipzig, seit 1894 Kantor u. Organ. in Dresden. W: Optten, MChöre, Lieder

TEDESCHI, Luigi Maurizio * 7/6 1867 Torino, seit 1902 KonservL. in Milano, vielgereister HarfVirt., ausgeb. u. a. in Paris. W: Oper, Suite f. Harfe, V. u. Vc., HarfStücke u. Etüden

TEDESCO, Fortunata * 14/12 1826 Mantova, † ?, Schülerin Vaccais, internat. berühmte OpSgrin 1844/66 (1851/57 u. 1860/62 an der Gr. Op. in Paris)

TEDESCO, Ignaz * 1817 Prag, † 13/11 1882 Odessa, vielgereister Pianist. W: brill. Klav-Salonkompos.

TEDOLDI, Agide * 16/4 1887 Pavia, KlavVirt. u. L., seit 1921 in Genova. W: KaM., KlavStücke, Lieder

TEIBLER, Hermann * 1865 Oberleutersdorf (Böhmen), † 20/3 1906 München, da MSchr. u. MKrit., übersetzte OpTexte Wolf-Ferraris

TEICH, C. F., MVerlag in Leipzig, gegr. 2/1 1894

TEICH, Otto * 7/12 1866 Kieritzsch, Bez. Leipzig, † 15/4 1935 Leipzig, da MVerleger, Autodidakt. W (sehr zahlreich): Optten, Singspiele, Szenen f. VerBühnen, heitere Chöre u. Lieder (u. a. ‚Im Grunewald ist Holzauktion‘, volkstüml. geworden). — Der Verlag Otto Teich, Leipzig gegr. 2/1 1889

TEICHFISCHER, Paul * 18/1 1863 Hettstedt/Mansfeld, † 1929, urspr. L., Schüler d. Instit. f. KirchM. in Berlin, seit 1903 Organ. u. Chordir. in Bielefeld (auch in Bethel); auch MSchr. W: Chöre, Lieder, OrgStücke

TEICHMANN, Kurt * 21/4 1899 Berlin, seit 1/8 1935 KM. u. Chordir. am LandesThea. in Braunschweig, nach Heeresdienst Studium in Berlin (Univ. u. s. 1922 Hochschule), da 1925/35 Korrep., zuletzt KM. der städt. Op. (Dtsch. OpH.), 1924/35 Dirig. des Orch. der Berliner Liedertafel

TEICHMÜLLER, Anna * 11/5 1861 Göttingen, aufgewachsen in Dorpat, lebte dann in Jena u. Berlin, seit 1900 in Schreiberhau (Riesengeb.). W: Oper, dtsche Messe, VKlavSuite, KlavStücke, Duette, Lieder

TEICHMÜLLER, Rob. * 4/5 1863 Braunschweig, Schüler des Leipziger Konserv., da sehr geschätzter KlavL. (zahlr. Neuausgaben), 1908 Prof. W: ‚Internat. mod. KlavM. Ein Wegweiser‘ 1927. Seine Adoptivtochter — s. NETTE-T.

TEIKE, Karl * 5/2 1864 Altdamm, † 22/5 1922 Alt-Landsberg a. d. Warthe. W: Märsche (u. a. ‚Alte Kameraden‘), Tänze

TEILMAN, Christ. * 31/7 1845 Tomgaard, † Dez. 1909 Christiania, da seit 1870 ML. u. Organ. W: seinerzeit beliebte KlavSalonstücke

TELEMANN, Geo. Mich. * 20/4 1748 Plön, † 4/3 1831 Riga, da Kantor u. MDir. 1773/1828. W: OrgStücke, theoret. Schriften

TELEMANN, Geo. Phil. * 14/3 1681 Magdeburg, † 25/6 1767 Hamburg, äußerst fruchtbarer, sehr angesehener Komp., 1704 Organ. in Leipzig, 1704 KM. in Sorau, 1709 HofKM. in Eisenach, 1712 KirchKM. in Frankf. a. M., seit 1721 Organ. u. städt. MDir. in Hamburg. W: 40 Opern, 12 vollst. Jahrgänge KirchM. (Kantaten, Motetten), Orator., 44 Passionen, Hunderte v. OrchSuiten (Ouvert.), KaM., OrgStücke usw.

TELEXA, Camillo, ps. — s. BUNGARD-WASEM

TELL, Werner * 30/9 1901 Magdeburg, da seit 1923 Organist, sehr verdient durch OrgKonz. mit zykl. Programm, auch Pianist (KaM., Begl.), ausgebildet u. a. v. F. Kauffmann, O. Volkmann u. Breithaupt

TELLAM, Heinr., ps. = Paul DECOURCELLE

TELLE, Friedr. Wilh. * 9/9 1798 Berlin, da † 10/5 1862, TheaKM. u. a. in Aachen, von wo aus er 1829 den ‚Freischütz‘ zuerst den Parisern vorführte, 1843 in Kiel, 1845 Berlin, Friedrich Wilhelmstädt. Thea. W: Opern, KirchM., KlavStücke, Lieder

TELLEFFSEN, Thomas * 26/11 1823 Drontheim, † 7/10 1874 Paris, da seit 1842, Schüler Chopins, KlavL. W: 2 KlavKonz., KaM., Walzer, Nocturnen, Mazurken usw. f. Klav.

TELLIER, A., ps. = ALETTER Wilhelm

TELMA, Maurice, ps. = Ch. A. RAWLINGS

TELMAN, T. * 29/12 1897 Den Ham (Ov.), Organist in Goor u. ML. in Enschedé, MSchr. W: ‚Het orgel‘

TELMANYI, Emil * 22/6 1892 Arad, Schüler der MAkad. in Budapest, ausgezeichn. seit 1911 vielgereister Geiger, lebt seit 1919 in Kopenhagen. B: KlavStücke von Brahms, Chopin, Schumann u. a. f. V. m. Klav.

TEM, L. Z., ps. = Wlad. METZL

TEMEN, Ira, ps. = Josef NEMETI

TEMESVARY, Stefan, Dr. phil. * 23/1 1886 Kronstadt (Siebenbürg.), studierte in Wien auf d. Univers. u. d. Neuen Konserv., 1912/13 KM. am Thea. in Düsseldorf, 1913 in Freiburg i. B., 1918 KM. in Stuttgart, 1921/27 Dirig. des Cäcilienver. in Frankf. a. M., auch des Sängerver. u. d. Konz.-Gesellsch. in Offenbach, 1927 UniversMDir. in Gießen, Ende 1932 TitProf.

TEMPEL, Hans, Dr. phil. * 29/4 1897 Magdeburg, GitVirt. in München. H: ältere GitM.

TEMPIA, Stefano * 5/12 1832 Racconigi (Piemont), † 25/11 1878 Torino, VVirt. W: Messen, Orch- u. VStücke

TEMPLE, Gordon, ps. = Ch. A. RAWLINGS

TEMPLEMAN, Horace, ps. = A. W. RAWLINGS

TENAGLIA, Ant. Franc. * Florenz, 17. Jh. W: Opern, Kantaten. — Seine sehr verbreit. ‚Arie' hat durch Franz Ries einen stilgerechten Mittelteil erhalten

TENAGLIA, Raffaele * 15/3 1884 Orsogna (Chieti), GsgL. in Milano. W: OrchStücke, Kantaten, Chöre, Lieder

TEN BRINK, Jul. * 4/11 1838 Amsterdam, † 6/2 1889 Paris, da s. 1868; 1860/68 MD. in Lyon. W: Opern, Sinfon., sinfon. Dichtgen, VKonzerte

TENDUCCI, Giusto Ferd. * 1736 Siena, † nach 1800 in Italien, gefeierter Sopranist (Kastrat), zuletzt Dirig., 1758/1800 in London. W: Oper, Ouvert., GsgLehre

TEN KATE, André * 22/5 1796 Amsterdam, † 27/7 1858 Haarlem, Vcellist. W: Opern, KaM., Chöre

TENNE, Otto, ps. Ö. ENNET * 29/1 1904 Hamburg, da KonzBegl. (Schüler v. Hans Hermanns) u. Chordir., als Komp. Autodidakt, der LobedaBewegg nahestehend (nordisch-niederdtsch). W: StrQuart., Balladen, viele Lieder

TENNER, Kurt v. * 18/7 1907 Kalksburg/Wien, Pianist u. OpKM. in Graz seit 1931, ausgeb. in Wien (Neues Konserv.; Jos. Marx). W: OrchStücke, KaM., große Chorwerke nach altdtsch. Texten, an 60 Lieder

TENSCHERT, Roland, Dr. phil. * 5/4 1894 Podersam (Dtschböhm.), MSchr. in Salzburg und Wien, ausgeb. in Wien, auch als KM. W: ‚Mozart', ‚Haydn'

TEPLOW, Grigori * 1719, † 1789 Petersburg, bedeut. Staatsmann. W: beliebte Romanzen

TEPP, Max * 12/6 1891 Hamburg, seit 1923 in Buenos Aires, ausgeb. auf dem LSeminar in Hamburg, widmete sich dem Studium der National- u. Kulttänze, projiziert zu kindl. Spielen mitschwingende M., sucht die dtsche Sprache auf Bewegung u. M. aufzubauen. W: ‚Der Tanz der Zeit'; ‚Bocksprünge', ‚Jungentänze'; Tanzspiele u. a.

TERLETZKI, Aloys * 25/2 1881 Allenstein, da seit 1906 Chordir. u. MSchr., ausgebildet in Berlin u. Königsberg, seit 1922 Dir. des CäcilienVer. W: Chöre

TERNAUX, Madame — s. STOLTZ, Rosina

TERNINA, Milka * 19/12 1863 Wezisca (Kroat.), lebt in Agram (Zagreb), ausgez. OpSgrin, 1890/99 in München, dann in New York

TERPSICHORE-MV., Berlin, Nebenzweig von Rich. Birnbach (s. d.)

TERRABUGIO, Giuseppe * 13/5 1843 Primiero (Trento), † da 9/1 1933, lebte 1883/1927 in Milano, ausgebildet in Padua u. v. Rheinberger, hervorr. KirchKomp. u. MSchr. W: KirchM., ‚L'organista pratico', Ouvert., StrQuart.

TERRADELLAS (TERRADEGLIAS), Domenico * 13/2 1713 Barcelona, † (Selbstmord) 20/5 1751 Rom, da seit 1747 KirchKM., Schüler Durantes. W: Opern

TERRASSE, Claude * 27/1 1867 Arbresle (Rhône), † 30/6 1923 Paris, da Schüler der Niedermeyerschen Organistenschule, da Organ. 1896/99. W: 24 Operetten, u. a. ‚M. de la Palisse' (1904, in Deutschland ‚Der Kongreß von Sevilla' genannt); StrTrio

TERRY, Charles Sanford * 24/10 1864 London, seit 1898 an d. Univers. in Aberdeen (Schottl.), wo er auch MFeste veranstaltet u. dirig., Praktiker u. Gelehrter. W: ‚Bachs Chorals' (3 Bde); ‚Bach' (1929, auch dtsch). H: ‚Bachiana' z. prakt. Gebr. in der Kirche

TERRY, Rich. Runciman, ps. Laurence AMPLEFORD; Gregory STRATTON * 1865 Ellington (Northumberl.), lebt in London, Organist, 1901/24 in Westminster, hochverdient um die Wiederbelebg älterer, bes. engl. KirchM. W: Messen, Motetten; ‚Catholic church m.', ‚Old rhymes with new tunes'

TERSCHAK, Adolf * 6/4 1832 Hermannstadt (Siebenbg.), † 3/10 1901 Breslau, vielgereister Fl-Virt., am Wiener Konserv. gebild., lebte teils in Wien, teils in seiner Heimat. W: Üb. 150 Kompos. f. Fl., meist m. Klav.

TERTIS, Lionel * 29/12 1876 West Hartlepool, ausgezeichn. Bratschist in London

TERVANI, Irma * 4/6 1887 Helsingfors, Schwester von Aino Akte, berühmte Altistin, 1907/26 an der Op. in Dresden, da seit 1916 mit dem Schausp. Paul Wiecke verheir.

TERZIANI, Eugenio * 29/7 1824 Rom, da † 30/6 1889, Schüler Mercadantes, 1867/71 KM. an der Scala in Milano, seit 1877 KomposProf. an der Accad. di S. Cecilia in Rom, auch geschätzter GsgL. W: Opern, Messen. — Sein Sohn Raffaele * 23/4 1860 Rom, da † 5/1 1928, da seit 1890 L., später Vizedir. des Lic. m. di accad. di S. Cecilia. W: Requiem f. König Humbert, StrQuart., Chöre

TESCHNER, Gust. Wilh. * 26/12 1800 Magdeburg, † 7/5 1883 Dresden, Schüler Zelters u. B. Kleins, stud. dann Gsg in Italien u. bei Miksch in Dresden, GsgL. in Berlin, 1873 z. Kgl. Prof.

ernannt. W: Solfeggien. H: ältere kirchl. Gsgwerke, ital. Canzonetten, Volkslieder, Solfeggien, ‚Preuß. Festlieder von Joh. Eccard u. Stobäus'

TESCHNER, Melchior * 1584 Fraustadt, † 1/12 1635 OberPritschen/Fraustadt, 1609/14 Kantor in Fraustadt, dann Pfarrer zu OberPritschen. W: Choräle, u. a. ‚Valet will ich dir geben'

TESCHNER, Wilh. * 24/8 1868 Langenbielau, Schüler des Instit. f. KirchM. in Berlin u. Bruchs, SemML. 1900/06 in Münsterberg, dann in Elsterwerda, 1914/17 in Delitzsch, seitdem StudRat in Spandau, † 1927. W: Chöre mit Orch., OrchSerenade, KaM., KlavSonate, OrgStücke, Lieder

TESIER, ps. = REISET, Gust. A. H., Baron de

TESSARECH, Jacques * 4/9 1862 Ajaccio, GitVirt. u. Komp. in Paris

TESSARI, Gaetano * 13/6 1870 Legnago (Verona), Priester. W: ‚Trilogia Francescana' f. Soli, Chor u. Orch., Messen im PalestrinaStil

TESSARIN, Angelo * 16/8 1834 Venezia, † 20/2 1909 Marseille, KlavL. in Venezia. W: ‚Inno Saluto' (1875) u. a. Chöre m. Orch.

TESSARIN, Francesco * 4/12 1820 Venedig, lebte da, † 30/6 1889 Rom, mit Wagner befreundet, Pianist. W: Oper, KirchM., KlavOpFantasien

TESSARINI, Carlo * 1690 Rimini, † nach 1762, bedeut. Geiger, der auf die Gestaltg des Konz. u. d. Sonate bedeutsamen Einfluß gehabt, unruhiger Geist, viel herumgekommen (u. a. 1729 in Venedig; KonzM. des Kardinals Wolfgang Hannibal v. Brünn; 1762 in Amsterdam). W: VKonz., Sonaten, Trios; ‚Grammatica di m. per bene imparare di sonate il violino' 1762

TESSIER, André * 8/3 1886 Paris, da † 2/7 1931, MForscher. W: ‚Couperin'. H: ‚Revue de musicologie'; Chambonnières, Oeuvres

TESSMER, Hans * 19/1 1895 Berlin, s. Herbst 1935 TheaIntend. in Görlitz, 1923/27 Dramaturg der Dresdener, 1928/30 u. 1933 der Berliner städt. Op., 1934/35 OpReg. in Stuttgart, daneben Journalist. W: ‚Bruckner', ‚Der klingende Weg', ‚Schumann', ‚Wagner' u. a.

TESTORÉ, Carlo Giuseppe * um 1660 Novara, † vor 1710 Milano, da treffl. Geigenbauer, Schüler Grancinos; auch seine beiden Söhne und sein Enkel tüchtige Geigenbauer

TETRAZZINI, Luisa * 29/6 1871 Firenze, lebt in Rom, seit 1890 auftretende ausgezeichn. KolorSgrin (oft in Amerika). W: ‚La mia vita di canto' (1921); ‚How to sing' (1925)

TETTERODE, L. Adriaan van * 25/7 1858 Amsterdam, da † 5/3 1931, geschätzter Theor- u. KlavL. W: Serenade für Blasinstr., Fantas. für 2 Klav., KlavSon., Suiten u. a., KinderSingspiel, Chöre, Lieder

TETTINGER, Fried * 23/3 1910 Köln, da Organ. u. Chordir., Schüler u. a. Trunks. W: UnterhaltgsM.

TETZEL, Eugen * 3/9 1870 Berlin, da KlavL. u. MSchr., Schüler H. Barths, Herzogenbergs u. Bruchs. W: ‚Allgem. MLehre', ‚Neuer Lehrgg des KlavSpiels', ‚Das Problem der modernen KlavTechnik'

TEUCHERT, Emil * 29/5 1858 Chemnitz, † 11/2 1927 Dresden, treffl. KBassist u. Tubaist, seit 1885 am Kgl. Thea. in Dresden. W: Übgen u. a. f. KB., Tubaschule, ‚MInstrumentenkunde'

TEUTSCHER, Jos. * 17/10 1860 Wien, da treffl. KlavL., einst vielgereister Pianist. W: ‚Leitfaden der rhythm. KlavGymnastik', UnterrStücke, Lieder, auch Oper, Ballett

TEXTOR, Karel Aug. * 25/8 1870 's-Gravenhage, da KlavVirt. u. KonservL., ausgeb. in Berlin (Frz Kullak, H. Urban, Alb. Becker). W: KaM., Lieder; ‚Methodiek van het Pianospel'

TEYBER (TAYBER), Ant. * 8/9 1754 Wien, da † 18/11 1822, da 1792 Cembalist der Hofoper, 1793 KaKomp. u. ML. der kaiserl. Kinder. W: Orator., Melodram, Sinfon., VKonzerte. StrQuart. u. a. — Sein Bruder Franz * 15/11 1756 Wien, da † 22/10 1810, KM. d. Schikanederschen Truppe, ausgez. OrgSpieler. W: Opern, Singspiele, KirchM.

THADEWALDT, Herm. * 8/4 1827 Bodenhagen (Pomm.), † 11/2 1909 Berlin, KM. in Düsseldorf, Dieppe u. (1857/69 mit eigener Kapelle) in Berlin, gründ. 1872 den ‚Allgem. dtschen MusikerVerband' u. redig. die ‚Dtsche MusikerZtg'

THALBERG, Sigism. * 7/1 1812 Genf, † 27/4 1871 Napoli, ausgez. Pianist, natürl. Sohn des Fürsten Moritz Dietrichstein, Schüler Sechters u. Hummels, unternahm 1829 seine erste Kunstreise durch Deutschland, begründ. 1835 in Paris neben Liszt seinen Ruf, kehrte 1837 nach Wien zurück und bereiste dann mit Erfolg Europa u. Amerika, siedelte sich 1858 in Napoli an. W: Konz., kleinere Stücke, brill. Opernphant., Etüden, 2 erfolglose Opern

THANN, Stefan, ps. = Max MAIER

THARY, Eugen * 18/9 1870 Neustadt a. d. H., † Juli 1925 Dresden, erst TheaKM. (Schüler Urspruchs u. Draesekes), dann MSchr.

THAUER, Hans * 3/9 1848 München, da † 3/6 1924, Git- u. ZithVirt., bedeut. L. W: ZitherSchule (3 Bde), ‚Katechismus d. mod. Zitherspiels'

THAUSING, Albrecht, Dr. phil. * 17/2 1883 Wien, da ausgeb., Stimmbildner in Hamburg. W: ‚Die Sängerstimmen'; ‚Reformgedanken z. Klav- u. MUnterr.'

THAYER, Alex. Wheelock * 22/10 1817 South Natick/Boston, † 15/7 1897 Trieste, da amerikan. Konsul seit 1865, brachte auf Reisen in Deutschland u. während seines Aufenthalts in Wien (1860/65) das Material zu seiner BeethovenBiographie (5 Bde, übers. u. vollendet von H. Deiters) zusammen

THAYER, Eug. * 11/12 1838 Meudon, Mass., † 27/1 1889 Burlington, Organ. W: OrgW., Festkantate, Lieder; ‚The art of organ playing'

THEESS, Martin * 17/3 1878 Plau, Meckl., KaMker i. R., ML. in Berlin-Friedenau, ausgeb. in Straßburg i. E. (Konserv.). W: UnterhaltgsM.

THEIL, Fritz * 6/10 1886 Altenburg, lebt in Magdeburg, Schüler d. Konserv. in Leipzig, TheaKM. u. KonzDirig. an versch. Orten. W: sinfon. Dichtgen, Ouv., VKonz., Gsge mit Orch.

THEILE, Aug. * 30/1 1857 Zäckvar/Bad Kösen, urspr. SchulL., Schüler des Instit. f. KirchM. in Berlin, seit 1882 GsgL. u. KirchChordir. in Dessau. W: Motetten, Lieder, Klav- u. OrgStücke

THEILE, Joh. * 29/7 1646 Naumburg a. S., da † 21/6 1724, urspr. Gambist, KM. u. a. in Gottorp, Hamburg, Braunschweig, Merseburg, fruchtbarer Komp., von den Zeitgenossen ‚Vater der Kontrapunktisten' genannt. W: Opern u. Singspiele, Orat., Messen, Passionen usw., theoret. Traktate (ungedr.)

THEIMER, Joh., ps. LINDSAY, John * 2/3 1884 Lendorf/Kärnten, lebt in Berlin-Friedenau; Autodidakt. W: viel sehr beliebte OrchUnterhaltgsM., u. a. die Intermezzi ‚Aisha', ‚Porancek', ‚Vineta-Glocken', in der KlavAusg. in mehr als 1 000 000 Ex. abgesetzt

THEISS, Aug. * 23/12 1870 Wittenberge, ChorM. u. OrchDir. in Berlin, langj. MilMus., seit 1/4 1906 Expedient der Deutschen MSammlg, zuletzt Inspektor an der MAbt. der Staatsbiblioth., pens. 31/3 1936, Schüler G. Bumckes. W: MChöre, Lieder, Märsche, CharakterStücke

THELEN, Aug. * 26/11 1875 Köln, da Organist u. sehr geschätzter MChordirig., auf dem dort. Konserv. u. der akadem. Meisterschule in Berlin (Bruch, R. Strauß) ausgebildet. W: MChöre, auch mit Orch., u. a. Weihnachtskantate, Ballade, Kantate

THEODORICUS, Sixtus = Sixt DIETRICH

THÉRÈSE, Jules, ps. =. A. W. RAWLINGS

THERIG, Albert * 1/12 1862 Schöningen (Braunschw.), urspr. SchulL., Schüler des Instit. f. KirchM. in Berlin, seit 1906 SemML., Organ. u. Chordir. in Braunschweig. W: MChöre, Lieder, Choralvorspiele

THERMIGNON, Delfino * 26/5 1861 Torino, da seit 1921 Dir. der städt. Chorschule, da 1882 L. an der MSchule, jedoch 1897 Schüler der KirchMSchule in Regensburg, 1900/21 Kirchenchordir. an S. Marco in Venedig. W: Opern, Oratorien, KirchM., Lehrbücher

THERN, Karl * 18/8 1817 Iglo (Ungarn), † 13/4 1886 Wien, 1841 KM. am NationalThea. zu Pest, 1853/64 da Kompos- u. KlavL. am NationalKonserv., dann mit seinen Söhnen auf Reisen, seit 1868 wieder in Pest, zuletzt in Wien. W: Opern, volkstüml. gewordene Lieder usw. — Seine Söhne W i l l i (* 22/6 1847 Ofen, † 7/4 1911 Wien) u. L o u i s (* 18/12 1848 Pest, † 12/3 1920 Wien), treffl. Pianisten, Schüler v. Moscheles u. Reinecke, seit 1866 viel auf KonzReisen, berühmt durch ihr Zusammenspiel auf 2 Klav., lebten in Wien

THERSTAPPEN, Hans Joach., Dr. phil. * 1/8 1905 Bremen, ausgeb. in München (u. a. bei Geierhaas u. Jos. Pembaur) u. Leipzig, seit 1930 Lektor f. M. an der Univers. Kiel. W: BühnenM., KaM., Lieder

THEUNE & Co., MVerlag in Amsterdam bis 1873

THIARD-LAFOREST, Jos. * 16/3 1841 Püspöki, † 2/3 1897 Preßburg, da seit 1881 DomKM. W: geistl. u. weltl. Chöre

THIBAUD, Jacques * 27/9 1880 Bordeaux, ausgezeichn. weitgereister VVirt., Schüler Marsicks, lebt in Paris. — Auch seine Brüder J o s e p h * 25/2 1875 Bordeaux (Pianist in Paris, Schüler Diemers) u. F r a n ç o i s (Vcellist) bekannt

THIBAUT IV., König v. Navarra * 1201 Troyes, † 8/7 1253 Pamplona. W: ‚Troubadour'Lieder

THIBAUT, Ant. Frdr. Just. * 4/1 1774 Hameln, † 28/3 1840 Heidelberg, da seit 1805 Prof. der Rechte. W (wichtig): ‚Üb. Reinheit d. Tonkunst'

THIBOUVILLE-LAMY, J., BlasinstrFabrik in Paris, gegr. 1790, Spezialität: Trompeten, Hörner m. 4 Ventilen

THIÉBAUT, Henri * 4/2 1865 Schaerbeck/Brüssel, begründ. in Brüssel 1895 einen DamenGsgVer. zur Pflege nationaler M. u. eröffnete 1896 in Ixelles/Brüssel eine MSchule, 1917 zum ‚Institut des hautes études music. et dramat.' erweitert. W: Opern, Kantat., Fläm. Kirmes f. Orch., StrQuart., KlavStücke, Chöre, Lieder

THIEDE, Fritz * 18/8 1890 Stargard i. P., Schüler K. Müller-Hartungs, 1919 städt. MDir. in Weißenfels, jetzt pens., seit 1910 TheaKM. an versch. Orten. W: OrchStudien, OrgFantas., Lieder

THIEDE, Max * 5/11 1872 Danzig, ML. in Karlsruhe, da † 5/7 1932. W (viele): OrchStücke, KaM., KlavStücke, Chöre, Lieder

THIEL, Karl * 9/7 1862 Klein-Öls (Schles.), seit 1930 Dir. der KirchMSchule in Regensburg, Schüler des Berliner Instit. f. KirchM. u. Bargiels, zuerst Organ. in Berlin, dann Prof. am Instit. für KirchM., wo er den Madrigalchor zu ausgezeichn. Leistgen erzog, 1922/27 Dir. dieses 1924 z. Akad. f. Kirch- u. SchulM. erhobenen Instit. W: Messen, Kantat., Motett. H: alte a cappM.

THIELE, Eduard * 21/11 1812 Dessau, da † 10/1 1895, Schüler Fr. Schneiders u. 1855 dessen Nachfolger als HofKM. W: OrchKompos., Chöre, Lieder usw.

THIELE, Emil Paul (Enkel Ludwigs) * 14/3 1875 Berlin, lebt da, ausgeb. auf d. Sternschen Konserv. W: ‚Ägypt. Suite‘, u. a. OrchStücke, HarmoniumStücke, HarmonikaSchule. B: f. Salonorch u. a.

THIELE, Felix Rich. — s. Rich. THIELE

THIELE, Kurt, ps. K. DELTA; K. ESPEN; K. MANNAU * 29/6 1891 Leipzig, seit 1910 Chordirig., Kriegsteilnehmer, 1910/20 TheaDir. in Berlin. W: Märchenop., Optte, MChöre, volkstüml. Lieder, Schlager

THIELE, Leonore, Enkelin Eduards — s. PFUND

THIELE, Ludwig * 18/11 1816 Harzgerode, † 17/8 1848 Berlin, da seit 1839 Organ., bedeut. OrgVirt. W: OrgKonzertsätze, Trios, Variat.

THIELE, Richard (Sohn Ludwigs) * 29/10 1847 Berlin, da † 25/4 1903, TheaKM., 1868/91 auch Organ. W: Singspiele, Orch- u. KlavStücke, volkstüml. Lieder (‚Dtsch. Flaggenlied‘)

THIELE, Rud., ps. (zeitw. zu Unrecht geführt) BLANK, R.; LICHTERFELD, M.; SCHULTZE-BUCH * 17/4 1866 Guben, urspr. SchulL., zeitw. TheaKM., lebt in Berlin (Orchester-Aufnahmen f. Grammophon). W: Optten, Tänze, Märsche, Klav-Stücke, Kuplets, Lieder usw.

THIELE, Willi * 27/6 1887, ObMM. u. Bearb. f. MilM. usw. in Berlin. W: Potpourris, Tänze, Märsche

THIELEBEIN, Rich., ps. = Herm. RAASCH

THIELEMANN, Hubert * 12/1 1906, Klav-Virt. u. KonservL. in Detmold, ausgeb. a. der Berliner Hochschule (Juon). W: KlavStücke, Lieder

THIEM, Kurt * 14/6 1880 Pößneck (Thür.), Schüler u. a. des Berliner Instit. f. KirchM. u. Regers, treffl. Organ., GsgL. (Schüler Scheidemantels) u. Chormeister, 1905/14 in Jena, seitdem in Weimar. W: Krippenspiel, StrTrio, Org- u. KlavStücke, Chöre, Lieder

THIEME, Friedr. † Juni 1802 Bonn, da seit 1792 ML., vorher seit 1780 in Paris. W: Lehrbücher, VDuette

THIEME, Karl * 1909 Erzgeb., lebt in Leipzig, da ausgeb. (Konserv. u. Univers.). W: OrchStücke und (Erzgebir.) Suite, Straßenkantaten, Chöre

THIEME, Paul, I. KM. am Stadtthea. zu Metz, brachte da 1904 eine Oper ‚Hannibal‘ heraus

THIEME, Robert * 23/9 1863 Berlin, da † Nov. 1933, seit 1889 Dir. des Haydn-Konserv., 1903 Prof. W: KlavStücke, VStücke, Chöre, Lieder

THIENEL, Jos. * 14/12 1878 Schweidnitz, † 28/4 1930 Erfurt, Chormeister, Schüler d. Berliner Hochschule. W: MChöre, auch m. Orch.; ‚Liszts Beziehgen zu Jena u. z. Sgrschaft zu St. Pauli‘

THIENEMANN, Alfred * 19/8 1858 Gotha, † 27/6 1923 Berlin, urspr. Mediziner, Schüler Bargiels u. Kiels, TheaKM., u. a. in Berlin (Kroll), Lübeck, Coburg-Gotha, seit 1902 MRef. u. GsgL. in Berlin. W: ‚Partiturspiel‘, ‚Die Kunst d. Dirigierens‘, ‚Instrumentationslehre‘, Ouvert., KlavStücke, Lieder

THIENEMANN, Herbert * 24/12 1884 Linkershof, GitL. in Luzern u. Basel. W: Lieder mit Git.

THIENEN, Vict. Eman. van * 30/6 1865 Padang, † 23/8 1928 Velp, Organ. 1877/85 in Pijnacker, 1885/1926 in Leiden, dann in Delft. W: OrgStücke

THIENEN, Willem * 26/12 1859 Padang, seit 1880 Organ. in Delft. W: KlavSonate, Chöre, Lieder

THIERACK, Max * 29/12 1880 Berlin, da seit 1918 GymnGsgL. u. seit 1919 Organ. W: Märsche, KlavSonate, OrgStücke, Lieder

THIERE, Paul, Dr. jur. * 11/12 1893 Berlin, lebt da, ausgeb. auf der Hochschule (F. E. Koch). W: Oper, OrchLieder, Melodram

THIERFELDER, Albert, Dr. phil. * 30/4 1846 Mühlhausen (Thür.), † 5/1 1924 Rostock, Schüler d. Leipziger Konserv., seit 1870 MDir. u. a. in Brandenburg a. H., seit 1888 UniversMDir. in Rostock. W: Opern, Chorwerke ‚Zlatorog‘, ‚Frau Holde‘ u. a., 2 Sinfon., Ka- u. KlavM., MChöre, Lieder usw. B: altgriech. Musikreste

THIERFELDER, Helmuth, Dr. phil. * 18/8 1897 Deutschenbora/Dresden, KM. d. Reichssenders Hamburg seit Juli 1936; Kriegsteiln., dann Korrepet. u. a. in Leipzig und Schwerin, 1928/32 BadeKM. in Friedrichsroda, 1932/34 II. Dirig. des Berliner SinfOrch., Herbst 1934 bis Juni 1936 Kur-KM. in Wiesbaden

629

THIERIOT, Ferd. * 7/4 1838 Hamburg, da † 4/8 1919, Schüler Marxsens u. Rheinbergers, MDir. in Hamburg, 1867 in Leipzig, 1868/70 in Glogau, 1870/95 Dir. d. MVer. in Graz, dann abwechselnd in Hamburg u. Leipzig. W (gediegen, in älterem Stil): Sinfonietta, VKonz., Doppelkonz. f. V. u. Vc., viel KaM., Chorwerke m. Orch., M- u. Fr-Chöre, Lieder

THIERIOT, Paul Emil * um 1775 Leipzig, † 20/1 1831 Wiesbaden, Philologe u. vielgereister VVirt., Schüler Baillots, befreundet mit Jean Paul, 1804/05 KonzM. in Offenbach, zeitw. MDir. in Neuchatel, dann Sprach- u. ML. in Wiesbaden, sehr origineller Mensch

THIES, Geo. * 1/5 1867 Hannover, OpSgr u. Reg. i. R. in Magdeburg. W: Weihnachtsmärchen, Lieder

THIES, Kurt * 13/10 1911 Halstenbek, Holst., da Mker. W: OrchBallade, MChöre, Lieder, Walzer

THIESSEN, Fritz * 15/5 1883 Lathen a. Ems, Oldenb., da Pianist u. Vcellist. W: KlarinKonz., XylophonKonz., VcStücke, UnterhaltgsM.

THIESSEN, Hermann * 11/1 1879 Strugdorf, Kr. Schleswig, bewährter Methodiker, seit 1913 GsgL. an höheren Schulen in Hamburg, da ausgeb. (Konserv.). W: Übgsheft f. Notensingen; ‚Grundlage musik. Bildg‘, Tafeln f. d. MUnterr.; Grundlegende VÜbgen u. a.

THIESSEN, Karl * 5/5 1867 Kiel, Schüler der Weimarer u. Würzburger MSchule, seit 1897 ML. in Zittau; Pianist u. MSchr. W: sinfon. Dichtg, StrOrchSuite, Suite im alten Stil f. Klav. u. V., KlavStücke, auch instruktive Chöre, Lieder

THILMAN, Joh. Paul, ps. = Johannes MÜLLER * 1906

THIMUS, Albert, Frh. v. * 21/5 1806 Aachen, † 6/11 1878 Köln, da 1862/74 Hof- u. Appellationsgerichtsrat. W: ‚Die harmonikale Symbolik des Altertums‘ (1868/76)

THIRIET, André * 14/9 1897 Tarare-Rhône, Dirig. in Lyon, Gründer eines Double Quat. vocal, TheorL. an der Univers., Schüler von Pierre Monteux. W: Opern, Sinfon. Stücke, KaM., HarfStücke, KlavStücke, VEtüden, VcStücke, Chöre, Lieder, auch m. Orch.

THIRION, Louis * 18/2 1879 Baccarat (Meurthe et Moselle), seit 1898 Organ. u. KlavL. am Konserv. in Nancy. W: 2 Sinfon., KaM.

THIRWALL, John W. * 1809 Shilbottle (Northumberl.), † 1876 London, TheaKM. W: VStücke, Balladen, Lieder

THÖRNER, Helmut * 24/11 1903 Chemnitz, d seit 1931 Organ., da u. in Leipzig (Univers., pädag. Instit.) ausgeb. W: Weihnachtspastorale, Lieder

THOINAN, Ernest (eig. Ant. Ern. ROQUET) * 23/1 1827 Nantes, † Mai 1894 Paris, da seit 1844 MSchr., Besitzer einer großen Bibliothek. W: mgeschichtl. Schriften

THOMA, Rud. * 22/2 1829 Lesewitz/Steinau a. O., † 22/10 1908 Breslau, da Kantor seit 1862, auch Chordirig. u. Dir. eines Konserv., Schüler des Instit. f. KirchM. in Berlin, 1857/60 Organ. in Hirschberg. W: Opern, Orat., Legende, KirchM., KlavStücke, Lieder usw.

THOMALE, Max * 22/11 1867 Breslau, da Kantor, Oberorgan. u. GymnGsgL. i. R. W: KlavStücke, geistl. Chöre, Lieder

THOMAN, Stefan * 4/11 1862 Homonna (Ung.), Schüler Volkmanns u. Liszts, ausgezeichn. Pianist u. L., seit 1888 an der MAkad. in Budapest. W: KlavStücke, techn. Studien, Lieder

THOMANN, Karl * 5/6 1890 Außig, VVirt., Schüler Sevčiks u. Rosés, seit 1924 KonzM. der Staatsop. in Dresden

THOMAS von Aquino, der heilige * 1227 zu Roccasecca/Napoli, † 7/3 1274 im Kloster Fassanuova/Terracina, als er zum Konzil nach Lyon reiste; verfaßte 1263 auf Wunsch von Papst Urban IV. das Offizium zu dem neu einzuführenden Fronleichnamsfeste u. dichtete dafür u. a. den Hymnus ‚Pange lingua‘ u. die Sequenz ‚Lauda Sion‘; schrieb auch einen MTraktat

THOMAS, Alfred, ps. = A. T. H. PARKER

THOMAS, Ambroise * 5/8 1811 Metz, † 12/2 1896 Paris, Schüler d. Pariser Konserv., dessen Dir. seit 1871. W: Opern, die allbekannte ‚Mignon‘ (1866), ‚Hamlet‘ (1868), Ballette, Messe, Requiem, KaM., Motetten, KlavStücke u. a.

THOMAS, Arthur Goring * 21/11 1850 Ralton Park (Sussex), † (überfahren) 20/3 1892 London. W: Opern, Ode, Kantate, Psalmen, ‚Suite de ballet‘, Lieder usw.

THOMAS, Christian Gottfr. = THOMASIUS

THOMAS, Christian Ludw. * 26/9 1890 Frankfurt a. M./Sachsenhausen, da seit 1924 ML., ausgebildet am Hochschen Konserv. u. in Mannheim, 1913/17 VerDir. in Düsseldorf, 1919/20 in Offenbach a. M. W: Dtsche Messe f. altkath. KirchChöre, Chöre

THOMAS, Dav. Vaughan * 15/3 1873 Ystalyfera (Wales), Dirig. u. ML. in Swansea, † 14/9 1934 Johannesburg (Südafrika). W: Kantaten, Gsge m. Orch., walis. Lieder mit Harfe u. StrInstrum., Chöre, auch geistl.

THOMAS, Eugen * 30/1 1863 Soerabaia (Java), † Aug. 1922 Schloß Orth/Gmunden, Schüler des Wiener Konserv., Dirig. in Delft, Semarang, Pilsen, Groningen, seit 1889 in Wien, da 1902 Gründer des A cappella-Chors u. 1905 Leiter der KonservChorschule. W: ‚Die Instrumentation der Meistersinger von R. Wagner', ‚Wiener Chorschule', Orch- u. KaM., KlavStücke, Lieder

THOMAS, Gust. Ad. * 13/10 1842 Reichenau/Zittau, † 27/5 1870 Petersburg, da seit 1866 Organ., OrgVirt., Schüler des Leipziger Konserv. W: Org- u. KlavStücke, Lieder usw.

THOMAS, Harold * 8/7 1834 Cheltenham, † 29/7 1885 London, Lieblingsschüler Bennetts, angesehener Pianist, L. u. a. an der R. Acad. W: Ouvert., KlavStücke

THOMAS, John * 1/3 1826 u. † 19/3 1913 Bridgend, Glam., HarfVirt. in London (Hauptbarde v. Wales). W: Konz. u. Sonstiges f. Harfe, Kantate, patriot. Gsge

THOMAS, John Rogers * 26/3 1829 Newport (Wales), † 5/4 1896 Newyork, seit 1849 Barit. in Amerika. W: KirchM., Optte, viele Lieder

THOMAS, Jonny, ps. = Karl BRÜLL

THOMAS, Kurt * 25/5 1904 Tönning a. d. Eider, seit Herbst 1934 Prof. an der Berliner Hochschule, Schüler Teichmüllers, Grabners u. Arn. Mendelssohns, Herbst 1925/34 KonservTheorL. in Leipzig. W: 8stimm. Messe, Markus-Passion, OrchSerenade, KaM., Chöre

THOMAS, Max * 11/2 1887 Magdeburg, lebt in Berlin-Charlottenburg, zuerst Schüler Fritz Kauffmanns u. Kantor in Magdeburg, dann Meisterschüler Geo. Schumanns, 1927/29 beschäft. am Staatl. Volksliederbuch f. d. Jugend. W: Chorballade m. Orch., Künstlerkantate, Choralmotett., Lieder, VSonate. B: Volkslieder

THOMAS, Oskar Heinrich * 28/6 1872, Schüler der Weimarer OrchSchule u. des Leipziger Konserv., seit 1896 VL. in Zürich. W: ‚Natürl. Lehrsystem d. VSpiels', ‚Neuer Lehrgang d. KlavSpiels', ‚Progressive Parallelstudien zu Standardwerken der didakt. VLiteratur'

THOMAS, Otto * 5/10 1857 Krippen (Sachs.), Schüler G. Merkels, 1890/1910 Organ. (KirchMDir.) in Dresden, lebt da. W: OrgStücke, geistl. Chorlieder

THOMAS, Robert Harold — s. THOMAS, Harold

THOMAS, Theodor * 11/10 1835 Esens (Ostfriesl.), † 4/1 1905 Chicago, 1845 in Newyork, zunächst als QuartGeiger, leitete 1869/77 ein eigenes Orch., das einen großen Ruf erlangte, 1878/80 KonservDir. in Cincinnati, dann Philh-Dir. in Newyork. Seit 1888 KonservDir. in Chicago, wo er 1890 ein Orch. ins Leben rief. Das KonzLeben in Amerika hat er wesentlich beeinflußt

THOMAS, Thomas — s. APTOMMAS

THOMAS, Walter, MV., Berlin — s. Julius WEISS

THOMAS, Wilhelm, Lic. theol. * 30/3 1896 Augsburg, seit 1935 geistl. Hilfsarbeiter des Landesbischofs in Hannover, wirkte vorher als Geistl. in Augsburg, Marburg a. L., 1930/35 bei Göttingen. H: ‚Handb. d. dtsch. ev. KirchM.'. W: ‚Das Morgenlied', ‚Das Abendlied' u. a.

THOMAS, Wolfgang — s. THOMAS - SAN GALLI

THOMAS - SAN GALLI, Wolfgang, Dr. jur. * 18/9 1874 Badenweiler, † 14/6 1918 Baden-Baden, 1899/1908 Bratschist des ‚Süddtsch. StrQuart.', dann MSchr. W: ‚Joh. Brahms', ‚Musikal. Essays', ‚Die unsterbl. Geliebte Beethovens Amalie Sebald', ‚L. v. Beethoven' u. a.

THOMASIUS, Christian Gottfr. * 2/2 1748 Wehrsdorf/Bautzen, † 12/9 1806 Leipzig, unruhiger Kopf, veranstaltete in Leipzig Chor- u. Orch-Konz. W: Kantate, 3chör. Gloria mit Orch., Quart.; ‚Prakt. Beiträge zur Gesch. der M.'. H: ‚Musikal. krit. Ztschr.' (1805)

THOMASSIN, Desiré * 11/2 1858 Wien, † 24/3 1933 München, als Gymnasiast in Regensburg, Schüler des großen Bachfreunds Kantor Hacker, seit 1877 in München als Landschaftsmaler, Schüler Rheinbergers, 1908 durch Verwendung Felix Mottls in die musik. Öffentlichkeit getreten. W: 2 Sinfon., OrchRhapsodie, Ouvert., VKonz., Kantate ‚Macht des Gsges', Messen u. a. KirchM., viel geistv. KaM., Chöre, Vokal-Terzette, Lieder

THOMÉ, Franc. * 18/10 1850 Port Louis (Insel Mauritius), † 16/11 1909 Paris, Schüler des dort. Konserv., da ML. u. Krit. W: Opern, M. zu ‚Romeo u. Julie', Ballette, SinfOde, Mysterium, KlavStücke, Lieder

THOMÉ, Thomas, ps. = Ch. A. RAWLINGS

THOMMSEN, ps. = Bela DAJOS

THOMPSON, Peter, gründete in London einen MVerlag, 1804 verkauft an Button & Purday (später Button & Whitaker)

THOMS, Toni * 14/1 1881 München, lebt da, da ausgeb. bei Josef Werner u. Rheinberger, urspr. Vcellist der Hofkap., dann Tenor-Buffo, jetzt nur Kompon. W: Optten, Tonfilme, Soldaten- u. a. Lieder

THOMSON, Alex. * 19/1 1845 Estland, † 7/10 1917 Petersburg, da 1876/1907 MathematikL. am dtsch. Gymnasium. W: Lieder in bewußt estnischem Volkston. H: estnische Volkslieder

THOMSON, César * 17/3 1857 Lüttich, † 21/8 1931 Lugano, vielgereister VVirt., Schüler seines Vaters u. d. Konserv. zu Lüttich, da 1883/97 L., 1898/1924 in Brüssel KonservL. u. Führer eines Quart., seit 1924 KonservL. in Ithaka, USA. War 1874/82 KonzM. in Bilses Orch. in Berlin, gehörte dann kurze Zeit dem Berl. Philh. Orch. noch an. H: ältere VM.

THOMSON, George * 4/3 1757 Limekilns, † 18/2 1851 Leith. H: ‚Collection of orig. Scottish airs‘, ‚Welsh airs‘, ‚Irish airs‘ usw.

THOMSON, John * 28/10 1805 Ednam Kelso, † 6/5 1841 Edinburgh, da der erste MProf. seit 1839, Freund Mendelssohns. W: Opern, Lieder, KlavStücke. H: Vocal melodies of Scotland

THOMSON, Virgil * 1896 Kansas, lebt in Paris. W: Oper, Sinf., KaM., Chöre, u. Gsge mit Orch.

THON, Franz, ps. George FRIEND * 26/2 1884, Bearbeiter in Berlin-Steglitz. W: Ouvert., UnterhaltgsM.

THONET, Karl, ps. Corn. HETTLA * 14/4 1891 Wissen (Sieg), lebt in Bonn. W: Chöre, UnterhaltgsM.

THONY, Fritz, ps. = Friedr. REIMANN

THOOFT, Willem Frans * 10/7 1829 Amsterdam, † 27/8 1900 Rotterdam, Schüler d. Leipziger Konserv., begründ. 1860 in Rotterdam die dtsche Oper. W: Oper, 3 Sinf., Chorsinf., Ouvert., KlavStücke, Psalmen, Lieder

THORN, E., ps. = MACDOWELL

THORNE, Cyril, ps. = Frederic MULLEN

THORNE, Edward H. * 9/5 1834 Cranborne, † 26/12 1916 London, da Organ. u. Pianist. W: KirchM., KaM., Lieder

THOURET, Georg * 25/8 1855 Berlin, da † 17/1 1924, seit 1902 RealgymnDir. in Schöneberg/Berlin. W: ‚Katalog der MSammlg auf der Kgl. Hausbibl. im Schlosse zu Berlin‘. H: ‚Preußische Armeemärsche‘, ‚M. am preuß. Hofe‘ (Sammelwerk).

THRANE, Carl * 2/9 1837 Fridericia, † 19/6 1916 Kopenhagen, Jurist u. treffl. MGeschichtler. W: ‚Fra Hofviolonernes Tid‘ usw.

THRANE, Waldem. * 8/10 1790 Christiania, da † 30/12 1828, VVirt. u. Dirig. W: Ouvert., Tänze, Kantaten

THUDICHUM, Gust. * 19/3 1866 Tübingen, lebt (auch Schr.) in Paehl/Wilzhofen, OBay., Schüler Emil Kaufmanns, Thuilles u. Regers. W: Op., Volksstücke m. M., KaM., MChöre, viele Lieder

THÜMER, Otto * 13/6 1848 Hilberdorf/Chemnitz, † 31/1 1917 Dresden, Schüler v. Herm. Scholtz u. G. Merkel, geschätzt. KlavL. in Dresden. W: Etüdenschule (ausgezeichnet)

THÜRLINGS, Adolf, Dr. phil. * 1/7 1844 Kladenkirchen (NRhein), † 14/2 1915 Bern, da seit 1887 Prof. der altkath. Theol., las auch üb. MGesch. W: ‚Die beiden Tongeschlechter‘, viele Aufsätze. H: Gsgbücher, Palestrinas Motetten über das ‚Hohe Lied‘

THUILLE, Ludwig * 30/11 1861 Bozen (Tirol), † 5/2 1907 München, Schüler seines Vaters und Pembaurs, dann Rheinbergers; seit 1883 Klav. u. TheorL. an der Kgl. MSchule in München, deren einflußreichste Kraft er allmählich wurde. W: Opern, u. a. ‚Lobetanz‘ (viel beachtet), Sextett f. Klav. u. Blasinstr. u. andere KaM., OrgSonate, KlavKompos., Chöre, Lieder; sehr verbreit. HarmLehre (mit R. Louis)

THUL, Friedr. † 29/11 1911 Wien. W: Optte, MChöre, Lieder, StrOrchStücke

THUM, Heinz, Dr. med. * 22/12 1890 Borsigwerk, OS., Arzt in Hirschberg (Schles.). W: Lieder z. Laute

THUREAU, Heim. * 21/5 1836 Klausthal (Harz), † 23/9 1905 Eisenach, Schüler M. Hauptmanns, 1863 Organ., 1865 MDir., Hofkantor, SemML. u. MVerDirig. in Eisenach

THUREN, Hjalmar * 10/9 1873 Kopenhagen, da † 13/1 1912, Volksliedforscher. W: ‚Folkesangen paa Färöerne‘, ‚The Escimo mus.‘

THURN, Karl * 1839 Darmstadt, † 1891 Friedberg i. Hessen, da seit 1839 SemML. u. Dirig. des Singver., sehr verdient um das dort. MLeben. W: Singschule f. Volksschulen, Chöre

THURNER, Friedr. Eug. * 9/12 1785 Montbéliard, † 21/4 1827 Amsterdam, berühmter vielgereister ObVirt., in Braunschweig, Kassel, Frankfurt angestellt, seit 1818 in Amsterdam. W: Sinf., 4 ObKonz., KaM. f. Ob. mi anderen Instrum., KlavStücke

THURNER, Theo. * 1806 Ruffach (Els.), da † Juni 1885, Organ. W: 30 Messen u. sonst. KirchM.

THYLLMANN, Joh., ps. = Hans BASTYR

TICCI, Rinaldo * 3/11 1805 Siena, da † 14/7 1883, MSchulDir. u. TheaKM. W: Opern, KirchM., Schulen f. verschied. Instrum., theor. Schriften

TICCIATI, Franc. * 20/12 1893 Rom, da KlavVirt., u. a. Schüler Busonis. W: OrchIntermezzi, BühnenM., KlavKonz., KaM.

TICHATSCHEK, Jos. Alois * 11/7 1807 Oberweckelsdorf (Böhmen), † 18/1 1886 Dresden, urspr. Mediziner, berühmter BühnenTenor, der erste Rienzi u. Tannhäuser, 1834 in Graz, 1838/72 in Dresden

TICHY, F. A. * 25/3 1898 Chrudim, lebt in Prag, da Schüler des Konserv., OrgVirt. W: Optten, Tonfilme, Revuen, Tänze, Lieder (Schlager)

TICHY, Rud. † 8/2 1926 Wien. W: Märsche, Tänze, Lieder

TIEDEBÖHL, Otto v. * 1863 Woronesch, V-Virt., † ?, lebte Anf. des 20. Jh. in Berlin. W: OrchSuite, VKonz. u. -Stücke

TIEDKE, Albert † 11/6 1896 Königsberg i. Pr., MilKM.

TIEFENBRUNNER, Georg * 1812 Mittenwald, † 10/10 1880 München, da selbständig seit 1842, der „Vater der heutigen Zither"

TIEFFENBRUCKER (DUIFFOPRUGCAR), Kasp. * 1514, Tieffenbrugg/Füssen, † 16/12 1571 Lyon, da seit 1553 Lauten- u. GeigenBauer

TIEFTRUNK, Wilh. * 6/1 1846 Brieg, † 24/1 1930 Hamburg, gefeierter FlVirt., Schüler u. a. Terschaks, war im Hofthea. in Mannheim, dann MSchulL. in Würzburg

TIEHSEN, Otto * 13/10 1817 Danzig, † 15/5 1849 Berlin. W: Oper, geistl. Chöre, beliebte Lieder

TIELKE, Joach. * 14/10 1641 (wo ?), † 19/9 1719 Hamburg, da Bürger 1669, hervorrag. Lauten- u. ViolenBauer

TIERSCH, Edmund * 13/1 1866 Schleiz, da Dirig., Schüler u. a. v. K. Müller-Berghaus. W: OrchCharakterstücke, UnterhaltgsM.

TIERSCH, Otto * 1/9 1838 Kalbsrieth/Artern (Thür.), † 1/11 1892 Berlin, verdienter Theoret., Schüler von Marx, Bellermann u. Erk, L. am Sternschen Konserv. in Berlin. W: Lehrbuch für Harmonielehre, Kontrapunkt, ‚Rhythmik, Dynamik u. Phrasierungslehre' usw.

TIERSOT, Julien * 5/7 1857 Bourg (Bresse), Schüler d. Pariser Konserv., seit 1883 Bibliothekar der Anstalt, verdienter MSchr. W: sinf. Dichtgen, Chöre m. Orch., Schriften über Rouget de Lisle, Berlioz, Rousseau, Gluck, das französ. Volkslied, Wagners ‚Meistersinger', die ‚Marseillaise', die Couperins usw. H: Neuausgaben von Werken Glucks, Adams de la Hale usw., Volkslieder aus den französ. Alpen, ‚Chants de la vieille France' usw.

TIESSEN, Heinz, ps. Frank PARKER * 10/4 1887 Königsberg i. Pr., Schüler Ph. Rüfers u. W. Klattes, lebt in Berlin, fortschrittl. Komp., betätigt sich auch als Orch- u. Chordirig., sowie als M-Schr. Seit Herbst 1925 KomposL. an der akad. Hochschule, 1930 Mitgl. der Akad. der Künste. W: BühnenM. u. a. Hamlet, Merlin; 2 Sinfon., sinfon. Dichtgen, KaM., ‚Naturtrilogie' f. Klav., Chöre, viele Lieder; ‚Zur Gesch. der jüngsten M.' (1928). B: Volkslieder f. M. u. GemChor

TIETJEN, Heinz * 24/6 1881 Tanger (Marokko), seit 1927 GenIntend. der Preuß. Staatsthea. in Berlin, seit 1931 künstler. Leiter der Bayreuther Festspiele (dirigiert da auch wie gelegentlich in Berlin), seit 1935 Mitgl. des Reichskultursenats u. Senator der Akad. der Künste, 1904/07 OpKM. u. Reg., 1907/22 Intend. in Trier, daneben 1919/22 auch in Saarbrücken, 1922/25 Intend. in Breslau, 1925/30 Intend. der städt. Op. in Berlin

TIETJENS, Therese * 1834 Hamburg, † 3/10 1877 London, ausgez. OpSgrin, 1853/59 in Wien, dann in London.

TIETZ, Hermann * 8/3 1844 Driesen, † 8/4 1901 Gotha, Schüler Kullaks, 1866/68 L. an dess. Akad., dann in Gotha Hoforgan., Dirig. u. seit 1880 Dir. des Konserv.

TIETZ, Phil. * 16/4 1816 Hildesheim, da 1845 Organ. u. MDir. W: Opern, Orator., Melodramen, Chöre usw.

TIGGERS, Piet * 18/10 1891 Amsterdam, da seit 1926 Leit. des KaMVer., lebt in Amersfoort. Sehr tätig in der MErziehg des Volks u. der Jugend, auch MSchr.. W: KaM., KlavStücke, Chöre, Lieder

TILKIN, Felix — s. CARYLL

TILLIÈRE, Jean Bonavent., Vcellist in Paris, nachweisbar 1760/67. W: VcSchule (die erste), VcSonaten, Duos

TILLMETZ, Rudolf * 1/4 1847 München, da † 25/1 1915, ausgezeichn. Flötist der Hofkapelle seit 1864, seit 1883 auch L. an der MSchule (Kgl. Konserv.). W: FlKompos., treffl. Etüden

TILLYARD, Henry * 18/11 1881 Cambridge, seit 1926 Prof. der MWiss. in Cardiff, Erforscher der M. des MA.

TILMAN, Alfred * 3/2 1848 Brüssel, da † 20/2 1895, Schüler des dort. Konserv. W: Requiem, Te deum, Kantaten, MChöre, Fugen usw.

TILSEN, Gertrud Ilse * 12/3 1899 Idstein (Taunus), VVirt., Gründerin (1934) u. Leiterin des Berliner FrauenKaOrch., Schülerin Hansmanns (Erfurt) u. Elderings, nach Studium im Kölner KaOrch.

TIMANOW, Vera * 18/2 1855 Ufa (Rußl.), Schülerin Tausigs u. Liszts, vielgereiste KlavVirtuosin, dann in Petersburg KlavL.

TIMMERMANS, Armand, ps. Jules DANVERD * 20/1 1860 Anvers, da ML. u. MKrit. W: Opern, Chöre

TIMON, V., ps. =Vittorio MONTI

TINCTORIS, Johannes (identisch mit Jean de VAERWERE od. VERBENET?) * um 1446 zu Poperinghe (Holl.), † 1511 Nivelles, 1475/87 Hof-KM. in Napoli, zuletzt Kanonikus in Nivelles. W: Messe, Lamentationen, Chansons, das erste musikal. Lexikon ‚Terminorum musicae diffinitorium'

TINDAL, Adela — s. MADDISON

TINEL, Edgar * 27/3 1857 Sinay (Belgien), † 28/10 1912 Brüssel, da Schüler d. Konserv., 1881 Dir. der MSchule in Mecheln, 1889 Inspektor der belg. StaatsMSchulen, 1896 KontrapunktProf. u. 1906 KonservDir. zu Brüssel. Großer Bachfreund. W: MDrama ‚Godolewa', geistl. Oper ‚Katharina', M. zu Corneilles ‚Polyeucte', Orat. ‚Franziskus', Messe, Kantate, Te Deum, Motetten, Chöre, Lieder, KlavStücke, OrgSonate; ‚Le chant grégorien'

TINODI, Sebastian * um 1500, † 1555, ungar. fahrender LautenSgr u. Komp.

TINTI, Salvatore * um 1740 Firenze, † 1800 Venezia, Geiger. W: StrQuart. u. -Quintette

TINTORER Y SEGARRA, Pietro * 12/2 1824 Palma di Majorca, † um 1890 Barcelona, ML., 1836/50 in Lyon. W: KirchM., 2 Sinf., KaM., viel KlavStücke, auch Etüden

TIPPMANN, Gustav * 19/12 1883 Warschau, MDir. u. ML. in Chemnitz, Schüler Reisenauers u. A. Smolians. W: KlavStücke, Chöre, Lieder

TIPTON, Louis Campbell * 21/11 1877 Chicago, da u. in Leipzig ausgebildet, seit 1906 in Paris. W: KlavStücke, Lieder

TIRABASSI, Antonio, Dr. phil. * 10/7 1882 Amalfi, lebt in Watermael/Brüssel, verdient um die Wiederbelebg älterer M. durch Konz. u. Neuausgaben

TIRINDELLI, Pier Adolfo * 5/5 1858, Schüler d. Mailänder Konserv., auch Grüns u. Massarts, Geiger, seit 1928 in Rom, 1884 L. am Liceo B. Marcello in Venedig, 1893/95 Dir. dieses Instit., dann in Cincinnati als VL. u. Dirig. bis 1923, wo er nach Milano übersiedelte. W: 2 Opern, sinf. Dichtgen, VKonz., viele beliebt gewordene Lieder

TISCHER, Gerhard, Dr. phil. * 10/11 1877 Lübbnitz/Belzig, MVerleger in Köln (Firma Tischer & Jagenberg, gegr. 1910, dazu seit 1923 der WunderhornV., früher in München). H: ‚Rhein. M- u. TheaZtg', seit 1933 ‚Dtsche MZtg'

TISCHER, Joh. Nik., 1731/66 Organ. in Schmalkalden, Schüler Bachs. W: Ouvert., Konz., bes. f. V., Flöte, KlavSuiten, KirchM.

TISCHER-ZEITZ, Frz * 22/2 1872 Petschau/Karlsbad, da u. in Prag (Konserv.; Wend. Sladek)

ausgeb., seit 1899 I. KBass. des GürzenichOrch. u. Konserv.(Hochsch.)L. in Köln, vorher in Prag, Weimar u. Wiesbaden. W: KBStudien

TISZA, Aladar — s. LANG, Viktor

TITEL, Otto, ps. HELMBURGH-HOLMES † 29/6 1926 Berlin. W: UnterhaltsM.

TITELOUZE, Jean * 1563 St. Omer, † 25/10 1633 Rouen, da Organ. seit 1588, der Begründer des auf Registriereffekte ausgehenden franz. OrgSpiels. W: Messen, OrgStücke

TITL, Anton Emil * 2/10 1809 Pernstein (Mähr.), † 21/1 1882 Wien, BurgtheaKM. W: Opern, sehr viele BühnenM., beliebte Serenade f. Fl. u. Horn m. Orch.

TITOW, Alexei * 24/6 1769, † 2/11 1827 Petersburg, russ. General. W: Opern in Mozarts Stil. — Sein Bruder S e r g e i * 1770. W: Vaudevilles. — N i k o l a i Alexejewitsch, Sohn des ersteren, „Großvater der russ. Kunstlieds" genannt * 10/5 1800 Petersburg, da † 22/12 1875. W: Romanzen, Lieder (populär geworden), Tänze, Märsche. — N i k o l a j Sergewitsch, 1. Viertel des 19. Jahrh., jung †. W: viele Lieder, u. a. ‚Talisman'

TITTA, Ruffo * 9/6 1877 Pisa, auch in Amerika hochgeschätzter BühnenBaritonist.

TITTEL, Bernhard * 6/1 1873 Wien, da Schüler d. Akad., lebt in Wien, TheaKM. u. a. in Karlsruhe, Halle (1901), Nürnberg (1907), der Wiener Volksoper (1912), der Wiener Hofoper (1915/22), dann in Budapest. W: Oper, Sinfon., Ouvert., Chöre

TJULIN, Jury (TÜLIN, Geo.) * 27/12 1893 Reval, seit 1923 Doz. am kunsthist. Inst. u. seit 1925 KonservL. in Leningrad, urspr. Jurist, Schüler Sokolovs. W: KlavSonaten u. Stücke, Lieder, auch m. Orch.

TIX, Ben, ps. = Walter KIESOW

T'KRUIS — s. KRUIS

TLASCAL, Rud. * 3/9 1896 Wien, da Pianist, KomposSchüler Franz Schmidts. W: Opern, JazzStücke, ‚Singechöre', OrchStücke, Liederzyklen m. Orch.

TOBACH, ps. = BACHMANN, Alberto

TOBANI, Theodore Moses † 78jähr. 12/12 1933 Jackson Heights (Newyork), Kompon. volkstüml. Lieder (u. a. ‚Hearts and flowers')

TOBIAS, Rudolf * 17/5 1873 Insel Dago (Estl.), † 30/10 1918 Berlin, Schüler des Petersburger Konserv., in Berlin seit 1906, seit 1910 L. an d. Hochschule. W (nur wenige gedruckt): Oper, Orator., Ouvert., KlavKonz., KaM., KlavStücke, Chöre, Lieder

TOBIASCHEK, Jos. Calefanz * 1792 Slepotitz, Kr. Chrudim (Böhm.), † 11(17)/8 1846 Telsch (Mähr.), urspr. Theol., dann Jur., HausL. in einer gräfl. Familie, seit 1825 in Telsch, seit 1830 Rektor, ungemein musikal. interessiert, Orch- u. Chordir. W: KirchM., KlavStücke, Märsche, Tänze, Lieder

TOBLER, Alfred * 1845 Gais (Appenzell), † 9/9 1923 Heiden (Appenzell), urspr. Pfarrer in Lüttisburg/Toggenburg, dann nach GsgsStud. bei Stockhausen kurze Zeit KonzSgr in Stuttgart, darauf ‚Barde' in Wolfshalden (Appenzell), zuletzt in Heiden nur dem Studium des Appenzeller Volks sich widmend. W: Küherreihen, Jodel u. Jodellied in Appenzell. H: ‚Sang und Klang aus Appenzell'

TOBLER, Joh. Heinr. * 14/1 1777 Trogen (Appenzell), † 16/2 1838 Speicher (App.). W: Chöre, u. a. Ode an Gott

TOBLER, Jos. Konr. * 2/2 1812 Wolfhalden (Appenzell), † 1890 Lutzenberg (App.). W: M-Chöre

TOCH, Ernst, Dr. phil. * 7/12 1887 Wien, lebt seit Herbst 1935 als KomposL. an der New school f. social research in Newyork, urspr. Mediziner, Autodidakt, doch 1909 KlavSchüler W. Rehbergs, sehr begabter, doch extrem moderner Kompon., 1913/29 in Mannheim, 1929/33 in Berlin, dann in Paris. W: Opern, Sinf. ‚An mein Vaterland' m. Chor, KaSinf., OrchSuite, Klav-Konz., VcKonz., KaM., KlavStücke; ‚Melodielehre'

TOCHÉ, Raoul * 2/10 1850, † 18/1 1895 bei Paris, Opttenlibrettist

TOD, Eduard * 14/1 1839 Neuhausen (Württ.), † 7/7 1872 Stuttgart, OrgVirt., seit 1862 OrgL. am Konserv. W: f. Org., Klav. u. Gsg

TODI, Luiza Rosa geb. de Aguiar * 9/1 1753 Setubal (Portug.), † 1/10 1833 (seit Jahren erblindet) Lissabon, 1772/89 in London, Paris u. Berlin sehr gefeierte OpSgrin

TODT, Bernhard, Dr. phil. * 2/7 1822 Düben a. d. Mulde, † 29/5 1907 Wetzlar. W: ‚Vademecum durch die Bachschen Kantaten'. B: Klav-Trios nach Bachschen Werken; KlavAusz. sämtl. Kantaten Bachs

TODT, Joh. Aug. Wilh. * 29/7 1833 Düsterort/Uckermünde, † 26/10 1900 Stettin, da 1863/92 Organ., Schüler C. Löwes u. des Kgl. Instit. f. KirchM. in Berlin. W: Orator., Sinfon., Org-Kompos., auch mit Orch., Sonaten, KlavStücke, Chöre, Lieder

TODTENHOF, Gust. * 6/7 1868 Berlin, da ML. W: KlavStücke, VStücke

TÖLZER, Konrad * 2/8 1873 Wellnitz (Dtsch-Böhm.), ausgeb. in Wien u. Regensburg, seit 1902 Organ. u. TheorL. in Wien. W: Messen u. a. KirchM., OrgStücke

TÖPFER, Joh. Gottlob * 4/12 1791 Niederroßla (Weimar), † 8/6 1870 Weimar, da 1817 SemML., 1830 Organ., begründete wissenschaftl. Behndlg der OrgBaukunst. W: ‚Die Org.' (1843), KaM., Organistenschule, OrgSonaten usw.

TOEPLER, Alfred * 17/3 1888 Breslau, SchulL. in Berlin, Schüler von Klatte, Rob. Kahn und Kromolicki. W: Messen, Motetten, Fr- u. MChöre

TÖPLER, Michael * 15/1 1804 Ullersdorf/Glatz, † 12/11 1874 Brühl a. Rh., da 1825 SemML., Schüler von Zelter, A. W. Bach u. B. Klein, Wiederbeleber der klass. KirchM. W: ‚Gsge f. den MChor f. die Mitglieder des LGsgVer. a. d. Sieg'. B: alte Choralmelodien, KirchGsge usw.

TÖPPERWIEN, Joh. * 24/6 1861 Göttingen, da Organ. seit 1896, urspr. SchulL., langjähr. GsgL., Chordir., sehr verdient um das MLeben 1915/19. W: SchwankM.

TÖRNE, Benedikt v. * 1891 Helsingfors, Schüler von Furuhjelm u. Sibelius, lebt in Paris. W: Oper, Sinfonien u. sinfon. Dichtgen, StrQuart., KlavStücke

TÖRNUDD, Axel * 15/12 1874 Tampere (Finnl.), † 19/7 1923 Helsingfors, Gsgsinsp. des ObSchulkolleg. W: Schriften üb. Schulgsg, MChöre

TÖRSLEFF, L. C. * 15/5 1850 Assens (Insel Fünen), † 21/9 1914 München, tücht. Sgr u. GsgL., an. Kaufmann, als Tenorist von N. W. Gade entdeckt, verlor infolge forcierter Behandlg in Florenz seine Stimme, gewann dieselbe aber später wieder dank der Müller-Brunowschen Methode; lebte als GsgL. in Leipzig, dann in München, zuletzt in Kopenhagen. In seinem Sinn unterrichtet George Armin (s. d.)

TOESCHI, Carlo Giuseppe * 1724 in der Romagna, † 12/4 1788 München, wohin er mit der Mannheimer Hofkap. (darin Geiger seit 1752) übergesiedelt. W: viele Sinfon., KaM. — Sein Bruder Giov. Batt. 1755 Geiger in Mannheim, 1774 KonzM., † 1/5 1800 München. W: StrTrios

TOFANO, Gustavo * 22/12 1844 u. † 30/6 1899 Napoli, KlavVirt., seit 1872 KonservProf. in Bologna. W: Oper, Ballett, Kantaten, KlavStücke

TOFFT, Alfred * 2/1 1865 Kopenhagen, da † 30/1 1931, urspr. Kaufmann, da Kompos- und KlavL. W: Opern, KlavStücke, Lieder usw.

TOFTE, Waldemar * 21/10 1832 Kopenhagen, da † 1907, VVirt., Schüler Joachims u. auch Spohrs, seit 1863 Solist der Kgl. Kap., seit 1866 KonservL. in Kopenhagen

635

TOGNI, Felice * 1876, † 3/10 1929 Haarlem, KonservL. in Amsterdam, VVirt. W: ‚Die Ausbildg der linken Hand'; VEtüden. H: ältere VSonaten usw.

TOLBECQUE, Auguste * 30/3 1830 Paris, † 8/3 1919 Niort, Vcellist. W: ‚Souvenirs d'un musicien en province' (1896); ‚L'art du luthier'; Oper, VcEtüden

TOLBECQUE, Jean Bapt. Jos. * 17/4 1797 Hanzinne (Belg.), † 23/10 1869 Paris, Balldirig. W: viele Quadrillen

TOLER, Hans — s. GÜNTHER, Anton

TOLLIUS, Jan * um 1550 Amersfort, † um 1603 Kopenhagen, KirchKM. u. a. in Assisi, Rom u. Padua. W: Motetten, Madrigale

TOLSTOI, Graf Theophil (ps. ROSTISLAW) * 1809, † 4/3 1881 Petersburg, stud. in Petersburg (Fuchs), Neapel (Raimondi) u. Moskau, MKrit. u. Komp. W: Opern, viele Lieder, Analysen usw.

TOLVENO, Arricho del, ps. — s. HOLLÄNDER, Victor

TOMADINI, Jacopo * 24/8 1820 Cividale, da † 21/1 1883, Priester u. Organ. W: viel beachtenswerte KirchM.

TOMASCHEK, Ant. * 17/7 1882 Brünn, da treffl. Geiger, Schüler Joachims u. Karl Prills. W: Oper, BühnenM., KaM., Stücke f. V. u. Org., MChöre, Lieder m. KaBegleit. bzw. Org.

TOMASCHEK, Jaroslaw * 10/4 1896 Koryčany (Mähr.), lebt in Prag. W: KaM., 2 KlavSonaten, Chöre mit Orch., Liederzyklen

TOMASCHEK, Wenzel Joh. * 17/4 1774 Skutsch (Böhm.), † 3/4 1850 Prag, Prof. am Konserv., sehr angesehener Komp. u. Theoretiker. W: Oper, Messen, Sinfon., KaM., KlavStücke, Lieder

TOMAŠEK = TOMASCHEK

TOMASINI, Luigi * 1741 Pesaro, † 25/4 1808 Esterház, unter J. Haydn KonzM. u. KaMDir. beim Fürsten Esterhazy. W: VKonz., Quart., Duos, Stücke f. das Baryton usw.

TOMBELLE —s. LA TOMBELLE

TOMICICH, Hugo, ps. Emmerich KÜHNE * 20/11 1879 Veglia (Istrien), TheaKM. u. a. in Pilsen u. Brünn, seit 1911 in Berlin Leiter einer OpSchule. W: Lieder; ‚Welches Werk Rich Wagners halten Sie für das beste?', ‚Von welchem Werke R. Wagners fühlen Sie sich am meisten angezogen?'; Führer durch Opern Smareglias u. durch Puccinis ‚Butterfly'

TOMMASINI, Vincenzo * 17/9 1880 Rom, lebt da, Schüler u. a. Max Bruchs, auch MSchr W: Opern, Ballett nach Scarlatti ‚Le donne di buon umore', OrchSuite, sinfon. Dichtgen, KaM.

TOMPA, Ernest, ps. = Camillo MORENA

TONASSI, Pietro * 14/9 1800 Venezia, da † 4/11 1877. W: KirchM., Sinf., StrQuart.

TONELLI, Antonio * 1686 Carpi, da † 25/12 1765 DomKM., Vcellist. W: Opern, Orator., theor. Schriften

TONGER, P. J., BuchVerlag 1822/93, MVerlag seit 1850, begr. v. Aug. Jos. T. 1801/81, in Köln, pflegt bes. Chor- u. SchulM.

TONI, Alceo * 22/5 1884 Lugo (Romagna), Dirig. u. MSchr. in Milano. W: Opern, KirchM., Sinf., OrchSuite, OrchVariat., KaM., Lieder. H: ältere ital. M.

TONIZZO, Angelo * 18/10 1854 Latisana (Friuli), seit 1885 in Rom, Pianist, GsgL. u. MSchr. W: Optten, KirchM., viele Lieder u. a.

TONONI, Carlo, treffl. VBauer, 1689/1717 in Bologna nachweisbar. Ein anderer Carlo T. (nicht so gut) 1721/68 in Venedig.

TOPITZ, Anton Maria * 26/2 1889 St. Nikola, ObÖsterr., seit 1926 KonzTenor, vorher OpSgr. Lebt in Berlin. W: MChöre, Lieder

TORCHI, Luigi * 7/11 1858 Mordano/Bologna, † 19/9 1920 Bologna, stud. in Bologna, Napoli u. Leipzig, 1885 MGeschL. am Konserv. in Pesaro, seit 1891 Prof. für Ästhetik u. MGesch. u. Bibliothekar am Liceo music. in Bologna, 1894/1916 auch KomposProf. u. Präsid. der Acad. filarm., begründ. 1894 die Zeitschr. ‚Rivista music. italiana', hervorrag. MGelehrter. W: Oper, Sinfon., Ouvert., geistliche Kompos. usw.; Studie über R. Wagner, Übersetzg von dessen ‚Oper u. Drama' u. von Hanslicks ‚Vom Musikalisch-Schönen'. H: L'arte musicale in Italia; Eleganti canzoni ed arie del 18. secolo

TORÉ, Fred, ps. = Karl Friedr. PISTOR

TORELLI, ps. = Hans AILBOUT

TORELLI, Giuseppe * um 1660 Verona, † 1708 Bologna, VVirt., 1685 KirchKM. in Bologna, 1698/1701 KonzM. in Ansbach. Schöpfer des V-Konz. W: Sinfon., Concerti grossi, VKonz., KaM. usw.

TORJUSSEN, Trygoe * 14/11 1885 Drammen (Norw.), stud. in Rom u. Stuttgart, KlavL. am Konserv. u. MRef. in Oslo. W: Orch- u. KlavStücke, treffl. Lieder

TORNE, Bénoit de — s. TÖRNE

TORNER, Edoardo Martinez * 1890 Oviedo, lebt da, Schüler d'Indys, Pianist. H: Cancionero musical de la lirica popular asturiana (1919)

TORNIEPORTH, Hans * 12/9 1910 Hamburg, da Dirig. W: Weihnachtsspiel, Märchenspiel, Szenen a. d. Kinderleben

TORRANCE, George William * 1835 Rathmines/Dublin † 20/8 1907 Kilkenny. W: Oratorien, KirchM.

TORRE, Franc. della — s. PROVENZALE

TORREFRANCA, Fausto * 1/2 1883 Monteleone (Calabr.), seit 1924 L. f. MGesch. u. Bibliothekar des Konserv. in Milano, vorher seit 1913 in Napoli, auch MKrit. W: ‚La vita music. dello spirito‘, ‚G. Puccini‘. H: Rivista music. italiana (seit 1907)

TORRES, Eduardo (Mönch) * 1872 Albeida (Valencia), KirchKM. in Sevilla seit 1910, vorher seit 1897 in Tortosa, † 23/12 1934. W: Messen, üb. 100 OrgStücke

TORRES Y MARTINEZ BRAVO, José de * 1665 u. † 4/6 1738 Madrid, Hoforgan. u. MDrucker. W: KirchM., Opern, theor. Schulbuch

TORRI, Luigi † 1/5 1932 (68j.) Torino, MGelehrter, Komp. u. Vcellist. W: Spezialschriften

TORRI, Pietro * um 1665 Peschiera, † 6/7 1737 München, da seit 1715 HofKM., da bereits 1689 KaOrgan. W: 26 Opern, Orator., treffl. KaDuette

TORRIANI, Antonio * 17/1 1829 Milano, da † 9/8 1911, Fagottist, KonservL. seit 1868. W: FagStudien u. -Fantasien

TORTENDO, N., ps. = Jos. VIEGENER

TOSCANINI, Arturo * 25/3 1867 Parma, urspr. Vcellist, Dirig. in Ital. u. Amerika, 1920/29 Leiter der Scala in Milano, Herbst 1929/35 L. des SinfOrch. in New York, 1932 in Bayreuth, der bedeut. ital. Dirig., der Wagner u. Rich. Strauß ebenso vollendet wiedergibt wie Verdi, lebt seit 1936 i. R. in Milano. W: KlavStücke, Lieder

TOSELLI, Enrico * 13/3 1883 Firenze, da † 15/1 1926, Pianist, bekannt durch seine Vermählg mit der Kronprinz. von Sachsen (Luise). W: Optte, sinfon. Dichtgen, KlavStücke, Lieder (die bekannte ‚Serenata‘)

TOSI, Pier Franc. * 1647 Bologna, † 1727 London, berühmter Kastrat u. a. der Dresdener Oper, seit 1692 in London, später GsgL. Sein berühmtes geschichtl.-theoret. Werk erschien, von Agricola übersetzt, 1757 als ‚Anleitung zur Singkunst‘

TOSKA, Antonio, ps. = Oscar CRANZ

TOSTA, ps. — s. KROME, Herm.

TOSTI, Francesco Paolo * 7/4 1846 Ortona (Abbruzzen), † 6/12 1916 London, Schüler d. Konserv. in Napoli, 1869 in Rom GsgL. bei Hofe, seit 1875 in London, da 1880 GsgL. in der Kgl. Familie u. 1884 an der Kgl. Akad. W: beliebte ital. u. engl. Lieder u. a. ‚Ave Maria‘

TOTTMANN, Albert * 31/7 1837 Zittau, † 26/2 1917 Leipzig, da Schüler d. Konserv., erst Geiger, dann ML. W: ‚Führer durch die VLiteratur‘ (Neubearb. u. Forts. seit 1901 v. Wilh. Altmann 1934/35), Chorwerke m. Orch., Messe, MChorMesse, Lieder, 2st. KoloraturStudien usw.; ‚Der SchulGsg‘

TOULMOUCHE, Frédéric Michel * 3/8 1850 Nantes, † 20/2 1909 Paris, Schüler Massés. W: Opern, Optten, Ballette

TOURBIÉ, Richard, ps. Rich. BERNDT, Rolf WIELAND * 30/1 1867 Berlin, da Schüler des Sternschen Konserv., da Beirat von Verlagsfirmen. W (über 300): Singspiele, Chöre, Humoristica, Klav- u. VStücke; viele Arrang.

TOURNEMIRE, Charles * 22/1 1870 Bordeaux, Schüler d. Pariser Konserv. u. d'Indys, OrgVirt. in Paris. W: Opern, Chorw. m. Orch., 8 Sinfon., Ka- u. OrgM.

TOURNIER, Marcel * 5/6 1879 Paris, da HarfVirt., seit 1912 KonservL. W: HarfKompos. u. a.

TOURS, Berthold * 17/12 1838 Rotterdam, † 11/3 1897 London, stud. M. in Brüssel u. Leipzig, seit 1861 in London Geiger u. L. W: Komposit. u. Arrang. f. V., Gsg., Klav. usw., ‚Katechismus des VSpiels‘. — Sein Sohn Frank * 1/9 1877 London, TheaKM., seit 1904 in Newyork. W: Optten, beliebt gewordene Lieder

TOURS, Jacques * 1759 Rotterdam, da † 11/3 1811, Organist. W: KirchM., Sinfon., KlavKonz.

TOURTE, François * 1747 Paris, da † 1835, berühmt durch die von ihm hergestellten VBogen

TOVEY, Donald Francis * 17/7 1875 Eton, seit 1914 MProf. an der Univers. Edinburgh, von Jos. Joachim bereits 1894 sehr geschätzter Klavierist u. Komp. W: Oper, Sinfon., KlavKonz., viel KaM. (auch mit Blasinstr.), Anthems, Catches

TOWERS, John * 18/2 1836 Manchester, † 18/1 1922 Germantown, Pa., Organ. u. Chordir., erst in England, dann in Amerika. W: ‚Dictionary of operas‘, ‚Woman in m.‘, Chöre, KlavStücke

TOZZI, Antonio * 1736 Bologna, da † nach 1812, TheaKM. u. a. in Braunschweig (1765), München (1785), Madrid (1785), Barcelona (1793/94). W: Opern, Orator.

TRÄGER, Ernst * 8/9 1882 Helbra, ausgeb. in Weimar u. Köln, KonzM. in Kiel. W: ‚VSchule auf moderner Grundlage‘

TRÄGNER, Richard * 24/5 1872 Chemnitz, da Schüler Mayerhoffs, da seit 1908 Kantor, auch Liedermeister des Erzgebirg. Sängerbundes. W: Chöre, Lieder, OrgStücke, KaM., ObKonz.

TRAETTA, Filippo (Sohn Tommasos) * 8/1 1777 Venezia, † 9/1 1854 Philadelphia, seit 1799 in Boston, dann in Virginia, seit 1822 in Philadelphia, wo er das Konserv. gründete. W: Opern, Orator., Kantaten, KaM.; ,Rudiments of the art of singing' u. a.

TRAETTA, Tommaso * 30/3 1727 Bitonto/Bari, † 6/4 1779 Venedig, Schüler Durantes, berühmt. Komp. der neapolit. Schule, 1768/74 in Petersburg. W: 42 Opern, auch KirchM.

TRANSLATEUR, S. * 19/6 1875 Carlsruhe (OS.), Dirig. einer UnterhaltgsKap. in Berlin seit 1901, auch Inhaber des MVerl. L y r a. W: Charakterstücke, Märsche, Tänze

TRANTOW, Herbert * 19/9 1903 Dresden, seit Herbst 1935 BallettDirig. d. StaatsopHauses in Berlin, vorher musik. Leiter der Palucca-Schule u. MRef. in Dresden, 1934/35 BallettDirig. des dtsch. OpHauses in Berlin, Schüler Paul Arons u. Max Buttings. W: Oper, FilmM., Kantaten m. Orch., OrchStücke (f. den Rundfunk), Chöre mit Orch., Lieder, KaM., KlavStücke

TRANTOW, Otto * 19/9 1903 Dresden, da KlavVirt. W: KaM., KlavSonatinen

TRAPP, Jakob * 23/6 1895 Erlbach, MFranken, VVirt., seit 1927 Dir. einer MSchule in München

TRAPP, Max * 1/11 1887 Berlin, treffl. Pianist u. immer mehr zu Ansehen gelangter Komp. in Berlin-Frohnau, Schüler Juons u. Dohnanyis, 1920/24 Prof. an der staatl. Hochschule, 1925/29 daneben auch KonservL. in Dortmund, 1934/35 Leiter e. Meisterklasse an d. Akad. der Künste. W: Schattenspiel, BühnenM. zu Shakespeares ,Timon von Athen', 4 Sinfon., OrchKonz., VKonz., KlavKonz., KaM., Lieder u. a.

TRAUNER, Fritz, ps. — s. WINKELMANN, Rainer

TRAUTERMANN, Gustav * 1/3 1828 Lengefeld a. S., † 28/1 1891 Wernigerode, da seit 1852 Dir. d. GsgVer. für geistl. M.

TRAUTMANN, Gustav * 7/10 1866 Brieg (Schles.), Schüler d. Hochschen Konserv. in Frankfurt a. M., daselbst 1892 L., seit 1896 UniversM-Dir. in Gießen, da † 13/8 1926

TRAUTMANN, Marie — s. JAËLL

TRAUTNER, Friedr. Wilh. * 19/5 1855 Buch am Forst (Bayern), † 19/2 1932 Augsburg, Schüler v. Joh. Zahn u. J. G. Herzog, 1882/1923 Kantor u. Organ. (KirchMDir.), GymnasGsgL. u. Verdirig. in Nördlingen. W: Oratorium, Reformationskant., Messe (im phryg. Ton), Motetten, Org-u. KlavStücke; auch Fachschriften

TRAUTNER, Walter * 30/6 1903 Döbeln, Sa., KM. in Hamburg, Schüler v. M. Gulbins u. des Sternschen Konserv. in Berlin. W: Op., Märchenspiele, 2 Sinf., Ouvert., kl. OrchStücke, KaM., Vc-Konz., KlavStücke, OrgStücke, Kantate

TRAUTTENFELS, Paul * 1849 Wien, da Justizbeamter, Schüler Preyers u. K. Eckerts. W: Opern u. Singspiele, Chöre, Lieder, KlavStücke

TRAUTWEIN, Friedr., Dipl.-Ing. * 11/8 1888 Würzburg, Lektor f. musik. Akustik an der staatl. Hochschule in Berlin seit 1930, seit 1936 Prof., Erfinder d. elektr. Instr. Trautonium

TRAUTWEIN, Traugott, begr. 1820 in Berlin den zu Ansehen gelangten MVerlag, der nach dem Tode Martin Bahns (Inhaber seit 1858) 1902 an Heinrichshofen-Magdeburg überging

TRAVAGLIA, Silvio * 1880 Monselice/Padova, lebt in Padova, auch Maler, ausgeb. in Venedig u. Padova. W: Oper, OrchSuiten, sinf. Dichtgen, Hymnen, Chöre; ,Il canto nella scuola moderna'

TRAVERS, John * 1703 Windsor, da † 1758, seit 1737 Hoforgan. W: KirchM., Psalmen, Kanzonetten, OrgStücke

TRAVERSA, Gioachino * um 1745 Piemont, 1770 in Paris, Geiger. W: KaM., VKonz.

TRAVERSI, Antonio * 1/10 1892 Cave (Rom), † 23/7 1926 Rom, ausgez. OrgVirt., L. am Conserv. di S. Cecilia. W: Sinf. Dichtgen, Orator., Gsge u. a.

TREBELLI, Zelia * 1838 Paris (deutsche Eltern; hieß eigentl. Gilbert) † 18/8 1892 Etretat (Engl.), berühmte BühnSgrin seit 1859, bes. oft in London

TREE, Lionel, ps. = A. W. RAWLINGS

TREESEMER, W., ps. = Herm. RAASCH

TRÉFEU (de TREVAL), Etienne * 25/9 1821 Saint-Lô, † Juni 1903 Paris, Librettist, bes. Offenbachs

TREFF, Karl Ludwig * 31/10 1869 Dortmund, VVirt., V. u. Gsgspäd., als Sänger ausgebildet in Sondershausen u. Firenze, Dir. eines Konserv. in Königsberg i. Pr., vorher MDir. in Gera, Antwerpen, Verniers. W: OrchSerenade, Ouvertüren, KlavStücke, VStücke. — Seine Frau L i s a, geb. T e s a r o * 2/9 1883 Christiania, KlavVirt., Schülerin der Careño u. Griegs. W: KonzWalzer f. Orch., Lieder

TREFZER, Heinz * 4/4 1913 Stuttgart, lebt da, da ausgeb. (Hochsch.). B: Ballett, KaM., KlavStücke, Balladen

TREGLER, Edua. * 1868 Laun (Böhm.), † 6/8 1932 Brünn, da KlavVirt., KonservL. (1898/1901 Hoforgan. in Dresden). W: KirchM., Chöre, Lieder, OrgStücke

TRÉGNER, Emile * 14/11 1870 Paris, lebt da. W: Opern, sinf. Dichtg, KaM., KlavSon., Lieder

TREHARNE, Bryceson * 30/5 1879 Merthyr Tydvil (Vales), lebt in Boston. W: OrchStücke, viele Lieder

TREHDE, Gust. * 1828 Fristow/Neuruppin, † 1877 Deetz/Brandenburg a. H. W: KlavSalonstücke u. Transkriptionen

TREIBER, Heinr., ps. TREIBER VON DER TREIB * 22/2 1899 Eppelheim/Heidelberg, KM. in Eisenach. W: Optte, sinf. Stücke, Lieder

TREIBER, Wilhelm * 19/1 1838 Graz, † 16/2 1899 Cassel, Pianist, 1876/81 Dir. der Euterpe in Leipzig, seit 1881 HofKM. in Cassel. W: Technische Studien f. Klav.

TREICHLER, Karl * 27/11 1871 Zürich, da † 13/7 1924, Schüler u. Freund L. Kempters, auch Schüler d. Konserv. in Stuttgart, stud. Gsg in Milano, sehr angesehener GsgL. in Zürich, auch Chordir. W: OrchStücke, Chöre, Lieder

TRELLIW, Ernest, ps. = Ernst WILLERT

TRÉMISOT, Edouard * 21/1 1874 Lyon, lebt in Paris, Schüler Massenets u. Faurés. W: Opern, sinf. Dichtg, viele Lieder

TREND, John Brande * 17/12 1887 Southampton, Schriftst. in Spanien seit 1919, Kriegsteiln. W: ‚The music of Spanish history' 1926

TRENDELENBURG, Wilhelm, Dr. med. * 16/7 1877 Rostock, o. UnivProf. der Physiologie in Berlin, Vcellist. W: ‚Die natürlichen Grundlagen des StrInstrumentenSpiels' 1925

TRENKLER, August * 1836 Loschwitz, † 1/8 1910 Dresden, MilKM. W: Märsche, Tänze

TRENKNER, Werner * 30/4 1902 Calbe a. S., seit 1936 in Berlin ohne Stellung, war 1933/34 städt. MDir. in Oberhausen (Rheinl.), vorher TheaKM. in Stolp, Stralsund u. Greifswald, ausgeb. in Leipzig (Krehl) u. Weimar (R. Wetz; Hinze-Reinhold). W: 2 Sinf., Sinfonietta, OrchVar., VKonz., KaM., Chöre, Lieder, auch m. Orch. u. a.

TRENKNER, Wilh. * 13/1 1874 Calbe a. S., Domorgan. u. Chordir. in Merseburg, Schüler des Instit. f. KirchM. in Berlin. W: Klav- u. OrgStücke, Chöre, Lieder

TRENTINAGLIA, Erardo * 1/4 1889 Venezia, da OrchDir. W: Opern, OrchSuite, VSonaten, Lieder

TRENTO, Vittorio * 1761 Venedig, † 1833, 1806/18 u. 1821/23 OpKM. in Lissabon. W: Opern, üb. 50 Ballette

TRÉPARD, Emile * 14/11 1870 Paris, lebt da. W: Opern, sinf. Dichtg, KaM., KlavSon., Lieder

TREPTOW, Leo * 22/5 1853 Königsberg, † 17/12 1916 Berlin, beliebter PossenLibrettist

TRESKOW, Paul, ps. Horvad GISKA; Benno WOKSERT * 26/9 1872 Berlin, lebt da. W: UnterhaltsM.

TREU (ital. FEDELE), Gottlieb * 1695 Stuttgart, † 7/8 1749 Breslau, Schüler Kussers u. Vivaldis, Geiger u. OpKM. W: Opern

TREU, Lothar, ps. = Lisbet GÜNTHERDORRHAUER

TREUMANN, Artur, ps. = Artur METTE

TREUMANN, Karl † 18/4 1877, Übersetzer (Bearb.) franz. OpttenTexte

TREUTLER, Paul * 18/4 1896 Hamburg, da Schulleiter, MDoz. am Inst. f. LFortbildg. W: KaOrchSuiten, KaM., KlavStücke, Chöre, SchulM.

TREVE, ps. = J. M. WELLEMINSKY

TREXLER, Geo. * 9/2 1903 Pirna, Kantor u. Organ. in Leipzig, da ausgeb. (kirchm. Inst.), auch OrchDirig. W: Messen, geistl. Chöre, OrgStücke

TRIAL, Armand Eman. * 1/3 1771 Paris, da † 9/9 1803. W: Opern

TRIAL, Jean Claude * 13/12 1732 Avignon, † 23/6 1771 Paris, da zuletzt MDir. der Großen Oper. W: Opern, Kantaten

TRICKLIR, Jean Balthasar * ca 1745 Dijon, † 29/11 1813 Dresden, da seit 1783 Vcellist der Hofkapelle. W: VcKonz. u. -Sonaten

TRICOT, Edouard * 20/4 1832 u. † 21/2 1894 Liège, da Solofl. am Kgl. Thea. u. 42 J. KonservL.

TRIEBEL, Bernhard † 14/7 1897 Trier, KM. W: Optten, KaM.

TRIEFENBACH, Karl * 1/3 1875 Darmstadt, Dir. e. Konserv. in Offenbach a. M., Geiger, ausgeb. in Frankfurt a. M. (Raff-Konserv.). W: OrchStücke, SalonOrchStücke, KaM., KlavStücke

TRIENES, Herm. * 23/11 1872 Düren (Rheinprov.), seit 1906 Dir. d. LoeweKonserv. in Stettin, treffl. Pädag. u. Dirig., ausgeb. in Köln (Konserv.), dann Geiger, KonzM. in Hagen u. Upsala, dann 8 J. VL. in Hannover (Konserv.) u. auch Dirig. W: 2 Sinf., 5 Ouvert. (u. a. ‚Othello') u. a.

TRIENES, Walter * 23/9 1901 Krefeld, KlavVirt., seit 1925 KonservL. in Hagen, Westf. W: OrchM., KlavStücke

TRIEPEL, Susanne — s. DESSOIR

TRIEST, Heinr. * 1808 Stettin, da † 23/12 1885, Organ. W: OrchKonz., Suite ‚Ein Sommertag', Lieder

TRILLHAASE, O. * 10/8 1886 Leipzig, seit 1905 SoloBratsch. der Op. in Wiesbaden, jetzt ChorDir. u. ML., ausgeb. in Leipzig (Konserv.). W: KaM., Chöre, auch m. Orch.

TRITONIUS, Petrus * um 1575. Seine Vertonung der Horazischen Oden 1507 gedruckt

TRITTO, Giacomo * 2/4 1733 Altamura/Bari, † 16/9 1824 Napoli, da KonservL. seit 1800, L. Spontinis. W (ungedruckt bis auf eine Generalbaß- u. KontrapunktSchule): 51 Opern, viel KirchM.

TRNECEK, Hans * 16/5 1858 Prag, da † 28/3 1914, Harfenist, 1882 in Schwerin, 1888 KonservL. in Prag. W: Opern, Sinfon., VKonz., KaM., HarfStücke

TROFÉ, B. ps. = Frz BOTHE

TROIANI, Gaetano * 1873 Castiglione Marino (Chieti), ausgeb. in Napoli, KlavVirt. u. KlavL. in Buenos Aires. W: 3 OrchSuiten, Ouvert., KlavStücke, viele Lieder

TROISI, Filippo † Dez. 1883 Napoli. W: volkstüml. Lieder

TROMLITZ, Joh. Georg * 9/2 1726 Gera, † 4/2 1805 Leipzig, da Flötist u., nachdem er das Blasen hatte aufgeben müssen, FlötenFabrikant; er vermehrte die Mittelstücke u. verbesserte die Klappen. W: Konz. u. a. f. Flöte

TRONNIER, Richard, Dr. phil. * 28/2 1878 Meina, Prov. Hannover, StudRat in Hannover, studierte Philolog. u. M. W: Oper, KaM., Lieder; ‚Vom Schaffen großer Kompon.' (1927); ‚Von M. u. Musikern' (1930)

TROST, Gust. * 4/2 1903 Hamburg, Pianist in Berlin, da ausgeb. (Akad. d. Künste). W: KlavFugen, Lieder

TROUP, Josephine † 1912. W: Lieder

TROUTBECK, John * 12/11 1832 Blencowe (Cumberland), † 11/10 1899 London, Geistlicher. W: Übersetzgen von deutschen Gsgs(Opern)texten, GsgBücher

TROVATI, Ulisse * 10/10 1868 Piacenza, Organ. in Genova. W: Opern, KirchM., Gsge, KlavStücke

TROWELL, Arnold * 25/6 1887 Wellington (Neuseel.), Vcellist, seit 1907 in London. W: Vc- u. KaM.

TRUBAR, Primus * 8/6 1508 Raščica, † 28/6 1586 Derendingen, Priester, Protestant geworden, wirkte, aus Slovenien entflohen, in Württemberg. Sein sehr verbreiteter (slov.) Katechismus hat als Anhang ein protestantisches GsgBuch m. beigedr. Melodien

TRUCCHIA, Giuseppe * 1/12 1885 Bologna, da seit 1921 KlavL., 1917/21 in Ferrara, KlavVirt. W: KlavSuite u. Stücke, HarfStücke, Lieder

TRUCCO, Edoardo * 13/3 1862 Genova, seit 1918 in Newyork, KlavVirt. u. L., 1903/18 in Mexiko. W: Opern, OrchSuite, KaM., KlavStücke, Lieder

TRÜG, Ignatius (Ludw.) * 1827 bei Mergentheim, † 16/7 1910 in dem den Benediktinern zu Beuron gehörenden Kloster Erdington/Birmingham (Engl.), da seit 1880 L. u. Organ., urspr. VolksschulL., 1857 Benediktiner in S. Vincenz, Pennsilvania, da Organ. W: KirchM., SchulGsge

TRÜMPELMANN, Max * 4/6 1870 Friedrichswerth/Gotha, † 1926 (?) Neuhaldensleben, Pfarrer, Schüler O. Tauberts u. des Leipziger Konserv., verdient. KirchMForscher u. Praktiker. W: kirchl. Gsge

TRUHN, Hieronymus * 17/11 1811 Elbing, † 30/4 1886 Berlin, Schüler Kleins u. Dehns, bis 1845 in Berlin, dann MDir. in Elbing u. Riga, seit 1852 wieder in Berlin. W: Oper, Optte, Melodram, Chöre u. (beliebte) Lieder

TRUNK, Richard * 10/2 1879 Tauberbischofsheim (Baden), seit Herbst 1934 Dir. d. Akad. der Tonkunst in München, Schüler d. Hochschen Konserv. in Frankfurt a. M. u. der MSchule in München, 1912/14 Dirig. des ‚Arion' in Newyork, 1914/25 Chordir., MKrit. u. KonzBegl. in München, Herbst 1925/34 Dir. d. MGsgVer. u. des Chors der Hochschule in Köln, da 1933 Dir. der Rhein. MSchule. W: Optte, Chöre, viele Lieder, OrchGroteske, KlavQuint.

TRUSHEIM, Ludw. * 24/2 1857 Wermertshausen, ausgeb. im Sem. zu Homberg (Hessen), seit 1884 SchulL., Organ. u. KirchChordir. in Marburg a. L. W: WeihnachtsM., OsterKantate, Stücke f. V. u. Org., OrgStücke usw.

TRUSLIT, Alex. * 26/11 1889 Riga, Leiter der Elisabeth Caland-Schule f. KlavSpiel u. des ForschgsInstit. f. künstl. KlavSpiel in Berlin, Schüler u. a. E. Calands. W: ‚Die Dissonanz als Wettstreit zweier Tonempfindgen' (1930); ‚Das Element der Bewegg in d. M. u. in d. Synopsie'; ‚Gestaltg u. Bewgg in d. M.'

TRUTOWSKI, Wassili, 1761 Hoflakai der Kaiserin Katharina II., GusliKaVirt., gab 1776/95 die erste gedr. Ausgabe russ. Volkslieder m. Noten heraus

TRUTSCHEL, A. L. E. * 27/7 1787 Gräfenau (Thür.), † 12/1 1869 Rostock, da Organ. seit 1823. W: 4hd. KlavSonate u. a.

TRUTTWIN, Hans, Dr. phil. * 23/11 1891 Zamiercie, Direkt. eines chem. Laborator. in Dresden, da ausgeb. W: Lieder

TRUZZI, Luigi * 29/9 1799 Mantova, † 6/10 1864 Milano, KlavL. W: KlavSchule, an 600 KlavStücke, OpFantasien usw.

TRUZZI, Paolo * 27/10 1840 Milano, da † 1/3 1894, KlavL. W: viele KlavStücke u. Transkript.

TSCHAIKOWSKY, Peter Iljitsch * 7/5 1840 Wotkinsk (Ural), † 6/11 1893 Petersburg (an der Cholera), Jurist bis 1863, stud. dann am Konserv. in Petersburg, 1866/77 TheorL. am Konserv. in Moskau, lebte dann, da er von Frau v. Meck eine Jahrespension von 6000 Rubel u. seit 1888 auch einen kaiserl. Ehrensold von 3000 R. erhielt, teils in Rußland, teils im Auslande nur der Kompos. Er ist der hervorragendste, auch im Ausland sehr anerkannte Komp. Rußlands; in seiner M. verbinden sich zartes, oft tiefes, aber auch brutales Empfinden u. reichste, aber nicht immer hinreichend wählerische Erfindg mit den scharf ausgeprägten Licht- u. Schattenseiten nationalrussisch. Charakterzüge. Im Formalen verdankt er den dtschen Klassikern sehr viel. W: 10 Opern, von denen ‚Eugen Onegin' u. ‚Pique-Dame' auch in Deutschland festen Fuß gefaßt haben, 3 Ballette (‚Schwanensee', ‚Dornröschen', ‚Nußknacker'), die ProgrammSinfon. ‚Manfred' (wenig beachtet), 6 andere Sinfon. — die vierte (f), die fünfte (e) und die sechste, die pathetische (h) allgemein bekannt — Suiten, sinfon. Dichtgen, Ouvert., 3 KlavKonz. (das erste ungemein beliebt), VKonz., StrSext., 3 StrQuart. (das dritte bes. wertvoll), KlavTrio (sehr wirkungsvoll), Chöre, Lieder u. Duette, zahlr. KlavStücke, theoret. Schriften u. Übersetzungen usw. Vgl. die große, von seinem Bruder Modest verfaßte, viele seiner Briefe enthaltende, auch dtsch erschienene Biographie u. Rich. H. Stein (1926)

TSCHAUNER, Anton * 14/5 1892 Deutsch-Eisenberg, Mähr., KM. in Königshütte, vorh. MilKM. W: Sinfonie, FestOuv., KaM., Tänze

TSCHERBATSCHEW — s. STCHERBATSCHEW

TSCHEREPNIN, Alex. Nikolajewitsch * 1899 Petersburg, seit 1935 KonservL. in Shangai, 1921/35 in Paris; hat auch einen MVerl. (Edition Alex. Tsch., Paris und Tokio) in Verbindung mit der Universal-Edition errichtet. W: Opern, Ballett, Ouvert., KaKonz. für Flöte u. V., KaM., Konz. u. viele Stücke für Klav.

TSCHEREPNIN, Nikolai * 15/5 1873 Petersburg, da Schüler Rimsky-Korsakows, da Op- und Ballettdirig., 1918 KonservDir. in Tiflis, seit 1921 Komp. in Paris. W (eigenartig, wertvoll): Opern, Ballette, Sinfonietta, Ouvert., sinf. Dichtg, StrQuart., KlavKonz u. Stücke, Chöre, auch mit Orch., Lieder. B: Mussorgskys ‚Jahrmarkt'

TSCHERNOW, Mich. * 22/4 1879, ausgeb. in Petersburg, da L. am Konserv. W: Optten, Bühn-M., Sinfon., Ouvert., KlavStücke, Lieder

TSCHESCHICHIN, Wsevolod * 18/2 1865 Riga, Justizbeamter, zuletzt in Leningrad. W: ‚Gesch. d. russ. Op. 1674—1903', ‚Tschaikowsky', ‚OpFührer'; Übers. d. Dichtgen ‚Tristan u. Isolde', ‚Parsifal'

TSCHESNOKOW, Paul * 24/10 1877, ausgebildet in Moskau, da Chordir. u. Prof. am Konserv. W: Orator., viel KirchM., Lieder

TSCHIRCH, Wilh., ps. Alex. CZERSKY * 8/6 1818 Lichtenau/Lauban, † 6/1 1892 Gera, Schüler des kgl. Instit. f. KirchM. in Berlin, 1843 städt. MDir. in Liegnitz, 1852 HofKM. u. Kantor in Gera. W: Oper, einst beliebte MChöre mit Orch., KlavSalonkompos., Autobiograph. ‚Aus meinem Leben'. — Sein Bruder Ernst * 3/7 1819 Lichtenau, † 26/12 1854 Berlin, Komp., dessen Opern (z. B. ‚Der fliegende Holländer' nach dem Text von R. Wagner) nicht zur Aufführg gelangten, 1849/51 TheaKM. in Stettin. W: Ouvert., Kantaten u. Lieder. — Dessen Bruder Rudolf * 17/4 1825, † 17/1 1872 Berlin, Gründer (1860) u. Leiter d. Märk. ZentralSgrBundes. W: Tongemälde f. HornM. u. a.

TSCHOEPE, Walter * 23/11 1903 Wien, da seit 1928 Lektor f. MTheor. an der Univers. W: Messen, KaM., OrgStücke, Lieder

TUA, Teresina * 23/4 1866 (nicht 22/5 1867) Turin, vielgereiste vortreffl. VVirtuosin, Schülerin Massarts, 1891 verheiratet mit Graf Ippolito Franchi-Verney della Valetta (* 17/2 1848 Turin, da MSchr. u. Krit., † 1911), 1914 mit Graf Emilio Quadrio de Maria Pontaschielli; lebt in Rom

TUCHER, Christof, ps. = Wilh. MALER

TUCHER, Gottlieb Frh. v. * 14/5 1798 Simmelsdorf/Nürnberg, † 17/2 1877 München, da seit 1856 Rat am obersten Gerichtshof. H: ‚Schatz des ev. KirchGsges' (1848)

TUCKERMAN, Samuel Parkman * 11/2 1819 Boston, † 30/6 1890 Newport, Rhode Island, Organ. in Boston. W: viele KirchM. H: Cathedral chants; Trinity collection of church m.

TUCZEK, Leopoldine * 11/11 1821 Wien, † 20/10 1883 Baden/Wien, 1841/61 sehr geschätzte Sängerin der Berliner Hofoper

TUCZEK, Vincenz Franz * um 1755 **Prag**, † nach 1820 Pest, TheaKM. in Breslau (1800) u. Wien (1802). W: Singspiele, Oratorien, Kantaten u. Tänze

TÜLIN, Georg — s. TJULIN

TÜRK, Dan. Gottlob * 10/8 1751 Claußnitz/Chemnitz, † 26/8 1813 Halle a. S., da seit 1776 OrgVirt. u. Theoret. W: Oratorium, Sonaten, Stücke u. Schule f. Klav.; ‚Anweisg z. Generalbaß', ‚Von den wichtigsten Pflichten eines Organ.'

TÜRK, Karl * 30/3 1866 Friedelshausen/Meiningen, seit 1904 SemML. in Coburg. W: ‚Aus vergangenen Tagen' f. 2 Solost., M- u. KnabChor u. Orch.; viele Chöre

TÜRKE, Otto * 1832 Oberlungwitz/Chemnitz, † 31/10 1897 Zwickau als Organ. (seit 1865). W: OrgStücke

TÜRMER, Udo, ps. = Willi LAUTENSCHLÄGER

TÜRNPU, Konst. * 1865 Estland, † 1927, ausgeb. in Petersburg, verdienter Chordir. W: MChöre, Lieder

TULOU, Jean Louis * 12/9 1786 **Paris**, † 23/7 1865 Nantes, FlVirt., I. Flötist der Gr. Op. u. KonservProf. zu Paris bis 1856. W: zahlr. FlKompos.

TUMA, Frz * 2/10 1704 Adlerkosteletz (Böhm.), † 30/1 1774 Wien, stud. M. in Prag u. Wien, da 1741 KaKompon. d. verwitw. Kaiserin Elisabeth, Gambenvirt. W: Messen, Miserere, Instrumentales

TUNDER, Frz * 1614, † 5/11 1667 Lübeck, Organ., Schüler Frescobaldis. W: Chöre mit Instr. u. Solokantaten (NA. v. Max Seiffert)

TUNNER, Marie, Pianistin in **Graz**, veröffentlichte ‚Die Reinheit des KlavVortrags' (1869, ps. Eugen Eisenstein) u. ‚Die Reinheit der Klavtechnik' (1885)

TURINA, Joaquin * 9/12 1882 Sevilla, Pianist u. Dirig. in Madrid, 1905/14 in **Paris**, Schüler M. Moszkowskis u. d'Indys. W: Opern, Sinf. Sevillana, sinf. Dichtgen, KaM., KlavZyklen, Lieder; ‚Enciclopedia de m.'

TURINI, Francesco (Sohn Gregorios) * um 1589 Prag, † 1656 Brescia, da seit 1624 DomOrgan., 1601 Hoforgan Kaiser Rudolfs II. W: Messen, Motetten, Madrigale, KaKantate, TrioSonaten

TURINI, Gregorio * um 1540 Brescia, † um 1600 Prag, Sgr u. Cornetbl. am Hofe Kaiser Maximilians II. u. Rudolfs II. W: geistl. Gsge, Canzonetten, Dtsche Lieder, sämtl. 4stimm.

TURKAT, Mark, ps. = Kurt MARKWART

TURLE, James * 5/3 1802 Somerton, † 28/6 1882 London, 1831/75 Organ. der Westminsterabtei, treffl. L. W: KirchM. H: ‚People's m. book', ‚Sacred m.'

TURNER, William * 1651 Oxford, † 13/1 1740 Westminster (London). W: treffl. KirchM.

TURNHOUT, Gérad de (Geert Jacques gen. T.) * um 1520 Turnhout, † 15/9 1580 Madrid, hier HofKM. seit 1572, 1545 Kapellsgr u. 1563 DomKM. in Antwerpen. W: Messen, Motetten, Chansons

TURPIN, Edm. Hart * 4/5 1835 Nottingham, † 25/10 1907 London, da seit 1869 Organ., 1875 Sekretär d. OrganSchule. W: Orator., Kantaten, Ouvert., Trios, Quart., Klav- u. OrgStücke

TURTSCHANINOW, Peter Iwanow. * 20/11 1779 Kiew, † 4/3 1856 Gatschino/Petersburg, Priester, Schüler Sartis, seit 1827 in Petersburg, langjähr. Dir. d. Metropolitan-Chors. W: viele wertv. KirchM., u. a. f. d. Pamichida (Requiem), Autobiographie

TUSSA, ps. = Fritz GINZEL

TUSSENBROEK, Hendrika van * 2/12 1854 Utrecht, da † 1935. W: Opern, Chöre, Duette, beliebte Kinderlieder

TUTEIN, Karl * 26/8 1887 Mannheim, da u. in Sondershausen ausgebildet, seit 1909 OpKM., 1914/18 Frontsoldat, 1918/28 I. KM. in Augsburg, 1928/32 OpDirektor in Graz, seit 1932 StaatsKM. der Op. in München, seit 1924 auch KM. der WaldopFestsp. in Zoppot

TUTENBERG, Fritz, Dr. phil. * 14/7 1902 Mainz, seit 1934 ObRegisseur in Chemnitz, MSchr., auch OpLibrettist u. Übersetzer bes. aus d. Schwed., OpRegisseur 1926 in Kiel, 1929/32 in Hamburg. W: ‚Die Sinfonik Joh. Christ. Bachs'; ‚Munteres Handbüchlein des OpRegisseurs'. B: Joh. Christ. Bach Sinf. concert. u. Op ‚Lucius Silla', ‚Munteres Handbüchlein des Opernregisseurs'

TUTKOWSKI, Nikolai * 17/2 1857 Lipowetz, Gouv. Kiew, seit 1893 MSchulDir. in Kiew, † ?, vorher s. 1881 KonservL. in Petersburg. W: Sinf., KlavStücke, Lieder

TYNDALL, John * 21/8 1820 Leighlin Bridge/Carlow (Irland), † 4/12 1893 Hindhead/Haslemere, 1853/87 PhysProf. in London. W: ‚The sound', auch dtsch (‚Der Schall')

TYRELL, Agnes * 20/9 1846 Brünn, da † 18/4 1883, sehr begabte Kompon. W: Oper, Sinf., KlavKonz., KaM., KlavStücke (op. 48 wichtig). viele Lieder

TYSON-WOLFF, Gust., Dr. mus. * 12/4 1840 Berlin, † 27/7 1907 Dresden, Schüler d. Leipziger Konserv., lebte in Bradford (Yorkshire), seit 1891 KonservL. zu Dresden. W: KaM., KlavStücke, Etüden, Chöre, Lieder usw.

TYRWHITT, Gerald — s. BERNERS

TZARTH (Czarth, Zarth), Georg * 8/4 1708 Hochtann/Deutschbrod, † 1778 Mannheim, VVirt., 1734 in der Kapelle des Kronprinzen Friedrich in Rheinsberg, dann in der Berliner Hofkap., seit 1758 in der Mannheimer. W: Sinf., VKonz., KaM.

U

UBALDUS — s. HUCBALD

UBER, Alex. * 1783 Breslau, † 1824, KM. des Fürsten von Schönaich-Carolath, treffl. Vcellist. W: VcKompos., KaM.

UBER, Christian Benj. * 20/9 1764 Breslau, da † 1812 als hoher Justizbeamter, großer MLiebhaber, der viele Aufführgen bei sich veranstaltete. W: Singspiele, KaM., KlavSonaten

UBER, Hermann * 22/4 1781 Breslau, † 2/3 1822 Dresden, da seit 1817 Kantor d. Kreuzschule, vorher Geiger u. TheaKM. in Braunschweig, Kassel usw. W: Opern, Orator., Osterkantate, VKonz.

UCCELINI, Marco, VVirt u. HofKM. in Modena, gab zw. 1639 u. 1667 VSonaten heraus, kompon. auch Opern

UCKO, Paula * 22/10 1875, † 14/10 1932 Berlin, treffl. hochdram. OpSopran., 1905/11 in Weimar, 1911/30 in Schwerin

UDBYE, Martin Andr. * 18/6 1820 Drontheim, da † 10/1 1889, Organ., Schüler des Leipziger Konserv. W: Oper, Kantaten, StrQuart., Stücke f. Klav. u. Orgel; MChöre, Lieder

UDEL, Carl * 1848 Warasdin/Kroatien, seit 1876 VcL. am Konserv. zu Wien, da † 28/1 1927; das von ihm begründ. humorist. GsgQuart. auch außerhalb Wien sehr beliebt

UDINE, Jean d' * 1/7 1870 Landivisiau (Finistère), erst Rechtsanwalt, seit 1898 MSchr. u. seit 1909 Dir. der Ecole de gymnastique rhythmique in Paris. W: Oper, Lieder; ‚Gluck', ‚Qu'est-ce que la m.?' u. a. — ps. Albert COZANET

UEBEL, Ernst Rob. * 9/6 1882 Klingenthal, Sa., da MDir. u. GewerbeObL., reist m. e. MundharmonikaOrch. W: UnterhaltgsM., Stücke f. MundharmOrch.

UEBERLÉE, Adalbert * 27/6 1837 Berlin, † 15/3 1897 Berlin-Charlottenburg, GymnasGsgL., Kantor u. Organ. W: Opern, Oratorien, ‚Te deum', ‚Stabat mater', Motetten, geistl. Gsge, Klav- u. OrgStücke

UEBERSCHAER, Max * 13/12 1854 Oppeln. VolksschulL., Kantor u. Organ., zuletzt in Breslau-Stabelwitz. W: kirchl. Kompos., Gsgschule, Lieder

UGALDE, Delphine, geb. Beaucé * 3/12 1829 Paris, da † 19/7 1910, berühmte Sopranistin u. GsgL. W: Lieder

UGBALDUS — s. HUCBALD

UGOLINI, Vincenzo † 1620 als KM. a. d. Peterskirche in Rom da an S. Maria Maggiore 1592/1603, ausgezeichn. Schüler Naninis. W: Messen, Psalmen, Motetten, Madrigale

UHL, Edmund * 25/10 1853 Prag, Schüler des Leipziger Konserv., seit 1878 Piainist, ML. u. M-Krit. in Wiesbaden, da † März 1929. W: Oper, OrchStücke, KaM., KlavStücke, Lieder

UHL, Josef * 12/10 1880 Redenitz b. Karlsbad, seit 1905 KM. u. Chordir. in Maschau, ČSR., ursprgl. Geiger. W: Märsche, Tänze, Chöre, auch geistl.

UHLEMANN, Manfred, ps. Fredo ULEMAÑO * 13/10 1911 Berlin, da Musiker. W: Schlager

UHLFELDER, Benno, ps. Ernst v. OSTEN * 1/3 1868 Bayreuth, seit 1933 in Brüssel, vorher Konsul in Berlin, ausgeb. in Nürnberg, Leipzig u. New York, war OrchDir. in Amerika. W: Optten, UnterhaltgsM. f. Orch. (Span. Fantasie), KlavStücke

UHLIG, Theodor * 15/2 1822 Wurzen/Leipzig, † 3/1 1853 Dresden, Schüler Fr. Schneiders, seit 1841 Violinist der Dresdener Hofkapelle, R. Wagners begeistertster Anhänger, treffl. MSchr. W (meist ungedruckt): Singspiele, Sinfon., KaM.; Schriften hrsg. von L. Frankenstein (1914)

UHLISCH, Karl Theod. * 23/6 1891 Braunschweig, da Pianist u. MVerl. W: Vaterländ. Lieder, UnterhaltgsM.

UHLMANN, Otto * 1891 Sitzberg (Zürich), lebt seit 1926 in Zürich, Orch- u. Chordir., vorher in Winterthur. W: Sinf., Ouvert., KaM.

UHLRICH, Karl Wilh. * 10/4 1815 Leipzig, † 26/11 1874 Stendal, Schüler Matthäis, Geiger im

GewandhausOrch. in Leipzig, KonzM. in Magdeburg u. lange Jahre HofkonzM. in Sondershausen (LohKonzerte)

UJJ, Bela von * 2/3 1873 Wien, lebt da, schon als Knabe erblindet. W: Opern, Operetten

ULBRICH, Gebr., MVerlag in Berlin, gegr. 1/12 1889

ULDALL, Hans, Dr. phil. * 18/11 1903 Flensburg, lebt in Hamburg, vorher in Berlin/Lankwitz. W: OrchM., KaM., Kantate, Lieder

ULEMAÑO, Fredo, ps. = Manfred UHLEMANN

ULFIG, Walter * 13/7 1901 Breslau, EnsembleKM. in Berlin. W: Film- u. UnterhaltgsM.

ULFRSTAD (ULVESTAD), Marius * 11/9 1890 Aalesund, seit 1919 in Oslo, MKrit., jetzt MSchulDir., ausgeb. in Oslo u. Berlin. W: OrchSuiten, BrKonz., VKonz., VcKonz., Arktische Suite für Klav. u. Orch., Kantaten, Balladen, Lieder u. a.

ULIBISCHEW, Alex. * 2/4 1794 Dresden von russisch. Eltern, † 24/1 1858 Nischni-Nowgorod. W: Mozart (dtsch von L. Gantter), Beethoven (dtsch von L. Bischoff)

ULLMANN, Victor * 1/1 1898 Teschen, TheaKM. in Zürich u. Aussig, Schüler Schönbergs, lebt in Wien. W: OrchKonz., KaM., Lieder, auch m. Orch.

ULLRICH, Friedrich, ps. Nicolo CERINI * 19/4 1861 Rellinghausen/Essen, † 3/9 1924 Godesberg, Schüler d. Konserv. in Köln, da als Dirig. u. KlavL.; seit 1900 in Godesberg a. Rh., auch MVerleger. W: Kompos. f. Klav., MChor, Gem. Chor, Lieder, Kinderlieder usw.

ULLRICH, Friedr. * 17/12 1892 Reichenberg, Böhm., Pianist in Berlin, ausgeb. in Prag u. Dresden (Konserv.). W: Kyrie f. 8st. Chor usw.

ULLRICH, Hermann, Dr. jur. * 15/8 1888 Mödling/Wien, Richter in Salzburg. W: Ballett, Sinfon., Suite im alten Stil, sinfon. Dichtg, KaM., Lieder

ULM, Frz * 14/6 1810 Tschaslau, † 15/4 1881 Prag, Pianist, Begleiter der Henriette Sontag u. des Vcellisten Servais, seit 1849 sehr angesehener Kritiker der Prager ‚Bohemia', Freund Smetanas. W: Oper, Chöre, Lieder

ULMER, Oskar * 17/4 1883 Karlsruhe, Bad., lebt in Gottlieben, Thurgau, vorher in Zürich. W: Op., Kantate, viele Lieder, Tanzbilder f. Orch., KlavStücke

ULRICH, Albert * 28/3 1855, † 2/4 1921 Berlin-Zehlendorf. W: KlavStücke, Chöre, Lieder

ULRICH, Bernhard, Dr. phil. * 18/10 1880 Hasselfelde (Harz), seit 1911 in Berlin, MSchr.,

Doz. a. d. HumboldtAkad., KonzSgr (Baßbarit.) u. GsgPädagoge. W: ‚Die Grundsätze der Stimmbildung während der A cappella-Periode u. z. Z. des Aufkommens der Oper'; ‚Die altital. GsgsMethode'; Balladen, Lieder

ULRICH, Hans, ps. = Frz WILDT

ULRICH, Hugo * 26/11 1827 Oppeln, † 23/5 1872 Berlin, da seit 1846, Schüler Dehns, 1859/63 L. am Sternschen Konserv. W: 3 Sinf. (Nr 2 ‚S. triomphale', 1853 preisgekrönt, mit Unrecht vergessen), StrQuart., KlavTrio, KlavStücke, Lieder. B: mustergültige Arrang. f. Klav. 4hd. klassischer Sinf. usw.

ULVESTAD, Marius — s. ULFRSTAD

UMBREIT, Karl Gottlieb * 9/1 1763 Rehstedt/Gotha, da † 27/4 1829, Organ. zu Sonneborn/Gotha. W: OrgStücke; ‚Allgem. Choralbuch für die protestant. Kirche'

UMLAUF, Ignaz * 1756 Wien, da † 8/6 1796, KlavVirt., seit 1789 KM.. W: Opern u. Optten ‚Die schöne Schusterin' usw.

UMLAUF, Karl * 1824 Wien, da † 14/2 1902, ZitherVirt. (1850/90). W: Schule, Stücke u. viele Arrang. f. Zither in Wiener Stimmg

UMLAUF, Marcus * 22/9 1833 Böhmdorf/Mißlitz (Mähren), † 15/6 1895 Benediktinerkloster Lambach, da 30 Jahre Organ. u. ML., berühmt durch treffl. Choraufführ.

UMLAUF, Michael * 9/8 1781 Wien, da † 20/6 1842, da erst Geiger, dann KM. an der dtsch. Op. W: Singspiel, Ballette, Sonaten usw.

UMLAUFF, Ignaz — s. UMLAUF

UMLAUFT, Paul * 27/10 1853 Meißen, † 7/6 1934 Dresden, wo er gelebt, Schüler des Konserv. in Leipzig, MozartstiftgsStipendiat. W: Opern u. a. ‚Evanthia', Kantate, ‚Mittelhochdtsches Liederspiel', Sinfon., KaM., KlavStücke, Chöre, Lieder usw.

UNBEHAUN, Gust. * 19/3 1845 Gräfinau (Thür.), 1877 Grgan., SemML. u. Chordir. in Gotha. W: Humor. MChorOptten, GemChöre, Lieder, OrgStücke

UNGAR, Hans Schlüter * 2/10 1896 Stettin, seit 1930 städt. MDir. u. VerDir. in Mühlhausen i. Th., ausgeb. auf der Hochschule in Berlin, Kriegsteiln., 1919/21 TheaKM., 1923/29 Leiter des MVer. in Schäßburg (Siebenb.), 1929/30 Organ. in Berlin. W: (üb. 100): Sinf., Tänze, Märsche, KaM., Melodr., Chöre, viele Lieder

UNGER, Georg * 6/3 1837 Leipzig, da † 2/2 1887, urspr. Theologe, seit 1867 OpSgr, der erste Bayreuther Siegfried

UNGER, Heinz, Dr. jur. * 14/12 1895 Berlin, da Dirig. (vielfach Gastdirig.) seit 1922 des CäcilienChors, seit 1924 der Gesellsch. der M-Freunde, die 1932 einging; lebt im Ausland

UNGER, Herm., Dr. phil. * 26/10 1886 Kamenz, Sachs., MSchr., Prof. u. stellv. Dir. an der MHochsch. in Köln, Schüler Regers. W: Opern, BühnenM., Sinfon., Suite u. sinfon. Dichtgen, OrgKonz., KaM., Chöre mit Orch., Lieder, KlavStücke; ‚Musikal. Laienbrevier‘, ‚Max Reger‘ u. a.

UNGER, Joh. Friedr. * 1716 u. † 9/2 1781 Braunschweig, Justizrat. W: ‚Entwurf einer Maschine, wodurch alles, was auf dem Klav. gespielt wird, sich von selber in Noten setzt‘ (1774)

UNGER (UNGHER), Karoline * 28/10 1803 Stuhlweißenburg, † 23/3 1877 auf ihrer Villa bei Firenze, bedeut. vielgereiste OpSopran., Schülerin Ronconis, seit 1841 mit dem Gelehrten Franç. S a b a t i e r († 1/12 1891) in Firenze verheiratet

UNGER, Max, Dr. phil. * 28/5 1883 Taura (Sachs.), lebt in Zürich, Schüler des Konserv. u. der Univers. Leipzig, lebte da bis 1933, 1911/19 Schriftl. d. NZFM, Chordir. u. MSchr. (BeethovenForscher). W: ‚M. Clementi‘; ‚Beethoven u. seine Verleger Steiner, Haslinger, Schlesinger‘ u. a.; ‚Katalog der BeethovenSammlg des Mäzens Bodmer‘ in Zürich (in Vorber.)

UNGER, Rob. * 9/5 1859 Gröbnig (Wernersdorf), Kr. Leobschütz, † 3/3 1926 Breslau, da Schüler Bohns u. Jul. Schaeffers, da 1883/1924 SchulL. bzw. Rektor, 1894/1921 auch GymnGsgL., seit 1896 II. Dirig. des Spitzerschen MGsgVer. W: Gem- u. MChöre, auch m. Orch., Kinderchöre, Oberschles. Hymne, Schlesierlied u. and. Heimatlieder, KlavStücke

UNGERER, Kurt * 19/10 1906 Dünddorf, TheorL. in Freiburg i. B., ausgeb. in Leipzig (Konserv.), zeitw. am Stadtthea. in Oberhausen (Rheinland). W: MChor, Lieder

UNGHER, Carlotta — s. UNGER, Karoline

UNGKARL, Den glade, ps. = Emil JUEL-FREDERIKSEN

UNGLAUB, Karl Friedr. * 30/4 1862 Gera, Chordir., ML. u. MSchr. in Leipzig, da † 26/9 1930, 1887/91 Schüler d. Konserv. W: Fr-, Kinder-, Gem- u. MChöre, Kinderlieder, Stücke f. Klav., Org., V. usw.

UNIA, Gius. * 2/2 1818 Dogliani, † 23/11 1871 Recanati, Schüler J. N. Hummels, KlavVirt., lebte lange in Torino. W: viele KlavStücke, bes. OpFantasien, ArpeggienSchule op. 100

UNIVERSAL-EDITION, 15/6 1901 in Wien als bescheidener MVerl. z. Verbreitg der Klassiker gegr., seitdem zu großem Ansehen u. größter Ausdehng unter Bevorzugg des Schaffens der fortschrittl. gerichteten lebenden Tonsetzer entwickelt, bes. OpVerlag, 1907/32 durch Emil H e r t z k a († 9/5 1932) geleitet; 1904 Ankauf des bedeutende Werke v. Rich. Strauß u. M. Reger enthaltenden Münchner Verlags Aibl. H: 1919 ‚MBlätter des Anbruch‘; 1924 Ztschr. ‚Pult u. Taktstock‘

UNRATH, Karl Ludwig * 1/6 1828 Fürfeld (Württ.), † 21/10 1908 Stuttgart, 1851/72 MilKM., dann Beamter, zuletzt Kanzleirat im Kriegsminist. in Stuttgart. W: viele Tänze u. Märsche, u. a. König Karl-, König Wilhelm-, Hohenzollernu. WaffenrufMarsch

UNRUH, Alex. v. † 1/11 1909 Woldenberg, Neumark, MilKM. a. D.

UNTERHOLZNER, Ludw., Dr. phil. * 22/11 1902 Salzburg, MRed. in Hannover, ausgeb. in München (Akad. u. Univ.). W: Messen, Kantaten, 2 Sinf., Conc. grosso, KaM., Lieder u. a.

UNTERSTEINER, Alfredo * 28/4 1859 Rovereto, † Jan. 1918 Meran (Krieg), da Advokat u. MSchr. W: ‚Storia del violino‘; ‚Storia della m.‘

UPMEYER, Walter, Dr. phil. * 1/12 1876 Hannover, da Studienrat, Vcellist (auch im Bayreuther Orch.). H: ältere KaM. u. OrchM., u. a. Albinoni, Boccherini, Telemann

UPTON, George * 25/10 1835 Roxburg, Mass., † 20/5 1919 Chicago, da seit 1855 MSchr. W: ‚Women in m.‘, ‚In m.-land‘, ‚Musical memoires‘ (1908), ‚Standard Operas‘ u. a.

URACK, Otto * 13/5 1884 Berlin, lebt da, da ausgeb. (Hochschule), urspr. VcVirt, 1904/10 Mitgl. der Hofkap.; 1911/12 OpKM. in Barmen, 1912/14 Assist. Mucks beim Bostoner SinfOrch., Frontkämpfer; 1918/22 KM. der Hof- bzw. Staatsoper in Berlin, 1923/25 da am Rundfunk. W: Oper, Optten, Singspiel, Sinf., KaM., VcKonz., Lieder usw.

URBACH, Ernst, ps. RUBACH, Ernst * 19/3 1872, † 8/6 1927 St. Blasien (wo er zur Kur weilte). W: Opernfantas. f. Orch., bzw. Klav.; KlavTransskriptionen, Tänze

URBACH, Joh. Adam * 20/9 1832 Horstmar, Thür., † 8/6 1910 Harburg a. E., MilKM. in Schwerin

URBACH, Karl Friedr. * 26/9 1833 Burg/Magdeburg, seit 1857 L. u. Kantor in Egeln. W: KlavSchule, ‚Neue (Preis-)KlavSchule‘ (1877; sehr verbreitet), KlavStücke, Lieder usw.

URBACH, Otto * 6/2 1871 Eisenach, Schüler von Müller-Hartung, Stavenhagen, Humperdinck u. Draeseke, seit 1898 KonservKlavL. in Dresden. da † 15/12 1927. W: Oper, Ouvert., StrQuart., Bläsersept., KlavStücke, Lieder usw.

URBAN, Christian * 16/10 1778 Elbing, da Stadtmusikus, dann in Berlin, zuletzt städt. MDir. in Danzig. W: Oper, M. zu Schillers ‚Braut von Messina', theoret. Schriften

URBAN, Erich, Dr. phil. * 16/6 1875 Berlin, da MSchr., Optten- u. Filmlibrettist, Schüler seines Vaters Heinrich. W: ‚Strauß contra Wagner' (1902)

URBAN, Heinr. * 27/8 1837 Berlin, da † 24/11 1901, da Geiger, Dirig., MKrit. u. angesehener TheorL. W: Sinf., Ouvert., sinfon. Dicht., V-Kompos., Lieder usw. — Sein Bruder F r i e d r. J u l i u s * 23/12 1838 Berlin, da † 17/7 1918, GsgL. W: ‚Die Kunst d. Gsges', Lieder usw.

URBAN, Jul. * 30/4 1825 München, da † (Selbstmord) 19/11 1879, Autodidakt, Dirig. des Künstler-Sger-Ver., verkanntes Genie. W: Opern, Sinfon., sinfon. Dichtgen, Kantaten, KlavStücke

URBAN, Max * 5/7 1894, EnsKM. in Mexiko, vorher u. a. in Breslau, Cuxhaven. W: UnterhaltsgsM.

URBAN, Otto * 31/10 1854 Nienburg/Saale, † 29/11 1932 Zerbst, 1885/1914 GymnGsgL. in Dessau. W: Kantaten, Chöre, Lieder

URBAN, Rud. (Rolf) * 9/1 1892 Zittau, Chor-Dir., Organ. u. VerlAngestellter in Köln, ausgeb. im LSem. in Löbau. W: MChöre, UnterhaltsgsM. B: Volkslieder f. MChor

URBANEK, Frz Aug. * 1842 Mähr. Budwitz, † 1919 Prag, gründete da 1872 den bedeutend gewordenen MVerl. — Sein Sohn M o j m i r * 6/5 1873 u. † 29/9 1919 Prag, begründete da 30/3 1901 e. eignen, gleichfalls bedeutend gewordenen MVerl.

URHAN, Chrétien * 16/2 1790 Montjoie/Aachen, † 2/11 1845 Paris, KomposSchüler Lesueurs, treffl. Geiger (KonzM. d. Großen Oper seit 1842) u. Viola d'amour-Spieler. W: KaM., KlavStücke, Lieder

URIARTE, Eustaquio de, Augustiner-Mönch, * 2/11 1863 Durango (Span.), † 17/9 1900 Motrico, hervorrag. Erforscher des Gregor. Gsgs

URIBE, Guillermo * 17/3 1880 Bogota (Columbien), da seit 1910 Dir. des Konserv. u. OrchDir., ausgeb. in Paris u. (als Geiger) Brüssel. W: 2 Sinfon., KaM., Chorwerke, Lieder

URICH, J. * 9/9 1849 Trinidad, Schüler Gounods, lebte in Paris. W: Opern

URIO, Franc. Ant. 1690 Franziskaner in Rom u. KirchKM. W: KirchM., u. a. ein von Händel sehr ausgenutztes ‚Te deum'

URLUS, Jacques * 9/1 1867 Hergenrath/Aachen, † 6/6 1935 Noordwyk, treffl. Heldentenor, urspr. Schmied, 1894/1900 in Amsterdam, dann lange Jahre in Leipzig, viel auf Gastsp.

URSILLO, Fabio, BaßlautenVirt. in Rom um die Mitte des 18. Jahrh. W: TrioSonaten u. a.

URSO, Camilla * 13/6 1842 Nantes, † 20/1 1902 New York, VVirt., Wunderkind, Schülerin Massarts, konzertierte bes. in Amerika, 1860 verheiratet in Paris, doch seit 1863 dauernd in Amerika

URSPRUCH, Anton * 17/2 1850 Frankfurt a. M., da † 11/1 1907, Schüler I. Lachners, Raffs u. Liszts, L. f. Klav., Kontrap. u. Kompos. am Hoehschen bzw. Raffschen Konserv. in Frankfurt a. M. W: Opern, Sinfon., KaM., ‚Frühlingsfeier' f. Soli, Chor u. Orch., Lieder, KlavStücke usw.; ‚Der gregorian. Choral'

URSPRUNG, Otto, Dr. phil. * 16/1 1879 Günzlhofen (Oberbay.), UniversProf. seit 1930, kathol. Theol. u. MSchr. in München. W: ‚MGesch. Münchens' (1927), ‚Die kathol. KirchM.' u. a.

URSULEAC, Viorica * 26/3 1899 Czernowitz, jugendl. dramat. Sgrin zuerst in Wien (bis 1934), daneben in Dresden, seit 1933 auch in Berlin, Staatsoper, 1934 preuß. KaSgrin

USANDIZAGA, José * 31/3 1879 San Sebastian, † Okt. 1915 Madrid, Schüler d'Indys. W (bemerkenswert): Opern, Chorwerke, StrQuart., KlavStücke

USCHMANN, Karl * 1/11 1852 u. † 31/7 1928 Berlin, da Chordir. W: MChöre

USIGLIO, Emilio * 8/1 1841 Parma, † 7/7 1910 Milano, treffl. KM. W: Opern, u. a. ‚Le educande di Sorrento', ‚Le donne curiose'

USTERI, Joh. Mart. † 29/7 1827 Zürich, Kompon. von ‚Freut euch des Lebens'

UTENDAL, Alex. * um 1530 Niederlande, † 8/5 1581 Innsbruck, da HofKM. W: KirchM., weltl. mehrst. Lieder

UTHMANN, Gust. Adolf * 29/6 1867 Barmen, da † 22/6 1920, Dirig. des Arbeiter-Gsgver. W: MChöre, vielfach sozialdemokrat. Tendenz

UTTENDAL — s. UTENDAL

UTTINI, Franc. Ant. * 1723 Bologna, † 25/10 1795 Stockholm, da 1754 OpKM.. 1767 HofKM., schrieb Opern mit schwed. Text (auch m. ital. u. frz.), Sinf. u. KaM.

UYTTENHOVE, Pieter Frans * 7/2 1874 u. † 22/12 1923 Gent. W: Opern, sinf. Dichtg, Chorwerke, Lieder

UZIELLI, Lazzaro * 4/2 1861 Florenz, ausgez. Pianist, bes. Pädagoge, seit 1907 KonservL. in Köln, vorher in Frankfurt a. M., Schüler u. a. Klara Schumanns u. Raffs

V

VACCAI, Niccoló * 15/3 1790 Tolentino/Napoli, † 5/8 1848 Pesaro, GsgL. u. a. in Paris u. London, seit 1838 Studiendir. des Konserv. in Milano. W: 17 Opern, Ballette, Kantaten, Lieder, berühmte GsgSchule

VACH, Ferd. * 25/2 1860 Jazlovice, seit 1905 in Brünn SemML., berühmter Chordir., gründete 1903 den SgrBund mähr. Lehrer. W: KirchM., Chöre

VACHON, Pierre * 1731 Arles, † 1802 Berlin, da 1786/98 HofKonzM., 1751/83 in Paris, 1784/85 in Bonn. W: Opern, KaM., VKonz.

VACK, Geo. * 1/10 1901 Sondershausen, KM. in Berlin. W: UnterhaltgsM. B: Possen f. d. Rundfunk

VADÉ, Jean Jos. * Jan. 1720 Ham (Pikardie), † 4/7 1759 Paris, Singspiel-Librettist

VAERWERE, Jean de — s. TINCTORIS

VAET, Jakob, ein Niederländer, † 8/1 1567 Wien, da HofKM., urspr. HofkapSgr. W: Motett.

VAGA, Franc. del, ps. = C ECKLEBE

VALDRIGHI, Luigi Francesco, Graf * 1837 u. † 20/4 1899 Modena, Sammler von alten MInstr. (jetzt im Museum in Modena) u. MSchr.

VALEN, Fartein * 25/8 1887 Stavanger, Komp. in Oslo, da u. in Berlin ausgebildet. W: KaM., KlavSonate, Lieder, auch m. Orch.

VALENTE, Vincenzo * 21/2 1855 Corigliano Calabro, † 6/9 1921 Napoli. W: Optten

VALENTIN, ps. = SOMMER, Karl Julius

VALENTIN, Erich, Dr. phil. * 27/11 1906 Straßburg i. Els., seit 1928 MKrit. in Magdeburg, ausgeb. in München (Akad. u. Univers.). W: ‚Entwicklg der Toccata'; ‚F. E. Fesca'; ‚G. Ph. Telemann'; ‚MGesch. Magdeburgs'. H: süddtsche OrgToccaten

VALENTIN, Fritz * 30/6 1900 Weimar, MKrit. in München, Autodidakt. W: Concerto grosso, KaM., Solo-Sonaten f. V., bzw. Vc., Madrigale

VALENTIN, Karl * 30/5 1853 Göteborg, † 1/4 1918 Stockholm, da L. f. MGesch. am Konserv. u. MKrit. W: f. Orch. u. Chor; ‚Populär allmän mhistoria'

VALENTIN, Karoline geb. Pichler * 17/5 1855 Frankfurt a. M., da † 26/5 1923, Schülerin des Hochschen Konserv. W: ‚Gesch. der M. in Frankfurt a. M.', ‚Thea. u. M. am fürstl. Leiningischen Hofe'

VALENTINI, Carlo * um 1790 Lucca, da † 1/4 1853, Schüler Pacinis. W: 17 Opern, KirchM., Orator., Solfeggien

VALENTINI, Giov., 1614 Hoforgan. in Graz, seit 1619 in Wien. W (harmonisch oft recht kühn): Messen u. sonst. KirchM., Madrigale, Kanzonen, KaM.

VALENTINI, Giuseppe * 1681 Rom (?), um 1710 in Bologna, 1735 am Florentiner Hofe, treffl. Geiger. W (bemerkenswert): KaM., VKonz.

VALENTINI, Pier Francesco † 1654 Rom, bedeut. Komp. W: 2 Opern, Motetten, Madrigale, kunstv. Kanons

VALENTINO, Henri Just. Armand Jos. * 14/10 1785 Lille, † 28/1 1856 Versailles, OpKM. in Paris 1820/37, veranstaltete da 1837/41 die ersten volkstüml. OrchKonzerte mit klass. M.

VALÈRE, ps. = R. O. MORGAN

VALERIO, ps. = H. KETTEN

VALERIUS, Adrianus † 27/1 1625 Veer (Holl.), Hrsg. des ‚Nederlandtsche GedenckClanck', aus dem die durch die Kremsersche Bearbeitg so bekannten ‚niederländischen Volkslieder' stammen; er hieß eigentl. Adriaen Woutersz

VALESI (eigentl. Wallishauser), Joh. Ev. * 28/4 1735 Unterhattenhofen (Bayern), † 1811 München, da 1756/98 KaSgr, vielgereister OpSgr, hochgeschätzter GsgL., u. a. C. M. v. Webers

VALETTE, Pierre, ps. — s. Jane VIEU

VALGRAND, Clemence, ps. = REISET, Marie Felicie Clemence de

VALJEAN, Jean, ps. = Frederic MULLEN

VALLAPERTA, Gius. * 18/3 1755 Melzo (Milano), † 1829 Milano, da seit 1803 KirchKM., urspr. KlavVirt. in Venezia, 1789 in Dresden, 1793/1803 KirchKM. in Aquila. W: KirchM., 3 Orator., KlavSonat. u. Konz.

VALLAS, Léon * 17/5 1879 Roanne, MSchr. in Lyon. W: Schriften üb. die MGesch. Lyons; ‚G. Migot', ‚Cl. Debussy' (1927)

VALLE DE PAZ — s. DEL VALLE de Paz

VALLEDOR, Jacinto * um 1744 Cadix, † nach 1807 Madrid, da TheaMker. W: viele Tonadillas

VALLENTIN, Artur * 3/7 1906 Kassel, KM. in Duisburg. W: KonzOuvert., Ouv. zu e. vaterl. Konz., UnterhaltungsM., Lieder

VALLET, Nicolas, Lautenist, veröffentl. 1615/1619 Lautenstücke u. Gsge

VALLINI, Pietro * 1857 Pescia, † 24/1 1932 Milano, OpKM. W: Opern, KaM.

VALLOTTI, Franc. Antonio * 11/6 1697, † 16/1 1780 Padua, da seit 1728 DomKM., bedeut. Theoretiker, Organ., Komp. W: KirchM.

VALLS, Franc. * 1665, † 1747, KirchKM. in Barcelona. W: KirchM. in freiem Stil

VALVERDE, Joaquin † 19/3 1910 Madrid. W: Zarzuelas. — Sein Sohn Q u i n i t o † Nov. 1918 Mexiko. W: üb. 60 Zarzuelas (seit 1896)

VAN, das holländ. vor einem Namen, in diesem Lexikon nicht berücksichtigt, ebenso van den, van der, falls nicht zusammengezogen wie z. B. Vanderhoeck

VANBIANCHI, Arturo * 3/4 1862 Milano, da ML. seit 1902, da ausgeb. (Konserv.; u. a. v. Ponchielli), seit 1883 KonservL. in Bergamo, Pesaro u. Parma. W: Opern, Messe, Sinf., sinf. Dichtgen, StrQuart. u. a.

VANDERHOECK & RUPRECHT, Verlag in Göttingen, gegr. 13/2 1735, pflegt u. a. KirchM. (Liturgik)

VANDERSTRAETEN — s. STRAETEN

VANHAL — s. WANHAL

VANLOO, Albert * 1846 Bruxelles, † 1920 Paris, da OpttenLibrettist

VANNAH, Kate † 11/10 1933 Boston, Klav-Virt. W: Optte, Hymnen

VANNIUS = WANNENMACHER

VANZO, Vittorio Maria * 29/4 1862 Padova, GsgL. in Milano, da ausgeb., war OpKM., trat sehr für Wagner ein. W: Klav-, V- u. VcStücke, viele Lieder

VARADI, L., ps. = Max FLIESS

VARDON, Paul, ps. = Frederic MULLEN

VARENNES, Jean, ps. = Jean Ch. HESS

VARES, ps. = Adolf DÄHLER

VARESE, Edgar * 22/12 1885 Paris, lebt da, war lange in Newyork, urspr. Mathemat., einer der Gründer der ‚Internat. composers guild', sehr moderner Komp., Dirig. W: ‚Bourgogno', ‚Ameriques', ‚Dedications', ‚Hyperprism' für Orch.

VARNEY, Pierre Jos. Alph. * 1/12 1811 Paris, da † 7/2 1879, Geiger u. TheaMDir. W: Optten, Gsg der Girondisten ‚Mourir pour la patrie'. — Sein Sohn L o u i s * 1844 Paris, da † 20/8 1908. W: 39 Optten ‚Les petits Barnett' (‚Die kleinen Lämmer') usw., Ballette

VASAK, Joh. † 1875 Lemberg; böhm. Komp.

VASILENKO — s. WASSILENKO

VASQUEZ Y GOMEZ, Mariano * 3/2 1831 Granada, † 17/6 1894 Madrid, da seit 1856. W: Zarzuelas, Requiem

VASSEUR, Léon * 28/5 1844 Bapaume (Pas de Calais), † 1917 Paris, Schüler der KirchMSchule Niedermeyers, seit 1870 Organ. in Versailles. W: 20 Optten, Messen, Offert., Cäcilien-Hymne, Schulen f. Harmon. u. Orgel, zahlr. Transkript. für diese Instr. u. Klav.

VATERHAUS, Hans * 4/10 1881 Zürich, da † 26/11 1932, treffl. KonzBaßbaritonist, Schüler J. Stockhausens

VATIELLI, Francesco * 1/1 1877 Pesaro, 1905 MGeschL. u. 1906 Biblioth. des Lic. mus. in Bologna, ausgez. Forscher, Mitbegr. der Associazione dei musicologi ital. W: ‚Materia e forma della m.' usw. H: ‚Antiche cantate d'amore', ‚Antichi maestri Bolognesi'

VAUCAIRE, Maurice * 1865 Versailles, † 1918 Paris, Librettist

VAUCHEL (eigentl. VAUCHELLE, Sohn eines frz. Emigranten), Jean Cornelius * 9/3 1782 Offenbach a. M., † 10/1 1856 Damm/Aschaffenburg, von Spohr und Paganini sehr geschätzter Geigenbauer, Sonderling, Schüler Tourtes, arbeitete von etwa 1810—1853 in Würzburg, dann kurze Zeit in Schweinheim/Aschaffenburg, zuletzt in Damm. Joh. Bapt. Reiter (s. d.) war da sein Geselle

VAUCORBEIL, Aug. Eman. * 15/12 1821 Rouen, † 3/11 1884 Paris, da Schüler d. Konserv. 1872 RegKommissar f. die staatl. unterstützten Thea., 1880 Dir. der Gr. Oper. W: Oper, Chorwerk, StrQuart., VSonaten, KlavStücke, Lieder usw.

VAUGHAN-WILLIAMS — s. WILLIAMS, Ralph Vaughan

VAUME, Georg, ps. = MLETZKO-ECKERSDORF, Geo. v.

VAURABOURG, Andrée * 8/9 1894 Toulouse, da u. in Paris ausgebildet, lebt hier, Pianistin, W (sehr modern): OrchStücke, KaM., Gsge, auch mit StrQuart.

VAVRINECZ, Mauritius * 18/7 1858 Czegled, Ungarn, † 5/8 1913 Budapest, da Schüler des Konserv., bes. Volkmanns, seit 1886 DomKM. W: Opern, Orator., Messen, Requiem, Kantaten, Sinfon., Ouvert. usw.

VAZQUEZ, Mariano — s. VASQUEZ

VEBER, Pierre * 15/5 1869 Paris, da Lustspieldichter, Opttenlibrettist usw.

VECCHI, Orazio * 6/2 1550 Modena, da † 19/2 1603, DomKM. seit 1586. W: ‚Amfiparnasso', Commedia harmonica (Vorläufer der Oper), Messen, Motetten, Madrigale, Hymnen usw.

VECCHI, Orfeo * 1540 Milano, da † 1603 (?), da seit 1590 oder noch früher KirchKM. W: Messen, Motetten, Bußpsalmen

VECELLO, Ermanno, ps. = WETZEL, Herm.
VECSEY, Frz v. * 23/3 1893 Budapest, † 6/4 1935 Rom, Schüler Hubays u. Joachims, seit s. 10. Jahre bereits anerkannter VVirt., Kompos-Schüler Juons, reiste sehr viel; lebte zuletzt in Venedig. W: StrQuart., VStücke

VEGGETTI, Alberto * 23/4 1874 Bologna, FlVirt., seit 1912 in Rom (1914 KonservL.). W: FlStücke u. Studien; ‚Storia del flauto'

VEGH von VEREB, Joh. * 15/6 1845 Vereb, ung. Komit. Fejer, † 6/2 1918 Budapest, Richter. W: Opern, Messen, KaM., KlavStücke, viele Lieder

VEGT, Herm. H. van der * 16/4 1897 Zwolle, VVirt., seit 1929 KonservL. im Haag, Schüler u. a. von Carl Flesch, 1919/25 KonzM. in Oslo, 1925/29 KonzM. der Stuttgarter Oper

VEHE, Michael † 1539 Halle, da Stiftspropst. W: (kath.) GsgBuch mit Melodien 1537

VEHMEIER, Th. * 18/11 1856 Bege/Lippe, seit 1904 SemML. u. Organ. in Detmold. W: Orator., Motetten, geistl. Lieder, Klav- u. OrgStücke, Choralbuch

VEICHTNER, Frz Adam * 1741 Regensburg, † 1822 Petersburg, da seit 1798 KaMusiker, 1769/1795 HofKM. des Herz. v. Kurland in Mitau. W: Opern, Sinf., VKonz., StrQuart., 24 Fantas. f. V. u. Baß

VEIDL, Theo., Dr. phil. * 28/2 1885 Wissotschau/Saaz, seit 1918 in Prag. W: Opern, Sinfon., Melodram, Gsge m. Orch.; ‚Beethoven als Meister des musik. Humors'

VEIT, Emil Alex. * 3/3 1842 Mirow, † 1911 Berlin, da Pianist u. MSchulInhaber. W: Klav-Stücke, Lieder

VEIT, Friedr. * 23/4 1870 Leipzig, seit 1894 ML. u. MVerleger in Düsseldorf. W: KlavStücke, Tänze

VEIT, Wenzel Heinr. * 19/1 1806 Repic, Böhm., † 16/2 1864 Leitmeritz, Gerichtspräsident. W: Sinfon., Ouvert., früher sehr beliebte KaM. (u. a. StrQuart. op. 3 mit Variat. über die russ. Hymne), Messe, MChöre, Lieder usw.

VEITH, Joh. Jos. * 23/6 1872 Ottweiler, R.B. Trier, seit 1906 Organ. u. KirchChordir. in Bonn. W: Messen u. sonst. KirchM., Chöre, auch mit Orch., KaM., u. a. StrQuint.

VELDE, Albert A. van de — s. DE VELDE

VELDEN, Joh. * 1886 Prag, lebt in Berlin-Zehlendorf, Geiger, Schüler des Prager Konserv. u. der Berliner Univers., MPädagog, Dir. eines KaOrch., veranstalt. viele Konz. für die dtsche Gesellsch. f. künstler. Volkserziehg. W: ‚Musikal. Kulturfragen', ‚Lehrbuch des physiol. Übens auf den StrInstrum.' (ungedr.)

VELDKAMP, Klaas * 5/10 1864 Hollandschaveld (Drente), seit 1925 in Amsterdam, vorher seit 1900 in Groningen, Stimmbildner. W: ‚Prakt. muziekleer' (10. A.); ‚Zangschool in liederen' (7. A.)

VELEBIL, Heinz * 11/8 1901 Bennewitz/Wurzen, Sa., KM. u. MVerleger (Adler-V.) in Berlin, ausgeb. u. a. in Leipzig, Landeskonserv. W: UnterhaltgsM.

VELLUTI, Giov. Batt. * 1781 Monterone (Ancona), † Febr. 1861, der letzte berühmte Kastrat, sang 1825/26 in London

VENATORINI, ital. Name f. MYSLIWECZEK

VENEZIA, Franco da * 2/11 1876 Venedig, KlavVirt. in Turin. W: Oper, Suite, sinf. Dichtgen u. OrchVariat., KlavKonz., KaM.

VENEZIANI, Vittorio * 25/5 1878 Ferrara, Chordir. in Milano, vorher in Venezia u. Torino. W: Opern, Chöre, Lieder

VENOSIA, Gesualdo da — s. GESUALDO

VENTE DE FRANCMESNIL — s. FRANCMESNIL

VENTH, Karl * 10/2 1860 Köln a. Rh., stud. dort u. in Brüssel, seit 1880 in Nordamerika, gründ. 1888 eine MSchule in Brooklyn, lebt in Fort Worth, Texas. W: ‚Die Glocke' (Schiller), KlavStücke, Chöre, Lieder

VENTO, Ivo de * um 1540, † 1575 München, HofkapOrgan. W: Messen, Motetten, ‚Neue teutsche Lieder' (mehrst.)

VENTO, Mattia * um 1735 Napoli, † 1777. W: Opern, KaM., bes. KlavTrios, Kanzonen

VENTURA, José * 2/2 1818 Alcala la Real, † 24/3 1875 Figueras, Wiederbeleber des katalonisch. Reigentanzes Sardena. W: Tänze f. CoblaOrch. (‚Per tu ploro' allbekannt in Spanien), Chöre

VENTURINI, Franc. † 18/4 1745 Hannover, da 1698 Geiger, 1713 Dir. des HofOrch. W: 4—9st. Konzerte u. a.

VENTURINI, Genesio † 1883 Firenze, Inhaber eines MusikVerl., der 1885 an Carisch in Milano überging

VENZANO, Luigi * um 1814 Genova, da † 26/1 1878, Vcellist, 1855/74 KonservL. W: Operette, Ballette, Tänze, Gsge

VENZL, Jos. * 26/3 1842 München, da † 28/11 1916, da Schüler der MSchule, Geiger (KaMusiker), seit 1900 pension. W: InstruktVKompos., ‚Der Fingersatz auf der V.'

VENZONI, Joh. S. * 11/3 1829 Kopenhagen, † 1894 Hannover, da seit 1885 GsgL. W: ‚Gsg-Schule', ‚Aus d. Tagebuch eines GsgLehrers', Lieder usw.

VERACINI, Antonio † ca 1700, hervorragend. Geiger in Firenze. W: KaM.

VERACINI, Franc. Maria * 1/2 1690 Firenze, † 1750 bei Pisa, vortreffl. Geiger, 1717/22 Ka-Virt. in Dresden, lebte dann in Prag, 1736/45 in London, dann in Pisa. W: VKonz. u. Sonaten

VERAGUTH, Theod. * 6/9 1819 Thusis, † 19/6 1884 Chur, da Sgr u. Chordir. W: MChöre

VERANO, José, ps. = Josef SOMMER

VERBENET, Jean de — s. TINCTORIS

VERBRUGGHEN, Henri * 1/8 1873 Bruxelles, † 12/11 1934 Northfield, Minn., Leiter des MinneapolisSinfOrch. seit 1922, urspr. VVirt., Schüler u. a. Ysayes, wirkte als KonzM. 1893 in Glasgow, 1894 bei Lamoureux, 1895 ff. wieder in Glasgow, da 1903 OrchDir. u. KonservL., ging 1918 nach Australien, zeitw. KonservDir. in Melbourne

VERDELOT, Philippe, bedeutender niederländ. (franz.?) Kontrapunktist, einer der ersten MadrigalKomp., † 1565, 1525/65 in Italien

VERDI, Giuseppe * 9/10 1813 Roncole/Busseto (Parma) als Sohn ein. armen Dorfschänken, † 27/1 1901 Milano, der größte dramat. Komp. Italiens. Von einem reichen Gönner, Antonio Barazzi, zur Ausbildg nach Milano geschickt. Mit seiner ersten Oper ‚Oberto di San Bonifacio' (1839) legte er den Grund zu seinem späteren Rufe. Die bekanntesten seiner Opern: ‚Nebukadnezar' (1842), ‚Ernani' (1844), ‚Luisa Miller' (1849), ‚Rigoletto' (1851), ‚Der Troubadour' (1853), ‚La Traviata' (1853), ‚Simon Boccanegra' (1857, neu bearb. 1881; neuerdings erst beachtet), ‚Ballo in maschera' (1859), ‚La forza del destino' (1862, ergänzt 1869 u. 1876; neuerdings in Deutschland sehr beachtet), ‚Don Carlos' (1867) u. ‚Aïda' (für die Eröffnung des Suezkanals 1871 geschrieben); noch höher einzuschätzen seine letzten Opern ‚Othello' (1887, ein Meisterwerk der Dramatik) u. ‚Falstaff' (1892, neuer Stil für die kom. Op.), wenn auch im ‚Falstaff' die zündende melodische Erfindg der früheren Werke nicht überall vorhanden ist. In dem melodisch ungemein reizvollen, herrlich klingenden sehr beachteten ‚Requiem' für Manzoni (1874) ist er eigentlich über ernste Op- resp. KonzM. nicht hinausgekommen. Dagegen weisen die ‚Quattro pezzi sacri' auf einen neuen Kirchenstil hin. Von eigentümlichem Reiz, wenn auch keine wesentliche Bereicherg der Literatur, ist sein einziges KaM-Werk, das StrQuart. (1877). Er lebte zuletzt, allgemein hochgeehrt, auch wegen seiner großen Wohltätigkeit, in seinem Geburtsorte. 1897 begründete er ein mit fürstlicher Freigebigkeit ausgestattetes Musikerheim in Milano. Vgl. Adolf Weißmann (1923), Herb. Gerigk (1933)

VERDONCK, Cornelius * 1563 Turnhout, † 4/7 1625 Anvers. W: Magnificat, Madrigale, Chansons

VERE, Claude de, ps. = Ch. A. RAWLINGS

VEREB, Joh. Vegh v. — s. VEGH

VEREMANS, Renat * 2/3 1894 Lier, ausgeb. in Amsterdam, da 1921/30 OpKM., seit 1928 KonservL. W: Opern, Messen, viele Lieder

VERETTI, Antonio * 20/2 1900 Verona, lebt in Milano, Schüler u. a. Alfanos. W: Sinf. ital. (‚Il popolo e il profeta'), OrchSuite, Ouvert., KaM., KlavStücke, Opern, Gsge

VERHALLEN, Barthol. Adriaen * 11/12 1870 Delft, seit 1905 KonservL. im Haag, urspr. V- bzw. BrVirt. W: KaM., VStücke, Chöre, Lieder. B: f. BlasOrch.

VERHEY, Anton * 2/2 1871 Rotterdam, da † 12/2 1924, KlavVirt., Schüler Gernsheims. W: KirchM., MChöre

VERHEY, Theod. H. H. * 10/6 1848 Rotterdam, da † 28/1 1929, Schüler Bargiels (Berlin). W: Opern, Messen, Te deum, VKonz., KaM., KlavStücke, Chöre, Lieder usw.

VERHEYDEN, Edward * 1878 Anwerpen, da TheorProf. am fläm. Konserv., urspr. Geiger, Schüler von L. Mortelmans. W: fläm. Opern, Chorwerke, Lieder, OrchStücke, KaM.

VERHULST, Joh. Jos. Herm. * 19/3 1816 Haag, da † 17/1 1891, Schüler Mendelssohns, 1838/42 Dirig. der Leipziger Euterpe, dann Dir. in Haag, Rotterdam u. Amsterdam, seit 1866 privatisierend. W: Sinfon., KonzOuvert., StrQuart., KirchM., Chöre, Lieder

VERLAG FÜR MUSIKALISCHE KULTUR UND WISSENSCHAFT, Wolfenbüttel, gegr. 1/4 1933 v. Albert Küster (s. d.)

VERMEHREN, Frz * 4/9 1882 Hamburg, da VVirt. W: KlavStücke, VStücke, Lieder

VERMEIRE, Oscar * 14/9 1882 Roubaix, Organist u. KlavL. (blind) in Ivry sur Seine. W: Messen, KaM., VKonz., VStücke, KlavStücke, geistl. u. weltl. Gsge

VERMEULEN, Matthys * 1888 Helmond, Nordbrab., 1909/20 MKrit. in Amsterdam, seitdem in Paris. W: 3 Sinfon., KaM., Oper, Lieder

VERNAY, Charles, ps. = Karl HUTTERSTRASSER

VERNE, Oscar, ps. = Ch. A. RAWLINGS

VERNIER, Jean Aimé * 16/8 1769 Paris, da Harfenist 1795/1838. W: Oper, KaM. mit Harfe, HarfStücke

VERNO, Franc, ps. = Walter WITTE

VERÖ (eigentl. HAUER), Georg * 31/3 1857 Igal, Ung., Schr. in Budapest, urspr. Jurist, dann Regisseur, später Hausport. u. Komp. des dort. VolksThea. W: 8 Optten, BühnM., Lieder, Gsge

VEROLI, Manlio de * 12/4 1888 Rom, da ausgeb., treffl. Pianist (KonzBegleiter), seit 1911 in London Dir. einer Opernschule. W: sinf. Stücke, Ouvert., KaM., Romanzen

VEROVIO, Simone, MDrucker in Rom 1586/1604, verwendete zuerst den Kupferplattenstich f. d. Notendruck

VERRE, Léon, ps. = Ernest REEVES

VERROUST, Louis Stanisl. Xavier * 10/5 1814 Hazebrouck (Nord), da † 9/4 1863, ObVirt., 1853 ff. KonservL. in Paris. W: ObKompos.

VERSTER, Johan * 9/11 1889 Amsterdam, da sehr geschätzter KlavVirt.

VERTA, José, ps. = Joh. EVERT

VESELY, Roman † (54jähr.) 14/12 1933 Prag, KlavVirt., KonservL. B: f. Klav. 4h. Werke u. a. von Dvořák

VESPER, Willy Friedr. * 21/4 1889 Stettin, da seit 1919 ML., KM. u. Chordir.; im Kriege zuletzt MilKM., vorher TheaKM. W: Opern, gr. Chorwerk m. Orch., Chöre, Lieder

VESPERMANN, Maria * 5/4 1823 München, da † 23/5 1882, pianist. Wunderkind, 1844 vermählt mit Guido G ö r r e s († 1852), u. 1860 mit dem berühmten Wiener Pandektisten Ludwig A r n d t s ; auch Dichterin. W: KlavStücke, Lieder, Chöre

VESQUE v. PÜTTLINGEN, Joh., Dr. jur., ps. J. van HOVEN * 23/7 1803 Opole, Galizien, † 29/10 1883 Wien, SektionsChef im Minist. d. Äußeren, begabter Dilettant. W: 6 Opern, KlavSonaten u. Stücke, viele Lieder, bes. nach Heineschen Gedichten u. a.; ‚Das musikal. Autorrecht' (1864). — Vgl. Helmut SCHULTZ (1930; Verl. Gust. Bosse)

VESSELA, Aless. * 31/3 1860 Alise (Caserta), † 6/1 1929 Rom, in Napoli gebildet, 1880/1921 Dir. der Banda municip. in Rom, da auch L. am Liceo music. W: Trattato di instrumentaz. per banda, BlasinstrKompos. u. Arrangem.

VETTER, Hermann * 9/7 1859 Großdrebnitz/Bischofswerda, Schüler u. seit 1883 KlavL. des Konserv. in Dresden, da seit 1906 im DirektionsRat, † 21/5 1928. W: KlavStücke u. Etüden; ‚Zur Technik des KlavSpiels'

VETTER, Joh. † 21/1 1926 (63 J. alt) Halle a. S., KM. u. ML., vorher in Greiz, wo er das Philharm. Orch. begründete

VETTER, Nikolaus * 30/10 1666 Königssee, † 1710 Rudolstadt, da seit 1691 Hoforgan. W: figur. Choralbearb.

VETTER, Walther, Dr. phil. * 10/5 1891 Berlin, 1934 ao. Prof. der MWiss. an der Univers. Breslau, da 1927 PrivDoz., zeitw. in Hamburg; 1921 MKrit. in Danzig, Kriegsteiln. W: ‚Der humanist. Bildungsgedanke in der M. u. MWissenschaft'; ‚Das frühdtsche Lied' (1928); ‚Schubert' (1934)

VETULUS, ps. = Emile RATEZ

VEUVE, Adolphe * 7/12 1872 Neuchatel, lebt da, KlavVirt. W: KlavSonaten u. Stücke, Lieder

VIADANA, Ludovico (Familienname G r o s s i) * 1564 Viadana/Mantova, † 2/5 1627 Gualtieri, wenn nicht Erfinder, so doch einer der frühesten Vertreter des konzertier. KirchGsgs für einz. (nicht beliebig durch Instrum. zu ersetzende) Stimmen mit OrgBaß, KirchKM. zu Mantua, Viadana, Fano, Venedig u. wieder in Mantua, 1596 Franziskaner. W: Messen, Psalmen, Conc. ecclesiast., Madrigale, Kanzonetten

VIANNA DA MOTTA — s. MOTTA

VIARD, Hugo, ps. = JUEL-FREDERIKSEN

VIARDOT, Paul (Sohn der Pauline) * 20/7 1857 Schloß Courtavenel/Paris, vielgereister V-Virt. u. KonservProf. in Paris, Schüler Léonards. W: OrchSuiten, sinf. Dichtgen, KaM., VStücke; ‚Histoire de la m.'; ‚Souvenirs d'un artiste' (1910) u. a.

VIARDOT-GARCIA, Pauline * 18/7 1821 Paris, da † 18/5 1910, berühmte Sgrin, Schwester d. Malibran, bild. sich in Paris u. Brüssel, betrat zuerst 1839 die Bühne der ital. Op. zu London, wo sie ihren Weltruf begründete; verheiratet mit dem Schriftst. Louis Viardot, 1860/71 in Baden-Baden GsgL., seit 1871 am Konserv. zu Paris. W: Optten, Lieder. B: Mazurken v. Chopin für Singst. u. Klav. — Ihre Tochter L o u i s e s. HERITTE-VIARDOT

VIBRANT, Jean, ps. = FAYE-JOZIN, Madame de

VICECONTE, Ernesto * 2/1 1836 Napoli, da † 18/3 1877. W: Opern, KirchM., Sinf., Konz. für 2 Klav., KlavStücke, HarfStücke, Lieder

VICENTINO, Don Nicola * 1511 Vicenza, † 1572 Rom (1575 Milano?), Schüler Willaerts, HofM. in Ferrara, zeitw. in Rom. W: Madrigale mit harmon. Eigenheiten; ‚L'antica m. ridotta alla moderna pratica'

VICTORIA, Tomás Ludovico da — s. VITTORIA

VICTORIO, ps. = Siegwart EHRLICH

VIDAL, B. † 1800 Paris. W: GitKompos., auch mit and. Instrum.; GitSchule

VIDAL, Louis Antoine * 10/7 1820 Rouen, † 7/1 1891 Paris, MSchr. u. Vcellist. W: ‚Les instruments à archet' (3 Bde), ‚La lutherie et les luthiers'

VIDAL, Paul, ps. AURIOL,, Tony * 16/6 1863 Toulouse, † 9/4 1931 Paris, da Schüler des Konserv., seit 1884 da Solfeggien-Prof., 1896/1914 KM. d. Gr. Op., 1914/19 KM. der opéra comique. W: Opern, Optten, Ballette, Mysterium, OrchSuite usw.

VIDO, Vico, ps. = Arno PRETSCH

VIDOR, Emerich * 18/10 1893 Budapest, KlavVirt. in Saarbrücken, 1919/31 in Berlin. W: KlavStücke, VSonate, Lieder

VIEBIG, Ernst * 10/10 1897 Berlin, seit 1934 Buchhdlr in La Plata, vorher in Berlin Leiter e. Grammophon-Gesellsch., Schüler Reznicks u. H. Windts, in der Hauptsache Autodidakt, 1919/1921 KM. an verschied. Bühnen. W: Opern, (u. a. nach Texten seiner Mutter, der vor allem durch Romane bekannten Clara Viebig), KaM., Lieder

VIECENZ, Herbert, Dr. phil. * 26/6 1893 Elstra/Kamenz (Sa.), seit 1923 MStudRat u. Dirig. in Dresden. W: BühnenM., KaM., KlavSonaten, Chöre

VIEGENER, Jos., ps. M. RÜSTEN; N. TORTENDO * 22/2 1872 Attendorn, ausgebildet in Münster i. W., da MilMusiker bzw. KM. 1891/1910, seitdem da OrchDir., auch des DilettOrchVer., ML. W: OrchStücke, KlavStücke, MChöre, UnterhaltgsM.

VIERDANK, Joh., Organ. der Marienkirche zu Stralsund 1641/56. W: Geistl. Konz., Pavanen, Ballette u. Konz. f. 2 V., Vc. u. GBaß

VIEREGG, Arthur, ps. Beud EGG * 8/5 1884 Berlin, lebt da, Schüler W. Klattes. W: UnterhaltgsM., KlavStücke, Lieder (eigene Texte)

VIERLING, Georg * 5/9 1820 Frankenthal, Pfalz, † 2/6 1901 Wiesbaden, Schüler von Marx, 1847 Organ. u. SingakadDir. in Frankfurt a. O., 1852/53 LiedertafelDirig. in Mainz, 1853/59 Dirig. d. BachVer. in Berlin, dann da nur Kompon. u. KomposL. W: Orator. (seinerzeit geschätzt), ‚Hero und Leander', ‚Der Raub der Sabinerinnen', ‚Alarich', ‚Constantin'; Sinf., Ouvert., KaM., KlavStücke, Chöre, Lieder usw.

VIERLING, Joh. Gottfr. * 26/6 1750 Metzels (Meiningen), † 22/11 1813 Schmalkalden, Organ. W: Kantaten, Choralbuch, OrgStücke, KlavStücke usw.

VIERNE, Louis Victor Jules * 8/10 1870 Poitiers, seit 1892 Organ. in Paris, Schüler C. Francks u. Widors, seit 1911 OrgL. an der Schola cantorum. W (bemerkensw.): Sinf. u. OrchSuite, KaM., OrgSinf. u. Stücke, KlavStücke, Missa solemnis u. sonst. Chorwerke, Lieder

VIERNE, René * 1876 Lille, † (gefallen im Krieg) 29/5 1918. W: OrgStücke; ‚Méthode d'harmonium'

VIETH, Hans Josef, ps. Rolf EVANS, Percy LEEDS * 24/6 1881 Münster i. W., sehr geschätzter Instrumentator u. Bearb. in Berlin-Charlottenburg. W: Sinf., sinfon. Dichtgen, Ouvert., KaM., UnterhaltungsM.

VIETINGHOFF-SCHEEL, Anatol, Baron * 29/3 1899 Zarskoje-Selo, KlavVirt., ausgeb. in Petersburg, seit 1924 KlavL. in Graz. W: Opern, OrchM. (2 Sinf. u. a.), 3 KlavKonz., KaM., KlavStücke, Lieder

VIETINGHOFF-SCHEEL, Boris, Baron * 1829 u. † 24/9 1906 Petersburg. W: 6 Opern, Ballett

VIETZ, Udo * 19/9 1906 Stettin, EnsMker in Berlin. W: UnterhaltgsM.

VIEU, Jane (Jeanne), ps. Pierre VALETTE * 1871, lebt in Paris. W: Opern, Stücke f. Harfe, Klav., V., Lieder

VIEUXTEMPS, Henri * 20/2 1820 Verviers, Belgien, † 6/6 1881 Mustapha/Algier, VVirt., Schüler Bériots, in Europa u. Amerika bewundert, 1846/51 Solist der Kais. Kapelle in Petersburg, 1871/73 KonservProf. zu Brüssel, mußte wegen Lähmg das VSpiel aufgeben. W: 7 Konzerte (Nr 4 u. 5, sowie die Fantasia appassionata noch jetzt öffentl. gespielt), KonzStücke, Variat. f. V., 2 VcKonz., KaM., u. a. BrSonate usw. — Seine Brüder: Jean Jos. Lucien * 5/7 1828 Brüssel, da † Ende Jan. 1901, Pianist u. Pädag. W: KlavStücke. — Jules Jos. Ernest * 18/3 1832 Brüssel, † 20/3 1896 Belfast, SoloVcellist der ital. Oper in London, später des Hallé-Orch. in Manchester

VIEWEG, Chr. Friedrich, MVerlag in Berlin-Lichterfelde seit 1903, gegr. 1868 in Quedlinburg, seit 1877 bes. MPädagogik pflegend

VIEWEG, Heinz Joachim * 13/2 1905 Mittelbach, Bez. Chemnitz, da KlavVirt., ausgeb. in Leipzig (Konserv., u. a. Karg-Elert; Univers.). W: Optte, KlavSonaten u. Stücke, VcSonaten, moderne Tänze

VIGANO, Salvatore * 25/3 1769 Napoli, † 10/8 1821 Milano, Tänzer, verfaßte den Text u. die Choreographie zu vielen Balletten, auch Komp.

VIGLIAR = WILLAERT

VIGNAS, Francesco * 1860 (?) Barcelona, † 13/7 1933 Moya, berühmter Wagner-Tenor, ausgeb. in Barcelona, Debut 1880, engag. u. a. in Milano, New York; letztes Auftreten (Parsifal) 1913 in Barcelona

VIGNAU, Hans v., ps. Ludw. IMBACH * 23/6 1869 Berlin, lebt da seit 1919, Komp. u. M-Schr., Schüler Deppes, E. E. Tauberts u. des Kölner Konserv., lebte dann bis 1901 teils in Weimar, teils in Paris, Aufgabe der Dirigententätigkeit wegen Augenleidens, 1901/17 Kammerherr der Herzogin Witwe v. Sachsen-Coburg-Gotha, 1914/18 beim Roten Kreuz. W: Optte, Huldigungsfeier, Variat., ländl. Tanzidyll f. Orch., StrQuart., geistl. Gsge f. GemChor, MChöre, Lieder

VILA, Pedro Alberto * 1517, † 16/11 1582, Dom-KM. in Barcelona. W: KirchM., Madrigale

VILBAC, Renaud de * 3/6 1829 Montpellier, † 19/3 1894 Paris, da seit 1856 Organ. W: Opern, brill. KlavStücke. B: f. Harmon. u. Org.

VILHAR, Franz S. * 5/1 1852 Senotschetsche, † 4/3 1928 Agram, da seit 1891, Schüler des Prager Konserv., 1873 Domorgan. in Temesvar, 1882 MSchulDir. in Karlowatz. W: kroat. Opern, Messen, Chöre, Lieder, OrchStücke, KlavStücke

VILLA, Ricardo * 23/10 1873 Madrid, † 10/4 1935, da KM. der Op. u. des von ihm gegründ. städt. BlasOrch. W: Opern, Optten, Messe, sinfon. Dichtgen, Fantasia espanola f. Klav. u. Orch. usw.

VILLA-LOBOS, Heitor * 5/3 1890 Buenos Aires, KlavVirt. u. Folklorist in Paris. W: Opern, Ballette, KirchM., viel KaM., KlavStücke, Lieder; ‚Alma do Brasil'

VILLAFIORITA, Gius. B. di * 22/5 1845 Palermo, † 8/2 1902 Milano, MKrit. W: Opern

VILLALBA MUÑOZ, Luis * 1873 Valladolid, † 9/1 1921 Madrid, Geistl., MForscher. W: KaM., ‚Felipe Pedrell', ‚El organo' usw. H: ‚Canciones espanoles', ‚Antologia de organistas clasicos espanoles', ‚Repertorio de los organistas'

VILLALOBOS — s. VILLA-LOBOS

VILLANIS, Angelo * 1821 Torino, † 7/9 1865 Asti. W: Opern, Gsge

VILLANIS, Luigi Alberto, Dr. iur. * 24/6 1863 S. Mauro Torinese, † 27/9 1906 Pesaro, treffl. M-Schr W: Fachschr., StrQuart.

VILLAR, Rogelio * 13/11 1873 Leon, KonservL. in Madrid. W: OrchStücke, KaM., KlavStücke, Lieder; Schriften, u. a. üb. Wagners ‚Ring des Nibelungen'

VILLARS, Franç. de * 26/1 1825 Insel Bourbon, † Apr. 1879 Paris, MSchr.

VILLEBOIS, Konstantin Petrowitsch * 17(29)/5 1817 Petersburg, † 30/5 (12/6) 1882 Warschau, GardeOffizier. W: Opern, viele beliebt gewordene Lieder. H: russ. Volkslieder

VILLERMIN, Louis, ps. LIADINE; MACHINSKI * 16/7 1877 Baccarat, lebt in Paris, Schüler der Schola cantorum. W: sinf. Dichtgen, ‚Traité d'harmonie ultramoderne'

VILLINGER, Max * 20/8 1883 Frankfurt a. M., da Chordir. u. Bearb. (ObTelegrSekr. a. D.). W: MChöre, auch m. Orch., SchauspM., UnterhaltgsM.

VILLOING, Alexander * 1808 Petersburg, da † Sept. 1878, war in Moskau ML. der Brüder Ant. u. Nic. Rubinstein. W: KlavSchule, Klav. u. VKonz., KlavStücke usw.

VILLOING, Wassili * 28/10 1850 Moskau, † ?, ausgeb. in Moskau (Konserv.), s. 1899 Dir. der Abt. der Russ. MGesellsch. in Nishny Nowgorod, sehr angesehener ML. W: Jugendop., Lieder; ‚Elemente der MTheorie' (russ.)

VILLOTEAU, Guill. André * 6/9 1759 Belleme, Départ. L'Orne, † 23/4 1839 Paris. Als Mitglied der GelehrtenKommiss. von Napoleon I. mit nach Ägypten genommen. W: Abhandlgen üb. oriental. M.

VINA MANTEOLA, Facundo de la * 22/2 1876 Gijon (Oviedo), ausgebild. in Madrid u. Paris, lebt in Barcelona. W: Opern, sinfon. Dichtungen

VINCENT, Alex. Jos. Hydulphe * 20/11 1797 Hesdin (Pas de Calais), † 26/11 1868 Paris, MathematikL., Mitgl. der Akad. u. Konserv. der Bibl. der gelehrten Gssch. im Unterrichtsminist. zu Paris. W: musikal.-theoret. u. geschichtl. Abhandlungen

VINCENT, Beryl, ps. = CH. A. RAWLINGS

VINCENT, Charles John * 1852 Hougthon-le-Spring, Durham, † 23/2 1934, Organ. in Hampstear 1883/91. W: Kantate, Lieder, OrgStücke

VINCENT, Heinr. Jos. (eigentl. WINZENHÖRLEIN) * 23/2 1819 Theilheim/Würzburg, † 19/5 1901 Wien, stud. Theol. u. Jura, dann OpSgr, seit 1872 GsgL. in Czernowitz, seit 1878 in Wien. W: Opern, Operetten, Lieder; theoret. Schriften: ‚Kein Generalbaß mehr', ‚Die Einheit in der Tonwelt', ‚Die Neuklaviatur' usw., in denen er für das streng auf der Zwölfteilg. der Oktave gegründ. Tonsystem eintrat

VINCI, Leonardo da * 1452 Vinci/Empoli, † 2/5 1519 Schloß Clos-Lucé/Amboise, der große Maler, Bildhauer u. Baumeister, war auch Sgr u. Lautenist, baute auch eine bes. Lautenart

VINCI, Leonardo * 1690 Strongoli (Calabr.), † 28/5 1730 Napoli, da HofKM., 1728 Mönch. W: 40 Opern, KirchM.

VINCI, Pietro * 1540 Nicosia, KirchKM. in Bergamo. W: Messen, Motetten, viele Madrigale

VINÉE, Ans. * um 1865 Loudun (Vienne), lebt in Paris, Schüler Guirauds, auch MSchr. W: OrchSuiten, KaM., Lieder; ‚Essai d'un système général de m.', ‚Principes du système mus.'

VIOL, Willy * 23/1 1848 Breslau (sein Vater Sanitätsrat Dr. W. Viol übersetzte d. ‚Don Juan'-Text), ML. an d. Kadettenschule in Lichterfelde (Berlin). W: Kompos. f. Klav. u. Gsg

VIOLA, Alfonso della — s. ALFONSO

VIOLE, Rudolf * 10/3 1825 Schochwitz, Kr. Mansfeld, † 7/12 1867 Berlin, da ML., KlavVirt., Schüler Liszts. W: 11 KlavSonaten, 100 Etüden

VIOTTA, Henri * 16/7 1848 Amsterdam, † 18/2 1933 Montreux, Schüler des Kölner Konserv., erst Advokat, 1883 Gründer u. Leiter eines WagnerVer. u. and. musikal. Ver., 1896/1917 KonservDir. im Haag, da 1903/17 auch OrchDir. W: Orch- u. Chorwerke, ‚Lexikon der toonkunst', ‚Auteursrecht van dem Componist' usw.

VIOTTI, Giov. Battista * 23/5 1753 Fontanetto (Piemont), † 3/3 1824 London, bedeut. Komp. u. treffl. vielgereister VVirt., 1819/22 Dir. der Gr. Op. in Paris. W: 29 VKonz., 21 StrQuart., 21 StrTrios, 51 VDuette usw.

VIRAG, Oskar † 17/2 1927 Wien. W: Couplets

VIRDUNG, Sebast., um 1500 Priester u. Organ in Basel, 1511 in Amberg. W: ‚Musika getutscht', dtsche Lieder

VIRGIL, Almon Kincaid, New York, erfand 1883 ein stummes Klavier, das genaue mechanische Kontrolle des Legatospiels ermöglicht; 1892 patentiert. 1895 eröffnete er für sein Klavier eine eigene Schule in London

VIRNEISEL, Wilh., Dr. phil. * 12/5 1902 Koblenz, seit 1/1 1932 Leiter der MAbt. der städt. Bibl. in Dresden, stud. MWiss. in Bonn (Univ.), M. in Köln (Hochschule), 1924/28 MKrit. in Koblenz, dann BiblStud. in Leipzig

VISCONTI, Ilse — s. Ilse FUGELSANG-VISCONTI

VISCONTI DI MODRONE, Guido * 13/7 1881 Milano, seit 1928 Präsid. des Konserv. in Kairo, vorher OpKM. W: KlavStücke, Gsge, auch m. Orch.

VISETTI, Alb. Ant. * 13/5 1846 Spalato, Schüler des Mailänd. Konserv., Pianist, KM. der Kaiserin Eugenie von Frankreich, seit Ende 1870 in London GsgL. (auch am R. College), da † 19/7 1928. W: Opern, ‚A history of the art of singing', ‚Verdi' usw.

VISONÀ, Gino * 29/5 1880 S. Giorgio in Bosco (Padova), SchulML. in Vicenza. W: KirchM., Org-Stücke

VISSER, Bouke A. * 5/4 1885 Haag, niederl. Prov. Friesland, lebt in Rom, 1910/19 Besitzer eines Überseegeschäfts, sehr deutsch gesinnt, seit 1919 ausschließl. Musiker. W: MChöre, viele Lieder (viel gesungen von Prof. Dr. Walter Rosenthal)

VITALI, Filippo * um 1600 Firenze, namhafter Komp. im monodischen Stil, erst DomKM. in Firenze, 1631 Sänger der päpstl. Kapelle in Rom. W: MDrama ‚L'Aretusa', Intermedien, Madrigale, Motetten, Arien usw.

VITALI, Giov. Batt. * um 1644 Cremona, † 12/10 1692 Modena, herzogl. VizeKM. seit 1678, urspr. Geiger. W: KaM., bes. TrioSonaten

VITALI, Mario * 29/1 1866 Pausula (Macerata), treffl. Pianist, seit 1889 L. am Lic. mus. in Pesaro. W: Opern, OrchSuite, KlavStücke, Romanzen

VITALI, Tommaso (Sohn G. B. Vitalis) * um 1665 Bologna, KM. in Modena noch 1747, gleichf. Geiger. W: TrioSonaten, die sehr bekannte V-Ciacona

VITÉRAS, Rudolf, ps. = WITTRIN

VITOL — s. WIHTOL

VITRY, Philippe de (VITRIACO, Philippus de) * um 1290 Vitry (Champagne), † 1361 als Bischof v. Meaux, der erste, die ‚Ars nova' vertretende Franzose, der im mehrst. Kontrap. geschrieben

VITTADINI, Franco * April 1884 Pavia, da Dir. des städt. MInst., ausgeb. in Milano, zeitw. KirchKM. in Varese. W: Opern, Messen, OrgStücke

VITTORI, Loreto, ps. ROVITTI, Oberto * 16/2 1604 Spoleto, † 23(27)/4 1670 Rom, berühmter Kastrat. W: Opern, Kantaten, Arien

VITTORIA, Tomas Ludovico da * um 1540 Avila (Span.), † 27/8 1611 Madrid, berühmt. Vertreter der röm. Schule u. Freund Palestrinas, kam jung nach Rom, da 1573 KM., seit 1559 VizeKM. des Königs von Spanien. W: Messen, Requiems, Psalmen, Motetten usw.

VITZTHUM, Graf P. L. Alexander, ps. P. L. ALEXANDER * 28/12 1874 Berlin, Oberstleutn. a. D., lebt teils in Doberschütz/Kamenz, Sachs., teils in Berlin, da ausgeb. v. Herm. Büchel 1924/28. W: viele Lieder

VIVALDI, Antonio * um 1675 Venedig, da † 1743, Priester, 1707/13 KM. des Landgr. Philipp v. Hessen-Darmstadt, des lombard. Statthalters in Mantua, 1714 Vorgeiger an der Markuskirche u. auch KonservDir. in Venedig. W (bedeut.): 38 Opern, VKonzerte (von J. S. Bach z. T. für Klav. od. Org. bearb.), Trio- u. VSoloSonat., VcSonaten
VIVELL, Cölestin * 21/10 1846 Wolfach, Bad., † 10/3 1923 Kloster Sekkau, da seit 1883. W: Schriften üb. d. Gregorian. Gsg
VIVES, Amedeo * 1871 bei Barcelona, KomposL. am Konserv. in Madrid, da † 2/12 1932. W: Opern, an 60 Zarzuelas (Optten), katalon. Lieder
VIVIANI, Franc. * 28/12 1831 Roma, da † 23/2 1922, einer der Gründer der Accad. di S. Cecilia, L. f. Klav., Gsg u. Harm. an dem von dieser 1876 gegründ. Liceo. W: Kirchl. u. weltl. GsgM.
VIVIER, Alb. Jos. * 15/12 1816 Huy (Belgien), † 3/1 1903 Brüssel, Schüler von Fétis, unbedeut. Komp., doch bekannt durch den bemerkenswerten ‚Traité complet d'harmonie'
VIVIER, Eugène Léon * 4/12 1817 Brioude (Haute Loire), † 24/2 1900 Nizza, berühmter HornVirt. (lange in Paris), der sogar Doppel- u. Dreiklänge herausbrachte
VIZENTINI, Louis Alb. * 9/11 1841 Paris, da † Okt. 1906, Schüler des Pariser u. Brüsseler Konserv., 1861/66 Sologeiger bei Pasdeloup, 1879/89 in Rußland, dann Dir. d. Gr.-Théatre zu Lyon, wo er Wagners ‚Meistersinger' 30mal aufführte, seitdem wieder in Paris, zuletzt Regisseur d. kom. Oper, auch MKrit. W: Optten, Ballett, Orch Komp., Lieder; ‚Phantasies et critiques'
VLACH-VRUTICKY, Jos. * 24/1 1897 Vrutice/Lyse a. d. Elbe, ČSR., MPädag., MSchr. u. Dirig. der Philh. Ges. in Dubrovnik (Ragusa) seit 1924, ausgeb. in Prag (Konserv.: Org., Klav., Gsg; Komp. bei Jos. B. Förster), 1920/24 SchulGsgL. in Prag. W: Oper, Te Deum, Chöre, Duette, Lieder, auch m. Orch., Sinf., OrchSuite, sinf. Prolog, StrQuart., OrgStücke, KlavStücke
VLEESHOUVER, Alb. de * 8/6 1863 Antwerpen, Schüler v. Blockx. W: Oper, sinf. Dichtgen
VLEUGELS, Joh., Dr. phil. * 19/3 1899 Aachen, da SchulML., stud. MWissensch. in München u. Tübingen. W: Oper, SchulSingspiel, OrchSuite, Lieder m. Orch.
VOCHT, Louis de * 21/9 1887 Antwerpen, da Chor- u. OrchDirig. W: sinf. Dichtgen, Messen, Chöre, Lieder
VOCKE, Karl * 31/5 1890 Mosbach, MFranken, seit 1917 RealschulML. (StudRat) in Speyer, auch Chordir. W: OrchStücke, Kantaten, Chöre, Lieder

VOCKERODT, Gottfr. * 24/9 1665 Mühlhausen, Thür., † 10/10 1727 Gotha, GymnasDir., Feind der M. W: u. a. ‚Wiederholtes Zeugnis der Wahrheit gegen die verderbte M. und Schauspiele, Opern usw.' (1698)
VOCKNER, Josef * 18/3 1842 Ebensee, Ob-Österr., † 11/9 1906 Wien, OrgL. am Konserv., Schüler Bruckners. W: Orator., Messen, KaM., OrgFugen usw.
VODORINSKI, Ant., ps. = A. W. KETELBEY
VÖGELY, Fritz, urspr. (bis 1904) Name von RÖGELY
VÖLGYTY, Hans * 4/6 1880 Hainburg, N-Österr., seit 1920 ML. in Wiener-Neustadt, 1902/20 Chordir. in Ischl. W: OrchStücke, KirchM., KlavStücke, OrgStücke, Chöre, Lieder
VOELKEL, Ernst Aug. * 18/7 1886 Neurode, Schles., in Breslau seit 1912 (Kriegsteilnehmer), Klav- u. KomposL. am Schles. Konserv., vorher TheaKM. an verschied. Orten, Pianist, Chordir., seit 1922 Gauleiter des Schles. ArbeiterSgrBunds. W: BühnM., Hörspiele, KaM., ChorStücke, OrgStücke, Chöre (u. a. Messen), auch mit Orch., Duette, Lieder, Melodram
VÖLKER, Franz * 31/3 1899 Neu-Isenburg, Heldenten., urspr. Bankbeamter, bis 1935 an der Wiener Staatsop., seit 1933 auch an der Berliner, da 1934 KaSgr; 1933, 1934 u. 1936 in Bayreuth
VÖRÖS, Miska † 19/3 1926 Berlin, langjähr. Primas einer ZigeunerKap. W: Optte, Tänze
VÖTTERLE, Karl * 12/4 1903 Augsburg, lebt in Kassel-Wilhelmshöhe, UniversBildg, Gründer (1923) u. Leiter des BärenreiterVerl., Mitgr. des FinkensteinerBundes, Geschäftsf. d. Neuen Schütz-Ges.
VOGEL, Adolphe * 17/5 1808 Lille, † 11/9 1892 Paris. W: Opern, u. a. ‚La filleule du roi', Orch-, Ka- u. KirchM.
VOGEL, Bernh. * 3/12 1847 Plauen (Vogtl.), † 12/5 1898 Leipzig, da seit 1874 Krit. u. KlavL. W: GsgDrama, sinfon. Dichtgen, KlavStücke, Lieder; Schriften üb. Liszt, Wagner, R. Volkmann, H. v. Bülow, Rubinstein, Brahms, P. Cornelius, Koczalski, Schumanns Klaviertonpoesie u. (mit C. Kipke) üb. das ‚Leipziger Konserv.'
VOGEL, Edgar * 4/12 1883 Friedrichsort/Kiel, ausgeb. auf d. Hochschule in Berlin, lebt da. W: Opern, Messe, Chöre, auch m. Orch., Duette, Lieder, KaM., KlavStücke
VOGEL, Emil, Dr. phil. * 21/1 1859 Wriezen a. O., † 18/6 1908 Nikolassee/Berlin, MHistoriker, Schüler Ph. Spittas, 1883/85 preuß. Stipendiat in Rom als Gehilfe des Palestrinaforschers Haberl,

655

1893/1901 Bibliothekar der MBibl. Peters in Leipzig. W: MKatalog der Wolfenbütteler Bibliothek, ‚Bibliothek der gedr. weltl. VokalM. Italiens von 1500/1700'

VOGEL, Friedr. Wilh. Ferd. * 9/9 1807 Havelberg, treffl. OrgVirt., 1852 in Bergen (Norw.) an der OrganistenSchule angestellt. W: Sinf., OrchSuite, Konz. f. Org. u. Orch., OrgStücke

VOGEL, Hans * 21/3 1867 Creglingen a. d. Tauber, seit 1903 KonservL. in Karlsruhe, da seit 1922 auch Organ. (OrgVirt.), seit 1927 KirchMD., ausgeb. in Stuttgart u. Berlin. W: Chöre, Lieder, KlavStücke

VOGEL, Joh. Christoph * 1756 Nürnberg, † 26/6 1788 Paris, da seit 1776, Anhänger Glucks. W: Opern ‚Demophon' u. a., Sinfon., KaM.

VOGEL, Justin * 10/12 1849 Lyon, † 16/12 1902 Lausanne, da KlavL. u. Chordir. seit 1876. W: KlavStücke

VOGEL, Louis, Flötist im Palais Royal in Paris 1792/98. W: FlKonz., KaM. m. Fl.

VOGEL, Martin * 15/12 1863 Darmstadt, da † 10/7 1930, gründ. da 1890 ein MInstit., aus dem 1922 die städt. Akad. der Tonkunst mitentstand; Schüler u. a. H. Spangenbergs u. Romaniellos. W: Chöre, Lieder.

VOGEL, Max, ps. LEGOV, M. * 31/1 1893 Leipzig, da KM. W: volkstüml. Optten, Singspiele u. Lieder. B: Straußsche Walzer f. Gsg u. Klav., bzw. GemChor

VOGEL, Moritz * 9/7 1846 Sorgau (Schles.), † 30/10 1922 Leipzig, Schüler E. Richters in Steinau a. O. u. des Konserv. zu Leipzig, da Organ. u. GsgL. bis 1919. W: KlavStücke, Kantate, Chöre, Duette, Lieder. H: LiederSammlgen ‚Ossian' f. MChor u. a.

VOGEL, Wladimir * 29/2 1896 Moskau, seit 1933 in Straßburg i. E., 1918/33 in Berlin, Schüler Busonis in der Kompos., stark beeinflußt von Schönberg. W: Orator., Sinf., Suite, OrchStücke, StrQuart., KlavStücke, Chöre

VOGELEIS, Martin * 5/6 1861 Erstein (Els.), da † Sept. 1930, seit 1908 Pfarrer in Schlettstadt, MForscher. W: ‚Quellen u. Bausteine zu e. Gesch. der M. u. des Thea. in Els. 500—1800' (1911)

VOGELSANG, Geo. * 1/7 1869, in Bückeburg seit 1889, urspr. Geiger, da 1893/1924 GymnGsgL. u. Chordir. W: VStücke, Chöre, Lieder

VOGELSANG, Jeanne Henriette, geb. Hijmans * 8/10 1873 Rotterdam, geschätzte VVirt. u. VL. in Utrecht, Schülerin u. a. Joachims, verheiratet mit dem UnivProf. f. Kunstgesch. Willem V.

VOGELWEIDE, Walther v. der, † um 1230 Würzburg, hervorrag. MinneSgr des 12/13. Jh.; nur wenige seiner Melodien überliefert

VOGGENHUBER, Vilma v. * 1845 Pest, † 11/1 1888 Berlin, da an der Hofoper (dramat. Sopran) seit 1868, seit 1868 mit dem Bassisten Krolop verheir.

VOGHT, Aug. Stephen, Dr. mus. * 14/8 1861 Washington, Ont., † 17/9 1926 Toronto, da seit 1913 KonservDir., 1894/1917 Dir. des von ihm gegründ. MendelssohnChors, OrgVirt. W: KirchM., Chöre, Lieder; ‚Modern Pfte Technique' (sehr verbreitet)

VOGL, Adolf (Sohn Heinrichs) * 18/12 1873, lebt in München. W: MDramen, Lieder; Schriften ‚Tristan u. Isolde', ‚Parsifal'. B: Humperdincks ‚Heirat wider Willen' (1935)

VOGL, Heinr. * 15/1 1845 München, da † 21/4 1900, erst SchulL., seit 1865 ausgezeich. HofopTenorist, bes. WagnerSgr. W: Oper, Balladen, Lieder. — Seine Gattin (seit 1868) Therese, geb. Thoma * 12/11 1845 Tutzing, † 29/9 1921 München, gleichfalls bedeutende OpSgrin

VOGL, Joh. Mich. * 10/8 1768 Steyr, † 19/11 1840 Wien, da 1794/1822 an der Hofop., auch vortreffl. LiederSgr (Tenor), befreundet m. Frz Schubert

VOGL, Therese — s. bei VOGL, Heinr.

VOGLER, Georg Jos., gewöhnl. Abt Vogler gen. * 15/6 1749 Würzburg, † 6/5 1814 Darmstadt, Schüler Vallottis in Padua, wo er auch Theol. stud., in Rom Priester, päpstl. Protonotar u. Kämmerer, 1775 KM. in Mannheim, wo er eine Tonschule gründ. u. bis 1783 Vorlesgen hielt, dann auf Reisen; 1786/99 HofMDir. in Stockholm, reiste dann als OrgVirt., seit 1807 HofKM. in Darmstadt. Seine bedeut. Schüler: Gänsbacher, P. Winter, K. M. v. Weber, Meyerbeer. W (heute ungenießbar): Opern, Sinfon., viel KirchM., theoret. Schriften. H: Betrachtgen der Mannheimer Tonschule

VOGLER, Karl * 26/2 1874 Oberrohrdorf (Aargau), hervorrag. MPädag., seit 1919 in Zürich, 1897/1919 GsgL. u. Chordir. in Baden (Schweiz). W: Singspiel, Märchenspiele, Chorwerke, auch mit Orch., OrgStücke

VOGRICH (Wogritsch), Max * 24/1 1852 Hermannstadt (Siebenbürgen), † 10/6 1916 Newyork, Schüler d. Leipziger Konserv., KlavVirt., lebte in Italien, Mexiko, Newyork, Australien usw. W: Opern, M. zu Wildenbruchs ‚Die Lieder des Euripides', Orator., Messen, Kantaten, KlavKonz., VKonz., KlavStücke, Chöre, Lieder

VOGT, Aug. St. — s. VOGHT

VOGT, Friedrich * 27/11 1868 Reinbeck/Hamburg, Schüler A. Krugs u. Hugo Riemanns, sehr angesehener MPädag., gründete 1899 in Hamburg ein Konserv. mit MLSeminar, seit 1926 auch Thea-Schule. W: KlavSchule

VOGT, Gust. * 18/3 1781 Straßburg, † 30/5 1879 Paris, ObVirt. W: ObKonz. usw.

VOGT, Hans * 1911 Danzig, seit 1935 musik. Leiter des Thea. in Detmold, vorher seit 1934 Dirig. u. Pianist, auch Vcellist in Minden, Schüler Frickhoeffers u. Geo. Schumanns, sowie der Akad. f. Kirch- u. SchulM. in Berlin. W: Konz. f. StrOrch. u. Pauken, KlavKonz., KaM., abendfüll. Krippenspiel, geistl. u. weltl. Chöre, Lieder

VOGT, Heinz * 30/7 1906 Breslau, TheaKM., Bearb. u. MSchr. in Emden, ausgeb. in Breslau (Schles. Konserv., Univ.) u. Berlin (Univ.) W: Optten, Melodram, Weihnachtsmärchen, OrchSuite, Lieder u. a. B: Volkslieder f. MChor

VOGT, Helmuth * 10/1 1895 Magdeburg, Geiger in Hamburg, da ausgeb. (Bernuths Konserv.). W: Sinf., OrchM., KaM., VStücke, Lieder

VOGT, Jakob * 1810 Allschwil (Basel), † 5/7 1869 Freiburg i. d. Schweiz, da seit 1833 Organ. u. Chordir., berühmter OrgVirt. W: OrgStücke, MChöre

VOGT, Joh. (Jean) * 17/1 1823 Groß-Tinz/Liegnitz, † 31/7 1888 Eberswalde, zuerst SchulL., lebte in Petersburg, 1861 Dresden, 1865 in Berlin als L. am Sternschen Konserv., 1871 in Newyork u. seit 1873 wieder in Berlin. W: Orator., ansprechende KlavStücke, Lieder usw.

VOGT, Martin * 3/4 1781 Kulmain (Oberpfalz), † 18/4 1854 Kolmar (Els.), da seit 1837 Organ., auch VcVirt. W: viel KirchM., Lieder

VOHANKA, Rudolf * 28/12 1880 Vinarice/Lauen (Böhm.), 1904 Ministerialbeamter in Wien, seit 1918 in Prag. W: Oper, Orator. ,Joh. Hus', Melodram ,Petruslegende', KaM., Chöre, Lieder

VOJAČEK, Heinr., Dr. jur. * 11/7 1888 Prag, da ObStaatsbahnrat, Schüler u. a. Jos. Laubers. W: Opern, Messen, 5 Sinf., sinfon. Dichtgen, KaM., Chöre, Lieder u. a.

VOIGT, Friedr. Wilh. * 22/3 1833 Coblenz, † 22/2 1894 Bernburg, verdienter MilKM. (ArmeeMInspizient)

VOIGT, Geo. * 4/6 1879 Berlin, Chordir. in Bremen-Delmenhorst, vorher MilKM. W: Lieder

VOIGT, Hanns * 27/4 1906 Spremberg, Choru. OrchDirig. in Dresden, ausgeb. im LSem. in Bautzen u. im Dresdener Konserv., auch auf der dort. Techn. Hochschule u. der Univers. Leipzig. W: Singspiel, OrchSuite u. Stücke, KaM., KlavStücke, Lieder, bes. Kinderlieder

VOIGT, Henriette, geb. Kuntze * 24/11 1808 u. † 15/10 1839 Leipzig, da treffl. KlavSpielerin, Schülerin L. Bergers, befreundet mit Mendelssohn u. Schumann

VOIGT, Henriette (Henny) * 12/10 1872 Potsdam, da verdiente FrChordir. u. ML., urspr. (vielgereiste) KonzSgrin, ausgeb. auf der Berliner Hochschule u. in Holland (Julia Culp u. a.). W: Märchenspiel, Lieder, KlavStücke

VOIGT, Herm. * 26/6 1851 Driesen, NM., lebt in Königswusterhausen/Berlin. W: gr. Kantate, üb. 300 MChöre, auch m. Orch., OrchFantas.

VOIGT, Joh. Geo. Herm. * 14/5 1769 Osterwieck (Harz), † 24/2 1811 Leipzig, Organ. der Thomaskirche. W: BratschKonz., KaM., KlavSon.

VOIGT, Karl * 29/3 1808 Hamburg, da † 6/2 1879, Schüler v. J. H. Clasing, F. W. Grund, M. Hauptmann, 1836 in Frankfurt a. M. als Stellvertr. u. 1838 Nachfolger Schelbles Dirig. des CäcilienVer., seit 1840 in Hamburg, Gründer des CäcilienVer.

VOIGT, Karl Ludw. * 1791 Zeitz, 1. Vcellist im Gewandhausorch. in Leipzig. W: VcKompos., Lieder

VOIGT, Paul * 23/1 1888, KM. in Weimar, da ausgeb. (MSchule). W: Optten, UnterhaltgsM.

VOIGT, Walter * 11/9 1904 Dresden, Pianist in Berlin, ausgeb. in Dresden (Konserv.). W: Märchenspiel, Optte, Revue u. a.

VOIGT, Woldemar, Dr. phil. * 2/9 1850 Leipzig, seit 1883 o. Prof. der Physik an der Univers. Göttingen, gründ. u. leitete da 1884/1909 den BachVer., da † 13/12 1919. W: Schriften über Bach, bes. ,Die KirchKantat. Bachs'

VOIGT-SCHWEIKERT, Margarete * 16/2 1887 Karlsruhe, lebt da, VVirt. u. MSchr., ausgebildet in Karlsruhe u. Stuttgart, KomposSchülerin v. S. de Lange u. Jos. Haas. W: Märchenspiele, viele Lieder, VStücke

VOIGTLÄNDER, Edith von * 8/6 1898 Weimar, VVirt., KaMSpielerin u. L. in München, Wunderkind, Schülerin von I. Barmas, seit dem 13. Jahre durch 16 europ. Länder gereist

VOIGTLÄNDER, Gabriel * um 1580, † Jan. 1643 Sorö, dän. Hof-Feldtromp. H: Allerhand Oden u. Lieder 1642; 5. A. 1664

VOIRIN, Franç. Nic. * 1/10 1833 Mirecourt, † 4/6 1885 Paris, ausgez. VBogenmacher, 1855/70 bei J. B. Vuillaume, seitdem selbständig

VOIT, Joh. Volkmar, gründ. 1794 die noch jetzt bestehende OrgBauanstalt in Durlach

VOLBACH, Fritz, Dr. phil. * 17/12 1861 Wipperfürth, lebt in Wiesbaden, stud. M. in Köln u. Berlin, da 1887 L. am kgl. Instit. f. KirchM.,

Dirig. der Akad. Liedertafel u. des Klindworthschen Chores, 1892 Dir. des DamenGsgVer. u. der Liedertafel in Mainz, 1907 akad. MDir. in Tübingen; im Kriege Dir. des SinfOrch. in Brüssel, 1919/31 Prof. der MWiss. an der Univers. Münster, da auch bis 1924 städt. MDir.; treffl. OrgVirt. u. Dirig. W: Oper, Sinfon., sinf. Dichtgen, ‚Vom Pagen u. der Königstochter‘ f. Soli, Chor u. Orch., KaM., Bearbeitgen usw.; ‚Lehrbuch der Begleitg des gregorian. Gsges‘, ‚Praxis der Aufführg Händelscher Werke‘, ‚Händel‘, ‚Die Instrum. des Orch.‘, ‚Handbuch der MWissensch.‘ usw.

VOLCKLAND, Alfred * 10/4 1841 Braunschweig, † 7/7 1905 Basel, Schüler des Konserv. in Leipzig, 1887 Hofpianist u. HofKM. in Sondershausen, 1869/75 Dirig. der Euterpe in Leipzig, 1875/1902 KM. in Basel

VOLCKMAR, Wilh. * 26/12 1812 Hersfeld, † 29/8 1887 Homberg/Cassel, da seit 1835 SemMDir. W: Sonat., ‚Schule der Geläufigkeit‘ usw. f. Org., Choralbuch, ‚Leichte u. instrukt. VDuette‘, ‚Übgsstücke f. V. u. Pfte‘, KlavStücke, Chöre, Lieder usw.

VOLDAN, Bedřich * 14/12 1892 Hlinsko/Chrudim, seit 1920 VProf. am Konserv. in Prag. W: VKonz., VStücke, ‚Das analoge Gruppensystem‘ (VSchule); KlavStücke, Melodr., Lieder

VOLK, Gust. * 8/8 1867 Wien, lebt da. W: Oper, Sinf., OrchSuite, KaM., Lieder. B: viele KlavAusz. v. Opern u. Optten

VOLKER, Ernst, ps. = Erich SCHÜTZE

VOLKERT, Franz * 2/2 1767 Heimersdorf (Böhm.), † 22/3 1845 Wien. W: über 100 Singspiele, Klav- u. OrgStücke

VOLKLAND, Alfred — s. VOLCKLAND

VOLKMANN, Fritz * 16/6 1885 Oberschmon, Prov. Sachsen, urspr. SchulL., seit 1904 ganz der M. gewidmet, Schüler Lambrinos u. Br. Heydrichs, seit 1910 TheaKM. in Mülhausen (Els.), Halle, Nürnberg, Münster i. W., Hagen i. W., 1935/36 an der Berliner Volksop., ab Herbst 1936 städt. MDir. in Münster i. W.

VOLKMANN, Hans, Dr. phil. * 29/4 1875 Bischofswerda i. S., MSchr. in Dresden. W: ‚R. Volkmann‘, ‚Neues üb. Beethoven‘, ‚Astorga‘. H: Briefe R. Volkmanns

VOLKMANN, Ida * 28/8 1838 Insterburg, Pianistin (bes. Chopin- u. Lisztspielerin), stud. am Konserv. zu Leipzig, eröffnete mit Lina Ramann (s. d.) 1865 eine MSchule zu Nürnberg. W (mit L. Ramann): ‚I. u. II. Elementarstufe des KlavSpiels‘

VOLKMANN, Joh. Peter — s. Peter VOLKMANN

VOLKMANN, Otto * 12/10 1888 Gerresheim/Düsseldorf, seit Herbst 1933 städt. I. KM. in Duisburg, Schüler H. Aberts u. Courvoisiers, 1924/33 städt. MDir. u. KonservDir. in Osnabrück, 1920/24 Dir. des Reblingschen GsgVer. in Magdeburg. W: Lieder

VOLKMANN, Peter * 23/4 1863 Hummendorf, OFranken, 1897/1924 SemML. in Neustadt a. Aisch. W: OrgKompos.

VOLKMANN, Rob. * 6/4 1815 Lommatzsch (Sachs.), † 30/10 1883 Budapest, bedeut., neuerdings viel zu wenig beachteter Komp., Schüler Anackers u. C. F. Beckers, 1839 ML. in Prag, 1840 in Pest, 1854/58 in Wien, dann in Budapest TheorL. an der LandesMAkad. W: 2 Sinfon., M. zu ‚Richard III.‘, ‚Festouvert.‘, 3 StrOrchSerenaden, 6 StrQuart., 2 KlavTrios, VcKonz., KlavCharakterstücke, Messen f. MChor, Motetten, Lieder usw.

VOLKMANN, Rob. * 25/8 1882 Trier, KM. u. ML. in Swinemünde. W: Singspiel, Märsche

VOLKMANN, Rud. * 4/7 1889, Schüler der Akad. in München, seit 1929 UniversMDir., Chordirig. u. Organ. in Jena, 1914 Dir. der Singakad. in Glogau (im Kriege verwundet), Sohn von Peter V.

VOLKSTEIN, Pauline * 19/1 1849 Quedlinburg, † 6/5 1925 Weimar, da seit 1905. W: viele volkstüml. Lieder

VOLKWARTH, Frz, ps. = Frz POLLAK

VOLLERTHUN, Georg * 29/9 1876 Fürstenau, Kr. Elbing, Schüler Tapperts, R. Radeckes u. Gernsheims, seit 1922 in Straußberg/Berlin, geschätzter L. f. Gsgstil u. KonzBegleit., seit Herbst 1933/Apr. 1936 Prof. an der Hochschule in Berlin, 1899/1905 TheaKM., 1908/10 in Paris. W: Opern, treffl. Lieder

VOLLGRAF, Bela * 28/4 1910 Breslau, Mker in Berlin. W: UnterhaltgsM.

VOLLHARDT, Reinhard * 16/10 1858 Seifersdorf/Rochlitz i. S., Schüler d. Konserv. zu Leipzig, 1883/87 VerDirig. u. Organ. in Hirschberg, seitdem in Zwickau, † 10/2 1926, KirchMDir., Dirig. d. MVer. u. des LGsgVer. W: ‚Bibliographie der MWerke in d. Ratsbibl. in Zwickau‘, ‚Gesch. d. Kantoren u. Organ. in d. Städten Sachsens‘, Motetten, Lieder usw.

VOLLMER, Arthur * 2/3 1849 Königsberg, Pr., † 17/4 1927 Ballenstedt. W: volkstüml. Lieder

VOLLMER, Karl * 5/8 1901 Wiesbaden, KM. in Berlin-Tempelhof, Schüler W. Gmeindls u. Heinz Tiessens. W: Chordrama, Tanzsuite, KaM., Chöre, Lieder

VOLLMÖLLER, K. J. G., ps. K. H. FRIEDER * 6/1 1900, † 6/2 1933 Dresden. W: Singspiel, Lieder, auch m. Orch., KlavStücke

VOLLNHALS, Ludw. * 6/3 1867 München, da sehr geschätzter VL., Prof. an der Akad., 1886 Bratschist, 1901 II., 1906/26 I. KonzM. der Hof-(Staats)Op.

VOLLSTEDT, Robert, ps. Rob. ROBERTI * 19/12 1854 Meldorf, † 22/11 1919 Hamburg, da Klarinettist des Stadtthea. W: Tänze, u. a. ‚Lustige Brüder'

VOLLWEILER, Geo. Joh. * 1770, † 17/11 1847 Heidelberg, geschätzter KlavL. W: ‚ElemKlav-Schule'

VOLLWEILER, Karl (Sohn v. Geo. Joh.) * 27/11 1813 Offenbach, † 27/1 1848 Heidelberg, zeitw. KlavL. in Petersburg, dann in Heidelberg. W: Sinfon., KaM., KlavStücke

VOLMERSHAUSEN, Aug. Wilh. * 11/4 1887 Berlin, lebt da. W: OpttenRevue, HeimatLieder u. Märsche

VOLNY, Ivan, ps. = WISCHNEGRADSKY

VOLPE, Arnold * 9/7 1869 Kowno, Geiger, Schüler Auers, gründ. 1913 in Newyork ein SinfOrch. u. 1916 ein MInst., seit 1922 KonservDir. in Kansas. W: VStücke, Lieder

VOLPE, Giambatt. — s. ROVETTINO

VOLTI, Karl (A. MILLIGAN) * 1848 Glasgow, † 1919, Geiger. W: Orch- u. VStücke

VOMAČKA, Boleslav, Dr. jur. * 28/6 1887 Mlada, seit 1919 im Sozialminist. in Prag, Schüler Novaks. W: sinfon. Dichtgen, VSonate, KlavSonate u. Stücke, Chöre, Lieder

VONDENHOFF, Bruno * 16/5 1902 Köln, seit 1933 musik. ObLeiter in Halle (Op., SinfKonz.), stud. in Bonn (Univ.) u. Köln (Hochschule, Univ.; bes. bei Abendroth), seit 1922 OpKM. in Coburg, Münster, Danzig, Gera, Königsberg, da 1931/33 OpLeiter

VOORMOLEN, Alex. * 3/3 1895 Rotterdam, MKrit. im Haag. W: Melodram, Sinfonietta, KaM., KlavSuite u. Stücke, Chöre, Lieder

VOPELIUS, Gottfr. * 28/1 1635 Herwigsdorf/Zittau, † 3/2 1715 Leipzig, da Kantor seit 1677. W: ‚Neu Leipziger Choralbuch' (1682)

VORETZSCH, Felix * 17/7 1835 Altkirchen, Altenburg, † 10/5 1908 Halle a. S., Schüler d. Leipziger Konserv., seit 1868 in Halle Dirig. der Singakad., dann Gründer u. bis 1903 Leiter der Neuen SingAkad.

VOŘIŠEK, Jan Hugo — s. WORZISCHEK

VORPAHL, Reinhold * 22/3 1864 Berlin, da † 13/4 1926, Git- u. MandolVirt., auch geschätzter L. W: Schulen usw. f. Git., Mandol. H: alte LautenM.

VORSMANN, Jos. * 18/9 1903 Düsseldorf, da KM., da ausgeb. (Konserv.). W: SchauspM., Weihnachtsmärchen, Revuen, Tänze

VOS, Camille de * 1821, † Okt. 1899 Paris. W: KlavStücke, s. Z. beliebte Romanzen

VOS, Eduard de * 19/1 1833 u. † 21/7 1890 Gent, Chordir. u. ML. W: Chöre, Lieder

VOS, Isidore * 1851 Gent, da † 31/3 1876. W: Kantate, Lieder, KlavStücke

VOSS, Charles * 30/9 1815 Schmarsow/Demmin (Pomm.), † 29/8 1882 Verona, KlavVirt., beliebter ModeKomp.; sein KonzStück op. 52 von Mendelssohn gerühmt; lebte viel in Leipzig, beschäftigte sich mit Verbess. des KlavBaues, suchte das Klav. als OrchInstr. einzuführen

VOSS, Otto * 13/1 1875 Newyork, KlavVirt. u. Dir. einer MAkad. in Heidelberg seit 1917, ausgeb. in Paris, Leipzig u. bei Leschetizki, dann KonservL. in Köln

VOULLAIRE, Waldemar * 29/7 1825 Neuwelke (Livl.), † 12/6 1902 Herrnhut, im Ruhestand, vorher u. a. 1884/91 Prediger zu Gnadau/Magdebg. W: Org- u. KlavStücke, Chöre, Lieder, bes. geistl., usw.

VRABELY, Seraphine v. — s. TAUSIG

VRANKEN, Alphons * 21/3 1879 Bunde, seit 1917 Organ. u. Chordir. in Amsterdam, 1901/17 desgl. in Utrecht, seit 1927 auch KonservChorgsgL. in Tilburg. W: KirchM., Chöre, Lieder

VRANKEN, Jos. * 10/6 1870 Bunde/Maastricht, Chordir. im Haag, 1892/1910 Organ. u. KirchKM. in Utrecht. W: KirchM.

VREDENBURG, Max * 16/1 1904 Bruxelles, Pianist u. MKrit. im Haag, KomposSchüler v. Paul Dukas, gründ. 1927 den Haag'sche Studiekring voor moderne Muziek. W: Stücke f. KaOrch., Klav., Chöre, Lieder

VREESE, Godefroid de * 1893 Kortrijk, seit 1924 OrchDir. in Monaco, als Geiger in Brüssel ausgeb. W: OrchFantasie, sinfon. Dichtg., KaM., Kantate, Lieder, auch mit Orch.

VRETBLAD, Victor Patrik, Dr. phil. * 5/4 1876 Svartnäs, ausgeb. in Stockholm, da seit 1900 Organ., Chordir. u. MSchr. W: OrchSuite, Klav- u. OrgStücke, Kantate, Gsge; ‚J. N. Roman', ‚Das Konzertleben in Stockholm', ‚Hallén', ‚Abbé Vogler' usw.

VREULS, Victor, ps. Max RAMSAY * 4/2 1876 Verviers, Schüler der dort. MSchule, des Konserv. in Lüttich u. d'Indys, dann L. an der Schola cantorum in Paris, 1906/20 KonservDir. in Luxemburg, seitdem in ?. W: Opern, sinfon. Dichtgen, KaM., KlavStücke, Lieder

VRIESLANDER, Otto * 18/7 1880 Münster i. W., Schüler von Jul. Buths u. des Kölner Konserv., lebt in Locarno-Solduno, Kant. Tessin, vorher 1904 ff. in München (1912/24 Ebertsberg/München), wurde, nachdem er als LiederKomp. sehr viel Beachtg gefunden, Schüler Heinr. Schenkers 1911/12, hat seitdem fleißig komponiert, aber nichts veröffentlicht; MSchr. W: Lieder u. a. Zyklus ‚Pierrot lunaire', GoetheLieder, ‚Aus des Knaben Wunderhorn'; ‚Ph. Em. Bach' (eigenartig, polemisch). H: Ph. E. Bach, KlavStücke f. Anfänger mit Analysen; Lieder u. Gsge Ph. E. Bachs. B: Ph. E. Bachs Sinfonien 4hd. u. a.

VROYE, Théod. Jos. de * 19/8 1804 Villers la Ville (Belg.), † 19/7 1873 Lüttich, da DomChordir. W: KirchM.; Fachschriften

VRUTICKY, Jos. * 24/1 1897 — s. VLACH-VRUTICKY

VUATAZ, Roger * 4/1 1898 Genf, da Organ. u. Chordir. (Société Bach). W: Sinf. Suite, Chöre u. Lieder, auch m. Orch.

VUIGLIART = WILLAERT

VUILLAUME, Jean Baptiste * 7/10 1798 Mirecourt, † 19/3 1875 Les Ternes, berühmter VBauer, meist in Paris. Seine besten Geigen kaum von denen Stradivaris zu unterscheiden, den er kopierte. Auch seine Bogen sehr gesucht. — Seine Brüder Nicolas (1800/71) u. Nicolas François (1802/76) u. sein Sohn Sébastien (1835/75 Paris), gleichfalls tüchtige VBauer

VUILLE (WILLE), Georges * 6/5 1875 La Choux de Fonds, Geiger, seit 1924 KonservDir. in Montreux, 1903/24 in Freiburg i. B. W: KlavVSonate, KlavStücke, Lieder

VUILLEMIN, Louis, ps. Louis FRANCIS * 1873 Nantes, † 3/4 1929 Paris, MGelehrter u. Krit. W (beeinflußt durch breton. VolksM.): Oper, BühnenM., Lieder

VUILLERMOZ, Emile, ps. Gabriel DARCY * 1879 Lyon, MKrit. in Paris. W: Optten, Lieder; ‚M. d'aujourd'hui'

VULPIUS, Melchior * um 1560 Wasungen, † 4/8 1615 Weimar. W: Choräle ‚Ach bleib mit deiner Gnade' u. a., Passion, ‚Compendium musicae' usw.

VUVAG (= Verlag u. Vertrieb AG.) in Berlin, MVerl. (Edition Vuvag) bes. f. Optten, gegr. 1/2 1922

VYCPALEK, Ladislav, Dr. phil. * 23/2 1882 Vrsovice/Prag, Schüler W. Novaks, MKrit. u. Bibliothekar in Prag. W (sehr modern): StrQuart., Kantate, Chöre, Lieder, Melodramen

VYSSOTZKY, Mich. — s. WYSSOTZKY

W

WA-WAN-PRESS, 1901 gegr. MVerl. f. spezif. amerikan. M., 1912 an Gust. Schirmer, Newyork, übergegangen

WAACK, Karl * 6/3 1861 Lübeck, † 7/3 1922 Neumünster, Schüler d. Weimarer MSchule, 1881 KM. in Åbo (Finnl.), 1883 ML. u. Dirig. in Riga, 1890/91 Schüler H. Riemanns, 1891 ML., MKrit. u. Dirig. in Riga, 1915 Dirig. der volkstümlichen Konz. in Lübeck. W: ‚R. Wagner, ein Erfüller u. Vollender dtscher Kunst'. H: Wagners MDramenDichtgen mit Motiven

WAART, Hendrikus Aloys. Petrus de * 28/6 1863 Amsterdam, † 2/4 1931 Voorburg, Organ. u. ML. im Haag, da ausgeb. (Konserv.). W: 3 Sinf., Ouvert., KaM., KinderOptte, Chöre, Lieder

WACH, Adolf * 9/2 1892 München, seit 1931 ObLeiter d. Op. u. Dirig. d. SinfKonz. in Rostock, ausgeb. auf d. Akad. in München, dann TheaKM. in Darmstadt, München, Gera, Königsberg, Gladbach-Rheydt

WACH, Hans † 1901 München, ein Mittenwalder, der treffl. Zithern, bes. StrZithern geliefert

WACH, Karl Gottfr. Wilh. * 16/9 1755 Löbau, † 28/1 1833 Leipzig, da seit 1777 KBVirt.

WACH, Michael * 7/8 1874 München, da treffl. Geigen- u. LautenBauer (eigen. Modell)

WACHMANN, Eduard * 10/2 1836 Bukarest, da † 24/12 1908, 42 Jahre Dir. des Konserv. u. der SinfonKonz., Förderer der fortschrittl. Richtg. W: geistl. Vesper, Harmonie- u. GeneralbaßLehre

WACHNIANYN, Bohdan Theodor * 16/10 1883 Stryi (Galiz.), GymnProf. in Przemysl, Sammler ukrain. Volkslieder. W: Orat., Chöre, Lieder

WACHS, Paul, ps. Luap SCHAW; Paul WACKS * 19/9 1851 Paris, † 6/7 1915 St. Mandé. W: viele SalonKlavStücke

WACHSMANN, Joh. Joach. * 1/2 1787 Uthmöden (Braunschweig), † 25/6 1853 Barby a. E., SemML., vorher DomChordir. in Magdeburg. W: ‚Prakt. Singschule', ‚GsgsFibel in Ziffern', 4st. SchulGsge, AltarGsge, KlavElementarSchule. H: Melodien z. Magdeb. Gsgbuch

WACHSMANN, Julius * 25/4 1866 Brünn, Maler u. Komp. (Schüler v. Eugen Thomas) in Wien. W: Opern, sinfon. OrchVariat., Suite für Harfe u. 3 Str., Chöre, Lieder

WACHSMANN, Max * 11/10 1881 Rosdzin, Kr. Kattowitz, urspr. VVirt., seit 1911 ML. u. Dirig. in Berlin. W: StrQuart., VSchule u. Stücke, Chöre, Lieder

WACHTARZ, Adolf * 1847 Groß-Peterwitz, Kr. Ratibor, da † 2/2 1926, gründ. 1872 in Rauden (OS.) eine KnabenBlasKapelle, aus der sich die Herzogl. MSchule in Ratibor entwickelte. Er reiste mit der KnabenKapelle (aus ihr viele tücht. Musiker hervorgegangen) viel, auch nach England

WACHTEL, Erich * 22/3 1898 Prag, da Orch- u. ChorDir. W: StrQuartette, OrgFantasie, Gsge

WACHTEL, Theodor * 10/3 1823 Hamburg, † 14/11 1893 Frankfurt a. M., berühmt. Tenorist (Postillon, George Brown usw.), urspr. Droschkenkutscher, sang 1848/87, zuerst in Hamburg, auch inNAmerika u. Californien

WACHTENDORF, Gerda, geb. Scholtz, ps. Gerd SCHOLTZ * 24/6 1907 Berlin, lebt in Hamburg. W: UnterhaltgsM.

WACHTER, Karl * 25/3 1885 München, da StudProf. f. klass. Phil., 1927/35 in Augsburg, Schüler W. Courvoisiers. W: Oper, Liederzyklen, KaM.

WACHTMEISTER, Axel Raoul, Graf * 2/4 1865 London, im Winter in Paris, im Sommer in Raettwik (Schwed.), Schüler Gédalges u. d'Indys. W: Sinfon., sinfon. Dichtg., KaM., Suite u. a. für Slav., Chöre m. Orch., Lieder

WACKERNAGEL, Peter, Dr. phil. * 26/7 1907 Breslau, BiblRat in Berlin, seit 1/12 1924 an der MAbt. der Preuß. Staatsbibl., auch MKrit., Schüler Max Schneiders

WACKERNAGEL, Phil., Dr. phil. * 28/6 1800 Berlin, † 20/6 1877 Dresden, Literarhistoriker. W: ‚Das dtsche Kirchenlied von Luther bis Nic. Hermann' (1841), ‚Bibliographie des dtschen Kirchenliedes im 16. Jh.' (1855) u. ‚Das dtsche Kirchenlied von den ältest. Zeiten bis zu Anf. des 17. Jh.' (1863/77)

WACKS, Paul, ps. = WACHS

WADDINGTON, Miss — s. LLANOVER

WADDINGTON, Sidney Peine * 23/7 1869 Lincoln, 1896 HilfsKM. am Covent Garden in London, dann L. an der R. acad. W: Ode an die M., Ouvert., KlavKonz., KaM.

WADE, Jos. Augustin * ca 1800 in Dublin, † 15/7 1845 London, verbummelt, sehr vielseitig. W: Optten, Orator., Lieder (teilw. volkstümlich geworden); ‚Handbook of PfteM.'

WADLEY, Frederick Will. * 30/7 1882 Kidderminster, Organ. u. Chordir. in Carlisle (Engl.). W: große Chorwerke m. Orch., Ouvert., KirchM., Chöre

WAECHTER, Eberhard, Dr. jur. * 13/2 1886 Wien, da KonzSgr (Bar.) u. MSchr. W: Schuberts Die schöne Müllerin

WAECHTER, Joh. Mich. * 2/3 1724 Nappersdorf, † 26/5 1853 Dresden, da seit 1827 Barit. der Hofop., der erste ‚Fliegende Holländer'

WAEFELGHEM, Louis van * 13/1 1840 Bourges, † 19/6 1908 Paris, da seit 1868, ausgezeichn. Bratschist u. Virt. auf der Viole d'amour. W: Stücke u. Arrang. f. dieses Instr.; VStücke

WÄHRINGER, J., ps. = Hans BASTYR

WAËLPUT, Hendrik * 26/10 1845 Gent, da † 8/7 1885, stud. in Brüssel, 1869 KonservDir. in Brügge, 1875 KonzDir. u. TheaKM. in Gent, 1879 KonservHarmonieL. zu Antwerpen, 1884 wieder TheaKM. in Gent. W: Opern, Kantaten, 4 Sinfon., Märsche, Lieder usw.

WAËLRANT, Hubert * um 1517 zu Tongerloo (Brabant), † 19/11 1595 Antwerpen, Schüler Willaërts (Venedig), errichtete 1547 in Amsterdam eine MSchule. W: Madrigale, Chansons, Canzonen, Motetten

WAENS, Harry, ps. = SCHEIBENHOFER

WAGENAAR, Bernard * 18/8 1894 Aachen, seit 1920 Geiger in Newyork, ausgeb. in Utrecht. W: Melodramen, 2 Sinf., Sinfonietta, Divertimento, KaM., VcKonzStück, Stücke f. V. bzw. Vc., Chöre, Gsge u. viele Lieder

WAGENAAR, J. A. H., MVerl. in Utrecht, gegr. 1850

WAGENAAR, Johan * 1/11 1862 Utrecht, seit 1919 KonservDir. im Haag, 1898 Domorgan. u. Chordirig. in Utrecht, 1908 in Arnhem, 1910 in Leyden. W: Opern, sinf. Dicht., Ouvert., Kantaten, KlavQuint., Org.- u. KlavStücke, Lieder usw.

WAGENBRENNER, Jos. * 24/12 1873 Rimper/Würzburg, ObL. in Würzburg, da Schüler der MSchule, zeitw. Organ. u. KirchChordir., auch MSchr. W: MChöre, Lieder, Tänze, KlavStücke. H: Liederalbum f. Schule u. Haus

661

WAGENER, Heinr. * 22/12 1891 Ludwigsthal/Landsberg a. W., Tierarzt in Berlin. W: Lieder z. Laute

WAGENER, Paul, ps. = Paul BENDIX

WAGENMANN, Jos. Herm., Dr. jur. * 11/5 1876 Endingen/Baden, GsgL. in Berlin (seit 1934 an d. Akad. f. Schul- u. KirchM.), vorher in München (1902/11 in Berlin), Schüler Törsleffs. W: ‚Neue Ära der Stimmbildg'; ‚E. Caruso u. das Problem der Stimmbildg'; ‚H. Knote'

WAGENSEIL, Geo. Christoph * 15/1 1715 Wien, da † 1/3 1777, ML. der Kaiserin Maria Theresia. W: Opern, Orator., Sinfon., Sonaten (beachtensw.), Divertimenti usw. f. Klav.

WAGENSEIL, Joh. Christoph * 26/11 1633 Nürnberg, † 9/10 1708 Altdorf, da UnivBiblioth. u. GeschProf. W: ‚Buch von d. Meistersinger holdseligen Kunst' nebst Melodien (1697)

WAGHALTER, Ignaz * 15/3 1882 Warschau, seit 1933 in Prag, Schüler Gernsheims, 1907/11 KM. an Gregors Komischer Op. in Berlin, in Essen 1911/12, am Dtschen Opernhause in Berlin 1912/23, dann KonzDirig., u. a. in Amerika. W: Opern, u. a. ‚Mandragola' (reizvoll, feinkomisch), VKonz., KaM., Lieder. — Sein Bruder Wladyslaw * 10/4 1885 Warschau, Schüler Lottos u. Joachims (Wunderkind), treffl. Geiger in Berlin, da 1912/33 KonzM. am Dtsch. Opernhaus bzw. an der städt. Oper

WAGNER, August * 28/6 1816 Stettin, † 25/3 1894 Greifswald, 1845/65 Organ. in Demmin, dann in Greifswald. W: Motetten, Chöre, Lieder (u. a. die volkstüml. ‚Wie die Blümlein draußen zittern' u. ‚Die Erde braucht Regen'), Zumpts latein. Genusregeln usw.

WAGNER, Elise, ps. = Frz STRASSMANN

WAGNER, Ernst Dav. * 18/2 1806 Dramburg (Pomm.), † 4/5 1883 Berlin, da seit 1838 Kantor u. Organ. W: Orator., Motetten, Choralbuch, KinderKlavSchule, instrukt. KlavStücke u. a.; ‚Die musikal. Ornamentik'

WAGNER, Ferd. * 30/3 1898 u. † 22/7 1926 München, seit 1925 OpDir. in Karlsruhe, begann seine Tätigkeit als OpKM. in Dortmund, 1922/25 in Nürnberg

WAGNER, Franz * 17/12 1870 Schweidnitz, † 13/5 1929 Berlin, da Dir. d. Inst. f. KirchM., 1890 Kantor in Neu-Mittelwalde, 1895 in Bunzlau, 1899 in Guben, seit 1903 Organ., ObML. u. Chordirig. in Berlin. W: f. gem. Chor, Soli u. Orch., viele gem. u. MChöre, Lieder, Schulgsgbuch, OrgStücke

WAGNER, Franz * 10/7 1890 Dresden, Schüler Godowskys u. Sgambatis, KlavVirt. u. L. a. der MSchule in Dresden. W: Lieder, auch mit KaOrch.

WAGNER, Frz Jos., Dr. phil. * 6/5 1885 Cochem, ML. in Menden, Bez. Köln, vorher in Bonn. W: Weihnachtsmysterium, KirchM., Terzette, Lieder

WAGNER, Franz Theodor — s. WAGNER, Theodor

WAGNER, Friedr. † 8/10 1889 Kipsdorf (Erzgeb.), langjähr. sehr geschätzter MilKM. in Dresden. W: Märsche, Tänze, Lieder

WAGNER, Gebhardt * 21/12 1884 Celle, seit 1913 Kantor, Organ. u. KonservDir. in Elbing, urspr. TheaKM. W: Singspiel, OrchM., Chöre, auch mit Orch. u. a.

WAGNER, Geo. Gottfr. * 5/4 1698 Mühlberg (Sachs.), † 23/3 1756 Plauen i. V., da seit 1726 Kantor, Schüler Bachs. W: Orator., Kantaten, Ouvert., VKonz., KaM.

WAGNER, Gerrit A. A. * 8/3 1862 Amsterdam, † 24/11 1892 Anvers. W: Chöre m. Orch.

WAGNER, Gotthard * 1769 Erding, † 1739 Kloster Tegernsee. W: geistl. Gsge

WAGNER, Hans * 19/12 1872 Schönkirch/Matzen (NÖsterr.), 1892 Chormeister d. Gsg- u. OrchVer. in Krems, ML. (Prof.) an der k. k. Lehrerbildgsanstalt 1896 in Budweis u. 1897/1922 in Wien, da VerDirig., Gründer des berühmt geword. Wiener L.-a cappella-Chors usw. W: Singspiele, KirchM., viele MChöre, auch mit Orch., Lieder, HarmLehre, Chorgsschule, ‚Beethoven' usw.

WAGNER, Herm. * 2/11 1912 Plauen, Vogtl., lebt in Leipzig, da ausgeb. (kirchm. Instit., DirigKlasse des Konserv.). W: KaM., Sonat. f. Vc. solo, KlarinSolo, OrgStücke, Lieder

WAGNER, Hugo * 1/4 1873 Nieder-Ullwersdorf, Böhm., seit 1910 SemML. in Reichenberg, Böhm., urspr. SchulL. W: Sinf., KaM., Chöre, Lieder

WAGNER, Joh. * 28/6 1893 Kitzscher, Bez. Leipzig, seit 1918 Oboist des GewandhausOrch. in Leipzig, auch Chordir. W: Kantaten

WAGNER, Johanna — s. JACHMANN-WAGNER

WAGNER, Josef * 13/1 1909 Ohlau, KlavVirt. in Breslau, auch Cembalospieler, da u. auf der Berliner Hochschule (Rich. Rößler, P. Hindemith) ausgeb. W: Hörspiel, KaM., KlavSonat. u. Variat., Suite f. V. solo, Chorzyklus, Lieder u. a.

WAGNER, Jos. Frz * 20/3 1856 Wien, da † Juni 1908, da seit 1875 MilKM. W: Optten, Singspiele, Messen u. namentlich Tänze u. Märsche (‚Doppeladler', ‚Gigerlmarsch', ‚Burenliedmarsch')

WAGNER, Karel Emile * 14/4 1825 's Gravenhage, † 8/8 1889 Bilt, KlavVirt., Schüler Liszts. W: KaM., KlavStücke, Chöre

WAGNER, Karl Jakob * 22/2 1772 Darmstadt, da † 25/11 1822, HofKM. seit 1808, Hornvirt., Schüler Abt Voglers. W: Sinf., Ouvert., KaM., Hornduette

WAGNER, Konrad * 18/7 1869 Hamburg, Pianist, Schüler des Stuttgarter Konserv., Dir. d. Beethoven-Konserv. in Hannover. W: KlavStücke, Lieder

WAGNER, Max * 17/1 1865 Gotha, ML. in Berlin. W: OrchM., KlavStücke, Lieder

WAGNER, Paul * 5/5 1857 Greiz, seit 1891 Domkantor in Marienwerder. W: Ouvert., Chöre, auch mit Orch.

WAGNER, Paul Emil * 28/6 1846 Neiße, 1874/98 VerDirig. u. Organ. in Paderborn. W: Singspiel, Optten, Chöre, Lieder, KlavKompos.

WAGNER, Peter, Dr. phil. * 19/8 1865 Kürenz/Trier, † 17/10 1931 Freiburg, Schweiz, Schüler d. DomMSchule in Trier, später v. Jakobsthal, Bellermann u. Spitta, 1893 PrivDoz., 1897 ao., 1901 o. Prof. f. MGesch. u. KirchM. a. d. Univers. Freiburg i. d. Schweiz; ausgezeichn. Forscher. W: ‚Das Madrigal u. Palestrina', ‚Ursprung u. Entwicklg der liturg. Gsgsformen usw.', ‚Neumenkunde', ‚Gesch. der Messe', ‚Einführg in die kath. KirchM.', ‚Einführg in die gregorian. Melodien'

WAGNER, Richard * 22/5 1813 Leipzig, † 13/2 1883 Venedig. Nicht der Sohn seines Stiefvaters, des Schauspielers, Lustspieldichters und Porträtmalers Ludwig Geyer, was er selbst vermutete; besuchte Gymnasien zu Dresden u. Leipzig, 1831 die Leipziger Univers., vom Kantor Weinlig in d. Theorie gründlich unterrichtet. 1832 erschienen einige KlavKompos. von ihm, auch u. a. Ouvert. sowie eine Sinfonie mit Beifall aufgeführt. Anf. 1833 Chordirig. des Thea. in Würzburg; hier schuf er die erst 1888 aufgeführte Oper ‚Die Feen', darin schon Leitmotive. 1834 als TheaMDir. in Magdeburg. Hier begannen bereits die schweren finanziellen Sorgen, die ihn, nicht ganz ohne eigene Schuld, sein ganzes Leben begleiteten; hier Liebesverhältnis mit seiner späteren Frau, d. Schauspielerin Minna Planer. Hier brachte er am 29. März 1836 seine im leichten italien. Stil gehaltene Oper ‚Das Liebesverbot' gerade einmal heraus, da das Thea. verkrachte, wandte sich dann in der vergeblichen Hoffng. KM. zu werden, nach Berlin u. Königsberg, wo er sich mit Minna Planer verheiratete. 1837 in Riga KM. der Holteischen Bühne, wo er seinen ‚Rienzi' begann. Schulden nötigten ihn Ende Juli 1839 zu entfliehen. Mit seiner Frau fuhr er von Pillau zu Schiff über London nach Paris, wo er sein Glück zu finden hoffte; hier vollendete er unter Entbehrgen 1841 den ‚Rienzi' u. komponierte in 7 Wochen den ‚Fliegenden Holländer' sowie die ‚Faust-Ouverture', Lieder u. a. Die Partitur des ‚Rienzi' sandte er nach Dresden an das Hofthea., die des ‚Fliegenden Holländers' nach Berlin, von wo er sie aber zurückzog. ‚Rienzi' wurde in Dresden angenommen. Um der ersten Aufführg selbst beizuwohnen, reiste er im Frühjahr 1842 nach Dresden. Der günstige Erfolg (20. Okt.) hatte am 2/1 1843 zunächst die Aufführg des ‚Fliegenden Holländers' zur Folge. Die Sorgen schienen von ihm zu weichen, als er im Febr. 1843 HofKM. in Dresden wurde. Seinen Ruf befestigte er am 19/10 1845 mit ‚Tannhäuser oder der Sängerkrieg auf der Wartburg'. In Dresden, wo er durch den Selbstverlag seiner Opern in neue finanzielle Schwierigkeiten kam, komponierte er 1843 ‚Das Liebesmahl der Apostel', eine bibl. Szene für MChor u. Orch., u. 1846/47 den ‚Lohengrin'. Ehe dieser aufgeführt wurde, mußte er infolge der Beteiligung am Aufstande 1849 am 7. Mai flüchten, ging über Weimar, wo er den Grund zu seiner Freundschaft mit Liszt legte, zunächst nach Zürich, dann nach Paris, setzte sich aber, da er hier zu wenig Aussicht zum Fortkommen hatte, in Zürich fest. Hier, wo er zuweilen dirigierte, schrieb er ‚Oper und Drama', ‚Die Kunst u. die Revolution' u. a., entwarf auch (1853) schon die ganze ‚Nibelungen'-Dichtg. Ganz allmählich verbreiteten sich seine Opern; am 28. August 1850 hatte Liszt den ‚Lohengrin' in Weimar zur Uraufführg gebracht. Immer in Geldnot u. häufig krank, ging W., der 1855 acht Konzerte der Philharmon. Gesellsch. in London dirigiert, daran, den ‚Ring des Nibelungen' in M. zu setzen. Schon war das ‚Rheingold', die ‚Walküre' und die beiden ersten Akte des ‚Siegfried' fertig, als er einsah, daß die Zeit für die Aufführg dieses außergewöhnlichen Werkes noch nicht da sei. Daher vollte er mit ‚Tristan und Isolde' den Bühnen ein ‚praktikableres' Werk schenken. Das ihm durch die Munifizenz Otto Wesendonks 1857 zuteil gewordene Landhausasyl gab er im August 1858 auf, da die Eifersucht seiner Frau auf seine Muse und Geistesfreundin Mathilde Wesendonk weiteres Verweilen in Zürich unmöglich machte. In Venedig u. Luzern vollendete er den ‚Tristan', ohne zunächst die Aufführung zustande bringen zu können. 1860 nahm er seinen Aufenthalt zu Paris, wo er in Konzerten Teile seiner Schöpfungen vorführte u. 1861 in der Großen Oper die Aufführung seines in den beiden ersten Szenen umgearbeiteten ‚Tannhäuser' erreichte. Durch den Jockeiklub wurde aus Rankünen der Erfolg vereitelt. Nachdem die Hoffnung, in Karlsruhe den ‚Tristan' aufzuführen, sich zerschlagen, schien sie sich in Wien zu verwirklichen; aber auch daraus wurde nichts. Wagner entschloß sich daher Ende 1861 zur Ausführung seiner bereits 1845 dichterisch entworfenen ‚Meistersinger von Nürnberg'; 1862 siedelte er sich dazu in Biebrich an, doch verweigerte ihm sein Verleger die nötigen Vorschüsse, weil er mit Ablieferg des Manuskripts in Rückstand geraten war. Erneute Aussicht auf den ‚Tristan' in Wien zog ihn wieder dahin. Konzerte in Petersburg u. Moskau setzten ihn instand, sich in Penzing bei Wien niederzulassen; jedoch wuchsen ihm die Schulden bald wieder so über den Kopf, daß er Ende März 1864 nach der Schweiz flüchtete. Aber auch da war seines Bleibens nicht. In der höchsten Not aber wurde er Anfang Mai 1864 vom König Ludwig II. v. Bayern nach München berufen, um in sorgenfreier Muße sich ganz seiner Kunst widmen zu können. 10/6 1865 erfolgte dort die Aufführg von ‚Tristan u. Isolde' u. 21/6 1868, nachdem Kabalen und Neid ihm den Münchener Aufenthalt verekelt, die der mittlerweile vollendeten ‚Meistersinger v. Nürnberg'. Am 22/9 1869 bzw. 26/6 1870 folgten gegen seinen Willen die Erstaufführgen der ersten beiden Teile des ‚Ring des Nibelungen'. Seit 1867 lebte er auf dem Landgute Triebschen bei Luzern. Am 25/8 1870 vermählte er sich, nach dem Tode (25/1 1866) seiner ersten Frau, von der er sich wiederholt, seit 1861 endgültig getrennt, ohne geschieden zu sein, zum 2. Mal mit der von ihrem Gatten geschiedenen Frau Cosima v. Bülow, Tochter Liszts (* 25/12 1837 Bellagio am Comer See), die ihm die sehr erwünschten Kinder geschenkt hatte, u. lebte seit 1871 in Bayreuth. Hier legte er im Mai 1872 den Grundstein zum Ziele seines Lebens, dem Wagnertheater, in dem im Aug. 1876 ‚Der Ring des Nibelungen' im Beisein Kaiser Wilhelms, König Ludwigs von Bayern, des Kaisers von Brasilien u. anderer Fürstlichkeiten u. hochgestellter Gönner, sowie der bedeutendsten Musiker u. MFreunde seine erste Darstellung erlebte. Zur Erholg ging er dann nach Italien, wo ihm großartige Huldigungen dargebracht wurden. Die Hoffnung, das große Defizit der Bayreuther Aufführgen im Mai 1877 durch Konzerte in London beseitigen zu können, erwies sich als trügerisch. Im Aug. 1882 konnte er in Bayreuth das Bühnenweihfestspiel ‚Parsifal' aufführen. Auf der dann unternommenen Erholungsreise nach Italien starb er in Venedig. Sein Leichnam wurde in Bayreuth (‚Wahnfried') beigesetzt. Die Festspiele wurden von seiner Gattin Cosima († 1/4 1930) und von 1911 ab selbständig von seinem Sohne S i e g f r i e d (s. d.), bzw. von dessen durch Heinz T i e t j e n beratener Gattin W i n i f r e d geb. Klindworth fortgesetzt. Von seinen Werken, soweit sie nicht bereits genannt wurden, seien noch erwähnt: der ‚Huldigungsmarsch', der ‚Kaisermarsch', der amerikan. ‚Festmarsch', das ‚Siegfried-Idyll' f. kl. Orch., 5 Gedichte (Lieder), zwei Albumblätter f. Klav. Seine gesammelten ‚Schriften u. Dichtgen' gab er in 9 Bden heraus, zu denen sich nach seinem Tode noch weitere Bände (zunächst ein 10.) und umfängliche Briefsammlgen gesellten. Die große Selbstbiographie, die er seiner zweiten Gemahlin diktiert hatte, wurde (leider mit Auslassungen) im Jahre 1911 veröffentlicht. (Krit. Ausg. mit Anmerk. von W. Altmann 1923.) Wagners auf eine vollständige Reformation der alten Oper gerichteten Hauptbestrebgen, wie er sie in seinen Schriften darlegte u. in seinen späteren Werken praktisch verwirklichte und fortführte, bezweckten die Erreichg eines Gesamtkunstwerkes, in dem die Sonderkünste sich gegenseitig unterordnen u. ergänzen zu dem Zwecke der vollkommensten Verdeutlichg des dargestellten Dramas. Alles, nur auf das Glänzen der Sonderkünste berechnete, störende Beiwerk der alten Oper ausgeschieden, die geschlossenen Formen der Arie, des Duetts usw. aufgelöst u. zu einer nur den dramatischen Erfordernissen angepaßten Szene erweitert, in der das symphonisch geführte Orch. als beständiger Interpret die Handlg begleitet, durch ein (zugleich auch die musikal. Einheit des Ganzen erzielendes) kunstreiches Gewebe von Leitmotiven die inneren Beziehungen der einzelnen Motive der Handlg verdeutlichend, während der durchaus deklamatorisch behandelte Gsg aus der latenten Melodie der Sprache herauswächst u. die innigste Verbindung in Wort und Ton darstellt. Wagner ist nicht nur der weitaus größte Musikdramatiker des 19. Jahrh., sondern einer der allerbedeutendsten Tondichter aller Zeiten u. vermöge seiner vielseitigen Veranlagung eine der phänomenalsten Erscheinungen der Kunstgeschichte überhaupt. Die Diskussion über W.s Kunstlehren und -Schöpfungen hat eine bereits außerordentlich angewachsene Literatur hervorgerufen. Hier seien nur angeführt die schließlich auf sechs Bände angewachsene ‚offizielle' Biographie C. F. Glasenapps, die auch deutsch erschienene des Amerikaners H. T. Finck, Jul. Kapps stark verbreitete, G. Adlers Vorlesungen, M. Kochs 3bdges Werk, Henri Lichtenbergers auch dtsch erschienenes geistvolles Buch ‚R. W., poète et penseur', Paul Bekkers ‚Wagner. Das Leben im Werke' (1924). Eine 2bdge Auswahl der wichtigsten Stellen aus seinen Briefen mit Anmerk. hrsg. v. W. Altmann (1925). Zwar infolge vieler neuerer Briefveröffentlichgen unvollständig, doch noch kaum entbehrbar W. Altmann: ‚R. Wagners Briefe nach Zeitfolge u. Inhalt (1905)

WAGNER, Richard * 14/3 1871 Marienberg, Sachs., seit 1906 Kantor usw. in Buchholz, Sachs. W: Chöre, Lieder

WAGNER, Rudolf * 1850, österreich. Militär-KM., Chormeister in Marburg a. Dr. (Steierm.), † 26/12 1915, durch große Anzahl beliebter Orch-Kompo. (Klav.), bes. aber f. MGsg usw. bekannt

WAGNER, Rud. * 1903 — s. WAGNER-REGENY

WAGNER, Siegfried * 6/6 1869 Triebschen/Luzern, † 4/8 1930 Bayreuth, der einzige Sohn Richard Wagners, zuerst Architekt, wandte sich dann der M. zu, Schüler Humperdincks u. Knieses, betätigte sich als Hilfsdirig. in Bayreuth u. führte seit 1909 die Oberleitg der durch den Krieg 1914 unterbrochenen, 1924 aber wieder aufgenommenen Bayreuther Festspiele. Seinem eigenen Schaffen würde man sympathischer gegenüberstehen, wenn man es nicht an dem seines Vaters messen würde. Die volkstümliche Märchenoper lag ihm am besten; leider geheimniste er in seine Dichtgen zu viel hinein. Sein erstes Werk ist sein bestes geblieben. W: Opern ‚Der Bärenhäuter‘, ‚Herzog Wildfang‘, ‚Bruder Lustig‘, ‚Das Sternengebot‘, ‚Banadietrich‘, ‚Schwarzschwanenreich‘, ‚Sonnenflammen‘, ‚Der Heidenkönig‘, ‚Der Friedensengel‘, ‚An allem ist Hütchen schuld‘, ‚Der Schmied von Marienburg‘ usw., sinfon. Dichtgen ‚Sehnsucht‘, ‚Glück‘, ‚Und ob die Welt voll Teufel wär‘; VKonz., FlKonz-Stück. — Seine Witwe W i n i f r e d, geb. Williams, Adoptivtochter Klindworths (* 1894, verheir. 1915) leitet seit seinem Tode die Festspiele

WAGNER, Theodor * 17/5 1870 Loeberschütz (Sachs.), † 7/5 1931 Eisenach, ausgeb. in d. Stadtpfeiferei zu Bürgel, der MSchule in Weimar u. am Leipziger Konserv., Vcellist, 1912 L. an der M-Schule in Zürich, studierte dann Mathematik (1914 Dr. phil.), seit 1922 Studienrat in Vacha (Rhön). W: sinf. Dicht., StrQuartette, Stücke f. V. bzw. Vc., MChöre

WAGNER, Wilh. * 9/8 1844 Ubach, Kr. Geilenkirchen (NRhein), † 1910 Fulda, da SemML. W: kirchl. Chöre, Lieder

WAGNER, Wilh. Rich. 1813/83 — s. Rich. WAGNER

WAGNER-COCHEM, F. J. = WAGNER, Frz Jos.

WAGNER - LÖBERSCHÜTZ — s. Theodor WAGNER

WAGNER-REGENY, Rudolf * 28/8 1903 Sächs.-Regen (Siebenbürg.), Komponist in Berlin, da u. in Leipzig ausgebildet. W: Oper ‚Der Günstling‘ (1935); Kurzopern, M. z. ‚Sommernachtstraum‘, bibl. Szenen, Ballett, GemeinschafsM., KlavKonz., KlavStücke, Lieder

WAGNER - SCHÖNKIRCH, so nennt sich WAGNER, Hans seit 1926

WAHL, Eugen * 18/12 1877 Heilbronn a. N., tüchtiger Geigenbauer in Karlsruhe seit 1910, urspr. Missionar

WAHLS, Eduard * 31/5 1889 Düren, ML. in Berlin seit 1919, ausgeb. in Hannover. W: Oper, Melodramen, Chöre, viele Lieder, Salonstücke, Tänze u. Märsche

WAHLS, Heinr. * 27/4 1853 Grevesmühlen (Mecklbg.), MInstitInhaber u. seit 1901 Realschul-GsgL. in Leipzig. W: Schulen f. verschiedene Instrum., instrukt. Stücke f. V. usw. — Seine Frau A g n e s * 24/9 1861 Leipzig, geschätzte Sgrin u. GsgL.

WAILLY (WARNIER DE WAILLY), Paul de * 16/5 1854 Amiens, † 18/6 1933 Paris, lebte da, bzw. in Abbeville, Schüler C. Francks. W: KaM., dramat. Orat.

WAINWRIGHT, John * 1723 Stockport, † 1768 Manchester, Organ. W: geistl. Gsge, u. a. ‚Christians awake‘. — Sein Sohn R o b e r t (1748 bis 1782), Organist. W: KirchM.

WAKEFIELD, Augusta M. * 1853 Kendal, † 1910. W: Lieder

WAL, Albert J. de * 27/9 1876 Deventer, MKrit. u. Chordir., urspr. Organ. in 's Gravenhage. W: ‚De Matthäus Passion van Bach‘; ‚De Pianistenwereld‘ 1927

WALCH, Joh. Heinr. * 1776, † 2/10 1855 Gotha, HofKM. W: ‚Pariser Einzugsmarsch 1814‘ u. ‚Trauermarsch des Fürsten Karl v. Schwarzenberg‘ (1820) usw.

WALCKER, Eberhard Frdr. * 3/7 1794 Cannstatt, † 4/10 1872 Ludwigsburg, bedeut. OrgBauer. — Seine Söhne H e i n r i c h (1828/1903), F r i e d r i c h (1829/95), K a r l (1845/1908), P a u l (* 1846) u. E u e r h a r d (* 1850), ebenfalls tücht. OrgBauer. Seit 1916 ist die Firma mit der Firma W. S a u e r in Frankfurt a. O. vereinigt, seit 1932 auch mit Ziegler in Steinsfurt.

WALCKIERS, Eugène * 22/7 1793 (nicht 1789), † 1/9 1866 Paris, Flötist. W: viel KaM., FlKompos.

WALDAU, Frz, ps. = Ludwig ANDRÉ

WALDAU, Harry (ps. Harry W. O'BRIEN, Valentin PINNER; letzterer Name eigentl. sein bürgerlicher) * 7/4 1876 Liegnitz, lebt in Berlin. W: UnterhaltgsM., bes. Schlager

WALDBACH, Otto * 11/3 1858 Preuß.-Eylau, † 26/1 1926 Hamburg, da 1887/1923 GymnGsgL., auch Organ. in Hamburg-Eppendorf. W: Weihnachtsorat., Chöre, Kinderlieder

WALDBAUER, Emerich * 12/4 1892 Budapest, gründ. 1909 das berühmt gewordene ‚Ungar. StrQuart.'

WALDBERG, Heinr. v., Dr. phil. * 2/3 1861 Jassy, OpttenLibrettist in Wien, † ?

WALDBRÜHL, W. v., ps. = ZUCCALMAGLIO

WALDE, Paul * 6/2 1876 Dresden, da seit 1900 Organ. u. Chordirig., bes. Kenner des gregorian. Chorals. W: ‚Die Harmonie der Neuzeit'; OrgStücke, instr. KlavStücke, Lieder

WALDECK, Karl † 25/3 1905 Linz, da DomKM. W: KirchM.

WALDEGG, Frz, ps. = Frz RUMPEL

WALDEN, Erik v., ps. = Erich KÜMMEL

WALDEN, Fritz, ps. = Fritz RECKTENWALD

WALDEN, Herwarth * 16/9 1878 Berlin, lebt da; Schüler Ansorges u. Heinr. Hofmanns. W: Oper, Pantomime, 5 Sinfon., KlavStücke, viele Lieder; ‚OpWegweiser' (45 Hefte). H: Ztschr. ‚Der Sturm' — eigentl. Name Georg LEWIN

WALDEN, Otto v., ps. = Fritz SCHINDLER

WALDENAAR, Horst, ps. = Karl FOLTZ

WALDENMAIER, Aug. (Gustl) * 14/10 1915 Dachau-München, da ML. u. MVerleg., ausgeb. in München (Akad.). W: OrchM., KlavStücke, Harmonikastücke, Chöre u. a.

WALDER, Joh. Jak. * 11/1 1750 Unter-Wetzikon (Zürich), † 18/3 1817 Zürich, da seit 1774 KlavL. u. Vcellist, 1785 Amtsuntervogt, seit 1814 Oberrichter. W: Kantat., Gsge, Lieder; ‚Anleitg z. Singkunst' 1788, 6. A. 1828

WALDERSEE, Graf Paul * 3/9 1831 Potsdam, † 14/6 1906 Königsberg i. Franken. H: Gesamtausg. Mozarts bei Breitkopf & Härtel, ‚Sammlg musikal. Vorträge' u. a.

WALDHEIM-EBERLE, A.-G., Wien, MDrukkerei in Wien

WALDIN, Hugues, ps. = BLANC DE FONTBELLE, C.

WALDMANN, Ludolf * 30/6 1840 Hamburg, † 7/2 1919 Berlin. W: Opern, viele gern gesungene, popul. Lieder

WALDNER, Frz, Dr. med. * 21/10 1843 Gratsch/Meran, † 9/11 1917 Innsbruck. W: Aufsätze zur MGesch. Tirols

WALDSTEIN, Ferd. Graf v. * 24/3 1762 Dux (Böhm.), † 29/8 1823 Wien, als Deutschordensritter 1787 mit Beethoven in Bonn bekannt geworden, nützte diesem zuerst viel in Wien, später trübte sich ihr gutes Verhältnis. Beethoven widmete ihm, der auch komponierte, die 1805 erschienene Sonate op. 53. Der Graf, der 1812 aus dem Orden austrat, vorher eine Zeit lang englischer Oberst war, verlor durch Betrüger sein Vermögen

WALDTEUFEL, Emil * 9/12 1837 Straßburg i. Els. (Vater Nathan * 1806, † Juni 1870, KlavProf. am Konserv.), † 16/2 1915 Paris. W: viele beliebte Tänze

WALDWAGNER, Arnold * 30/1 1898 Potsdam, KonzBegl. u. ML. in Berlin-Neubabelsberg. W: KlavStücke, Tänze, Lieder u. a.

WALEWSKA, K., ps. = CATTANEI, Carlo

WALFISCH, Woldi, ps. = Erich HERING

WALK, Max * 12/1 1872 Schönfeld, Kr. Randow, GymnasGsgL. u. VerDir. in Berlin, † 23/9 1932. W: Chöre, Lieder. H: ‚Mein Sanggesell'

WALKER, Edith * 27/3 1870 Newyork, dramat. Sgrin, Schülerin der Orgeni, 1899/1903 in Wien (Hofop.), 1903/12 in Hamburg, lebte dann in Scheveningen, seit 1933 L. am amerik. Konserv. in Fontainebleau

WALKER, Ernest * 15/7 1870 Bombay, MDir. u. Doz. in Oxford. W: KonzOuvert., KaM., Chöre m. Orch.; ‚Beethoven'; ‚A. history of m. in England'

WALKER, Jos. Caspar * Nov. 1760 Dublin, † 12/4 1810 St. Valéry. W: ‚Historical memoirs of the Irish bards' 1786

WALKER, Luise * 9/9 1910 Wien, lebt da, ausgez. Gitarristin (1. Auftreten als Zehnjähr.) von europ. Rufe

WALL, Alfred Mich. * 29/9 1875 London, da Geiger, L. am Newcastle Konserv. W: sinf. Dichtungen, Ouvert., KaM., Chöre, Lieder

WALL, Constant van de * 7/1 1871 Soerabaia, Java, da Dirigent, Schüler u. a. Gernsheims. W: Opern, Ballett, OrchSuite u. Rhaps., KlavStücke, Chöre, Lieder

WALLACE, Vinc. * 1/6 1814 Waterford (Irland), † 12/10 1865 Schloß Bayos (Pyrenäen), als Lieder- u. OpKomp. in England beliebt, 1841/42 KM. an der ital. Oper in Mexiko. W: Opern ‚Maritana', ‚Lorelei' u. a., brill. KlavSalonstücke

WALLACE, William, Dr. med. * 3/7 1860 Greenock (Schottl.), Schüler der R. Academy in London, lebt da, MSchr. W: Mysterium, gr. Chorwerke mit Orch., Sinfon. u. sinfon. Dicht., KaM., viele Lieder; ‚The treshold of mus.'

WALLASCHEK, Rich., Dr. jur. et phil. * 16/11 1860 Brünn, † 24/4 1917 Wien, da seit 1896 UniversDoz. bzw. Prof. f. MWissensch. W: ‚Ästetik d. Tonkunst', ‚Anfänge d. Tonkunst', ‚Gesch. der Wiener Hofoper', viele bes. tonphysiologische Aufsätze

WALLBACH, Ludw. † Okt. 1914 Stuttgart, Komp. von ‚Steig auf, mein Falke'

WALLBERG, Karl Ivar * 11/12 1856 Halversted (Schwed.), † 25/12 1926 Berlin, hervorrag. GsgL. ausgeb. auf dem Pariser Konserv., lebte lange in England

WALLEK-WALEWSKI, Boleslav * 1885 Lemberg, OpKM. in Krakau. W: Oper, KirchM., Chorwerke, OrchKompos.

WALLENSTEIN, Martin * 22/7 1843 Frankfurt a. M., da † 29/11 1896, KlavVirt., Schüler von A. Dreyschock, M. Hauptmann u. Jul. Rietz. W: Oper, Ouvert., KlavKonz. u. Salonkompos., Lieder usw.

WALLER, Rudolf, ps. Rolf HENRY; Rud. WEIBEL * 11/1 1876 Wien, MVerl. in Berlin. W: Freiheitshymne m. Orch., UnterhaltgsM.

WALLERSTEIN, Anton * 28/9 1813 Dresden, † 26/3 1892 Genf, Geiger 1829 der Dresdener, 1832/57 der Hannoverschen Hofkap. W: gegen 300 einst beliebte Tänze, Lieder usw.

WALLERSTEIN, Lothar, Dr. med. * 6/11 1882 Prag, studierte Kunst- u. MGesch. in Prag u. München, besuchte das Konserv. in Genf, da 1908 KlavProf., 1909 OpKorrepet. in Dresden, 1910/14 KM. u. ObRegiss. in Posen, Kriegsteiln., 1918/22 ObRegiss. in Breslau, 1922/24 dsgl. in Duisburg, 1924/27 dsgl. in Frankfurt a. M., seitdem dsgl. in Wien (Staatsop.), da auch AkadProf., seit 1929 auch Gastregiss. der Scala in Milano. B: Mozarts ‚Idomeneo', Verdis ‚Don Carlos' u. a., OpÜbersetzgen

WALLISER, Christoph Thomas, † 26/4 1648 Straßburg, Els., Kirch- u. UniversMDir. W: KirchM., BühnM.; theor. Lehrb.

WALLISHAUSER, Joh. Ev. — s. VALESI

WALLNER, Bertha Antonia, Dr. phil. * 20/8 1876 München, da geschätzte MWissenschaftlerin

WALLNER, Ferd., ps. = Ferd. SCHÜSTEL

WALLNER, Hans Maria † 25/4 1913 Wien. W: MChöre, Lieder, Tänze

WALLNÖFER, Adolf, ps. CANTOR * 26/4 1854 Wien, seit 1908 in München, 1880/1908 OpTenorist (1885/95 Prag), auch KonzSgr, zeitw. TheaDir. in Stettin u. Neustrelitz. W: Oper, Oratorien, große Chorwerke, Chöre, viele (auch beliebt gewordene) Lieder, viel KaM., viele KlavStücke, VStücke

WALMISLEY, Thomas Attwood * 21/1 1814 London, † 17/1 1856 Hastings, treffl. Organ., Prof. an d. Univers. Cambridge. W: KirchM.

WALMISLEY, Thomas Forbes * 22/5 1783 London, da † 23/7 1866, Organ. seit 1810. W: Glees

WALSER, Gustav A., MVerl. in Stuttgart, gegr. April 1927

WALSH, John † 13/3 1736 London, da seit c. 1690 bedeut. MVerleger. — Sein gleichn. Sohn u. Nachfolger † 16/1 1766; die Firma an W. Randall übergegangen

WALTER, Albert * ? Koblenz, seit 1795 Klarinettist in Paris. W: f. 2 u. 1 Klarin., auch m. Orch.

WALTER, Anton * 15/6 1845 Haimhausen, OBay., † 1/10 1896 Reichenhall, Priester seit 1868, seit 1882 GymnProf. in Landshut. W: zahl. Aufs. üb. kath. KirchM.

WALTER, Ant. * 3/4 1883 Karlsbad, VcVirt., seit 1930 Prof. an der Akad. in München, ausgeb. in Wien, da 16 Jahre Mitgl. des Fitzner-Quart. u. 1921/30 des Rosé-Quart., seit Ende 1934 im Stroß-Quart.

WALTER. Aug. * 12/8 1821 Stuttgart, † 22/1 1896 Basel, MDir. seit 1846. W: Sinfon., Oktett, StrQuart., Chöre, Lieder

WALTER, Benno * 17/6 1847 München, † 23/10 1901 Konstanz, Schüler der Kgl. MSchule in München, da seit 1863 (1875 KonzM.) in der Hofkap., treffl. VVirt. u. QuartSpieler.

WALTER, Bruno (eigentl. B. W. Schlesinger) * 15/9 1876 Berlin, lebt in Schönbrunn/Wien, ausgezeichn., internat. geschätzter Dirig., 1900/01 Berlin (Hofoper), 1901/12 Wien (Hofoper), 1913/1922 OpDir. in München, 1925/29 musik. Leiter der städt. Oper in Berlin, 1929/33 Dirig. der Gewandhauskonz. in Leipzig, viel im Auslande, auch bei den Salzburger Festspielen stark beteiligt W: Schillers Siegesfest, Sinfon., KaM., Lieder

WALTER, Ewald, ps. = Erich PLESSOW

WALTER, Fred oder Fried, ps. = Walter SCHMIDT

WALTER, Friedr. Wilh., Dr. phil. * 3/9 1870 Mannheim, MRef. W: ‚Entwicklg des Mannheimer M- u. TheaLebens', ‚Gesch. des Thea. u. d. M. am kurpfälz. Hof' usw.

WALTER, Geo. A. * 13/11 1875 Newyork, seit 1934 GsgL. in Berlin, 1925/34 am Konserv. in Stuttgart, vorher lange in Berlin-Zehlendorf, als Bach- u. HändelSgr geschätzter Tenorist, Schüler Scheidemantels u. Zur Mühlens. W: Lieder. H: ältere GsgM.

WALTER, Geo. Ant., 1792 OpKM. in Rouen, urspr. Geiger. W: KaM.

WALTER, Gustav * 11/2 1834 Bilin (Böhm.), † 31/1 1910 Wien, Schüler d. Konserv. zu Prag, lyr. Tenorist, 1856/87 an der Wiener Oper, auch treffl. LiederSgr. — Sein Sohn Raoul, Dr. phil. * 16/8 1865 Wien, † 21/8 1917 München, da lyr. Tenor. u. Spielleiter der Hofop.

WALTER, Hans, ps. = Walter JENTSCH

WALTER, Hans Jürgen (Sohn v. Geo. A.) * 31/10 1907 Berlin, da Konz-, bes. OratTenor, Schüler s. Vaters u. v. Zawilowskis, treffl. Org-Virt. u. FlVirt.

WALTER, Ignaz * 1759 Radowitz (Böhm.), † Ende April 1822 Regensburg, Tenorist u. KM. W: s. Zt. beliebte Singspiele ‚Dr. Faust' (erste musikal. Bearbeitg der Goetheschen Dichtg 1797) u. a., Messen, Konzerte, Quart. f. Harfe, Fl., V. u. Baß usw.

WALTER, Joh. 1496/1570 — s. WALTHER

WALTER, John, ps. = John Walter RÜHLE

WALTER, Josef (Bruder Bennos) * 30/12 1831 Neuburg a. d. Donau, † 15/7 1875 München, gleichfalls VVirt., seit 1859 KonzM. u. VL. an d. kgl. MSchule in München

WALTER, Karl * 27/10 1862 Cransberg (Nassau), † 4/12 1929 Montabaur, Organist, Schüler der KirchMSchule in Regensburg, 1893 SemML. in Montabaur, 1899 auch Org- u. Glockenbauinspekt., daneben seit 1903 Doz. f. KirchM. am PriesterSem. in Limburg, 1920/27 ObL. in Prünn. W: ‚OrgBaulehre', ‚Glockenkunde'; viele Aufsätze, geistl. u. weltl. Kompos. f. Orch., Gsg, Org. usw. — Sein Sohn K a r l J o s e f * 14/7 1892 Biebrich, seit 1921 Domorgan. u. seit 1927 AkadProf. in Wien. W: KirchM., OrgStücke, Lieder

WALTER, Karl * 31/10 1885 Wittenberg, seit 1912 SemML., Organ. u. Chordirig. in Schleusingen, 1922 Bundesliedermeister des Henneberger Sängerbundes, sehr verdient durch Veranstaltg geistlicher AbendM.

WALTER, Karl Josef — s. bei WALTER Karl 1862/1929

WALTER, Raoul — s. bei WALTER, Gustav

WALTER, Rose * 15/11 1891 Berlin, da treffl. KonzSopran., s. 1916 verh. mit Dr. Paul Z u c k e r

WALTER, William Henry * 1/7 1825 Newark, New Jersey, † ? Washington, da seit 1856 sehr geschätzter Organ. der Columbia Univ., vorher seit 1842 in Newyork. W: viel KirchM.

WALTER-CHOINANUS, Siegfr. * 27/3 1887 Hagenau, seit 1917 KirchChordir. in Augsburg. W: OrchSerenade, StrQuart., Motetten, Lieder u. a.

WALTERS, Will, ps. = Walter KIESOW

WALTERSHAUSEN, Eberhard v., ps. Jan APELDOORN; Eberh. SARTORIUS * 28/8 1887 Zürich, lebt in Bremen, vorher u. a. KM. (Chordir.) in Heilbronn. W: Oper, Optten, KaM., Chöre, Lieder, auch m. Orch. B: KlavA., u. a. von Opern s. Bruders

WALTERSHAUSEN, Herm. Wolfg. Frh. v. * 12/10 1882 Göttingen, Schüler M. J. Erbs u. Thuilles, seit 1900 in München, da 1923/34 Dir. der Akad. der Tonkunst, sehr geschätzter Pädagog, auch MSchr. u OpDichter. W: Opern, u. a. ‚Oberst Chabert', Lieder mit Orch., Apokalypt. Sinfon., ‚Hero u. Leander' f. Orch., ‚Krippenspiel' f. Cembalo u. Orch., ‚Musikal. Stillehre', ‚Rich. Strauß'; ‚Ges. Studien'; ‚DirigentenErziehg' u. a.

WALTHER von der VOGELWEIDE — s. VOGELWEIDE

WALTHER, Erwin * 6/10 1907 Bielen/Nordhausen, ML. in Schwerin. W: UnterhaltgsM.

WALTHER, Fr., ps. = WALTZINGER, Friedr.

WALTHER, Joh. * 1496 Kahla (Thür.), † 24/4 1570 Torgau, da 1524 Sger, 1525/30 Sgermeister d. Schloßkantorei, 1526/48 GymnKantor, 1548/55 Leiter der Sängerkapelle Moritz' von Sachsen in Dresden, dann pension. in Torgau, Freund u. musikal. Berater Luthers, arbeitete mit diesem die dtsche Messe aus. H: erstes 4st. protest. Gsgbuch (1524); Gothaer Cantional (1545). W: geistl. Lieder

WALTHER, Joh. Christoph (Sohn Joh. Gottfrieds) * 8/7 1715 u. † 25/8 1771 Weimar, ausgez. Klav- u. OrgSpieler, 1751/70 DomOrgan. in Ulm. W: KlavSonaten

WALTHER, Joh. Gottfr. * 18/9 1684 Erfurt, † 23/3 1748 Weimar, 1702 St. ThomasOrgan. in Leipzig, 1707 Stadtorgan. in Weimar. W: ‚Musik. Lexikon' (1732), das 1. derartige Werk, OrgStücke (NA. Denkmäler der dtsch. Tonkunst Bd 26/7) usw.

WALTHER, Joh Jak. * 1650 Witterda/Erfurt, 1674 Geiger in der Dresdener Hofkapelle, 1688 italien. Sekretär des Kurfürsten v. Mainz. W: ‚Scherzi da V.' (mit bez. B.); ‚Hortus Chelicus' (1688, 2. Aufl. 1694), VStücke, die für die Entwichlg der Doppelgrifftechnik wertvoll sind und auch die Spielereien Farinas bringen

WALTHER, Karl Arnold * 28/12 1846 Balsthal (Solothurn), † 6/11 1924 Solothurn, da 1870 Priester, Organ. am Priestersem., 1908 Dompropst. W: Kirchenmus. Schriften, Messen, Motetten

WALTHER, Oskar * 15/8 1851 Regensburg, † 7/5 1901 Untermassen, OBay., OpttenLibrettist

WALTHEW, Richard H. * 4/11 1872 London, da seit 1915 Leiter der Opernklasse der Guildhall School, Schüler Parrys. W: Optten, gr. Chorwerk, viel KaM., viele Lieder; ‚The development of chamber m.'

WALTON, Herbert * 1869 Thirsk, Yorkshire, ausgezeichn. Organ. in Glasgow. W: OrgStücke

WALTON, William Turner * 29/3 1902 Oldham, Lancs, lebt in London. W (atonal): Ouvert., KaM., Lieder

WALTZ, Hermann * 12/7 1879 Heidelberg, Schüler der Kgl. MSchule in Würzburg, SchulGsgL. KirchChordir. u. KonservDir. in Crefeld. W: ‚TonartenSystem‘, ‚MDiktat‘, ‚Aus der Praxis des erziehenden KlavUnterrichts‘ (1927)

WALTZINGER, Friedr., ps. Fred SANTOS; Fr. WALTHER * 16/3 1894 Ottweiler a. Saar, da MVerleger, Schüler Istels, Kretzschmars, Sandbergers, Edwin Fischers, ztw. MKrit. W: KlavStücke u. a.

WALZEL, Camillo, ps. F. ZELL * 11/2 1829 Magdeburg, † 17/3 1895 Wien, Schiffskap. bis 1873, 1884/89 TheaDir. in Wien, erfolgreicher Optten-Librettist

WAMBACH, Emil Xaver * 26/11 1854 Arlon, † 6/5 1924, KonservDir. in Antwerpen seit 1913, vorher seit 1902 Inspektor der belg. MSchulen. W: Orator., Kantaten, Hymnen, Messe, Te deum, sinfon. Dichtgen, Chöre, Lieder, KlavStücke usw.

WAMBOLD, Ludw. * 31/1 1867 Darmstadt, † 11/11 1927 Leipzig, da u. in Berlin (Hochschule) ausgeb., seit 1895 ML. in Leipzig. W: KaM., KlavStücke, Chöre, Lieder

WAMLEK, Hans * 9/2 1892 Marburg a. D., seit 1919 in Graz, GitL. u. MSchr. W: Lieder m. Git.

WANDA, Gust. * 10/10 1870 Budapest, † 30/11 1915 im GefangenenLager bei London, TheaKM. an verschied. Orten, langjähr. KM. des Wintergartens in Berlin. W: PossenM., Tänze, volkstüml. Lieder

WANDELT, Amadeus * 19/8 1860 Breslau, † 2/12 1927 Berlin, da seit 1900 KlavL., 1894/1900 Chordir. in Gumbinnen. W: Sinfon., Ouvert., KaM., Chöre m. Orch., Melodrame, instrukt. KlavStücke usw.

WANDELT, Bruno * 11/6 1856 Breslau, Leiter eines MInstit. in Dessau seit 1899, vorher seit 1893 in Berlin, Schüler Kiels, † 22/6 1933. (Sein Nachfolger u. Stiefsohn — s. ZERRES). W: Kompos. f. Klav. (auch instr. ElemKlavSchule), V., Gsg

WANDERSLEB, Adolf * 8/1 1810 Werningshausen/Gotha, sehr beliebter KlavL. in Gotha, gründ. da 1857 die Liedertafel, 1845 HofMDir. W: Opern, MChöre, Lieder

WANECK, Alfr. Walt. Frz * 6/8 1888 Erkersreuth (Franken), KonzBegl. u. ML. in München. W: Optten, Singspiele, KaM., KlavStücke, Chöre, Lieder

WANGEMANN, Otto * 9/1 1848 Loitz (Pommern), † 25/2 1914 Berlin, 1871 Organ. u. GymnasGgL. inTreptow a. d. T., 1878 in Demmin, 1884 in Spandau, 1886 in Charlottenburg-Berlin. W: ‚Gesch. d. Orgel‘ (3. A.), ‚Gesch. des Oratoriums‘ u. a.; WeihnachtsM. f. Soli, Chor u. Orch., Klav- u. OrgStücke, Chöre, Lieder

WANHAL (VANHAL), Joh. Bapt. * 12/5 1739 Neu-Nechanitz (Böhm.), † 26/8 1813 Wien, Schüler Dittersdorfs, ML. in Venedig u. Wien, Lieblingskomp. Haydns, der von ihm in Esterhaz 124 Werke aufgeführt hat. W (zahlreich, doch oberflächlich): Messen, Sinf., KaM., Variat., Sonatinen, Kinderstücke usw. f. Klav.

WANIEK, Alois † 1919 Wien. W: VolksGitSchule, Lieder m. Git.

WANNENMACHER (VANNIUS), Joh. * ? Neuenburg a. Rh., † um 1551 Interlaken, da seit 1531 Schreiber, urspr. Kantor, 1510/13 in Berlin, 1513/30 in Freiburg i. Ue. W: Motetten, ‚Bicinia german.‘

WANSKI, Joh. * 1762, † nach 1800 Posen. W: Messen, Sinf., KaM., Mazurken, beliebte Lieder. — Sein Sohn Joh. Nepomuk * um 1800 Posen, † (?) nach 1839 Aix de Provence, VVirt. W: VStücke u. Etüden, BratschenSchule

WANSON, James, ps. = Willi LAUTENSCHLÄGER

WANTHALER, Gust. † 26/4 1913 Wien. W: Tänze, Lieder, Couplets

WAPPAUS, Karl * 5/3 1872 Berlin, KM. in Breslau, Schüler X. Scharwenkas. W: UnterhaltgsM.

WAPPENSCHMITT, Oskar * 16/1 1873 Passau, GsgL. (Solorepet.) u. Dirig. in Berlin, studierte in München (Sandberger, Reger u. a.) u. nach I. jurist. Prüfg bei Heinr. van Eyken, dann Korrepet. an der Krollop. in Berlin, KM. in Plauen, Halle, Kiel u. a. W: Festl. M., Mytholog. Zug f. Orch., Totenfeier f. gem. Chor u. Orch., Lieder, KlavStücke, Tänze

WARD, Amy — s. WOODFORDE-FINDEN

WARD, Frank Edwin * 7/10 1872 Wysox, Pa., Organ. u. Chordir. in Newyork seit 1902. W: OrchStücke, KM., KirchM., Kantaten, OrgSonaten

WARD, John † um 1640 London. W: KirchM., Fancies, treffl. Madrigale

WARD, Sidney, ps. = EHRLICH, Siegwart

WARE, Harriet * 26/8 1877 Waupun, Wisc., seit 1918 in Garden City, Long Island, 1906/18 in Newyork Schülerin u. a. Masons, Stojowskis u. Kauns. W: Op., Chöre, viele Lieder (einige sehr bekannt), KlavStücke

WARLAMOV, Alex. Jegorowitsch * 27/11 1801 Moskau, † 27/10 1848 Petersburg, GsgL. W: GsgSchule (die erste russ.), über 200 Lieder (u. a. ‚Der rote Sarafan‘)

WARLOCK, Peter, ps. = HESELTINE

WARMUTHS Musikhandel, Christiania, 1909 von Nordisk MForlag in Kopenhagen übernommen

WARNEBOLD, Kurt * 25/11 1883 Hannover, KlavHumorist in Berlin. W: Tanzlieder

WARNECKE, Friedr. * 19/11 1856 Bodenteich (Hannov.), treffl. KBassist u. L. seines Instrum., seit 1879 in Hamburg, da † 1/3 1931. W: ‚Ad infinitum. Der KBaß, seine Gesch. u. seine Zukunft'; ‚Das Studium d. KBaßspiels'

WARNECKE, Max * 13/2 1878 Ottensen, PosVirt. in Hamburg. W: OrchStücke, PosSchule u. Stücke, Lieder

WARNEMÜNDE, Gerhard * 29/4 1903 Finkenwalde/Stettin, OrgVirt. in Berlin, da Schüler der Hochschule. W: Volksop., Kantaten, Motetten, OrgSonaten

WARNER, H. Waldo * 4/1 1874 Northampton, Bratschist des Londoner StrQuart. seit 1907. W: Oper, OrchSuiten, treffl. KaM., Chöre, Lieder

WARNER, Sylvia Townsend * 6/12 1893, lebt in London. W: Gsge, auch mit StrQuart.; ‚The point of perfection in 16. century notation'. H: ‚Tudor church m.'

WARNER, Wilm, ps. = Fritz HENSCHKE

WARNIER DE WAILLY — s. WAILLY

WARNOTS, Henri * 11/7 1832 Bruxelles, † 27/2 1893 St. Josse ten Noode, OpSger 1856, auch in Paris, 1867 GsgL. am Konserv. u. 1869 OrchDir. in Bruxelles, da seit 1870 Leiter eines eign. Instit.

WAROT, Charles * 14/11 1804 Drontheim, † 29/7 1836 Brüssel, da Geiger u. TheaKM. W: Opern, KirchM., nation. Kantate

WAROT, Vict. Alex. Jos. * 18/9 1834 Verviers, † April 1906 Paris, als KonservGsgsL., vorher OpTenor. in Paris u. Brüssel. W: ‚Le bréviaire du chanteur'

WARREN, E. Thomas, bekannt durch seine 1762 in 32 Bänden veröffentl. Collection of Glees and Catches

WARREN, Rich. Henry * 17/9 1859 Albany, NY., † 3/12 1923 New York, da seit 1877 Organ. u. Chordir., lebte zuletzt in New Haven. W: Oper, Optten, Kant., OrchStücke

WARREN, Samuel Prowse * 18/2 1841 Montreal (Kanada), † 7/10 1915 Newyork, augeb. in Berlin, 1865/95 bedeut. Organi. in Newyork. W: KirchM., OrgKompos. u. Transkript.

WARRINER, John * Bourton, Shropshire 1859. W: KirchM., OrgStücke, ‚National portrait gallery of Brit. musicians', Lehrbücher für Kontrapunkt usw.

WARTEL, Pierre Franç. * 3/4 1806 Versailles, † 3/8 1882 Paris, berühmter, vielgereister Tenor., später treffl. GsgL. — Seine Frau Atala Theresa Anette geb. Adrien * 2/2 1814 Paris, da † 6/11 1865, treffl. Pianistin, L. am Konserv. W: Analyse der KlavSonaten Beethovens

WARTENBERG, Elisabet v. — s. WENTZEL, Elis. v.

WARTISCH, Otto, Dr. phil. * 18/11 1893 Magdeburg, seit Herbst 1933 GMD. in Gotha u. Sondershausen, 1928/33 in Kaiserslautern, ausgeb. auf dem Sternschen Konserv. in Berlin, OpKM. seit 1920. W: Opern, SchauspielM., KaM., Lieder; ‚Studien z. Harmonik des musik. Impressionismus'

WASCHNECK, Willy * 13/4 1890 Leipzig, da KlavL. W: Sinf. Dichtg, KaM., MChöre, Lieder, Märsche

WASIELEWSKI, Jos. W. von * 17/6 1822 Groß-Leesen/Danzig, † 13/12 1896 Sondershausen, Geiger u. MSchr., Schüler des Leipziger Konserv., dann im dort. Gewandhausorch., 1850 KonzM. in Düsseldorf, 1852 Chordir. in Bonn, 1855 MSchr. u.L. in Dresden, 1869 städt. MDir. in Bonn, seit 1884 MGeschL. am Konserv. in Sondershausen. W: ‚Rob. Schumann', ‚Die Geige u. ihre Meister' (1869; 11./13. Taus. 1927), ‚Die V. im 17. Jh. u. die Anfänge der InstrumM.', ‚Beethoven', ‚Das Vc. u. seine Gesch.', ‚Aus 70 Jahren Lebenserinnergen' u. a. Neuausgaben seiner Werke durch seinen Sohn Dr. phil Waldemar Leop. Jos. * 10/12 1875, lebt seit 1919 in Sondershausen

WASSERMANN, Alfred, Dr. phil. * 24/3 1894 Hall (Tirol), lebt in Mannheim, 1920/32 Chordirig. in Basel (seit 1924 auch in Luzern), ausgeb. in Leipzig u. Wien (Kriegsteilnehmer). W: MChöre, Lieder, KlavTrio. H: Madrigale Senfls

WASSERMANN, Heinrich Jos. * 3/4 1791 Schwarzbach/Fulda, † 3/9 1838 Riehen/Basel, MDir., Geiger. W: KaM., VStücke

WASSILENKO, Sergei * 31/3 1872 Moskau, da Schüler u. später L. am Konserv. W: Opern, Ballette, BühnM., OrchSuiten, sinf. Dichtgen, V-Konz., KaM., KlavSuite, Chöre, Lieder

WASSMANN, Karl * 1857 Eschwege, † 15/9 1902 Schöneberg (Schwarzwald), Schüler Joachims, Wirths u. Saurets, zuerst KonzM. in Bilses Orch., seit 1885 Hofmusikus u. VProf. am Konserv. in Karlruhe. W: ‚Entdeckgen z. Erleichterg der V-Technik', ‚Vollst. neue VMethode' (Quint.-Doppelgriff), VKonz., 2 StrQuart. u. a.

WASSNER, Berthold * 29/1 1886 St. Blasien, seit 1919 SchulL. u. Organ. in Ettlingen (Baden). W: KirchM., weltl. Chöre

WATERMAN, Adolf * 19/5 1886 Rotterdam, seit 1927 in Paris Klavierist, zuerst Schüler des Konserv. in Rotterdam, später KlavSchüler H. Lutters u. KompSchüler Kauns, 1913/27 in Berlin. W: OrchSuite, KlavKonz., VcKonz., Sonat. f. V. bzw. Br. u. Klav., KlavSonaten u. Stücke

WATERSTRAAT, Theod. * 5/4 1835 Pommern, † 24/5 1896 Petersburg, da I. Fl. der Oper u. KonservL. W: FlEtüden

WATSON, Henry * 30/4 1846 Burnley, Lancs., † 8/1 1911 Salford, Organist u. a. in Manchester. W: Oper, Kantaten, Lieder

WATSON, William Mich. * 1840 Newcastle-on-Tyne, † 1889 London. W: viele KlavStücke u. Lieder

WATT, Charles E. † 70jähr. 23/2 1933 Chicago, Pianist u. Organ., Begr. der Ztschr. ‚Music News'

WATZKE, Rudolf * 5/4 1892 Viemes, Tsch.-Slov., sehr geschätzter, vielreisender KonzBaßbarit. in Berlin, kurze Zeit auch OpSgr

WATZLAFF, Erich * 4/1 1906 Konstanz, da Pianist. W: Ouvert., Charakterstücke, Tänze

WAUER, Wilh. * 1827, † 3/1 1902 Herrnhut, da sehr verdient um das MLeben (Kaufmann), GsgVerDirig., Schüler Mendelssohns. W: Orator., geistl. u. weltl. Chöre, Lieder

WEBB, Daniel * 1735, † 2/8 1815 Taunton, Somerset. W: ‚Observations on the correspondance between poetry and m.' 1769, dtsch. 1771

WEBB, George Jas. * 1803 Salisbury, † 1887 Newyork, da seit 1876, vorher seit 1830 in Boston. W: ‚Vocal technics', ‚Voice culture'

WEBBE, Samuel * 1740 London, da † 25/5 1816. W: Motetten, Ode, ca 300 Glees, KlavKonz., MilM. usw. — Sein Sohn u. Schüler Samuel * 1770 London, † 25/11 1843 Liverpool, da, in London u. wieder in Liverpool Organ. W: viele Glees, KirchPsalmen, Duette usw.

WEBBER, Amherst * 25/10 1867 Cannes, Korrepetitor an der Metropolitan Oper in Newyork, Schüler Nicodés u. Guirauds. W: Oper, Sinfon., Lieder

WEBELS, Willi * 13/12 1889 Essen-Steele, da Thea- u. MVerl. (gegr. 1/4 1919) u. Librettist

WEBER, Bernh. Anselm * 18/4 1766 Mannheim, † 23/3 1821 Berlin, kgl. KM. seit 1792, KlavVirt., Schüler Abt Voglers. W: Opern u. Singspiele, M. zu Schillers ‚Tell' u. ‚Braut von Messina'; KlavSonaten, Lieder

WEBER, Bernh. Christian * 1/12 1712 Wolferschwenda (Thür.), † 5/2 1758 Tennstedt, da seit 1732 Organ. W: Das wohltemp. Klav. f. Org., NA. 1933

WEBER, David, ps. = WINTERFELD (Gilbert), Robert

WEBER, Dionys * 9/10 1766 Welchau (Böhm.), † 25/12 1842 Prag, Schüler Abt Voglers, bedeut. Theoret. u. L., KonservDir. in Prag seit 1811. W: ‚Allgem. theor.-prakt. Vorschule der M.', ‚Lehrb. der Harmonie' usw., MilM., Tänze

WEBER, Edmond * 1838 Elsaß, † 1885 Straßburg i. E. W: KaM.

WEBER, Edmund v. * 1766 Hildesheim, † 1828 Würzburg, Stiefbruder von Karl Maria von W., BuffoSgr, später KM. an versch. Orten. W: Sinf., StrQuart.

WEBER, Franz * 26/8 1805 Köln, da † 18/9 1876, Schüler von Bernh. Klein, seit 1838 Domorgan. in Köln, 1842 Dir. d. Kölner MGsgVer. W: f. MChöre (‚Kriegsgsg der Rheinpreußen') u. a.

WEBER, Frz Anton — s. bei WEBER, Karl Maria v.

WEBER, Friedr. Alfr. * 5/4 1879 Börnichen/Grünhainichen/Sachs., Klarin. u. Dreher in Chemnitz-Borna. W: Märsche, Tänze

WEBER, Friedr. Aug. * 24/1 1753 Heilbronn, da † 21/1 1806, Arzt. W: Singspiele, Orator., Sinfon., 4h. KlavSonaten

WEBER, Georg * um 1534 Weißenfels, da † um 1596, seit 1572 als Kantor vorbildl. wirkend. W: geistl. dtsche Lieder u. Psalmen

WEBER, Geo. Viktor * 25/2 1838 Ober-Erlenbach (Hessen), † 24/9 1911 Mainz, Schüler von Schrems, 1863 Priester, seit 1866 DomKM. in Mainz, ausgezeichn. Dirig. W: Messen, Motetten, Psalmen, ‚OrgBuch z. Mainzer Diözesan-Gsgbuch', ‚Manuale cantus ecclesiastici', ‚Üb. OrgDispositionen' usw.

WEBER, Gottfr. * 1/3 1779 Freinsheim (Pfalz), † 12/9 1839 Kreuznach, bemerkensw. Theoret., Rechtsgelehrter, seit 1818 in Darmstadt, seit 1832 Generalstaatsprokurator. W: ‚Versuch einer geordn. Theorie d. Tonkunst' (3 Bde, 3. Aufl.), ‚Allgem. MLehre', Chöre, Lieder, KaM. H: Ztschr. ‚Cäcilia' seit 1824

WEBER, Gust. * 30/10 1845 Münchenbuchsee/Bern, † 12/6 1887 Zürich, da seit 1872 Organ., Chordir., KonservL. u. Red. der ‚Schweiz. MZtg'. W: sinfon. Dicht., KaM., KlavStücke, MChöre, Lieder usw. H: Liederbücher

WEBER, Harry, ps. = Hanns LÖHR

WEBER, Heinr. * 6/6 1821 Zürich, † 1/3 1900 Höngg (Zürich), da seit 1862 Pfarrer, sehr verdient um den Volks- u. KirchGsg. W: ‚Der KirchGsg Zürichs'; ‚Gesch. des Kirchgsg.' u. a. H: Liederkranz f. schweiz. MChöre; Choralsammlg, Gsgbuch

WEBER, Henry (E) * 23/10 1896, KM. u. Instrumentator, bes. f. Salonorch., in Goslar. W: LustspielOuvert., FilmM., UnterhaltgsM.

WEBER, Joh. * 6/9 1818 Brusmath (Els.), † März 1902 Paris, da zeitw. Meyerbeers Sekretär, 1861/95 MRef. W: Lehrbücher; ‚La situation musicale en France' (dtsch von Lina Ramann), ‚Meyerbeer' u. a.

WEBER, Joh. Franz † 75jähr. 8/8 1910 Köln, da MHändler. W: Karnevalslieder

WEBER, Joh. Rud. * 29/9 1819 Wetzikon, † 22/9 1875 Münchenbuchsee (Schweiz), SemML. W: Gsglehre (4 Bde), Chöre. H: viele Chorlieder-Sammlgen

WEBER, Josef Miroslaw — s. WEBER, Miroslaw Jos.

WEBER, Josepha * 1785 Mannheim, † 1820 Wien, Schwägerin Mozarts, für die er die Rolle der Königin der Nacht in der ‚Zauberflöte' schrieb, bereits um 1783 bekannte KolorSgrin

WEBER, Karl Maria von * 18/12 1786 Eutin (Holstein), † 5/6 1826 London, Schöpfer und Meister der musikal. Romantik, zugleich einer der gebildetsten u. geistreichsten Männer s. Z. War der Sohn des sich eigenmächtig als Freiherrn bezeichnet habenden Franz Anton Weber, eines Vetters der Frau Mozarts, einer Hochstaplernatur, urspr. Offiz. (treffl. Geiger, auch KBVirt.), seit 1777 TheaKM. u. seit 1787 herumwandernder TheaDir. * 1734 (?) Zell im Wiesenthal (Bad.), † 16/4 1812 Mannheim. Karl Maria erhielt MUnterricht von seinem Onkel Fridolin W., KlavUnterr. 1796 von Heuschkel u. 1797 von Mich. Haydn, 1798/1800 in München Theor- u. GsgUnterricht. Im 14. Jahre schrieb er die Oper ‚Das Waldmädchen' (der Text 1809 für die ‚Silvana' wieder benutzt), die 1800 an vielen Orten zur Aufführg kam, stud. 1801 wieder bei Mich. Haydn u. dann in Wien bei Abt Vogler, wurde 1804 TheaKM. in Breslau, 1806 MIntendant des Prinzen Eugen von Württemberg in Karlsruhe (Oberschles.), 1806/10 im Dienste d. Prinzen Ludwig in Stuttgart. Darauf erneutes Studium bei Abt Vogler; 1811 komische Oper ‚Abu Hassan'; 1813/16 Dir. der Oper in Prag. Die allbekannten Kompos. der Körnerschen Freiheitslieder ‚Leier u. Schwert' entstanden 1813. 1816 in Dresden kgl. KM. der neuen dtschen Oper, die neben der vom Hofe begünstigten ital. einen harten Stand hatte. Hier schrieb er, nachdem er sich im Nov. 1817 mit der Schauspielerin Karoline Brandt vermählt, seinen ‚Freischütz', der zuerst 18/6 1821 im neuerbauten Schauspielhause zu Berlin zur Aufführung kam u. bald die Runde um die Erde machte, ferner in 9 Tagen die M. zu P. A. Wolffs ‚Preziosa' (zuerst 14/3 1821 in Berlin aufgeführt), sowie die große, für die Weiterentwicklg des MDramas ungemein wichtige, leider textlich sehr anfechtbare Oper ‚Euryanthe' ohne Dialog (zuerst in Wien 25/10 1823). Im Auftrage d. Coventgarden-Thea. in London komponierte er den ‚Oberon', seinen Schwanengsg, den er bei der Uraufführg 12/4 1826 selbst dirigierte. Aber die übermäßigen Anstrengungen der letzten Jahre hatten seine Gesundheit zerstört. Er wurde feierlich in der Moorfieldskap. beerdigt. 1844 wurden seine Überreste nach Dresden übergeführt. Nicht nur auf dem Gebiete der Oper, auch im MChorliede u. der KlavKompos. hat er Außerordentliches geschaffen, war auch ein bedeut. Pianist, genialer Dirig. u. geistvoller MSchr. Noch zu nennen: die unvollendete Oper ‚Die drei Pintos' (von Gust. Mahler 1887 beendet), die Oper ‚Silvana' (1810, von E. Pasqué u. Ferd. Langer 1885 mit Glück neu bearbeitet), ferner Kantaten, 2 Sinfon., die Jubel-Ouvert., KlavM. (‚Polonaise brillante' op. 21, 4 Sonaten, 2 Konz., 1 KonzStück usw.), ausgezeichn. KlarinKonzerte, Lieder usw. — Seine Schriften, hrsg. von G. Kaiser 1908. Eine Auswahl daraus, hrsg. v. W. Altmann 1936 Verlag Gust. Bosse. — Sein Sohn Max veröffentlichte sein ‚Lebensbild' (1864, 3 Bde; NA. 1912). Eine krit. Biographie u. eine Ausgabe seiner Briefe u. Tagebücher fehlen noch. Eine Gesamtausgabe seiner MWerke läßt die Deutsche Akad. in München erscheinen

WEBER, Ludwig * 4/4 1877 Darmstadt, Schüler Rheinbergers u. Widors, OpKM. in Mainz, Darmstadt, Stettin, lebt in München. W: Singspiele, MChöre m. Orch., KaM., Lieder

WEBER, Ludwig * 13/10 1891 Nürnberg, seit 1934 städt. Chordir in Mülheim a. R., bis Herbst 1925 in Nürnberg SchulL, dann KomposL. an der Akad. in Münster i. W., Herbst 1927/33 in gleicher Stellg in Essen, in Rhythmik u. Harmonik eigenart. Tonsetzer, in d. Hauptsache Autodidakt. W. Oper, Christgeburt-Spiel, ‚Totentanz', Sinfon., KaM., Chöre, (,Chorgemeinschaft'), M. nach Volksliedern in verschiedenster Besetzg

WEBER, Mich. * 7/10 1787 Oberneustift/Schottenfeld (Wien), † 18/2 1844 Prag, da treffl. Geigen- u. GitBauer, erst Geselle bei Casp. Strnad, seit 1818 selbständig

WEBER, Miroslaw Jos. * 9/11 1854 Prag, † 1/1 1906 München, Schüler des Prager Konserv., KonzM. 1875 in Darmstadt, 1883 in Wiesbaden, 1893 in München. W: 2 Opern, Ballett, Orch-Suiten, bemerkensw. KaM., VKonz. usw.

WEBER, Otto * 15/5 1880 Wien, da OrgVirt., Schüler H. Grädeners, jahrelang KM. der Volksoper, dann musik. Kabaretleiter, zeitw. L. am Mozarteum in Salzburg. W: Oper, Ballett, Messe, OrchStücke

WEBER, Rudolf * 26/1 1886 Leipzig, Kantor in Markneukirchen

WEBER, Walter * 7/11 1889 Hannover, lebt in Basel. W: VStücke, VcStücke, Lieder

WEBER, Wilhelm * 16/11 1859 Bruchsal, † 14/10 1918 Augsburg, Schüler des Stuttgarter Konserv., 1884 L. u. 1905 Dir. der MSchule in Augsburg, seit 1892 sehr verdient als Dir. des OratorVer. W: Landsknechtslieder; Erläutergen zu Tonwerken, z. B. zu Beethovens ‚Missa solemnis'.

WEBERN, Anton v., Dr. phil. * 3/12 1883 Wien, da KomposL., Schüler Schönbergs. W: Orch-Stücke, KaM., Lieder

WECHMAR, Hans Albrecht v. * 24/6 1895 Züllichau, Rittmeister a. D. in Bad Canstatt. W: Singspiel, Tanzlieder

WECKAUF, Albert 8/10 1891 Alsfeld (Hess.), seit 1914 KonservL. in Dortmund (3jähr. Kriegsdienst), ausgeb. in Leipzig (Konserv., bes. als Geiger v. Sitt), 1925/30 KomposSchüler von M. Trapp. W: 2 Sinf., VKonz., KaM., Lieder

WECKER, Geo. Kasp. * 2/4 1632 Nürnberg, da † 20/4 1695, ausgez. Organ. W: geistl. Konz.

WECKER, Rud. * 30/6 1833 Löwenberg, Schles., † 15/8 1914 Berlin. W: Chöre

WECKERLIN (Wekerlin), Jean Bapt., ps. Marc GIROFLÉE * 9/11 1821 Gebweiler (Elsaß), da † 10/5 1910, urspr. Färber, 1844 auf d. Konserv. in Paris, dann da bes. GsgL., 1876/1909 Bibliothekar. W: Opern, Chorwerke, Waldsinf., Chöre usw., mgesch. Werke üb. Instrum. u. InstrumM., Volkslieder. H: Volksliedersammlgen

WECKERLIN, Mathilde * 5/6 1848 Sigmaringen, † 18/7 1928 Pöcking/München, OpSgrin, die erste Gutrune in Bayreuth 1876, 1868/71 in Dessau, 1871/76 in Hannover, 1876/92 in München; 1877 mit Hans Bußmeyer (s. d.) verheir.

WECKMANN, Matthias * 1621 Niederdorla/Mühlhausen (Thür.), † 1674 Hamburg, Schüler von Heinr. Schütz, 1641 Hoforgan. in Dresden, 1642 desgl. in Kopenhagen, 1647 wieder in Dresden, seit 1655 Organ. in Hamburg. W (sehr beachtet): Chorwerke, Solokantat. u. KlavKompos. (Sonaten, Suiten, Toccaten usw.)

WEDEKIND, Erika * 13/11 1868 Hannover, bedeut. KolorSopranistin, Schülerin der Orgeni, 1894/1909 an der Dresd. Hofoper, lebt in Dresden

WEDEKIND, Frank * 24/7 1864 Hannover, † 9/3 1918 München, der Dichter u. Schauspieler, auch Lautensgr. W: Lieder z. Laute

WEDEL, Dorfküster, ps. = ZUCCAMAGLIO

WEDEL, Artemi * 1767 Kiew, da † 1806 Schüler Sartis, Chorleiter in Kiew, Charkow u. Moskau, lebte jahrelang als Sträfling im Kloster zu Kiew. W: vielverbreit. KirchM. (meist bis 1910 ungedr.)

WEDEL, Jos., MVerlag in Wiener Neustadt — s. BROCKHAUS, M.

WEDEMANN, Wilh. * 24/7 1805 Uterstedt/Erfurt, † 1845, Hoforgan. u. SemL. in Weimar. W: ‚Gsge der Unschuld', ‚Übgsstücke f. progress. KlavUnterr.'

WEDIG, Hans, Dr. phil. * 28/7 1898 Essen, R., seit 1936 Dirig. des LGsgVer. in Dortmund, vorher Chordir. in Bonn, Schüler v. Othegravens u. Schiedermairs (Univ. Bonn), Frontkämpfer. W: Sinf., OrchSuite, KlavKonz., Kantaten, Psalm, KlavStücke; ‚Beethovens Streichquart. op. 18 Nr 1 u. seine erste Fassung' (1922)

WEEBER, Joh. Christian * 4/7 1808 Warmbronn (Württ.), † 28/3 1877 Nürtingen, da seit 1843 SemML., Begr. der schwäb. LGsgSchule. W: OrgStücke, KlavStudien, MChöre. H: Schulliederbücher, kirchl. Chorgsge

WEEKES, Amos Tucker † 8/8 1932 Letchworth 81jähr., Begr. des MVerl. in London. W: Lieder

WEELKES, Thomas * 1575, † 30/11 1623 London, Organist. W: KirchM., treffl. Madrigale

WEGE, Paul * 1890 Leipzig, SchulL., 1913/15 Konserv. in Leipzig, 1916/20 kriegsgef. in Sibirien (Dirig. in Barnaul), 1921/27 SchulL. in Reichenbach i. V., seit 1925 Kantor u. Chordir. in Auerbach i. V. W: MChöre, auch m. Orch., u. a. ‚Requiem'

WEGELER, Frz Gerhard, Dr. med. * 22/8 1765 Bonn, † 7/5 1848 Coblenz, Jugendfreund Beethovens. W (wichtig): ‚Biograph. Notizen üb. Beethoven' (zus. mit Ferd. Ries)

WEGELIUS, Martin * 10/11 1846 Helsingfors, da † 22/3 1906, Schüler von R. Bibl, E. F. Richter u. O. Paul, KonservDir. u. Dirig., sehr verdient um das MLeben Finnlands. W: Ouvert., Kantat., Chöre, Lieder, Abriß der MGesch. usw.

WEGENER, Aug. * 10/2 1862 Eversen (Rheinprov.), SemML. in Paderborn, bis 1891 auch Domorgan., vorher in Büren, Schüler d. akad. Inst. f. KirchM. in Berlin. W: OrgStücke, TrauerGsge, Volksliederbücher

WEGNER, Julius * 23/4 1875 Dietersdorf, lebt in Berlin-Britz, bis 1922 SchulL. u. Organ., Chordir., ausgeb. im Sem. zu Prenzlau, auch Schüler M. Chops. W: Charakterstücke, Tänze, Märsche, Chöre, Lieder

WEGSCHAIDER, Leop. * 7/11 1838, † 5/2 1916 Graz, da 38 Jahre lang MGsgVerDir., auch (1869/82) BundesChormeister des Grazer SgerVer. W: MChöre

WEHDING, Hans Hendrik * 3/5 1915 Dresden, lebt da. W: Sinf., sinf. Dichtg, KaM., KlavStücke, OrgStück, Lieder

WEHLE, Gerhard F. * 11/10 1884 Paramaribo (Holl.-Guyana), stud. in Leipzig u. Berlin, da seit 1907 L. für Klav., Kompos., Improvisat. u. M-Ref. W: Sinf., KaM., Orat. ‚Bach‘, Chöre, Duette, Lieder, instrukt. KlavM.; ‚Die Kunst der Improvisation‘

WEHLE, Karl * 17/3 1825 Prag, † 3/6 1883 Paris, Schüler v. Moscheles u. Kullak, machte KonzReisen in Asien, Afrika u. Amerika. W: brill. KlavKompos.

WEHNERT, Otto * 2/5 1870 Potsdam, da ML. W: Ouvert., OrVMethode, UnterhaltgsM.

WEHOWSKY, Alfred (ps. Ted HOWS) * 8/1 1888 Berlin, lebt in Berlin-Lichtenberg, urspr. Kunstmaler, dann KlavVirt., auch Dichter. W: UnterhaltsM., Lieder

WEHRLE, Hugo * 17/7 1847 Donaueschingen, † 29/3 1919 Freiburg i. B., tücht. Geiger (zumal QuartettSpieler), Schüler d. Leipziger u. Pariser Konserv., 1865 in Weimar, 1868/98 HofKonzM. in Stuttgart, lebte seitdem in Freiburg i. B. W: VSolostücke, MChöre usw. H: ‚Aus alten Zeiten‘ (VStücke); Spinnlieder

WEHRLI, Joh. Ulr. * 13/1 1794 Höngg (Zürich), † 1/1 1839 Zürich, da seit 1833 GsgL. u. Chordir. W: viele Chöre (u. a. das Sempacher Lied); Schulgsgbücher

WEHRLI, Werner * 8/1 1892 Aarau, da seit 1920 SemML. u. Chordir., Schüler des Konserv. in Zürich u. des Hochschen Konserv. in Frankfurt a. M. W: Oper, Festspiele, weltl. Requiem, sinfon. Dicht., KaM., KlavStücke, OrgStücke, Lieder

WEHRMANN, Kurt, ps. = Kurt GOLDMANN

WEHRS, Walther * 23/2 1890 Hamburg, da ML. u. KirchMker, Schüler u. a. H. F. Schaubs u. W. Köhler-Wümbachs. W: Lieder

WEIBEL, Rud., ps. = Rud. WALLER

WEICHERT, Alex. * 28/3 1873 Bremen, BaptistenPrediger u. Chordir. in Gumbinnen. W: WeihnachtsOrat., geistl. Chöre u. Lieder

WEICHLEIN, Frz, Organist in Grätz, brachte in der 5. seiner 12 6/8st. InstrSonaten (Encaenia musices, 1695) als erster eine große Kadenz f. V., veröffentl. auch Trios (1705) u. Messen

WEICHOLD. Rich. * 1823 Dresden, da † 8/1 1902, treffl. Geigen- u. Bogenbauer, stellte auch quintenreiche Saiten nach eigenem Verfahren her

WEIDAUER, Joh. * 29/6 1890 Berlin/Rummelburg, ML. in Berlin-Lichtenberg, Schüler Paul Juons. W: Oper, VKonz., KaM., KlavStücke, Chöre, Lieder

WEIDE, Alfred * 27/5 1892 Leipzig, StadtM-Dir. in Altenburg. W: sinf. Skizzen, KlavStücke, Kinderlieder

WEIDENBACH, Johs * 29/11 1847 Berlin, † 28/6 1902 Leipzig, Schüler d. Leipziger Konserv., dann in Nürnberg, seit 1873 L. am Leipziger Konserv., KlavVirt.

WEIDENHAGEN, Emil * 3/2 1862 Magdeburg, da † 2/5 1922 auf der OrgBank, Organ., Chordir. u. MSchr. W: Oper, Chorwerke m. Orch., Ouvert., StrQuart., OrgStücke, Chöre, Lieder

WEIDIG, Adolf * 28/11 1867 Hamburg, † 23/9 1931 Chicago, Schüler H. Riemanns u. Rheinbergers, lebte in Hinsdale, Ill., vorher seit 1892 ML. u. Mitdir. des Konserv. in Chicago. W: 2 Sinf., Suite u. OrchStücke, KaM., Stücke für Klav., V., Vc.; Chöre, Lieder; ‚Harmonic Material and its Uses‘

WEIDINGER, Anton, Hoftromp. in Wien, er fand 1801 die Klappentrompete

WEIDLE, Herm. * 23/1 1901 Sulgau, Württ., Chordir. in Stuttgart/Untertürkheim, Schüler Ew. Straessers. W: Chöre

WEIDT, Heinr. * 1828 Coburg, † 16/9 1901 Graz, TheaKM. an verschied. Orten. W: Opern, Optten, Chöre, viele Lieder (‚Wie schön bist du‘) u. a.

WEIDT, Karl * 7/3 1857 Bern, 1889/94 Ver-Dirig. in Klagenfurt, seitdem in Heidelberg Dir. des ‚Liederkranz‘ bis 1928. W: MChöre (einige sehr beliebt) mit u. ohne Begleit.

WEIGEL, Heinz Karl * 10/8 1903, Chordir. des Reichssenders Berlin. W: KinoM.

WEIGEL, Nik. * 11/12 1811 Hainau, † 17/1 1878 München, ZithVirt., dem die grundleg. Prinzipien der heut. Normalschule zu verdanken sind

WEIGERT, Hermann * 1885 (?), langjähr. KM. u. I. SoloRepetitor der Staatsop. in Berlin, seit 1933 in Capetown, Südafr. B: Webers ‚Euryanthe‘

WEIGERTH, Alfr. (Aladar) von * 13/10 1893 Budapest, da Pianist (lange in Berlin), ausgeb. in Budapest (Akad.). W: Optten, OrchSuite, KaM., KlavStücke, Lieder, auch m. StrQuart. bzw. Orch., Tänze

WEIGL, Anna Maria — s. bei Frz Jos. WEIGL

WEIGL, Bruno * 16/6 1881 Brünn, da MSchr., Schüler Kitzlers u. v. Mojsisovics, bis 1924 Ingenieur. W: Opern, OrchSerenade, OrgStücke, Chöre, Lieder; ‚Handbuch der VcLit.‘, ‚Gesch. des Walzers‘, ‚Harmonielehre‘ (modern)

WEIGL, Frz Josef (Vater Josefs) * 19/3 1740 Bayern, † 25/1 1820 Wien, Vcellist, erst in der Kap. des Fürsten Esterhazy, dann in der ital. Op. u. seit 1792 in der Hofop. zu Wien. W: Git- u. CsakanKompos. — Seine Gattin A n n a M a r i a, treffl. OpSgrin, u. a. berühmt als ‚Alceste‘ (Oper von Gluck)

WEIGL, Joh. Bapt. * 26/3 1783 Hahnbach (Ob-Pfalz), † 5/7 1852 Regensburg, da seit 1817 KirchenrechtsProf., seit 1834 Domherr. W: KirchM., Gsgbuch mit 4st. Melodienb.

WEIGL, Jos. * 28/3 1766 Eisenstadt (Ungarn), † 3/2 1846 Wien, fruchtbarer OpKomp., seit 1825 KM. d. ital. Op. zu Wien. W: 32 Opern, u. a. ‚Die Schweizerfamilie‘ (1809), ‚Das Waisenhaus‘ (1818), Ballette, Orator., Messen, KaM., Melodramen usw.

WEIGL, Karl, Dr. phil. * 6/2 1881 Wien, Schüler Zemlinskys, der Univers. u. des Konserv. in Wien (Rob. Fuchs), lebt da, seit 1918 TheorL. am Neuen Konserv. W: 2 Sinf., sinfon. Kantate ‚Weltfeier‘, KlavKonz. f. d. linke Hand, VKonz., KaM., Chorlieder, viele Lieder, KlavStücke

WEIGL, Nikolaus — s. WEIGEL

WEIGL, Thaddäus * 1774 (1776?) Wien, da † 10/2 1844, Kustos der MusikalienSammlg der HofBibl., auch MHändler. W: 5 Operetten, 15 Ballette

WEIGLE, Karl Gottlieb * 19/10 1810 Ludwigsburg, † 16/10 1882 Stuttgart, begr. da 1845 die noch bestehende OrgBauanstalt

WEIGMANN, Friedr. * 17/5 1869 Lauf/Nürnberg, lebt in Stuttgart, Schüler Thuilles, OpKM. u. a. in Nürnberg, Graz, Hannover, war jahrelang Chordir., KonzBegl. u. ML. in Blankenese/Hamburg. W: Oper, M. zu Goethes ‚Faust‘, Lieder

WEIGT, Ernst * 6/1 1873 Berlin, da KinoKM., Schüler des Sternschen Konserv. (Bußler). W: UnterhaltgsM.

WEILAND, Jul. Joh. † 2/4 1663 Wolfenbüttel, da seit 1655 ViceKM. W: Kantaten, Psalme, Lieder

WEILE, Hermann * 13/7 1851 Bräsen (Anhalt), † 2/1 1917 Bernburg, da seit 1892 SchulRektor, zeitweilig auch Organ. u. VerDir. W: 40 kleine Charakterstücke f. Klav. (instrukt.), 30 Terzette im Volkston f. 2 Sopr. u. Alt

WEILL, Kurt * 2/3 1900 Dessau, lebt seit Herbst 1933 in Paris, vorher in Berlin, Schüler d. Hochschule, 1919/20 KM. an klein. Bühnen, 1921 Schüler Busonis. W: Opern, ‚Die Dreigroschenoper‘, Pantomime, sinfon. KaTanz, VKonz. mit Blasorch., Lieder m. Orch.

WEILL, Willy, ps. QUOTT * 5/10 1884 Berlin, da Schr. W: UnterhaltgsM.

WEIMANN, Karl * 26/9 1900 Jena/Zwätzen, Chordir. in Saalfeld, ausgeb. in Weimar. W: Chöre

WEIMAR, Gottfried, D. h. c. * 20/7 1860 Darmstadt, urspr. Pfarrer, seit 1900 SchulProf. u. Dir. des PaulusChors in Darmstadt, sehr verdient um die KirchM.

WEIMAR, Wilhelm * 25/11 1876 Usingen, Schüler d. Hochschen Konserv. in Frankfurt a. M., da SchulML. u. VerDirig. (u. a. der ‚Concordia‘). W: Chöre

WEIMERSHAUS, Emil Theod. * 6/1 1847 Penig, Sa., Soloflöt. in Köln, † ?, Schüler u. a. Theob. Böhms. W: FlSchule

WEINBAUM, Alex. * 4/5 1875 Berlin, lebt da, seit 1895 Chordirig. an verschied. Synagogen, seit 1901 Dir. des MChors ‚Typographia‘; GsgL. Verheir. mit P a u l a W. * 18/3 1878 Köln, † 24/10 1925 Berlin, der seit 1903 auch im Auslande sehr geschätzten Altistin

WEINBERGER, Charles = Karl Rud. WEINBERGER

WEINBERGER, Jaromir * 1896 Prag, lebt da, Schüler des dort. Konserv. u. M. Regers, 1922/26 KomposL. in Ithaka (NAmer.). W: Opern, u. a. ‚Schwanda, der Dudelsackpfeifer‘, Optte ‚Frühlingsstürme‘, BühnM., Pantomime, sinf. Dichtgen, böhm. Tänze u. Lieder f. V. u. Klav., KlavSonate u. Stücke

WEINBERGER, Josef * 6/5 1855 Szt-Miklos, ungar. Komitat Lipto, bald nach seiner Geburt in Wien, da † 8/11 1928, gründete da 1885 einen MVerlag, den er 1895 durch Ankauf der Verlage Artaria u. Gust. Lewy erweiterte, bevorzugte österr. Tonsetzer u. pflegte bes. den BühnenVerl. (Opern v. Wolf-Ferrari, Kienzl usw.) u. Bühnenvertrieb. Auch Gründer der Gesellsch. der Autoren, Kompon. u. MVerleger in Österreich (1898), des MSchutzes, der sehr reiche Unterstützgen bedrängten Musikern zuführt (Jos. Weinberger-Haus); rief 1901 die Universal-Edition mit ins Leben

WEINBERGER, Karl Frdr. * 22/6 1853 Wallerstein (Bay.), † 29/12 1908 Würzburg, da seit 1881 SemML. u. seit 1886 DomKM., Schüler Rheinbergers u. Wüllners. W: KirchM., Org- u. KlavStücke, Chöre, Lieder; ‚Handbuch der HarmonieLehre‘

WEINBERGER, Karl Rud. * 3/4 1861 Wien, lebt da. W: Opern, Optten, Couplets, Tänze

WEINER, Leo * 16/4 1885 Budapest, da Schüler der LandesAkad., bes. Koeßlers, seit 1903 da TheorL. W: OrchSuite, Serenade u. Humoreske, treffl. KaM., KlavStücke

WEINER, Rudolf † 15/6 1930 Wien, lebte jahrelang als MRef. in Berlin. W: Lieder

WEINGARTEN, Hans, ps. = Hans WINGERT

WEINGARTEN, Paul, Dr. phil. * 20/4 1886 Brünn, Schüler des Konserv. u. d. Univers. Wien, da KlavVirt.

WEINGARTNER, Felix (Edler v. M ü n z b e r g) * 2/6 1863 Zara (Dalm.), 1867 in Graz (Gymnas., bei Dr. W. Meyer MStudien), 1883 bei Liszt in Weimar, dann OpKM., 1884 in Königsberg i. Pr., 1885/87 Danzig, 1887/89 Hamburg, 1889/91 Mannheim, 1891/98 Berlin (Hofoper, deren SinfKonz. er bis 1911 leitete), 1898 Dir. des KaimOrch. in München, 1908/11 Dir. der Wiener Hofoper, 1912/14 OpKM. in Hamburg, 1914/19 in Darmstadt, 1919/20 Dir. der Wiener Volksoper, 1927 KonservDirektor in Basel, seit Anf. 1935 wieder StaatsOpDir. in Wien, viel auf Reisen, ausgezeichn. Dirig., auch KlavSpieler, als Mensch von zu wechselnder Stimmg, begabter Komp., jedoch kaum von bleibender Bedeutg. W: Opern, M. zu Goethes ‚Faust' u. Shakespeares ‚Sturm', 6 Sinfon., sinfon. Dichtgen, StrOrchSerenade, gute KaM., bes. StrQuart., Chöre, viele Lieder (u. a. ‚Liebesfeier'), KlavStücke, sowie die Schriften: ‚Die Lehre von der Wiedergeburt u. das musik. Drama', ‚Üb. das Dirigieren', ‚Bayreuth', ‚Die Sinfonie nach Beethoven', ‚Ratschläge f. Aufführgen klass. Sinfon.' ‚Akkorde', ‚Erlebnisse eines Kgl. KM. in Berlin', ‚Lebenserinnerungen' usw. H: Werke von Berlioz, Webers ‚Oberon', Mehuls ‚Joseph'. B: Beethoven, op. 106 Hammer-KlavSonate, orchestriert

WEINHÖPPEL, Hans Rich., ps. Hannes RUCH * 29/9 1867 München, da † 11/7 1928, 1906/27 L. f. Sologsg u. Mimik in Köln, Schüler Rheinbergers, zuerst OpSgr, dann TheaKM., auch in Amerika, 1896/1903 in München, da Mitbegründer der ‚Elf Scharfrichter'. W: Lieder, u. a. Kabarett- u. LautenLieder, KaM.

WEINLIG, Christian Ehregott * 30/9 1743 Dresden, da † 14/3 1813, Organ., seit 1785 KreuzKirchKantor. W: KirchM., FlSonat., KlavStücke

WEINLIG, Christian Theod. * 25/7 1780 Dresden, † 7/3 1842 Leipzig, da seit 1823 ThomasKantor, treffl. TheorL., L. R. Wagners. W: Orator., ‚Dtsches Magnificat', Singübgen, ‚Anleitg z. Fuge'

WEINMANN, Karl, Dr. phil. et theol. * 22/12 1873 Vohenstrauß (ObPfalz), † 26/9 1929 Regensburg, da Schüler der KirchMSchule, 1899 Priester, 1901 StiftsKM. u. L. an der KirchMSchule, 1910 deren Dir., 1909 auch Leiter der bischöfl. (ehem. Proskeschen) Bibl. W: ‚Hymnarium Parisiense', ‚Gesch. d. KirchM.', ‚Karl Proske', ‚Stille Nacht, heilige Nacht', ‚Das Konzil v. Trient u. die KirchM.' H: Ztschr. ‚Musica sacra', ‚Graduale', ‚Kyratle' usw.

WEINREIS, Heinr. * 19/8 1874 Bad Kreuznach, VerDir. u. ML. in Berlin, Schüler d. Kölner Konserv. W: KlavStücke, Chöre, Lieder. H: Altdtsche Volkslieder

WEINRICH, Heinz * 17/2 1918 Magdeburg, lebt da. W: UnterhaltgsM.

WEINSTABL, Karl * 5/10 1872 Wien, da VariétéKM. W: Wiener Lieder, Couplets

WEINWURM, Karl * 1878 Wien, da Schüler des Konserv. d. MFreunde, KirchChor- u. VerDirig., OrgBausachverständiger. W: kirchl. u. weltl. Chöre u. Gsge

WEINWURM, Rud. * 3/4 1835 Scheidldorf/Waidhofen a. d. Thaya, † 25/5 1911 Wien, gründete da 1858 den akad. GsgVer. an der Univers., 1864 SingakadDir., 1866/69 MGsgVerDir., seit 1880 UniversMDir., Inspektor d. MUnterr. an der k. k. LBildugsanstalt. W: M- u. GemChör, Lieder usw.; ‚Allgem. MLehre', ‚Methodik des Gsg-Unterrichts'

WEINZIERL, Max v. * 16/9 1841 Bergstadl (Böhmen), † 10/7 1898 Mödling/Wien, Schüler des Wiener Konserv., dann in Wien 1884/92 SingakadDir. u. seit 1893 KM. des RaimundThea. W: Optten, Orator., Messen, beliebte MChöre

WEIRAUCH, Aug. Heinr. v. * 1788 Riga, † 1865 Dresden. W: einst viel (bes. im Baltikum) gsgene Lieder

WEIRICH, Aug. * 15/4 1858 Fugau (Böhm.), † 2/3 1921 Wien, da ausgeb., seit 1903 DomKM. W: kirchl. Gsge. — Sein Sohn R u d o l f, Dr. iur. * 30/9 1886 Wien, TheaKM. an verschied. Orten. War 1928 Dir. der Wiener Volksoper, da 1916 Korrepet., 1921 I. KM. W: ältere Opernbearb.

WEIS, Karl * 13/2 1862 Prag, lebt da, seit 1888 nur der Kompos. W: Opern, u. a. ‚Der polnische Jude' (stark verbreitet), Optten, Sinfon., KaM. usw.

WEIS-OSTBORN, Rudolf von * 8/11 1876 Graz, da seit 1920 DomKM., da Schüler der MSchule (Degner), 1902 städt. MDir. u. KirchChordir. in Knittelfeld, 1913 Dir. der Philharm. Gsschaft in Laibach. W: Messen, Chöre, Lieder, KlavStücke. H: ‚Sursum corda' (kirchl. Liederbuch)

WEISBACH, Hans * 19/7 1885 Glogau, seit 1933 mus. Leiter des Reichssenders Leipzig, Schüler d. Berliner Hochschule u. Mottls, OpKM. an versch. Orten, 1926/33 GMD in Düsseldorf

WEISE, Paul * 15/1 1869 Hohendorf, Kr. Calbe, MStudRat i. R. u. Organ. in Berlin-Schöneberg. W: geistl. Chöre, Lieder

WEISE, Willy * 6/4 1892 Nienburg a. S., Mker in Köln, ausgeb. in Berlin. W: Märsche, Tänze

WEISHAUPT, Samuel * 27/3 1794 Gais (Appenzell), † 13/1 1874 Knoxvielle (Tennessee), da Pfarrer, seit 1853 in Amerika, vorher in Wald (Appenzell, 1814/28) u. Gais (1828/53), verdient um den Volksgsg. H: viele Lieder(Chor)Sammlungen

WEISHEITINGER, Ferd., ps. Ferdl WEISS * 28/6 1883 Altötting, Humorist in München/Solln, ausgeb. in Salzburg. W: Couplets

WEISMANN, Julius * 26/12 1879 Freiburg i. B., lebt da, bemerkensw. Komp., Schüler von E. H. Seyffart, Herzogenberg, Thuille. W: Opern, u .a. ‚Schwanenweiß', ‚Traumspiel', M. z. ‚Sommernachtstraum', Sinfon., OrchFantasien, 2 VKonz., KlavKonz., KaM., Chöre, auch m. Orch., Lieder, KlavStücke

WEISMANN, Wilhelm * 20/9 1900 Alfdorf (Württ.), MSchr. in Leipzig seit 1923, auch Berater des Verlags C. F. Peters, Schüler des Stuttgarter Konserv. u. Karg-Elerts. W: Kantaten, Chöre (Madrigale), Lieder, OrgVorspiele

WEISS, Adolph * 1891 Baltimore, lebt in New York, Schüler Schönbergs. W: sinf. Dichtgen, Ka-Sinf., KaM., Chöre

WEISS, Amalie — s. JOACHIM, Jos.

WEISS, Aug. * 10/6 1861 Deidesheim, † ?, Schüler Raffs, 1893/1902 L. am Raffschen Konserv. in Frankfurt a. M., lebte dann in Berlin. W: GutenbergHymne f. Chor u. Orch., Chöre, Lieder

WEISS, Eugen Rob. * 26/6 1863 Neuulm, † 15/1 1933 München, lyr. Bariton an verschied. Bühnen, seit 1915 GsgL. in München (vorher in Berlin u. Wiesbaden). W: Lieder, KlavStücke

WEISS, Ferdl, ps. = Ferd. WEISHEITINGER

WEISS, Frz * 18/1 1778 Schlesien, † 25/1 1830 Wien, da Bratschist des SchuppanzighQuart. W: Sinf., KaM., Konzertanten f. versch. Instr.

WEISS, Hans * 2/3 1889 Nürnberg, urspr. SchulL., Schüler d. Akad. in München, Kriegsteiln., seit 1920 Prof. f. Th., Klav. u. Chorgesg am Konserv. in Nürnberg. W: OrchStücke, viel KaM., KlavStücke, Chöre, auch m. Orch., Lieder

WEISS, Heinr. * 25/3 1836 Jauer, † 14/8 1914 Dresden. W: ‚Aus meinem MErleben' (1883)

WEISS, Heinz * 13/9 1912 Mikultschütz, OS., Pianist in Berlin. W: UnterhaltgsM.

WEISS, J. G. * 11/7 1853 Deilingen (Württ.), SchulL. in Stuttgart, lebt da im Ruhestand, Schüler des Konserv., KirchChordir. u. MGsgVerDir. W: MChöre, Lieder usw.

WEISS, Joh. * 20/11 1850 u. † 7/9 1919 St. Ruprecht a. d. Raab, Steierm., Priester, ausgeb. in Regensburg (KirchMSchule), 1881 ChoralGsgL. am KlerikalSem. in Graz, da 1884/91 DomKM., treffl. OrgSpieler. W: ‚Die musik. Instrumente in den heil. Schriften des A. Test.' (1895)

WEISS, Joseph * 1864 Kaschau, lebt in Berlin, Schüler Liszts u. Rob. Volkmanns, pianist. Wunderkind, vielgereister Virt., auch auf dem Jankó-Klav., 1891/93 KonservProf. in Petersburg. W: Oper, KaM., viele KlavStücke, Lieder

WEISS, Julius * 19/7 1814 Berlin, da † 30/6 1898, beliebter VL., seit 1852 auch MVerleger. W: instrukt. VKompos.

WEISS, Karl * 1738 Mühlhausen, Thür., † 1795 London, SoloFlötist in der Kapelle des Königs Georg III. W: Sinf., FlQuart., FlTrios u. a. — Sein gleichnamiger Sohn * 1777, vielgereister FlötenVirt., lebte in London. W: ‚New methodical instruction-book for the flute', FlSoli

WEISS, Laurenz * 10/5 1810 Wien, da † 22/5 1888, GsgProf. am Konserv. W: KirchM., Chöre, Lieder

WEISS, Paul * 9/9 1906 Brünn, da Pianist. W: KaM., KlavStücke, Lieder

WEISS, Sylvius Leopold * 12/10 1686 Breslau, † 15/10 1750 Dresden, da seit 1717 in Diensten des sächs. Kurfürsten, bzw. Königs v. Polen, ausgezeichn. vielgereister Lautenist u. sehr begehrter L. W: Soli, Konz. u. Trios f. Laute (verschollen)

WEISS-MANN, Edith * 11/5 1885 Hamburg, da KlavL. u. MRef., Schülerin der Berliner Hochschule. W: Lieder

WEISSBECK, Joh. Mich. * 10/5 1756 Unterlaimbach (Schwab.), † 1/5 1808 Nürnberg, da Organ. W: Streitschrift gegen Abt Vogler u. a.

WEISSBERG, Julia * 1879 Orenburg, lebt in Petersburg, Gattin des MSchr. A. N. Rimsky-Korssakow, Schülerin J. Kryshanowskis u. N. Rimsky-Korssakows, 1907/12 in Deutschland, auch Schülerin Humperdincks. W: Oper, Sinf., u. sinfon. Dicht., Kantate, Duette, Lieder u. Balladen, auch m. Orch.

WEISSE, ps. = Herm. HELM

WEISSE, Christian Felix * 28/1 1726 Annaberg i. S., † 16/12 1804 Leipzig, JugendSchr. u. Dichter, lieferte die meisten Texte zu J. A. Hillers Singspielen, daher Mitschöpfer des dtschen Singspiels

WEISSENBACH, Ernst Eug. Frh. v. * 8/10 1872 Venedig, seit 1922 in Wien, höh. Beamter (1896/1919 in Triest). W: KlavStücke, Lieder

WEISSENBÄCK, Andreas, Dr. phil. * 26/11 1880 St. Lorenzen a. Wechsel (Steiermark), Chorherr in Klosterneuburg, Prof. an der Akad. f. M. in Wien. W: KirchM., VcSuite m. Orch.

WEISSENBORN, Christian Jul. * 13/4 1837 Friedrichs-Tanneck/Eisenberg, † 21/4 1888 Leipzig, da FagVirt. u. KonservL. W: FagKompos., Tänze, Märsche

WEISSENBORN, Ernst † 6/12 1900 Nordhausen. W: VStücke, UnterhaltsM.

WEISSENSEE, Friedr. * um 1560 Schwerstadt (Thür.), † 1622 Altenweddinger, da Pfarrer seit 1602. W: Treffl. 4—12st. Motetten

WEISSFLOCH, Hans * 25/6 1875 Flugshof, Bay., Mker in Berlin. W: Märsche, Tänze

WEISSHAPPEL, Friedr. * 13/2 1875 Linz, seit 1884 in Wien, da seit 1903 MSchulDir., seit 1899 KirchChorDir. (ev.), seit 1894 Anhänger d. Jankó-Klaviatur, erfand 1894 eine Notenschrift ohne Versetzgszeichen u. Schlüssel. W: Schriften über s. Notenschrift u. die JankóKlav.

WEISSHEIMER, Wendelin (vgl. SOLINGER) * 26/2 1838 Osthofen, † 16/6 1910 Nürnberg, Schüler des Leipziger Konserv., zeitw. TheaKM. zu Würzburg, Mainz u. GsgL. in Straßburg i. E., lebte, da wohlhabend, seinen Neiggen. W: Opern, MChöre, Lieder; ‚Erlebnisse mit R. Wagner, F. Liszt usw.'

WEISSLEDER, Frz * 29/6 1860 Weimar, † 26/3 1922 Köln, urspr. Fagottist, dann TheaKM., u. a. in Posen, Chemnitz, seit 1904 in Köln, da auch Regisseur u. Leiter der OpKlasse am Konserv. — Sein Sohn P a u l * 14/8 1886 Kolbergermünde, Schüler des Kölner Konserv., bes. Baußnerns, 1907 TheaKM. in Dortmund, nach dem Krieg KM. u. OpRegiss. in Leipzig, seit 1925 OpOberspielleiter am Stadtthea. in Mainz. W: Opern, gr. Chorwerk, sinfon. Dichtg. usw.

WEISSMANN, Adolf, Dr. phil. * 15/8 1873 Rosenberg, OS., † 22/4 1929 Haifa, seit 1900 MKrit. in Berlin. W: ‚Bizet', ‚Berlin als MStadt', ‚Chopin', ‚Der Virtuose', ‚Die Primadonna', ‚Der klingende Garten', ‚Die M. in der Weltkrise', ‚Puccini', ‚Verdi', ‚Der Dirigent im 20. Jh.' u. a.

WEISSMANN, Friedr. S., Dr. phil., ps. PINGPONG * 23/1 1893 Langen i. H., Dirig. f. GrammophonAufn. in Berlin bis 1933, jetzt ?, zeitweilig TheaKM., Schüler u. a. von Braunfels u. Sandberger, 1924/25 OpKM. in Münster. W: Oper, Chöre m. Orch., Lieder m. Orch.; UnterhaltsM.

WEISZ — s. WEISS

WEITZEL, Wilh. * 3/11 1884 Freiburg i. B., da Domorgan. W: ‚Führer durch die kath. KirchM. der Gegenwart' 1921; ‚KirchM. u. Volk' u. a.

WEITZMANN, Karl Frdr. * 10/8 1808 Berlin, da † 7/11 1880, Schüler v. Klein, Spohr u. Hauptmann, 1832 OpChordir. in Riga, 1834 in Reval, 1836 Geiger der Kais. Kap. in Petersburg, 1846 in London u. Paris, seit 1847 in Berlin, geschätzt als TheorL. fortschrittl. Richtg.; befreundet mit Liszt u. H. v. Bülow. W: ‚Die Harmonik der Neuzeit' (Preisschr.), ‚Der vermind. Septimenakkord', ‚Der übermäß. Dreiklang' usw., ferner Opern, Lieder, ‚Musikal. Rätsel' (Stücke zu 4 H., teils kanon. u. fug. Sätze, teils Tonstücke freierer Form), 1800 Präludien u. Modulationen usw.

WEKENMANN, Theo. * 15/6 1880 Lützenhard, württ. OA. Horb, StudRat in Gmünd, da † 17/5 1932, vorher u. a. ML. am Sem. Rottweil, ausgeb. in Stuttgart u. Nürnberg. W: KirchM., weltl. Chöre, OrgStücke

WEKERLIN — s. WECKERLIN

WELBECK, John, ps. = Ernest AUSTIN

WELCKER (von Gontershausen), Heinr. * 1811 Gontershausen, da † 15/6 1873, Instr-, bes. KlavBauer in Frankfurt u. Darmstadt. W: Schriften üb. KlavBau, Bau der Saiteninstr. u. a.

WELCKER, Max * 4/12 1878 Augsburg, da seit 1903 Organ. u. VerDirig. W: viel KirchM., Weihnachtsfestspiele, weltl. Chöre, auch Humoristika, Terzette, Lieder

WELDON, Georgine * 24/5 1837 London, † 11/1 1914 Brighton, mit Gounod sehr befreundete Sgrin u. MSchr. W: ‚Musical reform' u. a. H: Autobiogr. Gounods

WELDON, John * 19/1 1676 Chichester, † 7/5 1736 London, Schüler Purcells, Organ. W: Kirch u. BühnM.

WELISCH, Ernst, Dr. * 1890 (?), sehr fruchtbarer OpttenLibrettist in Bad Ischl

WELL, Philippus * 28/8 1887 Luckenwalde, seit 1902 Organ., seit 1911 Chordir. usw. in Berlin. W: Chöre, Duette, Lieder; ‚Der geistl. Gsg in Kirche, Verein u. Haus' 1928

WELLEBA, Leopold C. * 30/1 1878 Wien, lebt da, war Hofsängerknabe, Schüler Bruckners u. Mandyczewskis, auch Maler u. Bildhauer. W: 2 Opern, 4 Sinf., 2 sinfon. Dichtgen, 2 VKonz., VcKonz., KlavKonz., KaM., KlavStücke, VStücke, Lieder

WELLEK, Albert, Dr. phil. * 16/10 1894 Wien, da MSchr., Schüler des Prager Konserv. u. G. Adlers. W: StrQuart., KlavSon., Liederkreis

WELLEMINSKY, Ignaz Mich., Dr. iur., ps. TREVE * 7/12 1882 Prag, da MinistRat, OpLibr.

WELLENKAMP, Eduard * 26/4 1868 Hamburg, da Vcellist u. Organ. W: Sonate f. Klav u. V., Lieder (auch m. Orch.)

WELLER, Friedr. † 30/5 1870 Zerbet, langjähr. MilKM. in Berlin. W: viele Bearb. für MilM.

WELLER, H., ps. für GymnProf. Karl Aug. MÜLLER, † April 1900, Berlin, Possendichter

WELLER, Sam., ps. = W. ALETTER

WELLESZ, Egon, Dr. phil. * 21/10 1885 Wien, da Schüler Adlers u. Schönbergs, 1915 PrivDoz. (1928 Prof.) f. MGesch. an der Univers., bes. Erforscher der byzantin. M., express. Kompon. W: Opern, Ballette, OrchSuite, VKonz., KaM., bes. StrQuart., KlavSuiten u. Stücke, Chorwerke, Lieder; ,A. Schönberg', ,Der Beginn des musikal. Barock u. die Anfänge der Oper in Wien', ,Byzant. M.', ,Die neue Instrumentation', viele Ztschr.-Aufsätze

WELLMANN, Friedr. Konr. * 16/10 1870 Waren, Meckl., StudRat in Bremen. W: Schr. z. MGesch. Bremens

WELLMANN, Otto * 3/2 1863 Brünn, Komp. u. Librettist in Berlin, Schüler d. Wiener Konserv. W: Opern, Singsp., Optten, MChöre, Lieder, Tänze

WELLMER, August * 17/3 1843 Brietzig (Pomm.), Schüler v. Löwe u. R. Franz, † 1897 Berlin, ev. Pfarrer in Gr.-Schwansfeld (Ostpr.) bis 1887, dann bis 1893 in Stettin, bis 1895 in Stolp (seines Amtes entsetzt). W: ,Musik. Skizzen u. Studien', ,Die geistl., insonderheit die geistl. OratorienM. unseres Jh.', ,Karl Löwe, ein dtsch. Tonmeister', ,Der Gemeinde- u. Chorgsg in der ev. Kirche' usw.

WELLS, Paul * 22/7 1888 Carthage, Mo., KlavVirt. u. seit 1913 KlavL. am Konserv. in Toronto, Schüler Hutchesons, Lhévinnes (Berlin) u. Godowskys

WELS, Karl * 1825 Prag, † 1906 Newyork, da seit 1849 KlavVirt. W: OrchStücke, Messen, Lieder, KlavStücke

WELSMAN, Frank S. * 20/12 1873 Toronto, da treffl. Klavierist (ausgeb. u. a. in Leipzig), 1906 Dirig. des neugegr. SinfOrch., seit 1922 Dir. der Canad. Academy

WELTE, Emil * 20/4 1841 Vornbach, † 25/10 1923 Norwich, Conn., Erfinder des Orchestrions u. Begründer d. MInstrumFabrik M. Welte & Sons in Newyork. Diese geht zurück auf Michael W., Spieluhrenmacher in Unterkirnach (Schwarzwald), der 1832 in Vöhrenbach die 1872 nach Freiburg i. B. verlegte Fabrik pneumatischer MWerke eröffnete. Das Welte-Mignon-Reproduktionspiano seit 1904

WELTER, Friedr., Dr. phil. * 2/5 1900 Eydtkuhnen, MSchr. u. Pädag. in Berlin, Schüler des Königsberger Konserv. u. Geo. Schumanns, auch v. Joh. Wolf (Univ. Berlin). W: KlavStücke, Kantate, Chöre, u. a. preisgekr. Preußenlied, Lieder, auch m. Instr.; ,J. H. Wetzel'

WELTER, John, ps. = Walter EILERS

WELTI, Heinrich, Dr. phil. * 8/12 1859 Zurzach (Schweiz), MSchr. in Aarburg (Schweiz) seit 1910, vorher seit 1890 in Berlin. W: ,Gluck', viele Aufsätze

WELTNER, Alb. Jos. * 6/11 1855 Wien, da † 16/9 1914, MSchr. W: ,Das HofopernThea. in Wien 1869—94' u. a.

WELZ, Ed. Ritter von * 13/6 1854 Nürnberg, war MDir. in Liegnitz u. Dresden, seit 1891 in Langebrück i. S. W: KlavWerke, Chöre, Lieder

WENCKEL, Joh. Friedr. Wilh. * 21/11 1734 Niedergebra/Nordhausen, † 1792 Ülzen, Organ., Schüler v. Ph. Em. Bach, Kirnberger u. Marpurg. W: FlDuette, KlavSonat. u. Stücke

WENDEL, Ernst * 26/3 1876 Breslau, Schüler Joachims u. Bargiels, 1896 Geiger im ThomasOrch. in Chicago, 1898 KonzDir. (MVer.) in Königsberg i. Pr., 1909 Dir. (1922 GenMDir.) der Philharm. in Bremen, als Gastdirig. u. a. in Berlin, Frankf. a. M. u. Rom. W: MChöre, bes. mit Orch.

WENDEL, Gustav * 30/1 1886 Königsberg i. Pr., ML. in Berlin. W: UnterhaltgsM.

WENDL, Karl * 24/5 1868 Bruck (OPfalz), Schüler Rheinbergers, GsgL. u. Chordir. in München. W: Messen, Fr- u. MChöre, KlavStücke, ,Romant. Sonatine' f. Zither usw.

WENDLAND, Waldemar * 10/5 1873 Liegnitz, seit 1929 (wieder) in Berlin, Schüler Humperdincks, zeitw. TheaKM. W: Opern, u. a. ,Das kluge Felleisen', Ballettpantom., Lieder, Chansons

WENDLANDT, Wilh., Dr. phil. * 31/7 1859 Tranquebar (Ostind.), † 22/1 1935 Berlin, vielgereister Schr., Volkswirt, Volksliedforscher, TheaDichter. W: BühnM., ,Liebe u. Leidenschaft' (Drama in Liedern)

WENDLING, Joh. Bapt. * 1720 im Elsaß, † 27/11 1797 München, ausgez. Flötist der früheren kurpfälz. Kap. in Mannheim seit 1754. W: FlKonz., KaM. mit Fl. — Seine Frau Dorothea, geb. Spurni * 1737 Stuttgart, † 20/8 1811 München, treffl. Sgrin

WENDLING, Karl * 14/11 1857 Frankenthal (Pfalz), † 20/6 1918 Leipzig, da Schüler des Konserv., an diesem seit 1884 KlavL., Virt. auf der Jankó-Klaviatur

WENDLING, Karl * 10/8 1875 Straßburg i. E., Schüler Joachims, 1899/1903 HofKonzM. in Meiningen, seitdem in Stuttgart I. KonzM. u. L. am Konserv., Herbst 1929 dessen Dir., ausgezeichn. QuartSpieler

WENDT, Ernst Adolf * 6/1 1806 Schwiebus, † 5/2 1850 Neuwied, da seit 1826 SemL. u. VerDirig. W: Sinf., KaM., Kompos. f. Org., Klav. u. Gsg, Choralbuch

WENDT, Joh. Gottlieb, Dr. phil. * 1783 Leipzig, † 15/10 1836 Göttingen, da Prof. der Philosoph. u. MSchr.

WENGER, Alex. * 20/3 1877 Liebenwerda, langjähr. VariétéKM. in Leipzig, da ausgeb. (Konserv.). W: M. zu Weihnachtsmärchen, UnterhaltgsM.

WENGERT, Julius * 16/10 1871 Wellhausen (Württ.), † 7/10 1925 Lugano, Chordir. in Stuttgart. W: vielgesungene MChöre, Lieder

WENINGER, Leopold, ps. Leo MINOR * 13/10 1879 Feistritz a. W., lebt in Leipzig, als SalonOrchBearb. sehr geschätzt, Schüler des Wiener Konserv., Kitzlers u. Juons. W: Optte, BühnM., Sinf., KaM.

WENNEIS, Fritz * 30/9 1889 Mannheim, seit 1919 in Berlin, HarmVirt. u. ML. W: OrchSuite, Melodram, Lieder u. a.

WENNER, Karl * 29/4 1876 Trier, GymnGsgL. in Bonn seit 1905, vorher in Münstereifel, ausgeb. in Trier (DomMSchule) u. v. Piel. W: Messen, Motetten, Chöre, Lieder, Org-, Klav- u. VStücke

WENNERBERG, Gunnar * 2/10 1817 Lidköping (Schweden), † 23/8 1901 Schloß Leekoe/Lidköping, Kultusminister. W: Orator., 40 Psalmen f. Soli u. GemChor, ‚Gluntarne‘ (Sammlg von Duetten f. Bariton u. Baß, Szenen a. d. Studentenleben)

WENNIG, Herm. R. K. * 29/9 1890 Emersleben, Kr. Halberstadt, Pianist in Leipzig, da ausgeb. (Konserv.) W: OrchSeren., Ouvert., KaM., KlavKonz., VStücke, Lieder

WENNRICH, Ernst * 11/5 1872 Neudörfchen, WPreußen, seit 1898 Organ. u. seit 1910 LyzML. in Potsdam. W: sinf. Fantasie, KlavStücke, Lieder, Choralbuch

WENSE, Hans Jürgen von der * 10/11 1894 Ortelsburg (Ostpr.), lebt in Warnemünde, Autodidakt u. hypermoderner Eigenbrödler. W: KlavStücke, Lieder

WENTZEL, Elisabet v., geb v. Wartenberg * 23/12 1889 Rastatt i. Bad., KlavVirt. u. ML. in Berlin. W: KlavStücke, Lieder

WENZEL, Eberhard * 22/4 1896 Pollnow (Pomm.), seit Apr. 1930 Organ. in Görlitz, vorher seit 1925 in Neubrandenburg; Kriegsteilnehmer, Schüler d. Sternschen Konserv. (1914) u. der Akad. f. Kirch- u. SchulM. in Berlin. W: Orat., KaM., Org- u. KlavStücke, Psalm 126 f. MChor u. Orch., MChöre, geistl. Lieder m. Org., Zyklus ‚Herbst‘ f. Alt u. KaOrch., Lieder u. a.

WENZEL, Eduard * 28/7 1805 Munstorf (Hannov.), † 15/10 1884 Hannover, Hofpianist. W: KlavStücke

WENZEL, Ernst Ferd. * 25/1 1808 Walddorf/Löbau, † 16/8 1880 Bad Kösen, Schüler Fr. Wiecks, seit 1843 KlavL. am Leipziger Konserv., auch MSchr.

WENZEL, Leop., ps. L. de la LORRAINE; STÉLINO * 31/1 1847 Napoli, † ?, VariétéKM. in Marseille (1870), Paris u. seit 1889 in London W: Optten, Ballette

WENZEL, Paul, ps. Theo di BALDI * 2/2 1899 Glatz, Pianist u. Bearb. in Berlin. W: UnterhaltgsM.

WENZL, Jos. Lorenz * 27/12 1883 Wien, da Klav- u. GsgProf. an der Akad. der Tonkunst seit 1928 (im Staatsdienst seit 1908), auch MSchr., Schüler von Robert Fuchs und Zemlinsky. W: Opern, sinfon. Dichtgen, OrchStücke, wertvolle Chöre, Lieder; ‚Kamillo Horn‘

WEPF, Joh. * 18/6 1810 Müllheim (Thurgau), da † 11/4 1890, GsgL. W: ‚Der frohe GitarreSpieler‘, Liedersammlgen, u. a. ‚Alpenlieder‘ f. MChor (7. A.)

WEPRIK, Alex. * 23/7 1899 Lodz, seit 1923 KonservL. in Moskau, ausgeb. in Leipzig (Klav. bei Wendling), Petersburg u. Moskau, nation. jüd. Komp. W: sinfon. Dichtg., KaM., Totenlieder f. Br. u. Klav., KlavSon., Kaddisch (Totengsg)

WERBA, Ludwig * 7/7 1909 Baden/Wien, lebt da, Dirig. W: OrchSuite, 2 Ouvert., KlavKonz.

WERBECKE, Casper van * um 1440 Oudenarde, da † um 1500, 1472 HofMker in Milano, 1481/89 Sgr der päpst. Kap. in Rom. W: Messen, Motetten

WERBYCKYI, Mychcjlo, galiz. Geistlicher, 1845/70. W: M. zu Volksstücken, Chorlieder, ukrain. Volkshymne

WERCKMEISTER, Andreas * 30/11 1645 Benneckenstein, † 26/10 1706, Organ. in Halberstadt, bedeut. Theoret. W: Schrift. üb. die Org., Intervallenlehre, gleichschwebende Temperatur, KomposLehre usw.

WERDER, ps. = Wilh. SCHNEIDER * 1781

WERDING, Karl * 17/11 1881, Schüler des ErlemannKonserv. in Trier, da Organ., Chordir. u. Dir. d. BeethovenKonserv., auch MRef. W: Optte, Chöre, Lieder, KlavStücke

WERKENTHIN, Alb. * 6/3 1842 Berlin, da † 1914, KonservDir., KlavVirt., Schüler H. v. Bülows. W: Lieder, KlavStücke; ‚Die Lehre vom KlavSpiel' (3 Bde)

WERKMEISTER, Andreas — s. WERCKMEISTER

WERKMEISTER, Heinrich * 31/3 1883 Barmen, † 16/8 1936 in Tokio (Japan), VcVirt., Schüler R. Hausmanns, war fast 15 Jahre L. (auch f. Kompos.) an der Akad. in Tokio, da auch OpKM. u. OrchDir.; bei dem großen Erdbeben am 1/9 1923 wurden seine Kompos. vernichtet. W: KlavKonz. u. Sonate, VcStücke u. Sonate

WERKMEISTER, Walther * 28/12 1873 Dramburg. H: Volkslieder, ‚Wandervogel-Liederborn'

WERLÉ, Heinr. * 2/5 1887 Bensheim (Hess.), Schüler d. Hochschen Konserv. in Frankfurt a. M., seit 1928 ML. am pädag. Instit. d. Univers. Leipzig, vorher seit 1911 Organ. u. Chordir. in Mainz, gsgspädag. Schr. W: Lieder; ‚Methodik des SchulGsg', ‚Frohe Singstunden'. H: vaterländ. Gsge

WERLEY, K., ps. = Willy CZERNIK

WERMANN, Oskar * 30/4 1840 Neichen/Grimma, † 22/11 1906 Oberloschwitz/Dresden, erst SchulL., 1868 SemML. zu Dresden, seit 1878 da Kantor. W: Oper, BühnenM., Kantaten, Messe f. 8st. Chor u. Soli, viele Motetten, Chöre, Lieder, Org- u. KlavStücke usw.

WERMBTER, Paul * 23/5 1881 Dirschau, lebt in Berlin, Schüler Riemanns, zuerst TheaKM., langjähr. Leiter d. RiemannKonserv. in Danzig, tritt für Schaffg einer ‚Dtsch. Nationalbühne' seit 30 Jahren ein (sein Schau- u. Hörspiel ‚Der arme Heinrich'). W: Oper, 5 Sinfon., 2 Ouvert., KlavStücke, Lieder

WERNEBURG, Joh. Friedr. Christian * 1777 Eisenach, † 1851 Jena, da ML., vorher in Göttingen, Eisenach u. Weimar, trat für das die Noten ersetzende Ziffersystem Rousseaus ein

WERNEBURG, Paul * 1767 Wanfried, † 1829 Singlis, Pfarrer, 1796/1805 Kantor u. SemML. in Kassel. W: KlavSon.

WERNECK (auch WERNECK-BRÜGGEMANN), Fritz (Wieland), auch E. T. A. WERNECK * 18/2 1895 Ilmenau, Verleger u. Librettist in Rudolstadt/Volkstedt. W: Opern, Lieder (nach eignen Texten)

WERNER, Albert * 8/6 1833 Frankenberg (Sachs.), da ML. u. Pianist. W: 5 Trauermärsche f. Klav. (dem Andenken Wagners, Liszts, Verdis u. a. gewidmet), viele Salonstücke, Etüden usw., Lieder

WERNER, Arno * 22/11 1865 Pritlitz, Kr. Weißenfels, Schüler d. Kgl. Instit. f. KirchM. in Berlin, seit 1890 Organ. in Bitterfeld, da auch SchulGsgL. (Studienrat) 1894/1931 u. Leiter der KantorGesellsch., sehr verdienter KirchMusiker. W: OrgVorspielbuch, Chöre; ‚Gesch. der Kantoreien im ehemal. Kurfürstent. Sachsen', ‚Städt. u. fürstl. MPflege zu Weißenfels', ‚Vier Jahrhunderte im Dienste der KirchM.' (1932) u. a.

WERNER, Aug. * 15/4 1841 St. Petersburg, † 4/4 1900 Genf, KonservKlavProf. seit 1865. W: OrchSuite, KlavStücke, VcStücke

WERNER, Erich * 1/8 1901 Lundenburg/Wien, TheorL. am Konserv. in Saarbrücken, Schüler u. a. Schrekers. W: Psalme, StrQuart., Lieder

WERNER, Fritz * 15/12 1898 Berlin, OrgVirt., Pianist u. Chordir. in Potsdam, ausgeb. auf der Univers. u. der Akad. f. Schul- u. KirchM. in Berlin, Meisterschüler G Schumanns. W: Festmusik f. Feiern im neuen Deutschland, Kantate, KlavSon. u. Stücke, viele Lieder

WERNER, Fritz, ps. = EISBRENNER * 1908

WERNER, Gregor Jos. * 1695, † 3/3 1766 Eisenstadt, Haydns Vorgänger als fürstl. Esterhazyscher KM. W: Orator., Messen, Sinfon.

WERNER, H., ps. = Heinr. MANNFRED

WERNER, Hans, ps. = Hans Werner PAETEL

WERNER, Heinr. (I) * 2/10 1800 Kirchenohmfeld (Eichsfeld), † 10/6 1833 Braunschweig, ML. W: MChöre, Lieder (u. a. ‚Heidenröslein')

WERNER, Heinr. (II), ps. = H. MANNFRED

WERNER, Joh. Gottlob * 1777 Hoyer (Sachs.), † 19/7 1822, DomOrgan. in Merseburg (seit 1819), treffl. MPädag. W: OrgSchule, ‚Harmonielehre', Choralbuch u. a.

WERNER, Josef * 25/6 1837 Würzburg, † 14/11 1922 München, Schüler der Würzburger MSchule, Vcellist der Hofkap. u. Prof. a. d. Kgl. MSchule in München. W: VcSchule, Etüden, Capricen, KonzStücke usw.

WERNER, Karl Ludw. * 8/9 1862 Mannheim, † 16/7 1902 Freiburg i. B., da seit 1892 Organ., bedeut. OrgVirt.

WERNER, Kurt * 6/11 1909 Ludwigshafen a. Rh., Pianist u. KM. in Limburgerhof, Pfalz, ausgeb. in Mannheim (Konserv.). W: Sinf., sinf. Suite, Chöre, Lieder

WERNER, Max * 7/7 1864 Wernigerode, † 27/2 1932 Limburg a. L., da seit 1921 Dir. des Konserv. u. VerDirig., Schüler der Berliner Hochschule, Geiger, zuerst MDir. in Leer (Ostfriesland), 1902/21 GymnML., Organ., KirchChor- u. VerDirig. in Berlin-Schöneberg. W: sinfon. Stücke, KaM., VStücke m. Orch., KlavStücke, ‚Das hohe Lied der Liebe' f. Soli, Chor u. Orch., MChöre, Lieder

WERNER, Max, ps. = Georg RATHGEBER * 1869

WERNER, Max * 7/7 1880 = WERNER-KARSTEN

WERNER, Max Julius * 31/8 1867 Spremberg, urspr. Geiger, lebt in Dresden, 1901/23 städt. KM. in Plauen. W: OrchSerenade, Ouv., KlavStücke, Chöre, Lieder

WERNER, Otto, ps. = Gust. KRENKEL

WERNER, Reinhold * 24/7 1874 ObUllersdorf, Kr. Sorau, Photograph in Müncheberg (Mark). W: SAMärsche u. a.

WERNER, Rud. * 26/6 1876 Sondershausen, da Schüler d. Konserv., 1901/05 TheaKM., 1905 Leiter des MVer. in Siegen, seit 1910 Dir. d. Neebschen MChors in Frankfurt a. M., da auch seit 1914 Dirig. des Volkschors, treffl. Pianist. W: Vorspiel zu Grillparzers ‚Sappho', MChöre, auch mit Orch., Balladen

WERNER, Theobald * 31/1 1870 Meißen, ChorDir. u. L. an der MSchule in Dresden, Schüler Edm. Kretschmers u. Nicodés

WERNER, Theodor W., ps. J. SCHNEIDER, Dr. phil. * 8/6 1874 Hannover, da seit 1920 Doz. 1927 ao. Prof. f. MWissensch. an der Techn. Hochschule u. MRef., vorher Sänger (Schüler von Gudehus), KomposSchüler v. Alb. Fuchs, Draeseke u. Noren. W: Sinfon., StrQuart., Suite für V. u. Br., Lyr. Tagebuch f. V. u. Klav., Chöre, Lieder, wissensch. Aufsätze. — Seine Frau Maria, geb. Keldorfer, treffl. Sopran. u. GsgL.

WERNER (eigentl. COHN), Walter * 14/11 1911 Berlin, lebt da. W: Revue, UnterhaltgsM.

WERNER-KARSTEN, Max, ps. Tom BURNS * 7/7 1880 Berlin, lebt da. W: UnterhaltgsM.

WERNICKE, Alfred * 2/12 1856 Barth, Flötist, 1878/1916 am NatThea. in Mannheim, da seit 1914 L. an der Hochschule. W: FlStücke, Chöre, auch m. Orch., Lieder

WERNICKE, Hugo Heinr. * 29/8 1872 Nakel, Kr. Wirsitz, VVirt. u. ML. in Elbing. W: VStücke, KlavStücke, Lieder u. a.

WERNTHAL, Otto, MVerl. in Berlin, gegr. 1/4 1893, gehört seit 1926 zu den Rob. Lienauschen MVerlagen

WERRA, Ernst v. * 11/2 1854 Leuk (Schweiz), † 31/7 1913 Beuron, stud. in Regensburg, Freiburg i. Br. u. Stuttgart, 1883 Organ. u. Präfekt der Scuola Gregoriana in Rom, 1886 Organ. im Stift Mehrerau/Bodensee, 1890 Domorgan. in Konstanz, 1907 Dir. d. kirchl. MSchule zu Beuron. H: ältere OrgM.

WERREKOREN, Hermann Mathias (auch nur Mathias oder gar Hermann mit Unrecht genannt), 1538/55 DomKM. in Milano. W: Motetten; ‚Battaglia Taliana' (‚Die Schlacht vor Pavia' als Tongemälde)

WERSCHBILOWITSCH, Alex. * 8/1 1850 u. † 15/3 1911 Petersburg, da VcVirt., seit 1885 KonservProf., Schüler Davydovs

WERSTOWSKI, Alexei Nicolajewitsch * 18/2 1799 im Gouvern. Tambow/Moskau, † 17/11 1862 Moskau, Staatsrat u. TheaInsp., Schüler von Steibelt, Field u. a. W: Opern ‚Ascolds Grab', ‚Pan Twardowski' u. a., viele Vaudevilles u. Optten, Kantaten, Melodramen, viele teilweis populär gewordene Lieder

WERT, Jakob van (Giaches oder Jacques de W.) * 1536 in den Niederlanden, † 23/5 1596 Mantova, da lange Zeit herzogl. KM. W: Motett., Madrigale

WERTH, Joseph * 3/10 1873 Bonn, lebt da, Schüler des Köln. Konserv., seit 1892 VerDirig. teils in Köln, teils in Bonn. W: MChöre, auch mit Orch.

WERTHEIM, Jul. v. * 1881 Warschau, Schüler u. später L. am dort. Konserv., da † (beim Dirigieren) 6/5 1928. W: Sinfon., Variat. f. Orch., VSonate, KlavStücke, Lieder

WERTHER, Frz * 8/4 1872 Bonn, lebt in München, Schüler d. Wiener Konserv., TheaKM. an verschied. Orten, 1912/25 am Gärtner-Thea. in München. W: Spielopern, Optten. B: Suppés Bocaccio

WERWACH, Feodor * 21/5 1868 Hadersleben, † 6/4 1931 Kiel, StudRat, ausgeb. in Berlin (Hochsch.). W: OrchSuite, KlavStücke

WERY, Nicolaus Lambert * 9/5 1789 Huy/Liège, † 6/10 1867 Baude (Luxemb.), Schüler Baillots, 1823/60 SoloGeiger der Hofkap. u. KonservL. in Bruxelles. W: 3 VKonz., VStücke

WESEMBEEK — s. BURBURE de W.

WESENDONK, Otto * 16/3 1815 Elberfeld, † 18/11 1896 Berlin, Großkaufmann (das Vorbild für den Pogner in den ‚Meistersingern'), der bes. in Zürich sehr viel für R. Wagner geopfert hat. Diesem stand die dichtende Frau Mathilde W., geb. Luckemeyer (* 23/12 1828 Elberfeld, † 31/8 1902 Traunblick, Salzkammergut) sehr nahe; ihr Briefwechsel veröffentlicht

WESLEY, Charles * 11/11 1757 Bristol, † 23/5 1834 London, treffl. Organ. W: KirchM., OrgKonzerte. — Sein Bruder S a m u e l * 24/2 1766 Bristol, † 11/10 1837 London, gleichfalls treffl. Organ., trat sehr für Bachs Werke ein. W: KirchM., OrgStücke, KlavSonaten

WESLEY, Samuel Seb. (Sohn v. Charles) * 14/8 1810 London, † 19/4 1876, gleichf. treffl. Organ. W: KirchM., OrgStücke; ‚The english cathedral service' u. a.

WESOLOWSKY, Mich. * 15/8 1822 u. † 18/5 1886 Wien. W: Zitherkompos.

WESSEL, Christian Rud. * 1797 Bremen, † 15/5 1885 Eastbourne, errichtete 1825 in London eine MHdlg, die als Edwin A s h d o w n & Co. noch besteht

WESSEL, Horst † 23/2 1930 Berlin, nicht Komp. der von ihm gedichteten NS. Hymne

WESSELACK, Johann Georg * 12/12 1828 Sattelpeilnstein (OPfalz), 1852 Priester, † 12/12 1866, Chorregent u. SemInspektor in Regensburg. W: kathol. KirchM.

WESSELY, Bernh. * 1/9 1768 Berlin, † 11/7 1826 Potsdam, erst KM., dann Beamter. W: Opern, SchauspielM., StrQuart., Lieder u. a.

WESSELY, Hans * 23/12 1862 Wien, Schüler Grüns, VVirt., † 29/9 1926 Innsbruck, seit 1889 L. an der R. Academy in London. W: VCapricen. H: ältere VEtüden

WESSELY, Joh. * 27/6 1762 Frauenberg (Böhmen), † 1814 Ballenstedt, da seit 1800, Geiger. W: Singspiele, viel KaM.

WESSOBRUNN, Frz, ps. = MORENA, Camillo

WEST, John E. * 1863 South Hackney, † Febr. 1929 Westminster, Organ., 1884 Berkeley Square. W: KirchM., OrgStücke, Lieder

WEST (eigentl. Witzelsberger), Mor. * 1841, † 12/7 1904 Aigenschlägl, OÖsterr., bekannter Wiener Librettist, erst Jurist, zuletzt Eisenbahn-Dir. in Wien, schrieb viele Texte zu Kantaten u. Optten f. Genée, Zeller, Suppé usw.

WESTBERG, Eric * 1892 Hudiksvall, Schwed., studierte Mathem. u. Naturw. in Upsala, daneben Vcellist u. Pianist, 1918 Intend. des KonzVer. u. 1921/27 Dir. der schwed. Aufführgsrechts-Ges. (Stim). W: 2 Sinf., OrchRhapsodie, KaM. usw.

WESTBROOK, William Jos. * 1/1 1831 London, † 24/3 1894 Sydenham/London, Organ. W: OrgStücke, Chöre, Lieder

WESTERHOUT, Nic. van * Dez. 1862 Mola di Bari, † 21/8 1898 Napoli. W: Opern, Sinf., VKonz., KaM., viele KlavStücke, Lieder

WESTERLUND, R. E. (Aktiebolaget), MVerl. in Helsinki, gegr. 1896

WESTERMAIR, Joh. B., Bayr. VolksMVerl., München, gegr. 1/9 1890

WESTERMAN, Gerhart v., Dr. phil. * 18/9 1894 Riga, MLeiter am Dtsch. Kurzwellensender in Berlin seit 1935, lebte seit 1918 in München, da 1924/35 Leiter am Rundfunk, Schüler von Juon, Courvoisier, Aug. Reuß u. Sandberger. W: OrchStücke, KaM., Lieder

WESTERMANN, Helmut * 31/7 1895 Mitau, lebt in Berlin, Schüler Carl Orffs. W: StrOrchSuite, KaM., KlavSonaten u. Stücke, VStücke, OrgStücke, viele Lieder

WESTERMEYER, Karl * 27/11 1886 Rehma, Westf., ML. u. MRef. in Berlin seit 1920. W: Oper, VKonz., KlavStücke, Chöre, Lieder; ‚Die Optte im Wandel des Zeitgeistes'

WESTHOFF, Joh. Paul v. * 1656 Dresden, † 1705 Weimar, VVirt. W: VSonaten

WESTMEYER, Wilh. * 11/2 1827 (1832?) Iburg/Osnabrück, † 4/9 1880 Bonn (irrsinnig). W: Opern, Sinfon., die (namentl. in Österr. beliebte) ‚Kaiserouvert.', Lieder usw.

WESTLAKE, Frederick * 1840 Romsey, Hampshire, † 1898 London, da seit 1863 KlavL. der R. Acad. of m. W: Messen, Chöre, Lieder, KlavStücke

WESTMORELAND, John Jane Graf v. * 3/2 1784 London, † 16/10 1859 Apthorpe House, Diplomat, zuletzt bis 1855 engl. Gesandter in Berlin. W: Opern, Kantaten, KirchM., Sinf.

WESTPHAL, C. H., Berliner MVerlag, um 1840 von Ed. B o t e & G. B o c k übernommen

WESTPHAL, Herwart * 8/12 1912 Berlin, da Bearb., ausgeb. auf d. Sternschen Konserv. W: UnterhaltgsM.

WESTPHAL, Kurt, Dr. phil. * 8/4 1904 Bulitz (Pomm.), MSchr. seit 1932 in Bückeburg, vorher in Berlin. W: ‚Die moderne M.' 1928

WESTPHAL, Paul, MVerl. in Berlin-Karlshorst, gegr. 1/7 1904, vorwiegend UnterhaltgsM.

WESTPHAL, Rud., Dr. phil. * 3/7 1826 Oberkirchen (Lippe), † 11/7 1892 Stadthagen (Lippe), 1858/62 UnivProf. in Breslau, dann in Jena, Moskau, Leipzig, Bückeburg. W: geistvolle, jedoch überholte Arbeiten üb. antike Metrik u. Rhythmik

WESTRHEENE, Pieter van * 2/10 1862 Roosendaal (holl. Geldern), lebte in Arnhem, da seit 1897 MKrit. u. seit 1904 Dirig. der Bach-Gesellsch., † 23/8 1929 Velp. W: Sinf., Chöre, Lieder; ‚Grieg' usw.

WESTROP, Thomas * 1816 Lavenham, Suffolk, † 1881 London. W: KirchM., OrgSchule, Klav-Stücke, VSchule, Lieder

WETASCHEK, Karl * 15/12 1859 Wien, lebt da, Schüler d. Konserv., 1882/1921 MilKM. W: Tänze, Märsche

WETCHY, Othmar * 16/9 1892 Schloß Wolkenstein, NÖsterr., Schüler J. B. Foersters u. Reichweins, MSchr. in Wien. W: Opern, Ballett, VSon., KlavStücke, viele Lieder, auch m. Orch.; ‚Zur musik. Geschmacksbildg'

WETTE, Hermann Maria * 9/2 1900 Köln, lebt in Mannheim, Schüler u. a. Baußnerns u. A. Mendelssohns. W: KaM., KlavStücke, Chöre, Lieder

WETTER, Karl * 1879 St. Gallen, studierte erst Jura u. Medizin, lebte in Berlin, St. Gallen u. Paris, † ?. W: feins. VStücke, KlavStücke u. Lieder

WETTER, Karl, ps. = BRANSEN * 1886

WETTIG, Karl * 16/3 1827 Goslar, † 2/7 1859 Brünn, da seit 1855 KM. W: KlavStücke, Lieder

WETTIG-WEISSENBORN, Ernst * 25/5 1868 Weimar, da ausgeb. (MSchule), 1889 Organ. in Delden, später Chordir. in Hengeloo. W: Chöre, Lieder

WETTSTEIN, Heinr. * 1/1 1868 Gotha, † 17/4 1934, Konrektor u. Organ. i. R. in Magdeburg (da seit 1898), ausgeb. in Gotha von Forchhammer u. Reubke. W: OrgStücke, Chöre. H: M-Beilage zur Preuß. LZtg seit 1919

WETTSTEIN, Herm. * 25/2 1865 Balkenswil, Kant. Zürich, seit 1912 SchulgsgL. u. VerDirig. in Thalwil, Kant. Zürich. W: Chöre jeder Art, auch f. Schulen

WETZ, Rich. * 26/2 1875 Gleiwitz (OSchles.), † 16/1 1935 Erfurt, Schüler d. Leipziger Konserv., dann Rich. Hofmanns, Alfred Apels u. Thuilles, 1900/02 TheaKM., 1906/23 Dirig. des MVer. u. der Singakad. in Erfurt, daneben seit 1916 L. f. Kompos. u. MGesch. an der MSchule in Weimar. W: Opern, Requiem, Weihnachts-Orator., Goethe-Kant., 3 Sinf. (Verbindg v. Beethoven-Brucknerstil), Kleist-Ouvert., VKonz., 2 treffl. StrQuart., OrgStücke, Chöre m. Orch. u. a cap., zahlreiche schöne Lieder; ‚Bruckner', ‚Liszt', ‚Beethoven', vgl. Hans Polack (1935)

WETZEL, Hermann, ps. VECELLO Ermanno * 23/9 1858 Bedlin (Pomm.), † 24/9 1928 Basel, da seit 1905 Solo-Klarin. u. Dirig. der popul. Konz. des SinfOrch. W: Operetten, VStücke, Lieder

WETZEL, Hermann * 1879 = Justus Hermann WETZEL

WETZEL, José = Peppi WETZEL

WETZEL, Justus Herm., Dr. phil. * 11/3 1879 Kyritz, seit 1910 MSchr. (sehr geschätzt) u. L. f. Theor. u. KlavSpiel in Berlin, seit 1925 an der Akad. f. Schul- u. KirchM. (1935 Prof.). W: viele Lieder; ‚Elementar-Theorie der M.', ‚Beethovens VSonaten', ‚Die Liedformen', zahlreiche Aufsätze in Zeitschriften. H: Lieder von Joh. F. Reichardt

WETZEL, Peppi, ps. Charles JOSÉ; P. PYLÉE * 4/6 1889, lebt in Goldberg i. Meckl. W: UnterhaltgsM.

WETZELSBERGER, Bertil * 7/5 1892 Ried (Österr.), seit 1933 I. KM. der Stadt Frankfurt a. M. u. Dir. des Dr. Hochschen Konserv., ausgeb. in Wien (Univers.; Karl Prohaska, Frz Schalk), da 1920 Ass. v. Rich. Strauß an der Staatsop., 1922/25 OpKM. in Düsseldorf, 1925/32 in Nürnberg, da auch Dir. der Philharm. Konz.

WETZGER, Paul * 26/12 1870 Dame/Mark, FlVirt. in Essen. W: FlKompos. u. Transkr.

WETZLER, Hans Herm. * 8/9 1870 Frankf. a. M., lebt seit 1930 in Basel, Schüler des Hochschen Konserv., 1892/1904 in Newyork Organ. u. OrchDirig., 1905/24 TheaKM., zuletzt 1919/24 in Köln. W: Oper, BühnM. zu ‚Wie es euch gefällt' (ausgez. Ouvert.), Visionen, sinf. Fantasie, Legende ‚Assisi' f. Orch., KlavStücke, Lieder

WEWELER, Aug. * 20/10 1868 Reike (Westf.), Schüler des Leipziger Konserv., seit 1898 ML. in Detmold. W: Opern, Orator. ‚Die Sintflut', V-Konz., Bläser-Oktett, MChöre, FrTerzette, Duette; Schrift ‚Ave musica'

WEXSCHALL, Frederik Torkildsen * 9/4 1798 Kopenhagen, da † 25/10 1845, Schüler Spohrs, ausgez. VL.

WEYER, Hermann * 10/1 1896 Berlin, da Tanzkompon.

WEYERSBERG, Bruno * 6/2 1880 Solingen, KM. u. KonzBegl. in Köln, vorher in Berlin u. Düsseldorf. W: Lieder, KlavStücke

WEYHMANN, Jos. Walther * 28/4 1887 Dresden, † 30/9 1931 Seltersberg/Gießen, seit 1912 Organ. u. L. in Dohna (Sachs.). W: OrgStücke, Chöre, meist geistl. Lieder u. a.

WEYLER, Willy * 14/4 1900 Ulm, KlavVirt. in Stuttgart, Schüler u. a. Jos. Pembaurs jr. W: feinere UnterhaltungsM., bes. Lieder, Melodram

WEYRAUCH, Joh. * 20/2 1897 Leipzig, da ML. W: KaM., KlavStücke, Osterkant., Lieder

WEYSE, Christof Ernst Frdr. * 5/3 1774 Altona, † 4/10 1842 Kopenhagen, KlavVirt., Organ., treffl. L.; J. P. E. Hartmann u. Gade seine Schüler. W: Opern, Kantaten, Sinf., Ouvert., KlavKompos., Motetten, Chöre, Lieder usw

WEZEL, Karl * 27/2 1868 Neckartailfingen (Württ.), lebt i. R. in Nürtingen, MSchr., RealL. (1895/1933), Organ. u. Chordir. W: geistl. u. weltl. Chöre, Lieder, Duette

WHISTLING, Karl Friedr., Buch- u. MVerleger in Leipzig, veröffentlichte 1817 zuerst das ‚Handbuch der musik. Literatur', das seit 1819 an Fr. Hofmeister überging u. von dieser Firma noch jetzt fortgesetzt wird, ebenso wie der von Wh. 1829 begründete ‚Musik.-literar. Monatsbericht'. Den sonstigen Verlag Wh. übernahm C. F. Peters 1903, nachdem der 1858 von G. Heinze erworbene Teil mit Erwerb dieser Firma 1876 an Peters gekommen war

WHITAKER, Charles F. † 1/11 1933 New York, da KM. u. Arrang. W: UnterhaltgsM.

WHITAKER, John * 1776, † 1847 London, Organ. W: Glees, Lieder

WHITAKER, W. G. — s. WHITTAKER

WHITE, Alice Mary, geb. S m i t h * 19/5 1839 London, da † 4/12 1884. W: Sinf., 4 Ouvert., KlarinKonz., KaM., Chorwerke m. Orch., Lieder

WHITE, Charles A. † 1892 Boston, da MVerleger. W: volkstüml., beliebt gewordene Lieder

WHITE, Constance, ps. = A. W. RAWLINGS

WHITE, Felix * 27/4 1884 London, lebt da, Autodidakt. W: Suiten, sinfon. Dichtgen u. Ouvert., KaM., KlavSuiten, Chöre, Lieder

WHITE, John * 1855 Springfield, Mass., † 1902, Organ., 1887/96 New York. W: Kathol. KirchM.

WHITE, Mary Louisa * 2/9 1866 Sheffield, † Jan. 1935 London, da seit 1885 geschätzte ML. W: Märchen-Optten, Chöre, Lieder, KlavStücke; ‚Ungelehrte Methode' f. den Anfangsunterricht

WHITE, Maude * 23/6 1855 Dieppe, lebt in Firenze, vorher lange in London. W: Oper, Ballett, Chöre, sehr beliebte Lieder

WHITHEHILL, Clarence Eugene * 5/11 1871 Marengo, Ia., † 18/12 1932 New York, berühmter WagnerSgr (Bar.), ausgeb. in Chicago u. Paris, Debut 1899 in Brüssel, 1902 Schüler Stockhausens, 1903/08 am Kölner StadtThea., 1909/11 an der Metrop. Op. in New York, 1911/15 in Chicago, darauf wieder an der Metropol. Op.

WHITEHOUSE, William Edward * 20/5 1859 u. † 12/1 1935 London, Vcellist, L. an der R. Acad. H: alte VcM.

WHITEMAN, Paul, seit 1920 berühmter, auch in Europa bekannt gewordener JazzKM. in New York

WHITHORNE, Emerson * 6/9 1884 Cleveland, seit 1923 in Newyork, Klavierist, Schüler v. Leschetizky, A. Schnabel u. Rob. Fuchs. W: Suiten u. sinf. Dichtgen, 3 StrQuart., KlavStücke, Lieder

WHITING, Arthur * 20/6 1861 Cambridge (Mass.), Schüler u. a. Rheinbergers, seit 1895 in Newyork, ausgez. CembaloSpieler u. Pianist. W: OrchSuite, Ouvert., KaM., Fantasie f. Klav. u. Orch., Suite f. Klav., Lieder, Studien üb. Pedalgebrauch

WHITING, George Elbridge * 14/9 1843 Holliston/Boton (NAmer.), † 14/10 1923 Cambridge, Mass., stud. u. a. bei Rob. Radecke, 1878/83 OrgProf. am Konserv. zu Cincinnati, seitdem in Boston. W: Oper, Chorwerke m. Orch., 2 Messen, Te deum, Kantaten, Sinfon., Ouvert., OrchSuite, KlavKonz., Kompos. f. Org., Klav., Vc. usw.

WHITMER, Thomas Charles * 1873 Altoona (Panama), seit 1909 ML. u. Organ. in Pittsburg. W: Orator- u. KirchM., Ballett, KaM., OrgStücke, Lieder; ‚Considerations on m.'

WHITTAKER, William Gillies * 23/7 1876 London, Vors. d. Schott. MAkad. u. seit 1930 UniversProf. in Glasgow, vorher seit 1915 L., Choru. OrchDirig. in Newcastle-on-Tyne, bedeut. Kompon. W: M. zu den ‚Coephoren' des Aeschylus, Chorwerke mit Orch., KaM., KlavStücke, Chöre u. Lieder, auch viele VolksliederBearb. W: Oxford church m. u. a.

— vgl. WHITAKER

WIBRAL, Paul * 14/2 1898 Elversberg, Pianist in Gelsenkirchen. W: KlavTrio, KlavStücke, Lieder

WICHERN, Karoline * 13/9 1836 Horn/Hamburg, da † 19/3 1906, Schülerin K. P. G. Grädeners u. Weitzmanns, 1881/96 GsgL. in Manchester, vorher u. nachher Chordir. im Rauhen Hause zu Hamburg. W: FrChöre, Kinderlieder, KlavStücke

WICHERT, Ernst * 11/3 1831 Insterburg, † 21/1 1902 Berlin, KaGerichtsrat a D., bekannter Schr. (Librettist)

WICHMANN, Herm. * 24/10 1824 Berlin, † 27/8 1905 Rom, Schüler v. W. Taubert, Mendelssohn u. Spohr, 1857 MVerDirig. in Bielefeld, lebte seit 1858 in Berlin, war aber oft in Italien. W: KaM., KlavStücke, Chöre, Lieder; ‚Gesammelte Aufsätze' (2 Bde)

WICHTL, Anton † 8/10 1919 Baden/Wien. W: Märsche, Tänze

WICHTL, Georg * 2/2 1805 Trostberg (Bay.), † 3/6 1877 Bunzlau, da seit 1867, 1823 Geiger in München, 1826 in Löwenberg (Schles.) in der Kap. des Fürsten v. Hohenz.-Hechingen, da 1852/63 II. KM. W: Oper, Orator., OrchWerke, viele instrukt. VKompos.

WICK, Bruno * 17/5 1882, † 18/4 1918, lebte in Krzanowitz, OS. W: Harm- u. OrgStücke

WICKE, Rich. * 21/2 1884 Bautzen, seit 1927 RegRat in Weimar, 1907/22 L. in Leipzig. W: ‚Musik. Erziehg u. Arbeitsschule'; ‚Sprechen, Singen u. M.'; ‚Die M. in der n. Lehrerbildg'

WICKEDE, Frdr. v. * 28/7 1834 Dömitz (Mecklbg), † 11/9 1904 Schwerin, Offiz,. später Postbeamter, seit 1880 in Hamburg, dann in Schwerin. W: Oper, Ouvert., KlavStücke, Chöre, viele Lieder usw.

WICKENHAUSSER, Rich. * 7/2 1867 Brünn, † 1/7 1936 Wien, Schüler Kitzlers u. des Leipziger Konserv., 1895 VerDirig. in Brünn, 1902 MVerDir. in Graz, 1907/11 SingakadDir., 1910/24 Prof. an der LBildgsanstalt in Wien. W: Missa solemnis, StrOrchSuite, KaM., OrgStücke, KlavSonat., viele Chöre, auch m. Orch., Lieder, an 200 Volksliedbearb. f. MChor; Analysen der Sinf. Bruckners u. Schuberts

WIDÉEN, Ivar * 21/3 1871 bei Bellö, Schwed., ausgeb. in Stockholm, 1893 Organ. in Laholm, seit 1900 DomOrgan., GymnML. u. Dirig. in Skara. W: Kantate, beliebte MChöre, Lieder

WIDHALM, Leop. * 2/10 1722 u. † 10/6 1776 Nürnberg, berühmter Geigen- u. Lautenbauer, dessen Söhne, bes. sein gleichnamiger ältester (* 3/6 1747, † 16/3 1806) auch geschätzt

WIDMANN, Benedikt * 5/3 1820 Bräunlingen/ Donaueschingen, † 4/3 1910 Frankfurt a. M., da Schuldir., Schr. u. Kompon. (Schüler Schnyders v. Wartensee). Verdienstvolle W: ‚Handbüchlein der Harmonielehre' (5. A.), ‚Generalbaßübgen m. kurzen Erläuterngen' (6. A.), ‚Formenlehre der InstrumentalM.' (2. A.), Grundzüge der musik. Klanglehre', ‚Anleitg z. Modulation u. freien Phantasie' (2. A.), ‚Gehör- u. Stimmbildg' (2. A.), ‚Chorschule', ‚Kleine Gsglehre f. die Hand des Schüler' (21. A.), ‚Lieder für Schule u. Leben', ‚Sammlg 2- u. 3st. Übgen u. Gsge' (für d. GsgUnterr. in Höh. Töchterschulen); Kinderlieder, FrChöre, Motett., Duette usw.

WIDMANN, Erasmus * 1572 Schwäb. Hall, † Okt. 1634 Rothenburg/T., da seit 1614 Kantor, vorher u. a. Hohenlohescher KM. in Weickersheim. W: KirchM., dtsche Gsge, ‚Musik. Studentenmut', Tänze u. a.

WIDMANN, Jos. Victor, Dr. * 20/2 1842 Nennowitz (Mähren), † 6/11 1911 Bern als Red. des ‚Bund' usw., befreundet mit Brahms. W: Operndichtgen, u. a. für H. Götz' ,Der Widerspenstigen Zähmung', ‚Erinnergen an Brahms'

WIDMANN, Wilhelm * 31/10 1858 Missen (Algäu), 1887/1927 DomKM. in Eichstätt. W: KirchKompos., MChöre; ‚Die Orgel'

WIDMER, Leonhard * 12/6 1808 Bünishofen/ Feldmeilen (Zürich), † 18/5 1868 Oberstraß (Zür.), Notendrucker (Lithograph). H: viele LiederSammlungen, u. a. ‚Album' f. MChor

WIDOR, Charles Marie, ps. ANTELÈS * 24/2 1845 Lyon, namhafter Organ. u. Komp., Schüler von Fétis, seit 1869 Organ. u. seit 1891 OrgProf. u. 1896/1927 KomposProf. am Konserv. in Paris, 1927/34 Dir. d. amerik. Konserv. in Fontainebleau. W: Opern, Ballette, Messe, Orch- u. KaM., 8 Sinfon. (Sonaten) usw. f. Orgel, KlavKonz., VcKonz., Chorgsge; ‚Die Technik des modernen Orch.' (dtsch von H. Riemann)

WIEBER, Adolf * 14/8 1894 Garbenheim/ Wetzlar, OrgVirt., Organ. u. KirchChorl. s. 1933 in Wittenberg, vorher seit 1924 in Halle. W: KirchM., OrgStücke, Lieder

WIECK, Alwin * 27/8 1821 u. † 21/10 1885 Leipzig, Geiger, Schüler F. Davids, 1849/59 in Petersburg, dann in Dresden. W: ‚Materialien zu Fr. Wiecks KlavMethodik' (1875)

WIECK, Frdr., ps. RARO * 18/8 1785 Pretzsch a. Elbe, † 6/10 1873 Loschwitz/Dresden, vielseitig geb. ML. zu Leipzig, seit 1840 in Dresden. W: ‚Klavier u. Gsg', Etüden, Lieder. — Vater von Klara Schumann, die er selbst zur Virtuosin ausbild., u. der Pianistin Maria Wieck (* 17/1 1832, † 2/11 1916 Dresden), welche in Dresden als Klav- u. GsgLehrerin lebte u. 1912 anon. ‚Aus dem Kreise Wieck-Schumann' veröffentlichte

WIED, Erno, ps. = E. WIEDERMANN

WIEDEBEIN, Gottlob * 21/7 1779 Eilenstadt/ Halberstadt, † 17/4 1854 Braunschweig, da KM. W: einst beliebte Lieder

WIEDECKE, Adolph † 6/8 1901 Berlin, da TheaKM. W: BühnenM.

WIEDEMANN, Ernst * 25/11 1848 Troitschendorf/Görlitz, Schüler des Berliner Instit. f. KirchM., bis 1883 L. an verschied. Orten, seit 1883 Kantor u. Organ. in Reichenbach (Schles.), auch VerDir.; da † 16/9 1922. W: Motetten, Duette, Lieder m. V. u. Org., OrgPräludien usw.

WIEDEMANN, Ernst Joh. * 28/3 1797 Hohengiersdorf (Schles.), † 7/12 1873 Potsdam, da 1818/ 52 Organ. u. Chordir. W: kath. KirchM.

WIEDEMANN, Max (Sohn Ernsts) * 20/2 1875 Schönau a. d. Katzbach (Schles.), † 13/7 1932 Leest/Potsdam, seit 1910 I. Chormeister der Berliner Liedertafel (mit ihr auch außerhalb Deutschlands gereist), SchulGsgL. (StudRat) in B.-Steglitz, ausgebildet am Instit. f. KirchM., auch Schüler F. Dreyschocks, 25 Jahre Mitglied des Domchors, auch dessen stellvertret. Dirig. W: MChöre, Lieder. B: Volkslieder f. MChor

WIEDERKEHR, Jak. Christian Mich. * 28/4 1739 Straßburg, † 1823 Paris, da seit 1783 Vcellist, Fagottist u. Posaunist. W: Konzertanten f. Blasinstr., KaM.

WIEDERMANN, Ernst * 10/11 1883 Eiwanowitz (Mähr.), 1911 Organ. in Prag, da OrgProf. am Konserv. W: KirchM., KaM., OrgStücke, Lieder

WIEDERMANN, Ernst, ps. Erno WIED * 24/9 1892 Breslau, da Bürobeamter, bis 1932 EnsKM., Schüler Benno Frödes. W: UnterhaltgsM.

WIEDERMANN, Friedr. * 25/12 1856 Görrisseiffen/Löwenberg (Schles.), † 12/2 1918 Berlin, Schüler der Kgl. Hochschule in Berlin, 1878/85 L. u. Organ. in Bernstadt (Schles.), seit 1885 in Berlin, seit 1888 Organ., Chordirig. u. SchulgesgL. W: Ouvert., Psalmen, Motetten, OrgStücke; Schulgsgbuch. H: 100. Aufl. des ‚Liederkranz‘ von Erk u. Greef; Monatsschrift f. Schulgsg seit 1906

WIEGAND, Heinr. * 9/9 1842 Fränkisch-Krumbach (Odenwald), † 28/5 1899 Frankfurt a. M., berühmter OpernBassist

WIEGERT, Otto * 3/5 1848 Magdeburg, † 3/6 1910 Halle a. S., MilKM.

WIEHMAYER, Theodor * 7/1 1870 Maienfeld (Westf.), lebt in Starnberg/München, tücht. Pianist u. L., Schüler d. Leipziger Konserv., da 1902/06 L., 1908/24 am Konserv. zu Stuttgart. W: Klav-Studien, ‚Musikal Rhythmik u. Metrik‘, ‚Musik. Formenlehre‘. H: klass. Klavierwerke

WIEL, Taddeo * 24/9 1849 Oderzo (Treviso), † 17/12 1920 Venezia, da Bibliothekar der Marciana, MSchr. u. OpLibrettist. W: KlavStücke, Lieder, Kriegshymne

WIELAND, Rolf, ps. = TOURBIÉ, Rich.

WIELHORSKI, Jos., Graf * 1818, † 1892, Schüler W. Tauberts. Vcellist u. Pianist. W: KlavStücke

WIELHORSKI, Matth., Graf * 19(30)/10 1787 Wolhynien, † 1863, tüchtiger Vcellist, Dir. der Kais. russ. MGesellsch. in Petersburg. — Sein Bruder Michael * 31/10 1788 Wolhynien, † 9/9 1856 Moskau, großer Kunstmäzen, Freund Glinkas. W: Lieder

WIEMANN, Rob. * 4/11 1870 Frankenhausen, lebt in Stettin im Ruhestand, Schüler d. Leipziger Konserv., erst TheaKM., 1891/93 VerDirig. in Pforzheim, 1894/99 in Bremerhaven, 1899/1910 in Osnabrück, 1910/34 städt. MDir. u. KirchChordir. in Stettin. W: sinf. Dichtgen, KaM., große Chorwerke mit Orch., Lieder usw.

WIEMANS, Frans Louis * 13/1 1889 Batavia, da zeitweilig Organ., seit 1921 in Berlin. W (beeinflußt durch orient. M.): StrQuart., KlavStücke, OrgVariat., Lieder

WIEMER, Gerhard * 4/5 1902 Insterburg, da Pianist, Dirig. u. ML., ausgeb. in Berlin (Hochschule; Geo. Schumann). W: Sinf., Ouvert., KaM., OrgStücke, Chöre, Lieder

WIENER, Karl * 27/3 1891 Wien, seit 1922 in Berlin, 1929/33 Berater des Rundfunks, ML., stud. in Wien (Akad.), 1913 KM. in Kattowitz, im Kriege schwer verwundet, darum linksarmiger Pianist, 1919 KM. in Saarbrücken, 1920/22 in Stettin. W: Sinf., Passacaglia, u. a. OrchStücke, KaM., auch f. Bläser, VStücke, KlavStücke, bes. f. die linke Hand, Lieder, auch mit Orch. bzw. Org.

WIENER BOHÈME-VERLAG, G. m. b. H., Berlin SW 69, gegr. 1/1 1932

WIENER OPERETTEN-VERLAG, G. m. b. H., Wien I, gegr. 3/3 1925

WIENER PHILHARMONISCHER VERLAG, A.-G., gegr. 5/4 1923

WIENIAWSKI, Adam, ps. HAVÉ * 27/11 1879 Warschau, da seit 1923 MKrit. u. seit 1928 Dir. der ChopinHochschule, Schüler u. a. Bargiels, d'Indys u. Gedalges, lebte lange (bis 1923) in Paris. W: Opern, OrchSuiten u. sinfon. Dichtgen, 2 StrQuart., Chöre, Lieder

WIENIAWSKI, Henri * 10/7 1835 Lublin (Polen), † 12/4 1880 Moskau, vielgereister berühmter Geiger, gebild. am Konserv. zu Paris, 1860/72 Solist des Kaisers v. Rußland, 1862/67 auch KonservProf. in Petersburg, 1875 kurze Zeit in Brüssel. W: 2 VKonz., Polonäsen, Legende, Variat. usw. — Sein Bruder Josef * 23/5 1837 Lublin, † 11/11 1912 Brüssel, vielgereister KlavVirt., Schüler des Pariser Konserv., 1865/69 KonservProf. in Moskau, 1875/76 Dir. der MGesellsch. in Warschau, seitdem KonservProf. in Brüssel. W: Ouvertur., KlavKonz., KaM., KlavSalonstücke

WIEPRECHT, Wilh. Frdr. * 8/8 1802 Aschersleben, † 4/8 1872 Berlin als Generaldir. der preuß. GardeMKorps, hat viel für MilitM. arrangiert u. erfand bzw. verbesserte die BaßTuba u. das Kontrafagott

WIERTS, Joh. Petrus Jodocus * 9/4 1866 Gennep, seit 1911 in 's-Gravenhage. W: viele Chöre u. Lieder; ‚Ons hollandsch Lied‘. H: ‚Zingende Stimmen‘

WIESBERG, Wilh. * 3/9 1850 Wien, da † 25/8 1896. W: Wiener Lieder, Couplets

WIESE, Christian Ludw. Gust. Freih. v. * 1732 Ansbach, † 8/8 1800 Dresden, da seit 1757, zuerst Offiz., zuletzt Geheimrat. W: theor. Schriften, u. a. ‚Anweisg das Klav. zu stimmen‘

WIESE, Heinr. * 1/12 1881 Berlin, SchulL. u. Chordir. in Fraustadt (Posen). W: GitSchule, ‚JugendbundLiederbuch'

WIESE, Karl * 3/1 1880 Velten/Berlin, Chordirig. in Berlin. W: MChöre

WIESE, Max * 23/7 1882 Kiel, lebt da. W: Opern, Optten, Chöre, Lieder

WIESENGRUND-ADORNO, Theod., Dr. phil. * 11/9 1903 Frankfurt a. M., da MSchr. W: OrchStücke, KaM., Lieder

WIESER, Balthasar * 6/1 1877 München, da KlavVirt. u. KlavL. W: KlavStücke, HarmonStücke

WIESMANN, Karl * 15/3 1881 Wien, seit 1904 BadeKM. in Baden/Wien, urspr. Fagottist, KomposSchüler v. H. Grädener u. Rob. Fuchs. W: Optte, Sinf., KaM., Chöre, Lieder, Tänze, Märsche

WIESMEIER, Heinr., ps. Heini PAX * 28/12 1880 Grafenwiesen, NBay., lebt in München, schwer kriegsbeschädigt. W: MilMärsche, Walzer, MChöre, VcStücke

WIESNER, Otto * 4/9 1846 Rudolfswaldau (Schles.), † 3/10 1897 Rorschach, da seit 1878 SemML. W: OrgSchule u. Stücke, Chöre. H: LiederSammlgen

WIESNER, Rich. * 31/5 1851 Rudolfswaldau (Schles.), † 4/9 1921 St. Gallen, hier seit 1876 Organ. u. Chordir. W: viele Chöre, auch m. Orch., Klav-, V- u. VcStücke

WIETH - KNUDSEN, Knud A., ps. Niels KNUDSEN * 8/1 1878 Kopenhagen, seit 1921 Prof. der Soziologie an der techn. Hochschule in Drontheim (Norw.), Schüler O. Mallings u. Draesekes. W: Oper, „FestFinale' f. Orch., KaM., KlavSonat., M- u. FrChöre, Lieder, auch mit Orch. usw.

WIETROWETZ, Gabriele * 13/6 1866 Laibach, bedeut. VVirtuosin, Schülerin J. Joachims, in Berlin, zeitw. auch QuartSpielerin, 1902/11 HochschulL.

WIGA, Jerry; auch WIGA-WINSTON, ps. = Wilh. GABRIEL

WIGGERT, Alfred * 4/9 1869 Neu-Ruppin, Komp. u. MVerleger in Bremen. W: Ouvert., Tänze u. Märsche, auch f. BlasOrch.

WIGLIARDUS = WILLAERT

WIHAN, Hans * 5/6 1855 Polič (Böhm.), † 3/5 1920 Prag, vortreffl. Vcellist, Schüler d. Prager Konserv., Solist in Nizza, Berlin (Bilse), München, seit 1887 KonservProf. in Prag, 1892/1914 im Böhmischen Quart. W: VcStücke, Lieder

WIHTOL (VITOL), Joseph * 26/7 1863 Wolmar (Livl.), Schüler des Petersb. Konserv., 1886 da u. 1892 TheorProf. an der Petersb. MSchule, 1919 Begr. u. Dir. des lett. Konserv. in Riga. W: sinfon. Dichtgen, Ouvert., KaM., Chöre m. Orch., KlavSonaten u. Stücke, Lieder. B: lett. Volksweisen

WIJSMAN, Johan Marie Wilhelm * 31/1 1872 Rotterdam, † 25/11 1913 Scheveningen, Schüler u. a. Kwasts, Gernsheims u. Busonis, vielgereister KlavVirt., zeitw. in Kiel u. London als L. W: KlavStücke, Lieder

WIKLUND, Adolf * 5/6 1879 Långserud (Schwed.), Schüler d. Konserv. in Stockholm u. Kwasts, treffl. Pianist, seit 1911 OpKM. in Stockholm. W: Sinfon., Ouvert., 2 KlavKonz., KaM., KlavStücke, Lieder. — Sein Bruder Victor * 1/3 1874 Aanimskog, seit 1891 in Stockholm, sehr gesuchter KlavBegl., seit 1904 KlavL. am Kgl. Konserv., seit 1915 Dirig. des MVer.

WIKMANSON, Joh. * 28/12 1753 Stockholm, da † 10/1 1800, Organ. u. Theoret. W: KaM. u. a.

WILBERG, Adolf * 1880 Berlin, seit 1912 GymnML. in Salzwedel. W: KirchM., StrQuart., KlavStücke, OrgStücke, Chöre, Lieder

WILBERG, Martin * (dtsche Eltern) 29/8 1821 Lipsu (Kalypso), † 21/2 1905 Oberpahlen, seit 1840 um GsgUnterr. in Livland sehr bemüht

WILBYE, John * 7/3 1574 Diß, Norfolk, † Sept. 1638 Colchester. W: trefl. Madrigale

WILCKEN, Eugen * 28/1 1899 Lindau i. B., KM. in Königsberg, Pr., ausgeb. in Hamburg (Bernuth-Konserv.). W: UnterhaltgsM.

WILCKENS, Friedr. * 13/4 1899 Liezen (Steiermark), Schüler Schrekers, lebt in Seefeld, Tirol, 1923/28 in Berlin, KMAspirant, dann in Hannover, Pianist. W: Oper, Ballett-Pantomime, Sinfonie, KaOrchSuite, Ouvert. — Auch Erfinder eines Verfahrens, das ohne Schwierigkeit 40 gute Kopien von der Handschrift abzuziehen ermöglicht

WILD, Frz * 31/12 1792 Niederhollabrunn, NÖsterr., † 1/1 1860 Oberdöbling/Wien, berühmterOpTenor, 1811/16 in Wien, 1816 in Berlin, 1817 in Darmstadt, 1825 in Kassel, seit 1830 wieder in Wien

WILD, Friedr. † 3/1 1929 Leipzig, GsgL. u. MVerleger

WILD, Fritz Bruno * 8/3 1884 Karlsruhe, seit 1911 ML. u. Geiger in Berlin. W: Kantate, KaM., VStücke, KlavStücke, Chöre, Lieder

WILDBRUNN, Helene * 1880 (?) Wien, da GsgL., urspr. Altistin des Dortmunder Thea., dann ausgez. Hochdramat. in Stuttgart 1914/18, 1918/26 an der Berliner und 1926/28 an der Wiener Staatsoper

WILDE-POLSTER, Fritz * 22/11 1895 Fürstenberg i. S., VVirt., seit 1925 in der Staatsop. Berlin, da ausgeb. auf d. Hochschule, Kriegsteiln. W: OrchIntermezzi, MMärsche, VKonz.

WILDER, Vict. van, Dr. jur. et phil. * 21/8 1835 Wetteren/Gent, † 8/9 1892 Paris, da seit 1860 durch Übersetzgen, bes. Wagnerscher Opern, bekannt. W: ‚Mozart', ‚Beethoven'

WILDHAGEN, Erik * 6/6 1894 Pirna, lyr. Bariton., Schüler Ifferts u. Gius. Borgattis (Milano), engagiert in Dresden, Rom u. München, 1928 bayr. KaSgr, gastierte fast an allen großen Bühnen Europas u. NAmerikas. Seit 1934 ObSpielleiter der Op. u. Leiter der OpSchule der TheaAkad. in Karlsruhe

WILDT, Frz, ps. Hans ULRICH * 17/1 1868 Aachen, MVerl. in Dortmund, da 1900/19 SchulGsgL., vorher u. a. in Essen. W: volkstüml. Chöre, bes. MChöre. H: Westdtsche M- u. SgrZtg

WILFRED, ps. = Charles Wilfred de BÉRIOT

WILFRED, ps. = Fritz PRAGER

WILFREED, ps. = Fritz PRAGER

WILHELM, B., ps. = Jul. GOTTLÖBER

WILHELM, Georg * 18/7 1821 St. Wendel, † 9/12 1881 Schweinfurt, Dir. der städt. MSchule. W: Chorwerke, Lieder, KlavStücke usw.

WILHELM, Gerhard * 15/9 1889 Oels, L. u. Organ. in Breslau, vorher seit 1924 in Smarse/Oels VerDir., auch Dir. der Oelser Liedertafel. W: MChöre, Lautenlieder, Tänze, Stücke f. Mandol- u. Lautenorch.

WILHELM, Julius * 22/2 1871 Wien, lebt da, Opttenlibrettist

WILHELM, Karl * 5/9 1815 Schmalkalden, da † 26/8 1873, Schüler von Al. Schmitt u. A. André, 1841/64 VerDirig. in Krefeld. W: gem. u. bes. MChöre (u. a. 1854 die ber. ‚Wacht am Rhein')

WILHELM, Martin * 2/12 1881 München, seit 1928 GsgL. (1933 Prof.) an d. Akad. f. Schul- u. KirchM. in Berlin, Schüler von Feinhals, Jean de Reszke u. M. Reger, war OpTenor u. a. in Metz, Karlsruhe, dann OratSgr, Kriegsteiln.

WILHELMJ, Aug. * 21/9 1845 Usingen (Nassau), † 22/1 1908 London, berühmter vielgereister VVirt., Schüler Davids, 1876 Vorgeiger bei den ‚Nibelungen'-Aufführgen in Bayreuth; 1886/94 in Blasewitz/Dresden, 1894/1901 Prof. an der Guildhall-School of m. in London, privatisierte dann da. W: VSchule, Paraphrasen üb. Wagnersche Themen u. a.

WILHELMI, Rico, ps. = Max RAU

WILHELMI, Tobias, ps. TALIS * 7/4 1885 Amsterdam, VVirt., seit 1921 KonzM. der Hofkap. in Stockholm, auch Chordirig. W: Sinfon., KaM., Balladen m. Orch., Lieder

WILHEM, Guill. Louis, eigentl. BOCQUILLON * 18/12 1781 Paris, da † 26/4 1842, GsgL., zuletzt GenDir. des MUnterr. der Schulen, vertrat die Methode des gegenseit. Unterrichts seit 1818, gründete Liedertafeln (Orphéons). W: Lehrbücher. H: Orphéon

WILHORSKI — s. WIELHORSKI

WILKE, Arnold * 11/3 1877 u. † 31/1 1933 Berlin, da Bearb. W: Chöre, UnterhaltsM.

WILKE, Berthold * 1/3 1883 Berlin, lebt da. W: Märsche, Tänze

WILKE, Christian Friedr. Gottlieb * 13/3 1769 Spandau, † 31/7 1848 Treuenbrietzen, Organ. u. a. in Neuruppin, 1821 RegKommissar f. OrgBauten. W: Schr. üb. OrgBau

WILKE, Frz * 3/9 1861 Kallies i. Pomm., letzter Fürst Reuß ä. L. HofKM., lebt in Werdau i. S., ausgeb. von Ferd. Hiller, W. Rudnick u. G. Riemenschneider, W: viel KirchM., auch für PosChöre, sinf. Dichtg, UnterhaltsM. usw.

WILKEN, Heinr. * 27/1 1835 Thorn, † 20/5 1886 Berlin, urspr. Buchdrucker, dann GsgKomiker, bes. am WallnerThea. in Berlin, da seit 1883 Dir. des Centralthea. W: viele Possen

WILKY, Tom, ps. = Erich KAUFFMANN-JASSOY

WILL, Per, ps. = Willy WEISS

WILL, Willy * 29/2 1888 Magdeburg, MDir. in Hamburg, ausgeb. in München (Akad.). W: UnterhaltsM., bes. Märsche

WILLAERT, Adrian (Messer Adriano) * um 1480 Brügge, † 7/12 1562 Venedig, da seit 1527 KM. an der Markuskirche, Schüler v. Josquin de Prés. Seine berühmtesten Schüler: A. Gabrieli, Cyprian de Rore, Zarlino. W: Messen, Psalmen f. Doppelchor, Motett., Madrigale, Canzonen usw.

WILLAN, Healey * 12/10 1880 Ballam (Surrey, Engl.), seit 1913 in Toronto, treffl. Organ., seit 1920 KonservVizepräsid. W: M. zu Dramen von Euripides, Shakespeare usw., Kantaten, Motetten, VSonate, OrgStücke

WILLE, Georg * 20/9 1869 Greiz, vortreffl. VcVirt., Schüler J. Klengels, 1889 im Leipziger Gewandhausorch., 1899/1924 Solist u. KonzM. d. Hofkap. zu Dresden; lebt unterrichtend in Berlin. W: TonleiterStudien

WILLE, Georges — s. VUILLE

WILLE, Paul Theod. * 14/2 1871 Göttingen, seit 1895 in Augsburg, GitL. W: GitLehrg., Lieder mit Git.

WILLEKE, Willem * 29/9 1879 's-Gravenhage, VcVirt., L. am Inst. of m. art in New York, in Amerika seit 1907, ausgeb. in Rotterdam

WILLENT, Jean Bapt. * 8/12 1809 Douai, † 11/5 1852 Paris, da Fagottist u. seit 1848 KonservL. W: Opern, FagSchule u. Fantas. u. a.

WILLER, Joh. Mich. * 25/8 1753 Vils, † 7/10 1826 Prag, da seit 1780 Bürger, treffl. Geigenbauer

WILLERT, Ernst, ps. Ernest TRELLIW * 4/4 1886 Hamburg, Musiker in Berlin. W: UnterhaltgsM.

WILLFORT, Egon Stuart * 30/6 1889 Wien, da MSchr. u. Chordir. W: Prakt. Harmonielehre f. GitSpieler u. a.

WILLFRED, ps. = Fritz PRAGER

WILLI, Jos. Kaspar * 11/9 1829 Hottingen/Zürich, † 31/10 1905 Wädenswil, da seit 1857 L. u. Chordir. W: Chöre

WILLIAMS, Abdy * 16/7 1855 Dawlish (S. Devon), † 27/2 1923 Milford, Lymington, zeitw. Organ., lebte aus Gesundheitsrücksichten u. a. in Neuseeland u. Capri, hervorrag. Gelehrter. W: KirchM., M. zu griech. Tragödien; ‚The rhythm of modern m.', ‚Story of organ.', ‚Story of organ m.' u. a.

WILLIAMS, Agnes * 3/9 1888 London, lebt (‚The Celyn') in New Milton, (Hants, Engl.). W: UnterhaltgsM., aber auch ernste M.

WILLIAMS, Alberto * 23/11 1862 Buenos Aires, Schüler des Pariser Konserv., seit 1889 in Buenos Aires Pianist, Dirig. u. MSchr., Begründer (1893) u. Dir. des Konserv. W: Sinfon., Suiten u. Ouvert., KaM., viele KlavStücke u. Lieder

WILLIAMS, Charles Lee * 1/5 1853 Winchester, † 29/8 1935, 1882/98 Organ. in Gloucester u. Dir. der MFeste. W: viele KirchM.

WILLIAMS, Gene, ps. = H. NICHOLLS

WILLIAMS, Godfrey, ps. = Hub. W. DAVID

WILLIAMS, Henry James * 1869 London, † 24/2 1924 Manchester, Komp. des im Weltkrieg so bekannt gewordenen ‚It's a long way to tipperarry'

WILLIAMS, John Gerrard * 10/12 1888 London, lebt da, Autodidakt, eigentl. Architekt W (eigenart.): Oper, Kinderoperette, OrchStücke, StrQuartette, KlavStücke, Chöre, viele Lieder

WILLIAMS, Joseph, Ltd., wichtiger MVerlag u. Notendruckerei in London, 1808 gegründet. — Der gleichfalls J o s e p h heißende Firmeninhaber * 1850, † 12/7 1923, ps. Florian PASCAL. W: Opern, Optten, Lieder usw.

WILLIAMS, K., ps. = Willy KUHN

WILLIAMS, Ralph Vaughan, Dr. mus. * 12/10 1872 Down Ampney (Gloucestershire), Schüler Stanfords, Bruchs u. Ravels, lebt in London, bzw. The White Gates, Dorking. W (sehr fortschrittl.): Opern, Ballette, BühnM., Sinfon. (bes. PastoralS. wichtig), sinfon. Dichtgen, KaM., Chöre mit Orch.

WILLIAMS, Stanley, ps. = FRIEDL, Frz

WILLIAMS, Will, ps. = Willy GROH

WILLIGERODE, Adalb. Hugo * 1816 Reval, † 1892 Dorpat, da Pastor 1857/85, verdienter KirchChordir. W: Chorliedersammlgen

WILLING, Joh. Ludw. * 2/5 1755 Kühndorf, † Sept. 1805 Nordhausen, Organ. W: VKonz., VcKonz., KaM.

WILLMANN, Magdalena * 1775 Bonn, † 12/1 1802 Wien (?), seit 1799 verheir. mit Galvani, ausgez. Altistin, der Beethoven vergeblich seine Hand angeboten

WILLMERS, Heinr. Rud. * 31/10 1821 Berlin, † 24/8 1878 Wien, vielgereister Pianist, Schüler Hummels u. Fr. Schneiders, 1864/66 Prof. am Sternschen Konserv. in Berlin, dann in Wien. W: brill. KlavStücke usw.

WILLMS, Frz * 25/1 1883 Mainz, da KM. u. Chordir., seit 1925 Berater im Verl. Schott, Schüler O. Naumanns u. Fr. Kloses, auch MWissenschaftler, studierte an den Univ. Freiburg, München u. Bonn, Kriegsteiln. W: BühnM., Chöre, Liederzyklen m. KaOrch., Gsge m. Instr., Lieder; Führer zu Hindemiths ‚Cardillac'. B: KlavAuszüge moderner Opern; ‚Dtsche Volkslieder' f. Chor

WILLMS, Friedr., ps. = Willy SCHORNAGEL

WILLNAU, Karl, ps. = Karl Wilh. NAUMANN

WILLNECKER, Alfred * 16/1 1875 Wien, lebt in Mauer/Wien, da ML. u. OpKorrepet. W: StrQuart., KlavStücke, VStücke, OrgFugen, Chöre, Lieder, Hamonielehre

WILLNER, Alfred Maria * 11/7 1859 Wien, da † 27/10 1929, Op- u. OpttenLibrettist

WILLNER, Arthur * 5/3 1881 Turn/Teplitz, Schüler des Leipziger Konserv. u. der Münchn. Akad., 1903/24 DirStellvertr. u. KomposL. am Sternschen Konserv. in Berlin, seit 1925 Sachverständiger d. UniversalEdition (MVerlag) in Wien. W: Sinf., sinfon. Dichtg, KaM., Konz., Sonaten, Fugen u. a. f. Klav., Chöre m. Orch., Lieder

WILLS, Edw., ps. = Erich PLESSOW

WILLY, Johannes * 31/5 1896 Karlsruhe i. B., s. 1/4 1935 GsgProf. an der Hochschule in Stuttgart, ausgez., in Frankfurt a. M. wohnender KonzBaß-Bariton (Debut 1923), wollte urspr. SchulL.

werden, studierte in Freiburg (Univ.) Gsg, 1920/23 bei Helge Lindberg, 1923/25 KonservL. in Frankfurt a. M., dann da PrivGsgL.

WILM, Nicolai von * 4/3 1834 Riga, † 20/2 1911 Wiesbaden, 1851/56 Schüler des Konserv. zu Leipzig, 1857 TheaKM. in Riga, 1860/75 KlavL. in Petersburg, privatisierte dann in Dresden, seit 1878 in Wiesbaden. W (über 200): KaM., Klav-Stücke, auch 4hd., Chöre, Lieder

WILM-WILM, † 13/11 1927. W: Couplets, Tänze

WILMS, Jan Willem * 30/3 1772 Witzhelden (Rheinprov.), † 19/7 1847 Amsterdam, da seit 1791 gesch. ML., Komp. der holländ. Nationalhymne. W: KaM,, KlavKonz., Sonaten usw.

WILO, Kurt, ps. = Hans HOFFMANN * 1913

WILSAR, Jack, ps. = BILD, Willy

WILSING, Frd. Dan. Eduard * 21/10 1809 Hörde/Dortmund, † 2/5 1893 Berlin, 1829 Stadtorgan. in Wesel, seit 1834 ML. in Berlin. W: Orat., 16st. ausgez. ‚De profundis', KaM., Klav-Stücke, Lieder

WILSON, Archibald Wayet * 9/12 1869 Pinchbeck, Lincs. treffl. Organ. seit 1919 in Manchester, ausgeb. in London. W: KirchM., Chorballade; ‚The chorales, their origin and influence' usw.

WILSON, John * 5/4 1595 Faversham (Kent), † 22/2 1674 Westminster, Lautenvirt. seit 1635 Hofmusiker. W: Psalmen, Arien, Balladen

WILSON, Mortimer * 6/8 1876 Chariton, Jowa, † 1932 Newyork, ausgeb. in Chicago u. Leipzig, Geiger; 1912/15 OrchDir. in Atlanta, Ga. W: sinf. Dichtgen, KaM., KlavStücke, Lieder; ‚The rhetoric of m.'

WILSON, Philip * 29/11 1886 Hove, Sussex, † 26/7 1924 London, Sgr, pflegte bes. die alte engl. M., 1915/20 KonservGsgL. in Sydney. H: 150 englische Ayres

WILSON, Theodor, ps. = Kurt GOLDMANN

WILT (geb. Liebenthaler), Marie * 30/1 1833 Wien, da † 24/9 1891 (Selbstmord), vortreffl. dramat. Sopran, 1865 in Graz, dann in Wien, Leipzig usw. engagiert

WILTBERGER, Aug. * 17/4 1850 Sobernheim, Rheinprov., † 2/12 1928 Stuttgart, seit 1884 SemML. in Brühl. W (an 180): kleine Orat., Messen, Chöre, Lieder, OrgSchule, Harmonielehre usw. — Sein Bruder Heinrich * 17/8 1841 Sobernheim, † 26/5 1916 Kolmar, Els., da 1872/1906 SemML. W: Orator., Messen, Motetten usw., M-Chöre, Lieder, KlavStücke; ‚Der Gsgunterr. in d. Volksschule'. — Sein (Augusts) Sohn Wendel

* 2/2 1879 Bad Salzig (Rhein), LyzGsgL. u. VerDir. in Elberfeld, Schüler des Kölner Konserv., im Kriege MilKM. W: SchulorchStücke, Chöre aller Art, Lieder, KlavStücke; ‚Die musikal. Verziergen'

WIMMER, Heinz * 9/1 1897 Passau, SchulL. in Hengersberg, NB., Schüler von Aug. Reuß. W: patriot. Chorwerk m. Orch., Lieder

WINCKELMANN, Herm. * 8/3 1849 Braunschweig, † 18/1 1912 Wien, berühmter Heldentenor (auch in Bayreuth), 1875 in Sondershausen, dann in Altenburg, Darmstadt u. Hamburg, 1883/1907 in Wien (Hofoper)

WINCKELMANN, Theo. * 1/12 1851 Braunschweig, † 4/4 1903 Magdeburg, da seit 1892 I. TheaKM., treffl. Dirig. (auch der Krollschen SommerOp. in Berlin). W: Ouvert., Lieder

WINDERSTEIN, Hans * 29/10 1856 Lüneburg, † 23/6 1925 Gießen, Geiger u. Dirig., Schüler des Konserv. in Leipzig, 1884 Dirig. in Winterthur, 1887 in Nürnberg, 1893 des KaimOrch. in München u. seit 1896 eines eigenen, dem Krieg zum Opfer gewordenen Orch. u. der Philharm. Konz. in Leipzig, seit 1920 Dir. d. staatl. KurOrch. in Bad Nauheim. W: Suite, Trauermarsch, VStücke

WINDING, Aug. * 24/3 1835 Taars (Insel Laaland), † 16/6 1899 Kopenhagen, da seit 1891 KonservDir., Schüler v. Gade, Reinecke, A. Dreyschock. W: Sinf., Ouvert., KlavKonz., KaM., KlavStücke (u. a. Etüden f. d. linke Hand), Lieder usw.

WINDISCH, Albin * 25/7 1884 Markneukirchen, MHdler in Ludwigsburg. W: Märsche, Tänze

WINDISCH, Fritz * 20/12 1897 Berlin-Niederschönhausen, lebt da. W: StrQuart., KlavStücke, Chöre, Terzette, Lieder

WINDISCH-SARTOWSKY, Hans * 23/1 1894 Berlin, Kompon. in Schmachtenhagen/Oranienburg. W: Opern, Tanzdrama, OrchSuite, sinf. Dichtgen, KaM., Melodramen, Lieder

WINDSCHMITT, Ludwig * 14/6 1900 Frankfurt a. M., lebt da, auch Maler. W: OrchSuite, KaOrchStücke, KlavStücke, Tanzkompos., auch für 2 und 4 Klav.

WINDSPERGER, Lothar, ps. H. ARTOK * 22/10 1885 Ampfing (Bay.), † 30/5 1935 Wiesbaden, Schüler v. Rheinberger u. R. Louis, 1912/33 Berater des Verl. B. Schotts Söhne, seit Mai 1933 Dir. d. MSchule in Mainz. W: Sinf., sinfon. Fantasie, Ouvert., KlavKonz., VKonz., KaM., KlavStücke (auch Sonaten), OrgStücke, Missa symphonica, Requiem, Lieder

WINDT, Herbert * 15/9 1894 Senftenberg, lebt in Neubabelsberg, sehr geschätzt als Instrumentator, Schüler Klattes, im Weltkrieg sehr schwer verwundet, dann noch Schüler Schrekers. W: Oper, KaSinfon. ‚Andante religioso' f. Singst. mit Orch.; Lieder

WINGAR, Alfred Andersen — s. ANDERSEN-WINGAR

WINGE, Per * 27/8 1858 Christiania, lebt da, Klav- u. GsgL., ausgeb. auch in Leipzig u. Berlin, 1894/99 TheaKM. in Christiania, da seit 1912 auch Chordirig. W: SchauspielM., VStücke, Klav-Schule (f. Kinder) u. Stücke, Chöre, viele Lieder

WINGERT, Hans, ps. Hans WEINGARTEN * 29/10 1906 Hamburg, lebt da, Schüler u. a. Erdlens. W: Bläserquintette, UnterhaltgsM.

WINGHAM, Thomas * 5/1 1846 London, da † 24/3 1893, seit 1871 KlavL. an d. R. Acad. W: Sinf., Ouvert., Messen usw.

WINKEL, Dietrich Nik. * um 1780 Amsterdam, da † 28/9 1826, Mechaniker, der eigentl. Erfinder des von Mälzel verbesserten u. bekannt gemachten Metronoms

WINKELHAKE, Adolf * 13/11 1877 Bergkirchen, Lippe-Schaumburg, seit 1906 ObRealschulML. u. Chordirig. in Hannover. B: Volkslieder f. Gem- u. MChor

WINKELMANN, Gerhard * 23/5 1904, Klav-Virt. u. ML. in Berlin, Schüler H. Kirchners, Ad. Starcks u. H. Kauns. W (nicht neutönerisch): KaM., KlavStücke, Chöre, Lieder

WINKELMANN, Rainer, ps. Fritz TRAUNER * 3/6 1876 Wagstadt (Schles.), ML. in Wien. W: Chöre, Lieder, auch m. Git.

WINKELMÜLLER, Paul * 18/10 1876 Hannover, dort seit 1897 L. u. Chordir. W: Chöre, Kinderlieder

WINKHLER, Karl Angelus v. * 1787, † 15/12 1845 Pesth, Pianist. W: KlavStücke

WINKLER, Alex. * 3/3 1865 Charkow, da Schüler der MSchule, später Duvernoys (Paris), Leschetizkys u. Navratils, 1890/96 KlavL. in Charkow, seit 1907 in Petersburg, lebte nach dem Umsturz in Besançon, seit 1923 KomposL. am Konserv. in Leningrad, da † Okt. 1935. W: Ouvert., OrchVariat., treffl. KaM., KlavStücke, Lieder

WINKLER, Conrad, MVerlag in Leipzig, 1910 von F. E. C. Leuckart angekauft

WINKLER. Georg * 7/10 1902 Orlamünde, lebt in Jena, KonzBegl. u. TheaKM. W: Orch-Passacaglia, KaM., KlavSonate

WINKLER, Gerhard, ps. G. GERWIN; Gerd HERMAN * 12/9 1906 Berlin, lebt da, Schüler F. Hoyers. W: UnterhaltgsM.

WINKLER, Julius * ?, VL. in Wien. W: ‚Die Technik des Geigenspiels' (1/6 1923 ff., wertvoll)

WINKLER, Karl * 26/9 1899 Wien, lebt da, Schüler Schrekers, war OpKM. u. a. in Kottbus. W: BühnM., Sinf., KaM., KlavKonz., Lieder

WINKLER, Max * 10/3 1810 Waldstetten/Günzburg a. D., † 20/6 1884 Rosenheim, SemML. in Eichstätt. W: KirchM., MChöre, StrQuart., theoret. Schriften

WINKLER, Rud. * 6/9 1855 Neiße (Schles.), † 1920 Stuttgart, da Schüler d. Konserv., an diesem 1888/1905 L. W: MChöre, Lieder

WINKLER, Theodor * 25/11 1834 Eilenburg, † 12/12 1905 Weimar, da 1861 KaMker, bedeut. FlVirt. u. treffl. L. an der dort MSchule, Schüler u. a. Drouets. W: FlKonz., Stücke u. Studien, OrchStücke, Chöre, Lieder

WINNIG, Friedr., ps. Hans GENTHIN * 20/5 1910 (1909?) Dessau, seit 1931 in Hannover, ausgeb. in Leipzig (Konserv.) u. v. W. Gmeindl in Berlin. W: Oper, Konz. f. StrOrch. u. KaOrch. KaM., KlavSuite, Tanzstücke

WINNIG, Walter * 22/5 1885 Berlin, da KM., ausgeb. in Dresden (Konserv.). W: viele Tonfilme

WINNUBST, Joh. H. P. * 24/12 1885 Amsterdam, seit 1910 Domorgan. in Utrecht. W: 2 Sinf., KaM., KirchM., Lieder

WINOGRADSKI, Alex., Dr. jur. * 1856 Kiew, da † 1912, Schüler Solowjews (Petersburg), 1884/86 MSchulDir. in Saratow, seit 1889 Vertreter der russ. MGesellsch. u. Dirig. der SinfKonz. in Kiew, auch im Ausland als Dirig. geschätzt. W: sinfon. Dicht., OrchVariat., KaM. u. a.

WINSTON, ps. = Hans SCHINDLER

WINTER, Alfred * 25/2 1885 Hannover, da Kaufmann, Schüler u. a. Draesekes. W: UnterhaltgsM.

WINTER, Frank * 22/12 1899 Berlin, da EnsKM., da ausgeb. (Sternsches Konserv., Hochschule). W: Lieder, UnterhaltgsM.

WINTER, Georg M. * 13/1 1869 Geithain, † 21/3 1924 Leipzig, Schüler Jadassohns u. Rich. Hofmanns, L. in Leipzig. W: MChöre, Lieder; ‚Gesch. des dtsch. Volksliedes', ‚Ringel-Reihe-Rosenkranz. Volkskinderspiele'. H: Volkslieder mit Klav. bzw. Git.

WINTER, Hans Adolf * 30/1 1892 München, da ausgeb., da seit 1924 I. KM. des Reichssenders, vorher TheaKM. u. a. in Hamburg u. London

WINTER, Harry, ps. = Willy BALDAMUS

WINTER, Peter * 1754 Mannheim, † 18/10 1825 München, 1766 Geiger der Mannheimer Hofkap., Schüler des Abts Vogler, seit 1788 an dessen Stelle HofKM. in München, 1815 bei seinem 50j.

Dienstjubil. geadelt. W: üb. 20 Opern, u. a. ‚Das unterbrochene Opferfest', Singspiele, Ballette, Orator., Kantaten, Orch- u. KaM., ‚Singschule' (wertvoll) usw.

WINTER-HJELM, Otto * 8/10 1837 Christiania, da (Oslo) † 3/5 1931, Schüler des Leipziger Konserv., Kullaks u. Wüersts, ML., Organ. u. KonzDirig. in Christiania seit 1864. W: 2 Sinf., KlavStücke u. Schule, OrgSchule, Chöre, Lieder. H: norweg. Fjeldmelodier

WINTERBERG, Rob. * 27/2 1884 Wien, † 22/6 1930 Töpchin, Mark Brandenburg, seit 1926 in Berlin TheaDir., ausgeb. in Wien, zuerst M-Krit., dann Komp. W: KaM. (ungedr.), Lieder, seit 1911 Optten, u. a. ‚Die Blumen der Maintenon' 1916; ‚Die Dame vom Zirkus' 1919; ‚Der Günstling der Zarin' 1920; ‚Die Herren von u. zu' 1922; ‚Anneliese von Dessau' 1924; ‚Der alte Dessauer' 1926 u. a.

WINTERBERGER, Alex. * 14/8 1834 Weimar, † 23/9 1914 Leipzig, Klav- u. OrgVirt., Schüler des Leipziger Konserv. u. Liszts,, 1861 in Wien, 1869/72 KonservProf. in Petersburg, seitdem in Leipzig. W: Klav- u. OrgStücke, Chöre, Duette, Lieder. H: Liszts ‚Techn. Studien'

WINTERFELD, Karl von * 28/1 1784 Berlin, da † 15/2 1852, 1816 Oberlandesgerichtsrat u. Custos der Musikal. der Univers. in Breslau, 1832/47 Geh. Obertribunalrat in Berlin. Hat dazu beigetragen, das nördl. Deutschland mit den Schätzen der ital. KirchM. des 16. u. 17. Jh. bekannt zu machen. Besaß ausgez. Sammlgen älterer Kompos. niederländ., ital. u. dtscher Schule (in der Preuß. Staatsbibl. aufbewahrt). W: ‚Zur Gesch. heiliger Tonkunst', ‚Der ev. KirchGsg u. sein Verhältnis zur Kunst des Tonsatzes', ‚Joh. Gabrieli u. sein Zeitalter', ‚Palestrina' u. a.

WINTERFELD, Max * 11/2 1879 Hamburg, lebt seit 1933 in Barcelona bzw. Wien, vorher meist in Berlin, bes. unter dem Namen **Jean Gilbert** sehr erfolgreicher Komp. von vielen Optten, u. a. ‚Die Dose Sr. Majestät', ‚Die Frau im Hermelin', ‚Die Braut des Lucullus'. — Sein Sohn **Robert** — s. GILBERT, Rob.

WINTERNITZ, Arnold * 20/10 1874 Linz a. D., † 22/2 1928 Hamburg, 1898/1917 OpKM., u. a. in Chicago u. Hamburg. W: Opern, Pantomime, Melodramen ‚Die Nachtigall' (sehr gelungen) u. ‚Die Kröte', ‚galante' KlavStücke, schöne Lieder, auch Kinderlieder

WINTERSTEIN, Rolf, ps. = W. F. GOHLISCH

WINTRICH, Peter † 8/5 1912 Frankfurt a. M., Kompon.

WINTZER, Elisabeth * 16/6 1863 Suderode a. Harz, † 12/6 1933 Bremen (auch Schr.), verheiratet 1889 mit dem Maler Otto Gerlach († 1908), Schülerin Reineckes u. Jadassohns. W: Märchenspiele, Kinder-, Tanz- u. Märchenlieder, Lautenlieder, Klav- u. VKompos.; ‚Prinz Louis Ferdinand von Preußen'

WINTZER, Rich. * 9/3 1866 Nauendorf/Löbejün, Schüler der Hochschule in Berlin, lebt da; auch MRef. W: Opern auf eigene Texte, KlavStücke, treffl., harmonisch bemerkenswerte Lieder usw.

WINZENHÖRLEIN — s. VINCENT, Heinr. Josef

WIRKHAUS, David Otto * 19/9 1837 bei Dorpat, † 1912 Wägfer/Dorpat, SchulL., sehr verdient um die Einführg von Posaunenchören in Estland

WIRTH, Eman. * 18/10 1842 Luditz (Böhm.), † 5/1 1923 Berlin, Schüler d. Konserv. zu Prag, seit 1877 Bratschist im Joachim-Quart. u. bis 1910 HochschulL. zu Berlin

WIRTH, Fritz * 16/7 1896 Dresden, lebt da, Chordir., Schüler Schjelderups u. Lendvais. W: Tänze

WIRTH, Herm. Fel., Dr. phil. * 6/5 1885 Utrecht, seit 1918 MGeschProf. am Konserv. in Brüssel, war ab 1909 einige Jahre Lektor f. niederl. Sprache an der Univ. Berlin. W: ‚Der Untergang des niederländ. Volksliedes' (1911); ‚Nation. Nederlandse Muziekpolitik'. H: altniederl. Kirch- u. VolksM.

WIRTH, Hermine — s. SCHUSTER-WIRTH

WIRTH, Moritz, Dr. phil. * 14/9 1849 Euba/Chemnitz, † 26/4 1917 Leipzig, da seit 1869, auch Volkswirtschafts- u. KunstSchr. W (eigenartig, aber sehr anfechtbar): ‚König Marke', ‚Drohender Untergang Bayreuths', ‚Das Wagner-Museum u. die Zukunft des Wagner-Theaters', ‚Fahrt nach Nibelheim', ‚Bismarck, symph. Dichtg von Beethoven' usw., ‚Mutter Brünnhilde', ‚Parsifal in neuem Lichte'

WIRTHMANN, Otto Mich. * 2/7 1891 Würzburg, seit 1926 städt. MDir. in Wittstock, vorher ML. an versch. Orten. W: BühnenM., OrchStücke, KaM., Chöre, Lieder u. a.

WIRTZ, Carel Lodewijk Willem * 1/9 1841 's Gravenhage, da KonservKlavL. 1858—1917, † 11/9 1935 Breda. W: KirchM., Kantate

WIRTZ-KOORT, Olly * 18/11 1891 Brühl/Köln, seit 1913 ML. in Bonn. W: Lieder z. Laute

WISCHNEGRADSKY, Ivan (Jean), ps. Ivan VOLNY * 1893 Petersburg, lebt in Paris, urspr. Jurist, Schüler Sokoloffs, Vorkämpfer für Halb- u.

VierteltonM. W: Sinf., sinf. Dichtg, KaM., Klav-Stücke, Lieder; ‚Handbuch f. ViertelionM.' (frz.) 1933

WISKE, Mortimer * 12/1 1853 Bennington (Vermont, USt.), da schon 1865 Organ., seit 1872 in New York bzw. Brooklyn sehr geschätzter Organ. u. Dirigent, † ?. W: KirchM., weltl. Chöre, OrgStücke

WISMAR, A. od. WISMAR-ROSENDAHL, A., ps. = Wismar ROSENDAHL

WISMEYER, Heinr. * 17/7 1898 München, da StudRat (Priester), Schüler v. L. Berberich u. Jos. Haas. W: Kirchl. Gsge u. Chöre

WISSIG, Otto, Dr. phil. * 9/4 1886 Rodheim v d. H., LandesKirchMD., Organ. u. Dir. des von ihm gegründ. BachVer. in Oldenburg, ausgeb. in Heidelberg u. Leipzig, 1909/14 Organ. u. Chordir. der dtschen Hauptkirche in Petersburg. W: ‚Schuberts Messen'

WISSMANN, Rich. * 20/3 1879 Küßnacht, seit 1919 städt. M. in Zug, 1907/19 Chordir. in Lausanne. W: MChöre

WIT, Paul de * 4/1 1852 Mastricht, Gamben- u. VcVirt., † 10/12 1925 Leipzig, da seit 1879, gründ. 1880 die noch bestehende ‚Ztschr. f. Instrumentenbau', eröffnete wiederholt ein ‚InstrumentenMuseum', teils von der Kgl. Hochschule in Berlin, teils von W. Heyer (s. d.) in Köln angekauft. W: ‚Weltadreßbuch der ges. MInstrumIndustrie', ‚Geigenzettel alter Meister'. — Der Verl. der Ztschr. usw., z. Z. in Breslau

WITEK, Anton * 7/1 1872 Saaz, † 19/8 1933 Boston, ausgezeichn. Geiger u. L., 1894/1912 I. KonzM. des Berliner Philh. Orch., dann des Bostoner SymphOrch, 1924/30 in Frankfurt a. M., dann wieder in Boston. W: ‚Fingered Octaves'

WITH (-ENGELMANN), Frz * 4/3 1906 Gotha, Komp. u. Textdichter in Berlin, ausgeb. v. Otto Laugs, Striegler u. Mraczek. W: Oper, Sinf., StrQuart., Lieder

WITHERSPOON, Herbert † (60j.) 10/5 1935 New York, Dir. der Metropolitan Opera Co., urspr. Sger

WITKOWSKI, Georges * 6/1 1867 Mostagneux (Algier), urspr. Offizier, seit Herbst 1924 KonservDir. in Anjou, Schüler d'Indys, 1902/24 Dir. der von ihm gegründ. Schola cantorum u. 1905/24 auch der Société des grands concerts in Lyon. W: Opern, 2 Sinf., sinf. Dichtgen, KaM., KlavKonz. ‚Mon Lac', Orat. ‚Poème de la maison'

WITT, Christian Friedr. * um 1660 Altenburg, da † 13/4 1716 als HofKM. W: Ouvert., OrchSuiten, Klav- u. OrgStücke, u. a. die Bach zugeschrieb. Toccata in d

WITT, Evelyn, ps. = Gust. KRENKEL

WITT, Frz Xav. * 9/2 1834 Walderbach, Bay., † 2/12 1888 Landshut i. B., Priester. Begr. des ‚Allgem. dtsch. CäcilienVer.' zur Hebg der kath. KirchM., Herausg. der bezügl. Ztschr. ‚Fliegende Blätter' u. ‚Musica sacra'. W: Messen, Litaneien, geistl. Lieder usw.

WITT, Friedrich * 8/11 1770 Haltenbergstetten, † 1837 Würzburg, da seit 1802 KM., urspr. Geiger. W: Opern, Orator., Messen, Kantat., Sinf., KaM., auch f. Bläser usw.

WITT, Günter de * 11/11 1909 Rebenstorf (Hannover), seit Dez. 1933 Organ. in Osnabrück, nach german. Stud. auf der Akad. f. Schul- u. KirchM. in Berlin. W: StrQuart., KlavStücke, OrgStücke, Chöre

WITT, Josef v. * 7/9 1843 Prag, † (Operation) 17/9 1887 Berlin, berühmter Tenorist, 1866/77 in Graz, dann in Schwerin. Eigentl. Name: Filek Edler von Wittinghausen

WITT, Josefine — s. bei Leop. Friedr. WITT

WITT, Julius * 14/1 1819 Königsberg i. Pr., da † 8/11 1890, Gsg- u. ML. W: MChöre, Lieder usw.

WITT, Julius * 10/6 1869 Salzgitter (Hann.), lebt in Braunschweig, Geiger, 1891/1927 in der Hof(Staats)Kap. W: Sinf. Dichtg, KaM., KlavStücke, VStücke

WITT, Leop. Frdr. * 17/8 1811 Königsberg i. Pr., † 1/1 1891 Kiel, Schüler Zelters, TheaKM., seit 1876 in Kiel. W: Instrument- u. GsgKompos. — Seine Gattin J o s e f i n e , geb. Schütz * 29/6 1834 Karlsruhe, † 2/9 1886, Op- u. KonzSopranistin u. GsgL.

WITT, Theodor de * 9/5 1823 Wesel, Schüler Dehns, † 1/2 1855 Rom, da krankheitshalber. H: Werke Palestrinas, B. 1/3. W: Psalmen, FrChöre, Lieder, KlavSonate usw.

WITT, Wilhelm de * 14/11 1882 Rönnebeck/ Weser, seit 1907 ML. in Celle. W: Oper, KaM., KlavSon., Lieder

WITTASEK, Aug. * 23/3 1770 Hořin, † 7/12 1839 Prag, da seit 1814 DomKM. u. seit 1826 Dir. der OrgSchule, treffl. Klavierist.

WITTE, Georg Heinr. * 16/11 1843 Utrecht, Schüler der kgl. MSchule in Haag u. des Leipziger Konserv., 1872/1911 MVerDirig. in Essen, da † 1/2 1929; treffl. TheorL. W: VKonz., VcKonz., KaM., ‚Hymnus an die Sonne', Chöre, Lieder

WITTE, Walter * 2/8 1888 Berlin, da ML., ausgeb. auf der Hochschule, 1910/14 ML. im Landerziehgsheim Ilsenburg; Kriegsteilnehm. W: Suite, FestOuv. u. a. f. Orch., StrOrchStücke, VStücke, VcStücke

WITTEBORN, Otto * 23/3 1874 Polleben, Mansfelder Seekreis, Pianist in Hamburg. W: Ballett-Suite, Ouvert., kleine OrchStücke, Chöre, Lieder

WITTEK, Artur * 20/3 1892 Breslau, L. u. Chordir. in Alt-Patschkau, OS. W: KirchM., weltl. Chöre u. Lieder

WITTEKOPF, Rudolf * 11/12 1863 Berlin, lebt in ObSeidorf, Riesengeb., bekannter OpBassist 1889/96 in Hamburg, 1896/1907 in Berlin, Hofop., 1907/30 in Breslau

WITTENBECHER, Otto * 21/9 1875 Freiburg/Unstrut, Vcellist, TheorL. am Konserv. in Leipzig seit 1910. W: OrchM., KaM., VcStücke, Chöre, Lieder

WITTENBERG, Alfred * 14/1 1880 Breslau, VVirt. in Berlin, Schüler Joachims (Wunderkind), treffl. L. u. KaMSpieler

WITTGENSTEIN (Friedr.) Ernst — s. SAYN-WITTGENSTEIN-BERLEBURG, Graf

WITTGENSTEIN, Paul * 5/11 1887 Wien, lebt da, KlavVirt., Schüler Labors, der Brée u. Leschetizkys, verlor 1914 im Kriege den rechten Arm, wurde dann linksarmiger KlavVirt., für den Rich. Strauß, Frz Schmidt, Labor, R. Braun, Bortkiewicz u. a. Konz., KaM. usw. komponierten

WITTHAUER, Joh. Geo. * 19/8 1750 Neustadt/Coburg, † 1802 Lübeck, da Organ. seit 1793. W: KlavSonat., Lieder

WITTICH, Marie * 27/5 1868 Gießen, † 12/8 1931 Dresden, da 1885/1914 dramat. Sgrin der Hofoper, die erste Salome, verheir. mit Dr. jur. Karl Fant

WITTICH, Martha v. * 29/11 1858, † 5/11 1931 Berlin-Charlottenburg. W: Lieder

WITTIG, Siegmund * 20/4 1901 Schneeberg, Sachs., seit 1925 Chordir. und ML. in Dresden. W: BühnenM., Lieder

WITTING, Karl * 8/9 1823 Jülich, † 28/6 1907 Dresden, 1847 Geiger, Sänger u. ML. in Paris, 1855 in Berlin, 1858 Hamburg, 1859 Glogau, 1861 Dresden, angesehener L., auch Dirig. u. MSchr. W: Oper, Ouvert., VKonz., Lehrgang des GitSpiels, Banjoschule, Lieder, VSchule, Musikal. Wörterbuch. H: ,Gesch. des VSpiels'. H: ,Die Kunst des VSpiels', VDuette usw.

WITTINGHAUSEN — s. WITT, Josef v.

WITTMANN, Anton * 2/12 1872 Wien, da treffl. VBauer seit 1910

WITTMANN, Hugo * 16/10 1839 Ulm, † 6/2 1923 Wien, da seit 1872, MKritiker. W: Opttentexte, bes. f. Millöcker

WITTMANN, Karl * 1810 Wien, † 17/10 1860 Leipzig, da seit 1836 Vcellist. W: KlavStücke, viele Arrangem.

WITTMANN, Karl Frdr. * 24/3 1839 Coburg, † 17/3 1903 Berlin, Schauspieler, 1870/95 TheaDir., seit 1884 in Berlin. H: ,OpBücher', ,KlavAuszüge klass. Opern. W: ,Cherubini', ,Lortzing', ,Marschner'

WITTMER, Eberh. Ludw. * 20/4 1905 Freiburg i. B., da SchulL., Schüler J. Weismanns. W: Messe u. a. KirchM., VSuite m. Orch., BlSuite, Lieder

WITTOR, Erdmann Emanuel * 26/4 1859 Schönwitz, Kr. Falkenberg OS., urspr. SemML., dann Inhaber eines MInst. in Kattowitz. W: Optte, Orch-, Org- und KlavStücke, Quintette, Tänze MChöre, Lieder

WITTRIN, Rudolf, ps. Rud. VITÉRAS * 6/10 1890 Stettin, lebt in Berlin. W: UnterhaltgsM.

WITTRISCH, Marcel * 1/10 1903 Leipzig, lyr. u. jugendl. HeldenTen. der Staatsop. in Berlin seit 1929 (1934 KaSgr), vorher in Braunschweig, auch KonzSgr, Schüler Stückgolds

WITTWER, Christian * 23/3 1867 Heimenschwand/Bern, seit 1895 Organ. u. L. in Müri. W: Kantaten, Lieder, bes. geistl.

WITZEL, Georg † 1573 Mainz, Domprediger. W: umfangr. (eines der ältesten kathol.) Gesangbuch (,Odae christianae' 1541, ,Psaltes ecclesiasticus' 1550)

WITZEL, J., ps. = Rud. HIRTE

WITZELSBERGER, Moritz — s. WEST

WITZENDORF, O., MVerlag in Wien — s. MOLLO

WIZINA, Jos. * 2/7 1890 Brünn, lebt da, Schüler u. a. Mandyczewskis. W: Opern, Sinf., OrchVariat., KlavKonz., Lieder

WLACH, Hans, Dr. phil. * 17/2 1901 Wien, seit 1928 I. Oboer d. städt. Orch. in Graz, seit 1930 auch MGeschL. am Konserv., ausgeb. in der Akad. u. Univers. Wien, MWissenschaftler, Novellist und Lyriker

WLADIGEROFF, Pantscho * 1899 Zürich (Bulgare), seit 1932 KonservProf. in Sofia, vorher KM. der Reinhardt-Bühnen in Berlin, da Schüler Juons u. Geo. Schumanns. W: BühnenM., KaM., KlavKonz. u. Stücke, VKonz. u. Stücke, Lieder

WOBORSIN, Wilh. * 11/10 1868 Berlin, GitL. in Leipzig. W: GitSchulen, Lieder mit Git.

WODNIANSKY-DENFELD, Adolf * 19/8 1873 Wien, da Chordir., Schüler v. K. Nawratil u. Eug. Thomas. W: Opern, Singspiele, Chöre m. Orch., MChöre, Lieder, auch m. Orch., Melodr., OrchSuite, VcFantas. m. Orch., KlavSonaten. B: f. MChor

WOEBER, Ottokar * 23/1 1859 Wien. W: Optten

WÖDL, Frz, Dr. phil. * 12/6 1899 Wien, Thea-KM. seit Herbst 1935 in Saarbrücken, vorher in Nordhausen, Schüler Karl Prohaskas. W: Ouvert., Serenade f. StrOrch., StrQuart., Duette, Lieder

WOEHL, Waldemar * 31/8 1902 Lipine, Kr. Beuthen, seit 1927 ML. an der Folkwang-Schule in Essen. W: ‚Das KlavBuch f. d. Anfang', ‚Melodielehre', ‚Schulwerk f. Blockflöte' u. a. H: Bachbuch f. KlavSpieler; Corelli: 48 TrioSon. u. a.

WOEHLERT, Geo. * 2/11 1882 Berlin, da † 17/11 1921, KM., ausgeb. auf dem Sternschen Konserv. W: UnterhaltsM.

WÖHRLE, Eugen * 25/9 1853 Rosenheim (Bay.), † 9/4 1925 München, da Schüler der M-Schule, 1881 Begründ. der ‚Chorschule f. d. Volk', aus dem der dem Weltkriege zum Opfer gefallene Chorschulverein erwuchs; 1886 KirchChordir., 1888/1919 DomKM., verdient um die Sammlg von Denkmälern der Tonkunst in Bayern

WÖLDIKE, Mogens * 5/7 1897 Kopenhagen, gründete da 1923 den PalestrinaChor, seit 1925 Organ., 1926 Inspektor des Schulgesgs, ausgeb. v. Th. Laub u. K. Straube

WÖLFL (Wölffl), Joseph * 24/12 1773 Salzburg, † 21/5 1812 London, Schüler L. Mozarts u. M. Haydns, lebte in Warschau, Wien, Paris, London, als Pianist einst Rivale Beethovens; bes. im Improvisieren hervorrag., zuletzt verkommen. W: Opern, Ballette, Sinf., viel KaM., 7 Konz. u. viel a. f. Klav.

WÖLKI, Konrad * 27/12 1904 Berlin, da † 17/11 1935, ZupfinstrL. u. Dirig., Schüler Vorpahls. W: Sinf., Ouv. usw. f. MandolOrch.; ‚Die Gitarre als Begleitinstr.'

WÖRL, Georg * 3/3 1863 Franzensbad, † 6/5 1915 Sondershausen, da seit 1892 SoloVcellist, treffl. L. W: VcStücke. H: ältere Schulwerke für Vc.

WÖRNER, Karl, Dr. phil. * 6/1 1910 Walldorf/Heidelberg, seit Herbst 1936 OpKorrepet. in Magdeburg, das Jahr vorher dsgl. in Stettin, vorher MSchr. (Kritiker) in Berlin

WÖRSCHING, Fritz * 29/7 1901 Gitarrist, gründete 1925 das Münchener GitKaTrio

WÖRZ, Reinhold * 21/11 1856 Ofterdingen (Württ.), † 1/6 1916 Tübingen, da seit 1888 GymnProf., Ausschußmitgl. des Dtschen Sängerbundes. W: MChöre.

WÖSS, Josef Venantius v. * 13/6 1863 Cattaro (Dalmat.), Schüler des Konserv. in Wien, lebt da. W: Opern, Sinf., Serenaden, Ouvert., KaM., Klav-Stücke, Messen, MChöre, Lieder; ‚Modulationslehre'. B: KlavAuszüge v. Werken Mahlers usw.

WOGRITSCH — s. VOGRICH

WOHLAUER, Adolf, Dr. rer. pol. * 2/11 1893 Berlin, da beliebter Instrumentator, Inhaber eines Notenschreibbüros, Schüler des Sternschen Konserv., bereits 1912/20 HilfsKM. an Berliner Optten-Bühnen, dann Studium der Staatswissensch. W: Optten

WOHLBAUER, Engelbert, ps. Eng. WOLLAU * 12/8 1913 Kirchlinde, EnsKM. in Hamburg. W: UnterhaltsM

WOHLFAHRT, Frank * 15/4 1894 Bremen, seit 1929 in Berlin, vorher u. a. in Firenze, Schüler Loewengards, Klattes u. E. Kurths, auch MSchr. W: 4 StrQuart., KlavSonaten, Lieder

WOHLFAHRT, Franz — s. bei Heinr. WOHLFAHRT

WOHLFAHRT, Heinr. * 16/12 1797 Kößnitz/Apolda, † 9/5 1883 Leipzig, 19jährig Kantor zu Bobeck/Eisenberg, dann OpSgr in Weimar, nach 11 Jahren wieder SchulL., Kantor in Frauenprießnitz/Kamburg, privatisierte später in Jena, zuletzt in Leipzig. W: instrukt. KlavStücke zu 2 u. 4 Hdn, z. B. ‚Phantasiebilder aus Lieblingsopern', ‚Goldenes Melodienbuch f. angehende V-Spieler'; ‚Katechismus der Harmonielehre', ‚Wegweiser z. Komponieren', ‚Der angehende Klavierstimmer', ‚Methodik des KlavUnterr.', ‚Modulationsschule' usw. — Seine Söhne F r a n z * 7/3 1833 Frauenprießnitz, † 14/2 1884 Leipzig, Schüler des Leipzig. Konserv., ML. in Leipzig. W: VDuos, VEtüden, Stücke f. V. u. Klav. usw. — R o b e r t * 31/12 1826 Weimar, erst SchulL., dann ML. in Jena, zuletzt in Leipzig. W: instrukt. KlavStücke

WOHLFART, Karl * 19/11 1874 Vi (Småland), Schüler des Stockholmer Konserv., ferner H. Barths u. H. Pfitzners, 1911 Organ. u. 1913 MSchulDir. in Stockholm; treffl. KlavPädag. W: Ouvert., schwed. Rhapsodie u. a. f. Orch.; KlavVSon.; KlavSon., Stücke u. Schule, Lieder

WOLFAHRT, Robert — s. bei Heinr. WOHLFAHRT

WOHLGEMUTH, Georg * 11/1 1872 Liebenzell, Württ. Schwarzwaldkr., da KirchChor- u. VerDir., ausgeb. auf dem Stuttgarter Konserv. W: MChöre, Märsche

WOHLGEMUTH, Gustav * 2/12 1863 Leipzig, da Schüler des Konserv., da Gründer des Leipziger MChors (1891) u. der Singakad. (1900), Dirig. des Leipziger GauSgrbunds. W: M- u. gem. Chöre. H: Dtsche Sgrbundesztg bis 1926

WOHLMUTH, Alois * 25/6 1847 Brünn, † 15/7 1930 Dachau (München), Librettist

WOHLRAB, Rich. * 14/2 1869 Dresden, da † April 1932, seit 1896 Vc. der Oper. W: ‚Schule der VcTechnik'

WÓJCIKÓWNA, Bronislawa, Dr. phil. * 6/8 1890 Lwów, da MForscherin

WOIKOWSKI-BIEDAU, Victor v., Dr. phil. * 2/9 1866 Nieder-Arnsdorf/Schweidnitz, † 1/1 1935 Berlin, Schüler B. Wolffs u. W. Bergers, seit 1924 in Leopoldshain/Görlitz, vorher in Berlin (ObRegRat). W: Opern, u. a. ‚Das Nothemd' (empfehlenswert), ‚Helga', Balladen, Lieder

WOIKU, Jon * 29/8 1886 Kronstadt, VVirt. u. VL. in Berlin, stud. da, wohin er schon als Kind gekommen, Erfinder eines abgeschrägten Frosches für den Bogen der Streichinstr. W: ‚Der natürliche Aufbau des VSpiels, Technik der linken Hand'

WOITITZ, Egmont, Dr. * 30/1 1895 Berlin, lebt da. W: Optten, Lieder, Schlager

WOKSERT, Benno, ps. = Paul TRESKOW

WOKURKA, Günther * 28/1 1913 Leipzig, Pianist in Berlin, ausgeb. auf d. Sternschen Konserv. W: Chöre, Lieder

WOLDE, Elsa, verh. FLACH * 22/12 1891 Hamburg, Schülerin des Bernuthschen Konserv. u. J. Kwasts, lebt da. W: Stücke f. Harfe, Klav., Org., Chöre, Lieder

WOLDEMAR, Michel * 17/9 1750 Orléans, † Jan. 1816 Clermont, VVirt., Schüler Lollis, erfand eine Br. mit 5. (E-) Saite od. gab der V. eine C-Saite. W: Konz., KaM., Etüden, VSchule, BrSchule

WOLF, Alex. * 20/12 1863 Dresden, da † 20/7 1923, Schüler des Leipziger Konserv., Klav- u. OrgVirt., 1884 TheorL. am Konserv in Karlsruhe, seit 1893 ML. inx Dresden. W: Chorwerke, auch m. Orch., KaM., Org- u. KlavStücke, Lieder; theoret. Aufsätze

WOLF, Alfred * 20/1 1868, seit 1900 Organist in Plauen. W: KlavStücke, Chöre, Lieder

WOLF, Bodo, Dr. phil. * 19/10 1888 Frankfurt a. M., lebt da, Schüler F. Kloses u. Mottls. W: OrchSerenade, sinfon. Dichtg, Ouvert., StrQuart., Opern, u. a. ‚Das Wahrzeichen', Chöre, Lieder

WOLF, Cornelis de * 1/5 1880 Amsterdam, † 1/10 1935 Arnhem, OrgProf. am Konserv. in Amsterdam seit 1925, desgl. auch in 's Gravenhage seit 1932. W: OrgStücke

WOLF, Cyrill * 9/3 1825 Müglitz (Mähren), † 21/10 1915 Wien, da seit 1860 KirchChordir., seit 1880 auch Prof. der Harmonielehre am CäcilienVer. W: KirchM.

WOLF, Ernst Wilh. * 25/2 1732 Großheringen (Thür.), † 7/12 1792 Weimar, da HofKM. seit 1768. W: Opern, Monodrama, Orat., Kantaten, Sinf., StrQuart., KlavKonzerte usw.

WOLF, Ferd. * 8/12 1796 Wien, da † 18/2 1866, Bibliothekar der k. k. Hofbibl., Literarhistoriker. W: ‚Über die Lais, Sequenzen u. Leiche' (1841)

WOLF, Frz, Breslau — s. WOLF, Jos. Frz

WOLF, Geo. Friedr. * 1762 Hainrode/Sondershausen, † 1814 Wernigerode, da gräfl. Stolberscher KM. seit 1785, auch Organ., urspr. Theol. W: KlavSon., Motetten, Lieder; ‚Kurzer Unterr. im Klavierspielen' (5. A. 1807); ‚Unterr. in der Singekompos.', ‚Kurzgef. musikal. Lexikon' (3. A. 1806)

WOLF, Hans * 11/2 1862 Goßmannsdorf/Hofheim (UFranken), Schüler der MSchule in Würzburg, KBaßVirt., lebt in Würzburg, 1892/1927 in d. Hofkapelle zu Stuttgart, da auch KonservL. W: OrchStücke, KBStudien

WOLF, Hanns * 7/6 1894 Bamberg, KlavVirt., städt. KonservL. in Augsburg, ausgeb. in Würzburg u. Frankfurt a. M., war KlavL. in Essen, Elbing u. Aschaffenburg. W: KlavKonz., KlavStücke, KonzBearbtgen

WOLF, Hugo * 13/3 1860 Windischgrätz (Steiermark), † 22/2 1903 Wien (Landesirrenanst.), stud. nach GymnasBesuch da kurze Zeit auf dem Konserv., war kurz TheaKM. in Salzburg, dann seit 1882 ML. u. für Wagner u. Bruckner begeisterter, Brahms aber feindlicher Krit. in Wien, lebte bes. der Kompos. Seit 1897 erste Spuren geistiger Umnachtg, der er bald verfiel. Bedeutend als Liederkompon.: Tiefe der Auffassg u. Empfindung, musterhafte Deklamation u. Selbständigkeit der Begleitg. W: Opern ‚Der Corregidor', ‚Manuel Venegas' (unvoll.), sinfon. Dichtg ‚Penthesilea', Ital. Serenade f. Orch. bzw. StrQuart., StrQuart., Chöre ‚Der Feuerreiter', ‚Elfenlied', ‚Die Christnacht', ‚Dem Vaterland', Lieder von Goethe (51), Mörike (53), Eichendorff (20), aus dem span. u. italien. Liederbuche (80), von Scheffel u. a.

WOLF, Hugo * 10/8 1871 Podersam, Böhm., seit 1903 Geiger im dtsch. LandesThea., seit 1921 VProf. an der dtsch. Akad. in Prag. W: Lehrgang des V- u. ViolaSpiels; ‚Pädagogik f. ML.'

WOLF, J. C. Louis — s. WOLF, Ludwig

WOLF, Ilda v. * 10/10 1883 Metz, lebt seit 1905 in Dresden, da ausgeb. auf der MSchule, gründete 1913 einen FrChor, konzertierte bis 1930. W: KaM., Chöre, auch m. StrQuart., Lieder

WOLF, Joh., Dr. phil. * 17/4 1869 Berlin, lebt da, 1/1 1928 bis 30/9 1934 Dir. der MAbt., Schüler der Hochschule u. Spittas, 1902 PrivDoz. an der Univers. f. MWissensch., 1922 o. HonProf., seit 1915 auch Vorsteher der alten MSammlg der Staatsbibl., hervorrag. Erforscher der M. des späteren MA., des 16. Jh. u. der Notation. W: ‚Gesch.

der Mensuralnotation', ‚Handb. d. Notationskunde' usw. H: J. R. Ahles Gsgswerke, H. Isaaks weltl. Werke, G. Rhau, dtsche geistl. Gsge, Obrecht, Werke; Musik. Schrifttafeln u. a.

WOLF, Jos. Frz * 2/6 1802 Tschirnckau/Leobschütz, † 10/12 1842 Breslau, da Schüler Jos. Schnabels u. Fr. W. Berners, 1833 Domorgan., bedeut. L. W: Messen, Psalmen

WOLF, Karl Leopold * 1/11 1859 Meerane, † 15/8 1932 Berlin, Schüler d. Leipziger Konserv. u. 1881 F. Kiels, 1891/1924 L. f. Komp. u. PartSpiel an der Kgl. Hochschule in Berlin. W: Sinf., Serenade f. Klav. u. Orch., KlavStücke, Chorwerke, Lieder usw.

WOLF, Ludwig (Louis) * 1804 Frankfurt a. M., † 6/8 1859 Wien, da Schüler Seyfrieds, treffl. Geiger u. Klavierist. W: KaM.

WOLF, Max * Febr. 1840 Mähren, † 23/3 1886 Wien, Schüler von B. Marx u. Dessoff, lebte in Wien. W: Operetten

WOLF, Otto * 7/11 1874 Bernburg, KaSgr in München, zuerst lyr. Ten., später Heldenten., bes. WagnerSgr, 1897 Debut in Sondershausen, dann üb. Lübeck, Mainz, Darmstadt (1901/09) 1909 an der Hofop. München bis 1930, seitdem da häufig als Gast; sang in allen Ländern Europas u. in Amerika, auch KonzSgr

WOLF, Wilhelm K., ps. WOLF-GARDASSER * 13/8 1879 Osterburken, Bad., † 19/5 1934 Wiesbaden, KM., ausgeb. in Weimar u. Berlin (Hochschule). W: OrchSuite, KaM., VcStücke, Lieder

WOLF, William * 22/4 1838 Breslau, † 8/1 1913 Berlin, Schüler Th. Kullaks, lebte in Berlin, da Doz. f. MGesch. an d. Humboldt-Akad. u. KlavL., 1891 SynagChordirig. W: ‚MÄsthetik', ‚Ges. mästhet. Aufätze' usw. B: ‚Synagogalmelod. f. Klav.'

WOLF, Winfried * 19/6 1900 Wien, seit 1903 in Berlin, da KlavVirt., seit 1934 Prof. an d. Hochschule, Schüler von W. Lütschg, in der Kompos. von F. E. Koch. W: M. z. ‚BismarckFilm', KaM., OrchVariat., KlavKonz. u. Stücke, Lieder

WOLF-FERRARI, Ermanno * 12/1 1876 Venedig, anf. Autodidakt, dann Schüler Rheinbergers, 1902/12 Dir. des Liceo Benedetto Marcello in Venedig, lebt da, auch in Neu-Biberg, OBay. W: Opern u. a. ‚Die neugierigen Frauen' (1903, sehr erfolgreich), ‚Die vier Grobiane' (1906, vortreffl.), ‚Der Schmuck der Madonna' (1908, veristisch), ‚Susannes Geheimnis' (1909, s. beliebt), ‚Der Liebhaber als Arzt' (1913), ‚Sly' (1927), ‚La vedova scaltra' (1931), ‚Il campiello' (1936); Chorwerke u. a. ‚La vita nuova', Venezian. Suite f. kl. Orch., Serenade f. StrOrch., KonzStück f. Ob., desgl. f. Fag., KaM., KlavStücke, Duette, Lieder usw.

WOLF-GARDASSER, ps. = Wilh. K. WOLF

WOLFENSPERGER, Joh. * 31/1 1845 Zürich, da † 4/6 1906, Organ., GsgL. u. Chordir. W: Chöre, Lieder, Märsche

WOLFERMANN, Albert * 25/4 1844 Altenburg, † 10/1 1908 Dresden, seit 1861 da in der Hofkapelle, KonservL. f. V- u. QuartSpiel. W: OrchSerenade, StrQuart., V- u. VcStücke, Lieder usw.

WOLFF, Albert * 1881 Paris, lebt da, jetzt Dirig. am Thea. Champs Elysées, 1919/21 an der Metropolitan Op. in Newyork, Vorkämpfer für die ‚neue' M. W: Opern, sinfon. Dichtg, KaM.

WOLFF, Aloysia — s. bei Herm. WOLFF

WOLFF, Arthur, Dr. med. * 28/2 1885 Guttentag, OSchles., seit 1914 Arzt in Berlin, Schüler des Sternschen Konserv., KonzBegl., 1910/12 Solorepet. am HofThea. in Weimar, 1912/14 KM. am Thea. in Erfurt. W: Gr. Chorwerke (‚Requiem', Kreuzzug der Maschine), Ouvert., KlavVSonate, Lieder

WOLFF, Auguste Desiré Bernard * 3/5 1821 u. † 3/2 1887 Paris, da KlavVirt. u. seit 1855 Chef der KlavFabrik Pleyel, verbesserte die Konstruktion der Instr. W: KlavStücke

WOLFF, Bernhard * 23/4 1835 Rakowitz/Schwetz, † 11/3 1906 Berlin, da Pianist, Schüler H. v. Bülows, treffl. L. W (über 200): instrukt. KlavSachen, Potpourris

WOLFF, C. A. Hermann * 5/7 1888 Hamburg, da † 1915, OpKM. an verschied. Orten, seit 1874 in Hamburg Dir. einer MSchule. W: instrukt. f. Klav., V. u. Gsg

WOLFF, Charles, ps. = Karl WOLFF

WOLFF, Edouard * 15/9 1816 Warschau, † 16/10 1880 Paris, da seit 1835 sehr geschätzter Pianist. W (über 350): KlavKonz., SalonStücke, Etüden usw.

WOLFF, Erich J., * 3/12 1874 Wien, † 20/3 1913 Newyork (auf KonzReise), Schüler des Wiener Konserv., seit 1906 in Berlin sehr geschätzter KonzBegleit. W: Ballett, KaM, viele, z. T. sehr gute Lieder

WOLFF, Ernst, Dr. phil. * 12/4 1861 Karthaus/Danzig, † 10/5 1935 Köln, Schüler der Hochschule in Berlin, KonzPianist, auch Sger, 1894/1925 GsgL. am Konserv. in Köln. W: Fr- u. MChöre, Lieder; ‚F. Mendelssohn-Bartholdy', ‚Rob. Schumann'. H: Meisterbriefe Mendelssohns; Briefwechsel Brahms' XVI.

WOLFF, Eugen * 23/10 1868 Drossen, Mark Brandenburg, GsgL. in Berlin, vorher TheaKM. an versch. Orten. W: Operetten

WOLFF, Eugen Josef, ps. José WOLFF * 19/2 1901 Hamme/Bochum, Geiger u. EnsKM. in Berlin. W: UnterhaltsM.

WOLFF, Fritz * 28/10 1894 München, Helden-Ten., urspr. Offiz., debütierte 1925 in Bayreuth als Loge (den er dort seitdem ständig gibt), dann in Hagen (i. W.) u. Chemnitz, seit 1928 an der Staatsop. in Berlin, daneben seit 1935 in Nürnberg, gastierte in den Hauptstädten Europas u. NAmerikas

WOLFF, Gust. Tyson — s. TYSON-WOLFF

WOLFF, Heinr. * 1/1 1813 Frankfurt a. M., † 24/1 1898 Leipzig, VVirt., 1838/78 KonzM. in Frankfurt a. M. W: KaM., VEtüden

WOLFF, Henny (Tochter Karls, 1857/1928) * 3/2 1896 Köln, treffl. Sopran. in Berlin, vorher in Bonn u. Köln, ausgeb. bes. von ihrer Mutter u. v. Raatz-Brockmann, Debut 1912

WOLFF, Hermann * 4/9 1845 Köln a. Rh., † 3/2 1902 Berlin, stud. da M., gründ. 1880 die berühmt gewordene, 1935 freiwillig durch seine Witwe Luise (Aloysia), geb. Schwarz (* 25/3 1855 Brünn, † 25/6 1935 Berlin) aufgelöste Konz-Agentur; zeitweise MHändler u. MSchr., Sekretär Ant. Rubinsteins, Übersetzer bes. französ. Gedichte. W: KlavStücke, ‚Rosenlieder' u. a.

WOLFF, Hermann 1858/1915 — s. C. A. Herm. WOLFF

WOLFF, J. C. Louis — s. Ludw. WOLF

WOLFF, José, ps. = Eugen Josef WOLFF

WOLFF, Jos. Frz * 2/6 1802 Tschirmkau/Leobschütz, † 1842 Breslau, ML., ausgeb. von Berner, Mosevius, Schnabel. W: KirchM., MChöre, Lieder, KlavStücke

WOLFF, Karl * 7/9 1857 Essen, † 30/12 1928 Vitzau, bis 1926 langjähr. MRef. d. ‚Kölner Tageblatts'. W: ‚100 Jahre musikal. Gesellschaft'. — Seine Frau Henriette Dwillat * 31/7 1874, GsgL.

WOLFF, Karl, ps. Charles WOLFF * 26/7 1884 Schönwalde, Kr. Niederbarnim, KBassist in Berlin. W: UnterhaltsM.

WOLFF, Leonhard, Dr. phil. * 14/5 1848 Halberstadt, † 18/2 1934, VVirt., 1865/68 Stipendiat der Mozartstiftg, 1875 UniversMDir. in Marburg, 1880 Chordir. in Wiesbaden, 1885/98 städt. u. UniversMDir. (bis 1913) in Bonn. W: Ouvert., KlavQuart., Sonaten, Chöre, Lieder usw.; ‚Bachs Kirchenkantaten'

WOLFF, Louis * 15/5 1865 Amsterdam, † Sept. 1926 Minneapolis, vielgereister VVirt., Wunderkind, seit 1915 in Amerika, treffl. L.

WOLFF, Luise — s. WOLFF, Hermann

WOLFF, Max * 3/4 1885 Frankfurt a. M., lebt da. W: Opern, Lieder, auch OrchGsge

WOLFF, Minna † 7/7 1934 Berlin, 70jähr., verdiente Pädagogin. H: MpädagogBlätter

WOLFF, Paul (Otto William) * 3/4 1861 Ueckermünde, † (Kehlkopfkrebs) 22/8 1924 Berlin-Charlottenburg, wo er seit 1916 lebte u. (1920/22 Admiralspalast) dirigierte, Schüler der Berliner Hochschule, dann KlavBegl. von Wandertruppen u. Ludolf Waldmanns, später TheaKM., u. a. in Riga, Bern (1904/07), Posen (1907/10), Erfurt (1910/12), Kolmar (1912/14), Essen (1915/16), treffl. L. für Opernpartien, ausgezeichneter Mensch. W: Lieder. B: Ad. Adams ‚Si j'étais roi' (‚König f. einen Tag')

WOLFF, Peter Wilh. * 1853, † 13/3 1918 Tilsit, da 40 Jahre lang Dir. des OratorVer., SgerVer. u. Konserv. W: Chöre, auch m. Orch.

WOLFF, Traugott, Dr. phil. * 6/8 1869 Langenbielau, da Kaufmann, Schüler Braunroths u. Alb. Thierfelders. W: viele Lieder, auch vaterl.; OrgStück, Tänze

WOLFF, Victor Ernst, Dr. phil. * 6/8 1889 Berlin, da sehr gesch. Pianist (KonzBegl.) u. Cembalist bis 1933, jetzt in London

WOLFF, Werner (Sohn Hermanns) * 2/10 1885 Berlin, lebt da (oft in Ital.), 1918/32 OpKM. in Hamburg, wurde erst nach der ersten jurist. Staatsprüfg völlig Musiker, Schüler W. Klattes u. Bruno Eisners, war zuerst Chordir. der Wiener Volksop., dann OpKM. in Prag, Danzig u. Düsseldorf; auch als KonzDirig. sehr bekannt, oft auch als Gastdir. in Italien, Lettland usw. W: sinfon. Dichtgen, KlavStücke, Lieder, auch m. Orch.; Analysen Brucknerscher Sinfonien

WOLFF-FRITZ, Sophie * 15/7 1858 Kirchlotheim, KonzSgrin u. GsgL. in Lübeck, vorher in Berlin. W: Lieder

WOLFF v. GUDENBERG, Erich Freiherr — s. ANDERS, Erich

WOLFFHEIM, Werner, Dr. jur. * 1/8 1877 Berlin, da † 26/10 1930, studierte (1903 Gerichts-Ass.) 1906 ff. MWissensch.; MSchr., war Besitzer einer wertvollen 1929 verauktion. Bibliothek

WOLFGANG, Albert, ps. Wolfgang ALBERTY * 16/2 1872 Osterfeld, lebt in Leipzig. W: Optte, Märsche

WOLFGANG, Hanns, ps. = Karl ZANDER

WOLFRAM, Ernst H. * 1846, † 25/1 1907 Dillenburg, da lang SemML. u. VerDirig. H: Sammlg nassauischer Volkslieder, Choralbuch usw.

WOLFRAM, Jos. * 21/6 1789 Dobrzan (Böhmen), † 30/9 1839 Teplitz, Bürgermeister, vorher ML. in Wien, Schüler v. Jos. Drechsler u. Kozeluh. W: Opern, Missa nuptialis, Lieder usw.

WOLFRAM, Karl Heinr. Ernst * 3/6 1865 Altstedt (Thür.), † 16/7 1934 Baden-Baden, da seit 1927, Schüler d. Leipziger Konserv., 1904/27 Op-KM. in Dortmund, vorher in Straßburg u. Weimar. W: Alt-Lothringer Volkslieder f. MChor u. Orch., Lieder

WOLFRUM, Karl * 14/8 1856 Schwarzenbach a. Wald (OFrank.), † Aug. 1934 Heidelberg, verdienter SemML. in Altdorf/Nürnberg 1895/1923. W: treffl. OrgSonaten u. Stücke, Chöre. B: Harmonielehre Helms

WOLFRUM, Phil. * 17/12 1854 Schwarzenbach a. Wald (OFrank.) † 8/5 1919 Samaden, Schüler der Münchner Kgl. MSchule, 1879 SemML. in Bamberg, seit 1884 UniversMDir., 1898 ao. Prof., 1907 GMD. in Heidelberg. W: Weihnachtsmysterium, OrgSonate, Chöre, Lieder, KaM.; ‚ev. Kirchenlied‘, ‚J. S. Bach‘, ‚Luther u. die M.‘ usw.

WOLFSOHN, Georg, Dr. med. * 30/4 1881 Berlin, da Chirurg, Schüler v. A. Willner u. M. Laurischkus. W: Lieder

WOLFSOHN, Julius * 7/1 1880 Warschau, Schüler des dort. Konserv., Pugnos, Leschetizkys u. Friedmans, seit 1906 sehr geschätzter Pianist, L. u. MSchr. in Wien. W: Jüd. Rhapsodie, Paraphrasen üb. altjüd. Volksweisen, Pedal- u. Doppelgriff-Studien

WOLFSTHAL, Josef * 12/6 1899 Wien, † 3/2 1931 Berlin, VVirt., Wunderkind, Schüler v. Flesch, KonzM. 1919 in Bremen, 1920 in Stockholm, 1921 in Berlin (Staatsop.), da seit 1926 HochschulL.

WOLFURT, Kurt v. * 8/9 1880 Lettin (Livl.), Schüler des Leipziger Konserv., auch Regers u. M. Krauses, TheaKM. in Straßburg u. Kottbus, seit 1919 in Berlin, da seit 1922 II. Sekretär der Akad. der Künste, auch MRef. W: Oper, sinf. Dichtg, OrchTripelfuge; OrchVariat., OrchKonz., KlavKonz., Weihnachtsorat. u. a. Chorwerke m. Orch., Lieder; ‚Mussorgski‘ (1926)

WOLGAST, Joh., Dr. phil * 2/7 1891 Kiel, † 24/10 1932 Leipzig, da seit 1924 KonservL. u. L. am kirchmusik. Inst. H: Geo. Böhm, Werke

WOLKENSTEIN, Oswald v. * 1377 Burg Wolkenstein im Grödener Tal (Tir.), † 2/8 1445 Burg Hauenstein, Minnesänger; Melodien erhalten

WOLKOW, Fedor Grigor. * 1729 Kostroma, † 1763 Petersburg, der ‚Vater des russ. Theaters‘, kompon. das erste russ. Singspiel ‚Tanjuscha oder eine glückl. Begegnung‘ (1756)

WOLLANK, Friedr. * 3/11 1782 Berlin, da † 6/9 1831, Jurist. W: Opern, Messen, Requiem, KaM., Chöre, Duette, Lieder (teilweie stark verbreitet)

WOLLANKE, Klaus * 12/10 1889 Hamm, seit Jan. 1936 in Kiel, vorher seit 1895 in Berlin, Kriegsteiln., 1919 ff. Schüler W. Klattes. W: Sinf., KaM., KlavStücke, Lieder

WOLLAU, Engelbert, ps. = Eng. WOHLBAUER

WOLLBORN, Joh. * 24/2 1884 Kiel, da seit 1908 ML. (1919 Leiter eines eig. Instituts), u. Ver-Dirig., Schüler des Leipziger Konserv. W: Opernmysterium ‚Das verlorene Paradies‘, Messen, Festvorspiel f. Orch., Klav- u. OrgStücke, Chöre, Lieder

WOLLE, John Frederik * 4/4 1863 Bethlehem, Pa., da † 12/1 1933 Begr. u. Dirig. des berühmten BachChors, 1905/11 MProf. an d. Univers. von California u. OrchDirig.

WOLLENHAUPT, Herm. Ad. * 27/9 1827 Schkeuditz/Leipzig, † 18/9 1865 Newyork, Pianist, seit 1845 in Newyork. W: Brillante KlavSalon-Stücke

WOLLGANDT, Edgar * 18/7 1881 Wiesbaden, Schüler H. Heermanns, seit 1903 I. KonzM. des Gewandhausorch. in Leipzig u. Führer eines Quart.

WOLLITZ, Bernh. * 23/10 1887 Hamburg, da KM. u. Leiter e. KlavPädag., Doz. der Volkshochsch., Leiter der Ortsmusikerschaft usw., urspr. Theol., ausgeb. auf d. Bernuthschen Konserv. W: Sinf. Dichtg, sinf., Präludien, KlavPhantas., Lieder

WOLLONG, Ernst * 5/3 1885 Heidelberg, Schüler des Konserv. in Stuttgart u. d. Instit. f. Kirch-M. in Berlin, seit 1910 MDir. am Landesseminar u. städt. Chordir. in Rudolstadt; seit 1923 auch KM. der staatl. Landeskap. W: Chöre mit Orch., KlavTrio, V- u. OrgStücke

WOLSTENHOLME, William * (blind) 24/2 1865 Blackburn (Lancashire), † 23/7 1931 Hampstead, seit 1888 Organ. in London. W: StrOrch-Suite, KaM., viele OrgStücke, KlavStücke, Chöre, Lieder

WOLTAG, Max * 26/11 1866, † 15/3 1917, lebte in Paris als Bearbeiter. W: VStücke, Vc-Stücke, Duette, Tänze

WOLTER, Aug. * 1834 Kaltensondheim (UFranken), † 18/6 1881 Würzburg, da s. 1880 SemML., vorh. L. in Bamberg. W: Messen, MChöre

WOLTER, Helmut, Dr. phil., ps. Dr. HAWE; Dr. RETLOW * 16/4 1899 Königsberg/Pr., MSchr. in Duisburg, ausgeb. in Münster i. W. u. Wien, pflegt bes. die Biographie u. Gesch. des NS-Liedguts. W: Hörspiele

WOLTER, Otto * 6/12 1886 Lüchow (Hann.), seit 1918 Dir. einer MSchule in Berlin. W: Opern, OrchM., bes. Märsche, KlavStücke, Lieder

WOLTERS, Gottfried, ps. Jodokus RAUSCHEBART * 8/4 1910 Emmerich, MKrit. in Köln, stud. da u. in Berlin MWiss. W: Chöre, Lieder f. d. Hitlerjugend

WOLTZ, Joh., seit 1575 Organ., zuletzt Pfarrer in Heilbronn, bekannt durch sein 1617 veröffentl. Tabulaturwerk: 215 Stücke, darunter 77 OrgSätze, bes. dtscher Komp.

WOLZOGEN, Alfred Frhr. v. * 27/5 1823 Frankfurt a. M., † 14/1 1883 San Remo, HoftheaIntend. in Schwerin. W: ‚Üb. die szen. Darstellg von Mozarts Don Giovanni', ‚Üb. Thea. u. M.'. B: Mozarts ‚Schauspieldirektor'. — Sein Sohn E r n s t * 23/4 1855 Breslau, † 30/7 1934 München, lebte zuletzt in Puppling/Wolfratshausen, OBayern, Geiger, theor. ausgeb. bei Gust. Jakobsthal u. Paul Geisler, Schöpfer d. ‚Überbrettl' (1901). W: BühnM., VKonz., viel KaM., Lieder; ‚Der Kraft-Mayr' u. ‚Peter Karn', Musikanten-Romane. — Dessen Frau (1902—14; geschieden erst 1917) E l s a L a u r a v., geb. Seemann * 5/8 1876 Dresden, Lautensängerin in Berlin. W: viele Lied. z. Laute. — Alfreds Sohn H a n s P a u l Freiherr v. W. u. Neuhaus * 13/11 1848 Potsdam, stud. in Berlin Philologie u. Mythologie, lebte in Potsdam, seit 1877 in Bayreuth als treuester Wagner-Apostel, leitet die ‚Bayreuther Blätter' seit deren Gründung. W: ‚Themat. Leitfaden durch die M. von Wagners Der Ring des Nibelungen', ‚Erläutergen zu Wagners Nibelungen', ‚Die Sprache in Wagners Dichtgen', ‚Musikal.dramat. Parallelen' u. and. Wagner-Schriften, E. Th. A. Hoffmann, Übertraggen alt- u. mittelhochdtscher Dichtgen, OpLibretti f. d'Albert ‚Flauto solo' u. H. Sommer usw.

WOOD, Charles * 15/6 1866 Armagh, † 12/7 1926 Cambridge, da MProf. an d. Univers., vorher Organ. u. Chordirig. W: BühnenM., Kantaten, Chöre

WOOD, Frederick Herbert * 10/6 1880 Indien, seit 1918 Organ. u. Chordir. in Blackburne sowie Doz. an d. Univers. Liverpool. W: OrchSuite u. Variat., OrgSuite, Chorballaden u. -Lieder

WOOD, Gladys A., ps. = Ernest REEVES

WOOD, Haydn * 25/3 1882 Slaithwaite, Huddersfield, VVirt. in London, Schüler C. Thomsons u. Stanfords. W: OrchSuiten u. Stücke, VKonz. u. Stücke, StrQuart., Chöre, viele Lieder

WOOD, Henry Joseph * 3/3 1870 London, bereits mit 10 J. Vizeorgan., dann Schüler d. R. Acad., 1890 KM. bei Wanderopern, seit 1895 KonzDirig. u. geschätzter L. f. OpGsg in London. W: Opern, Orator., Messen, Anthems usw.; ‚The gentil art of singing' 1927/28

WOOD, James, ps. = Emil JUEL-FREDERIKSEN

WOOD, Jimmy, ps. = Victor FRIEDRICH

WOODFORDE-FINDEN, Amy, geb. Ward * ? Valparaiso, † 13/3 1919 London. W: viele Lieder, u. a. ‚Indian Love Lyrics'

WOODHOUSE, Geo. * 16/12 1877 CradleyHeath, Birmingham, KlavL. in London, ausgeb. auf dem Dresdener Konserv. u. bei Leschetizky. W: ‚The artist at the Piano'; ‚Creative technique'

WOODMAN, Raymond H. * 1861 Brooklyn, NY, Organ. W: OrgStücke, KlavStücke, Chöre, Lieder

WOODS, Francis Cunningham * 29/8 1862 London, da seit 1896 Organ. u. L. an d. Highgate School, † 21/9 1929. W: BühnenM., OrchSuite, Kantaten, Anthems usw.

WOOGE, Emma * 2/4 1857 Harburg, † 13/4 1935 Berlin, wo sie lange gelebt; zuletzt in Darmstadt; Schülerin Ed. Behms u. Rich. J. Eichbergs. W: Duette, Lieder

WOOLDRIDGE, Harry Ellis * 28/3 1845 Winchester, † 13/2 1917 London, da seit 1854, Maler u. MGelehrter. W: ‚Old english popular m.'; ‚Oxford history of m. I. u. II.'. H: Early english harmony; Purcells Werke

WOOLF, Benj. Edw. * 16/2 1836 London, † 7/2 1901 Boston. W: Optten, Ouvert., KaM.

WOOLHOUSE, Edmond, Vcellist, † 30/1 1929 London. H: klass. M.

WOOLLETT, Henry, ps. PETITLOUP * 13/8 1864 Le Havre, da Pianist, Dir. eines MInst. u. seit 1920 einer Schola cantorum. W: Opern, BühnenM., OrchSuiten, KaM., KlavStücke, Gsge; ‚Histoire de la m.' (f. Schüler in 4 Bdn)

WORCH, Herm., ps. Armand MOSELLI * 11/10 1869 Berlin, KM. u. Bearb. in Fehrbellin. W: Fantasien, bes. üb. Opern, UnterhaltgsM.

WORDECK, T., ps. = William ECKARDT

WORK, Henry Clay * 1832 Middletown, Conn., † 1884. W: volkstüml. Lieder

WORMSBACHER, Henry * 23/1 1866 Gießen, † 19/6 1934, seit 1915 Leiter des MClubs, ML. u. MHändler in Cleveland, Ohio, seit 1887 in Amerika, 25 J. lang Dirig. des Columbia MClubs in New Jersey, seit 1919 Präsid. der United zither players of America, ZithVirt. W: f. Zith. u. ZithOrch.

WORMSBÄCHER, Henry * 7/10 1877 Hamburg, da geschätzter OratTenorist, Schüler u. a. R. von Zur Mühlens

WORMSER, André, ps. Edw. FUSAIN * 1/11 1851 Paris, da † 4/11 1926. W: Opern, Optten, Pantomimen, ue. a. ‚Der verlorene Sohn', Ballette, VSuite m. Orch. usw.

WORNUM, Rob. * 1780 u. † 1852 London, Erfind. d. PianofMechanik (1811, patent. 1826, verbessert 1828)

WOROBKIEWICZ, Isidor * 1836 Czernovitz, da † 18/9 1903, Priester, KirchGsgL. W: Liturg. Schriften; Singspiele, Melodr., ukrain. Lieder u. a.

WORP, Joh. * 24/12 1821 Broek, Waterland, † 21/4 1891 Groningen, Schüler v. Moscheles u. Friedr. Schneider, verdienter Organ. u. ML. W: sehr verbreit. Lehrbücher; Chöre, Lieder. H: De melodieen der evang. gezangen

WORTHMÜLLER, Josef, Dr. * 24/7 1887 Gundelfingen a. D., KonzTen. in München

WORZISCHEK, Joh. Hugo * 11/5 1791 Wamberg (Böhm.), † 19/11 1825 Wien, Hoforgan. seit 1823; lebte da seit 1813, 1818 OrchDirig. der Gesellsch. der MFreunde. W: Sinf., Chorwerke, bemerkensw. KlavSonate op. 20 u. Stücke op. 1 u. 7; Rondo f. V. u. Klav. op. 8

WOSNESSENSKI, Ivan * 17/9 1838 Wosnessensk, Gouv. Kostroma, ausgeb. in Kostroma u. Moskau, 1864/83 SemL. in Kostroma, 1883/94 Inspekt. des geistl. Sem. in Riga, dann ObPriester in Kostroma. † ?. W: wertv. Schr. üb. den russ. KirchGsg

WOTQUENNE, Alfred * 25/1 1867 Lobbes (Hennegau), Schüler d. Brüsseler Konserv., da 1894/1918 Bibliothekar u. Studieninspekt. W: Themat. Kataloge der Werke Glucks u. Ph. E. Bachs, italien. OpLibretti, Katalog der Bibl.. usw. H: Répertoire classique du chant français u. a.

WOUTERS, Adolphe * 28/5 1849 Brüssel, da † 16/4 1924, 1871/1920 da KonservKlavL. W: Ouvert., Messen, MChöre. H: klass. KlavWerke

WOYCKE, Eugen A. * 1843 Danzig, wirkte in Edinburgh, KlavVirt. W: 7 KlavSonaten, KlavStücke, 2 VKlavSonaten

WOYRSCH, Felix v. * 8/10 1860 Troppau, SingakadDir. u. städt. MDir. in Altona 1895/1931, 1917 Mitgl. der Berliner Akad. W: Opern, Orat. ‚Die Geburt Jesu', ‚Da Jesus auf Erden ging', ‚Totentanz' (bes. wertvoll) u. a., Sinf., Ouvert., VKonz., KaM., KlavStücke, Chöre, Lieder, Volksliedbearbeit. usw.

WRANGELL, Wassili Baron * 25/6 1862 Petersburg, da † 10/3 1901, auch MSchr. W: 2 Ballette, Sinfon., beliebte Lieder

WRANITZKI, Ant. * 1761 Neureisch, Mähren, † 6/8 1820 Wien, da KM. d. Fürsten Lobkowitz u. angesehen. VL. W: Messen, viel StrKaM.

WRANITZKY, Paul * 30/12 1756 Neureisch, Mähren, † 28/9 1808 Wien, Geiger der Esterhazyschen Kap. unter Haydn, seit 1785 HofopKM. zu Wien. W: Opern, BühnenM., 27 Sinfon., 45 StrQuart., StrTrios, KlavSonat. usw.

WREDE, Ferdin. * 28/7 1827 Brökel (Hann.), † 20/1 1899 Frankf. a. O., da Dir. der Singakad. W: KlavStücke, Chöre, Lieder usw.

WREDE, Otto * 29/1 1883, gründete 1/10 1907 den MVerl. O. W. (auch Regina-Verl.) in Berlin (Opern, Optten, OrchUnterhaltgsM.)

WRIGHT, Ellen, ps. Sydney HARPER † 29/7 1904 Long Ditton (Surrey). W: beliebt gewordene volkstüml. Lieder

WRIGHT, Lawrence, ps. = H. NICHOLLS

WUCHERPFENNIG, Herm., Dr. phil. * 27/6 1884, seit 1931 GsgProf. a. d. kais. Akad. in Tokyo (Geh. RegRat), Schüler u. a. Rud. v. Mildes, OpSgr 1905/09 in Dessau, 1909/12 Nürnberg, 1912/16 Düsseldorf, 1916/22 Berlin, Dtsch. OpHaus, 1922/30 Karlsruhe

WÜERST, Rich. * 22/2 1824 Berlin, da † 9/10 1881, geschätzter ML. u. MKrit., Schüler von H. Ries, David u. Mendelssohn. W: 7 Opern, Kantate, Sinf., Serenade, Ouvert. u. OrchVariat., StrQuart., KlavTrio, Gsge u. a. — Seine Frau Franziska geb. Weimann * 20/5 1829 Graudenz, † 24/10 1888 Berlin, geschätzte KonzSgrin u. GsgL.

WÜHRER, Friedr. * 6/6 1900 Wien, seit Apr. 1936 Direktor des städt. Konserv. in Kiel, vorher seit Herbst 1934 L. einer Meisterklasse am Konserv. in Mannheim, Schüler von Franz Schmidt u. Jos. Marx, ausgez. Pianist, in Wien bis 1933, dann in Berlin, viel in England. W: KlavVariat.

WÜLFFING, Peter * 1859, † 11/8 1904 Solingen, da geschätzter GsgverDirig. W: MChöre

WÜLLENWEBER Walt., ps. Frank ADOLPHE * 5/9 1906 Hamburg, da Besitzer des TonikaVerl., auch Textdichter. W: UnterhaltgsM.

WÜLLNER, Frz * 28/1 1832 Münster i. W., † 7/9 1902 Braunfels/Wetzlar, zuerst KlavVirt., 1858 städt. MDir. in Aachen, 1867 KM. des Hofkirchenchors in München, seit 1867 auch L. der Chorklassen der MSchule, 1869 auch OpKM., 1877 HofKM. u. Dir. des Konserv. in Dresden, seit 1884 städt. KM. u. Dir. d. Konserv. in Köln, bedeut. als ChorgsgM. u. Dirig. W: Chorwerke m. Orch., Chöre, Lieder; Rezitative z. Webers ‚Oberon', wertvolle ‚Chorübungen' usw. — Sein Sohn Ludwig, Dr. phil. * 19/8 1858 Münster i. W., erst Schauspieler, dann Konz-, Lieder- u. OpSgr (Tenorbariton), mit eminentem Vortragsgeschick, auch Geiger, lebt in Berlin

WÜNSCHE, Max * 12/1 1871 Warnsdorf, Schüler des Konserv. (Jul. Klengel, Ruthardt, Jadassohn) in Leipzig, da seit 1907 L. f. Vc. u. Klav., vielgereister treffl. Vcellist u. KlavBegleiter erster Künstler

WÜNSCHMANN, Theo. * 6/4 1901 Leipzig, da Schüler des Konserv. (Krehl), seit 1925 TheaKM., seit 1935 in M.-Gladbach/Rheydt, ständige Adr. Leipzig. W: Ouv., KaM., Melodr., MChöre, Lieder

WÜRFEL, Wilh. * 1791 Planian (Böhm.), † 22/4 1832 Wien, Pianist u. Dirig., 1815 KonservProf. in Warschau, 1826 KM. am KärnthnertorThea. in Wien. W: Opern, Orch- u. KlavStücke usw.

WÜRGES, Willy * 10/12 1872, gründete 25/6 1895 den MVerl. W. W. (bes. MChöre) in Köln

WÜRST, Rich. — s. WUERST

WÜRZ, Anton (Neffe Richards), Dr. phil. * 14/7 1903 München, da MSchr. (Krit.), da ausgeb. v. Sandberger, A. Lorenz, G. F. Schmidt, Aug. Reuß u. Rich. Würz. W: ‚Frz Lachner als dramat. Komp.'; Lieder

WÜRZ, Richard * 15/2 1885 München, da MRef., Schüler von R. Louis u. Reger. W: treffl. Lieder, Orch- u. KaM., ‚Reger als Liederkomp.'

WÜRZNER, Friedr. * 23/3 1906 Koblenz, Org. u. Pian. in Marburg a. L., ausgeb. in Leipzig (Konserv.) u. v. Pembaur-München. W: Sinfon., KaM., OrgSuite, Passacaglia, KlavStücke, Lieder

WÜST, Karl, ps. Ernst FREY * 19/8 1874 Ilbesheim, Pfalz, MProf. an der LBildsanst. in Kaiserslautern. W: OrchM., KlavStücke, Chöre, Lieder

WÜST, Philipp * 3/5 1894 Oppau (Rheinpf.), wird Herbst 1936 GenMDir. (OpDir.) in Breslau, Kriegsteiln., ausgeb. in Speyer, 1919 Solorepet. am NatThea. in Mannheim, später TheaKM. in Saarbrücken, Stettin, Bremerhaven, 1932/33 LandesMDir. in Oldenburg, 1933/35 GenMDir. in Mannheim. W: KlavQuint.

WÜSTINGER, Otto * 22/11 1881 Dessau, lebt da, FlötVirt., Dirig. u. ML. W: Opern, Chöre, Lieder

WULF, Gerhart * 23/7 1864 Hannover, da Kantor, Chordir. u. MRef. W: KlavStücke, Chöre, Lieder

WULFF, Friedr. Willib. * 6/1 1837 Hamburg, da † 24/4 1898, Opttenlibrettist

WULFFIUS, Artur * 1/5 1867 Dorpat, † 28/4 1920 Ssotschi (Kaukasus), ML. u. Organ. in Dorpat u. Petersburg, Schüler Rheinbergers. W: Oper, Chöre, Lieder

WUNDER, J., älterer Leipziger MVerl., an Fr. Hofmeister übergegangen

WUNDERER, Anton * 5/4 1850 Wien, da † 15/1 1906, Dirig. der BühnenM. der Hofoper. W: Optten, Ballett. — Sein Sohn A l e x a n d e r * 11/4 1877, ausgez. Oboist der Hofop. seit 1900, 1918 KonservProf., 1924 AkadProf.

WUNDERLE, Karl * 13/4 1866 München, Geiger, später Viola d'amour-Virt. u. Lautenist, 1893 in Chicago, seit 1909 in Cincinnati (SinfOrch.). W: Ouv., Stücke f. V., Br., Viola d'amore, Harfe, Klav. u. a.

WUNDERLICH, Friedr. * 15/6 1878 Zwota in S., treffl. Bogenmacher in Leipzig, Schüler Alb. Nürnbergers

WUNDERLICH, Joh. Geo. * 1755 Bayreuth, † 1819 Paris, Flötist der Gr. Oper u. KonservProf., berühmter Virt. W: viele Kompos. f. Fl. allein u. mit and. Instrum., gr. FlSchule (mit Hugot)

WUNDT, Wilh. * 16/8 1832 Neckarau (Baden), † 31/8 1920 Leipzig, bedeut. Philosoph, 1875/1917 o. UnivProf. in Leipzig. W: ‚Grundzüge der physiolog. Psychologie (3 Bde) u. ‚Grundriß d. Psychologie', vielfach musikal. Probleme berührend

WUNSCH, Hermann * 9/8 1884 Neuß, seit 1920 in Berlin, Schüler der Konserv. in Krefeld, Köln u. Düsseldorf, treffl. Dirig., vor 1920 VerDirig. in Viersen usw. W: Opern, Sinf., LustspielSuite, preisgekr. KlavKonz., VKonz., KaM., Orat., Messe, Chöre, Lieder

WURDA, Josef * 11/6 1807 Raab (Ung.), † 25/4 1875 Hamburg, Heldentenor, ausgeb. u. a. v. Konr. Kreutzer (Wien), 1829/35 in NeuStrelitz, 1835/47 in Hamburg, da bis 1854 Mitdirektor d. Stadtthea.

WURFSCHMIDT, Willi † (66jähr.) 29/8 1934 Halle, da Organ. u. Dirig. der Singakad., verdient um die Händelpflege

WURL, Herm. * 1/10 1884 Fiddichow, Brandenb., MZugführ. in Berlin-Spandau. W: Märsche

WURM, Mary * 18/5 1860 Southampton (Engl.), lebt in München, stud. in Stuttgart, auch bei Raff, Klara Schumann, Stanford, Sullivan u. Reinecke, sehr geschätzte Pianistin u. tücht. Komp., leitete 1898/1900 in Berlin ein DamenStrOrch., mit dem sie auch reiste, lebte wiederholt längere Zeit in Berlin. W: Oper, ‚Japanische KinderOptten', Ouvert., KlavKonz., StrQuart., Sonaten, usw. f. Klav., Lieder usw.; ‚Prakt. Vorschule z. Caland-Lehre'

WURM, Wilh. * 1826 Braunschweig, † 20/6 1904 Petersburg, da seit 1847 CornetVirt., L. am Konserv. W: Schule, Etüden, Transkriptionen für Cornet à pistons

WURZBACH, Konstantin, Edler von Tannenberg, Dr. * 11/4 1818 Laibach, † 19/8 1893 Berchtesgaden. W.: ‚Biograph. Lex. d. Kaisertums Österreich' (60 Bde, 1855/91), ‚Volkslieder der Polen u. Ruthenen', ‚Jos. Haydn u. sein Bruder Michael' u. ‚Mozartbuch' u. v. a.

WURZEL, G. F. (ps.) — s. ROOT
WUSTAND, Rich. * 4/5 1860 Berlin, da † 24/8 1920, ML., Schüler Werkenthins, der Kgl. Hochschule f. M. W (meist ungedr.): Sinf. Tongemälde, StrQuart., KlavWerke, Chorwerke mit Orch., Chöre, Lieder usw.
WUSTMANN, Rud., Dr. phil. * 5/1 1872 Leipzig, † 15/8 1916 Bühlau/Dresden, 1895/1900 GymnL. in Leipzig. W: ‚MGesch. Leipzigs (1. Bd). H: Bachs Kantatentexte
WUTHMANN, Ludw. * 16/11 1862 Osnabrück, Org-, Klav-, TheorL. am Konserv. in Hannover. W: ‚Choralstudien', ‚Generalbaßübungen', ‚Aufgaben u. Regeln z. strengen Satz'
WUTTKE, Karl * 1846, † 3/6 1915 Breslau, da seit 1875 Kantor u. ObOrgan.
WUZEL, Hans * 3/11 1865 Schwabach, Bay., OpBaritonist, seit 1898 in Kassel. W: Chöre, Balladen, Lieder
WYDLER, Albert * 16/6 1859, Chordir. in Zürich. W: M- u. FrChöre
WYDLER, Heinr. * 26/10 1868 Aarburg, Geiger, Organ. u. GsgL., seit 1913 in Solothurn. W: MChöre
WYDLER, Jacques * 13/3 1865 Rossau/Mettmenstetten (Zürich), Sgr (Bariton) u. Chordir. in Zürich. W: M- u. FrChöre
WYLDE, Henry * 22/5 1822 Bushey/Hertfordshire (Engl.), † 13/3 1890 London, Pianist, Schüler v. Moscheles u. Cypr. Potter, 1844 Organ. in London, gründete da 1852 die neue philharm.

Sozietät. W: KlavKonz., Sonate u. a. Stücke, Sammlg geistl. Gsge usw., auch theoret. u. musikwiss. Schriften
WYMAN, Addison P. * 1832 Cornish, † 1872. W: SalonKlavStücke
WYNEKEN, Wulff — s. Erich EINEGG
WYNEN, Otto, ps. Hubert GREGOR * 17/11 1875 Herzogenrat/Aachen, MLehranstaltDir. in Kattowitz bis Herbst 1935, jetzt in ?, Schüler des Kölner Konserv. W: Oper, Messe, Sinf., VKonz., Chöre, Lieder
WYROTT, Karl * 31/5 1882 Speyer, seit 1908 L. f. V. u. Klav. am staatl. Konserv. in Würzburg, dessen Schüler er auch ist. W: Techn. KlavStudien, MChöre, Lieder usw.
WYSMAN, J. M. W. — s. WIJSMAN
WYSOCKI, Georg v., ps. James ALDEN; Hugo FRAIS; Fred GOLLNOW * 4/2 1890, Kaufmann in Berlin-Wilmersdorf. W: UnterhaltM.
WYSS, Edmund * 10/10 1867 Solothurn, da 1892/1922 ML. an der Kantonsschule. W: Opern, BühnenM., Chöre
WYSSOTZKY, Mich. * 1790, † 18/12 1837 Moskau, da seit 1813 sehr angesehener Improvisator auf der Git. W: GitSchule u. Kompos.
WYZEWA, Theodor de * 12/9 1862 Kalusik (Rußl.), † 7/4 1917 Paris, da seit 1869, ausgez. Forscher. W: ‚Beethoven et Wagner', ‚W. A. Mozart' (zus. mit G. de St. Foix, grundlegend). H: Revue Wagnerienne

X

XANROF d. i. FOURNEAU, Léon * 1867 Paris, da Jurist. W: KlavStücke, Lieder
XAVER, ps. = Isy GEIGER
XAVIER, Antoine M. * 1769 Paris, † ?, KaViolinist Napoleons I. W: VStücke, Lieder

XYNDAS, Spiridion * 1812 Insel Corfu, † 25/11 1896 Athen. W: Opern, volkstüml. Lieder, KlavStücke

Y

YANIEWICZ — s. JANIEWICZ
YARDNER, Ernest, ps. = HÖFFNER, Erich
YGOUV, Opol (eigentl. Paul GOUVY) * 1891 Paris, da Neutöner. W: 2 Ballette, sinf. Dichtg, KaM., Lieder
YKS, ps. = Florent SCHMITT

YON, Pietro * 6/8 1886 Settimo Vittone (Torino), seit 1919 Organ. in Rom, OrgVirt. W: 21 Messen, Motetten, KlavKonz. u. Stücke, OrgStücke, Lieder
YONGE (YOUNG), Nicholas † Okt. 1619 Cornhill/London. H: Musica Transalpina (italien. Madrigale) 1588 u. 1597

YORK, Francis Lodowick * 9/3 1861 Ontonagon, Mich., seit 1902 KonservDir. in Detroit, urspr. Organ., Schüler u. a. Guilmants. W: Oper, Kirch-M., Chöre, Lieder, OrgStücke; theor. Lehrbücher

YORK, Roy, ps. = Hub. W. DAVID

YOSHITOMO, ps. = Karl ZIMMER

YOST, Michel * 1754 Paris, da † 5/7 1786, KlarinVirt. W: 14 KlarinKonz., 30 Quart. f. Klarin. u. Str. u. a.

YOUFEROFF — s. YUFEROV

YOUNG, Dalhousie * 23/11 1866 Gurdaspur (Ind.), † 13/6 1921 Brighton, Pianist, Schüler Leschetizkys. W: BühnenM., OrchSuite, Melodramen, Kantaten, treffl. Lieder, KlavStücke

YOUNG, Filson * 5/6 1876 Ballyeaston (Irl.), MSchr. in Manchester. W: OrgStücke, Lieder; ‚The Wagner stories‘, ‚Opera stories‘

YOUNG, Frank, ps. = Kurt GOLDMANN

YOUNG, Jack, ps. = Rud. GELLIN

YOUNG, Milton, ps. = Hub. W. DAVID

YOUNG, Nicholas — s. YONGE

YOUNG, William † 1672 London, da 1661/68 Geiger der Hofkap., 1653 am Innsbrucker Hofe. W: mehrst. Sonaten u. Tanzsuiten

YOUNG, William, ps. = Kurt GOLDMANN

YOUSSOUPOV — s. YUSSUPOW

YPSILON, Ix, ps. = Kurt STIEBITZ

YRADIER, Sebastian * 20/1 1809 Sauciego (Alava), † 6/12 1885 Vitoria (Brasilien). W: span. Lieder u. Romanzen, u. a. ‚L'Areglito‘, ‚La Paloma‘. Die Habanera in Bizets ‚Carmen‘ ist von ihm

YRIARTE, Tommaso de * 18/9 1750 Orotava (Teneriffa), † 17/9 1791 Santa Maria/Cadix, M-Schr. W: Opern, Sinf., Quart.

YROID, Richard — s. IVRY

YSAYE (eigentl. Isaye), Eugène * 16/7 1858 Lüttich, † 12/5 1931 Brüssel, berühmter vielgereister VVirt., Schüler Vieuxtemps', 1880/81 KonzM. bei Bilse in Berlin, 1886/97 KonservVL. zu Brüssel, seit 1894 da Leiter der von ihm begründ. Soc. de concerts, 1916/21 in Amerika Dirig., u. a. in Cincinnati, seit 1922 wieder in Brüssel. W: 6 VKonz., Sonaten u. a. — Sein Bruder Théo * 2/3 1865 Verviers, † 24/3 1918 Nizza, Pianist in Brüssel. W: 2 Sinfon., 3 sinfon. Dichtgen, KlavKonz., Requiem usw.

YUFEROV, Sergei W., gen. Sugorsky * 1865 Odessa. W: Opern, Sinf., KlavTrio, KlavStücke, Lieder

YUNG, Alfred * 1836 Bar-le-Duc, da † Okt. 1913, Pianist u. Organ. W: KlavStücke, Lieder

YUSSUPOW, Nikolai, Fürst * 1827 Petersburg, † 3/8 1891 Baden-Baden, Hofmarschall d. Kaisers v. Rußland, VVirt., Schüler Vieuxtemps'. W: Sinf. mit oblig. V., VKonz., Salonstücke; ‚Luthomonographie‘, ‚Histoire de la m. en Russie‘ I.

YVAIN, Maurice, ps. Pierre AMY, Opttenkomp. in Paris, seit 1920 hervorgetreten

YZAAC, Heinrich = ISAAK

Z

ZAAGMANS, Joh. * 14/10 1861 Utrecht, ML. u. Dir. in Lochem, seit 1923, urspr. Flötist, 1887/ 1912 verdienter MilKM. in Amsterdam. W: f. MilM., Gsge

ZABALZA Y OLASO, Damaso * 1833 Navarra, † 1894 Madrid, da Prof. am Konserv., KlavVirt. W: KlavSonatinen, Stücke u. Etüden

ZABEL, Albert * 1835 Berlin, † Febr. 1910 St. Petersburg, vielgereister HarfVirt., 1848/51 im Berliner Hoforch., seit 1854 in Petersburg, da 1862 KonservL. W: HarfKonzStücke, ‚Ein Wort an die Kompon. betreffs Verwendg der Harfe im Orch.‘

ZABEL, Karl * 19/8 1822 Berlin, † 19/8 1883 Braunschweig, II. HofKM. W: Ballette, Märsche, Tänze usw.

ZACCARIIS, Caesar da — s. ZACHARIIS

ZACCONI, Ludovico * 11/6 1555 Pesaro, † 23/3 1627 Fiorenzuola/Pesaro, Augustinermönch zu Venedig, berühmter Theoret., 1593 in Wien, 1595 in der Münchener Hofkapelle, dann wieder in Venedig. Sein Hauptwerk ‚Pratica di m.‘ behandelt die Technik der Instrum. u. die Kunst des Diminuierens (Verzierens gegebener M. bei der Ausführg)

ZACH, Joh. * 13/11 1699 Celakowitz (Böhm.), † 1773 Bruchsal (Irrenh.), 1745/56 erzbischöfl. KM. in Mainz. W: Messen, Sinf., KlavKonz., Str-Quart. usw.

ZACH, Thomas * 25/10 1812 Malé-Žinany i. B., † 1/1 1892 Wien, treffl. VBauer in Budapest, Szabadka, Fünfkirchen, Bukarest (1865/72) u. seit 1872 in Wien

ZACHAR (eigentl. Zacharias), Walter * 5/4 1869 Königsberg i. Pr., † 9/3 1931 Berlin-Charlottenburg, ausgeb. auf der Berliner Hochschule, dann an 30 Jahre TheaKM. W: Optten, Revuen, Volksstücke

ZACHAREWITSCH, Michael * 26/8 1878 Ostrow (Russ.-Polen), treffl. VVirt. in London, Wunderkind, Schüler Sevčiks u. Ysayes. W: VSoli, Gsge

ZACHARIÄ, Eduard * 2/6 1828 Holzappeler-Hütte (Nassau), † 1904 Maxsayn, ev. Pfarrer, erfand das Kunstpedal (Abgrenzg d. Wirkg des Dämpferpedals auf kleine Tonpartien). W: ‚Vollständige Kunstpedalschule'

ZACHARIÄ, Friedr. Wilh. * 1/5 1726 Frankenhausen, Thür., † 30/1 1777 Braunschweig, der Dichter des ‚Renommist'. W: KlavStücke, Duette, Lieder

ZACHARIAS, Nicolaus (Zacherias cantor) 1420/1432 päpstl. KapellSgr, einer der letzten Komp. der Florentiner Caccia

ZACHARIAS, Walter — s. ZACHAR

ZACHARIIS (ZACCARIIS), Caesar de, aus Cremona, 1588 am bayr. Hofe, dann bis 1594 am Fürstenberg. W: KirchM., 5st. Hymnen, Canzonetten

ZACHARITZ, Fritz * 26/2 1871 Gernrode, seit 1892 L., Kantor usw. in Cöthen. W: KlavStücke, Lieder

ZACHAU (Zachow), Friedr. Wilh. * 19/11 1663 Leipzig, † 14/8 1712 Halle, Organ. seit 1684, der Lehrer Händels. W: KirchKantaten, OrgStücke

ZACHAU, Peter 1683/93 Ratsmusikus in Lübeck. W: Tanzsuiten

ZACHERIAS cantor — s. ZACHARIAS, Nicol.

ZACHERL, Walter * 21/9 1886 Gnadenthal, SAfrika, SoloFlöt. in Mainz, Schüler v. Alb. Fuchs u. Draeseke. W: 2 Sinf., Sinfonietta, OrchSuite, Ouvert., KaM., BühnM., Chöre, Duette, Lieder

ZACHOW — s. ZACHAU

ZACK, Oskar Victor * 2/1 1882 Gießen, Geiger, ausgeb. in Sondershausen u. Leipzig, seit 1919 SemML. in Schiers (Schweiz). W: sinfon. Dichtgen, Chöre u. a.

ZACK, Victor * 13/4 1854 Vordernberg (Steiermark), Schüler Dr. Remys u. des Lpzger Konserv., lebt in Graz, da 1894/99 Dirig. des Singver. u. 1888/1904 der Sgrschaft ‚Gothia', verdient um die Sammlg steir. Volkslieder. W: Suite f. Orch., KonzOuvert., KlavStücke, Chöre. B: Alte Krippen- u. Hirtenlieder f. Chor u. Orch.

ZADOR, Eugen, Dr. phil. * 5/11 1894 Bátaszék (Ung.), seit 1920 in Wien, Schüler Heubergers,

Regers, Aberts u. Scherings, 1915/20 MKrit. in Fünfkirchen, seit 1920 L. f. Kompos. u. PartSpiel am N. Konserv. W: Opern, romant. Sinf., sinfon. Dichtg, Ballett, OrchVar., KlavStvücke, Lieder

ZADORA, Michael von, ps. Pierre AMADIS; LAMARC * 14/6 1882 Newyork, pianist. Wunderkind, später noch Schüler Busonis, lebte lange in Berlin, jetzt ?. W: Kirgis. Skizzen u. a. Klav-Stücke, KlavTranskript.

ZAGWIJN, Henri * 17/7 1878 Nieuwer-Amstel (NHoll.), Kompon. im Haag, Autodidakt. W· Ouvert., KaM., KlavStücke u. Suite; ‚Der Zauberlehrling' f. Soli, Chor, Orch. u. Org., Melodramen m. Orch., viele Lieder; ‚Mus. zur Eurhythmie'; ‚De muziek in het licht der anthroposophie' u. a.

ZAHN, Christian Jak. * 12/9 1765 Althengstedt/Calw, † 8/7 1830 Calw, Vizepräsid. der württemb. Abgeordneten. Von ihm die populär gewordene Melodie zu Schillers ‚Wohlauf, Kameraden, aufs Pferd'

ZAHN, Joh., Dr. theol. * 1/8 1817 Espenbach (Franken), † 17/2 1895 Neudettelsau, 1854/88 LSemDir. in Altdorf. W: ‚Die Melodien der dtschen ev. Kirchenlieder', ‚Die musikal. Ausbildg der Kantoren u. Organisten', ‚Die geistl. Lieder der böhm.-mähr. Brüder', Melodienbuch, Präludienbuch, Chorgsgbuch u. v. a.

ZAICZEK-BLANKENAU, Julius * 2/11 1877 Wien, † Nov. 1929. W: Opern

ZAJIC, Florian * 4/5 1853 Unhoscht/Prag, † 17/5 1926 Berlin, Schüler des Prager Konserv., treffl. Violinist, 1881 KonservProf. zu Straßburg i. E., 1889 KonzM. in Hamburg, 1891/95 Prof. am Sternschen, seitdem am Klindworth-Scharwenka-Konserv. zu Berlin. W: VStudien

ZAJIC, Ivan — s. ZAYTZ

ZALLINGER, Meinrad v. * 25/2 1897 Wien, erst Jurist (ausgeb. in Innsbruck), MStudium in Salzburg, da 1920/22 TheaKM. u. L. am Mozarteum, 1922/26 HochschulL. in Wien, 1926/29 Solorepet. u. BallettKM. der Münchner StaatsOp., 1929/32 II. u. 1932/35 I. OpKM. in Köln, seit Herbst 1935 Staatsop.KM., seit 1936 I. StaatsKM. in München

ZAMARA, Ant. * 28/3 1829 [andere Angaben widersprechen diesen seinen] Mailand, † 11/11 1901 Hietzing/Wien, HarfVirt., seit 1848 an der Hofop. in Wien u. seit 1869 KonservProf.. W: viele HarfKompos., Gsge usw. — Sein Sohn Alfred * 28/4 1863 in Wien, gleichfalls HarfVirt., Schüler seines Vaters u. Bruckners, bei der Hofop. u. am Konserv. angestellt. W: Opern, Operetten, Lieder usw. — Dessen Schwester Theresina * 1862 Wien, da HarfVirt. u. L. an der Staatsakad.

ZAMPIERI, Giusto * 6/11 1879 Trieste, seit 1923 UniversProf. der MGesch. in Pavia. W: ‚Weber‘, ‚Il Pfte‘, ‚Fr. Gaffurio‘

ZAMRZLA, Rud. * 21/1 1869 Prag, da † 9/2 1930, MDir. am tschech. Landesthea. W: Opern, Chöre, Lieder, KlavStücke. H: MZtschr. ‚Dalibor‘

ZANARDINI, Angelo * 9/4 1820 Danzig, † 7/3 1893 Milano, OpLibrettist. W: KlavStücke, Duette, Lieder

ZANDER, Adolf * 16/1 1843 Barnewitz, Brandenburg, † 1/8 1914 Klein-Aupa (Riesengeb.), Schüler d. Instit. f. KirchM. in Berlin, da SchulGsgL., Organ. u. Chordir.; gründete 1884 die ‚Berliner Liedertafel‘. W: f. Org., Klav., MChöre. B: alte Madrigale usw.

ZANDER, Ernst, Dr. med. * 22/2 1873 Wesenberg (Meckl.), Schüler Tapperts, gründete in Berlin (da Arzt) 1904 den Volkschor, einen gem. Chor aus Arbeitern, mit dem er regelmäßig große Oratorien für die Arbeiterschaft aufgeführt hat; tritt 1. 9. 1936 von der Chorleitg zurück (Nachf. Geo. Oskar Schumann). W: ‚Führer durch die weltl. Chorlit. m. Orch.‘ H: Händelsche Orat. (eigener Händel-Verl.)

ZANDER, Hans * 20/2 1905 Danzig, lebt in Berlin. W: UnterhaltgsM.

ZANDER, Joh. David † 21/3 1774 Stockholm, II. KonzM. der Hofkap. W: SchauspM., Ouvert.

ZANDER, Karl, ps. Hans Joach. BAUMGART; Billy BERNDT; Kurt BESSEL; Julius ECKERT; José TAVERA; Hans WOLFGANG * 10/9 1891, lebt in Berlin. W: UnterhaltgsM.

ZANDONAI, Riccardo * 28/5 1883 Sacco (Trentino), lebt in Milano, Schüler Mascagnis, auch außerhalb Italiens immer mehr Beachtg findend. W: Opern, u. a. ‚Conchita‘ (1911), ‚Francesca di Rimini‘ (1914), ‚Giuletta e Romeo‘ (1922), ‚I cavalieri di Ekebu‘ (1925), ‚La farsa amorosa‘ (1933) u. a., Requiem, sinfon. Dichtgen, Romant. VKonz.

ZANELLA, Amilcare * 26/9 1873 Monticelli d'Ongina (Piacenza), Schüler des Konserv. zu Parma, da 1903 KonservDir., seit 1905 in gleicher Stellg in Pesaro. W: Opern u. a., Sinfon., sinfon. Dichtgen, wertvolle KaM., Fantasie f. Klav. u. Orch., KlavStücke usw.

ZANETTINI, Ant. — s. GIANETTINI

ZANG, Joh. Heinr. * 13/4 1733 Zelle St. Blasii, † 18/8 1811 Mainstockheim, Bay., Kantor, Schüler Bachs. W: ‚Singende Muse am Main‘, ‚Der vollk. OrgMacher‘, KlavSon., OrgTrios

ZANGARINI, Carlo * 9/12 1874 Bologna, OpLibrettist in Milano

ZANGE (ZANGIUS), Nicolaus † um 1620, KM. in Braunschweig, Wien u. seit 1612 in Berlin.
W: Cantiones sacrae, geistl. u. weltl. dtsche Lieder, Quodlibets usw.

ZANGER, Gust. * 19/11 1848 Quirnbach/Kusel, Rheinpfalz, Schüler des Kgl. Inst. f. KirchM. in Berlin, SemML. in Homberg, Usingen, seit 1894 in Königsberg i. d. Neumark. W: Quart. f. 4 V., Choralbuch, OrgStücke, Chöre, Lieder usw.

ZANGIUS — s. ZANGE

ZANGL, Jos. Gregor * 12/3 1821 Steinach (Tirol), † 6/3 1897 Brixen, 1846 Priester, bald darauf Domorgan. in Brixen. W: hl. Grabmusik, Messen, Vespern, Offertorien, Graduale, Lieder u. a., ‚Handbuch für d. röm. Choralgsg‘, Missale, Vesperale usw.

ZANI DE FERRANTI, Marco Aurelio * 6/7 1800 Bologna, † 28/11 1878 Pisa, urspr. Geiger, dann hervorrag. vielgereister GitVirt., seit 1827 in Brüssel, da seit 1846 KonservProf. des Italien.

ZANKE, Hermann, ps. Harry MODY * 27/5 1904, FlVirt., seit 1935 StaatsKonservL. in Würzburg, vorher u. a. am Rundfunk in Breslau. W: FlSchule, FlStücke u. Sonaten

ZANON, Maffeo, ps. Franco del MAGLIO * 21/4 1882 Venezia, lebt in Milano. W: Opern, Messe, sinf. Dichtg, Gsge m. Orch. u. a. H: ältere M. (Boccherini usw.)

ZANTEN, Cornelie van * 2/8 1855 Dordrecht, OpAltistin von internat. Ruf, Schülerin u. a. Lampertis, 1895 GsgL. am Konserv. in Rotterdam, 1903/16 in Berlin, seitdem im Haag. W: ‚Leitfaden z. Kunstgsg‘, Lieder usw.

ZAPFF, Oskar * 16/1 1862 Suhl (Thür.), Schüler von Arn. Krug, Em. Krause, Reinecke u. Jadassohn, ML. u. Dirig. in Leipzig. W: Chorlieder, Duette, V- u. KlavStücke usw.

ZAPPERT, Bruno * 28/1 1845 Wien, da † 31/1 1892, Librettist (Optten, Possen)

ZARA, Redento * 1866, † Okt. 1908 Petersburg, Schüler des Mailänder Konserv., Begleiter u. GsgL. in Petersburg. W: Oper, Lieder

ZARATE, Eleodoro Ortiz de * 29/12 1865 Valparaiso, ausgeb. in Italien, der erste Chilene, der eine Gper komponiert u. in seiner Heimat (Santjago) 1895 aufgeführt hat

ZAREMBA, Nikolai * 15/6 1821 Gouvernem. Witebsk, † 8/4 1879 Petersburg, da KonservDir., Schüler von A. B. Marx. W: Orator.

ZAREMBA, Sigism. * 11/6 1861 Schitomir, seit 1901 in Petersburg Vcellist u. Dirig. W: StrOrchSuite, StrQuart., KlavStücke, Lieder

ZAREMBA, Wladislav * 15/6 1833 Podolien, seit 1862 ML. in Kiew, † ?. W: KlavSaücke, Lieder u. Romanzen. H: poln. u. kleinruss. VolksM.

ZAREMBSKI, Jul. v. * 28/2 1854 Schitomir (Rußl.), da † 15/9 1885, vortreffl. Pianist, Schüler v. Dachs (Wien) u. Liszt, seit 1879 KonservL. in Brüssel. W: KlavQuint. (veröff. 1933), Klav-Stücke

ZARLINO, Gius. * 22/3 1517 Chioggia/Venedig, † 14/2 1590 Venedig, berühmter Theoret. u. Komp., Schüler Adrian Willaërts, 1565 St. Markus-KM. in Venedig. W: Modulationes; ‚Istituzioni armoniche‘, Messen

ZARTH, Georg — s. TZARTH

ZARZYCKI, Alex. * 21/2 1834 Lemberg, † 1/11 1895 Warschau, tücht. KlavVirt., seit 1870 in Warschau, da 1879 KonservDir. W: OrchSuite, Klav-Konz. u. Stücke, VMazurka, Lieder

ZASTROW, Adolf * 22/9 1902 Bad Salz-Elmen, OpttenKM. in Neumünster, ausgeb. in Kiel u. Hannover. W: Singsp., sinf. Dichtg, Ouvert., KaM., Tänze, Märsche

ZATSCHECK, Hans, Dr. jur. * 3/5 1898 Brünn, da im Hauptberuf Richter, V- u. KomposSchüler J. G. Mraczeks. W: Oper, romant. Sinfonie, Klav-Konz., Sextett f. Klarin. u. Str., Ode f. Alt u. Orch.

ZAULECK, Paul * 12/3 1849 Berlin, † 13/6 1917 Bremen, da seit 1875 sehr verdienter Pfarrer. W: ‚Das Buch der Weihnachtslieder‘, dtsches KinderGsgBuch. H: PosaunenChöre

ZAWILOWSKI, Konrad v., Dr. phil. * 19/2 1880 Krakau, geschätzter GsgL. in Berlin seit 1918, studierte MWissensch. bei G. Adler in Wien, dann da, in Paris u. Milano Gsg, Baritonist 1904/07 an der Hofop. in Wien, 1907/11 auf internation. Gastspielen, 1911/13 an der KurfürstenOper in Berlin

ZAYTZ (ZAJIC), Giovanni (Ivan) v. * 25/4 1837 Fiume, † 17/12 1914 Agram, Schüler d. Konserv. zu Milano, seit 1870 TheaKM. u. KonservL. zu Agram. W: über 30, namentl. slowen. Opern u. Operetten, Orator., Messen, Chöre, Lieder

ZECCHI, Carlo * 1904 Rom, KlavVirt., s. 1912 viel gereist

ZECCHINI, Francesco * 1842, † April 1908 Bologna. W: Opern

ZECH, Fritz * 20/12 1875 Polzin, seit 1905 GsgL. u. seit 1911 auch Organ. in Wiesbaden. W: OrchM., VcKonz., KaM., Chöre

ZECK, Frederik * 1858 Philadelphia, Pianist u. OrchDir. in San Francisco. W: Opern, 6 Sinfon., sinfon. Dichtgen, VKonz., VcKonz., KaM.

ZECKWER, Rich. * 30/4 1850 Stendal, Schüler des Leipziger Konserv., 1870 Organ. u. ML. in Philadelphia, da 1876/1917 Dir. der Acad. of M., † 1922. W: Orch-, Klav- u. GsgKompos.; ‚A scientific investigation of legatotouch‘. — Sein Sohn Camill * 26/6 1875 Philadelphia, da Dir. der MAkad., Schüler v. Dvořák (in New York), Ph. Scharwenka u. Fl. Zajic. W: Opern, OrchM., KaM., KlavStücke, Chöre, Lieder

ZEDTLER, Karl Aug. * 1819 Stauchitz, Kantor u. Organ. in Wilsdruff/Dresden, da seit 1843, † 1872, Gründer einer Liedertafel. W: MChöre, KlavSalonStücke u. a.

ZEEH, Hans * 25/10 1878, seit 1925 ML. in Köln. W: OrchM., KlavStücke, Chöre, Lieder

ZEGGERT, Gerh. * 21/10 1896 Pasewalk, seit 1924 ObOrgan. in Breslau, vorher in Berlin, da ausgeb. W: Messe, OrgStücke, Lieder

ZEH, Bernd * 22/3 1894 Darmstadt, da seit 1934 AkadDir., da ausgeb., MSchr., auch Organ. u. Chordir., Gründer d. ‚Vereinig. Darmstädter Solistinnen‘, urspr. Architekt. W: Märchenspiele, Weihnachtsmyster., OrchSuite, KaM., Chöre, Lieder u. a.

ZEH, Otto * 8/10 1898 Köln, da Oboist u. Pianist, da ausgeb. (Konserv.). W: Hörspiele, Ouvert., Märsche, Tänze

ZEHELEIN, Alfred, Dr. phil * 25/3 1902 Miltenberg a. Main, seit Dez. 1935 kirchmus. Beirat der Fachgruppe des Org- u. Glockenbauhandwerks in Berlin, 1922/35 in München, da. u. vorher in Regensburg ausgeb., ML. am Albertinum u. Kirch-Chordir, seit 1928 auch Organ. u. TheorL. an der Trappschen MSchule. W: Oper, BühnenM., geistl. u. weltl. Chöre u. Lieder, Suite f. Org. u. 6 Bläser, OrgStücke u. a. H: Ztschr. f. geistl. M.

ZEHLER, Karl * 20/12 1840, † 10/2 1919 Halle a. S., da seit 1868 Organ., später auch VerDirig., Schüler des Leipziger Konserv. W: Chöre (Psalmen), auch mit Orch., OrgStücke

ZEHNGRAF, Jos. † 21/7 1927 Wien. W: MChöre, u. a. ‚Därf ich's Dirndl liab'n‘

ZEHNTNER, Louis * 28/1 1868 Sissach (Basel), RealschulGsgL. seit 1897 u. Chordir. seit 1893 in Basel, ausgeb. in Leipzig u. Stuttgart. W: Singspiel, gem. Chöre m. Org., MChöre usw.

ZEHRFELD, Oskar * 5/5 1854 Zweenfurt/Leipzig, Schüler von G. Merkel u. F. Wüllner, SemML. 1877 in Pirna, 1891 in Löbau; lebt im Ruhestand in Dresden. W: OrgStücke, techn. Studien f. Klav., V., Chöre, Lieder; ‚Führer f. d. Organ.‘ usw.

ZEILBECK, E., ps. = Friedr. KARK

ZEILER, Rob. * 4/10 1879 Wien, VVirt, Schüler A. Rosés, 1899/1906 KonzM. des Wiener KonzVer., seit 1906 KonzM. der Berliner Staatsoper

ZEILINGER, Frz, Dr. phil. * 26/9 1898 Eppenstein, Steierm., seit Mai 1933 in Hallstatt, OÖsterr. W: Messe, Kantaten, Chöre

ZEISLER, Fanny — s. BLOOMFIELD-ZEISLER

ZEITLBERGER, Leop. * 26/11 1877 Frauenhofen, NÖsterr., beliebter Bearb. f. kl. u. gr. Orch. in Berlin. W: UnterhaltgsM.

ZEITLER, Bernh. * 21/12 1867 Klotze (Altmark), † 8/2 1934 Berlin-Charlottenburg, Flötist (verbess. die Böhmflöte) u. TheorL., sehr gesuchter Instrumentator v. Optten. W: Oper, Optten, Ouvert., OrchStücke, viel KaM., Konz. f. Flöte, KB., KlavStücke, Chöre, Lieder

ZELDENTRUST, Edua. * 5/6 1856 u. † 6/4 1910 Amsterdam, angesehener, vielgereister Pianist, Schüler des Kölner Konserv., Gernsheims u. Marmontels. W: Scherzo fantast. f. Orch.

ZELDER, Frz * 7/10 1865 Kielbaschin, Kr. Rosenberg, OSchles., seit 1886 SchulL. u. VerDir. in Kreuzburg. W: Chöre

ZELENKA, Joh. Dismas * 16/10 1679 Launowiče (Böhmen), † 22/12 1745 Dresden als HofKirchKomp. seit 1735. W: Oratorien, Messen, Kantaten, Arien usw.

ZELENSKI, Ladisl. * 6/7 1837 Schloß Grodkowice/Lemberg, † 23/1 1921 Krakau, KonservDir., treffl. Pianist. W: 6 Opern, Orch- u. KaM., Kompos. f. Klav., Org., Gsg, theor. Lehrbücher

ZELINKA, Franz * 1/2 1866 Prag, † Nov. 1924 Brünn, treffl. Geiger, zeitweise Assistent Sevčiks, dabei Postbeamter. W: Führer d. VLit.

ZELL, F., Opttenlibrettist — s. Camillo WALZEL

ZELLBELL, Ferd. * 1689 Upsala, † 6/6 1765 Stockholm, da Organist. W: ‚Temperatura tonorum'; verbreitetes Choralbuch (1749). — Sein gleichnamiger Sohn * um 1719 u. † 21/4 1780 Stockholm, gründete da die MAkad., HofKM. (1750) u. Organ. W: Oper, Ballett, Ouvert., Festkantate

ZELLE, Friedr., Dr. phil. * 24/1 1845 Berlin, da † 10/9 1927, 1893/1915 Realschuldir. W: ‚Theorie der M.', ‚Theile u. Strungk', ‚Entwicklg des ev. Choralgsgs', ‚Die Singweisen d. älteren ev. Lieder', ‚Das älteste ev. Hausgsgbuch'. H: ‚H. L. Haßler, Lustgarten neuer teutscher Gsge', ‚Choralkantate von J. W. Frank', ‚Suite aus Ballettsätzen Keiserscher Opern', ‚Jodelet, kom. Op. von Keiser', Passionen v. Sebastiani u. Theile usw.

ZELLER, Bernh., Dr. phil. * 2/6 1886 Berlin, MSchr. u. Chordirig. seit 1925 in Dortmund, vorher in Hamm. W: MChöre, auch m. Begleit., Lieder; ‚M. und Jugendpflege' 1928

ZELLER, Eugen * 17/12 1873 Romanshorn, Pianist u. MSchr. in Stuttgart, da ausgeb. W: KlavStücke, Lieder

ZELLER, Frz Adolf * 3/6 1837 Weißenstein, Württ., † 5/9 1872 Raggenzell, Württ., Pfarrer. W: ‚Das Gsgbuch der Diöz. Rottenburg'. H: Sammlg kath. KirchGsge f. 4 MStimmen

ZELLER, Geo. * 29/5 1857 Geiselhöring (NBay.), ausgeb. in München, da seit 1882 ML. am kgl. Maximilianeum. W: Opern, Sinf., HornKonz, Stücke f. Horn, V., Klav. u. Org., Festmessen u. a.

ZELLER, Heinr. * 7/6 1856 Voitswinkel/Laufen, OBay., † 4/8 1934 Weimar, da 1888 ff. langjähr. Heldenten. (1897 KaSgr), 1875/87 SchulL.; war auch bayer. Dialektdichter u. Mitarb. der ‚Flieg. Blätter'

ZELLER, Heinr. * 1907, ps. = Harry ZIEMS

ZELLER, Karl, Dr. jur. * 19/7 1844 St. Peter in der Au (NÖsterr.), † 17/8 1898 Baden/Wien, Hofrat im Unterrichtsminist. W: Optten, u. a. ‚Der Vogelhändler', ‚Der Obersteiger', Chöre, Lieder

ZELLER, Rudolf * 9/2 1911 Gelsenkirchen, Pianist in Berlin, Schüler Jul. Weismanns. W: Olympia-EisM., UnterhaltgsM.

ZELLER, Wolfg. * 12/9 1893 Biesenrode, Harz, seit 1921 TheaKM. in Berlin. W: BühnenM., FilmM., u. a. ‚Luther', KaM., Lieder

ZELLNER, Jul. * 18/5 1832 Wien, † 28/7 1900 Mürzzuschlag (Steierm.), ML. in Wien. W: Sinf., KaM., KlavStücke usw.

ZELLNER, Leo * 23/6 1848 Paradies, † 21/11 1918 Charlottenburg, Schüler d. Instit. f. KirchM. in Berlin, 1873 technisch. GymnL. in Ostrowo, seit 1880 GymnGsgL. in Berlin, seit 1881 Dir. des Kotzoltschen (a cappella) GsgVer., seit 1902 des Charlottenb. LGsgVer. W: 4/8st. geistl. u. weltl. Chöre, Lieder

ZELLNER, Leop. Alex. * 23/9 1823 Agram, † 24/11 1894 Wien, TheorL., HarmonVirt., Generalsekr. der Gesellsch. der MFreunde seit 1868. H: 1855/68 ‚Blätter f. Thea., M. u. bild. Kunst'. W: ‚Vorträge üb. Akustik', ‚Vorträge üb. OrgBau', HarmonSchule, Org- u. KlavStücke, Chöre, Lieder usw.

ZELTER, Karl Frdr., Dr. h. c. * 11/12 1758 Petzow/Potsdam (Berlin?), † 15/5 1832 Berlin, Sohn eines Maurermeisters, dies auch 1783, aber auch tücht. Geiger, TheorSchüler von Fasch, seit Begründg der Singakad. 1791 deren tätigstes Mitglied u. 1800 Dir.; gründete 1809 die erste Berliner Liedertafel, UnivMDir., Mitglied der Akad.

Unter seinen Schülern Mendelssohn-Bartholdy der bedeutendste. Mit Goethe in lebhaftem Briefwechsel (gedr.). W: Lieder, Motetten usw.

ZEMANEK, Wilhelm, Dr. med., * 9/5 1875 Prag, da † 8/6 1922, Schüler Schalks u. Löwes, geschätzter Dirig., Verf. 4hd. KlavAuszüge

ZEMLINSKI, Alex. v. * 4/10 1872 Wien, lebt in Wien, Schüler d. Wiener Konserv., in Wien 1906 KM. der Volksop., Herbst 1909 des Hofthea. zu Mannheim, 1910 wieder der Wiener Volksop., Herbst 1911/27 OpDir. des Dtsch. NatThea. in Prag, 1927/31 KM. der Staatsoper am Platz der Republ. in Berlin. W: Opern, Sinfon., KaM. u. a. 3 StrQuart., KlavStücke, Chorwerk, Lieder usw.

ZENATELLO, Giov. * 22/2 1879 Verona, berühmter Tenor, 1903/07 an der Scala in Milano (der erste Pincerton in Puccinis ‚Madame Butterfly'), seit 1909 in Boston

ZENCK, Herm., Dr. phil. * 19/3 1898 Karlsruhe, 1929/32 Privatdoz. f. MWiss. in Leipzig, dann in Göttingen, da 1934 Prof., Schüler Ordensteins u. Kroyers, Kriegsteiln. W: Fachschriften. H: ältere M. (M. Praetorius; Willaert)

ZENGER, Max * 2/2 1837 München, † 16/11 1911, Autodidakt, 1860 KM. in Regensburg, 1869 HoftheaMDir. zu München, 1872 HofKM. in Karlsruhe, dann krank, 1878/85 OratorienverDirig. zu München, dann da L. des Chorgsg u. der M-Gesch. an der Kgl. MSchule. W: Opern, Ballette, Orator., Rezitat. zu Méhuls ‚Josef in Ägypten', ‚Altgriech. Liederspiel', Sinfon., KaM., KlavKompos., Chöre, Lieder; ‚Geschichte der Münchener Oper', hrsg. v. Th. Kroyer (1923)

ZENGERLE, Eduard * 17/12 1878 Straßburg i. Els., da ausgeb. (Konservat.; u. a. von Frz Stockhausen) u. in Köln (Wüllner; O. Lohse), dann OpKM. in Colmar, Essen, Dortmund, Metz; 1908/18 I. Chordir. der Hofop. in München, da 1914/33 Dirig. des LGesgVer., da seit 1926 Prof. f. ChorGsg u. Op. an der Akad., seit 1928 auch Dirig. des RundfunkKaChors

ZENO, Apostolo * 11/12 1668 Venezia, da † 11/11 1750, OpLibrettist, 1718/29 Hofdichter in Wien

ZENTNER, Wilh., Dr. phil. * 21/1 1893 Pforzheim, seit 1925 MRef. in München, vorher Dramaturg, Schüler u. a. Sandbergers. W: ‚Die dtsche Oper', ‚Der junge Mozart', ‚M. des Rokoko'

ZEPLER, Bogumil, Dr. med. * 6/5 1858 Breslau, † 17/8 1919 Krummhübel im Riesengebirge, Schüler H. Urbans, lebte in Berlin. W: Opern, Optten, OpParodie ‚Cavalleria Berolina', BallettSuiten, Lieder usw. H: ‚Musik für alle'

ZERBE, Rob. * 1838, † Jan. 1904 Düsseldorf, Dirig. des städt. Orch. seit 1881. W: Ouvert., Tänze, Märsche

ZERLETT, Hans H., ps. = Hans HANNES * 17/8 1892, lebt in Berlin, OpttenLibrettist

ZERLETT, Joh. Bapt. * 27/7 1859 Geistingen/ Bonn, † 24/6 1935 Berlin, Schüler d. Konserv. in Köln a. Rh., MDirig. in Saarbrücken, Darmstadt, Wiesbaden u. Hannover, wieder in Wiesbaden, seit 1917/22 Leiter der Chorklassen d. Sternschen Konserv. in Berlin, seitdem da ML. W: Opern, Chorwerke, Melodram., Chöre, Lieder, Konz. u. Stücke f. Klav.

ZERNIAL, Hugo, Dr. med. † 20/6 1906 Neuhaldensleben, da Sanitätsrat, langjähr. Dirig. des Zernialschen GsgVer. W: Oratorium nach alten Volksliedern ‚Der Heiland' (1897)

ZERNICK, Helmut * 15/1 1913 Potsdam, I. KonzM. des LandesOrch. Gau Berlin u. des Edwin Fischer-KaOrch., Führer eines treffl., 1936 mit dem MPreis der Reichshauptstadt ausgez. StrQuart., Schüler Havemanns

ZERR, Anna * 26/7 1822 Baden-Baden, † 13(14)/6 1881 Winterbach/Karlsruhe, ‚der weibl. Paganini des Gsgs', ‚die Rahel der Oper'; ausgeb. in Paris, 1840/46 in Karlsruhe, 1846/49 an der Wiener Hofop., 1849 in London, dann nur auf Gastspielen, namentl. in Amerika bis zu ihrer Verheiratg 1857

ZERRES, Gerhard * 2/7 1890 Misdroy, Inhaber der Wandeltschen MSchule in Dessau seit 1933, KlavSchüler seines Stiefvaters Bruno Wandelt, auf der Berliner Hochsch. bes. als Sgr ausgeb., 4 Jahre Frontsoldat, dann L. f. Gsg u. Klav. bei Br. Wandelt, seit 1930 Mitinhaber der MSchule. W: Chöre, Lieder, z. T. nach eignen Texten

ZETTER, Hans Georg * 17/2 1890 Prag, SoloVcellist in Freiburg i. B., Schüler u. a. Hugo Bekkers, Frischenschlagers u. Jul. Weismanns. W: KaM., VcStücke

ZETTERQVIST, Lars J. * 25/3 1860 Tveta (Wärmland), VVirt. in Stockholm, Schüler Léonards u. Sivoris, 1882 in der Kgl. Kapelle, da 1886/1914 KonzM., seit 1915 KonzM. des KonzVer., seit 1903 KonservL., jetzt im Ruhestand

ZETTL, Adolf * 18/11 1889 Unterreichenau, Böhm., Musiker in Berlin-Köpenick. W: Ouvert., Märsche, Tänze

ZEUGHERR, Jakob * 1805 Zürich, † 15/6 1865 Liverpool, da seit 1838 OrchDir., urspr. VVirt. W: Sinf., Ouvert., VKonz., StrQuart.

ZEUNER, Karl Traugott * 28/4 1775 Dresden, † 24/1 1841 Paris, vielgereister KlavVirt.; in Petersburg Glinkas Lehrer. W: 2 KlavKonz., StrQuart., KlavStücke

ZEUNER, Martin, 1612 ff Hoforgan. in Ansbach. W: 5st. Psalmen, ‚Schöne teutsche weltl. Stücklein'

ZEUTA, Hermann — s. HOLMÈS, Augusta Mary Anne

ZIANI, Marc' Antonio * 1653 Venezia, † 22/1 1715 Wien, da seit 1700 k. k. Vize- u. seit 1712 HofKM. W: 45 Opern, 17 Oratorien

ZIANI, Pietro Andrea (Onkel des vor.) * um 1630 Venedig (da 1669/76 KirchKM.), † 1711 Wien, 1676/84 in Napoli. W: 23 Opern, 3 Orator., Messen, TrioSonaten usw.

ZICH, Jaroslav * 17/1 1912 Prag, lebt da, Schüler s. Vaters Otakar Z. u. (nach Stud. der Naturw. u. Math.) J. B. Foersters. W: Melodr. m. Orch., KaM., Liederzykl. m. Orch., KlavStücke

ZICH, Otakar, Dr. phil. * 25/3 1879 Kral Mestec, † 9/7 1934 Oubenice/Benešova, UnivProf. d. Philos. u Ästhetik in Prag. W (sehr modern): ‚Ästhetik der musikalischen Wahrnehmg' (tschech.), ‚Böhm. Volkslieder m. veränd. Takt', Opern, Chorballaden, Liederzyklen mit Orch.

ZICHY, Geza Graf * 22/7 1849 Sztara (Ung.), † 15/1 1924 Budapest, verlor als 14jähr. Knabe den rechten Arm, wurde linkshänd., sehr gefeiert. KlavVirtuos, stud. unter Mayrberger, Volkmann u. Liszt; bekleid. hohe Staatsstellgen, bis 1892 Präsident der LandesMAkad. zu Budapest. W: Opern, Chöre, Lieder, KlavKonz., KlavKompos. für die linke Hand

ZIEGESAR — s. ZIGESAR

ZIEGLER, Alb. — s. ZIEGLER-STROHECKER

ZIEGLER, Benno, Dr. phil. * 16/12 1891 München, da StaatsObBibliothekar a. D., 1926/27 an d. UnivBibl. in Würzburg, 1927/33 an d. Staatsbibl. in München, MSchr., Schüler Sandbergers. W: SchauspielM., Messen, KaM., Motetten, Lieder

ZIEGLER. Erich * 3/1 1900, lebt in Berlin. W: Revue, UnterhaltgsM., bes. Chansons

ZIEGLER, Hans * 11/11 1896 Geschingen, seit 1924 ML. u. Chordir. in Tübingen. W: Kantaten, KlavTrio u. Sonaten, Chöre, Lieder

ZIEGLER, Hermann, ps. Herm. GEIZLER; Adolf Aug. HERMANN * 19/5 1873 Sarstedt (Hann.), seit 1926 MSchulDir. in Hannover, dsgl 1900/26 in Essen, Orch- u. ChorDir. W: Optte, Singspiel, Ouvert. u. a. f. Orch., KaM., Chöre, Lieder

ZIEGLER, Jos. * 17/11 1880 Wien, Chordir. in München, da ausgeb. bes. v. Rheinberger. W: KirchM.

ZIEGLER, Natalie Sophie v. * 7/12 1865 Dorpat, seit 1889 KlavL. in Dresden. W: KlavStücke, Lieder

ZIEGLER, Robert * 26/2 1895 Harderwyk (Holl.), KirchMusProf. im Priestersem. St. Joseph in Indiana, vielreisender OrchDir., ausgeb. in Haag (Konserv.) u. Washington (MColl. der Univ.). W: FilmM., OrchStücke, Chöre, auch m. Orch., viele Lieder

ZIEGLER, Theodor * 18/4 1874 Boxtal a. Main, † 21/4 1933 Stuttgart, da Organ. u. Schulrektor. W: KirchM., Marienlieder u. a.

ZIEGLER-STROHECKER, Albert * 11/5 1881 Wil (St. Gallen), seit 1908 TheorL. u. Chordir. in Basel. W: Opern, MChöre, Lieder

ZIEHN, Bernh. * 20/1 1845 Erfurt, † 8/9 1912 Chicago, urspr. SchulL., seit 1868 in Chicago, da seit 1871 ausschl. ML., hervorrag. Theoret. W: ‚Harmonie- u. Modulationslehre', ‚Manual of harmony', instrukt. KlavKompos.

ZIEHRER, Karl Michael * 12/5 1843 Wien, da † 14/11 1922, beliebter Tanzkomp., 1885/93 MilitKM., dann Leiter eines eignen Orch., mit dem er vielfach reiste, 1908/18 HofballMDir. W: 22 Operetten ‚Die Landstreicher' u. a., Festmesse f. MChor, Lieder, üb. 600 Tänze u. Märsche

ZIELKE, Ernst, ps. Erich COLEN * 20/12 1894 Danzig, Vcellist u. Bearb. f. alle mögl. OrchBesetzgen in Berlin. W: volkstüml. u. UnterhaltgsM.

ZIELOWSKY, Hans * 7/3 1897 Neisse, † 17/11 1931 Breslau, da seit 1924 ML. W: KlavStücke, Chöre, Lieder

ZIEMKE, Rich. * 6/11 1871 Thure, Kr. Schubin, seit 1898 GymnasGsgL., Chordir. u. Organ. in Schneidemühl. W: Chöre, Lieder

ZIEMS, Harry * 8/3 1907 Berlin, lebt in Leipzig, Schüler v. Jos. Marx u. Krenek. W: KaM., KlavStücke, Lieder — ps. Heinr. ZELLER

ZIENTARSKI, Romuald * 1831 im Gouvern. Plozk, † 1874 Warschau, da seit 1852 Prof. des Gregor. Gsgs an der römkath. Akad. u. seit 1865 am Konserv. W (über 600): Orator., Messen, Sinfonien. — Sein Sohn V i c t o r * 1854, † ?. W: KlavStücke, Lieder

ZIERAU, Fritz * 30/1 1865 Demker, Kr. Stendal, † 13/12 1931 Guben, da Organ. u. KirchChordirig., auch Chormeister des Niederlaus. Sgrbunds. W: 2 Orator., Kantaten, MChöre, Klav- u. OrgStücke

ZIERER, Frz Jos. * 27/10 1822 Wien, da † 30/5 1903, Schüler Jos. Drechslers u. Sechters. W: an 500 kirchl. Kompos.; OrgStudien

ZIERITZ, Grete v. * 10/3 1899 Wien, lebt in Berlin (Frau Gigler, gesch.), Schülerin von R. v. Mojsisovicz, Pianistin. W (sehr modern): Ouvert., KlavStücke, Lieder

711

ZIESSNITZ, Gerd (Gerhard), ps. Gerdy oder Hardy FAUN * 10/9 1909 Berlin, da seit 1926 MVerleger. W: Optten, Possen, UnterhaltgsM.

ZIGAN, Herbert * 22/11 1915 Vietz, lebt in Berlin. W: UnterhaltgsM.

ZIGESAR (ZIEGESAR), 1847/55 Intend. (kunstverständig) des HofThea. in Weimar, wegen Augenleidens zurückgetreten

ZIGGEL, Wilhelm * 21/1 1869 Rederitz, V-Virt., KonservDir. in Berlin, da ausgeb. auf der Hochschule. W: VStücke

ZIKOFF, Friedr. * 21/5 1824 Thorn, † 22/4 1877, MilitKM. W: Tänze, Märsche

ZILAK, Gert (eigentl. Karl Heinr. GEITZ) * 23/7 1903 Gießen, seit 1928 Organ. in Frankfurt a. M., da, bes. von W. v. Baußnern, Karl Kern, Prof. Max Bauer (Univers.) u. in Wiesbaden (von Aug. Schneider) ausgeb., auch MRef., sucht das das alte Krippenspiel durch wertvolles Choralgut zu vertiefen u. lebendig zu erhalten, gründete 1928 die Madrigalvereinigg. u. KaMVereinigg. W: Aufsätze üb. M. u. Thea.

ZILCHER, Herm., Dr. med. h. c. * 18/8 1881 Frankfurt a. M., Schüler seines Vaters Paul u. des Hochschen Konserv., 1901/05 in Berlin KonzBegl., reiste viel, bes. mit Petschnikoff u. Julia Culp, 1905 (Juli) L. am Hochschen Konserv. in Frankfurt a. M., Herbst 1907 Prof. f. Klav., später auch f. Kompos. an der Akad. in München, seit 1920 Dir. des staatl. Konserv. in Würzburg, da auch Dirig. W: Opern, BühnenM., Sinf., Konz. f. Klav., V., 2 V., Vc.; Sinf. f. 2 Klav., KlavQuint. u. a. KaM., VStücke, KlavStücke gr. Chorwerk ‚Reinhart‘, ‚Liebesmesse‘, Dtsch. Volksliederspiel f. vier St. u. Klav., Duette, Lieder, Gsge, auch mit Orch. usw.

ZILCHER, Paul * 9/7 1855 Frankfurt a. M., da angesehener KlavL. W: Trios, zahlreiche, meist instrukt. KlavKompos., Lieder

ZILLIG, Winfried * 1/4 1905 Würzburg, OpKM. in Düsseldorf, Schüler H. Zilchers u. A. Schönbergs. W: Opern, viele BühnenM., Tonfilm, OrchKonzerte, VcKonz., StrQuart., KlavStücke, Chöre, Lieder m. Orch.

ZILLINGER, Erwin * 1/6 1893 Dresden, seit 1919 DomOrgan., seit 1930 LandesKirchMDir. in Schleswig, auch Chordir. in Kiel u. Husum, Vorkämpfer f. d. OrgReformBewegg. W: Deutsche Messe, Motetten, ‚Der zoolog. Garten‘ f. Chor, Soli u. KaOrch., MChöre, Liederzyklen u. a.

ZILLMANN, Edua. * 8/10 1834 Dresden, da † 26/5 1909, Schüler u. a. seines Vaters, d. Dresdener StadtMDir. Joh. Gottl. Z., Inhaber eines von diesem 1870 gegründ. MInstit. W: Oper, Orator., OrchIdyll, StrQuart., KlavKomp., Lieder u. a.

ZIMBALIST, Efrem * 9/4 1889 Rostow, glänzender VVirt., Schüler Auers, lebt in Newyork. W: Oper, VSuite u. Stücke

ZIMMER, Alb. Jacques * 5/1 1874 Lüttich, Schüler Ysayes, gründ. 1896 in Brüssel das nach ihm gen. StrQuart., seit 1924 KonservVL., 1905 Gründer des durch den Weltkrieg eingegangenen Brüsseler BachVer.

ZIMMER, Etti, ps. Rudi ZIMMER * 16/1 1892 Zwickau, TheaKM. in Bremen, ausgeb. in Leipzig (Univ.). W: Optten, Kulturfilme, OrchRhapsodie. B: Suppés ‚Dichter und Bauer‘

ZIMMER, Frdr. Aug. * 26/2 1826 Herrengosserstädt (Thür.), † 8/2 1899 Zehlendorf/Berlin, 1854 SemL. in Gardelegen, desgl. seit 1859 in Osterburg. H: MZtschr. ‚Hallelujah‘. W: ‚Ev. Choralbuch‘, treffl. VSchule, ‚ElementarMLehre‘, ‚GsgLehre‘, ‚Die Orgel‘ usw. — Sein Sohn F r i e d r i c h * 22/9 1855 Gardelegen, † 5/11 1919 Gießen, TheolProf., 1894/1906 Dir. des Ev. DiakonieVer. in Zehlendorf/Berlin. W: ‚Sang u. Klang‘, ‚Volkstüml. Spiellieder u. Liederspiele‘, ‚KinderMSchule‘, ‚Die dtsch. ev. GsgVereine der Gegenwart‘, ‚Der Verfall des Kantoren- u. Organistenamtes‘. H: ‚Sammlg von KirchenOrator. u. -Kantaten‘ u. v. a.

ZIMMER, Karl, ps. HUSSAN Bey; Lorenzo PEREZ; Charles ROOM; YOSHITOMO * 7/6 1869 Guben, † 28/8 1935 Berlin, da 1894/1908 Dirig. d. (alten) SinfOrch., mit dem er auch nach Rußland u. Ungarn reiste, lebte dann in Ägypten, seit 1914 wieder in Berlin. W: Singspiel, japan. Optte, japan. Suit., UnterhaltgsM. usw.

ZIMMER, Otto * 7/5 1882 Priskorsine/Herrnstadt (Schles.), † 31/3 1896 Öls, da Organ., 1889 pension. W: f. Org., Klav. u. Gsg. H: ‚Fliegende Blätter f. ev. KirchM.‘

ZIMMER, Rob. * 17/1 1828 Berlin, da † 5/12 1857, KlavL. am Kullakschen Inst. W: ‚Gedanken beim Erscheinen des 3. Bandes der BachGesellsch.‘

ZIMMER, Rudi, ps. = Etti ZIMMER

ZIMMERMANN, Agnes * 5/7 1845 Köln, † 14/11 1925 London, ausgez. Pianistin, Schülerin der R. Acad. in London, wirkte dort. W: KaM., Sonate u. a. f. Klav., Chöre, Lieder. H: Beethovens KlavSon. u. a.

ZIMMERMANN, Alfr. * 27/3 1892 Greiz, seit 1919 StudRat u. Chordir. in Crimmitschau, ausgeb. auf d. Univers. Leipzig (Riemann) u. Marburg (Jenner), 1927 noch Konserv. Leipzig. W: BühnM. (OrchMelodram), gr. geistl. Chorwerk u. a.

ZIMMERMANN, Alvin * 30/1 1903 Riga (Deutscher), Dir. d. städt. MSchule in Konstanz, ausgeb. in Königsberg u. Mannheim. W: WeihnachtsOp., sinf. Dichtg

ZIMMERMANN, Ant. * 1741, † 8/10 1781 Preßburg, DomOrgan. u. fürstl. KM. W: Singspiel, Melodram, KaM., KlavKonz., 2 KBKonz.

ZIMMERMANN, Ant. † 17/7 1876 Weinheim, Organ. u. Dirig. der Liedertafel in Mannheim. W: Chöre, Lieder, u. a. ‚Alt Heidelberg, du feine'

ZIMMERMANN, Balduin * 20/12 1867 Styrum (Westf.), Schüler des Leipziger Konserv., seit 1890 TheaKM. u. a. in Breslau, Erfurt, Stettin, Amsterdam, seit 1916 in Berlin als Leiter bei der Herstellg von GsgFilms. W: Opern

ZIMMERMANN, C. Th. = ZIMMERMANN, Kurt

ZIMMERMANN, Elly * 10/1 1894 Frankfurt/M., † 27/1 1920. W: LönsLieder z. Laute

ZIMMERMANN, Felix, Dr. phil. * 7/3 1874 Löbau, MSchr. in Dresden. W: ‚Beethoven u. Klinger', ‚Volkslied u. Gassenhauer'

ZIMMERMANN, Gustav, Abbé * 14/2 1881 (1877?) Sitten (Wallis), † 25/9 1926 Brig (Schweiz), da Prof. am Kollegium. W: Kantaten

ZIMMERMANN, Jul. Heinr. * 22/9 1851 Sternberg (Mecklenb.), † 25/4 1922 Berlin, gründ. 1876 in Petersburg einen bald zu Ansehen gelangten MVerlag u. InstrumFabriken m. Zweigesch. in Moskau (1882), Leipzig (1866) u. Riga (1903). Seit 1928 unter der alten Firma nur die InstrumFabr., der MVerlag unter Wilhelm Z. (* 9/4 1891) in Leipzig

ZIMMERMANN, Kurt, ps. Th. BÖHME; C. CARPENTER; CARPINTERO * 2/8 1872 Markranstädt / Leipzig, † 24/2 1933 Leipzig. W: Märsche

ZIMMERMANN, Louis * 19/7 1873 Groningen, VVirt., Schüler des Leipziger Konserv., I. KonzM. des Conzert gebouw-Orch. u. KonservL. in Amsterdam seit 1910; 1896 KonzM. in Darmstadt, 1899 II. KonzM. in Amsterdam, 1904/10 L. an der R. acad. in London. W: VKonz., StrQuart., Kadenzen u. a.

ZIMMERMANN, Pierre Jos. Guill. * 19/3 1785 Paris, da † 29/10 1853, Pianist, Schüler des dort. Konserv. u. da 1816/48 Prof., L. u. a. Alkans. W: Opern, ‚Encyclopédie du Pianiste', KlavKonzerte, Etüden usw., Lieder

ZIMMERMANN, Reinh. * 1889 Stuttgart, MSchulL. u. Krit. in Aachen, ausgeb. im SchulLSem. Rheidt u. v. Organ. Schlent in Aachen; veranstaltet Schulkonzerte u. Schultreffen, verwaltet den Nachlaß Ant. Schindlers. W: Chöre, Lieder

ZIMMERMANN, Wilh. — s. ZIMMERMANN, Jul. Heinr.

ZIMMERSCHIED, Karl, Dr. rer. pol., ps. Karl RUMBLER * 13/5 1895 Frankfurt a. M., Bibliothekar in Berlin seit 1/1 1936, 1930/35 in Danzig-Langfuhr, ausgeb. auf d. Raff-Konserv. in Frankfurt u. von Prof. Frotscher. W: Lieder, UnterhaltgsM.

ZIMSE, Joh. * 1814 Lettland, † 1881 Walk, da seit 1839 L., zuletzt Dir. des LSem., sehr verdient um den MUnterr. u. die Erforschg des lett. Volkslieds (8bdige Sammlg)

ZINCK, Harnack Otto Konrad * 2/7 1746 Husum, † 15/2 1832 Kopenhagen, da seit 1787 TheaSingmeister, 1789/1801 auch Organ. u. bis 1811 SemML. W: Orat., Kantaten, KaM., KlavSon., Lieder

ZINCKEN, Hans — s. SOMMER, Hans

ZINGARELLI, Nicolo * 4/4 1752 Napoli, da † 5/5 1837, KonservDir. seit 1813, seit 1816 auch DomKM., 1804/11 KM. an St. Peter in Rom. W: 34 Opern, z. B. ‚Romeo e Giulietta', 20 dramat. Kantaten, üb. 80 Messen u. viele andere KirchM.

ZINGEL, Hans Joachim (Sohn Rud. Ewalds) * 21/11 1904 Frankfurt a. O., HarfVirt. u. MWissenschaftler, ausgeb. a. d. Berliner Hochsch. (M. Saal) u. den Univ. Berlin, Breslau u. Halle, seit 1934 in Halle, 1932/34 in Lübeck. W: ‚Harfe u. Harfen-Spiel'. H: ältere HarfM.

ZINGEL, Rud. Ewald * 5/9 1876 Liegnitz, Schüler der Kgl. Hochschule in Berlin, 1899 Organ. u. SingakadDirig. in Frankfurt a. O., seit 1907 UniversMDir. in Greifswald. W: Opern, KaM., KlavStücke, Chöre, Lieder usw.

ZINGLER-SCHREINER, Martha * 11/2 1869 Lorenkill (USA), ML. in Frankfurt a. M. (1911/16 in Fulda). W: KlavStücke

ZINKEISEN, Konr. Ludw. Dietr. * 3/6 1779 Hannover, † 28/11 1838 Braunschweig, seit 1819 KaMus. (Geiger). W: Ouvert., Konz. f. fast alle Instrum., KaM., Chöre

ZIPOLI, Domenico * 1675 Nola, † nach 1726, ausgeb. in Napoli, 1716 Organ. der Jesuitenkirche in Rom. W: Sonaten u. Stücke f. Org. (Klav.), teilweise neu gedruckt

ZIPPERER, Max * 11/10 1894 Ulm, KonservDir. u. Dirig. in Heilbronn, ausgeb. in Stuttgart (Konserv.). W: KaM., KlavStücke, Chöre, Lieder

ZIPS, Rudolf * 15/3 1882 Prag, lebt in Wien, urspr. MilMusiker, ausgeb. in Czernowitz. W: Optten, Chöre, Lieder, Tänze, Märsche

ZIRINN, Jos. * 22/7 1871 Wien, da Schul- u. ML. (V., Theorie) u. Chordirig. W: Singspiele, Orch.- Klav.- u. VStücke, kirchl. u. weltl. Chöre, Schulliederbuch

ZIRKELBACH, Emil * 30/1 1885, Pianist u. MSchulDir. (seit 1910) in Berlin, da ausgeb. (bes. v. Dr. Ad. Stark). W: KlavSchule f. Anfänger, KlavStücke

ZITEK, Otokar * 5/11 1892 Prag, seit 1921 OpDramaturg u. KonservL. in Brünn, ausgeb. in Prag u. Wien. W: Opern, Liedersammlgen (tschech.); ‚Üb. die neue Oper'

ZITZEWITZ, Gert v. * 5/8 1903 Freienwalde, Filmtextdichter in Berlin

ZIVI, Hermann * 19/5 1867 Müllheim (Bad.), jüd. Oberkantor in Elberfeld seit 1898, vorher seit 1893 in Düsseldorf, Schüler Rauchenedkers. W: sinfon. Dichtg, Elberfeld. Festhymne, gottesdienstl. Gsge, hebr. Friedenshymne usw.; ‚Ursprung u. Entwicklg der jüd. M.', ‚Jüd. M. im Lichte der Ästhetik', ‚Jüd. M. im Lichte des Verismus'

ZIZELMANN, Julius * 7/11 1880 Stuttgart, da VerDirig., da ausgeb. auf dem Konserv. (auch als Sänger)

ZMESKALL, Nikolaus, Edler v. Domanovecz * 1759 Ungarn, † 23/6 1833 Wien, da bis 1825 Sekretär (1816 Hofrat) der ungar. Hofkanzlei, intimer Freund Beethovens, der ihm das Quart. op. 95 gewidmet, Vcellist. W: StrQuartette

ZMIGROD, Jos., ps. Allan GRAY * 23/2 1902, lebt in London. W: viel UnterhaltgsM.

ZOBEL, Alfred * 29/12 1869 Pathendorf, Kr. Wohlau, MittelschulL. u. LiedertafelDirig. in Breslau, Schüler Th. Pauls u. Riemenschneiders. W: MChöre, Lieder

ZOBOLI, Giov. * 22/7 1821 u. † Aug. 1884 Napoli, da KonservL. W: Opern, KirchM. m. Orch.

ZODER, Max * 18/10 1860 Hamburg, da † 30/1 1924, KonservL. W: KaM., KlavStücke, Chöre, Lieder; ‚Harmonielehre'

ZODER, Raimund * 22/8 1882 Wien, da ObL. H: Altösterr. Volkstänze, ‚Bauernmusi', Volkslieder a. NÖsterreich

ZODTNER, Ernst * 28/2 1857 Polzin i. Pomm., Organ. in Landsberg a. W., Schüler des Inst. für KirchM. in Berlin. W: Psalmen, Motetten, weltl. Chöre

ZÖBISCH, Heinr., ps. Pablo ASTRO * 9/11 1864, lebt in Leipzig. W: TheaStücke m. M., Chöre, Lieder, Tänze

ZÖHRER, Josef * 5/2 1842 Wien, † ?, Schüler des Wiener Konserv., Pianist u. TheaKM., u. a. in Triest, 1882 Dir. der MSchule der Philharm. Gesellsch. in Laibach, auch OrchDir. W: OrchStücke, KaM., feinsinnige KlavStücke, Chöre, Lieder

ZOELLER, Karl (Carli), ps. MARTEAU, Léon * 28/3 1840 Berlin, † 13/7 1889 London, da seit 1873 meist als MilitKM., Geiger, Virt. auf der Viole d'amour, Schüler von Ed. Grell u. Hub. Ries. W: Opern, Optten, Ouvertur., KaM., KirchM., Lieder; ‚The viola d'amour'. H: United Services military Band Journal

ZÖLLNER, Andreas * 8/12 1804 Arnstadt, † 2/3 1862 in Meiningen. W: zahlreiche MChöre

ZÖLLNER, Bruno * 12/8 1869 Leipzig/Thonberg, Geiger, Schüler des Konserv. zu Leipzig, lebt da, ML. u. Chordir. W: Chöre, Lieder

ZÖLLNER, Heinrich (Sohn Karl Frdr.), * 4/7 1854 Leipzig, Schüler des Leipziger Konserv., lebt in Freiburg i. B., 1878 UniversMDir. in Dorpat, 1885 MGsgVerDirig. in Köln, 1890 VerDir. in Newyork, 1899 UniversMDir. in Leipzig, auch MRef. u. KonservL., 1906 L. am Sternschen Konserv. in Berlin, 1908/12 OpKM. in Antwerpen. W (über 150): Opern ‚Faust', ‚Die versunkene Glocke' (viel aufgeführt) u. a., Orator. ‚Luther', MChorwerke ‚HeldenRequiem', ‚Die Meerfahrer' usw., 4 Sinfon. u. a. f. Orch., StrQuart., Chöre, Lieder usw.

ZÖLLNER, Karl Frdr. * 17/3 1800 Mittelhausen (Thür.), wo sein Vater Kantor war, † 25/9 1860 Leipzig, Schüler Schichts, seit 1820 SchulGsgL. in Leipzig, gründ. 1833 den ersten ZöllnerVer. f. MChor (treffl. Dirig.). W: weitverbreitete MChöre ‚Wanderlieder', ‚Speisezettel', ‚Bundesstaaten', ‚Des Müllers Lust u. Leid' usw., gemChöre, Lieder

ZÖLLNER, Karl Heinr. * 5/5 1792 Öls (Schles.), † 2/7 1836 Wandsbeck/Hamburg, weit gereister OrgSpieler u. Pianist, MGelehrter u. Krit., seit 1833 in Hamburg. W: Oper, kirchl. Komp., KlavSchule u. Sonaten, MChöre

ZÖLLNER, Richard * 16/3 1896 Metz, seit 1919 in München, Schüler Paul Graeners. W (sehr modern): KaSinf., KaM., VKonz., KaKant., Lieder

ZOGBAUM, Gust. * 1814 Berlin, da † 16/6 1872. W: ‚Kunst der Fingerlösg', ‚Schule der Verziergen' f. Klav. usw.

ZOHLEN, Aug. Gisbert * 22/5 1884 Amern St. Georg, Rheinprov., seit 1905 Organ. u. KirchChorDir. in Sheboygon, Wisconsin, Schüler Joh. Singenbergers. W: Messen u. a. KirchM., OrgStücke, VDuette, KlavStücke

ZOILO, Annibale † 1592 Loreto, da KirchKM. seit 1584, 1561/70 KM. am Lateran, dann Sgr in der päpstl. Kap., Mitarb. an der Medizäischen Choralreform. W: KirchM., Madrigale

ZOIS, Hans Frhr. v. * 14/11 1862 Graz, † 12/1 1924 Prag, Schüler Thieriots u. des Wiener Konserv. W: Opern u. Optten, Orator., VcKonz., Psalmen, Chöre, viele Lieder usw.

ZOLLER, Georg * 7/2 1852 Söflingen/Ulm, Schüler des Konserv. in Stuttgart, erst L., seit 1883 Chorregent u. Organ. in Ehingen. W: kirchl. GsgKompos., OrgStücke usw.

ZOLOTAREW, Wassili * 23/2 1879 Taganrog, 1900/18 KonservTheorL. in Moskau, Schüler Balakirews u. Rimsky-Korsakows, lebt in Krasnodar (Ekaterinodar) im Kaukasus. W: Sinfon., Ouvert, u. a. f. Orch., treffl. KaM., KlavSonaten u. Stücke, Chöre, Lieder

ZOMART, Willi, ps. = William JACOB

ZONDERLAND, Willem * 9/4 1884 Westzaan, Dirig., KlavVirt. u. MKrit. in Leeuwarden seit 1918, Schüler u. a. von Kersbergen, Egon Petri u. Dirk Schäfer

ZONGHI, Gius. * 20/2 1820 Fabriano (Ancona), † 19/2 1904 Tolentino. W: Oper, KirchM., Kantaten, Lieder

ZOPFF, Herm., Dr. phil. * 1/6 1826 Glogau, † 12/7 1883 Leipzig, 1850 Schüler von Marx u. Kullak in Berlin, da TheorL., gründete eine OpAkad., einen OrchVer., seit 1864 in Leipzig, 1868 Redakt. der ‚Neuen Ztschr. für M.'. W: Opern, Chorwerke m. Orch., Ouvert., KaM., Chöre, Lieder; ‚Theorie d. Oper', ‚Behandlg guter u. schlechter Stimmen', ‚Der angehende Dirigent'

ZORLIG, Kurt * 27/12 1893 Breslau, lebt in Berlin, ausgeb. in Breslau u. auf d. Leipziger Konserv. W: Optten, u. a. ‚American girl' (1911!), ‚Der Talisman', ‚Die Tugendprinzessin', ‚Die Diva auf Reisen'

ZORN, Bernh. * 17/12 1834 Tiefthal/Erfurt. † 26/1 1901 Kyritz, erst SchulL., dann SemML. W: Chöre, Lieder, Org- u. KlavStücke

ZORN, Günther * 22/1 1887 Berlin, lebt da (kaufm. Dir.). W: ns. Lieder

ZORZI, Valentino de * 1837 Vittorio (Venetien), † 1916 Firenze, da seit 1885 tücht. Geigenbauer (Autodidakt), Erfinder einer der Archilaute verwandten Harfengitarre und einer Kontraviolline, die eine Oktave tiefer steht wie die Violine u. wie ein Violoncell gespielt wird (im Umfang = der Violotta Steltzners)

ZOUMER, Jakob * 24/9 1884 Nalbach (Saar), seit 1915 ML. (StudRat) in Bonn, ausgeb. im akad. Instit. f. KirchM. in Berlin u. Univers. Bonn. W: Messen, Chöre, auch m. Orch., Lieder, KlavBallade, Hitler-Marsch u. a. H: Eifler Volkslieder

ZSCHIEGNER, Fritz * 27/5 1888 Bad Ronneburg (Thür.), seit 1924 Dir. des Philharm. Chores u. eines MGsgVer. in Kassel, ausgeb. in Sondershausen u. Leipzig, 1913/23 KirchChor- u. VerDirig. in Schwenningen a. N. W: Chöre, Lieder

ZSCHIESCHE, Aug. * 29/3 1800 Berlin, da † 7/7 1876, da 1829/61 an der Hofoper, hervorrag. Bassist

ZSCHIESCHE, Heinr. Ad. * 6/6 1791 Schlieben, Prov. Sachsen, † Dez. 1868 Neuzelle, SemML. W: Motetten f. MChor, Choralbuch usw.

ZSCHOCHER, Joh. * 10/5 1821 Leipzig, da † 6/1 1897, Pianist, Gründer eines angesehenen MInstit. (1846)

ZSCHOCHER, Paul * 4/6 1866 Leipzig, gründ. da 1/11 1891 den MVerl. P. Z.

ZSCHORLICH, Paul * 8/4 1876 Frankf. a. M., ausgeb. in Leipzig, lebt seit 1935 in Niederaudorf (Inntal, Bayern), vorher seit 1902 MSchr. in Berlin. W: Opern, Sinf., StrQuart.; ‚Mozart-Heuchelei'

ZSENY, Jozsef † 29/8 1931 Budapest, 71jähr. W: Csardas

ZSOLT, Nandor * 12/5 1887 Esztargom (Ung.), seit 1920 VL. an der Hochschule in Budapest, zeitw. (1908 ff.) KonzM. in London. W: Sinf., KlavQuint., VStücke usw.

ZUBIAURRE, Valentino Maria * 13/2 1837 Garay, † 13/1 1914 Madrid. W: Optten, KirchM., Sinf. u. a.

ZUCCA, Mana (eigentl. Zuckermann) * 25/12 1891 Newyork, lebt da, pianist. Wunderkind, Schülerin u. a. Godowskys u. Busonis, 1914 OpttenSgrin (Schülerin Zur Mühlens). W: Optte, OrchStücke, KaM., KlavStücke, viele Lieder

ZUCCALMAGLIO, Ant. Wilh. v. * 12/4 1803 Waldbröl, † 24/3 1869 Nachrodt/Altena (Westfal.), MSchr. H: ‚Dtsche Volkslieder mit ihren Originalweisen', darin eigene Kompos. eingeschmuggelt. — ps. W. v. WALDBRÜHL; Dorfküster WEDEL

ZUCCARINI, Oscar * 19/2 1888 Rom, vielger. VVirt., seit 1913 KonzM. d. AugusteoOrch. in Rom u. Führer eines StrQuart.

ZUCCOLI, Gastone * 7/10 1887 Triest, da L. am Lic. Tartini. W: Messen u. and. KirchM., sinfon. Dichtg, KlavStücke, Gsge

ZUCKERMANN — s. ZUCCA, Mana

ZÜHLKE, Rob. * 31/3 1903 Kl. Bartelsee/Bromberg, Musiker in Augsburg. W: UnterhaltgsM.

ZUELLI, Guglielmo * 20/10 1859 Reggio Emilia, ausgeb. in Bologna, 1894 KonservDir. in Palermo, 1911 desgl. in Parma. W: Opern, Sinf., StrQuart., Chöre m. Orch., Motetten, Lieder; ‚Rossini' (1922)

ZÜRN, Ralph * 1/3 1902 Solingen, EnsKM. in Düsseldorf. W: UnterhaltgsM.

ZÜRN, Willy * 11/7 1870 Newyork, seit 1906 KonservDir. in Iserlohn u. VerDirig., Geiger, ausgebildet in Würzburg, auch Schüler Rheinbergers, zeitw. TheaKM. W: Oper, Ouvert., viele MChöre

ZÜST, Eugen * 18/11 1871 St. Gallen, † 5/6 1929 Frauenfeld (Schweiz), da MDir. u. Organ. seit 1907. W: Chöre, auch m. Orch., Lieder

ZÜST, J. E. * 1864 St. Gallen, da treffl. VBauer 1886/93, seit 1893 in Zürich

ZULAICA, José Antonio — s. SAN SEBASTIAN, José A. de

ZULAUF, Ernst, Dr. phil. * 15/2 1876 Kassel, Pianist, Schüler d. Konserv. u. der Univers. in Leipzig, 1901/03 OpSolorepetitor in Frankfurt a. M., 1903 OpKM. in Kassel, seit 1927 desgl. in Wiesbaden. W: BühnenM.

ZULEHNER, C., MVerl. in Mainz u. Zulehner G., MVerl. in Eltville am Ende des 18. und im 1. Drittel des 19. Jahrh., an B. Schott's Söhne übergegangen

ZUMPE, Herm. * 9/4 1850 Taubenheim (ObLausitz), † 4/9 1903 München, erst SchulL., dann Schüler Tottmanns, 1873/76 bei R. Wagner in der „Nibelungenkanzlei' beschäftigt, dann TheaKM. in Salzburg, Würzburg, Magdeburg, Frankfurt a. M., Hamburg, 1891/95 HofKM. in Stuttgart, 1895/97 Dir. der KaimKonz. in München, 1897/1900 HofKM. in Schwerin i. M., seit 1900 GenMDir. in München. W: Opern, Optten, u. a. „Farinelli', Ouvert., Lieder usw.; „Persönliche Erinnergen' (1905)

ZUMSTEEG, Joh. Rud. * 10/1 1760 Sachsenflur (Odenwald), † 27/1 1802 Stuttgart, Freund u. Mitschüler Schillers auf der Karlsschule, Vcellist in Stuttgart, da seit 1792 HofKM. W: durchkompon. Balladen (die ersten) mit KlavBegleit., u. a. „Des Pfarrers Tochter von Taubenhain', „Die Büßende', „Leonore', „Ritter Toggenburg', Opern, Dramenmusiken, VcKonz., Lieder. — Seine Kinder Gust. Adolf * 22/11 1794 Stuttgart, da † 24/12 1859, beteiligte sich seit 1820 an der nach seines Vaters Tode von der Mutter gegr. MHdlg u. übernahm dieselbe 1825 allein; begründ. den „Liederkranz' (MChor). — Emilie * 9/12 1796 Stuttgart, da † 1/8 1857, ML. W: KlavStücke, Lieder

ZUREICH, Frz * 2/2 1867 Karlsruhe, da seit 1922 MRef.. im Kultusminist., da 1899 SemML., seit 1908 Inspektor des MUnterr., 1899/1909 auch VerDirig., 1891/99 SemML. in Tauberbischofsheim. W: Instrukt. f. Klav., V., OrgSchule, GsgSchule f. MStimmen, MChöre, Volkslieder-Bearb.

ZUR MÜHLEN, Raimund v. * 10/11 1854 Livland, † 9/12 1931, Schüler der Berliner Hochschule u. Stockhausens, namhafter KonzTenorist u. GsgL., lebte 1905/25 nur dem Untterricht in London, dann in Wiston Old Rectory, Steyning, Sussex, wohin Schüler aus der ganzen Welt kamen

ZUR NEDDEN, Otto, Dr. phil. * 1902, seit 1934 OpDramaturg am NatThea. in Weimar, stud. MWissensch. in Tübingen, München u. Marburg. 1930 Assist. am MInst. der Univers. Tübingen, da 1933 PrivDoz., auch RegRat im württ. Kultusmin. in Stuttgart; hält nebenamtlich seit 1936 Vorlesungen an der Univ. Jena üb. OpDramaturgie u. MGesch.

ZUR NIEDEN, Albrecht * 1819 Emmerich, † 1872 Duisburg, da seit 1850 MDir. W: Chorwerke m. Solis u. Orch., Lieder, KlavStücke

ZUSCHAUER, Freimund, ps. = Ludwig RELLSTAB

ZUSCHNEID, Hugo * 27/3 1861 ObGlogau, seit 1902 Verleger in Offenburg, † 2/8 1932. W: Opern, Singspiele, KirchM., Chöre, Lieder

ZUSCHNEID, Karl * 29/5 1854 Oberglogau, † 18/8 1926 Weimar, Schüler d. Konserv. in Stuttgart, 1879/89 GsgL. u. Dirig. in Göttingen, dann in Minden (Westf.), 1896/1907 in Erfurt, 1907/17 Dir. d. Hochschule in Mannheim, lebte dann in Weimar. W: Chorwerke, Chöre, Lieder, KlavStücke, die sehr verbreitete „Theor.-prakt. KlavSchule', OrgStücke; „Method. Leitfaden für den KlavUnterr.' usw. H: „Neuer Liederhort'

ZUSNER, Vincenz * 18/1 1803 Bischoflach (Krain), † 12/6 1874 Graz, Dichter, hinterließ ein Kapital, aus dessen Zinsen die beiden besten von früheren Schüler des Wiener Konserv. herrührenden Vertonungen seiner Gedichte alljährlich preisgekrönt werden sollten

ZUTH, Josef, Dr. phil. * 24/11 1879 Fischern/Karlsbad (Böhm.), † 30/8 1932 Wien, da seit 1903 MSchr., sehr verdient um die Wiederbelebg der LautenM. W: „S. Molitor u. die Wiener Gitarristik', „Das künstler. GitSpiel', „Die Gitarre, Spezialstudien'; GitSchule, Handbuch der Laute u. Git. H: ältere GitKompos.; „Zeitschr. f. Gitarristik' (seit 1927 „M. im Haus'); „Die Mandoline'

ZVONAŘ, Jos. Leop. * 22/1 1824 Kublow/Prag, † 23/11 1865 Prag, da Schüler, später L. u. Dir. der Organistenschule, da seit 1860 Dir. der Sofien-Akad. u. 1863 KirchChorregent. W: Opern, Hymnen, Chöre, Lieder, Sonaten, KlavSchule, musik·heor. Schriften (tschech.)

ZWAAN, Joh. Andries de * 16/4 1861 u. † 10/3 1932 's Gravenhage, ausgez. Organ. W: KirchM., OrgStücke

ZWANZIG, Erich * 12/11 1877 Frankfurt a. O., lebt in Berlin-Steglitz, MVerleger, Schüler H. van Eyckens, 30 Jahre lang Organ. u. KirchChordir. W: OrchStücke, Tänze, Märsche, KlavStücke, viele Motetten f. gem. Chor, MChöre

ZWART, James * 1892 Beverwijk/Haarlem, Schüler des Konserv. im Haag, Vcellist u. Pianist, 1914 L. am Institut Musika im Haag, seit 1918 da Dir. d. Konserv. De Toonkunst. W (impress.): Ballett, KaM., VcKonz., KlavSonaten

ZWART, Jan * 20/8 1877 Zaandam, sehr verdienter Organ. in Amsterdam seit 1898 (1893 in Rotterdam)

ZWEERS, Bernard * 18/5 1854 Amsterdam, da † 9/12 1924, studierte in Amsterdam u. Leipzig, TheorProf. am Konserv in Amsterdam. W: Sinf. (Nr 3 ‚An mein Vaterland'), Messen, Kantaten, Chöre, Lieder usw.

ZWEIFEL-WEBER, MVerl. in St. Gallen, 1907 von Hug & Co. angekauft

ZWEIG, Fritz * 8/9 1893 Olmütz, seit Herbst 1934 OpKM in Prag, Schüler A. Schönbergs in Wien, 1912/14 Korrepet. u. später OpKM. in Mannheim, dann im Krieg (Offiz.), dann wieder in Mannheim, 1921/23 I. OpKM. in Barmen-Elberfeld, 1923/25 I. KM. der Gr. Volksoper in Berlin, seit Herbst 1925 desgl. der städt. Oper, 1927/33 der Staatsop. in Berlin, treffl. Pianist. W: Lieder

ZWEIG, Otto * 11/1 1874 Praßnitz (Mähr.), Schüler Mandyczewskis u. Doors, seit 1896 ML. in Olmütz. W: Oper, KaM., Suite u. a. f. Klav., Lieder

ZWEIGLE, Friedr., MGroßhandel u. Verl., Stuttgart, gegr. 1/2 1922

ZWENKERT, ps. = Julius GOTTLÖBER

ZWICKERT, H., ps. = Julius GOTTLÖBER

ZWINTSCHER, Bruno * 15/5 1838 Ziegenhain/Meißen, † 4/3 1905 Niederlößnitz/Dresden, Schüler d. Leipziger Konserv., 1875/96 da KlavL. W: KlavTrio, ‚Technische Studien' usw. — Dessen Sohn Rudolf * 13/5 1871 Leipzig, KlavVirt. in Dresden. W: Lieder, KlavStücke

ZWIRNER, Hans Jochen * 10/4 1904, lebt in Berlin. W: Chöre

ZWISSLER, J. Emil * 1867 Urach, † 3/6 1912, Organ. u. Dirig. in Ludwigsburg, auch Vcellist. W: Sinf., KaM., OrgStücke, Lieder

ZWISSLER, Jul., MVerlag — s. KALLMEYER, Georg

ZWISSLER, Karl Maria * 12/8 1900 Ludwigshafen a. Rh., ab Herbst 1936 GMDir. der Stadt Mainz, vorher seit 1933 I. KM. der Stadt Frankfurt a. M. (Op., MuseumsKonz.), auch Regisseur u. BaßSgr, stud. in München (Univ. u. Akad.) u. Heidelberg, auch bei Pfitzner u. Sekles, 1924/27 Solorepetitor der Münchner Oper, dann I. OpKM. in Brünn, Düsseldorf, Darmstadt. W: viele Lieder

ZWOLSMAN, Joh. * 24/2 1888 Arnhem, da ML. u. Chordir. W: OrchM., Chöre, Lieder

ZWYSSIG, P. Alberich (eigentl. Josef) * 17/11 1808 Bauen (Urnersee), † 18/11 1854 im Zisterzienserkloster Mehrerau/Bregenz, 1827/41 Stifts-KM. zu Wettingen. W: Messen, Chöre, Lieder u. a. ‚Schweizer Psalm' (‚Trittst du im lichten Morgenrot')

ZYGANOW, Dmitry * 1903 Saratow, VVirt., ausgeb. in Moskau, da seit 1923 Führer des StaatsKonservQuart.

Nachträge und Berichtigungen.

ABER, Adolf (S. 1), seit Mai 1936 Abteilungsleiter (Vertreter deutscher Musikverlage, u. a. Bote & Bock) bei Novello in London

ACUTO, ps. = F. POLIDORO

ADAMIČ, Emil (S. 3), lebt in Laibach

ADOLPHE, Frank, ps. = Walter WÜLLENWEBER

AHLGRIMM, Hans, Dr. phil. * 10/11 1904 Wien, Geiger im Berliner Philharm. Orch., Schüler Sevčiks, Frz Schmidts u. Guido Adlers. W: Diss. üb. Pierre Rode, KaM, VStücke, MChöre

AHRENS, Joseph * 17/4 1904 Sommersell, Westf., L. an der staatl. Akad. f. MErziehung u. KirchM. u. seit 1934 Domorgan. der St. Hedwigs-Kathedrale (1936 Prof.) in Berlin, ausgeb. bes. in Münster u. von Karl Thiel u. Alfr. Sittard, Org-Virt., berücksichtigt bes. das zeitgenöss. Schaffen. W: OrgToccata, Partita, Hymnus

ALBERT, Herbert * 26/12 1903 Bad Lausick, Sachs., seit 1933 GMD. in Baden-Baden, KlavVirt., ausgeb. in Bremen (Manfred Gurlitt), Hamburg (Ilse Fromm-Michaels) u. Leipzig, dann KM. in Bremerhaven, Rudolstadt, Kaiserslautern (Pfalzop.) u. 1932/33 in Wiesbaden (städt. Kurkap.)

ALBERTI, Werner (S. 7), † 29/11 1934

ALBERTY, Wolfgang, ps. = Albert WOLFGANG

ALBINI, Felix (S. 7), † 19/4 1933

ALBRECHT, Maximilian (S. 8), ab 1/8 1936 städt. MDir. in Stettin

ALBRECHT, W., ps. = Wilh. JUNG

ALTMANN, Adolf, ps., Librettist = Bruno GRANICHSTÄDTEN

ALTMANN, Wilh. (S. 11) dazu W: KaMKatalog Nachtr. 1936; OrchLitKatalog II 1936; ‚Katalog der theatral. M. seit 1861‘ 1935/36. H: K. M. v. Weber, Schriften in Auswahl 1936; Otto Nicolai, Tagebücher (erscheinen voraussichtl. 1937 bei Gust. Bosse)

AMBROSCH, Jos. Karl (S. 12) * 15/3 1758 Netolitz, Kr. Prachin (nicht 6/5 1759 Krummau), † 11 (nicht 8) /9 1822

AMFITHEATROF, Daniele * 1901 Rußland, Dirig. (vielfach Gastdirig. u. a. in Berlin) in Rom (Italiener geworden), ausgeb. v. Wihtol, Krička u. Respighi. W: Sinf. Dichtgen, KaM., KlavStücke, Messe, Lieder

AMICI, Toto † 21/12 1934 Roma, auch außerhalb Italiens sehr bekannter GitVirt.

ANDERTON, Howard Orsmond (S. 13), † 1/2 1934 Leicester

ANDRÉ, Ludwig (S. 14), weitere ps.: KINDERFREUND; Willibald KOCH; Joh. LANDER; H. LINDEN; Frz WALDAU

ANDRESEN, Ivar * 1895 (? keine Auskunft), bekannter OpBass., ausgeb. in Stockholm, da 1919 Debut, 1925/33 an der Dresdner Op., 1931/35 an der städt. Oper in Berlin, seit Herbst 1935 an der Staatsop. in Berlin, seit 1927 auch in Bayreuth

ANGELELLI, Carlo (S. 15), † Anf. Jan. 1936

ANGELIS, Girolamo de (S. 15), † 9/2 1935 Calolzio

ANTON, Max (S. 16), wohnt seit 1930 in Mannheim, seit 1930 Leiter der Ortsmusikerschaft der Kreise Mannheim u. Weinheim

ANTONY, F. (eigentl. Anton NIKOLOWSKY) * 7/4 1855 u. † 17/11 1916 Wien, Possen- u. Opttenlibrettist

ARBTER, Alfred (S. 17), † Juni 1936 Wien

ARCHANGELSKI, Alex. (S. 17), † 16/11 1924

ARIANI, Adriano, (S. 18), † 28/1 1935 Pesaro

ARMHOLD, Adelheid (S. 18), * 4/3 1900

ARNOLD, Ernst * 1904 — s. Ernst KOSTER

ARRICHODEL (S. 20) falsch statt ARRICHA del Tolveno

ARTIS, Harry, ps. = Paul PRAGER

ARTZ, Karl Maria (S. 20), ab Herbst 1936 KM. der Landeskap. in Meiningen

ASTON, Thomas E., ps. = Otto MANASSE

ASTOR, MVerleger — s. RIETER-BIEDERMANN

ASTRO, Pablo, ps. = Heinr. ZÖBISCH

ATANASSOFF, Georgi (S. 21), * 1882, † 18/11 1931 am Lago di Garda

BACH, Fritz (S. 25), † 27/12 1930

BAKER, Theodore (S. 29), † 13/10 1934 Dresden

BAKLANOFF, Georg * 18/1 1882 Petersburg, international bekannter OpBariton., lebt auf Gut Bruchmühle bei Berlin, urspr. Gardeoffizier

BALAN, Benno (S. 29), 1934 in Paris, zuerst mitbeteiligt am Verlag ‚Pro musica‘, neuerdings mit seinem eigenen Verlag in Palestina

BALDI, Theo di, ps. = Paul WENZEL
BARTH, Kurt (S. 34), seit April 1935 städt. MDir. in Zwickau
BARTH, Rudolf * 9/12 1835 Münchenberndorf, Thür., † 11/10 1914 Hamburg, da 1872/95 ML. am LSem., bis 1902 Organ. u. Chordir. W: KaM., Chöre. H: ‚Kinderlust' (1881), ‚Liederperlen' (1877), ‚Geistl. Volkslieder' u. a.
BARTOŠ, František (S. 34), * 16/3 1837, † 11/6 1906
BARTOŠ, František * 13/6 1905 Brnênec, ČSR., Komp. u. Krit. in Prag, da 1921/28 auf dem Konserv. W: OrchSuite, KaM., Chöre
BECK, Gottfr. Jos. (S. 39), * 1722
BELL, Jonny, ps. = C. A. RAIDA
BELLA, Joh. Leop. (S. 43), † 25/5 1936 Bratislava
BELTI, Geza v., ps. = PILINSZKY
BENDA, Friedr. Ludw. (S. 44), * 4/9 1752, † 27 (20?) /3 1792
BENDA, Hans v. (S. 44), seit Herbst 1935 künstler. Geschäftsführ. d. Berliner Philharm. Orch.
BENDA, Jean (S. 45), zeitweil. Vorname Hans
BENDIX, Hermann (S. 45), † 1/6 1935
BENDL, Karl (S. 45), † 20/9 1897
BERG, Alban (S. 47), † 24/12 1935 1914 GsgL., da u. in Florenz ausgebildet, war 1914 GsgL., da u. in Firenze ausgebildet, war Hochdram. in Mannheim, dann KonzSgrin, trat sehr für moderne Tonsetzer ein
BERGER, Erna (Frau Wiull) * 19/10 1900 Dresden, KolorSgrin der Dresdner u. Berliner (s. 1932/33) Staatsop., 1930/32 auch an der Berliner städt. Oper
BERGMANS, Paul (S. 48), * Gent, da † 1935
BERLIJN, Ant. (S. 49), eigentl. Wolf AARON
BEROLIN, Jan (Jean), ps. = Hans HOFFMANN * 1913
BERSA, Blagoje (Benito) * 21/12 1873 Ragusa, † 1/1 1934 Zagreb, da seit 1919 KonservL., ausgeb. in Zagreb u. Wien, urspr. TheaKM., dann Bearb. eines Wiener MVerl. W: 2 Op., 3 Sinf., sinfon. Dichtgen. u. a. ‚Aus meiner Heimat', 2 Ouvert., KaM., Kantaten, Chöre, Lieder
BERTHOLD, E., ps. = GOTTLÖBER
BERTRAM, Georg (S. 52), siedelt Okt. 1936 nach New York über
BIANCHI, Bianca (S. 54), * 28/1 1855
BIEHLE, Herbert (S. 55), seit 1935 GsgL. an der Hochschule in Mannheim
BIHLER, Frz (P. Gregor) — s. BÜHLER

BINDERNAGEL, Gertrud * 1894 Magdeburg, † (von ihrem Manne angeschossen) 3/11 1932 Berlin, da ausgeb. (Hochsch.), vortreffl. OpSgrin, erst in Regensburg, dann Berlin. Staatsop., 1927/30 in Mannheim, darauf an d. städt. Oper in Berlin
BINENTAL, Leopold * 11/1 1886 Kielce, seit 1914 MProf. in Warschau, zeitweil. MinistBeamt., da u. in Paris (Schola cantorum) ausgeb., Chopin-Forscher
BINICKI, Stascha (S. 56), * 26/7 1872 Belgrad
BINNEWIES, Hanno, ps. = Paul E. MÖBIUS
BISCHOFF, Herm. (S. 57), † 25/1 1936 Berlin
BITEROLF, ps. = Felix DRAESEKE
BITTER, Werner (S. 58), seit Herbst 1935 I. OpKM. in Darmstadt
BITTNER, Albert * 27/9 1900 Nürnberg, da (Konserv.) u. in Weimar (Hochsch.) ausgeb. 1923/1928 TheaKM. in Gera, 1929/31 Solorepet. an der Berliner Staatsop., 1932/33 I. OpKM. in Graz, 1933/36 LandesMDir. in Oldenburg, ab Herbst 1936 städt. MDir. (auch OpLeiter) in Essen
BLANGY, Caroline, ps. = Marie Félicie Clemence de REISET
BLATT, Frz Thaddäus (S. 59), † 9/3 1856
BLAŽEK, Frz (S. 59), * Velezice, † 13/1 1900
BLOBNER, Joh. Bapt. * 10/9 1850 Purschau/Taschau, Böhm., † 19/5 1931 Wien, da seit 1872 L. u. Chordir. W: Chöre, Lieder (u. a. sehr beliebt ‚Mein Wien')
BLUME, Friedr. (S. 61), seit 1934 an der Univ. Kiel
BLUMER, Fritz (S. 62), † 6/5 1934 Chardonne sur Vevey
BOCKSHORN, Samuel (S. 63), * 21/12 1628 Schertitz = Žerčice/Jungbunzlau (Böhm.)
BODART, Eugen (S. 63), seit Herbst 1935 OpKM. in Köln
BODE, Hermann (S. 63), † 17/8 1934
BÖHM, Karl (S. 64), seit 1/7 1936 OpDirektor
BOELL, Heinr. (S. 65), ab Herbst 1936 Dir. der Schles. LandesMSchule u. der Singakad. in Breslau
BÖLSCHE, Frz (S. 65), † 23/10 1935 Bad Oeynhausen
BOLD, Ferd., ps. = Hugo KAUN
BONAVIA, Ferruccio (S. 67), lebt in London
BONAWITZ, Joh. Heinr. (S. 67), † 1917
BORCHARD, Leo * 31/3 1899 Moskau, Dirig. in Berlin, VSchüler Jos. Rywkinds, KompUnterr. in Helsingfors, KlavSchüler Ed. Erdmanns in Berlin, da 1923/25 Chordir. u. 1926/28 OpKorrep. bei Bruno Walter (städt. Oper), 1929 bei Klemperer (Staatsop.); 1929/31 I. KM. beim Rundfunk in Königsberg, seitdem Gastdir. bes. beim Berliner Philharm. Orch.

BOSETTI, Hermine (S. 70), † 1/5 1936

BOSSELJON, Bernhard (Bernd) * 2/8 1893 Krefeld, Komp. in Honnef a. Rh., ausgeb. in Krefeld und Köln. W: Sinf., VcKonz., KaM., KlavStücke, Chöre, auch m. Orch., Kantate f. Alt u. Orch., Lieder, auch m. Orch.

BOUCKE, Ernst * 9/1 1908 Wetter, Ruhr, MSchr. in Berlin, stud. Philol. u. MWiss. in Münster u. Berlin (Staatsex.), Meisterschüler Geo. Schumanns. W: Oratorien, Messe, Kantaten, Chöre, Lieder

BOUVET, Charles (S. 72), † Mai 1935

BRADY & Hardy, ps. = Hans Hermann ROSENWALD

BRADY, Edwin, ps. = Hans Herm. ROSENWALD

BRÄUER, Karl, ps. = Wilh. JUNG

BRAHAM, John (S. 73), eigentl. ABRAHAM

BRANZELL, Karin (S. 74), seit Herbst 1934 an der Op. in München

BRASCH, Alfred * 18/1 1907 Mülheim, Ruhr, seit 1933 Kunstschriftleiter u. MRef. der Rhein.-Westf. Ztg. in Essen, nach wissensch. u. prakt. Studien (1926/29) MRef.

BRAZYS, Theodor (Fodor) (S. 75), † 10/9 1930 Bayern (auf der Reise)

BREITENBACH, Frz Jos. (S. 76), † 30/8 1934

BREITKOPF, Bernh. Christoph (S. 76), † 1695

BRÉVAL, Lucienne, eigentl. Bertha A. L. SCHILLING * 1869 Berlin, † 15/8 1935 Neuilly-sur-Seine, langjähr. bedeut. WagnerSgrin der Gr. Op. in Paris

BRODERSEN, Viggo (S. 79), lebt in Birkeröd, Seeland

BROQUA, Alfonso * 11/9 1876 Montevideo, seit 1903 in Paris, Schüler v. d'Indy u. A. Roussel. W (beeinfl. v. den indianspan. Volksliedern seiner uruguayischen Heimat): Sinf. Dichtg, KaM., Lieder

BROWN, Herbert, ps. = Rich. HALLER

BRUCKEN-FOCK, Gerard van (S. 81), † Ende Aug. 1935 Heemstede

BRUNE, Adolf Gerhard (S. 82), † 21/4 1935

BRUNETTO, Filippo (S. 82), † 17/3 1936

BUCH, Ernst (S. 83), † 26/4 1935 Dresden

BUCHMAYER, Mich. (S. 83), † 24/5 1934 Tamsweg/Mauterndorf (Salzkammergut)

BURCKARD, Martha — s. LEFFLER-BURCKARD

BURGARTZ, Alfred, Dr. phil. * 11/3 1890 Landau (Pfalz), MSchr. in Berlin seit 1934, Schüler von Cortolezis, Courvoisier, H. Grädener, Sandberger, Kroyer, 1920/27 MKrit. in München, 1927/1928 in Stuttgart. W: ‚Hebbel u. die M.'

BURIAN, Emil František (S. 87), * 11/4 1904

BURRIAN, Karl (S. 87), * Senomat

BUTTIKAY, Akos v. (S. 89), † 1935 Debrecen

BUWA, Joh. (S. 89), * 21/5 1828

CAHIER, Madame (S. 90), seit 1935 Prof. an der Akad. in Wien

ČAJÁNEK — s. CZAJANEK

CAMETTI, Alberto (S. 91), † 1/6 1935

CAPELLEN, Georg (S. 92), † 19/1 1934

CAPHAT, Fred, ps. = Alfred KAPPLUSCH

CAPLAN, Aron — s. COPLAND

CARLONI, Arnaldo (S. 93), † 20/7 1935

CAROS, ps. = Oskar JOOST

CARTAN, Jean * 1/12 1906 Nancy, † 20/3 1932 Bligny/Dijon, Schüler von Widor, d'Indy, Dukas u. Roussel. W: KaM., KlavStücke, Kantate, Psalm 22, Lieder

CARTIER, Jean, ps. um 1920 = Alex SPITZMÜLLER-HARMERSBACH

CASSONE, Leopoldo † (49jähr.) 21/4 1935 Torino, VcVirt. W: Opern

CASTALDI, Alfonso * 24/4 1874 Prov. Napoli, seit 1905 KonservL. in Bukarest, ausgeb. in Napoli. W: Sinf., KaM.

CERDA, Philipp de la (S. 98), † Juni 1934

ČERNUŠÁK, Gracian * 19/12 1882 Ptem, Mähr., ausgeb. u. a. in Prag, zuerst Handelsakad-Prof. u. Chordir. in Königgrätz, seit 1918 MKrit. in Brno, da seit 1920 MGeschProf. am Staatskonserv. W: MGesch. mit E. Steinhard 1936. H: Pazdireks MLexikon II. Teil m. Vl. Helfert (in Vorber.)

CICOGNANI, Antonio (S. 102), † 15/6 1934

CIPOLLINI, Gaetano † (78jähr.) 2/10 1935 Mailand. W: Opern

CLAESSENS, Arthur, ps. = Alph. Willem Jos. MOSMANS

CLARKE, Rob. Coningsby (S. 103), † 3/1 1934 Walmar (Kent)

CLAUSETTI, Pietro * 1904 Neapel, OpKM. an versch. Orten, ausgeb. in Mailand. W: Sinfon. Dichtg, KaM., Chöre, Gsge, auch m. Orch.

CLAY, Lul, ps. = Ludw. KLETSCH

COEUROY, André (S. 105), W: ‚Weber'; ‚Le jazz'; ‚Panorama de la m. contemporaine'. B: Webers ‚Freischütz' (1926)

COHN, Siegfried — s. Fred KOHN

CONNOLY, Claire — s. CROIZA

CONUS, Georg (S. 107), * 18 bzw. 30/9 1862, † 29/8 1933

CORNELIUS, Peter C. (S. 109), (eigentl. Cornelius PETERSEN) † 31/12 1934 Kopenhagen

COWEN, Frederic Hymen (S. 111), † 6/10 1935 London

CROIZA, Madame, eigentl. Claire CONNOLY * 1882 Paris, hervorrag. Op- u. KonzSgrin u. GsgL., 1906/13 in Brüssel, seit 1913 in Paris (Kom. Oper)

CROSSIN, Hubert, ps. = Paul KURZ

CUCCOLI, Arturo (S. 112), † 2/12 1935

CULP, Julia, verwitw. Ginzkey (S. 113), lebt in Maffersdorf/Reichenberg, ČSR

CUNZ, Rolf (S. 113), 1935 Pressechef d. Reichssendeleitung in Berlin, seit Juli 1936 Refer. für Tanz beim Reichsdramaturgen (im Reichspropagandaministerium)

CZERNIK, Willy (S. 114), ab Herbst 1936 KM. der Staatsop. in Dresden

CZERNY, Jos. (S. 114), * Hořin

DACHS, Michael * 23/9 1876 Grandmühl, Bayr. Wald, lebt in Freising, da 1905/24 Prof. an der LBildgsanstalt, ausgeb. an der Akad. in München (u. a. von Thuille). W: KirchM., bes. Messen, OrgSonat. u. Stücke, OrgBegl. des Kyriale, HarmStücke; ‚Allgem. M- u. Harmonielehre'

DAELE, Marcel van den * 6/4 1905 Paris, da Flötist. W: FlStücke, KlavStücke, Lieder

DANCKERT, Werner (S. 116), W: ‚Gesch. der Gigue'

DAUBE, Otto (S. 117), lebt in Dessau

DAVID, Hans Th., Dr. phil. * 8/7 1902 Speyer, MWissenschaftler in Heemstede-Aerdenhout bei Haarlem seit 1933, studierte in Berlin (da bis 1933) bei Joh. Wolf u. H. Abert. W: ‚Schobert als Sonatenkompon.'. B: Bachs ‚Kunst der Fuge', Bachs ‚Musik. Opfer', ‚Venezian. BarockM.'. H: Händels VKonzert, Frescobaldis Canzoni u. a.

DAVIDENKO, Alex. Alexandrowitsch * 1899, † 1934, Führer einer proletarisch gerichteten russ. KomponGruppe

DEGE(A)YTER (S. 120), Pierre, Holzschnitzer * 1849, † 6/10 1932 St. Denis, kompon. 1888 die ‚Internationale', nicht sein Bruder Adolphe, ein Schmied * 1858, † 15/2 1917 Lille

DELAUNAY, René * 18/6 1880 Tours, seit 1919 Dir. des Conserv. nation. in Metz, 1903/19 KonservProf. in Nîmes, ausgeb. in Paris. W: Op., BühnM., Sinf., OrchStücke, KaM., KlavStücke, VStücke u. a.

DEMUTH (eigentl. POKORNY), Leopold * 2/11 1861 Brünn, † 4/3 1910 Czernowitz, ausgezeichn. OpBariton., Schüler Jos. Gänsbachers, 1881/91 in Halle, 1891/95 in Leipzig, 1895/97 in Hamburg, dann in Wien (Hofop.)

DENYS, Thomas Joh. * 3/1 1877 Schagen, † 14/11 1935 'sGravenhage, sehr geschätzter Op- u. OratBariton. u. GsgL., Schüler Cornelia van Zantens, 1901 an der Op. in Amsterdam, dann MSchulGsgL. in Rotterdam, 1911/14 in Berlin, dann in 'sGravenhage, öfter auch in Amerika, hielt 1925 GsgKurse in Bern

DESTENAY, Edouard * 6/4 1850, † 22/1 1924 Paris. W: KaM.

DETTINGER, Herm. (S. 125), seit Herbst 1935 Dirig. des ‚Liederkranz' in Stuttgart

DEUTSCH, Leonhard * 26/1 1887 Wien, da KlavL. W: ‚KlavFibel', ‚Individualpsychologie im MUnterricht' u. a.

DE VELDE, Albert A. van (S. 124), jetzt in Berlin-Karlshorst

DICKER, Sando (S. 125), † 12/4 1935

DIDUR, Adam * 24/12 1874 Sanok (Galiz.), Bassist von Weltruf, ausgeb. in Lemberg u. Mailand, da 1894/99 an der Scala, 1899/1903 in Warschau, dann in Petersburg, Moskau, Buenos Aires u. bes. Newyork

DIEREN, Bernard van (S. 125), † 24/4 1936

DIMITROFF, Konstantin Stogtscheff * 5/5 1901 Sofia, da Pianist, Bearb. u. MSchr. (Wissenschaftler), da, in Wien (Akad.), Berlin u. Freiburg i. B. (Univ.) ausgeb., da 1924/26 Ballettrepet. am Thea. W: üb. JazzM. H: MLexikon (12 Bde, bulg.). B: f. JazzM.

DLABAČ (S. 127) Vorname Bohumir † 4/2 1820

DOBRONIK, Antun * 2/4 1878 Jelsa Hvar (Kroat.), seit 1921 AkadProf. in Zagreb, ausgeb. in Praha (Konserv.). W: Opern, Ballette, Sinf., KaM., KlavStücke, Kantaten, viele Chöre u. Lieder

DOHME, Beatrice * 3/9 1907 Baltimore, Md., Mitglied des Münchener Fiedeltrios

DOMANIEWSKI, Boleslaus (S. 129) † 11/9 1925

DOMANSKY, Alfred (S. 129) * 19/1 1883 Türmitz

DOMGRAF-FASSBAENDER steht fälschlich unter FASSBAENDER-DOMGRAF

DOYEN, Albert (S. 131), † 22/10 1935

DRÄGER, Maxim Otto (S. 151) † Aug. 1935

DRAESEKE, Felix (S. 131), ps. als Schr. BITEROLF

DRAGOI, V. Sabin * 19/6 1894 Seliste/Arad, seit 1924 Prof. am, seit 1926 Dir. des Konserv. in Timisoara (Rumän.), ausgeb. in Praha, Folkloreforscher. W: Opern, OrchSuite, KaM., KlavStücke, Chöre

DRANISCHNIKOW (S. 132), Vorname Wladimir

DRECHSLER, Herm. (S. 132) † 27/12 1935

DREYER, Heinz Theo (S. 133) * 1891

DROZDOV — s. DROSDOW
DUBOIS, Léon (S. 134) † 1935
DUGGE, Wilh. * 26/4 1869 Rostock, treffl. Notenkorrektor in Leipzig. W: VStücke, MChöre. H: Beethovens StrQuart. (Part.)
DUKAS, Paul (S. 135) † 18/5 1935
DUSSEK (eigentl. DUŠIK), Joh. Ladisl. (S. 137) * 12/2 1760
DUX, Claire * 2/8 1890 Bydgoscz (Polen), berühmte Op- u. KonzSopr., Schülerin Adolf Deppes (Berlin), 1909/11 in Köln (Op.), 1911/20 in Berlin (Hofop.), seit 1921 in Amerika, seit 1923 in Chicago, da seit 1926 mit dem Großindustriellen Swift verheiratet
DWILLAT, Henny — s. bei Karl WOLFF 1857/1928

ECKARDT, William (S. 139), ps. T. WORDECK
ECKEHARDT, L., ps. = L. LÖWENTHAL
ECKERSBACH, ps. = GOTTLÖBER
ECKSTEIN, Ernst, Dr. iur. * 22/5 1886 Göttingen, seit 1933 MVerleger u. Sortimenter (Firma ‚Pro musica', auch Schallplatten von Werken des 17. u. 18. Jhdts), Leiter eines Collegium musicum, Cembalist u. Pianist in Paris, studierte MWiss. in Berlin, da bis 1933 Rechtsanwalt. H: InstrM. des 17. u. 18. Jh.
EGEN, Austin (S. 140) hat ps. Ed. KRONBERGER
EGGEN, Arno (S. 140), lebt in Haslum/Oslo
EHRHARDT, Dorothy — s. ERHARDT
EICKEMEYER, Willy (S. 143) † 24/9 1935
EIGES, Konstantin Romanowitsch * 1873 Gouvern. Charkow, MSchulDir. in Moskau, da ausgeb., MWissenschaftler u. Aesthetiker
ELMENDORFF, Karl (S. 145) ab Herbst 1936 OpLeiter in Mannheim
ENGEL, Hans (S. 146), seit 1/4 1936 ao. Univ-Prof. in Königsberg
ENGLER, Paul (S. 147), seit 1935 KurKM. in Marienbad
ENZ, Anton (S. 147), † 4/8 1935
ERHARDT (EHRHARDT), Dorothy * 1894 Chelsea/London, lebt in London. W: KaM., KlavStücke, Lieder
ERKENS, Martin, ps. = Erwin POLETZKY
ESSER, Peter (S. 151), seit 1935 in Beuthen/OS.

FAHRNI, Helene (S. 153), seit Herbst 1935 GsgL. am Landeskonserv. in Leipzig
FALL, Richard (S. 154) * Gewitsch
FATTORINI, Roberto (S. 155), † Dez. 1935

FEITEL, Gottfr. (S. 157), † 9/3 1934
FELBER, Erwin * 9/3 1885 Wien, da MKrit., da ausgeb.
FILIPPO, Pietro = Peter PHILIPS
FINDEISEN, Albin Th. (S. 161), † 3/3 1936
FINKE, Fidelio Romeo (S. 161), Romeo zu streichen
FINKE, Romeo (Bruder Fidelios) * 9/3 1868 Heinersdorf/Friedland (Böhm.), seit 1909 Konserv-L. in Prag, seit 1919 an der Dtsch. MAkad.
FISCHER, Erik (S. 162), seit 1935 in Köln
FITZNER, Rudolf (S. 164), † 2/2 1934 Maxglan/Salzburg (geistig umnachtet)
FLEMMING, Martha (Frau Oskars), geb. Hornig * 29/4 1872 Berlin, da KlavVirt., bes. KaM-Spielerin, (u. a. mit dem Bläsersextett d. Berliner Staatsop.), Schülerin Theodor u. Franz Kullaks. W: BlasKaM., KlavStücke
FOERSTER, Anton (S. 167) * Osenice, † 17/4 1926 Rudolfswert (sloven. Nove Mesto), da seit 1917; 1868/1909 Domorgan. in Laiba, da im Ruhestand bis 1917
FÖRSTER, Jos. (S. 167) * Osenice
FOHSTRÖM, Alma † Anf. 1936 Helsingfors
FOLTZ, Karl (S. 168), ps. Horst WALDEMAR, seit Juli 1936 in Essen
FOMIN (S. 168), Op. ‚Der Müller' ihm fälschlich zugeschrieben, kompon. von S o k o l o v s k y
FORCHHEIM, Joh. Wilh. — s. FURCHHEIM
FORD, Victor, ps. = Max KRÜGER
FORINO, Luigi (S. 168), † 5/6 1936
FRANÇAIX, Jean * 23/5 1912 Mans, Sohn des dort. KonservDir. u. Dirig., da ausgeb., dann von Nadia Boulanger u. auf dem Konserv. in Paris, bes. v. Isidore Philip, da KlavVirt. W: 6 Ballette, Sinfonietta, KlavConcertino, Suite f. V. u. Orch., Fantas. f. Vc. u. Orch., Divertiss. f. StrTrio u. Orch., Konz. f. 4 Bläser u. Orch., KaM., bes. Str-Trio, KlavStücke, Chöre, Duette f. Singst. m. Str-Quart.
FREUND, Robert (S. 173), † Ende Apr. 1936
FREUNDORFFER, Geo. (S. 173), ps. auch NÜTZEL
FREY, Geo. (S. 173), jetzt in Worms
FREYSE, Konrad * 24/4 1883 Stade, seit 1905 MStudRat in Eisenach, urspr. VVirt., ausgeb. in Weimar, Genf u. Paris, 1910/14 nebenamtl. Hof- u. Stadtkantor, Frontsoldat, gründete 1919 das Thüringer Trio, seit 1922 auch Dirig. des MVer. (gegr. 1836) u. Custos des Bach-Museums, MSchr.
FRIEDMANN-FREDERICH, Fritz (S. 175), † 16/3 1934 Prag
FRIML, Rudolf (S. 175) * 2/12 1879

FUCHS, Arno, Dr. phil. * 1/9 1909 Dresden, SchulML. u. MSchr. in Leipzig seit 1935, studierte M. u. Kunstgesch. in Dresden u. Erlangen. W: ‚Die MDarstellungen am Sebaldusgrab Peter Vischers'

FUCHS, Egon * 3/9 1886 Jankau (Böhm.), seit 1920 o. GsgProf. am čslov. Staatskonservator. in Prag, urspr. Jurist, Schüler Ifferts, 1910/14 OpBass., Kriegsteiln., 1919 KonzSgr. W: Schriften (böhm.) üb. Gsg

FÜRST, Georg (S. 178), † 5/2 1936 München-Pasing

FURCHHEIM (FORCHHEIM), Joh. Wilh. * um 1635 u. † 22/11 1682 Dresden, Geiger, seit 1651 in der kurfürstl. Kap., 1666 Hoforgan., 1676 ‚deutscher' KonzM., 1681 VizeKM. ‚primi chori'. W: KirchM., KaM., u. a. ‚Musik. Tafelbedienung' à 5 1674 (teilw. in Neudr. 1935)

GAMBKE, Martin * 29/7 1872 Daubitz (OLausitz), MStudRat i. R. in Neuruppin. W: MChöre

GATNOS, Eno, ps. = Eugen SONNTAG

GAYTER, Pierre de — s. DEGEYTER

GEBHARD, Ludwig * 7/3 1907 Dinkelsbühl, SchulL. in Grosstellenfeld, Bay., ausgeb. in München, bes. von Jos. Haas. W: KaM., Chöre

GEITZ, Karl Heinr. (bürgerl. Name) — s. Gert ZILAK

GEMINIANI (S. 188) * (getauft) 5/12 1687

GENZMER, Harald * 1909 Blumenthal, Hannover, lebt in Berlin, da ausgeb. (Hochsch.). W: TrautoniumKonz., KaM., Kantaten, Chöre, Lieder

GERSTBERGER, Herbert (S. 191), seit 1935 in Berlin. W (weitere): StrOrchKonz.; ‚Das Urheberrecht von Werken der Tonkunst als Persönlichkeitsrecht'; ‚Kleines Handbuch der M.'

GEYER, Herm., ps. = Herm. RUCK

GEYTER, Pierre de — s. DEGEYTER

GILIS, Antoine † 1935 Namur, da ML. W: viele KlavStücke

GILSE, Jan van (S. 194), jetzt KonservDir. in Utrecht

GLAZUNOW, Alex. (S. 196), † 21/3 1936 Paris

GOFFRON, Adam, Dr. theol. * 11/10 1889 Mainz, da StudRat, Diözesanpräses der CäcilienVer. des Bistums Mainz, Doz. der MHochschule. W: Liederbuch ‚Jungwalker', ‚Waldhornbüchlein', ‚Singende Gemeinde'. H: Veröffentlichungen neudeutsch. MSchaaren

GOLDSTEIN, Albert, ps. = GOTTLÖBER

GOLLMANN, Ewald (S. 202), ps. MANNWALD

GORTER, Albert (S. 203), † 14/3 1936

GOTTLÖBER, Julius Edwin, ps. E. Berthold; Eckersbach; Alb. Goldstein; E. Hausdorf; O. Hübler; Kriebstein; Hugo Kunath; C. Ludwig; Preißer; Rausch; J. Richter; Zwenkert; H. Zwickert * 26/12 1887 Dresden, da ausgeb. (Konserv.), Besitzer des ‚Dtsch. MVerlags' und Bearb. in Stolpen, Sa. W: Märsche, Tänze. H: Dtsche KonzHalle f. Blas- u. StrM.; MilitStändchenhefte

GRAUBINŠ, Jekabs (Jakob) * 16/4 1886 Dünaburg, Komp. in Riga, Schüler Wihtols

GRAY, Alan (S. 207), † 27/9 1935

GREINER, Albert (S. 208), seit Apr. 1936 Leiter der Singschule des Konserv. der Hauptstadt Berlin

GRENZEBACH, Ernst (S. 209), † 29/5 1936

GRGOŠEVIČ, Zlatko * 23/5 1900 Agram, da MSchr., da ausgeb. W (teilw. in Strawinskys Art): OrchKomp., Chöre, Lieder

GRIEG, Nina (S. 209), † 9/12 1935

GROSSE, Fritz fälschlich als Rudolf G. (S. 212)

GRÜNBERG, Louis (S. 213) * 3/8 1883

GÜNTHER, Mönch — s. Wenzel JAKOB

GÜNTZEL, Ottomar * 16/11 1880 Veilsdorf, Kr. Hildburghausen, ObL. f. M. in Meiningen, seit 1933 Musikbeauftr. d. RMK. f. Meiningen, ChorDir. 1921/34, BundesVors. d. ‚Henneberger Sgrb. Südthgn.', MKrit., stud. in Jena, Leipzig, Berlin. W: MCh., FrCh., gem. Ch., Lieder

GUGLER, Bernhard * 5/3 1812 Nürnberg, † 12/3 1880 Stuttgart, da MathemProf. am Polytechnikum, Mozartforscher, übers. treffl. ‚Cosi fan tutte', gab ‚Don Giovanni' in Part. heraus

GUNTHERUS, Pater = Wenzel JAKOB

GUTHEIL-SCHODER, Marie (S. 218), † 4/10 1935 Ilmenau

HAAS, Pavel * 21/6 1899 Brno, lebt da, da ausgeb., zuletzt von Janaček. W: OrchM., KaM., Chöre, Lieder

HABERMANN, Hermann — s. MARCELLUS

HAGEN, Hans (S. 223), seit Herbst 1935 in Berlin

HALVORSEN, Johan (S. 225), † 4/12 1935 Oslo

HAMBURG, Grigorij Semenowitsch * 22/10 1900 Warschau, lebt in Moskau; ausgeb. in Tiflis u. Moskau, u. a. von Mjaskowsky. W: FilmM., KaM.

HAMMER, Willy (S. 226) lebt in Altona

HANDSCHIN, Jacques (S. 226), seit Nov. 1935 o. UnivProf. in Basel

HARANT, Christoph, von Polschitz (Polžic) * 1564, † (hingerichtet) 21/6 1621 Prag. W (wichtig): Messe, Motetten (böhm., dtsche u. lat.)

HARDY & Brady, ps. = Hans Hermann ROSENWALD

HARLAN, Peter * 26/2 1898 Charlottenburg, mwiss. InstrumBauer in Markneukirchen (da von Ernst Kunze ausgeb.), Wiedererwecker der Blockflöte, konzertiert auf der alten doppelchörigen Laute, dem Klavichord, Spinett, der Gambe u. Blockfl., im wesentl. Autodidakt, hält auch Vorträge üb. die alten Instrum. u. deren Literatur

HARTMANN, Georg (S. 230), † 4/4 1936 Dresden

HARZER, Albert * 13/1 1885 Venusberg, Sa., ausgezeichn. Flötist des Berliner Philharm. Orch., ausgeb. nach Stadtpfeiferei in Frankfurt a. M., 1906/08 in Wiborg, 1909/23 in Berlin, 1923/25 in Detroit, dann wieder in Berlin

HASS, Willi, ps. = KROEGER

HASSE, Max (S. 232), † 20/10 1935

HATZE, Josip * 21/3 1879 Spalato (Split), lebt da, Schüler Mascagnis. W: Opern, Kantaten, Lieder

HAUSDORF, E., ps. = Jul. Edw. GOTTLOBER

HAUSE, Wenzel (S. 233), * 14/11 1764 Raudnitz, Böhm.

HAUSMANN, Theodor (S. 234), seit 1935 in Heidelberg

HAUSSNER, Rud. * 30/3 1903 Nürnberg, da Chordir. W: Chöre

HAWE, Dr., ps. = Helmut WOLTER

HEDLER, Rud. (S. 236), † 1935

HEERMANN, Hugo (S. 236), † 6/11 1935

HEINITZ, Eva (S. 239), wirkt außer in Paris auch ständig in London

HEKKING, Anton (S. 240), † 18/11 1935

HELFRITZ, Hans (S. 241), auch Forschungsreisender in Asien

HELM, Fr. Herm., ps. G. KÜHLER; WEISSE * 17/1 1871 Dresden, da MVerleger u. Bearbeiter

HELMSTETTER, Karl (S. 242), lebt in München

HENNERBERG, Carl Fredrik (S. 243), † 17/9 1932

HENSEL-HAERDRICH (S. 244), B: Lortzings ,Hans Sachs' (nicht ,Casanova')

HERBST, Kurt (S. 245), jetzt in Halle

HERLINGER, Růžena (Rose) * 8/2 1893 Tabor, treffl. bes. f. hypermoderne Tonsetzer eintretende Sopran. in Wien

HEROLD, Karl (S. 247) zu streichen

HICKMAN-SMITH (S. 252) — s. Jack HYLTON

HILDACH, Anna (S. 252), † 18/11 1935

HILMAR, Jos. (S. 253) falscher Vorname statt Frz Matthäus

HILTON, Jack — s. HYLTON

HIPPMANN, Silvester (S. 254), seit 1923 MKrit.

HLAWATSCH, Woitech (HLAVÁČ, Vojtěch) (S. 256) * Ledeč, Schüler der P r a g e r OrgSchule

HNLIČKA, Alois * 21/3 1826 Wildenschwert an der Adler (Usti), † 10/11 1909 Chrudim. W: OrchM., KaM., KlavStücke, KirchM., Kantaten, Chöre. — Sein gleichnamiger Sohn * 15/3 1858 Wildenschwert, bedeut. MSchr. in Prag

HOESL, Albert * 14/1 1899 München, da KM. (Geiger, Bratscher), Schüler Beer-Walbrunns. W: KaM., KlavStücke

HOESSLIN, Frz v. (S. 258), ab Herbst 1936 OpKM. in Marseille

HOFFMANN, Hans, Dr. phil. (S. 258), war auch II. Dirig. der Singakad. in Hamburg, seit Sommer 1936 Leiter des städt. MVer. in Bielefeld

HOFFMANN, Karl (S. 259), † 30/3 1936

HOLLÄNDER, Hans, Dr. phil. * 6/10 1899 Břeclav (Lundenburg), seit 1928 TheorL. u. MSchr. in Brno, ausgeb. in Wien

HOLLSTEIN, Otto (S. 261), nicht Korrep., sondern ObL. i. R. W (dazu): Sinf., KlavKonz. u. Stücke, Chöre, Liederzyklen m. Orch.

HOLTEN, Felix, ps. = Felix SCHWARZ

HOLY, Alfred * 5/8 1866 Oporto (Sohn eines böhm. KM.), lebt in Wien, berühmter HarfVirt., ausgeb. in Prag, 1896/1903 an d. Berliner, 1903/13 an der Wiener Hofoper, 1913/28 in Boston. W: HarfStücke

HORAK, Adolf (S. 263), Todestag ? (nicht 6/12 1892)

HORAK, Antonin Vojtěch * 2/7 1875 Prag, † 12/3 1910 Belgrad, TheaKM. u. a. in Brünn, Pilsen, Prag. W: Opern, SchauspielM., Kantate

HORAK, Eduard (S. 263) * 22/4 1838, † 6/12 1892

HORNBOSTEL, Erich von (S. 264), † 28/11 1935 Cambridge

HORNIG, Martha — s. Martha FLEMMING

HORST, Carita v. (S. 264), † 26/4 1934 Meran

HOYER, Karl (S. 265), † 12/6 1936 Leipzig, da seit 1926 Organ. u. KonservL., da ausgeb., Schüler Regers, 1911 Domorgan. in Reval

HŘIMALY, Ottokar (S. 265), seit 1922 in Czernowitz

HUBER, Karl Borromäus (S. 265), † 1935
HÜBLER, O., ps. = Jul. Edw. GOTTLOBER
HÜBSCH, Fritz * 6/8 1908 Regensburg, Pianist, ausgeb. bei J. Renner, Frz Dorfmüller, J. Haas, Aug. Schmid-Lindner, KonzReisen als Begleiter u. Solist in Deutschland, USA. u. Italien
HUFELD, Albert (S. 267), † 21/1 1936
HULA, Zdenek — s. Zdenko BAYER
HUMBERT, Georges (S. 268), † 1/1 1936 Neuchâtel
HUOLA, Zdenek — s. Zdenko BAYER
HURUM, Alf (S. 269), lebt in Oslo
HUSADEL, Hans Felix, seit 1936 LuftwaffenM-Inspiz. u. Prof. an der staatl. Hochschule in Berlin, da ausgeb. u. auf dem Sternschen Konserv., dann jahrelang Dirig. der Gesellsch. der MFreunde in Donaueschingen; führte das Saxophon in der dtsch. MilMus. ein. W: Sinf (d), sinf. Vorspiele, KlavStücke, viele Lieder. B: Werke zeitgen. Tonsetzer f. MilMus.
HUTTER, Jos. * 28/2 1894 Prag, da ausgeb., da seit 1926 Doz., seit 1935 ao. Prof. f. MWiss. an der čech. Univ.
HYLTON, Jack (S. 270), eigentl. A. E. HICKMAN-SMITH

JACOBI, Geo. 1840/1906 (S. 271) zu streichen; richtig JACOBY
JACUBENAS (S. 271) unter JAKUBENAS zu stellen
JAKOB, Wenzel, als Mönch Guntherus (Günther) * 30/9 1685 Gossengrün, † 21/3 1734. W: wertvolle KirchM.
JAKOV, Gotovac (S. 273), falsch; steht richtig unter GOTOVAC
JAKOVLEV, Vassilij Vassilievitsch * 1880 Moskau, da bedeut. MForscher, Schüler Ilinskys u. Sokolovs. W: ‚S. Tanejev' u. a.
JAKUBENAS — vgl. oben JACUBENAS
JAMES, Philip * 1890 Newyork, da seit 1932 Dir. der National Broadcasting Company (Rundfunk). W: Ballett, OrchStücke, bes. f. KaOrch., KaM.
JANETSCHEK, Alois (S. 273), † 1917
JELMOLI, Hans (S. 275), † Anf. Mai 1936
JENKO, Davorin (S. 275); nicht 39 Opern, sondern nur 1 (,Vračara'), viel SchauspM., viele Chöre
JEŘÁBEK, Jos (S. 276), * März 1853
JERAL, Wilh. (S. 276), † 17/12 1935
JEREMIAŠ, Ottokar (S. 276), seit Dez. 1928 KM. des Rundfunks in Prag

JINDŘICH (S. 276), * Kleneč
JIRÁK, Karl Boleslav (S. 276), seit 1930 Dir. der M. des Rundfunks in Prag
JIRANEK, Aloys (S. 276), seit 1909 in Prag
JITOMIRSKY, Alex. — s. SHITOMIRSKY
JOLIVET, André * 8/8 1905 Paris, lebt da, Schüler von Paul Le Flem u. Varese, Gegner des Neuklassizismus, Befürworter einer Loslösung von der Tonalität. W: OrchM., KaM., KlavStücke, OrgStücke, Lieder
JUNG, Albert (S. 282), seit 1936 KM. am Reichssender Saarbrücken
JUNG, Frz * 6/11 1899 Dresden, da ausgeb. (Konserv.), da Solorepet. der Staatsop. 1919/24, seit 1926 musik. ObLeiter (GenMDir.) der städt. Bühne u. Dirig. der Konz- u. Chorvereinigg in Erfurt
IVANOVICI (S. 283), * 1850 im Banat, † 1/4 1905
IWANOW-BORETZKI (S. 283), † Anf. April 1936

KÁAN, Heinr. v. (S. 283), † 7/3 1926, Konserv-Dir. 1907/18
KABALEVSKIJ, Dimitrij Borissovitsch * 1901, lebt in Moskau, Schüler Mjaskowskijs. W: 3 Sinf., Rundfunkkompos., 2 KlavKonz.
KAFENDA, Frico * 2/11 1884 Mosócz (Mošovce), ausgeb. 1901/05 in Leipzig (Konserv., Univ.), 1906/12 TheaKM. in Deutschland, dann Inhaber einer OpSchule in Dresden, im Weltkrieg tschechischer Legionär, seit 1922 AkadDir. in Bratislava
KAHLE, Erich (S. 285), † 1935
KAHN, Erich Itor (S. 285), lebt seit 1933 in Paris
KAIM, Frz (S. 285), † 17/11 1935 München, beerdigt in Kempten/Allgäu
KALERGIS, Marie v. — s. MUCHANOW
KALNIŅŠ, Alfred * 23/8 1879 Zehsis (Wenden), Lettland, ausgeb. in Riga u. Petersburg, Pianist, lebte in Riga, seit Ende 1927 in Amerika. W (nation. gefärbt): Opern, Kantaten, Chöre, Lieder, OrchM., KlavStücke
KATZER, Karl Aug. (S. 290), ps. (wendisch) KOCOR
KESSLER, Rich. (S. 294), ps. Hans RÖSSLER
KETTERER, Ernst * 1898 Breitnau/Hinterzarten, KirchChorDir. u. VerDir. in Freiburg i. B., ausgeb. im LSem. in Ettlingen, Kriegsteiln., dann MUnterr. bei Frz Philipp und Müller-Blattau. W: Chöre

KEUSSLER, Gerhard v. (S. 295), seit Juli 1936 Leiter einer Meisterklasse an der Akad. der Künste in Berlin (Prof.)

KIRSCHSTEIN, Martin * 11/9 1869 Hamburg, † 31/12 1935 Hamburg, Rektor, 1902/35 1. Vors. d. LGesVer., 1903/35 Ltg d. Ver. f. Volkskonz. Hamburg, 1908/35 Schriftltr d. ‚Harmonie', Organ d. Ver. dtsch. LGesVer. W: 25 Jahre Volkskonzerte Hamburg

KLAIČ, Vjekoslav (S. 299) * 1849, † 1928

KLECKI, Pavel = Paul KLETZKI

KLINGENFELD, Emma * 21/5 1846 Nürnberg, † 2/12 1935 München, Übersetzerin ausländischer OpDichtgen

KNAPPERTSBUSCH, Hans (S. 303), bis Febr. 1936 OpDirektor in München, aber schon seit Sept. 1935 beurlaubt

KNEIP, Gust. (S. 304), ps. Otto PIENK

KNIPPER, Lew (S. 304), lebt in Moskau, aber sehr viel auf Reisen im fernen Osten. W: 5 Sinf.

KNÜMANN, Jo (S. 305), lebt in Quedlinburg

KOCOR (wendisch der Kater), ps. = Karl Aug. KATZER

KOELLREUTTER, Hans Joachim (S. 308), seit 1935 in Berlin

KOELTZSCH, Hans (S. 308), seit Mai 1936 am Reichssender Saarbrücken

KÖNIG, Peter * 28/5 1870 Rosseg, Steierm., seit 1904 städt. MSchulDir. in Szeged, ausgeb. in Graz u. Budapest (Hans Kößler), dann KM. in Arad, Györ, Kassa u. Lugos, Mitgl. des Kassaer StrQuart. W: Optte, Pantomime, 3 Sinf., KaM., KlavSonaten, KirchM., bes. Messen, Chöre, Lieder

KOGEL, Gustav Friedr. (S. 310), gehört vor KOHL

KOHR (S. 310), gehört vor KOHUT

KONETZNI, Anni * 12/2 1902 Weissendorn (Ung.), seit 1931 (vorher in Chemnitz) dramat. Sopran. der Berliner, daneben seit 1934 auch der Wiener Staatsop., viel auf Gastspielen, Schülerin Stückgolds

KOSLOVSKY, Josef (S. 313) — s. KOZLOWSKI

KRALIK, Rich. (S. 315), † 4/2 1934

KRASNOHORSKA, Eliška (S. 316), † 26/11 1926

KRAUS, Ernst * 1875 (S. 316), † 24/4 1933

KRAWC (nicht KRAWE S. 317), Bjarnat — s. SCHNEIDER, Bernh.

KREICHGAUER, Alfons, Prof. Dr. phil. * 4/11 1889 Bamberg, seit 1934 Dir. des MInstr-Museums u. HonProf. f. Akustik u. Tonpsychol. an der techn. Hochschule in Berlin, hat auch Lehrauftr. f. system. MWiss. an der Univ., Schüler Guido Adlers u. Karl Stumpfs, war dessen Assist.

KREMER, Martin * 23/3 1898 Geisenheim a. Rh., seit 1930/31 I. lyr. Tenor der Dresdener Staatsop., viel auf Gastspielen (Bayreuth, Barcelona, Danzig, London usw.), ausgeb. von W. Fuhr (Wiesbaden) und G. Borgatti (Mailand)

KROMMER, Frz (S. 322) * 1759

KRÜGER, Walter, Dr. phil. * 25/9 1902 Hamburg, da MRef., Doz. an d. Volkshochsch., Schüler Hans F. Schaubs u. Scherings. W: ‚Das Concerto grosso in Deutschland'

KRUMPHOLTZ (S. 323), Vorname Joh.

KRUPKA, Jaroslav (S. 323), † 12/8 1929

KRYLOW, Paul (S. 324), † 21/4 1935

KUBELIK, Jan (S. 324), lebt in Amerika

KÜHLER, G., ps. = Fr. Herm. HELM

KÜHN, Karl (S. 325), † Langenberg/Gera

KÜHN, Oswald * 14/8 1868 Frankfurt a. O., MKrit. u. Leiter der KaOp. in Stuttgart, ausgeb. in Weimar (MSchule) u. München (Univ.). B: Lortzings ‚Hans Sachs'; RundfunkOp.

KULLMANN, Alfred * 20/11 1875, lebt in Paris. W: KaM., KlavStücke

LACROIX-NOVARO, Yves * 1/10 1893 Tarlus, † 23/2 1936 Paris, GymnasProf., vorher in Alger u. Neapel, MForscher, bes. Folklorist

LÄNGIN, Folkmar * 6/2 1907 Karlsruhe i. B., Vc- u. GambenVirt. in München, da (Akad. u. Univ.) ausgeb. H: alte GambenSonaten

LAKER, Karl (S. 332), lebt in Gösting/Graz

LAKOMY, Perigrin (S. 333), † 22/12 1935

LANG, Hans * 1897 (S. 335), ab Herbst 1936 Leiter der städt. Berufsschule f. Mker in München

LARSSON, Lars Erik * 1908 Akarp (Schweden), da ML. W: Sinf., Sinfonietta, OrchSerenade, zwei Ouv., SaxophKonz. u. a.

LATOSZEWSKY, Zygmunt * 26/4 1902 Posen, da ausgeb. (Konserv., Univ.), 1923/29 MKrit., 1929/31 OpKM., seit 1931 KonservProf. u. KonzDirig., seit 1933 OpDirektor. W: KirchM.

LATZKY, Bela (S. 340), † Ende Nov. 1935

LAUBER, Emil (S. 340), † 11/11 1935

LECHNER, Leonhard (S. 343) * 1606

LEDERER, Felix (S. 343), seit Nov. 1935 in Berlin

LEFELD, Jerzy Albert * 17/1 1898 Warschau, da seit 1917 KonservL., da ausgeb., KlavVirt. W: 2 Sinf., KaM., Lieder

LEFFLER-BURCKARD, Martha (S. 344) * 16/6 1865

LEHNHOFF, Walther (S. 345), lebt seit Juli 1936 in Hamburg

LICHTENBERG, Leopold (S. 352), † 16/5 1935 Brooklyn

LIEBAU, Arno (S. 352), † 31/5 1936

LILJEFORS, Ruben (S. 353), † März 1936

LIVIABELLA, Lino * 7/4 1902 Macerata, Theor-L. am Konserv. B. Marcello in Venezia, Klav- u. OrgVirt., ausgeb. in Rom, u. a. von Respighi. W: OrchM. ('Il vincitore', preisgekr. beim Olympia-Wettstreit 1936), KaM.

LÖBMANN, Hugo, steht (S. 359) fälschlich als LÖPMANN

LÖWE, Karl (S. 360), † 1869

LOPATNIKOFF, Nikolai (S. 361), lebt in Helsingfors

LUTZE, Walter (S. 367), seit Sommer 1936 auch KM. der Kurkap. in Norderney

MACLEAN, Alick Morvaren (S. 370), † 18/5 1936 London

MÄDER, Rudolf (S. 370), † 8/11 1935 Bülach

MAGER, Jörg (S. 371), seit 1936 in Berlin, Erfinder des Partiturophons (Ätherwellenorgel)

MAITLAND, John Alexander Fuller * 7/4 1856 u. † 30/3 1936 London, da MWissenschaftler, Kritiker, Pianist u. Harpsichordist. W: 'Schumann'; 'Masters of German m.' 'Oxford m. history' vol. IV = 'The age of Bach and Handel'; 'English m. in the 19. century', 'Joachim'; 'Brahms' u. a. H: 'English country songs'; 'The Fizwilliam virginal book'; Purcell u. a.

MARISCHKA, Hubert * 27/8 1882, Dir. des Thea. an der Wien in Wien, Schauspieler, Tenorist, Librettist u. MVerleger

MARKGRAF, Heinz, ps. = STEINBOCK

MAYER, Herm. Leopold * 31/12 1893 Karlsruhe, MSchr. (bes. Funkkrit.), ausgeb. in Karlsruhe u. Heidelberg (Ph. Wolfrum; Univ.), 1925/1932 TheaDramaturg u. Spielleiter. H: Ztschr. 'Hör' mit mir'

MAYER-RONSPERG (S. 386), † 26(27)/5 1935

MAYR, Richard (S. 386), † 1/12 1935

MAYRHOFER, Rob. (S. 386), † 5/3 1935 Salzburg

MEINEL, Walter (S. 388), ps. auch Charly SPORY

MOHAUPT, Richard * 14/9 1904 Breslau, lebt seit 1932 in Berlin, Schüler Rud. Bilkes u. Jul. Prüwers, war TheaKM. in Aachen, Breslau u. Weimar, dann 2 J. SinfDirig. im Auslande. W: Oper, Ballette, KlavKonz., VKonz.

MOISSL, Frz * 5/1 1869 Neuhammer b. Karlsbad, Prof., RegRat, lebt in Klosterneuburg, stud. KirchenM. bei Peter Piel in Boppard u. gregor. Choral b. Abt Alb. Schachleiter in Emaus, musik. Lehrerbildner in Reichenberg, dort Gründ. u. Leit. deutschböhm. TonkünstlKonz., dann in Graz, dort Gründ. u. Leit. d. dtsch. KonzVerOrch. m. W. Kienzl, 1913/23 Prof. a. d. Abtlg f. KirchM. a. d. Staatsakademie Wien, dort 1914 Mitbegr. der 'Musica divina' u. 1927 d. IBG., Her. d. 'BrucknerBlätter'; vielfach Gastdirig. in Dtschland; korr. Mitgl. d. 'Dtsch. Ges. f. Wissensch. u. Kunst' in Prag, Inh. d. BrucknerMed. d. 'Bruckner Society of America'. W: Studien über Chr. Demantius, G. Biber u. a. KirchMus. i. 'Denkm. d. Tonk. i. Österr.', ferner über J. G. Albrechtsberger, S. Sechter, A. Bruckner

MOSELLI, Armand, ps. = Herm. WORCH

MÜLLER, Heinr. (S. 413), † Juni 1936

MÜLLER, Karl Hugo (S. 414), † 27/7 1935

MÜLLER-BLATTAU (S. 415), seit Juli 1936 auch UnivMusDir. in Frankfurt a. M.

MUZIO, Claudia * ? Pavia, † 24/5 1936 Rom, berühmte OpSopran.

NEIDHARDT, Aug. (S. 422) * Wien, † 25/11 1934 Berlin

NIKOLOWSKY, Anton — s. F. ANTONY

OBERLEITHNER, Max v. (S. 433), † 5/12 1935 Mähr. Schönberg

OSTEN, Eva v. (S. 440), † 10/5 1936

PALERMI, Oscarre (S. 444), † 13/11 1935

PASEDACH, Joachim Werner (S. 448), ps. Gerd SCHWARZ

PELLEGRINI, Alfred (S. 451) * 1885

PESSENLEHNER, Robert * 16/5 1899 Alland/Wiener Wald, Dr. phil., MWiss., MSt. Salzburg u. Frankfurt/M. W: Hermann Hirschbach, Vom Wesen der dtschen M.

PETER, Fritz (S. 455), seit Apr. 1936 in Essen

PETERS, Frz W., gen. F. PETERS-MARQUARDT * 26/4 1888 Magdeburg, VcVirt., Chor-Dir. u. MSchr. in Coburg, ausgeb. in Weimar u. von Jul. Klengel, stud. auch Kunst u. MWiss. an der Univ. Jena u. Königsberg, war dann Solo-Vcellist in Basel, Baden-Baden u. Würzburg. W: Aufsätze üb. Bayreuther Bühnenkunst. H: alte thüring. M., bes. Melchior Franck

PETERSEN, Cornelius, bürgerl. Name = Peter C CORNELIUS

PETSCH, Hans (S. 457), seit 1936 städt. MDir. in Bad Hersfeld

PILLOIS, Jacques (S. 463), † 3/1 1935 New York

PLONER, Jos. Edua. (S. 466) * 4/2 1894, seit 1919 in Innsbruck, Dir. des KaChors

POKORNY, Leopold — s. DEMUTH

POLSCHITZ, (POLŽIC), Harant v. — s. HARANT

PRIEDÖHL, Alfred (S. 474), seit 15/11 1935 städt. MDir. in Triberg (Schwarzwald)

PROCHAZKA, Rud. Freih. v. (S. 475), † 23/3 1936

PÜSCHEL, Eugen, Dr. phil. * 26/5 1883 Aschaffenburg, Prof. der Lit. u. Kulturgesch. an der staatl. Akad. f. Technik in Chemnitz, da seit 1910 MKrit., Schüler u. a. Sandbergers. Kretzschmars u. Hugo Riemanns. W: Chöre, Lieder, Klav-Stücke

RAABE, Felix (Sohn Peters), Dr. phil. * 26/7 1900 Amsterdam, lebt in Weimar, Schüler W. Klattes, Weingartners u. Sandbergers, war TheaKM. u. a. in Hildesheim u. Stendal. W: Kantate; ‚Lebendige M. Eine Anleitg z. MHören'

RABENSCHLAG, Friedrich * 2/7 1902 Herford W., Kantor an d. UnivKirche St. Pauli Leipzig, stud. MWiss. in Tübingen, Leipzig, Köln (Kroyer, Zenck) u. am Landeskons. Leipz. (Martienssen, Ludwig, Hochkofler), Begründer des ‚Madrigalkreises Lpzg. Studenten' 1926, mit diesem Konzertreisen in Ostmark, Baltikum, Finnland. Seit 1933 Nachf. von Prof. H. Hofmann a. d. UnivKirche zu Lpzg, Begr. der Lpzger UnivKantorei 1933, seit 1935 wöchentl. Vespern in der UnivKirche

RATHKE, Otto (S. 485), † 24/7 1936

RAUSCHEBART, Jodokus, ps. = Gottfried WOLTERS

REIFF, Lilli (S. 491), geb. Sertorius

REISINGER, Oskar Manfred (S. 493), seit Juli 1936 in Berlin-Wilmersdorf

RELLSTAB, Ludw. (S. 494), ps. Freimund ZUSCHAUER

RESPIGHI, Ottorino (S. 495), † 18/4 1936 Rom

RETLOW, Dr., ps. = Herm. WOLTER

REUTTER, Hermann (S. 496) ab Herbst 1936 Dir. d. städt. Dr. Hochschen Konserv. Frankfurt a. Main

RHEINBERGER, Jos. (S. 497), † 25/11 1901

RICHTER, Otto (S. 499) † 12/8 1936 Dresden

RICHTER-HAASER, Hans (S. 500) * 1912

RIESE, Lorenz (S. 502), † 28/5 1907 Dresden

RÖCKL, Sebastian * 21/1 1856, † (überfahren) 8/7 1936 München, da ObStudRat a. D., da 1886/1914 im höheren Schuldienst, vorher seit 1884 GymnasL. in Lindau, MSchr., bes. WagnerForscher. W: ‚Ludwig II. und R. Wagner' (2 Bde); ‚R. Wagner in München' (soll erscheinen)

RÖDER, Johannes * 26/12 1903, seit 1930 Organist, seit 1933 städt. MD. in Flensburg, 1913 Schüler des Dresdener Kreuzgymnasiums u. Kreuzchors, dort 1918/19 Dir. des Schülerorch., 1920/22 Musikpräf. d. Kreuzchors, 1922 Soloquartettreise nach Schweden, stud. in Dresden u. Lpzg (Straube), seit 1936 auch Dir. des Hamburger LGesVer.

ROHRBACH, Hans Georg (S. 510), † 24/5 1936

ROSENSTOCK, Josef (S. 514), wirkt jetzt in Tokio

ROTH, Bertrand (S. 516) * 1855

ROTHENSTEINER, Oskar * 1/7 1901 Wien, da ausgeb. (Akad.; KomposSchüler von Stöhr u. Jos. Marx), Fag-, Klav-, Cemb- u. CelestaVirt.; 1921/23 im Wiener SinfOrch., seit Herbst 1923 im Berliner Philh. Orch. W: Lieder

SACHS, Kurt (S. 525), lebt seit 1934 in Paris

SARTORIUS, Lilli (S. 531) zu streichen, richtig SERTORIUS

SCHÄFER, Karl (Heinz) (S. 534), seit Juli 1936 in Bayreuth

SCHAEFERS, Wilh. Anton (S. 534), seit Juli 1936 in Köln

SCHATTMANN, Alfred (S. 536), lebt seit 1/7 1936 in Ambach am Starnberger See

SCHEMANN, Karl Ludwig * 16/10 1852 Köln a. Rh., preuß. Prof. u. Bibliothekar a. D., lebt in Freiburg/Br. als PrivGelehrter, Jugend in Coburg, dort Musikstud. b. K. Kummer (Draesekes Lehrer), Hauptfach jedoch Geschichte u. Anthropologie, 1875/91 Bibliothekar in Göttingen. Frühzeitig in d. Wagner-Bewegg durch zahlreiche Schriften und Aufsätze tätig. W: ‚Meine Erinnerungen an R. Wagner', ‚L. Cherubini' die grundlegende Biographie, ‚Martin Plüddemann u. die dtsche Ballade', ‚Hans von Bülow im Lichte der Wahrheit'

SCHENK, Erich (S. 538), seit April 1936 ao. Prof.

SCHILLING, Bertha A. L. — s. Lucienne BRÉVAL

SCHLOSSER, Max (S. 545), † 2/9 1916 Utting am Ammersee, war an der Münchener (nicht Wiener) Oper

SCHNEIDER, Bernhard (S. 551), wendisch KRAWC

SCHNEIDER, Michael * 4/3 1909 Weimar, seit 1934 Hauptorgan. u. Kantor an St. Matthäus, seit 1935 auch L. an d. staatl. Akad. d. Tonkunst in München, stud. an d. staatl. Hochsch. f. M. in Weimar bei Martin, Rich. Wetz, Hinze-Reinhold u. am kirchmus. Inst. Lpzg bei Straube, Thomas, Teichmüller, Högner, Reuter, 1931/33 Stadtorgan. u. OrgL. an d. staatl. Hochsch. f. M. in Weimar, gleichz. musikwiss. Stud. Jena, Grdg d. Weimarer MadrigCh., Herbst 1936 Berufg an d. Hochsch. f. M. in Köln

SCHÖNBERG, Arnold (S. 555), 1925/33 Leiter einer KomposKlasse . . . in Berlin

SCHÖNE, Lotte (S. 555), wirkt in Paris

SCHUBERT, Heinz (S. 561), noch OpKM. in Flensburg, hält sich in München nur während der Theaterferien auf

SCHÜLER, Joh. (S. 562), ab Herbst 1936 StaatsopKM. in Berlin

SCHÜRMANN, Geo. Kaspar (S. 563) * um 1672

SCHULZ, Siegfried, ps. A. S. SCHULTZ * 24/9 1912 Seeben, KM. in Berlin-Tempelhof. W: Operetten, BühnM.

SCHWANZARA, Ernst * 18/12 1873 Wien, da akad. Ingenieur, Ministerialrat i. R., MSchüler Otto Müllers u. Bruckners, Brucknerforscher. W: Bruckners Stammbaum bis 1400 zurückgeführt; Bruckner-Biogr. (in Vorber.)

SEIFERT, Erich * 3/2 1894 Hildburghausen, Angestellter der RMK. in Berlin, vorher Dirig., ausgeb. in Weimar u. Berlin. W: Oper, Optten. B: Werke Paul Preils

SIEDERSBECK, Frz * 7/3 1904 Erlangen, Leiter des die M. des MA. pflegenden Münchener Fiedeltrios

SOMMER, Hans (S. 590) * 20/7 1837, † 26/4 1922, Schüler Wilh. Mewes', nicht J. O. Grimms. Mit R. Strauß, M. von Schillings, Friedrich Rösch Gründer der Genossenschaft deutscher Tonsetzer

SOMMER, Otto (S. 590) Geschäftsf. d. Amt f. Chorwesen u. Volksmusik, nicht RVbd. d. GemChöre, 1921/24 KM. LTh. Oldenburg, 1928/33 mus. Assist. Festsp. Bayereuth

SPECKNER, Anna Barbara * 20/10 1902 München, lebt dort als Cembalistin, stud. an d. Akad. der Tonk. München bei Aug. Schmid-Lindner u. Li Stadelmann, KonzReisen im In- u. Ausland

SPENGEL, Julius (S. 594), † 17/4 1936

SPONHEIMER, Philipp (S. 596), † 17/5 1936

SPRONGL, Norbert * 30/4 1892 Obermarkersdorf/NÖ., lebt in Wien, Schüler von Josef Marx, 1933 DiplPrüfg in Komp. an d. MHochsch. in Wien. W: MChöre, Lieder, KlavStücke, KaM., OrchStücke

STABENOW, Karl * 10/8 1879 Rummelsburg, Pomm., StudRat i. R. in Berlin, studierte Philos. u. MWiss. H: ‚Meistererzählungen aus dem Reiche der M.' (1929), Schopenhauers ‚Schriften über M.' (1922). W: ‚Joh. Sebastians Sohn'. Roman (1935) u. a.

STEINITZER, Max (S. 604), † 22/6 1936

STROBEL, Otto, Dr. phil. * 20/8 1895 München, seit 1/6 1932 Archivar des Hauses ‚Wahnfried', seit 1/11 1933 Stadtbibl. in Bayreuth, studierte erst Architektur, dann Germanistik u. M-Wissensch., seit 1927 MSchr., organisierte 1933 die WagnerAusstellg ‚Genie am Werk' (gedr. ‚Führer'). W: ‚R. Wagner über sein Schaffen' (1924). H: Wagner, Skizzen u. Entwürfe zur ‚Ring'Dichtg; ‚Bayr. Festspielführer'

STROM, Kurt, Dr. phil. * 16/6 1903 Suhl (Thür.), Programm-Refer. am Reichssender München, MSchr., Schüler von Jul. Weismann u. Jos. Haas. W: Hörspiele, konzert. OrchM., KaM.

SUCK, Frida (S. 617) — s. MICKEL-SUCK, nicht MICHEL-SUCK

SZENDREI, Alfred (S. 620), lebt in Paris

TAUBE, Michael (S. 623), seit 1936 Dirig. des von ihm gegr. Huberman-SinfOrch. in Tel Aviv (Palestina)

THERSTAPPEN, (S. 628), ab Herbst 1936 II. Dirig. der Singakad. in Hamburg, hat auch Lehrauftrag an d. Univers.

TIETJEN, Heinz (S. 633), seit Juli 1936 auch Preußischer Staatsrat

WALTER, Anton * 15/11 1895 Gundelfingen a. D., StudRat f. SchulM. an der Akad. der Tonkunst, Dirig. des Akad. GesgVer. und des KaOrch. der Fachschaft II im NSLBund in München

WETZELSBERGER, Bertil (S. 684), seit Juli 1936 Operndir. (nicht mehr auch KonservatDir.) Frankfurt/M.

WILDERMANN, Hans Wilh. * 21/2 1884 Köln-Kalk, seit 1926 künstler. Beirat des Stadtthea. u. Prof. an der Kunstschule in Breslau, Kunstmaler, Illustrator u. Bildhauer, ausgeb. in Düsseldorf, Berlin u. München, nach Reisen 1909 in Köln dann in München, Kriegsteilnehmer, 1918/1920 in Berlin, 1920/26 künstler. Beirat (Dekorat.) am Thea. in Dortmund

WILKE, Erich * 12/3 1901 Hann.-Münden, Mitglied des Münchener Fiedeltrios

WINTER, Paul * 29/1 1894 Neuburg/D., akt. Offizier in München, Frontkämpfer 1914/18, Schüler der Meisterkl. f. Komp. von Hans Pfitzner an d. staatl. Akad. d. Tonk. München. W: Lieder, KaM., OrchStücke, Märchenoper ‚Fallada', Weihnachtsspiel ‚Die Wunderstimme', BlasM., FunkM., Olympiafanfaren 1936; Aufsätze zur Gesch. der MilM. B: alte BlasM.

WUTZKY, Anna Charlotte (Frau) * 14/11 1890 Berlin, da Schr. (seit 1924 musik. Dichtg, bes. Begabg f. d. Einfühlg in die versch. Mkertemperamente) u. Beauftragte f. Vermittlg dtschukrainischer Kulturbeziehg. Nach MStudium kurze KonzTätigkeit, darauf Bibliothekarin. W: ‚Cherubin' (1928), ‚Freischützroman' (1934), ‚Das war eine köstliche Zeit' (Lortzingroman); ‚Pepita, die span. Tänzerin' (1936), ‚Schubertroman' (in Vorber.). H: Ukrainische Volkslieder, Märchen, Lyrik (dtsch)

ZOLL, Paul * 27/11 1907 Eisa, Kr. Alsfeld (ObHessen), StudAss. (ML. u. Germanist), MRef. u. Pianist in Darmstadt, Schüler Arn. Mendelssohns u. Friedr. Noacks, auch Chordir. seit 1922, 1932/33 ML. der dtsch. Schule in Athen. W: Chöre, Liederzyklen, Var. f. Klav., V. u. Klav. u. a.

Quellen-Kataloge zur Musikgeschichte

Band I

Die Musikhandschriften des Ansbacher Inventars von 1686
Eine Quelle zur süddeutschen Musikpflege im 17. Jahrhundert

88 Seiten, broschiert

Das Inventar, eine Hauptquelle für die Überlieferung der Werktitel einer großen Zahl bedeutender Komponisten des 17. Jahrhunderts, gehört durch die sorgfältigen Angaben zu den wertvollsten bibliographischen Hilfsmitteln seiner Art. Es erschließt der Öffentlichkeit erstmals den Musikhandschriftenteil mit einem kurzen Anhang von Drucken in einer vollständigen Ausgabe.

Band II

Thematisches Verzeichnis der sämtlichen Kompositionen von Joseph Haydn
zusammengestellt von Alois Fuchs 1839
Faksimile-Ausgabe
Format 23,2 × 29,5 cm, XII+204 Seiten,

Ganzleinen mit Schuber

Das Manuskript von Alois Fuchs, das vollständigste seiner Art, gehört angesichts der Tatsache, daß der Bestand an nachweislich von Haydn komponierten Werken noch nicht restlos erforscht ist, sowohl für die Echtheitsbestimmung als auch für den exakten thematischen Nachweis zu den unentbehrlichen Unterlagen der quellenkritischen Haydn-Forschung.

Band III

Die Tonkünstler-Porträts der Wiener Musiksammlung von Alois Fuchs 1852
Unter Benutzung der Originalkataloge bearbeitet von Richard Schaal
Format 23,2 x 29,5 cm, 128 Seiten, Ganzleinen mit Schuber

Die Rekonstruktion der Sammlung von Tonkünstler-Porträts stellt ein umfangreiches Repertoire zur Musikikonographie bis zum Jahre 1852 bereit, das in seiner Vielseitigkeit seinesgleichen sucht. Der vorliegende Band bietet nicht nur eine Aufzählung des vorhandenen Bildmaterials, sondern vermittelt auch durch Aufnahme von über 150 Porträts einen umfassenden Eindruck von der einzigartigen Arbeit dieses Wiener Musikforschers.

Heinrichshofen's Verlag · Wilhelmshaven · Postfach 620